Tuttle

Compact
Vietnamese
Dictionary

Tuttle

Compact Vietnamese Dictionary

Phan Văn Giưỡng

TUTTLE PUBLISHING
Tokyo • Rutland, Vermont • Singapore

Published by Tuttle Publishing, an imprint of Periplus Editions (HK) Ltd.,with
editorial offices at 364 Innovation Drive, North Clarendon, VT 05759, U.S.A. and
130 Joo Seng Road, #06-01 Singapore 368357.

© 2007 by Periplus Editions (HK) Ltd.

LCC Card No. 2007924443
ISBN-13: 978-0-8048-3871-9
ISBN-10: 0-8048-3871-2

Distributed by:

North America, Latin America & Europe
Tuttle Publishing
364 Innovation Drive, North Clarendon,
VT 05759-9436 USA.
Tel: 1(802) 773 8930; Fax: 1(802) 773 6993
Email: info@tuttlepublishing.com
www.tuttlepublishing.com

Japan
Tuttle Publishing
Yaekari Building, 3rd Floor
5-4-12 Osaki, Shinagawa-ku
Tokyo 141-0032
Tel: (81) 03 5437 0171; Fax: (81) 03 5437 0755
Email: tuttle-sales@gol.com

Asia Pacific
Berkeley Books Pte. Ltd.
130 Joo Seng Road #06-01
Singapore 368357
Tel: (65) 6280 1330; Fax: (65) 6280 6290
Email: inquiries@periplus.com.sg
www.periplus.com

10 09 08 07
6 5 4 3 2 1

Printed in Singapore

CONTENTS

CONTENTS

Introduction

I am please to present the first edition of **Tuttle Compact Vietnamese Dictionary**.

The English language is the first language for approximately 400 million people residing in Australia, Canada, Ireland, New Zealand, the United Kingdom and the United States of America. It is also the second language for approximately 600 million of people, especially from the former British colonies in Africa, Asia and the Commonwealth and its use in the business, educational, professional and communications spheres makes it an almost universal language. Many countries and international organizations use English as their official language. With the widespread use of the Internet, it has also become the most common language for Internet users. On the other hand, the Vietnamese language is now spoken by over 84 million people in Vietnam and is also the home language of about three million people living in other countries around the world.

With the globalization of industries and hence the movement of people working across cross-cultural boundaries, the demand for a compact, inexpensive and up-to-date Vietnamese-English/English-Vietnamese dictionary has grown dramatically in recent years.

In the last fifty years, there have been so many changes in both the English and Vietnamese languages in all aspects of life. New terms have been invented to meet the development of society, especially in media and communications. This dictionary has contemporary, up-to-date and useful terms and expressions. Many practical examples are given to facilitate understanding of terms in context for users. Approximately 25,000 entries can be found in this dictionary for every aspect of daily living, thus making this dictionary an essential tool for both English-speaking users as well as Vietnamese who are learning the English language.

How To Use This Dictionary

This dictionary is in two parts: a Vietnamese–English section and an English–Vietnamese section. The entries in each section are arranged alphabetically, following the English order from A to Z; and according to the Vietnamese tradition for tones and sequence for the Vietnamese-English section.

The components of each headword are as follows:

1. **Headwords are printed in color**, followed by the IPA sounds (for the English headwords), and details of the word class (given in italics). If the headword has more than one word class, the different classes are numbered:

    ém *v.* to cover up, to hide: **ém chuyện đó đi, không nên nói với ai** to cover up that story, do not tell anyone

    land /lænd/ **1** *n.* đất liền, lục địa; đất, đất đai (để trồng trọt); vùng, xứ sở, địa phương, lãnh thổ; ruộng đất, điền sản: ~ **breeze** gió từ đất liền thổi ra biển; **I have bought a block of ~.** Tôi vừa mua được một miếng đất. **2** *v.* đổ bộ; đưa đến, đẩy vào; được, bắt được; giáng (đòn); (máy bay) hạ cánh; cập bến: **Our car ~ed in a ditch.** Xe chúng tôi tụt xuống rãnh.; **Lucky guy! He ~ed a nice job.** Anh chàng may quá được cái việc thật tốt.

2. **Square brackets** are used to give more information for each entry: such as cross-references to other headwords, the past tense and past participle of the English headword, etc:

    kẻ **1** *n.* individual, person, man [cf. người] **2** *v.* to draw [a line]: **kẻ một đường thẳng** to draw a straight line; **thước kẻ** ruler; **giấy kẻ rồi** lined paper

    bear /beə(r)/ **1** *n.* con gấu: **the great ~** chòm sao đại hùng; ~ **hug** ôm chặt **2** *v.* [**bore; born/borne**] mang, cầm, vác v.v. chịu đựng, sinh (sản), sinh lợi: **to ~ in mind** nhớ; **to ~ interest** sinh lãi

3. **Meanings of Vietnamese headwords** are in low cases. If the headword has different expressions in Vietnamese, they are separated by a comma (,) and if they have different meanings, they are separated by a semi-colon (;):

    oán *v., n.* to resent, to bear a grudge against; resentment, hatred: **oán giận/oán hờn** resentment, hatred; **thù oán** to resent; **ân oán** ingratitude and rancor

4. **Extended vocabulary items** and **sample sentences** using the English headword are first given in English, followed by the Vietnamese translation. In order to avoid repetition of the headword in these extended vocabulary items or sample sentences, the symbol ~ is used to represent the English headword:

pace /peɪs/ **1** *n.* bước đi; dáng/cách đi; tốc độ, nhịp độ: **to keep ~ with** theo/sánh kịp; **to set the ~** nêu gương; **to go at a walking ~** đi từng bước; **to go the ~** đi nhanh; ăn chơi phóng đãng; **to put someone through his/her ~s** thử tài ai, thử sức ai; cho ai thi thố tài năng **2** *v.* đi từng bước, bước từng bước: **to ~ up and down the corridors** đi đi lại lại dọc theo hành lang

For the **Vietnamese–English section**, the extended vocabulary items are separated by semi-colons:

ra 1 *v.* [SV **xuất**] to exit, to go out, to come out; to go [out] into, to come [out] into; to look, to become; to issue [order **lệnh**], to give [signal **hiệu**, assignment **bài**]: **ra bể** to go to the sea; **ra sân** to go [out of the house] into the yard; **ra đường** to go out in the street; **ra dáng** ... to look **2** *adv.* out, outside, forth: **không ra gì, chẳng ra gì** to amount to nothing; **chẳng ra hồn** to be worth nothing; **bày ra** to display, to show off; **béo ra** to get fat; **đỏ ra** to become red; **nói ra** to speak up; **nhìn ra, nhận ra** to recognize; **nhớ ra** to remember, to call forth; **tìm ra, kiếm ra** to find out; **trở ra** to be out; **lối ra** "Exit, do not enter."; **cửa ra vào** door; **ra vô thong thả** admission is free.; **hiện ra** to appear; **sinh ra, đẻ ra** to be born, to give birth to; **hoá ra** to become; it turns out that; **thành ra** to come out; **chia ra** to divide up, to divide into

5. There are a variety of terms used to address the **first and second persons in Vietnamese**. As shown by the following example:

bà 1 *n.* [SV **tổ mẫu**] grandmother; female: **bà ngoại** maternal grandmother; **bà nội** paternal grandmother; **đàn bà** woman, women; **Hai Bà Trưng** the Trung sisters **2** *pron.* lady/you [used by grandchild to grandmother, first person pronoun being **cháu**]; I [used by grandmother to grandchild, second person pronoun being **cháu**]; you [used to refer to women of a certain age, first person pronoun being **tôi**]: **Bà cho cháu cái áo nầy.** I give you this shirt.; **Bà ấy/bà ta là người tử tế.** She [of woman of a certain age] is a nice woman.; **Gởi thư nầy cho bà Nam.** Send this letter to Mrs. Nam.

tôi is used for the first person and **cháu** for the second person. The reader can replace these terms with **ông, bà, anh, chị, em, tau, mày**... depending on age and relationship between the first and second persons.

Vietnamese–English

công sứ *n.* envoy, minister

công tác *n.* work, task, job, assignment, operation, official business

công tác phí *n.* traveling expenses for official business

công tắc *n.* switch: **công tắc điện** power switch

công tâm *n.* sense of justice, impartiality

công thự *n.* government building

công thức *n.* formula

công tố viên *n.* prosecutor

công tơ *n.* meter: **công tơ điện** electricity meter

công tử *n.* mandarin's son; dude, dandy

công tước *n.* duke

công trái *n.* public debt; government bond

công trường *n.* square; construction site, building site

công trình *n.* undertaking, work; project; monument

công ty *n.* firm, company, corporation: **công ty xuất nhập khẩu** an import and export company

công văn *n.* official letter, official document

công việc *n.* work, job, business, task: **Họ làm công việc nặng nhọc.** They do the hard work.

công viên *n.* public park

công voa *n.* convoy

công vụ *n.* civil service, official business

công xa *n.* government car: **Hàng ngày ông ấy đi làm việc bằng công xa.** He goes to work by government car every day.

công xưởng *n.* workshop, shop; factory

cống **1** *n.* sewer **2** *v.* R to offer as a tribute

cống hiến *v.* to offer, to dedicate, to contribute

cồng *n.* gong

cồng kềnh *adj.* cumbersome

cổng *n.* gate, entrance; level crossing

cộng **1** *v.* to add: **tính cộng** sum, addition; **2 cộng với 3** two plus three; **tổng cộng** total **2** *adj.* common: **cộng sản** communist; **bất cộng đái thiên** to be deadly enemies; [of sounds] to be complementary distribution; **Trung Cộng** Chinese communists; **chống cộng/bài cộng** anticommunist

cộng đồng *n., adj.* community; common, collective: **trung tâm sinh hoạt cộng đồng** community center; **kế hoạch phát triển cộng đồng** community development project; **phòng thủ cộng đồng** collective defense

cộng hoà *n., adj.* republic; republican

Cộng sản *n.* communist: **đảng Cộng sản** Communist party

cộng sự viên *n.* colleague

cộng tác *v.* to collaborate [**với** with], to cooperate; to contribute

cốt **1** *n.* (= **xương**) bones, skeleton; frame-work: **xương cốt** bones; **hài cốt** remains; **nòng cốt** foundation; **bê tông cốt sắt** concrete frame-work **2** *adj., v.* to be essential to; to aim at: **Tôi chỉ cốt làm tròn bổn phận.** I am concerned only with fulfilling my duty.

cốt cán *n.* loyal cadre, party veteran [communist]

cốt nhục *n.* blood relationship: **tình cốt nhục tương tàn** interfamilial quarrel, internecine war

cốt truyện *n.* plot, frame work

cốt tuỷ *n.* marrow; essence, quintessence

cốt tử *adj.* most essential, most fundamental

cốt yếu *adj.* basic, essential, vital: **trình bày những điểm cốt yếu** to present the essential points

cột **1** *n.* [SV **trụ**] pillar, column, pole, post, poster: **cột cờ** flagpole; **cột buồm** mast; **cột cây số** milestone; **cột giây thép** telegraph pole; **cột trụ** pillar, mainstay **2** *v.* to tie up, to bind: **cột dây giày** to tie one's shoelaces

A typical page from the Vietnamese–English section of the dictionary (reduced version here)

English–Vietnamese

likeness /'laɪknəs/ *n.* sự giống; chân dung, ảnh: **The two brothers bear a strong ~ in their appearance.** Hai anh em bề ngoài rất giống nhau.

likewise /'laɪkwaɪz/ *adv.* cũng thế/vậy, giống như vậy

liking /'laɪkɪŋ/ *n.* sự thích, yêu mến: **to have a ~ for something** yêu mến gì

lilac /'laɪlək/ *n.* tử đinh hương, đinh hương tím; màu hoa cà

lilt /lɪlt/ *n.* bài ca du dương; nhịp điệu nhịp nhàng

lily /'lɪli/ *n.* hoa huệ tây, hoa loa kèn

limb /lɪm/ *n.* chân, tay, chi; cành cây to: **out on a ~** chơ vơ, không bấu víu vào đâu

lime /laɪm/ **1** *n.* quả chanh (vỏ xanh) [**lemon**]: **~ juice** nước chanh **2** *n.* vôi: **~ kiln** lò vôi

limelight /'laɪmlaɪt/ *n.* đèn sân khấu: **in the ~** được chú ý

limestone /'laɪmstəʊn/ *n.* đá vôi

limit /'lɪmɪt/ **1** *n.* giới hạn, hạn độ; địa giới, biên giới **2** *v.* giới hạn, hạn chế: **The current economy would ~ unemployment to five percent.** Kinh tế hiện hành có thể hạn chế thất nghiệp đến 5 phần trăm.

limitation /lɪmɪ'teɪʃən/ *n.* sự hạn chế; mặt hạn chế, thiếu sót

limousine /'lɪmuːziːn/ *n.* xe du lịch sang trọng; xe thuê riêng nhiều chỗ ngồi

limp /lɪmp/ **1** *n.* tập đi khập khiễng **2** *v.* đi khập khiễng; chạy ì ạch, bay rề rề: **to ~ along** đi cà nhắc, lê **3** *adj.* mềm rũ; yếu ớt, ẻo lả

limpid /'lɪmpɪd/ *adj.* trong, sáng sủa

line /laɪn/ **1** *n.* đường, đường kẻ; tuyến; hàng, dòng, câu; dây, dây thép; hàng, dãy; ranh giới; dòng dõi; ngành chuyên môn: **curved ~** đường cong; **broken ~** đường gãy khúc; **dotted ~** đường chấm chấm; **Just a few ~s to thank you again for your help.** Tôi viết vội vài hàng để một lần nữa cảm ơn bạn đã giúp đỡ tôi.; **Hold the ~!** Xin giữ máy!; **Drop me a ~.** Nhớ biên thư cho tôi

nhé. **2** *v.* vạch, kẻ dòng; làm nhăn; dàn hàng, sắp thành hàng; sắp hàng để đợi, nối đuôi: **to ~ new streets** kẻ đường cho những con đường mới **3** *v.* nhồi nhét: **to ~ one's purse** nhét đầy túi

lineage /'lɪnɪɪdʒ/ *n.* dòng, nòi giống, dòng giống, dòng dõi

linear /'lɪnɪə(r)/ *adj.* thuộc đường kẻ; nét dài; tuyến

linen /'lɪnɪn/ *n.* vải lanh; đồ vải lanh [sơ mi, khăn bàn, khăn giường]

liner /'laɪnə(r)/ *n.* tàu chở khách, máy bay chở khách

linesman /'laɪnzmən/ *n.* người lính của đơn vị chiến đấu; trọng tài biên

line-up *n.* đội hình, đội ngũ; sự sắp xếp [nhân viên]; sự sắp hành những người bị tình nghi (để người chứng nhận diện)

linger /'lɪŋgə(r)/ *v.* kéo dài, nấn ná, chần chừ, lần lữa; la cà: **to ~ around at home on holidays** chần chừ ở nhà sau khi hết nghỉ lễ

lingerie /'lænʒəri/ *n.* quần áo lót đàn bà

lingua franca /ˌlɪŋwə'fræŋkə/ *n.* ngôn ngữ chung cho một số dân tộc

linguistic /lɪŋ'gwɪstɪk/ *adj.* thuộc (ngôn) ngữ học

linguistics /lɪŋ'gwɪstɪks/ *n.* ngữ học, ngôn ngữ học

liniment /'lɪnɪmənt/ *n.* thuốc xoa/thoa

link /lɪŋk/ **1** *n.* mắt xích, khâu xích; mắt lưới/dệt/đan; sự móc nối, mối liên lạc: **cuff ~s** khuy cửa tây, khuy măng sét; **There is a ~ between smoking and lung cancer.** Có sự liên hệ giữa hút thuốc và bệnh ung thư. **2** *v.* nối, liên kết, gắn: **The researchers have ~ed crimes to social circumstances.** Các nhà nghiên cứu liên kết tội phạm với hoàn cảnh xã hội.

linkage /'lɪŋkɪdʒ/ *n.* sự liên kết, sự kết hợp

links /lɪŋks/ *n.* sân gôn, bãi đánh gôn: **golf ~** sân đánh gôn

linoleum /lɪ'nəʊlɪəm/ *n.* vải sơn [lót

A typical page from the English–Vietnamese section of the dictionary (reduced version here)

6. Vietnamese words that are **loanwords** have their Vietnamese pronunciation connected by hyphens (-), for example:

a-xít *n.* acid
ki-lô *n.* [*Fr.* **kilogram**] kilogram

7. List of abbreviations used in this Dictionary are as follows:

Abbreviations	Full word	Vietnamese equivalent
adj.	adjective	tính từ
adv.	adverb	phụ từ
conj.	conjunction	kết từ
intj.	interjection	cảm từ
n.	noun	danh từ
pl.	plural	số nhiểu
prep.	preposition	giới từ
pron.	pronoun	đại từ
sing	singular	số ít
v.	verb	động từ
num.	numeral	số từ

A Guide to English Pronunciation

The English alphabet has 26 letters:
a, b, c, d, e, f, g, h, i, j, k, l, m, n, o, p, q, r, s, t, u, v, w, x, y and z

IPA Symbols

The pronunciation in this dictionary is based on the English system of pronunciation, and uses the **International Phonetic Alphabet** (IPA) symbols. The following tables illustrate how the vowels and consonants are pronounced:

Vowels

IPA	English	IPA symbols
i:	see	/si:/
i	happy	/'hæpɪ/
ɪ	sit	/sɪt/
e	ten	/ten/
æ	cat	/'kæt/
ɑ:	father	/'fɑ:ðə(r)/
ɒ	got	/gɒt/
ɔ:	saw	/sɔ:/
ʊ	put	/pʊt/
u	actual	/'æktju:əl/
u:	too	/tu:/
ʌ	cup	/kʌp/
ɜ:	fur	/fɜ:(r)/
ə	about	/ə'baʊt/
eɪ	say	/seɪ/
əʊ	go	/gəʊ/
aɪ	my	/maɪ/
ɔɪ	boy	/bɔɪ/
aʊ	now	/naʊ/
ɪə(r)	near	/nɪə(r)/
eə	hair	/heə(r)/
ʊə	pure	/pjʊə(r)/

Consonants

IPA	English	Example
p	pen	/pen/
b	bad	/bæd/
t	tea	/ti:/
d	did	/dɪd/
k	cat	/kæt/
g	get	/get/
tʃ	chain	/tʃeɪn/
ðʒ	jam	/ðʒæm/
f	fall	//bæd/fɔ:l/
v	van	/væn/

IPA	English	Example
θ	*th*in	/θɪn/
ð	*th*is	/ðis/
s	*s*ee	/si:/
z	*z*oo	/zu:/
ʃ	*sh*oe	/ʃuː/
ʒ	vi*s*ion	/vɪʒən/
h	*h*at	/hæt/
m	*m*an	/mæn/
n	*n*ow	/naʊ/
ŋ	si*ng*	/sɪŋ/
l	*l*eg	/leg/
r	*r*ed	/red/
j	*y*es	/jes/
w	*w*et	/wet/

1. **The symbol (r):** In British pronunciation, the /r/ sounds are pronounced only if a vowel sound follows directly at the beginning of the next word, e.g. **character** /'kærəktə(r)/. In all other instances the /r/ sound is omitted.

2. **Stress:** The mark /'/ indicates the main stress in the word. It means that the stressed syllable must be pronounced louder and longer in duration, e.g. **vision** /'vɪʒən/.

A Guide to Vietnamese Pronunciation

Like Chinese and Thai, Vietnamese is a tonal language where no word is conjugated. The Vietnamese alphabet has 29 letters:

a, ă, â, b, c, d, đ, e, ê, g, h, i, k, l, m, n, o, ô, ơ, p, q, r, s, t, u, ư, v, x, y.

The Vietnamese consonants are written as single letters or a cluster of two or three letters, as follows:

b, c, ch, d, đ, g, gh, gi, h, k, kh, l, m, n, ng, ngh, nh, p, ph, qu, r, s, t, th, tr, v, x.

The vowels in Vietnamese are the following: a, ă, â, e, ê, i/y, o, ô, ơ, u, ư. Vowels can also be grouped together to form a cluster or a word.

The following tables show the vowels and consonants in Vietnamese pronunciation with their English equivalents.

Vowels

Vietnamese	English	Example	Meaning
a	f*a*ther	ba	three
ă	h*a*t	ăn	to eat
â	b*u*t	âm	sound
e	b*e*t	em	younger brother/sister
ê	m*ay*	đêm	night
i/y	m*e*	kim	needle
o	l*aw*	lo	to worry
ô	n*o*	cô	aunt
ơ	f*u*r	bơ	butter
u	t*oo*	ngu	stupid
ư	*u*h-*u*h	thư	letter

Consonants

Vietnamese	English	Example	Meaning
b	*b*ook	bút	pen
c, k, q	*c*an	cá	fish
		kem	ice-cream
		quý	precious
ch	*ch*ore	cho	to give
d, gi	*z*ero	da	skin
		gì	what
đ	*d*o	đi	to go
g/gh	*g*o	ga	railway station
		ghe	boat
h	*h*at	hai	two
kh	(no real English equivalent)	không	no
l	*l*ot	làm	to do
m	*m*e; hi*m*	mai	tomorrow
n	*n*ot; i*n*	nam	south

Vietnamese	English	Example	Meaning
ng/ngh	si*ng*er	ngon	delicious
		nghe	to hear
nh	ca*ny*on	nho	grape
ph	*ph*one	phải	right
r	*r*un	ra	to go out
s	*s*how	sữa	milk
t	*t*op	tốt	good
th	*th*in	thăm	to visit
tr	en*tr*y	trên	on/ above
v	*v*ery	và	and
x	*s*ee	xa	far

Tones

The standard Vietnamese language has six tones. Each tone is a meaningful and integral part of the syllable. Every syllable must have a tone. The tones are indicated in conventional Vietnamese spelling by diacritic marks placed over (á, à, ả, ã) or under (ạ) single vowels or the vowel in a cluster that bears the main stress (v).

Vietnamese	Tone name	Tone mark	Description	Example	Meaning
Không dấu	(no)	o	Voice starts at middle of normal speaking range and remains at that level	ma	ghost
Sắc	high-rising	ó	Voice starts high and rises sharply	má	cheek
Huyền	low-falling	ò	Voice starts at a fairly low and gradually falls	mà	but

Vietnamese	Tone name	Tone mark	Description	Example	Meaning
Nặng	low-broken	ọ	Voice falls, then cuts off abruptly	mạ	rice seedling
Hỏi	low-rising	ỏ	Voice falls initially, then rises slightly	mả	tomb
Ngã	high-broken	õ	Voice rises slightly, is cut off abruptly, then rises sharply again	mã	horse

Tone Symbols

The six tones just described are summarized in the following chart to illustrate the differences between them as they are associated with individual words.

		Mid level Không dấu	High rising Dấu sắc	Low falling Dấu huyền	Low broken Dấu nặng	Low rising Dấu hỏi	High broken Dấu ngã
5 4	High						
3	Mid						
2 1	Low						

Vietnamese language has its national standard syntax, morphology and the tone system, although there are some regional variations in pronunciation and accents. There are significant differences in pronunciation and accents between the Northern and Southern people (represented by Hanoi and Saigon respectively). They are as follows:

1. There is no difference in the single vowels between Hanoi and Saigon.
2. There are two vowel clusters /ưu/ and /ươu/ which are pronounced /iu/ and /iêu/ by Hanoi, and /ưu/ and /ươu/ by Saigon.
3. Differences in the pronunciation of consonants:

Consonant	Sound		Examples	Pronunciation	
	Hanoi	Saigon		Hanoi	Saigon
d, gi	/z/	/j/	dạ (yes)	/zạ/	/jạ/
r	/z/	/r/	ra (out)	/za/	/ra/
s	/x/	/s/	sau (after)	/xau/	/sau/
tr	/ts/	/tr/	trong (in)	/tsong/	/trong/
v	/v/	/vj/	vào (to come in)	/vào/	/vjào/
n	/n/	/ng/	ăn (to eat)	/ăn/	/ăng/
t	/t/	/k/	mặt (face)	/mặt/	/mặc/

4. Saigonese do not differentiate between the two tones /ˀ/ and /~/; these are pronounced alike.

We hope that all users of this **Compact Vietnamese Dictionary**—be they Vietnamese students learning English, or English-speaking expatriates, students or business people—will find this a most compact, up-to-date and user-friendly Vietnamese-English dictionary, for all aspects of daily communication.

Phan Văn Giưỡng

VIETNAMESE–ENGLISH

A

a **1** *n.* acre [100 square meters] **chữ viết tắt mẫu Tây 2** a! *intj.* Oh! [exclamation term]: **A! Hay quá!** Oh! How nice!

a dua *v.* to flatter, to follow: **a dua theo lối ăn mặc người khác** to follow a person's style of dress

a-lô! *intj.* Hello!: **A-lô! Ai đấy?** Hello! Who's that?, Who's calling?

a phiến *n.* (= **thuốc phiện**) opium: **Hút thuốc phiện rất nguy hiểm cho sức khoẻ.** Smoking opium is dangerous to health.

A-Phú-Hãn *n.* Afghanistan, Afghan

a tòng *v.* to act as an accomplice

a-xít *n.* acid

á! *intj.* Oh! Ouch!

Á *n.* Asia, Asian: **Á Phi** Afro-Asian; **Đông Nam Á** Southeast Asia

Á-Căn-Đình *n.* Argentina, Argentine

Á Châu *n.* Asia, Asian: **Đông Nam Á Châu** Southeast Asia; **người Á châu** Asian

Á Đông *n.* Asia, The East, The Orient, Asian, Eastern, Oriental: **tiệm thực phẩm Á Đông** Asian grocery shop

á kim *n.* metalloid

Á Phi *n.* Asian-African: **Á Phi** Afro-Asian

à *intj.* Oh! Ah!: **Thế à?** Is that so?; **Anh không đi à?** You're not going?, Aren't you going?

ả *n.* lass, gal, dame, damsel

ả đào *n.* traditional song female singer: **đi xem hát ả đào** to go to a traditional song theater

Á Rập *n.* Arabia, Arab, Arabian: **Khối Á Rập** the Arab Bloc

ạ *intj.* polite particle: **vâng ạ** Yes sir

ác *adj.* cruel, severe, fierce: **Ông ấy độc ác quá.** He is very cruel. [*opp.* **hiền**]; R evil [*opp.* **thiện**]

ác cảm *n.* antipathy, ill-feeling, dislike: **Ông ấy có nhiều ác cảm với tôi.** He has a lot of ill-feeling towards me.

ác chiến *n.* a bloody fight; **trận ác chiến** a bloody fight

ác liệt *adj.* [of a fight, battle, war] very violent, very fierce

ác miệng *adj.* foul-mouthed: **Ông ấy ăn nói ác mồm ác miệng.** He is a foul-mouthed man.

ác mộng *n.* nightmare: **Tôi đã trải qua một cơn ác mộng.** I have had a nightmare.

ác ôn *n.* wicked thug: **Họ ăn ở ác ôn quá.** They behave as wicked thugs.

ác thú *n.* wild animal: **Cọp là loài ác thú.** The tiger is a wild animal.

ác ý *n.* malice, ill-will: **Ông ấy nói không có gì ác ý.** No offense is meant in his statement.

ách *n.* yoke: **ách thực dân** the yoke of colonialism

ai *pron.* Who?, whom, whoever, everyone, someone, anyone: **Ai đó?** Who's there?; **Anh đi với ai?** Whom are you going with?; **Ai không hiểu xin giơ tay?** Who doesn't understand? Please raise your hand.; **Ai cũng thích cô ấy.** Everyone likes her.; **có ai đến hỏi tôi ...** if somebody comes and asks for me; **ai cũng được** anyone would do; **Ai ai cũng nhớ anh ấy.** Everyone misses him.

Ai Cập *n.* Egypt, Egyptian

Ai Lao *n.* Laos, Laotian [see **Lào**]: **Ai Lao là nước láng giềng của Việt Nam.** Laos is a neighbor of Vietnam.

ái ân *v.* to make love: **trong lúc ái ân** during love making

ái chà! *intj.* Well, well!: **Ái chà! bạn tử tế quá!** Well, how kind you are!

ái hữu *n.* friendly society, association: **hội ái hữu sinh viên nước ngoài** overseas students' society

ái ngại *v.* to feel compassion for: **Tôi cảm thấy ái ngại cho họ.** I feel compassion for them.

ái lực *n.* affinity

Ái Nhĩ Lan *n.* Ireland, Irish

ái nữ *n.* daughter: **Cô Kim là ái nữ của ông thủ tướng.** Miss Kim is the

Prime Minister's daughter.

ái quốc *adj.* patriotic: **lòng ái quốc** patriotism; **nhà ái quốc** patriot

ái tình *n.* (= **tình yêu**) love: **ái tình cao thượng** noble love

ải *n.* pass, hurdle: **ải Chi Lăng** Chi Lang pass; **Ông ấy đã vượt qua ải cuối cùng.** He has overcome the last hurdle.

am *n.* small Buddhist temple, cottage

am hiểu *v.* to know well, to be familiar with: **Ông ấy am hiểu nhiều vấn đề.** He knows everything by heart.

ám ảnh *v.* to be obsessed, beset: **Hình ảnh đó ám ảnh đầu óc bà ta.** She was obsessed by that idea.

ám hiệu *n.* secret signal

ám muội *adj.* stupid, fishy, shady

ám sát *v.* to assassinate: **vụ ám sát** assassination; **kẻ ám sát** assassin

ám tả *n.* dictation: **viết ám tả** to write dictation

an *adj.* safe, secure; R peace: **bình an** (= **yên**) security; **hội đồng bảo an** security council; **an cư lạc nghiệp** to live in peace and be contented with one's occupation, to settle down

an hưởng *v.* to live peacefully, to enjoy peacefully: **an hưởng cuộc đời** to enjoy life peacefully

an khang *adj.* healthy and safe: **Tôi chúc bạn một năm mới an khang và thịnh vượng.** I wish you a healthy, safe and prosperous New Year.

An Nam *n.* Vietnam [old term]: **dân An Nam** [not used nowadays] Vietnamese

an ninh *n.* security: **cơ quan an ninh** security service

an nhàn *adj.* to be leisurely: **đời sống an nhàn** a good and easy life

an phận *v.* to feel smug: **an phận thủ thường** to feel smug about one's present circumstances

an toạ *v.* to be seated: **Kính xin quí vị an toạ.** Ladies and gentlemen, please be seated.

an toàn *adj.* secure, safe: **an toàn lao**

động safe working conditions

an ủi *v.* to comfort: **Bạn nên an ủi cô ta.** You should comfort her.

án *n.* judgment, sentence, verdict: **toà án** court of law; **tuyên án** to give the sentence; **chống** [or **kháng**] **án** to appeal

án mạng *n.* murder, homicide

án treo *n.* suspended sentence

áng *n.* literary work: **áng văn chương** literature work; **áng mây** cloud

anh **1** *n.* (= **huynh**) elder brother: **Tôi có hai người anh.** I have two elder brothers.; **anh em** brothers/you; **anh cả** eldest brother; **anh rể** brother-in-law [one's sister's husband]; **anh ruột** blood brother; **anh họ** cousin [one's parent's elder sibling's son]; **(hai) anh em Ông Kim** Mr. Kim and his younger brother (or sister); Mr. Kim and his older brother **2** *pron.* **anh** (first person as I [used by elder brother to younger sibling], and as you [used to young man]); he [used of young man] **Anh ấy/Anh ta anh khoẻ không?** How is he?; **Tôi vừa gặp anh ấy.** I have met him.

Anh *n., adj.* Great Britain, England; British, English: **Nước Anh** England, Britain; **tiếng Anh** English; **liên hiệp Anh** the British Commonwealth

Anh Cát Lợi *n.* England, English

anh đào *n.* cherry: **hoa anh đào** cherry blossom

anh hùng *n.* hero: **bậc/đấng anh hùng** hero; **nữ anh hùng, anh thư** heroine

anh hùng ca *n.* epic

Anh quốc *n.* England

anh thư *n.* heroine

ánh *n.* beam, ray: **ánh sáng** beam of light, ray of light; **ánh nắng** sunlight; **ánh trăng** moonlight

ánh sáng *n.* light: **ánh sáng ban ngày** daylight

ảnh *n.* photograph: **tấm/bức ảnh** (= **hình**); **tranh ảnh** pictures, illustrations; **ăn ảnh** to be photogenic; **rửa ảnh** to develop, to print pictures;

chụp ảnh to take photographs; **điện ảnh** movies; **nhiếp ảnh** photography

ảnh hưởng *n.* influence: **có ảnh hưởng** to influence [**đến** precedes object], to be influential

ao *n.* pond: **ao cá** fish pond; **ao sen** lotus pond; **ao tù** pond with stagnant water

ao ước *v.* to long for, to dream: **Tôi ao ước được đi du lịch khắp thế giới.** I dream of traveling all over the world.

áo *n.* [SV **y**] blouse, shirt, jacket, tunic: **cái áo** clothes, clothing; **cơm áo** food and clothing; **quần áo** clothes

Áo *n.* Austria, Austrian: **nước Áo** Austria

Áo môn *n.* Macao

áo quan *n.* coffin

Áo quốc *n.* Austria

ào ào *adj.* roaring: **chạy ào ào** to rush; **gió thổi ào ào** roaring wind; **nước chảy ào ào** gushing water

ảo *adj.* imaginary, illusive: **huyền ảo** mysterious

ảo tưởng *n.* illusion, fancy

áp *v.* to approach, to get close; to stand against: **áp bức** to oppress; **đàn áp** to repress; **áp chế** to oppress

áp dụng *v.* to apply, to use [method, policy]: **Chúng ta áp dụng phương pháp làm việc mới.** We apply a new working method.

áp đặt *v.* to impose, to force on

áp lực *n.* pressure: **áp lực không khí** atmospheric pressure; **áp lực 3 ki-lô gam trên một phân vuông** pressure of 3 kg per square centimeter

áp phích *n.* poster, bill: **Không được dán áp phích.** Post No Bill.

áp suất *n.* pressure: **áp suất cao** high pressure

át *v.* to drown out [noise]

áy náy *v.* to be uneasy: **Tôi cảm thấy áy náy không giúp bạn được gì.** I feel uneasy for not helping you in anything.

Ă

ắc-quy *n.* [Fr. *Accu*] battery: **Tôi phải thay bình ắc-quy xe của tôi.** I have to replace the battery of my car.

ẵm *v.* to carry [baby] in one's arms: **Khi còn bé, mẹ tôi ẵm tôi hàng ngày.** When I was a baby, my mother carried me in her arms every day.

ăn 1 *v.* [SV **thực**] to eat: **ăn cơm** to eat or take a meal **2** *v.* to earn; to win: **ăn gian** to earn dishonestly; **ăn tiền** to win money [*opp.* **thua**]; **ăn lương** to earn wages

ăn bận *v.* to wear clothes, to dress: **Cô ấy ăn bận áo quần sang quá.** She wears expensive clothes.

ăn bớt *v.* to practice squeezing, to take part of profits

ăn cắp *v.* to steal, to rob, to pilfer: **Thằng bé ăn cắp đồ ở trong tiệm.** A boy stole something from the shop.

ăn chay *v.* to eat vegetarian food: **Tôi ăn chay hai ngày một tháng.** I eat vegetarian food two days a month.

ăn chịu *v.* to eat on credit: **Tôi ăn chịu ở tiệm ăn nầy hàng ngày.** I eat on credit at this restaurant every day.

ăn chơi *v.* to amuse oneself, be a playboy; to eat for fun: **Cậu ấy ăn chơi lắm.** That young man is a real playboy.; **bốn món ăn chơi** four assorted appetizers

ăn cướp *v.* to rob, to loot, to burglarize: **Một băng đảng ăn cướp nhà băng.** A gang robbed the bank.

ăn diện *v.* to dress smartly: **Cô ấy thích ăn diện.** She likes to dress smartly.

ăn gian *v.* to cheat: **Ông ấy ăn gian của tôi 5 đô la Mỹ.** He cheated me of US$5.

ăn trầu *v.* to chew betel

ăn hại *v.* to live at the expense of; to be a parasite: **Nó sống chỉ ăn hại xã hội.** He is a parasite to society.

ăn hiếp *v.* to bully, to oppress

ăn hỏi *v.* to ritually propose, to become engaged

ăn hối lộ *v.* to take bribes, to be corrupted: **Họ ăn hối lộ.** They have become corrupted.

ăn khao *v.* to celebrate a happy event by giving a banquet

ăn mày *v.* to beg: **người/kẻ ăn mày** beggar

ăn mặc *v.* to dress, to wear clothes: **Cô ấy ăn mặc rất đẹp.** She dresses up very nicely.

ăn mừng *v.* to celebrate: **ăn mừng ngày quốc khánh** to celebrate the National Day

ăn nằm *v.* to live as husband and wife: **Họ đã ăn nằm với nhau rồi.** They have been living together as husband and wife.

ăn năn *v., n.* to repent; regret: **Ông ấy ăn năn về những lỗi lầm của mình.** He regrets his mistakes.

ăn non *v.* to quit gambling as soon as one has won

ăn ở *v.* to live; to behave: **Bà ấy ăn ở tử tế với bạn bè.** She behaves kindly towards her friends.

ăn quịt *v.* to eat or take without paying

ăn tiền 1 *v.* to take bribes: **Ông ấy ăn tiền tôi khi tôi nhờ ông ta đóng dấu trên giấy thông hành.** He took a bribe from me when I asked him to stamp my passport. **2** *adj.* [slang] to be successful, all right, OK: **Bạn làm được như vậy là ăn tiền rồi.** What you did when you were successful.

ăn trộm *v.* to rob, to burglarize, to steal [as in housebreaking]: **Hôm qua, kẻ ăn trộm vào ăn trộm nhà bà ta.** Yesterday thieves broke into her house.

ăn vạ *v.* to make a scene in order to obtain what one wants; [of child] to create a tantrum

ăn vã *v.* to eat [meat, fish, other food] without rice

ăn vận *v.* (= ăn mặc) to dress

ăn xin *v.* (= ăn mày) to beg

ăng ẳng *v.* [of puppy] to yelp repeatedly

Ăng Lê *n.* [Fr. *Anglais*] English: **tiếng Ăng Lê** English language

ăng ten *n.* [Fr. *antenne*] antenna, aerial: **gắn cột ăng ten truyền hình** to set up an antenna for TV

ắp *adj.* brimful: **Thùng nước đầy ắp.** The bucket is full of water.

ắt *adv.* certainly, surely: **Ắt hẳn ông ấy nói điều đó.** Surely he said that.

Â

âm 1 *n.* sound, phone: **bát âm** the eight sounds used in music [produced from silk **ti**, bamboo **trúc**, metal **kim**, stone **thạch**, wood **mộc**, earthenware **thổ**, leather **cách**, and the gourd **bào**]; **ngũ âm** the five notes in the pentatonic scale; **bán mẫu âm** semi-vowel; **biên âm** lateral; **hầu âm** laryngeal; **khẩu cái âm** palatal; **nguyên âm** vowel; **nha oa âm** alveolar; **nhuyễn khẩu cái âm** velar; **sỉ âm** dental; **song thần âm** bilabial; **tắc âm** stop; **tắc xát âm** affricate; **thanh môn âm** glottal; **thần sỉ âm** labiodental; **thiệt đầu âm** apical; **thiệt diện âm** frontal; **thiệt bối âm** dorsal; **tiểu thiệt âm** uvular; **phụ âm** consonant; **ty âm** nasal; **xát âm** spirant, fricative; **yết hầu âm** pharyngal; **ngữ âm học** phonetics; **phát âm** pronunciation; **nhị trùng âm** diphthong **2** *n.* female principle, negative principle, minus, yin [*opp.* **dương**]: **âm lịch** lunar calendar

âm ba *n.* sound wave

âm cực *n.* cathode

âm đạo *n.* vagina

âm điệu *n.* tune, melody: **Cô ấy hát đúng âm điệu.** She sings in tune.

âm độ *n.* pitch

âm giai *n.* musical scale

âm học *n.* acoustics

âm hộ *n.* vulva

âm hưởng *n.* echo

âm lịch *n.* lunar calendar

âm mưu *n., v.* plot; to plot: **Quân đội âm mưu đảo chánh.** The military were plotting a coup.

âm nhạc *n.* music: **Tối qua, tôi vừa tham dự buổi trình diễn âm nhạc.** Last night I attended a concert.

âm phủ *n.* hell

âm thanh *n.* sound, tone: **âm thanh tuyệt hảo** excellent acoustics

âm thanh học *n.* phonology

âm thầm *v., adj.* quiet, to be profound; silent: **Sau khi về hưu, ông ấy sống âm thầm ở nhà.** After retirement, he lives quietly at home.

âm tiết *n.* syllable

âm tố *n.* sound element

âm vị *n.* phoneme

âm vị học *n.* phonemics

ấm **1** *v., adj.* warm: **nước ấm** warm water; **ấm áp** nice and warm **2** *n.* teapot, kettle: **cái ấm nấu nước** kettle

ấm cúng *adj.* snug, harmonious: **Tôi sống trong một căn phòng ấm cúng.** I live in a harmonious room.

ấm no *adj.* well off, comfortable: **Họ có một đời sống ấm no.** They have a comfortable life.

ầm *adj., adv.* noisy; noisily: **ầm ĩ** to be very noisy; noisily

ẩm *adj.* humid, moist, muggy: **khí hậu ẩm thấp, ẩm ướt** humid weather

ân *n.* R kind act [from above], good deed, favor (= ơn): **Ông ấy cho tôi một ân huệ.** He gave me a favor.

ân cần *adj.* kind, thoughtful: **Ông ấy bày tỏ thái độ ân cần.** He displayed a thoughtful attitude.

ân hận *v.* to regret, to be sorry: **Tôi rất ân hận đã không đến gặp ông ấy.** I regret that I could not come to see him.

ân nhân *n.* benefactor

ân xá *v.* to proclaim amnesty

ấn *v.* to press [button]; R to print (= in): **ấn loát** printing

Ấn *n.* India, Indies, Indian: **Ấn Hồi** Indo-Pakistan; **Tây Ấn** the West Indies

ấn định *v.* to define, to confirm, to fix [price, rate, date…]: **Bạn nên ấn định ngày làm việc.** You should confirm your working days.

Ấn độ *n.* India: **người Ấn độ** Indian

Ấn Độ Dương *n.* Indian Ocean

Ấn Độ giáo *n.* Hinduism

ấn hành *v.* to print, to publish: **Chúng tôi sẽ ấn hành hai cuốn từ điển mới.** We will publish two new dictionaries.

ấn loát *v., n.* to print; printing: **thiết bị ấn loát** printing facilities; **ấn loát phẩm** printed matter; **ấn quán** printing house

ấn tượng *n.* impression, imprint: **gây ấn tượng tốt** to make a good impression

ẩn *v.* to hide: **ẩn nấp** to take shelter; **trú ẩn** to be latent, hidden; **Ở ẩn** to live in seclusion; **hầm trú ẩn** air-raid shelter

ẩn dật *v.* to live a secluded life

ẩn khuất *v.* to be hidden

ẩn náu *v.* to hide oneself, to take shelter

ẩn núp *v.* to hide, to take cover

ấp **1** *n.* hamlet, settlement, farm **2** *v.* to sit on [eggs]: **Gà mái ấp trứng.** The chicken is sitting on its eggs.

Âu *n.* Europe, European: **Âu Mỹ** Western; **châu Âu** Europe; **Tây Âu** Western Europe; **Đông Âu** Eastern Europe

Âu hóa *v.* to Europeanize, to be Europeanized

âu phục *n.* Western clothes: **Đàn ông Việt Nam thường mặc âu phục.** Vietnamese men often wear Western clothes.

âu sầu *adj., v.* sad, sorrowful; to grieve, to be concerned

âu yếm *v.* fondle, caress: **Đôi cặp tình nhân đang âu yếm.** The two lovers are fondling each other.

ấu **1** *adj.* R to be young: **lớp đồng ấu**

first grade [primary school]; **thời kỳ thơ ấu** childhood, boyhood, girlhood, days in one's childhood **2** *n.* caltrops: **ăn củ ấu** to eat caltrops

ấu trí *adj.* childish, immature, in infancy

ấu trí viên *n.* kindergarten

ấu *adj., v.* careless, negligent; to disregard rules and regulations: **Không ai ẩu hơn ông ấy.** No one is more careless than he.

ẩu đả *v.* to fight, to brawl

ấy 1 *adj., pron.* that, those: **chính phủ ấy** that government; **Tôi thích những quyển sách ấy.** I like those books. **2** *intj.* Look! Mind you!: **Ấy! Đừng làm thế.** Look! Don't do that.

B

ba 1 *num.* [SV **tam**] three: **thứ ba** third; Tuesday; **tháng ba** third lunar month, March; **mười ba** thirteen; **ba mươi/chục** thirty; **một trăm ba mươi/chục** one hundred and thirty; **một trăm linh/lẻ ba** one hundred and three **2** *n.* [Fr. *papa*] dad, father: **Ba tôi là một công nhân.** My father is a worker. **3** *n.* R wave (= **sóng**): **lò bếp vi ba** micro-wave

ba ba *n.* turtle: **Thịt con ba ba rất ngon.** Turtle meat is very delicious.

ba chỉ *n.* side: **mua một miếng thịt ba chỉ** to buy a cut of pork-side

ba-dô-ca *n.* bazooka

ba gai *adj.* rowdy, impolite: **Nó ăn nói ba gai.** He spoke in an impolite tone.

ba hoa *adj., v.* talkative; to talk too much; to boast, to brag: **Ông ấy nói ba hoa thiên địa.** He talked a lot of nonsense.

Ba Lan *n.* Poland, Polish: **người Ba Lan** Polish person

ba lăng nhăng *adj.* undisciplined, disorganized, disordered; worthless: **Ông ấy ăn nói ba lăng nhăng.** He

indulges in worthless talk.

Ba Lê *n.* Paris, the capital of France: **Bạn đã đi Ba Lê chưa?** Have you been in Paris?

Ba lô *n.* knapsack, rucksack: **vai mang ba lô** to carry a knapsack on one's shoulder

ba phải *adj.* agreeing with everyone: **con người ba phải** a yes-man with everyone

Ba Tây *n.* Brazil, Brazilian

ba toong *n.* [Fr. *baton*] stick, cane

ba trợn *adj.* unruly, rude: **Nó ăn nói ba trợn.** He speaks rudely.

Ba Tư *n.* Persia, Iran; Persian, Iranian

bá 1 *adj.* R one hundred (= **trăm**): **Bá nhân bá tánh.** Hundreds of people have hundreds of characteristics. **2** *n.* R count, earl, mandarin, title of king's court: **bá tước** count **3** *v.* R to sow [seeds]: **truyền bá** to spread; **quảng bá** to broadcast

bá cáo *v.* to announce, to publicize, to proclaim

bá chủ *n.* lord, master, dominator, ruler

Bá Linh *n.* Berlin

bá quyền *n.* hegemony: **chủ nghĩa bá quyền** hegemonism

bá tước *n.* earl, count

bà 1 *n.* [SV **tổ mẫu**] grandmother; female: **bà ngoại** maternal grandmother; **bà nội** paternal grandmother; **đàn bà** woman, women; **Hai Bà Trưng** the Trung sisters **2** *pron.* lady/you [used by grandchild to grandmother, first person pronoun being **cháu**]; I [used by grandmother to grandchild, second person pronoun being **cháu**]; you [used to refer to women of a certain age, first person pronoun being **tôi**]: **Bà cho cháu cái áo nầy.** I give you this shirt.; **Bà ấy/bà ta là người tử tế.** She [of woman of a certain age] is a nice woman.; **Gởi thư nầy cho bà Nam.** Send this letter to Mrs. Nam.

bà con *n.* relative, relation, fellow:

Họ giúp đỡ tài chánh cho những **người bà con.** They give financial support to their relatives.

bà đỡ *n.* midwife

bà phước *n.* (= dì phước) Catholic female priest, sister

bà vãi *n.* Buddhist nun

bả 1 *n.* lure; poison; bait: **bả vinh hoa** the lure of honors **2** *pron.* (= bà ấy) she; her: **Tôi đã nói với bả rồi.** I have told her.

bả vai *n.* flat of shoulder, shoulder blade

bã *n.* residue, waste, dregs: **bã mía** sugar-cane residue; **bã cà-phê** coffee waste

bạ *adj.* anyone; anything; anywhere; at random, haphazardly: **bạ ai ông ấy cũng hỏi** He would ask anyone.

bác 1 *n.* uncle [father's elder brother]: **Người/ông bác đã giúp tôi rất nhiều trong việc học.** My uncle helped me a lot in my studies. **2** *pron.* you [used to refer to an uncle, first person pronoun being **cháu**], I [used to refer to a nephew or niece, second person pronoun being **cháu**], you [used to refer to craftsmen, first person pronoun being **tôi**]; you [my child's uncle or aunt; also used to refer to friends]; she, he: **Cháu xin chào bác?** How are you?; **Bạn đã gặp bác ấy/bác ta chưa?** Have you met her? **3** *v.* to scramble [eggs] **4** *v.* to reject [application, proposal]: **Đơn tôi đã bị bác.** My application was rejected.

bác ái *adj.* humane, tolerant, altruistic: **Bà ấy có lòng bác ái.** She is very humane.

bác bỏ *v.* to reject: **bác bỏ đề nghị của ai** to reject someone's proposal

bác học *n.* learned man, scholar, scientist: **nhà bác học** scientist

bác sĩ *n.* doctor, medical doctor: **bác sĩ gia đình** family doctor

bạc 1 *n.* [SV **ngân**] silver; money: **đồng bạc** piastre; **giấy bạc** banknote, bill; **kho bạc** treasury; **tiền bạc** money, currency; **thợ bạc** goldsmith, silversmith, jeweler; **đánh bạc** to gamble **2** *adj.* discolored, faded: **Áo tôi đã bạc màu.** My shirt was discolored.

bạc bẽo *adj.* ungrateful, unrewarding: **con người bạc bẽo** ungrateful person

bạc đãi *v.* to betray, to treat with indifference, to be ill-treated

bạc hà *n.* peppermint, mint

bách *num.* R one hundred (= **trăm**): **Bách niên giai lão.** [to newly-married couple] May you live together to be one hundred years old.

bách bộ *v.* to go for a walk: **Chúng ta nên đi bộ một vài phút.** We should go for a walk in a few minutes.

bách hoá *n.* all kinds of goods: **cửa hàng bách hoá tổng hợp** general department store

bách khoa *n.* polytechnical, encyclopedic; **bách khoa từ điển** encyclopedia; **trường Bách khoa bình dân** the popular polytechnic institute

bách phân *n.* per cent, centigrade

bách thảo *adj.* botanical: **vườn bách thảo** botanical gardens

bách thú *n.* zoological: **vườn bách thú** zoo

bạch *adj.* R white (= **trắng**): **Thủ tướng ở toà bạch dinh Vũng Tàu.** The Prime Minister stayed at the White Palace in Vung Tau.; **bạch chủng** the white race; **toà Bạch Cung** the White House

bạch huyết cầu *n.* leucocyte

bạch kim *n.* platinum

Bạch Ốc *n.* (= Bạch Cung) the White House

bái *v.* R to bow, to kowtow, to pay homage to: **bái tạ** to thank with a kowtow; **bái tổ** to bow to ancestors

bài 1 *n.* text, lesson, script; CL for nouns denoting speeches, newspaper articles; cards: **một bài diễn văn** a speech; **con/lá quân/cây bài; một cỗ bài** a deck of cards; **chơi bài, đánh**

bài to play cards; **làm bài** to do one's homework; **dàn bài** outline; **bài học** lesson, **bài làm** exercise 2 *v.* R to be against: **bài cộng** to be anti-communist; **bài ngoại** to be xenophobic

bài tiết *v.* to excrete; to eliminate

bài trí *v.* to furnish; to decorate

bài trừ *v.* to abolish; to get rid of [an evil]: **Họ ủng hộ chính phủ bài trừ ma tuý.** They support the government's effort to stamp out drug-trafficking.

bài vở *n.* class materials; task

bài xích *v.* to disapprove of; to be against

bãi 1 *n.* flat expanse, field, stretch [of grass, sand, etc.]: **bãi bể** shore, beach; **bãi cỏ** lawn; **bãi đá bóng** soccer field; **bãi chiến trường** battlefield; **bãi sa mạc** desert; **bãi tha ma** graveyard 2 *v.* R to stop, to cease, to strike: **bãi binh** to cease fighting, to disarm; **bãi công** to go on strike

bãi khóa *v.* [of students] to strike

bãi thị *v.* [of market vendors] to strike

bãi trường *n.* school vacation: **Hôm nay là ngày đầu bãi trường.** Today is the first day of the school vacation.

bại *v.* to lose [battle, war], to be defeated (= thua): **thất bại** to fail; **đánh bại** to beat, to defeat [*opp.* **thành, thắng**]

bám *v.* to hang on, to stick, to cling [lấy to]: **Bụi bám đầy áo quần bạn.** Dust sticks all over your clothes.

ban 1 *n.* section, board, committee, commission: **ban giám đốc** the Board of Directors; **ban nhạc** orchestra, band; **ban hát, ban kịch** theatrical cast 2 *n.* section of time: **ban ngày** in the daytime; **ban đầu** at the beginning; **ban đêm** during the night; **ban nãy** just now, a short while ago; **ban sáng** this morning; **ban tối** in the evening; **ban trưa** at noon 3 *v.* to grant, to bestow, to confer

ban bố *v.* to issue, to promulgate [laws, regulation]

ban hành *v.* to issue, to promulgate, to enforce [laws]: **Chính phủ vừa ban hành nghị định về quyền sở hữu nhà đất.** The government has announced its decision to property owners.

ban khen *v.* to praise, to award

ban phát *v.* to distribute, to dispense

bán 1 *v.* [SV mại] to sell; to be sold: **bán lại** to resell; **đồ bán nước** traitor, quisling; **Ông ấy là nhà buôn bán.** He is a merchant, a businessman.; **đi mua bán** to go shopping; **bán chịu** to sell on credit; **bán đấu giá** to sell by auction; **người bán hàng** salesman, salesgirl 2 *adj.* semi, half: **bán phong kiến** semi-feudal; **bán công khai** semi-official

bán cầu *n.* hemisphere: **Tây bán cầu** the Western Hemisphere

bán chính thức *n.* semi-official: **thông tin bán chính thức** semi-official information

bán đảo *n.* peninsula: **bán đảo Triều Tiên** the Korean Peninsula

bán kết *n.* semi-final: **Đội bóng đá được vào bán kết.** The soccer team qualified for the semi-final.

bán khai *adj.* under-developed, uncivilized, backward: **dân tộc bán khai** uncivilized people; **những nước bán khai** under-developed countries

bán kính *n.* radius

bán nguyệt *n.* semi-circular; bimonthly: **bán nguyệt san** bimonthly magazine

bán nguyên âm *n.* semi-vowel: **Trong tiếng Việt, y là một bán nguyên âm.** "y" is a semi-vowel in Vietnamese.

bán niên *n.* half year, one semester

bán sống bán chết *adj.* being in danger of one's life

bán thân *n.* bust

bán thân bất toại *n.* hemiplegia

bán tín bán nghi *adj.* doubtful, dubious

bán tự động *adj.* semi-automatic

bàn 1 *n.* table, desk: **cái bàn học** study table; **bàn tay** hand; **bàn chân** foot; **bàn chải** brush; **bàn cờ** chessboard, check keyboard; **bàn đạp** pedal; **bàn ghế** furniture; **bàn giấy** office desk; **bàn là** iron; **bàn thờ** altar **2** *v.* [SV **luận**] to discuss, to deliberate [**đến, về** about]: **Chúng ta nên bàn luận gì ngày hôm nay?** What should we discuss today?

bàn bạc *v.* to discuss, to deliberate: **Mọi việc gì cũng phải bàn bạc với nhau.** We should discuss everything together.

bàn cãi *v.* to debate

bàn giao *v.* to transfer, to hand over: **bàn giao chức vụ** to hand over a position

bản 1 *n.* edition, copy, impression [CL for scripts, songs, plays, statements, treaties, etc.]: **một bản hiệp ước** a treaty; **một bản đàn** a piece of music; **một bản báo cáo** a report **2** *n.* R root, base, origin, source (= **gốc**): **Ông ấy có căn bản tiếng Anh.** He has a background in English language.

bản doanh *n.* headquarters

bản đồ *n.* map: **bản đồ du lịch** tourist map

bản lề *n.* hinge: **tra bản lề vào cửa** to fix hinges onto a door

bản năng *n.* instinct: **Ông ấy là người có bản năng.** He is a man of strong instincts.

bản ngã *n.* ego, self

bản quyền *n.* copyright: **nhà xuất bản giữ bản quyền** publisher's copyright

bản sao *n.* a photocopy [of an original document]: **chứng thực bản sao** to certify a photocopy of an original document

bản sắc *n.* character, identity: **bản sắc dân tộc** national identity

bản thảo *n.* draft, rough draft

bản xứ *n.* local/native country

bạn *n.* [SV **hữu**] friend, comrade: **nước bạn** friendly nation; **bạn học** schoolmate, classmate; **bạn cũ** old friend; **bạn già** friend in old age; **bạn trăm năm** spouse, husband, wife; **chúng bạn, bạn bè, bạn hữu** friends

bạn đọc *n.* reader: **trả lời thư bạn đọc** to answer readers' letters

bạn hàng *n.* customer, fellow trader

bang *n.* R state, country, nation: **lân bang** neighboring state; **ngoại bang** foreign nation; **liên bang** union, federation; **tiểu bang** state [in the union]

bang giao *v.* to have relations with: **Việt Nam có bang giao quốc tế với hầu hết các nước trên thế giới.** Vietnam has international relations with almost all the countries in the world.

báng 1 *n.* butt, stock: **báng súng** butt **2** *n.* ascites: **bệnh báng** ascites

bàng bạc *v.* to teem, to overflow: **Tác phẩm văn chương của ông ấy bàng bạc lòng ái quốc và tình yêu nhân loại.** His literary work overflows with humanity and patriotism.

bàng hoàng *adj.* stunned, dumbfounded, stupefied: **Ông ấy định thần lại sau một phút bàng hoàng.** He pulled himself together after being dumbfounded for a minute.

bàng quan *v.* to look on: **kẻ bàng quan** spectator; **thái độ bàng quang** a spectator's attitudes

bàng thính *v.* to audit [class, course]; to listen in: **Sinh viên bàng thính.** Students audited a class.

bảng *n.* sign, placard: **bảng đen** blackboard; **yết lên bảng thông báo** to put up on the notice-board; **bảng niêm yết thông báo** bulletin board

bánh 1 *n.* cake, pie, pastry: **bánh ngọt** cake; **bánh mì** bread; **một bánh xà phòng** a pack of soap; **bánh bao** dumpling; **bánh bèo** bloating fern-shaped rice cake; **bánh bò** sponge cake; **bánh chưng** square glutinous rice cake; **bánh cuốn** steamed rolled rice pancake **2** *n.* wheel: **bánh xe** car wheel; **tay bánh lái** steering wheel; **Không ai có thể quay ngược bánh xe lịch sử.** No one can turn back the wheels of history.

bánh Trung thu *n.* mid-autumn festival cake

bành tô *n.* jacket, coat: **áo bành tô** overcoat

bành trướng *v.* to develop, to expand, to spread

bao **1** *pron.* how much, how many; so much, so many; some, any: **Bao giờ?** When?, What time?; **Bao lâu?** How long?; **Bao nhiêu?** How much? How many?; **Bao xa?** How far?; **bao giờ cũng được** any time; **Bao nhiêu cũng được** Any number (quantity) will do.; **Anh ấy đi bao giờ?** When did he go?; **Bao giờ anh ấy đi?** When is he leaving? **2** *n.* envelope, bag: **một bao gạo** a bag of rice; **một bao diêm** a box of matches; **một bao thuốc lá** a pack of cigarettes **3** *v.* to pack, to wrap, to cover: **bao bọc** to protect; **bao trùm**, **bao phủ** to cover; **bao gồm** to include

bao che *v.* to screen: **Họ bao che cho đảng viên.** They screen potential party members.

bao dung *adj.* generous, tolerant: **thái độ bao dung** a tolerant attitude

bao phủ *v.* to cover up

bao quát *v.* to embrace, to include

bao tử *n.* stomach: **bệnh đau bao tử** stomach-ache

bao vây *v.* to besiege, to encircle

báo **1** *v.* to announce, to notify, to report: **Chúng tôi xin thông báo cho biết rằng.** We would like to notify that... . **2** *n.* newspaper: **tờ báo hàng ngày, nhật báo** a daily newspaper; **nhà báo** journalist; **tuần báo** weekly magazine; **toà báo** newspaper office

báo cáo *v.* to report: **tôi xin trân trọng báo cáo** I have the honor to report; **báo cáo hàng tuần** weekly report

báo chí *n.* newspaper and magazine; the press: **thông cáo báo chí** press release

báo danh *n.* candidate list: **số báo danh** registration number on the name-list of candidates

báo động *v.* to alarm, to alert, to be in an emergency: **Họ báo động là có**

bom trong chiếc xe đó. They alerted that there was a bomb in that car.; **tình trạng báo động** state of emergency

báo giới *n.* the press, media

báo hỉ *n.* wedding announcement

báo hiếu *v.* to show gratitude towards one's parents: **tỏ lòng báo hiếu cha mẹ** to convey one's filial piety towards one's parents

báo hiệu *v.* to give the signal

báo thù *v.* to avenge oneself

báo thức *v.* to wake up: **đồng hồ báo thức** alarm clock

báo tin *v.* to inform, to advise, to announce: **Tôi vừa được báo tin rằng tôi được nhận vào làm việc ở công ty ông ấy.** I was informed that I was offered a job in his company.

bào **1** *v.* to plane **2** *n.* **cái bào** plane: **vỏ bào** shavings **3** *n.* R womb: **bào huynh/bào đệ** brothers by the same mother; **đồng bào** compatriot, fellow countryman

bào chế *v.* to produce medicines, to make drugs: **nhà bào chế** pharmacist, pharmacologist

bào chữa *v.* to defend: **Luật sư bào chữa cho bị cáo.** Lawyers defend the accused.

bào ngư *n.* abalone: **cháo bào ngư** abalone soup [a type of congee]

bào thai *n.* fetus

bảo *v.* to say [to], to tell [rằng that]: **tôi bảo sao nghe vậy** believe what I tell you; **khuyên bảo/răn bảo** to advise

bảo an *n.* security: **Hội đồng Bảo An** the Security Council

bảo đảm *v.* to guarantee, to assure; to register: **thư bảo đảm** registered mail

bảo hành *v.* to give a warranty: **Cái máy nầy được bảo hành một năm.** This machine comes with a one-year warranty.

bảo hiểm *v.* to insure, to assure, to guarantee: **Bạn phải bảo hiểm nhà của bạn.** You must insure your house.

bảo hoàng *v.* to be royalist/monarchist:

phái bảo hoàng the monarchist party

bảo hộ *v.* to protect

bảo kê *v.* to register, to insure

bảo mật *v.* to keep secretly, to be confidential: **Những tài liệu nầy cần được bảo mật.** These documents should be kept confidential.

bảo quyến *n.* [precious] family

bảo vật *n.* precious things, valuables (= quí): **Kiến thức là bảo vật đối với con người.** Knowledge is a precious thing to humans.

bảo vệ *v.* to protect, to guard, to preserve (= giữ): **bảo vệ môi trường** to protect the natural environment

bảo tàng viện *n.* museum

bảo thủ *v.* to be conservative: **Ông ấy là người bảo thủ lắm.** He is very conservative.; **đảng bảo thủ** the conservative party

bảo toàn *v.* to keep intact, to preserve perfectly

bảo tồn *v.* to preserve: **bảo tồn văn hoá** to preserve one's culture

bảo trợ *v.* to protect, to sponsor: **quyền bảo trợ** patronage, sponsorship

bảo vệ *v.* to preserve, to guard, to defend

bão *n.* typhoon, storm, hurricane: **cơn/trận bão** storm; **bão tuyết** snowstorm; **Gieo gió gặt bão.** Who causes the wind, reaps the whirlwind.

bão hòa *adj.* saturated: **trong tình trạng bão hoà** in a saturated situation

bão táp *n.* violent storm, severe hurricane

bạo *adj.* daring, brave, bold: **Ông ấy bạo miệng quá.** He speaks boldly.

bạo bệnh *n.* serious illness: **Ông ấy vừa qua cơn bạo bệnh.** He has recovered from a serious illness.

bạo chúa *n.* tyrant

bạo dạn *adj.* bold, daring, fearless

bạo động *v.* to be violent: **Không ai ủng hộ cho người gây bạo động.** No one supports those who are violent.

bạo lực *n.* repression, violence

bạo tàn *v.* to be cruel, to be wicked

bất bạo động *adj.* non-violent

bát **1** *n.* eating bowl: **một bát cơm** a bowl of rice **2** *num.* eight (= tám): **thơ lục bát** the six-eight words poetic form; **bát giác** octagon

bát đĩa *n.* bowls and plates; dishes: **máy rửa bát đĩa** dish washer

bát ngát *adj.* immense, limitless: **cánh đồng lúa bát ngát** an immense ricefield

bát phố *v.* to loiter in the streets, to wander about in a shopping center

bát quái *n.* eight-number figure

bạt **1** *adj.* careless, negligent, rash: **bạt mạng** reckless **2** *n.* epilogue: **viết lời bạt cho một cuốn sách** to write an epilogue for a book **3** *n.* canvas: **nhà bạt** a canvas tent

bạt thiệp *adj.* well-mannered, polite: **con người bạt thiệp** a well-mannered person

bay **1** *pron.* you [plural]: **chúng bay** you all **2** *n.* trowel: **bay thợ hồ** bricklayer's trowel **3** *v.* [SV phi] to fly: **máy/tầu bay** airplane; **sân bay** airport; **trường bay** airfield; **chuyến bay** flight

bày *v.* (= bầy) [SV bài] to display, to arrange: **tỏ bày** to express, to expose; **trình bày** to present; **phô bày** to show off

bày biện *v.* to display, to arrange: **bày biện đồ đạc trong nhà** to arrange furniture in the house

bày đặt *v.* to create unnecessarily

bày tỏ *v.* to convey, to express: **Tôi muốn bày tỏ ý kiến của tôi.** I would like to express my opinions.

bày vẽ *v.* to contrive unnecessary things; to show, to teach: **Đừng bày vẽ nhiều chuyện.** Don't contrive all kinds of things.; **Bà ấy bày vẽ cách làm ăn cho tôi.** She taught me how to do business.

bảy *num.* [SV thất] seven: **mười bảy** seventeen; **bảy mươi/chục** seventy; **thứ bảy** seventh; Saturday; **tháng bảy** seventh lunar month; July; **một trăm**

bảy mươi/chục one hundred and seventy; **một trăm linh/lẻ bảy** one hundred and seven

bắc 1 *v.* to bridge a space with [a plank **tấm ván**, brick **gạch**]: **bắc cầu** to build a bridge; **bắc thang** to put up a ladder **2** *n.* north, northern: **phương bắc** the north; **đông bắc** northeast; **tây bắc** northwest; **thuốc Bắc** Chinese medicine; **người Bắc** northerner

Bắc Băng Dương *n.* Arctic Ocean

Bắc bộ *n.* the northern part of Vietnam

Bắc Cực *n.* North Pole

Bắc Đẩu *n.* Ursa Major

Bắc Đẩu Bội Tinh *n.* Legion of Honor Medal

Bắc Đại Tây Dương *n.* North Atlantic: **tổ chức Hiệp ước Bắc Đại Tây Dương** the North Atlantic Treaty Organization [NATO]

Bắc Hàn *n.* North Korea

Bắc Kinh *n.* Beijing: **thành phố Bắc Kinh** Beijing city

Bắc Kỳ *n.* North Vietnam, Tonkin [not used nowadays]

Bắc Mỹ *n.* North America

bắc phần *n.* the northern part of Vietnam

Bắc Phi *n.* North Africa

Bắc thuộc *n.* Chinese domination

Bắc Việt *n.* North Vietnam

băm 1 *num.* thirty [contraction of **ba mươi**]: **băm sáu** thirty six **2** *v.* to chop: **băm thịt** to chop meat

băn khoăn *v.* to be worried, unable to make up one's mind: **Tôi băn khoăn không biết phải làm như thế nào.** I am unable to make up my mind as to how to do it.

bắn *v.* [SV **xạ**] to fire, to shoot [**vào** at]; to splash: **săn bắn** to hunt; **bắn tin** to drop a hint, to start a rumor, to spread the news

băng 1 *n.* ice: **đóng băng/kết băng** to freeze **2** *n.* [Fr. *banque*] bank: **Tôi đi nhà băng đây.** I'm going to the bank. **3** *n.* [Fr. *ruban, bande*] rib-

bon, band, bandage, tape: **băng ghi âm** recording tape; **thay băng** to change a bandage

băng bó *v.* to dress a wound

Băng Cốc *n.* Bangkok

băng điểm *n.* freezing point

băng hà 1 *n.* glacier **2** *v.* [of king] to pass away

băng huyết *v.* to have metrorrhagia

băng phiến *n.* naphthalene, moth balls

bằng 1 *adj.* equal to, to be as … as; to be even, level: **bằng lòng** satisfied; consenting, agreeable; **bằng không** if not, or else; **bằng thừa** in vain; **đồng bằng** plains; **thăng bằng** balanced **2** *adv.* to be made of [some material], run by [some fuel], use [at means], travel or be transported by: **Cái nhà ấy làm bằng gỗ.** That house is made of wood.; **Máy này chạy bằng dầu tây.** This motor uses kerosene.; **Tôi thích viết bằng bút máy.** I like to write with a fountain pen.; **Anh sẽ đi bằng gì?** How are you going to go? **3** *n.* diploma, degree: **phát bằng cấp** to confer a degree; **lĩnh bằng** to receive a diploma/degree/certificate; **bằng Trung học** high school certificate; **lễ phát bằng** graduation ceremony

bằng cấp *n.* diploma, degree

bằng chứng *n.* (= **bằng cứ**) evidence, proof: **trưng bằng chứng** to give an evidence

bằng hữu *n.* friend(s): **tình bằng hữu** friendship

bằng lòng *v.* to agree, to be satisfied: **Tôi bằng lòng trả tiền thuê.** I agree to pay rent.

bằng phẳng *adj.* even and flat

bắp *n.* (= **ngô**) corn, maize

bắp cải *n.* cabbage

bắp thịt *n.* muscle: **bắp chân** calf

bắt *v.* [SV **bộ**] to catch, to seize, to arrest; to force: **Nó bị bắt rồi.** He was arrested.; **Nó không thích thì thôi; đừng bắt nó.** If he doesn't like it, don't force him.

bắt bẻ *v.* to find fault with, to criticize: **bắt bẻ từng li từng tí** to find fault with someone's argument

bắt bớ *v.* to arrest: **Lực lượng cảnh sát đã bắt bớ nhiều kẻ tình nghi khủng bố.** The police force arrested many terrorist suspects.

bắt buộc *v.* to force, to compel; to be obligatory, to be compulsory

bắt chước *v.* to imitate, to mimic, to copy: **Không nên bắt chước thói hư tật xấu.** We should not imitate bad habits.

bắt cóc *v.* to kidnap

bắt đầu *v.* to begin, to start: **Buổi họp đã bắt đầu.** The meeting has started.

bắt đền *v.* to demand restitution, to ask for compensation

bắt gặp *v.* to come across, to run into: **Tôi bắt gặp bạn tôi ở sân bay.** I ran across my friends at the airport.

bắt mạch *v.* to take a pulse: **Bác sĩ bắt mạch bệnh nhân.** The doctor is taking the pulse of his patient.

bắt mối *v.* to make contact

bắt nạt *v.* to bully

bắt quả tang *v.* to catch in the act

bắt tay *v.* to shake hands [with]; to start: **khi chúng tôi bắt tay vào làm việc** when we (actually) started to work

bắt thăm *v.* to draw lots

bắc 1 *adj.* [of wind] northern: **gió bắc** northern wind **2** *n.* pith: **bắc đèn** wick

bậc *n.* step [of stairs], rung [of ladder], category, level: **Cầu thang có 12 bậc.** The stairs have twelve steps.; **bậc vĩ nhân** great man

bấm *v.* to press [button, etc.]: **khuy bấm** snap [fastener]

bầm *adj.* bruised, black and blue: **chân bị tím bầm** bruised legs

bẩm *v.* (= thưa) to report [to a superior]/[polite particle]; **bẩm ông** sir

bẩm chất *n.* nature, inborn trait: **Cậu ấy có bẩm chất thông minh.** He is intelligent by nature.

bẩm sinh *adj.* innate, inborn

bẩm tính *n.* innate character

bấn *v.* to be short of money, to be in trouble: **Tôi đang túng bấn lắm.** I am in trouble because of money.

bần 1 *adj.* R poor (= nghèo): **bần cùng** very poor **2** *n.* cork: **nút bần** a cork

bần đạo *n.* a poor priest

bần cố nông *n.* a poor peasant: **Họ được xếp loại bần cố nông.** They were classified as poor peasants.

bần tăng *n.* a poor monk

bần thần *adj.* haggard, worried: **vẻ mặt bần thần** to look haggard

bần tiện *adj.* mean, ignoble: **hành động bần tiện** mean action

bẩn *adj.* dirty, filthy; stingy: **tay bẩn** dirty hands; **keo bẩn** miserly; **bẩn thỉu** stingy

bận 1 *adj.* busy, occupied: **bận việc** to be busy; **bận bịu, bận rộn** to be occupied **2** *v.* to dress, to wear: **ăn bận** to wear clothes; **bận quốc phục** to wear traditional clothes **3** *n.* time, occurrence: **một hai bận** once or twice; **mỗi bận** each time

bâng khuâng *adj.* melancholic; undecided: **Tôi rời Hà Nội với nỗi buồn bâng khuâng.** I was melancholic when I left Hanoi.

bâng quơ *adj.* vague or indefinite [in speech]: **trả lời bâng quơ** to give a vague answer

bấp bênh *adj.* [of conditions, situation, position] unstable, uncertain

bập bẹ *v.* to jabber, to mutter, to babble: **Tôi nói bập bẹ vài câu tiếng Tàu.** I babbled a few Chinese sentences.

bập bùng *adj.* flickering

bất *adj.* R not, non (= chẳng, không): **bất bạo động** non-violence; **bất bình** displeased, unhappy; **bất bình đẳng** unequal; **bất can thiệp** non-intervention

bất cần *v.* not to care: **Ông ấy bất cần lời khuyên của tôi.** He doesn't care for my advice.

bất cẩn *adj.* careless: **việc làm bất cẩn** careless work

bất chấp *v.* regardless of; to ignore: **Cô ấy đã gặp khó khăn vì cô ta bất chấp lời khuyên của tôi.** She is now facing a problem because she chose to ignore my advice.

bất chính *adj.* unrighteous

bất công *adj.* unjust, unfair: **đối xử bất công** to treat unfairly

bất cộng đái thiên *adj.* to be deadly [enemies]

bất cứ *adj.* any: **bất cứ ai** anybody; **bất cứ lúc nào** any time, any moment

bất di bất dịch *adj.* immutable

bất diệt *adj.* immortal, everlasting: **tình hữu nghị bất diệt** everlasting friendship

bất đắc dĩ *adj.* unwilling, reluctant, unavoidable: **Việc ấy, bất đắc dĩ tôi mới phải làm.** I had to do it in spite of myself.

bất định *adj.* unstable

bất đồ *adv.* suddenly, unexpectedly

bất đồng *adj.* different, uneven, divergent: **những điểm bất đồng** different agreements

bất động *adj.* motionless

bất động sản *n.* real estate, property: **Ông ấy đầu tư nhiều tiền vào bất động sản.** He invested a lot of money in real estate.

bất hạnh *adj.* unlucky, unfortunate: **kẻ bất hạnh** a victim, unlucky person

bất hảo *adj.* bad: **thành phần bất hảo** bad people

bất hợp pháp *adj.* illegal, unlawful: **Buôn bán ma túy là bất hợp pháp.** Drug trafficking is illegal.

bất hợp tác *v.* to be uncooperative; non-cooperative: **Chúng tôi bất hợp tác với ông ấy vì ông ấy đối xử không công bằng.** We won't co-operate with him because he treats us unfairly.

bất hủ *adj.* [of character, literary work] to be immortal: **Truyện Kiều của Nguyễn Du là một tác phẩm văn chương bất hủ.** The tale "Kieu of Nguyen Du" is an immortal work in literature.

bất khả xâm phạm *adj.* inviolable, unalienable

bất kỳ *adj.* any; unexpected, unintended: **Đưa cho tôi bất kỳ cây viết nào.** Give me any pen.

bất luận *adj.* regardless of, without distinction

bất lực *adj.* inefficient, incapable, powerless: **Ông ấy bất lực trong việc giải quyết vấn đề nầy.** He is incapable of solving this problem.

bất lương *adj.* dishonest, crooked

bất mãn *adj.* dissatisfied with: **Họ bất mãn với cuộc sống trong xã hội.** They are dissatisfied with life in the society.

bất nhã *adj.* rude, impolite: **Đừng ăn nói bất nhã với phụ nữ.** Don't say anything rude to women.

bất nhân *adj.* non-benevolent, inhumane

bất quá *adv.* at most, only

bất tài *adj.* incapable

bất thình lình *v., adv.* act suddenly; suddenly; all of a sudden, unexpectedly: **trận tấn công bất thình lình** surprise attack

bất thường *adj.* unusual, extraordinary: **phiên họp bất thường của Đại hội đồng Liên Hợp Quốc** special session of the U.N. General Assembly

bất tiện *adj.* inconvenient: **phương tiện đi lại bất tiện** inconvenient transportation

bất tỉnh *adj.* unconscious, insensible: **Ông ấy trong tình trạng bất tỉnh.** He is in a conscious condition.

bất trị *adj.* incurable, unruly: **bệnh bất trị** an incurable disease

bật *v.* to snap, to switch [lights] on: **bật cười** to burst out laughing

bật lửa *n.* cigarette lighter

bấu *v.* to pinch, to snip off: **Đừng bấu má cậu ấy.** Don't pinch his cheeks.

bầu 1 *n.* bottle gourd, calabash: **quả/ trái bầu** a calabash; CL for certain nouns such as in **một bầu không khí thân thiện** a friendly atmosphere;

bầu nhiệt huyết enthusiasm **2** *adj.* sphere, globe, round; **có bầu** to be pregnant **3** *v.* to elect, to vote [**cho** for]: **Bạn bầu cho ai?** Whom do you vote for?

bầu cử *n.* election: **Cuộc bầu cử quốc hội sẽ diễn ra vào ngày 01 tháng 11.** The National Assembly election will be on the first of November.

bây giờ *pron., adv.* now, at [the] present [time]: **Bây giờ là mấy giờ?** What time is it now?

bấy giờ *adv.* at that time: **Bạn làm gì lúc bấy giờ?** What did you do at that time?

bấy lâu *pron., adv.* so long, since then: **Ông ấy chờ đợi bấy lâu nay.** He has been waiting for a long time.

bấy nhiêu *pron.* that much: **Chỉ cần bấy nhiêu.** That much will do.

bầy *n.* flock, herd, group, pack: **một bầy chim** a flock of birds; **bầy tôi** subject(s) [of a king]

bẩy *v.* to pry up, to prize: **họ bẩy hòn đá lên** they pry up a slab of stone

bẫy *v., n.* to trap; to snare; trap, snare: **cái bẫy chuột** mousetrap; **đánh bẫy** to trap; **mắc bẫy** to be trapped

bậy *adj., adv.* wrong; improperly; nonsense: **Bà ấy nói bậy.** She talks nonsense.

be *n.* wine flask

be bét *adj.* crushed to pulp; completely messed up: **Họ tính sai be bét.** Their calculation was completely wrong.

bé *adj.* [SV **tiểu**] small, young, little, tiny: **thằng bé** the little boy; **con bé** the little girl; **vợ bé** a concubine; **bé bỏng** little and tender; **bé con** a little child

bè **1** *n.* faction, clique, party: **bè lũ**, **bè đảng** gang, group, party; **bạn bè** friends **2** *n.* raft: **đóng cái bè** to build a craft; **tầu bè** boats, ships; **thuyền bè** boats, craft

bè phái *n.* faction, clique, party

bẻ *v.* to break; to bend [something long or flexible] in a curve; to snap; to pick [fruit, flower]; to pinion: **bẻ cành cây** to break a stick; **bẻ quặt hay tay** to pinion someone's arms

bẽ *adj.* ashamed: **ông ấy bẽ mặt quá** he lost face

bén *adj.* sharp: **con dao bén** a sharp knife

bén mùi *v.* to become familiar with, to be accustomed to

bèn *adv.* then, instantly, immediately [precedes main verb]; **Anh ấy bèn bảo vợ đi thổi cơm.** Just then he told his wife to go and cook some rice.

bẽn lẽn *adj.* shy, timid

béo *adj.* fat, plump, stout, obese [*opp.* **gầy, ốm**]; [of dish] greasy: **Không ai thích béo đâu.** No one wants to be fat.

béo bở *adj.* profitable, easy to do: **việc làm béo bở** easy job

béo tốt *adj.* fat and healthy

bèo *n.* [SV **bình**] duckweed, marsh lentil, water hyacinth

bẹp *adj.* crushed, flattened, put out of shape; **Xe tôi bị bẹp lốp.** My car has a flat tire.

bét **1** *adj.* last [in rank], lowest, worst: **Loại vật liệu đó là hạng bét.** That kind of material is of the lowest class. **2** *adj.* wrong, utterly messed up: **nát bét** beaten to a pulp; **hỏng bét** to fail completely

bẹt *adj.* flattened

bê **1** *n.* calf [of cow]: **thịt bê** veal **2** *v.* to carry with both hands: **Họ đang bê bàn ghế.** They are carrying furniture.

bê bết *adj.* smeared all over, splashed all over

bê bối *adj.* in a pother, in a stew: **Hoàn cảnh gia đình ông ta bê bối.** He is in a pother because of his family affairs.

bê toong/tông *n.* [Fr. *bêton*] concrete: **Nhà ấy xây bằng bê-tông.** That house was built on concrete.

bê trễ *v.* to leave undone, to neglect:

Ông ấy bê trễ công việc. He left his work undone.

bế *v.* to hold in one's arms: **Người mẹ đang bế con.** The mother is holding her baby in her arms.

bế mạc *v.* [of a conference] to close, to adjourn, to end, to finish, to be over: **lễ bế mạc** a closing ceremony

bế quan tỏa cảng *n.* the closed-door policy

bế tắc *adj.* obstructed, deadlocked

bề *n.* side, dimension: **bề ngoài** appearance; **bề cao** height; **bề dày** thickness; **bề dọc** length; **bề ngang** width

bề bộn *adj.* jumbled, in a jumble, busy, mess: **Đồ đạc trong nhà bề bộn.** The furniture in my house is in a mess.; **công việc bề bộn** busy work

bề mặt *n.* surface, area, appearance

bể **1** *n.* (= **biển**) [SV **hải**] sea; cistern, tank: **bờ bể/biển** seashore; **cửa bể** seaport **2** *v.* [of glassware, china, etc.] to be broken; (= **vỡ**): **Cái bình trà đã bể rồi.** The teapot was broken.

bệ *n.* platform, pedestal; throne

Bệ Hạ *n.* Your Majesty; Your Excellency; Sire

bệ rạc *adj.* slovenly, squalid: **Ông ấy ăn mặc trông bệ rạc.** He looks slovenly in his clothes.

bệ vệ *adj.* stately, imposing: **ngồi bệ vệ trong ghế bành** to sit imposingly in an armchair

bên *n.* [SV **biên**] side; edge; party: **cả hai bên** both sides; **bên Pháp** in France; **bên kia đường** across the street

bến *n.* landing place, pier, port; bus or railroad station: **bến tầu** seaport; **bến xe** bus station

bền *adj.* strong, durable, solid; long-wearing: **Nền nhà bê-tông sẽ lâu bền.** The concrete slab will be durable, long-lasting.; **vững bền** to be stable, durable; **bền bỉ** enduring

bênh *v.* to protect, to defend, to take the side of: **bênh vực** to protect, to defend

bệnh *n., v.* sickness, disease; to be sick: **Hôm nay tôi bệnh.** Today I am sick.; **bị/lâm/mắc bệnh** to be sick; **khám bệnh, xem bệnh** to give or receive a medical examination; **chữa bệnh** to cure a disease; **con bệnh/bệnh nhân** patient; **căn bệnh** cause of the illness

bệnh hoa liễu *n.* (= **bệnh phong tình**) venereal disease

bệnh lý *n.* pathology

bệnh tật *n.* illness and infirmity

bệnh tình *n.* patient's condition, history of ailment

bệnh viện *n.* hospital, clinic

bếp *n.* kitchen; stove: **người làm bếp** cook, chef; **làm bếp** to cook; **bếp nước** cooking

bi *n.* [Fr. *bille*] marbles: **Chúng nó đánh bi.** They play marbles.; **chơi bi, đánh bi** to shoot marbles

bi ai *adj.* sorrowful, sad, lamentable, tragic

bi đát *adj.* lamentable, tragic, heart-rending: **Ông ấy lâm vào tình trạng bi đát.** He has been driven into a lamentable situation.

bi hài kịch *n.* tragedy-comedy

bi kịch *n.* tragedy, drama: **tấn bi kịch** tragedy

bi quan *adj.* pessimistic [*opp.* **lạc quan**]: **thái độ bi quan** pessimistic attitude

bi thảm *adj.* tragic: **cái chết bi thảm** a tragic death

bi tráng *adj.* pathetic

bí **1** *n.* pumpkin, squash, winter melon: **quả/trái bí** a pumpkin **2** *adj.* obstructed; constipated; to be stumped

bí ẩn *adj.* hidden, secret

bí danh *n.* pseudonym, pen name

bí hiểm *adj.* mysterious

bí mật *adj., adv.* secret, mysterious; secretly, mysteriously; **công tác bí mật** secret mission; **bí mật quân sự** military secret

bí quyết *n.* hint, secret [formula]: **Bạn có thể nói bí quyết thành công của**

bạn được không? Could you tell me your secret for success?

bí thư *n.* secretary: **đệ nhất bí thư [sứ quán]** first secretary [of embassy]; **tổng bí thư** secretary-general

bí tỉ *adj.* unconscious: **say bí tỉ** to be dead drunk

bì 1 *v.* to compare: **không ai bì kịp** no one is comparable **2** *n.* skin (= **da**), derm, peel; envelope, bag: **phong bì** envelope [for letter]; **cho gạo vào bì** to pack rice in bags

bỉ *adj.* scornful or contemptuous of: **khinh bỉ** contemptible; **thô bỉ** vulgar

Bỉ *n.* Belgium, Belgian

bĩ *adj.* cornered, unfortunate, unlucky [*opp.* **thái**]

bị 1 *n.* bag, knapsack: **cái bị** a bag **2** *v., adv.* to suffer or experience something unpleasant or disastrous; to be: **bị tù** to be in jail; **bên bị can** the defendant, the accused [*opp.* **bên nguyên đơn** the plaintiff]

bị cáo *n.* defendant

bị động *adj., adv.* passive; passively

bia 1 *n.* [SV **bi**] tombstone, stone slab, stele: **bia đá** tombstone; **bia miệng** public judgment, public opinion **2** *n.* bull's eye, target [for archers, marksmen]: **bia đỡ đạn** cannon folder **3** *n.* [Fr. *bière*] beer: **Tôi thích uống rượu bia.** I like to drink beer.

bìa *n.* book cover; cardboard: **đóng bìa** to bind [with a hard cover]

bịa *v.* to invent, to fabricate: **bịa chuyện** to make up stories

bịa đặt *v.* to invent, to fabricate

bích chương *n.* poster: **Không được dán bích chương** Post No Bill

bích báo *n.* newspaper posted on the wall

biếc *adj.* [SV **bích**] green or azure blue: **xanh biếc** emerald green or deep blue

biếm hoạ *n.* cartoon

biên 1 *v.* to write down, to note down, to jot down **2** *n.* R edge, border, limit, boundary, frontier: **vô biên** boundless

biên bản *n.* report, log, minutes: **Cảnh sát đã lập biên bản tai nạn.** The police wrote a report on the accident.

biên cảnh *n.* frontier area

biên chép *v.* to write, to copy

biên chế *v.* to arrange staff: **đưa vào biên chế** to put staff in permanent positions; **giảm biên chế** to cut staff

biên cương *n.* frontier, boundaries, border

biên giới *n.* frontier, border: **biên giới Hoa Việt** Sino-Vietnamese border

biên lai *n.* receipt: **Xin làm ơn cho tôi biên lai.** Please give me a receipt.

biên soạn *v.* to edit, to compile, to write: **Tôi đã biên soạn nhiều sách giáo khoa.** I have compiled many textbooks.

biên tập viên *n.* editor, writer

biên thuỳ *n.* frontier, border

biến 1 *v.* to disappear, to vanish: **nó đã biến đi, biến mất** he disappeared **2** *v.* to change, be changed, to turn into: **Nước biến thành hơi.** Water changes into steam.

biến cải *v.* to change, to transform

biến chuyển *v.* to change, to develop: **Tình hình biến chuyển khá tốt.** The situation has developed for the better.

biến cố *n.* event, happening, occurrence

biến đổi *v.* to change, to fluctuate

biến hoá *v.* to change, to evolve

biến loạn *adj., n.* rebellious; turmoil

biến số *n.* variable number

biến thái *adj.* variant, allophone, allomorph

biến thiên *v.* to change, to vary

biến ngẫu *n.* parallel, couple [stylistics]

biển 1 *n.* [SV **hải, dương**] sea, ocean: **bờ biển** sea coast; **bãi biển** seashore, beach (= **bể**) **2** *n.* sign, placard: **Hãy xem tấm biển kia!** Look at that sign!

biển lận *adj.* avaricious; fraudulent

biển thủ *v.* to embezzle

biện bác *v.* to discuss, to argue, to explain, to debate

biện chứng pháp *n.* dialectic

biện giải *v.* to explain, to explicate

biện luận *v.* to discuss, to argue

biện lý *n.* prosecutor

biện pháp *n.* method, measure, means, procedure: **thi hành biện pháp** to carry out the method

biếng *adj.* lazy; indolent: **làm biếng, lười biếng, biếng nhác** to be lazy

biết *v.* [SV **tri**] to know, be aware of: **quen biết** to be acquainted with; **Nó không biết bơi.** He can't swim.; **Tôi biết thế.** I knew that.

biết đâu *adv.* Who knows!

biết điều *adj.* reasonable

biết ơn *adj.* grateful: **Tôi luôn biết ơn những người đã giúp tôi.** I am always grateful to anyone who helped me.

biệt 1 *adj.* separated, isolated: **Hai chữ nầy biệt lập.** These two letters are separated. **2** *v.* to disappear without a trace: **phân biệt** to distinguish, to discriminate; **đặc biệt** to be special, characteristic, typical; **từ biệt** to say goodbye to

biệt đãi *v.* to treat exceptionally well

biệt động đội *n.* special mobile troops

biệt hiệu *n.* nickname, pen name, pseudonym, alias

biệt lập *adj.* independent, isolated

biệt ly *v.* to be separated, to part; to have a separation

biệt phái *v.* to detail

biệt tài *n.* special talent

biệt thự *n.* countryhouse, manor, villa: **Họ sống trong những biệt thự sang trọng.** They live in luxurious villas.

biệt xứ *adj.* exiled, banished

biếu *v.* to offer as a gift/present: **quà biếu** present; **Tôi biếu ba mẹ tôi một món quà Giáng sinh.** I gave my parents a Christmas present.

biếu xén *v.* to make [frequent] gifts

biểu 1 *v.* (= **bảo**) to say to, to tell, to order: **Biểu ông ấy tôi không đi.** Tell him I'm not going. **2** *n.* table, index, scale, meter: **hàn thử biểu**

thermometer; **đồ biểu** chart; **biểu chỉ dẫn** index

biểu diễn *v.* to perform, to demonstrate, to parade: **Các ca sĩ trẻ biểu diễn ca nhạc Việt Nam.** The young singers perform Vietnamese songs.

biểu dương *v.* to show, to manifest [a certain spirit **tinh thần**]

biểu đồng tình *v.* to express agreement: **Tất cả công nhân biểu đồng tình với vị quản đốc của họ.** All workers expressed their agreement with their manager.

biểu hiện *v.* to manifest, to show plainly: **Hành vi tốt đẹp biểu hiện phẩm chất con người.** Good behavior manifests one's personality.

biểu lộ *v.* to express, to convey

biểu ngữ *n.* slogan, banner: **Có nhiều biểu ngữ dọc đường phố.** There are many banners lining the streets.

biểu quyết *v.* to decide, to vote

biểu thị *v.* to show, to display, to express

biểu tình 1 *v.* to demonstrate [as a crowd] **2** *n.* demonstration

biểu tượng *n.* symbol

binh *n.* R soldier, private (= **lính**)/R military: **nhà binh** the military; **tù binh** prisoner-of-war; **điểm binh** to review troops; **bộ binh** infantry-(man); **mộ binh** to recruit soldiers; **công binh** corps of engineers; **pháo binh** artillery(man); **binh nhì** private; **tân binh** new recruit

binh bị *n.* military affairs: **tài giảm binh bị** to reduce armaments, to disarm

binh chế *n.* military system or organization

binh chủng *n.* arms, service, branch

binh đao *adj., n.* pertaining to war; war, warfare, hostilities

binh đội *n.* troops, forces

binh khí *n.* arms, weapons, war materials

binh lính *n.* soldiers, troops

binh lực *n.* combat forces, military power

binh mã *n.* troops, army, cavalry

binh ngũ *n.* troops, army ranks

binh nhu *n.* military supplies

binh pháp *n.* military strategy/tactics

binh phí *n.* military expenses

binh sĩ *n.* soldier, fighter, serviceman

binh thư *n.* military book/manual

binh vận *v.* to carry out agitation and propaganda among enemy troops: **thi hành chính sách binh vận** to implement psychological warfare

bình 1 *v.* to comment, to criticize: **phê bình/bình phẩm một tác phẩm văn chương** to critique a literature work 2 *n.* vase, pot: **bình hoa** flower vase; **bình chè** teapot; **bình điện** battery; **bình hương** incense burner

bình an *adj.* well, safe: **chúc bạn thượng lộ bình an** to have a safe trip

bình dân *adj.* common, popular, simple-mannered, democratically-mannered: **Tôi thích ăn cơm bình dân.** I like to eat popular dishes.; **văn chương bình dân** popular literature

bình dị *adj.* ordinary, simple: **đời sống bình dị** simple life

bình diện *n.* aspect, facet

bình đẳng 1 *adj.* to be equal, on the same level 2 *n.* equality: **Trong xã hội dân chủ, mọi người có quyền bình đẳng.** In a democratic society, everyone has equal rights.

bình địa *n.* level ground

bình điện *n.* battery

bình định *v.* to pacify

bình lặng *adj.* quiet and peaceful: **Thời gian bình lặng trôi qua.** Time passes quietly and peacefully.

bình luận 1 *v.* to comment [**về** on] 2 *n.* commentary, editorial: **bình luận thời sự** to comment on the current affairs; **nhà bình luận/bình luận gia** commentator

bình minh *n.* dawn, early morning

bình nguyên *n.* plain

bình nhật *n.* every day

bình phẩm *v.* to comment, to criticize

bình phong *n.* screen [folding screen]

bình phục *v.* to recover [from an illness]: **Bạn tôi vừa bình phục sau một cơn bạo bệnh.** My friend has recovered from a serious illness.

bình phương *n.* square [in mathematics]

bình quyền *n.* equal rights; equality of rights

bình sinh *adv.* in one's lifetime

bình thản *adj.* peaceful, uneventful; indifferent, calm: **Ông ấy ăn nói rất bình thản.** He speaks very calmly.

bình thường 1 *adj.* normal, ordinary, common 2 *adv.* ordinarily, normally

bình tĩnh 1 *adj.* calm, peaceful 2 *v.* to keep calm

bình yên See **bình an**

bịp *v.* to bluff, to cheat: **lừa bịp ai** to deceive someone

bít tất *n.* socks, stockings: **một chiếc bít tất** a sock; **một đôi bít tất** a pair of socks; **bít tất tay** gloves

bít tết *n.* [Fr. *bifteck*] beefsteak

bịt *v.* to cover, to stop up: **bịt mắt** to blindfold; **bịt tai** to cover one's ears

bíu *v.* to cling to, to grasp, to hold to

bĩu *v.* to purse [one's lips]: **bĩu môi** to purse one's lips scornfully

bo bo *adj.* jealously guarding, close, griping: **của mình thì giữ bo bo** to tightly keep one's property

bó *v., n.* to tie in a bundle; bunch: **băng bó** to dress a wound; **một bó hoa** a bouquet, a bunch of flowers

bó buộc *v.* to compel, to force; [of a system] to be strict, severe: **hoàn cảnh bó buộc** to put under compulsion of circumstances

bó tay *v.* to give up, to be unable to do anything: **Ông ấy nghĩ là bó tay, nhưng cuối cùng vẫn làm được.** He thought he had to give up but in the end he could do it.

bò 1 *v.* to crawl, to creep, to go on all fours: **loài bò sát** the reptiles; **Em bé biết bò sau bảy tháng.** The baby can crawl at seven months. 2 *n.* [SV **ngưu**] cow, ox, bull: **loài trâu bò**

livestock; **sữa bò** milk; **thịt bò** beef;
xe bò ox-cart; **bò cái** cow; **bò đực**
bull; **bò con** calf; **bò sữa** milk cow;
bò rừng wild ox

bỏ *v.* to put, to cast; to leave, to aban-
don, to give up; to deposit: **Tôi đã bỏ
hút thuốc lâu rồi.** I gave up smoking a
long time ago.; **bỏ tiền vào ngân hàng**
to put/deposit money into the bank

bỏ bê *v.* to neglect: **Bà ấy không bỏ
bê việc nhà.** She doesn't neglect her
household duties.

bỏ cuộc *v.* to give up joining a com-
petition

bỏ dở *v.* to leave [something] unfin-
ished: **Không nên bỏ dở công việc.**
Don't leave work unfinished.

bỏ mặc *v.* to abandon oneself

bỏ mình *v.* to die [**vì** for]

bỏ nhỏ *v.* to make a passing/short shot

bỏ phiếu *v.* to cast a vote, to vote: **Tôi
không biết nên bỏ phiếu cho ai.** I
don't know who to vote for.

bỏ qua *v.* to pass, to let go, to over-
look, to throw away [a chance]

bỏ quên *v.* to forget, to leave out: **Tôi
bỏ quên cái bút máy trong lớp.** I left
my fountain pen in the classroom.

bỏ rơi *v.* to leave far behind

bỏ sót *v.* to omit, to leave out, to miss

bỏ tù *v.* to jail, to put in jail

bỏ túi *v.* to put into a pocket

bõ *adj.* worthwhile: **bõ công** worth
the trouble; **cho bõ giận** to satisfy
one's anger

bọ *n.* insect, worm, flea: **con bọ chó**
dog flea, tick; **sâu bọ** insect(s)

bọ cạp *n.* scorpion

bọ hung *n.* beetle

bọ ngựa *n.* praying mantis

bóc *v.* to peel [fruit]; to open: **bóc vỏ**
to peel the skin; **bóc thư** to open the
mail

bóc lột *v.* to rob; to exploit

bọc *v., n.* to wrap, to cover, to pack;
package; parcel; bundle: **bao bọc** to
envelop; to protect, to support/aid
[relatives]

bói *v.* to tell one's fortune, to divine:
thầy bói blind fortune-teller or
soothsayer; **xem bói** to consult a for-
tune-teller

bói cá *n.* kingfisher: **chim bói cá** a
kingfisher

bom *n.* [Fr. *bombe*] bomb: **ném/thả
bom** to drop bombs; **máy bay thả
bom** bomber; **bom khinh khí** hydro-
gen bomb; **bom lửa** incendiary
bomb; **bom nguyên tử** nuclear
bomb; **bom nổ chậm** time bomb

bỏm bẻm *v.* to chew [betel] a mouthful

bon bon *adj.* [of vehicles] to run fast

bón **1** *v.* to fertilize: **phân bón** manure,
fertilizer **2** *adj.* to be constipated

bọn *n.* small group of people [deroga-
tory]; gang: **nhập bọn** to affiliate
oneself with a group; **cùng một bọn**
to belong to the same gang

bong *v.* to get loose, to come off: **Cho
thêm hồ vào không nó boong.** Put
some more glue on, or it will come
off.

bong bóng *n.* bubble, toy balloon,
bladder

bóng **1** *n.* [SV **ảnh**] shadow, shade,
light: **bóng cây** shade of tree; **bóng
nắng** sunlight; **bóng trăng** moonlight;
chiếu/chớp bóng to show movies;
rạp chớp bóng movie theater; **nghĩa
bóng** figurative meaning **2** *n.* [SV
cầu] ball, balloon: **bóng bàn** table
tennis; **bóng truyền** volleyball; **bóng
rổ** basketball; **bóng tròn/ đá** soccer;
bóng bầu dục football, rugby **3** *adj.*
shiny: **đánh bóng** to polish

bỏng *adj.* burned, scalded

boong *n.* [Fr. *pont*] deck of a ship

bóp **1** *v.* to squeeze with one's hand, to
press: **bóp cò** to pull the trigger; **bóp
cổ** to strangle, to choke; **đấm bóp** to
massage; **bóp còi xe** to press a car
horn **2** *n.* [Fr. *portefeuille*] wallet

bóp bụng *v.* to deny oneself in every-
thing, to suffer: **bóp bụng để dành
tiền** to deny oneself in order to save
money

bóp méo *v.* to distort: **bóp méo sự thật** to distort the truth

bọt *n.* foam, bubble, suds, lather: **nước bọt** saliva; **bọt bể** sponge; **bọt xà phòng** soap suds

bô *n.* chamber pot, bedpan

bô bô *adj.* loud and noisy: **ăn nói bô bô** to speak loudly and inconsiderately

bô lão *n.* village elderly

bố **1** *n.* father, dad, papa: **bố mẹ** parents; **bố vợ** wife's father; **bố chồng** husband's father; **hai bố con ông Xuân** Mr. Xuan and his father **2** *n.* jute: **bao bố** jute bag; **vải bố** canvas **3** *v.* to raid: **Cảnh sát bố ráp quận 1.** The police raided district 1.

bố cáo *v.* to proclaim, to announce: **tuyên bố** to announce, to make a statement; **công bố** to make public; **phân bố** to distribute

bố cục *v., n.* to arrange; to lay out; to structure; arrangement; structure

bố thí *v.* to give alms, to give to charities

bố trí *v.* to deploy [troops]

bồ **1** *n.* friend, pal, sweetheart, lover **2** *n.* bamboo basket

bồ câu *n.* pigeon, squab, dove: **chim bồ câu** pigeon; **mắt bồ câu** dove-eyed

bồ côi *adj.* (= **mồ côi**) to be an orphan: **bồ côi cha** fatherless; **bồ côi mẹ** motherless

Bồ Đào Nha *n.* Portugal, Portuguese

bồ đề *n.* bodhi tree [Buddhism]

bồ hòn *n.* soapberry

bồ hóng *n.* soot

bồ hôi *n.* (= **mồ hôi**) sweat, perspiration

bồ nhìn See **bù nhìn**

bồ nông *n.* pelican

bổ **1** *v.* to split, to chop, to open: **bổ củi** to chop wood; **bổ quả bưởi** to cut open a grapefruit; **bổ quả dưa** to cut a melon; **bổ quả dừa** to chop a coconut **2** *v.* to name, to appoint: **Ông giám đốc bổ tôi vào chức vụ nầy.** The director appointed me to this position. **3** *adj.* to be nourishing, nutritious; mended; supplementary, complementary: **thuốc bổ** tonic; **tu bổ** to repair, to restore [buildings]; **vô bổ** to be of no use

bổ dụng *v.* to appoint, to nominate: **Bạn tôi được bổ dụng làm đại diện hãng Sony.** My friend was appointed as the representative of Sony.

bổ ích *adj.* to be useful, interesting

bổ khuyết *v.* to fill [lacuna, position]

bổ nhiệm *v.* to appoint: **Ông ấy được bổ nhiệm làm giám đốc.** He was appointed as a director.

bổ túc *v.* to complement, to supplement, to add to

bộ **1** *n.* set, series, pack [of cards], suit [of clothes], service, collection, assortment: **bộ bình trà** a set of teapots; **bộ áo quần vét** a set of suits **2** *n.* section, branch, part, [government] department, ministry: **Bộ Ngoại giao** Ministry of Foreign Affairs; **đảng bộ tỉnh** a provincial party branch **3** *n.* appearance, look, gait, mien: **làm bộ làm tịch** to be conceited; **làm ra bộ** to pretend to; **coi bộ trời sắp mưa** it looks like raining **4** *n.* R foot, step (= **bước**); land: **đi/cuốc bộ** to go on foot; **trên bộ** on land; **đi đường bộ** to take a land route

bộ binh *n.* infantry(man)

bộ điệu *n.* gesture, attitude

bộ đội *n.* troops, army

bộ hành *n.* pedestrian: **khách bộ hành** passengers

bộ lạc *n.* tribe

bộ môn *n.* subject, department, section, field of specialization or endeavor: **bộ môn tiếng Anh** English subject

bộ trưởng *n.* minister, secretary: **phụ tá Bộ trưởng** Assistant Secretary

bộ xương *n.* skeleton

bốc **1** *v.* to take with one's fingers: **ăn bốc** to eat with one's fingers **2** *v.* to rise, to emit: **Bụi bốc mù trời.** A cloud of dust rose and shrouded the sky. **3** *n.* [Fr. *boxe*] boxing: **đánh bốc** to box [to fight]

bộc lộ *v.* to expose, to reveal, to

show: **bộc lộ tình cảm** to show one's sentiment; **Bạn nên giữ bí mật không được bộc lộ cho ai.** You should keep secrets and not reveal them to anyone.

bộc phát *v.* to explode, to break out suddenly

bôi *v.* to coat, to apply [cream, lotion, pomade]: **bôi son** to apply lipstick onto one's lips

bôi bác *v.* to smear: **Bài báo bôi bác danh tiếng của công ty với dụng ý xấu.** The article intentionally smears the company's reputation.

bôi nhọ *v.* to soil, to discredit, to dishonor, to slander: **Họ bôi nhọ lẫn nhau.** They slandered each other.

bối cảnh *n.* background

bối rối *adj.* uneasy, perplexed, troubled, confused, bewildered: **Tôi cảm thấy bối rối khi nói chuyện với ông ta.** I am uneasy about speaking with him.

bồi **1** *v.* to bank up with earth; R to nourish, to strengthen **2** *n.* [Fr. *boy*] houseboy, waiter

bồi bếp *n.* servants

bồi bổ *v.* to strengthen, to foster, to increase: **bồi bổ sức lực** to foster one's strength

bồi bút *n.* hack writer, ghost writer

bồi dưỡng *v.* to feed up, to improve, to cultivate: **bồi dưỡng nghiệp vụ** to foster one's professional ability

bồi hoàn *v.* to refund money, to reimburse: **bồi hoàn tiền đi lại** to reimburse travel allowance

bồi thường *v.* to pay damages [**cho** to], to pay compensation for: **bồi thường cho người bị tai nạn** to pay compensation to the victims of the accident

bồi thẩm *n.* assessor, juror

bồi thẩm đoàn *n.* jury

bội *v.* R to violate, to break [promise, trust]: **phản bội/bội phản** to betray; **bội lời hứa** to break one's promise

bội bạc *adj.* ungrateful, unfaithful: **con người bội bạc** ungrateful person

bội chi *adj.* overspending

bội phần *adj., adv.* manifold, many times; extremely: **Điều đó đã khiến chúng tôi sung sướng bội phần.** That made us extremely happy.

bội số *n.* multiple

bội thực *v.* to have indigestion, to have stomach upset

bội tín *v., n.* to violate a trust; a breach of trust

bội tinh *n.* medal: **danh dự bội tinh** medal of honor; **Bắc đẩu Bội tinh** Legion of Honor Medal

bội ước *v.* to break a promise, to violate a pledge

bôn ba *v.* to run after [honors and wealth]; to wander, to roam

bốn *num.* [SV **tứ**] four: **mười bốn** fourteen; **bốn mươi/chục** forty; **thứ bốn** fourth; **một trăm bốn mươi/chục** one hundred and forty; **một trăm linh/lẻ bốn** one hundred and four

bồn *n.* vase, basin, bed: **bồn nước** water basin; **bồn hoa** flower bed; **bồn tắm** bathtub

bồn chồn *adj.* anxious, uneasy, worried

bổn See **bản**

bổn phận *n.* duty, obligation: **Mọi người có bổn phận giữ vệ sinh chung.** Everyone has a duty to keep public places clean.

bộn *adj.* to be disorderly, confused: **bề bộn** in a mess

bông **1** *n.* cotton: **cây bông** cotton plant; **vải bông** cotton cloth, flannelette; **áo bông** quilted robe; **chăn bông** padded blanket, quilt **2** *n.* [SV **hoa**] flower: **bông tai** ear-ring; **một bông hồng** a rose; **pháo bông** fireworks; **vườn bông** park **3** *n.* [Fr. *bon*] coupon, ration card

bông đùa *v.* to make a joke: **Không nên bông đùa ở đây.** This is not the right place to make jokes.

bồng *v.* to carry [a child] in one's arms; to present [arms **súng**]

bồng bột *adj.* to be enthusiastic, ardent, eager, ebullient

bổng lai *n.* fairyland

bổng *adj.* rising up [in the air], soaring skyward: **nhấc bổng lên** to lift off the ground; **lên bổng xuống trầm** [of voice, tone] to go up and down, be melodious; **điệu trầm bổng** intonation [*opp.* **trầm**]

bổng *n.* salary, payment, bonus, premium, allowance: **niên bổng** yearly salary; **nguyệt bổng** monthly salary; **lương bổng** salary, pay; **hưu bổng** pension; **Sở hưu bổng** Retirement Department

bỗng *adv.* suddenly [precedes main verb]: **bỗng chốc** suddenly; **bỗng không** by accident; **bỗng nhiên**, **bỗn dưng** all of a sudden, by chance

bột *n.* flour, powder, farina: **bột mì** wheat flour; **bột ngô** corn meal; **bột gạo** rice flour; **thuốc bột** [medicinal] powder; **có bột** starchy

bột phát *v.* to flare up

bơ *n.* [Fr. *beurre*] butter: **phết bơ** to butter

bơ phờ *adj.* disheveled; to be tired, worn out

bơ vơ *adj.* abandoned, helpless, friendless, lonely: **cuộc đời bơ vơ** a lonely life

bơ *intj.* Hello! Hey!

bờ *n.* edge, rim, bank, limit, border: **bờ cõi** limits, frontier, territory; **bờ hè** sidewalk; **bờ ruộng** path at edge of ricefield; **bờ bể**, **bờ biển** seashore, coastline; **lên bờ** to go ashore; **bờ hồ** lakeshore

bở *adj.* friable, crumbly; to be gainful: **Làm chỗ ấy bở lắm.** One earns a lot of extra money in that position.

bỡ ngỡ *adj.* new and inexperienced, at fault.: **Những người mới đến còn bỡ ngỡ.** New arrivals are inexperienced.

bợ **1** *v.* to flatter servilely: **bợ đỡ** to be toady, to flatter **2** *v.* to lift with both palms extended

bơi *v.* to swim (= **lội**); to row, paddle (= **chèo**): **bể bơi** swimming pool;

tập bơi to learn swimming; **bơi lội** swimming

bới *v.* to dig with fingers or paws; to dig up: **bới chuyện** to dig up a story; **bới việc** to find work; **bới lỗi** to find fault/mistake; **bới lông tìm vết** to discover weak points

bởi *conj.* because, since, for; because of, by, on account of, due to: **bởi thế/vậy** therefore, because of that; **Bởi đâu/sao?** Why?; **bởi vì** because, since: **Tôi không đến được bởi vì tôi không được khoẻ.** I couldn't come because I was not well.

bơm *v., n.* [Fr. *pompe*] to pump, to inflate; pump, inflator: **Bơm hộ tôi cái bánh sau.** Could you put some air in my rear tire, please?

bờm *n.* mane: **bờm ngựa** mane of horse; **bờm sư tử** mane of lion

bợm *adj.* smart, clever, artful, skillful: **Tay nầy bợm thật.** This chap is very smart.

bỡn *v.* to kid, to joke, to tease: **Đừng đùa bỡn làm gì!** Don't joke!; **Việc quan trọng chứ không phải chuyện bỡn.** It is an important matter, not a joke.; **bỡn cợt** to tease

bợn *n.* dirt, stain, spot, impurity: **Nước trong không một chút bợn.** The water is pure, there's no dirt.

bớp *v.* (= **bợp**) to slap, to smack: **bớp tai** to slap lightly one's head

bớt *v.* [*opp.* **thêm**] to lessen, to reduce, to lower, to decrease; to cut down; to be better in health: **bỏ bớt** to reduce, to cut down; **Họ bớt cho tôi năm phần trăm.** They gave me a five percent discount.; **Chúng tôi đang tính bớt nhân viên.** We are planning a reduction in force.; **Hôm nay chị đã bớt chưa?** Do you feel better today?; **nói bớt lời** to speak less, be less talkative; **bớt mồm, bớt miệng** to talk less, to scold less; **bớt một thêm hai** to bargain, to haggle; **ăn bớt** to practice squeezing

bu **1** *n.* mother: **Con chào thầy bu.** You

greet father and mother. **2** *n.* coop: **bu gà** chicken coop

bú *v.* to suckle: **cho bú** to nurse, to breast-feed; **thôi bú** to wean; **Con khóc mẹ mới cho bú.** If the baby doesn't cry, it doesn't get to suck.

bú dù *n.* monkey: **trông như con bú dù** to look like a monkey

bù **1** *adj.* [of hair **đầu, tóc**] ruffled, disheveled: **đầu bù tóc rối** disheveled and tangled hairs **2** *v.* to make up, to compensate for: **Họ phải đền bù cho bạn.** They have to compensate you.; **chẳng/chả bù với** in contrast with

bù đầu *adj.* very busy: **Ông ấy luôn bù đầu với công việc.** He is very busy with his job.

bù khú *v.* to have a rollicking time together; to enjoy each other's company: **Bạn bè bù khú với nhau suốt ngày.** The friends had a rollicking time together the whole day.

bù loong *n.* [Fr. *boulon*] bolt

bù lu bù loa *adj., n.* raising a hue and cry; crying lustily, wailing, moaning: **Bà ấy khóc bù lu bù loa.** She cries lustily.

bù nhìn *n.* scarecrow, dummy, puppet: **chính phủ bù nhìn** a puppet government; **bù nhìn rơm** a straw dummy

bù trừ *v.* to compensate, to make up: **quỹ bù trừ** compensation fund

bụ *adj.* [of child] to be plump, chubby, fat: **Đứa bé trông bụ bẫm quá.** The baby looks very plump.

búa *n.* hammer: **búa đinh** claw hammer; **một nhát búa** a hammer strike; **trên đe dưới búa** between the hammer and the anvil

bùa *n.* [SV **phù**] written charm, amulet: **bùa mê, bùa yêu** love amulet; **bùa hộ mạng/mệnh, bùa hộ thân** talisman

bục *n.* platform, rostrum, dais: **bước lên bục** to step up to the platform

bùi *adj.* having a nutty flavor, buttery taste: **Lạc càng nhai càng bùi.** The more one chews peanuts the more buttery they taste.

bùi ngùi *adj.* sad, melancholic: **Trong giờ tạm biệt, ai cũng cảm thấy bùi ngùi.** While saying farewell, everyone feels melancholic.

bụi **1** *n., adj.* dust; dusty: **phủi bụi** to dust; **bụi bặm** dusty **2** *n.* clump, bush, thicket, grove: **bụi tre** a bamboo grove

bụm *v.* to scoop up with one's hands; to cup in one's hands: **Ông ấy bụm nước ấm để rửa mặt.** He scooped up warm water with his hands to wash his face.; **Cô ấy bụm miệng cười.** She cups her smiling mouth in her hands.

bún *n.* soft noodles made of rice flour, vermicelli: **mềm như bún** to be soft as rice noodles; **bún bò** beef noodles; **bún chả** rice noodles with grilled pork

bùn *n., adj.* mud, mire; muddy: **rẻ như bùn** to be dirt-cheap

bùn lầy *adj.* muddy, slushy: **đường sá bùn lầy** muddy road

bủn rủn *adj.* paralyzed, flabby, limp: **Nó sợ bủn rủn cả chân tay.** He has his limbs stumped by fear.

bủn xỉn *adj.* very stingy; mean

bung *v.* to burst open, to come apart: **Chiếc dù đã bung ra.** The parachute has burst open.

bung xung *n.* shield; puppet; scapegoat

búng *v.* to flip one's fingers/fillip, to flick

bùng *v.* to flare up, to blow up [precedes or follows main verb]: **cháy bùng** to go up in flames; **bùng nổ** [of hostilities] to break out

bủng *adj.* jaundiced, sallow: **Ông ta nước da xanh bủng.** He has a pale, sallow complexion.

bụng *n.* belly, stomach, tummy; heart: **tốt bụng** to be good-hearted; **xấu bụng** to be mean; **đau bụng** to have a stomach upset; **bụng chửa** to be pregnant

buộc *v.* to bind, to fasten, to tie, to tie up; to compel, to force: **bắt buộc** to compel, to force; to be obligatory; **buộc tội** to accuse, to prosecute; **buộc lòng** to be against one's will

buổi *n.* half a day, session, event, performance; time: **thời buổi này** these times; **cả hai buổi** all day, morning and afternoon; **buổi chiều** afternoon; **buổi sáng** morning; **buổi tối** evening; **buổi trưa** noon; **buổi bình minh** dawn; **buổi hoàng hôn** twilight; **buổi họp** a meeting; **buổi lễ** a ceremony

buồm *n.* sail: **dương/kéo buồm** to set sail; **thuyền buồm** sailboat; **cột buồm** mast

buôn *v.* to buy in [in order to sell later]; to trade or to deal in: **bán buôn** to sell wholesale; **con/lái buôn** merchant; **buôn bán** to carry on business; **buôn lậu** to deal in smuggled goods; **hãng buôn** firm; **tiệm buôn** store; **buôn người** slave trade; **buôn son bán phấn** to be a prostitute; **buôn thúng bán mẹt** to be a small vendor or merchant; **buôn nước bọt** to work as a middleman for a commission

buồn *adj.* sad: **buồn bã, buồn bực, buồn rầu** uninteresting, ticklish; **buồn cười** to want to laugh; funny; **buồn đái** to want to pass water; **buồn ngủ** sleepy; drowsy; **buồn nôn, buồn mửa** nauseous, nauseating; **Hôm nay tôi chẳng buồn ăn.** I have no appetite, I don't feel like eating today.

buồn bực *adj.* annoyed, displeased, angry

buồn rầu adj. sad, melancholic

buông *v.* [SV **phóng**] to let go, to release; to lower [curtain, mosquito netting **màn**], to drop: **buông lời** to utter words; **buông tha** to release

buông lỏng *v.* to disengage, to spare

buông trôi *v.* to let drift, to loose: **Chúng ta không thể buông trôi công việc.** We should not let adrift our work.

buồng 1 *n.* [SV **phòng**] room, chamber; cage: **buồng ngực** thorax; **buồng ăn** dining room; **buồng giấy** office; **buồng học** classroom; study room; **buồng khách** living room, parlor; **buồng ngủ** bedroom; **buồng tắm** bathroom; **buồng the** lady's chamber **2** *n.* bunch: **buồng chuối** a bunch of bananas; **buồng cau** a bunch of areca nuts; **buồng phổi** lung; **buồng trứng** ovary

buốt *v.* [of pain] to be sharp, to be bitter: **gió lạnh buốt** bitter cold wind

buột *v.* to slip, to get loose: **buột miệng** to have a slip of the tongue

búp *n.* bud, shoot: **búp sen** a lotus bud; **ngón tay búp măng** tapered fingers

búp bê *n.* [Fr. *poupée*] doll

búp phê *n.* cupboard

bút *n.* writing brush, pen: **bút chì** pencil; **bút máy** fountain pen; **bút mực** pen; **quản bút** penholder; **nét bút** handwriting, calligraphy; **người cầm bút** writer; **tuỳ bút** diary, memoirs, essay; **tuyệt bút** fine piece of writing; **ngòi bút** pen nib; **chủ bút** editor [of newspaper]; **bút lông** writing brush; **bút nguyên tử** ball point pen

bút chiến *v.* to engage in a polemic [between writers]

bút danh *n.* (= **bút hiệu**) pen name

bút đàm *n.* written conversation

bút nghiên *n.* pen and ink slab; writing materials; academic activities

bút pháp *n.* style of writing

bút tích *n.* written documents

Bụt *n.* Buddha: **ông Bụt** Buddha; **lành như Bụt** as gentle as a Buddha

bự *adj.* big, large: **trái cam bự** a big orange; **một ông bự** a V.I.P

bửa *n.* mangosteen

bừa 1 *v., n.* to rake, to harrow; harrow: **cày sâu bừa kỹ** to plow deep and rake carefully **2** *adj.* to be disorderly, untidy: **bừa bãi, bừa bộn** to be left untidy, to act disorderly; **viết bừa đi** write anything you like, go ahead and write

bữa *n.* meal; a period of time: **bữa ăn/bữa cơm hàng ngày** daily meal; **bữa nay** today; **bữa nọ/bữa trước** the other day; **bữa (ăn) trưa** lunch; **bữa (ăn) tối** dinner, supper; **bữa hổm** that day; **bữa qua** yesterday; **mấy bữa rầy** these few days

bựa *n.* tartar, food particles between or on teeth

bức **1** *adj.* hot and sultry, humid: **Trời oi bức/nóng bức.** It's very hot and sultry. **2** *n.* a unit of board, a piece, a set: **bức tường** a wall; **bức tranh** a painting; **bức màn** curtains; **bức thư** letters

bức thiết *adj.* urgent; pressing: **một nhu cầu bức thiết** an urgent need

bức xạ *n.* radiation

bực **1** *v., adj.* displeased, annoyed, vexed: **buồn bực** to fret; **tức bực** to be angry; **bực mình/bực dọc** to be upset **2** *n.* step [see **bậc**]

bực dọc *v., adj.* testy: **Ông ấy không nén nổi bực dọc.** He could not suppress his reaction.

bưng **1** *v.* to carry with both hands: **bưng khay trà** to carry a tea tray **2** *v.* to cover, to cup one's hand: **Cô ấy bưng miệng cười.** She cups her smiling mouth with her hands. **3** *n.* maquis; resistance area: **bưng biền** forest area

bưng bít *v.* to cover up; to suppress: **Họ bưng bít sự thật.** They suppressed the truth.

bứng *v.* to uproot, to pull up: **bứng cây lên** to pull up a tree

bừng *v.* [of flames **lửa**] to flare up, to blaze up: **Ngọn lửa bừng cháy.** The fire flared up brightly.; **bừng đôi mắt** to open the eyes suddenly

bước *v., n.* to step; step: **trèo lên hai bước** to climb two steps; **rảo bước** to quicken one's step; **lùi bước** to step back; **Lùi năm bước.** Five steps back!; **Bước đi!** Go away! Scram!;

từng bước một step by step; **một bước tiến** a step forward

bước đầu *n.* the initial, at the beginning

bước đường *n.* stages on the road/way

bước ngoặt *n.* turning point: **bước ngoặt lịch sử** the turning point of history

bưởi *n.* pomelo, grapefruit: **một múi bưởi** a grapefruit section

bướm *n.* [SV **hồ điệp**] butterfly: **con bươm bướm** a butterfly; **ong bướm** flirtation

bướng *adj.* stubborn, bull-headed: **bướng bỉnh** headstrong; **cãi bướng** to argue stubbornly

bươu *v.* to lump; to bump: **bươu đầu** to bump on the head

bướu *n.* hump: **bướu lạc đà** camel's hump or dromedary; **bướu cổ** goiter

bứt *v.* to pick, to pluck off; to scratch: **bứt hoa** to pick flowers; **bứt đầu** to scratch the head; **bứt tóc** to tear one's hair

bưu chính *n.* (= **bưu điện**) postal service: **Tổng giám đốc Bưu chính** Postmaster-General

bưu cục *n.* post office

bưu điện *n.* postal service, post office: **nhà Bưu điện Sài Gòn** Saigon Post Office

bưu kiện *n.* parcel post; postal matter: **Gởi một bưu kiện đi nước ngoài giá bao nhiêu?** How much does it cost to send a parcel overseas?

bưu phẩm *n.* postal matter, mail item

bưu phí *n.* mailing cost, postage

bưu phiếu *n.* money order: **Bạn có thể mua một bưu phiếu và gởi cho tôi.** You can buy a money order and send it to me.

bưu tá *n.* postman, mailman

bưu thiếp *n.* postcard: **gởi một bưu thiếp đi nước ngoài** to send a postcard to someone overseas

bửu bối *n.* valuable thing; magic wand

C

ca 1 *n.* mug: **uống một ca nước** to drink a mug of water **2** *n.* shift: **làm ca đêm** to work the night shift **3** *n.* case: **ca cấp cứu** an emergency case **4** *v.* to sing (= hát): **ca hát** to sing; **bài ca** a song, melody; **danh ca** famous singer; **đồng ca, hợp ca** chorus

ca dao *n.* folk song, folk ballad

ca khúc *n.* a song: **Ca sĩ nổi tiếng đã hát những ca khúc về mua xuân.** The well-known singer sang songs about Spring.

ca kịch *n.* a play, opera, theater: **Trong tuần nầy có đoàn ca kịch biểu diễn ở nhà hát thành phố.** This week, an opera troupe will perform at the city theater.

ca lô ri *n.* calorie

ca nhạc *n.* music and song

ca nô *n.* boat, speed boat

ca tụng *v.* to praise, to eulogize: **Họ ca tụng sự thành công của ông ta.** They praise his success

ca vát *n.* necktie; **thắt/đeo ca vát** to wear a tie

cá 1 *n.* [SV **ngư**] fish: **món cá** fish dish; **câu/đánh cá** to fish; **ao cá** fish pond; **người đánh cá** fisherman; **thuyền đánh cá** fishing boat; **cá hộp** canned fish; **cá mắm** salted fish; **cá nước ngọt** fresh water fish; **cá nước mặn** salt water fish; **cá ươn** spoiled or rotten fish; **cá ông voi** whale; **cá sấu** crocodile **2** *v.* to bet, to wager: **Họ đánh cá trận bóng đá tuần tới.** They will place bets for next week's soccer match.

cá biệt *adj.* particular, individual: **trong hoàn cảnh cá biệt** in a particular situation

cá hồi *n.* salmon

cá hồng *n.* snapper

cá mập *n.* shark

cá nhân *adj.* individual, personal: **chủ nghĩa cá nhân** individualism

cá tính *n.* personality, individuality

cà *n.* eggplant, aubergine: **cà chua** tomato; **cà tím** eggplant; **cà độc được** datura; **mầu hoa cà** lilac-colored; **cà tô mát** tomato

cà cuống *n.* a coleopteron used as condiment

cà kê *v., adj.* drag out, tell a very long yarn; palavering: **Bà ấy ngồi cà kê suốt buổi sáng.** She spends a whole morning palavering

cà khẳng *adj.* tall and skinny

cà khịa *v.* to pick a quarrel [a fight] with: **Ông ấy thích cà khịa.** He likes to pick a quarrel.

cà lăm *v.* to stutter, to stammer

cà mèng *adj.* good for nothing, worthless

cà nhom *adj.* very skinny

cà nhắc *v.* to limp: **chân đau nên phải đi cà nhắc** to have to limp because of pain in the foot

cà phê *n.* coffee, coffee bean: **pha cà phê** to make coffee; **ấm pha cà phê** coffee pot, coffeemaker; **cối xay cà phê** coffee mill; **một tách cà phê** a cup of coffee; **cà phê sữa** coffee with milk, white coffee

cà rốt *n.* carrot

cà rá *n.* carat, diamond, ring (= **nhẫn**)

cà kheo *adj.* stilts: **đi cà kheo** to walk on stilts

cà sa *n.* monk's robe

cà vạt See **ca vát**

cả 1 *adj.* the oldest, the biggest: **già cả** old; **con cả** eldest brother **2** *pron.* all, the whole, at all: **hết cả, suốt cả** at all; **cả ngày** all day long; **cả nhà** the whole family; **cả thẩy, cả thảy** in all, altogether; **tất cả** all, the whole, in all; **cả hai** both; **hết cả** all, the whole; **không ai đến cả** nobody came at all; **Tôi chả đi đâu cả.** I'm not going anywhere.

các 1 *adv.* every, all: **Thưa các ông các bà!** Ladies and gentlemen!; **đủ các thứ** all sorts of **2** *n.* card, visiting card: **tấm các chúc mừng** greeting card **3** *v.* to pay an extra sum in a trade in: **Tôi đổi xe phải các hai nghìn.** I have to pay two thousand dollars in addition to the cost of my car.; **Các tiền tôi cũng không dám làm.** Even if you give me some money, I wouldn't dare do it.

các tông *n.* cardboard: **Làm ơn lấy cho tôi một cái thùng các tông.** Please get me a cardboard box.

cách 1 *n.* manner, way, method, fashion: **cách thức làm việc** working method; **tìm cách đối phó** to find out the way to deal with **2** *v.* R to change, to reform; to revoke: **cải cách hành chánh** to reform an administration system; **Ông giám đốc cách chức bạn tôi.** The director discharged my friend. **3** *adj.* to be distant from: **xa cách** separated from; **Nhà anh ấy cách nhà tôi có cái vườn rau.** Only a vegetable garden separates his house from mine.; **cách một giờ uống một thìa** a spoonful every one hour

cách biệt *v.* to be distant, to separate, to be isolated, to cut off: **Cuộc sống của họ cách biệt với giới nghèo khổ.** Their life is distant from the poor people.

cách bức *v.* to be indirect, to be distant, to cut off

cách chức *v.* to revoke, to dismiss: **Ban quản trị đã cách chức ông giám đốc.** The director was dismissed by the board of directors.

cách điện *v.* to insulate: **vật cách điện** insulator

cách mạng *n.* revolution: **nhà cách mạng** revolutionist; **cuộc cách mạng kỹ nghệ** the Industrial Revolution; **phong trào Cách Mạng Quốc gia** the National Revolutionary Movement; **cách mạng hoá** to revolutionize

cách mệnh See **cách mạng**

cách ngôn *n.* maxim, aphorism, saying

cách nhật *adj.* recurrent: **sốt cách nhật** recurrent fever

cách quãng *adj.* intermittent

cách thức *n.* style, method, way: **Chúng ta phải có cách mới để làm việc.** We should have a new method of working.

cách trí *n.* natural science

cách trở *v.* to be difficult, to separate and obstruct: **đi lại cách trở** to be difficult in traveling

cai 1 *n.* superintendent, jail keeper, corporal: **cai quản** foreman; **cai kho** storekeeper **2** *v.* to abstain from, to quit [habit]: **cai sữa** to be weaned; **cai thuốc phiện** to give up smoking opium

cai quản *v.* to supervise, to manage, to administer: **cai quản nhân công** to supervise workers

cai trị *v.* to administer, to govern, to rule: **Người Pháp cai trị Việt Nam trong 100 năm.** France ruled Vietnam for one hundred years.

cái 1 *n.* object, thing; CL for most nouns denoting inanimate things and some nouns denoting small insects [such as ants **kiến**, bees **ong** etc.]; CL for single action; single strokes, single blows: **cái đẹp** the beautiful; **một cái bàn** a [*or* one] table; **Cái nào?** Which one?; **cái này** this one; **cái ấy/đó** that one; **mấy/ vài cái** a few; **Mấy cái?** How many?; **tắm một cái** to take a bath [*or* shower]; **tát một cái** to slap once, to give a slap; **ợ một cái** to burp once; **Hễ tôi mua cái nào là nó đánh mất cái ấy** He lost every single one I bought. **2** *adj.* to be female [*opp.* **đực**]: **bò cái** cow; **chó cái** bitch; **mèo cái** she cat **3** *adj.* main, principal, largest: **đường cái** main road, highway; **rễ cái** main root; **sông cái** big river [Red River in North Vietnam]; **ngón tay cái** thumb

cài *v.* to fasten; to bolt; to shut: **cài áo** to fasten clothes; **cài khuy** to button; **cài tóc** to fasten hair; **cài cửa** to bolt the door

cải 1 *n.* cabbage: **bắp cải/cải bắp** cabbage, turnip; **củ cải** beets; **cải hoa** cauliflower **2** *v.* R to change, to reform (= **đổi**): **biến cải, canh cải** to reform; **hoán cải** to change

cải cách *v., n.* to reform; reform: **cải cách ruộng đất** [or **điền địa**] land reform; **cải cách xã hội** social reform

cải chính *v.* to deny; to rectify, to correct: **cải chính tin tức sai lạc** to correct wrong information

cải dạng *v.* to disguise oneself

cải giá *v.* [of widow] to marry again, to remarry

cải hoá *v.* to change, to convert: **Thật rất khó cải hoá những thói quen lạc hậu.** It's hard to change old habits.

cải lương *v., n.* to improve, to reform; renovated theater, modern play

cải táng *v.* to reinter for reburial [a body]

cải tạo *v.* to reform, to reconstruct, to re-educate: **cải tạo nền kinh tế** to reform the economy

cải thiện *v.* to improve: **cải thiện đời sống** to improve the standard of living

cải tiến *v.* to improve, to ameliorate: **cải tiến hệ thống hành chánh** to improve the administration system

cải tổ *v.* to reorganize, to reshuffle: **cải tổ nội các** to reshuffle the cabinet

cải trang *v.* to disguise oneself

cải lão hoàn đồng *v.* to rejuvenate

cải tử hoàn sinh *v.* to revive, to resuscitate

cãi *v.* to argue, to deny, to retort, to discuss, to quarrel: **bàn cãi** to discuss, to debate; **cãi nhau** to quarrel

cãi cọ *v.* to quarrel, to argue with someone: **Cô ấy không bao giờ cãi cọ với ai.** She hardly argues with anyone.

cãi lộn *v.* to quarrel

cãi vã *v.* to argue, to debate

cam 1 *n.* orange: **bốc cam** to peel an orange; **bổ cam** to cut an orange; **vắt cam** to squeeze an orange; **nước cam** orange juice, orange drink; **mầu da cam** orange-colored; **mứt cam** marmalade; **một múi cam** an orange section **2** *v.* to be resigned [to]: **cam chịu** to content oneself with; **đành cam chịu** to agree; **cam đoan** to guarantee; **cam kết** to promise; **cam tâm** to resign oneself to

cam thảo *n.* liquorice

cám *n.* bran

cám ơn *v.* to thank, thank you

cám dỗ *v.* to tempt, to seduce: **Tiền bạc không cám dỗ được cô ấy.** Money cannot seduce her.

cảm 1 *v.* to feel, to be affected by, to be touched: **cảm động** to be moved; **cảm thấy** to feel; **thiện cảm** sympathy; **đa cảm** very sensitive; **mặc cảm** complex **2** *v.* to catch cold: **cảm lạnh** to catch cold; **cảm nắng** to get sunstroke

cảm động *v., adj.* to be moved, to be touched; emotional: **Ông ấy cảm động đến rơi nước mắt.** He is moved to tears.

cảm giác *v., n.* to feel; feeling, sensation: **Tôi có cảm giác thoải mái.** I have a good feeling about... .

cảm hứng *n.* inspiration

cảm kích *v.* to be touched, to be moved: **Họ rất cảm kích trước sự chăn sóc ân cần của ông.** They are touched by your generous help.

cảm phục *v.* to admire: **Ai cũng cảm phục thái độ rộng lượng của bà ấy.** Everyone admires her generous attitude.

cảm tạ *v.* to express one's gratitude; to thank

cảm tình *n.* sympathy, affection; feeling, sentiment

cảm thông *v.* to comprehend, to sympathize with

cảm tử *v.* to volunteer for death: **quân cảm tử** suicide troops

cảm tưởng *n.* impression, imprint, remarks, comment: **Bạn nói lên cảm tưởng của bạn sau chuyến đi Việt**

Nam. Please tell me your impression of Vietnam after your trip.

cảm xúc *v., n.* to be moved, to be affected/stimulated/stirred; feeling, emotion: **Con người đó dễ bị cảm xúc.** That person is easily affected by emotion.; **Tôi có cảm xúc tốt khi đi vào một vườn hoa.** I have a good feeling when I walk into a flower garden.

can **1** *v.* to concern, to involve, to be interested [**đến** precedes object]: **liên can** to be implicated, to be convicted for; **bị can** the accused; **Nó đã can án rồi.** He already has a criminal record.; **không can gì/chi** it doesn't matter; **can gì/chi mà sợ** no need to be afraid **2** *v.* to stop a quarrel or a fight; to dissuade, to advise [against something]; R to intervene, to interfere: **Hai người đánh nhau, tôi phải can ra.** They got into a fight and I had to pull them apart. **3** *n.* one of the system of ten Heaven's Stems used for indicating serial order or reckoning years: **thập can: giáp, ất, bính, đinh, mậu, kỷ, canh, tân, nhâm, quí** the ten Heaven's Stems

can dự *v.* to be implicated, to have something to do with: **Đó là việc của tôi, can dự gì đến bạn.** That is my business, it hasn't anything to do with you.

can đảm *adj., n.* courageous; courage: **Họ rất can đảm chịu những đau thương chồng chất.** They are very stoic in enduring the huge grief.

can hệ *v.* to be vital, to concern: **Vấn đề nầy can hệ đến rất nhiều người.** This matter concerns a lot of people.

can ngăn *v.* to advise [against something], to stop doing something

can thiệp *v.* to intervene, to interfere: **Chúng ta không nên can thiệp vào chuyện đời tư cá nhân.** We don't interfere with anyone's private life.

cán **1** *n.* straight handle [of a tool]: **cán chổi** the handle of a broom; **cán**

dao a handle of a knife; **cán búa** a handle of a hammer **2** *v.* to run over; to grind

cán bộ *n.* cadre: **cán bộ tuyên truyền** propaganda cadre; **cán bộ y tế** healthcare worker

cán cân *n.* balance: **cán cân ngoại thương** the balance of foreign trade

cán sự *n.* technician: **cán sự y tế** healthcare worker

càn **1** *v.* to rush through, to raid, to mop up: **Quân đội đã càn qua chướng ngại vật để tấn công địch.** The army rushed through obstacles to attack the enemy. **2** *adj.* to be inconsiderate; arbitrary; wanton: **Ông ấy cậy thế làm càn.** He takes advantage of his position and acts wantonly.

cản *v.* to hinder, to stop, to block, to prevent: **ngăn cản ai làm việc gì** to stop someone from doing something

cản trở *v.* to hinder, to prevent, to obstruct: **cản trở giao thông** to obstruct the traffic

cạn **1** *adj.* dried up: **khô cạn** dried; **nông cạn** shallow **2** *v.* no more to say; finished: **cạn chén** to empty the cup; **cạn lời** to have no more to say; **cạn tiền** without any money; **cạn túi** penniless

cáng **1** *n.* stretcher, litter, palanquin: **người khiêng cáng** stretcher-bearer **2** *v.* to carry on a stretcher or litter: **cáng người bị thương đến bệnh viện** to carry an injured person to a hospital

cáng đáng *v.* to take charge of; to assume the responsibility: **cáng đáng việc cộng đồng** to assume the responsibility of community work

càng **1** *adv.* increasingly, all the more, the more: **càng ngày càng nghèo** becoming poorer and poorer every day; **càng uống càng khát** The more you drink the more thirsty you feel.; **càng hay** so much the better; **càng tốt** so much the better **2** *n.* shaft [of carriage **xe**], claw; chela; nipper:

càng xe cút kít a wheelbarrow shaft; **càng cua** nipper of crab

cảng *n.* R port, harbor: **hải cảng** seaport; **thương cảng** commercial port; **xuất cảng** to export; **nhập cảng** to import; **Hương Cảng** Hong Kong; **Trân Châu Cảng** Pearl Harbor

canh **1** *n.* soup, broth: **chan canh vào cơm** to pour soup over the rice **2** *v.* to watch over, to guard: **lính canh** sentry, guard; **canh một** first watch [of the night]; **chòi canh** watch tower

canh cải *v.* to change, to reform

canh gác *v.* to guard, to watch: **canh gác văn phòng** to guard one's office

canh giữ *v.* to guard, to defend, to protect

canh nông *n.* agriculture: **Việt Nam là một xứ canh nông.** Vietnam is an agricultural country.

canh phòng *v.* to watch, to defend, to be vigilant

canh tác *v.* to cultivate, to do farming

canh tân *v.* to modernize, to reform: **canh tân giáo dục đại học** to reform the higher education system

cánh *n.* wing [of bird **chim**], a leaf, a side: **cánh cửa** door flap; **cánh hoa** petal of flower; **cánh buồm** sails; **cánh đồng** fields; **cất cánh** [of a plane] to take off; **hạ cánh** [of a plane] to land; **cánh tay phải** the righthand man; **vây cánh, cổ cánh** supporter, hireling, follower, lackey

cành *n.* branch, bough, twig, limb: **hãy cắt đi những cành cây khô** to trim all dried branches

cảnh *n.* landscape, view, scenery, sight, scene, site, spectacle; condition, state, plight: **tình cảnh** situation; scene; **tả cảnh** to describe the scene

cảnh cáo *v.* to warn; to arouse, to alarm: **Tôi đã cảnh cáo bạn tôi rồi khi đã uống rượu thì không nên lái xe.** I have warned my friend that after drinking one should not drive.

cảnh bị *v., n.* to guard; guard, police, patrol

cảnh binh *n.* military police: **sở cảnh binh** military police department

cảnh cáo *v.* to warn

cảnh huống *n.* situation, plight

cảnh ngộ *n.* situation, plight

cảnh sát *n.* police, policeman: **lính cảnh sát** police force; **sở cảnh sát** police station

cảnh sát cuộc *n.* police station

cảnh trí *n.* landscape, sight, view, scenery

cảnh tượng *n.* spectacle, scene, view

cảnh vật *n.* nature; spectacle

cạnh *n., adv.* side, edge, ridge; to be beside: **ở cạnh** [to be] by the side of, next to; **bên cạnh nhà tôi** next to my house; **khía cạnh** angle, aspect

cạnh tranh *v.* to compete with: **cạnh tranh để sinh tồn** to struggle for life; **Họ có nhiều vốn lắm, ta cạnh tranh sao được.** They have a lot of capital, how can we compete with them?

cao **1** *adj.* tall, high; to excel [in a game]; exalted, lofty, noble: **làm cao** conceited; **nêu cao** to uphold; **bề cao** height; **độ cao** altitude; **nhẩy cao** high jump; **tự cao tự đại** to be conceited, haughty **2** *n.* ointment; jelly; glue: **thuốc cao** herbal ointment

cao cả *adj., adv.* to be great, noble; greatly, nobly: **hành động cao cả** noble action

cao cấp *adj.* high-ranking, top-ranking, top level: **nhân viên cao cấp của Bộ Kinh tế** high-ranking officials of the Department of National Economy

cao cường *adj.* superior, excellent

Cao Đài *n.* Caodaist, Caodaism: **Hộ Pháp Cao Đài** the Caodai Pope

cao đẳng *adj.* higher education: **trường cao đẳng** college; **Trường Cao Đẳng Sư phạm** Higher Education Institution of Pedagogy, Teachers College

cao độ *n.* pitch, height, altitude

cao học *n.* post-graduate studies

cao hứng *adj.* inspired, elated: **Cô ấy**

cao hứng hát một bài rất hay. She is greatly elated to be chosen to sing a very nice song.

cao lâu *n.* restaurant: **ăn cao lâu** to eat at the restaurant

cao lớn *adj.* tall, high: **Ông ấy cao lớn quá.** He is very tall.

cao lương mỹ vị *n.* exquisite dishes, the best food

Cao-Ly *n.* Korea; Korean (= **Triều tiên, Hàn quốc**): **Bắc Cao Ly** North Korea

Cao Mên *n.* (= **Cao Miên**) Cambodia; Cambodian, Khmer

cao minh *adj.* intelligent, farsighted, enlightened

cao nguyên *n.* uplands, highlands: **Vùng Cao nguyên có nhiều triển vọng về tương lai.** The Highlands hold many hopes for the future.

cao niên *adj.* elderly, old

cao quý *adj.* noble

cao ráo *adj.* high, tall; good-looking

cao sang *adj.* noble

cao su *n.* rubber: **cây cao su** rubber tree; **rừng cao su, đồn điền cao su** rubber plantation; **xe cao su** rickshaw [obs.]; **súng cao su** sling; **giây cao su** rubber band; **kẹo cao su** chewing gum; **cao su hoá học** synthetic rubber

cao tăng *n.* eminent monk

cao tần *n.* high frequency

cao thượng *adj.* noble, magnanimous

cao trào *n.* movement, high tide

cao vọng *n.* ambition

cao xa *adj.* far-reaching, exalted; utopian, unrealistic

cao xạ *n.* anti-aircraft: **súng cao xạ** anti-aircraft gun

cáo 1 *n.* fox (= **chồn**) **2** *v.* to announce, to report; R to indict; to feign [illness, etc.] so as to take leave or decline an invitation; **báo cáo** to report; **cảnh cáo** to warn; **quảng cáo** to advertise, advertisement; **bị cáo** the defendant; **tố cáo** to denounce, to charge; **vu cáo** to slander; **kính cáo, cẩn cáo** respectfully yours [at

the end of an announcement]

cáo bạch *n.* leaflet, handbill, announcement, advertisement

cáo bệnh *v.* to feign illness

cáo biệt *v.* to take leave of; to say goodbye

cáo chung *v.* to announce its own end: **Chế độ thực dân đã cáo chung.** The colonialist regime has bowed out [ended].

cáo giác *v.* to denounce

cáo già *adj.* foxy, clever, crafty

cáo phó *n.* death announcement: **Ba ông ấy vừa qua đời ngày hôm qua, ông ấy vừa đăng cáo phó trên báo ngày hôm nay.** His father passed away yesterday, he has just put the death announcement in the To-day newspaper.

cáo thị *n.* announcement, proclamation, notice

cáo trạng *n.* charge, indictment

cáo tri *v.* to inform, to notify

cáo từ *v.* to take leave; to say goodbye

cào *v.* to scratch, to claw; to rake

cào cào *n.* grasshopper, locust

cảo *n.* draft: **Bản cảo sách này hoàn thành từ năm ngoái.** The first draft of this book was completed last year.

cạo *v.* to scrape, to scratch, to graze, to peel, to shave: **cạo đầu** to have or give a haircut; **cạo mặt, cạo râu** to shave; **dao cạo** razor; **thợ cạo** barber

cạo giấy *n.* clergy; bureaucrat clergy

cát *n.* [SV **sa**] sand: **bãi cát** beach, sandbank; **cồn cát** sand dune; **đống cát** sand pile; **đất cát** sandy soil; **đất cát** land [as property]; **đãi cát** to pan sand; **đường cát** granulated sugar

cát tuyến *n.* secant

cau 1 *v.* to frown: **cau mày, cau mặt** to scowl **2** *n.* areca palm: **buồng cau** bunch of areca nuts; **quả cau** areca nut; **giầu/trầu cau** betel and areca

cáu *adj.* dirty

cáu kỉnh *adj.* furious: **Ông ấy lúc nào cũng cáu kỉnh.** He is always hot-tempered.

cáu tiết *adj.* furious

càu nhàu *v.* to grumble

cay *adj.* to be peppery hot; hot: **Ớt cay quá.** The chilli is very hot.

cay cú *v.* to have a passion for [card game, etc.]; **ghét cay cú** to hate

cay đắng *adj.* bitter, miserable, painful

cay độc *adj.* cruel, malicious: **lời nói cay độc** malicious statement

cay nghiệt *adj.* stern; cruel

cáy *n.* small crab: **nhát như cáy** to be a coward; shy; to be a chicken

cày *n., v.* plow: **cày ruộng** to plow the fields; **cày cấy** to do farming

cạy *v.* to prise up: **cạy ra** to prise open

cậy *v.* to rely on as an asset: **trông cậy, nhờ cậy** to rely or to depend on; **Nó cậy có tiền khinh bạn.** He thinks that since he has money he can look down on his friends.

cắc *n.* (= hào) dime

cắc kè *n.* chameleon, gecko

căm *v.* to bear a grudge against: **căm ghét kẻ chơi xấu mình** to bear a grudge against one who has played a dirty trick; **căm tức, căm giận** to feel a deep resentment against

căm phẫn *v.* to feel indignant

căm thù *v.* to hate and resent; to feel a vindictive hatred for: **biến căm thù thành sức mạnh** to turn vindictive hatred into strength

cắm *v.* to plant, to thrust, to pitch [tent **lều**]: **cắm trại** to camp; **chạy cắm đầu cắm cổ** to run head first; to cuckold

cằm *n.* chin: **râu cằm** beard [as opp. to **râu mép** mustache]

căm cụi *v., adj.* to be absorbed in a task; completely wrapped up in: **Ông ấy căm cụi suốt ngày trong văn phòng.** He is completely wrapped up in his office duties.

căn **1** *n.* R root (= **rễ**); cause, origin, source: **căn nguyên** origin; **thâm căn cố đế** to be deep-rooted **2** *n.* flat, apartment, compartment: **căn nhà** house, apartment; **căn phố** shop

căn bản *n., adj.* base, basis, fundamentals, background; to be basic, fundamental: **Trung tâm Giáo dục Căn bản** Fundamental Education Center; **khoá căn bản tiếng Anh** a basic English course

căn cơ *n., adj.* thrifty, economical; thrift

căn cứ *n., v.* basis, base; to base on: **Cam Ranh là căn cứ hải quân quan trọng.** Cam Ranh is an important naval base.; **Chúng tôi căn cứ vào nhiều tài liệu lịch sử.** We base our research on many historical data.

căn cước *n.* identity: **giấy căn cước, chứng minh nhân dân** identity card

căn dặn *v.* to repeat advice/suggestion/recommendation, to remind

căn duyên *n.* origin, cause

căn nguyên *n.* root; source, cause

căn số *n.* root [math]: **căn số bậc hai** square root

cắn *v.* to bite, to sting: **Nó bị chó cắn.** A dog bit him.; **Nó bị rắn cắn.** A snake bit him.

cắn răng *v.* to bear, to endure: **cắn răng mà chịu** to endure in silence

cắn rứt *v.* to gnaw; to worry: **lương tâm cắn rứt** to be gnawed by one's conscience

cằn *adj.* stunted, dwarfed, impoverished: **đất cằn cỗi** impoverished land

cằn nhằn *v.* to grumble, to complain

cặn *n.* deposit, residue, lees, dregs: **cặn bã của xã hội** the dregs of society

cặn kẽ *adj.* careful, thorough, detailed

căng *v.* to stretch, to spread: **căng da** to stretch the skin; **căng giây** to stretch strings

căng thẳng *adj.* [of situation] tense; fully stretched: **Đầu óc của tôi rất căng thẳng.** My mind is very tense.

cẳng *n.* paw; leg (= **chân**): **chạy ba chân bốn cẳng** to run at full tilt; **rộng cẳng** to have much freedom, much leeway

cắp **1** *v.* to carry under one's arms (= **đội, vác, khuân, khiêng, xách,** gánh, quẩy, mang) **2** *v.* to steal, to swipe, to pilfer: **ăn cắp/kẻ cắp** thief; **ăn cắp vặt** petty theft; **Anh ấy tính hay ăn cắp.** He's a kleptomaniac.

cặp 1 *n.* pair, couple: **cặp vợ chồng** married couple **2** *n.* briefbag, briefcase: **cặp học sinh** a school bag **3** *v.* to nip, to grip: **cặp tóc** hairpin

cắt 1 *v.* to assign [to a specific job]: **cắt cử, cắt đặt; cắt lượt, cắt phiên** to assign on a rotation basis **2** *v.* to cut, to carve [meat **thịt** etc.]: **cắt (làm, ra làm) hai/đôi** to cut in two; **cắt nghĩa** to explain; **cắt tóc** to get a haircut, to give a haircut [**cho** to]; **cắt áo** to make a dress

câm *adj., v.* to be dumb, mute; to hold one's tongue: **câm miệng, câm mồm** to shut up; **giả câm giả điếc** to play dumb

cấm *v.* to forbid, to prohibit, to ban [**ngặt, tiệt** strictly]: **Cấm hút thuốc.** No smoking.; **Cấm bóp còi.** No hornblowing.; **Cấm đỗ xe.** No parking.; **Cấm vào.** Do not enter.; **Cấm khạc nhổ.** No spitting.; **Cấm rẽ bên trái.** No left turn.; **Cấm dán giấy.** Post no bill.; **ngăn cấm** to forbid; **nghiêm cấm** to prohibit categorically

cấm chỉ *v.* to prohibit, to forbid

cấm cố *v.* to detain

cấm địa *n.* forbidden area

cấm đoán *v.* to interdict; to prevent arbitrarily

cấm vận *v.* to sanction, to embargo

cầm 1 *v.* to hold, to take hold of; to retain; R to capture: **cầm bắt** to arrest; **giam cầm** to detain; **cầm máu** to stop bleeding; **cầm được nước mắt** to hold back tears; **cầm đầu** to lead; **nhà cầm quyền** the authorities; **cầm lấy** to take **2** *v.* to pawn: **tiệm cầm đồ** pawnshop **3** *n.* R lute, guitar, musical instrument (= **đàn**): **dương cầm** piano; **khẩu cầm** harmonica; **phong cầm** organ; **vĩ cầm** violin; **lục huyền cầm, tây ban cầm** [Spanish] guitar; **Hạ uy cầm** Hawaiian guitar

cầm bằng *v., adv.* to consider as; as if

cầm cập *v.* to tremble like a leaf; to clatter: **run cầm cập** to shiver with teeth clattering

cầm chắc *v.* to be sure; to hold something for certain: **Tôi cầm chắc ông ấy sẽ thành công.** I am sure he will be a success.

cầm chừng *v., adv.* to take one's time, to take it easy; half-heartedly, perfunctorily: **làm việc cầm chừng** to work perfunctorily

cầm cự *v.* to resist; to contend

cầm hơi *v.* to survive; to maintain enough for living

cầm lái *v.* to drive: **cầm lái xe hơi** to drive a car; **cầm lái con thuyền** to steer/pilot a boat

cầm lòng *v.* to keep back emotions; to hold back one's feeling: **Tôi không thể cầm lòng được với cô ta.** I cannot hold back my feeling for her.

cầm quyền *v.* to be in power, to hold power: **Đảng tự do đang cầm quyền.** The liberal party is now in power.

cầm thú *n.* animals

cẩm 1 *n.* police officer: **ông cẩm** police officer; **sở cẩm** police precinct **2** *n.* R brocade (= **gấm**); R to be elegant, flowery: **cẩm bào** brocade court robe

cẩm thạch *n.* marble

cân 1 *v.* to weigh; to equal, to balance, to scale: **Cái này cân nặng ba ki-lô.** This weighs three kilograms. **2** *n.* máy cân weighing machine; **cân ta** Vietnamese pound, catty; **cân Tây** French kilogram; **lên cân** to gain weight; **xuống cân** to lose weight; **sụt cân** to lose weight; **đòn cân mậu dịch** balance of trade; **đòn cân lực lượng** balance of power **3** *adj.* balanced: **Bức tranh treo không cân.** The picture was hung unbalanced.

cân đối *adj.* well-proportioned: **Cô ấy có thân hình cân đối.** She has a well-proportioned body.

cân não *n.* nerves and brain: **chiến**

tranh cân não war of nerves

cân nhắc *v.* to consider carefully; to weigh [pros and cons]: **Chúng ta cần cân nhắc lợi hại.** We should weigh the pros and cons.

cần 1 *v.* to be needed, to be urgent, to want: **cần kíp, cần cấp** to be urgent; **cần thiết** necessary, essential; **cần đến, cần dùng** to need, to want; **tôi không cần** I don't care, I don't need, I don't want **2** *n.* pole, rod: **cần câu** fishing rod **3** *n.* water parsnip: **rau cần** celery

cần cù *adj.* (= **cần mẫn**) industrious, hard-working

cần kiệm *adj.* thrifty

cần lao *adj.* laborious: **giao cấp cần lao** labor classes

cần thiết *adj.* essential, needed, wanted

cẩn 1 *adj.* R cautious, careful: **cẩn thận** be careful; **kính cẩn** respectful; **bất cẩn** careless **2** *v.* to inlay, to incrust (= **khảm**)

cẩn phòng *v.* to be vigilant

cẩn thận *adj.* careful, cautious, attentive

cận *adj.* R to be near (= **gần**, *opp.* **viễn**): **thiển cận** short-sighted, to be shallow; **lân cận** to be neighboring; **thân cận** to be close, intimate

cận đại *n., adj.* modern times; modern

cận điểm *n. punctum proximum:* **tháng cận điểm** anomalistic month

cận Đông *n.* Near East

cận kim *n.* see **cận đại**

cận sử *n.* modern history

cận thị *adj.* short-sighted: **Hai mắt ông ấy đều cận thị.** Both his eyes are short-sighted.

cận vệ *n.* imperial guard, bodyguard: **Những tài tử nổi tiếng bao giờ cũng có cận vệ.** Most superstars have their bodyguards.

cấp 1 *v.* to grant, to bestow, to confer: **cấp giấy phép** to issue a permit; **cung cấp** to supply; **trợ cấp** to subsidize **2** *n.* level, step; rank, degree, grade: **bằng cấp** diploma, degree; **hạ cấp** lower echelon; **thượng cấp** higher echelon; **sơ cấp** primary level; **trung cấp** intermediate level; **cao cấp** advanced level, high ranking; **giai cấp xã hội** social class

cấp bách *adj.* urgent, pressing: **những đòi hỏi cấp bách** urgent needs, urgent requirements

cấp báo *v.* to notify immediately: **Chúng ta cần cấp báo cho gia đình anh ấy.** We should notify his family immediately.

cấp bậc *n.* grade, class, rank

cấp cứu *v.* to give emergency aid/first aid [to]: **cấp cứu người bị nạn** to give emergency aid to injured people

cấp dưỡng *v.* to provide relief for

cấp phát *v.* to issue, to supply: **cấp phát văn bằng** to issue a certificate

cấp số *n.* progression [math.]: **cấp số cộng** arithmetic progression; **cấp số nhân** geometric progression

cấp tiến *adj.* progressive, reformed: **Đảng Xã Hội Cấp Tiến** the Radical Socialist Party

cấp tốc *adv., adj.* swiftly, urgently; urgent; intensive: **lớp huấn luyện cấp tốc** intensive, short training course

cập *v.* to land, to reach, to come up to (= **đến, tới**): **Thuyền cập bến.** The boat landed.

cất 1 *v.* to put away, to hide; to lift; to build [house, school, factory]; [of horse] to rear; to buy wholesale: **cất hàng** to buy goods; **Máy bay cất cánh.** The plane takes off.; **cất tiếng** to raise one's voice **2** *v.* to distill: **cất rượu** to distill rice spirit

cật *n.* [SV **thận**] kidney

cật vấn *v.* to interrogate, to investigate

câu 1 *n.* [SV **cú**] phrase, expression, sentence, clause, proposition: **đặt câu** to construct a sentence; **câu chuyện** story, conversation; **câu nói** utterance, sentence; **câu thơ** line of verse **2** *v.* to fish: **cần câu** fishing rod; **lưỡi câu** fishhook; **đi câu** to go fishing; **câu khách** to try to attract customers

câu chuyện *n.* story, talk: **Ông ấy cắt ngang câu chuyện của tôi.** He cut into my talk.

câu đố *n.* riddle

câu đối *n.* parallel sentences

câu lạc bộ *n.* [social] club: **câu lạc bộ bóng bàn** table-tennis club

câu lưu *v.* to detain

câu nệ *v.* to stick too much to the formalities

câu thúc *v.* to bind, to hold, to restrain

cấu *v.* to pinch, to claw, to nip off: **Nó cấu tôi.** He pinches me.

cấu tạo *v.* to create, to engender, to build, to structure; to design

cấu thành *v.* to form, to complete, to compose, to make up

cấu trúc *n.* structure: **Tôi đang nghiên cứu cấu trúc của toà nhà nầy.** I am studying the structure of this building.

cấu xé *v.* to tear, to claw and tear: **Nỗi buồn cấu xé ruột gan.** Their heart was torn by sadness.

cầu **1** *n.* [SV **kiều**] bridge: **Cầu bắc qua sông.** A bridge was built across a river.; **cầu vồng** rainbow; **cầu thang** staircase **2** *n.* shuttlecock; R ball (= **bóng**): **bán cầu** hemisphere; **địa cầu** the earth, globe; **hoàn cầu** the world; **khinh khí cầu** balloon, dirigible; **túc cầu** football, soccer; **nhỡn cầu** eyeball **3** *v.* to seek (= **tìm**), to request (= **xin**), to pray: **yêu cầu** to request

cầu an *v.* to pray for peace and safety

cầu bơ cầu bất *adj.* vagrant, homeless

cầu cạnh *v.* to request a favor; to entreat favors of

cầu chì *n.* fuse

cầu chúc *v.* to wish: **cầu chúc một năm mới an lành, hạnh phúc** to wish you a happy and peaceful New Year

cầu cống *n.* bridges and locks: **kỹ sư cầu cống** civil engineer

cầu cứu *v.* to ask for help

cầu hôn *v.* to ask for an engagement

lễ cầu hôn requiem mass

cầu kinh *v.* to pray: **Hôm qua mẹ tôi đã cầu kinh ở chùa.** Yesterday, my mother prayed at the temple.

cầu khẩn *v.* to beg, to plead, to entreat

cầu kỳ *adj.* far-fetched, sophisticated: **Tôi không thích lối trang hoàng cầu kỳ.** I don't like such sophisticated decorations.

cầu lông *n.* badminton: **Bạn tôi và tôi thích chơi môn cầu lông.** My friend and I like to play badminton.

cầu may *v.* to try one's luck

cầu nguyện *v.* to pray

cầu siêu *v.* to pray for the peace of someone's soul

cầu thủ *n.* player, football player: **cầu thủ bóng đá** soccer player

cầu tiêu *n.* toilet, restroom, water-closet [WC]: **cầu tiêu nam** gents [toilet]; **cầu tiêu nữ** ladies [toilet]

cầu treo *n.* suspension bridge

cầu trượt *n.* children's slide

cầu vai *n.* shoulder-strap: **đeo cấp hiệu ở cầu vai** to wear a brooch on one's shoulder-strap

cầu viện *v.* to request for aid, to seek reinforcements

cầu vòng *n.* rainbow

cẩu thả *adj.* negligent, careless, sloppy: **Nó viết cẩu thả lắm.** His handwriting is sloppy.

cẩu trệ *n.* beast [dog and hog]

cậu *n.* mother's younger brother: **cậu họ** mother's male cousin; **anh/chị em con cô con cậu** first cousins [A calls B's mother **cô**, and B calls A's father **cậu**]

cây **1** *n.* plant, tree [name of species follows]: **trồng cây** to plant a tree; **tưới cây** to water plants; **xén cây** to trim; **chiết cây** to graft; **chặt/đẵn/đốn** to fell/cut down trees; **leo/trèo cây** to climb a tree; **vườn ương cây** nursery; **cây ăn quả/cây ăn trái** fruit tree; **cây con** sapling; **cây Nô-en** Christmas tree; **cây cảnh** dwarf tree; **bóng cây** tree shade; **cành cây** branch; **lá cây**

leaf; **gốc cây** foot of a tree, stump; **thân cây** tree trunk; **ngọn cây** tree top; **rễ cây** tree root; **vỏ cây** tree bark; **cây nhà lá vườn** home-grown, home-made **2** *n.* CL for objects shaped like sticks; wood (= **gỗ**): **một cây nến** a candle; **một cây rơm** a stack of straw; **nhà cây** wooden house; **cho leo cây** to keep [somebody] waiting in vain

cây bông *n.* flower trees; fireworks

cây bút *n.* writer: **Ổng ấy là cây bút viết truyện ngắn.** He is a short-story writer.

cây cối *n.* trees, vegetation

cây số *n.* milestone; kilometer: **Sân bay Tân Sơn Nhất cách trung tâm thành phố 6 cây số.** Tan Son Nhat Airport is 6 kilometers away from the city center.

cấy *v.* to transplant [rice seedlings]

cày cấy *v.* to till, to cultivate, to farm [land]

cầy 1 *v.* (= **cày**) to plow: **cầy ruộng** to plow fields; **lưỡi cầy** ploughshare **2** *n.* dog (= **chó**): **thịt cầy** dog meat; **ngu như cầy** very stupid; **cầy hương** civet cat

cậy *v.* to depend on, to rely on: **Con cái cậy cha mẹ.** Children depend on parents.

cha *n.* [SV **phụ**] father; [Catholic] father, I [used by father to child, second person pronoun being **con**], you [used by child to father, first person pronoun being **con**]; you [used by Catholic priest]: **cha nào con ấy** like father like son; **cha mẹ** parents; **Đức cha** Monsignor; **thằng cha** guy, fellow; **cha chú** [slang] to be great, terrific; **cha truyền con nối** hereditary; **anh em cùng cha khác mẹ** half-brothers; **chị em cùng cha khác mẹ** half-sisters; **hai cha con ông Cảnh** Mr. Canh and his child, Mr. Canh and his father

cha anh *n.* elders

cha cố *n.* Catholic priests, clergymen

cha xứ *n.* vicar, local priest

chà *intj.* Oh! [exclamation of surprise or admiration]: **Úi chà!** Well, Well!

chà là *n.* date palm: **trái chà là** date nuts

Chà và *n.* Javanese; Indian

chà xát *v.* to rub, to crush: **Mẹ tôi chà xát đậu để nấu xôi.** My mother crushed beans for cooking sticky rice.

chả 1 *n.* meat pie or ham: **giò chả** pork pies/ham **2** *adv.* not to be, not to do (= **chẳng, không**): **Anh chả cần nói tôi cũng biết.** I know it, you don't have to tell me.

chả giò *n.* Saigon spring rolls: **Món chả giò Việt Nam đã trở nên món ăn quen thuộc ở khắp nơi.** Vietnamese spring rolls became a popular dish everywhere.

chạ *adj.* mixed, mingled: **sống chung chạ** to live with other people

chạc 1 *n.* bamboo plaited cord **2** *v.* to borrow to eat; to buy without paying: **ăn chạc bữa cơm** to sponge a meal from somebody

chạch *n.* small and long eel: **đi bắt chạch** to catch eels

chai 1 *n.* bottle: **đóng chai** to bottle; **chai lớn** large bottle; **chai con** small bottle; **nút chai** cork; **Mở chai sâm banh ra!** Open the bottle of champagne! **2** *n., adj.* callus; callosity; corn: **chai chân** callus, callosity; to be callous; **Lái xe gắn máy nhiều hai tay bị chai.** Both palms have become callus from driving the motorcycle too much.

chài 1 *n.* fishing net: **kéo chài** to draw a fishing net **2** *v.* to fish with a fishing net: **Họ đi chài cá suốt ngày.** They go fishing with a fishing net for the whole day.; **dân chài lưới** fishermen; **thuyền chài** fishing boat; **phường chài** fishermen [as a guild]

chải *v.* to comb, to brush: **chải tóc** to comb hair; **bàn chải** brush; **bàn chải đánh răng** toothbrush; **bàn chải quần**

áo clothes brush; **bàn chải tóc** hairbrush

chải chuốt *v., adj.* spruced up; well-groomed, meticulous [about dressing, writing]: **ăn mặc chải chuốt** to be well-groomed

chàm **1** *n.* olive CL **quả**: **hình quả/ miếng chàm** lozenge; diamond **2** *n.* Champa, Cham **3** *adj.* indigo, dark blue; indigo dye

chạm **1** *v.* to carve, to sculpt: **thợ chạm** sculptor **2** *v.* to touch, to encounter, to collide [**vào**, **phải** against], to clink [glasses **cốc**]: **Hai xe hơi chạm vào nhau.** Two cars collided with each other.; **lễ chạm mặt/lễ chạm ngõ** pre-engagement ceremony; **chạm trán** to confront, to meet face to face

chan *v.* to souse, to overflow: **chan canh** to pour/souse soup on the rice

chan hoà *adj.* dampened, soaked, bathed in: **Nước mắt cô ấy chan hoà trên đôi má.** Her cheeks were bathed in tears.

chán **1** *adj.* sufficient, be [sick and] tired of, fed up with [followed by noun or preceded by verb]; boring, dull, tedious, tiresome; **chán xi nê** to be tired of movies; **Đi xem xi nê (đã) chán chưa?** Are you tired of going to the movies yet?; **Quyển sách này chán lắm.** This book is very dull. **2** *v.* to have no lack of, to have plenty of; to be tired of, to be sick of: **Khu ấy có chán (gì) nước.** That section of the town has plenty of water.; **Tôi chán ăn thịt lắm rồi.** I am sick of eating meat.

chán chê *adj.* satiated; plentiful, to have more than enough: **Chúng tôi ăn uống chán chê nhưng thức ăn vẫn không hết.** We ate more than enough but there is plenty of food left.

chán chường *v., adj.* to be tired of [person, regime]; to be embittered: **Họ chán chường chế độ lắm rồi.** They are tired of the regime.

chán đời *v.* to be tired of the world, to be tired of living

chán nản *v.* to be discouraged, to be disheartened: **Bạn chẳng làm được chuyện gì khi ở trong tình trạng chán nản.** You can't do anything if you are in a discouraged situation.

chán ngán *v.* to be [sick and] tired of

chán ngắt *adj.* very dull, wearisome: **câu chuyện chán ngắt** a very dull story

chán phè *adj.* dull, monotonous, colorless

chán vạn *adj.* many, a great many, a lot: **Tôi có chán vạn việc phải làm.** I have so many things to do.

chạn *n.* screened larder, cupboard

chang chang *adj.* [of sunlight] hot and blazing: **Trời nắng chang chang.** It is very hot and blazing.

chàng **1** *n.* young man; you [from wife to husband; first person pronoun being **thiếp**]: **chàng rể** son-in-law; **anh chàng** the fellow, the chap, the guy, the lad; **chàng và nàng** he and she; **một chàng thanh niên** a young man **2** *n.* chisel

chạng háng *v., adj.* to straddle; straddling

chạng vạng *n., adj.* twilight, dusk: **Trời đã chạng vạng.** It is twilight.

chanh *n.* lemon, lime: **nước chanh** lemon or lime juice; lemonade, limeade; **chua như chanh** sour as lemon

chanh chua *adj.* sharp-tongued, tart, sour: **Bà ta ăn nói chanh chua lắm.** She has a very sharp tongue.

chánh *n.* (= **chính**) chief, head: **một ông chánh và hai ông phó** one chief and two deputies

chánh án *n.* presiding judge, tribunal president

chánh chủ khảo *n.* chairman of examination board

chánh hội *n.* chairman of [village] council

chánh sự vụ *n.* division chief

chánh tổng *n.* canton chief

chánh văn phòng *n.* chief of the secretariat: **Ông ấy là chánh văn phòng phủ Thủ tướng.** He is the chief of the Prime Minister's secretariat.

chạnh *v.* to be affected, to be moved: **Nghe dân ca chạnh lòng nhớ đến quê hương.** While listening to a folk song, I am overwhelmed by homesickness.

chao **1** *n.* soybean paste **2** *n.* lampshade

chao ôi! *intj.* Alas! Oh dear!

cháo *n.* [SV **chúc**] rice gruel, congee: **cháo hoa** plain rice congee; **cơm hàng cháo chợ** to eat at the restaurant or at the market; to be around without a home; **thuộc như cháo** to know by heart

chào *v.* to greet, to salute: **chào khách** to greet customers; **chào đời** to be born; **chào hàng** to try to sell merchandise; **câu chào** greeting; **Chào ông** [or **bà**, **anh**, etc.] Good morning; Good afternoon; Good evening; **bắn hai mươi mốt phát súng chào** to fire a 21-gun salute

chào đón *v.* to welcome, to greet

chào mào *n.* peewit, lapwing: **mũ chào mào** forage cap

chào mừng *v.* to welcome, to extend a welcome: **Chào mừng quí khách đến Việt Nam.** Welcome to Vietnam.

chảo *n.* frying pan [shaped like a skullcap]

chão *n.* rope, cable

chạo tôm *n.* sugar-cane wrapped with minced prawn

chạp *n.* the twelfth month of the lunar year: **tháng chạp** December; **giỗ chạp** festivals

chát **1** *adj.* tart, strong, acrid: **chua chát** [of words] bitter **2** *n.* thump, slang

chau *v.* to frown, to knit: **chau mày** to frown [eyebrows]

cháu *n.* [SV **tôn**] grandchild, nephew, niece: **cháu nội** son's child; **cháu ngoại** daughter's child; **con cháu** off-spring; **cháu gái** granddaughter, niece; **cháu giai/trai** grandson, nephew

chay *adj.* [SV **trai**] vegetarian, diet: **ăn chay** to be vegetarian; **làm chay** to conduct an expiatory mass

chay tịnh *adj., n.* pure, chaste; diet

cháy *v.* to blaze, to burn in a conflagration: **đốt cháy nhà** to set blaze to a house; **cơm cháy** burnt rice at the bottom of the pot (= **xém**); **một đám cháy** a fire; **đốt cháy** to set fire to; **chữa cháy** to put out a fire; **Cái nhà lá đầu kia bị cháy.** The thatched cottage at the other end was burned down.; **Họ sợ cháy nhà.** They are so afraid of fire.; **Cháy!** Fire!

chảy *v.* [SV **lưu**] to run, to flow; [of metals] to melt; [of fabrics] to stretch; [of container] to leak: **Nước chảy trên sông.** Water flows in the river.; **trôi chảy** [of speech, operation] to run smoothly; **dễ chảy** fusible; **chảy máu cam** to have a nosebleed

chạy **1** *v.* [of people, vehicles, ships] to run; [of clock, machine] to run; [of goods] to sell well; [of work] to get done: **chạy loạn/giặc** to flee the war; **máy chạy thông ca** the machines run throughout the shifts; **chạy tiền** to seek money; **chạy chọt** to bribe; **người chạy giấy** messenger **2** *v.* to give up, to pass: **Việc nẩy tôi không làm nổi, tôi chạy thôi.** I can't do this job, so I give up. **3** *adj.* doing well, smoothly running: **sách bán chạy nhất** best seller; **chạy như tôm tươi** to sell like hot cakes

chạy chữa *v.* to treat one's best, to treat with all means: **Bác sĩ đã chạy chữa hết lòng, nhưng ông ấy không khỏi bệnh.** The doctor tried all means to treat him but he didn't recover.

chạy đua *v.* to race: **chạy đua với thời gian** to race against time

chạy làng *v.* to run away, to give up the game

chắc *adj.* firmly based, firm, certain, sure: **chắc bụng** to feel sure; **chắc dạ** to be full; **chắc ý** certain ideas; **Đinh đóng chắc.** The nail is firmly driven in.; **Việc ấy chưa chắc.** That matter is not confirmed yet.

chắc chắn 1 *adj.* to be firm, stable, steady; certain; reliable: **chọn người chắc chắn để làm việc** to choose a reliable person to take over the job 2 *adv.* definitely: **Ông ấy chắc chắn biết chuyện đó.** He definitely knows that story.

chắc hẳn *adv.* surely, certainly: **Chắc hẳn bạn tôi biết cô ấy.** Surely my friend knows her.

chăm 1 *adj.* [SV **cần**] assiduous; to be hard-working, industrious: **chăm chỉ làm việc** to be hard-working; **chăm học** to be studious 2 *v.* to look after diligently; to take care of: **Người mẹ biết chăm con.** The mother looked after her children diligently.

chăm bón *v.* to cultivate

chăm chú *adj.* concentrated, attentive: **Ông ấy chỉ chăm chú vào công việc.** He is concentrating only on his work.

chăm lo *v.* to give one's mind to something, to take care of

chăm nom *v.* to look after, to take care of: **Con cái phải chăm nom cha mẹ già yếu.** Children have to look after their old parents.

chăn 1 *n.* (= **mền**) blanket: **đắp chăn** to cover oneself with a blanket; **chăn bông** quilted blanket; **chăn dạ/len** woolen blanket; **chăn điện** electric blanket; **trùm chăn** to be a fence sitter 2 *v.* to tend [animals]: **thằng bé chăn trâu** buffalo boy; **nghề chăn nuôi** cattle raising, animal husbandry

chăn chiếu *v.* to live as husband and wife; to make love; blanket and mat

chăn gối *v., n..* to make love; to live as husband and wife; blanket and pillow

chăn nuôi *v.* to breed, to raise: **chăn nuôi heo gà** to breed pigs and poultry

chắn 1 *v.* to stop, to bar: **cái chắn bùn** mudguard; **kính chắn gió** windshield; **chắn nước chảy lại** to stop water running 2 *n.* [sort of] card game

chẵn *adj.* [SV **ngẫu**] [of a number, amount] even [*opp.* **lẻ**]: **số chẵn** even number; **một nghìn đồng bạc chẵn** just one thousand piastres, an even thousand

chặn *v.* to stop, to block: **lấy ghế chặn cửa lại** to block the door with a chair; **cái chặn giấy** paper weight; **chặn đứng** to stop, to hold up

chăng 1 *v.* to stretch [string, rope], to spread [net **lưới**], to hang: **chăng dây** to stretch a rope; **chăng màn muỗi** to hang a mosquito net 2 *adv.* [final particle denoting doubt] it seems to me, I presume, I suspect: **Anh ấy ốm chăng?** Could he be sick?; **Phải chăng ông ấy bị thất vọng?** I wonder if he was disappointed.; Could it be that he was disappointed?; **phải chăng** [of price] to be reasonable; **vả chăng** besides

chằng *v.* to tie up; to use [somebody else's money, belongings]; to fasten: **chằng gói hàng lại** to tie up the parcel; **không chằng không rễ** without family ties

chằng chịt *adj.* interlaced, intertwined

chẳng *adv.* (= **không, chả**) [SV **bất**] not to be, not to do [precedes main verb]: **cực chẳng đã** to be against one's will; **Tôi chẳng thiết.** I don't care.

chẳng bao giờ *adv.* never: **Tôi chẳng bao giờ hút thuốc.** I never smoke.

chẳng bao lâu *adv.* soon: **Chẳng bao lâu ông ấy sẽ đến.** He will come soon.

chẳng bõ *adv.* not to be worthwhile

chẳng cứ *adv.* not necessarily, not only

chẳng hạn *adv.* for example, as an example, for instance, namely

chẳng qua *adv.* only, just, at most; actually speaking: **Nó làm thế chẳng qua là để mẹ nó bằng lòng.** He did it only to please his mother.; **Cái đó chẳng qua chỉ là để ông ấy khỏi mất**

sĩ diện đó thôi. That was only to save his face.

chẳng thà *adv.* It would be better, it would be preferable.: **Chẳng thà làm việc nhân đạo.** It would be better to do charity work.

chặng *n.* stage, leg [of trip]; portion, section; range [of mountains]

chắp *v.* to join, to assemble: **chắp tay** to clasp hands; **chắp nối** to connect, to assemble, to join; **chắp nhặt** to scrape together; **chắp vá** to patch up

chắt **1** *n.* great-grandchild: **cháu chắt** offspring **2** *v.* to drain off, to decant

chắt bóp *v.* to be thrifty, to deny oneself [in terms of money]: **Mẹ tôi chắt bóp ít tiền cho tôi ăn học.** My mother has denied herself a small amount of money for my education.

chặt **1** *v.* to cut off, to amputate, to chop: **chặt xuống** to cut down; **chặt cổ/chặt đầu** to behead **2** *adj.* tight: **chặt chẽ** tightly; **thắt chặt tình hữu nghị giữa hai nước** to enhance the friendship between the two countries; **buộc chặt** to tie securely; **đóng chặt** to shut tight; **đậy chặt** to close tight [with a lid]

châm **1** *v.* to light, to kindle, to ignite, to burn: **châm bếp** to ignite a stove; **châm thuốc hút** to light a cigarette **2** *v.* to pin, to needle: **châm kim vào tay** to poke a needle into a finger

châm biếm *v.* to attack, to ridicule, to satirize: **Ông ấy nói giọng đầy châm biếm chua cay.** He speaks in a bitterly satirical tone.

châm chế *v.* (= **châm chước**) to adjust, to be tolerant

châm chích *v.* to criticize

châm chọc *v.* to tease

châm chước *v.* to be tolerant, to adjust

châm cứu *n., v.* acupuncture: **điều trị bằng châm cứu** to treat by acupuncture

châm ngôn *n.* saying, precept

chấm **1** *n.* [SV **điểm**] dot, point, period: **Có vài chấm đen trên áo bạn.**

There are some dark dots on your shirt.; **dấu chấm** period; **hai chấm** colon; **chấm phẩy** semicolon **2** *v.* to put a dot, to select; to correct, to grade, to mark: **chấm bài thi** to mark examination papers **3** *v.* to reach; to dip: **chấm nước mắm** to dip food in fish-sauce

chầm chậm *adv.* slowly: **đi chầm chậm** to go slowly

chậm *adj.* [SV **trì**] slow, halting

chậm chạp *adj.* [*opp.* **nhanh**] slow, late [*opp.* **sớm**]: **đến chậm** to be late, to arrive late; **Đồng hồ tôi chậm năm phút.** My watch is five minutes slow.; **chậm trí khôn** slow-witted

chậm rãi *adj.* [of speech] slow and poised

chậm tiến *adj.* underdeveloped, backward: **Tổ chức Liên hiệp quốc cần giúp đỡ các nước chậm tiến.** The United Nations Organization should help the underdeveloped countries.

chậm trễ *adj.* late, tardy: **Họ giải quyết công việc chậm trễ.** They were tardy in solving problems.

chân **1** *n.* [SV **túc**] foot, leg [= **cẳng**]; base: **gẫy chân** to break one's leg; **què chân** to be lame; **bàn chân** foot; **ngón chân** toe; **bắp chân** calf; **cổ chân** ankle; **gót chân** heel; **móng chân** toenail; **có chân** (**trong**) to be a member [of]; **ba chân bốn cẳng** to run at full tilt; **chân núi** foot of a mountain; **đi chân** to go on foot; **đi chân không** to go barefoot; **chân lấm tay bùn** to foil hard; **lỗ chân lông** pore; **chân trời** horizon; **chân vịt** propeller; **kiềng ba chân** tripod [used for cooking stove] **2** *adj.* R right, true, sincere (= **thật**, **thực**) [*opp.* **giả**]: **chân chính** true, genuine, legitimate

chân dung *n.* portrait: **vẽ chân dung** to paint a portrait

chân giá trị *n.* true value/worth

chân lý *n.* truth: **tìm chân lý cho cuộc sống** to find the truth in life

chân tài *n.* real talent

chân tay *n.* limbs; follower, henchman: **người lao động chân tay** laborers

chân thành *adj.* sincere, honest: **chân thành cảm ơn** sincere thanks

chân thật *adj.* honest, frank

chân tình *n., adj.* sincerity, heartfelt feelings; very sincere: **lời nói chân tình** a heartfelt statement

chân trời *n.* horizon

chân tướng *n.* true face, true identity

chân ướt chân ráo *adj.* to be newly arrived

chấn *v.* R to shake; to vibrate: **chấn động** to shake up; **địa chấn** earthquake

chấn chỉnh *v.* to reorganize, to improve, to revamp

chấn hưng *v.* to develop, to restore, to improve

chấn song *n.* bar; block: **chấn song cửa sổ** a window bar

chấn thương *n.* trauma, injured: **Ông ấy bị chấn thương nhẹ ở đầu.** He has a slight injury to his head.

chần *v.* to parboil, to blanch, to scald, to pour boiling water on: **chần mì ăn** to scald noodles

chần chừ *adj.* hesitant, undecided: **đi ngay không nên chần chừ** to go straight in without hesitation

chẩn *v.* R to examine, to treat [medically]: **chẩn bệnh** to treat an illness

chẩn bần *v.* to help the poor

chẩn bệnh *v.* to diagnose, to examine, to treat an illness

chẩn đoán *v.* to diagnose, to treat an illness

chẩn mạch *v.* to feel the pulse, to check the nerves

chẩn tế *v.* to bring relief to the needy

chặn *v.* to stop, to block; to obstruct: **chặn lại/chặn đứng** to stop, to block

chấp **1** *v.* to reproach, to bear a grudge; to give as an advantage: **chấp anh ấy 5 mét** to give him five meters for an advantage; **Nó còn bé, anh chấp nó làm gì.** He's just a kid, don't mind him. **2** *v.* R to hold; to

approve [application **đơn**], R to manage, to execute; to accept

chấp chính *v.* to assume governmental powers

chấp hành *v., adj.* to exccutc; executive: **ủy ban chấp hành** executive committee

chấp nhận *v.* to accept, to approve, to admit

chấp nhất *v.* to be full of grudges, to resent

chấp thuận *v.* to accept, to agree to: **Chúng tôi xin chấp thuận lời mời của bạn.** We are pleased to accept your invitation.

chập **1** *v.* to join, to bring together, to fasten together: **Tôi vừa chập hai sợi dây lại.** I have tied the two strings together. **2** *adj.* moment, instant: **chập tối** at nightfall; **chập chà chập chững** unstable

chập choạng *adv., adj., n.* imperfectly; unsteady; twilight: **Giờ lúc ấy chập choạng tối.** It was twilight.

chập chờn *v.* to be flickering: **ngủ chập chờn** to be not quite asleep

chập chững *adj.* [of child] toddling: **Cháu mới chập chững biết đi.** He's beginning to walk.

chất **1** *n.* matter, material, substance; R disposition: **chất lỏng** liquid; **chất đặc** solid; **chất khí** gas; **chất nổ** explosive; **chất sắt** pigment; **tính chất** nature; **vật chất** matter, material; **tư chất** character, aptitude; **khoáng chất** mineral; **lục diệp chất** chlorophyll; **địa chất học** geology **2** *v.* to pile up, to heap up: **chất đống** to pile up

chất lượng *n.* quality: **kiểm soát chất lượng sản phẩm** to control the quality of products

chất phác *adj.* sincere, simple-mannered

chất vấn *v.* to question, to investigate; to examine: **chất vấn ai trong buổi họp** to question someone at the meeting

chật *adj.* narrow; [of clothing] tight

[*opp.* **rộng**]: **Phòng làm việc của tôi chật quá.** My office is very crammed.; **Nhà chật người.** The home is crowded.

chật ních *v.* to be overcrowded

chật vật *adj.* [of life] hard, difficult: **làm việc chật vật quá** to work hard for a living

châu 1 *n.* administrative unit in the highlands **2** *v.* to converge, to huddle together: **châu đầu lại nói chuyện** to huddle together for talking **3** *n.* continent: **châu Á** Asia; **châu Âu** Europe; **châu Phi** Africa; **châu Mỹ** America; **năm châu** the five continents; **Úc châu** Australia

châu báu *n.* precious things, valuables

châu chấu *n.* grasshopper

châu thành *n.* city

châu thổ *n.* delta: **châu thổ sông Cửu long** Mekong River delta

chầu 1 *v.* to attend court: **phiên chầu** imperial audience; **sân chầu** court [in front of throne] **2** *n.* party, round: **Bạn tôi đãi tôi một chầu bia.** My friend treated me to a round of beer.

chầu chực *v.* to wait to see somebody [a V.I.P.]

chầu giời/trời *v.* to die, to pass away

chầu Phật *v.* to die, to pass away

chầu rìa *adj.* idle: **ngồi chầu rìa** to sit by and watch [a game]

chậu *n.* [SV **bồn**] wash basin, washbowl, pot: **chậu rửa mặt** wash basin

chấy 1 *n.* head louse; [cf. **rận**]: **bệnh chấy rận** typhus **2** *v.* to grill and ground: **thịt chấy** grilled and grounded meat

chầy 1 *n.* pestle **2** *adj.* late, tardy: **chẳng chóng thì chầy** sooner or later

che *v.* to cover, to hide, to shelter; to get protection, to take shelter: **che ô/dù** to be under an umbrella

che chở *v.* to protect

che đậy *v.* to cover up, to conceal

chè 1 *n.* [SV **trà**] tea [both the leaves and the beverage]: **nước chè** tea [the beverage]; **ấm/bình chè** teapot; **bộ đồ chè** tea set; **pha chè** to make tea; **rượu chè** alcohol; to be a tea drinker; **chè hạt/hột/nụ** tea buds; **chè tươi/ xanh** green tea; **chè (ướp) sen** lotus tea; **chè hoa nhài** jasmine tea **2** *n.* pudding, custard, dessert dish using such ingredients as soybeans, sugar, peas, lotus seeds, etc.

chẻ *v.* to split, to chop [wood]

chém *v.* [SV **trảm**] to cut, to chop; to behead: **chém cổ/chém đầu** to cut off someone's head; **máy chém** guillotine

chen *v.* to creep in; to elbow one's way through a crowd: **chen chúc** to jostle

chén *n.* [SV **bôi**] cup (= **tách**), eating bowl (= **bát**): **tôi chỉ ăn một chén cơm** I have only one bowl of rice.; **đánh chén/cạn chén** to empty one's cup [of wine]

chèn *v.* to chock [wheel, etc.]; to force [opponent, cyclist, motorist] out of his path

chẽn *adj.* [of clothing] very tight

cheo *n.* betrothal, engagement fee: **nộp cheo** to pay the engagement fee

cheo leo *adj.* perched way up high: **Núi đồi cheo leo.** The mountains are perched way up high.

chéo *adj.* slanted, tilted, diagonal

chèo 1 *v.* to row [boat, oar]; to paddle: **chèo thuyền** to row a boat **2** *n.* comedy, farce

chép 1 *v.* to copy, to transcribe, to note down, to write down: **ghi chép** to note down **2** *v.* to smack: **chép miệng** to smack one's mouth

chét *v.* (= **trét**) to fill [crack, hole]

chẹt *v.* to crush, to run over; to be strangled, to be crushed in between: **Xe chẹt con chó.** A car ran over the dog.; **chết chẹt** to be run over; to be caught between two fires

chê *v.* to belittle, to spurn, to criticize, to scorn, to find fault with [*opp.* **khen**]: **chê cười** to laugh at, to mock

chê bai *v.* to criticize, to scorn

chê cười *v.* to laugh at, to mock

chế 1 *v.* to jeer, to mock: **chế bác** to scoff [at]; **chế riễu** to mock at 2 *v.* to manufacture; to process: **bào chế** to prepare drugs; **sáng chế** to invent; **chế biến thức ăn** to process food 3 *v.* R system; R to moderate, to limit, to control: **hạn chế** to limit; **tiết chế** to control; **pháp chế** legislation; **binh chế** military system; **học chế** educational system

chế biến *v.* to process

chế dục *v.* to restrain one's desire

chế định *v.* to determine, to decide

chế độ *n.* system, regime, -ism: **chế độ quân chủ** monarchy; **chế độ tiền tệ** monetary system; **chế độ thuế má** tax system; **chế độ khoa cử** examination system

chế ngự *v.* to control, to restrain, to bridle

chế nhạo *v.* to mock, to jeer

chế phục *n.* uniform; mourning clothes

chế tác *v.* to create, to invent

chế tạo *v.* to manufacture, to make: **nhà chế tạo** manufacturer

chếch *adj.* tilted, slanting

chêm *v.* to wedge; to add: **nói chêm vào** to break in

chễm chệ *adj.* sitting in a solemn, haughty manner

chênh *adj.* tilted, slanting; very different

chênh chếch *adj.* oblique, tilted, slanted

chênh lệch *adj., n.* uneven, unequal; different; at variance: **Giá cả chênh lệch.** The prices are different.

chếnh choáng *adj.* tipsy, groggy, tight

chểnh mảng *adj., v.* to be negligent, be neglectful; to neglect

chết *v., adv.* [SV **tử**] to die; [of timepiece, machine] to stop; extremely, awfully [follows main verb]: **xác chết** corpse; **giết chết** to kill; **đánh chết** to beat to death; **cái chết của ông ấy** his death; **chết vì** to die of, to die from, to die for; **đâm chết** to stab to death; **cắn chết** to bite, to sting to death; **Chết chưa! Chết Chửa!** Oh, my gosh!

chết cha *intj.* Oh my god!: **chết cha! Làm sao bây giờ!** Oh! Damn it! What to do now!

chết dở *v.* to be between life and death, to have [financial] trouble

chết điếng *v.* to be half dead [because of pain, shock]

chết đói *v.* to starve to death

chết đuối *v.* to be drowned

chết giấc *v.* to lose consciousness, to swoon

chết hụt *v.* to escape death [very narrowly]

chết (mê chết) mệt *v.* to be madly in love with

chết ngạt *v.* to be asphyxiated, to be suffocated

chết ngất *v.* to swoon, to faint, to be unconscious

chết non *v.* (= **chết yểu**) to die young

chết oan *v.* to die because of someone's injustice or error, to die innocently

chết sống *n., adv.* life and death; at any cost, in any case, in any event: **Chết sống nó cũng đi.** He is going at any cost.

chết toi *v.* to die of a contagious disease, to die in an epidemic

chết tươi *v.* to die on the spot, to die in one's boots

chết yểu *v.* to die young

chệt *n.* Chinese

chi 1 *pron.* (= **gì**) What?; something, anything, everything: **Chi bằng** Wouldn't it be better to... .; **Anh muốn chi?** What do you want?; **Anh muốn chi cứ bảo tôi.** You want something [anything], just tell me.; **Nói chi nó cũng cười.** He laughs at everything.; **không can chi** it doesn't matter; **Can chi mà phải ....?** Why did you have to ...?; **hèn chi** no wonder; **huống chi** all the more reason, especially when; **phương chi** all the more reason; **vị chi ....** that makes ...; **Vội chi** What's the hurry? **2** *n.* R branch (= **cành**); limb: **tứ chi** the four limbs **3** *v.* to pay, to disburse, to spend [*opp.* **thu**] out: **tăng thu giảm chi** to increase the income and to cut the spending

chi bộ *n.* cell of a political party

chi cấp *v.* to allot, to grant, to provide

chi chít *adj.* thickly set; all over, condensed

chi cục *n.* branch office

chi dụng *v.* to pay, to spend

chi đội *n.* detachment [army]

chi hội *n.* branch of association/society

chi li *adj.* to be stingy; particular

chi lưu *n.* tributary

chi nhánh *n.* branch office

chi phí *n.* expenses, expenditures: **chi phí ăn ở** living expenses

chi phiếu *n.* check: **Chúng tôi không nhận chi phiếu cá nhân.** We don't accept any personal checks.

chi phối *v.* to control, to govern, to rule

chi thu *n.* expenditures and receipts

chi tiết *n.* detail: **đầy đủ chi tiết** fully detailed, in full detail

chi tiêu *v.* to spend

chí 1 *n.* will, resolution: **ý chí** ambition, aim; **chí khí**, **chí hướng** purpose in life; **đồng chí** comrade; **khoái chí** to be happy; **bất đắc chí** to be discontent; **thiện chí** goodwill **2** *v.* R to arrive, to each (= **đến, tới**); to, until: **từ bắc chí nam** from the north to the south; **từ đầu chí cuối** from beginning to end; **tự cổ chí kim** from ancient times; **làm chí chết** to work very hard **3** *adv.* R very, quite, most: **chí phải** quite right; **chí hiếu** very pious; **chí lý** quite right; **chí chết/chí tử** [slang] to the utmost, to death **4** *n.* head louse **5** *n.* R magazine, newspaper: **báo chí** press; **tạp chí** magazine, journal

chí chóe *v.* to quarrel, to argue noisily

chí hướng *n.* ambition, aim, purpose in life

chí khí *n.* will, purpose, integrity

chí lý *adj.* most reasonable

chí nguyện *n.* volunteer

chí sĩ *n.* retired mandarin; strong-willed scholar

chí thú *adj.* serious, interested in

chí tuyến *n.* tropic

chì *n.* lead: **bút chì** pencil; **cầu chì** fuse

chỉ 1 *v.* (= **ngón tay**) to show, to point out, to indicate: **chỉ đường** to show the way, to direct traffic; **chỉ bảo** to teach, to guide **2** *adv.* only, merely, simply, but [**thôi** or **mà thôi** ending the sentence]; R to stop: **đình chỉ** to cease, to stop; **cấm chỉ** to forbid **3** *n.* thread, string: **sợi chỉ** a string of thread; **cuộn chỉ** a roll of thread; **chỉ tay** line on palm; **kim chỉ** needle and thread, needlework; **xem chỉ tay** to read palms

chỉ dẫn *v.* to explain, to inform, to guide

chỉ đạo *v.* to manage, to guide, to steer; **uỷ ban chỉ đạo** steering committee

chỉ định *v.* to designate, to appoint

chỉ giáo *v.* [of superior, teacher] to show, to teach, to advise

chỉ huy *v.* to command, to control: **bộ chỉ huy** commanding headquarter

chỉ nam *n.* compass: **kim chỉ nam** guide book, handbook

chỉ số *n.* index

chỉ tệ *n.* paper money

chỉ thị *n., v.* instruction; to instruct, to direct

chỉ thiên *v.* pointing to heaven: **bắn chỉ thiên** to shoot into the air

chỉ trích *v.* to criticize

chị *n.* [SV **tỉ**] elder sister: **chị ruột** blood sister; you [used to refer to an elder sister by a younger sibling, first person pronoun being **em**]; I [used to refer to a younger sibling by an elder sister, second person pronoun being **em**], you [to young women, first person pronoun being **tôi**]; **chị ấy** she; **chị ta** Mrs; **chị dâu** one's elder brother's wife, sister-in-law; **chị họ** female cousin; **hai chị em bà Chân** Mrs. Chan and her older sister; Mrs. Chan and her younger brother [or sister]; **hai chị em ông Lai** Mr. Lai and his older sister; **chị Hằng** the moon; **chị hai** maid

chia *v.* [SV **phân**] to be divided; to divide [**làm** into], to separate, to share/distribute: **chia đôi/hai** to divide in two; **chia ba** to divide in three; **phân chia/chia cắt** to divide

chia buồn *v.* to share the sorrow [**với** of], to present one's condolences; to convey sympathy to

chia lìa *v.* to separate, to leave

chia phôi *v.* to separate

chia rẽ *v.* to divide [a group of people], to split

chia tay *v.* to part, to say goodbye, to bid farewell

chia uyên rẽ thuý *v.* to separate two persons in love

chia xẻ *v.* to share [**với** with]

chìa *v.* to hold out [RV **ra**]: **chìa tay ra** to hold out a hand

chìa khoá *n.* key: **chìa khoá xe** car key

chìa vôi *n.* spatula-like stick used to spread lime on a betel leaf: **chim chìa vôi** wagtail

chĩa *n.* pitchfork, fork

chĩa *v.* to point: **chĩa súng vào người** to point the gun at the body

chích *v.* to prick, to draw [blood **máu, huyết**]; to give an injection (= **tiêm**): **chích thuốc** to give or to get injections

chích chòe *n.* blackbird, magpie-robin

chiếc **1** *n.* general meaning of a unit of something: **một chiếc xe** a car; **chiếc thuyền/tàu** a boat; **một chiếc giày** a shoe; **một chiếc bít tất** a sock; **một chiếc đũa** a chopstick; **một chiếc hoa tai** an earring; **chiếc (giày) bên trái** the left one [shoe] **2** *adj.* R alone, single: **đơn chiếc** alone; **chăn đơn gối chiếc** single

chiêm **1** *adj.* [of (rice) harvest] fifth lunar month: **luá chiêm** summer rice

2 *v.* R to look up [to], to admire; to observe

chiêm bao *v.* to dream [**thấy** of]; dream CL **giấc** [with **nằm** to have]: **nằm thấy giấc chiêm bao** to have a dream

chiêm nghiệm *v.* to experiment

chiêm ngưỡng *v.* to revere, to worship, to admire: **chiêm ngưỡng một bức tượng** to admire a statue

Chiêm Thành *n.* Champa

chiêm tinh học *n.* astrology

chiếm *v.* to seize [territory], to usurp [throne **ngôi**]; to win [prize **giải**]; to occupy [house **nhà**, territory]: **Đừng để họp hành chiếm mất thì giờ.** Don't let meetings occupy too much time.

chiếm cứ *v.* to occupy forcibly, to take possession of

chiếm đoạt *v.* to appropriate, to usurp

chiếm đóng *v.* to occupy [enemy's territory]

chiếm giữ *v.* to appropriate; to withhold

chiếm hữu *v.* to possess, to own

chiên **1** *v.* to fry (= **rán**): **chiên cơm** to fry rice **2** *n.* sheep (= **cừu**): **con chiên** the faithful, the congregation

chiến **1** *v.* R to struggle, to fight: **đại chiến** world war; **tuyên chiến** to declare war; **đình chiến** armistice; **hiếu chiến** warlike; **huyết chiến** bloody battle; **kháng chiến** resistance **2** *adj.* [slang] very good, luxury, terrific, smart: **xe chiến** luxury car

chiến bại *adj.* vanquished

chiến binh *n.* fighter, soldier: **cựu chiến binh** veteran

chiến công *n.* feat of arms, victory

chiến cụ *n.* war materials

chiến cuộc *n.* war situation

chiến dịch *n.* campaign, operation [with **mở** to launch]: **chiến dịch chống nạn mù chữ** anti-illiteracy campaign; **chiến dịch chống nạn hút thuốc** anti-smoking campaign

chiến đấu *v.* to fight, to struggle

chiến địa *n.* battlefield

chiến hạm *n.* battleship, warship

chiến hào *n.* fighting trench

chiến hữu *n.* comrade-in-arms

chiến khu *n.* war zone, military base

chiến lợi phẩm *n.* war booty

chiến lũy *n.* fortifications, military line/base

chiến lược *n.* strategy

chiến sĩ *n.* fighter, soldier

chiến sự *n.* war, warfare, fighting

chiến thắng *n., adj.* victory; to be victorious

chiến thuật *n.* tactics

chiến thuyền *n.* warship

chiến tranh *n.* war [CL **cuộc, trận**] warfare, hostilities: **chiến tranh lạnh** the cold war; **chiến tranh tâm lý** psychological warfare

chiến trận *n.* battle, war

chiến trường *n.* battlefield [CL **bãi**]

chiến tuyến *n.* line of battle, front line

chiến tướng *n.* fighter; [football] player

chiến xa *n.* tank, combat vehicle

chiền chiện *n.* skylark

chiêng gong *n.* gong [CL **cái**]

chiết 1 *v.* to graft: **chiết cây trồng vào chậu** to graft a plant to grow in a pot **2** *v.* to deduct, to take off, to reduce: **chiết 5% tiền lương cho quỹ từ thiện** to deduct five percent of the salary for a charity fund

chiết khấu *v.* to deduct, to discount

chiết quang *adj.* refringent, refracting

chiết tính *v.* to prepare the detailed statement of account

chiết trung *adj.* happy medium; eclectic

chiêu *v.* R to welcome: R to advertise, to announce, to proclaim: **chiêu hiền đãi sĩ** to welcome educated scholars, to recruit talents

chiêu bài *n.* signboard, label, hint [statement]

chiêu đãi *v.* to receive, to entertain: **Thủ tướng chiêu đãi khách nước ngoài.** The Prime Minister received foreign guests.

chiêu đãi viên *n.* hostess, steward/ stewardess: **chiêu đãi viên hàng không Việt Nam** Vietnam Airline steward/stewardess

chiêu hồi *v.* to open arms to the enemy, to welcome a surrendered enemy

chiêu mộ *v.* to recruit, to enlist: **chiêu mộ binh lính** to recruit soldiers

chiêu sinh *v.* to enroll students: **Trường đại học quốc gia sẽ bắt đầu chiêu sinh vào tuần sau.** The national university will enroll students next week.

chiếu 1 *n.* [SV **tịch**] straw mat for sleeping: **chiếc chiếu** a straw mat; **đôi chiếu** a pair of straw mats; **giải/ trải chiếu** to spread a straw mat, to roll out of the mat; **cuộn chiếu** to roll up the mat; **chăn chiếu** to live as husband and wife **2** *v.* to shine; to project [pictures], to project a point on a plane: **rạp chiếu bóng** movie theater; **chiếu điện** to X-ray; **phản chiếu** to reflect **3** *n.* R permit, document; imperial order: **Nhà vua xuống chiếu toàn dân.** The king gave an imperial order to the people.

chiếu chỉ *n.* imperial edict

chiếu cố *v.* to care, to patronize; to take care of, to pay attention to

chiếu khán *n.* visa [on passport]

chiếu lệ *adv.* for form's sake: **làm việc chiếu lệ** to work for form's sake

chiếu theo *v.* to refer to: **chiếu theo quyết định của Thủ tướng chính phủ** reference to the Prime Minister's decision

chiều 1 *n.* [of time **giời/trời**] late afternoon, early evening: **Tôi sẽ gặp bạn chiều mai.** I will see you tomorrow afternoon. **2** *n.* direction, course; side, dimension; manner, method: **chiều dài** length; **chiều gió** direction of the wind; **chiều cao** height; **chiều ngang** width, breadth; **chiều sâu** depth; **trăm chiều** in every way, in every respect; **đường một chiều** one-way street **3** *v.* to please [people, customer]; to pamper, to spoil [child]; to treat with kindness and consideration: **chiều chuộng khách hàng** to please customers

chim *n.* [SV **cầm**, **điểu**] bird: **chim chóc** birds; **lồng chim** bird cage; [**cá chậu**] **chim lồng** somebody who does not enjoy any freedom; **tổ chim** bird's nest

chim chuột *v.* to court, to woo, to flirt

chim muông *n.* birds and beast

chìm *v.* [SV **trầm**] to sink, to be submerged; to be hidden: **Chiếc tàu đó đã bị chìm.** That ship was sunk.; **của chìm** hidden wealth; **ba chìm bảy nổi** many ups and downs

chìm đắm *v.* to be engulfed in [pleasure, passion]

chín 1 *num.* [SV **cửu**] nine: **mười chín** nineteen; **chín mươi** ninety; **một trăm chín (mươi)** one hundred and ninety; **một trăm linh/lẻ chín** one hundred and nine 2 *adj.* ripe [*opp.* **xanh**], cooked [*opp.* **tái**, **sống**]; **nghĩ** [**cho**] **chín** to think over carefully; **chín tới** done to a turn

chín chắn *adj.* mature: **Ống ấy là người chín chắn.** He is mature.

chín muồi *adj.* very ripe: **chuối chín muồi** very ripe bananas

chinh *v.* R to make an expedition against: **thân chinh** [of monarch] to direct a war in person; **tòng chinh** to enlist; **quân viễn chinh** the expeditionary forces

chinh chiến *n.* war, warfare

chinh phạt *v.* to send a punitive expedition against

chinh phu *n.* warrior, fighter

chinh phụ *n.* warrior's wife

chinh phục *v.* to subdue, to conquer

chính 1 *adj.* (= **chánh**) principal, main, chief [*opp.* **phụ**]; secondary [or **phó** second, vice, assistant]: **cửa chính** main gate; **bản chính** the original [as opp. to **bản phụ** a carbon copy; **bản sao** a copy] 2 *adj.* R righteous, just, upright [*opp.* **tà**]: **quân, dân, chính**

the army, the people and the government; **cải tà qui chính** to mend one's ways 3 *adv.* exactly, just, precisely: **chính giữa** in the middle; **chính tôi** I myself; **chính ra** at bottom in the main, actually; **cải chính** to deny

chính bản *n.* the original copy

chính biến *n.* political upheaval, coup d'etat

chính chuyên *adj.* [of woman **gái**, **đàn bà**] virtuous: **đàn bà chính chuyên** virtuous woman

chính cống *adj.* real, real McCoy, original

chính cung hoàng hậu *n.* official queen

chính danh *n.* a correct name

chính diện *adj.* right side; face front

chính đại *adj.* straightforward, upright

chính đáng *adj.* legitimate, proper, correct

chính đảng *n.* political party

chính đạo *n.* the right way, the correct way [*opp.* **tà đạo**]

chính giáo *n.* orthodox religion

chính giới *n.* political circles, government circles; politicians

chính khách *n.* politician

chính kiến *n.* political views

chính nghĩa *n.* righteous cause, cause

chính phạm *n.* author of a crime, principal to a crime [as opp. **tòng phạm** accessory]

chính phủ *n.* government: **vô chính phủ** anarchy

chính qui *adj.* [of army] regular: **lính chính qui** regular army

chính quyền *n.* political power [with **cướp, dành, nắm** to seize]; government: **nắm chính quyền** to take over power

chính sách *n.* policy

chính sự *n.* political affairs, government affairs, politics

chính tả *n.* orthography; dictation

chính thất *n.* legal wife, first wife

chính thể *n.* form of government, regime: **chính thể cộng cộng hoà**

republican regime; **chính thể quân chủ** monarchy

chính thị *adv.* exactly, precisely

chính thống *adj.* orthodox

chính thức *adj., adv.* official, formal; officially, formally; **bán chính thức** semi-official

chính tình *n.* political situation

chính tông *adj.* authentic, genuine, real, real McCoy

chính trị *n., adj.* politics, policy; political: **nhà chính trị** politician, statesman; **khoa học chính trị** political science

chính trị bộ *n.* politburo

chính trị gia *n.* statesman, politician

chính trị học *n.* political science

chính trị phạm *n.* political prisoner

chính trị viên *n.* political instructor

chính trực *adj.* righteous, upright

chính xác *adj.* accurate, corrected

chính yếu *adj.* important, main, principal, vital

chỉnh 1 *adj.* right, straight, correct: **nghiêm chỉnh/tề chỉnh** serious, right 2 *v.* to correct, to repair; to amend; to fix: **chỉnh lại bánh xe** to fix the wheels

chỉnh đốn *v.* to reorganize, to revamp: **chỉnh đốn lại công ty** to reorganize the company

chỉnh huấn *v.* to re-educate

chỉnh lưu *v.* to rectify [electric] current

chỉnh lý *v.* to re-adjust, to correct and edit

chỉnh tề *adj.* correct; tidy, in good order

chỉnh *n.* jar [to store rice, salt, etc.]: **chuột sa chỉnh gạo** to get a windfall [like a mouse falling into a jar of rice]

chít 1 *v.* to wrap: **chít khăn trên đầu** to wrap a scarf around one's head 2 *n.* great-great-great-grandchild

chịt *v.* to choke, to block: **giữ chịt** to hold back forcibly

chịu *v.* to bear, to stand, to endure, to tolerate, to put up with; to consent; to give up; to receive, to acknowledge: **dễ chịu** to be agreeable, pleasant, comfortable; to feel fine; **khó chịu** to be unpleasant, uncomfortable, to feel unwell; **không (thể) chịu được** unbearable; **Họ không chịu điều kiện ấy.** They wouldn't accept that condition.; **Chịu chưa?** Do you give up?; **Chịu rồi.** I give up. [I cannot go on with the game, cannot guess]; **ăn chịu** to buy food on credit; **bán chịu** to sell on credit; **mua chịu** to buy on credit

chịu cực *v.* to endure hardship

chịu đựng *v.* to bear, to put up with, to suffer

chịu khó *v.* to be patient, to work hard

cho 1 *v.* to give; to add; to let/allow/permit to, for; as a favor, for you [follows main verb] until; **cho đến**; **cho ăn** to feed; **cho mượn** to lend [tool, money]; **cho vay** to lend [money]; **Ông ấy vừa cho con gái chiếc xe Huê Kỳ.** He just gave his daughter an American car.; **Cho thêm nước vào đi!** Add some water, put some more water in!; **Cho đường vào đi!** Put the sugar in!; **Anh ấy làm việc cho đến chín giờ, rồi đi xem xi nê.** He worked until 9 o'clock, then went to the movies.; **cho (kỳ) được** until one succeeds, until one gets what is wanted; **cho nên, thế cho nên, vì thế cho nên** that is why; **Xin anh hiểu cho.** Please understand.; **Để tôi viết cho.** Let me write it for you.; **Ông ấy không cho tôi thôi.** He wouldn't let me quit [go, resign].; **Ba có cho đâu mà mày lấy!** Daddy didn't give you the permission, why did you take it?; **Đưa cái chổi đây cho tôi.** Please hand me the broom.; **Anh ấy làm cho một nhà thầu.** He works for a contractor.; **ăn cho no vào** eat until you're full; to make sure you have plenty; **Nhớ lấy vé cho tôi nữa nhé.** Remember to buy a ticket for me too.; **muốn cho**

chóng việc in order to expedite things, in order that things may go fast; **Nó đại diện cho ai?** Who(m) does he think he represents?; **Tôi thay mặt cho ông giám đốc chúng tôi.** I speak on behalf of our director.; **cho đến nay** up to now, so far, thus far; **để cho** in order that; **cho hay** to let know, to inform **2** *v.* to think, to maintain [**rằng, là** that]: **Tôi cho rằng việc đo rất hữu ích.** I think that issue is very useful.

cho không *v.* to give away, to grant

cho nên *adv.* therefore, hence: **Vì trời mưa cho nên tôi ở nhà.** Because it rains, therefore I stay at home.

cho phép *v.* to permit, to allow, to authorize: **cho phép ai làm việc gì** to authorize someone to do something

chó *n.* [SV **khuyển, cẩu**] dog: **chó săn** hunting dog, police dog; **chó cái** bitch; **chó sói** wolf; **cũi chó** dog kennel, dog house; **chó con** puppy; **chó mực** black dog; **Đồ chó.** What a dog!; **chó giữ nhà** watchdog, house dog; **chó má** scoundrel, cad; **Coi chừng chó dữ.** Beware of dogs!

chõ **1** *n.* elbow: **cùi chõ** elbow **2** *v.* to direct one's mouth to; to stick out: **chõ miệng/mồm** to give one's unexpected view

choạc *v.* to open wide; to spread [legs **chân**]

choán *v.* to take up, to occupy space

choang *adj.* bright: **Đèn sáng choang.** The lamp is bright.

choáng *adj.* shocked into a daze, to be dazzling: **Tôi choáng người khi biết tin dữ.** The bad news shocked me into a daze.; **choáng mắt** swanky, to be conspicuous

choáng váng *v.* to feel dizzy

choàng *v.* to embrace, to throw over or around: **Ông ấy choàng tay qua vai tôi.** He embraced me.

choảng *v.* to stick, to beat, to hit, to come to blows: **Hai bên choảng nhau kịch liệt.** Both sides were locked in a fierce battle.

choắt *adj.* dwarfed, stunted: **Nó choắt lại.** He is dwarfed.; **bé loắt choắt** tiny

chọc *v.* to pierce, to puncture; to tease, to annoy, to bother: **chọc tức ai** to tease someone; **nhà chọc trời/ giời** skyscraper

chọc ghẹo *v.* to tease

chọc tiết *v.* to stick; to bleed: **chọc tiết heo** to bleed pigs

choé **1** *n.* ornamental jar **2** *adj.* very bright: **đỏ choé** bright red

choèn choèn *adj.* very shallow; too small to be noticed

choi choi *n.* warbler

chói *adj.* [of light] dazzling, blind, shrill: **Đèn làm chói mắt.** The lights dazzled the eyes.; **Tiếng ồn làm chói tai.** The noise deafens ears.

chói lọi *adj.* brilliant, radiant, blazing

chòi *n.* shed, hut: **chòi canh** watchtower

chọi *v.* to oppose, to be equal; to fight, to compete with: **chống chọi/ đối chọi với** to compete with [to precede object]; **Tôi không chọi nổi hắn đâu.** I can't compete with him.; **chọi gà** cock fight; **chọi dế** cricket fight; **chọi chim hoạ mi** nightingale fight; **chọi trâu** buffalo fight; **đối chọi** [of two lines] well coupled

chòm *n.* tuft [of hair], clump [of trees], bunch [of flowers], group [of stars]

chỏm *n.* peak, summit [of mountain], top [of head, tree]; tuft of hair grown on shaven head of a little child: **lúc còn để chỏm, thời để chỏm** childhood

chọn *v.* to choose, to select [**làm** as]: **lựa chọn/kén chọn** to select carefully; to be choosy; **kén cá chọn canh** to be choosy

chọn lọc *v., adj.* to select; to choose; selected, chosen

chọn lựa *v.* to select, to choose

chong *v.* to keep [**đèn** lamp] lighted: **chong đèn suốt đêm** to keep the light lit all night long

chong chóng *n.* pinwheel; propeller

chóng *adj., adv.* quick, fast, rapid,

speedy; rapidly, quickly: **công việc nhanh chóng** quick work; **chóng lên** Quick! Hurry up!; **(chẳng) chóng (thì) chầy** sooner or later

chóng mặt *v.* to feel dizzy: **Bạn thấy chóng mặt không?** Do you feel dizzy?

chóng vánh *adj.* prompt, speedy

chòng chành *v.* to sway, to roll, to be unstable

chòng chọc *v.* to stare at, to look straight at [**vào** at]: **nhìn chòng chọc vào ai** to stare at someone

chõng *n.* bamboo bench, bamboo bed

chóp *n.* summit, peak, top: **chóp bu** top man

chót 1 *n., adj.* the last in a series (= **cuối**); last, lowest ranking (= **bét**): **giờ chót** the last hour, the last minute; **ngày chót** the last day [before deadline]; **hạn chót** deadline; **bậc chót** the highest or lowest rank; **hàng chót** the last row; **hạng chót** the lowest class; **màn chót** last scene, end [of play] **2** *v.* to have done or to act already [followed by main verb and preceded optionally by **đã**]: **Con chót dại ăn cắp, xin ông tha cho.** I have been stupid enough to steal, please forgive me.

chót vót *adj.* very tall/high, towering: **cao chót vót** very high

chỗ *n.* place, location, site, spot; room, space: **chỗ ngồi** seat; **chỗ ở** residence, address; **chỗ làm** place of work; **chỗ buôn bán** place of business; **hết chỗ rồi** no seats left, no vacancy, full house, full bus; **Chỗ anh em tôi nói thật.** Since we are friends, I'm going to tell you the truth.

chốc *n.* (= **lát**) moment, instant: **chốc nữa** in a while; **bỗng chốc** suddenly; **chốc chốc lại** every now and then; **Hãy giữ im lặng một chốc.** Please keep silent for a while.

chốc lát *n.* short moment: **phút chốc** in a jiffy

chối *v.* to deny, to refuse: **Ông ấy chối là đã không nói như thế.** He refused

to say so.; **từ chối** to refuse

chối cãi *v.* to deny, to reject: **Đó là sự thật không thể chối cãi được.** These are undeniable facts.

chối từ *v.* to refuse, to decline

chồi *n.* bud

chổi *n.* broom: **sao chổi** comet; **cán chổi** broomstick

chồm *v.* to jump up, to spring up

chôn *v.* to bury, to inter [dead, money, idea in one's mind]

chôn cất *v.* to bury, to inhume: **Người Việt thường chôn cất của quí ở dưới đất.** Vietnamese often bury valuables underground.

chôn chân *v.* to stay at one place, to confine oneself to

chôn rau cắt rốn *n.* native place

chôn sống *v.* to bury alive

chôn vùi *v.* to bury

chốn *n.* place, spot, destination: **đi đến nơi về đến chốn** to arrive at the right destination and to go home safely, safe trip

chồn 1 *n.* fox **2** *adj.* tired, stiff: **mỏi gối chồn chân** to have weary knees and stiff legs

chông *n.* caltrops, spikes, stakes: **hầm chông** a spike trap

chông gai *n., adj.* spikes and thorns; difficulties, hardship; dangerous

chống *v.* [SV **kháng**] to oppose, to resist: **chống lại** to be against; **chống người lên vật gì** to support oneself on, to lean against

chống án *v.* to appeal [a case]

chống chọi *v.* to resist, to confront

chống chế *v.* to defend oneself

chống cự *v.* to resist

chống giữ *v.* to hold out, to defend

chống nạnh *v.* to put arms akimbo

chống trả *v.* to oppose, to resist, to fight back

chồng 1 *n.* [SV **phu, quân**] husband: **lấy chồng** to marry; **bỏ chồng** to divorce; **mẹ chồng** mother-in-law; **bố chồng** father-in-law; **con chồng** stepchild; **ế chồng** to be unable to find a husband **2** *v., n.* to pile up; a pile: **một chồng sách** a pile of books

chổng *v., adv.* to point upward; upward: **nằm chổng gọng** to lie with one's legs in the air; **ngã chổng gọng** to fall on one's back

chộp *v.* to seize, to catch: **Nó bị cảnh sát chộp rồi.** He was caught by the police.

chốt *n., v.* axle; to bolt, to pin: **chốt cửa lại** to bolt the door; **vấn đề then chốt** the key problem

chột 1 *adj.* one-eyed: **nó chột mắt** He is one-eyed. **2** *adj.* stunted, scared, worried: **chột bụng/chột dạ** startled

chơ vơ *adj.* abandoned, forlorn, without protection

chớ *adv.* do not, let us not: **chớ có/chớ nên nói gì** shouldn't say anything; **Anh chớ có mua nhé.** Don't buy it.; **chớ hề** never

chờ *v.* to await, to wait for (= đợi): **Đừng chờ đợi tôi.** Don't wait for me.

chở *v.* to take, to transport, to carry: **chuyên chở** to be transported; **chở củi về rừng** to carry coals to Newcastle; **xe chở hàng** truck, goods train, freight train

chợ *n.* [SV **thị**] market, marketplace: **hội chợ** fair, exposition; **phiên chợ** market day; **chợ đen** black market; **chợ phiên** fair; **chợ giời** open air second-hand market; **kẻ chợ** town folk, city people

Chợ lớn *n.* Cho Lon, Saigon's Chinatown

chơi *v.* [SV **du**] to play, to amuse oneself; to play [game, musical instrument, cards, sport]; to be a fan of, to collect, to keep [as a hobby]; to indulge in; to take part in—not seriously—for fun [follows main verb] [*opp.* **thật**]: **sân chơi** playground; **trò chơi** game; **đồ chơi** plaything, toy; **đi chơi** to go for a walk, to go out; to go and visit; **đến chơi** to come for a visit; **chơi bi** to shoot marbles; **chơi dao** to play hopscotch; **chơi dương**

cầm to play the piano; **chơi bài** to play cards; **chơi cờ** to play chess; **chơi quần vợt** to play tennis; **chơi bóng rổ** to play basketball; **chơi tem** to collect stamps; **chơi lan** to collect orchids; **chơi đồ cổ** to collect antiques; **chơi chim hoạ mi** to keep nightingales; **chơi gái** to frequent prostitutes; **chơi họ/hụi** to take part in a mutual savings and loan group; **ăn chơi** to eat for fun, as in **bốn món ăn chơi** hors d'oeuvres, assorted appetizers; **nói chơi** to say in jest; **chơi chơi** not to play for money, to play [card game] for fun; **dễ như chơi** as easy as ABC; **giờ [ra] chơi** to have a break; **chơi chữ** to play on words; **làng chơi** the pleasure world; **gái làng chơi** prostitute(s); **khách làng chơi** bawdy house customer(s); **Ông ấy ăn chơi lắm.** He's a real playboy.

chơi ác *v.* to play a dirty trick [on somebody]

chơi bời *v.* to be a playboy, to indulge in playing

chơi khâm *v.* to play a nasty trick [on somebody]

chơi lu bù *v.* to have rounds after rounds of fun [literally and pejoratively]

chơi vơi *adj.* lonely, to be in a precarious position

chơm chởm *adj.* rugged, craggy, shaggy: **Con đường chơm chởm đá.** The road was craggy with rocks.

chớm *v.* to start to, to begin to, to be about to: **tình yêu mới chớm** to begin to love

chớm nở *v.* [of feelings] to be budding

chớn *n.* limit: **quá chớn** to go beyond the limit

chờn vờn *v.* to flutter about

chớp *v.* [of heaven **giời, trời**] to lighten; **chớp mắt** to blink/wink; **chớp bóng** to show movies; **nhanh như chớp** as fast as lightning; **chỉ trong chớp mắt** in a wink; **cửa chớp** shutters; **Không biết đứa nào chớp mất**

của tôi cái đồng hồ. Somebody swiped my watch.

chớp ảnh *v.* to project movies

chớp bóng *v.* to project/show movies: **rạp chớp bóng** movie theater

chớp nhoáng *adv.* at lightning speed; **chiến tranh chớp nhoáng** lightning war

chợp *v.* to doze off: **chợp mắt** to have a wink of sleep

chớt nhả *v.* to use non-serious language

chợt *adv.* suddenly or unexpectedly [precedes main verb]; alternately: **Cửa chợt mở.** The door suddenly swung open.; **tôi chợt nhớ** I remember suddenly; **chợt nói chợt cười** alternately talking and laughing

chu cấp *v.* to support, to assist, to help, to provide: **Con cái phải chu cấp cho cha mẹ già.** Children have to support their old parents.

chu chéo *v.* to yell, to holler

chu du *v.* to travel [around]: **Tôi đã chu du khắp các nước Á châu.** I have traveled to almost all the countries in Asia.

chu đáo *adj.* perfectly done, perfectly taken care of

chu kỳ *n.* cycle, period [of recurring phenomena]

chu niên *n.* anniversary: **đệ thập chu niên** tenth anniversary

chu tất *adj., v.* full and careful, perfect; to pay all back: **Anh cứ ứng ra, lúc về tôi xin chu tất.** Please advance the money, I'll refund you when I come back.

chu toàn *v., adj.* to be perfect; to complete perfectly, safe; intact: **Bà ấy là người đàn bà chu toàn mọi việc trong gia đình.** She is a perfect woman who can complete all her household duties.

chu trình *n.* circular, cycle [which is sent around]

chu vi *n.* circumference

chú **1** *n.* uncle [father's younger brother]: **chú ruột** uncle [addressed by nephew or niece]; **chú họ** father's male cousin; **chú thím tôi** my uncle and his wife; **cô chú tôi** my aunt and her husband; **hai chú cháu anh Hiển** Hien and his uncle, Hien and his nephew [or niece]; **anh/chị em con chú con bác** first cousins [A calls B's father **chú**, and B calls A's father **bác**] **2** *n., v.* note; to annotate, to explain, to mark: **ghi chú/cước chú** footnote; **bị chú** note **3** *n.* incantation, conjuration: **đọc thần chú** to read incantation

chú âm *v.* to phoneticize, to show the pronunciation

chú cước *n.* explanatory notes, marginal notes

chú dẫn *v.* to note, to annotate

chú giải *v.* to explain, to quote, to annotate

chú lực *v.* to concentrate or to apply one's strength on

chú mục *v.* to pay attention to

chú rể *n.* bridegroom

chú tâm *v.* to concentrate on: **chú tâm vào việc học** to concentrate on studying

chú tiểu *n.* novice [in a Buddhist temple]

chú trọng *v.* to pay attention to, to attach importance to [**đến, tới** precedes object]

chú ý *v.* to pay attention [**đến, tới** precedes object]; Attention!: **chú ý nghe bài giảng** to pay attention to lectures

chủ *n.* owner, master, boss, lord (= **chúa**); landlord: **ông chủ nhà** landlord; **bà chủ nhà** landlady; **chủ nhà** host, hostess [*opp.* **khách**]; **chủ hãng** employer [*opp.* **thợ**]; **địa chủ** landowner; **điền chủ** landlord; **gia chủ** head of family; **nghiệp chủ** manager of industry; **thân chủ** client; **tự chủ** independence; **chủ nợ** creditor; **chủ quán** inn-keeper

chủ bút *n.* editor-in-chief, editor: **Ông Nam là chủ bút của một nhật báo**

Việt. Mr. Nam is editor-in-chief of the Viet newspaper.

chủ chiến *v.* to advocate war

chủ đạo *adj.* decisive: **đóng vai trò chủ đạo** to play a decisive role

chủ đề *n.* main subject, main topic

chủ đích *n.* main objective, main aim, chief goal

chủ động *v., adj.* to be active, to take the initiative; principal: **vai chủ động** principal role [of a story]

chủ giáo *n.* bishop

chủ hoà *v.* to advocate peace

chủ hộ *n.* head of a family

chủ hôn *n., v.* celebrant; to conduct a wedding ceremony [preceded by **đứng**]

chủ khảo *n.* head of examiners

chủ lực *n.* main force, driving force

chủ mưu *v., n.* to instigate; to be the mastermind, to contrive; instigator

chủ nghĩa *n.* doctrine, ideology, -ism: **chủ nghĩa cá nhân** individualism

chủ ngữ *n.* subject [of a sentence]

chủ nhân *n.* boss, master: **chủ nhân ông** manager [as opp. to labor **công nhân**]

Chủ nhật *n.* Sunday (= chúa nhật)

chủ nhiệm *n.* director; editor

chủ quan *n., adj.* subjective thinking [*opp.* **khách quan**]; subjective

chủ quyền *n., adj.* sovereignty; sovereign: **có chủ quyền** to be sovereign

chủ sự *n.* chief of a bureau

chủ tâm *v., n.* to intend, to aim; intention: **Đó là hành động có chủ tâm.** That is an intentional action.

chủ tế *n.* official celebrant

chủ tể *n.* chief, master, lord

chủ thầu *n.* contractor

chủ thể *n.* subject, main organ

chủ tịch *n.* chairman: **phó chủ tịch** vice-chairman

chủ tịch đoàn *n.* presidium

chủ toạ *v., n.* to preside over [a meeting]; chairperson: **chủ toạ buổi họp** to chair a meeting

chủ từ *n.* subject

chủ trương *v., n.* to advocate, to assert, to maintain; policy

chủ ý *v., n.* to intend, to aim; main idea, chief purpose, primary intention

chủ yếu *adj.* essential, important: **Vấn đề chủ yếu là tăng năng suất.** The important issue is to increase products.

chua **1** *v.* to note, to annotate **2** *adj.* sour, acid: **canh chua** sweet and sour soup

chua chát *adj.* bitter, ironical

chua ngoa *adj.* talkative; lying; sharp-tongued

chua xót *adj.* painful

chúa *n.* lord, prince, God: **vua chúa** kings and princes; **bạo chúa** tyrant; **chúa Trời** God; **công chúa** princess

chúa nhật *n.* Sunday

chúa sơn lâm *n.* tiger

chúa tể *n.* chief, master, leader, lord

chùa *n.* [SV **tự**] Buddhist temple, pagoda: **đình chùa** temples; **thầy chùa** monk

chùa chiền *n.* Buddhist temples

chuẩn *n., adj.* standard: **tiêu chuẩn** criterion

chuẩn bị *v.* to prepare, to get ready: **chuẩn bị hành lý** to get one's luggage ready

chuẩn chi *v.* to order, to authorize a payment

chuẩn đích *n.* definite aim, goal, norm

chuẩn định *v.* to fix, to decide

chuẩn nhận *v.* to accept, to approve

chuẩn phê *v.* to approve: **chuẩn phê dự án** to approve a project

chuẩn tướng *n.* brigadier-general

chuẩn úy *n.* warrant officer

chuẩn xác *adj.* fully accurate, accurate

chuẩn y *v.* to approve

chúc **1** *v.* to tilt **2** *v.* to wish; to congratulate, to celebrate: **cầu chúc** to wish; **chúc mừng năm mới, cung chúc tân xuân** Happy New Year

chúc thư *n.* will and testament

chúc tụng *v.* to wish; to compliment, to praise

chục *num.* ten: **hai chục** twenty

chui *v.* to glide headlong, to creep, to steal, to slip in through a narrow opening; to cede [a card]: **chui vào hang** to creep into a hole

chúi *v.* to bend one's head forward; to be engaged totally in: **chúi đầu vào công việc** to be engaged totally on the job

chùi *v.* to wipe, to clean, to polish

chum *n.* water jar

chúm *v.* to purse, to round [lips]: **mẫu âm chúm môi** rounded vowel

chùm *n.* cluster, bunch [of grapes, keys, flowers]: **chùm nho** a bunch of grapes; **chùm chìa khoá** a set of keys

chũm choẹ *n.* cymbals

chụm *v.* to assemble, to join, to gather

chụm lửa *v.* to light a fire

chun *v.* to shrink, to be elastic: **sợi dây chun lại** the string shrank

chun chủn *adj.* short, tiny

chùn *v.* to slow down, to stop

chùn chụt *adv.* [to kiss or suck] noisily: **hôn chùn chụt** to kiss noisily

chung **1** *adj., v.* common, mutual; to have or do in common: **ở chung** to live together; **chung tiền** to pool money; **nhà chung** Catholic mission **2** *v.* R to finish (= **hết**): **thuỷ chung** to the end; from beginning to end; to be loyal, faithful; **hữu thuỷ vô chung** to be unfaithful, disloyal **3** *n.* the end [used at the end of books or articles]: **chung cuộc** at the end; **lâm chung** to be about to die

chung chạ *v.* to share [with other people]

chung đúc *v.* to amalgamate, to create

chung đụng *v.* to clash; to share with other people

chung kết *n.* final: **trận đấu chung kết** final match

chung quanh *n.* surrounding area (= **xung quanh**)

chung qui *adv.* in the final analysis, in conclusion

chung thân *adv.* all one's life: **tù**

chung thân life imprisonment

chúng *pron.* [pluralizer for certain personal pronouns]; R group, people: **công chúng** the public; **dân chúng** the people; **đại chúng** the masses; **quần chúng** the masses

chúng bạn *n.* friends

chúng bay *pron.* you [plural]; also **bay**

chúng cháu *pron.* we [your grandchildren, your nephews, your nieces]

chúng con *pron.* we [your children]

chúng em *pron.* we [your younger siblings]

chúng mày *pron.* you [arrogant]

chúng mình *pron.* we [inclusive I and you, (he) and I; you, (they) and I]; cf. **chúng ta, mình, ta**

chúng nó *pron.* they, them

chúng ông *pron.* we [very arrogant]

chúng sinh *n.* all living creatures; wandering souls

chúng ta *pron.* we, us [inclusive I and you, (he) and I; you, (they) and I]; cf. chúng mình, ta, mình

chúng tôi *pron.* we [exclusive I, he and I, they and I, but not you]

chùng *adj.* [of rope, string] loose, slack; [of trousers] to be long, hanging

chùng chình *v.* (= trùng trình) to loiter; to procrastinate

chủng **1** *n.* R species, kind, sort: **chủng loại** race; **nhân chủng** human; **chủng tộc** human race; **diệt chủng** to exterminate a race **2** *v.* to vaccinate; **chủng đậu** to vaccinate against smallpox

chủng loại *n.* sort, kind, variety, type, species

chủng tộc *n.* race, people

chuốc *v.* to seek, to bring upon oneself to [worry, profit, honors]: **chuốc lấy sự đau khổ** to bring unhappiness upon oneself

chuộc *v.* to buy back [lost or pawned object], to redeem; to make amendments for, to atone for [fault, mistake]; to try to win [someone's heart]

chuôi *n.* handle [of knife **dao**], hilt

chuối *n.* banana: **một buồng chuối** a bunch of bananas; **một nải chuối** a hand of bananas; **vườn chuối** banana farm; **giồng cây chuối, trồng cây chuối** to stand on one's head; **trượt vỏ chuối** to slip on a banana skin; to fail an examination

chuỗi *n.* a string [of beads], necklace; file, series, succession: **chuỗi hạt trai** pearl necklace; **một chuỗi ngày dài đằng đặc** a succession of long, long days; **chuỗi tràng hạt** rosary

chuôm *n.* small pond

chuồn *v.* to take French leave, to clear out, to sneak out

chuồn chuồn *n.* dragonfly

chuông *n.* bell: **bấm chuông** to ring the bell [by pushing a button]; **đánh chuông/thỉnh chuông** to strike the bell with a mallet; **đặt chuông/rung chuông** to ring the bell [by pulling a cord or rope]; **lắc chuông** to ring the bell [by shaking it]; **gác chuông** bell tower; **chuông bấm, chuông điện** electric bell

chuồng *n.* cage, shed, shelter, coop, stable, sty: **lúc gà lên chuồng** at nightfall; **chuồng bò** stable for oxen; **chuồng chim bồ câu** pigeon house; **chuồng chó** dog kennel; **chuồng gà** chicken coop, chicken house; **chuồng heo/chuồng lợn** pig sty; **chuồng ngựa** stable, stall; **chuồng tiêu** latrine, privy; **chuồng xí** latrine, privy; **chuồng trâu** buffalo stable

chuộng *v.* to be fond of, to like, to esteem: **tham thanh chuộng lạ** to like exotic things; **chiều chuộng** to pamper, to esteem; **kính chuộng** to respect and esteem; **yêu chuộng** to love

chuốt *v.* to polish, to refine: **chải chuốt** to be smart

chuột *n.* rat, mouse, cobaye: **bả chuột** rat poison, rat's bane; **bẫy chuột** mousetrap; **dưa chuột** cucumber; **ướt như chuột lột** drenched to the skin

chuột bạch *n.* white mouse, white mice

chuột bọ *n.* rodents

chuột chù *n.* muskrat

chuột cống *n.* sewer rat

chuột đồng *n.* field mouse

chuột nhắt *n.* mouse, mice

chuột rút *n.* cramp

chụp *v.* to spring upon and seize suddenly: **chụp ảnh/hình** to take photographs; **chụp lấy cổ nó** to grab him

chụp ảnh *v.* (= chụp hình) to take a photograph [of]; to have one's picture taken

chụp đèn *n.* lamp shade

chút **1** *adj.* tiny (= tí): **chút ít, chút đỉnh, chút xíu; một chút** a little bit; **đôi chút** a little **2** *n.* great-great-grandchild; cf. **cháu, chắt, chít**

chút con *n.* a small child, the only child

chút đỉnh *adj.* a little bit, a touch of

chút ít *adj.* tiny

chút phận *n.* modest condition

chút thân *n.* humble life

chút tình *n.* humble sentiment

chút xíu *adj.* tiny

chụt *n.* smacking noise

chùy *n.* mallet, hammer; blow

chuyên **1** *v.* to transfer [liquid, merchandise]; to transport; to carry: **chở chuyên** to transfer [money illegally] **2** *adj., n., v.* specialized in; expert, main occupation; to concentrate on: **chuyên tâm** to be devoted; **chuyên về** to specialize in

chuyên cần *adj.* diligent, industrious: **Họ làm ăn rất chuyên cần.** They work very diligently.

chuyên chế *adj.* absolute, dictatorial, arbitrary, autocratic

chuyên chính *n.* dictatorship: **vô sản chuyên chính** dictatorship of the proletariat [communist term]; **chế độ chuyên chính** dictatorship regime

chuyên chở *v.* to transport: **chuyên chở hàng hoá** to transport goods

chuyên chú *v.* to apply oneself, to be attentive, to concentrate on

chuyên đề *n.* special subject/topic

chuyên gia *n.* specialist, expert: **Chúng ta cần những chuyên gia kinh**

tế giỏi. We need more experts on economics.

chuyên khoa *n.* specialty, advanced and specialized course; second cycle [three years] of secondary education [*opp.* **phổ thông**]

chuyên môn *n., adj.* specialty [to specialize in], professional; to be technical: **nhà chuyên môn** expert, specialist; **về phương diện chuyên môn** from a technical point of view; **danh từ chuyên môn** technical terms, jargon; **không chuyên môn** nonspecialized, unskilled; nontechnical

chuyên nghiệp *n.* specialist, professional; vocational: **trường trung học chuyên nghiệp** technical college, vocational school

chuyên nhất *v.* to be devoted to one thing

chuyên quyền *v.* to be despotic, to rule as an autocracy, to be a dictatorship

chuyên tâm *v.* to concentrate on [with fixed intention]

chuyên trách *v.* to be responsible; **nhà chuyên trách** responsible authorities

chuyên trị *v.* [of doctor] to be a specialist in: **bác sĩ chuyên trị bệnh ngoài da** dermatologist

chuyên tu *v.* to give or to get special training: **lớp chuyên tu** special session, seminar [on certain subjects]

chuyên viên *n.* expert, specialist

chuyến *n.* trip, journey, voyage, flight [as a unit, single event]; time: **chuyến đi** the outward trip; **chuyến về** the homeward trip, on the way back; **chuyến mười giờ** the 10 o'clock train [bus, plane, etc.]; **chuyến xe lửa năm giờ** the 5 o'clock train; **chuyến xe Saigon-Baclieu** the Saigon-Baclieu bus; **đi Nam vang một chuyến** to go to Phnom Penh [once]; **đi cùng một chuyến** to travel together; **Mấy chuyến?** How many times, how many rounds?; **nhiều chuyến** many times; **chuyến này** this time; **chuyến trước** last time; **chuyến**

sau next time; **chuyến tàu đêm** the night train

chuyền *v.* to pass, to hand; to pass from place to place; to carry, to transfer: **chuyền tay nhau** to pass on to each other

chuyển *v.* to move, to transfer; to shift; to change [direction]; to transmit, to hand over: **chuyển đạt** to convey; **chuyển giao** to transfer; **lay chuyển** to move, to shake; **biến chuyển** to change; **di chuyển** to move; **thuyên chuyển** to move [personnel] around: **Tôi nói mãi nó không chuyển.** I kept telling him, but he just wouldn't change.

chuyển biến *v.* to change

chuyển bụng *v.* (= **chuyển dạ**) to start to have labor pains

chuyển đạt *v.* to transmit, to convey

chuyển đệ *v.* to transmit, to forward; **kính gửi Ông Tỉnh trưởng, nhờ Ông Quận trưởng chuyển đệ** to the Province Chief, care of the District Chief

chuyển động *v., n.* to move; movement, motion

chuyển giao *v.* to hand over [authority, government office]

chuyển hoá *v.* to transform, to change

chuyển hoán *v.* to complete an evolution

chuyển hướng *v.* to change direction

chuyển nhượng *v.* to transfer, to cede: **chuyển nhượng sở hữu chủ nhà đất** to transfer the land title

chuyển tiếp *v., n.* to transit; transition: **giai đoạn chuyển tiếp** transition stage

chuyển vận *v.* to transport; to set in motion

chuyện *n.* talk; story: **kể chuyện** to tell a story; **nói chuyện trong buổi họp** to give a talk at a meeting; **bày/ bịa/vẽ chuyện** to fabricate; **công chuyện** business; **nói chuyện** to talk, to converse, to speak, to chat [**với** with, **về**, **đến**, **tới** about, of]; **buổi nói chuyện** a talk, public speaking;

bắt chuyện to enter a conversation, to engage in a conversation; **nói chuyện gẫu** to talk idly; **chuyện ngắn** short story; **chuyện phim** film story, movie story; **chuyện tình** love story; **sinh chuyện** to pick a quarrel, to make a fuss, to start some trouble; **Có chuyện gì thế?** What's the matter?

chuyện trò *v.* to converse, to talk, to chat

chuyện vãn *v.* to converse, to chat

chư tăng *n.* all the monks

chư vị *n.* gentlemen, every one of …

chư hầu *n.* all the vassals; satellite, vassal: **nước chư hầu** satellite country

chứ **1** *conj.* and not, but not: **Tôi là người Mỹ, chứ không phải là người Anh.** I'm American, not English.; **Chị mua thịt nạc, chứ đừng mua thịt mỡ.** Buy some lean meat, don't get the fatty part.; **Chứ (còn) ai (nữa)** Sure, who else?; **Chứ (còn) gì (nữa)** Sure, what else?; **Chứ sao?** Sure, how else? (= chớ) **2** *adv.* [final particle] I suppose, I'm sure, I'm certain, shall we?: **Anh cũng đi chứ?** You're coming along, aren't you?; **Có chứ!** Sure, of course, certainly; yes, indeed; **Chúng ta đi ăn chứ!** Let's go and eat, shall we?; **Có thế chứ!** You see, I expected all that to happen; **Khẽ chứ!** Quietly! Not so loud! **Học đi chứ, nói chuyện mãi.** Stop talking and study your lesson.

chứ lị *adv.* naturally, of course; surely, certainly

chừ *n., adv.* now, at present, at the present time

chữ *n.* [SV tự, từ] letter [of the alphabet]; [written] character, word, type, script, written language, handwriting: **chữ cái** letter of the alphabet; **chữ hoa** capital letter; **chữ đẹp, chữ tốt** nice handwriting or calligraphy, to have nice handwriting; **chữ Hán/chữ Nho** Chinese characters; **chữ Nôm** Demotic script; **chữ đậm** boldface type; **chữ ngã** italics; **chữ nghĩa** literary knowledge; **chữ thảo, chữ thấu** grass style [calligraphy]; **chữ xấu** poor handwriting or calligraphy, to have poor handwriting; **không biết chữ** to be illiterate; **chữ như gà bới** to have horrible handwriting; **biết chữ** to be literate; **chữ Anh** English [written]; **chữ ký** signature; **chữ thập** cross; **chữ trinh** virginity, faithfulness, loyalty [in woman]

chưa *adv.* not yet [precedes main verb in statements]; Yet? [final particle in questions]: **Anh đã ăn cơm chưa?** Have you eaten yet?; **Chưa, tôi chưa ăn.** Not yet. [I haven't eaten yet]; **Tôi cũng chưa.** I haven't [yet] either.; **Tôi chưa hề ăn sầu riêng bao giờ.** I have never eaten durian.

chứa *v.* to contain, to hold; to take in, to put up [boarders, visitors]; to store [goods]; to harbor, to keep [stolen goods, dishonest people]: **hồ chứa nước** reservoir; **Phòng ăn của chúng tôi chứa được năm trăm người.** Our dining room can hold five hundred people.; **Bà ấy làm nghề chứa trọ.** She runs a boarding house.; **kho chứa hàng** warehouse, storehouse; **nhà chứa** brothel

chứa chan *adj.* overflowing [with]: **nước mắt chứa chan** overflowing tears

chứa chấp *v.* to conceal, to hide

chứa chất *v.* to pile up, to accumulate

chứa đựng *v.* to fill with, to contain

chừa *v.* to give up, to abstain from, to quit [habit, vice]; to set aside; to avoid, to leave: **chừa thuốc phiện** to quit smoking opium; **chừa thuốc lá** to quit smoking [cigarettes]; **chừa rượu** to quit drinking: **Anh nhớ để chừa một chỗ cho tôi nhé.** Please remember to save one seat for me.; **chừa ra hai phân** leave a margin of two centimeters; **Tôi chừa mặt lão ra.** I won't have anything to do with him.

chửa *v.* to be pregnant: **Bà ấy lại chửa nữa à?** Is she pregnant again?; **Ừ, chửa ba tháng rồi.** Yes, three months.;

bụng mang dạ chửa to be pregnant; chửa con so to be pregnant for the first time; chửa con dạ to be pregnant the second time; chửa hoang to be pregnant without being married

chữa v. to repair, to alter; to mend, to fix; to correct: chữa bệnh to cure diseases; chữa cháy/chữa lửa to put out a fire; chữa chạy to try to save [patient, situation]; sửa chữa nhà cửa to repair a house

chữa thẹn v. to save one's face by saying something

chức n. office, position, title, function [chemistry]: cách chức to dismiss; công chức government employee; giáng chức to demote; nhận chức to enter on duty; thăng chức to promote; viên chức employee, staff; phong chức to bestow a title

chức chưởng n. function, title

chức hàm n. honorary title

chức nghiệp n. occupation, career

chức phẩm n. office, grade, rank

chức phận n. duty, office, position

chức quyền n. authority, function, position

chức sắc n. dignitaries, authorities

chức trách n. responsible authorities

chức tước n. function and title

chức vị n. position, office, rank and function

chức vụ n. position, function, duty

chực 1 v. to wait; to watch for: chầu chực to wait long [to get some paper, to see an official] 2 adv. to be on the point of, to be about to [precedes main verb]: chực sẵn to be ready, to stand by

chửi v. to insult, to abuse, to scold

chửi bới v. to insult, to scold

chửi mắng v. to insult, to offend, to scold

chửi rủa v. to abuse and curse

chửi thể v. to use abusive language, to swear all the time

chưng 1 v. to show off, to display: chưng bằng cấp to display all certifi-

cates 2 v. to boil down, to dry up: chưng nước mắm to boil fish sauce to condense it

chưng bày v. to display, to exhibit

chưng diện v. to dress up, to show off; to decorate

chưng dọn v. to display, to arrange

chứng 1 n. R proof, evidence: bằng chứng/chứng cớ evidence, proof; chứng nhân/nhân chứng witness; chứng minh to testify; to demonstrate; chứng thực/chứng nhận to certify 2 n. illness, defect, vice, ailment, tic: triệu chứng symptom; hay có chứng đau bụng to have frequent stomach-aches; giở chứng, sinh chứng to become vicious, wicked; Nó vẫn chứng nào tật nấy. He remains incorrigible.

chứng bệnh n. symptom

chứng bệnh học n. symptomatology

chứng chỉ n. certificate

chứng cớ n. (= chứng cứ) evidence, proof

chứng giám v. to witness, to be a witness, to certify

chứng khoán n. security certificate, bonds, shares

chứng kiến v. to witness, to see

chứng minh v. to prove, to demonstrate

chứng minh thư n. identification certificate, *laissez passer*

chứng nghiệm v. to verify

chứng nhân n. witness

chứng nhận v. to certify

chứng phiếu n. certificate

chứng thực v. to certify, to prove

chứng tỏ v. to prove: chứng tỏ khả năng của mình to prove one's ability

chứng từ n. receipt, document, proof

chừng n., adv. foreseeable degree, measure, extent; about: chừng độ approximately; chừng này this time, this much; chừng ấy/chừng nấy then, that amount; Chừng nào When?, How much?; coi chừng to watch out, to be cautious; độ chừng/phỏng chừng/chừng độ about, approximately; **không biết chừng** one cannot foretell, perhaps; **quá chừng** excessively, to the extreme; **vừa chừng** moderately; **nghe chừng** it seems that; **ý chừng** it seems that: **Nghe anh ta tán chừng nào cô ấy lại ghét chừng (n)ấy.** The more he sings the more she hates him.

chừng độ *n., adv.* moderation; about

chừng mực *n., adj.* average, moderation; reasonable

chửng *n.* at one stretch, in one gulp: **ngã bổ chửng** to fall back; **nuốt chửng** to swallow without chewing

chững *v.* [of child] to totter: **Con tôi mới biết đi chập chững.** My child has just learned to walk.

chững chạc *adj.* (= chững chàng) stately, dignified: **Ông ấy ăn nói chững chạc.** He is dignified in his speech.

chước **1** *n.* dodge, trick, ruse, expedient: **mưu chước** trick; **bắt chước** to imitate, to copy **2** *v.* to excuse, to exempt

chưởi See chửi

chườm *v.* to apply a compress to: **chườm nước đá** to apply an ice bag

chương *n.* chapter [of a book]: **Cuốn sách nầy có mười chương.** This book has ten chapters.

chương trình *n.* program, project, plan; program of studies, curriculum: **chương trình trung học** high-school curriculum; **chương trình Anh văn** the English program; **chương trình nghị sự** agenda

chướng *adj.* unpleasant; indecent; senseless

chướng khí *n.* unhealthy air

chướng mắt *adj.* unpleasant, unacceptable

chướng ngại *n.* hindrance, obstruction: **vật chướng ngại** obstacle

chướng ngại vật *n.* obstacle, barricade, roadblock, hurdle

chướng tai *adj.* unpleasant to the ears

chưởng *n.* martial art trick

chưởng ấn *n.* keeper of the seal

chưởng khế *n.* notary

co **1** *v.* to shrink, to contract: **Vải co lại sau khi giặt.** The cloth shrinks after washing. **2** *v.* to bend, to curl up: **ngồi co chân lên ghế** to sit with bent legs

co bóp *v.* to pulsate: **Tim co bóp không đều.** Their hearts pulsated irregularly.

co giãn *adj.* elastic, flexible

co quắp *adj.* curled up: **nằm co quắp vì lạnh** to be curled up because of cold weather

có **1** *v.* to be; to exist; to have, to possess, to own; there is/are: **Làm ơn cho tôi biết nếu có ai gọi điện thoại cho tôi.** Let me know if someone rings me.; **Tôi có rất nhiều bạn Việt Nam.** I have many Vietnamese friends. **2** *adv.* affirmative article: **giầu có** to be wealthy; **hiếm có** to be rare; **ít có** to be rare; **Anh có mua không?** Are you going to buy?; **Tôi có đến.** I did go there.; **Có (hay) không?** Yes or no?

có chửa *adj.* pregnant: **Bạn gái tôi có chửa.** My girlfriend is pregnant.

có hậu *v.* to have a happy ending

có hiếu *v.* to have filial piety

có học *adj.* educated: **Chúng ta quí trọng những người có học.** We respect educated people.

có ích *adj.* useful: **bạn hãy làm việc gì có ích cho xã hội** to do something useful for society

có khi *adv.* sometimes

có lẽ *adv.* perhaps, maybe, probably: **Có lẽ ông ấy sẽ đến.** Maybe he will come.

có (lễ) phép *adj.* polite

có lý *adj.* reasonable, logical

có mang *adj.* (= có chửa) pregnant

có mặt *adj.* be present at: **Tôi sẽ có mặt ở buổi họp tuần sau.** I will be present at next week's meeting.

có một không hai *adj.* unique

có nghĩa *adj.* loyal to, constant in one's sentiment

có nhân *adj.* compassionate, humane: **Bà ấy ăn ở có nhân.** She shows compassion in her behavior.

có thai *adj.* (= có mang) pregnant

có thể *v., adv.* can, could, to be able to; perhaps, maybe, may, possibly: **Bạn có thể về nhà sau khi làm xong.** You can go home after you have finished.

có tiếng *adj.* well-known, famous, noted

có tội *adj.* guilty

có vẻ *v.* to seem to, to look, to appear to

cò **1** *n.* stork, egret **2** *n.* trigger: **bóp cò** to pull the trigger **3** *n.* postage stamp (= tem)

cò kè *v.* to bargain

cò mồi *n.* decoy, show-off presenter, trading cheater

cỏ *n.* [SV **thảo**] grass, herb: **cắt/làm cỏ** to cut grass; **bãi cỏ** lawn; **máy cắt cỏ** lawn mower; **rau cỏ** vegetables; **ăn cỏ** to be herbivorous; **giặc cỏ** bandit; **đồng cỏ** meadow; **làm cỏ** to mow/cut the grass; to kill; **cỏ dại** weeds

cọ **1** *v.* to rub, to polish, to mop **2** *n.* palm tree

cọ xát *n., v.* friction; to rub repeatedly; to contact with

cóc **1** *n.* toad: **cóc tía/cóc vàng** somebody wealthy [but stupid] **2** *adv.* [slang] not to (= không, chẳng, chả), anything: **cóc khô** nothing at all; **Tôi cóc cần.** I don't care.; **Nó cóc biết gì đâu!** He doesn't know anything about it.

cọc **1** *n.* stake, picket, post; pile: **một cọc tiền** a pile of money **2** *n.* deposit: **đặt cọc** to make a downpayment, a deposit

coi *v.* (= xem) to see, to look at, to watch, to consider: **trông coi** to watch; **coi chừng** to watch out; **coi sóc** to look after, to take care of; **Để nó viết coi.** Let him write, and we'll see.

còi *n.* whistle, horn, siren: **thổi còi** to blow the whistle, to whistle; **còi báo động** air-raid alarm; **Cấm bóp còi.** No hornblowing.

cõi *n.* region, country, space, world: **toàn cõi Việt Nam** the whole Vietnam

com lê *n.* suit: **Bạn tôi vừa mua một bộ com-lê mới.** My friend has just bought a new suit.

com-pa *n.* compasses: **com-pa đo dày** callipers; **com-pa tỉ lệ** proportional compasses

còm *adj.* lean, skinny

con **1** *n.* [SV **tử**] child: **người/đứa con** child; **thằng con giai/trai** son; **con gái** daughter; **con cả** first-born child; **con út** the youngest child; **cha nào con ấy** like father, like son; **(hai) bố con anh Ninh** Ninh and his child; **cha truyền con nối** hereditary **2** *n.* for animals and certain inanimate things as a classifier noun: **một con ngựa** a [or one] horse; **một con dao** a knife; **một con số** a number, figure, digit; **một con dê** a dike, levee; **một con đường** a road; **một con sông** a river **3** *adj.* [SV **tiểu**] to be small, young: **trẻ con** child(ren); childish; **chó con** puppy; **mèo con** kitty; **lợn con** piglet; **bàn con** small table; **dao con** small knife; **cây con** sapling

con bạc *n.* gambler

con buôn *n.* merchant, trader

con cà con kê *v., n.* to say/talk nonsense; a cock and bull story

con cả *n.* first-born child, oldest child

con cái *n.* children, offspring

con cháu *n.* offspring, grandchildren

con dâu *n.* daughter-in-law

con đầu lòng *n.* first-born child: **Chị tôi vừa mới sinh đứa con đầu lòng.** My sister has just given birth to her first child.

con đội *n.* jack [automobile]

con đỡ đầu *n.* god-son, god-daughter

con hoang *n.* illegitimate child

con mọn *n.* little child, baby, infant

con niêm *n.* stamp duty: **Khi chúng ta mua nhà mới chúng ta phải đóng thuế con niêm.** When we buy a new house, we have to pay stamp duty.

con nít *n.* child(ren)

con nuôi *n.* adopted child

con ở *n.* maid, servant

con quay *n.* spinning top [toy]

con rể *n.* son-in-law

con so *n.* the first baby

con số *n.* figure, number, digit

con thơ *n.* young child

con thứ *n.* the second-born child

con tin *n.* hostage

con trưởng *n.* first-born child, oldest child

con út *n.* youngest child

còn *v., adv.* [SV **tồn**] to remain; to have left, there is something left, still, yet, also, in addition: **chậm còn hơn không** better late than never; **số tiền còn lại** the remaining amount, the remainder, the balance; **còn như** as to, as for; **Tôi còn ba mươi đồng.** I have thirty piastres left.

còn con *adj.* smallish, insignificant, negligible

cong *adj.* curved: **đường cong** curve

cong cong *adj.* curved

cong queo *adj.* winding

cóng *adj.* numb

còng *v.* to be bent, to be hunchbacked

cõng *v.* to carry/pick a backpack: **cõng rắn cắn gà nhà** to bring the enemy home

cóp **1** *v.* to glean, to pick up, to gather: **cóp nhặt** to pick up **2** *v.* to copy, to cheat [at examination]

cọp *n.* tiger (= **hổ, hùm**)

cót két *adj.* grinding, grating, creaking

cọt kẹt See **cót két**

cô **1** *n.* father's sister, aunt: **cô ruột** aunt **2** *n., pron.* young lady, young woman; you; you [used for unmarried young women]: **Chào cô.** Hello Miss; you; **cô ấy, cô ta** she, Miss; **cô dâu** bride; **cô đỡ** midwife; **cô họ** father's female cousin **3** *adj.* (= **côi**) R to be isolated, alone, lonely: **thân cô thế cô** to be orphaned, lonely

cô độc *adj.* lonely

cô đơn *adj.* lonesome

cô lập *v., adj.* stand in isolation; isolated: **chính sách cô lập** isolationism

cô nhi *n.* orphan: **Nhiều gia đình người Mỹ đã nhận nuôi hàng ngàn cô nhi Việt Nam trong 30 năm qua.** Thousands of Vietnamese orphans were adopted by American families in the last thirty years.

cô nhi viện *n.* orphanage

cô phụ *n.* widow

cố **1** *v.* to make an effort, to try, to endeavor [with **đi, lên**]: **cố sức** to endeavor; **cố hết sức** to try, to do one's best **2** *n.* great-grandfather (= **cụ**): **cố đạo** Catholic priest, missionary Father **3** *adj.* old, former, the late: **cố tổng thống Ngô Đình Diệm** the late President Ngo Dinh Diem

cố chấp *adj.* obstinate, stubborn

cố đô *n.* old capital city: **Tôi đã đi thăm cố đô Huế.** I visited the old capital Hue.

cố gắng *v.* to make efforts, to do one's best: **Tôi cố gắng làm việc hết mình để phục vụ khách hàng.** I do my best to serve our customers.

cố hương *n.* native village

cố hữu **1** *n.* old friend **2** *adj.* natural, innate

cố nhân *n.* old friend/lover

cố nhiên *adj., adv.* of course, natural; naturally: **lẽ cố nhiên** of course, naturally

cố quốc *n.* native land

cố sát *v.* to commit murder

cố tật *n.* defect, infirmity, disability

cố tình *adj.* deliberate, intentional, purposely

cố tri *n.* old acquaintance

cố vấn *n.* adviser, counselor: **Công ty chúng tôi có một uỷ ban cố vấn pháp luật.** My company has a committee of legal advisers.

cố ý *adv.* purposely, intentionally

cổ **1** *n.* neck: **cổ áo** collar; **cổ tay** wrist; **cổ chân** ankle; **nghển cổ/vươn cổ** to stretch one's neck; **tóm cổ/túm cổ** to nab, to grab; **cổ họng** throat **2** *adj.*

old, ancient (= **cũ**, **xưa**; *opp.* **kim**): **lỗi thời** old-fashioned; **đời thượng cổ** ancient times; **đồ cổ** antique; **thời trung cổ** the Middle Ages; **Viện Khảo cổ** Institute of Archeology

cổ cánh *n.* partisan, friendship, acquaintances [of office holders]

cổ điển *adj., n.* classical; classics: **văn phái cổ điển** classicism; **nhạc cổ điển** classical music

cổ đông *n.* shareholder

cổ động *v.* to campaign for: **Họ cổ động cho cuộc tổng tuyển cử sắp tới.** They campaign for the next general elections.

cổ hủ *adj.* old-fashioned, conservative

cổ kính *adj.* ancient, old: **Những lâu đài cổ kính cần phải được bảo tồn.** The ancient palaces should be preserved carefully.

cổ phần *n.* share, stock

cổ phong *n.* ancient customs

cổ sử *n.* ancient history

cổ thụ *n.* secular tree

cổ tích *adj.* old story, vestiges: **truyện cổ tích** old story, legend

cổ truyền *adj.* traditional

cổ văn *n.* old literature

cổ võ *v.* to stimulate, to excite; to encourage

cổ xúy *v.* to applaud, to eulogize, to advocate

cỗ *n.* set; banquet, feast; **một cỗ bài** a deck of cards; **một cỗ áo quan [quan tài]** a coffin; **một cỗ xe** a chariot; **ăn cỗ** to attend a banquet; **cỗ cưới** wedding feast

cốc **1** *n.* (= **ly**) glass [any shape], tumbler: **cốc rửa mắt** eye cup; **uống một cốc rượu** to drink a cup of wine **2** *n.* cereal, grain: **ngũ cốc, mễ cốc** cereals **3** *v.* to rap someone's head with the knuckle of one's finger

cộc *adj.* to be short: **cộc tay** short sleeves

cộc lốc *adj.* curt: **trả lời cộc lốc** to answer curtly

côi *adj.* orphaned: **mồ côi bố/cha** to be fatherless; **mồ côi mẹ** to be motherless

côi cút *adj.* orphaned; waif-like

cối *n.* mortar, mill: **cối xay** rice hulling mill; **cối giã** mortar, rice polisher; **súng cối** mortar; **súng cối xay** machine gun; **cối xay cà phê** coffee mill

cỗi *adj.* stunted: **cằn cỗi** stunted and dried

cỗi rễ *n.* root, origin

cốm *n.* grilled rice

cộm *adj.* bulging; chafing with: **bụi làm cộm mắt** eyes chafing with dust

côn *n.* fighting stick

Côn Đảo *n.* Poulo Condore

côn đồ *n.* ruffian, hooligan, gangster

Côn Minh *n.* Kunming

côn trùng *n.* insects

côn trùng học *n.* entomology

cồn **1** *n.* [sand] dune; river islet **2** *n.* alcohol **3** *n.* paste, gum

công **1** *n.* peacock **2** *n.* efforts, R labor; credit: **tiền công** wages, salary; **Làm như thế chỉ mất công thôi.** It was just a waste of labor.; **Mỗi tháng họ phải trả đến năm vạn tiền công thợ.** Each month they have to pay up to fifty thousand piastres in wages.; **bãi công/đình công** to go on strike; **lao công** labor; **phân công** division of labor; **thành công** to succeed **3** *adj.* public, common [*opp.* **tư**]: **của công** public funds; **trường công** public school; **xung công** to confiscate; **dụng công vi tư** to use public funds for private purposes

công an *n.* public security; police, secret service; policeman

công an viên *n.* security officer

công báo *n.* official gazette

công bằng *adj., adv.* just, equitable, fair; justly, fairly, equitably

công binh *n.* army engineer

công bình See **công bằng**

công bố *v.* to announce publicly, to publish, to make public

công bộc *n.* public servant

công cán *n.* official mission

công cán uỷ viên *n.* chargé de mission; official commissioner

công chính *n.* public works

công chúa *n.* princess

công chúng *n.* the public

công chuyện *n.* business; public affairs

công chức *n.* government worker, public servant, government employee

công cộng *adj.* public: **y tế công cộng** public health

công cuộc *n.* task, work, job, undertaking

công danh *n.* reputation, titles, honors, position, career

công dân *n.* citizen: **công dân giáo dục** civic education

công dụng *n.* use: **công dụng hoà bình của nguyên tử năng** the peaceful uses of atomic energy

công đàn *n.* public forum

công điền *n.* village-owned ricefield; public field

công điện *n.* official telegram

công đoàn *n.* trade union: **Công nhân có thể tham gia công đoàn nếu họ muốn.** Workers can join the trade union if they want.

công đức *n.* virtue, morality, good deed

Công giáo *n.* Catholicism, Catholic

công hàm *n.* diplomatic letter

công hãm *v.* to attack

công hiệu *n., adj.* effectiveness, efficiency; efficient, effected

công ích *n.* public interest/welfare, public good: **Họ làm việc cho công ích.** They work for public interests.

công kênh *v.* to carry [somebody] astride on one's shoulder

công khai *adj.* to be done in the open or publicly: **Tất cả những thông tin nầy phải được công khai.** This information must be available to the public.

công kích *v.* to attack: **công kích ai** to attack someone

công lập *adj.* public, state: **trường công lập** public school

công lao *n.* labor, work, credit

công lệ *n.* rule, law

công luận *n.* public opinion, public forum

công lý *n.* justice

công minh *adj.* just, fair

công nghệ *n.* industry; technology: **công nghệ tin học** information technology

công nghiệp *n.* industry; work: **công nghiệp nhẹ** light industry

công nghiệp hoá *v.* to industrialize

công nhân *n.* worker, employee: **Ba tôi là công nhân nhà máy đường.** My father is an employee of the sugar mill.

công nhân viên *n.* public servant, government employee

công nhận *v.* to recognize, to grant, to admit: **Nhà nước đã công nhận bằng cấp của bạn.** The government recognized your qualifications.

công nhật *n.* daily wages; job paid by the day

công nhiên *adv.* publicly, openly

công nho *n.* public funds

công nông *n.* worker and peasant: **giai cấp công nông** worker and peasant class

công nợ *n.* debts

công ơn *n.* good deed, gratitude: **Con cái phải đền đáp công ơn cha mẹ.** Children have to show their gratitude to their parents.

công phá *v.* to storm, to attack

công pháp *n.* public law: **công pháp quốc tế** international law

công phạt *v.* to have violent aftereffects

công phẫn *adj.* indignant

công phiếu *n.* state bond

công phu *n., adj.* toil, labor; elaborate

công quản *n.* public administration, public authority

công quỹ *n.* public/state funds

công sản *n.* public property

công sở *n.* government office, public service

công suất *n.* capacity, power

công sứ *n.* envoy, minister

công tác *n.* work, task, job, assignment, operation, official business

công tác phí *n.* traveling expenses for official business

công tắc *n.* switch: **công tắc điện** power switch

công tâm *n.* sense of justice, impartiality

công thự *n.* government building

công thức *n.* formula

công tố viên *n.* prosecutor

công tơ *n.* meter: **công tơ điện** electricity meter

công tử *n.* mandarin's son; dude, dandy

công tước *n.* duke

công trái *n.* public debt; government bond

công trường *n.* square; construction site, building site

công trình *n.* undertaking, work; project; monument

công ty *n.* firm, company, corporation: **công ty xuất nhập khẩu** an import and export company

công văn *n.* official letter, official document

công việc *n.* work, job, business, task: **Họ làm công việc nặng nhọc.** They do the hard work.

công viên *n.* public park

công voa *n.* convoy

công vụ *n.* civil service, official business

công xa *n.* government car: **Hàng ngày ông ấy đi làm việc bằng công xa.** He goes to work by government car every day.

công xưởng *n.* workshop, shop; factory

cống 1 *n.* sewer 2 *v.* R to offer as a tribute

cống hiến *v.* to offer, to dedicate, to contribute

cồng *n.* gong

cồng kềnh *adj.* cumbersome

cổng *n.* gate, entrance; level crossing

cộng 1 *v.* to add: **tính cộng** sum, addi-

tion; **2 cộng với 3** two plus three; **tổng cộng** total 2 *adj.* common: **cộng sản** communist; **bất cộng đái thiên** to be deadly enemies; [of sounds] to be complementary distribution; **Trung Cộng** Chinese communists; **chống cộng/bài cộng** anticommunist

cộng đồng *n., adj.* community; common, collective: **trung tâm sinh hoạt cộng đồng** community center; **kế hoạch phát triển cộng đồng** community development project; **phòng thủ cộng đồng** collective defense

cộng hoà *n., adj.* republic; republican

Cộng sản *n.* communist: **đảng Cộng sản** Communist party

cộng sự viên *n.* colleague

cộng tác *v.* to collaborate [**với** with], to cooperate; to contribute

cốt 1 *n.* (= **xương**) bones, skeleton; frame-work: **xương cốt** bones; **hài cốt** remains; **nòng cốt** foundation; **bê tông cốt sắt** concrete frame-work 2 *adj., v.* to be essential to; to aim at: **Tôi chỉ cốt làm tròn bổn phận.** I am concerned only with fulfilling my duty.

cốt cán *n.* loyal cadre, party veteran [communist]

cốt nhục *n.* blood relationship: **tình cốt nhục tương tàn** interfamilial quarrel, internecine war

cốt truyện *n.* plot, frame work

cốt tuỷ *n.* marrow; essence, quintessence

cốt tử *adj.* most essential, most fundamental

cốt yếu *adj.* basic, essential, vital: **trình bày những điểm cốt yếu** to present the essential points

cột 1 *n.* [SV **trụ**] pillar, column, pole, post, poster: **cột cờ** flagpole; **cột buồm** mast; **cột cây số** milestone; **cột giây thép** telegraph pole; **cột trụ** pillar, mainstay 2 *v.* to tie up, to bind: **cột dây giày** to tie one's shoelaces

cơ 1 *n.* occasion; opportunity, circumstances: **cơ hội** opportunity; **thừa cơ** to seize an opportunity; **sa cơ (thất thế)** to fail; **thất cơ** to lose the opportunity; **tuỳ cơ (ứng biến)** to adapt oneself to the circumstances; **nguy cơ** danger 2 *n.* R machine, machinery, mechanism; R airplane: **chiến đấu cơ** fighter; **oanh tạc cơ** bomber; **phản lực cơ** jet plane; **nông cơ** farm machinery; **động cơ** engine, motor; **hữu cơ** [chemistry] organic; **vô cơ** inorganic 3 *n.* muscle [anatomy]: **cơ nhị đầu** biceps; **cơ tam đầu** triceps; **cơ vòng** sphincter

cơ bản *n., adj.* fundamental, elementary, basic

cơ cấu *n.* structure: **cơ cấu tổ chức chính quyền địa phương** the organizing structures of local government

cơ chế *n.* mechanism, structure; organization

cơ cực *adj., n.* very poor and hard up; hard life

cơ đồ *n.* family estate, undertaking

Cơ Đốc giáo *n.* Christ, Christianity, Christian

cơ giới *n.* machine, mechanical implement: **cơ giới hoá** to mechanize

cơ hàn *n.* poverty, hunger and cold

cơ học *n.* mechanics

cơ hồ *adv.* very nearly, almost

cơ hội *n.* opportunity, chance: **lợi dụng cơ hội** to take advantage of, to avail oneself of

cơ khí *n.* mechanism, machinery

cơ man *adj.* innumerable, countless: **cơ man nào là...** so many...; **cơ man nào mà kể** enormous quantities, countless numbers

cơ mật *n.* secret

cơ mưu *n.* ruse, stratagem

cơ năng *n.* ability, function

cơ nghiệp *n.* assets, fortune

cơ quan *n.* organ, organism, agency, foundation: **Cơ quan Nguyên tử năng Quốc tế** International Atomic Energy Agency; **Cơ quan Mãi dịch Trung ương** Central Purchasing Agency; **Cơ quan An toàn Hỗ tương** Mutual Security Agency; **Cơ quan Văn hóa Á châu** Asia Foundation

cơ sở *n.* base, installation, organ, establishment: **hạ tầng cơ sở** infrastructure

cơ thể *n.* human body; organism

cơ thể học *n.* anatomy; **cơ thể học viện** Institute of Anatomy

cớ *n.* reason, excuse, pretext: **Cớ sao? Vì cớ gì?** Why? For what reason?; **chứng cớ** evidence, proof; **lấy cớ đi học buổi tối** under the pretext of going to night school

cờ 1 *n.* [SV **kỳ**] flag, banner: **hạ cờ** to lower the flag; **kéo cờ** to raise or hoist the flag; **treo cờ** to display flags; **phất cờ/vẫy cờ** to wave the flag; **cột cờ** flagpole; **cán cờ** flagstaff; **cờ rũ** flag at half mast; **lễ chào cờ** flag-raising ceremony, salute to the colors; **cờ trắng** flag of truce; **mở cờ trong bụng** to be jolly glad 2 *n.* [SV **kỳ**] chess: **cờ tướng** Chinese chess; **đánh cờ** to play chess; **con cờ/ quân cờ** chessman; **bàn cờ** chessboard; **cao cờ** to be a good chess player; **một nước cờ** a move [with **đi** to make]

cờ bạc *v., n.* to gamble; gambling

cời *v.* to get [something from a tree, roof, hole] by means of a stick

cởi *v.* to untie, to unfasten, to unbutton; to take off: **cởi quần áo** to take off clothes; **cởi trần** to be half naked; **cởi truồng** to be naked; **cởi mở** to liberalize, to ease, to relax

cõi See **cưởi**

cơm *n.* [SV **phạn**] cooked rice, food: **bữa cơm** meal; **cơm tẻ** ordinary rice; **cơm rang/cơm chiên** fried rice; **cơm nguội** cold rice; **cơm nếp** glutinous rice; **nấu/thổi cơm** to cook rice; **làm cơm** to cook, to prepare a meal; **ăn cơm** to eat; **cơm tây** French food; **cơm đen** opium; **cơm cá mắm** jail food

cơm áo *n.* food and clothing; living supply

cơm nước *n.* food, meals: **Bạn đã cơm nước gì chưa?** Have you had a meal?

cơm toi *n.* wasted money

cơn *n.* outburst, fit: **cơn mưa** squall of rain; **cơn giận** a fit of anger; **cơn dông** storm; **cơn ho** an attack of coughing; **cơn gió** a gust [or blast] of wind; **cơn sốt** a fit of fever

cỡn *n.* heat, rut: **động cỡn** bestrum

cợt *v.* to joke, to jest: **cười cợt** to jest; **đùa cớt/riễu cợt** to joke, to make jokes

cu **1** *n.* cock, prick: **thằng cu Tí** little boy Ti **2** *n.* dove

cu li *n.* coolie

cú **1** *n.* owl: **con cú mèo** screeching owl; **mắt cú** peevish eyes; **hôi như cú** to stink **2** *n.* R sentence (= **câu**): **cú pháp** syntax; **thơ bát cú** eight-line poem **3** *n.* blow; [football, soccer] shot: **đá một cú banh** to kick a ball

cù *v.* to tickle (= **thọc lét**)

cù lao *n.* island

củ *n.* bulb, edible root, tuber: **một củ hành tây** an onion; **một củ khoai lang** a sweet potato; **một củ khoai tây** a potato

củ soát *v.* to check, to verify

cũ *adj.* [SV **cựu**] old, used, second-hand, former [*opp.* **mới**]: **bạn cũ** old friend; **sách cũ** secondhand book; **quần áo cũ** used clothes; **như cũ** as before, as previously

cũ kỹ *adj.* old, oldish: **Không ai mua những xe hơi quá cũ kỹ.** No one buys very old cars.

cũ rích *adj.* [of story] very old

cụ **1** *n.* very old person; great-grand parents: **cụ ông** great-grandfather; **cụ bà** great-grandmother; **ông cụ già** old man; **sư cụ** head monk; **Hai cụ (nhà) ta có mạnh không?** Have your parents been well? **2** *n.* R all the whole; R implement, tool: **dụng cụ** tool, instrument; **khí cụ** tool, implement; **nhạc cụ** musical instrument; **nông cụ** farm tool, farm equipment;

quân cụ military equipment

cụ thể *adj., adv.* concrete, tangible; concretely, real [*opp.* **trừu tượng**]: **Hãy cho tôi vài ví dụ cụ thể.** Give me some concrete examples.

cụ thể hoá *v.* to concretize

cua *n.* crab: **cua bể** sea crabs; **cua đồng** rice-field crabs; **ngang như cua** to be stubborn

của **1** *n.* belongings, possession, property, riches: **của cải** property, belongings; **của công** public funds, state property; **Ông ấy lắm của lắm.** He's very wealthy.; **Họ chuyển khối của sang Pháp.** They transferred a lot of money to France. **2** *prep.* **Quyển từ điển này của ai?** Whom does this dictionary belong to?; Whose dictionary is this?; **cuốn tiểu thuyết của ông ấy viết** the novel which he wrote; **cái va-li của Ông Nam** Mr. Nam's suitcase; **Bút của ai người nấy dùng.** Everyone uses his own pen.

của bố thí *n.* alms, charities

của chìm *n.* hidden wealth/property

của đút lót *n.* bribe: **Ông ấy đã nhận của đút lót.** He received bribes.

của gia tài *n.* family heritage

của gia bảo *n.* heirloom

của hối lộ *n.* bribe

của nổi *n.* material wealth; real estate

của hồi môn *n.* dowry

của phi nghĩa *n.* ill-acquired wealth

cúc **1** *n.* daisy, chrysanthemum: **hoa cúc** chrysanthemum flower **2** *n.* (= **khuy**) button

cục **1** *n.* ball, piece, broken piece: **cục gạch** a piece of brick; **cục đá** a piece of stone; **cục máu** a clot of blood; **cục nước đá** ice cube; **đóng cục** to clot **2** *n.* R position, situation, circumstances; office, bureau, agency: **bưu cục** post office; **chi cục** branch office; **phân cục** branch office; **tổng cục** head office **3** *adj.* rude, vulgar; brutal: **cục cằn** rude, impolite; **cục kịch/cục mịch** boorish

cục súc *adj.* brutish

cục tác *v.* [of hens] to cackle

cúi *v.* to bend over, to bow down: **cúi đầu xuống** to bow down

cùi **1** *n.* pulp, meat [of fruit, nut]: **cùi dừa** copra **2** *n.* leper (= **hủi**): **bệnh cùi** leprosy; **trại cùi** leper colony

củi **1** n. firewood, fuel: **kiếm củi** to gather twigs; **chở củi về rừng** to carry coals to Newcastle; **thời buổi gạo châu củi quế** times when rice and firewood are as scarce and expensive as pearls and cinnamon respectively **2** *n.* cage, kennel: **củi chó** doghouse; **tháo củi sổ lồng** to be freed, emancipated

cúm *n.* influenza, flu; gripe: **bị bệnh cúm** to have flu; **cúm gia cầm** bird-flu

cùm *v.* to shackle, to be in fetters, to chain

cụm *n.* cluster, clump, tuft, grove: **một cụm hoa** a cluster of flowers

cùn *adj.* dull, blunt; rusty: **dao cùn** a blunt knife

cũn cởn *adj.* too short: **quần ngắn củn cởn** very short pants

cung **1** *n.* bow; arc [math]: **bắn cung** to shoot arrows **2** *n.* declaration, testimonial, evidence: **hỏi cung** to interrogate; **khẩu cung** oral statement; **phản cung** to retract one's statement **3** *n.* palace, temple, dwelling: **hoàng cung** imperial palace; **đông cung** heir-apparent, crown prince; **thiên cung** the arch of Heaven; **tử cung** womb; **Bạch Cung** the White House **4** *v., n.* R to supply; supply [*opp.* **cầu**]: **cung cấp thực phẩm** to supply food

cung cầu *n.* supply and demand: **luật cung cầu** the laws of supply and demand

cung chúc *v.* to express respectful wishes: **Cung chúc Tân Xuân** Happy New Year

cung dưỡng *v.* to feed, to take care, to support [parents]

cung điện *n.* palaces: **cung điện**

hoàng gia royal palace

cung hiến *v.* to offer, to donate

cung khai *v.* to declare, to admit, to confess

cung kính *adj.* respectful

cung nữ *n.* imperial maid

cung phi *n.* imperial concubine

cung ứng *v.* to provide, to answer, to supply: **cung ứng thực phẩm** to supply food

cúng *v.* to worship, to offer sacrifices, to make offerings: **cúng lễ ông bà** to make offerings and pray to ancestors; **đồ cúng** offerings

cùng **1** *adj., v., conj.* same; to follow; with, and: **cùng nhau** with one another, together; **cùng một lúc** at the same time, simultaneously; **anh em cùng cha khác mẹ** half-brothers; **Ông cùng hai đồng chí trốn sang ngoại quốc.** He and two associates of his fled abroad.; **tam cùng** [communist] the three "togethers" (eat together, live together, work together) **2** *n.* the end, limit, destitute, without resources: **cùng khổ/cùng khốn** very poor; **chiến đấu cho tới cùng** to fight to the end; **vô cùng** limitless, extremely [precedes or follows adjective]; **kỳ cùng** until the end, to the last; **hang cùng ngõ hẻm** nooks and corners

cùng cực *adj.* utmost

cùng đường *adj.* deadlock, at the end of a road

cùng nhau *adv.* together: **Chúng ta cùng nhau làm việc.** We work together.

củng cố *v.* to strengthen, to consolidate

cũng *adv.* also, too [precedes main verb]; all right [optionally follows **kể**]; [should not be translated in inclusive statements having indefinites **ai, gì, nào, đâu, bao giờ**]: **Tôi cũng đi.** I'm going, too.; **Tôi cũng không biết bơi.** I can't swim either.; **Ai cũng thích.** Everybody likes it.; **Cái nào cũng được.** Any one will do.; **Cái gì nó cũng ăn.** He eats everything [or anything].; **Đâu nó cũng đi.** He goes everywhere.; **Bao giờ ông ấy cũng mang dù.** He always carries an umbrella.; **Anh ấy (kể) cũng khá.** He is all right; He is pretty good.; **Sách này (kể) cũng dùng tạm được.** This book [isn't the best, but] can be used for the time being.; **Hôm nào nó cũng đi xi-nê.** He goes to the movies every day.

cuốc 1 *v.* to dig out, to dig up: **cuốc đất** to dig soil 2 *n.* ride [in rickshaw, pedicab, taxi]

cuốc bộ *v.* to walk, to take a walk

cuộc 1 *n.* for games, parties, meetings, actions, etc. (= **cục**): **công cuộc** job, work, undertaking; **thời cuộc** current situation, current affairs; **Quốc gia Nông tín cuộc** National Agricultural Credit Bureau 2 *v.* to bet, to wager (= **cá**): **Tôi cuộc với anh này** I bet you; **được cuộc** to win a bet

cuối *n.* end; bottom [of list; last]: **cuối cùng** at last, finally; **cuối năm nay** at the end of this year; **đoạn cuối** the end [of story, book, film]; **từ đầu chí cuối** from beginning to end

cuội *adj.* nonsensical, lying: **nói nhăng nói cuội** to talk nonsense

cuỗm *v.* to steal, to filch, to swipe

cuồn cuộn *v.* [of waters] to whirl

cuốn 1 *v., n.* [SV **quyển**] to roll, [of wind, water] to carry away; roll, volume: **Họ cho chúng tôi ba chục cuốn sách hoá học.** They gave us thirty chemistry books. 2 *v., n.* to roll; roll to wrap-up: **cuốn chả giò** spring roll, **gỏi cuốn** fresh roll [using a lettuce leaf as wrapping, pork and shrimps as fillings]

cuốn gói *v.* to pack off and to clear out

cuộn *v., n.* to roll up; roll [of paper **giấy**], spool [of thread **chỉ**]

cuống 1 *n.* stalk, stem; stub: **Anh có giữ cuống vé không?** Did you keep the stubs? 2 *adj., v.* to be panic-stricken, to be nervous; to lose one's head; to be at a loss: **Giữ bình tĩnh, đừng cuống lên.** Keep calm, don't be nervous.

cuống cuồng *adj.* utterly agitated, panicky

cuống họng *n.* throat, esophagus: **đau cuống họng** sore throat

cuống phổi *n.* bronchia

cuống quít *v.* to lose one's head

cuống ruột thừa *n.* appendix [anatomy]

cuồng *adj.* mad, crazy, insane: **điên cuồng** raging, violent

cuồng nhiệt *adj.* fanatic(al)

cuồng phong *n.* furious gale, tempest

cuồng tín *adj.* fanatic(al)

cuồng vọng *n.* crazy ambition

cúp 1 *v.* to cut, to reduce: **cúp lương** to cut salary 2 *n.* cup, trophy: **cúp Đa-vít** Davis cup

cụp *v.* to close [umbrella ô]; [of tail, ears] to droop

cút *v.* to scram: **Cút đi!** Scram! Beat it! Get lost!

cụt *adj.* short; lame: **cụt chân** crippled; **cụt đầu** headless; **cụt đuôi** tailless; **cắt cụt** cut, chopped

cư *v.* R to dwell, to reside, to live (= **ở**): **di cư** to migrate, to move, to evacuate; **định cư** to settle [refugees]; **hồi cư** to come back to the city [after an evacuation]; **tản cư** to evacuate; **dân cư** inhabitant, population

cư dân *n.* inhabitant, population

cư ngụ *v.* to dwell, to reside, to live: **Chúng tôi cư ngụ ở số nhà 22 đường Lê Lợi.** We live at No. 22 Le Loi Street.

cư sĩ *n.* retired scholar; retired official

cư trú *v.* to dwell, to reside, to live

cư xử *v.* to behave

cứ 1 *n.* R evidence, proof: **bằng cứ/ chứng cứ** evidence 2 *v., adv.* to continue to [precedes main verb], to act despite advice or warning: **Cứ đi đi!** Go ahead [never mind]; **Cứ nói đi!** Keep talking!

cứ điểm *n.* base, main point

cứ liệu *n.* data

cừ *adj.* excellent, smart, outstanding: **Ông ấy rất cừ khôi.** He is very smart.

cử **1** *v.* to appoint, to send [an official]; **được cử giữ chức** to be appointed **2** *v.* R to lift [weight **tạ**]; to begin; to move; to raise [army **binh**]: **cử tạ** to lift weight; **Đứng yên đừng cử động.** Stand firm, don't move.

cử chỉ *n.* gesture, attitude: **cử chỉ lễ phép** a polite attitude

cử động *v., n.* to move; motion, movement

cử hành *v.* to be held; to perform, to celebrate: **cử hành buổi lễ quốc khánh** to celebrate National Day

cử nhân *n.* bachelor [degree]; bachelor's degree, licentiate: **tốt nghiệp cử nhân văn khoa ban tiếng Anh** to graduate with a Bachelor of Arts in English degree

cử toạ *n.* audience

cử tri *n.* voter

cữ **1** *n.* cycle, epoch, period **2** *v.* to abstain from (= **kiêng**)

cự *v.* to resist, to scold

cự phách *adj.* outstanding, celebrity, prominent

cự tuyệt *v.* to refuse, to reject

cưa *v.* to saw, to amputate; [slang] to overcharge: **thợ cưa** sawyer; **mạt cưa** sawdust; **xưởng cưa, nhà máy cưa** sawmill; **máy cưa, cưa máy** power saw; **hình răng cưa** serrate, serrulate

cứa *v.* to cut, to saw off [with a dull knife]; to charge [high fees]

cửa *n.* [SV **môn**] door: **cửa lớn, cửa ra vào** main door; **cửa sổ** window; **cửa vào** entrance; **cửa ra** exit; **nhà cửa** house(s), housing; **cánh cửa** door flap; **bậc cửa** threshold; **quả đấm cửa** door knob; **then cửa** door latch; **ngưỡng cửa** threshold

cửa bể *n.* seaport: **Hải Phòng là cửa bể quan trọng ở miền Bắc Việt Nam.** Haiphong is an important seaport in the north of Vietnam.

cửa chớp *n.* shutters

cửa công *n.* government office/ department; court, tribunal

cửa hàng *n.* store, shop

cửa nhà *n.* house, household; housing

cửa ô *n.* city gate

cửa Phật *n.* Buddhist temple

cửa sông *n.* estuary

cửa tiệm *n.* store, shop, department store: **Cửa tiệm nầy mở cửa từ tám giờ sáng.** This shop is open from 8.00 a.m.

cựa **1** *n.* spur [of rooster] **2** *v.* to move, to stir; **cựa cậy/cựa quậy** to move; **cựa mình** to toss

cực **1** *n.* R pole [geography and physics], extreme; R extremely: **âm cực** cathode; **dương cực** anode; **Bắc cực** North Pole; **Nam cực** South Pole; **điện cực** electric pole; **từ cực** magnetic pole; **cực cùng tên** like poles; **cực khác tên** opposite or unlike poles; **cực đẹp** awfully pretty; **cực khó** extremely difficult **2** *adj.* to be desperately in need, hard, suffering: **Cuộc sống đã đỡ cực.** Life is less hard.

cực chẳng đã *v.* to be against one's will

cực đại *n., adj.* maximum

cực điểm *n.* maximum, extreme, climax: **đến/tới cực điểm** to come to the utmost; to reach the utmost

cực đoan *adj.* extreme, extremist

cực độ *n.* extreme degree, limit

cực hữu *adj.* extreme right

cực khổ *adj.* poor; miserable

cực kỳ *adv.* extremely: **Cực kỳ nguy hiểm chạy trên đường bùn lầy.** It is extremely dangerous to run along the muddy path.

cực lạc *n.* extreme happiness; paradise

cực lực *adv.* strongly, energetically, categorically: **Họ cực lực phản đối quyết định của giám đốc.** They strongly oppose the manager's decision.

cực tả *adj.* extreme left

cực thịnh *adj.* prosperous, very rich

cực tiểu *n., adj.* minimum

cửi *n.* loom: **dệt cửi** to weave; **khung cửi** loom

cưng *v.* to cherish, to coddle, to pamper: **Bà ấy luôn luôn cưng con.** She always cherishes her child.

cưng cứng *adj.* a bit hard (= cứng)

cứng *adj.* hard; strong, stiff, tough, rigid [*opp.* **mềm**]: **gỗ cứng** hard wood; **Ông ấy đưa ra lý lẽ rất cứng.** He presents very strong arguments.

cứng cáp *adj.* robust, strong, tough

cứng cỏi *adj.* firm: **thái độ cứng cỏi** a firm attitude

cứng cổ *adj.* stubborn, headstrong, pigheaded

cứng đầu *adj.* stubborn, headstrong, pigheaded: **Cậu ấy rất cứng đầu.** He is very stubborn.

cứng đờ *adj.* stiff: **hai chân tôi cứng đờ** my legs are stiff

cứng họng *adj.* speechless, dumbfounded [at one's wit's end]: **Bạn tôi cứng họng, không nói được lời nào.** My friend is speechless, he couldn't say anything.

cứng lưỡi *adj.* speechless, dumbfounded

cứng ngắc *adj.* rigid

cứng rắn *adj.* tough, firm, resolute

cước *n.* postage, transportation charges: **cước phí bưu phẩm** postal fee

cước chú *n.* footnote

cước phí *n.* postage, transportation charges: **Cước phí một thư bảo đảm là bao nhiêu?** How much is the postage for a registered letter?

cưới *v.* [SV **hôn, thú**] to marry: **đám cưới** wedding procession; **lễ cưới** wedding ceremony; **ăn cưới** to attend a wedding [banquet]; **áo cưới** wedding gown, wedding dress; **cỗ cưới/tiệc cưới** wedding banquet

cưới hỏi *n.* marriage, wedding: **Cưới hỏi là một việc rất quan trọng trong đời người.** Marriage is a very important thing in one's life.

cưới xin *n.* (= cưới hỏi) marriage, wedding

cười *v.* [SV **tiếu**] to smile, to laugh; to laugh at, to ridicule, to mock: **mỉm cười** to smile; **buồn cười** to feel like laughing, to be funny; **bật cười** to burst out laughing; **chê cười** to laugh at, to ridicule; **trò cười** laughing stock; **cười chúm chím** to smile; **cười gằn** to chuckle; **cười gượng** to smirk; **cười khì** a silly laugh; **cười khúc khích** to giggle; **cười nụ** to smile; **cười ầm, cười ồ, cười như nắc nẻ, cười rũ rượi** to roar with laughter, cachinnate; **cười nôn ruột, cười vỡ bụng** to shake or to split one's sides with laughing

cười cợt *v.* to joke, to jest: **Không nên cười cợt.** Don't joke.

cưỡi *v.* [SV **kỵ**] to ride: **cưỡi ngựa** to ride a horse; **cưỡi xe gắn máy** to ride a motorcycle

cườm *n.* glass bead

cương **1** *n.* reins: **cương ngựa** horse's rein; **cầm cương** to hold the reins **2** *adj.* R hard, inflexible, unyielding (= cứng; *opp.* **nhu**) **3** *v.* to improvise: **Trong vở kịch đó diễn viên cương quá nhiều.** In that play, the actor improvised too much.

cương lĩnh *n.* platform, principal guidelines

cương mục *n.* summary, outline

cương quyết *adj.* determined; strong-willed

cương thường *n.* constant obligations of morality

cương toả *n.* restrictions [to one's freedom]; shackles

cương trực *adj.* upright: **Ba ông ấy là một người rất cương trực.** His father is a very upright man.

cương vị *n.* position, status: **Tôi không thể làm gì trong cương vị của tôi.** I can't do anything in my position.

cương yếu *n.* fundamentals, essentials

cường *adj.* R strong, powerful (= mạnh): **phú cường** to be prosperous [as a nation]; **liệt cường** the world powers; **tam cường** Big Three

cường bạo *adj.* viciously cruel

cường dương *adj.* aphrodisiac

cường điệu *v.* to exaggerate, to magnify

cường độ *n.* intensity

cường hào *n.* village tyrant

cường lực *n.* force [as an instrument]

cường quốc *n.* powerful great nation: **Hoa kỳ là một cường quốc trên thế giới.** The United States of America is a powerful nation in the world.

cường quyền *n.* brute force, cruel power

cường thịnh *adj.* prosperous, flourishing: **xây dựng đất nước cường thịnh** to build a prosperous country

cường tráng *adj.* hale and healthy, vigorous, robust

cưỡng *v.* to compel, to force: **miễn cưỡng** to be reluctant, be unwilling; reluctantly, unwillingly

cưỡng bách *v.* to make compulsory, to force, to coerce: **lao động cưỡng bách** forced labor; **cưỡng bách giáo dục** compulsory education; **cưỡng bách tòng quân** compulsory military service

cưỡng dâm *v.* to rape

cưỡng ép *v.* to force, to coerce: **tự nguyện làm chứ không ai cưỡng ép** to do something of one's free will, not under coercion

cướp *v.* to rob, to loot, to ransack: **ăn cướp** to rob; **cướp ngôi** to usurp the throne; **kẻ cướp** robber, bandit, pirate; **cướp bóc** to rob, to loot; **cướp đoạt** to take over by robbery; **cướp giật** to rob by snatching

cứt *n.* excrement, feces; dung (= **phân**): **cứt sắt** [iron] dross, slag, cinder, scoria; **mầu cứt ngựa** khaki

cưu mang *v.* to carry in one's womb; to support

cứu *v.* to save, to rescue: **cầu cứu** to seek help; **cấp cứu** [to give] first aid, emergency aid

cứu cánh *n.* the end; the purpose [*opp.* **phương tiện** the means]

cứu giúp *v.* to help, to relieve: **Hội**

của ông ấy luôn cứu giúp người nghèo. His association always helps the poor.

cứu hỏa *v.* to put out a fire: **lính cứu hỏa** fireman; **đội cứu hoả** fire brigade

cứu quốc *v.* to save the country

cứu tế *v., n.* to aid, to give relief to; aid

cứu thế *v.* to save the world: **Chúa Cứu thế** the Savior; **dòng Chúa Cứu thế** the Redemptionists

cứu thương *v.* to give first aid: **xe cứu thương** ambulance; **nữ cứu thương** nurse

cứu tinh *n.* the Savior

cứu vãn *v.* to save: **cứu vãn tình thế** to save the situation

cứu viện *v.* to aid, to assist, to reinforce: **cứu viện nạn nhân thiên tai** to aid the victims of natural disasters

cứu vớt *v.* to rescue, to save

cứu xét *v.* to consider: **Họ không cứu xét đơn tôi.** They did not consider my application.

cừu *n.* sheep: **cừu cái** ewe; **cừu non** lamb; **thịt cừu** mutton; **cừu đực** ram; **người chăn cừu** shepherd

cửu *num.* R nine (= **chín**): **đệ cửu chu niên** the ninth year

cửu chương *n.* multiplication table: **học thuộc bản cửu chương** to learn the multiplication table by heart

Cửu Long Giang *n.* the Mekong River: **Cửu Long Giang có hai nhánh là Tiền Giang và Hậu Giang.** The Mekong River has two branches: Tien Giang and Hau Giang.

cữu *n.* R coffin: **linh cữu** bier

cựu *adj.* R old, used (= **cũ**); R former [*opp.* **tân**]: **thủ cựu** conservative; **cựu giám đốc** former director; **tay kỳ cựu** old timer, veteran; **cựu binh sĩ/cựu chiến binh** war veteran; **tống cựu nghinh tân** to bide farewell to the Old Year and to welcome the New Year

Cựu Kim Sơn *n.* San Francisco: **đi thăm thành phố Cựu Kim Sơn** to visit San Francisco

cựu nho *n.* traditionally trained scholar: **Ba tôi là một cựu nho.** My father is an old scholar.

Cựu Thế Giới *n.* the Old World

cựu trào *n.* former dynasty

Cựu Ước *n.* Old Testament

D

da *n.* [SV **bì**] skin, hide, leather: **nước da** complexion; **lột da** to skin; **lên da non** [of wound] to heal; **người da đen** colored person, negro, negress; **người/mọi da đỏ** Indian, Redskin; **nhà máy thuộc da** tannery; **da láng** patent leather; **da lợn** pig skin; **cái da bọc xương** to be emaciated

da dẻ *n.* complexion: **Bà ấy có da dẻ hồng hào.** She has a ruddy complexion.

da diết *adj.* gnawing, tormenting: **Tôi nhớ quê hương tôi da diết.** I am tormented by a deep nostaglia for my homeland.

da gà *n.* goose-flesh, the creeps

da liễu *n.* venereal diseases: **bị bệnh da liễu** to have venereal diseases

da thịt *n.* skin and flesh

da thuộc *n.* leather: **giầy bằng da thuộc** leather shoes

da trời *n.* sky-blue

dã *v.* to neutralize the effect of [alcohol, liquor **rượu**, poison **độc**]: **dã rượu** to neutralize the effect of alcohol

dã ca *n.* pastoral song, folk song

dã cầm *n.* wild animals

dã chiến *n.* field combat, fighting in the countryside

dã man *adj.* savage, barbarian: **Chúng ta kết án những hàng động dã man.** We condemn savage actions.

dã nhân *n.* peasant, boor; orang utan

dã sử *n.* chronicle; unofficial history

dã tâm *n.* wild ambition, wicked intention: **Chúng ta nên đề phòng hạng người có dã tâm đó.** We should stop those who have wicked intentions.

dã thú *n.* wild animals, wild beast

dã tràng *n.* little sand crab which carries sand on the beach

dạ 1 *intj.* [polite particle] Yes! [I'm here, I'm coming, I heard you]; (= **vâng**) Yes, you're right; Yes, I'll do that; No, it's not so [you're right]: **Ninh ơi! dạ; Ninh!** Yes! [mummy]; **Ba gọi sao không dạ?** [to child] Daddy called you, why didn't you answer?; **Anh không đi à?** Aren't you going?; **dạ không; gọi dạ bảo vâng** to say **dạ** when summoned and **vâng** when told something; to be obedient, well-behaved **2** *n.* felt; wool: **mũ dạ** felt hat; **chăn dạ** woolen blanket; **áo dạ** woolen dress **3** *n.* stomach, abdomen; heart, courage: **hả dạ** content, satisfied; **chắc dạ/vững dạ** to be sure; **sáng dạ** intelligent; **bụng dạ/lòng dạ** heart; **gan dạ** courageous; **tối dạ** dull, slow-witted; **bụng mang dạ chửa** to be pregnant; **trẻ người non dạ** young and immature; **ghi lòng tạc dạ** to remember for ever

dạ con *n.* uterus: **chửa ngoài dạ con** extra-uterine pregnancy

dạ dày *n.* stomach (= **bao tử**): **đau dạ dày** stomach-ache

dạ du *n.* sleep walking at night,

dạ đài *n.* hell

dạ hành *n.* night journey

dạ hội *n.* evening party: **Cô ấy chọn một chiếc áo đẹp cho buổi dạ hội tối nay.** She chose a beautiful dress for this evening party.

dạ hương *n.* hyacinth

dạ khách *n.* night visitor, night guest

dạ khúc *n.* serenade

dạ quang *adj.* luminous

dạ vũ *n.* night-time dance party: **Tôi được mời dự dạ vũ.** I was invited to the night a dance last night.

dạ xoa *n.* ugly creature

dạ yến *n.* evening party, night feast

dạc *adj.* to be worn out, threadbare

dai *adj.* tough, leathery; solid, durable, resistant: **nhớ dai** to remember for a long time; **sống dai** to live long; **nói dai** to be persistent in speech

dai dẳng *adj.* dragged out

dai nhách *adj.* very tough: **miếng thịt dai nhách** very tough meat

dái *n.* genitals, penis: **hòn dái** testicles; **dái tai** ear lobe

dài *adj.* long, lengthy: **bề dài/chiều dài** length; **kéo dài** to stretch, to drag on; **nằm dài** to lie down, to stretch oneself; **thở dài** to sigh, to have a sigh

dài giọng/dòng *adj.* [of speech, writing] long-winded, lengthy, verbose, wordy: **Tôi không muốn nghe dài dòng.** I don't want to listen to a wordy speech.

dài hạn *n.* long-term: **chương trình dài hạn** long-term program

dài lê thê *adj.* very very long; hanging, flowing

dài lưng *adj.* lazy, idle

dài lướt thướt *adj.* very long and trailing

dải *n.* belt, band, ribbon: **dải núi** range of mountain; **dải sông** river

dãi *1 n.* saliva: **miệng đầy nước dãi** the mouth full of saliva; **trông thèm rỏ dãi** to make one's mouth water **2 v.** to be exposed, to lie with one's legs apart; to spread out

dãi dầu *v.* to be exposed [to the elements]

dại *adj.* stupid, imprudent, unwise [*opp.* **khôn**]; wild; berserk, insane, mad [with **hóa** to become, to go]; numb: **khờ dại** dumb; **chó dại** mad dog; **bệnh chó dại** rabies

dại dột *adj.* to be dumb, foolish, stupid: **Đừng có dại dột nghe theo họ.** Don't be so stupid as to follow them.

dại gái *v.* to fall for a skirt, to be manipulated by girls

dám *v.* to dare, to venture: **không dám** I dare not [accept your thanks, compliments or apologies], do not mention it, not at all, you're welcome;

Tôi không dám sai lời hứa. I dare not break my promise.

dạm *v.* to touch up; to request, to offer marriage; to offer [for sale]: **Họ dạm bán hàng với giá rẻ.** They offer goods with cheap prices.

dạm bán *v.* to offer for sale

dạm hỏi *v.* to propose marriage

dạm mua *v.* to offer to purchase: **Ông ấy dạm mua căn nhà của tôi.** He has offered to purchase my house.

dạm vợ *v.* to propose marriage

dan díu *v.* to be in love with, to have an affair with: **Ông ấy dan díu với người đàn bà kia.** He is having an affair with that woman.

dán *v.* to stick, to paste, to glue: **cấm dán giấy** stick no bills; **dán mũi vào cửa kính** to press one's nose against the shop window; to window shop

dàn *v.* to put in order, to arrange, to display

dàn bài *n.* outline, sketch [a piece of writing]: **viết dàn bài bài luận** to write an outline of an essay

dàn binh *v.* to deploy troops

dàn cảnh *v.* to stage a play; to arrange a situation: **nhà dàn cảnh** stage manager, producer

dàn trận *v.* to deploy troops for a battle

dàn xếp *v.* to make arrangements; to arrange, to settle: **dàn xếp cuộc gặp mặt hai bên** to arrange the meeting for both sides

dạn *adj.* to be accustomed to, hardened to; to be bold, daring, brave: **bạo dạn** to be shameless

dạn dày *adj.* shameless, brazen

dạn mặt *adj.* shameless, brazen

dang *v.* to extend, to spread out, to hold out: **dang tay** to hold hands out

dang dở *adj.* See **dở dang**

dáng *n.* air, attitude, appearance; posture, bearing, gait: **ra dáng** to look, to appear; **có dáng** to look well; **làm dáng** to be coquettish; to be particular about one's appearance

dáng bộ *n.* air; look; behavior, conduct: **Ông ta có dáng bộ nghiêm khắc.** He has a serious look on his face.

dáng cách *n.* manner, way, behavior

dáng chừng *adv.* it seems that, it appears that, it looks as if

dáng dấp *n.* manner, air: **dáng dấp người có học** an educated manner

dáng đi *n.* gait, bearing: **Bà ấy có dáng đi vội vàng.** She walks with an unsteady gait.

dáng điệu *n.* gesture, gait

dạng *n.* form, air, shape: **hình dạng** shape; **bộ dạng** air; appearance; **giả dạng** to pretend

danh *n.* R name; reputation, renown, fame: **danh giá/danh tiếng** reputation; **hữu danh, trứ danh** R famous; **biệt danh** alias; **có danh, hữu danh** famous, celebrated; **giả danh** to pretend to be [**làm** follows]; **ham/hiếu danh** fame thirsty; **vô danh** unknown, unnamed, unidentified, anonymous; **công danh** honors [of office]; **điểm danh** to call the roll

danh bạ *n.* roll, roster, registration

danh bút *n.* famous writer, well-known author

danh ca *n.* famous singer, well-known pop star: **nữ danh ca** famous songstress

danh cầm *n.* famous musician

danh dự *n., adj.* honor; honorary: **bảo vệ danh dự quốc gia** to protect the honor of the nation

danh đô *n.* famous city

danh gia *n.* famous family

danh giá *n., adj.* reputation; honorable: **làm mất danh giá** to dishonor; to disagree

danh hiệu *n.* famous name/label, appellation

danh hoạ *n.* famous painting

danh lam *n.* famous scenery, well-known temple: **đi thăm danh lam thắng cảnh** to visit a famous scene

danh lợi *n.* fame and wealth: **chạy đua vòng danh lợi** to rush for fame and wealth

danh nghĩa *n.* name, appellation: **Lấy danh nghĩa gì?** In what name?, What do you stand for?

danh ngôn *n.* famous words, well-known sayings: **Nụ cười không mất tiền mua là một danh ngôn.** "A smile costs nothing" is a well-known saying

danh nhân *n.* famous man, celebrity: **danh nho** famous scholar; **Tagore là một danh nhân văn học Ấn Độ trên thế giới.** Tagore is the most famous scholar of Indian literature worldwide.

danh pháp *n.* nomenclature

danh phẩm *n.* famous literary work: **Truyện Kiều là một danh phẩm trong văn học Việt Nam.** Kieu's tale is the most famous work in Vietnamese history of literature.

danh phận *n.* high position, reputation

danh sách *n.* name list, roll, roster: **lập danh sách những người tham dự buổi họp ngày hôm nay** to make a list of participants of today's meeting

danh sĩ *n.* famous scholar

danh sư *n.* famous teacher; famous doctor

danh tài *n.* person of talent, genius

danh thiếp *n.* business card: **Bạn làm ơn cho tôi danh thiếp của bạn?** Can I have your business card?

danh thơm *n.* good name, good reputation

danh tiết *n.* reputation, moral integrity

danh từ *n.* substantive, noun [in grammar]; vocabulary, terminology

danh tướng *n.* famous general

danh vị *n.* reputation, honor [in office]; dignity

danh vọng *n.* fame, renown [in office]; aspiration, ambition

danh xưng *n.* appellation, official name: **Ông Bảy là tên gọi nhưng danh xưng của ông ta là gì?** Mr. Bay is a nickname but what is his official name?

danh y *n.* famous doctor

dành *v.* to set aside, to put aside: **dành riêng** to reserve; **để dành tiền** to save money

dành dụm *v.* to save

dao *n.* knife: **mài dao** to sharpen a knife, to grind a knife

dao cạo *n.* razor

dao cầu *n.* apothecary's chopper

dao díp *n.* pocket knife

dao động *v.* to oscillate, to swing: **dao động đồng bộ** synchronous oscillations

dao động đồ *n.* oscillogram

dao động ký *n.* oscillograph

dao găm *n.* dagger

dao khúc *n.* popular ballad

dao mổ *n.* scalpel

dao phay *n.* kitchen knife; butcher's knife, cleaver

dao rựa *n.* cleaver

dạo **1** *n.* times, period: **dạo ấy** at that time [past]; **dạo trước** before, previously; **dạo này** these days; **dạo nọ** at that time [past]; **một dạo** once **2** *v.* to wander, to stroll, to take a walk **3** *v.* to try: **dạo đàn** to play a few bars

dát *v.* to laminate, to make thinner, to roll

dạt dào *v.* to overflow: **Lòng tôi dạt dào tình yêu.** My heart is overflowing with love.

day *v.* to turn [one's back **lưng**]; to rub one's hands together

day dứt *v.* to harass

dày *adj.* thick [*opp.* **mỏng**]; to be thick, dense [*opp.* **thưa**]: **sương mù dày đặc** dense mist; **mặt dày** shameless, brazen

dày dạn *adj.* inured to, familiar with

dày công *n.* many efforts; with great efforts

dạy *v.* [SV **giáo**] to teach, to instruct, to train, to educate; to order: **dạy tiếng Anh** to teach English; **dễ dạy** docile; **khó dạy** unruly, unmanageable; **mất dạy** ill-bred

dạy bảo *v.* to educate, to teach, to instruct: **dạy bảo con cái** to educate children

dạy dỗ *v.* to teach, to bring up

dạy học *v.* to teach in a school: **Tôi đang dạy học tại một trường trung học.** I am teaching at a secondary school.

dạy kèm *v.* to tutor someone at home

dăm *adj.* a few, some: **dăm ba quả cam** some oranges

dằm splinter

dặm *n.* [SV **lý**] mile; road: **dặm Anh** English mile; **nghìn dặm** far away

dặm trường *n.* long way/journey

dằn *v.* to press; to contain [oneself]; to emphasize; to put down violently: **dằn dỗi** to be angry because of hurt

dặn *v.* to enjoin, to instruct, to advise: **dặn dò cẩn thận** to recommend carefully; **lời dặn** instruction [for use, in manual, etc.], advice

dăng *v.* (= **giăng**) to spread out, to stretch out

dằng *v.* to pull something with someone

dằng co *v.* to pull someone in a struggle

dằng dai *v.* to drag out: **Cuộc thảo luận cứ dằng dai mãi.** The discussion dragged on forever.

dằng dặc *adj.* interminable, endless

dắt *v.* to lead by the hand, to guide; to carry: **Mẹ dắt con đi học.** The mother leads her child to school.

dắt díu *v.* to go or come together

dâm *adj.* lustful, sexy, lewd: **khiêu dâm** sexy; **cưỡng dâm/hiếp dâm** to rape; **đa dâm** lustful; **loạn dâm** incest; **thông dâm** to commit adultery; **thủ dâm** to masturbate

dâm bụt *n.* hibiscus

dâm dục *n., adj.* lust, lewdness; lustful

dâm đãng *adj.* lustful, debauched: **con người dâm đãng** a lustful person

dâm loạn *adj.* immoral, wanton, incestuous

dâm ô *adj.* obscene, lewd: **Nhiều sách báo dâm ô bày bán ở tiệm sách.**

Many pornographic magazines are on sale at the bookshops.

dâm phụ *n.* adulteress

dâm thư *n.* pornographic book

dấm dúi *v.* to take secretly

dầm 1 *v.* to dip, to soak, to macerate: **đái dầm** to wet the bed; **mưa dầm** to drizzle for days **2** *n.* paddle, oar

dầm dể *adj.* soaked, drenched, soaking wet, overflowing: **nước mắt dầm dể** eyes overflowing with tears

dầm mưa *v.* to work/walk or stay in the rain

dầm sương *v.* to work/walk/stay in the dew [or fog]

dẫm *v.* to step, to trample [**lên, vào** on]: **Đừng dẫm chân lên cỏ.** Don't step on the grass.

dậm *v.* to pound the floor

dậm dật *v.* (= **giậm giật**) to be stirred, to be excited, to be stimulated

dân *n.* citizen, people: **công dân Việt Nam** Vietnamese citizen; **dân cư/cư dân** inhabitant, population; **dân chúng/dân tộc/nhân dân** people; **công dân** nationality, citizenship; **Lão ấy dân Tây.** He's a French citizen.; **vào dân Mỹ** to be a naturalized American; **làm dân một nước độc lập** to be a citizen of an independent country; **bình dân** the masses/people's, popular; **tứ dân** all four classes of traditional Vietnamese society [scholars, farmers, artisans, merchants]; **lê dân** the masses; **lương dân** law-abiding citizen; **muôn dân** the entire population; **nhân dân** the people; **thứ dân** the common people; **di dân** immigrant, migration; **mị dân** demagogue; **thân dân** to be close to the people; **quân, dân, chính** the army, the people and the government; **nông dân** peasant

dân biểu *n.* deputy, member of parliament: **dân biểu quốc hội** member of parliament

dân chài *n.* fisherman

dân chính *n.* civil administration

dân chủ *n., adj.* democracy; democrat(ic): **chế độ dân chủ** a democratic regime

dân chúng *n.* the people, the public, the masses: **Nhà nước nên nghe nguyện vọng dân chúng.** The government should listen to the voice of the people.

dân công *n.* conscripted laborer, slave laborer [communist]

dân cư *n.* population, inhabitants: **Dân cư thành phố Sài Gòn lên đến tám triệu.** The population of Saigon city has reached eight million.

dân cử *adj.* people-elected: **cơ quan dân cử** an elective organization

dân dụng *adj.* civil: **hãng hàng không dân dụng** civil airline

dân đen *n.* commoner, common people

dân đinh *n.* village inhabitant

dân đức *n.* moral standing, public virtue

dân gian *n., adj.* the people, broad mass, popular, folk: **chuyện dân gian** folktales; **văn học dân gian** popular/folk literature

dân khí *n.* the people's spirit

dân làng *n.* villager

dân luật *n.* civil law: **Việt Nam bây giờ đã có dân luật.** Vietnam has a civil law system now.

dân lực *n.* the strength of the people

dân nguyện *n.* aspirations of the people

dân phòng *n.* civil defense

dân phu *n.* laborer, worker

dân quân *n.* militia(man), minute man

dân quần *n.* the people, the public, the masses

dân quốc *n.* republic: **Đại Hàn Dân Quốc** The Republic of Korea

dân quyền *n.* civic rights

dân sinh *n.* people's livelihood, welfare of the people: **cải thiện dân sinh** to improve welfare of the people

dân số *n.* population [of country, area]: **Dân số Việt Nam hiện nay là**

82 triệu. The Vietnamese population is 82 million.

dân sự *n., adj.* civilian [*opp.* **quân sự** military]; civil affairs: **hàng không dân sự** civil aviation

dân tâm *n.* people's will

dân thầy *n.* white-collar workers

dân thợ *n.* workmen, artisans, craftsmen

dân tình *n.* popular feeling

dân tộc *n.* people [as a nation]: **quyền dân tộc tự quyết** right to self determination; **dân tộc thiểu số** ethnic minority; **chủ nghĩa dân tộc** nationalism

dân tộc học *n.* ethnology

dân tộc tính *n.* national identity

dân trí *n.* intellectual standard of the people, people's educational standard

dân trị *adj.* by the people; see **dân hữu, dân hưởng**

dân tuyển *adj.* elected by the people

dân vận *v.* to carry out propaganda

dân vọng *n.* See **dân nguyện**

dân y *n.* civil medical service

dân ý *n.* popular opinion, people's will: **cuộc trưng cầu dân ý** referendum

dấn *v.* to push; to rush, to charge: **dấn thân/dấn mình** to plunge headlong into

dần 1 *adv.* gradually, little by little, by degrees [follows main verb]: **ăn dần** to eat little by little **2** *v.* to beat [precedes object]: **dần cho nó một trận** to beat him

dần dà *adv.* slowly, little by little, gradually [precedes or follows main verb]: **Dần dà họ trở thành bạn thân.** Gradually they become good friends.

dẫn *v.* to guide, to lead, to conduct; to cite, to quote: **viện dẫn** to quote; **chỉ dẫn** to show, to guide; **tiểu dẫn** preface

dẫn bảo *v.* to advise

dẫn chứng *v.* to produce evidence or proof; to cite, to quote

dẫn cưới *v.* to send wedding presents, to bring wedding offerings to the bride

dẫn dâu *v.* to accompany the bride

dẫn dụ *v.* to induce; to explain using examples

dẫn đạo *v.* to guide: **uỷ ban dẫn đạo** steering committee

dẫn đầu *v.* to lead [race, contest]

dẫn điện *v.* to conduct electricity

dẫn đường *v.* to show the way

dẫn giải *v.* to explain and comment

dẫn khởi *v.* to bring about, to provoke

dẫn kiến *v.* to introduce [somebody to see somebody]

dẫn lực *n.* attraction

dẫn nhiệt *v.* to conduct heat

dẫn thủy *v.* (**nhập điền**) to irrigate [ricefields]

dẫn xác *v.* to come in person

dận *v.* to trample, to tread, to step on

dâng *v.* to offer [tribute, gift, petition]

dâng *v.* [of water] to rise: **Mặt nước sông Hồng dâng lên 2 mét.** The water in the Red River has risen by two meters.

dập *v.* to put out [fire **lửa**]; to bury, to cover; to be broken; to hit, to knock; to stamp out: **dập tắt lửa** to put out a fire; **dập liễu vùi hoa** to brutalize a woman

dấp *v.* to wet, to soak: **dấp nước vào khăn** to wet a towel

dập dìu *adj.* bustling with people, getting in a great number

dập tắt *v.* to put out, to stamp out [fire]: **dập tắt đám cháy** to stamp out a fire

dật sĩ *n.* retired scholar, retired official

dật sử *n.* a strange story, an unusual tale

dâu 1 *n.* daughter-in-law: **con dâu, nàng dâu** daughter-in-law; **cô dâu** bride; **đón dâu/rước dâu** to go and get the bride at her parents' home; **đưa dâu** to accompany the bride to her new home **2** *n.* strawberry: **dâu ta** mulberry; **dâu tây** strawberry

dấu *n.* sign, mark, accent mark, accent, tone mark; stamp, seal: **đánh dấu** to mark; to put an accent mark; **đóng dấu** to stamp, to affix the stamp or seal

dấu chấm *n.* period, full stop [.]

dấu chấm phẩy *n.* semicolon [;]

dấu hỏi *n.* question mark, mark for low rising tone [?]

dấu huyền *n.* mark for falling tone; grave accent [`]

dấu mũ *n.* circumflex accent [ˆ]; mark for secondary stress

dấu nặng *n.* mark for low constricted tone; dot [.]

dấu ngã *n.* mark for creaky rising tone; tilde [~]

dấu ngoặc đơn *n.* parenthesis [( )]

dấu ngoặc kép *n.* inverted commas, quotation marks [" "]

dấu ngoặc vuông *n.* bracket [[ ]]

dấu phẩy *n.* comma [,]

dấu sắc *n.* mark for high rising tone or primary stress; acute accent [ˊ]

dấu than *n.* exclamation mark [!]

dấu vết *n.* trace, vestige

dầu 1 *n.* oil, petroleum: **mỏ dầu/giếng dầu** oil well; **đèn dầu** old lamp; **máy ép dầu** oil press; **nhà máy lọc dầu** oil refinery; **hãng dầu** oil company; **giấy dầu** oil paper used for wrapping; **xì dầu** soy sauce **2** *conj.* (= **dù**) though, although: **mặc dầu/ dầu mà/dầu rằng** although

dầu ăn *n.* salad oil, table oil

dầu bạc hà *n.* peppermint oil, tiger balm

dầu cá (thu) *n.* cod liver oil

dầu dừa *n.* coconut oil

dầu đậu phọng *n.* peanut oil

dầu hắc *adj.* far

dầu hoả *n.* kerosene, petroleum

dầu hôi *n.* kerosene, oil, petroleum

dầu lạc *n.* peanut oil

dầu lòng *v.* to be kind enough to

dầu mà *conj.* although, though, even though

dầu mỡ *n.* machine oil

dầu rằng *conj.* although, though, even though: **Chúng ta có thể bắt đầu cuộc họp dầu rằng ông ấy không có ở đây.** We can start the meeting even though he is not present.

dầu sao *conj.* (= **chăng nữa**) at any rate, anyway

dầu thông *n.* oil of turpentine

dầu xăng *n.* petrol, gasoline: **Giá dầu xăng lên cao quá.** The price of petrol is very high.

dẫu *conj.* though, although, despite the fact that: **dẫu rằng** in spite of the fact that; cf. tuy, dù, dầu

dẫu mà *conj.* though, although, despite the fact that, in spite of the fact that

dẫu rằng *conj.* though, although, despite the fact that, in spite of the fact that

dây *n.* string, cord: **đặt dây** to pull the strings; **nhảy dây** to skip; **thang dây** rope ladder; **một sợi dây** a piece of string; **một cuộn dây** a roll of string

dây chuyền *n.* necklace

dây cương *n.* bridle

dây dưa *v.* to drag, to get involved

dây điện *n.* electric wire

dây đồng *n.* brass wire

dây gai *n.* hemp rope

dây giầy *n.* shoe lace, shoe string

dây kẽm gai *n.* See **dây thép gai**

dây lưng *n.* sash, belt

dây thép *n.* steel wire [clothes line]; electric wire; wire, telegram [with **đánh** to send]

dây thép gai *n.* barbed wire

dây tơ hồng *n.* marriage bonds, matrimonial ties

dây xích *n.* chain: **phản ứng dây xích** chain reaction

dây xích thằng *n.* See **dây tơ hồng**

dây xoắn *n.* torsion wire

dấy *v.* to raise [troops **binh**; arm **quân**]; to cause: **dấy loạn** to revolt; **dấy lên** to rise up, to rebel

dậy *v.* to wake up: **ngủ dậy/thức dậy** to get up; **đứng dậy** to stand up; **ngồi dậy** to sit up

dậy thì *adj.* pubescent, pubertal: **tuổi dậy thì** puberty: **Cô ấy đang ở tuổi dậy thì.** She has reached puberty.

dè **1** *adj.* to be moderate; reserved: **dè dặt** cautious **2** *v.* to foresee, to expect: **kiêng dè** to have consideration for; **không dè** unexpectedly; **nào dè, ai dè, dè đâu** who would suspect

dè bỉu *v.* to slight, to sneer at

dè chừng *v.* to foresee the eventuality of

dè dặt *v., adj.* to be reserved, be cautious, to be careful: **Ông ấy giữ thái độ dè dặt về vấn đề đó.** He is cautious on that issue.

dè xẻn *v.* to save here and there, to be parsimonious

dẻ *n.* hazel nut: **hạt dẻ** chestnut

dèn dẹt *adj.* relatively flattened

deo dẻo *adj.* relatively pliable and soft

dẻo *adj.* pliable and soft: **chất dẻo** plastic; **mềm dẻo** flexible, diplomatic

dẻo dai *adj.* enduring, resistant and supple: **Ông ấy làm việc dẻo dai.** He is a stoic worker.

dẻo dang *adj.* lithesome, resistant

dẻo quẹo *v.* very lithely

dẻo sức *adj.* untiring, indefatigable

dẻo tay *adj.* agile

dép *n.* sandal, slipper: **chiếc dép** for one slipper; **đôi dép** a pair of sandals

dẹp *v.* to put away, to arrange: **dẹp lại** to put in order; **dẹp loạn** to repress a rebellion; **dẹp chỗ cho** to make room for; **dẹp đường** to clear the way

dẹt *adj.* flat or flattened

dê **1** *n.* [SV **dương**] goat: **dê cái** she goat; **dê con** kid; **dê đực** he goat **2** *adj.* oversexed, lustful: **già dê** old rake, old debauchee; **có máu dê** to be oversexed in disposition

dế *n.* cricket: **dế mèn** house-cricket; **chọi dế** cricket fight

dể ngươi *v.* to despise; to scorn

dễ *adj.* [SV **dị**] easy, simple [*opp.* **khó**]: **Việc đó không dễ đâu.** That job is not easy.

dễ bảo *adj.* docile, obedient: **Những học sinh nầy dễ bảo lắm.** These students are very obedient.

dễ chịu *adj.* pleasant, nice, comfort-able: **Chúng ta đang có một đời sống dễ chịu.** We have a comfortable life.

dễ có *adv.* [it wouldn't be] easy to have

dễ coi *adj.* attractive; nice, pretty

dễ dãi *adj.* easy, easy-going, tolerant, lenient, not strict

dễ dàng *adj.* easy

dễ dạy *adj.* docile

dễ nghe *adj.* pleasant to the ear; reasonable: **Dễ nghe nhỉ!** [in response to an appeal, entreaty] Oh, yeah!

dễ thương *adj.* lovely, charming

dễ thường *conj.* perhaps, maybe

dễ tính *adj.* See **dễ dãi**

dệt *v.* to weave: **thợ dệt** weaver; **máy dệt** loom; **thêu dệt** to adorn, to embellish [story]; to invent, to fabricate [story]

di *v.* to change position; to move: **di chuyển** to move; **bất di bất dịch** unchanged

di bút *n.* posthumous writing

di cảo *n.* posthumous manuscript

di chỉ *n.* archeological site

di chiếu *n.* imperial will, testament left by a dead king

di chúc *n.* will

di chuyển *v.* to move, to transfer

di cư *v.* to migrate: **dân di cư** immigrant, refugee(s); **sở di cư/trú** immigration department

di dân *n., v.* immigrant; to migrate

di dịch *v.* to move, to change

di dưỡng *v.* to nourish, to entertain, to sustain: **di dưỡng tinh thần** to entertain one's mind

di động *v., adj.* to move; mobile

di hài *n.* remains [dead body], relics

di hại *n., v.* aftermaths; to leave aftermaths

di hoạ *n.* disastrous aftermaths

di huấn *n.* last teachings, sayings left by a deceased person

di ngôn *n.* last wishes, will

di sản *n.* inherited property; heritage: **di sản văn hoá** cultural heritage

di táng *v.* to move a corpse to another tomb

di tản *v.* to evacuate

di tích *n.* vestiges, relics

di tinh *n.* nocturnal emissions

di trú *v.* to migrate

di truyền *v., adj.* to transmit to one's heir; hereditary, atavistic: **bệnh di truyền** a hereditary disease; **di truyền học** genetics

di tượng *n.* portrait [of deceased person]

di vật *n.* relics, souvenir

dí *v.* to press on: **bẹp dí** completely crushed

dì *n.* mother's younger sister CL **bà, người** stepmother; **dì ghẻ** stepmother; **dì hai** father's concubine; **anh/chị em con dì** cousins

dỉ 1 *v.* [of water] to leak, to ooze; to whisper 2 *adj.* [**han, sét**] to be or get rusty: **han dỉ** rusty

dĩ nhiên *adj.* natural, obvious; Naturally, of course.: **Lẽ dĩ nhiên, ai cũng muốn hạnh phúc.** Naturally everyone wants happiness.

dĩ vãng *n.* the past; past (= **quá khứ**)

dị *adj.* R strange, odd (= **lạ**); different (= **khác**)

dị bào *n.* different mothers: **anh em dị bào** half brothers

dị chủng *n.* foreign race, alien race

dị dạng *n., adj.* strange species, strange form/deformity; deformed

dị đoan *n., adj.* superstition; superstitious: **bài trừ dị đoan mê tín** to abolish superstition

dị đồng *adj.* different

dị giáo *n.* heresy

dị hình *n., adj.* heteromorphism; old shape; heteromorphic

dị kỳ *adj.* strange, extraordinary

dị loại *n.* different species, different class

dị năng *n.* extraordinary talent

dị nghị *v.* to contest, to dispute; to comment, to criticize

dị nhân *n.* extraordinary man, outstanding man

dị tài *n.* extraordinary talent

dị thường *adj.* strange, uncommon, unusual, extraordinary

dị tộc *n.* different family, different ethnic group, alien race

dị tướng *n.* strange physiognomy, queer appearance

dĩa *n.* (= **đĩa**) plate, dish; disk, disc

dịch 1 *v.* to move over; to change: **xê dịch** to move around; **dịch ra/sang một bên** to move to one side; (**bất di**) **bất dịch** to be motionless, to be unchanged 2 *v.* to translate: **dịch từ tiếng Việt sang tiếng Anh** to translate from Vietnamese into English; **phiên dịch** translation; **thông dịch** interpreting; **người dịch** translator; **bản dịch tiếng Việt, bản dịch Việt văn** Vietnamese translation, Vietnamese version; **dịch từng chữ** to translate word for word, literally; **dịch thoát** to give a free translation 3 *n.* epidemic: **dịch tả** cholera; **dịch hạch** plague 4 *n.* R work, service (= **việc**): **binh dịch/quân dịch** military service; **hiện dịch** active service

dịch giả *n.* translator: **Chúng tôi cần một dịch giả có thể dịch tài liệu nầy.** We need a translator for this document.

dịch hạch *n.* plague

dịch tả *n.* cholera

dịch thể *n.* liquid, fluid

dịch thuật *v.* to translate

dịch vụ *n.* service

diệc *n.* heron

diêm *n.* match CL **cái, que** (= **quẹt**); R salt, saltpeter, sulfur: **một bao diêm** a box of matches; **đánh diêm** to strike a match

diêm dúa *adj.* to be dressed neatly and elegantly

diêm phủ *n.* hell

diêm sinh *n.* sulfur

diêm vương *n.* the ruler of hell; Hades, Pluto

diềm *n.* fringe

diễm *adj.* R glamorous, voluptuous: **diễm lệ** dazzlingly beautiful, lovely; **kiều diễm** most beautiful/pretty

diễm ca *n.* love song

diễm khúc *n.* love song

diễm lệ *adj.* glamorous, voluptuous, lovely, attractive

diễm phúc *n.* happiness, felicity

diễm sắc *n.* great beauty, rare beauty

diễm tình *n.* beautiful love

diễm tuyệt *n.* exceptional beauty

diễn *v.* to perform; to relate, to explicate: **diễn kịch** to perform a play; **diễn ra** to take place; **trình diễn ca nhạc** to perform a concert

diễn âm *v.* to transliterate, to transcribe phonetically

diễn bày *v.* to present, to show, to exhibit

diễn binh *n.* military parade: **Sẽ có diễn binh vào ngày quốc khánh.** There will be a military parade on the National Day.

diễn ca *v., n.* to put [story] into verse; plain verse

diễn dịch *v.* to translate and interpret; to deduct: **phép diễn dịch** deductive method

diễn đài *n.* rostrum, forum, tribune

diễn đàn *n.* platform, rostrum, forum: **Các vị bộ trưởng lần lượt lên diễn đàn trước các đại biểu quốc hội.** Ministers in turn came up to the rostrum in front of members of parliament.

diễn đạt *v.* to express, to convey

diễn giả *n.* speaker, lecturer: **Ai là diễn giả trong ngày hôm nay?** Who is the speaker today?

diễn giải *v.* to present, to explain: **Bạn làm ơn diễn giải thêm chi tiết dự án?** Could you please give more details on the project?

diễn giảng *v.* to lecture

diễn kịch *v.* to present a play, to act in a play

diễn nghĩa *v.* to annotate, to explain

diễn tả *v.* to express, to describe, to depict: **Tôi muốn bạn diễn tả cảm tưởng của bạn khi thăm Việt Nam.** I want you to express your impression from your trip to Vietnam.

diễn tấu *v.* [of musician] to play, to perform

diễn thuyết *v.* to deliver a speech, to give a lecture, to speak to an audience

diễn tiến *v.* to progress, to evolve

diễn từ *n.* speech, address

diễn văn *n.* address, speech: **Ông chủ tịch đã đọc diễn văn khai mạc tại hội nghị quốc gia.** The president gave an opening speech at the national conference.

diễn viên *n.* performer, actor or actress

diễn võ *n.* military exercise

diễn xuất *v.* to perform, to act: **Cô ấy diễn xuất tuyệt vời.** She performed excellently.

diện **1** *n.* R face; surface (= **mặt**): **mất sĩ diện** to lose face; **phương diện** aspect; **bình diện** plane; **đại diện** to represent **2** *v.* to be well-dressed, to be dressed with elegance and taste; **trưng diện** to show off [clothing, jewels, car]

diện bộ *n.* looks, appearance

diện đàm *v.* to interview, to talk, to converse

diện đồ *n.* view: **diện đồ góc/bên** side view

diện kiến *v.* to see in person [interview, visit]

diện mạo *n.* face, appearance, aspect

diện tích *n.* area [extent]: **cách tính diện tích** quadrature, squaring; **Họ không có đủ diện tích trồng trọt.** They don't have enough areas for cultivation.

diện tiền *n.* facade, front/in front of one's eyes

diện trình *n.* to report in person

diếp *n.* lettuce: **rau diếp** lettuce

diệp *n.* R leaf (= **lá**): **vàng diệp** gold leaf; **diệp lục chất** chlorophyll

diệt *v.* to destroy, to exterminate: **tiêu diệt/huỷ diệt** to destroy; **tru diệt** to kill; **bất diệt** immortal, indestructible; **tận diệt** to destroy completely

diệt chủng *v.* to commit genocide

diệt cộng *v.* to exterminate communists

diệt trừ *v.* to exterminate, to root out: **Họ đang thi hành chương trình diệt trừ sâu.** They are carrying out the project to exterminate insects.

diệt vong *v.* to exterminate; to die out

diều *n.* kite [the toy]: **chơi thả diều** to fly kites; **lên như diều** to get quick promotions

diều hâu *n.* migrant kite [bird]

diệu *adj.* R marvelous, wonderful: **kỳ diệu** miraculous; **tuyệt diệu** wonderful, terrific

diệu kế *n.* clever strategy, very effective trick: **thực thi diệu kế** to carry out an ingenious strategy

diệu kỳ *adj.* wonderful, marvelous

diệu vợi *adj.* far-fetched, difficult, complicated

diễu *v.* to march, to parade; to loaf

dím *n.* hedgehog

dìm *v.* to immerse, to plunge; to bury, to suppress

dinh *n.* palace; military camp (= **doanh**): **dinh Độc Lập** Independence Palace

dinh cơ *n.* palaces; estate

dinh dưỡng *v., adj.* to nourish, nutritious: **Trẻ con cần ăn những thức ăn đầy đủ dinh dưỡng.** Children need to eat food that is nutritious.

dinh điền *v., n.* to cultivate new lands; a developed farm: **Phủ Tổng ủy Dinh điền** General Commission for Agricultural Development

dinh thất *n.* building, palace; residence

dinh thự *n.* palace, building

dinh trại *n.* barracks

dính *v.* to stick; to be sticky

dính dáng *v.* to be implicated, to involve [**đến/tới** in], to relate to

dính dấp See **dính dáng**

dính líu See **dính dáng**

dính ngộ *adj.* intelligent, bright-looking

díp *n.* tweezers; spring [of carriage]

dịp *n.* opportunity, occasion: **nhân dịp/trong dịp/vào dịp** on the occasion of; **dịp tốt** good opportunity; **gặp dịp** to find the opportunity; **lỡ dịp** to miss the opportunity; **sẵn dịp/thừa dịp** to seize an opportunity

dìu *v.* to lead by the hand, to guide: **nhà dìu dắt** coach

dìu dắt *v.* to lead, to coach

dìu dịu *adj.* softened, calm

dịu *adj.* soft, sweet: **êm dịu** calm; **ngọt dịu** to taste or sound sweet

dịu dàng *adj.* gentle, graceful

dịu giọng *v.* to lower the tone, to back down

do *n.* (= **tro**) ashes; **mầu tro** gray

do *v., conj.* to be caused by, to be due to; by, because of: **do đó** because of that, hence; **Sách ấy do hai học giả Việt Nam cùng viết.** That book was authored jointly by two Vietnamese scholars.; **Do trời mưa nên tôi ở nhà.** I stayed at home because it rained.; **căn do/nguyên do** cause, origin; **tự do** freedom

do dự *v., adj.* to hesitate, to waver; hesitant, to be unable to make up one's mind: **Bạn không nên do dự tiếp xúc với họ.** You should not hesitate to contact them.

Do Thái *n.* Jew, Jewish: **nước Do thái** Israel; **người Do thái** Jew

Do Thái giáo *n.* Judaism

do thám *v.* to spy: **máy bay do thám** reconnaissance plane

dó *n.* plant whose bark is used to make paper

dò *v.* to watch, to spy on, to seek information about; to fathom [river **sông**, ocean **bể**], to feel [one's way **đường**]

dò hỏi *v.* to seek information, to make an inquiry

dò la *v.* to get information; to spy on

dò lại *v.* to check, to read over: **Tôi phải dò lại bài viết của tôi.** I have to check my writing.

dò xét *v.* to investigate, to observe secretly

dọ See **dò**

doạ *v.* to threaten, to intimidate: **đe doạ/hăm doạ** to threaten

doạ dẫm *v.* to threaten

doạ nạt *v.* to threaten: **doạ nạt trẻ con** to threaten children

doãi *v.* to stretch out: **cánh tay doãi ra** to stretch out one's arm

doanh See **dinh**

doanh lợi *n.* profit, gain

doanh mãn *adj.* prosperous, abundant, plentiful

doanh nghiệp *n.* trade, business: **Có nhiều doanh nghiệp nước ngoài trong thành phố nầy.** There are many foreign companies in this city.

doanh thu *n.* turnover: **Doanh thu hàng năm của cửa hàng bạn là bao nhiêu?** How much is the annual turnover of your shop?

doanh thương *n.* trade, business

dóc *v.* to boast, to bluff: **nói dóc/tán dóc** to talk chaff; to draw the long bow

dọc *adj.* lengthwise [*opp.* **ngang**]: **theo dọc** along; **bề dọc/chiều dọc** length; **dọc đường** on the way, enroute; **dọc sông** all along the river

dọc ngang *adj.* powerful or influential, to rule the roost

doi *n.* promontory, silt bank [of a river]

dõi *v.* to follow closely, to pursue: **theo dõi** to follow up

dọi *n.* plumb line

dom *n.* prolapse of the rectum

dóm *v.* to light [a small fire]: **dóm lửa dóm bếp** to light a stove

dòm *v.* to peer, to peep, to look, to spy: **Đừng dòm bà ta.** Don't look at her.; **ống dòm** binoculars.

dòm ngó *v.* to look [furtively], to spy

dón dén *v.* to proceed with circumspection; to walk stealthily, to walk on tiptoe

dòn *adj.* crispy, brittle, breakable; [of laughter] to be clear

dọn *v.* to arrange, to put in order: **dọn dẹp** to clear up [table]; **dọn cơm** to prepare a meal; **dọn nhà** to move; **dọn bàn** to set the table; to clear the table; **thu dọn/xếp dọn** to arrange, to put in order

dọn dẹp *v.* to arrange, to rearrange, to set in order, to clean up: **dọn dẹp bàn ghế trong văn phòng** to arrange the furniture in one's office

dọn đi *v.* to move [one's residence] to another place

dọn hàng *v.* to open a shop; to display one's goods; to remove one's goods

dọn nhà *v.* to clean up the house [and move the furniture around]; to move [one's residence]

dong *v.* to run away

dong dỏng *adj.* tall: **dong dỏng cao** a bit tall

dòng 1 *n.* course [of river **sông**], current, stream: **dòng điện** electric current; **dòng nước** the stream; **dòng thời gian** the course of time **2** *n.* descent, parentage, lineage: **dòng dõi/dòng giống** lineage, race; **dòng họ nhà tôi** my family; **Dòng Tên** the Jesuit order; **Dòng Chúa Cứu Thế** the Redemptorists; **dòng tôn thất** the imperial family; **nhà dòng** monastery; **thầy dòng** priest, friar; **nối dòng** to carry on lineage [tradition]

dòng dõi *n.* [noble] descent: **dòng dõi nhà võ tướng** descendants of military mandarins

dòng đạo *n.* religious order

dõng dạc *adj.* [of voice, gait] poised, sedate, solemn

dọng See **giọng**

dô *adj.* jutting out, protruding: **trán dô** a protruding forehead

dỗ *v.* to coax, to wheedle, to cajole [crying child into silence]; to flatter, to seduce, to inveigle [young girl]: **cám dỗ** to tempt, to seduce; **dạy dỗ** to instruct, to advise, to teach [morally]; **dỗ ngon dỗ ngọt** to seduce by sweet promises

dỗ dành *v.* to coax, to wheedle, to cajole

dốc 1 *n., adj.* hill, slope; sloping, steep, incline: **lên dốc** to go up a slope; **xuống/đổ dốc** to go down a slope; **độ dốc của đường cong** slope of a curve **2** *v.* to empty; to devote entirely: **dốc bầu tâm sự** to pour one's heart out

dốc bụng *v.* to be determined to … with all one's heart

dốc chí *v.* to be determined to … with all of one's heart

dốc lòng *v.* to be determined to … with all one's heart, to do one's best

dốc ống *v.* to empty one's money box or one's piggy bank; to empty one's purse

dôi *v., adj.* to be left over or beyond; to make more than needed [follows main verb, precedes **ra**]; to be excessive

dối *v., adj.* to be false, to be deceitful: **nói dối** lying; **lừa dối** cheating; **dối trá** to do hastily, in a sloppy manner; **giả dối** to be a hypocrite; **gian dối** to be dishonest

dối dá *adj.* hastily, in a sloppy manner

dối già *v.* to do as a joy in one's old age

dối trá *adj.* false, deceitful: **con người dối trá** liar

dồi 1 *v.* to stuff (= **nhồi**); pudding sausage: **dồi lợn** pork sausage; **dồi tiết** blood sausage, blood pudding **2** *v.* to throw up; to flip, to toss [coin in game]: **dồi bóng trước khi bắt đầu trận đấu** to throw up a ball before starting the match

dồi dào *adj.* plentiful, abundant: **Tôi xin chúc bạn sức khoẻ dồi dào.** I wish you health.

dội *v.* to bound; to rebound, to bounce back; to resound: **tiếng dội** echo; **vang dội** to echo

dồn *v.* to amass, to gather; to do repeatedly [follows main verb]: **bước dồn** to quicken one's step; **hỏi dồn** to press with questions; **đánh dồn** to beat repeatedly; **đổ dồn** [of eyes] to turn, to focus [**vào** precedes object]; **đuổi dồn** to follow, to pursue; **gọi dồn** to call several times; **bị dồn vào...**

to be pushed or driven back against

dồn dập *adj.* coming in great quantities, numbers; uninterrupted and fast: **Công việc chúng tôi khá dồn dập.** Our works are coming in great quantities and fast.

dông 1 *v.* to dash off, to sneak out, to go away: **Thôi dông đi!** Let's go! **2** *n.* storm: **dông tố** thunderstorm

dông dài *v., adv.* to babble, to chat; to loiter, to linger; lengthily

dộng *v.* to knock, to rap, to hit, to bang: **dộng vào cửa** to bang the door

dốt *adj.* illiterate, ignorant: **dốt nát** to be dull, slow-witted, stupid; **thằng dốt** ignoramus

dốt đặc *adj.* completely ignorant

dột *adj.* [of roof] leaking: **mái nhà dột** leaking roof

dơ *adj.* (= **nhơ**) dirty, unclean, soiled: **quần áo dơ** dirty clothes; **làm dơ** to soil [lit. and fig.]

dơ bẩn *adj.* dirty, unclean: **đường sá dơ bẩn quá** very dirty roads

dơ dáng *adj.* shameless

dơ dáy *adj.* dirty, filthy, disgusting

dơ mắt *adj.* unpleasant to the eye

dở 1 *v.* to open [book, pot], to turn [page]; to get out, to disclose, to resort to [trick] **2** *adj.* unfinished, half done; poor, awkward, unskilled: **dở chừng** unfinished; **dở người** to be a little mixed up; **dở ngô dở khoai** neither corn nor sweet potatoes; **dở ông dở thằng** neither fish nor fowl, having no defined status; **sống dở chết dở** to be more dead than alive; **bỏ dở** to leave unfinished

dở chừng *adj.* half done, unfinished

dở dang *adj.* left undone, unfinished: **Dư án nầy dở dang vì ông ấy bị bệnh.** This project was left unfinished because he was sick.

dở giời *v.* [of weather] to change; to be under the weather, to be unwell

dở hơi *adj.* mixed up, cracked

dở người *adj.* mixed up, cracked

dở tay *adj.* busy doing something

dở việc *adj.* busy doing something

dở *v.* to dish [rice **cơm** from the pot]; to dismantle, to tear down [house]; to unload [merchandise **hàng**]

dơi *n.* bat

dời *v.* [SV **di, thiên**] to leave: **dổi dời** to move, to transfer, to change; **dù cho vật đổi sao dời** despite all changes

dời đổi *v.* to move, to change

dớn dác *adj.* bewildered, scared

dợn *v., n.* to be wary; to undulate; ripple

dớp *n.* bad luck, ill luck

du côn *n., adj.* scoundrel, ruffian, hoodlum, hooligan, rascal

du dân *n.* nomad

du dương *adj.* [of music, voice] melodious, lovely, enchanting

du đăng *v.* to be a vagabond, to roam

du hành *v.* to travel

du hí *v.* to indulge in amusement

du học *v.* to go abroad to study: **Hội đồng Du học** Commission on Overseas Studies; **du học sinh** overseas student

du khách *n.* traveler, tourist: **mua một một bản đồ dành cho du khách** to buy a tourist map

du kích *n.* guerrilla: **quân du kích** guerrilla army; **chiến tranh du kích** guerrilla warfare

du ký *n.* traveling notes

du lãm *n.* excursion, pleasure trip

du lịch *v.* to travel: **tổng cuộc Du lịch** National Office of Tourism; **khách du lịch** traveler, tourist; **du lịch vòng quanh thế giới** to travel around the world

du mục *n.* nomad

du ngoạn *v.* to travel for pleasure, sightseeing

du nhập *v.* to import

du thủ du thực *adj.* vagrant, idle, vagabond

du thuyết *v.* to be a moving ambassador

du thuyền *n.* pleasure boat, yacht

du xuân *v.* to take a spring walk; to enjoy the spring

dù **1** *n.* (= **ô**) umbrella; parachute: **nhảy dù** to parachute [**xuống** down]; to be an upstart, to get an important position through the back door; **lính nhảy dù/quân nhảy dù** paratrooper **2** *conj.* though, although: **dù mà/dù rằng** although; **Dù anh (có) muốn đi (chăng) nữa, người ta cũng không để cho anh làm.** Even if you want to, people wouldn't let you do it.; **dù sao chăng nữa** anyway, at any rate

dụ **1** *n.* edict, decree, notice, order [from above] CL **đạo** instruction: **dẫn dụ** to induce; **khuyến dụ** to advise; **thí dụ/ví dụ** example; for example **2** *v.* to induce, to entice, to lure: **dụ trẻ con** to lure children

dụ dỗ *v.* to induce, to seduce, to entice: **dụ dỗ vị thành niên** to abduct a minor

dụ hoặc *v.* to seduce, to entice

dũ *v.* to shake off [dust **bụi**], to dust off [blanket **chăn**, mat **chiếu**, etc.]

dục *n.* R desire, want; lust: **tình dục** lust; **lửa dục tình** the flame of desire; **dâm dục** covetous, lustful; desire; **thị dục** desire, passion

dục *v.* to push, to ask someone to be quick: **Đừng dục bà ta.** Don't pressurize her.

dục tình *n.* desire, passion, lust

dục vọng *n.* desire, lust, ambition

dúi *v.* to slip, to insert

dùi **1** *n., v.* awl; to punch: **dùi thủng** to pierce; **dùi mài** to work hard **2** *n.* cudgel, bludgeon, stick, rod

dùi cui *n.* policeman's club, bludgeon

dùi đục *n.* carpenter's hammer

dùi lỗ *v.* to pierce, to perforate

dùi trống *n.* drumstick

dụi *v.* to rub [eyes], to rub out: **dụi tàn thuốc** to rub out cigarette ashes; **dụi tắt lửa** to crush out a fire

dúm *v., n.* to gather with one's fingers, to pinch; handful

dúm dó *adj.* battered, out of shape

dúm lại *v.* to assemble, to amass, to gather

dun *v.* to push, to shove; to urge, to cause to

dún dẩy *v.* to waddle, to slouch

dún vai *v.* to shrug one's shoulders

dung *v.* to tolerate, to leave unpunished: **dung tha/dung thứ** to leave unpunished; **bao dung/khoan dung** to be tolerant

dung dị *adj.* easy and simple

dung dịch *n.* solution [of solid in liquid]

dung hoà *v.* to reconcile, to compromise: **dung hoà ý kiến của mọi người** to compromise based on everyone's ideas

dung hợp *v.* to amalgamate

dung lượng *n.* content, volume, capacity

dung mạo *n.* face, physiognomy

dung môi *n.* solvent

dung nạp *v.* to accept, to admit, to tolerate

dung ngôn *n.* trivial words

dung nhan *n.* look, countenance, beauty

dung quang *n.* good looks

dung tha *v.* to pardon, to forgive

dung thân *v.* to take shelter, to take refuge

dung thứ *v.* to tolerate, to pardon

dung tích *n.* capacity

dung túng *v.* to tolerate, to abet; to allow tacitly, to wink at

dúng *v.* (= **nhúng**) to dip [in liquid, dye]

dùng *v.* [SV **dụng**] to use, to utilize, to employ; to resort to; to eat; to have: **Ông đã dùng cơm [bữa] chưa?** Have you eaten yet?; **cách dùng** instructions for use; **cần dùng** to need; to be needed, to be necessary; **đồ dùng** tool; **đủ dùng** to be sufficient, to be enough; **tin dùng** to have confidence in

dùng dằng *v.* to be reluctant, to be undecided, wavering

dũng *n.* (= **dõng**) R bravery, courage: **anh dũng** courageous; **trí và dũng** knowledge and bravery

dũng cảm *adj.* bracing, courageous, valiant

dũng khí *n.* courage, ardor, bravery

dũng mãnh *adj.* courageous, valiant

dũng sĩ *n.* valiant man, knight-errant

dũng tâm *n.* courage, bravery

dụng *v.* R to use, to employ (= **dùng**): **hữu dụng** useful; **vô dụng** useless; **công dụng** use; **tác dụng** practical; use, application; **tuyển dụng** to retain; **bổ dụng** to appoint; **lưu dụng** to retain [employee who has reached retirement age]; **sử dụng** to apply, to use; **lợi dụng** to take advantage of, to avail oneself of; **lạm dụng** to abuse; **trọng dụng** to give an important position to; **vật dụng** things which are of general use; **thực dụng** practical use

dụng công *v.* to try hard, to endeavor

dụng cụ *n.* instrument, tool, equipment: **mua dụng cụ văn phòng** to buy office equipment

dụng phẩm *n.* instrument, tool, implement

dụng quyền *v.* to use one's authority

dụng tâm *v., n.* to intend; to do purposely; intention

dụng võ *v.* to use force, to resort to force

dụng ý *v.* to have the intention of, to intend: **Tôi nói đùa thế thôi chứ không có dụng ý xấu.** It is only a joke, I don't mean any bad intention at all.

duỗi *v.* [*opp.* **co**] to stretch, to spread out: **duỗi tay ra** to spread arms out

duy *adv.* only; but: **Duy (chỉ) có ông ấy là trong sạch.** Only he was honest.

duy cảm *adj.* sensual

duy danh *adj.* nominalistic

duy danh luận *n.* nominalism

duy dụng luận *n.* pragmatism

duy kỷ *adj.* egoistic, selfish

duy linh *adj., n.* spiritualistic; spiritualism

duy lợi *n.* utilitarianism

duy lý *adj., n.* rationalist; rationalism

duy mỹ *adj., n.* esthetic; estheticism, art for art's sake

duy ngã *adj., n.* egotistic; egotism

duy nhất *adj.* to be the only one, sole, unique

duy tâm *n., adj.* idealism; idealistic

duy tân *v.* to modernize, to reform

duy thần *n.* spiritualism

duy thực *n.* realism

duy trí *n.* intellectualism

duy trì *v.* to maintain, to preserve: **duy trì văn hoá** to preserve one's culture

duy vật *adj., n.* materialist, materialistic; materialism: **duy vật biện chứng** [communist] dialectic materialism; **duy vật sử quan** historical materialism

duyên 1 *n.* predestined affinity; **có duyên** to be bound to meet as friends or husband and wife; to have both grace and graciousness; **kết duyên** to get married [**với** to]; **xe duyên** L to get married [**với** to] **2** *n.* charm: **vô duyên** not attractive, not charming; **nụ cười có duyên** a charming smile

duyên cớ *n.* reason, cause

duyên dáng *adj.* graceful, charming

duyên do *n.* reason, cause, origin

duyên hải *n.* sea coast, coastline

duyên khởi *n.* origin, beginning

duyên kiếp *n.* predestined affinity

duyên nợ *n.* predestination, fate

duyên phận *n.* love fate, fate in marriage

duyên số *n.* predestined love; affinity

duyệt *v.* to examine, to inspect, to review, to censor: **kiểm duyệt** to censor; **bị kiểm duyệt** censored; **duyệt dự án** to examine the project

duyệt binh *v.* to review troops, to parade

duyệt y *v.* to approve: **duyệt y giấy phép** to approve a permit

dư *adj.* odd, surplus, extra: **ngân sách thặng dư** surplus budget; **số dư** difference balance

dư âm *n.* echo, resonance

dư ba *n.* eddy, ripple, repercussion

dư dả *adj.* having more than enough; plentiful

dư dật *adj.* having more than enough; plentiful

dư dụng *adj.* superfluous

dư đảng *n.* remnants of a party

dư đồ *n.* world map

dư hưởng *n.* last echo

dư khoản *n.* surplus, excess [of money]

dư luận *n.* public opinion: **Chúng ta nên lắng nghe dư luận quần chúng.** We should listen to public opinion.

dư số *n.* remainder

dư thừa *adj.* superfluous, left over

dư vật *n.* rest, remnants, surplus items

dừ *adj.* (= **nhừ**) very well cooked, tender

dử *v.* to lure [by means of bait **mồi**]

dữ *adj.* [SV **hung**] fierce, ferocious, wicked; [of date, omen] bad, unlucky [*opp.* **lành**]; awful, tremendously [follows main verb]: **thú dữ** wild beast; **tiếng dữ** bad reputation; **tin dữ** bad news; **Bài này khó dữ.** This lesson is awfully difficult.

dữ dội *adj.* [of fighting] violent; [of noise] tremendous, formidable

dữ kiện *n.* datum, data: **lưu trữ dữ kiện** to store data

dữ tợn *adj.* ferocious, cruel, wicked

dự *v.* to participate [in], to attend; to take part in: **dự tiệc** to attend a party; **tham dự** to participate; **can dự** to be involved in

dự án *n.* project, draft: **Chúng ta phải hoàn thành dự án nầy càng sớm càng tốt.** We have to finish this project as soon as possible.

dự bị *v., adj.* to prepare; preparatory: **năm dự bị trường Đại học** pre-university year

dự chiến *v.* to take part in the fighting

dự định *v.* to plan to, to expect

dự đoán *v.* to predict, to foresee, to forecast

dự khuyết *adj.* the alternative [delegate, member, etc.], stand by

dự kiến *v.* to anticipate; to have preconceived ideas, to prejudice; to foresee

dự liệu *v.* to predict, to foresee, to forecast

dự luật *n.* draft law, draft bill

dự phòng *v.* to take preventive measures

dự thảo *v., n.* to draft; rough copy

dự thẩm *n.* examining magistrate

dự thi *v.* to take an examination

dự thính *v.* to attend as a observer or guest

dự tính *v.* to estimate; to plan to

dự toán *v.* to estimate

dự trù *v.* to provide for

dự trữ *v.* to stock up, to reserve

dự ước *n.* preliminary agreement

dưa *n.* melon; salted vegetables, pickled mustard greens: **dưa giá** pickled bean sprouts; **dưa hành** pickled scallions; **dưa chuột/dưa leo** cucumber; **dưa hấu/dưa đỏ** watermelon; **dưa bở** meaty cantaloupe; **dưa gang** large cucumber; **dưa hồng** honeydew; **vỏ dưa** melon rind; **hạt dưa** melon seed; **cắn hạt dưa** to crack melon seeds

dứa *n.* (= **trái thơm**) pineapple: **gọt dứa** to skin a pineapple; **nước dứa** pineapple juice; **khoanh dứa** pineapple ring; **lõi dứa** pineapple core

dừa *n.* coconut: **cây dừa** coconut palm; **vỏ dừa** coconut husk; **sọ dừa** coconut shell; **cùi dừa** coconut meat, copra; **nước dừa** coconut milk; **bổ dừa** to split/open a coconut; **nạo dừa** to scrape the meat out; **gáo dừa** coconut shell dipper; **dầu dừa** coconut oil

dựa *v.* to lean [**vào** against], to rely on

dựa dẫm *v.* to lean on, to depend on; to loaf

dưng See **dâng**

dưng 1 *adj., adv.* strange; suddenly: **người dưng (nước lã)** a stranger not related to us; **bỗng dưng** all of a sudden, unexpectedly 2 *adj.* idle: **ở dưng/ngồi dưng** to sit idle; **ăn dưng ngồi rồi** to be completely idle

dừng *v.* (= **ngừng**) to stop short: **dừng bước** to stop walking; **dừng bút** to stop writing; **dừng chân** to stop walking

dửng dưng *v., adj.* to be indifferent

dửng mỡ *v.* to be wild, to be stirred up

dựng *v.* to erect, to raise [stele **bia**, statue **tượng**]: **xây dựng** to build, to construct; **tạo dựng** to establish, to create; **gây dựng sự nghiệp** to create one's career; **dựng cờ khởi nghĩa** to rise the flag of rebellion, to lead a revolt; **xây dựng nhà cửa** to build; to construct houses; **dựng vợ gả chồng** to marry [young people] off; **dựng tóc gáy** [of story] to make one's hair stand on end

dựng đứng *v.* to raise, to stand [something] up; to make up

dược *n.* medicine (= **thuốc**); R pharmacy; **Trường Đại Học Y Dược; Y Dược Đại Học đường** Faculty of Medicine and Pharmacy; **độc dược** poison; **linh dược/thần dược** miracle cure

dược học *n.* pharmacy [as a subject of study]

dược khoa *n.* pharmacy, pharmaceutics [as branch of study]

dược liệu *n.* drugs, pharmaceutical products

dược phẩm *n.* drugs, pharmaceutical products

dược phòng *n.* apothecary's shop, pharmacy, drug store

dược sĩ *n.* pharmacist, druggist

dược sư *n.* pharmacist, druggist

dược thảo *n.* medicinal plants, herbs

dược tính *n.* medicinal value, pharmaceutical characteristic

dược vật *n.* pharmaceutical product

dược vật học *n.* pharmacology

dưới *adv.* below, under, beneath, underneath: **ở dưới** to be the lower, to be down at, below, under, beneath, underneath; **dưới biển** on/in the sea; **dưới đáy biển** at the bottom of the sea; **dưới chân** at the foot of; **dưới**

đất on the floor, under the earth; **dưới nước** in/on the water; **dưới mặt nước** under the water; **dưới nhà** downstairs; **bụng dưới** abdomen; **cấp dưới** lower rank; **người dưới, kẻ dưới** one's inferiors; **nhà dưới** outbuilding in the back [where kitchen and servants' quarters are located]; **tầng dưới** ground floor, street floor; **môi dưới** lower lip; **hàm dưới** lower jaw

dương 1 *n.* poplar: **cây thùy dương** weeping willow **2** *n.* male principle, positive principle; plus [*opp.* **âm**]; solar **3** *v.* to make known, to show off **4** *v.* to open [umbrella **ô**]; to pull: **dương cung** to pull a bow; **dương oai** to show off power

dương bản *n.* positive [of photograph]

dương cầm *n.* piano

dương cực *n.* positive pole, anode

dương gian *n.* this world as opposed to the world beyond

dương hải *n.* sea, ocean

dương lịch *n.* solar calendar, Western calendar

dương liễu *n.* willow, pine

dương mai *n.* syphilis

dương số *n.* positive number

dương thế See **dương gian**

dương tính *n.* male nature

dương vật *n.* penis

dường *n., v.* semblance, such a degree, manner (= **nhường**); to seem: **dường ấy** like that, that degree, that much; **dường bao/dường nào** how much, so much; **Khéo biết dường nào!** How clever!; **dường như (là)** it seems to me that

dưỡng *v.* R to nourish; to support [as dependents]: **phụng dưỡng/cấp dưỡng cha mẹ** to support one's parents

dưỡng bệnh *v.* to convalesce, to be in convalescence

dưỡng dục *v.* to bring up, to rear, to foster and educate

dưỡng đường *n.* hospital, clinic

dưỡng già *v.* to spend one's remaining days

dưỡng khí *n.* oxygen

dưỡng lão *v.* to spend one's remaining days: **viện dưỡng lão** nursing home

dưỡng mẫu *n.* adoptive mother, foster mother

dưỡng nữ *n.* adopted daughter, foster daughter

dưỡng phụ *n.* adoptive father, foster father

dưỡng sinh *v.* to nourish, to feed, to bring up

dưỡng sức *v.* to conserve one's energy by rest

dưỡng tử *n.* adopted son, foster son; foster child

dượng *n.* stepfather; one's paternal aunt's husband (= **chú**)

dượt *v.* to train, to practice, to drill: **tập dượt** to practice

dứt *v.* to cease, to terminate, to end, to come to an end; to break off: **dứt điểm** to finish

dứt bệnh *v.* to be cured, to recover

dứt khoát *adj.* clear-cut, definite, precise: **kết luận dứt khoát** a clear-cut conclusion

dứt lời *v.* to stop talking, to end speech: **để dứt lời** in conclusion

dứt tình *v.* to break off [relationship, friendship, love affair, conjugal love]

Đ

đa *n.* banyan: **cây đa** banyan tree

đa *n.* rice pancake: **bánh đa** rice wafer

đa *adj.* R much, many [= **nhiều**]; R poly [*opp.* **thiểu**]: **tối đa** maximum; **quá đa** too, excessively; **đa ngôn, đa quá** to speak a lot [and sin a lot]

đa âm *adj.* polysyllabic

đa cảm *adj.* sensitive, sentimental: **Bạn tôi là một người rất đa cảm.** My friend is very sensitive.

đa dâm *adj.* lustful, lewd

đa dục *adj.* lustful, lewd

đa đa *n.* partridge

đa đoan *adj.* [of human affairs] complicated, involved

đa giác *adj.* polygonal: **hình đa giác** polygon

đa hôn *n.* polygamy

đa mang *adj.* pre-occupied with many things at a time, to take many jobs at the same time; having too many irons in the fire: **Ông ấy đa mang nhiều công việc quá.** He is taking on many jobs at the same time.

đa mưu *adj.* wily, cunning

đa nghi *adj.* suspicious, distrustful, mistrustful: **người đa nghi** a suspicious person

đa ngôn *adj.* talkative

đa phu *adj.* polyandrous

đa phúc *adj.* fortunate, having many blessings

đa sầu *adj.* melancholic; sentimental

đa số *n.* majority: **lãnh tụ đa số** majority leader; **đại đa số** the great majority; vast majority, an overwhelming majority

đa sự *adj.* meddlesome, given to meddling, officiously intrusive

đa tạ *v., n.* Thank you very much.; Many thanks.

đa tài *adj.* having many talents, talented, versatile

đa thần giáo *n.* polytheism

đa thê *adj., n.* polygynous, polygamous; polygamy, polygyny: **Người Việt Nam không chấp nhận chủ nghĩa đa thê.** Vietnamese don't accept polygamy.

đa thức *adj.* polynomial

đa tình *adj.* sentimental; amorous; sensitive

đa tư lự *v.* to worry too much, to feel great care and anxiety

đá **1** *n.* [SV **thạch**] stone: **giải/đổ đá** to cover with stones; **lát đá** to pave; **rắn như đá** hard as stone; **cối đá** stone mortar; **hầm đá** quarry; **hang đá** cave, cavern; **mưa đá** hail; **núi đá** rocky mountain; **nước đá** ice; **nhũ đá** stalactile, stalagmite; **than đá** coal

2 *v.* to kick [somebody/something]: **đá bóng** to kick a ball

đá bật lửa *n.* flint

đá bọt *n.* pumice stone

đá bổ tát *n.* feldspar

đá bùn *n.* schist

đá cẩm thạch *n.* marble: **Mặt bàn làm bằng đá cẩm thạch.** The table top is made of marble.

đá cuội *n.* gravel

đá dăm *n.* broken stones, pebble, gravel

đá đẽo *n.* flintstone, ashtar

đá hoa *n.* marble; tile [for floors and ornamental work]: **gạch đá hoa** marble tile

đá lửa *n.* flint, silex

đá mài *n.* whetstone, grindstone

đá nam châm *n.* magnet

đá nhám *n.* pumice stone

đá ong *n.* laterite

đá sỏi *n.* gravel

đá thử vàng *n.* touchstone

đá vàng *n.* oath of love: **nghĩa đá vàng** love, marriage

đá vân mẫu *n.* mica

đá vôi *n.* limestone

đà **1** *n.* spring, start, momentum: **lấy đà** to take a spring or flight **2** *adj.* brown: **vải màu đà** brown fabric

đà điểu *n.* ostrich

Đà giang *n.* Black River [in North Vietnam]

Đà Nẵng *n.* Tourane

đả *v.* R to hit, to strike; to criticize, to beat (= **đánh**): **loạn đả** fight; **ẩu đả** fight; **đả kích** to criticize

đả đảo *v.* to topple, to overthrow, to knock down

đả động *v.* to touch, to dwell [**đến, tới** on], to mention: **Tôi không dám đả động gì đến chuyện ông ấy say rượu.** I didn't dare mention his being drunk.

đả kích *v.* to attack, to criticize: **Nhiều người đã kích ông ta.** Many people criticize him.

đả phá *v.* to hit, to strike, to attack, to destroy, to demolish: **đả phá những**

tệ nạn xã hội to destroy social devils

đả thương *v.* to assault and cause battery; to wound

đã *adv.* already [done so and so] [precedes main verb, sentence ending optionally with **rồi**]; already, first [occurs at the end of sentence]; to satisfy, to satiate [thirst, anger]: **Tôi đã đọc cuốn sách ấy (rồi).** I [have already] read that book.; **đã thế/vậy thì ....** If it's so...; **đã thế/vậy mà lại... .** despite all that...; **đã hay rằng... .** granted that...; **cho đã đời** until full satisfaction, to satisfy; **cực chẳng đã** unwilling, reluctantly; **Chúng ta hãy ăn đã.** Let's eat first.

đạc *v.* R to measure, to survey [land, estate]

đạc điền *v., n.* to measure land, to survey land; land survey

đai *n.* sash, belt; hoop, rim: **đai lưng** belt; **đai ngựa** belly band [on horse]; **đai nổi** life belt; **đai thùng** cask hoop; **đánh đai** to hoop, bind or fasten with hoops

đái **1** *v.* to urinate, to make water: **đi đái** to make water, to have a pee; **nước đái** urine; **nước đái quỷ** ammonia [water]; **bọng đái** urinary bladder **2** *v.* [SV **đội**] to support with the head: **bất cộng đái thiên** to be deadly enemies; [of sounds] to be in complementary distribution

đái dầm *v.* to wet the bed

đái đường *n.* diabetes

đái vãi *v.* to wet one's pants

đài **1** *n.* calyx, flower cup: **đài hoa** flower base/cup **2** *n., adj.* tower; monument; radio station; observatory; noble-mannered: **thiên văn đài** observatory; **lâu đài** palace; **vũ đài, võ đài** ring arena

đài bá âm *n.* broadcasting station

Đài Bắc *n.* Taipei

đài các *n., adj.* nobility; noble-mannered, aristocratic

đài gương *n.* a beautiful woman

đài kỷ niệm *n.* memorial monument

đài kỷ niệm chiến sĩ trận vong *n.* War Memorial

Đài Loan *n.* Taiwan

đài phát thanh *n.* broadcasting station

đài tải *v.* to carry, to transport

đài thiên văn *n.* observatory

đài thọ *v.* to pay, to cover the cost: **Công ty đài thọ chuyến đi của bạn.** The company will cover the cost of your trip.

đài trang *n.* a beautiful woman

đài vô tuyến điện *n.* radio station

đãi **1** *v.* to blanch, to flay [soybeans **đậu**]; to wash out, to pan off [sand **cát** for gold] **2** *v.* R to treat, to invite someone to have a meal/drink: **Ông ấy đãi tôi ăn rất ngon.** He invited me to a delicious dinner.; **thết đãi** to treat, to entertain

đãi bôi *v.* to invite because one has to

đãi công *v.* to offer a bonus

đãi đằng *v.* to treat

đãi ngộ *v.* to treat well: **đãi ngộ nhân viên** to treat employees well

đại **1** *n.* frangipani, jasmine tree **2** *n.* R generation, time: **mãn đại** all one's life; **tứ đại đồng đường** four generations under the same roof; **cận đại** modern times **3** *adj., adv.* R big, great (= to, **lớn**); R very: **vĩ đại** great, grandiose; **phóng đại** to enlarge; **tự cao tự đại** conceited

đại ác *adj.* very cruel

đại ân *n.* great favor

đại bác *n.* cannon, artillery CL **khẩu**

đại bại *v.* to suffer great defeat, to be beaten

đại bản doanh *n.* headquarters

đại biến *n.* upheaval, big change, revolution

đại biện *n.* chargé d'affaires

đại biểu *v., n.* to represent [**cho** precedes object]; delegate, representative: **đoàn đại biểu** delegation; **đại biểu quốc hội** members of parliament [MPs]

đại binh *n.* the main body of an army; a great army

đại châu *n.* continent: **ngũ đại châu** the five continents

đại chiến *n.* world war CL **cuộc, trận**: **thế giới đại chiến lần thứ nhì** World War II

đại chủ giáo *n.* cardinal

đại chúng *n., adj.* the people, the masses; popular, universal

đại chúng hoá *v.* to popularize, to put within reach of the masses

đại công nghiệp *n.* large-scale industry

đại công trình *n.* great service; big project: **Xây dựng nhà máy lọc dầu là một đại công trình.** The construction of a petrol refinery is a big project.

đại cục *n., adj.* great task; very just

đại cuộc *n.* general situation, big state of things

đại cương *n., adj.* outline, fundamentals; general

đại danh *n.* [your] great name, great fame

đại danh từ *n.* pronoun: **Từ "ông ấy" là một đại danh từ.** The term "he" is a pronoun.

đại diện *v., n.* to substitute [**cho** for], to represent; representative, on behalf of: **Đại diện cho ban giám đốc, tôi xin chào mừng quí vị đến tham dự buổi họp ngày hôm nay.** On behalf of the board of directors, I welcome you to the meeting today.

đại dinh *n.* See **đại bảng doanh**

đại dương *n.* ocean

đại đa số *n.* great majority, vast majority, overwhelming majority: **Đại đa số người Việt theo Phật giáo.** The majority of Vietnamese is Buddhist.

đại đao *n.* big saber, long-handle scimitar

đại đạo *n.* fundamental doctrine, a great religion

đại đăng khoa *n.* success in an examination

đại đế *n.* God

đại để *adv.* roughly speaking, in general, briefly

đại điền chủ *n.* big landowner, big landlord

đại điển *n.* great affairs of the state; great ceremony

đại đình *n.* imperial court

đại đô *n.* large city, metropolis

đại độ *adj.* tolerant, generous

đại đội *n.* battalion, company [of soldiers]

đại đồng *n.* universal concord, the world community, harmony: **chủ nghĩa đại đồng** univeralism

đại gia *n.* great family

đại gia đình *n.* extended family

đại gian ác *n.* deceitful/cruel criminal

đại hải *n.* great ocean: **văn tràng giang đại hải** very long-winded style

đại hàn *n.* great cold

Đại Hàn *n.* [Great] Korea

đại hạn *n.* drought

Đại hiến chương *n.* Magna Charter

đại hiền *n.* great sage

đại hình *n.* crime, criminal offense: **toà án đại hình** criminal court

đại học *n.* higher education; university, college: **trường đại học** university; **giáo sư đại học** professor; **viện đại học** university, institute

đại học đường *n.* college, faculty, university

đại học hiệu *n.* college, faculty, university

đại hội *n.* festival; congress, general assembly

đại hội đồng *n.* general assembly

đại hồng thuỷ *n.* big flood, deluge

đại hùng tinh *n.* Ursa Major

đại huynh *n.* you [my older brother]; you [my friend]

đại hỷ *n.* great rejoicing; marriage, wedding

đại khái *n.* general outline; roughly speaking, in the main

đại khoa *n.* civil service examination

đại lãn *adj.* very lazy

đại lễ *n.* big ceremony

đại loại *adv.* generally, in general

đại loạt *adv.* generally speaking, in general

đại lộ *n.* avenue, boulevard

đại luận *n.* great discourse

đại lục *n.* continent, mainland

đại lược *n.* summary, abstract

đại lượng *adj.* tolerant, generous: **Người đại lượng luôn tha thứ lỗi lầm của người khác.** Tolerant people often forgive others' mistakes.

đại lý *n.* agent, dealer: **đại lý độc quyền** sole agent

đại mạch *n.* barley

đại nạn *n.* great misfortune

đại nghị *adj.* Parliamentary

đại nghĩa *n.* great cause

đại nghịch *n.* high treason

đại nghiệp *n.* great enterprise

đại ngôn *n.* big talk

đại nguyên soái *n.* generalissimo

đại nhân *n.* high-ranking mandarin; Your Excellency

đại phàm *adv.* generally [speaking], all, for the most part

đại phản *n.* high treason

đại phong *n.* typhoon, storm, hurricane

đại phu *n.* a great mandarin [in ancient China]

đại phú *n.* wealthy man

đại phúc *n.* great happiness

đại quan *n.* a great mandarin; overall view

đại quân *n.* great army

đại qui mô *n.* large scale

đại số *n., adj.* algebra, algebraic

đại số học *n.* algebra [the subject]

đại sư *n.* great master; great priest

đại sứ *n.* ambassador: **toà đại sứ** embassy

đại sứ quán *n.* embassy

đại sự *n.* big affair, big business, important matter

đại tá *n.* [army] colonel; [navy] captain

đại tài *n.* great talent

đại tang *n.* deep mourning

đại tật *n.* grave illness

Đại tây dương *n.* the Atlantic Ocean:

Tổ chức Minh ước Bắc Đại tây dương North Atlantic Treaty Organization [NATO]

đại thánh *n.* great saint

đạt thắng *n.* great victory

đại thần *n.* high dignitary, high-ranking mandarin

đại thể *n.* general state of affairs

đại thừa *n.* Mahayana; form of Buddhism prevalent in China and Vietnam; cf. **tiểu thừa**

đại thương gia *n.* rich businessman, big trader

đại tiện *v.* to go to the bathroom, to have a bowel movement: **đi đại tiện** to go to the toilet; cf. **tiểu tiện**

đại tràng *n.* large intestine

đại trí *n.* great mind

đại triều *n.* imperial court; audience

đại trượng phu *n.* great man

đại tu *n.* big renovation, big repair

đại từ *n.* pronoun

đại tự *n.* large characters

đại tướng *n.* lieutenant-general

đại úy *n.* [army] captain; [navy] lieutenant

đại văn hào *n.* great writer

đại vương *n.* emperor; Sire

đại xá *n.* amnesty

đại ý *n.* main point, gist: **Hãy cho biết đại ý của bài báo nầy.** Please give the main points of this article.

đam mê *v.* to have an intense desire for, to indulge in: **đam mê tửu sắc** to indulge in drinking and womanizing

đám *n.* crowd, throng; festival, fete, crowds, clouds, fields, etc.: **đám đông** crowd, throng; **đám bạc** group of gamblers; **đám cỏ** lawn; **đám cưới** wedding procession; **đám ma/đám tang** funeral; **đám rước** procession, parade; **đám tiệc** dinner [party]; **đám người biểu tình** the crowd of demonstrators; **một đám mây trắng** a white cloud

đàm 1 *n.* R spittle, sputum (= **đờm**) **2** *v.* R to talk, to converse: **khẩu đàm** to converse; **nhàn đàm** idle talk;

thường đàm ordinary conversation, colloquialism

đàm đạo *v.* to talk, to converse, to discuss

đàm luận *v.* to talk, to discuss

đàm phán *v.* to talk, to negotiate, to confer: **cuộc đàm phán Việt-Pháp** French-Vietnamese talks

đàm suyễn *n.* asthma

đàm thoại *v.* to converse: **đàm thoại với ai** to converse with someone

đàm tiếu *v.* to laugh at, to sneer at

đảm *adj.* to be capable, to be resourceful, to have ability, to be a good businesswoman

đảm bảo *v., n.* to guarantee; guarantee

đảm đang *adj.* thrifty, to be capable, to be resourceful: **Ổng ấy có bà vợ đảm đang.** He has a thrifty wife.

đảm nhận *v.* to assume [duty], to accept [responsibility]

đảm nhiệm *v.* to assume [duty]

đạm **1** *adj.* R weak, insipid, light (= **nhạt, lạt**): **lãnh đạm** cold, indifferent; **thanh đạm** simple, frugal; **điềm đạm** cool, poised; **đạm bạc** [of meal] to be simple, economical **2** *n.* nitrogen, protein: **chất đạm** protein

đạm chất *n.* nitrogen

đạm tình *n.* indifference

đan *v.* to knit [sweater **áo len**]; to weave [mat **chiếu**; basket **rổ**; net **lưới**; cane chair **ghế mây**]

Đan Mạch *n.* Denmark, Danish

đan quế *n.* L the moon

đan tâm *n.* red ginseng

đan thanh *n.* red and green painting; beautiful painting

đán *n.* R dawn, morning: **nhất đán** overnight; **Nguyên đán** New Year's day, New Year's festival [lunar calendar]

đàn **1** *n.* [SV **cầm**] (= **đờn**) musical instrument, stringed instrument [piano, guitar, mandolin, violin, etc.]: **chơi/đánh đàn Tây ban cầm** to play the guitar; **kéo đàn vĩ cầm** to play the violin; **lên giây đàn** to tune the instrument; **dạo đàn** to try out, to play a few bars **2** *n.* flock, herd, school, band: **một đàn gà mái** a flock of hens **3** *n.* altar; R rostrum, terrace: **diễn đàn** tribune; **đăng đàn** to go up to the rostrum; **văn đàn** literary forum

đàn anh *n.* elder [rank]

đàn áp *v.* to repress, to quell, to suppress: **Cảnh sát đàn áp những người biểu tình.** Police suppressed the demonstrators.

đàn bà *n.* woman, women; female

đàn bầu *n.* Vietnamese monochord musical instrument

đàn địch *v.* to play the guitar and the flute, to play musical instruments

đàn em *n.* younger [rank]

đàn hạch *v.* to question severely, to impeach

đàn hồi *adj.* elastic, resilient

đàn hương *n.* sandal wood

đàn nguyệt *n.* Vietnamese two-chord guitar

đàn ông *n.* man, men; male

đàn tranh *n.* Vietnamese 16-chord zither

đàn việt *v.* to give alms to Buddhist monks

đản *n.* R holy birthday [of saints, gods]: **Gia tô Thánh đản** Christmas; **Phật đản** Buddha's birthday

đản bạch chất *n.* albumen

đản nhật *n.* birthday

đạn *n.* bullet, slug CL **hòn, viên**; R missile: **hỏa đạn** missile; **súng đạn** guns and bullet, warfare, hostilities; **Tên cướp bị hai nhát đạn.** The burglar got two bullet wounds.

đạn dược *n.* ammunition

đạn đại bác *n.* cannon ball

đạn đạo *n.* trajectory

đạn trái phá *n.* shell

đang *adv.* (= **đương**) to be engaged in [doing so and so], be in the midst of [doing something] [precedes main verbs]: **Chúng tôi đang làm việc ở văn phòng.** We are working at the office.

đang khi *adv., conj.* while: **Có ai gọi điện thoại đang khi tôi đang ăn tối.** Someone rang me while I was having dinner.

đang lúc *adv., conj.* while

đang tay *v.* to have the heart to do something, to be ruthless to

đang tâm *v.* to be callous enough to

đang thì *v.* to be in the flush of youth

đáng *v., adj.* to deserve, to merit; to be worthy of; R suitable, proper, appropriate, adequate, adequate: **Ông ấy xứng đáng nhận phần thưởng đó.** He deserves to receive that award.; **đích đáng** proper; **thích đáng** suitable; **chính đáng** legitimate

đáng chê *adj.* to be blamed

đáng đời *adj.* well-deserved; worthy

đáng giá *adj.* worth the money paid for: **Ngôi nhà bạn mua thật đáng giá.** The house you have bought is worth the money you paid.

đáng kể *adj.* noticeable, remarkable; worth mentioning: **kết quả đáng kể** remarkable outcomes

đáng khen *adj.* praiseworthy

đáng kiếp *adj.* deserving well

đáng lẽ *adv.* instead of; normally

đáng lý *adv.* instead of

đáng mặt *adj.* worthy of [being something]

đáng thương *adj.* pitiful, pitiable

đáng tiền *adj.* worth its price, worth the money

đáng tội *adj.* deserving punishment

đáng trách *adj.* to be blamed

đàng *n.* See **đường**

đảng *n.* gang, party, band: **đảng chính trị/chính đảng** political party; **chủ đảng/đầu đảng** gang leader, party head; **đảng Bảo thủ** the Conservative Party; **đảng Lao động** the Labor Party; **đảng Cộng hoà** the Republican Party; **đảng Dân chủ** the Democratic Party; **đảng Cộng sản** the Communist Party; **đảng Xã hội** the Socialist Party; **đảng Cấp tiến xã hội** the Radical Socialist Party

đảng bộ *n.* committee of a party

đảng cương *n.* party policy/outline

đảng phái *n., adj.* parties and factions; to be partisan: **óc đảng phái** partisanship

đảng phí *n.* party dues/fee, membership fee

đảng trị *n.* one-party system, one-party rule

đảng trưởng *n.* party head, party leader

đảng viên *n.* party member, party man

đảng uỷ *n.* committee of a party

đãng *adj.* absent-minded, forgetful; **đãng trí, đãng tính; lơ đãng** forgetful

đãng tính *adj., n.* absent-minded; absent-mindedness

đãng trí *adj.* absent-minded, forgetful

đãng tử *n.* vagabond; libertine

đanh *n.* [also **đinh**] nail, screw: **đóng đanh** to drive in; **vặn đanh** to screw; **búa đanh/đinh** claw hammer; **đầu đanh** boil, pimple

đanh đá *adj.* sharp-tongued; resolute; impertinent

đanh ghim *n.* pin

đanh khuy *n.* nut

đanh ốc *n.* screw

đanh thép *adj.* [of voice, character] trenchant, steel-like, firm, energetic, forceful: **lời nói đanh thép** trenchant words

đánh *v.* to hit, to strike, to beat, to combat, to fight; to rub, to polish; to play [cards, chess, etc.], to play [string instrument]; to levy [tax]; to eat, to sleep; to drive [a car]; to beat, to stir: **Nó đánh ba bát cơm.** He ate three bowls of rice.; **Tôi đánh một giấc cho đến sáng.** I slept through until daybreak.; **đánh bóng đôi giầy** to polish shoes

đánh bả *v.* to poison

đánh bạc *v.* to gamble

đánh bài *v.* to play cards

đánh bại *v.* to defeat: **đánh bại kẻ thù** to defeat the enemy

đánh bạo *v.* to venture to

đánh bẫy *v.* to trap, to ensnare

đánh bể *v.* to break [glassware, chinaware]

đánh bi *v.* to shoot marbles

đánh bóng *v.* to polish; to stump, to shave off

đánh cá *v.* to fish; to bet, to wager

đánh chân mày *v.* to trim one's eyebrows

đánh chén *v.* to eat and drink

đánh chết *v.* to beat to death

đánh cờ *v.* to play chess

đánh cuộc *v.* to bet, to wager

đánh dấu *v.* to mark; to mark the accent or diacritic

đánh dẹp *v.* to put down, to suppress; to crush

đánh diêm *v.* to strike a match

đánh đắm *v.* to sink [transitive]

đánh đập *v.* to beat

đánh đĩ *v.* to be a prostitute, to act like a prostitute

đánh điện *v.* to send a telegram

đánh địt *v.* to blow a fart

đánh đòn *v.* to beat, to flog

đánh đố *v.* to bet, to wager

đánh đổ *v.* to spill

đánh đôi *v.* to team up, to play double

đánh đổi *v.* to swap, to trade in

đánh đu *v.* to swing; to join the company

đánh đùng *adv.* all of a sudden, suddenly: **Đánh đùng một cái dự án ngừng hoạt động.** All of a sudden, the project is suspended.

đánh ghen *v.* to get into a fit of jealousy; to make a scene because one is jealous

đánh giá *v.* to evaluate, to appraise: **Tôi đánh giá cao nỗ lực của bạn.** Your commitment ranks high in my appraisal.

đánh gianh *v.* to weave grass together

đánh giặc *v.* to go to war, to fight the rebels

đánh giây thép *v.* to send a telegram

đánh giầy *v.* to polish shoes, to shine shoes: **kem đánh giầy** shoe polish

đánh gió *v.* to rub a sore spot, to rub out a cold

đánh gươm *v.* to fence

đánh hơi *v.* to smell, to scent

đánh láng *v.* to polish

đánh liều *v.* to risk

đánh lông mày *v.* to trim or pencil one's eyebrows

đánh luống *v.* to furrow

đánh lưới *v.* to catch with a net

đánh má hồng *v.* to apply rouge, to make up

đánh máy (chữ) *v.* to type: **đánh máy một lá thư** to type a letter

đánh mất *v.* to lose, to mislay: **Tôi vừa đánh mất máy hình của tôi.** I have lost my camera.

đánh móng tay *v.* to polish one's fingernails

đánh nhau *v.* to fight each other

đánh phấn *v.* to powder one's face, to make up

đánh quần vợt *v.* to play tennis: **Bạn thích đánh quần vợt không?** Do you like to play tennis?

đánh rấm *v.* to blow a fart

đánh rơi *v.* to drop

đánh số *v.* to number, to mark

đánh tháo *v.* to attack in order to set free a prisoner

đánh thuế *v.* to levy taxes, to tax: **Chính phủ đánh thuế rất cao các hàng nhập khẩu.** The government puts a heavy tax on all imported products.

đánh thức *v.* to wake [somebody] up: **Bạn muốn tôi đánh thức bạn lúc ba giờ chiều không?** Do you want me to wake you up at 3 p.m.?

đánh tranh *v.* to weave grass

đánh tráo *v.* to swap, to cheat

đánh trận *v.* to go to war

đánh trống *v.* to beat a drum

đánh trống lảng *v.* to evade the subject

đánh trống lấp *v.* to change the subject in order to avoid embarrassment

đánh vảy *v.* to scale a fish

đánh vần *v.* to spell [a word]: **Vui**

lòng đánh vần tên của bạn. Please spell your name.

đánh vật *v.* to wrestle

đánh võ *v.* to box, to wrestle

đánh vỡ *v.* to break [chinaware, glass-ware]: **Con tôi đã đánh vỡ cái ly rồi.** My son broke that glass.

đành *v.* to resign or to consent to [precedes main verb]: **Tôi đành phải đợi đến sang năm.** I had no choice but to wait until next year.

đành hanh *adj.* wicked; naughty

đành phận *v.* to resign oneself to one's lot, to be content with one's lot

đành rằng *conj.* though, although

đao *n.* R knife (= dao); scimitar; hostilities: **đại đao** long-handled sword; **đoản đao** dagger

đao kiếm *n.* saber and sword, weapons

đao phủ *n.* executioner

đáo *n.* hopscotch [with **chơi, đánh** to play]

đáo để *adv.* extremely, excessively [follows verb]

đáo kỳ *v.* to meet the deadline

đáo lý *adj.* reasonable, logical

đáo nhiệm *v.* to resume one's duty, to take up one's reponsibility, to come back to one's office

đào **1** *n.* peach: **cây đào** peach tree; **hoa đào** peach blossom; **anh đào** cherry; **hạnh đào** apricot; **trúc đào** oleander **2** *n.* young girl; lover; boy/girl friend; actress: **đào hát** singer; **đào chớp bóng đào xi-nê** movie star **3** *v.* to dig, to dig up; to excavate; to lift; to sink [well **giếng**]: **đào khoai** to lift a sack of potatoes

đào binh *n.* deserter

đào chú *v.* to form, to create

đào hát *n.* actress; cf. **kép hát**

đào hoa *v.* to be lucky in love

đào kép *n.* actors and actresses, the cast

đào kiếm *n.* rosy cheeks; pretty girl

đào luyện *v.* to train: **Các trường cao đẳng đào luyện công nhân lành nghề.** Technical colleges train work-ers in various skills.

đào mỏ *v.* to be a gold digger, to mine

đào ngũ *v.* to desert

đào nguyên *n.* Arcadra, fairyland

đào tạo *v.* to train, to form

đào tẩu *v.* to escape, to flee

đào thải *v.* to eliminate; to select: **tự nhiên đào thải** natural elimination

đào thoát *v.* to escape, to run away, to flee

đào tơ *n.* young girl

đảo **1** *n.* island: **bán đảo** peninsula; **quần đảo** archipelago; **Côn đảo** Poulo Condor; **hoang đảo** deserted island **2** *v.* R to turn over, to turn around, to turn upside down, to overthrow: **đả đảo** to topple, to over-throw, to knock down; **khuynh đảo** to overthrow

đảo chính *n., v.* coup d'etat; to revolve

đảo điên *adj.* unhappy; mad; shifty, disloyal

đảo lộn *v.* to turn upside down, to upset

đảo nghịch *v.* to rebel

đảo ngược *v.* to turn upside down, to reverse; to upset

đạo **1** *n.* ethical way of acting; doctrine, religion; Taoism; Christianity; R road, way, route, orbit/lead, guide: **đạo làm con** a child's duty, one's duty as a child; **đạo Khổng (tử)** Confucianism; **đi đạo** to be a Catholic; **xích đạo** equator; Ecuador; **quỹ đạo** orbit; **đạo Gia tô** Catholicism; **đạo Hồi hồi** Islam; **đạo lão** Taoism; **đạo Phật** Buddhism; **đạo Thiên chúa** Christianity; **đạo Tin lành** Protestantism; **Bần đạo.** I am a poor priest.; **cố đạo** missionary; **nhân đạo** humanity; **chỉ đạo, dẫn đạo** to guide, to steer **2** *n.* CL for armies, laws, decrees, edicts: **một đạo quân, một đạo binh** an army; **một đạo luật** a bill, **một đạo sắc lệnh** a degree

đạo cô *n.* Taoist priestess

đạo diễn *n.* producer, stage manager [radio, theater, TV] đạo đức *n.* virtue, morality, goodness

đạo giáo *n.* Taoism

đạo hàm *n.* derivative

đạo hạnh *n.* virtue

đạo hữu *n.* religious follower, Buddhist

đạo lý *n.* doctrine, principle

đạo mạo *adj.* imposing, serious-looking, distinguished-looking

đạo sĩ *n.* Taoist priest

đạo sư *n.* Taoist priest

đạo tặc *n.* brigand, pirate, robbers

đạo văn *v.* to plagrarize: **tội đạo văn** plagiarism

đáp **1** *v.* to answer, to reply: **phúc đáp lời mời** to reply to the invitation; **đối đáp** to answer questions; **thi vấn đáp** oral examination; **phúc đáp quí công văn ngày...** in reply to your letter of … **2** *v.* to catch, to take a train/plane: **đáp máy bay đi Hà Nội** to take a plane to Hanoi **3** *v.* to land, to touch down: **máy bay vừa đáp xuống** the plane has landed

đáp án *n.* answer, key of answer

đáp biện *v.* to reply

đáp lễ *v.* to return a call/visit

đáp từ *v.* to reply to speech

đáp ứng *v.* to meet the need, to satisfy

đạp *v.* to kick [with sole or heel], to tread, to step on, to pedal, to cycle: **đạp xe vòng quanh thành phố** to cycle around the city; **bàn đạp** pedal; **xe đạp** bicycle; **xe đạp nước** water wheel

đạp đổ *v.* to topple, to overthrow; to kick down, to push down

đạp mái *v.* [of cock] to copulate with a hen

đạp thanh *v.* to visit relatives' graves in spring

đạt *v.* to reach [aim **mục đích**], to realize, to achieve: **đạt mục đích** to reach one's objective; **chuyển đạt** to transfer; **diễn đạt** to convey, to express; **Muốn đạt được mục tiêu ấy ta phải làm việc suốt ngày đêm.** In order to reach that goal we will have to work day and night.

đạt nhân *n.* sophisticated man; successful man

đạt vận *n.* good fortune

đau *n., adj.* pain, aching, hurt; ailing, suffering, to be sick: **đau ốm** to be sick; **làm đau** to hurt; **Răng tôi đau.** My teeth are aching.; **Hết đau chưa?** Is the pain gone yet?; **Vẫn còn đau.** It still hurts.

đau bao tử *adj.* to have a stomach-ache

đau bụng *adj.* to have a stomach upset

đau buồn *adj.* distressed, sorrowful

đau dạ dày *adj.* to have stomach-ache

đau để *adj.* to have labor pains

đau đớn *adj.* to be painful, suffering, sorrowful

đau khổ *adj.* miserable; suffering [morally]

đau lòng *v., adj.* to feel deep grief; heart-rending

đau màng óc *v.* to have meningitis

đau mắt *v.* to have sore eyes: **bệnh đau mắt** eye trouble, conjunctivitis

đau mắt hột *adj.* to have trachoma

đau ốm *adj.* sick, ill [frequently]

đau răng *adj.* having a toothache

đau ruột *adj.* having intestinal trouble

đau thương *adj.* sorrowful

đau tim *adj.* having heart trouble: **bệnh đau tim/chứng đau tim** heart disease; **cơn đau tim đột truy** heart attack

đau yếu *adj.* [frequently] ill

đay *n.* jute

đay nghiến *v.* to reproach, to reprimand or to scold bitterly

đáy *n.* bottom, base: **không đáy** bottomless; **tận đáy lòng** from the bottom of one's heart

đày *v.* to deport, to banish, to exile: **Ông ấy bị đày đi Côn đảo.** He was deported to Poulo Condor.

đày ải *v.* to exile; to ill-treat

đày đoạ *v.* to ill-treat

đày tớ *n.* servant

đãy *n.* bag, sack

đắc *v.* R to obtain, to be elected (= **được**) [*opp.* **thất**]: **đắc cử** to be elected

đắc chí *adj.* self-satisfied, proud of oneself

đắc dụng *adj.* useful, usable

đắc đạo *v.* to reach enlightenment

đắc địa *n.* good spot, prospitous location

đắc kế *v.* to succeed in one's scheme

đắc lợi *v., adj.* to achieve a profit; to be profitable; advantageous

đắc lực *adj.* able, efficient; capable

đắc sách *n.* good method, clever method

đắc thắng *adj., v.* victorious; to win a victory

đắc thế *v.* to be favored [by luck, success]

đắc thời *v., adj.* to have the opportunity; lucky

đắc tội *v.* to be guilty

đắc ý *v., adj.* to be satisfied; contented

đặc *adj.* thick [*opp.* **lỏng**]; strong [*opp.* **loãng**]; condensed; massive, full, solid [*opp.* **rỗng**]; coagulated, solidified: **sữa đặc có đường** sweetened condensed milk; **Ông ấy thích uống nước chè đặc.** He likes very strong tea.; **Đặc quá, cho thêm nước vào.** It's too thick [strong], add some water.; **thể đặc** solid state; **dốt đặc** thick-headed; **đông đặc** jam-packed; **tối đặc** pitch dark

đặc ân *n.* privilege, special favor

đặc biệt *adj.* special, characteristic, typical, particular

đặc cách *n., adv.* as an exception; exceptionally

đặc cán mai *adj.* very stupid

đặc chất *n.* peculiar matter

đặc dị *adj.* to be distinctive

đặc điểm *n.* characteristic: **đặc điểm cá nhân** personal characteristics

đặc kịt *adj.* dense [of crowd]

đặc nhiệm *n., adj.* special mission; extraordinary

đặc phái *v.* to send on a special mission

đặc phái viên *n.* special correspondent: **tin của bổn báo đặc phái viên** news by our special correspondent

đặc quyền *n.* privilege, prerogative

đặc san *n.* special magazine

đặc sản *n.* seafood; special food: **nhà hàng đặc sản** a seafood restaurant

đặc sắc *n., adj.* characteristic feature; to be brilliant, outstanding; special: **món ăn đặc sắc** special food

đặc sứ *n.* special envoy; ambassader extraordinary

đặc tài *n.* exceptional talent, special gift

đặc thù *adj.* special

đặc tính *n.* special character, peculiarity

đặc trưng *n.* specific trait

đặc ước *n.* special agreement

đặc viên *n.* special agent

đặc vụ *n.* special mission, intelligence service, secret agent

đặc xá *v.* to release prisoners early on a special occasion, to grant a special reprieve

đăm chiêu *adj.* [of look] absorbed, worried, anxious

đăm đăm *v.* to stare at, to look fixedly at

đắm *adj., v.* to be drowned; to sink: **say đắm** to be engulfed in [passion]; **bị đắm tàu** shipwrecked

đắm đuối *adj.* engulfing in [passion]; [of look] full of love

đằm *adj.* calm, equable: **Tính ông ấy đằm lắm.** His temper is very calm.

đằm thắm *adj.* fervid, profound, sweet

đẫm *adj.* wet, soaked: **ướt đẫm** wallowing in [water **nước**, mud **bùn**]

đắn đo *v.* to weigh the pros and cons, to hesitate

đẵn *v.* to chop, to fell [tree]/section, to piece: **đẵn gỗ** to chop wood

đăng **1** *v.* to insert, to publish, to print; R to register: **Báo hôm nay có đăng tin ấy không?** Did today's paper publish that news?; **Sao anh không đăng báo?** Why don't you put an ad in the paper? **2** *n.* R lamp, lantern, light (= **đèn**): **hải đăng** lighthouse

đăng bạ *v.* to register: **đăng bạ xe gắn máy** to register one's motorcycle

đăng cai *v.* to host: **Việt Nam đang cai tổ chức hội nghị thượng đỉnh các nước trong vùng Đông Nam Á.** Vietnam hosted the summit for the Association of Southeast Asian Nations.

đăng cực *adj.* to be crowned

đàng đài *v.* to go up to the ring or the rostrum

đăng đàn *v.* to go up to the rostrum

đăng đồ *v.* to set out, to go on a trip

đăng đường *v.* [of high mandarin] to come to court

đăng hoả *v.* to burn; to light the lamp or fire

đăng khoa *v.* to pass the examination

đăng ký *v.* to register: **số đăng ký xe** the car's registration number

đăng lính *v.* to enlist in the army

đăng lục *v.* to register

đăng quang *adj.* to be crowned

đăng tải *v.* to carry, to publish [news, story]

đăng ten *n.* [Fr. *dentelle*] lace

đăng tiên *v.* to go up to Fairyland, i.e. to die

đăng trình *v.* to set out, to go on a trip

đăng vị *v.* to ascend the throne

đẳng *v., adj.* [SV **khổ**] bitter: **mướp đẳng** bitter melon

đẳng cay *adj.* bitter and hot, miserable, painful

đẳng ngắt *adj.* very bitter

đằng *n.* side, direction, way: **Đằng nào?** Which way? Which direction?; **đằng này** over here; instead; **Đằng ấy** Over there, you folk.; **đằng kia** over there, yonder

đằng đẳng *adv.* for a long time

đằng hắng *v.* to clear one's throat

đằng la *n.* concubine

đằng thẳng *adj.* serious, correct; **đằng thẳng ra** … actually speaking, in principle

đẳng *n.* rank, grade, level: **bình đẳng** equal(ity); **sơ đẳng** elementary [level]; **trung đẳng** intermediate [level]; **cao đẳng** higher level; **đồng**

đẳng similar; **đệ ngũ đẳng** the fifth class

đẳng áp *n.* constant pressure

đẳng cấp *n.* grade, level; class

đẳng chu *n.* isoperimeter

đẳng hạng *n.* rank, category

đẳng khuynh *adj.* isoclinal

đẳng kích *adj.* isometric

đẳng lượng *adj.* isodynamic

đẳng nhiệt *adj.* isothermic

đẳng phương *adj.* radical; **trục đẳng phương** radical ax [math]

đẳng sắc *adj.* isochromatic

đẳng thế *adj.* equipotential

đẳng thời *adj.* isochronic

đẳng thứ *n.* rank, order

đẳng thức *n.* equality

đẳng tích *n.* constant volume

đẳng tính *n.* homogeneity

đẳng trật *n.* rank, grade

đặng *v.* See được

đắp *v.* to pile up, to pack [earth **đất**, stone **đá**], to construct [mound **ụ**, dike **đê**, road **đường**]; to fill up [gap, lack]: **đắp chăn/mền** to cover oneself with a blanket

đắp điếm *v.* to cover, to protect

đắp đổi *v.* to live from day to day, from hand to mouth

đắt *adj.* (= **mắc**) expensive, costly

đắt tiền *adj.* [*opp.* **rẻ**]; [of goods] in great demand [*opp.* **ế**]: **đắt khách** [of shop or shopkeeper] busy, having plenty of business; **đắt hàng** busy business; **Bà lấy đắt quá!** You're charging too much!; **Dạo này ông có đắt hàng không?** How is business these days?; **đắt như tôm tươi** to sell like hot cakes

đắt chồng *adj.* [of young girl] having many suitors

đắt đỏ *adj.* [of living **đời sống**] dear, expensive: **đời sống đắt đỏ** very high cost of living

đắt vợ *adj.* [of young man] highly eligible

đặt *v.* to place, to put; to set up [rules, institutions]; to write, to construct [sentences]; to fabricate, to invent, to make up: **bày đặt/bịa đặt** to fabricate; **đặt mua hàng** to order goods; **đặt tiền trước/đặt cọc** to make a deposit or downpayment; **xếp đặt** to arrange; **cách đặt câu** syntax; **Cha mẹ đặt đâu con ngồi đấy.** The parents arrange a marriage for their daughter.

đặt bày *v.* to fabricate, to invent [stories]

đặt chuyện *v.* to fabricate: **Không nên đặt chuyện để nói xấu người khác.** Don't fabricate stories to smear other people.

đặt cọc *v.* to give money earnestly, to make a deposit, to pay in advance

đặt để *v.* to fabricate, to invent [stories]; to arrange, to force

đặt điều *v.* to fabricate, to make up stories

đặt đít *v.* to sit down

đặt lưng *v.* to lie down: **Tôi mới đặt lưng xuống có năm phút ông ấy đã gọi tôi dậy.** I had lain down for just five minutes when he woke me up.

đặt mình *v.* to lie down

đặt tên *v.* to name, to give a name, to give a nickname: **Cha mẹ tôi đã đặt tên cho tôi khi mới sinh ra.** My parent gave me my name when I was just born.

đâm *v.* to prick, to stab; to pound [rice]; to grow, to sprout, to issue; to hit, to collide [**vào** against]; to become, to turn into, to change suddenly: **Ông ấy bị xe đâm chết.** He was hit by a car and died.; **Đâm lao thì phải theo lao.** Once you have started something you must see it through.; **đâm cuồng/đâm khùng** to go crazy, to go berserk; **đâm hoảng** to panic; **đâm liều** to become bold; **đâm lười** to become lazy; **đâm lo** to become worried

đâm bị thóc, chọc bị gạo *v.* to play two adversaries against each other

đâm bổ *v.* to rush, to hurry

đâm bông *v.* to bloom, to blossom

đâm chồi *v.* to issue buds or shoots

đâm đầu *v.* to throw oneself [**vào**, **xuống** into]

đâm nụ *v.* to issue buds

đâm sầm *v.* to run into [suddenly]

đấm *v.* to punch, to hit with one's fist: **đấm một cái** to punch once, to give one punch

đấm bóp *v.* to massage

đấm đá *v.* to fight, to come to blows [and kicks]

đấm họng *v.* (= **đấm mõm**) to give a hush to someone, to bribe

đầm *n.* [Fr. *dame*] French lady, Western lady: **bà đầm** Western lady; **nhảy đầm** to dance

đầm ấm *adj.* [of home atmosphere] cozy and nice, sweet, happy: **gia đình đầm ấm** happy family

đầm đài *adj.* wet, soaked

đẫm *v.* to wallow in the water or in the mud: **ướt đẫm** to be soaked, drenched; **đẫm máu** blood-soaked, bloody; **đẫm mồ hôi** sweating all over

đậm *adj.* strong, not watery, [of color] dark: **Tôi không uống được trà đậm.** I can't drink strong tea.

đậm đà *adj.* warm, friendly: **mối quan hệ thân hữu đậm đà** friendly relationship

đần *adj.* dull, simple, foolish, stupid, silly: **người ngu đần** a stupid person

đần độn *adj.* dull, simple, silly, slow-witted, thick-headed

đấng *n.* CL for gods, heroes: **đấng tạo hoá** God, the Creator; **đấng cứu thế** the Savior, Jesus Christ; **một đấng anh hùng** a hero

đập *v.* to smash, to pound, to break, to beat; to thresh; [of heart] to beat: **đánh đập** to beat, to hit; **Tim bệnh nhân ngừng đập.** The patient's heart has stopped beating.

đập nước *n.* dam

đất *n.* [SV **địa, thổ**] earth, soil; land; ground, floor; estate: **đất đai** landed property, territory; **quả đất/trái đất**

the earth; **ruộng đất** land, ricefield; **giời đất** sky and earth, the universe; **dưới đất** on the floor; under the ground; **động đất** earthquake; **nồi đất** earthen pot

đất bồi *n.* silt

đất cát *n.* sand, sandy land

đất đai *n.* territory, land, property: **Đất đai ở Hà Nội đắt quá.** The land in Hanoi is very expensive.

đất khách *n.* foreign land

đất liền *n.* mainland

đất nước *n.* country, land, nation: **phục vụ cho đất nước tôi** to serve my country

đất phù sa *n.* silt

đất sét *n.* clay

đất thánh *n.* holy land; graveyard, cemetery

đất thó *n.* clay

đâu 1 *pron.* Where?; somewhere, anywhere, everywhere; Nowhere/to be where?: **Anh đi đâu đấy?** Where are you going?; **Cháu muốn đi đâu cứ lấy xe đạp chú mà đi.** [uncle to nephew] If you want to go somewhere you can take my bicycle.; **Muốn đi đâu thì đi.** Go anywhere you like.; **Tôi chả thiết đi đâu cả.** I'm not interested in going anywhere.; **đâu nó cũng đi** he goes everywhere, he would go any place; **Tìm đâu cũng không thấy.** It can't be found anywhere.; It can be found nowhere.; **Không đi đến đâu.** It doesn't lead anywhere.; **đâu đâu** everywhere [**cũng** procedes verb]; **đâu đây** somewhere, some place around here; **đâu đấy, đâu đó** somewhere; **Đâu nào?** Where?; **đâu ra đấy** everything where it belongs, everything in order; **Biết đâu?** ... Who knows?..; **bỗng đâu, dè đâu, hay đâu, ngờ đâu** suddenly, who would expect; **chuyện không đâu vào đâu** nonsense **2** *adv.* [particle of negation] not, not at all: **Tôi đâu có no!** I'm not full yet!; **Tôi đâu có đi! Tôi có đi đâu!** I didn't

go!; **Tôi không đi đâu, đừng đợi.** I'm not going, don't wait for me.; **Anh ấy đâu có thích sầu riêng!** He doesn't like durians!

đấu 1 *v.* to fight, to compete: **đấu tố** to denounce, to accuse [landlords, bourgeois elements, etc.] in a public trial; **Chiều nay đội cảnh sát đấu với đội quan thuế.** The police team is playing [soccer] against the customs team this afternoon.; **trận đấu** fight, match; **bán đấu giá** to sell by auction **2** *v.* to mix, to join: **đấu hai đầu dây lại với nhau** to join two rolls of string **3** *n.* a quart: **đấu ngô** a peck of corn

đấu dịu *v.* to back down, to give up one's previous tough position

đấu giá *v.* to auction: **đấu giá ngôi nhà** to auction a house

đấu gươm *v.* (= **đấu kiếm**) to be sword fighting

đấu khẩu *v.* to quarrel, to argue

đấu lý *v.* to debate, to argue

đấu thầu *v.* to bid for a contract

đấu thủ *n.* fighter, boxer, wrestler; player

đấu tố *v.* [communist] to denounce, to accuse [landlords, bourgeois elements, etc.] in a public trial

đấu tranh *v.* to struggle

đấu trí *v.* to match wits

đấu trường *n.* field where public trials are held

đấu võ *v.* to box, to wrestle

đấu xảo *n.* exposition, fair

đầu *n.* head; beginning, start; front end, end: **ban đầu** [at] the beginning; **bắt đầu** to begin, to start; **bạc đầu** to get old; **cạo đầu** to get/give a haircut; **cầm đầu** to lead, to direct, to head; **chém đầu** to behead; **cốc đầu** to bump one's head [**vào** against]; **cúi đầu** to bow one's head; **cứng đầu** stubborn; **gật đầu** to nod; **gội đầu** to wash one's hair, to have a shampoo; **hói đầu, sói đầu** bald; **làm đầu** to have a perm, to have one's hair set;

lắc **đầu** to shake one's head; **chải đầu** to comb/brush one's hair; **dẫn đầu** to lead [race]; **nhức đầu** to have a headache; **đương đầu** to face, to cope [**với** with]; **trọc đầu** with a shaven head; **từ đầu đến chân** from head to toe; **từ đầu đến cuối** from beginning to end; **đầu đường xó chợ** in the street

đầu bếp *n.* head cook, chef

đầu bò *adj.* stubborn, hard-headed

đầu cánh *n.* wing tip

đầu cầu *n.* bridgehead

đầu cơ *v.* to speculate

đầu đàn *n.* leader, cock of the walk, chief

đầu đề *n.* title; examination question; topic

đầu độc *v.* to poison

đầu đuôi *n.* the beginning and the end, the long and short: **Kể hết đầu đuôi đi.** Tell us all about it.

đầu gió *n.* draft [strong wind]: **Đừng đứng đầu gió.** Don't stand in the draft.

đầu gối *n.* knee

đầu hàng *v.* to surrender

đầu hồi *n.* gable

đầu lâu *n.* head [on skeleton], skull

đầu lòng *n.* firstborn child

đầu máy *n.* engine, locomotive

đầu mối *n.* clue

đầu mục *n.* leader

đầu não *n.* headquarter; nerve-center

đầu nậu *n.* business leader, business connection

đầu óc *n.* mind; knowledge: **đầu óc thông minh** an intelligent mind

đầu phiếu *v.* to cast a vote, to vote: **miễn đầu phiếu** to abstain; **quyền đầu phiếu** right to vote

đầu phục *v.* to surrender, to submit oneself to

đầu quân *v.* to enlist in the army

đầu sỏ *n.* chief, leader, ringleader, gang leader

đầu tắt mặt tối *v.* to toil hard, to be extremely busy

đầu têu *v.* to instigate, to promote

đầu thai *adj.* reincarnated [**làm** into]

đầu thú *v.* to surrender oneself

đầu thừa đuôi thẹo *n.* odds and ends

đầu tiên *adj.* first; at first: **Việc đầu tiên bạn phải làm là... .** The first thing you should do is... .

đầu tư *v.* to invest: **đầu tư vào nhà đất** to invest in property

đậu **1** *n.* bean, pea, haricot **2** *v.* (= **đỗ**) [of birds] to perch; [of vehicles] to stop, to park; [of candidate] to pass an examination: **Đậu xe đây được không?** Is it all right to park here? **3** *v.* to pass an examination: **Con tôi vừa đậu bằng trung học phổ thông.** My son has passed the examination for a high school certificate.

đậu đen *n.* black beans

đậu đũa *n.* string beans

đậu Hoà lan *n.* green peas

đậu khấu *n.* nutmeg

đậu lào *n.* typhoid fever

đậu mùa *n.* small pox

đậu nành *n.* soybeans: **sữa đậu nành** soy milk

đậu phọng *n.* (= **lạc**) peanuts

đậu phụ *n.* bean curds

đậu tương *n.* soybeans

đậu xanh *n.* green beans: **bánh đậu xanh** green bean cakes

đây *n., pron., adv.* here, this place; this; now: **Tôi đây.** Here I am.; **Tôi ở đây.** I live here.; **ở đây, tại đây** here, at this place; **Lại đây.** Come here.; **rồi đây** hereafter, from now on

đấy **1** *n., pron.* there, that place; that: **Ai đấy?** Who's there? Who is it?; **Anh Lâm đấy!** That's Lam.; **ở đấy, tại đấy** there, at that place; **Đấy là Ông Thịnh.** That is Mr. Thinh.; **từ đây đến đấy** from here to that place **2** *adv.* [final particle in questions containing **ai, gì, chi, nào, đâu, sao, bao giờ**]: **Ai học tiếng Anh đấy?** Who's studying English?; **Bạn làm gì đấy?** What are you doing?; **Chị muốn mua cái nào đấy?** Which one do you want to buy?; **Anh đi đâu đấy?** Where are you going?; **Sao đấy?** What happened? What's the matter?

đầy *v., adj.* [SV **mãn**] full, filled; to have fully: **đầy tuổi tôi** [of infant] to be fully one-year old; **không đầy** not quite, less than; **Xăng đổ đầy rồi.** We have a full tank of petrol.

đầy ắp *adj.* full to the brim

đầy bụng *adj.* having indigestion

đầy dẫy *adj.* full to the brim, full of

đầy đặn *adj.* plump, shapely; [face] to be round

đầy đủ *adj.* enough, full, complete; well provided

đầy tớ *n.* servant

đầy tràn *v.* to overflow

đẩy *v.* to push, to shove: **thúc đẩy** to push, to encourage, to urge

đẩy mạnh *v.* to push, to promote

đẫy *adj.* (= **béo**) fat; full: **Lão ấy đẫy túi rồi.** He had already filled his pockets.

đẫy đà *adj.* big and fat, plump

đậy *v.* to cover [with a lid or stopper]

đe **1** *v.* to threaten: **mối đe doạ** danger, threat **2** *n.* anvil CL **cái**

đè *v.* to press down, to crush, to squeeze: **đè ép/đè nén** to oppress

đè bẹp *v.* to crush; to overwhelm

đẻ *v.* [SV **sinh, sản**] (= **sinh**) to be born; to bear [child **con**], to lay [eggs **trứng**], to bring forth, to give birth [**ra** to]; [of animals] to throw; [of bitch, she-wolf, she-bear] to whelp; mother; you [my mother]: **sinh đẻ** to have children; **con đẻ** blood child [as opp. to adopted child]; **đau đẻ** to be in labor; **đẻ non** to have a premature baby; **sinh năm đẻ bảy** to have many children; **ngày sinh tháng đẻ** date of birth; **tiếng mẹ đẻ** mother tongue; **đẻ sinh đôi** to have twins

đem *v.* to take or to bring along [RV **đến** to a place, **đi** away, **lại** forth, about, **lên** up, **về** back, **vào** in, **xuống** down]: **Anh đem cái thư này lại cho Ông Quảng hộ tôi.** Please

take this letter to Mr. Quang.

đen *adj.* [SV **hắc**] black; unlucky; dark: **đen đủi** unlucky; **cơm đen** opium; **tối đen** pitch dark; **Người Mỹ da đen** American negro; **bôi đen** to blacken; **nhuộm đen** to dye black; **đổi trắng thay đen** to be shifty, to change, to be unfaithful; **số đen/vận đen** bad luck; **dân đen** commoner

đèn *n.* [SV **đăng**] lamp; light: **ngọn đèn** pin/bin flashlight; **đèn điện** electric light; **đèn pha** searchlight, headlight [of a car]; **bật đèn** to switch on the light; **tắt đèn** to switch off the light; **bóng đèn (điện)** light bulb; **chao đèn, chụp đèn** lamp shade

đeo *v.* to wear, to put on: **đeo nữ trang** to wear jewelry; **đeo kính** to wear glasses; **đeo đồng hồ** to wear a watch

đeo đuổi *v.* to pursue, to stick to [career]

đèo *n.* mountain pass

đèo *v.* to carry on one's vehicle or bicycle

đẽo *v.* to whittle, to trim, to square; to squeeze [money **tiền**]

đẹp *adj.* [SV **mỹ**] beautiful, pretty, attractive, handsome: **sắc đẹp/vẻ đẹp** beauty; **làm đẹp lòng** to please; **làm đẹp mặt** to do honor to

đẹp duyên *v.* to marry [**với, cùng** precedes object]

đẹp đẽ *adj.* See **đẹp**

đẹp trai *adj.* [of man] handsome

đét **1** *adj.* dried up, withered, thin **2** *v.* to whip

đê *n.* dike: **đê vỡ, vỡ đê** the dike broke

đê điều *n.* dikes, levees, dams

đê hèn *adj.* mean, base

đê mạt *adj.* vile, mean

đê mê *v.* to be drunk, to be under the spell of

đê tiện *adj.* coward, abject

đế **1** *n.* sole [of shoe], base, stand; root: **thâm căn cố đế** deep-rooted **2** *n.* R emperor, ruler; imperialism: **hoàng đế** emperor; **phản đế** anti-imperialist

đế chế *n.* monarchy

đế đô *n.* capital city

đế quốc *n.* empire, imperialist

Đế Thiên Đế Thích *n.* Angkor Wat

đế vương *n.* king, emperor, ruler

đề 1 *n.* fig tree; CL **cây 2** *v.* to write, to inscribe, to address [a letter]: **Thư này đề cho ai?** Whom will this letter be addressed to?; **quí thư đề ngày** your letter dated **3** *n.* subject, title: **đầu đề** subject [of exam]; **luận đề** thesis, theme; **nhan đề** title [of book]

đề án *n.* proposal project, program

đề biện *v.* to defend [thesis]

đề cao *v.* to uphold, to give prominence to: **đề cao vai trò lãnh đạo** to give prominence to a leadership; **đề cao cảnh giác** to enhance one's vigilance

đề cập *v.* to mention, to touch on, to bring up [a problem]: **Tại hội nghị quốc gia, họ đã đề cập đến các vấn đề xã hội.** At the national conference, they mentioned the social problems.

đề cử *v.* to nominate: **Tất cả công nhân đã đề cử ông ấy làm chủ tịch công đoàn.** All employees have nominated him as the president of their union.

đề hình *n.* judge in criminal court

đề huề *adj.* crowded; harmonious

đề khởi *v.* to put forth [proposal]

đề lao *n.* jail

đề mục *n.* title [of book, article, etc.], heading

đề nghị *v., n.* to suggest, to propose; move, suggestion, proposal, motion CL **lời, bản** [with **đưa ra** or **đệ trình** to submit; **chấp thuận** to approve; **thông qua** to pass; **ủng hộ** to support, to second]: **Chúng ta đã đưa ra những đề nghị cải tiến phương thức làm việc.** We have proposed to change the working approach.

đề phòng *v.* to take precautions; to prevent: **Đề phòng kẻ cắp!** Beware of pickpockets!

đề tài *n.* subject, topic: **Đề tài đó rất là thú vị.** That topic is very interesting.

đề xuất *v.* to put forth, to propose: **Tôi vừa đề xuất một chương trình làm việc.** I have proposed a working program.

đề xướng *v.* to put forth, to raise, to advance [theory, etc.]

để 1 *v.* to place, to put; to let, to leave; to cede, to dispose of: **để chồng, để vợ** to divorce; **Để xe đạp đây.** Leave your bike here.; **Để yên cho nó bú.** Let him [the baby] have his bottle.; **để lại** to leave behind, to resell; **để tang** to be in mourning; **để dành** to put aside, to save; **để phần cơm** to save some food [for somebody]; **để ra** to put aside, to save; **để ý** to be careful; to heed, to pay attention [with **đến** or **tới** to], to notice **2** *conj.* for, so that, in order to: **Để làm gì?** What for?; **Ông ấy đến sớm để ông ta có thì giờ chuẩn bị công việc.** He came early in order to have time to prepare.

để bụng *v.* to keep feeling, to have something on one's mind

để không *v.* to leave empty, to leave unused

để lộ *v.* to disclose, to release: **để lộ bí mật** to disclose a secret

để mặc *v.* to leave alone: **để mặc tôi** leave me alone

để mắt *v.* to keep an eye on, to observe

để phần *v.* to spare, to save something for someone

để tang *v.* to be in mourning

đệ 1 *v.* to submit [resignation, petition]: **đệ kiến nghị lên ban giám đốc** to submit a petition to the management board **2** *n.* R [prefix for ordinal numbers equivalent to English suffix *-th*; the cardinal has to be Sino-Vietnamese and the construction is **đệ** numeral-noun]: **đệ nhất** first; **đệ nhị tham vụ** second secretary of the embassy; **đệ ngũ chu niên** fifth anniversary **3** *n.* R younger brother (= em giai/trai); I [slang]: **tiểu đệ** little or stupid brother; **hiền đệ** you [my sweet little brother]

đệ trình *v.* to submit [proposal, plan, etc.]

đệ tử *n.* disciple, student

đếch *v.* [slang] no, not (= **không, chẳng, chả**): **Nó đếch cần.** He doesn't care, he doesn't give a damn.

đêm *n.* [SV **dạ**] night: **ban đêm** at night; **đêm ngày** night and day; **nửa đêm** midnight; **suốt ngày đêm** all night and day; **thức suốt đêm** to stay up all night

đêm hôm *adv.* during the night, late at night

đêm khuya *n.* late night

đếm *v.* to count: **không đếm xỉa đến** to ignore; **đếm từ một đến mười** to count from 1 to 10; **không đếm xiết** countless, innumerable; **thật thà như đếm** very honest

đếm xỉa *v.* to take into account, to take into consideration

đệm *n.* mattress; cushion: **đệm lò xo** spring mattress; **chữ đệm, tiếng đệm** middle name, middle initial; **Anh lấy cái này đệm cho nó êm.** Here, use this as a pillow.

đến *v.* [SV **chí, đáo**] (= **tới**) to arrive [at], to come [to], to reach at; to, up to, down to, until: **đến nay** to date; **từ trước đến nay** thus far, so far; **tính đến hôm nay** up to this day, until today; **từ đầu đến cuối** from beginning to end; **từ đầu đến chân** from head to toe; **nói đến** to speak or talk about, to speak of; **nghĩ đến** to think of; **đến giờ rồi** it's time, time's up; **đến đầu đến đũa, đến nơi đến chốn** in a complete way, carefully, thoroughly; **đến nỗi** to such a degree that; **đến tuổi** to come of age

đền **1** *n.* Taoist temple, temple CL **ngôi** [with **lập** to build]; palace: **Đền này thờ Đức Khổng tử.** This temple is dedicated to Confucius. **2** *v.* to compensate for, to return: **đền ơn** to

return a favor; **đền tội** to pay for one's sin; **bắt đền** to claim damages

đền bồi *v.* to pay back [moral debt]

đền bù *v.* to pay back, to make up for

đểnh đoảng *adj.* to be negligent, careless; indifferent

đều *adj.* to be equal, even, regular, both, all, in both or all cases: **đều đều** regularly; **chia đều** to divide equally; **mọi người đều biết** everyone knows; **Anh ấy đi học đều.** He goes to class regularly.; **đồng đều** equal, even

đều đặn *adj.* regular, well-proportioned, even

đểu *adj.* ill-bred, vulgar; obscene: **đểu cáng, đểu giả** mean

đi **1** *v.* [SV **tẩu, hành**] to go, to depart, to walk away: **đi bách bộ** to take a walk; **đi bộ** to walk; **đi chợ** to go to market; **đi học** to go to school; **đi chơi** to go for a walk, to visit; **đi tuần** to patrol; **đi đái/đi giải/đi tiểu/đi tiểu tiện** to pass water; **đi cầu/đi đồng/đi đại tiện/đi ỉa/đi ngoài** to go to the bathroom; **Hôm nay em có đi cầu không?** Did he [the baby] have a bowel movement today?; **Đường này đi một chiều.** This is a one-way street. **2** *adv.* [final particle] come on, [let us] be sure to: **Chúng ta đi đi!** Let's go!; **Học đi!** Do your work!; **đem đi** to take away; **xoá đi** to cross off, to erase

đi buôn *v.* to do business

đi đời *adj.* lost, finished, done for

đi đứt *v.* to lose, to finish

đi ở *v.* to be a servant, to be a maid

đi ra *v.* to go out, to discharge

đi thi *v.* to take an examination, to sit for an examination

đi tu *v.* to become a monk

đi vắng *adj.* absent, not at home: **Chồng tôi đi vắng rồi.** My husband is not at home.

đì *v.* to punish, to dump

đì đùng *v.* [of large firecrackers] to crackle

đĩ *n.* prostitute, harlot, whore

đĩa *n.* leech CL **con**: **dai như đĩa** to be obstinate, persistent

đĩa *n.* saucer, plate, dish: **đĩa bay** flying saucer; **đĩa** record, disc; **ném đĩa** to throw the disc; **bát đĩa** chinaware; **một đĩa thịt gà** a plate of chicken; a dish of chicken

địa *n.* R earth, land (= **đất**); geography [*abbr.* of **địa dư, địa lý**]: **điền địa** lands, ricefields; **lục địa** continent; **kinh thiên động địa** earth shaking; **Chương trình năm thứ hai có nhiều sử địa.** The second-year program has history and geography as subjects.

địa bạ *n.* land register

địa bàn *n.* compass

địa cầu *n.* globe, earth [real size or miniature] CL **quả**

địa chấn *n.* earthquake

địa chấn học *n.* seismology

địa chấn ký *n.* seismograph

địa chất học *n.* geology

địa chỉ *n.* address: **Làm ơn gởi thư nầy đến địa chỉ nầy.** Please deliver this letter to this address.

địa chính *n.* land registry

địa chủ *n.* landowner, landlord

địa danh *n.* place name

địa dư *n.* geography

địa điểm *n.* point, location, site, place

địa đồ *n.* map, plan

địa hạ *n.* underground [agent]

địa hạt *n.* district; field, domain, realm, sphere

địa hình *n.* topography, terrain

địa lôi *n.* underground mine

địa lợi *n.* geographical advantage; produce of the land

địa lý *n.* geography: **thầy địa lý** geomancer; **Hôm nay chúng tôi thi địa. lý** We have a geography test today.

địa ngục *n.* hell [*opp.* **thiên đường/ đàng**]

địa ốc *n.* real estate

địa phận *n.* territory

địa phủ *n.* hell

địa phương *n.* locality, local: **dân địa phương** local or native people; **óc địa phương** regionalism; **địa phương quân** local militia[man]

địa tầng *n.* stratum, layer

địa thế *n.* terrain

địa tô *n.* land rent

Địa Trung Hải *n.* the Mediterranean Sea

địa vị *n.* [social] position: **Anh hãy đứng vào địa vị hắn.** Put yourself in his position, in his shoes.

đích *n.* bull's eye, target; goal, objective, aim, purpose: **mục đích/chủ đích** main purpose

đích đáng *adj.* proper, appropriate, adequate

đích thân *adv., pron.* in person, personally; oneself, myself, yourself, etc.: **Bạn đích thân vào gặp ông ta.** You yourself come to see him.

đích thị *adv.* exactly, precisely

đích tôn *n.* one's eldest son's eldest son

đích xác *adj.* to be exact, precise

địch **1** *n.* flute CL **ống 2** *v.* to compete, to be a match for, to oppose, to resist: **đối địch** to compete with; **cừu địch, quân địch** enemy troops, the enemy; **vô địch** without equal, invincible; **nhà vô địch** champion

địch quân *n.* enemy troops, the enemy

địch quốc *n.* enemy nation

địch thù *n.* enemy, foe

địch thủ *n.* opponent, rival, competitor

điếc *adj.* deaf: **điếc tai** deaf; deafening; **vừa câm vừa điếc** deaf and dumb, deaf-mute; **giả điếc** to feign deafness

điếc đặc *adj.* deaf: **Nó điếc đặc.** He is as deaf as a post.

điếm *n.* R inn, shop; watch tower: **điếm canh** watch house; **lữ điếm** inn, hotel; **phạn điếm** restaurant; **tửu điếm** wine shop; **gái điếm** call girl, prostitute

điếm đàng *v.* to be tricky

điếm nhục *v.* to smear the good name of, to defame: to shame: **điếm nhục gia đình** to shame one's family

điềm *n.* omen, presage: **điềm lành**

good omen; **điềm dữ** bad omen; **điềm gở** bad omen

điềm nhiên *adj.* be calm, keep calm, unruffled

điềm tĩnh *adj.* be calm, keep calm, unruffled

điểm *n.* point, dot (= chấm); point [in discussion]; mark [in school]: **điểm số** to count; to score; **kiểm điểm** to review; **giao điểm** intersection; **khởi điểm** starting point, point of departure; **nhược điểm** weakness, shortcoming; **quan điểm** viewpoint; **trụ điểm** strong point, quality; **yếu điểm** essential point; **cực điểm** maximum, extreme, climax; **băng điểm** freezing point; **địa điểm** position, location; **khuyết điểm** shortcoming, lacuna; **tô điểm** to adorn, to embellish; **trang điểm** to make up; **chỉ điểm** to point out, to show; to inform

điểm binh *v.* to review [of troops]

điểm cận nhật *n.* parhelion, mock sun

điểm chỉ *v., n.* to place one's fingerprint; informer

điểm danh *v.* to call the roll: **điểm danh học sinh mọi buổi sáng** to call the roll of students every morning

điểm huyệt *v.* to hit a mortal point [Chinese boxing]; to choose a burial spot

điểm số *n.* mark, grade [of student]

điểm tâm *n.* breakfast: **ăn điểm tâm** to have breakfast

điểm trang *v.* to adorn oneself, to make up

điểm viễn địa *n.* apogee

điểm xuyết *v.* to adorn, to deck

điên *adj.* losing one's mind; mad, crazy, insane [with **hoá** or **phát** to become]: **nhà thương điên** mental hospital; **Mày điên à?** Are you out of your mind?

điên cuồng *adj.* mad, insane

điên dại *adj.* foolish, stupid

điên đảo *adj.* upside down; shifty

điền **1** *n.* R ricefield (= ruộng): **chủ điền** land-owner; **mặt vuông chữ**

điền to be square-faced; **dinh** [or **doanh**] **điền** land exploitation, agricultural development; **công điền** ricefield which belongs to the village; **tư điền** privately-owned ricefield **2** *v.* to fill out [a blank], to fill [a vacancy]: **điền các từ thích hợp vào khoảng trống** to fill blanks with appropriate words

điền chủ *n.* landowner

điền địa *n.* land, ricefield: **cải cách điền địa** land reform; **Bộ Điền thổ và Cải cách điền** Department of Landed Property and Land Reform

điền khí *n.* farm tool, farm equipment

điền kinh *n.* athletics; track [sport]: **cuộc thi điền kinh** athletic competition

điền sản *n.* landed property

điền thổ *n.* land, farmland

điền viên *n.* fields and gardens, country life

điển *n.* classical book, classical example, literary allusion; statute, code, compendium: **cổ điển** ancient classics; to be classic(al); **kinh điển** the classics; **tự điển** [or **từ điển**] dictionary

điển cố *n.* literary allusion

điển tích *n.* literary allusion

điện **1** *n.* palace, temple: **cung điện** imperial palace; **Điện Độc lập** Independence Palace **2** *n.* electric(al), electricity, telegram, wire: **gởi điện thư** to send by fax; **đánh điện** to send a telegram; **nhà máy điện** power plant; **xe điện** streetcar, tram; **đèn điện** electric light; **đồ điện** electrical supplies; **thợ điện** electrician; **bàn là điện** electric iron; **quạt điện** electric fan; **Bạn trả tiền điện chưa?** Did you pay the electricity bill?; **công điện** official telegram

điện ảnh *n.* movies, cinematography

điện áp *n.* tension, voltage

điện báo *n.* telegraphy: **vô tuyến điện báo** wireless telegraphy

điện cực *n.* electrode

điện dung *n.* electric capacity

điện động *n.* [of force] electromotive

điện giải *n.* electrolysis

điện học *n.* electricity [as a subject of study]

điện kế *n.* galvanometer, electricity meter

điện khí *n.* electricity

điện lực *n.* electric power

điện năng *n.* electric power

điện thế *n.* voltage

điện thoại *n., v.* telephone; to telephone: **gọi điện thoại cho tôi** to telephone me, to ring me; **Tôi vừa gọi điện thoại cho anh ấy.** I just called him on the phone.; **phòng điện thoại** telephone booth

điện tích *n.* electrolysis

điện tín *n.* telegram: **đánh điện tín** to send a telegram, to wire

điện trở *n.* [electrical] resistance

điện từ *n.* electromagnet(ic)

điện tử *n., adj.* electron; electronic: **kỹ sư điện tử** electronic engineer

điện văn *n.* telegram: **Nguyên văn bức điện văn đó như sau... .** That telegram reads as follows... .

điếng *adj.* [of pain] killing, [of news] shocking: **đau điếng người** very painful

điệp **1** *n.* R butterfly **hồ điệp** (= **bướm**) **2** *v.* to repeat: **điệp ý** to repeat ideas; **trùng điệp/trùng trùng điệp điệp** innumerable, countless

điệp điệp *adj.* heaped up

điệp khúc *n.* chorus [of a song], refrain

điệp văn *n.* dispatch

điệp vận *n.* repeated rhyme

điêu *adj.* lying, false, untrue: **nói điêu** to lie

điêu ác *adj.* false, lying

điêu đứng *adj.* miserable

điêu khắc *v.* to carve, to sculpt: **nhà điêu khắc** sculptor

điêu linh *adj.* miserable, suffering

điêu luyện *adj.* accomplished, skillful

điêu ngoa *adj.* lying, false

điêu tàn *adj.* dilapidated, in ruins

điêu trá *adj.* lying, false

điếu **1** *n.* [smoking] pipe; CL for cigarettes, cigars, pipes: **điếu cầy** farmer's pipe **2** *v.* R to present condolences on somebody's death: **điếu tang mẹ bạn chết** to go and present condolences on the death of a friend's mother

điếu văn *n.* oration [at funeral]

điều **1** *adj.* bright red **2** *n.* word; thing, action, circumstance, affair, etc.; article, clause, item, provision: **Bà ấy lắm điều lắm.** She is a chatterbox, she invents stories.; **Điều ấy rất dễ hiểu.** That is very easy to understand. **3** *v.* R to arrange, to order, to direct: **điều một chiếc xe cho tôi chiều nay** to order a car for me this afternoon

điều chỉnh *v.* to regularize, to set in order, to regulate, to adjust

điều dưỡng *v.* to get medical care, to give medical care: **nữ điều dưỡng** nurse

điều đình *v.* to arrange, to negotiate

điều động *v.* to mobilize, to activate, to put to work, to control, to manipulate

điều giải *v.* to mediate

điều hoà *v.* to reconcile, to adjust, to regulate

điều khiển *v.* to manage, to control, to command, to conduct

điều khoản *n.* terms, conditions, stipulations

điều kiện *n.* condition [circumstance or requirement]: **với điều kiện là** on condition that; **vô điều kiện** unconditional; **điều kiện làm việc** working conditions; **điều kiện sinh hoạt** living conditions; **điều kiện vật chất** material conditions; **điều kiện tối thiểu** minimum requirements; **điều kiện bắt buộc** pre-requisite; **điều kiện cần và đủ** necessary and sufficient conditions

điều lệ *n.* rule, regulation, by law:

điều lệ làm việc working regulation

điều tra *v.* to investigate: **Việc này chúng tôi cần điều tra thêm.** We have to investigate this matter further.; **Sở điều tra Liên bang** the Federal Bureau of Investigation

điều trần *v.* to petition; to report

điều trị *v.* to give or to receive medical treatment: **Ông ấy phải nằm nhà thương điều trị.** He had to be hospitalized.

điều ước *n.* treaty; cf. **hiệp ước**

điểu *n.* R bird (= **chim**): **đà điểu** ostrich

điểu loại học *n.* ornithology

điệu **1** *n.* appearance, aspect, posture, attitude, gesture, manner, air; tune, aria, song: **Nó làm điệu không thấy tôi.** He pretended not to see me.; **Anh ấy nhớ nhiều điệu lắm.** He remembers lots of tunes. **2** *v.* to take away [person], to march off: **Điệu tên ăn cắp vặt ở tiệm về đồn cảnh sát.** Take this shoplifter to the police station.

điệu bộ *n.* appearance, posture, manner, gesture

đinh **1** *n.* nail CL **cái, chiếc: đinh ghim** pin, clip; **đinh ốc** screw; **búa đinh** claw hammer; **đóng cái đinh vào tường** to drive a nail into the wall; **đầu đinh** boil **2** *n.* village inhabitant, male individual: **bạch đinh** commoner; **thành đinh** to become an adult member of the village community; **Làng này có năm trăm xuất đinh.** This village reports five hundred male individuals.

đinh hương *n.* clove

đinh hương hoa *n.* lilac

đinh ninh *adj.* sure, certain: **Tôi cứ đinh ninh là Thứ bảy.** I was certain [wrongly] it would be on Saturday.

đính *v.* to paste, to glue, to stick a pin, to join, to enclose: **bản sao đính hậu** a copy of which is enclosed herewith

đính chính *v.* to rectify, to correct: **đính chính tin sai lạc** to correct wrong information

đính hôn *v.* to be engaged: **Bạn tôi sẽ đính hôn tháng sau.** My friend will be engaged [to be married] next month.

đính ước *v.* to promise

đình **1** *n.* communal house in the village containing a shrine of tutelary deity CL **ngôi, cái**; R hall, palace, courtyard: **gia đình** family; **tụng đình** court of justice; **triều đình** imperial court **2** *v.* to stop, to delay, to postpone, to adjourn: **đình lại/tạm đình** to suspend temporarily

đình bản *v.* to cease publication; to close [a newspaper]: **Báo ấy đã bị đình bản.** That newspaper has been suspended.

đình chỉ *v.* to stop, to cease

đình chiến *v., n.* to stop fighting; armistice CL **cuộc: hiệp định đình chiến** armistice [agreement]; peace agreement

đình công *v.* (= **bãi công**) to go on strike, to strike

đình đốn *v.* to come to a standstill, to stagnate

đình thí *n.* civil service examination held at the imperial court in Hue; cf. hương thí, hội thí

đình trệ *v.* to put off, to stop up, to slow down

đỉnh **1** *n.* top, summit, peak: **đỉnh núi** the top of a mountain **2** *n.* incense burner, dynastic urn

đỉnh chung *n.* luxurious life, high living

đỉnh *n.* R boat, ship (= **tầu**): **tiềm thuỷ đỉnh** submarine

định *v.* to fix, to determine, to decide, to plan [to]: **nhất định** to make up one's mind; **Tôi định Tết này đi Đà Lạt.** I plan to go up to Dalat for the Tet vacation.; **ấn định** to fix

định cư *v.* to be settled; to settle [refugees]

định đề *n.* postulate

định đoạt *v.* to decide, to determine

định hạn *v.* to set a deadline

định hướng *v.* to set a direction, to be orientated

định kiến *n.* bias, fixed idea

định kỳ *n.* fixed time, agreed deadline

định liệu *v.* to make arrangements

định luật *n.* [scientific] law

định lượng *v., adj.* decide an amount; quantitative

định lý *n.* theorem

định mệnh *n.* destiny, fate: **thuyết định mệnh** determinism

định nghĩa *v., n.* to define; definition

định số *n.* fixed number

định sở *n.* fixed address, permanent dwelling place

định tâm *v.* to intend; to calm down

định thức *n.* formula, fixed pattern

định tinh *n.* fixed star

định tính *adj.* qualitative

định túc số *n.* quorum

đít *n.* buttock, bottom, rear end: **lỗ đít** anus; **đét đít** to spank; **đá đít** a kick in the pants

đít cua *n.* [Fr. *discours*] speech [with **đọc** to deliver]

địt *v.* to break wind

điu hiu *adj.* [of sight, landscape] desolate, gloomy

đo *v.* to measure, to gauge, to survey: **đo chiều dài căn phòng nầy** to measure the length of this room

đo lường *v.* to measure

đó **1** *pron., adv.* (= **đấy**) that, those: there, that place: **đó là** that's; **Ai đó?** Who is there? Who is it?; **cái đó** that, that thing; **chỗ đó** that place, that spot, there; **nay đây mai đó** to move around, to be drifting around **2** *n.* cylindrical bamboo fish-pot: **đơm cá bằng cái đó** to catch fish with a cylindrical bamboo fish-pot

đò *n.* ferry, boat [with **chở** or **lái** to steer, **chèo** to row]: **bến đò** wharf, pier; **cô lái đò** barge girl

đỏ *adj.* [SV **hồng**] red; lucky [opp. **đen, xui**]: **đỏ mặt** blushing; **tầu đỏ** Red China, Red Chinese; **đèn đỏ** red light; **cuộc đỏ đen** gambling

đọ *v.* to compare

đoá *n.* CL for flowers (= **bông**): **đoá**

hoa biết nói live flower

đoạ *adj.* decadent: **đày đoạ** ill-treated

đoái *v.* to have pity for: **đoái hoài, đoái thương** [with **đến** preceding object] to think of, to long for

đoái tưởng *v.* to reminisce

đoan **1** *n.* [Fr. *douane*] the customs: **thuế đoan** duties; **lính đoan** customs officer, customs inspector; **nhà đoan** customs [authorities] **2** *v.* to promise firmly

đoan chính *adj.* righteous, serious

đoan ngọ *n.* Double Five Festival [on the fifth day of the fifth lunar month]

đoan kết *v.* to promise

đoan trang *adj.* correct and decent, serious

đoán *v.* to guess, to predict: **đoán trước** to predict; **đoán quyết** to guess with certainty, be absolutely sure; **đoán sai/lầm** to guess wrongly; **đoán đúng/trúng** to guess right; **phán đoán** to judge; judgment; **tiên đoán** to predict; **phỏng đoán** to guess, to predict

đoàn *n.* band, flock, detachment, body, train: **sư đoàn** division [army unit]; **công đoàn** trade union, labor union; **đại đoàn** brigade [U.S.]; **liên đoàn** group, corps, regiment; league, confederation; **tiểu đoàn** battalion; **trung đoàn** regiment; **quân đoàn** army corps

đoàn kết *v., n.* to unite; unity, union

đoàn thể *n.* group, organization, body, community

đoàn tụ *v.* to be together, to re-unite

đoản *adj.* R to be short, brief (= **ngắn**) [opp. **trường**]: **sở đoản** shortcoming

đoản mệnh *adj., n.* to be short-lived; short life

đoản số *adj., n.* to be short-lived; short life

đoản thiên tiểu thuyết *n.* short story, novelette

đoạn **1** *n.* section, part, passage, paragraph: **Anh dịch hộ tôi đoạn này.** Please translate this passage for me.; **đoạn đầu** the opening paragraph; **đoạn cuối** the conclusion, the last paragraph, the last chapter; **tam đoạn luận** syllogism **2** *adv.* R finished; then (= **rồi**): **nói đoạn** so saying; **gián đoạn** to interrupt

đoạn đầu đài *n.* guillotine, scaffold

đoạn hậu *v.* to cut off the retreat

đoạn mại *n.* definitive sale

đoạn trường *adj., n.* painful; pains, misfortunes

đoạn tuyệt *v.* to break off: **đoạn tuyệt ngoại giao với** to break off diplomatic relations with

đoản *adj.* short: **đoản kỳ** short term

đoành *intj.* Bang!

đoạt *v.* to seize, to grab [power, money], to win [prize, title]: **chiếm đoạt** to seize, to usurp power

đọc *v.* to pronounce, to read [silently or aloud], to be read; to pronounce: **bạn đọc** reader; **đọc kinh** to say a prayer; **đọc lại** to reread, to repeat; **Chữ này đọc thế nào?** How is this word pronounced?

đói *v.* to be hungry: **đói bụng, đói lòng** to be hungry [*opp.* **no**]; **đói kém** famine; **chết đói** to starve; **nhịn đói** to be without food, to go on a hunger strike

đói khổ *adj.* starving and poor, miserable

đói rách *adj.* poor

đòi **1** *v.* to demand [food, money, payment], to claim [damage, one's rights, etc.], to summon: **trát đòi** or **giấy đòi ai** summons, warrant **2** *n.* maid, servant: **phận tôi đòi** a servant's life

đòi hỏi *v.* to request, to ask

đom đóm *n.* firefly, glow worm

đóm *n.* bamboo fragment, spill

đỏm *adj.* spruced, neatly dressed: **đỏm dáng** to be over-fastidious about appearance and dress

đon đả *v.* to show willingness to help

đón *v.* (= **rước**) to go to greet or to meet, to welcome, to receive: **đón tiếp ai** to receive someone; **đón**

chào/đón rước/nghênh đón to welcome

đòn **1** *n.* lever; carrying pole: **đòn gánh** carrying pole, shoulder pole; **đòn cân** balance rod, stroke; **đòn bẩy** lever **2** *n.* whipping, thrashing: **phải đòn** to be slapped; **trận đòn** flogging, whipping

đòn dong *n.* ridge-pole, ridge-beam

đòn bẩy *n.* motive force, leverage

đòn xóc *n.* sharp-ended carrying pole

đong *v.* to measure [capacity], to buy [cereals]: **đong gạo nấu ăn** to measure rice for cooking

đóng **1** *v.* to close, to shut: **đóng cửa** to shut the door; **đóng sách lại** to close the book **2** *v.* to drive in, to nail: **đóng đinh** to drive a nail **3** *v.* to make, to build: **đóng giầy** to make shoes; **đóng thuyền** to build boats; **đóng bàn ghế** to make furniture **4** *v.* to pay; to contribute: **đóng thuế** to pay taxes

đóng bộ *adj.* dressed up

đóng chai *v.* to bottle

đóng dấu *v.* to stamp, to put the seal on: **đã ký tên và đóng dấu** signed and sealed

đóng đai *v.* to girdle

đóng góp *v.* to contribute: **Chúng tôi cảm ơn tất cả những ai đã đóng góp vào việc phát triển nhà máy nầy.** We would like to thank those who have contributed to the development of this factory.

đóng khung *v.* to frame; to dress up

đóng kịch *v.* to play a role, to act a part

đóng tro *v.* to act

đóng vai *v.* to play a part

đóng vẩy *v.* to heal, to skin over

đọng *v.* to accumulate, [of water] to stagnate, to be in abeyance: **nước đọng** stagnant water

đọt *n.* browse, sprout: **đọt cây** the sprout shoots of a tree

đô *n.* R metropolis, capital city: **thủ đô** capital; **kinh đô** imperial city; **cố đô** ancient capital; **đế đô** imperial city

đô đốc *n.* commander-in-chief, admiral: **phó đô đốc** vice-admiral; **thuỷ sư đô đốc** Admiral of the fleet

đô hộ *v.* to dominate, to have domination over: **Người Tàu đã đô hộ Việt Nam trên một ngàn năm.** The Chinese ruled Vietnam for a thousand years.

đô hội *n.* big metropolis, business city: **phồn hoa đô hội** big city, flesh pots and hubs of business

đô la *n.* dollar: **đồng đô la Mỹ** U.S. dollar

đô sảnh *n.* city hall

đô thành *n.* city: **sân vận động đô thành** city stadium

đô thị *n.* city, urban center: **Bộ Kiến thiết và Thiết kế đô thị** Department of Reconstruction and Town Planning

đô trưởng *n.* mayor [of old twin cities of Saigon and Cholon]; cf. thị trưởng

đô vật *n.* wrestler

đố *v.* to dare, to defy, to challenge: **thách đố** to challenge; **câu đố** riddle; **bài tính đố** problem [mathematics]

đố ky *adj., v.* jealous, to envy

đồ 1 *n.* thing, object, baggage, material, furniture, utensil, tool; sort of, son of: **đồ ăn** food; **đồ chơi** toy; **đồ dùng** tool; **đồ đạc** furniture; **đồ hộp** canned food; **đồ uống** drink, beverage; **đồ cổ** antiques; **Đồ khốn nạn!** What a rat!; **đồ ngu** a stupid person **2** *n.* scholar, student in Sino-Vietnamese: **thầy/ông đồ** old scholar and teacher; **môn đồ** disciple; **sinh đồ** student; **tăng đồ** monk **3** *v.* to trace, to calk: **đồ hình vẽ** to trace a picture

đồ án *n.* plan, design

đồ bản *n.* map, drawing

đồ biểu *n.* diagram

đồ đệ *n.* disciple, student

đồ hình *n.* solitary confinement

đồ lễ *n.* offerings

đồ mã *n.* brightly-colored joss papers [used to represent fake money, etc. to be burnt during Asian funerals or the Hungry Ghost festival]; gimcrack

đồ mừng *n.* presents: **đồ mừng đám cưới** wedding presents

đồ sộ *adj.* imposing, impressive

đồ tể *n.* butcher

đồ thị *n.* graph

đổ *v.* to pour, to spill; to throw away; to be poured, to be spilled, to fall, to topple over, to turn over, to crash, to collapse; to impute, to shift [responsibility, fault, etc.], to lay [blame]: **đổ đi** to throw away; **đổ lỗi/đổ thừa** to shift fault to someone; **đổ máu** bloodshed; **đổ đồng** on the average; the total prize; **đổ mồ hôi** to perspire, to sweat; **Trời đổ mưa.** It started to pour down.; **Nó đổ (oan) cho tôi.** He accused me wrongly.; **Đảng ấy âm mưu lật đổ chính phủ quốc gia.** That party is plotting to overthrow the national government.

đổ bác *n.* gambling

đổ bộ *v.* [of troops] to land

đổ mồ hôi *v.* to perspire profusely

đổ xô *v.* to rush in

đỗ See đậu

đỗ quyên *n.* rhododendron; water rail

độ *n., adv.* time, period; degree, measure; approximately: **độ nọ** before, during that period; **độ này** these days, lately; **độ chừng** about; **nhiệt độ** temperature; **trình độ** extent, degree, level; **điều độ** moderation, temperance; **tốc độ** speed **Cô ấy độ ba mươi (tuổi).** She is about 30.; **Độ này tôi không hay gặp anh ấy.** I don't see much of him lately.; **Nó sốt đến 40 độ.** He has a temperature of 40.

độ lượng *adj.* tolerant; generous

độ thế *v.* to help mankind

độ trì *v.* to help, to assist

đốc 1 *v.* to oversee, to supervise, to manage; to urge: **Giám đốc đốc nhân công làm việc nhanh hơn.** The director urged his employees to work faster. **2** *n.* headmaster, chief, doctor: **quản đốc** manager; **giám đốc**

director; **tổng đốc** province chief; **đốc công** foreman

đốc lý *n.* mayor [**thị trưởng** preferred term now]: **toà đốc lý** city hall

đốc phủ (sứ) *n.* district chief

đốc sự *n.* office manager

đốc thúc *v.* to encourage, to urge

đốc tờ *n.* [Fr. *docteur*] medical doctor

độc 1 *adj.* poisonous, venomous, malicious, harmful, cruel: **hơi độc** poisonous gas; **nước độc** deadly climate [of malaria-infested areas]; **nọc độc** venom; **thuốc độc** poison; **đánh thuốc độc** to poison; **đầu độc** to poison **2** *adv.* only, alone: **Trong tiệm đó chỉ độc có một cái.** There is only one left in that shop.

độc ác *adj.* cruel, wicked: **Bà ấy rất độc ác với người giúp việc.** She is very cruel to her servant.

độc bản *n.* reader [book]: **quốc văn độc bản** Vietnamese reader

độc bình *n.* flower vase

độc chất học *n.* toxicology

độc chiếc *adj.* single; alone

độc dược *n.* poision: **cà độc dược** belladonna

độc đảng *n.* one party

độc đoán *adj.* to be arbitrary, dogmatic

độc giả *n.* reader: **Nhờ công việc đó mà tôi trở thành độc giả thường xuyên.** Thanks to that job I became a regular reader.

độc hại *adj.* poisonous; harmful

độc huyền *n.* monochord

độc lập *adj., n.* to be independent; independence: **độc lập, tự do và hạnh phúc** independence, freedom and happiness

độc mộc *n.* dugout: **thuyền độc mộc** piragua

độc ngữ *n.* monologue, soliloquy

độc nhất *adj.* only, sole, unique: **cơ hội độc nhất vô nhị** a unique opportunity

độc quyền *n., adj.* monopoly [with **giữ, nắm** to hold]: **đại lý độc quyền** sole agent

độc tài *adj., n.* dictatorial; dictatorship: **nhà/tay độc tài** dictator

độc tấu *v., n.* to play solo; solo

độc thạch *n., adj.* monolith, to be monolithic

độc thân *adj.* single, unmarried: **Cô ấy vẫn còn độc thân.** She is still single.

độc thần *n.* monotheism

độc tố *n.* toxin

độc xà *n.* viper

độc xướng *v.* to sing a solo

đôi *n., adj.* [SV **song**] pair, couple; two times, twice: **chia đôi** to divide in two; **sinh đôi** to be twins; **đẻ sinh đôi** to have twins; **xứng đôi (vừa lứa)** to make a nice couple; **tốt đôi** to make a well-matched couple; **Cậu đã có đôi bạn chưa?** Are you married (yet)?; **tay đôi** by two; bilateral; **chơi/đi nước đôi** to play double

đôi ba *adj.* two or three, a few: **Tôi đã gặp đôi ba thương gia.** I have met a few businessmen.

đôi bạn *n.* husband and wife, couple

đôi bên *n.* the two parties, the two sides

đôi co *v.* to dispute, to contend

đôi hồi *v.* to explain oneself; to have a friendly talk with someone

đôi khi *adv.* occasionally, now and then, sometimes

đôi mách *v.* to gossip: **ngồi lê đôi mách** to gossip about everyone all the time

đôi mươi *n.* twenty years of age, twenty years old

đôi ta *n.* L the two of us [man and woman]

đôi tám *n.* sixteen years of age, sixteen years old

đối 1 *v.* to treat, to behave: **đối xử tử tế với ai** to treat someone kindly **2** *v., n.* to be parallel; couplet: **đối đáp** to reply; **cân đối** to be well-balanced, well-proportioned; **phản đối** to oppose, be against; **tuyệt đối** to be absolute; **tương đối** to be relative; **câu đối** couplet, parallel scrolls

đối chất *v.* to confront [witnesses]

đối chiếu *v.* to compare, to contrast

[two entities]: **đối chiếu bản sao và bản chính** to compare the original and its photocopy

đối chọi *v.* to confront; to face up, to be in contrast

đối diện *v., adj.* to face; face to face; in front of: **Tôi ngồi đối diện với bạn tôi.** I sit in front of my friend.

đối đãi *v.* (= **đối xử**) to treat, to behave [towards **với**]: **đối đãi bạn bè** to treat one's friend well

đối đáp *v.* to answer, to reply

đối địch *adj.* opposing, resisting

đối kháng *v.* to resist, to oppose

đối lập *adj., n.* standing in opposition; opposition: **đảng đối lập** the opposition party

đối ngoại *adj.* [of policy] foreign: **chính sách đối ngoại của nhà nước** the foreign policy of the government

đối nội *adj.* [of policy] domestic, internal affairs

đối phó *v.* to face, to deal, to cope [**với** with]: **đối phó với tình hình kinh tế hiện nay** to cope with the present economic situation

đối phương *n.* the opposing party, the enemy, the adversary

đối thoại *n., v.* conversation, dialogue; to converse

đối thủ *n.* rival, opponent

đối tượng *n.* object, external thing

đối với *prep., adv.* towards, vis-a-vis; regarding

đối xứng *adj.* symmetrical

đồi *n.* hill: **một dãy đồi** a range of hills

đồi bại *adj.* decadent, corrupt, depraved

đồi mồi *n.* sea turtle

đồi phong bại tục *adj., n.* immoral; depraved customs

đồi truỵ *adj.* depraved: **tác phẩm đồi truỵ** depraved works

đổi *v.* to change, to alter, to exchange, to barter, to switch, to trade in: **thay đổi** to change; **trao đổi** to exchange; **đổi ý kiến** to change one's mind; **Anh đổi hộ tôi cái giấy một trăm.**

Could you change this 100-piastre bill for me?

đổi chác *v.* to barter, to trade, to exchange

đổi dời *v.* to change

đổi thay *v.* to change: **Thành phố nầy đã đổi thay nhiều.** This city has changed a lot.

đỗi *n.* measure, degree, extent: **quá đỗi** excessively

đội **1** *v.* to wear or carry on one's head: **đội mũ** to wear a hat **2** *n.* company [of soldiers], team, squad; sergeant (= **trung sĩ**): **đại đội** company; **trung đội** platoon; **tiểu đội** squad; **phân đội** section; **đội banh Ngôi sao Gia định** the 'Giadinh Star' soccer team

đội hình *n.* formation, line-up

đội lốt *v.* to pretend to be, to pose as, to use as a cloak

đội ngũ *n.* army ranks, line-up

đội ơn *adj.* grateful: **Tôi đội ơn cha mẹ tôi.** I am grateful to my parents.

đội sổ *adj.* at the bottom of a list

đội trưởng *n.* sergeant, chief-sergeant, leader of a group

đội tuyển *n.* selected team: **Đội tuyển quốc gia Việt Nam thắng giải Á châu.** The national team of Vietnam won the Asian Cup.

đội viên *n.* member of a group, member of an association

đội xếp *n.* policeman, constable CL **ông, thầy: xe đội xếp** police car; **Anh ấy bị đội xếp phạt.** The police fined/booked him.

đôm đốp *n.* clapping of hands

đốm *n.* spot, speckle, dot

đôn đốc *v.* to urge, to stimulate

đốn **1** *adj.* lousy, wretched, miserable, badly behaved: **Cậu ấy đốn quá.** He behaved badly. **2** *v.* to cut down, to fell [a tree]: **đốn cây khô đó đi** to cut down that dead tree

đốn đời *adj.* degrading, miserable

đốn kiếp *adj.* degraded, miserable

đốn mạt *adj.* degraded, miserable

đồn **1** *n.* post, camp, fort, station: **đồn cảnh sát** police station **2** *v.* to spread a rumor: **đồn đại/tin đồn** rumor; **phao tin đồn** to spread a rumor

đồn điền *n.* plantation: **đồn điền cao su** rubber plantation

đồn trú *v.* to camp, to be stationed

độn **1** *v.* to stuff, to fill, to pack, to mix: **cơm độn ngô** rice mixed with corn **2** *adj.* stupid, dull, witless: **người đần độn/ngu độn** stupid person

độn thổ *v.* to vanish underground

đông **1** *n.* east: **phương đông** the East; **rạng đông** dawn; **Viễn Đông** Far East; **Trung Đông** Middle East; **Á Đông** Asia; **Đông Á** East Asia; **đông nam** southeast; **đông bắc** northeast **2** *n.* [SV đông] winter: **mùa đông** winter; **ba đông** three years **3** *v.* to freeze, to congeal, to coagulate: **thịt đông** frozen cooked meat; **Nước đông dưới không độ.** Water froze under zero degree. **4** *adj.* [of people] crowded; [of place] to be crowded with: **phần đông** the majority; **đám đông** crowd; **đông như kiến** to be numerous; **Thành phố này đông dân cư lắm.** This city is very crowded.; **Họ đông con lắm.** They have too many children.; **Làm gì mà đông thế này?** What brought this crowd here?; **Họ xúm đông quanh cái xe buýt.** The crowd gathered around the bus.

Đông Á *n.* East Asia: **Đại Đông Á** Greater Asia

Đông Âu *n.* East Europe

đông chí *n.* winter solstice

đông cung *n.* crown prince

Đông Dương *n.* Indo-China: **người Đông Dương** Indo-Chinese

đông đảo *adj.* in crowds; crowded: **đônh đảo dân chúng** crowds of people

đông đúc *adj.* [of crowd, population] to be dense, heavy

Đông Đức *n.* East Germany

Đông Kinh *n.* Tonkin [obs.], Tokyo

Đông Nam Á *n.* Southeast Asia, Southeast Asian: **Tổ chức Hiệp ước (Liên phòng) Đông Nam Á** Southeast Asia Treaty Organization

đông phương *n.* the east, the Orient

đông tây *n.* east and west: **Uỷ ban Thẩm định Hỗ tương giá trị Văn hóa Đông Tây** Committee for the Mutual Appreciation of Cultural Values of East and West

đông y *n.* Oriental medicine, Sino-Vietnamese medicine

đống *n.* heap, pile, mass: **đống rơm** stack of straw; **chất đống** to pile up, to heap up

đồng **1** *n.* field, ricefield, prairie: **ngoài đồng** in the ricefields **2** *n.* copper, bronze, brass: **bạch đồng** white brass; **thôi đồng** verdigris; **trơ như đá vững như đồng** stable, steadfast, immovable; **hơi đồng** smell of cash, lure of profit **3** *n.* coin, piastre: **đồng xu** cent, penny; **đồng hào** dime; **đồng bạc** piastre [coin or bill] **4** *adj.* R to be of the same [thing]; to have the same; to do together (= **cùng**): **bất đồng** to be different; **tương đồng** to be similar to each other; **hội đồng** meeting, council, assembly

đồng áng *n.* ricefields: **công việc đồng áng** farm work

đồng âm *adj., n.* homophonous; homophone, homonym

đồng ấu *n.* child(ren): **lớp đồng ấu** first grade

đồng bang *n.* compatriot

đồng bào *n.* compatriot, countryman; blood brother

đồng bằng *n.* plains, delta: **đồng bằng sông Hồng Hà** the Red River delta

đồng bóng *adj.* fickle, inconstant, inconsistent

đồng chí *n.* [political] comrade

đồng chủng *n.* the same race, fellowman

đồng cỏ *n.* pasture, prairie

đồng dạng *adj.* identical, similar

đồng dao *n.* children's song

đồng đại *adj.* synchronic

đồng đạo *n.* person of the same religion

đồng đều *adj.* same, uniform: **lãnh lương đồng đều** to receive the same payment

đồng điệu *adj.* having the same interest

đồng đội *n.* team-mate, companion-in-arms

đồng hạng *n.* single-price tickets

đồng hành *v.* to go together, to go in company

đồng hoá *v.* to assimilate [people, culture]

đồng học *n.* schoolmate, school fellow, fellow student

đồng hồ *n.* timepiece, watch, clock [with **để** to set, **lên giây** to wind]: **đồng hồ báo thức** alarm clock; **đồng hồ đeo tay** wrist watch; **đồng hồ treo tường** wall clock; **đồng hồ điện tử** digital/electric clock

đồng hương *n.* fellow-villager, fellow countryman

đồng không nhà trống *n.* scorched earth, plain land

đồng liêu *n.* colleague

đồng loã *v.* to be an accomplice in

đồng loại *n.* fellow, fellowman

đồng lòng *v., adj.* to be unanimous, to be in one, to be of one mind

đồng minh *adj., n.* to be in alliance; allied; alliance, league

đồng môn *n.* fellow-disciple: **hội đồng môn** alumni association

đồng nát *n.* scrap iron

đồng nghĩa *adj., n.* synonymous [**với** with]; synonym

đồng nghiệp *n.* colleague, co-worker

đồng nhất *adj.* identical, the same

đồng phạm *v.* to be an accomplice in

đồng phục *n.* uniform: **Học sinh phải mặc đồng phục.** Students have to wear uniforms.

đồng quê *n.* country, countryside

đồng song *n.* fellow student, school mate, classmate

đồng sự *n.* colleague, co-worker

đồng tâm *adj.* in agreement, of the same mind

đồng thanh *adv.* unanimously, in unison

đồng thời *adv., adj.* at the same time [**với** as], concurrently; contemporary: **Hai việc đồng thời xẩy ra.** The two events happen at the same time.

đồng tình *adj., v.* unanimous, agreeable; to agree

đồng tiền *n.* money

đồng tính *adj.* of the same sex: **đồng tính luyến ái** homosexual love

đồng trinh *n.* virgin

đồng tử *n.* pupil, apple [of one's eye]

đồng văn *v.* to share a language or a writing system

đồng ý *v.* to agree [**với** with]: **bất đồng ý** to disagree

đổng *adj.* [of speech] indirect, at random: **chửi đổng** abusing at random

đổng lý *n.* cabinet director, chief, head: **đổng lý văn phòng** director of cabinet [in a ministry]; **đổng lý sự vụ** director of affairs, service chief

động 1 *v.* to move, to agitate [*opp.* **tĩnh** static]: **hành động** to act, act; **bạo động** violence; **hoạt động** to be active, activity; **vụ động đất** earthquake; **phát động** to start **2** *v.* to touch, to collide: **Đừng động đến cô ấy.** Don't touch her. **3** *adj., adv.* mutable, dynamic, stormy; as soon as: **Động ăn một tí là đau bụng.** As soon as I eat a little bit of it I get a stomach-ache.; **biển động** stormy sea **4** *n.* cave, hole

động binh *v., n.* to mobilize; mobilization

động cơ *n.* motor, engine; motive: **máy bay bốn động cơ** four-engine plane

động cỡn *v.* to rut

động đậy *v.* to move, to stir: **Đừng động đậy, tôi chụp hình cho bạn.** Don't move, I'm taking your photo.

động đĩ *n.* brothel

động học *n.* dynamics

động kinh *v.* to fall into an epileptic fit or convulsion

động lòng *v.* to be touched with pity, to be hurt

động lực *n.* moving force, driving force

động mạch *n.* artery

động phòng *n.* nuptial chamber

động sản *n.* personal estate, chattels

động sinh học *n.* animal physiology

động tác *n.* movement, action, work, doing

động tâm *adj.* affected, touched by emotion

động thuỷ học *n.* hydraulics

động tĩnh *v., n.* movement and rest; development: **Anh nên chờ xem động tĩnh ra sao.** You'd better wait to see how things develop.

động từ *n.* verb

động vật *n., adj.* animal, animate being; zoological

động vật học *n.* zoology

động viên *v., n.* to mobilize [soldiers, or civilians for a job]; mobilization: **tổng động viên** general mobilization

đốp *n.* clapping [of hands], pop, smack [of bullet]

độp *n.* sound of a heavy thing falling on the ground, thud: **rơi độp một cái** to fall with a thud

đốt **1** *n.* finger joint, toe joint, phalanx, section **2** *v.* to light, to burn, to fire, to set fire to: **đốt pháo** to fire crackers **3** *v.* [of insects] to sting, to bite

đốt cháy *v.* to burn, to set blazing: **đốt cháy rừng** to set the bush aflame

đột *v.* R to act suddenly, abruptly, unexpectedly

đột biến *v.* to change suddenly: **Tình hình đột biến đáng kể.** The situation has changed suddenly.

đột khởi *v.* to break out suddenly

đột kích *v., n.* to attack suddenly; surprise attack, rush attack, assault

đột ngột *adv.* suddenly, abruptly, unexpectedly, by surprise

đột nhập *v.* to break into, to burst into [**ai** precedes object]

đột nhiên *adv.* suddenly, unexpectedly

đột xuất *v.* to burst out of, to occur all of a sudden, to come out of the blue: **Công tác đột xuất.** An assignment comes out of the blue.

đơ *adj.* stiff: **chân cứng đơ** a stiff leg

đớ *adj.* dumbfounded, speechless: **Ông ấy đớ mặt ra vì không trả lời được.** He is dumbfounded because he couldn't answer the questions.

đờ *adj.* motionless, indolent, lazy: **lờ đờ** to be indolent, sluggish, [of eyes] dreamy, drowsy; **cứng đờ** stiff

đờ đẫn *adj.* stupid, unintelligent

đờ người *adj.* stunned, dumb

đỡ **1** *v.* to ward off, to parry [a blow]; to shield [from a missile]; to help [by taking the burden onto one's own shoulders]; to prop, to catch [ball, object]; to deliver [child]: **cô đỡ/bà đỡ** midwife; **cha đỡ đầu** godfather; **giúp đỡ** to help, to assist; **làm đỡ** to help [in work]; **nâng đỡ** to help, to back **2** *v.* to decrease, to be better, to diminish; to improve in health

đỡ đần *v.* to help, to assist

đỡ đầu *v.* to sponsor

đỡ đẻ *v.* to assist in childbirth, to deliver a baby

đỡ lời *v.* to speak in reply to

đới *n.* R zone [of earth]: **nhiệt đới** torrid zone; **hàn đới** frigid zone

đời *n.* [SV **thế**] life, existence CL **cuộc**; [SV **đại**] generation, times; world; reign: **mãn đời/suốt đời/trọn đời** throughout one's life; **qua đời** to pass away; **ở đời này** in this world; **đời này** in our days, these days; **(có) đời nào** never [verb preceded by **lại**]; **(có) Đời nào tôi lại nói dối anh?** How can I possibly lie to you?

đời đời *adv.* eternally, perpetually, forever

đời người *n.* human life

đời sống *n.* living, livelihood, life, existence

đời sống đắt đỏ *n.* high cost of living

đợi *v.* to wait for: **chờ đợi/đợi chờ** to wait for; **mong đợi/trông đợi** to expect, to hope for

đợi thời *v.* to bide one's time

đơn **1** *v.* to fill [dish with food] neatly **2** *n.* eel pot CL **cái**

đờm *n.* spittle, spit, sputum, phlegm: **khạc đờm** to spit

đởm See **đảm**

đơn **1** *n.* application: **mẫu đơn** application form; **làm đơn** to write an application; **đầu/nộp đơn** to submit an application; **đơn hàng/hoá đơn** invoice; **đơn thuốc** doctor's prescription [with **kê, cho** to write] **2** *adj.* R to be single, alone; [of clothing] to be unlined, be of one layer [*opp.* **kép**]; [of number] to be odd: **cô đơn** alone; **chăn đơn** thin blanket

đơn bạc *n.* ingratitude

đơn độc *adj.* alone, isolated, solitary: **sống đơn độc** to live alone

đơn giản *adj.* simple, uncomplicated

đơn số *n.* odd number

đơn sơ *adj.* simple, meager, modest

đơn thân *adj.* single, alone: **Cô ca sĩ ấy vẫn còn độc thân.** That singer is still single.

đơn tính *n.* unisex, unisexual

đơn trị *n.* uniform: **hàm số đơn trị** uniform function

đơn từ *n.* application: **viết đơn từ** to write an application

đơn vị *n.* unit [of measurement]; administrative or military unit

đớn hèn *adj.* miserable, wretched

đờn See **đàn**

đớp *v.* [of animals, insects] to snap up, to snatch, to catch

đợt *n.* wave, stage: **đợt sóng** wave; **chia ra làm nhiều đợt** to divide into many stages

đu *v.* to swing, to sway, to seesaw CL **cái, cây**: **đánh đu** to swing

đu đủ *n.* papaya CL **quả, trái**: **đu đủ ướp lạnh** iced papaya

đú *v.* to jest

đủ *adj.* sufficient; enough [object follows]; there is/are enough [*opp.* **thiếu**]: **Ngần này sách đủ không?** Are these books sufficient?; **Anh có** **đủ tiền không?** Do you have enough money?; **đầy đủ** complete; **Trong buồng đó (có) đủ ánh sáng không?** Is there enough light in that room?

đủ ăn *adj.* enough to eat, well-off

đủ dùng *adj.* sufficient, enough

đủ mặt *n.* all sorts [of], everyone

đua *v.* to compete, to race: **trường đua (ngựa)** race track; **thi đua** to emulate; **đua ngựa** horse race; **ngựa đua** race horse; **Họ đua nhau mở trường tư.** They are certainly opening private schools everywhere.

đua chen *v.* to compete

đua đòi *v.* to copy, to imitate

đùa *v.* to amuse oneself: **nô đùa/chơi đùa** to play, to joke, to jest; **tôi nói đùa đấy** I was just kidding.

đùa bỡn *v.* to joke, to jest

đùa nghịch *v.* to play, to fool around

đũa *n.* chopstick CL **chiếc** for one, **đôi** for pair: **đũa ngà** ivory chopsticks; **đũa bếp/cả** big flat chopsticks used in stirring and serving rice

đúc *v.* to cast, to mold [metal]; to cast [statue]: **bánh đúc** rice cake made of rice flour, and lime water; **rèn đúc** to produce, to create

đục **1** *v.* to chisel, to drill, to make [a hole], to perforate **2** *n.* chisel, carver **3** *adj.* turbid, muddy, troubled

đục chạm *v.* to carve

đục khoét *v.* to hollow out; to extort money

đục ngầu *adj.* cloudy, turbid, muddy, dirty [water]

đui *adj.* blind, sightless (= mu)

đùi *n.* thigh: **quần đùi** shorts, knee breeches

đũi *n.* silk, shantung

đùm *v.* to wrap, to envelop, to cover

đùm bọc *v.* to protect, to help, to assist [one's kin]

đun **1** *v.* to cook, to boil, to heat: **đun nước pha trà** to boil water for making tea **2** *v.* to push, to propel: **đun xe** to push a cart

đun bếp *v.* to light the kitchen stove, to cook

đun nấu *v.* to cook, to prepare meals

đùn *v.* to thrust, to push back, to reject, to shift [responsibility] onto somebody: **đùn việc cho ai** to shift responsibility onto someone; **ỉa đùn** to open one's bowels in one's pants [said of a child]

đụn *n.* pile, heap: **chín đụn mười trâu** very wealthy, rolling in wealth

đúng *adj., adv.* right, exact, correct, precise; exactly, correctly, precisely: **ba giời đúng** 3 o'clock sharp; **đúng đường** right away

đúng đắn *adj.* right, correct, serious

đúng lúc *adv.* on time, in time: **đến đúng lúc** to arrive on time

đùng 1 *adv.* suddenly, unexpectedly: **lăn đùng ra chết** to die suddenly **2** *ejac.* Boom! Bang!

đùng đùng *adv.* loudly, violently

đủng đỉnh *v.* to go slowly, leisurely

đũng *n.* crotch [of trousers]

đụng *v.* to collide with, to touch on, to knock against, to hurtle: **Đừng đụng đến tôi.** Don't touch me.; **chung đụng** to have in common, to share

đụng chạm *v.* to bump against each other, to harm, to touch

đụng đầu *v.* to run into: **đụng đầu với những khó khăn** to run into difficulties

đụng độ *v.* to clash

đuốc *n.* torch CL **ngọn**, **bó**

đuôi *n.* tail; end: **đuôi sam** pigtail; **đầu đuôi** head and tail, top and bottom; **theo đuôi** to imitate, to follow; **nối đuôi** end to end, bumper to bumper

đuôi gà *n.* short pig-tail

đuôi nheo *n.* sheatfish's tail: **cờ đuôi nheo** triangular banner

đuối *adj.* tired, exhausted: **chết đuối** to be drowned; **yếu đuối** weak, feeble; **đắm đuối** to give oneself up to, passionate; **cá đuối** rayfish

đuổi *v.* to run after; to drive away, to expel, to dismiss: **đuổi theo** to chase; **theo đuổi** to pursue

đúp *v.* [Fr *double*] to duplicate; to repeat [a grade in school]

đụp *v., adj.* to patch over again; triple, three times

đút *v.* to insert; to put into; to feed: **đút tay vào túi quần** to put one's hands into the pockets of one's trousers; **đút lót/đút tiền** to bribe; **đút nút chai** to cork the bottle

đụt 1 *n.* coward, yellow, chicken **2** *v.* to take shelter: **đụt mưa** to take shelter from the rain

đừ *adj.* immobile, immovable: **mệt đừ** exhausted, worn out

đưa *v.* to take, to bring, to give, to hand; to lead, to guide; to see [someone] off: **Đưa cho tôi miếng giấy.** Give me a piece of paper.; **Ông ấy vừa đưa một người bạn ra phi trường.** He has seen his friend off at the airport.

đưa chân *v.* to direct one's steps towards, to venture into: **đưa chân ai ra ga** to see someone off at the station

đưa dâu *v.* to accompany the bride [to the home of her husband]

đưa đà *v.* to push, to propel

đưa đám *v.* to follow the funeral procession

đưa đường *v.* to guide, to direct, to show the way to

đưa ma *v.* See **đưa đám**

đưa mắt *v.* to cast a glance at

đưa tình *v.* to ogle

đứa *n.* individual, CL for children or low status adults: **đứa bé**, **đứa trẻ** child

đứa ở *n.* house servant

đức *n.* virtue; [honorific prefix] His Majesty, Monsignor, His Holiness: **Đức Khổng Tử** Confucius; **đứa Phật** Buddha; **nhân đức** kind, humane, generous, magnanimous; **thất đức** to have done a reprehensible thing

Đức *n.* Germany, German: **Đông Đức** East Germany; **Quốc Xã Đức** the Nazis

đức dục *n.* moral education, ethical instruction

đức độ *adj.* virtuous and tolerant

đức hạnh *n., adj.* virtue; virtuous

đức tính *n.* virtue, quality

đực *adj.* male [of all animals except chickens]: **giống đực** masculine [*opp.* **cái**]

đứng *v.* to stand, to be standing; to stop: **đứng dậy/lên** to stand up; **Đồng hồ đứng rồi.** The clock has stopped.; **dựng đứng** to erect; **đứng ngoài** to keep oneself outside

đứng đắn *adj.* serious, correct

đứng đầu *adv., n.* to be at the head of; a leader of, chief of

đứng giá *n.* stable price

đứng lại *intj.* Stop! Halt!

đứng tuổi *adj.* middle-aged, mature

đừng *v.* to restrain [emotion, tears], do not, let us not: **Anh đừng (có) đi.** Don't go.; **Đừng nói nhiều.** Don't talk too much.

đựng *v.* to contain, to hold: **đựng nước** to contain water

được *adj., v.* acceptable, correct, fine, O.K., all right; to obtain, to get [game, harvest **mùa**; permission **phép** from authority to do something]; to win [game **cuộc**, battle **trận**] [*opp.* **thua**]; to beat, to defeat [somebody]; to be, be allowed to [first verb in series]: **Thế này có được không?** Is this all right?; **Em Toàn được thầy giáo khen.** Toan was praised by the teacher.; **50 giáo sư được chọn đi dự khóa tu nghiệp Anh văn.** Fifty teachers were selected to participate in the English workshop.; **ăn được** eatable; **làm được** feasible

được kiện *v.* to win one's case [in court]

được mùa *v.* to have a good harvest

đười ươi *n.* orangutan

đượm *adj.* to be imbibed with a scent

đương *v.* See đang

đương *v.* to face, to resist, to oppose:

đương đầu to confront, to face

đương cục *n.* authorities CL **nhà**

đương nhiên *adj., adv.* evident; obviously, naturally

đương sự *n.* interested party, applicant

đương thì *adj.* in full youth

đương thời *adj.* [of] the time, [at] that time

đường **1** *n.* sugar: **nước đường** syrup; **đường mật** sugar and honey **2** *n.* road, way, street, line: **lên đường** to set off, to start out; **dọc đường** on the way, enroute; **lạc đường** to be lost; **lầm đường lạc lối** to be astray

đường cái *n.* highway, main road

đường chéo *n.* diagonal

đường cong *n.* curved line, curve

đường đột *adv.* abruptly, suddenly, unexpectedly

đường đời *n.* path of life

đường đường *adv.* stately, openly, significantly, magnificently

đường giây nói *n.* telephone line, cable

đường hẻm *n.* narrow street, back street, lane

đường hoàng *adj.* openly, in the open

đường kính *n.* diameter

đường nằm ngang *n.* horizontal

đường phân giác *n.* bisectrix, bisector

đường phèn *n.* sugar candy, rock sugar

đường sắt *n.* rail, railroad

đường tắt *n.* short cut

đường thẳng *n.* straight line

đường thẳng đứng *n.* vertical

đường thẳng góc *n.* perpendicular

đường tiệm cận *n.* asymptote

đường tròn *n.* circumference, circle

đường xích đạo *n.* equator

đứt *v.* [of string, thread, wire, rope] to be broken, [of skin] to be cut: **cắt đứt** to cut or snap off

đứt hơi *adj.* out of breath, exhausted: **mệt đứt hơi** exhausted, tired

đứt quãng *adj.* interruptive: **người nói đứt quãng** interruptive speaker

đứt ruột *adj.* deeply pained: **tiếc đứt ruột** to regret with deep pain

E

e *v.* to be afraid; to fear: **Tôi e rằng chúng ta sẽ trễ.** I am afraid that we will be late.

e dè *adj.* circumspect, cautious: **Đừng e dè gì, hãy nói thật.** Don't be so cautious, you should tell the truth.

e lệ *adj.* shy: **Cô gái đó thường e lệ khi đứng trước đám đông.** That girl is often shy in front of a crowd.

e ngại *v.* to hesitate: **Ông ấy e ngại đến gặp tôi.** He hesitates to meet me.

e rằng *v.* to fear: **Tôi e rằng bạn tôi sẽ gặp khó khăn.** I fear that my friend will be in trouble.

è cổ *v.* to bear a heavy load, to have to pay: **è cổ ra mà trả nợ** to have to pay debts

éc éc *v.* [of pig] to squeal

em 1 *n.* younger sibling: em trai younger brother CL **thằng, cậu, người, ông**; **em gái** younger sister CL **con, cô, người, bà 2** *pron.* I, me [used by younger sibling to elder brother or elder sister, second person pronoun being **anh** or **chị** respectively]; you [used by elder brother or elder sister to younger sibling, first person pronoun being **anh**]; you [used by young man to his sweetheart or by husband to wife, first person pronoun being **anh**]; you [used to young child]

em dâu *n.* sister-in-law

em họ *n.* cousin [male or female]

em rể *n.* [one's younger sister's husband] brother-in-law

em út *n.* youngest brother or sister

ém *v.* to cover up, to hide: **ém chuyện đó đi, không nên nói với ai** to cover up that story, do not tell anyone

én *n.* swallow

eng éc *v., n.* [of pig] to squeal; squeal

eo *n.* waist: **đo vòng eo được bao nhiêu** to measure a waist to find out the circumference

eo bể *n.* straits

eo đất *n.* isthmus

eo éo *v.* to scream

eo hẹp *adj.* [of financial situation] scanty, too tight: **Chúng tôi có cuộc sống eo hẹp lắm.** We lead a very cash-strapped life.

eo óc *n.* confused noise

eo ôi! *exclam.* interjection showing disgust, surprise

éo le *adj.* [of situation] tricky, full of surprises, awkward: **Tình cảnh bạn tôi thật là éo le.** My friend is in a very awkward situation.

èo lả *adj.* weak, thin, feeble

èo ợt *adj.* in an effected voice: **ăn nói èo ợt** to speak in an effected voice

ép *v.* to squeeze, to press, to extract, to press out [oil, wine, etc.]; to force: **ép cam** to squeeze an orange; **ép ai làm việc gì** to force someone to do something

ép duyên *v.* to force a woman to marry against her will

ép nài *v.* to insist, to urge someone to do something

ép uổng *v.* to force, to compel

ẹp *adj.* crushed, flattened

ét *n.* [Fr. *aide-chaufleur*] driver's assistant

Ét Tô Ni *n.* Estonia, Estonian

ét xăng *n.* [Fr. *essence*] petrol, gasoline; **cây (ét) xăng, trạm (ét) xăng** petrol station, gasoline pump; **thùng ét xăng** jerry can; gasoline drum; gas tank [in car]

Ê

ê 1 *exclam.* Hey!: **Ê! đi đâu đấy?** Hey! Where are you going? **2** *adj.* numb, sore, aching **3** *v.* to be ashamed, to feel ashamed: **Ê mặt/ê quá!** What a shame!

ê a *v.* to make noises loudly and unceasingly [as a child studying a primer aloud]

ê ẩm *adj.* tired, exhausted: **đau ê ẩm** a dull pain

ê chề *adj.* [of pain] overwhelmed by anguish

ê hề *adj.* abundant, too much: **thức ăn ê hề** too much food

ế *adj.* to have no customer, in little demand, quiet: **ế hàng** could not sell; **ế vợ** [of man] to have trouble getting a wife; **ế chồng** [of woman] to have trouble finding someone to marry

ếch *n.* frog: **ếch nhái** frog and tadpole

êm *adj.* [of music, voice] soft, [of weather] calm, [of seat, cushion] to be soft; **êm như ru** sweet

êm ả *adj.* quiet, peaceful, calm: **một ngày êm ả** a peaceful day

êm ái *adj.* soft, tender, sweet; melodious: **Cô ấy hát một bản nhạc êm ái.** She sang a melodious song.

êm ấm *adj.* peaceful, tranquil, calm: **Ông ta có cuộc sống êm ấm.** He has a peaceful life.

êm dịu *adj.* sweet, gentle: **lời nói êm dịu** sweet words

êm đềm *adj.* quiet and gentle

êm giấc *v., adj.* to sleep soundly; sleeping well

êm ru *adj.* very mild, very soft; smooth-sailing, quiet: **Máy xe bạn nghe êm ru.** Your car engine is very quiet.

êm tai *adj.* pleasing to the ear, melodious: **tiếng nhạc nghe êm tai** a melodious song

êm thấm *adj., adv.* amicable, peaceful; amicably

ếm *v.* to bring bad luck by one's presence; to exorcize: **ếm ma quỷ** to exorcize evil spirits

êu *intj.* Bloody bad! Phew!: **Êu! Xấu ơi là xấu.** Phew! It's very bad.

êu ôi *exclam.* Phew!: **Êu ôi! Sao thế!** Phew! What happened?

G

ga 1 *n.* [Fr. *gas*] accelerator: **dận ga** to step on the accelerator; **tăng ga lên** to step hard on the accelerator **2** *n.* [Fr. *gare*] railroad station, bus station: **nhà ga** railway station; **xếp ga** station master

ga ra *n.* garage

gá *v.* to harbor [gamblers]: **gá bạc** to run a gambling den

gà 1 *n.* [SV **kê**] chicken, fowl CL **con**: **trứng gà** egg; **cuộc chọi gà** cock fight; **chuồng gà** fowl house, hen house; **lồng gà** chicken coop **2** *v.* to give advice on, to assist someone

gà chọi *n.* fighting cock

gà con *n.* chick

gà giò *n.* chicken

gà gô *n.* young partridge

gà mái *n.* biddy, hen

gà mờ *adj.* dim, obscure: **mắt gà mờ** dim-sighted

gà nòi *n.* pure bred cock

gà rừng *n.* wood grouse, grouse

gà sống *n.* rooster

gà tây *n.* turkey

gà thiến *n.* capon

gà trống *n.* rooster

gả *v.* to give [one's daughter] in marriage

gã *n.* individual, block, chap, young man

gạ *v.* to court, to woo, to seduce [a young girl]; to coax, to wheedle, to cajole, to persuade: **Bà ấy gạ bán đồng hồ đeo tay cho tôi.** She cajoled me into selling her watch.

gạ chuyện *v.* to try to approach someone

gạ gẫm *v.* to make approaches to, to persuade someone

gác 1 *n.* upper floor: **thang gác** staircase; **trên gác** upstairs **2** *v.* to put, to place, to set on: **gác chân lên bàn** to put one's legs on the table **3** *v.* [Fr. *garde*] to keep, to guard: **lính gác**

watchman; **gác cửa** to keep the door; **người gác cửa** door-keeper; **canh gác** mounted guards

gác bếp *n.* kitchen shelf

gác bỏ *v.* to set aside: **gác bỏ ngoài tai** to not listen, to pay no attention to

gác bút *v.* to put away one's pen, to stop writing

gác chuông *n.* bell-tower, belfry: **gác chuông nhà thờ** a church bell-tower

gác thượng *n.* upper story, top floor: **Ông ấy sống trong một phòng chật hẹp ở gác thượng.** He lives in a tiny room on the top floor.

gác xép *n.* garret, loft, small floor

gạc **1** *n.* antlers [of deer] **2** *v.* to cross out: **gạc tên trong danh sách** to cross out the name on the list

gạch **1** *n.* brick: **nhà gạch** brick house; **lát gạch** to pave [with bricks or tiles]; **lò gạch** brick kiln **2** *v.* to draw [a line]; to cross out: **gạch một đường** to draw a line

gạch cua *n.* red-yellow fat inside the shell of a crab

gạch dưới *v.* to underline: **gạch dưới những từ quan trọng** to underline the important words

gạch men *n.* tile: **lót gạch men sàn nhà** to lay floor tiles

gạch nối *n.* hyphen (-)

gai **1** *n.* thorn: **chông gai** thorns and spikes; **gai ốc** goose pimples; **dây thép gai** barbed wire **2** *n.* hemp: **dây gai** hemp string

gai góc *adj., n.* difficult; obstacle, hurdle: **Chúng ta phải giải quyết những vấn đề gai góc nầy.** We have to resolve these difficult issues.

gai mắt *adj.* bad-looking, shocking to the eyes

gái *n.* girl; female [as opp. to male **giai/trai**]: **mê gái** to be madly in love with a girl; **giai/trai gái** boy and girl, man and woman, male and female; to fool around with women; **nhà gái** the bride's family; **em gái** younger sister; **con gái** daughter; younger

girl; **cháu gái** granddaughter; niece

gái điếm *n.* prostitute, street walker

gái giang hồ *n.* prostitute, street walker, whore

gái goá *n.* widow

gái nhảy *n.* taxi-dancer, dancing girl

gài *v.* to bolt, to button, to pin, to fasten: **gài cúc/gài khuy/gài nút** to button up

gãi *v.* to scratch: **gãi đầu gãi tai** to scratch one's ears; **gãi vào chỗ ngứa** to touch the right chord

gam *n.* [Fr. *gramme*] gram: **Mua cho tôi 500 gam cà-phê.** Buy 500 grams of coffee for me.

gan **1** *n.* [SV **can**] liver CL **buồng**, **lá** **2** *v.* to be courageous, to be brave, to be tough: **bền gan** to keep patient; **nhát gan** timid, shy, cowardly; **cả gan** audacious, bold; **non gan** chicken-hearted **3** *n.* sole [of foot], palm [of hand]: **gan bàn tay** palm of the hand

gan góc *adj.* fearless, intrepid

gan lì *adj.* calm and relaxed

gán *v.* to pawn, to attribute, to pledge: **gán cho ai lỗi lầm** to attribute mistakes to someone

gán ghép *v.* to force to take, to allot arbitrarily

gàn **1** *v.* to dissuade; to block, to prevent: **Đừng gàn tôi, cứ để tôi làm.** Don't dissuade me, let me do it. **2** *adj.* crazy, cracked, dotty; silly, stupid: **gàn dở** foolish, eccentric

gạn *v.* to decant, to purify: **gạn nước cho sạch** to decant water

gạn hỏi *v.* to press with questions, to interrogate thoroughly

gang **1** *n.* span [measure]: **gang tay** space between the ends of the thumb and the middle finger when extended; **gang tấc** short period **2** *n.* cast iron: **gang thép** iron

ganh *v.* to compete: **ganh nhau làm việc** to compete in work

ganh đua *v.* to vie, to compete

ganh tị *v.* to envy, to be jealous of: **ganh tị nhau những chuyện nhỏ nhặt**

to envy each other in small things

gánh *v., n.* to carry with a pole and tow containers; to shoulder, to take charge; pole load: **gánh nước** to carry water; **đòn gánh** carrying pole; **gánh vác** to shoulder a responsibility

gánh hát *n.* troupe, theatrical company

gánh nặng *n.* burden, load: **gánh nặng gia đình** family burden

gáo *n.* dipper: **gáo dừa** dipper made of coconut shell

gào *v.* to scream, to roar, to howl, to cry, to shout: **kêu gào hòa bình** to clamor for peace

gạo **1** *n.* raw rice [cf. **cơm**, **lúa**, **thóc**]: **cơm gạo** rice, food; **giã gạo** to pound rice; **vo gạo** to wash rice; **xay gạo** to husk rice; **kiếm gạo** to earn one's living **2** *n.* kapok, bombax **3** *v.* to grind; to learn by heart: **gạo bài để đi thi** to learn by heart for examinations

gạo cẩm *n.* black glutinous rice

gạo chiêm *n.* summer rice

gạo mùa *n.* autumn rice

gạo nếp *n.* glutinous rice

gạo tẻ *n.* ordinary, non-glutinous rice

gạt **1** *v.* to level off, to scrape off; to reject, to brush aside; to ward off [blow] **2** *v.* to trick, to cheat, to deceive: **gạt người nào để lấy tiền** to cheat someone by taking his money; **lường gạt** to deceive **3** *v.* to elbow, to push aside: **gạt đám đông để đi** to elbow one's way through a crowd

gạt bỏ *v.* to refuse, to eliminate: **gạt bỏ ý kiến của ai** to reject someone's ideas

gạt lệ *v.* to brush away one's tears

gạt nợ *v.* to give something as payment of one's debt

gạt nước mắt *v.* See gạt lệ

gàu *n.* scoop, bailer, pail for drawing water

gàu dai *n.* bucket with long ropes, operated by two people

gàu sòng *n.* bucket with a long handle, hung from a tripod and operated by one person

gay *adj.* very red; tense: **đỏ gay** rubicund; **tình hình gay lắm** a tense situation

gay cấn *adj.* knotty, thorny, dangerous

gay gắt *adj.* bad-tempered, complaining

gay go *adj.* [of situation] tense, hard, [of fight] fierce

gáy **1** *n.* nape; scruff of the neck; back [of book]: **làm rợn tóc gáy** to make one's hair stand on end **2** *v.* to crow: **lúc gà gáy** at cockcrow

gảy *v.* to pluck, to play: **gảy đàn tây ban cầm** to play a guitar

gãy *v.* to be broken; to break, to snap: **bẻ gãy** to break; **gãy chân** to break one's leg

gãy gọn *adj.* [of speech] concise, neat

găm *v., n.* to pin, to point; pin, prick: **găm mấy tờ giấy nầy lại** to pin these papers

gặm *v.* to gnaw, to nibble

gắn *v.* to glue, to joint [broken pieces], to install, to fix: **gắn quạt điện** to install an electric fan; **gắn xi** to seal [up] with sealing wax; **gắn bó** to be attached to

găng **1** *adj.* tense, tight, taut **2** *n.* [Fr. *gant*] glove, CL **chiếc** for one, **đôi** for a pair: **đeo găng tay** to wear gloves; **bỏ/tháo găng tay** to take off gloves

gắng *v.* to make efforts: **cố gắng** to try one's best

gắng công *v.* to do one's best

gắng gượng *v., adj.* to act unwillingly; against one's wishes

gắng sức *v.* to work hard, to do one's best: **Ông ấy gắng sức làm cho xong việc.** He worked hard to finish the job.

gắp **1** *v.* to pick up with chopsticks: **gắp thức ăn** to pick up food **2** *n.* skewer: **gắp cá** a skewer of fish

gắp thăm *v.* to draw lots

gặp *v.* to meet, to encounter; to see, to run across: **Tôi vừa mới gặp bạn**

tôi sáng nay. I have met my friend this morning.

gặp dịp *v.* to have a favorable occasion, to be fortunate

gặp gỡ *n., v.* unexpected meeting; to meet, to encounter

gặp mặt *v.* to be reunited, to meet: **Bạn cũ gặp mặt nhau.** Old friends are reunited.

gặp nhau *v.* to meet one another

gặp phải *v.* to meet with: **gặp phải khó khăn** to meet with difficulties

gặp thời *v.* to have a good opportunity, to meet with good fortune: **Bạn tôi gặp thời buôn bán phát đạt.** My friend has a good opportunity to do business.

gắt *adj., v.* strong, violent, harsh, biting; to grumble [at], to scold, to chide: **Đừng gắt với con bạn.** Don't scold your child.

gắt gao *adj.* keen, desperate, intense

gắt gỏng *adj., v.* grouchy; to be in a temper; to lose one's temper

gặt *v.* to reap, to harvest: **gặt hái** to harvest; **vụ gặt** harvest; **thợ gặt** reaper

gấm *n.* brocade and satin: **gấm vóc** brocade and glossy flowered satin/silk

gầm **1** *v.* to bow one's head in shame or anger **2** *n.* space underneath [table, bed]; underpass: **dưới gầm trời này** in this world; **dưới gầm bàn** underneath a table

gầm thét *v.* to bawl: **Ông ấy gầm thét lên khi tức giận.** He bawls when he's angry.

gặm *v.* [of rodents] to gnaw

gân *n.* nerve; tendon; sinew; vein [as seen from outside]: **gân xanh** nervure; **lấy gân** to flex one's muscles; **hết gân** to be worn out

gân cổ *v.* to harden the neck: **gân cổ cãi** to disapprove obstinately

gân guốc *adj.* sinewy; rugged: **mặt gân guốc** rugged face

gần *adj., adv.* near, close; about to [precedes main verb]; nearly, almost: **gần đây** not far from here;

recently; **họ gần** near relation, close relative; **gần đó** thereabouts

gần gũi *adv.* side by side, alongside

gần xa *adv.* everywhere, every place, far and wide: **gần xa đều biết tiếng** to be known everywhere

gấp **1** *v.* to fold, to close [a book]: **gấp sách lại** to close the book **2** *adj.* urgent; in a hurry: **gởi một lá thư gấp** to send an urgent letter

gấp bội *adj.* manifold, multiple

gấp đôi/hai *adj.* double: **sản phẩm tăng gấp đôi** production has doubled

gấp rút *adj.* very urgent, pressing

gập *v.* See **gặp**

gập ghềnh *adj.* uneven, broken, rough, bumpy: **đường gập ghềnh** rough road

gật *v.* to nod: **gật đầu chào** to greet someone with a nod; **ngủ gật** to fall asleep while sitting or standing

gật gà gật gù *v.* See **gật gù**

gật gù *v.* to nod repeatedly

gâu gâu *n.* the barking of a dog, bow-wow

gấu **1** *n.* bear: **ăn như gấu** to eat gluttonously; **hỗn như gấu** very impolite **2** *n.* hem, fringe [of dress]: **gấu quần** cuffs of trousers

gầu *n.* dandruff, scurf

gẫu *adj.* idle, aimless: **nói chuyện gẫu** to chat idly

gây **1** *v.* to bring about, to cause, to provoke: **gây ra chiến tranh** to provoke a war **2** *v.* to quarrel

gây chiến *v.* to provoke a war

gây chuyện *v.* to cause a quarrel: **Bà ấy luôn gây chuyện.** She always causes quarrels.

gây dựng *v.* to create, to constitute, to establish, to set up

gây gây *v.* to feel feverish

gây giống *v.* to crossbreed

gây gổ *v.* to pick a quarrel

gây hấn *v.* to incite wars, to provoke hostilities

gây loạn *v.* to incite a rebellion

gây mê *v.* to anesthetize

gây oán *v.* to create enemies

gây sự *v.* to try to pick a quarrel

gây thù *v.* to create enemies

gầy *adj.* (= ốm) thin, skinny, emaciated, lean, gaunt [*opp.* béo, mập]

gầy còm *adj.* very thin

gầy gò *adj.* thin, skinny

gầy mòn *v., adj.* growing thinner, losing flesh, weakened, enfeebled

gầy nhom *adj.* skin and bones, gaunt, emaciated

gẫy *v.* See gãy

gãy *v.* See gẫy

gậy *n.* stick, cane: **chống gậy** to lean on a cane

gậy gộc *n.* sticks

ghe *n.* (= thuyền) junk, sampan, bark, craft, boat [CL **chiếc**]

ghe chài *n.* junk, fishing junk

ghé *v.* to stop at; to come close, to call at, to drop in: **ghé thăm bạn** to call at a friend's place; **ghé tai ai** to lean one's ear towards

ghé mắt *v.* to have a look at, to glue one's eyes to

ghé vai *v.* to share one's responsibility

ghè *v.* to break, to crush, to strike, to hit

ghẻ **1** *n.* itch, scabies: **cái ghẻ** acarid **2** *adj.* to be cold, indifferent: **ghẻ lạnh** indifferent; **dì ghẻ, mẹ ghẻ** step-mother

ghẻ lạnh *adj.* indifferent

ghẻ lở *n.* itch, scabies

ghẹ *n., v.* at the expense of; to sponge something: **ăn ghẹ** to sponge on; **đi ghẹ xe** to get a ride with somebody

ghém *n.* salad, mixed [raw] vegetables: **ăn ghém rau** to eat mixed vegetables

ghen *v., adj.* jealous; envious: **máu ghen** jealousy

ghen ghét *v.* to be jealous, to covet; to hate

ghen tuông *v.* to be jealous in love

ghẹo *v.* to tease; to bother: **ghẹo gái** to flirt with girls

ghép *v.* to assemble, to join, to unite; to graft: **ghép các chữ cái để thành một từ** to join letters to make a word; **ghép hai cây hồng** to graft two roses

ghét **1** *n.* dirt, filth [rubbed off body or skin] **2** *v.* to detest, to hate: **Ông ấy không ghét ai cả.** He doesn't hate anyone.; **yêu cho vọt, ghét cho chơi** to spare the rod and spoil the child

ghét bỏ *v.* to abandon because of hate

ghét cay ghét đắng *v.* to hate someone's guts

ghê *v., adv.* to be horrified [so as to tremble], to shiver, to shudder, to have one's teeth on edge, to be horrible, terrible; terribly

ghê gớm *adj.* frightful, awful, formidable

ghê người *adj.* frightful, awful

ghê răng *v.* to set the teeth on edge

ghê sợ *adj.* terrific, awful, terrible, horrible: **Tôi không muốn xem tai nạn ghê sợ đó.** I don't want to witness that horrible accident.

ghê tởm *adj.* sickening, disgusting, nauseous, repulsive

ghế **1** *n.* chair, seat, bench: **ghế xếp** folding chair **2** *v.* to stir [boiled rice in pot] with chopsticks before lowering the fire and putting the lid on

ghế bành *n.* armchair, easy chair

ghế dài *n.* bench, seat

ghế dựa *n.* chair with a back

ghế đẩu *n.* stool, high chair

ghế ngựa *n.* wooden bed [made of two or four boards resting on trestles]

ghế trường kỷ *n.* wooden sofa, couch

ghế xích đu *n.* rocking chair, swing

ghếch *v.* to lean on, to lean against, to rest on

ghếch chân *v.* to set, to put one's feet up on an object

ghềnh *n.* fall, waterfall, cataract: **lên thác xuống ghềnh** up hill and down dale

ghi **1** *v.* to record, to note, to write down: **Ghi những câu nầy.** Write down these sentences.; **ghi tên** to register one's name, to enlist; **ghi**

lòng tạc dạ to remember [favor] forever; **đáng ghi nhớ** noteworthy **2** *n.* [Fr. *aiguille*] switch on railroad: **bẻ ghi** to shunt, to switch off [rail]; **phu bẻ ghi** pointsman

ghi chép *v.* to note, to make a note of something; to inscribe, to write down: **ghi chép bài học** to write down a lesson

ghi nhận *v.* to acknowledge [receipt of something]

ghi nhớ *v.* to remember: **ghi nhớ số điện thoại của ai** to remember someone's telephone number

ghi tên *v.* to put one's name down, to sign up, to register

ghì *v.* to hold tight, to tighten: **ôm ghì** to clasp, to embrace; **trói ghì** to tie up

ghim *n., v.* pin; to pin

ghim băng *n.* safety pin

gì *n., pron.* (= chi) What?; anything, everything, something: **Ông hỏi gì?** What can I do for you?; **Cái gì?, Những gì?** What?; **Anh muốn gì?** What do you want?; **Anh muốn gì cứ bảo tôi** If you want something [anything] just tell me.; **Nói gì nó cũng cười.** He laughs at everything.; **không cần gì?** it doesn't matter; **hèn gì** no wonder; **Gì bằng** Wouldn't it be better to ...?

gia 1 *n.* R house, household, home, family (= nhà): **quốc gia** state, nation; **đại gia** great family; **nhạc gia** in-laws **2** *n.* R -ist, -er, -ian, as a suffix: **chính trị gia** statesman, politician; **khoa học gia** scientist; **tiểu thuyết gia** novelist; **nông gia** farmer **3** *v.* R to increase (= thêm): **tăng gia** to increase

gia ân *v.* to grant a favor

gia bảo *n.* family treasure

gia biến *n.* family disaster

gia bộc *n.* servant

gia cảnh *n.* family situation

gia cầm *n.* domestic birds, pets: **Không được mang theo gia cầm lên máy bay.** Pets are not allowed on board.

gia chánh *n.* home economics, cooking

gia chủ *n.* head of family: **Đối với người Việt, chồng là gia chủ.** To the Vietnamese, the husband is the head of his family.

gia cư *n.* habitation, dwelling, abode

gia dĩ *adv.* moreover, besides, furthermore

gia dụng *n.* family use, appliances

gia đinh *n.* servant, attendant

gia đình *n.* family, home: **vô gia đình** homeless; **có gia đình** to have a family [wife and children]

gia giảm *v.* to increase and decrease, to make necessary adjustments

gia giáo *n.* family education: **Cô ấy sinh ra trong một gia đình gia giáo.** She was born into an educated family.

gia hạn *v.* to extend [a period], to renew: **gia hạn hợp đồng** to renew a contract

gia hương *n.* native village

gia lễ *n.* family rites

Gia Nã Đại *n.* Canada: **người Gia Nã Đại** Canadian

gia nhân *n.* servants: **đối xử tử tế với gia nhân** to treat servants well

gia nhập *v.* to enter, to participate in, to join: **gia nhập quân đội** to join the army

gia phả *n.* family register, family tree, family history

gia phong *n.* family tradition

gia quyến *n.* family, relatives, dependents: **Gia quyến tôi có tất cả bảy người.** My family comprises seven people.

gia sản *n.* family inheritance

gia súc *n.* domestic animals, pets: **Không được mang gia súc lên máy bay.** Pets are not allowed on board the plane.

gia tài *n.* family inheritance, family property

gia tăng *v.* to increase: **gia tăng dân số** to increase the population

gia thanh *n.* the family reputation

gia thất *n.* family, household: **thành gia thất** to get married

gia thế *n.* genealogy, family situation

gia tiên *n.* ancestors, forefathers: **làm lễ gia tiên trong lễ cưới** praying to ancestors on a wedding day

gia tốc *v.* to speed up, to accelerate

gia tộc *n.* family, tribe, household

gia trọng *v.* to add weight [as evidence] [*opp.* **giảm khinh**]: **trường hợp gia trọng** aggravating circumstances

gia truyền *adj.* hereditary

gia trưởng *n.* head, chief of the family: **Ở Việt Nam, người cha là gia trưởng.** In Vietnam the father is head of the family.

gia tư *n.* family property

gia vị *n.* spice, seasoning, condiment: **Nước mắm là gia vị đặc biệt của người Việt.** Fish sauce is a special condiment of Vietnamese cooking.

giá **1** *v., n.* to cost; cost, price, value: **bán đấu giá** auction; **bán hạ giá** discount sale; **tăng giá** to raise the price; **hạ giá, giảm giá** to reduce the price; **đánh giá** to value, to estimate; **danh giá** reputation, honor, fame; **đáng giá** valuable; **vô giá** priceless, invaluable **2** *n.* bean sprouts, green shoots from peas **3** *n.* shelf, easel, support: **giá sách** book case **4** *conj.* if, suppose: **Giá thử/giá dụ tôi mua xe nầy, ông bán bao nhiêu.** If I buy this car, how much will it cost? **5** *adj.* cold, freezing

giá áo *n.* coat rack, portmanteau

giá bán *n.* selling price: **Chúng tôi có thể bớt 10% giá bán.** We can get a 10 percent discount off the selling price.

giá biểu *n.* price list, price schedule

giá buôn *n.* purchase price, wholesale price

giá buốt *adj.* bitter, biting cold

giá cả *n.* price, cost: **giá cả thị trường** market price

giá dụ *v., adv.* to suppose, let's presume that; for example

giá lạnh *n.* a biting cold

giá mua *n.* purchase price

giá mục *n.* price list

giá sách *n.* bookshelves, bookcases

giá thể *adv.* if, for example

giá thú *n.* marriage certificate: **ký giấy giá thú** to sign a marriage certificate

giá thử *adv.* if, for example

giá tiền *n.* price, cost, worth, value

giá trị *n.* value, worth: **có giá trị** to be valuable

già *adj., v.* [SV **lão**] old, aged; to grow old, to get old, to become old, to age; to be skilled [*opp.* **trẻ**]; [of texture, food] tough [*opp.* **non**]

già cả *adj.* very old: **Cha mẹ tôi đã già cả.** My parents are very old.

già câng *adj.* very old

già giặn *adj.* experienced, skilled, mature

già nua *adj.* old, aged

già yếu *adj.* old and weak

giả **1** *adj.* fake, simulated, feigned, pretentious, sham; false, counterfeit: **bạc giả** [*opp.* **thật, thực**] counterfeit money; **làm giả** to counterfeit, to falsify **2** *n.* R he who, that which, a person, -er, or as suffix: **tác giả** author, writer; **sứ giả** envoy, ambassador; **trưởng giả** the bourgeoisie, the middle class; **diễn giả** speaker; **học giả** scholar; **thính giả** listener; **Giả đang nói với tôi.** He was speaking to me. **3** *v.* (= **trả**) to give back, to pay [back]; (= **hoàn**) to return, to refund: **trả/giả lại** to give the change

giả bộ *v.* to sham, to pretend: **Cô ấy giả bộ ngây thơ.** She pretends to be naive.

giả cách *v.* to simulate, to sham

giả cầy *n.* pork stew

giả dạng *v.* to disguise oneself [**làm** as]

giả danh *v.* to pose as, to call oneself

giả dối *v., adj.* to be false, deceitful; fake, hypocritical: **ăn nói giả dối** to lie, to tell a lie

giả đò *v.* to pretend, to make believe

giả hiệu *adj.* feigned, false, sham

giả lại *v.* to answer, to return; to refund

giả mạo *v.* to forge, fake, counterfeit: **giả mạo tài liệu** to fake documents

giả như *v.* to suppose that

giả sử *v.* See **giả như**

giả tảng *v.* to sham, to pretend

giả thiết *v.* to suppose

giả thuyết *n.* hypothesis

giả trang *v.* to disguise oneself

giả vờ *v.* to pretend, to make believe: **giả vờ đau** to pretend to be sick

giã **1** *v.* to pound [rice, etc.] with a pestle (= **đâm**); to beat [slang]: **giã gạo** to pound rice **2** *v.* to neutralize: **thuốc giã độc** antidote, counter poison

giã ơn *v.* to thank, to show one's gratitude

giã từ *v.* to take leave of, to say good-bye

giác **1** *n.* R horn (= **sừng**): **tê giác** rhinoceros **2** *n.* R angle (= **góc**): **hình tam giác** triangle; triangular; **lượng giác học** trigonometry **3** *n.* R dime (= **hào, cắc**) **4** *v.* to cup: **ống giác** cupping glass

giác mô *n.* cornea

giác ngộ *v.* to awaken, to realize

giác quan *n.* organ of sense: **năm giác quan** the five sense organs: **khứu giác** smelling; **thị giác** eyesight; **thính giác** hearing; **vị giác** taste; **xúc giác** touch

giác thư *n.* memorandum, diplomatic note

giai *n.* (= **trai**) boy; male [as opp. to female **gái**]: **con giai** son, young boy; **em giai** younger brother; **bạn giai** boyfriend; **nhà giai** the bridegroom's family; **cháu giai** grandson, nephew; **đẹp giai** handsome

giai cấp *n.* [social] class, caste: **đấu tranh giai cấp** class struggle

giai điệu *n.* melody

giai đoạn *n.* period, phase, stage: **Dự án chia ra nhiều giai đoạn khác nhau.** The project has different stages.

giai lão *v.* to grow old together [as husband and wife]: **bách niên giai lão** to live together for a hundred years

giai nhân *n.* beautiful lady, exquisite woman: **Trong thành phố nầy thiếu gì giai nhân.** In this city there are many beautiful ladies.

giai phẩm *n.* special literary magazine

giai tác *n.* elegant, fine literary composition

giai thanh *n.* distinguished young man, gentleman: **giai thanh gái lịch** gentlemen and women of fashion

giai thoại *n.* beautiful story, anecdote

giải **1** *v.* R to untie, to unfasten (= **cởi**); R to solve, to disentangle: **giải đáp** to answer, to reply; **giải nghĩa** to explain **2** *v.* to deliver, to hand [a criminal, prisoner] over to officials; to transport [a criminal] under guard **3** *v.* to spread, to lay out: **giải khăn bàn** to lay out a table cloth **4** *n.* prize, award: **giải nhất** first prize

giải binh *v.* to disarm, to demobilize

giải buồn *v.* to relieve the tedium, to break the monotony

giải cứu *v.* to save, to rescue: **giải cứu nạn nhân bão lụt** to rescue flood victims

giải đáp *v.* to answer, to solve: **giải đáp thắc mắc** to answer enquiries

giải độc *v.* to be antidotal

giải giáp *v.* to disarm

giải giới *v.* to disarm

giải hoà *v.* to make peace, to reconcile

giải khát *v.* to quench thirst: **đồ giải khát** refreshments, drinks

giải khuây *v.* to alleviate, to allay one's sorrow

giải lao *v.* to have a break, to take a rest: **giờ giải lao** break time, coffee break

giải muộn *v.* See **giải buồn**

giải nghệ *v.* to retire, to leave one's profession

giải nghĩa *v.* to explain: **Làm ơn giải nghĩa từ nầy cho tôi.** Please explain this word to me.

giải ngũ *v.* to be discharged from the army

giải nhiệt *n.* febrifugal, heat-relieving

giải oan *v.* to clear [oneself or someone] of an unjust charge

giải pháp *n.* solution [to a problem]

giải phẫu *v., n.* to dissect; to have an operation; surgery: **Bà ấy vừa giải phẫu mắt xong.** She has had an eye operation.

giải phóng *v.* to emancipate, to liberate

giải quán quân *n.* championship

giải quyết *v.* to solve [a difficulty]: **Chúng ta cùng nhau giải quyết vấn đề nầy.** We will solve this problem together.

giải sầu *v.* See **giải buồn**

giải tán *v.* to dissolve [a body], to adjourn; to break up, to scatter

giải thích *v.* to explain, to interpret

giải thoát *v.* to rid oneself, to liberate, to release, to free

giải thuyết *v.* to explain, to interpret

giải tích *v., adj.* analyzing; analytic

giải trí *v.* to have a distraction, to take recreation, to relax, to entertain

giải vây *v.* to break a blockade, to raise a siege

giãi *v.* to manifest, to show, to expose

giãi bày *v.* to convey one's thought/ feeling: **giãi bày tâm sự** to reveal one's heart/feelings

giãi tỏ *v.* to manifest, to show

giam *v.* to detain, to confine, to imprison: **nhà giam** prison, jail; **trại giam** concentration camp; **bị giam** imprisoned

giam cầm *v.* to detain, to imprison

giam hãm *v.* to detain, to restrain, to lock up, to confine

giam lỏng *v.* to put under house arrest, to prevent from going outside/over the limit

giám *v.* R to supervise, to directly examine, to control

giám định viên *n.* expert, inspector

giám đốc *n.* director, supervisor: **ban giám đốc** board of directors; **phó giám đốc** vice director

giám học *n.* vice principal [of high school], director of courses

giám hộ *n.* guardian

giám khảo *n.* examiner: **hội đồng giám khảo** examiners council

giám mục *n.* bishop: **tổng giám mục** archbishop

giám sát *v.* to control, to inspect: **uỷ hội giám sát đình chiến** armistice control commission

giám thị *n.* overseer, proctor, invigilator

giảm *v.* to decrease, to reduce, to diminish [*opp.* **tăng**]: **giảm giá** to reduce price

giảm bớt *v.* to reduce, to discount: **giảm bớt 10%** to discount 10%

giảm khinh *v.* to lighten [burden, punishment] [*opp.* **gia trọng**]: **trường hợp giảm khinh** extenuating or palliating circumstances

giảm thiểu *v.* to decrease, to reduce, to lessen

giảm thọ *v.* to shorten life

gian **1** *adj.* [*opp.* **ngay**] dishonest, deceitful, fraudulent, cheating, tricky, crooked: **bọn gian** villains; **ăn gian** to cheat; **Việt gian** traitor [Vietnamese] **2** *n.* apartment, compartment, room, house; R interval (= **khoảng**), space: **Nhà có ba gian.** The house has three rooms.; **không gian** space

gian ác *adj.* dishonest and wicked

gian dâm *adj.* adulterous

gian dối *adj.* tricky, deceitful, false

gian giảo *adj.* cheating, shifty

gian hàng *n.* stall, stand: **đi đến gian hàng bán quần áo** to go to the clothing stalls

gian hiểm *adj.* crafty, artful, wily, sneaky, treacherous

gian hùng *n.* scoundrel

gian khổ *adj., n.* hard; hardship, adversity

gian lao *adj., n.* hard; hardship, adversity

gian lận *v.* to trick, to cheat [at an exam]

gian nan *adj.* difficult, laborious, troubled, hard

gian nguy *adj.* dangerous, perilous

gian nịnh *n.* wily flatterer

gian phi *n.* malefactor, evildoer

gian phu *n.* adulterer

gian phụ *n.* adulteress, loose woman

gian tà *adj.* pernicious, perfidious

gian tặc *n.* brigand, bandit

gian tham *adj.* covetous, dishonest, greedy

gian thần *n.* traitor [among mandarins]

gian trá *adj.* cheating, false, crooked

gian truân *n.* adversity, trial, hard life

gián *n.* cockroach: **thuốc trừ gián** cockroach killer

gián điệp *n.* spy [CL **tên**, **tay**]; espionage: **phản gián điệp** counter spy; counter espionage

gián đoạn *v.* to interrupt

gián hoặc *adv.* in the event, in case

gián thu *adj.* [taxes] indirect [as opp. to **trực thu** direct]

gián tiếp *adv., adj.* indirectly; indirect: **thuế gián tiếp** indirect tax

giàn *n.* arbor, rack, scaffold, trellis, pergola

giàn giụa *adj.* bathed in tears

giản dị *adj.* simple, easy: **sống một đời sống giản dị** to live a simple life

giản dị hóa *v.* to simplify: **giản dị hoá thủ tục hành chánh** to simplify administrative procedures

giản đồ *n.* diagram

giản đơn *adj.* simple, uncomplicated

giản lược *n.* summary, brief, abstract, synopsis

giản minh *v.* to be concise

giản tiện *adj.* practical, convenient

giản ước *v.* to be concise, simple, compact

giản yếu *adj.* essential, elementary, concise: **từ điển giản yếu** concise dictionary

giãn *v.* to slacken, to relax, to become distended, to stretch [*opp.* **co**]: **Vải nầy co giãn.** This fabric is stretchable.

giang **1** *n.* R [large] river (= **sông**); R in names of rivers: **Cửu long giang** the Mekong River; **Dương Tử giang** the Yangtze river; **quá giang** to cross the river; to get a lift **2** *n.* a kind of bamboo with tough fibers used to make ropes

giang biên *n.* river bank, riverside

giang hồ *adj., n.* errant; adventure: **khách giang hồ** adventurer; **gái giang hồ** prostitute, whore, harlot, street walker

giang khẩu *n.* mouth of a river

giang sơn *n.* rivers and mountains; country, homeland, fatherland; burden of responsibility in family

giáng **1** *v.* R to demote, to lower; to descend **2** *v.* to give a hiding

giáng cấp *v.* to demote/to a lower rank

giáng chỉ *v.* [of emperor] to publish an edict

giáng chiếu *v.* See giáng chỉ

giáng chức *v.* to demote

giáng hạ *v.* to descend

giáng sinh *v.* to be born: **lễ (Thiên Chúa) Giáng Sinh** Christmas; **đêm Giáng Sinh** Christmas Eve; **cây Giáng Sinh** Christmas tree

giáng thế *v.* to come into the world

giảng *v.* to explain, to teach, to preach: **giảng giải** to explain; **diễn giảng** to lecture; **giảng bài học** to explain a lesson

giảng dạy *v.* to teach: **giảng dạy tiếng Anh** to teach English

giảng đạo *v.* to preach a religion

giảng đề *n.* topic, subject [of lecture]

giảng đường *n.* amphitheater, lecture room, auditorium

giảng giải *v.* to explain, to expound

giảng hoà *v.* to make peace, to conciliate

giảng khoa *n.* subject, course of study

giảng kinh *v.* to comment on the classics

giảng luận *v.* to dissert, to expound

giảng nghĩa *v.* to explain, to interpret

giảng nghiệm trưởng *n.* senior assistant [in laboratory, university]

giảng nghiệm viên *n.* assistant [in laboratory, university]

giảng sư *n.* assistant professor [in university] Cf. giáo sư, giảng viên

giảng tập *v.* to teach, to drill

giảng viên *n.* lecturer

gianh *n.* (= tranh) thatch: **mái gianh** thatched roof

giành **1** *v.* to secure, to win: **giành được giải nhất** to win the first prize **2** *n.* basket [for fruit]

giành giật *v.* to scramble for, to dispute

giao *v.* to entrust [cho to], to deliver [object, merchandise]; to assign: **giao việc cho ai** to assign someone to do something

giao cảm *adj.* sympathetic [nerve]

giao cấu *v.* to have sexual intercourse

giao chiến *v.* to be engaged in fighting

giao dịch *v.* to trade, to communicate

giao du *v.* to contact frequently with, to be friends with, to accompany: **Không nên giao du với thành phần bất hảo.** Don't befriend bad people.

giao điểm *n.* point of intersection

giao hảo *v.* to have a good relation, to contact someone friendly; to have amicable relations with

giao hẹn *v.* to agree; to promise conditionally: **Ông ấy đã giao hẹn với tôi là ông ấy sẽ trả nợ.** He promised conditionally to pay his debts.

giao hoán *v.* to exchange [culture, prisoners-of-war, etc.]

giao hoàn *v.* to return, to give back: **giao hoàn chiếc xe nầy cho chủ cũ** to return this car to the former owner

giao hợp *v.* to have sexual intercourse

giao hưởng *n.* symphony: **dàn nhạc giao hưởng** a symphony orchestra

giao hữu *n.* friendship: **trận đấu giao hữu** friendship match

giao kèo *n.* contract: **ký/làm giao kèo** to sign a contract

giao kết *v.* to establish relations

giao lưu *v.* to exchange relations [trade, culture]

giao ngân *v.* to hand money to

giao phó *v.* to trust, to entrust, to assign

giao tế *n., v.* public relations; to receive guests, to entertain guests: **Sở Giao tế** Public Relations Office

giao thiệp *v.* to deal with, to contact with, to socialize: **giao thiệp với bạn bè cùng sở** to socialize with colleagues

giao thông *v., n.* to communicate; communication [roads, railroads]; transportation: **phương tiện giao thông** means of communication; **giao thông công cộng** public transportation

giao thời *n.* transition period, turning point

giao thừa *n.* the transition hour between the old year and the new year; New Year's Eve

giao tiếp *v.* to be in contact, to have relations with, to communicate

giao ước *v.* to promise, to pledge oneself [to]

giáo **1** *n.* lance, long-handled spear CL **ngọn, cây** **2** *v., n.* R to teach, to instruct; R doctrine, religion, cult: **nhà gia giáo** good family; **ông giáo/ thầy giáo** teacher; **tam giáo** the three traditional religions, e.g. Confucianism, Buddhism and Taoism; **Ấn độ giáo** Hinduism; **Cơ đốc giáo** Christianity, Protestantism; **Do thái giáo** Judaism; **Gia tô giáo** Catholicism; **Khổng giáo** Confucianism; **Lão giáo** Taoism; **Phật giáo** Buddhism; **Thiên chúa giáo** Christianity, Catholicism; **nhà truyền giáo** missionary

giáo án *n.* teaching plan, syllabus

giáo chủ *n.* prelate, cardinal: **Hồng y giáo chủ** Cardinal

giáo cụ *n.* teaching aids

giáo dân *n.* the Catholic followers/ believers

giáo dục *n., v.* education; to educate: **có giáo dục** well-educated, well-bred; **vô giáo dục** ill-bred; **Bộ Quốc gia Giáo dục** Ministry/Department of National Education; **Bộ trưởng Giáo dục** Minister of Education, Secretary of State for National

Education; **giáo dục căn bản** funda-
mental education; **bình dân giáo dục**
mass education; **giáo dục con cái** to
educate children

giáo đầu *v., n.* to begin, to start; pre-
liminary, preface, prologue

giáo điều *n.* dogma, commandment

giáo đình *n.* papal court

giáo đồ *n.* disciple, follower, believer

giáo đường *n.* place of worship;
church

giáo giới *n.* educational world; teach-
ers [as a group]

giáo hoá *v.* to educate, to civilize

Giáo hoàng *n.* Pope

giáo học *n.* teacher

giáo hội *n.* church, congregation

giáo huấn *v.* to teach, to educate, to
re-educate: **trại giáo huấn** re-educa-
tion camp

giáo hội *n.* church, denomination;
congregation

giáo khoa *n.* subject [of study]: **sách
giáo khoa** textbook

giáo khu *n.* diocese

giáo lý *n.* religious doctrine, religious
teaching

giáo phái *n.* religious sect

giáo sĩ *n.* missionary, priest

giáo sinh *n.* student teacher; student
[of normal school]

giáo sư *n.* university professor

giáo thụ *n.* teacher [old term]

giáo thuyết *n.* religious theory

giáo trình *n.* teaching syllabus/cur-
riculum: **giáo trình tiếng Việt**
Vietnamese syllabus

giáo viên *n.* primary/secondary
school teacher

giáo vụ *n.* teaching service, depart-
ment of teaching

giảo hình *n.* hanging [as a punishment]

giảo hoạt *adj.* crafty, artful; glib [old
term]

giảo quyệt *adj.* artful, crafty, cunning

giảo trá *adj.* hypocritical

giáp **1** *v., adj.* to be close up to; near,
adjacent: **Anh ấy ở giáp bên tôi.** He

lives next door to me. **2** *n.* armor:
áo giáp bulletproof vest **3** *n.* cycle
of twelve years: **Anh ấy hơn tôi một
giáp.** He is twelve years older than I.

giáp bào *n.* armor

giáp chiến *v.* to fight face to face

giáp giới *v.* to be near the border, to
share the same border

giáp khoa *n.* laureate

giáp lá cà *v.* to fight face to face

giáp mặt *v.* to come face to face, to
meet face to face

giáp năm *n.* last days of the year

giáp trận *v.* to join a battle

giạt *v.* to run around, to drift

giàu *adj.* rich, wealthy, well-off:
người giàu và người nghèo the rich
and the poor

giày *n.* (= **giầy**) shoe: **giày da** leather
shoe

giày dép *n.* foot-wear: **cửa hàng giày
dép** footwear store

giày vò *v.* to torment, to nag

giày xéo *v.* to trample upon

giầy *v.* See **giẩy**

giặc *n.* pirate, invader, aggressor, rebel,
enemy: **đánh giặc** to fight the enemy

giặc biển *n.* sea pirates

giặc giã *n.* piracy; war, hostilities

giăm bào *n.* shavings of wood

giăm bông *n.* ham

giẫm *v.* to crush, to tread, to trample:
giẫm ớt to crush a chili pod

giận *v.* to put down heavily, to stress
[angrily]

giằn vặt *v.* to nag at, to torment: **bị
lương tâm dằn vặt** to be tormented
by one's conscience

giăng *n.* (= **trăng**) [SV **nguyệt**] moon:
mặt giăng, ánh giăng moonlight; **gấu
ăn giăng** eclipse of the moon

giăng *v.* to spread, to stretch [net **lưới**,
sail **buồm**]

giằng *v.* to snatch, to pull towards
oneself in a dispute

giằng co *v.* to pull about

giằng xé *v.* to snatch and tear some-
thing; to get at someone's throat:

giằng xé nhau vì quyền lợi to get at one another's throat for benefits

giặt *v.* to wash, to launder: **giặt quần áo** to wash clothes; **thợ giặt** laundryman; **tiệm giặt/giặt ủi** laundry shop

giặt giũ *v.* to wash, to launder

giấc *n.* sleep, slumber; dream: **giấc ngủ** nap; **giấc mơ** dream; **ngủ một giấc** to take a nap; **ngủ quá giấc** to oversleep; **ngon giấc** to sleep soundly; **tỉnh giấc** to wake up; **yên giấc ngàn thu** to die

giấc điệp *n.* beautiful dream

giấc mộng *n.* (= **giấc mơ**) dream

giấm *n.* vinegar: **ngâm giấm** to preserve in vinegar

giầm *n.* paddle

giậm *v.* to stamp one's foot

giậm doạ *v.* to frighten, to terrorize

giần *n., v.* winnowing basket; to sift

giận *adj.* angry: **nổi giận** to get angry; **tức giận** to be furious

giận dỗi *v.* to lose one's temper

giận dữ *v.* to be infuriated, to be enraged: **Giận dữ ai thế?** Who are you enraged with?

giập *v.* to be cracked, to be bruised, to crush: **Những quả chuối nầy đã bị giập rồi.** These bananas were bruised.

giập mật *adv.* hard, soundly: **làm giập mật để kiếm tiền** to work hard to earn money

giật *v.* to pull forcibly, to jerk, to snatch; to steal loan money: **giật chuông** to ring the bell [by pulling a rope]; **giật của ai** to rob someone of his belongings

giật gân *adj.* [of music] hot, thrilling, sensational: **phim giật gân** thrilling movies

giật giây *v.* to pull the strings, to control from behind the scene

giật mình *v.* to be startled

giật lùi *v.* to move back, to go backward

giấu *v.* to hide, to conceal

giấu giếm *v.* to hide

giầu *n.* betel (= **trầu**)

giầu không *n.* betel

giậu *n.* hedge

giây **1** *v.* to smear, to get involved in: **Ông ấy giây vào việc rắc rối làm gì.** He got involved in problems. **2** *n.* second [of time]: **Mất mười giây đồng hồ.** It takes ten seconds.

giây lát *n.* (= **giây phút**) a moment, in a second

giấy *n.* paper CL **cái, tờ giấy**: **phòng giấy** office; **giấy bạc** banknote; **bạc giấy** paper money; **giấy tờ** paper, document

giấy báo *n.* notice, card, notification: **giấy báo thi** notification for examination

giấy bóng *n.* glassine paper; cellophane

giấy chứng minh *n.* identity card: **giấy chứng minh nhân dân** identity card of a citizen

giấy chứng nhận *n.* certificate: **giấy chứng nhận sức khoẻ** health certificate

giấy đi đường *n.* travel document

giấy giá thú *n.* marriage certificate

giấy khai sinh *n.* birth certificate

giấy kính *n.* cellophane

giấy lọc *n.* filter paper

giấy lộn *n.* waste paper

giấy nhám *n.* sand paper

giấp nháp *n.* drafting paper

giấy nhật trình *n.* newsprint; old newspapers

giấy phép *n.* permit, license: **giấy phép kinh doanh** business license

giấy sáp *n.* wax paper, stencil

giấy thấm *n.* blotting paper

giấy thiếc *n.* tin foil

giấy thông hành *n.* passport

giấy vệ sinh *n.* toilet paper

giẫy **1** *v.* to clean [a field]: **giẫy cỏ** to weed **2** *v.* to wriggle, to strive, to struggle: **còn giẫy** kicking still

giẫy giua *v.* to struggle

giẫy nảy *v.* to start up, to jump, to surprise

giẻ *n.* rag, dust cloth

giẻ cùi *n.* jay

gièm *v.* to berate, to disparage, to slander

gièm pha *v.* to backbite, to vilify, to talk down

gieo *v.* to sow, to cast

gieo mạ *v.* to sow rice seeds

gieo mình *v.* to throw oneself

giẹp *adj.* flat, flattened, collapsed

giêng *n.* the first month of the lunar year, January: **tháng giêng** January; **ra giêng** next January, early next year

giếng *n.* well: **nước giếng** well water; **đào giếng** to drill a well

giếng khơi *n.* a deep well

giếng mạch *n.* artesian well

giếng phun *n.* artesian well

giết *v.* [SV **sát**] to kill, to murder, to assassinate; to slaughter: **giết người cướp của** to kill people during a robbery

giễu *v.* to tease, to kid, to joke, to jest: **chế giễu** to mock

giễu cợt *v.* to tease, to joke

gìn giữ *v.* to keep, to preserve, to guard: **gìn giữ sạch sẽ** to keep clean

gió *n.* [SV **phong**] wind [CL **cơn, trận**]: **trời gió** to be windy

gió bấc *n.* northern wind

gió hanh *n.* dry and cold wind

gió lốc *n.* whirlwind

gió lùa *n.* draft

gió may *n.* zephyr

gió mậu dịch *n.* trade winds

gió mùa *n.* monsoon

gió nồm *n.* southern wind

giò **1** *n.* meat paste [wrapped in banana leaf]: **chả giò** Saigon spring rolls **2** *n.* foot [of pig, chicken], leg: **chân giò** pig's feet

giò bì *n.* minced pork and pork skin paste

giò lụa *n.* lean pork ham

giò thủ *n.* pig's head ham

giỏ *n.* market basket, flower basket

giòi *n.* worm, maggot

giỏi *adj.* good, adept, skilled, clever, able, capable; well: **học giỏi** to be smart or to do well in school; **mạnh giỏi** well, in good health; **nói giỏi tiếng Anh** to speak English very well

giòn *adj.* crispy, brittle, [of laugh] hearty, tinkling

giòn tan *adj.* very crispy

giong **1** *v.* to go away, to travel: **đi giong** to walk away, to saunter, to stroll **2** *n.* bamboo branch, bamboo twig

gióng **1** *n.* stump, section of bamboo tree or sugar cane: **gióng mía** sugar cane stick **2** *v.* to prod [goad, urge] with beatings

giòng **1** *n.* line: **giòng kẻ xuống giòng** to go to the next line or paragraph **2** *n.* current, flow, stream: **giòng nước** water flow

giọng *n.* voice, tone; intonation; tone of Vietnamese word [SV **thanh**]; accent, voice pitch: **nói tiếng Việt giọng Anh** to speak Vietnamese with an English accent

giọng kim *n.* soprano

giọng lưỡi *n.* lingo, tongue: **giọng lưỡi kẻ cướp** lingo of robbery

giọt *n.* drop: **giọt mưa** rain drop; **giọt máu** blood drop; **từng giọt** drop by drop

giọt lệ *n.* tears

giỗ *n.* [SV **kỵ**] anniversary of death, memorial day: **giỗ chạp, giỗ tết** festivals

giỗ đầu *n.* the first anniversary of the death of a person

giỗ hết *n.* the third anniversary of the death of a person

giỗ tết *n.* anniversaries and festivals

giối *v.* (= **trối**) to make the last recommendations; to write a will: **lời giối giăng** last will

giồi *n.* (= **nhồi**) blood pudding

giỗi *v.* to get angry, to get upset

giội *v.* to pour water on something/ someone

giông *n.* storm, rainstorm: **giông bão** thunderstorm

giông giống *adv.* somewhat similar, alike

giông tố *n.* hurricane, storm, tempest (= **bão tố**)

giống 1 *n.* species, breed, strain, race; sex, gender: **hạt giống** seeds; **thóc giống** rice seeds; **nòi giống** race **2** *v.* to resemble, to look like, to be similar: **Nó giống ba nó.** He looks like his father.

giống cái *n.* feminine: **danh từ giống cái** feminine noun

giống đực *n.* masculine: **danh từ giống đực** masculine noun

giống hệt *adj.* to be as alike as two peas

giống người *n.* mankind, human race

giống như *v.* to look like

giống nòi *n.* race

giống vật *n.* animal

giồng *v.* (= **trồng**) to plant, to cultivate, to grow

giộp *v.* to blister [because of burn, scalding, sunburn]: **Hai bàn tay bị giộp.** Both hands were blistered.

giơ *v.* to raise [hand, foot]; to show: **giơ mặt** to show oneself; **giơ tay lên** to raise one's hands

giờ *n.* time; time of the clock; hour: **Bây giờ là mấy giờ?** What time is it now?; **bây giờ** now; **bấy giờ** at that time; **một giờ** one o'clock; one hour, an hour; **một giờ đồng hồ** one hour; **nửa giờ** half an hour; **hai giờ rưỡi sáng** 2.30 a.m.; **ba giờ kém năm** five to three; **giờ ăn sáng** breakfast time; **đúng giờ** to be punctual

giờ đây *n.* now, at the present time

giờ giấc *n., v.* time; schedule; to stick to a schedule

giờ lâu *adj.* long, long time

giở 1 *v.* to alter, to change **2** *v.* to untie, to unwrap, to open: **giở sách** to open a book

giở chứng *v.* to change one's conduct

giở dạ *v.* [of woman] to begin to have labor pains

giở giọng *v.* to change one's tune

giở giời *n.* change of weather

giở mặt *v.* to change one's line of conduct, to overturn; to turn one's face

giở mình *v.* to turn over in bed

giở rét *v.* to become cold, to be cold again

giơi *n.* bat

giới *n.* sex; world, circles: **giới buôn bán** business circles

giới hạn *n., v.* limit, limitation; to limit: **giới hạn bài nói chuyện trong vòng hai giờ** to limit a talk to two hours

giới nghiêm *n.* curfew, martial law: **ban hành lệnh giới nghiêm** to declare martial law/curfew

giới thiệu *v.* to introduce [socially]: **Tôi xin giới thiệu bạn tôi với ông.** May I introduce my friend to you.

giới tuyến *n.* demarcation line

giời (= **trời**) sky, heaven; weather, climate; God, Lord, Providence, Heavens; R long: **ba tháng giời** three long months; **giữa giời** in the open air, outdoors; **trên giời** in the sky; **chầu giời** to die, to pass away; **Có (mà) giời biết.** Heaven knows.; **Giời ơi!** Good heavens!; **Giời sáng chưa?** Is it light yet?; **Giời mưa.** It's raining outside.; **chân giời** horizon; **Chúa Giời** God; **mặt giời** the sun

giời đánh *n.* God's punishment

giời đất *n.* nothing at all [in negative statements]: **Nó say, chẳng biết giời đất gì.** He was dead drunk and wasn't conscious of anything.

giời giáng *v.* to have a nasty fall

giỡn *v.* to flit, to flitter about, to wander

giỡn *v.* to play, to romp: **giỡn với con** to play with children

giợn *v.* to feel a thrill: **làm giợn tóc gáy** to make one's hair stand on end

giũ *v.* to shake the dust or water off

giũa *v.* to file; to smooth, to polish: **giũa móng tay** to file one's fingernails

giục *v.* to urge on, to incite/motivate someone to do something: **giục ai làm việc** to urge someone to work

giúi 1 *v.* to push with force, to thrust: **giúi ai ngã** to push someone to fall **2** *v.* to slip something secretly: **giúi**

tiền vào túi ai to slip money into someone's pocket

giủi *n.* bow/stack net

giụi *v.* to rub, to stamp out: **giụi mắt** to rub one's eyes

giùm *v.* to aid, to help: **giùm một tay** to give help, to give a hand

giun *n.* worm, earthworm; **thuốc giun** vermifuge

giun dế *n., adj.* worms and crickets; feeble

giun sán *n.* worms and tapeworms

giúp *v.* to help, to aid: **giúp đỡ ai việc gì** to help someone do something

giúp ích to be of service to, to be useful

giúp sức *v.* to help, to back up

giúp việc *v.* to aid, to assist, to collaborate

giữ *v.* [SV **thủ**] to keep, to hold, to maintain; to protect, to guard, to watch over: **gìn giữ** to maintain, to preserve; **canh giữ**, **phòng giữ** to guard; **giữ độc quyền** to have the monopoly of; **giữ lời hứa** to keep one's promise, one's word; **giữ miếng** to stand on one's guard; **giữ miệng** to hold one's tongue; **giữ mình** to be on one's guard; **giữ nhà** to guard the house; **giữ sổ sách** to keep books; **giữ trật tự** to maintain order; **giữ việc** to assume work

giữ bo bo *v.* to guard jealously

giữ gìn *v.* to maintain, to preserve, to take care of: **giữ gìn sức khoẻ** to take care of one's health

giữ khư khư *v.* to guard jealously

giữ trẻ *v.* to mind children

giữa *n., adv.* [SV **trung**] in the middle, in the center; amidst, between, among: **giữa đường** half way, on the way; **giữa trời** in the open air; **giữa ban ngày** in broad daylight; **giữa trưa** midday, noon

giương *v.* to open one's eyes wide, to stare; to stretch some string: **giương mắt mà xem** to stare at someone

giường *n.* bed: **làm giường** to make the bed; **liệt giường** to be bedridden; **khăn giải giường** bedsheet; **dưới gầm giường** under the bed

giường chiếu *n.* bed and mat

giựt *v.* (= **giật**) to snatch; to win; to pull: **Tên cướp giật tiền hành khách.** The thief snatched the passenger's money.; **giật giải túc cầu thế giới** to win the World Cup

go *n.* woof, weft

gò 1 *n.* mound, knoll CL **cái**: **gò má** cheekbone **2** *v.* to tighten, to hammer into shape

gò bó *v.* to impose strict discipline; [of written style] to be affected

gò cương *v.* to draw in the rein, to pull in the reins, to rein

gò đống *n.* hillock

gò gẫm *v.* to forge [written style]

gò lưng *v.* to bend the back

gò má *n.* cheekbone

gõ *v.* to knock, to nap, to rap: **gõ cửa nhà ai** to knock on the door of someone's house; **chim gõ mõ** woodpecker; **gõ đầu trẻ** to teach

gõ lại *v.* to straighten [warped metal surface]

goá *adj.* widowed: **goá chồng** to be a widow; **goá vợ** to be a widower

góc *n.* angle, corner; portion, fraction, piece [of a cake]: **góc vuông** right angle; **góc nhọn** acute angle

gói *v., n.* to wrap up; to pack; parcel, package, pack, bundle: **gói quà** to wrap up a present; **một gói thuốc lá** a pack of cigarettes

gỏi *n.* special Vietnamese dish made of prawn, pork and vegetables, Vietnamese coleslaw

gọi *v.* (= **kêu**) to call, to hail, to summon; to name: **gọi là** to be named …, as a matter of form; **kêu gọi** to appeal to, to call upon; **lời/tiếng gọi** call, appellation, appeal

gọi cổ phần *v.* to call upon shareholders

gọi cửa *v.* to knock at the door

gom *v.* to gather together [money]: **gom các thứ lại để cho vào thùng** to gather everything for packing

gòn *n.* cotton, wadding

gọn *v., adj.* to be neatly arranged, to dress neatly; to be methodical, systematic, in order: **văn gọn** concise style

gọng *n.* rim, frame, framework: **gọng ô** umbrella frame; **ngã chổng gọng** to fall on one's back with arms and feet pointing upward

gọng kìm *n.* prongs, tines [of pincers]; two pronged [attack]

goòng *n.* [Fr. *wagonnet*] tip cart, tip wagon

góp *v.* to contribute, to donate; to pay jointly with others or on installment: **góp chung tiền trả hoá đơn** to share the bill, to contribute; **góp phần** to contribute one's share [**vào** to]; **giả/trả góp** to pay in installments

góp chuyện *v.* to take part in a conversation

góp nhặt *v.* to collect little by little, to accumulate

góp phần *v.* to take part in, to participate in: **góp phần xây dựng thành phố** to take part in the building of a city

góp sức *v.* to focus one's energies on, to contribute

góp vốn *v.* to pool capital in a business

gót *n.* heel [of foot, shoe]: **theo gót** to follow; **nhẹ gót** to have a quick stop; **quay gót** to turn around

gót sen *n.* L pretty girl

gọt *v.* to peel [fruit] with knife, to sharpen [pencil]

gô 1 *n.* partridge **gà gô 2** *v.* to tie, to tie up, to bind [RV **lại**]

gồ *adj.* prominent, jutting out, protruding, projecting: **trán gồ** prominent forehead

gồ ghề *adv.* uneven, rough, broken, hilly, bumpy, unsmooth: **đường gồ ghề** rough road

gỗ *n.* [SV **mộc**] (= **cây**) wood, timber, lumber: **gỗ cứng** hardwood; **than gỗ** wood coal; **đống gỗ** wood pile; **mọt gỗ** woodeater; **bè gỗ** raft of timber; **bằng gỗ** wooden

gỗ dán *n.* veneered wood

gốc *n.* [SV **bản**] foot [of a tree]; root: **gốc cây** foot of a tree; **nguồn gốc** origin; **tiền gốc** capital

gốc gác *n.* origin, descent

gốc lãi *n.* principal and interest

gốc ngọn *adv.* from the beginning to the end: **đầu đuôi gốc ngọn** thoroughly

gốc tích *n.* origin, descent

gộc *adj.* [slang] big, large, huge

gối 1 *n.* pillow, cushion, bolster [CL **cái**] to rest one's head [**đầu**] [**vào** on]: **áo gối** pillowcase; **nhồi gối** to stuff a pillow **2** *n.* knee: **đầu gối** knee; **quỳ gối/xuống gối** to kneel down; **mỏi gối** to be tired [after sitting, walking]; **bó gối** to be at a loss, be helpless

gồi *n.* latania, macaw tree

gội *v.* to wash one's hair: **gội đầu** to wash one's hair; **tắm gội** to bathe, to wash up

gốm *n.* pottery: **đồ gốm** pottery

gồm *v.* to total up; to include, to comprise: **gồm có** to consist of; **bao gồm** to include

gôn *n.* [Fr. *goal*] goal in soccer or football: **người giữ gôn** (= **thủ môn**) goalkeeper

gông *n.* cangue; stocks [used on criminals]

gông cùm *n.* yoke, slavery

gổng *v.* to try one's best

gổng gánh *v.* to carry with a pole

gộp *v.* to add up: **gộp các món chi tiêu lại để thanh toán** to add up all expenses for payment

gột *v.* to clean [with brush and water]; to wipe

gột rửa *v.* to clean and wash; to get rid of

gở *adj.* [of an omen **điềm**] ill [*opp.* **lành**]

gỡ *v.* to unravel, to disentangle, to extricate, to clear up [knot, embarrassing situation]; to recover [money lost at gambling]

gỡ đầu *v.* to comb out one's hair

gỡ gạc *v.* to profit, to take advantage of

gõ nợ *v.* to pay off a debt

gõ tội *v.* to exculpate, to clear oneself

gõi *v.* See **gửi**

gợi *v.* to arouse, to awaken, to revive [emotion, memories], to strike up [conversation], to whet [desires]: **gợi nhớ** to revive memories; **gợi ý** to give a suggestion

gớm *adj.* horrified; horrible, terrible, dreadful, disgusting: **đau gớm** terrible pain; **gớm ghê** frightful, horrible

gờm *v.* to be scared of, to be afraid of

gợn *adj., n.* [of water] rippled, wavy; flaw [in gem]

gợn sóng *adj.* undulating, wavy

gợt *v.* to scum, to skim

gù **1** *v.* to coo [of dove] **2** *adj.* hunchbacked: **người gù lưng** a hunchbacked person

gụ *n.* a kind of tough wood used for furniture

gục *v.* to bend down [one's head **đầu**]: **ngã gục xuống** to slump down

guốc *n.* wooden shoe or clog [CL **chiếc** for one, **đôi** for a pair]: **đi guốc** to wear wooden clog

guồng *n.* spinning wheel; machine, machinery: **guồng máy** machinery, apparatus

gừ *v.* [of dog] to snarl, to growl

gửi *v.* to send, to forward, to remit, to dispatch; to entrust, to leave in someone's care: **gửi cho ai một món quà** to send a present to someone

gửi lại *v.* to commit, to entrust someone with something; to send back

gửi lời *v.* to send a message

gửi rể *v.* [of a son-in-law] to live with one's wife's family

gửi thân *v.* to die: **gửi thân ở nơi đất khách quê người** to die in a foreign country

gừng *n.* ginger CL **củ** for root, **nhát** for slices: **mứt gừng** candied ginger, gingersnap

gươm *n.* sword [CL **lưỡi**, **thanh**]: **mang**, **đeo gươm** to carry a sword; **tuốt/rút gươm** to draw a sword; **Hồ**

Gươm the Sword Lake

gườm *v.* to scowl, to glower: **Làm sao mà bạn gườm ông ta thế?** Why should you scowl at him?

gượm *v.* to hold back, to postpone: **Gượm đã!** Hold it!

gương *n.* [SV **kính**] mirror CL **cái**, **tấm**: **soi gương** to look in the mirror; **theo gương/noi gương** to follow the example of

gương mặt *n.* appearance, face, look: **gương mặt sáng sủa** good-looking face

gương mẫu *n.* model, example: **Giáo viên luôn là người gương mẫu cho học sinh.** A teacher is always a model for students.

gương tốt *n.* good example: **Bạn nên nêu gương tốt cho trẻ con.** You should be a good example to the children.

gượng *v., adj.* to do something reluctantly, to make efforts; unnatural: **gượng cười** to smile reluctantly

H

ha! *intj.* [exclamation of joy, surprise] Ah! Oh!: **Ha! Chào ông Nam!** Ah! Hello Mr. Nam!

ha hả *adv.* loudly: **cười ha hả** to laugh loudly

há **1** *v.* to open wide [one's mouth]; to be opened: **giầy há miệng** torn shoes; **tầu há mõm** landing ship **2** *adv.* How?, Is it not obvious?

há dễ *adj.* not at all easy: **Há dễ gì được công việc tốt.** It is not at all easy to find a good job.

há hốc *v.* to gape, to open one's mouth wide

hà **1** *v.* to breathe, to blow: **hà hơi** to breathe **2** *n.* oyster, teredo **3** *n.* R river (= **sông**): **sông Ngân Hà** the Milky Way river; **sông Hồng Hà** Red River [in North Vietnam]

hà chính *n.* tyranny

hà hiếp *v.* to oppress: **Họ hà hiếp dân lành.** They oppress the common people.

hà khắc *adj.* tyrannical, very harsh

hà khốc *adj.* tyrannical

hà khốc *adj.* tyrannical

hà lạm *adj.* graft-ridden

Hà Lan *n.* Holland, Dutch: **đậu Hà Lan** string beans

hà mã *n.* hippopotamus

Hà Nội *n.* Hanoi [capital of Vietnam]: **Hà Nội là thủ đô của nước Việt Nam.** Hanoi is the capital of Vietnam.

hà tần hà tiện *adj.* to be miserly, stingy: **Bà ấy sống hà tần hà tiện.** She lives a miserly life.

hà tất *adv.* What is the use of?, Why?; no need: **Vấn đề đã rõ, hà tất phải nói làm gì.** The issue is clear, no need to say anything.

Hà thành *n.* Hanoi city

hà tiện *adj.* miserly, stingy: **Ông ấy giàu lắm nhưng rất hà tiện.** He is very rich but stingy.

hả **1** *v.* to lose flavor or perfume, to taste flat: **Rượu nầy hả hơi rồi.** This wine tastes flat. **2** *adj., v.* to be satisfied, to be content; to vent one's anger: **nói cho hả dạ/hả hê** to speak out by venting one's anger **3** *adv.* [final particle denoting surprise]: **Thế hả?** Is that so?

hạ **1** *n.* (= hè) summer: **mùa hạ** summer season **2** *v.* to lower [price, flag, sail]; [of planes] to land; to issue [orders]; to beat, to defeat [opponent]; to bring down: **hạ giá bán** to lower the price; **Máy bay vừa hạ cánh.** The plane has landed.

hạ bệ *v.* to topple: **tổng thống vừa bị hạ bệ** The president has been ousted.

hạ bộ *n.* man's sexual organs, man's private parts

hạ bút *v.* to begin to write

hạ cánh *v.* to land, to touch down: **Máy bay vừa hạ cánh.** The plane has landed.

hạ cấp *n.* low level, lower rank, subordinate

hạ chí *n.* summer solstice

hạ cố *v.* to condescend: **hạ cố đến ai** to condescend to someone

hạ cờ *v.* to lower the national flag

hạ du *n.* delta, lowland

hạ giá *v.* to lower the price, to reduce the price: **Tất cả hàng hoá nầy đều hạ giá.** The price of all these goods has been reduced.

hạ giới *n.* this world [*opp.* **thiên đàng**]

hạ huyệt *v.* to lower the coffin into the grave

hạ lệnh *v.* to command, to order: **Chủ tịch vừa hạ lệnh cứu nạn nhân bão lụt.** The president has given out orders to save victims of the thunderstorm.

hạ lưu *n.* downstream; low class

hạ mã *v.* to dismount, to get off one's horse

hạ màn *v.* to lower the curtain

hạ mình *v.* to stoop, to condescend

hạ nghị viện *n.* lower house, House of Representatives, House of Commons

hạ ngục *v.* to send to prison

hạ sĩ quan *n.* non-commissioned officer

hạ tầng **1** *n.* lower layer: **hạ tầng cơ sở** infrastructure **2** *v.* to reduce/to demote to a lower rank: **hạ tầng công tác** to regrade a job level

hạ thần *n.* I, me [your humble subject]

hạ thổ *v.* to bury, to inter

hạ thủ *v.* to kill someone

hạ thuỷ *v.* to launch [a ship]

hạ tuần *n.* last ten days of a month

Hạ Uy Di *n.* Hawaii, Hawaiian

hạc *n.* crane, flamingo [CL **con**]: **cưỡi hạc** to pass away

hách *adj., v.* authoritative, unduly stern; to show off one's power: **Ông ấy hách quá.** He shows off his power.

hách dịch *adj.* imperious: **khúm núm với cấp trên nhưng hách dịch với cấp dưới** to be obsequious towards one's superiors but imperious towards one's subordinates

hạch *n*. R nucleus [of atom]

hạch 1 *n*. gland, ganglion: **bị hạch ở cổ** to have a ganglion on the neck; **bệnh dịch hạch** plague **2** *v*. to find faults with, to demand this and that

hạch toán *v*. to keep a business account

hạch xách *v*. to insult someone: **Mấy ông thanh tra hạch xách nhân viên.** The inspectors insulted the employees.

hai *num*. [SV **nhị**] two, double: **mười hai** twelve; **hai mươi** twenty; **một trăm hai** [**mươi/chục**] one hundred and twenty; **một trăm linh/lẻ hai** one hundred and two

hai chấm *n*. colon (:)

hai lòng *adj., n*. double-faced, duplicitous, disloyal

hái *v*. to pick, to pluck [fruit, flower, vegetable]: **hái cam** to pick an orange

hài 1 *v*. R to laugh at, to harmonize, to be humorous: **khôi hài** to be humorous, joking, comedian-like; **hài lòng** to be happy, satisfied, content **2** *n*. slipper [CL **chiếc** for one, **đôi** for a pair]

hài cốt *n*. bones, remains

hài hước *adj*. comic, humorous: **chuyện hài hước** humorous story

hài kịch *n*. comedy

hài nhi *n*. infant, baby

hải *n*. R sea, ocean (= **bể**): **hải cảng** seaport; **hải sản** seafood; **hàng hải** to navigate, navigation

hải cảng *n*. seaport: **Hải cảng Sài Gòn luôn luôn đầy tàu.** The Saigon seaport is always crowded with ships.

hải cẩu *n*. seal [CL **con**]

hải chiến *n*. naval battle

hải dương *n*. ocean

hải đảo *n*. island

hải đồ *n*. sea chart

hải đăng *n*. lighthouse

hải đường *n*. cherry apple flower

hải hà *adj*. immense, vast

hải khẩu *n*. sea port

hải lục không quân *n*. all three armed forces [navy, army and air force]

hải lưu *n*. sea current

hải lý *n*. nautical mile

hải mã *n*. sea horse, hippocampus

Hải Nam *n*. Hainan Island

hải ngoại *adv*. overseas, foreign country: **đi ra hải ngoại** to go overseas

hải phận *n*. territorial waters

hải phòng *n*. coast guard

Hải Phòng *n*. Haiphong: **hải cảng Hải Phòng** the Haiphong seaport

hải quân *n*. navy: **căn cứ hải quân** naval base; **hải quân lục chiến đội** marine corps

hải sâm *n*. sea slug

hải tặc *n*. pirate

hải triều *n*. tide

hải vận *n*. sea transport, maritime transport

hải vị *n*. seafood

hãi *adj*. afraid of

hãi hùng *adj*. fearful, frightening

hại *v*. to harm; to damage, to hurt: **có hại** harmful [**đến/tới** to]; **làm hại đến/tới** to harm; **tai hại** disastrous

ham *v*. to be fond of, to be mad about: **Tôi biết anh ấy không ham tiền tài.** I know he doesn't care for money.

ham chuộng *v*. to esteem

ham mê *v*. to be passionately fond of: **Bạn tôi rất ham mê đọc sách.** My friend is passionately fond of reading.

ham muốn *v*. to desire

ham thích *v*. to desire, to love

hám *adj*. greedy for: **hám danh lợi** greedy for fame and gain

hàm 1 *n*. jaw: **hàm răng/răng hàm** molar; **răng tiền hàm** premolar; **hàm trên** upper jaw; **hàm dưới** lower jaw; **quai hàm** jawbone **2** *n*. rank, grade, dignity: **phẩm hàm** honorary

hàm ân *v*. to be grateful

hàm hồ *adj*. ambiguous, indefinite, aggressive, thoughtless, inconsiderate

hàm oan *v*. to suffer an injustice

hàm răng *n*. denture, set of teeth: **làm sạch răng** to clean the denture

hàm số *n*. function [algebra]

hàm súc *adj.* meaty, substantial

hàm thiếc *n.* bit [of horse]

hàm thụ *n.* correspondence course: **ghi danh học hàm thụ** to enroll for a correspondence course

hàm tiếu *v.* [of flower] to begin to open

hãm *v.* (= phanh, thắng) to stop [car, machine], to put the brakes on

hãm hại *v.* to assassinate, to murder, to harm

hãm hiếp *v.* to rape, to molest

hãm tài *adj.* [of face] unpleasant, ominous look

hạm đội *n.* fleet: **Đệ Thất Hạm Đội** the 7th Fleet

hạm trưởng *n.* warship's captain

han *v.* to get rusty

Hán *n.* Chinese: **chữ Hán** Chinese characters, Chinese script

Hán học *n.* Chinese studies, Sinology: **nhà Hán học** Sinologist

Hán tự *n.* Chinese [written] characters, Chinese script

Hán văn *n.* Chinese language or literature

hàn **1** *v.* to weld, to solder; to heal [a wound]: **thợ hàn** welder; **hàn xì** welding; **hàn điện** electric welding; **hàn chì** coarse soldering **2** *adj.* R to be cold (= rét); R poor, needy: **cảm hàn** to catch cold; **thương hàn** typhoid fever

Hàn *n.* Korea, Korean: **Bắc Hàn** North Korea; **Nam Hàn** South Korea; **Đại Hàn Dân Quốc** the Republic of [Greater] Korea

hàn đới *n.* Arctic circle, frigid zone

hàn gắn *v.* to bandage, to heal: **hàn gắn vết thương chiến tranh** to heal the war wounds

hàn huyên *v.* to chat, friendly: **Hai bạn hàn huyên rất lâu.** The two friends were chatting for a long time.

hàn lâm viện *n.* academy

hàn nhiệt *n.* fever

hàn nho *n.* poor scholar

hàn sĩ *n.* impoverished student

hàn thiếc *n.* fire soldering

hàn thử biểu *n.* thermometer

hàn vi *adj.* poor and humble

hãn hữu *adj.* R rare, scarce, exceptional: **cơ hội hãn hữu** a rare opportunity

hạn **1** *n.* limit, deadline; ill luck: **hạn chế/có hạn** limited; **công ty hữu hạn** corporation/company limited; **vô hạn** unlimited; **kỳ hạn** deadline; **giới hạn** boundary; **quyền hạn** limit of authority **2** *n.* drought: **hạn hán** drought

hạn chế *v.* to limit, to restrict: **không hạn chế** no restriction, unlimited

hạn định *v.* to fix, to determine

hạn độ *n.* fixed limit, restriction

hạn giới *n.* limit

hạn hán *n.* drought: **Nhà nông trở nên nghèo khổ sau cơn hạn hán.** Peasants became poorer after the serious drought.

hạn kỳ *n.* term, limit: **Hạn kỳ đại biểu quốc hội là ba năm.** The term for each member of parliament is three years.

hạn vận *n.* ill luck

hang *n.* cave, den, cavern: **hang thạch nhũ** stalactite cave

hang hốc *n.* cavern, hole, hollow

hang hùm *n.* tiger's den

háng *n.* hip: **giạng háng** to spread one's legs out

hàng **1** *n.* row, line, ranks: **xếp hàng** to stand in line, to queue: **Làm ơn sắp hàng ở đây và đợi đến lượt gọi.** Please queue here and wait to be called. **2** *n.* [SV hoá] merchandise, goods, wares, cargo: **hàng hoá** goods; **cửa hàng** shop, store **3** *v.* to surrender [to]: **đầu hàng** to surrender

hàng ba *n.* veranda

hàng chữ *n.* line [of letters, types]

hàng cơm *n.* restaurant

hàng giải khát *n.* snackbar

hàng giang *n.* river navigation

hàng hải *v., n.* to navigate; navigation: **nhà hàng hải** navigator, seafarer; **thuật hàng hải** navigation; **công ty hàng hải** shipping company

hàng hoá *n.* goods, merchandise, commodity: **chuyên chở hàng hoá** to transport goods

hàng không *n.* aviation; aerial navigation, airline: **công ty hàng không** airline company; **hàng không dân sự** civil aviation

hàng không mẫu hạm *n.* aircraft carrier

hàng năm *adj., adv.* yearly, year after year: **Chúng tôi có phiên họp hàng năm.** We have a yearly meeting.

hàng ngày *adj., adv.* daily, day after day: **Tôi đọc báo hàng ngày.** I read the newspaper every day.

hàng ngũ *n.* [army] troops; ranks; community

hàng nước *n.* teahouse, teashop

hàng phố *n.* street dwellers; one's street

hàng phục *v.* to surrender, to yield to

hàng quán *n.* inn, store, shop

hàng rào *n.* hedgerow, hedge, fence: **xây hàng rào** to build a fence

hàng rong *n.* hawker, peddler, street vendor, huckster: **Bạn sẽ gặp rất nhiều người bán hàng rong ở Hà Nội.** You will see many street vendors in Hanoi.

hàng tạp hoá *n.* haberdashery, grocery, department store, dime store, five and ten store

hàng thịt *n.* butcher's shop

hàng tỉnh *n., adj.* fellow citizens from the same province; provincial

hàng tổng *n.* fellow citizens from the same canton

hàng xách *n.* broker, comprador

hàng xã *n.* fellow villagers

hàng xáo *n.* rice dealer, rice hawker

hàng xén *n.* haberdashery, shop of miscellaneous goods, dime store, five and ten store

hàng xóm *n.* neighbor: **Người hàng xóm của tôi rất tử tế.** My neighbor is very kind.

hãng *n.* firm, company, agency: **hãng buôn** commercial firm; **hãng tàu** shipping company

hạng *n.* category, kind, rank, class:

thượng hạng first class; **nhất hạng** first of all; **hảo hạng** top quality, **hạng nhất** first class; **hạng nhì** second class; **hạng bét** tourist class, lowest class

hanh *adj.* [of weather] cold and dry

hạnh thông *adj.* easy, flowing, going well

hành **1** *n.* scallion, onion: **một củ hành tây** an onion **2** *v.* R to act, to execute: **thi hành** to carry out, to execute [an order]; **cử hành** to perform, to celebrate; **thi hành** to practice; **chấp hành** to execute; **quyền hành** power **3** *v.* to torment, to wreck: **Con bệnh hành ông ta.** He was a wreck due to his illness. **4** *v.* R to go, to travel (= **đi**): **bộ hành** to go on foot; to be a pedestrian; **xuất hành** to start out, to set out, to leave; **khởi hành** to start a trip; **song hành** parallel; **tuần hành** parade; **thông hành** passport

hành binh *n.* military operation

hành chính *n., adj.* administration; administrative: **Học viện Quốc gia Hành chính** National Institute of Administration; **công việc giấy tờ hành chính** administrative job

hành dinh *n.* headquarters

hành động *v., n.* to act; act, action, deed: **Chúng ta nên hành động ngay tức thì.** We should act immediately.

hành hạ *v.* to ill-treat, to persecute

hành hình *v.* to execute [a prisoner]

hành hung *v.* to act with violent assault and battery

hành hương *v.* to go on a pilgrimage

hành khách *n.* traveler, passenger: **toa chở hành khách** passenger car

hành khất *v.* to beg: **người hành khất** beggar

hành kinh *v.* to menstruate: **hành kinh không đều** to menstruate irregularly

hành lạc *n.* amusement; debauchery

hành lang *n.* corridor, passageway, hall

hành lý *n.* luggage, baggage: **Kiểm soát lại hành lý trước khi gởi đi.**

Please check your luggage before you send it.

hành pháp *n.* executive, government [as opp. to legislative **lập pháp**, and judiciary **tư pháp**]

hành phạt *v.* to punish

hành quân *v.* See **hành binh**

hành quyết *v.* to execute, to carry out a death sentence

hành thích *v.* to assassinate

hành tinh *n., adj.* planet [of system]; planetary

hành tội *v.* to mistreat, to persecute

hành trình *n.* trip, journey, itinerary: **Ông ấy mệt sau một cuộc hành trình dài.** He is tired after a long trip.

hành trang *n.* luggage, baggage

hành tung *n.* track, trail, whereabouts

hành văn *v.* to compose, to style

hành vi *n.* behavior, action, gesture: **hành vi tử tế** good behavior

hãnh diện *adj.* to be proud: **Tôi rất hãnh diện về con tôi.** I am very proud of my son.

hạnh kiểm *n.* behavior, conduct

hạnh ngộ *n.* a happy meeting

hạnh nhân *n.* almond

hạnh phúc *n., adj.* happiness; happy: **Tôi xin chúc quí vị một năm mới hạnh phúc.** May I wish you a very happy new year.

hạnh vận *n.* good luck, good fortune

hao *v., adj.* to be spent; consumed: **hao tiền** costly

hao hao *v.* to look alike: **Ông ấy hao hao giống bạn tôi.** He looks like my friend.

hao hụt *adj., v.* lessened, short; to undergo some loss

hao lỗ *v.* to lose

hao mòn *v., adj.* to weaken; worn out, flat

hao phí *v.* to waste: **hao phí thì giờ** to waste time

hao sức *v.* to wear out

hao tài *adj., v.* costly; to spend much money

hao tổn *v.* to waste, to cost

háo *v.* to be eager for, to feel a thirst for something: **háo danh** to be eager for fame

háo hức *adj.* enthusiastic

hào 1 *n.* (= **cắc, giác**) dime; one ten thousandth: **một đồng ba hào** one piastre and thirty cents **2** *n.* trench, moat: **chiến hào** trench

hào hiệp *adj.* chivalrous, knightly

hào hoa *adj., n.* noble; person of notoriety

hào hùng *adj.* magnanimous, courageous, exciting

hào khí *n.* courage

hào kiệt *n.* hero

hào lũy *n.* fortifications

hào nhoáng *adj.* showy

hào phóng *adj.* generous

hào phú *n.* rich person

hào quang *n.* halo, glory

hảo *adj.* R good (= **tốt**)

hảo hán *n.* courageous man, decent guy

hảo hạng *n.* good quality, high class, high rate

hảo tâm *adj.* good-hearted, kindhearted

hảo ý *n.* good intention; goodwill: **Tôi rất cảm kích hảo ý của ông.** I appreciate your goodwill very much.

hão *adj.* [of talk] empty, idle; [of promise] to be hollow; [of efforts] vain: **lời hứa hão** an empty promise

hão huyền *adj.* impracticable, fantastic: **hy vọng hão huyền** impracticable hope

hạp *v.* (= **hợp**) to agree, to go with, to match: **Hai bạn ấy hạp nhau lắm.** These two friends agree with each other.

hát *v.* [SV **ca**] to sing, to give theatrical performances: **bài/bản hát** song; **đĩa hát** record; **máy hát** victrola, phonograph; **nhà hát/rạp hát** theater [building]; **đào hát** actress; **kép hát** actor; **đi xem/coi hát** to go to the theater

hát bóng *n.* cinematography, cinema, motion pictures, movies

hát bội *n.* Vietnamese opera, classical theater

hát cải lương *n.* modernized theater

hát tuồng *n.* Vietnamese opera, classical theater

hạt 1 *n.* grain, stone, seed, kernel, drop: **hạt thóc** rice grain; **hạt mưa** drop of rain; **chè hạt** tea buds; **tràng hạt** string of beads **2** *n.* province, jurisdiction: **địa hạt** area, jurisdiction, field

hạt giống *n.* seed

hạt ngọc *n.* precious stone

hạt sen *n.* [dried] lotus seed

hạt trai *n.* pearl

hạt xoàn *n.* diamond: **mua một cái nhẫn hạt xoàn** to buy a diamond ring

háu *v.* to long for, to desire

háu ăn *adj.* voracious, ravenous, to be always impatient to eat

háu đói *adj.* gluttonous

hay 1 *v.* (= **biết**) to know [because of information received], to learn, to hear: **Bạn hay tin gì không?** Do you have any news?; **cho hay** to inform, to advise **2** *adv.* [SV **năng**] R to have the habit of [doing so and so]: **thường hay** often, frequently; **Chúc cháu hay ăn chóng lớn.** May your baby eat often and grow up fast. **3** *conj.* or, whether: **Anh uống nước chè hay (là) cà phê?** Will you have tea or coffee? **4** *adj.* good, interesting [*opp.* **dở**], well: **Cuốn sách nầy hay lắm.** This book is very interesting.

hay biết *v.* to know

hay cáu *adj.* irascible, to be irritable, to be quick-tempered

hay chữ *v., adj.* to be educated; well read, learned: **người hay chữ** well educated person

hay dở *adj.* good and bad

hay hay *adj.* good enough, fair, quite good, rather good [looking]

hay ho *adj.* interesting

hay hờn *adj.* [of baby] tearful, whining

hay là *adv.* or, or else

hay sao? Isn't it?: **Chị ấy chả sung sướng hay sao?** Isn't she happy?

hãy 1 *adv.* still, yet: **hồi tôi hãy còn đi học** when I was still a schoolboy **2** *adv.* imperative particle standing before a verb, let: **Hãy đi ngay!** Go straight away!; **Chúng ta hãy làm cái nầy trước đã.** Let's do this first.

hãy còn *adv.* up to now, still, yet

hắc 1 *adj.* pungent, harsh, stern: **nước hoa nẩy hắc quá** this perfume is too pungent **2** *adj.* R black (= **đen**): **hắc y, áo đen** black shirt

hắc ám *adj.* evil, shady

hắc bạch *adj.* black and white, clear-cut

Hắc Hải *n.* Black Sea

hắc ín *n.* asphalt

hắc lào *n.* herpes, shingles, ringworm

hắc vận *n., adj.* ill luck; unlucky

hăm *v.* to threaten, to menace, to intimidate: **Đừng có hăm người ta, họ không sợ đâu.** Don't threaten people, they are not scared.

hăm doạ *v.* to threaten, to intimidate

hăm he *v.* to be ready to act, to be truculent

hăm hở *v., adj.* to show alacrity and zeal; to be zealous and enthusiastic

hằm hằm *adj.* very furious, angry

hằm hè *v.* to look aggressive

hằm hừ *adj.* furious

hắn *pron.* he, she, him, her: **Làm ơn đưa lá thư nẩy cho hắn.** Please give this letter to him.

hắn học *v.* to bear a grudge, to be frustrated and angry in one's attitude

hẳn *adv.* thoroughly, completely; definitely, surely, certainly: **bỏ hẳn** to abandon completely; **ở hẳn** to stay permanently: **Ông ấy hẳn thích ở Đà Lạt.** He certainly likes to stay in Dalat.

hẳn hoi *adv.* correctly, properly

hăng 1 *adj.* [of smell] to be acrid; [of garlic, onion] to be strong-flavored **2** *adj.* to be ardent, eager

hăng hái *adj., adv.* to be enthusiastic, eager; eagerly, enthusiastically

hăng máu *adj.* furious, in a fit of anger

hăng say *adj.* engrossed in, utterly dedicated: **Cô ấy rất hăng say làm việc.** She is dedicated to work.

hằng **1** *adv.* usually, ordinarily, often, always: **vẫn hằng mong ước** to have always dreamed of; **hằng ngày** every day **2** *adj.* every: **Hằng ngày, họ đến đây làm việc.** They come here to work every day. **3** *n.* the moon, goddess: **Hằng nga/chị Hằng** the moon

hằng hà sa số *adj.* numerous

hằng năm *adv.* annual, every year: **Chính phủ công bố ngân sách hàng năm.** The government has released its annual budget.

hằng ngày *adv.* every day: **báo hằng ngày** daily newspaper

hằng số *n.* constant [number]

hằng tâm *adj.* kind-hearted, generous

hằng tháng *adv.* monthly, every month: **Bạn cần xem báo cáo hàng tháng của chúng tôi.** You should read our monthly report.

hằng tuần *adv.* weekly, every week

hất *v.* to push away, to throw, to sweep aside

hất hiu *v.* [of wind] to blow lightly; to flicker

hất hơi *v.* to sneeze

hất hủi *v.* to neglect

hâm *v.* to warm up, to heat: **hâm cơm lại** to heat rice

hâm mộ *v.* to have admiration and respect for, to be a fan of: **Tôi rất hâm mộ bóng đá.** I am a fan of soccer.

hầm **1** *v.* to braise, to simmer, to stew: **hầm thịt heo cà-rốt** to stew pork with carrots **2** *n.* trench, tunnel, cellar, basement, underground shelter: **bật đèn lên khi xe lửa qua hầm** to turn on the light when the train comes to the tunnel

hầm trú ẩn *n.* air-raid shelter

hẩm hiu *adj.* unlucky, unfortunate

hậm hực *v.* to be displeased

hân hạnh *adj., v.* to be honored, happy, to have the honor: **Chúng tôi**

hân hạnh được tiếp đón quí vị. We have the honor of welcoming you.

hân hoan *adj., v.* joyful, merry; to feel greatly pleased: **Tôi rất hân hoan gặp lại bạn.** I am greatly pleased to see you again.

hận *n.* resentment, hatred, rancor: **Hận ông ấy làm gì ông ta là một người tốt.** Don't hate him, he is a good man.; **ân hận/hối hận** to regret, to be sorry

hấp *v.* to steam [food]; to dry-clean

hấp dẫn *v.* to attract: **Vịnh Hạ Long hấp dẫn rất nhiều du khách.** Halong Bay attracts many tourists.

hấp háy *v.* [of eyes] to wink

hấp hối *v.* to be in agony

hấp hơi *v.* to be stuffy, not well ventilated

hấp lực *n.* attraction

hấp tấp *v.* to hurry, to rush, to be in a hurry

hấp thụ *v.* to absorb, to receive

hất *v.* to throw, to jerk, to push

hất cẳng *v.* to trip; to oust

hất hải *v.* to be bewildered, panic-stricken

hất hàm *v.* to raise one's chin as a signal

hầu **1** *n.* R monkey (= **khỉ**) **2** *v.* to wait upon, to serve: **quan hầu** military aide; **nàng hầu** concubine; **chư hầu** satellite, vassal **3** *adv.* almost, nearly: **hầu như/hầu hết** nearly all

hầu bao *n.* purse

hầu bóng *v.* to incarnate the spirits

hầu cận *n.* close aide, trusted servant, bodyguard

hầu chuyện *v.* to keep company with, to entertain, to hold a conversation with someone

hầu hạ *v.* to serve, to be in the service of

hầu hết *adv.* almost all, nearly all

hầu kiện *v.* to appear in court

hầu quốc *n.* vassal country, satellite, colony

hầu tước *n.* marquis

hậu 1 *adv.* R after, behind, back; future (= sau) [*opp.* **tiền**]: **cửa hậu** back door 2 *adj.* generous, liberal: **Ông ấy đãi tôi một bữa cơm hậu quá.** He offered me a generous meal. 3 *n.* queen, empress: **hoàng hậu** queen, empress; **hoa hậu** beauty queen, Miss

hậu bị *n.* reserve army

hậu binh *n.* rearguard

hậu bổ *v.* [of official] to wait for an assignment, to stand in

hậu bối *n.* future generations, posterity; anthrax in the back

hậu cần *n.* army ordnance, logistics

hậu cung *n.* palace of the queen; inside of a temple

hậu cứu *v.* to be re-examined later: **tại ngoại hậu cứu** free on bail

hậu duệ *n.* descendant, offspring

hậu đãi *v.* to treat generously

hậu đậu *n., adj.* stroke following smallpox; clumsy, awkward

hậu đình *n.* a rear building

hậu đội *n.* rearguard

hậu hĩnh *adj.* generous, liberal

hậu lai *n.* future, to come

hậu môn *n.* anus

hậu phương *n.* behind battle-field, war-supported region

hậu quả *n.* result, outcome, consequence: **Khi bạn làm việc gì, trước hết bạn phải nghĩ đến hậu quả.** When you do something, you should think about its consequences first.

hậu sản *n.* illness following childbirth, post-childbirth complications

hậu sinh *n.* younger generations, posterity

hậu tạ *v.* to reward liberally, to show deep gratitude for

hậu thế *n.* future generations

hậu thuẫn *v.* to back up, to support

hậu tiến *adj.* backward, underdeveloped

hậu tuyển *n.* candidate for an election

hậu vận *n.* future fate, prospects

hây hây *adj.* [of wind] blowing gently; [of cheeks] to be rosy/ruddy

hẩy *v.* to push away, to throw away

hè 1 *n.* [SV **hạ**] summer: **mùa hè** summer 2 *n.* veranda, pavement, sidewalk 3 *v.* to shout together

hẹ *n.* shallot, leek

hẻm *n.* narrow alley, lane: **đường hẻm/ngõ hẻm** narrow alley, lane

hen *n., v.* asthma; to cough

hèn *adj.* feeble, coward; lowly [*opp.* **sang**]; base, vile

hèn chi/gì *n.* no wonder

hèn hạ *adj.* base, vile, low, humiliating: **hành động hèn hạ** humiliating action

hèn mạt *adj.* base, vile, low, humiliating

hèn mọn *adj.* lowly, small, humble

hèn nhát *adv.* cowardly

hẹn *v.* to promise, to agree; to give a deadline, an appointment, an ultimatum: **sai/lỗi hẹn** to break an engagement/appointment/promise; **đúng hẹn** to keep one's word, an appointment, a promise

hẹn hò *v.* to make an appointment, to promise: **hẹn hò với ai** to make an appointment with someone

heo *n.* pig (= lợn): **thịt heo** pork; **chuồng heo** pigsty; **giò heo** pig's feet

heo cái *n.* sow

heo con *n.* piglet

heo nái *n.* sow

heo rừng *n.* wild boar

heo sữa *n.* suckling pig

héo *v.* to wilt, to dry up, to wither

hẻo lánh *adj.* [of a place] deserted, remote

hẹp *adj.* narrow: **chật hẹp** narrow; **hẹp hòi** narrow-minded, stingy

hét *v.* to shriek, to scream, to roar, to yell, to shout: **hò hét** to shout

hề *n.* clown, buffoon, jester: **trò hề** buffoonery, farce, comedy

hề *v.* to matter: **không/chẳng hề gì** it does not matter; **không/chẳng/chưa hề (bao giờ)** to have never [done something]

hễ *adv.* as sure as, as soon as, if, each time, whenever: **Hễ ai không tuân theo pháp luật thì sẽ bị phạt.** If anyone breaks the law, he will be punished.

hễ hả *adj.* to be satisfied

hệ 1 *n.* branch, generation: **thế hệ** generation **2** *n.* system: **hệ thống hệ giao cảm** sympathetic system; **thần kinh hệ** nervous system

hệ luận *n.* corollary, consequence

hệ luỵ *n.* consequence, consequence: **Nếu bạn làm điều gì sai bạn sẽ nhận lấy hệ luỵ.** If you do something wrong you must accept the consequences.

hệ quả *n.* result, outcome, consequence

hệ số *n.* co-efficient, weight [of subject in examination]

hệ thống *n.* system: **hệ thống giáo dục** education system

hệ thống hoá *v.* to systematize

hệ thức *n.* relation [in math]

hệ trọng *adj.* important, vital: **đóng một vai trò hệ trọng trong chính phủ** to play an important role in the government cabinet

hếch *v.* to raise, to lift up: **mũi hếch** upturned nose

hên *adj.* (= may) lucky, fortunate

hên xui *n.* luck and ill luck

hến *n.* mussel, corbicula: **câm như hến** as dumb as a fish

hết 1 *v.* to finish, to complete; to end, to cease, be finished, be completed: **hết nhẵn, hết ráo, hết sạch** all finished **2** *adj., adv.* whole; all: **trước hết** first of all; **sau hết** last of all, finally

hết cả *adv., adj.* all, whole: **Chúng tôi muốn bán hết cả.** We want to sell all.

hết hồn *adv.* out of one's wits: **sợ hết hồn** to be frightened out of one's wits

hết hơi *v.* to be out of breath

hết lòng *adj.* wholehearted, with all one's heart: **Ông ấy giúp đỡ bạn bè hết lòng.** He helps his friends wholeheartedly.

hết lời *v.* to finish speaking, to be unable to find any more arguments: **Xin cảm ơn tất cả quí vị, đến đây tôi xin hết lời.** Thank you very much, I have finished speaking.

hết nhẵn *v.* to finish all, to be clean out of: **hết nhẵn tiền** to be broke

hết ráo *v.* to be completely out of

hết sạch *v.* to be clean out of, to finish all, to have no more left: **Tất cả hàng hoá đều hết sạch.** All goods have been sold out.

hết sức *adj.* to be physically exhausted; to try one's best to

hết thảy *adj., adv.* whole; all

hết thời *adj.* out of date, out of fashion: **Những sản phẩm nầy đã hết thời rồi.** These products are out of date.

hết trơn *v.* See **hết sạch**

hết ý *adj.* excellent, very good

hệt *adj.* to be identical [to], as alike as: **giống hệt** as alike as two peas, exactly the same

hí *v.* to neigh

hí hoáy *v.* to be busy with, to be absorbed in

hí hoạ *n.* caricature, cartoon, comics, funnies

hí hởn *v.* to leap with joy

hí hửng *v.* to leap with joy

hí kịch *n.* drama

hí trường *n.* stage, theater

hí viện *n.* theater, playhouse

hì hì *exclam.* ha, ha [laughter]

hỉ *v.* to blow one's nose: **hỉ mũi vào khăn tay** to blow one's nose into a handkerchief

hỉ hả *v.* to be satisfied

hỉ sự *n.* happy occasion

hia *n.* mandarin's boots [part of traditional costume]

hích *v.* to jostle, to push, to jolt

hịch *n.* edict, proclamation, order of the day

hiếm *adj.* rare, scarce: **hiếm có** to have few, to be rare; **hiếm con** to have few/no children; **hiếm hoi/hiếm người** there is a shortage of

hiếm hoi *v.* to be rare; to have few or no children

hiềm *v.* to dislike, to hate, to resent: **Hiềm (vì) một nỗi là.** Unfortunately there is one difficulty, and that is ...; **thù hiềm** hatred, resentment; **tư hiềm** personal hatred; **tị hiềm** to avoid suspicion

hiềm khích *v.* to detest

hiềm nghi *v.* to suspect

hiểm *adj.* dangerous, perilous: nguy **hiểm** dangerous; **nham hiểm/thâm hiểm** to be cunning, sly, wily

hiểm địa *n.* strategic area

hiểm độc *adj.* to be cunning, sly, wicked

hiểm hoạ *n.* danger, peril: **Nhân loại đang đương đầu với hiểm hoạ chiến tranh.** Human beings face the danger of war.

hiểm hốc *adj.* dangerous, tricky

hiểm nghèo *adj.* dangerous, perilous, difficult

hiểm trở *adj.* [of road, place] dangerous, obstructive

hiểm yếu *adj.* strategically important

hiên *n.* veranda, porch

hiên ngang *adj.* haughty, proud

hiến *v.* to offer: **hiến mình** to offer one's life; **cống hiến** to contribute

hiến binh *n.* military police(man)

hiến chương *n.* constitution, charter: **bản Hiến Chương Liên Hợp Quốc** the United Nations Charter; **Hiến chương Đại Tây Dương** the Atlantic Charter; **Hiến chương Thái Bình Dương** the Pacific Charter

hiến pháp *n.* constitution: **thay đổi hiến pháp** to amend the constitution

hiền *adj.* mild, sweet, meek, good-natured, gentle; R [of wife] virtuous, loyal, worthy

hiền đệ *n.* you, my brother

hiền hậu *adj.* mild, kind, benevolent

hiền huynh *n.* you, my brother

hiền lành *adj.* meek, good-natured

hiền mẫu *n.* kind mother

hiền muội *n.* younger sister

hiền nhân *n.* virtuous man

hiền sĩ *n.* virtuous man

hiền tài *adj.* virtuous and talented

hiền thần *n.* loyal subject

hiền thê *n.* good wife

hiền triết *n.* sage, philosopher

hiền từ *adj.* kind, indulgent

hiển danh *v.* to become famous

hiển đạt *v.* to succeed [in one's career]

hiển hách *adj.* brilliant, illustrious, highly glorious

hiển hiện *v.* to appear clearly

hiển linh *v., adj.* to be miraculous; to turn out to be powerful

hiển minh *v.* to be clearly demonstrated

hiển nhiên *v., adj.* to be evident; to be obvious manifest; evident

hiển vi *adj.* microscopic: **kính hiển vi** microscope

hiển vinh *adj.* successful and honorable

hiện **1** *v.* to appear, to become visible: **Hình ảnh hiện ra rất rõ.** The pictures appear very clearly. **2** *adv.* now, at present: **Hiện tôi đang ở Việt Nam.** I am now in Vietnam.

hiện dịch *n.* active service, permanent military service

hiện diện *v.* to be present: **Khách hiện diện khoảng 200 người.** About 200 guests are present.; **sự hiện diện** the presence

hiện đại *n., adj.* present times; contemporary, up-to-date, modern

hiện đại hoá *v.* to modernize: **sự hiện đại hoá** modernization

hiện giờ *adv.* at [the] present [time]

hiện hành *v.* [of law] to be in force or in effect

hiện hình *v.* to appear

hiện hữu *v., adj.* to exist at present; present, existing

hiện kim *n.* (= tiền mặt) actual cash

hiện nay *n.* nowadays, at the present time: **Hiện nay phụ nữ giữ vị trí cao trong chính phủ là điều được chấp nhận.** Nowadays, it is acceptable for women to hold high positions in a government.

hiện tại *n., adv.* present, at [the] present [time]

hiện thân *n.* personification, incarnation

hiện thời *n.* present, now, at [the] present [time]

hiện thực *adj.* realistic: **chủ nghĩa hiện thực** realism

hiện tình *n.* the present situation, present conditions: **Hiện tình kinh tế không mấy lạc quan.** The present economic situation is depressing.

hiện trạng *n.* present situation

hiện tượng *n.* phenomenon

hiện vật *n.* things in nature, object; in kind payment; material things

hiếng *adj.* squint-eyed, cross-eyed

hiếp *v.* to oppress, to bully: **ăn hiếp, ức hiếp** to oppress; **hãm hiếp/hiếp dâm** to rape

hiếp dâm *v.* to assault, to rape: **Ông ấy bị tù năm năm vì tội hiếp dâm một bé gái.** He was sentenced to five years' imprisonment for raping a girl.

hiệp 1 *v.* (= **hợp**) to come together, to unite **2** *n.* round [in boxing]; half [of soccer]: **ghi bàn thắng ở hiệp hai** to score one goal in the second half

hiệp định *n.* agreement, convention: **hiệp định đình chiến** armistice agreement, truce agreement; **hiệp định thương mại** trade agreement

hiệp đồng *n.* contract: **ký hợp đồng làm việc** to sign a work contract

hiệp hội *n.* association: **hiệp hội thương gia** association of businessmen

hiệp khách *n.* knight

hiệp lực *v.* to unite, to join forces: **đồng tâm hiệp lực** to join forces together

hiệp thương *v.* to confer, to negotiate

hiệp ước *n.* pact, treaty: **hiệp ước bất xâm phạm** non-aggression pact; **hiệp ước phòng thủ** defense treaty; **hiệp ước thân thiện** treaty of friendship; **hiệp ước thương mại** trade pact

hiếu *adj., n.* dutiful, filial, pious; filial piety: **có hiếu đối với cha mẹ** to show filial piety towards one's parents; **bất hiếu** to be impious

hiếu chiến *adj.* warlike, bellicose

hiếu danh *v.* to thirst for fame

hiếu dưỡng *v.* to nurse one's parents

hiếu để *adj.* dutiful toward one's parents

hiếu động *adj.* lively, active, dynamic, restless

hiếu hạnh *n., adj.* filial piety; dutiful

hiếu hoà *adj.* peace-loving

hiếu học *adj.* studious

hiếu kỳ *adj.* curious

hiếu nghĩa *n.* filial piety

hiếu sắc *adj.* lustful, lewd

hiếu thảo *adj.* pious

hiếu thắng *adj.* ambitious, aggressive

hiếu trung *n.* piety and loyalty

hiểu *v.* to understand, to grasp: **Họ không hiểu ý của bạn.** They don't understand your ideas.

hiểu biết *v., n., adj.* to understand; understanding: **Mọi người cần hiểu biết lẫn nhau.** Everyone should understand each another.

hiểu dụ *n.* notice, announcement, proclamation

hiểu lầm *v.* to misunderstand: **Cô ấy hiểu lầm tôi những gì tôi nói.** She misunderstood what I said.

hiểu ngầm *v.* to understand through hints

hiệu 1 *n.* (= **tiệm**) shop, store, department store: **hiệu thuốc tây** pharmacy **2** *n.* pen name, pseudonym; nickname: **bút hiệu** pseudonym; **quốc hiệu** official name of a country **3** *n.* signal, sign: **ra hiệu** to motion, to signal; **nhãn hiệu** trade mark, label; **khẩu hiệu** password, watch word, slogan

hiệu chính *v.* to regulate, to check, to revise

hiệu đính *v.* to edit, to check

hiệu đoàn *n.* student council

hiệu lệnh *n.* order, command

hiệu lực *n., adj.* effect, validity; effective

hiệu năng *n.* efficacy, efficiency

hiệu nghiệm *adj.* effective, efficient

hiệu quả *n.* effect, result: **vô hiệu quả** without result; in vain

hiệu số *n.* difference, remainder

hiệu suất *n.* efficiency, output, yield

hiệu triệu *v.* to appeal

hiệu trưởng *n.* high school principal, primary school principal, headmaster, university president: **hiệu trưởng trường đại học ngoại ngữ Hà Nội** the president of Hanoi University of Foreign Languages

hình *n.* form, shape, figure; appearance, image, portrait, photograph, picture, illustration (= **ảnh**): **máy hình** camera; **chụp hình** to take pictures; **vô hình** invisible; **thiên hình vạn trạng** multiform

hình ảnh *n.* image, picture: **hình ảnh quê hương** images of one's home country

hình bát giác *n.* octogon(al)

hình bầu dục *n., adj.* oval; elliptical

hình bình hành *n., adj.* parallelogram; ellipsoidal

hình bốn cạnh *n.* quadrilateral

hình bốn góc *n.* quadrangle

hình cầu *n., adj.* sphere; spherical

hình chóp *n.* pyramid(al)

hình chữ nhật *n., adj.* rectangle; rectangular

hình dáng *n.* appearance, form, air, look

hình dạng *n.* appearance, bearing, carriage

hình dung *n., v.* appearance, form; to visualize, to picture, to imagine

hình hài *n.* skeleton

hình học *n.* geometry

hình khối chóp *n.* pyramid

hình lăng trụ *n.* prism(atic)

hình lập phương *n., adj.* cube; cubic

hình luật *n.* penal code, criminal law

hình lục giác *n.* hexagon(al)

hình lục lăng *n.* hexagon(al)

hình mạo *n.* face, physiognomy

hình nhân *n.* effigy [burned in rituals]

hình như *v.* to seem, to appear, to look like: **Hình như tôi đã gặp bạn rồi.** It seems to me that I've met you some time ago.

hình ống *n., adj.* cylinder; cylindrical

hình phạt *n.* punishment, penalty

hình sắc *n.* See **hình mạo**

hình thái *n.* shape, form

hình thái học *n.* morphology

hình thang *n.* trapezoid

hình thế *n.* position, situation

hình thể *n.* exterior, physical appearance, body

hình thoi *n.* lozenge; diamond-shape

hình thù *n.* shape, figure, form

hình thức *n.* form, formality

hình trạng *n.* exterior, aspect

hình tròn *n.* circle

hình trụ *n., adj.* cylinder; cylindrical

hình tượng *n.* image, likeness

hình vóc *n.* stature

hình vuông *n.* square

híp *adj.* [of eyes] swollen [because of sleep, fatness or bump]: **híp mắt** blinded

híp pi *n.* happie, hippy

hít *v.* to inhale, to breathe, to sniff: **hít thở không khí trong lành** to sniff in fresh air

hiu *adj.* melancholic, gloomy, sad: **đìu hiu** desolate, lonely and sad

hiu hắt *v.* [of wind] to blow lightly

hiu hiu *v.* [of wind] to blow very lightly

hiu quạnh *adj.* deserted and melancholic

ho *v.* to cough: **cơn ho** fit of cough

ho gà *n.* whooping cough

ho he *v.* to speak up, to move, to stir

ho lao *n.* tuberculosis

hò *v.* to shout, to yell: **reo hò** to acclaim

hò hét *v.* to shout, to yell

hò khoan *intj.* heave ho

hò reo *v.* to acclaim

họ 1 *n.* extended family, clan; family name, last name: **Tên họ bạn là gì?** What is your full name?; **Chúng tôi cùng một họ.** We belong to the same family, we have the same family name.; **Anh ấy họ Nguyễn.** His family name is Nguyen. **2** *pron.* they, them: **Họ đến chưa?** Have they arrived yet? Are they here yet?

họ hàng *n.* relation, relative, family to be related [**với** to]

họ ngoại *n.* relatives on one's mother's side

họ nội *n.* relatives on one's father's side

hoa **1** *n.* (= **bông**) flower; blossom: **vườn hoa** flower garden, park; **chữ hoa** capital letter; **nở hoa** to blossom; **vải hoa** in printed cloth; **cánh hoa** petal; **đài hoa** calyx; **nhị hoa** stamen **2** *v.* to wave one's hands as in talking, to gesticulate

Hoa *n.* Chinese, Sino: **người Hoa** Chinese; **Trung Hoa** China

hoa cái *n.* cranium, skull

hoa đăng *n.* a flowered lantern

hoa đèn *n.* lamp wick

hoa hậu *n.* beauty queen, Miss: **cuộc thi hoa hậu thế giới** Miss Universe contest

hoa hoè *adj.* loud, gaudy

hoa hồng *n.* commission; rose flower: **ăn hoa hồng** to receive a commission

hoa khôi *n.* beauty queen, Miss

Hoa kiều *n.* overseas Chinese resident

Hoa Kỳ *n.* America, the U.S.A: **Tiếng Nói Hoa Kỳ** the Voice of America

hoa lệ *adj.* glamorous, exquisite, resplendent

hoa liễu *adj.* venereal: **bệnh hoa liễu** venereal disease

hoa lợi *n.* income

hoa mắt *adj.* dazzled

hoa mầu *n.* crop, harvest

hoa nguyệt *n.* love, flirtation

hoa niên *n.* bloom of youth, prime youth

hoa quả *n.* fruits, various fruits: **hoa quả để ăn tráng miệng** fruits for dessert

hoa râm *adj.* gray, gray-haired

hoa tai *n.* earring

hoa tay *n.* dexterity, skill in handwriting, drawing

Hoa Thịnh Đốn *n.* Washington

hoa tiêu *n.* pilot

hoa viên *n.* flower garden

hoá **1** *v.* to become, to get, to grow, to be transformed into: **hoá ra** to change; **hoá dại, hoá điên** to go berserk; **biến hoá** to change; **cải hoá** to change [conduct, person]; **đồng hoá** to assimilate; **giáo hoá, khai hoá** to educate; **phong hoá** customs and manners; **Tạo hoá** the Creator; **tiến hoá** to progress; **tiêu hoá** to digest; **văn hoá** culture; **đơn giản hoá, giản dị hoá** to simplify; **dân chủ hoá** to democratize; **thần thánh hoá** to deify **2** *n.* merchandise, goods: **hàng hoá, hoá phẩm** goods; **ngoại hoá** foreign goods; **nội hoá** native goods

hoá chất *n.* chemical product

hoá công *n.* the Creator

hoá đơn *n.* invoice, bill of sale: **viết hoá đơn cho tôi** to prepare an invoice for me

hoá giá *n.* price, cost: **hội đồng hoá giá** Price Control Commission

hoá học *n.* chemistry, chemical

hoá phẩm *n.* merchandise, goods

hoá trang *v.* to disguise oneself, to make up

hoá trị *n.* valence: **hoá trị một** univalent; **hoá trị hai** bivalent

hoà **1** *v.* to mix, to blend [**với** with] **2** *v.* to [come to a] draw, to tie [in game, sport or contest]; to be square; to break even **3** *n., adj., v.* peace, harmony, accord; peaceful; be harmonious; to harmonize: **cầu hoà** to sue for peace; **điều hoà** regular; **giảng hoà** to mediate, to make peace; **hiếu hoà** peace-loving; **khoan hoà** easy, nice; **ôn hoà** moderate, calm, poised

hoà âm *n.* chord; harmony

hoà bình *n., adj.* peace; to be peaceful: **Mọi người đều yêu chuộng hoà bình.** Everyone loves peace.

hoà giải *v.* to mediate, to conciliate, to reconcile: **tòa án hoà giải** justice of the peace court hoà hoãn *v.* to be at ease, to relax, to be moderate

hoà hội *n.* peace conference

hoà hợp *v.* to be in accord [with]

hoà khí *n.* harmony, concord

Hoà Lan *n.* (= Ha Lan) Holland/the Netherlands, Dutch

hoà nhã *adj.* amiable, courteous: **Bà ấy có thái độ hoà nhã.** She has an amiable attitude.

hoà nhạc *n.* concert: **đi nghe hoà nhạc** to go to a concert

hoà thuận *adj.* to be in accordance with or at harmony with; harmonious

hoà thượng *n.* Buddhist monk, the most venerable

hoà ước *n.* peace treaty

hoà vốn *v.* to recover capital [after a sale or a game]

hoả *n.* fire, flame: **xe hoả** train; **lính cứu hoả** fireman; **bốc hoả/phát hoả** to catch fire; **phóng hoả** to set on fire; **phòng hoả** to prevent fires; **xe cứu hoả** fire truck

hoả diệm sơn *n.* volcano

hoả đầu quân *n.* cook [in army mess]

hoả hoạn *n.* fire, blaze [the accident]

hoả lò *n.* charcoal stove, brazier

hoả lực *n.* fire power

hoả mai *n.* firelock, rifle: **súng hoả mai** firelock gun

hoả pháo *n.* gun, cannon

hoả sơn *n.* volcano

hoả tai *n.* fire [the accident]

hoả táng *v.* to cremate

hoả tiễn *n.* rocket, flaming arrow

hoả tiêu *n.* saltpeter, potassium nitrate

Hoả tinh *n.* Mars

hoả tốc *adj.* very urgent, pressing

hoả xa *n.* train; railway: **đường hoả xa** railroad

hoạ **1** *adj., adv.* rare, unusual; perhaps, maybe: **hoạ chăng, hoạ hoằn** unusual; **năm thì mười hoạ** once in a blue moon **2** *n.* misfortune, calamity, disaster, catastrophe [*opp.* **phúc**]: **Hoạ vô đơn chí.** Misfortunes never come singly.; **hoạ chiến tranh, chiến**

hoạ the scourge of war, war **3** *v.* to draw, to paint (= **vẽ**): **hội hoạ** painting; **phác hoạ** to sketch, to outline; **minh hoạ** to illustrate; **hoạt hoạ** animated cartoons

hoạ chăng *adv.* perhaps, maybe, at most: **Hoạ chăng chỉ có những người không suy nghĩ mới làm như thế.** Only thoughtless people would do that.

hoạ đồ *n.* map, plan, blueprint

hoạ may *adv.* perhaps, maybe

hoạ mi *n.* nightingale: **chim hoạ mi** nightingale

hoạ phẩm *n.* painting

hoạ sĩ *n.* painter, artist

hoạ sư *n.* painter master, artist

hoác *adj.* to be wide open, gaping

hoạch *v.* R to stroke [of pen, brush] (= **nét**); R to paint, to draw [up]; **kế hoạch** plan, program; **trù hoạch** to plan

hoạch *v.* R to earn, to reap: **thu hoạch lúa** to harvest rice

hoạch định *v.* to draw up, to define, to plan

hoài **1** *v.* to waste: **hoài công** to waste labor; **hoài của** to waste money **2** *adj., adv.* constantly, continuous, repeatedly: **Nó ăn hoài.** He just eats and eats.

hoài bão *n.* ambition, dream, aspiration

hoài cảm *n.* memory, recollection

hoài cổ *v.* to think of the past, to miss the past

hoài của! *intj.* What a pity! What a shame!

hoài nghi *adj.* doubtful, skeptical

hoài niệm *v.* to long for

hoài vọng *v., n.* to hope; hope

hoại *adj.* spoiled, out of order, damaged: **phá hoại** to destroy; **huỷ hoại** to destroy

hoan *adj., n.* joyous; cheer, welcome: **liên hoan** festival; **hân hoan** pleased, glad, happy

hoan hô *v., intj.* to shout hurrah, applaud; Cheers! Long live!

hoan hỉ *v.* to be overjoyed
hoan lạc *adj.* pleased, overjoyed
hoan nghênh *v.* to welcome [with **nhiệt liệt** warmly]
hoán *v.* to change, to exchange (= **đổi**): **giao hoán** to exchange
hoán cải *v.* to change
hoán dịch *v.* to change, to exchange
hoán vị *v., n.* to permute; permutation, transposition: **cách hoán vị** permutation
hoàn **1** *n.* sphere, pill, pellet, small ball **2** *adj.* completed, perfect: **hoàn toàn** perfect **3** *v.* to return, to refund (= **trả**): **hoàn lại tiền** to refund; **cải tử hoàn sinh** to resuscitate, to bring back to life; **cải lão hoàn đồng** to rejuvenate
hoàn bị *adj.* complete, perfect
hoàn cảnh *n.* environment, circumstances, situation, context: **Trong hoàn cảnh của tôi thật khó quyết định.** It is very hard to decide in my situation.
hoàn cầu *n.* the world, the earth: **khắp hoàn cầu** all over the world
hoàn hảo *adj.* excellent, perfect: **Những gì bạn vừa làm xong thật hoàn hảo.** What you have done is perfect.
hoàn hồn *v.* to recover from shock, to regain consciousness
hoàn mỹ *adj.* perfectly beautiful, beautiful, perfect
hoàn tất *v.* to finish, to complete: **cố Gắng hoàn tất công việc nẩy càng sớm càng tốt.** Please try to finish this job as soon as possible.
hoàn thành *v.* to complete, to finish
hoàn thiện *adj.* perfect, excellent
hoàn toàn *adj., adv.* perfect, perfectly flawless; entirely, completely, fully
hoàn tục *v.* [of monk] to return to secular life
hoàn vũ *n.* the universe
hoãn *v.* to postpone, to put off, to defer: **trì hoãn** to delay, to postpone
hoãn binh *v.* to postpone military action, to delay action

hoãn dịch *v., n.* to defer military service; deferment
hoạn **1** *n.* misfortune, accident: **hoạn nạn** bad luck/misfortune; **bệnh hoạn** sickness, illness; **hoả hoạn** fire; **hậu hoạn** disastrous consequence, ill effects **2** *v.* to castrate: **hoạn quan** eunuch
hoạn đồ *n.* official career, civil service career
hoạn giới *n.* mandarinate, officialdom
hoạn lộ *n.* official career
hoạn nạn *n.* misfortune, adversity, distress
hoang **1** *v., adj.* spendthrift; extravagant: **tiêu hoang** to spend extravagantly; **ăn hoang mặc rộng** to live expensively **2** *adj.* [of house] abandoned; [of land] uncultivated; [of child] illegitimate; deserted: **chửa hoang** to bear an illegitimate child; **bỏ hoang** to leave unfilled, unoccupied; **rừng hoang** virgin forest; **hoang dã** wild
hoang dại *adj.* wild: **cây hoang dại** wild tree
hoang dâm *adj.* lustful
hoang đàng *adj.* dissolute, debauched
hoang đảo *n.* unexplored island
hoang địa *n.* wasteland
hoang điền *n.* uncultivated field
hoang đường *adj.* fabulous, incredible, extraordinary, fantastic
hoang mang *adj.* undecided, confused
hoang phế *adj.* uncultivated
hoang phí *v.* to waste, to squander
hoang tàn *adj.* devastated, in ruins
hoang toàng *adj.* extravagant
hoang vắng *adj.* deserted
hoang vu *adj.* wild
hoàng **1** *adj.* yellow (= **vàng**); **hoàng bào** yellow imperial robe **2** *n.* phoenix **3** *n.* emperor; prince: **Nhật Hoàng** the Emperor of Japan; **Anh Hoàng** the King of England; **Nữ Hoàng Anh** the Queen of England; **bảo hoàng** monarchist; **thành hoàng** tutelary god of a village; **cựu hoàng** former emperor

hoàng anh *n.* oriole
hoàng ân *n.* imperial favor
hoàng cung *n.* imperial palace
hoàng bào *n.* imperial robe
hoàng đạo *n.* zodiac: **ngày hoàng đạo**
lucky day, auspicious day
hoàng đế *n.* emperor, king
hoàng gia *n.* royal family
hoàng giáp *n.* doctor's degree
Hoàng Hà *n.* the Yellow River
Hoàng Hải *n.* the Yellow Sea
hoàng hậu *n.* queen, empress
hoàng hôn *n.* twilight, dusk, sunset
hoàng kim *n.* gold: **thời đại hoàng kim** the golden age
hoàng ngọc *n.* topaz, yellow sapphire
hoàng oanh *n.* oriole
hoàng phái *n.* royal family
hoàng phụ *n.* the emperor's father
hoàng thái hậu *n.* the queen mother
hoàng thái tử *n.* the crown prince
hoàng tinh *n.* arrow root
hoàng thành *n.* imperial city
hoàng thân *n.* prince
hoàng thất *n.* imperial family
hoàng thiên *n.* Heaven
hoàng thượng *n.* Sire; His Majesty
hoàng tộc *n.* imperial family
hoàng triều *n.* the reigning dynasty
hoàng tử *n.* prince
hoàng yến *n.* canary [bird], serin
hoảng *v.* to be stupefied, to panic, to be awestruck: **hoảng hốt** to be panic-stricken; **hoảng sợ** to panic
hoành *n., adj.* width, breath; transversal, horizontal (= ngang) [*opp.* tung]
hoành cách mô *n.* diaphragm [in abdomen]
hoành đồ *n.* drawing, draft, [detailed] map [of building]
hoành độ *n.* abscissa [as opp. to ordinate **tung độ**]
hoành hành *v.* to act in an overbearing manner, to be aggressively haughty or arrogant
hoành phi *n.* carved board with Chinese inscription
Hoành sơn *n.* Vietnamese Cordillera

hoành tài *n.* great talent
hoảnh *adj.* dry, tearless [of eyes]: **ráo hoảnh** dry
hoạnh *v.* to scold, to criticize, to blame: **hoạnh họe** to find fault with someone's work
hoạnh tài *n.* windfall, ill-gotten money
hoạt *adj., n.* active, quick; living: **sinh hoạt** life/living
hoạt ảnh *n.* moving pictures, motion pictures, movies
hoạt bát *adj.* vivaciuos, eloquent, active, brisk: **đi đứng hoạt bát** to have an active gait
hoạt đầu *adj.* crooked
hoạt động *v., n.* to be active; activity: **hoạt động chính trị** political activities; **hoạt động xã hội** social activities; **hoạt động hội viên** active member
hoạt họa *n.* animated cartoons
hoạt kê *n., adj.* humor; humorous
hoạt kế *n.* livelihood
hoắc *adv.* very: **thối hoắc** to smell very bad
hoặc *conj.* or, either (= hay): **hoặc đúng hoặc sai** right or wrong
hoặc giả *adv.* or, perhaps, if by any chance
hoẳm *adv., adj.* very; sunken deep: **sâu hoẳm** very deep
hoẵng *n.* deer
hoắt *adj.* very sharp: **nhọn hoắt** sharp-ended
hóc *v.* to stick, to have [bone, etc.] stuck in one's throat
hóc búa *adj.* difficult, tough: **bài toán hóc búa** a very difficult mathematics problem
hóc hiểm *adj.* dangerous, perilous
học **1** *v.* to study, to learn: **học tiếng Việt** to learn Vietnamese; **du học** to study abroad **2** *n.* study, subject: **toán học** mathematics; **vật lý học** physics; **ngữ học** linguistics; **động vật học** zoology; **khoa học** science; **trường học** school; **tự học** self-taught; **hiếu học** studious; **niên học** school year, academic year; **tiểu học** ele-

mentary [education], primary [education]; **trung học** secondary [education]; **đại học** university [education], higher education

học bạ *n.* student file, school record, school report

học bổng *n.* scholarship: **được cấp học bổng** to be awarded a scholarship

học chế *n.* educational system

học chính *n.* educational service

học cụ *n.* school equipment, teaching aid

học đòi *v.* to imitate, to follow, to copy

học đường *n.* school

học giả *n.* scholar, learned man

học giới *n.* educational circles

học hành *v.* to study [and to practice]

học hiệu *n.* school: **Mỹ Quốc Lục Quân Học Hiệu** U.S. Military Academy; **Hải Quân Học Hiệu** Naval Academy

học hỏi *v.* to study, to learn, to educate oneself

học kỳ *n.* term, semester, session

học lỏm *v.* to learn merely by observing, to pick up something from someone

học mót *v.* to imitate, to copy

học lực *n.* capacity, ability [of a student]

học niên *n.* school year, academic year

học phái *n.* school of thought

học phí *n.* tuition fees, school fees

học sinh *n.* student, pupil [primary and high schools]: **nam học sinh** schoolboy; **nữ học sinh** schoolgirl

học tập *v.* to study, to learn: **học tập chính trị** to study politics

học thuật *n.* learning, education

học thuyết *n.* doctrine, theory

học thức *n.* knowledge, learning: **có học thức** educated; **vô học thức** uneducated

học trò *n.* pupil, student, schoolboy, schoolgirl

học vấn *n.* instruction, education, learning

học vị *n.* academic title, degree

học viện *n.* institute [of learning]: **đại học viện** university

học vụ *n.* educational matters, educational affairs: **bình dân học vụ** mass education

học xá *n.* student hostel, dormitory, residence hall: **đại học xá** university residence hall

hoe *adj.* bright red, reddish: **Nó khóc nhiều mắt đỏ hoe.** His eyes have become reddish from too much crying.

hoè *n.* sophora, japonica [botany]

hoen *adj.* stained, spotted: **hoen ố** stained

hoi *adj.* [of mutton] smelly: **hoi sữa** smelly milk

hói *adj.* bald: **hói đầu** bald-head

hỏi *v.* [SV **vấn**] to ask, to question, to inquire: **câu hỏi** question; **vặn hỏi** to interrogate; **hỏi cung** to interrogate [defendant]; **đòi hỏi** to demand

hỏi han *v.* to ask, to inquire

hỏi mượn *v.* to borrow

hỏi nhỏ *v.* to whisper a question

hỏi thăm *v.* to inquire about someone's health, to send one's regards to: **Cho tôi hỏi thăm ba mẹ bạn.** Send my regards to your parents.

hỏi vay *v.* to borrow [money]

hỏi vợ *v.* to ask for a girl's hand in marriage

hom hem *adj.* skinny, thin, gaunt, emaciated

hóm *adj.* [of child] mischievous: **cậu bé hóm hỉnh** a mischievous boy

hòm *n.* locker, trunk, coffer CL **cái, chiếc** (= **rương**) coffin; **hòm xe** luggage-boot

hõm *adj.* [of cheeks, eyes, etc.] hollow; deep

hòn *n.* ball, stone: **hòn bi** marble [children's]; **hòn đá** stone, piece of stone; **hòn đạn** bullet; **hòn đất** clod of earth; **hòn gạch** piece of brick; **hòn núi** mountain; **hòn ngọc** precious stone; **hòn đảo** island; **hòn máu** clot

hong *v.* to dry [something]

hóng *v.* to get, to enjoy: **đi hóng mát** to get fresh air

hòng *v.* to expect, to hope, to intend: **Cha mẹ làm việc khổ cực hòng cho con cái được sung sướng.** Parents work hard hoping that their children will have a better life in future.

hỏng *v.* to break down, to be out of order, to fail: **hỏng thi** to fail an examination; **hỏng bét** to be fouled up; **hỏng mắt** to lose one's eyesight; **Xe bị hỏng.** The car broke down.

họng *n.* throat, mouth: **Cổ họng, cuống họng; Câm họng đi!** Shut up!

hóp *adj.* [of cheeks] hollow, sunken

họp *v.* to gather, to meet, to convene, to assemble: **hội họp/nhóm họp** to have a meeting; **tụ họp** to hold a meeting; **khoá họp** session; **phiên họp** meeting

họp mặt *v.* to gather, to meet with others

họp sức *v.* to join forces, to unite

hót 1 *v.* [of birds] to sing, to twitter **2** *v.* to shovel

hô *v.* to cry out, to shout, to give military command: **hoan hô** to cheer, to acclaim; **tri hô** to shout [for help]; **cách xưng hô** form of address

hô hào *v.* to call upon, to appeal to

hô hấp *v., n.* to breathe; respiration

hô hoán *v.* to yell, to shout

hố 1 *n.* big hole, foxhole, ditch: **hố vệ sinh** septic tank; **sắp xuống hố** to have one foot in the grave **2** *v.* to be made a fool of; to overpay [price]: **Ông mua cái nầy hố rồi.** You overpaid, you paid too much for this.

hồ 1 *n.* lake, pool: **bờ hồ** lakeshore; **hồ Hoàn kiếm** Returned-Sword Lake **2** *n.* paste, gum, glue, starch, mortar to starch [shirts, etc.]: **thợ hồ** mason, bricklayer

hồ cầm *n.* Chinese violin

hồ điệp *n.* R butterfly (= **bươm bướm**)

hồ đồ *adj.* blurred, muddled, vague

hồ hởi *adj.* cheerful, happy

hồ lô *n.* bottlegourd, calabash

hồ ly *n.* fox

hồ nghi *v.* to doubt, to suspect

hồ quang *n.* arc of light [between incandescent electrodes]

hồ sơ *n.* file, docket, document: **lưu giữ hồ sơ** to keep the files

hồ tắm *n.* swimming pool

hồ thỉ *n.* a man's ambitions

hồ tiêu *n.* black pepper

hổ 1 *n.* tiger **2** *v.* to be ashamed, to feel shame: **xấu hổ/hổ thẹn** to be ashamed

hổ lốn *n.* gallimaufry, mixed staff, meal ragout made of leftovers, stew of various ingredients, hodgepodge; medley

hổ mang *n.* cobra: **rắn hổ mang** cobra

hổ phách *n., adj.* amber

hổ thẹn *adj.* to be ashamed, to feel embarrassed: **Cô ấy đỏ mặt vì hổ thẹn.** She is blushing in shame.

hỗ trợ *v.* to help one another, to support

hỗ tương *adj.* mutual, reciprocal: **Cơ Quan An Toàn Hỗ Tương** Mutual Security Agency

hộ 1 *v.* to help, to assist, to aid in: **Anh viết hộ tôi đi.** Please write it for me.; **bảo hộ** protectorate; **giám hộ** trusteeship; **phù hộ** [of deities] to assist, to protect **2** *n.* household: **Trong xóm nầy có bao nhiêu hộ?** How many households are there in this cell? **3** *adj.* civil: **luật hộ** civil law

hộ chiếu *n.* passport

hộ giá *v.* to escort a king

hộ khẩu *n.* number of inhabitants, family registration

hộ lại *n.* village or county clerk

hộ pháp *n.* guardian spirit [in Buddhism], [Caodaist] Pope; giant, colossus

hộ sản *n., adj.* maternity, pertaining to childbirth: **nghỉ hộ sản** maternity leave

hộ sinh *v.* to deliver a child: **nhà hộ sinh** maternity hospital; **nữ hộ sinh** midwife; **Trường Nữ Hộ Sinh Quốc gia** School of Midwifery

hộ tang *adj.* mourning, grieving

hộ thân *v.* to protect oneself

hộ tịch *n.* civil status, legal status

hộ tống *v.* to escort

hộ vệ *v.* to escort, to guard

hốc *n.* hole, cave, hollow: **hốc đá** a hollow in the rocks

hốc hác *adj.* to be gaunt, emaciated

học **1** *v.* to vomit **2** *n.* drawer: **để hồ sơ vào học tủ** to put documents into desk drawers

học tốc *adj.* very fast, breathless: **làm việc học tốc cho xong bản báo cáo** to work without stop in order to finish the report

hôi **1** *adj., v.* bad-smelling, smelly; to smell bad, to stink: **hôi như cú** to smell like a skunk **2** *v.* to loot: **hôi của sau vụ nổ bom** to loot after an explosion

hôi hám *v.* to stink

hối **1** *v.* to repent, to regret, to be sorry: **Họ rất hối hận vì đã làm lỗi.** They are very sorry for the mistakes they made. **2** *v.* to urge, to press, to push: **Ông ta cứ hối tôi đi học hoài.** He always urges me to go to school.

hối cải *v.* to show repentance and the desire to change: **khoan dung đối với những người biết hối cải** to be tolerant of those who showed repentance and the desire to change

hối đoái *n.* exchange: **sở hối đoái** exchange office

hối hả *v.* to urge, to press; to be in a hurry

hối hận *v.* to repent, to regret: **Bạn tôi rất hối hận vì đã không giúp ông được gì.** My friend regretted that he couldn't help you at all.

hối lộ *v.* to bribe: **ăn hối lộ** to receive a bribe; **vụ hối lộ** bribery

hối thúc *v.* to urge, to push

hối xuất *n.* exchange rate: **Hối xuất một đô la Mỹ là bao nhiêu?** What is the exchange rate for one U.S. dollar?

hồi **1** *n.* moment, time, period; act [of a play], chapter [of a novel **tiểu thuyết**]; round: **một hồi trống** a roll(ing) of the drum; **hồi ấy, hồi đó** at that time; **hồi này** these days **2** *v.* to return (= **về, trả lại**): **hồi âm** to reply; **phục hồi** to restore; **văn hồi** to restore

hồi âm *v.* to reply, to respond

hồi cư *v.* to come back to one's home after an evacuation

hồi đáp *v.* to answer, to reply

Hồi giáo *n.* Islam

hồi hộp *adj.* nervous, anxious

hồi hương *v.* to return from abroad

hồi hưu *v.* to retire [from work]

hồi kinh *v.* to come back to the capital

hồi loan *v.* [of king] to return to the palace, to return from a trip

hồi môn *n.* dowry

hồi phục *v.* to recover

Hồi Quốc *n.* Pakistan

hồi sinh *v.* to restore to life: **cải tử hồi sinh** to resuscitate

hồi tâm *v.* to regret, to repent

hồi tỉnh *v.* to regain consciousness, to come to normal

hồi tưởng *v.* to recall, to reminisce [object preceded by **đến/tới**]

hội **1** *v.* to gather, to meet: **Chúng ta nên hội nhau bàn thảo chương trình.** We should meet to discuss the program. **2** *n.* assembly; association, society; fete: **hội giáo chức** teachers' association; **ngày hội** festival day **3** *n.* opportunity, occasion, time: **cơ hội** opportunity

hội ái hữu *n.* friendship society

hội buôn *n.* commercial firm

hội chợ *n.* fair, show: **hội chợ Tết** Tet festival show

hội đàm *v., n.* to negotiate; to confer; conference

hội đồng *n.* meeting, council: **Hội Đồng Bảo Công** An Security Council; **Hội Đồng Quản Thúc** Trusteeship Council; **Hội Đồng Đô thành** municipal council; **hội đồng gia tộc** family council; **Hội đồng Du học** Commission on Overseas Study hội hè *n.* festivals, feasts

hội hoạ *n.* painting

hội họp *v.* to gather, to meet: **hội họp báo chí** press conference

hội kiến *v.* to see, to interview, to meet officially

hội kín *n.* secret society

hội nghị *n.* conference, convention, meeting: **Hội Nghị Tứ Cường** Big Four Conference; **Hội Nghị Á Phi** Afro-Asian Conference

hội ngộ *v.* to meet, to encounter, to re-unite

hội quán *n.* headquarters [of society], club

hội trường *n.* conference hall, lecture theater

hội trưởng *n.* president, chairman [of society]

hội tụ *v.* to converge

hội viên *n.* member of a society/club: **hội viên danh dự** honorary member; **hội viên hoạt động** active member

hội ý *v.* to have an exchange of ideas, to consult one's opinions

hôm *n.* day, afternoon, evening: **chiều hôm nay** this afternoon; **ngày hôm nay** today; **hôm qua** yesterday; **hôm kia** the day before yesterday; **hôm nọ** the other day; **hôm kìa** three days ago; **hôm sau** the next day; **hôm trước** the day before; the other day

hôn *v.* to kiss

hôn lễ *n.* wedding ceremony

hôn mê *v.* to be unconscious, to be in a coma

hôn nhân *n.* marriage

hôn phối *n.* marriage

hôn phu *n.* fiance

hôn thú *n.* marriage certificate

hôn ước *n.* promise of marriage

hồn *n.* soul [of living or dead men] [as opp. to body **xác**]: **tâm hồn** soul [of living man]; **linh hồn** soul [of dead man]; **cô hồn** medium; **kinh hồn** frightening

hồn nhiên *adj.* natural, innocent, spontaneous

hổn hển *adj.* panting: **thở hổn hển** to be panting

hỗn *adj.* impolite, insolent, ill-mannered, rude

hỗn chiến *v.* to engage in a dog-fight brawl, to fight free for all

hỗn độn *adj.* disorderly, chaotic

hỗn hào *adj.* impolite, rude

hỗn hợp *v., adj.* [of committee or commission] to join, to mix; joint, mixed: **uỷ ban hỗn hợp** a joint committee

hỗn láo *adj.* impolite, rude

hỗn loạn *adj.* disorderly, chaotic

hỗn mang *adj.* chaotic, misty

hỗn tạp *adj.* to be helter skelter, pellmell, mishmash

hỗn xược *adj.* impolite, rude

hông *n.* hip, haunch

hống hách *adj.* [of official] to show one's power, to be arrogant

hồng **1** *adj.* rose, pink, rosy **2** *n.* wild goose **3** *n.* persimmon CL **quả, trái**

Hồng Hải *n.* Red Sea

hồng hào *adj.* rosy, ruddy

hồng học *adj.* panting

hồng huyết cầu *n.* red corpuscle, red cell

Hồng Kông *n.* Hong Kong

hồng lâu *n.* house of prostitution

hồng ngoại *n.* infra-red: **hồng ngoại tuyến** infra-red rays

Hồng Mao *n.* British, English(man)

hồng nhan *n.* beautiful woman

hồng phúc *n.* great happiness

Hồng quân *n.* Red Army

hồng quần *n.* woman

Hồng Thập Tự *n.* Red Cross

hồng thuỷ *n.* deluge, flood

hồng y *n.* red robe [worn by cardinals]: **Đức Hồng y Giáo chủ** the Cardinal

hổng *adj.* hollow, having gaps: **lỗ hổng** hole/gap

hộp *n.* box, carton, case, can: **hộp diêm** a box of matches, **hộp nữ trang** jewelry case; **đồ hộp** canned food; **cá hộp** canned fish; **sữa hộp** canned milk

hộp đêm *n.* nightclub

hộp quẹt *n.* box of matches

hộp số *n.* gear-box

hộp thư *n.* letter box

hốt *v.* to gather, to rake in, to scoop up

hốt hoảng *v.* to get excited, to panic

hột *n.* (= **hạt**) grain; stone, seed; kernel; drop [of rain **mưa**]: **hột** sen [fresh] lotus seed; **hột lúa giống** rice seed

hột xoàn *n.* diamond: **tiệm bán hột xoàn** a diamond dealer's shop

hơ *v.* to dry over a fire, to heat over a fire

hơ hớ *adj.* [of girl] to be young, in the glow of juvenile beauty

hớ *v.* to pay too much for a piece of merchandise; to blunder

hớ hênh *adj.* careless, tactless

hờ *adj.* not close, not secure: **bạn hờ** no close friend

hờ hững *adj.* negligent, indifferent, half-hearted

hở *adj.* opened, uncovered, leaked: **để hở cửa** to leave the door opened; **áo hở vai** decollete

hở hang *adj.* scanty: **Cô ấy ăn mặc hở hang.** She is scantily dressed.

hở môi *v.* to open one's mouth, to speak up

hở răng *v.* to open one's mouth, to speak up

hơi **1** *n.* [VS **khí**] steam; breath; vapor, gas, air; odor: **đánh hơi** to scent; **bay hơi, đi hơi** to evaporate; **bốc hơi** to vaporize; **cầm hơi** to hold one's breath; **hết hơi** out of breath; **uống một hơi** to drink in one gulp; **thở hơi cuối cùng** to breathe one's last; **xe hơi** automobile **2** *adv.* slightly, somewhat, a little, a bit, rather [precedes verb]: **Việc nầy hơi gấp.** This is quite an urgent matter.

hơi đâu (mà) *adv.* What is the use of?

hơi men *n.* [smell of] alcohol: **Người ông ấy có hơi men nồng.** He has a strong smell of alcohol.

hơi ngạt *n.* asphyxiating gas

hơi sức *n.* force, strength

hơi thở *n.* breath: **hơi thở cuối cùng** one's last breath

hời *adj.* inexpensive, cheap: **Không ai bán giá hời cho bạn đâu.** No one sells to you at very cheap prices.

hởi *adj.* satisfied: **Bạn nói thế họ thật là hởi dạ, hởi lòng.** You said that they are satisfied.

hỡi *intj.* [exclamation used in formal address before second person pronoun]: **Hỡi đồng bào thân mến.** Dear compatriots!

hỡi ôi! *intj.* Alas!

hợm *adj.* to be haughty, arrogant, conceited

hợm hĩnh *adj.* supercilious

hơn *adj.* [*opp.* **kém**] more, more advantageous than; surpassed, outdone; to have more than, more than: **A hơn B về toán** A is better than B in math.; **Anh ấy có nhiều tiền hơn tôi.** He has more money than me.; **tốt hơn** better than; **đẹp hơn** more beautiful than

hơn nữa *adv.* furthermore

hơn thiệt *n.* pros and cons, advantages and disadvantages

hớn hở *v.* to be cheerful, to be in a good mood, to be in good spirits

hờn *v.* [of a child] to cry, to be fussy, to throw a tantrum; to hold a grudge, to complain, to grumble

hờn giận *v.* to sulk, to be angry

hờn căm *v.* to hate

hớp *v.* to sip, to snap up

hợp *v.* [**hiệp**] to unite, to be united, [*opp.* **tan**]; to be suitable, to be conformable, to go together: **Liên hợp Quốc** the United Nations; **hỗn hợp** mixed, joint; **phù hợp** in conformity with; **tổng hợp** synthesis

hợp ca *v.* to sing together in a chorus: **đoàn hợp ca** choir

hợp cách *adj.* appropriate, adequate, right way

hợp cẩn *n.* wedding feast [the bride and bridegroom share the wine cup]

hợp chất *n.* compound

Hợp Chủng Quốc Hoa Kỳ *n.* the United States of America

hợp đồng *n.* contract: **ký hợp đồng** to sign the contract

hợp kim *n.* alloy

hợp lẽ *adj.* reasonable, logical, sensible, rational

hợp lệ *adj.* orderly, regular

hợp lực *v.* to join forces

hợp lý *adj.* rational, reasonable, logical, sensible

hợp lý hoá *v.* to rationalize

hợp nhất *v.* to unite, to unify; to be united, to merge

hợp pháp *adj.* legal, lawful: **bất hợp pháp** illegal

hợp quần *v.* to unite

hợp tác *v.* to co-operate: **hợp tác làm việc với ai** to co-operate by working together

hợp tác xã *n.* co-operative

hợp tấu *n.* chorus, concert

hợp thời *adj.* timely, fashionable, opportune

hợp thức *adj.* proper, appropriate, suitable

hợp tính *adj.* compatible

hớt *v.* to cut off small bits, to skim, to remove [scum]; to tattle

hớt tóc *v.* to have or give a hair cut

hớt ha hớt hãi *adj.* in a hurry, panic-stricken

hớt lẻo *adj.* to be an informer

hu hu *v.* to cry or to weep noisily

hú *v.* to call out to

hú hí *v.* to enjoy oneself [with wife and children]

hú hoạ *adv.* by accident; haphazardly

hú hồn *v.* to call back a soul

hú tim *n.* hide and seek

hú vía! *intj.* Phew! a narrow escape

hủ *adj.* old-fashioned, outmoded: **cổ hủ** old-fashioned

hủ bại *adj.* corrupt, degenerate: **bài trừ phong tục hủ bại** to abolish degenerate customs

hủ lậu *adj.* old-fashioned, outmoded, backward

hủ nho *n.* old-fashioned scholar

hủ tục *n.* outmoded traditions or customs

hũ *n.* jar: **hũ mứt** a jar of jam

hùa *v.* to follow, to go along: **hùa theo bạn bè** to follow friends

huân chương *n.* medal: **huân chương văn hoá giáo dục** medal for educational and cultural services

huân công *n.* merit

huân tước *n.* title, honor

huấn *v.* to teach, to instruct: **giáo huấn/giảng huấn** to teach

huấn dụ *v.* to teach, to advise

huấn đạo *n.* educational officer

huấn lệnh *n.* instructions, order

huấn luyện *v.* to train, to coach, to teach: **huấn luyện công nhân** to train workers

huấn luyện viên *n.* training officer

huấn từ *n.* speech [by the President or a Secretary of State]

húc *v.* to butt, to hit, to collide: **Xe húc vào cây.** The car banged into a tree.

hục hặc *v.* to quarrel, to nag

huê *n.* See hoa

huê lợi *n.* yield, income

Huế *n.* Hue city [in central part of Vietnam]

huề *v.* See hoà

huệ *n.* lily: **hoa huệ** lily flower

huếch hoác *adj.* wide, opened, gaping

huênh hoang *v., adj.* to be showy, to brag; bombastic

húi *v.* to clip, to cut one's hair

hủi *n.* leprosy: **người hủi** a leper (= **cùi**); **bệnh hủi** leprosy; **trại hủi** leper colony

hụi *n.* See hội

hum húp *adj.* swollen

hùm *n.* tiger: **hang hùm** tiger's lair

hụm *n.* a gulp, a drink: **hụm nước** a gulp of water

hun *v.* See hôn

hun đúc *v.* to forge, to form, to train

hùn *v.* to contribute [money, share] in an investment: **hùn vốn mở tiệm ăn** to contribute the capital to open a restaurant

hung 1 *adj.* [of hair, etc.] reddish 2 *adj.* mad, furious, ferocious, violent

hung ác *adj.* cruel, wicked

hung bạo *adj.* cruel, wicked

hung dữ *adj.* to be fierce-looking

hung hãn *adj.* to be aggressive, violent

hung hăng *adj.* to be aggressive, violent, reckless; impetuous

Hung Gia Lợi *n.* Hungary, Hungarian

hung phạm *n.* murderer, assassin, killer, criminal

hung tàn *adj.* cruel, brutal

hung thần *n.* evil spirit

hung thủ *n.* murderer, assassin, killer, criminal

hung tín *n.* bad news

hung tợn *adj.* savage

húng *n.* mint leaves

hùng *adj.* brave, strong, powerful: **anh hùng** hero

hùng biện *adj.* eloquent: **tài hùng biện** eloquence

hùng cường *adj.* strong, powerful: **Họ nỗ lực xây dựng một đất nước hùng cường.** They try their best to build a powerful country.

hùng dũng *adj.* brave, martial

hùng hậu *adj.* [of forces] strong, powerful

hùng hoàng *n.* red arsenic

hùng hổ *adj.* violent, vehement, aggressive

hùng hồn *adj.* eloquent, forceful

hùng tráng *adj.* strong, mighty, magnanimous, grand, grandiose

hùng vĩ *adj.* great, imposing, grandiose

huống *adv.* all the more reason for, even more so

huống chi *adv.* let alone, not to mention, much less: **Đi tản bộ cho khoẻ mạnh; các cậu cũng không được phép, huống chi là nô đùa ầm ĩ.** The boys were not allowed a healthy walk, much less a romp.

huống hồ *adv.* much less, let alone, not to mention

húp 1 *v.* to slurp, to suck in [soup, rice gruel] 2 *adj.* swollen: **má sưng húp** to have a swollen cheek

hụp *v.* to dive, to plunge, to disappear under the water

hút *v.* to suck, to inhale, to smoke, to vacuum: **Cấm hút thuốc!** No smoking!; **hút bụi** to vacuum a place

hụt *adj.* to be lacking, short: **thiếu hụt** in deficit; **bắt hụt** to fall to catch; **chết hụt** to escape death very narrowly

huy chương *n.* medal

huy động *v.* to mobilize

huy hiệu *n.* name, badge

huy hoàng *adj.* splendid, radiant, resplendent

huý *n.* tabooed name, forbidden name [to avoid mentioning names of elders, words similar to or homonymous with unlucky words]: **tên huý** tabooed name; **Cụ tên Nguyễn Nam và huý là Đông Sơn.** His name was Nguyen Nam, but his tabooed name was Dong Son.

huý nhật *n.* anniversary of death

huỷ *v.* to destroy, to cancel: **phá huỷ/ tiêu huỷ** to destroy; **thiêu huỷ** to burn so as to destroy

huỷ bỏ *v.* to cancel, to abolish: **huỷ bỏ kỳ thi vấn đáp** to abolish the oral examination; **huỷ bỏ tài liệu mật** to destroy secret documents

huỷ hoại *v.* to destroy, to demolish: **Trong chiến tranh nhiều nhà cửa bị huỷ hoại.** During the war many houses were destroyed.

huých *v.* to push, to shove

huỵch *n.* thud, whack [noise of heavy thing falling down]

huyên náo *adj.* noisy, bustling, uproarious: **Nhiều tiếng huyên náo ở ngoài đường.** There are lots of uproars in the street.

huyên thiên *v.* to talk big, to brag, to boast

huyền 1 *n.* mark or symbol for low falling tone: **dấu huyền** falling tone marker, grave accent **2** *adj.* jet; black: **chuỗi hạt huyền** a jet necklace; **mắt huyền** black eyes **3** *n.* R string [of a musical instrument]: **đàn độc huyền** monochord, Vietnamese one-stringed instrument

huyền ảo *adj.* illusory, fanciful: **một cảnh huyền ảo** a fanciful scenery

huyền bí *adj.* mysterious, occult

huyền chức *v.* to suspend position [an official]

huyền diệu *adj.* abstruse, mysterious, marvelous, wonderful

huyền hoặc *adj.* fantastic, fabulous, legendary

huyền vi *adj.* mysterious, subtle, delicate

huyện *n.* (= **quận**) district: **tri huyện** chief of district

huyện đường *n.* yamen, office of district chief

huyện ly *n.* district city, county capital

huyện trưởng *n.* district chief

huyết *n.* blood (= **máu**): **lưu huyết** bloodshed; **bạch huyết** lymph; **hoại huyết** scurvy; **thổ huyết** to vomit blood; **nhiệt huyết** enthusiasm; **băng huyết** hemorrhage

huyết áp *n.* blood pressure

huyết bạch *n.* leucorrhea

huyết cầu *n.* blood corpuscle, blood cell

huyết cầu tố *n.* hemoglobin

huyết chiến *n.* bloody battle

huyết khí *n.* energy, constitution

huyết mạch *n.* pulse; vital thing

huyết nhục *n.* consanguinity kinship

huyết quản *n.* blood vessel

huyết thanh *n.* serum

huyết thanh học *n.* serology

huyết thống *n.* blood, descent, parentage, kinship

huyết tương *n.* plasma

huyệt **1** *n.* grave; cave, hole: **đào huyệt** to dig a grave; **hạ huyệt** to lower a coffin into a grave **2** *n.* vital point in the human body [Chinese boxing and medicine]

huynh *n.* elder brother (= **anh**): **Tứ hải giai huynh đệ.** All men are brothers.; **phụ huynh** parents [of students]; **gia huynh** my elder brother

huynh trưởng *n.* eldest son

huỳnh *n.* firefly, glow worm (= **đom đóm**)

huýt *v.* to whistle: **huýt sáo** to whistle

hư *adj.* decayed, rotten, spoiled (= **hỏng**); out of order, damaged; [of children] naughty, spoiled, unruly, ill-bred; false [*opp.* **thực**]: **nhà bị hư** damaged house

hư danh *n.* vainglory, empty fame, vanity of fame: **Mấy ai chuộng hư danh.** No one attaches importance to empty fame.

hư hoại *adj.* spoiled, injured, damaged

hư hỏng *v., adj.* to break down, to fail; to be out of order, to be spoiled

hư không *adj.* vain, nil

hư số *n.* abstract number

hư vị *n.* nominal position

hư vô *adj.* nothing: **cõi hư vô** nothingness

hừ *intj.* Huh! Hum!

hứa *v.* to promise, to vow: **lời hứa** promise, vow; **giữ lời hứa** to keep one's promise

hứa hảo *n.* empty promise

hứa hẹn *v.* to promise

hứa hôn *v.* to betroth, to engage

hưng *adj.* R flourishing, thriving; prosperous [*opp.* **phế**]: **chấn hưng** to develop, to render prosperous; **phục hưng** renaissance

hưng binh *v.* to raise troops

hưng khởi *v.* to prosper, to thrive

hưng quốc *v.* to foster the country, to build the nation

hưng thịnh *n.* prosperity

hưng vong *n.* ups and downs

hứng **1** *v.* to catch [something falling] **2** *n.* interest, inspiration, enthusiasm: **làm việc tuỳ hứng** to work only when one has a feeling of enthusiasm

hứng thú *adj.* interested, interesting

hửng *v.* [of day] to break, [of sun] to

167

be coming out: **trời hửng sáng** daylight breaks

hững hờ *adj.* cold and indifferent

hương *n.* perfume, fragrance, incense: **nén hương** incense stick, joss stick; **bình hương, lư hương** incense burner

hương án *n.* altar

hương ẩm *n.* village feast

Hương Cảng *n.* Hong Kong

hương chính *n.* village administration

hương chức *n.* village authorities

Hương Giang *n.* Perfume River [in Hue]

hương hoa *n.* offerings [incense and flowers]

hương hoả *n.* inheritance

hương hồn *n.* soul [of dead person]

hương khói *n.* ancestral cult, ancestor worship

hương sư *n.* village teacher

hương thí *n.* regional examination

hương thôn *n.* village, hamlet

hương trưởng *n.* village chief

hương vị *n.* taste, flavor

hướng *n., v.* direction; to face, to be directed: **phương hướng** directions; **định hướng** set course; **chí hướng** ambition, aspiration

hướng dẫn *v.* to guide, to lead

hướng dương *n.* sunflower

hướng đạo *n.* guide; boy scout

hướng đạo sinh *n.* boy scout

hướng tâm *adj.* [of a force] centripetal

hường *adj.* See **hồng**

hưởng *v.* to enjoy [a condition in life]; to receive: **Đương sự được hưởng ng phụ cấp ly hương.** The employee [or official] will receive an expatriation allowance.

hưởng thọ *v.* to die at the age of

hưởng thụ *v.* to enjoy: **hưởng thụ đời sống** to enjoy life

hưởng ứng *v.* to respond [to], to answer, to support: **hưởng ứng lời kêu gọi của nghiệp đoàn** to respond favorably to the union's appeal

hươu *n.* stag, roe deer: **sừng hươu** deer antler

hươu vượn *n.* idle talk, humbug

hưu *v.* R to rest, to stop working, to retire: **về hưu, hồi hưu** to retire

hưu bổng *n.* retirement pension

hưu chiến *n.* cessation of hostilities, truce, armistice

hưu trí *v.* to retire from employment

hữu 1 *v.* to have, to own; R there is/ are (= **có**): **quyền sở hữu** ownership; **quyền tư hữu** private ownership; **quốc hữu hoá** to nationalize **2** *n.* friend (= **bạn**): **bạn hữu/bằng hữu** friend; **trận đấu giao hữu** friendship match **3** *adj.* right, right hand side (= **phải, mặt**): **bên hữu** to the right; **cực hữu** extreme right; **thiên hữu** rightist; **tả hữu** left and right

hữu cơ *adj.* organic: **hoá học hữu cơ** organic chemistry

hữu danh *adj.* famous, well-known

hữu dụng *adj.* useful

hữu duyên *adj.* lucky, compatible, favorable

hữu hạn *adj.* limited: **công ty hữu hạn** company limited (Ltd)

hữu hiệu *adj.* efficient, effective

hữu hình *adj.* visible, concrete, tangible, material

hữu ích *adj.* useful: **Công trình nầy rất hữu ích.** This project is very useful.

hữu ngạn *n.* right bank [of river]

hữu nghị *adj., n.* friendly; friendship: **hiệp hội hữu nghị** friendship society

hữu sản *adj., v.* wealthy; to own property

hữu tình *adj.* lovely, charming

hữu ý *adj., adv.* intentional; intentionally [*opp.* **vô tình**]

hy hữu *adj.* rare: **Đó là chuyện hy hữu.** That is a rare story.

Hy Lạp *n.* Greece, Greek

hy sinh *v.* to sacrifice [oneself]: **Cha mẹ hy sinh cho con cái.** Parents sacrifice themselves for their children.

hy vọng *v.* to hope: **Họ hy vọng một ngày mai tươi sáng.** They hope for a bright future.

hý hoạ *n.* cartoon, caricature

hý kịch *n.* comedy

hý trường *n.* theater

hý viện *n.* theater

hỷ *adj.* glad, happy: **giấy báo hỷ** wedding announcement

hỷ tín *n.* good news [about marriage or childbirth]

hýt rô *n.* [Fr. *hydrogene*] hydrogen

I

i tờ *v.* i and t; first lesson of an anti-illiteracy textbook, to have just begun to learn how to read and write: **Nó còn i tờ về tiếng Anh.** He knows only the ABC of English.

ì *v.* to be motionless; to be inert, to be stubborn, to be obstinate: **Tôi không hiểu tại sao ông ta lại ngồi ì ra đó không làm gì cả.** I don't understand why he sits so still the whole day without doing anything.

ì à ì ạch *adv.* strenuously: **khiêng cái túi ì à ì ạch** to carry a bag strenuously

ì ạch *adv.* with difficulty, strenuously: **Ông ấy khiêng ì ạch một thùng nặng.** He carries the heavy box with difficulty.

ỉa *v.* to go to the bathroom, to empty one's bowels

ỉa chảy *v.* to have diarrhea: **Bạn vừa ăn gì mà bị ỉa chảy vậy.** What you have eaten may cause diarrhea.

ỉa đái *v.* to make a mess, to empty one's bowels

ỉa đùn *v.* [of child] to dirty one's diaper or pants

ích *v.* to have profit, to use, to be profitable, to be useful: **hữu ích/có ích** to be useful; **vô ích** useless

ích kỷ *adj.* selfish: **Không ai quí trọng con người ích kỷ.** No one respects a selfish person.

ích lợi *adj.* profitable, useful: **Bạn vừa nói cho tôi những điều rất ích lợi.** You have told me some very useful things.

im *adj.* silent, quiet, still, calm: **im hơi lặng tiếng** to keep quiet

im bặt *v.* to become completely silent

im lặng *adj.* silent, quiet: **Im lặng!** Silence please!

im lìm *adj.* quiet: **ngôi nhà im lìm** a quiet house

im mồm *v.* to shut up, to shut one's mouth

im như tờ *adj.* very quiet

im phăng phắc *adv.* absolute noiselessly

in 1 *v.* [SV ấn] to print: **máy in** printing machine, press; **nhà in** printing house; **thợ in** printer 2 *v.* to engrave: **in vào trí óc** to engrave something on one's mind 3 *adj.* to be as alike as two peas: **Hai anh em in như đúc.** The two brothers are as alike as two peas.

in ít *adj.* little

inh *adj.* noisy, boisterous

inh ỏi *adj.* noisy, loud, strident: **Tiếng còi xe kêu inh ỏi.** The car's horn is very loud.

inh tai *adj.* deafening

ình *v.* to swell

ít *adj.* little, small quantity; to be or have little/few; there is little; there are few; to act to a small degree [second verb in series]; to act only rarely [first verb in series]: **ít nói** to be taciturn; **Chúng tôi [có] ít tiền.** We have little money.; **Ở đây ít muỗi.** There are few mosquitoes here.; **Nó ăn ít.** He eats a little.; **Nó ít ăn.** He rarely eats.; **chút ít** a little, a few

ít khi *adj., adv.* rare; seldom: **Bà ấy ít khi đi họp.** She rarely comes to the meeting.

ít lâu *n.* a little while: **Ít lâu nay tôi không gặp ông ấy.** I haven't met him for a little while.

ít nhất *adv.* at least: **Công việc đó làm ít nhất phải mất một tháng.** That job needs at least one month to complete.

ít nhiều *adj.* a little, some, a few

ít nữa *adj.* at least; in a while; more: **Vấn đề đó ít nữa sẽ rõ.** That issue will be clear in a while.

ít ỏi *adj.* in a small quantity

ít ra *adj.* at least, to say the least

ỉu *adj.* doughy, soggy: **Bánh mì đã ỉu rồi.** This bread roll was doughy.

ỉu xìu *adj., n.* gloomy; dampened spirits: **Cô ấy buồn quá mặt mày ỉu xìu.** She is very sad, that's why she looks gloomy.

K

ka ki *n.* khaki, a type of fabric: **Quần tôi may bằng vải ka ki.** My trousers are made of khaki.

ka li *n.* potassium

ke 1 *n.* [Fr. *quai*] quay, dwarf, dock railroad tracks 2 *n.* [Fr. *équerre*] square ruler

ké 1 *v.* to put one's money with, to make a small side-bet [jointly with a gambler] 2 *v.* to squeeze in: **đi ké xe** to squeeze in for a lift 3 *n.* cocklebur

kè kè *adj.* close by, side by side: **Họ đi kè kè bên nhau.** They walk side by side.

kè nhè *adj.* [of voice] insistent: **nói kè nhè** to speak in an insistently low voice

kẻ 1 *n.* individual, person, man [cf. người] 2 *v.* to draw [a line]: **kẻ một đường thẳng** to draw a straight line; **thước kẻ** ruler; **giấy kẻ rồi** lined paper

kẻ cả *adj.* elder, senior: **Ông ấy hành sử kẻ cả.** He behaves as though he is more senior.

kẻ chợ *n.* city people; city [old term]

kẻ cướp *n.* robber: **Sáng nay, cảnh sát đã bắt được kẻ cướp.** This morning, police caught the robbers.

kẻ khó *n.* the poor

kẻ thù *n.* enemy, foe: **Thật khó mà biết ai là kẻ thù của ta.** It is hard to know who our enemy is.

kẻ trộm *n.* burglar

kẽ *n.* crack, interstice, gap, crevice: **kẽ hở** gap

kéc *n.* parrot

kem *n.* [Fr. *crème*] ice cream; beauty cream: **kem bốn màu** four color icecream; **kem đánh giầy** shoe polish; **kem ly/cốc** ice-cream served in glasses; **kem cây** ice-cream on a stick

kém *adj.* [*opp.* hơn] less [advantageous, profitable, etc.]; weak, fewer, less than: **ba giờ kém năm** five to three [2:55]; **mắt kém** [to have] poor eyesight; **A kém điểm hơn B về Pháp văn.** A's score is less than B's for French.

kèm 1 *v.* to go along with, to guide and guard: **đi kèm** to send along 2 *v.* to enclose; **kèm theo đây** enclosed herewith

kèm nhèm *adj.* bleary-eyed

kẽm *n.* zinc: **bản kẽm** zinc block, plate

kén 1 *n.* cocoon 2 *v.* to select, to choose (= chọn): **kén cá chọn canh** to pick and choose, choosy

kèn *n.* trumpet, bugle, clarinet, saxophone: **thổi kèn** to play one of these wind instruments; **không kèn không trống** without fanfare

kèn cựa *adj.* jealous, envious

kèn kẹt *v.* to creak

keng *n.* cling clang

kẻng 1 *adj.* smart, chic 2 *n.* makeshift gong

keo 1 *n.* gelatin, glue 2 *n.* round [fighting]: **vật nhau ba keo** to wrestle three rounds 3 *adj.* stingy, parsimonious: **keo bẩn/keo cú, keo kiệt** mean, stingy

keo sơn *adj.* [of friendship] close, long-lasting: **tình bạn keo sơn** longlasting friendship

kéo 1 *n.* pair of scissors 2 *v.* to pull, to drag: **kéo cờ** to hoist the flag; **kéo buồm** to trice up a sail; **kéo đàn vĩ cầm** to play the violin

kéo bè *v.* to form a gang, to gang up, to form a party

kéo cánh *v.* to form a gang, to gang up, to gather into a faction

kéo co *n.* tug of war

kéo dài *v.* to stretch, to lengthen, to drag on/out: **kéo dài công việc** to prolong a piece of work

kéo lại *v.* to recover, to make up

kéo lê *v.* to trail, to drag

kèo *n.* rafter

kẻo *conj.* or else, because, or otherwise, lest: **Chúng ta nên cẩn thận kẻo chúng biết.** We should be careful lest they know about it.; **Mau lên kẻo trễ.** Hurry up or you'll be late.

kẽo kẹt *adj.* sound of a creaking door or wheels

kẹo **1** *adj.* stingy, tightfisted, close-fisted **2** *n.* candy: **Cho ăn kẹo nó cũng không dám làm.** He wouldn't dare do it even if we give him candy.

kẹo bông *n.* cotton candy

kẹo cao su *n.* chewing gum

kẹo chanh *n.* lemon candy

kép **1** *n.* actor, comedian **2** *adj.* double, twofold; of two thicknesses: **áo kép** lined coat

kẹp *v.* to press, to squeeze

két *n.* [Fr. *caisse*] safe; cashier's desk; case, carton [of beer, etc.]: **két sắt** safe; **một két bia** a carton of beer

kẹt *v.* to be caught, to be pinched; to stick: **Ngón tay của nó bịt kẹt trong cửa.** His fingers are pinched in the door.; **Tôi bị mắc kẹt rồi, tôi không đi được.** I am stuck so I can't go.

kê **1** *n.* millet **2** *n.* cock, chicken (= **gà**) **3** *v.* to list, to mention, to declare: **kê khai hàng hoá mang theo** to declare goods; **liệt kê danh sách người tham dự** to list the names of participants **4** *v.* to wedge up; to put, to arrange [furniture]: **kê bàn ghế trong nhà** to arrange furniture in the house

kê cứu *v.* to study, to examine [for reference]

kê gian *v.* to declare dishonestly

kê khai *v.* to declare, to list

kế **1** *n.* ruse, scheme, stratagem, trick: **con người nhiều mưu kế** to have many tricks up one's sleeve **2** *conj.* then, after that: **kế đó** after that

kế cận *adj.* neighboring, next, adjacent: **kế cận nhà tôi** next to my house

kế chân *v.* to succeed, to replace somebody

kế hoạch *n.* plan, project, strategy: **Chúng ta sẽ thực hiện kế hoạch làm việc của chúng ta trong vài ngày tới.** We will carry out our action plan in a few days.

kế mẫu *n.* stepmother

kế nghiệp *v.* to take over [a business]: **Con trai ông ấy kế nghiệp ông ta trông coi thương nghiệp.** His son took over his business.

kế phụ *n.* stepfather

kế thất *n.* second wife

kế thừa *v.* to inherit

kế tiếp *v.* to continue, to succeed

kế toán *n.* accountant, bookkeeper: **Công ty chúng ta cần một kế toán giỏi.** Our firm needs a good bookkeeper.

kế tục *v.* to continue, to follow

kế tự *n.* heir

kế vị *v.* to succeed

kề *adj.* next, close to: **ngồi kề ai** to sit next to someone

kể *v.* to relate, to narrate, to tell [a story], to mention, to enumerate, to cite [facts, figures]: **như vừa kể trên** as abovementioned; **không kể** not to mention, not to speak of; **không đáng kể** minor, not worth mentioning; **không kể xiết** numerous

kể lể *v.* to tell stories, to talk on and on

kệ **1** *v.* to leave alone, to pay no attention to: **mặc kệ** to ignore, to leave someone alone; **kệ thây nó** to leave him alone **2** *n.* shelf: **kệ sách** bookshelf **3** *n.* Buddhist prayer-book

kếch xù *adj.* [of amount] huge, bulky, colossal

kệch *v.* to make sure not to do [something], to be afraid of [somebody]

kệch *adj.* coarse, rude: **quê kệch**, **thô kệch** boorish, unrefined

kền *n.* [Fr. *nickel*] nickel: **mạ kền** to nickel plate

kênh **1** *n.* (= kinh) canal: **kênh Suez** the Suez Canal **2** *adj.* warped, not level: **Cái bàn kênh phải kê lại.** The table is not level and must be re-positioned.

kênh kiệu *v.* to put on airs, to give oneself airs, arrogant: **Cô lúc nào mặt cũng vác lên thật là kênh kiệu.** She has her nose up in the air and gives herself airs.

kềnh *v.* to lie flat, to sprawl: **ngã kềnh ra** to fall flat

kềnh càng *adj.* encumbering, cumbersome

kết **1** *v.* to fasten together, to tie in knots; to be bound together: **kết bạn** to make friends; **kết đoàn** to unite, to get in a group **2** *v.* to end, to conclude, to wind up

kết án *v.* to condemn, to convict, to sentence

kết cấu *n.* structure, composition: **kết cấu một ngôi nhà** the structure of a house

kết cục *n.* conclusion, final outcome

kết duyên *v.* to get married [với to]

kết đôi *v.* to get married

kết hôn *v.* to get married, to marry: **Bạn tôi vừa kết hôn với một cô gái Việt Nam.** My friend has married a Vietnamese girl.

kết hợp *v.* to combine, to co-ordinate: **kết hợp lý thuyết và thực hành** to combine theory and practice

kết liễu *v.* to come to an end, to finish

kết luận *v., n.* to conclude; conclusion

kết lực *n.* cohesion, force of cohesion

kết mô *n.* conjunctiva [anatomy]

kết nạp *v.* to admit to: **kết nạp vào đảng** to admit somebody to the party

kết nghĩa *v.* to join a brotherhood; to get married

kết quả *n.* result, outcome: **Bạn đã**

biết kết quả cuộc điều tra của họ chưa? Do you known the results of their investigation?

kết thúc *v.* to end, to conclude, to come to an end

kết tinh *v.* to crystallize

kết toán *v.* to draw a final balance-sheet, to make up accounts

kết tội *v.* to accuse, to charge: **Cảnh sát không thể kết tội tôi vì họ không có bằng chứng.** The police couldn't charge me because they didn't have any evidence.

kết tràng *n.* colon [anatomy]: **kết tràng lên** ascending colon; **kết tràng ngang** transverse colon; **kết tràng xuống** descending colon

kết tụ *v.* to conglomerate, to agglomerate

kết tủa *v.* to precipitate; to be precipitated [a substance]

kêu *v.* to shout; to call [for], to summon, to order [food]; to complain; to ring, to make noise: **Ai kêu bạn kìa.** Someone is ringing you.; **Làm ơn kêu ông Nam cho tôi.** Please call Mr. Nam for me.

kêu ca *v.* to complain, to grumble: **Không ai kêu ca gì cả phải không?** No one complained at all?

kêu cứu *v.* to cry for help

kêu gào *v.* to cry out for, to call upon

kêu gọi *v.* to appeal [to], to call [upon]: **Họ kêu gọi sự giúp đỡ của công chúng.** They are appealing to the public for help.

kêu la *v.* to shout, to yell, to scream

kêu nài *v.* to insist, to beseech, to entreat

kêu oan *v.* to base one's case on unjust suffering, to protest one's innocence

kêu van *v.* to beseech, to entreat, to implore

kều *v.* to pull with a stick

kha khá *adj., adv.* better; fairly, rather: **Điều đó kha khá tốt.** That is better.

Kha Luân Bố *n.* Christopher Columbus

khá *adj.* rather good, pretty good; be

better; [in health] rather well: **Khá đấy chứ!** Pretty good, isn't he?; **Anh ấy là người khá.** He's a decent guy.; **Bài này khá dài.** This lesson is pretty long.; **Anh ấy dịch khá lắm.** He's a very good translator.

khá giả *adj.* well off, rich: **Gia đình bà ấy khá giả.** Her family is rich.

khả ái *adj.* lovely, lovable: **Cô ấy trông rất khả ái.** She looks lovely.

khả dĩ *adj.* able, possible

khả năng *n.* ability, capability: **khả năng làm việc** working ability

khả nghi *adj.* suspicious: **Điều đó khả nghi lắm.** It's very suspicious.

khả ố *adj.* detestable: **Chúng ta không chấp nhận những hành vi khả ố đó.** We don't accept such detestable behavior.

khả quan *adj.* good, favorable, satisfactory: **kết quả khả quan** a satisfactory result

khác *adj., adv.* other, different; else; unlike: **hai nước khác** two other countries; **một chỗ nào khác** somewhere else; **một người nào khác** someone else; **một cái gì khác** something else

khác biệt *adj.* different: **khác biệt quan điểm** different points of view

khác thường *adj.* unusual; extraordinary, exceptional

khác xa *adj.* completely different, quite different: **Việt Nam bây giờ khác xa Việt Nam ngày xưa.** Vietnam today is quite different from Vietnam in the past.

khạc *v.* to spit: **khạc nhổ** to spit

khách *n.* guest, visitor: **khách nước ngoài** foreign visitor; **khách hàng** customer; **đất khách** foreign land; **tiếp khách** to receive visitors; **đãi khách** to entertain; **ăn cơm khách** to be invited to dinner; **chính khách** political figure; **hành khách** passenger; **du khách, lữ khách** traveler, tourist; **đất khách** to have many customers, to be in great demand

khách hàng *n.* customer: **Tiệm ăn của tôi có nhiều khách hàng quen.** My restaurant has many regular/repeat customers.

khách khứa *n.* guests, visitors

khách qua đường *n.* passerby, stranger

khách quan *adj.* objective: **nhận xét khách quan** objective observation

khách sạn *n.* hotel: **khách sạn hạng sang** luxury hotel

khách sáo *adj.* formal: **Cứ tự nhiên đừng khách sáo làm gì.** Please take it easy, no need to be formal.

khách thể *n.* object: **chủ thể và khách thể** subject and object

khai **1** *v.* to declare, to state, to testify: **lời khai** declaration, statement, testimony **2** *adj.* [of urine] urine-smelling **3** *v.* to open (= **mở**), to dredge up: **khai trường** to re-open school

khai báo *v.* to declare, to inform the authorities

khai bút *v.* to write one's first essay [on New Year's day]

khai chiến *v.* to declare war

khai diễn *v.* to start the performance

khai giảng *v.* to begin a new academic year: **Năm nay trường khai giảng sớm.** This year, the school year starts early.

khai hạ *v.* to start the celebrations

khai hấn *v.* to start the hostilities

khai hoa *v.* to bloom, to blossom

khai hoá *v.* to civilize

khai hoả *v.* to open fire

khai hoang *v.* to reclaim wasteland, to cultivate new land

khai hội *v.* to open a meeting/festival

khai huyệt *v.* to dig a grave

khai khẩn *v.* to clear land, to break new ground

khai mạc *v.* [of conference] to open: **khai mạc buổi họp** to open a meeting

khai mỏ *v.* to mine

khai phá *v.* to clear land, to discover

khai quật *v.* to exhume, to disinter

khai quốc *v.* to found a nation, to build an empire

khai sáng *v.* to found

khai sinh *v.* to register a birth, to declare a childbirth: **giấy khai sinh** birth certificate

khai thác *v.* to exploit land/resources

khai thông *v.* to clear, to free something of obstruction

khai triển *v.* to develop: **khai triển kế hoạch** to develop a plan

khai trừ *v.* to expel, to purge [a party member]

khai trương *v.* to open a business, to open a shop

khai trường *n.* first day of school

khai tử *v.* to declare a death

khai vị *n.* entree, aperitif: **Bạn thích ăn khai vị món gì?** What would you like for an entree?

khái luận *n.* summary, outline

khái lược *n.* summary

khái niệm *n.* general idea, concept, notion

khái quát *adj.* general, generalized

khái quát hoá *v.* to generalize

khải hoàn *n.* triumphal return

khải hoàn môn *n.* Arch de Triumph [in Paris]

kham *v.* to endure, to bear, to suffer: **bất kham** unendurable; **không kham nổi việc nặng nhọc** to be unable to endure heavy work

kham khổ *adj.* [of life] hard, austere

khám **1** *v.* to search [man, pocket, house, etc.], to examine, to check [organ, patient]: **khám sức khoẻ, khám bệnh** to check one's health, to check up **2** *n.* jail, prison

khám đường *n.* prison, jail

khám nghiệm *v.* to examine, to investigate

khám phá *v.* to discover [secret, plot]

khám xét *v.* to examine, to investigate, to check: **Nhân viên quan thuế đang khám xét hành lý.** Customs officers are checking the luggage.

khảm *v.* to inlay [with metal or pearl shells]

khan *adj.* dry, scare, rare: **khan cổ,** **khan tiếng** hoarse [throat]; **Hàng hoá khan lắm.** Goods are short/rare.

khan hiếm *n., adj.* shortage; rare: **khan hiếm thực phẩm** a food shortage

khán đài *n.* stand, grand-stand: **Khán giả đã đầy khán đài.** The audience occupied all stands.

khán giả *n.* onlooker, spectator, audience [of play, show]

khán hộ *n.* male nurse, hospital aid: **nữ khán hộ** nurse

khàn *adj.* hoarse

khản *v.* to become hoarse: **khản tiếng** hoarse voice

khang an *adj.* healthy, safe and sound

khang cường *adj.* vigorously strong

khang ninh *adj.* healthy, safe

khang trang *adj.* spacious and beautiful: **nhà cửa khang trang** a beautiful, spacious house

kháng án *v.* to appeal [a sentence]

kháng cáo *v.* to appeal

kháng chiến *v., n.* to resist; resistance: **quân kháng chiến** resistance army

kháng cự *v.* to resist, to offer resistance

kháng điệp *n.* [note of] protest message

kháng độc *adj.* antitoxic

kháng độc tố *n.* antitoxin

kháng sinh *n.* antibiotic: **Bác sĩ khuyên tôi nên uống kháng sinh.** The doctor advised me to take antibiotics.

khảng khái *adj.* indomitable, proud, chivalrous

khanh *n.* you [used by ruler to official]; high-ranking official

khanh khách *adj., n.* peeling; burst of laughter

khanh tướng *n.* cabinet minister

khánh *n.* stone gong, silver/gold stone gong

khánh hạ *v.* to celebrate

khánh kiệt *v.* [of finances] to be all spent, to be completely lost

khánh thành *v.* to inaugurate [program, building]: **khánh thành vận động trường quốc gia** to inaugurate the national stadium

khánh tiết *n.* festival, entertainment, protocol

khảnh *adj.* to be delicate, dainty: **mảnh khảnh** thin, slender, slim

khảnh ăn *adj.* dainty, to eat little

khao *v.* to celebrate [victory, success in exam]; to give a feast, to treat someone with food: **khao bạn một chầu cơm đặc sản** to treat friends to a seafood dinner

khao binh *v.* to give a banquet to soldiers under one's command

khao khát *v.* to thirst for, to crave for

khao thưởng *v.* to reward [with victuals, bonus]

khao vọng *v.* to celebrate [promotion, success in exam], to give a feast

khảo **1** *v.* to torture to get information: **tra khảo** to investigate by torture; **khảo tiền** to request for money **2** *v.* to do research; to examine, to test [students]: **khảo thí** to test, to examine; **giám khảo** examiner **3** *v.* to shop around in order to get an idea of prices: **khảo giá** to check the price

khảo cổ *v.* to study archeology

khảo cứu *v.* to study, to investigate, to do research: **khảo cứu về sự thay đổi xã hội** to do research on social changes

khảo hạch *v.* to test [for school, law court]

khảo sát *v.* to examine, to investigate, to do research

khảo thí *v.* to examine

khát *v.* to be thirsty: **khát nước** to be thirsty; **giải khát** to quench one's thirst; **đồ giải khát** refreshments, drinks

khát máu *adj.* blood-thirsty

khát vọng *v.* to hope for, to yearn for, to thirst after

kháu *adj.* [of child] good-looking, pretty, cute

khay *n.* tray: **khay trà** tea tray

khắc **1** *v.* to carve, to engrave: **có khắc chữ ký** with an engraved signature; **bản khắc** zinc plate **2** *n.* quar-

ter of an hour; two-hour period: **hai giờ một khắc** two and a quarter hours; **khoảnh khắc** short time

khắc cốt *v.* to remember for ever

khắc khoải *adj.* worried, anxious

khắc khổ *adj.* harsh, austere: **sống một đời sống khắc khổ** to live a harsh life

khắc kỷ *v.* to be self-controlled

khắc nghiệt *adj.* severe, stern, strict: **khí hậu khắc nghiệt** severe climate

khắc phục *v.* to subdue, to overcome [difficulties]

khăm *adj.* nasty, fetid, smelling like rotten fish: **chơi khăm ai** to play a nasty trick on someone

khăn *n.* towel; napkin; handkerchief, kerchief; turban [with **quấn, vấn** to wind around one's hand]: **dùng khăn ăn** to use a napkin

khăn áo *n.* clothes, clothing

khăn bàn *n.* table cloth

khăn chùi mồm *n.* napkin, handkerchief

khăn gói *n.* bundle, pack

khăn lau *n.* wash-cloth

khăn mặt *n.* towel

khăn mùi soa *n.* handkerchief

khăn quàng *n.* scarf, muffler

khăn tang *n.* mourning turban

khăn tay *n.* handkerchief

khăn tắm *n.* bath towel

khăn trắng *n.* white mourning headband

khăn vuông *n.* scarf

khăn xếp *n.* ready-to-wear turban

khăng *n.* game of sticks

khăng khăng *adj.* persistent

khăng khít *adj.* attached, devoted

khẳng *adj.* thin, skinny: **gầy khẳng** thin; **khẳng kheo** skinny

khẳng định *v., adj.* to confirm; affirmative [as opp. to negative **phủ định**]

khắp *adv.* all over [places], every, everywhere: **khắp mọi nơi** everywhere

khắt khe *adj.* stern, austere, strict

khắc *n.* notch, nick

khâm liệm *v.* to shroud, to dress a corpse

khâm mạng *n.* the king's order; imperial order

khâm phục *v.* to admire [and respect]: **khâm phục ai** to admire someone

khâm sai *n.* imperial envoy, viceroy

khấn *v.* to pray: **khấn trời Phật** to pray to Buddha

khấn vái *v.* to kowtow and pray

khẩn *v., adv.* R to be earnest; earnestly: **khẩn thiết, thành khẩn** to beseech, to entreat; **khẩn khoản** to implore

khẩn *adj.* urgent, pressing: **khẩn báo** to inform urgently

khẩn cấp *adj.* urgent, pressing: **yêu cầu khẩn cấp** urgent request

khẩn cầu *v.* to beseech: **khẩn cầu sự trợ giúp** to beseech for urgent aid

khẩn hoang *v.* to open up wastelands, to cultivate new lands

khẩn khoản *v.* to insist [in inviting]

khẩn thiết *adj.* earnest

khẩn trương *adj.* tense, urgent, requiring immediate attention: **tình thế khẩn trương** tense situation

khấp khểnh *adj.* [of road] uneven, bumpy, rugged: **răng khấp khểnh** uneven teeth

khấp khởi *v.* to exult, to rejoice, to feel elated

khập khiễng *adj.* limping

khất *v.* to ask for a delay, to postpone [payment]: **khất nợ** to ask for extension in the payment of a debt

khất nợ *v.* to ask for postponement in the payment of a loan

khất thực *v.* to beg for food

khâu **1** *v.* to sew, to stitch: **khâu quần áo** to sew clothes; **máy khâu** sewing machine **2** *n.* stage, step [in a process]: **thực hiện từng khâu của dự án** to implement the project stage by stage

khâu vá *v.* to sew, to do needlework

khấu *v.* to deduct: **khấu nợ** to postpone the payment of one's debt; **khấu trừ** to withhold

khấu biệt *v.* to bow and bid farewell

khấu đầu *v.* to kowtow, to bow one's head

khấu trừ *v.* to deduct: **khấu trừ vào tiền lương** to deduct from a salary

khẩu *n.* (= **miệng**) mouth: **cấm khẩu** to become dumb; **hà khẩu** estuary; **hải khẩu** seaport; **nhân khẩu** ration; **nhập khẩu** import; **xuất khẩu** export

khẩu âm *n.* accent

khẩu cái *n.* [hard] palate: **nạng khẩu cái** soft palate, velum

khẩu cái âm *n.* palatal [sound]

khẩu cái âm hoá *adj.* palatalized

khẩu chiến *n.* oratorical joust/quarrel

khẩu cung *n.* oral statement [of defendant]

khẩu hiệu *n.* slogan, password: **hô to khẩu hiệu** to shout a slogan/password

khẩu khí *n.* personality [through speech, style]

khẩu kính *n.* diameter, caliber

khẩu lệnh *n.* password: **cho biết khẩu lệnh** to give one's password

khẩu phần *n.* ration: **khẩu phần hàng ngày của công nhân** daily ration of a worker

khẩu Phật tâm xà *adj.* hypercritical

khẩu tài *n.* eloquence

khẩu thuyết *n.* summary given orally

khẩu truyền *v.* to transmit orally

khe *n.* slit, crack: **khe hở** slit, groove, channel

khe khẽ *adv.* gently, softy

khè *adj.* dirty yellow: **vàng khè** very dirty yellow [of old paper, old white cloth]

khẽ *adj., adv.* gentle, soft; gently: **nói khẽ** to speak in a soft voice

khẹc *n.* (= **khỉ**) monkey: **Đồ con khẹc!** What a monkey!

khem *v.* to abstain from: **kiêng khem, ăn khem** to be on a diet

khen *v.* to praise, to congratulate, to commend: **khen ngợi, ngợi khen** to praise [*opp.* **chê**]; **đáng khen** praiseworthy, laudable; **lời khen** praise, compliments

khen ngợi *v.* to praise: **khen ngợi sự**

thành công to praise one's success

khen thưởng *v.* to reward

khéo *adj.* skillful, clever, dexterous; be cautious [or else]; Be careful, watch it.; What's the use of; how: **Khéo (không) (lại) ngã!** Watch it, you may fall down; **Khéo dư nước mắt!** What a waste of tears!

khéo tay *adj.* clever, dexterous

khéo léo *adj.* skillful, clever

khéo nói *adj.* talkative

khéo tay *adj.* dexterous

khép *v.* to shut, to close; to condemn: **khép cửa lại** to close the door

khép nép *adj.* shy and modest

khép tội *v.* to charge, to accuse

khét *adj., n.* [of burning thing] harsh smelling; burning smell

khét tiếng *adj.* very famous

khê *adj.* [of rice] burnt

khế *n.* carambola, star fruit

khế ước *n.* contract: **khế ước đã hết hạn** expired contract

khế văn *n.* act, deed

khề khà *adj., v.* [of voice] drawling and hoarse; to talk over a drink

khệ nệ *v.* to carry [heavy things] with difficulty

khênh *v.* to carry with one's hands, to move by hand [heavy object]

khệnh khạng *v.* to be awarded; to walk slowly like an important person, to put on airs

khểnh *adj.* uneven, rough: **khấp khểnh** uneven; **nằm khểnh** to be idle [lying on one's back, with legs crossed]

khêu *v.* to raise, to extract [with a pin]; to arouse [feeling, nostalgia], to evoke: **khêu lòng ganh ghét đối với ai** to rouse one's jealousy of someone

khêu gợi *v.* to attract, to stir up

khi **1** *n.* (= lúc) time, when something, when: **khi nào, đến khi; sau khi** after something happens; **trước khi** before [something happens]; **một khi** once [something happens]; **(một) đôi khi** once or twice, sometimes; **đang khi** while [something is taking place]; **có khi** sometimes **2** *v.* (= khinh) to berate, to look down, to despise, to scorn, to hold in contempt: **Đừng khi ông ta, ông ta là một người hiền.** Don't look down on him, he is a kind man.

khi không *adv.* by chance, by accident: **Khi không ông ấy hỏi tôi về bạn.** He asked me about you by accident.

khi nào *adv.* when: **khi nào bạn đi?** When will you go?

khi quân *n., v.* high treason; to slight the king/majesty

khí *n.* air, gas, vapor, steam (= hơi): **không khí** air, atmosphere; **dưỡng khí** oxygen; **đạm khí** nitrogen; **khinh khí** hydrogen

khí áp *n.* atmospheric pressure

khí cầu *n.* balloon, dirigible

khí cụ *n.* tool, instrument, implement

khí động học *n.* aerodynamics

khí giới *n.* arms, weapons

khí hậu *n.* climate, weather: **Khí hậu tốt.** It's nice weather.

khí huyết *n.* blood; energy, vigor

khí khái *adj.* proud, unwilling to accept a favor from someone

khí lực *n.* strength, energy, vigor

khí phách *n.* character, stamp: **khí phách anh hùng** heroic character

khí quản *n.* trachea, windpipe

khí quyển *n.* atmosphere

khí sắc *n.* complexion, look: **khí sắc hồng hào** a ruddy complexion

khí thể *n.* gas

khí tiết *n.* pride, courage

khí tĩnh học *n.* aerostatics

khí tượng *n.* atmosphere, meteor: **sở khí tượng** weather bureau

khỉ *n.* [SV hầu] monkey: **trò khỉ** monkey business [slang]; nothing: **Nó có làm khỉ gì đâu.** He's doing a dreadful thing.

khía *v.* to notch, to cut a deep line in: **khía quả xoài** to cut deep into a mango

khía cạnh *n.* angle, aspect

khích *v.* to jeer; to stimulate, to stir, to provoke: **hiềm khích** hate, rancor; **khuyến khích** to encourage; **quá khích** extremist

khích bác *v.* to criticize

khích động *v.* to excite, to stir up

khích lệ *v.* to encourage: **Chúng ta cần khích lệ nhân viên của chúng ta.** We should encourage our employees.

khiêm nhượng *adj.* unassuming, self-effacing

khiêm tốn *adj.* modest, humble: **thái độ khiêm tốn** a humble attitude

khiếm diện *v.* to be absent

khiếm khuyết *adj., n.* to be imperfect; shortcoming, defect

khiếm nhã *adj.* rude, impolite [of speech, behavior]: **hành động khiếm nhã** impolite behavior

khiên *n.* shield

khiên chương *n.* shoulder piece; hood [academic attire]

khiến **1** *v.* to direct, to order, to command, to ask: **khiến ai làm việc gì** to order someone to do something; **Ai khiến anh!** Nobody asked you to do that!; **Việc ấy khiến cho anh phải lo nghĩ.** That made you worry. **2** *conj.* so, that is why: **Nó phạm nhiều lỗi quá khiến chủ phải cho nghỉ việc.** He made many mistakes, that is why the boss sacked him.

khiển trách *v.* to reprimand, to blame

khiêng *v.* [of two or more persons] to carry by a heavy thing by hand

khiếp *adj.* afraid, scared, horrified: **khủng khiếp** awful, horrible

khiếp đảm *adj.* terrified, scared out of one's wits

khiếp nhược *adj.* weak, cowardly

khiếp sợ *adj.* terrified

khiêu *v.* to provoke, to stir up

khiêu chiến *v.* to challenge, to provoke a war

khiêu dâm *adj., v.* sexy; suggestive, obscene, pornographic, sexually stimulating

khiêu hấn *v.* to provoke hostilities

khiêu vũ *v.* to dance: **Bạn thích khiêu vũ không?** Do you like to dance?

khiếu *n.* natural gift/skill or endowment: **có khiếu** to be gifted, to have a skill

khiếu nại *v.* to complain

khiếu oan *v.* to claim one's innocence, to complain about some injustice

khinh *adj., v.* to be scornful of, contemptuous of; to scorn, to look down on, to despise: **khinh bỉ, khinh rẻ ai** to despise, to look down on somebody

khinh bỉ *v.* to despise

khinh binh *n.* front run-up infantry soldier

khinh khi *v.* to scorn, to disdain

khinh khí *n.* hydrogen: **bom khinh khí** H bomb

khinh khí cầu *n.* balloon

khinh khỉnh *v., adj.* to disdain; disdainful

khinh miệt *v.* to scorn, to spurn

khinh rẻ *v.* to scorn, to disdain

khinh thị *v.* to defy: **khinh thị pháp đình** to be contemptuous of the court

khinh suất *v.* to slight

khít *adj.* well-joined, flush; next to, close by

khịt mũi *v.* to sniff, to snuffle

kho **1** *n.* warehouse, store: **kho hàng** warehouse; **kho bạc** treasury; **người giữ kho** storekeeper **2** *v.* to boil with fish sauce, to cook in brine: **kho thịt** to cook meat in fish sauce

kho tàng *n.* treasure

khó *adj.* difficult, hard [*opp.* **dễ**]; bad: **khó coi** bad to look at, not nice; **khó chịu** hard to bear; uncomfortable, unwell; **kẻ khó** the poor; **nghèo khó** poor; needy; **khốn khó** in very reduced circumstances, very poor

khó bảo *adj.* disobedient, stubborn

khó chịu *adj.* hard to bear, unbearable; uncomfortable, unwell

khó chơi *adj.* hard to deal with, hard to make friends with: **Ông ấy là người khó chơi.** It is hard to make friends with him.

khó coi *adj.* shocking, unsightly

khó dễ *v.* to cause trouble, to make difficulties: **Cảnh sát khó dễ với người lái xe.** Police caused difficulties for the drivers.

khó khăn *adj.* difficult

khó nhọc *adj.* tiring, painful, strenuous, hard: **công việc khó nhọc** hard work

khó ở *adj.* difficult to live, to live uncomfortably

khó thở *adj.* oppressive: **không khí khó thở** oppressive weather

khó thương *adj.* detestable, unlovable: **con người khó thương** unlovable person

khó tính *adj.* fastidious, hard to please

khó xử *adj.* awkward: **Bà ấy ở trong tình thế khó xử.** She is in an awkward situation.

khoa **1** *v.* to gesticulate, to wave: **khoa chân khoa tay** to wave one's arms **2** *n.* a branch of science, subject of study, specialty; college, faculty [within a university]: **phân khoa nhân văn** department of humanities; **văn khoa** arts, letters; **nội khoa** internal medicine; **ngoại khoa** surgery; **nha khoa** dentistry; **y khoa bác sĩ** doctor of medicine [MD]

khoa bảng *n.* system of degree, examination system

khoa cử *n.* examination

khoa học *n., adj.* science; scientific: **nhà khoa học** scientist; **danh từ khoa học** scientific term

khoa học gia *n.* scientist

khoa trưởng *n.* dean [of college, faculty]

khoá **1** *n., v.* lock; to lock: **chìa khoá** key; **ổ khoá** lock **2** *n.* school year, academic year: **học khoá, niên khoá** school year; **mãn khoá** to finish school or military service; **lễ mãn khoá** graduation ceremony; **khoá tu nghiệp giáo sư Anh văn** training course for teachers of English; **khoá hè** summer session; **thời khoá biểu** time-table, schedule [of classes]

khoá bóp *n.* padlock

khoá chữ *n.* combination lock

khoá sinh *n.* graduate, scholar [old system]

khoá tay *n.* handcuffs

khoá trình *n.* curriculum: **hoạt động ngoại khoá trình** extra-curricular activities

khoả thân *adj.* naked; nude: **vũ khoả thân** strip-tease show

khoác *v.* to wear over one's shoulders; to put over: **khoác áo** to put a coat over one's shoulders; **khoác tay nhau** to hold arm in arm

khoác lác *v.* to be bragging, to boast

khoai *n.* sweet potato, taro, potato

khoai lang *n.* sweet potato

khoai mì *n.* manioc

khoai sọ *n.* taro

khoai tây *n.* potato

khoái *adj., v.* to be pleased; to like, to feel good, happy: **Tôi khoái xem bóng đá.** I like to watch soccer matches.

khoái lạc *n.* pleasure: **chủ nghĩa khoái lạc** hedonism

khoái trá *adj.* contented, satisfied

khoan **1** *v.* to bore [a hole], to drill: **khoan vài lỗ để trồng cột** to drill a few holes to put up pillars **2** *adj.* slow, poised, relaxed, take it easy: **Khoan đã, chờ tôi một chút.** Take it easy, just wait for me a few minutes.

khoan dung *adj.* forgiving, tolerant: **thái độ khoan dung** tolerant attitude

khoan hậu *adj.* generous

khoan hồng *adj.* tolerant, clement, lenient: **chính sách khoan hồng** lenient policy

khoan khoái *v., adj.* elated, happy, stoked [slang]

khoan thai *adj.* deliberate, slow: **ăn nói khoan thai** to be deliberate in speaking

khoán *v.* to be granted a contract/testimony, to hire by the piece: **thầu khoán** contractor; **làm khoán** to do by the piece; **giá khoán** piece rate; **thị trường chứng khoán** stock exchange

khoản *n.* article, item, condition [of agreement], clause, provision: **điều khoản trong thoả ước** the clauses in the agreement

khoản đãi *v.* to entertain, to treat someone to something

khoang **1** *n.* hold [of boat] **2** *adj.* piebald, tabby: **mèo khoang** tabby cat

khoáng chất *n.* mineral

khoáng chất học *n.* mineralogy

khoáng dã *n.* vast field

khoáng đãng *adj.* roomy; liberal-minded

khoáng đạt *adj.* broad-minded, liberal-minded

khoáng sản *n.* minerals

khoáng vật *n.* mineral

khoảng *n.* interval, about, length of time, period of time: **vào khoảng năm năm** approximately a five-year period; **vào khoảng** about, approximately

khoảng cách *n.* space, distance: **Khoảng cách giữa Hà Nội và Huế là 600 ki-lô mét.** The distance between Hanoi and Hue is 600 kilometers.

khoảng chừng *adv.* about, approximately

khoanh *n., v.* circle; slice, round piece; to circle; to roll, to coil: **khoanh tay** to fold one's arms; **khoanh vùng** to circle into zones, to divide land into zones

khoảnh *n.* an area equivalent to 100 *mau* (mow), or 360,000 square meters; a plot, lot

khoảnh khắc *n.* short moment, jiffy

khoát *v.* to wave, to beckon: **khoát tay từ giã mọi người** to wave goodbye to everyone

khoắng *v.* to stir [slang]; to steal, to swipe: **khoắng cho đường tan trong nước** to stir sugar in water to dissolve it

khóc *v.* to weep, to cry; to mourn for: **khóc (âm) thầm** to cry or weep silently; **khóc như mưa** to cry bitterly; **than khóc** to mourn

khóc lóc *v.* to cry, to whimper

khóc nức nở *v.* to sob

khóc oà *v.* to burst into tears

khóc rưng rức *v.* to cry aloud

khóc sụt sịt *v.* to sob, to weep

khóc sướt mướt *v.* to cry bitterly

khóc than *v.* to wail

khóc thầm *v.* to cry or weep silently or inwardly

khoe *v.* to boast, to show off

khoe khoang *adj., v.* boastful; to show off

khoé *n.* corner [of eye **mắt**]; trick, ruse: **mánh khoé** trick

khoẻ *adj.* strong; healthy: **Bạn khoẻ không?** How are you? [greeting]; **mạnh khoẻ, khoẻ mạnh** well, healthy; **ăn khoẻ** to have a big appetite; **sức khoẻ** healthy; strength

khoẻ khoắn *adj.* healthy

khoẻ mạnh *adj.* strong, vigorous; healthy

khoèo *adj.* bent, curved

khoét *v.* to bore, to dig a hole: **đục khoét** [of an official] to rob [the people], to extort money

khói *n.* smoke, fumigation: **Không có lửa sao có khói.** There is no smoke without fire.; **hương khói** incense and smoke, ancestor worship

khói lửa *n.* war, warfare

khỏi *v.* to recover, to avoid, to escape, to get well, away from: **rời khỏi** to leave; **Anh khỏi phải đi.** You don't have to go.; **để khỏi mất thì giờ** in order to save time; **Tôi không khỏi nhớ tới anh ấy.** I can't help remembering him.; **Anh khỏi hẳn chưa?** Have you completely recovered?

khom *v.* to be bent, to be curved; to bend one's back: **khom lưng** to bend one's back

khóm *n.* clump, cluster: **khóm cây** a cluster of trees

khọm *adj.* aged, decrepit

khô *adj.* dry [*opp.* **ướt**], withered [*opp.* **tươi**]: **phơi khô** to dry [in the sun]; **nho khô** dried grapes/sultanas

khô cằn *adj.* arid, barren

khô dầu *n.* oil cake

khô đét *adj.* withered, shrivelled up

khô héo *adj.* wilted

khô khan *adj.* dry, arid; [of heart] indifferent

khô ráo *adj.* dry, arid

khố *n.* string; belt, sash, loin-cloth: **đóng khố** to wear a loin-cloth; **khố rách áo ôm** ragged, poor

khổ **1** *adj.* unhappy, wretched, miserable: **cực khổ** suffering; **đau khổ** [slang] to be poor **2** *n.* width [of fabric]: **khổ vải một mét** fabric of one-meter width

khổ chủ *n.* host: **Khổ chủ tiếp đãi khách rất nồng hậu.** The host treated his guests very well.

khổ công *v.* to take great pains, to make great efforts

khổ cực *adj.* suffering hardship

khổ hạnh *adj.* ascetic

khổ não *adj.* miserable, deplorable

khổ nhục *adj.* humiliating, disgraceful

khổ qua *n.* bitter melon (= **mướp đắng**)

khổ sai *n.* hard labor: **bị kết án mười năm tù khổ sai** to be sentenced to ten years of hard labor

khổ sở *adj.* wretched, miserable, agonizing

khổ tâm *adj.* painful

khổ thân *adj., v.* painful; to suffer

khốc hại *adj.* disastrous: **tình trạng khốc hại** awful/disastrous situation

khốc liệt *adj.* fierce, raging, highly devastating

khôi hài *adj.* humorous, funny, joking

khôi ngô *adj.* good-looking, handsome; bright: **Con ông ấy khôi ngô quá.** His son is very bright.

khôi phục *v.* to recover [something lost], to restore, to establish

khối **1** *n.* mass, bloc, volume, bulk: **thước khối** cubic meter **2** *adj.* a lot, many, plenty of: **Nó có khối tiền.** He has a lot of money.

khối lượng *n.* volume, amount: **Khối lượng công việc quá nhiều.** The volume of work is too much.

khôn *adj.* clever, wise, prudent shrewd, artful [*opp.* **dại**]

khôn hồn *exclam.* If you are prudent!; Be wise!

khôn khéo *adj.* clever, smart, artful, shrewd

khôn ngoan *adj.* clever, wise, prudent

khôn thiêng *adj.* [of spirits] powerful

khốn *adj.* to be in difficulty, in danger: **khốn nỗi** unfortunately

khốn cùng *n.* poverty, dire poverty, utter misery

khốn đốn *adj.* in a tough position

khốn khổ *adj.* miserable, suffering, wretched; pained, poor

không *adj.* not [precedes main verb] (= **chẳng, chả**); no; to be without: **Không có gì.** There is nothing.; **ăn không** to eat without paying; **Anh ấy không đi.** He's not going.; **Anh (có) đi không?** Are you going [or not]?; **Không có xe làm sao đi đến đây được?** How can you get there without a car?; **ăn không, ở không** to be idle; **tay không** empty-handed; **vườn không nhà trống** no man's land; **đi chân không** to go barefooted

không có chi **or** không có gì *adj.* not at all, don't mention it, you're welcome

không đâu *adj.* unfounded, not based on facts: **Những chuyện không đâu.** The stories were not based on facts.

không gian *n.* space [as opp. to time **thời gian**]

không kể *adv.* not counting, not including, excluded: **Giá 300 đô la không kể thuế.** The price is 300 dollars excluding tax.

không khí *n.* air; atmosphere

không quân *n.* Air Force

không sao *adv.* it doesn't matter

không tiền (khoáng hậu) *adj.* unprecedented

không trung *n.* in the air; space

không tưởng *adj.* utopian: **kế hoạch không tưởng** a utopian plan

không vận *n.* air transport

khống chế *v.* to control

Khổng *n.* Confucius: **Khổng (phu) tử** Confucian(ist); **đạo Khổng** Confucianism

Khổng giáo *n.* Confucianism

khổng lồ *adj.* gigantic, colossal: **người khổng lồ** giant

Khổng miếu *n.* Temple of Confucius

khờ *adj.* credulous, dull, dumb, gullible, naive: **khù khờ, khờ dại** naive

khơi **1** *n.* open sea: **ngoài khơi** off the coast [of]; **ra khơi** to take to the open sea **2** *v.* to dig [up]; to enlarge, to widen, to arouse

khơi mào *v.* to instigate, to promote, to introduce

khởi *v.* to begin, to start (= **bắt đầu**): **khởi sự, khởi đầu** to begin

khởi binh *v.* to raise troops

khởi chiến *v.* to open hostilities, to start hostilities

khởi công *v.* to begin work

khởi đầu *v.* to begin, to start

khởi điểm *n.* starting point, departure

khởi hành *v.* to start a trip, to set out, to depart

khởi hấn *v.* to start hostilities

khởi loạn *v.* to rise up, to rebel

khởi nghĩa *v.* to lead a nationalist revolt

khởi nguyên *n.* original

khởi phát *v.* to begin, to start

khởi sắc *v.* to prosper, to thrive

khởi sự *v.* to begin [work]

khởi thảo *v.* to sketch, to outline, to draft [text]

khởi thuỷ *adv., adj.* beginning, starting; original

khởi tố *v.* to start a lawsuit

khởi xướng *v.* to instigate, to take the initiative

khớp *n.* articulation, joint: **ăn khớp nhau** to jibe, to agree with each other, to be in harmony with each other

khớp xương *n.* joint

khu **1** *n.* area, district, zone, section, sector: **chiến khu** war zone; **đặc khu** district; **quân khu** military district;

liên khu interzone; **phân khu** sub area **2** *n.* bottom, buttocks

khu biệt *v.* to distinguish, to discriminate

khu bưu chính *n.* postal sector, army post code

khu trục *n.* fighter plane

khu trục hạm *n.* destroyer

khu trừ *v.* to get rid of, to eradicate

khu vực *n.* area, zone

khú *v.* [of salted vegetables] to smell bad

khù khờ *adj.* slow-witted

khù khụ *adv.* [to cough] loudly

khụ *adj.* very old and bent

khua *v.* to stir up; to beat [drum gong] noisily, thump: **khua môi** to move lips, to talk too much; **khua tay** to throw arms up, to gesticulate

khuân *v.* to carry [a heavy thing]: **phu khuân vác** porter

khuất **1** *v., adj.* to hide, to be out of sight, hidden: **Khuất mặt cách lòng.** Out of sight, out of mind. **2** *v.* to yield, to bow to

khuất gió *adj.* sheltered from the wind

khuất nẻo *adj.* remote, out of the way

khuất núi *adj.* deceased

khuất phục *v.* to submit oneself to, to surrender

khuất tất *v.* to kneel down, to bow; to humble oneself

khuây *v.* to become calm, to be relieved [from grief, nostalgia]

khuây khoả *adj.* to be relieved [from grief, nostalgia]

khuấy *v.* to stir up: **khấy nồi cơm** to stir the rice pot

khúc *n.* section, portion: **khúc cá** a portion of a fish; **khúc cây** a section of a tree trunk; **khúc nhạc** a section of songs

khúc chiết *adj.* coherent, clear, precise

khúc khích *v.* to giggle: **cười khúc khích** to giggle

khúc khuỷu *adj.* [of a road] winding, tortuous

khúc xạ *n.* refraction, bending of rays

khuê các *n.* woman's apartment

khuê nữ *n.* young feudal woman

khuếch *v.* R to enlarge, to amplify

khuếch đại *v.* to enlarge, to amplify

khuếch khoác *v.* to boast, to brag

khuếch tán *v.* to spread out, to scatter

khuếch trương *v.* to expand, to develop: **khuếch trương thương vụ** to expand one's business

khui *v.* to open, to unpack: **khui chai rượu** to open a bottle of wine

khum khum *adj.* arched, bent

khúm núm *v.* to be too humble or ceremonious, to be obsequious

khung *n.* frame, framework: **đóng khung** to frame a picture; [slang] to be dressed up

khung cảnh *n.* context, scenery: **Du khách đang thưởng thức khung cảnh đẹp.** Tourists enjoy the beautiful scenery.

khung cửi *n.* loom

khùng *adj.* furious, mad, crazy: **phát/ đâm khùng** to become/to get mad or crazy

khủng bố *v.* to terrorize: **tên khủng bố** terrorist

khủng hoảng *n.* crisis: **kinh tế khủng hoảng** economic crisis, depression; **khủng hoảng về tinh thần** emotionally disturbed

khủng khiếp *adj.* horrible, awful

khuôn *n.* mold, model, pattern

khuôn khổ *n.* shape and size; framework

khuôn mặt *n.* [shape of] face

khuôn mẫu *n.* model, example

khuôn phép *n.* discipline, regulation

khuy *n.* button: **cài khuy** to button

khuy bấm *n.* snap [button]

khuya *adj.* late [at night]: **thức khuya** to stay up late

khuya khoắt *adj.* late [at night]

khuya sớm *n.* night and day, morning and evening

khuyên **1** *v.* to advise: **lời khuyên** advice **2** *n.* circle, earring: **đôi khuyên** a pair of earrings

khuyên bảo *v.* to advise, to counsel, to recommend: **khuyên bảo người nào** to advise someone

khuyên can *v.* to advise against something, to persuade someone

khuyên giải *v.* to comfort, to explain

khuyên ngăn *v.* to advise against something

khuyên nhủ *v.* to advise, to counsel

khuyên răn *v.* to admonish

khuyến học *v.* to encourage learning: **hội khuyến học** association for the encouragement of learning

khuyến khích *v.* to encourage, to stimulate

khuyến nông *v.* to encourage agriculture

khuyển *n.* dog (= chó): **quân khuyển** dog army

khuyển mã *n.* beast

khuyển nho *adj.* cynical

khuyết **1** *n.* buttonhole, loop [used as a buttonhole] **2** *adj.* [of position] missing, vacant; [of moon] not full; **dự khuyết** alternate [officer]; **khiếm khuyết** shortcoming

khuyết điểm *n.* shortcoming, defect, mistakes, error, negative points: **Họ thú nhận là họ đã có khuyết điểm.** They confessed they have made mistakes.

khuyết tịch *adj.* absent

khuynh diệp *n.* eucalyptus: **dầu khuynh diệp** eucalyptus oil

khuynh đảo *v.* to overthrow, to topple

khuynh gia bại sản *adj.* ruinous, bankrupted

khuynh hướng *n.* tendency

khuynh hữu *n.* rightist

khuynh tả *n.* leftist

khuỳnh *v.* to spread out one's arms, to be akimbo

khuỳnh chân *v.* to straddle one's legs

khuỷu *n.* elbow: **khuỷu tay** elbow

khuỵu *v.* to collapse: **ngã khuyu** to fall and collapse

khư khư *v.* to hold tight, to guard jealously, to retain stubbornly

khứ hồi *v., n.* to go and come back; round trip: **vé khứ hồi** return ticket

khừ khừ *v.* to groan, to moan

khử *v.* to get rid of, to dispose of: **trừ khử** to reduce [chemistry]

khử độc *v.* to pasteurize, to sterilize

khử trừ *v.* to eliminate, to eradicate

khứng *v.* to consent, to accept

khước *v.* to refuse, to decline

khước từ *v.* to decline

khứu giác *n.* sense of smell

khướt *adj.* tired, worn out: **say khướt** dead drunk

ki cóp *adj., v.* stingy; to only collect small things

ki-lô *n.* [Fr. *kilogram*] kilogram

ki-lô mét *n.* [Fr. *kilometre*] kilometer

kí *n.* [Fr. *kilogram*] kilogram

kì *v.* to rub [dirt] off

kì kèo *v.* to nag, to reproach; to argue about the cost

kia **1** *pron.* there, that: **Cái nẩy của tôi, cái kia của bạn.** This is mine, that is yours. **2** *adj., adv.* that, other; before: **hôm kia** day before yesterday; **ngày kia** day after tomorrow; **năm kia** year before last; **bên kia** the other side; **trước kia** formerly; **một ngày kia** some day [in the future]

kia kìa *adv.* over there

kìa *adv.* over there, yonder [more distant than **kia**]: **ngày kìa** two days after tomorrow; **năm kìa** three years ago; **hôm kìa** three days ago

kích **1** *n.* halberd **2** *n.* size, measurement, part of dress under the armholes **3** *v.* to jack: **kích xe lên** to jack a car

kích bác *v.* to disparage, to criticize

kích động *v.* to arouse, to impact

kích thích *v.* to excite, to stimulate

kích thích tố *n.* hormone

kích thước *n.* size, measurements

kịch *n.* play, drama, theater: **bi kịch** drama; **diễn kịch** to perform; **đóng kịch** to have a part in a play; to fake, to pretend; **hài kịch** comedy; **thảm kịch** tragedy

kịch bản *n.* play script, scenario

kịch chiến *n.* fierce fighting

kịch liệt *adj.* violent, fierce, vehement

kịch sĩ *n.* actor, actress

kịch trường *n.* the theater

kiêm *v.* to cumulate [functions]: **kiêm nhiệm** to be concurrently in charge

kiêm toàn *v.* to complete

kiếm **1** *v.* [= **tìm**] to seek, to look for, to search for: **tìm kiếm, kiếm thấy** to find; **kiếm việc làm** to look for work **2** *n.* sword, foil

kiếm ăn *v.* to make one's living

kiếm cách *v.* to find out a way of doing something

kiếm chác *v.* to make profits

kiếm chuyện *v.* to make trouble, to pick a quarrel

kiếm cung *n.* sword and bow

kiếm hiệp *n.* knight errant

kiếm khách *n.* knight-errant

kiếm thuật *n.* swordsmanship, fencing

kiềm *v.* to hold back, to restrain

kiềm chế *v.* to keep in check, to restrain, to control

kiềm tỏa *v.* to restrain, to bind, to restrict

kiểm *v.* to verify, to control, to examine, to inspect [baggage, goods]; to check

kiểm duyệt *v., n.* to censor; censorship

kiểm điểm *v.* to review

kiểm đốc *v.* to manage, to supervise

kiểm giá *v.* to control prices

kiểm khảo *v.* to examine, to investigate

kiểm lâm *n.* forestry [service]

kiểm nhận *v.* to control, to stamp visas; **dấu kiểm nhận** visa stamp

kiểm sát *v.* to inspect, to check

kiểm soát *v.* to control, to examine, to check

kiểm thảo *v.* to review one's work, to criticize: **tự kiểm thảo** to be self-critical

kiểm tra *v.* to control, to inspect, to examine, to take a census: **kiểm tra tài khoản** to examine the budget

kiên *adj.* strong, solid; patient

kiên chí *n.* determination, steadfastness

kiên cố *adj.* solid, strong, well-built: **xây một bức tường kiên cố** to build a strong fence

kiên định *adj.* steadfast, firm: **lập trường kiên định** firm attitude

kiên gan *adj.* patient, persevering

kiên nhẫn *adj.* patient, long-suffering: **Hãy kiên nhẫn!** Be patient!

kiên quyết *adj., v.* determined; to be determined, with determination: **kiên quyết hành động** to be determined for action

kiên tâm *v., adj.* to be patient; patient, steadfast

kiên trì *v.* to hold fast, to keep firmly, to stick to

kiên trinh *adj., v.* [of woman] loyal, to be faithful

kiến *n.* ant: **tổ kiến** ant hill; **con ong, cái kiến** small things, small people; **đông như kiến** crowded, numerous; **kiến bò bụng** very hungry

kiến giải *n.* view, interpretation, insight

kiến hiệu *adj.* effective, efficacious

kiến lập *v.* to build up, to establish

kiến nghị *n.* motion, proposal, resolution

kiến quốc *v.* to build up the nation

kiến tạo *v.* to build, to create, to establish

kiến thị *adj.* seen [and approved]

kiến thiết *v.* to build [up], to rebuild, to construct: **kiến thiết đô thị** to construct a city

kiến thức *n.* knowledge: **trau dồi kiến thức** to improve one's knowledge

kiến trúc *n.* architecture

kiến trúc sư *n.* architect

kiến văn *n.* knowledge, learning

kiện **1** *n.* tared, bale, package: **một kiện bông** a bale of cotton; **bưu kiện** parcel post **2** *v.* to sue: **kiện nhà báo** to sue a journalist; **một vụ kiện** a lawsuit; **thầy kiện** lawyer; **được kiện** to win one's case; **thua kiện** to lose one's case

kiện cáo *v.* to open a lawsuit, to sue someone

kiện toàn *v.* to consolidate, to be complete, to strengthen

kiện tụng *v.* to take out a lawsuit, to sue someone

kiện tướng *n.* champion, star, ace

kiêng *v.* (= **cử**) to avoid, to abstain from: **kiêng làm việc nặng** to avoid heavy work; **ăn kiêng** to be on a diet

kiêng dè *v.* to economize, to save, to be cautious

kiêng nể *v.* to have regard and consideration for, to respect

kiềng **1** *n.* iron tripod used as stove: **kiềng ba chân** tripod **2** *n.* necklace, bracelet

kiểng *n.* gong

kiễng *v.* to stand on tiptoe: **đứng kiễng chân lên để lấy sách** to have to stand on tiptoe to take out books

kiếp *n.* existence, life [as something inevitable, according to Buddhism]: **số kiếp** destiny, fate; **kiếp sống con người** man's life

kiết **1** *n.* dysentery: **đi kiết ly** to have dysentery **2** *adj.* poor, penniless: **kiết cú/kiết xác** stingy, penniless

kiệt **1** *adj.* stingy, avaricious, miserly, mean **2** *adj.* exhausted, worn out; no more: **kiệt sức** to be physically exhausted

kiệt lực *adj.* to be physically exhausted

kiệt quệ *adj., v.* [of finances, economic situation] being at the lowest ebb; to be worn out

kiệt tác *n.* masterpiece

kiệt xuất *adj.* outstanding, pre-eminent

kiêu *adj.* arrogant, proud, vainglorious: **kiêu hãnh** to be proud of; **kiêu căng/kiêu ngạo** to be arrogant; **thắng không kiêu, thua không nản** no vainglory in good fortune, no loss of heart in adversity

kiêu ngạo *adj.* arrogant, haughty

kiếu *v.* to excuse oneself; to refuse, to decline

kiều *n.* R (= **cầu**) bridge

kiều bào *n.* compatriot [abroad], overseas national

kiều dân *n.* immigrant, resident [alien]

kiều diễm *adj.* graceful, charming, attractive

kiều lộ *n.* bridges and roads: **kỹ sư kiều lộ** civil engineer

kiểu *n.* model, pattern; fashion, style

kiểu cách *adj.* affected, unnatural

kiểu mẫu *n.* model, example

kiệu **1** *n.* sedan chair, palankeen, carriage **2** *n.* pickled scallion **3** *n.* trot: **đi nước kiệu** to ride at a trot

kim **1** *n.* needle, pin; [clock] hand: **xỏ kim** to thread a needle **2** *n.* R gold (= **vàng**); metal: **kim khí, kim loại** metal materials; **bạch kim** platinum; **hợp kim** alloy; **á kim** metalloid **3** *adj.* R present, modern; now (= **nay**) [*opp.* **cổ**]: **từ cổ chí kim** from ancient times up to now

kim băng *n.* safety pin

kim chỉ *n.* needlework, sewing

kim chỉ nam *n.* compass; guide, handbook, manual

kim cổ *n.* the past and the present

kim cương *n.* diamond: **Bà ấy thích có một chiếc nhẫn kim cương.** She likes having a diamond ring.

kim đan *n.* knitting needle

kim hoàn *n.* goldsmith, silversmith

kim khâu *n.* sewing needle

kim khí *n.* metal

kim loại *n.* metal

kim ngạch *n.* turn-over

kim ngân hoa *n.* honeysuckle

kim thạch *adj.* durable, lasting

kim thoa *n.* gold hairpin

kim thời *n.* present time, present

kim tiền *n.* money

kim tinh *n.* Venus [the planet]

kim tuyến *n.* lame, gold thread

kim tự tháp *n.* pyramid

kim văn *n.* modern literature [as opp. to **cổ văn**]

kìm **1** *v.* to restrain, to rein: **kìm hãm** to hold back **2** *n.* pincers, pliers

kín *adj.* tight, covered, secret: **đóng kín** to shut tight; **đậy kín** to be covered [pot, container]; **hội kín** secret society; **chỗ kín** genitals

kín đáo *adj.* secretive, secret: **cất vào nơi kín đáo** to keep in a secret place

kín miệng *adj.* discreet, undisclosed: **giữa kín miệng không nói với ai** to keep secret, not to talk to anybody else

kinh **1** *adj.* terrified, frightened **2** *n.* capital city, metropolis: **kinh đô Bắc kinh** Beijing city **3** *n.* prayer-book, sacred book, the Bible **4** *n.* Viet nationality [as opp. to ethnic groups in Vietnam]

kinh bang tế thế *v.* to govern the state and help humanity

kinh doanh *v., n.* to carry on business; to do business; trade, commercial enterprise

kinh điển *n.* classics, canonical books

kinh đô *n.* capital city

kinh độ *n.* degree of longitude

kinh giới *n.* sweet marjoram

kinh hãi *adj.* frightened

kinh hoàng *adj.* frightened, scared

kinh hoảng *adj.* frightened, scared

kinh hồn *adj.* frightened out of one's wits

kinh kệ *n.* Buddhist books of prayers

kinh khủng *adj.* frightful, awful, horrible

kinh kỳ *n.* capital

kinh lịch *n.* experience

kinh luân *n.* supervision, administration; administrative skill

kinh lược *n.* viceroy [in North Vietnam]

kinh lý *v., n.* to inspect; inspection

kinh ngạc *adj., v.* astounded; to be stupefied

kinh nghiệm *v., adj., n.* to experience; experienced; experience: **Ông ấy có nhiều kinh nghiệm làm việc.** He has rich working experiences.

kinh nguyệt *n.* menses, menstruation: **kinh nguyệt không đều** to have irregular menses

kinh niên *adj.* chronic: **bệnh kinh niên** chronic illness

kinh phí *n.* expenditures, expenses:

kinh phí đi lại traveling expenditures

kinh qua *v.* to undergo, to suffer, to go through

kinh sợ *adj.* afraid, frightened

kinh sử *n.* classics and history

kinh tế *n.* economy: **kinh tế quốc gia** national economy; **kinh tế học** economics

kinh thánh *n.* the Bible

kinh thành *n.* capital, metropolis

kinh tuyến *n.* longitude, meridian

kinh viện *n.* academic

kính **1** *n.* glass [the material]; eye glasses [CL **đôi, cặp**]; optical instrument: **đeo/mang kính** to wear glasses; **cửa kính** glass window; **tấm kính** pane of glass; **miếng kính** piece of broken glass **2** *v.* to respect, to honor: **tôn kính** to honor; **cung kính** to be respectful

kính ái *adj.* loving and respectful

kính bẩm *v.* to report respectfully [used in addressing superior]

kính cáo *n.* respectfully yours [at the end of advertisement, leaflet]

kính cẩn *adj.* respectful, deferential

kính cận *n.* near-sighted glasses

kính chúc *v., n.* to treat someone respectfully; respectful wishes

kính dâng *v.* to present offers respectfully

kính hiển vi *n.* microscope

kính lão *n.* old people's glasses, far-sighted glasses

kính mời *v.* to invite respectfully

kính nể *v.* to have regard and consideration for

kính phục *v.* to admire

kính râm *n.* sun-glasses

kính tặng *v.* to present respectfully

kính thiên lý *n.* telescope

kính thiên văn *n.* telescope

kính thỉnh *v.* to invite respectfully

kính thưa *v., n.* to report respectfully; particle of address to senior or elderly: **kính thưa quí ông bà** ladies and gentlemen

kính trình *v.* to report respectfully

kính trọng *v.* to respect

kính viễn vọng *n.* telescope

kính viếng *v.* to pay one's respects to a dead person, to pay one's last tribute

kính yêu *adj.* revered and loved

kình **1** *n.* whale: **cá kình, cá voi** whale **2** *v.* to be opposed, to be in conflict

kình địch *v.* to be in opposition, to be at enmity with

kíp **1** *adj.* urgent, pressing, hurried: **cần kíp** in a hurry **2** *n.* (= ca) shift: **kíp làm đêm** night shift

kịp *v.* to be or act in time, to be on schedule: **theo kịp, đuổi kịp** to catch up with

kịp thời *adv.* in time, timely: **Ông ấy đã đưa ra quyết định kịp thời.** He gave a timely decision.

kịt *adj.* dark, black, dense: **đen kịt** all black

ký *v.* to sign; to record: **ký vào đơn xin việc** to sign one's application; **chữ ký** signature; **nhật ký** diary; **thư ký** secretary

ký giả *n.* newsman, correspondent

ký hiệu *n.* symbol, sign; code

ký kết *v.* to sign, to conclude [agreement, pact]

ký lục *n.* secretary, clerk, recorder

ký nhận *v.* to acknowledge [receipt], to make out receipt

ký quỹ *v.* to deposit [security money]

ký sinh *adj.* parasitical: **ký sinh trùng** parasite

ký sự *n.* memoirs, essays

ký thác *v.* to entrust

ký túc xá *n.* boarding school, dormitory

ký ức *n.* memory

kỳ **1** *n.* R flag (= cờ): **quốc kỳ** national flag **2** *n.* fixed time or space of time, term: **thời kỳ** period; **học kỳ** term, session **3** *n.* administrative division of Vietnam [under French domination]: **Bắc kỳ** Tonkin; **Trung kỳ** Annam; **Nam kỳ** Cochin-China **4** *adj.* strange, extraordinary (= la): **Bạn làm gì kỳ thế.** How strange! What are you doing!

kỳ an *n.* praying for good health

kỳ ảo *adj.* miraculous

kỳ án *n.* strange case

kỳ công *n.* exploit, marvelous achievement

kỳ cục *adj.* strange, funny, odd: **Họ có lối sống kỳ cục quá.** They have a very strange life-style.

kỳ cùng *adv.* to the end

kỳ cựu *adj.* old, veteran, experienced: **cầu thủ kỳ cựu** very old experienced player

kỳ dị *adj.* strange, odd: **ăn mặc áo quần kỳ dị** to wear strange clothes

kỳ diệu *adj.* marvelous, wonderful

kỳ duyên *n.* wonderful love

kỳ dư *n.* the rest: **kỳ dư không thay đổi** otherwise no change

kỳ đài *n.* platform for a ceremony

kỳ hạn *n.* date, term: **tới kỳ hạn** to fall due; due date

kỳ hào *n.* village elder

kỳ hình *n.* odd appearance

kỳ khôi *adj.* unusual, strange, very odd: **Ông ấy cư xử kỳ khôi quá.** He behaves oddly.

kỳ lạ *adj.* strange, extraordinary

kỳ lân *n.* unicorn

kỳ ngộ *n.* chance meeting, unexpected meeting

kỳ phùng địch thủ *n.* adversaries of equal talent

kỳ quái *adj.* strange, odd

kỳ quan *n.* wonder: **bảy kỳ quan thế giới** the seven wonders of the world

kỳ quặc *adj.* odd, funny: **suy nghĩ kỳ quặc** funny thinking

kỳ tài *n.* extraordinary talent

kỳ thật *adv.* actually, in reality

kỳ thị *v.* to discriminate: **kỳ thị chủng tộc** racial discrimination

kỳ thú *adj.* interesting

kỳ thuỷ *adv.* at the beginning: **thời kỳ thuỷ của lịch sử** at the beginning of history

kỳ vọng *v.* to wish for, to pray for

kỷ luật *n.* discipline, codes of conduct: **có tinh thần kỷ luật** to follow the codes of conduct

kỷ lục *n.* record, best performance: **kỷ lục thế giới** the world record

kỷ nguyên *n.* era: **kỷ nguyên mạng vi tính toàn cầu** Internet era

kỷ niệm **1** *n.* to commemorate: **đài kỷ niệm** a commemorative monument **2** *n.* souvenir; memory: **cửa hàng bán đồ kỷ niệm** a souvenir shop

kỷ yếu *n.* proceedings, a summary record of: **kỷ yếu hội nghị** the proceedings of a conference

kỹ *adj.* careful: **việc làm kỹ** careful work

kỹ càng *adj.* (= kỹ lưỡng) careful, thorough

kỹ năng *n.* skill: **Bốn kỹ năng ngôn ngữ là nghe, nói, đọc và viết.** The four language skills are listening, speaking, reading and writing.

kỹ nghệ *n.* industry: **kỹ nghệ nhẹ** light industry

kỹ sư *n.* engineer: **kỹ sư cầu đường** a civil engineer

kỹ thuật *n.* technology; technique: **khoa học kỹ thuật tân tiến** modern science and technology

L

la **1** *n.* mule: **Con la lai lừa và ngựa.** A mule is a cross between an ass and a mare. **2** *v.* to shout, to scream; to scold: **Đứa bé la lên vì bị đau.** The baby screams in pain.

la bàn *n.* compass: **Hoa tiêu phải dùng la bàn để lái tàu.** A pilot has to use a navigator's compass to steer a boat.

la cà *v.* to loiter, to hang around: **Nó chẳng làm gì cả, suốt ngày la cà ở quán cà-phê.** He is idle and hangs around at a café all day.

la đà *v.* [of branches] to be swaying; to reel, to move unsteadily

la hét *v.* to shout, to roar, to scream: **trẻ con la hét ầm ỹ ngoài đường** children shouting loudly in the street

la làng *v.* to shout for help: **Nếu có chuyện gì bạn cứ la làng lên.** If you have any trouble you should shout for help.

la liệt *adv.* everywhere, all over: **Họ bày bán la liệt đủ thứ.** They sell everything everywhere.

la lối *v.* to yell, to scold [to show one's authority]

la mắng *v.* to scold: **Là cha mẹ không nên la mắng con cái nhiều.** Being parents, we shouldn't scold our children too much.

La Mã *n.* Rome, Roman

la ó *v.* to protest noisily, to hiss, to boo

lá 1 *n.* leaf: **lá chuối** banana leaf; **nón lá** latania leaf hat; **nhà lá** latania-covered hut **2** *n.* classifier noun, card, form: **lá bài** playing card; **lá cờ** flag; **lá đơn** application form; **lá thư** letter

lá chắn *n.* shield, screen, shutter

lá mía *n.* nose cartilage

lá thắm *n.* love message

là 1 *v.* to be, to be equal: **hai với ba là năm** two and three is five; **Tôi là người Mỹ.** I am an American. **2** *v.* to iron, to press (= **ủi**): **là quần áo** to iron clothes; **bàn là** an iron **3** *intj.* [final particle]; How!: **Đẹp đẹp là!** How very pretty! **4** *conj.* then: **Ông không làm là không có tiền tiêu.** If you don't work then you won't have money to spend.

lả *adj., v.* exhausted; to be prone; to droop: **đói lả** to be exhausted because of hunger; **mệt lả** exhausted

là lơi *adj., v.* lascivious; to indulge in, be familiar with: **Không nên lả lơi với phụ nữ lạ như thế.** One shouldn't be familiar with strange women.

lả lướt *adj.* limp, listless: **đi lả lướt** to walk listlessly

lả tả *v.* to be scattered

lã chã *v.* [of tears] to drip, to trickle

lạ *adj.* [SV **kỳ**] strange, unusual, extraordinary, odd, foreign; not to know, not to be familiar with: **người**

lạ stranger; **quái lạ** to be extraordinary, unheard of; **Lạ quá!** How strange!

lạ đời *adj.* strange, odd, queer, eccentric: **ăn nói lạ đời** to say something strange

lạ kỳ *adj.* strange: **ăn mặc quần áo lạ kỳ quá** to wear strange clothes

lạ lùng *adj.* strange, unknown, extraordinary, odd

lạ mặt *adj.* strange, unknown [face]: **kẻ lạ mặt** stranger

lạ miệng *adj.* strange tasting, eaten for the first time: **Tôi ăn món nầy lạ miệng.** I am eating this dish for the first time.

lạ tai *adj.* strange-sounding, heard for the first time

lạ thường *adj.* unusual, extraordinary

lác *adj.* squint-eyed, cross-eyed: **mắt lác** to have squinting eyes; **Anh ấy lác cả mắt** He was amazed.; He was full of admiration.

lác đác *adj.* scattered

lạc 1 *v.* to be lost, to lose one's way: **lạc đường/lạc lối** to lose one's way **2** *n.* (= **đậu phụng**) peanut, shelled peanut, groundnut: **lạc rang** roasted peanuts; **dầu lạc** peanut oil; **bơ lạc** peanut butter

lạc bước *v.* to rove, to wander

lạc cảnh *n.* paradise

lạc đà *n.* camel

lạc đề *v.* to get off the subject, to be irrelevant to the subject

lạc điệu *adj.* tuneless: **hát lạc điệu** to sing out of tune

lạc giọng *adj.* off-key

lạc hậu *adj.* backward, under-developed: **các nước chậm tiến lạc hậu** under-developing countries

lạc loài *adj.* alone in a strange land: **lạc loài ở nước ngoài** to be alone in a foreign country

lạc lõng *adj.* alone, lost in a strange place

lạc nghiệp *v.* to enjoy one's work, to be content with one's lot: **an cư lạc**

nghiệp to settle down well

lạc quan *adj.* optimistic: **Ông ấy luôn luôn lạc quan.** He is always optimistic.

lạc quyên *v.* to take a collection, to raise funds: **lạc quyên cứu trợ nạn nhân bão lụt** to raise funds for flood victims

lạc thú *n.* pleasure

lạc viên *n.* paradise

lách 1 *v.* to make one's way; to slip [oneself **mình**, or something]: **lách mình qua đám đông** to make one's way through a crowd **2** *n.* spleen

lách cách *v.* to clink, to clatter, to clash, to rattle

lách tách *v.* to crackle, to crepitate

lạch *n.* canal, waterway

lạch bạch *v.* to waddle, to toddle

lạch cạch *v.* See **lách cách**

lạch đạch *v.* to waddle

lạch tạch *v.* See **lách tách**

lai 1 *adj.* half-breed, crossbreed, hybrid: **Tây lai** Eurasian [person of mixed French and Vietnamese blood]; **Tầu lai** person of mixed Chinese and Vietnamese blood **2** *n.* turn-up, hemline

lai căng *adj.* miscellaneous: **cuộc sống lai căng** foreign influent life

lai giống *v.* to cross breed

lai láng *v.* [of feeling] to be overflowing

lai lịch *n.* background, curriculum vitae, past record

lai rai *adj.* dragging on: **làm việc lai rai** dragging on work

lai tỉnh *v.* to regain consciousness, to come to

lai vãng *v.* to frequent [a place]

lái *v.* to steer, to drive [ship, automobile, plane]: **lái xe hơi** to drive a car; **tay lái** steering wheel; **bằng cầm lái** driving license

lái buôn *n.* merchant, dealer, trader: **lái lợn** pig seller; **lái trâu** buffalo seller

lái đò *n.* boatman, bargeman

lải nhải *v.* to mutter on and on

lải *n.* tapeworm

lãi *n.* profit, dividend, interest: **lãi ba**

phân three percent interest

lại 1 *v.* to come, to arrive: **Ông lại nhà tôi.** Please come to my house.; **để lại** to leave [behind]; to resell; **ở lại** to stay [behind]; **tóm lại** to sum up; in short; **Lại đây!** Come here!; **trở lại** to come back; **đi đi lại lại** to go back and forth, to move to and from **2** *adv.* again, back: **trả lại** to return; to give the change; **đem lại** to bring again; **đi lại** to come again, to go back and forth; to have relations; **qua lại** to go back and forth; to come and go, to frequent; **quay lại** to turn around; **còn lại** there remains; remaining; **đánh lại** to fight back, to hit back; **trái lại** on the contrary; **ngược lại** conversely; **gói lại** to wrap up; **buộc lại** to tie [package] up; **trói lại** to tie [person] up; **lùi lại** to step back; **hoàn lại** to return, to refund; **lại ăn** to eat again, to resume eating; **lại nói** to speak again, to talk again, to resume talking; **lại làm** to resume working

lại sức *v.* to recover one's strength

lam *adj.* royal blue

lam chướng *n.* miasma, *noxious effluvium*

lam lũ *adj.* ragged and dirty

lam nham *adj.* bungled

làm *v.* to do, to make; to work; (= **hành**) to act; to be done: **Đồng hồ này làm bên Thuy Sĩ.** This watch was made in Switzerland.; **Họ làm mỗi tuần 40 giờ.** They work 40 hours a week.; **Anh ấy chỉ nói chứ không làm.** He only talks but never acts.; **Bạn đang làm gì đó?** What are you doing?; **Ông đứng làm trung gian.** He acted as the intermediary.; **Bài tính này làm khó.** This problem is hard to solve.; **Đừng làm (cho) ba má lo.** Don't make your parents worry.; **đóng làm hai quyển** to be bound in two volumes

làm ăn *v.* to make a living, to earn one's living

làm bạn *v.* to be a friend to; to get married to

làm bằng *v.* to serve as evidence, to give evidence

làm bộ *v.* to be arrogant, to be haughty

làm cao *v.* to put on airs, to play hard to get

làm cỏ *v.* to weed; to massacre

làm công *v.* to work [for **cho**]: **người làm công** worker, employee

làm chứng *v.* to be the witness

làm dáng *v.* to be dandyish, to give undue attention to dress

làm dịu *v.* to abate, to ease: **làm dịu sự căng thẳng** to ease the tension

làm duyên *v.* to mince; to attract

làm đỏm *v.* to be coquettish

làm giả *v.* to counterfeit, to fake: **làm giả nước hoa** to produce counterfeit perfume

làm giàu *v.* to get rich, to enrich: **Ông ấy làm giàu bằng cách đầu tư vào nhà cửa.** He gets rich by investing in property.

làm gương *v.* to set an example: **làm gương cho trẻ con** to set an example for children

làm hỏng *v.* to wreck, to spoil, to foul up

làm khách *v.* to be formal, to stand on ceremony: **Cứ tự nhiên đừng làm khách.** Please be at ease, no need to be formal.

làm lành *v.* to make it up with: **Vợ phải làm lành với chồng.** His wife tries to make it up with him after their quarrel.

làm lẽ *v.* to become someone's concubine

làm lễ *v.* to hold a ceremony: **làm lễ cưới** to hold a wedding ceremony

làm loạn *v.* to rebel, to riot; to raise hell

làm lông *v.* to pluck

làm lơ *v.* to ignore, to turn a blind eye to: **Cô ấy thấy tôi làm lơ.** She saw me but she ignored me.

làm lụng *v.* to work: **Mẹ tôi làm lụng khó nhọc suốt ngày.** My mother works very hard throughout the day.

làm ma *v.* to hold burial rites for

làm mai *v.* to act as a matchmaker

làm mẫu *v.* to serve as a model

làm ơn *v.* to do the favor

làm phách *v.* to put on airs

làm quen *v.* to make the acquaintance of

làm reo *v.* to go on strike

làm ruộng *v.* to do farming

làm sao *adv.* why, how: **Bạn có làm sao không?** What is wrong with you?

làm tàng *v.* to behave arrogantly

làm thinh *v.* to keep silent

làm thịt *v.* to kill for food: **làm thịt heo đãi tiệc** to kill a pig for a party

làm tiền *v.* to make money

làm tôi *v.* to serve as a servant

làm trai *v.* to behave like a man

làm trò *v.* to make fun, to perform funny antics, to clown

làm tròn *v.* to fulfill: **Họ đã làm tròn nhiệm vụ của họ.** They fulfilled their duties.

làm việc *v.* to work, to be busy at work: **Khi tôi đang làm việc thì ông ấy bỏ đi.** While I was busy working he left.

lảm nhảm *v.* to mumble, to rave, to talk about trifles

lạm *v.* to abuse [power, etc.], to do something in excess: **tiêu lạm công quỹ** to spend in excess of public funds

lạm dụng *v.* to abuse, to take advantage of, to misuse: **lạm dụng quyền hành** to abuse power

lạm phát *v.* to inflate, to issue too much [paper currency]: **nạn lạm phát tiền tệ** inflation

lạm quyền *v.* to abuse power

lan *n.* orchid, iris: **mộc lan** magnolia; **ngọc lan** magnolia

lan *v.* [of water, fire, vegetation] to spread: **lan rộng** to spead widely

lan can *n.* rail, parapet

lan tràn *v.* to spread all over, to overflow

làn 1 *n.* classifier for waves on water or hair etc.: **làn gió** gusts of wind; **làn khói** trails of smoke 2 *n.* hand-basket

lang 1 *n.* wolf: **lòng lang dạ thú** to have a wolf's heart and a beast's feelings 2 *n.* herb doctor, Vietnamese physician: **ông lang, thầy lang** herb doctor

lang bang *v.* to roam about, to be frivolous

lang bạt *v.* to roam around, to be an adventurer

lang băm *adj.* quack

lang ben *n.* herpes, scurf

lang chạ *adj., v.* mixed; lewd; to sleep around

lang quân *n.* [my] husband

lang thang *v.* to wander

lang vườn *n.* quack

lang y *n.* Vietnamese physician

láng *adj.* shiny, glossy (= **bóng**): **da láng** patent leather; **sàn nhà láng** shiny floor

láng giềng *n.* neighbor: **Láng giềng của tôi rất tốt.** My neighbor is very kind.

làng *n.* village, commune; circles, world: **làng báo** the press circles; **dân làng** villager

làng chơi *n.* playboys; prostitutes [collectively]

làng mạc *n.* village [inhabitants]

làng nước *n.* village [inhabitants]

làng xóm *n.* village [inhabitants], co-villagers, people, neighbors

làng văn *n.* writers [collectively]

lảng 1 *v.* to sneak away: **nói lảng** to change the subject of conversation, to shift to another subject 2 *adj.* absent-minded: **lảng trí** absent-minded

lảng tai *adj.* hard of hearing

lảng vảng *v.* to hang around, to roam around, to loiter around

lãng du *v.* to roam around, to wander

lãng mạn *adj.* romantic: **chủ nghĩa lãng mạn** romanticism

lãng phí *v.* to waste: **lãng phí thì giờ** to waste time

lãng quên *v.* to forget

lãng tử *n.* vagabond

lạng 1 *n.* a tael, liang [a measure of weight equivalent to 378 grams]: **một lạng vàng** a tael of gold 2 *v.* to slice [meat], to carve: **lạng mấy lát thịt nạc** to carve a few lean slices

lanh *adj.* (= **nhanh**) fast, quick; intelligent: **lanh trí** intelligent, bright; **lanh tay** to be quick

lanh lảnh *adj.* [of voice] piercing

lanh lẹ *adj.* agile, fast

lanh lẹn *adj.* agile, active

lánh *v.* (= **tránh**) to avoid, to keep away, to escape: **lánh xa kẻ xấu** to keep away from bad people; **dân lánh nạn** refugee

lành 1 *adj.* mild, kind, meek, gentle: **hiền lành** gentle; **người lành** kind people 2 *adj.* good [of climate]; healthy; [of clothes] not torn, in good condition; [of food] good to eat, healthy [*opp.* **độc**]: **lành mạnh** healthy; **thức ăn lành** good food

lành lạnh *adj.* a little chilly

lành lặn *adj.* intact, unbroken, whole, safe and sound, undamaged: **ăn mặc lành lặn** decently dressed

lành mạnh *adj.* healthy, strong

lảnh *adj.* shrill [of voice]

lãnh 1 *v.* (= **lĩnh**) to receive, to draw [salary, supplies]: **lãnh lương** to draw/receive a salary 2 *n.* glossy silk, taffeta

lãnh binh *n.* military commander

lãnh đạm *adj.* cold, indifferent

lãnh đạo *v.* to lead: **cấp lãnh đạo** leaders; **tài lãnh đạo** leadership

lãnh giao *v.* to receive instruction(s)

lãnh hải *n.* territorial waters

lãnh hoá giao ngân *n.* cash on delivery [C.O.D.]

lãnh hội *v.* to understand, to comprehend

lãnh không *n.* air space

lãnh sự *n.* consul: **toà lãnh sự** consulate; **tổng lãnh sự** consul-general

lãnh thổ *n.* territory

lãnh tụ *n.* leader: **lãnh tụ đối lập** opposition leader

lãnh vực *n.* aspect; field, domain, realm

lạnh *adj.* cold: **Hôm nay trời lạnh.** It's cold today.; **tủ lạnh** fridge; **ghẻ lạnh** cold, indifferent; **nóng lạnh** fever, malaria

lạnh buốt *adj.* icy cold

lạnh lẽo *adj.* cold, wintry; deserted, lonely and cold, indifferent

lạnh lùng *adj.* cold, indifferent

lạnh ngắt *adj.* very cold

lao **1** *v.* to throw: **lao mình xuống nước** to throw oneself into the water **2** *n.* javelin; pole **3** *n.* tuberculosis: **bị lao phổi** to have tuberculosis; **Hội bài lao** Anti-Tuberculosis Society

lao công *n.* labor: **lao công cưỡng bách** forced labor; **Nghiệp đoàn Lao công** Labor Union

lao đao *adj.* unstable, unsteady

lao động *v., n.* to toil/labor; laborer, worker: **dân lao động** working people; **đảng Lao Động** Labor Party, Workers' Party; **Ngày lao động Quốc tế** May Day

lao khổ *n.* labor, hardship, hard work: **cuộc sống lao khổ** a life of hardship

lao lực *v.* to be physically exerting, to be over-exerting

lao tâm *n.* sorrow, worry, grief; mental work

lao tù *n.* prison, jail

lao tư *n.* labor and capital; workers and capitalists

láo *adj., v.* insolent, impertinent; to be false, nonsensical; to lie: **làm thì láo báo cáo thì hay** to give a good report on one's bad work

láo lếu *adj.* insolent, impolite, impertinent; careless, unreliable

láo nháo *adj.* badly mixed

láo xược *adj.* insolent, impudent

Lào *n.* Laos, Laotian

lào xào *v.* to whisper; to rustle

lảo đảo *v.* to stagger, to totter

lão *adj.* old, aged, elderly (= **già**): **tiền dưỡng lão** old-age pension; **Nguyệt**

lão the God of Marriages

lão ấu *n.* old and young: **nam phụ lão ấu** men and women, young and old, everyone

lão bộc *n.* old servant

lão giáo *n.* Taoism

lão luyện *adj.* experienced, skilled

lão mẫu *n.* old mother

lão thành *adj.* old and experienced

Lão Tử *n.* Lao Tze

lạo xạo *adj.* scratching

lạp xưởng *n.* Chinese sausage

lát **1** *adj.* short, instant, moment (= **chốc**): **lát nữa** in a moment; **chốc lát, giây lát** short moment **2** *v.* to pave, to cover [road, floor]: **lát gạch sàn nhà** to cover the floor with tiles

lạt **1** *n.* bamboo string: **dùng lạt để buộc bánh chưng** to use bamboo strings to tie sticky rice cakes **2** *adj.* (= **nhạt**) to be watery, insipid, flat, not sweet enough [*opp.* **ngọt**]; not salted [*opp.* **mặn**]: **Canh nhạt quá.** The soup is not salted.

lạt lẽo *adj.* (= **nhạt nhẽo**) watery, insipid, tasteless; light; cold, cool, indifferent

Lạt ma *n.* Lama: **Đạt lai Lạt ma** Dalai Lama

lau **1** *v.* to wipe, to clean, to mop: **giẻ lau** dust cloth, rag; **khăn lau** towel, rag; **khăn lau bát** dish towel; **khăn lau mặt** washcloth, towel **2** *n.* reed, *arundinaceous* cane

lau chùi *v.* to dust [with a cloth], to clean

lau dầu *v.* to lubricate, to clean

lau nhau *v.* [of children] to swarm

láu *adj.* [of child] smart, clever

láu lĩnh *adj.* mischievous, roguish; sharp, smart, clever

láu táu *v.* to act or to talk fast and thoughtlessly

làu nhàu *v.* to grumble, to complain

lay *v.* to shake, to push: **không lay chuyển** unshakable; **lung lay** to move, to budge

láy *v.* to repeat

lạy *v.* to bow low; to kowtow, to prostrate oneself before; to pray; to greet with a kowtow: **Lạy Chúa ạ!** I pray to my God!; **Lạy ông!** I beseech you!

lắc *v.* to shake with side-to-side motions: **lắc đầu** to shake one's head; **lúc lắc** to move, to sway

lắc chuông *v.* to ring a bell

lắc đầu *v.* to shake one's head

lắc la lắc lư *v.* See **lắc lư**

lắc lư *v.* to swing, to sway, to rock

lăm *num.* five [when preceded by a numeral in the ten]: **mười lăm** fifteen; **hai mươi lăm** twenty five

lăm lăm *v.* to keep [weapon] ready

lăm le *v.* to be eager to, to want very much to [get something]

lắm *adj., adv.* much or many, plenty of; very much: **Vườn này lắm chuối.** This garden has many banana trees.; **Ở đây lắm muỗi lắm.** There are lots of mosquitoes around here.; **tốt lắm** very good; **Tôi thích anh ấy lắm.** I like him very much.

lắm điều *adj.* talkative, gossipy, quarrelsome

lắm kẻ *n.* many people

lắm khi *adj.* many times

lắm lúc *adj.* many times

lắm mồm *adj.* talkative, gossipy, quarrelsome

lắm phen *adj.* many times

lăn *v.* to roll: **lăn bánh xe** to roll a tire

lăn chiêng *v.* to fall flat

lăn đùng *v.* to fall, to collapse; to drop dead

lăn kềnh *v.* to fall flat

lăn lóc *v.* to have/experience hardships; to lie around, to wallow

lăn long lóc *v.* to roll about

lăn lộn *v.* to have/experience hardships; to lie around

lăn tay *v.* to take fingerprints

lăn tăn *v.* to drizzle

lăn xả *v.* to hurl oneself at, to fling oneself at, to throw oneself into [**vào**]

lằn *n.* wale, streak

lặn *v.* to be under the water, to dive,

to set: **Mặt trời lặn.** The sun sets.; **tàu lặn** submarine; **thợ lặn** diver; **Anh ấy có thể lặn trong mười lăm phút.** He can stay under the water for fifteen minutes.

lặn lội *v.* to travel up hill and down dale; to go through a lot of trouble

lăng *n.* royal tomb

lăng kính *n.* prism

lăng loàn *adj.* [of woman] pert, saucy

lăng mạ *v.* to insult

lăng nhăng *adj.* purposeless, thoughtless; irresponsible; flirtatious

lăng nhục *v.* to insult

lăng quăng *v.* to run around

lăng tẩm *n.* imperial tomb

lăng trụ *n.* prism: **khối lăng trụ thẳng** right prism; **khối lăng trụ xiên** oblique/slanting prism

lăng xăng *v.* to bustle, to act as a busybody, to be an eager beaver

lắng 1 *v.* to lend [an ear]; to try to listen: **lắng nghe** to listen closely **2** *v.* to settle, to abate

lằng nhằng *v.* to drag; to be confused

lẳng *adj.* flirtatious

lẳng lơ *adj.* flirtatious, sexy: **Cô ấy lẳng lơ quá.** She is very flirtatious.

lẳng lặng *v.* See **lặng**

lẳng *n.* a handled basket: **mua một lẳng hoa** to buy a handled-basket of flowers

lặng *adj.* silent, quiet: **im/yên lặng** quiet

lặng lẽ *adv.* silently, in silence, quietly

lắp *v.* (= **ráp**) to assemble, to join, to put together [*opp.* **tháo**]; to load [bullet **đạn**]: **lắp đạn vào súng** to load bullets into a gun; **xưởng lắp xe đạp** bicycle assembly plant; **lắp mộng** to mortise, to dovetail

lắp bắp *v.* to stutter, to stammer

lắt léo *v., adj.* winding; to be delicate, involved

lắt nhắt *adj.* tiny, minute

lặt vặt *adj.* miscellaneous, sundry

lấc cấc *adj.* rude, impolite, impertinent

lâm *v.* to get into, to be hit by: **lâm**

vào cảnh nghèo khổ to get into a poor, hardup situation

lâm bệnh *v.* to fall sick, to be taken ill

lâm bồn *n.* childbirth

lâm chung *v.* to be about to die

lâm học *n.* forestry

lâm luy *adj.* involved, implicated

lâm ly *adj.* moving, doleful

lâm nguy *v.* to be in danger

lâm sản *n.* forest products

lâm thời *adj.* provisional, temporary, interim: **quản đốc lâm thời** the interim manager

lâm trận *v.* to be in action, to be in combat

lâm tuyền *n.* solitude among the forests

lấm *v.* to be soiled, to stain with: **chân lấm tay bùn** to be dirty from farmwork, to soil

lấm la lấm lét *v.* See **lấm lét**

lấm lét *v.* to look furtively

lấm tấm *adj.* spotted, speckled: **Áo bị tấm tấm vết dơ.** The clothes were spotted with dirt.

lầm *v.* (= **nhầm**) to be mistaken, to make a mistake; to confuse, to misunderstand: **Họ lầm tôi với bạn tôi.** They are confused by me and my friend.; **lỗi lầm** mistakes; **sai lầm** to commit an error

lầm lầm *v.* to mumble, to grumble

lầm lẫn *v.* to be mistaken

lầm rầm *v.* to mutter, to murmur [as in praying]

lầm than *adj.* miserable, wretched

lầm bầm *v.* to mumble to oneself

lẩm cẩm *adj.* confused, cracked, crazy

lẩm nhẩm *v.* to mumble, to mutter

lẫm liệt *adj.* imposing, stately

lân 1 *n.* fabulous unicorn (= **sư tử**); **múa lân** lion dance, dragon dance **2** *n.* phosphorus **lân tinh**

lân bang *n.* neighboring country

lân cận *adj.* neighboring, adjoining

lân la *v.* to get near, to seek friendship

lân quốc *n.* neighboring country

lân tinh *n.* phosphorus

lân tuất *n.* pity, compassion

lấn *v.* to infringe; to encroach upon: **xâm lấn** to invade

lần *n.* (= **bận, lượt**) time, turn, round: **hai lần** twice; **ba lần** three times; **lần này** this time; **lần sau** next time; **lần trước** last time; **nhiều lần** several times, many times; **mỗi lần** each time

lần *v.* to search, to feel for; to grope one's way

lần bước *v.* to grope, to fumble along

lần hồi *adv.* from day to day

lần lượt *adv.* in turn, one after another in order: **Mọi người lần lượt vào gặp bác sĩ.** Everyone is in the queue to see the doctor.

lần lữa *v.* to waver, to procrastinate; to postpone

lần mò *v.* to try cautiously; to look for [address]

lần thần *adj.* hesitant, wavering, slow in making up one's mind

lẩn *v.* to hide: **lẩn mặt** to hide, to keep out of sight

lẩn lút *v.* to hide, to conceal oneself

lẩn mẩn *adj.* frivolous

lẩn quất *v.* to hide or to be lurking around, to lurch

lẩn thẩn *adj.* dotty, cracked

lẫn *v., adj.* confused, mixed up, mistaken; each other, one another: **giúp đỡ lẫn nhau** to help one another; **Tôi lẫn Ba với anh nó.** I always mistake Ba for his brother.; **sự giúp đỡ lẫn nhau** mutual help; **lấy lẫn** to take by mistake

lẫn lộn *v.* to be mixed, to mix up, to confuse

lận *v.* to cheat, to deceive: **gian lận** to deceive; **cờ gian bạc lận** to cheat in games

lận đận *adj.* unsuccessful

lấp *v.* to fill in [hole, gap]; to cover: **che lấp** to cover, to hide

lấp lánh *v.* to shine, to twinkle, to sparkle

lấp ló *v.* to appear vaguely

lập *v.* to set up, to establish; to be set up: **thành lập** to found, to establish, to form; **sáng lập** to found; **tạo lập** to create; **thiết lập** to establish, to set up; **trung lập** neutral(ist), impartial

lập cập *v.* to tremble, to shiver

lập công *v.* to do some meritorious work

lập dị *adj.* eccentric

lập đông *n.* the beginning of winter

lập hạ *n.* the beginning of summer

lập hiến *adj.* [of monarchy] constitutional: **quân chủ lập hiến** constitutional monarchy

lập kế *v.* to draw up a scheme, to plan

lập loè *v.* [of light] to be off and on

lập luận *v.* to argue

lập pháp *adj.* [of power] legislative: **quyền lập pháp** legislative power

lập phương *n., adj.* cube; cubic

lập thân *v.* to establish oneself in life

lập thể *n.* solid [geometry]

lập thu *n.* the beginning of autumn

lập trường *n.* position, viewpoint, standpoint, attitude

lập tức *adv.* right away, at once, instantly: **ngay lập tức** immediately

lập xuân *n.* the beginning of spring

lật *v.* to turn upside down, to turn over: **lật đổ** to overthrow

lật bật *v.* to shiver, to tremble

lật đật *v.* to hurry, to hasten

lật lẹo *v.* to cheat, to swindle, to be crooked

lật lọng *v.* to cheat, to swindle, to be crooked

lật tẩy *v.* to unmask, to call a bluff, to expose

lâu *v., adj.* to take a long time; to last; to last long: **Bao lâu?** How long? [of time]; **chẳng/không bao lâu** soon; **từ lâu** for a long time, long ago; **bấy lâu** for a long time; **giờ lâu** during a long hour

lâu các *n.* palace

lâu dài *adj.* lasting, durable

lâu đài *n.* palace, mansion

lâu đời *adj.* old, durable,

lâu la *n.* subordinates in gang of bandits

lâu lâu *adv.* now and then, occasionally

lầu *n.* story, upper floor (= **gác**); building with more than one floor, palace: **trên lầu** upstairs; **lầu ba** third floor; **nhà lầu** many storied house; building

lầu hồng *n.* brothel

lầu xanh *n.* brothel

lậu 1 *adj., v.* contraband; to dodge, to avoid paying [taxes, customs duties]: **lậu vé** to travel or get free entertainment without paying for one's ticket; **buôn lậu** to smuggle; to engage in contraband traffic; **hàng lậu** smuggled goods, contraband **2** *n.* gonorrhoea

lây *v.* to be contagious; to be infected, to contaminate, to pass on: **bệnh hay lây** contagious disease; **vạ lây** to be affected by an offense

lây nhây *v.* to drag, to leave unfinished

lấy 1 *v.* to take, to seize, to obtain, to receive, to accept: **Có người biếu cá mà ông không lấy.** Somebody gave him some fish, but he refused to take them.; **Năm nay Đại học Sư phạm lấy 200 sinh viên.** The Faculty of Education is taking in 200 students this year.; **Chúng giành lấy quyền lãnh đạo.** They seized leadership. **2** *v.* to wed, to marry [somebody]: **Tôi lấy nhà tôi năm tôi mới. 20** I married my husband when I was only 20. **3** *v.* to steal: **Tôi bị nó lấy mất cây bút máy mới rồi.** Someone stole my new fountain pen. **4** *adv.* by oneself, for oneself: **đi lấy** to go alone; **học lấy** to study by oneself; **làm lấy** to do something oneself

lấy chồng *v.* [of woman] to get married

lấy cớ *v.* to use as an excuse or pretext

lấy cung *v.* to question, to examine, to interrogate

lấy được *v.* to do something at all costs, for one's sake

lấy giống *v.* to crossbreed stock/plants, to breed a strain

lấy lẽ *v.* to marry as second wife [a

married man]; to become a concubine of

lấy lệ *adv.* for the sake of formality

lấy lòng *v.* to try to please [somebody]

lấy nhau *v.* [of a couple] to be married

lấy tiếng *v.* to do something just for the sake of prestige

lấy vợ *v.* [of man] to get married

lấy vợ lẽ *v.* to take a second wife/concubine

lầy *adj.* miry, swampy, marshy, moory: **bùn lầy** miry, boggy; **sa lầy** caught in the swamp

lầy lội *adj.* muddy, miry

lầy nhầy *adj.* sticky

lẫy *v.* (= dỗi) to sulk: **Cô ấy lẫy không ăn cơm.** She sulked and refused to eat.

lẫy bẫy *v., adj.* to shake, to tremble; trembling: **sợ run lẫy bẫy** to tremble with fear

lẫy *v.* [of baby] to turn over

lẫy lừng *adj.* [of fame] most well-known

le *v.* to put out, to show off

le lói *adj., v.* bright; to glimmer

le te *adj.* short and small: **thấp le te** low and small

lé *adj.* squinting, cross-eyed: **lé mắt** to squint

lè *v.* to stick out [one's tongue]; to push [food] out with the tongue

lè nhè *v.* [of voice] to be drawling

lẻ *adj.* [of numbers] odd [*opp.* **chẵn**]; [of cash] to be small; [100, 1,000, etc.] to be followed by additional units (= linh): **số lẻ** odd number; decimal; **bán lẻ** to retail; **bạc lẻ, tiền lẻ** small change; **ba trăm lẻ hai** three hundred and two [302]

lẻ loi *adj.* alone, lonesome, all alone, isolated: **sống lẻ loi** to live alone

lẻ tẻ *adj.* scattered, sporadic

lẽ *n.* reason, argument

lẽ dĩ nhiên *adv.* obviously, of course, naturally

lẽ mọn *adj.* concubine: **phận lẽ mọn** concubine status

lẽ phải *n.* reason, common sense, right thing

lẽ thường *n.* common sense: **có lẽ** perhaps; **không lẽ** it doesn't make sense if…

lẽ ra *adv.* actually

lẹ *adj.* (= nhanh) fast, quick, speedy; agile: **lanh lẹ** quick; **Lẹ lên!** Hurry up!

lem *adj.* soiled, dirty: **lọ lem** dirty

lem lém *adj.* [to eat or to speak] fast

lem lẻm *adj.* [to speak] fast

lem luốc *adj.* very dirty

lem nhem *v.* to soil; to blur, to smear

lém *adj.* talkative, loquacious, voluble

lèm nhèm *adj.* nearsighted

lẹm *adj.* notched: **lẹm cằm** to have a receding chin

len **1** *v.* to make one's way [as in a crowd]; to interfere, to intrude **2** *n.* [Fr. *laine*] wool, woolen: **áo len** sweater, pullover; **hàng len** woolens; **chăn len, mền len** woolen blanket

len lén *v., adj.* afraid; scared

len lỏi *v.* to make one's way [in crowd, difficulty], to intrude

lén *adj.* sneaky, secret, furtive, stealthy: **nhìn lén** to cast a furtive glance

lén lút *adj.* secretive, on the sly, sneaky

lèn *v.* to stuff, to cram full; to wedge

lẻn *v.* to sneak or to steal [in, out]: **lẻn đi** to take off furtively; **cất lẻn** secretly, furtively

leng keng *n.* dingdong, ding-a-ling

leo *v.* to climb, to creep: **cây leo** creeper; **dưa leo** cucumber

leo lẻo *adj.* [of water] very limpid; vigorous: **nước trong leo lẻo** very clear water; **chối leo lẻo** to deny vigorously

leo lét *v.* [of light] to flicker, to burn fitfully

leo trèo *v.* to climb

léo nhéo *v.* to nag noisily, to shout, to bawl

léo xéo *adj.* [of voice, crying] confused

lèo *n.* Laos, Laotian. See **Lào**

lèo lá *adj.* smooth-spoken, smooth-tongued

lẻo *v.* to interrupt others; **mách lẻo** to palaver

lẻo đẻo *v.* to follow closely, to stick to

lẹo *v.* [of dog, pig] to copulate

lép *adj.* empty, husky, ill-filling; [*opp.* **chắc**] flat: **hột lép** empty nut; **ngực lép** flat chest/breast

lép bép *adj.* talkative, indiscreet

lép kẹp *adj.* deflated: **bụng lép kẹp** empty stomach

lép xép *v., adj.* to crackle continuously; crackle; shuffling on the ground: **Cô ấy nói lép xép suốt ngày.** Her tongue crackles continuously the whole day.

lẹt đẹt *v.* to fall behind, to drag behind

lê **1** *n.* pear (CL **quả, trái**) **2** *v.* to drag [oneself, one's feet or something]: **bò lê** to crawl along; **kéo lê** to drag

lê dân *n.* the common people

lê dương *n.* [Fr. *légion*] French foreign legion: **lính lê dương** Foreign Legionnaire

lê la *v.* [of children] to crawl about

lê thê *adj.* very long, trailing

lề **1** *n.* regulation, custom, habit, tradition, procedure **2** *n.* margin, edge: **bản lề** hinge; **lề đường** sidewalk, pavement, roadside

lề luật *n.* regulation, custom, habit

lề lối *n.* manner, procedure

lề thói *n.* custom, habit

lễ *n.* religious ceremony or festival, fete, rite, ritual, holiday, Catholic mass [to have **xem, làm**]: **nghỉ lễ** to have holidays; **lễ phép** politeness, good manners; **lễ vật** offerings, present, gift; **nghi lễ** rites; protocol

lễ bái *v.* to worship

lễ độ *n.* politeness, courtesy

lễ giáo *n.* education, ethical behavior, ethics

lễ nghi *n.* rites, rituals, ceremonies

lễ nghĩa *n.* rites, rituals, ceremonies

lễ phép *n.* politeness, courtesy: **có lễ phép** to be polite

lễ phục *n.* formal dress, formal wear

lễ tế *n.* offerings, sacrifices

lễ vật *n.* offerings, gift, present

lệ **1** *n.* custom, rule, regulation: **điều lệ** by laws; **cổ lệ** old custom; **chiếu lệ, lấy lệ** for the sake of formality; **thường lệ** ordinary; **hợp lệ** legal, lawful; **phàm lệ** general rule; **tục lệ** customs and manners **2** *n.* tear: **rơi lệ** to cry

lệ án *n.* jurisprudence

lệ khệ *adj.* awkward, clumsy

lệ liễu *n.* weeping willow

lệ ngoại *n.* exception

lệ phí *n.* fees

lệ thuộc *v.* to be [politically] dependent upon

lếch thếch *adj.* [of clothes] untidy, sloppy

lệch *adj.* tilted, slanting, awry: **sự chênh lệch** discrepancy, difference; **thiên lệch** biased

lên **1** *v.* to go up, to come up, to rise: **mặt trời lên** the sun rises; **lên lầu một** to go up the first floor **2** *adv.* up, upward, up to; on: **bay lên** to go up in the air, to fly up; **đạp lên** to trample, to step on; **kéo lên** to pull up; **kêu lên** to cry out; **nói lên** to speak up; **tiến lên** to move forward, to step forward

lên án *v.* to condemn, to give a sentence

lên bổng xuống trầm *v.* to go up and down [of voice]

lên cân *v.* to put on weight

lên cơn *v.* to have a fit

lên dây *v.* to wind up, to tune [a string instrument]

lên đèn *v.* to light up

lên đồng *v.* to go into a trance

lên đường *v.* to set out [on a trip]; to start a journey

lên giọng *v.* to raise one's voice

lên lớp *v.* to take a class, to give a lesson, to attend a class

lên mặt *v.* to be haughty

lên men *v.* to undergo fermentation

lên nước *v.* [of stone, lacquerware, wood] to shine, to be glossy; to become arrogant

lên sởi *v.* to have the measles

lên thác xuống ghềnh *v.* to go up and down

lên tiếng *v.* to raise one's voice

lên voi xuống chó *v.* to go up and down [the social scale]

lên xe xuống ngựa *adj., v.* well-to-do; to live in luxury

lênh đênh *v.* to drift

lênh láng *v.* to run all over, to be spilled

lềnh kềnh *v.* to be cumbersome

lệnh *n.* (= lịnh) order, command: **hạ lệnh, ra lệnh** to issue an order; **nhật lệnh** order of the day; **thượng lệnh** order from above; **huấn lệnh** directives, orders; **sắc lệnh** decree; **thừa lệnh** by order of; **tuân lệnh** to obey an order

lêu đêu *adj.* lanky

lêu lổng *v.* to loaf, to be lazy, to be unsettled and irresponsible, to fool around

lều *n.* tent, hut, shed, cottage: **cắm lều** to pitch a tent

li See ly

li *n.* millimeter; a tiny bit: **một li một tí** a little bit

li bì *adj., adv.* [of sleep] sound, soundly: **say li bì** dead drunk; **sốt li bì** to have a high fever

li ti *adj.* very small

lí nhí *v.* to speak softly and indistinctly

lì **1** *adj.* stubborn, obstinate: **gan lì** unmoved; **ngồi lì, nằm lì** motionless **2** *adj.* very smooth

lì xì *v.* to give a New Year's present [in cash]

lia *v.* to throw fast, to sling: **lia hòn đá xuống hồ** to sling a stone into the lake

lìa *v.* to leave, to abandon; to separate, to part: **chia lìa** to be separated; **lìa khỏi quê hương** to leave one's country

lìa bỏ *v.* to leave

lìa khỏi *v.* to leave

lìa trần *v.* to die

lịch *n.* calendar: **âm lịch** lunar calendar; **tây lịch, dương lịch** solar calendar

lịch duyệt *adj.* experienced

lịch sử *n.* history: **biến cố lịch sử** historical event; **một ngày lịch sử** a historic day

lịch sự *adj.* polite, courteous, well-mannered, urbane; well-dressed: **bất lịch sự** discourteous

lịch thiệp *adj.* experienced, courteous, well-mannered

lịch trình *n.* process, program, shedule

liếc **1** *v.* to cast a furtive look, to glance furtively **2** *v.* to strop, to whet, to sharpen [knife, razor]

liêm *adj.* honest, incorruptible: **người thanh liêm** [of official] honest/uncorrupted person [not to take bribes]

liêm khiết *adj.* to be honest, incorruptible: **Ông ấy là người liêm khiết.** He is an incorruptible person.

liêm sỉ *n.* sense of decency: **có liêm sỉ** decent; **vô liêm sỉ** shameless, indecent

liếm *v.* to lick

liềm *n.* sickle, scythe: **búa liềm** hammer and sickle; **trăng lưỡi liềm** crescent moon

liệm *v.* to prepare a body for the coffin, to shroud [corpse]

liên bang *n.* union, federation, federal: **chính phủ liên bang** federal government

liên bộ *adj.* interministerial, interdepartmental: **tham dự buổi họp liên bộ** to attend an interministerial meeting

liên can *v.* to be related, to be involved

liên danh *n.* joint list

liên đoàn *n.* labor union; federation, syndicate, league: **tổng liên đoàn** federation

liên đội *n.* regiment

liên đới *adj.* jointly responsible

liên hệ *v.* to be related, to be interested, to contact: **liên hệ với văn phòng chính phủ** to contact with the government office; **mối liên hệ** relationship

Liên Hiệp Quốc *n.* United Nations

liên hợp   *v.* [of points, lines, curves, etc. in math] to be conjugate

liên kết   *v.* to unite, to associate [**với** with]

liên khu   *n.* interzone

liên lạc   *v.* to have contact, to contact, to liaise: **sĩ quan liên lạc** liaison officer

liên lạc viên   *n.* liaison person

liên lụy   *v.* to be involved, to be implicated

liên miên   *adj.* continuous, unbroken, continuously

liên minh   *v., n.* to unite, to ally; alliance

liên phòng   *n.* mutual defense, common defense: **hiệp ước liên phòng** mutual defense treaty

liên quân   *n.* allied troops; interservice: **trường võ bị liên quân** Inter-Arms Military School

liên thanh   *n.* machine gun

liên tịch   *adj.* joint, in joint session: **hội nghị liên tịch** joint conference

liên tiếp   *adj., adv.* to be continuous; continuously, in succession

liên tỉnh   *adj.* interprovincial

liên tục   *adj.* continuous, continuing: **việc làm liên tục** continuing position

liên từ   *n.* conjunction [grammar]

liên tưởng   *v.* to remember by association

liến   *adj.* fluent, voluble: **liến thoắng** gabble

liền   **1** *adj.* contiguous, adjoining; [of wound] next to: **năm ngày liền** five days running, five consecutive days; **nối liền** to connect, to link, to join **2** *adv.* immediately: **Nói xong đi liền.** So saying he left immediately.

liễn   **1** *n.* rice or soup container with a cover; porcelain jar **2** *n.* scroll

liểng xiểng   *v.* to suffer complete defeat, to lose heavily [in gambling]

liệng   *v.* to throw, to cast, to fling; [of bird, plane] to hover, to soar

liếp   *n.* bamboo partition; bamboo lattice-work

liệt   **1** *adj.* paralyzed **2** *v.* to arrange, to display; to rank: **Ông ấy được liệt**

vào hàng những nhà khoa học gia giỏi nhất trên thế giới. He is ranked among the best scientists in the world.

liệt anh   *n.* hero

liệt chiếu   *adj.* bed-ridden

liệt cường   *n.* the world powers

liệt dương   *adj.* sexually impotent

liệt giường   *adj.* bed-ridden

liệt kê   *v.* to list, to enumerate, to declare: **Bạn liệt kê những thứ bạn muốn mua?** Could you list what you want to buy?

liệt nữ   *n.* heroine

liệt quốc   *n.* all nations

liệt sĩ   *n.* war dead, [dead] heroes [of past revolution], martyrs

liệt truyện   *n.* stories of outstanding men

liệt vị   *n.* ladies and gentlemen

liều   **1** *v.* to be reckless, to behave foolishly, to be bold enough; to risk: **đánh liều** to run a risk; **làm liều** to act rashly; **nói liều** to talk at random; **liều mình/mạng, liều thân** to risk one's life **2** *n.* dose, dosage

liều lĩnh   *adj.* foolhardy, rash, daring

liễu   *n.* willow tree: **lệ liễu, thuỳ liễu** weeping willow; **lông mày lá liễu** eyebrows shaped like willow leaves

liễu yếu đào tơ   *n.* young girl

liệu   *v.* to think about, to reflect on/weigh on one's mind; to guess, to estimate: **định liệu** to decide; **lo liệu** to make arrangements; **tiên liệu** to foresee

liệu hồn   *v.* Be careful! [or I'm going to punish you]

lim   *n.* ironwood

lim dim   *adj.* [of eyes] half-closed

lịm   *v.* to faint, to pass out; to lose consciousness

linh   *adj.* supernaturally powerful: **anh linh, linh thiêng** soul spirit; **tứ linh** the four sacred animals [dragon **long**, unicorn **ly**, turtle **qui**, phoenix **phượng**]

linh cảm   *n.* afflatus; presentiment

linh cửu *n.* coffin

linh diệu *adj.* wonderful, wondrous, marvelous

linh dược *n.* effective drug

linh đan *n.* efficacious pill of medicine

linh đình *adj.* lavish, formal [of banquet]

linh động *v.* to be flexible, to be lively

linh hiệu *adj.* effective, efficacious

linh hoạt *adj.* lively, vicacious, active

linh hồn *n.* soul

linh mục *n.* Catholic priest

linh nghiệm *adj.* efficacious

linh sàng *n.* altar, chariot of the soul

linh thiêng *v.* to have supernatural powers

linh tinh *adj.* miscellaneous

linh tính *n.* premonition, foreboding

linh ứng *v.* to have supernatural powers

linh xa *n.* hearse

lính *n.* [SV binh] soldier, private; policeman: **binh lính** soldier, the military; **gọi lính** to draft; **đi lính, đăng lính** to enlist; **trại lính** barracks; **tuyển lính, mộ lính** to recruit soldiers

lính bộ *n.* infantryman

lính cảnh sát *n.* policeman

lính đoan *n.* customs officer

lính hầu *n.* bodyguard

lính ky mã *n.* cavalryman

lính lê dương *n.* foreign legionnaire

lính mật thám *n.* secret-service man

lính nhảy dù *n.* paratrooper

lính sen đầm *n.* constable

lính thợ *n.* army engineer

lính thuỷ *n.* sailor [Navy]

lính tráng *n.* soldiers, the military

lính trừ bị *n.* reserve army

lỉnh *v.* to slip away

lĩnh See lãnh

lịnh See lệnh

líp *adv.* [Fr. *libre*] freely: **tiêu xài líp** to spend money freely

lít *n.* liter

líu lo *v.* [of birds] to twitter, to warble, [of babies] to jabber, to speak indistinctly

líu lưỡi *adj.* tongue-tied

líu tíu *adj.* [of speech] indistinct, confused

lo *v., adj.* to worry, to be worried; anxious: **chăm lo** to look after

lo âu *v.* to be worried

lo buồn *v.* to be worried and sad

lo lắng *v.* to be worried

lo liệu *v.* to make arrangements for, to attend to [some business]

lo ngại *v.* to be worried about something

lo sợ *v.* to be worried and afraid

lo xa *adj.* foreseeing, far-sighted

ló *v.* to show up, to appear

lò **1** *n.* oven, kiln, stove, furnace: **hoả lò** charcoal brazier **2** *v.* to stick out [head **đầu**]

lò bánh mì *n.* baker's oven, bakery

lò bánh tây *n.* bakery

lò cò *v.* to hop: **nhảy lò cò** to hop on one foot

lò dò *v.* to grope, to fumble one's way

lò đúc *n.* foundry, mint

lò gạch *n.* brick kiln

lò gốm *n.* pottery kiln

lò heo *n.* slaughter-house

lò lợn *n.* slaughter-house

lò rèn *n.* blacksmith's

lò sát sinh *n.* slaughter-house

lò sưởi *n.* fireplace, radiator

lò vôi *n.* lime kiln

lò xo *n.* [Fr. *resort*] spring: **lò xo xoắn dài** coil spring; **lò xo xoắn bẹt** spiral spring; **lò xo nhíp** half elliptic spring, leaf spring, plate spring

lõ *adj.* [of nose] aquiline

lọ *n.* vase, flask, bottle, jar: **lọ hoa** flower vase

lọ là *adv., adj.* there; eccentric

loa *n.* megaphone, horn [of gramophone], loudspeaker: **mồm loa mép giải** loud-mouthed; **hình loa** funnel-shaped

loá *v.* to dazzle, to blind

loà *v.* to have dim sight: **mù lòa** blind

loà xoà *adj.* [of dress] untidy

loã lồ *adj.* naked, nude: **hình ảnh loã lồ** nude photos

loã xoã *adj.* [of hair] flowing

loạc choạc *v., adv.* to act haphazardly; incoherently

loai nhoai *adj.* restless

loại 1 *n.* species, kind, type, category, sort (= loài): **nhân loại** mankind; **chủng loại** species; **đồng loại** fellow-man, fellow human being; **môn loại** species; **tộc loại** family; **từ loại** parts of speech; **phân loại** to classify **2** *v.* to reject, to eliminate; to fail

loại trừ *v.* to exclude, to expel

loan *n.* hen-phoenix

loan báo *v.* to announce, to inform, to make known: **Sở tôi vừa loan báo thay đổi giờ làm việc.** My department has announced a change in the official working hours.

loan giá *n.* royal carriage

loan phòng *n.* woman's apartment

loạn *n., adj.* disorder, rebellion, revolt, uprising: **nổi loạn** to riot, to revolt; **phiến loạn** rebel; **biến loại** revolution; **chạy loạn** to be a refugee; **khởi loạn** to foment, to lead a rebellion; **làm loạn** to raise hell

loạn dâm *adj.* incestuous

loạn đả *v.* to fight freely

loạn đảng *n.* gang of rebels

loạn lạc *n.* trouble, hostilities, warfare

loạn luân *adj.* incestuous

loạn ly *n.* trouble, warfare, war

loạn óc *adj.* deranged, insane

loạn quân *n.* rebels, rebel troops

loạn sắc *n.* daltonism, color blindness

loạn tặc *n.* rebel

loạn thần *n.* rebel, insurgent

loạn thị *n.* astigmatism

loạn xạ *adj.* confused, disorderly

loang *v.* to spread

loang lổ *adj.* speckled, spotted

loáng *v., adv.* to flash; quickly

loáng thoáng *adj.* dotted, scattered; to be seen or heard vaguely

loàng xoàng *adj.* mediocre, indifferent

loảng xoảng *n.* clink, clank [of dishes struck together]

loãng *adj.* watery, diluted, weak [*opp.*

đặc]: **cà phê loãng** weak coffee

loạng choạng *v.* to stagger, to reel, to lurch, to totter

loanh quanh *v.* to go around [and around]; to be undecided

loạt *n.* series, salvo: **sản xuất từng loạt** mass production; **nhất loạt** uniform

loay hoay *v.* to be busy with something

loăng quăng *v.* to run about

loằng ngoằng *adj.* zig-zagging

loắt choắt *adj.* tiny, diminutive

lóc cóc *v.* to work hard, to toil, to clop

lóc ngóc *v.* to get up on one's feet, to try hard to sit up

lọc *v.* to filter; to screen, to choose, to select: **chọn lọc** to select; **nước lọc** boiled and filtered water; **lừa lọc** to cheat, to dupe

loe *adj.* bell-mouthed

lóe *v.* to flash

loè *v.* to flare, to dazzle; to bluff: **lập loè** to flash, to flare, to twinkle

loè loẹt *adj.* showy, gaudy, flashy: **ăn mặc loè loẹt** to dress in gaudy clothes

loét *adj.* [of wound] gaping

loi choi *v.* to hop, to skip

lòi *v.* to protrude, to jut out

lòi dom *n.* pile, hernia

lòi đuôi *adj.* unmasked

lòi ruột *adj.* disemboweled

lòi tiền *v.* to disburse

lòi tói *n.* chain, rope

lõi 1 *n.* core, duramen: **lõi ngô** corn cob; **lõi dứa** pineapple core **2** *adj.* experienced: **lõi đời** experienced

lom khom *v.* to be bent down

lòm *adj.* very gaudy: **đỏ lòm** bright red, gaudy red

lỏm *v.* to overhear, to pick up: **học lỏm** to pick up without formal lessons

lõm *adj.* concave [*opp.* **lồi**]; [of cheeks] hollow; [of eyes] sunken

lõm bõm *adj., v.* splashing; to wade; to know or remember bits of something

lon *n.* jar [for rice, etc.], can: **một lon sữa** a milk can

lon ton *v.* to run with short steps

long 1 *v.* to come off, to come apart

[RV ra]: **long trời lở đất** earth-shaking; **đầu bạc răng long** old age **2** *n.* R dragon (= **rồng**)

long bào *n.* imperial robe

long biên *n.* ancient name of Hanoi

long đình *n.* imperial court, imperial palace

long đong *adj.* having a hard time

long lanh *v.* [of eyes] to be shining

long mạch *n.* favorable geomantic features

long não *n.* camphor: **cây long não** camphor tree

long nhãn *n.* dry longan pulp

long thịnh *adj.* prosperous, wealthy

long trọng *adj.* solemn, formal: **buổi lễ khai mạc long trọng** a solemn inauguration ceremony

long tu *n.* seaweed

long vân *n.* happy occasion

long vương *n.* River God

lóng 1 *n.* internode: **lóng mía** a sugarcane internode **2** *n.* slang: **tiếng lóng** slang

lóng cóng *adj.* clumsy, unhandy

lóng lánh *v.* to sparkle, to glitter

lóng ngóng *v.* to be waiting for

lòng 1 *n.* innards, bowels, entrails, intestines, tripes; heart; feeling: **từ thuở lọt lòng** since one's birth; **làm mất lòng ai** to hurt someone's feelings; **an lòng** to have peace of mind; **bằng lòng** satisfied, content; **bền lòng** to persevere; **con đầu lòng** firstborn child; **hết lòng** devoted; **đồng lòng** unanimously; **khó lòng** difficult; **lấy lòng** to please; **lót lòng** as breakfast; **phải lòng** to fall in love with; **phiền lòng** worried, troubled; **sẵn lòng** willing, ready; **sờn lòng** discouraged; **thoả lòng** satisfied; **thuộc lòng** to know by heart, to learn by rote; **vui lòng** glad, happy; **vững lòng** to persevere **2** *n.* bed, bottom; palm: **lòng sông** river bed; **lòng bàn tay** a hand palm

lòng bàn chân *n.* sole of the foot

lòng bàn tay *n.* palm [of hand]

lòng chảo *n.* base of frying pan

lòng dạ *n.* heart, the heart [to do something]

lòng lợn *n.* pig's tripes

lòng son *n.* loyalty, faithfulness

lòng sông *n.* river bed

lòng súng *n.* caliber [of gun]

lòng tham *n.* greediness

lòng thành *n.* sincerity, honesty

lòng thòng *v.* to be hanging down, trailing

lòng thương *n.* pity, compassion, mercy

lỏng *adj.* liquid, fluid, thin, watery [*opp.* **đặc**]; loose [*opp.* **chặt**]: **cháo lỏng** watery rice congee; **giam lỏng** to keep prisoner; **thả lỏng** to set free

lỏng lẻo *adj.* loose, not tight

lọng *n.* parasol

lóp ngóp *v.* to sit up or get up with difficulty

lót *v., n.* to line [a garment]; lining; dunnage: **dùng rơm để lót** to use straw as dunnage; **ăn lót dạ** to have breakfast; **áo lót mình** undershirt; **đút lót** to bribe; **lo lót** to try to corrupt [officials]

lọt *v.* to slip into, to sneak into; to pass through, to fall into; [of news] to leak: **đi lọt** to go through; **ra lọt cửa** to pass through the gate; **Những tin tức mật đã lọt ra ngoài.** The secret news has leaked out.

lọt lòng *adj.* to be born

lọt tai *adj.* to reach the ear of; to be pleasant to hear

lô *n.* [Fr. *lot*] lot, series: **một lô đất** a lot of land

lô cốt *n.* [Fr. *blockhaus*] blockhouse, watch tower

lô gich *adj.* logical: **đầu óc lô gích** logical mind

lô nhô *adj.* uneven, irregular, rugged

lố *n.* dozen: **mua hai lố trứng** to buy two dozen eggs

lố nhố *adj.* numerous but not in order

lỗ 1 *n.* hole, pit, opening, grave: **đục lỗ** to bore a hole; **lỗ khóa** a key hole

2 *v.* to lose [in business]; **bán lỗ** to sell at a loss; **lỗ vốn** to lose one's capital

lỗ chỗ *adj.* full of holes

lỗ chân lông *n.* pore [of skin]

lỗ đít *n.* anus

lỗ hổng *n.* gap, opening, vacuum

lỗ mũi *n.* nostril

lỗ mãng *adj.* blunt, coarse, rough-mannered

lỗ tai *n.* ear, ear hole

lộ 1 *n.* street, road (= **đường**): **đại lộ** avenue, boulevard; **kiều lộ** highways and bridges; **lục lộ** land route; public works; **quốc lộ** national highway; **xa lộ** freeway; **tiền mãi lộ** toll [on turnpike] **2** *v.* to appear; to reveal, to disclose; to be revealed: **lộ mặt** to appear; **để lộ** to show, to betray; **tiết lộ** to leak [a secret]

lộ diện *v.* to show up: **xuất đầu lộ diện** to show one's face

lộ hầu *v.* to have a prominent Adam's apple

lộ liễu *adj.* conspicuous, too obvious, without restraint: **ăn mặc lộ liễu** to dress up without restraint

lộ phí *n.* traveling expenses, travel costs

lộ tẩy *v.* to show one's true colors

lộ thiên *adj., n.* in the open air; open-air

lộ trình *n.* itinerary: **Làm ơn gởi cho tôi lộ trình chuyến đi của tôi.** Please send me the itinerary for my trip.

lộ trình thư *n.* record of official travel

lốc *n.* tornado, twister: **gió lốc** whirlwind

lộc 1 *n.* official salary; good fortune, happiness, honors of office: **hái lộc** to pick buds, to pick a good fortune; **phúc, lộc, thọ** happiness, honors of office, and longevity **2** *n.* deer, stag, hart **3** *n.* bud, new leaf, shoot [with **đâm, nẩy, trổ** to grow]: **nẩy lộc** to grow new leaves

lộc cộc *n.* the clump of wooden shoes

lôi *v.* to drag, to pull, to draw

lôi cuốn *v.* to attract, to draw: **lôi cuốn**

sự chú ý to attract attention

lôi đình *n.* fit of anger, rage

lôi kéo *v.* to pull, to draw into

lôi thôi *adj.* complicated; to be troublesome, annoying; [of clothes] to be untidy, wrong, sloppily: **ăn mặc lôi thôi** to dress untidily; **gây lôi thôi** to make troublesome

lối 1 *n.* path, way, footpath: **lạc lối** to have lost the way **2** *n.* manner, fashion, style: **lề lối** manner **3** *adv.* about, approximately: **lối 30 người** about thirty people

lối chừng *adv.* about, approximately

lối đi *n.* way, path

lồi *adj.* protruding, convex [*opp.* **lõm**]

lỗi *n.* mistake, fault: **lỗi chính tả** spelling mistakes; **Xin lỗi ông.** I beg your pardon; Excuse me.; **có lỗi** guilty; **bắt lỗi** to reproach; **đổ lỗi** to accuse; **tạ lỗi** to apologize; **tội lỗi** sin; **tha lỗi, thứ lỗi** to forgive; **mất năm lỗi** to make five mistakes

lỗi đạo *v.* to fail in one's [moral] duty

lỗi hẹn *v.* to fail to keep one's promise, to break an appointment

lỗi lạc *adj.* outstanding, eminent, distinguished

lỗi lầm *n.* mistake: **phạm lỗi lầm** to make a mistake

lỗi thời *adj.* outdated, outmoded: **áo quần lỗi thời** outmoded clothes

lội 1 *v.* to wade, to ford: **lặn lội** to travel up hill and down dale **2** *v.* to swim: **bơi lội** swimming; **lụt lội** flood

lốm đốm *adj.* spotted, dotted, speckled, mottled

lổm cổm *v.* to crawl, to creep

lổm ngổm *v.* to crawl, to creep; to swarm

lộn *v.* to somersault; to turn over; to go back, to return; to be mistaken: **lộn hai vòng** to turn over twice; **lộn về nhà** to turn around and go home; **đi lộn đường** to take the wrong road; **lẫn lộn** mixed up; **nói lộn** to say the wrong thing

lộn bậy *adj.* upside-down, topsy turvy

lộn giống *adj.* mixed with another strain

lộn lại *v.* to turn around, to go back, to return

lộn máu *adj.* furious

lộn mửa *adj.* nauseous

lộn nhào *v.* to overturn; to fall head first [in diving]

lộn ruột *adj.* furious

lộn sòng *v.* to swap, to switch; to get lost in a crowd

lộn tiết *adj.* furious

lộn xộn *adj.* disorderly, confused

lông *n.* [SV mao] hair [of human body]; fur; [SV vũ] feather: chổi lông gà feather duster; lỗ chẩn lông pore; nhổ lông to remove hairs, to depilate; nhặt lông, vặt lông to pluck; quạt lông feather fan; thay lông to molt; ăn lông ở lỗ to live like a caveman; bới lông tìm vết to find fault, be fussy

lông bông *n.* vagabond

lông lá *adj.* hairy

lông mao *n.* hair

lông mày *n.* eyebrows: nhổ lông mày to pluck eyebrows; kẻ lông mày to draw eyebrows

lông măng *n.* down [feathers]

lông mi *n.* eyelashes

lông ngỗng *adj.* tall, lanky

lông nhông *adj.* unruly

lông vũ *n.* feather

lồng *n.* coop, [bird] cage: lồng chim bird cage; tháo củi sổ lồng to liberate someone

lồng ấp *n.* coal heater; incubator

lồng bàn *n.* mesh cover that is put over food to protect it against flies

lồng chim *n.* bird cage

lồng gà *n.* chicken coop

lồng lộn *v.* to get excited, to get upset [because of jealousy]

lồng ngực *n.* thorax

lộng lẫy *adj.* radiant, resplendent, magnificent: vẻ đẹp lộng lẫy a resplendent beauty

lộng ngôn *n.* profanity

lộng nguyệt *v.* to enjoy the moonlight

lộng quyền *v.* to abuse power: Ai cũng biết ông ta lộng quyền. Everyone knows that he abused his power.

lốp *n.* rubber tire: nổ lốp to have a blown tire; bẹp lốp to have a flat tire

lốp đốp *v.* to crack

lộp cộp *n.* clump [of shoes]

lốt *n.* slough, castoff skin, appearance: đổi lốt to change appearance; đội lốt to disguise oneself

lột *v.* to remove forcibly, to strip; [of crustaceans or cicadas] to change or to shed skin; [of crustaceans] to change shell: lột mặt nạ to unmask; lột da to shed one's skin

lơ 1 *n.* [Fr. *chauffeur*] assistant driver [on public car] 2 *v.* to ignore, to pretend not to hear: Nó gặp tôi nó làm lơ. He saw me but he ignored me.

lơ đãng *adj.* careless, negligent, absent-minded

lơ đễnh *adj.* careless, negligent

lơ là *v.* to be different, to show a lack of interest in: lơ là công việc to show a lack of interest in working

lơ lớ *v.* to speak with a slight accent

lơ lửng *v.* to be hanging in the air; to act without a pattern; to drift sluggishly

lơ mơ *adj.* vague

lơ thơ *adj.* [of tress, hair, grass] sparse

lớ ngớ *adj.* lost, confused [in a new environment]

lờ *v.* to ignore, to pretend to forget

lờ đờ *adj.* sluggish, lazy; dull-witted, thick-headed

lờ mờ *adj., adv.* to be dim, unclear, vague; vaguely

lở 1 *v.* [of cliff, dam, wall, etc.] to break off, to break away, to collapse, to crumble: long trời lở đất earthshaking 2 *v.* to have a skin eruption; [of eruption, rash] to break out

lỡ 1 *v.* to miss: lỡ bữa ăn to miss a meal; lỡ tàu buổi sáng to miss the morning train; lỡ cơ hội to miss an opportunity 2 *v.* to be clumsy with:

lỡ tay to be clumsy with the hands; **lỡ lời** to be clumsy with words

lỡ bước *v.* to slip; to fall

lỡ làng *v.* to be interrupted or to fail half-way

lỡ lầm *v.* to make a mistake: **Ai cũng có lần lỡ lầm trong đời.** Everyone has made a mistake some time or other in life.

lỡ ra *adv.* if at all, in case

lỡ tay *v.* to be clumsy with one's hands

lỡ tàu *v.* to miss the boat/train: **Bạn tôi lỡ tàu sáng nay.** My friend missed the train this morning.

lỡ thì *v.* [of woman] to have passed the marriageable age

lời 1 *n.* spoken word(s); utterances, statements: **cạn lời** to use up all arguments; **cướp lời** to interrupt; **hết lời** to finish talking; **nặng lời** to use unpleasant words or scolding tone; **nuốt lời** to break one's promise; **vâng lời** to obey; **lắm lời** talkative **2** *n.* (= **lãi**) benefit, interest, profit, gain: **buôn bán có lời nhiều** to do business that has high profits

lời hứa *n.* promise, vow: **giữ lời hứa** to keep a promise

lời lẽ *n.* words; reasoning

lời nguyễn *n.* oath

lời nói *n.* words, statement

lợi *adj.* profitable, gainful, useful, advantageous [*opp.* **hại**]: **bất lợi** useless, harmful; **cầu lợi** to seek profit; **danh lợi** glory and gain [of office]; **hám lợi** greedy; **ích lợi** useful; **trục lợi** to exploit; **tiện lợi** convenient; **vụ lợi** profit-seeking, mercenary

lợi dụng *v.* to take advantage of, to avail oneself of

lợi hại *n.* advantages and disadvantages; pros and cons

lợi ích *n.* use, advantage

lợi khí *n.* [sharp] instrument, tool

lợi lộc *n.* benefit, profit, gain; income

lợi quyền *n.* economic right, interests

lợi tức *n.* income, revenue: **thuế lợi tức** income tax

lởm chởm *adj.* uneven, rugged

lợm *adj.* nauseous: **lợm giọng** to be nauseous

lớn *adj.* [SV **đại**] big, great, adult; grown up: **cao lớn** tall; **khôn lớn** grown up; **người lớn** adult; **rộng lớn** big; **to lớn** big

lớn con *adj.* tall

lớn lao *adj.* big, grandiose; large

lớn tiếng *v.* to speak loudly

lớn tuổi *adj.* elderly

lớn xác *adj.* big in body

lởn vởn *v.* to stick around, to loiter

lợn *n.* (= **heo**) pig, hog, swine: **chuồng lợn** pigpen, pigsty; **lò lợn** slaughter-house; **thịt lợn** pork; **thủ lợn** pig's head; **mõm lợn** pig's snout

lợn cái *n.* sow

lợn con *n.* piglet

lợn đực *n.* boar

lợn lòi *n.* wild boar

lợn nái *n.* sow

lợn rừng *n.* wild boar

lợn sề *n.* old sow

lợn sữa *n.* suckling pig

lợn ỷ *n.* fat pig

lớp *n.* layer, stratum, bed; class, grade, rank: **lớp học** classroom; **tầng lớp** social classes; **thứ lớp** order, ranking; **lên lớp** to go up the next higher grade

luận *v.* to discuss, to consider: **bàn luận, đàm luận** to discuss; **bài luận** composition, essay, dissertation; **bình luận** to comment; **tam đoạn luận** syllogism; **bất luận, vô luận** no matter, regardless; **công luận** public opinion

luận án *n.* dissertation, thesis [for a degree]

luận đề *n.* subject, topic

luận điệu *n.* argument, line

luận giải *v.* to comment and explain

luận lý học *n.* logic [as a science]

luận ngữ *n.* the Analects of Confucius

luận thuyết *n.* theory, doctrine

luận văn *n.* essay, dissertation

luật *n.* law, rule, regulation: **vi phạm luật** to violate the law; **tuân theo luật**

to abide by the law; **công luật** public law; **dân luật** civil law; **dự luật** draft, bill; **định luật** scientific law; **hình luật** penal code; **pháp luật** the law; **đúng luật** legal, lawful; **trái luật** illegal, unlawful; **trường luật** school of law

luật gia *n.* lawyer

luật học *n.* law studies

luật khoa *n.* law [subject of law]: **trường đại học luật khoa** school of law, faculty of law

luật lệ *n.* rules and regulations

luật pháp *n.* the law

luật sư *n.* lawyer

lúc *n.* moment, instant (= khi), time [when something happens]: **lúc ấy** a moment ago, at that time; **lúc đó** [at] that time; **Lúc nào?** When?; **lúc này** at this time; **có lúc** there are times; **lắm lúc** several times, many times; **trong lúc** while

lúc la lúc lắc *v.* See lúc lắc

lúc lắc *v.* to swing: **lúc lắc cái nôi cho em bé** to swing the baby's cradle

lúc nhúc *v.* to swarm, to teem

lục 1 *num.* six (= sáu): **đệ lục chu niên** sixth-year aniversary **2** *v.* to record, to copy: **kỷ lục** record; **mục lục** table of contents; **sao lục** to make a copy **3** *v.* to search, to rummage: **lục ngăn kéo tìm hồ sơ** to search documents in the drawers

lục bát *n.* the six-eight meter [in Vietnamese poetry]

lục bộ *n.* the six ministers of the old monarchy [**lại, hộ, lễ, công, hình và binh** = Interior, Finances, Rites, Public works, Justice and War]

lục địa *n.* mainland, continent

lục đục *v.* to be in disagreement, to quarrel, to be in conflict

lục giác *n.* hexagon

lục lạo *v.* to search

lục lăng *n.* hexagon

lục lọi *v.* to search

lục lộ *n.* public works [**công chánh** more modern]

lục phủ *n.* the six internal organs

lục quân *n.* army [as opp. to navy, air force]: **Mỹ quốc Lục quân Học hiệu** U.S. Military Academy; **Bộ trưởng Lục quân** Secretary of the Army

lục soát *v.* to search: **Cảnh sát lục soát hành lý ở phi trường.** The police searched the luggage at the airport.

lục sự *n.* clerk [of the court]

lục súc *n.* the six domestic animals [horse, ox, goat, pig, dog, and fowl]

lục tỉnh *n.* the six original provinces of South Vietnam; the southern provinces

Lục Xâm Bảo *n.* Luxembourg

lục xì *n.* medical examination of licensed prostitutes

lui *v.* (= lùi) [SV thoái] to withdraw, to recoil: **tháo lui, rút lui** to retreat; **đánh lui** to push back

lui tới *v.* to frequent: **Chúng tôi vẫn lui tới với nhau hơn mười năm nay.** We have been visiting each other frequently for more than ten years.

lúi húi *adj.* bent over some work

lúi xùi *adj., v.* untidy, to be untidy; to live humbly

lùi 1 *v.* to step or move back(ward); to back up **2** *v.* to roast [sugar cane, potatoes] in ashes

lủi thủi *v.* to walk or work alone

lụi bại *adj.* ruined, destroyed

lum khum *adj.* to be curved, arched

lúm *adj.* dimpled

lùm *n.* cluster, grove: **lùm cây tre** a cluster of bamboo

lún *v.* to sink, to sag, to cave in: **Phía đất nầy đã lún xuống.** This site was sunk.

lún phún *adj., v.* [of beard] scattered; to start to grow; [of rain] to drizzle

lùn *adj.* short [not tall] [*opp.* cao]: **người/thằng lùn** dwarf; **Ông ấy không lùn đâu.** He is not short at all.

lụn *v.* to finish, to end

lụn bại *adj.* ruined

lung *adj.* excessive; unsure

lung lạc *v.* to try to influence, to persuade someone

lung lay *v., adj.* to be shaking,

unsteady; [of tooth] be loose: **Răng tôi đã lung lay.** My tooth has been loosened.

lung tung *adj.* confounded, embarrassed, overwhelmed, awkward, clumsy

lùng *v.* to hunt for, to look for

lủng *v.* to perforate, to have a hole

lủng ca lủng củng *v.* to clash: **Vợ chồng họ lủng ca lủng củng nhiều năm nay.** The couple have clashed with each other for several years.

lủng lẳng *v.* to be pendent, to dangle

lũng đoạn *v.* to control [market], to monopolize, to rig: **lũng đoạn thị trường** to rig the market

lụng thà lụng thụng *adj.* See **lụng thụng**

lụng thụng *adj.* [of clothes] too big

luộc *v.* to boil [food, but not water]; to sterilize: **luộc trứng** to boil an egg; **luộc rau** to boil vegetables

luộm thuộm *adj.* careless, untidy: **ăn mặc luộm thuộm** to dress up untidily

luôn **1** *adv.* [follows main verb] often, frequently; always, continually, unceasingly: **Ông ấy đi Đà Lạt luôn.** He goes to Da Lat very often. **2** *adv.* to do all at once, in one operation, at the same time: **Tôi muốn ông ấy đi luôn với tôi.** I want him to be gone the same time as I.

luôn luôn *adv.* very often, always: **Tôi luôn luôn nhớ lời bạn dặn.** I always remember what you said to me.

luôn miệng *v.* to talk incessantly

luôn mồm *v.* to talk incessantly

luôn tay *v.* to work all the time

luôn thể *adv.* at the same time: **Bạn làm việc nầy luôn thể.** You can do both jobs at the same time.

luồn *v.* to pass, to sneak [through], to slip underneath

luồn cúi *v.* to bow, to humiliate oneself

luồn lỏi *v.* to bow, to humiliate oneself; to get things done

luồn lụy *v.* to kowtow to [an official], to humiliate oneself

luống *n.* furrow, bed [in garden]: **Trong vườn nhà tôi có nhiều luống hoa hồng.** In my garden there are some rose-bush beds.

luống cuống *v.* to be bewildered, to be perplexed, to lose one's head

luồng *n.* current [of ideas **tư tưởng**], gust, draft [of wind **gió**]: **luồng điện** electrical current; **luồng âm thanh** sound wave

lụp xụp *adj.* [of house] low and dark: **Tôi ở trong một căn nhà lụp xụp.** I live in a low, dark house.

lụt *v.* to flood, to inundate: **Miền nầy đang bị lụt.** This region is flooding.; **trận lụt** a flood

lụt lội *n., adj.* flood, inundation; flooded, inundated

lũy *n.* rampart, wall, hedge: **lũy tre** bamboo hedge; **chiến lũy** the war front [military]

lũy thừa *n.* power [of a number]

lũy tiến *adj.* progressive

lụy **1** *v.* to cause trouble, to annoy: **lụy đến người khác** to cause trouble to other people **2** *n.* (= **lệ**) tears: **Lụy tuôn rơi.** Tears streamed down.

luyến *v.* to be fond of, to long for, to be attached to: **quyến luyến** to be attached to

luyến ái *v.* to love

luyến tiếc *v.* to feel a nostalgia for, to regret

luyện *v.* to refine [metals]; to train [people]: **huấn luyện, rèn luyện** to train; **tập luyện** to drill

luyện kim *n.* alchemy; metallurgy

luyện tập *v.* to drill, to practice, to exercise: **luyện tập nói tiếng Việt** to practice speaking Vietnamese

lư hương *n.* incense burner

lừ *v.* to glower, to stare angrily at

lừ đừ *adj.* indolent, lazy; slothful

lử *adj.* tired out, worn out: **mệt lử** very tired

lữ điếm *n.* inn, hotel

lữ đoàn *n.* brigade

lữ hành *v.* to travel

lữ khách *n.* traveler

lữ quán *n.* inn, hotel

lữ thứ *v.* to stop at a remote place during one's journey

lưa thưa *adj.* scattered, sparse, thin

lứa *n.* brood, litter; height, category, class: **Chúng nó cùng một lứa.** They are in the same class.; **lứa heo** a litter of piglets; **đôi lứa** couple; **vừa đôi phải lứa** well matched

lừa **1** *n.* donkey, ass **2** *v.* to deceive, to trick, to cheat: **đánh lừa** to cheat; **bị lừa, mắc lừa** to be cheated

lừa cái *n.* she-ass

lừa con *n.* ass's foal

lừa dối *v., adj.* to deceive; deceitful

lừa đảo *v.* to swindle, to defraud

lừa gạt *v.* to dupe, to deceive, to cheat

lửa *n.* [SV **hoả**] fire, flame: **chữa lửa** to stop a fire; **binh lửa, khói lửa** war, warfare; **xe lửa** train; **bật lửa** cigarette lighter; **lính chữa lửa** fireman; **đá lửa** flint; **núi lửa** volcano

lựa *v.* to select, to choose: **lựa chọn** to choose

lực *n.* strength, ability, power (= **sức**): **sức lực** strength; **mã lực** horsepower; **nghị lực** energy; **áp lực** pressure; **bất lực** incapable; **cực lực** strongly, energetically; **động lực** moving force; **binh lực** armed forces; **hợp lực** to unite; **kiệt lực** exhausted; **năng lực** ability; **thực lực** real strength; **quyền lực** power, authority; **nguyên tử lực** atomic energy; **học lực** ability [of student]; **tận lực** with all of one's strength; **thực lực** real strength

lực điền *n.* farmer, farm hand

lực lưỡng *adj.* robust, husky

lực lượng *n.* strength, force(s)

lực sĩ *n.* athlete

lưng *n.* back [of body, furniture]: **thắt lưng, dây lưng** belt, sash; **gù lưng** hunch-backed; **đau lưng** backache; **ngả lưng** to lie down

lưng chừng *adj.* half way, half done

lưng lửng *adj.* [of stomach] almost full

lưng vốn *n.* capital

lừng *v.* to resound, to pervade: **Tiếng tăm ông vang lừng.** Your reputation resounds everywhere.; **hoa thơm lừng** fragrant flowers

lừng danh *adj.* famous, well-known

lừng khừng *adj.* indifferent

lừng lẫy *adj.* very famous, renowned

lửng *adj.* half-finished, half-full; half-done; hanging in the air: **bỏ lửng** to leave unfinished, unattended

lửng lơ *adj.* hanging in the air; half-done

lững chững *v.* to toddle

lững lờ *adj.* wavering, hesitant; indifferent

lững thững *v.* to walk slowly or leisurely

lược **1** *n.* comb: **lược thưa** large-toothed comb **2** *v.* to baste, to tack, to sew loosely or with long stitches to hold the work temporarily

lược dịch *v.* to translate briefly

lược đồ *n.* sketch, diagram

lược sử *n.* summarized history

lược thuật *v.* to summarize, to give a short report

lưới *n.* net, web: **đánh lưới** to catch [fish, bird] with a net; **mạng lưới vi tính toàn cầu** Internet

lười *adj.* lazy: **Không nên lười!** Don't be lazy!

lười biếng *adj.* lazy: **Ông ấy rất lười biếng.** He is very lazy.

lưỡi *n.* tongue; blade [of knife]: **uốn lưỡi** to roll one's tongue [to produce a drill]; **chóp lưỡi, đầu lưỡi** tip of the tongue, apex; **cứng lưỡi** tongue-led; **lè lưỡi, thè lưỡi** to stick out one's tongue; **lưỡi dao** knife blade

lưỡi cày *n.* plough share

lưỡi câu *n.* fish hook

lưỡi gà *n.* uvula; tongue [of shoe]; valve: **lưỡi gà hình nắp** flap valve; **lưỡi gà hình cầu** ball valve

lưỡi lê *n.* bayonet

lưỡi liềm *n.* sickle

lưỡi trai *n.* visor [on cap]

lườm *v.* to look askew at with anger, to scowl at

lượm v. to pick up, to collect, to gather [news, etc.]

lượm lặt v. to gather, to accumulate

lươn n. eel: **mắt lươn** small-eyed

lươn lẹo adj. crooked, dishonest

lườn n. side

lượn v. to hover, to soar, to glide

lương n. salary, wages, pay: **tiền lương** salary; **lĩnh lương** to get paid; **sổ lương** payroll; **ăn lương công nhật** to be paid by the day

lương bổng n. salary [and allowances]

lương dân n. law-abiding citizens

lương duyên n. happy marriage

lương đống n. pillars of the state

lương hưởng n. pay, wages

lương khô n. dry provisions

lương lậu n. salary, wages

lương tâm n. conscience

lương thiện adj. honest, law-abiding: **sống lương thiện** to be law-abiding

lương thực n. food [supplies]: **cung cấp lương thực** to supply food

lương tri n. intuitive knowledge

lương y n. good physician/doctor

lường 1 v. to measure: **đo lường** to measure 2 v. to deceive, to cheat: **lường gạt khách hàng** to cheat customers

lưỡng cực n. bipolar

lưỡng lự adj., v. hesitant, undecided; unable to make up one's mind

lưỡng viện n. House of Representatives and Senate, two chambers

lượng 1 n. capacity; quantity [as opp. to quality **phẩm**]: **phẩm chất và số lượng** quality and quantity 2 v. to measure, to gauge; to estimate: **lượng khoảng bao nhiêu tiền** to estimate the amount of money

lượng giác học n. trigonometry

lượng thứ v. to pardon, to forgive

lượng tình v. to pardon out of sympathy

lượng tử n. quantum

lượng xét v. to examine, to take into consideration

lướt v. to glide; to pass quickly; to glance through; to scamper

lướt mướt adj. soaking wet

lượt n. time, turn, round; layer, coat: **đọc ba lượt** to read three times; **Đến lượt ai?** Whose turn?; **lần lượt** in turn, to take turns

lượt thượt adj. [of clothes] loosely hanging

lưu v. to stay, to stop, to detain, to keep: **Tôi lưu lại đây vài ngày.** I am staying here a few days.; **lưu một bản cho tôi** to keep a copy in a file

lưu danh v. to leave a good reputation

lưu đày v. to exile, to banish

lưu động adj. mobile, roving, itinerant

lưu hành v. to circulate [currency]

lưu hoàng n. sulfur

lưu học sinh n. boarder

lưu huyết n. bloodshed

lưu huỳnh n. sulfur: **lưu huỳnh bột** flowers of sulfur

lưu lạc v. to be wandering

lưu loát adj. fluent: **Bạn muốn lưu loát tiếng Việt, bạn phải tập nói nhiều.** If you want to be fluent in Vietnamese, you will have to practice speaking more.

lưu luyến v. to be attached to, to be fond of

lưu ly n. parting, separation

lưu tâm v. to pay attention to, to concern oneself with

lưu thông v. to communicate, to circulate

lưu trú v. to reside, to live, to stay

lưu truyền v. to hand down, to pass tradition down

lưu trữ v. to conserve, to preserve: **sở lưu trữ công văn** bureau of archives

lưu vong adj. exiled: **chính phủ lưu vong** government in exile

lưu vực n. [river] valley, basin

lưu ý v. to pay attention [**đến** to]; to call [someone's] attention

lựu n. pomegranate

ly 1 n. glass, cup: **ly rượu** wine glass 2 n. millimeter; tiny bit: **phim 16 ly** 16-millimeter film

ly biệt v. to separate from, to part

ly dị *v.* to divorce: **xin ly dị** to apply for a divorce

ly hôn *v.* to divorce

ly hương *v.* to go abroad, to leave one's native land

ly khai *v.* to dissociate oneself from, to break away from

ly kỳ *v., adj.* acting strangely; marvelous, extraordinary: **câu chuyện ly kỳ** strange story

ly tán *v.* [of a ground, family] to disperse, to be scattered

ly tâm *adj.* centrifugal [*opp.* **hướng tâm**]

lý *n.* reason, ground, common sense, argument: **lý do** reason; **có lý** to be right, reasonable; **chân lý** truth; **hữu lý** logical; **vô lý** absurd

lý do *n.* reason: **Hãy đưa ra lý do tại sao bạn không làm việc ấy được.** Give me reasons why you can't do it.

lý hoá *n.* physics and chemistry: **Con tôi rất giỏi môn lý hoá.** My son is good in both physics and chemistry.

lý học *n.* physics

lý lẽ *n.* reason, argument

lý lịch *n.* personal history, curriculum vitae: **viết bản sơ yếu lý lịch kèm theo đơn xin việc** to enclose a curriculum vitae with one's application

lý luận *v., n.* to reason, to argue; argument

lý số *n.* fortune-telling: **nhà lý số** fortune-teller

lý sự *adj., v.* reasonable; to reason, to argue; to be argumentative

lý tài *n.* finance; money matter

lý thú *n., adj.* interest; interesting: **Ông ấy nói chuyện lý thú quá.** He gave an interesting talk.

lý thuyết *n., adj.* theory; theoretical: **học lý thuyết cũng như thực hành** to learn the theory as well as the practice

lý trí *n.* intellect, knowledge

lý trưởng *n.* head of a village

lý tưởng *n., adj.* an ideal; ideal: **Thật khó chọn được người lý tưởng.** It is hard to choose an ideal person.

lý tưởng hoá *v.* to idealize

ly *n.* dysentery: **bị bệnh kiết ly** to have dysentery

M

ma **1** *n.* ghost, phantom: **Bà ấy sợ ma lắm.** She is scared of ghosts. **2** *n.* funeral: **đưa đám ma** to attend a funeral [procession]; **thây ma** corpse

ma cà bông *n.* vagrant, tramp

Ma Cao *n.* Macao

ma chay *n.* funeral ceremonies

ma cô *n.* pimp, pander

ma dút *n.* [Fr. *mazout*] oil, fuel, diesel oil

ma giáo *adj., adv.* dishonest; cheatingly: **buôn bán ma giáo** dishonest business

ma men *n.* alcohol attraction, lure of drink

ma nhê tô *n.* magneto

ma ni ven *n.* crank

ma quỉ *n.* ghosts and devils, evil spirits

Ma Rốc *n.* Morocco

ma sát *v.* to rub: **sức ma sát** friction

ma tuý *n.* narcotics, drug: **Buôn bán ma túy là bất hợp pháp.** Drug trafficking is illegal.

ma vương *n.* Satan

ma xó *n.* ghost of house corners

má **1** *n.* cheek: **gò má** cheekbone; **đánh má hồng** to apply rouge on the cheeks **2** *n.* (= **mẹ**) mother, mummy [used by child to mother]: **Con giúp má nấu ăn.** I help my mother to do cooking.

má đào *n.* pink cheek; woman: **phận má đào** woman's fate

má hồng *n.* rosy cheek; woman

má lúm đồng tiền *n.* dimpled cheeks

mà **1** *adv.* but, yet, and: **dẫu mà** even though; **vậy mà** yet; **để mà** in order to; **nhưng mà** but; **thế mà** yet **2** *conj.* that, in which, at which, where-in, where-at: **Cái nhà mà họ muốn bán**

là của bạn tôi. The house which they want to sell is my friend's house.
3 *intj.* final particle to emphasize the meaning of command: **Tôi bảo mà!** I did tell you!; **Anh ấy không đi mà!** He's not going, I told you!

mà cả *v.* to bargain, to haggle: **giá nhất định, không mà cả** fixed prices, no bargaining

mà lại *conj.* but: **Ông ta nghèo mà lại tử tế.** He is poor but very kind.

mà thôi *adv.* no more and no less, only: **Chỉ có chừng ấy việc mà thôi.** There is only a bit of work, no more and no less.

mả *n.* grave, tomb: **bốc mả** to exhume the bones and transfer them elsewhere; **mồ mả** graves and tombs

mã 1 *n.* effigy, paper article burned in ancestral rituals: **đồ mã** to be false, junky, fragile **2** *n.* appearance, plumage; caliber: **tốt mã** having good looks **3** *n.* yard [measure of length] **4** *n.* code: **mật mã** secret code **5** *n.* horse (= **ngựa**); **kỵ mã** cavalry; **song mã** two horses

mã binh *n.* cavalryman, horseman

mã hiệu *n.* code: **mã hiệu sản phẩm** product code

Mã Lai *n.* Malaysia, Malay

mã lực *n.* horse-power: **Xe nầy có bốn mã lực.** This car has a four horse-power engine.

mã não *n.* agate

mã tấu *n.* scimitar

mã thượng *adj.* generous

mạ 1 *n.* rice seedling: **gieo mạ** to sow rice seedlings **2** *v.* to plate [with gold **vàng**, silver **bạc**]: **mạ bạc** to silver-plate; **mạ đồng** to copper-plate; **mạ kền** to nickel-plate; **mạ vàng** to gold-plate

mác 1 *n.* knife, scimitar **2** *n.* [Fr. *marque*] make, brand: **mặc áo quần có mác nổi tiếng** to wear clothes of a well-known brand

Mác-xít *n.* Marxist

Mạc Tư Khoa *n.* Moscow

mách *v.* to report, to tell, to inform; to recommend; to give information or clues in order to help: **mách cho bạn dùng một loại thuốc tốt** to recommend a friend to try a good medicine

mách bảo *v.* to inform, to advise

mách lẻo *v.* to tell tales; to denounce

mách qué *v.* to lie, to bluff; to use profanity

mạch *n.* pulse, vein, [blood] vessel [with **chẩn, bắt, coi, xem** to take]: **bắt mạch** to check one's pulse; **mạch máu** blood vessel; **động mạch** artery; **tĩnh mạch** vein

mạch điện *n.* electric circuit

mạch lạc *adj., n.* coherent; cohesion, coherence, clarity

mạch nha *n.* malt

mai 1 *n.* tomorrow: **Mai tôi sẽ gặp ông.** I will see you tomorrow.; **sáng mai** tomorrow morning; **chiều mai** tomorrow afternoon; **nay mai** soon **2** *n.* hoe, large-blade spade **3** *n.* matchmaker: **ông mai/bà mai** matchmaker **4** *n.* shell [of turtle **rùa**, crab **cua**, squid **mực**]: **mai cua** crab's shell **5** *n.* R apricot, plum: **ô mai** salted apricots, salted prunes; **Ông ấy tặng tôi một cành hoa mai.** He presented me a branch of apricot flowers as a gift.

mai danh ẩn tích *v.* to seclude oneself from the world

mai hậu *n.* future, posterity: **làm việc cực nhọc để mai hậu cho con cháu** to work hard for our children's future

mai kia *adv.* soon, later on

mai mốt *adv.* soon, in a few days' time

mai một *v.* to be lost, to disappear

mai phục *v.* to lie in ambush

mai sau *adv.* later, in the future

mai táng *v.* to bury a corpse, to arrange a funeral

mái 1 *n.* roof: **nhà mái ngói** a roof-tiled house **2** *n.* [of chicken, bird] female: **gà mái** hen

mái chèo *n.* oar, paddle

mái đầu *n.* one's hair: **Mái đầu ông**

tôi đã bạc. My grandfather's hair has turned white.

mái hiên *n.* porch roof; verandah

mái tóc *n.* one's hair

mài *v.* to file, to sharpen, to grind: **mài dao** to sharpen a knife; **đá mài** whetstone

mài miệt *v.* to devote oneself to [work], to indulge in [pleasure]

mải *v.* to be absorbed [in a task]: **mải miết** to be busy with

mãi *adv.* continuously, unceasingly, forever, all the time: **Chúng tôi đợi mãi không thấy anh ta đến.** We waited and waited, but he didn't show up.; **Họ làm việc mãi.** They work all the time.

mãi dâm *n., v.* prostitution; to be a prostitute

mãi lộ *n.* bribe to highwaymen in ancient times; turnpike toll

mãi mãi *adv.* for ever, eternally

mại *v.* (= **bán**) to sell: **thương mại** trade, commerce; **đoạn mại** definite sale

mại bản *n.* salesman, comprador

mại quốc *n.* traitor

man *adj.* false: **Ông ấy khai man.** He made a false statement.

man di *adj.* savage, barbarous

man mác *adj.* immense, limitless

man rợ *adj.* savage, barbarous

màn *n.* curtain, net; screen [with **bỏ**, **buông** to lower, **vắt** to pull up]: **kéo màn** to raise the curtain; **hạ màn** to lower the curtain; **màn bạc** silver screen; **bức màn sắt** the iron curtain; **Bức màn tre** the bamboo curtain; **màn ảnh** movie screen

mãn **1** *n.* (= **mèo**) cat **2** *v.* to end, to finish, to terminate: **Chương trình đến đây đã mãn.** The program is ended.

Mãn Châu *n.* Manchuria, Manchu

mãn cuộc *n.* the end of an affair or business

mãn đời *adj.* till the end of one's life

mãn hạn *v.* to complete, to finish, to be at the end of one's term [in office, prison…]

mãn khoá *v.* to graduate: **lễ mãn khoá** graduation ceremony

mãn kiếp *adj.* till the end of one's life

mãn kỳ *v.* to expire

mãn nguyện *adj.* to be satisfied, content: **Chúng tôi mãn nguyện với công việc của chúng tôi.** We are satisfied with what we are doing.

mãn phần *v.* to die

mãn tang *v.* to end mourning for someone

Mãn Thanh *n.* Manchu [dynasty]

mãn ý *adj.* satisfied, satisfactory

mạn *n.* area, region: **mạn Biên Hoà** in the area of Bien Hoa

mạn đàm *v.* to converse, to talk in a friendly way

mang **1** *n.* gill [of fish]: **mang cá** gills of fish **2** *v.* to bring or take with oneself, to carry; to wear: **mang giầy** to wear shoes; **mang theo hộ chiếu** to bring your passport with you

mang máng *adj.* vague: **nhớ mang máng** to remember vaguely

mang nợ *v.* to get into debts

mang ơn *v.* to be grateful to: **mang ơn ai đã giúp đỡ mình** to be grateful to someone who helped us

mang tai *n.* temples

mang tiếng *v.* to suffer discredit

máng **1** *n.* gutter, drain: **rửa sạch ống máng** to clean gutters **2** *v.* to hang up [clothes]: **máng áo quần** to hang up clothes

máng cỏ *n.* manger

màng **1** *n.* membrane **2** *v.* to care for, to be concerned with: **không màng đến/tới danh lợi** not to be concerned with fame and profit

màng nhện *n.* cobweb

màng nhĩ *n.* ear-drum

màng óc *n.* meninges

màng phổi *n.* pleura

màng ruột *n.* mesentery

màng trinh *n.* hymen

mảng **1** *n.* fishing bamboo raft **2** *adj.* to be busy, absorbed **3** *n.* big mass, big piece: **một mảng đất rộng** a big piece of land

măng cầu *n.* (= na) custard-apple

mạng **1** *n.* web, net, network: **mạng nhện** cobweb; **mạng lưới** network **2** *n.* veil **3** *n.* (= mệnh) life [as opp. to death]; fate, destiny: **sinh mạng** human life; **định mạng** destiny; **án mạng** murder; **bỏ mạng** to die; **liều mạng** to risk one's life; **tính mạng** life **4** *v.* to darn: **mạng áo quần** to darn clothes

manh *n.* piece, rag: **một manh vải** a piece of fabric

manh mối *n.* clue: **tìm cho ra manh mối** to find a clue

manh nha *v.* to bud, to begin

manh tâm *v.* to have a bad intention

manh tràng *n.* blind gut, cecum

mánh *n.* trick, dodge: **mánh lới**, **mánh khoé** tricks

mành *n.* blinds, shades

mành mành *n.* blinds, shades

mảnh **1** *n.* piece, bit, fragment, shrapnel; broken piece: **cô ấy mảnh khảnh quá** rice field; **một mảnh vườn** a small garden; **một mảnh kiếng bể** a piece of broken glass **2** *adj.* thin, frail

mãnh hổ *n.* ferocious tiger

mãnh liệt *adj.* strong, intense, violent, fierce: **đánh nhau mãnh liệt** fierce fighting

mãnh lực *n.* force, strength, power: **mãnh lực đồng tiền** power of money

mãnh thú *n.* wild beast

mãnh tướng *n.* brave general

mạnh *adj.* strong, powerful; well: **một chính phủ mạnh** a powerful government; **Bà mạnh khoẻ không?** Are you well?, How are you?

mạnh cánh *v.* to have connections

mạnh dạn *adj.* bold; brave

mạnh giỏi *adj.* healthy, well: **Bạn mạnh giỏi không?** Are you well?, How are you?

mạnh khỏe *adj.* strong, healthy: **Tôi chúc ông mạnh khoẻ.** I wish you good health.

mạnh mẽ *adj.* strong, vigorous

mao *n.* (= lông) hair, fur

mao dẫn *n.* capillarity

mao quản *n.* capillary

mào *n.* cock's comb: **mào gà** cock's comb

mào *v.* to begin, to start: **khai mào** preamble; **mào đầu** to say a few introductory words

mạo **1** *v.* to forge, to fake, to falsify: **mạo chữ ký** to falsify one's signature **2** *n.* (= mũ) hat: **vương mạo** crown

mạo danh *v.* to assume another person's name

mạo hiểm *v., adj.* to take risks, to venture; adventurous

mạo muội *v.* to make oneself bold enough, to venture: **Tôi xin mạo muội trình bày ý kiến của tôi.** May I venture to convey my opinions... .

mạo nhận *v.* to assume falsely [ownership rights, etc.]; to claim wrongly

mát *adj.* [of air] fresh, cool; [of body] feel fresh, cool: **bóng mát** shade; **gió mát** breeze; **nghỉ mát** to take a summer vacation

mát mặt *adj.* contented; well-off, comfortable

mát mẻ *adj.* cool, fresh: **không khí mát mẻ** fresh air

mát ruột *v.* to be satisfied: **Ông nói như thế họ mát ruột lắm.** They were satisfied when you said those things.

mát tay *adj.* [of doctor] skillful: **Ông bác sĩ chữa mát tay lắm.** The doctor treats patients very skillfully.

mát trời *n.* cool weather

mạt *adj.* base, mean, unlucky: **mạt số** mean/unlucky fate

mạt cưa *n.* sawdust

mạt đời *n.* the end of one's life

mạt hạng *n.* lowest class

mạt kiếp *n.* the end of one's life

mạt lộ *adj.* at the end of a road: **anh hùng mạt lộ** [of a hero] at the end of one's road/life

mạt sát *v.* to insult, to abuse, to disparage: **Đừng có mạt sát một người**

bạn như thế. Don't disparage a friend as such.

mạt vận *n.* ill-luck

mau *adj.* quick, rapid, fast: **mau chóng/mau lẹ** quick; **nói mau** to speak fast; **mau lên** hurry up

mau chân *adj.* agile

mau miệng *adj.* fair-spoken

mau tay *adj.* fast/quick

mau trí *adj.* quick-witted

máu *n.* [SV **huyết**] blood; temper, character: **chảy máu** to bleed; **cuộc đổ máu** bloodshed; **có máu mặt** well-to-do; **hăng máu** to get angry; **hộc máu** to vomit blood; **mạch máu** blood vessel; **cho máu** to give blood; **ngân hàng máu** blood bank

máu cam *n.* nose bleed

máu điên *n.* insanity, lunacy, dementia

máu ghen *n.* jealousy

máu mủ *n.* blood ties, kinship

màu *n.* [SV **sắc**] color: **Bạn thích màu gì?** What color do you like?

màu da *n.* complexion

màu mè *adj.* showy; colorful: **áo quần màu mè** colorful clothes

màu mỡ *adj.* fat, fertile, rich: **vùng đất màu mỡ** rich land area

màu sắc *n.* color, hue

may **1** *n., adj.* [*opp.* **rủi**] luck; lucky, fortunate: **số may** good fortune; **không may, chẳng may** unfortunate **2** *v.* to sew, to stitch, to make clothes: **thợ may** tailor; **máy may** sewing machine

may đo *adj.* made-to-measure, custom-made, tailor-made

may mắn *adj.* lucky: **Chúng tôi rất may mắn được làm việc với quí bạn.** We are very lucky to be able to work with you.

may ô *n.* singlet

may ra *adv.* maybe, perhaps

may rủi *n.* chance, risk

may sẵn *adj.* ready-made: **mua áo quần may sẵn** to buy ready-made clothes

may vá *v.* to sew and mend, to do needle-work

máy **1** *v.* to wink at: **máy mắt bạn đi nơi khác** to signal [by a wink] a friend to leave **2** *n.* [SV **cơ**] machine, motor, engine: **nhà máy, xưởng máy** factory, plant; **thợ máy** mechanic; **bộ máy hành chính** government machinery; **quạt máy** electric fan; **thang máy** elevator, lift; **xe máy** motor-cycle; **bút máy** fountain pen

máy bay *n.* airplane: **đi bằng máy bay** to go by airplane

máy cày *n.* plowing machine

máy chém *n.* guillotine

máy chữ *n.* typewriter

máy cưa *n.* power saw

máy dệt *n.* power loom

máy điện *n.* dynamo, generator

máy điện báo *n.* telegraph machine

máy điện thoại *n.* telephone: **Ở đây có máy điện thoại công cộng không?** Is there a public telephone here?

máy điện toán *n.* (= **máy vi tính**) computer: **Tôi vừa mua một máy điện toán xách tay mới.** I have bought a new laptop.

máy ép *n.* press

máy ghi âm *n.* tape recorder: **Ông có máy ghi âm loại bỏ túi không?** Do you have a pocket tape recorder?

máy hát *n.* gramophone, phonograph

máy hơi nước *n.* steam engine

máy hút bụi *n.* vacuum cleaner

máy in *n.* printing machine

máy khâu *n.* sewing machine

máy khuếch đại *n.* amplifier, intensifier, enlarger: **máy khuếch đại cao tầng** high frequency amplifier

máy lạnh *n.* air-conditioner: **Phòng làm việc của tôi có máy lạnh.** My office has an air-conditioner.

máy lọc *n.* filter

máy may *n.* sewing machine

máy móc *n.* machinery: **thời đại máy móc** machinery age

máy nước *n.* hydrant: **nhà máy nước** water works

máy phát điện *n.* generator

máy phát thanh *n.* radio transmitter

máy quay phim *n.* movie camera

máy thu thanh *n.* radio receiver

máy tiện *n.* lathe

máy tính *n.* calculator

máy tụ điện *n.* condenser

máy vi âm *n.* microphone

máy vi tính *n.* computer

máy xay lúa *n.* rice-hulling machine

mày *pron.* you [used by a superior to a(an) subordinate/inferior, an elder to a child arrogantly, first person pronoun being **tao**]: **chúng mày** you (guys)

mày *n.* [SV **mi**] eyebrow: **lông mày** eyebrows; **kẻ lông mày** to pencil one's eyebrows; **cau mày** to knit one's brows

mày đay **1** *n.* nettle-rash, urticaria **2** *n.* medal

mảy may *n.* a fleck

mắc **1** *adj.* (= **đắt**) expensive **2** *v.* (= **móc**) to hang onto a peg; to be caught in [net, trap, work, disease, debt]

mắc áo *n.* peg, coat hanger, coat rack

mắc cỡ *v.* to be shy, to feel shame: **Đừng mắc cỡ.** Don't be shy.

mắc bận *v.* to be busy, to be occupied

mắc bẫy *v.* to be trapped, ensnared

mắc bệnh *v.* to be sick, to be ill

mắc cạn *v.* to run aground

mắc câu *v.* to be hooked

mắc cửi *v.* to be at a criss-cross

mắc kẹt *v.* to be caught in

mắc lừa *v.* to be duped, to be deceived

mắc mưu *v.* to be trapped [because of a ruse]

mắc nạn *v.* to run into an accident

mắc nghẽn *v.* to be blocked, to be stranded

mắc nợ *v.* to run into debt

mắc ơn *v.* to be indebted [morally] to: **Chúng tôi mắc ơn ông đã giúp chúng tôi.** We are indebted to you for helping us.

mắc việc *v.* to be busy: **Chiều nay tôi mắc việc.** I will be busy this afternoon.

mặc **1** *v.* to wear, to put on [coat, trousers, skirt, blouse, shirt]: **mặc quần áo** to dress [someone]; **ăn mặc** to dress **2** *adj.* leaving [someone, something] alone, not to care: **Để mặc tôi.** Leave me alone.

mặc cả *v.* to bargain: **Bạn nên mặc cả khi mua món gì.** You should bargain when you buy something.

mặc cảm *n.* complex

mặc dầu *conj.* although

mặc kệ *v.* to leave alone, to ignore

mặc nhiên *adj.* calm, indifferent, obvious

mặc niệm *v.* to observe [a minute's] silence

mặc sức *adv.* without restraint, as much as one can: **ăn mặc sức** to eat as much as you can, all you can eat

mặc thây *v.* to leave alone, to ignore

mắm *n.* salted fish, shrimp: **nước mắm** fish sauce; **mắm mực** salted squid; **mắm tôm** shrimp paste

mắn *v., adj.* [of woman, animal] to be fertile, not barren

mằn thắn *n.* small meat-filled dumplings similar to ravioli, boiled in soup

mặn *adj.* salty [*opp.* **nhạt, lạt**]; [of feeling] hearty; deepening; determined to [buy]: **cá mặn** salty fish; **nước mặn** salt water [as opp. to **nước ngọt** fresh water]

mặn mà *adj.* warm, cordial

măng *n.* bamboo sprout: **măng cụt** mangosteen; **măng tây** asparagus

măng đa *n.* [Fr. *mandat*] money order

măng sông *n.* [Fr. *manchon*] gas mantle, Welsbach mantle

măng sữa *n.* youth, infancy, babyhood

mắng *v.* to scold

mắng chửi *v.* to scold and curse

mắng nhiếc *v.* to vituperate

mắt *n.* [SV **mục, nhãn**] eye: **đau mắt** to have sore eyes; **để mắt** to lay one's eyes upon; **đưa mắt** to take a quick look; **liếc mắt** to glance; **mù mắt** blind; **nước mắt** tears; **nháy mắt** to wink; **chớp mắt** to blink; **nhắm**

mắt to close one's eyes; to die

mắt cá *n.* astragalus, talus, anklebone

mắt kém *adj.* poor-sighted

mắt lác *adj.* squint-eyed, cross-eyed

mắt loà *adj.* dim-sighted

mắt lươn *n.* small eyes

mắt ốc nhồi *n.* goggle-eyes

mắt xanh *n.* a beautiful woman's eyes

mắt xếch *n.* to have slant eyes

mặt *n.* [SV **diện**] face; surface, side: **bề mặt** face, surface, area; **chừa mặt** to avoid; **có mặt** to be present; **đủ mặt** all [present]; **họp mặt** to get together; **khuất mặt** to be absent; **lạ mặt** stranger; **thay mặt cho** to represent for

mặt dày *adj.* shameless, brazen

mặt đất *n.* ground

mặt đồng hồ *n.* dial of a clock

mặt mẹt *adj.* shameless

mặt mo *adj.* shameless, brazen

mặt mũi *n.* face, countenance

mặt nạ *n.* mask

mặt ngoài *n.* outside [appearance]

mặt phải *n.* right side; truth

mặt phẳng *n.* plane: **mặt phẳng nằm ngang** horizontal plane; **mặt phẳng nằm nghiên** inclined plane

mặt trái *n.* wrong side; tail

mặt trăng *n.* the moon

mặt trận *n.* battlefront; front

mặt trời *n.* the sun

mâm *n.* food tray [wooden or copper, round or square]

mầm *n.* sprout, shot, germ: **mọc mầm, nẩy mầm** to sprout, to bud

mân *v.* to feel, to palpate: **mân mó** to touch

mần *v.* (= **làm**) to work, to do

mần thinh *v.* to keep quiet

mần cán *adj.* diligent, quick-minded

mận *n.* plum: **cây mận** plum tree

mấp máy *v.* [of lips] to move gently

mấp mé *v.* to reach almost up to

mấp mô *adj.* [of ground] uneven

mập *adj.* (= **béo**) fat, portly

mập mạp *adj.* chubby, fat

mập mờ *adj.* dim, unclear, ambiguous

mất *v.* [SV **thất**] to lose, to spend [money, time]; to cost, to take; to be lost, wasted; to die: **Bà ấy mất hai trăm bạc.** She lost 200 piastres.; **Tôi mất 2 tiếng đồng hồ mới tìm thấy.** It took me two hours to find it.; **Làm việc này mất mấy ngày?** How many days does this job take?; **Mẹ tôi mất (đi) hồi 1943.** My mother died in 1943.

mất công *v.* to labor in vain, to waste labor

mất dạy *adj.* ill-bred

mất giá *adj.* depreciated

mất gốc *adj.* uprooted, to be torn away from the original

mất lòng *v., adj.* to hurt; hurting, be offended

mất mùa *v.* to have a bad harvest

mất ngủ *adj.* sleepless

mất tích *adj.* missing

mất trinh *v.* to be deflowered

mất vía *v.* to be scared out of one's wits

mật **1** *n.* honey: **mật ong** honey; **mật mía** molasses; **trăng mật** honeymoon **2** *n.* bile, gall: **túi mật** gall bladder; **to gan lớn mật** bold, daring **3** *adj.* secret: **bí mật** secret, mysterious

mật báo *v.* to report secretly

mật đàm *n.* confidential talks, secret talks

mật điện *n.* confidential telegram, code telegram, cipher telegram

mật độ *n.* density

mật lệnh *n.* secret order

mật mã *n.* secret code

mật thám *n.* police inspector, investigator, spy, police(man), detective; cf. **công an**

mật thiết *adj.* [relationship] close, intimate

mật ước *n.* secret agreement or treaty

mâu *n.* lance: **xà mâu** spear

mâu thuẫn *n., v.* contradiction; to contradict [**với**]

mấu *n.* knot, notch: **mấu xương** protuberance [on bone]

mẩu *n.* See **màu**

mầu *adj.* miraculous: **phép mầu** miracle

mầu nhiệm *adj.* miraculous, marvelous

mẩu *n.* piece: **một mẩu bánh mì** a piece of bread

mẫu **1** *n.* Vietnamese acre, *mow*: **mẫu ta** [= 3,600 square meters]; **mẫu tây** hectare **2** *n.* model, sample, pattern [tailor's]: **gương mẫu** model, example; **kiểu mẫu** model, sample; **làm mẫu** to serve as a model **3** *n.* mother (= **mẹ**): **thân mẫu** mother; **kế mẫu** stepmother; **tổ mẫu** grandmother

mẫu âm *n.* vowel: **bán mẫu âm** semi-vowel

mẫu đơn *n.* peony tree

mẫu giáo *n.* nursery, kindergarten

mẫu hạm *n.* aircraft carrier: **hàng không mẫu hạm** aircraft carrier

mẫu hệ *n.* matriarchy

mẫu quốc *n.* mother country

mậu dịch *n.* trade: **quan hệ mậu dịch** trade relation; **mậu dịch quốc doanh** state store

mây **1** *n.* [SV vân] cloud (CL **đám** or **áng**) **2** *n.* rattan, cane: **ghế mây** cane chair; **roi mây** rattan switch

mây mưa *n., v.* sexual intercourse, lovemaking; to have sex

mấy *adv.* How much? How many?; some, a few: **Mấy giờ?** When? What time is it?; **Mấy tiếng đồng hồ?** How many hours?; **Em lên mấy?** How old are you?; **Mười mấy** Ten and how many?; **Hôm nay mùng mấy?** What day of the month is it today?

mấy thuở *adv.* as only very occasionally, rarely: **mấy thuở gặp ai** to meet someone rarely

me **1** *n.* tamarind: **cây me** tamarind tree **2** *n.* (= **mẹ**) mother, you [used by mother to child]

me tây *n.* Vietnamese woman married to a French man

me xừ *n.* [Fr. *monsieur*] Mr., Sir. [so-and-so]

mé *n.* space, area [near the edge or demarcation]

mè *n.* (= **vừng**) sesame: **rang mè** to roast sesame

mè nheo *v.* to bother [with requests]

mè xửng *n.* sesame candy

mẻ **1** *n.* catch [of fish, shrimps]; beating, thrashing; batch: **một mẻ cá** a catch of fish **2** *n.* rice ferment **3** *adj.* to be chipped, nicked, jagged: **chén sứt mẻ** a chipped bowl

mẹ *n.* [SV mẫu] mother: **tiếng mẹ đẻ** mother tongue; **mẹ con** mother and child; **bố mẹ/cha mẹ** father and mother, parent

mẹ chồng *n.* mother-in-law [of a woman]

mẹ đẻ *n.* mother

mẹ đĩ *n.* the mother of our little girl, my wife

mẹ ghẻ *n.* stepmother

mẹ mìn *n.* child kidnapper

mẹ nuôi *n.* foster mother, adoptive mother

mẹ vợ *n.* mother-in-law [of a man]

men **1** *n.* leaven, ferment, yeast **2** *n.* enamel, glaze **3** *v.* to go along the side/edge: **đi men theo bờ sông** to go along the river bank

méo *adj.* semi-round shape: **méo mó** deformed

méo mặt *v.* to worry oneself too much

mèo *n.* [SV miêu] cat: **mèo con** kitten; **mèo cái** she-cat

mẹo *n.* ruse, expedient, stratagem

mép *n.* corner of the mouth; edge, border: **râu mép** mustache; **bẻm mép, múa mép** to have a glib tongue; **mồm mép** to be a good talker

mét **1** *adj.* pale: **mặt tái mét/xanh mét** pale face **2** *n.* [Fr. *metre*] meter

mẹt *n.* flat winnowing basket

mê *v.* to be unconscious; to sleep soundly; to be infatuated: **ngủ mê** to sleep soundly; **nằm mê** to dream [in sleep]; **nói mê** to talk in sleep; **thuốc mê** anesthetic; **bùa mê** philter; **ham mê** to have a passion for; **hôn mê** unconscious, delirious

mê hoặc *v.* to deceive

mê hồn *adj.* fascinating

mê lộ *n.* maze

mê man *v.* to be unconscious, to be in a coma

mê mẩn *v.* to be bewitched

mê sảng *v.* to be delirious

mê tín *v., adj.* to be superstitious; superstitious, to blindly believe in

mề *n.* gizzard: **mề gà** chicken gizzards

mề đay *n.* [Fr. *médaille*] medal

Mễ Tây Cơ *n.* Mexico, Mexican

mếch lòng *v.* to offend, to hurt someone

mềm *adj.* [SV **nhu**] soft, tender, flexible [*opp.* **cứng**]: **bánh mềm** soft cake

mềm dẻo *adj.* pliable, flexible, supple

mềm lòng *adj.* discouraged

mềm mại *adj.* supple, very soft

mềm mỏng *adj.* compliant, yielding

mềm nhũn *adj.* soft, very soft

mềm yếu *adj.* weak

Mên *n.* Cambodia, Cambodian: **Cao mên** Cambodia

mến *v.* to be fond of, to love: **yêu mến** to love; **kính mến**, **quí mến** to love and respect; **các bạn thân mến!** Dear friends

mền *n.* (= chăn) blanket

mênh mông *adj.* immense, vast

mệnh *n.* (= mạng) life, fate, destiny: **sinh mệnh, tính mệnh** life; **số mệnh, vận mệnh** fate, destiny

mệnh chung *v.* to die, to pass away

mệnh danh *v.* to call, to name

mệnh đề *n.* clause, predicate

mệnh lệnh *n.* order: **ban mệnh lệnh** to give an order

mệnh một *v.* to happen to die

mệt *v., adj.* to be tired, exhausted; unwell: **làm việc không biết mệt** to work tirelessly

mệt dừ *adj.* exhausted

mệt lử *adj.* very tired

mệt mỏi *adj.* tired, worn out

mệt nhoài *v.* to be exhausted

mệt nhọc *v., adj.* tired, weary

mệt nhừ *v.* to be exhausted

mếu *v.* to get ready to cry

mi *n.* (= mày) you [arrogant]

mi *n.* eyelid: **lông mi** eyelashes

mí mắt *n.* eyelid

mì **1** *n.* wheat, bread: **lúa mì** wheat; **bánh mì** bread; **bột mì** wheat flour **2** *n.* noodles, Chinese noodles: **mì xào đồ biển** fried noodles with seafood

mị *v.* to flatter, to coax

mị dân *v.* to be demagogic

mía *n.* sugarcane: **nước mía** sugarcane juice

mỉa *v.* to speak ironically, to be ironical: **không nên mỉa làm gì** shouldn't be ironical

mỉa mai *v., adj.* to ridicule; to be ironical, sarcastic

Miên *n.* Cambodia, Cambodian: **Miên Hoàng** the King of Cambodia

miên man *adj.* never-ending

miên viễn *adj.* lasting, durable

miến *n.* vermicelli (= bún tàu)

Miến Điện *n., adj.* Burma, Burmese

miền *n.* region, area

miễn *v.* to be exempt, free [from taxes, labor]; to forgive: **miễn thuế** to be tax-exempt, duty-free

miễn chấp *v.* to forgive

miễn chức *v.* to be dismissed from office

miễn cưỡng *adj.* unwilling, reluctant

miễn dịch *v., adj.* to immunize; to be exempt from military service

miễn là *adv.* provided that, on condition that

miễn nghị *v.* to absolve, to dismiss

miễn phí *v.* to be free-of-charge

miễn thứ *v.* to forgive

miện *n.* hat, crown: **vương miện** crown; **lễ gia miện** coronation

miếng *n.* morsel, piece, slice, bite; plot [of land]: **một miếng thịt** a slice of meat; **một miếng bánh** a piece of cake

miệng *n.* [SV **khẩu**] mouth: **súc miệng** to rinse one's mouth; **ăn tráng miệng** to eat dessert; **đồ tráng miệng** dessert

miệt *n.* region, area: **miệt vườn** garden area; **miệt dưới** down under

miệt mài *v.* to wallow, to be wrapped up in [passion, work, hobby]: **miệt mài làm việc** to be wrapped up in working

miệt thị *v.* to disdain, to defy

miêu tả *v.* to depict, to describe: **miêu tả cuộc sống ở thành thị** to describe a life in the city

miếu *n.* temple, shrine: **gia miếu** family shrine; **Khổng miếu** Temple of Confucius; **Văn miếu** Temple of Literature

miễu *n.* small shrine

mím *v.* to tighten [lips **môi**]

mỉm cười *v.* to smile

mìn *n.* [Fr. *mine*] mine [military]: **cốt mìn** dynamite; **giật mìn** to dynamite, blow up

mịn *adj.* [of skin] smooth, silky

minh *adj.* bright, clear: **bình minh** dawn; **phân minh** fair; **thanh minh** to explain oneself; **thông minh** intelligent; **văn minh** civilized; civilization

minh bạch *adj.* clear, explicit

minh châu *n.* oriental pearl

minh chủ *n.* leader of alliance or revolution; oath-taker

minh hoạ *v.* to illustrate: **minh hoạ cho một cuốn sách** to illustrate a book

minh mẫn *adj.* clear-sighted, intelligent

minh nguyệt *n.* bright moon

minh oan *v.* to explain an injustice

minh tinh *n.* movie stars

minh ước *n.* pact, treaty: **Minh ước Bắc Đại Tây Dương** North Atlantic Treaty; **Minh ước Đông Nam Á** Southeast Asia Treaty

mình *n.* body, you [between husband and wife]: **chúng mình** inclusive we [you and I]; **tự mình** oneself; **một mình** by oneself

mình mẩy *n.* body

mít *n.* jackfruit

mít đặc *adj.* thick-headed, completely dull

mịt mờ *adj.* very dark, pitch dark

mịt mù *adj.* dim and distant

mo *n.* sheath [of areca leaf]

mó *v.* to touch [object preceded by **đến/tới**, **vào**]: **sờ mó người nào** to touch somebody

mò *adj.* groping for [in water or in the dark]; hunting for [women]: **mò cua** groping for crabs; **nói mò** speaking without knowledge

mò mẫm *v.* to grope; to feel one's way

mỏ **1** *n.* beak, bill **2** *n.* mine, quarry: **mỏ than** coal mine; **đào mỏ** to be a gold digger; **kỹ sư mỏ** mining engineer; **khai mỏ** to exploit a mine; **phu mỏ** miner

mỏ ác *n.* sternum

mỏ hàn *n.* soldering-iron

mỏ lết *n.* [Fr. *molette*] monkey wrench

mỏ neo *n.* anchor

mõ *n.* wooden fish [hollow piece of wood which a town crier beats while making his announcements or which a Buddhist monk beats while saying prayers]: **gõ mõ** to beat a wooden fish

móc *v.* to hook; to draw out with fingers, to pick [pocket]: **móc túi** to pick pockets

mọc *v.* to rise; [of plant] to grow: **mặt trời mọc** the sun rises; **cây mọc** plants grow

moi *v.* to pull out, to dig up, to dig out: **moi tiền** to extort money

mòi **1** *n.* herring **2** *n.* sign, omen: **có mòi** to have a chance to

mỏi *adj.* weary, tired [followed by name of body part, such as **chân**, **gối**, **lưng**, **mắt**, **tay**–leg, knee, back, eyes, hand]: **mỏi chân** tired legs

mọi *adj.* every, all [verb preceded by **đều**]: **mọi nơi** everywhere; **mọi khi** every time; **mọi người** everybody

móm *adj.* toothless

móm mém *v.* [of old toothless person] to chew

mõm *n.* cape, promontory

mõm *n.* muzzle, snout

mon men *v.* to try to get near, to approach gradually

món *n.* dish on the menu; course [dinner]; item; sum [of money], loan; subject [of study]: **Bữa ăn có tám món.** It was an eight-course dinner.; **Tôi có một món tiền thưởng.** I have a sum of bonus money.; **món nợ tinh thần** moral debt

món bở *n.* interesting business

mòn *adj.* worn out or down [because of friction]: **hao mòn** worn-out, weakened

mọn *adj.* small, humble, trifling, insignificant: **hèn mọn** humble; **lẽ mọn** concubine; **nhỏ mọn** small, mean; **việc mọn** small job

mong *v.* to expect, to wait; to hope: **chờ mong** to wait; **mong đợi** to hope

mong đợi *v.* to expect, to wait

mong manh *adj.* weak, thin, fragile, delicate

mong mỏi *v.* to expect or to desire impatiently

mong nhớ *v.* to think of, to miss: **mong nhớ người nào** to miss someone

mong ước *v.* to wish, to hope for

móng 1 *n.* nail [of finger or toe], hoof, claw: **móng tay** finger nail 2 *n.* foundation [of building]: **xây móng nhà** to build the foundation of a house

móng chân *n.* toe nail: **đánh móng chân** to polish toe nails

móng tay *n.* finger nail: **cắt móng tay** to cut finger nails; **thuốc đánh móng tay** fingernail polish

mỏng *adj.* thin, frail, fragile, delicate [*opp.* **dầy**]

mỏng dính *adj.* very thin

mỏng manh *adj.* frail, fragile, delicate

mỏng mảnh *adj.* fragile, flimsy

mỏng môi *adj.* gossipy, loose-tongued

mỏng tanh *adj.* paper-thin

mọng *adj.* succulent: **một chùm nho chín mọng** a bunch of succulent grapes

móp *adj.* hollow, sunken, flattened

mót *v.* to glean: **mót lúa ngoài đồng** to glean rice in the fields

mót *v.* to desire [to urinate **đái** or to defecate **ỉa**]

mọt *n.* termite, wood-boring worm, moth

mọt sách *n.* bookish person

mô *n.* mound: **mấp mô** [of ground] uneven mound

mô 1 *pron.* (= **gì, đâu**) What? Where?: **Bạn đi mô?** Where do you go? 2 *n.* tissue [biology]: **mô thần kinh** nerve tissue

mô bì *n.* epithelium

mô hình *n.* model [miniature]

mô phạm *n.* model, example, norm: **nhà mô phạm** educator

mô phỏng *v.* to imitate, to copy

mô tả *v.* to describe, to render

mô thức *n.* pattern

mồ *n.* [SV **mộ**] grave, tomb

mồ côi *adj.* orphaned: **nhà mồ côi, trường mồ côi** orphanage; **mồ côi cha** fatherless; **mồ côi mẹ** motherless

mồ hóng *n.* soot

mồ hôi *n.* sweat, perspiration: **ra mồ hôi** to perspire; **của mồ hôi nước mắt** hard-gotten fortune

mồ mả *n.* graves, tombs

mổ 1 *v.* to peck: **Những con gà đang mổ thóc.** The chickens are pecking rice grains. 2 *v.* to kill [fowl, pig] for food; to cut open, to operate on: **mổ heo làm tiệc** to kill a pig for a party

mổ xẻ *v.* to dissect, to have an operation on: **Bà ta vừa bị mổ nhẹ ở cổ.** She has had a minor operation on the neck.; **khoa mổ xẻ** surgery

mộ 1 *v.* to recruit [soldiers, labor, followers]: **tuyển mộ lính** to recruit soldiers 2 *n.* grave, tomb (= **mồ, mả**): **xây mộ cho ai** to build one's tomb; **ngày tảo mộ** memorial day

mộ chí *n.* tombstone

mộ đạo *adj.* devout

mộ địa *n.* graveyard, cemetery

mộ phần *n.* tomb, grave

mốc 1 *adj., n.* mildewed, musty, moldy; mildew, mold: **Bức tường bị mốc vì ẩm ướt.** The walls became moldy because of dampness. 2 *n.*

landmark, boundary: **cắm mốc chia vùng** to set up landmarks for zoning

mốc meo *adj.* moldy all over

mốc xì *adv.* nothing at all: **trong túi chả có mốc xì gì cả** nothing at all in one's pocket

mộc 1 *n.* shield (= khiên) **2** *n.* wood (= gỗ); tree, timber: **thợ mộc** carpenter; **bàn gỗ mộc** a wooden table; **đồ mộc** woodwork

mộc lan *n.* magnolia

mộc mạc *adj.* simple, unaffected

mộc nhĩ *n.* cat's ear, job's ear [mushroom]

mộc tinh *n.* Jupiter

môi 1 *n.* lip [with **mím** to close]: **sáp/son môi** lipstick; **đánh môi son** to apply lipstick; **âm hai môi** bi-labial; **âm môi răng** labiodental; **khua môi múa mỏ** to boast, to brag; **sứt môi** harelip **2** *n.* go-between, intermediary **3** *n.* ladle CL **cái**

môi giới *n.* intermediary, matchmaker: **làm môi giới** to serve as a matchmaker

môi nhân *n.* matchmaker, go-between

môi trường *n.* environment: **bảo vệ môi trường thiên nhiên** to protect the natural environment

mối 1 *n.* termite, white ant, pest: **diệt mối** to control termites **2** *n.* end [of entangled thread or string]: **gỡ mối dây bị rối ra** to loosen the end of an entangled string **3** *n.* a classifier noun prefix added to certain verbs in order to create a noun: **mối hy vọng** hope; **mối lo âu** worry; **mối nguy hiểm** dangers **4** *n.* liaison; marriage or business go-between

mối hàng *n.* customer

mối manh *n.* cause, origin

mối tình *n.* love: **Mối tình của họ thật là lý tưởng.** Their love is very idealistic.

mồi *n.* prey, bait; charge: **mua mồi đi câu cá** to buy bait for fishing; **làm mồi cho** to fall prey to

mỗi *num.* each: **mỗi ngày** each day; **mỗi người** each person

mồm *n.* [SV khẩu] mouth (= miệng): **há mồm** to open one's mouth; **lắm mồm** to be talkative, gossipy; **câm mồm, im mồm** to shut up

môn *n.* (= cửa) door; field or subject of study; specialty, game, sport: **môn bóng chyền** volleyball game; **chuyên môn** to specialize; specialty; **môn tiếng Anh** English subject

môn bài *n.* commercial license

môn đệ *n.* disciple, follower, student

môn đồ *n.* disciple, follower

môn phái *n.* school of thought, sect

mồn một *adj.* clear, evident, manifest: **nghe rõ mồn một** to hear clear sound

mông *n.* buttock, bottom: **tiêm thuốc vào mông** to inject medicine into one's bottom

Mông *n.* R Mongolia, Mongolian: **Ngoại Mông** Outer Mongolia; **Nội Mông** Inner Mongolia

Mông Cổ *n.* Mongolia, Mongolian

mông quạnh *adj.* immense and deserted

mống 1 *n.* rainbow **2** *n.* body, person: **Họ đã đi hết không còn một mống.** They have all gone, there is nobody left.

mộng *n.* dream: **ác mộng** nightmare; **ảo mộng** illusion, daydream; **mơ mộng** daydreaming; **đoán mộng** to explain dreams; **cõi mộng** dream-land

mộng ảo *adj.* visionary; unreal

mộng tinh *n.* wet dream, nocturnal emission

mộng tưởng *n., v.* to dream, to be in a reverie; illusion, vision

một 1 *n.* (= kia) the day after tomorrow: **mai mốt** in a day or two **2** *num.* one [following a numeral after twenty, thirty ..., but not **mười** itself or a hundred, thousand]: **hai mươi mốt** 21; **hai trăm mốt** 210; **ba nghìn mốt** 3,100; **bốn vạn mốt** 41,000 **3** *n., adj.* [Fr. *mode*] style, fashion; to be fashionable: **mốt mới** new fashion

một *num.* [SV nhất] one, a, an; each: **mỗi một** each; **vở kịch một hồi** oneact play; **một khi** once [something happens]; **tháng mười một** November; **con một** only child; **mồng/mùng một** the first day of the month; **muôn một** one chance out of ten thousand; **mười một** eleven; **năm một** one each year, one (child) every year; **từng nhà một** one by one, each house; **từng người một** one person at a time

một lòng *adj.* loyal [**với** to]

một mình *adj.* by oneself, alone

một mực *adv.* invariably, stubbornly

một thể *adv.* at the same time, at one

một vài *num.* a few

mơ 1 *n.* apricot: **quả/trái mơ** apricot fruits **2** *v.* to dream: **giấc mơ** a dream

mơ hồ *adj.* vague, indefinite

mơ màng *v.* to dream

mơ mộng *v., adj.* to dream, to be in a state of reverie; dreamy

mơ tưởng *v.* to dream of, to desire

mơ ước *v.* to dream of, to desire

mớ *n.* tray [of roasted sticky rice **cốm**], layer [of clothes **quần, áo**], bundle, mass [of materials **tài liệu**], a lot: **mua một mớ rau** to buy a bundle of vegetables

mờ *adj.* dim, vague, unclear, blurred: **lờ mờ** unclear; **lu mờ** to wane, to grow dim, be outshone; **mập mờ** unclear, confused, vague, ambiguous

mờ ám *adj.* suspicious, fishy

mờ mịt *adj.* obscure, somber, blank, dark: **một tương lai mờ mịt** a dark future

mở *v.* [SV **khai**] to be open; to open [*opp.* **đóng**]; to start; to hold [exam, contest]; to turn on [light, water, etc.]: **hé mở** half-open, ajar; **úp mở** to be unclear, not precise; **mở đèn lên** to turn on the light

mở đầu *v.* to open, to begin: **mở đầu chương trình ca nhạc** to begin a musical performance

mở đường *v.* to make the way accessible

mở hàng *v.* to start a sale, to be the first customer in a shop

mở mang *v.* to develop: **mở mang đất nước** to develop the country

mở mặt *adj.* honored, successful

mỡ *n.* fat, grease [beef or mutton]: **béo mỡ** fat; **nực chảy mỡ** sweltering heat; **mạng mỡ** peritoneum

mợ *n.* aunt [wife of one's uncle **cậu**], mother's younger brother's wife: **Tôi sống với gia đình mợ tôi.** I live with my aunt's family.

mới 1 *adj.* [SV **tân**] new; just recently happened [*opp.* **cũ**]: **vừa mới** to have just; **Bạn tôi vừa mua xe mới.** My friend has just bought a new car. **2** *adv.* to be or to occur only then; truly: **Thế mới lạ!** Isn't it astonishing!; **Có bằng lòng thế tôi mới kí.** I'll sign only if you agree to that.; **có thể ta mới xứng đáng là...** only then will we deserve...

mới cưới *adj.* newly-wed

mới đầu *adv.* at first, at the beginning

mới đây *adv.* recently, lately: **Ông ấy mua nhà mới đây.** He has bought a house recently.

mới đẻ *adj.* newborn: **đứa bé mới đẻ** newborn baby

mới lạ *adj.* new, unusual: **Điều nầy rất mới lạ đối với tôi.** This is very unusual to me.

mới mẻ *adj.* new, recent, fresh: **tin tức mới mẻ** fresh news

mới nguyên *adj.* brand-new: **một chiếc xe mới nguyên** a brand new car

mới rồi *adv.* recently, lately

mới tinh *adj.* brand-new

mời *v.* [SV **thỉnh**] to invite: **mời khách** to invite a guest; **thư mời/giấy mời** letter of invitation; **thiếp mời** invitation card

mời mọc *v.* to invite

mớm *v.* to feed from beak to beak or mouth to mouth; to prompt, to prime: **bú mớm** to be breast-fed

mớm lời *v.* to prompt, to prime

mơn *v.* to to smooth with one's fingers; to start: **mơn cho ai nói** to start someone talking mơn mởn *adj.* very young; freshly tendered

mu *n.* shell, carapace [of turtle **rùa**], back [of human hand **bàn tay**]: **mu rùa** shell of turtle

mù *adj.* blind: **mù mắt** blinded; **người mù** a blind man; **trường mù** school for the blind

mù chữ *adj.* illiterate: **nạn mù chữ** illiteracy

mù loà *adj.* blind

mù mịt *adj.* somber, uncertain

mù quáng *v., adj.* to act blindly; blind

mù tịt *adj.* blind as a bat; ignorant

mủ *n.* pus; sap, latex [of rubber tree]: **mủ cây cao su** latex of rubber trees; **mưng mủ** to become a pussy

mũ *n.* hat, cap [any kind but conical or flat ones]: **bỏ/cất mũ** to take off a hat; **đội mũ** to wear a hat

mũ dạ *n.* felt hat

mũ lưỡi trai *n.* cap [with visor]

mũ nồi *n.* beret

mũ rơm *n.* straw hat

mũ sắt *n.* steel helmet

mụ **1** *n.* old woman, matron: **bà mụ** midwife **2** *v.* to become dull/torpid: **học quá mụ người** to become sluggish from too much study

mua *v.* [SV **mãi**] to purchase, to buy [*opp.* **bán**]: **Bà ấy mua nhiều thức ăn quá.** She bought a lot of food.

mua bán *v.* to shop; to trade

mua buôn *v.* to buy wholesale

mua chịu *v.* to buy on credit

mua chuộc *v.* to lure, to entice with money, to get into somebody's good graces

mua lại *v.* to buy secondhand

mua lẻ *v.* to buy at retail

mua sỉ *v.* to buy wholesale

mua việc *v.* to bring oneself trouble

mua vui *v.* to seek pleasure, to amuse oneself

múa *v.* [SV **vũ**] to dance [ritually, with fan **quạt** or sword **kiếm**]: **múa may** to dance, to move around; **múa quạt** to dance with fans

múa mép *v.* to talk, to chatter

múa võ *v.* to do shadow-boxing

mùa *n., adj.* [SV **quí**] season; time, tide; harvest, crop: **gạo mùa** 10th-month rice [as opp. to **gạo chiêm** fifth-month rice]; **trái mùa** unseasonable; **gió mùa** monsoon; **bốn mùa** the four seasons; **mất mùa** to lose a harvest; **được mùa** to have a good harvest

mùa đông *n.* winter

mùa hạ *n.* (= **mùa hè**) summer

mùa màng *n.* harvest, crop

mùa thu *n.* autumn

mùa xuân *n.* spring

múc *v.* to ladle out, to scoop out [with spoon **thìa**, dipper **gáo**]: **múc canh vào bát** to ladle soup into a bowl

mục **1** *adj.* [of wood] to be rotten; decayed: **gỗ mục nát** rotten wood/timber **2** *n.* section, column [in newspaper], item: **mục phụ nữ** the women's column; **Chương trình có năm mục.** The program has five items.

mục đích *n.* aim, purpose, objective, goal

mục đồng *n.* shepherd

mục kích *v.* to witness, be an eye witness of

mục lục *n.* table of contents

mục nhĩ *n.* (dried) thin-top mushroom

mục sư *n.* Protestant minister, pastor, clergyman

mục tiêu *n.* objective, target, purpose

mui *n.* roof, top [of car, rickshaw, boat]: **xe bỏ mui** convertible car

múi *n.* section [of orange **cam**, grapefruit **bưởi**, tangerine **quít**, jackfruit **mít**, mangosteen **măng cụt**]: **ăn mấy múi bưởi** to eat some slices of a grapefruit; **không xơ múi gì** not to get one penny of the profit

mùi *n.* smell, odor, scent; color; taste, flavor: **rượu mùi** liquor; **nếm mùi** to taste; **bén mùi** to take to, get used to; **có mùi** to smell [bad]; **nặng mùi** to smell bad

mùi soa *n.* [Fr. *mouchoir*] handkerchief

mùi vị *n.* taste

mủi lòng *v.* to be moved, to feel compassion

mũi *n.* nose; nasal mucus; point [of knife **dao**]; cape [point of land]: **mũi giày** heel of shoe; **mũi súng** muzzle of gun; **mũi chỉ** stitch; **khâu mấy mũi** few stitches; **hỉ mũi** to blow one's nose; **khịt mũi** to sniff; **lỗ mũi** nostril; **ngạt mũi** to have a stuffed nose; **sổ mũi** to have a runny nose; **bịt mũi**, **bưng mũi** to stop one's nose; **chảy máu mũi** to have a nose bleed; **thính mũi** to have a sensitive nose; **nói giọng mũi** to speak through the nose; **sống mũi** bridge of the nose

mủm mỉm *v.* to smile

mũm mĩm *adj.* plump, chubby

mun *n., adj.* ebony

mùn *n.* humus

mủn *adj.* disintegrated

mụn *n.* boil, pimple, carbuncle; piece, bit, odds and ends [of material, cloth]

mùng *n.* (= **màn**) mosquito-net

mủng *n.* small bamboo basket: **thúng mủng** basketware

muối *n., v.* salt; to salt: **trứng muối** salted egg; **muối cá** to salt fish; **ruộng muối** salt marsh

muối biển *n.* sea-salt

muối mỏ *n.* rock salt

muối tiêu *n.* salt and pepper

muối vừng *n.* crushed salt grains and roasted sesame seeds

muỗi *n.* mosquito: **thuốc trừ muỗi** mosquito repellent; **Buồng này muỗi quá.** This room is full of mosquitoes.; **vết muỗi đốt/cắn** mosquito bite; **ruồi muỗi** flies, insects; **muỗi đòn sóc** Anopheles [mosquito]

muôn *num.* [SV **vạn**] myriad, ten thousand: **muôn vạn người đói khổ** ten thousands of the poor; **Muôn năm!** Long live…!

muôn dân *n.* the whole population

muôn đời *adv.* eternally, for ever

muôn một *adj.* one chance in ten thousand, for the smallest part

muôn phần *adv.* extremely: **muôn phần khó khăn** extreme difficulties

muôn thuở *adv.* for ever, eternally

muôn vàn *adv.* a great many, a myriad, an uncountable amount of, boundless

muốn *v.* to want, to desire: **ý muốn** will, desire; **Trời muốn mưa.** It looks like rain.; **ham muốn** to covet; **thèm muốn** to covet

muộn *adj.* to be late, tardy: **muộn con** to be late having children; **muộn mất rồi** it's too late

muông *n.* [SV **thú**] quadruped: **chim muông** animals

muống *n.* bindweed; spinach: **rau muống** water spinach

muỗng *n.* spoon: **muỗng cà-phê** coffee spoon

muốt *adj.* very white: **nước da trắng muốt** very white skin

múp míp *adj.* chubby, plump

mút *v.* to suck: **Đừng cho em bé mút tay.** Don't let the baby suck its fingers.

mưa *v., adj.* to rain; rainy: **giọt mưa/hạt mưa** raindrop; **nước mưa** rain water; **áo mưa** raincoat; **mùa mưa** rainy season; **Tạnh mưa rồi.** It has stopped raining.

mưa bụi *n.* drizzle

mưa dầm *n.* lasting rains

mưa đá *n.* hail

mưa gió *n.* rain and wind, unfavorable weather

mưa nắng *n.* [weather] elements; rain or shine

mưa phùn *n.* drizzle

mưa rào *n.* shower, downpour

mưa *v.* to leave [food, one's own portion]: **bỏ mứa** unfinished

mửa *v.* (= **nôn**) to vomit: **nôn mửa** to vomit

mức *n.* (= **mực**) level, demarcation, line, standard: **đúng mức** a right level; **mức sống** living standard

mừng *adj., v.* pleased, glad; to congratulate: **ăn mừng** to celebrate;

chúc **mừng** to congratulate, to wish; **chào mừng** to greet; **đồ mừng** [wedding] present; **tin mừng** good news

mừng quýnh *adj.* overjoyed

mừng rỡ *v.* to be very pleased

mừng thầm *v.* to rejoice inwardly

mừng tuổi *v.* to wish Happy New Year

mươi *num.* ten [when numerated by a preceding unit numeral]; about ten: **chín mươi** ninety; **mươi người** about ten people

mười *num.* [SV **thập**] ten [when not numerated by a proceding unit numeral]: **mười một** eleven; **mười hai** twelve; **mười ba** thirteen; **thứ mười** tenth; **một phần mười** one tenth; **tháng mười** October; **gấp mười** tenfold

mười mươi *adv.* surely: **chắc mười mươi** 100 percent sure

mướn *v.* (= **thuê**) to hire, to rent: **mướn nhà** to rent a house; **mướn xe** to hire a car

mượn *v.* to borrow [money, tool], to hire: **Tôi mượn tiền của chị tôi.** I borrowed money from my sister.; **cho mượn** to lend

mương *n.* gutter, ditch, canal

Mường *n.* Muong [tribal name]: **tiếng Mường** Muong language [considered as archaic form of Vietnamese]

mường tượng *v.* to remember vaguely

mướp *n.* Italian squash, zucchini; fiber melon, vegetable sponge: **trái mướp đắng** bitter melon; **rách như xơ mướp** ragged, tattered

mướt *v.* to trickle: **sướt mướt** to be crying; **mướt mồ hôi** to perspire profusely

mượt *adj.* to be smooth and shining

mứt *n.* preserved fruit, jam, marmalade: **mứt nho** raisins; **mứt mận** prunes

mưu *n.* stratagem, ruse, trick: **nhiều mưu kế/đa mưu** a lot of stratagems, tricky

mưu cơ *n.* scheme, plot

mưu mẹo *n.* expedient, artifice, trick

mưu mô *n., v.* scheme, plot; to plot

mưu phản *n., v.* conspiracy; to plan to betray; to plot treason

mưu sát *v.* to plot murder, to attempt to assassinate

mưu sĩ *n.* strategist; adviser, mastermind

mưu sinh *v.* to make one's living

Mỹ *n.* America, American: **Châu Mỹ** the continent of the Americas; **Bắc Mỹ** North America; **Trung Mỹ** Central America; **Nam Mỹ** South America

mỹ *adj.* (= **đẹp**) beautiful: **mỹ nhân** a beautiful lady; **thẩm mỹ** esthetic

mỹ cảm *adj.* good feeling, good impression

mỹ hoá *v.* to Americanize

mỹ kim *n.* U.S. dollar

mỹ lệ *adj.* beautiful, lovely, attractive

mỹ mãn *adj.* [of results] satisfactory, perfect

mỹ miều *adj.* beautiful, good-looking

mỹ nhân *n.* beautiful lady

mỹ nữ *n.* pretty girl

mỹ quan *n.* beautiful looks

Mỹ quốc *n.* the United States of America

mỹ thuật *n.* fine arts, art, esthetics: **nhà mỹ thuật** artist: **trường mỹ thuật** school of fine arts

mỹ tục *n.* good customs [used with **thuần phong**]

mỹ vị *n.* delicacies, nice dish: **cao lương mỹ vị** luxury food

mỹ ý *n.* good intention: **Ông ấy có mỹ ý tặng cho tôi một máy vi tính.** He gave a computer as an indication of his good intention.

N

na 1 *n.* custard apple, sugar apple CL **quả, trái** (= **măng cầu**): **quả na chín** ripe custard apple **2** *v.* to carry; to tote: **Bạn làm sao na tủ lạnh được?**

How can you carry a fridge?

na ná *adj.* analogous, similar: **Hai sản phẩm nầy na ná nhau.** These two products look similar.

Na Uy *n.* Norway: **người Na-Uy** Norwegian

ná *n.* arbalest, crossbow

nả *n.* duration, short time: **Chả mấy nả mà tôi đã đến tuổi sáu mươi rồi.** I will be sixty very soon [in a short time].

nã **1** *v.* to seek, to hunt for [criminal]: **nã kẻ trộm** to hunt for a thief; **tầm nã, truy nã** to extort **2** *v.* to pour, to shower: **nã đạn vào vùng địch** to fire shells into an enemy area

nạc *adj.* [of meat] lean: **mua thịt nạc** to buy lean meat

nách **1** *n.* armpit, under-arm: **tay xách nách mang** loaded with packages and bundles **2** *v.* to carry under one's arm: **Mẹ tôi nách rổ đi chợ.** My mother carried a basket under her arm to the market.

nai **1** *n.* deer: **thịt nai** venison **2** *v.* to stretch [one's back **lưng**]: **nai lưng** to toil

nai nịt *v.* to dress for battle or fighting

nái *adj.* female: **heo nái** sow; **tốt nái** prolific

nài **1** *v.* to insist, to entreat: **nài xin ai việc gì** to entreat someone for something; **nài nỉ** to entreat very insistingly **2** *n.* ostler, mahout, jockey **3** *v.* to mind, to flinch from: **không nài khó nhọc** not to mind hard work

nài xin *v.* to beseech; to entreat: **nài xin ai việc** to entreat someone for a job

nải *n.* hand, bunch [of bananas]: **Buồng chuối nầy có sáu nải.** This bunch of bananas has six hands.

nam **1** *n.* south, southern: **miền Nam Việt Nam** the south of Vietnam; **đông nam** south-east; **tây nam** south-west **2** *n.* male; man [*opp.* **nữ**]: **phái nam** male **3** *n.* (= **trai**) son: **trưởng nam** eldest son

Nam Á châu *n.* South Asia

Nam Băng Dương *n.* Antarctic Ocean

Nam bộ *n.* South Vietnam; southern part

nam châm *n.* magnet

nam cực *n.* South Pole

Nam Dương *n.* Indonesia: **người Nam Dương** Indonesian

nam giao *n.* ceremony in honor of the sky and the earth

Nam Hải *n.* South Sea

Nam Hàn *n.* South Korea

nam kha *n.* empty dream

Nam Kỳ *n.* South Vietnam

Nam Mỹ *n.* South America: **Chí Lợi là một nước thuộc Nam Mỹ.** Chile is a country in South America.

nam nhi *n.* man, men [as opp. to woman, women **phụ nữ**]

nam nữ *n.* male; female

nam phần *n.* South Vietnam; southern part

Nam Phi *n.* South Africa

Nam Quan *n.* Vietnam-China's Gateway

nam sinh *n.* schoolboy: **Nam sinh không giỏi bằng nữ sinh về môn tiếng Anh.** Schoolboys are less fluent than schoolgirls in English.

Nam sử *n.* Vietnamese history [as opp. to Chinese history **Bắc sử**]

nam trang *n.* man's clothes [used in disguise]

Nam Tư *n.* Yugoslavia, Yugoslav

Nam Vang *n.* Phnom Penh: **Thủ đô Nam Vang.** Phnom Penh is a capital city.

Nam Việt *n.* South Vietnam

nạm **1** *n.* bunch, handful: **một nạm tóc** a handful of hair **2** *n.* beef flank: **phở nạm** soup with beef flank

nan **1** *n.* bamboo slat/tape [used for basket or fan]: **Cái quạt có mười hai nan.** A fan has twelve slats.; **nan hoa** spoke **2** *adj.* difficult (= **khó**): **tiến thoái lưỡng nan** to be in a dilemma

nan giải *adj.* [of problem] hard to solve: **Vấn đề nầy nan giải lắm.** This problem is hard to solve.

nán v. to wait a little longer, to stay on for a while: **Bạn vui lòng nán lại một chút.** Please wait a little longer.

nản v. to be discouraged, to lose heart, to recoil from difficulties: **bại không nản** not losing heart when defeated; **nản chí, nản lòng** to lose heart

nạn n. accident, danger, calamity, disaster, catastrophe, peril: **nạn lụt** flood; **hoạn nạn** unfortunate; **dân lánh nạn** refugee

nạn nhân n. victims, casualties: **giúp đỡ nạn nhân chiến tranh** to help war casualties

nang n. sack, bag, capsule: **nang thượng thận** suprarenal; **phế nang** lung alveola

nàng n. lady, dame, young woman, she/her

nàng dâu n. daughter-in-law: **Quan hệ mẹ chồng và nàng dâu là một vấn đề của phụ nữ trong xã hội xưa.** The mother-in-law and daughter-in-law relationship was a serious problem in the old society.

nàng hầu n. concubine

nạng n. crutches: **chống nạng** to use crutches

nanh n. tusk, fang

nanh ác adj. wicked, cruel

nanh nọc adj. dangerous, cruel

nanh vuốt n. wickedness; clutches

nánh v. to lean, to tilt on one side

nao 1 v. to be stirred, to be perplexed: **nao lòng** to be perplexed 2 adv. which [see **nào**]: **Nơi nao?** Where? [which place]

nao nao v., adj. to be touched, upset, meandering

nao núng v. to flinch, to be upset

náo động v. to stir, to disturb, to get into a flurry: **Mọi người náo động khi nghe tiếng nổ.** Everyone got into a flurry because of an explosion.

náo nhiệt v., adj. noisy, to be in an uproar; lively, bustling

náo nức v. to be excited: **Tôi rất náo nức đi ra nước ngoài.** I am very

excited about going overseas.

nào adv. Which …?, every, any; whichever; [in enumeration, precedes each item], Come on! [at beginning of a sentence]: **Khi nào?** When? when [something happens]; **Cái nào?** Which one?; **Chỗ nào?** Which place?; **Bài nào cũng khó.** Every lesson is difficult.; **Cái nào cũng được.** Any one of them will do.; **bất cứ người nào đến muộn** whoever comes late

não n. (= **óc**) brain: **đau trong não** to feel pain in one's brain

não bộ n. encephalon

não nũng adj. sad, sorrowful

não thất n. ventricle

nạo v. to grate; to squeeze: **nạo dừa** to grate a coconut

nạo óc v. to beat one's brains

nạo tiền v. to extort money

nạo thai v. to have an abortion: **Nhiều cô gái trẻ nạo thai lắm.** Many young girls have abortions nowadays.

nạp 1 v. to charge [elect]; to load [gun]: **nạp bình điện** to charge battery; **nạp súng** to load a gun (= **nộp**) 2 v. to submit, to pay: **nạp thuế** to pay tax; **nạp đơn xin việc** to submit an application for a job

nát adj. broken, crushed, rotten: **đập nát** to smash to pieces; **xé nát** to tear to pieces

Nát bàn n. Nirvana

nát bét adj. completely crushed, ruined

nát dù adj. completely crushed, boiled to shreds

nát gan adj. worried, anxious

nát nhàu adj. crumpled

nát tươm adj. broken to pieces: **Áo quần họ nát tươm.** Their clothes are torn to pieces.

nát vụn adj. smashed to bits

nạt v. to threaten: **doạ nạt** to bully; **nạt nộ ai** to threaten someone

náu v. to hide, to take refuge: **ẩn náu** to go into hiding

nay adv., adj. this, these [of day,

year]; at this time, at present, now: **hôm nay** today; **ngày nay** nowadays; **bấy nay, cho đến nay** up to now, until this day; **ba tháng nay** these three months; **đời nay** in this world; **lâu nay** lately; **xưa nay** up to now

nay kính *pron.* [convention] respectfully yours

nay mai *adv.* soon in a day or two, in the near future

nay thư *pron.* [convention] yours truly, faithfully yours, sincerely yours

này *adv., adj.* this, these, here: **nhà này** this house; **này đây mai đó** to go here and there; **đây này** here it is

nảy *v.* to grow, to sprout, to bud; to bounce, to come suddenly: **Cây bắt đầu đâm chồi nảy mầm.** Trees start sprouting.

nảy nở *v.* to open, to bloom, to develop, to thrive: **Hoa trong vườn nảy nở vào mùa xuân.** It is spring now, flowers are blooming.

nãy *adv.* [of moment] just past, recently: **ban/lúc, hồi nãy** a while ago, recently

nãy giờ *adv.* for a short while, a moment ago

nạy *v.* to pry something open: **nạy cái nắp hộp ra** to pry the cover off the box

nặc danh *adj.* [of letter] anonymous: **Tôi vừa nhận một lá thu nặc danh.** I have received an anonymous letter.

nặc nô *n.* woman hired to collect debts; coarse-mannered woman

năm **1** *n.* [SV **niên**] year: **năm ngoái, năm rồi** last year; **năm nay** this year; **sang năm** next year; **quanh/suốt năm** all though the year; **hàng năm** every year **2** *num.* [SV **ngũ**] five: **ba giờ năm** five minutes past three; **năm mươi** fifty; **thứ năm** the fifth, Thursday; **lên năm** to be five years old; **mồng/mùng năm** the fifth day [of the month]; **trăm lẻ năm** 105

nắm **1** *v.* to hold in one's fist, to clench, to close tightly, to grasp: **nắm tay lại** to clench one's fist; **nắm**

thời cơ to grasp at an opportunity **2** *n.* handful: **một nắm cơm** a handful of cooked rice

nắm chắc *v.* to have [something, success] secure in one's hand; to grasp something firmly

nắm cổ *v.* to nab, to grab: **nắm cổ ai** to grab someone

nắm giữ *v.* to seize, to hold: **Ông ấy nắm giữ chức vụ quan trọng.** He holds an important position.

nắm tay *n.* fist

nắm xương *n.* bones, remains

nằm *v.* to lie down: **nằm nghiêng** to lie on the side; **nằm ngửa** to lie on the back; **nằm sấp** to lie on the stomach; **nằm mê/mộng** to have a dream

nằm bẹp *v.* to be bedridden

nằm bếp *v.* to be in childbirth

nằm co *v.* to lie curled up

nằm dài *v.* to lie [idle]

nằm mê *v.* to have a dream

nằm ngủ *v.* to sleep: **Em bé đang ngủ.** The baby is sleeping.

nằm sóng sượt *v.* to be lying idle

nằm vạ *v.* to lie down to protest

năn nỉ *v.* to be insistent in making a request; to entreat

nắn *v.* to set back [something] into shape; to set [dislocated bone]; [of pickpocket] to feel with hands

nắn nót *v.* to write carefully

nằn nì *v.* to be insistent in making a request; to entreat

nặn *v.* to model [clay, ceramics, statue]; to squeeze out [milk, pus]; to fabricate [stories]

năng *adv.* often, frequently [precedes main verb]: **siêng năng** laborious, hard-working; **Bạn tôi năng đến nhà tôi.** My friend often comes to my house.

năng lực *n.* ability; power, energy

năng lượng *n.* energy, power: **năng lượng nguyên tử** nuclear energy

năng suất *n.* productivity; power, capacity: **tăng năng suất** to increase productivity; **năng suất hút**

absorbent power; **năng suất sáng** illuminative power

nắng *n.* sun, sunshine, sunlight: **trời nắng** it's sunny; **cảm nắng** to get sunstroke; **tắm nắng** to sunbathe; **ánh nắng** sunlight, sunshine

nắng chang chang *adj.* bright and sunny; under a blazing sun

nắng hanh *adj.* dry and sunny

nằng nặc *v.* to stubbornly insist

nặng *adj.* heavy, weighty; [of illness]; serious [of smell, cigarette, liquor]; strong [*opp.* **nhẹ**]: **sức nặng** weight; **bệnh nặng** seriously ill; **nghiện nặng** strongly addicted

nặng nề *adj.* heavy

nặng tai *adj.* hard of hearing

nặng trình trịch *adj.* very heavy

nặng trĩu *adj.* overloaded

nắp *n.* cover, lid [of box]: **đậy nắp** to put on the cover

nắp hơi *n.* valve: **nắp hơi an toàn** safety valve

nấc **1** *v.* to hiccup: **nấc cụt** hiccough **2** *n.* degree, notch; step, grade

nấm *n.* mushroom: **mọc lên như nấm** to spring up like mushrooms

nấm mồ *n.* mound on a grave; grave, tomb

nậm *n.* decanter, flask, wine bottle

nấn ná *v.* to procrastinate, to linger

nâng *v.* to pick up and support, to raise or lift

nâng đỡ *v.* to help, to support: **Bạn tôi cần ông nâng đỡ.** My friend needs your support.

nâng niu *v.* to fondle, to pamper: **Cô ta nâng niu từng cách hoa.** She caresses every flower.

nắng *v.* to steal, to swipe

nấp *v.* to hide

nấp bóng *v.* to get under someone's protection

nâu *adj.* brown

nấu *v.* to cook: **nấu cơm** to cook rice, to do cooking

nấu nướng *v.* to cook, to do the cooking: **Con gái thường giúp mẹ nấu**

nướng. A daughter often helps her mother do the cooking.

nẫu *adj.* [of fruit] too ripe, rotten: **nẫu ruột, nẫu gan** to be sorrow-stricken, ineffable

nầy *n.* flabby fat

nấy *adv.* [demonstrative, referring back to a previous definite **nào, gì, ai**]: **ai nấy** everyone [**đều** precedes verb]; **cái nào cái nấy** every one of them; **cha nào con nấy** like father, like son; **Anh ấy làm đồng nào tiêu đồng nấy.** He spends every piastre he earns.

nẩy *v.* to bounce; to sprout

né *v.* to dodge, to avoid

nẻ *v.* to be chapped, to crack

nem *n.* pork roll [of pork hash], Vietnamese pork ham

nem nép *adj.* to be shy, timid, fearful, respectful

ném *v.* to throw, to hurl, to cast: **ném đĩa** disc throwing; **ném tạ** shotputting

nén **1** *v.* to press down, to squeeze, to crush: **khí nén** pressed air **2** *n.* classifier for bars of gold **vàng**, joss sticks **hương**: **nén hương** a joss-stick

nén lòng *v.* to control oneself, to contain oneself

neo **1** *adj.* short of [help] **2** *n., v.* anchor; to anchor: **bỏ/thả neo** to cast anchor; **kéo neo** to raise anchor; **nhổ neo** to heave, to weigh anchor

néo *v.* to tighten, to pull tight

nẻo *n.* way, direction: **nói một đường làm một nẻo** to talk in one way but act in another

nép *v.* to hide oneself: **khép nép** to stand aside deferentially

nẹp *n.* edge, rim, hem

nét *n.* stroke [of pen, brush], line: **nét bút, nét chữ** a stroke of the pen; **nét mặt** countenance, facial feature

nê *n.* pretext, excuse [with **lấy** to use]

nề **1** *n.* to apply mortar, to plaster: **thợ nề** bricklayer **2** *v.* to mind: **không nề hà** never mind

nể *v.* to have respectful consideration

for, to respect: **kính nể người già cả** to have respectful consideration for the elderly

nể mặt *v.* to have regard for: **nể mặt bạn bè** to have regard for friends

nể nang *v.* to have respectful consideration for

nể vì *v.* to have consideration for

nệ *v.* to persist

nêm *n., v.* wedge; to wedge, to pack in: **nêm cái cửa cho an toàn** to wedge the door securely; **chật như nêm** jampacked

nếm *v.* to taste [food]: **Khi nấu ăn, bạn phải nếm thức ăn.** In cooking food, you have to taste it.

nệm *n.* mattress: **nệm bông** a cotton-padded mattress

nên **1** *conj.* as a result, consequently; that is why; therefore: **Ông ấy mệt cho nên ông ta ở nhà.** He is tired, therefore he stays at home. **2** *v.* to be obliged [to do something], ought to, must, should: **Bạn nên giúp bà ấy.** You should help her.

nến *n.* candle, taper CL **cây, ngọn** [with **thắp** to light, **đốt** to burn]: **thắp nến** to light a candle

nền **1** *n.* foundation, basis: **xây nền nhà** to build the foundation of a house; **nền độc lập** independence **2** *n.* classifier noun: **nền trời** sky; **nền văn hóa** culture; **nền văn minh** civilization; **nền tự do** freedom; **nền dân chủ** democracy; **nền kinh tế** economy; **nền thương mại** trade; **nền kĩ nghệ** industry

nền móng *n.* foundation: **xây dựng nền móng giáo dục** to build a foundation for education

nền nếp *n.* good family, good stock

nền tảng *n.* foundation, base

nện *v.* to trample [earth, dirt], to ram down; to strike, to beat

nếp **1** *n.* glutinous [rice] [*opp.* **tẻ**]: **cơm nếp** glutinous rice [cooked like ordinary rice]; **gạo nếp** glutinous rice [raw] **2** *n.* crease, fold, habit

nếp sống *n.* life, way of life

nếp nhà *n.* family ways, family customs and practices

nếp tẻ *n.* glutinous rice and non-glutinous rice; truth and falsehood

nét *n.* [good] behavior, manners, morals: **mất nét** to have loose morals, to be out of control; **tính nết** character

nết na *adj.* virtuous, well-behaved

nêu **1** *v.* to bring up; to set [example **gương**]: **nêu gương cho mọi người** to set an example for everyone **2** *n.* Tet's bamboo stick, New Year's bamboo stick

nếu *conj.* if: **nếu không** if not, otherwise; **Nếu tôi không lầm thì ông là người Mỹ.** If I am not wrong, you are an American.

nếu thế *adv.* if that's the case, if so

nếu vậy *adv.* if that's the case

Nga *n.* Russia, Russian: **Bạch Nga** White Russia(n); **Xích Nga** Red Russia(n)

Nga Sô *n.* Soviet Russia

ngà *n.* elephant tusk: **ngà voi** ivory; **tháp ngà** ivory tower; **đũa ngà** ivory chopsticks

ngà ngà *adj.* tipsy

ngả **1** *n.* direction along a road or path; way: **Mỗi người đi một ngả.** Each person goes in a different direction. **2** *v.* to lean, to incline; to kill [animal for food]; to fell [tree]; to take off [hat]: **ngả nón chào ai** to take off one's hat to greet someone; **Họ ngả một con bò để ăn Tết.** They killed an ox for Tet.

ngả lưng *v.* to lie down; to rest for a short time

ngả nghiêng *v.* to be indecent, to waver

ngã *v.* to fall down, to tumble down: **Cậu bé bị ngã nhưng không sao.** The child fell but he is all right.; **dấu ngã** mark for broken rising tone

ngã ba *n.* crossroads, intersection; turning point

ngã bảy *n.* intersection with seven directions [in Saigon]

ngã chổng kềnh *v.* to fall backwards, to fall on one's back

ngã giá *v.* to agree on a price

ngã gục *v.* to collapse

ngã lòng *v.* to be discouraged, to be disheartened

ngã ngũ *adj.* settled, concluded

ngã ngửa *v.* to fall on one's back; to be shocked

ngã nước *v.* to be affected with malaria

ngã sáu *n.* intersection with six directions [in Saigon]

ngã sấp *v.* to fall flat on one's face

ngã tư *n.* crossroads, intersection

ngạc nhiên *v.* to be surprised

ngách *n.* branch, ramification, arm [of river]; back street, alley

ngạch **1** *n.* threshold **2** *n.* scale, roll of regular employees, payroll of status employees [with **nhập**, **vào** to enter, be admitted into]

ngai *n.* throne: **ngai vua, ngai vàng** king's throne

ngái ngủ *adj.* still sleepy after getting up, not fully awake

ngài **1** *n.* silkworm butterfly **2** *n.,* *pron.* you, Your Excellency [used of officials], he, she [used of deities and persons with high status]

ngải *n.* moxa, sagebrush, mugwort: **ngải cứu** mugwort

ngãi *n.* (= **nghĩa**) righteousness, faithfulness: **nhân ngãi** lover

ngại *v.* to mind an inconvenience or difficulty, to be hesitant, to be worried, to be fearful: **ái ngại** to pity, to feel sorry [**cho** for]; **e ngại** to be afraid; **đáng ngại** worth worrying about; **lo ngại** to worry; **ngần ngại** to hesitate; **nghi ngại** to suspect, to fear; **trở ngại** obstacle

ngại ngùng *v.* to hesitate, to waver

ngan *n.* swan, goose

ngán *v.* to be discouraged; to be tired of

ngàn **1** *num.* (= **nghìn**) thousand: **mười ngàn** ten thousand; **một trăm ngàn** (= **mười vạn**) one hundred thousand; **hàng ngàn** thousands of **2** *n.* mountains and forests

ngạn *n.* river bank: **tả ngạn** left bank; **hữu ngạn** right bank

ngạn ngữ *n.* folk saying

ngang **1** *adj.* horizontal, transversal; to be wide [as opp. to **dọc**]; to be level with; to cross: **ngang qua đường** to cross the road; **bề/chiều ngang** width; **ngang hàng** equal; **đò ngang** ferryboat; **đường ngang** shortcut **2** *v.* to act rudely, arrogantly without fuss or consideration for other people: **rượu ngang** moonshine; illicitly distilled liquor; **ngang như cua** to be very stubborn, to act strangely; **chơi ngang** debauched; **nghênh ngang** arrogant

ngang bướng *adj.* stubborn, obstinate: **con người ngang bướng** a stubborn person

ngang dạ *v.* to lose one's appetite because of eating between meals

ngang hàng *adj.* same; the same rank

ngang ngược *adj.* perverse

ngang nhiên *adv.* proudly, rudely

ngang tai *adj.* unpleasant, disagreeable [to the ear]

ngang tàng *adj.* rude, inconsiderate, arrogant, unruly

ngáng *v.* to strip [somebody]; to bar, to hinder: **ngáng đường đi** to obstruct the road

ngành *n.* branch [of river, family, study], level [of educational system]: **ngành đại học** higher education, tertiary education

ngành nghề *n.* trade, profession: **Bạn thích ngành nghề gì nhất?** What profession do you like most?

ngành ngọn *adj.* all the details, all the ins and outs

ngảnh *v.* (= **ngoảnh**) to turn in another direction, to turn away [**cổ**, **đầu**, **mặt**]: **ngảnh đầu lại** to turn one's head

ngạnh *n.* hook, beard [of fish hook, spear]

ngao *n.* oyster; shell

ngao du *v.* to travel, to roam, to wander about for pleasure: **Ông ta đã ngao du khắp thế giới.** He traveled all over the world.

ngao ngán *v.* to be disappointed, to be disgusted

ngáo *n.* bugbear, bogey

ngào *v.* to cook in syrup, to coat with sugar by boiling slowly

ngào ngạt *adj.* pervasive, overwhelming [scent]: **mùi thơm ngào ngạt** a pervasive fragance

ngạo *v.* to mock, to be arrogant, to scoff at: **kiêu ngạo** haughty, arrogant

ngạo mạn *adj.* haughty, ridiculous, disrespectful towards one's superiors

ngạo ngược *adj.* insolent, impertinent

ngáp *v.* to yawn: **ngáp ngắn ngáp dài** to yawn repeatedly

ngát *adj.* very sweetly scented

ngạt *v.* to be choked, to be stifled, to breathe with difficulty: **ngạt thở** to breathe with difficulty; **ngạt mũi** to be stuffy; **chết ngạt** asphyxiated, suffocated

ngay *adj.* straight, erect; to be righteous, honest [*opp.* **gian**]: **làm ngay** to act right away, immediately [follows main verb]; **ngay bây giờ** right now; **Đứng ngay lên!** Stand up! Stand up straight!

ngay cả *adv.* even, no exception

ngay đơ *adj.* stiff, stark

ngay lập tức *adv.* at once, right away, immediately

ngay lưng *adj.* lazy, slothful

ngay mặt *adj.* dumbfounded, speechless

ngay ngáy *v.* to be worried

ngay ngắn *adj.* straight, tidy, neat, upright: **ăn ở ngay ngắn** to behave in an upright manner

ngay thẳng *adj.* straightforward, honest, righteous

ngay thật *adj.* sincere, honest: **Ai cũng thích những người ngay thật.** Everyone likes honest people.

ngay xương *adj.* lazy, slothful

ngáy *v.* to snore

ngày *n.* [SV **nhật**] day, daytime: **ban ngày** in the daytime; **cả ngày** all day; **đêm ngày** night and day; **hàng ngày** every day, daily; **lâu ngày** long time ago; **mỗi ngày** each day; **nửa ngày** half a day; **suốt ngày** all day long; **tối ngày** throughout the day; **một ngày gần đây** in the near future; **hai ngày một lần** every two days; **một ngày kia** someday

ngày hội *n.* festive day, festival

ngày hôm kia *n.* day before yesterday

ngày hôm nay *n.* today: **Bạn làm gì ngày hôm nay?** What will you do today?

ngày hôm sau *n.* the next day, the following day

ngày kia *n.* day after tomorrow

ngày kìa *n.* in three days

ngày lễ *n.* holiday: **Chúng ta sẽ có ba ngày lễ.** We will have a three-day holiday.

ngày mai *n.* tomorrow

ngay nay *n.* nowadays

ngày nghỉ *n.* holiday, day off

ngày rằm *n.* the fifteenth day of the lunar month

ngày sau *adv.* later on

ngày sinh *n.* date of birth: **Ngày sinh của bạn là ngày mấy?** When is your birthday?

ngày Tết *n.* New Year festival, Tet holiday

ngày tháng *n.* date

ngày trước *n.* formerly, in the old days

ngày xưa *n.* the old days; once upon a time, in the past

ngắc ngoải *v.* to be in agony

ngắc ngứ *v.* to hum and ha, to stumble

ngăm *adj.* [of skin] tanned, dark: **da ngăm ngăm** slightly dark skin

ngắm *v.* to take aim; to behold a view, to gaze at or upon [scenery, picture], to watch: **ngắm cảnh đẹp** to gaze at a beautiful landscape

ngắm nghía *v.* to look at, to gaze at many times

ngắm vuốt *v.* to spruce oneself up

ngăn **1** *n.* separation, partition, compartment, drawer: **Bàn giấy có nhiều ngăn.** A desk has several drawers. **2** *v.* to prevent, to partition, to stop, to block, to obstruct: **ngăn phòng làm việc ra làm ba** to partition the room into three parts; **can ngăn** to dissuade; to advise against

ngăn cách *v.* to separate

ngăn cấm *v.* to prohibit

ngăn cản *v.* to prevent, to hinder

ngăn kéo *n.* drawer: **Hồ sơ để trong ngăn kéo bàn giấy của tôi.** The documents are in a drawer in my desk.

ngăn nắp *adj.* orderly, tidy: **căn phòng ngăn nắp** a tidy room

ngăn ngừa *v.* to prevent: **ngăn ngừa bệnh tật** to prevent diseases

ngăn trở *v.* to prevent, to hinder

ngắn *adj.* short [of length] [*opp.* **dài**]: **một chuyến đi ngắn** a short trip

ngắn ngủi *adj.* [of time] short, brief

ngắt **1** *v.* to pick, to plunk [flower, fruit]; to interrupt [speech], to punctuate [sentence]: **ngắt hoa** to pick flowers; **ngắt câu** to punctuate sentences; **ngắt lời ai** to interrupt someone **2** *adv.* very, excessively: **xanh ngắt** very green; **buồn ngắt** very sad; **lạnh ngắt** very cold; **lặng ngắt** completely silent; **tẻ ngắt** very sad; **tím ngắt** deep purple

ngặt *adj.* strict, severe, stern: **lệnh nghiêm ngặt** strict orders

ngặt nghèo *adj.* difficult, hard, severe, serious: **căn bệnh ngặt nghèo** serious illness

ngặt nghẽo *v., adj.* to split one's sides with laughter

ngặt vì *adv.* unfortunately; however it's unfortunate that

ngâm **1** *v.* to soak, to marinate: **ngâm quần áo trước khi giặt** to soak clothes before washing; **ngâm giấm** to pickle **2** *v.* to recite [poetry] in a chanting voice: **ngâm thơ** to recite poems

ngấm *v.* to be soaked, to be impreg-

nated; [of alcohol, medicine] to absorb; to start to be felt

ngấm ngầm *adv.* secretly

ngầm *adj.* secret [first or second verb in series]: **ngấm ngầm** to be secret; **tầu ngầm** submarine; **hiểu ngầm** to understand, to read between the lines; **đá ngầm** reef; **đường ngầm** tunnel; **xe điện ngầm** subway

ngẫm *v.* to think over, to reflect upon: **suy ngẫm** to think over

ngẫm nghĩ *v.* to think over, to reflect upon

ngậm *v.* to hold something [candy, toothpick] in one's mouth; to close the mouth: **ngậm kẹo** to hold a candy in one's mouth; **ngậm miệng** to close one's mouth

ngậm ngùi *v.* to grieve for, to feel sorry for

ngậm vành *adj.* grateful

ngân **1** *v.* to vibrate, to shake, to resound **2** *n.* silver, money (= **bạc**): **ngân hàng** bank; **phát ngân** to pay out; **thu ngân viên** cashier

ngân bản vị *n.* gold/money standard

Ngân Hà *n.* the Milky Way

ngân hàng *n.* bank: **ngân hàng Quốc gia** the National Bank; **ngân hàng máu** blood bank; **thống đốc ngân hàng** the Governor of the bank

ngân khố *n.* Treasury: **Tổng ngân khố** General Treasury

ngân nga *v.* to trill

ngân phiếu *n.* check, money order: **trả bằng ngân phiếu** to pay by check

ngân quỹ *n.* fund, budget, treasury: **ngân quỹ dự án** project budget

ngân sách *n.* budget: **ngân sách quốc gia** national budget

ngấn *n.* wrinkle, line, fold: **cổ cao ba ngấn** a neck with three folds

ngần *n.* quantity, number, measure, moderation, that much, this many: **ngần ấy, ngần này** this much; **vô ngần** innumerable

ngần ngại *v.* to hesitate, to be irresolute: **Bạn đừng ngần ngại tiếp xúc**

với tôi. Don't hesitate to contact me.

ngần ngừ *v.* to hesitate

ngẩn *v.* to look dumbfounded, dumb; to be stunned: **ngẩn mặt, ngẩn người, ngồi ngẩn người ra một lúc lâu** to sit stunned for a long while

ngẩn ngơ *v.* to be stirred, to be stupefied, to be confused [because of melancholy]: **ngẩn ngơ vì tình** to be stupefied by love

ngẩng *v.* to raise, to lift [cổ neck, đầu head, mặt face]; to look up: **ngẩng đầu** to raise one's head

ngấp nghé *v., adj.* looking furtively; covert

ngập *v.* to be flooded, to be submerged: **tràn ngập** to overflow; **nguy ngập** dangerous; **ngập lụt** flooded; **ngập tới mắt cá** ankle-deep; **ngập tới đầu gối** knee-deep

ngập ngừng *adj., v.* hesitant; to hesitate, to halt, to stumble

ngất **1** *v.* to be unconscious, to swoon, to faint: **ngất đi vì bị ngã** to be unconscious after falling **2** *adj.* very high, very tall, up to the sky; dizzy: **những toà nhà cao ngất trời** high-rise buildings

ngất nga ngất nghểu *adj.* See **ngất nghểu**

ngất nga ngất ngưởng *adj.* See **ngất ngưởng**

ngất nghểu *adj.* very tall and tottering; perched

ngất ngưởng *adj.* staggering, unsteady, swaying

ngất trời *adj.* skyscraping, sky-high

ngâu *adj.* sudden and brief shower [in seventh lunar month]: **mưa ngâu** shower in the seventh lunar month

ngâu ngấu *adj.* crunchy

ngấu nghiến *v.* to eat greedily, to devour: **ăn ngấu nghiến** to eat greedily

ngầu *adj.* turbid, muddy, bloodshot: **Nước sông đục ngầu.** The river water is very muddy.

ngẫu hứng *n.* sudden inspiration

ngẫu lực *n.* a couple of forces

ngẫu nhiên *adv.* to be accidental, by accident

ngẫu số *n.* even number

ngây *v., adj.* naive, looking stupid; bewildered: **ngây ngô** naive

ngây ngất *adj.* delighted, thrilled, enraptured

ngây thơ *adj.* naive, innocent, artless, guileless: **một đứa bé ngây thơ** an innocent boy

ngấy **1** *v.* to have had enough of, to be sick and tired of [phát to become]: **Tôi chán ngấy mì gói.** I am sick of instant noodles. **2** *v.* to shiver with cold, to feel feverish: **ngây ngấy** to feel a bit feverish

ngầy ngà *v.* to importune, to bother

nghe *v.* to listen to, to hear, to be heard: **Tôi thích nghe nhạc.** I like to listen to music.

nghe chừng *v.* it seems

nghe đâu *v.* it is said that: **Nghe đâu có nhiều người nộp đơn xin việc nầy.** It is said that there are many applicants for this job.

nghe ngóng *v.* to be on the lookout for [news]

nghe như *conj.* it seems

nghe trộm *v.* to eavesdrop

nghé *n.* buffalo calf

nghé mắt *v.* to glance at, to peep at

nghè **1** *n.* holder of doctor's degree in Sino-Vietnamese classics **2** *n.* little temple, roadside shrine

nghén *v.* to be pregnant: **thai nghén, có nghén** to be pregnant; **ốm nghén** to have morning sickness

nghẽn *adj.* [of road] blocked, obstructed

nghẹn *v.* to be choked

nghẹn lời *v.* to be speechless

nghẹn ngào *v.* to be choked with tears

nghèo *adj.* [SV **bần**] to be poor [opp. **giàu**]: **kẻ nghèo** the poor, the needy; **hiểm nghèo** dangerous

nghèo đói *adj.* poor and starving: **có Nhiều gia đình nghèo đói trong**

huyện nầy. There are many poor and starving families in this district.

nghèo khó *adj.* needy, indigent

nghèo khổ *adj.* poor and wretched

nghèo nàn *adj.* poor, needy

nghẹo *v.* to tilt [one's head] to one side

ngẹt *adj.* strangled, choked, suffocated, stopped up, obstructed

nghê thường *n.* rainbow-colored clothes [used by immortal fairies in dancing]

nghề *n.* [SV **nghệ**] profession, trade, craft, occupation: **Bạn có nghề gì?** What is your profession?; **nhà nghề** professional

nghề nghiệp *n.* profession, trade, occupation: **Nghề nghiệp của ông là gì?** What is you occupation?

nghề ngỗng *n.* [slang] occupation, job

nghệ *n.* profession, trade (= **nghề**): **kỹ nghệ** industry; **bách nghệ** polytechnic; **công nghệ** crafts; industry; **văn nghệ** arts and letters; **mỹ nghệ** fine arts

nghệ sĩ *n.* artist

nghệ thuật *n.* art: **nghệ thuật vì nghệ thuật** art for art's sake

nghếch *v.* to raise, to lift one's head

nghển *v.* to stretch, to crane one's neck: **nghển cổ** to crane one's neck

nghênh *v.* to welcome (= **đón**): **hoan nghênh** to welcome

nghênh đón *v.* to welcome: **nghênh đón ai** to welcome someone

nghênh ngang *adj.* to be cumbersome; swaggering, haughty, arrogant

nghênh tiếp *v.* to welcome

nghễnh ngãng *adj.* hard of hearing

nghêu ngao *v.* to sing to oneself

nghễu nghện *adj.* very tall, very high, perched, high up

nghi *v.* (= **ngờ**) to suspect: **đa nghi** suspicious, distrustful; **hiềm nghi** to doubt; **hoài nghi** to doubt, to be skeptical; **hồ nghi** to have doubts; **khả nghi** suspicious; **tình nghi** to suspect [in crime]; **bán tín bán nghi** not to know whether to believe or not

nghi hoặc *v.* to be suspicious, to be doubtful

nghi kỵ *v.* to be distrustful

nghi lễ *n.* rites, ceremonies; protocol: **trưởng phòng nghi lễ** protocol officer; **nghi lễ đám cưới** wedding ceremony

nghi ngại *v.* to worry

nghi ngờ *v.* to suspect, to doubt, to be uncertain: **Ông ấy bị nghi ngờ.** He is suspected.

nghi ngút *adj.* [of smoke] rising and thick

nghi thức *n.* deportment; ceremonies, rites

nghi vấn *n.* question [mark]; interrogative form

nghỉ *v.* to rest, to have a good vacation: **ngày nghỉ** holiday, day off; **tạm nghỉ** intermission

nghỉ chân *v.* to stop walking, riding, etc.

nghỉ hè *v.* to have a summer vacation: **Chúng ta sẽ nghỉ hè ở vịnh Hạ Long.** We will have a summer vacation at Halong Bay.

nghỉ mát *v.* to have a summer vacation

nghỉ ngơi *v.* to rest, to take a rest

nghỉ tay *v.* to stop working

nghỉ việc *v.* to quit a job

nghĩ *v.* to think [**rằng** that, **đến/tới** of, about]: **ông ấy nghĩ rằng** he thinks that; **ý nghĩ** idea, thought; **ngẫm nghĩ** to think over; **suy nghĩ** to think, to ponder; **tôi thiển nghĩ** in my humble opinion

nghĩ ngợi *v.* to think, to reflect

nghị *v.* to discuss, to deliberate: **đề nghị** to suggest; **quyết nghị** resolution, motion; **kiến nghị** motion, petition; **hội nghị** conference; **thương nghị** to negotiate

nghị định *n.* order, decree

nghị hoà *v.* to hold peace talks

nghị hội *n.* assembly, congress, parliament

nghị luận *v.* to discuss, to deliberate

nghị lực *n.* energy, perseverance, courage, fortitude

nghị quyết *n.* decision, resolution

nghị sĩ *n.* senator, congressman, deputy, member of parliament [MP]

nghị sự *n.* item of business: **chương trình nghị sự** agenda

nghị viên *n.* congressman, councilor

nghị viện *n.* parliament, house of representative, House of Commons: **thượng nghị viên** Senate

nghĩa **1** *n.* meaning, sense: **cắt nghĩa, giải nghĩa, giảng nghĩa** to explain; **ý nghĩa** meaning, significance; **chữ nghĩa** letters, literacy; **định nghĩa** to define; definition **2** *n.* the right, the right thing to do; justice, righteousness; devotedness, loyalty: **có nghĩa** devoted, loyal; **kết nghĩa** to marry; to become a friend of; **lễ nghĩa** rites; **phi nghĩa** ill acquired; **tiết nghĩa** faithfulness, loyalty; **tín nghĩa** trustworthiness; **tình nghĩa** relationship, what's between two persons; **trung nghĩa** loyal; **vô nghĩa** ungrateful; **chính nghĩa** [righteous] cause; **nghĩa vua tôi** duty to one's king; relationship between husband and wife

nghĩa binh *n.* volunteer soldier

nghĩa bóng *n.* figurative meaning

nghĩa bộc *n.* loyal servant

nghĩa cử *n.* good deed

nghĩa đen *n.* literal meaning, word for word meaning

nghĩa địa *n.* cemetery

nghĩa hiệp *n.* knight

nghĩa khí *n.* righteousness, integrity

nghĩa là *v.* to mean that, that is to say: **có nghĩa là** to mean that

nghĩa lý *n.* meaning, good sense

nghĩa mẫu *n.* adoptive mother, foster mother

nghĩa phụ *n.* adoptive father, foster father

nghĩa sĩ *n.* righteous man

nghĩa thục *n.* public school

nghĩa trang *n.* cemetery

nghĩa tử *n.* adopted child

nghĩa vụ *n.* duty, obligation: **thi hành nghĩa vụ** to carry out one's duty

nghịch *adj., v.* hostile, rebellious; contrary, reverse (= **ngược**); [of vote] negative: **bội nghịch, phản nghịch** traitor; **ngỗ nghịch** rebellious; **53 phiếu thuận chống 4 phiếu nghịch** 53 to 4 votes

nghịch cảnh *n.* adversity, hardship

nghịch đảng *n.* gang of rebels

nghịch đời *adj.* queer, eccentric

nghịch lý *adj.* illogical; paradoxical

nghịch mắt *adj.* shocking

nghịch ngợm *adj.* turbulent, restless, mischievous

nghịch quân *n.* rebel

nghịch tặc *n.* rebel, insurgent

nghiêm *adj.* stern, severe, strict: **Nghiêm!** Attention!; **giới nghiêm** curfew; **oai nghiêm, uy nghiêm** imposing, impressive

nghiêm cách *adj.* strict, rigorous

nghiêm cấm *v.* to forbid, to strictly forbid

nghiêm khắc *adj.* stern, severe, strict, harsh

nghiêm ngặt *adj.* strict, stern; strict; vigilant

nghiêm nghị *adj.* austere, serious

nghiêm trang *adj.* solemn, serious: **thái độ nghiêm trang** a serious attitude

nghiêm trị *v.* to punish severely

nghiêm trọng *adj.* serious, critical: **Ông ấy ở trong tình trạng nghiêm trọng.** He is in a critical condition.

nghiễm nhiên *adj.* all of a sudden, without any fuss, imperturbable

nghiệm *v.* to consider

nghiệm số *n.* root [of equation **phương trình** or function **hàm số**], solution [algebra]

nghiên *n.* ink stone: **bút nghiên** writing brush and ink slab letters, literature, literacy career

nghiên cứu *v.* to do research, to study, to investigate

nghiến *v.* to grind [one's teeth **răng**], to crush to pulp; to hack off; to do something quickly, speedily: **Máy nghiến đứt một ngón tay ông ta.** The machine hacked off his finger.

nghiễn *v.* to crash into powder, to grind: **nghiễn nhỏ** to crush into pieces; **nghiễn hạt tiêu** to grind pepper into powder

nghiễn ngẫm *v.* to reflect, to ponder

nghiện *v.* to be addicted to [opium **thuốc phiện**, alcohol **rượu**, smoking **hút thuốc**, coffee **cà-phe**, etc.]: **nghiện ma tuý** to be addicted to drugs

nghiêng *v.* to lean, to incline, to tilt: **nằm nghiêng** to lie on one side; **Cái cột nầy nghiêng sắp đổ.** This pillar is tilted and is about to collapse.; **cái đẹp nghiêng nước nghiêng thành** a devastating beauty

nghiêng mình *v.* to lean, to bend, to stoop; to bow one's head

nghiêng ngửa *adj.* unstable, full of ups and downs

nghiệp **1** *n.* trade, occupation, profession: **nghề nghiệp** profession; **tốt nghiệp** to graduate; **nông nghiệp** agriculture; **chức nghiệp** profession; **sự nghiệp** career; **thất nghiệp** out of work, unemployed; **thương nghiệp** business **2** *n.* karma

nghiệp báo *n.* karma

nghiệp chủ *n.* property owner

nghiệp chướng *n.* karma

nghiệp dư *adj.* amateur, non-professional: **ca sĩ nghiệp dư** an amateur singer

nghiệp đoàn *n.* trade union

nghiệt *adj.* stern, strict; naughty, wicked: **cấm nghiệt** strictly forbidden; **cay nghiệt** cruel

nghiêu khê *adj.* difficult, inconvenient

nghìn *num.* [SV **thiên**] one thousand (= **ngàn**): **hai nghìn rưởi** 2,500; **ba nghìn mốt** 3,100; **bốn nghìn hai** 4,200; **năm nghìn tư** 5,400; **năm hai nghìn lẻ sáu** the year 2006

nghìn nghịt *adj.* See **nghịt**

nghinh *v.* (= **nghênh**) to welcome

nghinh chiến *v.* to intercept [enemy]

nghinh tân *v.* to welcome something

new, new boss [used with **tống cựu** to send off something old, former boss]

nghịt *adj.* thick, dense: **đông nghịt** crowded

ngo ngoe *v.* to squirm, to try to stir

ngò *n.* coriander

ngỏ *adj., v.* revealing; to be open or left open; to reveal: **bỏ ngỏ, để ngỏ** to leave open; **thư ngỏ** open letter; **chính sách bỏ ngỏ không phận** the open skies policy

ngỏ lời *v.* to speak, to express, to say a few words: **ngỏ lời cảm tạ quan khách** to express one's thanks to guests

ngỏ ý *v.* to offer to do something, to make known one's intention

ngõ *n.* gate; small path, lane, dead end street, narrow alley: **ngõ hẻm** narrow lane

ngõ hầu *adv.* in order to: **Tôi nói lên điều nầy ngõ hầu giúp ông hiểu hoàn cảnh của tôi.** I say these things in order to help you understand my situation.

ngọ *n.* midday, noon: **đúng ngọ, chính ngọ** at 12 o'clock sharp; **Tết Đoan Ngọ** the Double Five Festival [fifth day of fifth lunar month]

ngọ ngoạy *v.* to wriggle, to squirm

ngoa *adj.* sharp-tongued; exaggerated: **nói ngoa** to be false, deceitful; **điêu ngoa, chua ngoa** viperish

ngoạ bệnh *v.* to be sick

ngoạ triều *n.* nickname of Emperor Le Long Dinh (1005–1009), who held his court audiences while lying in bed

ngoái *v., adj.* turning [head] around; last: **năm ngoái** last year

ngoài *adv.* [SV **ngoại**] outside, out, over: **ngoài nhà** outside of the house; **ngoài ba mươi tuổi** over thirty years old; **bề ngoài** appearance; **ngoài trời** outdoors; **ngoài đường, ngoài phố** in the street; **bên ngoài** outside; **áo ngoài** outer garment; **người ngoài** outsider, foreigner; **nước ngoài** foreign country

ngoại *adj.* in-law; outside, on the mother's side: **ông bà ngoại** maternal grandparents; **cháu ngoại** children of one's daughter; **xuất ngoại** to go abroad; **tại ngoại hầu tra** on bail; **họ ngoại** one's mother's family; **hải ngoại** overseas

ngoại bang *n.* foreign country

ngoại cảnh *n.* externalities; environment, landscape

ngoại giả *adv.* besides, beside [all that], moreover, in addition

ngoại giao *n.* diplomacy, foreign affairs, external affairs: **chính sách ngoại giao** foreign policy; **Bộ ngoại giao** Ministry of External Affairs, Ministry or Department of Foreign Affairs, Department of State; **Bộ trưởng Ngoại giao** Minister of Foreign Affairs, Secretary of State [for Foreign Affairs], Foreign Secretary; **nhà ngoại giao** diplomat

ngoại giao đoàn *n.* diplomatic corps

ngoại hạng *n.* extra-fine quality, superb quality

ngoại hình *n.* appearance, look

ngoại hoá *n.* foreign imported goods [*opp.* **nội hoá**]

ngoại khoa *n.* out-patient

ngoại kiều *n.* foreign resident, foreign national, foreigner

ngoại lai *adj.* foreign loan

Ngoại Mông *n.* Outer Mongolia [*opp.* **Nội Mông**]

ngoại ngữ *n.* foreign language: **học một ngoại ngữ** to study a foreign language

ngoại nhân *n.* foreigner; outsider

ngoại ô *n.* suburbs: **Nhiều người sống ở ngoại ô nhưng làm việc ở trung tâm thành phố.** Many people live in the suburbs but work in the inner-city.

ngoại quốc *n.* foreign country: **người ngoại quốc** foreigner

ngoại tệ *n.* foreign currency: **đổi ngoại tệ** to exchange foreign currency

ngoại thương *n.* foreign trade

ngoại tình *n., adj.* adultery; adulterous

ngoại trưởng *n.* Foreign Minister, Foreign Secretary, [U.S.] Secretary of State, Secretary of State for Foreign Affairs

ngoại viện *n.* foreign aid: **Việt Nam đã nhận rất nhiều ngoại viện.** Vietnam received a lot of foreign aid.

ngoại vụ *n.* foreign service, foreign affairs

ngoại xâm *n.* foreign aggression/ invasion

ngoạm *v.* to snap, to snatch, to bite

ngoan *adj.* [of wife, child] well-behaved, submissive, good-mannered: **có vợ hiền con ngoan** to have a kind wife and well-behaved children

ngoan cố *adj.* stubborn, obstinate

ngoan đạo *adj.* devout, religious, pious

ngoan ngoãn *adj.* obedient, docile, well-behaved

ngoạn cảnh *v.* to enjoy scenery

ngoạn mục *adj.* [of landscape] beautiful, pretty, nice-looking

ngoảnh *v.* to turn back one's head: **Ông ấy ngoảnh lại nhìn tôi.** He is turning back his head to see me.

ngoáo ộp *n.* bogey, bugbear

ngoáy **1** *v.* to scrape around inside hollow things, to winkle: **ngoáy tai** to winkle wax out of one's ear **2** *v.* to scribble, to scrawl: **viết ngoáy** to write quickly

ngoảy *v.* to wag, to turn away in anger: **Cô ấy ngoảy đi không nói một lời.** She turned away in anger without saying a word.

ngoặc *v., n.* to hook, to pull down; parenthesis, bracket, quotation marks

ngoặc đơn *n.* parenthesis, parentheses ( )

ngoặc kép *n.* inverted commas, quotation marks " "

ngoặc vuông *n.* brackets [ ]

ngoằn ngoèo *adj.* wiggly, meandering, winding

ngoắt ngoéo *adj.* complicated; tricky, crafty

ngoặt ngoẹo *adj.* limp, bent, not able to stand upright

ngóc *v.* to raise, to lift up: **ngóc đầu** to lift up one's head

ngọc *n.* gem, precious stone: **bạch ngọc** white jade; **bích ngọc** emerald; **hoàng ngọc** ruby

ngọc hành *n.* penis

Ngọc Hoàng *n.* the Jade Emperor; God; Heaven

ngọc lan *n.* magnolia

ngọc thạch *n.* jade; precious stone, gem

ngọc trai *n.* pearl

ngoe ngoảy *v.* to wag [tail]

ngoẻo *v.* [slang] to die: **chết ngoẻo** to die

ngoẹo *v.* to turn off, to branch off; to become wry

ngoi *v.* to rise above [the water, a mark]; to creep up

ngói *n.* tile: **lợp ngói** to lay the roof with tiles; **mái ngói** tile roof

ngòi **1** *n.* fuse [of fire cracker, musket]; nib pen: **ngòi pháo** fuse of fire cracker; **ngòi bút** nib pen **2** *n.* sting: **ngòi con ong** stings of bees **3** *n.* canal, arroyo

ngòm *adj.* very, extreme: **đen ngòm** very black/dark

ngon *adj.* [of food] tasty, delicious, good: **ngủ ngon** to sleep soundly; **Bà ấy nấu ăn ngon quá.** She cooked very delicious food.

ngon giấc *adj.* soundly asleep

ngon lành *adj.* tasty, delicious; easy

ngon miệng *adj.* tasty, delicious, appetizing

ngon ngọt *adj.* [of words] honeyed, sweet

ngon ơ *adj.* very easy, simple; just like that

ngón *n.* finger: **ngón tay** finger; **ngón chân** toe; **ngón tay cái** thumb; **ngón tay chỏ** index finger; **ngón tay út** little finger

ngọn *n.* peak, top [of mountain, tree, flame]: **ngọn núi** mountain peaks; **ngọn lửa** flame; **ngọn nến** candles [CL for flags **cờ**, trees **cây**, lamp **đèn**, etc.]

ngọn ngành *n.* origin, cause

ngọn nguồn *n.* origin, foundation

ngóng *v.* to expect, to wait for: **Thương gia ngóng hàng về.** The business people are waiting for their goods.

ngổng **1** *v.* to crane: **ngổng cổ lên nhìn** to crane one's neck to see **2** *v.* to have an erection: **ngọc hành ngổng lên** penis having an erection

ngót *v., adv.* [of vegetables] to shrink after being cooked; almost, nearly, a little less than [a quantity, a period of time]

ngọt *adj.* sweet; [of blade] very sharp: **ngọt như đường** sweet as sugar; **nước ngọt** fresh water; **bánh ngọt** cake, sweets; **nói ngọt** to use sweet words

ngọt lịm *adj.* very sweet

ngọt ngào *adj.* [of speech] sweet, suave

ngô *n.* (= **bắp**) corn, maize: **một bắp ngô** an ear of corn; **hạt ngô** corn kernel; **ngô rang** popcorn; **lõi ngô** corn cob; **bột ngô** corn meal; **râu ngô** corn silk; **áo ngô** corn husk [or bract]; **tỉa ngô** to shell corn

ngô đồng *n.* sterculia, platanifolia

ngô nghê *adj.* stupid, silly

ngố *adj.* to be an imbecile, doltish

ngỗ *adj.* violent [in play]; reckless

ngỗ nghịch *adj.* unruly; undutiful

ngộ *adj.* strange, odd, curious; cute, pretty

ngộ cảm *v.* to catch cold

ngộ độc *v.* to be poisoned [because of food]

ngộ giải *v.* to misinterpret

ngộ nạn *v.* to have an accident

ngộ nghĩnh *adj.* cute, pretty; queer

ngộ nhận *v.* to confuse, to misunderstand, to mistake [something for something else]

ngộ sát *v.* to commit manslaughter [through negligence]

ngốc *adj.* stupid, naive, foolish: **thằng ngốc** the idiot

ngôi *n.* throne, kingship; status, rank, dignity; station, position; [grammar] person: **cướp ngôi** to usurp the throne; **lên ngôi** to ascend the throne; **nối ngôi** to succeed; **nhường ngôi** to abdicate, to yield; **truyền ngôi** to pass the throne on; **thoái ngôi** to abdicate; **truất ngôi** to dethrone; **một ngôi sao sáng** a rising star [of theater, movieland]

ngôi thứ *n.* rank, hierarchy

ngôi vua *n.* throne

ngồi *v.* [SV tọa] to sit: **ngồi xuống** to sit down; **chỗ ngồi** seat

ngồi dậy *v.* to sit up

ngồi lì *v.* to sit tight

ngồi rồi *v.* to stay idle

ngồi tù *v.* to stay in prison

ngồi vắt chân chữ ngũ *v.* to sit with one leg crossed over the other

ngồi xếp chân bằng tròn *v.* to sit cross-legged

ngồ xổm *v.* to squat

ngôn *n.* speech, word: **cách ngôn** saying, maxim; **châm ngôn** adage; **đa ngôn** talkative; **đại ngôn** boasting; **ngụ ngôn** fable; **thông ngôn** interpreter; **tuyên ngôn** declaration

ngôn luận *n.* speech: **tự do ngôn luận** freedom of speech

ngôn ngữ *n.* language

ngôn ngữ học *n.* linguistics

ngốn *v.* to eat gluttonously

ngổn ngang *adj.* cumbersome and disorderly

ngông *adj.* eccentric; extravagant

ngông cuồng *adj.* eccentric, crazy

ngỗng *n.* goose: **đi chân ngỗng** to goose-step; **súng lông ngỗng** children's toy made of goose-feather quills

ngỗng đực *n.* gander

ngỗng trời *n.* wild goose, brant

ngộp *adj.* stifled

ngốt *v.* to crave for

ngột ngạt *adj.* oppressive, stuffy

ngơ *v.* to ignore; to lose one's eyes to: **làm ngơ bạn bè** to ignore friends

ngơ ngác *adj.* haggard; stupefied

ngơ ngẩn *adj.* simple, foolish, empty-headed

ngờ *v.* [SV nghi] to suspect, to believe; to expect: **Tôi không ngờ ông ta nói vậy.** I don't believe he said so.

ngờ vực *v.* to be doubtful, to suspect

ngỡ *v.* to think, to believe [wrongly]

ngơi *v.* to rest: **nghỉ ngơi** to take a rest

ngời *adj.* radiant, resplendent: **sáng ngời** glowing

ngợi *v.* to praise: **khen ngợi, ca ngợi** to praise

ngơm ngớp *v.* to worry

ngợm *n.* idiot

ngớt *v.* [of illness, anger, weather] to abate, to calm down, [of rain] to subside, to stop: **Ông ta đã ngớt giận.** His anger has subsided.

ngu *adj.* foolish, doltish, stupid: **Không ai ngu bằng tôi.** No one is as stupid as I am.

ngu dại *adj.* ignorant, foolish

ngu đần *adj.* dull-witted

ngu độn *adj.* dull-witted

ngu muội *adj.* ignorant

ngu ngốc *adj.* stupid, foolish

ngu xuẩn *adj.* slow-witted, stupid

ngu ý *n.* my humble opinion

ngù ngờ *adj.* simple-minded, naive

ngủ *v.* to sleep: **buồn ngủ** to be sleepy; **buồng/phòng ngủ** bedroom; **ngủ gật** to fall asleep while sitting or standing; **thuốc ngủ** sleeping pill; **đi ngủ** to go to bed; **một giấc ngủ** sleep, nap, slumber; **tỉnh ngủ** to be a light sleeper; **áo ngủ** pajamas; **bệnh ngủ** sleeping sickness; **ngái ngủ** to be still sleepy after getting up; **ru ngủ** to lull to sleep

ngũ *num.* five (= năm): **đệ ngũ** fifth

ngũ âm *n.* the five notes [cung, thương, giốc, chuỷ, vũ] of the classical pentatonic scale

ngũ cốc *n.* the five cereals; cereals

ngũ giác đài *n.* pentagon

ngũ giới *n.* the Five Commandments

of Buddhism [against murder, theft, lust, lying, drunkenness]

ngũ hành *n.* the five elements [metal **kim**, wood **mộc**, water **thuỷ**, fire **hoả**, earth **thổ**]

ngũ kim *n.* the five metals [gold, silver, copper, iron and tin]

ngũ kinh *n.* the five Confucian classical books

ngũ luân *n.* the five moral obligations

ngũ ngôn *n.* line or verse with five beats

ngũ quan *n.* the five senses [eye, ear, nose, tongue and hands]

ngũ sắc *n.* the five primary colors [blue **xanh**, yellow **vàng**, red **đỏ**, white **trắng** and black **đen**]

ngũ tạng *n.* the five viscera [heart **tâm**, liver **can**, stomach **tỳ**, lungs **phế**, kidneys **thận**]

ngũ tuần *n.* fifth years

ngũ thường *n.* the five cardinal virtues [benevolence **nhân**, righteousness **nghĩa**, propriety **lễ**, knowledge **trí**, sincerity **tín**]

ngũ vị *n.* the five tastes [salty, bitter, sour, peppery hot, sweet]

ngụ *v.* to live, to dwell, to reside: **Tôi cư ngụ ở số 14 đường Lê Lợi.** I live at Number 14 Le Loi Street.

ngụ ngôn *n.* fable

ngụ ý *v.* to imply

ngục *n.* prison, jail: **cai ngục** jailer; **vượt ngục** to break jail; **hạ ngục** to imprison; **địa ngục** hell

ngục thất *n.* jail house

nguệch ngoạc *v.* to scribble, to scrawl

ngụm *n.* mouthful [of drink]

ngùn ngụt *v.* [of flames, smoke] to rise profusely

nguôi *v.* to subside, to calm down

nguội *v., adj.* to cool off; cool; cold; to be lost, gone: **chiến tranh nguội** cold war; **cơm nguội** cold rice; **thợ nguội** fitter

nguồn *n.* spring, source; cause, origin: **nguồn sống** the source of life

nguồn cơn *n.* the ins and outs, head and tail, beginning and end [the whole story from beginning to end]

nguồn gốc *n.* origin, cause: **Nguồn gốc chiến tranh là gì?** What are the causes of wars?

ngụp *v.* to sink under the water

nguy *adj.* dangerous, perilous

nguy biến *n.* danger, emergency

nguy cấp *adj.* dangerous and pressing

nguy cơ *n.* danger, peril

nguy hại *adj.* dangerous, harmful: **Không nên làm gì nguy hại đến sức khoẻ.** Don't do anything that will harm your health.

nguy hiểm *adj.* dangerous, perilous: **hành động nguy hiểm** a dangerous action

nguy kịch *adj.* dangerous, serious, critical

nguy nan *n.* danger, peril

nguy nga *adj.* sumptuous, imposing, magnificent: **một toà nhà nguy nga** a magnificent building

nguy ngập *adj.* dangerous, endangered

nguỵ *adj., n.* false, spurious; puppet; rebel; bogus

nguỵ chính phủ *n.* puppet government

nguỵ trang *v.* to camouflage

nguyên **1** *adj.* intact, brand new: **còn nguyên, mới nguyên** brand new; **để nguyên** to leave alone **2** *n.* plaintiff: **bên nguyên đơn** plaintiff **3** *adj.* former, ex: **nguyên thủ tướng** former minister

nguyên âm *n.* vowel sound

nguyên bản *n.* original, first draft; primeval, primitive

nguyên cáo *n.* accuser, plaintiff

nguyên chất *n.* [of alcohol] neat, real, unmixed; principal [element, constituent, ingredient]

nguyên do *n.* cause, origin

Nguyên đán *n.* Lunar New Year; New Year's Day: **tổ chức ăn Tết Nguyên đán** to celebrate the Lunar New Year

nguyên hàm *n.* primitive [of a function **hàm số**]

nguyên liệu *n.* raw materials

nguyên lý *n.* principle [fundamental truth]

nguyên nhân *n.* cause, factor

nguyên niên *n.* the first year of a reign

nguyên sinh chất *n.* protoplasma

nguyên soái *n.* generalissimo

nguyên tắc *n.* principle [primary rule of cause]

nguyên thủ *n.* head of state, chief of state

nguyên thuỷ *adj.* original

nguyên tố *n.* element

nguyên trạng *n.* primitive state, status quo

nguyên tử *n.* atom: bom **nguyên tử** atomic bomb

nguyên tử lực *n.* atomic power, atomic bomb

nguyên tử lượng *n.* atomic weight

nguyên tử năng *n.* atomic power, atomic energy

nguyên uỷ *n.* origin, root cause

nguyên văn *n.* original, verbatim: **dịch nguyên văn** textual translation

nguyên vẹn *adj.* intact, untouched, undamaged, unbroken, whole, complete

nguyền *v.* to swear, to vow: **thề nguyền** to vow; **nguyền rủa** to curse; **lời nguyền** oath

nguyện *v.* to swear, to pledge; to pray, to make a vow: **cầu nguyện** to pray; **mãn nguyện** satisfied, content; **sở nguyện** what one has desired; **tình nguyện, chí nguyện** volunteer

nguyện vọng *n.* aspirations

nguyệt *n.* moon (= **trăng**); month (= **tháng**): **bán nguyệt** half moon; fortnight

nguyệt bổng *n.* monthly salary

nguyệt cầu *n.* the moon [astronomy]

nguyệt đạo *n.* orbit of the moon

nguyệt kinh *n.* menstruation, menses

Nguyệt lão *n.* the old man in the moon, God of Marriages

nguyệt liễm *n.* monthly dues

nguyệt san *n.* monthly review

nguyệt thực *n.* lunar eclipse

nguýt *v.* to give a dirty look, to throw a quick glance

ngư *n.* fish (= **cá**): **ngư phủ** fisherman

ngư lôi *n.* torpedo: **diệt ngư lôi hạm** destroyer

ngư nghiệp *n.* pisciculture; fisheries

ngư ông *n.* fisherman

ngư phủ *n.* fisherman

ngữ *n.* (= **tiếng**) language: **quốc ngữ** national language; **Anh ngữ** English; **chuyển ngữ** medium of instruction; **ngạn ngữ** saying; **ngoại ngữ** foreign language; **Pháp ngữ** French; **sinh ngữ** living language, modern language; **cổ ngữ** ancient language; **thành ngữ** idiom, expression; **thổ ngữ** dialect; **thuật ngữ** jargon, technical language; **tục ngữ** proverb; **Việt ngữ** Vietnamese; **tiếp đầu ngữ** prefix; **tiếp vĩ ngữ** suffix; **biểu ngữ** banner

ngữ âm học *n.* phonetics

ngữ căn *n.* root, radical

ngữ điệu *n.* intonation

ngữ học *n.* linguistics

ngữ nguyên *n.* etymology

ngữ nghĩa học *n.* semantics

ngữ nhiệt *n.* calorifuge

ngữ pháp *n.* grammar

ngữ thái học *n.* morphology

ngữ thể *n.* linguistic form, discourse form, text type

ngữ vựng *n.* glossary, lexicon, vocabulary

ngự giá *n.* imperial carriage; imperial journey

ngự lâm *n.* imperial guard

ngự uyển *n.* imperial park

ngứa *adj., v.* to be itchy; to itch

ngứa mắt *v.* to be unable to stand something shocking, to shock the eyes

ngứa miệng *v.* to desire to speak up

ngứa nghề *v.* to be in heat, to feel a sexual urge

ngứa tai *v.* to be shocked in the ears [by gossip, etc.], to feel uncomfortable at hearing something shocking

ngứa tay *v.* to itch to strike somebody

ngừa *v.* to prevent: **Ngừa bệnh hơn**

chữa bệnh. Prevention is better than cure.; **ngăn ngừa tai nạn** to prevent any accident

ngửa *v.* to look upward; to lie on one's back: **nằm ngửa** to lie on one's back; **ngã ngửa** to fall on one's back; **sấp ngửa** heads or tails

ngựa *n.* [SV **mã**] horse: **chuồng ngựa** stable; **đua ngựa** horse race; **trường đua ngựa** race track; **móng ngựa** horse shoe; **vành móng ngựa** the witness stand; **đuôi ngựa** pony's tail

ngựa cái *n.* mare

ngựa con *n.* colt

ngựa đua *n.* race horse

ngựa vằn *n.* zebra

ngực *n.* chest: **đấm ngực** to beat one's chest; **phanh ngực** to bare one's chest; **tức ngực** to feel a tightness across one's chest; **thộp ngực** to grab [someone] by the coat's lapel; **trống ngực** heart beat/throb; **lồng ngực** thoractic cavity

ngửi *v.* to smell, to sniff: **Bạn có ngửi thấy gì không?** What do you smell?

ngưng *v.* to stop short, to cease, to suspend: **Họ vừa ngưng làm việc.** They have stopped working.

ngưng trệ *v.* to come to a standstill, to stagnate: **Việc buôn bán của bà ấy bị ngưng trệ.** Her business was stagnant.

ngừng *v.* (= **dừng**) to stop, to halt: **ngừng bắn** cease-fire; **ngừng xe lại đây** to stop one's car here

ngừng bước *v.* (= **ngừng chân**) to stop going

ngừng tay *v.* to knock off: **Hãy ngừng tay trong năm phút nữa.** Please knock off in the next five minutes.

ngừng trệ *v.* to come to a standstill, to stagnate

ngửng *v.* to raise one's head/face upward; to turn up: **ngửng đầu lên** to raise one's head

ngước *v.* to raise one's head/face upward, to stretch [neck], to look up: **ngước nhìn cái tháp cao** to raise one's eyes to look at the tower

ngược *adj.* opposite; upstream; upside down, inside out [*opp.* **xuôi**]: **ngược gió** against the wind; **ngược lại** on the contrary, vice versa; **đảo ngược, lộn ngược** upside down, topsy turvy

ngược dòng *n.* upstream

ngược đãi *v.* to ill-treat, to maltreat: **Bà ấy ngược đãi người giúp việc.** She ill-treats her servant.

ngược đời *adj.* eccentric, absurd

ngươi *n.* you [used to "inferiors" by kings, officials]: **nhà ngươi** you

người *n.* [SV **nhân**] man, person, individual, people; human beings; other people; body: **con người** man; **đời người** human life; **làm người** to be human beings; **loài người** mankind; **nên người** to become a man; **quê người** foreign land; **thương người** to love [and pity] others; **mỗi người** everybody

người dưng *n.* stranger; outside of family

người đời *n.* people; the world at large

người làm *n.* employee; servant

người mình *n.* our people; we Vietnamese [as opp. to them]

người ở *n.* servant

người ta *n., pron.* people, one, they

người yêu *n.* lover

ngưỡng *n.* threshold: **ngưỡng cửa** threshold, doorstep

ngưỡng mộ *v.* to admire

ngượng *v., adj.* embarrassed, ashamed: **ngượng ngập, ngượng ngùng** to be awkward, clumsy; **phát ngượng** to become embarrassed

ngưu *n.* (= **trâu, bò**) buffalo, ox: **hoàng ngưu** ox, cow; **thuỷ ngưu** water buffalo

Ngưu lang *n.* the Herd-boy [together with **Chức nữ** the Weaver]

nha *n.* office, bureau, service, directorate: **nha thông tin** information bureau; **Nha Văn hoá** Office of Cultural Affairs

nha *n.* (= **răng**) tooth: **nha khoa** dentistry; **nha sĩ** dentist nha khoa *n.* dentistry

nha lại *n.* staff, employees in a yamen

nhan phiến *n.* opium

nha sĩ *n.* dentist, dental surgeon

nhá *v.* to chew carefully

nhá *adv.* See nhé

nhá nhem *n.* twilight, dusk; poor eye-sight

nhà 1 *n.* house, dwelling, abode, building: **Tôi ở một ngôi nhà gạch.** I live in a brick house. 2 *n.* family, household, home: **ăn ở nhà** to eat at home; **người nhà** relative; someone in the family; **ở nhà** to stay at home; **nhớ nhà** homesick; **vắng nhà** to be out, not at home 3 *n.* darling, spouse, lover: **Đây là nhà tôi.** This is my spouse.

nhà ăn *n.* dining hall

nhà bác học *n.* scientist

nhà báo *n.* journalist, newsman

nhà bè *n.* house on raft

nhà bếp *n.* kitchen

nhà buôn *n.* merchant, trader, busi-nessman

nhà chùa *n.* temple; Buddhist clergy

nhà chung *n.* Catholic clergy

nhà chứa *n.* brothel

nhà cửa *n.* house, housing

nhà đá *n.* prison, jail

nhà ga *n.* railway station: **Làm ơn chỉ tôi nhà ga ở đâu?** Could you please tell me where the railway station is?

nhà gác *n.* many-storied house

nhà gái *n.* the bride's family

nhà giáo *n.* teacher(s): **Ba tôi là một nhà giáo lão thành.** My father is an experienced teacher.

nhà hàng *n.* restaurant, shop: **đi ăn nhà hàng** to have a meal at a restaurant

nhà hát *n.* theater

nhà hộ sinh *n.* maternity hospital

nhà in *n.* printing house

nhà khách *n.* guest house: **Ở nhà khách rẻ hơn ở khách sạn.** Staying at a guesthouse is cheaper than a hotel.

nhà máy *n.* factory

nhà ngang *n.* annex, wing

nhà nghề *n.* professional [as opp. to amateur]

nhà nguyện *n.* chapel

nhà nho *n.* Confucian scholar

nhà nước *n.* the government, state: **công nhân viên nhà nước** govern-ment employees

nhà quê *adj., n.* boorish; countryside; native village, country people

nhà riêng *n.* private home, residence

nhà sách *n.* bookstore, bookshop: **Tôi mua bản đồ nầy ở tiệm sách.** I bought this map at the bookshop.

nhà sư *n.* Buddhist monk

nhà táng *n.* catafalgue; funeral direc-tory

nhà tắm *n.* bathroom

nhà thổ *n.* brothel

nhà thờ *n.* church

nhà thương *n.* hospital

nhà tôi *n.* my wife, my husband

nhà trai *n.* the groom's family

nhà trẻ *n.* creche, kindergarten

nhà trọ *n.* boarding house

nhà trường *n.* the school

nhà tu *n.* convent

nhà văn *n.* writer

nhà vua *n.* the king

nhà xác *n.* morgue

nhà xe *n.* garage

nhà xí *n.* (= nhà cầu) toilet

nhà xuất bản *n.* publisher, publishing house

nhả 1 *adj.* too familiar, too friendly: **ăn nói chớt nhả** to speak in a too-familiar way 2 *v.* to let fall from one's mouth, to spit out: **nhả nước bọt** to spit

nhã *adj.* refined, elegant, well-man-nered: **phong nhã** elegant; **bất nhã** rude, tactless; **hoà nhã** concord, har-mony; **nhàn nhã** leisurely; **tao nhã** elegant, sophisticated

nhã nhặn *adj.* refined, polite, courte-ous: **Ông ấy ăn nói nhã nhặn.** He speaks politely.

nhã ý *adj.* good idea, thoughtful idea: **Ông giám đốc có nhã ý mời bạn ăn**

cơm. The manager has a thoughtful idea of inviting you for dinner.

nhác 1 *adj.* negligent; neglectful; lazy **2** *v.* to catch a glimpse of: **Tôi nhác thấy bà ấy ở đằng xa.** I caught a glimpse of her from afar.

nhạc *n.* music: **âm nhạc** music; **hoà nhạc** concert; **ban nhạc, giàn nhạc** orchestra; **ban quân nhạc** military band; **tấu nhạc** to perform, to play music

nhạc công *n.* musician

nhạc điệu *n.* tune, aria

nhạc đội *n.* orchestra; band

nhạc khí *n.* musical instrument

nhạc khúc *n.* piece of music, tune, aria

nhạc kịch *n.* musical play, opera

nhạc mẫu *n.* mother-in-law

nhạc phụ *n.* father-in-law

nhạc sĩ *n.* musician, song composer

nhạc sư *n.* music teacher

nhạc trưởng *n.* conductor, band master

nhạc viện *n.* conservatory, conservatoire

nhạc vũ *n.* ballet

nhai *v.* to chew: **nhai kẹo cao su** to chew chewing-gum; **nhai lại** to chew the cud, to ruminate

nhái *n.* toad, frog

nhài *n.* jasmine

nhài quạt *n.* leucoma

nhãi *n.* brat, kid, urchin: **Nhãi con!** Little devil!

nhại *v.* to mimic, to imitate; to parody

nham hiểm *adj.* dangerous to an element of deception/trickery or wickedness

nham nhở *adj.* dirty, soiled, stained

nhám *adj.* rough, uneven

nhàm *adj.* trite, stale, boring: **nhắc lại mãi nhàm tai** to become trite with repetition

nhàm tai *adj.* made stale by repetition

nhảm *adj.* false; nonsense, unfounded: **tin nhảm** superstitious; **chơi nhảm** to fool around; **nói nhảm** to talk nonsense

nhan *n.* title

nhan đề *n.* book's title

nhan nhản *adj.* abundant; crowded all over, everywhere

nhan sắc *n.* beauty: **Trong phòng nầy không ai có nhan sắc bằng cô ấy.** There is no other person as beautiful as she in this room.

nhàn *adj.* leisurely; idle, free

nhàn đàm *v.* to chat, to have a leisurely talk

nhàn hạ *adj.* free, unoccupied

nhàn lãm *v.* to read and see at leisure

nhàn rỗi *adj.* free, unoccupied: **Bạn làm gì lúc nhàn rỗi?** What do you do during your free time?

nhãn 1 *n.* longan: **trái nhãn** longan fruit **2** *n.* trade-mark, label: **dán nhãn lên sản phẩm** to stick labels on products

nhãn cầu *n.* eyeball

nhãn giới *n.* field of vision, eyeshot

nhãn hiệu *n.* label: **Nhiều người mua quần áo dựa trên nhãn hiệu.** Many people buy their clothes based on the label.

nhãn khoa *n.* ophthalmology

nhãn kính *n.* eye-glasses

nhãn lực *n.* eyesight

nhãn quan *n.* point of view, range of knowledge: **Ông ấy là người có nhãn quan rộng.** He has a wide range of knowledge.

nhạn *n.* swallow [bird]

nhang *n.* (= **hương**) incense: **tàn nhang** incense ashes; **đốt/thắp nhang** to burn incense

nhãng *v.* to forget; to be absent-minded: **xao nhãng** to be careless, to be negligent

nhanh *adj.* fast, rapid, quick: **Nhanh lên!** Be quick!

nhanh chóng *adj.* prompt, quick: **Mọi việc đều nhanh chóng.** Everything is quick.

nhanh nhẩu *adj.* eager; vivacious, active

nhanh nhẹn *adj.* active, nimble, fast, lively: **dáng điệu nhanh nhẹn** to have a lively gait

nhánh *n.* branch: **nhánh sông** a fork in the river; **chi nhánh** branch [of store, office]

nhành *n.* branch

nhao *v.* to be noisy, to be turbulent, to become uproarious: **Đám đông nhao lên.** The crowd got rowdy.

nháo *adj.* disorderly: **nháo nhác** to be scared, frightened

nhào **1** *v.* to dive, to jump down: **nhào đầu xuống sông** to jump down into the river **2** *v.* to knead: **nhào bột làm bánh** to knead flour to make a cake

nhào lộn *v.* to make loops; to turn a somersault: **Các nghệ nhân nhào lộn trên sân khấu.** The artistes are turning somersaults on the stage.

nhào nặn *v.* to knead carefully

nhão *adj.* pasty, clammy, doughy; flabby: **cơm nhão** pasty rice; **bắp thịt nhão** flabby muscles

nhạo *v.* to laugh at, to mock, to sneer, to ridicule, to make fun of: **chế nhạo người nào** to mock at someone

nhạo báng *v.* to laugh at, to mock

nhát **1** *n.* cut, stab, slash [with knife]; stroke [with knife **dao**, a hammer **búa**]; slice: **Nó bị đâm ba nhát.** He was stabbed three times.; **thái thành nhiều nhát** to cut into many slices; **Cho tôi mấy nhát bánh mì.** Give me some slices of sandwich-bread. **2** *n.* (= **lát**) short moment, short while **3** *adj.* to be cowardly, timid, shy, chicken-hearted: **nhát như cáy** timid as a rabbit; **nhát gan** chicken-hearted

nhạt *adj.* (= **lạt**) insipid, tasteless [lacking salt or sugar]; weak; [of color] light, pale: **sơn màu nhạt** to paint a light color; **trà nhạt** weak tea

nhạt phèo *adj.* very tasteless

nhau **1** *adv.* reciprocally, mutually, together, each other, one another: **giúp nhau** to help each other; **cùng nhau** together; **giống nhau** similar **2** *n.* placenta: **nơi chôn nhau cắt rốn** birthplace

nhàu *adj.* wrinkled, rumpled, crum-pled: **làm nhàu** to crumple

nháy *v.* to wink, to blink; to twinkle: **nháy mắt** to wink; **trong nháy mắt** in a twinkle

nhảy *v.* to jump, to leap, to dive, to hop; to dance: **nhảy đầm** to dance; **gái nhảy** taxi girl; **tiệm nhảy** dancing hall; **nhảy qua đống rác** to jump over a rubbish pile

nhảy cao *v.* to high jump

nhảy dù *v.* to parachute

nhảy đầm *v.* to dance: **bạn thích nhảy đầm không?** Would you like to dance?

nhảy múa *v.* to perform dances

nhảy mũi *v.* (= **hắt hơi**) to sneeze

nhảy nhót *v.* to hop, to jump around

nhảy sào *v.* to pole-vault

nhảy xa *v.* to broad/long jump

nhạy *adj.* sensitive, quick, fast

nhắc **1** *v.* to lift, to raise; to promote: **cân nhắc** to weigh the pros and cons; **nhắc ghế để trên bàn** to lift chairs and put them on the tables **2** *v.* to remind, to recall: **Ngày mai anh nhắc tôi đi họp nhé.** Tomorrow, could you remind me to have a meeting.; **nhắc lại** to repeat

nhắc nhở *v.* to remember [something]

nhăm See **lăm**

nhắm **1** *v.* to close [eyes]; to aim [gun, arrow, target]: **nhắm mắt lại** to close one's eyes **2** *v.* to taste [appetizers, meat, etc.], to eat over sips of alcohol [at the beginning of the meal and with the help of alcohol]

nhắm nghiền *v.* to close one's eyes tightly

nhắm nháp *v.* to peck at

nhắm rượu *v.* to eat over sips of alcohol

nhằm *v.* to aim at, to hit

nhăn *v., adj.* to wrinkle; wrinkled: **nhăn mặt** to have a wry face; **da nhăn** wrinkled skin; **nhăn mặt, nhăn nhó** to grimace; **vết nhăn** wrinkles

nhăn nheo *adj.* wrinkled, shriveled: **mặt nhăn nheo** wrinkled face

nhăn răng *v.* to grin

nhắn *v.* to relay a message, to send word to someone [through someone]

nhắn nhủ *v.* to advise, to recommend

nhằn *v.* to chew meat off [bone], to chew pulp off [seed]

nhẵn *adj.* smooth, finished, all gone: **nhẵn mặt** to be well-known; **hết nhẵn** all gone, all finished

nhẵn bóng *adj.* smooth and shining

nhẵn lì *adj.* polished

nhẵn nhụi *adj.* smooth; [of beard] well shaved

nhẵn thín *adj.* smooth; well shaved, hairless

nhăng *adj.* careless, negligent; silly, not serious: **lăng nhăng** not serious; **nhố nhăng** to display a lack of taste

nhăng nhẳng *adj.* stubborn

nhăng nhít *adj.* careless, perfunctory, by halves

nhắng *v.* to be impudent, to behave in a ridiculously domineering way

nhằng *adj.* tangled

nhặng *n.* blue-bottle, fly

nhặng xị *v.* to put on airs, to be fussy, to get upset for nothing

nhấp *v.* to sip, to taste: **nhấp môi một tí rượu** to sip a bit of spirit

nhắt *adj.* too small; **chuột nhắt** mouse; **lắt nhắt** small, minute

nhặt 1 *v.* to pick up from the floor, to collect, to glean, to gather: **cóp nhặt những giấy vụn** to collect waste paper 2 *adj.* close, thick, dense [*opp.* **khoan**], quick

nhặt nhạnh *v.* to pick up, to glean

nhấc *v.* to lift, to raise: **nhấc chân lên** to lift up one's legs

nhầm *v.* See **lầm**

nhẩm *v.* to figure out in silence, to revise silently, to try to memorize: **lẩm nhẩm** to speak to oneself; **tính nhẩm** mental arithmetic

nhậm *v.* to assume [responsibility, duties]: **đảm nhậm chức vụ mới** to assume a new position

nhậm chức *v.* to assume [power, duties]: **lễ tuyên thệ nhậm chức** the oath of office

nhân 1 *v.* to multiply: **tính nhân** multiplication; **số nhân** multiplier; **nhân bốn** to multiply by four 2 *n.* almond, kernel; filling [of cake]; nucleus [in physics]: **bánh bao nhân thịt và trứng** a dumpling with meat and egg filling 3 *n.* (= người) man, person, individual: **cá nhân** individual; **cố nhân** old friend; **gia nhân** servant; **thân nhân** relative; **yếu nhân** Very Important Person [VIP] 4 *n.* cause: **không có nhân sao có quả** no effect without cause 5 *n.* benevolence: **Ông ấy ăn ở có nhân.** He behaves with benevolence.

nhân ái *adj.* kind, generous, benevolent

nhân bản *n.* humanism

nhân cách *n.* dignity, personality

nhân cách hoá *v.* to personify

nhân chủng *n.* human race

nhân chủng học *n.* ethnology

nhân chứng *n.* witness: **Chúng ta cần có nhân chứng.** We required a witness.

nhân công *n.* manpower, artifacts, human labor

nhân danh *n.* on behalf of: **nhân danh ban chấp hành** on behalf of the executive committee

nhân dân *n.* people [of a country], the masses: **cộng hoà nhân dân** people's republic; **uỷ ban nhân dân thành phố** people's committee of the city

nhân dịp *adv.* on the occasion of: **Tôi Gởi quà nhân dịp đám cưới của bạn tôi.** I am sending a present to my friend on the occasion of his wedding.

nhân duyên *n.* predestined affinity [between husband and wife]

nhân đạo *adj., n.* human, humane; humanity

nhân đức *adj.* humane, benevolent: **Ông ấy là con người có nhân đức.** He is benevolent man.

nhân gian *n.* this world

nhân khẩu *n.* population, number of inhabitants

nhân loại *n.* mankind, humankind, humanity

nhân loại học *n.* anthropology

nhân lực *n.* manpower, human resources

nhân mãn *n.* overpopulation

nhân mạng *n.* human life

nhân ngãi *n.* lover

nhân nghĩa *n.* charity and justice, benevolence and righteousness

nhân nhượng *v., adj.* to make concessions; to be talented; talented

nhân phẩm *n.* human dignity

nhân quả *n.* cause and effect

nhân quần *n.* the public, the people, society, human society

nhân quyền *n.* human right: **ủy ban nhân quyền** human right commision

nhân sâm *n.* ginseng

nhân sinh *n.* human life

nhân sinh quan *n.* philosophy of life

nhân số *n.* population: **tăng nhân số** to increase population

nhân sự *n.* human affairs, human resource

nhân tài *n.* talent, talented people

nhân tạo *adj.* artificial: **tơ nhân tạo** rayon

nhân thể *adv.* by the way, incidentally

nhân thọ *n.* life: **bảo hiểm nhân thọ** life insurance

nhân tiện *adv.* See nhân thể

nhân tính *n.* human nature

nhân tình *n.* lover, mistress

nhân trung *n.* space between the nose and the upper lip

nhân từ *adj.* charitable, generous, kind

nhân vật *n.* figure, personage

nhân vị *n.* humane person; personalism

nhân viên *n.* member; staff; employee; personnel, human resource: **phòng nhân viên** personnel office; **Ông Nam là nhân viên của tôi.** Mr. Nam is one of my staff members.

nhấn *v.* to press on; to stress, to emphasize: **nhấn mạnh** to emphasize

nhẫn **1** *n.* [finger] ring: **đeo nhẫn** to wear a ring **2** *v.* to endure, to contain oneself: **kiên nhẫn** to be patient; **tàn nhẫn** to be ruthless

nhẫn nại *v.* to be patient, to endure

nhẫn nhục *v.* to endure all indignities

nhẫn tâm *adj.* merciless, cruel

nhận *v.* to receive, to accept, to get; to acknowledge, to recognize, to confess, to admit: **nhìn nhận** to recognize, to acknowledge; **công nhận** to recognize; **biên nhận** to acknowledge receipt; **đảm nhận** to assume

nhận chân *v.* to realize

nhận diện *v.* to identify

nhận định *v.* to appraise, to assess, to comment

nhận lời *v.* to accept, to agree: **nhận lời mời dự tiệc** to accept one's invitation to a party

nhận thấy *v.* to note, to understand

nhận thức *v.* to realize, to perceive

nhận thực *v.* to certify: **nhận thực chữ ký** to certify one's signature

nhận xét *v.* to observe, to comment, to judge: **nhận xét về ai** to judge someone

nhấp nháy *v.* to wink, to twinkle, to blink

nhấp nhoáng *v.* to glitter, to gleam

nhấp nhô *v.* to go up and down [especially on the water]

nhấp nhổm *v.* to be restless; to be anxious

nhập *v.* (= vào) to enter; to join: **nhập bọn** to join a group; **sáp nhập** to emerge; **xâm nhập** to penetrate, to infiltrate; **nhập khẩu** to import

nhập cảng *v.* to import: **hãng nhập cảng** import firm

nhập đề *v., n.* to begin to address the topic; introduction

nhập học *v.* to begin schooling: **thi nhập học** entrance examination

nhập khẩu *v.* See nhập cảng

nhập môn *n.* beginner course: **Ngữ học Nhập môn** Introduction to Linguistics

nhập ngũ *v.* to join the army

nhập quan *v.* to put into a coffin [body]

nhập tâm *v.* to commit to memory, to remember

nhập tịch *v.* to be naturalized

nhất *num.* (= một) one; first: **thứ nhất** first; **đệ nhất** first grade, firstly; **ít nhất** at least; **nhiều nhất** at most; **nhất là** mostly, especially; **duy nhất** only, sole; **hợp nhất** to unite; **thống nhất** to unify; **khó nhất** the most difficult; **hạng nhất** first class; **lớp nhất** fifth grade [the highest in primary school]

nhất cử lưỡng tiện *v.* to kill two birds with one stone

nhất định *adj.* limited, fixed, definite: **giá nhất định** fixed price

nhất hạng *adv.* first class; especially

nhất là *adv.* first and foremost, especially

nhất lãm *n.* one glance

nhất loạt *adv.* uniformly, all together

nhất luật *adv.* all and sundry

nhất nhất *adv.* each and every one

nhất quán *adj.* consistent

nhất quyết *v.* to be resolved, to be determined

nhất tề *adv.* together, uniformly, alike

nhất thiết *adv.* altogether, absolutely

nhất thống *adj.* unity

nhất thời *adv.* temporary

nhất trí *v.* to be united, to be unanimous, to be of one mind

Nhật *n.* Japan: **người Nhật** Japanese

nhật *n.* (= mặt trời) sun; day (= ngày): **bạch nhật** daylight; **chủ nhật** Sunday; **sinh nhật** birthday; **thường nhật** ordinarily; **công nhật** paid by the day

Nhật Bản *n.* Japan, Japanese

nhật báo *n.* daily newspaper: **Bạn có đọc nhật báo không?** Do you read the daily newspaper?

nhật dạ *n.* day and night

nhật dụng *n.* daily use

nhật ký *n.* diary; daily agenda: **viết nhật ký** to write diary

nhật lệnh *n.* order of the day

nhật nguyệt *n.* the sun and moon

nhật thực *n.* solar eclipse

nhật trình *n.* daily newspaper

nhầu *adj.* See nhàu

nhậu *v.* to booze; to drink and eat

nhầy *adj.* sticky, viscous

nhầy nhụa *adj.* covered with something oily and sticky

nhậy *adj.* See nhạy

nhe *v.* to show [one's teeth]

nhé *adv.* [final particle] All right? O.K.?: **Chúng ta đi nhé?** Shall we go, O.K.?

nhè **1** *v.* to choose [as target or attack] **2** *v.* to whine, to snivel, to whimper: **ngủ nhè suốt ngày** to snivel the whole day

nhè nhẹ *adj.* gentle

nhẽ *adv.* See lẽ

nhẹ *adj.* [of weight, blows, knocks, footsteps, etc.] light [*opp.* **nặng**]; slight, soft, gentle

nhẹ bổng *adj.* very light

nhẹ dạ *adj.* credulous, gullible

nhẹ nhàng *adj.* light, gentle, agile, soft, nimble

nhẹ nhõm *adj.* nimble, brisk, active

nhem *adj.* See lem

nhèm *adj.* dirty, soiled

nheo mắt *v.* to blink one's eyes

nheo nhéo *v.* to call stridently and insistently

nheo nhóc *v.* [of children] to be neglected, to be uncared for

nhẽo *adj.* mushy, flabby

nhét *v.* to stuff, to thrust in, to cram: **nhét rẻ vào mồm** to gag someone's mouth with rags

nhễ nhại *v.* [of sweats, tears] to stream, to flow abundantly: **Mồ hôi nhễ nhại.** Sweat drops flow abundantly.

nhếch *v.* to grin broadly; to open slightly [lips **môi**] as in smiling: **nhếch miệng cười** to slightly open one's mouth and smile

nhện *n.* spider: **mạng nhện** cobweb

nhi *n.* child: **hài nhi** infant; **nam nhi** man; **thiếu nhi** adolescent

nhi đồng *n.* young child, infant

nhi khoa *n.* pediatrics

nhi nữ *n.* little girl

nhí nha nhí nhảnh See nhí nhảnh

nhí nhảnh *v., adv.* to be lively, to be
playful; sprightly, jovially

nhì *n.* second: **thứ nhì** second; **hạng
nhì** second class; **lớp nhì** fourth
grade [next to the highest in pri-
mary school]

nhì nhằng *adj.* mixed; average, pass-
able

nhỉ *adv.* [final particle] as a tag ques-
tion [Don't you think? Have you any
idea? Oh yes?]: **Bài này khó nhỉ?**
This lesson is difficult, isn't it?;
Hôm nay giời đẹp quá nhỉ? The
weather is very nice today, don't you
think?; **Tuần này chúng ta học mấy
bài nhỉ?** How many lessons did we
study this week, do you know?; **À
nhỉ!** Oh yes! [the speaker suddenly
remembered or noticed something]

nhĩ *n.* (= tai) ear: **nhĩ tai** eardrum

nhị **1** *n.* two-string Chinese violin:
kéo đàn nhị to play a two-string vio-
lin **2** *num.* (= hai) two: **đệ nhị** the
second; **nhị hỷ** two happy days **3** *n.*
stamen, pistil [in flower]: **nhị cái**
pistil; **nhị đực** stamen

Nhị Hà *n.* Red River [in North Vietnam]

nhích *v.* to shift, to inch, to move
slightly: **nhúc nhích** to budge, to
move slightly

nhiếc *v.* to chide, to scold: **nhiếc
mắng, nhiếc móc** to make sarcastic
remarks about someone

nhiễm *v.* to catch, to contract: **nhiễm
lạnh** to catch cold

nhiễm bệnh *v.* to contract a disease

nhiễm độc *v.* to be poisoned; to be
intoxicated

nhiễm sắc thể *n.* chromosome

nhiễm trùng *v.* to be infected

nhiệm chức *v.* to take up an appoint-
ment

nhiệm kỳ *n.* term of office: **Nhiệm kỳ
của đại biểu quốc hội là bốn năm.**
The term of office for a member of
parliament is four years.

nhiệm vụ *n.* task, duty, function,
responsibility: **Việc đó không phải
nhiệm vụ của tôi.** It is not my
responsibility.

nhiệm ý *adj.* according to one's wish;
optional: **môn học nhiệm ý** optional
subjects

nhiên liệu *n.* fuel; raw materials: **Việt
Nam phải mua nhiều nhiên liệu nước
ngoài.** Vietnam has to buy a lot of
raw materials from foreign countries.

nhiễn *adj.* (= nhuyễn) well-kneaded:
bột gạo nhiễn well-kneaded rice flour

nhiếp ảnh *n.* photography: **nhà nhiếp
ảnh** photographer, cameraman

nhiếp chính *v.* to act as a regent, to
take up power

nhiệt *n.* (= nóng) heat, warmth:
nguồn phát nhiệt a resource of heat

nhiệt biểu *n.* thermometer

nhiệt điện *n.* thermoelectricity

nhiệt độ *n.* temperature

nhiệt động học *n.* thermodynamics

nhiệt đới *n.* tropical zone

nhiệt học *n.* thermology

nhiệt huyết *n.* enthusiasm, ardor, zeal

nhiệt kế *n.* thermometer

nhiệt liệt *adj.* [of welcome, ovation]
warm: **hoan nghênh nhiệt liệt** to give
a warm welcome to someone

nhiệt lượng kế *n.* calorimeter

nhiệt tâm *n.* zeal, enthusiasm

nhiệt thành *adj.* warm, sincere,
enthusiastic, fervent

nhiều *adj.* much, many: **Bao nhiêu?**
How much? How many?; **bấy nhiêu**
that much, that many, so much, so
many; **bao nhiêu (là)** so much, so
many …!; **Kiếm bao nhiêu tiêu bấy
nhiêu.** I spend all what I earn.

nhiều *adj.* [SV **đa**] having much/
many; there is much …, there are
many; a great deal, a lot, lots of
[with direct object]: **nhiều nhất** at
most; **ít nhiều** a little, few, some;
Khu này nhiều muỗi. This area has a
lot of mosquitoes.; **nhiều người**
many people; **Mưa nhiều mấy ngày**

nay. There was much rain in the last few days.

nhiễu ft *adj.* more or less

nhiễu **1** *n.* crepe [the fabric] **2** *v.* to annoy, to disturb, to harass, to bother: **quấy nhiễu phụ nữ** to harass women

nhiễu hại *v.* to harm, to do damage to

nhiễu loạn *v.* to disturb, to make trouble

nhiễu nhương *n.* trouble, war: **Chúng ta đang sống trong một xã hội nhiễu nhương.** We are living in a troubled society.

nhiễu sự *adj.* troublesome

nhím *n.* porcupine

nhìn *v.* to look (at), to stare: **một cái nhìn** a look; **nhìn một cái** to take a look; **nhìn đi nhìn lại** to look and look; **thoạt nhìn** at first sight; **nhìn thấy** to see

nhìn chòng chọc *v.* to stare

nhìn nhận *v.* to recognize, to acknowledge; to admit, to confess

nhịn *v.* to abstain from, to endure, to suppress, to refrain from [doing something]; to hold [**thở** the breath, **cơm** rice]; **nhịn ăn** to endure without food; **nhịn cười** to suppress laughter

nhịn đói *v.* to starve, to endure without food

nhịn nhục *v.* to bear, to endure, to resign oneself to

nhỉnh *adj.* slightly bigger

nhịp **1** *n.* rhythm, measure, cadence: **đánh/gõ nhịp** beat time **2** *n.* span, bay [of bridge]: **Cầu Tràng Tiền [ở Huế] có mười hai nhịp.** The Trang Tien bridge [in Hue] has twelve spans.

nhịp điệu *n.* rhythm

nhịp độ *n.* rate, speed: **Nhịp độ sinh sản ở mức trung bình.** The birth rate is at an average level.

nhịp nhàng *adj.* rhythmical, well-balanced, harmonious

nho **1** *n.* grapes: **nho tươi** fresh grapes; **một chùm nho** a bunch of grapes; **mứt nho** raisins; **vườn nho** vineyard; **nước nho** grape juice; **cây nho** vine; **rượu nho** wine **2** *n.* Confucian: **nhà**

nho Confucian scholar [trained in Sino-Vietnamese classic]; **chữ Nho** Chinese characters; **đạo Nho** Confucianism

Nho gia *n.* Confucian scholar

Nho giáo *n.* Confucianism

nho nhã *adj.* refined, distinguished; well-educated

nho nhỏ *adj.* See **nhỏ**

nho nhoe *v.* to display, to show off

nho phong *n.* scholar's tradition

nhỏ **1** *adj.* small, little: **thằng nhỏ** little boy; **bé nhỏ** little, small; **nho nhỏ** to be smallish **2** *v.* to drop: **nhỏ thuốc vào mắt** to put eye-drops into the eyes

nhỏ bé *adj.* tiny, petite, small: **công việc nhỏ bé** a small job

nhỏ giọt *adv.* in drops, by drop, by installment: **trả tiền nhỏ giọt** to pay by installments

nhỏ mọn *adj.* small, humble; mean: **món quà nhỏ mọn** a humble gift; **con người nhỏ mọn** a mean person

nhỏ nhắn *adj.* tiny, dainty, pretty, little

nhỏ nhặt *adj.* unimportant; mean, trifling

nhỏ nhẹ *adj.* [of voice] soft, gentle

nhỏ nhen *adj.* mean, petty, small-minded

nhỏ to *v.* to talk intimately, to coo: **Hai mẹ con đang nhỏ to với nhau.** The mother and her daughter are exchanging confidences with each other.

nhỏ xíu *adj.* very tiny, very small

nhọ *adj., n.* stained, sooty; soot: **mặt đầy nhọ** to have one's face covered with soot

nhọ nhem *adj.* dirty, spotted

nhoà *v.* to be blurred, to be dimmed

nhoài *v.* to be exhausted, to be faint with exhaustion: **mệt nhoài** to feel too tired

nhoáng *n.* flash, glossy: **bóng nhoáng** shiny; **chớp nhoáng** lightning; **hào nhoáng** showy, glittering, having good appearance nhọc *adj.* (= mệt) weary, tired, worn out: **mệt nhọc** to be tired; **khó nhọc** painstaking, hard

nhọc lòng *v. to* take pains: **Cha mẹ nhọc lòng dạy dỗ con cái.** Parents take pains to bring up their children.

nhọc nhằn *adj.* tired, tiresome

nhoè *v.* to be smeared, to blur, to be smudged

nhoẻn *v.* to smile slightly

nhoi nhói *adj.* [of pain] piercing, excruciating

nhom *adj.* skinny, like a lath: **người gầy nhom** skinny person

nhóm **1** *v.* to light, to kindle: **nhóm bếp** to light a stove; **nhóm lửa** to kindle a fire **2** *n., v.* group; to gather, to meet, to unite; to hold [meeting]; [of meeting]: conference]: to be held: **nhóm họp** to hold a meeting; **phiên nhóm** meeting; **phòng nhóm** meeting room, conference room

nhòm *v.* See dòm

nhón *v.* to pinch: **nhón mấy hạt đậu phụng** to pinch some peanuts

nhón chân *v.* to walk on tiptoe

nhón gót *v.* to stand or walk on tiptoe

nhọn *adj.* sharp, pointed: **nhọn hoắt** to be very sharp, pointed

nhong nhong *v.* to tinkle [of bells]

nhong nhóng *v.* to wait for a long time

nhổng nhãnh *v.* to behave in a flirtatious manner

nhổng nhẽo *v.* to snivel: **Cô ấy đang nhổng nhẽo với ông chủ.** She is snivelling with her boss.

nhô *v.* to raise [head, etc.], to jut out; to project: **nhô đầu lên** to raise one's head; **nhấp nhô** to bob up and down

nhố nhăng *adj.* See lố lăng

nhổ **1** *v.* to spit: **ống nhổ** spittoon; **cấm nhổ bậy** No Spitting! **2** *v.* to pull out, to uproot; to pluck [hair, feather], to extract [tooth]: **nhổ răng** to pull out [extract] a tooth; **nhổ cây** to uproot a tree

nhổ neo *v.* to weigh anchor

nhồi *v.* to stuff, to wad, to cram full: **bắp cải nhồi thịt** stuffed cabbage; **cà chua nhồi thịt** stuffed tomatoes; **nhồi sọ** to cram; to indoctrinate

nhôm *n.* [Fr. *aluminium*] aluminium

nhồm nhoàm *v.* to eat like a pig

nhổm *v.* to stand up, to get up

nhốn nháo *adj.* disorderly, riotous, noisy

nhộn *v.* to be troublesome, to bustle: **Sao nhộn lên thế?** Why bustle like that?

nhộn nhịp *adj.* busy, lively, bustling

nhộng *n.* chrysalis of silkworm: **trần như nhộng** stark naked

nhốt *v.* to lock up, to keep, to detain, to confine: **nhốt chim trong lồng** to confine a bird in a cage

nhột *v.* to feel tickled: **Người tôi hay nhột.** I am a ticklish person.

nhơ *adj.* See dơ

nhớ *v.* to remember, to recall; to miss [family, etc.]: **ghi nhớ** to remember; **sực nhớ** to remember suddenly; **tưởng nhớ** to remember, to think of; **thương nhớ** to think of, to mourn for [deceased person]; **trí nhớ** memory

nhớ dai *v.* to have a good memory

nhớ lại *v.* to recall, to reminisce

nhớ mang máng *v.* to remember vaguely

nhớ mong *v.* to long to see someone

nhớ nhà *v.* to be homesick

nhớ nhung *v.* to miss someone

nhớ ra *v.* to remember suddenly

nhớ thương *v.* to long to see; to grieve for: **nhớ thương gia đình** to long to see one's family

nhờ *v.* to rely on, to ask for, to depend on: **nhờ ai làm việc gì** to ask someone to do something

nhờ có *v.* to thank

nhờ cậy *v.* to depend on someone for something, to ask for: **nhờ cậy cấp trên giúp đỡ** to depend on superiors for help

nhờ vả *v.* to depend on [for help, support]

nhỡ **1** *adj.* medium sized **2** *v.* (= lỡ)

to miss: **nhỡ chuyến xe lửa sáng nay** to miss this morning's train

nhơn *n.* See **nhân**

nhơn nhơn *adj.* brazen faced, self-satisfied

nhỏn *adj.* See **lớn**

nhỏn nhác *v.* to look haggard/anxious; to look around in bewilderment

nhờn *adj.* oily, greasy; too familiar [to elder or superiors]: **Cả hai tay đầy dầu máy nhờn.** Both hands are greasy with lubricant.

nhởn nhơ *v.* to look carefree; to be playful

nhỡn *n.* See **nhãn**

nhớp *adj.* dirty: **mặt mày nhớp nhúa** dirty face

nhớt **1** *adj.* viscous **2** *n.* motor oil

nhớt nhợt *adj.* very slimy, very viscous

nhợt *adj.* See **lợt**

nhợt nhạt *adj.* very pale: **nước da nhợt nhạt** pale complexion

nhu *adj.* (= **mềm**) to be soft [*opp.* **cương**], flexible: **lúc nhu lúc cương** flexible sometimes and tough at other times

nhu cầu *n.* need, requirement: **thoả mãn nhu cầu** to meet one's needs

nhu đạo *n.* judo

nhu mì *adj.* gentle, sweet: **Con gái bạn rất nhu mì.** Your daughter is very gentle.

nhu nhú *v.* to begin to sprout: **Măng mới nhu nhú.** Bamboo shoots are beginning to sprout.

nhu nhược *adj.* feeble, weak-hearted: **Ông ta có thái độ nhu nhược đối với nhân viên.** He has a soft attitude toward his employees.

nhu thuật *n.* judo

nhu yếu *n.* need, prime necessity

nhu yếu phẩm *n.* necessaries, necessities

nhủ *v.* to advise, to urge, to exhort: **khuyên nhủ bạn bè** to advise one's friends

nhũ mẫu *n.* wet nurse

nhuần nhuyễn *adj.* skillful, fluent:

Tiếng Anh của bạn nhuần nhuyễn lắm. Your English is very fluent.

nhuận *adj.* [of month, year] leap, intercalary: **tháng năm nhuận** an intercalary fifth month; **năm nhuận** leap year

nhuận bút *n.* royalty: **Ông sẽ được trả tiền nhuận bút.** You will be paid your royalty.

nhuận sắc *v.* to embellish, to revise [a text]

nhuận tràng *adj.* aperient, laxative

nhúc nhích *v.* to stir, to budge, to move: **đứng yên không nhúc nhích** to stand firmly without moving

nhục *adj., v.* disgraced, dishonored [*opp.* **vinh**]; to shame, to disgrace, to feel humiliated: **làm nhục** to dishonor, to insult; **ô nhục** shame; **sỉ nhục** to insult, to offend; **vinh nhục** glory and shame; ups and downs

nhục dục *n.* sexual desire, lust

nhục đậu khấu *n.* nutmeg

nhục hình *n.* corporal punishment

nhục mạ *v.* to insult, to curse

nhục nhã *v., adj.* shameful, disgraceful

nhuệ *adj.* pointed; sharp, acute: **tinh nhuệ** well-trained

nhuệ binh *n.* well-trained army

nhuệ khí *n.* ardor, enthusiasm, zeal

nhúm *v., n.* to pinch; pinch, bite: **một nhúm đường** a pinch of sugar

nhún *v., adj.* lowering oneself by bending one's legs; humble, modest

nhún vai *v.* to shrug one's shoulders

nhún mình *adj.* modest

nhún nhường *adj.* modest, self-effacing: **thái độ nhún nhường** a modest attitude

nhủn *adj.* very soft, pulpy, faint: **bủn nhủn chân tay** to have one's limbs weakened

nhũn *v.* to become soft [because of overcooking or overriping]; to be modest: **nhũn nhặn** modest and courteous

nhung **1** *n.* velvet: **ghế nhung** velvet chairs **2** *n.* young antler nhung nhúc *v.* to swarm, to teem

nhung phục *n.* military uniform

nhung trang *n.* military attire

nhúng *v.* to dip [in water]; to interfere [vào in]: **nhúng chả giò vào nước chấm** to dip spring rolls into fish sauce

nhùng nhằng *v.* to hesitate, to procrastinate

nhủng nhẳng *v.* to be stubborn, to drag out

nhũng *v., adj.* disturbed; disorderly, superfluous

nhũng lại *adj.* corrupted

nhũng lạm *v.* [of official] to be corrupt, to take bribes

nhũng nhiễu *v.* to disturb, to harass

nhuốc *adj.* dirty, soiled; stained, shameful: **nhơ nhuốc** sallying

nhuốm *v.* to catch [disease]: **nhuốm bệnh** to catch a disease

nhuộm *v.* to dye: **thợ nhuộm** dyer; **thuốc nhuộm** dyestuffs, dyes; **nhuộm áo quần** to dye one's clothes

nhút nhát *adj.* timid, shy: **Cô ấy nhút nhát không giám nói.** She is shy so she couldn't speak up.

nhụt *adj., v.* [of knife] dull, blunt; to get dumped: **làm nhụt** to get dumped

nhuy *n.* (= nhị) stamen, pistil: **nhuy hoa** flower stamen

nhuyễn *adj.* soft and smooth, yielding, well-kneaded: **bột nhuyễn** well-kneaded dough

nhuyễn khẩu cái *n.* soft palate, velum

nhuyễn thể *n.* mollusk

như **1** *adj.* like; as: **giống như** to look like; **hình như, dường như** it seems that; **y như** exactly alike, identical with; **còn như** as for; **Khó gặp được người như bạn.** It is hard to have a person like you. **2** *conj.* if, in case: **Như ông đồng ý, tôi sẽ làm.** If you agree, I will do it.

như ai *adv.* like/as any other: **Cô ta cũng làm việc siêng năng như ai.** She is working as hard as any other person.

như cũ *adv.* as previously, as before

như hệt *adv.* exactly alike, as like as two peas

như không *adv.* a cinch, as if nothing had happened

như là *adv.* as if: **làm việc như là chơi** to work as if one plays

như sau *adv.* as follows

như thế *adv.* thus, so; like that

như thể *adv.* as if, like, as though

như thường *adj.* as usual

như trước *adv.* as before, as previously

như tuồng *adv.* as if, as though

như vầy *adv.* like this; then

như vậy *adv.* thus, so; like that

như xưa *adv.* as formerly

như ý *adj.* as you wish, as you like

nhử *v.* to entice, to lure [with a bait]

nhừ *v., adj.* softened; well-done/cooked, tender: **nát nhừ** completely smashed; **chín nhừ** well-cooked

nhừ đòn *v.* to get a sound beating

nhừ tử *adj.* half-dead

nhử *n.* rheum [from the eyes]

nhử *v.* to entice, to lure: **nhử mồi** to lure with a bait

nhựa *n.* sap, gum, tar, resin; asphalt; glue: **nhựa sống** sap, vitality; **nhựa đường** asphalt

nhức *v.* to ache, to feel a stinging pain: **nhức đầu** to have a headache; **nhức răng** to have a toothache

nhưng *conj.* but, yet: **Mặc dầu họ nghèo nhưng họ rất lương thiện.** Although they are poor, they are very honest.; **nhưng mà** but

những *adv.* [pluralizer] various, all, certain number: **những ai** all those who, any one; **những gì** what [things]; **những khi** whenever, every time; **những lúc** whenever, every time; **những người không đóng thuế** those who don't pay taxes

nhược *adj.* (= yếu) weak; worn out, exhausted: **nhược điểm** weakness; **suy nhược** deficient, decreasing; **nhu nhược** weak [morally]

nhược bằng *adv.* if, in case: **Nhược bằng bạn không thích thì bạn cứ nói**

với tôi. If you don't like it, just tell me.

nhược điểm *n.* weakness, shortcoming [*opp.* ưu điểm]

nhược tiểu *adj.* underdeveloping: **các nước nhược tiểu** underdeveloping countries

nhường *v.* to cede, to yield, to be self-denying, to give up what is one's due: **nhường chỗ cho đàn bà, trẻ con và người già** to give up one's seat to women, children or elderly people

nhường ấy *n.* that much, that many: **nhường ấy cũng đủ** that much will do

nhường bước *v.* to give way to somebody

nhường chỗ *v.* to give up one's seat

nhường lại *v.* to give up something to someone, to leave something to someone: **Tôi nhường phòng tôi cho bạn tôi.** I am leaving my room to my friend.

nhường lời *v.* to leave the floor [or pass the microphone] to somebody: **Tôi xin nhường lời cho diễn giả.** May I leave the floor for our speaker.

nhường ngôi *v.* to abdicate

nhường nhịn *v.* to show self-denial: **Anh em trong gia đình phải nhường nhịn lẫn nhau.** Brothers in a family have to give way to each other.

nhượng *v.* See nhường

nhượng bộ *v.* to make concessions, to compromise, to yield, to give way

nhượng địa *n.* concession, leasehold

nhứt *num.* See nhất

nhựt *n.* See nhật

ni **1** *n.* Buddhist nun: **ni cô** Buddhist nun; **tăng ni** monks and nuns, the Buddhist clergy **2** *adj.* (= này) this, these: **cái ni** this thing

nỉ *n.* wool, felt

nỉ non *v.* to complain; to moan, to groan; [of speech] to be sweet, or plaintive

nia *adj.* large, flat basket

nĩa *n.* fork: **muỗng nĩa** spoon and fork

ních *v.* to stuff, to fill: **ních cho đầy**

túi to fill up one's pocket; **chật ních** very crowded

nịch *adj.* sure, stable, firm: **chắc nịch** as iron; **chắc nịch** [of things] firm

niêm **1** *n.* stamp, postage stamp **2** *v.* to seal: **niêm phong bì lại** to seal an envelope

niêm luật *n.* prosody

niêm phong *v.* to close, to seal up [envelope, door]

niêm yết *v.* to stick, to post [bill, announcement]

niềm nở *adj.* [of welcome, reception] warm, cordial: **sự đón tiếp niềm nở** a warm welcome

niệm *v.* to pray under one's breath, to chant [prayer]: **tụng niệm** to chant prayers

niên *n.* (= năm) year: **thường niên** annual; **kinh niên** chronic; **tân niên** New Year; **chu niên** anniversary; **cao niên** old age; **đồng niên** of the same age; **ngũ niên** five years; **tất niên** year's end

niên bổng *n.* yearly salary, annual pay

niên đại *n.* era, age, generation: **niên đại đồ đá** The Stone Age

niên giám *n.* year book, directory: **niên giám điện thoại** telephone directory

niên hiệu *n.* dynastic title

niên học *n.* school year, academic year

niên khoá *n.* school year, fiscal year: **Ở Việt nam, niên học bắt đầu từ tuần lễ đầu tháng chín.** In Vietnam, the school year starts in the first week of September.

niên kỷ *n.* age, era

niên lịch *n.* almanac

niên thiếu *n.* youth, young, childhood: **thời niên thiếu** the days of youth

niên trưởng *n.* senior, oldest person

niên xỉ *n.* age

niêu *n.* earthenware pot [used to cook rice, etc.]: **cơm niêu** rice cooked in an earthen pot

nín *v.* to stop [crying **khóc**, laughing **cười**, breathing **thở**]: **nín cười** to stop laughing nín bặt v. to stop suddenly [crying, talking]

nín thinh v. to keep silent

nín thở v. to hold one's breath

ninh v. to braise, to simmer, to boil for a long time

nịnh v. to flatter, to fawn on

nịt v., n. to tie, to belt; garter, belt: **nịt bụng** to belt one's belly

níu v. to cling, to grab; to hold back, to pull back

no v., adj. full [after eating], full, enough: **no bụng** to be full of stuff; **ăn cho no** to eat one's fill

no ấm adj. well-provided, well-off

no đủ v. to have all that one needs

no nê v. to be full

no say v. to have eaten well

nó pron. [arrogant] he, him, she, her, it [child, animal]: **Ông đã nói chuyện với nó chưa?** Have you talked to him yet?

nỏ n. crossbow, arbalest

nõ n. core, slump; bowl [of pipe]

nọ adv. (= kia) other, that: **hôm nọ** the other day; **cái này cái nọ** this and that

nóc n. roof top, house top: **nóc nhà** house top

nọc n. venom, sting; talon, stock [in card game]: **nọc rắn** a snake's venom

noi v. to follow [trail **chân**, example **gương**]: **noi gương ai** to follow someone's example

nói v. to talk, to speak; to tell, to say: **nói chuyện với ai** to talk to someone; **nói tiếng Việt giỏi** to speak Vietnamese very well; **Nói cho tôi nghe chuyện của bạn.** Tell me your story.; **giọng nói** tone [of voice], voice; **hay nói** talkative; **lời nói** words

nói bóng v. to hint [with or without malice]

nói bỡn v. to crack jokes

nói càn v. to talk nonsense

nói cạnh v. to insinuate

nói chơi v. to kid, to joke: **Đừng có giận, tôi nói chơi mà.** Don't be upset, I am just joking.

nói dóc v. to tell a lie, to boast

nói dối v. to lie

nói đùa v. to kid, to joke

nói khoác v. to boast

nói láo v. to talk nonsense; to tell lies

nói leo v. to interrupt adults or superiors

nói mát v. to insinuate

nói phét v. to boast

nói quanh v. to speak around

nói thẳng v. to speak openly

nói thầm v. to whisper

nói thật v. to speak the truth

nói tục v. to use obscene language

nói xấu v. to speak ill of

nói xỏ v. to utter ironical innuendoes against

nòi n. race: **nòi người** human race

nom v. to look, to see: **chăm nom** to look after; **thăm nom** to visit; **trông nom** to look after, to take care of

non 1 adj. tender, young [opp. **già**]; to be unripe; weak, feeble; inexperienced, premature, a little less than: **đẻ non** to be a premature baby; to have a premature baby; **da non** skin on a newly healed wound; **hầu non** young concubine; **ruột non** small intestine; **tre non** young bamboo; **chết non** to die young 2 n. mountain: **núi non** mountains; **non xanh nước biếc** green mountains and blue water

non bộ n. rockwork in a garden

non choẹt adj. very young

non gan adj. chicken-hearted

non nớt adj. inexperienced, new in one's field

non nước n. motherland, fatherland

non sông n. fatherland, motherland

nón n. conical palm hat, cartwheel hat, hat, helmet (= **mũ**): **nón lá** conical palm hat; **đội nón an toàn** to wear a helmet

nón lá n. conical palm hat

nón lông n. feather hat

nõn n. bud, burgeon

nõn nà adj. white and soft: **trắng nõn nà** very white

nong 1 *n.* flat, large winnowing basket 2 *v.* to stretch; to exert oneself: **nong chiếc giày chật** to stretch a tight shoe

nóng *adj.* warm, hot [subject **trời** if weather is mentioned]; hot-tempered: **hơ nóng** to warm up over a fire; **hơi nóng** hot air; **máu nóng** angry, quick-tempered; **đốt nóng** to warm up

nóng bức *adj., n.* sweltering; suffocating heat

nóng đầu *adj.* feverish

nóng giận *v.* to become angry, to get mad

nóng hổi *adj.* [of food] very hot

nóng lạnh *v.* to have fever

nóng lòng *adj.* impatient, anxious

nóng mặt *v.* to become furious

nóng nảy *v.* [of weather] to be hot; to be quick-tempered

nóng nực *adj.* hot, sweltering

nóng ruột *v.* to be impatient, anxious

nóng sốt *adj.* [of food] warm; impatient; [of news] fresh, hot: **thức ăn nóng sốt** hot food; **tin tức nóng sốt** hot/fresh news

nóng tiết *adj.* furious

nóng tính *adj.* quick-tempered

nọng *n.* neck, throat [of animals]

nô 1 *v.* to amuse oneself, to engage in frolic: **Con nhà đó chỉ nô suốt ngày.** Their child plays the whole day. 2 *n.* servant, slave: **nông nô** serf

nô bộc *n.* servant

nô đùa *v.* to amuse oneself, to play

nô lệ *n.* slave, slavery

nô lệ hóa *v.* to enslave

nô nức *v.* to emulate; to show up amidst excitement

nô tỳ *n.* maid-servant

nổ *v.* to explode, to go off: **chất nổ, thuốc nổ** explosive; **bùng nổ** to break out; **tiếng nổ** explosion

nỗ lực *v.* to strive, to endeavor, to exert all one's strength

nộ *v.* to intimidate: **Không nên nộ trẻ con.** Don't intimidate the children.

nốc *v.* to drink in one gulp, to gulp: **nốc nguyên một chai rượu** to gulp down the whole bottle of wine

nôi *n.* cradle

nối *v.* to join, to connect [by sewing, tying, welding]: **nối liền** to connect; **gạch nối** hyphen

nối dõi *v.* to carry on the lineage, to continue the ancestral line

nối đuôi *v.* to form a queue, to stand in line, to be bumper to bumper

nối gót *v.* to follow the example of, to imitate, to copy: **nối gót bậc đàn anh** to follow the examples of seniors

nối khổ *adj.* [of friends] bosom: **bạn nối khổ** a bosom friend

nối nghiệp *v.* to continue someone's work

nối ngôi *v.* to succeed to the throne

nồi *n.* pot, cauldron: **nồi đất** an earthen pot

nồi cất *n.* alambic, still

nồi chưng *n.* autoclave

nồi hấp *n.* autoclave

nổi 1 *v.* to rise to the surface, to emerge, to float; [of relief] high [*opp.* **chìm**]; to swell up, to appear; [of rebels] to rise up; [of storm] to come up: **nổi loạn** to riot, to revolt; **của nổi** visible wealth, real estate; **ba chìm bảy nổi** with many ups and downs; **trời nổi gió** the wind rises 2 *v.* (= **được**) to have the strength, to be able to, can [able to do something]: **Nó không khiêng nổi cái thùng ấy.** He can't carry that case.; **Dịch nổi không?** Can you translate it?; **Nó ăn nổi ba bát cơm rang.** He can eat three bowls of fried rice.

nổi danh *v.* to become famous

nổi loạn *v.* to rebel

nổi nóng *v.* to lose one's temper

nỗi lòng *n.* feelings, sentiments

nỗi niềm *n.* feelings, sentiments

nội *adj.* (= **trong**) inside, inner, internal [*opp.* **ngoại**]; on the father's side [*opp.* **ngoại**], among, within: **ông bà nội** paternal grandparents; **cháu nội**

children of one's son; **nội nhật hôm nay** today; **bên nội** one's father's [lineage] side; **họ nội** relatives on father's side

nội bộ *n.* internal situation/affairs

nội các *n.* cabinet [in government]: **hội đồng nội các** cabinet council

nội chính *n.* domestic politics, internal affairs

nội công *n.* inner strength

nội cung *n.* inner temple; inner palace

nội dung *n.* contents [of speech, document]: **nội dung cuốn sách** the contents of a book

nội địa *n.* inland

nội gián *n.* planted spy

nội hoá *n.* local goods, domestic products

nội khoa *n.* internal medicine

nội loạn *n.* civil war; internal strife

Nội Mông *n.* Inner Mongolia

nội phản *n.* traitor

nội qui *n.* regulations, by-laws: **Mọi người phải tuân theo nội qui nhà máy.** Everyone has to obey the factory regulations.

nội tại *adj.* imminent

nội thận *n.* kidney

nội thương 1 *n.* internal disease: **Đau bao tử là một bệnh nội thương.** Stomach-ache is an internal disease. 2 *n.* internal trade: **phát triển nội thương** to improve the internal trade

nội tịch *n.* registered on a village's roll [of names]

nội tình *n.* internal situation

nội trị *n.* internal affairs, internal administration

nội trợ *n.* housewife, housekeeper, housekeeping

nội tướng *n.* wife

nội vụ *n.* internal affairs: **Bộ trưởng Nội vụ** Secretary of Internal Affairs

nôm *n.* demotic or vulgar script: **chữ nôm** demotic script [as opp. to **chữ Nho/Hán** Chinese script]; **tiếng Nôm** native language

nồm *adj.* [of wind] southern: **gió nồm**

south wind, southeast wind

nộm 1 *n.* salad 2 *n.* effigy to be burnt in a religious ceremony; puppet

nôn 1 *v.* to throw up, to vomit: **nôn mửa, nôn oẹ** to vomit; **buồn nôn** nauseous, nauseating 2 *v.* to be bursting to: **Anh tôi nôn đi về nhà.** My brother is bursting to go home.

nôn nao *adj.* nauseous, dizzy, anxious

nôn nóng *v.* to be eager to, to be bursting to

nông 1 *n.* agriculture, farming: **canh nông** agriculture; **nhà nông** farmer; **nông trại** farm 2 *adj.* shallow: **Cái hồ nầy nông.** This lake is shallow.

nông cạn *adj.* shallow, superficial

nông cụ *n.* farm implement, farm tools

nông dân *n.* peasant, farmer: **Chính phủ nên giúp đỡ nông dân sau trận lụt thảm khốc.** After a serious flood, the government should help peasants.

nông gia *n.* farmer

nông giới *n.* farmers [collectively]

nông học *n.* agriculture, agronomy

nông lâm *n.* agriculture and forestry

nông nghiệp *n.* agriculture:

nông nổi *v.* to act without much thinking

nông nỗi *n.* uncomfortable situation, plight

nông phu *n.* farmer

nông sản *n.* farm products

nông trại *n.* farm

nông trường *n.* collective farm

nồng *adj.* [of scent] strong; [of feelings] warm, intense, hot, ardent: **rượu nồng** strong wine

nồng hậu *adj.* warm, intense, deep: **cảm tình nồng hậu** a warm symphathy

nồng nàn *adj.* intense, profound, impetuous, passionate: **tình yêu nồng nàn** a passionate love

nồng nực *adj.* sweltering, sultry

nộp *v.* to deliver [criminal], to submit [application] to the authorities; to pay [taxes, fine], to hand in: **nộp đơn xin việc** to submit an application for a job

nốt 1 *n.* spot, mark: **nốt ruồi** beauty mark, mole **2** *v.* to finish [doing something], to finish up: **Ăn nốt đi!** Finish it!; **Làm nốt đi!** Finish it! [work or food] **3** *n.* [Fr. *note*] grade, mark [student's]; note [music]

nơ *n.* [Fr. *noeud*] bow tie, bow [with **đeo, thắt** to wear]

nở *v.* [of flower, plant] to bloom, to open; [of eggs] to hatch: **gà nở** the chicken hatched; **sinh nở** to have a child

nở mày nở mặt *v.* to be happy, to be proud

nỡ *v.* to have the heart [to do something]: **nỡ lòng nào** to have the heart to do something for no reason; **chẳng nỡ, không nỡ** not to have the heart to

nợ *v.* to owe, to be in debt: **công nợ, món nợ** debt; **con nợ** debtor; **chủ nợ** creditor; **đòi nợ, hỏi nợ** to collect a debt; **khách nợ** debtor; **khất nợ** to ask for a postponement; **mang nợ, mắc nợ** to get into debt; **quịt nợ** to refuse to pay a debt; **vỡ nợ** bankrupt

nợ đời *n.* debt owed for a lifetime

nợ máu *n.* blood debt

nợ miệng *n.* bread-and-butter debt: **trả nợ miệng** to return an invitation to dinner

nợ nần *n., v.* debts; to owe

nơi *n.* place, location: **khắp mọi nơi** everywhere; **nơi sinh** birthplace; **đến/tới nơi** to arrive at a place

nới *v.* to disrobe, remove [a dress]; to ease, to slacken; to loosen [knot, control]: **nới thắt lưng** to loosen one's belt

nới rộng *v.* to extend [authority], to relax [control]

nới tay *v.* to be lenient, to relax control

nơm nớp *adj.* fearful, nervous

nụ *n.* bud: **nụ hoa** flower bud; **nụ hồng** a rose bud; **chè nụ, trà nụ** tea buds; **cười nụ** a smile

núc ních *adj.* fat and clumsy

núi *n.* [SV **sơn**] mountain: **ngọn núi** the top of a mountain; **chân núi** the foot of mountain; **dãy/rặng núi** a range of mountains

núi lửa *n.* volcano

núi non *n.* mountains

nung *v.* to bake [brick, lime, iron]: **nung bánh mì** to bake bread

núm *n., v.* knob, button; handful; to seize, to catch; to grab: **núm cửa** a door knob; **núm lấy nó** to grab him

núm vú *n.* teat, nipple

núng *adj.* shaken, disturbed, weakened

nũng *adj.* wheedling [of child, wife]; to ask for/seek caress/attention from: **Đứa bé làm nũng mẹ.** The child is seeking a cuddle from his mother.

nuộc *n.* round, turn, knot [of string]: **cột một nuộc lạt** to tie a turn of bamboo tape

nuôi *v.* [SV **dưỡng**] to nourish, to feed, to breed, to rear; to support, to adopt; to grow [hair]: **con nuôi** adopted child; **Hội Cha Mẹ Nuôi** Foster Parents Plan Inc; **vú nuôi** wet nurse; **nuôi con bằng sữa** to breast-feed; **nuôi chó** to breed a dog

nuôi dưỡng *v.* to cultivate, to foster

nuôi nấng *v.* to bring up: **nuôi nấng con cái** to bring up children

nuông *v.* to indulge, to spoil [child]: **nuông chiều con** to indulge one's children

nuốt *v.* to swallow; to control [anger, hatred]; to suppress; to break [promise **lời** (**hứa**)]: **nuốt một viên thuốc** to swallow a medicinal pill; **nuốt lời hứa** to break a promise

nuốt trửng *v.* to swallow without chewing

núp *v.* to hide, to take cover: **ẩn núp** to hide

nút *n.* cork, cap, stopper, knot: **mở nút chai** to draw a cork; **gỡ nút giây** to undo knots of a string

nữ *n.* (= **gái**) woman, female: **nữ anh hùng** heroine; **nữ cứu thương** female nurse; **cung nữ** imperial servant, imperial concubine; **phụ nữ** woman, women; **sư nữ** Buddhist nun nữ anh hùng *n.* heroine (= anh thư)

nữ công *n.* housework, sewing, cooking

nữ điều dưỡng *n.* nurse

nữ giới *n.* women's world, the female sex

nữ hoàng *n.* queen

nữ học đường *n.* girls' school

nữ học sinh *n.* schoolgirl

nữ khán hộ *n.* female nurse

nữ lưu *n.* woman, girl; female

nữ ca sĩ *n.* female singer

nữ sinh *n.* schoolgirl

nữ sinh viên *n.* girl student

nữ thí sinh *n.* girl candidate, girl student [at exam], female examinee

nữ trang *n.* jewelry; female attire

nữ vương *n.* queen

nữ y tá *n.* female nurse

nửa *n., adj.* species of bamboo; slender, thornless, long-sectioned [used as building materials]

nửa *n.* [SV **bán**] a half; mid: **nửa tháng** half a month, fortnight; **già nửa** more than a half; **hơn nửa** more than a half; **quá nửa** a little more than fifty percent, over fifty percent; **non nửa** less than a half; **bán nửa tiền** to sell at half price; **nửa tỉnh nửa** half sober, half drunk; **nửa nọ nửa kia** half and half; **nửa nạc nửa mỡ** half joking, half serious

nửa chừng *n.* half way [done]

nửa đêm *n.* midnight

nửa đời *n.* uncompleted life

nửa đường *n.* half way

nửa ngày *n.* half day; noontime

nữa *adj.* additional, more, further: **lát nữa, chốc nữa** in a moment; **còn nữa** to be continued [put at the end of articles]; more coming; **hơn nữa** moreover; **hai quyển sách nữa** two more books; **hai người nữa** two more persons; **ăn nữa đi** to eat some more

nữa là *adv.* much less, let alone, even: **Cho vay nó còn không, nữa là cho hẳn.** He wouldn't even lend me the money, let alone give me the money.

nức *adj.* widespread; ardent, enthusiastic: **thơm nức** odorous, fragrant

nức danh *adj.* very famous

nức lòng *v.* to become enthusiastic

nức nôm *v.* to cry, to sob

nức nở *v.* to sob: **khóc nức nở** to sob one's heart out; **khen nức nở** to praise someone with many words

nức tiếng *v.* to become famous

nực *adj.* hot: **trời nắng nực** it is hot; **mùa nực** hot season, summer

nực cười *adj.* funny

nực nội *adj.* hot

nưng *v.* See nâng

nứng *v.* to be in the heat

nước **1** *n.* [SV **thuỷ**] water; liquid, fluid; juice [of fruit], milk [of coconut]: **tiền nước** water bill; **máy nước** hydrant; **nhiều nước** juicy; **đun nước pha trà** to boil water to make tea; **Mời ông ngồi chơi xơi nước.** Please take a seat and have a cup of tea. **2** *n.* [SV **quốc**] country, nation, state: **nhà nước** government, state; **đồ bán nước** traitor; **đất nước** nation, motherland; **yêu nước** patriotic

nước ăn *n.* drinking water

nước bài *n.* move [in card game]

nước bạn *n.* friendly nation, neighboring countries

nước bọt *n.* saliva

nước cam *n.* orange juice

nước canh *n.* soup

nước chanh *n.* lemon juice, lemonade

nước chấm *n.* sauce

nước chè *n.* tea [the drink]

nước cờ *n.* move [in chess]

nước da *n.* complexion

nước dãi *n.* saliva

nước đá *n.* ice

nước đái *n.* urine

nước đái quỉ *n.* ammonia

nước độc *n.* unhealthy climate

nước hoa *n.* perfume

nước kiệu *n.* amble

nước lã *n.* [plain] water

nước lạnh *n.* [cold] water

nước lọc *n.* boiled and filtered water

nước mắm *n.* fish sauce: **Nước mắm**

là gia vị đặc biệt của người Việt. Vietnamese fish sauce is a very special spicy sauce.

nước mặn *n.* salt or sea water

nước mắt *n.* tears

nước miếng *n.* saliva

nước ngoài *n.* foreign country: **Nhiều người Việt ở nước ngoài.** Many Vietnamese are living in foreign countries.

nước ngọt *n.* fresh water

nước nhà *n.* home country

nước non *n.* nation

nước sơn *n.* coat of paint

nước thuỷ triều *n.* tide

nước tiểu *n.* urine

nương **1** *n.* terrace field, farm [of sweet potatoes **khoai**, tea **chè**, mulberry **dâu**, etc.]: **ruộng nương** rice fields; **nương khoai** sweet potatoes field **2** *v.* to lean on, to rely on, to depend on [for support and shelter]: **Cha mẹ nương nhờ con cái khi về già.** Parents depend on children when they get old.

nương náu *v.* to take refuge, to be in hiding

nương tay *v.* to be careful; to treat with consideration

nướng *v.* to roast [meat, corn], to grill, to toast: **nấu nướng** to cook; **nướng bánh** to grill cake

nứt *v.* to crack, to split: **Cái ly bị nứt rồi.** A glass was cracked.

nứt mắt *adj.* newly-hatched, too young

Nữu Ước *n.* New York: **đi thăm thành phố Nữu Ước** to visit New York City

O

o **1** *n.* paternal aunt [father's sister] **2** *n.* young girl: **o con gái** a young girl **3** *v.* to coax, to seduce, to flirt: **o mèo** to flirt

o bế *v.* to flatter; to pamper, to spoil: **o bế ai** to flatter someone

o o *v.* to snore noisily

o oe *v.* [of infant] to cry: **Em bé khóc o oe.** The baby cries "o oe".

ó *n.* eagle

ó *v.* to shout, to boo, to scream: **Nhiều người la ó khi ông ấy đến.** Many people shouted when he first arrived.

oa trữ *v.* to receive [stolen goods], to harbor [criminal]

oà *v.* to break into tears: **khóc oà** to burst into tears

oách *adj.* well-dressed

oạch *n.* thud: **rơi xuống một cái oạch** to fall down with a thud

oai *v., n.* to look stately, imposing; majesty, authority: **Ông ta ra oai với mọi người.** He shows his authority to everyone.

oai hùng *adj.* formidable; prestigious

oai nghi *adj.* majestic; august

oai nghiêm *adj.* stately, imposing, august

oai oái *v.* to cry because of pain

oai quyền *n.* power, authority: **chứng tỏ oai quyền của mình** to show one's power

oai vệ *adj.* stately, imposing

oái oăm *adj.* complicated, intricate; strange; cruel, awkward: **tình cảnh oái oăm** an awkward situation

oải *adj.* tired, worn out: **uể oải** worn out

oan *adj.* condemned or punished unjustly: **vu oan** to accuse unjustly; **chết oan** to die unjustly; **đổ oan** to accuse falsely; **giải oan** to expiate; **chịu oan, bị oan** to be a victim of an injustice; **minh oan** to bring injustice to light; **thác oan** to die unjustly; **vu oan** to libel

oan gia *n.* misfortune, ruin

oan hồn *n.* soul of someone who died a victim of injustice

oan nghiệt *adj.* evil, wicked

oan trái *n.* [Buddhism] debt from previous life, karma derived from bad actions

oan uổng *adj.* unjust, unfortunate

oan ức *adj.* unfair, wrong: **một quyết**

định oan ức an unfair decision

oán v., n. to resent, to bear a grudge against; resentment, hatred: **oán giận/oán hờn** resentment, hatred; **thù oán** to resent; **ân oán** ingratitude and rancor

oán thán v. to complain, to grumble

oán thù v. to resent, to hate: **Bạn không nên gây oán thù với họ.** You shouldn't cause resentment between them.

oán trách v. to complain, to grumble: **oán trách người nào** to complain about someone

oản n. steamed glutinous rice molded into a truncated cone and offered in Buddhist temples: **oản bánh khảo** truncated cone-shaped cookie made of rice flour

oang adj. [of voice] resonant, resounding

oang oang v. to speak loudly

oanh n. oriole: **chim oanh** oriole

oanh kích v. to bomb, to attack with bombs

oanh liệt adj. glorious, famous, heroic, illustrious

oanh tạc v. to bomb: **máy bay oanh tạc** bomber

oanh tạc cơ n. bomber

oành oạch adj. frequent, thudding: **ngã oành oạch** to fall frequently

oằn oại v. [of wounded or suffering person] to squirm, to writhe

oằn tù tì n. one two three [children's game]

oắt adj. [slang] little, small [brat], puny: **oắt con** thin and short, dwarfish

oặt v. to bend, to give away

óc n. [SV **não**] brain, mind: **đầu óc minh mẫn** bright mind; **loạn óc** to be mentally disturbed; **nhức óc** deafening, ear-splitting

óc ách adj. (= **ọc ạch**) flatulent

óc xýt n. oxide: **óc xýt già** peroxide; **óc xýt man-gan già** manganese peroxide

ọc v. to vomit, to throw up; to flow: **Đứa bé bú xong đã ọc ra hết.** The baby threw up everything after sucking milk.

ọc ọc v. to gurgle, to bubble [of water]

oe oe v. [of baby] to cry, to wail: **Em bé khóc oe oe.** The baby cries.

oẹ v. to vomit: **nôn oẹ** to retch

oi adj. sultry, hot and sticky: **Trời oi ả/oi bức.** It is hot and sticky.

oi ả adj. hot and sticky

oi bức adj. hot and muggy

ói v. to have indigestion; to throw up, to vomit

om 1 v. to simmer [fish, shrimps, crab]; to drag out: **om cá** to simmer fish 2 adv. noisily: **Bà ấy la lối om sòm.** She shouted noisily. 3 adj. very dark: **tối om** pitch dark 4 n. [Fr. *ohm*] ohm [in physics]: **om kế** ohmmeter

om sòm adv. noisily: **nói chuyện om sòm** to chat noisily

ỏm adj. noisy, fussy: **cãi nhau ỏm tỏi** to quarrel noisily

ỏn ẻn adj. [of voice] female-like, soft-spoken

ong n. bee: **bầy ong** swarm of bees; **tổ ong** beehive; **mật ong** honey; **sáp ong** beeswax

ong bầu n. wasp

ong bướm n. bees and butterflies; flirtations

ong chúa n. queen bee

ong đất n. wasp

ong đực n. drone

ong mật n. honey bee

ong nghệ n. drone

ong thợ n. worker bee

óng adj. [of fabric] shining, glossy: **óng ả/óng ánh** smooth and shining, glittering

ỏng v. to be potbellied: **ỏng bụng** [of belly] protuberant

õng ẹo v., adj. to walk or behave flirtatiously; unusual and playful: **Cô ấy đi õng ẹo.** She walks in playful steps.

óp adj. meager, not well-filled: **Đừng có mua cua óp.** Don't buy a skinny crab.

ọp ẹp *adj.* [of box, package] flimsy, cranky: **Cái hộp nầy ọp ẹp lắm.** This box is very flimsy.

ót *n.* nape/scruff of the neck

Ô

ô **1** *n.* (= **dù**) umbrella: **che ô** to carry an umbrella over one's head; **xếp ô lại** to close an umbrella; **dương ô** to open an umbrella **2** *n.* compartment, box, case; drawer: **kéo ô tủ ra lấy hồ sơ** to pull out drawers to find files **3** *n.* black: **ngựa ô** black horse **4** *exclam.* Oh! Hey!: **Ô hay! Bạn có ý gì?** Hey! What do you mean?

ô chữ *n.* crossword puzzle: **chơi ô chữ** to work on a crossword puzzle

ô danh *n.* bad reputation: **Những việc làm của ông ta để lại ô danh.** His activities have left him with a bad reputation.

ô hay *exclam.* Well, why!: **Ô hay! sao bạn làm như thế.** Well, why did you do that!

ô hô *exclam.* Alas!

ô hợp *adj.* undisciplined, disorderly, unruly: **đạo quân ô hợp** an undisciplined army

ô kéo *n.* drawer

ô lại *n.* corrupt official

ô mai *n.* apricots [or other small fruits] preserved in salt licorice and ginger

ô nhục *adj.* dishonored, sullied, ignoble: **Ông ta cảm thấy ô nhục vì đã phạm lỗi lầm lớn.** He felt like an ignoramus after he made a big mistake.

ô rô *n.* holly

ô ten *n.* [Fr. *hôtel*] hotel

ô tô *n.* [Fr. *automobile*] auto(mobile), car, vehicle: **Bạn tôi đi ô tô Nhật.** My friend drives a Japanese car.

ô tô buýt *n.* bus: **Tôi đi làm bằng ô-tô-buýt.** I go to work by bus.

ô tô ray *n.* motor-rail

ô trọc *adj.* impure, filthy

ô uế *adj.* filthy, dirty

ố *adj.* spotted, stained, soiled: **áo quần hoen ố** stained clothes

ồ **1** *exclam.* Oh!: **Ồ! Hay quá oh!** Excellent! **2** *v.* to rush, to dash: **cười ồ** to roar with laughter

ồ ạt *v.* [of a crowd] to move fast and impetuously

ổ *n.* nest, brood, litter, pallet, hole; loaf: **ổ chim** bird-nest; **ổ mắt** eye-hole; **một ổ bánh mì** a loaf of bread

ốc *n.* snail; nut, screw; shell-fish: **đinh ốc** screw; **ốc sên** snail; **bún ốc** shell-fish vermicelli soup

ốc bươu *n.* river snail

ốc nhồi *n.* large edible snail: **mắt ốc nhồi** bulging eyes

ốc vặn *n.* helix, screw

ộc *v.* to spew, to gush out, to flow out: **ộc máu ra** to spew blood out

ôi **1** *adj.* [of meat] spoiled, rotten, tainted: **thịt ôi** tainted meat **2** *exclam.* Alas! Oh!: **Chao ôi! Than ôi!** Alas!; **Trời ôi!** Heavens! Oh! my God!

ối **1** *exclam.* oh!: **Ối trời ôi!** Heavens! Help! **2** *adj.* plenty of, many: **Còn ối ra đấy.** There is still plenty of it.

ổi *n.* guava: **quả/trái ổi** guava fruit

ôm *v.* to embrace, to carry in both arms [with **chặt, ghì** tightly]: **Người mẹ ôm đứa con vào lòng.** The mother carries her child in both arms.

ôm ấp *v.* to hug; to cherish, to harbor

ôm bụng *v.* to hold one's sides [with laughter]

ôm chầm *v.* to embrace, to hug tight

ốm *adj.* [SV **bệnh**] sick, ill (= **đau**): **Hôm nay ông ấy bị ốm.** Today he is sick.; to be lean, skinny (= **gầy**): **phát ốm** to become sick; **cáo ốm** to feign illness

ốm liệt giường *v.* to be seriously ill

ốm nặng *v.* to be seriously ill

ốm nghén *v.* to have morning sickness

ốm tương tư *v.* to be lovesick: **Cô ta ốm tương tư.** She is lovesick.

ốm yếu *adj.* thin, weak, feeble

ôn *v.* to review [lessons], to revise: **ôn lại bài để thi** to review one's lessons for an examination

ôn dịch *n.* epidemic; plague

ôn độ *n.* temperature

ôn đới *n.* temperate zone

ôn hoà *adj.* moderate, conciliating

ôn tập *v.* to review [lesson]

ôn tồn *adj.* [of voice, speech] calm, poised: **Bạn nói rất ôn tồn.** Your voice is very calm.

ồn *adj.* noisy: **làm ồn** to make noise

ồn ào *adj.* noisy

ổn *adj.* settled, steady: **ổn định** steady, stable; **yên ổn** peaceful, safe

ổn định *adj.* stable, steady

ổn thoả *adj.* settled or arranged peacefully, satisfactory to all

ông **1** *n.* grandfather; you [used by grandchild to grandfather, first person pronoun being **cháu**]; I [used by grandfather to grandchild, second person pronoun being **cháu**]: **ông nội** paternal grandfather; **ông ngoại** maternal grandfather **2** *n.* gentleman, sir, Mr., you [used for men, first person pronoun being **tôi**]; he [of men over 30]: **Chào ông.** Good morning sir.; **Ông Nam là một người Việt.** Mr. Nam is a Vietnamese.

ông bà **1** *n.* grandparents; Mr. and Mrs. [so and so]: **kính gởi ông bà Nguyễn Văn Nam** to Mr. and Mrs. Nguyen Van Nam **2** *n.* ancestors, forefathers: **thờ cúng ông bà** to worship one's ancestors

ông bụt *n.* Buddha

ông cháu *n.* grandfather and grandchild: **hai ông cháu ông Việt** Mr. Viet and his grandchild

ông công *n.* the kitchen god

ông cụ *n.* father; old gentleman

ông lão *n.* old man

ông ngoại *n.* maternal grandfather

ông nhạc *n.* father-in-law

ông nội *n.* paternal grandfather

ông tổ *n.* ancestor

ông trăng *n.* the moon

ông trời *n.* heavens

ống *n.* tube, pipe, canal; piggy bank: **ống dẫn nước** water pipe; **bỏ ống** to put money in a piggy bank

ống cao su *n.* hose, rubber pipe

ống chân *n.* shin

ống chỉ *n.* spool, reel

ống điếu *n.* smoking pipe [for smoking]

ống khói *n.* smokestack, chimney

ống kính *n.* lens [of a camera]

ống máng *n.* drain pipe, gutter [under the eaves]

ống nghe *n.* stethoscope; earphone

ống nhỏ giọt *n.* dropper

ống nhòm *n.* binoculars, field glasses, opera glasses

ống nhổ *n.* spittoon

ống phóng *n.* spittoon, cuspidor

ống quần *n.* leg of trousers

ống sáo *n.* flute

ống tay áo *n.* sleeve of coat

ống tiêm *n.* syringe [for injections]

ống tiền *n.* piggy bank

ổng *pron.* he, him (= ông ấy)

ốp **1** *v.* to prod, to goad: **ốp ai làm việc gì** to prod someone to do something **2** *v.* to press together: **ốp hai bàn tay lại** to press two hands together

Ở

ở *intj.* Hey!: **Ờ! Việc gì đấy?** Hey! What is the matter?

ở hờ *adj.* indifferent

ờ *intj.* Yes, Yea!: **Bạn đồng ý không? Ờ, tôi đồng ý** Do you agree? Yes, I do

ở **1** *adv.* [SV tại] to be located, at, in, on: **Quyển sách ở trên bàn.** The book is on the table.; **Quyển sách dấu ở trong ngăn kéo.** The book was hidden in the drawer. **2** *v.* to live: **Tôi ở đường Võ Tánh.** I live on Vo Tanh Street.; **Bạn tôi ở Hà Nội.** My friend lives in Hanoi. **3** *v.* to behave: **ở ác với người khác** to behave wickedly to someone ở cũ *v.* to bear a child; to be confined

ở đậu *v.* to stay temporarily: **Tôi ở đậu nhà bạn tôi.** I stay temporarily at my friend's place.

ở đợ *v.* to be a servant

ở không *adj.* idle

ở lại *v.* to stay, to remain: **Ổng ấy ở lại đây vài ngày.** He is staying here for a few days.

ở lỗ *v.* to be naked

ở riêng *v.* to make a separate home

ở trọ *v.* to board, to live in a boarding-house

ở truồng *v.* to be naked

ở vậy *v.* to stay single

ợ *v.* to burp, to belch

ơi *intj.* Hey! Hello!: **Mình ơi! Mình ở đâu?** Hey my darling! Where are you?; **Trời ơi!** Heavens!; **Lâm ơi!** Hey Lam!

ởm ờ *adj.* pretending not to be serious; in a joking manner: **Cô ta ăn nói ởm ờ không ai tin được.** No one believes her because she speaks in a joking/teasing way.

ơn *n.* [SV ân] favor: **làm ơn cho ai** to do someone a favor; **Cảm ơn** Thanks, Thank you; **biết ơn** to be grateful; **chịu ơn** to be indebted to; **đền ơn** to return a favor

ơn huệ *n.* favor

ơn nghĩa *n.* favor, benefit, blessing

ớn *v.* to be sick of: **Tôi ớn món xôi rồi.** I am getting sick of sticky rice.

ớt *n.* chilli, red pepper: **tương ớt** chilli sauce: **Bạn ăn tương ớt được không?** Can you take chilli sauce?

P

pha **1** *v.* to mix; to prepare, to make: **pha trà** to make tea; **pha cà phê** to make coffee **2** *adj.* all-purpose, miscellaneous: **làm pha nhiều việc** to do miscellaneous work **3** *n.* [Fr. *phare*] phase, stage: **dòng điện ba**

pha three-phase electricity **4** *n.* [Fr. *phare*] headlight, searchlight: **đèn pha** high beam carlight [*opp.* **cốt**]

pha lê *n.* crystal: **một bộ ly pha lê** a set of crystal glasses

pha trò *v.* to clown, to joke, to make jokes: **Ông ấy cứ pha trò suốt ngày.** He makes jokes all the time.

pha trộn *v.* to mix: **pha trộn xi-măng và cát** to mix cement and sand

phá *v.* to destroy, to demolish; to disturb, to bother: **phá nhà cũ để xây nhà mới** to demolish an old house in order to build a new one; **Tôi đang làm việc, đừng phá tôi.** I am working, don't disturb me.

phá án *v.* to annul/void a verdict

phá bỉnh *v.* to play a dirty trick

phá đám *v.* to disturb, to be a joy killer, to sabotage

phá giá *v.* to set a price war; to devaluate: **phá giá đồng bạc Việt Nam** to devaluate the Vietnamese currency

phá giới *v.* to violate religious commandments

phá hoại *v.* to destroy, to sabotage: **công tác phá hoại** demolition operation

phá huỷ *v.* to destroy: **Cơn bão tuần rồi phá huỷ hàng ngàn ngôi nhà.** Last week's thunderstorm destroyed thousands of houses.

phá kỷ lục *v.* to break a [previous] record

phá ngang *v.* to stop going to school, to abandon one's work

phá phách *v.* to devastate, to plunder

phá quấy *v.* to disturb the peace

phá sản *v.* to become bankrupt: **Ông ấy bị phá sản vì làm ăn buôn bán lỗ.** He went bankrupt because his business suffered losses all the time.

phá thai *v.* to have an abortion

phá trinh *v.* to deflower

phá vỡ *v.* to break through

phà *n.* ferry: **đi phà** to take a ferry

phác **1** *v.* to reek, to breathe **2** *v.* to sketch; to outline: **phác thảo một kế hoạch** to outline a plan phác hoạ v. to sketch, to outline: **phác hoạ một toà nhà cao ốc** to sketch a building plan

phách **1** adj. bossy, boastful, haughty: **làm phách** to be boastful **2** n. manner, way: **Mỗi người một phách.** Everyone has his own mannerism. **3** n. detachable section, upper part of examination paper bearing examinee's name: **rọc phách** to cut off the detachable section of an examination paper

phạch n. whack [noise of fans, sails, etc.]

phai v. to fade; to fade away: **Áo bạn đã phai nhạt màu.** The color of your shirt has faded.

phái **1** n. branch, faction, wing, party: **tả phái** left wing; sect; **giáo phái** sect; **phe phái** faction; **đảng phái** parties, partisan **2** v. to delegate, to send someone to do something

phái bộ n. mission

phái đoàn n. mission, delegation: **phái đoàn ngoại giao** diplomatic mission; **phái đoàn thương mại** trade mission; **trưởng phái đoàn** chief delegate

phái nữ n. female sex

phái viên n. envoy; correspondent: **đặc phái viên của ABC** special correspondent of ABC [a U.S. or Australia TV station]

phải **1** v. to have to; must, should, ought to: **Mọi người phải tuân theo pháp luật.** Everyone has to obey the law.; **Con cái phải vâng lời cha mẹ.** Children ought to listen to their parents. **2** adj. right [opp. **trái**]: **tay phải** right hand; **làm điều phải** to do the right thing **3** adj. correct [opp. **sai**]; All right; Yes: **trả lời phải** correct answer; **Phải không?** Is that correct?

phải biết adv. extremely, truly: **đẹp phải biết** extremely beautiful

phải cách adj., n. proper, decent; right way, correct method

phải chăng adj. reasonable: **Tôi mua cái nhà của tôi với giá phải chăng.** I bought my house at a reasonable price.

phải đạo adj. conformable doing a duty

phải đòn v. to get a spanking

phải gió v. to catch cold; to be naughty: **Cái anh nầy phải gió!** How naughty you are!

phải không adv. [tag question words ending equivalent to "is it?," "isn't it?," "are you?," "aren't you?," "does it?" etc.]: **Bạn là người Việt, phải không?** You are Vietnamese, aren't you?

phải lòng v. to fall in love with: **Anh ấy phải lòng cô ta.** He is falling in love with her.

phải rồi adj. quite right, that is it: **Phải rồi, tôi đồng ý với bạn.** Quite right, I agree with you.

phải trái adj. right and wrong

phàm **1** adv. as, being, generally speaking: **Phàm là người, ai cũng có lần lầm lỗi.** As human beings, everyone makes mistakes sometimes. **2** adj. to be coarse, rude: **người phàm ăn** a rough eater

phàm lệ n. common sense; foreword

phàm phu n. ordinary man, philistine

phàm trần n. this world

phàm tục n. common custom

phạm **1** v. to violate, to break: **phạm luật đi đường** to break traffic regulations **2** v. to commit, to make: **phạm tội** to commit an offense; **phạm lỗi** to make a mistake

phạm nhân n. convict, prisoner

phạm pháp v. to break the law

phạm phòng v. to become sick after having sexual intercourse

phạm thượng v. to be impolite to superiors

phạm trù n. category, field

phạm vi n. sphere, domain, field, scope, competence

phán v. [of kings, superiors] to order, to command

phán đoán v. to judge

phán quyết *v.* to decide, to make a decision

phàn nàn *v.* to complain, to grumble: **Bà ấy thường phàn nàn bạn hoài.** She often complains about you.

phản **1** *n.* wooden bed, camp bed **2** *v.* to be disloyal to; to betray: **lừa thầy phản bạn** to deceive one's teacher and betray one's friend

phản ánh *v.* to reflect; to inform, to report: **báo chí phản ánh đời sống hàng ngày** media report on daily living

phản bội *v.* to betray

phản cách mạng *adj.* anti-revolutionary, counter-revolutionary

phản chiếu *v.* to reflect: **sự phản chiếu toàn phần** total reflection

phản chứng *n.* counter-evidence

phản công *v.* to counter-attack, to engage in a counter-offensive

phản cung *v.* [of criminal or suspect] to contradict oneself, to retract one's statement

phản dân chủ *adj.* anti-democratic

phản đế *adj.* anti-imperialist

phản đề *n.* antithesis

phản đề nghị *n.* counter-proposal

phản đối *v.* to oppose, to object, to be against: **Công đoàn phản đối việc tăng lương 2 phần trăm, họ đòi năm phần trăm.** The union rejects a two percent salary increase; they are asking for five percent.

phản động *adj.* reactionary

phản gián *v.* to carry out counter-intelligence

phản gián điệp *n.* counter-espionage, counter-spy

phản hồi *v.* to go back, to return to

phản kháng *v.* to protest [against], to oppose: **Họ phản kháng đề nghị của hội đồng thành phố.** They protested against the proposal of the city council.

phản loạn *n., v.* rebellion; to rebel, to revolt

phản lực *n.* counter-reaction: **máy bay phản lực** jet plane

phản nghịch *adj.* rebellious

phản phúc *adj.* treacherous

phản quốc *v.* to betray one's nation: **tên phản quốc** traitor, quisling

phản tặc *n.* rebel

phản trắc *v.* to betray

phản ứng *v., n.* to react; reaction

phản xạ *v., n.* to reflect; reflection

Phạn **1** *n.* Sanskrit, Pali: **kinh chữ phạn** a Sanskrit book of prayers **2** *n.* cooked rice (= **cơm**)

phạn điếm *n.* inn, restaurant, eatery

Phạn ngữ *n.* Sanskrit, Pali

phang *v.* to hit hard with a long stick, to whack

phảng phất *v., adj.* [of thoughts, memories] to flit by, to linger, to waft; vague, dim

phanh **1** *v.* to open up, to dissect [corpse **thây**], to unbutton [shirt **áo**]: **phanh áo ra** to unbutton one's shirt **2** *v.* (= **thắng**) [Fr. *frein*] to brake: **bóp phanh/hãm phanh** to apply the brake; **phanh tay** hand brake; **Cái phanh này không ăn.** This brake doesn't work.

phanh ngực *v.* to bare one's chest

phanh phui *v.* to reveal, to expose

phanh thây *v.* to kill someone violently with a knife [criminal]

phành phạch *v.* to flop [fan and the like] noisily

phao **1** *n.* life buoy, life saver; float: **mang phao vào khi lên tàu** to put on a life saver while in a boat **2** *n.* oil container in a lamp **3** *v.* to spread [news, rumor], to circulate: **phao tin nhảm** to circulate false rumors

phao khí *v.* to give up, to forgo, to relinquish

phao phí *v.* to waste, to squander: **phao phí thì giờ** to waste time

pháo **1** *n.* firecracker: **đốt pháo** to set off fire-crackers **2** *n.* artillery gun

pháo binh *n.* artillery man

pháo bông *n.* firework: **đi xem pháo bông** to watch the fireworks

pháo cối *n.* big firecracker

pháo đài *n.* fort, fortress, stronghold, bulwark: **pháo đài bay** rocket fortress

pháo đội *n.* battery; squad

pháo hạm *n.* gunboat

pháo thủ *n.* artillery man

pháp *n.* (= phép) rule, law: **hợp pháp** legal; **bất hợp pháp** illegal, unlawful; **công pháp** public law; **cú pháp** syntax; **hình pháp** criminal law; **hiến pháp** constitution; **lập pháp** legislative; **phạm pháp** to break the law; **phi pháp** illegal, unlawful; **hành pháp** executive; **tư pháp** judiciary

Pháp *n.* France: **người/tiếng Pháp** French

pháp chế *n.* legislation, legal system

pháp danh *n.* religious name of a Buddhist

pháp đình *n.* court, tribunal: **tối cao pháp đình** the Supreme Court

pháp định *v., adj.* to go by the law; legal: **cơ quan pháp định** a legal organization

pháp lệnh *n.* law and order

pháp luật *n.* laws, the law

pháp lý *n.* law, legal

Pháp ngữ *n.* French [spoken language]

pháp nhân *n.* juror

Pháp quốc *n.* France

Pháp tịch *n.* French citizenship, French nationality

pháp trường *n.* execution ground

Pháp văn *n.* French [written language]

pháp viện *n.* court, tribunal: **tối cao pháp viện** the Supreme Court

Pháp Việt *n.* Franco-Vietnamese

phát **1** *v.* to distribute; to emit, to utter: **phát bài học cho học sinh** to distribute lessons to students; **phát khói** to emit smoke **2** *v.* to start, to break out; to become: **phát cáu** to become angry; **phát điên** to get mad **3** *n.* shot, injection: **một phát súng** a gunshot; **một phát tiêm** an injection, a shot **4** *v.* to slap, to spank: **phát vào mông ai** to spank someone's bottom **5** *v.* to cut/trim, to scythe

phát âm *n.* to pronounce: **phát âm tiếng Việt** to pronounce Vietnamese; **điểm phát âm** point of articulation

phát âm học *n.* articulatory phonetics

phát biểu *v.* to express opinions; to make a speech

phát cáu *v.* to get angry

phát chẩn *v.* to give alms

phát dục *v.* to grow, to develop

phát đạt *v.* to prosper, to thrive

phát điện *v.* to generate electricity: **máy phát điện** generator

phát động *v.* to begin a movement; to mobilize

phát giác *v.* to reveal, to disclose, to uncover [a plot, secret]

phát hành *v.* to publish, to issue, to distribute: **phát hành sách** to distribute books; **nhà phát hành** distributor

phát hiện *v.* to discover; to excavate

phát hoả *v.* to catch fire; to open fire

phát huy *v.* to develop; to manifest

phát khiếp *adj.* terrified

phát mại *v.* to put up for sale

phát minh *v., n.* to discover, to invent; invention

phát ngôn nhân *n.* (= phát ngôn viên) spokesman: **phát ngôn viên bộ ngoại giao** a spokesman of the Ministry of Foreign Affairs

phát nguyên *v.* [of river] to rise; to originate: **Sông Cửu Long phát nguyên từ Trung Hoa.** The Mekong River originates in China.

phát nguyện *v.* to make a vow

phát phì *v.* to get fat

phát sinh *v.* to produce, to create; to be born

phát tài *v.* to get rich, to become wealthy, to prosper

phát thanh *v.* to broadcast: **đài phát thanh** broadcasting station; **máy phát thanh** radio transmitter

phát thệ *v.* to swear, to vow

phát tích *v.* to originate, to rise up

phát tiết *v.* to come out, to appear

phát triển *v.* to develop, to expand: **Việt Nam cần phát triển công nghiệp**

nặng. Vietnam should develop its heavy industry.

phát xít *n., adj.* [Fr. *fasciste*] fascism; fascist

phát xuất *v.* to originate, to spring, to start

phạt **1** *v.* to cut down, to prune: **phạt cành cây** to cut down the branches of a felled tree **2** *v.* to punish; to penalize, to fine: **tiền phạt** fine; **nộp phạt** to pay the fine; **trừng phạt** to punish; **biên phạt** to give a ticket to; **hình phạt** punishment

phạt góc *v.* to be penalized with a corner-kick

phạt vạ *v.* to punish by a fine

phau *adj.* very white, spotless: **trắng phau** white as snow

phắc tuya *n.* [Fr. *facture*] invoice, bill

phăng *adj.* straight away, immediately: **Sao anh không đi phăng lên Đà Lạt?** Why don't you go to Dalat straight away?

phăng phắc *adj.* completely silent

phẳng *adj.* level, even; smooth, calm, quiet: **hình học phẳng** plane geometry; **mặt phẳng** plane; **sòng phẳng** square, honest [in transactions]

phẳng lặng *adj.* calm, quiet, peaceful

phẳng lì *adj.* very smooth, even, flat

phẳng phiu *adj.* even, level, smooth

phắt *v., adv.* to act right away; at once, immediately: **đứng phắt dậy** to stand up immediately

phẩm *n.* dye; ink

phẩm bình *v.* to criticize; to comment

phẩm cách *n.* human dignity: **giữ gìn phẩm cách** to preserve one's dignity

phẩm chất *n.* quality: **bảo đảm phẩm chất tốt** a good quality insurance

phẩm giá *n.* dignity

phẩm hàm *n.* grade, rank

phẩm hạnh *n.* good behavior

phẩm loại *n.* class, kind, type

phẩm phục *n.* mandarin's costume

phẩm vật *n.* articles, items, things

phân **1** *n.* a hundredth; centimeter, centigram, percent [of interest]: **lãi năm phân** five percent interest; **bách phân** percentage; **thập phân** decimal **2** *n.* excrement, dung, night soil, manure: **phân bón** fertilizer; **bón phân** to use fertilizer on soil **3** *v.* (= chia) to divide: **phân khúc vải nầy thành ba phần** to divide this fabric into three parts

phân ban *n.* sub-committee; section, sub-department

phân bày *v.* to explain

phân bì *v.* to compare enviously

phân biệt *v.* to distinguish, to discriminate: **Chúng ta cần phân biệt phải trái.** We should distinguish between right and wrong.

phân bố *v.* to distribute, to dispose: **Phân bố hàng hoá đồng đều cho mọi người.** to distribute goods equally to everyone

phân bua *v.* to justify oneself, to excuse oneself

phân cách *v.* to separate

phân cấp *v.* to decentralize, to delegate powers to lower levels

phân chia *v.* to divide up: **phân chia tài sản** to divide up one's property

phân công *v.* to divide up the work, to assign work: **phân công cho nhân viên** to assign work for employees

phân cục *n.* sub-branch office, sub-department

phân cực *v.* to polarize

phân định *v.* to classify

phân giải *v.* to mediate; to explain, to solve, to consolidate: **phân giải sự bất đồng giữa hai người** to mediate between two persons in conflict

phân giới *v., n.* to demarcate; demarcation

phân hạng *v.* to classify

phân hoá *v.* to split

phân hội *n.* association branch

phân khoa *n.* faculty, college, school [within a university]: **phân khoa giáo dục** school of education

phân loại *v.* to classify

phân ly *adj., v.* separated; to part

phân minh *adj.* clear, clear-cut, concise

phân nhiệm *v.* to divide responsibilities

phân nửa *num.* half: **Phân nửa công nhân trong nhà máy nầy là phụ nữ.** Half of the workforce at this factory is female.

phân phát *v.* to distribute: **phân phát thực phẩm cho người nghèo** to distribute food to poor people

phân phối *v.* to distribute, to allocate: **Cuốn từ điển nầy sẽ được phân phối khắp trên thế giới.** This dictionary will be distributed all over the world.

phân quyền *v.* to decentralize

phân số *n.* fraction, rate [of interest, etc.]

phân suất *n.* percentage [of moisture, commission]; amount, percent, rate [of interest]

phân tách *v.* to analyze

phân tán *v.* to scatter, to disperse

phân tâm *adj.* undecided

phân tích *v.* to analyze

phân tranh *v.* to be in conflict, to clash, to quarrel

phân trần *v.* to explain one's intentions

phân tử *n.* molecule

phân ưu *v.* to share sorrow, to convey one's sympathy [to a bereaved person]

phân vân *v., adj.* to be undecided; perplexed

phân xử *v.* to arbitrate, to settle

phân xưởng *n.* workshop

phấn **1** *n.* powder [for face, body]: **đánh phấn** to powder one's face; **trát phấn** to use too much make up; **đánh son phấn** to make up **2** *n.* pollen: **phấn ngô** maize pollen **3** *n.* chalk: **một cục phấn** a piece of chalk

phấn đấu *v.* to struggle with enthusiasm, to strive

phấn hoa *n.* pollen: **dị ứng phấn hoa** pollen allergy

phấn khởi *v.* to be encouraged; to feel enthusiastic: **Họ rất phấn khởi làm việc ở đây.** They are encouraged to work here.

phấn sáp *n., v.* cosmetics; to make up

phấn son *n.* powder and lipstick, cosmetics: **cửa hàng phấn son** cosmetics department

phần *n.* part, portion, share: **chia làm niều phần** to divide into many parts; **cổ phần** share, stock

phần đông *adv.* most, the majority of: **Phần đông người Mỹ thích đi du lịch.** The majority of Americans like to travel.

Phần Lan *n.* Finland, Finnish

phần mộ *n.* tomb, grave

phần nhiều *adv., adj.* most, the majority of, mostly, generally

phần thưởng *n.* prize, award: **lễ phát phần thưởng** prize/award ceremony

phần trăm *n.* percentage, commission: **Bạn sẽ ăn phần trăm cho hàng bán được.** You will get a commission for a successful sale.

phần tử *n.* element

phẫn *n.* excrement, feces

phẫn chí *v.* to be bitterly disappointed

phẫn nộ *v.* to be angry, to be furious

phẫn uất *v.* to be angry at an injustice

phận *n.* condition, status, fate, lot, plight (= phần); **số phận** fate, destiny; **an phận** to be content with one's lot; **danh phận** fame, renown; **duyên phận** fate in marriage

phận sự *n.* duty, function: **thi hành phận sự** to carry out one's duty

phận vị *n.* position, status

phấp phỏng *v.* to be flustered, to be restless because of worry

phấp phới *v.* [of flags **cờ**, banner **biểu ngữ**, sails **buồm**] to flutter, to wave: **Những lá cờ đang phất phới trong gió.** Flags are fluttering in the wind.

phập phồng *v.* to be worried; to throb

phất **1** *v.* to wave; to brush away: **phất cờ** to wave flags **2** *v.* to prosper in business, to become rich

phất phơ *v.* to wander, to loiter about; to waver

phất trần *n.* feather duster

Phật *n.* Buddha: **Phật tử** Buddhist; **đạo Phật** Buddhism; **niệm Phật** to pray to Buddha; **Phật đản** Buddha's birthday

Phật giáo *n.* Buddhism

Phật học *n.* studies in Buddhism

Phật lăng *n.* [F. *franc*] French franc

Phật tổ *n.* Buddha

Phật tử *n.* Buddhist: **Phần lớn người là Phật tử.** The majority of Vietnamese are Buddhists.

phẫu thuật *n.* surgery: **giải phẫu** to have an operation

phẩy **1** *v.* to brush lightly with one's finger; to fan off gently **2** *n.* comma: **dấu phẩy** comma

phe *n.* faction, side, sect: **về phe với ai** to take sides with someone; **phe cánh** faction; **phe đảng** partisan

phe phẩy *v.* to wave [fan, etc.] lightly

phè *v., adv.* to be satiated; excessively: **chán phè** to be excessively dull

phè phỡn *v.* to be satiated, to over-indulge

phen *n.* time, turn, chance, occasion: **đôi phen** sometimes, now and then; **nhiều phen/lắm phen** many times

phèn chua *n.* alum

phèn đen *n.* iron sulfate

phèn phẹt *adj.* flat and round [of face]

phèn xanh *n.* copper sulfate

phèng la *n.* gong

phép *n.* [SV **pháp**] rule, custom, usage, method; permission, authorization; magical power: **lễ phép** politeness; **xin phép** to ask permission; **cho phép** to permit, to allow; **được phép** to have permission; **giấy phép** permit

phép chia *n.* division

phép cộng *n.* addition

phép cưới *n.* civil marriage

phép lạ *n.* miracle

phép mầu *n.* miracle

phép nhà *n.* family's rule of conduct

phép nhân *n.* multiplication

phép rửa tội *n.* Christening

phép tắc *n.* rules, regulations; politeness, courtesy

phép trừ *n.* subtraction

phét *v.* to boast, to brag: **nói phét** to tell tall tales, to tell a lie

phét lác *v.* to boast, to brag

phê *v.* to initial, to sign [to express, either approval or disapproval], to pass on, to mark [student papers]; to criticize, to comment

phê bình *v.* to criticize, to review: **nhà phê bình văn học** literature critic

phê chuẩn *v.* to approve, to ratify, to accept [treaty]: **phê chuẩn dự án** to approve a project

phế *v.* to abandon; to remove from office: **truất phế** to remove from a position, to dethrone

phế binh *n.* war invalid

phế bỏ *v.* to abolish, to nullify

phế đế *n.* dethroned emperor

phế hưng *n.* decadence and prosperity

phế nang *n.* alveolus

phế nhân *n.* invalid; disabled person

phế phẩm *n.* substandard products, second-hand products

phệ *adj.* fat, obese, pot-bellied

phếch *adj.* very white, bleached

phên *n.* bamboo wattle, bamboo lattice used as a partition

phềnh *v.* to swell up, to be distended

phềnh bụng *adj.* full [from eating] or big with child

phệnh *adj.* big and fat; **ông phệnh** pot-bellied figurine

phết **1** *n.* comma: **dấu phết** comma [,] **2** *v.* to spread: **phết hồ** to spread glue

phệt *v., adj.* sitting on the ground; plump

phễu *n.* funnel: **rót dầu vào chai bằng phễu** to use a funnel to pour oil into bottles

phi **1** *v.* to fry [onions], to brown: **phi hành** to fry onions **2** *n.* Africa: **châu Phi/Phi châu** Africa; **Phi Luật Tân** the Philippines; **Bắc Phi** North Africa; **Nam Phi** South Africa; **Hội nghị Á Phi** the Afro-Asian Conference **3** *v.* to fly (= **bay**); to gallop **4** *n.* imperial concubine

phi cảng *n.* airport: **phi cảng Tân Sơn Nhất** Tan Son Nhat Airport

Phi châu *n.* Africa

phi chiến *adj.* demilitarized: **vùng phi chiến** demilitarized zone

phi công *n.* pilot

phi cơ *n.* airplane: **thuỷ phi cơ** seaplane; **phi cơ oanh tạc** bomber

phi đạn *n.* missile, rocket

phi đĩnh *n.* airplane, airship

phi đội *n.* squadron, flight, crew

phi hành *n.* flight, navigation

phi lao *n.* sea pine

phi lộ *n.* foreword

Phi Luật Tân *n.* the Philippines: **người Phi Luật Tân** Filipino

phi lý *adj.* illogical

phi nghĩa *adj.* dishonest, disloyal; ill-gotten, ill-acquired

phi phàm *adj.* uncommon, unusual

phi pháp *adj.* illegal, unlawful: **Lái xe không có bằng là phi pháp.** Driving a car without a license is illegal.

phi tang *v.* to destroy the evidence

phi tần *n.* imperial concubines

phi thường *adj.* unusual

phi trường *n.* airport

phí *v.* to waste, to squander [money **tiền**, time **thì giờ**, efforts **công**]: **hoang phí** to squander; **phung phí** to waste

phí phạm *v.* to be extravagant, to waste

phí tổn *n.* cost, expense, expenditure: **phí tổn ăn ở** accommodation expenditure

phì 1 *adj.* fat (= **béo**): **phát phì** to become fat **2** *v.* to puff, to go forth: **phì cười** to burst out laughing

phì nhiêu *adj.* [of land] fertile, rich: **ruộng phì nhiêu** fertile fields

phì nộn *adj.* corpulent, fat

phì phà phì phèo *v.* See **phì phèo**

phì phèo *v.* to huff and puff

phì phị *adj.* chubby, fat

phỉ 1 *v.* to slander, to defame: **phỉ nhổ** to insult **2** *adj.* satisfied; content:

phỉ dạ, phỉ lòng to satisfy oneself **3** *n.* bandit: **thổ phỉ** local bandits

phỉ báng *v.* to slander, to defame

phỉ dạ *v.* to satisfy oneself

phỉ nguyền *v.* to fulfill one's wishes

phỉ nhổ *v.* to spit at

phỉ sức *v.* to come to one's full strength/capacity

phị *adj.* [of face, cheeks] chubby, bloated

phía *n.* direction, cardinal point, side: **bốn phía, tứ phía** all directions

phích *n.* [Fr. *filtre*] thermos bottle

phịch *adv.* thud

phiếm *adj.* [of talk] idle, aimless: **chuyện phiếm** gossips

phiếm luận *v.* to expatiate in a humorous way

phiếm thần *n.* pantheist

phiên *n.* turn, time; session: **phiên họp** meeting; **thay phiên nhau, luân phiên** to take turns, to rotate; **Đến phiên ai?** Whose turn?

phiên âm *v.* to transcribe phonetically: **dấu/ký hiệu phiên âm** phonetic symbol

phiên chợ *n.* market day

phiên dịch *v.* to translate

phiên dịch viên *n.* translator

phiên phiến *adj.* careless, not too particular, cursory

phiến *n.* slab, block, sheet: **phiến đá** a slab of stone

phiến diện *adj.* unilateral, one-sided

phiến động *v.* to stir to violence; to rebel, to revolt

phiến loạn *v.* to rebel, to revolt

phiến quân *n.* rebels

phiền *v.* to bother, to annoy, to disturb, to trouble; to be sad, to be worried: **Ông ấy phiền con cái quá.** He is worried about his children.

phiền hà *v., n.* to bother, to disturb; trouble: **tránh phiền hà** to avoid troubles

phiền muộn *v.* to be sad, to be grieved

phiền não *v.* to be grieved, to be afflicted

phiền nhiễu *v.* to annoy, to bother

phiền phức *adj.* complicated, difficult, troublesome

phiền toái *adj.* complicated, trouble-some

phiêu *v.* to drift, to float

phiêu bạt *v.* to drift away, to wander, to live a vagabond life: **cuộc đời phiêu bạt** a wandering life

phiêu lưu *v.* to wander, to venture

phiếu 1 *n.* ballot, vote: **đi bỏ phiếu** to go to the polls; **thùng phiếu** ballot-box **2** *n.* ticket, banknote, note, card, pass, voucher, order, coupon: **bưu phiếu** money order; **phiếu ăn trưa** a lunch voucher

phim *n.* [Fr. *film*] film, movie: **quay phim** to make a film; **máy quay phim** a movie camera; **một cuộn phim** a roll of film [for camera]; **chiếu phim** to show a movie

phim câm *n.* silent movies

phim chính *n.* main feature

phim màu *n.* color films or movies

phim nói *n.* talking movies

phim nổi *n.* 3-D movies

phim tài liệu *n.* documentary film

phim thời sự *n.* newsreel

phím *n.* fret, key [on banjo, guitar, etc.]

phin *n.* coffee filter

phinh phính *adj.* See phính

phính *adj.* chubby, plump, fat [of cheeks]: **má phính** fat cheeks

phình *v.* to swell

phỉnh *v.* to coax; to cheat: **phỉnh ai làm việc gì** to coax someone to do something

phỉnh phờ *v.* to coax

pho *n.* set, unit, volumes [book]: **một pho sách** a set of books; **một pho tượng** a statue

pho mát *n.* cheese

phó 1 *n.* assistant, vice, deputy, second: **phó giám đốc** deputy director; **phó tổng thống** vice-president **2** *v.* to entrust: **Ông ấy phó việc nhà cho vợ.** He entrusts his family affairs to his wife.

phó bản *n.* duplicate copy

phó bảng *n.* doctor's degree at second grade [a pass grade]

phó chủ tịch *n.* vice-chairman, vice-president

phó đô đốc *n.* vice-admiral

phó giám đốc *n.* assistant director

phó hội trưởng *n.* vice-president of society/association

phó lãnh sự *n.* vice-consul

phó mát *n.* [Fr. *fromage*] cheese

phó thác *v.* to entrust

phó mặc *v.* to entrust completely, to leave someone alone

phó thủ tướng *n.* Deputy Prime Minister

phó tiến sĩ *n.* Master degree [of Arts, Sciences]

phò *v.* to escort, to assist, to support; to serve [king]

phò tá *v.* to support, to aid

phong 1 *v.* to bestow, to confer a title; to appoint: **Bạn tôi được phong làm phó giám đốc.** My friend was appointed deputy director. **2** *n.* leprosy: **bệnh phong** leprosy **3** *n.* wind (= gió): **cuồng phong** furious wind/gale

phong ba *n.* storm, vicissitudes

phong bì *n.* envelope: **phong bì cỡ nhỏ** a small-size envelope

phong cách *n.* style; gait: **phong cách diễn đạt** a style of expression

phong cảnh *n.* landscape, scenery: **Việt Nam có nhiều phong cảnh đẹp nổi tiếng.** Vietnam has many well-known beautiful landscapes.

phong cầm *n.* organ [musical instrument]

phong dao *n.* folk song

phong độ *n.* behavior, manners, attitude: **giữ phong độ một người trí thức** to preserve the manners of an intellectual

phong hoá *n.* customs and morals

phong kiến *adj.* feudal: **chế độ phong kiến** feudalism

phong lan *n.* orchid

phong lưu *adj.* well-off financially; well-mannered

phong nhã *adj.* refined, distinguished, elegant

phong phanh *adj.* dressed scantily [clearly not enough]

phong phú *adj.* rich, abundant

phong quang *adj.* spacious, clean

phong sương *adj.* experienced hardship: **cuộc đời phong sương** an experienced and hard life

phong thấp *n.* rheumatism

phong thổ *n.* climate: **quen thuộc thuộc phong thổ** to be familiar with the climate

phong thuỷ *n.* feng shui

phong tình *adj.* amorous; [of disease] venereal

phong toả *v.* to block, to sanction

phong trào *n.* movement [literary or social]

phong trần *n.* adversity, hardship

phong tục *n.* customs

phong vũ biểu *n.* barometer

phóng 1 *v.* to let go, to let out, to enlarge [picture, photo], to blow up, to free: **phóng chim** to free birds; **phóng hình** to enlarge photos 2 *v.* to throw, to launch [javelin **lao**; missile, rocket **hoả tiễn**; satellite **vệ tinh**]: **phóng hoả tiễn** to launch a missile

phóng đại *v.* to enlarge; to exaggerate

phóng đãng *v., adj.* to have loose morals, dissolute

phóng hoả *v.* to set fire

phóng khoáng *adj.* liberal

phóng pháo *n.* to drop or release bombs: **phi cơ phóng pháo** bomber

phóng sinh *v.* to set free animals; to abandon

phóng sự *n.* news report

phóng thanh *v.* to broadcast by loudspeaker

phóng thích *v.* to release, to free: **phóng thích tù nhân** to release prisoners

phóng túng *adj.* free, loose: **sống cuộc đời phóng túng** to live a free life

phóng uế *v.* to defecate

phóng viên *n.* newsman, correspondent, reporter

phóng xạ *adj.* radio-active; **bụi phóng xạ** radio-active dust

phòng 1 *n.* room, chamber; office, hall (= **buồng**); **thư phòng** study room; **văn phòng du lịch** tourism office; **phòng triển lãm** exhibition hall 2 *v.* to ward off, to guard against, to prevent: **Phòng bệnh hơn chữa bệnh.** Prevention is better than cure.

phòng ăn *n.* dining room

phòng bị *v.* to prevent, to guard against, be vigilant

phòng chưởng khế *n.* notary's office

phòng đọc sách *n.* reading room

phòng giấy *n.* office

phòng hoả *n.* fire prevention

phòng học *n.* classroom, study room

phòng khách *n.* living room

phòng ngủ *n.* bedroom

phòng ngự *v.* to defend

phòng ngừa *v.* to prevent

phòng tắm *n.* bathroom, shower room

phòng thân *v.* to defend oneself, to protect oneself

phòng thí nghiệm *n.* laboratory

phòng thủ *v.* to defend: **phòng thủ chung** collective defense; **phòng thủ thụ động** civil defense, passive defense; **hiệp ước phòng thủ** defense treaty

phòng thương mại *n.* chamber of commerce

phòng trà *n.* tea room; club

phòng tuyến *n.* defense line

phòng vệ *v.* to defend, to guard

phòng xa *adj., v.* farsighted; to prepare for all contingencies

phỏng 1 *v.* to estimate, to be about, to be approximate: **phỏng chừng bao nhiêu** to estimate the cost/quantity 2 *adj.* to be swollen; to be burned 3 *v.* to imitate, to follow, to copy, to adapt: **phỏng theo cuốn tiểu thuyết của Shakespeare** to adapt Shakespeare's novel

phỏng dịch *v.* to translate roughly

phỏng đoán *v.* to guess, to conjecture

phỏng vấn *v.* to interview: **phỏng vấn ai** to interview someone

phọt *v.* to spurt out, to gush out, to squirt: **Máu phọt ra từ vết thương.** Blood spurted out from the wound.

phô *v.* to display, to show off

phô bày *v.* to display, to show off

phô trương *v.* to display, to show off

phố *n.* street; house, apartment; **đường phố** the streets; **ra phố** to go out, to go downtown

phố phường *n.* streets and districts [where members of the same guild used to live together], shopping center

phố xá *n.* shopping center

phổ *v.* to re-write: **phổ nhạc một bài thơ** to set/re-write a poem to music

phổ biến *v.* to popularize, to publicize

phổ cập *v.* to popularize, to universalize, to make compulsory for everyone: **phổ cập giáo dục** to make education compulsory for everyone

phổ thông *adj.* common, popular, general, universal: **phổ thông đầu phiếu** general election; **giáo dục phổ thông** general education

phôi *n.* embryo

phôi pha *v.* to fade, to lose freshness

phôi thai *adj.* embryonic, budding

phối cảnh *n.* perspective: **phép phối cảnh đường thẳng** linear perspective; **vẽ theo cách phối cảnh** to draw in perspective

phối hợp *v.* to combine; to co-ordinate

phối trí *v.* to co-ordinate, to organize

phổi *n.* [SV **phế**] lung: **cuống phổi** bronchus; **nang phổi** alveolus; **màng phổi** pleura

phồn hoa *adj.* bustling, lively

phồn thịnh *adj.* prosperous

phông *n.* [Fr. *fond*] background, setting [on the stage]; scenery, scene

phổng *v.* to swell up, to puff up

phỗng **1** *n.* idol, statue, statuette, figurine **2** *v.* to swipe, to take over [slang]

phốp pháp *adj.* plump, burly

phốt *n.* [Fr. *faute*] mistake

phốt phát *n.* [Fr. *phosphate*] phosphate

phốt pho *n.* [Fr. *phosphore*] phosphorus

phơ *adj.* [of hair] to be hoary, snow white

phờ *adj.* very tired, worn out, exhausted

phở *n.* noodle soup served with beef, chicken, etc.: **Bạn thích ăn phở gì?** What kind of Vietnamese noodle soup do you prefer?

phơi *v.* to dry in the sun or wind, to expose to the sun: **phơi quần áo** to dry clothes in the sun

phơi bày *v.* to expose, to display

phơi phới *adj.* slightly excited

phơn phớt *adj.* [of color] very light, pale

phớt **1** *n.* [Fr. *feuture*] felt: **mũ phớt** a felt hat **2** *v.* to touch or stroke lightly

phu *n.* coolies, laborer: **phu mỏ** miner; **phu khuân vác** porter, dockworker; **nông phu** farmer; **vị hôn phu** fiance; **tiều phu** woodman, woodcutter; **sĩ phu** scholar

phu nhân *n.* husband (= **chồng**)

phu phen *n.* coolies, workers

phu thê *n.* wife and husband, couple

phú **1** *v.* to endow: **Trời phú cho ông ấy một đầu óc thông minh.** Heaven has endowed him with intelligence. **2** *n.* poetic essay [with alliteration, assonance, symmetry, etc.] **3** *adj.* rich, wealthy (= **giàu**): **triệu phú** millionaire; **trọc phú** rich but lonely; **trù phú** prosperous and powerful

phú hào *n.* bourgeois

phú nông *n.* rich peasant

phú quí *n.* wealth and honors, riches and honors

Phú Sĩ *n.* Mount Fuji [in Japan]

phù **1** *v.* to blow hard, to puff: **thổi phù** to blow hard **2** *v.* to be swollen, to swell like oedema: **phù thũng** to have beri-beri; **bệnh phù** beri-beri **3** *n.* written charm (= **bùa**)

phù dâu *n.* maid of honor, bridesmaid

phù du *adj.* ephemeral, fleeting: **một cuộc đời phù du** an ephemeral life

phù dung *n.* hibiscus

phù hiệu *n.* insignia, badge

phù hoa *adj.* short-lived, transitory, gaudy

phù hộ *v.* [of spirits] to protect, to assist

phù hợp *v.* to be in keeping [**với** with], to suit, to match with

phù phép *n.* magic, incantation

phù phiếm *adj.* excessive, useless, impractical, vain

phù rể *n.* best man [in wedding]

phù sa *n.* alluvium, silt

phù sinh *n.* short life

phù tá *v.* to second, to aid, to support

Phù Tang *n.* Japan

phù thuỷ *n.* sorcerer; witch

phù trầm *v., n.* to float and to sink; ups and downs of life

phù trì *v.* to guard, to protect

phù vân *n., adj.* drifting cloud; vain, ephemeral

phủ 1 *n.* mansion, palace; office: **phủ Tổng Thống** the presidential palace **2** *v.* to cover, to wrap up: **bao phủ** to cover, to wrap up; **che phủ** to cover

phủ chính *v.* to correct, to amend

phủ dụ *v.* to comfort [people], to placate: **phủ dụ dân chúng** to placate people

phủ đầu *v.* to be premonitory, to scold at the beginning [in order to show one's authority]

phủ định *v.* to deny, to be negative

phủ nhận *v.* to deny: **Ông ấy phủ nhận những tin đồn.** He denies all rumors.

phủ phục *v.* to prostrate oneself, to kowtow very low

phủ quyết *v.* to veto: **quyền phủ quyết** to veto power

phũ *adj.* brutish, rough, coarse

phũ phàng *adj.* cruel, ruthless, harsh: **sự thật phũ phàng** a harsh reality

phụ 1 *v., adj.* to help, to assist; minor, secondary [as opp. to principal **chính**]; to be attached, to form an adjunct **phụ thuộc** [**vào** to]: **vai phụ** minor part, minor role; **bản phụ** copy; **phụ bếp** assistant cook **2** *v.* to show no gratitude to, to turn one's back on; to be ungrateful; to break faith: **phụ bạc** disloyal; **phụ lời hứa** to break one's promise **3** *n.* father (= **cha**): **thân phụ, phụ thân** father; **quốc phụ** father of one's nation; **nhạc phụ** father-in-law **4** *n.* wife (= **vợ**); lady, woman: **quả phụ** widow; **thiếu phụ** young lady; **chinh phụ** warrior's wife; **trinh phụ** faithful wife

phụ âm *n.* consonant sound [*opp.* **nguyên âm**]

phụ bạc *v.* to be ungrateful

phụ cận *adj.* neighboring, adjacent

phụ cấp *n.* allowance, subsidy: **phụ cấp gia đình** family allowance; **phụ cấp ly hương** expatriation allowance

phụ chính *n.* regent

phụ chú *n.* footnote, annotation

phụ đạo *v.* to give extra-class help, to do tutoring

phụ giáo *n.* assistant [in university], instructor

phụ hệ *n.* paternal line of descent

phụ hoạ *v.* to echo, to repeat [someone's opinion], to chime in

phụ huynh *n.* parents: **Hội phụ huynh học sinh** Parents' Association

phụ khảo *n.* assistant lecturer, tutor [in university]

phụ khoa *n.* gynecology

phụ khuyết *adj.* alternate, complementary

phụ lục *n.* appendix [in a book]

phụ lực *v.* to assist

phụ mẫu *n.* parents

phụ nữ *n.* woman, women: **giới phụ nữ** women; **Hội phụ nữ quốc tế** International Women's Association

phụ tá *n.* assistant; assistance, aid: **ông phụ tá bộ trưởng quốc phòng** the Assistant Secretary of State for National Defense

phụ thân *n.* father

phụ thu *n.* additional levy: **thuế phụ thu** levied tax

phụ thuộc *v., adj.* to be dependent, secondary, auxiliary, adjunct

phụ trách *v.* to be in charge of

phụ trương *n.* supplement [to a newspaper]

phụ tùng *n.* accessories [with a machine]

phụ từ *n.* adverb

phụ ước *v.* to break an agreement

phúc *n.* (= **phước**) good luck, good fortune, happiness: **có phúc** to have good fortune; **làm phúc** to be benevolent, to give alms

phúc Âm *n.* gospel

phúc đáp *v.* to reply, to answer, to respond: **phúc đáp thư tín** to reply to letters

phúc đức *n., adj.* good luck, good fortune, good deeds; kind-hearted

phúc hậu *adj.* kind, benevolent, virtuous: **Ông ấy là người phúc hậu.** He is a virtuous man.

phúc lợi *n.* welfare: **hưởng phúc lợi xã hội** to receive social welfare

phúc trình *v., n.* to report; report: **viết phúc trình** to write a report

phục 1 *v.* to admire: **kính phục** to respect; **phục tài của bà ấy** to admire her talent **2** *v.* to be accustomed to, to bear, to adapt [climate, etc.]: **không/bất phục thuỷ thổ** to be unable to adapt oneself to the climate

phục binh *v.* to lie in ambush, to ambush

phục chức *v.* to reinstate a position

phục dịch *v.* to serve; to do hard work for: **Họ phục dịch mọi khách hàng rất tốt.** They serve everyone excellently.

phục hồi *v.* to restore

phục hưng *v.* to flourish again, to be revived; to restore, to rehabilitate

phục kích *n.* to ambush

phục nguyên *v.* to return to health, to rehabilitate

phục phịch *adj.* fat and clumsy

phục quốc *v.* to restore national sovereignty, to regain national independence

phục sinh *v.* to be born again, to be reborn: **Lễ Phục Sinh** Easter holidays

phục sức *n.* clothing, dressing

phục thiện *v.* to yield to reason, to correct oneself

phục thù *v.* to avenge, to revenge: **phục thù cho ai** to avenge someone

phục tòng *v.* to submit oneself to, to yield to, to obey, to comply with

phục tùng *v.* See **phục tòng**

phục vị *v.* to prostrate oneself

phục viên *v.* to demobilize

phục vụ *v.* to serve: **phục vụ khách hàng** to serve customers

phủi *v.* to dust, to brush off

phun *v.* to eject, to spit, to belch, to spout; [of volcano] to erupt; to blow, to spray: **phun thuốc trừ sâu** to spray insecticide; **Nhà máy phun khói.** The factory belched out smoke.

phùn *adj.* misty, drizzling: **mưa phùn** drizzle

phung phí *v.* to waste, to squander: **phung phí thì giờ** to waste time

phúng *v.* to offer [wreath, ritual objects] to a deceased person

phùng *v.* to swell, to bloat: **phùng má** to swell one's cheeks

phụng *v.* R to receive [from a superior]; to serve, to obey, to honor; **thờ phụng** to worship

phụng chỉ *v.* to obey the imperial decree

phụng dưỡng *v.* to support [elders] with respect, to take care of parents

phụng phịu *v.* to sulk, to look unhappy

phụng sự *v.* to serve: **phụng sự quốc gia** to serve one's nation

phụng thờ *v.* to worship: **phụng thờ tổ tiên** to worship ancestors

phút *n.* minute, instant, moment: **giờ phút này** at this moment; **kim chỉ phút** minute hand

phút chốc *n.* a jiffy, a very short moment

phút đầu *adv.* suddenly, all of a sudden

phụt 1 *v.* to eject, to gush out, to jet **2** *adv.* suddenly: **Đèn bỗng phụt tắt.**

The lights suddenly went out.

phứa *adv.* sloppily, senselessly, indiscriminately, without consulting anybody [follows main verb]: **cãi phứa** to argue senselessly

phức *adj.* complex, complicated

phức số *n.* improper fraction, compound number

phức tạp *adj.* complicated, complex: **Chúng ta không giải quyết được vấn đề phức tạp nầy.** We can't solve this complicated matter.

phước *adj.* See phúc

phướn *n.* banner, streamer

phưỡn *v.* to poke [one's belly **bụng**] out

phương *n.* direction; side: **phương hướng** direction; **phương bắc** the north direction; **bốn phương** the four directions; **địa phương** area, local; **Đông phương** the East; **Tây phương** the West; **đối phương** the opposite side, the enemy; **song phương** bilateral

phương cách *n.* means, method

phương châm *n.* precept, formula, motto

phương danh *n.* famous name

phương diện *n.* aspect, respect, viewpoint

phương hại *v.* to be harmful to, to prejudice: **Bạn làm việc nầy không phương hại đến ai.** It will cause no harm to anyone when you do this thing.

phương hướng *n.* direction, cardinal point, orientation

phương kế *n.* expedient, scheme, method

phương ngôn *n.* proverb, saying

phương pháp *n.* method, way: **chọn phương pháp mới thích hợp mà học tiếng Anh** to choose a new appropriate method to learn English

phương pháp học *n.* methodology

phương sách *n.* process, ways, method [of working]

phương thức *n.* manner, determinant [math]

phương tiện *n.* means, ways, method

[*opp.* **cứu cánh** purpose]: **phương tiện giao thông** means of transport

phương trình *n.* equation [math]

phường *n.* guild; a quarter of a town, district; **phố phường** shopping streets

phường chài *n.* fishermen [collectively]

phường chèo *n.* comedians, actors

phường kèn *n.* band, orchestra, musicians

phường nhạc *n.* band, orchestra, musicians

phường tuồng *n.* opera singers

phượng **1** *n.* (= phụng) phoenix: **phượng hoàng** phoenixes **2** *n.* flamboyant, royal ponciana

phượu *v.* to tell tall tales; [of talk, story] to fabricate

phứt **1** *v.* to pluck off: **phứt lông vịt** to pluck off a duck's feathers **2** *adv.* pat, to act definitively, without hesitation: **làm phứt cho rồi** to do something without hesitation

phựt *adj.* resembling the noise of string or rope that snaps

pi *n.* [math] pi

pin *n.* [Fr. *pile*] battery: **đèn pin** flashlight

pi-ni-xi-lin *n.* penicillin

píp *n.* [Fr. *pipe*] pipe [using tobacco]

pi-ra-ma *n.* [Fr. *pyjama*] pajamas: **một bộ pi-ra-ma** a pair of pajamas

pô-mát *n.* ointment

pô *n.* shot: **Chụp cho tôi một pô.** Take a shot for me.

Q

qua **1** *v.* to pass, to go across, to go through, to go or come over, to cross: **trải qua nhiều kinh nghiệm** to go through many experiences; **đi qua đường** to go across the road; **Ba mươi năm đã qua.** Thirty years have passed.; **Tôi vừa đọc qua cuốn sách nầy rồi.** I have gone over this book.

2 *adv.* past, across, through, under, over: **vượt qua** to take over **3** *adv.* sketchily, incompletely, not thoroughly, carelessly: **nói qua** to speak briefly; **đọc qua lá thư** to read hastily thorough this letter; **Họ bơi qua sông.** They swim across the river. **4** *v.* to stop over: **qua thăm thủ đô** to stop over in the capital **5** *adj.* last: **đêm qua** last night; **hôm qua** yesterday; **năm qua** last year

qua chuyện *adv.* perfunctorily: **nói cho qua chuyện** to say something perfunctorily

qua đời *v.* to pass away: **Ba tôi đã qua đời lâu rồi.** My father passed away a long time ago.

qua ngày *v.* to kill time: **Tôi đọc sách cho qua ngày.** I read books to kill time.

qua khỏi *v.* to escape [death]; to recover: **Ông ấy vừa qua khỏi bệnh.** He has recovered from his illness.

qua lại **1** *v.* to come and go: **Nhiều người qua lại nơi nầy.** Many people pass by this place. **2** *adj.* reciprocal, mutual: **ảnh hưởng qua lại** mutual influence

qua loa *adv.* negligently, incompletely: **làm việc qua loa** to work negligently/sloppily

qua quit *adv.* perfunctorily

quá *v., adv.* to go beyond; beyond, to exceed; over, past, too, very: **quá hẹn** past the deadline; **bất quá** simply, not more; **quá bát tuần** over eighty; **khó quá** too difficult

quá bán *adj.* more than half; absolute majority

quá bộ *v.* to take some extra steps; to condescend [to come to my house]

quá cảnh *v.* to transit: **Trên đường đến Việt Nam, tôi phải quá cảnh Hồng Kông.** On the way to Vietnam, I have to transit in Hong Kong.

quá chén *v.* to drink too much: **Bạn Ông đã quá chén rồi.** Your friend had already drunk too much.

quá chừng *adv.* excessively, extremely: **đẹp quá chừng** extremely beautiful

quá cố *adj., v.,* dead, passed away; dead [polite term]

quá đáng *adj.* excessive, exaggerated

quá độ *adv.* excessively: **làm việc quá độ** to work excessively

quá giang *v.* to cross a river; to get a ride, to give a lift: **Bạn cho tôi quá giang được không?** Could you give me a lift?

quá hạn *adj.* overdue; expired: **Không nên dùng thuốc đã quá hạn.** Don't use expired medicines.

quá khích *adj.* extremist

quá khứ *n.* the past: **Những chuyện đó đã đi vào quá khứ.** Those stories were of the past.

quá lời *adj.* excessive, superlative: **khen quá lời** superlative praise

quá quắt *adj.* exaggerated, excessive

quá sức *adv.* beyond one's strength, extremely

quá tải *adj.* overloaded: **Xe đó quá tải rồi.** That truck is overloaded.

quá tay *adv.* over the limit [in beating somebody, adding spices etc.], excessively

quá thể *adv.* too, extremely

quá trình *n.* process

quá trớn *adv.* over the limit, excessively

quá ư *adv.* too, extremely: **quá ư tồi tệ** too bad

quà *n.* snacks; present, gift [with **làm** to make]: **tặng quà cho ai** to give a present to someone; **ăn quà** to eat between meals, to have snacks

quà bánh *n.* cakes; gifts, presents

quà biếu *n.* present, gift: **mua quà biếu ngày sinh nhật cho ai** to buy presents for someone's birthday

quà cáp *n.* presents, gifts

quà cưới *n.* wedding present

quà Nô-en *n.* Christmas present

quà sáng *n.* breakfast

quà Tết *n.* New Year's present

quả **1** *n.* fruit; classifier noun for

fruits, mountains, hills, balls, fists, organs of body etc.: **ăn hai quả cam** to eat two oranges; **quả tim** heart; **quả thận** kidney; **quả đất** earth; **quả lắc** pendulum **2** *n.* blow, kick, shot: **đá một quả** to kick a shot **3** *n.* betel box; lacquered box [to contain fruit preserves, betel] **4** *adv.* indeed, really: **Quả là dễ thương**. It is nice indeed.

quả báo *n.* consequences of one's previous life, karma

quả cảm *adj.* courageous

quả cân *n.* weight [on scales]

quả cật *n.* kidney

quả cầu *n.* shuttle cock

quả đấm *n.* fist, punch

quả đất *n.* the earth, globe

quả nhân *n.* I, we [used by monarchs]

quả nhiên *adv.* sure enough, true enough, indeed, as expected

quả phụ *n.* widow

quả quyết *v., adj.* to be determined, determined

quả tạ *n.* dumbbell; weight

quả tang *adj.* redhanded: **bị bắt quả tang** to be caught redhanded, to be caught in the act

quả thật *adv.* (= **quả thực**) honestly, truly

quả tình *adv.* truly, really

quạ *n.* [SV ô] raven, crow

quách 1 *n.* outside wall [of site, used with **thành**], outside covering [of coffin, used with **quan**] **2** *adv.* to have an alternative; completely, straight away [follow main verb or end sentence]: **làm quách việc nầy cho rồi** to do this job straight away

quai *n.* handle, bail, [of basket] strap: **quai nón** a hat strap

quai bị *n.* mumps: **lên quai bị** to have the mumps

quai hàm *n.* jaw bone

quái 1 *adj.* odd, queer, strange: **kỳ quái** strange, monstrous; **Quái lạ!**, **Quái nhỉ!** How strange! **2** *adv.* nothing at all: **chẳng hiểu quái gì** to understand nothing at all

quái ác *adj.* abominable, mischievous

quái dị *adj.* strange, very odd: **hình ảnh quái dị** a very strange picture

quái đản *adj.* fantastic, incredible

quái gở *adj.* strange, fantastic; bad [of omen], unusual

quái lạ *adj.* strange

quái thai *n.* deformed or hideous infant, monster, monstrosity

quái tượng *n.* strange phenomenon

quái vật *n.* monster

quan 1 *n.* string of cash [coins with square holes] **2** *n.* French franc (= **Phật lăng**) **3** *n.* mandarin, official, officer **4** *n.* sense: **ngũ quan** the five senses **5** *n.* coffin: **áo quan**, **quan tài** coffin; **nhập quan** to put into a coffin

quan ải *n.* frontier, pass

Quan Âm *n.* Goddess of Mercy [in Buddhism]

quan báo *n.* the Official Gazette

quan cách *n.* mandarin's way, bureaucrat's attitude

quan chế *n.* civil service system, mandarin system

quan chức *n.* officials

quan điểm *n.* viewpoint, view: **Bạn làm ơn cho tôi biết quan điểm của bạn về xì ke ma tuý?** Would you tell me your point of view on the drug issue?

quan hà *n.* frontier post and river: **chén quan hà** farewell drink

quan hệ 1 *n.* relation, relationship: **mối quan hệ ngoại giao** diplomatic relations **2** *adj.* important: **việc quan hệ** an important matter

quan khách *n.* guest, visitor: **đón tiếp quan khách** to receive visitors

quan lại *n.* officials; officialdom

quan liêu *adj.* bureaucratic: **chế độ quan liêu** bureaucracy

quan niệm *n., v.* conception, concept; to view

quan sát *v.* to observe, to watch

quan sát viên *n.* observer: **quan sát**

viên thường trực permanent observers

quan tài *n.* coffin

quan tâm *v.* to be concerned [**đến/tới** with]

quan thoại *n.* Mandarin Chinese [language]

quan thuế *n.* duties, tariff; customs

quan toà *n.* judge, magistrate

quan trọng *adj.* important, vital: **một quyết định quan trọng** an important decision

quan trọng hoá *v.* to dramatize, to exaggerate the importance of: **quan trọng hoá vấn đề** to exaggerate the importance of an issue

quan trường *n.* officialdom

quan viên *n.* official

quán 1 *n.* hut; inn, restaurant, store, office; shelter, kiosk: **tửu quán** wine shop, bar, pub; **ấn quán** printing shop; **hội quán** headquarters [of society]; **lữ quán** inn, hotel; **báo quán** newspaper kiosk; **sứ quán** embassy; **thư quán** bookstore; **phạn quán** restaurant; **lãnh sự quán** consulate **2** *n.* native place: **sinh quán**, **quê quán** native country; **Ông ấy quán làng Nhân Mục.** He is a native of the village of Nhan Muc.

quán quân *n.* champion [sport]

quán thông *v.* to understand totally, to penetrate

quán triệt *v.* to possess totally, to grasp thoroughly

quán xuyến *v.* to know thoroughly; to be able to take care of

quàn *v.* to leave a corpse in a temporary shelter prior to burial: **nhà quàn** funeral director

quản 1 *v.* to mind [difficulty, hardship]: **Ông ta chẳng quản khó nhọc.** He didn't mind the difficulties. **2** *n.* tube, pipe, duct (= **ống**): **huyết quản** blood vessel; **thanh quản** larynx; **khí quản** trachea; **thực quản** esophagus **3** *v.* to manage, to control, to take care of, to administer: **Ông ấy không**

quản nổi khách sạn nầy. He could not manage this hotel.

quản đốc *n.* manager, director

quản gia *n.* steward [in household]

quản lý *v., n.* to manage; manager: **quản lý công trình** project manager

quản ngại *v.* to be concerned about difficulties, to be hesitant

quản thúc *v.* to put under surveillance, to put under house arrest

quản trị *v.* to administer: **quản trị Hợp Tác Quốc Tế** to administer the International Co-operation; **Hội đồng Quản trị** board of trustees, board of directors; governing board

quản tượng *n.* elephant keeper, mahout

quang 1 *n.* rattan or bamboo frame [to hold loads at the ends of carrying pole] **2** *adj.* bright (= **sáng**), clear [of obstacles]: **phát quang** to clear an area; **trời quang (mây tạnh)** a clear sky

quang âm *n.* time; light and shadow

quang bút *n.* pencil of light

quang cảnh *n.* spectacle, situation, scene: **đi thăm quang cảnh đẹp** to visit a beautiful scene

quang chất *n.* radium

quang dầu *n.* varnish, shellac

quang đãng *adj.* [of weather] radiant, clear

quang hoá *n.* photochemistry

quang học *n.* optics

quang kế *n.* photometer

quang kính *n.* spectroscope

quang minh *adj.* bright, radiant, glorious; righteous, magnanimous

quang phổ *n.* spectrum: **quang phổ mặt trời** solar spectrum

quang phổ kính *n.* spectroscope

quang phổ ký *n.* spectrograph

quang tuyến *n.* rays; X-ray

quang vinh *adj.* glorious

quáng *adj.* to be dazzled: **mù quáng** blind [with anger, passion]

quáng gà *n.* night blindness, nyctalopic

quàng 1 v. to wrap around one's neck or shoulder, to throw over: **khăn quàng** scarf, shawl; **ôm quàng** to embrace **2** adj. wrong, negligent: **vơ quàng** to seize/take indiscriminately

quàng quạc v. [of duck] to quack; [of person] to quack, to talk pretentiously

quàng xiên adj. [of talk] foolish, rash, rude

quảng bá v. to broadcast, to spread, to telecast

quảng cáo v., n. to propagandize, to advertise, to publicize; advertisement: **hãng quảng cáo** advertising agency; **đăng quảng cáo trên báo** to put an advertisement in the newspapers

Quảng Châu n. Guangzhou [Canton]

quảng đại adj. generous, magnanimous; wide: **quảng đại quần chúng** the masses

Quảng Đông n. Kwanglung [a province of China]: **tiếng Quảng Đông** Cantonese [a Chinese dialect]

quảng giao v. to know a lot of people

quảng hàn n. the moon

Quảng Tây n. Guangxi [a province of China]

quảng trường n. square: **quảng trường Ba Đình Hà Nội** the Hanoi Ba Dinh square

quãng n. space, distance, space of time, interval: **quãng cách** distance

quanh adv., adj. to be around something; to be winding around; tortuous, twisting: **chung/xung quanh** around; **nói quanh** to talk around; **bàn quanh** to discuss or talk in circles; **khúc quanh** elbow, bend; **loanh quanh** to turn around; **đi loanh quanh** to go around; **Quanh đi quẩn lại có một chuyện mà anh ấy nói mãi.** He always talks about the same story all the time.

quanh co adj. winding; tortuous: **đường đi quanh co** a winding road

quanh năm adv. throughout the year, all year round

quanh quẩn v., adj. to turn around, to go round in circles, hanging around; devious: **ở nhà quanh quẩn suốt ngày** to hang around at home; **Bà ta nói quanh quẩn mãi.** She talks in a devious way all the time.

quân quách adv. around here, around, about

quánh adj. [of paste, dough] thick, dense, firm

quành v. to turn round, to bend: **quành ra phía sau mà đi** to turn around before leaving

quạnh adj. isolated, deserted: **đồng không mông quạnh** empty and deserted fields

quạnh hiu adj. deserted, forlorn; desolate, lonely

quào v. to claw, to scratch: **quào lưng** to scratch on the back

quát v. to shout, to storm: **quát ầm ỹ cả lên** to shout noisily

quát mắng v. to shout angrily at

quát tháo v. to shout blusteringly at someone

quạt v., n. to fan; fan: **múa quạt** fan dance

quạt điện n. electric fan

quạt giấy n. paper fan

quạt kéo n. punka

quạt lông n. feather fan

quạt máy n. electric fan

quạt trần n. ceiling fan

quạu v., n., adj. quarrelsome; ugly look; surly

quay 1 v. to turn [an object or oneself], to twist, to spin; to turn around, to go back: **quay người lại** to turn around by oneself; **nhớ quay lại đây** to remember to come back here **2** v., adj. to grill, to roast; roasted: **chim quay** roasted squibs; **quay gà** to roast chicken; **thịt quay** roasted pork; **vịt quay** roasted duck

quay bước v. to turn on one's heel

quay cóp v. to copy

quay cuồng v. to whirl, to be frantic

quay gót v. to turn on one's heel

283

quay phim *v.* to make a film, to film, to shoot a film

quay quắt *adj.* deceitful, shrewd

quay tít *v.* to spin very fast

quảy *v.* to carry with a pole (= gánh): **quảy hàng đi chợ bán** to carry goods to the market on a shoulder pole

quắc *adj.* bright: **sáng quắc** to shine brightly

quắc mắt *v.* to scowl, to glower

quắc thước *adj.* hale and hearty: **Ông cụ tôi còn quắc thước lắm.** My grandfather is still very hale and hearty.

quắm *adj.* hooked; crooked

quằm quặm *adj.* quarrelsome, surly, frowning

quặm *adj.* hooked: **mũi quặm** a hooked nose

quăn *adj., v.* [of hair] curly, wavy; [of paper] to be dog-eared: **uốn quăn** to curl; **tóc quăn** curly hair

quăn queo *adj.* twisted: **sợi giây quăn queo** a twisted wire

quắn *adj.* twisted

quằn *adj.* bent under pressure

quằn quại *v.* [of suffering man] to squirm, to writhe

quặn *v.* [of pain] to writhe in pain

quăng *v.* to throw [nets **lưới**, etc.], to toss, to fling, to hurl, to cast: **quăng rác vào thùng rác** to throw rubbish into a bin

quẳng *v.* to throw away

quặng *n.* ore: **quặng sắt** iron ore

quắp *v.* to curl [one's limbs as in a lying position]; to hold tightly in one's arms, legs, or talons

quặp *v.* to seize between one's legs, to bend down; to drop: **râu quặp** to be henpecked

quắt *v.* to shrivel, to shrink, to crinkle up, to be wizened: **Người ông ấy quắt lại vì sống nghèo khổ.** His body is shrivelled up because of poor nutrition.

quắt quéo *adj.* dishonest, crafty, cunning

quặt *v.* to turn [right or left]: **quặt lại** to make a U-turn

quặt quẹo *adj.* sickly

quân 1 *n.* troops, army [with **dàn** to deploy, **mộ** to recruit]: **mộ quân** to recruit an army; **hậu quân** rear guard; **tiền quân** vanguard; **hải quân** navy; **không quân** air force; **du kích quân** guerrilla, guerilla man; **lục quân** army; **thuỷ quân** navy; **thuỷ quân lục chiến đội** marine corps; **thuỷ lục không quân** army, navy and air force **2** *n.* band, gang: **quân ăn cướp** a band of bandits **3** *n.* card, piece, man: **quân cờ** a chessman; **quân bài** card, game

quân bị *n.* armament

quân bình *n.* balance, evenness

quân bưu *n.* army's post office, fleet's post office

quân ca *n.* military march, martial song

quân cách *n.* military protocol [**lễ nghi** ceremony]

quân cảng *n.* military port

quân cảnh *n.* military police

quân chế *n.* military regulation

quân chính *n.* military administration

quân chủ *n., adj.* king, monarchy; monarchical: **quân chủ lập hiến** constitutional monarchy; **quân chủ chuyên chế** absolute monarchy

quân công *n.* military achievement, meritorious service: **quân công bội tinh** military medal, war medal

quân cơ *n.* military secret

quân cụ *n.* ordnance

quân dịch *n.* military service

quân dụng *n.* military supplies, war materials

quân đoàn *n.* army corps

quân đội *n.* troops, the army

quân giai *n.* military hierarchy, chain of command

quân giới *n.* arms, weapons; military circles

quân hạm *n.* battleship, man-of-war, warship

quân hiệu *n.* military badge

quân huấn *n.* military training

quân khí *n.* weapons, arms

quân khố *n.* military stores, commissary

quân khu *n.* military zone or district

quân kỳ *n.* military flag

quân kỷ *n.* military discipline

quân lính *n.* soldiers, troops

quân luật *n.* martial law [with **thiết** to declare]: **tuyên bố tình trạng thiết quân luật** to declare martial law or a curfew

quân lực *n.* armed forces

quân lương *n.* war supplies

quân nhạc *n.* military band

quân nhân *n.* army man, service man

quân nhơn *n.* See **quân nhân**

quân nhu *n.* military supplies, provisions: **sở quân nhu** Quartermaster Corps

quân pháp *n.* military code, martial law

quân phân *v.* to divide or distribute equally

quân phí *n.* military expenditures

quân phiệt *adj.* military

quân phục *n.* military uniform

quân quản *n.* military administration or supervision

quân sĩ *n.* soldiers, warriors

quân số *n.* serial number, soldier's number; numerical strength

quân sư *n.* military adviser

quân sự *n., adj.* military affairs; military: **toà án quân sự** military court, court martial; **đại học quân sự** military academy

quân thù *n.* enemy

quân trang *n.* military equipment

quân tử *n.* noble man, superior man [Confucianism]

quân vụ *n.* military affairs: **sĩ quan quân vụ** post executive; **sĩ quan quân vụ phó** post adjutant

quân vương *n.* king, ruler

quân xa *n.* military vehicle, service vehicle

quân y *n.* army medical corps

quân y sĩ *n.* medical officer, surgeon: **quân y sĩ ngành không quân** flight surgeon; **quân y sĩ trung đoàn** regimental surgeon

quân y viện *n.* military hospital: **y sĩ trưởng quân y viện** senior surgeon of a military hospital

quấn *v.* to roll [turban, bandage, etc.] around; to be rolled around; [of child] to hang on or around [elders]: **quấn lấy người em bé** to wrap round a baby's body

quần **1** *n.* trousers, pants: **áo quần** clothes; **một bộ quần áo** a suit of clothes; **quần dài** trousers **2** *n.* small ball, tennis: **sân quần vợt** tennis court **3** *v.* to be tired out, to be exhausted: **bị kẻ địch quần** to be exhausted by the enemy

quần áo *n.* clothes, clothing

quần chúng *n.* the masses

quần cư *v.* to live in groups

quần đảo *n.* archipelago

quần đùi *n.* short pants, under pants

quần quật *v.* to work hard

quần tụ *v.* to live together, to get together

quần vợt *n.* tennis: **giải vô địch quần vợt** tennis championship; **giải quần vợt Mỹ mở rộng** U.S. Open [tennis]

quẩn *v.* to stick around; to be in the way: **đứng ra một bên kẻo quẩn chân người ta** to stand aside, not to be in the way

quẩn *adj.* to be hard-up, muddled in the mind: **Người già thường hay quẩn.** Old people are often muddled in their minds.

quẩn bách *adj.* hard-up; poor

quẩn trí *v.* to become muddle-headed

quận *n.* country, district

quận trưởng *n.* district chief, country chief

quầng *n.* halo [around sun or moon], dark ring [around eyes]: **mắt có quầng đen** to have dark rings around one's eyes

quất *n.* kumquat: **mứt quất** preserved kumquats

quật 1 *v.* to whip, to flog, to beat **2** *v.* to exhume [corpse so as to violate a grave]: **khai quật** to dig out, to excavate

quật cường *adj.* indomitable: **Ông ấy là người có ý chí quật cường.** He has an indomitable will.

quật khởi *v.* to rise up, to revolt

quây *v.* to enclose, to surround, to encircle

quây quần *v.* to live together, to be united, to gather around: **Gia đình quây quần trong dịp Tết.** The family members are united at Tet.

quấy 1 *v.* to stir, to tease, to cause trouble: **quấy cà phê cho tan** to stir coffee **2** *v.* to annoy, to bother: **Đừng quấy ông ta.** Don't bother him. **3** *adj., adv.* to be wrong [*opp.* **phải**]; recklessly, inconsiderately

quấy nhiễu *v.* to bother, to pester, to harass: **quấy nhiễu phụ nữ** to harass women

quấy quá *adj.* negligent, careless, sloppy

quấy quả *v.* to trouble by borrowing things, to pester with requests, to ask for favors

quấy rầy *v.* to bother, to pester: **Họ quấy rầy bạn không?** Did they bother you?

quầy *n.* display counter, stall [in market], stand: **đi dọc quầy hàng** to go along the goods counter

quẩy *v.* See **quảy**

quẫy *v.* to frisk, to swish

quậy *v.* See **quấy**

que *n.* stick, twig: **que diêm** match stick

que đan *n.* knitting-needle

que hàn *n.* welding stick

què *adj.* crippled, lame, disabled: **què chân** to be crippled in a leg

què quặt *adj.* lame

quen *adj., v.* to know, to be acquainted with, to be used to, to be accustomed to: **người quen** acquaintance; **thói quen** habit; **làm quen với** to get

acquainted with; **quen thân** to know well

quen biết *v.* to know, to be acquainted with [people]: **Tôi quen biết với gia đình bà ấy.** I am acquainted with her family.

quen mặt *v.* to look familiar

quen nết *v.* to have a bad habit

quen thân *v.* to acquire a habit

quen thói *v.* to have a habit of: **Nó quen thói lười biếng.** He has a bad habit—laziness.

quen thuộc *adj.* familiar or acquainted with

quen việc *v.* to have experience on a job

quèn *adj.* indifferent, poor, worthless: **có kiến thức quèn** to have poor knowledge

queo *adj.* tortuous, curved, twisted, bent: **nằm queo** to lie with knees to chin; **bẻ queo** to twist [words], to distort [facts]

quéo *adj.* curved, bent: **quắt quéo** to be crooked

quèo *v.* to trip up; to seize with a hook

quẹo *v.* (= **rẽ**) to turn [right or left], to be winding: **Làm ơn quẹo phải.** Please turn right.; **chỗ quẹo chữ U** U-turn

quét *v.* to sweep [**sàn nhà** floor]; to apply [paint **sơn**, whitewash **vôi**]; to wipe out, to mop up: **quét sàn nhà hàng ngày** to sweep the floor every day

quét dọn *v.* to clean up [house, floor]: **quét dọn nhà cửa** to clean up one's house

quét trước *v.* to clean up

quét vôi *v.* to whitewash, to paint

quẹt *v.* to rub, to strike (= **diêm**): **quẹt diêm** to strike a match; **hộp quẹt** box of matches

quê *n.* native village, countryside: **quê quán, quê hương** native country; **đồng quê, thôn quê, nhà quê** countryside; **quê kệch, quê mùa** boorish, coarse; **dân quê** peasant; **thôn quê** countryside

quê hương *n.* native village, country: **Quê hương tôi là Việt Nam.** My country is Vietnam.

quê mùa *adj.* boorish, rustic

quê ngoại *n.* mother's village

quê người *n.* foreign land/country: **Chúng tôi đang sống ở quê người.** We are living in a foreign country.

quê nội *n.* father's village

quê quán *n.* native village or country

quế *n.* cinnamon

quế chỉ *n.* cinnamon twig

quế hoa *n.* sweet olive

quệ *adj.* weakened, ruined: **kiệt quệ** exhausted; ruined

quên *v.* to forget [to do something]; to omit: **bỏ quên** to forget [something somewhere]; **Tôi quên không khoá cửa.** I forgot to lock the door.

quên bẳng *v.* to forget completely

quên mình *adj.* self-sacrificing

quềnh quàng *v.* to do in a hurry, to be hasty

quết *v.* to smear, to coat, to plaster

quệt *v.* to smear, to coat

quều quào *adj.* [of legs and arms] lanky; awkward

qui 1 *n.* (= rùa) turtle **2** *v.* (= về) to return: **qui tiên** to pass away **3** *v.* to bring together: **qui vào một mối** to bring together as a whole

qui chế *n.* regulation, rule; administrative system, civil service system

qui củ *n.* standard, norm, order, method

qui định *v.* to define, to affirm, to fix

qui đầu *n.* foreskin

qui hàng *v.* to surrender

qui luật *n.* rules and regulations statute

qui mô *n.* standards, model, norm, pattern, scale

qui nạp *v.* to induce, to infer [conclusion]

qui phục *v.* to surrender [to], to yield, to submit

qui tắc *n.* rules, regulations, method: **qui tắc tam xuất** rule of three

qui thuận *v.* to surrender [to]

qui tiên *v.* to die, to pass away

qui trình *n.* rules, regulations

qui tụ *v.* to gather, to assemble, to converge

qui ước *n., v.* agreement, convention; to establish an agreement

quí 1 *adj.* noble (= sang) [*opp.* hèn]; valuable, precious: **để những vật quí vào tủ sắt** to leave valuable things in a safe **2** *n.* quarter, three months; **quí xuân** the three months of spring

quí báu *adj.* precious, valuable

quí giá *adj.* precious, valuable

quí hoá *adj.* [of things, feelings] good, very nice

quí hồ *adv.* provided that: **Muốn làm gì thì làm, quí hồ đừng làm nhục đến gia đình.** Do whatever you want, but make sure not to bring shame upon the family.

quí hữu *n.* my good friends

quí khách *n.* distinguished guests, guests of honor

quí kim *n.* precious metal, gold

quí mến *v.* to love and esteem, to hold in esteem

quí phái *adj.* noble, aristocratic: **Cô ấy sinh ra trong một gia đình quí phái.** She was born into a noble family.

quí tộc *n.* aristocracy

quí trọng *v.* to admire and respect

quì 1 *v.* to kneel down: **quì gối xuống lạy** to kneel down for praying **2** *n.* species of lotus, sunflower, turnsole litmus

quỉ *n.* devil; monster

quỉ kế *n.* wicked device, stratagem

quỉ quái *adj.* cunning, diabolical

quỉ quyệt *adj.* shrewd, cunning, wily

qui thuật *n.* magic, magician

quĩ *n.* coffer, cash box, budget, funds: **thủ quĩ** treasurer; **công quĩ** public funds; **quĩ hưu bổng** superannuation fund

quĩ đạo *n.* orbit, trajectory

quĩ tích *n.* locus, geometrical locus: **quĩ tích của đường** loci of curves; **quỹ tích của điểm** loci of points

quít *n.* mandarin, tangerine: **một múi**

quít a tangerine section

quịt *v.* to welch, to refuse to pay a debt

quốc *n.* country (= **nước**): **cường quốc** power/great nation; **ái quốc** patriotic; **bản quốc** our country; **địch quốc** the enemy country; **lân quốc** neighboring country; **Liên Hợp Quốc** the United Nations; **liệt quốc** all the nations; **quí quốc** your country; **tổ quốc** fatherland, motherland; **Trung Quốc** China; **Anh Quốc** England; **Mỹ Quốc** the U.S.A.; **phản quốc** traitor

quốc âm *n.* national language

quốc biến *n.* revolution

quốc ca *n.* national anthem

quốc dân *n.* people

Quốc dân đảng *n.* Nationalist Party: **Việt Nam Quốc Dân Đảng** Vietnamese Nationalist Party

quốc doanh *n.* nationalized business, state business

quốc gia *n.* nation, country: **Quốc gia Giáo dục** National Education; **những nhà lãnh đạo quốc gia** national leaders

quốc giáo *n.* national religion

quốc hiệu *n.* official name of a country

quốc học *n.* national education system

quốc hội *n.* national assembly, congress, parliament: **dân biểu quốc hội** deputy; **Quốc hội tái nhóm chiều hôm qua.** The National Assembly reconvened yesterday afternoon.

quốc hồn *n.* national soul, national spirit

quốc huy *n.* national emblem

quốc hữu hoá *v.* to nationalize

quốc khách *n.* state guest

quốc khánh *n.* national day

quốc kỳ *n.* national flag

quốc phong *n.* national customs and manners

quốc phòng *n.* national defense: **bộ quốc phòng** ministry of defense

quốc phụ *n.* father of the nation

quốc phục *n.* national costumes

quốc sắc *n.* national beauty [queen]

quốc sỉ *n.* national shame

quốc sử *n.* national history

quốc tang *n.* national mourning

quốc táng *n.* state funeral

quốc tế *adj., n.* international: **bang giao quốc tế** international relations

quốc tế hoá *v.* to internationalize

quốc thể *n.* national prestige

quốc thiều *n.* national anthem

quốc tịch *n.* nationality, citizenship: **Ghi xuống quốc tịch của bạn.** Write down your nationality.

quốc trái *n.* government bond

quốc trưởng *n.* chief of state, president of state

quốc tuý *n.* national characteristic or spirit

quốc uy *n.* national prestige

quốc văn *n.* national language; Vietnamese literature, national literature

quốc vụ khanh *n.* secretary of state

quốc vương *n.* king

quơ *v.* to gather, to seize

quờ *v.* to grab, to feel for, to grope for: **quờ quạng** to grope for

quở *v.* to scold, to reprimand: **quở mắng người nào** to scold someone

quy *n.* See **qui**

quý *adj.* See **quí**

quỳ *v.* See **quì**

quỷ *n.* See **quỉ**

quỹ *n.* See **quĩ**

quyên *v.* to raise, to collect [funds]; to give money to charity: **cuộc lạc quyên** fund raising

quyên sinh *v.* to commit suicide

quyến *adj.* attached to: **quyến luyến** to be attached to: **gia quyến** wife and children, relatives

quyến dỗ *v.* to seduce, to entice

quyến luyến *v.* to be attached to: **quyến luyến gia đình** to be attached to family

quyến rũ *v.* to seduce, to attract: **quyến rũ ai** to seduce someone

quyến thuộc *n.* parents; relatives

quyền 1 *n.* power, authority, right: **quyền bính, quyền hành** power; **cầm quyền** to be in power; **nhà cầm quyền** authorities; **chính quyền** the government; **binh quyền** military power; **nhân quyền** human rights; **đặc quyền** privileges; **chủ quyền** sovereign(ty); **phân quyền** separation of power; **có quyền** to have the right to, be entitled to; **uy quyền** power; **uỷ quyền** proxy, delegation of power; **thẩm quyền** authority **2** *n.* acting: **quyền thủ tướng** acting premier; **quyền khoa trưởng** acting dean **3** *n.* fist; boxing, pugilism: **đánh quyền, đấu quyền** to box

quyền Anh *n.* western boxing [as opp. to Chinese or Vietnamese boxing]: **vô địch quyền Anh** boxing champion

quyền bính *n.* power, authority

quyền hạn *n.* power, authority

quyền hành *n.* power, authority: **Tôi không có quyền hành thay đổi kế hoạch.** I don't have the authority to change the plan.

quyền lợi *n.* interests, benefit: **bênh vực quyền lợi cho mọi người** to protect everyone's interests

quyền lực *n.* power

quyền thế *n.* power and influence

quyền thuật *n.* art of fighting, boxing art

quyển *n.* a classifier noun for rolls, scrolls, volumes, books: **quyển thượng** volume 1 [of two]; **quyển hạ** volume 2 [of two]; **ba quyển sách** three books

quyết *v.* to decide, to make up one's mind [to], to be determined: **cương quyết** to be determined; **nhất quyết** determined to; **cả quyết** resolutely; **phán quyết** [of court] to decide; **phủ quyết** veto; **quả quyết** to affirm; **tự quyết** self-determination

quyết chí *v.* to be set in one's mind, to keep one's decision

quyết chiến *v.* to decide to fight, to fight until victory

quyết định *v., n.* to decide; to be decisive; decision: **Chúng tôi đang chờ quyết định của ban giám đốc.** We are waiting for the directors' decision.

quyết đoán *v.* to be decided, to determine, to appraise with certainty

quyết liệt *adj.* drastic, decisive: **giờ phút quyết liệt** a decisive moment

quyết nghị *v., n.* to resolve; resolution: **đệ trình bản quyết nghị** to submit a resolution; **thông qua bản quyết nghị** to pass the resolution; **dự thảo bản quyết nghị** draft resolution

quyết tâm *v., n.* to be determined, to be resolved; determination, strong will: **Họ có quyết tâm hoàn thành dự án.** They have strong determination to complete the project.

quyết thắng *v.* to be resolved to win

quyết toán *v.* to draw up the balance sheet: **quyết toán ngân sách thường niên** to draw up the balance sheet of an annual budget

quyết tử *v.* to decide to die, to be ready to die

quyệt *adj.* shrewd, false, sly, wily: **quỉ quyệt, xảo quyệt** cunning

quýnh *adj.* nervous, shaken, excited, embarrassed: **mừng quýnh** to be excited with joy; **luýnh quýnh** to be nervous, shaken; **sợ quýnh** to be frightened, scared

quỳnh *n.* red stone, ruby

R

ra **1** *v.* [SV **xuất**] to exit, to go out, to come out; to go [out] into, to come [out] into; to look, to become; to issue [order **lệnh**], to give [signal **hiệu**, assignment **bài**]: **ra bể** to go to the sea; **ra sân** to go [out of the house] into the yard; **ra đường** to go out in the street; **ra dáng** … to look **2** *adv.* out, outside, forth: **không ra gì, chẳng ra gì** to amount to nothing; **chẳng ra hồn** to be worth nothing; **bày ra** to display, to show off; **béo ra** to get fat; **đỏ ra** to become red; **nói ra** to speak up; **nhìn ra, nhận ra** to recognize; **nhớ ra** to remember, to call forth; **tìm ra, kiếm ra** to find out; **trở ra** to be out; **lối ra** "Exit, do not enter."; **cửa ra vào** door; **ra vô thong thả** Admission is free.; **hiện ra** to appear; **sinh ra, đẻ ra** to be born, to give birth to; **hoá ra** to become; it turns out that; **thành ra** to come out; **chia ra** to divide up, to divide into

ra đa *n.* radar

ra đi *v.* to depart, to leave: **Họ đã ra đi rồi.** They had already left.

ra đi ô *n.* [Fr. *radio*] radio: **nghe ra-đi-ô** to listen to the radio

ra điều *v.* to appear as: **ra điều là người có học** to appear as an educated person

ra đời *v.* to be born; to start in life: **Em tôi mới ra đời nên còn thiếu kinh nghiệm xã hội.** My brother has just started working, therefore he hasn't had much experience of society.

ra gì *adj.* worthless: **Con người đó chẳng ra gì.** That person is worthless.

ra giêng *adv.* early next year, after Tet, next January

ra hiệu *v.* to signal: **ra hiệu cho xe ngừng lại** to signal to traffic to stop

ra hồn *adj.* worth something, quite good

ra lệnh *v.* to order, to give an order, to command: **ra lệnh ngưng bắn** to order a stop to the fighting

ra mắt *v.* to appear before the public for the first time; to launch: **ra mắt sách mới** to launch a new book

ra mặt *v.* to show oneself: **không ra mặt** to act behind the scenes

ra miệng *v.* to express one's opinion

ra người *v.* to become a decent person, to be worthy of being a human being

ra oai *v.* to put on airs

ra phết *adv.* well, mighty, extremely: **Món chả giò nầy ngon ra phết.** This spring roll dish is extremely delicious. [colloquial]

ra rả *adv.* incessantly, ceaselessly: **nói ra rả** to speak ceaselessly

ra ràng *adj.* fully-fledged

ra rìa *v.* to be discarded, to be neglected: **Họ cho ông ấy ra rìa.** They neglected him.

ra sức *v.* to strive, to do one's best: **Họ ra sức làm việc suốt ngày.** They do their best on the job all day.

ra tay *v.* to set out to do something; to show one's ability

ra toà *v.* to appear before a court

ra trận *v.* to go to the front: **Trong chiến tranh, có hàng ngàn thanh niên ra trận.** During the war, many young people went to the front.

ra vẻ *v.* to seem to, to pretend: **Mọi người ra vẻ không hài lòng.** Everyone seems to be unhappy.

rá *n.* closely-woven basket [used for carrying or storing things and also for washing rice]

rà 1 *v.* to grope, to thrust oneself; to caulk: **rà vào đám đông** to thrust oneself into a crowd **2** *v.* to check: **rà lại chương trình ngày mai** to check tomorrow's schedule

rả rích *adj.* continuous: **Mưa rả rích suốt tuần lễ.** It rained continuously for the whole week.

rã *v.* to be dispersed, to break up; to fall off

rã đám *v.* to end a party, to close a festival, to separate

rã họng *adj.* exhausted, fainted

rã rời *adj.* very tired, worn out, exhausted: **Ông ây mệt rã rời.** He is very tired.

rã rượi *adj.* exhausted; depressed

rạ *n.* rice stubble: **mái nhà bằng rạ** rice stubble roof

rác *n.* garbage, refuse, rubbish, litter: **đổ rác** to dump the garbage; **thùng rác** garbage bin; **phu rác** garbage collector; **xe rác** garbage truck; **rơm rác, cỏ rác** rubbish

rác rưởi *n.* rubbish; dregs: **Chúng nó là rác rưởi của xã hội.** They are the dregs of society.

rạc *v.* to be exhausted; to become

skinny: **lo nghĩ quá rạc người** to look haggard/worn down because of too many worries

rách *adj.* torn; **áo rách** a torn shirt; **xé rách** to tear [on purpose]; **giẻ rách** rag

rách bươm *adj.* torn to shreds

rách mướp *adj.* ragged, tattered

rách rưới *adj.* ragged

rạch 1 *n.* irrigation ditch, stream, small irrigation canal; arroyo: **lấy nước từ rạch** to take water from an irrigation canal **2** *v.* to slit, to slash; to split, to divide: **rạch cái hộp bằng con dao** to slit a box with a knife

rạch ròi *adj., adv.* [to talk] clear; distinct: **Ông ấy ăn nói rạch ròi.** He speaks clearly.

rái 1 *n.* otter: **con rái cá** an otter **2** *v.* to fear; to dread

rải *v.* to spread, to sow, to lay down: **rải đá lót đường** to lay down stones on the road; **rải nhựa đường** to cover a road with asphalt

rải rác *adj.* scattered

ram *n.* [Fr. *rame*] ream, quire [of paper]

rám *v., adj.* to be sunburnt; sunburnt: **rám nắng** to have sunburn

rạm *n.* blackish water crab

ran *v.* to resound: **cười ran** to laugh boisterously; **nổ ran** to crackle, to explode noisily

rán 1 *v.* (= chiên) to fry [meat, fish, chicken, eggs]: **rán gà** to fry chicken; **gà rán** fried chicken **2** *v., adv.* to try, to endeavor, to strive; some more, over, in: **rán sức** to try one's best; **ngủ rán** to sleep in

ràn rụa *adj.* overflowing

rạn *adj.* cracked

rang *v.* to fry, to roast [peanuts, chestnuts **hạt dẻ**, melon seeds **hạt dưa**, sesame **vừng**, coffee **cà phê**]; to pop [corn **ngô, bắp**]: **ngô rang, bắp rang** popcorn; **rang cà phê** to roast coffee seeds

ráng *n.* rainbow

ràng *v.* (= gài) to tie up, to fasten, to bind: **ràng dây thắt lưng** to fasten one's seat-belt

ràng buộc *v.* to attach firmly, to tie up, to bind: **mối ràng buộc gia đình** family ties

rạng *v., n.* to break, to become dawn; dawn: **Trời vừa rạng sáng.** Dawn has broken.; **rạng ngày mười bảy** at the dawn of the 17th

rạng danh *v.* to become famous

rạng đông *n.* daybreak, dawn

rạng ngời *adj.* resplendent, glittering

rạng rỡ *adj.* radiant, brilliant

ranh 1 *adj.* shrewd, hard to deceive; mischievous, roguish: **thằng ranh con** the little devil, a mischievous boy; **chơi ranh** to play dirty tricks **2** *n.* demarcation, limit, boundary: **phân ranh** to fix the boundaries; **giáp ranh** adjoining

ranh giới *n.* frontier, boundary

ranh mãnh *adj.* shrewd, smart; mischievous, naughty

rành *v.* to be clear; to know precisely, to master [a subject]: **Chúng tôi chưa rành mọi việc trong văn phòng nầy.** We don't know everything in this office precisely.

rành mạch *adj.* clear, intelligible, explicit, unambiguous

rành rành *adj.* obvious, evident, manifest

rành rọt *adj.* clear: **giải thích vấn đề rành rọt** to explain the issue clearly

rảnh *v.* to be free: **Hôm nay tôi rảnh.** Today I am free.; **thì giờ rảnh** spare time

rảnh chân *adj.* free

rảnh mắt *v.* to get out of sight: **đi đi cho rảnh mắt** go away, get out of my sight

rảnh mình *adj.* free of care or responsibility

rảnh tay *adj.* having free moments: **Ông ấy không rảnh tay chút nào.** He doesn't have a free moment as he is busy all the time.

rảnh thân *adj.* free of care or responsibility

rảnh trí *v.* to have a free mind

rảnh việc *v.* to have leisure time, to have some spare time: **Khi nào bạn rảnh việc, bạn gọi điện thoại cho tôi.** When you have some spare time, could you give me a ring.

rãnh *n.* stream, brook; gutter, drain; groove

rao *v.* to announce, to advertise, to cry out [news or merchandise **hàng**]

rao hàng *v.* to shout out one's wares

ráo **1** *adj.* dry: khoâ raùo dry **2** *adv.* entirely, utterly, totally: **nắng ráo** dry and sunny heat; **ráo, nhẵn ráo** to run out, to be all gone; **chạy ráo** all disappear

ráo hoảnh *adj.* [of eyes] dry, tearless

ráo riết *adj.* [of work] hard; [of contest, race] keen, hectic: **làm việc ráo riết** to work hard

rào *v., n.* to fence, to block; fence, hedge: **rào giậu** fence, hedge; **xây hàng rào** to build a fence

rào đón *v.* to take all precautions, to talk around: **Khi nói chuyện, người Việt thường rào đón không đi thẳng vào vấn đề.** When talking, Vietnamese often beat around the bush [go in circles] before answering the main point.

rảo *v.* to walk faster, to accelerate, to quicken one's steps: **rảo bước** to walk faster

rạo rực *v.* to be nauseous

ráp **1** *v.* to assemble, to adjust, to join: **ráp máy may** to assemble a sewing machine **2** *adj.* (= nháp) rough: **giấy ráp** sandpaper; **đá ráp** pumice stone

rạp **1** *n.* temporary shed; theater: **rạp hát** theater [building]; **rạp xi-nê, rạp chiếu bóng** movie theater **2** *v.* to bend [**cúi**] all the way down to the ground; to lie [**nằm**] flat on the ground; to bow very low: **nằm rạp xuống đất** to lie flat on the ground

rát *v.* [of pain] to feel pain: **rát cổ họng** to feel pain in the throat

rát mặt *v.* to feel a burning sensation

on one's face: **Nắng rát mặt.** The face feels the sun's heat.

rạt *v.* to stand all the way to the side

rau **1** *n.* vegetables, greens: **vườn rau** vegetable garden; **cơm rau** vegetable meal **2** *n.* (= nhau) umbilical cord; **nơi chôn rau cắt rốn** native place

rau sống *n.* salad

rau thơm *n.* mint, basil

ráy *n.* ear wax: **lấy ráy tai** to take out ear wax

rày *adv.* now, this time, today; **từ rày (trở đi)** from now on; **mấy ngày rày** these few days

rảy *v.* to sprinkle [with water]

rắc *v.* to sow, to sprinkle: **rắc hột giống** to sow seeds; **rắc muối lên thức ăn** to sprinkle salt on food

rắc rối *adj.* complicated, intricate; troublesome: **công việc rắc rối** a complicated job

răm *n.* persicary; fragrant knotweed

răm rắp *adj.* obeying as one body, all at the same time: **Tất cả đều nghe lời răm rắp.** They all obey as one body.

rắm *n.* fart: **đánh rắm** to break wind

rằm *n.* full moon: **ngày rằm** fifteenth day of the lunar month; **trăng rằm** full moon

răn **1** *adj.* (= nhăn) wrinkled [of skin, clothes] **2** *v.* to advise, to warn, to instruct: **Giáo viên thường xuyên khuyên răn học sinh.** Teachers always advise students.; **lời răn** commandment; **mười điều răn** the Ten Commandments

răn reo *adj.* wrinkled, wizened

rắn **1** *n.* [SV xà] snake: **nọc rắn** venom **2** *adj.* [SV cương] hard, rigid [*opp.* mềm]: **rắn lại** to harden

rắn đầu *adj.* stubborn, hard-headed

rắn hổ mang *n.* copperhead

rắn mối *n.* lizard

rắn nước *n.* water-snake

rắn rỏi *adj.* strong, tough: **một con người rắn rỏi** a tough man

rặn *v.* to contract one's abdominal

muscles [when defecating or lifting a heavy object]

răng 1 *n.* [SV **nha**] tooth: **đánh răng** to brush teeth; **đau răng** to have a toothache; **hàm răng** jaw; **răng giả** fake tooth; **hàm răng giả** dental plate; **nghiến răng** to grind one's teeth; **mọc răng** to cut teeth; **trồng răng** to grow a tooth; **xỉa răng** to pick one's teeth; **chải răng** to brush one's teeth; **bàn chải răng** tooth-brush; **thuốc đánh răng** tooth-paste **2** *adv.* [Hue dialect] what, how, why

răng cưa *n., adj.* teeth of a saw; saw-toothed; serrated

răng cửa *n.* incisor, front tooth

răng hàm *n.* molar

răng khôn *n.* wisdom tooth

răng nanh *n.* canine, eyetooth

răng sâu *n.* decayed tooth: **nhổ răng sâu** to extract a decayed tooth

răng sún *n.* decayed tooth

răng sữa *n.* milk tooth

răng tiền hàm *n.* premolar, bicuspid

răng vẩu *n.* buck tooth

rằng 1 *v.* to say [as follows] that: **bảo/ nói rằng** to say that; **chẳng nói chẳng rằng** to say nothing, without warning **2** *conj.* that: **Chúng tôi nghĩ rằng chúng tôi có thể giúp bạn.** We think that we can help you.

rằng rặc *adj.* too long, endless, interminable: **dài rằng rặc** too long

rặng *n.* row [of trees], chain, range [of mountains]: **rặng núi** a range of mountains

rắp *v.* to be about to, to intend to: **rắp tâm làm việc gì** to intend to do something

rặt *adv.* entirely, altogether, nothing but; there are just: **Rặt những hàng xấu.** There are just bad quality goods.

râm *adj.* shady: **bóng râm** shade; **kính râm** sun-glasses; **ngồi trong râm** to sit in the shade

rầm 1 *adj.* loud, noisy **2** *n.* beam, rafter

rầm rầm *adv.* noisily, with a roar

rầm rập *n.* noisily

rầm rì *v.* to whisper, to murmur

rầm rộ *adj., adv.* ebullient; noisily

rậm *adj.* [of hair, vegetation] thick, dense, bushy: **rừng rậm** thick forest; **tóc rậm** thick hair

rậm rạp *adj.* thick, dense, bushy

rận *n.* body louse [**chấy, chí**]: **bệnh chấy rận** typhus

rấp *v.* to block, to close [road]; to cover up

rập *v.* to copy, to reproduce [model]: **rập theo kiểu** to copy a pattern

rập rình *v.* to be bouncing in rhythm, to resound low and high: **Tiếng nhạc rập rình.** Music resounds both low and high.

rập rờn *v.* to float, to bob

rất *adv.* very [to precede verbs]: **Phim này rất hay.** This film is very good.; **Trường ấy rất qui củ.** That school is very well organized.; **Vấn đề đó rất (là) phức tạp.** That problem is very complicated.

râu *n.* [SV **tu**] beard; mustache: **Râu tôi mọc nhanh quá.** My mustache grows quickly.; **râu mép** mustache; **cạo râu** to shave; **để râu** to grow a beard or mustache

râu cằm *n.* beard

râu mép *n.* mustache

râu quai nón *n.* whiskers

rầu *v., adj.* sad, sorrowful, depressed: **buồn rầu** to be sorrowful

rầu rầu *adj.* melancholic

rây *v., n.* to strain, to sift, to bolt/sieve; strainer: **rây bột** to sift flour

rầy 1 *v.* to scold, to annoy, to bother, to pester: **Ba tôi thường rầy tôi.** Sometimes my father scolds me. **2** *n.* [Fr. *rail*] rail: **đường rầy** railway

rầy la *v.* to scold, to reprimand

rầy rà *adj.* troublesome, complicated

rẫy *v.* to clear land for cultivation: **làm rẫy** to slash and burn

rè *v.* [of voice] cracked

rẻ *adj.* cheap, inexpensive: **hàng rẻ tiền** cheap goods [*opp.* **đắt**]; **rẻ như bùn** dirt cheap rẻ mạt *adj.* dirt cheap, cheap as chips

rẻ rúng *v.* to belittle, to berate; to abandon

rẻ thối *adj.* dirt cheap

rẽ *v.* to turn [right or left]; to divide, to split: **chia rẽ** to separate, to split; **chỗ rẽ** turning point; **rẽ phải** to turn right

rèm *n.* bamboo blinds

ren *n.* [Fr. *dentelle*] lace

rén *v.* to tiptoe, to walk gingerly: **đi rón rén** to walk gingerly

rèn *v.* to forge; to train, to form: **rèn luyện** to train; **thợ rèn** blacksmith; **lò rèn** furnace

rèn đúc *v.* to forge, to create

rèn luyện *v.* to forge, to train: **rèn luyện cơ thể** to train one's body

reo **1** *v.* to rustle, to hiss: **Thông trên đồi reo.** The pines on the hill are rustling. **2** *v.* to shout, to cheer, to yell: **Mọi người trong phòng reo lên khi ông ấy đến.** Everyone in the room shouted with joy when he arrived.

reo *v.* [Fr. *grevè*] to strike; **làm reo** to go on strike

reo hò *v.* to shout, to cheer: **Những người biểu tình reo hò ngoài đường phố.** The demonstrators are shouting in the streets.

réo *v.* to call loudly, to hail

réo rắt *adj.* [of voice] plaintive

rét *adj.* [SV **hàn**] cold: **trời rét** it's cold; **bệnh sốt rét** malaria; **mùa rét** winter

rét buốt *adj.* cold, freezing

rét mướt *adj.* cold [of weather]

rế *n.* bamboo basket [used as pad for hot pot]

rề rà *adj.* dawdling; dragged out

rể *n.* son-in-law: **chàng/chú rể** bridegroom; **anh rể** elder sister's husband; **em rể** younger sister's husband; **kén rể** to choose a son-in-law; **anh em rể** brothers-in-law [whose wives are sisters]; **phù rể** to be the best man

rễ *n.* [SV **căn**] root: **nhổ rễ** to uproot; **mọc rễ** to take root

rễ cái *n.* main root

rễ con *n.* rootlet

rễ củ *n.* rootstalk, rhizome

rên *v.* to groan, to moan

rên rỉ *v.* to groan, to moan

rền *v.* to toll, to ring; to happen repeatedly

rệp *n.* bedbug

rết *n.* centipede

rêu *n.* moss: **mọc rêu** moss growth; **xanh rêu** mossy green

rêu rao *v.* to spread, to divulge, to broadcast [rumor, news]

rì *adj.* dark green, lush: **cỏ mọc xanh rì** the grass grew lush green

rì rào *v.* to whisper, to murmur

rì rầm *v.* to whisper

rỉ **1** *v., n.* to be rusty, to get rusty; rust **2** *v.* to act in small or gentle repetitions, to ooze out: **rỉ từng giọt** to drip; **Xăng rỉ ra ngoài thùng.** The petrol is oozing out of the can.

rỉ rả *adv.* slowly and prolonged

rỉ tai *v.* to whisper into someone's ear

ria **1** *n.* edge, border, rim **2** *n.* mustache [with **để** to grow]

rìa *n.* fringe, edge, border

rỉa *v.* to peck, to nibble

rỉa rói *v.* to insult: **rỉa rói ai** to insult someone

rích *adj.* very old: **cũ rích** out of date

riêng *adj.* [SV **tư**] special, particular, personal, private: **nhà riêng** private house; **của riêng** personal property [of someone]; **con riêng** a child by a previous marriage; **ở riêng** to settle apart from relatives

riêng biệt *adj.* separate, apart: **Họ làm việc riêng biệt.** They work in separate sections.

riêng tây *adj.* private, own

riêng tư *adj.* personal, private: **đời sống riêng tư** a private life

riềng *n.* galingale [the root of a plant that is used in cooking and medicine]

riết **1** *v.* to pull tight, to act unceasingly; to be stingy: **riết hai đầu dây** to pull tight two heads of string **2** *adj.*

strict, severe: **Bà ấy riết lắm.** She is very strict.

riết róng *adj.* miserly, closefisted

riêu *n.* fish or crab soup, chowder eaten with rice or rice spaghetti

riễu *v.* to banter, to make fun

rim *v.* to cook with fish sauce

rinh 1 *adj.* noisy 2 *v.* to carry with both hands: **rinh bàn ghế vào phòng** to carry furniture into the room with both hands

rình *v.* to spy, to lie in ambush, to watch

rình mò *v.* to spy on

rít *v.* to hiss, to whizz; to be shrill

rịt *v.* to tie, to dress: **rịt vết thương** to tie a wound

ríu rít *v.* [of birds, children] to chatter, to prattle

rìu *n.* ax

rò *n.* rush basket

rò *v.* to leak

rỏ 1 *v.* to drip, to ooze; to give [eye lotion] in drops 2 *n.* basket

rõ *adj., adv.* clear, distinct; clearly, distinctly: **Hai năm rõ mười.** It's as clear as daylight.

rõ mồn một *adj.* absolutely clear, obvious

rõ ràng *adj.* clear, distinct, evident, obvious

rõ rệt *adj.* clear, distinct

rọ *n.* bow net, eel pot, hoop net, coop

róc *v.* to whittle the bark off: **róc mía** to whittle sugar cane

róc rách *v.* [of stream] to drip, to babble

rọc *v.* to cut [pages that are folded]

roi *n.* whip, rod, switch: **roi ngựa** horse whip

roi vọt *n.* whipping

rọi *v.* to beam, to shine, to focus [light, searchlight]

rom *n.* [Fr. *rhum*] rum

róm *n.* caterpillar

rón rén *v.* to tiptoe

rong 1 *v.* to wander, to be itinerant or perambulating: **hàng rong** street vendor, peddler, hawker 2 *n.* alga, seaweed

rong rỏng *adj.* slender

ròng 1 *adj.* pure: **vàng ròng** pure gold 2 *adj.* all through, whole: **ba năm ròng** throughout three years

ròng rã *adj., adv.* uninterrupted; unceasingly, incessantly

ròng rọc *n.* pulley

rót *v.* to pour [from bottle, pot, etc.]: **rót rượu ra ly** to pour wine into a glass

rô *n.* diamond [on cards]

rồ *adj.* mad, crazy: **hoá điên rồ** to become crazy

rồ dại *adj.* mad, crazy, insane: **Đừng có rồ dại làm việc đó.** You must be crazy to do that thing!

rổ *n.* bamboo basket

rỗ *adj.* [of face] pock-marked: **mặt rỗ** to have a pock-marked face

rộ *adj.* noisy, profuse: **rầm rộ** with a lot of noise and fuss

rối *v.* to be tangled, to tangle, to mix up: **tóc rối** tangled hair; **quấy rối** to disturb, to harass; **bối rối** uneasy, perplexed

rối beng *adj.* troubled: **tình hình rối beng** troubled situation

rối loạn *adj., adv.* troubled; disorderly, out of control

rối ren *adj.* disorder, confused

rối rít *v.* to be perplexed, to be nervous, to panic, to bustle

rối trí *adj.* nervous

rồi 1 *adv., adj.* already; finished, recent: **vừa rồi** to be recent; recently; **Rồi chưa?** Have you finished?; **Xong rồi.** Already finished.; **hết rồi** all gone 2 *conj.* then: **Nó ăn, rồi đi học.** He ate, then went to school.

rồi đây *adv.* later, in the future: **Rồi đây chúng ta phải hợp tác với nhau.** We will co-operate with each other in the future.

rồi ra *adv.* later on

rồi thì *adv.* and then

rỗi *v., adj.* free, unoccupied: **rỗi việc, nhàn rỗi** to be free

rỗi rãi *v.* to have free time, to have leisure

rôm *n.* heat rash, prickly heat [with **mọc** to have]

rôm sấy *n.* heat rash

rốn **1** *n.* nave **2** *v.* to extend [stay, visit, working period] in order to finish up; to exert oneself further, to make an extra effort

rộn *v., adv.* to be noisy, to raise a fuss; disorderly: **bận rộn** to be busy; **làm rộn** to raise a fuss

rộn rã *adj.* noisy, vehement

rộn rịp *adj.* (= **nhộn nhịp**) to be bustling

rong **1** *n.* high tide **2** *v.* to wander around: **chạy rong** to roam about

rống *v.* to trumpet; to roar: **Voi rống lên nghe ghê quá.** It's terrible to hear an elephant roaring.

rồng *n.* [SV **long**] dragon: **mặt rồng** the king's face; **thuyền rồng** dragon boat

rỗng *adj.* empty; hollow: **túi rỗng** empty pocket

rỗng không *adj.* empty: **Cái tủ lạnh rỗng không.** The fridge is empty.

rỗng tuếch *adj.* absolutely empty, meaningless

rộng *adj.* wide, spacious, big, broad [*opp.* **hẹp, chật**]: **Áo quần rộng.** Clothes are big.; **nghĩa rộng** extended meaning; **mở rộng** to enlarge, to expand **2** *adj.* free, generous: **tiêu pha rộng rãi** to spend freely

rộng bụng *adj.* generous, broad-minded

rộng cẳng *adj.* free

rộng lượng *adj.* generous, tolerant: **Ông ấy rất rộng lượng với mọi người.** He is very generous to everyone.

rộng rãi *adj.* wide, spacious; broad-minded; generous, liberal

rốt *adv.* to be the last: **sau rốt** last of all

rốt cục *adv.* at the end, finally, ultimately

rờ *v.* to grope, to feel, to touch: **Đừng rờ những đồ trưng bày nầy.** Don't touch these displayed things.

rờ rẫm *v.* to grope, to touch

rỡ *adj.* to be radiant: **mừng rỡ** to be very glad; **rạng rỡ** glorifying; **rực rỡ** radiant, resplendent

rỡ ràng *adj.* radiant, shining

rợ *adj.* savage, barbarian; gaudy: **mọi rợ** barbarian

rơi *v.* to fall, to drop [**xuống** down, **ra** out, **vào** into]; to shed: **rơi lệ** to shed tears; **bỏ rơi** to abandon; **đánh rơi** to drop [accidentally]; **để rơi** to have one's baby in the absence of a midwife or obstetrician; **con rơi con vãi** abandoned child; **thư rơi** anonymous letter; **của rơi** an object that somebody has dropped

rơi lệ *v.* to shed tears, to cry

rời *v.* to be detached from, to separate from: **rời đi** to leave; **tháo rời ra** to take apart; **Họ rời Đà Lạt hôm qua.** They left Dalat yesterday.

rời rã *adj.* exhausted

rời rạc *adj.* dissimilar, incoherent, without coordination

rơm *n.* straw: **mũ rơm** straw hat; **mống rơm, đụn rơm** haystack; **nấm rơm** straw mushroom

rơm rác *n.* trifle, junk

rơm rớm *adj.* [of eyes] wet with tears

rớm *v.* to ooze, to be wet [with blood **máu**, tears **nước mắt**]

rờn *adj.* quite green: **xanh rờn** very green

rợn *v.* to shiver with fear: **làm rợn tóc gáy** to make one's hair stand on ends

rợp *v.* to be shady, to be in the shade: **ngồi nghỉ ở chỗ rợp** to take a rest in the shade

rớt **1** *v.* to fall, to drop, to fail [an exam] [*opp.* **đậu, đỗ**]: **Ví tôi rớt ở trên xe.** I dropped my wallet in the car. **2** *adj.* to be left behind; to remain: **Còn rớt lại vài thứ.** Something is left behind.

rớt mồng tơi *adj.* as poor as a church mouse

ru *v.* to lull, to sing [to baby]: **ru con ngủ** to lull a baby to sleep; **bài hát ru con** lullaby

ru ngủ *v.* to rock, to lull to sleep

ru rú *v.* to stay home

rú **1** *n.* forest: **rừng rú** forest **2** *v.* to shout, to shriek, to scream [of joy or fear]

rù rờ *adj.* slow, indolent

rủ **1** *v.* to invite [to come along]; to urge, to ask: **rủ nhau đi ăn** to ask someone to go to a restaurant **2** *v.* to hang down: **rủ màn xuống** to hang down a curtain

rủ rê *v.* to induce, to entice: **rủ rê bạn đi uống rượu** to invite one's friend to the pub

rủ rỉ *v.* to whisper, to murmur softly

rũ **1** *v., adj.* to droop; drooping, hanging: **cây rũ chết** the tree withered, lifeless; **cờ rũ** flag at half mast; **mệt rũ** exhausted **2** *v.* to rinse [clothes]: **rũ hai nước** to rinse twice

rũ rượi *adj.* [of hair] drooping, hanging, disheveled: **cười rũ rượi** to laugh heartily

rùa *n.* [SV **qui**] turtle, tortoise: **chậm như rùa** snail-paced, as slow as a tortoise

rủa *v.* to curse: **nguyền rủa** to curse; **chửi rủa** to scold

rữa *adj.* decayed, rotten

rúc *v.* to hoot; to creep, to crawl

rúc rích *v.* to giggle

rục *adj.* overcooked, stewed to shreds: **Thịt hầm chín rục.** The meat was stewed to shreds.

rục rịch *v.* to get ready to, to prepare to: **rục rịch dọn nhà đi nơi khác** to get ready to move to another place

rủi *n., adj.* luck, bad luck; unfortunate [*opp.* **may**], unlucky

rủi ro *adj.* unlucky, unfortunate: **chuyện rủi** bad luck

rụi *adj.* ravaged completely: **Nhà cháy rụi.** The house was completely burned.

rum *n.* rum: **uống rượu rum** to drink rum

rúm *adj.* distorted, contorted; crumpled

run *v.* to shake, to tremble, to quiver: **run như cầy sấy** to tremble like a leaf

run rẩy *v.* to tremble, to shiver

rủn *adj., v.* to be limp, to be faint: **đói rủn cả người** to be weak with hunger

rủn chí *adj.* dejected, downcast, discouraged

rung *v.* to shake, to ring [bell]: **rung chuông nhà thờ** to ring the bell at the church

rung cảm *v.* to throb with emotion

rung chuyển *v.* to shake violently; to make a strong impact on

rung động *v.* to vibrate; to quiver, to throb with motion

rung rinh *v.* to shake, to vibrate, to quiver

rùng *v.* to shudder, to shiver, to quiver

rùng mình *v.* to tremble with fear

rùng rợn *adj.* horrifying, ghastly: **tai nạn rùng rợn** a horrifying accident

rụng *v.* [of flower **hoa**, fruit **quả**, leaves **lá**, hair **tóc**, tooth **răng**] to fall: **lá rụng** leaves fell; **Tóc rụng nhiều.** Hairs drop a lot.

rụng rời *adj., v.* faint with fright; to be panic-stricken, hysterical [because of fear, bad news]

ruốc *n.* shredded meat salted and dried: **mắm ruốc** shrimp paste

ruồi *n.* housefly, fly: **diệt ruồi** to kill flies

ruồi muỗi *n.* flies and mosquitoes

ruồng *v.* to abandon, to desert: **ruồng bỏ gia đình** to abandon one's family

ruộng *n.* [SV **điền**] rice field: **đồng ruộng** fields; **làm ruộng** to farm; **cày ruộng** to plow

ruộng đất *n.* land, rice fields

ruột **1** *n.* intestine, bowels, entrails, gut; heart; blood [relationship]: **đau ruột** intestinal pain **2** *adj.* related by blood: **anh ruột** elder brother [as opp. to **anh họ** cousin]; **chị ruột** elder sister [as opp. to **em ruột** younger brother, younger sister]; **cậu ruột** mother's younger brother

ruột gà *n.* coil spring

ruột gan *n.* heart

ruột già *n.* large intestine

ruột non *n.* small intestine

ruột thịt *adj.* being of the same parents; related by blood [relative]

ruột thừa *n.* appendix

ruột tượng *n.* sausage-shaped belt, belt holder

rút *v.* to pull; to pull back, to withdraw: **Nó rút mùi soa ra chùi mắt.** He pulled out his handkerchief and wiped his eyes.; **Họ rút quân về.** They withdrew their troops.; **Bà rút đơn kiện.** She withdrew her complaint.; **rút tiền ở nhà băng** to withdraw money from the bank

rút bớt *v.* to reduce, to cut [staff, expenses]: **rút bớt chi phí** to reduce expenses

rút gọn *v.* to reduce [a fraction]

rút lui *v.* to withdraw, to retreat

rút ngắn *v.* to shorten, to condense, to cut short: **rút ngắn kỳ nghỉ hè** to cut holidays short

rút thăm *v.* to draw lots

rụt *v.* to withdraw, to jerk back [neck, head, hand]

rụt rè *v.* to be shy, to be timid

rưa rửa *adj.* similar

rửa *v.* to wash, to clean [object, face, hands, etc. but not clothes, rice, or hair]; to develop, to print [film]: **rửa xe** to wash one's car; **rửa tay** to wash one's hands; **rửa hình** to develop a roll of film

rửa ráy *v.* to wash: **rửa ráy chân tay** to wash one's hands

rửa tội *v.* to baptize

rữa *v.* to wither, to decay, to rot: **chín rữa** over-ripe

rực *adj.* bright, glowing

rực rỡ *adj.* [of light, success, victory] brilliant, radiant; splendid: **ánh sáng rực rỡ** brilliant lights; **trang hoàng rực rỡ** a splendid decoration

rưng rức *adv.* [of pain] to be sharp, intense: **khóc rưng rức** to cry bitterly

rừng *n.* [SV lâm] forest, jungle; wild: **người rừng** orang-utan; **mèo rừng** wild cat; **thú rừng** wild beast; **lợn rừng** wild boar; **chở củi về rừng** to carry coals to Newcastle

rừng rú *n.* forests, woods

rước *v.* (= đón) to meet on arrival, to welcome: **tiếp rước** to receive; **Tôi đón rước bạn tôi ở phi trường.** I'm picking up my friend at the airport.; **đám rước** procession; **rước đèn** lantern parade

rươi *n.* edible worms, clam worm [found in rice fields near the sea coast]

rưới *v.* to sprinkle: **rưới nước mắm vào canh** to sprinkle fish-sauce into soup

rười rượi *adj.* dismal, sad, gloomy: **Mặt ông ấy buồn rười rượi.** His face looks sad.

rưỡi *num.* a half [the preceding numeral is **trăm, nghìn/ngàn...**]: **hai trăm rưỡi** two hundred and fifty; **nghìn rưỡi** one thousand five hundred

rưỡi *num.* a half: **ba đồng rưỡi** three and a half piastres; **ba thước rưỡi** three and a half meters; **một giờ rưỡi** half past one; **một tiếng rưỡi** one and a half hours

rườm *adj.* superfluous, redundant, complicated

rườm rà *adj.* dense; [of style] superfluous, wordy: **cành cây rườm rà** dense branches; **ăn nói rườm rà** to say superfluous words

rương *n.* (= hòm) trunk, case, box: **khiêng rương quần áo lên xe** to load a trunk of clothes in the car

rường *n.* framework [of building]; beam

rường cột *n.* keystone, pivot, pillar

rượt *v.* to follow, to chase

rượu *n.* [SV tửu] alcohol, drink, wine, liquor, spirit: **say rượu** to be drunk; **lò rượu** distillery; **nghiện rượu** to be a drinker; **cất rượu** to distill alcohol

rượu bia *n.* beer

rượu chát *n.* wine

rượu chè *v.* to drink heavily

rượu đế *n.* rice wine: **Bạn uống rượu đế được không?** Do you drink rice wine?

rượu mạnh *n.* spirits, brandy: **Tôi không thích uống rượu mạnh.** I don't like to drink spirits.

rượu mùi *n.* liquor

rượu nếp *n.* fermented sticky rice

rượu nho *n.* wine: **rượu nho đỏ** red wine; **rượu nho trắng** white wine rượu sâm banh *n.* champagne

rượu vang *n.* wine

rứt *v.* to pull [hair, clothes]; to tear out; to be separated from: **cắn rứt** to gnaw; **rứt tóc** to pull hairs off

S

sa **1** *n.* gauze, silk cloth **2** *v.* to fall [especially from the sky]; to drop down, to prolapse: **sa xuống hố** to fall into a hole

sa chân *v.* to take a false step, to slip: **sa chân lỡ bước** to meet with misfortune

sa cơ *v.* to meet with an accident or misfortune: **sa cơ lỡ vận** to meet with a misfortune, to land in a predicament

sa đà *v.* to over-indulge in sensual pleasures

sa đoạ *v.* to be utterly depraved

sa lầy *v.* to be bogged, to bog down: **Chiếc xe tải chúng bị sa lầy trên con đường bùn lầy.** My truck was bogged down on the muddy road.

sa mạc *n.* desert

sa môn *n.* Buddhist priest

sa ngã *v.* to fall into, to be debauched: **Cô ấy bị sa ngã vào đường mãi dâm.** She fell into prostitution.

sa nhân *n.* bastard; cardamom

sa sẩm *v.* to look angry

sa sút *v.* to decline [in wealth, status], to fall into poverty

sa thải *v.* to dismiss, to lay off: **Không ai sẽ bị sa thải.** No one will be laid off.

sa trường *n.* battlefield

sá chi *v.* to not mind

sà *v.* [of bird, plane] to swoop down: **bay sà trên mặt nước** to skim over the surface of the water

sà lan *n.* [Fr. *chaland*] lighter, barge

sả **1** *n.* citronella **2** *v.* to cut to pieces

sách *n.* [SV thư] book: **hàng bán sách** bookshop, bookstore; **sách giáo khoa** textbook

sách vở *n.* books and exercise books

sạch *adj., adv.* clean; completely, entirely: **một cái bàn sạch** a clean table; **trong sạch** to be pure, honest; **hết sạch** all gone

sạch bong *adj.* very clean, spotless

sạch sẽ *adj.* clean, tidy, spotless: **sàn nhà sạch sẽ** a clean floor

sạch tội *adj.* clear of all sins

sạch trụi *adj.* nothing left: **của cải sạch trụi** to have no penny left

sai **1** *v.* to send [on an errand], to order, to command: **sai người đi mua thức ăn** to send somebody to buy food; **tay sai** servant, lackey **2** *adj., n.* incorrect, wrong, false; error, mistake: **tin tức sai** incorrect information; **sai lỗi chính tả** spelling mistakes **3** *adj.* [of tree] to yield plenty of fruits: **Cây cam sai trái.** The orange tree yields plenty of oranges.

sai bảo *v.* to give orders, to order about

sai bét *adj.* completely wrong, all incorrect

sai biệt *adj.* different, divergent

sai hẹn *v.* to fail to keep an appointment: **Ông ấy đã xin lỗi tôi vì ông ta đã sai hẹn.** He made an apology for his failure/inability to keep the appointment.

sai khiến *v.* to order, to command

sai lầm *adj., n.* to be mistaken, to make mistakes; wrong, mistake: **những cái sai lầm của tuổi trẻ** the mistakes of youth; **những ý kiến sai lầm** wrong ideas

sai lời *v.* to break one's promise: **Họ đã sai lời.** They broke their promise.

sai trái *adj.* wrong

sai ước *v.* to break a promise

sái *adj.* dislocated, out of joint; out of place, untimely; contrary to, opposed to: **sái tay** an untimely sprain of the arm

Sài Gòn *n.* Saigon: **hải cảng Sài Gòn** the Saigon seaport

Sài thành *n.* Saigon City

sải *n.* span [of human arms], width of outstretched arms

sải tay *n.* arm length; full span [of the arms]

sãi *n.* a caretaker in a Buddhist temple; Buddist monk

sam *n.* king crab: **đuôi sam** plait, pigtail

sám hối *v.* to repent, to feel remorse

sàm *v.* to calumniate, to slander

san **1** *n.* review, journal: **nguyệt san** monthly review; **bán nguyệt san** bi-weekly; **tập san** journal **2** *v.* to level, to grade [road], to smooth; to raze to the ground, to excavate: **san bằng mặt đất** to excavate a ground level

san bằng *v.* to excavate: **san bằng đất để làm nhà** to excavate the ground to build a house

san hô *n.* coral

san sẻ *v.* to share: **san sẻ chi phí** to share the cost

sán **1** *v.* to approach, to come very close to **2** *n.* tapeworm, taenia: **thuốc sán** taeniacide, taeniafuge

sán lãi *n.* ascarid

sàn *n.* wooden or parquet floor: **sàn nhà** floor; **nhà sàn** house on stilts

sàn sàn *adj.* nearly equal, about the same

sản *v.* to produce, to create, to generate

sản khoa *n.* obstetrics

sản lượng *n.* product, output, rate of production

sản nghiệp *n.* property, inheritance, possession

sản phẩm *n.* product, result, outcome: **sản phẩm nội địa** domestic products

sản phụ *n.* a woman post-partuition [one who has just given birth]

sản quyền *n.* manufacturing rights

sản vật *n.* product [of a country]

sản xuất *v.* to produce, to manufac-ture, to make: **Việt Nam sản xuất rất nhiều gạo.** Vietnam produces a lot of rice.

sạn *n.* grit; pebble

sang **1** *v.* to go over, to come over, to cross: **đem sang** to bring over; **gửi sang Mỹ** to send to America; **đi sang Pháp** to go to France; **sang qua đường** to go across the road **2** *v.* to transfer: **sang tên xe** to transfer a car registration; **sang tên nhà cho ai** to transfer the ownership of a house to someone **3** *adj.* [SV quí] to be noble [*opp.* **hèn**]; to be used to expensive living: **nhà giàu sang** rich and noble family

sang đoạt *v.* to misappropriate, to embezzle

sang độc *v.* to form an abscess

sang máu *v.* to give a blood transfusion

sang nhà *v.* to sublet for rental, to transfer a lease

sang sảng *adj.* [of voice] metallic, sonorous

sang số *v.* to shift gear

sang tay *v.* to change owner

sang tên *v.* to transfer [property]: **sang tên cơ sở thương mại cho ai** to transfer a business to someone

sang trọng *adj.* noble, luxury, distin-guished: **nhà hàng sang trọng** a high-class restaurant

sáng *adj., n.* [SV minh] bright; to be bright, well lit; to be intelligent; dawn, morning: **ánh sáng** ray or beam of light; **ánh sáng mặt trời** sunlight; **kinh đô ánh sáng** a city of light; **tảng sáng** dawn; **soi sáng** to light; **tia sáng** light ray; **bữa ăn sáng** breakfast; **ăn sáng** to have breakfast; **sáng trăng** moonlight

sáng bóng *adj.* shining

sáng chế *v.* to invent, to create, to make: **Ông ấy đã sáng chế ra chiếc xe đạp đầu tiên.** He invented the first bicycle.

sáng choang *adj.* bright, dazzling

sáng dạ *adj.* intelligent: **Đứa bé đó rất sáng dạ.** That boy is very intelligent.

sáng kiến *n.* initiative: **Tôi rất thích sáng kiến của bạn.** I like your initia-tive very much.

sáng lạn *adj.* glaring, bright

sáng lập *v.* to found, to establish

sáng mai *n.* the next morning, tomorrow morning: **Bạn gặp tôi sáng mai được không?** Could you see me tomorrow morning?

sáng quắc *adj.* [of eyes] flashing: **mắt sáng quắc** to have blinking eyes

sáng rực *adj.* incandescent, glowing

sáng sớm *n.* early in the morning, in the early morning

sáng sủa *adj.* bright, well lighted; bright-looking, intelligent

sáng suốt *n.* to be clear-sighted, enlightened

sáng tác *v.* to create, to be creative, to compose: **sáng tác nhạc** to compose music/songs

sáng tạo *v.* to create, to invent

sáng trưng *adj.* bright, brilliant, dazzling

sáng ý *adj.* perspicacious, intelligent

sàng **1** *v., n.* to winnow, to sieve; flat winnowing basket **2** *n.* (= **giường**) bed: **bạn đồng sàng** bedmate; **long sàng** royal bed

sảng *adj.* delirious

sảng khoái *v., adj.* cheery, in good spirits, brisk

sảng sốt *v.* to fall into a panic, to be frantic

sanh *v.* See **sinh**

sánh *v.* to compare: **so sánh** to compare; **không sánh kịp** cannot compare to

sánh duyên *v.* to get married

sánh đôi *v.* to be matched in marriage, to be a couple

sánh vai *v.* to go or walk side by side

sành **1** *n.* earthenware **2** *adj.* expert, skilled, experienced

sảnh *n.* hall: **thị sảnh, đô sảnh** city hall, town hall

sao **1** *n.* star: **ngôi sao điện ảnh** movie star; **có sao** starry; **hình sao** star-shaped; **chòm sao** constellation; **cờ sao sọc** stars and stripes **2** *adv.* How? What matter? why; **Làm sao?** How?; **Tại/Vì sao?** Why?; **không sao** no trouble, it does not matter **3** *v.* to roast, to fry medicinal herbs **4** *v.* to copy, to transcribe: **bản sao** copy; **sao y bản chính** a true copy of the original

sao bắc cực *n.* the polar star

sao bắc đẩu *n.* ursa major

sao băng *n.* shooting star

sao chổi *n.* comet

sao đổi ngôi *n.* shooting star

sao hôm *n.* evening star

sao lục *v.* to copy, to make copies of: **sao lục giấy khai sinh** to make a copy of one's birth certificate

sao mai *n.* morning star

sáo **1** *n.* flute: **thổi sáo** to play the flute **2** *n.* magpie **3** *n.* bamboo blinds

sào **1** *n.* pole: **nhảy sào** the pole-vault **2** *num.* one tenth of an acre or 360 square meters

sào huyệt *n.* lair, den, nest [of beasts, pirates, rebels], haunt, hide-out

sáp *n.* wax; pomade; lipstick: **sáp môi** lipstick; **sáp ong** beeswax; **phấn sáp** to make up

sáp môi *n.* lipstick

sáp nhập *v.* to annex, to merge, to integrate

sát **1** *adj.* close to, closely attached to: **theo sát** following closely; **dịch sát** literally translating **2** *v.* (= **giết**) to kill: **ám sát** to assassinate; **cố sát** murder; **mưu sát** to murder

sát cánh *adj.* side by side

sát chủng *n.* genocide

sát hạch *v.* to examine [students], to test

sát nhân *n.* homicide, murder: **kẻ sát nhân** an assassin, murderer

sát phụ *n.* patricide

sát sinh *v.* to kill animals: **lò sát sinh** slaughterhouse

sát trùng *n.* insecticide, antiseptic

sạt *adj.* broken, smashed

sạt nghiệp *v.* to be ruined financially, to become bankrupt

sau *adv.* [SV **hậu**] behind, after, back, following [*opp.* **trước**]: **đằng sau**

behind; **phía sau** in the back; **đời sau** next life, next generation; **hôm sau** the following day; **cửa sau** back door; **sau khi** after [something happens]

sau cùng *adv.* last, last of all

sau đây *adv.* below, as follows

sau hết *adv.* finally, last of all

sau này *adv.* hereafter, later on

sau nữa *adv.* moreover; next

sau rốt *adv.* last, last of all

sáu *num.* [SV lục] six: **mười sáu** 16; **sáu mươi** 60; **thứ sáu** the sixth, Friday; **một trăm sáu mươi** 160; **một trăm lẻ sáu** 106; **tháng sáu** the sixth lunar month, June

say *v., adj.* drunken, intoxicated: **say rượu** drunk [*opp.* **tỉnh**]; **say mê** to be very fond of

say đắm *v.* to be passionately in love with

say mê *v.* to be very fond of

say nắng *n.* sunstroke

say sóng *v.* to be seasick

say sưa *adj., v.* very drunk; to be absorbed in [reading, entertainment]

sảy **1** *n.* prickly heat **2** *v.* to winnow

sắc **1** *n.* (= **màu**) color, beauty; look, appearance; sex, women: **ngũ sắc** the five colors; **cảnh sắc** view, aspect; **thất sắc** to turn pale; **nhan sắc** beauty; **hiếu sắc** lustful **2** *adj.* [of knife] sharp [*opp.* **cùn**]: **dao sắc** a sharp knife **3** *n.* royal edict, decree **4** *v.* to brew medicinal herbs until the liquid is reduced

sắc bén *adj.* sharp

sắc cạnh *adj.* sharp-edged; sharp, intelligent, clever

sắc chỉ *n.* royal decree

sắc dục *n.* sex, lust

sắc đẹp *n.* beauty: **sắc đẹp tự nhiên** natural beauty

sắc lệnh *n.* decree: **Chính phủ vừa ra sắc lệnh mới về thuế.** The government has issued a new decree on taxes.

sắc luật *n.* decree order

sắc phục *n.* formal attire: **sắc phục đại học** academic attire, cap and gown

sắc sảo *adj.* smart, sharp-witted, intelligent

sắc thái *n.* aspect, feature

sắc thuế *n.* tax category

sắc tố *n.* pigment

sặc **1** *v.* to choke because one has swallowed food the wrong way **2** *v.* to give forth a strong smell: **sặc mùi rượu** to smell of liquor

sặc gạch *v.* to vomit blood

sặc sỡ *adj.* flashy, gaudy, colorful: **ăn mặc áo quần sặc sỡ** to dress in colorful clothes

sặc sụa *v.* to smell, to stink of, to reek of

săm *n.* inner tube, tube

săm lốp *n.* tire and tube

sắm *v.* to buy, to go shopping [furniture, property, jewels]; to prepare: **đi sắm bàn ghế** to buy furniture

sắm sửa *v.* to get ready; to shop, to buy

săn *v.* to hunt: **đi săn** to go hunting; **chó săn** hunting dog, police dog

săn bắn *n.* hunting

săn bắt *v.* to pursue, to chase: **Cảnh săn bắt một chiếc xe ăn cắp.** The police chased after a stolen car.

săn đón *v.* to be attentive to

săn sóc *v.* to look after, to take care of: **Con cái phải săn sóc cha mẹ khi cha mẹ đã già.** Children should look after their parents when they are old.

sắn *n.* (= **khoai mì**) manioc, cassava: **bột sắn** tapioca

sẵn *adj.* ready: **sẵn có** to have ready

sẵn lòng *v., adj.* to be disposed or willing to: **Tôi sẵn lòng giúp bạn.** I am willing to help you.

sẵn sàng *v., adj.* to be ready to; to be prepared: **Chúng tôi đã sẵn sàng làm việc.** We are ready to work.

săng *n.* coffin

sằng sặc *adj., v.* laugh heartily; to giggle

sắp **1** *v.* to be arranged; to arrange, to put in order; to set [types **chữ**]: **sắp**

chỗ ngồi cho quan khách to arrange seats for guests **2** *v.* to be about to: **sắp chết** to be about to die

sắp đặt *v.* to make arrangements

sắp đống *v.* to pile up, to head up

sắp hàng *v.* to file in, to line up, to queue up: **Xin quí vị vui lòng sắp hàng một.** Please queue up in one line.

sắp hạng *v.* to classify

sắp sẵn *v.* to prepare, to get ready

sắp sửa *v.* to get ready [to], to prepare [to]; to be about to

sắt *n.* iron: **bằng sắt** made of iron; **đường sắt** railroad; **tủ sắt** safe; **bức màn sắt** iron curtain

sắt cầm *n.* marital union: **sắt cầm hòa hợp** best of luck to newly-weds

sắt đá *adj.* tough, indifferent

sâm *n.* ginseng: **nhân sâm** ginseng root

sâm banh *n.* champagne

sâm sẩm *n.* dusk, twilight

sấm **1** *n.* thunder: **Trời sấm chớp.** It is thunderstorm and lightning. **2** *n.* prophecy: **lời sấm** prediction, prophecy

sầm **1** *v.* to crash, to clash: **đâm sầm** to bump into **2** *v.* to become dark

sầm sập *adj.* beating, pelting

sầm uất *adj.* busy, bustling

sẩm *n.* blind street singer

sẫm *adj.* [of color] dark

sân *n.* court, yard; athletic field: **sân quần vợt** tennis court; **sân vận động** stadium; **sân trước** front yard

sân banh *n.* football field, soccer field

sân bay *n.* airfield, airport

sân chơi *n.* playground

sân khấu *n.* stage [in theater]

sân máy bay *n.* airfield, airport

sân quần vợt *n.* tennis court

sân vận động *n.* stadium: **sân vận động quốc gia** the national stadium

sấn *v.* to dash in, to rush headlong, to hurl

sấn sổ *v.* to act violently

sần sùi *adj.* rough [to feel], lumpy

sấp *adj.* lying on one's stomach, face down, prone [*opp.* **ngửa**]: **mặt sấp** reverse, tails [of coin]

sấp ngửa *n.* heads or tails

sập **1** *n.* carved bed, platform **2** *v.* to collapse: **Họ xây lại một ngôi nhà sập.** They have rebuilt a collapsed house.; **xe sập mui** convertible car

sâu **1** *adj.* deep, profound; [of eyes] sunken [*opp.* **nông**]: **bề/chiều sâu** depth; **đào sâu** to dig deep; **hố sâu** deep ditch, deep hole; **sông sâu** a deep river **2** *n.* [SV **trùng**] worm, insect, pest; decay: **sâu rau** vegetable insects

sâu bọ *n.* insect(s)

sâu cay *adj.* mordant, bitter, caustic

sâu hoắm *adj.* very deep

sâu răng *n.* tooth decay

sâu sắc *adj.* profound

sâu xa *adj.* profound, deep [in meaning]

sấu *n.* crocodile

sầu *adj.* sad, sorrowful, melancholic: **sầu muộn** sadness, grief; **đa sầu** melancholic [by nature]; **ưu sầu** worry

sầu bi *n., adj.* grief; grief-stricken

sầu cảm *adj.* melancholic

sầu khổ *adj.* sorrowful, unhappy: **Chúng ta thương những bà mẹ suốt đời sầu khổ vì con cái.** We have compassion for mothers who are disappointed with their children.

sầu muộn *adj.* grieved

sầu não *adj.* very sad, deeply grieved

sầu oán *n.* sorrow and rancor

sầu riêng *n.* durian

sầu thảm *adj.* dejected, downcast, mournful

sây *adj.* scratched: **sây sát** abraded, scraped off

sấy *v.* to dry over a fire: **sấy tóc** to dry one's hair

sầy *adj.* scratched and bruised: **sầy da** to be scratched

sẩy *v.* to take a false step, to slip, to fail: **sẩy thai** to have a miscarriage

sẩy chân *v. to* slip, to take a false step, to stumble over

sẩy miệng *v.* to make a slip of the tongue

sẩy tay *v.* to be awkward with the hands, to drop something because of inattention

sậy *n.* reed

se *v.* to be almost dry; to shrink, to shrivel

se sẽ *adj.* soft, gentle

sẻ **1** *v.* to share, to divide, to saw up: **san sẻ** to share **2** *n.* sparrow: **chim sẻ** sparrow

sẽ **1** *adj.* [of voice, emotion] soft, gentle, light **2** *adv.* shall, will [precedes main verb]: **Tôi sẽ bảo nó.** I'll tell him.; **Ông ấy sẽ ở lại đây.** He will stay here.

sém *v., n.* to be burned; crust at the bottom of rice pot [with **đánh, cạo** to scrape]

sen *n.* lotus: **hạt sen** lotus seed; **hương sen** lotus fruit, shower head; **ngó sen** lotus rootstock

sẹo *n.* scar: **có sẹo trên mặt** to have a scar on the face; **lên sẹo** to heal

sét **1** *adj., v.* (= **rỉ**) rusty; to rust: **con dao sét** a rusty knife **2** *n.* clay: **đất sét** clay **3** *n.* thunderbolt: **Tin nghe như sét đánh ngang tai.** The news struck like a thunderbolt.

sề *adj.* having farrowed; female: **lợn sề** sow which has had piglets

sên *n.* snail: **ốc sên** snail

sền sệt *adj.* little thick

sênh *n.* castanets

sểnh *v.* to go far away; to be far from public attention

sẹp *v.* to sit or lie flat on the ground: **Họ ngồi sẹp xuống đất.** They sit down on the ground.

sệt *adj.* [of mixture, rice gruel] very thick

sêu *v.* [of future bridegroom] to present gifts to one's parents-in-law

sếu *n.* crane

si tình *v.* to be madly in love

sì *adj.* very black: **đen sì** very black

sỉ *v.* to buy or sell wholesale: **mua giá sỉ** to buy at wholesale prices

sỉ nhục *adj.* dishonorable, shameful

sỉ vả *v.* to dishonor, to insult: **sỉ vả ai** to insult someone

sĩ *n.* scholar; warrior: **kẻ sĩ** scholar; **cư sĩ** retired scholar or official; **ẩn sĩ** retired scholar; **bác sĩ** doctor [medical]; **chí sĩ** revolutionary, scholar; **đạo sĩ** Taoist priest; **hàn sĩ** needy scholar; **hoạ sĩ** painter; **lực sĩ** athlete; **nữ sĩ** woman writer; **nghệ sĩ** artist; **dũng sĩ** warrior; **nho sĩ** Confucian scholar; **tiến sĩ** doctor [of philosophy, letters, laws, etc.]; **thượng sĩ** warrant officer; **trung sĩ** sergeant, petty officer; **hạ sĩ** corporal, first class seaman; **binh sĩ** soldiers, servicemen; **văn sĩ** writer; **võ sĩ** fighter, boxer, wrestler

sĩ diện *n.* face, pride: **giữ sĩ diện** to save face

sĩ phu *n.* intellectual, scholar

sĩ quan *n.* officer: **hạ sĩ quan** non-commissioned officer; **sĩ quan an ninh** security officer; **sĩ quan cấp tướng** general officer; **sĩ quan cấp úy** company officer, junior officer; **sĩ quan công binh** engineer officer; **sĩ quan doanh trại** billeting officer; **sĩ quan điều động** deck officer; **sĩ quan giám khảo** member of an examination board; **sĩ quan hành chính** administrative officer; **sĩ quan hầu cận** aide, orderly officer; **sĩ quan liên lạc** liaison officer; **sĩ quan pháo binh** gunner officer; **sĩ quan phát ngân** paymaster, disbursing officer, agent officer; **sĩ quan phi công, sĩ quan phi hành** flying officer; **sĩ quan tài chính và tiếp liệu** finance and supply officer; **sĩ quan tham mưu** staff officer; **sĩ quan tham mưu pháo binh** ordnance staff officer; **sĩ quan thú y** veterinary officer; **sĩ quan trực nhật** officer of the day; **sĩ quan thường trực** watch officer, watch officer in a trench; **sĩ quan thám thính** reconnaissance officer; **sĩ quan**

tuyển mộ recruiting officer; **sĩ quan tình báo** intelligence officer; **sĩ quan trừ bị** reserve officer, range officer; **sĩ quan truyền tin** signal officer

sĩ số *n.* enrollment total, number of students: **sĩ số lớp học** the number of students in a class

sĩ tử *n.* scholars, candidates at civil service examinations

sị *v.* to frown, to scowl

sị mặt *v.* to look surly, to act sullen

sỉa *v.* to slip; to tumble: **sỉa chân xuống hố** to stumble into a hole

siêng *adj.* diligent, industrious, hard-working: **Ông ấy siêng làm việc.** He is diligent in his work.

siêng năng *adj.* diligent, studious, laborious

siết *v.* to draw tightly, to tighten, to close: **siết chặt** to hug tight

siêu 1 *n.* kettle, pot: **siêu đun nước** kettle for boiling water 2 *adj.* super, surpass: **siêu quá, siêu việt** super, huge; **siêu thị** supermarket; **siêu nhân** superman

siêu âm thanh *n.* [of aircraft] supersonic, ultrasonic

siêu đẳng *adj.* super

siêu độ *v.* to free [souls] from suffering

siêu hình *adj.* metaphysical

siêu hình học *n.* metaphysics

siêu loại *adj.* above the average; super

siêu nhân *n.* superman

siêu nhiên *adj.* supernatural, transcendental

siêu phàm *adj.* outstanding, superhuman

siêu quần *adj.* outstanding, superhuman

siêu quốc gia *n.* superpower nation

siêu thoát *v.* to go beyond usual practices, to be enlightened

siêu việt *adj.* surpassing; transcendental

sim *n.* myrtle

sinh 1 *v.* (= **đẻ**) to be born; to give birth to; to live: **Tôi sinh ở Việt Nam.** I was born in Vietnam.; **nhà hộ sinh** maternity hospital; **ký sinh** parasite; **phục sinh** rebirth, Easter; **sát sinh** to kill living beings; **tái sinh** to come to life again; **trường sinh** long life; **vệ sinh** hygiene; **hậu sinh** younger people, younger generation 2 *n.* student, young man [used in names of occupations or stations of persons]: **nữ (học) sinh** schoolgirl; **thư sinh** student, scholar; **môn sinh** student, disciple; **thí sinh** candidate [in exam]; **học sinh** student, pupil

sinh dục *v.* to reproduce, to procreate

sinh đẻ *v.* to give birth, to have children, to procreate: **Mẹ tôi sinh đẻ được ba người con.** My mother gave birth to three children.

sinh hạ *v.* to give birth to

sinh hoá *n.* biochemistry

sinh hoạt 1 *v., n.* to live; life, existence: **giá sinh hoạt** cost of living; **tiêu chuẩn sinh hoạt** standards of living 2 *n.* activity: **sinh hoạt thể thao** sport activities; **sinh hoạt cộng đồng** community activities

sinh học *n.* biology

sinh kế *n.* means of livelihood

sinh linh *n.* human beings, sacred life

sinh lực *n.* force, strength, energy

sinh lý *n., adj.* physiology; physiological

sinh lý hoá *n.* biology, physics and chemistry [in pre-medical curriculum]

sinh lý học *n.* physiology

sinh mạng *n.* human life: **Không có gì quí hơn sinh mạng con người.** There is nothing more precious than human life.

sinh mệnh *n.* human life

sinh ngữ *n.* modern language: **Tiếng Anh là một sinh ngữ.** English is a modern language.

sinh nhai *n.* to make a living: **kế sinh nhai** means of livelihood

sinh nhật *n.* birthday: **tổ chức tiệc sinh nhật** to organize a birthday party

sinh nở *v.* to have children, to give birth

sinh quán *n.* native place, place of birth

sinh sản *v.* to produce, to reproduce

sinh thời *n.* lifetime, life

sinh tố *n.* vitamin

sinh tồn *v.* to exist, to survive

sinh trưởng *v.* to grow up, to grow, to develop: **sinh trưởng ở nơi đồng quê** to grow up in the countryside

sinh tử *n.* life and death

sinh vật *n.* living thing

sinh vật học *n.* biology

sinh viên *n.* [university] student

sính *v.* to like, to be fond of

sính lễ *n.* wedding presents from bridegroom to bride

sình 1 *adj.* marsh, swamp, muddy 2 *v.* to swell, to distend

sình sịch *v.* [of motor, train] to move suddenly; to throb continuously

sít *adj.* next to each other, very close

sịt *v.* to sniff, to snuffle: **sụt sịt mũi** to snuffle through one's nose

so 1 *v.* to compare: **so cái nầy với cái khác** to compare this with the other 2 *adj.* [of child] first-born: **Bà ấy mới sinh con so.** She has just given birth to her first-born child.

so bì *v.* to compare

so le *adj.* uneven; [of angles] alternate: **so le ngoài** alternate exterior; **so le trong** alternate interior

so sánh *v.* to compare: **Chúng ta nên so sánh hai kết quả nầy.** We should compare these two results.

sò *n.* clam, oyster

sọ *n.* skull, brain, craium: **sọ dừa** coconut shell

soàn soạt *v.* [of silk, paper] to rustle

soạn *v.* to sort out, to rearrange; to prepare, to compile, to write, to compose, to edit; **toà soạn** editor's office; **lời tòa soạn** editor's note; **nhà soạn kịch** playwright; **nhà soạn nhạc** music composer; **soạn từ điển** to compile a dictionary

soạn giả *n.* author, writer, composer, compiler: **soạn giả cuốn từ điển nầy** the author of this dictionary

soát *v.* to check, to verify: **kiểm soát** to check, to control; **lục soát** to search

sóc *n.* squirrel

sóc vọng *n.* new moon and full moon: **thuỷ triều sóc vọng** the spring tides

sọc *n.* stripe: **lá cờ sao sọc** the Stars and Stripes

soi *v.* to illuminate, to light up: **soi gương** to look at oneself in the mirror

soi xét *v.* to examine, to study, to investigate

sói *n.* wolf: **con chó sói** a wolf

sói *adj.* (= hói) bald: **sói đầu** a bald head

sỏi *n.* pebble, gravel, stone: **đường đá sỏi** gravel road

sõi *adj.* [of children, non-native speaker]; clear and fluent: **nói sõi tiếng Anh** to speak English fluently

sõi đời *adj.* experienced

sọm *adj.* very old, decrepit: **Ông ấy già sọm.** He is very old.

son 1 *adj.* red, ochre, vermilion: **đánh môi son** to apply lipstick; **sơn son** red lacquered; **lòng son** loyalty 2 *adj.* [of young couple] still young and childless: **cặp vợ chồng son** a young and childless couple

son phấn *n.* lipstick and powder, cosmetic

son sắt *adj.* loyal, faithful

son trẻ *adj.* young and vigorous

són *v.* to trickle; to dole out, to deal out in small portions

sòn sòn *adj.* [of married woman] highly fertile

song 1 *adv.* (= nhưng mà) but, however: **Bà ấy nghèo song rất tốt bụng.** She is poor but very kind. 2 *n.* big rattan 3 *n.* window: **chấn song** bar, railing

song đường *n.* both parents

song hành *adj.* parallel

song le *conj.* but, however

song mã *n.* a pair of horses

song phương *adj.* bilateral: **hiệp ước song phương** a bilateral treaty

song song *adj.* parallel, side by side

song thân *n.* both parents

song thập *n.* Double Ten [Chinese

national holiday, October 10]

Song Thất *n.* Double Seven [July 7]

song thất lục bát *n.* the double seven-six-eight (7-7-6-8) word meter of Vietnamese poetry

song toàn *adj.* both complete/perfect

sóng *n.* [SV **ba**] wave: **làn sóng thu thanh** radio wave; **sóng ánh sáng** light wave; **sóng biến điệu** modulated waves; **sóng cực ngắn** ultra short waves; **sóng dọc** longitudinal waves; **làn sóng dài** long waves; **sóng điện** electric waves; **sóng điện tử** electronic waves; **sóng đứng** stationary vibration; **sóng ngắn** short waves; **sóng trung bình** medium frequency waves; **sóng từ điện** electromagnetic waves

sóng gió *adj.* ups and downs, adversity

sóng soài *v.* [to fall] full flat

sóng sượt *adj.* [to lie] full length: **nằm sóng sượt** to lie in full length

sóng thần *n.* tidal wave, hurricane

sòng *n.* gambling den: **sòng bạc** casino

sòng phẳng *adj.* honest, straightforward

sòng sọc *adj.* striped; [of look] flashing glares

sõng *adj.* insolent, impolite: **nói buông sõng** not to use the appropriate personal pronouns

sót *v.* to omit, to leave out: **không bỏ sót một người nào** all of them, without exception

sọt *n.* bamboo basket for fruits, vegetables: **sọt rác** wastepaper basket

sô-cô-la *n.* chocolate

số 1 *n.* figure, digit, number; sum, amount, quantity: **số tiền** a sum of money; **cây số** kilometer; **bản số** cardinal number; **bội số** multiple; **đa số** majority; **căn số** radical; **chỉ số** salary index; **dư số** remainder; **định túc số** quorum; **nghiệm số** root [of equation]; **phân số** fraction; **điểm số** grade; **thiểu số** minority; **thương số** quotient; **tỉ số** ratio; **ước số** submultiple; **đại số** algebra; **hộp số** gear

box; **sang số** to change speed, to shift gears; **cần sang số** gear shift lever; **sang số hai** to change into second gear; **vô số** countless; **xổ số** to draw a lottery; lottery; **sĩ số** enrollment number [students] 2 *n.* fate, destiny: **số mạng** fate; **thầy tướng số** fortune teller

số Ả rập *n.* Arabic numeral or figure

số bị chia *n.* dividend

số bị nhân *n.* multiplicand

số chẵn *n.* even number

số chia *n.* divider

số dách *n.* number one, top notch

số đen *n.* bad luck, misfortune

số đỏ *n.* good luck, good fortune

số độc đắc *n.* first prize, jackpot [in lottery]

số đông *n.* majority

số học *n.* arithmetic

số ít *n.* singular; minority

số không *num.* zero

số kiếp *n.* fate, destiny

số La mã *n.* Roman numeral

số là *adv.* this is how it all started

số lẻ *n.* odd number

số lượng *n.* quantity, amount, number

số mệnh *n.* fate, destiny

số một *num.* number one, first speed

số mũ *n.* exponent

số mục *n.* number

số nguyên tố *n.* prime number

số nhà *n.* address, house number: **Bạn làm ơn cho tôi biết số nhà?** Could you give your house number?

số nhân *n.* multiplier

số nhiều *n.* plural: **danh từ số nhiều** plural nouns

số phải chi *n.* dividend

số phận *n.* fate, destiny

số thập phân *n.* decimal number

số thuật *n.* astrology

số thương *n.* quotient

sổ 1 *n.* notebook, register book: **sổ kế toán** account book; **ghi vào sổ** to write down in the register book; **đội sổ** to be at the bottom of a list 2 *v.* to slip away, to get undone; to escape from: **đâm sổ ra** to rush out, to run out; **Tù sổ ngục.** A prisoner has escaped.

sổ lòng *v.* to be just delivered

sổ lông *v.* to lose fluff: **Cái áo nầy sổ lông.** This coat loses fluff.

sổ đen *n.* black list

sổ mũi *v.* to have runny nose

sổ sách *n.* records, books: **giữ sổ sách cho ai** to keep records for someone

sổ tay *n.* notebook

sổ sàng *adj.* rude, discourteous: **Ông ấy ăn nói rất sổ sàng.** He speaks very rudely.

sôi *v.* to boil: **nước sôi** boiling water, hot water

sôi bụng *v.* to rumble, to have a rumbling belly

sôi nổi *adj.* lively, scandalous, sizzling, exciting

sồi *n.* oak: **cây sồi** oak tree

sồn sồn *adj.* middle-aged

sồn sột *adj.* [of things not well cooked] crunchy

sông *n.* [SV **giang, hà**] stream, river: **sông Cửu Long** Mekong River

sông đào *n.* canal

sống **1** *v., adj.* [SV **sinh**] to live; to be living, alive [*opp.* **chết**]: **bắt sống** to catch alive; **còn sống** still living; **đời sống** life **2** *n.* central rib, ridge, spine: **xương sống** spine, backbone **3** *adj.* to be raw, uncooked, rare [*opp.* **chín**]: **thịt sống** raw meat

sống chết *n.* [matter of] life and death

sống còn *v.* to survive, to be vital

sống dao *n.* back of knife blade

sống lại *v.* to be relived, to come to life again

sống lưng *n.* backbone; back

sống mái *adj.* decisive: **một trận sống mái** a decisive battle

sống mũi *n.* bridge of the nose

sống sót *v.* to survive

sống sượng *adj.* rude, tactless

sống thác *n.* life and death

sốp phơ *n.* [Fr. *chauffeur*] driver, chauffeur

sộp *adj.* wealthy, rich

sốt *adj.* hot; feverish: **cơn sốt** attack of fever: **Nó không sốt.** He doesn't have a temperature.; **cặp sốt** to take the temperature

sốt cách nhật *n.* recurring fever

sốt dẻo *adj.* fresh from the oven; [of news] hot

sốt rét *n.* malaria

sốt ruột *adj.* impatient, anxious

sốt sắng *adj.* eager, zealous

sốt thương hàn *n.* typhoid fever

sột soạt *v.* [of paper, starched clothing] to rustle

sơ *adj.* elementary, preliminary; distant [*opp.* **thân**]: **trường sơ cấp** an elementary school

sơ *n.* [Fr. *sceur*] Catholic sister

sơ cấp *adj.* elementary or primary

sơ đẳng *adj.* elementary or primary

sơ đồ *n.* outline, diagram, sketch

sơ học *n.* elementary education

sơ khai *adj.* early [times], beginning

sơ khảo *n.* preliminary examination

sơ lược *v.* to outline, to sketch

sơ mi *n.* shirt

sơ qua *adj.* rough, quick

sơ sài *adj.* simple, modest

sơ sinh *adj.* newly-born

sơ sơ *adv.* carelessly, negligently

sơ thảo *v.* to draft roughly

sơ thẩm *v., n.* to hear and try cases first; first instance: **toà sơ thẩm** county court

sơ xuất *adj.* careless, lax

sơ ý *adj.* careless, negligent,

sớ *n.* request, petition to the king, memorial [with **dâng** to submit]

sờ sẫm *v.* to grope one's way, to touch

sờ soạng *v.* to feel, to grope, to touch

sờ sờ *adj.* obvious, evident, as plain as a pikestaff: **sự thật sờ sờ** an obvious truth

sở *n.* place of work, office, bureau; place, premises, headquarters: **cơ sở** foundations; **công sở** government office; **trú sở** domicile; **trường sở** school building, school site; **trụ sở**

headquarters; **xứ sở** native country; **Anh ấy làm sở nào?** Where does he work?

sở dĩ *conj.* if, that is why: **Sở dĩ có chuyện đó là vì họ hiểu nhầm tôi.** That is why they misunderstood me.

sở đắc *n.* one's skill, one's knowledge

sở đoản *n.* weakness, foible, shortcoming

sở hữu *v., n.* to own, to have; ownership, property: **Ông ấy sở hữu toà nhà nầy.** He owns this building.

sở khanh *n.* Don Juan, unfaithful lover, lady killer [CL **gã, chàng, thằng, tên**]

sở nguyện *n.* wishes, desire

sở phí *n.* expenses, expenditures

sở quan *n.* Department; organization: **bộ sở quan** the department concerned

sở tại *n.* [of people, authority] local, resident: **nhân dân sở tại** the local people

sở thích *n.* hobby, favorite, interest: **Bạn nên ghi sở thích của bạn vào sơ yếu lý lịch.** You should include your hobbies in your curriculum vitae.

sở trường *n.* strong point, specialty, hobby

sợ *v.* to fear, be afraid [of]: **ghê sợ** to dread; **kinh sợ** to be frightened; **lo sợ** to worry

sợ hãi *adj., v.* fearful, afraid, to be frightened; to scare

sợ sệt *adj.* afraid

sởi *n.* measles: **lên sởi** to have measles

sợi *n.* thread, fiber, filament, yarn: **sợi chỉ** thread; **sợi tóc** a hair

sớm *adv.* to be early, soon: **chết sớm** to die young; **đến sớm, tới sớm** to arrive early; **dậy sớm** to get up early, to rise early; **càng sớm càng tốt/hay** the sooner the better

sớm mai *n.* morning

sớm muộn *adv.* sooner or later: **Sớm muộn gì bạn cũng sẽ nhận được kết quả.** You will receive your results sooner or later.

sớm sủa *adj.* early

sơn **1** *v., n.* to paint, be painted; paint, lacquer: **thợ sơn** painter; **hai nước sơn** two coats of paint; **Sơn còn ướt!** Wet Paint! **2** *n.* mountain (= **núi**): **giang sơn** nation; **hoả sơn** volcano; **xuyên sơn** tunnel; **Ngũ hoành sơn** Five Mountains [in Danang]

sơn ca *n.* lark, nightingale: **chim sơn ca** lark

sơn cước *n.* [of area, tribe] mountain, high land: **miền sơn cước** mountain area

sơn hà *n.* fatherland, motherland

sơn lâm *n.* mountains and forest

sơn mài *n.* lacquer: **tranh sơn mài** lacquer painting

sơn son *adj.* red lacquered

sơn thuỷ *adj.* depicting mountains and waters: **tranh sơn thuỷ** landscape, scenery painting

sớn sác *adj.* panicky

sờn **1** *adj.* frayed, worn out, threadbare **2** *v.* to lose heart, to be discouraged

sờn chí *adj.* discouraged, disheartened

sờn lòng *adj.* discouraged, disheartened

sởn *v.* to rise, to stand up

sởn gai ốc *v.* to have goose-bumps

sởn tóc gáy *v.* to cause the hair to stand on end

su hào *n.* turnip cabbage, kohlrabi

sù sì *adj.* rough

sù sụ *adv.* [to cough] repeatedly and loudly

sủa *v.* [of dog] to bark: **Chó sủa.** A dog barks.

suất *n.* (= **xuất**) portion, part, rate, ration; amount, percentage; performance, run [at theater]: **hối suất** exchange rate; **suất thường lệ 9 giờ** regular performance at 9; **định suất** specified amount, fixed rate

súc **1** *n.* bale, bundle, billet, log, roll [of timber]: **một súc gỗ** a log of timber **2** *v.* to rinse: **súc miệng** to rinse one's mouth; **súc chai** to rinse a bottle

súc sắc *n.* dice: **chơi súc sắc** to throw or cast the dice, to play craps

súc sinh *n.* beast, animals [as distinguished from man]

súc tích *adj.* concise, terse

sục *v.* to search [premises]

sục sạo *v.* to search

sui *adj.* (= **thông gia**) to be allied through marriage bonds: **ông bà sui** parents of son/daughter-in-law

sùi *v.* to break out, to erupt [of rash]; to foam: **sần sùi** to be rough

sủi *v.* to bubble: **sủi bọt** to boil up, to seethe; **Bà ấy nói tức sủi bọt miếng khi bị cho là ăn cắp hàng trong tiệm.** She seethed with anger when accused of shoplifting.

sum họp *v.* [of family, couple] to gather, to be united: **Ngày Tết là lúc gia đình sum họp.** The New Year celebration is a time for the whole family to be united.

sún *adj.* [of tooth] decayed

sún răng *adj.* decayingt teeth, toothless

sụn *n.* cartilage

sung *n.* sycamore, fig

sung chức *v.* to assume one's duties

sung công *v.* to confiscate, to seize

sung mãn *v., adj.* to be complete, abundant

sung sức *v.* to be in top shape, to be in full strength

sung sướng *adj.* happy

sung túc *adj.* well-off, wealthy, well supplied

súng *n.* gun, rifle, firearm: **báng súng** stock; **cò súng** butt; **nòng súng** barrel; **miệng súng** muzzle; **nạp súng** to load a gun; **bắn súng** to shoot; **chĩa súng** to point a gun [**vào** at]; **một phát súng** a gunshot; **thuốc súng** gunpowder

súng bán tự động *n.* semi-machine gun

súng bắn trái phá *n.* howitzer

súng cối *n.* mortar: **súng cối dã chiến** field mortar; **súng cối phụ chiến** trench mortar; **chân súng cối** mortar bed

súng cối xay *n.* machine gun

súng đại bác *n.* cannon: **hai mươi mốt**

phát súng đại bác chào mừng a 21-gun salute

súng đạn *n.* ammunition; warfare, war

súng hơi *n.* compressed air rifle

súng không dật *n.* recoilless gun

súng lục *n.* six shooter, pistol

súng liên thanh *n.* machine gun

súng máy *n.* machine gun; automatic rifle

súng sáu *n.* six shooter, pistol

súng săn *n.* shotgun, sporting gun

súng trường *n.* rifle: **súng trường bắn phát một** magazine rifle

súng tự động *n.* automatic gun

sùng *v.* to believe in; to be a devout follower [of a religion]: **sùng đạo Phật** to believe in Buddhism

sùng bái *v.* to revere, to worship, to idolize

sủng ái *v.* to love; to confer favor on

sũng *adj.* soaked and wet

suối *n.* [SV **tuyền**] stream, spring, brook: **Chín suối** Hades; **trèo đèo lặn suối** to climb up hill and down dale; **nước suối** mineral water

suối nước nóng *n.* hot spring

suối vàng *n.* Hades

suông *adj.* plain, tasteless, empty, useless: **hứa suông** hollow promise; **nói suông** empty words

suồng sã *v.* to be too familiar, to be rude/impolite: **cư xử suồng sã với phụ nữ** to behave in a too-familiar way with women

suốt **1** *n.* quill, spindle, bobbin [weaving] **2** *adv.* through, through out, all… long: **suốt ngày** all day long; **suốt năm** throughout the year; **sáng suốt** clear-sighted, enlightening, wise

suốt đời *n.* a whole life

súp *n.* [Fr. *soupe*] soup: **Tôi thích ăn súp măng cua.** I like to eat asparagus and crab meat soup.

súp de *n.* [Fr. *chaudiere*] boiler

sụp *v.* to fall in, to collapse; to prostrate oneself

sụp đổ *v.* to fall, to collapse

sút **1** *v.* to diminish, to drop, to decrease, to get thinner; to decline, to lose: **sút cân** to lose weight **2** v. to slip, to split: **Cái nhẫn của tôi sút khỏi ngón tay.** My ring slipped from my finger.

sút kém v. to fail, to decline

sút người v. to lose strength, to lose weight

sụt v. [of price, temperature] to drop; [of ground] to cave in; to lower [value]

sụt giá v. to devaluate, to lower prices: **sụt giá để bán khuyến mãi** to lower prices during a sale

suy 1 v. to think carefully, to consider, to deduce **2** v. to decline, to weaken [*opp.* **thịnh**]

suy bì v., adj. to compare with; jealous: **suy bì với ai** to compare one person with another

suy chuyển v. to change, to move

suy diễn v. to deduce [result], to infer

suy đoán v. to guess, to deduce [result]: **Bạn suy đoán xem việc gì sẽ xẩy ra?** Can you guess what happened next?

suy đồi v. to degenerate, to decline, to deteriorate

suy đốn adj. worse off

suy giảm v. to decline, to decrease, to reduce

suy loại v. to argue by analogy

suy luận v. to reason

suy nghĩ v. to think, to ponder, to reflect: **Tôi suy nghĩ kỹ trước khi tôi nhận việc nầy.** I thought it through carefully before I took on this job.

suy nghiệm v. to experimemt

suy nguyên v. to reconstruct; to trace origin of [something]

suy nhược adj. weakening, weak: **cơ thể suy nhược** a weakening body

suy rộng v. to generalize

suy suyển v. to be stolen, to be harmed: **không suy suyển** to be intact

suy tàn v. to decline, to fade out

suy tính v. to think, to calculate

suy tôn v. to venerate, to honor, to proclaim

suy tưởng v. to think over, to ponder

suy vong n., v. decadence; to fall into decadence

suy xét v. to examine, to consider

suy yếu v., adj. to weaken; weak

suyễn n., v. asthma; to have asthma

sư 1 n. [SV **tăng**] Buddhist monk: **nhà sư** monk; **sư nữ** Buddhist nun **2** n. (= **thầy**) teacher, master: **giáo sư** university professor; full professor; **mục sư** pastor, minister; **giảng sư** assistant professor; **giáo sư diễn giảng** visiting professor; **danh sư** famous teacher **3** n. division [in army]: **sư đoàn trưởng** chief division

sư đệ n. master and pupil, teacher and student [relationship]

sư đoàn n. [army] division, corps

sư huynh n. brother

sư phạm n. pedagogy: **Trường Quốc gia Sư phạm** National Normal School; **Đại học Sư phạm** Faculty of Pedagogy, College of Education

sư phụ n. master, teacher

sư tử n. lion; unicorn: **sư tử cái** lioness; **sư tử con** lion cub; **múa sư tử** lion dance; **mũi sư tử** short and flat nose

sư tử Hà đông n. jealous wife

sứ 1 n. china, porcelain: **bát sứ** porcelain bowl; **đồ sứ** chinaware **2** n. (= **đại**) frangipani: **cây hoa sứ** frangipani **3** n. envoy, ambassador: **đại sứ** ambassador; **thiên sứ** angel; **công sứ** minister; **đặc sứ** special envoy; **quỷ sứ** devil

sứ bộ n. delegation, mission

sứ đồ n. apostle

sứ giả n. envoy, messenger, ambassador

sứ mạng n. mission, task

sứ mệnh n. mission, task

sứ quán n. embassy: **nhân viên sứ quán Mỹ** officials of the U.S. embassy

sứ thần n. minister; envoy, ambassador: **sứ thần toàn quyền** minister plenipotentiary

sử n. history: **lịch sử** history; **dã sử** historical novel; **kinh sử** the Classics and the books of history; **tiểu sử** biography

sử dụng *v.* to employ, to use: **Chúng tôi sử dụng công nhân lành nghề.** We employed only skilled workers.

sử gia *n.* historian

sử học *n.* history [the study]

sử ký *n.* history

sử liệu *n.* historical documents

sử lược *n.* outline of history

sử quan *n.* historiographer

sử xanh *n.* history book

sự *n.* affair, event, thing, matter, business (= **việc**); CL for nouns denoting actions, events, state, etc.: **binh sự** military affairs; **dân sự** civil; **đa sự** meddlesome; **đại sự** big thing, important matter; **đồng sự** colleague, co-worker; **hình sự** criminal affairs; **lãnh sự** consul; **Hữu sự.** There is something important; Something happens.; **lý sự** argumentative; **lịch sự** elegant, urbane; **nhiều sự** troublesome; **phận sự** duty, function; **phụng sự** to serve; **sinh sự** to provoke [quarrel]; **tâm sự** to confide in; **thế sự** things in the world; **thời sự** current events; **vạn sự** everything; **vô sự** well, all right; **sự buôn bán** trade, commerce

sự kiện *n.* fact, event

sự nghiệp *n.* task, work, job, career

sự thật *n.* (= **sự thực**) truth: **nói lên sự thật** to tell the truth

sự thể *n.* matters, affairs: **sự thể như thế này** things are as follows

sự tích *n.* the facts, story

sự tình *n.* events, facts, circumstances, details

sự trạng *n.* state of affairs

sự vật *n.* things

sự vụ *n.* affairs: **Viễn Đông Sự Vụ** Far Eastern affairs; **chánh sự vụ** chief of service; **đổng lý sự vụ** director of service

sứa *n.* medusa, jellyfish

sửa *v.* [SV **tu**] to repair, to fix, to mend, to correct: **sửa lại** to mend, to

change, to alter; **Xe tôi vừa mới sửa xong.** My car has been repaired.

sửa chữa *v.* to repair, to fix: **sửa chữa nhà cho ai** to repair one's house

sửa đổi *v.* to change, to amend, to modify

sửa lỗi *v.* to correct mistakes

sửa mình *v.* to mend one's ways; to correct oneself

sửa sang *v.* to alter, to improve, to renovate: **Ba tôi muốn sửa sang lại nhà cửa của ông.** My father wants to renovate his house.

sửa soạn *v.* to prepare, to get ready: **Bạn đã sửa soạn xong chưa?** Are you ready?

sữa *n.* milk: **cà phê sữa** coffee with milk, white coffee; **răng sữa** milk teeth, first teeth; **vắt sữa** to milk; **bò sữa** milk-cow; **quả vú sữa** milk apple; **chai sữa** bottle of milk; **người đưa sữa** milkman

sữa bò *n.* cow's milk: **Nó bú sữa bò.** He's bottle-fed.

sữa bột *n.* powdered milk

sữa chua *n.* yogurt: **Ăn sữa chua hàng ngày rất tốt cho sức khoẻ.** It is good for your health if you can eat yogurt every day.

sữa dê *n.* goat's milk

sữa đặc *n.* condensed milk: **pha cà phê sữa bằng sữa đặc** to add condensed milk to coffee

sữa mẹ *n.* mother's milk: **Thằng này bú sữa mẹ.** He's breastfed.

sữa tươi *n.* fresh milk

sức *n.* [SV **lực**] force, strength, power; **hết sức** to go to the limit of one's power, to do one's best; **lại sức** to recover one's strength; **có sức** strong; **cố sức** to try, to endeavor, to make efforts; **giúp sức** to help; **hết sức** exhausted; **quá sức** excessively; **ra sức** to exert one's strength

sức đẩy *n.* thrust [as of propeller **chân vịt**], pressure [as of wind **gió**]; buoyancy [as of water **nước**]: **sức đẩy của gió** wind pressure

sức học *n.* ability [of a student]; educational background

sức khỏe *n.* health: **Chúc bạn sức khoẻ dồi dào.** Wishing you good health.

sức lực *n.* force, strength

sức mạnh *n.* strength; force, power

sức nặng *n.* weight

sức nén *n.* pressure

sức nóng *n.* heat

sực 1 *adv.* suddenly [precedes main verb]: **Tôi sực nhớ.** I suddenly remembered.; **Nó sực tỉnh.** He woke up suddenly. **2** *v.* [of smell] to spread, to penetrate

sưng *v.* to be swollen: **Hai mắt sưng lên.** Both eyes were swollen.

sưng sỉa *v.* to pull a long face

sừng *n.* [SV **giác**] horn, antler: **mọc sừng** to be a cuckold; **cắm sừng** to cuckold

sừng sỏ *adj.* willful, truculent, reckless

sừng sộ *v.* to threaten [especially with strong voice]

sừng sững *adj.* standing motionless: **đứng sừng sững** to stand motionless

sửng *v.* to be astonished, to be stupefied

sửng sốt *v.* to be stupefied, to be stunned

sững *adj.* motionless with surprise

sưởi *v.* to warm oneself; to bask oneself [in the sun **nắng**]; **lò sưởi** fireplace

sườn *n.* rib; flank, side, slope: **xương sườn** rib; **cạnh sườn** flank; **sườn xào chua ngọt** sweet and sour spare ribs; **sườn lợn** pork chop

sương *n.* frost, dew

sương mai *n.* morning frost

sương móc *n.* dew

sương mù *n.* fog, mist

sương muối *n.* hoar-frost, white frost

sướng *adj.* happy, elated, satisfied: **sung sướng** happy; **sướng mắt** to be pleasing to one's eyes; **sướng miệng** to be pleasing to one's mouth

sượng 1 *adj.* [of rice, potatoes] half cooked **2** *adj.* embarrassed, ashamed: **sượng mặt, sượng sùng, sống sượng** to be crude, impudent

suốt *v.* to touch lightly; to scratch, to graze

suốt mướt *adv.* to cry bitterly

sứt *v., adj.* to be broken, cracked, notched, chipped: **Cái tách trà bị sứt rồi.** A tea cup was cracked.

sứt môi *v.* to have a harelip

sưu *n.* taxes, head taxes: **đóng sưu** to pay taxes; **sưu cao thuế nặng** heavy taxes; heavy taxation

sưu tầm *v.* to look for, to search for; to gather [documents, data]: **sưu tầm tài liệu về xuất khẩu** to search for export data

sưu tập *v., n.* to gather, to collect; collection: **sưu tập tem** stamp collection

sưu thuế *n.* taxes: **Người dân phải đóng sưu thuế cao.** People have to pay high taxes.

T

ta *n.* I [used by person talking or thinking to oneself]; I [arrogant, second person pronoun being **ngươi**]; we [including hearer]: **chúng ta** (= chúng mình, mình); **người ta** our people, they; **nước ta** our country; **Ta nên xử trí cách nào?** How shall we deal with that?; **Chúng ta đi đi!** Let's go!; **Bọn ta có bao nhiêu người?** How many are we?; **tiếng ta** our language, Vietnamese [as opp. to French **tiếng Tây**]; **quần áo ta** Vietnamese clothes [as opp. to French clothes **quần áo Tây**]; **cơm ta** Vietnamese food [as opp. to French food **cơm Tây**]; **thuốc ta** Sino-Vietnamese medicine [as opp. to western medicine **thuốc Tây**]

ta thán *v.* to complain: **Nhân dân ta thán về nạn tham nhũng.** People complain about corruption.

tá 1 *n.* (= **lố**) dozen: **nửa tá** half a

dozen; **một tá trứng** a dozen eggs **2** *n.* field officer, senior officer: **đại tá** colonel; **trung tá** lieutenant-colonel; **thiếu tá** major; **tướng tá** high-ranking officers; **sĩ quan cấp tá** field officer; senior officer

tá điền *n.* tenant farmer

tá túc *v.* to stay at someone's house: **Tôi tá túc ở nhà ông ấy trong vài ngày.** I stay at his house for a few days.

tà 1 *n.* flap [of dress]: **tà áo dài** a flap of the long dress **2** *adj.* to be crooked; wicked, dishonest, unjust, heretical, evil [*opp.* **chính**]: **gian tà** treacherous; **trừ tà** to ward off evil spirits; **cải tà qui chính** to mend one's ways

tà dâm *adj.* lustful, lewd, obscene

tà dương *n.* sunset

tà đạo *n.* heterodoxy, paganism, unrighteous path

tà giáo *n.* heterodoxy, paganism

tà ma *n.* evil spirits

tà tà *adv.* slowly and leisurely: **làm việc tà tà** to work slowly and leisurely

tà tâm *n.* evil mind

tà thần *n.* evil spirit

tà thuật *n.* black magic, witchcraft

tà thuyết *n.* heterodoxy

tả 1 *v.* to describe, to depict: **mô tả phong cảnh** to describe a scene; **diễn tả** to express **2** *adj.* (= **trái**) left-hand side: **bên tả** on the left-hand side; **khuynh tả** leftist; **cực tả** extreme left **3** *adj.* [of clothes] to be ragged, torn

tả biên *n.* outside left [soccer player]

tả chân *adj., n.* to be realistic; realist [in literature]

tả dực *adj.* left wing

tả khuynh *adj.* leftist: **thành phần tả khuynh** leftist group

tả ngạn *n.* left bank of a river

tả thực *adj.* See **tả chân**

tả tơi *adj.* to be ragged: **đánh tả tơi** to beat someone hollow

tã 1 *n.* diaper; rags, nappy: **thay tã** to change nappy **2** *v.* to be worn out: **Áo nẩy tã rồi.** This shirt is worn out.

tạ 1 *n.* picul [equivalent to 100 catties or 100 kilograms] **2** *n.* dumb-bell, weight, shot [athletics]: **cử tạ** weight-lifting; **ném tạ** shot-put **3** *v.* to thank someone or to excuse oneself: **cảm tạ** to thank; **đa tạ** many thanks

tạ dĩ *v.* to use as a pretext

tạ thế *v.* to die, to pass away: **Ông chủ tịch vừa tạ thế tuần rồi.** Their president passed away last week.

tác chiến *v.* to be in action against, to be in operation

tác động *v.* to act upon, to have effect on, to have influence on

tác dụng *n.* action; effect: **tác dụng của rượu** effect of alcohol; **Không có tác dụng.** There is no effect.

tác giả *n.* author, writer: **Tôi đã tiếp xúc với tác giả cuốn tiểu thuyết nầy.** I have contacted the author of this novel.

tác hại *v.* to damage, to hurt

tác nhân *n.* agent

tác phẩm *n.* work: **tác phẩm văn chương** literary work

tác phong *n.* manners, conduct, behavior: **tác phong đứng đắn** right conduct

tác quyền *n.* copyright, royalty: **tác quyền thuộc về tác giả** copyright by the author

tác thành *v.* to help a young couple get married

tác văn *n.* essay writing

tác xạ *n.* fire: **nhiệm vụ tác xạ** fire mission; **quan sát tác xạ** observation of fire; **điều chỉnh tác xạ** adjustment of fire, ranging; **sự đúng mức của tác xạ** accuracy of fire; **sĩ quan tác xạ** gun position officer, range officer; **thể thức tác xạ** classification of fire

tạc *v.* to carve, to sculpt [statue **tượng**]: **tạc tượng** to carve a statue; **ghi tạc** to engrave, to remember

tạc dạ *v.* to engrave on one's mind

tạc đạn *n.* hand-grenade, explosive

tách 1 *n.* [Fr. *tasse*] cup: **một tách cà phê** a cup of coffee **2** *v.* to split, to separate, to divide: **tách làm năm phần** to divide into five parts

tách bạch *adj.* clear-cut, distinct

tạch *n.* pow! [sound of firecracker]

tai **1** *n.* [SV **nhĩ**] ear: **rỉ tai** to whisper; **hoa tai** earring; **điếc tai** deaf, deafening; **nặng tai** hard of hearing; **thính tai** to have sharp ears; **ngoáy tai** to clean or pick the ears; **ráy tai** recumen, earwax; **màng tai** tymparum, eardrum; **đau tai** ear-ache, otalgia; **vành tai** external ear, pinna; **Tai vách mạch rừng.** Walls have ears. **2** *n.* calamity, catastrophe: **thiên tai** natural disaster; **hoả tai** fire; **thuỷ tai** flood

tai ác *adj.* mischievous; malicious

tai ách *n.* disaster

tai biến *n.* calamity, catastrophe

tai hại *adj.* damaging, disastrous

tai hoạ *n.* scourge, disaster: **Nhiều người đã chịu đựng những tai hoạ thiên tai.** Many people suffer when natural disasters occur.

tai mắt *n.* notable figure, a very important person [VIP]: **Ông ấy là người tai mắt trong thành phố nầy.** He is a very important person in this city.

tai nạn *n.* accident, disaster, calamity: **tai nạn xe hơi** a car accident

tai ngược *adj.* perverse: **con người tai ngược** a perverse person

tai quái *adj.* mischievously wicked

tai tiếng *n.* bad reputation

tai ương *n.* scourge, disaster

tai vạ *n.* disaster, plague

tái **1** *adj.* pale: **mặt tái mét** very pale face; **tái mặt** to have a pale face **2** *adj.* [of meat] rare, half-cooked, half-done: **phở bò tái** half-done beef soup

tái bản *v.* to republish, to reprint, to re-issue [new edition]: **Cuốn từ điển nầy tái bản lần thứ ba.** This dictionary has been reprinted for the third time.

tái bút *n.* post script [PS] [at the end of letter]

tái cấp *v.* to renew [scholarship]: **tái cấp giấy phép kinh doanh** to renew a business license

tái cử *v.* to re-elect, to return for another term: **Ông ấy được tái cử vào quốc hội.** He has been re-elected to the National Assembly.

tái diễn *v.* to happen again, to perform again: **Tôi không muốn việc nầy tái diễn.** I don't want this to happen again.

tái đăng *v.* to re-enlist [army]

tái giá *v.* [of widow or divorcee] to remarry: **Bà chị tôi đã tái giá sau hai năm ly dị chồng.** My sister re-married two years after her divorce.

tái hồi *v.* to return, to go back

tái hợp *v.* to meet again, to re-unite

tái lai *v.* to return: **Xuân bất tái lai.** Youthfulness does not return.

tái lập *v.* to re-establish, to restore

tái ngũ *v.* to re-engage in army, to re-enlist

tái phạm *v.* to repeat an offense, to relapse into crime

tái phát *v.* to re-appear, to recur: **Bệnh ông ấy lại tái phát.** His illness recurred.

tái sinh *v.* to be reborn, to regenerate

tái tạo *v.* to recreate, to restore, to establish again

tái thế *n.* second life, rebirth

tài **1** *n., adj.* talent, skill, genius, proficiency; gifted, to be talented: **người có tài** a gifted person; **anh tài** talent, genius; **bất tài** incapable; **đại tài** great talent; **kỳ tài** talent; **thiên tài** genius; endowment; **nhân tài** talent, talented person **2** *n.* driver, chauffeur: **tài xế tắc** taxi driver

tài ba *n.* refined talent

tài bàn *n.* type of card game using 120 cards

tài binh *v.* to reduce armanents, to disarm

tài bồi *v.* to care for, to foster

tài cán *n.* talent, ability

tài chính *n.* finances: **thiết lập công ty tài chính** to establish a finance company tài công *n.* driver, chauffeur, steersman

tài đức *n.* talent and virtue: **Ai cũng quí trọng người tài đức.** Everyone respects talented and virtuous persons.

tài giảm *v.* to reduce, to cut down

tài hoa *n.* talent, ability: **Cậu ấy là một con người tài hoa.** He is a talented person.

tài khoá *n.* fiscal year: **soạn bản tường trình tài khoá năm nay** to write the report for this fiscal year

tài liệu *n.* document, data, materials: **Chúng tôi cần có tài liệu xuất cảng hàng năm của thành phố nầy.** We want to have the city's annual export data.

tài lực *n.* finances, resources

tài mạo *n.* talent and personality

tài năng *n.* talent, ability

tài nghệ *n.* art, artistic talent

tài nguyên *n.* resources: **Việt Nam giàu tài nguyên thiên nhiên.** Vietnam has rich natural resources.

tài phiệt *n.* rich person

tài sản *n.* property, estate: **tài sản quốc gia** national property

tài sắc *n.* talent and beauty

tài tình *adj.* clever, very skillful

tài tử *n.* actor, actress, star; amateur: **tài tử xi-nê** movie stars

tài vụ *n.* department of finance

tài xế *n.* driver, chauffeur: **Chúng tôi cần một chiếc xe với tài xế.** We want a car with a driver.

tải **1** *n.* bag: **bao tải** gunny sack **2** *v.* to carry, to transport: **vận tải** to transport

tải thương *v.* to transport the wounded: **máy bay trực thăng tải thương** casualty helicopter

tại **1** *prep.* (= ở) at, in: **hiện tại** at present; **tại Việt Nam** in Vietnam **2** *conj.* because; because of: **Tại vì trời mưa nên tôi ở nhà.** I stayed at home because it rained.

tại chức *v., adj.* to be in the office, in-service: **lớp học tại chức** in-service course

tại đào *v., adj.* to be in flight; escaping from

tại gia *adv.* at home: **tu tại gia** to practice Buddhism at home

tại ngoại *v.* to be on bail

tại ngũ *v.* to be in service [military]

tam *num.* (= ba) three: **đệ tam** the third grade; **Tam sao thất bản.** The third copy is different from the original.

tam bản *n.* sampan

tam bành *n.* wrath, tantrum

tam bảo *n.* Buddhist Trinity

tam cá nguyệt *n.* quarter, three terms

tam cương *n.* three fundamental bonds [prince and minister **quân thần**; father and son **phụ tử**; husband and wife **phu phụ**]

tam đại *n.* three generations

tam điểm *n.* Free Mason

tam đoạn luận *n.* syllogism

tam giác *n.* triangle

tam giáo *n.* the three traditional religions in Vietnam [Buddhism **Phật**, Taoism **Lão**, and Confucianism **Khổng**]

tam hợp *n.* mortar, three compounds

tam quan *n.* three-entrance gate

tam tài *adj.* tri-colored

tam tạng *n.* the three pitakas, or main divisions of the Pali Canon

tam thể *adj.* [of cat] tri-colored

tam tòng *n.* women's three obligations [Confucian virtues]

tám *num.* [SV **bát**] eight: **thứ tám** eighth; **mười tám** 18; **tám mươi** 80; **một trăm tám mươi** 180; **một trăm lẻ tám** 108; **tháng tám** eighth lunar month, August

tàm tạm *adj.* reasonable

tạm *adj.* provisional, temporary [precedes or follows main verb]: **bằng lái xe tạm thời** provisional driving license

tạm biệt *v.* to say good-bye to someone, to part temporarily with someone

tạm bợ *adj.* temporary, unsettled, by make-shift: **sống tạm bợ** to live by makeshift tạm thời *adj., adv.* temporary, provisional; temporarily, for the time being

tạm trú *v.* to stay provisionally

tạm ứng *v.* to pay in advance: **Bạn tạm ứng cho tôi năm mươi đô la?** Could you pay me 50 dollars in advance?

tan *v.* to dissolve, to melt; to disperse, to disintegrate: **đường tan trong nước** sugar dissolved in water

tan hoang *v., adj.* to be completely destroyed; devastated: **Nhà cửa của họ đã tan hoang hết rồi.** Their houses were completely destroyed.

tan nát *adj.* smashed, destroyed, ruined completely

tan rã *v.* to disintegrate

tan tành *adj.* broken up, smashed to pieces

tan tầm *v.* to end a shift

tan vỡ *adj.* broken, smashed

tán **1** *v.* to flatter, to coax; to court; to praise: **tán gái** to court a girl **2** *v.* to grind, to crush: **tán gạo** to grind rice **3** *n.* parasol, sunshade

tán chuyện *v.* to chat, to talk idly

tán dóc *v.* to chat

tán dương *v.* to praise, to laud

tán đồng *v.* to approve, to agree: **Chúng tôi tán đồng với ông ấy.** We agree with him.

tán loạn *v.* to flee in confusion

tán mạn *adj.* scattered

tán thán *n.* exclamation

tán thành *v.* to approve [of], to be in favor of

tán tỉnh *v.* to coax, to wheedle

tán trợ *v.* to aid, to assist

tàn **1** *n.* ashes; remains, residue: **tàn thuốc lá** cigarette ashes; **cái gạt tàn thuốc** ash tray **2** *v.* to crumble, to fade; to be dying; to decay: **cắt đi những hoa tàn** to trim off crumbling flowers

tàn ác *adj.* cruel: **Những kẻ khủng bố tàn ác quá.** Terrorists are very cruel.

tàn bạo *adj.* cruel, tyrannical

tàn binh *n.* remnants [of an army]

tàn hại *v.* to cause damage, to do harm

tàn hương *n.* freckles

tàn khốc *adj.* cruel, devastating, highly destructive

tàn nhẫn *adj.* ruthless, atrocious, merciless, heartless: **những hành động tàn nhẫn** ruthless actions

tàn phá *v.* to destroy, to demolish

tàn phế *adj.* crippled, disabled

tàn sát *v.* to massacre, to slaughter, to murder

tàn tạ *v.* to fade, to wither, to wane

tàn tật *adj.* physically handicapped: **Chúng ta cần giúp đỡ những người tàn tật.** We should help handicapped people.

tàn tích *n.* vestiges, traces

tản *v.* to be dispersed

tản bộ *v.* to stroll, to take a walk

tản cư *v.* to evacuate, to disperse

tản mát *v., adj.* to be scattered

tản văn *n.* prose

tang **1** *n.* booty, plunder, stolen goods; evidence, proof: **bị bắt quả tang** caught in the act **2** *n.* [SV **táng**] mourning: **để tang** to be in mourning; **hết tang** end of mourning; **đám tang** funeral; **cưới chạy tang** wedding which takes place earlier than scheduled because somebody in either family is going to die

tang chế *n.* mourning and burial rituals

tang chứng *n.* evidence, proof

tang điền *n.* mulberry field

tang gia *n.* the bereaved family, family in mourning

tang lễ *n.* funeral: **dự tang lễ ai** to attend one's funeral

tang phục *n.* mourning clothes: **Thân nhân trong gia đình mặc tang phục màu trắng.** Family members of deceased person wear white mourning clothes.

tang tảng *n., adv.* early in the morning

tang thương *adj.* wretched, miserable

tang tóc *n.* death and grief: **Chiến tranh gieo tang tóc.** Wars caused death and grief.

tang vật *n.* piece of material, evidence

táng *v.* to bury: **mai táng** to bury; **hoả táng** to cremate; **nhà táng** catafalque; **quốc táng** state funeral

táng tận *v.* to lose completely

tàng hình *adj.* invisible

tàng tàng *adj.* little crazy

tàng trữ *v.* to hide, to conceal; to keep, to preserve

tảng 1 *n.* slab, block 2 *v.* to pretend, to feign: **giả tảng** to pretend

tảng lờ *v.* to pretend not to know

tảng sáng *n., adv.* early in the morning

tạng *n.* constitution; visera: **ngũ tạng** the five visera [heart **tâm**, liver **gan**, stomach **tỳ**, lungs **phế**, kidney **thận**]

tanh 1 *adj.* smelling like a fish 2 *adv.* absolutely, quite [used with **buồn** sad, dull, **nguội** cold, **vắng** desolate, deserted]: **cảnh buồn tanh** an absolutely sad scene

tanh bành *adj.* disastrous, disorderly

tanh hôi *adj.* stinking, smelly

tánh *n.* See **tính**

tạnh *v.* [of rain] to stop; to stop raining: **Trời tạnh mưa.** It stopped raining.

tao *pron.* I, me [arrogant or familiar, second person pronoun being **mày**]: **Tao rất tin mày.** I trust you totally.

tao đàn *n.* literary group

tao khách *n.* poet, writer

tao loạn *n.* trouble, warfare

tao ngộ *v.* to meet by chance, to encounter

tao nhã *adj.* refined, cultured, elegant

tao nhân *n.* poet, writer

táo 1 *n.* apple: **rượu táo** apple cider; **nước táo** apple juice 2 *v.* to be constipated: **táo bón** constipated

táo bạo *adj.* reckless, daring

táo quân *n.* Kitchen God

táo tợn *adj.* bold, daring

tảo *adj.* R early (= **sớm**)

tảo *v.* R to sweep (= **quét**)

tảo hôn *v.* to marry at a young age [as a teen]

tảo mộ *v.* to clean and decorate the ancestral graves: **lễ tảo mộ** memorial day

tảo thanh *v.* to mop up

tạo *v.* to create, to make: **ông Tạo, con Tạo** the creator; **cải tạo** to reform; **cấu tạo** to form, to make up; **chế tạo** to make, to manufacture; **đào tạo** to train, to form; **giả tạo** artificial; **ngụy tạo** to falsify; **nhân tạo** artificial, man-made; **thiên tạo** natural; **tu tạo** to rebuild; **tái tạo** to remake; **tân tạo** newly-made

tạo hoá *n.* the creator, nature

tạo lập *v.* to create, to establish: **tạo lập một cơ sở sản xuất** to establish a production company

tạo phản *v.* to rebel

tạo tác *n.* construction, public works

tạo thành *v.* to create

tạo vật *n.* nature, creator

táp *v.* to snatch, to snap at: **Con chó táp cục xương.** The dog snapped at the bone.

táp nham *adj.* hodgepodge, jumbled up

tạp *adj.* mixed, miscellaneous; poor quality: **hỗn tạp** miscellaneous

tạp chí *n.* review, magazine, journal: **tạp chí kinh tế** economic review

tạp dịch *n.* old jobs

tạp hoá *n.* sundry goods, grocery: **cửa hàng tạp hoá Á châu** Asian grocery store

tạp nhạp *adj.* mixed, trifling: **hàng tạp nhạp** trifling goods

tạp thu *n.* miscellaneous income

tạp vụ *n.* odd job/services

tát 1 *v., n.* to slap; slap: **tát một cái vào mặt** to give a slap on one's face, to slap one's face 2 *v.* to irrigate, to scoop, to bail out [water]: **tát nước vào ruộng** to irrigate the fields

tát tai *v.* to slap

tát trái *v.* to slap with the back of one's hand

tạt 1 *v.* to stop at, to drop in: **Trên đường về nhà, tôi tạt qua thăm một người bạn.** On my way home, I dropped in to my friend's place. 2 *v.* [of rain] to lash, to sting, to slap: **Mưa tạt vào mặt.** The rain lashed against their face.

tàu 1 *n.* ship, boat: **tàu thuỷ** ship; **tàu hoả** train; **tàu điện** tram, streetcar; **tàu bay** airplane; **bến tàu** sea-port 2 *n.* stable: **tàu ngựa** horse stable 3 *n.* big long leaf: **tàu lá chuối** a long banana leaf

Tàu *n.* China, Chinese: **nước Tàu** China; **người/tiếng Tàu** Chinese

tàu bay *n.* (= **máy bay**) airplane

tàu bè *n.* craft, vessels, ships

tàu bò *n.* tank

tàu buôn *n.* merchant ship

tàu chiến *n.* warship

tàu điện *n.* streetcar, tram

tàu hoả *n.* train

tàu ngầm *n.* submarine

tàu thuỷ *n.* ship, liner

tay *n.* [SV **thủ**] hand, arm; handle; sleeve: **chân tay** limbs; **bàn tay** hand; **ngón tay** finger; **móng tay** finger-nail; **cánh tay** arm; **khuỷu tay**, **cùi tay** elbow; **gang tay** span; **cổ tay** wrist; **nắm tay** fist; **khăn tay** handkerchief; **sổ tay** notebook; **ví tay** handbag; **chắp tay** to join hands; **chỉ tay** to point; **chia tay** to part; **khoanh tay** to fold one's arms; **mau tay**, **nhanh tay** nimble, agile; **sẩy tay** to drop inadvertently; **vẫy tay** to wave hands; **vỗ tay** to clap hands, to applaud; **xoa tay** to rub one's hands

tay áo *n.* sleeve: **xắn tay áo lên** to roll up sleeves

tay ba *n.* trio, tripartite

tay đôi *n.* duo, bilateral

tay hữu *n.* right hand

tay không *n.* empty hands

tay lái *n.* tiller, steering wheel, handlebar

tay mặt *n.* right hand

tay phải *n.* right hand

tay sai *n.* lackey, servant, puppet

tay tả *n.* left hand

tay trái *n.* left hand

tay trắng *adj.* empty handed, penniless

tay trong *n.* inside influence; inside information; fifth column

tay vịn *n.* handrail

táy máy *adj., v.* curious; to twiddle

tày *adj., v.* equal to; to compare

tày đình *adj.* [of crime] very big, very serious

tày trời *adj.* considerable, important

tắc 1 *v.* to cluck, to click: **tắc lưỡi** to click one's tongue 2 *n.* rule, principle, standard: **nguyên tắc** principle; **phép tắc** rules and regulations; politeness; **qui tắc** rule 3 *adj.* stopped up, obstructed; to be blocked up, deadlocked: **Cuộc thảo luận đã bế tắc.** The discussion is deadlocked.

tắc kè *n.* chameleon, gecko

tắc nghẽn *adj.* blocked up, obstructed

tắc xi *n.* [Fr. *taxi*] taxi cab

tặc *n.* (= **giặc**) rebel, enemy: **phản tặc** rebel; **hải tặc** pirate

tăm 1 *n.* air bubble, trace: **biệt tăm, bặt tăm** no sign of life 2 *n.* toothpick

tăm hơi *n.* trace [of missing person], news

tắm *v.* to bathe: **buồng/phòng tắm** bathroom; **đi tắm** to have a bath or shower

tắm giặt *v.* to have a bath and wash one's clothes too

tắm nắng *v.* to sunbathe

tắm rửa *v.* to wash oneself

tằm *n.* silkworm: **nghề chăn tằm** sericulture

tăng 1 *v.* to increase, to raise: **gia tăng** to increase [*opp.* **giảm**] 2 *n.* [Fr. *Tank*] tank: **xe taêng** tank 3 *n.* Buddhist monk: **bần tăng** a poor monk

tăng cường *v.* to strengthen, to reinforce

tăng đồ *n.* Buddhist clergy

tăng gia *v.* to grow, to cultivate, to raise

tăng giá *v.* to raise the prices: **Mọi thứ đều tăng giá.** Prices of all things have gone up.

tăng lữ *n.* clergy

tăng ni *n.* Buddhist monks and nuns

tăng tiến *v.* to progress, to make headway, to improve

tăng viện *v.* to increase reinforcements

tằng *n.* See **tầng**

tăng tịu *v.* to have a love affair

tăng tổ *n.* great-grandparent

tăng tổ mẫu *n.* great-grandmother

tăng tổ phụ *n.* great-grandfather

tăng tôn *n.* great-grandchild

tặng *v.* to offer as a gift: **tặng quà cho ai** to offer someone a present; **thân tặng, kính tặng** to… with one's compliments

tặng phẩm *n.* gift, present: **gởi tặng phẩm cho ai** to send a gift to someone

tặng thưởng *v.* to be awarded: **Ông ấy được tặng thưởng huy chương vàng.** He was awarded a gold medal.

tắp **1** *adj.* straight: **con đường thẳng tắp** a straight road **2** *v.* to be washed ashore: **Thuyền tắp vào bờ.** The boat was washed ashore.

tắt **1** *v.* [of fire, lamp] to be extinguished; to extinguish; to turn off: **tắt đèn** to turn off the light; **tắt thở** to die; **dập tắt lửa** to put a fire out **2** *adj.* to be shortened, abbreviated, brief: **vắn tắt** in a shortened way, summary; **đường tắt** short cut; **tóm tắt** to summarize; **chữ tắt** abbreviation; **viết tắt** to abbreviate

tắt kinh *v.* to stop bleeding

tắt mắt *adj.* kleptomaniac

tấc *n.* one tenth of a meter, decimeter; inch

tâm *n.* (= **tim**) heart; mind; center: **để tâm vào/đến/tới** to pay attention to, to concentrate on; **nhẫn tâm** unanimously; **chuyên tâm** assiduous, diligent; **đồng tâm** in agreement; **đang tâm** to have the heart to; **hảo tâm** kindness; **kiên tâm** patient; **lương tâm** conscience; **lưu tâm** attentive, mindful; **nhất tâm** undivided heart; **vô tâm** heartless, careless; **trung tâm** center

tâm bệnh *n.* mental disorder, mental illness

tâm chí *n.* will, determination

tâm địa *n.* heart, mind, nature

tâm giao *n.* [of friend] close, intimate: **bạn tâm giao** a close friend

tâm hồn *n.* soul [of living person]: **tâm hồn trong trắng** innocent, pure soul

tâm huyết *adj.* heartfelt, intimate

tâm khảm *n.* the bottom of one's heart

tâm linh *n.* spirit

tâm lực *n.* energy, will

tâm lý *n., adj.* psychology; psychological: **chiến tranh tâm lý** psychological warfare

tâm lý học *n.* psychology [the science]

tâm ngầm *adj.* deceitful, underhanded, taciturn

tâm nhĩ *n.* auricle

tâm niệm *v.* to think of constantly, to ponder

tâm phúc *adj.* [of friend] intimate, trustworthy, reliable: **bạn tâm phúc** a reliable friend

tâm sự *n., v.* confidences; to confide: **bạn tâm sự** confidant friend; **giãi bày tâm sự** to tell one's confidences

tâm thần *n.* soul, thought, mind

tâm thất *n.* ventricle

tâm tính *n.* character, disposition, nature

tâm tình *n.* sentiments, feelings

tâm trạng *n.* state of mind, mood

tâm trí *n.* mind

tâm tư *n.* idea, thought, anxieties

tấm **1** *n.* broken grains of rice **2** *n.* classifier for bolts, pieces of cloth, boards, mirrors, tickets, pictures, photographs: **tấm hình** a photo; **tấm gương** examples; **tấm lòng** hearts

tấm bé *n.* childhood

tấm tắc *v.* to lavish praise; to smack the tongue as a sign of admiration

tầm **1** *v.* (= **tìm**) to search for, to look for, to seek; to investigate: **sưu tầm** to do research **2** *n.* siren; shift: **tan tầm** end of a shift **3** *n.* range, scope; degree, level: **tầm mắt** range of vision; **tầm quan trọng** the degree of importance

tầm bậy *adv., adj.* wrongly, haphazardly; without training

tầm bậy tầm bạ *adj.* See **tầm bậy**

tầm gửi *n.* mistletoe

tầm nã *v.* to hunt for, to track down

tầm phào *adj.* idle, useless: **chuyện tầm phào** idle story

tầm tã *adj.* pouring; melting in tears: **Trời mưa tầm tả.** It rains as if pouring.

tầm thước *adj.* average, medium high

tầm thường *adj.* ordinary, common, commonplace: **những con người tầm thường** ordinary people

tầm vóc *n.* stature, status

tầm vông *n.* vulgar bamboo

tầm xuân *n.* dog-rose, briar

tầm *v.* to soak, to marinate: **tẩm thuốc vào bông** to soak cotton in medicine

tẩm bổ *v.* to strengthen; to eat nourishing food, to feed up: **Bạn nên ăn uống tẩm bổ.** You should eat nourishing food.

tân (= mới) **1** *adj.* virgin; new [*opp.* **cựu**]: **gái tân** virgin girl; **phá tân** to deflower; **tối tân** modern, up to date **2** *n.* guest, visitor: **buổi tiếp tân** reception; **lễ tân** protocol

tân binh *n.* recruit

Tân Đề Li *n.* New Delhi

Tân Gia Ba *n.* Singapore

tân gia nhân *n.* new bride [newly married]

tân giáo *n.* Protestantism

tân học *n.* modern/western education [as opp. to traditional education **cựu học**]

tân hôn *adj.* newly-wed: **đêm tân hôn** wedding night

tân khách *n.* guest

tân khoa *n.* new graduate

tân khổ *n.* sorrow, grief, hardship, adversity; misfortune

tân kỷ nguyên *n.* new era

tân lang *n.* bridegroom

Tân Tây Lan *n.* New Zealand

Tân Thế Giới *n.* the new world

tân thời *adj.* modern, advanced, progressive

Tân Ước *n.* New Testament

tân văn *n.* prose; modern literature

tân xuân *n.* new spring, New Year: **Cung chúc Tân xuân!** Happy New Year!

tấn **1** *n.* metric ton **2** *v.* [Chinese boxing] to stand firm **3** *n.* classifier for plays: **tấn tuồng, tấn kịch** play, drama

tấn công *v.* to attack, to assault, to launch offensive attack

tấn phong *v.* to induct [new official], to swear in; to consecrate

tấn sĩ *n.* See **tiến sĩ**

tấn tới *v.* to make progress [in study, business]

tần **1** *v.* to simmer, to cook for a long period **2** *n.* frequency: **cao tần** high frequency; **âm tần** audio frequency; **ảnh tần, ảo tần** image frequency; **hạ tần** low frequency

tần ngần *adj.* hesitant, wavering, irresolute

tần phiền *v.* to bother, to annoy

tần số *n.* frequency [electronics]; **tần số âm nhạc** musical frequency; **tần số bất biến** constant frequency; **tần số cao** high frequency; **tần số cơ bản** fundamental frequency; **tần số điều hoà** harmonic frequency; **tần số cộng hưởng** resonance frequency; **tần số giải tỏa** clearance frequency; **tần số có thể hoà hợp** tuning frequency; **tần số phát âm** audio frequency; **tần số thấp** low frequency; **tần số thường lệ** operating frequency; **tần số trung gian** intermediate frequency; **tần số trung bình** medium frequency

tần tảo *adj.* thrifty, contriving, well

tần tiện *adj.* thrifty

tẩn mẩn *v., adj.* to waste one's time on trifles; patiently attentive

tận *v., adj.* to go all the way to; to go up to, down to; to end; to be exhausted: **đến tận nơi** to come to the very spot [to see for oneself]; **giao tận tay** to deliver in person; **Phải đi tận Sài Gòn mới mua được.** I had to go all the way to Saigon to buy it.; **trèo lên tận trên ngọn cây** to climb all the way up to the treetop; **lặn xuống tận đáy bể** to dive all the way down to the sea bottom; **vô tận** endless; **tường tận** clearly, thoroughly; **khánh tận** [of finances] exhausted

tận lực *v.* to exhaust one's strength; to do one's best

tận số *v.* to die; to end one's fortune

tận tâm *v. adj.* to be devoted, dedicated to; with all of one's heart

tận thế *n.* end of the world: **ngày tận thế** doomsday

tận tình *adj.* whole-hearted: **giúp đỡ bạn bè tận tình** to help friends whole-heartedly

tận tuỵ *v.* to be devoted, to be dedicated to: **tận tuỵ với công việc** to be dedicated to one's work

tâng *v.* to raise [moral value]

tâng bốc *v.* to raise; to praise; to over-praise: **Họ tâng bốc lẫn nhau.** They praise each other.

tầng *n.* story, floor [of building], layer, stratum [in a structure]: **Toà nhà có mười hai tầng.** The building has twelve floors.; **thượng tầng không khí** upper atmosphere, stratosphere

tầng lớp *n.* social class, stratum

tấp nập *adj.* animated, bustling, busy

tấp tểnh *v.* to prepare oneself, to have one's eyes on [position, etc.]

tập **1** *v.* to practice, to drill, to learn, to do exercise: **luyện tập** to drill; **học tập** to learn, to study; **ôn tập** review; **bài tập** exercise **2** *n.* pad, ream of paper; set, volume, collection [of prose **văn tập**, poetry **thi tập**]: **một tập giấy** a ream of paper; **tuyển tập thơ văn, tập một** collection of prose and poems, volume 1

tập dượt *v.* to train, to drill, to practice

tập đoàn *n.* community, group

tập hậu *v.* to attack the enemy from the rear

tập hợp *v.* to assemble, to gather

tập kết *v.* to assemble, to regroup

tập kích *v.* to attack suddenly, to ambush

tập luyện *v.* to train, to drill, to practice

tập quán *n.* habit

tập quyền *v.* to centralize power: **chế độ tập quyền** centralized government

tập sự *v., adj.* to be in training, on probation: **luật sư tập sự** apprentice lawyer

tập tành *v.* to exercise, to train, to learn: **tập tành lái xe** to learn to drive

tập trung *v.* to concentrate, to centralize: **trại tập trung** concentration camp

tập tục *n.* custom, tradition

tất **1** *n.* socks, stockings: **đôi bít tất** a pair of stockings **2** *v.* to complete, to finish, to end: **lễ tất** to end the ceremony; **hoàn tất nhiệm vụ** to complete one's duty **3** *adj.* all, whole: **Nó ăn tất.** He ate everything, he ate all of it.

tất cả *adj.* all, the whole, in all: **tất cả mọi người** all people, everybody; **Tất cả bao nhiêu?** How many in all? How much altogether?

tất có *adj.* [of condition] necessary

tất nhiên *adj., adv.* natural; naturally, of course: **lẽ tất nhiên** of course

tất niên *n.* end of the year

tất ta tất tưởi *adj.* See **tất tưởi**

tất tả *v.* to hurry: **chạy tất tả** to run here and there in a hurried manner

tất tưởi *adj.* to be in a great hurry

tất yếu *adj.* essential, vital

tật *n.* physical defect; bad habit, infirmity: **bệnh tật** disease; **tàn tật** invalid, disabled, handicapped

tất đố *adj.* jealous

tật nguyền *adj.* disabled, handicapped

tâu *v.* to report [to the king], to tell tales about someone

tấu **1** *v.* to report [to the king] **2** *v.* to perform [music **nhạc**]: **độc tấu** solo; **hoà tấu** concert, symphony; **diễn tấu** to perform, to play

tẩu **1** *n.* opium pipe **2** *v.* to run away, to escape, to flee: **Hai tù nhân đã đào tẩu tuần rồi.** Two prisoners escaped last week.

tẩu tán *v.* to disperse, to scatter and hide

tẩu thoát *v.* to escape, to flee, to run away

tậu *v.* to purchase [property, car, livestock, thing of value]: **Ba tôi vừa tậu một ngôi nhà mới.** My father has purchased a new house.

tây *n.* west, western; French: **phương tây, tây phương** the west; **khoai tây** potatoes; **măng tây** western asparagus; **tỏi tây** western garlic leek; **cần tây** celery; **cơm tây** French food; **tiếng tây** French; **hành tây** western scallion onion; **dâu tây** western mulberry/strawberry; **bánh tây** French bread; **lịch tây** western calendar; **thuốc tây** western medicine; **đông và tây** east and west

Tây Âu *n.* Western Europe

Tây Bá Lợi Á *n.* Siberia, Siberian

Tây Ban Nha *n.* Spain, Spaniard

Tây Đức *n.* West Germany

tây học *n.* western education

Tây Phương *n.* the West

Tây Tạng *n.* Tibet, Tibetan

tây vị *adj.* partial, biased

tấy *v.* to swell up

tẩy *v.* to erase, to remove [with an eraser]; to bleach; to clean (= **rửa**): **cái tẩy** pencil eraser; **thuốc tẩy** bleach, laxative

tẩy chay *v.* to boycott

tẩy trừ *v.* to eradicate, to uproot, to wipe out

tây uế *v.* to clean; to purge

te te *n.* cock-a-doodle-doo: **Gà gáy te te.** The cock crowed cock-a-doodle-doo.

té **1** *v.* to dash, to splash [water] **2** *v.* [of person] to fall: **Đứa bé té xuống đất.** The child fell to the floor.

té ra *adv.* in reality, actuality; it turned out that

té re *v.* to have diarrhea

té xỉu *v.* to faint

tè *v.* to wee, to do wee-wee [urinate]: **cho em bé tè** to make a baby wee-wee

tè he *v.* to sit on the floor with one's legs apart

tẻ **1** *n.* [of rice] ordinary, non-glutinous **2** *adj.* sad, to be sad, to be dull

tẽ *adj.* detached, separated

tem *n.* [Fr. *Timbre*] postage stamp: **chơi tem** stamp collector

tem phiếu *n.* coupons, voucher

tem tép *v.* to smack [of the lips]

tèm lem *adj.* smeared: **mặt mũi tèm lem** to have a smeared face

ten *n.* rust, verdigris

tẽn *v.* to be ashamed, to be embarrassed

teo **1** *v.* to shrink, to shrivel **2** *adv.* extremely [sad **buồn**, deserted **vắng**]

tẻo teo *adj.* smallest, very tiny

tẹo *n.* little bit, tiny bit: **bé tí tẹo** very tiny

tép **1** *n.* little shrimp, small prawn: **kho tép** to grill little shrimps **2** *n.* citrus cell, succulent cell: **tép cam** juicy oranges

tẹp nhẹp *adj.* [of things] small, petty; [of character] mean, petty

tẹt *adj.* [of nose] pug-nosed; deflated

tê **1** *v.* to be numb; to have rheumatism **2** *adv.* (= **ấy, đó**) that, other: **Chiếc xe ở bên tê đường.** The car is on the other side of the road.

tê bại *v.* to be paralyzed: **bệnh tê bại** polio

tê giác *n.* rhinoceros

tê liệt *v.* to be paralyzed

tê tái *adj., v.* [of pain] sharp, to be paralyzed with sadness or pain

tê tê *n.* pangolin

tê thấp *n.* rheumatism

tế **1** *v.* to offer sacrifices to God, to worship with full rituals **2** *v.* [of horse] to gallop

tế bào *n.* cell [biology]

tế bần *v.* to help the poor, to give to charity: **viện tế bần** nursing home

tế độ *v.* to assist, to help, to relieve

tế lễ *v.* to worship, to offer

tế nhị *adj.* subtle, delicate; sensitive: **Đó là một vấn đề tế nhị.** That is a sensitive issue.

tế nhuyễn *n.* clothing and jewels

tế thế *v.* to save the world [used with **an bang**]

tề *n.* [of village in the war zone during the French-Vietnamese war]; ally to the French instead of following the Vietminh

tề gia *v.* to manage one's household affairs

tề tựu *v.* to all be present: **Tất cả thành viên đã tề tựu đông đủ.** All members are present.

tễ *n.* compound medicine: **thuốc tễ** pills [in Sino-Vietnamese medicine]

tệ **1** *adj.* bad; rotten, ragged, worn out **2** *n.* currency: **tiền tệ** currency; **ngoại tệ** foreign currency, foreign exchange

tệ đoan *n.* corrupt practice, social evil

tệ hại *adj.* bad, harm, ugly

tệ xá *n.* my humble house

tếch **1** *v.* to vanish, to disappear **2** *adj.* very light: **nhẹ tếch** very light

têm *v.* to prepare a betel quid

tên *n.* [SV **danh**] name, personal name: **đặt tên** to give a name; **gọi tên** to call the roll; **Xe này đứng tên ai?** In whose name is this car registered?; **ký tên** to sign one's name

tên đạn *n.* arrow and bullets; the war

tên lửa *n.* rocket, missile

tên thánh *n.* Christian name

tên tuổi *n.* name and age [on application, file]; fame: **có tên tuổi** famous names

tênh *adv.* very: **buồn tênh** very sad

Tết **1** *n.* [SV **tiết**] festival, New Year festival [lunar calendar]: **ăn tết** to celebrate the New Year; **Năm hết tết đến.** The year is nearing its end **2** *v.* to give a present to [teacher, official]

Tết Đan ngọ *n.* Double Five festival [fifth day of fifth lunar month]

Tết Nguyên Đán *n.* New Year festival [lunar calendar]

tết nhất *n.* festival(s), holidays

Tết Trung Thu *n.* mid-autumn festival [fifteenth day of eighth lunar month]

tếu *adj.* rash, hare-brained: **nói chuyện tếu** to talk in a rash way

tha **1** *v.* to forgive, to pardon; to set free, to release: **tha lỗi cho ai** to forgive someone's fault; **tha tù nhân chiến tranh** to release prisoners-of-war **2** *v.* [of animal] to carry in the mouth; [of bird] to carry in the beak: **Mèo tha chuột.** The cat carried a mouse in its mouth.

tha bổng *v.* to free, to acquit

tha hoá *v.* to deteriorate, to become depraved: **Cán bộ tha hoá.** Officials become depraved.

tha hồ *adv.* freely, to one's heart's content: **Bạn có thể nói tha hồ.** You can talk freely.

tha hương *n.* foreign country: **sống tha hương** to live in a foreign country

tha lỗi *v.* to forgive, to pardon: **Ông vui lòng tha lỗi cho tôi.** Please forgive me.

tha ma *n.* cemetery, graveyard, burial ground

tha nhân *n.* another person, other persons: **Chúng ta sống với tha nhân.** We live with other people.

tha phương *n.* foreign land

tha thiết *adj.* insistent, earnest; concerned with

tha thứ *v.* to forgive, to pardon

tha thướt *adj.* graceful, elegant: **Cô ấy mặc chiếc áo dài tha thướt.** She looks graceful in a long dress.

tha tội *v.* to forgive, to pardon

thà *adv.* rather, better, would prefer: **Thà chết còn hơn chịu nô lệ.** I would rather die than be a slave.; **chẳng thà** it is better [if…]

thả *v.* to release; to turn loose [fowl, cattle, prisoner]; to fly [kite **diều**], to drop [anchor **neo**, bomb **bom**]: **thả diều** to fly kites

thả cửa *adv.* freely, to one's heart's content: **đánh quần vợt thả cửa** to play tennis freely

thả dù *v.* to parachute, to drop by parachute

thả lỏng *v.* to give a free hand, to set loose

thả rong *v.* to let wander, to leave unbridled

thả sức *v.* to act freely

thác **1** *n.* waterfalls: **thác nước** waterfall; **lên thác xuống ghềnh** up hill and down dale **2** *v.* to die, to pass away: **sống thác có nhau** to be together now or even after death

thác loạn *adj.* to be troubled

thạc sĩ *n.* Master degree: **thạc sĩ văn khoa** Master of Arts [MA]; **thạc sĩ giáo dục** Master of Education [M.Ed]

thách *v.* to challenge, to defy; to demand a high price: **Bà nói thách quá.** That's a lot you are asking for.

thách cưới *v.* [of girl's family] to demand presents for a wedding [from future bridegroom]

thách đố *v.* to challenge: **thách đố ai làm việc gì** to challenge someone to do something

thách thức *v.* to challenge

thạch *n.* soft pea flour jelly, jello-like dessert dish, agar-agar; seaweed

thạch *n.* (= **đá**) stone, rock: **cẩm thạch** marble; **ngọc thạch** jade; **hoá thạch** fossil; **hoả thạch** silex, flint; **sa thạch** sandstone; **phún thạch** lava

thạch anh *n.* quartz, rock-crystal

thạch ấn *n.* lithography

thạch bản *n.* slab of lithographic stone

thạch cao *n.* gypsum, plaster

thạch hoa *n.* agar-agar [jelly]

thạch hoá *v.* to petrify, to freeze into inaction

thạch hoàng *n.* orpiment [chemical crystal]

thạch học *n.* petrography

thạch khí *n.* stone implements: **thời đại thạch khí** the Stone Age

thạch lựu *n.* pomegranate

thạch ma *n.* amianthus [asbestos that has silky fibers]

thạch mặc *n.* graphite

thạch nhũ *n.* stalactite, stalagmite

thạch nhung *n.* asbestos

thạch sùng *n.* house lizard

thạch trụ *n.* stone pillar

thai *n.* embryo, fetus: **bào thai** fetus; **có thai** to be pregnant; **thụ thai** to become pregnant; **đầu thai** to become incarnate; **phôi thai** embryonic; **truỵ thai** to have an abortion; **quái thai** monster

thai bàn *n.* placenta

thai bào *n.* uterus

thai nghén *v.* to be pregnant

thai sinh *adj.* viviparous

thái *v.* to cut up [food]: **thái mỏng** to slice

thái ấp *n.* fief, feud

thái bình *adj.* peaceful, peace-loving

Thái Bình Dương *n.* the Pacific Ocean

thái cổ *adj.* ancient

thái dương 1 *n.* temple [on either side of forehead] 2 *n.* the sun

thái dương hệ *n.* the solar system

thái độ *n.* attitude, air, manner

thái giám *n.* eunuch

thái hậu *n.* queen mother

Thái Lan *n.* Thailand: **người Thái Lan** Thais

thái miếu *n.* imperial temple

thái quá *adj.* to be excessive

thái thú *n.* Chinese governor [old times]

thái tử *n.* crown prince

thài lài *n.* name of an edible herb, day-flower

thải *v.* to dismiss [official], to discard: **sa thải** to discharge

thải hồi *v.* to dismiss, to discharge

tham *v.* to be greedy, to be unscrupulous, to be ambitious

tham ăn *adj.* greedy for food

tham chiến *v.* to participate in the war: **các nước tham chiến** belligerent countries

tham chính *v.* to enter politics, to take part in state affairs

tham chính viện *n.* state council

tham dự *v.* to take part in, to participate, to attend: **tham dự hội nghị** to attend a conference

tham khảo *v.* to do research, to consult [reference]: **sách tham khảo** reference book

tham lam *adj.* greedy, covetous

tham luận *v.* to discuss, to give a paper [at a conference]

tham muốn *v.* to desire, to covet

tham mưu *n.* staff, general staff: **trưởng tham mưu** chief of staff; **tổng tham mưu** general staff

tham mưu trưởng *n.* chief of staff

tham nhũng *v., n.* to be corrupted; corruption: **viên chức tham nhũng** corrupted officials

tham ô *v.* [of official] to be corrupted

tham quan *v.* to go sightseeing

tham sự *n.* chief clerk

tham tá *n.* chief clerk

tham tán *n.* embassy counsellor

tham tàn *adj.* greedy and harsh

tham thiền *v.* to practice meditation

tham vấn *n.* consultant: **làm tham vấn cho ai** to be a consultant to someone

tham vọng *n.* ambition: **Tôi không có tham vọng trở thành ca sĩ.** I don't have any ambition of becoming a singer

tham vụ ngoại giao *n.* secretary of embassy: **đệ nhất tham vụ** first secretary of embassy

thám *v.* to explore, to spy: **do thám** to spy; **mật thám** secret service; **trinh thám** detective

thám hiểm *v.* to explore: **nhà thám hiểm** explorer

thám hoa *n.* third highest academic title in old system [the first two are **trạng nguyên, bảng nhỡn**]

thám sát *v.* to survey, to explore

thám thính *v.* to reconnoiter, to spy: **phi cơ thám thính** reconnaissance plane

thám tử *n.* detective

thảm *n.* carpet, rug: **trải thảm,** to lay the carpet

thảm *adj.* tragic: **cảnh bi thảm** tragedy; **sầu thảm, thê thảm** pitiful, lamentable

thảm cảnh *n.* pitiful sight or situation

thảm đạm *adj.* melancholy, desolate, gloomy

thảm hại *adj.* pitiful

thảm hoạ *n.* disaster, calamity, tragedy

thảm khốc *adj.* tragic, dreadful, awful, terrible, horrible

thảm kịch *n.* tragedy, pitiful situation: **Có nhiều thảm kịch gia đình trong xã hội chúng ta.** There are many family tragedies in our society.

thảm sát *v.* to slaughter, to massacre

thảm sầu *adj.* sad, grieved

thảm thiết *adj.* heart-rending, tragic

thảm thương *adj.* pitiful, sorrowful

thảm trạng *n.* distressing sight, sad state

than **1** *n.* coal, charcoal: **bút chì than** charcoal [for drawing]; **mỏ than** coal mine; **bệnh than** anthrax **2** *v.* to lament, to complain, to moan: **Than ôi! Alas!**; **khóc than** to cry; **dấu than** exclamation mark; **lời than, tiếng than** complaint

than bùn *n.* peat

than củi *n.* charcoal; fuel

than đá *n.* coal, anthracite

than hầm *n.* coal

than hồng *n.* live charcoal [glowing but not flaming]

than luyện *n.* coke

than mỏ *n.* coal

than phiền *v.* to complain: **Nhân viên văn phòng thường than phiền ông ấy.** Staff often complain about him.

than thân *v.* to complain about one's lot

than thở *v.* to lament, to moan

than tiếc *v.* to regret

than văn *v.* to lament, to moan

than xương *n.* bone black, animal charcoal

thán khí *n.* carbon dioxide

thán phục *v.* to admire

thán từ *n.* interjection, exclamation

thản nhiên *adj.* poker-faced, indifferent, unemotional, calm, unmoved

thang *n.* ladder; staircase: **bắc thang** to set up a ladder; **cầu thang** staircase

thang cây *n.* wooden ladder

thang dây *n.* rope ladder

thang gác *n.* staircase, stairs

thang gập *n.* stepladder

thang gỗ *n.* wooden ladder

thang máy *n.* elevator, lift

thang mây *n.* path of glory

thang tre *n.* bamboo ladder

tháng *n.* [SV **nguyệt**] month: **tháng này** this month; **tháng trước** last month; **tháng sau** next month; **hàng tháng** monthly

tháng ba *n.* third lunar month; March

tháng bẩy *n.* seventh lunar month; July

tháng chạp *n.* twelfth lunar month; December

tháng chín *n.* ninth lunar month; September

tháng đủ *n.* 30-day month

tháng giêng *n.* first lunar month; January

tháng hai *n.* second lunar month; February

tháng mười *n.* tenth lunar month; October

tháng mười một *n.* eleventh lunar month; November

tháng năm *n.* fifth lunar month; May

tháng sáu *n.* sixth lunar month; June

tháng tám *n.* eighth lunar month; August

tháng tháng *n.* each month, every month

tháng thiếu *n.* a 29-day month

tháng tư *n.* fourth lunar month; April

thẳng hoặc *adv.* occasionally, if by chance

thanh 1 *n.* sound; tone, voice, noise: **thanh âm, âm thanh** sound; **bình thanh** level tone; **đồng thanh** unanimously; **phát thanh** to broadcast; **máy phóng thanh** microphone; **thất thanh** to lose one's voice; **truyền thanh** to broadcast; **âm bình thanh** high level tone; **siêu thanh** supersonic **2** *adj.* (= xanh) green, blue; to be young: **tuổi thanh xuân** youth; **thanh thiên** blue sky

thanh âm *n.* sound and tone

thanh âm học *n.* phonetics

thanh ba *n.* sound wave

thanh bạch *adj.* poor but honest: **Bạn tôi rất thanh bạch.** My friend is poor but honest.

thanh bần *adj.* poor but unsullied

thanh bình *adj.* peaceful

thanh cảnh *adj.* moderate, a light eater, delicate

thanh cao *adj.* noble, distinguished

thanh danh *n.* reputation, renown, good name

thanh đạm *adj.* [of meal] frugal: **bữa cơm thanh đạm** a frugal meal

thanh điệu *n.* rhythm, cadence

thanh đồng *n.* bronze

thanh đới *n.* vocal bands, vocal lips, vocal cords

thanh giáo *n.* Puritanism

thanh học *n.* acoustics

thanh khiết *adj.* pure, clean, morally pure

thanh la *n.* cymbals

thanh lâu *n.* brothel

thanh lịch *adj.* refined, elegant

thanh liêm *adj.* [of official] honest, having integrity

thanh luật *n.* prosody

thanh mẫu *n.* initial [in phonetics]

thanh minh 1 *n.* grave-visiting festival [comparable to Memorial Day] **2** *v.* to state, to declare honestly; to clarify

thanh nhã *adj.* elegant, refined

thanh nhàn *adj.* leisurely

thanh niên *n.* youth, the youth: **thanh niên tiền phong** vanguard youth; **Bộ Thanh niên** Department of Youth Affairs

thanh nữ *n.* young girl

thanh quản *n.* larynx

thanh tao *adj.* noble, elevated, exalted

thanh thế *n.* prestige, influence

thanh thiên bạch nhật *n.* in broad daylight

thanh tịnh *adj.* to be chaste, pure

thanh toán *v.* to clear up [accounts], to settle; to liquidate: **thanh toán nợ nần** to settle one's debt

thanh toán viên *n.* liquidator

thanh tra *v., n.* to inspect; inspector: **Họ muốn thanh tra văn phòng chúng ta.** They want to inspect our department.

tổng thanh tra *n.* inspector-general

thanh vắng *adj.* quiet, deserted

thánh *n., adj.* saint, sage; holy, royal, sacred; good, talented; **nói thánh nói tướng** to boast; **Toà thánh** the Vatican; **Đức Thánh Cha** the Pope;

Lễ Các Thánh All Saints' Day; **Nói thì thánh lắm.** He's just a good talker.; **thần thánh** gods and saints

thánh ca *n.* hymn

thánh chỉ *n.* imperial edict

thánh đản *n.* Buddha's birthday

thánh địa *n.* the Holy Land

thánh đường *n.* church

thánh giá *n.* crucifix, the Holy Cross

thánh hiền *n.* sages and saints; Confucian deities

thánh hoàng *n.* the Emperor

thánh kinh *n.* the Bible

thánh mẫu *n.* the Holy Mother: **Đại hội Thánh mẫu** the Marian Festival

thánh nhân *n.* saint, sage

thánh thần *n.* saints and gods

thánh thể 1 *n.* Eucharist **2** *n.* the emperor's person

thánh thi *n.* psalm

thánh thót 1 *v.* [of rain] to drip, to fall drop by drop **2** *adj.* [of music] to be sweet and slow

thánh tích *n.* relics

thành 1 *v.* to succeed; to achieve one's aim; to turn into, to change into, to become: **thành công** to succeed [*opp.* **bại**]; **thành ra, trở thành** to become; **thành ra** to become as a result; **thành thử** as a result; **Thành hay bại tùy ở anh.** Whether we will succeed or fail depends on you.; **Cái đó sẽ trở thành một chướng ngại.** It will become an obstacle.; **Cái này sẽ thành ra vật vô dụng.** This will become worthless.; **biến thành** to turn into; **làm thành** to make up; **Ông nói thế, thành tôi không đi nữa.** Because he said so, I didn't go. **2** *n.* citadel, fortress, wall; walled city, city, metropolis; edge, wall [of well **giếng**, container]: **đô thành** prefecture, [of Saigon] capital city; **hoàng thành** imperial city; **kinh thành** capital city; **nội thành** the inner city; **ngoại thành** the suburbs; **tử cấm thành** the Forbidden Purple City; **tỉnh thành** city; urban; **Vạn Lý**

Trường Thành the Great Wall [of China] **3** *adj.* honest, sincere: **chân thành** honest, sincere; **trung thành** loyal; **lòng thành** sincerity

thành án *v.* to receive a sentence

thành bại *v.* to succeed or fail; to win or lose

thành bộ *n.* city branch of party committee

Thành cát Tư hãn *n.* Gengis Khan

thành công *v., n.* to succeed; success: **chúc mừng sự thành công của bạn** to congratulate you on your success

thành danh *v.* to achieve fame

thành đạt *v.* to succeed

thành đinh *v.* to become of age

thành hình *v.* to take shape, to form

thành hoàng *n.* tutelary god [of village, town]

thành hôn *v.* to marry: **Bạn tôi thành hôn với con gái ông ta.** His daughter married my friend.

thành khẩn *adj.* sincere, honest

thành kiến *n.* prejudice, preconceived idea, bias: **Chúng ta không nên có thành kiến với ai.** We should not have a bias against anyone.

thành kính *adj.* devoted and respectful

thành lập *v.* to form, to set up, to establish: **thành lập một tổ chức thương nghiệp** to establish a business organization

thành lũy *n.* walls and ramparts

thành ngữ *n.* idiom, expression; proverb

thành niên *v.* to come of age: **vị thành niên** minor

thành phần *n.* component, constituent; composition; background: **thành phần trực tiếp** immediate constituents [as in syntax]; **thành phần của phái đoàn Việt Nam** the composition of the Vietnamese delegation

thành phố *n.* city, town: **hội đồng thành phố** municipal council, city council

thành tật *v.* to become an invalid

thành thật *adj.* sincere, honest, genuine: **Tôi xin thành thật cảm ơn quí**

vị rất nhiều. I sincerely want to thank you very much.

thành thị n. city, town

thành thục adj. ripe, mature, experienced

thành thử conj. consequently, as a result

thành thực adj. sincere, honest, genuine

thành tích n. record, deed, performance, accomplishments

thành trì n. wall and moat

thành tựu v., adj. to succeed, to achieve; successful

thành văn adj. [of law, etc.] written: luật thành văn written law

thành viên n. member: thành viên của phái đoàn chính phủ a member of the government delegation

thành ý n. sincere intention, good intention

thảnh thơi adj. to be free, at ease, relaxed

thạnh n. See thịnh

thao n. raw silk

thao diễn v. to exercise, to demonstrate; to maneuver

thao láo adj. [of eyes] wide open: Mắt mở thao láo. The eyes open widely.

thao luyện v. to drill, to train

thao lược n. tactics, strategy

thao thao v. to speak volubly, to speak interminably

thao trường n. drill ground, parade ground

thao túng v. to control [people, opinion]

tháo v. to dismantle, to untie, to undo, to unlace [shoes], to take apart, to dismount, to drain away [pipe, sink, sewer]

tháo dạ v. to have diarrhea

tháo thân v. to escape, to get away

tháo vát adj. manage [by oneself], active, resourceful

thảo 1 v. to draft [text]: bản thảo draft 2 adj. to be pious, generous, devoted, virtuous: lòng hiếu thảo filial piety; generosity 3 n. (= cỏ) grass: vườn bách thảo botanical garden

thảo am n. grass hut, cottage

thảo án n. draft, rough draft

thảo ăn adj. generous

thảo bản n. rough copy

thảo cầm viên n. botanical gardens [with birds]

thảo dã n. country, countryside, rural

thảo điền n. fallow field

thảo đường n. grass hut, cottage

thảo luận v. to discuss, to debate

thảo lư n. thatched cottage, hut

thảo mộc n. vegetation, plants

thảo nào! exclam. No wonder!

thạo adj. proficient, familiar with, skilled in: Cô ấy rất thạo việc. She is skilled in her work.

thạo đời adj. experienced

thạo nghề adj. experienced, skilled: Công nhân của chúng tôi rất thạo nghề. Our employees are experienced ones.

thạo tin adj. well-informed

tháp n. tower, stupa: bảo tháp Buddhist stupa; tháp rùa the tortoise tower [in Hanoi]

tháp ngà n. ivory tower

thau n. brass: chậu giặt bằng thau brass washing basin

tháu adj. [SV thảo] scrawling, scribbly: viết tháu scrawly writing

tháu cáy v. to bluff [in gambling]

thay 1 v. to change [clothes, tools, method]; to replace: thay quần áo to change clothes 2 exclam. How!: May thay! Fortunately!; Lạ thay! How strange!

thay chân v. to replace one's role

thay đổi v. to change, to be changed

thay lòng v. to change, to switch one's allegiance

thay lông v. to molt

thay mặt 1 v. to represent [object preceded by cho]: Ông ấy thay mặt cho ông giám đốc. He represents his director. 2 adv. on behalf of: Tôi xin thay mặt cho ban giám đốc chào mừng quí vị đến tham dự buổi họp hôm nay. On behalf of the board of directors, I welcome all of you to the meeting.

thay phiên *v.* to rotate, to take one's turn

thay thế *v.* to replace, to substitute [for **cho**]

thay vì *adv.* instead of, in lieu of

thắc mắc *adj., v.* worried, anxious; to query: **có điều chi thắc mắc** if you have any question

thấp thỏm *v.* to be on tenterhooks

thăm **1** *v.* to go and see, to visit, to call in; to examine [patient]: **Bác sĩ đã thăm bệnh nhân.** The doctor examined his patient.; **Họ đã đi thăm Việt Nam.** They visited Vietnam. **2** *n.* ballot, lot, voting-paper: **rút thăm** to draw lots; **bỏ thăm** to cast a vote, to vote [cho for]; **thùng thăm** ballot box

thăm bệnh *v.* to check one's health; to make a sick call

thăm dò *v.* to inquire, to investigate, to sound out

thăm hỏi *v.* to visit, to call on: **gởi lời thăm hỏi ai** to give one's regards to someone

thăm nom *v.* to visit, to take care of

thăm thẳm *adj.* very deep

thăm viếng *v.* to visit: **thăm viếng xã giao** to pay a courtesy visit

thắm *adj.* [of color] deep, dark; [of love, feelings] ardent, intense: **đỏ thắm** dark red

thẳm *adj.* very deep, very far: **xa thăm thẳm** very far

thăn *n.* fillet, tenderloin

thằn lằn *n.* lizard

thăng *v.* to be raised in official ranking, be promoted; to go up [opp. **giáng**]

thăng bằng *n.* balance, equilibrium

thăng chức *v.* to promote; to be promoted

thăng giáng *v.* to go up and down; to promote and demote

thăng hà *v.* [of king] to die

thăng hoa *v.* to sublimate

thăng thiên *v.* to ascend heaven: **lễ Thăng thiên** Ascension Day

thăng thưởng *v.* to be promoted; to promote, to reward

thăng tiến *v.* to promote [a force like labor **cần lao**] in status

thăng trầm *n.* to be ups and downs, vicissitudes, rise and fall

thăng trật *v.* to be promoted to a higher level

thắng **1** *v.* (= **được**) to win, to overcome, to vanquish, to conquer, to defeat [opp. **bại**]: **đại thắng** great victory; **đắc thắng** to score a victory; **chiến thắng** victory; **toàn thắng** complete victory **2** *v.* to saddle, to harness [a horse]; to be dressed up **3** *n., v.* to stop [vehicle], to brake; brake

thắng bại *v.* to win and lose, to have a victory or defeat

thắng bộ *adj.* dressed up

thắng cảnh *n.* beautiful scenery, scenic spot

thắng lợi *v., n.* to win a victory, to succeed; success, victory

thắng thế *v.* to have an advantage

thắng trận *v.* to win the war, to have victory

thằng *n.* classifier noun for boys and inferiors or contemptible persons: **thằng bé** the boy; **thằng bé đánh giầy** the shoeshine boy; **thằng con tôi** my little boy

thằng bờm *n.* pelican; practical-minded idiot

thằng cha *n.* chap, fellow, bloke

thằng chài *n.* kingfisher

thẳng *adj.* [SV **trực**] straight, direct, right [opp. **nghiêng, lệch** slanting, oblique]; righteous, fair, just, honest; straightforward: **đứng thẳng** to stand upright; **nói thẳng** to speak straight, to speak bluntly; **ngay thẳng** righteous, honest; **thẳng băng** to be perfectly straight

thẳng cánh *adv.* without restraint

thẳng cẳng *adj.* stiff: **chết thẳng cẳng** to be stiff dead

thẳng đứng *adj.* vertical

thẳng giấc *adv.* soundly: **ngủ thẳng**

giấc to sleep soundly

thẳng góc *adj.* perpendicular

thẳng hàng *adj.* in a straight line, aligned

thẳng một mạch *v.* to go or run straight to: **đi thẳng một mạch đến sở** to go straight to the office

thẳng tay *adj.* without mercy: **phạt thẳng tay** to punish without mercy

thẳng tắp *adj.* perfectly straight: **Con đường thẳng tắp.** This road is perfectly straight.

thẳng thắn *adj.* straight, straightforward, righteous

thẳng thừng *adj.* without mercy or restraint

thặng *v.* to be in excess, to have a surplus

thặng dư *v.* to have a surplus: **ngân sách thặng dư** a surplus budget

thắp *v.* to light [lamp **đèn,** candle **nến,** torch **đuốc,** incense sticks **hương**]

thắt *v.* to tie, to make a knot, to wear [a necktie]: **thắt cà vạt** to wear a necktie

thắt chặt *v.* to tighten

thắt cổ *v.* to hang oneself

thắt lưng *n.* belt; waist

thâm **1** *adj.* black; black and blue: **thâm tím** dark purple **2** *adj.* (= **sâu**) deep, profound [*opp.* **thiển**]; cunning, shrewd, foxy

thâm cảm *n.* deep gratitude

thâm căn cố đế *adj.* deep-rooted

thâm cung *n.* inner palace

thâm cứu *v.* to investigate thoroughly

thâm độc *adj.* shrewd and obnoxious, cunning, crafty

thâm giao *n.* close friendship

thâm hiểm *adj.* cunning, dangerous

thâm nhập *v.* to penetrate deeply, to infiltrate

thâm niên *adj.* tenured, senior [in employment]: **công nhân thâm niên** senior employees

thâm sơn cùng cốc *n.* remote areas

thâm tâm *n.* bottom of one's heart

thâm thiểm *adj.* cruel, wicked

thâm thù *v.* to nurture deep hatred for

thâm thuý *adj.* profound and subtle

thâm tím *adj.* to be bruised

thâm tình *n.* deep affection, deep attachment

thâm trầm *adj.* profound; undemonstrative

thâm u *adj.* deep and dark

thâm ý *n.* hidden motive, secret thought

thấm *v.* to soak, to absorb; to be penetrating; to be sufficient: **không thấm vào đâu** insufficient; **giấy thấm** blotter; **Máu thấm vào bông.** The blood was absorbed by cotton.

thấm nhuần *v.* to be impregnated, to be saturated

thấm nước *v., adj.* to absorb water; absorbent: **không thấm nước** waterproof

thấm thía *adj.* [of pain, sorrow] piercing, penetrating

thấm thoát *adv.* [of time] quickly: **Thì giờ thấm thoát như thoi đưa.** Time flies quickly.; **Thấm thoát chúng tôi về nước đã hai năm rồi.** Imagine that! It has already been two years since we returned to Vietnam.

thầm *adj.* secret: **âm thầm** quietly, secretly; **nghĩ thầm** to think to oneself; **nói thầm** to whisper; **cười thầm** to laugh up one's sleeves; **mừng thầm** to rejoice inwardly; **thì thầm** to whisper

thầm kín *adj.* secret, sneaking: **mối tình thầm kín** secret love

thầm lặng *adj.* mute, silent, quiet: **một cuộc sống thầm lặng** a quiet life

thầm lén *adj.* secret, sneaking

thầm vụng *adj.* furtive, sneaking

thẩm *v.* to reconsider, to examine, to judge: **bồi thẩm** jury; **sơ thẩm** first circuit; **thượng thẩm, phúc thẩm** Court of Appeals

thẩm định *v.* to appreciate, to appraise, to judge: **uỷ ban Thẩm định Hỗ tương Giá trị Văn hoá Đông Tây** Committee for the Mutual

Appreciation of Eastern and Western Cultural Values

thẩm mỹ *n.* beauty, esthetics

thẩm phán *n.* judge [in court]

thẩm quyền *n.* competence, jurisdiction; authority

thẩm sát *v.* to investigate, to examine

thẩm thấu *n.* osmosis

thẩm vấn *v.* to interrogate; to interview: **thẩm vấn tội phạm** to interview prisoners

thẫm *adj.* [of color] dark

thậm *adv.* very; quite: **thậm vô lý** quite absurd

thậm chí *adv.* even

thậm tệ *adv.* [to scold] mercilessly, vehemently, very bad

thậm thụt *v.* to sneak in and out

thậm từ *n.* excessive words, abuse

thân 1 *n.* (= **mình**) body; trunk [of tree], stem [of plant]; body [of dress]: **nuôi thân** to support oneself; **bán thân** bust; **độc thân** single, unmarried; **thuế thân** head tax; **cái thân tôi** my person; **phòng thân** for self defense; **xuất thân** to begin as, to start as; **tu thân** to improve oneself **2** *adj.* [of friend] to be close, intimate, dear [*opp.* **sơ**]: **bạn thân** close friend; **làm thân với** to be a close friend of

thân ái *adj.* affectionate; **lời chào thân ái** affectionate greetings

thân bằng *n.* relatives and friends

thân binh *n.* partisans

thân cận *adj.* close, intimate

thân chinh *v.* [of king] to conduct a war himself; to go or act in person

thân cô *adj.* alone, lonely

thân danh *n.* reputation, fame

thân hành *v.* to act or go in person

thân hào *n.* notable, gentry

thân hình *n.* body

thân hữu *n.* close friend: **duy trì tình thân hữu** to maintain one's friendship

thân mật *adj.* close, intimate, friendly

thân mẫu *n.* mother

thân mến *adj.* dear [beloved]: **bạn**

Nam thân mến Dear Nam [beginning a letter]

thân mình *n.* body: **thân mình khoẻ mạnh** a strong body

thân người *n.* human body; a man

thân nhân *n.* kin, relative, next of kin: **Họ là thân nhân của tôi.** They are my relatives.

thân nhiệt *n.* body temperature

thân phận *n.* fate, destiny; condition, state, status

thân phụ *n.* father

thân quyến *n.* family

thân sĩ *n.* member of the gentry

thân sinh *n.* parents: **ông thân sinh ra anh ấy** his father

thân thế *n.* life/history [of well-known person]

thân thể *n.* body

thân thích *n.* relatives, offspring and kin

thân thiện *adj.* friendly, cordial: **hiệp ước thân thiện** treaty of friendship

thân thiết *adj.* close, intimate

thân thuộc *n.* relatives

thân tín *adj.* trustworthy, dependable

thần 1 *n.* deity; divine being, tutelary god, spirit god [not Christian or Buddhist]: **thiên thần** angel; **vô thần** atheistic; **tử thần** death; **thổ thần** God of the Soil **2** *n.* spirit, mind; force, energy: **an thần** sedative; **tâm thần** mind; **thất thần** frightened out of one's wits; **tinh thần** spirit; morale **3** *n.* minister, mandarin, high officials [in a monarchy]; your minister [in addressing the king or emperor], I [used by subject to king]: **gian thần** traitor; **nịnh thần** flatterer; **quân thần** relationship between the prince and his subjects; **quần thần**, **triều thần** all the mandarins; **trung thần** loyal minister; **sứ thần** envoy

thần bí *adj.* mystical

thần chủ *n.* ancestral tablet

thần công *n.* cannon

thần dân *n.* the people

thần diệu *adj.* miraculous, marvelous

thần dược *n.* miracle medicine

thần đồng *n.* infant prodigy

thần hiệu *adj.* [of drug] miraculous

thần học *n.* theology

thần hôn *n.* morn and eventide

thần hồn *n.* soul and spirit

thần kinh **1** *n.* nerve **2** *n.* capital city, metropolis

thần kinh hệ *n.* nervous system

thần kỳ *adj.* wonderful, marvelous

thần linh *n.* spirit, deity

thần phục *v.* to submit oneself

thần quyền *n.* spiritual power

thần thánh *n.* gods and saints

thần thánh hoá *v.* to deify

thần thế *n.* power and influence

thần thoại *n.* mythology

thần tích *n.* stories of the gods

thần tiên *n., adj.* deities and immortals; fairy, wonderful, heavenly

thần tình *adj.* clever

thần tử *n.* subject, servant

thần vị *n.* ancestral tablet

thần thờ *v.* to look haggard

thận *n.* kidney: **ngoại thận** testicles

thận trọng *adj.* cautious

thấp *adj.* (= **lùn**) low; short [of height] [*opp.* **cao**]: **người thấp** a short person

thấp bé *adj.* short, tiny

thấp hèn *adj.* low, base

thấp kém *adj.* low, inferior

thấp thoáng *v.* to appear vaguely or intermittently

thấp thỏm *v.* to be anxious, to be restless

thập *num.* (= **mười**) ten: **Lễ Song Thập** Double Ten Festival; **đệ thập chu niên** the tenth anniversary

thập ác *n.* cross

thập bội *v.* to be tenfold

thập can *n.* the ten Heaven's Stems' cyclical terms (**giáp**, **ất**, **bính**, **đinh**, **mậu**, **kỷ**, **canh**, **tân**, **nhâm**, **quí**) used in numbering a series or reckoning years

thập cẩm *adj.* varied, miscellaneous, sundry

thập lục *n.* sixteen-string instrument

thập nhị chi *n.* the twelve Earth's

Stems' cyclical terms (**tý**, **sửu**, **dần**, **mão**, **thìn**, **tỵ**, **ngọ**, **mùi**, **thân**, **dậu**, **tuất**, **hợi**) used in reckoning years, months, days and hours, and corresponding to the twelve zodiac signs

thập phân *adj.* decimal: **số thập phân** decimal number

thập phần *adj., adv.* one hundred percent, completely, perfectly

thập phương *n.* everywhere: **khách thập phương** pilgrims

thập thò *v.* to go in and out; to hesitate at the door

thập toàn *adj.* perfect, faultless: **Nhân vô thập toàn.** No one is perfect.

thập tự *n.* cross: **hội Hồng Thập Tự** the Red Cross

thất **1** *num.* (= **bảy**) seven: **đệ thất** the seventh; **ngày Song Thất** Double Seven Festival **2** *v.* (= **mất**) to lose: **tổn thất** loss

thất bại *v.* to fail, to lose: **Chúng tôi thất bại trong việc thương lượng với họ.** We failed in our negotiations with them.

thất bát *adj.* irregular; inconsistent

thất cách *adj.* improper, awkward

thất chí *adj.* discontented, frustrated

thất cơ *v.* to miss the opportunity, to fail in business

thất đảm *adj.* frightened

thất điên bát đảo *adj.* upset, to be turned upside down

thất đức *adj.* inhuman, cruel, wicked

thất học *adj.* illiterate: **nạn thất học** illiteracy

thất kinh *v.* to be terrified

thất lạc *v.* [of object] to be misplaced, to lose: **Hành lý tôi bị thất lạc rồi.** My luggage was lost.

thất lễ *adj., v.* impolite, to be rude; to have bad manners

thất lộc *v.* to pass away

thất luật *v.* to violate a rule about prosody

thất nghiệp *v.* to be unemployed, out of work: **nạn thất nghiệp** unemployment

thất ngôn *n.* seven beat meter [in poetry]

thất niêm *v.* to violate a rule about tonal cohesion in poetry

thất phu *n.* boor, coarse person

thất sách *n., adj.* thwarted plan; improperly done

thất sắc *v.* to turn pale, to blanch, to turn white

thất thanh *v.* to lose one's voice [as in yelling for help]

thất thân *v.* to lose one's virginity

thất thế *v.* to lose one's position

thất thểu *v.* to stagger, to reel

thất thố *v.* to make a slip of the tongue

thất thủ *v.* [of military position] to be lost, to fall

thất thường *adv.* irregularly: **làm việc thất thường** to work irregularly

thất tiết *adj.* disloyal [to one's king, one's husband]

thất tín *v.* to break one's promise

thất tình *n.* the seven passions [**hỉ** joy, **nộ** anger, **ai** sorrow, **cụ** fear, **ái** love, **ố** hate, **dục** lust]

thất trận *v.* to lose a battle; to be defeated

thất ước *v.* to break one's promise

thất vọng *adj.* disappointed: **Chúng tôi rất thất vọng về những gì ông ấy đã làm.** We are very disappointed by what he has done.

thật *adj.* [SV **chân**] real, true, genuine [*opp.* **giả**]: **nói thật** to tell the truth; **chân thật, thành thật; ngay thật** honest, sincere; **sự thật** the truth

thật bụng *adj.* sincere, honest

thật lòng *adj.* sincere, honest

thật ra *adv.* actually

thật tâm *adj.* sincere

thật thà *adj.* innocent, naive: **một con người thật thà** an innocent person

thật tình *adj.* sincere

thật vậy *adv.* in fact, indeed

thâu See thu

thâu canh *n.* all night

thâu đêm *n.* all night: **thức thâu đêm** to sit up all night

thấu *v.* to penetrate, to understand thoroughly: **hiểu thấu, thấu rõ, thấu hiểu** to understand thoroughly

thấu đáo *adj.* [of knowledge] thorough

thấu kính *n.* lens: **thấu kính ghép** coupled lenses; **thấu kính lõm** concave lens; **thấu kính có nấc** echelon lenses; **thấu kính lồi** convex lens; **thấu kính hội tụ** converging lens; **thấu kính phân tán** diverging lens

thấu triệt *v.* to know thoroughly, to know the ins and outs of

thầu *v.* to contract; to award a contract: **nhà thầu, chủ thầu** contractor; **gọi thầu, cho đấu thầu** to invite bids; **bỏ thầu** to bid

thầu dầu *n.* castor oil plant

thầu khoán *n.* contractor, builder: **Ngôi nhà nầy do thầu khoán xây.** The builder built this house.

thầu lại subcontractor

thây *n.* corpse, dead body

thây kệ *v.* to leave alone

thây ma *n.* corpse

thấy *v.* [SV **kiến**] to see, to perceive, to feel: **Bạn thấy gì không?** Do you see anything?

thầy *n.* [SV **sư**] master; teacher [with **trò** student]: **thầy dạy tiếng Anh** English teacher

thầy bói *n.* soothsayer, fortune-teller

thầy chùa *n.* Buddhist monk

thầy dòng *n.* friar, priest

thầy đẻ *n.* father and mother

thầy địa lý *n.* geomancer

thầy đồ *n.* traditional teacher, Confucian scholar

thầy giáo *n.* teacher, instructor

thầy kiện *n.* lawyer

thầy ký *n.* clerk

thầy lang *n.* medicine man, physician

thầy mẹ *n.* father and mother

thầy pháp *n.* sorcerer

thầy phù thuỷ *n.* sorcerer

thầy số *n.* astrologer

thầy thông *n.* interpreter

thầy thuốc *n.* physician, doctor

thầy tớ *n.* boss and servant

thầy trò *n.* teacher and student

thầy tu *n.* Buddhist monk

thầy tuồng *n.* stage manager

thầy tướng *n.* physiognomist

thấy *v.* to throw away

the *n.* silk, gauze

the thé *adj.* [of voice] shrill, shrieking, piercing

thè *v.* to stick out [one's tongue **lưỡi**]

thẻ *n.* badge [of office], card, filing card, identity card: **thẻ chứng minh nhân dân** identity card [ID]

thẻ căn cước *n.* (= **thẻ chứng minh nhân dân**) identity card

thẻ kiểm tra *n.* identity card

thèm *v.* to thirst for, to crave for, to desire: **Đã thèm** satiated; **Thèm vào!** I don't care a pin for it!

thèm khát *v.* to thirst for

thèm muốn *v.* to desire, to covet

thèm thuồng *v.* to desire very much

then *n.* door bar, bolt, latch [with **cài**, **gài** to lock]: **cửa đóng then gài** secluded, secure

then chốt *n.* door bar, door bolt; key [problem, position]

thèn thẹn *v.* See **thẹn**

thẹn *v.* to blush, to be shy: **cả thẹn, hổ thẹn** to feel ashamed

thẹn thò *v.* to be shy

thẹn thùng *v.* to be shy

theo **1** *v.* [SV **tuỳ**] to follow [religion **đạo**, method **phương pháp**, example **gương**], to accompany, to pursue; to be up to [someone]: **noi theo gương** to follow an example; **tiếp theo** following; continued **2** *prep.* according to, in accorance with: **Theo bạn thì nên làm gì?** What should be done according to you?

theo chân *v.* to follow the steps of; to pursue; to follow [developments]

theo đòi *v.* to try to copy, to try to ape, to try to keep up with

theo đuôi *v.* to copy, to imitate

theo đuổi *v.* to pursue [happiness], to follow [one's career]: **theo đuổi hạnh phúc** to pursue one's happiness

theo gót *v.* to dog somebody's footsteps; to copy, to imitate

theo kịp *v.* to catch up with: **Tôi cố gắng để theo kịp bạn.** I try to catch up with you.

theo sát *v.* to follow closely

theo trai *v.* to elope with a man

thẹo *n.* (= **sẹo**) scar, cicatrice

thép *n.* steel: **dây thép** wire, line; telegram; **dây thép gai** barbed wire; **đanh thép** firm, strong; **thép già** hard steel

thép non *n.* mild steel, soft steel: **nhà máy thép** steelwork

thét *v.* to scream, to roar: **gầm thét** to roar

thê *n.* (= **vợ**) wife: **đa thê** polygyny; **hiền thê** my good wife; **vị hôn thê** fiancé; **phu thê** husband and wife; **năm thê bảy thiếp** to be a polygamist

thê lương *adj.* to be sad and lonely, desolate: **cuộc sống thê lương** a lonely and sad life

thê nhi *n.* wife and children

thê thảm *adj.* sorrowful, utterly tragic

thê tử *n.* wife and children

thế **1** *adv.* like that, thus, such way: **thế nào** how; by all means, at any rate; **như thế** so, thus; **thế này** this way; **thế ấy** that way; **tuy thế** in spite of all that; **nếu thế thì** if it is so, then; **vì thế cho nên** that's why; **thế rồi** then **2** *n.* power, influence; aspect, condition, vantage position: **thế công** offensive; **thế thủ, thủ thế** defensive; **cục thế** situation; **địa thế** terrain; **đại thế** the general situation; **đắc thế** to be rising; **sự thế** course of events; **quyền thế** power, influence; **thừa thế** to take advantage of an opportunity; **tình thế** situation; **túng thế** pushed against the wall **3** *n.* the world; life; age, generation (= **đời**): **hậu thế** future generations; **xuất thế** to be born; **tạ thế** to die; **trần thế** this life; **thân thế** life **4** *v.* to replace: **thay thế cái bàn này bằng cái bàn mới** to replace this table with a new one; **tiền thế chân** deposit, security

thế chân *v.* to make a deposit

thế chiến *n.* world war: **thế chiến thứ hai** World War II

thế cô *adj.* all alone

thế công *n.* offensive

thế cục *n.* world situation; life

thế đại *n.* generation, age, era

thế gia *n.* good family, good stock

thế gian *n.* the world

thế giới *n.* the world: **cả thế giới** the whole world; **Cựu thế giới** the Old World; **Tân thế giới** the New World; **toàn thể thế giới** the whole world; **thế giới chiến tranh** world war; **Thế giới đại chiến thứ hai** World War II

thế giới ngữ *n.* Esperanto

thế hệ *n.* generation: **Thật khó hiểu được thế hệ trẻ bây giờ.** It's hard to understand the younger generation nowadays.

thế huynh *n.* one's teacher's son; one's father's friend's son

thế kỷ *n.* century [**tiền bán** first half, **hạ bán** second half]: **nửa thế kỷ** half a century

thế lực *n.* influence and power: **có thế lực** to have power and influence

thế nhân *n.* mankind

thế phiệt *n.* nobility; blue blood

thế quyền *n.* temporal powers

thế sự *n.* the affairs of this world

thế tất *adv.* surely, inevitably

thế thái *n.* the ways of this world [used with **nhân tình**]

thế thủ *n.* defensive

thế tổ *n.* ancestor

thế tộc *n.* nobility

thế tục *adj., n.* temporal; daily life

thế vận hội *n.* World Olympic Games

thề *v.* [SV **the**] to swear, to pledge, to take oath: **thề nguyền, thề thốt** to give one's pledge; **lời thề** oath, vow; **chửi thề** to swear, to curse

thề bồi *v.* to swear, to vow

thề nguyền *v.* to swear

thề thốt *v.* to swear, to take an oath

thể **1** *v.* can, may, to be able to: **có thể**

to be able to; can, may; **không có thể** to be unable to; **có thể rằng** it's possible that; **nếu có thể** if possible: **Thể nào tôi cũng đi.** I'm going at all costs, by all means.; **một thể** at the same time; **nhân thể, tiện thể** incidentally, by the way; **như thể, ví thể** in case [something happens] **2** *n.* form; genre, linguistic form: **ngữ thể** discourse form, text type

thể thụ động *n.* the passive voice

thể cách *n.* manner, way

thể chất *n.* substance, matter

thể chế *n.* system, regime: **thể chế dân chủ** a democratic system

thể diện *n.* honor, face: **giữ thể diện** to keep one's honor; **mất thể diện** to lose face

thể dục *n.* physical education: **Thể dục cũng là một môn học trong chương trình giáo dục.** Physical education is also a subject in the education curriculum.

thể lệ *n.* rules and regulations

thể lực *n.* physical strength

thể nào *adv.* no matter what, at any cost [**cũng** precedes verb]

thể nhiệt *n.* body temperature

thể tài *n.* genre; theme, topic

thể tất *v.* to excuse, to forgive

thể thao *n.* sports: **thể dục thể thao** sports and recreation

thể thống *n.* dignity, decorum

thể thức *n.* form, formality, ways

thể tích *n.* volume

thệ ước *v.* to swear, to vow

thếch *adv.* very, extreme: **mốc thếch** very mildewed

thêm *v.* [SV **gia**] to add, to increase; to do or have in addition: **thêm tiền lương** to increase one's salary

thêm bớt *v.* to adjust: **thêm bớt cho đúng số lượng** to adjust the weight for enough measure

thêm thắt *v.* to add or cut more details

thềm *n.* porch, veranda: **thềm nhà** house veranda; **trước thềm năm mới** on the threshold of New Year thênh thang *adj.* spacious, roomy: **nhà rộng thênh thang** a spacious house

thênh thênh *adj.* wide and smooth

thếp **1** *n.* ream, quire: **một thếp giấy** a ream of papers **2** *v.* to coat with metal

thếp vàng *v.* to gild

thết *v.* to treat [somebody to food or drink]; to invite: **thết tiệc ai** to invite someone to a party/dinner

thết đãi *v.* to entertain, to treat

thêu *v.* to embroider

thêu dệt *v.* to fabricate, to make up, to invent [story]

thêu thùa *v.* to embroider

thi *v.* [SV **thí**] to take an examination, to take a test, to participate in a contest or a race: **đi thi** to take an examination; **hỏng thi** to fail a test; **trường thi** examination compound [where civil service examinations were given]; **chấm thi** to mark examination papers; **hỏi thi** to give an oral examination; **đề thi** examination questions; **bài thi** examination papers; **thi ngựa** horse race; **ngựa thi** race horse

thi *n.* (= **thơ**) poetry: **cổ thi** ancient poetry; **cầm kỳ thi hoạ** music, chess, poetry, painting; **Kinh Thi** the Book of Poetry

thi bá *n.* great poet

thi ca *n.* poems and songs

thi cử *n.* examinations

thi đậu *v.* to pass an examination

thi đình *n.* court examination

thi đỗ *v.* to pass an examination

thi đua *v.* to emulate, to compete: **thi đua võ trang** armament race

thi hài *n.* corpse, dead body

thi hành *v.* to carry out [order, measure, mission], to enforce, to put into effect, to implement: **thi hành nhiệm vụ** to carry out one's duty

thi hào *n.* great poet

thi hoạ *n.* poetry and painting

thi hỏng *v.* to fail, to flunk

thi hội *n.* second degree examination [at the capital]

thi hứng *n.* inspiration

thi hương *n.* first degree examination [at provincial level]

thi lễ *adj.* noble, distinguished

thi lên lớp *v.* to do the final examination [at the end of a year of study]

thi lục cá nguyệt *n.* semester examination

thi luật *n.* prosody

thi ngựa *n.* horse race

thi nhân *n.* poet

thi nhập học *v.* to sit for an entrance examination

thi ô tô *n.* car racing

thi rớt *v.* to fail, to flunk

thi sắc đẹp *n.* beauty contest

thi sĩ *n.* poet

thi tập *n.* collected poems

thi thể *n.* dead body, corpse

thi thố *v.* to show, to display [talent]

thi tốt nghiệp *v.* to sit for a final examination [for graduation]

thi trượt *v.* to fail, to flunk

thi văn *n.* literature

thi vấn đáp *n.* oral examination

thi vị *n.* poetic flavor

thi viết *n.* written examination

thi xã *n.* poets' circle

thi xe đạp *n.* bicycle race

thi xe hơi *n.* car race

thí *v.* R to test (= **thi**); to compare; **ứng thí** to take an exam; **khảo thí** to examine

thí *v.* to give away, to hand out; to begrudge; to sacrifice [chessman]: **thí cho ai cái gì** to begrudge someone something

thí dụ *n., conj.* example; for example, for instance: **cho một vài thí dụ** to give some examples; **thí dụ như** for example

thí điểm *n.* pilot, experimental ground: **trường thí điểm** a pilot school

thí mạng *v.* to risk one's life

thí nghiệm *v., n.* to experiment, to test; experiment: **phòng thí nghiệm** laboratory

thí sinh *n.* candidate [for an examination]

thí thân *v.* to sacrifice one's life

thì 1 *n.* (= thời) time: **phí thì giờ** to waste one's time **2** *conj.* then, but: **Cô ấy mặt đẹp tính nết thì xấu.** She has a beautiful face but bad personality traits.

thì là *n.* dill

thì thào *v.* to whisper

thì thầm *v.* to exchange confidences in whispers

thì thọt *v.* to dash in and out, to sneak in and out

thì thụp *v.* to bend down on one's knees, then get up again; to make repeated obeisances

thị 1 *n.* yellow persimmon: **dấu hoa thị** asterisk **2** *n.* (= chợ) market: **nhất cận thị** the convenience close to a market; **thành thị** city; **đô thị** metropolis, capital city **3** *n.* to see: **cận thị** near-sighted; **viễn thị** far-sighted; **thị thực** to certify **4** *n.* middle name for women: **Nguyễn thị** the Nguyen clan

thị chính *n.* city affairs: **toà thị chính** city hall

thị chứng *n.* eyewitness

thị dân *n.* city dweller, urban population

thị dục *n.* desire, lust

thị độ *n.* power [of lens, magnifying glass]; visibility

thị giác *n.* eyesight, vision

thị hiếu *n.* hobby; liking, desire

thị lực *n.* power of vision

thị nữ *n.* maid

thị oai *v.* to display one's force, to demonstrate one's authority

thị phi *adj.* right or wrong; gossip; rumor: **không quan tâm đến những lời thị phi** to pay no heed to gossips

thị sảnh *n.* town hall

thị sát *v.* to inspect

thị thành *n.* city, urban center

thị thực *v.* to certify: **thị thực chữ ký** to certify a signature

thị tộc *n.* clan

thị trấn *n.* town, city

thị trường *n.* market [economics]: **thị trường chứng khoán** Stock Exchange

thị trưởng *n.* mayor [of city]

thị tứ *n.* store; business district

thị tỳ *n.* maid-servant

thị uy *v.* to show off one's strength or power

thị vệ *n.* imperial guard

thị xã *n.* city, town

thia lia *n.* ducks and drakes [the game]: **ném thia lia** to play ducks and drakes

thìa *n.* (= muỗng) spoon: **thìa cà phê** coffee spoon; **thìa súp** table spoon, soup spoon

thích 1 *v.* to like, to be fond of, to enjoy: **ưa thích** pleasure, enjoyment; **mặc thích** at will, at pleasure; **sở thích** one's interest; **tùy thích** as one pleases; **vui thích** to be glad, pleased **2** *v.* to poke [elbow, arm, etc.] against [vào]: **chen vai thích cánh** [of crowd] jostling **3** *v.* to tattoo; to engrave

Thích Ca *n.* Shakyamuni, Buddha

thích chí *adj.* pleased, contented

thích đáng *adj.* appropriate, suitable, fitting

thích hợp *adj., v.* appropriate; to suit, to fit [với precedes object]

thích nghi *v.* to adjust oneself, to adapt oneself, to suit: **thích nghi với hoàn cảnh mới** to adjust oneself to a new environment

thích nghĩa *v.* to explain

thích thú *adj.* interested, interesting: **Đó là một công việc thích thú.** That is an interesting job.

thích ứng *v.* to cope with; to adapt oneself: **thích ứng với đời sống mới** to cope with a new life

thích ý *adj.* pleased, contented

thiếc *n.* tin: **mỏ thiếc** tin mine; **thợ thiếc** tinsmith; **hàng thiếc** tin shop; **giấy thiếc** tin foil

thiêm thiếp *adj.* sleeping

thiểm bộ *n.* our ministry, our department

thiểm độc *adj.* wicked, evil

thiểm nha *n.* our office, our department

thiểm toà *n.* our office, our Embassy, our Consulate

thiên **1** *n.* (= trời) sky, heaven; God, nature: **thiên thanh** blue sky; **Mưu sự tại nhân, thành sự tại thiên.** Man proposes, God disposes. **2** *num.* (= nghìn) thousand

Thiên Chúa *n.* God [Christian]: **Đạo Thiên chúa** Catholicism

thiên chức *n.* heaven's mandate

thiên cổ *n.* antiquity: **người thiên cổ** deceased person

thiên cơ *n.* fate, destiny

thiên đàng *n.* See thiên đường

thiên đình *n.* the Celestial Court [of the Jade Emperor]; forehead

thiên đỉnh *n.* zenith

thiên định *adj.* predestined, fated

thiên đường *n.* Paradise

thiên hà *n.* the Milky Way

thiên hạ *n.* the whole world, people

thiên hình vạn trạng *n.* multiform; variation

thiên hương *n.* rare beauty

thiên kiến *n.* prejudice, bias

thiên kim *n.* very precious

thiên lôi *n.* God of Thunder

thiên lý *n.* 10,000 mile road, highway

thiên mệnh *n.* destiny, fate

thiên nga *n.* swan

thiên nhiên *n., adj.* nature; to be natural

thiên phú *adj.* innate

thiên sứ *n.* angel

thiên tai *n.* natural disaster, natural calamity

thiên tài *n.* genius

thiên tạo *adj.* natural

thiên thạch *n.* aerolite

thiên thai *n.* Paradise, Eden

thiên thần *n.* angel

thiên thể *n.* heavenly body

thiên thời *n.* clement weather

thiên thu *n.* eternity

thiên tính *n.* nature, innateness, trait, character

thiên tư *adj.* innate, gifted

thiên tử *n.* the Emperor, the Son of Heaven

thiên văn *n.* astronomy

thiên văn đài *n.* observatory

thiên vị *adj.* partial, unjust, to be biased

thiến *v.* to geld, to castrate: **gà (sống) thiến** capon

thiền *n.* Zen Buddhism; contemplation, meditation: **cửa thiền** Buddhist temple; **tham thiền** to enter into meditation; **toạ thiền** to sit in deep meditation

thiền định *n.* silent meditation

thiền đường *n.* meditation hall

thiền gia *n.* Buddhist monk

thiền môn *n.* Buddhist temple

thiền sư *n.* Zen monk

thiền tông *n.* Zen sect, Zen school

thiển *adj.* (= nông) shallow: **theo tôi thiển nghĩ** in my humble opinion; **Thiển ý của tôi.** My opinion is shallow.

thiển cận *adj.* shallow, superficial

thiển kiến *n.* shallow opinions

thiển nghĩ *v.* to think in a superficial manner: **tôi thiển nghĩ** in my humble opinion

thiển trí *n.* simple mind

thiển ý *n.* my humble opinion

thiện *adj.* good, virtuous [as opp. to **ác**]: **chân, thiện, mỹ** the true, the good and the beautiful; **việc thiện** charity; **hoàn thiện** perfect; **từ thiện** philanthropic

thiện ác *n.* good and evil

thiện cảm *n.* sympathy: **bày tỏ thiện cảm với ai** to convey one's sympathy to someone

thiện chí *n.* goodwill: **Tôi làm việc nầy với thiện chí của tôi.** I do these things with goodwill.

thiện chiến *adj.* [of troops] experienced, trained, seasoned: **đội quân thiện chiến** an experienced army

thiện nam tín nữ *n.* Buddhist followers or pilgrims of both sexes

thiện nghệ *adj.* expert, skillful

thiện xạ *n.* sharp shooter, marksman

thiện ý *n.* good intention

thiêng *adj.* supernatural, sacred: **linh thiêng** propitious

thiêng liêng *adj.* sacred

thiếp **1** *n.* concubine: **tiểu thiếp/tiện thiếp** I, me [used by woman] **2** *n.* card: **danh thiếp** business card; **bưu thiếp** postcard; **hồng thiếp** wedding-card **3** *adj., v.* semi-conscious; to lose consciousness [in sleep or hypnosis]: **ngủ thiếp đi** to go into a deep sleep

thiệp *n.* See **thiếp**

thiệp mời *n.* invitation card

thiết **1** *v.* to display, to arrange; to build: **trần thiết** to display, to arrange; **kiến thiết** to build, to erect **2** *adj.* [of friend] close: **thân thiết, chí thiết** very close [friend] **3** *v.* to care for, to have an interest in [mostly used in the negative]: **Tôi không thiết học hành gì nữa.** I don't feel like studying any more.

thiết bị *n.* equipment: **mua thiết bị văn phòng** to buy office equipment

thiết đồ *n.* cross section, exposed view

thiết giáp *n.* armor: **xe thiết giáp** armor tank

thiết giáp hạm *n.* armored ship

thiết hài *n.* tap dance shoes: **khiêu vũ thiết hài** tap dance

thiết kế *v.* to draw up a plan, to plan: **thiết kế đô thị** town planning

thiết lập *v.* to set up, to establish, to found: **thiết lập một công ty tư nhân** to set up a private company

thiết lộ *n.* railway, railroad

thiết nghĩ *v.* to think [used with first person]

thiết tha *adj.* ardent, passionate, dedicated to: **thiết tha với công việc** dedicated to one's work

thiết thực *adj.* realistic, practical

thiết tưởng *v.* to think [used with first person]

thiết yếu *adj.* essential, vital

thiệt *v.* to lose; to suffer loss, to damage: **thua thiệt** to lose; **hơn thiệt** to gain and to lose; gain and loss

thiệt hại *v., n.* to lose; loss

thiệt mạng *v.* to die [in battle, accident]

thiệt thân *v.* to harm oneself, to hurt oneself

thiệt thòi *v.* to suffer losses

thiêu *v.* to burn: **hoả thiêu** to cremate

thiêu đốt *v.* to burn

thiêu huỷ *v.* to burn down, to destroy: **Đám cháy đã thiêu huỷ nhiều nhà cửa.** That fire destroyed many houses.

thiêu sống *v.* to burn alive

thiêu táng *v.* to cremate

thiêu thân *n., adj.* May fly, ephemera; ephemerid

thiếu *adj., v.* to be incomplete, to be insufficient; to need, to lack, to be in want of, to be short of [object follows]; there is a lack or shortage of; to owe: **Họ thiếu lương thực.** They ran out of provisions.; **Danh sách này thiếu.** This list is not complete.; **trả lại thiếu** to short change; **Chúng tôi thiếu tiền.** We lack money.; **Chúng tôi không thiếu người.** We don't lack manpower.; **Tôi còn thiếu anh ấy tới hai vạn.** I still owe him twenty thousand piastres.

thiếu ăn *adj., n.* underfed; malnutrition

thiếu gì *n., v.* there's no lack of; not to lack

thiếu hụt *adj.* deficit, short, inadequate: **thiếu hụt nhân lực** to be short of human resources

thiếu máu *adj.* to be anemic: **bệnh thiếu máu** anemia

thiếu mặt *adj.* to be absent

thiếu nhi *n.* young children

thiếu niên *n.* young man, youth

thiếu nữ *n.* young girl

thiếu phụ *n.* young woman

thiếu sinh quân *n.* young cadet

thiếu sót *v., n.* to commit a mistake, to have shortcomings; mistake

thiếu tá *n.* [army] major; [navy] lieutenant-commander

thiếu thốn *v.* to lack something [money/food]

thiếu thời *n.* youth: **Lúc thiếu thời tôi có tham vọng thành nhà phát minh.** In my youth, my ambition was to be an inventor.

thiếu tướng *n.* [army or air force] major-general

thiếu úy *n.* [army or air force] second lieutenant; [navy] ensign

thiếu quang *n.* spring days

thiểu *adj.* little, small: **tối thiểu** minimum; **giảm thiểu** to reduce, to cut down

thiểu não *adj.* to look sad, to have a pitiful look

thiểu số *n.* minority [*opp.* **đa số**]: **dân tộc thiểu số** ethnic minorities

thím *n.* aunt, father's younger brother's wife: **chú thím tôi** my uncle and his wife

thin thít *adv.* silently: **im thin thít** very quiet

thinh *adj.* silent, quiet: **làm thinh** to keep quiet

thính **1** *n.* powdered grilled rice **2** *adj.* sensitive [of hearing or smelling]: **thính tai** sensitive ears; **bàng thính** to audit [course]; **dự thính** to attend [lecture]; **thính thị** audio visual

thính giả *n.* listener

thính giác *n.* hearing [sense]

thính mũi *n.* sensitive nose

thính tai *adj.* sharp of hearing

thính thị *n.* audio visual: **Trung tâm thính thị Anh ngữ** English Language laboratory [where audio-visual aids are used]

thình lình *adv.* unexpected, suddenly: **bất thình lình** all of a sudden, suddenly

thình thình *v.* [of heart **ngực**] to beat madly: **Tim đập thình thình.** The heart beats madly.

thỉnh **1** *v.* to strike a bell in a temple or before an altar **2** *v.* to request; to invite [**mời**]: **Chúng con kính thỉnh quý hoà thượng.** We respectfully invite the most venerables.

thỉnh cầu *v.* to request, to entreat

thỉnh giáo *v.* to ask for advice

thỉnh nguyện *n.* petition: **Mọi người đã ký vào bản thỉnh nguyện.** Everyone has signed the petition.

thỉnh thoảng *adv.* from time to time, now and then, sometime: **Tôi thỉnh thoảng đi xem xi-nê.** I sometimes go to the movies.

thịnh *adj.* prosperous, flourishing [*opp.* **suy**]: **một đất nước cường thịnh** a prosperous country

thịnh hành *adj.* popular: **Kiểu máy hình đó rất thịnh hành.** That camera is very popular.

thịnh nộ *n.* great anger, fury

thịnh soạn *adj.* [of meal] lavish, copious

thịnh suy *n.* rise and fall

thịnh tình *n.* kindness, thoughtfulness; solicitude

thịnh trị *n.* peace and prosperity

thịnh vượng *adj.* prosperous

thịt **1** *n.* flesh; meat; pulp [of fruit]: **thịt đông lạnh** frozen meat; **tiệm thịt** butcher's shop **2** *v.* to kill, to butcher, to murder: **làm thịt** to butcher; **thịt con heo** to kill a pig

thịt bạc nhạc *n.* stringy meat

thịt bò *n.* beef

thịt cừu *n.* lamb

thịt đông *n.* frozen meat

thịt gà *n.* chicken

thịt heo *n.* pork

thịt lợn *n.* pork

thịt mỡ *n.* fat meat

thịt nạc *n.* lean meat

thịt nai *n.* venison

thịt quay *n.* roast pork

thịt thà *n.* meat

thịt vịt *n.* duck

thiu *v., adj.* [of rice **cơm**] stale; [of meat **thịt**] rotten, tainted: **cơm thiu** tainted rice

thiu thối *adj.* rotten

thiu thiu *adj.* dozing

thò *v.* to stick out [neck **cổ**, head **đầu**, hand **tay**]: **thò đầu ra ngoài xe** to stick one's head out of the car; **thập**

thò to hesitate at the door

thò lò *v.* to run: **thò lò mũi xanh** [of child] to have a runny nose

thỏ *n.* rabbit, hare: **ăn thịt thỏ** to eat rabbit meat; **Anh ấy nhát như thỏ.** He daren't say boo to a goose.; **thỏ nhà** rabbit

thỏ rừng *n.* hare

thỏ thẻ *v.* [of voice, words] to speak in a soft voice

thọ *v., n.* to live long; longevity: **hưởng thọ** [of deceased person] to live so many years; **giảm thọ, tổn thọ** to cut down one's life-span; **trường thọ** to live long; **phúc lộc thọ** progeny, honors and longevity

thọ *v.* See **thụ**

thoa **1** *v.* to rub, to anoint, to apply; to use [perfume, vaselin, pomade]: **thoa nước hoa** to use perfume **2** *n.* hairpin: **mua thoa cài đầu** to buy a hairpin

thoá mạ *v.* to insult, to abuse

thoả *v.* to be pleased, to satisfy: **ổn thoả** settled, arranged

thoả chí *adj.* satisfied, contented

thoả dạ *adj.* satisfied, contented: **Ba mẹ tôi đã thoả dạ lắm về những gì em tôi đã làm.** My parents are satisfied with what my brother has done.

thoả dáng *adj.* satisfactory; appropriate, proper, fitting

thoả hiệp *v., n.* to agree; to reach a compromise; agreement

thoả lòng *adj.* satisfied, content

thoả mãn *adj., v.* satisfied; to satisfy: **làm thoả mãn** to satisfy; **thoả mãn nhu cầu** to meet one's needs

thoả thích *v.* to satisfy one's heart's content

thoả thuận *v.* to agree, to come to an agreement: **Chúng ta đã thoả thuận về những điều nầy rồi.** We agreed on these issues.

thoả ước *n.* treaty, pact

thoai thoải *adj.* sloping gently

thoái *v.* (= **lui**) to withdraw [*opp.* **tiến**]: **tiến thoái lưỡng nan** to be caught in a dilemma, to be caught between two fires; **triệt thoái** to withdraw

thoái bộ *v.* to regress

thoái chí *adj.* discouraged

thoái hoá *v.* to degenerate, to deteriorate: **cán bộ thoái hoá** a degenerate cadre

thoái lui *v.* to withdraw, to go back, to draw back

thoái ngũ *v.* to be demobilized: **quân nhân thoái ngũ** veteran

thoái nhượng *v.* to yield, to concede

thoái thác *v.* to use a pretext

thoái trào *n.* ebbing of a revolutionary movement

thoái vị *v.* to abdicate

thoải mái *v.* to feel relaxed, to feel well, to feel comfortable: **Những du khách của chúng ta có cảm thấy thoải mái không?** Do our tourists feel comfortable?

thoán *v.* to usurp [throne]

thoán nghịch *v.* to rebel

thoán vị *v.* to usurp the throne

thoang thoáng *adv.* summarily, sketchily, hurriedly

thoang thoảng *adj.* [of odor] vague, lingering, faint

thoáng **1** *adj.* well-ventilated, well-aired: **thoáng gió, thoáng hơi, thoáng khí** well-aired **2** *v.* to see or recognize vaguely: **thấp thoáng** to appear and disappear; to be fleeting; **nhìn thoáng** to see somebody or something pass by quickly; **Tôi thấy loáng thoáng có mấy người.** I saw just a sprinkling of people.

thoảng *v.* [of wind, odor] to waft by faintly, to whiff softly: **thỉnh thoảng** from time to time, now and then, sometimes, occasionally

thoát *v.* to escape from: **trốn thoát, tẩu thoát** to flee, to escape; **giải thoát** to liberate, to free; **lối thoát** outlet, way out, exit; **dịch thoát** to give a free translation

thoát hiểm *v.* to get out of danger

thoát khỏi *v.* to escape from

thoát ly *v.* to be emancipated from

thoát thai *v.* to be born from, to originate from

thoát thân *v.* to escape from danger

thoát y vũ *v.* to do a strip-tease

thoạt *adv.* as soon as, first: **thoạt mới vào** as soon as we came in; **thoạt nghe** when one first hears that

thoạt đầu *adv.* at the beginning

thoạt kỳ thuỷ *adv.* at the beginning

thoạt tiên *adv.* at the beginning, at first, first of all

thoăn thoắt *v.* to walk briskly; to happen in a flash

thoắng *adj.* glib: **nói liến thoắng** to talk or speak rapidly/glibly

thoắt *v.* to occur quickly, to happen before one realizes it, to be in a flash

thóc *n.* paddy, unhusked rice: **phơi thóc** to dry unhusked rice

thóc gạo *n.* rice, grain, cereals

thóc giống *n.* rice seeds

thóc lúa *n.* rice

thóc mách *v.* to gossip, to be a tale bearer

thọc *v.* to thrust, to poke; to put: **thọc túi** to put one's hands in one's pockets; **thọc gậy bánh xe** to put grit in the bearings

thọc lét *v.* to tickle

thoi **1** *v.* to hit with the fist, to punch **2** *n.* shuttle, stick: **ngày tháng thoi đưa** time flies; **hình thoi** diamond-shaped **3** *n.* ingot [of gold **vàng**, silver **bạc**]: **một thoi vàng** an ingot of gold

thoi thóp *v.* to breathe very lightly

thoi vàng *n.* imitation ingots made of gild paper for offerings to spirits

thói *n.* habit, manners: **quen thói** to have the habit of; **xấu thói** ill-mannered

thói đời *n.* the ways of this world

thói phép *n.* ways, manners, rules

thói quen *n.* habit, practice

thói thường *adv.* as a rule, generally

thói tục *n.* customs and manners

thói xấu *n.* bad habit, vice

thòi *v.* to project, to jut out; to get out [money **tiền**]

thỏi *n.* stick, piece, bar: **thỏi vàng** a gold bar

thom thóp *adj.* worried

thòm thèm *v.* to be still hungry or thirsty because one hasn't had enough

thon *adj.* thin, tapering; slim, slender

thon lỏn *adj.* brief, concise; neatly arranged: **gọn thon lỏn** neatly packed

thon thót *adj.* jumpy

thong dong *adv.* leisurely: **đi thong dong** to walk leisurely

thong manh *adj.* cataract

thong thả *adv.* leisurely, disengaged or free: **đi thong thả** to go slowly; **ra vô thong thả** free admission; **Thong thả đã!** Hold it!

thòng *v.* to drop [rope]; [of rope] to hang: **thòng sợi dây thừng xuống** to drop down a rope

thòng lọng *n.* slip-knot, noose, lasso, running knot

thõng *v.* to drop [one's arms on the side]; to be hanging, to dangle

thóp **1** *n.* sinciput, bregmatic fontanel; the soft spot on a baby's heart or head **2** *n.* weak point, central point, key: **biết thóp** to stumble on

thót **1** *v.* to pull in [one's stomach **bụng**]; to become narrower; to be hollow: **thóp bụng lại** to pull in one's stomach **2** *v.* to jump

thọt *adj.* club-footed, lame: **thọt một chân** to be lame in one leg

thô *adj.* coarse, rough; boorish, rude; crude [in workmanship]

thô bỉ *adj.* boorish, rude: **lời nói thô bỉ** rude statement

thô kệch *adj.* grotesque

thô lậu *adj.* boorish

thô lỗ *adj.* boorish, rude, coarse: **ăn nói thô lỗ** to use coarse language

thô sơ *adj.* rudimentary, primitive: **phương tiện vận tải thô sơ** primitive means of transport

thô tục *adj.* obscene, crude, vulgar

thô thiển *adj.* awkward and superficial

thồ **1** *n.* pack saddle: **ngựa thồ** pack horse **2** *v.* to transport on the back of a bicycle/motorcycle

Thổ *n.* Turkey: **người Thổ Nhĩ Kỳ** Turkish

thổ **1** *n.* earth, land, ground: **lãnh thổ** territory; **điền thổ** land property; **công thổ** government-owned land **2** *n.* prostitute: **nhà thổ** brothel **3** *v.* to spit, to vomit [blood]

thổ âm *n.* dialect

thổ công *n.* Kitchen God; one who knows every nook and corner of [a place]

thổ dân *n.* aborigine

thổ địa *n.* ground, earth; God of the soil

thổ huyết *v.* to vomit blood

thổ lộ *v.* to reveal [personal problems]; to unburden, to open up [**can tràng, tâm tình** heart]

thổ mộ *n.* buggy

thổ ngơi *n.* habitat

thổ ngữ *n.* dialect

Thổ Nhĩ Kỳ *n.* Turkey

thổ phỉ *n.* bandit, gang; looter

thổ sản *n.* local produce or product

thổ tả *n.* cholera

thổ thần *n.* God of the soil

Thổ tinh *n.* Saturn

thổ trạch *n.* land, property, estate: **thuế thổ trạch** real estate tax, property tax

thốc *v.* [of wind] to blow violently; to run at one stretch, to run all the way to

thôi *v.* to stop, to cease, to quit [doing something]: **Mà thôi** That's all.; **thôi học** to quit school; **Thôi mà!** That's enough.; **Nó chỉ ăn mà thôi.** He only eats.

thôi miên *v.* to hypnotize

thôi thúc *v.* to urge, to push

thối **1** *adj.* stinking; bad smelling; [of fruit, meat] rotten: **hôi thối** to stink **2** *v.* (= **thoái**) to withdraw, to recede **3** *v.* to give back change; to refund

thối hoắc *adj.* fetid

thối lui *v.* to go back, to step back

thối mồm *v.* to have bad breath

thối nát *adj.* rotten, corrupted: **cán bộ thối nát** corrupted cadres

thối tai *n.* otorrhoea

thối tha *adj.* stinking, fetid

thối thây *adj.* lazy

thổi *n.* dinner table [of food in banquet]

thổi *v.* [of wind] to blow; to blow [fire **lửa**, whistle **còi**]; to play [a wind instrument]; to cook [rice **cơm**]: **Bà ấy thổi cơm tháng/trọ.** She takes in boarders, she runs a boarding house.

thổi nấu *v.* to cook

thổi sáo *v.* to whistle

thôn *n.* (= **xóm**) hamlet, small village: **hương thôn** village, countryside; **nông thôn** countryside; **xã thôn** village

thôn dã *n.* countryside: **nơi thôn dã vắng vẻ** in the quiet of the countryside

thôn nữ *n.* country girl

thôn quê *n.* countryside: **Họ sống ở thôn quê.** They live in the countryside.

thôn tính *v.* to swallow, to engulf, to annex

thôn trại *n.* farm

thôn trang *n.* farm

thôn xã *n.* village, community

thôn xóm *n.* village and hamlet

thộn *adj.* dull, stupid: **thộm mặt ra** a dull face

thổn thức *v.* [of heart] to palpitate, to throb; to sob

thổn thển *adj.* bare and loose

thông **1** *n.* [SV **tùng**] pine tree: **lá thông** pine needle; **nhựa thông** turpentine; **trái thông** pine cone **2** *adj.*, *v.* to be intelligible; to communicate, to transmit; to ream out [tube **ống**, pipe **điếu**]: **đi thông qua** to go through; **cảm thông** to understand, to comprehend; **giao thông** transportation; **lưu thông** to circulate; traffic; **truyền thông** to communicate; **phổ thông** to popularize; **khai thông** to clear **3** *adj.* to be intelligent, to be fluent or conversant: **đọc thông chữ Anh** to be fluent in reading English

thông báo *1 v.* to warn, to advise, to inform: **chúng tôi thông báo cho bạn biết** we inform you that *2 n.* notice, announcement: **Hãy đọc thông báo chính phủ.** Please read the government announcement.

thông cảm *v.* to sympathize with, to understand

thông cáo *n.* communique: **bản thông cáo chung** joint communique

thông dâm *v.* to have a love affair [with **với**]

thông dịch *v.* to translate, to interpret: **thông dịch ra tiếng Anh** to translate into English

thông dịch viên *n.* interpreter: **Bạn có cần thông dịch viên không?** Do you need an interpreter?

thông dụng *adj.* commonly used, popular, practical

thông đạt *v.* to inform [official memorandum, etc.]

thông điệp *n.* message; speech; diplomatic note: **bức thông điệp của thủ tướng** the prime minister's message

thông đồng *v.* to be in cahoots [với with], to connive with

thông gia *n.* ally by marriage

thông gian *v.* to commit adultery

thông hành *n. laissez passer*, passport

thông hiểu *v.* to understand: **thông hiểu bài học** to understand the lesson

thông hơi *adj.* aerated, well-aired

thông khí *adj.* See thông hơi

thông lệ *n.* general rule, common practice

thông lưng *v.* to be in cahoots [với with], to connive with

thông minh *adj.* intelligent

thông ngôn *v.* to interpret: **thông ngôn viên** interpreter

thông qua *v.* to pass, to approve [motion, proposal]

thông số *n.* parameter

thông suốt *v.* to grasp fully, to understand fully

thông tấn xã *n.* news agency: **Việt Nam Thông tấn xã** Vietnam Press

thông thái *adj.* well-educated, scholarly

thông thạo *adj.* expert, proficient in: **thông thạo tiếng Việt** to be proficient in Vietnamese

thông thiên học *n.* theosophy

thông thương *v.* to trade with one another

thông thường *adj.* general, universal, common, usual

thông tin *v., n.* to inform; information: **Bộ Văn hoá và Thông tin** Department of Culture and Information

thông tín viên *n.* correspondent

thông tri *v., n.* to inform, to advise, to notify; notice, notification

thông tục *adj.* colloquial, popular

thông tư *n.* notice, announcement: **dán thông tư nầy lên bảng** to put this notice up on the board

thống *n.* large porcelain vase

thống chế *n.* marshal

thống đốc *n.* pre-war French governor in South Vietnam; governor: **Thống đốc Ngân hàng Quốc gia** Governor of the National Bank

thống kê *n.* statistics

thống khổ *adj.* suffering, unhappy

thống lãnh *v.* commander-in-chief

thống nhất *v., n.* to unify; unification, unity

thống soái *n.* supreme commander

thống suất *v.* to control, to lead

thống sứ *n.* pre-war French governor [Resident Superior] in North Vietnam

thống thiết *adj.* touching, doleful: **lời lẽ thống thiết** doleful statement

thống thuộc *v.* to depend on

thống trị *v.* to rule, to dominate

thống tướng *n.* major-general

thộp *v.* to nab, to catch: **thộp cổ kẻ móc túi** to nab a pickpocket

thốt *v.* to utter; to speak, to tell: **thưa thốt** to answer; **thề thốt** to swear

thốt nhiên *adv.* suddenly

thốt nốt *n.* sugar palm

thơ *1 n.* [SV **thi**] poetry, poem: **làm thơ** to write poetry, to compose a poem; **nhà thơ** poet; **ngâm thơ** to chant or recite a poem; **một bài thơ** a poem; **câu thơ** verse, line of poetry **2** *adj.* young, tender: **ngây thơ** naive, childlike, innocent; **trẻ thơ** young child; **ngày thơ** childhood days; **con thơ** young child [son or daughter]; **tuổi thơ** childhood

thơ ấu *adj.* young

thơ dại *adj.* naive, innocent

thơ ngây *adj.* childlike, naïve: **cô bé thơ ngây** a naive girl

thơ phú *n.* poetry

thơ thẩn *adj.* dreamy, wandering

thơ thớt *adj.* scattered

thơ yếu *adj.* young and weak, young and helpless

thớ *n.* fiber [in muscle], grain: **thớ thịt** muscle fiber

thớ lợ *n., adj.* [superficial] courtesy; smooth-spoken

thờ *v.* to worship; to take care of: **thờ tổ tiên** to worship ancestors; **nhà thờ** shrine; church; **bàn thờ** altar; **đền thờ** temple; **đồ thờ** worship objects

thờ ơ *adj.* indifferent

thờ phụng *v.* to worship: **Hầu hết người thờ phụng ông bà.** Most Vietnamese worship their ancestors.

thờ phượng *v.* See **thờ phụng**

thờ thẫn *adj.* dazed, stunned

thở *v.* to breathe: **tắt thở** to die; **thở dài** to sigh; **than thở** to complain, to lament; **hơi thở** breath

thở hổn hển *v.* to pant

thở ra *v.* to exhale

thở than *v.* to complain, to lament, to sigh

thở vào *v.* to inhale

thợ *n.* workman, worker, artisan, craftsman: **thợ chuyên môn** skilled worker

thợ bạc *n.* goldsmith, silversmith, jeweler

thợ bạn *n.* fellow worker

thợ cả *n.* foreman

thợ cạo *n.* barber, hairdresser

thợ điện *n.* electrician: **Bạn làm ơn gọi thợ điện sửa hệ thống máy lạnh của chúng ta?** Could you call an electrician to fix our air-conditioner system?

thợ giày *n.* shoemaker, cobbler

thợ giặt *n.* laundryman

thợ hồ *n.* bricklayer

thợ may *n.* tailor

thợ máy *n.* mechanic

thợ mộc *n.* carpenter, cabinet maker

thợ nề *n.* bricklayer

thợ nguội *n.* fitter, plumber

thợ rèn *n.* blacksmith

thợ sơn *n.* painter

thợ thiếc *n.* tinsmith

thợ thuyền *n.* worker(s)

thợ tiện *n.* turner, lathe worker

thợ vẽ *n.* draftsman

thời *n.* (= thì) time, moment, period, season; opportunity: chance: **thời vận** chance; **tứ thời** the four seasons; **cổ thời** ancient times; **nhất thời** for a while; temporary; **hết thời** outdated; **hợp thời** timely; **đồng thời** at the same time; **hiện thời** at present, now; **kịp thời** in time; **lỡ thời** to miss the opportunity; **tạm thời** temporary; **lâm thời** provisional; **tức thời** right away; **thiếu thời** youth

thời bệnh *n.* epidemic; evils of the time

thời bình *n.* peacetime

thời buổi *n.* times: **thời buổi này** these days

thời cơ *n.* opportunity, occasion: **nắm lấy thời cơ tốt** to make use of a good opportunity

thời cục *n.* present situation, current affairs

thời cuộc *n.* See **thời cục**

thời dụng biểu *n.* class schedule, work schedule, timetable

thời đại *n.* times, age, era: **Chúng ta đang sống trong thời đại khoa học kỹ thuật.** We are living in the scientific and technology era.

thời đàm *n.* conversation

thời giá *n.* current price

thời gian *n.* time [as opp. to space **không gian**]; period of time: **thời gian là vàng bạc** time is money; **Mất**

thời gian. It's a waste of time.

thời hạn *n.* limited period, time limit

thời khắc *n.* time

thời khí *n.* climate, temperature: **bệnh thời khí** epidemic

thời khoá biểu *n.* class schedule, timetable

thời kỳ *n.* period of time

thời loạn *n.* war time

thời sự *n.* current events, current affairs: **phim thời sự** newsreel

thời thế *n.* circumstances, conditions

thời tiết *n.* weather, climate: **Hôm nay thời tiết tốt lắm.** The weather is nice today.

thời tiết học *n.* climatology

thời trang *n.* fashion, style

thời vận *n.* luck, fortune

thời vụ *n.* crop season: **thu hoạch theo thời vụ** to harvest according to the crop season

thơm 1 *adj.* fragrant, good-smelling [with intensifiers **lừng, ngát, phức, tho**]; [of reputation **tiếng, danh**], good perfume, scent: **trái thơm** pineapple; **rau thơm** dill, coriander; **dầu thơm** perfume; **mùi thơm** fragrance, perfume, scent **2** *v.* to kiss [a baby], to nuzzle

thơn thớt *v.* to have a honey tongue

thờn bơn *n.* sole, flounder

thớt *n.* chopping board: **mặt thớt** brazen-faced, shameless

thu 1 *n.* fall, autumn: **mùa thu** fall; **ngàn thu** a thousand years **2** *v.* (= **thâu**) to collect, to gather; to reduce the size: **thu bé, thu nhỏ** to reduce the size; **tịch thu** to seize, to confiscate; **chi thu** receipts and expenditures

thu bé *v.* to reduce

thu dụng *v.* to gather; to employ

thu gọn *v.* to abridge, to digest; to put in order

thu hẹp *v.* to narrow

thu hình *v.* to record pictures: **thu hình đám cưới** to record a wedding ceremony

thu hoạch *v.* to harvest; to obtain [results]

thu hồi *v.* to recover, to take back, to claim back

thu lôi *n.* lightning rod

thu lượm *v.* to reap, to pick up, to collect

thu nạp *v.* to receive, to admit

thu nhặt *v.* to pick up, to gather

thu nhỏ *v.* to reduce to a small size

thu phục *v.* to win: **thu phục nhân tâm** to win over hearts

thu thanh *v.* to record sound or voice: **máy thu thanh** radio receiver, radio set, tape recorder

thu vén *v.* to arrange, to tidy up, to put in order

thu xếp *v.* to arrange, to put in order, to settle [problem]

thú 1 *n.* (= **muông**) beast, mammal, animal: **mãnh thú** ferocious beast; **vườn bách thú** zoo; **thú dữ, ác thú, dã thú** wild beasts and animals **2** *n.* interest, pleasure, delight: **lý thú** interest; interesting; **vui thú** pleasure; to have fun **3** *v.* to confess, to admit, to surrender, to give oneself up

thú nhận *v.* to confess: **Ông ấy thú nhận là đã lỗi lầm.** He confessed he has made mistakes.

thú tính *n.* bestiality

thú vật *n.* animal, beast

thú vị *adj.* pleasant, interesting, interested, delightful

thú y *n.* veterinarian: **bác sĩ thú y** a veterinary surgeon

thù *v.* to resent, to be hostile to, to hate: **thù ghét** resentment, hatred; **kẻ thù** enemy; **báo thù, trả thù, phục thù** to revenge

thù ân *v.* to reciprocate a favor

thù đáp *v.* to pay in return, to reciprocate

thù địch *n.* enemy, foe, hostility

thù ghét *v.* to hate and resent

thù hằn *adj.* resentful, hostile

thù hiểm *adj., v.* resentful; to hate

thù lao *n.* payment, fees, royalties

thù lù *adj.* huge, big

thù oán *adj.* resentful, vindictive

thù tạc *v.* to exchange toasts; to offer drinks

thù tiếp *v.* to entertain, to treat

thù ứng *v.* to entertain and keep someone

thủ **1** *v.* to guard, to defend; to watch, to keep watch; to observe: **phòng thủ** to defend, to guard **2** *n.* (= đầu) head: **thủ lợn** pig's head; **nguyên thủ** head, leader

thủ ấn *n.* fingerprints, hand print, print stamp

thủ bản *n.* manuscript

thủ bút *n.* autograph

thủ cấp *n.* head [of decapitated man]

thủ chỉ *n.* top village notable

thủ công *n.* handicraft

thủ cựu *adj.* conservative: **nhóm người thủ cựu** a conservative group

thủ dâm *v.* to masturbate

thủ đoạn *n.* trick, dirty method: **Họ đã dùng nhiều thủ đoạn.** They have used lots of tricks.

thủ đô *n.* capital city: **Thủ đô nước Mỹ là Hoa Thịnh Đốn.** Washington DC is the capital of America.

thủ hạ *n.* follower, henchman, underling

thủ hiến *n.* governor, premier

thủ kho *n.* warehouse keeper

thủ khoa *n.* valedictorian, the first on a list of graduates

thủ lãnh *n.* leader, chief: **hội nghị thủ lãnh quốc gia** summit conference of leaders

thủ môn *n.* goalkeeper

thủ mưu *n.* instigator

thủ ngục *n.* jailkeeper, warden

thủ ngữ *n.* sign language

thủ phạm *n.* principal culprit or defendant

thủ phận *adj.* content with one's lot

thủ phủ *n.* capital city, metropolis

thủ quĩ *n.* cashier, treasurer

thủ thành *n.* goalkeeper

thủ thế *v.* to defend, to be on one's guard

thủ thỉ *v.* to whisper, to talk confidentially

thủ thuật *n.* lab work; dexterity; surgery: **thủ thuật hoá học** chemical lab work; **làm thủ thuật** to do lab work

thủ thư *n.* librarian

thủ tiết *adj.* [of widow] loyal to the memory of one's husband

thủ tiêu *v.* to destroy, to dispose of, to exterminate

thủ trưởng *n.* leader, head of a department

thủ tục *n.* procedure: **thủ tục chiếu khán** visa procedures

thủ tướng *n.* prime minister: **cựu thủ tướng** the former premier; **tân thủ tướng** the new premier; **dinh thủ tướng** the prime minister's palace

thủ xướng *v.* to instigate, to start [an idea]

thụ **1** *v.* (= nhận) to receive; to bear, to endure, to suffer: **bẩm thụ** to be endowed **2** *n.* (= cây) tree, plant: **cổ thụ** old tree; **đại thụ** big tree

thụ bệnh *v.* to fall sick, to contract a disease

thụ động *adj.* passive: **phòng thủ thụ động** civil defense; **thể thụ động** passive voice

thụ giáo *v.* to receive instructions, to be taught: **Tôi thụ giáo với ông Nam.** I was taught by Mr. Nam.

thụ hình *v.* to undergo punishment

thụ phấn *v.* to pollinate

thụ thai *v.* [of woman] to conceive, to be pregnant

thụ tinh *v.* to inseminate, to fecundate: **thụ tinh nhân tạo** artificial insemination, in vitro fertilization (IVF)

thua *v.* [SV bại] to lose [game **cuộc**, lawsuit **kiện**, war **trận**], be defeated [by] [*opp.* ăn, được]: **chịu thua** to concede, to give up the fight; **buôn bán thua lỗ** to lose money in business

thua kém *adj.* inferior

thua lỗ *v.* to lose money [in business], to fail

thua thiệt *v.* to suffer losses

thua xa *v.* to be far inferior to

thùa *v.* to sew [buttonholes **khuyết**]: **thêu thùa** needlework

thuần **1** *adj.* pure; experienced: **Nó thuần một màu không ăn thua gì.** They're only in primary colors. **2** *adj.* kind-hearted, meek, simple-hearted: **thuần hậu, thuần tính** to be meek in disposition, easy to manage, well-tamed

thuần khiết *adj.* pure, unadulterated

thuần kim *n.* pure gold

thuần lý *adj.* rational

thuần nhất *adj.* pure, unmixed

thuần phong *n.* good morals, fine custom [used with **mỹ tục**]

thuần thục *adj.* talented, accomplished, skilled

thuần tuý *adj.* pure, unadulterated

thuẫn *n.* shield: **hậu thuẫn** backing, support; **mâu thuẫn** to contradict; contradiction

thuận *v.* to consent, to agree; R to go along with (= **xuôi**) [*opp.* **ngược, nghịch**]; [of wind] to be favorable: **phiếu thuận** yes vote; **hoà thuận** peace, harmony, concord; **thoả thuận, ưng thuận** to agree, to consent, to approve; **quy thuận** to rally to; **thuận buồm xuôi gió** a safe trip

thuận cảnh *n.* favorable circumstances

thuận hoà *n.* concord, harmony

thuận lợi *adj.* favorable, advantageous: **Điều kiện làm việc rất thuận lợi.** The working condition is favorable.

thuận tiện *adj.* convenient, favorable

thuật **1** *v.* to relate, to narrate, to tell, to report: **Chúng tôi xin thuật lời ông Việt.** We would like to quote Mr. Viet's statement.; **dịch thuật** to translate; **tự thuật** autobiography; **tường thuật** to report, to narrate; **trần thuật** to report, to testify **2** *n.* art, method, science: **ảo thuật** prestidigitation, magic; **chiến thuật** tactics; **học thuật** learning; **kiếm thuật** fencing, swordplay; **kỹ thuật** technique; technical; **mỹ thuật** arts; **nghệ thuật** art

thuật ngữ *n.* technical jargon, terminology

thuật sĩ *n.* magician

thuật số *n.* divination; fortune-telling

thúc *v.* to push, to goad, to urge, to spur: **hối thúc** to push, to ask; **thúc nợ** to be beset by payment

thúc bá *n.* [of cousins] uncle

thúc đẩy *v.* to push [a program **chương trình**]; to urge someone to do something: **thúc đẩy bạn chơi quần vợt** to urge friends to play tennis

thúc giục *v.* to push, to urge

thúc thủ *v.* to remain helpless, to fold one's arms

thục **1** *v.* to put, to poke, to thrust **2** *v.* to redeem, to ransom (= **chuộc**): **tiền thục** ransom **3** *adj.* ripe, cooked (= **chín**); treated, tanned, slaked; experienced: **thành thục** accomplished

thục mạng *n.* the risk of one's life

thục nữ *n.* virtuous woman

thuê *v.* to rent, to charter; to hire: **cho thuê** to rent; **nhà cho thuê** house for rent; **tiền thuê nhà** [house] rent; **cho thuê lại** to sublet, to subcontract

thuế *n.* taxes, duties: **nộp thuế** to pay tax; **thu thuế** to collect tax; **quan thuế** customs duties; **sưu thuế** taxes; **hàng lậu thuế** smuggled goods; **khai thuế** to make out an income tax return

thuế biểu *n.* tax schedule

thuế gián thu *n.* indirect taxes

thuế lợi tức *n.* income tax

thuế má *n.* taxes

thuế quan *n.* customs

thuế suất *n.* tax schedule, tax rates

thuế thân *n.* head tax

thuế truy thu *n.* direct taxes

thuế trước bạ *n.* registration fees

thuế vụ *n.* taxes; tax bureau/office

thui *v.* to barbecue [a whole animal]: **bê thui** roast beef

thui thủi *adj.* lonely: **đi thui thủi một mình** to walk alone

thúi *adj.* See **thối**

thụi *v.* to hit with the fist, to punch

thum thủm *adj.* smelling bad

thùm thụp *v.* to punch repeatedly

thům *adj.* smelling bad, stinking

thun lủn *adj.* too short

thung dung *v., adj.* to act or walk leisurely; unhurried

thung lũng *n.* valley, dale

thúng *n.* bamboo basket [carried on the head or at the end of a pole]: **vài thúng gạo** some baskets of rice

thúng mủng *n.* baskets

thùng *n.* large container, box, bucket, can, barrel, cask: **thùng rượu** cask; **thùng thư** letter; **thùng xe** car boot; **thùng xăng** petrol can

thùng thình *adj.* [of coat] too big, loose: **áo quần rộng thùng thình** baggy clothes

thủng *v.* to be perforated, to have a hole: **chọc thủng, đâm thủng** to punch a hole [in paper, cloth]; to break through [enemy's line]; **lỗ thủng** hole

thủng thẳng *adv.* slowly, leisurely

thủng thỉnh *v.* to walk or to speak slowly

thũng *n.* swelling [of cheek, limb, etc.]: **phù thũng** edema, dropsy

thụng *adj.* [of clothes] roomy, too big: **áo thụng** ceremonial robe with large sleeves, academic gown; **lụng thụng** roomy, wide

thuốc *n.* medicine, drug, medication: **thuốc phiện** opium; **đơn thuốc** prescription; **thầy thuốc** physician; **hút thuốc** to smoke; **hiệu thuốc** pharmacy, drugstore; **học thuốc** to study medicine; **làm thuốc** to practice medicine; **tiêm thuốc** to give [or get] an injection; **uống thuốc** to take medicine

thuốc bắc *n.* Chinese medicinal herbs

thuốc bổ *n.* tonic, vitamin

thuốc bột *n.* medicinal powder

thuốc cao *n.* medicinal plaster

thuốc dán *n.* cataplasm

thuốc đánh răng *n.* toothpaste

thuốc điếu *n.* cigarette

thuốc độc *n.* poison: **đánh thuốc độc** to poison

thuốc kháng sinh *n.* antibiotics

thuốc lá *n.* cigarette

thuốc lào *n.* rustic tobacco [for water pipe]

thuốc men *n.* medicine, medication

thuốc mê *n.* anesthetic

thuốc nam *n.* Vietnamese medicinal herbs

thuốc ngủ *n.* soporific

thuốc nhuộm *n.* dye

thuốc pháo *n.* powder for firecrackers

thuốc phiện *n.* opium

thuốc súng *n.* gunpowder

thuốc tẩy *n.* laxative; bleach

thuốc tễ *n.* pills

thuốc thang *n.* medication

thuốc tiêm *n.* medicine for injection

thuốc tiên *n.* efficacious medicine

thuốc tiêu *n.* aperient, laxative

thuốc tím *n.* potassium permanganate

thuốc trường sinh *n.* elixir of life

thuốc viên *n.* pill, tablet, capsule: **Bà ấy thích uống thuốc viên nầy.** She likes to take these tablets.

thuốc xổ *n.* laxative, purgative

thuộc 1 *v.* to belong to; to be responsible to: **Văn phòng nầy thuộc tổng cục du lịch.** This office belongs to the general department of tourism.; **trực thuộc** to be under. **2** *v.* to know by heart: **thuộc bài học** to know lessons by heart; **quen thuộc** to be acquainted **3** *v.* to tan [hide]: **thuộc da súc vật** to tan animals' skins

thuộc địa *n.* colony

thuộc hạ *n.* subordinate, underling, inferior

thuôn *adj.* tapering

thuôn *v.* to cook soup with: **thuôn thịt gà** to cook soup with chicken

thuồng luồng *n.* serpentlike monster

thuổng *n.* spade

thuở *n.* long time past, time: **muôn thuở** eternally; **thuở xưa** ancient time; **từ thuở** since the time when

thuở ấy *n.* at that time, in those days

thuở bé *n.* childhood: **Chúng tôi quen nhau từ thuở bé.** We know each other from childhood.

thuở nay *n.* up to now, nowadays

thuở nhỏ *n.* childhood

thuở trước *adv.* before, formerly

thuở xưa *adv.* previous time, formerly

thụp *v.* to squat rapidly; to prostrate oneself

thút thít *v.* to sob, to cry and sniffle

thụt *v.* to pump, to pull back, to recede: **ống thụt** pump; **Nhà để xe thụt vào sau nhà.** The garage resides behind the house.

thụt két *v.* to embezzle, to misuse [funds]: **Cán bộ thụt két công quỹ.** The cadres embezzled public funds.

thụt lùi *v.* to go backward

thuỳ *n.* lobe: **thuỳ gan** the lobes of liver; **tiểu thuỳ** small lobe

thuỳ dương *n.* weeping willow

thuỳ liễu *n.* weeping willow

thuỳ mị *adj.* sweet, gentle

thuỷ **1** *n.* (= **nước**) water; hydro: **tàu thuỷ** steamboat; **lính thuỷ** sailor; **đi đường thuỷ** to go by boat; **hấp cách thuỷ** to steam; **hạ thuỷ** to launch a boat; **dẫn thuỷ nhập điền** irrigation **2** *n.* beginning: **chung thuỷ** loyal; **kỳ thuỷ** originally; **khởi thuỷ** beginning

thuỷ binh *n.* navy man, sailor, seaman

thuỷ bình *n.* water level

thuỷ chiến *n.* naval battle

thuỷ chung *adj.* consistent, loyal

thuỷ cục *n.* water supply office

thuỷ đạo *n.* waterway; seaway

thuỷ đậu *n.* chicken pox

thuỷ điện **n.** hydro-electricity: **nhà máy thuỷ điện** hydro-electricity station

thuỷ điện lực *n.* hydro-electric power

thuỷ đội *n.* flotilla

thuỷ động *n.* hydrodynamic

thuỷ học *n.* hydrology

thuỷ liệu pháp *n.* hydrotherapy

thuỷ lộ *n.* waterway

thuỷ lôi *n.* torpedo

thuỷ lôi đỉnh *n.* torpedo boat

thuỷ lục không quân *n.* army, navy and air forces

thuỷ mặc *n.* water color [using Chinese ink]

thuỷ ngân *n.* mercury

thuỷ ngưu *n.* water buffalo

thuỷ phi cơ *n.* seaplane

thuỷ phủ *n.* palace of the River God

thuỷ quân *n.* navy man; the Navy: **thuỷ quân Lục chiến** marine corps

thuỷ sản *n.* marine products

thuỷ sư *n.* squadron: **thuỷ sư đô đốc** admiral

thuỷ tạ *n.* pavilion on or near the water

thuỷ tai *n.* flood disaster

thuỷ tặc *n.* sea pirate

thuỷ thể *n.* liquid

thuỷ thổ *n.* climate

thuỷ thủ *n.* sailor

thuỷ thũng *n.* dropsy

thuỷ tiên *n.* narcissus, daffodil

thuỷ tinh *n.* glass, crystal

Thuỷ tinh *n.* Mercury [planet]

thuỷ tĩnh *n.* hydrostatic

thuỷ tổ *n.* first ancestor

thuỷ triều *n.* tide

thuỷ văn *n.* hydrography

thụy *n.* R auspicious; lucky

Thụy Điển *n.* Sweden: **người Thụy Điển** Swedish

Thụy Sĩ *n.* Switzerland, Swiss

thuyên **1** *v.* to move, to transfer **2** *v.* to recover [from illness], to get better: **thuyên giảm** to get better

thuyên chuyển *v.* to transfer, to reshuffle [officials]

thuyên giảm *v.* [of illness] to decrease, to abate, to get better

thuyền *n.* boat, sampan, junk [with **đi**, **chơi** to ride, **chèo** to row]; ship: **chiến thuyền** warship; **pháo thuyền** gunboat; **thương thuyền** merchant ship; merchant marine; **cùng hội cùng thuyền** to be in the same boat; **du thuyền** yacht

thuyền bè *n.* boats and rafts, craft

thuyền buồm *n.* sailboat

thuyền chài *n.* fishing boat; fisherman

thuyền mành *n.* junk

thuyền nan *n.* basket boat

thuyền rồng *n.* imperial boat

thuyền tán *n.* apothecary's mortar

thuyền trưởng *n.* captain [of a boat], skipper

thuyết **1** *v.* to persuade [influence by talk, esp. politically]; to speak, to tell; to explain: **thuyết cho ai nghe mình** to persuade someone; **diễn thuyết** to make a speech, to give a lecture, to give a talk **2** *n.* doctrine, ideology, -ism: **giả thuyết** hypothesis; **học thuyết** theory; **biện thuyết** to argue; **lý thuyết** theory; theoretical; **tà thuyết** heterodoxy, heresy; **tiểu thuyết** novel; **khẩu thuyết** oral presentation; **xã thuyết** editorial; **thương thuyết** to negotiate

thuyết giáo *v.* to preach

thuyết khách *n.* diplomat, envoy

thuyết minh *v.* to explain, to give a commentary

thuyết pháp *v.* to preach

thuyết phục *v.* to convince, to persuade

thuyết trình *v.* to give a paper, to give a talk, to give a lecture: **thuyết trình viên** speaker

thư **1** *n.* (= **sách**) book: **dâm thư** pornography; **Ban Tu thư** Textbook Division; **sở tu thư** Bureau of Publications; **chứng thư** deed, certificate; **thủ thư** librarian **2** *n.* letter: **viết một lá thư** to write a letter; **người phát thư** mailman; **bao thư** envelope; **thư mật** confidential letter **3** *v.* to defer; to be free, to be at ease, to be slow

thư án *n.* writing desk

thư cục *n.* bookstore

thư điếm *n.* bookstore

thư đồng *n.* scholar's houseboy

thư hùng *n.* female and male; [of battle] fighting to win or lose

thư hương *n.* literary fame; scholar's family

thư khố *n.* library

thư ký *n.* secretary, clerk: **thư ký kiêm thủ quĩ** secretary and treasurer; **tổng thư ký** secretary-general

thư mục *n.* book catalog

thư pháp *n.* calligraphy

thư phòng *n.* study room

thư quán *n.* bookstore

thư sinh *n.* student

thư thả *v.* to have leisure

thư thái *v.* to feel fine, to feel wonderful, to feel rested

thư tịch *n.* books; bibliography

thư tín *n.* letters, correspondence

thư trai *n.* study room

thư trang *n.* book club; library

thư từ *n., v.* correspondences, letters; to correspond: **thư từ qua lại** to exchange letters

thư viện *n.* library: **quản thủ thư viện** librarian

thư viện học *n.* library science

thư viện trưởng *n.* head librarian

thư xã *n.* book club; library; publishing house

thứ **1** *n.* order, rank, sort, type, kind, category: **ngồi hàng thứ nhất** to sit the first row; **Bạn mua giày thứ nào?** What kind of shoes do you want to buy? **2** *adj.* inferior in quality; second, second vice, under: **Ông ấy nói tám thứ tiếng.** He speaks eight languages.; **bình thứ** pretty good; [in grading] **thứ** pass; **con thứ** second-born son **3** *v.* to pardon, to forgive: **tha thứ lỗi lầm** to forgive one's mistake

thứ ba *num.* third; Tuesday

thứ bậc *n.* rank, status

thứ bảy *num.* seventh; Saturday

thứ bét *n.* lowest category

thứ dân *n.* common people, the masses

thứ hai *num.* second; Monday

thứ hạng *n.* rank, hierarchy

thứ mẫu *n.* stepmother

thứ nam *n.* second son

thứ năm *num.* fifth; Thursday

thứ nhất *num.* first

thứ nhì *num.* second

thứ nữ *n.* second daughter

thứ sáu *num.* sixth; Friday

thứ thất *n.* concubine, second wife

thứ trưởng *n.* under-secretary, vice-minister

thứ tư *num.* fourth; Wednesday

thứ tự *n.* order: có thứ tự orderly, neat; thứ tự a, b, c alphabetical order; thứ tự ngày tháng, thứ tự thời gian chronological order

thừ *adj.* dumbfounded, faint with exhaustion: mệt thừ người to be faint with exhaustion

thử 1 *v.* to try, to test, to prove: thử mặc cái áo nầy try on this shirt; thử máu to test blood 2 *n.* (= chuột) mouse, rat: dã thử, điền thử field mouse; địa thử mole

thử thách *v.* to challenge; to give a trial

thưa 1 *v.* to reply or speak politely; to report to authorities; to sue: Thưa quí ông quí bà. Ladies and gentlemen. 2 *adj.* [of hair, vegetation] to be thin, sparse, thinly scattered; [of comb] to be large-toothed: mái tóc thưa thin hairs

thưa gửi *v.* to talk [to a superior] in a respectful way

thưa kiện *v.* to sue

thưa thốt *v.* to speak up, to put forth: Biết thì thưa thốt. Please speak up when you are asked for your opinion.

thưa thớt *adj.* thinly populated, scattered: dân cư thưa thớt scattered population

thừa 1 *adj.* left over, superfluous, more than enough, in excess; there is/are leftover(s): thức ăn thừa the food left over; đầu thừa đuôi thẹo odds and ends; bằng thừa to be a waste [of time, effort]: Ông ấy biết thừa rồi. He certainly knew all about it.; đồ thừa leftovers; dư thừa surplus 2 *v.* to avail oneself of, to make use of, to take advantage of: thừa cơ hội to take advantage of an opportunity 3 *v.* to inherit; to receive, to comply with: thừa lệnh cấp trên to comply with a superiors' orders

thừa cơ *v.* to take advantage of the opportunity

thừa dịp *v.* See thừa cơ

thừa hành *v.* to execute, to carry out, to comply with

thừa hưởng *v.* to inherit, to enjoy

thừa kế *v.* to inherit

thừa lương *v.* to go out for fresh air

thừa nhận *v.* to recognize; to acknowledge: thừa nhận bằng lái xe của bạn to recognize one's driving license

thừa phát lại *n.* process server

thừa số *n.* factor

thừa sức *v.* to have sufficient strength or capability

thừa thãi *adj.* super-abundant, plenty, more than enough

thừa tiếp *v.* to receive, to welcome

thừa trừ *n.* compensation

thừa tự *v.* to be heir to

thừa *v.* (= đặt) to order [merchandise but not food], to have something made

thức 1 *v.* to stay awake, to be awake, to stay up: đánh thức to wake up [somebody]; đồng hồ báo thức alarm clock 2 *n.* classifier noun for an item, a thing: thức ăn food 3 *n.* manner, form, fashion, style: cách thức, thể thức ways, procedures; chính thức official; công thức, phương thức formula; hình thức form, shape

thức dạng *n.* form

thức đêm *v.* to stay up late

thức giả *n.* learned people, intellectuals

thức giấc *v.* to wake up

thức khuya *v.* to stay up late

thức thời *v.* to be abreast of the times; to take an opportunity

thức tỉnh *v.* to wake up [to a fact]

thực 1 *adv., adj.* in fact, actually, in reality; true, real: nói thực to tell true things 2 *v.* (= ăn) to eat: tuyệt thực to go on a hunger strike; ẩm thực eating and drinking

thực bụng *adj.* sincere, honest

thực chất *n.* essence, substance

thực chi *n.* actual expenditure: duyệt khoản thực chi to approve one's actual expenditure

thực dân *v.* to colonize: chủ nghĩa thực dân colonialism

thực dụng *adj.* practical; pragmatic:

Tôi muốn học tiếng Anh thực dụng. I want to learn practical English.

thực đơn *n.* menu: **Bạn làm ơn xem thực đơn và gọi món ăn?** Could you please look at the menu and order your food?

thực hành *v., adj.* to practice; practical [as opp. to theory **lý thuyết**]

thực hiện *v.* to realize, to fulfill; to implement, to carry out

thực lực *n.* real strength, real talent, real ability

thực nghiệm *v.* to be experimental: **phương pháp thực nghiệm** an experimental method

thực nghiệp *n.* vital industry

thực phẩm *n.* food, foodstuffs, provisions: **thực phẩm dự trữ** reserve or emergency rations; **thực phẩm đóng hộp** preserved rations

thực quản *n.* esophagus

thực quyền *n.* real power

thực sự *n.* reality, truth

thực tài *n.* real talent

thực tại *n.* reality

thực tâm *adj.* honest

thực tập *v.* to practice, to carry out practical training; **thực tập giảng dạy** practice teaching

thực tế *adj., n.* realistic, practical; reality, truth, real life

thực thà *adj.* honest, sincere, frank; naive

thực thể *n.* reality; entity

thực thi *v.* to execute, to carry out: **thực thi quyền hạn của mình** to execute one's power

thực thu *n.* real income

thực thụ *adj.* permanent, tenure: **công việc thực thụ** permanent position

thực tiễn *n.* practice, reality

thực trạng *n.* real situation

thực vật *n.* vegetation, plant

thực vật học *n.* biology; botany: **nhà thực vật học** botanist

thưng *n.* unit of measurement [for cereals]

thừng *n.* rope, cord

thước *n.* meter, ruler: **thước tây** meter; **thước kẻ** ruler; **kích thước** dimensions, measurements

thước dây *n.* tape measure

thước đo góc *n.* protractor

thước gấp *n.* folding rule

thước khối *n.* cubic meter

thước nách *n.* T square, bevel

thước thợ *n.* square angle

thước vuông *n.* square meter

thưỡn *adj.* [of lip] protruding: **bụng thưỡn** protruding paunch

thược dược *n.* dahlia: **hoa thược dược** dahlia flowers

thườn thượt *adj.* [of face, etc.] very long

thương *v.* to feel sorry for; to love, be fond of: **lòng thương** compassion; **tình thương** love

thương 1 *adj.* wounded; injured: **vết thương** wounded; **nhà thương** hospital; **xe cứu thương** ambulance **2** *n.* trade, commerce: **Hoa thương** Chinese merchant; **ngoại thương** foreign trade; **phú thương** wealthy merchant; **tiểu thương** small business; **nội thương** domestic trade; **doanh thương** business, trade

thương binh *n.* wounded soldier(s)

thương cảng *n.* commercial seaport

thương chính *n.* customs service

thương cục *n.* commercial firm

thương điểm *n.* commercial firm

thương đội *n.* caravan

thương gia *n.* businessman, trader

thương giới *n.* business world

thương hại *v.* to feel sorry for

thương hàn *n.* typhoid fever

thương hội *n.* chamber of commerce

thương khẩu *n.* commercial port

thương khố *n.* warehouse

thương lượng *v.* to negotiate

thương mãi *n.* See **thương mại**

thương mại *v., n.* to carry on trade, to trade, to do business; business, commerce: **phòng thương mại** chamber of commerce

thương nghị *v.* to negotiate

thương nghiệp *n.* business, trade

thương nhớ *v.* to miss, to mourn over

thương số *n.* quotient

thương tâm *adj.* sorrowful, pitiful, heart-rending

thương thuyền *n.* merchant marine

thương thuyết *v.* to negotiate

thương tích *n.* wound

thương tiếc *v.* to regret, to mourn over

thương tổn *v.* to harm, to damage

thương trường *n.* business world, market

thương ước *n.* trade agreement

thương vụ *n.* commercial affairs

thương xót *n.* compassion

thương yêu *v.* to love

thường **1** *adj., adv.* ordinary, customary, usual, habitual; usually, ordinarily, as a rule, habitually, customarily, generally: **bất thường** extraordinary; **bình thường** normal; **khác thường** unusual; **phi thường** unusual; **tầm thường** ordinary; **thất thường** irregular; **như thường** as usual; **thường thường** usually, as a rule **2** *v.* (= **đền**) to compensate: **bồi thường cho ai** to compensate someone

thường dân *n.* common people; civilian

thường dùng *adj.* currently used, of daily use

thường đàm *n.* current conversation

thường lệ *n.* common rule, habit

thường ngày *adj.* everyday, day after day

thường niên *adj.* annual, yearly: **viết báo cáo thường niên** to write an annual report

thường phạm *n.* common criminal

thường phục *n.* everyday clothes, casual clothes, business suit

thường thức *n.* general knowledge

thường thường *adv.* ordinarily, usually, generally

thường tình *n.* common feeling, common sense

thường trực *adj.* permanent, on duty

thường vụ *n.* routine business, day-to-day business

thường xuyên *adj.* permanent, regular: **Họ là khách hàng thường xuyên.** They are regular customers.

thưởng *v.* to reward, to be awarded; to tip; to give [as a tip]; to enjoy [flowers **hoa**, moon **nguyệt**, **trăng**, springtime **xuân**]: **phần thưởng** reward, award, prize; **tiền thưởng** cash reward; **giải thưởng** prize; **thăng thưởng** to promote; **vô thưởng vô phạt** harmless

thưởng lãm *v.* to enjoy

thưởng ngoạn *v.* to enjoy, to admire

thưởng tưởng *v.* to reward

thưởng thức *v.* to enjoy, to appreciate: **Chúng tôi thưởng thức buổi trình diễn.** We enjoyed the show.

thượng *prep., adj.* (= **trên**) on, above, upper, top, highest, supreme: **sân thượng** terrace, the top floor [on roof]; **cao thượng** noble; **đồng bào thượng** tribal people, highland people

thượng cấp *n.* higher echelon; superiors, higher authorities

thượng cổ *n.* antiquity

thượng du *n.* highlands, mountain areas

thượng đẳng *n.* top rank, top class

Thượng Đế *n.* God

Thượng Hải *n.* Shanghai

thượng hạng *n.* first class, grade A

thượng hảo hạng *n.* first class, top quality

thượng khách *n.* guest of honor, distinguished guest

thượng lộ *v.* to take a trip, to start off on a trip

thượng lộ bình an! *n.* Bon voyage! Have a nice trip!

thượng lưu *n.* upstream, higher section; higher classes

thượng nghị viện *n.* Senate, upper chamber, house of lords

thượng sách *n.* the best way, the best policy

thượng sĩ *n.* warrant officer [army, air force, navy]: **thượng sĩ nhất** chief warrant officer

thượng tá *n.* senior lieutenant-colonel

thượng tầng *n.* upper stratum, higher layer: **thượng tầng kiến trúc** super-structure

thượng thẩm *n.* Supreme Court

thượng thọ *n.* age of seventy upwards: **ăn mừng thượng thọ** to celebrate one's seventieth year of age

thượng thư *n.* [old monarchy] minister

thượng toạ *n.* the most venerable monk

thượng tuần *n.* first ten days of a month

thượng tướng *n.* [army and air force] lieutenant-general

thượng uyển *n.* royal garden

thượng võ *adj.* martial: **tinh thần thượng võ** martial spirit

thướt tha *adj.* graceful, lithe, lissome: **Cô ấy trông thướt tha trong chiếc áo lụa dài.** She looks graceful in her silk dress.

thượt *adj.* long, trailing, dragging: **dài thườn thượt** trailingly long

ti *n.* silk chord, thread

ti hí mắt lươn *adj.* small eyes like a swamp eel

ti tỉ *v.* to whimper, to whine: **khóc ti tỉ hơn cả giờ** to whimper for more than one hour

ti tiện *adj.* mean, base

tí *adj.* tiny, bit: **một tí** a little bit; **nhỏ tí, bé tí** tiny; **tí nữa** in a little while

tí chút *adj.* a little bit

tí đỉnh *adj.* a little bit

tí hon *adj.* tiny, pea-sized, little: **thằng bé tí hon** a little boy

tí nhau *n.* kid, child

tí nữa *adv.* in a short while

tí tẹo *adj.* tiny, very little

tí ti *adj.* See tí

tí tị *adj.* See tí

tí toét *v.* to laugh often

tì **1** *v.* to lean [**vào** on], to rest **2** *n.* flaw, spot, soil; mistake

tì ố *adj.* soiled, smeared

tì tì *v.* to go on eating and drinking

tỉ *n.* billion

tỉ dụ *n.* analogy, example: **tỉ dụ như** for example

tỉ lệ *n.* proportion, ratio: **tỉ lệ thuận**

direct ratio; **tỉ lệ nghịch** inverse ratio

tỉ mỉ *adj.* meticulous, minute, detailed: **kế hoạch tỉ mỉ** a detailed plan

tỉ như *adv.* for instance

tỉ số *n.* ratio, proportion

tỉ tê *v.* to weep or talk incessantly

tỉ trọng *n.* density

tị **1** *adj.* tiny, bit-sized: **động một tị là** at the slightest provocation **2** *adj.* jealous: **ganh tị, ghen tị** jealous

tị nạn *v.* to flee from danger: **người tị nạn** a refugee

tị nạnh *v.* to envy, to be jealous of

tia *n.* jet [of water **nước**], beam [of light **sáng**], capillary [**máu**], ray, spark, gleam: **tia ánh sáng** light beam; **tia X** X-rays

tia cực tím *n.* ultraviolet ray

tia hồng ngoại *n.* infrared ray

tia máu *n.* capillary: **mắt có tia máu** blood-shot eyes

tia tử ngoại *n.* ultraviolet rays

tia X *n.* X-rays

tía **1** *adj.* purple red: **đỏ mặt tía tai** blushing; all red **2** *n.* father: **tía má nó** his father and mother

tía tô *n.* balm mint, garden balm

tỉa *v.* to trim, to prune [hair, hedge]; to beat [or kill] one by one: **tỉa cây trong vườn** to trim trees in the garden; **trồng tỉa** to cultivate

tỉa gọt *v.* to polish [one's styles]

tích **1** *v.* to accumulate, to hoard, to store up: **tích vốn** to accumulate capital; **ấm tích, bình tích** teapot; **diện tích** area; **dung tích** volume, capacity; **súc tích** to amass; to include, to encompass; **thể tích** volume **2** *n.* footprint; vestige, trace, mark, remnant; story, allusion: **biệt tích** to disappear, to vanish; **bút tích** writings; **cổ tích** historical monument; old story; **dấu tích** trace, mark, vestige; **di tích** trace, mark; **mất tích** to leave no traces behind; **sự tích** story; **thương tích** wound; **vết tích** vestige, trace, mark; **tàn tích** vestige, remnants **3** *n.* merit, exploit: **thành tích** record, accomplishments, performance

tích cực *adj.* active, positive, zealous, initiative [*opp.* **tiêu cực**]

Tích Lan *n.* Ceylon

tích luỹ *v.* to accumulate, to store

tích phân *n.* integral calculus

tích số *n.* product [of multiplication]

tích sự *n.* result, effective outcome: **chẳng được tích sự gì cả** to be ineffective

tích tiểu thành đại *adj.* Many drops make an ocean.

tích trữ *v.* to hoard: **tích trữ vốn để làm ăn** to hoard capital for future business

tích tụ *v.* to agglomerate, to concentrate

tịch **1** *v.* to confiscate, to seize: **tịch biên, tịch thu của cải ai** to seize one's property **2** *n.* [of Buddhist clergy] to die, to pass away: **Hoà thượng đã viên tịch.** The most venerable passed away. **3** *n.* register, roll; citizenship: **quốc tịch** nationality; **hộ tịch** vital statistic, census; **nhập tịch** to be naturalized; **thư tịch** bibliography; **Việt tịch** Vietnamese nationality, Vietnamese citizenship; **hồi tịch** to resume one's original [Vietnamese] citizenship

tịch biên *v.* to confiscate, to seize: **tịch biên tài sản của ai** to seize one's property

tịch mịch *adj.* lonesome, quiet, tranquil

tịch thu *v.* to confiscate, to seize [also **tịch thâu**]

tiếc *adj., v.* regretful, to be sorry: **đáng tiếc** regrettable; **Tôi rất tiếc.** I'm very sorry.; **mến tiếc** to regret the departure of; **thương tiếc** to mourn [dead person]

tiếc công *v.* to regret a wasted effort

tiếc rẻ *v.* to regret [a lost chance]

tiệc *n.* banquet, dinner party: **đi dự tiệc** to attend a party

tiệc trà *n.* tea party, reception

tiệc tùng *n.* banquet, party

tiêm *v.* to inject; to give an injection: **tiêm thuốc phòng ngừa** to inject a

vaccine; **ống tiêm** syringe

tiêm la *n.* syphilis

tiêm nhiễm *v.* to imbue, to impregnate; to contract [habit]

tiêm tất *adj.* meticulous

tiếm *v.* to usurp [throne **ngôi, vị,** power **quyền**]: **tiếm quyền** to usurp power

tiếm đoạt *v.* to usurp: **tiếm đoạt ngôi vị** to usurp the throne

tiềm *v.* to cook in a bain-marie: **vịt tiềm** duck stewed in a bain-marie

tiềm lực *n.* hidden force, potential, latent power

tiềm tàng *adj.* hidden, latent, concealed

tiềm thuỷ đĩnh *n.* submarine

tiềm thức *n.* subconsciousness

tiềm tiệm *adj.* all right, acceptable

tiệm *n.* store, shop: **chủ tiệm** shopkeeper, storekeeper

tiệm ăn *n.* restaurant: **Bạn làm ơn cho tôi biết tiệm ăn Việt Nam ngon nhất ở thành phố nầy?** Could you let me have the name of the best Vienamese restaurant in this city?

tiệm cầm đồ *n.* pawnshop

tiệm cận *n.* asymptotic: **đường tiệm cận** asymptote

tiệm hút *n.* opium den

tiệm nhảy *n.* dance hall

tiệm tiến *adj.* progressive

tiên **1** *n.* fairy: **chuyện thần tiên** fairy tales; **thuỷ tiên** narcissus **2** *adj.* first: **đầu tiên, trước tiên** to be the first, at first; **tổ tiên** ancestor; **thoạt tiên** at first

tiên cảnh *n.* fairyland

tiên chỉ *n.* first notable in villages, head of a village

tiên cung *n.* fairies' palace

tiên dược *n.* miracle drug

tiên đế *n.* the late emperor

tiên đoán *v.* to predict, to foresee

tiên giới *n.* fairyland

tiên lệ *n.* precedent

tiên liệt *n.* deceased heroes

tiên mẫu *n.* late mother

tiên nhân *n.* ancestors, forefathers

tiên nữ *n.* fairy

tiên phong *n.* vanguard, shock troops; pioneer

tiên phụ *n.* late father

tiên quyết *n.* [of condition] pre-requisite

Tiên Rồng *n.* the fairy and the dragon ancestors of the Vietnamese race

tiên sinh *n.* honorable gentlemen, Sir [literary, formal]

tiên sư *n.* patron saint of a trade, founder

tiên tri *n., v.* prophet; to foresee

tiên vương *n.* the late king

tiến *v.* (= tấn) to move forward, to advance, to progress [*opp.* **lui, lùi, thoái**]: **tiến đến, tiến lại** to move in, to come, to approach; **tiến tới** to move toward; **cấp tiến** progressive; **tiền tiến** advanced; **xúc tiến** to promote; **cải tiến** to improve

tiến bộ *v.* to improve, to make progress

tiến cử *v.* to recommend, to nominate, to propose

tiến hành *v.* to carry out [duties, work]; to implement: **tiến hành công tác** to carry out one's duty

tiến hoá *v.* to develop gradually, to undergo evolution

tiến sĩ *n.* Doctor of Philosophy [Ph.D.]: **tiến sĩ luật** Doctor of Laws; **tiến sĩ văn chương** Doctor of Letters

tiến thoái *v.* to advance and then to retreat: **tiến thoái lưỡng nan** caught in a dilemma

tiến triển *v.* to progress: **Công việc đang tiến triển.** The job has been progressing.

tiền **1** *n.* money, currency, coin, cash: **một số tiền, một món tiền** a sum of money; **túng tiền** hard-pressed for money; **tiền phạt** fine; **hết tiền** out of money; **nhiều tiền, lắm tiền** wealthy; **ăn tiền** OK, all right; **giá tiền** price, cost; **trả tiền** to pay; **không tiền** penniless; **không mất tiền** free, gratis; **lấy tiền** to charge [admission]; **phí tiền** to waste money **2** *adj.* (= trước) before, front [*opp.*

hậu]: **tiền Lê** the earlier Le Dynasty [as opp. to **Hậu Lê** the later Le Dynasty]; **mặt tiền** facade, front of a house; **nhãn tiền** in front of one's eyes; **tiền hậu bất nhất** inconsistent

tiền án *n.* previous criminal record, previous sentence

tiền bạc *n.* money, wealth, riches: **làm ra tiền bạc** to make money

tiền bối *n.* elders, predecessor

tiền bồi thường *n.* compensation: **trả tiền bồi thường cho ai** to pay compensation to someone

tiền cọc *n.* deposit: **Bạn muốn đặt tiền cọc là bao nhiêu?** How much money would you like to put down as a deposit?

tiền công *n.* salary, pay, wages

tiền của *n.* wealth

tiền duyên *n.* predestined affinity

tiền đặt cọc *n.* deposit

tiền đề *n.* preamble, premise

tiền định *adj.* predestined

tiền đồ *n.* future, the road ahead

tiền đội *n.* vanguard

tiền đồn *n.* outpost

tiền đường *n.* ancestor-worship house

tiền giấy *n.* paper money

tiền lãi *n.* profit, interest, dividend: **Ông ấy phải trả tiền lãi hàng tháng cho ngân hàng.** He has to pay monthly interest to the bank.

tiền lệ *n.* precedent

tiền lời *n.* profit, interest, dividend

tiền mặt *n.* ready money, cash: **Chúng tôi chỉ nhận tiền mặt.** We accept cash only.

tiền nhân *n.* forefathers

tiền oan *n.* punishment for a crime committed during a previous existence

tiền phạt *n.* fine: **trả tiền phạt** to pay a fine

tiền phí *n.* premium [of insurance **bảo hiểm**]

tiền phong *n.* vanguard

tiền phụ cấp *n.* allowance: **tiền phụ cấp di chuyển** traveling allowance

tiền sử *n.* prehistory; background

tiền tài *n.* riches, money, wealth

tiền tệ *n.* currency, money: **giá trị tiền tệ** value of currency

tiền thân *n.* position in former life, predecessor

tiền thưởng *n.* bonus, reward: **Hàng năm, công nhận sẽ nhận được một số tiền thưởng.** Every year, all employees of the company receive a bonus.

tiền tiến *adj.* advanced, progressive

tiền tiêu *n.* expense; pocket money

tiền trợ cấp *n.* subsidy, award, allowance

tiền tuyến *n.* front lines

tiền vạ *n.* fine

tiền vốn *n.* capital, principal, assets

tiễn *v.* to see [someone] off: **Tôi tiễn bạn tôi ở sân bay.** I am seeing my friend off at the airport.

tiễn biệt *v.* to say goodbye

tiễn hành *v.* send off: **tiệc tiễn hành** a send-off party

tiện 1 *adj.* convenient, handy: **bất tiện** not convenient; **phương tiện** means; **thuận tiện** favorable; **tuỳ tiện** at one's convenience, as one sees fit; **giản tiện** simple; **tự tiện** without authorization; **đại tiện** to defecate, to have a bowel movement; **tiểu tiện** to urinate, to make water; **nhất cử lưỡng tiện** to kill two birds with one stone **2** *v.* to lathe, to turn, to shape: **bàn tiện, máy tiện** lathe machine; **thợ tiện** turner

tiện dân *n.* the lower classes

tiện lợi *adj.* convenient, serviceable, profitable

tiện nghi *n.* facilities: **Khách sạn nầy có đầy đủ tiện nghi.** This hotel has all facilities.

tiện thể *adv.* for convenience's sake; on the occasion of, at the same time

tiếng *n.* noise; sound, voice: **tiếng nói** spoken tongue/language; **lên tiếng** to speak up; **mang tiếng** to have or cause to have a bad reputation; **nghe tiếng** to hear of; **tiếng Việt** Vietnam-ese language; **tiếng Anh** English language; **danh tiếng** famous; fame; **có tiếng** famous, renowned; **mất tiếng** to lose one's reputation; **tai tiếng** bad reputation

tiếng cười *n.* laughter

tiếng đồn *n.* rumor

tiếng đồng hồ *n.* hour: **Từ California đến Sài-Gòn mất mười bốn tiếng đồng hồ bằng máy bay.** It takes four-teen hours to fly from California to Saigon.

tiếng động *n.* noise, din

tiếng kêu *n.* cry, scream, shriek

tiếng mẹ đẻ *n.* mother tongue: **Con cái phải học tiếng mẹ đẻ.** Children have to learn their mother tongue.

tiếng một *n.* vocabulary: **học tiếng một** to learn vocabulary

tiếng nói *n.* language, tongue; voice: **đài tiếng nói Hoa kỳ** the Voice of America

tiếng sấm *n.* peal of thunder

tiếng súng *n.* gunshot

tiếng tăm *n.* reputation

tiếng vang *n.* echo

tiếp 1 *v.* to receive [visitors **khách**]: **đón tiếp** to welcome **2** *v.* to contin-ue [follows main verb]: **còn tiếp** to be continued [put at end to install-ment of text]; **kế tiếp, liên tiếp** suc-cessively, one after another; **chuyển tiếp** transition

tiếp cận *adj.* adjoining, contiguous, adjacent

tiếp cứu *v.* to rescue, to assist

tiếp diễn *v.* to go on, to continue: **Chương trình biểu diễn đang tiếp diễn.** The performance is continuing.

tiếp đãi *v.* to receive, to welcome, to treat: **tiếp đãi quan khách** to receive guests

tiếp đầu ngữ *n.* prefix

tiếp đón *v.* to greet, to welcome: **tiếp đón phái đoàn thương mại nước ngoài** to welcome a business delega-tion from a foreign country

tiếp giáp *adj.* adjoining, contiguous

tiếp kiến *v.* [of high official] to receive

tiếp liệu *n.* supplies

tiếp nhận *v.* to receive, to accept

tiếp quản *v.* to take over

tiếp rước *v.* to welcome, to receive

tiếp tân *n.* reception [party]

tiếp tế *v.* to supply [food, munitions]: **sĩ quan tiếp tế** supply officer; **tiếp tế bằng dù, tiếp tế bằng phi cơ** maintenance by air; **tiếp tế thực phẩm** food supply

tiếp theo *v.* to continue [put at head of second or later installment of text]; to follow

tiếp thu *v.* to receive, to take over

tiếp tục *v.* to continue, to go on

tiếp tuyến *n.* tangent

tiếp vĩ ngữ *n.* suffix

tiếp viện *v.* to reinforce, to rescue [troops]

tiếp xúc *v.* to contact [followed by **với**], to get in touch: **Bạn đừng ngần ngại tiếp xúc với chúng tôi.** Don't hesitate to contact us.

Tiệp Khắc *n.* Czechoslovakia, Czech

tiết **1** *n.* (= **máu, huyết**) blood of slaughtered animal **2** *n.* bile, anger: **lộn tiết, cáu tiết, điên tiết** to get mad **3** *n.* period: **dạy ba tiết một ngày** to teach three periods a day **4** *n.* chastity, virtue: **trinh tiết** virgin; **thất tiết** [of married woman] to commit adultery; **thủ tiết** to secure a widow **5** *n.* season; festival; detail; section [of book]: **thời tiết** weather; **Chương sách nầy có hai tiết.** This chapter has two sections.

tiết canh *n.* blood pudding, animal's blood curd mixed with hashed liver and cartilage

tiết chế *adj., v.* temperate; to restrain, to limit

tiết diện *n.* section [geometry]

tiết dục *v.* to restrain one's passions and desires

tiết độ *n.* moderation

tiết hạnh *n.* faithfulness virtue [of woman]

tiết kiệm *adj., v.* thrifty; to economize, to save

tiết lậu/lộ *v.* to leak [secret]; to disclose, to reveal

tiết mục *n.* section, item

tiết tấu *n.* rhythm

tiết tháo *n.* moral integrity

tiệt *v.* to destroy, to exterminate

tiêu **1** *v.* to spend [money]; to digest [food]; [of food] to be digestible: **ăn tiêu** to spend; **chi tiêu** to spend **2** *n.* flute with six effective holes, blown from one end: **thổi tiêu** to play a flute; **hắc tiêu** clarinet **3** *n.* black pepper: **muối tiêu** salt and pepper

tiêu biểu *v.* to symbolize, to represent

tiêu chí *n.* criterion

tiêu chuẩn *n.* standard, norm, model, criterion: **tiêu chuẩn đánh giá** standards of assessment

tiêu chuẩn hoá *v.* to standardize

tiêu cực *adj., v.* negative, passive; to lack zeal, to lack initiative [*opp.* **tích cực**]

tiêu dao *v.* to stroll, to wander

tiêu diệt *v.* to destroy, to exterminate

tiêu dùng *v.* to spend, to consume

tiêu đề *n.* theme, heading

tiêu điểm *n.* focus

tiêu điều *adj.* desolate

tiêu độc *adj.* antiseptic

tiêu hao *adj., v.* wasteful; expendable, worn out

tiêu hoá *v.* to digest

tiêu huỷ *v.* to destroy, to raze

tiêu khiển *v.* to amuse oneself, to entertain oneself

tiêu ma *v.* to be gone, to melt away

tiêu pha *v.* to spend

tiêu sơ *adj.* desolate

tiêu tan *v.* to melt away; to disintegrate, to be gone

tiêu tán *v.* to be gone, to be scattered, to be lost

tiêu thổ *n.* scorched earth

tiêu thụ *v.* to consume: **người tiêu thụ** consumer; **sức tiêu thụ** consumption

tiêu trừ *v.* to eliminate, to abolish

tiêu xài *v.* to spend: **Hàng tháng, vợ tôi tiêu xài nhiều tiền quá.** Every month, my wife spends a lot of money.

tiếu lâm *n.* funny stories, dirty jokes: **chuyện tiếu lâm** joke book

tiều *n.* woodcutter: **tiều phu, ngư tiều canh độc** fisherman, woodsman, plowman and scholar—the four figures in a painting or on a garden rock

tiều tụy *adj.* sad, dilapidated, withered, pining, emaciated, haggard, shabby

tiểu 1 *adj.* (= bé, nhỏ) small [*opp.* đại]: **cực tiểu** minimum; **tiểu học** primary 2 *n.* Buddhist novice 3 *v.* to urinate: **đi tiểu** to urinate; **nước tiểu** urine

tiểu ban *n.* sub-committee

tiểu bang *n.* state [in federation]

tiểu chú *adv., n.* in brief; footnote

tiểu công nghệ *n.* small industry, handicrafts

tiểu dẫn *n.* notice, foreword

tiểu đăng khoa *n.* marriage [as opp. to **đại đăng khoa** graduation at imperial examination]

tiểu đệ *n.* your younger brother

tiểu đoàn *n.* battalion

tiểu đội *n.* squad, small group

tiểu đồng *n.* houseboy, servant

tiểu gia đình *n.* small family [composed of husband, wife and children] [as opp. to extended family **đại gia đình**]

tiểu học *n.* primary education, elementary education: **trường tiểu học** primary school

tiểu kỹ nghệ *n.* small industry

tiểu liên *n.* machine carbine, submachine gun

tiểu lục địa *n.* sub-continent

tiểu luận *n.* essay

tiểu nhân *n.* mean person [Confucianist sense] [*opp.* **quân tử**]

tiểu nhi *n.* infant

tiểu sản *v.* to have a miscarriage

tiểu sử *n.* biography

tiểu tâm *adj.* narrow-minded, mean

tiểu thuyết *n.* novel

tiểu thuyết gia *n.* novelist

tiểu thư *n.* girl from a noble family; sophisticated young lady

tiểu thừa *n.* Hinayana [Buddhism]

tiểu thương *n.* small business

tiểu tiện *v.* to urinate

tiểu tiết *n.* small detail

tiểu tổ *n.* [communist] cell

tiểu truyện *n.* biography

tiểu tư sản *n.* petty bourgeoisie

tiểu xảo *n.* trifling skill

tiểu *v.* to put down, to quell, to repress

tiểu phi *v.* to put down rebels or bandits

tiểu trừ *v.* wipe out, to exterminate

tim *n.* [SV **tâm**] heart [the organ]: **bệnh đau tim** heart disease

tim la *n.* syphilis

tim tím *adj.* purple

tím *adj.* purple, violet

tím bầm *adj.* black and blue

tím gan *adj.* suppressed with anger

tím ruột *adj.* suppressed with anger

tìm *v.* [SV **tầm**] to seek, to look for, to search for (= **kiếm**): **tìm việc làm** to look for a job

tìm cách *v.* to find out the way

tìm kiếm *v.* to search, to look for

tìm ra *v.* to find out: **tìm ra câu trả lời** to find out the answer

tìm thấy *v.* to find

tìm tòi *v.* to search, to do research

tin 1 *n., v.* news, tidings, information; to inform: **báo tin** to inform; **loan tin** to announce; **đưa tin** to bring the news; **thông tin** information; **truyền tin** communication; **nguồn tin đáng tin cậy** reliable sources 2 *v.* [SV **tín**] to trust, to believe, to have confidence in: **Chúng tôi rất tin ông ấy.** We trust him.; **lòng tin** confidence, trust

tin cẩn *v.* to trust, to rely on: **tin cẩn người nào** to trust someone

tin cậy *v.* to trust, to rely on, to depend on

tin đồn *n.* rumor: **Bạn không nên nghe tin đồn.** You should not listen to rumors.

Tin Lành *n.* Protestantism

tin mừng *n.* good news [marriage, childbirth]

tin nhảm *adj.* superstitious

tin tức *n.* news: **Chúng tôi chưa có tin tức gì mới cả.** We haven't had any news.

tin tưởng *v.* to trust, to believe, to have confidence in

tin vịt *n.* false report, hoax

tín *adj., n.* trustworthy; trust, faith, reliability: **bội tín** a breach of trust; **thất tín** to break a promise; **tự tín** one's self-confidence; **trung tín** loyalty

tín chỉ *n.* unit [of study]: **một tín chỉ văn hoá Việt Nam** one unit of Vietnamese culture

tín dụng *n.* [economics] credit: **thẻ tín dụng** credit card

tín điều *n.* dogma

tín đồ *n.* follower [of a religion], believer: **Họ là tín đồ Phật giáo.** They are Buddhist followers.

tín hiệu *n.* signal

tín nghĩa *n.* loyalty

tín ngưỡng *n.* religious beliefs, creed, faith

tín nhiệm *v.* to have confidence in, to trust

tín phiếu *n.* letter of credit

tín phục *v.* to trust

tín vật *n.* security, pledge

tinh **1** *adj.* intelligent, clever, shrewd: **tinh mắt** to have good eyesight; to be meticulous **2** *adj.* refined, pure: **trắng tinh** pure white; **mới tinh** brand new; **thuỷ tinh** glass, crystal **3** *adv.* nothing but, only: **Tinh những rêu (là rêu).** There's nothing but moss. **4** *n.* (= sao) star: **cứu tinh** savior; **minh tinh** movie star; **kim tinh** Venus; **mộc tinh** Jupiter; **thuỷ tinh** Mercury; **hoả tinh** Mars; **thổ tinh** Saturn; **hành tinh** planet

tinh anh *n.* quintessence

tinh binh *n.* crack troops

tinh bột *n.* starch

tinh cầu *n.* star [astronomy]

tinh chất *n.* essence

tinh chế *v.* to refine [sugar, petrol]; **sở**

tinh chế [sugar] refinery, oil distillery

tinh dịch *n.* semen, sperm

tinh hảo *adj.* exquisite

tinh hoa *n.* essence, quintessence; cream; genius

tinh khí *n.* semen, sperm

tinh khiết *adj.* clean, pure

tinh kỳ *n.* flag, banner

tinh lực *n.* energy

tinh ma *adj.* cunning, crafty, wily

tinh nghịch *adj.* mischievous, roguish

tinh nhanh *adj.* quick, alert

tinh nhuệ *adj.* [of troops] well-trained

tinh quái *adj.* foxy, artful, cunning

tinh ranh *adj.* cunning, crafty, wily

tinh sương *adj.* early in the morning

tinh tế *adj.* keen, subtle, discerning

tinh thần *n.* spirit [as opp. to body], mind: **bệnh tinh thần** mental illness

tinh thông *adj.* well versed in

tinh trùng *n.* spermaiozoon

tinh tú *n.* the stars [astronomy]

tinh tuý *n.* See tinh hoa

tinh tường *adj.* clear, proficient, distinct

tinh vi *adj.* fine, meticulous, subtle

tinh xảo *adj.* ingenious

tinh ý *adj.* intelligent, sharp, quick-minded, perspicacious

tính **1** *n.* personal character, temper, temperament, disposition, nature; sex: **bản tính** nature; **cá tính** personality; **thiên tính** natural disposition; **vui tính** jovial, happy; **khó tính** difficult to get along with; **đặc tính** characteristics **2** *v.* [SV **toán**] to calculate, to compute, to reckon, to figure out; to plan to: **tính tổng cộng bao nhiêu tiền** to calculate how much money all together; **bài tính** problem [in math]; **bàn tính** to discuss, to deliberate; **suy tính** to think over; **ước tính** to estimate

tính cách *n.* character, nature

tính chất *n.* nature, property, characteristic

tính chia *n.* division

tính cộng *n.* sum, addition

tính đố *n.* problem [in math]

tính hạnh *n.* behavior, conduct

tính khí *n.* character, nature

tính mạng *n.* life

tính mệnh *n.* life

tính nết *n.* disposition, nature, behavior

tính nhẩm *v.* to figure out silently

tính nhân *n.* multiplication

tính phỏng *v.* to estimate

tính tình *n.* feelings, sentiments, disposition

tính trừ *n.* subtraction

tính xấu *n.* bad manner

tình **1** *n.* feeling, sentiment; love, affection: **cảm tình** affection; sympathy; **ái tình** love; **nhân tình** lover; **vô tình** inadvertently; **chân tình** true love; **thất tình** the seven passions [**hỉ** joy, **nộ** anger, **ai** sorrow, **cụ** fear, **ái** love, **ố** hatred, **dục** desire] **2** *n.* condition, state: **nội tình** home situation; **hiện tình** present conditions; **thực tình** honesty

tình ái *n.* love, romance

tình báo *n.* intelligence: **cục tình báo** department of intelligent services

tình cảm *n.* sentiment, feeling: **tình cảm chân thật** true sentiment

tình cảnh *n.* situation, plight, condition

tình cờ *adj., adv.* incidental, accidental; coincidentally, accidentally, by chance

tình dục *n.* sexual desire

tình duyên *n.* marriage [bonds]

tình hình *n.* situation

tình nghi *v.* to suspect

tình nghĩa *n.* feelings versus duty

tình nguyện *v., n., adj.* to volunteer to, to be willing to; volunteer; voluntary

tình nhân *n.* lover, mistress, sweetheart

tình nương *n.* sweetheart

tình thế *n.* See tình hình

tình thực *adv.* sincere, genuine, real

tình thương *n.* compassion, pity, mercy

tình tiết *n.* details

tình trạng *n.* situation, condition, state of affairs

tình tự *v.* to flirt

tình ý *n.* aim, purpose, intention

tình yêu *n.* love: **một tình yêu chân thật** a true love

tỉnh **1** *v.* to regain consciousness, to wake up [from sleep]: **bất tỉnh nhân sự** unconscious [from fainting, etc.] **2** *n.* province [as administrative unit]; town, city: **tỉnh thành** city, urban [as opp. to countryside]

tỉnh bộ *n.* province branch of political party

tỉnh giảm *v.* to reduce, to cut down

tỉnh ly *n.* provincial capital, town

tỉnh ngộ *v.* to awake [to reality], to have one's eyes opened; to realize one's mistake

tỉnh ngủ *v.* to wake up; to be a light sleeper

tỉnh táo *v.* to be wide awake, to be alert

tỉnh thành *n.* city, town

tỉnh trưởng *n.* chief of province, commissioner

tỉnh uỷ *n.* secretary of province party committee

tĩnh *adj.* quiet, calm, tranquil, peaceful; static: **bình tĩnh** calm; **yên tĩnh** calm, quiet, peaceful

tĩnh *n.* altar

tĩnh dưỡng *v.* [of convalescent] to get rest, to recover one's health

tĩnh điện *n.* static electricity

tĩnh lực học *n.* statics [as a branch of scientific study]

tĩnh mạch *n.* vein [biology]

tĩnh tâm *v.* to have an untroubled mind, to be in a peaceful mood

tĩnh toạ *v.* to meditate, to sit meditating

tĩnh trí *v.* to keep one's mind at peace

tịnh *adv.* absolutely, certainly

tít **1** *n.* title, theme, headline **2** *adj.* almost invisible [because of distance or rapid motion]: **xa tít** to be very far away; **quay tít** to spin very fast

tịt *adj.* plugged up, [firecracker **pháo**, shell **đạn**] to be a dud; quiet

tịt mít *v.* to remain silent, to shut up

tiu *n.* cymbal

tiu nghỉu *adj., v.* embarrassed, to be shamed

tíu tít *v.* to chatter, to bustle noisily

to *adj.* large, big, bulky, husky, stout; [cloth] coarse [*opp.* **nhỏ, bé**]: **đầu to** [to have] a big head; **to đầu** to be a big shot; **bụng to** to have a big belly; [of woman] to be pregnant; **Nó cắn một miếng to.** He took a big bite.; **Vải này to sợi.** This fabric is coarse.; **Nước sông lên to.** The river has swelled up.; **Nó nói to.** He speaks loudly.; **đánh to** to gamble wth high stakes

to gan *adj.* bold, daring

to kếch sù *adj.* huge, enormous

to lớn *adj.* big and tall

to tát *adj.* big, grand

to tướng *adj.* huge, enormous, tremendous

tò mò *adj.* curious, inquisitive

tò vò *n.* wasp: **cửa tò vò** arch

tỏ **1** *v.* to express, to reveal, to declare, to communicate clearly; to demonstrate, to prove: **tỏ cho mọi người biết khả năng của mình** to demonstrate one's ability **2** *adj.* clear, luminous, shiny , bright: **trăng tỏ** bright moon

tỏ tường *v.* to understand clearly/precisely

tỏ vẻ *v.* to appear, to seem, to look: **Ông ấy tỏ vẻ không hài lòng.** He seems unsatisfied.

toa **1** *n.* car [in a train]: **toa chở hàng** freight car; **toa chở khách** passenger car **2** *n.* (= **đơn**) prescription: **Thuốc nẫy phải có toa thuốc.** This medicine requires a prescription.

toà *n.* official or ceremonial seat, government palace, bureau, court of law; classifier noun for temples, buildings: **đưa ra toà** to bring to court or to sue; **mõ toà** usher; **quan toà** judge; **trình toà** to register; **toà đô sảnh** prefecture, town hall

toà án *n.* court of law, tribunal: **toà án tối cao** supreme court; **toà án quân sự** military court

toà báo *n.* newspaper office

toà đại hình *n.* criminal court

toà phá án *n.* Supreme Court of Appeal

toà sen *n.* Buddha's throne

toà thánh *n.* Holy See, the Vatican

toà thượng thẩm *n.* Court of Appeal

toả *v.* [of smoke, odor] to spread, to emanate

toả cảng *v.* to lock up the harbor: **chính sách bế quan tỏa cảng** the closed door policy

toạ *v.* (= **ngồi**) to sit: **chủ toạ** to preside over [meeting]; **cử tọa** the audience; **an toạ** to be seated

toạ độ *n.* coordinates [math]

toạ hưởng *v.* to enjoy without any effort

toạ lạc *v.* [of property] to be located

toạ vị *n.* affix [of a point]

toác *adj.* wide open

toạc *adj., adv.* ripped, torn up; [to speak] openly, frankly, bluntly, flatly

toại *adj.* satisfied: **toại ý** fully satisfied: **Bà ấy đã toại ý.** She is fully satisfied.

toại chí *v.* to be satisfied with one's will

toại nguyện *v.* to have fulfilled one's ambitions

toan *v.* to intend to, to be about to

toan *n.* R acid; sour, **nước cường toan** acid; **vị toan** gastric juice; **lưu toan** sulfuric acid

toán **1** *n.* group, band, army **2** *v.* mathematics: **toán học** mathematics; **bút toán** arithmetic; **kế toán** accounting; **tính toán** to calculate

toán học *n.* mathematics: **toán học ứng dụng** applied mathematics; **toán học sơ cấp** elementary mathematics; **toán học cao cấp** higher mathematics; **toán học đặc biệt** special mathematics; **toán học đại cương** general mathematics; **toán học thuần túy** pure mathematics

toán pháp *n.* mathematics, arithmetic

toàn **1** *adj.* to be or have or do nothing but, there is nothing but: **Nhà họ toàn bằng gỗ cả.** Their house is made wholly of wood.; **Tôi toàn giấy trăm cả.** I have only hundred piastre bills.; **Nó toàn đi tắc xi cả.** He only takes taxis.; **Ngoài chợ toàn (những) dưa hấu (là dưa hấu).** There aren't any other fruits but watermelons in the market. **2** adj. entire, whole, total, complete; perfect: **hoàn toàn** perfect; **đại toàn** complete; **bảo toàn** safeguard; **vẹn toàn** perfect

toàn bị adj. complete, total

toàn bộ n. the whole

toàn cầu n. the whole world

toàn dân n. the whole population, everybody in the country, the whole race

toàn diện n., adj. total, all; global, comprehensive, perfect

toàn gia n. the whole family

toàn lực n. all of one's strength

toàn mỹ n. perfect beauty

toàn năng adj. all powerful, omnipotent, almighty

toàn phần adj. [of baccalaureate] complete, whole

toàn quân n. the whole army

toàn quốc n. the whole nation, all of Vietnam

toàn quyền n. full powers, plenipotentiary, Governor General: **được toàn quyền hành động** to have carte blanche; **sứ thần toàn quyền** Minister Plenipotentiary; **toàn quyền Đông dương** Governor General of [pre-1945] Indo-China

toàn tài adj. accomplished, talented, perfect

toàn thắng n. total victory

toàn thể n. the whole, all

toàn thiện adj. perfect, flawless

toàn thịnh n. full prosperity, zenith, peak

toàn thời gian n. full time

toàn thực n. total eclipse

toàn trí n. omniscient

toàn vẹn adj. whole, intact, complete

toang adj. wide open: **Cửa sổ mở toang.** The window was wide open.; **vỡ toang** be shattered or ripped to pieces

toang hoác adj. wide open

toang hoang adj. all broken, destroyed, demolished

toang toang v. to speak loudly

toát 1 adv. all over, very: **lạnh toát người** to be cold all over; very white; **trắng toát** very white **2** v. to exude, to diffuse: **sợ toát mồ hôi** to break out into a sweat out of fear

toát yếu n. summary, resume; abstract, synopsis

tóc n. hair [of head]: **sợi tóc** a single hair; **cắt/hớt tóc** to have a haircut; **uốn tóc, làm tóc** to have a permanent wave; **tiệm hớt tóc** barber shop; **tiệm uốn tóc** beauty parlor; **nhuộm tóc** to dye one's hair; **để tóc** to grow one's hair; **rụng tóc** to drop one's hair; **búi tóc** to gather one's hair in a chignon

tóc bạc n. white hair, gray hair [of old person]

tóc giả n. wig

tóc mai n. sideburns

tóc mây n. beautiful hair [of woman]

tóc sâu n. gray hair [on young person]

tọc mạch v. to be curious

toe toét adj. showing one's teeth [when grinning **cười**; talking **nói chuyện**; chewing betel **nhai trầu**]

toé v. to splash, to splatter

toè v. to stretch out, to spread out

toét adj. [of eyes] swollen and red, be rheumy because of conjunctivitis or trachoma; spreading [lips **miệng**] when grinning

toẹt adv. bluntly, squarely: **sổ toẹt** to cross out indiscriminately

toi v. [of efforts, money] to be lost, useless; [of chicken, cattle] to die: **chết toi** to die in an epidemic; **tiền toi** wasted money; **công toi** lost labor; **cơm toi** wasted food

tòi v. to poke out, to stick out; [of under garment] to be showing

tỏi n. garlic: **củ tỏi** garlic head

tom n. tom tom [noise of drum]

tóm v. to nab, to seize: **tóm được, tóm lấy** to sum up; (**nói**) **tóm lại** to summarize, in short, in a nutshell

tóm cổ *v.* to nab

tóm tắt *v.* to sum up, to summarize

tóm thâu *v.* to gather, to unite

tòm *exclam.* Splash!: **rơi tòm xuống nước** to fall into the water

tòm tem *v.* to long for, to yearn for

tõm *v.* to plop

ton hỏn *adj.* all red

ton hót *v.* to flatter, to fawn on

tòn ten *v.* to dangle, to hang loose

tong *v.* to be lost, to lose

tòng *v.* See **tùng**

tọng *v.* to stuff, to cram

tóp *v.* to shrink, to shrivel up

tóp mỡ *n.* rendered fat

tóp tép *v.* to chew noisily

tọp *v.* to lose weight, to become dwarfed

tót *v.* to hurry ahead: **nhảy tót** to jump with one leap; **chạy tót** to rush

tọt *v.* to spring, to leap, to bounce: **nhảy tọt ra** to bounce out; **chạy tọt lên** to run to, to dash to

tô **1** *n.* large bowl: **một tô mì** a bowl of noodles **2** *v.* to draw, to color: **tô màu hình vẽ nầy** to color this picture **3** *n.* rent: **địa tô, điền tô** land rent; **giảm tô** to reduce the rent

Tô Cách Lan *n.* Scotland, Scottish, Scot

tô điểm *v.* to embellish, to adorn, to decorate

tô giới *n.* concession [in foreign city, eg. British concession in pre-war Shanghai]

tô hô *adj.* stark naked

tố *v.* to denounce, to sue: **đấu tố địa chủ** to denounce landlords

tố cáo *v.* to denounce, to accuse

tố giác *v.* to denounce, to inform against/on someone

tố khổ *v.* [communist] to denounce landlord/employer before the people's court as having done some injustice

tố nga *n.* beautiful girl; the moon

tố nữ *n.* beautiful woman

tố tụng *v.* to instigate a lawsuit, to take a legal case, to sue

tổ **1** *n.* nest [of bird **chim**], hive [of bees **ong**], anthill: **tổ chim** bird nest **2** *n.* cell, group: **tiểu tổ** cell; **tổ dân phố** people's cell **3** *adv.* only: **Làm thế chỉ tổ cho người ta ghét.** That only makes people hate him. **4** *n.* ancestor, forefather; patron saint, founder: **ông tổ** grandparent; **thủy tổ** ancestor

tổ ấm **1** *n.* forebears, ancestors **2** *n.* love nest, happy home

tổ chức *v., n.* to organize, to set up; organization

tổ đỉa *n.* leech's nest: **rách như tổ đỉa** in rags and tatters

tổ hợp *n.* union, trust, co-op team

tổ mẫu *n.* grandmother

tổ ong *n.* beehive

tổ phụ *n.* grandfather

tổ quốc *n.* fatherland, motherland

tổ sư *n.* patron saint, founder, creator

tổ tiên *n.* ancestors, forefathers

tổ tôm *n.* card game using a deck of 120 cards and played by five persons

tổ tông *n.* ancestors, forefathers

tổ truyền *adj.* hereditary

tổ trưởng *n.* cell head, team leader, group leader

tốc **1** *v.* [of garment] to be blown up [by the wind], to lift up **2** *adj.* to be speedy, fast: **cấp tốc** urgent, pressing; **gia tốc** to speed up, to accelerate; **dục tốc bất đạt** haste is of the devil

tốc độ *n.* speed, velocity, rate: **tốc độ ban đầu** muzzle velocity, initial velocity; **tốc độ di chuyển** rate of marching; flight speed; **tốc độ lúc lên** take-off speed; **tốc độ sơ khởi** muzzle velocity, initial velocity; **tốc độ thường** normal velocity; **tốc độ tối đa** maximum speed; **tốc độ tối thiểu** minimum speed; **tốc độ trung bình** medium pace, average speed; **tốc độ tuyệt đối** absolute velocity, ground speed; **đổi tốc độ** to shift gear; **hộp tốc độ** gearbox

tốc độ kế *n.* speedometer

tốc hành *adj.* [of train] express, fast:

chuyến tàu tốc hành an express train

tốc ký *n.* shorthand; stenography, stenographer: **máy tốc ký** stenotypist

tốc lực *n.* speed, velocity: **chạy hết tốc lực** to run at full speed

tộc *n.* (= **họ**) family, clan: **gia tộc** family; **đồng tộc** of the same family; **trưởng tộc** clan head; **dân tộc** people; **tam tộc** the three clans [three generations]; **quý tộc** aristocracy; **hoàng tộc** royal family; **chủng tộc** race

tộc trưởng *n.* clan head, patriarch

tôi 1 *pron.* [used for non-relatives] I, me: **Cho tôi nói đôi điều.** Let me say something. **2** *n.* servant, slave, subject [of king]: **làm tôi** to be a servant **3** *v.* to mix, to slake [lime], to temper: **tôi vôi** to slake lime

tôi con *n.* servant and child

tôi đòi *n.* servant(s)

tôi mọi *n.* slave

tôi tớ *n.* servant, subject

tối 1 *adj.* dark, obscure; slow-witted: **trời tối** it's dark; **buồng tối** dark room **2** *n.* night, evening: **tối hôm qua** last night; **tối hôm nay** this evening; **tối đến** at nightfall, in the evening **3** *adv.* very, extremely, most: **tối mật** extremely secret

tối cao *adj.* high, supreme: **toà án tối cao** supreme court

tối cần *adj.* essential, urgent, needy

tối dạ *adj.* thick-headed

tối đa *n., adj.* maximum: **Luật qui định tối đa là 5 năm tù.** The law provides for a maximum of five years in prison.

tối hậu *adj.* last of all, ultimate, final

tối hậu thư *n.* ultimatum

tối huệ quốc *n.* most-favored nation

tối kỵ *adj.* avoided

tối mắt *v.* to be blinded [by profit, etc.]

tối mật *adj.* top secret

tối mịt *adj.* pitch dark

tối mò *adj.* pitch dark

tối mù *adj.* pitch dark

tối ngày *n.* day and night, all day long

tối om *adj.* pitch dark

tối tăm *adj., v.* very dark, gloomy; to be dark; to faint

tối tân *adj.* ultra-modern, most up to date

tối thiểu *n., adj.* minimum: **Việc nầy cần tối thiểu là hai tiếng đồng hồ.** This will take a minimum of two hours.

tối ưu *adj.* excellent, super, top-priority, top rank

tồi *adj.* bad, mean, mediocre

tồi bại *adj.* bad, shameful, depraved

tồi tàn *adj.* bad-looking, very poor: **tình trạng tồi tàn** a very poor condition

tồi tệ *adj.* miserable, mean, wicked

tội *n.* crime, offense, sin, guilt: **can, phạm tội** to commit a crime; **có tội** criminal; guilty; **vô tội** innocent; **rửa tội** to baptize; **thú tộ** to confess; **tha tội** to pardon; **xá tội** to give amnesty; **buộc tội** to charge; **can tội** guilty of; **khinh tội** offense; **trọng tội** crime

tội ác *n.* crime

tội đồ *n.* exile

tội lỗi *n.* sin, guilt

tội nghiệp *adj., v.* pitiful; to feel sorry for

tội nhân *n.* defendant, culprit, offender, criminal

tội phạm *n.* offender, criminal

tội tình *n.* misfortune

tội vạ *n.* fault

tôm *n.* shrimp, prawn: **mắm tôm** shrimp paste, bagong; **chạo tôm** grilled shrimp paste on sugar cane; **bánh phồng tôm** deep fried shrimp cakes [for cocktails]

tôm he *n.* See **tôm**

tôm hùm *n.* lobster

tôm rồng *n.* lobster

tôm tép *n.* shrimps

tôn 1 *n.* (= **cháu**) grandchild: **tằng tôn** great-grandchild; **đích tôn** eldest son of one's eldest son; **nội tôn** one's son's child; **ngoại tôn** one's daughter's child; **tử tôn** children and grandchildren, offspring **2** *v.* to honor, to admire, to venerate: **tôn**

kính to honor, to respect; **tự tôn mặc cảm** superiority complex

tôn chỉ *n.* guiding principle, policy [of newspaper]

tôn giáo *n.* religion, faith

tôn kính *v.* to respect, to honor, to venerate

tôn miếu *n.* ancestral temple

tôn nghiêm *adj.* solemn

tôn nữ *n.* girl from a royal family

tôn phục *v.* to honor, to respect

tôn sùng *v.* to honor

tôn sư *n.* master, the most venerable teacher

tôn thất *n.* royal family

tôn tộc *n.* relative, kinsman

tôn trọng *v.* to respect, to honor [treaty, etc.]

tôn trưởng *n.* eldest son of family

tôn ty *n.* hierarchy

tốn *v., adj.* to cost [money, time, efforts]; to be costly, expensive: **tốn tiền** to cost a lot of money

tốn của *adj.* costly

tốn kém *adj.* expensive, costly

tốn tiền *adj.* expensive

tồn *v.* to exist, to remain, to preserve: **bảo tồn văn hoá** to preserve one's culture; **sinh tồn** to live; **cộng tồn** to co-exist

tồn căn *n.* stub, counterfoil

tồn cổ *adj.* conservative

tồn kho *v.* to be in stock: **Hàng tồn kho.** Goods are still in stock.

tồn khoản *n.* account balance [in bank]

tồn tại *v.* to exist, to survive

tồn trữ *v.* to keep, to conserve

tồn vong *v.* to exist and to disappear

tổn *adj.* (= tốn) costly: **phí tổn** expensive

tổn hại *adj.* harmful

tổn phí *n.* expenses, expenditures

tổn thất *v., n.* to lose; loss, damage, casualty

tổn thọ *adj.* life-shortening

tổn thương *v.* to hurt [pride], to wound

tông *n.* family; ancestor: **tổ tông** sect, school; **thiền tông** Zen Buddhism

tông đồ *n.* apostle

tông đơ *n.* hair clippers

tông tích *n.* origin

tống **1** *v.* to expel, to kick out: **tống ra khỏi nhà** to be kicked out of one's house; **tống tiền** to blackmail **2** *v.* to hit, to strike

tống biệt *v.* to see [someone] off

tống cổ *v.* to throw out, to kick out

tống đạt *v.* to transmit [memorandum]

tống giam *v.* to arrest, to take into custody

tống khứ *v.* to expel, to kick out

tống ngục *v.* to throw into jail

tống táng *v.* to organize a funeral, to bury [someone]

tống thư văn *v.* to send a messenger

tổng *n.* canton, district: **cai tổng, chánh tổng** canton chief

tổng bộ *n.* central committee [of a political party]

tổng chỉ huy *n.* Commander-in-Chief

tổng chủ giáo *n.* archbishop

tổng công đoàn *n.* general confederation of unions

tổng cộng *n.* grand total

tổng cục *n.* general department

tổng đài *n.* switchboard/telephone operator

tổng đình công *n.* general strike

tổng đốc *n.* province chief [in pre-republican days]

tổng động binh *n.* general mobilization

tổng động viên *n.* general mobilization

tổng giám đốc *n.* director-general

tổng giám mục *n.* archbishop

tổng hành dinh *n.* general headquarters

tổng hội *n.* general association

tổng hợp *n., adj., v.* synthesis; synthetic, general; to combine

tổng kết *v.* to sum up; to conclude, to add up grand total

tổng khởi nghĩa *n.* general uprising

tổng lãnh sự *n.* consul-general: **toà tổng lãnh sự** consulate-general

tổng luận *n.* general conclusion

tổng lý *n.* [obsol.] prime minister; general manager

tổng nha *n.* general office/department

tổng phản công *n.* general counter-offensive

tổng quát *n., adj.* general view; in general

tổng sản lượng *n.* total products: **tổng sản lượng quốc gia** gross national product [GNP]

tổng số *n.* grand total

tổng tấn công *n.* general offensive

tổng tham mưu *n.* general staff

tổng thanh tra *n.* inspector-general

tổng thống *n.* President [of a republic]: **phó tổng thống** vice-president [of a republic]; **Dinh Tổng thống** the Presidential Palace; **Phủ Tổng thống** the Presidency

tổng thống phủ *n.* the Presidency

tổng thư ký *n.* secretary-general

tổng trấn *n.* governor

tổng trưởng *n.* minister, secretary: **tổng trưởng ngoại giao** secretary of state [U.S.]

tổng tuyển cử *n.* general elections

tổng tư lệnh *n.* Commander-in-Chief

tổng uỷ viên *n.* general commissioner

tốp *n.* group, bare squad

tốt *adj.* good; [of weather] fine; [of day] auspicious, lucky [*opp.* **xấu**]: **thời tiết tốt** fine weather; **tươi tốt** beautiful, fresh

tốt bụng *adj.* kind-hearted

tốt duyên *n.* happy marriage

tốt đẹp *adj.* fine, good

tốt đôi *adj.* well-matched

tốt lành *adj.* good, fine; auspicious

tốt mã *adj.* good looking

tốt mái *adj.* prolific [of childbearing]

tốt nghiệp *v.* to graduate

tốt số *adj.* lucky

tốt tươi *adj.* beautiful

tột *n.* highest degree, top, summit

tột bậc *n.* top level, top notch

tột đỉnh *n.* summit, peak

tột độ *n.* highest degree

tột phẩm *n.* top quality

tơ **1** *n.* silk, thread: **tơ nhân tạo** synthetic silk; **ông Tơ** God of Marriages; **kết tóc xe tơ** to marry **2** *adj.* young, tender [of chicken, girl]: **trai tơ** young man; **vịt tơ** young duck

tơ duyên *n.* marriage bonds

tơ hào *adv.* not in the least, not at all

tơ hồng *n.* thread of marriage, dodder

tơ lòng *n.* ties of affection, attachment

tơ mành *n.* fine silk

tơ tưởng *v.* to dream

tớ **1** *n.* servant: **đầy tớ** servant **2** *pron.* I, me [friendly first person]: **Đợi tớ vài phút.** Please wait for me a few minutes.

tờ *n.* sheet of paper; classifier for papers, newspapers (= **tờ báo**): **tờ giấy** a piece of paper

tờ khai *n.* declaration, statement

tờ mờ *adj.* dark, somber, dim

tơi **1** *adj.* torn: **tả tơi** torn out **2** *n.* palm-leaf raincoat: **áo tơi, áo mưa** raincoat

tơi bời *adj.* ragged, in disorder

tơi tả *adj.* in rags, in tatters

tới *v.* (= **đến**) to come, to arrive: **tới nơi** to reach, to arrive; **lui tới** to frequent; **tấn tới** to progress; **đi tới** to move forward

tới tấp *adj.* repeatedly beaten; to rain hard

tởm *v., adj.* to loathe so much as to become nauseous; to be nauseating: **ghê tởm** nauseating, disgusting

tởn *adj.* curled up; excited, stirred

tợn *adj.* daring, bold; naughty: **dữ tợn, hung tợn** very tough; **khó tợn** very tough

tợp *adj. v.* sip, mouthful; to gulp

tra **1** *v.* to put in or fit in [a part such as a tenon into a mortise]: **tháo ra tra vào** to take apart, then put together **2** *v.* to investigate; to examine, to inspect: **thanh tra, kiểm tra** to inspect; **tra hỏi, tra tấn** to interrogate, to question; **tra từ điển** to look up a dictionary

tra hỏi *v.* to interrogate, to question: **tra khảo** to examine, to investigate

tra tấn *v.* to interrogate; to beat up, to torture

tra vấn *v.* to interrogate, to question

trá *adj.* false, deceitful: **dối trá** to tell a lie; **gian trá** to cheat

trá hình *v.* to disguise oneself

trá hàng *v.* to pretend to surrender

trá hôn *v.* to substitute another girl for the bride

trà *n.* tea [both the leaves and the beverage]. See **che**: **phòng trà** tea room; **tiệc trà** tea party; **pha trà** to make tea; **uống trà** to drink tea; **trà dư tửu hậu** after tea, after drink

trà hoa nữ *n.* camellia

trà thất *n.* teahouse

trà trộn *v.* to mingle [in a crowd]: **trà trộn vào đám đông** to mingle in a crowd

trả *v.* to pay, to return, to give back: **trả tiền thuê nhà** to pay rent; **trả sách thư viện** to return books to a library

trả đũa *v.* to retaliate

trả lễ *v.* to convey one's thanks with presents

trả lời *v.* to answer, to reply: **trả lời thư của bạn** to reply to a letter

trả ơn *v.* to reciprocate someone's favor/help

trả thù *v.* to avenge oneself, to take revenge on

trác *v.* to cheat

trác táng *adj.* debauched, depraved

trác tuyệt *adj.* outstanding

trác việt *adj.* outstanding

trạc *adv.* about, approximately: **trạc ba mươi** about thirty years old

trách *v.* to take to task, to blame, to complain: **quở trách** to scold; **khiển trách** to blame; to impeach

trách cứ *v.* to hold someone responsible; to blame

trách mắng *v.* to reprimand, to scold

trách móc *v.* to reproach with, to reprove, to reprimand

trách nhiệm *n.* responsibility: **chịu trách nhiệm** to be responsible; **trách nhiệm** responsibilities, duties

trai **1** *n.* son, boy, young man **2** *n.* oyster: **hạt trai, ngọc trai** pearl; **mũ**

lưỡi trai cap [with visor]

trai tráng *adj.* young and strong

trai trẻ *adj.* young

trái **1** *n.* (= **quả**): **hái trái** to pick fruits; **bánh trái** cakes and fruits; **lên trái** to have smallpox; **trồng trái** to vaccinate against smallpox **2** *adj.* [*opp.* **phải**] to act contrary to, be contrary to, wrong; [of garment] to be inside out; left [as opp. to right **mặt, phải**]: **phải trái** right and wrong; **bên (tay) trái** on the left, to the left; **mặt trái** reverse side; **đi bên trái** to keep to the left

trái cây *n.* fruit: **tiệm bán trái cây** a fruit shop

trái chủ *n.* creditor

trái chứng *n.* illness, sickness

trái đất *n.* the earth

trái khoản *n.* debt

trái khoáy *n.* contradiction

trái lại *adv.* on the contrary; on the other hand

trái mắt *adj.* shocking to the eyes

trái mùa *adj.* out of season, out of fashion

trái ngược *v., adj.* to contradict; to be contradictory, opposite

trái phá *n.* artillery shell: **trái phá châm nổ** armor piercing shell; **trái phá chiếu sáng** illumination shell; **trái phá hoả mù, trái phá khói** smoke shell; **trái phá nổ** high explosive shell, bursting shell; **trái phá lửa** incendiary shell, fuse shell; **trái phá xuyên phá** tracer shell

trái phép *adj.* unlawful, illegal

trái tai *adj.* shocking to the ears

trái thơm *n.* pineapple (= **dứa**)

trái tim *n.* heart

trải **1** *v.* to spread [mat **chiếu**, rug **thảm**, etc.] **2** *v.* to experience, to go through: **trải qua** to come through; **từng trải** to be experienced

trại *n.* farm, plantation: **nông trại** farm; **trại lính** camp; barracks; **cắm trại** to camp; **lửa trại** jamboree, campfire; **trang trại** farm, villa

trại chủ *n.* farm owner

trại giam *n.* concentration camp

trại giáo hoá *n.* re-education center

trại hủi *n.* leper colony

trại tập trung *n.* concentration camp

trám **1** *n.* olive: **hình quả trám** diamond-shaped **2** *v.* to stop up, to caulk: **trám thuyền** to caulk a boat

trảm *v.* (= **chém**) to behead, to chop off, to execute: **xử trảm** to behead

trạm *n.* station, stop, resting place for mailmen: **trạm xe buýt** bus station; **phu trạm** mailman, postman

trạm cấp cứu *n.* first-aid station, first-aid post: **trạm cấp cứu chính** main dressing station; **trạm cứu thương** first-aid station, medical station

trạm xăng *n.* gas/petrol station

trán *n.* forehead, brow: **Ông ấy có trán cao.** He has a high forehead.; **chạm trán** to confront, to face [**với** with]

tràn *v.* to overflow; to spread [**đến**, **tới**, sang, **vào** into]: **đầy tràn** overflowing; **lan tràn** to spread

tràn ngập *v.* to submerge, to flood, to overflow: **Trái cây tràn ngập chợ.** Fruits flood the market.

tràn trề *v.* to be overflowing

trang *n.* page [of book]: **mở sách ra trang số mười** to open one's book to page ten

trang bị *v.* to equip

trang điểm *v.* to adorn oneself, to make up, to beautify with cosmetics

trang hoàng *v.* to decorate: **trang hoang nhà cửa** to decorate one's house

trang kim *n.* gold paper, spangle

trang nghiêm *adj.* serious, solemn: **không khí trang nghiêm** solemn atmosphere

trang nhã *adj.* refined, elegant: **ăn mặc trang nhã** to dress elegantly

trang sức *v.* to adorn, to embellish

trang trải *v.* to pay back, to settle [debts]

trang trí *v., adj.* to decorate; ornamental: **trang trí nội thất** to decorate the interior

tráng **1** *v.* to rinse [dishes, glasses]; to apply a coat of enamel or paint; to spread thin [dough, etc.] so as to make pancakes, omelets, etc.: **đồ tráng miệng** dessert; **trứng tráng** omelet; **bánh tráng** rice waffle, rice paper **2** *adj.* to be strong, brave: **cường tráng, hùng tráng** virile, strong; **lính tráng** soldiers

tráng kiện *adj.* strong and healthy, hale and hearty

tráng lệ *adj.* stately, imposing

tráng sĩ *n.* valiant man

tràng **1** *n.* bowels, intestine: **trực tràng** rectum; **mạch tràng** caecum; **nhuận tràng** laxative **2** *n.* chain, string [of beads, flowers, firecrackers, etc.]; salve: **một tràng pháo tay** a round of applause

tràng hạt *n.* rosary, beads: **lần tràng hạt** to count one's beads

tràng hoa *n.* garland of flowers

tràng mạng *n.* veil

tràng nhạc *n.* necklace of small bells; scrofula,

tràng pháo *n.* string of firecrackers

trạng ăn *n.* big eater

trạng huống *n.* situation

trạng nguyên *n.* first doctoral candidate [under old system]

trạng rượu *n.* great drinker

trạng sư *n.* lawyer

trạng thái *n.* state, condition, situation

trạng từ *n.* adverb

tranh **1** *n.* straw, grass used for thatching: **nhà tranh, lều tranh** straw hut **2** *n.* picture, painting

tranh ảnh *n.* pictures, illustrations

tranh biện *v.* to debate, to discuss, to argue

tranh cãi *v.* to debate, to discuss

tranh chấp *v.* to fight for, to dispute

tranh đấu *v.* to struggle, to fight for

tranh đoạt *v.* to seize, to usurp

tranh giành *v.* to dispute, to compete

tranh hùng *v.* to fight for supremacy

tranh khôn *v.* to match wits

tranh quyền *v.* to fight for power

tranh thủ *v.* to fight for [independence **độc lập**]; to save [time **thời** gian]; to make use of, to take advantage of: **tranh thủ nền độc lập** to fight for independence

tranh tụng *v.* to sue one another

tránh *v.* to avoid, to dodge; to stand aside, to make way: **trốn tránh** to avoid, to shun; **không tránh được** inevitable, unavoidable

tránh mặt *v.* to avoid meeting someone

tránh tiếng *v.* to avoid becoming the topic of gossip, to keep one's good name safe

trành *v.* to lean, to bend: **tròng trành** unsteady

trao *v.* See giao

trao đổi *v.* to exchange: **trao đổi kinh nghiệm** to exchange one's experience

tráo *v.* to substitute or to switch a faked article for an authentic one

tráo trở *adj.* dishonest, crooked, devious

trào *v.* to overflow

trào bọt *v.* to foam

trào bọt mép *v.* to drivel, to slobber

trào lộng *v.* to mock, to ridicule, to satirize

trào lưu *n.* trend, movement: **trào lưu văn hoá mới** new cultural movement

trào máu *v.* to vomit blood

trào phúng *n., adj.* satire; satirical

tráp *n.* wooden container, box: **tráp trầu** betel box; **tráp nữ trang** jewel box

trát **1** *v.* to coat, to plaster; to smear **2** *n.* warrant, order, summons: **trát đòi ra toà** court order

trau *v.* to polish, to adorn: **trau lời văn** to polish one's style

trau giồi *v.* to cultivate [virtue **đức hạnh**]; to improve [knowledge **học thức, kiến thức**]: **trau giồi kiến thức** to improve one's knowledge

trẩy *v.* to pick [fruit]

trắc *n.* rosewood, kingwood

trắc ẩn *n.* pity, compassion

trắc diện học *n.* planimetry

trắc địa *v.* to survey land

trắc đồ *n.* profile: **trắc đồ ngang** cross section; **trắc đồ dọc** longitudinal section

trắc lượng *v.* to measure land, to survey

trắc nghiệm *v., n.* to test; test, experiment: **trắc nghiệm khả năng tiếng Anh** to test one's English

trắc trở *adj.* difficult

trặc *v.* to be dislocated, to be out of joint, to sprain: **trặc tay** to sprain one's arm

trăm *num.* [SV **bách**] hundred: **một trăm hai mươi/chục** 120; **hai trăm tư** (= **hai trăm bốn mươi/chục**) 240; **hàng trăm** hundreds of; **phần trăm** hundredth, percent

trăm họ *n.* the people, everyone

trăm năm *n.* a man's life; for ever: **bạn trăm năm** one's spouse

trăm *n.* pike

trằm *n.* earring

trăn *n.* python

trằn *v.* to roll, to toss

trằn trọc *v.* to toss in bed, to have insomnia

trăng *n.* the moon

trăng gió *v.* to flirt

trăng hoa *v., adj.* to flirt; flirtatious

trăng mật *n.* honeymoon

trăng trắng *adj.* whitish

trắng *adj., adv.* [SV **bạch**] white; [of hands **hai bàn tay**] to be empty; blank; [to speak] frankly: **mặc/bận đồ trắng** dressed in white; **lòng trắng trứng** egg white; **bỏ trắng** to leave blank; **giấy trắng** writing paper, blank page; **kính trắng** eyeglasses, reading glasses

trắng án *v.* to be acquitted, to get cleared by the court

trắng bạch *adj.* very white, pale

trắng dã *adj.* [of eyes] white

trắng hếu *adj.* [of skin] light white

trắng mắt *adj., v.* disillusioned; to realize one's mistake

trắng mởn *adj.* [of complexion] tender white

trắng ngà *adj.* ivory white

trắng nhợt *adj.* very pale

trắng nõn *adj.* [of complexion] soft and very white

trắng phau *adj.* very white

trắng tinh *adj.* immaculate, spotless white

trắng toát *adj.* immaculate, spotless white

trắng trẻo *adj.* light white: **da trắng trẻo** light white complexion

trắng trợn *adj.* blunt; cynical; rude

trắng xoá *adj.* dazzling white

trâm *n.* hairpin

trâm anh thế phiệt *n.* nobility

trầm *v.* R to sink (= **chìm**); R heavy, serious: **trầm trọng, trầm mình** to drown oneself; **thăng trầm** ups and downs; **thâm trầm** reserved, undemonstrative

trầm 1 *n.* aquilaria 2 *adj.* [of voice] to be deep, low: **lên bổng xuống trầm** modulating, singing [tone of voice]; **trầm hùng** to be moving; **trầm hương** aquilaria; **trầm lặng** to be quiet, taciturn; **trầm luân** to be immersed in misfortune

trầm mặc *adj.* quiet, taciturn

trầm ngâm *adj.* pensive, meditative, thoughtful

trầm tĩnh *adj.* quiet, calm, taciturn

trầm trệ *adj., v.* heavy, slow, stagnant; to stagnate

trầm trọng *adj.* [of illness] serious

trầm trồ *v., adj.* to praise; to be full of admiration, admirable

trầm tư mặc tưởng *adj.* meek; to be lost in meditation

trấm *v.* to suppress, to hush up

trẫm 1 *v.* to drown oneself: **trẫm mình xuống nước** to throw oneself into the water 2 *pron.* I, me [used by king]

trân *v.* to be lost to shame, to remain brazen-faced

trân châu *n.* pearl

Trân Châu Cảng *n.* Pearl Harbor

trân trọng *adv.* respectfully, solemnly: **tôi xin trân trọng giới thiệu cùng quý vị** have the honor and privilege to present to you

trấn *n.* market town, town: **thị trấn** town center

trấn *v.* to repress, to block the way, to stand in the way: **đứng trấn cửa ra vào** to stand in the way of the front door

trấn áp *v.* to repress, to overwhelm

trấn định *v.* to appease, to soothe

trấn giữ *v.* to guard, to defend, to protect

trấn thủ *v.* to guard, to defend [a place]

trấn tĩnh *v.* to control oneself, to keep calm

trần 1 *adj.* semi-naked: **cởi trần, ở trần** half naked; **đầu trần** hatless, bare; **lột trần** to strip, to unmask; **trần như nhộng** stark naked 2 *n.* ceiling: **trần nhà** ceiling; **quạt trần** ceiling fan

trần ai *n.* this world

trần bì *n.* dried tangerine skin [used for medicinal purposes]

trần duyên *n.* lot, destiny, fate

trần gian *n.* the world, this world

trần hoàn *n.* this world

trần liệt *v.* to lay out, to display

trần lụy *n.* pains of life, worries of life

trần tấu *v.* to report to the king

trần thế *n.* this world

trần thiết *v.* to arrange, to display; to decorate

trần thuật *v.* to explain, to testify

trần thuyết *v.* to explain, to set forth

trần tình *v.* to set forth, to make clear

trần trụi *adj.* stark naked

trần truồng *adj.* naked

trần tục *n.* human life

trận *n.* combat, battle; classifier for fights, wars, attacks, matches, rains, storms, etc.: **trận đấu** matches; **mặt trận** front; **tử trận** to die in action; **ra trận** to go into battle; **bại trận** defeated, beaten; **thắng trận** victorious; **ngựa trận** war horse; **tập trận** maneuver, military exercise; **một trận cười** a fit of laughter

trận địa *n.* battlefield, battleground

trận đồ *n.* strategy, plan

trận giặc *n.* war

trận mạc *n.* battle, fight, combat

trận tuyến *n.* battle line, front

trận vong *v.* to die in battle: **chiến sĩ**

trận vong war dead

trâng tráo *v.* to be brazen-faced

trập trùng *v.* to accumulate [of waves, mountains]

trật **1** *n.* level, grade, rank: **phẩm trật** official rank; **thăng trật** to promote **2** *adj.* erroneous, wrong; off course: **Xe lửa bị trật bánh.** The train was thrown off the rails.

trật bánh *v.* to be derailed

trật đường *v.* to take the wrong road

trật trưỡng *v.* to be staggering, to be unstable, to be reeling

trật tự *n.* order: **giữ trật tự** to maintain order; **làm rối trật tử** to disturb order; **vô trật tự** disorderly; **tôn ti trật tự** hierarchy; **trật tự công cộng** public order; **có trật tự** orderly

trâu *n.* water buffalo, carabao: **chuồng trâu** buffalo stable, buffalo shed; **đầu trâu mặt ngựa** ruffian, hoodlum, hooligan

trâu bò *n.* livestock, cattle

trâu cái *n.* she buffalo, buffalo cow

trâu con *n.* buffalo calf (= nghé)

trâu mộng *n.* gelded buffalo

trâu nái *n.* buffalo cow

trâu ngựa *n.* slaves

trấu *n.* rice husk: **như trấu** [of mosquitoes **muỗi**] to be abundant

trầu *n.* betel leaf

trầu cau *n.* betel and areca-nut

trây **1** *v.* to smear, to soil, to tarnish **2** *adj.* to be lazy, negligent

trây lười *adj.* lazy

trầy *v.* to be scratched, to scrape off, to abrade: **trầy da** to abrade one's skin

trầy trật *v.* to have great diffculties

trầy trụa *v.* to be all scratched up

trẩy *v.* to travel, to go sightseeing

trẩy hội *v.* to make a pilgrimage, to go on a pilgrimage: **trẩy hội chùa Hương** to go on a pilgrimage to Huong Pagoda

tre *n.* [SV **trúc**] bamboo: **khóm tre** a clump of bamboo; **lá tre** bamboo leaves; **măng tre** bamboo shoots; **lũy tre** bamboo hedge, girdle of bamboo sticks; **Tre già măng mọc.** The young succeed the old.; **đũa tre** bamboo chopsticks

trẻ *adj.* young, young child [*opp.* **già**]: **lớn bé già trẻ** old and young, everyone; **con trẻ** children; **tuổi trẻ** youth; **trai trẻ** young

trẻ con *n.* child, kid, youngster

trẻ em *n.* child, kid

trẻ già *n.* young and old

trẻ lại *v.* to be rejuvenated

trẻ măng *adj.* very young

trẻ nhỏ *n.* children, kids

trẻ thơ *n.* a very young child

treo *v.* to hang, to suspend; to display [flag]; to offer [prize **giải**]: **chết treo** hanged; **treo cờ** to display a flag

treo bảng *v.* to publish the list of successful candidates [in examination]

treo cổ *v.* to hang [criminal]

treo cờ *v.* to display flags

treo giải *v.* to offer a prize

treo giò *v.* to suspend [a soccer player], to penalize

treo gương *v.* to hang a mirror; to set an example

treo mõm *v.* to be starved

tréo *v.* to be at an angle, to cross: **tréo chân** to cross one's legs

trèo *v.* to climb: **leo trèo** to climb; **chơi trèo** to pursue friendship with someone above one's social position; **Trèo cao ngã đau.** The higher one climbs, the further one falls.

trèo đèo lặn suối *v.* to climb up hill and go down dale

trèo leo *v.* to climb

trèo non vượt biển *v.* to be up hill and down dale

trẹo *adj.* to be out of natural position; to be out of joint, be dislocated; [of neck] stiff; [of ankle] sprained

trẹo cổ *v.* to have a stiff neck

trẹo họng *v.* to lie, to slander

trét *v.* to smear; to calk

trê *n.* catfish, silurus

trề *v.* to purse, to pout [one's lips **mỏ**, **môi**]: **trề môi** to pout one's lips trẻ **1** *adj.* late: **trễ mười phút** ten minutes late; **bê trễ** tardy, dragging; **đến trễ** to be late, to come late; **Đồng hồ tôi trễ.** My watch is slow. **2** *adj.* hanging, drooping

trễ giờ *adj.* late

trễ nải *adj.* tardy; lazy

trệ **1** *adj.* stopped; late: **đình trệ** held up, delayed; **ngưng trệ** delayed, stopped **2** *v.* to sag: **bụng trệ** a sagging belly

trệch *v.* to veer off, to miss [target]

trên *prep., adv.* above, on, upon, over, upper: **ở trên đầu** over, on one's head: **Quyển sách để trên bàn.** The book is on the table.; **Trên bàn có kiến.** There are ants on the table.; **trên gác, trên lầu** upstairs; **trên trần** on the ceiling; **trên trời** in the sky; **người trên** superior; **cấp trên** higher rank; **tầng trên** upper floor; **môi trên** upper lip; **hàm trên** upper jaw; **trên không** in the air; **trên bộ** on land, ashore; **trên dưới** around [a certain amount]; **Bề trên** Superior [of monastery, convent]; **trên đời này** in this world; **trên căn bản bình đẳng** on an equal basis

trệt *adj.* flattened: **nhà trệt** one-storied house

trêu *v.* to tease, to pester, to plague; to flirt; to provoke

trêu chọc *v.* to tease

trêu gan *v.* to irritate, to provoke

trêu ghẹo *v.* to tease, to pester, to plague

trêu ngươi *v.* to irritate, to provoke

trếu tráo *v.* to chew briefly

trều trào *v.* to be overflowing

tri *v.* (= biết) to know: **vô tri** inanimate; **tương tri** to understand each other; **tiên tri** prophet; **cố tri** old friend; **thông tri** to inform

tri âm *n., v.* close friend; to fully understand one another

tri ân *v.* to be grateful

tri giác *n.* perception

tri giao *v.* to have a friendly relationship

tri hành *n.* theory and practice

tri hô *v.* to shout for help

tri huyện *n.* district chief [in delta]

tri kỷ *n.* close friend

tri năng *n.* knowledge and ability

tri ngộ *n.* friendship at first sight

tri phủ *n.* district chief [in delta]

tri thức *n.* knowledge

trí *n.* mind, spirit, wit, intelligence; knowledge, wisdom: **tài trí** ability and intelligence; **nhanh trí** intelligent

trí dục *n.* intellectual education

trí dũng *n.* wisdom and courage

trí khôn *n.* intelligence

trí lực *n.* mental power, intellect, mind

trí mưu *n.* resourcefulness

trí não *n.* brain, mind

trí nhớ *n.* memory: **Bạn tôi có trí nhớ rất tốt.** My friend has a very good memory.

trí sĩ *n.* retired official

trí thức *n.* intellect, intellectual, intelligentsia

trí trá *adj.* crafty, wily

trí tri *v.* to deepen knowledge

trí tuệ *n.* intelligence

trí tưởng tượng *n.* imagination: **Trẻ con có trí tưởng tượng rất phong phú.** Children have a rich imagination.

trí xảo *adj.* astute, cunning

trì *v.* to hold; to support, to help: **duy trì** to preserve, to maintain; **hộ trì** to help, to assist; **trụ trì** [of monk] to be in charge of a temple; **kiên trì** patient

trì chí *adj.* patient

trì độn *adj.* dull, apathetic, lazy

trì hoãn *v.* to delay, to postpone: **Không nên trì hoãn dự án của chúng ta.** We shouldn't delay our project.

trì thủ *v.* to guard, to preserve

trĩ *n.* hemorrhoid

trĩ mũi *n.* polyp in the nose

trị *v.* to administer, to govern, to rule; to cure [disease, patient]: **thống trị** to rule; **điều trị, trị liệu** to cure diseases; **trừng trị** to punish; **bất trị** uncontrollable; **tự trị** self-governing, autonomous

trị an *v.* to pacify, to maintain order

trị giá *v.* to be worth [so much], to value: **Cái nầy trị giá bao nhiêu?** How much is it worth?

trị liệu *v.* to cure, to treat

trị số *n.* value

trị sự *v.* to manage: **ban trị sự** board of directors

trị thuỷ *v.* to control floods

trị tội *v.* to punish

trị vì *v.* [of king] to reign, to rule

trích *v.* to extract, to excerpt, to take out; to set aside [a certain amount]: **trích một đoạn văn** to extract; **trích một số tiền** to set aside a sum of money

trích dẫn *v.* to quote

trích dịch *v.* to translate excerpts

trích diễn *n.* excerpts [from literary works]

trích đăng *v.* to print, to publish parts of

trích lục *v.* to duplicate, to copy: **trích lục khai sinh** to duplicate a birth certificate

trích yếu *n.* summary, outline, abstract, synopsis

trịch *adj.* very heavy: **nặng trình trịch** very heavy

trịch thượng **1** *v.* to hold a superior rank; to be lofty **2** *adj.* condescending: **giọng trịch thượng** condescending tone

triền *n.* slope [of mountain **núi**], basin [of river **sông**]

triền miên *adj.* tangled up, interminable

triển hạn *v.* to extend a deadline: **Họ xin triển hạn hợp đồng.** They are asking for an extension of the deadline of their contract.

triển khai *v.* to develop, to expand

triển lãm *v., n.* to exhibit; exhibition: **cuộc triển lãm hội họa** painting exhibition

triển vọng *n.* prospect, expectation, outlook

triện *n.* seal, stamp: **chữ triện** seal characters

triết *n.* philosophy: **nhà hiền triết** philosopher

triết gia *n.* philosopher

triết học *n.* philosophy [the study]

triết lý *n.* philosophy [of a man or religion]

triết nhân *n.* philosopher

triệt *v.* to suppress, to remove, to exterminate; to withdraw [troops **binh**]: **triệt thoái quân đội** to withdraw troops

triệt để *adj., adv.* radical, thorough, systematic; thoroughly, radically, absolutely, completely

triệt hạ *v.* to quell; to raze, to put down

triệt hồi *v.* to dismiss, to recall [official]

triệt tiêu *v.* to cancel, to destroy: **triệt tiêu số đạo hàm** to cancel a derivative

triệt thoái *v.* to withdraw: **triệt thoái quân khỏi biên giới** to withdraw troops from the border

triệt thối *v.* to withdraw

triều **1** *n.* royal court: **triều đình** dynasty, king court **2** *n.* (= **trào**) tide: **thuỷ triều đang lên** rising tide

triều chính *n.* court affairs, state affairs

triều cống *v.* to bring a tribute to the emperor

triều đại *n.* dynasty

triều đình *n.* the imperial Court

triều kiến *v.* royal audience

triều nghi *n.* court rites

triều phục *n.* court dress

triều thần *n.* court officials

Triều Tiên *n.* (= **Cao Ly**) Korea: **người Triều Tiên** Korean

triệu **1** *num.* million: **hai triệu rưỡi** 2,500,000; **hàng triệu** millions of **2** *v.* to summon; to call: **triệu đại sứ về nước** to recall the ambassador home

triệu chứng *n.* symptom; omen

triệu hồi *v.* to recall [an official]

triệu phú *n.* millionaire: **Ai cũng muốn trở thành triệu phú.** Everyone wants to be a millionaire.

triệu tập *v.* to call a meeting, to convene, to convoke [assembly]: **triệu tập một hội nghị** to convene a conference trinh *adj.* virgin, chaste; righteous: **phá trinh** to deflower; **mất trinh** to lose virginity; **đồng trinh** young virgin; **màng trinh** hymen

trinh bạch *adj.* chaste, pure

trinh nữ *n.* virgin

trinh phụ *n.* loyal wife

trinh sát *v.* to spy, to scout around

trinh tiết *n.* virginity

trinh thám *adj.* detective

trình *v.* to report: **trình báo chính quyền** to report to the authorities; **trình hộ chiếu** to show one's passport; **tờ trình** report; **tường trình** to report; report; **phúc trình** to report [again]

trình bày *v.* to present, to display: **trình bày kế hoạch làm việc** to present an action plan

trình diện *v.* to report oneself

trình độ *n.* degree, extent, level, standard

trình toà *v.* to register [model, patent]

trình trịch *adj.* weighty

trình tự *n.* sequence, order; process

trịnh trọng *adj.* formal, solemn

trìu mến *v., adj.* to be fond of, to love; affectionate

trĩu *v.* to be weighted down, to be bent: **nặng trĩu** very heavy

tro *n.* cinders, ashes

trò **1** *n.* young student: **học trò** student, schoolboy, pupil; **thầy trò** teacher and student; **vẽ trò** to complicate things; **vai trò** role, part; **chuyện trò** to talk, to chat; **pha trò** to kid, to joke, to be a comedian **2** *n.* game, trick, feat

trò chơi *n.* game: **chơi trò chơi điện tử** to play computer games

trò chuyện *v.* to talk

trò cười *n.* laughing-stock

trò đời *n.* human comedy

trò đùa *n.* joke, trick, prank

trò hề *n.* jest, joke; buffoonery

trò khỉ *n.* aping; monkey business

trò nhỏ *n.* schoolboy

trò quỉ thuật *n.* magician's trick

trò trẻ con *n.* children's stuff

trò trống *n.* nothing: **không ra trò trống gì cả** to amount to nothing

trỏ *v.* to point, to show: **ngón tay trỏ** index finger

trọ *v.* to stay overnight; to board: **nhà trọ** boarding house; **ăn trọ, ở trọ** to stay at, to board at; **quán trọ** inn

trọ trẹ *v.* to speak with a heavy accent

tróc *v.* [of skin **da**] to peel off; to scale off [of bark **vỏ**, scale **vẩy**, paint **sơn**] to fall off: **Tróc sơn.** The paint peeled off.

tróc nã *v.* to hunt for: **tróc nã kẻ ăn cắp** to hunt for a thief

trọc *adj.* [of head] shaven; [of mountain] bare: **đầu trọc** a shaven head

trọc lóc *adj.* completely shaven; hairless

trọc phú *n.* lonely rich

trói *v.* to bind, to tie up [a person]: **trói người nầy lại** to tie up this person; **trói buộc** to tie up [with obligations]

trọi *adj.* emptied, cleaned out: **hết trọi** all gone; at all; **trơ trọi** lonely

trõm *n.* [of cheeks **má**] hollow, [of eyes **mắt**] sunken

tròn *adj.* round, spherical, [of moon] full: **vòng tròn** circle; **quả tròn** sphere; **hình tròn** round, spherical; circle, sphere; **hai năm tròn** two full years; **làm tròn** to fulfill; **hội nghị bàn tròn** roundtable conference

tròn trặn *adj.* perfectly round

tròn trĩnh *adj.* plump, roundish

tròn xoe *adj.* perfectly round

trọn *adj., adv.* entire, whole; entirely, completely

trọn đời *n.* during one's entire life

trọn vẹn *adj.* complete, whole, integral

trong **1** *adj.* [SV **thanh**] pure, clear, transparent [*opp.* **đục**]: **trăng trong** clear moonlight **2** *prep.* [SV **nội**] in, inside, inner; among: **trong số** among; **ở trong, bên trong** inside; **trong Sài Gòn** in Saigon [as opp. to a place in the north]; **trong ba tháng** during the three months; **trong năm rồi** in the last year; **trong rừng** in the jungle trong khi *adv.* while, during

trong khi ấy *adv.* meanwhile, in the meantime

trong sạch *adj.* pure, clean

trong suốt *adj.* transparent, clear

trong trắng *adj.* pure, clean

trong trẻo *adj.* clear, unclouded

trong vắt *adj.* very clear, limpid, transparent

tróng vòng *adv.* within [a period of time]

tròng 1 *n.* noose, lasso; trap, snare: **vào tròng** trapped 2 *n.* pupil of the eye

tròng lọng *n.* slip knot, noose

tròng trành *v., adj.* to rock; unstable

trọng *adj.* heavy (= **nặng**); important [*opp.* **khinh**]; to respect, to honor [person, treaty]: **kính trọng, tôn trọng** to respect; **quan trọng** important; **nghiêm trọng** grave, serious; **tự trọng** self-respect; **hệ trọng** vital, crucial; **long trọng** solemn; **quí trọng** to esteem and respect; **sang trọng** noble; **trầm trọng** grave, serious [of crisis]; **trân trọng** to have the honor to

trọng bệnh *n.* serious illness

trọng dụng *v.* to use at an important function

trọng đãi *v.* to treat well

trọng đại *adj.* very important

trọng đông *n.* the second month of winter

trọng hậu *adj.* generous, liberal

trọng lực *n.* weight, gravity

trọng lượng *n.* weight: **trọng lượng nguyên tử** atomic weight; **trọng lượng phân tử** molecular weight

trọng lượng riêng *n.* specific weight

trọng lượng nguyên *n.* gross weight

trọng lượng ròng *n.* net weight

trọng mãi *n.* broker

trọng nông *adj.* physiocratic, agricultural

trọng pháo *n.* heavy artillery

trọng tài *n.* umpire

trọng tải *v., n.* [of vessel] to have a tonnage of; carrying capacity, weight load

trọng tâm *n.* center of gravity, hub; important point, center of importance

trọng thể *adj.* solemn

trọng thu *n.* the second month of autumn

trọng thương *adj.* heavily wounded, severely wounded

trọng thưởng *v.* to reward generously

trọng tội *n.* serious offense, crime

trọng trách *n.* heavy responsibility

trọng vọng *v.* to honor, to respect

trọng xuân *n.* the second month of spring

trọng yếu *adj.* important, vital, essential

trót 1 *adv.* to act completely; entirely, full 2 *v.* to have committed already [an error, a crime]: **Nó trót dại lấy của ông cái bút.** He was stupid enough to steal your pen.

trô trố *v.* to stare at, to goggle

trố *v.* to have eyes wide open

trố mắt *v.* to goggle

trổ 1 *v.* to shoot forth, to put forth, to sprout 2 *v.* to show off, to display: **trổ tài** to display talent

trổ bông *v.* to bloom [flowers]

trổ hoa *v.* to bloom

trốc *v.* to upturn: **trốc mái nhà** to upturn roofs

trôi *v.* to drift; [of time] to pass: **chết trôi** to be drowned; **ngày tháng trôi qua** time flies

trôi chảy *adj.* going well, running smoothly; [of style] easy, flowing

trôi giạt *v.* to be stranded; to drift, to roam

trôi nổi *v.* to be drifting

trôi sông *v.* to drown [as a punishment] in a river, to drift on the river

trối 1 *v.* to leave one's last will 2 *adj.* exhausted, overwhelmed

trối chết *adv.* beyond endurance, intolerably: **đau trối chết** to suffer an intolerable pain

trồi *v.* to emerge, to jut out; [of price] to go up: **trồi lên khỏi mặt nước** to emerge from the water trội *v.* to excel, to surpass, to dominate

trội khoản *n.* over limit credit [in, account]

trộm *v.* to steal; to venture to [think **nghĩ**]: **kẻ trộm, thằng ăn trộm** burglar; **vụ trộm** burglary; **trộm vặt** cat burglary, petty theft; **đánh trộm** to ambush

trộm cắp *n.* robbers, thieves

trộm cướp *n.* burglars, bandits

trộm nghĩ *v.* to venture to think: **Tôi trộm nghĩ bạn nên ở lại.** I venture to think that you should stay.

trộm nhớ *v.* to miss [someone/something] in secret

trộm phép *v.* to take the liberty of

trôn *n.* bottom, eye [of needle]; behind: **xoáy trôn ốc** spiral; **bán trôn nuôi miệng** to be a prostitute

trốn *v.* [SV **đào**] to flee, to escape: **chạy trốn** to run away; **lẩn trốn** to escape; **chơi đi trốn** to play hide and seek

trốn học *v.* to play hooky, to play truant

trốn lính *v.* to dodge the draft

trốn mặt *v.* to hide, to avoid [somebody]

trốn thoát *v.* to flee, to escape from

trốn thuế *v.* to dodge taxes

trốn tránh *v.* to evade, to dodge; to avoid

trộn *v.* to mix; to stir, to blend, to mingle: **trộn muối với tiêu** to mix salt with pepper

trông *v.* to look; to have the appearance of; to wait for: **Trông ông ấy kìa!** Look at him!; **trông chờ, trông đợi** to wait for; **trông con cái** to look after children

trông cậy *v.* to rely on, to depend on

trông chờ *v.* to wait for

trông chừng *v.* to watch out; it seems that

trông coi *v.* to watch over, to guard, to take care of: **Mẹ tôi trông coi em tôi.** My mother takes care of my younger brother.

trông đợi *v.* to expect, to hope

trông mong *v.* to expect, to hope: **Bạn trông mong gì ở ông ta?** What do you expect from him?

trông nom *v.* to look after; to take care of, to supervise

trông thấy *v.* to see

trống **1** *n.* drum: **đánh trống** to beat a drum; **mặt trống** drumhead; **dùi trống** drum stick [musical instrument]; **không kèn không trống** without fanfare; **vừa đánh trống vừa ăn cướp** to burglarize a place and ring the burglar alarm at the same time **2** *adj.* [of chicken] male: **gà trống** rooster, cock **3** *adj.* [of place] to be empty, vacant, unprotected: **chỗ trống** blank; **còn trống** vacant, vacancy; **điền vào chỗ trống** to fill in the blanks; **nhà trống** empty house; **đất trống** vacant lot

trống bồi *n.* paper tambourine

trống canh *n.* guard's drum [used to give warnings]; night watch beat

trống không *adj.* empty

trống mái *n.* male and female; showdown

trống ngực *n.* heart beat

trống quân *n.* folk song contest in the countryside of North Vietnam

trống trải *adj.* exposed, empty

trống rỗng *adj.* empty

trồng *v.* to grow, to plant: **trồng lúa** to grow rice

trồng đậu *v.* to vaccinate against smallpox

trồng tỉa *v.* to plant, to grow

trồng trái *v.* to vaccinate against smallpox

trồng trọt *v.* to cultivate, to grow trees and plants

trơ *adj.* motionless; alone; brazenfaced; to be indifferent, shameless: **trơ trọi** to be alone; **Ông ta cứ trơ mặt ra.** He remains brazen-faced.; **trơ như phỗng đá** stock still; **trơ như đá** firm, steadfast

trơ mắt *v.* to stand and look; to be powerless, to be helpless

trơ tráo *adj.* shameless, brazen

trơ trẽn *adj.* ashamed; shameless, impudent

trơ trọi *adj.* all alone

trơ trơ *adj.* motionless, still; unmoved, indifferent

trơ trụi *adj.* stripped, leafless: **cành cây trơ trụi** leafless branch

trở trêu *v.* to dupe, to deceive; to be ironical

trở *v.* to return [to a place], to change: **trở về nhà** to return home

trở chứng *v.* to change one's conduct

trở cờ *v.* to be a turncoat

trở dạ *v.* to begin to go into labor

trở đi *adv.* from now on

trở giọng *v.* to change one's tune

trở lại *v.* to return: **Ông ấy sẽ trở lại trong hai ngày nữa.** He will return in two days.

trở lực *n.* obstacle [with **vượt** to overcome]

trở mặt *v.* to betray

trở mình *v.* to turn over [in bed]

trở nên *v.* to become

trở ngại *v., n.* to have an obstacle, to have a problem; obstacle, hurdle

trở thành *v.* to become

trở xuống *v.* to go downward

trợ *v.* to help; to support: **bảo trợ** to assist; to sponsor; **tương trợ** mutual aid; **nội trợ** housewife; **viện trợ** to aid; **cứu trợ** aid, rescue; **uỷ ban cứu trợ Quốc tế** International Rescue Committee

trợ bút *n.* assistant editor

trợ cấp *v.* to give aid or grant to, to subsidize, to give relief to

trợ lý *n.* assistant: **Trợ lý ngoại trưởng Phụ trách Viễn đông Sự vụ** Assistant Secretary of State for Far Eastern Affairs

trợ động từ *n.* auxiliary verb

trợ giáo *n.* teaching aide

trợ tá *n.* assistant

trợ lực *v.* to assist, to aid

trợ thì *adj.* temporary, makeshift

trợ từ *n.* particle

trời *n.* sky, heaven, air; weather: **trời nhiều mây** cloudy sky; **Trời đẹp.** The weather is fine.

trời ơi! *intj.* Heaven!; My God!

tròm *v.* to overlap, to flow over

trơn *adj.* smooth, slippery; fluent; [of silk, material] solid, plain, without design: **đường trơn** slippery road; **lụa trơn** plain silk

trơn tru *adv.* smoothly, without a hitch: **Công việc trơn tru.** The work was done without a hitch.

trơn tuột *adj.* very slippery

trợn **1** *n.* impetus, momentum, elan: **quá trợn** to go too far **2** *v.* to have eyes wide open [because of anger or agony]

trợn *v.* to glower, to scowl: **phồng má trợn mắt** to glower and puff one's cheeks

trợn trừng *v.* to glower

tru **1** *v.* to execute, to condemn to death **2** *v.* to howl, to yell

tru di *v.* to execute, to kill: **tru di tam tộc** to execute all members of three generations

tru tréo *v.* to howl, to yell

trú *v.* to take shelter; to dwell, to live, to stop, to reside: **lưu trú** to stay, to reside; **đồn trú** [of troops] to be stationed; **cư trú** to live, to dwell

trú ẩn *v.* to take shelter: **hầm trú ẩn** air raid shelters

trú chân *v.* to stop off at; to stay, to take shelter

trú dân *n.* resident

trú ngụ *v.* to reside, to live

trú nhân *n.* refugee

trú nhân chính trị *n.* political refugee

trú quán *n.* place of residence, permanent address

trú sở *n.* dwelling, residence, domicile

trù **1** *v.* to manage, to plan, to estimate beforehand: **trù hoạch** to plan **2** *v.* to curse, to cast a spell; [slang] to be after, to be implacable toward [student, one's child]; to be bent on harming

trù bị *v.* to prepare, to get ready

trù dập *v.* to clip someone's wings

trù định *v.* to plan to

trù hoạch *v.* to plan

trù liệu *v.* to plan

trù mật *adj.* densely populated and prosperous; [of population] to be dense

trù phú *adj.* prosperous

trù tính *v.* to plan to

trù trừ *v.* to hesitate, to falter

trụ *n.* (= cột) pillar, pole: **trụ đèn** light pillar; **tứ trụ** the four highest-ranking dignitaries in the imperial court

trụ sinh *n.* antibiotic

trụ sở *n.* headquarters, main office

trụ trì *n.* head monk, resident monk [in Buddhist temple]

truân chiên *adj., n.* hard, difficult; ups and downs

truất *v.* to dismiss, to remove: **truất phế** to dethrone

truất hữu *v.* to expropriate

truất ngôi *v.* to dethrone

truất phế *v.* to dethrone

truất vị *v.* to dethrone

trúc **1** *n.* small bamboo; flute **2** *v.* to fall, to topple: **Cột điện trúc.** An electrical pole fell over.

trúc bâu *n.* calico

trúc đào *n.* oleander

trúc mai *n.* bamboo and plum tree, friendship; conjugal love

trúc trắc *adj.* [of style] awkward, clumsy; [of undertaking] difficult

trục **1** *v.* to jack up: **cần trục** jack, crane **2** *n.* axle, axis: **trục xe đạp** a bicycle axle; **trục quay** rotation axis **3** *v.* to expel, to drive out: **trục mấy tên tham ô** to expel corrupted officials

trục chuyển súc *n.* axle of transmission

trục kéo *n.* crane

trục lợi *v.* to be mercantile, to seek self-profit

trục trặc *v.* to run into difficulties; to go awry; [of machine] to run with difficulty

trục xuất *v.* to expel, to deport

trụi *adj., v.* stripped bare, leafless; to lose one's hair, to be denuded of:

cây trụi lá leafless trees

trùm **1** *v.* to cover **2** *n.* hamlet chief; [of gang] leader, chieftain: **chúa trùm ăn trộm** a chieftain of thieves

trùm chăn *v.* to keep out of any involvement, to remain in a neutral position

trun *adj.* elastic

trùn **1** *v.* to retract **2** *n.* earthworm

trung **1** *adj.* loyal, faithful [*opp.* **gian, nịnh**]: **trung với nước hiếu với dân** to be loyal to one's country and dedicated to one's people **2** *adj.* (= **giữa**) center, middle, medium, interior: **cỡ trung** medium size; **trung tâm thành phố** city center

trung bình *adj.* average: **tốc độ trung bình** average speed; **Mỗi ngày chúng tôi đi bộ trung bình 6 cây số.** We walk on average six kilometers a day.

trung bộ *n.* central part; central Vietnam

trung cấp *adj.* middle: **cán bộ trung cấp** middle-ranking cadres

trung chính *adj.* impartial, unbiased, neutral

Trung Cổ *n., adj.* Middle Ages; medieval

Trung Cộng *n.* Communist China, Chinese communists

trung du *n.* midland

trung dung *n.* happy medium; Doctrine of the Mean

trung đẳng *n.* intermediate grade

trung đoàn *n.* regiment

trung đoàn trưởng *n.* colonel

trung đoạn *n.* apothem

trung độ *n.* medium, intermediate degree

trung đội *n.* section, platoon: **trung đội bảo tu** servicing flight; **trung đội chỉ huy** headquarters platoon; **trung đội công xưởng** maintenance platoon; **trung đội quân y trung đoàn** regimental medical platoon; **trung đội sửa xe** maintenance platoon; **trung đội truyền tin** signal platoon

trung đội trưởng *n.* platoon leader

Trung Đông *n.* Middle East

trung gian *n.* intermediary, middleman, go-between [with **làm** to be, act as]

trung hậu *adj.* upright and kind-hearted

trung hiếu *adj.* loyal to the king and dutiful to parents

Trung Hoa *n.* China: Trung Hoa **Quốc gia** Nationalist China

trung hoà *adj., v.* neutral; [physics, chemistry] to neutralize

trung hoà tử *n.* neutron

trung học *n.* secondary education: **trường trung học** high school, secondary school; **giáo sư trung học** high-school teacher; **học sinh trung học** high-school student

trung hưng *n.* restoration

trung kiên *adj.* faithful, loyal

trung kỳ *n.* Central Vietnam [no longer used]

trung lão *adj.* middle-aged

trung lập *adj.* neutral: **thái độ trung lập** neutral attitude

trung lập hoá *v.* to neutralize

trung liên *n.* automatic rifle

trung liệt *adj.* loyal and virtuous

trung lưu *n.* middle class

trung nghĩa *adj.* loyal

trung phần *n.* central part; central Vietnam

trung quân *v.* to be loyal to the king

Trung Quốc *n.* China

trung sĩ *n.* sergeant: **trung sĩ nhất** master sergeant, first sergeant; **trung sĩ cấp liệu** regimental supply sergeant; **trung sĩ hoả thực** mess sergeant; **trung sĩ huấn luyện viên** pay sergeant; **trung sĩ tuần trực** sergeant of the week

trung tá *n.* lieutenant-colonel

trung tâm *n.* center: **Trung tâm Thính thị Anh ngữ** English Language laboratory; **trung tâm huấn luyện** training center

trung thành *v.* to be loyal: **trung thành với tổ quốc** to be loyal to one's country

trung thần *n.* loyal subject

trung thiên *n.* zenith

trung thu *n.* mid autumn

trung tín *adj.* loyal, faithful

trung trinh *adj.* loyal and straight-forward

trung trực *adj.* loyal, upright

trung tuyến *n.* median

trung tướng *n.* major-general

trung uý *n.* first lieutenant; [navy] lieutenant junior grade

trung ương *adj., n.* central; headquarters: **chính phủ trung ương** central government

Trung Việt *n.* central Vietnam

trúng **1** *v.* to hit [target, jackpot]; to be hit [by arrow **tên**, bullet **đạn**]: **trúng đạn** to be hit by a bullet **2** *v.* to win, to be right: **đoán trúng** to guess right; **trúng số độc đắc** to win a jackpot number; **Ông ấy trúng cái xe hơi.** He won a car in the lottery.

trúng cách *v.* to fulfill the requirements

trúng cử *v.* to be elected: **Ông ấy trúng cử vào quốc hội.** He was elected to the National Assembly.

trúng độc *v.* to be intoxicated; to be poisoned

trúng gió *v.* to be caught in a draft [air current]

trúng kế *v.* to fall into a trap

trúng phong *v.* to be caught in a draft [air current]

trúng số *v.* to win a lottery prize

trúng thử *v.* to get sunstroke

trúng thực *v.* to have indigestion

trúng tủ *v.* [of examinee, student] to hit one's knowledge, to be asked the only question one has studied for

trúng tuyển *v.* to pass the examination

trùng **1** *adj.* [of string] slack [*opp.* **căng**]; [of trousers] to be hanging **2** *v.* to coincide, to be the same [**với** with]: **Chúng tôi trùng tên nhau.** We have the same names. **3** *adj.* duplicate, repeated **4** *n.* insect, worm: **côn trùng** insects; **sát trùng** antiseptic

trùng dương *n.* oceans

trùng điệp *adj.* rolling; repetitious, duplicating; reduplicative

trùng phùng *v.* to meet again

trùng tên *v.* to have the same name

trùng trình *v.* to linger, to loiter; to waver; to procrastinate

trùng trùng điệp điệp *adj.* numerous, indefinite

trùng tu *v.* to reconstruct, to rehabilitate, to restore

trùng vi *n.* siege, encirclement

trũng *adj.* concave, low, hollow: **chỗ trũng** depression

truồng *adj.* naked: **cởi truồng, ở truồng** stark naked

trút 1 *n.* anteater, pangolin **2** *v.* to pour; to leave [load]; to cast aside [linh hồn soul]: **Mưa như trút nước.** It was pouring.

trút sạch *v.* to clean [dishes]; to get rid of completely

trụt *v.* to slide down, to slip off: **trụt giày** to slip off one's shoes

truy *v.* to quiz; to chase, to pursue [case, problem]

truy cản *v.* to intercept

truy cấp *v.* to pay retroactive pay, to backpay

truy cứu *v.* to investigate, to search for

truy điệu *v.* to commemorate [dead heroes]

truy hoan *v.* to indulge in pleasure-seeking

truy kích *v.* to pursue and attack

truy lĩnh *v.* to receive arrears of

truy nã *v.* to hunt for, to look for, to track down [suspect, criminal]

truy nguyên *v.* to identify the source; to trace back; to reconstruct [form]

truy niệm *v.* to commemorate

truy phong *v.* to hit and run away

truy tặng *v.* to bestow [title] posthumously

truy tầm *v.* to hunt, to look for [suspect, criminal]

truy thu *v.* to collect arrears

truy tố *v.* to sue, to prosecute

truy vấn *v.* to interrogate, to question

truy lạc *adj.* degenerated, debauched, depraved: **cuộc sống truy lạc** a depraved life

truy thai *v.* to miscarry; to have an abortion

truyền 1 *v.* to communicate; to transmit [inheritance, tradition]; to transmit; to teach, to hand over: **truyền bệnh** to transmit a disease; **cổ truyền** traditional; **gia truyền** family tradition; **di truyền** hereditary; **tục truyền** according to legend; **lưu truyền** to hand down; **thất truyền** to be lost because something is no longer taught **2** *v.* to order

truyền bá *v.* to spread, to popularize, to disseminate

truyền đạo *v.* to preach a religion

truyền đạt *v.* to communicate

truyền đơn *n.* leaflet, handbill

truyền giáo *v.* to preach a religion: **nhà truyền giáo** missionary

truyền hình *v.* to transmit an image: **vô tuyến truyền hình** television [TV]

truyền huyết *v.* to transfer blood

truyền khẩu *v.* to transmit orally, to transmit by word of mouth: **văn học truyền khẩu** oral or folk literature

truyền nhiễm *adj.* [of disease] communicable, contagious

truyền nhiệt *v.* to conduct heat

truyền thanh *v.* to broadcast: **vô tuyến truyền thanh** wireless, radio

truyền thần *v.* to draw a life portrait

truyền thông *v., n.* to communicate [ideas]; communication

truyền thống *adj., n.* traditional; tradition

truyền thụ *v.* to teach, to impart: **truyền thụ kinh nghiệm cho ai** to impart experience to someone

truyền thuyết *n.* legend

truyền tin *n.* communication

truyền tụng *v.* to pass down something from generation to generation

truyện *n.* story, novel, fiction, tale: **bày đặt truyện** to fabricate a story; **kể truyện** to tell a story; **truyện ngắn**

short story; **truyện dài** novel

truyện gẫu *v.* to chat

truyện ký *n.* biography

truyện phiếm *n.* humorous story, idle talk

trứ danh *adj.* famous, prominent, well-known, famed

trứ tác *v.* to write, to compose

trứ thuật *v.* to write, to compose

trừ 1 *v.* to subtract, to deduct; to exclude, to suppress, to eliminate, to subtract: **tính trừ** subtraction; **6 trừ 2 còn 4.** Six minus two equals four.; **Anh phải trừ 15 phần trăm thuế.** You must deduct 15 percent for taxes. **2** *adv.* except: **Tôi làm việc tất cả các ngày trừ chủ nhật.** I work all days except Sunday.

trừ bì *v.* to leave out the covering; not to count the weight of a box

trừ bị *v.* to keep aside, to reserve: **sĩ quan trừ bị** reserve officer

trừ khử *v.* to wipe out, to quell, to exterminate

trừ phi *conj.* unless: **Không ai cầm ô trừ phi trời mưa.** Nobody carries an umbrella unless it rains.

trừ tịch *n.* New Year's eve

trữ *v.* to save, to keep aside, to store: **tích trữ** to hoard; **lưu trữ** to keep, to preserve [archives]; **trữ gạo** to store rice

trữ kim *n.* gold reserve

trữ lượng *n.* reserve

trữ tình *adj.* lyric

trưa 1 *adj.* late [in the morning]: **ngủ dậy trưa** to get up late **2** *n.* noon-time, midday: **Trưa chưa?** Is it noon yet?; **ngủ trưa** to get up late; to take a siesta; **bữa trưa, cơm trưa** lunch, luncheon

trực *adj.* (= **thẳng**) straight, honest, righteous: **cương trực** upright, right-eous; **túc trực** to be on hand

trực ban *v.* to be on duty: **Ai trực ban ngày hôm nay?** Who is on duty today?

trực giác *n.* intuition

trực hệ *n.* direct lineage

trực khuẩn *n.* bacillus

trực ngôn *n.* honest language, sincere words

trực thăng *v.* to rise up straight: **phi cơ trực thăng** helicopter

trực thu *v.* [of taxes] to tax directly, to levy directly [*opp.* **gián thu**]: **thuế trực thu** direct taxes

trực thuộc *v.* to be directly dependent on: **Thành phố nầy trực thuộc trung ương.** This city is directly dependent on the central government.

trực tiếp *adj.* direct, immediate [*opp.* **gián tiếp**]: **tiếp xúc trực tiếp** to contact directly with

trực tính *adj.* outspoken

trực tràng *n.* rectum

trực trùng *n.* bacillus

trưng *v.* to display: **trưng bày sản phẩm** to display products

trưng bẫy *v.* to display, to exhibit

trưng binh *v.* to recruit soldiers, to raise troops, to conscript

trưng cầu *v.* to request someone's opinion, to seek a consensus: **trưng cầu dân ý** to hold a referendum

trưng dụng *v.* to requisition [for government use]

trưng tập *v.* to requisition

trưng thu *v.* to confiscate

trưng triệu *n.* omen, presage

trứng *n.* egg: **đẻ trứng** to lay eggs; **luộc trứng** to boil an egg; **rán trứng** to fry an egg; **tráng trứng** to make an omelet; **vỏ trứng** eggshell; **buồng trứng** ovary; **lòng trắng trứng** egg white, albumen; **lòng đỏ trứng** egg yolk; **trứng gà** chicken egg; **trứng vịt** duck egg; **trứng tươi** fresh egg; **trứng ung** rotten egg

trứng cá *n.* spawn; blackhead, comedo [with **nặn** to extract]

trứng lộn *n.* half-hatched egg, fermented egg

trứng nước *adj.* in infancy, young

trừng *v.* to stare at, to glower: **trừng mắt nhìn họ** to glower at them

trừng giới *v.* to correct, to punish: **nhà**

trừng giới reformatory

trừng phạt *v.* to punish

trừng trị *v.* to punish: **trừng trị kẻ phạm tội** to punish criminals

trừng trừng *v.* to be staring

trước *adj., adv.* [SV **tiên, tiền**] before, last, in front of [*opp.* **sau**], before; beforehand, in advance: **đến trước** to arrive ahead of time; **hôm trước** the other day; **tháng trước** last month; **trước mắt** in front of someone's eyes; **trước mặt** in the presence of; **cửa trước** front door, front gate; **khi trước** before

trước bạ *v.* to register: **trước bạ xe của bạn** to register your car

trước đây *adv.* before

trước hết *adv.* first of all, in the first place, above all: **Trước hết chúng ta thông qua chương trình nghị sự.** First of all we have to approve the agenda.

trước kia *adv.* before, formerly, previously

trước nhất *adv.* first of all, in the first place

trước sau *adv.* before and after, always: **trước sau như một** always the same

trước tiên *adv.* first of all, firstly

trườn *v.* to creep, to crawl

trương *n.* See trang

trương **1** *v.* to swell up, to extend, to expand, to open up **2** *v.* to display, to exhibit; to boast: **phô trương** to boast, to show off **3** *v.* to fly, to unfurl: **trương cờ** to fly one's flag

trương mục *n.* account: **mở một trương mục** to open a bank account

trương tuần *n.* village watchman

trướng **1** *v.* to swell, to distend: **trướng bụng** to have a distended stomach **2** *n.* (= **màn**) curtain, tapestry, hangings; laudatory writing [in praise of a promotion, wedding, etc.]

trường **1** *n.* (= **tràng**) bowels, intestine: **đại trường** large intestine; **tiểu trường** small intestine; **trực trường** rectum **2** *n.* school, field: **trường trung học** secondary school; **chiến**

trường battlefield; **hí trường** theater; **kịch trường** theater; **nhạc trường** band shell, auditorium, music hall; **pháp trường** execution ground; **vũ trường** dance hall; **trường công, trường nhà nước** public school; **trường tư** private school; **trường tiểu học** primary school; **trường đại học** university, college; **công trường** square **3** *adj.* (= **dài**) long [*opp.* **đoản**]: **sở trường** specialty; **suốt đêm trường** all night long

trường bay *n.* airfield

trường ca *n.* long poem, long song

trường chinh *n.* the long march

trường cửu *adj.* lasting, long term

trường đua *n.* race track, race course

trường hợp *n.* circumstances; case

trường kỳ *n., adj.* long term; long, prolonged

trường kỷ *n.* sofa

trường luật *n.* law school

trường mệnh *n.* longevity

trường ốc *n.* school building

trường qui *n.* examination rules; school regulations

trường sinh *n.* immortality, long life: **thuốc trường sinh** an elixir of life

trường sở *n.* school site, school building

trường thành *n.* long wall: **Vạn Lý Trường Thành** the Great Wall [in China]

trường thi *n.* examination compound

trường thiên tiểu thuyết *n.* long novel

trường thọ *v.* longevity

trường thuốc *n.* medical school

trường tiền *n.* the mint

trường tồn *v.* to last, to endure

trưởng *adj.* the eldest in the family; head, chief: **thuyền trưởng** captain [of a ship]; **cảnh sát trưởng** police chief, sheriff; **bộ trưởng** minister, secretary of state; **viện trưởng** rector, president [of university **viện đại học**]; **khoa trưởng** dean [of a faculty **khoa**]; **quận trưởng** district chief; **tỉnh trưởng** province chief; **xã trưởng**

village chief; **tiểu đội trưởng** squad leader; **trung đội trưởng** platoon leader; **hội trưởng** president [of society]; **gia trưởng** family head

trưởng ban *n.* section chief, department chairman, committee head

trưởng giả *n.* bourgeoisie, bourgeois

trưởng lão *n.* elderly; presbyterian

trưởng nam *n.* eldest son

trưởng nữ *n.* eldest daughter

trưởng phố *n.* precinct head

trưởng thành *v.* to grow up into manhood, to be matured

trưởng tộc *n.* head of a clan, patriarch

trưởng ty *n.* service chief

trượng **1** *n.* unit of ten [Vietnamese] feet **2** *n.* cane, stick, rod

trượng phu *n.* husband; noble man, hero

trượt *v.* to slip, to skid; to fail [examination] [*opp.* **đỗ, đậu**]: **trượt chân** to slip while walking; **thi trượt** to fail an examination

trượt bánh *v.* to skid: **xe trượt bánh** the car skidded

trượt chân *v.* to slip

trượt tuyết *v.* to ski: **xe trượt tuyết** sleigh, toboggan; **giày trượt tuyết** skates

trừu *n.* (= **cừu**) sheep: **thịt trừu** lamb

trừu tượng *adj.* abstract [*opp.* **cụ thể**]

trừu tượng hóa *v.* to abstract

tu **1** *v.* to drink straight out of the bottle or teapot **2** *v.* to enter religion, to become a Buddhist monk: **thầy tu** monk, Buddhist priest

tu bổ *v.* to repair [building, historical site]; to improve: **tu bổ nhà cửa** to repair one's house

tu chính *v.* to amend, to correct, to revise: **tu chính hiến pháp** to amend the constitution

tu chính án *n.* amendment

tu chỉnh *v.* to decorate, to improve: **tu chỉnh hệ thống đường sá** to improve a transport system

tu dưỡng *v.* to nurture, to cultivate, to strive for self-improvement

tu hành *v.* to lead a religious life

tu hú *n.* black cuckoo

tu huýt *n.* whistle

tu luyện *v.* to practice, to train

tu mi **1** *n.* beard [**râu**] and eyebrows [**mày**] **2** *n.* man [as opp. to woman]

tu nghiệp *v.* to attend an in-service course, to attend a refresher course: **Chúng tôi phải tham dự lớp tu nghiệp nầy.** We have to attend this refresher course.

tu sĩ *n.* monk, priest

tu thân *v.* to improve oneself

tu thư *v.* to write books: **Sở Tu thư** Publications Bureau

tu tỉnh *v.* to improve, to mend one's ways

tu từ học *n.* rhetoric, stylistics

tu viện *n.* monastery, convent

tú bà *n.* mistress of a whorehouse

tú tài *n.* baccalaureate, high school certificate

tù *n.* jail, prison: **bị lao tù** to be in jail; **cầm tù** to hold prisoner; **án tù** prison sentence; **bỏ tù** to jail; **ở tù, bị tù, ngồi tù** to be in jail

tù binh *n.* prisoner of war [P.O.W.]

tù chính trị *n.* political prisoner

tù đày *n.* prisoner, exiled

tù hãm *adj.* cooped up

tù nhân *n.* prisoner

tù phạm *n.* prisoner

tù tội *n.* imprisonment

tù trưởng *n.* tribal chief

tù và *n.* horn

tủ *n.* cupboard, cabinet, wardrobe: **đóng tủ** to build a wardrobe; **tủ trưng bày** display cupboard

tủ áo *n.* closet, wardrobe

tủ gương *n.* mirrored wardrobe

tủ hàng *n.* store window

tủ két *n.* [Fr. *caisse*] safe

tủ kính *n.* store window

tủ sách *n.* bookcase; library

tủ sắt *n.* safe: **Chúng tôi muốn mua một tủ sắt.** We want to buy a safe.; **Để hộ chiếu của bạn trong tủ sắt.** Please leave your passport in the safe.

tủ thuốc *n.* medicine chest

tụ *v.* to gather, to assemble, to unite: **đoàn tụ** to be together, to re-unite; **quần tụ** to stick together

tụ điện *v.* to condense electricity: **máy tụ điện** condenser

tụ họp *v.* to meet, to gather together, to assemble

tụ hội *v.* to converge

tụ tập *v.* to meet, to gather, to assemble

tua **1** *n.* tassel; stamen **2** *n.* [Fr. *tour*] turn; ride

tua tủa *v.* to bristle out, to fly about: **râu tua tủa** bristling beard

túa *v.* to flow or run out

tủa *v.* to bristle; [of sparks] to fly

tuân *v.* to obey, to follow, to comply [rule, order]: **tuân theo pháp luật** to obey the law

tuân hành *v.* to carry out, to execute: **tuân hành lệnh chính phủ** to carry out the government orders

tuân lệnh *v.* to comply with orders

tuân thủ *v.* to obey, to abide by

tuấn tú *adj.* refined, elegant

tuần **1** *n.* week, decade [ten days, ten years]: **tuần lễ** week; **thượng tuần** the first week of a month; **trung tuần** the second week of a month; **hạ tuần** the third week of a month; **độ tứ tuần** about forty years old **2** *n.* round, turn

tuần báo *n.* weekly

tuần chiến *n.* combat patrol

tuần dương hạm *n.* cruiser: **tuần dương hạm thiết giáp** armored cruiser; **tuần dương hạm chiến đấu** battle cruiser

tuần dương hàng không mẫu hạm *n.* aircraft cruiser

tuần hành *v., n.* to march, to parade; march, parade

tuần hoàn *v., adj., n.* to circulate; be recurring; circulation [of blood]: **bộ máy tuần hoàn** the circulatory system

tuần lễ *n.* week: **Họ làm việc năm ngày trong một tuần lễ.** They work five days a week.

tuần phiên *n.* village nightwatchman

tuần phòng *n.* patrol: **tuần phòng an ninh** protective patrol, security patrol

tuần phủ *n.* province chief [pre-Republican days]

tuần san *n.* weekly

tuần thám *n.* reconnaissance patrol

tuần tiễu *v.* to patrol

tuần tự *adv., n.* in order; step by step

tuần vũ *n.* province chief [pre-Republican days]

tuẫn đạo *v.* to be a manor

tuẫn giáo *v.* to be a martyr

tuẫn nạn *v.* to die a martyr

tuẫn tiết *v.* to sacrifice one's life for a good cause

túc cầu *n.* football, soccer

túc số *n.* quorum: **Chúng ta đã đủ túc số để bắt đầu bầu cử chọn người vào uỷ ban.** We have a quorum to start the elections of office bearers.

túc trí đa mưu *adj.* shrewd, clever, resourceful

túc trực *v.* to keep watch, to be on duty: **túc trực tại văn phòng** to be on duty at one's office

tục *n.* custom, usage, habit: **phong tục** customs; **trần tục** this world; **tên tục** nickname; **Nhập gia tuỳ tục.** When in Rome, do as the Romans do.

tục bản *v.* to reprint, to re-publish

tục danh *n.* first name, nickname

tục huyền *v.* to remarry

tục lệ *n.* customs, traditions

tục lụy *n.* troubles of this world

tục ngữ *n.* proverb, saying

tục tằn *adj.* vulgar, coarse: **ăn nói tục tằn** to speak coarse words

tục tĩu *adj.* vulgar, obscene, smutty

tục truyền *n., adv.* tradition; according to a legend

tục tử *n.* lout, boor

tuế *n.* year of age: **Vạn tuế!** Live long!

tuế nguyệt *n.* time, year and month

tuế toái *adj.* perfunctory

tuệ tinh *n.* comet (= **sao chổi**)

tuyếch *adj.* empty: **rỗng tuyếch** empty

tuệch toạc *adj.* indiscreet, thoughtless

tui *n.* See **tôi**

túi *n.* pocket, purse, pouch, small bag, sac: **bỏ, đút túi** to put in one's pocket; **Coi chừng móc túi!** Beware of pickpockets!

túi bụi *adv.* busily, ploddingly; repeatedly: **đánh túi bụi** to beat repeatedly; **la mắng túi bụi** to curse or scold vehemently

túi cơm *n.* rice bag: **giá áo túi cơm** fashion plate, worthless person

túi dết *n.* knapsack

túi tham *n.* greediness

tủi *v.* to lament [one's lot **thân, phận** etc.]; to be ashamed, to feel hurt: **buồn tủi** grieved

tủi nhục *v.* to feel ashamed

tủi thân *v.* to feel self-pity

tụi *n.* group, band: **tụi lưu manh** gang of cheaters

tum húp *adj.* swollen, bloated

túm *v.* to snatch, to grab

tùm lum *adj.* messy, thick foliaged

tủm tỉm *v.* to smile with rounded lips

tụm *v.* to unite, to gather: **xúm năm tụm ba** to gather in groups of three or five

tủn mủn *adj.* small, mean

tung *v.* to throw into the air, to fling, to hurl; to spread [news]: **tung quả bóng** to throw a ball into the air; **tung tin nhảm** to spread a rumor

tung độ *n.* ordinate

tung hoành *v.* to act freely, to rove freely

tung hô *v.* to cheer, to acclaim

tung tăng *v.* to run here and there, to romp

tung tích *n.* traces, whereabouts, footprints

tung tóe *v.* to be spilled all over, to splash about

túng *v.* to be hard-up: **túng tiền** to be hard pressed by want or lack of; **lúng túng** not to know what to do, to be at a loss

túng *v.* to be in straitened circumstances, to be short of: **túng tiền** to be short of money

túng bấn *v.* to be hard-pressed for money; to be needy

túng thế *v.* to be at the end of one's rope

túng tiền *v.* to be hard-pressed for money

tùng **1** *v.* to follow (= theo): **tuỳ tùng, tháp tùng** to accompany [president, high-ranking official]; **phụ tùng** accessories, spare parts **2** *n.* pine tree (= thông)

tùng chinh *v.* to enlist in the army; to go to war

tùng học *v.* to study

tùng phạm *n.* accomplice

tùng phục *v.* to submit oneself to

tùng quân *v.* to enlist

tùng sự *v.* to serve, to work: **Ông ấy tùng sự tại bộ ngoại giao.** He works at the Department of Foreign Affairs.

tùng thư *n.* collection, series [of books]

tùng tiệm *adj.* thrifty

tùng xẻo *v.* to cut [criminal, adulteress] to pieces

tụng **1** *v.* to praise, to eulogize; **ca tụng** praise; **chúc tụng** to congratulate **2** *v.* to read aloud, to chant: **tụng kinh** to chant prayers

tụng đình *n.* court of law

tụng niệm *v.* to pray and meditate [of Buddhists]

tuổi *n.* year of age; title [of gold, silver]: **có tuổi** to be elderly; **Cháu mấy tuổi?** How old are you?; **Ông ấy hơn tôi ba tuổi.** He's three years older than me.; **nhỏ tuổi, trẻ tuổi** young; **đứng tuổi** mature; **ít tuổi** young; **đến tuổi lấy vợ** to be of marriageable age

tuổi cao *adj.* elderly

tuổi già *n.* old age

tuổi tác *n.* old age

tuổi thơ *n.* young age, childhood

tuổi trẻ *n.* youth

tuổi xanh *n.* tender age, youth

tuôn *v.* to flow, to spill out, to come out

tuồn tuột *adj.* slippery

tuồng *n.* play; film; role; sort, kind, type: **vai tuồng** role, part; **tuồng bất nhân** ungrateful sort tuồng cải lương *n.* modern theater, modern play

tuồng cổ *n.* traditional theater, opera

tuồng tàu *n.* Chinese opera

tuồng tây *n.* modern play

tuốt **1** *v.* to pluck off; to pull off; to rub in one's fingers; to draw [sword **gươm**] **2** *adv.* all: **ăn tuốt** to eat all/everything; **đánh tuốt** to beat everybody

tuốt cả *adv.* all

tuốt tuột *adv.* all, everything

tuột *v.* to slide down; to slip; to act in a flash [follows verb of motion]: **nói tuột móng heo** to speak frankly; **đi tuột lên Đà Lạt** to go all the way to Dalat; **trơn tuột** slippery; **thẳng tuột** straight; **tuột da** scratched

túp *n.* hut: **túp lều tranh** straw hut

tụt *v.* to slide down; to drop or fall behind: **Em bé tụt quần.** Baby's pants fell off.; **Nó bị tụt xuống thứ nhì.** He dropped to the second place.

tuy *conj.* though, although, despite the fact that, in spite of the fact that: **Tuy nghèo nhưng bà ấy rất tử tế.** Although she is poor, she is very kind.

tuy là *conj.* though, although

tuy nhiên *adv.* however, but: **Việc nầy không dễ gì quyết định, tuy nhiên cũng đã làm mọi người hài lòng.** This was not an easy decision. It is, however, a decision that made everyone happy.

tuy rằng *adv.* though, although, despite the fact that, in spite of the fact that

tuy thế *adv.* however, but

tuy vậy *adv.* however

túy lúy *adj.* dead drunk

tuỳ *v.* (= theo) to follow; to be up to: **Tuỳ anh đấy.** It's up to you.; **cái đó cũng tuỳ** it all depends

tuỳ bút *n.* essay

tuỳ cơ ứng biến *v.* to act according to the circumstances

tuỳ nghi *v.* to use appropriate action

tuỳ phái *n.* messenger

tuỳ tâm *v.* to do as one wishes

tuỳ theo *adv.* according to: **ăn ở tuỳ theo hoàn cảnh** to behave according to the situation

tuỳ thích *adv.* as one wishes, at one's discretion, to one's liking

tuỳ thuộc *v.* to depend on

tuỳ tiện *v.* to do at one's convenience, as you see fit

tuỳ tùng *v.* to accompany, to escort: **đoàn tuỳ tùng** retinue, suite

tuỳ viên *n.* attaché: **tuỳ viên thương mại** commercial attaché; **tuỳ viên báo chí** press attaché; **tuỳ viên quân sự** military attaché

tuỳ ý *v.* to act as one wishes, to be free

tuỷ *n.* marrow [of bone]

tuỵ *n.* pancreas

tuỵ đạo *n.* tunnel

tuỵ tạng *n.* pancreas; sweetbread

tuyên *v.* to declare, to proclaim

tuyên án *v.* to declare a sentence

tuyên bố *v., n.* to declare, to state, to announce; announcement, declaration, statement

tuyên cáo *v.* to proclaim, to declare

tuyên chiến *v.* to declare war

tuyên dương *v.* to praise, to commend, to cite

tuyên ngôn *n.* declaration, manifesto

tuyên thệ *v.* to swear [allegiance, etc.], to take an oath, to be sworn in: **lễ tuyên thệ nhậm chức** oath of office; **Tổng thống đã làm lễ tuyên thệ nhậm chức.** The President was sworn into office.

tuyên truyền *v.* propaganda: **bộ máy tuyên truyền** propaganda machine; **cán bộ tuyên truyền** propaganda cadres

tuyên úy *n.* chaplain

tuyến *n.* wire, ray, line: **vô tuyến điện** radio; **giới tuyến** boundary; **quang tuyến** luminous rays; **tiền tuyến** frontline; **trận tuyến** battlefront, front; **kinh tuyến** meridian; **vĩ tuyến** parallel

tuyền đài *n.* hades, hell

tuyển *v.* to recruit; to select, to

choose: **tái tuyển** to select again; **trúng tuyển** to pass an examination; to be selected

tuyển cử *v., n.* to elect; election: **tổng tuyển cử** general elections

tuyển dụng *v.* to select, to recruit [civil servants], to employ

tuyển lựa *v.* to select

tuyển thủ *n.* selected player [selected for game]

tuyển trạch *v.* to select

tuyết *n.* snow: **bão tuyết** snow storm; **giày tuyết** snow shoes

tuyệt *adv.* excellently, extremely, perfectly: **tuyệt đẹp** extremely beautiful

tuyệt bút *n.* masterpiece

tuyệt chủng *v.* to stamp out a race, to become extinct

tuyệt diệu *adj.* admirable, terrific, marvelous, wonderful

tuyệt đại đa số *n.* absolute majority

tuyệt đích *n.* perfection

tuyệt đối *adj.* absolute [*opp.* **tương đối**]

tuyệt giao *v.* to break off relations

tuyệt không *adv.* not at all, by no means

tuyệt luân *adj.* unequalled

tuyệt mạng *v.* to die, to pass away

tuyệt mệnh *v.* to die

tuyệt nhiên *adv.* absolutely

tuyệt sắc *adj.* extremely beautiful

tuyệt tác *n.* masterpiece

tuyệt thực *v.* to go on a hunger strike

tuyệt trần *adj.* unsurpassable

tuyệt tự *adj.* without offspring, heirless

tuyệt vọng *v.* to be desperate, to be disappointed

tuyệt vời *adj.* excellent

tư **1** *num.* four [following a numeral in the order of ten, but not **mười** itself]; fourth: **ba mươi tư** 34; **thứ tư** fourth, Wednesday; **trăm tư** 140; **ba phần tư** three quarters; **tay tư** quadri-partite **2** *adj.* private: **nhà tư** private house; **sở tư** private business or office; **gia tư** private property; **đời tư** private life

tư bản *n.* capital: **chủ nghĩa tư bản** capitalism

tư cách *n.* aptitude, status, qualification; personality, dignity: **tư cách kém** poor personality

tư cấp *v.* to give financial assistance

tư chất *n.* basic character

tư doanh *n.* private business, private enterprise: **Chính phủ khuyến khích phát triển tư doanh.** The government encourages the setting-up of more private enterprises.

tư điền *n.* privately-owned rice fields

tư gia *n.* private home: **mời ai đến tư gia ăn cơm tối** to invite someone to one's private home for dinner

tư hiềm *n.* personal resentment

tư hữu *adj.* private ownership

tư hữu hóa *v.* to privatize

tư lệnh *n.* commander: **tổng tư lệnh** commander-in-chief

tư liệu *n.* materials

tư lợi *n.* personal interests

tư lự *adj.* pensive, worried

tư nhân *n.* private, individual: **xe ô-tô tư nhân** private car

tư pháp *n.* justice: **Bộ trưởng Tư pháp** Minister of Justice, Attorney-General; **quyền tư pháp** judiciary powers

tư sản *n.* private property; **giai cấp tư sản** bourgeoisie; **tiểu tư sản** small bourgeois

tư sinh *n.* [of child] illegitimate

tư thất *n.* private house, private residence

tư thông *v.* to commit adultery; to act in collusion

tư thù *n.* personal rancor, feud

tư thục *n.* private school

tư tình *n.* personal relationships; love affair

tư trang *n.* jewelry, property

tư trào *n.* current thought

tư tưởng *n.* thought, ideology: **nhà tư tưởng** thinker

tư vấn *adj.* consultative, advisory

tư vị *adj.* impartial

tứ **1** *n.* idea, thought [in literature]: **thi tứ** inspiration; **ý tứ** thoughtful; ideas

2 *num.* (= bốn) four: đệ tứ fourth; tứ thập 40; tứ đại đồng đường four generations living together

tứ bề *adv.* all four sides

tứ bình *n.* the four panels, four scrolls

tứ chi *n.* the four limbs

tứ chiếng *adv.* everywhere

tứ cố vô thân *adj.* all alone, without any friends

tứ dân *n.* the four social classes [scholars sĩ, farmers nông, craftsmen công, merchants thương]

tứ đức *n.* the four virtues in a woman [proper employment công, proper demeanor dung, proper speech ngôn, proper behavior hạnh]

tứ hải *n.* the four oceans: Tứ hải giai huynh đệ. All men are brothers.

tứ linh *n.* the four supernatural creatures [dragon long, unicorn ly, tortoise qui, phoenix phượng]

tứ phía *adv.* on all sides

tứ quí *n.* the four seasons

tứ sắc *n.* a kind of card game

tứ tán *adj.* scattered around

tứ thời *n.* the four seasons

tứ thư *n.* the Four Books

tứ trụ *n.* the four highest-ranking court officials in Imperial Vietnam and China [văn minh, võ hiển, cần chính, đông các]

tứ tuần *n.* the age of forty

tứ tung *adj.* pell mell; all over the place

tứ tuyệt *n.* four-line poem

tứ xứ *adv.* everywhere

từ **1** *prep.* from; since: từ lúc, từ khi since; từ nay, từ bây giờ from now on; từ đầu from the beginning; từ đây lên Đà Lạt from here to Dalat **2** *n.* word, expression, part of speech: danh từ noun; đại danh từ pronoun; động từ verb; tính từ adjective; phụ từ adverb; mạo từ, quán từ article; số từ numeral; liên từ conjunction; giới từ preposition; thư từ correspondence; diễn từ speech; huấn từ speech, address [with recommendations and teachings]; chủ từ subject; túc từ object, complement **3** *v.* to renounce, to abandon, to disown [child]

từ bi *adj.* compassionate, benevolent, merciful

từ biệt *v.* to say goodbye to; to leave

từ bỏ *v.* to renounce, to abandon

từ cảm *n.* interjection, exclamation

từ chối *v.* to refuse, to decline

từ chức *v.* to resign

từ chương *n.* belletrism

từ cú *n.* sentence

từ cực *n.* magnetic pole

từ điển *n.* dictionary [of words and expressions]: từ điển Việt-Anh Vietnamese-English dictionary

từ độ *n.* magnetization, magnetism

từ đường *n.* ancestral temple

từ giã *v.* to say goodbye to, to leave, to take leave of [a person]

từ hoá *v.* to magnetize

từ hôn *v.* to cancel a marriage

từ khước *v.* to refuse, to decline

từ lực *n.* magnetic force

từ mẫu *n.* my mother

từ nan *v.* to be hesitant because of difficulty

từ ngữ *n.* term, expression, idiom

từ phụ *n.* my father

từ quan *v.* [of official] to resign

từ tại *adj.* mild, kind

từ tâm *n.* kind heart

từ thạch *n.* magnet

từ thiện *adj.* benevolent, philanthropic, charitable

từ tính *n.* magnetism

từ tốn *adj.* gentle, sweet

từ trần *v.* to die, to pass away

từ trở *n.* magnetic resistance

từ trường *n.* magnetic field

từ từ *adj.* gently, slowly: Đi từ từ đợi tôi nhé! Please go slowly and wait for me!

tử **1** *n.* (= con) child, son: nghĩa tử adopted child; đệ tử student, disciple; quân tử the superior man; công tử mandarin's son; sĩ tử student, scholar **2** *v.* (= chết) to die: tự tử to commit suicide; **vấn đề sinh tử** matter of life and death

tử âm *n.* consonant (sound)

tử chiến *n.* deadly fight

tử cung *n.* uterus

tử đạo *n.* martyr

tử địa *n.* deadly ground

tử hình *n.* death penalty

tử nạn *v.* to die in an accident

tử ngoại *n.* ultraviolet [color]

tử ngữ *n.* dead language [*opp.* **sinh ngữ**]

tử phần *n.* native land

tử sĩ *n.* war dead

tử tế *adj., adv.* kind, nice, well, decent; carefully

tử thần *n.* death

tử thi *n.* dead body, corpse

tử thù *n.* mortal enemy

tử thương *v.* to die of a serious wound

tử tội *n.* capital punishment, death penalty

tử tôn *n.* children and grandchildren, offspring

tử trận *v.* to die in battle

tử tù *n.* prisoner ready for the electric chair

tử vi *n.* name of a star; astrology

tự **1** *n.* (= **chữ**) Chinese character, letter; courtesy name: **Hán tự** Chinese character; **biểu tự** fancy name, nickname; **văn tự** writing, written language **2** *pron.* self, oneself: **tự làm lấy** do it yourself; **Tôi tự xây lấy nhà tôi.** I myself built my house. **3** *adv.* (= **từ**) from, because: **tự cổ chí kim** from ancient times

tự ái *v.* to have a complex, to be self-loving

tự ải *v.* to hang oneself

tự cao *v.* to be conceited

tự chủ *v.* to be self-governing, to be autonomous, to be independent

tự dạng *n.* handwriting

tự do *adj., n.* free, liberal; freedom, liberty: **Đảng Tự do** Liberal Party

tự dưng *adv.* all of a sudden, without reason

tự đại *adj.* haughty

tự đắc *adj.* proud, conceited

tự động *v., adj.* to be automatic; automatic: **cửa ra vào tự động** automatic door

tự giác *adj.* self-imposed, voluntary

tự hào *v.* to be proud

tự hệ *n.* writing system

tự học *v.* to study by oneself; to be self-taught, to teach oneself

tự hồ *adv.* as if, as though

tự khắc *adv.* automatically

tự kiêu *v.* to be proud

tự kỷ *adj., adv.* self; by oneself, auto: **tự kỷ ám thị** self-suggestion

tự lập *adj.* independent

tự liệu *v.* to manage by oneself

tự luận *n.* foreword

tự lực *adj.* self-reliant

tự mãn *adj.* contented with oneself

tự mẫu *n.* alphabet

tự nghĩa *n.* meaning, sense

tự nghĩa học *n.* semantics

tự nguyện *v.* to volunteer: **Họ tự nguyện làm việc cuối tuần.** They volunteer to work on weekends.

tự nhiên *adj.* natural,

tự phụ *adj.* pretentious

tự quyết *adj.* self-determining: **nguyên tắc tự quyết** the principle of self determination

tự sát *v.* to commit suicide

tự sinh *n.* [of reaction] spontaneous

tự tại *adj.* satisfied, content

tự tận *v.* to commit suicide

tự thuật *v.* to be autobiographical, to narrate

tự thừa *v.* to raise [a number] to a certain power, square, cube

tự tích *n.* handwriting, written evidence

tự tiện *v.* to do something without asking for permission

tự tin *v.* to have self-confidence

tự tín *adj.* self-confident

tự tôn *v.* to have a superiority complex; to have a sense of self-respect

tự trị *adj.* autonomous, self-governing

tự trọng *v.* to respect oneself

tự túc *adj.* self-sufficient

tự tử *v.* to commit suicide

tự ty mặc cảm *n.* inferiority complex

tự vẫn *v.* to commit suicide

tự vận *v.* to commit suicide

tự vệ *v.* to defend oneself

tự vị *n.* dictionary: tra tự vò to look up in a dictionary

tự vựng *n.* vocabulary, glossary, lexicon

tự xưng *v.* to call oneself, to proclaim oneself

tự ý *adv.* voluntarily

tựa 1 *n.* preface, foreword 2 *v.* to lean: tựa vào tường to lean on the wall; nương tựa to rely on

tựa hồ *adv.* it seems that, as if, as though

tức 1 *v., adj.* to be stifled; to be angry, furious [at] 2 *conj.* that is: tức là that is

tức bụng *v.* to be too full from eating

tức bực *adj.* annoyed, irritated

tức cười *adj.* cannot help laughing, funny

tức giận *v.* to be angry; to be furious

tức khắc *adv.* right away, at once, immediately, instantly

tức là *adv.* that is to say; to mean

tức mình *adj.* annoyed, irritated

tức ngực *v.* to have a weight on one's chest

tức thì *adv.* right away: Bạn đến gặp tôi tức thì. You come to see me right away.

tức thị *adv.* that is to say

tức thời *adv.* right away, at once: làm việc tức thời to do something right away

tức tốc *adv.* at once, most urgent

tức tối *v.* to be furious

tưng bừng *adj.* bright, radiant, busy, bustling, jubilant: ngày Tết tưng bừng jubilant New Year festival

tưng hửng *adj.* dumbfounded, struck with disappointment

từng 1 *n.* story, stratum, floor; one by one, two by two, etc. [the noun optionally followed by một]; từng bước một step by step, gradually; từng người một one by one; từng năm cuốn một groups of five [books]; từng nhà each house; dịch từng chữ to translate word for word; từng ấy that much; từng này this much 2 *v.* to have experience [doing something]: Tôi đã từng ở bên Lào. I have lived in Laos.; Tôi chưa từng thấy ai như thế. I've never seen anybody like that.

từng trải *adj.* experienced

tước 1 *n.* title of nobility: ngũ tước the five titles of nobility [công tước duke; hầu tước marquis; bá tước count; tử tước viscount; nam tước baron] 2 *n.* small bird, sparrow: hoàng tước, kim tước oriole; khổng tước peacock; linh tước lark; ô tước swallow 3 *v.* to skin, to peel, to strip, to take away

tước binh *v.* to disarm

tước bỏ *v.* to take off

tước chức *v.* to dismiss

tước đoạt *v.* to seize

tước giới khí *v.* to disarm

tước lộc *n.* title and honors

tước quyền *v.* to take away the power [of someone]

tước vị *n.* title, dignity

tươi *adj.* [of food, drink] fresh; [of vegetable] green; [of color] bright; [of person] immediately: thức ăn tươi fresh food; màu đỏ tươi bright red; chết tươi to drop dead, to die instantly

tươi cười *adj.* happy and smiling

tươi tắn *adj.* cheerful

tươi tỉnh *adj.* merry, pleasant

tươi tốt *adj.* fresh, fine

tưới *v.* to water [plants cây, lawn cỏ]; to sprinkle [street đường in hot weather]; to irrigate [ricefield ruộng]: bình tưới watering can; tưới cây to water plants

tươm 1 *adj.* neat, neatly dressed; decent, correct 2 *adj.* in rags: rách tươm worn out

tươm tất *adj.* correct, decent, tidy

tương 1 *n.* thick soy sauce, soybean

jam: **đậu tương** soy beans; soybean milk; **huyết tương** plasma **2** *adj.* mutual, each other, one another: **hỗ tương** mutual, reciprocal

tương ái *v.* to love each other

tương can *v.* to be interrelated

tương đắc *v., adj.* to be in agreement; harmonious

tương đối *adj.* corresponding to each other; [*opp.* **tuyệt đối**] to be relative to

tương đồng *v., adj.* to resemble each other, similar

tương đương *v., adj.* to be equivalent, corresponding [**với** to]

tương hỗ *adj.* mutual, reciprocal

tương hợp *adj.* compatible

tương khắc *v., adj.* to be incompatible

tương kính *n.* mutual respect

tương lai *n.* future: **Dự án nầy sẽ thực hiện trong tương lai gần đây.** This project will be implemented in the near future.

tương ngộ *v.* to meet, to encounter

tương phản *v.* to contradict each other, to be contrary

tương phùng *v.* to meet, to encounter

tương quan *v., n.* to interrelate; relationship

tương tàn *v.* to destroy each other: **huynh đệ tương tàn** fratricidal war, internecine war

tương tế *v.* to help each other

tương thân *v.* to help one another, to have mutual affection

tương trợ *v.* to help each other, to have mutual aid

tương truyền *v.* to transmit by oral tradition

tương tư *v.* to be lovesick

tương tự *adj.* similar to [each other]

tương ứng *v.* to respond to each other

tương xứng *v.* to match each other

tướng 1 *n.* general; rebel leader; chessman corresponding to the King: **đại tướng** air marshal; lieutenant-general; **thiếu tướng** air commodore; brigadier-general; **thống tướng** general of the army; **trung tướng** air vice-marshal; major general; **sĩ quan cấp tướng** general officer **2** *adj.* really big: **to tướng** really big, enormous, huge **3** *n.* appearance, physiognomy: **thủ tướng** prime minister; **xem tướng, coi tướng** to practice phrenology; to consult a phrenologist or physiognomist; **thầy tướng** phrenologist, physiognomist

tướng giặc *n.* rebel leader

tướng lãnh *n.* commander, generals

tướng mạo *n.* physiognomy, countenance

tướng sĩ *n.* officers

tướng soái *n.* general

tướng số *n.* physiognomy and astrology

tướng suý *n.* general

tướng tá *n.* generals and high-ranking officers

tướng tay *n.* palm reading

tướng thuật *n.* phrenology, physiognomy

tường *n.* wall [of brick or stone]: **tường gạch** brick wall

tường tận *adj.* clear and thorough, deep: **hiểu tường tận** deep understanding

tường thuật *v.* to report: **tường thuật buổi họp vừa qua** to report the last meeting

tường trình *v.* to report

tường vi *n.* hedgerose

tưởng *v.* to believe, to think [**rằng, là** that]: **tin tưởng** to believe in, to have confidence in; **mộng tưởng** dream, illusion; **mơ tưởng** to dream; **tôi thiết tưởng** I think

tưởng lệ *v.* to encourage, to reward

tưởng lục *n.* certificate of recognition

tưởng nhớ *v.* to remember

tưởng niệm *v.* to think or meditate over

tưởng thưởng *v.* to reward

tưởng tượng *v.* to imagine

tưởng vọng *v.* to hope, to desire

tượng *n.* statue, bust, image, figurine: **tạc tượng** to sculpt a statue; **đúc tượng** to cast a statue

tượng bán thân *n.* bust

tượng hình *adj.* [of writing system] pictographic

tượng trưng *v.* to stand for, to symbolize

tướt *n.* children's diarrhea: **đi tướt** to have diarrhea

tượt *v.* to skid, to skate

tười *n.* monkey

tửu *n.* (= **rượu**) wine, alcohol, liquor

tửu điếm *n.* bar, restaurant, inn, tavern

tửu gia *n.* restaurant, wine shop

tửu lầu *n.* restaurant

tửu lượng *n.* drinking power, drinking capacity

tửu quán *n.* bar, restaurant

tửu sắc *n.* wine and women: **đam mê tửu sắc** to indulge in drinks and womanizing

tựu chức *v.* to assume one's duties, to undertake a duty

tựu trung *n.* in sum, the gist of it

tựu trường *v.* to start the first day of school, to begin the first day of the school year

ty *n.* bureau, office, division, service: **công ty** company; **trưởng ty giáo dục** head of education division

ty tiện *adj.* lowly, base, vile

tỳ 1 *n.* stain, spot; blemish, flaw **2** *n.* spleen

tỳ bà *n.* pear-shaped guitar

tỳ nữ *n.* servant

tỳ ố *n.* stain, spot, blot, blemish

tỳ tạng *n.* spleen

tỳ thiếp *n.* harem servant, concubine

tỳ vị *n.* spleen and stomach

tỷ *num.* billion

tỷ dụ *n., adv.* example; for example, for instance

tỷ giá *n.* rate of exchange

tỷ lệ *n.* proportion scale, ratio

tỷ như *v.* to take an instance

tỷ số *n.* proportion

tỷ thí *v.* to compete

tỷ trọng *n.* density [of matter]

tỵ âm *n.* nasal [sound]: **tỵ âm hai môi** bilabial nasal; **tỵ âm nứu** alveolar nasal; **tỵ âm của (cứng)** palatal nasal; **tỵ âm của mềm** velar nasal

tỵ hiềm *v.* to avoid suspicion

U

u 1 *n.* nurse, wet nurse; mother [rural]; **thầy u** father and mother **2** *v.* to swell [on body], to get lumpy: **khóc sưng u mắt** to have swollen eyes from crying **3** *n.* tumor: **cái u ở cổ** a tumor under the neck

u ám *adj.* overcast, dark, cloudy: **Bầu trời u ám.** It is cloudy.

u ẩn *adj.* secret, hidden: **mối tình u ẩn** a secret love

u em *n.* wet nurse

u già *n.* old maidservant: **Chúng tôi có một u già giúp làm việc nhà.** We have an old maidservant who does the house work.

u hồn *n.* soul, spirit of a dead person: **cúng u hồn** to worship the spirit of a dead person

u huyền *adj.* obscure, abstruse

u mê *adj.* dull, dense: **Nó trở nên u mê vì dùng ma tuý.** He became dulled from using too many drugs.

u ran *n.* uranium: **quặng kềm u-ran** pitchblende, uranium

u sầu *adj.* sad, melancholy: **Ba anh ấy u sầu vì thói hư tật xấu của anh ấy.** His father feels depressed because of his bad habit.

u tịch *adj.* lonely, remote

u uất *adj.* full of spleen

ú a ú ớ *v.* See **ú ớ**

ú ớ *v.* to speak incoherently [as in sleep], to mutter

ù 1 *v.* to buzz, to be noisy: **Tai bị ù.** One's ears are buzzing. **2** *adj.* hurried, fast: **chạy ù ra chợ** to run quickly to the market **3** *v.* to win [in certain card games]

ù ù cạc cạc *adj.* ignorant

ù tai *adj.* nearly deafened, to have ringing in one's ears ủ *v.* to cover [food] with cloth: **ủ thúng bánh chưng** to cover a basket of sticky-rice cakes

ủ ấp *v.* to cherish [ambitions]

ủ dột *adj.* sorrowful, doleful: **bộ mặt ủ dột** a sorrowful face

ủ rũ *adj.* wilted, sad looking

ụ *n., adv.* mound, tumulus; excessively: **giàu ụ** excessively wealthy

úa *v.* to be wilted, to turn yellow: **Vào mùa thu lá cây trở nên vàng úa.** In autumn, most leaves turn yellow.

ùa *v.* [of crowd, water] to rush, to dash

ủa *exclam.* What? How come? Oh!

uẩn *adj.* confused

uẩn khúc *n.* secret, mystery: **Việc nầy có nhiều uẩn khúc.** This case is a great mystery.

uẩn súc *adj.* profound

uất *v.* to be angry, to choke, to be indignant: **phẫn uất** indignant

uất hận *n.* rancor, deep resentment

uất ức *v.* to be indignant [because of injustice]

Úc *n.* Australia: **người Úc** Australian; **Tây Úc** Western Australia

Úc châu *n.* Australia

Úc Đại Lợi *n.* Australia

ục *v.* to hit with the fist; to fetch

ục ịch *adj.* heavy, clumsy

ục ục *n.* glug glug [sounds made by a pig]

uế *n.* dirt, garbage: **ô uế** filth; **phóng uế** to defecate; **tẩy uế** to disinfect

uế khí *n.* fetid odors

uế tạp *adj.* dirty

uế vật *n.* dirt, filth, garbage

uể oải *adj.* lazy, sluggish, slack

úi chà! *exclam.* Hey! Well!

ủi *v.* (= là) to iron, to press [linen]; to push: **bàn ủi** iron; **xe ủi đất** bulldozer, bob cat

um *adj.* [of smoke] thick; [to scold] vehement

um tùm *adj.* [of vegetation] thick, luxurious, dense: **cây cối um tùm** dense trees

ùm *v.* to jump [into the water]

ùn *v.* to accumulate, to pile up: **Công việc chúng ta bị ùn lại.** Our work is piling up.

ủn ỉn *adj.* slow and awkward because of weight [fat]

ung **1** *n.* ulcer, boil, abscess **2** *adj.* [of egg] rotten; poised; addled: **trứng gà ung** addled chicken eggs

ung độc *n.* abscess

ung nhọt *n.* boil

ung thư *n.* cancer: **ung thư phổi** lung cancer; **ung thư gan** liver cancer

úng *adj.* [of fruit] rotten, spoiled

úng thuỷ *adj.* spoiled because of excess water

ủng *adj.* See úng

ủng *n.* boots

ủng hộ *v.* to support, to back up [a man, a cause]: **Mọi người ủng hộ bạn.** Everyone supports you.

uốn *v.* to bend, to curl: **uốn tóc** to curl one's hair

uốn éo *v.* to wriggle, to swing one's hips; to fondle [in courting]

uốn lưng *v.* to humiliate someone

uốn lưỡi *v.* to curl one's tongue [to produce a trill]

uốn nắn *v.* to shape [character]

uốn quanh *v.* to wind around, to meander

uốn thẳng *v.* to straighten out [a bent stick]

uốn tóc *v.* to have or give a permanent wave [hair style]: **tiệm uốn tóc** beauty saloon

uống *v.* [SV ẩm] to drink; to take [medicine]: **đồ uống** drink, beverage; **uống thuốc** to take medicine

uổng *v.* to waste: **Uổng quá!** That's a pity! What a shame!; **ép uổng** to force; **oan uổng** to be the victim of an injustice; **chết uổng** to die in vain

uổng công *v.* to waste

uổng mạng *v.* to waste one's life

uổng phí *v.* to waste, to squander: **uổng phí thì giờ** to waste one's time

uổng tiền *v.* to waste money

úp *v.* to turn [lid, cover] into a normal

position; to turn [cup, bowl, hand]: **úp cái chén lại** to turn a bowl over; **lật úp** to overthrow

úp mở *adj.* equivocal, unclear: **Bà ấy nói úp mở.** She murmured unintelligible words.

ụp *v.* to fall in, to collapse

út *adj.* [of child] the youngest, [of finger] the smallest; **con út** youngest child; **em út** youngest: **em út** youngest brother or sister

ụt ịt *adj.* fat, stocky

uy *n.* (= oai) authority, prestige: **Ông ấy có uy lắm.** He is an authority on ... .

uy danh *n.* prestige, fame

uy hiếp *v.* to oppress: **Đừng uy hiếp dân thường.** Don't oppress the common people.

uy lực *n.* authority

uy nghi *adj.* majestic

uy quyền *n.* authority, power

uy thế *n.* power and influence: **Ông ấy là người có uy thế đối với nhiều người.** He has power and influence with many people.

uy tín *n.* prestige

uý *n.* officer: **đại uý** [army, air force] captain; [navy] lieutenant; **trung uý** [army] lieutenant; [navy] lieutenant junior grade; **thiếu uý** [army and air force] second lieutenant; **chuẩn uý** [army] student officer, candidate officer; [navy] midshipman

uỷ *v., n.* to entrust, to appoint; deputy, commissioner, commissar: **tỉnh uỷ** provincial commissar; **Cao uỷ** High Commissioner; **Tổng uỷ** Commissioner-General

uỷ ban *n.* committee, commission: **uỷ ban chấp hành** executive committee

uỷ hội *n.* commission: **uỷ hội Kiểm soát Quốc tế** International Control Commission; **Uỷ hội thể dục thể thao** sports commission

uỷ khúc *n.* complications, details

uỷ mị *adj.* maudlin, lacking in determination: **tâm hồn uỷ mị** a maudlin mind

uỷ nhiệm *v.* to delegate, to assign someone to do something: **thừa uỷ nhiệm** by order of

uỷ nhiệm thư *n.* credentials [of envoy]

uỷ quyền *v.* to give power of attorney, to act as proxy: **Tôi được uỷ quyền ký hợp đồng nầy.** I was given the power of attorney to sign this contract.

uỷ thác *v.* to entrust, to invest with power

uỷ viên *n.* commissioner, commissar, member of a committee: **uỷ viên trung ương đảng cộng sản** a member of the central committee of the communist party

uyên bác *adj.* [of learning] profound, vast, well-educated

uyên thâm *adj.* [of learning] profound: **một giả uyên thâm** a profound scholar

uyên ương *n.* lovers, inseparable couple

uyển *n.* garden: **ngự uyển** imperial garden; **thượng uyển** heavenly garden

uyển chuyển *adj.* [of movements] supple; [of style] flowing; [of singing voice] melodious, lithe, flexible: **dáng đi uyển chuyển** to have a lithe gait

Ư

ư *adj.* [final particle] Really?: **Thế ư?** Is that so?

ứ *v.* to stagnate, to accumulate: **Hồ sơ đang ứ lại một đống.** The files are accumulating into a pile.

ứ đọng *v.* to stagnate: **Hàng hoá ứ đọng đầy kho.** Goods are stocked in the warehouse.

ứ huyết *v.* to coagulate blood

ứ tắc *v.* to be in a jam, to congest: **Xe cộ bị ứ tắc.** Traffic is congested.

ừ *v.* (= dạ) yes [not used on superiors or elders]; All right, O.K: **Ừ nhỉ!** Oh yes!

ừ hữ *v.* to say "yes" and not mean it

ưa *v.* to like, to be fond of: **Nhiều người ưa màu vàng.** Many people like the color yellow.

ưa ngọt *v.* to like flattery: **Bà ta thích ưa ngọt.** She likes flattery.

ưa nịnh *v.* to like flattery: **Tôi không thích ưa nịnh.** I don't like flattery.

ưa thích *v.* to like, to be fond of: **Bạn ưa thích gì?** What do you like?

ứa *v.* [of tears **nước mắt,** sweat **mồ hôi**] to ooze, to flow gently, to exude: **Ứa nước mắt đầy má.** Tears flow gently down the cheek.

ức **1** *num.* one hundred thousand [mười vạn, một trăm ngàn] **2** *adj.* indignant [because of injustice or oppression]: **uất ức** to oppress; **ức hiếp** to bully; **oan ức** to be the victim of an injustice

ức chế *v.* to oppress

ức đoán *v.* to estimate

ức hiếp *v.* to bully, to oppress: **Ông ấy ức hiếp tôi.** He bullies me.

ức thuyết *n.* hypothesis

ực *v.* to swallow loudly, to gulp

ưng **1** *n.* hawk, falcon: **khuyển ưng** henchmen **2** *v.* to consent, to agree: **ưng ý** to like

ưng chuẩn *v.* to approve, to pass

ưng thuận *v.* to consent, to agree: **Tất cả mọi người ưng thuận đề nghị nầy.** All agree to this proposal.

ưng ý *v.* to like, to agree

ứng *v.* to advance money to someone: **Anh cứ ứng tiền ra, tôi sẽ xin hoàn lại anh sau.** Please pay for this, I'll reimburse you later.

ứng biến *v.* to cope with a new situation

ứng cử *v.* to be a candidate [in an election], to run for, to stand for: **Năm ấy ông ta ra ứng cử Tổng thống.** He was a presidential candidate that year.

ứng cử viên *n.* candidate [in an election]

ứng dụng *v., adj.* to apply; [subject of study] applied: **ứng dụng phương pháp thực nghiệm** to apply a practical method; **ngữ học ứng dụng** applied linguistics

ứng đáp *v.* to answer, to reply

ứng đối *v.* to reply, to answer

ứng khẩu *v.* to speak impromptu, to improvise

ứng thí *v.* to be a candidate in an examination

ứng viên *n.* applicant: **Có bao nhiêu ứng viên xin công việc nầy?** How many applicants apply for this job?

ửng *v.* to dawn; to blush: **mặt ửng đỏ** to have a blushing face

ước **1** *v.* to desire, to wish for, to hope for: **ao ước, mong ước** to wish, to desire, to expect; **mơ ước** to dream **2** *v.* to estimate, to guess

ước chừng *v.* to estimate, to be about, to guess: **Bạn ước lượng dự án nầy cần bao nhiêu tiền?** Could you estimate how much money is needed for this project?

ước ao *v.* to wish for, to long for

ước định *v.* to plan; to estimate

ước độ *adv.* about, approximately

ước hẹn *v.* to promise

ước lược *v.* to reduce, to summarize: **ước lược phân số thành ra mẫu số chung** to reduce two fractions to a common denominator

ước lượng *v.* to estimate

ước mong *v.* to wish, to desire, to expect: **Chúng tôi ước mong chúng ta sẽ cùng làm việc với nhau.** We wish we could work together.

ước mơ *v., n.* to wish, to dream; dream

ước số *n.* divisor [math], sub-multiple

ước tính *v.* to estimate

ước vọng *n.* aspiration: **bày tỏ ước vọng của mình** to convey one's aspiration

ươm *v.* to sow seedlings

ướm *v.* to try on [garment]; to put out feelers, to sound out someone

ướm hỏi *v.* to sound out with a question

ướm lòng *v.* to sound out intentions

ướm lời *v.* to put out feelers

ươn *adj.* stale [of meat, fish], spoiled, not fresh: **cá ươn** stale fish; **ươn mình** to be incapable; bad

ươn hèn *adj.* coward; incapable

ươn mình *adj.* unwell

ươn ướt *adj.* damp, moist, wet

ườn *v.* to sprawl, to be lazy: **nằm ườn** to lie idle

ưỡn *v.* to stick out, to swell [chest **ngực**, belly **bụng**, etc.]: **ưỡn ngực** to jut out one's chest

ưỡn ẹo *v.* to have a rolling gait, to swing one's hips, to wriggle

ưỡn ngực *v.* to jut out one's chest

ương **1** *adj.* stubborn, hard-headed **2** *v.* to plant seedlings: **vườn ương cây** nursery

ương gàn *adj.* stubborn and eccentric: **Không có ai ương gàn như ông ấy.** No one is as stubborn and eccentric as he is.

ương ngạnh *adj.* stubborn

ướp *v.* to preserve [meat **thịt**, fish **cá**, etc.] with: **ướp muối cá** to preserve fish with salt; **ướp thịt với nước mắm** to preserve meat with fish sauce

ướt *adj.* wet: **ướt như chuột lột** to be soaked to the skin, drenched; **ướt át** to be wet, damp

ướt sũng *adj.* soaked and wet

ưu *adj.* very well done, very good, excellent, A [school grade]. Cf. **bình, thứ**

ưu ái *n.* affection, solicitude

ưu đãi *v.* to favor, to treat with special attention: **Những người nước ngoài được ưu đãi nhiều lắm.** Foreigners are treated with very special attention.

ưu đẳng *adj.* best, super

ưu điểm *n.* good point, strength, negative point [*opp.* **nhược điểm**]

ưu hạng *n.* best, high distinction grade: **Con tôi vừa đậu ưu hạng kỳ thi tốt nghiệp.** My son has passed his final examination with a grade of high distinction.

ưu phiền *v., adj.* to worry; to be sad, mournful, distressed

ưu sầu *adj.* sad, sorrowful

ưu thắng *adj.* prevailing, predominant

ưu thế *n.* preponderance, stronger position

ưu tiên *adj.* priority: **hành lý ưu tiên** priority luggage

ưu tú *adj.* brilliant, outstanding, best, eminent: **những sinh viên ưu tú** best students

ưu tư *v., adj.* worried, apprehensive

ưu việt *adj.* outstanding, pre-eminent: **đặc tính ưu việt** outstanding characters

V

va **1** *pron.* he, she; him, her **2** *v.* to bump into, to collide against: **Xe va vào gốc cây.** A car crashed into the tree.

va chạm *v.* to be in conflict with: **Không ai muốn va chạm lẫn nhau.** No one wants to be in conflict with others.

va li *n.* [Fr. *valise*] suitcase: **cho áo quần vào va li** to pack clothes into one's suitcase

va ni *n.* [Fr. *vanille*] vanilla: **trộn va ni vào bột để làm bánh** to mix vanilla with flour when making cakes

vá **1** *v.* to mend, to patch [clothes, road, etc.]; [of dog, cat] to be spotted, brindled: **chắp vá** to patch; **khâu vá** to sew; **vá áo** to mend a shirt **2** *n.* shovel, ladle: **vá múc canh** a soup ladle

vá víu *adj., v.* patchy; to do things in a sloppy fashion

và *conj.* and, together, with: **Bạn và tôi cùng đi ăn cơm ở tiệm ăn Việt Nam.** You and I are going to a Vietnamese restaurant.

vả **1** *v.* to slap: **vả vào mặt ai** to slap someone's face **2** *adv.* moreover, however, besides, at any rate, anyhow: **Tôi phải ở nhà vả lại người tôi**

không được khoẻ. I have to stay at home; moreover I am not well.

vả chăng *adv.* moreover, besides

vả lại *adv.* moreover, besides: **Ngôi nhà đó đắt quá, vả lại nó quá lớn đối với gia đình tôi.** That house is very expensive; besides, it is too big for my family.

vã 1 *v.* to throw in one's face **2** *v.* to strike lightly, to dab: **vã khăn ướt vào mặt** to dab a wet towel on one's face

vạ 1 *n.* misfortune: **tai vạ** calamity; **ăn vạ, bắt vạ** to claim damages; **nằm vạ** to claim damages by staging a lying-down strike **2** *n.* fine: **trả tiền phạt vạ** to pay fine

vạ vịt *n.* unexpected misfortune; stray bullet

vác *v.* to carry [farm tool, lance, rifle, box, bag, etc.] on the shoulder: **gánh vác** to shoulder responsibilities; **khiêng vác, khuân vác** to carry heavy things

vác mặt *v.* to be haughty, to show one's face: **Nó còn vác mặt đến xin tiền tôi.** He is showing his face to ask me for money.

vạc 1 *n.* range boiler **2** *n.* bittern, night heron **3** *v.* to whittle, to cut, to carve

vách *n.* partition, wall: **vách ngăn** partition

vạch 1 *v., n.* to make a line, to mark; tailor's marker **2** *v.* to uncover, to expose [a part of the body]: **vạch áo cho người xem lưng** to expose one's faults

vạch đường *v.* to show the way; to plan

vạch mặt *v.* to unmask, to expose: **vạch mặt ai** to expose someone

vạch rõ *v.* to point out

vạch trần *v.* to lay bare, to expose, to unveil: **vạch trần gian dối của họ** to unveil their deceit/conspiracy

vai *n.* shoulder; rank, status; part, role: **vai trò, vai tuồng** role; **vác lên vai** to carry something on one's shoulder

vai chính *n.* leading part or role: **Bạn là vai chính trong kế hoạch nầy.** You have a leading role in this plan.

vai phụ *n.* extra role

vai trò *n.* role, part: **Vai trò của bạn trong cuộc họp nầy là gì?** What is your role in this meeting?

vai tuồng *n.* role, part

vai vế *n.* status: **vai vế xã hội** social status

vái *v.* to greet or pay respect by shaking joined hands: **vái một cái** to kowtow once; **khấn vái** to pray

vài *adj.* a few, some: **vài ba người** a few people

vải 1 *n.* cloth, material, fabric, cotton cloth **2** *n.* litchi

vải bông *n.* (= **vải hoa**) print cloth

vải màn *n.* gauze, tulle [used to make mosquito nets]

vãi 1 *n.* Buddhist nun **2** *v.* to spill, to scatter

vại *n.* cylindrical earthenware jar [for rice, water]

vạm vỡ *adj.* muscular, sturdy, athletic

van *v.* to implore, to entreat, to beseech: **van xin người nào** to entreat someone

van lạy *v.* to entreat, to beseech

van lơn *v.* to implore, to entreat, to beseech

van nài *v.* to beseech, to insist: **Họ van nài tôi giúp đỡ họ.** They insist that I help them.

van xin *v.* to beseech, to entreat, to beg

ván 1 *n.* plank, board **2** *n.* game [for chess **cờ** or card **bài** games]: **một ván cờ** a chess game

ván địa *n.* bottom of a coffin

ván thiên *n.* top of a coffin

vàn *num.* (= **vạn**): **muôn vàn** many, countless

vãn 1 *v.* to end: **Vãn hát chưa?** Is the play over yet?; **Khách đã vãn.** Most patrons have left the place. **2** *v.* to visit [scenery **cảnh**, temple **chùa**]: **vãn cảnh** to visit a scenic spot

vãn hồi *v.* to return, to restore [order], to save [a situation]: **vãn hồi an ninh trật tự** to restore order and security

vạn *num.* ten thousand: **một vạn mốt** 11,000; **hai vạn hai** 22,000; **ba vạn rưới** 35,000

vạn an *n.* peace; good health: **Chúc bạn vạn an.** May I wish you good health.

vạn bất đắc dĩ *adv.* quite unwillingly, very reluctantly

vạn cổ *adv.* eternally

vạn đại *adv.* eternally, forever

vạn kiếp *adv.* eternally; forever

Vạn Lý Trường Thành *n.* the Great Wall [of China]

vạn năng *adj.* almighty, all powerful

vạn nhất *adv.* in case, if ever, if by any chance

vạn phúc *n.* ten thousand happinesses

vạn quốc *n.* all the nations

vạn sự như ý *n.* Everything is as you wish it to be.

vạn thọ *n.* marigold

vạn toàn *adj.* perfectly safe, perfect

vạn trạng *n.* multiform [used with **thiên hình**]

vạn tuế *exclam.* Live long!

Vạn Tượng *n.* Vientiane

vạn vật *n.* nature, all living beings: **Chúng ta nên thương yêu vạn vật.** We should love all living beings.

vạn vật học *n.* natural sciences

vang **1** *v.* to echo, to resound: **tiếng vang** echo; **âm vang** sonorant **2** *n.* [Fr. *vin*] European wine: **vang trắng** white wine; **vang đỏ** red wine

vang dậy *v.* to resound

vang dội *v.* to resound, to ring: **Tiếng ai la vang dội cả toà nhà.** Someone's shouting is echoing throughout the whole building.

vang động *v.* to resound, to ring

vang lừng *adj.* [of fame] widespread

vang tai *adj.* deafening

váng **1** *n.* film, skim [on boiled milk] **2** *adj.* slightly dizzy: **choáng váng** dizzy

váng tai *adj.* deafening, ear-splitting

vàng **1** *adj.* [SV **hoàng**] yellow: **nhuộm vàng** to dye yellow; **màu vàng** yellow; **giống da vàng** yellow

race **2** *n.* [SV **kim**] gold; false gold in pot or paper offered in ceremonies: **cá vàng** goldfish; **tiệm vàng** jewel shop; **ngai vàng** throne; **mạ vàng** to gild; **tiền vàng** gold coin

vàng bạc *n.* gold and silver

vàng cốm *n.* gold nuggets

vàng diệp *n.* gold foil, gold leaf

vàng khè *adj.* very yellow

vàng lá *n.* gold leaf, gold foil: **Người Việt thích giữ vàng lá.** Vietnamese like to keep gold leaves [gold in the shape of leaves]

vàng mã *n.* votive paper: **đốt vàng mã** to burn votive papers

vàng mười *n.* pure gold

vàng nén *n.* ingot gold

vàng ngọc *n.* valuable things

vàng ròng *n.* pure gold

vàng thoi *n.* gold in bars

vàng tâm *n.* canary wood

vàng vàng *adj.* yellowish

vàng y *n.* pure gold

văng *v.* to go, to pass: **dĩ văng** the past; **lai văng** to frequent; **phát văng** to banish

văng lai *v.* to move back and forth, to move around

vanh vách *v.* to know by heart

vành *n.* fringe, edge, border, ring, rim [of wheel]

vành móng ngựa *n.* horseshoe; bar [in tribunal], witness stand

vành ngoài *n.* outer circle

vành tai *n.* helix of ear

vành trong *n.* inner circle

vành vạnh *adj.* perfectly round

vào *v.* [SV **nhập**] (= **vô**) to go or come in, to enter; to join; to move from north to south [in Vietnam]; in, into: **lối vào** entrance; **cửa ra vào** door; **đóng cửa vào** to close a window; **Nó chạy vào cửa hàng xe đạp.** He ran into the bicycle shop.; **thêm vào** to add to; **đem vào** to bring in; **kéo vào** to drag in

vạt **1** *n.* flap [of Vietnamese dress]: **vạt áo** dress flap **2** *v.* to bevel

vạt áo *n.* skirt, flap: **vạt áo trước** the fore flap

vay **1** *v.* to borrow [money, food]: **vay tiền** to borrow money **2** *v.* to lend, to loan [money, food]: **vay tiền ngân hàng** to get a loan fron the bank

vay mượn *v.* to borrow, to loan: **từ vay mượn** a loanword

vay lãi *v.* to borrow [money] with interest

váy *n.* skirt: **Những người trẻ thích mặc váy ngắn.** Young girls like to wear short skirts.

vảy **1** *n.* scale [of fish, etc.]; scab: **đánh vảy cá** to scale a fish **2** *v.* to sprinkle: **vảy nước vào rau** to sprinkle water on vegetables

vẫy *v.* to wave [hand, flag]; to wag [tail]: **vẫy tay chào tạm biệt** to wave farewell with one's hands

vạy *adj.* crooked, bent, curved: **tà vạy** dishonest, crooked

vằm *v.* to chop, to mince: **băm vằm thịt** to mince meat

văn *n.* literature, letters; culture, civilization, [of official] civilian [as opp. to military **võ**]: **Việt văn** Vietnamese literature; **Anh văn** English language/literature; **Hán văn** Chinese language/literature; **nhà văn** writer; **cổ văn** classical language or literature; **kim văn** modern language or literature; **công văn** official letter

văn bài *n.* composition, writing

văn bằng *n.* diploma, degree: **Bạn đã có văn bằng gì?** What degree do you have?

văn bút *n.* letters: **Hội Văn bút** Playwrights, Poets, Essayists and Novelists [PEN]

văn chỉ *n.* Temple of Literature, shrine dedicated to Confucius [in each village]

văn chương *n.* literature: **học văn chương Việt Nam** to study Vietnamese literature

văn đàn *n.* literary club, literary group

văn gia *n.* writer

văn giai *n.* civil service hierarchy

văn hào *n.* great writer, man of letters: **Nguyễn Tuân là một đại văn hào Việt Nam trong thế kỷ 20.** Nguyen Tuan is a great writer from twentieth-century Vietnam.

văn hiến *n.* civilization

văn hoa *n.* writing style

văn hoá *n.* culture: **một nền văn hoá cực thịnh** a highly-developed culture; **Nhà Văn hoá** Office of Cultural Affairs; **Tổ chức Giáo dục, Khoa học và Văn hoá Liên hợp quốc** United Nations Educational, Sciencific and Cultural Organization [UNESCO]

văn hoá vụ *n.* cultural affairs

văn học *n.* literature

văn học sử *n.* literary history

văn khoa *n.* faculty of letters; **Đại Học Văn Khoa** Faculty of Letters, College of Arts, Faculty of Arts

văn khố *n.* literary treasure

văn kiện *n.* documents

văn liệu *n.* literary materials

Văn Miếu *n.* Temple of Literature [in Hanoi city]

văn minh *adj., n.* civilized; civilization

văn nghệ *n.* arts and letters: **cuộc phục hưng văn nghệ** literary renaissance; **chương trình văn nghệ** musical program

văn nghiệp *n.* literary career

văn nhân *n.* man of letters, writer

văn phái *n.* literary school

văn phạm *n.* (= **ngữ pháp**) grammar

văn pháp *n.* syntax

văn phòng *n.* study room, office, secretariat; cabinet [in ministry or department]: **Đổng lý văn phòng** Director of Cabinet; **Chánh văn phòng** Chief of Cabinet; **Tham chánh văn phòng** attaché of Cabinet

văn phòng phẩm *n.* stationery: **mua văn phòng phẩm** to buy stationery

văn quan *n.* civil official

văn sách *n.* traditional Sino-Vietnamese dissertation, essay [at civil service examinations]

văn sĩ *n.* writer, man of letters

văn tập *n.* anthology

văn tế *n.* funeral oration

văn thể *n.* literary form, genre, text-type

văn thơ *n.* prose and poetry, literature

văn thư *n.* writings, papers; document, letter

văn tuyển *n.* anthology, selected works

văn từ *n.* writings; literature, style

văn tự *n.* writing system, orthography, written language; contract

văn uyển *n.* literary corner [in magazine, newspaper]

văn vần *n.* poetry, verse

văn vật *adj.* civilized, cultured, sophisticated

văn vẻ *n.* literary style

văn võ *n.* civil and military: **văn võ toàn tài** both a scholar and warrior

văn xuôi *n.* prose: **viết văn xuôi** to write prose

vắn *adj.* short, brief [*opp.* **dài**]: **đọc tin vắn** to read the news brief

vắn tắt *adj.* brief, briefly speaking, concise

vằn *adj.* striped: **ngựa vằn** zebra

vằn vèo *adj.* winding, tortuous

vặn *v.* to wring [neck **cổ**, hand **tay**], to turn [key **chìa khoá**], to twist, to screw: to wind or set [watch or clock **đồng hồ**]; to turn, to switch [light **đèn**] on: **vặn tay ai** to wring one's hands; **vặn đồng hồ** to set a watch

vặn vẹo *v.* See **vằn vèo**

văng *v.* to be thrown, to be hurled, to fling, to throw; to spit out: **bỏ văng** to abandon, to give up entirely; **văng ra những lời thô tục** to spit out vulgarities

văng vẳng *v.* to hear or be heard vaguely from a distance

vắng *adj.* [of place] to be deserted, [of person] to be absent: **Bao nhiêu người vắng mặt ngày hôm nay?** How many people are absent today?; **thanh vắng** to be quiet and deserted

vắng bóng *v.*, *adj.* to be without anybody, absent

vắng khách *v.* to have few customers: **Nhà hàng đó vắng khách lắm.** That restaurant has few customers.

vắng mặt *adj.* absent: **án vắng mặt** judgment in absentia

vắng ngắt *adj.* completely deserted

vắng nhà *v.* not to be in, not to be home, to be out, to be absent: **Chồng tôi vắng nhà.** My husband is not at home.

vắng tanh *adj.* quite deserted

vắng teo *adj.* deserted

vắng tin *v.* to receive no news from, not to hear from

vắng vẻ *adj.* deserted, quiet

vằng vặc *adj.* [of moonlight] clear, bright

vẳng *v.* to be heard vaguely from a distance

vắt **1** *v.* to wring, to squeeze [citrus fruit], to milk [cow]: **vắt hết nước đi** wring it well; **nước cam vắt** orange juice; **vắt khô áo quần** to rinse clothes **2** *n.* jungle leech

vắt *v.* to throw [garment] over one's shoulder (**vắt vai**); to throw [linen on clothes line]: **vắt tay lên trán** to put a hand over one's forehead; **vắt chân** to cross one leg over the other

vắt vẻo *adj.* swinging high, perched up high

vặt **1** *adj.* [of items] miscellaneous; [of expenses, theft] petty, trifling; [of jobs] odd, insignificant: **lặt vặt** miscellaneous; **thù vặt** to resent trifling matters; **vụn vặt** minute, trifling; **sai vặt** to send [someone] on small errands; **ăn quà vặt** to have a nibble here or there; **việc vặt** odd jobs; **tiền tiêu vặt** pocket money; **đồ vặt** odd things, odds and ends; **ăn cắp vặt** petty theft **2** *v.* to pluck [hair, feathers, vegetables], to gather [vegetables]

vặt vãnh *adj.* miscellaneous, small

vâm *n.* big elephant: **khoẻ như vâm** as

strong as a big elephant

vân 1 *n.* grain, vein [in marble, wood] 2 *n.* silk cloth with woven design [of clouds] 3 *n.* (= **mây**) cloud

vân mẫu *n.* mica

vân mòng *n.* news about someone

Vân Nam *n.* Yunnan

vân tinh *n.* nebula

vân vân *adv.* and so on, and so forth, etc.

vấn 1 *v.* to roll [turban or one's hair] around [head]: **vấn tóc trên đầu** to roll one's hair around the head 2 *v.* (= **hỏi**) to ask: **cố vấn** to advise; **chất vấn** to question; **thẩm vấn** to investigate

vấn an *v.* to inquire about someone's health

vấn danh *n.* pre-betrothal ceremony [where names and ages of prospective bride and bridegroom are exchanged]

vấn đáp *v.* to question and answer: **thi vấn đáp** oral examination

vấn đề *n.* problem, topic, subject, question, matter: **nêu vấn đề** to raise a question; **giải quyết vấn đề** to solve a problem

vấn tâm *v.* to ask oneself

vấn tội *v.* to question a suspect

vấn vít *v.* to be involved in

vấn vương *v., adj.* to be involved in, preoccupied with; to be in love

vần *n.* [SV **vận**] rhyme; syllable; alphabet: **đánh vần** to spell a word out loud; **vần quốc ngữ** Vietnamese alphabet

vẩn *adj.* [of liquid] turbid, cloudy, muddy; [of sky] murky, overcast

vẩn đục *adj.* turbid, muddy

vẩn vơ *adj.* vague, undecided, wavering

vẫn *adv.* still, just the same, always: **Tôi vẫn đang ở nhà cũ.** I am still living at the old place

vẫn còn *adv.* to have been doing something, still: **Tôi vẫn còn ở Việt Nam.** I am still living in Vietnam.

vẫn thạch *n.* meteor, aerolith

vận 1 *v.* to dress: **vận Âu phục** to wear Western clothes 2 *v.* to move about, to transport; **chuyển vận** to ship; **giang vận** river transportation; **thuỷ vận** sea or river transportation; **không vận** air transportation 3 *n.* luck [with **gặp** to meet with]; destiny, fate [**đỏ, hên, may** good; **đen, xui, rủi** bad]: **hậu vận** future fate; **vận đen** bad luck; **vận may** good luck; **lỡ vận** to miss a chance 4 *n.* (= **vần**) rhyme: **cước vận** final rhyme; **yêu vận** medial rhyme

vận chuyển *v.* to transport: **vận chuyển hàng hoá** to transport goods

vận dụng *v.* to apply: **vận dụng khoa học kỹ thuật** to apply science and technology

vận đen *n.* bad luck

vận đỏ *n.* good luck: **Bạn đang có vận đỏ đấy.** You have good luck now!

vận động *v.* to exercise, to move, to campaign: **sân vận động** stadium; **vận động tuyển cử** electoral campaign

vận động trường *n.* stadium: **vận động trường quốc gia** national stadium

vận hà *n.* canal

vận hạn *n.* bad luck, misfortune

vận hành *v.* to move, to revolve

vận hội *n.* opportunity, chance

vận mạng *n.* destiny, fate, lot: **Bạn tôi tin vào vận mạng.** My friend accepts his fate.

vận mệnh *n.* destiny, fate, lot

vận phí *n.* freight, transportation costs

vận số *n.* lot, destiny, fate

vận tải *v.* to transport, to ship: **xe vận tải** truck

vận văn *n.* poetry, rhythmic prose [as opp. to prose **tản văn**]

vâng *v., n.* to obey, yes; a polite particle: **vâng lời** to obey; **Vâng, bạn đúng rồi.** Yes, you are right.; **gọi dạ bảo vâng** to say "dạ" when called upon and "vâng" when told something; **biết vâng lời** obedient

vâng lệnh *v.* to obey an order

vâng lời *v.* to obey, to comply with:

Con cái nên vâng lời cha me. Children should obey their parents.

vâng mệnh *v.* to obey an order

vâng theo *v.* to obey, to comply with

vấp *v.* to trip, to stumble: **vấp phải khó khăn** to come up against difficulties; **vấp phải hòn đá** to trip over a stone

vấp váp *v.* to hesitate in speech; to flounder, to make mistakes

vất *v.* See **vứt**

vất vả *adj., v.* hard; to toil; [of work] to be laborious, hard: **làm việc vất vả** to work hard

vất vưởng *adj.* uncertain, undecided, unstable

vật 1 *n.* thing, object, creature, being; animal: **động vật** animate being; **loài vật** animals; **thực vật** vegetables, plants; **súc vật, thú vật** animal; **vạn vật** nature 2 *v.* to slam [an adversary in wrestling, a child in playing]; to wrestle [**nhau** together]; to toss [in bed]: **đô vật** wrestler; **nằm vật ra** to collapse, to fall flat

vật chất *n.* matter, material: **xã hội vật chất** material society

vật dục *n.* sexual desire

vật dụng *n.* materials [that one uses]; necessary

vật giá *n.* price of goods: **Vật giá cao cũng giống như xăng dầu.** The price of goods is as high as that of petrol.

vật liệu *n.* materials [building, etc., but not referring to materials]: **mua vật liệu xây dựng** to buy building materials

vật lộn *v.* to struggle, to fight

vật lực *n.* material resources

vật lý *n.* physics: **nguyên tử vật lý học** nuclear physics

vật nài *v.* to insist, to entreat

vật thể *n.* material body

vật tư *n.* materials and means: **Công ty chúng tôi cung ứng vật tư.** Our company supplies the materials and means.

vật vã *v.* to throw oneself on the ground; to writhe in bed [with pain, sorrow]

vật vờ *adj.* faltering, irresolute

vấu *v.* to scratch, to pinch

vẩu *adj.* [of teeth] bucked, projecting

vây 1 *n.* (= **vi**) fin [of fish], paddle, flapper [of whale, etc.]: **xúp vây/vi cá** shark's fin soup; **giương vây** to put on airs 2 *v.* to encircle, to surround: **vây tròn, vây bọc** to round up; **vây bắt** to besiege, to blockade

vây cánh *n.* follower, fraction, supporter

vấy *adj.* stained

vấy máu *adj.* blood-stained

vầy *adv.* (= **vậy**) this, this way, so: **như vầy** as follows; **làm như vầy** do it this way

vẫy *v.* to wave [hand **tay**, handkerchief **khăn tay**, flag **cờ**]: **vẫy cờ** to wave a flag

vẫy vùng *v.* to be agitated, to struggle, to bestir oneself; to be free

vậy *v.* See **vầy**

vậy 1 *adv.* this, that, thus, so: **nếu vậy thì** it is so then; **bởi vậy** that's why; **đã vậy** if it is so; **như vậy** thus; **Sao vậy?** Why is it so?; **vì vậy** that's why [**mà, cho nên** introduces main clause] 2 *adv.* reluctantly, because one has no choice: **Không có màu xanh thì tôi lấy màu vàng vậy.** If you don't have it in green I'll take yellow then.; **Sáng nay không có phở, con ăn xôi vậy nhé.** They don't sell noodles this morning, will you have some sticky rice instead, honey?

vậy nên *adv.* that's why

vậy thì *adv.* then

ve 1 *n.* cicada: **ve sầu** cicada 2 *n.* flash 3 *v.* to court, to flirt, to woo: **ve gái** to flirt with a girl 4 *n.* [Fr. *revers*] lapel

ve vãn *v.* to court, to woo: **ve vãn ai** to court someone

vé *n.* ticket, coupon: **một vé khứ hồi** a return ticket, round-trip ticket; **lấy vé, mua vé** to buy tickets; **người soát**

vé conductor; **chỗ bán vé** ticket office; **vé số** lottery ticket

vè 1 *n.* mudguard, fender 2 *n.* satirical folk song

vẻ *n.* appearance, air, mien; look, countenance: **vẻ mặt** look; **vui vẻ** to be merry; **làm ra vẻ** to put on airs; **có vẻ** to look, to seem [to]

vẻ mặt *n.* look, countenance

vẻ ngoài *n.* appearance

vẻ người *n.* appearance, look

vẻ vang *adj.* glorious, proud: **làm vẻ vang gia đình** to do honor for the family

vẽ *v.* [SV **hoạ**] to draw, to paint [picture], to sketch; to pencil; to lead, to show, to indicate; to invent: **bày vẽ** to invent; **bức vẽ** drawing, sketch, painting; **tranh vẽ** drawing; **thợ vẽ** artist

vẽ mặt *v.* [of actor, actress] to make up

vẽ phác *v.* to sketch, to outline

vẽ vời *v.* to invent unnecessary things, to create unnecessary issues

ven *n.* edge, fringe, side: **đi theo ven đường** to go along the side of a road

vén *v.* to raise [curtain **màn**], to pull up, to draw up, to lift, to roll up [sleeve **tay áo**]: **vén màn cửa sổ lên** to pull up the window curtain

vẻn vẹn *adv.* only, just [a certain number]

vẹn *adj.* perfect, complete: **trọn vẹn** perfect; **nguyên vẹn** intact

vẹn lời *v.* to keep one's promise

vẹn mười *adj.* perfect

vẹn toàn *adj.* perfect

veo 1 *v.* to run or sell quickly 2 *adj.* very limpid, clean: **nước trong veo** very clean water

veo veo *adv.* speedily, swiftly, quickly

véo *v.* to pinch: **cấu véo ai** to pinch someone

véo von *adj.* [of singing voice] high pitched and melodious: **tiếng hát véo von** a melodious singing voice

vèo *adj.* very fast, rapid, quick as lightning: **đánh vèo một cái** to hit quickly as lightning

vẹo *v.* to twist, to be distorted

vẹo vọ *adj.* twisted, crooked

vét *v.* to clean up, to dredge; to steal: **vơ vét** to make a clean sweep; to clean up; to steal

vẹt 1 *n.* parrot, parakeet: **như vẹt** parrot-like 2 *v.* to level, to chamfer, to scrape: **Chiếc giầy bị vẹt một bên.** The shoe was leveled on one side.

vẹt ni *n.* [Fr. *vernis*] varnish, shellac

vê *v.* to roll [tobacco] between two fingers or into a ball: **vê đầu sợi chỉ** to roll one end of a thread

vế *n.* thigh; member [of equation, of couplet, of pair of parallel sentences]; authority, influence; rank, status: **vai vế lép** to lack influence

về *v., conj.* [SV **hồi**, **qui**] to return, to go back to; to, towards, in, at, about, concerning: **giỏi về khoa học** good at sciences; **về phía nam** to the south; **lui về** to retreat to; **trở về** to go back [to]; **độ ba tháng về trước** about three months ago; **về mùa đông** in winter; **nói về** to speak about; **thuộc về** to belong to; **đi về nhà** to go back home; **Phần này về anh.** This share goes to you.; **về việc ấy** concerning that matter

về già *v.* to become old

về hưu *v.* to retire

về nước *v.* to return to one's country, to return home from overseas

về phần *adv.* as for, as to

về sau *adv.* later on, in the future

vệ *n.* edge, side [of road, etc.]: **vệ đường** roadside, kerb

vệ binh *n.* bodyguard, guard

Vệ Đà *n.* Veda

vệ sĩ *n.* bodyguard

vệ sinh *n., adj.* hygiene, sanitation; to be hygienic, sanitary: **nhà vệ sinh** toilet; **hố vệ sinh** septic tank; **giấy vệ sinh** toilet paper

vệ tinh *n.* satellite [astronomy]: **vệ tinh nhân tạo** man-made satellite [with **phóng** to launch]

vện *adj.* [of dog] spotted

vênh v. to warp, to buckle: **vênh mặt** to hold up one's face in conceit

vênh vang v. to look proud, to be arrogant

vênh váo adj. haughty, arrogant

vểnh v. to hold up: **vểnh tai** to prick up one's ears

vết n. spot, stain, blot; trace, track; scab: **bới lông tìm vết** to find fault; **dấu vết** trace

vết bẩn n. spot, stain: **tẩy vết bẩn trên áo** to remove a stain from one's shirt

vết chân n. footprint

vết nhăn n. wrinkle

vết thương n. wound: **băng bó vết thương** to dress wounds

vết tích n. traces, vestiges

vệt n. mark, long trace, streak

vêu v. to sit idle, to pull a long face

vếu adj. swollen

vều v. to purse [lips **môi**]; to be pursed, to swell

vi n. (= **vây**) [shark's] fin: **vi cá nấu măng tây** shark's fin soup with asparagus

vi âm n. microphone

vi bằng n. evidence; certificate

vi cảnh n. petty offense, minor infraction of the law: **phạt vi cảnh** to fine for a petty offense

vi hành v. [of king] to travel incognito

vi khuẩn n. bacteria, germ

vi ô lông n. violin

vi phạm v. to violate, to break [agreement, etc.]: **vi phạm luật pháp** to break the law

vi phân adj. infinitesimal, [of calculus] differential

vi phim n. microfilm

vi ta min n. vitamin

vi tế adj. small, fine: **ngữ học vi tế** microlinguistics

vi trùng n. microbe, germ: **diệt vi trùng** to kill germs

vi vu v. [of wind] to whistle

ví 1 v. to compare [**với** with]; to suppose 2 n. wallet, purse, billfold: **tiền để dành ví** pocket money

ví bằng adv. if, in case

ví dầu adv. if, in case

ví dù adv. if, in case

ví dụ n. example, for example

ví như adv. if, in case: **Ví như bạn không đến, bạn cho người đại diện.** If you can't come, please send your representative.

ví phỏng adv. if, in case

ví thử adv. if, in case

ví tiền n. purse, wallet: **Coi chừng ví tiền của bạn nhé.** Take care of your wallet.

ví von v. to compare, to make comparison

vì conj. because; due to, in view of, because of: **bởi vì, tại vì** because [of]; **vì sao** for what reason; **vì thế cho nên, vì vậy cho nên** because of that

vì chưng adv. because, for, since

vì nể v. to have regard or consideration for

vì rằng adv. because, for, since

vĩ n. (= **đuôi**) tail: **thủ vĩ** head and tail, beginning and end; **tiếp vĩ ngữ** suffix

vĩ cầm n. violin

vĩ đại adj. too big, great, imposing

vĩ độ n. latitude

vĩ nhân n. great man

vĩ tuyến n. latitude, parallel: **bên kia vĩ tuyến** across the parallel

vị 1 n. taste [good or bad], flavor: **vô vị** tasteless, insipid; tedious, dull; **hương vị** flavor; **mỹ vị** delicacy; **hải vị** seafood; **thú vị** delight, pleasure; **đồ gia vị** spices 2 n. seat, condition, rank, position, unit; CL for duties or persons of some status: **quí vị thính giả** dear listeners; **kính thưa quí vị** ladies and gentlemen; **đơn vị** unit; **âm vị** phoneme; **thứ vị** rank; **tước vị** rank, title; **địa vị** position, status; **chức vị** position: **an vị** to be seated

vị chi adv. that is equal to, that comes to

vị dịch tố n. pepsin

vị giác n. sense of taste

vị hôn thê n. fiancé: **bảo lãnh cho vị hôn thê qua Úc** to sponsor a fiancé to immigrate to Australia

vị kỉ *adj.* selfish

vị lai *n.* future: **thể vị lai** future tense

vị lợi *adj.* advantage-seeking, for profit, with one's own interests

vị ngã *adj.* selfish, egoistic

vị ngữ *n.* predicate [grammar]: **Câu đơn gồm có chủ ngữ và vị ngữ.** A simple sentence consists of subject and predicate.

vị tạng *n.* stomach

vị tất *adv.* not necessarily

vị tha *adj.* altruistic

vị thành niên *n.* minor [of age], teenage

vị thứ *n.* rank, status: **vị thứ trong chính phủ** rank in the government

vị trí *n.* [military] position, status

via *adj.* [Fr. *vieux*] old, [slang] the old man: **ông via tôi** my father; **bà via tao** my mother

vía *n.* life principle, vital spirit: **Hú vía!** Phew! What a narrow escape!; **ngày vía** birthday

vỉa *n.* border, edge, rim, side: **vỉa hè** sidewalk

việc *n.* [SV sự] work, task, job, business; thing, matter, affair: **công ăn việc làm** job; **làm việc** to work; **Không phải việc của tôi.** It is not my business.

việc chi *n.* See việc gì

việc gì *n., v.* what's the use of; to concern [**đến** precedes object]: **Việc gì mà phải đợi!** What's the use of waiting? No need to wait.; **Việc gì đến anh?** Does it concern you at all? It is none of your business.; **Có việc gì không?** What's the matter?

việc làm *n.* job, work, task: **xin việc làm** to apply for a job

việc vặt *n.* odd jobs, small chores

viêm *n.* inflammation: **viêm nhiệt** inflammation, ills; **phế viêm** pneumonia

viêm nhiệt *adj.* [of season] hot, sultry

viên **1** *n.* classifier noun for things of regular shape, such as pills, bullets, bricks, tiles, etc.: **một viên thuốc**

nhức đầu an aspirin tablet; **hai viên vi ta mnin** two vitamin pills; **một viên đạn** a bullet, a slug; **một viên gạch** a brick **2** *n.* classifier noun for officials, officers, etc.: **viên thủ quĩ** a treasurer; **viên đại tá** a colonel; **quan sát viên** observer; **đảng viên** member [of a party]; **tuỳ viên** attaché; **chuyên viên** expert; **nhân viên** staff, personnel; **liên lạc viên** liaison officer; **sinh viên** university student; **phát ngân viên** cashier, teller; **cộng sự viên** collaborator, co-worker; **thông dịch viên, phiên dịch viên** translator; **xướng ngôn viên** [radio] announcer **3** *n.* (= vườn) garden: **công viên** park; **lạc viên** paradise; **thảo cầm viên** botanical gardens

viên chức *n.* official

viên mãn *adj.* perfect, satisfied

viên tịch *v.* [of Buddhist priest] to die, to pass away

viền *v.* to hem, to bind: **đường viền** edge, binding, hem

viển vông *adj.* chimerical, unpractical, fantastic: **hy vọng viển vông** fantastic hope

viễn *adj.* (= xa) long-sighted [*opp.* cận]; **viễn thị** long-sighted; **vĩnh viễn** permanent

viễn ảnh *n.* perspective, outlook

viễn cách *adj.* separated, apart

viễn cảnh *n.* perspective

viễn chinh *adj., n.* expeditionary; expedition

viễn du *v.* to have a long trip, to travel very far: **Bạn tôi vừa viễn du khắp nơi trên thế giới.** My friend has had a long trip around the world.

viễn đông *n.* the Far East

viễn khách *n.* stranger, traveler from a distant country

viễn kính *n.* telescope

viễn phương *n.* remote place, far-away place

Viễn Tây *n.* Far West

viễn thị *adj.* long-sighted, far-sighted

viễn thông *n.* telecommunications

viễn vọng kính *n.* telescope

viện 1 *n.* institute, court, chamber: **viện đại học** university; **viện hàn lâm** institute of academy; **viện khảo cứu** research institute; **Viện Pasteur** Pasteur Institute; **Viện Khảo cổ** Institute of Historical Research; **Học Viện Quốc Gia Hành Chính** National Institute of Administration; **hải học viện** oceanographic institute 2 *v.* to invoke, to produce [reason **lẽ**, pretext **cớ**]: **viện cớ** to produce evidence

viện binh *n.* reinforcements [military]

viện dẫn *v.* to cite, to quote

viện quân *n.* reinforcements

viện trợ *v.* to assist, to aid: **Phái đoàn viện trợ Hoa Kỳ** the United States Aid Mission; **viện trợ kinh tế** economic aid; **viện trợ quân sự** military aid

viện trưởng *n.* House Speaker; rector, president [of university]; director [of institute]

viếng *v.* to pay a visit; to visit: **thăm viếng nước Mỹ** to visit America

viết *v.* to write: **viết một lá thư** to write a letter

viết chì *n.* pencil

viết lách *v.* to write

viết máy *n.* fountain pen

viết tắt *v.* to abbreviate

Việt *n.* Vietnam; Vietnamese: **tiếng Việt** Vietnamese; **Hội Việt Mỹ** Vietnamese-American Association; **Hoa Việt** Sino-Vietnamese; **Việt Pháp** Franco-Vietnamese; **Bắc Việt** North Vietnam; **Trung Việt** Central Vietnam; **Nam Việt** South Vietnam

Việt Cộng *n.* Vietnamese communists

Việt gian *n.* traitor, quisling

Việt Kiều *n.* overseas Vietnamese [national or resident in a foreign country]

Việt Nam *n.* Vietnam: **nước Việt Nam** the country Vietnam

Việt ngữ *n.* Vietnamese language: **học Việt ngữ** to study the Vietnamese language

Việt sử *n.* Vietnamese history

Việt văn *n.* Vietnamese language/literature

vin *v.* to pull down [tree branch]; to rely on [**vào** precedes object]: **vin cành cây xuống** to pull down a branch of a tree

vịn *v.* to lean on, to rest on [**vào** precedes object]: **vịn tay thành ghế** to lean on the arm of a chair

vinh dự *n., adj.* honor; honored: **Tôi rất vinh dự được mời tham dự buổi lễ nầy.** I am honored to be invited to this ceremony.

vinh hạnh *n., adj.* honor; honored

vinh hiển *adj.* successful, honored

vinh hoa *n.* honors, fortune

vinh nhục *n.* honor and dishonor

vinh quang *adj., n.* glorious; glory: **mang vinh quang về cho đội họ** to bring glory to one's team

vinh qui *n.* [of successful examinee] to return to one's village

vinh thăng *v.* to be promoted: **Ông ấy được vinh thăng lên làm giám đốc.** He was promoted to director.

vinh thân *adj.* honored, famous

vĩnh *adj.* eternal, perpetual: **vĩnh cửu, vĩnh viễn** perpetually, eternally, forever

vĩnh biệt *v.* to part for ever, to say farewell for ever

vĩnh cửu *adj.* everlasting, permanent, eternal

vĩnh viễn *adj.* everlasting, eternal: **tù vĩnh viễn** life imprisonment

vịnh 1 *n.* bay, gulf: **vịnh Hạ Long** Ha Long bay [in the north of Vietnam] 2 *v.* to chant [poetry]: **ngâm vịnh** to chant a poem; **bài thơ vịnh mùa thu** a poem about autumn

vít 1 *v.* to pull down [something flexible] 2 *n.* [Fr. *vis*] screw: **con vít** screw bolt

vịt *n.* duck, drake: **mỏ vịt** duck's bill; **vịt quay** roasted duck

vịt bầu *n.* fat duck

vịt cái *n.* duck

vịt con *n.* duckling

vịt đực *n.* drake

vịt trời *n.* wild duck

víu *v.* to cling

vo *v.* to roll into balls; to wash [rice **gạo**]

vo vo *v.* to buzz

vó **1** *n.* hoof; foot, leg: **bốn vó** four legs **2** *n.* square dipping net

vò **1** *n.* jar: **vò rượu** a jar of rice wine **2** *v.* to crumple, to crush; to rub [hair **đầu** while washing]: **vò quần áo** to scrub one's clothes

vò võ *adj.* lonely

vỏ *n.* shell [of egg **trứng**, snail **ốc**, oyster **trai**, etc.]; bark [of tree **cây**]; skin [of fruit]; tire: **vỏ xe** tire [as opp. to inner tube **ruột**]; **vỏ trứng** egg shells; **bóc vỏ, lột vỏ** to peel

vỏ bào *n.* wood shavings

vỏ chai *n.* empty bottle

vỏ chuối *n.* banana skin: **bóc vỏ chuối** to peel off banana skin

vỏ quýt *n.* tangerine skin: **Vỏ quýt dày.** Tangerine skin is thick.

võ *n.* military service [as opp. to civilian **văn**]; art of fighting, wrestling, judo: **có võ** to know the art of fighting for self defense; **đánh võ, đấu võ** to fight, to wrestle

võ bị *n.* military training: **trường võ bị** military academy

võ biền *n.* military

võ công *n.* exploit, feat [of arms]

võ đài *n.* ring [in boxing]

võ đoán *v.* to decide arbitrarily, to be arbitrary

võ khí *n.* weapon, arms: **cung cấp võ khí** to supply weapons

võ khoa *n.* military science

võ lực *n.* force, violence, force of arms: **dùng võ lực** to use force

võ nghệ *n.* the art of fighting for self defense [with fists, kicks or arms]

võ phu *adj.* brutal

võ quan *n.* army officer

võ sĩ *n.* boxer, pugilist; warrior

võ sĩ đạo *n.* Bushido, moral code of chivalry in feudal Japan

võ thuật *n.* martial arts

võ trang *v.* to arm, to supply armaments: **tái võ trang** to re-arm

võ tướng *n.* general, military leader

võ vẽ *v.* to know sketchily [how to do something], to be uncertain

vọ *n.* screech owl

vóc *n.* height, stature [of a person]: **vóc dáng** stature

vọc *v.* to stir, to play with: **Trẻ con vọc nước.** Children play with water.

vọc vạch *v.* to know partially

voi *n.* [SV **tượng**] elephant: **ngà voi** elephant tusk; ivory

vòi voi *n.* elephant's trunk

vòi **1** *n.* spout [of teapot, kettle **ấm**], tap, faucet; trunk [of elephant **voi**] **2** *v.* [of children] to clamor for: **Đứa bé vòi ăn kẹo.** A child clamors for candy.

vòi rồng *n.* firemen's hose

vòi vọi *adj.* sky-high, very tall

vọi *adj.* very far, very high

vòm *n.* vault, dome, watch tower

vòm canh *n.* sentry lox, watch tower

vòm trời *n.* vault of the sky

von vót *adj.* sky-high, very high

vỏn vẹn *adv.* only: **Tôi có vỏn vẹn mười đô la.** I have only ten dollars.

vong ân *v.* to be ungrateful

vong bản *v.* to be uprooted

vong hồn *n.* soul of a dead person

vong linh *n.* soul of a dead person

vong mạng *adj.* careless, reckless, rash

vong nhân *n.* dead person

vong quốc *v.* to lose one's country to invaders

vòng *n.* circle, necklace, ring, bracelet: **vòng vàng** a gold necklace; **đứng thành vòng** to stand in a circle

vòng cung *n.* arc

vòng hoa *n.* wreath: **đặt vòng hoa** to lay a wreath

vòng luẩn quẩn *n.* vicious circle

vòng quanh *adj., adv.* seround; around: **đi vòng quanh thế giới** to travel around the world

vòng tròn *n.* circle

vòng vây *n.* siege: **phá vòng vây** to

raise a siege

võng *n.* hammock: **khiêng võng ai** to carry someone in a hammock

võng mạc *n.* retina [of the eye]

vọng *v.* to echo, to resound; to look towards, to hope: **hy vọng** to hope; **bái vọng** to kowtow [to a far-away deity]; **cuồng vọng** crazy ambition; **dục vọng** lust; **hoài vọng** to yearn, to desire; **kỳ vọng** to admire, to esteem; **ngưỡng vọng** to admire and respect; **trọng vọng** to respect; **tuyệt vọng** hopeless

Vọng các *n.* Bangkok

vọng cổ *n.* name of a traditional opera

vọng phu *v.* to wait for one's husband

vọng tưởng *v.* to be utopian; to be fantastic

vót *v., adj.* to whittle, to sharpen [pencil]; [of trees, mountains] very tall

vọt **1** *n.* whip, rod [used for punishment]: **roi vọt** rod; **Yêu cho vọt ghét cho ăn.** Spare the rod and spoil the child. **2** *v.* to gush forth, to spurt: **Máu vọt ra từ vết thương.** Blood spurted from the wound.

vô *v.* See **vào**

vô ân *v.* to be ungrateful

vô biên *v.* to be limitless, to be boundless

vô bổ *adj.* useless: **Bạn không nên làm những việc vô bổ.** You shouldn't do useless things.

vô can *adj.* having nothing to do with, not to be involved [in something]

vô căn cứ *adj.* groundless; without any foundation

vô chính phủ *adj., n.* anarchic; anarchy

vô chủ *adj.* without an owner, abandoned

vô cớ *adj.* unprovoked, without reason

vô cơ *adj.* [matter] inorganic

vô cớ *adj.* without reason, no evidence: **Họ bị bắt vô cớ.** They were arrested for no reason.

vô cùng *adj.* endless, quite, extreme

vô cùng tận *adj.* infinite

vô cực *n.* infinity

vô danh *adj.* to be without fame, unknown: **tác giả vô danh** an unknown author

vô dụng *adj.* useless, worthless, good for nothing: **Những thùng giấy nầy vô dụng.** These boxes are useless.

vô duyên *adj.* lacking charm, charmless, ungraceful

vô đạo *adj.* immoral

vô địch *n.* champion

vô định *adj.* undetermined, unsettled, unidentified

vô định hình *n.* amorphous: **tính vô định hình** amorphism

vô độ *adj.* excessive, immoderate

vô gia cư *adj.* homeless: **Chúng tôi có kế hoạch giúp những đứa trẻ vô gia cư.** We have a plan to help homeless street children.

vô giá *adj.* priceless, invaluable: **Kiến thức là một kho tàng vô giá.** Knowledge is an invaluable thing.

vô giáo dục *adj.* ill-bred

vô hại *adj.* harmless

vô hạn *adj.* unlimited, boundless

vô hạnh *v.* to lack virtue

vô hậu *adj.* heirless

vô hệ thống *adj.* unsystematic

vô hiệu *adj.* ineffective, without effect

vô hình *adj.* invisible

vô học *adj.* ill-bred, uneducated

vô ích *adj.* useless

vô kế *adj.* without a solution, helpless

vô kể *adj.* innumerable, numberless

vô lại *adj.* idle, good for nothing

vô lăng *n.* [Fr. *volant*] steering wheel

vô lễ *adj.* impolite

vô liêm sỉ *adj.* shameless

vô luận *adv.* regardless of, no matter

vô lý *adj.* illogical, nonsensical, absurd, impossible: **Ông ấy nói những điều vô lý quá.** He provided nonsensical statements.

vô mục đích *adj.* purposeless

vô nghĩa *adj.* ungrateful, nonsense

vô nghĩa lý *adj.* meaningless, nonsensical, absurd

vô nhân đạo *adj.* to be inhuman

411

vô ơn *adj.* ungrateful

vô phép *adj.* impolite: **những cử chỉ vô phép** impolite behavior

vô phúc *adj.* unfortunate: **đứa con vô phúc** unfortunate child

vô sản *adj.* proletarian: **chuyên chính vô sản** proletarian dictatorship

vô sĩ *adj.* shameless

vô song *adj.* without equal, unparalleled

vô số *adj.* innumerable, plentiful, lots of: **vô số người nghèo** a lot of poor people

vô sự *adj.* alright, unharmed: **Tôi hoàn toàn vô sự sau tai nạn xe hơi.** I was alright after the car accident.

vô tang *adj.* without evidence

vô tâm *adj.* absent-minded

vô tận *adj.* inexhaustible, endless

vô thần *adj.* atheistic

vô thừa nhận *adj.* forsaken, derelict; [of child] abandoned

vô tình *adj.* indifferent; unintentional

vô tội *adj.* innocent, not guilty

vô tri giác *adj.* inanimate

vô tuyến *n.* wireless

vô tuyến điện *n.* wireless telegraphy, radio: **liên lạc vô tuyến điện** radio communication; **máy vô tuyến điện nhắm hướng** radio compass, radio direction finder

vô tuyến điện báo *n.* wireless telegraphy, radio telegraphy

vô tuyến điện thoại *n.* radio telephone, wireless telephone

vô tuyến điện thư *n.* radio letter

vô tuyến điện tín *n.* radiogram, radio telegram

vô tuyến truyền hình *n.* television: **đài vô tuyến truyền hình** television station

vô tuyến truyền thanh *n.* radio broadcast

vô tư *adj.* impartial

vô tư lự *adj.* carefree

vô vàn *adj.* innumerable

vô vi *n.* inaction [Taoism]

vô vị *adj.* tasteless, insipid; dull, uninteresting: **Món ăn nầy vô vị.** This dish is tasteless.

vô ý *adj.* careless, negligent

vô ý thức *adj.* unconscious; absurd

vố *n.* blow, stroke, nasty trick [with **chơi** to play]: **chơi một vố** to play a stroke

vồ **1** *v.* to snap at, to pounce on [object preceded by **lấy**]: **vồ lấy dịp tốt** to pounce upon a good opportunity **2** *n.* mallet, club

vồ ếch *v.* to fall down

vồ vập *v.* to warmly receive [customers]

vỗ *v.* to clap [hands **tay**], to flap [wings **cánh**], to tap [shoulder **vai**, table **bàn**]: **tiếng vỗ tay** applause; **vỗ vai ai** to tap one's shoulder

vỗ về *v.* to comfort, to console

vôi *n.* lime: **đá vôi** limestone; **lò vôi** lime kiln; **nước vôi** lime water

vôi hồ *n.* mortar

vôi sống *n.* quick lime, burnt lime, caustic lime

vôi tôi *n.* slaked lime, hydrated lime

vối *n.* eugenia tea

vội *v., adj.* hurried; hasty, urgent: **Đừng vội, chúng ta còn thì giờ.** No need to hurry, we still have time.

vội vã *v.* to hurry

vội vàng *v.* to act or be done in a hurry

vốn *n.* capital, principal; origin: **góp vốn với công ty** to contribute one's capital to a firm; **giá vốn** original price

vốn liếng *n.* capital, funds: **Vốn liếng của bạn có bao nhiêu?** How much capital do you have?

vốn lời *n.* capital and interest

vồn vã *v.* to be eager, to be attentive,

vồng *adj.* arched, curved: **cầu vồng** rainbow

vơ *v.* to act wrongly, to sweep off, to pick up: **vơ đũa cả nắm** to generalize; **nhận vơ** to claim falsely

vơ vẩn *v., adj.* to act aimlessly; idle and impractical: **làm việc vớ vẩn** to do something idle and impractical

vơ vét *v.* to clean up, to collect everything

vỡ **1** *v.* to grab, to snatch, to take something **2** *n.* sock, stocking

vở vẩn *adj.* foolish, stupid

vờ *v.* to pretend to: **giả vờ ngủ** to pretend to sleep

vờ vĩnh to pretend, to feign

vở **1** *n.* notebook, exercise book: **viết vào vở** to write down in one's exercise book **2** *n.* classifier noun for plays: **vở kịch** a play; **vở tuồng** a drama

vỡ *v., adj.* [of china, glass ware] broken, smashed: **đánh vỡ chén** to break a bowl; **Vỡ đê.** The dike broke.

vỡ bụng *v.* to split one's sides laughing

vỡ lòng *v.* to initiate [child] to learning: **sách vỡ lòng** book for beginners; **lớp vỡ lòng** a kindergarten, beginner's course

vỡ lở *v.* [of plot] to leak out, to unmask, to reveal

vỡ nợ *v.* to be bankrupt

vỡ tan *v.* to be broken to pieces

vợ *n.* [SV **phụ, thê**] wife: **vợ và chồng** wife and husband, a couple; **lấy vợ** [of man] to get married; **bỏ vợ** to divorce; **cưới vợ** to get married; **vợ chưa cưới** fiancée

vợ bé *n.* concubine

vợ cả *n.* first wife

vợ chồng *n.* husband and wife, a couple

vợ con *n.* wife and children

vợ hai *n.* secondary wife

vợ kế *n.* second wife

vợ lẽ *n.* concubine

vơi *adj., v.* not to be full; [of water mark, etc.] to go down, to decrease

với **1** *conj.* with, together with, and, to: **Tôi không thích làm với ông ta.** Don't like to work with him.; **nói với** to say to, to speak to; **quen biết với nhau** to know each other; **Hắn một khóa với tôi.** He and I belong to the same class.; **Chúng mình anh em với nhau.** We are like brothers.; **Cho tôi đi với bạn.** Let me go with you.; **Thong thả đợi tôi với.** Hold it, wait

for me. **2** *v.* to reach out for [something], to call out to someone who has just left the place: **với tay lấy cái mũ** to stretch out one's hand to take a hat

với lại *adv.* moreover, on the other hand

với nhau *adv.* together, one another, each other: **Chúng ta làm việc với nhau.** We work together.

vợi **1** *adj.* far away, distant **2** *v.* to decrease, to lessen, to abase

vớt *v.* to skim; to fish out, to pull out of the water, to pick up; to rescue: **cứu vớt** to save, to rescue; **vớt người chết đuối** to rescue a drowning person

vớt vát *v.* to scrape together: **làm vớt vát vài việc** to scrape some works together

vợt *n.* spoon net, scoop net; racket/racquet: **vợt quần vợt** tennis racket; **vợt bóng bàn** ping pong racket

vu *v.* to slander, to libel

vu cáo *v.* to accuse falsely, to calumniate

vu hoặc *v.* to slander, to libel

vu khống *v.* to calumniate, to fabricate: **Nó vu khống bạn tôi.** He framed my friend.

vu oan *v.* to slander, to calumniate

vu qui *n.* bride's wedding ceremony

vu vạ *v.* to slander, to accuse falsely

vu vơ *adj.* vague, uncertain, groundless

vú **1** *n.* breast, udder: **loài có vú** mammal; **đầu vú** nipple **2** *n.* wet nurse, old maid servant

vú em *n.* wet nurse: **thuê một người vú em** to employ a wet nurse

vú già *n.* old maid servant

vú giả *n.* falsies

vú sữa *n.* star apple; milk fruit

vú vê *n.* breast

vù *v.* to buzz, to whiz: **chạy vù** to run very fast

vù vù *v.* to whirl

vũ **1** *n.* feather: **lông vũ** feather **2** *v.* to dance (= **múa**): **khiêu vũ** to dance; **ca vũ** singing and dancing vũ công *n.* dancer

vũ bão *n.* violence, vehemence; typhoon

vũ điệu *n.* dance

vũ khí *n.* weapon, armament

vũ khúc *n.* ballet, dance

vũ lực *n.* force, armed force

vũ lượng *n.* rainfall

vũ nữ *n.* female dancer, ballet dancer

vũ trang *v.* to arm, to equip with weapons

vũ trụ *n.* the universe

vũ trụ học *n.* cosmography

vũ trụ quan *n.* world view

vũ trụ tuyến *n.* cosmic rays

vũ trường *n.* dance hall

vụ **1** *n.* season, period; harvest, crop; business, duty, affairs: **sự vụ** affairs; **chức vụ** position, job; **nghĩa vụ** duty; **trách vụ** responsibilities; **nội vụ** internal affair; **học vụ** educational affairs; **công vụ** civil service, official business; **vụ chiêm** fifth month crop **2** *n.* classifier noun for accidents, calamities, disasters etc.: **một vụ lụt** a flood; **vụ cháy ở Gia Kiệm** the Gia Kiem fire; **vụ trộm** burglary; **vụ ám sát** an assassination; **vụ ném bom** bomb raid; **một vụ kiện** a lawsuit **3** *n.* spinning top **4** *n.* department: **vụ tổ chức cán bộ** personnel department

vụ lợi *adj.* commercial, mercantile

vụ phó *n.* deputy chief of department

vụ thực *v.* to strive for reality

vụ trưởng *n.* chief of department: **vụ trưởng vụ ngoại thương** chief of the Department for Foreign Trade

vua *n.* [SV **vương**] king: **vua dầu hỏa** oil magnate; **vợ vua** queen

vua chúa *n.* princes, lords, kings, rulers

vua tôi *n.* king and subject [relationship]

vục *v.* to dip into the water

vui *adj.* joyful, amused, happy, merry; [*opp.* **buồn**] amusing: **Tôi rất vui gặp lại quí bạn.** I am very happy to see you again.

vui chơi *v.* to have a good time

vui đùa *v.* to play, to amuse oneself: **Mẹ tôi vui đùa với em trai tôi.** My mother plays with my younger brother.

vui lòng *v.* to be pleased

vui miệng *v.* to talk happily

vui mừng *v.* to be glad: **Ông ấy rất vui mừng trở lại làm việc.** He is very glad to go back to work.

vui sướng *v., adj.* to be happy; happy

vui tai *adj.* pleasant to hear

vui thích *v., adj.* glad, happy

vui thú *v., adj.* pleased, delighted

vui tính *adj.* genial, jovial

vui tươi *adj.* happy and cheerful

vui vầy *v.* happily reunited

vui vẻ *adj.* joyful, glad, pleasant

vùi *v.* (= **chôn**) to bury

vùi dập *v.* to ill-treat, to handle roughly

vùi đầu *v.* to be wrapped up

vun *v.* to heap earth around [a tree being planted], to heap earth up, to gather in a mound

vun bón *v.* to fertilize [earth]: **vun bón rau quả** to fertilize vegetables

vun đắp *v.* to heap earth up; to foster

vun trồng *v.* to cultivate

vun tưới *v.* to take care [of trees], to water: **vun tưới hoa trong vườn** to water the flowers in one's garden

vun vút *v.* to rise high

vùn vụt *v.* to move fast: **chạy vùn vụt** to run very fast

vụn *adj., n.* crushed, broken, fragmented, powdery, dusty, pulverulent; scrap, crumbs: **băm vụn** to hash; **bẻ vụn** to break into pieces; **cắt vụn** to cut to pieces; **đập vụn** to smash to pieces; **giấy vụn** waste paper; **sắt vụn** scrap iron

vụn vặt *adj.* fragmentary, miscellaneous: **chuyện vụn vặt** miscellaneous stories

vung **1** *n.* lid [on cooking pot] **2** *v.* to throw up, to swing [arms]; to throw away [money]

vung vãi *v.* to be spilled, to scatter

vung vẩy *v.* to swing one's arms

vùng **1** *n.* region, area: **vùng an toàn** safety zone; **vùng bị bắn** beaten zone; **vùng biên giới** border area; **vùng cấm** prohibited area, restricted area; **vùng hạ cánh** landing area, landing zone; **vùng hậu phương** rear area; **vùng nguy hiểm** danger area, danger space, no man's land; **vùng phi quân sự** demilitarized zone; **vùng tập hợp** collecting zone **2** *v.* to shake oneself loose

vùng dậy *v.* to rise up

vùng vằng *v.* to speak angrily

vung vẩy *v.* to move about freely; to struggle

vũng *n.* hole, puddle; roadstead

vũng nước *n.* a holeful of water

vụng **1** *adj.* sneaky, stealthy, sly: **ăn vụng** to eat on the sly; **yêu vụng** to love someone secretly **2** *adj.* unskillful, clumsy, awkward, unhandy: **thợ vụng** unskilled worker

vụng dại *adj.* silly, foolish

vụng ở *v.* to behave awkwardly

vụng tính *v.* to miscalculate: **Chúng tôi đã vụng tính cho nên bây giờ thiếu vật liệu.** We miscalculated the usage for a number of materials; therefore we are now short of them.

vụng về *adj.* awkward, unskillful, clumsy: **cư xử vụng về** to behave clumsily

vuông *adj., n.* square; right square piece [of fabric]: **vuông vải** a square of cloth; **hình vuông** square; **thước vuông** square meter; **cây số vuông** square kilometer; **ô vuông** square; **mẹ tròn con vuông** mother and child doing well

vuông góc *adj.* quadrature

vuông tròn *adj.* perfectly arranged

vuông vắn *adj.* perfectly square shape, regularly shaped

vuốt **1** *v.* to smooth [hair **tóc**, mustache or beard **râu**, clothes **quần áo**, etc.] with the hand; to caress: **ngắm vuốt** to look into a mirror; to admire oneself; **vuốt tóc** to smooth hair **2** *n.* claw [of tiger, etc.], talon [of hawk, etc.]

vuốt bụng *v.* to pass one's hand over the stomach because of sorrow or pain

vuốt ve *v.* to stroke, to fondle: **Ông ấy bị than phiền là đã vuốt ve cô ta.** He was accused of fondling her.

vút *adj.* very tall

vụt *v.* to lash with a whip: **bay vụt qua đầu** to fly rapidly overhead

vừa **1** *adj.* reasonable; just right, moderate, so so, fair: **Nó không vừa đâu.** He's got a terrible temper, he's no chicken.; **Học vừa chứ!** Don't study too hard.; **Giá vừa phải.** It is a reasonable price. **2** *v.* to fit, to suit, to satisfy, to please: **vừa lòng, vừa ý** to be suited, pleased; **Đôi giày này anh đi vừa không?** Does this pair of shoes fit you?; **Nếm hộ xem đã vừa chưa hay mặn quá!** Please taste it to see whether it's too salty. **3** *adv.* just this moment; just, recently, lately: **mới vừa, vừa mới** recently; **Ông ấy vừa đi xong.** He just left.; **vừa chín** just ripe; **vừa kịp** just in time

vừa chừng *adj.* moderate, just right

vừa đôi phải lứa *adj.* well-matched

vừa đủ *adj.* sufficient, enough: **Năm mươi đô la vừa đủ.** $50 is enough.

vừa khít *adj.* good fit

vừa lòng *v.* to be pleased: **Chị tôi rất vừa lòng.** My sister is very pleased.

vừa lúc *adv.* just at the moment, just on time

vừa lứa *adj.* well-matched [used with **xứng đôi**]

vừa mắt *adj.* pleasant to the eyes

vừa miệng *adj.* tasty

vừa mồm *v.* to use cautious words/language, to control one's language

vừa mới *adv.* just, recently, lately: **Ông ấy vừa mới dọn nhà.** He has just moved in.

vừa phải *adj.* just right; reasonable: **Giá đó là vừa phải.** That price is reasonable.

vừa rồi *adv.* lately, recently: **Tôi vừa**

rồi gọi điện thoại cho cô ấy. I have rung her recently.

vừa vặn *adj.* in time, fitting or suitable

vừa vừa *adj.* average, reasonable

vữa *n., v.* mortar [construction]; to be stale

vựa *n.* huge bamboo vat used to store grain; storage room, granary, garage

vựa lúa *n.* rice bowl [area]: **Đồng bằng sông Cửu Long là vựa lúa của Việt Nam.** The Mekong Delta is the rice bowl of Vietnam.

vựa thóc *n.* rice bowl [area]

vực 1 *n.* gulf, pit, abyss, chasm: **một trời một vực** diametrically opposed **2** *v.* to help [sick person, etc.] to stand up; to defend: **bênh vực** to defend

vừng *n.* (= **mè**) sesame: **kẹo vừng** sesame candy

vững *adj.* stable, firm; steady, secure: **Em bé đứng vững rồi.** The child can stand steadily.

vững bền *adj.* stable, durable

vững bụng *v., adj.* to be sure, confident

vững chãi *adj.* stable, firm

vững chắc *adj.* stable, firm, solid

vững dạ *v., adj.* reassured, confident

vững lòng *v., adj.* to be reassured, confident

vững tâm *v., adj.* to be reassured, confident

vững vàng *v., adj.* to be stable, steady

vươn *v.* to stretch oneself: **vươn vai** to stretch the muscles of one's shoulder

vườn *n.* [SV **viên**] garden: **người làm vườn** gardener; **ngoài vườn** out in the garden

vườn bách thảo *n.* botanical gardens: **đi thăm vườn bách thảo Hà Nội** to visit the Hanoi Botanical Gardens

vườn bách thú *n.* zoo

vườn cảnh *n.* flower garden

vườn hoa *n.* flower garden; park

vườn ruộng *n.* gardens and rice fields

vườn rau *n.* vegetable garden

vườn tược *n.* gardens

vườn ương cây *n.* nursery: **Tôi vừa**

mua một cây hồng ở vườn ương cây. I have bought a rose from the nursery.

vượn *n.* gibbon

vương 1 *n.* (= **vua**) king: **đế vương** monarch; **nữ vương** queen; **quốc vương** king; **xưng vương** to proclaim oneself emperor; **quân vương** king, monarch **2** *v.* to be seized by, to be involved: **vương nợ** to be involved in a debt

vương đạo *n.* the right way

vương giả *n.* prince, wealth

vương mạo *n.* crown

vương phi *n.* imperial concubine

vương quốc *n.* kingdom

vương vãi *adj.* scattered, dropped

vương vấn *v.* to be preoccupied with

vương vít *v., adj.* to be involved, tangled in

vướng *v.* to be caught in, to entangle in, to stick in

vướng víu *v.* to be entangled in, to be involved in

vượng *adj.* prosperous, flourishing: **thịnh vượng** to be thriving, prosperous; **hưng vượng** prosperity

vượt *v.* to exceed, to cross [mark, limit]; to pass [car], to overtake; to overcome [difficulty **khó khăn**, obstacle **trở lực**], to escape from prison: **Chúng ta phải vượt qua mọi trở lực.** We have to overcome all difficulties.

vượt bể *v.* to cross the ocean

vượt mức *v.* to exceed the target, to pass the limit: **Sản phẩm đã vượt mức kế hoạch.** Production has exceeded the target capacity.

vượt ngục *v.* to escape from prison

vượt tuyến *v.* to escape across the parallel: **sinh viên vượt tuyến** refugee student

vứt *v.* (= **vất**) to throw away, to discard: **vứt bỏ** to throw away

vưu *adj.* extraordinary, unusual, rare

vưu vật *n.* rare thing; beautiful woman

vỹ *adj.* See **vĩ**

X

xa 1 *adj.* [SV **viễn**] far, far away [*opp.* **gần**]; **gần xa** far and near; **lo xa** far-sighted; **Tôi bị xa nhà.** I was away from home.; **xa Sài Gòn quá** too far from Saigon 2 *n.* (= **xe**) vehicle, car: **hoả xa** railway train; **công xa** government car; **quân xa** military vehicle

xa cách *adj.* separated, far away from: **xa cách gia đình lâu ngày** to be separated from one's family for a long time

xa gần *adv.* far and near, everywhere: **Tiếng đồn xa gần.** Rumors spread everywhere.

xa hoa *adj.* extravagant, luxurious, lavish: **đời sống xa hoa** a luxurious life

xa lạ *adj.* [of a place] foreign, unfamiliar; strange: **nơi xa lạ** strange place

xa lánh *v.* to keep away from, to shun: **xa lánh những nơi ồn ào** to keep away from noisy places

xa lắc *adj.* far away

xa lộ *n.* highway, freeway: **ở Việt Nam đã có một vài xa lộ** In Vietnam there are few highways.

xa lông *n.* lounge suite: **một bộ xa lông** a lounge suite

xa mã *n.* carriages and horses; high living

xa phu *n.* driver, rickshawman

xa tắp *adj.* very far, far away

xa thẳm *adj.* far away, far off

xa tít *adj.* too far away: **Sapa ở xa tít Hà Nội.** Sapa is a long way from Hanoi.

xa vời *adj.* far away, distant, remote

xa xăm *adj.* far off, remote, distant: **Họ ở những làng mạc xa xăm.** They live in remote villages.

xa xỉ *adj.* luxurious, lavish: **đồ xa xỉ** luxury items; **cuộc sống xa xỉ** a luxurious life

xa xỉ phẩm *n.* luxury goods: **Son phấn là hàng xa xỉ phẩm.** Lipsticks

and powders are luxury goods.

xa xôi *adj.* far away, distant

xá 1 *v.* to bow deeply with joined hands 2 *n.* R house, dwelling: **cư xá** quarters [students, staff, officers], billet; **phố xá** shopping complex; **đại học xá** students' hostel; **ký túc xá** boarding house 3 *v.* to forgive, to pardon: **ân xá** amnesty; **đại xá** to forgive, to pardon

Xá lợi *n.* Buddha's relics

xá tội *v.* to forgive, to pardon

xà 1 *n.* beam, girder, main beam [of a roof] 2 *n.* (= **rắn**) snake: **bạch xà** white snake; **măng xà** python, boa; **độc xà** viper

xà beng *n.* lever

xà bông *n.* [Fr. *savon*] soap: **xà bông bột** soap powder

xà cạp *n.* puttees, leggings

xà cừ *n.* oyster shell; pearl

xà ích *n.* carriage driver

xà lách *n.* [Fr. *salade*] lettuce, salad

xà lan *n.* [Fr. *chalande*] lighter, barge, scow

xà lim *n.* [Fr. *cattle*] prison cell

xà lỏn *n.* [Fr. *sarong*] shorts: **mặc quần xà lỏn** to wear shorts

xà mâu *n.* spear

xà phòng *n.* [Fr. *savon*] soap: **một bánh xà phòng** a cake of soap

xà phòng thơm *n.* toilet soap

xà tích *n.* key chain

xà xẻo *v.* to cheat, to cut, to squeeze

xả 1 *v.* to sacrifice: **xả mình** to sacrifice oneself 2 *v.* to rinse: **xả quần áo** to rinse the clothes

xả kỷ *v.* to sacrifice one's life for others

xả thân *v.* to sacrifice one's life: **Họ xả thân vì nước.** They sacrifice themselves for their country.

xã *n.* soil; commune, village, community: **xã hội** society; **làng xã** the village community; **hội đồng hàng xã** village council; **hợp tác xã** cooperative; **thị xã** municipality; **văn xã** literary club

xã đoàn *n.* group, society, association

xã đội *n.* village militia

xã giao *n.* social relations, public relations, social etiquette: **Ông ấy có mối quan hệ xã giao tốt với chúng tôi.** He has good social relations with us.

xã hội *n.* society: **phục vụ xã hội** to serve a society; **Bộ An sinh Xã hội** Department of Social Security

xã hội chủ nghĩa *n., adj.* socialism; socialist

xã hội hoá *v.* to socialize: **xã hội hoá hệ thống giáo dục** to socialize an education system [to enable the community to participate in educational issues]

xã hội học *n.* sociology

xa luận *n.* editorial

xã tắc *n.* land, state: **sơn hà xã tắc** the country, the nation

xã thôn *n.* commune, hamlet, village: **đi thăm những xã thôi nghèo** to visit poor hamlets

xã thuyết *n.* editorial

xã trưởng *n.* village chief

xã viên *n.* member of a cooperative

xạ *n.* musk: **xạ hương** musk

xạ biểu *n.* ballistic range, firing table, range table

xạ hương *n.* musk

xạ hương lộc *n.* musk deer

xạ kích *v.* to shell, to fire

xạ thủ *n.* automatic rifleman, gunner

xác **1** *n.* corpse, dead body: **xác chết** corpse; **nhà xác** morgue **2** *adj.* to be exact, precise, true, authenticated: **xác thực** true; **chính xác** to be precise, accurate; **minh xác** to clarify, to reaffirm

xác chết *n.* dead body, corpse

xác đáng *adj.* exact, accurate, appropriate

xác định *v.* to fix, to define, to affirm

xác nhận *v.* to acknowledge, to affirm, to confirm: **Ông ấy đã xác nhận những điều ông đã nói.** He confirmed what he has said.

xác pháo *n.* residue of firecrackers

xác suất *n.* probability [math]

xác thịt *n.* flesh, body [as opp. to spirit]

xác thực *adj.* true, genuine

xác xơ *adj.* ragged, tattered; very poor

xách *v.* to carry [briefcase, suitcase]; to hang from the hand by means of a handle: **xách cặp đi làm** to carry a suitcase to the office

xách mé *v.* to address somebody rudely; to call somebody by his name, not to use the appropriate status indicator

xách nách *v.* to drag someone by an arm

xái *n.* dregs of opium

xài *v.* to spend, to use, to consume: **tiêu xài tiền** to spend money; **xài bàn ghế** to use furniture

xài lớn *v.* to spend recklessly

xài phí *v.* to spend extravagantly: **Bạn không nên xài phí quá.** You shouldn't spend lavishly.

xam xám *adj.* grayish, pale gray

xám *adj.* gray

xám mặt *v.* to grow pale

xám ngắt *adj.* very pale

xám xanh *adj.* livid, pale

xám xì *adj.* dark gray

xám xịt *adj.* dark gray

xảm *v.* to calk

xạm mặt *adj.* ashamed

xanh *adj.* [SV **lam**] blue; [SV **thanh**] green; unripe [*opp.* **chín**]; young: **đầu xanh** young children; **xanh da trời** blue; **xanh lá cây** green; **tuổi xanh** tender age; **xuân xanh** youth

xanh biếc *adj.* deep sky blue

xanh da trời *adj.* sky blue

xanh dờn *adj.* very green, verdant

xanh lá cây *adj.* green

xanh lè *adj.* green, unripe

xanh mét *adj.* pale

xanh ngắt *adj.* very green, deep blue

xanh rì *adj.* dark green [of grass]

xanh rờn *adj.* verdant

xanh um *adj.* [of trees, leaves] verdant

xanh xao *adj.* very pale, livid

xao động *v.* to be agitated, to be excited

xao lãng *v.* to neglect: **xao lãng trách**

nhiệm to neglect one's responsibility

xao nhãng *v.* to forget or to neglect [duties, etc.]

xao xuyến *v.* to be aroused, to be excited

xáo **1** *v.* to turn upside down, to upset, to mix **2** *v.* to cook [meat] with bamboo shoots [**măng**] and spices

xáo trộn *v.* to mix, to mix up; to put upside down, to upset [hierarchy, etc.]

xào *v.* to stir-fry [sliced meat] with onions, vegetables and a small amount of sauce

xào nấu *v.* to do cooking

xào xạc *v.* to be noisy

xảo *adj.* skillful: **tinh xảo** clever, ingenuous; **tiểu xảo** small skill; **tuyệt xảo** very clever

xảo ngôn *n.* clever words; good talker

xảo quyệt *v., adj.* to be shrewd; cunning, artful

xảo thủ *n.* skilled worker, skillful craftsman

xảo trá *adj.* cheating, two-faced, shrewd, treacherous

xạo *v.* to be a jerk; to talk as a jerk: **ba xạo** jerk

xáp *v.* to get near, to approach

xáp mặt *v.* to meet face to face

xát *v.* to rub: **chà xát muối** to rub with salt

xay *v.* to grind in a mill [in order to remove rice husk, make flour, etc.]: **cối xay** mill; **nhà máy xay lúa** rice mill; **xay lúa** to grind rice

xắn **1** *v.* to roll up [one's sleeves]: **xắn tay áo** to roll up one's sleeves **2** *v.* to carve, to cut [food with knife or chopsticks, earth with spade or hoe]: **xắn bánh thành lát nhỏ** to cut a cake into pieces

xăng *n.* petrol, gasoline: **đổ xăng** to fill up petrol for the car

xằng *adj.* wrong, nonsensical: **làm điều xằng bậy** to do wrong things

xẳng *adj.* curt: **ăn nói xẳng** to speak curtly

xắt *v.* to cut up, to slice: **xắt táo mỏng** to slice an apple

xấc *adj.* impolite, ill-mannered, disrespectful: **Nó ăn nói xấc láo.** He speaks disrespectfully.

xấc láo *adj.* impertinent, insolent

xấc xược *adj.* pert, impolite

xâm **1** *v.* to feel giddy, dizzy **2** *v.* to usurp, to invade: **ngoại xâm** foreign invasion

xâm chiếm *v.* to invade, to occupy, to seize

xâm đoạt *v.* to usurp, to seize: **xâm đoạt tài sản ai** to seize someone's property

xâm lăng *v., n.* to invade; invasion, aggression: **kẻ xâm lăng, quân xâm lăng** the aggressor

xâm lấn *v.* to intrude on [territory, rights], to encroach

xâm lược *v., n.* to invade; invasion, aggression

xâm nhập *v.* to enter, to trespass, to infiltrate: **Cấm xâm nhập.** No trespassing.

xâm phạm *v.* to intrude upon, to violate [object optionally preceded by **đến/tới**]

xâm thực *v.* to erode

xẩm *adj.* twilight; blind

xấp *n.* package, quire, wad [of paper money]: **một xấp tiền giấy** a wad of bank notes

xấp xỉ *adv.* to be approximately the same, approximately, roughly, about: **xấp xỉ nhau** to be nearly equal, nearly alike

xâu **1** *v.* to thread [needle], to string: **xâu kim** to thread a needle **2** *n.* string, bunch: **một xâu chìa khoá** a bunch

xấu *adj.* bad [of quality] [*opp.* **tốt**]; bad-looking, ugly, homely [*opp.* **đẹp**]: **xấu như ma** as ugly as sin; **bêu xấu** to speak evil of; to put to shame, to disgrace; **nói xấu** to speak evil of

xấu bụng *v., adj.* to be wicked, bad, naughty

xấu hổ *v.* to be ashamed; to feel ashamed: **Ông ấy cảm thấy xấu hổ khi nói ra điều đó.** He felt ashamed when he said those words.

xấu mã *v.* to have an ugly physical appearance

xấu máu *v.* to have weak body resistance

xấu mặt *v.* to lose face

xấu nết *v., adj.* to have a bad character, perverse

xấu người *v.* to have an ugly appearance

xấu số *adj.* unfortunate, ill-fated, unlucky

xấu tiếng *adj.* having a bad name

xấu tính *adj.* having a bad character

xấu xa *adj.* shameful; bad, wicked, evil

xấu xí *adj.* homely, bad-looking, unattractive

xây 1 *v.* to build, to construct: **xây nhà** to build a house **2** *v.* (= xoay) to turn [face **mặt**, back **lưng**]: **xây lưng lại** to turn one's back

xây dựng *v.* to build, to construct, to reconstruct: **xây xựng đất nước** to build one's country

xây đắp *v.* to build, to build up

xây xẩm *v.* to feel dizzy

xe *n.* [SV **xa**] vehicle, cart, carriage, car: **Bạn lái xe tôi.** You can drive my car.; **bánh xe** wheel; **đệm xe** car seat; **thùng xe, hòm xe** car trunk; **đoàn xe** convoy

xe ba bánh *n.* tricycle

xe ba gác *n.* delivery tricycle

xe bình bịch *n.* motorcycle

xe bò *n.* ox cart

xe buýt *n.* [Fr. *autobus*] bus: **đi xe buýt** to go by bus

xe ca *n.* highway bus, coach

xe cộ *n.* vehicles, cars; traffic

xe cút kít *n.* wheelbarrow

xe cứu hoả *n.* fire truck

xe cứu thương *n.* ambulance: **gọi xe cứu thương** to call an ambulance

xe đám ma *n.* hearse

xe đạp *n.* [with **đi, cưỡi, đạp** to ride] bicycle: **đi xe đạp** to ride a bicycle

xe đạp ba bánh *n.* tricycle

xe điện *n.* tram, streetcar

xe điện ngầm *n.* underground train, subway: **ga xe điện ngầm** subway station

xe đò *n.* bus, coach

xe độc mã *n.* one-horse carriage

xe gắn máy *n.* motorcycle: **Ở Việt Nam có quá nhiều xe gắn máy.** There are a lot of motorcycles in Vietnam.

xe hàng *n.* bus, coach

xe hoa *n.* wedding car

xe hoả *n.* train: **Bạn làm ơn chỉ cho tôi trạm xe hoả ở đâu?** Could you tell me where the train station is?

xe hòm *n.* limousine

xe hơi *n.* automobile, car

xe kéo *n.* rickshaw

xe lô *n.* rented car

xe lôi *n.* pedicab [with driver in front pulling]

xe lăm *n.* Lambretta motor scooter

xe lửa *n.* (= xe hoả) train

xe máy *n.* (= xe gắn máy) motorcycle

xe máy dầu *n.* motorcycle

xe mô tô *n.* [Fr. *motocyclette*] motorcycle, motorbike

xe ngựa *n.* [horse] carriage

xe ô tô *n.* (= xe hơi) [Fr. *auto*] automobile, car

xe pháo *n.* cars, means of conveyance; traffic

xe song mã *n.* two-horse carriage

xe tang *n.* hearse

xe tay *n.* rickshaw

xe tăng *n.* [Fr. *tank*] tank

xe thổ mộ *n.* horse carriage

xe thơ *n.* mail truck

xe trượt tuyết *n.* sleigh

xe vét pa *n.* [from trademark Vespa] motor- scooter

xe vòi rồng *n.* fire truck

xe xích lô *n.* [Fr. *cyclo pousse*] pedicab

xe xích lô máy *n.* motorized pedicab

xé *v.* to tear, to tear up, to rend: **xé một tờ giấy** to tear a piece of paper

xé nát *v.* to tear to pieces: **xé nát lá thư** to tear a letter to pieces

xé nhỏ *v.* to tear to pieces

xé rách *v.* to tear

xé tan *v.* to tear to pieces

xé toạc *v.* to tear off

xé vụn *v.* to tear to pieces

xẻ *v.* to split up, to cut off, to saw up; to dig [canal **rãnh, mương**, etc.]: **xẻ trái dưa** to cut open a watermelon; **xẻ một tấm ván** to split timber

xem *v.* [SV **khán**] to look at, to watch, to see [performance, show]; to consider, to examine: **Xem nào!** Let me see!; **anh nhìn xem** look and see; **Chuyện đó ông xem như không cần.** He considers that unnecessary.

xem bệnh *v.* to examine a patient, to check up one's health

xem bói *v.* to consult a fortune teller: **Những người mê tính dị đoan thường hay xem bói.** Superstitious people often consult fortune tellers.

xem chừng *v.* to seem to; it seems that: **Xem chừng họ rất thích món hàng này.** It seems that they like this product.

xem hát *v.* to go to the theater, to see a play

xem mạch *v.* to feel someone's pulse

xem mặt *v.* to see a potential bride before deciding on marriage

xem như *v.* to seem to; it seems that

xem qua *v.* to take a quick look at: **Nếu bạn có thì giờ hãy xem qua dự án nầy.** If you have time, you should take a quick look at this project.

xem ra *v.* to seem to; it seems that: **Xem ra kế hoạch có thể thành công.** It seems that the plan can be successful.

xem số *v.* to read the horoscope

xem tuổi *v.* to study the horoscope of a boy and a girl prior to a marriage

xem tướng *v.* to read someone's physiognomy

xem xét *v.* to examine, to consider, to inspect: **Chúng ta cần xem xét kỹ lưỡng việc nầy.** We should consider this matter carefully.

xen *v.* to insert; to edge one's way [**vào** into], to interfere

xén *v.* to cut, to trim around the edge: **xén giấy** to cut paper

xéo **1** *v.* to step on, to tramp **2** *v.* to scram: **Xéo đi.** Scram!

xẻo *v.* to cut off; to cut up: **xẻo một miếng thịt bò** to cut off a piece of beef

xẹo *adj.* slanting, oblique: **xiên xẹo** shifty

xẹo xọ *adj.* slanting, aslant

xếp **1** *adj.* small, supplementary: **ga xép** local station [as opp. to express station]; **gác xép** attic **2** *adj.* flat: **lốp xép** flat tire; **bụng xép** flat belly

xẹp *v., adj.* to become flat; flattened, deflated

xét *v.* to examine, to consider; to search: **xét nhà ai** to search one's house; **tra xét** to investigate; **suy xét** to think over; **xem xét** to examine; **khám xét** to search

xét đoán *v.* to judge

xét hỏi *v.* to question

xét nét *v.* to find fault with, to examine closely

xẹt *v.* to whiz, to flash

xê *v.* to move aside: **xê một bên cho người khác đi** to move aside for other people

xê dịch *v.* to move, to change places

xê ra *v.* to move over

xê xích *v.* to inch; to differ only; to shift back and forth

xế *adj.* slanted; [of sun, moon] sinking

xế bóng *v.* to decline by days; to become older

xế chiều *n.* late afternoon

xế cửa *v.* to be almost right in front of a house

xệ *adj.* drooping, flowing, baggy, flabby

xếch *adj.* raised, turned up; [of eyes] slant

xệch *adj.* aslant, awry: **méo xệch** deformed

xếp *v.* to fold; to arrange, to put in order; to put away; to set [**chữ**

types]: **thu xếp** to arrange, to settle;
Ông xếp theo thứ tự a, b, c hộ tôi.
Please put them in alphabetical
order for me.; **Xếp tất cả sách nầy
vào tủ.** Put these books on the book
shelf in order.

xếp bằng tròn *v.* to sit flat on the
floor, cross-legged

xếp đặt *v.* to arrange, to put in order,
to organize: **xếp đặt công việc cho ai**
to arrange work for someone

xếp đống *v.* to pile up

xếp hàng *v.* to stay in line, to stand in
line, to queue up

xếp xó *v.* to put aside, to neglect

xi 1 *n.* [Fr. *cire*] wax, sealing wax,
polish: **Sàn nầy cần đánh xi.** This
floor needs to be waxed.; **phong bì
gắn xi** sealed envelope **2** *v.* to make
hissing noises to urge an infant to
urinate (**đái**) or defecate (**ỉa**): **Sao
không xi nó?** Why didn't you take
him to the bathroom? [said after
child wetted or soiled his pants]

xi măng *n.* [Fr. *ciment*] cement

xí 1 *n.* toilet, latrine, restroom: **nhà xí**
toilet **2** *v.* to deserve for oneself: **xí
phần** to deserve a share for oneself

xí nghiệp *n.* enterprise, firm, compa-
ny

xí phần *v.* to claim a share

xí xoá *v.* to forget debts, to forget
about who owes whom what; to for-
get about something

xì *v.* [of gas] to escape, to leak out;
[of firecracker] to be dead, to be a
dud; to let the air out of [tire]: **Nó
thích đốt pháo xì.** He likes to break a
firecracker, then burns the powder
in it so as to get a fizz.

xì xà xì xụp *v.* See **xì xụp**

xì xào *v.* to whisper, to buzz: **Hai người
đang xì xào chuyện gì.** Two people
are whispering about something.

xì xằng *adj.* arrogant

xì xụp *v.* to gibble, to sip noisily; to
prostrate oneself repeatedly

xì xụt *v.* to sniff, to snuffle, to weep

and sniff for a long time

xía *v.* to cut in; to edge in: **Bà ấy hay
nói xía.** She tends to cut in with
some words.

xỉa 1 *v.* to pick [one's teeth]; to brush
[one's teeth] with medicinal powder,
charcoal powder, using toothpick or
using areca husk; to jab [with hand
or knife]: **xỉa răng** to brush one's
teeth **2** *v.* to count out [coins, bills]:
không đếm xỉa đến ai to pay no
attention to anyone; to take nothing
into account

xích 1 *n., v.* chain: **xích xe đạp** bicycle
chain; **xích chân lại** to chain up
one's legs **2** *v.* to move away, to
shift: **Xích ra!** Move over!

xích xe đạp *n.* bicycle chain

xích tay *v.* to handcuff, to manacle

xích đạo *n.* the equator

xích đu *n.* rocking chair, swing

xích hoá *v.* to bolshevize, to commu-
nize

xích lô *n.* pedicab

xích mích *v.* to disagree, to have a
conflict with

xích thằng *n.* the bond of marriage

xiếc *n.* (= **xiệc**) [Fr. *cirque*] circus:
gánh xiếc to nhất Á châu Asia's
biggest circus troupe; **trò xiếc** trick,
fear; **Chủ nhật trước tôi cho các cháu
đi xem xiếc.** I took our kids to the
circus last Sunday.

xiêm *n.* skirt

Xiêm La *n.* Thailand, Thai

xiêm áo *n.* clothes, garments

xiên 1 *v.* to stab or pierce [through **qua**]
2 *adj.* to be oblique, slanting

xiên xéo *adj.* oblique, slanting

xiên xẹo *adj.* crooked; shifty

xiềng 1 *n.* chains, fetters, shackles
2 *v.* to chain

xiêu *adj.* slope, bent, awry: **nhà xiêu**
a tilted house

xiêu lòng *v.* to yield: **nghe lời quyến rũ
mà xiêu lòng** to yield by seduction

xiêu vẹo *adj.* tottering

xin *v.* to ask for; to beg: **xin việc gì** to

ask for something; **xin ăn** to beg for food

xin lỗi *v.* to apologize, to excuse oneself, to beg one's pardon: **Xin lỗi, bạn có phải là người Mỹ không?** Excuse me, are you American?

xin việc *v.* to apply for a job

xin xỏ *v.* to beg for, to ask for

xinh *adj.* pretty, attractive: **một cô gái xinh** a pretty girl

xinh xắn *adj.* attractive, nice-looking

xịt *v.* to hose, to spray: **xịt nước vào hoa** to spray water on flowers

xỉu *v.* to be faint, to be limp

xo ro *adj.* huddling up: **ngồi xo ro một xó** to sit huddled in a corner

xó *n.* corner: **xó nhà** a corner of the house

xỏ *v.* to thread, to slip: **xỏ kim may** to thread a needle

xỏ lá *adj.* roguish: **con người xỏ lá** roguish person

xỏ mũi *v.* to thread a rope through the nose; to lead by the nose, to control: **Ông ấy bị vợ xỏ mũi.** His wife controls him.

xỏ tai *v.* to pierce one's ears

xỏ xiên *v.* to play a nasty trick

xoa *v.* to rub: **xoa tay** to rub one's hands

xoa bóp *v.* to massage

xoa dịu *v.* to calm down, to soothe

xoá *v.* to cross out, to eliminate, to wipe out: **xoá mấy chữ** to cross out some words

xoá bỏ *v.* to cross out, to wipe out

xoá nhoà *v.* to blur, to fade away, to dim out

xoà **1** *v.* to spread out, to hang down: **tóc xoà ngang vai** to have one's hair hanging down to the shoulders **2** *v.* to laugh [**cười**] at something aside

xõa *v.* [of hair] to be flowing, to hang down: **Cô ấy để tóc xõa.** She has her hair flowing down her back.

xoạc *v.* to spread wide apart: **xoạc hai chân** to spread one's legs

xoài **1** *n.* mango: **nước xoài** mango juice **2** *adj.* to be outstretched, at full

length: **ngã xoài** to fall full length

xoàn *n.* diamond: **nhẫn hột xoàn/hạt xoàn** a diamond ring

xoang *n.* tune, melody, aria

xoàng *adj.* tolerably good, so-so, simple, weak, normal: **bữa cơm loàng xoàng** simple meal; **xuyềnh xoàng** simple, plain, unaffected

xoàng xĩnh *adj.* mediocre

xoay *v.* to turn [on axis], to change direction; to manage to get [money **tiền**, job **việc**]; to be resourceful: **xoay tiền** to manage to get money

xoay chiều *v.* to change direction, to reverse

xoay quanh *v.* to focus; to revolve: **xoay quanh một vấn đề thảo luận** to focus on a discussion issue

xoay tít *v.* to rotate at full speed

xoay trần *v.* to be stripped to the waist [while working in the heat]

xoay vần *v.* to turn around; to revolve

xoay xở *v.* to manage, to be resourceful

xoáy **1** *adj., v.* swirling, eddying **2** *v.* to swipe

xoáy trôn ốc *n.* spiral

xoăn *adj.* [of hair] curly, wavy: **tóc xoăn** curly hair

xoắn *v.* to twist, to be twisted; to cling to: **Con cái cứ xoắn lấy mẹ.** Children cling onto their mother.

xoắn ốc *n.* spiral

xoắn xít *v.* to cling to one another: **Đôi tình nhân xoắn xít với nhau.** A couple clings to one another.

xóc **1** *v.* to shake, to stir **2** *v.* to lift with a sharp-ended pole: **xóc bó lúa** to lift a sheaf of rice with a sharp-ended pole **3** *adj.* [of road] bumpy; [of car] jolting, jerky: **đường xóc** bumpy road; **xe xóc** jolting car

xóc đĩa *n.* game using coins that one shakes in a bowl

xóc xách *v.* to clink

xọc *v.* to break into: **xọc vào nhà ai** to break into someone's house

xoe *adj.* perfectly round

xoè *v.* to spread, to stretch, to open

[wings **cánh**, tail **đuôi**, fingers **tay**]: **xoè quạt** to open a fan wide

xoẹt *v.* [of knife, clap of thunder] to cut fast, to be quick as lightning

xoi *v.* to clear [pipe], to bore through, to drill, to groove

xoi bói *v.* to find fault

xoi móc *v.* to find someone's faults: **Bà ấy lúc nào cũng xoi móc người khác.** She is always finding someone's faults.

xóm *n.* hamlet, subdivision of a village: **làng xóm** hamlet, village; **người hàng xóm** neighbor; **bà con lối xóm** neighbors

xóm giềng *n.* neighborhood

xóm làng *n.* hamlet, village

xong *v.* to finish; to finish doing something: **Xong chưa?** Have you finished? Is it finished?; **Xong rồi.** Yes, it's finished.; **Anh ấy đã dịch xong rồi.** He finished the translation.

xong chuyện *adj.* all over: **làm cho xong chuyện** to do hurriedly

xong đời *v.* to be done with life

xong hẳn *v.* to finish completely

xong nợ *v.* to clear all debts

xong xuôi *adj.* to be finished or completed

xoong *n.* [Fr. *casserole*] saucepan

xọp *v.* to lose weight, to get smaller, to get flat

xót *v.* [of pain] to be smarting, to sting; to feel sorry for, to feel compassion for: **thương xót đau xót** to be grieved

xót dạ *v.* to suffer, to feel a burning sensation in one's stomach

xót ruột *v.* to suffer [because of loss, waste]

xót thương *v.* to feel sorry for; to mourn over: **Tôi thấy xót thương cho họ.** I feel sorry for them.

xót xa *v.* to feel pain, to feel sorry for

xô *v.* to give a push, to shove: **đẩy xô đến** [of crowd] to rush in

xô bồ *adj.* complicated; miscellaneous: **ăn uống xô bồ** to eat various types of foods

xô đẩy *v.* to push, to jostle

xô xát *v.* to scuffle, to brawl, to quarrel

xổ *v.* [of hair, thread, seam] to become untied, to be undone; to escape, to break, to loose: **xổ lồng** to set free, to discharge; **cuộc xổ số** lottery draw; **thuốc xổ** laxative

xốc *v.* to raise up, to lift up [patient, drunkard]

xốc vác *v.* to be able, to work hard

xốc xếch *adj.* [of person, clothes] untidy, disarrayed, slovenly

xộc *v.* to dash, to rush in: **xộc vào cửa hàng** to rush into a shop

xộc xệch *v.* See **xốc xếch**

xôi *n.* steamed glutinous/sticky rice: **nấu xôi** to cook glutinous rice

xôi lúa *n.* steamed sticky rice and maize

xối *v.* to pour down [water], to flush water: **xối nước rửa sàn nhà** to pour water onto a floor for cleaning

xối xả *adj.* very quick, with a free hand

xổi *adv.* quickly or temporarily: **ăn xổi ở thì** to live from day to day, to live from hand to mouth

xồm *adj.* hairy, [of beard **râu**] thick: **râu xồm** thick beard

xồm xoàm *adj.* shaggy, hairy: **ăn xồm xoàm** to eat with one's mouth full

xổm *adj.* squatting, on the heels: **ngồi xổm** to sit on one's heels

xôn xao *v.* to be lively, to be bustling; to be stirred up, to be in an uproar

xốn *v.* to sting: **Bụi làm xốn mắt.** Dust stung one's eyes.

xốn xang *v.* to feel perplexed: **Ông ấy cảm thấy xốn xang trong lòng.** He feels perplexed in his heart.

xông **1** *v.* to rush, to charge; to pounce or bear down upon **2** *v.* [of smell] to exhale; to have a steam bath

xông đất *v.* to be the first caller on New Year's day

xông khói *v.* to smoke [room, objects]

xông nhà *v.* to be the first caller on New Year's day

xông pha *v.* to be brave; to go to the front

xốp *adj.* [of soil] spongy, crispy

xốt *n.* [Fr. *sauce*] sauce, gravy: **nước xốt cà chua** tomato sauce

xơ **1** *adj.* fiber, filament, threadbare, tattered, ragged, very poor: **xơ dừa** coconut fiber; **nghèo xơ** poor as a church mouse **2** *n.* [Fr. *soeur*] sister, Catholic nun: **bà xơ** Catholic nun

xơ múi *n.* profit, gain: **Tôi không xơ múi gì cả.** He didn't touch one penny [of theirs].

xơ rơ *adj.* denuded

xơ xác *adj.* ragged, very poor: **gia đình xơ xác** a very poor family

xở rở *v.* to wander about dumbly

xơi *v.* to eat or drink [polite verb used only of other people]: **Ông xơi cơm chưa?** Have you eaten yet? Have you had dinner?; **Mời bà xơi nước trà.** Please, have some tea.

xới *v.* to turn up [earth **đất**], to dig, to scoop [cooked rice **cơm** from pot]

xu *n.* [Fr. *soul*] cent, penny; money: **không một xu dín túi** penniless; **bòn xu** to extort money [from spouse, parents, brothers, and sisters]

xu hướng *n.* tendency, inclination: **Chúng ta có xu hướng theo thời trang mới.** We have a tendency to keep up with the latest fashion.

xu lợi *v.* to be mercantile, to run after money

xu mị *v.* to flatter

xu nịnh *v.* to flatter

xu phụ *v.* to be attached to

xu thế *n.* tendency, trend

xu thời *v.* to swim with the tide, to be an opportunist

xú *adj.* ugly; stinking, smelly

xú danh *n.* bad name

xú diện *n.* ugly face

xú uế *v.* to stink, to stench

xù *adj.* hairy, [of hair] bushy

xù xì *adj.* rough [to the touch]

xũ *v.* to droop: **xũ tóc** to have drooping hair

xua *v.* to drive away by waving one's hand: **xua ruồi** to shoo away flies by waving one's hand

xua đuổi *v.* to drive away; to chase

xua tay *v.* to brush aside, to dismiss; to make a gesture with the hand

xuân *n.* spring [the season]: **mùa xuân** spring season; **tuổi xuân** youth; **còn xuân** to be still young; **tân xuân** new year; **Cung Chúc Tân Xuân** Happy New Year; **lập xuân** beginning of spring

xuân cảnh *n.* spring scenery

xuân đường *n.* father

xuân huyên *n.* father and mother

xuân lan *n.* spring orchid

xuân phân *n.* spring equinox

xuân thu *n.* the Spring and Autumn Annals

xuân tiêu *n.* spring night

xuân xanh *n.* young age, youth, flower of youth

xuẩn *adj.* dull-witted, stupid: **con người ngu xuẩn** a stupid person

xuất *v.* to advance [money **tiền**, capital **vốn**]; R to exit, to go out, to come out (= ra) [*opp.* **nhập**]: **xuất khẩu** to export; **sản xuất** to produce

xuất bản *v.* to publish: **nhà xuất bản** publisher

xuất binh *v.* to go to battle

xuất cảng *v.* to export

xuất cảnh *v.* to go overseas, to leave the country: **giấy thị thực xuất cảnh** an exit visa

xuất chi *v.* to authorize an expenditure

xuất chinh *v.* to go to the front

xuất chính *v.* to enter politics, to begin a public career

xuất chúng *adj.* outstanding

xuất dương *v.* to go abroad, to go overseas

xuất đầu lộ diện *v.* to show up, to appear in public

xuất gia *v.* to leave one's home to become a Buddhist monk or nun

xuất giá *v.* [of girl] to get married

xuất hành *v.* to go out of the house [on New Year's day]

xuất hiện *v.* to appear

xuất khẩu *v.* to export: **Việt Nam xuất khẩu nhiều gạo.** Vietnam exports a lot of rice.

xuất lệnh *v.* to issue an order

xuất lực *v.* to exert oneself, to strive to, to endeavor to

xuất nạp *n.* expenditures and receipts

xuất ngoại *v.* to go abroad

xuất ngũ *v.* to be demobilized

xuất nhập *v.* to go in and out [correspondence, people, entries in books]

xuất nhập cảng *n.* import and export; **Ngân hàng Xuất nhập cảng** Import-Export Bank

xuất quân *v.* to give marching orders to a troop

xuất quỹ *v.* to pay out from the budget

xuất phát *v.* to emit, to start, to send forth

xuất phẩm *n.* product, production

xuất sắc *adj.* outstanding, remarkable, notable

xuất thân *v.* to come from [a certain social class]: **xuất thân từ một gia đình nghèo** to come from a poor family

xuất thế *v.* to be born; to enter monkhood

xuất tinh *v.* to ejaculate

xuất trận *v.* to go to war

xuất trình *v.* to produce, to show: **xuất trình hộ chiếu** to show one's passport

xuất viện *v.* to be discharged from hospital

xuất vốn *v.* to provide capital, to invest

xuất xứ *n.* origin, source

xúc *v.* to scoop up; to shovel: **xúc cơm vào bát cho khách** to scoop rice into the guest's bowl

xúc cảm *v., adj.* to feel moved, emotional

xúc cảnh *v.* to be moved by scenery

xúc động *v., adj.* to feel moved, emotional: **người hay xúc động** emotional person

xúc giác *n.* touch [the sense]; feelers [of insects]

xúc phạm *v.* to offend, to hurt: **xúc phạm đến ai** to hurt somebody

xúc quan *n.* organ of touch

xúc tác *v.* to catalyze

xúc tiến *v.* to promote, to push forward, to speed up: **xúc tiến công tác** to speed up one's business

xúc tiếp *v.* to contact [object preceded by **với**]

xúc xích *n.* [Fr. *saucisse*] sausage; chain

xúc xiểm *v.* to incite, to instigate

xuề xoà *adj.* simple, easy to get along with

xuể *adj.* capable of [doing something]: **Tôi sợ các anh ấy làm không xuể.** I'm afraid they can't do it.

xuềnh xoàng *adj.* simple, plain: **Ba tôi ăn mặc xuềnh xoàng lắm.** My father dressed in a simple way.

xui **1** *v.* to incite, to urge, to prompt, to instigate, to induce: **xui ai làm điều gì** to incite someone to do something **2** *adj.* unlucky: **Hôm nay tôi xui lắm.** Today I am very unlucky.

xui bảo *v.* to prompt, to advise

xui bẩy *v.* to induce, to urge

xui giục *v.* to induce, to urge, to incite

xui nên *v.* to cause, to bring about

xui khiến *v.* to cause [something to happen]; to incite [something/someone/somebody to do something]

xui xiểm *v.* to urge, to incite someone to do bad things

xúi *adj.* See xui

xúi quẩy *adj.* unlucky

xum xoe *v.* to be busy; to be very showy

xúm *v.* [of a crowd] to gather; to gather around: **xúm nhau lại nói chuyện** to gather to chat

xúm đến *v.* to arrive in a mass

xúm xít *v.* to get together in great numbers

xung *v.* to dash; to be furious; to conflict with, to be inauspicious: **Cẩn thận khi ông ấy nổi xung lên.** Be careful when he is furious.

xung bệnh *v.* to fall ill

xung đột *v.* to clash, to conflict: **Hai**

anh em xung đột lẫn nhau. Two brothers clashed with each other.

xung khắc *adj., v.* incompatible [với with]; to disagree, to conflict, to differ in opinions

xung kích *v.* to attack, to assault, to fight

xung phong *v.* to assault, to fight hand to hand: **quân xung phong** vanguard or shock troops

xung quanh *adv.* around, round

xung trận *v.* to rush into a battlefield

xung yếu *adj.* strategic, important

xùng xình *adj.* dressed in oversized clothes, loose

xuôi *adj.* [SV **thuận**] downstream [*opp.* **ngược**]; along; favorable, fluent, successful: **đi xuôi theo con đường nầy** to go along this road; **Nghe có xuôi không?** Does it sound all right?; **thuận buồm xuôi gió** good trip; "Bon Voyage"; **không xuôi** to go wrong, to go badly; **mạn xuôi** down the river; downstream

xuôi lòng *adj.* consensual, agreeable

xuôi tai *adj.* pleasant to the ear

xuống **1** *v.* [SV **hạ**] to go down, to come down, to get off/down: **xuống xe** to get off a car; **xuống dưới lầu một** to come down to the first floor **2** *adv.* down, lower: **ngồi xuống** to sit down; **cúi xuống** to bend down; **nằm xuống** to lie down; **hạ xuống** to lower; **Nó vất con búp bê xuống đất.** She threw the doll down onto the floor.

xuống giá *v.* to drop in prices

xuống giọng *v.* to lower one's tone

xuống giốc *v.* to decline; to go downhill

xuống lệnh *v.* to give an order

xuống lỗ *v.* to die, to pass away

xuồng *n.* speedboat, motorboat

xuổng *n.* spade

xúp *n.* [Fr. *soupe*] soup

xụp *v.* to fall down, to collapse

xụt xịt *v.* to whine, to snivel, to whimper

xụt xùi *v.* to whine, to whimper

xuý xoá *v.* to forget about, to wipe off: **Bạn tôi xuý xoá nợ cho tôi.** My friend forgot about my debt.

xuyên *v.* to go through, to cross: **xuyên qua đường** to cross the road

xuyên lục địa *n.* [of missile] intercontinental

xuyên phá *v.* to perforate

xuyên qua *v.* to go through, to pierce

xuyên sơn *v.* to go through a mountain: **đường xuyên sơn** tunnel [through a mountain]

xuyên tạc *v.* to distort [facts, etc.]; to make up, to fabricate

xuyên tâm *adj.* diametrical, central, radial

xuyến *n.* bracelet: **một chiếc xuyến vàng** a gold bracelet

xuýt *v., adv.* to be all but [precedes main verb], a little more, almost: **Con chó nhà bên cạnh xuýt bị ô tô cán chết.** Our neighbor's dog almost got run over by a car.

xuýt chết *v.* to narrowly escape death

xuýt nữa *adj.* a little more and [may precede or follow subject]: **Ông ta xuýt nữa bị chết.** A little closer and he would have been dead.

xuýt xoa *v.* to wail, to whimper from pain

xuýt xoát *adv.* approximately [the same]; almost, nearly: **Hai đứa bé tuổi xuýt xoát giống nhau.** The two boys are almost the same age.

xứ *n.* region, area, locality, district, state; country, nation: **bản xứ** local region; **người bản xứ** native people; **tứ xứ** everywhere

xứ sở *n.* native country, home country

xử *v.* to decide, to regulate, to judge: **phân xử** to judge; **tự xử** to judge for oneself

xử án *v.* to give judgment

xử bắn *v.* to execute [criminal] by firing squad

xử dụng *v.* to use, to put to use

xử giảo *v.* to hang criminals, to execute by hanging

xử hoà *v.* to settle a difference out of court; to reconcile

xử kiện *v.* to judge a case in court

xử lý *v.* to be in charge of

xử lý thường vụ *n.* chargé d'affaires

xử sự *v.* to behave, to act: **Ông ấy xử sự rất không ngoan.** He behaves very cleverly.

xử tử *v.* to sentence to death; to execute

xử thế *v.* to behave in life, to deal with the situation

xử trảm *v.* to behead

xử trí *v.* to act, to deal with

xử xét *v.* to judge, to consider

xưa *adj.* old, past, ancient: **khi xưa, thuở xưa** once upon a time; **ngày xưa** formerly, in the old days; **từ xưa tới nay, từ xưa đến nay** from a long time ago up to now; **ngay xửa ngày xưa** once upon a time

xưa kia *adv.* formerly, once upon a time

xưa nay *adv.* before and now, always, up to now: **Người Việt xưa nay vẫn cần cù làm việc.** Vietnamese are always hard-working.

xức *v.* to put or use [perfume, oil]: **xức nước hoa** to use perfume

xưng *v.* to announce [one's name **tên**]; to confess [crime **sin tội**]: **xưng tội** to confess one's sin

xưng danh *v.* to introduce oneself

xưng đế *v.* to proclaim oneself emperor

xưng hô *v.* to address [one another]: **Bạn xưng hô như thế nào với người lớn tuổi?** How do you address the elderly?

xưng hùng xưng bá *v.* to proclaim oneself a suzerain

xưng tội *v.* to confess to a priest

xưng vương *v.* to proclaim oneself emperor

xứng *adj.* worthy, to be a good match: **Ông ấy xứng với chức vụ.** He is worthy of his position.; **Hai người đó không xứng với nhau.** They are not a good match.

xứng đáng *adj.* worthy, deserving

xứng đôi *adj.* well matched: **Cặp vợ chồng đó thật xứng đôi.** That couple is very well matched indeed.

xứng hợp *adj.* appropriate, suitable, fitting

xứng vai *adj.* equal in ranking: **Họ xứng vai nhau.** They are equal in ranking.

xước *v.* to be grazed: **làm xước da** to graze the skin

xược *adj.* ill-mannered, impolite, rude, insolent: **hỗn xược** to be insolent

xương *n.* [SV cốt] bone: **bộ xương** skeleton; **gỡ xương** to debone [before cooking]; **khớp xương** joint; **gầy dơ xương** skinny

xương bả vai *n.* shoulder blade

xương bánh chè *n.* kneepan, kneecap

xương cụt *n.* sacrum

xương đòn gánh *n.* clavicle, collarbone

xương hông *n.* hip bone

xương mỏ ác *n.* tibia, shin

xương quai xanh *n.* clavicle, collarbone

xương rồng *n.* cactus

xương sọ *n.* skull

xương sống *n.* backbone, spine

xương sụn *n.* cartilage

xương sườn *n.* rib

xương tuỷ *n.* bone and marrow

xương xẩu *adj.* bony, skinny

xương xương *adj.* thin, skinny, lanky

xướng *v.* to initiate; to be the first to put forward

xướng ca *v.* to sing; to act

xướng danh *v.* to call the roll

xướng hoạ *v.* to sing back and forth; to compose twin poems

xướng xuất *v.* to instigate, to take an initiative in

xưởng *n.* workshop, plant, factory, mill, yard: **Ba tôi làn việc ở công xưởng.** My father works in a factory.

xưởng máy *n.* factory, plant, works: **Trong khu vực nầy có nhiều xưởng máy của người nước ngoài.** There are many foreign-owned factories in this area.

xưởng thợ *n.* workshop: **Ông ta có một xưởng thợ ở trong nhà xe.** He has a workshop in his garage.

Y

y **1** *pron.* he/him: **Bạn có biết y không?** Do you know him? **2** *n.* medicine; medical doctor, physician: **học ngành y** to study medical science; **y sĩ** medicial doctor; **quân y** army surgeon; **thú y** veterinarian; **đông y** Sino-Vietnamese medicine

y án *v.* to approve a verdict, to uphold a sentence

y bạ *n.* health records

y chuẩn *v.* to approve: **y chuẩn một dự án** to approve a project

y dược *n.* medicine and pharmacy: **trường Đại học y dược** Faculty of Medicine and Pharmacy

y hẹn *v.* to keep an appointment: **Bạn y hẹn với tôi.** You kept your appointment with me.

y học *n.* medicine

y khoa *n.* **bác sĩ y khoa** medical doctor [MD]; **Y khoa Đại học đường** Faculty of Medicine

y lời *v.* to keep one's promise

y nguyên *adj.* intact

y như *adv.* it seems, exactly like

y phục *n.* clothes, clothing, garments: **y phục phụ nữ** women's clothes

y sĩ *n.* physician, medical doctor

y sinh *n.* medical student, physician

y tá *n.* nurse: **nữ y tá** female nurse

y tế *n.* public health; medicine: **cán sự y tế** public health worker

y thuật *n.* the art of healing, medicine

y viện *n.* hospital: **quân y viện** army hospital

ý *n.* thought, idea, intention, opinion, attention: **Xin cho biết ý của bạn.** Please give your opinion.; **để ý** to notice, to pay attention; **đắc ý** gratified; **vô ý** to be inattentive, absentminded, careless; **làm vừa ý** to please

Ý *n.* Italy: **người/tiếng Ý** Italian

ý chí *n.* will: **ý chí mạnh mẽ** strong will

ý chỉ *n.* intention, purpose, will

ý chừng *adv.* maybe, perhaps

Ý Đại Lợi *n.* Italy

ý định *n.* idea, thought, intention: **Bạn cho tôi biết ý định của bạn được không?** Can you tell me your intention?

ý đồ *n.* bad intention

ý hướng *n.* intention

ý kiến *n.* opinion, viewpoint, view: **Chúng ta nên trao đổi ý kiến.** We should exchange our views.

ý muốn *n.* desire, wish: **Rất khó đáp ứng ý muốn của họ.** It is hard to meet their wishes.

ý nghĩ *n.* thought, idea: **Tôi muốn bày tỏ ý nghĩ của tôi.** I would like to convey my thoughts.

ý nghĩa *n.* meaning, sense, significance: **có ý nghĩa** to be significant

ý nguyện *n.* aspiration, wish: **đáp ứng ý nguyện của toàn dân** to meet the people's aspirations

ý nhị *n., adj.* significance, charm; meaningful, subtle

ý niệm *n.* concept, notion

ý thức *n., v.* conscience, consciousness; to have an idea of, to conceive of, to be conscious of: **Họ ý thức được trách nhiệm của mình.** They are conscious of their responsibility.

ý thức hệ *n.* ideology

ý trung nhân *n.* dream girl, dream boy

ý tứ *adj., n.* considerate, thoughtful; attentiveness, consideration

ý tưởng *n.* thought, idea: **ý tưởng tốt** a good idea

ý vị *n., adj.* interest; interesting, meaningful

ỳ *v.* to stay firmly

ỷ *v.* to rely on [as an asset]; to lean on [power **quyền**, talent **tài**, position **thế**]: **ỷ quyền** to lean on power

ỷ lại *v.* to depend [on **vào**]: **Anh ấy ỷ lại vào quyền thế của ba anh ta.** He depends on his father's position.

yếm *n.* Vietnamese bra: **yếm dãi** bib

yếm thế *adj.* pessimistic, misanthropic

yểm *v.* to exorcize [by means of amulet **bùa**]; to cast a spell

yểm hộ *v.* to cover, to protect and support: **yểm hộ gián tiếp** indirect support; **yểm hộ mau lẹ, yểm hộ nhanh chóng** quick support; **yểm hộ tức thì** direct support

yểm tàng *v.* to conceal, to hide

yểm trợ *v.* to support: **yểm trợ cho ai** to support someone

yểm trừ *v.* to exorcize

yên 1 *adj.* calm, peaceful, quiet, still: **bình yên** to be well, safe; **ngồi yên** to sit still 2 *n.* saddle: **yên ngựa** horse saddle; **đóng yên** to saddle [a horse]

yên xe đạp *n.* bicycle saddle

yên hàn *adj.* quiet, tranquil

yên hoa *n.* opium and women, prostitution

yên lặng *adj.* silent, quiet: **Thành phố sáng nay thật yên lặng.** This morning the city is very quiet.

yên lòng *v., adj.* to be assured, unworried

yên nghỉ *v.* to rest

yên ổn *adj.* safe, peaceful, secure: **cuộc sống yên ổn** a peaceful life

yên tâm *v.* to have peace of mind, to feel assured

yên trí *v.* to feel assured [**rằng** that], to be convinced

yên vui *adj.* pleasant, peaceful and cheerful

yến 1 *n.* salangane 2 *n.* banquet, dinner: **dạ yến** dinner party; **Ông được nhà vua ban yến.** The king invited him to a dinner. 3 *n.* (= **én**) swallow: **tổ yến** swallow's nest [as a delicacy]

yến ẩm *n.* banquets and dinners, feast

yến oanh *n.* lovers

yến sào *n.* bird's nest

yến tiệc *n.* banquets, dinner party

yểng *n.* blackbird, rackle

yết *v.* to display notice/list/announcement: **niêm yết danh sách thí sinh** to display a list of candidates

yết bảng *v.* to display the notice [giving names of successful candidates in an examination]

yết hầu *n.* throat, pharynx

yết kiến *v.* to see or visit high officials

yết thị *v.* to post, to display, to publicize, to advertise, to give notice or announcement

yêu *v.* [SV **ái**] to love, to be in love with: **người yêu** lover, sweetheart; **tình yêu** love, passion

yêu cầu *v.* to ask, to request, to suggest: **lời yêu cầu** a request

yêu chuộng *v.* to love, to be fond of: **yêu chuộng thời trang** to love fashion

yêu dấu *v., adj.* to love dearly; dear, beloved

yêu đời *adj.* optimistic: **Bạn tôi luôn yêu đời.** My friend is always optimistic

yêu đương *v.* to love, to be affectionate: **chuyện yêu đương** love affairs

yêu kiều *adj.* graceful, charming

yêu ma *n.* demon, evil spirit, ghost

yêu mến *v.* to love, to cherish

yêu nước *v.* to be a patriot

yêu quái *n.* ghost, evil spirit

yêu sách *v., n.* to demand, to request; demand, request

yêu tà *n.* demons, evil spirits

yêu thuật *n.* witchcraft, sorcery

yêu tinh *n.* phantom, monster

yêu thương *v.* to love: **yêu thương ai** to love someone

yếu *adj.* [SV **nhược**] weak, feeble [*opp.* **khỏe, mạnh**]: **yếu ớt** weak, defenseless; **hèn yếu** coward; **đau yếu** ill, sick; **phái yếu** female; **Tôi ăn yếu.** I eat very little.

yếu đau *v., adj.* sick; sickly

yếu đạo *n.* strategic road

yếu địa *n.* strategic ground or position

yếu điểm *n.* essential point; negative point

yếu đuối *adj.* weak, feeble

yếu hèn *adj.* feeble and cowardly

yếu lược *n.* outline, summary, main elements

yếu mềm *adj.* weak, feeble

yếu nhân *n.* important person, Very Important Person [VIP]

yếu ớt *adj.* weak, feeble

yếu sức *adj.* weak, debilitated

yếu thế *v.* to be in a bad position, to have no influence

yếu tố *n.* factor, element: **Chúng ta** **phải tìm ra những yếu tố quyết định.** We have to find the decisive factors.

yểu *adj., v.* still young, premature; to die young: **chết yểu** to die young

yểu điệu *adj.* graceful and pretty

yểu tướng *n.* sickly look, appearance showing a premature death

ENGLISH–VIETNAMESE

A

a, A /eɪ/ *n.* chữ cái A: **from ~ to Z** từ A đến Z, từ đầu đến cuối

a, an /ə, ən/ *ind. art.* một, cái, con, chiếc, người: **twice a month** mỗi tháng hai lần; **eighty kilometers an hour** 80km một giờ

abacus /'æbəkəs/ *n.* (*pl.* **abacuses, abaci**) bàn toán, bàn tính

abandon /ə'bændən/ **1** *v.* bỏ đi, bỏ rơi: **to ~ a great hope** từ bỏ hy vọng lớn **2** *v.* **to ~ oneself:** say đắm

abashed /ə'bæʃt/ *adj.* Cảm thấy xấu hổ, cảm thấy lung túng

abate /ə'beɪt/ *v.* hạ bớt, giảm bớt, chấm dứt, huỷ bỏ

abbey /'æbɪ/ *n.* tu viện, đạo viện: **My friends often visit that ~.** Bạn tôi thường đến thăm tu viện đó.

abbreviate /ə'bri:vɪət/ *v.* viết tắt, tóm tắt, tóm lược

abbreviation /ə,bri:vɪeɪʃən/ *n.* việc viết tắt: **WHO is an ~ for World Health Organization.** WHO là chữ viết tắt của Tổ Chức Y-tế Thế Giới.

ABC /,eɪbi:si:/ *n., abbr.* (= **American Broadcasting Company, Australian Broadcasting Corporation**) đài phát thanh Mỹ/Úc

abdomen /'æbdəmən/ *n.* bụng, phần bụng: **She was suffering from pains in her ~.** Phần bụng của bà ấy bị đau.

abdominal /æb'dɒmɪnəl/ *adj.* thuộc về bụng

abduct /æb'dʌkt/ *v.* bắt cóc, lừa đem đi, cuỗm đi: **He was charged with ~ing a two-year boy.** Ông ấy bị tù vì tội bắt cóc đứa bé hai tuổi.

abet /ə'bet/ *v.* xúi giục, xúi bẩy, tiếp tay

abeyance /ə'beɪəns/ *n.* **in ~** còn đọng lại, còn hoãn lại: **All works are in ~.** Tất cả công việc đều hoãn lại.

abhor /æb'hɔ:(r)/ *v.* căm ghét, ghớm mặt, kinh tởm: **Everyone ~s domestic violence.** Ai cũng căm ghét bạo hành trong gia đình.

abhorrence /æb'hɒrəns/ *n.* sự ghê tởm, sự ghét cay ghét đắng

abide /ə'baɪd/ *v.* [**abided**] **to ~ by** giữ, (tuân) theo

ability /ə'bɪlɪtɪ/ *n.* khả năng, năng lực, tài năng: **He does the work to the best of his ~.** Ông ấy làm việc hết khả năng của ông ta.

abject /'æbdʒɪkt/ *adj.* hèn hạ, đê tiện; (nghèo) xác xơ: **Thousands of people have died from ~ poverty in Third World countries.** Hàng ngàn người trong thế giới thứ ba chết trong nghèo đói xác xơ.

ablaze /ə'bleɪz/ *adj.* đỏ lửa, rực cháy bừng bừng, hăng say: **The house was set ~ by a gang of angry workers when they could not find their missing boss.** Một nhóm công nhân nổi giận đốt nhà khi họ không tìm thấy chủ ở đâu.

able /eɪb(ə)l/ *adj.* có khả năng, có tài, có thể ...

able-bodied /,eɪb(ə)l'bɒdɪd/ *adj.* tráng kiện, đủ sức khỏe

abnormal /æb'nɔ:məl/ *adj.* khác thường, dị thường: **It's hard to help an ~ child.** Rất khó mà giúp một đứa bé khác thường.

aboard /ə'bɔ:d/ *adv., prep.* trên tàu/ thuyền/xe/máy bay: **to be ~** đang trên tàu

abolish /ə'bɒlɪʃ/ *v.* bãi bỏ, huỷ bỏ, thủ tiêu: **Australia ~ed the death penalty for murderers a long time ago.** Nước Úc đã bỏ án tử hình cho kẻ sát nhân từ lâu rồi.

a-bomb *n., abbr.* (= **atomic bomb**) bom nguyên tử

abominable /ə'bɒmɪnəb(ə)l/ *adj.* ghê tởm, kinh tởm, tồi, dở

aborigines /æbə'rɪdʒɪnɪz/ *n.* thổ dân ở Úc

abort /ə'bɔ:t/ *v.* sẩy thai, đẻ non: **She has ~ed her child.** Cô ấy vừa sẩy thai.

abortion /ə'bɔːʃən/ *n.* sự phá thai, sự nạo thai: **Parliament has passed an ~ bill.** Quốc hội vừa thông qua luật phá thai.

abound /ə'baʊnd/ *v.* có rất nhiều, có thừa, nhan nhản

about /ə'baʊt/ **1** *adv.* xung quanh, quanh quẩn, vào khoảng, độ, chừng: **He is ~ thirty.** Anh ấy khoảng ba mươi. **2** *prep.* (nói) về: **We shouldn't speak ~ politics.** Chúng ta đừng nói về chuyện chính trị.

above /ə'bʌv/ *adv.* trên đầu, ở trên, trên: **An airplane is flying ~ my head.** Máy bay đang bay trên đầu tôi.

aboveboard /ə'bʌvbɔːd/ *adj.* không giấu giếm, thẳng thắn: **Everything is ~ so we aren't worried about the forthcoming inspection by the auditors.** Mọi việc không có gì giấu giếm vì vậy chúng ta không phải lo gì khi đoàn kiểm tra kế toán đến.

above-mentioned *adj.* kể trên, nói trên

abreast /ə'brest/ *v.* ngang nhau, sóng/ cùng hàng

abridge /ə'brɪdʒ/ *v.* tóm tắt, rút ngắn lại

abroad /ə'brɔːd/ *adv.* ở nước ngoài, ra ngoại quốc: **to go ~ many times** đi nước ngoài nhiều lần

abrupt /ə'brʌpt/ **1** *adj.* bất ngờ, đột ngột **2** *adj.* thô lỗ, cộc lốc: **You can't give an ~ answer.** Bạn không thể trả lời cộc lốc như vậy.

abscond /æb'skɒnd/ *v.* trốn, chuồn, lẻn đi: **Two prisoners ~ed from jail early this morning.** Hai tù nhân vừa trốn khỏi nhà tù sáng sớm nay.

absence /'æbsəns/ *n.* sự vắng mặt, thời gian vắng mặt: **That was happening in my ~.** Chuyện đó xảy ra trong khi tôi vắng mặt.

absent /'æbsənt/ *adj.* vắng mặt, đi vắng, khiếm diện, nghỉ: **Who was ~ yesterday?** Ai vắng mặt ngày hôm qua?

absolute /'æbsəljuːt/ **1** *adj.* tuyệt đối, hoàn toàn: **They comply with the ~ authority.** Họ vâng lệnh thẩm quyền tuyệt đối. **2** *adj.* chuyên chế, độc đoán: **No country follows an ~ monarchy.** Không nước nào còn theo quân chủ chuyên chế.

absolve /æb'zɒlv/ *v.* tha/xá tội, miễn trách

absorb /əb'sɔːb/ **1** *v.* hút, thấm, hấp thụ **2** *v.* mê mải, miệt mài: **My friends are ~ed in playing.** Các bạn đang mải mê chơi.

abstain /æb'steɪn/ *v.* nhịn, kiêng, cữ, miễn/bỏ/đầu phiếu: **You should ~ from casual sex or else use condoms.** Bạn nên đôi lúc kiêng làm tình hay khác hơn là dùng bao cao su.

abstention /æb'stenʃən/ *n.* sự tiết chế, phiếu trắng: **The last general meeting netted ten votes: six in favor, two against and three ~s.** Chúng ta có mười phiếu: sáu phiếu thuận, hai phiếu chống và ba phiếu trắng trong buổi họp vừa rồi.

abstinence /'æbstɪnəns/ *n.* sự kiêng rượu, sự tiết dục

abstract /æb'strækt/ **1** *n.* bảng tóm tắt: **The ~ must be sent in before the due date.** Bảng tóm tắt phải gởi trước ngày hết hạn. **2** *adj.* trừu tượng, khó hiểu: **I don't understand your ~ ideas.** Tôi không hiểu những ý kiến khó hiểu của bạn.

abstruse /æb'struːs/ *adj.* khó hiểu, sâu sắc, thâm thuy

absurd /æb'sɜːd/ *adj.* vô lý, ngu xuẩn, ngớ ngẩn, buồn cười: **That's an ~ question, ignore it.** Đó là câu hỏi ngớ ngẩn, quên nó đi.

abundance /ə'bʌndəns/ *n.* sự dư dật, sự phong phú

abundant /ə'bʌndənt/ *adj.* nhiều, dư dật; phong phú: **to have ~ material things** có nhiều thứ vật chất quá

abuse /ə'bjuːz/ **1** *n.* sự lạm dụng, lời chửi rủa **2** *v.* lạm dụng: **He ~d his power.** Ông ấy lạm dụng quyền thế của ông ta. **3** *v.* chửi rủa, lăng mạ, sỉ nhục

abusive /ə'bju:sɪv/ *adj.* sỉ nhục, nhục mạ

abuzz /ə'bʌz/ *adj.* đầy tiếng đồn đãi/ thì thầm

academic /ækə'demɪk/ *adj.* khoa bảng, việc học: ~ **year** năm học

accede /æk'si:d/ *v.* làm hài lòng, đồng ý, tán thành nhậm chức, lên ngôi, tựu chức: **The company would not ~ to their staff's request for a later start to the working day after the World Cup finals.** Công ty không thể làm hài lòng đòi hỏi đi làm trễ của họ sau giải chung kết bóng đá thế giới.

accelerate /æk'seləreɪt/ *v.* làm nhanh thêm, gia tốc: **The Vietnamese government is to ~ its privatization program.** Chính phủ Việt Nam đang tiến hành nhanh chương trình tư nhân hoá của họ.

acceleration /ækselə'reɪʃən/ *n.* sự gia tốc

accelerator /æk'seləreɪtə(r)/ *n.* máy gia tốc, chân ga [xe hơi]

accent /'æksənt/ *n.* giọng, dấu [sắc, huyền] trọng âm: **foreign ~** dấu giọng nước ngoài; **sentence ~** dấu nhấn câu

accentuate /æk'sentjueɪt/ *v.* nhấn mạnh, làm nổi bật

accept /æk'sept/ *v.* (chấp) nhận, thừa nhận: **Your proposal was ~ed.** đề nghị của bạn đã được chấp thuận; **to ~ a job** đảm nhận công việc

acceptable /æk'septəb(ə)l/ *adj.* có thể nhận, vừa ý, thoả đáng

acceptance /æk'septəns/ *n.* sự (chấp) nhận, sự công nhận: **The ~ of the adopted child by the rest of the family put the social worker's reservations to an end.** cả gia đình chấp nhận đứa con nuôi đã kết thúc quyền quyết định của nhân viên xã hội

access /'æk'ses/ *n.* lối/đường/cửa vào; có quyền sử dụng

accessible /æk'sesɪb(ə)l/ *adj.* có thể đi đến, dễ gần; có thể sử dụng được

accessory /'æksɪsərɪ/ *n.* đồ phụ tùng, đồ trang sức phụ; tòng phạm

accident /'æksɪdənt/ **1** *n.* tai nạn, tai biến, sự cố: **in case of an ~** trong trường hợp tai nạn **2** *n.* tình cờ: **I met her by ~.** Tôi tình cờ gặp cô ấy.

accidental /æksɪ'dentəl/ *adj.* bất ngờ, tình cờ, ngẫu nhiên

acclaim /ə'kleɪm/ **1** *n.* tiếng hoan hô **2** *v.* hoan hô, tôn vinh

accommodate /ə'kɒmədeɪt/ **1** *v.* cung cấp, cung ứng: **to be well ~d** được cung cấp đầy đủ, **2** *v.* làm cho thích nghi: **to ~ oneself with the situation** làm cho mình thích nghi với tình huống

accommodation /ə,kɒmə'deɪʃən/ *n.* sự điều tiết/điều chỉnh, tiện nghi ăn ở, chỗ trọ

accompany /ə'kʌmpənɪ/ *v.* đi theo/ kèm, hộ tống

accomplice /ə'kʌmplɪs/ *n.* tòng phạm, tên đồng loã

accomplish /ə'kʌmplɪʃ/ *v.* làm tròn/ trọn, hoàn thành thực hiện, đạt tới

accomplished /ə'kɒmplɪʃt/ *adj.* xong xuôi, đầy đủ, tài năng

accomplishment /ə'kɒmplɪʃmənt/ **1** *n.* sự hoàn thành, thành tích, thành tựu: **a certificate of ~** giấy chứng nhận thành tích **2** *n.* tài nghệ, tài năng

accord /ə'kɔ:d/ **1** *n.* sự đồng lòng, sự nhất trí, hoà ước, sự phù hợp ý chí **2** *v.* đi đôi với, ban cho

accordance /ə'kɔ:dəns/ *n.* sự phù hợp, theo đúng: **in ~ with the contract** theo đúng hợp đồng

accordingly /ə'kɔ:dɪŋlɪ/ *adv.* vì vậy, do đó, theo đó: **As they are working different jobs, they must be paid ~.** Họ làm nhiều việc khác nhau, do đó họ phải được trả khác nhau.

accost /ə'kɒst/ *v.* đến gần bắt chuyện

account /ə'kaʊnt/ **1** *n.* trương mục, công **2** *n.* bài tường thuật, báo cáo, lí do, có lợi ích: **What you have done will be taken into ~.** Những gì bạn đã làm sẽ có ích lợi cho bạn.

accountable /ə'kaʊntəb(ə)l/ *adj.* chịu trách nhiệm; có thể giải thích được

accountant /ə'kaʊntənt/ *n.* kế toán (viên), nhân viên kế toán: **My daughter is an ~.** Con gái tôi là một kế toán viên.

accredit /ə'kredɪt/ *v.* chuẩn nhận, công nhận; làm cho người ta tin: **Your qualification was ~ed.** Bằng cấp của bạn đã được công nhận.

accrue /ə'kru:/ *v.* đổ dồn, dồn lại, tích luỹ; sinh ra: **Big profits were ~d to the company.** Những lợi nhuận lớn đều tích luỹ cho công ty.

accumulate /ə'kju:mjʊlət/ *v.* chồng chất, tích luỹ

accumulation /ə,kju:mjʊ'leɪʃən/ *n.* sự chồng chất, sự tích luỹ

accuracy /'ækjʊərəsɪ/ *n.* sự/độ chính xác: **The ~ of the given data is in doubt.** Độ chính xác của trữ liệu đã cho khả nghi lắm.

accurate /'ækjʊərət/ *adj.* đúng, chính xác, chuẩn xác

accusation /ækju:'zeɪʃən/ *n.* sự kết/buộc tội, lời tố cáo

accuse /ə'kju:z/ *v.* kết/buộc tội, tố cáo; đổ lỗi: **Don't ~ anyone without proof of evidence.** Đừng có đổ lỗi cho ai mà không có bằng cớ.

accustom /ə'kʌstəm/ *v.* làm/tập cho quen: **to ~ oneself to something new or strange** làm quen với việc gì mới lạ

ache /eɪk/ **1** *n.* sự đau/nhức: **neck ~** sự đau nhức cổ **2** *v.* đau, nhức, đau nhức: **My head still ~s whenever I stand up.** Đầu tôi vẫn còn đau nhức bất cứ khi tôi đứng lên.

achieve /ə'tʃi:v/ *v.* đạt/giành được, thực hiện, hoàn thành: **to ~ good results** đạt được kết quả tốt

achievement /ə'tʃi:vmənt/ *n.* sự đạt được, thành tựu, thành tích

acknowledge /æk'nɒlɪdʒ/ *v.* nhận, công nhận, báo cho biết là đã nhận; tỏ lòng biết ơn: **to ~ a letter** báo đã nhận được thư

acknowledgment /æk'nɒlɪdʒmənt/ *n.* sự thừa nhận, sự đền đáp; sự tỏ lòng biết ơn

acquaint /ə'kweɪnt/ *v.* làm quen, báo cho biết, cáo tri: **to be ~ed with somebody** quen biết ai

acquaintance /ə'kweɪntəns/ *n.* sự hiểu biết, người quen

acquire /ə'kwaɪə(r)/ *v.* dành được, thu được, kiếm được: **He ~d a good reputation in the law circle after winning many cases.** Ông ấy đã dành được tiếng tốt trong giới luật pháp sau khi đã thắng nhiều vụ kiện.

acquisition /ækwɪ'zɪʃən/ *n.* sự thu được sách/báo/đồ mua vào

acquit /ə'kwɪt/ *v.* [**acquitted**] trả hết(nợ); tha bổng, làm tròn [bổn phận]: **to ~ one's debt** trả hết nợ; **The judge decided to ~ the accused when there was insufficient evidence to convict him.** Quan toà đã quyết định tha bổng vì không đủ bằng chứng kết tộ ông ấy.

acquittal /ə'kwɪtəl/ *n.* việc tha bổng

acre /'eɪkə(r)/ *n.* mẫu Anh (đơn vị)

acrid /'ækrɪd/ *adj.* cay, hăng gay gắt, khắc độc

acrobatics /,ækrə'bætɪks/ *n.* thuật nhào lộn, thuật leo dây

acronym /'ækrəʊnim/ *n.* chữ viết tắt của một nhóm từ: **VN is an ~ for Vietnam.** Chữ viết tắt VN là Việt Nam.

across /ə'krɒs/ **1** *prep.* ngang, qua: **a bridge ~ a river** một chiếc cầu ngang qua sông **2** *adv.* ngang qua, chéo nhau, bắt chéo

act /ækt/ **1** *n.* hành động, việc làm; hồi, màn kịch; tiết mục; đạo luật: **~ of violence** hành động bạo lực; **to pass an ~** thông qua một đạo luật **2** *v.* hành động, tác động, đóng vai, đóng kịch [quyền chủ nhiệm/chủ tịch]

action /'ækʃn/ *n.* hành động, hành vi, tác chiến, sự kiện tụng: **killed in ~** chết trận

activate /'æktɪveɪt/ *v.* làm cho hoạt động, làm cho có giá trị: **to ~ one's credit card** làm cho thẻ tín dụng có giá trị

active /'æktɪv/ *adj.* sinh/hoạt động, tích cực, tại ngũ, hiện dịch, chủ động: **an ~ life** một cuộc sống sinh động

activity /æk'tɪvɪtɪ/ *n.* hoạt động, tính hoạt động: **to participate in an outdoor ~** tham gia hoạt động ngoài trời

actor /'æktə(r)/ *n.* kép (hát), nam tài tử, diễn viên

actual /'æktjuːəl/ *adj.* thật, có thật, thật sự, thực tế

actually /'æktjuːəlɪ/ *adv.* thật ra, đúng ra, thực sự

acupuncture /'ækjuːpʌŋktʃə(r)/ *n.* thuật/khoa châm cứu

acute /ə'kjuːt/ *adj.* buốt, sắc bén, sắc sảo; cấp tính, [góc] nhọn

ad /æd/ xem **advertisement**

AD /ˌeɪ'diː/ *n., abbr.* (= **anno domini**) công nguyên

adapt /ə'dæpt/ *v.* (làm) thích ứng/thích nghi; sửa lại, viết lại, cải biên

adaptable /ə'dæptəb(ə)l/ *adj.* có thể thích ứng/cải biên

adaptation /ædæp'teɪʃən/ *n.* sự thích ứng, sách viết phỏng theo

add /æd/ **1** *v.* cộng **2** *v.* thêm, cho thêm, nói thêm, tính gộp: **To ~ this to my bill.** Cộng thêm vào phiếu tính tiền của tôi.

addict /ə'dɪkt/ *n.* người nghiện

addition /ə'dɪʃən/ *n.* tính/phép cộng, phần thêm: **In ~ to the tuition fees, students have to pay a levy for computer use.** Thêm vào học phí, học sinh phải trả phần lệ phí sử dụng máy vi tính.

additional /ə'dɪʃənəl/ *adj.* thêm/phụ vào, phải trả thêm

address /ə'dres/ **1** *n.* địa chỉ **2** *n.* bài nói chuyện, diễn văn: **This is an opening ~.** Đây là bài diễn văn khai mạc. **3** *v.* xưng hô: **How to ~ a Vietnamese lady?** Xưng hô với một phụ nữ Việt Nam như thế nào?

addressee /ˌædres'iː/ *n.* người nhận: **This letter was returned to the sender with the postal note "~ cannot be found."** Thư nầy trả lại người gởi vì có dấu "không tìm được người nhận".

adept /ə'dept/ **1** *n.* người giỏi **2** *adj.* giỏi, thạo, lão luyện

adequate /'ædɪkwət/ *adj.* đủ, đầy đủ xứng đáng, thoả đáng

adhere /æd'hɪə(r)/ *v.* dính/bám vào, theo đúng, tôn trọng

adherence /æd'hɪərəns/ *n.* sự dính, sự tôn trọng/trung thành

ad hoc /ˌædɪ'hɒk/ *adj.* đặc biệt, đặc cử, đặc thiết

adjacent /ə'dʒeɪsnt/ *adj.* kề liền, kề sát, sát ngay

adjective /'ædʒektɪv/ *n.* tính từ: **In the Vietnamese language, an ~ comes after a noun.** Trong tiếng Việt, tiếng tính từ đứng sau tiếng danh từ.

adjoin /ə'dʒɔɪn/ *v.* nối liền, ở sát bên cạnh

adjourn /ə'dʒɜːn/ *v.* hoãn ngừng họp, dời chỗ (họp)

adjournment /ə'dʒɜːnmənt/ *n.* sự hoãn, sự ngừng, sự dời chỗ

adjunct /'ædʒʌŋkt/ *n.* vật/điều phụ thuộc, người phụ tá

adjust /ə'dʒʌst/ *v.* điều chỉnh, làm cho thích ứng, sửa lại cho đúng: **to ~ one's watch to the correct time** chỉnh lại đồng hồ cho đúng giờ

adjustable /ə'dʒʌstəb(ə)l/ *adj.* có thể điều chỉnh/điều tiết

adjustment /ə'dʒʌstmənt/ *n.* sự điều chỉnh, sự thích ứng

administer /æd'mɪnɪstə(r)/ **1** *v.* trông nom, quản lý, cai trị: **to ~ a government department** quản lý một bộ của chính phủ **2** *v.* thi hành: **to ~ laws** thi hành luật pháp

administration /æd͵mɪnɪ'streɪʃən/ *n.* sự
quản lý/cai trị chính phủ, chính
quyền, sự thi hành, việc cung cấp;
công việc hành chánh

admirable /'ædmɪrəb(ə)l/ *adj.* tuyệt
vời, tuyệt diệu, đáng phục

admiral /'ædmɪrəl/ *n.* đô đốc, thượng
tướng hải quân

admiration /͵ædmɪ'reɪʃən/ *n.* sự khâm
phục, lòng thán phục

admire /æd'maɪə(r)/ *v.* khâm phục,
thán phục, khen ngợi, ca tụng;
chiêm ngưỡng

admissible /æd'mɪsɪb(ə)l/ *adj.* có thể
tiếp nạp/kết nạp/chấp nhận

admission /æd'mɪʃən/ *n.* sự nhận vào
(học); sự cho vào cửa, lời thú nhận:
free ~ vào cửa không mất tiền;
**Students apply for ~ to the English
course.** Học sinh xin nhận vào học
khoá tiếng Anh.

admit /æd'mɪt/ *v.* nhận vào, cho vào,
kết nạp, thú nhận

admittance /æd'mɪtəns/ *n.* sự cho/nhận
vào, việc kết nạp

adolescent /ædəʊ'lesənt/ *n., adj.* (đang
tuổi) thanh niên

adopt /ə'dɒpt/ *v.* áp dụng, theo
(phương pháp); nhận làm con nuôi,
nhận làm bố mẹ nuôi, thông qua:
**American families have ~ed thou-
sands of Vietnamese orphans.**
Nhiều gia đình người Mỹ đã nhận
hàng ngàn trẻ mồ côi Việt Nam
làm con nuôi.

adoption /ə'dɒpʃən/ *n.* việc nuôi con
nuôi, sự thông qua

adorable /ə'dɔ:rəb(ə)l/ *adj.* đáng yêu,
khả ái, đáng sùng bái

adore /ə'dɔ:(r)/ *v.* kính yêu, quí mến,
yêu chuộng, tôn sùng

adorn /ə'dɔ:n/ *v.* tô điểm, trang điểm,
trang hoàng

adornment /ə'dɔ:nmənt/ *n.* sự tô điểm,
đồ trang trí

adrift /ə'drɪft/ *adj., adv.* lênh đênh,
phiêu bạt

adult /ə'dʌlt, 'ædʌlt/ **1** *n.* người lớn:

This film is for ~s. Phim nầy dành
cho người lớn. **2** *adj.* trưởng thành,
lớn tuổi: **We have an ~ education
system.** Chúng ta có hệ thống giáo
dục tráng niên.

adultery /ə'dʌltərɪ/ *n.* tội ngoại tình/
thông dâm

advance /æd'vɑːns/ **1** *n.* sự tiến bộ/
thăng tiến, tiền đặt/ứng trước **2** *v.*
tiến lên, tiến bộ, tăng, đưa ra, ứng
trước

advancement /æd'vɑːnsmənt/ *n.* sự
tiến bộ/thăng tiến

advantage /æd'vɑːntɪdʒ/ *n.* sự thuận lợi,
mối/thế lợi: **to take ~ of** lợi dụng

advantageous /ædvən'teɪdʒəs/ *adj.* có
lợi, thuận lợi

adventure /æd'ventʃə(r)/ *n.* sự mạo
hiểm, cuộc phiêu lưu: **They have
started a new ~.** Họ vừa bắt đầu
cuộc phiêu lưu mới.

adventurous /æd'ventjʊərəs/ *adj.* thích
phiêu lưu, đầy mạo hiểm

adverb /'ædvɜːb/ *n.* phụ từ (ngữ
pháp): **"Quickly" is an ~ of time.**
"Quickly" là phụ từ chỉ thời gian.

adversary /'ædvəsərɪ/ *n.* địch, kẻ thù,
đối thủ, đối phương

adverse /'ædvɜːs/ *adj.* ngược lại,
chống lại, bất lợi

adversity /æd'vɜːsɪtɪ/ *n.* sự bất hạnh,
nghịch cảnh, tai hoạ

advertise /'ædvətaɪz/ *v.* quảng cáo,
đăng báo mua bán gì

advertisement /æd'vɜːtɪzmənt/ *n.* quảng
cáo, yết thị, mục rao vặt: **to place
an ~ in the daily newspaper** đăng
một quảng cáo trên báo hàng ngày

advice /æd'vaɪs/ *n.* lời khuyên, lời chỉ
bảo: **I shall act as per your ~.** Tôi
sẽ làm theo lời khuyên của bạn.

advisable /æd'vaɪzəb(ə)l/ *adj.* đáng
theo, có thể khuyên bảo được,
thích hợp

advise /æd'vaɪz/ *v.* khuyên (bảo),
khuyên răn, thông báo: **Please ~ me
what to do.** Làm ơn khuyên tôi nên
làm gì.

advocate /'ædvəkəɪt/ **1** *n.* người chủ trương, luật sư **2** *v.* chủ trương, đề xướng

aerial /'eərɪəl/ **1** *n.* dây trời, ăng ten **2** *adj.* trên không

aerobics /ˌeɪərəʊ'bɪks/ *n.* môn thể dục nhịp điệu

afar /ə'fɑː(r)/ *adv.* xa, ở (đàng) xa, cách xa

affair /ə'feə(r)/ **1** *n.* việc, việc làm, công việc, sự vụ: **the ~s of state** công việc quốc gia **2** *n.* vụ gian díu, chuyện tình

affect /ə'fekt/ **1** *v.* ảnh hưởng đến, làm tác động đến **2** *v.* giả vờ/bộ; ưa dùng

affected /ə'fektɪd/ *adj.* điệu bộ, màu mè, không tự nhiên; bị ảnh hưởng, bị nhiễm

affection /ə'fekʃən/ *n.* lòng thương yêu, sự yêu mến; sự tác động

affidavit /ˌæfɪ'deɪvɪt/ *n.* bản khai có tuyên thệ trước toà án: **to make an ~** làm một bản khai có tuyên thệ trước toà án

affiliate /ə'fɪlɪeɪt/ *v.* liên kết với, có liên hệ với

affinity /ə'fɪnɪtɪ/ *n.* quan hệ, sự giống nhau, ái lực

affirm /ə'fɜːm/ *v.* xác định, xác nhận, khẳng định: **They ~ed the terms of our contract.** Họ đã xác nhận các điều khoản khế ước của chúng ta.

affirmative /ə'fɜːmətɪv/ **1** *n.* (lời/câu) khẳng định **2** *adj.* xác/khẳng định: **I have received his ~ answer.** Tôi vừa nhận được ông ấy trả lời xác định.

affix /ə'fɪks/ **1** *n.* tiền tố, tiếp đầu ngữ: **Add an ~ "un" to "lucky" and we will have "unlucky".** Thêm tiếp đầu nhữ un vào từ luck, chúng ta sẽ có từ unlucky. **2** *v.* gắn/dính vào, dán

afflict /ə'flɪkt/ *v.* làm đau buồn, làm đau khổ

affliction /ə'flɪkʃən/ *n.* sự thống khổ, nỗi đau buồn

affluence /'æfl(j)uːəns/ *n.* sự giàu có, sự sung túc/phong phú

affluent /'æfluːənt/ *adj.* giàu có, phong lưu, dồi dào

afford /ə'fɔːd/ *v.* có đủ tiền/sức cho, cung cấp: **I can't ~ that luxury car.** Tôi không đủ sức mua chiếc xe sang trọng đó.

affront /ə'frʌnt/ **1** *n.* sự lăng mạ/lăng nhục **2** *v.* lăng mạ, lăng nhục, làm mất thể diện

aflame /ə'fleɪm/ *adj., adv.* rực lửa, bốc lửa

afloat /ə'fləʊt/ *adj, adv.* nổi lênh đênh, lơ lửng ở trên; đủ tiền để tiếp tục điều hành: **He has got enough money to stay ~ in the business for some time.** Ông ta đủ tiền để tiếp tục công việc buôn bán trong một thời gian.

afraid /ə'freɪd/ *adj.* sợ, sợ hãi, hoảng sợ, lấy làm tiếc

African /'æfrɪkən/ **1** *n.* người châu Phi **2** *adj.* thuộc châu Phi

after /'ɑːftə(r)/ **1** *prep.* sau, sau khi, ở đằng sau: **I run ~ him.** Tôi chạy sau ông ấy. **2** *adv.* sau (đó) **3** *conj.* sau khi: **After you left, I met her.** Sau khi bạn đi rồi, tôi đã gặp cô ấy.

aftermath /'ɑːftəmæθ/ *n.* hậu quả

afternoon /ˌɑːftə'nuːn/ *n.* buổi chiều: **in the ~** về buổi chiều

afterward(s) /'ɑːftəwəd(z)/ *adv.* sau này, sau đó, rồi thì, về sau

again /ə'gen/ *adv.* lại, (lần) nữa: **It might happen ~.** Việc đó có thể xẩy ra lần nữa.; **~ and ~** nhiều lần

against /ə'genst/ *prep.* chống/ngược lại, phản đối, so với, đập/dựa vào

age /eɪdʒ/ **1** *n.* tuổi, tuổi già, tuổi tác **2** *n.* tuổi trưởng thành, thời đại, thời kỳ: **the Stone ~** thời kỳ đồ đá **3** *v.* già đi

aged /eɪdʒd/ *adj.* có tuổi, nhiều tuổi

agency /'eɪdʒənsɪ/ *n.* cơ quan, sở, hãng, xã, đại lý, chi cục

agenda /ə'eɪdʒəndə/ *n.* chương trình nghị sự, nghị trình

aggravate /'ægrəveɪt/ *v.* làm nặng thêm, làm cho thêm trầm trọng, chọc tức, làm bực mình

aggregate /'ægrɪgət / **1** *n.* khối tập hợp, tổng số **2** *adj.* tập hợp

aggressive /ə'gresɪv/ *adj.* xâm lược, xâm lăng, gây gổ; hổ đồ (nói)

aggrieved /ə'griːvd/ *adj.* làm cho buồn rầu, làm cho phiền não

aghast /ə'gɑːst/ *adj.* kinh ngạc, kinh hoàng, thất kinh

agile /'ædʒaɪl/ *adj.* nhanh nhẹn, lẹ làng, lanh lẹn

agility /ə'dʒɪlɪtɪ/ *n.* sự nhanh nhẹn, tính lẹ làng

aglow /ə'gləʊ/ *adj., adv.* cháy đỏ, đỏ rực, sáng ngời

ago /ə'gəʊ/ *adv.* về trước, cách đây, trước đây: **I met her a long time ~.** Tôi đã gặp cô ấy cách đây lâu rồi.

agonizing /'ægənaɪzɪŋ/ *adj.* làm đau đớn, hành hạ

agony /'ægənɪ/ *n.* sự đau đớn quần quại, cơn hấp hối: **~ aunt** bà cô đang đau đớn quần quại

agree /ə'griː/ *v.* bằng lòng, đồng ý, tán thành, hợp với: **Do you ~ with me on this matter?** Bạn đồng ý với về vấn đề nầy không?

agreeable /ə'griːəb(ə)l/ *adj.* được, vừa ý, dễ chịu, dễ thương

agreement /ə'griːmənt/ *n.* sự đồng ý/ thoả thuận, hiệp định: **Both parties have exchanged signed ~s.** Cả hai bên vừa trao đổi bản thoả thuận đã ký.

agricultural /ægrɪ'kʌltjʊərəl/ *adj.* thuộc nông nghiệp/canh nông

agriculture /'ægrɪˌkʌltʃə(r)/ *n.* nông nghiệp, canh nông, nông học

aha /ɑː'hɑː/ *intj.* Ha ha!

ahead /ə'hed/ **1** *adj.* hơn, vượt: **She is ~ of her class.** Cô ấy vượt lên trước lớp. **2** *adv.* ở phía trước: **to go straight ~** đi thẳng phía trước

aid /eɪd/ **1** *n.* sự giúp đỡ, sự cứu trợ/ viện trợ; người phụ tá: **All poor countries need foreign ~ to develop further.** Các nước nghèo cần có ngoại viện để phát triển. **2** *v.* giúp đỡ, cứu trợ, viện trợ

AIDS /eɪdz/ *n., abbr.* (= **Acquired Immune Deficiency Syndrome**) bệnh liệt kháng

aim /eɪm/ **1** *n.* đích, mục đích, mục tiêu, ý định **2** *v.* nhắm, nhằm, chĩa: **They ~ to save money every month.** Họ nhắm để dành tiền hàng tháng.

aimless /'eɪmlɪs/ *adj.* không có mục đích/chuẩn đích

air /eə(r)/ **1** *n.* không khí, không trung, không gian; vẻ, dáng (điệu) điệu hát, điệu nhạc **2** *v.* phơi (gió), hóng gió, làm thoáng, bộc lộ

air brake /eə(r) breɪk/ *n.* phanh/thắng hơi

air-conditioned *adj.* có máy lạnh, có máy điều hoà không khí (nóng và lạnh)

aircraft /'eəkrɑːft/ *n.* máy bay, phi cơ, phi thuyền; **~ carrier** tàu sân bay, hàng không mẫu hạm

airdrop /'eədrɒp/ **1** *n.* việc thả từ trên không **2** *v.* thả dù

airfield /'eəfiːld/ *n.* sân/trường bay, phi trường

airline /'eəlaɪn/ *n.* đường hàng không, hãng hàng không: **Vietnam ~** hãng hàng không Việt Nam

airmail /'eəmeɪl/ *n.* thư từ/bưu phẩm gửi bằng máy bay: **Please send these letters by ~.** Làm ơn gởi những thư nầy bằng máy bay.

airport /'eəpɔːt/ *n.* sân bay, phi trường (dân dụng): **We will go to the Tan Son Nhat ~ to see our friends off.** Chúng ta sẽ đi phi trường Tân Sơn Nhất tiễn bạn chúng ta.

airsickness /'eəsɪknəs/ *n.* chứng say gió trên máy bay

airtight /'eətaɪt/ *adj.* kín hơi/gió

airtime /'eətaɪm/ *n.* thời lượng phát thanh

airway /'eəweɪ/ *n.* đường hàng không, lỗ thông khí

airy /'eərɪ/ *adj.* thoáng khí, nhẹ nhàng thoải mái

aisle /aɪl/ *n.* gian/chái nhà, lối đi ở giữ phòng: **Would you like a seat by**

the ~ or by the window? Bạn thích chỗ ngồi cạnh lối đi hay cửa sổ?; **to walk someone down the ~** hướng dẫn ai vào ghế ngồi

ajar /ə'dʒɑ:(r)/ *adj.* [cửa] mở hé, khép hờ

aka /ˌeɪkeɪ'eɪ/ *n., abbr.* (= **also known as**) được biết là, còn gọi là

akin /ə'kɪn/ *adj.* có họ, thân thuộc, bà con, đồng tộc

alarm /ə'lɑ:m/ **1** *n.* sự/còi báo động, sự lo âu, sự cảnh báo: **~ clock** đồng hồ báo thức **2** *v.* làm lo sợ, báo cho biết trước

alas /ə'lɑ:s/ *intj.* Than ôi! Chao ôi! Ôi thôi!

albeit /ɔ:l'bi:ɪt/ *conj.* dẫu, (mặc) dù, dù cho là

album /'ælbəm/ *n.* an-bom, tập ảnh, tập đĩa nhạc: **That singer has released a new ~.** Ca sĩ đó vừa cho phát hành đĩa nhạc mới.

albumen /'æl'bju:mɪn/ *n.* lòng trắng trứng, đản bạch

alcohol /'ælkəhɒl/ *n.* rượu, cồn

alcoholic /ˌælkəʊ'hɒlɪk/ **1** *n.* người nghiện rượu **2** *adj.* có rượu

alert /ə'let/ **1** *n.* sự báo động (phòng không), sự cảnh giác/cảnh báo: **on the ~ for terrorists** sự cảnh báo về nạn khủng bố **2** *adj.* đề phòng, cảnh giác, tỉnh táo lanh lẹn

algebra /'æld͡ʒɪbrə/ *n.* đại số (học)

alias /'eɪliəs / *n.* tên hiệu, biệt hiệu, bí danh

alien /'eɪliən/ **1** *n.* ngoại kiều **2** *adj.* thuộc nước ngoài, xa lạ, khác biệt

alienate /'eɪliəneɪt/ *v.* làm cho xa lánh, ly gián, nhượng

alight /ə'laɪt/ *adj.* bùng cháy, sáng ngời

alight /ə'laɪt/ *v.* xuống [ngựa, xe] [chim] đậu xuống

align /ə'laɪn/ *v.* sắp thành cùng hàng, ăn khớp, liên kết

alignment /ə'laɪnmənt/ *n.* sự sắp thành hàng thẳng, sự liên kết

alike /ə'laɪk/ *adj., adv.* giống nhau, đều nhau: **They are dressed ~.** Họ ăn mặc giống nhau.

alimentary /ˌælɪ'mentəri/ *adj.* **~ canal** đường tiêu hoá

alive /ə'laɪv/ *adj.* còn sống, chưa chết, sinh động: **He is fortunate to be still ~ after such a serious accident.** Rất may là sau tai nạn hiểm nghèo, ông ta vẫn còn sống.

all /ɔ:l/ **1** *adj.* tất cả, hết thảy, toàn thể, toàn bộ, trọn, suốt; **~ day** cả/ suốt ngày **2** *adv.* tất cả, trọn vẹn, hoàn toàn: **above ~** trước/trên hết; **after ~** xét cho cùng; **in ~** tổng cộng; **not at ~** không đâu, không chút nào

allay /ə'leɪ/ *v.* làm giảm bớt, làm nguôi

allegation /ˌælɪ'geɪʃən/ *n.* sự khẳng định, luận điệu, lời cáo giác; sự vu cáo: **He strongly denies that ~.** Ông ta mạnh mẽ từ chối lời cáo giác đó.

allege /ə'ledʒ/ *v.* khẳng định, cho là, vin, viện, dẫn

allergy /'æ),lədʒɪ/ *n.* dị ứng, sự ác cảm: **Do you have an ~ to any medicine?** Bạn có dị ứng với loại thuốc nào không?

alleviate /ə'li:vɪeɪt/ *v.* làm nhẹ bớt, làm dịu, làm khuây: **The winnings from the lottery will help to ~ our current cashflow problem.** Trúng xổ số đã giúp làm nhẹ bớt khó khăn tiền mặt của chúng ta.

alley /'æli/ *n.* ngõ, hẻm lối đi; **blind ~** đường cụt

alliance /ə'laɪəns/ *n.* sự/khối đồng minh/liên minh

alligator /'ælɪgeɪtə(r)/ *n.* cá sấu

allocate /'æləkeɪt/ *v.* cấp cho, phân phối, phân phát, sắp xếp: **Tickets will be ~d to those who paid up.** Vé sẽ phân phối cho ai đã trả tiền rồi.

allot /ə'lɒt/ *v.* chia phần, phân phối, chuẩn chi

allotment /ə'lɒtmənt/ *n.* sự chia, phần được chia

allow /ə'laʊ/ *v.* cho phép, công nhận, thừa nhận: **No one is ~ed to do this task.** Không ai được phép làm việc nầy.

allowance /ə'laʊəns/ *n.* phụ cấp, tiền trợ cấp: **My father lives on old age pension ~.** Ba tôi sống nhờ tiền trợ cấp người già.

all right *adv., adj.* khoẻ mạnh, bình thường: **Are you ~?** Bạn bình thường không?

all-time *adj.* từ trước đến nay, luôn luôn: **The prices of houses are at an ~ high.** Giá nhà cao nhất từ trước đến nay.

allure /ə'l(j)ʊə(r)/ *v.* lôi cuốn, quyến rũ

ally /ə'laɪ/ **1** *n.* đồng minh, liên minh **2** *v.* liên kết/minh

almanac /'ɔːlmənæk/ *n.* sách lịch, niên lịch, niên giám

almighty /ɔːl'maɪtɪ/ *adj.* toàn năng, vạn năng

almost /'ɔːlməʊst/ *adv.* hầu/gần như, hầu hết: **They spent ~ all their money.** Họ đã tiêu hầu hết tiền của họ.

alms /ɑːmz/ *n.* của bố thí

alone /ə'ləʊn/ *adj., adv.* riêng, một mình, trơ trọi, cô độc: **My sister lives ~.** Chị tôi sống một mình.

along /ə'lɒŋ/ **1** *prep.* dọc theo **2** *adv.* theo chiều dài, về phía trước, tiến lên: **all ~** ngay từ đầu

aloof /ə'luːf/ *adj., adv.* tách rời, lánh xa, lãnh đạm

aloud /ə'laʊd/ *adv.* to, lớn tiếng, oang oang: **Please speak out ~.** Làm ơn nói lớn lên.

alphabet /'ælfəbɪt/ *n.* bảng chữ cái, bảng mẫu tự: **The Vietnamese ~ has 29 letters.** Bảng chữ cái tiếng Việt có 29 chữ.

alphabetical /ælfə'betɪkəl/ *adj.* (thứ tự) theo chữ cái/abc

alpine /'ælpaɪn/ *adj.* thuộc núi cao

already /ɔːl'redɪ/ *adv.* đã rồi: **I have ~ bought my lunch.** Tôi đã mua cơm trưa cho tôi rồi.

also /'ɔːlsəʊ/ *adv.* cũng, hơn nữa: **but ~ mà lại còn**

altar /'ɔːltə(r)/ *n.* bàn thờ

alter /'ɔːltə(r)/ *v.* thay đổi, sửa đổi, sửa (quần áo): **My coat needs to be ~ed.** Áo khoác của tôi cần phải sửa lại.

alteration /ɔːltə'reɪʃən/ *n.* thay đổi, sự sửa đổi

altercation /æltə'keɪʃən/ *n.* vụ cãi nhau, cuộc đấu khẩu

alternate 1 *adj.* /ɒl'tɜːnət/ xen kẽ, (thành viên) dự khuyết **2** *v.* /ɒl'tɜːnəɪt/ xen nhau, thay phiên, luân phiên

alternative /ɒl'tɜːnətɪv/ *n., adj.* sự lựa chọn; tạm thời, con đường tạm

although /ɔːl'ðəʊ/ *conj.* mặc dù, mặc dầu, dẫu cho, tuy là

altogether /ɔːltə'geðə(r)/ *adv.* hoàn toàn, nói chung, tất cả

alumna /ə'lʌmnə/ *n.* (*pl.* **alumnae**) cựu học sinh, cựu sinh viên nữ

alumnus /ə'lʌmnəs/ *n.* (*pl.* **alumni**) cựu học sinh, cựu sinh viên nam

always /'ɔːlweɪz / *adv.* bao giờ cũng, luôn luôn, mãi, hoài

Alzheimer's disease /'ælts͵haiməz dɪ'ziːz/ *n.* bệnh mất trí nhớ

am /æm/ xem **be: I ~ tired.** Tôi mệt.

a.m. /͵eɪ'em/ *n., abbr.* (= **ante meridiem**) sáng, trước ngọ: **I have an appointment at 10.00 ~.** Tôi có hẹn lúc 10 giờ sáng.

amalgamation /ə͵mælgə'meɪʃən/ *n.* sự hỗn hống, sự pha trộn, sự kết hợp

amass /ə'mæs/ *v.* thu nhặt, cóp nhặt, tích luỹ

amateur /æmə'tɜː(r)/ *n., adj.* tay tài tử, nghiệp dư

amateurish /æmə'tjʊərɪʃ/ *adj.* tài tử, nghiệp dư, không chuyên

amaze /ə'meɪz/ *v.* làm ngạc nhiên, sửng sốt

amazement /ə'meɪzmənt/ *n.* sự sửng sốt, kinh ngạc

ambassador /əm'bæsədə(r)/ *n.* đại sứ

ambience /'æmbɪənts/ *n.* môi trường, xung quanh

ambiguity /æmbɪ'gjuːɪtɪ/ *n.* sự không rõ nghĩa, sự mơ hồ/hàm hồ

ambiguous /æm'bɪgjuːəs/ *adj.* tối nghĩa, mơ hồ, hàm hồ: **We can't sign this ~ agreement.** Chúng ta không thể ký bản hợp đồng mơ hồ nầy được.

ambition /æm'bɪʃən/ *n.* hoài bão, tham vọng

ambitious /æm'bɪʃəs/ *adj.* có nhiều hoài bão, tham lam

amble /'æmb(ə)l/ *v.* đi nước kiệu, bước nhẹ nhàng

ambulance /'æmbjʊləns/ *n.* xe cứu thương: **You have to dial the number "000" for the ~.** Bạn gọi số 000 khi cần xe cứu thương.

ambush /'æmbʊʃ/ **1** *n.* cuộc/nơi phục kích/mai phục, phục binh **2** *v.* chặn đánh, phục kích, mai phục

amenable /ə'miːnəb(ə)l/ *adj.* phục tùng, biết nghe theo

amend /ə'mend/ *v.* sửa đổi, thay đổi, bổ sung, tu chỉnh

amendment /ə'mendmənt/ *n.* sự sửa đổi, tu chỉnh án

amends /ə'mendz/ *n.* sự/tiền bồi thường

amenity /ə'miːnɪtɪ/ *n.* tính hoà nhã, sự dễ chịu, sự tiện nghi

American /e'merɪkən/ *n., adj.* người Mỹ; thuộc nước Mỹ

amiable /'eɪmɪəb(ə)l/ *adj.* tử tế, nhã nhặn, hoà nhã

amicable /'æmɪkəb(ə)l/ *adj.* thân ái, thoả thuận, hoà giải

amid(st) /ə'mɪdst/ *prep.* ở giữa, giữa lúc

amiss /ə'mɪs/ *adj., adv.* sai, lầm, hỏng, bậy, xấu

amnesia /æm'niːzɪə/ *n.* chứng quên

amnesty /'æmnɪstɪ/ *n.* sự ân xá: **The government granted ~ to its prisoners of conscience.** Chính phủ ân xá những tù nhân lương tâm.

among(st) /ə'mʌŋst/ *prep.* giữa, ở giữa, trong số

amoral /ˌeɪmɒræl/ *adj.* vô luân lý

amount /ə'maʊnt/ *n.* số lượng, tổng số: **total ~ of money collected** tổng số tiền thu được

ample /'æmp(ə)l/ *adj.* rộng lụng thụng, dư dật

amplification /ˌæmplɪfɪ'keɪʃən/ *n.* sự

mở/tán rộng, sự khuyếch đại

amplify /'æmplɪfaɪ/ *v.* mở rộng, bàn/tán rộng, khuyếch đại

amputate /'æmpjuːteɪt/ *v.* cắt, cưa cụt

amputee /æmpjuː'tiː/ *n.* người cụt chân/tay

amuse /ə'mjuːz/ *v.* làm vui/thích, giải trí, tiêu khiển

amusement /ə'mjuːzmənt/ *n.* sự vui chơi, trò vui/giải trí: **an ~ center for children** trung tâm giải trí dành cho trẻ em

amusing /ə'mjuːzɪŋ/ *adj.* vui, buồn cười

an /ən/ xem **a**: **~ orange** một quả cam; **~ hour** một giờ

analogy /ə'nælədʒɪ/ *n.* sự tương tự, phép loại suy

analysis /ə'nælɪsɪs/ *n.* sự phân tích, phép phân tích

analyze /'ænəlaɪz/ *v.* phân tích, giải thích: **The manager has asked me to ~ this document.** Giám đốc vừa nhờ tôi phân tích tài liệu nầy.

anatomical /ə'nætəmɪkl/ *adj.* thuộc khoa giải phẫu

anatomy /ə'nætəmɪ/ *n.* khoa giải phẫu, thuật mổ xẻ

ancestor /'ænsɪstə(r)/ *n.* ông bà (ông vải), tổ tiên: **Almost all Vietnamese are into ~ worship.** Hầu hết người Việt đều thờ cúng tổ tiên.

ancestral /æn'sestrəl/ *adj.* thuộc tổ tiên, tổ truyền

ancestry /'ænsɪstrɪ/ *n.* tổ tiên, tổ tông, dòng họ, gốc gác

anchorman /'æŋkə(r)mæn/ *n.* người điều khiển chương trình phát thanh hay truyền hình

ancient /'eɪnʃənt/ *adj.* xưa, cổ già cả, tuổi tác, cũ kỹ

and /ænd/ *conj.* và, với, cùng: **one hundred ~ seventy** 170 một trăm bảy mươi; **You ~ I are employees of this company.** Anh và tôi là nhân viên của công ty nầy.; **~ so on** và vân vân

anecdote /'ænɪkdəʊt/ *n.* chuyện vặt, giai thoại

anesthesia /ænɪs'θɪːzɪə/ *n.* [*Br.* **anaesthesia**] sự gây tê/mê

anesthetic /ænɪs'θetɪk/ *n.* [*Br.* **anaesthetic**] thuốc tê/mê

anew /ə'njuː/ *adv.* lại, lại nữa, một lần nữa

angel /'eɪndʒəl/ *n.* thiên thần, thiên sứ

anger /'æŋgə(r)/ **1** *n.* cơn/mối giận, sự phẫn nộ **2** *v.* chọc tức

angle /'æŋg(ə)l/ *n.* góc xó, khía cạnh, góc độ

angry /'æŋgrɪ/ *adj.* cáu, giận, tức giận

anguish /'æŋgwɪʃ/ *n.* nỗi đau đớn/ thống khổ/khổ não

animal /'ænɪməl/ **1** *n.* động vật, thú vật, con vật **2** *adj.* thuộc động vật, thuộc xác thịt, thuộc nhục thể

animate /'ænɪmət/ **1** *adj.* sống, có tri giác **2** *v.* làm sinh động

animation /ænɪ'meɪʃən/ *n.* thuyết vật linh, tục bái vật

animosity /ænɪ'mɒsɪtɪ/ *n.* sự thù oán, tình trạng thù địch

ankle /'æŋk(ə)l/ *n.* mắt cá chân

annals /'ænəlz/ *n.* sử biên niên, niên biểu tập san

annex /ə'neks/ **1** *n.* phần thêm, nhà phụ **2** *v.* sáp nhập

annexation /ænɪk'seɪʃən/ *n.* sự phụ thêm, sự sáp nhập/thôn tính

anniversary /ænɪ'vɜːsərɪ/ *n.* ngày kỷ niệm, kỷ niệm ngày cưới

annotate /'ænəteɪt/ *v.* chú thích/chú giải

annotation /ænəʊ'teɪʃən/ *n.* lời chú thích/chú giải

announce /ə'naʊns/ **1** *v.* báo, loan báo, thông tri, công bố, tuyên bố **2** *v.* xướng ngôn, đọc tin tức: **to ~ distinguished guests** đọc danh sách quan khách đặc biệt

announcement /ə'naʊnsmənt/ *n.* lời rao, cáo thị, lời công bố

announcer /ə'naʊnsə(r)/ *n.* người đưa tin, xướng ngôn viên: **They are looking for TV ~s who can speak both English and Vietnamese fluently.** Họ đang tìm kiếm xướng ngôn viên truyền hình có thể nói thông thạo Anh Việt.

annoy /ə'nɔɪ/ *v.* làm phiền, làm bực mình, làm khó chịu: **Does she ~ you?** Cô ta có làm phiền bạn không?

annoyance /ə'nɔɪəns/ *n.* điều bực mình, điều khó chịu

annual /'ænjʊəl/ *adj.* hàng năm, từng năm, năm một

annuity /ə'njuːɪtɪ/ *n.* tiền góp/trả hằng năm, lương hưu

annul /ə'nʌl/ *v.* bãi/huỷ bỏ, thủ tiêu

anonymous /ə'nɒnɪməs/ *adj.* giấu tên, vô danh, nặc dan danh: **That is an ~ letter.** Đó là một lá thư nặc danh.

another /ə'nʌðə(r)/ **1** *adj.* khác nữa, thêm: **Give me ~ piece of cake.** Cho tôi một miếng bánh khác. **2** *pron.* cái khác/kia, người khác/ kia: **If you don't like this, please try ~ one.** Nếu bạn không thích cái nầy thì hãy thử cái khác.

answer /'ɑːnsə(r)/ **1** *n.* câu/thư trả lời phép/lời giải **2** *v.* trả lời, đáp lại, thưa, xứng với: **to ~ a person or a question** trả lời một người nào hay một câu hỏi

answerable /'ɑːnsərəb(ə)l/ *adj.* có thể trả lời được; chịu trách nhiệm

ant /ænt/ *n.* con kiến: **red ~** kiến lửa

antagonistic /æn,tægə'nɪstɪk/ *adj.* trái ngược, nghịch, đối kháng

antagonize /æn,tægə'naɪz/ *v.* phản đối, gây thù hằn

Antarctic /æn'tɑːktɪk/ *n., adj.* (thuộc) nam cực, ở về phía nam cực

antenna /æn'tenə/ *n.* dây trời, ăng ten; râu [sâu bọ]

anterior /æn'tɪərɪə(r)/ *adj.* ở/đằng/phía trước

anthem /'ænθɪm/ *n.* bài ca: **national ~** quốc ca/thiều

anthropology /ænθrəʊ'pɒlədʒɪ/ *n.* nhân chủng học

anti-aircraft /,æntɪ'eəkrɑːft/ *adj.* chống máy bay, phòng không: **~ gun** súng cao xạ; **~ shelter** hầm trú ẩn máy bay

antibiotic /,æntɪbaɪ'ɒtɪk/ *n.* thuốc kháng sinh/trụ sinh

antic /'æntɪk/ *n.* trò hề/cười

anticipate /æn'tɪsɪpeɪt/ *v.* đoán/thấy trước, liệu/chặn trước mong đợi, chờ đợi

anticipation /æn͵tɪsɪ'peɪʃən/ *n.* sự liệu/thấy trước: **I would like to thank you in ~.** Tôi xin cảm ơn bạn trước.

anti-colonial *adj.* chống thực dân

antidote /'æntɪdəʊt/ *n.* thuốc giải độc

antifreeze /'æntɪfriːz/ *n.* hoá chất chống đông

antipathy /æn'tɪpəθi/ *n.* ác cảm

antiquated /'æntɪkweɪtɪd/ *adj.* cổ, cổ xưa, không hợp thời

antique /æn'tiːk/ **1** *n.* đồ cổ: **Old furniture and coins are some of the ~s much sought after in the West.** Bàn ghế và tiền cũ là những đồ cổ được tìm thấy nhiều ở Tây phương. **2** *adj.* theo lối/kiểu cổ: ~ **collector** người sưu tầm đồ cổ

antiquity /æn'tɪkwɪti/ *n.* (*pl.* **antiquities**) đời xưa, đồ cổ

antiseptic /͵æntɪ'septɪk/ *n., adj.* khử trùng

antler /'æntlə(r)/ *n.* sừng/gạc [hươu, nai]

antonym /'æntənɪm/ *n.* từ trái/phản nghĩa: **The ~ of "black" is "white."** Từ phản nghĩa của đen là trắng.

anxiety /æŋ'zaɪəti/ *n.* sự lo lắng, mối lo âu

anxious /'æŋkʃəs/ *adj.* lo lắng, lo âu, áy náy, băn khoăn

any /'eni/ **1** *adj.* một (người/vật) nào đó: **Do you see ~ kites?** Anh có trông thấy cái diều nào không?; ~ **time** bất luận lúc nào; ~ **person** bất cứ ai **2** *pron.* người/vật nào, bất cứ ai: **Do ~ of them know?** Bọn họ có ai biết không? **3** *adv.* dù sao chăng nữa, bằng bất cứ cách gì: **Throw that eraser away, it isn't ~ good.** Vứt cái tẩy ấy đi, không dùng được.

anyone /'eniwʌn/ *pron.* người nào, bất cứ ai: **Anyone can do this job.** Bất cứ ai cũng có thể làm việc nầy.

anything /'eniθɪŋ/ *pron.* vật/việc gì,

bất cứ vật/việc gì: **You can do ~ you like.** Bạn có thể làm bất cứ việc gì bạn thích.

anyway /'eniweɪ/ *adv.* dù sao chăng nữa

anywhere /'eniweə(r)/ *adv.* bất cứ ở đâu, bất luận chỗ nào: **He is fine with meeting me ~.** Ông ấy gặp tôi rất tốt, bất cứ ở đâu.

apart /ə'pɑːt/ *adv.* riêng ra, xa ra: ~ **from** ra ngoài (ra); **to take ~** tháo tung ra

apartheid /ə'pɑːtheɪt/ *n.* chính sách tách biệt chủng tộc

apartment /ə'pɑːtmənt/ *n.* [*Br.* **flat**] căn phòng/buồng/hộ [ở cao ốc]: **These young couples like to live in ~s near their offices.** Những cặp vợ chồng trẻ thích sống trong các căn hộ gần sở làm của họ.

apathetic /͵æpə'θetɪk/ *adj.* lãnh đạm, hờ hững, thờ ơ

ape /eɪp/ **1** *n.* khỉ không đuôi, khỉ hình người **2** *v.* nhại, bắt chước, mô phỏng

apex /'eɪpeks/ *n.* đỉnh, ngọn, chỏm

apologetic /ə͵pɒlə'dʒetɪk/ *adj.* biết lỗi, xin lỗi, chữa lỗi

apologize /ə'pɒlədʒaɪz/ *v.* xin lỗi, tạ lỗi: **I ~ for being late.** Tôi xin lỗi đã đến trễ.

apology /ə'pɒlədʒi/ *n.* sự xin lỗi, lời biện giải: **He sent a short SMS message of ~ to his girl friend.** Anh ấy đã gởi SMS xin lỗi bạn gái của anh ta rồi.

apostle /ə'pɒs(ə)l/ *n.* tông đồ, người đề xướng

appall /ə'pɔːl/ *v.* làm kinh sợ, làm thất kinh

apparatus /͵æpə'reɪtəs/ *n.* bộ máy, dụng cụ, đồ dùng

apparel /ə'pærəl/ *n.* quần áo, y phục

apparent /ə'peərənt/ *adj.* rõ ràng, rõ rành rành, hiển nhiên

appeal /ə'piːl/ **1** *n.* lời kêu gọi, lời hịch, sự cầu khẩn, sự chống án, sự kháng án: **They ~ to a higher court.** Sự chống án lên tòa án tối cao.

2 *v.* kêu gọi, chống án, lôi cuốn, hấp dẫn: **to ~ for religious freedom** kêu gọi tự do tôn giáo

appear /ə'pɪə(r)/ *v.* hiện ra, xuất hiện, ra mắt, trình diện, được xuất bản, dường như, có vẻ...

appearance /ə'pɪərəns/ **1** *n.* sự xuất hiện: **Your first ~ was successful.** Sự xuất hiện lần đầu tiên của bạn đã rất thành công. **2** *n.* bề ngoài, dáng điệu, phong thái: **to keep up ~s** giữ phong thái

appease /ə'piːz/ *v.* làm nguôi/khuây, nhân nhượng

append /ə'pend/ *v.* gắn vào, viết thêm vào

appendicitis /ə,pendɪ'saɪtɪs/ *n.* bệnh viêm ruột thừa

appendix /ə'pendɪks/ *n.* (*pl.* **appendices**) phụ lục, ruột thừa/dư

appetite /'æpɪtaɪt/ *n.* sự ngon miệng, sự thèm ăn

appetizer /'æpɪtaɪzə(r)/ *n.* món ăn khai vị, món ăn chơi

appetizing /'æpɪtaɪzɪŋ/ *adj.* ngon (miệng), ngon lành

applaud /ə'plɔːd/ *v.* vỗ tay khen ngợi: **Please join me and ~ her for her performance.** Hãy vui lòng cùng tôi vỗ tay khen ngợi sự trình diễn của cô ta.

applause /ə'plɔːz/ *n.* tiếng vỗ tay, tràng pháo tay

apple /'æp(ə)l/ *n.* quả táo

appliance /ə'plaɪəns/ *n.* dụng cụ, đồ thiết bị, máy móc: **kitchen ~** dụng cụ nhà bếp

applicable /'æplɪkəb(ə)l/ *adj.* có thể áp dụng/ứng dụng được

application /æplɪ'keɪʃən/ *n.* sự gắn/đắp vào, sự áp dụng; đơn xin: **~ form** mẫu đơn

applied /ə'plaɪd/ *adj.* ứng dụng, được áp dụng

apply /ə'plaɪ/ *v.* gắn/đắp/áp vào dùng, áp dụng, ứng dụng, nộp đơn xin, thỉnh cầu: **to ~ for a job** nộp đơn xin việc

appoint /ə'pɔɪnt/ *v.* cử, bổ, bổ nhiệm, chỉ định, chọn, định [ngày giờ]

appointment /ə'pɔɪntmənt/ *n.* việc bổ nhiệm, sự hẹn gặp: **to make an ~ with someone** hẹn gặp ai

appraisal /ə'preɪzəl/ *n.* sự đánh giá/ khen ngợi

appraise /ə'preɪz/ *v.* đánh giá, định giá, khen ngợi

appreciate /ə'priːʃɪeɪt/ *v.* hiểu rõ giá trị, thấy rõ, biết thưởng thức, cảm kích: **I ~ very much your help.** Tôi rất cảm kích sự giúp đỡ của bạn.

appreciation /əpriːʃɪ'eɪʃən/ *n.* sự biết thưởng thức, sự cảm kích

apprehend /æprɪ'hend/ *v.* bắt, tóm được;e sợ

apprehensive /æprɪ'hensɪv/ *adj.* sợ, e sợ, e ngại

apprentice /ə'prentɪs/ *n.* người học việc/học nghề

apprenticeship /ə'prentɪsʃɪp/ *n.* thời gian học việc/nghề

approach /ə'prəʊtʃ/ **1** *n.* lối vào, đường đi đến: **There is a new ~ to teaching and learning.** Có một lối học/dạy mới. **2** *v.* đến/tới/lại gần: **We are ~ing the city.** Chúng ta đang tiến gần đến thành phố.

appropriate /ə'prəʊprɪət/ *adj.* thích đáng/hợp: **It is ~ to apologize to them after the misunderstanding.** Đáng nói lời xin lỗi họ sau khi có sự hiểu lầm.

approval /ə'pruːvəl/ *n.* sự tán thành/ chấp thuận/phê chuẩn: **This plan is waiting for your ~.** Kế hoạch đang chờ bạn phê chuẩn.

approve /ə'pruːv/ *v.* tán thành, đồng ý, chấp thuận, chuẩn y

approximate /ə'prɒksɪmət/ **1** *adj.* gần đúng, xấp xỉ: **The ~ value of the house is 10,000 dollars.** Giá trị ngôi nhà xấp xỉ 10 ngàn đô la. **2** *v.* /ə'prɒksɪmeɪt/ gần đúng, gần giống

approximately /ə'prɒksɪmətlɪ/ *adv.* vào khoảng, chừng độ: **His salary is ~ two thousand a month.** Lương của ông ấy gần hai ngàn một tháng.

apricot /'eɪprɪkɒt/ *n.* quả mơ, quả mận

April /'eɪprɪl/ *n.* tháng tư

apt /æpt/ *adj.* thích hợp, đúng, dễ hay

aptitude /'æptɪtjuːd/ *n.* năng khiếu, tài năng, khả năng

aquarium /ə'kweərɪəm/ *n.* bể nuôi cá, chậu cá vàng

aquatic /ə'kwætɪk/ *adj.* sống/mọc ở dưới nước

Arab /'ærəb/ *n.* người Ả-rập

Arabic /'ærəbɪk/ **1** *n.* tiếng Ả-rập **2** *adj.* [chữ số] Ả-rập

arable /'ærəb(ə)l/ *adj.* [đất] trồng trọt được

arbitrary /'ɑːbɪtrərɪ/ *adj.* độc đoán, chuyên đoán

arbitrate /'ɑːbɪtreɪt/ *v.* làm trọng tài, phân xử

arc /ɑːk/ *n.* hình cung, cung hồ quang, cung lửa

arcade /ɑː'keɪd/ *n.* dãy/những cửa hàng trong toà nhà

arch /ɑːtʃ/ **1** *n.* cửa tò vò, vòm nhịp cuốn **2** *v.* cong lên

archaic /ɑː'keɪɪk/ *adj.* cổ xưa, cổ đại, cổ phong

archbishop /'ɑːtʃ'bɪʃəp/ *n.* tổng giám mục

architect /'ɑːkɪtekt/ *n.* kiến trúc sư: **office of ~s** văn phòng kiến trúc sư

architectural /ɑːkɪ'tektjʊərəl/ *adj.* thuộc kiến trúc/xây dựng: **~ design** bản vẽ của kiến trúc sư

architecture /'ɑːkɪtektjʊə(r)/ *n.* khoa/ thuật kiến trúc, kiểu xây cất

archives /'ɑːkaɪvz/ *n.* văn thư lưu trữ, văn khố: **There are a lot of ~ on Vietnamese topics at Texas University.** Có văn khố Việt Nam cho nghiên cứu về đề tài người Việt ở viện đại học Texas.

Arctic /'ɑːktɪk/ *n., adj.* (thuộc) bắc cực, ở về phía bắc

ardent /'ɑːdənt/ *adj.* nồng nàn, nồng nhiệt, hăng hái, sôi nổi, có nhiệt tâm, đầy nhiệt tình

ardor /'ɑːdə(r)/ *n.* sự hăng hái, nhiệt tình, nhiệt tâm

arduous /'ɑːdjuːəs/ *adj.* khó khăn, gây go, cam go, gian khổ

are /ɑːreː/ xem động từ **to be**

area /'eərɪə/ *n.* bề mặt, diện tích, vùng, khu vực: **Most Vietnamese live in rural ~s.** Phần lớn người Việt sống ở miền quê.

arena /ə'riːnə/ *n.* trường đấu (lộ thiên), vũ đài

aren't /'ɑːnt/ *abbr.* (= **are not**)

argue /'ɑːgjuː/ *v.* cãi, tranh luận, biện luận, thuyết phục: **Don't ~ with me.** Đừng có cãi lại tôi.

argument /'ɑːgjuːmənt/ *n.* sự cãi nhau, sự tranh luận lý lẽ, luận điểm, luận cứ

arid /'ærɪd/ *adj.* khô cằn, khô khan, khô vị

arise /ə'raɪz/ *v.* [**arose**; **arisen**] xuất hiện, nảy sinh, phát sinh

aristocrat /'æ rɪstəkræt/ *n.* người quí tộc, tay quí phái

aristocratic /ˌærɪstəʊ'krætɪk/ *adj.* thuộc dòng dõi quí tộc

arithmetic /ə'rɪθmətɪk/ *n.* số học

arm /ɑːm/ **1** *n.* cánh tay, tay áo, nhánh sông, tay ghế: **His ~ was broken.** Cánh tay anh ấy bị gảy. **2** *n.* khí giới, vũ khí, binh khí **3** *n.* binh chủng, phù hiệu, huy hiệu: **the coat of ~s of a military academy** huy hiệu trường đại học quân sự **4** *v.* vũ trang, trang bị: **to ~ for attack** trang bị vũ khí để tấn công

armament /'ɑːməmənt/ *n.* sự vũ trang, vũ khí, quân trang

armchair /'ɑːmtʃeə(r)/ *n.* ghế bành

armed /ɑːmd/ *adj.* được vũ trang

armistice /'ɑːmɪstɪs/ *n.* sự đình chiến/ hưu chiến

armor /'ɑːmə(r)/ *n.* áo giáp, xe bọc sắt, thiết giáp

armpit /'ɑːmpɪt/ *n.* nách

army /'ɑːmɪ/ *n.* quân đội, đám đông, đoàn, đội ngũ lục quân

aroma /ə'rəʊmə/ *n.* mùi/hương thơm, hương vị

aromatic /ˌærəʊˈmætɪk/ *adj.* thơm

arose /əˈrəʊz/ quá khứ của arise

around /əˈraʊnd/ **1** *prep.* xung quanh, vòng quanh khắp, đó đây, khoảng chừng, vào khoảng, độ **2** *adv.* xung quanh đó đây, khắp nơi quanh quất, quanh quẩn, loanh quanh

arouse /əˈraʊz/ *v.* gợi, khuấy động, phát động

arraign /əˈreɪn/ *v.* buộc tội, tố cáo

arrange /əˈreɪndʒ/ *v.* sắp đặt/xếp, sửa soạn, thu xếp, dàn xếp, hoà giải, soạn lại, cải biên

arrangement /əˈreɪndʒmənt/ *n.* sự sắp đặt, sự thu xếp, sự dàn xếp, việc soạn lại, việc cải biên

arrears /əˈrɪə(r)z/ *n.* tiền còn thiếu/ khất, việc còn dở

arrest /əˈrest/ **1** *n.* sự bắt giữ: **under ~** bị bắt **2** *v.* bắt giữ chặn lại, ngăn chặn, làm ngừng lại

arrival /əˈraɪvəl/ *n.* sự đến/tới nơi; người/vật mới đến: **They are new ~s to this country.** Họ là những người mới đến xứ sở nầy.

arrive /əˈraɪv/ *v.* đến/tới nơi, xảy đến/ ra, đi đến/tới, đạt tới, thành đạt

arrogant /ˈærəgənt/ *adj.* kiêu ngạo, kiêu căng, ngạo mạn

arrow /ˈærəʊ/ *n.* mũi tên

art /ɑːt/ *n.* nghệ thuật, mỹ thuật, tài khéo, thuật: **~ gallery** viện bảo tàng mỹ thuật

artery /ˈɑːtəri/ *n.* động mạch, con đường chính/lớn

artful /ˈɑːtfʊl/ *adj.* tinh ranh, tinh ma, xảo quyệt

arthritis /ɑːˈθraɪtɪs/ *n.* viêm khớp

article /ˈɑːtɪk(ə)l/ **1** *n.* thức, đồ, vật phẩm, hàng: **They bought many ~s.** Họ mua nhiều thứ quá. **2** *n.* mục, khoản bài báo: **You should read this ~.** Bạn nên đọc bài báo nầy. **3** *grammar* mạo từ: "a," "an" and "the" are ~s. Chữ a, an và the là mạo từ.

articulate /ɑːˈtɪkjʊlət/ **1** *adj.* rõ ràng **2** *v.* phát âm rõ ràng

artificial /ˌɑːtɪˈfɪʃəl/ *adj.* nhân tạo, giả (tạo)

artist /ˈɑːtɪst/ *n.* nghệ sĩ, hoạ sĩ

artiste /ɑːˈtiːst/ *n.* nghệ sĩ sân khấu, diễn viên sân khấu

arts /ˈɑːts/ *n.* nghệ thuật, sinh hoạt văn nghệ; văn khoa, khoa học nhân văn

as /æs/ **1** *adv.* như, với tư cách là, cũng bằng: **as well ~ usual** mạnh khoẻ như thường; **~ an old friend** với tư cách là một người bạn cố tri; **~ rich ~ his uncle** cũng giàu bằng ông chú **2** *conj.* bởi vì (trong) khi tuy rằng: **~ it was late** vì lúc ấy đã khuya; **~ we cross the bridge** khi chúng ta qua cầu **3** *pron.* người/ cái/điều mà: **such men ~ were leading the country** những vị lãnh đạo trong nước hồi đó

asap /ˌeɪ es eɪˈpiː/ *adv., abbr.* (= **as soon as possible**) càng sớm càng tốt

ascend /əˈsend/ *v.* lên, trèo lên thang, dốc lên cao

ascendant /əˈsendənt/ *adj.* đang lên, có ưu thế

ascertain /ˌæsəˈteɪn/ *v.* biết chắc, xác định, xác minh

ascribe /əˈskraɪb/ *v.* đổ tại, gán cho, quy cho

aseptic /ˌeɪˈseptɪk/ *adj.* đã khử trùng, vô vi khuẩn

ash /æʃ/ *n.* tro tàn, tro hoả táng, di cốt: **~ tray** cái gạt tàn thuốc lá

ashamed /əˈʃeɪmd/ *adj.* xấu hổ, hổ thẹn, ngượng

ashen /ˈæʃən/ *adj.* tái mét, màu xám: **~ face** mặt tái mét

ashore /əˈʃɔː(r)/ *adv.* trên/vào bờ: **to go ~** đi lên bờ

Asian /ˈeɪʃ(ɪ)ən/ *n., adj.* (người) châu Á, thuộc Á châu: **Asian groceries are stocked in this convenience store.** Thực phẩm Á châu có trong tiệm nầy.

aside /əˈsaɪd/ **1** *n.* lời nói riêng **2** *adv.* sang/về một bên

ask /ɑːsk/ *v.* hỏi, xin, yêu cầu, thỉnh cầu, mời, đòi: **May I ~ you a ques-**

tion? Cho tôi hỏi bạn một câu được không?

askew /ə'skju:/ *adj.* nghiêng, xiên, lệch: **to look ~ at somebody** liếc nhìn ai

asleep /ə'sli:p/ *adj., adv.* đang ngủ: **to fall ~** ngủ thiếp đi; **fast ~** ngủ say liền

aspect /'æspekt/ *n.* vẻ, diện mạo, khía cạnh, lãnh vực

asphyxiation /æs,fiksɪ'eɪʃən/ *n.* sự ngạt thở

aspiration /æspɪ'reɪʃən/ *n.* khát vọng, nguyện vọng, chí hướng, sự thở vào, sự bật hơi

aspire /ə'spaɪə(r)/ *v.* khao khát, thiết tha, mong mỏi

aspirin /'æspɪrɪn/ *n.* at-pi-rin, thuốc giảm đau/trị cảm cúm

ass /æs/ *n.* con lừa, người ngu, thằng đần

ass /æs/ *n.* [*vulgar* tục] đít, lỗ đít

assail /ə'seɪl/ *v.* tấn công, (hỏi, chửi) túi bụi/dồn dập

assailant /ə'seɪlənt/ *n.* kẻ tấn công, kẻ hành hung

assassinate /ə'sæsɪneɪt/ *v.* ám sát

assassination /ə,sæsɪ'neɪʃən/ *n.* vụ ám sát

assault /ə'sɔːlt/ **1** *n.* trận tấn công, sự công kích **2** *v.* tấn công, đột kích hành hung

assemble /ə'semb(ə)l/ *v.* tập hợp, tụ tập, nhóm họp, lắp ráp

assembly /ə'semblɪ/ *n.* hội đồng, hội nghị, quốc hội, sự lắp ráp

assent /ə'sent/ *n., v.* (sự) đồng ý/tán thành/ưng thuận

assert /ə'sɜːt/ *v.* xác nhận, khẳng định, đòi (quyền lợi)

assertive /ə'sɜːtɪv/ *adj.* khẳng định, quả quyết: **an ~ attitude** thái độ quả quyết

assess /ə'ses/ *v.* đánh giá, định giá, thẩm lượng, đánh thuế (theo định mức): **to ~ someone's ability for a course** đánh giá khả năng của ai để được tham dự khóa học

assessment /ə'sesmənt/ *n.* sự đánh giá, sự đánh thuế, thi cử

asset /'æsɪt/ *n.* người/vật quý, của cải, tài nguyên sở hữu: **The bank considers your ~s before deciding to give you a loan or not.** Ngân hàng xem xét tài nguyên sở hữu của bạn trước khi quyết định cho bạn mượn tiền hay không.

assiduous /ə'sɪdjuːəs/ *adj.* siêng năng, chuyên cần

assign /ə'saɪn/ *v.* cắt đặt, phân công, chia phần ra, làm bài: **All students are ~ed projects for the semester.** Tất cả học sinh được phân công làm bài dự án của học kỳ.

assignment /ə'saɪnmənt/ *n.* nhiệm vụ được giao phó, bài học/làm

assimilate /ə'sɪmɪleɪt/ *v.* đồng hóa, tiêu hoá

assimilation /ə,sɪmɪ'leɪʃən/ *n.* sự đồng hoá, sự tiêu hoá

assist /ə'sɪst/ *v.* giúp, giúp đỡ, đỡ đần

assistance /ə'sɪstəns/ *n.* sự giúp đỡ, (sự) viện trợ: **Thank you very much for your ~.** Cảm ơn sự giúp đỡ của bạn rất nhiều.

associate /ə'səʊʃɪət/ **1** *n.* đồng sự, đồng liêu, đồng minh **2** *adj.* phó, phụ trợ: **an ~ director** phó giám đốc **3** *v.* kết giao, kết bạn, giao thiệp: **He only ~s with wealthy people.** Ông ta chỉ giao thiệp với giới giàu sang thôi.

association /ə,səʊʃɪə'eɪʃən/ *n.* sự liên tưởng, hội, hiệp hội, hội liên hiệp

assorted /ə'sɔːtɪd/ *adj.* hợp nhau, phối hợp (nhiều thứ)

assortment /ə'sɔːtmənt/ *n.* tập hợp gồm nhiều thứ

assuage /ə'sweɪdʒ/ *v.* làm dịu bớt, làm khuây khoả

assume /ə'sjuːm/ *v.* cứ cho rằng (là đúng), thừa nhận, nắm lấy, nhận lấy, chiếm lấy, làm ra vẻ

assurance /ə'ʃʊərəns/ *n.* sự cam đoan/đảm bảo/quả quyết, việc bảo hiểm; điều chắc chắn, điều tin chắc: **Most products carry ~ of quality warrants.** Tất cả các sản phẩm đều có bảo đảm chất lượng.

assure /ə'ʃʊə(r)/ v. cam đoan, quả quyết, đảm bảo

asterisk /'æstərɪsk/ n. dấu sao, dấu hoa thị

asthma /'æsmə/ n. bệnh hen/suyễn, bệnh nghẹt thở

astigmatism /ə'stɪgmətɪzəm/ n. chứng/ bệnh loạn thị

astonish /ə'stɒnɪʃ/ v. làm ngạc nhiên

astonishment /ə'stɒnɪʃmənt/ n. sự ngạc nhiên

astound /ə'staʊnd/ v. làm sửng sốt/ kinh ngạc

astray /ə'streɪ/ adv. lạc đường/lối, lầm lạc

astringent /ə'strɪndʒənt/ adj. chặt chẽ, nghiêm khắc; hạn chế: **~ comments** những lời phê bình nghiêm khắc

astronaut /'æstrəʊnɔːt/ n. nhà du hành vũ trụ

astute /ə'stjuːt/ adj. láu, tinh ranh, tinh khôn, sắc sảo

asylum /ə'saɪləm/ n. viện cứu tế, nhà thương điên, viện dưỡng trí, nơi ẩn náu, cảnh tị nạn

at /æt/ prep. ở, tại vào lúc/hồi đang, đang lúc (nhằm) vào, về phía... lúc/ khi,về theo: **~ Nha Trang** ở Nha Trang; **~ school** ở trường học; **~ noon** lúc 12 g trưa; **~ work** đang làm việc; **~ war** đang có chiến tranh; **to look ~** nhìn vào; **surprised ~** lấy làm lạ về; **~ her request** thể theo lời yêu cầu của bà ấy; **~ first** lúc đầu; **~ last** sau cùng, mãi về sau; **~ least** ít nhất; **~ once** ngay lập tức

ate /'eɪtiː/ quá khứ của **eat**

athlete /'æθliːt/ n. vận động viên, lực sĩ: **The whole nation supported its ~s at the Olympic games.** Cả nước ủng hộ vận động viên ở thế vận hội.

athletics /æθ'letɪks/ n. điền kinh, thể thao

Atlantic /æt'læntɪk/ n., adj. (thuộc) Đại Tây Dương

atlas /'ætləs/ n. tập bản đồ

ATM /ˌeɪtiːˈem/ n., abbr. (= **Automated Teller Machine**) máy rút tiền tự động: **You can withdraw money from an ~.** Bạn có thể rút tiền ở máy ATM.

atmosphere /'ætməsfɪə(r)/ n. không khí, khí quyển at-mốt-fe

atom /'ætəm/ n. nguyên tử, mảnh nhỏ

atone /ə'təʊn/ v. chuộc, đền [tội, lỗi]

atonement /ə'təʊnmənt/ n. sự chuộc lỗi, sự đền tội

atrocious /ə'trəʊʃəs/ adj. tàn ác, tàn bạo, hung bạo

atrocity /ə'trɒsɪtɪ/ n. hành động tàn ác/tàn nhẫn

attach /ə'tætʃ/ v. dán, gắn, trói, buộc, gắn bó, kèm theo

attaché /ə'tæʃeɪ/ n. tùy viên sứ quán

attachment /ə'tætʃmənt/ n. lòng quyến luyến, tài liệu đính kèm: **Please find my application as an ~.** Xin vui lòng xem đơn của tôi theo tài liệu đính kèm.

attack /ə'tæk/ **1** n. sự tấn công/công kích: **heart ~** cơn đau tim **2** v. tấn công, tập kích, công kích, ăn mòn, bắt tay vào, lao vào

attain /ə'teɪn/ v. đến, tới, đạt tới

attainment /ə'teɪnmənt/ n. sự đạt được kết quả, thực hiện được, tri thức trau giồi được

attempt /ə'temt/ **1** n. sự cố gắng, sự mưu hại **2** v. cố gắng, thử, toan mưu hại, xâm phạm

attend /ə'tend/ v. dự, chăm sóc, kèm theo, chăm lo

attendance /ə'tendəns/ n. việc tham dự, số người dự, sự chăm sóc

attention /ə'tenʃən/ n. sự chú ý; **Attention! Nghiêm!**

attentive /ə'tentɪv/ adj. chăm chú, chú ý, lưu tâm, ân cần

attest /ə'test/ v. chứng nhận, chứng thực, làm chứng

attic /'ætɪk/ n. gác xép dưới mái nhà

attire /ə'taɪə(r)/ **1** n. quần áo, y phục **2** v. mặc quần áo

attitude /'ætɪtjuːd/ *n.* thái độ, dáng, tư thế: **She has shown a good ~ in her work.** Bà ta vừa chứng tỏ thái độ tốt trong công việc.

attorney /ə'tɜːnɪ/ *n.* luật sư, người đại diện

attract /ə'trækt/ *v.* thu hút, hấp dẫn, lôi cuốn

attractive /ə'træktɪv/ *adj.* thu hút, hấp dẫn, quyến rũ: **That is an ~ investment.** Đó là việc đầu tư rất hấp dẫn.

attribute /ə'trɪbjuːt/ **1** *n.* thuộc tính thuộc ngữ, định ngữ **2** *v.* quy cho, cho là

attuned /ə'tjuːn/ *adj.* làm cho hoà hợp, làm cho hài hoà; lên dây đàn

atypical /ˌeɪ'tɪpɪkəl/ *adj.* không đúng kiểu, không điển hình

auburn /'ɔːbɜːn/ *adj.* [tóc] màu nâu vàng

auction /'ɔːkʃən/ **1** *n.* cuộc bán đấu giá **2** *v.* bán đấu giá

audacious /ɔː'deɪʃəs/ *adj.* gan, táo bạo, đại đởm, liều lĩnh, trơ tráo, mặt dạn mày dày, cả gan

audacity /ɔː'dæsɪtɪ/ *n.* sự táo bạo, sự liều lĩnh/trơ tráo

audible /'ɔːdɪb(ə)l/ *adj.* nghe thấy được, nghe rõ

audience /'ɔːdɪəns/ *n.* thính giả, khán giả, việc yết kiến/tiếp kiến, hội kiến

audio /'ɔːdɪəʊ/ *adj.* thuộc về âm thanh: **~-visual** thính thị, nghe và nhìn

audit /'ɔːdɪt/ **1** *n.* sự kiểm tra **2** *v.* kiểm tra [sổ sách] kế toán, bàng thính [lớp học]

auditorium /ɔːdɪ'tɔːrɪəm/ *n.* giảng đường, thính đường, lễ đường

augment /'ɔːgmənt/ *v.* làm tăng lên, gia tăng

August /'ɔːgəst/ *n.* tháng tám

august /ɔː'gʌst/ *adj.* oai nghiêm, oai vệ, uy nghi

aunt /ɑːnt/ *n.* cô, già, dì, bác gái, thím, mợ

aural /'ɔːrəl/ *adj.* thuộc tai, nghe được bằng tai

auspices /'ɔːspɪs/ *n.* sự bảo trợ/tán trợ

auspicious /ɔː'spɪʃəs/ *adj.* có điềm lành, cát tường

austere /ɔː'stɪə(r)/ *adj.* nghiêm khắc, khắc khe, khắc khổ

Australia /ɔː'streɪlɪə/ *n.* nước Úc

Australian /ɑː'streɪlɪən/ **1** *n.* người Úc **2** *adj.* thuộc Úc

authentic /ɔː'θentɪk/ *adj.* thật, xác thực, đáng tin

author /'ɔːθə(r)/ *n.* tác gia, tác giả, người sáng tác

authority /ɔː'θɒrɪtɪ/ *n.* quyền lực, giới thẩm quyền, chuyên gia: **the authorities** nhà cầm quyền/chức trách/đương cục

authorize /'ɔːθəraɪz/ *v.* cho phép, cho quyền, uỷ quyền

autism /'ɔːtɪzəm/ *n.* tính tự kỷ

autobiography /ˌɔːtəʊbaɪ'ɒgrəfɪ/ *n.* tự truyện, tiểu sử tự thuật

autocratic /ɔːtəʊ'krætɪk/ *adj.* độc tài, chuyên quyền/chế

autograph /'ɔːtəgraf/ **1** *n.* chữ ký riêng **2** *v.* đề ký tặng

automatic /ɔːtə'mætɪk/ *adj.* tự động, vô ý thức, máy móc: **I can only drive an ~ car.** Tôi chỉ có thể lái xe tự động.

automation /ɔːtə'meɪʃən/ *n.* sự tự động hóa, kỹ thuật tự động

automobile /'ɔːtəməbiːl/ *n.* ô tô, xe hơi

autonomous /ɔː'tɒnəməs/ *adj.* tự trị

autonomy /ɔː'tɒnəmɪ/ *n.* sự/quyền tự trị

autopsy /'ɔːtɒpsɪ/ *n.* sự mổ xác để khám nghiệm, sự phân tích

autumn /'ɔːtəm/ *n.* mùa thu

avail /ə'veɪl/ **1** *n.* ích lợi **2** *v.* giúp ích, có lợi cho: **to ~ oneself of** lợi dụng

availability /əˌveɪlə'bɪlɪtɪ/ *n.* sự có thể có/kiếm được, có thì giờ

available /ə'veɪləb(ə)l/ *adj.* sẵn có, có thể mua/kiếm được, có thể rỗi được: **Are you ~ next Sunday?** Bạn có thể rỗi được ngày Chủ Nhật tuần sau không?

avarice /'ævərɪs/ *n.* lòng tham, tính tham lam

avaricious /ˌævəˈrɪʃəs/ *adj.* tham lam, hám lợi, ham muốn: **She cast ~ eyes over the glittering gems in the showcase.** Bà ấy dán mắt ham muốn vào viên kim cương lóng lánh trong tủ.

avenge /əˈvendʒ/ *v.* trả/báo thù

avenue /ˈævɪnjuː/ *n.* đại lộ, đường lớn; phương pháp

average /ˈævərɪdʒ/ **1** *n.* số/mức trung bình **2** *adj.* trung bình

averse /əˈvɜːs/ *adj.* chống lại, phản đối, không thích

aversion /əˈvɜːʃən/ *n.* sự ghét, ác cảm, sự không ưa: **Some people have an ~ to risk of any kind.** Một số người không ưa sự may rủi.

avert /əˈvət/ *v.* tránh, ngăn chặn, ngăn ngừa, ngoảnh đi

avian flu *n.* (= **bird flu**) dịch cúm gia cầm trong trại lớn

aviation /ˌeɪvɪˈeɪʃən/ *n.* (thuật) hàng không/phi hành: **civil ~** hàng không dân dụng/dân sự

avid /ˈævɪd/ *adj.* khao khát, thèm khát

avoid /əˈvɔɪd/ *v.* tránh, tránh xa, tránh né: **She is careful to ~ any confrontation.** Bà ta luôn cẩn thận tránh mọi sự tranh chấp.

avow /əˈvaʊ/ *v.* nhận, thừa nhận, thú nhận

avowal /əˈvaʊəl/ *n.* sự nhận, sự thừa nhận, sự thú nhận

await /əˈweɪt/ *v.* đợi, chờ đợi

awake /əˈweɪk/ **1** *adj.* thức, thức dậy, thức giấc tỉnh táo, cảnh giác **2** *v.* [**awoke**; **awoken**] (đánh) thức dậy, (làm) thức tỉnh

awaken /əˈweɪk(ə)nɪŋ/ *v.* đánh thức, làm thức tỉnh/tỉnh ngộ

award /əˈwɔːd/ **1** *n.* phần thưởng/tặng khoản, giải thưởng: **The ten best students have received the Premier's ~s.** Mười học sinh xuất sắc vừa nhận phần thưởng của thủ tướng. **2** *v.* tặng, cấp, trao tặng

aware /əˈweə(r)/ *adj.* biết, nhận thấy, nhận thức: **to be ~ of something** biết việc gì

away /əˈweɪ/ **1** *adv.* xa, xa cách, xa ra, rời xa, đi hết đi, mất đi, biến đi: **~ from the crowd** xa đám đông; **to go ~** đi khỏi/xa **2** *adv.* ngay tức thì: **right ~** ngay lập tức

awe /ɔː/ **1** *n.* nỗi kinh sợ/kinh dị **2** *v.* làm sợ hãi

awesome /ˈɔːsəm/ *adj.* làm khiếp sợ, làm kinh hoàng: **The ~ pressure of being a semi-finalist in the American Idol competition began to show in her behavior.** Áp lực khiếp sợ khi được vào vòng bán kết cuộc tranh giải người hát hay nhất nước Mỹ đã đến với cô ta.

awful /ˈɔːfəl/ *adj.* kinh khủng, khủng khiếp, lạ lùng, vô cùng, phi thường, dễ sợ, xấu quá, dở ẹt

awkward /ˈɔːkwəd/ *adj.* vụng về lúng túng, ngượng nghịu khó xử, bất tiện, rầy rà, rắc rối

awning /ˈɔːnɪŋ/ *n.* mái vải, tấm vải bạt

awoke /əˈweɪk/ quá khứ của **awake**

AWOL /ˈeɪwɒl/ *adj., abbr.* (= **Absent Without Leave**) nghỉ không xin phép

awry /əˈraɪ/ *adj., adv.* lệch, xiên, méo mó thất bại

ax /æks/ *n.* [*Br.* **axe**] cái rìu: **to get the ~** bị đuổi/thải

axes /ˈæksɪs/ *n.* số nhiều của **ax** và của **axis**

axis /ˈæksɪs/ *n.* trục [quả đất, hình học] phe trục

axle /ˈæks(ə)l/ *n.* trục xe

ay(e) /eɪ/ *n.* câu trả lời đồng ý, phiếu thuận

B

BA /ˌbiːˈeɪ/ *abbr.* (= **Bachelor of Arts**) viết tắt chữ cử nhân văn khoa

babble /ˈbæb(ə)l/ *n., v.* (tiếng) bi bô/ bập bẹ, (sự) nói bép xép, (tiếng) róc rách, (tiếng) rì rào

baby /ˈbeɪbɪ/ **1** *n.* em bé, trẻ thơ, trẻ

sơ sinh, người tính trẻ con: **The post-war period is often a time for a ~ boom.** Thời hậu chiến là gian đoạn sinh sản nhiều.; **~ buggy** cái xe gấp dùng đẩy trẻ con **2** *adj.* trẻ thơ, trẻ con: **~-doll** búp bê trẻ con; **~-faced** khuôn mặt trẻ con

baby bloomer *n.* người sinh ra trong thời kỳ sinh sản nở rộ (đặc biệt sau Thế Chiến thứ hai)

babyish /'beɪbɪʃ/ *adj.* (như) trẻ con: **The birthday girl found one of her presents too ~.** Sinh nhật cô bé được món quà quá trẻ con.

bachelor /'bætʃələ(r)/ *n.* người chưa vợ, đàn ông độc thân; **~'s pad/ apartment** nhà dành cho người độc thân

back /bæk/ **1** *n.* lưng (người, thú vật), lưng ghế; phía sau, đằng sau, mặt sau/trái: **There are many flowers at the ~ of your house.** Có rất nhiều hoa phía sau nhà bạn.; **Please turn your ~.** Làm ơn quay lưng lại. **2** *adj.* sau, hậu, ngược: **Please enter by the ~ door.** Vui lòng đi cửa sau. **3** *adv.* lùi lại, về, ngược, trở lại, trả lại, trước, đã qua: **to go ~ to the old hotel** đi trở lại khách sạn cũ; **to throw ~** ném trả lại; **to go ~ and forth** đi tới đi lui **4** *v.* lùi lại, ủng hộ, làm hậu thuẫn cho; **to ~ pay** trả lương còn thiếu lại; **to ~ down** bỏ, chùn lại; **to ~ out** nuốt lời, lẩn trốn

backache /'bækeɪk/ *n.* chứng đau lưng

backbencher /'bækbenʃə(r)/ *n.* dân biểu hàng ghế sau

backbiting /ˌbækˈbaɪtɪŋ/ *n.* nói vụng, nói xấu sau lưng

backbone /ˌbækˈbəʊn/ *n.* xương sống, cột trụ, nghị lực

back-breaking /ˌbækˈbreɪkɪŋ/ *adj.* thật khó nhọc

backdate /ˌbækˈdeɪt/ *v.* ghi ngày tháng lui lại

backfire /ˌbækˈfaɪə(r)/ **1** *v.* đốt lửa chặn **2** *n.* lửa đốt sớm, hiện tượng nổ sớm

background /'bækgraʊnd/ *n.* phía sau, nền, bối cảnh, quá trình học hành,

kinh nghiệm: **I come from a non-English speaking ~.** Tôi đến từ một nước không nói tiếng Anh.

backlash /'bækˌlæʃ/ *n.* khe hở

backlog /'bækˌlɒg/ *n.* dự trữ, phần đơn hàng chưa giải quyết

backpack /'bækˌpæk/ **1** *n.* túi đeo lưng **2** *v.* du lịch với túi đeo lưng

backstroke /'bæktræk/ *n.* cú trái, kiểu bơi ngửa

backtrack /'bækˌstrəʊk/ *v.* đi lại lối cũ, thay đổi lại ý kiến

back-up /'bækʌp/ *n.* phần phụ trợ, phần để dành: **Computer users should maintain regular ~ of their files.** Người dùng máy vi tính cần có bản để dành cho những tài liệu của họ.

backward /'bækwəd/ **1** *adj.* về phía sau, giật lùi, chậm tiến, lạc hậu: **a ~ country** nước chậm tiến **2** *adv.* (**backward/backwards**) về phía sau, lùi, ngược

bacon /'beɪkən/ *n.* thịt lợn muối hoặc xông khói

bacteria /bækˈtɪərɪˈə/ *n.* (*sing.* **bacterium**) vi khuẩn

bad /bæd/ **1** *adj.* [**worse**; **worst**] xấu, dở, tồi **2** *adj.* ác, xấu, bất lương: **We shouldn't live with ~ people.** Chúng ta không nên ở với người xấu. **3** *adj.* nặng, trầm trọng, thiu, ươn, hỏng: **Don't eat ~ food.** Đừng ăn thức ăn hỏng. **4** *adj.* khó chịu: **a ~ shoulder** bả vai bị đau

bade /bæd/ *v.* quá khứ của **bid**

badge /bædʒ/ *n.* huy hiệu, phù hiệu, lon, quân hàm

badly /'bædlɪ/ *adv.* xấu, tồi, bậy bạ, ác, nặng: **I was very upset because he behaved ~ to my friend.** tôi rất giận vì ông ta đối xử tối với bạn tôi

badminton /'bædmɪntən/ *n.* môn cầu lông, vũ cầu: **Do you like to play ~?** bạn có thích chơi vũ cầu không?

baffle /'bæf(ə)l/ *v.* làm lúng túng/bối rối, làm hỏng

bag /bæg/ **1** *n.* bao, bị, túi, xắc, bọc,

chỗ phồng ra: **to let the cat out of the ~** ngạc nhiên **2** v. bỏ vào bị, cho vào bao, săn/bắn được, [quần] phồng ra

baggage /'bægɪdʒ/ n. hành lý, hành trang: **~ check** nơi kiểm soát hành lý; **~ tag** bảng tên gắn theo hành lý

baggy /'bægɪ/ adj. [quần] phồng ra, [má] phị

bail /beɪl/ **1** n. tiền bảo lãnh cho tự do tạm: **He was released on ~ of 10,000 dollars.** Ông ấy được tạm tha với số tiền bảo lãnh 10.000 đô la. **2** v. đóng bảo lãnh cho ai được tự do tạm: **to ~ someone out** cho ai tạm tại ngoại

bail /beɪl/ **1** v. dùng gàu tát nước trong thuyền **2** v. nhảy ra khỏi: **to ~ out** nhảy dù khỏi máy bay

bailiff /'beɪlɪf/ n. nhân viên chấp hành ở tòa án

bait /beɪt/ **1** n. mồi, bã: **to buy ~ for fishing** mua mồi đi câu cá **2** v. bẫy, mắc mồi; đánh lừa

bake /beɪk/ v. nướng bằng lò, bỏ lò, nung

bakery /'beɪkərɪ/ n. lò bánh mì, hiệu/ tiệm bánh mì

balance /'bæləns/ **1** n. Cái cân, sự thăng bằng, cán cân: **to keep the ~ between entertainment and study** cần giữ sự quân bình giữa chơi và học **2** n. số còn lại, số dư: **to check the ~ of your account** xem số tiền còn trong trương mục của bạn **3** v. làm cho thăng bằng, quyết toán các khoản chi thu: **Many working couples try to ~ their lives by having enough time together.** Nhiều cặp vợ chồng đang có việc làm cố gắng làm quân bình đời sống của họ để có thời gian với nhau.

balcony /'bælkənɪ/ n. bao lơn, ban công

bald /bɔːld/ adj. hói đầu, trọc, trụi

bale /beɪl/ **1** n. kiện (hàng) **2** v. đóng thành kiện

balk, baulk /bɔːk/ v. chùn bước, ngần ngại, [ngựa] dở chứng

ball /bɔːl/ **1** n. quả bóng/ban, trái banh, quả cầu, hình cầu, cuộn, búi (len, chỉ), hòn bi **2** v. cuộn lại

ball /bɔːl/ n. buổi khiêu vũ, tiệc nhảy, ban, bum: **to attend the graduation ~** tham dự buổi tiệc nhảy lễ tốt nghiệp

ballet /'bæleɪ/ n. kịch/múa ba lê

balloon /bə'luːn/ n. khí cầu, quả bóng, bóng trẻ con chơi

ballot /'bælət/ **1** n. lá phiếu, sự bỏ phiếu, vòng phiếu: **~ box** thùng phiếu; **~ paper** phiếu bầu cử **2** v. bỏ phiếu

balm /bɑːm/ n. dầu thơm, dầu cù là, niềm an ủi

bamboo /bæm'buː/ n. cây tre: **~ shoot** măng tre

ban /bæn/ **1** n. sự cấm **2** v. cấm chỉ: **to ~ a meeting** cấm hội họp

banana /bə'nɑːnə/ n. quả chuối: **a bunch of ~s** một buồng chuối

band /bænd/ **1** n. dải, đai, nẹp, băng **2** n. đoàn, toán, bọn, lũ, ban nhạc **3** v. buộc dải **4** v. họp lại thành đoàn/bọn

bandage /'bændɪdʒ/ **1** n. băng **2** v. băng bó: **His hand was ~d.** Cánh tay ông ấy bị băng bó.

B & B /ˌbiːən'biː/ n., abbr. (= **Bed and Breakfast**) phòng cho thuê gồm bữa ăn sáng

bandit /'bændɪt/ n. kẻ cướp, thổ phỉ: **In remote areas ~s tried to prey on solitary travelers.** Trong những khu vực xa xôi, kẻ cướp thường ăn cướp du khách đơn độc.

bandwagon /'bændwægən/ n. xe chở ban nhạc đi diễn hành

bane /beɪn/ n. bả, thuốc độc

bang /bæŋ/ **1** n. tiếng đập mạnh: **The sudden ~ from the slamming doors woke the baby up.** Tiếng đập mạnh ở cửa làm cho em bé đang ngủ thức dậy **2** v. đập mạnh, nổ vang: **Who ~ed the door?** Ai vừa đập cửa?

banish /'bænɪʃ/ v. đày đi, trục xuất, xua đuổi, tiêu trừ

banister /'bænɪstə(r)/ *n.* lan can, thành cầu thang

bank /bæŋk/ **1** *n.* bờ sông/hồ, ụ, đê, gờ **2** *v.* chất đống, làm cao bờ sông: **to ~ up** làm cao bờ sông; **When the heavy rains came, the villagers ~ed up the shore with sacks of sand.** Khi mưa nhiều dân làng đắp cao bờ sông bằng bao cát.

bank /bæŋk/ **1** *n.* nhà băng, ngân hàng: **blood ~** ngân hàng máu; **~book** sổ băng, sổ ngân hàng; **~ account** trương mục ngân hàng; **~ balance** số tiền trong ngân hàng **2** *v.* gửi tiền ở nhà băng: **to ~ on** trông mong vào

banknote /'bæŋknəʊt/ *n.* giấy bạc

bankrupt /'bæŋkrʌpt/ **1** *adj.* vỡ nợ, phá sản: **The firm declared themselves ~ after they were unable to sell their products.** Công ty vừa tuyên bố phá sản sau khi họ không bán được sản phẩm. **2** *n.* việc phá sản, sự vỡ nợ **3** *v.* tuyên bố phá sản

banner /'bænə(r)/ *n.* ngọn cờ, biểu ngữ, băng khẩu hiệu: **~ headline** tít chữ lớn chạy ngang trên báo

banquet /'bæŋkwɪt/ *n.* tiệc lớn, đại tiệc; bữa ăn chọn sẵn

banter /'bæntə(r)/ *n., v.* (sự) nói đùa, (sự) giễu cợt

baptism /'bæptɪz(ə)m/ *n.* lễ rửa tội, sự thử thách đầu tiên: **~ of fire** khởi đầu chiến trận, bắt đầu kinh nghiệm đau thương

baptize /bæp'taɪz/ *v.* rửa tội, đặt tên

bar /bɑː(r)/ **1** *n.* thanh, thỏi, miếng: **a chocolate ~** một thỏi sô cô la **2** *n.* chấn song, then cửa, cồn cát ngầm, vạch ngang, đường kẻ, xà **3** *n.* vành móng ngựa, nghề luật sư, quầy bán rượu, tửu quán **4** *v.* cài then cửa: **to ~ the gate** cài then cổng, ngăn chặn, cấm chỉ

barb /bɑːb/ *n.* ngạnh, gai, lời nói châm chọc

barbarian /bɑː'beərɪən/ *n., adj.* (người) dã man/man rợ

barbecue /'bɑːbɪkjuː/ *v., n.* nướng/quay cả con, nướng thịt trên lò ngoài trời: **This weekend I am inviting my friends to a ~.** Cuối tuần nầy, tôi mời bạn bè đến ăn barbecue (thịt nướng trên lò ở ngoài trời).

barber /'bɑːbə(r)/ *n.* thợ cạo, thợ cắt/hớt tóc

barcode *n.* mã số của sản phẩm

bare /beə(r)/ **1** *adj.* trần, trần truồng, trọc **2** *adj.* trống không, trống rỗng: **to lay ~** vạch trần **3** *v.* lột, bóc trần, để lộ ra, thổ lộ, bộc lộ

barefaced /'beəfeɪst/ *adj.* mày râu nhẵn nhụi, mặt dạn mày dày

barefoot(ed) /'beəfʊt(ɪd)/ *adj.* đi chân không

bareheaded /'beə,hedɪd/ *adj.* để đầu trần

barely /'beəlɪ/ *adv.* vừa đủ, công khai, rõ ràng

bargain /'bɑːgɪn/ **1** *n.* sự mặc cả, sự thỏa thuận mua bán: **to make the best of a bad ~** kiếm được điều tốt nhất bằng sự mặc cả **2** *v.* mặc cả, trả giá, thương lượng mua bán: **You have to ~ when you want to buy certain things.** Bạn phải mặc cả khi bạn muốn mua món gì.

barge /bɑːdʒ/ **1** *n.* sà lan, thuyền mui **2** *v.* xông/xía vào

bark /bɑːk/ **1** *n.* tiếng sủa, tiếng quát tháo, tiếng ho **2** *v.* sủa, quát tháo, ho

bark /bɑːk/ **1** *n.* vỏ cây **2** *v.* lột vỏ, bóc vỏ, sầy da

barley /'bɑːlɪ/ *n.* lúa mạch

barn /bɑːn/ *n.* kho thóc, vựa lúa, chuồng bò/ngựa

barometer /bə'rɒmɪtə(r)/ *n.* phong vũ biểu, cái đo khí áp

barracks /'bærəks/ *n.* trại lính, doanh trại

barrage /'bærɑːʒ/ *n.* sự bắn yểm hộ, hàng rào: **a ~ of arguments** sự rào đón trong việc tranh cãi

barrel /'bærəl/ *n.* thùng tròn, thùng rượu, thùng, nòng súng, ống bơm nước

barren /'bærən/ *adj.* [đất] cằn cỗi, [cây] không có quả, [đàn bà] không sinh đẻ, hiếm hoi

barricade /bærɪ'keɪd/ **1** *n.* vật chướng ngại **2** *v.* chặn [đường] bằng vật chướng ngại

barrier /'bærɪə(r)/ *n.* cái chắn đường, vật/sự cản trở/trở ngại: **Refugees in an English-speaking country always need to overcome the English language ~.** Người tỵ nạn đến trong các nước nói tiếng Anh cần vượt qua sự trở ngại về tiếng Anh.

barrister /'bærɪstə(r)/ *n.* luật sư

barrow /'bærəʊ/ *n.* xe cút kít: **wheel~** xe ba gác

barter /'bɑːtə(r)/ *n., v.* (sự) đổi chác

base /beɪs/ **1** *n.* nền (móng), nền tảng, cơ sở, chân, đế, đáy, căn cứ, đường/mặt đáy **2** *v.* dựa vào, đặt vào, căn cứ vào: **This book is ~d on facts.** Cuốn sách nầy dựa vào thực tế. **3** *adj.* hèn hạ, đê tiện, [kim loại] thường

baseball /'beɪsbɔːl/ *n.* bóng chày, dã cầu

bases /'beɪsɪz/ *n.* số nhiều của **basis**

bashful /'bæʃfəl/ *adj.* e lệ, thẹn thò, bẽn lẽn

bashing /'bæʃɪŋ/ *n.* việc đánh ai bằng tay

basic /'beɪsɪk/ *adj.* cơ bản, cơ sở: **to sign up for a ~ English course** ghi theo học một khoá tiếng Anh cơ bản

basics /'beɪsɪks/ *n.* những điều cơ bản

basin /'beɪs(ə)n/ *n.* chậu, lưu vực: **wash ~** chậu rửa mặt

basis /'beɪsɪs/ *n.* (*pl.* **bases**) cơ sở, căn cứ

bask /bɑːsk/ *v.* phơi/tắm nắng

basket /'bɑːskɪt/ *n.* giỏ, rổ, thúng, nong, nia, sọt

basketball /'bɑːskɪtbɔːl/ *n.* bóng rổ

baste /'beɪst/ **1** *v.* phết mỡ lên thịch **2** *v.* khâu, khâu lược **3** *v.* đánh mạnh

bat /bæt/ **1** *n.* chày vụt bóng, vợt bóng bàn **2** *n.* con dơi: **as blind as a ~** mù tịt **3** *v.* vụt

batch /bætʃ/ *n.* mẻ đánh, đợt, chuyến, lứa

bath /bɑːθ/ *n.* sự tắm, chậu/bồn tắm, nhà tắm: **to take/have a ~** tắm một cái

bathe /beɪð/ *v.* tắm (sông, hồ, bể), đầm mình, rửa [vết thương], làm ngập trong [ánh sáng]

bathroom /'bɑːθruːm/ *n.* buồng tắm, phòng tắm

baton /'bætən/ *n.* đũa nhạc trưởng, gậy chỉ huy

batter /'bætə(r)/ **1** *n.* bột nhào trứng và sữa **2** *n.* người vụt bóng chày **3** *v.* đập, nã súng vào, đánh đập, hành hạ

battery /'bætərɪ/ *n.* pin, ắc quy, bình điện, khẩu đội pháo, bộ [đồ dùng, bài thi]

battle /'bæt(ə)l/ **1** *n.* trận đánh, cuộc chiến đấu **2** *v.* vật lộn

bauble /'bɔːbl/ *n.* đồ trang sức loè loẹt rẻ tiền

bawdy /'bɔːdɪ/ *adj.* tục tĩu dâm ô

bawl /bɔːl/ *v.* nói oang oang, chửi mắng

bay /beɪ/ *n.* vịnh: **Halong ~ has the most beautiful scenery in Vietnam.** Vịnh Hạ long là thắng cảnh đẹp nhất ở Việt Nam.

bay /beɪ/ **1** *n.* tiếng chó sủa **2** *v.* sủa

bayonet /'beɪənet/ **1** *n.* lưỡi lê **2** *v.* đâm bằng lưỡi lê

bazaar /bə'zɑː(r)/ *n.* chợ, hiệu tạp hoá, cửa hàng bách hoá, chợ phiên từ thiện

BBC /biːbiː'siː/ *abbr.* (= **British Broadcasting Corporation**) đài bbc

BBS /biːbiː'es/ *abbr.* (= **bulletin board system**) hệ thống thông tin toàn cầu

BC /biː'siː/ *abbr.* (= **Before Christ**) trước công nguyên

be /biː/ *v.* [hiện tại: **I am, you/we/they are, he/she/it is;** quá khứ: **I/he/she/it was, you/we/they were, been**] là, có, tồn tại, ở: **The earth is round.** Trái đất tròn.; **I am a worker.** Tôi là công nhân.; **It isn't hot today.** Hôm nay trời không nóng.;

Don't ~ late! Đừng đến muộn!; **My car is out of order.** Xe tôi hỏng.; **The total is 68.** Tổng số là 68.; **Where were you yesterday?** Hôm qua anh đi đâu?; **They will ~ good teachers.** Họ sẽ trở thành những thầy giáo giỏi.; **I am leaving for Haiphong this evening.** Theo chương trình thì tối nay tôi đi Hải phòng.; **Have you ever been in that city?** Anh đã bao giờ đến chơi thành phố đó chưa?; **He was rewarded one day, and punished the next.** Thằng đó hôm trước được thưởng, hôm sau bị phạt.

beach /biːtʃ/ *n.* bãi biển: **She wants to lie on the ~ in the sun.** Cô ấy thích nằm phơi nắng ở bãi biển.

beacon /'biːkən/ *n.* đèn hiệu, đèn biển

bead /biːd/ *n.* hạt/hột trong chuỗi, giọt [sương, mồ hôi]

beak /biːk/ *n.* mỏ chim, mũi khoằm, đầu nhọn, vòi

beam /biːm/ **1** *n.* xà, rầm, cán/đòn cân, tia, chùm, vẻ vui tươi **2** *v.* chiếu/rọi, phát đi, tươi cười

bean /biːn/ *n.* đậu, đỗ, hột cà phê: **lima ~** đậu ngự; **string ~** đậu đũa; **soy ~, soya ~** đậu tương

bear /beə(r)/ **1** *n.* con gấu: **the great ~** chòm sao đại hùng; **~ hug** ôm chặt **2** *v.* [**bore; born/borne**] mang, cầm, vác v.v. chịu đựng, sinh (sản), sinh lợi; **to ~ in mind** nhớ; **to ~ interest** sinh lãi

bearable /'beərəb(ə)l/ *adj.* có thể chịu đựng được

beard /biəd/ *n.* râu, bộ râu, gai, ngạnh

bearing /'beərɪŋ/ *n.* sự mang, sự sinh nở, thái độ, bộ dạng, sự liên quan, vị trí, phương hướng

bearish /'beərɪʃ/ *adj.* hung hăng như gấu; giá cả lên xuống ở thị trường chứng khoán

beast /biːst/ *n.* thú vật; người hung bạo: **~ of burden** thú vật dùng chở hàng hoá

beat /biːt/ **1** *n.* tiếng đập, nhịp, khu vực đi tuần **2** *v.* [**beat; beaten**] đánh, đập, vỗ, gõ, đánh bại, thắng, đánh trống ra lệnh: **to ~ up** đánh nhừ tử; **to ~ about the bush** nói quanh; **Beat it!** Cút đi!

beaten /'biːt(ə)n/ quá khứ của **beat**; *adj.* đập thành hình, nản chí: **the ~ track/path** đường mòn

beautiful /'bjuːtɪfəl/ *adj.* đẹp, hay, tốt

beautify /'bjuːtɪfaɪ/ *v.* làm đẹp, tô điểm

beauty /'bjuːtɪ/ *n.* vẻ/sắc đẹp, nhan sắc, cái đẹp, cái hay: **Everyone admired her ~.** Ai cũng chiêm ngưỡng nhan sắc cô ấy.; **~ contest** British, **~ parade** [U.S.] cuộc thi hoa hậu; **~ queen** cuộc thi hoa hậu

became /bɪ'kʌm/ quá khứ của **become**

because /bɪ'kɔːz/ *conj.* vì, bởi vì: **~ of** vì: **Because there is a "No Parking" sign, you can't park your car here.** Vì có bảng không được dừng lại nên bạn không thể đậu xe ở đây được.

beck /bek/ *n.* sự gật đầu vẫy tay ra hiệu; **at someone's ~ and call** vâng theo lệnh của ai

beckon /'bek(ə)n/ *v.* gật đầu vẫy tay ra hiệu

become /bɪ'kʌm/ *v.* [**became; become**] trở nên, trở thành, vừa, hợp, xứng: **to ~** xảy đến

bed /bed/ *n.* cái giường, nền, lớp, lòng sông, luống: **to go to ~** đi ngủ; **to make the ~** làm giường

bedlam /'bedləm/ *n.* cảnh hỗn loạn, ồn ào

bedridden /'bed,rɪd(ə)n/ *adj.* nằm liệt giường

bedroom /'bedruːm/ *n.* buồng/phòng ngủ: **He has built a new two-~ house.** Ông ấy vừa xây nhà mới có hai phòng ngủ.

bedwetting *n.* đái dầm

bee /biː/ *n.* con ong, buổi lao động vui chơi tập thể

beef /biːf/ **1** *n.* thịt bò **2** *v.* **to ~ up** tăng cường

beehive /'biː,haɪv/ *n.* tổ ong

beeline /'biːlain/ *n.* đường thẳng nối hai địa điểm

been /biːn/ xem **be**

beer /'biːə(r)/ *n.* rượu bia

beet /biːt/ *n.* củ cải đường

befall /bɪ'fɔːl/ *v.* [**befell; befallen**] xảy đến, giáng xuống

befit /bɪ'fɪt/ *v.* thích hợp với

before /bɪ'fɔː(r)/ **1** *prep.* trước, trước mặt, trước mắt, hơn **2** *adv.* đằng trước, ngày trước, trước đây: **I met him ~.** Tôi đã gặp ông ta trước đây rồi. **3** *conj.* trước khi, thà ... chứ không

befriend /bɪ'frend/ *v.* đối xử như bạn, giúp đỡ

beg /beg/ *v.* ăn xin, xin, cầu xin, khẩn cầu

began /bɪ'gæn/ quá khứ của **begin**

beggar /'begə(r)/ *n.* người ăn mày, kẻ ăn xin

begin /bɪ'gɪn/ *v.* [**began; begun**] bắt đầu, mở đầu, khởi sự: **to ~ with** trước hết

beginning /bɪ'gɪnɪŋ/ *n.* lúc bắt đầu, phần đầu, nguyên do: **from ~ to end** từ đầu đến cuối

beguile /bɪ'gaɪl/ *v.* đánh lừa, làm khuây, tiêu khiển: **to ~ someone into doing something** lừa ai làm việc gì

begun /bɪ'gʌn/ xem **begin**

behalf /bɪ'hɑːf/ *n.* **on ~ of** thay mặt cho, nhân danh

behave /bɪ'heɪv/ *v.* ăn ở, cư xử, đối xử: **to ~ oneself** ăn ở cư xử cho phải phép

behavior /bɪ'heɪvɪə(r)/ *n.* cách ăn ở cư xử, cách đối xử, cử chỉ, thái độ, hành vi, tư cách đạo đức

behead /bɪ'hed/ *v.* chém đầu, chặt đầu, xử trảm

beheld /bɪ'həʊld/ quá khứ của **behold**

behind /bɪ'haɪnd/ **1** *n.* [tục] mông đít **2** *prep.* sau, đằng sau, kém [ai] **3** *adv.* sau, ở đằng sau, chậm trễ: ~ **time** chậm trễ, muộn; ~ **the times** cũ rích, cổ lỗ; ~ **the scenes** ở hậu trường

behold /bɪ'həʊld/ *v.* [**beheld**] nhìn, ngắm, trông thấy

being /'biːɪŋ/ **1** *n.* sinh vật, con người: **human ~** sự sống, sự tồn tại **2** *n.* **the Supreme ~** g thượng đế **3** *n.* hiện hữu, ra đời: **to come into ~** ra đời, được thành lập

belated /bɪ'leɪtɪd/ *adj.* muộn, chậm; màn đêm phủ xuống

belch /beltʃ/ *v.* phun [khói, lửa, đạn v.v. ...], ợ: **Factories ~ smoke which causes air pollution.** Hãng xưởng phun khói gay ô nhiễm không khí.

belief /bɪ'liːf/ *n.* sự tin tưởng, lòng/ đức tin, tín ngưỡng

believe /bɪ'liːv/ *v.* tin, tin tưởng, cho rằng, nghĩ rằng: **to ~ in** tin ở, tín nhiệm; **to make ~** giả vờ

belittle /bɪ'lɪtl/ *v.* làm bé đi, thu nhỏ lại; làm giảm giá trị

bell /bel/ *n.* cái/quả chuông, nhạc, tiếng chuông

bellow /'beləʊ/ *n., v.* (tiếng) kêu rống, (tiếng) gầm vang

belly /'belɪ/ **1** *n.* bụng, dạ dày **2** *v.* phồng ra

belong /bɪ'lɒŋ/ *v.* thuộc về, của, thuộc quyền sở hữu

belongings /bɪ'lɒŋɪŋz/ *n.* của cải, đồ đạc, hành lý: **Please don't leave your ~ unattended.** Không để đồ đạc của bạn mà không có người trông.

beloved /bɪ'lʌvɪd/ *adj., n.* (người) yêu dấu/yêu quý

below /bɪ'ləʊ/ **1** *prep.* dưới, ở dưới, thấp hơn, không xứng đáng **2** *adv.* ở (bên) dưới, ở dưới đây

belt /belt/ **1** *n.* dây lưng, thắt lưng, vành đai **2** *v.* thắt dây long: **to ~ up** thắt long buộc bụng

bemoan /bɪ'məʊn/ *v.* than khóc, nhớ tiếc

bench /bentʃ/ *n.* ghế dài, bàn thợ mộc, chức quan tòa

benchmark /'bentʃmɑːrk/ **1** *n.* dấu vạch trên tường của hoạ viên; chuẩn mực **2** *v.* đánh giá chuẩn mực

bend /bend/ **1** *n.* chỗ cong, chỗ rẽ,

khuỷu **2** *v.* [**bent**] cúi xuống, cong xuống, uốn cong, hướng về, rẽ, bắt phải theo: **to ~ an elbow** uống nhiều

beneath /bɪ'ni:θ/ *prep., adv.* ở dưới, kém, thấp kém, không đáng, không xứng

benefactor /benɪ'fæktə(r)/ *n.* ân nhân, người thừa hưởng

beneficial /benɪ'fɪʃəl/ *adj.* tốt, có ích, có lợi

benefit /'benɪfɪt/ **1** *n.* lợi, lợi ích; **to give someone the ~ of the doubt** giảm gì cho ai vì họ ngây thơ **2** *n.* tiền trợ cấp: **social ~** tiền trợ cấp xã hội **3** *v.* giúp ích cho, làm lợi cho, được lợi

benevolent /bɪ'nevələnt/ *adj.* nhân từ, từ thiện, nhân đức

benign /bɪ'naɪn/ *adj.* lành, nhân từ, [bệnh] nhẹ, [khí hậu] ôn hòa, ấm áp

bent /bent/ **1** *n.* khuynh hướng. sở thích, khiếu **2** *v.* quá khứ của bend **3** *adj.* bị cong; không thành thật

bequeath /bɪ'kwi:ð/ *v.* để lại, truyền lại, di tặng

bequest /bɪ'kwest/ *v.* di vật, di sản

bereave /bɪ'ri:v/ *v.* lấy mất, lấy đi

bereavement /bɪ'ri:vmənt/ *n.* sự mất mát, tan vong

beret /'berɪt/ *n.* mũ nồi, mũ bê rê

Bermuda shorts *n.* quần cụt bó sát đầu gối

berry /'berɪ/ *n.* quả mọng

berserk /bə'zɜ:k/ *adj.* hoang dã

berth /bɜ:θ/ **1** *n.* giường ngủ [trên xe lửa, tàu thuỷ, máy bay], chỗ tàu thuỷ đậu **2** *v.* lo chỗ ngủ cho ai

beset /bɪ'set/ *v.* [**beset**] bao vây, vây quanh, choán

beside /bɪ'saɪd/ *prep.* bên cạnh, đứng cạnh, so với: **to be ~ oneself** không tự chủ được; **~ the point** lạc đề

besides /bɪ'saɪdz/ *prep,. adv.* vả lại, vả chăng, hơn nữa, ngoài ra: **Besides being very beautiful, she has many good qualities I think.** Tôi nghĩ cô ta có nhiều phẩm chất tốt ngoài nhan sắc đẹp ra.

besiege /bɪ'si:dʒ/ *v.* bao vây, vây hãm, quây lấy, xúm vào

best /best/ **1** *n.* cái tốt/hay/đẹp nhất, cố gắng lớn nhất: **I'll do my ~.** Tôi sẽ hết sức cố gắng. **2** *adj.* [xem good] tốt/giỏi/hay nhất: **in their Sunday ~** thắng bộ đồ diện nhất của họ **3** *adv.* [xem well] tốt/giỏi/ hay/đẹp nhất; **I like autumn ~.** Tôi thích mùa thu nhất.; **I work ~ in the early morning.** Tôi làm việc tốt nhất vào buổi sáng.

bestial /'bestɪəl/ *adj.* dã man, đầy thú tính

bestow /bɪ'stəʊ/ *v.* cho, tặng, ban cho, dành cho

bestseller /ˌbest'selə(r)/ *n.* sách/đĩa bán chạy nhất: **The Harry Potter books by Rowling have been ~s for the past few years.** Chuyện Harry Potters bán chạy nhất trong những năm qua.

bet /bet/ **1** *n.* sự đánh cuộc, tiền đánh cuộc: **to make a ~** đánh cuộc **2** *v.* [**bet/betted**] đánh cuộc/cược/cá

betray /bɪ'treɪ/ *v.* phản, phản bội, phụ bạc, để lộ, tiết lộ

betroth /bɪ'trəʊð/ *v.* hứa hôn, đính hôn

betrothed /bɪ'trəʊðd/ *n.* chồng/vợ chưa cưới

better /'betə(r)/ **1** *adj.* [xem good] hơn, tốt/khá/hay/đẹp hơn, khỏe hơn, dễ chịu hơn, đã đỡ **2** *adv.* tốt/ giỏi/hay hơn: **~ off** khá hơn, phong lưu hơn; **no ~ than** không hơn gì; **~ late than never** muộn còn hơn là không **3** *v.* cải thiện, cải tiến **4** *n.* người trên/hơn, thế lợi hơn

betting /'betɪŋ/ *n.* việc đánh cá; điều tin chắc sẽ xầy đến

between /bɪt'wi:n/ *prep.* giữa, ở giữa, trong khoảng; **~ you and me** giữa chúng mình với nhau thôi

beverage /'bevərɪdʒ/ *n.* đồ uống: **alcoholic ~** rượu

beware /bɪ'weə(r)/ *v.* cẩn thận, chú ý: **Beware of pickpockets!** Để phòng kẻ móc túi!

bewilder /bɪˈwɪldə(r)/ v. làm bối rối/
hoang mang/ngơ ngác

bewitch /bɪˈwɪtʃ/ v. bỏ bùa, làm say mê,
làm say đắm

beyond /bɪˈjɒnd/ **1** prep. ở bên kia,
quá, vượt xa, hơn **2** adv. ở xa, tít
đằng kia **3** n. kiếp sau, thế giới
bên kia

bias /ˈbaɪəs/ **1** n. sự thiên về, thiên
kiến, thành kiến, độ xiên, đường
chéo: **There is a ~ against women in
some societies.** Có thành kiến
chống lại phụ nữ trong một vài xã
hội. **2** v. gây thành kiến: **We should
not allow him to ~ our teaching.**
Chúng ta không nên để nó gây ảnh
hưởng đến việc giảng dạy của
chúng ta.

bib /bɪb/ n. yếm dãi (trẻ con)

bible /ˈbaɪb(ə)l/ n. kinh thánh, thánh
kinh

bibliography /bɪblɪˈɒɡrəfɪ/ n. thư mục,
thư mục học

bicentennial /ˌbaɪsenˈtenɪəl/ **1** n. kỷ
niệm hai trăm năm **2** adj. cứ hai
trăm năm một lần

bicycle /ˈbaɪsɪk(ə)l/ n. xe đạp

bid /bɪd/ **1** n. sự đặt/trả giá, sự bỏ/đấu
thầu, sự mời chào: **to make a ~ for**
cố gắng để được **2** v. [**bid/bade**]
đặt giá, trả, thầu làm ..., mời, chào,
xướng bài, ra lệnh, bảo

biennial /baɪˈenɪəl/ adj. hai năm một
lần

big /bɪɡ/ **1** adj. to, lớn, quan trọng,
rộng lượng, hào hiệp, huyênh
hoang, khoác lác: **~ with child** có
mang; **the ~ four** bốn nước lớn, tứ
đại cường **2** adv. đặc tính to lớn;
nhiều tham vọng: **to talk ~** nói
chuyện lớn, đại ngôn; **to think ~**
suy nghĩ lớn lao

bigamy /ˈbɪɡəmɪ/ n. sự lấy hai vợ/
chồng, tội song hôn

bigot /ˈbɪɡət/ n. người tin mù quáng,
người ngoan cố

bigotry /ˈbɪɡətrɪ/ n. sự tin mù quáng

bike /baɪk/ **1** n., abbr. (= **bicycle**) xe

đạp 2 v. đi xe đạp

bilateral /baɪˈlætərəl/ adj. tay đôi, hai
bên, song phương: **~ agreement** sự
thoả thuận song phương

bile /baɪl/ n. mật, tính cáu gắt

bilingual /baɪˈlɪŋɡwəl/ adj. dùng/bằng
hai thứ tiếng, song ngữ: **The latest
~ dictionary was successfully
launched at the bookfair.** Cuốn từ
điển song ngữ vừa cho ra mắt
thành công tại hội chợ triển lãm
sách.

bilk /bɪlk/ v. gian lận, tránh trả nợ

bill /bɪl/ **1** n. phiếu trả tiền, hoá đơn,
đơn hàng, giấy bạc, đạo/dự luật, tờ
quảng cáo, yết thị: **to foot a ~** thanh
toán hoá đơn; **~ of fare** thực đơn; **~
of health** giấy kiểm dịch; **~ of
exchange** hối phiếu **2** v. làm hoá
đơn đòi tiền

billboard /ˈbɪlbɔːd/ n. bảng dán quảng
cáo

billet /ˈbɪlɪt/ n. chỗ trú quân

billiards /ˈbɪljədz/ n. trò chơi bi da

billionaire /bɪljəˈneə(r)/ n. nhà tỉ phú:
**Bill Gates tops the list of ~s in the
world.** Ông Bill Gates là một trong
mười tỷ phú trên thế giới.

billow /ˈbɪləʊ/ **1** n. sóng lớn/cồn, biển
cả **2** v. cuồn cuộn

bimonthly /ˌbaɪˈmʌnθlɪ/ **1** n. tạp chí
xuất bản hai lần một tháng, bán
nguyệt san **2** adv. cứ hai lần một
tháng

bin /bɪn/ n. thùng (than, rác): **a rub-
bish ~** thùng rác

bind /baɪnd/ **1** n. sự trói buộc, tình thế
khó khăn **2** v. [**bound**] buộc, bó,
trói, bắt buộc, ràng buộc, đóng
[sách], băng bó [vết thương], gây
táo bón

bindery /ˈbaɪndərɪ/ n. hiệu/xưởng
đóng sách

binding /ˈbaɪndɪŋ/ **1** n. sự đóng bìa
2 adj. ràng buộc, bắt buộc: **a ~
agreement** sự thoả thuận bắt buộc

binge /bɪndʒ/ **1** n. cuộc chè chén say
sưa **2** v. ăn uống quá trớn

bingo /ˈbɪŋgəʊ/ *n.* trò chơi lô tô

binoculars /bɪˈnɒkjʊlə(r)/ *n.* ống nhòm

biography /baɪˈɒgrəfɪ/ *n.* tiểu sử, lý lịch

biological /baɪəʊˈlɒdʒɪkəl/ *adj.* thuộc sinh vật học: **~ warfare** chiến tranh hoá học

biologist /baɪˈɒlədʒɪst/ *n.* nhà sinh vật học, sinh vật học gia

biology /baɪˈɒlədʒɪ/ *n.* sinh vật học

biomedical /baɪˈmedɪk(ə)l/ *adj.* thuộc về y thực vật

biophysics /ˌbaɪəʊˈfɪzɪks/ *n.* lý sinh, sinh vật vật lý học

bird /bɜːd/ *n.* chim, gã, thằng cha: **~ of peace** chim bồ câu; **~ of prey** chim ăn thịt; **to kill two ~s with one stone** nhất cử lưỡng tiện

bird flu *n.* dịch cúm gia cầm

birth /bɜːθ/ *n.* sự sinh đẻ, sự ra đời, ngày thành lập, dòng dõi, huyết thống: **~ control** hạn chế sinh đẻ

birthrate *n.* tỷ lệ sinh đẻ: **to control the ~** kiểm soát tỷ lệ sinh đẻ

biscuit /ˈbɪskɪt/ *n.* bánh quy, bánh (bích) quy ngọt

bisect /baɪˈsekt/ *v.* chia đôi, cắt đôi

bisexual /baɪˈsekjʊ(ə)l/ **1** *adj.* lưỡng tính **2.** *v.* người lưỡng tính

bistro /ˈbɪːstrəʊ/ *n.* nhà hàng nhỏ, quán rượu

bit /bɪt/ *n.* miếng, mẫu, mảnh, một chút, một tí: **a ~ tired** hơi mệt một chút; **~ by** ~ dần dần, từ từ, tí một; **do one's ~** đóng góp phần mình

bit /bɪt/ *n.* hàm thiếc ngựa, mũi, mũi khoan

bit /bɪt/ quá khứ của **bite**

bite /baɪt/ **1** *v.* [**bit; bitten**] cắn, ngoạm, đốt, châm, làm cay tê, ăn mòn, cắn câu, ăn sâu, bắt vào: **to ~ off** cắn đứt ra **2** *n.* miếng cắn, vết cắn, miếng ăn: **I haven't had a ~ since last night.** Từ tối hôm qua đến giờ tôi chưa được miếng nào vào bụng.; **mosquito ~** vết muỗi đốt

biting /ˈbaɪtɪŋ/ *adj.* làm buốt, chua cay, đay nghiến

bitter /ˈbɪtə(r)/ *adj.* đắng, cay đắng, chua xót, đau đớn, chua cay, gay gắt, ác liệt: **There was so much ~ fighting during the Vietnam war.** Có quá nhiều cuộc giao tranh ác liệt trong chiến tranh Việt nam.

bitterness /ˈbɪtənɪs/ *n.* sự cay đắng/ chua xót

biweekly /baɪˈwiːklɪ/ *n., adj.* tạp chí ra hai tuần một kỳ, bán nguyệt san; cứ hai lần trong tuần: **There is only one ~ Vietnamese newspaper in Australia.** Chỉ có một tạp chí tiếng Việt ra hai lần một tuần ở Úc.

bizarre /bɪˈzɑː/ *adj.* kỳ quái, kỳ lạ

black /blæk/ **1** *adj.* đen, tối tăm, da đen, đen tối, ảm đạm, buồn rầu, xấu xa, độc ác, ghê tởm: **in ~ and white** viết rõ giấy trắng mực đen **2** *n.* màu/sơn đen, quần áo đen, áo tang, người da đen **3** *v.* làm đen, bôi đen: **to ~ out** bôi, xoá đi, không có điện, ngất xỉu đi

black belt *n.* đai đen (đẳng cấp trong võ thuật)

black box *n.* hộp ghi nhận diễn tiến chuyến bay

blacken /ˈblæk(ə)n/ *v.* làm đen, bôi đen, bôi nhọ, nói xấu

black hole *n.* lỗ hổng lớn

blackmail /ˈblækmeɪl/ *n., v.* (sự) hăm doạ, tống tiền

black market *n.* chợ đen

blackness /ˈblæknəs/ *n.* màu đen, sự tối tăm, sự hung ác

blackout /ˈblækaʊt/ *n.* sự mất điện, sự che giấu, sự ngất đi, thoáng hoa mắt hoặc mất trí nhớ

blacksmith /ˈblæksmɪθ/ *n.* thợ rèn

bladder /ˈblædə(r)/ *n.* bọng đái, bàng quang, bong bóng, ruột

blade /bleɪd/ *n.* lưỡi [dao, gươm, kiếm], ngọn [cỏ], cánh [chong chóng]

blame /bleɪm/ **1** *n.* lời trách móc/ khiển trách, trách nhiệm, lỗi: **to carry the ~** chịu lỗi; **to lay the ~ on** đổ lỗi cho **2** *v.* trách mắng, khiển trách, đổ lỗi/tội cho

blameless /'bleɪmləs/ *adj.* vô tội, không có lỗi

bland /blænd/ *adj.* dịu dàng, lễ phép, ôn hòa, dịu, nhạt

blank /blæŋk/ **1** *n.* khoảng trống, mẫu đơn hay tờ khai in sẵn, sự trống rỗng **2** *adj.* để trống, để trắng, trống rỗng; [thơ] không vần: **a ~ look** cái nhìn gây ra

blanket /'blæŋkɪt/ **1** *n.* chăn, mền, lớp: **In winter, people need thermal ~s.** Về mùa đông, người ta cần chăn điện. **2** *v.* phủ lên, che phủ

blare /bleə(r)/ **1** *n.* tiếng (kèn) ầm ĩ **2** *v.* kêu to, vặn to

blaspheme /blɑːs'fiːm/ *v.* báng bổ, chửi rủa, lăng mạ

blast /blɑːst/ **1** *n.* luồng gió/hơi, hơi, tiếng kèn, sự nổ **2** *v.* làm nổ tung, làm tan vỡ, làm chết, làm chột

blaze /bleɪz/ **1** *n.* ngọn lửa, ánh sáng hay màu sắc rực rỡ, sự bộc phát: **a ~ of anger** cơn giận đùng đùng **2** *v.* cháy rực, rực sáng, sáng chói, bừng bừng nổi giận

bleach /bliːtʃ/ **1** *n.* thuốc tẩy trắng **2** *v.* chuội, tẩy

bleak /bliːk/ *adj.* lạnh lẽo, trống trải, hoang vắng, ảm đạm, thê lương

bleat /bliːt/ **1** *n.* tiếng be be **2** *v.* [dê, cừu] kêu be be

bled /bled/ quá khứ của **bleed**

bleed /bliːd/ *v.* [**bled**] chảy máu, mất máu, lấy máu để thử, hút máu hút mủ, bòn rút

bleeper /bliːpə(r)/ *n.* [*Br.* **beeper**] máy điện tử nhỏ đeo vào người để liên lạc với người khác

blemish /'blemɪʃ/ **1** *n.* thiếu sót, khuyết điểm, nhược điểm, tì vết, vết nhơ **2** *v.* làm hỏng, làm nhơ nhuốc

blench /blentʃ/ *v.* chùn bước, lùi bước (vì sợ)

blend /blend/ **1** *n.* thứ thuốc lá pha trộn, thứ trà pha trộn **2** *v.* [**blended**] trộn lẫn, pha trộn, hợp với

bless /bles/ *v.* [**blessed**] giáng phúc, ban phước lành, phù hộ cho, làm hạnh phúc, may mắn

blew /bləʊ/ quá khứ của **blow**

blight /blaɪt/ **1** *n.* bệnh tàn lụi (của cây cối), tai họa **2** *v.* làm tàn lụi, làm hư hại

blind /blaɪnd/ **1** *adj.* đui mù, mù quáng, không thấy được, cụt, không có lối ra **2** *v.* làm mù quáng **3** *n.* những người mù: **Among the ~, the one-eyed man is king.** Mù cả, chột mắt làm vua. **4** *n.* mành mành, rèm

blindfold /'blaɪndfəʊld/ **1** *adj.* bịt mắt **2** *adv.* bị tịt mắt **3** *v.* bịt mắt **4** *n.* cái băng bịt mắt

blindness /'blaɪndnɪs/ *n.* bệnh mù, sự mù quáng

blink /blɪŋk/ **1** *v.* nháy mắt, chớp mắt, [ánh sáng] nhấp nháy, chập chờn, lung linh, bật đèn nhấp nháy, nhắm mắt làm ngơ **2** *n.* cái nháy mắt, sự nhấp nháy: **in the ~ of an eye** nhấp nháy con mắt

blip /blɪp/ **1** *n.* tiếng rơi nhẹ; hình ảnh nhỏ trên màn hình **2** *v.* làm tiếng kêu nhỏ

bliss /blɪs/ *n.* hạnh phúc, niềm sung sướng nhất

blister /'blɪstə(r)/ **1** *n.* vết rộp, chỗ rộp da **2** *v.* (làm) rộp lên

blitz /blɪts/ **1** *v.* đánh chớp nhoáng **2** *n.* cái đánh nhanh

blizzard /'blɪzəd/ *n.* trận bão tuyết

bloated /'bləʊtɪd/ *adj.* phồng lên, sưng lên

bloc /blɒk/ *n.* khối, khu vực: **an economic ~** khu vực kinh tế

block /blɒk/ **1** *n.* khối/tảng [đá], súc [gỗ], cái thớt, khu nhà, khu phố, sự chặn/cản đối phương: **~ letters** chữ in viết hoa; **a ~ of land** một lô đất; **a ~ of buildings** một khu nhà cao ốc **2** *v.* làm tắc nghẽn, chặn, cản, phản đối [dự luật], phong tỏa [tiền]

blockade /blɒ'keɪd/ **1** *n.* sự phong tỏa **2** *v.* phong tỏa, bao vây

blockage /blɒ'kɪdʒ/ *n.* sự tắc nghẽn

blockbuster /'blɒkˌbʌstə(r)/ *n.* phim thịnh hành

blonde /blɒnd/ *n., adj.* cô gái tóc vàng hoe

blood /blʌd/ *n.* máu, huyết, dòng dõi, giống nòi, họ hàng, huyết thống: **one's own flesh and ~** thuộc cùng một dòng máu; **Blood is thicker than water.** Một giọt máu đào hơn ao nước lã.; **~ bank** ngân hàng máu; **~ donor** người cho máu; **~ group** nhóm máu; **~ poisoning** bệnh do chất độc trong máu; **~ pressure** huyết áp; **~ transfusion** truyền máu người khoẻ cho người bệnh

blood money *n.* tiền thừa tự

bloodshed /'blʌdʃed/ *n.* cuộc đổ máu, vụ lưu huyết

bloodshot /'blʌdʃɒt/ *adj.* [mắt] đỏ ngầu

bloody /'blʌdi/ *adj.* dính/vấy/đẫm máu, bị chảy máu

bloom /blu:m/ **1** *n.* hoa, thời kỳ rực rỡ tươi đẹp, tuổi xuân: **in (full) ~** đang nở rộ **2** *v.* ra/nở hoa, đang ở trong thời kỳ tươi đẹp nhất

blossom /'blɒsəm/ **1** *n.* hoa [của cây ăn quả] **2** *v.* ra/trổ hoa

blot /blɒt/ **1** *n.* dấu/vết mực **2** *v.* làm bôi/bẩn

blouse /blaʊz/ *n.* áo cánh nữ, áo bờ lu

blow /bləʊ/ **1** *n.* cú đánh, đòn, tai hoạ, điều đau **2** *v.* [**blew; blown**] [gió] thổi, thổi [kèn, còi, lửa, v.v. ...], hà hơi vào, hỉ [mũi], (bị) cuốn đi, [cầu chì] nổ, phung phí [tiền]: **to ~ away/off** thổi bay đi; **to ~ out** thổi tắt; **to ~ up** nổ, phá nổ

blowup *n.* vụ nổ, cơn giận, ảnh phóng đại

blue /blu:/ **1** *adj.* xanh, lam, buồn chán, thất vọng **2** *n.* màu xanh: **out of the ~** bất ngờ **3** *v.* hồ lờ [quần áo]

blue chip *adj.* cổ phiếu có giá trị vững chắc

blue-collar *adj.* lao động chân tay: **~ worker** công nhân, thợ, thợ thuyền

blue-eyed boy *n.* đàn ông trẻ được nhiều người ưa thích hơn

blueprint /'blu:prɪnt/ *n.* bản sơ đồ/thiết kế, phương án; chính sách của chính phủ

blues /'blu:z/ *n.* tình trạng buồn chán.

bluff /blʌf/ **1** *n.* lời bịp bợm **2** *n.* dốc đứng **3** *v.* bịp, tháu cáy

blunder /'blʌndə(r)/ **1** *n.* điều sai lầm ngớ ngẩn **2** *v.* sai phạm lầm lớn, làm hỏng việc

blunt /blʌnt/ **1** *adj.* (dao/kéo) cùn, nhụt, lỗ mãng, thiếu ý tứ, thẳng thừng, toạc móng heo **2** *v.* làm cùn

blur /blɜ:(r)/ **1** *n.* sự mờ, vết bẩn/ố/nhơ **2** *v.* làm mờ đi, che mờ, làm nhoè/bẩn

blurt /blɜ:t/ *v.* nói buột ra, thốt ra: **to ~ out a secret** thốt ra điều bí mật

blush /blʌʃ/ **1** *n.* sự đỏ mặt, vẻ thẹn thùng, ánh hồng **2** *v.* thẹn đỏ mặt, ửng đỏ/hồng

bluster /'blʌstə(r)/ **1** *n.* tiếng ào ào/ầm ầm, tiếng quát tháo ầm ĩ **2** *v.* (gió) thổi ào ào, (sóng) ầm ầm, quát tháo ầm ĩ

boa /'bəʊə/ *n.* con trăn

boar /bɔ:(r)/ *n.* lợn/heo đực, lợn/heo rừng

board /bɔ:d/ **1** *n.* tấm ván, bảng: **a black~** bảng đen, giấy bồi, bìa cứng, mạn thuyền, boong tàu **2** *n.* cơm trọ, tiền cơm tháng: **room and ~** tiền ăn ở, tiền phòng trọ và tiền cơm **3** *n.* ban, uỷ ban, ty, bộ: **the executive ~** ban điều hành; **to go on ~** lên tàu, lên xe, lên máy bay **4** *v.* lát ván, bít bằng ván, ăn cơm trọ/tháng, ở trọ, lên xe, đáp tàu, lên máy bay

boarding pass *n.* thẻ lên máy bay, thẻ lên tàu/xe: **Please show your ~ at that counter.** Làm ơn đưa thẻ lên máy bay ở quầy kia.

boast /bəʊst/ **1** *n.* lời nói khoác, niềm kiêu hãnh **2** *v.* khoác lác, khoe khoang, lấy làm tự hào về

boat /bəʊt/ **1** *n.* thuyền, tàu thủy **2** *v.*

đi chơi thuyền: **in the same ~** cùng hội cùng thuyền, cùng chung cảnh ngộ

boathouse /'bəʊthaʊs/ *n.* nhà thuyền, nhà bè

bob /bɒb/ **1** *n.* sự nhấp nhô/bập bềnh, kiểu tóc cắt ngắn, đuôi cộc **2** *v.* nhấp nhô, bập bềnh, nhảy nhót

bobbin /'bɒbɪn/ *n.* ống chỉ, suốt chỉ

body /'bɒdɪ/ **1** *n.* thân thể, thể xác, mình, xác chết, thi thể, thi hài: **to bury a ~** chôn thi hài **2** *n.* thân máy/xe, v.v. **a ~ repair shop** tiệm làm đồng xe hơi **3** *n.* đội, đoàn, ban, hội đồng, đoàn thể **4** *n.* khối, số lượng nhiều, vật thể

bodyguard /'bɒdɪˌɡɑːd/ *n.* vệ sĩ, người bảo vệ

body language *n.* ngôn ngữ bằng cử chỉ

body search *n.* việc khám người

bog /'bɒɡ/ **1** *n.* vũng/bãi lầy **2** *v.* làm sa lầy

boggle /bɒɡl/ *v.* giật mình kinh sợ; do dự, lưỡng lự: **to ~ at something** lưỡng lự trước cái gì

bogus /'bəʊɡəs/ *adj.* hư, giả, không có thật: **a ~ company** công ty giả

boil /bɔɪl/ *n.* nhọt, đầu đinh

boil /bɔɪl/ **1** *n.* sự sôi, điểm sôi **2** *v.* sôi, đun/nấu sôi, luộc, sôi sục, phẫn nộ: **to ~ down** cô lại, rút lại; **to ~ over** sôi tràn ra, giận sôi lên

boiler /'bɔɪlə(r)/ *n.* (= **furnace**) nồi đun/cất/hơi, nồi supze

boisterous /'bɔɪstərəs/ *adj.* nghịch, phá, dữ, làm ầm ĩ

bold /bəʊld/ *adj.* cả gan, (táo) bạo, dũng cảm, liều lĩnh, rõ nét: **as ~ as brass** mặt dày mày dạn

Bollywood /'bɒlɪwʊd/ *n.* kỹ nghệ phim ảnh Ấn Độ

bolster /'bəʊlstə(r)/ **1** *n.* gối dài, gối ống **2** *v.* ủng hộ, nâng đỡ

bolt /bəʊlt/ **1** *n.* then, chốt, bù loong, súc (vải), bó (mây), chớp, tiếng sét: **a ~ from the blue** tiếng sét đánh ngang tai **2** *v.* cài then/chốt,

ngốn, nuốt, chạy lao đi (ngựa) lồng lên

bomb /bɒm/ **1** *n.* bom: **to drop ~s on** ném/thả/giội bom xuống; **time ~** nổ chậm **2** *v.* ném bom, oanh tạc

bombard /'bɒmbəd/ *v.* ném bom, oanh tạc, tấn công rồn rập

bombshell /'bɒmʃel/ *n.* tạc đạn, "quả bom" (làm xôn xao)

bond /bɒnd/ **1** *n.* giao kèo, khế ước, hợp đồng, dây buộc, mối ràng buộc, quan hệ, phiếu nợ, bông, phiếu quốc trái, xiềng xích, gông cùm: **in ~s** bị tù tội **2** *v.* tạm giữ hàng vào kho

bondage /'bɒndɪdʒ/ *n.* sự bó buộc, cảnh nô lệ/nô dịch

bone /bəʊn/ **1** *n.* cái xương, xương, hài cốt: **frozen to the ~s** rét thấu xương; **cut to the ~** giảm xuống mức tối thiểu **2** *v.* rút xương, gỡ xương

bonnet /'bɒnɪt/ *n.* mũ (trẻ con, phụ nữ), nắp đậy máy

bonus /'bəʊnəs/ *n.* tiền thưởng, lợi tức chia thêm: **At the end of the year, all employees will receive a ~.** Vào dịp cuối năm, tất cả nhân viên đều được tiền thưởng.

bony /'bəʊnɪ/ *adj.* nhiều xương, to xương, gầy còm

boo-boo *n.* tiếng la ó phản đối

booby /'buːbɪ/ **1** *n.* người khờ dại, anh ngốc **2** *n.* treo: **~ trap** bẫy treo, chuông treo, bẫy mìn; **~ prize** giải thưởng đùa chơi cho người hạng chót

book /bʊk/ **1** *n.* sách, tập, quyển, cuốn, sổ sách kế toán: **~ one …** tập một **2** *v.* ghi vào sổ, ghi tên giữ chỗ, mua vé: **to ~ a train ticket** ghi tên giữ vé xe lửa

booking office *n.* phòng bán vé: **You should go to the ~ to get your ticket.** Bạn phải đến phòng bán vé để lấy vé.

bookshelf /'bʊkstɔː(r)/ *n.* kệ sách, giá để sách

bookshop /'bʊkʃɒp/ *n.* hiệu sách, tiệm sách: **These dictionaries are on sale at local ~s.** Những cuốn từ điển nầy đang bày bán tại các tiệm sách địa phương.

bookworm /'bʊkwɜ:m/ *n.* mọt sách

boom /bu:m/ **1** *n.* tiếng đùng đùng/ oang oang, sự phát triển nhanh **2** *v.* nổ đùng đùng, nói oang oang; nở rộ

boon /bu:n/ *n.* mối lợi, lợi ích, ân huệ

boost /bu:st/ *v.* nâng lên, làm tăng lên, tăng giá: **The advertisement aims to ~ sales.** Quảng cáo nhằm làm tăng việc bán hàng.

boot /bu:t/ **1** *n.* giày ống, ủng; hộc đựng đồ trong xe hơi: **~ camp** trại huấn luyện lính mới tuyển **2** *v.* đá mạnh, nạy mạnh ai

booth /bu:ð/ *n.* quán, rạp, lều, phòng điện thoại, phòng bỏ phiếu, chỗ ngồi riêng ở tiệm ăn

booty /'bu:tɪ/ *n.* của cướp được, chiến lợi phẩm

border /'bɔ:də(r)/ **1** *n.* bờ, vỉa, lề, biên giới, biên thuỳ, biên cảnh, biên cương **2** *v.* viền, giáp với, giống như, gần như

borderline /'bɔ:dəlaɪn/ **1** *n.* đường chia ranh giới **2** *adj.* trên ranh giới, vừa đúng

bore /bɔ:(r)/ **1** *n.* lỗ khoan, nòng **2** *v.* khoan, đào, xới

bore /bɔ:(r)/ **1** *n.* việc chán, việc buồn, người dở dẫn **2** *v.* làm buồn, làm chán: **A good actor never ~s his audience.** Một diễn viên giỏi không bao giờ làm khán giả buồn chán.

bore /bɔ:(r)/ quá khứ của **bear**

boredom /'bɔ:dəm/ *n.* sự buồn chán, sự nhàn tẻ

born /bɔ:n/ **1** *v.* [xem **bear**] sinh, đẻ **2** *adj.* đẻ ra, trời sinh, bẩm sinh: **Vietnamese-~** sinh ở Việt Nam; **~ lucky** có số may

borne /bɔ:n/ quá khứ của **bear**: sinh, đẻ: **She has ~ five children.** bà ấy sinh năm người con

borrow /'bɒrəʊ/ *v.* vay, mượn

bosom /'bʊzəm/ *n.* ngực, ngực áo, lòng, trái tim, thâm tâm

boss /bɒs/ **1** *n.* ông/bà chủ, thủ trưởng, ông trùm, tay cừ **2** *v.* chỉ huy, điều khiển

botanical /bəʊ'tænɪkəl/ *adj.* thuộc thực vật học: **~ gardens** vườn bách thảo

botany /'bɒtənɪ/ *n.* thực vật học

botch /bɒtʃ/ **1** *v.* làm hỏng việc, làm vụng về **2** *n.* việc hỏng

both /bəʊθ/ **1** *adj.* cả hai **2** *pron.* **They ~ are poets. Both of them are poets.** cả hai đều là thi sĩ **3** *adv.* **~ tired and thirsty** vừa mệt vừa khát nước

bother /'bɒðə(r)/ **1** *n.* điều phiền muộn, chuyện bực mình **2** *v.* làm phiền, quấy rầy

bottle /'bɒt(ə)l/ **1** *n.* chai, lọ, bầu sữa, rượu **2** *v.* đóng chai, uống hết: **to ~ up** uống hết

bottleneck /'bɒtlnek/ *n.* chỗ đường dễ bị tắc nghẽn; cổ chai

bottom /'bɒtəm/ **1** *n.* đáy. cuốn, mặt ghế, mông đít, cơ sở, ngọn nguồn, căn nguyên: **at the ~** về bản chất **2** *adj.* thấp nhất

bought /bɔ:t/ quá khứ của **buy**

boulder /'bəʊldə(r)/ *n.* tảng đá lớn, tảng lăn

bounce /baʊns/ **1** *v.* nảy lên, nhảy vụt ra **2** *n.* sự bật lên, sự tống cổ ra: **to get the ~** bị tống cổ ra

bound /baʊnd/ **1** *n.* biên giới, giới hạn, hạn độ, phạm vi **2** *v.* vạch biên giới, hạn chế

bound /baʊnd/ **1** *n.* động tác nhảy vọt: **in leaps and ~s** nhảy vọt **2** *v.* nhảy lên, nảy bật lên

bound /baʊnd/ *adj.* sắp đi tới: **~ for Hai Phong** sắp đi tới Hải Phòng

bound /baʊnd/ quá khứ của **bind**: **~ up with** gắn bó với; **~ to** nhất định, chắc chắn sẽ...

boundary /'baʊndərɪ/ *n.* đường biên giới, ranh giới

bouquet /ba'keɪ/ *n.* vòng hoa, lẵng hoa

467

bout /baʊt/ *n.* lần, lược, đợt, cơn, chầu, cuộc đấu

bow /bəʊ/ *n.* cái cung/vĩ vi-ô-lôn, nơ bướm

bow /baʊ/ **1** *n.* sự cúi đầu chào **2** *v.* cúi đầu/mình, khom lưng, cúi chào, chịu khuất phục, đầu hàng: **to ~ before the authority** khuất phục trước uy quyền

bowel /'baʊəl/ *n.* ruột, lòng: **to move one's ~s** đại tiện, đi cầu

bowl /bəʊl/ **1** *n.* cái bát, bát đầy **2** *v.* đôi bóng, thẩy bóng

bowl /bəʊl/ **1** *n.* quả bóng gỗ **2** *v.* lăn bóng gỗ

box /bɒks/ **1** *n.* (*pl.* **boxes**) hộp, tráp, thùng, bao, lô rạp hát, chòi/điểm canh **2** *v.* bỏ vào hộp/thùng

box /bɒks/ **1** *n.* cái tát, cái bạt tai: **a ~ on the ear** một cái bạt tai **2** *v.* tát, bạt tai, đánh quyền anh

box office *n.* chỗ ngồi riêng trong rạp hát

boy /bɔɪ/ **1** *n.* con trai, thiếu niên, con trai/giai: **I have two ~s.** Tôi có hai con trai. **2** *n.* học trò con trai, nam học sinh: **My friend studied at a ~s' school.** Bạn tôi học ở trường nam. **3** *n.* bạn thân: **He is my eldest ~.** Anh ấy là con trai lớn của tôi.

boycott /'bɔɪkɒt/ **1** *n.* sự tẩy chay **2** *v.* tẩy chay: **The opposition leaders will ~ the general election.** Các lãnh tụ đối lập tẩy chay cuộc bầu cử nầy.

bra /brɑː/ *n., abbr.* (= **brassiere**) cái nịt vú, cái yếm

brace /breɪs/ **1** *n.* vật để nối, trụ chống, cốt sắt [tường], thanh ngang, một đôi [chim], cái khoan quay tay, dấu ngoặc ôm; **braces** dây đeo quần, dây brơten **2** *v.* chằng, móc, nối cho vững, làm cho chắc thêm, chống bằng trụ, cố gắng: **to ~ oneself** dốc hết nghị lực

bracket /'brækɪt/ **1** *n.* kệ đỡ giá, rầm chìa, dấu ngoặc đơn, dấu móc, dấu ngoặc **2** *v.* đặt trong dấu ngoặc

braid /breɪd/ **1** *n.* dải viền, dây tết, bím, đuôi sam **2** *v.* viền, bện, tết

brain /breɪn/ *n.* óc, não, não đầu, đầu óc, trí óc, trí tuệ, trí lực, óc thông minh: **to rack one's ~s** nặn/vắt óc suy nghĩ; **to have something on the ~** bị điều gì ám ảnh

brain drain *n.* tình trạng mất nhân tài

brainstorm /'breɪnstɔːm/ *n.* động não: **The students have to ~ for the answer.** Học sinh được động não về bài học của chúng.

brain-teaser *n.* vấn đề khó nhưng giải quyết vui

brake /breɪk/ **1** *n.* phanh, cái hãm/thắng: **You should check the ~s of your car regularly.** Bạn nên kiểm tra chân thắng xe bạn. **2** *v.* hãm, thắng

bramble /'bræmb(ə)l/ *n.* bụi gai

bran /bræn/ *n.* cám

branch /brɑːnʃ/ **1** *n.* cành cây, nhánh sông, chi, chi nhánh, chi điểm, chi cuộc, ngành, phân bộ: **to trim ~es** tỉa cành cây; **to go to the local ~ of a bank** đến một chi nhánh nhân hàng **2** *v.* đâm cành/nhánh, phân nhánh, chia ngả, mở rộng ra

brand /brænd/ **1** *n.* nhãn hiệu, loại hàng, hiệu, dấu sắt nung **2** *v.* đóng nhãn hiệu, gọi là, chụp mũ là, đóng dấu sắt nung, làm ô nhục

brandy /'brændɪ/ *n.* rượu mạnh brandi

brass /brɑːs/ *n.* đồng thau, đồ vật làm bằng đồng thau, sự trơ tráo, sự vô liêm sỉ: **the ~** kèn đồng; **~ band** đội kèn, đội quân nhạc; **top ~** sĩ quan cao cấp

brassiere /'bræsɪə(r)/ *n.* cái nịt vú, cái yếm

brat /bræt/ *n.* thằng ranh, thằng nhóc: **spoilt ~** đứa bé hư đốn; **~ pack** nhóm tài tử trẻ

bravado /brə'veɪdəʊ/ *n.* sự làm ra vẻ phô trương thanh thế

brave /breɪv/ **1** *adj.* gan dạ, can đảm, dũng cảm **2** *v.* không sợ, bất chấp, khinh thường, bất quản [gian nan] brawl /brɔːl/ n., v. (sự/vụ) cãi nhau âm ĩ

brawny /'brɔːnɪ/ adj. có bắp thịt, khoẻ mạnh, nở nang

Brazil /brə'zɪl/ n. nước Ba Tây

breach /briːtʃ/ n. lỗ thủng/hổng, sự vi phạm: ~ of promise sự thất hứa; ~ of discipline sự vi phạm kỷ luật; ~ of security vi phạm an ninh

bread /bred/ 1 n. bánh mì, miếng ăn, kế sinh nhai, tiền: loaf of ~ ổ bánh mì; piece/slice of ~ khoanh bánh mì; to take the ~ out of someone's mouth móc họng người ta 2 v. lăn/ bao vụn bánh (trước khi nướng)

breadth /bredθ/ n. bề/chiều ngang/ rộng, khổ, sự rộng rãi

break /breɪk/ 1 n. sự/chỗ vỡ/gẫy/đứt, sự nghỉ, sự gián đoạn, giờ nghỉ/ra chơi/giải lao, sự thay đổi, cơ hội: coffee ~ nghỉ uống cà phê; without a ~ không nghỉ/ngừng 2 v. [broke; broken] đánh/đập/làm vỡ, bể, cắt/ làm đứt, ngừng cúp, làm gián đoạn, làm nhụt/suy sụp, bắt đầu, đột biến: Glass ~s easily. Thuỷ tinh dễ vỡ.; He broke his leg. Nó bị gãy chân.; to ~ a promise không giữ lời hứa; to ~ a record phá kỷ lục; The news broke his wife's heart. Tin ấy làm bà vợ ông ta đau lòng.; to ~ out of jail vượt ngục; to ~ away thoát khỏi; to ~ down (đập) vỡ, bị hỏng, suy nhược, khóc oà lên, kê rõ chi tiết; to ~ off long ra, cắt đứt; to ~ out bùng nổ; to ~ up đập vụn, giải tán; to ~ through chọc thủng [phòng tuyến], vượt qua

breakage /'breɪkɪdʒ/ n. đồ bị vỡ, tiền đền về hàng bị vỡ

breakdown /'breɪkdaʊn/ n. sự hỏng máy, sự suy yếu, sự tan vỡ., suy sụp, sự kê khai chi tiết, sự kê rõ từng mục: nervous ~ sự suy nhược thần kinh

breakfast /'brekfəst/ n. bữa điểm tâm: to have ~ ăn sáng/điểm tâm

breast /brest/ n. vú, ngực, lòng, tâm tình, tâm: wanting to make a clean ~ of it thú nhận hết

breath /breθ/ n. hơi thở, cơn gió nhẹ, làn hương thoảng: out of ~ hết hơi, đứt hơi; to hold one's ~ nín hơi/thở; in the same ~ một hơi/mạch; to waste one's ~ hoài hơi, phí lời

breathalyzer /breθəlaizə(r)/ n. máy đo độ rượu của người lái xe

breathe /briːð/ v. hít, thở, nói lộ ra, nói nhỏ, truyền cho: to ~ in thở vào; to ~ out thở ra; to ~ hard thở gấp; to ~ a sigh thở dài; to ~ one's last (breath) trút hơi thở cuối cùng

breathing /'briːðɪŋ/ n. sự thở, sự hô hấp, hơi thở/gió: ~ space thời gian ngắn giữa hai hoạt động

breathless /'breθləs/ adj. hết hơi, không kịp thở, nín thở

breathtaking /'breθ,teɪkɪŋ/ adj. làm nín thở

bred /bred/ quá khứ của breed

breed /briːd/ 1 n. giống, nòi, dòng dõi 2 v. [bred] sinh đẻ, sinh sản, gây giống, chăn nuôi, nuôi dưỡng, dạy dỗ, giáo dục, gây ra, phát sinh ra

breeze /briːz/ n., v. gió nhẹ/mát, vui vẻ, phơi phới, hồ hởi

breezy /'briːzɪ/ adj. có gió mát, vui vẻ, phơi phới, hồ hởi

brevity /'brevɪtɪ/ n. tính ngắn gọn, sự ngắn ngủi

brew /bruː/ 1 n. rượu (bia) 2 v. chế, ủ (bia), pha (trà), bày mưu, trù tính, đang được chuẩn bị: A storm is ~ing. Cơn dông đang kéo đến.

brewery /'bruːərɪ/ n. nhà máy bia

briar /'braɪə(r)/ (also brier) n cây gai, cây tầm xuân/thạch nham

bribe /braɪb/ 1 n. của đút lót, tiền hối lộ: He is being investigated for receiving ~s. Ông ta đang bị điều tra là đã nhận tiền hối lộ. 2 v. ăn hối lộ

bribery /'braɪbərɪ/ n. sự đút lót, vụ hối lộ

brick /brɪk/ n. (viên) gạch, bánh [chè], thỏi, cục: to make ~s without

straw cố gắng làm việc trong điều kiện thiếu thốn

bridal /'braɪdəl/ **1** *n.* đám cưới **2** *adj.* thuộc cô dâu/đám cưới: ~ **night** đêm tân hôn

bride /braɪd/ *n.* cô dâu, tân nương

bridegroom /'braɪdgru:m/ *n.* chú rể, tân lang

bridge /brɪdʒ/ **1** *n.* cái cầu, sống mũi, cái ngựa đàn **2** *v.* xây cầu qua, vắt ngang, lấp [hố ngăn cách]

bridle /'braɪd(ə)l/ **1** *n.* cương ngựa, sự kiềm chế **2** *v.* thắng cương cho ngựa, kiềm chế: **to ~ up** hất đầu vênh mặt

brief /bri:f/ **1** *n.* bảng tóm tắt, trích yếu, đại cương **2** *adj.* ngắn, gọn, vắn tắt **3** *v.* chỉ dẫn, thuyết trình

briefing /'bri:fɪŋ/ *n.* buổi/bài thuyết trình hay chỉ dẫn: **Everyone has to attend this afternoon's ~.** Mọi người phải tham dự buổi thuyết trình hướng dẫn chiều nay.

brigade /brɪ'geɪd/ *n.* lữ đoàn, đội: **fire ~** đội cứu hoả

bright /braɪt/ *adj.* sáng (chói), tươi, rực rỡ, rạng rỡ; thông minh: **a ~ man** con người thông minh

brilliant /'brɪljənt/ *adj.* chói lọi, rực rỡ, tài giỏi, lỗi lạc

brim /brɪm/ **1** *n.* miệng chén, bát, vành mũ: **full to the ~** đầy ắp **2** *v.* đổ đầy tràn, tràn đầy

brine /braɪn/ *n.* nước biển, nước mặn

bring /brɪŋ/ *v.* [**brought**] đem/mang/ đưa/cầm lại, gây/làm cho: **to ~ about** đem lại, gây ra; **to ~ back** mang trả lại, gợi lại; **to ~ down** đem/đưa xuống, hạ xuống, hạ [máy bay, chim]; **to ~ forth** sinh ra, gây ra; **to ~ forward** nêu ra; **to ~ in** đưa/ đem vào, đem/mang lại; **to ~ out** đưa ra, làm nổi, xuất bản; **to ~ up** đưa/đem lên, nuôi nấng dạy dỗ

brink /brɪŋk/ *n.* bờ/miệng vực: **on the ~ of** kề/bên miệng

brisk /brɪsk/ *adj.* nhanh nhảu, nhanh nhẹn, phát đạt

bristle /'brɪs(ə)l/ **1** *n.* lông cứng **2** *v.* [lông] dựng đứng lên, đầy dẫy, tua tủa

British /'brɪtɪʃ/ *n.* thuộc Anh: **the ~ Isles** quần đảo Anh; **the ~** người Anh

brittle /'brɪt(ə)l/ *adj.* giòn, dễ gãy/vỡ

broach /brəʊtʃ/ *v.* mở, khui, bắt đầu thảo luận, đề cập

broad /brɔ:d/ **1** *adj.* rộng, mênh mông, bao la, rộng rãi, phóng khoáng, rõ, rõ ràng, khái quát, đại cương: **in ~ daylight** giữ ban ngày ban mặt, thanh thiên bạch nhật **2** *n.* [*slang*] đàn bà, con đĩ

broadband /'brɔ:dbænd/ *n.* băng tần điện thoại rộng

broadcast /'brɔ:dkɑ:st/ **1** *n.* buổi/ chương trình phát thanh **2** *v.* [**broadcast**] gieo rắc [hạt giống] truyền đi, quảng bá, phát thanh

Broadway /'brɔ:dweɪ/ *n.* lối đi rộng

brochure /broʃə(r)/ *n.* sách mỏng, tài liệu quảng cáo, tập sách chỉ dẫn

brogue /brəʊg/ *n.* giọng địa phương

broil /brɔɪl/ *v.* nướng thịt, nóng như thiêu đốt

broke /brəʊk/ *adj.* hết tiền, túng quẫn, khánh kiệt: **It's the end of the month, we're ~.** Cuối tháng chúng tôi đều hết tiền.

broke /brəʊk/ quá khứ của **break**

broken /'brəʊk(ə)n/ *adj.* [xem **break**] bị vỡ/bể/gãy, bị tan vỡ, suy nhược, vụn, đứt quãng, thất thường: **a ~ promise** lời hứa không giữ; **a ~ heart** lòng đau đớn

bronchitis /'brɒŋkaɪtɪs/ *n.* bệnh viêm cuống phổi

bronze /brɒnz/ *n.* đồng thiếc, thanh đồng, cổ đồng, màu đồng thiếc, đồ đồng thiếc: **the ~ Age** thời kỳ đồ đồng (thiếc); **~ medal** huy chương đồng

brood /bru:d/ **1** *n.* lứa, ổ [chim/gà non], bầy/lũ con **2** *v.* ấp [trứng], tư lự, nghiền ngẫm

brook /brʊk/ *n.* con suối nhỏ

broom /bru:m/ *n.* cái chổi

broth /brɒθ/ *n.* nước luộc thịt, nước xúp

brother /'brʌðə(r)/ *n.* anh trai, em trai

brotherly /'brʌðəlɪ/ *n.* (như) anh em, thủ túc, ruột thịt

brought /brɔ:t/ quá khứ của **bring**

brow /braʊ/ *n.* trán, mày, lông mày

browbeat /'braʊbi:t/ *v.* [**browbeat**; **browbeaten**] doạ nạt, nạt nộ

brown /braʊn/ **1** *n.* màu nâu, quần áo nâu **2** *adj.* nâu, [da] rám nắng **3** *v.* nhuộm/sơn nâu, rán vàng

browse /braʊz/ *v.* đọc/xem lướt qua; tìm kiếm hồ sơ trên máy vi tính: **to ~ through one's files** tìm hồ sơ của bạn (trên máy vi tính)

browser /'braʊzə(r)/ *n.* chương trình trong máy điện toán dùng để đọc tài liệu trên mạng vi tính toan cầu

bruise /bru:z/ **1** *n.* vết thâm tím **2** *v.* làm thâm tím

brunt /brʌnt/ *n.* sức mạnh chính, mũi giùi (trận đánh): **to take the ~ of someone's anger** chịu đựng sự tức giận của ai

brush /brʌʃ/ **1** *n.* bàn chải, bút lông, sự chải, cuộc chạm trán/đụng độ chớp nhoáng **2** *v.* chải, cọ, lướt qua, chạm nhẹ: **to ~ up** chải bóng, học ôn lại

brusque /brʌsk/ *adj.* sống sượng, lỗ mãng, đường đột, vô lễ

brutal /'bru:təl/ *adj.* tàn nhẫn, cục súc, đầy thú tính

brutality /bru:'tælɪtɪ/ *n.* tính hung ác, hành động dã man

BSE /ˌbi:bi:'es/ *abbr.* (= **Bovine Spongiform Encelophathy** = **mad cow disease**) bệnh bò điên

bubble /'bʌb(ə)l/ **1** *n.* bong bóng, bọt, tăm, ảo tưởng: **soap ~** bong bóng xà phòng **2** *v.* nổi bong bóng/bọt, sủi tăm

buck /bʌk/ **1** *n.* hươu/dê/thỏ đực, đồng đô la: **to pass the ~ to some-one** bắt người nào chịu trách nhiệm **2** *v.* [ngựa] nhảy cong người lên: **to**

~ your ideas up bắt đầu hành sử dễ chịu hơn

bucket /'bʌkɪt/ *n.* thùng, xô, gàu: **to kick the ~** ngoẻo, củ

buckle /'bʌk(ə)l/ **1** *n.* khoá/móc thắt lưng **2** *v.* cài khoá, thắt

bud /bʌd/ **1** *n.* chồi, nụ, lộc: **in ~** đang ra nụ **2** *v.* nảy mầm, ra nụ/lộc, manh nha, [hoa] hé nở

Buddhism /'bʊdɪz(ə)m/ *n.* đạo Phật: **Mahayana ~** Phật giáo đại thừa

budge /bʌdʒ/ *v.* chuyển, nhúc nhích, động đậy

budget /'bʌdʒɪt/ **1** *n.* ngân sách/quỹ: **to release the annual government ~** phổ biến ngân sách hàng năm của chính phủ; **~ airlines** hãng máy bay vừa phải/rẻ tiền **2** *v.* dự thảo ngân sách

buff /bʌf/ *n.* da trâu/bò, màu vàng sẫm, màu da bò

buffalo /'bʌfələʊ/ *n.* (*pl.* **buffaloes**) con trâu: **water ~** con trâu nước

buffer /'bʌfə(r)/ *n.* vật đệm, cái giảm xóc: **~ state** nước đệm, quốc gia hoãn xung; **~ zone** vùng trái độn

buffet /'bʊfeɪ/ *n.* tủ đựng bát đĩa cốc tách, bữa cơm tự chọn: **~ dinner** bữa tiệc/cơm tự chọn m ón ăn

buffet /'bʌfɪt/ **1** *n.* cái đấm/vả/tát **2** *v.* thoi/đấm/đánh/tát, đầy đọa, vùi dập

bug /bʌg/ **1** *n.* con rệp; sâu bọ, côn trùng, máy ghi âm nhỏ để nghe trộm: **bed~** con rệp **2** *v.* đặt máy ghi âm nghe trộm, làm khó chịu

bugle /'bju:g(ə)l/ *n., v.* (thổi) kèn, (thổi) tù và

build /bɪld/ **1** *n.* kiểu kiến trúc, khổ người, tầm vóc **2** *v.* [**built**] xây, xây cất, xây dựng, dựng/lập nên: **to ~ on** dựa vào, tin cậy vào; **to ~ up** xây dựng dần dần nên; **to ~ a house** xây nhà

building /'bɪldɪŋ/ *n.* việc xây dựng, toà nhà, cao ốc, bin-đinh

bulb /bʌlb/ *n.* củ [hành/tỏi]: **light ~** bóng đèn

bulge /bʌldʒ/ **1** *n.* chỗ phồng **2** *v.*

phồng/phình ra/lên

bulk /bʌlk/ *n.* số lượng/khối lượng/ tầm vóc lớn, phần lớn, số đông hơn: ~ **bill** trả tiền qua thẻ bảo hiểm y tế; **to sell in** ~ bán buôn

bulky /'bʌlkɪ/ *adj.* to lớn, kềnh càng, đồ sộ

bull /bʊl/ *n.* bò đực, con đực: ~ **elephant** voi đực; ~ **whale** cá voi đực

bullet /'bʊlɪt/ *n.* đạn: ~ **train** xe lửa tốc hành

bullion /'bʊlɪən/ *n.* nén, thoi (vàng/ bạc)

bully /'bʊlɪ/ **1** *n.* kẻ bắt nạt, du côn, ác ôn **2** *v.* bắt nạt, hăm doạ: **Everyone stops him from ~ing his employees.** Mọi người ngăn ông ta hăm doạ nhân viên thuộc quyền.

bulwark /'bʊlwək/ *n.* tường luỹ, sự phòng ngự/bảo vệ

bum /bʌm/ *n.* kẻ lang thang vô công rỗi nghề

bump /bʌmp/ **1** *n.* sự va đụng, chỗ sưng u lên **2** *v.* đâm vào, va mạnh, đụng mạnh, xóc nảy lên

bumper /'bʌmpə(r)/ *n.* cái hãm xung, cái đỡ va (xe hơi), vụ mùa bội thu: ~ **crop** cốc rượu đầy

bumpy /'bʌmpɪ/ *adj.* [đường] xóc, mấp mô

bun /bʌn/ *n.* bánh bao nhỏ, bánh sữa nhỏ, búi tóc nhỏ

bunch /bʌntʃ/ *n.* chùm, bó, buồng, cụm, bọn, lũ, toán: **to buy a ~ of bananas** mua một bó hoa

bundle /'bʌnd(ə)l/ **1** *n.* bó, bọc **2** *v.* bó/bọc/gói lại: **to ~ up/off** tống cổ đi

bungalow /'bʌŋgələʊ/ *n.* nhà gỗ phụ, băng-ga-lô

bungee jumping *n.* nhảy từ trên cao xuống có cột giây vào người

bungle /'bʌŋg(ə)l/ **1** *n.* việc làm vụng **2** *v.* làm cẩu thả/ẩu

bunk /bʌŋk/ *n.* giường ngủ [trên tàu/ xe], giường hai tầng

bunny /'bʌnɪ/ *n.* con thỏ

buoy /bɔɪ/ **1** *n.* phao (cứu đắm): **life** ~

phao cứu đắm **2** *v.* thả phao, làm cho tinh thần phấn chấn

buoyant /'bɔɪənt/ *adj.* nổi, nhẹ, sôi nổi, vui vẻ

burden /'bɜːd(ə)n/ **1** *n.* gánh nặng: **beast of** ~ súc vật tải đồ **2** *v.* chất/ đè nặng lên

burdensome /'bɜːd(ə)nsəm/ *adj.* đè nặng, nặng nề, làm phiền

bureau /bju'rəʊ/ *n.* phòng, cục, nha, vụ, tủ com mốt: ~ **of statistics** nha thống kê

bureaucracy /bju'rəʊkrəsɪ/ *n.* chế độ/ bộ máy quan liêu: **People often complain about having to deal with too much ~.** Người dân thường than phiền về việc tiếp xúc với bộ máy quan liêu.

burglar /'bɜːglə(r)/ *n.* kẻ trộm: **Be careful of ~s.** Coi chừng kẻ trộm.

burglary /'bɜːglərɪ/ *n.* nghề ăn trộm, vụ trộm

burial /'berɪəl/ *n.* sự chôn cất/mai táng: ~ **ground** đất mai táng

burn /bɜːn/ **1** *n.* vết bỏng, vết cháy **2** *v.* [burnt/burned] đốt, đốt cháy, bừng bừng: **to ~ down** thiêu huỷ, thiêu trụi, lụi dần; **to ~ out** đốt hết/ sạch, cháy hết; **to ~ up** đốt sạch, cháy trụi, cháy bùng lên, (làm) phát cáu

burner /'bɜːnə(r)/ *n.* đèn, mỏ đèn, lò bếp, bếp điện

burnt /bɜːrnt/ quá khứ của **burn**

burst /bɜːst/ **1** *n.* tiếng/sự nổ, sự bộc phát: **a ~ of gunfire** một loạt đạn nổ **2** *v.* [**burst**] (làm) nổ/vỡ tung, xông, xộc: ~**ing with** đầy ắp; **to ~ into tears** khóc oà lên

bury /'berɪ/ *v.* chôn, chôn cất, mai táng, chôn vùi

bus /bʌs/ **1** *n.* (*pl.* **buses**) xe buýt [**get on** lên, **get off** xuống]: ~ **stop** chỗ xe buýt đậu **2** *v.* chở [học sinh] bằng xe buýt đến một trường ở xa

bush /bʊʃ/ *n.* bụi cây, bụi rậm: **to beat about the ~** nói quanh

bushy /'bʊʃɪ/ *adj.* có nhiều bụi cây,

mọc rậm rạp

business /'bɪznəs/ *n.* việc buôn bán/ kinh doanh, việc, công việc, nhiệm vụ: **to do ~ with** buôn bán, giao dịch với; **to go into ~** ra buôn bán; **to go out of ~** vỡ nợ

busker /bʌsk(ə)r/ *n.* người hát rong

bust /bʌst/ *n.* tượng nửa người, tượng bán thân, ngực

bustle /'bʌs(ə)l/ **1** *n.* sự hối hả rộn ràng, tiếng ồn ào **2** *v.* rối rít lăng xăng, bận rộn hối hả, giục giã

busy /'bɪzɪ/ **1** *adj.* bận, bận rộn, đông đúc, sầm uất, náo nhiệt, [dây nói] đang bận **2** *v.* **to ~ oneself with** bận rộn với

busybody /'bɪzɪ,bɒdɪ/ *n.* người lăng xăng/bao biện/hiếu sự

but /bʌt/ **1** *conj.* nhưng (mà), song: **He wanted to go, ~ had no money.** Anh ấy muốn đi, nhưng không có tiền.; **This fabric is thin ~ warm.** Hàng này mỏng mà ấm.; **not only... ~ also...** không những... mà còn...: **Confucianism is not only a religion, ~ also a moral philosophy.** Khổng giáo không phải là một tôn giáo, mà là một triết lý về đạo đức. **2** *adv.* chỉ là, chỉ mới: **I got it ~ two days ago.** Tôi chỉ mới nhận được cách đây có hai hôm thôi. **3** *prep.* trừ, ngoài: **any day ~ Tuesday** bất cứ ngày nào trừ thứ ba; **no one ~ me** không có ai ngoài tôi ra

butcher /'bʊtʃə(r)/ **1** *n.* người hàng thịt, đồ tể **2** *v.* giết, mổ

butt /bʌt/ **1** *n.* báng súng, đầu huốc lá **2** *v.* húc đầu vào

butter /'bʌtə(r)/ **1** *n.* bơ **2** *v.* phết bơ, xào bơ

butterfly /'bʌtəflaɪ/ *n.* con bươm bướm: **~ nut** tai hồng

buttocks /'bʌtəks/ *n.* mông đít

button /'bʌt(ə)n/ **1** *n.* cái khuy/cúc, nút bấm **2** *v.* cài khuy, đơm khuy

buy /baɪ/ **1** *v.* [**bought**] mua, mua chuộc, đút lót: **to ~ back** mua lại; **to ~ in** mua trữ, mua buôn; **to ~ up** mua hết, mua nhẵn **2** *n.* việc/vật mua bán: **best ~s** việc mua tốt nhất

buzz /bʌz/ **1** *n.* tiếng vo vo/vù vù **2** *v.* kêu vo vo/vù vù: **Give me a ~ tonight.** Tối nay xin anh kêu tôi.

buzzword /bʌzwɜ:d/ *n.* danh từ thông dụng trong giới báo chí

by /baɪ/ **1** *prep.* gần, cạnh, bên, kề, qua, ngang/xuyên qua, vào lúc, vào quãng, bằng, do, bởi, theo từng: **~ the window** gần bên cửa sổ, bên song; **~ two o'clock** vào khoảng hai giờ; **driven ~ electricity** chạy bằng điện; **a poem ~ Nguyen Trai** một bài thơ của Nguyễn Trãi; **~ accident** tình cờ, ngẫu nhiên; **multiply ~ seven** nhân với bảy; **rented ~ the week** cho thuê từng tuần lễ một; **to learn ~ doing** học bằng cách làm **2** *adv.* ở gần, đi qua: **He walked ~ just now.** Hắn vừa đi ngang qua đây.; **~ and ~** chốc nữa; **~ and large** nói chung, nhìn chung

bye /baɪ/ *n.* cái phụ, cái thứ yếu

bye-bye /'baɪ,baɪ/ *intj.* chào tạm biệt

bypass /'baɪpɑːs/ **1** *n.* đường vòng: **to drive along a ~ near Saigon** lái dọc theo con đường vòng qua thành phố; **heart ~** cho máu không qua tim **2** *v.* đi vòng (để tránh)

by-product /'baɪ,prɒdʌkt/ *n.* sản phẩm phụ

byte /baɪt/ *n.* đơn vị trữ lượng trong máy vi tính: **two million ~s of data** dữ liệu đến hai triệu bai

C

c, C /siː/ 100 chữ số La Mã

cab /kæb/ *n.* xe tắc xi, xe ngựa thuê, buồng lái: **to take a ~ to work** đi làm việc bằng tắc-xi

cabbage /'kæbɪdʒ/ *n.* cải bắp

cabin /'kæbɪn/ *n.* túp lều, nhà gỗ, ca-bin, buồng ngủ: **~ crew** phi hành đoàn; đoàn tiếp viên hàng không

cabinet /'kæbɪnɪt/ **1** *n.* tủ: **filing ~** tủ đựng hồ sơ **2** *n.* nội các, chính phủ: **~ meeting** họp hội đồng nội các/chính phủ

cable /'keɪb(ə)l/ **1** *n.* dây thừng/chão, dây cáp, cáp xuyên đại dương, điện tín cablegram: **~ TV** dây nối máy truyền hình (TV) **2** *v.* đánh/gửi điện tín, buộc/cột bằng dây cáp

cache /kæʃ/ *n.* kho dự trữ kín; phần lưu trữ trong bộ nhớ máy vi tính

cackle /'kæk(ə)l/ **1** *n.* tiếng gà cục tác, tiếng quang quác **2** *v.* [gà mới đẻ] cục tác, nói cười quang quác

cactus /'kæktəs/ *n.* (*pl.* **cacti/cactuses**) cây xương rồng

CAD /kæd/ *abbr.* (= **Computer-Aided Design**) phần mềm máy vi tính dùng để vẽ các mẫu, kiểu

cadet /kə'det/ *n.* sinh viên trường sĩ quan/võ bị, lính tập sự

cadre /'kɑ:d(ə)r/ *n.* cán bộ, lực lượng nòng cốt

café /'kæfeɪ/ *n.* quán ăn, tiệm cà phê: **internet ~** tiệm cà-phê có cho thuê mạng vi tính toàn cầu (internet)

cafeteria /kæfə'tɪərɪə/ *n.* quán ăn, hàng ăn tự phục vụ

caffeine /'kæfi:n/ *n.* chất cà-phê-in trong cà-phê hay trà

cage /keɪdʒ/ **1** *n.* lồng, chuồng, cũi, buồng thang máy **2** *n.* hòm đạn dược, thùng lặn [của công nhân xây cầu] **3** *v.* nhốt vào lồng/cũi caisson

cajole /kə'dʒəʊl/ *v.* tán tỉnh, phỉnh phờ

cake /keɪk/ **1** *n.* bánh ngọt, miếng, bánh: **to sell like hot ~s** bán chạy như tôm tươi; **Have your ~ and eat it.** Xin mời bạn dùng bánh. **2** *v.* đóng thành bánh, đóng bết

calamity /kə'læmɪtɪ/ *n.* tai hoạ, tai ương, cơn hoạn nạn

calcium /'kælsɪəm/ *n.* chất vôi/can-xi-um: **Old people need to eat a lot of food rich in ~.** Người già rất cần ăn thức ăn có chất can-xi-um.

calculate /'kælkjʊleɪt/ *v.* tính, tính toán, tính trước, dự tính, suy tính:

to ~ on/upon trông vào, tin vào

calculation /kælkjʊ'leɪʃən/ *n.* sự tính toán, sự cân nhắc/đắn đo: **to make mistakes in ~** tính toán lầm

calculator /'kælkjʊleɪtə(r)/ *n.* máy tính: **pocket ~** máy tính bỏ túi

calendar /'kæləndə(r)/ *n.* lịch, lịch công tác: **solar ~** tây lịch, dương lịch; **lunar ~** âm lịch, nông lịch

calf /kɑ:f/ *n.* (*pl.* **calves**) con bê, da bê

calf /kɑ:f/ *n.* (*pl.* **calves**) bắp chân

calk /kɔ:k/ *v.* [*Br.* **caulk**] trám (thuyền), trét, bít

call /kɔ:l/ **1** *n.* tiếng gọi/kêu, lời kêu gọi, tiếng gọi, việc gọi dây nói, cú điện thoại, cuộc điện đàm, cuộc thăm viếng: **~ center** trung tâm gọi điện thoại **2** *v.* gọi, kêu, gọi lại, mời, gọi/kêu dây nói, gọi là, tên là **3** *v.* đến thăm: **to ~ aside** gọi ra một bên; **to ~ away** gọi/mời đi; **to ~ back** gọi về; **to ~ on/upon** ghé thăm; **to ~ off** gọi ra chỗ khác, hoãn lại; **to ~ up** gọi điện thoại, gọi dậy, đánh thức, gợi lại

caller /'kɔ:lə(r)/ *n.* người gọi, khách đến thăm: **~ ID** số/thẻ xác nhận người gọi

calligraphy /kæ'lɪgrəfɪ/ *n.* chữ viết, lối viết, bút pháp, thư pháp, tự dạng

calling /'kɔ:lɪŋ/ *n.* nghề nghiệp, sự gọi, sự đến thăm

callous /'kæləs/ *adj.* thành chai, co chai, chai đá, vô tình, lãnh đạm, nhẫn tâm

callus /'kæləs/ *n.* cục chai trên da

callused /'kæləst/ *adj.* [*Br.* **calloused**] bị chai ở da/tay/chân

calm /kɑ:m/ **1** *n.* sự yên lặng/êm ả, sự bình tĩnh/điềm tĩnh **2** *adj.* (trời) lặng gió, êm đềm, (biển) lặng, bình tĩnh, điềm tĩnh: **Try to keep ~ and just tell me what happened.** Hãy giữ bình tĩnh và nói cho tôi biết chuyện gì đã xẩy ra. **3** *v.* (làm) dịu/êm, trấn tĩnh

calorie /'kælərɪ/ *n.* (*also* **calory**) chất calo, nhiệt lượng

CAM /kæm/ *abbr.* (= **Computer Aided Manufacturing**) hãng sản xuất máy vi tính

Cambodia /kæm'bəʊdɪə/ *n.* nước Cambốt

Cambodian /kæm'bəʊdɪən/ *n., adj.* thuộc người/tiếng Cambốt/ Campuchia

camcorder /'kæmkɔːdə(r)/ *n.* máy quay hình loại nhỏ

came /keɪm/ quá khứ của **come**

camel /'kæməl/ *n.* lạc đà

camera /'kæmərə/ *n.* máy ảnh/hình, máy quay phim: **digital ~** máy chụp hình điện tử

camouflage /'kæməflɑːʒ/ *n., v.* (sự/vật) ngụy trang

camp /kæmp/ **1** *n.* trại, chỗ cắm trại, chỗ đóng quân, phe: **refugee ~** trại tỵ nạn; **~bed** giường cắm trại; **~fire** đám cháy do người ngủ lều gây ra; **~ing ground/site** khu vực cắm trại **2** *v.* cắm trại, đóng trại, hạ trại

campaign /kæm'peɪn/ **1** *n.* chiến dịch, cuộc vận động: **During his election ~, he promised many things.** Trong thời gian vận động bầu cử ông ấy hứa hẹn nhiều điều lắm. **2** *v.* tham gia vận động, vận động (**for** cho ...): **We are ~ing for law reform.** Chúng tôi đang vận động cải cách luật pháp.

campus /'kæmpəs/ *n.* khu sân bãi/ khuôn viên trường đại học

can /kæn/ **1** *n.* bi đông, ca, bình, hộp đồ hộp **2** *v.* đóng hộp, vô hộp (thịt, cá, quả, v.v.)

can /kæn/ *v.* [**could**] có thể, có sức, có khả năng, biết, có thể, được phép: **We could not understand what he said.** Chúng tôi không thể hiểu ông ấy nói gì.; **Could you mail this package for me, please?** Anh làm ơn gửi cái gối này hộ tôi nhé?; **You ~ leave now.** Bây giờ anh có thể đi được rồi.

Canada /'kænədə/ *n.* nước Gia-Nã Đại

Canadian /kə'neɪdɪən/ *n., adj.* thuộc/ người Gia Nã Đại/Ca-na-đa

canal /kə'næl/ *n.* kênh, sông đào, mương, ống

cancel /'kænsəl/ *v.* bỏ, hủy bỏ, bãi bỏ, đóng dấu (tem)

cancellation /kænsə'leɪʃən/ *n.* sự hủy bỏ, sự bãi bỏ, dấu xoá bỏ

cancer /'kænsə(r)/ *n.* bệnh ung thư, bệnh căng xe: **His father died of lung ~.** Ba ông ấy chết vì bệnh ung thư phổi.

candid /'kændɪd/ *adj.* thật thà, bộc trực, tự nhiên

candidate /'kændɪˌdeɪt/ *n.* người ứng cử, ứng cử viên, người dự thi, thí sinh, người dự tuyển: **We will choose the best ~ for that position.** Chúng ta sẽ chọn người dự tuyển giỏi nhất cho chức vụ đó.

candle /'kænd(ə)l/ *n.* cây nến, đèn cầy: **to light a ~** thắp nến

candor /'kændə(r)/ *n.* tính thật thà/bộc trực

candy /'kændɪ/ *n.* kẹo, đường phèn

cane /keɪn/ **1** *n.* cây/sợi mây, gậy, ba toong, can **2** *n.* cây: **sugar ~** cây mía **3** *v.* đan mây, vụt/quất roi

cannon /'kænən/ **1** *n.* súng đại bác, pháo **2** *v.* đánh mạnh vào ai trong lúc đang chạy

cannot /'kænɒt/ *v.* (= **can not** = **can't**) không có thể

canny /'kænɪ/ *adj.* xét đoán cẩn thận, giỏi

canoe /kə'nuː/ *n.* thuyền độc mộc, xuồng

canon /'kænən/ *n.* luật lệ, quy tắc, phép tắc, tiêu chẩn

canopy /'kænəpɪ/ *n.* màn, trướng, long đình, vòm, tán dù

can't /kænt/ *v., abbr.* (= **cannot**)

canteen /kæn'tiːn/ *n.* căn tin, quán bán thức ăn (nội bộ cơ quan hay trường học): **The children can have their lunch in the school ~.** Trẻ con thể mua thức ăn trưa ở căn-tin nhà trường.

canter /'kæntə(r)/ *n., v.* (chạy) nước kiệu

canvas /'kænvəs/ *n.* vải bạc, buồm/ lều vải bạc, bức vẽ

canvass /'kænvəs/ *v.* đi chào hàng, vận động bỏ phiếu: **They ~ for votes.** Họ vận động phiếu bầu.

canyon /'kænjən/ *n.* hẽm núi

cap /kæp/ **1** *n.* mũ lưỡi trai, mũ vải, mũ (công nhân, quan toà, giáo sư): **~ and gown** mũ và áo thụng (của giáo sư), sắc phục đại học **2** *n.* nắp chai, tháp bút, đầu đạn **3** *v.* đội mũ cho, đậy/bịt nắp

capability /ˌkeɪpəˈbɪlɪti/ *n.* năng lực, khả năng

capable /'keɪpəb(ə)l/ *adj.* giỏi, tài, có năng lực, có thể, có khả năng, có gan, dám (làm chuyện gì)

capacity /kəˈpæsɪti/ *n.* sức chứa/đựng, dung lượng/tích, tư cách, cương vị; khả năng: **filled to ~** đầy ắp; **packed to ~** chật ních; **in my ~ as** với tư cách là ...

cape /keɪp/ **1** *n.* áo choàng không có tay **2** *n.* mũi đất: **the ~ of Good Hope** mũi hảo vọng, hảo vọng giác

caper /'keɪpə(r)/ **1** *n.* sự nhảy cỡn, hành động dại dột **2** *v.* nhảy cỡn

capital /'kæpɪtəl/ **1** *n.* thủ đô, thủ phủ: **~ city** thủ đô; **~ punishment** sự trừng phạt bằng khai tử **2** *n.* chữ hoa: **to write in ~ letters** viết bằng chữ hoa **3** *n.* tiền vốn, tư bản: **How much is your ~ investment?** Tiền vốn đầu tư của bạn được bao nhiêu? **4** *adj.* chủ yếu, cốt yếu, thủ yếu, tử hình

capitalist /'kæpɪtəlɪst/ **1** *n.* nhà tư bản **2** *adj.* tư bản chủ nghĩa: **~ countries** những nước tư bản chủ nghĩa

capitalize /'kæpɪtəlaɪz/ *v.* viết/in bằng chữ hoa, lợi dụng, làm lợi cho: **Our intention is to ~ on the situation by any means we can.** Dự tính của chúng ta là làm lợi cho công ty bằng mọi cách.

cappuccino /ˌkæpʊˈtʃiːnəʊ/ *n.* cà-phê pha với sữa nóng và ít sô cô la (kiểu Ý)

capricious /kəˈprɪʃəs/ *adj.* thất thường, đồng bóng

capsize /kæpˈsaɪz/ *v.* (thuyền) lật úp

capstone /'kæpstəʊn/ *n.* cái chụp đầu đá trên tường

capsule /'kæpsjuːl/ *n.* bao thuốc con nhộng, quả nang, đầu mang khí cụ khoa học (của hỏa tiễn vũ trụ)

captain /'kæptən/ *n.* đại úy, đại tá hải quân, thuyền trưởng, thủ lĩnh, đội trưởng, thủ quân: **a ship's ~** hạm trưởng, thuyền trưởng

caption /'kæpʃən/ *n.* đầu đề, lời thuyết minh/chú thích

captivate /'kæptɪveɪt/ *v.* làm say đắm, quyến rũ, mê hoặc

captive /'kæptɪv/ **1** *n.* tù nhân **2** *adj.* bị bắt giữ: **taken ~** bị bắt

captivity /kæpˈtɪvɪti/ *n.* tình trạng bị giam cầm

capture /'kæptjʊə(r)/ **1** *n.* sự bắt **2** *v.* bắt giữ, bắt, hiểu

car /kɑː(r)/ *n.* xe ôtô, xe hơi, xe, toa: **~ dealer** đại lý xe hơi; **~ alarm** bộ phận báo động trong xe

carat /'kærət/ *n.* đơn vị trọng lượng của kim cương, ca-ra

caravan /'kærəvæn/ *n.* đoàn lữ hành, đoàn người đi buôn, nhà lưu động; xe làm nhà ở kéo theo

carbon /'kɑːbən/ *n.* cac-bon, giấy than: **~ copy** bản sao bằng giấy than; **~ dating** phương pháp tính tuổi cổ vật bằng chất than của chúng

carbuncle /'kɑːbʌŋk(ə)l/ *n.* nhọt, mụn

carburet(t)or /ˌkɑːbəˈretə(r)/ *n.* bộ chế hoà khí, cac-bua-ra-tơ

card /kɑːd/ *n.* thiếp, thẻ, các, bài, quân/cây/lá/bài: **identity ~** thẻ chứng minh nhân dân/kiểm tra; **Christmas ~** thiệp Giáng sinh, các Nô-en; **Tet ~** thiệp chúc Tết; **to hold the trump ~** có lợi thế hơn người khác; **keep your ~ close to your chest** giữ bí mật ý kiến của bạn; **to play your ~s right** giải quyết thành công việc gì; **to put your ~s on the table** nói thật ý kiến hay kế hoạch của bạn

cardboard /'kɑːdbɔːd/ *n.* giấy bồi, các tông, giấy cứng: **Can you give me a ~ box?** Bạn cho tôi một hộp bằng giấy cứng được không?

cardiac /'kɑːdɪæk/ *adj.* liên quan đến tim: **~ surgery** giải phẫu bệnh tim

cardinal /'kɑːdɪnəl/ **1** *n.* giáo chủ áo đỏ, hồng y giáo chủ, màu đỏ thắm **2** *adj.* chính, chủ yếu: **~ numbers** số từ chỉ số lượng; **~ sin** lỗi lầm lớn khó chấp nhận

care /keə(r)/ **1** *n.* sự chăm sóc, sự chăm nom, sự chú ý/cẩn thận, sự lo âu: **to take ~** coi chừng, lưu ý; **to take ~ of** chăm nom; giữ gìn **2** *v.* chăm nom, chăm sóc, nuôi nấng, để ý đến, quan tâm đến, thích, muốn: **I don't ~.** Tôi không/cóc cần.

career /kə'rɪə(r)/ *n.* nghề nghiệp, sự nghiệp: **He has worked hard for his political ~.** Ông ấy làm việc cật lực cho sự nghiệp chính trị của ông ta.

carefree /'keəfriː/ *adj.* vô tư lự

careful /'keəfəl/ *adj.* cẩn thận, thận trọng, kỹ lưỡng: **The selection committee has given ~ consideration to your application.** Uỷ ban tuyển chọn đã cứu xét kỹ lưỡng đơn xin của bạn.

caregiver /'keəˌgɪvə(r)/ *n.* người chăm sóc

careless /'keələs/ *adj.* không cẩn thận, sơ ý, cẩu thả, bất cẩn: **~ driving** lái xe bất cẩn

caress /kə'res/ **1** *n.* sự vuốt ve **2** *v.* vuốt ve, âu yếm

cargo /'kɑːgəʊ/ *n.* hàng hoá, tàu chở hàng hoá: **to send as air ~** gởi bằng máy bay chở hàng

caricature /'kærɪkəˌtjʊə(r)/ **1** *n.* tranh biếm hoạ **2** *v.* vẽ biếm hoạ

carnage /'kɑːnɪdʒ/ *n.* sự chém giết, sự tàn sát

carnal /'kɑːnəl/ *adj.* thuộc xác thịt, thuộc nhục thể/dục

carnival /'kɑːnɪvəl/ *n.* khu giải trí, chợ phiên, các trò giải trí lưu động, hội hè: **spring ~** hội mùa xuân

carol /'kærəl/ *n.* bài hát mừng (dịp giáng sinh); **~ singing** hát nhạc mừng Giáng Sinh

carousel /ˌkærʊ'səl/ *n.* thang giây chuyển hành lý ở phi trường

carp /kɑːp/ *n.* cá chép

carp /kɑːp/ *v.* xoi mói, bới lông tìm vết, bắt bẻ: **a ~ing tongue** miệng lưỡi khắc bạc

carpenter /'kɑːpəntə(r)/ *n.* thợ mộc

carpet /'kɑːpɪt/ **1** *n.* tấm thảm, thảm cỏ/hoa/rêu **2** *v.* trải thảm

carrier /'kærɪə(r)/ *n.* người giao hàng, người chuyên chở, hãng vận tải, cái đèo hàng, người mang mầm bệnh, tàu chuyên chở, hành không mẫu hạm, tàu sân bay

carrot /'kærət/ *n.* củ cà rốt: **the ~-and-stick method** cách thuyết phục cho lợi nhuận nhưng có tính hăm doạ

carry /'kærɪ/ *v.* ẩm, vác, đội, bưng, khuân, khiêng, mang, chở, gánh, xách, cắp, cõng, bế, ôm, v.v., đem mang/mang theo người, dẫn, đưa, đặt (ống), (báo) đăng, đăng tải, chiếm được (vị trí địch): **to ~ away** đem/cuốn đi; **to ~ forward** đưa lên phía trước, mang sang; **to ~ off** đưa/ bắt đi, đoạt (giải); **to ~ on** tiếp tục, tiến hành; **to ~ out** thi hành, thực thi/hiện; **to ~ through** hoàn thành

cart /kɑːt/ **1** *n.* xe bò/ngựa, xe đẩy: **to put the ~ before the horse** sắm cái cày trước con trâu, làm chuyện ngược đời **2** *v.* chở bằng xe bò

cartography /'kɑːtɒgrəfɪ/ *n.* thuật vẽ hoạ đồ

carton /'kɑːtən/ *n.* hộp, thùng/bìa cứng

cartoon /kɑː'tuːn/ *n.* tranh vui/biếm hoạ, tranh đả kích, phim hoạt hoạ

cartridge /'kɑːtrɪdʒ/ *n.* đạn, vỏ đạn, đầu máy quay đĩa hát, cuộn phim chụp ảnh

carve /kɑːv/ *v.* chạm, khắc, đúc, tạc (tượng), cắt, lạng, xẻo (thịt), tạo (nên)

carver /'kɑːvə(r)/ *n.* thợ chạm/khắc, người/dao lạng thịt cascade /kæ'skeɪd/ *n.* thác nước

case /keɪs/ **1** *n.* hộp, ngăn, tủ, hòm, túi, vỏ, bao, v.v.: **book~** tủ sách; **pillow~** áo gối **2** *n.* trường hợp, hoàn cảnh, cảnh ngộ, ca, vụ kiện, vụ án, cách: **That was the worst ~ of measles.** Đó là ca sởi rất nặng.; **in any ~** bất luận ra sao; **in ~ I (should) forget** lỡ tôi có quên; **… in ~ of fire** trong trường hợp cháy nhà

cash /kæʃ/ **1** *n.* tiền mặt, hiện kim: **to pay ~** trả tiền, trả tiền mặt; **~-and-carry** tiệm bán hàng với số lượng lớn; **~back** trả lại tiền mặt **2** *v.* lĩnh (séc, chi phiếu): **to ~ a check** lấy tiền mặt từ ngân phiếu

cash cow *n.* một bộ phận doanh nghiệp luôn có lời

cashier /kæ'ʃɪə(r)/ *n.* người thu tiền, thu ngân viên; nơi thu tiền: **You can change your money with the ~.** Bạn có thể đổi tiền với thu ngân viên.

cashmere /'kæʃmɪə(r)/ *n.* len ca-sơ-mia

casing /'keɪsɪŋ/ *v.* vỏ bọc ngoài

casino /kə'sɪːnəʊ/ *n.* sòng bài, nơi đánh bài

cask /kɑːsk/ *n.* thùng đựng rượu

casket /'kɑːskɪt/ *n.* hộp (nữ trang), quan tài

casserole /'kæs(ə)rəʊl/ *n.* món ăn nóng gồm thịt, rau, cơm

cassette /kə'set/ *n.* cát xét để thu băng: **~ tape** băng nhựa

cast /kɑːst/ **1** *n.* sự quăng/ném/thả, bản phân phối các vai kịch, khuông đúc, vật/bản đúc, đồ loại ra, xác ve **2** *v.* ném, liệng, quăng (lưới), thả (neo), lột, vứt bỏ, tuột, loại ra, phân phối ai đóng vai nào, đúc khuôn: **to ~ aside** vất đi; **to ~ away** vứt, liệng; **to ~ down** quăng xuống, nhìn xuống; **to be ~ down** chán nản; **to ~ off** loại/vứt bỏ

casting /'kɑːstɪŋ/ *n.* sự đúc khuôn, vật đúc

cast iron *n.* gang

castle /'kɑːs(ə)l/ *n.* lâu đài, thành trì

castrate /'kæstreɪt/ *v.* thiến, hoạn

casual /'kæʒ(j)uːəl/ *adj.* (quần áo) thường, tự nhiên, không trịnh trọng, tình cờ, ngẫu nhiên, vô ý, cẩu thả, thất thường, không đều:

casualty /'kæʒ(j)uːəltɪ/ *n.* tai hoạ, số người chết, số thương vong: **There were many casualties in the Vietnam war.** Có rất nhiều thương vong trong cuộc chiến Việt nam.

cat /kæt/ *n.* mèo, thú vật thuộc họ mèo, hổ, báo: **to let the ~ out of the bag** bất cẩn nói lên điều bí mật

catacombs /'kætəkuːmz/ *n.* hầm mộ

catalog(ue) /'kætəlɒg/ **1** *n.* mục lục (sách, hàng hoá): **mail order ~** sách liệt kê hàng hoá để đặt mua bằng thư **2** *v.* ghi vào mục lục

catalyst /'kætəlɪst/ *n.* chất/vật xúc tác

catastrophe /kə'tæstrəfɪ/ *n.* tai hoạ, tai ương, tai biến

catch /kætʃ/ **1** *n.* sự nắm lấy, sự bắt/ chộp/vồ, mẻ (cá) bắt được, then/ chốt cửa **2** *v.* [**caught**] bắt, chộp, nắm lấy, câu/đánh được, đuổi kịp, theo kịp, mắc, nhiễm, vướng, kẹt, hiểu được, thu hút: **to ~ water** hứng nước; **to ~ cold** bị cảm; **My shirt caught on a nail.** Cái đinh móc vào sơmi của tôi.; **That style didn't ~ on.** Kiểu đó không trở thành mốt.; **to ~ up with** theo kịp; **to ~ fire** bắt lửa; **caught in the act** bắt quả tang

catch-all *n.* vật gồm nhiều phần nhỏ

catch phrase /'kætʃfreɪz/ *n.* câu nói nổi tiếng của các chính trị gia hay tài tử điện ảnh

category /'kætɪgərɪ/ *n.* phạm trù, hạn, loại, chủng loại: **Most libraries use an international system to display their collections of books into categories.** Hầu hết thư viện dùng hệ thống quốc tế xếp sách theo từng loại.

cater /'keɪtə(r)/ *v.* cung cấp thức ăn cho bữa tiệc, phục vụ cho ăn uống

cathedral /kə'θiːdrəl/ *n.* nhà thờ

Catholic /'kæθəlɪk/ **1** *n.* người theo đạo

Thiên Chúa, tín đồ công giáo **2** *adj.* công giáo, rộng rãi, đại lượng

cattle /'kæt(ə)l/ *n.* trâu bò, gia súc, thú nuôi: ~ **market** chợ mua bán trâu bò

catwalk /'kætwɔ:k/ *n.* lối đi biểu diễn thời trang; lối đi bộ nhỏ

caucus /'kɔːkəs/ *n.* cuộc họp riêng của một đảng; ban lãnh đạo đảng: **They will choose candidates for the next election at their ~ meeting.** Họ sẽ chọn ứng viên cho kỳ bầu cử tới trong phiên họp ban lãnh đạo đảng.

caught /kɔːt/ quá khứ của **catch**

cauliflower /'kɒlɪflaʊə(r)/ *n.* cải hoa, xúp lơ

cause /kɔːz/ **1** *n.* nguyên nhân/do, căn nguyên, lý do, lẽ, cớ: **Smoking is a ~ of death and diseases.** Hút thuốc là nguyên do gây tử vong và bệnh tật. **2** *n.* chính nghĩa, sự nghiệp: **We fought for the same ~.** Chúng ta cùng chiến đấu cho một chính nghĩa. **3** *v.* gây ra/nên ..., làm cho, khiến cho

causeway /'kɔːzweɪ/ *n.* đường đắp cao

caustic /'kɔːstɪk/ *adj.* ăn da, cay độc, châm biếm, khắc bạc

caution /'kɔːʃən/ **1** *n.* sự cẩn thận/thận trọng, lời cảnh cáo **2** *v.* báo trước, cảnh báo

cautious /'kɔːʃəs/ *adj.* cẩn thận, thận trọng

cavalier /kævə'lɪə(r)/ *adj.* kiêu ngạo, ngạo mạn

cave /keɪv/ **1** *n.* hang, động: ~**man** người thượng cổ ở hang **2** *v.* đào thành hang: **to ~ in** sụp, sập, lún lở

cavern /'kævən/ *n.* hang lớn, động

cavity /'kævɪtɪ/ *n.* lỗ hổng, ổ, khoang, lỗ (răng sâu)

cc /ˌsiːˈsiː/ **1** *abbr.* (= **cubic centimeters**) phân khối, kích thước của máy xe hơi: **When you drive a 1500-~ motor-cycle you must have a driving licence.** Khi bạn lái xe gắn máy 1500 phân khối, bạn phải có bằng. **2** *n.* bản sao gởi cho người khác (dùng trong thư từ)

CCTV /ˌsiːsiːtiːˈviː/ *abbr.* (= **closed circuit television**) chương trình xiếc truyền hình

CD /ˌsiːˈdiː/ *abbr.* (= **Compact Disc**) đĩa bằng nhựa ghi nhạc/âm thanh

CE /ˌsiːˈiː/ **1** *abbr.* (= **Church of England**) Anh giáo, giáo phái tin lành Anh **2** *abbr.* (= **Common Era**) thời gian Chúa giáng sinh, Tây lịch bắt đầu

cease /siːs/ **1** *n.* sự dừng/ngừng: **without ~** không ngớt **2** *v.* thôi, dừng, ngừng, ngớt, (mưa) tạnh

cease-fire /'siːsfaɪə(r)/ *n.* lệnh/sự ngừng bắn

ceaseless /'siːsləs/ *adj.* không ngừng/dứt, ngớt

cede /siːd/ *v.* nhường lại, nhượng

ceiling /'siːlɪŋ/ *n.* trần nhà, mức cao nhất, độ cao tối đa: ~ **fan** quạt trần

celebrate /'selɪbreɪt/ *v.* ăn mừng, ăn khao, kỷ niệm, ca tụng

celebration /selɪ'breɪʃən/ *n.* lễ mừng, lễ kỷ niệm

celebrity /sɪ'lebrɪtɪ/ *n.* danh tiếng, nhân vật hữu danh, người nổi tiếng: **After she was given an award, she became a ~.** Sau khi nhận giải thưởng, cô ấy trở thành người nổi tiếng.

celery /'selərɪ/ *n.* cần tây

celestial /sɪ'lestɪəl/ *adj.* thuộc trời/vũ trụ, thuộc thiên đường: ~ **bodies** thiên thể

celibate /'selɪbeɪt/ *n., adj.* (người) sống độc thân

cell /sel/ *n.* xà lim, pin, tế bào, chi bộ, tiểu tổ, lỗ tổ ong, phòng nhỏ, lều nhỏ

cellar /'selə(r)/ *n.* hầm chứa: **wine ~** hầm rượu

cello /'tʃeləʊ/ *n.* đàn vio^-lông-xen, xe lô

cellophane /'seləfeɪn/ *n.* giấy bóng kính

cell phone /'selfəʊn/ *n.* (*also* **cellular phone**, **mobile phone**) điện thoại di động

Celsius /'selsiəs/ *adj.* (*abbr.* °C) hệ thống nhiệt độ bách phân

cement /sɪ'ment/ **1** *n.* xi măng, chất gắn, bột hàn răng, keo: ~ **sheet** tấm lót tường bằng xi măng **2** *v.* trát/ xây xi măng, hàn, thắt chặt (tình)

cemetery /'semɪtəri/ *n.* nghĩa trang, nghĩa địa, mộ địa

cenotaph /'senəʊtɑːf/ *n.* đài tưởng niệm chiến sĩ vô danh

censor /'sensə(r)/ **1** *n.* nhân viên kiểm duyệt **2** *v.* kiểm duyệt: **Movies with pornographic contents are ~ed in some countries.** Những phim có hình ảnh dâm ô đã bị kiểm duyệt trong một số quốc gia.

censorship /'sensəʃɪp/ *n.* sự/quyền kiểm duyệt

censure /'sensjʊə(r)/ **1** *n.* sự/lời chỉ trích/khiển trách **2** *v.* phê bình, chỉ trích, khiển trách

census /'sensəs/ *n.* cuộc điều tra số dân/kiểm tra nhân khẩu: **The national ~ taken in 2005 showed that Vietnam has about 82 million people.** Cuộc kiểm tra dân số năm 2005 cho thấy dân số Việt Nam khoảng 82 triệu người.

cent /sent/ *n.* đồng xu, phân

center /'sentə(r)/ **1** *n.* điểm giữa, trung tâm, tâm, trung khu, trung ương, nhân vật trung tâm, trung phong (bóng đá), phái giữa **2** *v.* tập trung, xoay quanh

centigrade /'sentɪɡreɪd/ *adj.* bách phân, chia trăm độ

centimeter /'sentɪmiːtə(r)/ *n.* xen-ti-met, phân

centipede /'sentɪpiːd/ *n.* con rết

central /'sentrəl/ *adj.* ở giữa, ở trung tâm, chính, (thuộc) trung ương, chính, chủ yếu, trung tâm: ~ **America** trung Mỹ; ~ **heating** sự sưởi tập trung (cho cả một ngôi nhà)

centralize /'sentrəlaɪz/ *v.* tập trung, tập quyền: **to ~ power** tập trung quyền hành

century /'sentjʊəri/ *n.* thế kỷ, trăm năm

CEO /ˌsiːiːˈəʊ/ *abbr.* (= **Chief Executive Officer**) trưởng điều hành cơ quan, tổng giám đốc điều hành

cereal /'sɪəriəl/ *n.* ngũ cốc, lúa gạo, mễ cốc, bổng (lúa/gạo) rang để buổi sáng ăn với sữa: **My son had a bowl of ~ for breakfast this morning.** Sáng nay, con tôi ăn một tô gạo rang trộn với sữa.

cerebrum /'serɪbrəm/ *n.* (*pl.* **cerebra**) óc, đại não

ceremonial /serɪ'məʊniəl/ *adj.* thuộc lễ nghi/nghi thức

ceremony /'serɪməni/ *n.* buổi lễ, nghi thức, nghi lễ, sự kiểu cách, sự khách sáo

certain /'sɜːtɪn/ *adj.* chắc, chắc chắn, nào đó, đôi chút: **under ~ circumstances** trong hoàn cảnh nào đó: **a ~ enthusiasm** chút ít hăng hái

certainly /'sɜːtənli/ *adv.* chắc chắn, nhất định: **Today's interest rate is ~ too high.** Hôm nay tiền lời nhất định là quá cao.

certainty /'sɜːtənti/ *n.* điều chắc chắn, sự tin chắc

certificate /sə'tɪfɪkət/ *n.* giấy chứng nhận: **birth ~** giấy khai sinh; **marriage ~** giấy giá thú; **graduation ~** chứng chỉ tốt nghiệp

certified /'sɜːtɪfaɪd/ *adj.* được đảm bảo, đã chứng nhận, đã xác nhận

certify /'sɜːtɪfaɪ/ *v.* chứng nhận, nhận thực, thị thực: **to ~ one's signature** nhận thực chữ ký

cessation /se'seɪʃən/ *n.* sự dừng/ ngừng/đình

cession /'seʃən/ *n.* sự nhượng lại, sự để lại

chafe /tʃeɪf/ *v.* xoa, chà xát, (làm) trầy/phồng: ~ **at/under** cảm thấy bị quấy rầy

chagrin /ʃə'ɡriːn/ *n.* sự buồn phiền, sự chán nản: **To his ~ he found out that he had been tricked.** Đối với sự buồn phiền của ông ấy, ông ta thấy là đã bị lừa.

chain /tʃeɪn/ **1** *n.* dây, xích, dãy (núi),

loạt, dây chuyền [làm việc]: ~ **gang** nhóm tù bị xích tay lại với nhau; ~ **reaction** phản ứng dây chuyền; **in ~s** bị xiềng xích; **watch ~** dây đồng hồ; **bicycle ~** xích xe đạp **2** *v.* xích, trói buộc

chair /tʃeə(r)/ **1** *n.* ghế, ghế giáo sư, ghế chủ toạ, chủ tịch: **electric ~** ghế điện; ~ **lift** hệ thống ghế dùng như thang máy đưa người lên điểm cao **2** *v.* làm chủ toạ: **to ~ a meeting** chủ toạ một phiên họp

chairman /'tʃeəmən/ *n.* chủ tịch, trưởng ban, chủ nhiệm khoa: **He was nominated as the ~ of the board of directors.** Ông ấy được đề cử làm chủ tịch ban quản trị.

chalk /tʃɔːk/ **1** *n.* phấn viết, đá vôi **2** *v.* **to ~ up** ghi

challenge /'tʃælɪndʒ/ **1** *n.* sự thách thức, tiếng hô "đứng lại": **to accept a ~** nhận lời thách đố **2** *v.* thách, thách thức, khiêu chiến, hô "đứng lại"

chamber /'tʃeɪmbə(r)/ *n.* nghị viện, phòng, ổ đạn, khoang, hốc: ~ **music** nhạc thính phòng; ~ **of commerce** phòng thương mại

champagne /ʃæm'peɪn/ *n.* rượu sâm banh

champion /'tʃæmpɪən/ **1** *n.* nhà vô địch/quán quân, người bênh vực: **He is a tennis ~.** Ông ấy là nhà vô địch quần vợt. **2** *v.* bênh vực, ủng hộ, bảo vệ, đấu tranh cho

chance /tʃɑːns/ **1** *n.* sự may rủi/hên xui/đỏ đen, sự tình cờ, ngẫu nhiên **2** *n.* số phận, khả năng, sự có thể, cơ hội: **Give him a ~.** Hãy dành cho anh ta một cơ hội. **3** *v.* may mà, tình cờ mà, ngẫu nhiên mà: **to ~ to meet someone** ngẫu nhiên gặp ai

chancellor /'tʃɑːnsələ(r)/ *n.* viện trưởng/hiệu trưởng danh dự, thủ tướng, đại pháp quan, bộ trưởng (tài chính)

change /tʃeɪndʒ/ **1** *n.* sự thay đổi, bộ quần áo sạch: **to have a big ~** có

cuộc thay đổi lớn **2** *n.* tiền lẻ, tiền trả lại, tiền thối lại: **This is your ~ after paying for your drink.** Đây là tiền thối của bạn. **3** *v.* đổi [chỗ ngồi, ý kiến], thay [quần áo], đổi [giấy lớn], thay đổi, biến đổi, thay quần áo, đổi tàu/xe/máy bay

changeable /'tʃeɪndʒəb(ə)l/ *adj.* dễ thay đổi, có thể thay đổi

channel /'tʃænəl/ **1** *n.* eo biển, lòng sông/suối, kênh, mương, ống dẫn, nguồn tin, đường dây, kênh, đài TV **2** *v.* đào rãnh, đào mương; chuyển tiền; hướng ý kiến: **Money for the project will be ~ed through a local bank.** Tiền dự án sẽ được chuyển qua ngân hàng địa phương.

chant /tʃɑːnt/ **1** *n.* thánh ca **2** *v.* hát đều đều, ngâm, tụng

chaos /'keɪɒs/ *n.* sự lộn xộn/hỗn độn/hỗn loạn, hỗn mang

chap /tʃæp/ **1** *n.* gã, anh chàng, thằng cha **2** *n.* chỗ nẻ **3** *v.* làm nứt nẻ, [da] bị nẻ

chapped /tʃæpt/ *adj.* khô, sần sùi (da, môi)

chapter /'tʃæptə(r)/ *n.* chương, mục, chi hội: **This book has ten ~s.** Sách nầy có mười chương.

character /'kærəktə(r)/ **1** *n.* chí khí, cốt cách, ý chí, bản lĩnh, tính nết, đặc tính, đặc điểm: **Do you understand his ~?** Bạn có hiểu đặc điểm của ông ta không? **2** *n.* nhân vật: **I didn't like the ~ in that play.** Tôi không thích nhân vật trong vở kịch đó. **3** *n.* chữ, từ: **Can you write Chinese ~s?** Bạn có viết được chữ Tàu không?

characteristic /ˌkærəktə'rɪstɪk/ **1** *n.* đặc tính/trưng/điểm/sắc **2** *adj.* riêng, riêng biệt, đặc thù

characterize /'kærəktəraɪz/ *v.* mô tả/ biểu thị đặc điểm

charade /ʃə'rɑːd/ *n.* điều tin không đúng sự thật, giả dối

charcoal /'tʃɑːkəʊl/ *n.* than củi/tàu, bút chì than để vẽ

charge /tʃɑːdʒ/ **1** *n.* tiền phải trả, giá tiền, tiền thù lao: **I can arrange this for a small ~.** Tôi có thể sắp xếp cho món tiền phải trả nấy.; **free of ~** không trả tiền, miễn phí **2** *n.* trách nhiệm, bổn phận, nhiệm vụ: **He's in ~ of our factory.** Ông ấy phụ trách nhà máy của chúng tôi. **3** *n.* lời buộc tội, cuộc tấn công, trận xung kích **4** *n.* gánh nặng, sự nạp điện, điện tích **5** *v.* tính giá, đòi, lấy: **How much do you ~ for this service?** Ông tính bao nhiêu về dịch vụ nầy? **6** *v.* giao nhiệm vụ **7** *v.* buộc tội, tấn công, đột kích, nạp đạn, nạp thuốc súng, nạp điện: **~d with murder** bị buộc tội giết người

chargé d'affaires /ˌʃɑːdʒeɪdæfˈeə(r)/ *n.* đại biện, xử lý thường vụ

charitable /ˈtʃærɪtəb(ə)l/ *adj.* có lòng thảo, từ thiện, nhân đức

charity /ˈtʃærɪtɪ/ *n.* lòng/hội từ thiện, của bố thí/cứu tế

charm /tʃɑːm/ **1** *n.* duyên, nhan sắc quyến rũ: **She has her ~.** Cô ấy có nhan sắc quyến rũ. **2** *n.* bùa mê/phép **3** *v.* làm say mê, quyến rũ, làm mê hoặc, dụ

charming /ˈtʃɑːmɪŋ/ *adj.* đẹp, duyên dáng, yêu kiều, làm say nê, quyến rũ

charred /ˈtʃɑːd/ *adj.* bị cháy đen

chart /tʃɑːt/ **1** *n.* bản đồ đi biển, hải đồ, đồ thị, biểu đồ **2** *v.* vẽ hải đồ, vẽ đồ thị, lập biểu đồ

charter /ˈtʃɑːtə(r)/ **1** *n.* hiến chương, sự thuê bao (tàu/xe) **2** *v.* thuê bao

chase /tʃeɪs/ **1** *n.* sự đuổi theo, sự săn đuổi: **to give ~** đuổi theo **2** *v.* (xua) đuổi: **to ~ after** theo đuổi

chaste /tʃeɪst/ *adj.* trinh bạch, trong trắng, mộc mạc

chastise /tʃæˈstaɪz/ *v.* trừng phạt, trừng trị

chastity /ˈtʃæstɪtɪ/ *n.* lòng trinh bạch, chữ trinh, trinh tiết, sự giản dị/mộc mạc

chat /tʃæt/ **1** *n.* chuyện phiếm/gẫu **2** *v.* tán gẫu: **to ~ with someone online** tán chuyện gẫu với ai

chat room *n.* phòng chuyện trò trên mạng internet

chatter /ˈtʃætə(r)/ *n., v.* (tiếng) líu lo/ríu rít/róc rách, (tiếng) nói huyên thiên, (tiếng) lập cập/lọc cọc

chatterbox /ˈtʃætəbɒks/ *n.* người ba hoa, cái máy nói

chatty /ˈtʃætɪ/ *adj.* thích tán gẫu, có vẻ chuyện phiếm

chauffeur /ˈʃəʊfə(r)/ **1** *n.* tài xế, người lái xe **2** *v.* lái xe

cheap /tʃiːp/ *adj.* rẻ (tiền), rẻ mạt, xấu: **It's ~ as chips.** Rẻ như khoai.

cheat /tʃiːt/ **1** *n.* trò/người lừa đảo/gian lận **2** *v.* lừa, lừa đảo, lường gạt, gian lận, ăn gian, bịp

check /tʃek/ **1** *n.* [*Br.* **cheque**] séc, chi phiếu, ngân phiếu: **to cash a ~** lĩnh ngân phiếu **2** *n.* sự soát lại, sự kiểm soát, sự kìm hãm/cản trở, giấy ghi tiền, bông, hoá đơn, thẻ gửi đồ/hành lý, kiểu carô **3** *v.* soát lại, kiểm soát/tra, đánh dấu, kìm lại, ngăn chặn, nén, kiểm chế, ký gửi [hành lý]: **to ~ out** trả phòng dọn đi

checkbook /ˈtʃekbʊk/ *n.* quyển séc, tập ngân phiếu

checker /ˈtʃekə(r)/ *n.* người thu tiền

checkup /ˈtʃekʌp/ *n.* sự kiểm tra (sức khoẻ): **Make sure you have a routine ~ every year.** Bạn nhớ phải kiểm tra sức khoẻ hàng năm.

cheek /tʃiːk/ *n.* má, sự táo tợn/trơ tráo/hỗn xược

cheeky /ˈtʃiːkɪ/ *adj.* táo tợn, cả gan

cheer /tʃɪə(r)/ **1** *n.* tiếng hoan hô, sự cổ vũ/khuyến khích; **~ leader** người đứng đầu nhóm phụ nữ cổ xuý **2** *v.* hoan hô, tung hô, cổ vũ, khích lệ, (làm) vui lên, (làm) phấn khởi/hăng hái lên: **Cheer up.** Làm vui lên.

cheerful /ˈtʃɪəfəl/ *adj.* vui mừng, hớn hở, vui vẻ, vui mắt

cheese /tʃiːz/ *n.* phó mát

chef /ʃef/ *n.* đầu bếp

chemical /'kemɪkəl/ **1** *n.* chất hoá học, hoá chất **2** *adj.* thuộc hoá học: ~ **warfare** chiến tranh hoá học

chemist /'kemɪst/ *n.* nhà hoá học, dược sĩ

chemistry /'kemɪstrɪ/ *n.* hoá học, (môn) hoá: **organic** ~ hoá (học) hữu cơ

cheque /tʃek/ *n.* (= **check**) tấm ngân phiếu/chi phiếu: ~ **book** sổ chi phiếu

cherish /'tʃerɪʃ/ *v.* yêu mến, thương yêu, nuôi, ấp ủ

cherry /'tʃerɪ/ *n.* (quả) anh đào: ~ **blossom** hoa anh đào

chess /tʃes/ *n.* cờ (tướng)

chessboard /'tʃesbɔːd/ *n.* bàn cờ

chest /tʃest/ **1** *n.* ngực: ~ **x-ray** chiếu phổi **2** *n.* tủ, hòm, rương: ~ **of drawers** tủ áo

chestnut /'tʃesnʌt/ *n.* (cây) hạt dẻ, màu nâu hạt dẻ

chew /tʃ(j)uː/ **1** *n.* sự nhai **2** *v.* nhai, ngẫm nghĩ, nghiền ngẫm

chic /ʃiːk/ *adj.* bảnh bao, hợp thời trang: **She is always so ~.** Cô ấy khi nào cũng bảnh bao hợp thời trang.

chicken /'tʃɪkɪn/ *n.* con gà, thịt gà, người nhút nhát: ~ **feed** món tiền nhỏ mọn; ~**pox** thuỷ đậu

chide /tʃaɪd/ *v.* mắng mỏ, quở mắng, rầy la

chief /tʃiːf/ **1** *n.* người đứng đầu, thủ lĩnh/trưởng, lãnh tụ, trưởng, sếp: ~ **of staff** tham mưu trưởng **2** *adj.* chính, chủ yếu, đứng đầu: ~ **delegate** trưởng đoàn đại biểu

chiefly /'tʃiːflɪ/ *adv.* chủ yếu, phần lớn

child /tʃaɪld/ *n.* (*pl.* **children**) đứa bé/ trẻ, đứa con: **I have only one ~.** Tôi chỉ có một đứa con duy nhất.

childbirth /'tʃaɪldbɜːθ/ *n.* sự sinh đẻ

childhood /'tʃaɪldhʊd/ *n.* tuổi/thời thơ ấu, lúc bé

childish /'tʃaɪldɪʃ/ *adj.* (như) trẻ con, ngây ngô

childlike /'tʃaɪldlaɪk/ *adj.* (ngây thơ/ thật thà) như trẻ con

chili, chilli /'tʃɪlɪ/ *n.* quả ớt: ~ **sauce** tương ớt

chill /tʃɪl/ **1** *n.* sự giá lạnh, sự lạnh lẽo, sự ớn lạnh, sự lạnh nhạt/lạnh lùng, gáo nước lạnh **2** *v.* làm lạnh, để tủ lạnh, làm nhụt [nhuệ khí, v.v.]

chilly /'tʃɪlɪ/ *adj.* lạnh, lạnh lẽo, lạnh nhạt, lạnh lùng

chime /tʃaɪm/ **1** *n.* chuông chùm, tiếng chuông hoà âm **2** *v.* đánh/ rung [chuông], [chuông] kêu, rung, điểm, xen vào, phụ hoạ vào, ăn khớp, phù hợp

chimney /'tʃɪmnɪ/ *n.* ống khói, lò sưởi, thông phong đèn

china /'tʃaɪnə/ *n.* (*also* **china ware**, **porcelain**) đồ sứ

China /'tʃaɪnə/ *n.* nước Trung Hoa, nước Tàu: **Chinatown** Khu phố người Tàu.

Chinese /tʃaɪ'niːz/ **1** *n.* người/tiếng Trung quốc **2** *adj.* tàu, thuộc Trung hoa/Trung quốc

chink /tʃɪŋk/ **1** *n.* tiếng loảng xoảng **2** *v.* (làm) loảng xoảng

chip /tʃɪp/ **1** *n.* chỗ sứt/mẻ **2** *n.* khoang/lát mỏng: **potato** ~s khoai tây rán **3** *n.* đồng giơ tông để đánh bạc **4** *n.* vỏ bào/tiện, mạt giũa, mảnh vỡ **5** *v.* làm sứt/mẻ, bào, đẽo, đập vỡ/bể

chisel /'tʃɪzəl/ **1** *n.* cái đục/chàng **2** *v.* đục, chạm, lừa đảo

chit-chat *n.* chuyện phiếm, cuộc tán gẫu

chivalrous /'ʃɪvəlrəs/ *adj.* nghĩa/hào hiệp, có vẻ hiệp sĩ

chocolate /'tʃɒkələt/ *n.* sô-cô-la, súc cù là, nước sô cô la

choice /tʃɔɪs/ **1** *n.* sự lựa chọn, quyền/ khả năng lực chọn, người/ vật được lựa chọn, tinh hoa: **It depends on your ~.** Tuỳ theo sự lựa chọn của bạn. **2** *adj.* hảo hạng

choir /kwaɪə(r)/ *n.* đội hợp xướng/hợp ca

choke /tʃəʊk/ **1** *n.* sự làm nghẹt/tắc thở, chỗ thắt/bóp lại **2** *v.* làm nghẹt, làm tắc thở, bóp cổ, làm tắc: **to ~ with anger** tức uất lên

cholera /'kɒlərə/ *n.* bệnh dịch tả, bệnh tả

cholesterol /kə'lest(ə)rɒl/ *n.* bệnh tắc nghẽn đường máu

choose /tʃu:z/ *v.* [**chose**; **chosen**] chọn, lựa chọn, kén chọn, thích, muốn: **pick and ~** kén cá chọn canh

choosy /'tʃu:zı/ *adj.* kén kỹ, khó chiều, kén cá chọn canh

chop /tʃɒp/ **1** *n.* nhát chặt/bổ, miếng thịt sườn (lợn/cừu) **2** *v.* chặt, bổ, đốn, chẻ, chặt/băm nhỏ

choppy /'tʃɒpı/ *adj.* [biển] động, có sóng

chopstick /'tʃɒpstık/ *n.* đũa: **a pair of ~s** một đôi đũa

chord /kɔ:d/ *n.* dây đàn, dây cung, dây, hợp âm: **vocal ~s** dây thanh âm, thanh huyền/đới

chore /kɔ:(r)/ *n.* việc vặt trong nhà: **household ~s** việc nội trợ

chorus /'kɔ:rəs/ *n.* đội/bài hợp xướng, điệp khúc, tiếng nói đồng thanh

chose /ʃəʊz/ quá khứ của **choose**

chosen /'tʃəʊz(ə)n/ quá khứ của **choose**

chow /tʃaʊ/ *n., pl.* thức/đồ ăn

chowder /'tʃaʊtə(r)/ *n.* súp đặc nấu bằng trai, cua, tôm, cá, v.v.

Christ /kraıst/ *n.* chúa Giê Su, Chúa cứu thế

christen /'krıs(ə)n/ *v.* rửa tội, đặt tên thánh

Christian /'krıstjən/ **1** *n.* tín đồ Cơ đốc/Thiên Chúa giáo **2** *adj.* thuộc đạo Cơ đốc/Thiên Chúa

Christianity /krıstı'ænıtı/ *n.* đạo Cơ đốc/Thiên Chúa

Christmas /'krısməs/ *n.* lễ Nô-en/ Giáng sinh: **~ Day** ngày lễ Nô-en; **~ eve** Đêm Nô-en; **~ card** thiếp/thiệp Giáng sinh

chronic /'krɒnık/ *adj.* mạn tính, kinh niên, ăn sâu, bám chặt

chrysanthemum /krı'sænθıməm/ *n.* cây/hoa cúc: **Children buy white ~ s for their mothers on Mother's Day.** Trẻ con mua hoa cúc tặng mẹ vào ngày lễ của mẹ.

chubby /'tʃʌbı/ *adj.* mũm mĩm, mập mạp, [má] phinh phính

chuck /tʃʌk/ *n., v.* (sự) vỗ/lắc nhẹ, (sự) ném/liệng/quăng

chuck /tʃʌk/ *n.* ngàm, bàn cặp, thịt vai (bò)

chuckle /'tʃʌk(ə)l/ *n., v.* (tiếng) cười một mình, cười thầm

chunk /tʃʌŋk/ *n.* khúc, khoanh, miếng, cục

church /tʃɜ:tʃ/ *n.* nhà thờ, giáo đường, giáo hội, giáo phái

churchyard /'tʃɜ:tʃjɑ:d/ *n.* nghĩa địa, nghĩa trang

CIA /ˌsi:aı'eı/ *abbr.* (= **Central Intelligence Agency**) cơ quan tình báo trung ương Mỹ

CID /ˌsi:aı'dı/ *abbr.* (= **Criminal Investigation Department**) cơ quan điều tra tội phạm

cider /'saıdə(r)/ *n.* rượu táo

cigar /sı'gɑ:(r)/ *n.* (điếu) thuốc xì gà

cigarette /sıgə'ret/ *n.* (điếu) thuốc lá

cinema /'sınımə/ *n.* (rạp) xi-nê/chiếu bóng; điện ảnh

cipher /'saıfə(r)/ (*also* **cypher**) *n.* số không, số xê rô, người/vật vô giá trị, ám hiệu, mật mã

circle /'sɜ:k(ə)l/ **1** *n.* hình/đường tròn, vòng (tròn), hệ phái, tập đoàn, giới: **vicious ~** vòng luẩn quẩn; **political ~s** giới chính trị, chính giới **2** *v.* đi vòng quanh, lượn

circuit /'sɜ:kıt/ *n.* chu vi, sự đi vòng quanh, mạch điện

circuitous /sə'kju:ıtəs/ *adj.* loanh quanh, vòng vèo

circular /'sɜ:kjʊlə(r)/ **1** *n.* thông tri/tư, giấy báo **2** *adj.* vòng, hình tròn

circulate /'sɜ:kjʊleıt/ *v.* lưu thông/ hành, (lan) truyền, phân phát: **Circulate these leaflets to the community.** Phân phát những bản tin nầy trong cộng đồng của họ.

circulation /səkjʊleıʃən/ *n.* sự lưu thông/tuần hoàn, sự lưu hành [tiền tệ], tổng số báo phát hành

circumference /sə'kʌmfərəns/ *n.* đường tròn, chu vi

circumspect /'sɜːkəmspekt/ *adj.* thận trọng, chu đáo: **The bank should have been more ~ in their dealings.** Nhà băng cần thận trọng trong việc giao dịch của họ.

circumstance /'sɜːrkəmstəns/ *n.* hoàn cảnh, tình hình/huống, trường hợp: **under/in the ~s** trong hoàn cảnh hiện tại

circumstantial /sɜːkəm'stænʃəl/ *adj.* tường tế, chi tiết, do hoàn cảnh, thuộc tình huống: **~ evidence** bằng chứng đầy đủ

circumvent /sɜːkəm'vent/ *v.* dùng mưu mẹo để thắng

circus /'sɜːkəs/ *n.* (gánh/đoàn) xiếc, rạp xiếc

cistern /'sɪstən/ *n.* thùng/bể chứa nước, tháp nước

citadel /'sɪtədəl/ *n.* thành luỹ, thành trì

cite /saɪt/ *v.* trích dẫn, đòi ra toà, tuyên dương

citizen /'sɪtɪzən/ *n.* công dân, thị dân, dân thành thị: **American ~s** công dân Mỹ

citizenship /'sɪtɪzənʃɪp/ *n.* quyền/tư cách/bổn phận công dân

citrus /'sɪtrəs/ *n.* cây/quả loại chanh, cam quít bưởi

city /'sɪtɪ/ *n.* thành phố, thành thị, đô thị: **Washington is the capital ~ of the United States of America.** Hoa Thịnh Đốn là thủ đô của nước Mỹ.

civic /'sɪvɪk/ *adj.* thuộc thị dân/công dân: **~ duty** thuế tuỳ thân; **~ leaders** người lãnh đạo thành phố

civics /'sɪvɪks/ *n.* môn công dân giáo dục

civil /'sɪvɪl/ *adj.* thuộc thị dân/công dân, thuộc thường dân, thuộc dân sự, hộ, thuộc bên đời, lễ độ: **~ law** dân luật, luật hộ; **~ rights** quyền công dân; **~ defense** phòng thủ thụ động; **~ service** ngành công vụ; **~ war** nội chiến; **~ servant** công chức; **~ war** nội chiến

civil-engineering /sɪvɪlendʒɪ'nɪə(r)ɪŋ/ *n.* ngành kỹ sư công chánh: **My brother has graduated from a ~ course.** Anh tôi vừa tốt nghiệp ngành kỹ sư công chánh.

civility /sɪ'vɪlɪtɪ/ *n.* sự lễ độ, phép lịch sự

civilization /sɪvɪlɪ'zeɪʃən/ *n.* nền văn minh, nền văn hoá

claim /kleɪm/ **1** *n.* sự/quyền đòi, vật/ điều yêu sách, khiếu nại: **He is dealing with customers' ~s.** Ông ấy giải quyết các khiếu nại của khách hàng. **2** *v.* đòi hỏi, yêu sách, nhận/ khai/cho là của mình, xác nhận

clam /klæm/ **1** *n.* con trai/nghêu **2** *v.* đào trai: **to ~ up** câm miệng

clamber /'klæmbə(r)/ *v.* leo, trèo

clamor /'klæmə(r)/ **1** *n.* tiếng la hét, tiếng ầm ĩ **2** *v.* la hét, làm ầm ĩ, phản đối ầm ĩ

clamp /klæmp/ **1** *n.* cái kẹp **2** *v.* cặp/ kẹp lại, kiểm soát kỹ

clampdown /'klæmpdaʊn/ *v.* tránh việc gì nguy hiểm

clan /klæn/ *n.* thị tộc, họ, phe cánh, bè phái

clandestine /klæn'destɪn/ *adj.* giấu giếm, bí mật

clang /klæŋ/ **1** *n.* tiếng kim loại vang rền **2** *v.* (làm) kêu

clank /klæŋk/ *n., v.* (tiếng) kêu loảng xoảng/lách cách

clap /klæp/ **1** *n.* tiếng vỗ tay, tiếng sét đánh **2** *v.* đập, vỗ [cánh, tay], vỗ tay, đánh, tống

claret /'klærət/ *n.* rượu vang đỏ

clarify /'klærɪfaɪ/ *v.* làm cho sáng sủa/ sáng tỏ, lọc, gạn

clarinet /'klærɪnet/ *n.* kèn cla-ri-net

clarity /'klærɪtɪ/ *n.* sự sáng sủa/rõ ràng/minh bạch

clash /klæʃ/ **1** *n.* tiếng va chạm, sự xung đột **2** *v.* va chạm, đụng chạm, đụng độ, xung đột, mâu thuẫn: **Protestors have ~ed with the police.** Những người biểu tình đụng độ với cảnh sát.

clasp /klɑːsp/ **1** *n.* cái móc/gài, cái

bắt tay chặt **2** v. móc, cài, gài, siết/ nắm/ôm chặt: **to ~ someone's hand for support** nắm tay đỡ ai

class /klɑːs/ **1** n. giai cấp, đẳng cấp, loại, hạng: **~ struggle** đấu tranh giai cấp; **middle ~** giai cấp trung lưu; **economy ~** hạng nhì (máy bay) **2** n. lớp học, giờ/buổi học, khoá: **Where is your ~?** Lớp học bạn ở đâu?

classic /'klæsɪk/ **1** n. tác giả cổ/kinh điển, trứ tác cổ điển, tác phẩm kinh điển **2** adj. ưu tú, kinh/cổ điển: **Classic cars are much sought after by some wealthy people.** Nhiều người giàu đi sưu tầm xe cũ.

classical /'klæsɪkəl/ adj. cổ điển, mẫu mực, ưu tú: **My father likes ~ music.** Ba tôi thích nhạc cổ điển.

classify /'klæsɪfaɪ/ v. phân loại

clause /klɔːz/ n. mệnh đề, điều khoản [hiệp ước, v.v.]

claw /klɔː/ **1** n. móng, vuốt, chân có vuốt, càn cua/tôm, vật hình móc **2** v. quắp, quặp, cào, quào, xé, vồ

clay /kleɪ/ n. đất sét

clean /kliːn/ **1** adj. sạch, sạch sẽ, trong sạch, không tội lỗi, đã sửa hết lỗi: **to make a ~ cut** cắt thẳng **2** v. lau chùi, cọ/cạo/đánh/rửa/quét sạch, tẩy [quần áo], nhặt [rau], đánh vẩy moi ruột [cá], đánh/chải/ cọ [răng], vét [giếng]: **to ~ up** dọn sạch, vớ được món lớn

clean-cut adj. rõ ràng, phân minh, lành mạnh

cleanliness /'klenlɪnəs/ n. tính sạch sẽ, tính ở sạch

cleanse /klenz/ v. làm cho sạch, tẩy, rửa, cọ, nạo, gột

clear /klɪə(r)/ **1** adj. trong, trong trẻo, trong sạch, trong sáng, sáng sủa, dễ hiểu, thông suốt, thoát khỏi **2** adv. hẳn, hoàn toàn, xa ra **3** v. làm trong sạch/sáng tỏ, dọn, dọn sạch, dọn dẹp, vượt/nhảy qua, trả hết, thanh toán: **to ~ up** [trời] sáng sủa ra, [mây] tan đi, [mặt] tươi lên; **to ~ off** trả hết, thanh toán xong; **to**

~ out dọn/quét sạch, bán sạch

clearance /'klɪərəns/ n. sự dọn quang, khoảng trống, thanh toán [thuế, séc], phép nhận việc: **security ~** sự chấp thuận an ninh [sau khi điều tra]

clearinghouse n. ngân hàng hối đoái, cơ sở thu thập tài liệu để phổ biến

clearly /'klɪəlɪ/ adv. rõ ràng, minh bạch, cố nhiên rồi

clearness /'klɪənəs/ n. sự trong trẻo/rõ ràng/thông suốt

cleavage /'kliːvɪdʒ/ n. sự chia/tách ra

cleave /kliːv/ v. **[cleaved]** dính/bám vào, trung thành với

cleaver /'kliːvə(r)/ n. dao bổ củi, dao chặt thịt

clemency /'klemənsɪ/ n. lòng nhân từ, sự khoan dung/khoan thứ, sự ấm áp ôn hòa

clement /'klemənt/ adj. nhân từ, khoan hậu, [trời] ôn hòa

clench /klenʃ/ v. nắm [tay], nghiến [răng], mím [môi]

clergy /'klɜːdʒɪ/ n. giới thầy tu, giới tăng lữ

clerical /'klerɪkəl/ adj. thuộc tăng lữ, thuộc văn phòng: **Clerical jobs are easily available in many industries.** Công việc văn phòng.

clerk /klɑːk/ n. thư ký, lục sự toà án, người bán hàng

clever /'klevə(r)/ adj. thông minh, lanh lợi, khéo léo, giỏi, tài giỏi, lành nghề, hay, tài tình, thần tình

cliché /'kliːʃeɪ/ n. lời nói sáo, thành ngữ

click /klɪk/ **1** n. tiếng lách cách, tiếng tắc lưỡi **2** v. kêu lách cách, ăn ý nhau, bấm vào: **to ~ onto a file to open documents** bấm vào "file" để mở hồ sơ.

client /'klaɪənt/ n. khách hàng, khách hàng/thân chủ: **to serve one's ~** phục vụ khách hàng

cliff /klɪf/ n. vách đá, mỏm đá

climate /'klaɪmət/ n. khí hậu, thời tiết, miền khí hậu, phong thổ, không khí, hoàn cảnh, xu hướng/thế

climax /'klaɪmæks/ *n.* điểm cao nhất, lúc cực khoái

climb /klaɪm/ **1** *n.* sự leo trèo, cuộc leo núi **2** *v.* leo, trèo, leo trèo, lên cao.

clinch /klɪntʃ/ **1** *v.* thành công việc gì **2** *n.* sự xiết chặt tay nhau

cling /klɪŋ/ *v.* [clung] bám vào, dính vào, níu lấy, bám lấy, giữ mãi, giữ khư khư [thói quen, ý kiến].

clinic /'klɪnɪk/ *n.* bệnh viện (thực hành), phòng mạch bác sĩ, lâm sàng học

clink /klɪŋk/ *n.* nhà tù/giam/lao, xà lim

clink /klɪŋk/ *n., v.* (tiếng) leng keng/ xủng xoẻng.

clip /klɪp/ **1** *n.* cái ghim/kẹp giấy **2** *n.* sự cắt xén, bước đi nhanh **3** *v.* ghim/kẹp lại **4** *v.* cắt, xén, hớt [lông, tóc], cắt [bài báo]

clippers /'klɪpə(r)s/ *n.* tông đơ hớt tóc, cái bấm móng tay

clique /kliːk/ *n.* bọn, tụi, bè lũ, phái hệ, tập đoàn

cloak /kləʊk/ **1** *n.* áo choàng/khoác, nơi gởi đồ **2** *v.* mặc áo choàng, che, đậy, đội lốt **3** *adj.* có tính cách mưu đồ ám muội

clock /klɒk/ **1** *n.* đồng hồ, giờ o'~: **five o'~** năm giờ **2** *v.* bấm giờ, ghi giờ, đi/chạy mất ...

clog /klɒg/ **1** *n.* chỗ bị tắc, guốc clogs **2** *v.* (làm) tắc.

cloister /'klɔɪstə(r)/ *n.* nhà tu, tu viện

clone /kləʊn/ **1** *n.* phôi bào tạo người/ vật **2** *v.* cấy phôi bào thành giống người/vật gốc

close /kləʊs/ **1** *n.* sự kết thúc, phần cuối/chót: **to bring to a ~** kết thúc **2** *v.* đóng, khép, dồn lại, siết chặt [hàng ngũ], kết thúc, chấm dứt, đóng cửa: **to ~ down** đóng hẳn; **to ~ in** tới gần; **to ~ up** đóng kín, bít lại **3** *adj.* gần: **~ to** [bạn] thân, [bản dịch] sát, kín bít, bí hơi, ngột ngạt, chặt chẽ, kỹ lưỡng, tỉ mỉ: **~ vote** cuộc bầu suýt soát **4** *adv.* gần, sát; **~ to/by** gần/sát ai hay vật gì

closed /kləʊzd/ *adj.* đóng kín, đóng chặt

closely /'kləʊslɪ/ *adv.* gần, gần gũi, thân mật, sát, sít

closet /'klɒzɪt/ *n.* tủ đóng vào trong tường, tủ kho

close-up /'kləʊsʌp/ *n.* cảnh gần, cận cảnh, ảnh chụp gần

closure /kləʊjʊ(ə)r/ *n.* sự đóng cửa; việc giải thể: **factory ~** nhà máy đã đóng cửa

clot /klɒt/ **1** *n.* cục, khối, hòn, cục nghẽn **2** *v.* đóng cục

cloth /klɒθ/ *n.* vải, hàng vải, khăn, khăn lau: **table ~** khăn trải bàn

clothe /kləʊð/ *v.* [clothed] mặc quần áo, phủ

clothes /kləʊðz/ *n.* quần áo, y phục, quần áo bổ giặt: **to change one's ~** thay quần áo

clothing /'kləʊðɪŋ/ *n.* quần áo, áo quần, y phục

cloud /klaʊd/ **1** *n.* mây, đám [bụi/ khói], đàn [ruồi/muỗi], bầy, đoàn, bóng đen, bóng mây buồn: **Every ~ has a silver lining.** Mọi điều xấu đều có mặt tốt của nó. **2** *v.* che phủ, làm buồn phiền, làm vẫn đục

cloudy /'klaʊdɪ/ *adj.* có mây, u ám, vẫn, đục, mờ

clout /klaʊt/ *n.* cái tát, cái đấm, ảnh hưởng: **political ~** ảnh hưởng chính trị

clown /klaʊn/ **1** *n.* anh hề, thằng hề **2** *v.* làm trò hề

cloze test /kləʊz test/ *n.* việc điền vào khoảng trống trong câu cho thích hợp nghĩa

club /klʌb/ **1** *n.* gậy tày, dùi cui, hội, câu lạc bộ: **golf ~** câu lạc bộ đánh gôn **2** *v.* vụt, đánh

cluck /klʌk/ **1** *n.* tiếng cục cục **2** *v.* [gà mái] kêu cục cục

clue /kluː/ **1** *n.* manh mối, đầu mối: **I have no ~s as to why she is so mad at you.** Tôi không có ý kiến gì cả tạo sao cô ấy ham hừ với bạn. **2** *v.* mách, nhắc, gà clump /klʌmp/ *n.* lùm/bụi cây, cục/ hòn đất, khúc gỗ

clumsy /'klʌmzɪ/ *adj.* vụng, vụng về, lóng ngóng, nghều ngào

clung /klʌŋ/ quá khứ của cling

cluster /'klʌstə(r)/ **1** *n.* bó, chùm, cụm, đám, đàn, bầy **2** *v.* mọc thành cụm, túm tụm lại

clutch /klʌtʃ/ *n.* sự nắm chặt, khớp ly hợp, côn

clutch /klʌtʃ/ **1** *n.* nanh vuốt; sự chộp lấy/dành lấy: **to make a ~ at something** giật lấy cái gì **2** *v.* giật lấy, nắm chặt, giữ chặt

clutter /'klʌtə(r)/ **1** *n.* sự lộn xộn **2** *v.* làm bừa bộn, bừa bãi

cm /ˌsiː'em/ *abbr.* (= **centimeter**) xăng-ti-mét, một phân

CNN /ˌsiːen'ən/ *abbr.* (= **Cable News Network**) hãng truyền hình CNN (Mỹ)

coach /kəʊtʃ/ **1** *n.* xe ngựa bốn bánh **2** *n.* huấn luyện viên (của đội bóng) **3** *n.* toa hành khách, xe chở hành khách **4** *v.* huấn luyện

coagulate /kəʊ'ægjʊlət/ *v., n.* (làm) đông lại: **Blood ~s to stop bleeding.** Máu đông lại làm vết thương ngưng chảy máu.

coal /kəʊl/ **1** *n.* than đá, viên/hòn than đá: **~field** mỏ than (lộ thiên); **~ mine** mỏ than; **~-bed** vỉa than; **~ gas** khí than đá **2** *n.* ăn than

coarse /kɔːs/ *adj.* thô, to sợi, không mịn, lỗ mãng

coast /kəʊst/ **1** *n.* bờ biển **2** *v.* đi men bờ biển, lao dốc

coastal /'kəʊstəl/ *adj.* thuộc miền ven biển, duyên hải

coat /kəʊt/ **1** *n.* áo choàng ngoài, áo măng tô, bộ lông thú **2** *n.* lớp [sơn], nước [vôi] **3** *v.* phủ, bọc, tẩm, tráng: **to ~ fish with batter before frying** tẩm bột cá trước khi chiên

coating /'kəʊtɪŋ/ *n.* lớp (mỏng) phủ ngoài, hàng may măng tô

coax /'kəʊæks/ *v.* nói/dỗ ngọt, tán tỉnh, nịnh nọt

cob /kɒb/ *n.* lõi ngô/bắp

cobra /'kəʊbrə/ *n.* rắn mang bành

cobweb /'kɒbweb/ *n.* mạng nhện

Coca Cola /ˌkəʊkə 'kəʊlə/ *n.* nước ngọt cô-ca cô la

cocaine /kəʊ'keɪn/ *n.* chất cô-ca-in

cock /kɒk/ **1** *n.* gà trống/sống, con trống/đực **2** *n.* vòi nước, nắp đậy chai **3** *v.* lên cò súng, vênh [tai], hếch [mũi], đội [mũ] lệch, đánh đống [rơm, cỏ khô]

cockpit /'kɒkpɪt/ *n.* bãi chọi gà, buồng lái trên máy bay

cockroach /'kɒkrəʊtʃ/ *n.* con gián

cocktail /'kɒkteɪl/ *n.* rượu cốc-tay, đồ nhắm

cocky /'kɒkɪ/ *adj.* làm bộ, tự phụ, vênh váo, tự mãn

cocoa /'kəʊkəʊ/ *n.* nước ca-cao, bột ca-cao

coconut /'kəʊkənʌt/ *n.* quả dừa: **~ milk** nước dừa; **~ ice cream** kem dừa; **~ cream** sữa dừa

COD /ˌsiːəʊ'diː/ *abbr.* (= **cash on delivery**) trả tiền khi nhận hàng, lĩnh hoá giao ngân

cod /kɒd/ *n.* cá tuyết, cá thu, cá mo-ruy: **~ liver oil** dầu gan cá thu

coddle /'kɒd(ə)l/ *v.* chiều chuộng, nâng niu, tần, hầm

code /kəʊd/ **1** *n.* mật mã, ma số, lễ giáo, luật lệ, điều lệ, luật, bộ luật, pháp điển **2** *v.* viết/thảo bằng mã số

co-ed /ˌkəʊ'ed/ *adj., abbr.* (= **co-education**) cả nam lẫn nữ; nữ sinh viên: **~ school/college** trường học cho cả nam và nữ sinh

coeducation /ˌkəʊedjʊ'keɪʃən/ *n.* sự nam nữ học chung một trường

coerce /kəʊ'ɜːs/ *v.* ép, buộc, ép buộc, cưỡng ép

coercive /kəʊ'ɜːsɪv/ *adj.* ép buộc, cưỡng bách, cưỡng chế

coexistence /ˌkəʊeg'zɪstəns/ *n.* sự chung sống, sự cộng tồn

coffee /'kɒfɪ/ *n.* cà phê, bữa ăn nhẹ có cà phê (và thức uống khác): **~ break** giờ nghỉ giải khát; **~ cup** tách để uống cà phê; ~ **grinder/mill** cối xay cà phê; ~ **pot** bình cà phê; ~ **grounds** bã cà phê; ~ **table book** cuốn sách lớn chứa nhiều hình ảnh

coffer /ˈkɒfə(r)/ *n.* két bạc: ~s kho bạc, ngân khố

coffin /ˈkɒfɪn/ *n.* áo quan, quan tài

cog /kɒg/ *n.* răng, vấu: **a ~ in the wheel** răng bánh xe

cognition /kɒgˈnɪʃən/ *n.* nhận thức, tri thức

cognizance /ˈkɒgnɪzəns/ *n.* sự nhận thức, sự hiểu biết

cohabit /kəʊˈhæbɪt/ *v.* ăn ở với nhau, sống chung với nhau

coherent /kəʊˈhɪərənt/ *adj.* có mạch lạc, dễ hiểu

cohesion /kəʊˈhiːʒən/ *n.* sự/lực cố kết, sự dính liền/liên kết: **social ~** mối liên hệ xã hội

coil /kɔɪl/ **1** *n.* cuộn (thừng, dây), cuộn, ống, bôbin **2** *v.* cuộn, cuốn, quấn, nằm cuộn tròn

coin /kɔɪn/ **1** *n.* đồng tiền **2** *v.* đúc (tiền), đặt ra [từ mới]: **a newly-~ed word** một từ mới được đặt ra

coincide /kəʊɪnˈsaɪd/ *v.* trùng khớp, trùng hợp, xảy ra cùng một lúc, trùng với, hợp nhau, phù hợp, đồng ý

coincidence /kəʊˈɪnsɪdəns/ *n.* sự trùng khớp (ngẫu nhiên)

coitus /ˈkəʊɪtʌs/ *n.* sự giao cấu/giao hợp

coke /kəʊk/ *n.* than cốc

Coke *n.* (= **Coca Cola**) nước ngọt cô-ca cô-la

cold /kəʊld/ **1** *n.* cái lạnh/rét, sự lạnh lẽo, chứng cảm lạnh: **to catch (a) ~** bị cảm lạnh, cảm mạo **2** *adj.* lạnh, lạnh lẽo, nguội, lạnh lùng, nhạt, lãnh đạm, hờ hững, vô tình

cold storage *n.* kho chứa đông lạnh

coleslaw /ˈkəʊlslɔː/ *n.* xà lách/cải bắp thái chỉ trộn

coliseum /kɒləˈsiːəm/ *n.* (also **colosseum**) toà nhà thể dục thể thao

collaborate /kəˈlæbəreɪt/ *v.* cộng tác, hợp tác: **The government encourages Vietnamese companies to ~ with**

foreign investors to set up businesses in Vietnam. Chính phủ khuyến khích các công ty Việt Nam hợp tác với các nhà đầu tư nước ngoài mở doanh nghiệp ở Việt Nam.

collaboration /kəˌlæbəˈreɪʃən/ *n.* sự cộng tác, sự hợp tác

collapse /kəˈlæps/ **1** *n.* sự đổ nát, sự sụp đổ, sự suy sụp, sự suy nhược **2** *v.* sập, đổ, gẫy tan, suy sụp, sụp đổ, gập lại, xếp lại, gấp lại: **This bridge ~d last week during the heavy rains.** Chiếc cầu nầy vừa bị sập tuần rồi khi mưa lớn.

collapsible /kəˈlæpsɪb(ə)l/ *adj.* [ghế, bàn] gập/xếp lại được

collar /ˈkɒlə(r)/ **1** *n.* cổ áo, vòng cổ [chó, ngựa]: **white-~ jobs** công việc bàn giấy; **blue-~ jobs** công việc chân tay **2** *v.* tóm cổ

collate /kəˈleɪt/ *v.* đối chiếu, góp, xếp lại [từng bộ]

collateral /kəˈlætərəl/ *n.* đồ ký quỹ/ bảo lãnh

colleague /ˈkɒliːg/ *n.* đồng nghiệp, đồng sự, đồng liêu

collect /ˈkɒlekt/ **1** *v.* góp nhặt, thu lượm, thu thập, sưu: **to ~ information** thâu lượm tin tức tầm: **to ~ oneself** trấn tĩnh/bình tĩnh lại **2** *adj., adv.* ~ **call** gọi điện thoại đầu kia trả tiền

collectible /kəˈlektəbl/ *adj.* (*also* **collectable**) có thể sưu tầm được vì có giá trị

collection /kəˈlekʃən/ *n.* sự thu, sưu tập, cuộc quyên góp

collective /kəˈlektɪv/ *adj.* tập thể, tập hợp: ~ **bargaining** điều đình tập thể (giữa công nhân và chủ nhân) về lương bổng và điều kiện làm việc; ~ **farm** nông trường tập thể

collector /kəˈlektə(r)/ *n.* người thu (tiền, thuế, v.v.), người sưu tầm: **stamp ~** người chơi/sưu tầm tem; **debt ~** người đi thâu tiền nợ; ~**'s item** đồ vật của người sưu tầm

college /ˈkɒlɪdʒ/ *n.* trường đại học/cao đẳng chuyên nghiệp, khoa, phân khoa, đoàn thể, tập đoàn: **technical ~** trường kỹ thuật/dạy nghề

collide /kə'laɪd/ v. va, đụng, đậm, va chạm, xung đột

collision /kə'lɪʒən/ n. sự đụng/va, sự va chạm/xung đột: **head-on ~** vụ hai xe đâm đầu vào nhau

colloquial /kə'ləʊkwɪəl/ adj. [lời nói] thông tục, thông dụng

collusion /kə'l(j)uːʒən/ n. sự thông đồng/câu kết

colon /'kəʊlən/ 1 n. dấu hai chấm (:) 2 n. ruột kết, kết tràng

colonel /'kɜːnəl/ n. đại tá: **lieutenant ~** trung tá

colonialism /kə'ləʊnɪəlɪz(ə)m/ n. chủ nghĩa thực dân

colonize /'kɒlənaɪz/ v. chiếm làm thuộc địa

colony /'kɒlənɪ/ n. thuộc địa, đoàn thể kiểu dân, bầy, đàn: **Vietnam was a ~ of France for 100 years.** Việt Nam là thuộc địa của Pháp gần một trăm năm.

color /'kʌlə(r)/ 1 n. màu, sắc, màu sắc, sắc/nước da, màu vẻ, màu sắc: **~s** thuốc vẽ, thuốc màu 2 n. cờ, quốc kỳ, quân kỳ, đội kỳ, quân ngũ: **to come off with flying ~s** thành công/thắng lợi rực rỡ

color blindness n. tình trạng không thấy được màu sắc

colorful /'kʌlərfəl/ adj. nhiều/đầy màu sắc, sặc sỡ: **They wear ~ clothes.** họ ăn mặc sặc sỡ

colt /kəʊlt/ n. ngựa con, ngựa non, ngựa câu

column /'kɒləm/ n. cột, trụ, đội hình hàng dọc, mục báo: **spinal ~** cột sống; **left-hand ~** cột bên trái; **literary ~** mục văn học

columnist /'kɒləmnɪst/ n. nhà bình luận (chuyên giữ một mục)

coma /'kəʊmə/ n. sự hôn mê: **He is in a ~.** Ông ta đang trong tình trạng hôn mê.

comb /kəʊm/ 1 n. cái lược, bàn chải len: **rooster's ~** mào gà 2 v. chải,

gỡ, lùng, sục, sục tìm

combat /'kɒmbæt/ 1 n. trận đánh/đấu 2 v. chốn, chiến đấu

combination /kɒmbɪ'neɪʃən/ n. sự kết hợp/phối hợp, sự hoá hợp, hợp chất, tổ hợp: **a ~ of secretary and messenger** vừa thư ký vừa tuỳ phái; **~ lock** khoá chữ

combine /kəm'baɪn/ 1 n. máy gặt đập, máy liên hợp, công bin, tổ hợp 2 v. kết hợp, hoá hợp, tổ hợp: **to ~ both suggestions** kết hợp cả hai đề nghị

combo /kɒm'bəʊ/ n. ban nhạc nhỏ chơi nhạc jaz; thức ăn bao gồm nhiều thứ: **I like to have the steak and chicken ~ platter.** Tôi thích một dĩa gồm thịch bò nướng và gà.

combustible /kəm'bʌstɪb(ə)l/ adj. dễ cháy, dễ kích động

combustion /kəm'bʌstɪən/ n. sự (đốt) cháy

come /kʌm/ v. [**came**; **come**] đến, tới, đi đến/tới/lại, xảy ra/đến, xuất hiện, trở nên, hoá ra: **Please ~ here right away!** Xin ông lại đây ngay!; **They came to our house last night.** Hôm đêm qua họ đến nhà chúng tôi.; **An idea came into my head.** Tôi bỗng có ý kiến.; **One shoelace has ~ loose.** Một sợi dây giầy bị tuột ra.; **It ~s easily with practice.** Làm quen thì dễ.; **to ~ across** tình cờ thấy/gặp; **to ~ away** đi xa/khỏi; **to ~ back** quay/trở lại; **to ~ by** đi qua; **to ~ down** (đi) xuống; **to ~ off** bong/róc/ rời ra; **to ~ on** đi tới, tới gần; **to ~ out** ra, đi ra, lộ ra, [sách, báo] ra, xuất bản, ra lò; **What's ~ over him?** Hắn làm sao thế?; **to ~ around/ round** [người bệnh] khỏi, hồi phục, thay đổi hẳn quan điểm; **to ~ through** có được, thành công; **to ~ to** [bệnh nhân] hồi tỉnh, [số tiền] lên tới ...; **to ~ up** được nêu lên, lên tới; **to ~ upon** bắt gặp, chợt thấy; **How ~?** Sao thế?

comedy /'kɒmɪdɪ/ n. kịch vui, hài kịch, tấn hài kịch

comely /'kʌmlɪ/ adj. đẹp, duyên dáng, mỹ lệ

comet /'kɒmɪt/ n. sao chổi

comfort /'kʌmfət/ 1 n. lời/nguồn an ủi, sự an nhàn sung túc, tiện nghi, sự ấm cúng dễ chịu: ~ food thức ăn đầy đủ; of little ~ hơi dễ chịu 2 v. dỗ dành, an ủi, uỷ lạo, khuyên giải, làm khuây khoả

comfortable /'kʌmfətəb(ə)l/ adj. [căn phòng] ấm cúng dễ chịu, đủ tiện nghi, dễ chịu, thoải mái, khoan khoái, đầy đủ phong lưu, sung túc: a ~ life một cuộc sống dễ chịu

comforter /'kʌmfətə(r)/ n. chăn nhồi lông vịt

comic /'kɒmɪk/ 1 n. diễn viên khôi hài: ~s trang tranh truyện vui 2 adj. hài hước, khôi hài: ~ strip trang tranh truyện vui (ở báo chí); ~ relief chuyện vui cười thoải mái

comical /'kɒmɪkəl/ adj. buồn vưởi, tức cười, khôi hài

comma /'kɒmə/ n. dấu phẩy/phết (,)

command /kə'mɑːnd/ 1 n. lệnh, mệnh lệnh, quyền chỉ huy, sự thông thạo, sự làm chủ, bộ tư lệnh/chỉ huy, thống suất, chế ngự, kiểm chế: X has a good ~ of Russian. X nói tiếng Nga giỏi.; a fortune at his ~ một cơ nghiệp lớn sẵn sàng cho anh ta sử dụng; X ~s our respect. X khiến chúng tôi phải kính trọng.; ~ performance biểu diễn do lệnh trên 2 v. ra lệnh/hạ lệnh; chỉ huy, điều khiển: to ~ a regiment chỉ huy moat trung đoàn

commandeer /ˌkɒmən'dɪə(r)/ v. trưng dụng [tài sản], bắt vào lính

commander /kə'mɑːndə(r)/ n. sĩ quan chỉ huy, tư lệnh, trung tá hải quân: ~ in chief tổng tư lệnh

commemorate /kə'meməreɪt/ v. kỷ niệm, tưởng nhớ

commemoration /kəˌmemə'reɪʃən/ n. lễ kỷ niệm: in ~ of để kỷ niệm, để tưởng nhớ

commence /kə'mens/ v. bắt đầu, khởi đầu: The school year ~s in the first week of September. Năm học bắt đầu tuần lễ đầu tháng chín.

commend /kə'mend/ v. khen ngợi, ca ngợi, tán dương, tuyên dương, giao phó, phó thác, ký thác, gửi gấm

commensurate /kə'mensjʊərət/ adj. xứng với, tương xứng, tương đương: a salary ~ with one's experience lương bổng tương xứng với kinh nghiệm

comment /'kɒment/ 1 n. lời bàn, lời bình luận/phê bình, lời chú giải/ dẫn giải: Please give your ~s. Làm ơn cho lời bình luận. 2 v. bình luận, phê bình, chỉ trích, chú thích, dẫn giải, thuyết minh

commentary /'kɒməntərɪ/ n. bài bình luận, lời bình chú, lời dẫn giải, bài tường thuật: running ~ bài tường thuật tại chỗ

commerce /'kɒmɜːs/ n. việc buôn bán, thương mại/nghiệp

commercial /kə'mɜːʃəl/ 1 n. tiết mục quảng cáo 2 adj. (thuộc) thương mại/thương nghiệp/thương vụ

commiserate /kə'mɪzəreɪt/ v. thương hại, thương xót, ái ngại

commission /kə'mɪʃən/ 1 n. tiền hoa hồng, sự uỷ nhiệm/thác: on a ~ basis trên căn bản ăn tiền hoa hồng; to sell goods on ~ bán hàng ăn hoa hồng 2 n. hội đồng, uỷ hội, uỷ ban: public relations ~ ủy ban giao tế; social sciences ~ uỷ ban khoa học xã hội 3 v. uỷ nhiệm, uỷ thác, đặt làm, đặt vẽ: He was ~ed to write an agreement. Ông ấy được uỷ nhiệm viết bản giao kèo.

commit /kə'mɪt/ v. phạm [tội], làm [lỗi], giao phó, uỷ nhiệm/thác, hứa, cam kết: I ~ this to your care. Tôi xin gửi vật này để ông giữ hộ.; to ~ suicide tự sát, tự tử; to ~ to memory học thuộc lòng, nhớ nằm lòng; to ~ money for ... dành tiền cho ...

commitment /kə'mɪtmənt/ n. sự giao phó/uỷ thác, lời cam kết, sự bỏ tù, sự dành ngân khoản: **previous ~** hẹn trước

committee /kɒmɪ'tiː/ *n.* uỷ ban: **central executive ~** uỷ ban chấp hành trung ương; **standing ~** uỷ ban thường trực/thường vụ; **joint ~** uỷ ban hỗn hợp; **to be/sit/serve on a ~** có chân trong uỷ ban ...

commodity /kə'mɒdɪtɪ/ *n.* hàng hoá, mặt hàng, thương phẩm

common /'kɒmən/ **1** *n.* đất công, bãi cỏ giữa làng/xóm, sự/của chung: **in ~** chung **2** *adj.* chung, công (cộng), thường, thông thường, bình thường, phổ biến: **~ noun** danh từ chung; **~ property** tài sản công cộng; **~ knowledge** điều ai cũng biết; **~ law** luật tập tục; **~ sense** lẽ thường; **~ people** thường dân

commoner /'kɒmənə(r)/ *n.* người bình thường/thường dân

Commons /'kɒmənz/ *n.* bình dân, thứ dân: **the House of ~s** hạ nghị viện Anh

Commonwealth /'kɒmənwelθ/ *n.* khối thịnh vượng chung, khối cộng đồng, nước cộng hoà, liên bang: **the British ~ of Nations** liên hiệp Anh

commotion /kə'məʊʃən/ *n.* sự rung động/chấn động/rối loạn

communal /kə'mjuːnəl/ *adj.* chung, công, công cộng, thuộc công xã: **~ land** đất công, công điền, công thổ

commune /'kɒmjuːn/ **1** *n.* xã, công xã **2** *v.* nói chuyện thân mật, gần gũi, cảm thông

communicable /kə'mjuːnɪkəb(ə)l/ *adj.* [bệnh] hay lây, dễ lây: **~ diseases** bệnh hay lây

communicate /kə'mjuːnɪkeɪt/ *v.* truyền [tin, bệnh], truyền đạt, thông tri, liên lạc, [phòng] thông nhau: **to ~ with someone by SMS** liên lạc với ai bằng SMS

communication /kəmjuːnɪ'keɪʃən/ *n.* sự truyền đạt/thông tri, tin tức, thông báo, sự liên lạc, sự giao thông: **~s** ngành truyền thông, truyền tin

communist /'kɒmjuːnɪst/ *n., adj.* (người/đảng viên) cộng sản: **~ party** đảng cộng sản

community /kə'mjuːnɪtɪ/ *n.* dân chúng, công chúng, phường, đoàn thể, cộng đồng, sở hữu chung: **the Vietnamese ~ in Singapore** cộng đồng người Việt ở Tân Gia Ba; **~ center** trung tâm cộng đồng

commuter /kə'mjuːtə(r)/ *n.* người đi làm bằng tàu/xe: **~s train** xe lửa cho người ở ngoại ô vào thành phố đi làm

compact /'kɒmpækt/ *n.* giao kèo, khế ước, hợp đồng, hiệp ước

compact /'kɒmpækt/ **1** *n.* hộp phấn bỏ túi, xe ô tô cỡ nhỏ gọn **2** *adj.* rắn chắc, chật ních; cô đọng, súc tích, [xe hơi] kiểu nhỏ gọn **3** *v.* làm đầy/chặt: **a ~ English-Vietnamese dictionary** từ điển Anh-Việt cô động

companion /kəm'pænjən/ *n.* bạn, bầu bạn, bạn bè, chiếc/vật cùng đôi, sách hướng dẫn, chỉ nam: **~ to this volume** sách dùng kèm với quyển này

companionship /kəm'pænjənʃɪp/ *n.* tình bạn, tình bầu bạn

company /'kʌmpənɪ/ **1** *n.* sự cùng đi/ở, bạn, bạn bè, giao du, khách, khách khứa: **to keep bad ~** đi lại giao du với người xấu **2** *n.* hội buôn, công ty, đoàn, gánh, đại hội: **book ~** công ty sách

comparable /'kɒmpərəb(ə)l/ *adj.* có thể so sánh được [**with** với]

comparative /kəm'pærətɪv/ **1** *n.* cấp so sánh **2** *adj.* so sánh, tỉ hiệu, tương đối: **~ literature** văn học so sánh; **~ comfort** sự sung túc tương đối

compare /kəm'peə(r)/ **1** *n.* sự so sánh: **beyond/without ~** khó bì được **2** *v.* so, so sánh, đối chiếu: **to ~ notes** trao đổi nhận xét

compartment /kəm'pɑːtmənt/ *n.* gian, ngăn [nhà, toa xe lửa]

compass /'kʌmpəs/ *n.* la bàn, địa bàn, vòng, phạm vi

compasses /'kʌmpəsɪz/ *n., pl.* dụng cụ vẽ/com pa

compassion /kəm'pæʃən/ *n.* lòng thương, lòng trắc ẩn

compassionate /kəm'pæʃənət/ *adj.* động lòng thương, thương hại

compatible /kəm'pætɪb(ə)l/ *adj.* hợp, tương hợp/dung, hài hoà

compatriot /kəm'peɪtrɪət/ *n.* đồng bào, đồng hương

compel /kəm'pel/ *v.* bắt, bắt buộc, buộc phải, cưỡng bách

compendium /kəm'pendɪəm/ *n.* bản tóm tắt/trích yếu

compensate /'kɒmpənseɪt/ *v.* bù, đền bù, bồi thường: **Workers should be ~d for their loss of income.** Công nhân nên được đền bù vì họ mất lợi tức.

compete /kəm'piːt/ *v.* cạnh tranh, ganh đua, đua tranh

competence /'kɒmpɪtəns/ *n.* khả năng, năng lực: **He shows good ~ in English.** Ông ấy có khả năng tiếng Anh tốt.

competent /'kɒmpɪtənt/ *adj.* thạo, giỏi, có đủ khả năng, [toà] có thẩm quyền

competitive /kəm'petɪtɪv/ *adj.* có tính cách cạnh tranh, khó: **~ examination** cuộc thi tuyển (lấy người giỏi)

compile /kəm'paɪl/ *v.* biên soạn, sưu tập

complacency /kəm'pleɪsənsi/ *n.* tính tự mãn

complacent /kəm'pleɪsənt/ *adj.* tự mãn, đắc ý

complain /kəm'pleɪn/ *v.* kêu, kêu ca, phàn nàn, than phiền, thưa (kiện), kêu nài, khiếu nại: **Tourists ~ed about the high cost of accommodation.** Du khách than phiền về giá khách sạn cao.

complaint /kəm'pleɪnt/ *n.* lời phàn nàn, đơn kiện, bệnh tật

complement /'kɒmplɪmənt/ **1** *n.* phần bù, phần bổ sung, bổ ngữ **2** *v.* bù cho đầy đủ, bổ túc, bổ sung

complementary /kɒmplɪ'mentəri/ *adj.* bù, bổ sung, bổ túc

complete /kəm'pliːt/ **1** *adj.* trọn vẹn, đầy đủ, hoàn toàn, xong, hoàn thành, hoàn tất: **the ~ works of Nguyen Trai** Nguyễn Trãi toàn tập **2** *v.* hoàn thành, làm xong, làm cho đầy đủ/trọn vẹn

complex /'kɒmpleks/ **1** *n.* khu nhà, khu nhà máy, khu công nghiệp **2** *n.* mặc cảm, phức cảm: **inferiority ~** mặc cảm tự ti; **superiority ~** mặc cảm tự tôn **3** *adj.* rắc rối, phức tạp, [câu] phức hợp

complexion /kəm'plekʃən/ *n.* nước da, hình thể, cục diện

complexity /kəm'pleksɪtɪ/ *n.* sự phức tạp/rắc rối

compliance /kəm'plaɪəns/ *n.* sự làm đúng theo, sự phục tùng

complicate /'kɒmplɪkət/ *v.* làm rắc rối, phức tạp

complicated /'kɒmplɪkeɪtɪd/ *adj.* rắc rối, phức tạp, phiền toái: **a ~ situation** hoàn cảnh phức tạp

compliment /'kɒmplɪmənt/ **1** *n.* lời khen, lời ca tụng: **with ~s** tác giả kính tặng **2** *v.* khen ngợi, ca ngợi, ca tụng

comply /kəm'plaɪ/ *v.* chiều theo, đồng ý làm theo, tuân theo

component /kəm'pəʊnənt/ **1** *n.* thành phần: **Vietnamese names have three ~s: family name, middle name and given name.** Tên Việt Nam có ba thành phần: họ, tên lót và tên. **2** *adj.* hợp/cấu thành

compose /kəm'pəʊz/ *v.* làm, soạn, sáng tác, bình tĩnh lại: **to ~ poems** sáng tác thơ

composer /kəm'pəʊzə(r)/ *n.* nhà soạn nhạc, người soạn, soạn giả: **Trinh Cong Son is the most well-known ~ of music in Vietnam.** Trịnh Công Sơn là nhà soạn nhạc nổi tiếng nhất của Việt Nam.

composite /'kɒmpəzɪt/ *adj.* ghép, tổng hợp, đa hợp

composition /kɒmpə'zɪʃən/ **1** *n.* bài viết, bài luận, tác phẩm, nhạc khúc **2** *n.* sự cấu tạo/hợp thành, thành phần, cách bố cục: **the ~ of a work of literature** bố cục một tác phẩm văn học **3** *n.* sự sắp chữ, cách cấu tạo từ ghép

compost /'kɒmpəst/ *n.* phân trộn với lá khô

compound /kəm'paʊnd/ **1** *n.* khuôn viên, khu đất rào, hợp chất **2** *n.* từ ghép, từ phức hợp **3** *adj.* (từ) ghép, (câu) kép, phức hợp, đa hợp, (lãi) chồng

comprehend /kɒmprɪ'hend/ *v.* hiểu, lĩnh hội, lý giải, bao gồm: **to try to ~ instructions given in a technical manual** hiểu rõ những chỉ dẫn trong cẩm nang kỹ thuật

comprehensible /kɒmprɪ'hensɪb(ə)l/ *adj.* có thể hiểu, dễ lĩnh hội

comprehensive /kɒmprɪ'hensɪv/ *adj.* tổng hợp, toàn diện, bao hàm, sáng ý, mau hiểu

compress /kəm'pres/ **1** *n.* gạc **2** *v.* ép, nén, đè, cô lại

comprise /kəm'praɪz/ *v.* gồm có, bao gồm

compromise /'kɒmprəmaɪz/ **1** *n.* sự thoả hiệp (sau khi mỗi bên nhượng bộ một chút) **2** *v.* dàn xếp, thoả hiệp, làm lại

compulsion /kəm'pʌlʃən/ *n.* sự ép buộc, sự cưỡng bách

compulsory /kəm'pʌlsərɪ/ *adj.* bắt buộc, cưỡng bách

compunction /kəm'pʌŋkʃən/ *n.* sự ăn năn hối hận, sự ân hận

computation /kɒmpju:'teɪʃən/ *n.* sự tính toán/ước tính

compute /kəm'pju:t/ *v.* tính toán, ước tính

computer /kəm'pju:tə(r)/ *n.* máy vi tính, máy điện toán: **~ Age** thời đại vi tính; **~ science** khoa điện toán/vi tính

computerize /kəm'pju:təraɪz/ *v.* trang bị bằng máy vi tính, thiết kế máy vi tính

comrade /'kɒmrəd/ *n.* đồng chí, bạn

con /kɒn/ **1** *n.* (lý do) chống lại: **the pros and ~s** lý lẽ nên chăng/khả phủ **2** *v.* nghiên cứu, nghiền ngẫm **3** *v.* lừa gạt, lừa bịp: **to ~ someone into buying a worthless thing** lừa gạt ai mua đồ không có giá trị

concave /'kɒnkeɪv/ *adj.* lõm, hình lòng chảo

conceal /kən'si:l/ *v.* giấu giếm, che đậy

concede /kən'si:d/ *v.* nhận, thừa nhận, nhường cho, chịu thua

conceit /kən'si:t/ *n.* tính tự phụ, tính tự cao tự đại

conceited /kən'si:tɪd/ *adj.* tự phụ, kiêu ngạo, tự cao tự đại

conceive /kən'si:v/ *v.* nghĩ, hiểu, quan niệm được, nhận thức, tưởng tượng, thụ thai, có mang

concentrate /'kɒnsəntreɪt/ **1** *n.* hình thức cô đặc **2** *v.* tập trung: **I can't ~, it's too noisy here.** Ồn quá, tôi không tập trung tư tưởng được.

concentration /kɒnsən'treɪʃən/ *n.* sự tập trung, sự cô lại: **~ camp** trại tập trung

concept /'kɒnsept/ *n.* khái niệm, ý niệm, quan niệm: **They have different ~s of life.** Họ có quan niệm khác nhau về cuộc sống.

conceptual /kən'septʃʊəl/ *adj.* thuộc nhận thức/quan niệm

concern /kən'sɜ:n/ **1** *n.* việc/chuyện phải lo, sự lo ngại, sự quan tâm, cổ phần, lợi lộc, hãng buôn, xí nghiệp: **It's no ~ of yours!** Đâu phải việc của anh! **2** *v.* liên quan, dính líu tới, lo âu, quan tâm: **as far as we're ~ed** chúng tôi rất quan tâm ....

concert /'kɒnsət/ *n.* buổi hoà nhạc, buổi trình diễn ca nhạc, sự phối hợp: **This city will build a new ~ hall.** Thành phố nầy sẽ xây một trung tâm trình diễn ca nhạc.

concerted /kən'sɜ:tɪd/ *adj.* (hành động) có phối hợp

concession /kən'seʃən/ **1** *n.* sự nhượng, sự nhượng bộ, tô giới **2** *n.*

sự giảm/bớt tiền (cho người già hay hưởng trợ cấp xã hội): **All elderly people have travel ~ cards.** Tất cả người già đều có thể bớt tiền.

conciliate /kən'sılıeıt/ *v.* hoà giải, điều hoà, thu phục được

concise /kən'saıs/ *adj.* ngắn gọn, súc tích, giản yếu/minh: **They used this ~ English-Vietnamese dictionary.** Họ dùng cuốn từ điển Anh-Việt giản yếu nầy.

conclude /kən'klu:d/ *v.* kết luận, ký kết (hiệp ước), bế mạc, chấm dứt, kết thúc: **to ~ a meeting** kết thúc buổi họp

conclusion /kən'klu:ʒən/ *n.* phần kết luận, việc ký kết, sự kết thúc, phần cuối/chót: **in ~** để kết luận; **to bring … to (a) ~** kết thúc/chấm dứt

conclusive /kən'klu:sıv/ *adj.* xác định, dứt khoát, quyết định

concoct /kən'kɒkt/ *v.* pha, chế, chế biến, bịa đặt, hư cấu

concomitant /kən'kɒmıtənt/ *adj.* đi kèm/đôi, cùng xảy ra

concord /'kɒnkɔ:d/ *n.* sự hoà thuận, hoà âm, sự hợp

concrete /'kɒnkri:t/ **1** *n.* bê tông, vật cụ thể **2** *adj.* cụ thể: **~ meaning** nghĩa cụ thể *v.* rải/đổ/đúc bê tông

concur /kən'kɜ:(r)/ *v.* đồng ý, nhất trí, tán thành, xảy ra cùng một lúc, trùng nhau, hợp lại, hùa vào

concurrent /kən'kʌrənt/ *adj.* nhất trí, đồng lòng, cùng xảy ra

concussion /kən'kʌʃən/ *n.* sự chấn động, sự choáng váng

condemn /kən'dem/ *v.* lên án, chỉ trích, kết án, kết tội, xử, cấm không được sử dụng: **The people in this city have ~ed the latest wave of violence.** Cư dân trong thành phố nầy kết án đợt bạo động vừa rồi.

condemnation /kɒndem'neıʃən/ *n.* sự chỉ trích, sự kết tội, sự cấm

condense /kən'dens/ *v.* (làm) ngưng tụ, (làm) cô đọng, viết/nói cho gọn lại: **~d milk** sữa đặc

condescend /kɒndı'send/ *v.* hạ mình, hạ cố, chiếu cố: **to ~ to someone** chiếu cố đến ai

condition /kən'dıʃən/ **1** *n.* điều kiện, tình trạng, hoàn cảnh, tình cảnh, tình thế, địa vị, thân phận: **on ~ that** với điều kiện là **under the present ~s** trong hoàn cảnh hiện tại **2** *v.* tuỳ thuộc vào, làm cho sung sức, rèn luyện

conditional /kən'dıʃənəl/ *adj.* có/thuộc điều kiện

condolence /kən'dəʊləns/ *n.* lời chia buồn, lời phân ưu

condominium /kɒndəʊ'mınıəm/ *n.* căn nhà phải trả tiền trông nom và bảo trì chung, nước công quản

condone /kən'dəʊn/ *v.* bỏ qua, tha, tha thứ, khoan thứ

conduct /'kɒndəkt/ **1** *n.* hạnh kiểm, tư cách, sự điều khiển, sự quản lý **2** /kən'dəkt/ *v.* chỉ đạo, hướng dẫn, chỉ huy, điều khiển, quản lý: **to ~ oneself** ăn ở, cư xử

conductor /kən'dʌktə(r)/ **1** *n.* nhạc trưởng, người chỉ huy, người điều khiển/hướng dẫn **2** *n.* người bán vé (xe điện, xe buýt), người phục vụ hành khách trên xe lửa **3** *n.* dây dẫn điện, chất dẫn (điện/nhiệt)

conduit /'kɒndjuıt/ *n.* máng nước; ống cách điện

cone /kəʊn/ *n.* hình nón, vật hình nón, quả cây thông, nón thông: **ice cream ~** nón bánh quế đựng kem

confectionery /kən'fekʃənərı/ *n.* (cửa hàng) mứt kẹo, (tiêm) mứt

confederacy /kən'fedərəsı/ *n.* liên minh, liên bang, sự câu kết

confederate /kən'fedərət/ **1** *n.* nước liên minh, người đồng mưu **2** *adj.* liên minh, liên hiệp **3** *v.* liên minh lại

confer /kən'fɜ:(r)/ *v.* ban, phong, cấp, tặng, bàn bạc, hội ý, tham khảo, hỏi ý kiến: **to ~ a degree on** cấp văn bằng cho; **I have to ~ with my colleagues.** Tôi phải bàn với đồng nghiệp đã.

conference /'kɒnfərəns/ *n.* hội nghị, sự bàn bạc/hội ý

confess /kən'fes/ *v.* thú tội, thú nhận, xưng tội: **"I have made a big mistake," he ~ed.** Ông ấy đã thú nhận là đã làm lỗi lầm lớn.

confession /kən'feʃən/ *n.* sự thú nhận, sự xưng tội

confidant /kɒnfɪ'dænt/ *n.* bạn tâm tình

confide /kən'faɪd/ *v.* giãi bày tâm sự, giao phó, tin cậy ở

confidence /'kɒnfɪdəns/ *n.* sự tin, sự tin cậy/tin tưởng, sự tin chắc, chuyện riêng, chuyện tâm sự/bí mật: **in ~** bí mật, biết riêng với nhau; **to have ~ in** tin tưởng ở; **to speak with ~** nói quả quyết

confident /'kɒnfɪdənt/ *adj.* tin chắc, tin tưởng, tự tin

confidential /kɒnfɪ'dɛnʃəl/ *adj.* kín, bí mật, mật, thân tín: **Please stamp "~ documents" on these packages.** Làm ơn đóng dấu "tài liệu mật" trên những gói nầy.

confine /kən'faɪn/ **1** *n.* giới hạn, ranh giới, biên giới **2** *v.* nhốt, giam hãm, giam cầm, hạn chế

confirm /kən'fɜːm/ *v.* xác nhận, phê chuẩn, chuẩn y (hiệp ước, việc bổ nhiệm)

confirmation /kɒnfə'meɪʃən/ *n.* sự xác nhận, sự phê chuẩn

confiscate /'kɒnfɪskeɪt/ *v.* tịch thu, sung công, trưng dụng

conflagration /kɒnflə'greɪʃən/ *n.* đám cháy lớn, tai họa lớn

conflict /'kɒnflɪkt/ *n., v.* (cuộc) xung đột, (sự) mâu thuẫn: **Try to minimize the ~ between you and your colleagues.** Cố gắng tránh mọi sự xung đột giữa bạn và các đồng nghiệp.

conform /kən'fɔːm/ *v.* tuân theo, tuân thủ, làm cho phù hợp

conformity /kən'fɔːmɪtɪ/ *n.* sự tuân thủ, sự phù hợp/thích hợp: **in ~ with the law** theo đúng pháp luật

confound /kən'faʊnd/ *v.* làm bối rối/ngạc nhiên, làm xáo trộn/đảo lộn, làm hỏng, làm thất bại/tiêu tan, lầm lẫn

confront /kən'frʌnt/ *v.* đối diện, chạm trán, đương đầu, đối chất, đối chiếu

confrontation /ˌkɒnfrʌn'teɪ/ *n.* sự đối đầu, sự tranh chấp

Confucianism /kən'fjuːʃ(ɪ)ənɪz(ə)m/ *n.* đạo Khổng, Khổng giáo, Nho giáo

confuse /kən'fjuːz/ *v.* làm lộn xộn/ lung tung, làm rối rắm, lẫn lộn, nhầm lẫn: **What I have told them ~s them.** Họ nhầm lẫn về những gì tôi đã nói với họ.

confused /kən'fjuːzd/ *adj.* lẫn lộn, lộn xộn, rối rắm

confusion /kən'fjuːʒən/ *n.* sự lộn xộn/ hỗn độn/hỗn loạn/rối loạn, sự lẫn lộn/nhầm lẫn, sự ngượng ngập/bối rối

congenial /kən'dʒiːnɪəl/ *adj.* hợp nhau, tương đắc, thích hợp

congenital /kən'dʒenɪtəl/ *adj.* bẩm sinh

congested /kən'dʒestɪd/ *adj.* làm tắc [mũi], làm nghẽn [đường]

congestion /kən'dʒestʃən/ *n.* sự tắc nghẽn, sự sung huyết: **Please travel via the other way; there is traffic ~ along this road.** Làm ơn đi lối khác, đường nầy đang bị tắc nghẽn xe cộ.

congratulate /kən'grætjʊleɪt/ *v.* mừng, chúc mừng, khen ngợi

congratulation /kənˌgrætjʊ'leɪʃən/ *n.* lời chúc mừng, lời khen ngợi: **Congratulations on your graduation from college.** Mừng cháu mới tốt nghiệp đại học.

congregate /'kɒŋgrɪgeɪt/ *v.* tụ họp, hội họp, thu góp, thu thập

congress /'kɒŋgres/ *n.* hội nghị, đại hội, quốc hội: **the 9th ~** khoá họp thứ 9 của quốc hội (Mỹ); **a member of ~** một nghị sĩ quốc hội

congruent /'kɒŋgruːənt/ *adj.* thích hợp, phù hợp

conical /'kɒnɪkəl/ *adj.* hình nón: **~ hat** nón [mũ]

conjecture /kən'dʒektjʊə(r)/ *n., v.* (sự) phỏng đoán/ước đoán

conjugal /'kɒndʒʊgəl/ *adj.* thuộc vợ chồng

conjugate /'kɒndʒʊgeɪt/ *v.* chia [động từ], kết hợp

conjunction /kən'dʒʌŋkʃən/ *n.* liên từ, từ nối, sự liên kết/kết hợp: **in ~ with** cùng với, chung với

connect /kə'nekt/ *v.* (nối) nhau, nối lại, chắp nối, liên hệ, làm cho mạch lạc

connection /kə'nekʃən/ *n.* sự chắp nối, quãng nối, mối quan hệ (bà con, họ hàng), chuyến xe/tàu đi tiếp: **I got stuck at the airport because I missed my ~.** Tôi bị kẹt ở sân bay vì nhỡ mất chuyến bay đi tiếp.

connivance /kə'naɪvəns/ *n.* sự thông đồng, sự làm ngơ lờ đi

connive /kə'naɪv/ *v.* thông đồng, đồng lõa, nhắm mắt làm ngơ, bao che ngầm

connotation /kɒnəʊ'teɪʃən/ *n.* nghĩa (rộng), nghĩa hàm

connote /kə'nəʊt/ *v.* bao hàm, ngụ (ý là)

conquer /'kɒŋkə(r)/ *v.* chinh phục, đoạt, xâm chiếm, chiến thắng, chế ngự, khắc phục [thói xấu, sự sợ hãi]

conquest /'kɒŋkwest/ *n.* sự chinh phục/xâm chiếm, đất đai xâm chiếm được, người bị chinh phục

conscience /'kɒnʃəns/ *n.* lương tâm; **a clear ~** lương tâm trong sáng; **on one's ~** theo lương tâm của ai

conscientious /kɒnʃɪ'enʃəs/ *adj.* có lương tâm, tận tâm, chu đáo: **~ objector** người từ chối không đi lính vì lý do tôn giáo

conscious /'kɒnʃəs/ *adj.* biết/thấy rõ, có ý thức, tỉnh táo, tỉnh/hồi lại: **~ of** có ý thức được ...

consciousness /'kɒnʃəsnɪs/ *n.* sự hiểu biết, ý thức: **to regain ~** tỉnh/hồi lại (sau cơn mê)

conscript /'kɒnskrɪpt/ **1** *n.* người đến tuổi đi lính **2** *v.* bắt lính

consecrate /'kɒnsɪkreɪt/ *v.* hiến dâng, cống hiến, cúng, phong thánh

consecutive /kən'sekjʊtɪv/ *adj.* liền, tiếp liền, liên tiếp: **two ~ years** hai năm liên tiếp

consensus /kən'sensəs/ *n.* sự đồng tâm nhất trí

consent /kən'sent/ **1** *n.* sự ưng thuận/đồng ý: **by mutual ~** do hai bên bằng lòng **2** *v.* chịu, ưng, ưng thuận, bằng lòng, đồng ý, thoả thuận, tán thành

consequence /'kɒnsɪkwəns/ *n.* kết quả, hậu quả, tầm quan trọng: **in ~** thế/vậy thì, kết quả là

consequential /'kɒnsɪkwəntʃl/ *adj.* do kết quả/hệ quả

conservation /kɒnsə'veɪʃən/ *n.* sự giữ gìn/bảo tồn/bảo toàn

conservatism /kən'sɜːvətɪz(ə)m/ *n.* chủ nghĩa bảo thủ, tính thủ cựu

conservative /kən'sɜːvətɪv/ **1** *n.* người bảo thủ/thủ cựu, đảng viên đảng bảo thủ: **They are ~s.** Họ là những kẻ bảo thủ. **2** *adj.* bảo thủ, thủ cựu, dè dặt

conserve /kən'sɜːv/ **1** *n.* mứt: **~s** mứt **2** *v.* giữ gìn, duy trì, bảo tồn, bảo toàn

consider /kən'sɪdə(r)/ *v.* xem coi như, coi là: suy xét, cứu xét, cân nhắc, xem xét, để ý đến, quan tâm đến: **I have carefully ~ed your application.** Tôi đã xem xét kỹ đơn xin của bạn.

considerable /kən'sɪdərəb(ə)l/ *adj.* to tát, lớn lao, đáng kể, quan trọng, có thế lực

considerate /kən'sɪdərət/ *adj.* ý tứ, ân cần, chu đáo, không ích kỷ

consign /kən'saɪn/ *v.* gửi (tiền, hàng hoá), gửi bán, đặt bán

consignment /kən'saɪnmənt/ *n.* sự gửi (bán), hàng gửi bán, bỏ mối

consist /kən'sɪst/ *v.* gồm có (**~ of**), cốt ở chỗ, cốt tại (**~ in**): **A person's strength does not only ~ of physical power.** Sức mạnh của một người không phải chỉ ở thế lực võ dũng mà thôi.

consistency /kən'sɪstənsi/ *n.* độ chắc/ đặc, tính trước sau như một, tính thuỷ chung, tính nhất quán/kiên định

consistent /kən'sɪstənt/ *adj.* niềm/điều an ủi

consolation /kɒnsə'leɪʃən/ *n.* an ủi, giải khuây, khuyên giải: ~ **prize** giải an ủi

console 1 /kən'səʊl/ *v.* an ủi, giải khuây: **Nothing could ~ my friend when his wife died.** Không sao an ủi bạn tôi khi vợ anh ta chết. 2 /'kɒnsəʊl/ *n.* bàn khoá điều khiển

consolidate /kən'sɒlɪdət/ *v.* làm chắc, củng cố, tăng cường, hợp nhất, thống nhất

consort /'kɒnsɔːt/ 1 *n.* chồng, vợ (của vua chúa): **prince ~** chồng nữ hoàng 2 *v.* đi lại, giao thiệp/du

conspicuous /kən'spɪkjuːəs/ *adj.* rõ ràng, dễ thấy, đập ngay vào mắt, lồ lộ, lộ liễu quá, đáng chú ý

conspiracy /kən'spɪrəsi/ *n.* âm mưu

conspire /kən'spaɪə(r)/ *v.* âm mưu, mưu hại, chung sức, hiệp lực

constable /'kʌnstəb(ə)l/ *n.* cảnh sát, công an, sen đầm

constancy /'kɒnstənsi/ *n.* sự bền lòng, tính kiên trinh

constant /'kɒnstənt/ 1 *n.* hằng số 2 *adj.* không thay đổi, bất biến, bền lòng, kiên trì, liên miên, không dứt

consternation /kɒnstə'neɪʃən/ *n.* sự kinh ngạc/sửng sốt

constipation /kɒnstɪ'peɪʃən/ *n.* chứng táo bón

constituency /kən'stɪtjuːənsi/ *n.* các cử tri, đơn vị bầu cử

constituent /kən'stɪtjuːənt/ 1 *n.* yếu tố, thành phần, thành tố, cử tri 2 *adj.* cấu tạo, hợp thành, lập hiến

constitute /'kɒnstɪtjuːt/ *v.* cấu tạo, hợp thành, thiết/thành lập

constitution /kɒnstɪ'tjuːʃən/ *n.* hiến pháp, chương trình, đẳng chương, thể trạng/chất/cách, tính tình, tính khí, sự thiết lập

constrain /kən'streɪn/ *v.* ép buộc, cưỡng ép, chế ngự

constraint /kən'streɪnt/ *n.* sự ép buộc, sự hạn chế/kiềm chế

constrict /kən'strɪkt/ *v.* thắt, bóp, làm co khít lại

construct /kən'strʌkt/ *v.* làm, xây dựng, kiến thiết, đặt (câu), dựng (vở kịch), vẽ (hình), làm (bài văn)

constructive /kən'strʌktɪv/ *adj.* (ý kiến) xây dựng: **We have received their ~ suggestion.** Chúng ta vừa nhận được đề nghị xây dựng của họ.

construe /'kɒnstruː/ *v.* hiểu, giải thích, phân tích (câu)

consul /'kɒnsəl/ *n.* lãnh sự: ~ **general** tổng lãnh sự

consulate /'kɒnsjʊlət/ *n.* toà lãnh sự, lãnh sự quán: ~ **general** toà tổng lãnh sự, tổng lãnh sự quán

consult /kən'sʌlt/ *v.* hỏi ý kiến (nhà chuyên môn), tra cứu (từ điển), tham khảo: **to ~ with** bàn bạc/thảo luận với, hội ý với, tham khảo với

consultant /kən'sʌltənt/ *n.* nhà chuyên môn, chuyên viên, cố vấn, tham vấn: **to be a ~ to someone** làm tham vấn cho ai

consume /kən'sjuːm/ *v.* dùng, tiêu dùng, tiêu thụ: ~**d with …** héo hon vì …

consumer /kən'sjuːmə(r)/ *n.* người tiêu dùng, người tiêu thụ: ~ **goods** hàng tiêu thụ/tiêu dùng

consummate /kən'sʌmət/ 1 *adj.* tài, giỏi, tột bực, tuyệt vời 2 *v.* làm trọn, hoàn thành: **to ~ a marriage** đã qua đêm tân hôn

contact /'kɒntækt/ 1 *n.* sự đụng chạm, sự tiếp xúc, sự gặp gỡ/giao dịch/ giao thiệp 2 *v.* liên lạc/tiếp xúc với: **Please ~ me.** Vui lòng tiếp xúc với tôi.

contact lenses *n.* tròng kính đeo sát mắt

contagious /kən'teɪdʒəs/ *adj.* (hay) lây, truyền nhiễm

contain /kən'teɪn/ *v.* đựng, chứa, chứa

đựng, gồm có, bao gồm, bao hàm, nén lại, dần lại: **This package ~s ten items.** Hộp nầy chứa đựng mười loại.

container /kən'temə(r)/ *n.* cái đựng, hộp/thùng đựng, bình chứa, thùng lớn đựng hàng, công-ten-nơ: **We have two new ~s.** Chúng ta có hai công-ten-nơ mới.

contaminate /kən'tæmɪnət/ *v.* làm bẩn, làm ô uế, làm nhiễm bệnh, làm hư hỏng [vì ảnh hưởng xấu]

contamination /kən͵tæmɪ'neɪʃən/ *n.* sự ô nhiễm, sự nhiễm bệnh

contemplate /'kɒntəmpleɪt/ *v.* ngắm, thưởng ngoạn [cảnh đẹp], dự tính, dự định, nghĩ/tính đến, trầm ngâm

contemplation /kɒntəm'pleɪʃən/ *n.* sự ngắm, sự dự tính, sự trầm ngâm

contemporary /kən'tempərəri/ **1** *n.* người cùng thời/tuổi **2** *adj.* cùng thời, cùng tuổi, đương thời, hiện đại: **~ literature** văn học hiện đại

contempt /kən'tem(p)t/ *n.* sự coi thường, sự khinh bỉ, sự xúc phạm: **~ of court** tội miệt thị toà án

contemptible /kən'tem(p)tɪb(ə)l/ *adj.* đáng khinh, đê tiện: **a ~ person** một người đáng khinh

contemptuous /kən'tem(p)tjuːəs/ *adj.* tỏ vẻ khinh bỉ, khinh người, khinh khỉnh

contend /kən'tend/ *v.* tranh giành, đấu tranh, vật lộn [với **with**], tranh cãi, dám chắc [rằng **that…**]

content /kən'tent/ *n.* sức chứa/đựng, dung tích/lượng, thể tích, diện tích, lượng, phân lượng: **~s** nội dung; **table of ~s** mục lục, trong số nầy

content /kən'tent/ **1** *n.* sự hài lòng, sự vừa ý: **to one's heart's ~** tha hồ, cho kỳ thích **2** *adj.* bằng/hài lòng, vừa ý/lòng, toại/mãn nguyện, thỏa mãn **3** *v.* làm bằng/vừa/đẹp/vui lòng: **to ~ oneself with** tự bằng lòng với …

contented /kən'tentɪd/ *adj.* bằng/vui lòng, vừa lòng/ý, đẹp ý/lòng, mãn nguyện, thoả mãn, mãn ý

contest /'kɒntest/ **1** *n.* cuộc chiến đấu/tranh đấu, cuộc thi, cuộc đấu: **beauty ~** cuộc thi hoa hậu **2** *v.* tranh, tranh giành, tranh đoạt, tranh cãi, tranh luận, phủ nhận [quyền của ai], vặn hỏi, nghi ngờ

context /'kɒntekst/ *n.* ngữ cảnh, văn cảnh, văn diện, phạm vi: **The meaning of a word depends on the ~ in which it is used.** Nghĩa của từ tuỳ thuộc vào ngữ cảnh.

contiguous /kən'tɪgjuːəs/ *adj.* kề nhau, giáp bên (nhau)

continence /'kɒntɪnəns/ *n.* sự tiết dục

continent /'kɒntɪnənt/ *n.* lục địa, đại lục, đất liền: **the Asian ~** lục địa Á châu

contingency /kən'tɪndʒənsɪ/ *n.* sự bất ngờ, việc bất trắc: **to have ~ plans for unexpected circumstances** có kế hoạch bất ngờ cho trường hợp bất trắc không lường được

contingent /kən'tɪndʒənt/ **1** *n.* đạo quân, nhóm nhỏ: **Many ~s of uniformed groups took part in the parade.** Nhiều nhóm đồng phục nhỏ kết thành đi diễn hành. **2** *adj.* bất ngờ: **~ on/upon** còn tùy thuộc vào …

continual /kən'tɪnjuːəl/ *adj.* liên miên, liên tục, liên tiếp

continuation /kən͵tɪnjuː'eɪʃən/ *n.* sự tiếp tục, sự/phần mở rộng, sự/phần kéo/nối dài

continue /kən'tɪnjuː/ *v.* tiếp tục, tiếp diễn, làm tiếp, nói tiếp, đi tiếp: **to be ~d** "còn nữa"

continuous /kən'tɪnjuːəs/ *adj.* liên tục, liên tiếp, không ngừng, không dứt: **~ form** dạng tiếp diễn/tiến hành

contort /kən'tɔːt/ *v.* vặn, xoắn, vặn vẹo, làm méo mó: **His face was ~ed with pain.** Mặt hắn nhăn nhó vì đau.

contour /'kɒntʊə(r)/ *n.* đường quanh, đường nét uốn lượn

contraband /'kɒntrəbænd/ *n.* sự buôn lậu, hàng lậu

contraception /kɒntrə'sepʃən/ *n.*

phương pháp tránh thụ thai: **Many women in underdeveloped contries haven't understood the importance of ~.** Phụ nữ ở các nước châm tiến chưa hiểu tầm quan trọng của phương pháp ngừa thai.

contraceptive /kɒntrə'septɪv/ **1** *n.* thuốc tránh thụ thai, dụng cụ ngừa thai **2** *adj.* để tránh thụ thai: **Women understand the importance of reliable ~ methods.** Phụ nữ đã hiểu tầm quan trọng của phương pháp ngừa thai đáng tin cậy.

contract /'kɒntrækt/ **1** *n.* giao kèo, hợp đồng, khế ước **2** *v.* co lại, rút lại, thu nhỏ lại, rút gọn, viết tắt, nói tắt, mắc [nợ, bệnh], nhiễm, tiêm nhiễm, giao ước, đính ước, ký giao kèo, thầu

contradict /kɒntrə'dɪkt/ *v.* trái với, mâu thuẫn với, cãi lại, nói ngược lại, phủ nhận

contradictory /kɒntrə'dɪktərɪ/ *adj.* trái ngược/mâu thuẫn

contrary /'kɒntrərɪ/ **1** *n.* điều ngược lại: **on the ~** trái lại **2** *adj.* ngược, nghịch, trái: **~ to my expectations** trái với những sự mong đợi của tôi

contrast /kən'trɑːst/ **1** *n.* sự tương phản **2** *v.* đối chiếu, trái ngược [với **with**], tương phản nhau

contravene /ˌkɒntrə'viːn/ *v.* mâu thuẫn với, trái ngược với; vi phạm: **to ~ the law** vi phạm pháp luật

contribute /kən'trɪbjuːt/ *v.* đóng góp [tiền, công sức, ý kiến], góp phần, viết bài cho tạp chí

contribution /kɒntrɪ'bjuːʃən/ *n.* sự góp phần, phần đóng góp, tiền góp, tiền quyên: **to acknowledge one's ~** ghi nhận sự đóng góp của ai

contrite /'kɒntraɪt/ *adj.* ăn năn, hối hận, hối lỗi

contrive /kən'traɪv/ *v.* bày đặt, sắp đặt, trù tính, trù liệu, xoay xở, lo liệu, nghĩ ra, sáng chế ra

control /kən'trəʊl/ **1** *n.* sự kiểm soát/kiểm tra, sự kiểm chế, sự nén xuống **2** *n.* sự điều khiển, sự lái, sự chỉ huy, quyền kiểm soát/chỉ huy, quyền lực, quyền hành: **~s** bộ điều chỉnh (của máy bay); **out of one's ~** không kiểm soát được **3** *v.* kiểm soát, kiểm tra, thử lại, kiểm chế, nén lại, kìm lại, làm chủ, điều khiển, chỉ huy, điều chỉnh: **He now ~s all retail departments.** Ông ấy bây giờ kiểm soát các cửa hàng bán lẻ.

controversial /kɒntrə'vɜːʃəl/ *adj.* có thể gây ra tranh luận, [người] bị kẻ ưa người ghét, được bàn đến nhiều

controversy /'kɒntrəvɜːsɪ/ *n.* cuộc tranh luận, cuộc luận chiến/bút chiến

convalescence /kɒnvə'lesəns/ *n.* thời kỳ dưỡng bệnh

convene /kən'viːn/ *v.* họp, triệu tập, hội họp: **to ~ a meeting** triệu tập buổi họp

convenience /kən'viːnɪəns/ *n.* sự tiện lợi/thuận tiện, tiện nghi, sự tùy ý/tùy thích: **at your earliest ~** lúc nào tiện nhất cho anh

convenient /kən'viːnɪənt/ *adj.* tiện lợi, thuận tiện, thuận lợi, thích hợp, tiện dụng, tiện: **The location of your office is very ~.** Địa điểm sở của bạn rất thuận tiện.

convent /'kɒnvənt/ *n.* nhà tu kín, nữ tu viện

convention /kən'venʃən/ **1** *n.* quy ước, sự thỏa thuận, lệ thường, tục lệ **2** *n.* hội nghị, đại hội, hiệp định, hiệp ước

conventional /kən'venʃənəl/ *adj.* theo quy ước, theo tục lệ, theo tập quán, thường, thường lệ: **~ weapons** vũ khí thường [không phải nguyên tử]

converge /kən'vɜːdʒ/ *v.* hội tụ, cùng đổ về, cùng dồn về

conversation /kɒnvə'seɪʃən/ *n.* cuộc/bài nói chuyện, cuộc chuyện trò, cuộc đàm thoại: **Listen to their ~.** Hãy lắng nghe cuộc chuyện trò của họ.

converse /kən'vɜːs/ **1** *v.* nói chuyện,

chuyện trò **2** *n., arch.* đảo đề **3** *adj.* đảo, ngược, nghịch

conversion /kən'vɜːʃən/ *n.* sự đổi, sự chuyển biến, sự cải đạo

convert /kən'vɜːt/ **1** *n.* người cải đạo, người thay đổi tín ngưỡng/chính kiến **2** *v.* đổi, biến, biến đổi, làm cho ai đổi tôn giáo: **The garage was ~ed into a bedroom.** Nhà xe được sửa đổi thành một phòng ngủ nữa.; **They ~ed him to Buddhism.** Họ làm ông ta (bỏ đạo Cơ đốc) theo Phật giáo.

convertible /kən'vɜːtɪb(ə)l/ **1** *n.* ô tô mui trần **2** *adj.* có thể hoán cải, có thể đổi thành vàng, [xe hơi] có thể bỏ mui xuống

convex /'kɒnveks/ *adj.* lồi

convey /kən'veɪ/ *v.* chở, chuyên chở, mang, vận chuyển [hàng điện, v.v.], chuyển, truyền đạt, bày tỏ

conveyer, conveyor /kən'veɪə(r)/ *n.* người mang, người chuyển: **~ belt** băng tải

convict **1** /'kɒnvɪkt/ *n.* người tù, tù khổ sai **2** /kən'vɪkt/ *v.* kết án/tội

conviction /kən'vɪkʃən/ *n.* sự kết án/ tội, sự tin chắc

convince /kən'vɪns/ *v.* làm cho tin chắc, thuyết phục: **Their explanation could not ~ me.** Những lời giải thích của học không thuyết phục được tôi.

convoke /kən'vəʊk/ *v.* triệu tập, đòi đến, mời đến

convoy /'kɒnvɔɪ/ *n.* đoàn hộ tống/hộ vệ, đoàn được hộ tống

convulse /kən'vʌls/ *v.* làm co giật, làm rối loạn/rung chuyển: **to ~ with laughter** làm cho người cười ầm lên

coo /kuː/ **1** *n.* tiếng gù của bồ câu **2** *v.* [bồ câu] gù

cook /kʊk/ **1** *n.* người làm bếp, ông/ anh/bà/chị bếp, người phụ trách nấu ăn **2** *v.* nấu, nấu chín, thổi [cơm], nấp bếp/ăn, [thức ăn] nấu nhừ, chín

cooker /'kʊkə(r)/ *n.* lò, bếp, nồi: **rice ~** nồi điện nấu cơm

cookery /'kʊkərɪ/ *n.* nghề nấu ăn

cookie /'kʊkɪ/ *n.* bánh dẹt nhỏ, bánh quy (nhà làm)

cool /kuːl/ **1** *n.* sự bình tĩnh, sự không nóng nảy: **to lose one's ~** mất bình tĩnh **2** *adj.* mát, mát mẻ, [thức ăn] nguội, trở nên mát, nguội đi, làm nguội/giảm, nguôi đi: **He's really ~!** Ông ấy thật giỏi! Anh ta hay thiệt! **3** *v.* làm nguội đi; bình tĩnh: **Cool it!** Hãy cứ bình tĩnh! Đừng nóng giận!; **to ~ down** nguội đi, bình tĩnh lại; **to ~ off** [tình cảm] nguội lạnh đi, giảm đi

cooler /'kuːlə(r)/ *n.* máy/tủ ướp lạnh, máy nước lạnh, xà lim

coop /kuːp/ **1** *n.* lồng/bu gà, chuồng gà **2** *v.* nhốt/giam lại

co-op /kəʊ'ɒp/ *n.* hợp tác xã, cửa hàng hợp tác xã

cooperate /kəʊ'ɒpəreɪt/ *v.* hợp tác, cộng tác, chung sức

cooperative /kəʊ'ɒp(ə)rətɪv/ **1** *n.* hợp tác xã **2** *adj.* có tính chất hợp tác/cộng tác: **~ store** cửa hàng hợp tác xã

co-opt /kəʊ'ɒpt/ *v.* bầu vào, kết nạp, dự thính

coordinate /kəʊ'ɔːdɪnət/ **1** *n.* tọa độ **2** *adj.* ngang hàng, bằng vai, theo/ thuộc tọa độ **3** *v.* phối hợp, phối trí, sắp xếp: **All our activities should be ~d for better results.** Tất cả các hoạt động của chúng ta cần phải được phối hợp để có kết quả tốt.

coordination /kəʊˌɔːdɪ'neɪʃən/ *n.* sự phối hợp/phối trí, việc điều hợp: **under the ~ of our firm** dưới sự phối trí của công ty chúng ta

cop /kɒp/ **1** *n.* cảnh sát, mật thám, đội xếp, cớm **2** *v.* bắt, ăn cắp: **to ~ out** đuổi ra (sau khi đã hứa sẽ làm)

cope /kəʊp/ *v.* đối phó, đương đầu [với **with**]

copious /'kəʊpɪəs/ *adj.* hậu hĩnh, dồi dào, phong phú, thịnh soạn

copper /'kɒpə(r)/ *n.* đồng đỏ, đồng xu đồng

copulate /'kɒpjuːleɪt/ v. giao cấu, giao hợp

copy /'kɒpɪ/ 1 n. bản chép lại, bản sao, phó bản, bản (in), cuốn sách, số báo: **rough ~** bản nháp/thảo; **fair ~** bản sạch; **xerox ~** bản phóng ảnh; **carbon ~** bản giấy than 2 v. sao/ chép lại, bắt chước, phỏng theo, mô phỏng, cóp bài

copycat /'kɒpɪkæt/ n. người bắt chước (một cách ngu xuẩn)

copyright /'kɒpɪraɪt/ n. bản quyền, quyền tác giả: **authors' ~** bản quyền thuộc tác giả

coral /'kɒrəl/ n. san hô

cord /kɔːd/ 1 n. dây thừng nhỏ, dây, vải: **electric ~** dây điện; **vocal ~s** dây thanh quản, thanh huyền/đới 2 v. buộc/chằng bằng dây

cordial /'kɔːdɪəl/ adj. thân mật, thân ái, chân thành

core /kɔː(r)/ 1 n. lõi, ruột, hột, nhân, điểm trung tâm, nòng cốt, hạt nhân: **apple ~** lõi quả táo; **~ of the problem** điểm trung tâm của vấn đề; **rotten to the ~** thối rỗng ruột 2 v. bỏ lõi đi

cork /kɔːk/ 1 n. bần, nút bần, phao bần 2 v. đóng nút bần vào, buộc phao bần vào

corkscrew /'kɔːkskruː/ n. cái mở nút chai hình ruột gà

corn /kɔːn/ 1 n. ngô, bắp (= **maize**), lúa mì, lúa mạch, (hạt) ngũ cốc: **~ on the cob** ngô luộc, ngô nướng 2 v. nuôi bằng ngô, muối: **~ed beef** thịt bò muối

corncob /'kɔːnkɒb/ n. lõi ngô

corner /'kɔːnə(r)/ 1 n. góc tường/nhà/ phố, só sỉnh, nơi kín đáo, nơi, phương: **from the four ~s of the earth** từ bốn phương 2 v. dồn vào thế bí, lũng đoạn

cornerstone /'kɔːnəstəʊn/ n. viên đá đầu tiên, viên đá móng, cơ sở, nền tảng, phần quan trọng

cornet /'kɔːnɪt/ n. kèn coocnê, bao giấy hình loa (đựng ngô rang **popcorn**)

corny /'kɔːnɪ/ adj. cũ rích, cổ lỗ sĩ, sáo, nhàm

coronary /'kɒrənərɪ/ adj. [động mạch] hình vành: **~ heart disease** bệnh tim mạch

coronation /kɒrə'neɪʃən/ n. lễ gia miện/đăng quan, lễ lên ngôi

coroner /'kɒrənə(r)/ n. nhân viên điều tra khám nghiệm tử thi

corporal /'kɔːpərəl/ adj. thuộc thân thể/thể xác: **~ punishment** hình phạt hành xác

corporate /'kɔːpərət/ adj. thuộc đoàn thể, hợp thành đoàn thể: **~ identity** đặc tính của công ty; **~ membership** hội viên tương trợ

corporation /kɔːpə'reɪʃən/ n. đoàn thể, liên đoàn, công ty: **to set up multi-national ~s** thiết lập những công ty đa quốc

corps /kɔː(r)/ n. quân đoàn, đoàn: **Marine ~** Đội thuỷ quân lục chiến

corpse /kɔːps/ n. xác chết, thi hài, thi thể

corpulent /'kɔːpjʊlənt/ adj. béo tốt, to béo

correct /kə'rekt/ 1 adj. đúng, chính xác, đúng đắn, được, hợp, đàng hoàng 2 v. sửa, chữa, sửa chữa, sửa đúng, sửa trị: **Please ~ me if I make any mistakes.** Làm ơn sửa tôi nếu tôi sai.

correlate /'kɒrɪleɪt/ 1 n. yếu tố tương liên 2 v. có tương quan với nhau

correspond /kɒrɪ'spɒnd/ v. trao đổi thư từ, phù hợp, xứng, hợp, tương ứng, tương đương

correspondence /kɒrɪ'spɒndəns/ n. (quan hệ) thư từ, sự phù hợp, sự xứng nhau, sự tương ứng, (học) hàm thụ

corresponding /kɒrɪ'spɒndɪŋ/ adj. tướng ứng với, hợp với

corridor /'kɒrɪdɔː(r)/ n. hành lang, đường hành lang

corrigendum /kɒrɪ'dʒendəm/ n. (pl. **corrigenda**) lỗi in sách

corroborate /kə'rɒbərət/ v. làm chứng, chứng thực

corrode /kə'rəʊd/ v. gặm mòn, mòn dần

corrosive /kə'rəʊsɪv/ adj. (chất) gặm mòn

corrugated /'kɒrəgeɪtɪd/ adj. gấp nếp, làm nhăn: **~-iron** tôn

corrupt /kə'rʌpt/ **1** adj. bị đút lót/mua chuộc, tham nhũng, mục nát, thối nát, đồi bại, bị sửa đổi sai hẳn: **a ~ government** một chính phủ thối nát **2** v. đút lót/mua chuộc, hối lộ, (làm) hư hỏng, (làm) thối nát, (làm) đồi bại, sửa đổi làm sai đi

cortege /kɔ:'teʒ/ n. đoàn người hay xe đi theo đám tang

cosmetic /kɒz'metɪk/ **1** n. phấn sáp, thuốc mỹ dung/hoá trang **2** adj. làm cho đẹp người, [giải phẫu] thẩm mỹ, để trang hoàng bên ngoài thôi: **~ surgery** giải phẫu thẩm mỹ

cosmonaut /'kɒzmənɔ:t/ n. nhà du hành vũ trụ, phi hành gia vũ trụ

cosmos /'kɒzmɒs/ n. vũ trụ

cost /kɒst/ **1** n. giá (tiền). phí tổn, chi phí: **~ of living** giá sinh hoạt; **at the ~ of his health** có hại cho sức khoẻ của ông ấy **2** v. trị giá, phải trả, đòi hỏi, làm mất: **It ~s US$300.** Chúng tôi phải trả 300 đô la.; **Compiling a dictionary ~s much time and hard work.** Soạn từ điển đòi hỏi nhiều thì giờ và công phu.; **Greediness ~ him his life.** Vì tham lam mà anh ta bị mất mạng.

costly /'kɒstlɪ/ adj. đắt tiền, tốn tiền, tai hại

costume /kɒ'stju:m/ n. quần áo, y phục: **national ~** quần áo dân tộc, quốc phục; **~ jewelry** đồ nữ trang giả, đồ mỹ ký

cosy /'kəʊzɪ/ = **cozy**

cot /kɒt/ n. ghế bố, giường gập, giường nhỏ

cot death n. (also **crib death**) việc chết bất ngờ khi đang ngủ

cottage /'kɒtɪdʒ/ n. nhà tranh nhà lá, nhà nhỏ

cotton /'kɒt(ə)n/ n. bông, cây bông, chỉ, sợi, vải bông

couch /kaʊtʃ/ **1** n. trường kỷ, đi văng **2** v. nằm dài, diễn tả: **~ed in diplomatic language** diễn tả bằng lời lẽ ngoại giao

cough /kɒf/ **1** n. tiếng/sự ho, chứng/bệnh ho **2** v. ho: **to ~ up blood** ho ra máu; **to ~ up money** nhả tiền ra

could /kʊd/ quá khứ của **can**: **He ~ eat yesterday.** Hôm qua anh ấy ăn được.; **You ~ go.** Anh có thể đi được.; **What ~ it be?** Không biết là chuyện gì?

couldn't /kʊdnt/ v. (= **could not**)

council /'kaʊnsɪl/ n. hội đồng: **city ~** hội đồng thành phố; **~ of Ministers** Hội đồng Bộ trưởng; **Security ~ of the U.N.** Hội đồng Bảo an LHQ

councilor, councillor /'kaʊnsɪlə(r)/ n. nghị/hội viên hội đồng thành phố

counsel /'kaʊnsɪl/ **1** n. lời khuyên, luật sư **2** v. khuyên răn, khuyên bảo, chỉ bảo

counselor /'kaʊnsɪlə(r)/ n. cố vấn: **~ of the embassy** cố vấn/tham tán sứ quán

count /kaʊnt/ **1** n. việc đếm/tính, tổng số đếm được: **final ~** lần đếm sau cùng; **to lose ~** không nhớ đã đếm được bao nhiêu **2** v. đếm, tính, kể cả, coi là: **That doesn't ~.** Cái đó không kể.; **I ~ it an honor.** Tôi coi đó là một vinh dự.

countenance /'kaʊntɪnəns/ **1** n. vẻ mặt, sắc mặt, vẻ nghiêm trang, vẻ bình tĩnh **2** v. ưng thuận, tán thành

counter /'kaʊntə(r)/ **1** n. quầy hàng, ghi sê, bàn tính, máy tính **2** adj., adv. đối lập, trái/ngược/chống lại **3** v. chống lại, nói ngược lại, phản ứng, phản công

counteract /kaʊntər'ækt/ v. kháng cự lại, làm mất tác dụng

counterattack /'kaʊntər'ətæk/ n., v. (cuộc/trận) phản công

counterclockwise /ˌkaʊntə'klɑkwaɪz/ adj., adv. ngược chiều kim đồng hồ

counterfeit /'kaʊntəfɪt/ **1** *n.* (vật) giả mạo: ~ **money** tiền giả, bạc giả **2** *v.* làm giả, giả mạo

countermand /ˌkaʊntə'mɑːnd/ **1** *n.* phản lệnh **2** *v.* huỷ [mệnh lệnh, đơn đặt hàng]

counterpart /'kaʊntəpɑːt/ *n.* người giống hệt, người tương ứng, người giữ chức vụ tương đương ở phía kia: ~ **funds** quỹ đối giá

countersign /'kaʊntəsaɪn/ **1** *n.* khẩu lệnh **2** *v.* phó thự

counter-terrorism *n.* hành động chống lại bọn khủng bố

countless /'kaʊntləs/ *adj.* không đếm xuể, vô số, vô kể

country /'kʌntrɪ/ *n.* nước, quốc gia, quê hương, xứ sở, đất nước, tổ quốc, vùng, miền, địa hạt, lĩnh vực: **I like living in my ~.** Tôi thích sống ở quê hương tôi.

county /'kaʊntɪ/ *n.* quận, hạt, vùng, miền: ~ **seat** quận lỵ, thị xã, huyện lỵ

coup /kuː/ *n.* việc làm táo bạo đột nhiên

coup d'état /ˌkuː'deɪtɑː/ *n.* cuộc đảo chính/chính biến

couple /'kʌp(ə)l/ **1** *n.* đôi, cặp nam nữ, cặp vợ chồng: **married ~** đôi vợ chồng; **a newly-wed ~** một cặp vợ chồng mới cưới; **a ~ of days** hai ba ngày; **a ~ of ideas** vài ý nghĩ **2** *v.* buộc/ghép thành cặp, nối/ghép lại, cho cưới, cho lấy nhau, cưới/lấy nhau, [loài vật] giao cấu

couplet /'kʌplɪt/ *n.* cặp hai câu thơ/câu đối

coupon /'kuːpɒn/ *n.* vé, cuống vé, phiếu, phiếu mua giá rẻ

courage /'kʌrɪdʒ/ *n.* sự can đảm/dũngcảm, lòng can đảm, dũng khí: **to take ~** lấy hết can đảm

courageous /kə'reɪdʒəs/ *adj.* can đảm, dũng cảm, anh dũng: **We support that ~ decision.** Chúng ta ủng hộ quyết định đầy can đảm đó.

courier /'kʊriər/ *n., v.* người đưa thư, người đưa tin tức: **to send by private ~** gởi bằng người đưa thư riêng

course /kɔːs/ **1** *n.* tiến trình, quá trình diễn biến: **in the ~ of** trong quá trình, trong khi **2** *n.* dòng [sông], hướng, chiều hướng, đường đi, lộ tuyến **3** *n.* lớp, cua, giảng khoa, đợt, loạt, con đường, đường lối: **refresher ~** lớp bồi dưỡng/tu nghiệp **4** *n.* trường đua ngựa, sân gon: **Melbourne has the biggest race ~.** Melbourne có trường đua ngựa lớn nhất. **5** *n.* món ăn [trong bữa tiệc]: **an eight-~ dinner** bữa tiệc tám món; **a matter of ~** một vấn đề dĩ nhiên

court /kɔːt/ **1** *n.* sân (quần vợt): **tennis ~** sân quần vợt **2** *n.* toà án: ~ **of Justice, Supreme ~** toà án tối cao, tối cao pháp viện **3** *n.* cung điện nhà vua, triều đình, buổi chầu, triều yết **4** *n.* sự tán tỉnh/ve vãn/cầu ái **5** *v.* tán tỉnh, ve vãn, cầu ái, cầu hôn, cua: **The Labor Party is ~ing voters for the next election.** Đảng lao động đang ve vãn cử tri cho cuộc bầu cử sắp tới.; chuốc lấy [tai họa **disaster**, cái chết **death**], rước lấy vào thân

courteous /'kɜːtjəs/ *adj.* lễ phép, lịch sự, nhã nhặn

courtesy /'kɜːtɪsɪ/ *n.* sự ưu đãi, sự cho phép; sự lịch sự/nhã nhặn/lễ phép: **to pay a ~ visit to someone** viếng thăm xã giao ai; **by ~** do sự ưu đãi; ~ **call** gọi nhờ

court-martial **1** *n.* toà án binh, toà án quân sự **2** *v.* xử ở toà án quân sự, đem ra toà án binh

courtship /'kɔːtʃɪp/ *n.* sự ve vãn/tán tỉnh, thời gian tìm hiểu nhau

cousin /'kʌz(ə)n/ *n.* anh/em họ, anh/em con chú con bác, anh/em con cô con cậu, anh/em con dì, đường huynh đệ: **first ~** anh/chị con bác, em con chú, anh/chị/em con cô con cậu ruột; **second ~** anh/chị con bác họ, em con chú họ, anh/chị/em con cô cậu họ

cove /kəʊv/ *n.* vũng, vịnh nhỏ

covenant /'kʌvɪnənt/ *n.* giao kèo, khế ước, hợp đồng, thỏa ước, hiệp ước, minh ước, hiệp định

cover /'kʌvə(r)/ **1** *n.* vỏ, cái bọc ngoài, bìa sách, vung, nắp, chỗ núp, chỗ trốn, lốt, mặt nạ: **to take ~** ẩn núp; **under the ~ of** giả danh, đội lốt, thừa lúc, nhân lúc... **2** *v.* che, đậy, bao phủ, bao trùm, bao bọc, mặc quần áo, đội mũ, che giấu, che đậy, yểm hộ, khống chế: **He ~ed the kidnap story.** Ký giả ấy theo dõi và viết về vụ bắt cóc.; **Our street is ~ed with snow.** Phố chúng tôi phủ đầy tuyết.

coverage /'kʌvərɪdʒ/ *n.* phạm vi quan sát/tường thuật (của nhà báo), phạm vi bảo hiểm

covert /'kʌvət/ *adj.* ngầm, che đậy, vụng trộm, giấu giếm

covet /'kʌvət/ *v.* thèm muốn, thèm thuồng

cow /kaʊ/ **1** *n.* bò cái, bò sữa **2** *n.* voi cái **3** *v.* dọa nạt, ra oai, thị uy

coward /'kaʊəd/ *n., adj.* (người) nhút nhát/hèn nhát

cowardice /'kaʊədɪs/ *n.* tính nhát gan, tính hèn nhát

cowardly /'kaʊədlɪ/ *adj.* nhút nhát, hèn nhát

cower /kaʊə(r)/ *v.* thu/co mình lại [vì lạnh hoặc sợ]

coy /kɔɪ/ *adj.* rụt rè, e lệ, làm điệu e thẹn

cozy /'kəʊzɪ/ **1** *n.* ấm cúng, thân mật **2** *adj.* ấm cúng, thoải má

CPI /ˌsiːpɪˈaɪ/ *abbr.* (= **Consumer Price Index**) bảng chỉ số giá cả mua bán

CPU /ˌsiːpɪˈjuː/ *abbr.* (= **Central Processing Unit**) đơn vị điều hành toàn hệ thống máy vi tính

crab /kræb/ **1** *n.* con cua: **ocean ~** con cua bể **2** *n.* quả táo dại

crack /kræk/ **1** *n.* vết nứt/rạn/nẻ, tiếng kêu đen đét/răng rắc, lời châm biếm/mỉa mai: **at the ~ of**

dawn lúc rạng đông **2** *v.* quất [roi] đen đét, làm nứt/rạn, kẹp vỡ [quả hạch **nut**], đập vỡ [quả trứng], mở trộm [tủ két **safe**], kêu đen đét/răng rắc, nổ giòn, rạn nứt, [tiếng] vỡ: **to ~ down** on đàn áp; **to ~ up** kiệt sức (tinh thần), cười không nhịn được, [ô tô] đâm, đụng **3** *adj.* cừ, xuất sắc

cracker /'krækə(r)/ *n.* bánh quy giòn [mặn hoặc ngọt]: **fire ~** pháo

crackle /'kræk(ə)l/ *n., v.* (tiếng) kêu tanh tách/răng rắc/lốp bốp

cradle /'kreɪd(ə)l/ **1** *n.* cái nôi, nguồn gốc, nơi phát tích: **the ~ of Vietnamese civilization** cái nôi của nền văn minh Việt Nam **2** *v.* nâng niu bế [em bé]

craft /krɑːft/ *n.* nghề (thủ công), mưu mẹo, mánh khóe/lới, tàu: **air~** máy bay

craftsman /'krɑːftsmən/ *n.* thợ thủ công, tay nghề điêu luyện

crafty /'krɑːftɪ/ *adj.* xảo quyệt, nhiều mánh khoé/lới, láu cá, xảo trá

cram /kræm/ *v.* [**crammed**] nhồi, nhét, tọng, tống, học gạo/rút

cramp /kræmp/ **1** *n.* chứng chuột rút **2** *v.* làm co gân, câu thúc, bó buộc, gò bó

crane /kreɪn/ **1** *n.* con sếu, cần trục: **The little house was lifted away by a huge ~.** Căn nhà nhỏ bị xe cần trục lấy đi. **2** *v.* cất/bốc bằng cần trục, vương, nghển [cổ]

crank /kræŋk/ **1** *n.* cái tay quay, cái maniven: **He's a ~.** Anh ta lập dị. **2** *v.* quay [máy] bằng maniven

cranky /'kræŋkɪ/ *adj.* cáu kỉnh, [trẻ con] gắt ngủ, quấy

cranny /'krænɪ/ *n.* (*pl.* **crannies**) vết nứa/nẻ, xó xỉnh

crash /kræʃ/ **1** *n.* tiếng nổ, tiếng đổ sầm, tiếng đổ vỡ loảng xoảng, vụ đâm ô tô, vụ đổ/rớt máy bay, sự phá sản **2** *v.* phá tan/vụn, lẻn, chuồn (không có vé, không được mời), rơi vỡ loảng xoảng, đổ ầm xuống, đâm sầm vào/xuống, phá sản: **His car ~ed.** Xe ông ta bị đụng.

crass /kræs/ *adj.* dốt đặc, đần độn, thô bỉ, bần tiện

crate /kreɪt/ **1** *n.* thùng thưa, sọt, xe hơi cũ, máy bay cũ **2** *v.* đóng thùng/sọt [hoa quả, đồ gốm]

crave /kreɪv/ *v.* thèm muốn, khao khát, ao ước, van nài, cầu xin [sự tha thứ **forgiveness**]

craving /ˈkreɪvɪŋ/ *n.* sự thèm muốn, lòng khao khát

crawl /krɔːl/ **1** *n.* sự bò/trườn, kiểu bơi trườn/crôn **2** *v.* bò, trườn, lê bước/ chân, bò lê, luồn cúi, quy lụy, sởn gai ốc

crayfish /ˈkreɪfɪʃ/ *n.* tôm

crayon /ˈkreɪən/ *n.* bút chì màu, than/ phấn vẽ

craze /kreɪz/ *n.* sự say mê, mốt

crazy /ˈkreɪzɪ/ *adj.* điên rồ, mất trí, khùng, quá say mê: **He is ~ about swimming.** Anh ấy mê bơi.

creak /kriːk/ **1** *n.* tiếng cót két/cọt kẹt/ kẽo kẹt **2** *v.* cót két, cọt kẹt, kẽo kẹt

cream /kriːm/ **1** *n.* kem [lấy từ sữa, cà lem, bôi mặt, cạo râu], tinh hoa **2** *v.* gạn lấy kem: **to ~ off the best** gạn lấy phần tốt nhất **3** *adj.* cho kem vào, bôi/thoa kem: **~ colored** màu kem

creamy /ˈkriːmɪ/ *adj.* có nhiều kem, mịn, mượt

crease /kriːs/ **1** *n.* nếp gấp [ở quần], nếp nhăn **2** *v.* gấp nếp, là cho rõ nếp, làm nhăn, làm nhàu nát

create /kriːˈeɪt/ *v.* tạo ra/nên/thành, sáng tạo, gây ra/nên

creative /kriːˈeɪtɪv/ *adj.* (có óc) sáng tạo

creativity /kriːəˈtɪvɪtɪ/ *n.* óc/tính sáng tạo

creator /kriːˈeɪtə(r)/ *n.* người sáng tạo/ vẽ kiểu: **the ~** đấng tạo hoá, tạo công, tạo nhi, hoá nhi

creature /ˈkriːtjʊə(r)/ *n.* sinh vật, loài vật, người, kẻ

crèche /kreʃ/ *n.* nhà giữ trẻ

credence /ˈkriːdəns/ *n.* sự tin, lòng tin

credentials /kriəˈdenʃlz/ *n.* giấy uỷ nhiệm, uỷ nhiệm thư, quốc thư, giấy chứng minh tư cách/năng lực, bằng cấp

credible /ˈkredɪb(ə)l/ *adj.* đáng tin, tin được

credit /ˈkredɪt/ **1** *n.* sự/lòng tin, danh tiếng, danh vọng, uy tín, nguồn vẻ vang, công trạng: **a ~ to his school** một nguồn vẻ vang cho trường anh ấy; **He has ten books to his ~.** Ông ấy đã viết được mười cuốn sách. **2** *n.* sự cho nợ/chịu, tín dụng: **to buy on ~** mua chịu; **to sell on ~** bán chịu **3** *v.* tin, công nhận công trạng/công lao, ghi vào ở cột người ta nợ mình: **We ~ed 200 dong to his account.** Chúng tôi đã thêm 200đ vào trương mục của anh ta.

creditable /ˈkredɪtəb(ə)l/ *adj.* vẻ vang, đáng khen ngợi

creditor /ˈkredɪtə(r)/ *n.* người cho vay, người chủ nợ

creed /kriːd/ *n.* tín điều, tín ngưỡng

creek /kriːk/ *n.* sông con, nhánh sông, lạch, vũng

creel /kriːl/ *n.* giỏ đựng cá, giỏ câu

creep /kriːp/ **1** *n.* sự bò/trườn, sự sởn gáy, sự rùng mình **2** *v.* [**crept**] bò, trườn, đi rón rén, lẻn, [cây leo **vine**], bò, leo, sởn gai ốc, luồn cúi: **That noise makes my flesh ~.** Tiếng động ấy làm cho tôi sởn gai óc.

cremate /kriˈmeɪt/ *v.* thiêu [xác], hoả táng: **His father wanted his body ~d.** Ba ông ta muốn cơ thể ông ta hoả táng.

cremation /kriˈmeɪʃən/ *n.* sự hoả táng

crematorium /kreməˈtɔːriəm/ *n.* (*also* **crematory**) lò/nhà hoả táng

crepe /kreɪp/ *n.* hàng nhiễu/kếp; loại bánh bột mì mỏng: **~ rubber** cao su kếp; **~ paper** giấy kếp

crept /krept/ quá khứ của **creep**

crescent /ˈkresənt/ *n.* trăng lưỡi liềm, hình lưỡi liềm

cress /kres/ *n.* **water ~** rau cải xoong

crest /krest/ **1** *n.* mào [gà], bờm

[ngựa], chòm lông [ở mũ sắt], ngọn, đỉnh chỏm **2** *v.* trèo lên đỉnh, [sóng] gợn nhấp nhô

crevice /'krevɪs/ *n.* đường nứt, kẽ hở

crew /kruː/ *n.* toàn bộ thuỷ thủ, toàn bộ đoàn phi hành, đội, nhóm, ban

crib /krɪb/ *n.* giường cũi (trẻ con), máng ăn, lều nhỏ để chứa ngô, sự ăn cắp văn, sự đạo văn

crime /kraɪm/ *n.* tội ác [**to commit** phạm], tội lỗi: **to commit a ~** phạm tội ác; **Police have released their ~ report on the latest robbery.** Cảnh sát vừa công bố điều tra tội phạm trong vụ cướp tuần rồi.

criminal /'krɪmɪnəl/ **1** *n.* kẻ phạm tội ác, tội phạm: **war ~** tội phạm chiến tranh, chiến phạm **2** *adj.* có tội, phạm tội, tội ác: **~ law** luật hình, hình luật

crimson /'krɪmz(ə)n/ *n., adj.* (màu) đỏ thẫm/thắm

cringe /krɪndʒ/ *v.* núp xuống, co rúm lại, khúm núm

cripple /'krɪp(ə)l/ **1** *n.* người què, người tàn tật **2** *v.* làm què, làm tàn phế, làm hỏng, làm tê liệt [cố gắng]

crisis /'kraɪsɪs/ *n.* (*pl.* **crises**) cuộc khủng hoảng, cơn bệnh: **energy ~** khủng hoảng năng lượng

crisp /krɪsp/ **1** *adj.* giòn, nhanh nhẹn, hoạt bát, [không khí] mát lành **2** *v.* làm giòn, rán giòn

criterion /kraɪ'tɪərɪən/ *n.* (*pl.* **criteria**) tiêu chuẩn: **You should refer to the selection ~ before you send in your application.** Bạn nên tham chiếu các tiêu chuẩn tuyển chọn mà viết đơn xin việc.

critic /'krɪtɪk/ *n.* nhà phê bình, người chỉ trích

critical /'krɪtɪkəl/ *adj.* phê bình, phê phán, hay chê bai, [tình trạng] nguy ngập/kịch, [độ nhiệt] tới hạn

criticism /'krɪtɪsɪz(ə)m/ *n.* sự/lời phê bình/phê pháp/bình phẩm chỉ trích: **self-~** sự tự phê bình

criticize /'krɪtɪsaɪz/ *v.* phê bình, phê phán, chỉ trích: **to ~ someone** phê bình chỉ trích ai

critique /krɪ'tiːk/ *n., v.* bài phê bình, viết phê bình

crockery /'krɒkərɪ/ *n.* bát đĩa bằng sành

crocodile /'krɒkədaɪl/ *n.* cá sấu: **~ tears** nước mắt cá sấu

croissant /'kwæsɒ/ *n.* bánh quai vạc của Pháp dùng ăn sáng

crony /'krəʊnɪ/ *n.* bạn chí thân, bạn nối khổ

crook /krʊk/ *n.* cái móc, cái gậy có móc, khúc quanh, kẻ đi lừa, tên lưu manh

crooked /'krʊkɪd/ *adj.* cong, không thẳng thắn, không thật thà, quanh co

crop /krɒp/ **1** *n.* vụ, mùa, thu hoạch của một vụ, cây trồng: **rice ~** vụ lúa; **industrial ~s** cây công nghiệp **2** *n.* sự cắt tóc ngắn: **to have a close ~** cắt tóc ngắn

cross /krɒs/ **1** *n.* dấu chữ X: **Please put a ~ next to those you agree with.** Hãy gạch chéo bên cạnh điều bạn đồng ý. **2** *n.* cây thánh giá, đài thập ác, dấu chữ + [ra dấu bằng tay phải], dấu/hình chữ thập, thập tự, dấu gạch ngang ở chữ cái [như đ, t], bội tinh, vật lai giống: **the Red ~** Hội chữ thập đỏ, Hội hồng thập tự; **A mule is a ~ between a horse and an ass.** Con của ngựa và lừa là con la. **3** *v.* qua [đường, sông, cầu], vượt qua, đi ngang qua, gạch ngang, gạch chéo, xoá, đặt/xếp chéo nhau, vượt qua, đi qua, gặp nhau, giao nhau, chéo nhau: **to ~ out** xoá đi; **Don't ~ the road.** Đừng băng ngang qua đường. **4** *adj.* chéo nhau, vắt ngang qua, bực mình, cáu, gắt: **He's ~ with his son.** Ông ấy cáu với con trai.; **at ~ purposes** hiểu lầm nhau, bất đồng ý kiến

cross-examination *n.* sự/cuộc thẩm vấn/vặn hỏi

cross fire /'krɒsfaɪə(r)/ *n.* việc bắn súng lung tung

crossing /'krɒsɪŋ/ *n.* sự vượt qua, ngã tư, lối đi bộ qua đường

cross reference 1 *n.* việc cho biết cần tham khảo tài liệu khác 2 *v.* cung cấp tài liệu khác để tham khảo

crossroads /'krɒsɹəʊdz/ *n.* ngã tư

crossword /'krɒswɜːd/ *n.* ô chữ: ~ **puzzle** trò chơi ô chữ

crouch /kraʊtʃ/ *n., v.* (sự) thu mình lấy đà, (sự) né/cúi

crow /krəʊ/ *n.* con quạ, xà beng, đòn bẩy: **as the ~ flies** theo đường chim bay

crow /krəʊ/ 1 *n.* tiếng gà gáy 2 *v.* [gà] gáy, khoe, tự đắc

crowd /kraʊd/ 1 *n.* đám đông, đống, vô số, bọn, lũ, tụi: **A huge ~ gathered in front of the courtyard.** Một đám đông đã tụ tập trước sân toà án.; ~ **pleaser** người biểu diễn làm cho mọi người thích; ~ **puller** người luôn hấp dẫn khán giả 2 *v.* xúm lại, bu lại, tụ tập, đổ xô đến, chen chúc, làm chật ních, nhét đầy, nhồi nhét

crown /kraʊn/ 1 *n.* mũ miện, mũ vua, ngôi vua, vòng hoa lá đội đầu, đỉnh, ngọn, chóp, thân răng: **Crown Prince** Thái tử. 2 *v.* đội mũ miện cho, tôn lên làm vua, bao quanh ở đỉnh, ban thưởng, tặng thưởng, bịt [răng]; ~**ed with success** thành công rực rỡ

crucial /'kruːʃɪəl/ *adj.* cốt yếu, chủ yếu, quyết định: **Improving consumer confidence is ~ to boosting sales.** Sự cải tiến lòng tin của khách hàng là cốt yếu cải tiến việc bán hàng.

crude /kruːd/ *adj.* thô, sống, nguyên, thô lỗ, thô bỉ, lỗ mãng, thô bạo, [phương pháp] thô thiển: ~ **oil** dầu thô, dầu chưa lọc

cruel /'kruːɪl/ *adj.* độc ác, hung ác, tàn ác, tàn bạo, tàn nhẫn, phũ phàng, hiểm nghèo, tàn khốc

cruelty /'kruːɪltɪ/ *n.* tính độc ác, sự tàn bạo/tàn ác

cruise /kruːz/ 1 *n.* cuộc đi chơi/du lịch bằng tàu trên biển/sông: **His wife wants to go on a world ~.** Vợ ông ấy thích đi một chuyến du lịch thế giới bằng tàu. 2 *v.* đi chơi biển/sông

crumb /krʌm/ *n.* miếng, mẩu, mảnh vụn bánh, tý, chút, mẩu

crumble /'krʌmb(ə)l/ *v.* vỡ vụn, đổ nát, [cơ sở] sụp đổ

crumple /'krʌmp(ə)l/ *v.* vò nhàu, vò nát [quần áo]

crunch /krʌnʃ/ 1 *n.* tiếng nhai gặm, tiếng răng rắc/dòn 2 *v.* gặm, nhai, (nghiến) kêu răng rắc, (làm) kêu lạo xạo

crush /krʌʃ/ 1 *n.* sự ép/vắt, sự nghiền nát, sự đè bẹp, sự vò nhàu/nát, đám đông chen lấn: **orange ~** nước cam 2 *v.* ép, vắt, nghiền nát, đè bẹp, vò nhàu/nát, dẹp tan, nhét/tống/ấn vào, chen chúc xô đẩy

crust /krʌst/ 1 *n.* cùi/vỏ bánh, vỏ cứng, vẩy cứng 2 *v.* đóng vỏ cứng, đóng vẩy cứng

crusty /'krʌstɪ/ *adj.* cứng, giòn, càu nhàu, cộc lốc

crutch /krʌtʃ/ *n.* cái nạng, vật chống/đỡ, cái chống: **a pair of ~es** đôi nạng (gỗ)

crux /krʌks/ *n.* điểm then chốt, cái nút: **the ~ of the matter** điểm then chốt của vấn đề

cry /kraɪ/ 1 *n.* tiếng kêu, tiếng hò reo, sự/tiếng khóc lóc: **While I was reading the newspaper, I heard someone's ~ for help.** Khi tôi đang đọc báo, tôi nghe tiếng kêu cứu. 2 *v.* kêu, la, reo hò, rao, khóc, khóc lóc, kêu khóc

cryptic /'krɪptɪk/ *adj.* bí mật, khó hiểu: **a ~ message** một bản văn khó hiểu

crystal /'krɪstəl/ *n.* tinh thể, pha lê, mặt kính đồng hồ

crystallize /'krɪstəlaɪz/ *v.* kết tinh, cụ thể hoá

cub /kʌb/ *n.* hổ con, sư tử con, gấu con, sói con, v.v.: **~ scout** sói con hướng đạo

cube /kju:b/ **1** *n.* hình lập phương, hình khối, luỹ thừa ba: **ice ~** viên nước đá **2** *v.* lên tam thừa, thái hạt lựu

cubic /'kju:bɪk/ *adj.* có hình khối, [phương trình] bậc ba: **~ meter** mét khối

cubicle /'kju:bɪk(ə)l/ *n.* gian phòng nhỏ

cuckold /'kʌkəld/ **1** *n.* anh chồng mọc sừng **2** *v.* cắm sừng

cuckoo /'kʊku:/ *n.* chim cu cu

cucumber /'kju:kʌmbə(r)/ *n.* quả dưa chuột, trái dưa leo

cuddle /'kʌd(ə)l/ *v.* ôm ấp, nâng niu, cuộn mình, thu mình

cudgel /'kʌdʒəl/ *n.* dùi cui, gậy tày

cue /kju:/ **1** *n.* sự ra hiệu, lời nói bóng, câu nước **2** *n.* gậy chơi bi da

cuff /kʌf/ **1** *n.* cổ tay [áo sơ mi], gấu lơ vê [quần] **2** *n.* cái tát, cái bạt tai **3** *v.* tát, bạt tai

cuisine /kwɪ'zɪ:n/ *n.* cách nấu nướng; thức ăn

cull /kʌl/ **1** *n.* việc giết nhiều gia súc lựa chọn **2** *v.* giết nhiều gia súc để khỏi bị lây bệnh: **During the Asian flu period many chickens were ~ed.** Trong thời gian dịch cúm gia cầm người Á châu đã giết hàng loạt gà.

culminate /'kʌlmɪneɪt/ *v.* lên đến cực điểm/tột độ

culprit /'kʌlprɪt/ *n.* kẻ có tội, thủ phạm, bị cáo

cult /kʌlt/ **1** *n.* sự sùng bái/tôn thờ, giáo phái, sự thờ cúng, sự cúng bái: **the ~ of the individual** sự sùng bái cá nhân; **the ~ of ancestor worship** sự thờ phụng tổ tiên **2** *adj.* rất phổ thông đối với một nhóm người: **~ figure** đặc điểm phổ quát

cultivate /'kʌltɪveɪt/ *v.* trồng trọt, cày cấy, mở mang, trau dồi, tu dưỡng, nuôi dưỡng [tình cảm người nào]

cultivation /kʌltɪ'veɪʃən/ *n.* sự trồng trọt/cày cấy/canh tác, sự dạy dỗ/

giáo dưỡng/giáo hoá, sự tu dưỡng: **under ~** đang được trồng trọt; **intensive ~** thâm canh

cultural /'kʌltjʊərəl/ *adj.* thuộc về văn hóa: **~ revolution** cuộc cách mạng văn hóa

culture /'kʌltjʊə(r)/ **1** *n.* văn hoá: **Minister of ~ and information** Bộ trưởng Thông tin Văn hoá **2** *n.* việc trồng trọt, việc nuôi, nghề nuôi [ong, tằm, cá, v.v.]

cumbersome /'kʌmbəsəm/ *adj.* cồng kềnh, ngổn ngang, vướng

cumulative /'kju:mjʊlətɪv/ *adj.* dồn lại, tích luỹ

cunning /'kʌnɪŋ/ *n., adj.* (sự) xảo trá, xảo quyệt, láu cá

cup /kʌp/ *n.* chén, tách, cúp, giải, ống giác: **a ~ of coffee** một tách cà phê; **the Davis ~** giải Đa vít (quần vợt); **the World ~** giải bóng đá thế giới

cupboard /'kʌbəd/ *n.* tủ (có ngăn), tủ đựng ly tách

cupidity /kju:'pɪdɪti/ *n.* tính tham lam, máu/lòng tham

curable /'kjʊərəb/ *adj.* có thể chữa được, chữa khỏi được

curator /kjʊ'reɪtə(r)/ *n.* quản thủ [bảo tàng]: **The ~ of this museum is my old friend.** Quản thủ viện bảo tàng nầy là bạn củ của tôi.

curb /kɜ:b/ **1** *n.* lề đường, thành giếng, dây cằm (ngựa) **2** *n.* sự kìm lại, sự kiềm chế/hạn chế **3** *v.* kiềm chế: **to ~ the growing smoking habit of youngsters** hạn chế sự gia tăng thói quen hút thuốc của giới trẻ

cure /kjʊə(r)/ **1** *n.* (phương) thuốc, cách điều trị: **Prevention is better than ~.** Phòng bệnh hơn chữa bệnh. **2** *v.* chữa

curfew /'kɜ:fju:/ *n.* lệnh giới nghiêm: **The government has declared a ~ after 8 p.m.** Chính phủ vừa ban hành lệnh giới nghiêm.

curiosity /kjʊərɪ'ɒsɪti/ *n.* sự tò mò, tính tò mò/hiếu kỳ, vật hiếm, vật quý, trân phẩm

curious /'kjʊərɪəs/ *adj.* tò mò, hiếu kỳ, thọc mạch, ham biết, lạ lùng, kỳ dị, cổ quái, li kỳ

curl /kɜːl/ **1** *n.* món tóc quăn, sự quăn, làn (khói), cuộn **2** *v.* (uốn) quăn, (làm) xoắn, cuộn lại

curly /'kɜːlɪ/ *adj.* [tóc] quăn, xoăn

currency /'kʌrənsɪ/ *n.* tiền, tiền tệ, sự lưu hành/phổ biến: **foreign** ~ ngoại tệ; **to gain** ~ trở nên phổ biến

current /'kʌrənt/ **1** *n.* dòng (nước), luồng (gió, không khí), dòng điện, chiều, hướng, khuynh hướng: **direct** ~ dòng điện một chiều; **alternating** ~ dòng điện xoay chiều **2** *adj.* hiện thời, hiện nay, hiện hành, đang lưu hành, thịnh hành, phổ biến: ~ **affairs** thời sự

curriculum /kə'rɪkjʊləm/ *n.* chương trình học: **Foreign languages are compulsory in the secondary school** ~. Ngoại ngữ là môn học bắt buộc trong chương trình trung học.

curriculum vitae /kə'rɪkjʊləm 'viːtaɪ/ [*usu.* **c.v.**] *n.* bản sơ yếu lý lịch/ tiểu sử

curry /'kʌrɪ/ **1** *n.* (bột) cà ri **2** *v.* nấu cà ri **3** *v.* chải lông ngựa: **to ~ favor with** nịnh, bợ đỡ

curse /kɜːs/ **1** *n.* lời nguyền rủa/chửi rủa, tai hoạ, hoạ căn **2** *v.* chửi rủa, nguyền rủa, làm đau đớn, giáng họ: ~**d with** bị khổ sở vì [bệnh tật]

curt /kɜːt/ *adj.* cụt ngủn, cộc lốc

curtail /kɜː'teɪl/ *v.* cắt bớt, rút ngắn, tước bớt, tước mất

curtain /'kɜːtɪn/ *n.* màn cửa, màn (trên sân khấu) [**rise** kéo lên, **fall** hạ xuống], bức màn [**Iron** sắt, **Bamboo** tre]: ~ **call** tiếng vỗ tay mời tài tử ra nữa

curve /kɜːv/ **1** *n.* đường cong, đường vòng **2** *v.* (uốn) cong

cushion /'kʊʃən/ **1** *n.* cái đệm, cái nệm/gối **2** *v.* kê/lót đệm

custody /'kʌstədɪ/ *n.* sự trông nom, sự canh giữ, sự bắt giam

custom /'kʌstəm/ **1** *n.* tục lệ, phong tục, tập tục **2** *n.* khách hàng: ~**built** [xe, bàn ghế] đặt đóng riêng; ~**made** đặt làm riêng, không phải may/đóng sẵn

customary /'kʌstəmərɪ/ *adj.* thông thường, theo lệ thường

customer /'kʌstəmə(r)/ *n.* khách hàng, thực khách, thân chủ: ~ **relations** giao tế khách hàng

customs /'kʌstəmz/ *n.* thuế quan, quan thuế, hải quan: ~ **duties** thuế đoan; ~ **service** nghiệp vụ hải quan

cut /kʌt/ **1** *n.* sự cắt, việc thái/chặt/ đốn, vết cắt/đứt, vật cắt, đoạn cắt, miếng (thịt), sự cắt giảm, kiểu cắt/ may (áo quần), sự phớt lờ, đường tắt: **to take a short** ~ đi đường tắt **2** *v.* [**cut**] cắt, thái, chặt, xén, xẻo, hớt, xẻ, chém, đào, khắc, cắt bớt, giảm, hạ, đi tắt: **to ~ into four pieces** cắt làm tư; **They ~ a tunnel through that hill.** Họ đào một đường hầm xuyên qua quả đồi đó.; **to ~ down** đẵn, đốn, chặt, cắt bớt, giảm bớt; **to ~ off/out/up** cắt đứt, chặt phẳng, chặt/thái nhỏ; **to ~ short** cắt gọn, cắt ngắn, rút ngắn; **to ~ in** nói xen, xen vào cặp đang khiêu vũ

cute /kjuːt/ *adj.* xinh, xinh xắn, đáng yêu, dí dỏm

cutlery /'kʌtlərɪ/ *n.* dao kéo nói chung

cutlet /'kʌtlɪt/ *n.* món sườn, món côt-let

cutter /'kʌtə(r)/ *n.* người/máy cắt, xuồng

cutting /'kʌtɪŋ/ **1** *n.* sự cắt, bài báo cắt ra, cành cây để gây giống **2** *adj.* sắc, bén, gay gắt, cay độc: ~ **edge technology** giai đoạn phát triển mới nhất của kỹ thuật

cuttlefish /'kʌtlfɪʃ/ *n.* con (cá) mực

cv /ˌsiː'viː/ *abbr.* (= **curriculum vitae**) bản sơ yếu lý lịch

cybercafe /'saɪb(ə)kæfeɪ/ *n.* (*also* **Internet café**) quán cà-phê có cho thuê internet

cyberspace /'saɪb(ə)speɪ/ *n.* khoảng không chứa các hình ảnh trữ liệu gởi đi giữa các máy vi tính: **A new electronic link-up that will connect 200 hospitals around the world has checked into ~.** Đường dây nối dđện tử đã nối hai trăm bệnh viện trên toàn thế giới đã được cho vào khoảng trống trong máy vi tính.

cycle /'saɪk(ə)l/ *n.* chu kỳ, chu trình, vòng, xe đạp

cyclist /'saɪklɪst/ *n.* người đi xe đạp: **Be careful of ~s.** Hãy coi chừng người đi xe đạp.

cyclone /'saɪkləʊn/ *n.* gió cuộn mạnh, khí xoáy mạnh

cylinder /'sɪlɪndə(r)/ *n.* trụ, hình trụ, xylanh

cynic /'sɪnɪk/ *n.* nhà khuyển nho, người thích nhạo báng; sự quá khích

cynical /'sɪnɪkəl/ *adj.* yếm thế, hay nhạo báng/giễu cợt; quá khích

D

d, D /diː/ *n.* chữ số La mã có nghĩa là 500

dab /dæb/ **1** *n.* cái đánh/vỗ/xoa nhẹ; sự chấm nhẹ; miếng **2** *v.* đánh/vỗ/ xoa/chấm nhẹ: **to ~ with one's finger** gõ nhẹ bằng ngón tay

dabble /'dæb(ə)l/ *v.* vẩy, lội [nước]; học đòi

dad, daddy /dæd/ *n.* bố, cha, thầy, ba: **They love their mum and ~ very much.** Chúng nó thương bố mẹ lắm.

dagger /'dægə(r)/ *n.* dao găm: **to look ~s at someone** nhìn chằm chằm vào ai

daily /'deɪlɪ/ **1** *n.* báo hàng ngày: **Our city has three dailies** [= **three ~ newspapers**]. Thành phố của chúng tôi có ba tờ báo hàng ngày. **2** *adj., adv.* hàng ngày: **twice ~** mỗi ngày hai lần

dainty /'deɪntɪ/ **1** *n.* miếng ngon **2** *adj.* [món ăn] ngon, chọn lọc; khảnh ăn, thanh cảnh; xinh xắn, thanh nhã

dairy /'deərɪ/ *n.* bơ sữa: **~ farm** trại

sản xuất bơ sữa; **~ cattle** bò sữa; **~ product** sản phẩm sữa, bơ

daisy /'deɪzɪ/ *n.* hoa cúc

dally /'dælɪ/ *v.* ve vãn, chim chuột; đủng đỉnh, dây dưa

dam /dæm/ **1** *n.* đập nước: **a hydro-electric ~** đập thủy điện **2** *v.* ngăn bằng đập; kiềm chế

damage /'dæmɪdʒ/ **1** *n.* sự thiệt hại; tiền bồi thường: **The last flood caused ~ to these houses.** Trận lụt vừa rồi đã làm thiệt hại những ngôi nhà nầy. **2** *v.* làm hỏng, làm hại, làm tổn thương [danh dự ...]: **to ~ someone's reputation** làm thương tổn đến danh tiếng người khác

damn /dæm/ **1** *n.* lời nguyền rủa: **Don't give a ~.** Đếch cần. **2** *v.* nguyền rủa, đọa đầy **3** *intj.* **Damn it!** Đồ trời đánh thánh vật! Đồ khốn kiếp! [câu chửi thề, không nên dùng chỗ lịch sự]

damned /dæmd/ **1** *adj.* bị đầy đọa; đáng ghét, đáng rủa; ghê tởm, kinh khủng **2** *adv.* quá lắm, quá xá

damp /dæmp/ *n., adj., v.* (sự) ẩm thấp, ẩm ướt: **She cleaned the table with a ~ cloth.** Bà ấy đã lau bàn bằng miếng vải ướt.; **to ~ down one's sorrow** làm giảm bớt cơn buồn phiền của ai

dampen /'dæmp(ə)n/ *v.* làm ẩm, làm ướt; làm nản, làm nhụt

dance /dɑːns/ **1** *n.* điệu nhảy, sự khiêu vũ; tiệc nhảy, dạ vũ, liên hoan có khiêu vũ: **square ~** phương bộ vũ; **~ band** ban nhạc nhảy; **~ hall** phòng nhảy, vũ sảnh; **~ floor** sàn nhảy **2** *v.* nhảy múa, khiêu vũ; nhảy lên: **to ~ a tango** nhảy điệu tango; **I can't ~.** Tôi không biết nhảy.

dandruff /'dændrəf/ *n.* gàu

danger /'deɪndʒə(r)/ *n.* sự/mối nguy hiểm; nguy cơ, mối đe dọa: **to be out of ~** thoát nạn, thoát khỏi nguy hiểm

dangerous /'deɪndʒərəs/ *adj.* nguy hiểm; [bệnh] hiểm nghèo, nguy cấp; [người] nham hiểm: **He looks very ~.** Ông ấy trông rất nguy hiểm.

dangle /'dæŋg(ə)l/ *v.* lủng lẳng, đu đưa, lúc lắc; nhử

dank /dæŋk/ *adj.* ẩm ướt, ướt át, nhớp nháp

dapper /'dæpə(r)/ *adj.* bảnh bao, diện

dappled /'dæp(ə)ld/ *adj.* chấm lốm đốm: **~ deer** hươu sao

dare /deə(r)/ *v.* dám; thách: **How ~ you?** Sao mày dám làm thế?; **I ~ say** Tôi dám chắc.; **to ~ someone to do** it thách ai làm chuyện ấy

daring /'deərɪŋ/ **1** *adj.* can đảm, giám làm **2** *n.* lòng can đảm, ý chí không sợ nguy hiểm: **the ~ of mountain climbers** lòng can đảm của người leo núi

dark /dɑːk/ **1** *n.* bóng/chỗ tối; lúc tối trời: **before ~** trước lúc tối trời; **in the ~ about** không hay biết gì về; **a shot in the ~** việc bắn giết mờ ám **2** *adj.* tối, tối tăm; u ám: **a ~ complexion** nước da ngăm đen; **~ color** màu sẫm

darken /'dɑːk(ə)n/ *v.* (làm) tối lại; (làm) sạm lại; (làm) thẫm/sẫm lại; (làm) buồn phiền

darkroom /'dɑːkrʊm/ *n.* phòng tối dùng để rửa phim

darn /dɑːn/ *v.* mạng [quần áo, bít tất]

dart /dɑːt/ **1** *n.* phi tiêu, mũi tên, cái lao: **~s** trò ném phi tiêu **2** *v.* ném, phóng; lao mình vào/tới

dash /dæʃ/ **1** *n.* cái gạch ngang dài; sự lao/xông tới **2** *v.* va mạnh, đụng mạnh; lao/xông tới; làm tiêu tan

dashboard /'dæʃbɔːd/ *n.* bảng đồng hồ xe hơi trước mặt người lái

data /'deɪtə/ *n.* dữ kiện, số liệu, cứ liệu, tài liệu: **to collect ~** sưu tầm tài liệu; **~bank** kho trữ liệu; **~base** trữ liệu trong máy vi tính/điện toán

data warehouse *n.* kho trữ liệu

date /deɪt/ **1** *n.* quả chà là **2** *n.* ngày tháng; kỳ hạn; sự hẹn gặp; người đi chơi với mình: **a ~ with my dentist** giờ hẹn với ông nha sĩ của tôi; **She**

is my ~. Cô ấy là bạn cùng đi chơi với tôi.; **~ of birth, birth~** ngày sinh; **What ~ is today?** Hôm nay là ngày mấy? **3** *v.* đề ngày tháng; xác định thời đại; hẹn đi chơi với [bạn]; có từ: **This book ~s from last century.** Quyển sách này có từ thế kỷ trước.

dated /'deɪtɪd/ *adj.* đề ngày...; lỗi thời, xưa rồi: **Their dressing is ~.** Họ ăn mặc lỗi thời.

date rape *n.* tội hiếp phụ nữ

datum /'deɪtəm/ *n.* số ít của **data**

daub /dɔːb/ *v.* trát/phết lên; vẽ bôi bác

daughter /'dɔːtə(r)/ *n.* con gái, ái nữ: **I have one ~ and one son.** Tôi có một gái một trai.

daunt /dɔːnt/ *v.* đe dọa, làm nản lòng; khuất phục

dauntless /'dɔːntləs/ *adj.* gan dạ, bất khuất, kiên cường

dawdle /'dɔːd(ə)l/ *v.* la cà, lãng phí thời gian

dawn /dɔːn/ **1** *n.* bình minh, lúc tảng sáng, lúc rạng đông: **at ~** lúc rạng đông; **the ~ of civilization** buổi đầu của thời đại văn minh **2** *v.* ló rạng, hé rạng; hiện/lóe ra trong trí: **it ~ed on me that** tôi chợt nghĩ ra rằng ...

day /deɪ/ *n.* ngày: **twice a ~** mỗi ngày hai lần; **~ by ~** từng ngày một; **every ~** mỗi ngày, ngày nào cũng, hàng ngày; **every other ~** cách hai ngày một lần; **in less than a ~** chưa đầy một ngày; **~ and night** suốt ngày đêm; **all ~ long** suốt ngày

daybreak /'deɪbreɪk/ *n.* lúc rạng đông

daycare *n.* nơi điều trị trong ngày cho bệnh nhân

daydream /'deɪdriːm/ *n., v.* mơ mộng, mơ màng (hão huyền)

daylight /'deɪlaɪt/ *n.* ánh sáng ban ngày: **in broad ~** giữa ban ngày ban mặt, lúc thanh thiên bạch nhật; **~ robbery** cướp ban ngày; **~ saving** đổi giờ mùa hè

daytime /'deɪtaɪm/ *n.* ban ngày: **In the ~ he stays at home.** Ban ngày ông ấy ở nhà.

day trip *n.* cuộc du ngoạn trong ngày

daze /deɪz/ *n., v.* (sự) choáng váng/ bàng hoàng: **in a ~** trong lúc choáng váng

dazzle /'dæz(ə)l/ **1** *n.* sự chói mắt **2** *v.* làm chói/hoa/lóa mắt

DC /diːˈsiː/ *abbr.* **1** (= **direct current**) điện một chiều **2** (= **District of Columbia**) thành phố Colombo

D-Day *n.* ngày bắt đầu việc quan trọng: **D-Day for my departure was set for 10th of May.** Ngày khởi hành của tôi là 10 tháng Năm.

dead /ded/ **1** *adj.* chết; tắt ngấm; tê cóng; [tiếng] đục: **~ body** xác chết, tử thi; **~ leaves** lá khô; **~ language** tử ngữ; **~ silence** sự im phăng phắc **2** *n.* xác chết; người chết: **in the ~ of night** lúc đêm hôm khuya khoắt; **the ~ of winter** giữa mùa đông **3** *adv.* **~ drunk** say bí tỉ; **~ tired** mệt rã rời, mệt đứt hơi, mệt lả; **to stop ~** đứng sững lại

deaden /'ded(ə)n/ *v.* làm giảm/nhẹ/ nhỏ đi: **She needs morphine to ~ the pain in her chest.** Bà ấy cần mo-phine để làm giảm đau ngực.

deadline /'dedlaɪn/ *n.* hạng cuối cùng, hạn chót: **Today is the ~ for payment of our loan.** Hôm nay là hạn chót phải trả tiền vay.

deadlock /'dedlɒk/ *n.* chỗ/sự bế tắc: **to come to a ~** đi đến chỗ bế tắc

deadly /'dedlɪ/ *adj.* chết người, chí tử: **~ enemy** kẻ thù không đội trời chung, kẻ thù bất cộng đái thiên, kẻ tử thù

deaf /def/ *adj.* điếc: **~ and dumb, ~ mute** điếc và câm; **to fall on ~ ears** không quan tâm đến ai; **to turn a ~ ear to something** từ chối ai, bỏ ngoài tai lời ai hay việc gì

deafening /'def(ə)nɪŋ/ *adj.* rất lớn, điếc tai luôn: **~ applause** tiếng vỗ tay rất lớn

deafness /'defnəs/ *n.* tật điếc, tật nghễnh ngãng

deal /diːl/ **1** *n.* số lượng; sự giao dịch, sự thông đồng; cách đối xử **a great ~ of** nhiều ...; **to make/close a ~** thoả thuận mua bán hoặc điều đình **2** *v.* [**dealt**] chia [bài]; phân phát, ban, giáng [đòn]; giao thiệp, giao dịch buôn bán; buôn bán [thứ hàng gì]; **to ~ in** đối phó, giải quyết

dealer /'diːlə(r)/ *n.* người chia bài; người buôn bán

dealership /'diːlə(r)ʃɪp/ *n.* người mua bán hàng (xe, bàn ghế)

dealt /delt/ *n.* quá khứ của **deal**

dean /diːn/ *n.* chủ nhiệm khoa, khoa trưởng; niên trưởng: **She is the ~ of the Faculty of English.** Bà ấy là khoa trưởng khoa tiếng Anh.

dear /dɪə(r)/ **1** *adj.* thân, thân yêu, yêu quí, thân mến **2** *intj.* Trời ơi! Than ôi! **Dear sir!** Thưa ông!

dearly /'dɪə(r)li/ *adv.* rất nhiều: **She loves him ~.** Cô ta yêu ông ấy rất nhiều.

dearth /dɜːθ/ *n.* sự thiếu, sự khan hiếm, sự đói kém

death /deθ/ *n.* sự/cái chết: **to put to ~** giết chết; **~ certificate** giấy khai tử

death penalty/sentence *n.* tử hình, bị kết án tử hình

death toll *n.* số người chết

debar /dɪˈbɑː/ *v.* không được phép hành nghề/làm việc gì theo luật

debase /dɪˈbeɪs/ *v.* làm mất phẩm giá; làm giảm chất lượng

debate /dɪˈbeɪt/ **1** *n.* cuộc tranh luận/ tranh cãi: **That is an issue for ~ at the next meeting.** Đó là vấn đề thảo luận trong phiên họp kỳ tới. **2** *v.* tranh/thảo luận

debauched /dɪˈbɔːtʃt/ *adj.* làm trụy lạc/sa đọa/đồi bại

debilitate /dɪˈbɪlɪteɪt/ *v.* làm yếu sức, làm suy nhược

debility /dɪˈbɪlɪti/ *n.* cơ thể/tâm trí suy nhược

debit /'debɪt/ **1** *n.* bên nợ (người ta), tá phương; món nợ, khoản nợ: **to put to your ~** thêm vào sổ nợ của bạn; **~ card** thẻ trả nợ **2** *v.* ghi vào sổ nợ: **to ~ to my account** ghi nợ vào chương mục của tôi

debrief /diːˈbriːf/ *v.* vặn hỏi, tra hỏi

debris /debri/ *n.* mảnh vụn, vôi gạch nát vỡ

debt /det/ *n.* món nợ: **in ~** mang công mắc nợ; **out of ~** trả hết nợ; **national ~** quốc trái, công trái

debtor /ˈdetə(r)/ *n.* con nợ, người mắc nợ

debug /diːˈbʌg/ *v.* trừ sâu, trừ mối; loại trừ những lầm lẫn của máy tính; vứt bỏ máy ghi âm nghe trộm

debunk /dɪˈbʌŋk/ *v.* vạch trần, lật tẩy

decade /ˈdekeɪd/ *n.* thời kỳ mười năm; một thập niên: **Our life has been good in the last two ~s.** Cuộc sống chúng ta tốt đẹp hơn trong hai thập niên qua.

decadent /ˈdekədənt/ *adj.* sa sút, suy đồi, đồi trụy

decaffeinated /ˌdiːˈkæfɪneɪtɪd/ *adj.* đã làm giảm bớt chất cà-phê-in

decamp /dɪˈkæmp/ *v.* nhổ trại; chuồn, tẩu thoát

decanter /dɪˈkæntə(r)/ *n.* bình thon cổ

decapitate /dɪˈkæpɪteɪt/ *v.* làm giảm/ mất khả năng

decay /dɪˈkeɪ/ **1** *n.* sự sâu (răng); sự thối rữa: **to prevent tooth ~** phòng ngừa bệnh sâu răng **2** *v.* (làm) sâu, (làm) mục nát; sa sút, suy sụp, suy tàn

deceased /dɪˈsiːst/ *n., adj.* (người) đã chết/mất: **Her father is ~.** Ba cô ấy đã qua đời.

deceit /dɪˈsiːt/ *n.* sự lừa dối; mưu mẹo, mánh lới, mánh khóe

deceitful /dɪˈsiːtfʊl/ *adj.* dối trá, lừa lọc: **It is ~ to pretend to be someone else.** Giả dạng mình là người khác.

deceive /dɪˈsiːv/ *v.* lừa dối, đánh lừa

December /dɪˈsembə(r)/ *n.* tháng Mười hai, tháng Chạp âm lịch

decency /ˈdiːsənsɪ/ *n.* sự đứng đắn/ trang trọng; tính e thẹn

decent /ˈdiːsənt/ *adj.* đứng đắn, trang trọng, chỉnh tề; tử tế, tươm tất, kha khá

decentralize /diːˈsentrəlaɪz/ *v.* phân quyền, tản quyền

deception /dɪˈsepʃən/ *n.* sự/trò lừa dối

decide /dɪˈsaɪd/ *v.* quyết định; lựa chọn; giải quyết, phán xử

decided /dɪˈsaɪdɪd/ *adj.* dứt khóat, kiên quyết; rõ rệt

deciduous /dɪˈsɪdjuːəs/ *adj.* [cây] sớm rụng lá

decimal /ˈdesɪməl/ *adj.* thập phân: **~ place** số thập phân

decipher /dɪˈsaɪfə(r)/ *v.* đọc/giải [mật mã]; đọc ra, giải đoán

decision /dɪˈsɪʒən/ *n.* quyết định; dứt khóat, kiên quyết

deck /dek/ **1** *n.* boong tàu; tầng trên; **~ of cards** cỗ bài **2** *v.* tô điểm, trang hoàng

declaim /deˈkleɪm/ *v.* nói/phát biểu lớn: **He raised his fist and ~ed "liar and cheat."** Ông ấy đưa tay la lớn "ăn gian nói dối".

declaration /dekləˈreɪʃən/ *n.* lời khai, tờ khai; bản tuyên bố; tuyên ngôn: **the ~ of human rights** bản tuyên ngôn nhân quyền; **the ~ of Independence** bản tuyên ngôn độc lập

declare /dɪˈkleə(r)/ *v.* tuyên bố; bày tỏ, biểu thị; khai [hàng]: **to ~ the results of an election** tuyên bố kết quả bầu cử

decline /dɪˈklaɪn/ **1** *n.* sự sụt; sự suy tàn/suy sụp **2** *v.* cúi, nghiêng đi, xế; suy sụp, suy tàn; từ chối, từ khước

decompose /diːkəmˈpəʊz/ *v.* phân tích, phân ly; làm thối rữa

deconsecrate /diːˈkɒnsɪkreɪt/ *v.* chuyển đổi (nhà cửa hư hại) thành hữu dụng

décor /ˈdeɪkɔr/ *n.* sự trang trí/trang hoàng (nhà cửa)

decorate /ˈdekəreɪt/ *v.* trang hoàng, trang trí; gắn huy chương

decoration /dekəˈreɪʃən/ *n.* sự trang hoàng: **interior ~** sự trang hoàng bài trí trong nhà, trang trí nội thất

decorum /dɪˈkɔːrəm/ *n.* nghi lễ, nghi thức

decouple /dɪˈkʌp(ə)l/ v. làm thành một, gom thành một cặp

decoy /dɪˈkɔɪ/ **1** n. cò mồi, bẫy, mồi **2** v. bẫy, nhử mồi

decrease /dɪˈkriːs/ **1** n. sự giảm **2** v. giảm đi/bớt, giảm thiểu

decree /dɪˈkriː/ **1** n. sắc lệnh, sắc luật; chiếu chỉ **2** v. ra sắc lệnh; ra nghị định: **The government ~d a state of emergency.** Chính phủ ra sắc lệnh tình trạng khẩn trương.

decrepit /dɪˈkrepɪt/ adj. hom hem, già yếu

decry /dɪˈkraɪ/ v. làm giảm giá trị, chê bai, giềm pha: **to ~ the values of products** làm giảm giá trị sản phẩm

dedicate /ˈdedɪkeɪt/ v. khánh thành, khai mạc; đề tặng [sách, vở, bài]; hiến dâng, cống hiến

deduce /dɪˈdjuːs/ v. suy diễn, suy luận, suy/luận ra: **My friend has ~d that I am the author of the letter.** Bạn tôi suy ra rằng tôi là tác giả của lá thư.

deduct /dɪˈdʌkt/ v. trừ đi, khấu đi: **to ~ 5 percent from your income** trừ đi 5% lợi tức của bạn

deductible /dɪˈdʌktɪb(ə)l/ adj. có thể trừ đi được, cổ thể miễn được: **tax ~** có thể trừ thuế được

deed /diːd/ **1** n. việc làm, hành động, hành vi: **to do a good ~** làm việc thiện **2** n. chiến công; chứng từ, chứng thư, bằng khoán, khế ước

deejay /ˈdiːdʒeɪ/ n., v. (abbr. **DJ**) người phối hợp và giới thiệu nhạc

deem /diːm/ v. cho rằng, thấy rằng, nghĩ rằng: **to ~ highly of ...** đánh giá cao về ...

deep /diːp/ **1** adj. [sông, giếng, vết thương] sâu; [màu] sẫm, thẫm; [đề tài] sâu sắc, thâm hậu; ngập sâu, mải mê, miệt mài **2** adv. sâu: **to dig ~** đào sâu

deep vein thrombosis n. (abbr. **DVT**) tĩnh mạch

deer /dɪə(r)/ n. (pl. **deer**) hươu, nai

deface /dɪˈfeɪs/ v. làm xấu đi; xoá đi

defame /dɪˈfeɪm/ v. nói xấu, phỉ báng

default /dɪˈfɔːlt/ n., v. (sự) không trả nợ được; (sự) vắng mặt, (sự) khuyết tịch [ở toà án]; (sự) bỏ cuộc; làm sai

defeat /dɪˈfiːt/ **1** n. sự thất bại; sự thua trận, sự bại trận **2** v. đánh bại, chiến thắng; làm thất bại

defecate /ˈdefɪkeɪt/ v. ỉa, đại tiện

defect /dɪˈfekt/ **1** n. thiếu sót, nhược điểm, khuyết điểm **2** v. đào ngũ, bỏ đẳng; bỏ đạo, bội giáo

defection /dɪˈfekʃən/ n. sự đào ngũ; sự bỏ đẳng/đạo

defective /dɪˈfektɪv/ adj. bị hư hỏng

defend /dɪˈfend/ v. che chở, chống giữ, bảo vệ, phòng vệ; [luật sự] cãi cho, bào chữa

defense /dɪˈfens/ n. [Br. **defence**] sự phòng thủ/bảo vệ; công sự phòng ngự, thành luỹ sự bào chữa/biện hộ: **civil ~** phòng thủ thụ động; **the department of ~** bộ quốc phòng; **national ~** quốc phòng

defenseless /dɪˈfensləs/ adj. không được che chở, không được bảo vệ

defensive /dɪˈfensɪv/ **1** n. thế thủ adj. có tính chất phòng ngự/phòng thủ; có tính chống đỡ: **to stand on the ~** giữ thế phòng thủ **2** adj. có tính bảo vệ/phòng thủ: **a ~ weapon** vũ khí tự vệ

defer /dɪˈfɜː(r)/ **1** v. hoãn; hoãn quân dịch: **to ~ payment** hoãn trả tiền **2** v. chiều theo, làm theo: **to ~ to someone's decision** chiều theo quyết định của một người nào đó

deferment, deferral /dɪˈfɜːmənt, dɪˈfɜːrəl/ n. sự hoãn (quân dịch)

defiance /dɪˈfaɪəns/ n. sự coi thường, bất chấp: **to set somebody at ~** không coi ai ra gì cả

defiant /dɪˈfaɪənt/ adj. bướng bỉnh, miệt thị, bất cần

deficiency /dɪˈfɪʃənsɪ/ n. số tiền thiếu hụt [trong ngân sách]: **to make up a ~** bù vào chỗ thiếu hụt

deficient /dɪˈfɪʃənt/ adj. thiếu hụt, yếu kém

deficit /'defɪsɪt/ *n.* số tiền thiếu hụt: **budget ~** thiếu hụt ngân sách

defile /'diːfaɪ/ *v.* làm mất tính chất thiêng liêng [của nơi tôn kính]; cưỡng dâm, hãm hiếp; làm nhơ bẩn/ô uế

define /dɪ'faɪn/ *v.* định nghĩa; qui định, minh xác, định rõ

definite /'defɪnɪt/ *adj.* xác định, rõ ràng; [mạo từ] hạn định: **We want your ~ answer.** Chúng tôi muốn bạn trả lời rõ ràng.

definition /defɪ'nɪʃən/ *n.* định nghĩa, giải quyết: **There is no clear ~ of moral values.** Không có những định nghĩa rõ ràng về giá trị đạo đức.

deflate /dɪ'fleɪt/ *v.* tháo hơi (bong bóng, ruột bánh xe); giải lạm phát; giảm [tự ái]

deflect /dɪ'flekt/ *v.* làm lệch, làm chệch hướng

deform /dɪ'fɔːm/ *v.* làm méo mó, làm xấu đi

defraud /dɪ'frɔːd/ *v.* ăn gian, lừa gạt/ dối: **to ~ the government in taxes** ăn gian thuế chính phủ

defray /dɪ'freɪ/ *v.* trả, thanh toán

defrost /diː'frɒst/ *v.* làm tan đá tuyết, tắt/tháo [tủ lạnh]

deft /deft/ *adj.* khéo tay, khéo léo; ~ **hands** người khéo tay

defunct /dɪ'fʌŋkt/ *adj.* chết, mất, quá cố; đã đóng cửa

defuse /diː'fjuːz/ *v.* làm mất tác dụng, làm cho vật gì trở nên vô dụng

defy /dɪ'faɪ/ *v.* bất chấp, coi thường; thách thức, thách đố: **These problems ~ solution.** Vấn đề này nan giải.

degenerate /dɪ'dʒenərət/ *adj., v.* thoái hoá, suy đổi

degradation /degrə'deɪʃən/ *n.* sự giảm sút; sự thoái hoá/biến

degrade /dɪ'greɪd/ *v.* (làm) suy biến/ thoái hóa; giáng chức, giáng cấp, lột lon, cho hạ tầng công tác; làm giảm giá trị, làm mất thanh thế

degrading /dɪ'greɪdɪŋ/ *adj.* hạ thấp (thứ hạng), làm giảm bớt

degree /dɪ'griː/ **1** *n.* độ, bậc; trình độ, mức độ: **85 ~s in the shade** 85 độ trong bóng râm; **by ~s** dần dần, từ từ; **to a certain ~** tới mức độ nào đó **2** *n.* bằng cấp, học vị: **Ph.D. ~** bằng tiến sĩ; **honorary ~** bằng danh dự, học vị danh dự

dehumanize /diː'hjuːmənaɪz/ *v.* làm giảm bớt nhân tính (như trí nhớ, phẩm chất)

dehumidifier /diː'hjuːmɪdɪfaɪə(r)/ *n.* máy điện tử làm giảm hơi nước trong không khí

dehydrate /diː'haɪdreɪt/ *v.* loại nước ra, khử nước

deify /'diːɪfaɪ/ *v.* phong thần, tôn làm thần, thần thánh hóa

deign /deɪn/ *v.* thèm, hạ cố, đoái đến

dejected /dɪ'dʒektɪd/ *adj.* buồn nản, chán nản, thất vọng

delay /dɪ'leɪ/ **1** *n.* sự chậm trễ/trì hoãn: **to act without ~** làm ngay đừng để chậm trễ **2** *v.* hoãn lại; làm chậm trễ, làm trở ngại

delectable /de'lektəb(ə)l/ *adj.* ngon, thích (thức ăn, rượu): ~ **wine** rượu ngon

delegate /'delɪgət/ **1** *n.* đại biểu, đại diện: **chief ~** trưởng phái **2** *v.* uỷ quyền, uỷ thác, giao phó: **to ~ a task to someone** giao nhiệm vụ cho ai

delete /dɪ'liːt/ *v.* xoá/gạch đi, bỏ đi

deliberate 1 /dɪ'lɪbərət/ *adj.* cố ý; có suy nghĩ, cân nhắc **2** *v.* /dɪ'lɪbəreɪt/ bàn bạc, thảo luận (kỹ cương)

deliberation /dɪˌlɪbə'reɪʃən/ *n.* cuộc thảo luận; tính khoan thai; sự thận trọng/đắn đo

delicacy /'delɪkəsɪ/ *n.* đồ ăn ngon, món ăn quý; sự tinh vi, sự khéo léo; sự tế nhị

delicate /'delɪkət/ *adj.* ngon, thanh cảnh; tinh vi, khéo léo; tế nhị; mỏng mảnh, dễ vỡ; thanh tú

delicatessen /ˌdelɪkə'tesən/ *n.* cửa hàng bán món ăn nấu sẵn, cử hàng bán thức ăn đủ loại

delicious /dɪ'lɪʃəs/ *adj.* ngon, ngon lành, thơm ngon

delight /dɪˈlaɪt/ **1** *n.* sự vui thích; điều thích thú **2** *v.* làm vui thích, làm vui sướng; thích, ham, khoái: **to be ~ed** vui sướng

delineate /dɪˈlɪniːeɪt/ *v.* vẽ, vạch; phác họa, miêu/mô tả

delinquency /dɪˈlɪŋkwənsɪ/ *n.* sự phạm tội: **juvenile ~** sự phạm pháp của thiếu niên

delinquent /dɪˈlɪŋkwənt/ **1** *n.* kẻ phạm pháp **2** *adj.* phạm/có tội; chểnh mảng, lơ là; không trả đúng kỳ hạn

delirious /dɪˈlɪrɪəs/ *adj.* hôn mê, mê sảng

deliver /dɪˈlɪvə(r)/ **1** *v.* phát [thư]; giao [hàng] **2** *v.* đọc [diễn văn]; đỡ đẻ [thai nhi]: **to ~ a speech** đọc một bài diễn văn

delivery /dɪˈlɪvərɪ/ **1** *n.* sự phát [thư], sự giao [hàng]: **special ~** thư phát riêng; **cash on ~** lĩnh hóa giao ngân, nhận hàng mới trả tiền **2** *n.* sự sinh đẻ, sự xổ, trình bày bài nói chuyện: **~ room** phòng đẻ

delta /ˈdeltə/ *n.* châu thổ

delude /dɪˈl(j)uːd/ *v.* đánh lừa, lừa dối, mê hoặc

deluge /ˈdeljuːdʒ/ **1** *n.* trận lụt lớn, đại hồng thuỷ; sự tới tấp **2** *v.* tới tấp: **~d with letters** thư gởi đến tới tấp

delusion /dɪˈl(j)uːʒən/ *n.* sự lừa dối, ảo/vọng tưởng, ảo giác

deluxe /dəˈlʌks/ *adj.* sang trọng, xa xỉ: **I can't afford to book into a ~ room.** Tôi không có khả năng tài chánh ở phòng sang trọng.

delve /delv/ *v.* đào sâu; bới ra, moi móc

demand /dɪˈmɑːnd/ **1** *n.* sự đòi hỏi, sự yêu cầu, cầu: **in great ~** được nhiều người yêu cầu/chuộng; **supply and ~** cung và cầu **2** *v.* đòi, đòi hỏi, cần phải

demarcation /diːmɑːˈkeɪʃən/ *n.* sự phân ranh giới; giới tuyến

demeaning /dɪˈmiːnɪŋ/ *adj.* giảm giá trị

demeanor /dɪˈmiːnə(r)/ *n.* cử chỉ, thái độ, cách ăn ở

demented /dɪˈmentɪd/ *adj.* điên, loạn trí, điên cuồng

demerit /dɪˈmerɪt/ *n.* sự cắt bớt, việc trừ bớt: **~ points** điểm bị trừ

demilitarize /ˌdiːˈmɪlɪtəraɪz/ *v.* phi quân sự hoá: **~d zone [dmz]** vùng phi quân sự

demise /dɪˈmaɪz/ *n.* sự kết thúc, kết liễu (cuộc đời)

demo /ˈdeməʊ/ *n.* vật trưng bày, vật trình diễn

demobilize /diːˈməʊbɪlaɪz/ *v.* giải ngũ, cho phục viên

democracy /dɪˈmɒkrəsɪ/ *n.* nền/chế độ dân chủ; nước dân chủ

democratic /deməʊˈkrætɪk/ *adj.* dân chủ (chủ nghĩa)

demolish /dɪˈmɒlɪʃ/ *v.* phá hủy; đánh đổ [thuyết, huyền thoại]: **to ~ an ancient house** phá huỷ một ngôi nhà củ

demolition /deməˈlɪʃən/ *n.* sự phá huỷ

demon /ˈdiːmən/ *n.* quỷ, ma quỷ, yêu ma, yêu quái

demonstrate /ˈdɪmɒnstreɪt/ *v.* chứng minh; bày tỏ; biểu tình: **You have to ~ you can achieve our objectives.** Bạn phải chứng tỏ bạn có thể đạt được mục tiêu của chúng tôi.

demonstration /demənˈstreɪʃən/ *n.* sự chứng minh; sự biểu hiện; cuộc biểu tình (tuần hành), cuộc biểu dương lực lượng: **Thousands of workers have a ~ in the city center.** Hàng ngàn công nhân đang biểu tình ở trung tâm thành phố.

demoralize /dɪˈmɒrəlaɪz/ *v.* làm mất tinh thần; làm đồi bại

demote /diːˈməʊt/ *v.* giáng cấp, giáng chức

demotivate /ˌdiːˈməʊtɪveɪt/ *v.* làm giảm/mất động lực, gây chán nản

demure /dɪˈmjʊə(r)/ *adj.* từ tốn, nghiêm trang, nghiêm chỉnh

den /den/ *n.* hang [gấu, sư tử]; sào huyệtl phòng nhỏ

denial /dɪˈnaɪəl/ *n.* sự phủ nhận; sự từ chối: **~ of request** từ chối một yêu cầu

denim /'denɪm/ *n.* vải xanh dày để may quần áo jean

denominator /dɪ'nɒmɪneɪtə(r)/ *n.* mẫu số

denote /dɪ'nəʊt/ *v.* có nghĩa là; biểu hiện, chứng tỏ

denounce /dɪ'naʊns/ *v.* tố cáo/giác, cáo phát, vạch mặt; tuyên bố bãi bỏ [hiệp ước]

dense /dens/ *adj.* dày đặc; rậm rạp; đông đúc, trù mật; đần, đần độn

density /'densɪti/ *n.* sự dày đặc; sự trù mật, mật độ, tỷ trọng; tính ngu đần: **The city has a very high population ~.** Thành phố có mật độ dân số rất cao.

dent /dent/ **1** *n.* vết mẻ/sứt **2** *v.* làm mẻ

dental /'dentəl/ *adj.* (thuộc) răng

dentist /'dentɪst/ *n.* nha sĩ, bác sĩ răng

dentistry /'dentɪstri/ *n.* khoa răng, nha khoa

dentures /'dentjʊə(r)z/ *n.* hàm răng giả

denude /dɪ'njuːd/ *v.* lột trần, lột vỏ, làm rụng lá; tước

deny /dɪ'naɪ/ *v.* chối [lỗi]; phủ nhận; từ chối không cho: **to ~ a charge** phủ nhận lời buộc tội

deodorant /diː'əʊdərənt/ *n.* chất khử mùi, thuốc hôi nách

depart /dɪ'pɑːt/ **1** *v.* ra đi, rời khỏi, khởi hành: **The train will ~ at 6.00 p.m.** Xe lửa sẽ khởi hành lúc 6 giờ chiều. **2** *v.* từ trần, chết; đi trệch, lạc đề: **to ~ from a subject** lạc đề

department /dɪ'pɑːtmənt/ *n.* ban, khoa; ty, sở, nha, vụ, cục; gian hàng; bộ [trong chính phủ]: **the ~ of linguistics** khoa ngôn ngữ học, ban ngữ học; **men's clothing ~** gian hàng bán quần áo đàn ông [trong **~ store** cửa hàng tổng hợp, tiệm bách hóa lớn]

departure /dɪ'pɑːtjʊə(r)/ *n.* sự ra đi, sự khởi hành; lúc đi; sự đổi hướng: **~ time** giờ (tàu/xe) đi; **~ gate** cửa khởi hành

depend /dɪ'pend/ *v.* tuỳ theo, phụ thuộc [**on/upon** vào]; dựa, ỷ, tin, trông mong, trông cậy [**on/upon** vào]: **The lady ~s too much on her children.** Bà ấy dựa vào con cái nhiều quá.

dependable /dɪ'pendəb(ə)l/ *adj.* có thể tin được, đáng tin cậy

dependent /dɪ'pendənt/ **1** *n.* người sống lệ thuộc, vợ con, người nhà: **How many ~s do you have?** Bạn còn bao nhiêu người còn sống lệ thuộc với bạn? **2** *adj.* dựa/ỷ vào; phụ thuộc

depict /dɪ'pɪkt/ *v.* vẽ, tả, miêu tả

deplete /dɪ'pliːt/ *v.* tháo/rút/dùng hết

deplorable /dɪ'plɔːrəb(ə)l/ *adj.* đáng trách, tồi, xấu, tệ

deplore /dɪ'plɔː(r)/ *v.* thương, xót xa; lấy làm tiếc, phàn nàn

deploy /dɪ'plɔɪ/ *v.* điều quân, chuyển quân

deport /dɪ'pɔːt/ *v.* trục xuất; đày, phát vãng: **Our government has ~ed ten illegal immigrants.** Chính phủ của chúng ta vừa trục xuất mười người di dân bất hợp pháp.

depose /dɪ'pəʊz/ *v.* phế truất [vua]; cung khai

deposit /dɪ'pɒzɪt/ **1** *n.* chất lắng; tiền đặt cọc, tiền ký quỹ; tiền/vật gửi: **to leave some cash as ~** để một ít tiền đặt cọc **2** *v.* đặt, để; gửi, đặt [tiền]: **to ~ this check into my account** gởi ngân phiếu nầy vào trương mục của tôi

depot /'depəʊ/ *n.* trạm đậu xe, nhà ga: **train ~** ga xe lửa; **bus ~** ga xe buýt; kho hàng; kho quân nhu

depraved /dɪ'preɪvd/ *adj.* sa đọa, trụy lạc, đồi trụy, hư

deprecate /'deprɪkeɪt/ *v.* chê bai; phản đối, không tán thành

depreciate /dɪ'priːʃieɪt/ *v.* (làm) sụt giá

depreciation /dɪˌpriːʃi'eɪʃən/ *n.* sự sụt giá, sự giảm giá

depress /dɪ'pres/ *n.* ấn/kéo/hạ xuống; làm ngã lòng/phiền muộn; làm yếu đi

depressed /dɪ'prest/ *adj.* suy yếu; chán nản thất vọng, bị khủng hoảng: **He is ~ because of his heavy workload.** Ông ấy bị khủng hoảng vì công việc nhiều.

depressing /dɪ'presɪŋ/ *adj.* buồn chán
thất vọng: **Yesterday's unemploy-
ment figures were ~.** Con số thất
nghiệp ngày hôm qua làm chán
nản thất vọng mọi người.

depression /dɪ'preʃən/ *n.* sự chán nản,
sự ngã lòng, sự sầu não; tình trạng
đình trệ; chỗ lõm, chỗ lún

deprive /dɪ'praɪv/ *v.* lấy đi, cướp đi,
tước đoạt

depth /depθ/ *n.* chiều/bề/độ sâu, độ
dày; sự sâu xa; chỗ sâu kín nhất, đáy

deputize /'depjʊtaɪz/ *v.* thay thế ai,
thay mặt ai: **I sometimes have to ~
for my head for meetings.** Tôi thỉnh
thoảng thay mặt thủ trưởng của tôi
đi họp.

deputy /'depjʊtɪ/ *n.* người được uỷ
quyền; dân biểu, đại biểu, nghị sĩ;
phó: **~ mayor** phó thị trưởng

derail /dɪ'reɪl/ *v.* [xe lửa] trật bánh

deranged /dɪ'reɪndʒd/ *adj.* bị loạn trí

deregulate /ˌdɪː'regjuleɪt/ *v.* giảm bớt
qui tắc/luật lệ

derelict /'derɪlɪkt/ *adj.* chểnh mảng, lơ
là; [tàu] vô chủ: **~ in one's duty**
không làm tròn nhiệm vụ

deride /dɪ'raɪd/ *v.* cười, chế giễu, chế
nhạo, nhạo báng

derisive /dɪ'raɪsɪv/ *adj.* chế giễu, chế
nhạo, nhạo báng

derivation /derɪ'veɪʃən/ *n.* sự rút ra; sự
bắt nguồn; từ nguyên

derive /dɪ'raɪv/ *v.* lấy/thu được [**from**
từ ...]; bắt nguồn, chuyển hóa [**from**
từ ...]: **The noun "goodness" is ~d
from the adjective "good."** Danh từ
"goodness" chuyển hoá từ tính từ
"good".

derogatory /dɪ'rɒgətərɪ/ *adj.* có ý
khinh/chê

desalination /ˌdɪːsælɪ'neɪʃən/ *n.* việc
làm mất chất muối trong nước biển

descend /dɪ'send/ *v.* xuống; tụt/rơi/
lặn xuống; tấn công; tự hạ mình

descendant /dɪ'sendənt/ *n.* con cháu,
người nối dõi

descent /dɪ'sent/ *n.* sự xuống; nguồn
gốc, gốc gác, dòng dõi: **an Ameri-
can of Vietnamese ~** một người Mỹ
gốc Việt

describe /dɪ'skraɪb/ *v.* tả, diễn tả, mô
tả, miêu tả: **I have asked her to ~
what she had seen.** Tôi vừa yêu câu
cô ấy mô tả lại những gì cô ta vừa
thấy.

description /dɪ'skrɪpʃən/ *n.* sự mô tả/
miêu tả; hạng, loại

desert /dɪ'zɜːt/ **1** *n.* sa mạc, hoang
mạc; nơi hoang vắng **2** *v.* bỏ đi, bỏ
trốn, đào ngũ; ruồng bỏ

deserted /dɪ'zɜːtɪd/ *adj.* hoang vắng;
bị bỏ mặc, bị bỏ rơi

deserter /dɪ'zɜːtə(r)/ *n.* lính đào ngũ;
kẻ bỏ trốn

deserve /dɪ'zɜːv/ *v.* đáng, xứng đáng
(được ...): **You ~ to receive that
award.** Bạn xứng đáng nhận giải
thưởng đó.

deserving /dɪ'zɜːvɪŋ/ *adj.* đáng khen,
đáng thưởng

design /dɪ'zaɪn/ **1** *n.* kiểu, mẫu, loại,
dạng; đồ án, đề cương, bản phác
thảo; cách trình bày/trang trí; ý
định, ý đồ, mưu đồ: **My friend
doesn't like this ~.** Bạn tôi không
thích kiểu nầy. **2** *v.* vẽ kiểu, thiết
kế, làm đồ án: **to ~ a building** vẽ
kiểu nhà lầu

designate /'desɪgnət/ **1** *v.* chỉ định,
định rõ; gọi tên **2** *adj.* được chỉ
định/bổ nhiệm: **a ~d minister** bộ
trưởng mới được chỉ định

designation /dezɪg'neɪʃən/ *n.* sự chỉ
định/chỉ rõ/gọi tên

desirable /dɪ'zaɪərəb(ə)l/ *adj.* đáng
thèm muốn/ao ước/khát khao

desire /dɪ'zaɪə(r)/ **1** *n.* sự thèm muốn;
dục vọng: **sexual ~** thèm muốn tình
dục **2** *v.* thèm muốn, mong muốn,
ao ước, mơ ước, khát khao: **I
strongly ~ to visit Tokyo.** Tôi thèm
qua thăm Tokyo lắm.

desist /dɪ'zɪst/ *v.* thôi, ngừng, nghỉ,
chừa

desk /desk/ *n.* bàn học, bàn viết, bàn làm việc, bàn giấy

desktop computer *n.* máy vi tính/ điện toán để bàn

desktop publishing *n.* (*abbr.* **DTP**) máy in loại nhỏ, máy vi tính dùng in sách báo

desolate /'desəleɪt/ *adj.* hoang vắng, hoang vu, tiêu điều; sầu não, thê lương

despair /dɪ'speə(r)/ *n., v.* (sự) tuyệt vọng/thất vọng

desperate /'despərət/ *adj.* tuyệt vọng; liều lĩnh, liều mạng: **a ~ situation** tình trạng tuyệt vọng

despicable /'despɪkəb(ə)l/ *adj.* đáng khinh, hèn hạ, đê tiện

despise /dɪ'spaɪz/ *v.* khinh, khinh bỉ, khinh miệt

despite /dɪ'spaɪt/ *prep.* mặc dầu, không kể, bất chấp: **~ initial failure** dù/tuy lúc đầu bị thất bại

despondent /dɪ'spɒndənt/ *adj.* nản lòng, ngã lòng, thoái chí; thất vọng, chán nản

despotism /'despətɪz(ə)m/ *n.* chế độ chuyên chế, bạo chính

dessert /dɪ'zɜ:t/ *n.* món/đồ tráng miệng, đồ ngọt: **What would you like for ~?** Bạn thích ăn tráng miệng món gì?

destabilize /,di:'steɪb(ə)laɪz/ *v.* làm giảm bớt quyền lực hay ảnh hưởng

destination /,destɪ'neɪʃən/ *n.* đích, nơi đi tới; nơi gởi tới

destined /'destɪnd/ *adj.* định, dự định; dành cho, để riêng cho: **~ to suc-ceed** chắc chắn sẽ thành công

destiny /'destɪnɪ/ *n.* số, vận, vận mệnh, định mạng, số phận

destitute /'destɪtju:t/ *adj.* nghèo túng, cơ cực; không có ...

destroy /dɪ'strɔɪ/ *v.* tàn phá, phá huỷ, phá hoại, huỷ diệt, tiêu diệt: **The storm has ~ed thousands of houses.** Trận bão đã tàn phá hàng ngàn ngôi nhà.

destruction /dɪ'strʌkʃən/ *n.* sự/cách phá hoại/huỷ diệt; tiêu cực, thiếu xây dựng

detach /dɪ'tætʃ/ *v.* gỡ ra, tháo ra, tách ra; biệt phái

detachable /dɪ'tætʃəb(ə)l/ *adj.* có thể tháo/gỡ/tách ra

detached /dɪ'tætʃt/ *adj.* xây chung tường; [thái độ] vô tư: **a ~ house** nhà xây chung tường

detail /dɪ'teɪl/ *n.* chi tiết, tiểu tiết; phân đội, chi độ

detailed /dɪ'teɪld/ *adj.* đầy đủ chi tiết: **a ~ resume** bản sơ yếu lý lịch chi tiết

detain /dɪ'teɪn/ *v.* giữ, lưu; giam giữ, bắt giữ, cầm tù

detainee /,dɪteɪ'ni:/ *n.* người bị giam giữ, người bị cầm tù

detect /dɪ'tekt/ *v.* dò ra, tìm ra, khám phá/phát hiện ra: **to ~ someone doing something** khám phá người nào làm việc gì

detective /dɪ'tektɪv/ *n.* thám tử, trinh thám

détente /deɪtɒnt/ *n.* tình hình hoà dịu bớt căng thẳng

detention /dɪ'tenʃən/ *n.* sự giam cầm: **~ center** trại giam

deter /dɪ'tɜ:(r)/ *v.* ngăn cản, ngăn chặn, cản trở

detergent /dɪ'tɜ:dʒənt/ *n.* xà phòng nước, thuốc nước tẩy

deterioration /dɪ,tɪərɪə'reɪʃən/ *n.* sự trở nên tồi tệ hơn trước

determine /dɪ'tɜ:mɪn/ *v.* quyết định, định đoạt; làm cho quyết định: **What you are doing now will ~ your career.** Những gì bạn đang làm bây giờ sẽ quyết định sự nghiệp của bạn.

deterrent /dɪ'terənt/ *n., adj.* (cái/điều) ngăn cản, ngăn chặn

detest /dɪ'test/ *v.* ghét, ghét cay ghét đắng, ghê tởm

detestable /dɪ'testəb(ə)l/ *adj.* đáng ghét, đáng ghê tởm

dethrone /dɪ'θrəʊn/ *v.* truất ngôi, phế truất, hạ bệ

detonate /'detəneɪt/ *v.* làm nổ: **The bombs suddenly ~d in the market**

square. Bom thình lình nổ trong khu chợ.

detour /dɪˈtʊə(r)/ *n.* đường vòng tạm thời: **He couldn't take the direct route to his home, so he made a ~ around the city.** Ông ấy không thể đi thẳng về nhà mà phải đi đường vòng.

detriment /ˈdetrɪmənt/ *n.* sự thiệt hại: **to the ~ of** có hại cho; **to your ~** có hại cho anh

deuce /djuːs/ **1** *n.* hai, mặt/quân/cây nhị **2** *n.* tỷ số 40 đều (quần vợt)

devaluation /diːˌvæljuːˈeɪʃən/ *n.* sự phá giá, sự mất giá: **The ~ of dollars caused an economic recession.** Sự phá giá đồng đô la đã tạo nên khủng hoảng kinh tế.

devastate /ˈdevəsteɪt/ *v.* tàn phá, phá hủy

devastation /ˌdevəˈsteɪʃən/ *n.* sự thiệt hại nghiêm trọng

develop /dɪˈveləp/ **1** *v.* mở mang, phát triển: **to ~ industry** khuếch trương công nghiệp/kỹ nghệ **2** *v.* rửa [phim ảnh] **3** *v.* khai thác [tài nguyên]; tự nhiên có [bệnh tật]; trình bày, triển khai [đề tài]: **Let's wait and see what will ~.** Chúng ta hãy đợi xem sẽ xảy ra chuyện gì.

development /dɪˈveləpmənt/ *n.* sự phát triển/phát đạt; sự rửa ảnh, sự hiện ảnh; sự khai triển; sự diễn biến: **A country's economic ~ depends on its policies and planning.** Sự phát triển kinh tế của một quốc gia tuỳ thuộc vào kế hoạch và chính sách.

deviate /ˈdiːvɪeɪt/ *v.* đị trệch/lệch, đi sai đường

device /dɪˈvaɪs/ *n.* máy móc, dụng cụ, thiết bị; phương sách, phương kế, mưu chước; thủ đoạn

devious /ˈdiːvɪəs/ *adj.* quanh co, vòng vèo; loanh quanh, không ngay thẳng, thiếu thành thật

devise /dɪˈvaɪz/ *v.* nghĩ ra, đặt [kế hoạch], bày [mưu]

devoid /dɪˈvɔɪd/ *adj.* không có [~ of] ...

devote /dɪˈvəʊt/ *v.* dành hết cho; hiến dâng: **to ~ oneself to** hiến thân mình cho ...

devotee /ˌdevəʊˈtiː/ *n.* người sùng đạo; người hâm mộ/say mê

devotion /dɪˈvəʊʃən/ *n.* sự hết lòng, sự tận tụy; sự hiến dâng

devour /dɪˈvaʊə(r)/ *v.* ăn ngấu nghiến; đọc ngấu nghiến; [đám cháy] thiêu hủy

devout /dɪˈvaʊt/ *adj.* sùng đạo, mộ đạo; chân thành

dew /djuː/ *n.* móc, sương: **morning ~** sương mai

dewy /ˈdjuːɪ/ *adj.* đẫm sương, ướt sương

dexterity /dekˈsterɪtɪ/ *n.* sự khéo tay, tài khéo léo

dexterous /ˈdekstərəs/ *adj.* khéo tay, khéo léo, giỏi

dhoti /ˈdəʊtɪ/ *n.* khăn đội đầu của người Hindu

diabetes /ˌdaɪəˈbiːtiːz/ *n.* bệnh đái đường, bệnh đường niệu

diacritic /ˌdaɪəˈkrɪtɪk/ *n.* dấu để trên các mẫu tự để thay đổi phát âm và ý nghĩa (sắc, huyền, nặng ...)

diadem /ˈdaɪədem/ *n.* mũ miện, mũ vua, vương miện

diagnose /ˌdaɪəɡˈnəʊz/ *v.* chẩn đoán

diagnosis /ˌdaɪəɡˈnəʊsɪs/ *n.* phép/sự chẩn đóan

diagonal /daɪˈæɡənəl/ *n., adj.* (đường) chéo

diagram /ˈdaɪəɡræm/ *n.* biểu đồ: **He used a ~ to explain the production plans of his company.** Ông ấy dùng biểu đồ để giải thích kế hoạch sản xuất của công ty.

dial /ˈdaɪəl/ **1** *n.* mặt [đồng hồ, công tơ, máy thu thanh]; đĩa số [máy điện thoại]: **sun ~** nhật quỹ **2** *v.* quay số, bấm số [dây nói]: **to ~ the telephone** quay điện thoại số

dialect /ˈdaɪəlekt/ *n.* tiếng địa phương, phương ngôn/ngữ, thổ ngữ

dialectic /ˌdaɪəˈlektɪk/ *n., adj.* (thuộc) biện chứng

dialog(ue) /'daɪəlɒg/ *n.* cuộc đối thoại; bài đàm thoại

dial tone *n.* tiếng reo trong máy điện thoại cho biết có thể gọi được

diameter /daɪ'æmɪtə(r)/ *n.* đường kính

diamond /'daɪəmənd/ *n.* kim cương, hột xoàn, hình thoi; cây bài rô

diaper /'daɪəpə(r)/ *n.* tã lót: **disposable** ~ tã dùng xong vứt đi

diaphragm /'daɪəfræm/ *n.* cơ hoàn; vòng ngăn thụ thai

diarrhea /daɪə'riːə/ *n.* [*Br.* **diarrhoea**] bệnh ỉa chảy, chứng tháo dạ

diary /'daɪərɪ/ *n.* nhật ký: **to write in one's** ~ viết nhật ký

dice /daɪs/ **1** *n.* (*pl.* **die**) những con súc sắc **2** *v.* chơi súc sắc; thái hạt lựu

dictaphone /'dɪktəfəʊn/ *n.* máy ghi tiếng [cho thư ký nghe sau]

dictate /'dɪkteɪt/ **1** *n.* mệnh lệnh: **the ~s of conscience** tiếng gọi của lương tâm **2** *v.* đọc cho viết, đọc ám tả, đọc chính tả

dictator /dɪk'teɪtə(r)/ *n.* kẻ/tên độc tài

dictatorship /dɪk'teɪtəʃɪp/ *n.* chế độ độc tài; nền chuyên chính

diction /'dɪkʃən/ *n.* cách phát âm, cách chọn từ

dictionary /'dɪkʃənərɪ/ *n.* từ điển, tự điển: **This is the latest English-Vietnamese ~.** Đây là cuốn từ điển Anh-Việt mới nhất.

did /dɪd/ quá khứ của **do**

didn't /'dɪdnt/ *v.* = **did not**

die /daɪ/ *v.* chết; thèm muốn chết đi được: **to** ~ **of illness** chết bệnh; **to** ~ **in action/battle** tử trận, chết trận; **to ~ away** chết dần chết mòn; tàn tạ, mất dần, tắt dần; **to ~ down** chết dần chết mòn, tàn lụi, bặt đi, nguôi đi; **to ~ out** mai một; [lửa] tắt ngấm; **My father ~d in 1960.** Cha tôi mất năm 1960.; Cụ ấy từ trần hồi 1960.

diesel /'diːzəl/ *n.* động cơ điê-zen/dầu cặn: **a ~ engine** máy chạy bằng dầu cặn

diet /'daɪət/ **1** *n.* chế độ ăn kiêng: **to be on a** ~ ăn chay **2** *n.* nghị viện,

quốc hội [Nhật Bản] **3** *v.* ăn kiêng/chay

dietician, dietitian /ˌdaɪə'tetɪʃən/ *n.* chuyên viên cố vấn về thực phẩm ăn uống

differ /'dɪfə(r)/ *v.* không đồng ý/tán thành; khác [**from** với]

difference /'dɪfərəns/ *n.* sự khác nhau, sự khác biệt, sự chênh lệch, điểm dị biệt/dị đồng; sự bất đồng; mối bất hoà, điểm tranh chấp

different /'dɪfərənt/ *adj.* khác: ~ **from** với; khác nhau; tạp, nhiều: **on ~ occasions** nhiều lần/phen

difficult /'dɪfɪkəlt/ *adj.* khó, khó khăn, gay go; khó tính: **That is a ~ matter.** Đó là vấn đề khó khăn.

difficulty /'dɪfɪkəltɪ/ *n.* sự/nỗi khó khăn; cảnh túng bấn: **If you have any ~ please tell me.** Nếu bạn gặp khó khăn hãy cho tôi biết.

diffident /'dɪfɪdənt/ *adj.* thiếu tự tin, nhát, rụt rè

diffuse /dɪ'fjuːs/ **1** *adj.* khuếch tán; rườm rà **2** *v.* truyền, đồn, truyền bá; lan tràn

dig /dɪg/ **1** *n.* sự đào bới; cái hích/thúc; sự khai quật **2** *v.* [**dug**] đào, bới, cuốc, xới; hích, thúc: **to ~ out** đào ra, moi ra, tìm ra; **to ~ up** đào lên, bới lên

digest /'daɪdʒest/ **1** *n.* sách tóm tắt, toát yếu **2** *v.* tiêu hoá [đồ ăn]; hiểu, tiêu, lĩnh hội

digit /'dɪdʒɪt/ *n.* con số; ngón tay, ngón chân

digital /'dɪdʒɪtəl/ *adj.* thuộc con số điện tử, thuộc ngón tay, ngón chân: ~ **camera** máy chụp hình điện tử; ~ **recording** ghi âm/thu hình bằng điện tử

digitize, digitalize /'dɪdʒɪtaɪz, 'dɪdʒɪtəlaɪz/ *v.* chuyển hoá trữ liệu vào máy vi tính

dignitary /'dɪgnɪt(ə)rɪ/ *n.* chức sắc; nhân vật quan trọng

dignity /'dɪgnɪtɪ/ *n.* phẩm giá, phẩm cách; vẻ trang nghiêm, vẻ đàng

hoàng; chức vị/chức tước cao:
beneath one's ~ dưới sự thẩm định
của ai

digress /dɪˈgres/ v. ra ngoài đề, lạc đề

dike /daɪk/ n. con đê; bờ ruộng đắp
cao

dilapidated /dɪˈlæpɪdeɪtɪd/ adj. đổ nát,
hư nát, xiêu vẹo, ọp ẹp

dilate /daɪˈleɪt/ v. (làm) nở/giãn ra,
(làm) trương lên: **The doctor ~ her
eyes with special eye drops.** Bác sĩ
làm nở đôi mắt cô ta bằng thuốc
nhỏ mắt.

dilemma /dɪˈlemə/ n. tình trạng khó xử
(tiến thoái lưỡng nan, tiến lui đều
khó)

diligence /ˈdɪlɪdʒəns/ n. sự siêng năng/
chuyên cần

diligent /ˈdɪlɪdʒənt/ adj. siêng năng,
chuyên cần, cần cù: **We should give
a bonus to our ~ workers.** Chúng ta
nên cho tiền thưởng đối với những
công nhân siêng năng.

dilly-dally /ˈdɪlɪdælɪ/ v. lưỡng lự, do dự,
trù trừ; la cà, đủng đa đủng đỉnh

dilute /daɪˈl(j)uːt/ v., adj. pha loãng,
pha thêm nước cho đỡ đặc; loãng

dim /dɪm/ **1** adj. mờ, lờ mờ; không rõ
ràng/rõ rệt: **to take a ~ view of** tỏ vẻ
bi quan về ... **2** v. (làm) mờ

dime /daɪm/ n. một hào, một cắc: ~
store hiệu tạp hóa bán đồ rẻ (trước
kia chỉ năm xu một hào)

dimension /dɪˈmenʃən/ n. chiều, kích
thước, cỡ, khổ: **You need accurate
~s of the machine before you place
it in that small space.** Bạn cần kích
thước chính xác của máy để xem
có thể để được không.

diminish /dɪˈmɪnɪʃ/ v. bớt, giảm, hạ,
giảm bớt/thiểu

diminutive /dɪˈmɪnjʊtɪv/ adj. bé tí, nhỏ
xíu; giảm nhẹ nghĩa: **For a ~ per-
son, she has an extraordinarily pow-
erful voice.** Đối với một người nhỏ
bé, bà ta có tiếng nói quan trọng.

dimple /ˈdɪmp(ə)l/ n., v. lúm đồng tiền:
~ **on the cheeks** má lúm đồng tiền

dim sum /ˌdɪmˈsʌm/ n. uống trà, ăn
sáng: **I would like to invite you to
have ~ with me.** Mời bạn đi ăn sáng
với tôi.

din /dɪn/ n. tiếng ầm ĩ, tiếng inh tai
nhức óc

dine /daɪn/ v. ăn cơm (tối); thết cơm
[ai]: **to ~ out** ăn cơm khách, ăn
hiệu, ăn ngoài

dingy /ˈdɪndʒɪ/ adj. xỉn, xám xịt; dơ
dáy, cáu bẩn, dơ bẩn: **She has a ~
little room for a home.** Bà chỉ có
một phòng nhỏ để ở.

dining room n. phòng ăn [ở nhà tư,
nhà trọ]: **The formal ~ is separated
from the kitchen.** Phòng ăn tách
riêng khỏi nhà bếp.

dinkie, dinky /ˈdɪŋkɪ/ adj., abbr.
(= **Double Income, No Kids**) xinh
xắn, dễ thương

dinner /ˈdɪnə(r)/ n. bữa cơm tối (hàng
ngày); bữa tiệc tối: **to invite some-
one for ~** mời ai ăn cơm tối; ~ **time**
giờ ăn cơm tối; ~ **ware** đĩa bát để
ăn cơm tối; ~ **dance** tiệc tối có
nhảy đầm

dinosaur /ˈdaɪnəsɔː(r)/ n. khủng long

dint /dɪnt/ n. vết đòn, vết đánh: **by ~
of** vì ... mãi mà, do ... mãi mà

diocese /ˈdaɪəsɪs/ n. giáo phận, giáo
khu

dip /dɪp/ **1** n. sự nhúng; sự tắm biển;
chỗ trũng/lún: **This ~ is good.** Đồ
chấm này. [nước chấm, chất nhão
như mắm, để nhúng bánh hoặc lát
khoai tây] ngon lắm; **to take a ~**
tắm một cái [biển, hồ bơi]; **magnet-
ic ~** độ từ khuynh **2** v. nhúng,
ngâm, nhận vào, múc; hạ [cờ]
xuống rồi kéo lên ngay

diphthong /ˈdɪfθɒŋ/ n. nguyên âm
đôi, nhị trùng âm

diploma /dɪˈpləʊmə/ n. bằng, văn
bằng, bằng cấp, chứng chỉ: **He has
graduated with a ~ in interpreting
and translating.** Ông ấy tốt nghiệp
bằng phiên dịch và thông dịch.

diplomatic /ˌdɪpləʊˈmætɪk/ adj. ngoại

giao: ~ **corps** ngoại giao đoàn, đoàn ngoại giao; ~ **immunity** quyền bất khả xâm phạm dành cho nhân viện ngoại giao; ~ **relations** quan hệ ngoại giao; **He's very ~.** Ông ta nói khéo lắm.

dipstick /'dɪpstɪk/ *n.* cây sắt để đo xăng dầu trong xe

dire /daɪə(r)/ *adj.* kinh khủng, tàn khốc, thảm khốc: ~ **consequences** hệ quả thảm khốc; **in ~ straits** trong hoàn cảnh rất khó khăn

direct /dɪ'rekt/ **1** *adj.* thẳng, ngay, trực tiếp: ~ **access** việc có thể lấy ngay trử liệu trong máy vi tính; ~ **dialing** quay điện thoại trực tiếp (không qua tổng đài) **2** *adj.* thẳng thắn, rõ ràng, rành mạchl [bổ ngữ **object**] trực tiếp: **to be in ~ communication with** liên lạc trực tiếp với **3** *v.* cai quản, chỉ huy, điều khiển; chỉ đường, chỉ dẫn, hướng dẫn, chi phối, chỉ đạo; bảo, ra lệnh, chỉ thị; gửi cho, nói với: **to ~ to** nhằm/ hướng về

direction /dɪ'rekʃən/ *n.* phương hướng, chiều, phía, ngả, mặt; sự chỉ huy/ điều khiển; ban giám đốc/ giám hiệu; ~**s** lời chỉ/hướng dẫn (cách dùng, cách đi)

director /dɪ'rektə(r)/ *n.* giám đốc; người điều khiển; đạo diễn: **the board of ~s** ban giám đốc

directory /dɪ'rektərɪ/ *n.* sách chỉ dẫn; niêm giám (điện thoại): **I couldn't find her name in the telephone ~.** Tôi không tìm thấy tên cô ấy trong niên giám điện thoại.

dirt /dɜːt/ *n.* đất, ghét, bùn nhão; vật rác rưởi, vật vô giá trị; lời nói tục tĩu: ~ **cheap** rẻ như bùn; ~ **poor** rất nghèo; ~ **track** đường đất xấu

dirty /'dɜːtɪ/ **1** *adj.* bẩn thỉu, dơ bẩn, dơ dáy; cáu ghét; tục tĩu; đê tiện, hèn hạ; [của **money**] phi nghĩa: ~ **old man** người dâm dục; ~ **trick** mánh khoé bẩn thỉu **2** *v.* làm vẫn/ dơ, làm ô [danh]

disable /dɪs'eɪb(ə)l/ *v.* làm tàn tật/què quặt; làm cho mất khả năng làm việc

disabled /dɪs'eɪb(ə)ld/ *adj.* tàn tật, không có khả năng làm việc: ~ **cars** những chiếc xe hỏng; ~ **veteran** thương binh

disadvantage /dɪsæd'vɑːntɪdʒ/ *n.* thế bất lợi; sự thiệt hại

disagree /dɪsə'griː/ *v.* không đồng ý, bất đồng; không hợp; không giống, không khớp (nhau): **Every one ~s with him.** Mọi người đều không đồng ý với ông ấy.

disagreement /dɪsə'griːmənt/ *n.* sự bất đồng/bất hoà/không ăn khớp

disallow /dɪsə'laʊ/ *v.* không được chấp nhận

disappear /dɪsə'pɪə(r)/ *v.* biến đi/mất: **He ~ed in a minute.** Ông ấy biến mất trong giây lát.

disappoint /dɪsə'pɔɪnt/ *v.* làm thất vọng; làm hỏng/thất bại: **His son ~ed his wife.** Con ông ấy đã làm thất vọng vợ ông ta.

disapprove /dɪsə'pruːv/ *v.* không tán thành, phản đối, chê

disarm /dɪs'ɑːm/ *v.* tước vũ khí/khí giới; làm hết giận; tài giảm binh bị, giải trừ quân bị

disarming /dɪs'ɑːmɪŋ/ *adj.* làm giảm bớt giận: **a ~ smile** nụ cười làm bớt giận

disarray /dɪsə'reɪ/ *n.* sự lộn xộn/hỗn loạn, sự xáo trộn: **The sudden bombing of the rail station caused everyone to scamper in ~.** Bỗng nhiên bom nổ ở ga xe lửa làm mọi người hỗn loạn.

disassemble /dɪsə'sembl/ *v.* tháo rời từng bộ phận

disaster /dɪ'zɑːstə(r)/ *n.* tai hoạ, tai ách, thảm hoạ, tai ương: **So many natural ~s happened in the last two years.** Có quá nhiều thiên tai trong hai năm qua.

disastrous /dɪ'zɑːstrəs/ *adj.* tai hại, thảm khốc: ~ **defeat** sự thất bại thảm bại

disavow /dɪsə'vaʊ/ v. chối, không nhận; từ bỏ

disband /dɪs'bænd/ v. giải tán [đám đông]; chạy tán loạn

disbelief /dɪsbɪ'li:f/ n. sự không tin

disburse /dɪs'bɜ:s/ v. xuất tiền, trả tiền, chi tiền

disc /dɪsk/ n. xem **disk**

discard /dɪ'skɑ:d/ v. bỏ, vứt bỏ, loại

discern /dɪ'zɜ:n/ v. thấy rõ, nhận thức rõ ràng

discerning /dɪ'zɜ:nɪŋ/ adj. không thể phán đoán đúng sai được

discharge /dɪs'tʃɑ:dʒ/ **1** n. sự nổ/phóng/bắn; sự giải ngũ; sự dỡ **2** v. nổ, phóng, bắn; đuổi, thải hồi; thả, buông tha, giải ngũ; dỡ hàng; làm xong, hoàn thành [nhiệm vụ **responsibility**]: **He may be ~d today.** Ông ấy rời bệnh viện ngày hôm nay.

disciple /dɪ'saɪp(ə)l/ n. học trò, môn đồ/đệ/sinh; tông đồ

disciplinarian /ˌdɪsəplɪ'neərɪən/ n. người thi hành kỷ luật nghiêm khắc

discipline /'dɪsəplɪn/ **1** n. kỷ luật: **to keep under strict ~** giữ kỷ luật nghiêm ngặt **2** n. môn học, bộ môn: **This university offers a wide range of ~s.** Đại học nầy mở nhiều môn học. **3** v. khép vào kỷ luật; trừng phạt, trừng trị

disclaimer /dɪ'skleɪm/ n. lời từ chối trách nhiệm

disclose /dɪs'kləʊz/ v. vạch ra, tiết lộ, thấu lộ, để lộ ra: **This information is not to be ~d to the public.** Những thông tin nầy không được tiết lộ ra công chúng.

disco /'dɪskəʊ/ n. nơi nhảy dùng nhạc giật gân

discomfort /dɪs'kʌmfət/ n. sự khó chịu; sự băn khoăn/bứt rứt

disconcerted /ˌdɪskən'sɜ:tɪd/ adj. bối rối, lúng túng luống cuống: **She was ~ to know that her life story became everyone's talking point.** Cô ấy bối rối được biết rằng chuyện đời của cô ta trở nên chuyện mọi người

bàn tán.

disconnect /dɪskə'nekt/ v. tháo rời ra, phân cách ra; ngắt

discontent /dɪskən'tent/ n. sự không hài lòng, bất mãn

discontented /ˌdɪskən'tentɪd/ adj. không hài lòng, bất mãn

discontinue /dɪskən'tɪnju:/ v. bỏ, thôi, ngừng, đình chỉ: **These products are ~d.** Những sản phẩm nầy không còn sản xuất nữa.

discord /'dɪskɔ:d/ n. mối bất hoà, sự xích mích

discount /'dɪskaʊnt/ **1** n. sự giảm/bớt; tiền bớt/trừ/chiết khấu: **I got a 15 percent ~.** Tôi được bớt 15%. **2** v. giảm bớt, giảm giá: **to ~ half of what's written in the gossip columns** bớt đi một nửa những gì đã viết ra trong mục đồn đãi

discourse /dɪ'skɔ:s/ n. cuộc nói chuyện; bài thuyết trình

discover /dɪ'skʌvə(r)/ v. tìm ra, khám phá ra, phát hiện ra: **It was ~ed that our files were missing.** Vừa khám phá ra rằng hồ sơ của chúng tôi bị thất lạc.

discovery /dɪ'skʌvərɪ/ n. việc/điều tìm ra; phát minh

discredit /dɪs'kredɪt/ **1** n. sự mang tai tiếng; sự nghi ngờ **2** v. làm mang tai tiếng; làm mất tín nhiệm

discreet /dɪ'skri:t/ adj. kín đáo, dè dặt, thận trọng

discrepancy /dɪ'skrepənsɪ/ n. sự không nhất trí, sự trái ngược

discretion /dɪ'skreʃən/ n. sự tự do làm theo ý mình; sự suy xét/khôn ngoan/thận trọng

discriminate /dɪ'skrɪmɪnət/ v. phân biệt, tách bạch; đối xử phân biệt, kỳ thị: **to ~ against somebody** phân biệt đối xử với ai

discus /'dɪskəs/ n. đĩa: **~ throw** môn ném đĩa

discuss /dɪ'skʌs/ v. bàn, bàn cãi, thảo luận, tranh luận: **I will ~ this issue with my colleagues.** Tôi sẽ thảo luận vấn đề nầy với các đồng nghiệp của tôi.

disdain /dɪsˈdeɪn/ **1** *n.* sự khinh; thái độ khinh người; thái độ làm cao **2** *v.* khinh, khinh thị; không thèm

disease /dɪˈziːz/ *n.* bệnh, bệnh tật; tệ nạn, tệ đoan: **to prevent any bird flu ~ from spreading** tránh bệnh dịch cúm gia cầm

diseased /dɪˈziːzd/ *adj.* bệnh tật, đau ốm, bệnh hoạn, hư: **Her ~ eye caused the old widow much suffering.** Bệnh đau mắt của bà ta tạo đau khổ cho đời sống goá bụa.

disembark /dɪsɪmˈbɑːk/ *v.* (cho) lên bờ/bộ

disengage /dɪsɪnˈgeɪdʒ/ *v.* tháo ra, thả ra, buông ra, thoát

disequilibrium /dɪsˌiːkwɪˈlɪbrɪəm/ *n.* sự mất thăng bằng, việc mất can bằng

disfavor /dɪsˈfeɪv(ə)r/ **1** *n.* sự ghét bỏ, việc không thích **2** *v.* không thích, không chấp thuận

disfigure /dɪsˈfɪgjʊə(r)/ *v.* làm xấu xí mặt mày, làm méo mó

disgrace /dɪsˈgreɪs/ **1** *n.* sự nhục nhã/ hổ thẹn; sự thất sủng **2** *v.* ruồng bỏ/ghét bỏ; giáng chức/cách chức; làm nhục nhã

disgraceful /dɪsˈgreɪsfəl/ *adj.* ô nhục, nhục nhã, hổ thẹn

disguise /dɪsˈgaɪz/ **1** *n.* sự cải trang/ trá hình; sự che đậy **2** *v.* cải trang, trá hình; che đậy, che giấu

disgust /dɪsˈgʌst/ **1** *n.* sự ghê tởm/ chán ghét: **To his ~, the beggar started eating the leftover foods on the table.** Ông ta ghê tởm bởi người ăn mày ăn thức ăn còn lại trên bàn **2** *v.* làm ghê tởm.

dish /dɪʃ/ **1** *n.* đĩa; món ăn: **to wash the ~es** rửa bát, rửa chén bát; **tasty ~** món ngon **2** *v.* dọn thức ăn vào đĩa; đánh bại được

disharmony /dɪsˈhɑːməni/ *n.* sự không hoà hợp: **Racial ~ is a serious problem in any society.** Sự không hoà hợp chủng tộc là một vấn nạn nghiêm trọng trong bất cứ xã hội nào.

disheveled /dɪˈʃevəld/ *adj.* đầu bù tóc rối

dishonest /dɪsˈɒnɪst/ *adj.* không lương thiện, bất lương, không thành thật, không tin cậy, không bảo chứng: **a ~ man** tấm ngân phiếu không tiền bảo chứng

dishonor /dɪsˈɒnə(r)/ **1** *n.* sự mất danh dự **2** *v.* làm nhục, hổ thẹn

disillusion /dɪsɪˈl(j)uːʒən/ **1** *n.* sự vỡ mộng **2** *v.* làm vỡ mộng

disillusioned /dɪsɪˈl(j)uːʒənd/ *adj.* vỡ mộng, tan ảo tưởng

disincentive /dɪsɪnˈsentɪv/ *n.* việc không khuyến khích cho lợi nhuận

disinfect /dɪsɪnˈfekt/ *v.* tẩy uế

disinherit /dɪsɪnˈherɪt/ *v.* tước quyền thừa kế/hưởng gia tài

disintegration /dɪsˌɪntɪˈgreɪʃn/ *n.* sự tan rã; sự phân huỷ

disinterested /dɪsˈɪntrəstɪd/ *adj.* không vụ lợi, vô tư; hờ hững

disjointed /dɪsˈdʒɔɪntɪd/ *adj.* bị tháo rời; rời rạc: **Her ~ statements caused us to suspect her state of mind.** Lời nói rời rạc của bà ta làm cho chúng tôi nghi ngờ tình trạng tâm thần của bà ta.

disk /dɪsk/ *n.* đĩa (ném); đĩa hát; vật hình đĩa: **~ drive** học đựng đĩa ở máy vi tính

dislike /dɪsˈlaɪk/ **1** *n.* sự ghét **2** *v.* không ưa/thích, ghét

dislocate /ˈdɪsləkeɪt/ *v.* làm trật khớp; đổi chỗ, dời chỗ

dislodge /dɪsˈlɒdʒ/ *v.* đuổi ra khỏi; đánh bật ra

disloyal /dɪsˈlɔɪəl/ *adj.* không trung thành, phản bội

dismal /ˈdɪzməl/ *adj.* buồn thảm, u sầu, ảm đạm, tối tăm

dismantle /dɪsˈmænt(ə)l/ *v.* tháo dỡ; phá hủy

dismay /dɪsˈmeɪ/ *n., v.* sự/làm mất tinh thần/can đảm

dismiss /dɪsˈmɪs/ *v.* giải tán, cho đi; đuổi, sa thải, thải hồi; gạt bỏ, xua đuổi [ý nghĩ]: **We should ~ all his allegations.** Chúng ta nên gạt bỏ tất cả những lời đồn đãi của ông ấy.

dismount /dɪs'maʊnt/ v. xuống ngựa/ xe; tháo dỡ

disobedience /dɪsəʊ'bi:dɪəns/ n. sự không tuân lệnh

disobey /dɪsəʊ'beɪ/ v. không vâng lời, không tuân lệnh: **A naughty child often ~s his parents.** Đứa con ngỗ nghịch thường không vâng lời cha mẹ.

disorder /dɪs'ɔ:də(r)/ n. sự mất trật tự, sự bừa bãi; sự hỗn/rối loạn

disorderly /dɪs'ɔ:dəlɪ/ adj. bừa bãi, lộn xộn; hỗn loạn, rối loạn: **~ conduct** hành vi gây náo loạn

disorganized /dɪs'ɔ:gənaɪzd/ adj. lung tung, vô tổ chức, loạn

disown /dɪs'əʊn/ v. không công nhận/ thừa nhận; từ (bỏ)

disparate /'dɪspərət/ adj. khác nhau, táp nham

disparity /dɪ'spærɪtɪ/ n. sự chênh lệch/ cách biệt

dispatch /dɪ'spætʃ/ **1** n. bản thông báo, bản tin; sự làm gấp, sự giải quyết nhanh **2** v. gửi/sai đi; giải quyết nhanh gọn

dispel /dɪ'spel/ v. xua đuổi, xua tan

dispensary /dɪ'spensərɪ/ n. trạm/phòng phát thuốc

dispense /dɪ'spens/ v. phát, phân phát/phối; miễn trừ: **to ~ words of encouragement** phát biểu lời khuyến khích

disperse /dɪ'spɜ:s/ v. giải tán, phân tán; xua tan

dispirited /dɪ'spɪrɪtɪd/ adj. bị mất tinh thần, bị mất cảm xúc

displace /dɪs'pleɪs/ v. đổi chỗ, dời chỗ

display /dɪ'spleɪ/ **1** n. sự phô bày; đồ triển lãm **2** v. bày ra, trưng bày; bày tỏ, biểu lộ

displeasure /dɪs'pleʒ(j)ʊə(r)/ n. sự tức giận; điều bất mãn

disposable /dɪs'pəʊzəb(ə)l/ adj. dùng xong vứt đi, dùng một lần: **~**

income tiền lương có được sau khi trừ thuế

dispose /dɪ'spəʊz/ v. dùng, tuỳ ý sử dụng: **to ~ of something** khử vật gì, thủ tiêu ai; **favorably ~d towards someone** có thiện cảm đối với ai

disposition /dɪspə'zɪʃ(ə)n/ n. tính tình, tâm tính, tính khí; sự sắp đặt/sắp xếp/bố trí; khuynh hướng, thiên hướng

dispossess /dɪspə'zes/ v. tước/lấy mất (quyền sở hữu)

disproportionate /dɪsprə'pɔ:ʃənət/ adj. thiếu cân đối

disprove /dɪs'pru:v/ v. bác bỏ, chứng minh là sai

disputable /dɪs'pju:təbl/ adj. làm mang tai mang tiếng, làm ô danh

dispute /dɪ'spju:t/ **1** n. cuộc bàn cãi/ tranh luận; sự tranh chấp: **The matter is under ~.** Vấn đề đang còn bàn cãi. **2** v. bàn cãi, tranh luận; tranh nhau, tranh chấp: **to ~ about a subject** bàn cãi một vấn đề

disqualify /dɪs'kwɒlɪfaɪ/ v. loại ra không cho thi/tham dự, không đủ tiêu chuẩn

disregard /dɪsrɪ'gɑ:d/ n., v. (sự) không để ý, (sự) coi thường

disrepair /dɪsrɪ'peə(r)/ n. tình trạng hư hỏng/ọp ẹp

disrepute /dɪsrɪ'pju:t/ n. tiếng xấu, sự mang tai tiếng

disrespectful /dɪsrɪ'spektfəl/ adj. vô lễ, thiếu tôn kính

disrupt /dɪs'rʌpt/ v. đập/phá vỡ; gây rối, phá đám

dissatisfied /dɪs'sætɪsfaɪd/ adj. không vừa lòng, bất mãn: **Almost all the tourists are ~ with the accommodation arrangements.** Hầu hết du khách đều không vừa lòng nơi ăn chốn ở.

dissect /dɪ'sekt/ v. mổ xẻ, giải phẫu; mổ xẻ, phân tích

disseminate /dɪ'semɪneɪt/ v. phổ biến, quảng bá, truyền bá: **to ~ information** phổ biến tin tức

dissension /dɪ'senʃən/ *n.* sự chia rẽ, mối bất đồng: **Dissension within the party caused the members to fight with one another.** Sự chia rẽ trong nội bộ đảng đã tạo cho các đăng viên đấu đá lẫn nhau.

dissent /dɪ'sent/ **1** *n.* sự bất đồng **2** *v.* bất đồng ý kiến/quan điểm; không quy phục

dissertation /dɪsə'teɪʃən/ *n.* luận văn, luận án tiến sĩ: **He has submitted his Doctor of Philosophy ~.** Ông ấy vừa nộp luận án tiến sĩ.

dissipate /'dɪsɪpeɪt/ *v.* xua tan, làm tiêu tan; phung phí; uổng phí, chơi bời phóng đãng

dissociate /dɪ'səʊʃɪeɪt/ *v.* tách ra khỏi

dissolute /'dɪsəl(j)uːt/ *adj.* chơi bời phóng đãng: **a ~ lifestyle** một cuộc sống chơi bời phóng đãng

dissolve /dɪ'zɒlv/ **1** *v.* hoà tan, làm tan ra: **to ~ sugar in a little boiled water** hoà tan đường vào trong một ít nước sôi **2** *v.* giải tán/thể; hủy bỏ: **The director ~s the management committee.** Giám đốc đã giải thể ban quản trị.

dissuade /dɪ'sweɪd/ *v.* khuyên can, khuyên ngăn, can ngăn

distance /'dɪstəns/ **1** *n.* khoảng cách, tầm xa; quãng đường: **in the ~** ở đằng xa; **from the ~** từ đằng xa

distant /'dɪstənt/ *adj.* xa, xa cách; [họ] xa; lạnh nhạt: **~ relative** bà con xa

distasteful /dɪs'teɪstfʊl/ *adj.* đáng ghét, ghê tởm

distend /dɪ'stend/ *v.* làm sưng to; làm căng phồng

distill /dɪ'stɪl/ *v.* cất, chưng, lọc

distillation /dɪstɪ'leɪʃən/ *n.* sự chưng cất; sản phẩm cất được

distinct /dɪ'stɪŋkt/ *adj.* riêng biệt, khác biệt rõ ràng, rõ rệt, dứt khoát

distinction /dɪ'stɪŋkʃən/ *n.* sự/điều phân biệt; sự lỗi lạc/ưu tú

distinctive /dɪ'stɪŋktɪv/ *adj.* đặc biệt, đặc thù

distinguish /dɪ'stɪŋgwɪʃ/ *v.* phân biệt, biện biệt; nhận ra: **to ~ oneself** tự làm nổi bật (cho người ta chú ý)

distinguished /dɪ'stɪŋgwɪʃt/ *adj.* xuất sắc, lỗi lạc, ưu tú; có vẻ sang trọng, trông lịch sự, trông đạo mạo: **Ladies and gentlemen, ~ guests!** Kính thưa quí vị quan khách!

distort /dɪ'stɔːt/ *v.* bóp méo, xuyên tạc

distraction /dɪ'strækʃən/ *n.* sự không hấp dẫn/hứng thú

distraught /dɪ'strɔːt/ *adj.* quẫn trí, mất trí, điên cuồng

distress /dɪ'stres/ **1** *n.* nỗi đau buồn; cảnh khốn cùng; cơn hiểm nghèo **2** *v.* làm đau khổ; làm lo lắng

distribute /dɪ'strɪbjuːt/ *v.* phân phát, phân phối, phân bố; rắc, rải; sắp xếp, phân loại; phát hành

district /'dɪstrɪkt/ *n.* huyện, quận, khu, khu vực, địa hạt; vùng, miền; khu vực bầu cử

distrust /dɪs'trʌst/ **1** *n.* sự không tin cậy, sự ngờ vực **2** *v.* nghi ngờ, ngờ vực, không tin (cậy): **I ~ him.** Tôi không tin ông ta.

disturb /dɪ'stɜːb/ *v.* làm náo động, làm rối, quấy quá, làm xáo trộn, phá rối; làm lo âu/lo ngại: **to ~ someone** quấy rầy ai

disturbance /dɪ'stɜːbəns/ *n.* sự làm náo động, sự quấy quá

disturbed /dɪ'stɜːbd/ *adj.* bị quấy rầy, bị rối loạn

disunity /dɪs'juːnɪtɪ/ *n.* tình trạng chia rẽ, tình trạng bất hòa

disuse /dɪs'juːs/ **1** *n.* sự không dùng đến **2** *v.* bỏ, không dùng đến

ditch /dɪtʃ/ **1** *n.* hố, hào, rãnh, mương **2** *v.* bỏ rơi; [máy bay] phải hạ cánh xuống biển

ditto /'dɪtəʊ/ **1** *n.* cái như trên, cái giống như thế: **~ marks** dấu "" [nghĩa là như trên] **2** *adj.* cùng một thứ: **~ suit** bộ quần áo cùng thứ vải

diva /diː'və/ *n.* nữ danh ca

divan /dɪ'væn/ *n.* đi văng, trường kỷ

dive /daɪv/ **1** *n.* sự nhảy lao đầu, sự lặn, sự bổ nhào **2** *v.* nhảy lao đầu xuống [nước], lặn; [máy bay] bổ nhào xuống; [tàu ngầm] lặn, ngụp

diverge /dɪ'vɜːdʒ/ *v.* rẽ ra; khác nhau, bất đồng; trệch đi

diverse /dɪ'vɜːs/ *adj.* linh tinh, gồm nhiều thể loại khác nhau

diversify /dɪ'vɜːsɪfaɪ/ *v.* làm cho đa dạng, thành nhiều vẻ: **The company intends to ~ its business once the economic climate is favorable.** Công ty có ý định làm cho doanh nghiệp đa dạng khi tình hình kinh tế cho phép.

diversity /dɪ'vɜːsɪtɪ/ *n.* tính đa dạng, tính nhiều vẻ

divert /dɪ'vɜːt/ *v.* hướng sang phía khác; giải trí, làm vui

divide /dɪ'vaɪd/ **1** *n.* đường chia, sự chia rẽ, sự cách biệt: **a great ~ between the poor and the rich** sự cách biệt lớn giữa người giàu và nghèo **2** *v.* chia, chia ra, chia cắt, phân ra; chia rẽ, ly gián: **to ~ something into many parts** chia vật gì thành nhiều phần

dividend /'dɪvɪdənd/ *n.* số bị chia; tiền lãi cổ phần: **Shareholders will receive their ~s twice a year.** Cổ đông chứng khoán sẽ nhận tiền lời cổ phần của một năm hai lần.

divine /dɪ'vaɪn/ *adj.* thần thánh, thiêng liêng; tuyệt diệu

divisible /dɪ'vɪzɪbl/ *adj.* có thể chia được

division /dɪ'vɪʒən/ *n.* sự chia, sự phân chia; phép/tính chia; sự chia rẽ, sự ly gián; phân khu, khu vực; bộ ban; sư đoàn: **~ of labor** sự phân công

divorce /dɪ'vɔːs/ *n., v.* (sự) ly dị/ly hôn; (sự) tách rời: **A high number of marriages now ends in ~.** Một số lớn cuộc hôn nhân kết thúc bằng ly dị.

divorcé /dɪ'vɔːs/ *n., m.* người ly dị vợ

divorcée /dɪˌvɔː'siː/ *n., f.* người ly dị chồng, bà bỏ chồng

divulge /dɪ'vʌldʒ/ *v.* để lộ ra, tiết lộ

DIY /ˌdiːaɪ'waɪ/ *adj., abbr.* (= **do it yourself**) tự làm lấy: **to buy materi-** als for ~ projects mua vật liệu để tự làm lấy

dizzy /'dɪzɪ/ *adj.* (làm) chóng mặt, (làm choáng váng)

DJ /ˌdiː'dʒeɪ/ *abbr.* (= **disc jockey**) người pha trộn và giới thiệu nhạc

DNA /ˌdiːen'eɪ/ *abbr.* (= **Deoxy-ribonucleic Acid**) tế bào trong máu của người hay loài vật mang tính di truyền giữa cha mẹ và con cái

do /duː/ **1** *v.* [**did**; **done**] làm, thực hiện; làm xong, hoàn thành, hoàn tất; sửa sang, sắp đặt, dọn dẹp, bày biện; nấu chín, nướng, rán, chiên, quay, v.v.; đi được [quãng đường], đi thăm; được, ổn; làm hành động, hoạt động; làm ăn, tiến bộ: **to ~ one's best** làm hết sức mình; **to ~ (up) one's hair** làm đầu; **to ~ one's bed** làm giường; **well done** [thịt] nướng kỹ, không tái; nấu nhừ; **We only did the Museum of History visit this morning.** Sáng nay chúng tôi chỉ mới đi thăm được bảo tàng lịch sử.; **We did well not to ask.** Chúng mình không hỏi xin như thế là phải.; **How ~ you ~?** Hân hạnh được gặp ông/bà/cô. **2** *aux. v.* **Do/did** Dùng như một trợ động từ.: **Do you speak Vietnamese?** Ông có nói tiếng việt không?; **I ~ not speak Japanese.** Tôi không biết nói tiếng Nhật.; **Did he go?** Anh ấy có đi không?; **No, he did not go.** Không, anh ấy không đi.; **I like ice cream, don't you?** Tôi thích ăn kem, anh có thích không?; **We saw the exhibition, did you?** Chúng tôi được xem cuộc triển lãm đó rồi chị xem chưa?; **I ~ believe what you told me.** Anh nói gì, em tin lắm.; **Do come in!** Xin mời ông (bà) cứ vào ạ. (Sao lại đứng thế!); **He likes classical music, (and) so ~ I.** Anh ấy thích nhạc cổ điển và tôi cũng vậy.; **She reads Chinese characters as well as he does.** Chị ấy đọc chữ Hán cũng thông như anh ấy.

docile /'dəʊsaɪl/ *adj.* dễ bảo, dễ dạy, dễ sai khiến

dock /dɒk/ **1** *n.* bến tàu; xưởng đóng/ chữa tàu; ghế bị cáo **2** *v.* vào bến, cặp bến

doctor /'dɒktə(r)/ **1** *n.* tiến sĩ; bác sĩ y khoa, thầy thuốc, y sĩ: **a medical ~ (~ of medicine)** bác sĩ y khoa **2** *v.* chữa trị; cải biên, cạo tẩy [văn kiện]: **to ~ a play** cải biên một vở kịch

doctorate /'dɒktərət/ *n.* bằng/học vị tiến sĩ

doctrine /'dɒktrɪn/ *n.* học thuyết, chủ nghĩa

document /'dɒkjʊmənt/ **1** *n.* tài liệu, văn kiện **2** *v.* chứng minh

documentary /ˌdɒkjʊ'mentərɪ/ *n.* phim tài liệu

dodge /dɒdʒ/ *n., v.* (sự) tránh né/lẩn tránh

dodo /'dəʊdəʊ/ *n.* loại chim lớn; người ngu

doe /dəʊ/ *n.* hươu/nai cái

doer /'duːər/ *n.* người làm, người thực hiện

does /dʌz/ xem **do**

dog /dɒg/ **1** *n.* chó; chó săn; đồ chó má; thằng cha: **to lead a ~'s life** sống một cuộc đời khổ như chó; **to go to the ~s** thất cơ lỡ vận; sa đọa; **let sleeping ~s lie** thôi đi, đừng chọc cứt ra mà ngửi **2** *v.* bám sát

dog-eared *adj.* bị sờn ở góc trang sách: **~ copies of language books** những trang sách ngôn ngữ sờn góc

dogmatic /dɒg'mætɪk/ *adj.* giáo điều, võ đoán

doily /'dɔɪlɪ/ *n.* (*pl.* **doilies**) khăn lót cốc/bát

dole /dəʊl/ **1** *n.* của bố thí: **to go on the ~** lĩnh trợ cấp mất việc **2** *v.* phát nhỏ giọt

doll /dɒl/ **1** *n.* con búp bê **2** *v.* diện, mặc áo quần đẹp

dollar /'dɒlə(r)/ *n.* đồng đô la, Mỹ kim; đô: **Do you want to exchange US ~s or Singapore ~s?** Bạn muốn đổi đô la Mỹ hay đô la Tân Gia Ba?

dolphin /'dɒlfɪn/ *n.* cá heo, cá lợn

domain /də'meɪn/ *n.* dinh cơ; phạm vi, lĩnh vực

dome /dəʊm/ *n.* vòm, mái vòm

domestic /də'mestɪk/ **1** *n.* người làm/ nhà, đầy tớ **2** *adj.* trong nhà, trong nước: **~ trade** nội thương; **~ violence** bạo hành trong nhà

domesticity /ˌdə'mestɪsɪtɪ/ *n.* tính chất gia đình, đời sống gia đình

domicile /'dɒmɪsɪl, -saɪl/ *n.* chỗ ở, trú sở

dominant /'dɒmɪnənt/ *adj.* trội, át, có ưu thế, có ảnh hưởng, chi phối; thống trị

dominate /'dɒmɪneɪt/ *v.* chế ngự, thống trị: **to ~ a people** thống trị một dân tộc

domineering /ˌdɒmɪ'nɪərɪŋ/ *adj.* hách dịch, hống hách

domino /'dɒmɪnəʊ/ *n.* (*pl.* **dominoes**) cờ đôminô

domino theory *n.* chủ thuyết domino/ăn lan dần: **The late US president J.F. Kennedy believed in the ~ that if the Communists took over Vietnam, they would take over Southeast Asian countries too.** Tổng thống J.F. Kennedy tin vào thuyết domino rằng nếu Cộng sản chiếm Việt Nam thì chúng có thể chiếm lan qua các nước Đông Nam Á.

don /dɒn/ *n.* giáo sư, hiệu trưởng, khoa trưởng

donate /dəʊ'neɪt/ *v.* cho, biếu, tặng; tặng dữ, quyên tặng: **to ~ money to a charity** tặng tiền cho quỹ từ thiện

done /dʌn/ quá khứ của **do**: **The work is ~.** Công việc đã hoàn thành.; **The meat is ~.** Thịt chín rồi.

dongle /dʌŋgl/ *n.* phần mềm giữ an toàn trong máy vi tính

donkey /'dɒŋkɪ/ *n.* con lừa

donor /'dəʊnə(r)/ *n.* người tặng/quyên: **blood ~** người cho máu

don't /dəʊnt/ *v., abbr.* (= **do not**): **Don't (you) do it!** Chớ có làm thế nhé!

doodle /'duːd(ə)l/ v. viết/vẽ nguệch ngoạc

doom /duːm/ **1** n. số phận, số mệnh (không may); sự sụp đổ, sự diệt vong; sự phán quyết cuối cùng **2** v. kết án/tội; đoạ đày: **~ed to failure** ắt phải thất bại

doomsday /'duːmzdeɪ/ n. ngày tận thế

door /dɔː(r)/ n. cửa (ra vào): **a ~ to success** con đường dẫn tới thành công; **next ~** nhà bên cạnh; **out of ~s** ở ngoài trời

doorknob /'dɔːnɒb/ n. quả đấm cửa

doormat /'dɔːmæt/ n. tấm thảm chùi chân ở cửa

doorstep /'dɔːstep/ n. thềm cửa

doorway /'dɔːweɪ/ n. ô cửa; cửa ra vào: **~ to** con đường tới ...

dope /dəʊp/ **1** n. chất ma tuý; tin riêng; người đần độn **2** v. cho dùng ma tuý, đánh thuốc mê

dormant /'dɔːmənt/ adj. nằm ngủ; âm ỉ, tiềm tàng, ngấm ngầm

dormer /'dɔːmə(r)/ n. cửa sổ ở mái nhà

dormitory /'dɔːmɪtərɪ/ n. (abbr. **dorm**) phòng/nhà ngủ tập thể, ký túc xá

DOS /dɒs/ abbr. (= **Disk Operating System**) hệ thống điều hành trong máy vi tính

dosage /'dəʊsɪdʒ/ n. liều lượng

dose /dəʊs/ **1** n. liều lượng, liều thuốc **2** v. cho uống thuốc theo liều lượng

dossier /'dɒsɪeɪ/ n. tài liệu hay hồ sơ về người nào

dot /dɒt/ **1** n. chấm nhỏ, điểm; dấu chấm [trên chữ i] **2** v. đánh dấu chấm; rải rác lấm chấm

dote /dəʊt/ v. lẫn, lẩm cẩm [lúc già]: **The old man ~s on his only grand-child.** Ông già nói lẩm cẩm về đứa cháu của ông ta.

double /'dʌbl/ **1** adj. gấp đôi; đôi, hai, kép: **~ pay** tiền lương gấp đôi; **~ bed** giường đôi, giường hai người **2** n. số gấp đôi; người giống hệt; người đóng thay vai khác **3** v. tăng gấp đôi; gập người lại

double decker n. xe buýt hai tầng

double-spaced adj. [bản đánh máy] cách hai dòng

doubly /'dʌbli/ adv. hơn thông thường: **~ difficult** khó hơn thông thường

doubt /daʊt/ **1** n. sự nghi ngờ/ngờ vực; sự do dự/nghi ngại: **in ~** còn nghi ngờ/nghi ngại; **I have no ~.** Tôi chắc chắn. **2** v. không tin, nghi ngờ, ngờ vực; nghi ngại, do dự, lưỡng lự

doubtful /'daʊtfʊl/ adj. hồ nghi, nghi ngờ; đáng nghi/ngờ

dough /dəʊ/ n. bột nhào; slg. tiền, xìn

dour /daʊə(r)/ adj. không thích thú; không có cảm tình

douse /daʊs/ v. giội nước lên; tắt [đèn]: **to ~ out the fire** dội nước cho tắt lửa

dove /dʌv/ **1** n. chim bồ câu; người chủ trương hoà bình **2** v. (quá khứ của **dive**) nhảy xuống nước

down /daʊn/ **1** n. cảnh sa sút: **the ups and ~s** sự lên xuống, những thăng trầm; **~ payment** tiền mặt trả trước [còn bao nhiêu trả góp] **2** adv. xuống; lăn/buông xuống; hạ, giảm; ở miền xuôi, ở vùng dưới: **I fell ~.** Tôi bị ngã xuống.; **He was ~ with influenza.** Ông ấy bị cúm.; **Please calm ~.** Xin anh hãy bình tĩnh lại.; **Jot it ~.** Xin biên xuống đi.; **to get ~ to work** bắt tay vào làm việc **3** adj. hạ giá; buồn bã: **Prices are ~.** Giá cả đã xuống.; **The plane is ~.** Máy bay hạ cánh rồi. **4** prep. xuống, xuôi; ở phía dưới/thấp, ở đầu kia: **~ the stream** xuôi dòng suối; **~ the street** ở dưới đầu phố kia **5** v. hạ/ đặt xuống; đánh ngã, cho đo ván; bắn rơi, hạ [máy bay]; uống, nuốt

downfall /'daʊnfɔːl/ n. sự suy sụp/sụp đổ

downgrade /ˌdaʊn'greɪd/ v. giáng cấp; hạ tầm quan trọng

downhearted /ˌdaʊn'hɑːtɪd/ adj. buồn nản, chán nản, nản chí

download /daʊn'ləʊd/ **1** n. việc chuyển hồ sơ vào máy **2** v. chuyển/trữ hồ sơ vào máy vi tính

downplay /daʊn'pleɪ/ *v.* làm cho mọi người nghĩ đến điều gì không quan trọng

downpour /'daʊnpɔː(r)/ *n.* trận mưa như trút nước

downsize /daʊn'saɪz/ *v.* thu nhỏ lại, thu gọn lại, giảm bớt đi

downstairs /daʊn'steəz/ **1** *adj.* ở dưới nhà, ở tầng dưới **2** *adv.* xuống gác, xuống tầng dưới

Down's syndrome *n.* tình trạng khủng hoảng, sa sút

downtime /daʊn'taɪm/ *n.* thời gian máy ngưng hoạt động

downtown /ˌdaʊn'taʊn/ *n.* khu buôn bán/thị tứ dưới phố

downward /'daʊnwəd/ *adj., adv.* xuống, xuôi; hướng xuống dưới

dowry /'daʊərɪ/ *n.* của hồi môn

doyen /'dɔɪen/ *n.* người có kinh nghiệm và được quí trọng nhất trong nhóm

doze /dəʊz/ *v.* ngủ gà ngủ gật, ngủ lơ mơ

dozen /'dʌz(ə)n/ *n.* tá, lô, chục [12 đơn vị]: **half a ~** nửa tá

dpi /ˌdiːpiː'aɪ/ *abbr.* (= **Dots Per Inch**) các chấm trong một phân tây

Dr *abbr.* **1** (= **Doctor**) bác sĩ, tiến sĩ **2** (= **Drive**) con đường

drab /dræb/ *adj.* xám xịt, buồn tẻ

draft /drɑːft/ **1** *n.* đồ án, sơ đồ, bản dự thảo, bản nháp; gió lùa; chế độ quân dịch; hối phiếu: **~ dodger** kẻ trốn quân dịch; **~ horse** ngựa kéo **2** *v.* phác thảo, dự thảo; bắt quân dịch

draftsman, draughtsman /'drɑːftsmən/ *n.* người vẽ đồ án, hoạ viên

drag /dræg/ **1** *n.* lưới kéo/vét; điều trở ngại **2** *v.* kéo lê: **to ~ on** kéo dài quá; vét/mò đáy

dragon /'drægən/ *n.* con rồng: **Year of the ~** năm con rồng, năm Thìn

drain /dreɪn/ **1** *n.* ống dẫn nước, cống, rãnh, máng, mương; sự tiêu hao: **brain ~** sự mất nhân tài **2** *v.* rút/tháo (nước); làm ráo nước; bòn rút [của cải]

drainage /'dreɪnɪdʒ/ *n.* sự tháo nước; hệ thống cống rãnh

drake /dreɪk/ *n.* vịt đực

drama /'drɑːmə/ *n.* kịch, tuồng

dramatic /drə'mætɪk/ *adj.* như kịch; gây xúc động mạnh

drank /dræŋk/ *n.* quá khứ của **drink**

drape /dreɪp/ **1** *n.* màn/rèm cửa, trướng **2** *v.* che màn/rèm

drastic /'dræstɪk/ *adj.* mạnh mẽ, quyết liệt

draw /drɔː/ **1** *n.* sự mở số, sự rút thăm; trận đấu hoà; động tác rút súng lục **2** *v.* [**drew**; **drawn**] kéo; kéo/lấy/rút ra; lôi kéo, lôi cuốn, thu hút; hít vào; rút [kinh nghiệm]; mở số, rút thăm; lĩnh [lương], tìm thấy; vẽ, vạch, thảo; hoà, huề: **to ~ to a close** sắp kết thúc

drawing /'drɔːɪŋ/ *n.* bản/bức vẽ; thuật vẽ, môn vẽ (sơ đồ)

drawl /drɔːl/ *n.* giọng nói lè nhè kéo dài

drawn /drɔːn/ quá khứ của **draw**; *adj.* ngơ ngác, thẫn thờ ~

dread /dred/ **1** *n.* sự kinh sợ **2** *v.* sợ, khiếp sợ

dreadful /'dredfʊl/ *adj.* đáng sợ, dễ sợ, khiếp, kinh khủng; tồi, xấu, dở ẹt, chán ngấy

dream /driːm/ **1** *n.* giấc mơ/mộng; sự mơ mộng, điều mơ ước: **If I win, my ~ comes true.** Nếu tôi thắng, giấc mơ của tôi thành sự thật. **2** *v.* nằm mơ/mê, nằm chiêm bao; mơ màng, mơ mộng; mơ tưởng, tưởng tượng, nghĩ

dredge /dredʒ/ **1** *n.* lưới vét; tàu vét bùn **2** *v.* vét, nạo vét

dregs /dregz/ *n., pl.* cặn bã [trà, cà phê]

drench /drenʃ/ *v.* làm ướt sũng

dress /dres/ **1** *n.* quần áo, y phục; áo dài phụ nữ: **formal ~** lễ phục; **informal ~** quần áo thường **2** *v.* mặc, ăn mặc: **to ~ up** ăn mặc diện; băng bó [vết thương]; bày biện, trang hoàng; nấu, thêm đồ gia vị

dressed /drest/ *adj.* được ăn mặc: ~ in black mặc đồ đen; well-~ ăn mặc chỉnh tề/chải chuốt/lịch sự

dressing /'dresɪŋ/ *n.* sự băng bó, đồ băng bó; nước xốt, dầu giấm để trộn nộm/xà lách; đồ nhồi (gà vịt) để quay hoặc hầm

drew /dru:/ quá khứ của draw

dribble /'drɪb(ə)l/ *v.* chảy nhỏ giọt; nhỏ dãi, chảy nước miếng [cầu thủ bóng rổ] đập bóng xuống sàn liên tiếp

dried /draɪd/ quá khứ của dry; *adj.* khô, đã phơi khô

drift /drɪft/ **1** *n.* đống cát/tuyết; ý nghĩa, nội dung **2** *v.* trôi giạt; chất đống lên, buông trôi

drill /drɪl/ **1** *n.* mũi/máy khoan, sự luyện tập **2** *v.* khoan, luyện tập

drink /drɪŋk/ **1** *n.* đồ uống, thức uống, ẩm liệu; rượu mạnh: soft ~ nước ngọt; a ~ of water một hớp nước lã; to have a ~ uống một cốc/ly (rượu) **2** *v.* [**drank; drunk**] uống; uống cạn, nốc; uống rượu, nghiện rượu; tận hưởng, chịu đựng: I'll ~ to your health. Tôi xin nâng cốc để chúc ông nhiều sức khỏe.; He drank himself to death. Lão ta uống rượu nhiều quá chết luôn.

drink driving *n.* việc lái xe đã uống rượu

drip /drɪp/ **1** *n.* sự nhỏ giọt **2** *v.* chảy nhỏ giọt

drive /draɪv/ **1** *n.* cuộc đi xe, cuốc xe; đường cho xe chạy, đường phố [thường ngoằn ngoèo]; nghị lực; cuộc vận động, cuộc lạc quyên **2** *v.* [**drove; driven**] lái, văn lái [xe], cầm cương [ngựa], cho [máy] chạy; dồn, lùa, xua, đuổi; làm khiến cho: I'll ~ you to the train station. Tôi sẽ đưa anh ra ga xe lửa.; You have had too much alcohol, I won't let you ~. Anh uống nhiều rượu quá rồi, em sẽ không để anh lái xe đâu.; He ~s me crazy. Ông ấy làm tôi phát điên lên

được.; We drove the invaders out of the country. Chúng tôi đánh đuổi quân xâm lăng ra khỏi đất nước.; What are you driving at? Anh định nói gì thế?

driven /'drɪv(ə)n/ *adj.* (quá khứ phân từ của drive) thành công nhờ làm việc chăm chỉ

drive-through *n.* việc ngồi trên xe mua thức ăn ở tiệm ăn (như **KFC**, **McDonald**)

driveway /'draɪvweɪ/ *n.* lối xe đi từ ngoài đường vào sát nhà: Don't park your car on the ~. Đừng đậu xe trên lối xe ra vào.

drizzle /'drɪz(ə)l/ *n., v.* mưa phùn, mưa bụi, mưa bay

drone /drəʊn/ **1** *n.* ong đực; tiếng o o **2** *v.* kêu vo ve/o o

drool /dru:l/ **1** *n.* nước dãi, mũi dãi **2** *v.* nhỏ dãi

droop /dru:p/ *v.* rủ xuống, rũ xuống, gục xuống; ủ rũ

drop /drɒp/ **1** *n.* giọt; hớp nhỏ, cốc nhỏ, chút xíu rượu; sự hạ/giảm/sút: a ~ in the bucket muối bỏ bể **2** *v.* chảy nhỏ giọt; (để/làm) rơi; gục xuống, ném xuống, thả xuống; bỏ, ngừng, thôi; nói ra: Drop me a line! Viết cho tôi vài hàng nhé!; Can you ~ me off at the library? Xin anh cho tôi đi nhờ xe đến thư viện nhe?; Drop it! Thôi đi!; to ~ in tạt vào, ghé vào; to ~ out bỏ cuộc, rút ra

dross /drɒs/ *n.* cứt sắt; rác rưởi, cặn bã

drought /draʊt/ *n.* hạn hán: The government has subsidized farmers after last year's serious ~. Chính phủ trợ cấp cho nông gia vì nạn hạn hán nghiêm trọng trong năm rồi.

drove /drəʊv/ quá khứ của drive

drove /drəʊv/ *n.* đàn, bầy, đám đông: The carnival saw ~s of people coming early. Lễ hội thấy đám đông đến sớm.

drown /draʊn/ *v.* chết đuối; làm chết đuối; làm át/lấp

drowsy /'drauzı/ *adj.* (làm) buồn ngủ

drudgery /'drʌdʒərı/ *n.* công việc vất vả, lao dịch, khổ dịch

drug /drʌg/ **1** *n.* thuốc, dược phẩm; thuốc mê, ma tuý: ~ **addict** người nghiền ma tuý; **miracle** ~ thần dược **2** *v.* cho uống thuốc ngủ/mê/độc, cho uống/hít/tiêm ma tuý

drugstore /'drʌgstɔ:(r)/ *n.* hiệu thuốc, dược phòng, cửa hàng dược phẩm [bán như hiệu tạp hóa, có cả quán ăn]

drum /drʌm/ **1** *n.* cái trống; thùng hình ống [đựng xăng, dầu]: **ear** ~ màng nhĩ **2** *v.* đập, gõ, đánh

drunk /drʌŋk/ quá khứ của **drink**; *adj.*, *n.* (người) say rượu: **dead** ~ say bí tỉ

drunkard /'drʌŋkərd/ *n.* người say nghiện rượu

drunken /'drʌŋkən/ *adj.* say rượu: **If someone is ~ please stop him from driving.** Nếu ai say rượu hãy ngăn họ không lái xe.

dry /draı/ **1** *adj.* khô, cạn, ráo; [rượu] nguyên chất; khô cổ, khá, khô khan, vô vị **2** *v.* phơi/sấy/lau khô, hong

dry-clean *v.* tẩy khô, tẩy hóa học, hấp [quần áo]: **These clothes are to be ~ed only.** Áo quần nầy chỉ giặt tẩy khô mà thôi.

dual /'dju:əl/ *adj.* hai, đôi, kép, lưỡng; gấp đôi, tay đôi

dubious /'dju:bıəs/ *adj.* đáng ngờ, không đáng tin cậy, ngờ vực

duck /dʌk/ **1** *n.* vịt, vịt cái; thịt vịt: **roast** ~ vịt quay; **like water off a ~'s back** như nước đổ đầu vịt, như nước đổ lá khoai **2** *v.* lặn, ngụp; cúi nhanh [để né tránh]

duct /dʌkt/ *n.* ống dẫn: **aircon** ~ ống dẫn máy điều hoà không khí

dude /dju:d/ *n.* công tử bột

due /dju:/ **1** *n.* cái đáng được hưởng; món nợ, tiền phải trả; lệ phí, hội phí, đảng phí: **annual** ~s niên liễm; **monthly** ~s nguyệt liễm **2** *adj.* đến hạn phải trả/nộp; thích đáng, đích đáng, phải đến [ngày giờ nào]: **The bill was** ~ **last May.** Hóa đơn này đáng lẽ phải trả từ tháng năm.; **in** ~ **form** theo đúng thể thức; **after** ~ **consideration** sau khi xem xét kỹ; ~ **any minute** một vài phút nữa là đến **3** *adv.* đúng: ~ **east** đi đúng hướng đông

dug /dʌg/ quá khứ của **dig**

dugout /'dʌgaut/ *n.* thuyền độc mộc; hầm trú ẩn

dull /dʌl/ **1** *adj.* [dao/kéo] cùn; tối dạ, chậm hiểu, ngu; buồn tẻ, chán ngắt; mờ, đục, xỉn, âm u, ảm đạm **2** *v.* làm cùn; làm đỡ nhức, làm bớt nhói

duly /'dju:lı/ *adv.* hẳn hoi: ~ **elected** được bầu bán hẳn hoi; ~ **arrived** đến đúng lúc

dumb /dʌmb/ **1** *adj.* câm, không kêu, ngu ngốc, ngu xuẩn **2** *v.* làm cho người/vật gì xuống giá trị, nhận chìm ai xuống

dummy /'dʌmı/ *n.* người giả, hình nhân; người nộm/rơm; vật giả

dump /dʌmp/ **1** *n.* chỗ đổ rác; kho đạn **2** *v.* đổ đi; vứt bỏ, gác bỏ; bán hạ giá [hàng ế]

dumpling /'dʌmplıŋ/ *n.* bánh bao; viên bột thả vào nước dùng [loại mằn thắn, xuỷ cảo]; người béo lùn

dumps /dʌmps/ *n.* cảm giác không thích thú

dunce /dʌns/ *n.* học trò ngu, người tối dạ

dune /dju:n/ *n.* cồn/đụn cát

dung /dʌŋ/ *n.* phân thú vật: **cow** ~ cứt bò

dungeon /'dʌndʒən/ *n.* ngục tối, hầm tù

dunk /dʌŋk/ *v.* nhận chìm/nhúng thức ăn vào chất lỏng (như sữa) trước khi ăn: **Some children like to** ~ **their cookies in milk.** Trẻ con thích nhúng bánh vào sữa.

dupe /dju:p/ **1** *n.* người nhẹ dạ, người dễ bị bịp **2** *v.* lừa: **He was** ~**d into revealing his security password.** Ông ấy nhẹ dạ để người ta khám phá ẩn số cá nhân của ông ta.

duplicate /'dju:plɪkət/ **1** *n.* bản sao, vật giống hệt: **in ~** làm hai bản **2** *adj.* giống hệt: **~ key** chìa khóa giống hệt **3** *v.* sao lại; in ra nhiều bản; trùng lặp

durable /'djʊərəb(ə)l/ *adj.* bền, lâu bền; vĩnh cửu

duration /djʊˈreɪʃən/ *n.* thời gian [của một việc], trong lúc: **Courses run for a ~ of six months.** Khoá học trong thời gian sáu tháng.

duress /djʊˈres/ *n.* sự cưỡng ép: **under ~** vì bị cưỡng ép

durian /duːˈriːən/ *n.* cây/trái sầu riêng: **Someone doesn't like ~.** Một số người không thích sầu riêng.

during /'djʊərɪŋ/ *prep.* trong khi, trong lúc

dusk /dʌsk/ *n.* lúc nhá nhem tối; bóng tối

dust /dʌst/ **1** *n.* bụi, cát bụi; rác; phấn hoa; đất đen **2** *v.* quét/phủi/lau/chùi bụi; rắc [bụi, phấn]

dusty /'dʌstɪ/ *adj.* đầy bụi, bụi bậm

Dutch /dʌtʃ/ *n., adj.* (người/dân/tiếng) Hà lan: **to go ~** rủ nhau ăn uống hoặc xem hát mà người nào trả phần người ấy; **~ courage** khuyến khích sai để cho người khác uống rượu; **~ treat** phần ai nấy trả

dutiful /'dju:tɪfəl/ *adj.* làm đúng bổn phận; có hiếu, kính hiếu

duty /'dju:tɪ/ **1** *n.* bổn phận, trách nhiệm, nhiệm vụ; phần việc, công việc, phận sự, chức vụ; phiên trực: **off ~** hết phiên làm việc; **on ~** đang làm việc, đang trực **2** *n.* thuế đoan, thuế hải quan: **import ~** thuế nhập khẩu

duty-free *adj., adv.* được miễn thuế: **to buy ~ goods at the airport** mua hàng miễn thuế ở phi trường

DVD /ˌdi:vi:ˈdi:/ *n., abbr.* (= **Digital Video Disk**) dĩa nhựa chứa rất nhiều hình ảnh, tài liệu, nhạc

dwarf /dwɔːf/ **1** *n.* người lùn; chú lùn **2** *v.* làm còi cọc; có vẻ nhỏ lại

dwell /dwel/ *v.* [**dwelt/dwelled**] ở, ngụ

ở, cư ngụ; nhấn mạnh vào: **to ~ upon** chăm chú vào

dwindle /'dwɪnd(ə)l/ *v.* nhỏ lại, co lại, teo đi; hao mòn: **His savings ~ as he stays unemployed.** Tiền để dành của ông ta hao mòn vì ông ta vẫn còn thất nghiệp.

dye /daɪ/ **1** *n.* thuốc nhuộm **2** *v.* nhuộm: **to ~ red** nhuộm đỏ **3** *adj.* thấm đậm, ngoan cố: **~d in the wool** ngoan cố

dying /'daɪɪŋ/ **1** *n.* sự chết **2** *adj.* sắp chết, lúc lâm chung: **~ days** những ngày tàn

dyke /daɪk/ See **dike**

dynamic /dɪˈnæmɪk/ *adj.* thuộc động lực; năng động, sôi nổi

dynasty /'dɪnəstɪ/ *n.* triều vua, triều đại

dysentery /'dɪsentərɪ/ *n.* bệnh ly

dysfunctional /dɪsˈfʌŋkfənəl/ *adj.* không dùng được, trở ngại khó khăn

E

each /i:tʃ/ **1** *adj.* mỗi: **~ person** mỗi người; **~ week** mỗi tuần; **~ book** mỗi quyển (sách) **2** *adv.* mỗi một: **We pay $8 ~.** Chúng tôi trả 8 đô la một người.; **These cost $2 ~.** Những cái này giá mỗi cái 2 đô la. **3** *pron.* mỗi người/cái: **Each one took a package.** Mỗi người lấy một gói.; **to help ~ other** giúp đỡ lẫn nhau

eager /'i:gə(r)/ *adj.* thiết tha, ham muốn, háo hức, hăm hở

eagle /'i:g(ə)l/ *n.* chim đại bàng

ear /ɪə(r)/ *n.* tai; bắp (ngô): **an ~ for music** tai sành nhạc; **an ~ of corn** một bắp ngô, một trái bắp; **to gain the king's ~** được nhà vua nghe

earache /'ɪəreɪk/ *n.* chứng đau tai

earl /ɜːl/ *n.* bá tước

early /'ɜːlɪ/ **1** *adj.* [**earlier; earliest**] sớm, đầu mùa: **~ hour** lúc sớm; **~ rice** lúa sớm, lúa đầu mu; **at your earliest convenience** vào lúc tiện nhất cho ông **2** *adv.* sớm, lúc ban đầu: **I get up ~.** Tôi dậy sớm.; **~ in the morning** vào lúc sáng sớm

earn /ɜːn/ *v.* kiếm được; giành được: **to ~ a living** kiếm ăn/sống; **to ~ one's keep** làm đáng đồng tiền bát gạo; **to ~ a good reputation** được tiếng tốt

earnest /'ɜːnɪst/ **1** *n.* thái độ đúng đắn/ nghiêm chỉnh; tiền đặt cọc: **Are you in ~?** Bạn không đùa đấy chứ? **2** *adj.* đứng đắn, nghiêm chỉnh **3** *adj.* sốt sắng: **to be ~** có lòng sốt sắng

earnings /'ɜːnɪŋz/ *n.* tiền kiếm được, tiền lương, tiền lãi: **He spent almost all his ~.** Ông ấy tiêu xài hết tiền ông ấy kiếm được.

earphones /'ɪəfəʊn/ *n.* ống nghe để ở tai: **When you listen to music from an MP3 player you have to use ~.** Khi bạn nghe nhạc từ máy MP3, bạn phải dùng ống nghe.

ear-piercing 1 *n.* việc xâu lỗ tai **2** *adj.* xâu lỗ tai: **an ~ scream** kem dùng xâu lỗ tai

earring /'ɪərɪŋ/ *n.* hoa tai, bông tai: **She pierced her ears to insert gold ~s.** Cô ấy xây lỗ tai để đeo bông tai vàng.

earth /ɜːθ/ *n.* đất, đất liền, mặt đất, quả/trái đất: **on ~** trên đời

earthenware /'ɜːθ(ə)nweə(r)/ *n.* đồ sành, đồ bằng đất nung

earthquake /'ɜːθkweɪk/ *n.* trận/vụ/nạn động đất, địa chấn: **The last ~ in Pakistan caused thousands of people to be homeless.** Trận động đất vừa qua ở Pa-kis-tan gây bao nhiêu cho hàng ngàn người không nhà ở.

earthy /'ɜːθɪ/ *adj.* bằng đất; trần tục, phàm tục

ease /iːz/ **1** *n.* sự thoải mái/thanh thoát; sự dễ dàng; sự thanh nhàn/ nhàn hạ: **to feel at ~** được thoải mái; **with ~** dễ dàng **2** *v.* làm nhẹ/ bớt; làm yên tâm: **to ~ someone into a new job** giúp ai trong công việc mới

easel /'iːzəl/ *n.* giá bảng đen; giá vẽ

easily /'iːzɪli/ *adv.* một cách dễ dàng

east /iːst/ **1** *n.* hướng/phía/phương đông; miền đông: **the Far ~** Viễn đông; **the Middle ~** Trung đông; **South~ Asia** Đông Nam châu Á **2** *adj.* về phía đông **3** *adv.* hướng đông, hướng về phía đông: **My house faces ~.** Nhà tôi hướng đông.

Easter /'iːstə(r)/ *n.* lễ Phục sinh

eastern /'iːstən/ *adj.* (thuộc) hướng đông, đông phương

eastwards /'iːstwədz/ *adj., adv.* về phía đông

easy /'iːzɪ/ **1** *adj.* dễ, dễ dàng; thoải mái, thanh nhàn, thanh thản, không lo lắng **2** *adv.* nhẹ nhàng, từ từ; thanh thản, thoải mái: **Go ~ on the boy!** Anh hãy nhẹ nhàng đối với nó nhé!; **Take it ~!** Cứ từ từ! nhẹ thôi! Đừng cuống! Đừng làm việc quá sức nhé!

eat /iːt/ *v.* [**ate**; **eaten**] ăn, xơi, dùng, thời; ăn mòn, ăn thủng, làm hỏng: **to ~ somebody alive** chỉ trích hay trừng phạt ai vì tức giận họ; **to ~ humble pie** nói xin lỗi về lỗi lầm đã làm; **to ~ your words** tự nhận là mình nói sai

eatable /'iːtəbl/ *adj.* ăn được, ăn ngon

eaten /'iːt(ə)n/ quá khứ của **eat**

eatery /'iːt(ə)ri/ *n.* tiệm ăn, nơi bán thức ăn

eating disorder *n.* bệnh ăn nhiều rồi ói ra

eavesdrop /'iːvzdrɒp/ *v.* nghe trộm, nghe lén

eBay /'iːbeɪ/ *n.* cách trả tiền qua mạng vi tính

ebb /eb/ **1** *n.* triều xuống; thời kỳ tàn tạ: **~ and flow** nước triều lên xuống **2** *v.* [triều] xuống; suy sụp, tàn tạ

Ebola fever /iː'bəʊlə fiːvə(r)/ *n.* bệnh sốt xuất huyết

ebony /'ebənɪ/ *n., adj.* gỗ mun; làm bằng gỗ mun, đen như gỗ mun

e-cash *n.* chuyển tiền qua mạng vi tính

eccentric /ek'sentrɪk/ *adj.* lập dị, kỳ cục; lệch tâm

eccentricity /eksen'trɪsɪti/ *n.* tính lập dị

ECG /ˌiːsiː'dʒiː/ *abbr.* (= **electrocardio-gram**) máy theo dõi bệnh nhân bằng điện sóng

echo /'ekəʊ/ **1** *n.* tiếng vang, tiếng dội **2** *v.* vang lại; nhắc lại, lặp lại

eclipse /ɪ'klɪps/ **1** *n.* sự che khuất, thiên thực: **solar** ~ nhật thực; **lunar** ~ nguyệt thực **2** *v.* làm lu mờ, át hẳn đi: **The younger brother ~d his older brother in academic achievement.** Người em trai trội hẳn hơn người anh trong việc học.

eco-friendly *adj.* không hại đến môi trường

ecological /i'kɒlədʒɪkəl/ *adj.* hợp với môi trường

ecology /iː'kɒlədʒi/ *n.* sinh thái học

economic /iːkə'nɒmɪk/ *adj.* kinh tế: **The government has implemented ~ reforms.** Chính phủ vừa thực hiện kế hoạch cải tiến kinh tế.

economical /iːkə'nɒmɪkəl/ *adj.* tiết kiệm, không tốn: **Driving a small car is ~.** Lái xe nhỏ vì lý do không hao tốn mấy.

economics /iːkə'nɒmɪks/ *n.* kinh tế học

economy /ɪ'kɒnəmi/ *n.* nền kinh tế; sự tiết kiệm

ecstatic /ek'stætɪk/ *adj.* sướng mê, ngây ngất, xuất thần

eddy /'edi/ *n., v.* xoáy nước; gió lốc; khói cuộn

edge /edʒ/ **1** *n.* lưỡi, cạnh sắc [dao]; cạnh, bờ, rìa, lề, mép **2** *v.* viền, làm bờ/gờ; xen, len, dịch dần

edible /'edɪb(ə)l/ *adj.* có thể ăn được

edict /'iːdɪkt/ *n.* chỉ dụ, sắc lệnh

edifice /'edɪfɪs/ *n.* toà nhà, công trình xây dựng, lâu đài

edit /'edɪt/ *v.* biên tập, chú giải, hiệu đính, chỉnh lý, cắt xén, thêm bớt, sửa lại: **My contracts give the publisher the right to ~ my books.** Bản thoả thuận của tôi là cho nhà xuất bản biên tập sách của tôi.

editor /'edɪtə(r)/ *n.* người biên tập, biên tập viên; chủ bút: **an ~ of the daily newspaper** chủ bút một tờ báo hàng ngày

editorial /edɪ'tɔːrɪəl/ *n., adj.* bài xã luận/xã thuyết; thuộc về xã luận

educate /'edjʊkeɪt/ *v.* giáo dục, dạy dỗ; rèn luyện: **to ~ one's children** giáo dục con cái

education /edju'keɪʃən/ *n.* sự/nền giáo dục; vốn học, căn bản: **higher/tertiary ~** nền giáo dục đại học; **physical ~** thể dục; **moral ~** đức dục

educational /edju'keɪʃənəl/ *adj.* thuộc giáo dục

edutainment /edju'teɪnmənt/ *n.* những sản phẩm có tích cách giáo dục và giải trí

eel /iːl/ *n.* con lươn

eerie /'iːri/ *adj.* kỳ lạ, kỳ quái, kỳ dị, kỳ quặc

effect /e'fekt/ **1** *n.* kết quả; hiệu lực, hiệu quả; tác động, tác dụng, ành hưởng: **to take ~, to come into ~** bắt đầu có hiệu lực; **in ~** thực thể; **cause and ~** nguyên nhân và kết quả, nhân và quả **2** *v.* đem lại, thực hiện

effective /e'fektɪv/ *adj.* có hiệu lực/ hiệu quả, hữu hiệu; có tác động/ ảnh hưởng, gây ấn tượng

effectual /e'fektjʊəl/ *adj.* có hiệu lực/ hiệu quả/giá trị

effeminate /e'femɪneɪt/ *adj.* yếu ớt, ẻo lả, nhu nhược

effervescent /efə'vesənt/ *adj.* sủi (bong bóng); sôi sục, sôi nổi

efficacious /efɪ'keɪʃəs/ *adj.* (thuốc) có hiệu quả

efficiency /e'fɪʃənsi/ *n.* hiệu quả/lực; năng/hiệu suất; khả năng, năng lực

efficient /e'fɪʃənt/ *adj.* có hiệu quả/ hiệu lực; có năng suất/hiệu suất/ công suất cao; có khả năng/năng lực: **This hotel runs smoothly because of its ~ staff.** Khách sạn nầy điều hành rất trôi chảy là do nhân viên có năng lực.

effluent /ˌefluənt/ *n.* chất lỏng phế thải (từ nhà máy)

effort /'efət/ *n.* cố gắng, nỗ lực: **to make an ~ to do something** nỗ lực làm việc gì

effusive /e'fjuːsɪv/ *adj.* [tình cảm] dạt dào: **~ praises** lời khen ngợi nồng nhiệt

EFL /ˌiːef'el/ *abbr.* (= **English as a Foreign Language**) tiếng Anh như một ngoại ngữ: **We need an ~ teacher.** Chúng ta cần một giáo viên dạy tiếng Anh như một ngoại ngữ.

egg /eg/ *n.* trứng: **to lay ~s** để trứng, trứng gà/vịt; **hard boiled ~** trứng luộc thật chín; **soft boiled ~** luộc lòng đào; **fried ~** trứng rán/chiên; **~ cup** ly để trứng; **to put all your ~s in one basket** chỉ dựa vào một nỗ lực để thành công

eggplant /'egplɑːnt/ *n.* quả cà

ego /'egəʊ/ *n.* cái tôi, cá nhân, tự ngã: **~ trip** việc làm cảm thấy tốt

egotism /'iːgətɪz(ə)m/ *n.* (*also* **egoism**) tính ích kỷ, thuyết ta là trên hết/tất cả

Egypt /'iːdʒɪpt/ *n.* nước Ả rập

Egyptian /ˌiː'dʒɪpʃən/ *n., adv.* (thuộc) nước/người Ai Cập

eh /eɪ/ *intj.* ê!, này!, ồ! nhỉ!

eight /eɪt/ **1** *num.* số tám, nhóm tám người: **Number 8 is my lucky number.** Số 8 là số may mắn. **2** *adj.* tám, số tám: **~ years old** lên tám

eighteen /eɪ'tiːn/ *num.* số mười tám

eighty /'eɪtɪ/ *num., adj.* tám mươi; số tám mươi: **in the eighties** trong những năm 80

either /'iːðə(r), 'aɪðə(r)/ **1** *adj.* hoặc cái nầy hoặc cái khác: **~ one** cái nào cũng được; **on ~ side** ở mỗi bên, cả hai bên **2** *pron.* hoặc cái nầy: **You can take ~ of these pens.** Hai cái bút này, anh lấy cái nào cũng được. **3** *conj.* hoặc ... hoặc: **Either red or black will do.** Đỏ hay đen cũng được cả.; **You may come ~ this week or next week.** Anh có thể đến tuần này hoặc tuần sau. **4** *adv.* **If you**

are not going, I'm not going ~. Nếu anh không đi thì tôi cũng chẳng đi.; **My wife doesn't like durian and I don't ~.** Vợ tôi không thích sầu riêng, tôi cũng không thích.

eject /'iːdʒekt/ *v.* tống ra, phụt ra

eke /iːk/ *v.* kiếm ăn thêm, thêm vào, bù vào: **to ~ out one's earnings with** … thêm vào lợi tức bằng …

elaborate /ɪ'læbərɪt/ **1** *adj.* tỉ mỉ, kỹ lưỡng, công phu **2** *v.* nói thêm, cho thêm chi tiết; thảo tỉ mỉ, trau chuốt

elapse /ɪ'læps/ *v.* [thời gian] trôi qua

elastic /ɪ'læstɪk/ **1** *n.* dây chun, dây cao su **2** *adj.* co giãn, đàn hồi, mềm dẻo: **~ band** băng dây hun

elasticity /ɪ'læstɪsɪti/ *n.* tính chất đàn hồi/co giãn

elated /ɪ'leɪtɪd/ *adj.* phấn khởi, hân hoan, vui vẻ: **to be ~ by the news** rất phấn khởi bởi tin tức

elbow /'elbəʊ/ **1** *n.* khuỷu tay; khuỷu tay áo; góc: **to rub ~s with someone** sát cánh với ai **2** *v.* hích, thúc khuỷu tay: **to ~ one's way through the crowd** thúc khuỷu tay đi lách qua đám đông

elder /'eldə(r)/ **1** *n.* người nhiều tuổi, huynh trưởng, bậc trưởng thượng **2** *adj.* nhiều tuổi hơn, lớn hơn

elderly /'eldəli/ *adj.* tuổi tác, già nua; đứng tuổi: **an ~ couple** cặp vợ chồng đứng/có tuổi

eldest /'eldɪst/ *adj.* nhiều tuổi nhất; cả, trưởng: **He is the ~ son in his family.** Ông ấy là con trai trưởng trong gia đình.

elect /iː'lekt/ **1** *v.* bầu; chọn: **He ~ed to stay home to study.** Nó quyết định ở nhà học. **2** *adj.* được bầu/lựa chọn: **president ~** vị tổng thống tân cử

election /ɪ'lekʃən/ *n.* cuộc bầu cử/ tuyển cử; sự lựa chọn: **general ~s** cuộc tổng tuyển cử

elective /ɪ'lektɪv/ **1** *n.* môn học không bắt buộc, môn nhiệm ý: **English is the core subject and Vietnamese is an ~ subject.** Tiếng Anh là môn chính và tiếng Việt là môn nhiệm ý. **2** *adj.* bầu bằng tuyển cử, dân cử; nhiệm ý

electric /ɪ'lektrɪk/ *adj.* điện: ~ **blanket** mền/chăn điện; ~ **chair** ghế điện; ~ **light** đèn điện; ~ **shock** bị điện giật

electrical /ɪ'lektrɪkəl/ *adj.* thuộc về đồ điện

electricity /elek'trɪsɪtɪ/ *n.* điện, điện lực, điện khí: **People complained that their ~ had been cut off many times.** Người ta than phiền là điện bị cắt nhiều lần.

electrocute /ɪ'lektrəkjuːt/ *v.* (điện) giật chết

electromagnetism /ɪ,lektrəʊ'mægnɪtɪsm/ *n.* sự sản xuất điện từ bằng dòng điện

electron /ɪ'lektrən/ *n.* e-lec-tron, điện tử

electronic /ɪlek'trɒnɪk/ *adj.* (thuộc) điện tử: ~ **mail** điện thư; ~ **equipment** dụng cụ điện tử

electronic publishing *n.* in ấn bằng máy điện tử

electronics /ɪlek'trɒnɪks/ *n.* điện tử học

elegance /'elɪgəns/ *n.* vẻ lịch sự, tính thanh lịch/tao nhã

elegant /'elɪgənt/ *adj.* vẻ lịch sự, tính thanh lịch, tao nhã: **She looks beautiful and ~ in her evening gown.** Cô ấy trông rất đẹp và lịch sự trong bộ dạ phục.

element /'elɪmənt/ *n.* nguyên tố, yếu tố; hiện tượng khí tượng, mưa gió bão táp; cơ sở, nguyên lý cơ bản, đại cương: **the five ~s** ngũ hành

elementary /elɪ'mentərɪ/ *adj.* cơ bản, sơ yếu, sơ đẳng, sơ cấp: ~ **English** tiếng anh sơ cấp; ~ **school** trường sơ học/tiểu học, trường phổ thông cấp một

elephant /'elɪfənt/ *n.* con voi; khổ giấy

elevate /'elɪveɪt/ *v.* nâng cao, đề cao

elevator /'elɪveɪtə(r)/ *n.* [*Br.* **lift**] thang máy

eleven /ɪ'lev(ə)n/ *num.* (số) mười một

elf /elf/ *n.* (*pl.* **elves**) yêu tinh, đứa bé tinh nghịch

elicit /ɪ'lɪsɪt/ *v.* gợi/mời khêu ra

eligible /'elɪdʒɪb(ə)l/ *adj.* đủ tư cách: **an ~ bachelor** chàng (thanh niên) độc thân có thể chọn làm chồng

eliminate /ɪ'lɪmɪneɪt/ *v.* loại bỏ, trừ ra, xoá bỏ; khử

elimination /ɪ,lɪmɪ'neɪʃən/ *n.* sự loại bỏ; sự khử; sự bài tiết: **The present government encourages integration, rather than ~, of minority cultures.** Chính phủ hiện nay khuyến khích hội nhập văn hoá hơn là loại bỏ văn hoá thiểu số nào.

elite /eɪ'liːt/ **1** *n.* phái thượng lưu; phần tinh hoa/tốt nhất: **In Vietnam, only the ~ can afford an overseas education for their children.** Ở Việt nam, chỉ có giới thượng lưu mới có thể gởi con đi học nước ngoài. **2** *adj.* xuất sắc, hoàn hảo

elocution /elə'kjuːʃən/ *n.* cách nói (trước công chúng)

elongate /'iːlɒŋgeɪt/ *v.* làm/kéo dài ra

elope /ɪ'ləʊp/ *v.* trốn đi (theo trai)

eloquence /'eləkwəns/ *n.* tài hùng biện

eloquent /'eləkwənt/ *adj.* hùng biện, hùng hồn

else /els/ **1** *adv.* khác: **Anyone ~?** Ai nữa?; **What ~ did she say?** Cô ta còn nói gì nữa?; **Anything ~, sir?** Ông dùng gì nữa không? **2** *conj.* khác nữa: **Hurry up, (or) ~ you'll miss the plane.** Lẹ lên, không lỡ máy bay bây giờ.

elsewhere /els'hweə(r)/ *adv.* ở một nơi khác, chỗ khác

ELT /iːel'tiː/ *abbr.* (= **English Language Teaching**) giảng dạy tiếng Anh

elucidate /ɪ'luːsɪdeɪt/ *v.* làm sáng tỏ, giải thích

elusive /ɪ'l(j)uːsɪv/ *adj.* hay lảng tránh; (câu trả lời) thoái thác; (ý nghĩa) khó nắm

emaciated /ɪ'meɪʃɪeɪtɪd/ *adj.* gầy hốc hác

email /'iːmeɪl/ *n., v.* điện thư, gởi điện thư

emanate /'eməneɪt/ *v.* bắt nguồn, phát ra

emancipate /ɪˈmænsɪpeɪt/ v. giải phóng, giải thoát

emasculate /ɪˈmæskjʊlət/ v. thiến, hoạn; cắt xén (tác phẩm)

embalm /ɪmˈbɑːm/ v. ướp (xác chết)

embankment /ɪmˈbæŋkmənt/ n. đê, đường đắp cao

embargo /ɪmˈbɑːgəʊ/ n., v. (lệnh) cấm vận: **to lift trade ~** bỏ lệnh cấm vận

embark /ɪmˈbɑːk/ v. (cho) lên tàu; lao vào: **to ~ upon** bắt tay vào

embarrass /ɪmˈbærəs/ v. làm ngượng, làm lúng túng/bối rối/khó chịu: **No one will be ~ed.** Không ai cảm thấy khó chịu.

embarrassing /ɪmˈbærəsɪŋ/ adj. lúng túng, khó chịu: **an ~ situation** tình trạng khó chịu

embassy /embəsɪ/ n. toà đại sứ, đại sứ quán: **counselor of the ~** tham tán, cố vấn ngoại giao; **secretary of the ~** bí thư, tham vụ ngoại giao

embed /ɪmˈbed/ v. gắn/đóng/cắm vào; (câu) lồng vào

embers /ˈembə(r)/ n. than hồng; đám tro tàn

embezzle /ɪmˈbez(ə)l/ v. biển thủ, thụt két

embitter /emˈbɪtə(r)/ v. làm cay đắng; làm sâu sắc (mối thù), làm đau lòng

emblem /ˈembləm/ n. biểu tượng, tượng trưng; huy hiệu: **The kangaroo is a national ~ of Australia.** Con kangaroo là biểu tượng quốc gia Úc.

embody /ɪmˈbɒdɪ/ v. biểu hiện

embrace /ɪmˈbreɪs/ **1** n. sự ôm **2** v. ôm, ôm chặt, ghì chặt; đi theo (đường lối, nghề nghiệp): **to ~ someone** ôm ai

embroider /ɪmˈbrɔɪdə(r)/ v. thêu, thêu dệt: **My name was ~ed on my pillowcase.** Tên tôi thêu trên bao gối.

embroidery /ɪmˈbrɔɪdərɪ/ n. đồ thêu; việc/nghề thêu

embryo /ˈembrɪəʊ/ n. phôi: **in ~** còn phôi thai/trứng nước

emcee /ˌemˈsiː/ n. (abbr. **MC**) người giới thiệu chương trình

emerge /ɪˈmɜːdʒ/ n. nổi lên; hiện ra, nảy ra, lòi ra

emergency /ɪˈmɜːdʒənsɪ/ n. tình trạng khẩn cấp; trường hợp cấp cứu: **in case of ~** trong trường hợp khẩn cấp; **~ brake** thắng khẩn cấp; **~ door/exit** cửa an toàn/thoát hiểm

emigrant /ˈemɪgrənt/ n. người di cư

emigrate /ˈemɪgreɪt/ v. di cư, đổi chỗ ở

eminence /ˈemɪnəns/ n. sự nổi tiếng; mô đất: **Several scientists achieved ~ in their work.** Nhiều khoa học gia đã nổi tiếng do công trình của họ.

eminent /ˈemɪnənt/ adj. nổi tiếng, xuất sắc, kiệt xuất, lỗi

emission /ˈemɪʃən/ n. nguồn cung cấp điện, khí đốt

emit /ɪˈmɪt/ v. phát/bốc/tỏa ra

emolument /ɪˈmɒljʊmənt/ n. tiền thù lao; tiền trà nước

emoticon /ɪˈməʊtɪkɒn/ n. sự thể hiện cảm tưởng

emotion /ɪˈməʊʃən/ n. sự cảm động/ xúc động/xúc cảm: **She spoke to me with great ~.** Cô ấy nói với tôi trong sự xúc động.

empathize /ˈempəθaɪz/ v. thông cảm với người khác

emperor /ˈempərə(r)/ n. hoàng đế

emphasis /ˈemfəsɪs/ n. sự nhấn mạnh

emphasize /ˈemfəsaɪz/ v. nhấn mạnh: **I would like to ~ that ...** Tôi muốn nhấn mạnh là...

emphatic /emˈfætɪk/ adj. nhấn mạnh, nhấn giọng; dứt khoát

empire /ˈempaɪə(r)/ n. đế quốc, đế chế: **~ building** toà nhà lớn

empirical /ɪmˈpɪrɪkəl/ adj. theo lối kinh nghiệm

employ /ɪmˈplɔɪ/ **1** n. sự dùng người: **in his ~** làm cho ông ta **2** v. dùng, thuê (người giúp việc); sử dụng: **The company ~s hundreds of workers.** Công ty thuê cả 100 người.

employment /ɪmˈplɔɪmənt/ n. sự dùng/ thuê người; việc làm: **out of ~** thất nghiệp

empower /ɪmˈpaʊə(r)/ v. cho/trao

quyền; khiến cho có thể: **Science and technology ~ men to control natural forces.** Khoa học và kỹ thuật giup con người chế ngự được sức mạnh thiên nhiên.

emptiness /'emptɪnəs/ *n.* sự trống rỗng, tình trạng trống rỗng

empty /'emptɪ/ **1** *n.* vỏ không, chai không, thùng không **2** *adj.* trống, rỗng, trống/rỗng không; rỗng tuếch; bụng rỗng, đói; (lời nói) hão, suông: **My petrol can is ~.** Xe tôi hết xăng rồi.; **~ promise** lời hứa suông, hứa hão **3** *v.* đổ/dốc/làm/ uống cạn, trút sạch; (sông) đổ ra: **The Mekong river empties into the sea.** Sông Cửu Long đổ ra biển.

emulation /ˌemju:'leɪʃən/ *n.* sự thi đua, sự ganh đua

emulsion /ɪ'mʌlʃən/ *n.* thể sữa, nhũ tương

enable /ɪ'neɪb(ə)l/ *v.* làm/khiến cho có thể, cho phép

enact /ɪ'nækt/ *v.* ban hành (luật); đóng/ diễn (vai)

encapsulate /ɪn'kæpsjuleɪt/ *v.* diễn tả ngắn gọn tầm quan trọng một sự việc

encash /ɪn'kæʃ/ *v.* đổi ngân phiếu lấy tiền mặt

enchant /ɪn'tʃɑːnt/ *v.* làm say mê; mê hoặc bằng yêu thuật

encircle /ɪn'sɜːk(ə)l/ *v.* bao quanh, bao vây; đi vòng quanh

enclose /ɪn'kləʊz/ *v.* gửi kèm, đính kèm; rào quanh: **I ~ a cheque.** K tôi xin kèm đây một chi phiếu.; **~d herewith is, ~d herewith please find …** đính kèm thư này là …

enclosure /ɪn'kləʊʒ(j)ʊə(r)/ *n.* hàng/ đất rào; văn kiện gửi kèm

encode /ɪn'kəʊd/ *v.* cho ám số/mật mã; thay đổi thông tin cho vào máy vi tính

encompass /ɪn'kʌmpəs/ *v.* bao gồm, chứa đựng

encore /ɒŋ'kɔːr/ **1** *n.* bài hát lại, điệu múa lại (theo lời yêu cầu của khán

giả) **2** *intj.* nữa! hoan hô! nữa!

encounter /ɪn'kaʊntə(r)/ **1** *n.* sự gặp gỡ; cuộc chạm trán, cuộc đụng độ: **The director tells of a remarkable ~ with a group of his employees.** Giám đốc nói đến cuộc gặp gỡ với một nhóm công nhân của ông ta. **2** *v.* gặp thình lình, bắt gặp; gặp (khó khăn): **In our daily life, we often ~ some problems.** Trong đời sống hàng ngày, chúng ta sẽ bắt gặp những khó khăn.

encourage /ɪn'kʌrɪdʒ/ *v.* khuyến khích, cổ vũ, động viên: **to ~ someone to do something** khuyến khích ai làm việc gì

encroach /ɪn'krəʊtʃ/ *v.* xâm phạm, lấn (on vào): **to ~ on someone's private space** xâm phạm vào đời tư của ai

encryption /ɪŋ'krɪpʃən/ *n.* việc cho thông tin vào ám số mật để không ai biết

encyclopedia /ɪnˌsaɪkləʊ'piːdɪə/ *n.* bộ bách khoa từ điển: **Besides having a dictionary, you should have an ~ set.** Too ngoài từ điển ra, bạn can có cuốn bách khoa từ điển.

end /end/ **1** *n.* đầu mối (dây); đuôi, đoạn cuối, phần chót; mẩu thừa; giới hạn; sự kết thúc/kết liễu, sự chết; mục đích, cứu cánh: **at year's ~** vào lúc cuối năm; **from ~ to ~** từ đầu này đến đầu kia; **to bring to an ~** chấm dứt **2** *v.* chấm dứt, kết thúc, tận cùng: **to ~ up** kết thúc, kết luận

endanger /ɪn'deɪndʒə(r)/ *v.* làm nguy hiểm, làm nguy hại

endeavor /en'devə(r)/ *n., v.* cố gắng, nỗ lực

endnote /'endnəʊt/ *n.* ghi chú ở cuối sách hay bài văn

endorse /ɪn'dɔːs/ *v.* ký, bối thự (séc, chi phiếu); tán thành

endorsement /ɪn'dɔːsmənt/ *n.* sự xác nhận, sự chấp thuận/doing ý

endow /ɪn'daʊ/ *v.* quyên trợ tiền (vào trường, tổ chức văn hoá); (trời) phú cho

endowment /ɪnˈdaʊmənt/ *n.* vốn quyên trợ (cho trường đại học, tổ chức văn hoá); quỹ quyên tặng; thiên tài, thiên phú: **national ~ for the humanities** cơ quan quốc gia quyên tặng chương trình nhân đạo; **child ~ for the unemployed** sự quyên góp của trẻ con cho người thất nghiệp

endurance /ɪnˈdjʊərəns/ *n.* sự chịu đựng: **beyond/past ~** không thể nhẫn nại được nữa

endure /ɪnˈdjʊə(r)/ *v.* chịu đựng, cam chịu; kéo dài, tồn tại: **His firm ~d serious financial losses.** Công ty ông ấy chịu đựng mất mát tài chánh nghiêm trọng.

end-user *n.* người sử dụng sản phẩm

enemy /ˈenəmɪ/ **1** *n.* kẻ thù, địch thủ, quân địch: **to be one's own ~** tự mình hại mình **2** *adj.* của địch, thù địch

energize /ˈenəˈdʒaɪz/ *v.* làm cho ai có thiện cảm với việc gì, làm cho ai phấn khởi

energy /ˈenədʒɪ/ *n.* sinh lực, nghị lực; năng lượng: **atomic ~** nguyên tử; **electric ~** điện; **solar ~** năng lượng mặt trời; **the ~ crisis** cuộc khủng hoảng về năng lượng; **kinetic ~** động năng

enforce /ɪnˈfɔːs/ *v.* thi hành, thực thi (luật); bắt theo: **We tried to cap the cost by enforcing technological reforms.** Chúng ta hạn chế giá thành bằng thực thi cải tiến kỹ thuật.

engage /ɪnˈɡeɪdʒ/ **1** *v.* hẹn, hứa hẹn, cam kết: **to ~ oneself in doing something** hứa hẹn làm việc gì **2** *v.* đính hôn, hứa hôn: **to be ~d to … (for marriage)** … đính hôn với … **3** *v.* mắc bận: **They tried to ~ her in conversation.** Họ cố giữ cho cô ấy bận nói chuyện hoài.

engagement /ɪnˈɡeɪdʒmənt/ *n.* sự hứa hôn, sự đính hôn; đám hỏi; sự hẹn/ bận; sự thuê người làm; cuộc giao chiến: **~ ring** nhẫn đính hôn, nhẫn phi ăng xê; **to have a previous ~** có

hẹn trước rồi

engender /ɪnˈdʒendə(r)/ *v.* sinh ra, gây ra

engine /ˈendʒɪn/ *n.* máy, động cơ; đầu máy xe lửa: **to start the ~ of the car** cho nổ máy

engineering /endʒɪˈnɪərɪŋ/ *n.* nghề kỹ sư/công trình kỹ sư; kỹ thật: **civil ~** kỹ thuật xây dựng; **military ~** kỹ thuật công binh; **mechanical ~** kỹ thuật cơ khí

England /ˈɪŋɡlənd/ *n.* nước Anh, Anh quốc

English /ˈɪŋɡlɪʃ/ **1** *n.* tiếng Anh; người dân Anh: **the king's ~** tiếng Anh tiêu chuẩn; **modern ~** tiếng Anh hiện đại; **Middle ~** tiếng Anh thời trung cổ **2** *adj.* (thuộc/của) Anh: **~ dictionary** từ điển tiếng Anh

engrave /ɪnˈɡreɪv/ *v.* khắc, chạm, trổ; in sâu, khắc sâu

engross /ɪnˈɡrəʊs/ *v.* làm mê mải, thu hút; chiếm (thì giờ)

engulf /ɪnˈɡʌlf/ *v.* nhậm chìm/sâu, cuốn đi

enhance /ɪnˈhɑːns/ *v.* làm tăng, nổi bật, nâng cao, đề cao

enigma /ɪˈnɪɡmə/ *n.* điều bí ẩn, chuyện khó hiểu

enjoy /ɪnˈdʒɔɪ/ *v.* thích thú, khoái; có được, hưởng (thụ): **to ~ oneself** khoái trá, vui tính (thưởng thức); **I ~ my holidays.** Tôi thích những ngày nghỉ lễ.

enjoyment /ɪnˈdʒɔɪmənt/ *n.* sự thích thú, sự khoái trá; điều làm vui thích; sự được hưởng, sự thưởng thức

enlarge /ɪnˈlɑːdʒ/ *v.* mở rộng, tăng lên, khuếch trương; phóng đại/lớn, rửa lớn (ảnh)

enlargement /ɪnˈlɑːdʒmənt/ *n.* sự mở rộng, sự khuếch trương; tấm ảnh phóng to; sự mở rộng thêm

enlighten /ɪnˈlaɪtən/ *v.* làm sáng tỏ, mở mắt cho; làm cho đỡ ngu muội/ mê tín, giải thoát

enlightenment /ɪnˈlaɪt(ə)nmənt/ *n.* sự hết ngu muội/mê tín; sự đắc đạo

enlist /ɪn'lɪst/ *v.* tòng quân, đăng lính, đi làm nghĩa vụ quân sự; tuyển (quân); tranh thủ, giành được

enliven /ɪn'laɪv(ə)n/ *v.* làm sống động, làm hoạt động/sôi nổi; làm phấn chấn/hưng thịnh, làm cho có khởi sắc

en masse /ˌɒm'mæs/ *adv.* cùng chung với nhau, trong một tập thể

enmesh /en'meʃ/ *v.* tham gia với ai trong hoàn cảnh xấu nhưng khó thoát ra được

enmity /'enmɪtɪ/ *n.* sự thù hằn/thù địch: **to be at ~ with someone** thù địch với ai

enormous /ɪ'nɔːməs/ *adj.* to tướng, to lớn, khổng lồ, quá nhiều: **He has an ~ appetite.** Ông ấy ăn ngon quá.

enough /ɪ'nʌf/ **1** *n.* lượng đủ dùng: **He has ~ to live on.** Ông ấy đủ sống.; **more than ~** quá đủ **2** *adj.* đủ, khá: **~ money** đủ tiền **3** *adv.* đầy đủ, khá: **warm ~** đủ ấm; **well ~** khá hay, khá tốt, khá giỏi

enrage /ɪn'reɪdʒ/ *v.* làm giận điên, làm điên tiết

enrich /ɪn'rɪtʃ/ *v.* làm giàu thêm, làm phong phú/màu mỡ: **to ~ one's knowledge** làm phong phú thêm kiến thức

enroll /ɪn'rəʊl/ *v.* ghi tên [đi học, đi lính]; kết nạp: **The majority of the students ~ed in English courses.** Đa số học sinh ghi tên học các khoá tiếng Anh.

enrollment /ɪn'rəʊlmənt/ *n.* sự ghi danh; số học sinh/sinh viên, sĩ số

enroute /ˌɒnruːt/ *adv.* đang trên đường đi

ensemble /ˌɒn'sɒmbl/ *n.* đoàn kịch, đoàn văn công/hợp xướng, ban nhạc; toàn bộ, chỉnh thể

enshrine /ɪn'ʃraɪn/ *v.* để vào đền miếu để tôn thờ

enslave /ɪn'sleɪv/ *v.* bắt làm nô lệ, nô lệ hoá, nô dịch hoá

ensnare /ɪn'sneə(r)/ *v.* làm cho ai khó thoát khỏi tình trạng khó khăn

ensue /ɪn'sjuː/ *v.* xảy ra; sinh ra [**from/on** từ]

ensure /ɪn'ʃʊə(r)/ *v.* bảo đảm

entail /ɪn'teɪl/ *v.* đòi hỏi; đưa đến, dẫn khởi, gây ra

entangle /ɪn'tæŋgl/ *v.* làm vướng víu, cuốn vào

enter /'entə(r)/ *v.* vào, đâm vào; ghi [tên, khoản chi thu]: **to ~ into** ký kết, tham dự [hiệp ước]

enterprise /'entəpraɪz/ *n.* hãng, cơ sở kinh doanh, xí nghiệp: **There are many industrial ~s in this city.** Có nhiều cơ sở kỹ nghệ trong thành phố nầy.

entertain /entə'teɪn/ *v.* tiếp đãi, chiêu đãi, thết đãi; giải trí, tiêu khiển, giải buồn; nuôi dưỡng, ấp ủ, hoài bão [hy vọng, mộng, v.v.]: **to ~ one's guests** chiêu đãi quan khách

entertainment /entə'teɪnmənt/ *n.* sự thết đãi; thú tiêu khiển, trò giải trí; phần văn nghệ: **an ~ center** trung tâm giải trí

enthrall /ɪn'θrɔːl/ *v.* hấp dẫn, làm mê hoặc/mê mệt

enthrone /ɪn'θrəʊn/ *n.* đưa lên ngôi, tôn lên (làm vua)

enthusiasm /ɪn'θjuːzɪæz(ə)m/ *n.* sự hăng hái, nhiệt tình, nhiệt tâm

enthusiastic /ɪnˌθjuːzɪ'æstɪk/ *adj.* hăng hái, nhiệt tình, sốt sắng

entice /ɪn'taɪs/ *v.* dụ, dụ dỗ, cám dỗ, lôi kéo, nhử

entire /ɪn'taɪə(r)/ *adj.* toàn bộ/thể; toàn vẹn, hoàn toàn: **the ~ country** toàn quốc; **the ~ people** toàn dân

entitle /ɪn'taɪt(ə)l/ *v.* cho tên [sách, bài]; cho quyền: **to be ~d to freedom** được hưởng quyền tự do; **The poem is ~d …** Bài thơ ấy nhan đề …

entity /'entɪtɪ/ *n.* thực thể

entourage /'ɒntʊrɑːʒ/ *n.* đoàn tuỳ tùng, những người tháp tùng; vùng lân cận

entrails /'entreɪl/ *n.* ruột, lòng

entrance /'entrəns/ **1** *n.* lối vào; quyền gia nhập: **~ examination** thi vào, thi nhập học; "**Entrance**" cấm vào! **2** *n.* lối vào, lối đi vào **3** *v.* làm xuất thần; làm mê mẩn, mê hoặc

entrance /ɪn'trɑːnts/ *v.* làm cho ai thích thú ngưỡng mộ điều gì

entrap /ɪn'træp/ *v.* bị vào lưới, sa vào bẫy

entreat /ɪn'triːt/ *v.* van xin/nài, khẩn nài, khẩn khoản: **to ~ someone for something** van xin ai việc gì

entreaty /ɪn'triːtɪ/ *n.* sự/lời khẩn cầu

entrench /ɪn'trenʃ/ *v.* đào hào, cố thủ

entrepot /'ɒntrəpəʊ/ *n.* trung tâm xuất nhập khẩu; nhà kho tạm trữ hàng

entrepreneur /ˌɒntrəprə'nɜː(r)/ *n.* người kiếm tiền bằng kinh doanh

entrust /ɪn'trʌst/ *v.* giao, gửi, giao phó: **to ~ a task to someone** giao phó một việc cho ai

entry /'entrɪ/ *n.* sự đi vào; lối/cổng vào; sự ghi vào sổ; khoản/mục được ghi; mục từ [trong từ điển]: "**No Entry**" không được vào

entwine /ɪn'twaɪn/ *v.* quấn, bện, tết

enumerate /ɪ'njuːməreɪt/ *v.* kê, liệt kê, tính rõ, đếm

envelop /ɪn'veləp/ *v.* bọc, bao, bao phủ

envelope /'envələʊp/ *n.* phong bì, bì thư: **self-addressed ~** phong bì đề tên mình để người ta trả lời

enviable /'envɪəb(ə)l/ *adj.* đáng thèm muốn, đáng ghen tị

envious /'envɪəs/ *adj.* thèm muốn, ghen ti, đố ky

environment /ɪn'vaɪrənmənt/ *n.* hoàn cảnh, môi trường: **to protect natural ~s** bảo vệ môi trường thiên nhiên

envisage /ɪn'vɪzɪdʒ/ *v.* dự tính, nhìn trước, nghĩ rằng sẽ có

envoy /'envɔɪ/ *n.* phát viên, đại diện; đặc sứ, công sứ

envy /'envɪ/ **1** *n.* sự thèm muốn/ghen ti/đố ky; điều làm người ta ghen tị **2** *v.* thèm muốn, ghen tị

epic /'epɪk/ *n., adj.* (có tính chất) sử thi/anh hùng ca

epicenter /'epɪsentə(r)/ *n.* trung tâm điểm; nơi thường xảy ra động đất

epidemic /ˌepɪ'demɪk/ *n., adj.* (bệnh) dịch

epilepsy /'epɪlepsɪ/ *n.* chứng động kinh

epilogue /'epɪlɒg/ *n.* phần kết; lời bạt

episode /'epɪsəʊd/ *n.* đoạn, hồi, tình tiết: **The final ~ of "Romeo and Juliet" will be shown this Saturday.** Đoạn cuối của vở kịch Jomeo và Jullet sẽ trình diễn vào thứ Bảy nầy.

epitaph /'epɪtɑːf/ *n.* văn bia, văn mộ chí

epitome /ɪ'pɪtəmiː/ *n.* toát yếu, trích yếu; hình ảnh thu nhỏ

equable /'ekwəbl/ *adj.* điềm đạm, không hay nóng giận; không thay đổi

equal /'iːkwəl/ **1** *n.* người ngang hàng/ sức, vật bằng nhau: **You should marry somebody more your ~.** Bạn nên lấy người bằng bạn.; **Their extensive knowledge of the ancient world has no ~.** Kiến thức về thế giới cổ không ai bằng họ. **2** *adj.* ngang, bằng; đủ sức, đủ khả năng (đáp ứng): **to be ~ to someone's expectation** đáp ứng sự mong đợi của ai; **~ opportunity** cơ hội đồng đều **3** *v.* bằng, ngang, sánh/bì kịp: **10 percent interest less 4 percent inflation ~s 6 percent.** 10 phần trăm tiền lời trừ đi 4 phần trăm lạm phát bằng 6 phần trăm.

equality /ɪ'kwɒlɪtɪ/ *n.* sự bình đẳng; sự bằng nhau: **gender ~ in employment** sự bình đẳng phái tính trong việc tuyển dụng

equate /ɪ'kweɪt/ *v.* đặt ngang hàng, đánh đồng

equation /iː'kweɪʒən/ *n.* phương trình

equator /ɪ'kweɪtə(r)/ *n.* xích đạo

equestrian /ɪ'kwestrɪən/ *n., adj.* thuộc thuật/người cởi ngựa

equidistant /iːkwɪ'dɪstənt/ *adj.* cách đều

equilateral /iːkwɪ'lætərəl/ *adj.* [tam giác] đều cạnh: **an ~ triangle** tam giác đều

equilibrium /iːkwɪ'lɪbrɪəm/ *n.* sự thăng bằng, sự cân bằng

equip /ɪ'kwɪp/ v. trang bị, thiết bị: **All miners should be ~ped with modern tools.** Tất cả các công nhân hầm mỏ phải được trang bị dụng cụ kỹ thuật tân tiến.

equipment /ɪ'kwɪpmənt/ n. sự trang bị; đồ trang bị, thiết bị, dụng cụ, đồ dùng, máy móc: **educational ~** đồ trang bị dạy học

equitable /'ekwɪtəb(ə)l/ adj. công bằng, vô tư

equivalent /ɪ'kwɪvələnt/ n., adj. (vật/ từ) tương đương: **The cost of a motorcycle is ~ to three months of a worker's salary.** Giá một chiếc xe gắn máy tương đương ba tháng lương của một công nhân.

equivocal /ɪ'kwɪvəkəl/ adj. không rõ rệt, mập mờ, nước đôi

ER /'iː,aː(r)/ abbr. (= **Emergency Room**) phòng cấp cứu

era /'ɪərə/ n. thời đại, kỷ nguyên: **the Christian ~** kỷ nguyên Thiên Chúa giáo

eradicate /ɪ'rædɪkeɪt/ v. trừ tiệt, nhổ rễ, xoá bỏ, diệt trừ

erase /ɪ'reɪz/ v. xoá, xoá bỏ, gạch bỏ, tẩy đi: **to ~ mistakes** xoá bỏ lỗi đi

eraser /ɪ'reɪsə(r)/ n. cái tẩy, cái lau bảng

erect /ɪ'rekt/ 1 adj. đứng thẳng, dựng đứng 2 v. xây dựng, lắp ráp

ergonomics /ˌɜːgə'nɒmɪk/ n. ngành nghiên cứu về điều kiện làm việc; việc chế tạo dụng cụ làm việc thích hợp

erode /ɪ'rəʊd/ v. xói mòn; ăn mòn

erosion /ɪ'rəʊʒən/ n. sự xói mòn, sự ăn mòn, sự xâm thực

erotic /e'rɒtɪk/ adj. thuộc tình dục; gợi tình, khiêu dâm: **~ films** phim khiêu dâm

err /ɜː(r)/ v. sai lầm, lầm lỗi

errand /'erənd/ n. việc vặt: **to run ~s** chạy việc vặt

errata /e'rɑːtə/ n. (sing. **erratum**) bản đính chính lỗi in

erroneous /ɪ'rəʊnɪəs/ adj. sai lầm

error /'erə(r)/ n. sự sai lầm, lỗi: **to make/commit an ~** mắc phải sai lầm; **typographical ~s** lỗi nhà in, lỗi tấn công, lỗi người đánh máy

erudite /'erədaɪt/ adj. học rộng, uyên bác, uyên thâm

erupt /ɪ'rʌpt/ v. [núi lửa] phun; [vụ cãi cọ, chiến tranh] nổ ra, bùng nổ, bạo phát; [da] phát ban, mọc mụn: **After two days of ceasefire, heavy fighting ~ed again.** Sau hai ngày ngưng bắn, cuộc chiến lại bùng nổ.

escalate /'eskəleɪt/ v. leo thang [chiến tranh]

escalator /'eskəleɪtə(r)/ n. cầu thang tự động/máy: **to take an ~ up to the meeting place** dùng thang máy đi lên phòng họp

escape /ɪ'skeɪp/ 1 n. sự trốn thoát, lối thoát; sự thoát hơi: **fire ~** thang thoát cháy 2 v. trốn thoát, thoát; thoát ra: **to ~ punishment** thoát khỏi sự trừng phạt

escape clause n. điều khoản không ràng buộc người ký hợp đồng

escort /'eskɔːt/ 1 n. đội/đoàn hộ tống; người bảo vệ/hướng dẫn; người cùng đi 2 v. hộ tống, đi theo

Eskimo /'eskɪməʊ/ n. áo dài phụ nữ Nhật, áo et-ki-mô

ESL /ˌiːes'el/ abbr. (= **English as a Second Language**) tiếng Anh là ngôn ngữ thứ hai

esophagus /iː'sɒfəgəs/ n. [Br. **oeso-phagus**] thực quản

ESP /ˌiːes'piː/ abbr. (= **English for Special Purposes**) tiếng Anh cho mục tiêu đặc biệt

especially /ɪ'speʃəlɪ/ adv. nhất là đặc biệt

espionage /'espɪənɑːʒ/ n. hoạt động gián điệp

esplanade /'espləneɪd/ n. khu đất trống dành cho người đi bộ

essay /'eseɪ/ n. bài tiểu luận/đoản luận, bài luận: **to write an ~** làm luận văn

essence /'ɪsəns/ n. tinh chất; bản chất, thực chất

essential /ɪ'senʃəl/ **1** *n.* yếu tố, cần thiết **2** *adj.* thuộc bản chất; cần thiết, thiết/chủ/cốt/tất yếu: **It is ~ to wear a life vest when one goes rafting.** Cần thiết phải mặc phao khi đi chèo thuyền.

establish /ɪ'stæblɪʃ/ *v.* lập, thành lập, thiết lập; chứng minh, xác định; đặt [vào một địa vị]: **This department store was ~ed in 2000.** Gian hàng nầy được thành lập năm 2000.

establishment /ɪ'stæblɪʃmənt/ *n.* sự thành lập; sự xác định; sự đặt; cơ sở kinh doanh, cơ cấu chính phủ

estate /ɪ'steɪt/ **1** *n.* ruộng đất, cơ ngơi, địa sản, bất động sản: **real ~** bất động sản, tài sản, di sản **2** *n.* người mua bán nhà cửa đất đai, công ty địa ốc: **to discuss with an ~-agent the price of your house** thảo luận giá nhà của bạn với công ty địa ốc

esteem /ɪ'stiːm/ **1** *n.* lòng quý mến: **to hold someone in high ~** kính mến/ quý trọng ai **2** *v.* kính mến, quí trọng

esthetics /es'θetɪks/ *n.* [*Br.* **aesthetics**] mỹ học

estimate /'estɪmət/ **1** *n.* số lượng ước tính; bản khai giá **2** *v.* ước lượng, đánh giá: **to ~ one's monthly expenditure** ước tính chi tiêu hàng tháng của ai

estranged /ɪ'streɪndʒ/ *adj.* ly gián, làm xa rời/xa lạ

estuary /'estjuːərɪ/ *n.* cửa sông

et cetera /et 'setərə/ *adv.* (*abbr.* **etc.**) vân vân

eternal /iː'tɜːnəl/ *adj.* vĩnh viễn/cửu, bất diệt, đời đời; không ngừng, liên miên: **~ life** cuộc sống vĩnh cửu

ethereal /iː'θɪərɪəl/ *adj.* nhẹ như thinh không; thiên tiên

Ethernet /iː'θənət/ *n.* hệ thống liên lạc mạng vi tính địa phương

ethical /'eθɪkəl/ *adj.* thuộc đạo đức, thuộc luân lý; đúng luân thường đạo lý, đúng luân lý chức nghiệp

ethics /'eθɪks/ *n.* đạo đức, nguyên tắc xử thế; đạo đức học

Ethiopia /iːθɪ'əʊpɪə/ *n.* nước E-ti-ô-pi

Ethiopian /iːθɪ'əʊpɪən/ *n., adj.* thuộc/ người E-ti-ô-pi

ethnic /'eθnɪk/ *adj.* thuộc dân tộc/ chủng tộc/nhân chủng: **There are 54 ~ minority groups in Vietnam.** Có 54 dân tộc thiểu số ở Việt nam.

etiquette /'etɪket/ *n.* phép xã giao: **social ~** nghi lễ

etymology /etɪ'mɒlədʒɪ/ *n.* từ nguyên, ngữ nguyên; từ nguyên học

EU /ˌiː'juː/ *abbr.* (= **European Union**) liên hiệp các nước Âu châu

eucalyptus /juːkə'lɪptəs/ *n.* cây khuynh diệp

euphoria /juː'fɔːrɪə/ *n.* cảm giác tốt lành

Eurasian /juə'reɪʒən/ **1** *n.* người hợp chủng Âu Á **2** *adj.* thuộc hai dòng máu Âu Á

euro /juə'rəʊ/ *n.* đơn vị tiền tệ các nước liên hiệp Âu châu: **The ~ moved up against the U.S. dollar this summer.** Đồng tiền Âu châu lên cao hơn đồng đô-la Mỹ trong mùa hè nầy.

Europe /juə'rəp/ *n.* châu Âu

evacuate /ɪ'vækjuːeɪt/ *v.* rút quân; sơ tán, tản cư, bài tiết: **All the people were ~d after the earthquake.** Tất cả mọi người phải tản cư sau trận động đất.

evacuation /ɪˌvækjuː'eɪʃən/ *n.* sự triệt thoái; việc sơ tán/tản cư; sự bài tiết

evade /ɪ'veɪd/ *v.* tránh, né, lẩn tránh, lẩn trốn, lẩng

evaluate /ɪ'væljuːeɪt/ *v.* đánh giá, định giá, lượng định: **It's hard to ~ his ability.** Thật khó đánh giá khả năng ông ấy.

evaluation /ɪ'væljuːeʃən/ *n.* sự đánh giá, sự định giá

evaporate /ɪ'væpəreɪt/ *v.* (làm) bay hơi; tan biến, biến mất

evasion /ɪ'veɪʒən/ *n.* sự lẩng tránh, sự lẩn tránh

evasive /ɪ'veɪsɪv/ *adj.* lẩng tránh, thoái thác

eve /iːv/ *n.* đêm trước, ngày hôm trước: **on the ~ of** thời gian trước khi có; **New Year's ~** đêm giao thừa

even /'iːv(ə)n/ **1** *adj.* bằng, phẳng; đều, đều đặn; ngang nhau; [số] chẵn: **to get ~ with someone** trả thù ai; **to break ~** hoà vốn **2** *v.* san bằng, làm phẳng; làm cho bằng **3** *adv.* ngay cả đến; lại còn: **He ~ hates his father.** Nó ghét cả bố nó nữa.; **This one is ~ cheaper.** Cái này lại còn rẻ hơn.; **~ if, ~ though** dù là ... đi chăng nữa; **~ so** dù có thế đi nữa

evening /'iːvnɪŋ/ *n., adj.* buổi tối, tối, đêm: **in the ~** buổi tối; **on that ~** tối hôm ấy; **this ~** tối nay; **tomorrow ~** tối mai; **~ paper** báo buổi chiều; **~ school** lớp học buổi tối; **~ dress** áo dạ hội; **~ star** sao hôm

event /ɪ'vent/ *n.* sự việc, biến cố (quan trọng); trường hợp: **current ~s** thời sự, thời cuộc; **in the ~ of** trong trường hợp ...; **in any ~, at all ~s** bất luận trong trường hợp nào

ever /'evə(r)/ *adv.* bao giờ, từ trước đến nay, từng, hằng; mãi mãi, luôn luôn; nhỉ!: **more than ~** hơn bao giờ hết; **the best story ~ written** truyện hay nhất từ trước đến nay; **Did you ~ swim in that river?** Anh đã bao giờ bơi ở con sông đó chưa?; **Have you ~ been to Singapore?** Các ông đã bao giờ đến Singapore chưa?; **The most entertaining movie I have ~ seen.** Cuốn phim giải trí nhất mà tôi từng được xem.; **for ~ and ~** mãi mãi

evergreen /'evə,ɡriːn/ *n.* cây trường xanh, cây xanh quanh năm

everlasting /evə'lɑːstɪŋ/ *adj.* mãi mãi, vĩnh viễn, vĩnh cửu

every /'evərɪ/ *adj.* mọi, tất cả mọi: **~ now and then** thỉnh thoảng; **~ other day** cách một ngày một lần, hai ngày một lần; **~ three weeks** ba tuần lễ một lần

everybody /'evrɪbɒdɪ/ *pron.* (tất cả) mọi người, ai nấy: **to say hello to ~** chào tất cả mọi người

everyone /'evrɪwʌn/ *pron.* (= **everybody**) mọi người, ai nấy: **Everyone was happy when they heard that news.** Mọi người đều vui mừng khi nghe tin đó.

everything /'evrɪθɪŋ/ *pron.* tất cả, mọi thứ/vật: **She wants to buy ~.** Cô ấy muốn mua tất cả mọi thứ.

everywhere /'evrɪhweə(r)/ *adv.* khắp mọi nơi, ở mọi nơi: **We searched ~, but could not find him.** Chúng tôi tìm khắp nơi nhưng không gặp ông ấy.

evict /ɪ'vɪkt/ *v.* đuổi [người thuê nhà/đất], trục xuất

evidence /'evɪdəns/ *n.* chứng cớ, bằng chứng: **He could not give any ~.** Ông ấy chẳng đưa ra bằng cớ gì cả.

evident /'evɪdənt/ *adj.* rõ ràng, hiển nhiên

evil /'iːv(ə)l/ **1** *n.* điều ác/xấu **2** *adj.* xấu, ác; có hại: **to have an ~ tongue** nói lời ác hại

evoke /iː'vəʊk/ *v.* gợi lên

evolution /evə'ljuːʃən/ *n.* sự tiến triển/diễn tiến/tiến hoá

evolve /ɪ'vɒlv/ *v.* tiến diễn, tiến triển; tiến hoá

ewe /juː/ *n.* cừu cái

exact /ɪɡ'zækt/ **1** *adj.* đúng, chính xác **2** *v.* tống tiền, bắt đóng, bóp nặn [thuế]

exactly /ɪɡ'zæktlɪ/ *adv.* đúng, đúng như vậy, đúng như thế: **This is ~ what I want.** Đây là điều đúng tôi muốn.

exaggerate /ɪɡ'zædʒəreɪt/ *v.* thổi phồng, phóng đại, cường điệu

exalt /ɪɡ'zɒlt/ *v.* đề cao, tâng bốc; tán dương, tán tụng

examination /ɪɡ,zæmɪ'neɪʃən/ *n.* sự khám xét, sự khảo sát; kỳ thi: **to take this ~** tham dự kỳ thi nầy; **to pass the ~** đỗ; to **fail/flunk an ~** trượt, trớt; **physical/medical ~** sự khám bệnh, sự khám sức khoẻ

examine /ɪɡ'zæmɪn/ *v.* xem xét, cứu xét, khám xét; nghiên cứu, khảo sát; hỏi thi, sát hạch; thẩm vấn: **to ~ the situation** xem xét tình huống

example /ɪgˈzɑːmp(ə)l/ *n.* ví dụ, thí dụ; gương, mẫu, gương mẫu: **to give an ~** cho một ví dụ

exasperate /ɪgˈzɑːspəreɪt/ *v.* làm bực tức thêm, chọc tức

excavate /ˈekskəveɪt/ *v.* đào; khai quật

excavation /ekskəˈveɪʃən/ *n.* sự đào; hố đào; cuộc khai quật

exceed /ɪkˈsiːd/ *v.* vượt quá/hơn: **to ~ the speed limit** vượt quá tốc độ hạn chế

excel /ɪkˈsel/ *v.* hơn, trội hơn; trội về, xuất sắc [về **in**]

Excellency /ˈeksələnsɪ/ *n.* Ngài (xưng hô): **Your ~** kính thưa Ngài

excellent /ˈɪksələnt/ *adj.* rất tốt, ưu, rất hay, ưu tú, trội: **She does an ~ job.** Cô ấy làm việc rất tốt.

except /ekˈsept/ **1** *prep.* trừ, ngoại trừ: **We work every day ~ Sunday.** Chúng tôi làm việc hàng ngày trừ ngày Chủ nhật. **2** *conj.* mà rằng, ngoại trừ: **He did not tell me anything ~ that he wanted to borrow money.** Ông ấy không nói với tôi điều gì ngoại trừ ông ấy muốn mượn tiền. **3** *v.* không kể: **Tours are organized for all months ~ January.** Các chuyến du lịch được tổ chức quanh năm không kể tháng Giêng.

exception /ekˈsepʃən/ *n.* biệt lệ, ngoại lệ: **with the ~** of trừ ...; **to take ~ to** phản đối

excerpt /ˈeksəpt/ *n.* đoạn/phần trích; trích dẫn

excess /ekˈses/ *n., adj.* sự quá mức; số hơn/thừa/dôi dư; sự ăn uống/ chơi bời quá độ: **in ~ of** hơn, quá...; **~ baggage** hành lý thặng dư

excessive /ekˈsesɪv/ *adj.* quá mức, quá thể, quá đáng/độ

exchange /ɪksˈtʃeɪndʒ/ **1** *n.* sự trao đổi; hối đoái; tổng đài điện thoại: **foreign ~** đổi ngoại tệ; **rate of ~** hối suất **2** *v.* đổi, đổi chác, trao đổi; đổi được: **A dollar can be ~d for more**

than VN $1,000. Một đô la có thể đổi ra được hơn 1,000, Việt Nam.

Exchequer /ɪksˈtʃekə(r)/ *n.* Bộ Tài chính Anh: **chancellor of the ~** Bộ trưởng tài chính Anh

excise /ˈeksaɪz/ *n.* thuế hàng hóa: **~ tax** thuế tiêu thụ

excite /ɪkˈsaɪt/ *v.* kích thích/động, làm hưng phấn

exciting /ɪkˈskleɪm/ *adj.* thích thú, hấp dẫn

exclaim /ɪkˈskleɪm/ *v.* kêu/la lên, than

exclamation /ɪksklaˈmeɪʃən/ *n.* sự kêu la, lời than: **~ mark** [!] dấu than, dấu cảm thán

exclude /ɪkˈskluːd/ *v.* không cho vào, bỏ ra ngoài; không cho hưởng; đuổi/loại ra, loại trừ, không kể: **Don't ~ anybody.** Đừng loại bỏ ai.

exclusive /ɪkˈskluːsɪv/ *adj.* riêng biệt, dành riêng cho, độc quyền: **an ~ report** một bản tường trình độc quyền

excommunicate /ekskəˈmjuːnɪkət/ *v.* rút phép thông công; trục xuất

excrement /ˈekskrɪmənt/ *n.* cứt, phân

excrete /ekˈskriːt/ *v.* thải ra, bài tiết

excursion /ɪkˈskɜːʃən/ *n.* cuộc du ngoạn/tham quan: **A school ~ is a part of the curriculum.** Du ngoạn của trường học là một phần của giáo trình.

excusable /ɪkˈskjuːzəbl/ *adj.* có thể đỗ lỗi, có thể tha thứ được

excuse **1** /ɪkˈskjuːs/ *n.* lời xin lỗi; lý do bào chữa; sự tha lỗi: **When my son was sick, I had a perfect ~ to stay home.** Khi con tôi đau, tôi có lý do bào chữa để ở nhà. **2** /ɪkˈskjuːz/ *v.* tha lỗi, thứ lỗi, miễn thứ, lượng thứ, bỏ qua đi cho; bào chữa; miễn/tha cho: **Excuse me!** Xin lỗi!; **to ~ oneself** cáo lỗi

execute /ˈeksɪkjuːt/ *v.* chấp hành, thi hành, thừa hành; hành hình, xử tử; biểu diễn [bản nhạc], thực hiện

executive /ɪkˈsekjʊtɪv/ **1** *n.* quyền/ ngành hành pháp; chủ hãng, uỷ viên quản trị [một công ty]: **chief ~** tổng giám đốc **2** *adj.* hành pháp, hành chính: **~ position** chức vụ hành chánh

exemplary /ɪgˈzemplərɪ/ *adj.* gương mẫu, mẫu mực; để làm gương

exempt /ɪgˈzem(p)t/ *v., adj.* miễn [thuế, lệ phí, v.v.] cho

exemption /ɪgˈzem(p)ʃən/ *n.* sự miễn: **Cash donations to charities will get tax ~s.** Tiền hiến tặng từ thiện sẽ được miễn thuế.

exercise /ˈeksəsaɪz/ **1** *n.* bài tập; sự sử dụng [quyền]; thể dục: **military ~s** cuộc thao diễn quân sự; **to do ~s** tập thể dục; **graduation/commencement ~s** lễ tốt nghiệp **2** *v.* tập luyện, rèn luyện; tập thể dục; sử dụng

exert /ɪgˈzɜːt/ *v.* dùng, sử dụng: **to ~ oneself** cố gắng

ex-gratia /eksˈgreɪʃə/ *adj.* cho/hiến tặng

exhale /eksˈheɪl/ *v.* thở ra; trút; thốt ra

exhaust /ɪgˈzɔːst/ **1** *n.* sự thoát/rút khí **2** *v.* hút, rút; dùng hết, dốc hết, làm cạn, làm kiệt quệ; làm mệt lử: **~ pipe** ống xả/thoát khói/hơi

exhausted /ɪgˈzɔːstɪd/ *adj.* uể oải mệt mỏi, hết sinh lực

exhibit /ɪgˈzɪbɪt/ **1** *n.* vật triển lãm; tang vật **2** *v.* phô bày, trưng bày; bày tỏ, biểu lộ

exhibition /eksɪˈbɪʃən/ *n.* cuộc triển lãm: **They displayed local products at the ~ center.** Họ trưng bày sản phẩm nội địa ở trung tâm triển lãm.

exhilarate /ɪgˈzɪləreɪt/ *v.* làm vui vẻ/ sung sướng/hồ hởi

exhort /ɪgzˈhɔːt/ *v.* hô hào, cổ vũ, thúc đẩy, cổ xúy

exhume /eksˈhjuːm/ *v.* khám nghiệm tử thi

exigency /ˈeksɪdʒənsɪ/ *n.* nhu cầu cấp bách; tình trạng khẩn cấp

exile /ˈeksaɪl/ **1** *n.* sự đày ải; sự ly hương, cảnh tha hương: **government in ~** chính phủ lưu vong **2** *v.* đày ải, lưu đày, lưu vong

exist /ɪgˈzɪst/ *v.* sống, tồn tại; vẫn còn,

hiện vẫn còn có: **Corruption still ~s.** Nạn tham nhũng vẫn còn.; **They ~ on bread and potatoes.** Họ sống bằng bánh mì và khoai tây.

existence /ɪgˈzɪstəns/ *n.* cuộc sống; sự hiện có: **in ~** còn có

exit /ˈeksɪt/ **1** *n.* lối/cửa ra; sự đi ra; sự đi vào: **emergency ~** cửa ra an toàn, lối thoát **2** *v.* [diễn viên] đi vào

exodus /ˈeksədəs/ *n.* sự ra đi, cuộc di cư

exonerate /ɪgˈzɒnəreɪt/ *v.* miễn cho, giải tội cho ai

exorbitant /ɪgˈzɔːbɪtənt/ *adj.* [giá] quá cao, quá đắt, cắt cổ

exorcize /ˈeksəsaɪz/ *v.* xua đuổi tà ma

exotic /ɪgˈzɒtɪk/ *adj.* lạ, ngoại lai, từ nước ngoài đem vào

expand /ɪkˈspænd/ *v.* trải ra, mở rộng; mở ra, phồng ra; phát triển, phát huy

expanse /ɪkˈspæns/ *n.* khoảng/giải rộng

expansionism /ɪkˈspænʃənɪz(ə)m/ *n.* chủ nghĩa bành trướng

expatriate /eksˈpeɪtrɪeɪt/ *n., v.* (người) bỏ xứ sở mà đi, người đi làm việc nước ngoài

expect /ɪkˈspekt/ *v.* chờ đợi, ngóng/ mong/trông chờ; chắc là, cho rằng: **to ~ to succeed** chắc rằng mình sẽ thành công

expectancy /ɪkˈspektənsɪ/ *n.* dự tính, ước muốn: **life ~** tuổi thọ dự tính

expectation /ɪkspekˈteɪʃən/ *n.* sự trông mong/mong đợi; sự dự tính: **That issue is not our ~.** đó là điều ngoài sự mong đợi của chúng ta

expedient /ekˈspiːdɪənt/ **1** *n.* cách, kế, thủ đoạn **2** *adj.* được việc: **to do whatever is ~** làm bất cứ việc gì có lợi

expedite /ˈekspɪdaɪt/ *v.* xúc tiến, giải quyết/thanh toán mau

expedition /ekspɪˈdɪʃən/ *n.* cuộc viễn chinh/thám hiểm; cuộc đi, cuộc hành trình; tính chóng vánh

expel /ɪkˈspel/ *v.* đuổi, trục xuất; làm bật ra, tống ta

expend /ɪk'spend/ *v.* tiêu, tiêu dùng; dùng hết/cạn

expenditure /ɪk'spendɪtjʊə(r)/ *n.* món tiêu, tiền chi tiêu, phí tổn, kinh phí, chi phí

expense /ɪk'spens/ *n.* sự tiêu; phí tổn: **~ account** sổ chi phí; **traveling ~s** lộ phí; **He got rich at the workers' ~.** Hắn ta làm giàu bằng mồ hôi nước mắt của công nhân.

expensive /ɪk'spensɪv/ *adj.* đắt tiền, mắc: **Everything is ~.** Cái gì cũng đắt.

experience /ɪk'spɪərɪəns/ **1** *n.* kinh nghiệm: **personal ~** kinh nghiệm bản thân **2** *v.* trải qua, nếm mùi: **to ~ defeat** nếm mùi thất bại

experiment /ɪk'sperɪmənt/ *n., v.* (cuộc/sự) thử, thí nghiệm

expert /'ekspɜːt/ **1** *n.* nhà chuyên môn, chuyên viên/gia, viên giám định **2** *adj.* chuyên môn, thạo, lão luyện, tinh thông: **both red (a communist) and ~** vừa hồng vừa chuyên

expertise /eksps'tiːz/ *n.* tài chuyên môn; sự tinh thông

expiate /'ekspɪeɪt/ *v.* chuộc/đền tội

expiration /ɪkspɪ'reɪʃən/ *n.* sự thở ra; sự mãn hạn, sự hết hạn: **~ date** ngày quá hạn

expire /ɪk'spaɪə(r)/ *v.* thở (hắt) ra; mãn/hết hạn, hết hiệu lực: **When the contract ~s, we need to renew it.** Khi hợp hết hạn, chúng ta phải ký lại.

explain /ek'spleɪn/ *v.* cắt/giải/giảng nghĩa; giải thích: **to ~ something to someone** giải thích việc gì cho ai

explicit /'ɪksplɪsɪt/ *adj.* rõ ràng, dứt khoát

explode /ɪk'spləʊd/ *v.* (làm) nổ, làm tiêu tan; nổ bùng

exploit /'ɪksplɔɪt/ **1** *n.* thành tích, kỳ công, huân công **2** *v.* bóc lột, lợi dụng; khai thác/khẩn

exploitation /ɪksplɔɪ'teɪʃən/ *n.* việc/sự lợi dụng; sự khai thác: **the ~ of man by man** chế độ người bóc lột người

exploration /eksplə'reɪʃən/ *n.* sự thám hiểm/thăm dò/khảo sát

explore /ek'splɔː(r)/ *v.* thăm dò, thám hiểm; thông dò; khảo sát tỉ mỉ, thâm cứu

explosion /ɪk'spləʊʒən/ *n.* sự nổ; tiếng nổ; sự tăng gia ồ ạt

explosive /ɪk'spləʊsɪv/ **1** *n.* chất nổ **2** *adj.* gây nổ, dễ nổ, nổ

export /ɪk'spɔːt/ **1** *n.* hàng xuất khẩu: **an ~ and import company** công ty xuất nhập khẩu **2** *v.* xuất khẩu/cảng

expose /ɪk'spəʊz/ *v.* phơi bày; vạch trần; trưng bày; phơi sáng, chụp [ảnh]; đặt vào [chỗ nguy hiểm]

expostulate /ɪk'spɒstjʊleɪt/ *v.* khuyên răn, khuyến giới

exposure /ɪk'spəʊʒʊə(r)/ *n.* sự trưng bày; sự vạch trần; sự phơi sáng; sự đưa ra nơi nguy hiểm; hình, ảnh

expound /ɪk'spaʊnd/ *v.* dẫn giải, trình bày chi tiết

express /ɪk'spres/ **1** *n.* xe lửa tốc hành: **to take the ~ train to Hanoi** đi chuyến xe lửa tốc hành đến Hà Nội **2** *v.* bày tỏ, diễn đạt, biểu lộ, phát biểu, biểu đạt, biểu thị: **They ~ themselves easily in English.** Họ diễn tả dễ dàng bằng tiếng Anh. **3** *adj.* rõ ràng, minh bạch; nhanh, hoả tốc, tốc hành: **~ service** dịch vụ hoả tốc **4** *adv.* hoả tốc, tốc hành: **to send it ~** gởi tốc hành

expressway /ɪk'spreswei/ *n.* xa lộ cho chạy nhanh

expulsion /ɪk'spʌlʃən/ *n.* sự đuổi, sự trục xuất/khai trừ

expunge /ɪk'spʌndʒ/ *v.* xoá bỏ tên (trong danh sách)

exquisite /'ɪkskwɪzɪt/ *adj,* thanh, thanh tú; sắc, tinh, nhạy, thính, tế nhị; hay tuyệt, ngon tuyệt

extend /ɪk'stend/ *v.* mở rộng, kéo dài; đưa ra, giơ ra; gửi [lời chào mừng **greetings**], dành cho [sự giúp đỡ]: **to ~ one's hand** đưa tay ra; **to ~ best wishes to …** gởi lời chúc tốt đẹp đến …

extensive /ɪk'stensɪv/ *adj.* rộng rãi, bao quát: ~ **cultivation** quảng canh

extent /ɪk'stent/ *n.* khoảng rộng; phạm vi, chừng mực

exterior /ɪk'stɪərɪə(r)/ **1** *n.* bề/bên/mặt ngoài: **The ~ of the building is beautiful.** Bề ngoài tòa nhà rất đẹp. **2** *adj.* ở/từ ngoài: **The ~ walls were painted white.** Tường ngoài sơn màu trắng.

exterminate /ɪk'stɜːmɪneɪt/ *v.* diệt trừ, tiêu/huỷ diệt

external /ɪk'stɜːnəl/ *adj.* bên ngoài; dùng bên ngoài; từ ngoài vào; với bên ngoài: **This financial report will be checked by an ~ auditor.** Bản tường trình tài chánh sẽ được kiểm toán viên bên ngoài kiểm soát.

extinct /ɪk'stɪŋkt/ *adj.* tắt; đã mai một; tuyệt chủng

extinction /ɪk'stɪŋkʃən/ *n.* sự tắt; sự tiêu diệt/tuyệt chủng

extinguish /ɪk'stɪŋgwɪʃ/ *v.* dập tắt; làm tiêu tan [hy vọng]

extinguisher /ɪk'stɪŋgwɪʃə(r)/ *n.* máy dập lửa

extol /ɪk'stɒl/ *v.* ca tụng, tán dương

extort /ɪk'stɔːt/ *v.* tống tiền, bóp nặn; moi

extra /'ekstrə/ **1** *n.* cái phụ, phần thêm; vai phụ: **There are no hidden ~s.** Không có gì thêm phải dấu cả. **2** *adj.* thêm, phụ, ngoại; đặc biệt: **to need ~ time to finish the work** cần thêm thì giờ mới xong việc **3** *adv.* thêm ngoài

extract /ɪk'strækt/ **1** *n.* đoạn trích; phần chiết, tinh, nước cốt **2** *v.* lấy ra, nặn ra, hút ra; nhổ [răng]; moi; trích

extracurricular /ˌekstrə'kərɪkjələ(r)/ *adj.* [hoạt động] ngoại khoá

extradition /ekstrə'dɪʃən/ *n.* sự/quyền dẫn độ

extramarital /ˌekstrə'mærɪtəl/ *adj.* xảy ra ngoài hôn nhân, ngoại hôn

extraordinary /ek'strɔːdɪnərɪ/ *adj.* lạ thường, khác thường, dị thường; đặc biệt, đặc mệnh: **envoy ~** công sứ đặc mệnh, đặc sứ

extravagant /ek'strævəgənt/ *adj.* phung phí, lãng phí; quá quắt, quá đáng; ngông cuồng vô lý

extreme /ɪk'striːm/ **1** *n.* thái cực, mức độ/tình cảnh cùng cực; hành động/biện pháp cực đoan **2** *adj.* ở tột/ngoài cùng; cùng cực, cực độ, tột bực, vô cùng; cực đoan, quá khích

extremist /ɪk'striːmɪst/ *n.* tên quá khích; người cực đoan

extremity /ɪk'stremɪtɪ/ *n.* đầu, mũi; bước đường cùng; biện pháp phi thường/cực đoan

extricate /'ekstrɪkeɪt/ *v.* gỡ ra, tách ra, thoát ra

extrinsic /'ekstrɪnsɪk/ *adj.* không tuỳ thuộc về ai/vật gì

extrovert /'ekstrəvɜːt/ *n.* người tự tin trong giao tiếp với người khác

extrude /'ɪkstruːd/ *v.* nạy vật gì ra khỏi vật gì

exuberant /ɪg'zjuːbərənt/ *adj.* [cây cỏ] um tùm, sum sê; [tình cảm] chứa chan, dào dạt; dồi dào, phong phú; hồ hởi

eye /aɪ/ **1** *n.* mắt, con mắt; lỗ [kim, xâu dây giày]; thị giác, thị lực: **in the ~s of the world** theo con mắt của thế giới; **to have an ~ on** để mắt trông nom; **to lay ~s on ...** nhìn ...; **to make ~s at** nhìn đắm đuối **2** *v.* nhìn, quan sát

eyeball /'aɪbɔːl/ *n.* cầu mắt, nhãn cầu

eyeglasses /'aɪglɑːs/ **1** *n.* cặp kính đeo mắt

eyelash /'aɪlæʃ/ *n.* lông mi: **false ~es** lông mi giả

eyelet /'aɪlɪt/ *n.* lỗ xâu dây

eyelid /'aɪlɪd/ *n.* mi mắt

eye-opener *n.* chuyện lạ, tin bất ngờ; hớp rượu sáng sớm

eyesight /'aɪsaɪt/ *n.* sức nhìn, thị lực

eyesore /'aɪsɔː(r)/ *n.* vật chướng mắt, điều gai mắt

eyeteeth *n.* răng nanh (hàm trên)

eyewash /'aɪwɒʃ/ *n.* thuốc rửa mắt; lời nói vớ vẩn; lời nịnh hót

eyewitness /'aɪwɪtnəs/ *n.* người được mục kích, nhân chứng: **We should have an ~ for this case.** Chúng ta cần nhân chứng cho trường hợp nầy.

e-zine *n.* báo điện tử phổ biến trên mạng vi tính

F

fa /fɑː/ *n.* dấu nốt nhạc Fa

fable /'feɪb(ə)l/ **1** *n.* truyện ngụ ngôn, truyện thần kỳ, truyện luân lý đạo đức **2** *n.* lời lừa dối, chuyện ngồi lê đôi mách: **I don't like that ~.** Tôi không thích chuyện lừa dối đó.

fabric /'fæbrɪk/ **1** *n.* vải, hàng vải: **silk ~** hàng tơ lụa **2** *n.* cơ cấu, kết cấu: **The ~ of that society has been damaged by foreign invasion.** Cơ cấu xã hội bị đổ bể do ngoại xâm.

fabricate /'fæbrɪkeɪt/ *v.* bịa đặt; làm giả, ngụy tạo: **They ~d evidence to sue you.** Họ ngụy tạo bằng cớ để thưa bạn.

fabulous /'fæbjʊləs/ *adj.* bịa đặt, hoang đường; quá xá, khó tưởng tượng được, khó tin

facade /fə'sɑːd/ *n.* mặt tiền, mặt chính; bề ngoài

face /feɪs/ **1** *n.* mặt, vẻ mặt; bộ mặt: **to make ~s** nhăn mặt **2** *n.* bề mặt; thể diện, sĩ diện: **to lose ~** mất mặt **3** *v.* hướng/quay về; đối diện, đương đầu, đối phó

facelift /'feɪslɪft/ *n.* sự trang điểm bộ mặt

face-saving *adj.* tránh mất mặt, cứu vãn danh dự

facet /'fæsɪt/ *n.* mặt, khía cạnh

face value *n.* giá trị bề ngoài, giá trị danh nghĩa: **to accept something at its ~** thừa nhận giá trị bề ngoài

facilitate /fə'sɪlɪteɪt/ *v.* làm cho dễ dàng, thuận tiện: **The new transport system will ~ the development of tourism.** Hệ thống giao thông mới sẽ dễ dàng hấp dẫn du lịch.

facility /fə'sɪlɪti/ *n.* sự dễ dàng; tiện nghi, phương tiện: **to use the library ~** dùng tiện nghi thư viện

facsimile /fæk'sɪmɪli/ *n.(usu. abbr.* **fax**) bản sao, bản chép

fact /fækt/ *n.* sự thật, thực tế; sự việc, sự kiện: **in ~** thực ra; **as a matter of ~** thực tế là ...

fact-finding *adj.* tìm hiểu tình hình thực tế, tìm hiểu sự thật: **a ~ mission** phái đoàn đi tìm hiểu tình hình thực tế

faction /'fækʃən/ *n.* bè phái, bè cánh, phe: **There are several ~s in his party.** Có năm bảy bè cánh trong đảng của ông ấy.

factor /'fæktə(r)/ *n.* nhân tố, yếu tố; thừa số: **Proper eating and drinking are important ~s in maintaining good health.** Ăn uống đúng cách là yếu tố quan trọng trong việc giữ gìn sức khoẻ tốt.

factory /'fæktəri/ *n.* xưởng, nhà máy, xí nghiệp

fact sheet *n.* bản tài liệu ngắn được in ra

faculty /'fækəlti/ **1** *n.* khả năng, tính năng, năng lực: **~ of hearing** khả năng nghe **2** *n.* khoa, phân khoa; ban giáo sư/giảng huấn, toàn bộ cán bộ giảng dạy: **~ of business** khoa thương mại

fad /fæd/ *n.* mốt nhất thời, thời trang

fade /feɪd/ *v.* héo/úa đi; nhạt/phai đi, mờ dần, mất dần: **The color of your trousers has ~d.** Quần bạn đã phai màu.

fag /fæg/ **1** *n.* công việc nặng **2** *v.* làm quần quật

Fahrenheit /'fær(ə)nhaɪt/ *adj.* (*abbr.* °F) đơn vị đo nhiệt độ, độ nóng lạnh: **The temperature this morning has already reached 100 °F.** Nhiệt độ sáng nay đã trên 100 độ F.

fail /feɪl/ *v.* thất bại; trượt, rớt, hỏng thi; không làm tròn, không giữ trọn; đánh trượt/hỏng; thiếu: **Our director ~ed in his attempt to con-**

trol the company. Ông giám đốc
chúng ta that bại trong nỗ lực điều
khiển công ty.; **to ~ to respect
someone** thiếu sự kính trọng ai

failing /'feɪlɪŋ/ *n.* sự thất bại, sự suy
nhược

failure /'feɪljʊə(r)/ *n.* sự thất bại; sự thi
trượt, sự hỏng thi

faint /feɪnt/ **1** *adj.* uể oải, yếu ớt, mờ
nhạt: **the ~est idea** ý kiến lơ mơ
nhất **2** *v.* ngất đi, xỉu đi: **She fell to
the ground and ~ed.** Cô ấy ngã
xuống đất và ngất xỉu.

fair /feə(r)/ **1** *n.* hội chợ, chợ phiên
2 *adj.* công bằng; ngay thẳng:
should be ~ nên công bằng **3** *adj.*
đẹp; tóc vàng: **the ~ sex** phái đẹp,
phụ nữ

fair play *n.* chơi đẹp, chơi đàng hoàng

fairy /'feərɪ/ *n.* nàng/cô tiên: **~ tale**
truyện tiên, truyện thần kỳ

faith /feɪθ/ *n.* sự tin tưởng; niềm tin,
lòng tin: **to have good ~** có thiện ý;
bad ~ ý gian, ý xấu

faithful /'feɪθfəl/ *adj.* trung thành,
trung thực, trung nghĩa: **She has
been ~ to her promise.** Cô ấy trung
thành với lời hứa.; **the ~** những
người ngoan đạo/trung thành

fake /feɪk/ **1** *n.* đồ giả: **This painting
is a ~.** Bức tranh nầy là đồ giả.
2 *adj.* giả, không thật: **~ money** tiền
giả **3** *v.* làm giả, giả mạo; vờ: **to ~
an identification card** làm giả thẻ
chứng minh nhân dân/căn cước

falcon /'fɔːlkən/ *n.* chim ưng, chim cắt

fall /fɔːl/ **1** *n.* sự rơi/ngã/rụng; sự hạ/
sụt; sự suy sụp, sự sụp đổ: **the ~
season** mùa thu **2** *n.* thác nước **3** *v.*
[**fell; fallen**] rơi (xuống/vào); rủ/
xõa (xuống), rụng; xuống thấp, hạ
thấp; xịu xuống; [gió] dịu đi, đỡ/
bớt; đổ nát, sụp đổ; xuống dốc, sa
sút; bị rơi vào, lâm vào: **Her hair
~s to her shoulders.** Tóc thể đã
chấm ngang vai.; **The leaves began
to ~.** Lá cây (khi đó) đã bắt đầu
rụng.; **to ~ asleep** ngủ thiếp đi; **to ~**

in love with phải lòng yêu ...; **to ~
behind** tụt lại đằng sau; bị chậm;
còn thiếu nợ; **to ~ short** thiếu,
không đủ; không tới đích; **to ~ in**
sụt; xếp hàng; **to ~ out** cãi nhau;
giải tán

fallacy /'fæləsɪ/ *n.* ý kiến/tư tưởng sai
lầm

fall guy *n.* người bị hàm oan do lỗi
người khác

fallible /'fæləbl/ *adj.* có thể sai, có thể
sai lầm

fallow /'fæləʊ/ *adj.* [đất] bỏ hoang,
không trồng trọt

false /fɔːls/ *adj.* giả, không thật; giả
dối, dối trá; sai, lầm: **He gave police
a ~ name and address.** Ông ấy đưa
cho cảnh sát tên và địa chỉ giả.

false alarm *n.* báo động giả, báo
động lầm

falsehood /'fɔːlshʊd/ *n.* lời/sự nói dối;
điều sai lầm

false move *n.* việc không được làm
vì tạo kết quả không tốt

falsify /'fɔːlsɪfaɪ/ *v.* làm giả, giả mạo;
bóp méo, xuyên tạc: **He can ~ the
accounts to hide the truth.** Ông ấy
giả mạo trương mục để che đậy sự
thật.

falter /'fɔːltə(r)/ *v.* đi loạng choạng, vấp
ngã; trù trừ; ấp úng, ngập ngừng

fame /feɪm/ *n.* tiếng tăm, danh tiếng,
tên tuổi: **house of ill ~** nhà thổ, nhà
chứa, ổ điếm

familiar /fə'mɪlɪə(r)/ *adj.* quen thuộc;
thông thạo; thông thường; suồng
sã, lả lơi, nhờn

family /'fæmɪlɪ/ *n.* gia đình, gia
quyến; chủng tộc; họ: **your ~** bảo
quyến, quý quyến; **~ name** họ; **~
planning** sự kế hoạch hoá sinh đẻ;
~ tree cây gia hệ/gia tộc; **extended
~** đại gia đình; **nuclear ~** tiểu gia
đình

famine /'fæmɪn/ *n.* nạn đói kém:
**Charity organizations support ~
relief efforts.** Nhiều cơ quan từ
thiện hỗ trợ cho việc cứu đói.

famous /'feɪməs/ *adj.* có tiếng, nổi tiếng, nổi danh, trứ danh, hữu danh; cừ, chiến, oai, lừng danh: **Spring-roll is the most ~ Vietnamese dish.** Chả giò là món ăn nổi tiếng nhất của người Việt.

fan /fæn/ **1** *n.* cái quạt: **electric ~** quạt máy/điện; **ceiling ~** quạt trần **2** *n.* người hâm mộ/say mê: **soccer ~** người mê bóng đá; **~ mail** thư khen của người hâm mộ **3** *v.* quạt, thổi bùng: **to ~ the flame** thổi lên ngọn lửa

fanatic /fə'nætɪk/ *n.* người cuồng tín: **They are soccer ~s.** Họ là những người say mê bóng đá cuồng tín.

fanciful /'fænsɪfəl/ *adj.* tưởng tượng; kỳ cục; đồng bóng

fancy /'fænsɪ/ **1** *n.* trí/sự tưởng tượng; ý thích, thị hiếu; tính đồng bóng **2** *adj.* tưởng tượng; có trang trí **3** *v.* tưởng tượng, cho rằng, nghĩ rằng

fanfare /'fænfeə(r)/ *n.* sự phô trương ầm ĩ (bằng kèn trống)

fang /fæŋ/ *n.* răng nanh [chó]; răng nọc [rắn]

fantastic /fæn'tæstɪk/ *adj.* tuyệt vời; to lớn kinh khủng, hay quá

fantasy /'fæntəsɪ/ *n.* khả năng/hình ảnh tưởng tượng; điệu lạ; ý nghĩ kỳ lạ; ảo tưởng khúc

FAQ /ˌefeɪ'kjuː/ *abbr.* (= **Frequently Asked Questions**) câu được hỏi thường xuyên

far /fɑː(r)/ **1** *adj.* xa, xa xôi, xa xăm: **as ~ as Danang** vào/ra mãi tận Đà Nẵng; **as ~ as I know** theo chỗ tôi được biết; **~ and wide** khắp mọi nơi; **How ~?** Bao xa? **2** *adv.* xa; nhiều: **~ better** tốt hơn nhiều

faraway /fɑːrə'weɪ/ *adj.* xa xăm, xa xưa; mơ màng, lơ đãng: **a ~ look in her eyes** vẻ mơ màng trong đôi mắt cô ấy

farce /fɑːs/ *n.* kịch vui nhộn; trò khôi hài, trò hề

fare /feə(r)/ **1** *n.* tiền xe/đò/phà/tàu, tiền vé; khác đi xe; đồ/thức ăn:

half ~ vé nửa tiền, nửa vé; **air~** tiền vé máy bay **2** *v.* ăn uống, bồi dưỡng; làm ăn

farewell /feə'wel/ *intj., n.* (lời chào) tạm biệt: **~ dinner** bữa tiệc tiễn đưa

far-fetched /'fɑːfetʃt/ *adj.* gượng, không tự nhiên

farm /fɑːm/ **1** *n.* trại, trang trại; nông trường: **collective ~** nông trường tập thể; **state ~** nông trường quốc doanh **2** *v.* cày cấy, trồng trọt, làm ruộng

farmer /'fɑːmə(r)/ *n.* nhà nông, người nông dân, bác nông phu

farmhouse *n.* nhà trại

farming /'fɑːmɪŋ/ *n.* công việc đồng áng/nhà nông

farsighted *adj.* viễn thị; nhìn xa, thấy xa: **Everyone respects him because he has a ~ vision for his country's economic development.** Mọi người đều quý trọng ông ấy vì ông ta có tầm nhìn thấy xa sự phát triển kinh tế đất nước.

farther /'fɑːðə(r)/ *adj., adv.* (= **further**) xa hơn

farthest /'fɑːðɪst/ *adj., adv.* xa nhất

fascinate /'fæsɪneɪt/ *v.* làm mê hồn, thôi miên, làm mê mẩn

fascinating /'fæsɪneɪtɪŋ/ *adj.* quyến rũ, làm say mê: **Halong Bay is the most ~ place I have ever seen.** Vịnh Hạng Long là nơi rất hấp dẫn mà tôi chưa bao giờ thấy.

fascism /'fæʃɪz(ə)m/ *n.* chủ nghĩa Phát xít

fashion /'fæʃən/ **1** *n.* mốt, thời trang; kiểu, cách, hình dáng: **out of ~** không hợp thời trang nữa; **the latest ~** mốt mới nhất; **~ designer** người tạo mẫu, người vẽ mẫu; **~ parade** biểu diễn thời trang **2** *v.* tạo nên, làm thành, chế tác

fashionable /'fæʃənəb(ə)l/ *adj.* đúng mốt, hợp thời trang; diện: **Blue is ~ now.** Màu xanh da trời là hợp thời trang bây giờ.

fast /fɑːst/ **1** *n.* sự ăn chay, mùa chay

2 *v.* nhịn đói **3** *adj.* nhanh, mau; chặt, chắc chắn, bền vững: **~ train** xe lửa tốc hành; **10 minutes ~** nhanh 10 phút **4** *adv.* mau, nhanh: **~ asleep** ngủ say

fasten /ˈfɑːs(ə)n/ *v.* buộc/cột/trói/đóng chặt: **Fasten your seat belt!** Xin quý vị hành khách buộc dây an toàn!

fastener /ˈfɑːs(ə)nə(r)/ *n.* cái bấm, cái khóa

fast-food store *n.* cửa hàng bán đồ ăn nấu sẵn và bán cho khách ăn nhanh

fastidious /fæˈstɪdɪəs/ *adj.* tỉ mỉ, khó tính, khó chiều

fast lane *n.* đường dành cho xe chạy nhanh

fat /fæt/ **1** *n.* mỡ, chất béo: **This fresh milk has no ~.** Loại sữa tươi nầy không có chất béo.; **saturated ~s** chất mỡ đã bảo hoà; **trans ~s** quá nhiều chất béo **2** *adj.* béo, mập, phị; mỡ: **No one wants to get ~.** Không ai thích béo mập.

fatal /ˈfeɪtəl/ *adj.* chết người, chí tử, tai hại

fatality /feɪˈtælɪtɪ/ *n.* cái/sự chết bất hạnh; sự rủi ro

fate /feɪt/ *n.* số phận, số mệnh, định mệnh, thiên mệnh: **Most Asians believe in ~.** Hầu hết người Á đông tin vào số mệnh của họ.

father /ˈfɑːðə(r)/ **1** *n.* bố, cha, thầy, thân phục; cha đẻ, ông tổ; cha, cố, linh mục: **the ~ of the country** quốc phụ; **(our) ~** Chúa Thượng đế; **like ~ like son** cha nào con nấy; rau nào sâu nấy **2** *v.* đẻ ra, sinh ra

father figure *n.* người lãnh đạo, người có uy tính, cha già

fatherland /ˈfɑːðəlænd/ *n.* tổ quốc, đất nước

fatigue /fəˈtiːg/ *n.* sự mệt nhọc: **~s** quần áo lao động

fatten /ˈfæt(ə)n/ *v.* nuôi béo, vỗ béo

fattening /ˈfæt(ə)nɪŋ/ *adj.* làm cho màu mỡ, làm cho béo

fatty /ˈfætɪ/ *adj.* béo, có nhiều mỡ

faucet /ˈfɔːsɪt/ *n.* vòi ở thùng rượu/nước

fault /fɔːlt/ *n.* thiếu sót, khuyết điểm; lầm lỗi, sai lầm; tội, lỗi; đường nứt: **at ~** có lỗi, đáng trách; **to find ~ with** chê trách

fault-finding *n.* sự bắt lỗi, sự bới móc

faulty /ˈfɒltɪ/ *adj.* thiếu sót, hỏng, sai, không tốt

fauna /ˈfɔːnə/ *n.* hệ động vật, các động vật, chim muông, cầm thú; động vật chí

fave /feɪv/ *n., adj., abbr.* (= **favorite**) sở thích, ưa thích, yêu chuộng

favor /ˈfeɪvə(r)/ **1** *n.* ân huệ, đặc ân: **Do me a ~.** Làm giúp tôi. **2** *n.* ý tốt, thiện ý, sự quý mến/sủng ái, sự tán thành/ủng hộ: **out of ~** không được yêu thích **3** *v.* biệt đãi, ưu đãi; giúp đỡ, ủng hộ, tán thành; làm thuận lợi cho: **to ~ someone** ưu đãi ai

favorable /ˈfeɪvərəb(ə)l/ *adj.* thuận, thuận lợi, có lợi: **We are in a ~ situation.** Chúng ta đang ở trong tình hình thuận lợi.

favorite /ˈfeɪvərɪt/ *n., adj.* (người) được mến chuộng, (vật/người) được ưa thích: **Durian is my ~ fruit.** Sầu riêng là loại trái cây tôi thích nhất.

favoritism /ˈfeɪvərɪtɪzəm/ *n.* sự thiên vị

fawn /fɔːn/ **1** *n.* hươu/nai con **2** *adj.* nâu vàng **3** *v.* [nai] đẻ **4** *v.* [chó] vẫy đuôi mừng; nịnh hót, bợ đỡ

fax /fæks/ *n., v.* bản điện thư, chuyển điện thư

FBI /ˌefbiːˈaɪ/ *abbr.* (= **Federal Bureau of Investigation**) cơ quan tình báo liên bang Mỹ

fear /fɪə(r)/ **1** *n.* sự sợ hãi, sự lo sợ, sự kinh sợ: **for ~ that** sợ/ngại rằng **2** *v.* sợ, lo ngại: **They ~ a change of management.** Họ sợ sự thay đổi quản lý.

fearful /ˈfɪəfəl/ *adj.* sợ, sợ hãi, sợ sệt; ghê sợ, đáng sợ; kinh khủng, ghê gớm, quá tệ

fearless /ˈfɪələs/ *adj.* gan dạ, bạo dạn, can đảm, dũng cảm

feasible /'fiːzɪb(ə)l/ *adj.* làm được, có thể thực hiện được

feast /fiːst/ **1** *n.* bữa tiệc, yến tiệc; ngày lễ, ngày hội hè **2** *v.* dự tiệc, tiệc tùng, ăn cỗ; thết tiệc, thết đãi: **to ~ one's eyes on** say mê ngắm ...

feat /fiːt/ *n.* kỳ công; chiến công, võ công

feather /'feðə(r)/ **1** *n.* lông chim, lông vũ; bộ lông, bộ cánh **2** *v.* cắm lông vào

feathery /'feðə(r)i/ *adj.* nhẹ như lông tơ, mượt như lông tơ

feature /'fiːtjʊə(r)/ **1** *n.* nét mặt; nét đặc thù; bài/tranh đặc biệt: **main ~** phim chính; tiết mục chính **2** *v.* đăng [bài], chiếu [phim]; đóng vai chính

February /'februəri/ *n.* tháng Hai

feces /'fiːsiːz/ *n.* [Br. **faeces**] cặn, chất lắng

fed /fed/ quá khứ của **feed**

federal /'fedərəl/ *adj.* thuộc liên bang: **~ government** chính phủ liên bang

federation /fedə'reɪʃən/ *n.* liên đoàn; liên bang: **soccer ~** liên đoàn bóng đá

fee /fiː/ *n.* tiền thù lao, tiền thưởng; niêm liễm, lệ phí: **tuition ~s** học phí

feeble /'fiːb(ə)l/ *adj.* yếu, yếu đuối, hư nhược, suy nhược

feed /fiːd/ **1** *n.* thức ăn cho súc vật, cỏ, rơm, cám, bèo; bữa ăn/chén; chất liệu đưa vào máy **2** *v.* [**fed**] cho ăn, cho bú; nuôi nấng, bồi dưỡng; ăn (cơm); ăn cỗ; đưa [chất liệu] vào máy

feedback /'fiːdbæk/ *n.* ý kiến trình bày trở lại; sự góp ý: **We received ~ from participants after the seminar.** Chúng tôi đã nhận được sự góp ý kiến của những người tham dự khoá hội thảo.

feel /fiːl/ **1** *n.* sự sờ mó; xúc giác; cảm giác khi sờ mó **2** *v.* [**felt**] sờ, mó; thấy, cảm thấy, có cảm giác/cảm tưởng; sờ soạng, dò tìm: **I ~ that it's not true.** Tôi có cảm giác điều đó không thật.; **to ~ someone out** thăm

dò ý kiến/thái độ của ai

feeler /'fiːlə(r)/ *n.* râu mè; râu sờ, xúc tu, sừng; tua; lời thăm dò, lời ướm hỏi: **to put out ~s** thăm dò ý kiến người khác trước khi làm gì

feet /fiːt/ xem **foot**

feign /feɪn/ *v.* giả vờ, giả đò; bịa đặt; giả mạo

felicitous /fɪ'lɪsɪtəs/ *adj.* [ngôn từ] đắt, tài tình, khéo

fell /fel/ *v.* chặt, đẵn, phạt [cây], hạ [thú săn]: **The damaged trees should be ~ed and burned.** Cây hư nên chặt và đốt đi.

fell /fel/ quá khứ của **fall**

fellow /'feləʊ/ *n.* bạn, đồng chí; người, bạn, gã, anh chàng, thằng cha; nghiên cứu sinh; hội viên [học hội], viện sĩ: **Poor ~!** Tội nghiệp anh chàng!; **~ citizen** đồng bào; **~ countryman** đồng bào, đồng hương; **~ student** bạn học, bạn đồng song; **~ traveler** người có cảm tình cộng sản; **~ worker** bạn cùng sở/ nghề, đồng nghiệp

fellowship /'feləʊʃɪp/ **1** *n.* tình bạn bè/ anh em; hội, phường **2** *n.* học bổng, học kim [sinh viên cao học]: **I was offered a research ~ at Singapore National University.** Tôi được học bổng của Đại học quốc gia Singapore.

felon /'felən/ *n.* tội ác, trọng tội

felony /'feləni/ *n.* hành động phạm tội nghiêm trọng

felt /felt/ quá khứ của **feel**

female /'fiːmeɪl/ **1** *n.* con cái/mái **2** *adj.* cái, mái, đàn bà, nữ: **~ candidate** thí sinh nữ

feminine /'femɪnɪn/ *adj.* đàn bà, như đàn bà, yếu điệu; [danh từ] giống cái

fen /fen/ *n.* miền đầm lầy

fence /fens/ **1** *n.* hàng rào; thuật đánh kiếm: **to build a ~ around one's house** xây hàng rào quanh nhà **2** *v.* rào lại; buôn bán đồ ăn cắp; đấu kiếm

fencing /'fensɪŋ/ *n.* thuật đấu kiếm

fend /fend/ *v.* đánh lui, đẩy lui, tránh né: **to ~ off a blow** tránh né đòn; **to ~ for oneself** tự đẩy lui

fender /'fendə(r)/ *n.* cái chắn bùn; cái cản sốc

feral /'ferəl/ *adj.* hoang dã; không nhà cửa

ferment /'fɜ:mənt/ **1** *n.* men, con men; sự khích động/náo động **2** *v.* (làm) lên/dậy men; (làm) sôi sục/náo động

fern /fɜ:n/ *n.* cây dương xỉ

ferocious /fə'rəʊʃəs/ *adj.* dữ tợn, hung ác; tàn bạo, dã man

ferret /'ferɪt/ *v.* tìm kiếm, truy tầm, khám phá

ferry /'ferɪ/ **1** *n.* phà: **~ boat** tàu pha; **~ car** xe đưa người qua lại **2** *v.* (chở) qua sông: **to ~ children to and from school** đưa đón trẻ con đi học

fertile /'fɜ:taɪl/ *adj.* [đất] màu mỡ, tốt; có thể sinh sản

fertility /fə'tɪlɪtɪ/ *n.* sự phì nhiêu; khả năng sinh sản

fertilizer /'fɜ:tɪlaɪzə(r)/ *n.* phân bón, đồ bón: **Chemical ~ is very expensive.** Phân hoá học thì rất đắt.

fervent /'fɜ:vənt/ *adj.* nóng bỏng; nồng nhiệt, nồng nàn, tha thiết

fervor /'fɜ:və(r)/ *n.* nhiệt tình, sự thiết tha/sôi nổi

fester /'festə(r)/ *v.* (làm) mưng mủ; day dứt

festival /'festɪvəl/ *n.* ngày hội, liên hoan: **to particiapte in the international film ~** tham gia đại hội điện ảnh quốc tế; **Lunar New Year ~** tết Nguyên đán

festive /'festɪv/ *adj.* thuộc ngày hội, vui (như hội)

fetal /'fi:təl/ *adj.* thuộc bào thai

fetch /fetʃ/ *v.* tìm, kiếm, đi lấy; bán được ...

fête /feɪt/ **1** *n.* ngày lễ/hội **2** *v.* khoản đãi; ăn mừng

fetish /'fetɪʃ/ *n.* vật thờ, ngẫu tượng; điều tôn sùng

fetter /'fetə(r)/ **1** *n.* cái cùm: **~s** gông

cùm, xiềng xích **2** *v.* cùm, trói buộc: **The company cannot be ~ed by bureaucracy.** Công ty không thể trói buộc bởi chế độ thư lại.

fetus /'fi:təs/ *n.* [*Br.* **foetus**] thai, bào thai

feud /fju:d/ **1** *n.* mối thù **2** *v.* mang mối hận thù

feudal /'fju:dəl/ *adj.* phong kiến

fever /'fi:və(r)/ *n.* cơn sốt, bệnh sốt; sự bồn chồn: **A high ~ is a symptom of flu.** Cơn sốt cao là triệu chứng của cảm cúm.

feverish /'fi:vərɪʃ/ *adj.* bị sốt; sôi nổi, cuồng nhiệt

few /fju:/ **1** *n.* một số ít: **the chosen ~** vài người/cái chọn lọc; **quite a ~** khá nhiều **2** *adj.* ít, không nhiều: **My dad had ~ friends.** Bố tôi có ít bạn.; **a ~** một vài, một ít; **in a ~ weeks** trong vài tuần nữa

fiancé /fi:'ɜ:seɪ/ *n., m.* chồng chưa cưới, vị hôn phu, phi-ăng-xê

fiancée /fi:'ɜ:seɪ/ *n., f.* vợ chưa cưới, vị hôn thê, phiăngxê

fib /fɪb/ **1** *n.* chuyện bịa **2** *v.* nói dối, nói bịa

fiber /'faɪbə(r)/ *n.* sợi, thớ, xơ, phíp; tính tình

fiber optics *n.* việc dùng đường giây quang tính (trong truyền thông, điện thoại)

fibrous /'faɪbrəs/ *adj.* có sợi/xơ/thớ

fickle /'fɪk(ə)l/ *adj.* hay thay đổi; không kiên định/thuỷ chung

fiction /'fɪkʃən/ *n.* tiểu thuyết; chuyện hư cấu/tưởng tượng

fictitious /fɪk'tɪʃəs/ *adj.* giả, hư cấu, tưởng tượng

fiddle /'fɪd(ə)l/ **1** *n.* đàn viôlông: **fit as a ~** sung sức; **to play second ~ to somebody/something** đóng vai phụ cho ai **2** *v.* kéo vi-ô-lông/vĩ cầm; lãng phí

fidelity /fɪ'delətɪ/ *n.* tính trung thực, độ chính xác

fidget /'fɪdʒɪt/ *n., v.* (sự) bồn chồn, sốt ruột

field /fiːld/ **1** *n.* cánh đồng, ruộng, đồng; sân, bãi; bãi chiến trường; khu, khu vực (khai thác); phạm vi, lĩnh vực; trường: **rice ~** ruộng/đồng lúa; **soccer ~** sân bóng đá; **battle ~** chiến trường, chiến địa; **coal ~** khu mỏ than; **magnetic ~** từ trường; **~ hospital** bệnh viện dã chiến; **~ marshal** thống chế, đại tướng năm sao; **~ officer** sĩ quan cấp tá **2** *v.* chọn sân; đề cử người đại diện

fieldwork *n.* công tác điền dã/thực địa, việc làm để lấy kinh nghiệm: **Some of my colleagues have participated in ~.** Một số đồng nghiệp của tôi vừa tham gia công tác điền dã.

fiend /fiːnd/ *n.* ma quỷ; người nghiện; người giỏi

fierce /fɪəs/ *adj.* dữ tợn, hung dữ, hung tợn; dữ dội, mãnh liệt, ác liệt

fiery /ˈfaɪərɪ/ *adj.* bốc cháy, nảy lửa, nóng như lửa, nồng nhiệt, hung hăng, sôi nổi

FIFA /ˈfiːfə/ *abbr.* (= **Fédération International de Football Association** = *(French) Football International Federation)* Uỷ hội túc cầu thế giới

fifteen /fɪfˈtiːn/ **1** *num.* con số 15, ngày 15, một phần 15 **2** *adj.* mười lăm: **There are ~ candidates for this examination.** Có 15 ứng viên trong kỳ thi nầy.

fifty /ˈfɪftɪ/ *num., adj.* (số) năm mươi: **He's in his late fifties [50's].** Ông ấy gần 50 tuổi; **in the early fifties** trong những năm 50.

fig /fɪg/ *n.* quả sung/vả; một ít, một tí, một chút síu

fight /faɪt/ **1** *n.* trận đánh, cuộc chiến đấu; vụ cãi nhau, vụ đánh lộn, sự lục đục, trận ẩu đả **2** *v.* [**fought**] đánh, chống, chiến đấu, đấu tranh: **to ~ for independence** đấu tranh giành độc lập; **to ~ corruption** chống tham nhũng

figurative /ˈfɪgjʊərətɪv/ *adj.* [nghĩa] bóng

figure /ˈfɪgə(r)/ **1** *n.* con số; hình, hình ảnh, hình vẽ; hình người, hình dáng; nhân vật; sơ đồ: **good at ~s** giỏi tính; **to have a good ~** dáng người thon; **political ~** nhân vật chính trị; **see ~ 5** xin xem hình sẽ số 5 **2** *v.* hình dung, miêu tả; tưởng tượng; tính toán; làm tính; có tên tuổi: **to ~ out** hiểu ra; tìm ra [giải đáp]

filament /ˈfɪləmənt/ *n.* sợi dây nhỏ, dây, tơ; dây tóc bóng đèn

filch /fɪlʃ/ *v.* xoáy, ăn cắp: **The school boy ~ed a chocolate bar from the shelf.** Một học sinh ăn cắp bánh sô-cô-la trên quầy hàng.

file /faɪl/ **1** *n.* hồ sơ: **card ~** hộp/ngăn đựng thẻ tài liệu; **Please bring me the scholarship ~.** Cho tôi xin cái hồ sơ về học bổng. **2** *n.* hàng, dãy [người, vật]: **in single ~** đi/xếp hàng một **3** *v.* xếp vào hồ sơ; nộp/đưa đơn khiếu nại

filial /ˈfɪlɪəl/ *adj.* thuộc đạo làm con: **~ piety** đạo hiếu

fill /fɪl/ **1** *n.* sự đầy; sự no nê/no say: **He ate his ~.** Nó ăn thật no nê. **2** *v.* làm/đổ/rót/đắp đầy; nhồi; lấm kín; hàn [răng]; điền, bổ khuyết [chức vụ]; hội đủ, đáp ứng [điều kiện, nhu cầu]; bán hàng, bốc thuốc [theo đơn đặt hàng hay toa thuốc]: **to ~ in** điền vào, ghi vào; **to ~ out** [mẫu đơn form]; **to ~ up** đổ đầy [bình xăng]

fillet /ˈfɪlɪt/ **1** *n.* thịt nạc thăn, cá không xương **2** *v.* lấy xương khỏi cá/thịt

filling /ˈfɪlɪŋ/ **1** *n.* nhân bánh [táo, v.v.]; sự/chất hàn răng **2** *adj.* [món ăn] chóng no, đầy: **~ station** trạm xăng

film /fɪlm/ **1** *n.* lớp mỏng, màn mỏng; phim, phim ảnh, phim xinê: **color ~** phim màu; **black and white ~** phim đen trắng **2** *v.* quay thành phim

filter /ˈfɪltə(r)/ **1** *n.* cái/máy/bộ lọc: **cigarette ~** đầu lọc điếu thuốc lá **2** *v.* lọc; thấm qua/vào

filth /fɪlθ/ *n.* rác rưởi, rác bẩn; lời nói tục tĩu

fin /fɪn/ *n.* vây cá: **shark's ~ soup with crab meat** canh vây cá nấu với cua bể

final /'faɪnəl/ **1** *n.* chung kết; kỳ thi cuối khoá: **The Italian team will go to the ~.** Đội Ý sẽ vào chung kết. **2** *adj.* cuối cùng, tối hậu; dứt khoát, quyết định: **He has passed the ~ examination.** Anh ấy vừa đậu kỳ thi cuối khoá.

finale /fɪ'nɑːli/ *n.* chương cuối, màn chót, phần kết

finance /faɪ'næns/ **1** *n.* tài chính; tài chính học: **~s** tiền của; tài chính, tài nguyên; **~ company** công ty tài chánh **2** *v.* cấp tiền cho, bỏ vốn cho, tài trợ cho

financial /fɪ'nænʃəl/ *adj.* thuộc tài chính: **~ aid** trợ giúp tài chánh; **~ year** ngân sách hàng năm

find /faɪnd/ **1** *n.* sự/vật tìm được **2** *v.* [**found**] thấy, tìm thấy/ra/được; thấy, nhận thấy, xét thấy: **I ~ it necessary to …** Tôi thấy cần phải…; **The court found him guilty.** Tòa xác định là hắn có tội.; **to ~ out** tìm ra, khám phá ra

fine /faɪn/ **1** *n.* tiền phạt **2** *v.* [**fined**] bắt phạt, phạt vạ **3** *adj.* đẹp, xinh, bảnh, kháu; [trời] đẹp; tốt, hay, giỏi; nhỏ, mịn, thanh, mỏng mảnh; tinh vi, tế nhị: **The patient is ~ today.** Hôm nay bệnh nhân khoẻ.; **That's ~!** Tốt lắm! đủ rồi!; **~ arts** mỹ thuật; **~ print** bản in đẹp **4** *adv.* tốt, giỏi: **working ~** làm việc giỏi

finesse /fɪ'nes/ **1** *n.* sự khéo ở, sự tế nhị **2** *v.* khéo léo làm việc gì

finger /'fɪŋgə(r)/ **1** *n.* ngón tay: **little ~** ngón tay út; **to have a ~ in the pie** dính dáng đến; **to put one's ~ on …** vạch đúng [chỗ lầm, chỗ sót] **2** *v.* sờ, mó; bấm

fingernail /'fɪŋgə(r)neɪl/ *n.* móng tay: **~ polish** thuốc đánh móng tay; **~ file** cái dũa móng tay

fingerprint /'fɪŋgə(r)prɪnt/ **1** *n.* dấu ngón tay, dấu điểm chỉ **2** *v.* lăn tay, lấy dấu ngón tay

finish /'fɪnɪʃ/ **1** *n.* đoạn/phần cuối; véc-ni, lớp sơn dầu, nước bóng: **from start to ~** từ đầu đến cuối; **to fight to the ~** chiến đấu đến cùng; **glossy ~** nước quang dầu **2** *v.* làm xong, hoàn thành/tất, kết thúc; dùng/ăn/ uống hết sạch; xong, hết; đánh véc-ni, đánh bóng: **to ~ off** ăn cho hết, trút sạch [đồ ăn]; giết cho chết hẳn, kết liễu; **to ~ up** làm xong hết

finishing line *n.* đường kết thúc, đường đích

fir /fɜː(r)/ *n.* cây linh sam, cây tùng: **~ tree** cây tùng

fire /faɪə(r)/ **1** *n.* lửa; đám cháy, vụ hoả hoạn; sự bắn, hoả lực: **to catch ~** bắt lửa, cháy; **to set ~ to** đốt; **under ~** bị bắn, bị pháo kích; bị chỉ trích; **pour oil on ~** lửa cháy tưới dầu thêm; **~-alarm** máy/sự báo động cháy; **~ bomb** bom lửa, bom cháy; **~ escape** thang phòng cháy, nơi thoát cháy; **~ fighter** lính chữa cháy **2** *v.* đốt cháy; bắn, làm nổ; nung, sấy; đuổi, (sa) thải; (bốc) cháy; nổ súng, bắn; (súng) nổ: **to ~ someone from his job** bắt buộc ai rời việc; **to be ~d with enthusiasm** bị tấn công dữ dội; **to ~ questions at the speaker** hỏi diễn giả liên lục

fire brigade *n.* đội quân chữa lửa, toán quân chữa cháy

firecracker /'faɪəˌkrækər/ *n.* pháo: **People set off ~s at the wedding celebrations.** Người ta đốt pháo vào dịp lễ cưới.

firefly /'faɪəflaɪ/ *n.* con đom đóm

fireman /'faɪəmən/ *n.* lính cứu hoả, đội viên chữa cháy

fireproof /'faɪəpruːf/ *adj.* chịu lửa, không cháy

firewall /'faɪəwɔːl/ *n.* bức tường lửa (máy vi tính), hệ thống trong máy vi tính ngăn chận ai lấy thông tin

firework *n.* pháo bông; cuộc đốt pháo bông

firm /fɜːm/ **1** *n.* hãng, công ty: **We**

have to work with a law ~. Chúng ta phải làm việc với công ty luật. **2** *adj.* chắc, rắn chắc; vững chắc, bền vững; vững vàng, mạnh mẽ, kiên định, kiên/cương quyết: **a ~ promise** sự xác nhận chắc chắn **3** *adv.* vững/vững vàng **4** *v.* làm cho vật gì chắc chắn hơn: **to ~ up a plan** xây dựng chắc chắn một kế hoạch; **to ~ the soil around a plant** làm chặt đất quanh một cây

first /fɜːst/ **1** *n.* người/vật đầu tiên, người/vật thứ nhất; ngày mồng một; ban/lúc đầu: **the … of January** mồng một tháng Giêng; **from the ~** ngay từ buổi đầu **2** *adj.* thứ nhất, (đầu tiên): **~ quality** hạng tốt nhất, thượng hảo hạng; **at ~ hand** trực tiếp; **~-born** (con) đầu lòng, (con) cả; **~ person** ngôi thứ nhất; **~-rate** hạng nhất, số dách **3** *adv.* trước tiên/hết, đầu tiên, lần đầu: **to go ~** đi trước, đi đầu; **first, …** trước hết, …; **~ of all** trước hết mọi việc; **Let's have some coffee ~.** chúng ta hãy uống cà phê đã

first-aid *n.* sự cấp cứu: **a ~ kit** dụng cụ cấp cứu

first generation *n.* thế hệ thứ nhất

firsthand *adj., adv.* (nghe/biết) trực tiếp

first language *n.* ngôn ngữ thứ nhất, tiếng mẹ đẻ

first name *n.* tên: **I don't know her ~.** Tôi không biết tên cô ấy.; **What is your ~?** Tên bạn là gì?

First World *n.* thế giới các nước kỹ nghệ giàu có

fiscal /ˈfɪskəl/ *adj.* thuộc tài chính: **The government has released the budget for the coming ~ year.** Chính phủ vừa ban hành ngân sách tài chánh cho năm tới.

fish /fɪʃ/ **1** *n.* cá; món cá: **freshwater ~** cá nước ngọt; **~-hook** lưỡi câu, móc câu **2** *v.* câu/đánh/bắt; tìm, mò, moi, câu; kéo, vớt (từ dưới nước lên)

fisherman /ˈfɪʃəmən/ *n.* người câu/đánh cá, thuyền chài, ngư phủ, ngư ông

fishing rod *n.* cần câu

fishy /ˈfɪʃi/ *adj.* tanh, có mùi cá; đáng nghi, ám muội

fissure /ˈfɪsjʊə(r)/ *n.* chỗ/vết/khe nứt; chỗ gãy

fist /fɪst/ *n.* nắm tay, quả đấm

fit /fɪt/ **1** *n.* cơn [đau, ho, cười, giận] **2** *n.* cái gì vừa vặn: **The door is a good ~.** Cái cửa vừa vặn. **3** *adj.* vừa hợp, thích hợp, xứng, dùng được; đúng, phải: **~ to eat** ăn được **4** *v.* vừa, hợp; làm cho hợp/vừa; ăn khớp với, lắp: **This shirt ~s your size.** Áo nầy vừa cỡ của anh.

fitful /ˈfɪtfəl/ *adj.* từng cơn; thất thường, bất nhất

fitness /ˈfɪtnəs/ *n.* sự thích hợp; sự cân đối/thẩm mỹ; tình trạng sung sức: **~ center** trung tâm thể dục thẩm mỹ; **~ test** cuộc thử nghiệm sự cân đối

fitting /ˈfɪtɪŋ/ **1** *n.* sự thử quần áo; sự lắp ráp: **gas ~** sự lắp ráp khí đốt **2** *adj.* thích hợp, vừa: **a well-~ coat** lớp bọc vừa vặn

five /faɪv/ **1** *num.* số 5, con số 5 **2** *adj.* năm: **He's ~ years old.** Nó lên năm (tuổi).

fix /fɪks/ **1** *n.* tình thế khó khăn, tình trạng khó xử; sự chích ma túy: **a ~ of heroin** mũi bạch phiến **2** *v.* sửa chữa; định, ấn định, quy định; gắn, lắp, đóng; thu xếp trả tiền: **My car needs to be ~ed.** Xe tôi cần sửa chữa.

fixture /ˈfɪkstjʊə(r)/ *n.* đồ đạc cố định [đi theo ngôi nhà]; người ở lì mãi một chỗ/việc

fizzle /ˈfɪz(ə)l/ **1** *n.* (tiếng) xì, sự thất bại **2** *v.* xì, xì xì; thất bại

flabby /ˈflæbi/ *adj.* mềm nhẽo, mềm yếu, uỷ mị

flag /flæg/ **1** *n.* cờ: **to raise/hoist/lower the ~** kéo lên/hạ xuống; **to salute the ~** chào cờ **2** *v.* treo cờ: **to ~ down** ra hiệu bằng cờ (cho dừng lại); **to ~ up** dương cờ lên

flagpole /flægpəʊl/ *n.* cột cờ

flagship /flægʃɪp/ *n.* kỳ hạm, tàu đô đốc, toà nhà quan trọng, dịch vụ quan trọng: **They decided to build their ~ store in the town center.** Họ đã quyết định xây toà nhà bán hàng trong trung tâm thành phố.

flail /fleɪl/ **1** *n.* cái đập lúa **2** *v.* đập [lúa]; quật, vụt

flair /fleə(r)/ *n.* khả năng làm tốt, phẩm chất tốt: **That lady has a ~ for jewelry design.** Cô gái đó có khả năng tốt trong việc vẽ kiểu kim hoàn.

flak, flack /flæk/ *n.* súng bắn máy bay, hoả lực phòng không

flake /fleɪk/ **1** *n.* bông [tuyết]; vảy, mảnh dẹt: **snow ~** bông tuyết **2** *v.* rải, rắc, làm bong ra từng mảnh: **The paint has ~d.** Sơn bong ra từng miếng.

flamboyant /flæmˈbɔɪənt/ *adj.* sặc sỡ, lòe loẹt; khoa trương

flame /fleɪm/ **1** *n.* ngọn lửa, cơn; người tình **2** *v.* cháy, bốc cháy, cháy bùng; bùng/bừng lên

flamingo /fləˈmɪŋɡəʊ/ *n.* chim hồng hạc

flank /flæŋk/ **1** *n.* sườn, hông; sườn núi; sườn, cánh (quân) **2** *v.* tấn công bên sườn; nằm/đống bên sườn

flap /flæp/ **1** *n.* nắp, mép, vạt, sành; sự vỗ/đập: **the two ~s of a long traditional dress** hai vạt áo dài; **She's in a ~ over the coming exams.** Cô ấy đang bước vào kỳ thi. **2** *v.* vỗ, vỗ nhẹ; vỗ phần phật; đập đen đét: **to ~ one's hands** vỗ tay

flare /fleə(r)/ **1** *n.* ánh sánh loé, pháo sáng, hoả châu; chỗ xoè/loe [ở quần, váy] **2** *v.* sáng loé lên, cháy bùng lên; ra hiệu bằng hoả châu; loe ra, xoè ra: **to ~ up** loé lửa; nổi nóng, nổi cáu; bùng nổ

flash /flæʃ/ **1** *n.* ánh sáng loé lên, tia loé; tia ngắn/vắn, điện ngắn: **a ~ of lightning** tia chớp; **a ~ of hope** tia hy vọng **2** *v.* làm loé sáng; truyền đi nhanh; phát [tin] nhanh; thò ra khoe [của]; loé sáng, vụt sáng; chợt hiện ra, loé lên; chạy vụt **3** *adj.* loé sáng lên, chớp sáng

flash flood *n.* lụt do nước mưa nhiều

flashlight /flæʃ/ *n.* đèn pin; đèn nháy, đèn chớp

flashy /ˈflæʃi/ *adj.* loè loẹt, sặc sỡ, hào nhoáng

flask /flɑːsk/ *n.* chai bẹt, lọ bẹt; hũ rượu, bình thót cổ

flat /flæt/ **1** *n.* căn phòng/buồng; mặt phẳng; miền đất phẳng; lòng (bàn tay); sự bẹp lốp: **~-top** tàu sân bay, hàng không mẫu hạm **2** *adj.* bằng, phẳng, bẹt, tẹt, dẹt; sóng sượt, sóng soài; nông; [lốp] bẹp, xì hơi; thẳng thừng: **a ~ tire** lốp xe bẹp; **~ taste** vị nhạt; **~ denial** sự từ chối dứt khoát; **~ rate** tiền lời cố định **3** *adv.* bằng phẳng; thẳng thừng, dứt khoát: **to lie ~** nói dối ngon lành

flatfooted *adj.* không chuẩn bị trước

flatten /ˈflætən/ *v.* (làm) phẳng/bẹt ra, dát mỏng

flatter /ˈflætə(r)/ *v.* nịnh, xu nịnh, tâng bốc; làm cho hãnh diện; làm tôn vẻ đẹp cho

flaunt /flɔːnt/ *v.* khoe khoang, phô trương, chưng diện

flavor /ˈfleɪvə(r)/ **1** *n.* (vị) ngọt, mùi thơm, mùi vị; hương vị: **ice-cream in different ~s** kem với nhiều mùi vị khác nhau **2** *v.* cho gia vị, làm tăng thêm mùi vị; cho thêm hương vị: **She ~ed her dishes with hot spices.** Cô ấy cho thêm gia vị cay vào các món ăn của cô ta.

flavoring /ˈfleɪvə(r)ɪŋ/ *n.* đồ gia vị, việc thêm gia vị

flaw /flɔː/ *n.* vết nứt/rạn; vết [đá quý]; chỗ hỏng; tì vết, vết nhơ; thiếu sót, sai lầm: **a ~ in someone's character** sai lầm trong cá tính của ai

flawed /flɔːd/ *adj.* nứt rạn ra, có tì vết: **The surface of the table is ~.** Mặt bàn bị nứt.

flay /fleɪ/ *v.* lột da; đánh đập; phê bình, chỉ trích

flea /fliː/ *n.* con bọ chét

fleck /flek/ *n.* vết lốm đốm; đốm, vết, vệt; hạt [bụi] làm lốm đốm, điểm

fled /fled/ quá khứ của **flee**

fledgling /ˈfledʒlɪŋ/ *n.* chim mới ra ràng; tay non nớt

flee /fliː/ *v.* [**fled**] chạy trốn, bỏ/lẩn trốn; trôi qua (nhanh)

fleece /fliːs/ **1** *n.* bộ/mớ lông cừu; cụm xốp nhẹ, bông **2** *v.* xén, cắt [lông cừu]; lừa đảo [khách hàng]: **Tourists were warned not to patronize the shops that ~ customers.** Du khách đã được cảnh cáo là không nên đến những tiệm lừa đảo khách hàng.

fleet /fliːt/ **1** *n.* đội tàu, hạm đội; đội máy bay, phi đội **2** *adj.* nhanh, mau, mau chóng **3** *v.* bay nhanh

fleeting /ˈfliːtɪŋ/ *adj.* lướt nhanh, thoáng qua: **a ~ look of despair** một cái nhìn thoáng qua thất vọng

flesh /fleʃ/ **1** *n.* thịt (sống); cùi [quả]; xác thịt: **in the ~** bằng xương bằng thịt; **one's own ~ and blood** người cùng máu mủ ruột thịt **2** *v.* cho thêm chi tiết/thông tin vào bài nói/viết: **This point was ~ed out in my speech.** Điểm nầy đã thêm vào bài nói chuyện của tôi.

fleshy /ˈfleʃɪ/ *adj.* béo; [trái cây] nhiều thịt/cùi/cơm

flew /fluː/ quá khứ của **fly**

flex /fleks/ **1** *v.* di động giãn tay chân **2** *n.* dây bọc nhựa nối điện: **an electric ~** dây điện

flexibility /fleksɪˈbɪlɪtɪ/ *n.* tính dễ uốn (nắn); tính linh động

flexible /ˈfleksɪb(ə)l/ *adj.* dẻo, dễ uốn; linh động, linh hoạt, co giãn: **a ~ plan** kế hoạch linh động

flick /flɪk/ **1** *n.* cái gõ, cái giật, cái bật, cái búng; phim chiếu bóng **2** *v.* vụt, gõ nhẹ, búng, phủi

flicker /ˈflɪkə(r)/ **1** *n.* ánh lửa bập bùng: **a ~ of interest** niềm vui thích chốc lát **2** *v.* bập bùng, lập loè; rung rinh, mỏng manh: **the lights ~ on**

and off ánh đèn nhấp nháy tắt đỏ

flier, flyer /ˈflaɪə(r)/ **1** *n.* phi công; xe tốc hành **2** *n.* tờ quảng cáo; bản tin

flight /flaɪt/ **1** *n.* sự bỏ chạy, sự rút chạy, sự bỏ trốn **2** *n.* sự bay; chuyến bay; đàn [chim bay]; sự trôi mau [thời gian]: **~ information** thông tin về các chuyến bay

flimsy /ˈflɪmzɪ/ *adj.* mỏng manh, [lý do] không vững: **a ~ explanation** sự giải thích không vững

flinch /flɪnʃ/ *v.* chùn bước, nao cúng; rụt lại [vì đau]

fling /flɪŋ/ **1** *n.* sự quăng/ném/vứt/thảy; sự liệng/lao; sự ăn chơi lu bù; sự thử làm **2** *v.* [**flung**] quăng, ném, vứt, thảy; liệng, lao, gieo [quân súc sắc]; chạy vụt, lao nhanh

flint /flɪnt/ *n.* đá lửa

flip /flɪp/ **1** *n.* cái búng, sự tung đồng tiền; sự lật trang sách; **a ~ of the coin** tung đồng xu **2** *v.* búng, tung [đồng tiền **coin**] xem ngửa hay sấp; lật [trang sách]

flirt /flɜːt/ **1** *n.* người (thích được) ve văn tán tỉnh **2** *v.* tán tỉnh, ve văn; đùa cợt [**with** với]

flit /flɪt/ *v.* bay nhẹ nhàng; (bay) vụt qua

float /fləʊt/ **1** *n.* cái phao, phai cứu đắm; xe hoa, xe rước **2** *v.* nổi, trôi lềnh bềnh; lơ lửng; thả cho trôi; truyền, tung ra [tin đồn **rumor**]

flock /flɒk/ **1** *n.* đàn, bầy, đám đông **2** *v.* tụ họp, tụ tập, quây quần, lũ lượt kéo đến/đi, đổ xô đến/đi

flog /flɒg/ *v.* quất, quật, đánh bằng roi, vụt: **to ~ a dead horse** đánh cho chết

flood /flʌd/ **1** *n.* lũ, lụt, thuỷ tai; sự tuôn ra cuồn cuộn; nước triều lên: **a ~ of tears** nước mắt ròng ròng; **a ~ of letters** thư đến ùn ùn **2** *v.* làm ngập lụt, làm ngập nước; tràn ngập: **to be ~ed with invitations** tràn ngập thư mời

floodgate /ˈflʌdgeɪt/ *n.* cống đập thuỷ lợi

floodlight /ˈflʌdlaɪt/ *n.* đèn chiếu, đèn

pha, rọi sáng

floor /flɔː(r)/ **1** *n.* sàn nhà/gác/cầu; tầng (nhà); đáy (biển): **ground ~** tầng dưới cùng **2** *v.* lát sàn; đánh ngã, cho đo ván: **to ~ a room with ceramic tiles** lót sàn nhà bằng gạch; **He was ~ed when she left him.** Ông ấy ngã xuống sàn khi cô ta bỏ ông ấy.

flooring /'flɔːrɪŋ/ *n.* vật liệu/gạch/ván để làm sàn, sự lát sàn

floor plan *n.* bản vẽ/hoạ đồ phòng trong một toà nhà

flop /flɒp/ **1** *n.* tiếng rơi tõm; sự thất bại **2** *v.* kêu tõm; rơi/ngồi/nằm phịch; ném/quăng phịch; thất bại: **After the run, she ~ped onto the bed.** Sau cuộc chạy bộ, cô ấy nằm phịch xuống giường.

flora /'flɔːrə/ *n.* hệ thực vật, các thực vật, cây cỏ

floral /'flɔːrəl/ *adj.* thuộc cây cỏ; thuộc hoa, có hoa in

floss /flɒs/ **1** *n.* tơ sồi/thô/đũi: **dental ~** chỉ xỉa răng **2** *v.* xỉa răng với dây tơ

flounder /'flaʊndə(r)/ **1** *v.* lúng túng, nhầm lẫn; loạng choạng **2** *n.* cá chép (*a type of fish*)

flour /flaʊə(r)/ **1** *n.* bột, bột mì: **rice ~** bột gạo; **wheat ~** bột mì **2** *v.* xay thành bột; rắc bột

flourish /'flʌrɪʃ/ **1** *n.* nét bút hoa thể, lời văn hoa mỹ; sự vung [gươm, v.v.]; đoạn nhạc tùy ứng **2** *v.* vung, múa [gươm, tay]; viết [chữ đẹp]; thịnh vượng, hưng thịnh, phồn vinh, phồn thịnh, phát đạt: **The roses ~ well in the nursery.** Hoa hồng phát triển rất tốt ở vườn ương.

flout /flaʊt/ *v.* xem/coi thường, miệt thị, chế nhạo

flow /fləʊ/ **1** *n.* sự chảy; luồng chảy, lưu lượng; luồng [nước, điện]; nước triều lên; dòng, luồng: **In the last few years, goods have ~ed freely into Vietnam.** Trong vài năm qua hàng hóa đổ vào Việt Nam rất nhiều. **2** *v.* chảy, trào ra, tuôn ra; bắt

nguồn, tràn đến, đến tới tấp; [tóc] rủ xuống

flower /flaʊə(r)/ **1** *n.* hoa, bông hoa, đá hoa; tinh hoa/túy; tuổi thanh xuân, hoa niên: **a bunch of ~s** một bó hoa **2** *v.* nở/ra/khai hoa; nở rộ

flowery /'flaʊərɪ/ *adj.* đầy hoa; văn hoa, hoa mỹ

flown /fləʊn/ quá khứ của **fly**

flu /fluː/ *n., abbr.* (= **influenza**) bệnh cúm: **bird ~** dịch cúm gia cầm

fluctuate /'flʌktjʊeɪt/ *v.* lên xuống, thay đổi không chừng

flue /fluː/ *n.* ống khói, ống thông hơi

fluency /'fluːənsɪ/ *n.* sự (nói/viết) trôi chảy, sự lưu loát

fluent /'fluːənt/ *adj.* sự (nói/viết) trôi chảy, lưu loát

fluff /flʌf/ **1** *n.* nạn/nùi bông, lông vải, lông tơ **2** *v.* làm việc gì xấu

fluffy /'flʌfɪ/ *adj.* mịn, mượt, có lông tơ

fluid /'fluːɪd/ **1** *n.* chất lỏng, lưu thể **2** *adj.* lỏng, hay thay đổi

flung /flʌŋ/ quá khứ của **fling**

flunk /flʌŋk/ *v., coll.* thi trượt/rớt, hỏng thi; đánh hỏng

flurry /'flʌrɪ/ *n.* cơn gió mạnh; cơn mưa, trận bão tuyết nhỏ; sự bối rối xôn xao

flush /flʌʃ/ **1** *n.* sự chảy mạnh/xiết; sự đỏ bừng, sự ửng hồng; niềm hân hoan **2** *v.* giội/xối nước; làm đỏ bừng, làm hừng sáng; làm phấn khởi/hân hoan; toé ra, phun ra; đỏ bừng, ửng hồng; hửng sáng: **to ~ a toilet** giội nước nhà cầu

flute /fluːt/ *n.* ống sáo, dịch, tiêu

flutter /'flʌtə(r)/ **1** *n.* sự vỗ cánh; sự xao xuyến **2** *v.* vỗ/vẫy cánh; rập rờn, rung rinh; (làm) xao xuyến

flux /flʌks/ **1** *n.* sự tuôn trào, sự chảy ra liên tục, sự thay đổi liên tục: **Our plans were in a state of ~.** Kế hoạch của chúng ta đang thay đổi liên tục **2** *v.* tuôn ra, đổ ra.

fly /flaɪ/ **1** *n.* con ruồi; ruồi giả dùng làm mồi câu **2** *v.* [flew; flown] bay; đáp/lái máy bay; tung bay, bay phấp phới; chạy như bay; làm tung bay, kéo [cờ]; thả [diều]: **to ~ at** xông vào (tấn công); **to ~ into a rage** nổi xung; **time flies** thời gian trôi mau quá

flyover /'flaɪ,əʊvə(r)/ *n.* cầu nằm trên một con đường khác

flypast /'flaɪ,pɑːst/ *n.* xem **flyover**

FM /,ef'em/ *abbr.* (= **Frequency Modulation**) làn sóng phát tuyến trung bình

foal /fəʊl/ *n.* ngựa con, lừa con

foam /fəʊm/ **1** *n.* bọt nước, rượu; nước dãi; **~ rubber** cao su bọt, cao su mút **2** *v.* sủi bọt

foamy /'fəʊmɪ/ *adj.* sủi/đầy/phủ bọt; như bọt

fob /fɒb/ **1** *n.* dây đeo đồng hồ, túi nhỏ đựng đồng hồ **2** *v.* dối trá trong việc nhận một vật gì

focal /'fəʊkəl/ *adj.* tiêu; trung tâm: **~ point** trung tâm điểm

focus /'fəʊkəs/ **1** *n.* tiêu điểm; trung tâm: **in ~** rõ nét; **out of ~** không rõ nét **2** *v.* điều chỉnh tiêu điểm [máy ảnh]; tập trung [sự chú ý]: **to ~ on main issues** tập trung vào vấn đề chính

fodder /'fɒdə(r)/ *n.* cỏ/rơm khô cho súc vật ăn

foe /fəʊ/ *n.* kẻ thù, kẻ địch, địch thủ: **friend and ~** bạn và thù

fog /fɒg/ **1** *n.* sương mù **2** *v.* phủ sương mù; che mờ

foggy /'fɒgɪ/ *adj.* đầy sương mù; lờ mờ, không rõ rệt

foil /fɔɪl/ **1** *n.* lá (kim loại): **gold ~** vàng lá **2** *v.* làm thất bại [kế hoạch, âm mưu]

foist /fɔɪst/ *v.* nhét thêm; ghép, gán

fold /fəʊld/ **1** *n.* nếp gấp: **to make two ~s** gấp hai lần **2** *v.* gấp, gập, xắn, vén; khoang [tay]; ôm, ẩm vào lòng; gập lại, gấp lại: **to ~ back one's sleeves** xăn tay áo lên; **to ~ up** gập lại, gói lại; thôi, dẹp, giải tán

folder /'fəʊldə(r)/ *n.* bìa đựng hồ sơ; hồ sơ

folio /'fəʊlɪəʊ/ *n.* khổ hai; trang sổ; số tờ in; fô-li-ô

folk /fəʊk/ **1** *n.* floks người; người thân thuộc: **the old ~s** những người già; **my ~s** cha mẹ tôi, gia đình tôi **2** *adj.* dân tộc, dân gian: **~ dance** điệu múa dân gian; **~ literature** văn học dân gian; **~ music** dân nhạc; **~ song** dân ca

folklore /'fəʊklɔː(r)/ *n.* truyền thống dân gian; dân tục học

follow /'fɒləʊ/ *v.* theo, đi theo, theo sau, tiếp theo; làm theo, theo lời; theo đuổi [chính sách]; nghe kịp: **They ~ the Socialist road.** Họ đi theo con đường xã hội chủ nghĩa.; **I ~ed his advice.** Tôi đã theo lời khuyên của anh ấy.; **to ~ your father's example** hãy noi gương cha anh; **to ~ in someone's footsteps** theo bước chân người nào; **to ~ through** theo cho đến cùng; **to ~ up** tiếp theo, theo đuổi; khai triển

folly /'fɒlɪ/ *n.* sự điên rồ; hành động/ lời nói dại dột

fond /fɒnd/ *adj.* mềm, ưa, thích, khoái; yêu dấu, trìu mến: **to be ~ of** thích

fondle /'fɒnd(ə)l/ *v.* vuốt ve, mơn trớn

food /fuːd/ *n.* đồ/thức/món ăn, thực phẩm: **~ and clothing** ăn (và) mặc; **~ value** giá trị dinh dưỡng; **~ poisoning** sự trúng độc thức ăn, sự ngộ độc

foodstuff /'fuːdstʌf/ *n.* thực phẩm, lương thực, đồ ăn

fool /fuːl/ **1** *n.* người ngu, thằng khờ; anh hề: **to make a ~ of oneself** hành động/xử sự một cách xuẩn động **2** *v.* đánh lừa, lừa phỉnh, lừa gạt; làm cuyện ngớ ngẩn, vớ vẩn: **Those car dealers ~ a lot of people.** Người bán xe hơi đánh lừa nhiều người lắm **3** *adj.* ngu, khờ dại.

foolish /'fuːlɪʃ/ *adj.* dại dột, khờ dại, ngu xuẩn

foot /fʊt/ **1** *n.* (*pl.* **feet**) chân, bàn chân; chân [tường, đồi, núi], phía dưới, cuối [trang giấy]: **to go on ~**

đi bộ; **to stand on one's feet** đứng dậy một chân **2** *n.* đơn vị đo lường **1 foot = 12 inches = 30.48cm** một foot bằng 12 inch = 0m 3048 **3** *v.* trả, thanh toán, đi bộ: **He ~ed the bill for us.** Ông ấy thanh toán chi phí cho chúng ta.

foot-and-mouth disease *n.* bệnh lở mồm mép của súc vật

football /'futbɔːl/ *n.* quả bóng đá, banh (tròn, bầu dục); môn bóng đá, môn bóng bầu dục, túc cầu

foothold /'futhəʊld/ *n.* chỗ đứng; vị trí chắc chắn

footing /'futɪŋ/ *n.* chỗ đứng, chỗ để chân; móng nhà, nền nhà; địa vị: **on an equal ~ with** ngang hàng với

footlights /'futlaɪts/ *n.* đèn chiếu trước sân khấu

footnote /'futnəʊt/ **1** *n.* cước chú **2** *v.* chú thích ở cuối trang

footpath /'futpɑːθ/ *n.* đường nhỏ, lối đi; vỉa hè

footprint /'futprɪnt/ *n.* dấu/vết chân

footstep /'futstep/ *n.* bước/tiến chân đi; dấu/vết chân

footwear /'futweə(r)/ *n.* giày dép nói chung

for /fɔː(r)/ *prep.* cho; thay/thế cho, đại diện cho; đã, vì, mục đích là; về phe/phía, ủng hộ; đến, đi đến; vì, bởi vì; đối với, về phần; trong khoảng; mặc dầu; so với, đối với: **What can I do ~ you?** Ông/Bà cần gì ạ?; **to stand ~** thay cho; **to look ~** tìm, kiếm; **He reached ~ his pen.** Anh ta với tay lấy cái bút.; **We are ~ peace.** Chúng tôi ủng hộ hoà bình.; **the train ~ Hai Phong** chuyến xe lửa đi Hải Phòng; **This is too difficult ~ him.** Bài này khó quá đối với nó.; **~ two hours** trong hai tiếng đồng hồ; **I am ~, but he is against the proposal.** Tôi tán thành, nhưng anh ấy phản đối đề nghị đó.; **Don't translate word ~ word.** Đừng dịch từng chữ một.

forage /'fɒrɪdʒ/ **1** *n.* cỏ, rơm, rạ, thức ăn cho gia súc **2** *v.* lục lọi, tìm tòi [thức ăn]

foray /'fɒreɪ/ *n.* sự cướp phá, sự đốt phá

forbade /fə'bæd/ quá khứ của **forbid**

forbear /fə'beə(r)/ **1** *n.* tổ tiên ông bà, các bậc tiền bối **2** *v.* nhịn, đừng; kiên nhẫn chịu đựng

forbearance /fə'beərəns/ *n.* sự nhịn, sự tự chế; tính nhẫn nại

forbid /fə'bɪd/ *v.* [**forbade; forbidden**] cấm, ngăn cấm

force /fɔːs/ **1** *n.* sức lực, sức mạnh; vũ lực, quyền lực, sự bắt buộc; lực lượng; hiệu lực; ảnh hưởng, tác dụng, sức thuyết phục: **armed ~s** lực lượng vũ trang; **air ~** không quân, không lực; **by ~** bằng vũ lực **2** *v.* bắt buộc, ép buộc, cưỡng ép; cưỡng bách: **to ~ somebody to do something** bắt ép ai làm một việc gì; **to ~ open** đẩy/phá tung [cửa]

forceps /'fɔːseps/ *n.* cái kềm/gắp dùng để mổ

ford /fɔːd/ **1** *n.* chỗ cạn [ở suối, sông] **2** *v.* lội qua

fore /fɔː(r)/ **1** *n.* phần/phía trước; mũi tàu **2** *adj.* trước, ở phía trước, đằng trước; ở mũi tàu; **~ and aft** từ đằng mũi đến lái, từ đầu đến cuối

foreboding /fɔː'bəʊdɪŋ/ *n.* điềm, triệu, sự báo trước

forecast /'fɔːkɑːst/ **1** *n.* dự báo: **weather ~** dự báo thời tiết **2** *v.* đoán trước, dự đoán/báo: **Companies ~ interest rates.** Các công dự đoán tiền lời sẽ lên.

forefather /'fɔː,fɑːðə/ *n.* ông cha, tổ tiên

forefront /'fɔːfrʌnt/ *n.* mặt trước/tiền; hàng đầu, tiền tuyến

foregone /fɔː'gɒn/ *adj.* đã định trước, tất nhiên, tất yếu

foreground /'fɔːgraʊnd/ *n.* cận cảnh, tiền cảnh, cảnh gần; địa vị nổi bật (được mọi người chú ý)

forehead /'fɔːhed/ *n.* trán

foreign /'fɒren/ *adj.* thuộc nước ngoài, ngoại quốc, ngoại, ngoại lai; xa lạ,

ngoài, không thuộc về; lạ: **~ lan-
guages** tiếng nước ngoài, ngoại ngữ;
~ trade ngoại thương; **~ policy** chính
sách đối ngoại; **~ minister** ngoại
trưởng; **ministry of ~ affairs** bộ
ngoại giao; **~ exchange** đổi ngoại tệ

foreign exchange *n.* dịch vụ thu đổi
ngoại tệ

foreman /'fɔːmən/ *n.* cai, đốc công,
quản đốc; chủ tịch ban hội thẩm

foremost /'fɔːməʊst/ **1** *adj.* trước nhất,
đầu tiên; đứng đầu, cao nhất, trên
hết, lỗi lạc nhất, kiệt xuất **2** *adv.*
trước hết/nhất/tiên

forensic /fə'renzɪks/ *adj., n.* liên hệ
đến luật, toà án

foresee /fɔː'siː/ *v.* thấy trước, đoán
trước, dự kiến: **The leaders' role is
to ~ future developments.** Vai trò
lãnh đạo là thấy trước sự phát triển
tương lai.

foresight /'fɔːsaɪt/ *n.* sự nhìn xa thấy
trước, sự lo xa

forest /'fɒrɪst/ *n.* rừng: **a ~ of flags**
một rừng cờ

forestry /'fɒrɪstrɪ/ *n.* lâm học; lâm
nghiệp, nghề rừng

foretaste /'fɔːteɪst/ *n., v.* (sự) nếm
trước, dự thưởng

foretell /fɔː'tel/ *v.* nói trước, đoán trước

forever /fə'revə(r)/ *adv.* mãi mãi, vĩnh
viễn: **We believe that we will live
together ~.** Chúng tôi tin là chúng
tôi sống với nhau mãi mãi.

forewarn /fɔː'wɔːn/ *v.* báo trước, cảnh
báo trước

foreword /'fɔːwɜːd/ *n.* lời nói đầu, tiền
ngôn, lời tựa

forfeit /'fɔːfɪt/ **1** *n.* vật bị mất/thiệt;
tiền phạt **2** *v.* để mất, mất quyền;
bị tước, bị thiệt, bị tịch thu

forgave /fə'geɪv/ quá khứ của **forgive**

forge /fɔːdʒ/ **1** *n.* lò/xưởng rèn; lò/
xưởng luyện kim **2** *v.* rèn; giả mạo
(chữ ký, v.v.), nguỵ tạo **3** *v.* nỗ lực
tiến lên (phía trước **ahead**)

forgery /'fɔːdʒərɪ/ *n.* sự/tội giả mạo;
đồ giả mạo

forget /fə'get/ *v.* [**forgot; forgotten**]
quên, không nhớ đến; bỏ qua: **I ~
to bring my passport.** Tôi quên
mang theo hộ chiếu.

forgetful /fə'getfəl/ *adj.* hay quên,
kém trí nhớ; cẩu thả

forgive /fə'gɪv/ *v.* [**forgave; forgiven**]
tha, tha thứ, thứ lỗi, khoan thứ,
lượng thứ

forgiveness /fə'gɪvnəs/ *n.* sự tha thứ;
tính khoan dung

forgo, forego /fɔː'gəʊ/ *v.* [**forwent;
forgone**] thôi, bỏ, kiêng, chừa, cai

forgot /fə'gɒt/ quá khứ của **forget**

forgotten /fə'gɒt(ə)n/ quá khứ của **for-
get**

fork /fɔːk/ **1** *n.* dĩa, nĩa (ở bàn ăn): **to
use knives and ~s** dùng dao và nĩa
2 *n.* nạng, chĩa (gảy rơm); chạc
cây; chỗ ngã ba: **to turn right at the
next ~ in the road** queo phải ở ngã
ba **3** *v.* phân nhánh: **The road ~ed
into two directions.** Con đường chia
làm hai nhánh.

forlorn /fə'lɔːn/ *adj.* đau khổ, tuyệt
vọng; trơ trọi, cô độc; hoang vắng,
hoang vu, đìu hiu, hiu quạnh

form /fɔːm/ **1** *n.* hình, hình thể/dáng/
dạng; bóng người; thể, dạng, hình
thức/thái; lễ nghi; nghi thức, lễ
thói, thủ tục; mẫu đơn; tình trạng
sức khỏe; lớp học: **application ~**
mẫu đơn (xin việc, xin học) **2** *v.*
làm thành tạo thành/hình thành;
rèn luyện, đào tạo; tổ chức, thiết
lập, thành lập: **to ~ a group** làm
thành một nhóm

formal /'fɔːməl/ *adj.* về/thuộc hình
thức; theo nghi thức, theo thủ tục,
chính thức, trang trọng: **to write a ~
letter** viết một lá thư chính thức;
We have had a ~ discussion. Chúng
tôi vừa có một cuộc thảo luận
chính thức.

formalize /'fɔː'mælaɪz/ *v.* chính thức
hoá, trang trọng hoá

format /'fɔːmæt/ **1** *n.* khuôn khổ (sách,
giấy); cách thu xếp tiết mục: **I have**

talked about our program ~ with him. Tôi vừa nói chuyện với ông ta về sắp xếp chương trình của chúng ta. **2** *v.* sắp xếp, thiếp lập cho đĩa vi tính: **Please ~ the disk before using it.** Thiết kế đĩa trước khi dùng.

former /'fɔːmə(r)/ **1** *n.* cái/người/vấn đề trước [latter] **2** *adj.* trước, cũ, xưa, nguyên: **in ~ times** trước đây, hồi trước, thuở xưa; **the ~ director** nguyên giám đốc/chủ nhiệm

formidable /'fɔːmɪdəb(ə)l/ *adj.* dữ dội, dễ sợ, ghê gớm, kinh khủng

formula /'fɔːmjʊlə/ *n.* (*pl.* **formulas, formulae**) công thức; thể thức, cách thức

formulate /'fɔːmjʊleɪt/ *v.* làm thành công thức; trình bày

forsake /fə'seɪk/ *v.* [**forsook; forsaken**] bỏ, từ bỏ; bỏ rơi

fort /fɔːt/ *n.* đồn, pháo đài; vị trí phòng thủ; trại

forth /fɔːθ/ *adv.* về/ra phía trước; lộ ra: **to move back and ~** đi đi lại lại, chạy tới chạy lui; **to bring ~, to set ~** đưa ra, đề ra; **and so ~** vân vân

forthcoming /fɔːθ'kʌmɪŋ/ *adj.* sắp đến/ tới, nay mai; sắp xuất bản

fortification /ˌfɔːtɪfɪ'keɪʃən/ *n.* sự lành mạnh, sự củng cố; công sự, phòng ngự, thành lũy

fortify /'fɔːtɪfaɪ/ *v.* lành mạnh thêm, làm cho vững chắc, củng cố; xây công sự cho (vị trí)

fortnight /'fɔːtnaɪt/ *n.* hai tuần lễ, nửa tháng, mười lăm ngày

fortress /'fɔːtrəs/ *n.* căn cứ quân sự

fortunate /'fɔːtjʊnət/ *adj.* may mắn, tốt số, có phúc

fortune /'fɔːtjʊn/ *n.* của cải, cơ đồ, sự giàu có; vận (mệnh); vận may

forty /'fɔːtɪ/ *num., adj.* (số) bốn mươi: **She's in her early forties [40's].** Bà ấy hơn 40 tuổi.; **in the late forties** những năm cuối thập niên 40; **~ winks** giấc ngủ ngắn

forum /'fɔːrəm/ *n.* hội thảo; diễn đàn; quảng trường, chợ

forward /'fɔːwəd/ **1** *n.* tiền đạo (bóng đá) **2** *adj.* ở trước, phía trước, tiến lên trước; tiến bộ, tiên tiến; chín sớm, đến sớm, khôn sớm; sốt sắng: **Your son is very ~ for his age.** Con của bà khôn hơn trước tuổi. **3** *adv.* (*also* **forwards**) về phía trước, lên đằng trước: **Forward!** Tiến lên! Xung phong! **4** *v.* đẩy mạnh, xúc tiến; gửi [hàng]; chuyển [thư từ]: **This letter should be ~ed to the new address.** Thư nầy phải được chuyển đến địa chỉ mới.

fossil /'fɒsɪl/ *n., adj.* (vật) hoá đá, hoá thạch: **~ fuel** nhiên liệu cứng

foster /'fɒstə(r)/ **1** *v.* nuôi [trẻ con, hy vọng] ấp ủ, khuyến khích, cổ vũ; bồi thường: **to ~ a child** nuôi con nuôi **2** *adj* nuôi, trông giữ: **~ parents** cha mẹ nuôi

fought /fɔːt/ quá khứ của **fight**

foul /faʊl/ **1** *adj.* [mùi] hôi hám, hôi thối; bẩn thỉu; xấu, tồi, đáng ghét; thô tục, tục tĩu; gian lận, trái luật lệ: **to avoid the ~ smell** tránh mùi hôi thối; **~ play** chơi xấu (trong các môn thể thao) **2** *adv.* gian lận, xỏ lá, xấu: **to play somebody ~** chơi xấu ai **3** *v.* làm bẩn, làm ô nhiễm, làm nhơ nhuốc: **to ~ up** làm rối tung, làm hỏng bét; **to run ~ of the law** gặp khó khăn với ai vì làm điều bất hợp pháp

found /faʊnd/ quá khứ của **find**

found /faʊnd/ *v.* lập, thành lập, sáng lập, kiến lập, tạo dựng, xây dựng, thiết lập, đặt nền móng; căn cứ: **to ~ a party** thành lập một đảng

foundation /faʊn'deɪʃən/ *n.* việc thành lập/sáng lập/thiết lập; nền móng, nền tảng, cơ sở; căn cứ; cơ kim, sáng hội, cơ quan tư [tài trợ cho trường học, v.v.]

fountain /'faʊntən/ *n.* máy nước; vòi nước, vòi phun; nguồn

four /fɔː(r)/ **1** *num.* số bốn; bộ bốn; mặt bốn; con bốn: **to go on all ~s** bò (bàn tay và đầu gối) **2** *adj.* bốn:

We need ~ people to play mahjong.
Chúng ta cần 4 người để chơi mạt
chược.

four-letter word *n.* từ tục tĩu (có bốn
chữ cái)

fourteen /fɔːˈtiːn/ *num., adj.* (số) mười
bốn

fourth /fɔːθ/ **1** *num.* một phần tư;
người/vật thứ 4; ngày mồng 4
(tháng 7) [Quốc Khánh của Mỹ]
2 *adj.* thứ Tư, thứ 4: **the ~ of July**
ngày mồng 4 tháng 7 [= ngày độc
lập của Mỹ]

fowl /faʊl/ *n.* gà vịt, chim, gia cầm

fox /fɒks/ *n.* cáo, chồn; cáo già, tay
xảo quyệt

foyer /ˈfɔɪeɪ/ *n.* hành lang lớn trong
một toà nhà

fraction /ˈfrækʃən/ *n.* phân số; phần
nhỏ; sự chia rẽ

fractional /ˈfrækʃənəl/ *adj.* thuộc phân
số; có tính chia rẽ

fracture /ˈfræktjʊər/ **1** *n.* sự gãy; chỗ
gãy **2** *v.* làm gãy, bị gãy

fragile /ˈfrædʒaɪl/ *adj.* dễ vỡ/gãy;
mỏng mảnh, mỏng manh; yếu ớt,
mảnh dẻ, ẻo lả: **Fragile!** Coi chừng!
Đồ dễ bể ; **Please take care of ~
goods.** Hãy cẩn thận, hàng dễ vỡ.

fragment /ˈfrædʒaɪl/ *n., v.* mảnh (vỡ);
đoạn, khúc, mẩu

fragmentary /ˈfrægməntərɪ/ *adj.* rời
rạc, chắp vá, không hoàn chỉnh

fragrance /ˈfreɪɡrəns/ *n.* mùi thơm
phức, hương thơm ngát

frail /freɪl/ *adj.* mỏng mảnh; yếu đuối,
ẻo lả; mỏng manh

frame /freɪm/ **1** *n.* khung [ảnh, cửa,
xe]: to **make a ~ for the painting** làm
khung cho bức tranh **2** *n.* sườn [tàu,
nhà]; thân hình, tầm vóc; cơ cấu,
cấu trúc: **to choose good timber for
the ~ of one's house** chọn gỗ tốt cho
sườn nhà của bạn **3** *n.* trạng thái: **~
of mind** tâm trạng **4** *v.* đóng/lồng/
lên khung; dựng lên, bố trí: **to ~ an
action plan** lên kế hoạch hành động

framework /ˈfreɪmwɜːk/ *n.* sườn [nhà,

tàu]; khung [máy]; cốt truyện;
khuôn khổ, cơ cấu tổ chức

France /frɑːns/ *n.* nước Pháp

franchise /ˈfrɑːntʃɪz/ *n.* quyền bầu cử/
công dân; đặc quyền, quyền làm
đại lý

frank /fræŋk/ **1** *adj.* thẳng thắng, ngay
thật, bộc trực **2** *v.* đóng dấu/tem cơ
quan trên thư

frantic /ˈfræntɪk/ *adj.* cuống cuồng,
điên cuồng, cuồng loạn

fraternal /frəˈtɜːnəl/ *adj.* thuộc về anh
em: **~ order** hội kín

fraternity /frəˈtɜːnɪtɪ/ *n.* hội sinh viên
đại học Mỹ; hội huynh đệ, hội liên
nghị

fraud /frɔːd/ *n.* sự gian lận, trò gian
trá, tội lừa gạt

fraudulent /ˈfrɔːdjʊlənt/ *adj.* gian lận,
lừa lọc

fraught /frɔːt/ *adj.* đầy nguy hiểm: **~
with danger** đầy nguy hiểm

fray /freɪ/ **1** *n.* cuộc ẩu đả, vụ đánh
nhau, vụ đánh lộn **2** *v.* [mét vải] cọ
sờn ra, cọ xơ ra

freak /friːk/ **1** *n.* tính đồng bóng; sự
bất bình thường **2** *adj.* bất thường
3 *v.* gây xúc động mạnh

freckle /ˈfrɒk(ə)l/ **1** *n.* đốm tàn nhang
2 *v.* [da] có tàn nhang

free /friː/ **1** *adj.* tự do; rãnh rang,
được tự do, không bị ràng buộc;
khỏi phải, thoát khỏi: **~ of charge**
miễn phí; **~ from/of** khỏi trả tiền;
không mất tiền, miễn phí: **This seat
is ~.** Ghế này chưa có ai ngồi.; **to
set ~** tha, thả, thả tự do, phóng
thích; **~ admission** vào cửa tự do, ra
vô thong thả **2** *v.* thả, phóng thích,
trả tự do, giải thoát/phóng: **He was
~d after two years in prison.** Ông ấy
được thả sau hai năm trong tù.
3 *adv.* tự do, không bị ràng buộc,
không trả tiền: **to eat ~** ăn khỏi trả
tiền; **to travel ~** đi du lịch không
mất tiền

freedom /ˈfriːdəm/ *n.* quyền tự do;
(nền) tự do; sự miễn: **~ of speech**

quyền tự do ngôn luận; **to fight for** ~ chiến đấu cho tự do

freehold /'fri:həʊld/ *n.* quyền sở hữu một cơ sở/nhà không hạn định thời gian

freelance /'fri:la:ns/ *adj.* ký giả, nghệ sĩ, văn sĩ tự do không có khế ước riêng

freeloader /'fri:leʊdə(r)/ *n.* người nhận cho ăn ở không mất tiền

freely /'fri:lɪ/ *adv.* tự do, không phải trả tiền, thong thả: **to drink beer ~** uống bia tự do; **Merchandise can circulate ~ in Southeast Asian countries.** Áo quần may mặc được trao đổi tự do trong các nước Đông Nam Á.

free range *adj.* được tự do di dịch giữa các nông trại với nhau

free thinker /,fri:'θɪŋkə(r)/ *n.* người có suy nghĩ độc lập

freeware /'fri:wea(r)/ *n.* phần mềm miễn phí cho máy vi tính

freeze /fri:z/ **1** *n.* tiết đông giá; sự đông lạnh; việc kiểm soát giá cả hay đồng lương **2** *v.* [**froze**; **frozen**] đóng băng; đong lại, lạnh cứng, rét cóng; làm đóng băng; làm đông lại; ướp lạnh; **to ~ to death** chết rét

freezer /'fri:zə(r)/ *n.* máy ướp lạnh: **deep ~** máy làm kem

freight /freɪt/ *n.* tiền cước chuyên chở; hàng hoá chuyên chở: ~ **train/ car** (toa) xe lửa chở hàng

freighter /'freɪtə(r)/ *n.* tàu chuyên chở; máy bay chuyên chở: **sea ~** tàu chở hàng

French /fren(t)ʃ/ **1** *n.* tiếng Pháp; người Pháp **2** *adj.* thuộc Pháp: ~ **bread rolls** bánh mì Pháp

frenzy /'frenzɪ/ *n.* sự điên cuồng/bắn loạn

frequency /'fri:kwənsɪ/ *n.* tính thường hay xảy ra; tần số

frequent /'fri:kwənt/ **1** *adj.* hay có, có luôn, hay xảy ra **2** *v.* hay lui tới, hay lai vãng: **to ~ cinemas** hay đi xem xi-ne

fresco /'freskəʊ/ *n.* tranh nề, tranh

tường, bức họa ở trần

fresh /freʃ/ *adj.* [rau, hoa, thịt, cá, trứng sữa] tươi; [không khí] tươi mát, mát mẻ, trong sạch; [tin] mới, sốt dẻo; tươi tắn, mơn mởn; khoẻ khoắn, sảng khoái; [nước] ngọt [chứ không mặn]; non nớt, ít kinh nghiệm; [giấy, quần áo] mới thay; [sơn] ướt

freshen /'freʃ(ə)n/ *v.* làm tươi mát: **to ~ up** tắm rửa, rửa ráy, trang điểm

freshwater /'freʃwɔ:tə(r)/ *adj.* nước ngọt: ~ **fish** cá nước ngọt

fret /fret/ *n., v.* (sự) bực dọc, cáu kỉnh, khó chịu

friar /'fraɪə(r)/ *n.* thầy tu hành khất

friction /'frɪkʃən/ *n.* sự cọ xát/ma xát; sự chà xát; sự va chạm/xích mích/ xung đột/huých tường

Friday /'fraɪdeɪ/ *n.* Thứ Sáu

fridge /frɪdʒ/ *n.* tủ lạnh

friend /frend/ *n.* bạn, bằng hữu: **close ~s** bạn thân; ~ **and foe** bạn và thù; **to make ~s** kết bạn với: **a ~ in need is a ~ indeed** bạn lúc cần mới là bạn thật

friendly /'frendlɪ/ *adj.* thân mật, thân thiết, thân thiện: **to have ~ relations with …** có quan hệ thân thiện với …

friendship /'frendʃɪp/ *n.* tình bạn, tình hữu nghị

fright /fraɪt/ *n.* sự hoảng sợ; người xấu xí; quái vật

frighten /'fraɪt(ə)n/ *v.* làm sợ: **to ~ off/ away** làm cho sợ phải bỏ đi; **~ed out of one's wits** sợ hết vía

frightful /'fraɪtfəl/ *adj.* ghê sợ, dễ sợ, kinh khủng

frigid /'frɪdʒɪd/ *adj.* lạnh lẽo, băng giá; lạnh nhạt, nhạt nhẽo, vô tình; [đàn bà] không nứng được, lãnh đạm nữ dục

frill /frɪl/ *n.* điểm: ~**s** những cái tô điểm thêm

fringe /frɪndʒ/ **1** *n.* tua [khăn, thảm]; mép, ven, rìa: ~ **benefit** phụ cấp ngoài, quyền lợi nhân viên **2** *v.* chạy đường viền

frisky /'frɪskɪ/ *adj.* hay nô đùa nghịch ngợm

fritter /'frɪtə(r)/ **1** *n.* bánh be nhê nhân thịt hoặc trái cây **2** *v.* phung phí, lãng phí

frivolous /'frɪvələs/ *adj.* không đáng kể, nhỏ mọn, tầm phào, bá láp; nhẹ dạ, nông nổi, lông bông, hão huyền

fro /frəʊ/ *adv.* lập lại: **to and ~** đi đi lại lại, chạy đi chạy lại

frog /frɒg/ *n.* con ếch; đờm làm khản cổ: **~ in the throat** đờm trong cổ

frolic /'frɒlɪk/ **1** *n.* cuộc vui nhộn, sự nô đùa **2** *v.* nô/vui đùa

from /frɒm/ *prep.* từ cách, khởi: **~ beginning to end** từ đầu đến cuối, từ đầu chí cuối; **an e-mail ~ my father** một bức điện thư của ba tôi; **He's ~ England.** Ông ấy là người Anh.; **They live far ~ my house.** Họ ở xa nhà tôi.; **The snow kept us ~ going to school.** Trời tuyết thành ra chúng tôi không đi học được.; **She's suffering ~ influenza.** Cô ấy bị cúm.; **You must distinguish right ~ wrong.** Con phải biết phân biệt phải trái.; **to recover ~ an illness** khỏi ốm

front /frʌnt/ **1** *n.* đằng/mặt/phía trước; mặt trận: **the ~ of the library** trước cửa thư viện **2** *adj.* phía trước: **~ yard** vườn đằng trước **3** *v.* quay mặt về: **Your office ~s mine.** Văn phòng bạn đối mặt với tôi.

frontage /'frʌntɪdʒ/ *n.* khoảng đất trước, mặt trước

frontal /'frɒntəl/ *adj.* đằng trước mặt, chính diện

frontier /'frʌntɪə(r)/ *n.* biên giới/cương/ thùy, quốc cảnh

front page *n.* trang đầu (một cuốn sách)

frost /frɒst/ **1** *n.* sương giá; sự đông giá; sự thất bại **2** *v.* phủ sương giá; rắc đường lên; làm lấm tấm

frostbite /'frɒstbaɪt/ *n.* sự/chỗ phát cước, sự tê cóng

frosty /'frɒstɪ/ *adj.* băng giá, giá rét; lạnh nhạt

froth /frɒθ/ **1** *n.* bọt; chuyện vô ích, chuyện phiếm **2** *v.* làm nổi bọt, sủi bọt: **The sea is ~ing over my feet.** Nước biển làm nổi bọt lên chân tôi.; **to ~ at the mouth** sùi bọt miệng

frothy /'frɒθɪ/ *adj.* sủi bọt; rỗng tuyếch, vô tiếch sự

frown /fraʊn/ *n., v.* (sự) cau mày, (sự) nhăn mặt, (vẻ) không tán thành

froze /frəʊz/ quá khứ của **freeze**

frozen /'frəʊz(ə)n/ quá khứ của **freeze**; *adj.* **~ orange** juice nước nước cam đông lạnh; **~ assets** tài sản không lấy ra được vì bị phong toả

frugal /'fruːgəl/ *adj.* đạm bạc, thanh đạm; căn cơ, tiết kiệm

fruit /fruːt/ **1** *n.* quả, trái cây; thành/ kết quả: **This tree is bearing much ~ this year.** Cây nầy năm nay nhiều quả lắm.; **~ salad** nộm/gỏi hoa quả **2** *v.* ra quả: **In spring, you can observe which trees are ~ing.** Vào mùa xuân bạn sẽ xem cây nào đang ra trái.

fruitful /'fruːtfəl/ *adj.* sai quả; phì nhiêu, màu mỡ; có kết quả, có lợi, thành công

frustrate /frʌ'streɪt/ *v.* làm hỏng, làm thất bại; làm vỡ mộng, làm thất vọng

frustration /frʌ'streɪʃən/ *n.* tâm trạng thất vọng/bất đắc chí

fry /fraɪ/ **1** *n.* cá mới nở **2** *v.* rán, chiên: **deep-~** rán nhiều mỡ

ft *abbr.* (= **foot, feet**) thước tây

FTP /ˌeftiː'piː/ *abbr.* (= **File-Transfer Protocol**) nguyên tắc trao đổi trữ liệu thông tin trên mạng vi tính

fudge /fʌdʒ/ *n.* kẹo mềm

fuel /'fjuːəl/ **1** *n.* chất đốt, nhiên liệu **2** *v.* cung cấp chất đốt; lấy nhiên liệu, lấy xăng: **to add ~ to the flames/fire** thêm dầu vào lửa cháy

fugitive /'fjuːdʒɪtɪv/ **1** *n.* kẻ trốn tránh, người lánh nạn **2** *adj.* nhất thời; không bền, chóng tàn

fulfill /fʊl'fɪl/ *v.* làm tròn/trọn, thực hiện, hoàn thành; hội đủ [điều kiện]

fulfillment /'fʊlˌfɪlmənt/ *n.* sự thực hiện/hoàn thành/đáp ứng

full /fʊl/ 1 *n.* toàn bộ: **to write your name in ~** viết tên bạn đầy đủ 2 *adj.* đầy, đầy đủ, nhiều, chan chứa, đầy dẫy, tràn trề, tràn ngập; đông, chật, hết chỗ ngồi; no, no nê; tròn, đầy đặn, nở nang; hết sức, hoàn toàn, trọn vẹn: **~ moon** trăng rằm; **the ~ text** toàn văn; **to work ~-time** làm việc cả ngày, cả hai buổi, làm việc toàn thời gian 3 *adv.* rất; đầy đủ, hoàn toàn đúng

full house *n.* số người dự tối đa

fullness /'fʊlnəs/ *n.* sự tràn đầy, nay đủ

full-term *n.* nguyên một nhiệm kỳ

fully /'fʊli/ *adv.* hoàn toàn, đầy đủ, thập phần

fulsome /'fʊlsəm/ *adj.* quá đáng, ngấy tởm

fumble /'fʌmb(ə)l/ *v.* dò dẫm, sờ soạng; lóng ngóng, vụng về

fume /fjuːm/ *v.* phun khói; cáu kỉnh

fumes /fjuːmz/ *n.* khói, hơi khói

fumigate /'fjuːmɪgeɪt/ *v.* phun/hun/xông/khói để tẩy uế

fun /fʌn/ 1 *n.* sự/trò vui đùa; sự vui thích: **to make ~ of** chế giễu ... 2 *adj.* vui đùa, làm cho vui

function /'fʌŋkʃən/ 1 *n.* chức năng, chức vụ; nhiệm vụ, trách nhiệm; công năng; hàm, hàm số; nghi thức, nghi lễ 2 *v.* [máy] chạy, hoạt động, vận hành; thực hiện chức năng

fund /fʌnd/ 1 *n.* quỹ, ngân khoảng, cơ kim, tư kim; tài nguyên: **no more ~s for that program** không còn ngân khoảng cho chương ấy nữa 2 *v.* cung cấp ngân khoảng, tài trợ cho: **The government ~ed this program.** Chính phủ trợ cấp cho chương trình nầy.

fundamental /fʌndə'mentəl/ 1 *n.* nguyên tắc căn bản, chủ yếu: **The ~s of business are ...** Những nguyên tắc căn bản của thương mại là... 2 *adj.* cơ bản, cơ sở, căn bản, chủ yếu: **to base on ~ rules** dựa trên những luật căn bản

funeral /'fjuːnərəl/ 1 *n.* đám ma, đám tang, lễ tang, tang lễ: **to attend a ~** dự đám tang 2 *adj.* thuộc đám tang: **a ~ oration** bài điếu văn

funereal /fjuː'nɪəriəl/ *adj.* buồn thảm như đám tang

fungus /'fʌŋgəs/ *n.* (*pl.* **fungi**) nấm, nốt sùi

funky /'fʌŋki/ *adj.* kinh khủng, hèn hạ

funnel /'fʌnəl/ *n.* cái phễu; ống khói [tàu thuỷ, xe lửa]

funny /'fʌni/ *adj.* buồn cười, khôi hài, ngộ nghĩnh; là lạ, khang khác

fur /fɜː(r)/ 1 *n.* bộ lông thú; áo lông, da lông; cấn, cặn, cáu 2 *adj.* lông, đầy lông da thú: **~ coat** áo lông

furbish /'fɜːbɪʃ/ *v.* đánh bóng; làm mới lại, phục hồi

furious /'fjʊəriəs/ *adj.* giận dữ, điên tiết; mạnh liệt

furl /fɜːl/ *v.* cuộn, cụp, xếp [cờ, buồm, ô] lại

furlough /'fɜːləʊ/ *n.* phép nghỉ: **to go home on ~** đi về nhà nghỉ phép

furnace /'fɜːnɪs/ *n.* lò; lò sưởi

furnish /'fɜːnɪʃ/ *v.* trang bị đồ đạc; cung cấp: **to ~ a house** trang bị sẵn đồ đạc cho một nhà

furniture /'fɜːnɪtjʊə(r)/ *n.* đồ đạc [bàn ghế, giường tủ]: **There isn't much ~ in the room.** Đồ đạc trong nhà không có gì mấy.; **a piece of ~** một món bàn ghế, một cái bàn, tủ v.v.

furrow /'fʌrəʊ/ *n., v.* luống cày; nếp nhăn

furry /'fʌri/ *adj.* có lót da lông thú; giống da lông thú

further /'fɜːðə(r)/ 1 *adj.* hơn nữa nữa: **to provide ~ evidence for the accident case** cho thêm chứng cứ tai nạn 2 *adv.* xa hơn nữa; thêm nữa, hơn nữa: **You have to inquire ~.** Anh cần điều tra thêm. 3 *v.* đẩy mạnh, xúc tiến

furthermore /'fɜːðəmɔː(r)/ *adv.* hơn nữa, vả lại, ngoài ra

furthest /'fɜːðɪst/ *adj., adv.* xa hơn hết, xa nhất

furtive /'fɜːtɪv/ *adj.* nhìn trộm, lén lút

fury /'fjʊərɪ/ *n.* sự giận dữ, cơn thịnh nộ; tính kịch liệt/ác liệt

fuse /fjuːz/ **1** *n.* cầu chì; ngòi, kíp, mồi nổ **2** *v.* lắp ngòi; (làm/nấu) chảy; hỗn hợp lại; hợp vào nhua, liên hiệp

fusion /'fjuːʒən/ *n.* sự nấu chảy, sự hỗn hợp, sự liên hiệp

fuss /fʌs/ **1** *n.* sự rối rít/nhắng nhít: **to make a ~ about** làm ầm lên về [chuyện nhỏ mọn] **2** *v.* nhặng xị

fussy /'fʌsɪ/ *adj.* hay rối rít/nhắng nhít/quan trọng hóa

futile /'fjuːtɪl/ *adj.* vô ích, vô hiệu, vô dụng

future /'fjuːtjʊə(r)/ **1** *n.* tương lai, hậu vận, tiền đồ: **to look to the ~** nhìn về tương lai **2** *adj.* về sau, tương lai, vị lai: **~ tense** thời tương lai; **~ life** kiếp sau

fuzz /fʌz/ **1** *n.* tóc xoắn/xù **2** *n.* cảnh sát **3** *v.* làm cho xù/quăn

fuzzy /'fʌzɪ/ *adj.* sờn, xơ; [tóc] xoắn, xù; mờ nhạt

FYI /ˌefwaɪ'aɪ/ *abbr.* (= **For Your Information**) xin được thông báo (dùng trong thư từ)

G

gab /gæb/ **1** *n.* lời nói lém; tài bẻm mép: **She is successful in sales because she has the gift of the ~.** Cô ấy là người bán hàng giỏi vì có tài ăn nói. **2** *v.* bẻm mép

gabble /'gæb(ə)l/ *n., v.* (lời) nói lắp bắp quá nhanh

gable /'geɪb(ə)l/ *n.* đầu hồi nhà, cột chống

gabled /'geɪb(ə)ld/ *adj.* có đầu hồi

gad /gæd/ *v.* đi lang thang

gadget /'gædʒɪt/ *n.* đồ dùng, máy móc trong nhà/bếp

gaffe /gæf/ *n.* câu nói hớ, việc làm hố, việc làm sai lầm

gag /gæg/ **1** *n.* đồ bịt/khoá miệng; cái

banh miệng; câu/trò khôi hài: **to put a ~ in someone's mouth** bỏ đồ bịt vào miệng ai **2** *v.* nhét giẻ vào miệng, bịt mồm, khoá miệng; oẹ, nôn khan; nghẹn; pha trò, nói giỡn

gaiety /'geɪtɪ/ *n.* sự vui vẻ

gain /geɪn/ **1** *n.* sự tăng thêm; lời, lợi, lợi lộc, lợi ích; tiền lãi, lợi nhuận, tiền thu vào: **a ~ in knowledge** sự tăng thêm kiến thức **2** *v.* kiếm/thu/lấy/giành được; lên [cân], tăng [tốc độ]: **to ~ experience** thu lấy kinh nghiệm

gait /geɪt/ *n.* dáng đi: **a charming ~** dáng đi quyến rũ

gala /'gɑːlə/ *n.* hội, hội hè, buổi lễ: **a folk song** gala hội diễn dân ca

galaxy /'gæləksɪ/ *n.* Ngân hà, Thiên hà; nhóm [danh nhân]

gale /geɪl/ *n.* cơn gió mạnh

gall /gɔːl/ **1** *n.* mật; túi mật; mối cay đắng; sự trơ tráo; sự hằn học/thù oán: **~ bladder** túi mật **2** *n.* chỗ chầy/trượt da **3** *v.* xúc phạm tự ái: **to ~ somebody with one's remarks** xúc phạm tự ái của ai bằng lời nói của mình

gallant /'gælənt/ **1** *n.* anh chàng nịnh đầm **2** *adj.* anh dũng, hào hiệp; tráng lệ, lộng lẫy; bảnh bao; nịnh đầm: **to be ~ and generous** hào hiệp và rộng lượng

gallery /'gælərɪ/ *n.* phòng tranh, phòng triển lãm mỹ thuật, hành lang; ban công; đường hầm mỏ

galley /'gælɪ/ **1** *n.* thuyền ga lê [do nô lệ chèo]; bếp [ở dưới tàu thuỷ]: **~s** việc khổ sai **2** *n.* bản vỗ, bản rập: **~ proofs** bản in thử

gallon /'gælən/ *n.* đơn vị đông xăng dầu, galông [= 3,78 lít hoặc 4 quarts ở Mỹ, hay = 4,54 lít ở Anh]

gallop /'gæləp/ **1** *n.* nước phi ngựa **2** *v.* phi ngựa nước đại

gallows /'gæləʊz/ *n.* giá treo cổ, giảo đài; tội xử giảo

galvanize /'gælvənaɪz/ *v.* mạ sắt điện; kích động, khích động

gamble /'gæmb(ə)l/ **1** *n.* cuộc đánh bạc, cuộc may rủi, việc liều: **Life is not a ~.** Cuộc đời không phải là cuộc đánh bạc. **2** *v.* đánh bạc; đầu cơ; làm liều

gambler /'gæmblə(r)/ *n.* người đánh bạc, tay đổ bác, con bạc

game /geɪm/ *n., adj.* trò chơi; cuộc thi điền kinh; ván bài, ván cờ, bàn, cuộc thi đấu; thú săn: **Asian ~s** Á vận hội; **Olympic ~s** Thế vận hội.; **to play silly ~s** chơi trò đểu cáng

gamekeeper /'geɪmkiːpə(r)/ *n.* người canh rừng phòng kẻ săn trộm

gamelan /'gæmǝlæn/ *n.* nhạc hoà tấu (thịnh hành ở Đông Nam Á, như ở Nam Dương)

gamely /'geɪmli/ *adv.* một cách can đảm: **He tried ~ to finish the race.** Ông ta cố gắng một cách can đảm để kết thúc cuộc đua.

gamut /'gæmǝt/ *n.* gam; âm giai; cả loạt, toàn bộ: **to experience the whole ~ of suffering** trải qua mọi nỗi đau khổ

gander /'gændə(r)/ *n.* con ngỗng đực

gang /gæŋ/ **1** *n.* đám, đoàn, tốp, lũ, toán, kíp; bọn, lũ: **the whole ~** cả bọn/lũ **2** *v.* kéo bè kéo đảng; lập băng đảng: **to ~ up** lập nhóm để chống ai; **He complained that his colleagues ~ed up on him.** Ông ấy than phiền là đồng nghiệp ông ta kéo bè chống ông ta.

gangplank /'gæŋplæŋk/ *n.* ván cầu để lên xuống tàu

gangster /'gæŋstə(r)/ *n.* kẻ cướp, găng-xtơ

gangway /'gæŋweɪ/ *n.* lối đi ở giữa hàng ghế; cầu tàu

gantry /'gæntri/ *n.* giàn gỗ kê thùng; giàn cần trục

gaol /dʒeɪl/ **1** *n.* (= **jail**) nhà tù: **to be sent to ~** đi ở tù **2** *v.* bỏ tù

gaoler /'dʒeɪlə(r)/ *n.* (= **jailer**) cai ngục/tù

gap /gæp/ *n.* lỗ hổng, kẽ hở; chỗ trống, chỗ gián đoạn/thiếu sót: **to fill the ~s** lấp/điền vào khoảng trống; **generation ~** khoảng cách giữa các thế hệ

gape /geɪp/ **1** *n.* cái ngáp; sự há hốc miệng **2** *v.* ngáp; há to miệng ra; há hốc miệng ra mà nhìn

garage /'gæraːʒ/ *n.* ga ra, nhà xe; sửa chữa ô tô/xe hơi: **I have sent my car to the ~ for servicing.** Tôi vừa đưa xe đi sửa.

garage sale *n.* bán đồ cũ bày ở nhà xe: **You may be able to buy a cheap fridge at a ~.** Bạn có thể mua một cái tủ lạnh rất rẻ ở chỗ bán đồ cũ bày ở nhà xe.

garb /gaːb/ **1** *n.* quần áo, trang phục **2** *v.* ăn mặc

garbage /'gaːbɪdʒ/ *n.* rác (nhà bếp); đồ rơm rác/rác rưởi: **~ bin** thùng rác; **~ collector** người nhặt rác; **~ disposal** máy nghiền rác [ở chỗ rửa bát]

garbled /'gaːb(ə)ld/ *adj.* bóp méo, xuyên tạc (vô tình hay cố ý)

garden /'gaːd(ə)n/ *n.* vườn: **botanical ~s** vườn bách thảo; **zoological ~s** vườn bách thú, sở thú

gargle /'gaːg(ə)l/ **1** *n.* thuốc súc miệng **2** *v.* súc miệng/họng

garish /'geərɪʃ/ *adj.* loè loẹt, sặc sỡ

garland /'gaːlənd/ **1** *n.* tràng/vòng hoa **2** *v.* quàng vòng hoa

garlic /'gaːlənd/ *n.* tỏi: **to use ~ for cooking** dùng tỏi để nấu thức ăn

garment /'gaːmənt/ *n.* cái áo/quần, một món y phục

garner /'gaːnə(r)/ **1** *n.* vựa/kho lúa **2** *v.* thu/trữ vào kho

garnish /'gaːnɪʃ/ **1** *n.* hoa lá **2** *v.* bày hoa lá lên món ăn

garter /'gaːtə(r)/ *n.* nịt bít tất

gas /gæs/ **1** *n.* khí, khí thể; khí đốt/thắp, hơi đốt; dầu xăng, ét xăng, xăng; hơi độc/ngạt: **~ station** trạm xăng **2** *v.* thả hơi độc; cung cấp khí đốt

gaseous /'gæsɪəs/ *adj.* thuộc/giống thể khí

gash /gæʃ/ **1** *n.* vết dài và sâu: **There was a ~ just above her right eye.** Có một vết rạch dài trên mắt trái của cô ấy. **2** *v.* rạch vết dài, sâu: **He ~ed his leg while felling trees.** Anh ấy rạch một vết sâu khi cây rơi.

gasoline /'gæsəli:n/ *n.* dầu xăng, ét xăng, xăng

gasp /gɑ:sp/ *n., v.* (sự) thở hổn hển

gastric /'gæstrɪk/ *adj.* thuộc dạ dày, (thuộc con) vị: ~ **flu** bệnh sốt do chất ga trong bao tử gay nên

gate /geɪt/ *n.* cổng, cửa lớn; cửa đập/ cống; hàng rào chắn [để xe lửa qua, để thu thuế]; cửa ô; cửa lên máy bay: **He opened the ~ and walked up to the house.** Ông ta mở cửa và đi lên nhà.

gatecrash /'geɪtkræʃ/ *v.* tham dự tiệc tùng mà không được mời

gateway /'geɪtweɪ/ *n.* cổng vào, lối vào; thông lộ

gather /'gæðə(r)/ *v.* tập họp, tụ tập; hái, lượm, thu thập; lấy (lại) sức, hơi; hiểu, nắm được, suy ra: **In winter, we ~ed around the fireplace.** Vào mùa đông, chúng tôi tụ tập quanh lò sưởi.

gathering /'gæðərɪŋ/ *n.* sự tụ tập, cuộc hội họp: **All foreigners are having their annual ~ at the town hall.** Tất cả ngoại kiều hội họp thường niên ở hội trường tỉnh.

gathers /'gæðəz/ *n.* miếng đắp ở áo quần; miếng chun

gauge /geɪdʒ/ **1** *n.* khoảng cách đường rầy; tiêu chuẩn đánh giá: **rain ~** máy đo lượng nước mưa, vũ lượng kế; **gasoline ~** máy đo xăng **2** *v.* đo, đo/định cỡ; đánh giá: **Most people ~ distance by their journey time rather than by actual kilometers on the road.** Nhiều người đo khoảng cách bằng thời gian hơn là cây số.

gaunt /gɔ:nt/ *adj.* gầy ốm, hốc hác; buồn thảm, thê lương

gauntlet /'gɔ:ntlɪt/ *n.* bao tay sắt, găng sắt [của hiệp sĩ Trung cổ]: **to**

throw/fling down the ~ thách đấu, khiêu chiến

gauze /gɔ:z/ *n.* sa, lượt; gạc [để buộc vết thương]

gave /geɪv/ quá khứ của **give**

gawk /gɔ:k/ **1** *v.* nhìn chòng chọc một cách ngu si **2** *n.* người nhược tiểu, người hung bạo

gay /geɪ/ **1** *adj.* vui vẻ, vui tươi, hớn hở: **the ~ voices of young ladies** những tiếng nói vui tươi của những cô gái trẻ **2** *adj.* phóng đãng, trụy lạc: **to lead a ~ life** sống đời trụy lạc **3** *adj.* đồng tính luyến ái: ~ **community** cộng đồng những người đồng tính luyến ái **4** *n.* (*pl.* **gays**) người đồng tính luyến ái nam: **Every year, ~s organized a parade.** Mọi năm những người đồng tính luyến ái tổ chức diễn hành.

gaze /geɪz/ *n., v.* cái nhìn chằm chằm

gazette /gə'zet/ *n.* công báo

GB /,dʒi:'bi:/ *n., abbr.* (= **Great Britain**) nước Anh

GDP /,dʒi:di:'pi:/ *abbr.* (= **Gross Domestic Product**) mức sản xuất nội địa

gear /gɪə(r)/ **1** *n.* bánh răng cưa **2** *n.* số [tốc độ ô tô]: ~ **box** hộp số; **in ~** gài số; **out of ~** không gài số; **to use low ~** dùng số nhỏ; ~ **shift** sự sang số xe hơi **3** *v.* sang số; lắp bánh răng cưa; liên kết, hướng [cơ sở, ngành nghề]

geek /gi:k/ *n.* cái nhìn; người ủ e; người giỏi máy vi tính

geese /gi:s/ số nhiều của **goose**

gem /dʒem/ *n.* ngọc, đá quý; viên ngọc, vật quý nhất

gender /'dʒendə(r)/ *n.* giống (ngữ pháp); phái tính: **masculine ~** giống đực; **feminine ~** giống cái; **Gender: male or female** phái tính: nam hay nữ

gene /dʒi:n/ *n.* tế bào di truyền

general /'dʒenərəl/ **1** *n.* cái chung, cái tổng quát; viên tướng: **The chief commander is a ~.** Tổng tư lệnh là một vị tướng. **2** *adj*. chung, chung chung; tổng; thông thường: ~ **knowledge** kiến thức phổ thông; **secretary ~** tổng thư ký, tổng bí thư; **consul-~** tổng lãnh sự; ~ **elections** tổng tuyển cử; ~ **staff** Tổng tham mưu; ~ **assembly** đại hội đồng; ~ **outline** đại cương; ~ **practitioner** [GP] bác sĩ toàn khoa

generalize /'dʒenərəlaɪz/ *v.* tổng quát/ khái quát hóa; phổ biến: **Don't ~.** Đừng nên quơ đũa cả nắm.

generate /'dʒenərət/ *v.* sinh, để ra, dẫn khởi; phát ra [điện, ánh sáng, nhiệt]

generation /dʒenə'reɪʃən/ *n.* đời, thế hệ; sự phát sinh ra: **The first ~ settled down very well in their new country.** Thế hệ thứ nhất định cư rất tốt ở đất nước mới.

generation gap *n.* sự cách biệt/khác biệt giữa hai thế hệ

generic /dʒe'nerɪk/ *adj.* cùng chung một nhóm; không dùng tên cùng một nhãn hiệu

generosity /dʒenə'rɒsɪtɪ/ *n.* tính rộng rãi/hào phóng

generous /'dʒenərəs/ *adj.* rộng rãi, hào phóng; thịnh soạn, phong phú, màu mỡ: **He is a ~ man.** Ông ấy là người rất rộng rãi.

genesis /'dʒenɪsɪs/ *n.* nguồn gốc, căn nguyên, khởi nguyên; cuốn sáng chế trong Kinh Thánh

genetics /dʒe'netɪks/ *n.* di truyền học

Geneva Convention /dʒe,nɪ:və/ *n.* thoả hiệp quốc tế về đối xử tù nhân chiến tranh ký năm 1864

genial /'dʒɪ:nɪəl/ *adj.* ân cần, vui tính; ôn hoà, ấm áp

genitals /'dʒenɪtəl/ *n.* cơ quan sinh dục

genius /'dʒɪ:nɪəs/ *n.* (*pl.* **geniuses**) thiên tài, thiên tư; bất kỳ tài; tinh thần, đặc tính

genocide /'dʒenəsaɪd/ *n.* tội diệt chủng, cuộc tàn sát tập thể

genteel /dʒen'tɪ:l/ *adj.* lịch sự, nhã nhặn, quý phái

gentle /'dʒent(ə)l/ *adj.* dịu dàng, hiền lành, hòa nhã; [gió] nhẹ: ~ **slope** dốc thoai thoải; **~man** người hào hoa phong nhã/lịch sự; người quý phái/quý tộc/thượng lưu; đàn ông; **Ladies and ~men.** Thưa quý bà và quý ông.; **~men** (= Gent) nhà vệ sinh đàn ông; **~woman** người đàn bà lịch sự; mệnh phụ

genuine /'dʒenjuːɪn/ *adj.* thật, xác thực; thành thật, chân chính

geographer /dʒiːˈɒɡrəfə(r)/ *n.* nhà địa lý

geography /dʒiːˈɒɡrəfɪ/ *n.* khoa địa lý, địa lý học: **history and ~** sử địa

geologic(al) /dʒiːəʊˈlɒdʒɪkəl/ *adj.* thuộc địa chất

geology /dʒiːˈɒlədʒɪ/ *n.* khoa địa chất, địa chất học

geomancy /'dʒiːəʊˌmænsɪ/ *n.* thuật bói đất, thuật phong thủy

geometric(al) /dʒiːəʊˈmetrɪkəl/ *adj.* thuộc hình học: ~ **progression** cấp số nhân

geometry /dʒiːˈɒmɪtrɪ/ *n.* hình học

germ /dʒɜːm/ *n.* mầm, mộng, phôi, thai; mầm bệnh, vi trùng; mầm móng: **Chlorine is used to kill ~s.** Chất calo dùng để khử trùng.

German /'dʒɜːmən/ *n., adj.* (người/ tiếng Đức)

Germany /'dʒɜːmənɪ/ *n.* nước Đức: **World Cup 2006 was held in ~.** Giải bóng đá thế giới 2006 được tổ chức ở Đức.

germinate /'dʒɜːmɪneɪt/ *v.* nảy mầm; nảy ra, sinh ra, manh nha

gesticulate /dʒe'stɪkjʊleɪt/ *v.* khoa tay múa chân

gesture /'dʒestjʊə(r)/ **1** *n.* cử chỉ, điệu bộ, bộ tịch, động tác: **a ~ of friendship** một biểu hiện của tình bằng hữu **2** *v.* làm điệu bộ, ra hiệu bằng tay: **They ~d towards the guesthouse.** Họ ra hiệu bằng tay về phía nhà khách.

get /get/ *v.* [**got; got/gotten**] được, có/lấy/kiếm được; hiểu/nắm/lĩnh hội được; bị mắc phải; đưa, mang, đem, chuyển; làm cho, khiến cho;

đến, tới, đạt; trở nên, thành ra; có; phải: **She got your e-mail last week.** Cô ấy nhận được điện thư của anh tuần trước.; **I didn't ~ it.** Tôi chẳng hiểu gì cả.; **Please ~ me some milk.** Anh làm ơn mua/lấy cho tôi chút sữa.; **We got the job finished on time.** Chúng tôi làm xong việc ấy đúng hẹn.; **The weather's ~ting cold.** Trời đã đang trở lạnh.; **I've got something to do.** Tôi có việc phải làm.; **We've got to solve this problem before his return.** Chúng ta cần phải giải quyết vấn đề này trước khi ông ta về.; **to ~ across** qua, vượt qua; **to ~ ahead** tiến bộ, tiến; **to ~ along** làm ăn, xoay xở; tiến bộ; hợp nhau, hoà thuận với nhau; **to ~ away** đi khỏi, đi xa, đi mất; **to ~ back** lùi lại, trở lại; lấy lại, thu về; **to ~ down** xuống, lấy xuống, đưa xuống; **to ~ in** vào; mang về, thu về; đến/tới nơi; **to ~ into** vào, đi vào; lâm vào; **to ~ off** xuống xe; thoát; bỏ, cởi bỏ, vứt bỏ; **to ~ on** trèo lên; mặc/đội/đi vào; làm ăn, xoay xở; tiến bộ; hòa thuận, ăn ý/cánh; **to ~ out** đi ra ngoài; lấy/kéo/rút ra; xuống [xe, tàu]; lộ ra; thoát khỏi; **to ~ over** làm xong; vượt qua; **to ~ through** đi qua, lọt qua; làm xong, hoàn tất; **to ~ up** đứng dậy; ngồi dậy

geyser /ˈgeɪsə(r)/ *n.* mạch nước phun, suối nước nóng

ghastly /ˈgɑːstlɪ/ *adj.* tái mét, nhợt nhạt; rùng rợn

ghetto /ˈgetəʊ/ *n.* khu người da đen; khu người nghèo; khu người biệt lập

ghost /gəʊst/ 1 *n.* con ma; nét thoáng: **not the ~ of a chance** không một chút hy vọng nào; **~ town** thành phố ma, tỉnh chết 2 *v.* hiện ra, lẩng vẳng như một bóng ma

G.I. /ˈdʒiːaɪ/ *n., abbr.* (= **Government Issue**) lính Mỹ: **~ bride** vợ lính Mỹ

giant /ˈdʒaɪənt/ 1 *n.* người khổng lồ; người phi thường: **Sony is a Japanese electronics ~.** Hãng Sony là

hãng điện tử lớn nhất của Nhật 2 *adj.* khổng lồ.

gibberish /ˈdʒɪbərɪʃ/ *n.* lời nói lắp bắp (sai ngữ pháp)

gibbon /ˈgɪbən/ *n.* con vượn

giddy /ˈgɪdɪ/ *adj.* chóng mặt, choáng váng; nhẹ dạ

gift /gɪft/ 1 *n.* quà/tặng biếu; thiên tài, thiên phú, tài: **a ~ shop** tiệm bán quà tặng 2 *v.* trao quà, tặng quà: **The blind man was ~ed with the cornea of the accident victim.** Người mù được tặng giác mạc của người bị tai nạn.

gifted /ˈgɪftɪd/ *adj.* có tài, có năng khiếu, thiên tài: **There is a ~ students' school in my city.** Trong thành phố của tôi có một trường dành cho học sinh có tài năng đặc biệt.

gig /gɪg/ *n.* xe độc mã hai bánh; xuồng nhỏ

gigantic /dʒaɪˈgæntɪk/ *adj.* khổng lồ, kết xù, cự đại

giggle /ˈgɪg(ə)l/ *n., v.* (tiếng) cười khúc khích

GIGO /ˈgaɪgəʊ/ *abbr.* (= **Garbage In, Garbage Out**) đồ thải trong máy vi tính

gild /gɪld/ *v.* mạ vàng; tô điểm cho hào nhoáng

gill /gɪl/ 1 *n.* đơn vị đo lường gin 2 *n.* (*pl.* **gills**) mang [cá]

gilt /gɪlt/ 1 *n.* sự mạ vàng 2 *adj.* mạ vàng, thiếp vàng: **~-edged** viền vàng

gimmick /ˈgɪmɪk/ *n.* mánh lới, tuyên truyền

gin /dʒɪn/ 1 *n.* rượu gin 2 *n.* máy tỉa hột bông, trục nâng

ginger /ˈdʒɪndʒə(r)/ *n.* (cây/củ) gừng; sự hăng hái, dũng khí: **~ ale** nước ngọt có vị gừng; **~bread** bánh gừng

gingham /ˈgɪŋəm/ *n.* vải bông kẻ

ginseng /ˈdʒɪnseŋ/ *n.* sâm, nhân sâm: **Korean ~** sâm Triều Tiên

giraffe /dʒɪˈrɑːf/ *n.* hươu cao cổ

gird /gɜːd/ *v.* buộc, quấn quanh (mình); bao bọc, vây: **to ~ one's clothes** buộc áo vào

girdle /'gɜːd(ə)l/ **1** *n*. thắt lưng, đai; vòng đai **2** *v*. vây, bao

girl /gɜːl/ *n*. con gái, thiếu nữ; cô bán hàng, cô giúp việc; người yêu, người tình, bạn gái: **~friend** bạn gái, người yêu; **~hood** thời con gái; **school ~** nữ sinh

girl Friday *n*. phụ nữ được mướn làm việc lặt vặt ở văn phòng

giro /'dʒaɪrəʊ/ *n*. hệ thống chuyển tiền từ ngân hàng đến các trương mục khác bằng mạng vi tính

girth /gɜːθ/ *n*. đường vòng quanh, chu vi

gist /dʒɪst/ *n*. ý chí, đại ý, yếu điểm

give /gɪv/ *v*. [**gave**; **given**] cho, biếu, tặng; cho, đem lại, sinh ra; đưa/đem/trao/chuyển cho; gây cho; hiến dâng; cống hiến; mở, thiết, tổ chức [tiệc]: **to ~ away** cho đi, phát ra; **to ~ back** trả lại, hoàn lại; **to ~ forth** toả ra, bốc lên; **to ~ out** chia, phân phối; toả ra, bốc lên; **to ~ up** bỏ, từ bỏ

give-away /'gɪvəweɪ/ **1** *n*. đồ cho không, đồ vất đi **2** *adj*. vất đi, cho không

gizmo /'gɪzməʊ/ *n*. (*also* **gismo**) bộ phận cải tiến, đồ dùng cải tiến

gizzard /'gɪzəd/ *n*. mề

glacial /'gleɪʃɪəl/ *adj*. băng giá, lạnh buốt; lạnh lùng, lãnh đạm; thuộc thời kỳ song băng, thời băng hà

glacier /'glæsɪə(r)/ *n*. sông băng, băng hà

glad /glæd/ *adj*. vui mừng, vui vẻ, vui lòng, bằng lòng, sung sướng, hân hoan, hồ hởi: **I was very ~ to see him.** Tôi rất vui mừng gặp ông ấy.

glamor /'glæmə(r)/ *n*. vẻ đẹp quyến rũ/huyền ảo

glamorous /'glæmərəs/ *adj*. đẹp say đắm, đẹp quyến rũ

glance /glɑːns/ **1** *n*. cái nhìn thoáng, liếc qua: **to take a ~ at the morning newspaper** liếc nhìn qua tờ báo buổi sáng **2** *v*. nhìn qua, liếc thoáng qua: **to ~ over a book** nhìn thoáng qua cuốn sách

gland /glænd/ *n*. tuyến

glare /gleə(r)/ **1** *n*. ánh sáng chói; cái nhìn trừng trừng **2** *v*. chói loà; nhìn trừng trừng/giận gữ

glass /glɑːs/ *n*. kính, thuỷ tinh, đồ thuỷ tinh; cái cốc/ly; gương soi: **~es** kính đeo mắt; **a ~ of milk** một cốc/ly sữa; **a pair of ~es** kính dâm, kính đen; **to raise one's ~ to ...** nâng cốc chúc mừng

glass house /'glɑːshaʊs/ *n*. nhà kiếng để trồng cây; ngôi nhà bằng kiếng

glassy /'glɑːsɪ/ *adj*. giống thuỷ tinh; mắt [đờ đẫn]

glaze /gleɪz/ **1** *n*. nước láng/bóng; men đồ sứ; lớp nước đá: **I have bought a vase with a fine ~.** Tôi vừa mua một bình đựng hoa có lớp men láng bóng. **2** *v*. làm láng, đánh bóng, tráng men; làm mờ [mắt]; tráng lớp nước đường [lên bánh rán]; lắp kính

gleam /gliːm/ **1** *n*. tia sáng yếu ớt, ánh sáng lập loè; tia **2** *v*. phát ra tia sáng yếu ớt

gleaming /'gliːmɪŋ/ *adj*. tin tức lượm lặt được; lúa mót được

glean /gliːn/ *v*. mót, nhặt mót [lúa]; lượm lặt [tin]

glee /gliː/ *n*. niềm vui sướng/niềm hân hoan/hoan lạc; bài hát ba bốn bè: **~ club** ca đoàn, đoàn hợp ca

glen /glen/ *n*. thung lũng hẹp

glib /glɪb/ *adj*. liến thoắng, mồm miệng nhanh nhẩu

glide /glaɪd/ **1** *n*. sự lướt/trượt đi; dự lượt; âm lướt **2** *v*. lướt qua, lướt/trượt nhẹ; bay liệng: trôi đi

glider /'glaɪdə(r)/ *n*. máy bay lượn [không có động cơ]

glimmer /'glɪmə(r)/ **1** *n*. ánh sáng lờ mờ, tia sáng le lói, ngọn lửa chập chờn: **a ~ of hope** tia hy vọng (yếu ớt) **2** *v*. le lói, chập chờn

glimpse /glɪmps/ *n*. cái nhìn lướt/thoáng qua: **to catch a ~ of** thoáng thấy ...

glisten /'glɪs(ə)n/ *v*. long lanh, lấp lánh, sáng ngời

glister /'glɪtə(r)/ *v., n.* sáng long lanh, lấp lánh

glitch /'glɪtʃ/ *n.* việc hư máy móc bất ngờ

glitter /'glɪtə(r)/ **1** *n.* ánh lấp lánh; vẻ lộng lẫy/rực rỡ **2** *v.* lấp lánh, rực rỡ, chói lọi

gloat /gləʊt/ *v.* nhìn một cách thèm thuồng, nhìn thèm muốn: **to ~ over** nhìn một cách thèm thuồng/hả hê

global /'gləʊb(ə)l/ *adj.* thuộc toàn cầu: **a ~ ban on nuclear testing** việc cấm thử nghiệm nguyên tử toàn cầu; **~ village** ngôi làng quốc tế, nhiều người trên thế giới được xem như một cộng đồng vì qua liên lạc mạng vi tính

globalization /ˌgləʊb(ə)laɪ'zeɪ/ *n.* sự toàn cầu hoá: **Globalization has resulted in many people traveling the world.** Sự toàn cầu hoá đã cho nhiều người du lịch khắp thế giới.

globe /gləʊb/ *n.* địa cầu, trái/quả đất, thế giới; quả cầu

gloom /gluːm/ *n.* bóng tối; sự tối tăm; cảnh ảm đạm thê lương, sự buồn rầu/chán nản

gloomy /'gluːmɪ/ *adj.* tối tăm, u ám, ảm đạm; buồn rầu

glop /glaːp/ *n.* hỗn độn chất dính

glorify /'glɔːrɪfaɪ/ *v.* ca ngợi, tuyên dương; tán mỹ

glory /'glɔːrɪ/ **1** *n.* danh tiếng, vinh dự, sự vẻ vang, niềm vinh quang; vẻ rực rỡ/huy hoàng: **to be in one's ~** trong thời kỳ vinh quang **2** *v.* tự hào: **to ~ in something** tự hào việc gì

gloss /glɒs/ **1** *n.* nước bóng/láng; vẻ hào nhoáng bên ngoài **2** *v.* làm bóng/láng: **to ~ over** che đậy giả dối

glossary /'glɒsərɪ/ *n.* bảng chú giải; từ điển thuật ngữ

glove /glʌv/ *n.* bao tay, găng, tất tay: **to fit like a ~** vừa như in; **hand in ~ with …** ăn ý/cánh với

glow /gləʊ/ **1** *n.* ánh sáng rực; sức nóng rực; nét ửng đỏ; sự sôi nổi, nhiệt tình: **~ worm** con đom đóm

2 *v.* rực sáng; nóng rực; bừng bừng, bừng cháy, rực lên

glower /'glaʊə(r)/ *v.* quắc/trừng mắt nhìn

glue /gl(j)uː/ **1** *n.* hồ, keo: **to buy a tube of ~** mua một hộp hồ **2** *v.* dán hồ, gắn lại; dán mắt: **to ~ the two pieces of art together** dán hai bức tranh nầy lại với nhau

glue-snifffing *n.* sự hít vào chất khói độc

glum /glʌm/ *adj.* nhăn nhó, cau có; buồn bã, rầu rĩ

glut /glʌt/ **1** *n.* sự tràn ngập hàng hóa **2** *v.* cho ăn no nê; cung cấp thừa thải, làm ứ đọng [thị trường]

glutinous /'gl(j)uːtɪnəs/ *adj.* dính: **~ rice** gạo/cơm nếp, xôi

glutton /'glʌt(ə)n/ *n.* người tham ăn, người ham việc

GM /'dʒiː'mæn/ *adj., abbr.* (= **genetically modified**) đã được biến chế; tiền tài trợ trường học nhận từ chính phủ trung ương

GMT /ˌdʒiːmæn'tiː/ *abbr.* (= **Greenwich Mean Time**) giờ chuẩn ở Anh dùng để tính giờ trên thế giới

gnash /næʃ/ *v.* nghiến [răng **teeth**]

gnaw /nɔː/ *v.* gặm, ăn mòn; giày vò, day dứt

GNP /ˌdʒiːen'piː/ *abbr.* (= **Gross National Product**) giá trị sẩm phẩm quốc gia trong một năm

go /gəʊ/ *v.* [**went; gone**] đi, đi đến/tới; trở nên, trở thành, hoá/biến thành; trôi qua, mất đi, tiêu tan; [máy móc] chạy; diễn/xảy ra, tiến hành, diễn biến; hợp với, vừa với: **to ~ to school** đi học; **to ~ to work** đi làm; **to ~ for a walk** đi dạo; **to ~ on a trip** đi du lịch; **to ~ on foot** đi bộ; **to ~ by bicycle** đi xe đạp; **to ~ by air/plane** đi máy bay; **to ~ shopping** đi sắm đồ, đi mua bán; **to ~ to sleep** (đi) ngủ; **to ~ crazy** phát điên; **How are things ~ing?** Thế nào? Công việc ra sao?; **to ~ abroad** đi ngoại quốc; **to ~ after** chạy theo, tranh thủ; **to ~ ahead** thẳng tiến, cứ tiến lên, làm đi; **to ~ by ...** trôi qua, theo, căn cứ vào; **to ~ down** xuống, đi xuống, chìm, lặn, dịu bớt; [giá] hạ xuống; được truyền đi, được ghi xuống; **to ~ on** đi tiếp, làm tiếp, tiếp tục; xảy ra; **to ~ out** ra, đi ra; [đèn, lửa] tắt; **to ~ over** đi qua, vượt; xem kỹ, ôn lại, soát lại; bỏ sang [phía khác]; **to ~ around** đi vòng quanh; **to ~ through** đi qua, xuyên qua; chịu đựng; xem kỹ; **to ~ up** đi lên; tăng; được xây lên

goal /gəʊl/ **1** *n.* đích, mục đích: **to set our ~s for the future** đưa ra mục đích cho tương lai **2** *n.* (cửa) gôn, thành, bàn thắng [bóng đá **soccer**]: **They scored two ~s in the first half of the match.** Họ đã ghi hai bàn thắng ở giữa hiệp đầu.

goat /gəʊt/ *n.* dê

gobble /'gɒb(ə)l/ *v.* nuốt ực, nuốt vội, ăn ngấu nghiến

god /gɒd/ **1** *n.* thần: God Chúa, Trời, Thượng đế, Chúa Trời, Thiên Chúa: **Thank God!** Lạy Chúa! Nhờ Chúa!; **God bless you!** Xin trời phù hộ cho anh! xin Thượng Đế ban phúc lành cho bạn!; **~child** con đỡ đầu; **~father** cha đỡ đầu; **~mother** mẹ đỡ đầu; **~parents** cha mẹ đỡ đầu; **~send** của trời cho, chuyện may bất ngờ **2** *adj.* **~less** vô thần **3** *adj.* **~like** như thần, như thánh

goggles /'gɒglz/ **1** *n.* kính mát, kính bảo hộ [của thợ] **2 goggle** *v.* trợn tròn mắt, giương mắt nhìn

going /'gəʊɪŋ/ **1** *n.* sự ra đi; việc đi lại: **The ~ is very hard on this road.** Sự đi lại rất khó khăn trên đường nầy. **2** *adj.* đang đi, đang tiến hành, mở mang, phát đạt; hiện hành: **The ~ price for houses in this area is very high.** Giá nhà hiện hành trong khu vực nầy đắt quá.

gold /gəʊld/ *n.* vàng, hoàng kim; tiền vàng; số tiền lớn, sự giàu có; màu vàng: **~ coin** đồng tiền vàng; **a**

heart of ~ tấm lòng vàng; **a tael of ~** một lạng vàng; **~smith** thợ vàng

golden /'gəʊld(ə)n/ *adj.* bằng vàng; màu vàng; như vàng; quý như vàng: **~ wedding** kỷ niệm cưới 50 năm

golden handshake *n.* tiền trả cho người bị cho nghỉ việc hoặc về hưu

golden rule *n.* nguyên tắc căn bản cho hành động

golf /gɒlf/ *n.* môn đánh gôn: **Vietnam has built many ~ courses.** Việt Nam xây nhiều sân đánh gôn.

gone /gɒn/ [quá khứ của **go**] đã qua, đã mất; bỏ đi; chết

good /gʊd/ **1** *adj.* [**better**; **best**] tốt, hay, ngoan, hiền, có ích; giỏi, tài; vui vẻ, tốt lành: **It's ~ to eat.** Ăn được/tốt.; **to have a ~ time** hưởng thời gian vui thích; **as ~ as ...** tốt bằng; **a ~ deal** thương lượng giỏi; **~-humored** vui tính, vui vẻ; **~-looking** đẹp; đẹp trai; **~-natured** tốt bụng, hiền hậu, thuần hậu **2** *n.* điều/ chuyện tốt, điều lành, điều thiện, điều lợi: **to return ~ for evil** lấy ân báo oán

goodness /'gʊdnəs/ *n.* lòng/tính tốt; tính thiện; tinh hoa: **to thank someone for their ~** cảm ơn ai có lòng tốt

goose /guːs/ *n.* (*pl.* **geese**) ngỗng; ngỗng cái; thịt ngỗng

gore /gɔː(r)/ *v.* đèo, hẻm núi

gorge /gɔːdʒ/ *v.* ngốn, tọng, nhồi nhét

gorgeous /'gɔːdʒəs/ *adj.* đẹp lộng lẫy, tuyệt đẹp; rực rỡ

gorilla /gə'rɪlə/ *n.* khỉ đột, đười ươi, đại tinh tinh

gory /'gɔːrɪ/ *adj.* vây đầy máu, vấy/ đẫm máu

gosling /'gɒzlɪŋ/ *n.* ngỗng con/non

gossamer /'gɒsəmə(r)/ *n.* the, sa, vải mỏng; tơ nhện

gossip /'gɒsɪp/ **1** *n.* chuyện ngồi lê đôi mách; người hay nói chuyện tầm phào: **There has been much ~ about his marriage.** Có nhiều chuyện tầm phào về cuộc hôn nhân của ông ta. **2** *v.* ngồi lê đôi

mách, kháo chuyện người khác, thà
la mách lẻo: **I never ~ed.** Tôi không
bao giờ ngồi lê đôi mách.

got /gɒt/ quá khứ của **get**

gotten /ˈgɒt(ə)n/ quá khứ của **get**

gouge /gaʊdʒ/ **1** *n.* cái đục máng/
khum **2** *v.* đục máng; khoét ra,
moi/móc ra; lừa đảo, lừa

gourd /gɔːd/ *n.* quả bầu, quả bí: **bot-
tle ~** bầu nậm

gourmet /ˈgʊəmeɪ/ *n.* người sành ăn

govern /ˈgʌvən/ *v.* cai trị, thống trị;
quản trị, quản lý, cai quản; kiềm
chế, đè nén; chi phối

government /ˈgʌvənmənt/ *n.* chính phủ,
nội các; chính quyền; chính thể; sự
chi phối: **to contact ~ departments**
tiếp xúc với cơ quan chính phủ

governor /ˈgʌvənə(r)/ *n.* thống đốc,
viên toàn quyền: **~ general** tổng
toàn quyền

gown /gaʊn/ *n.* áo dài (phụ nữ); áo
choàng/thụng của quan tòa hay
giáo sư đại học: **cap and ~** mũ ghế
và áo thụng [sắc phục đại học]

GP /dʒiːˈpiː/ *n., abbr.* (= **General
Practitioner**) bác sĩ tổng quát

grab /græb/ **1** *n.* sự chộp/vồ lấy **2** *v.*
chụp lấy, vồ lấy; tước, đoạt, chiếm
đoạt

grace /greɪs/ **1** *n.* duyên, vẻ duyên
dáng/yêu kiều; ơn huệ, sự gia ơn,
sự chiếu cố/trọng đãi; sự cho hoãn,
sự khoan dung; ơn Trời, ơn Chúa;
lời cầu nguyện trước bữa ăn: **He
had the ~ to say that…** Anh ta biết
điều mà nói rằng. **2** *v.* làm vinh
dự: **The wedding ceremony was ~d
by the presence of both parents.** Lễ
cưới rất vinh dự có mặt cả tứ mẫu
song thân.

gracious /ˈgreɪʃəs/ **1** *adj.* lịch sự, nhã
nhặn, có lòng tốt, tử tế, nhân từ,
khoan dung, độ lượng

grade /greɪd/ **1** *n.* cấp, bậc, mức, độ,
hạng, loại, tầng lớp; lớp học; điểm,
điểm số; dốc, độ dốc: **My son has
achieved Grade 1.** Con tôi học lớp

một. **2** *v.* phân loại, phân hạng;
chấm bài, cho điểm

gradual /ˈgrædjul/ *adj.* dần dần, từ từ,
từng bước một

graduate /ˈgrædjuːət/ **1** *n.* người tốt
nghiệp đại học, người học xong
một khoá/bậc học: **high school ~**
người tốt nghiệp phổ thông trung
học **2** *v.* (được) cấp bằng tốt
nghiệp: **I have ~d from the business
school.** Tôi vừa tốt nghiệp trường
thương mại.

graduation /ˌgrædjuˈeɪʃən/ *n.* sự tốt
nghiệp; lễ phát bằng tốt nghiệp: **~
ceremony** lễ tốt nghiệp

graffiti /grəˈfiːtiː/ *n.* chữ viết nhảm trên
tường (nhà)

graft /grɑːft/ **1** *n.* sự ghép; cành ghép;
mô ghép **2** *n.* sự ăn hối lộ, sự ăn
bớt ăn xén **3** *v.* ghép [cành, mô]

grain /greɪn/ *n.* thóc lúa, mễ cốc, cốc
loại, lương thực, hạt, hột; một chút,
mảy may; thớ [gỗ]: **~ elevator** máy
hút lúa vào kho

grainy /ˈgreɪnliː/ *adj.* không rõ ràng
(hình ảnh)

gram(me) /græm/ *n.* đơn vị đo trọng
lượng gam

grammar /ˈgræmə(r)/ *n.* ngữ pháp, văn
pháp, văn phạm: **transformational
~** ngữ pháp cải biến; **~ school**
trường trung/tiểu học qui phạm tư

granary /ˈgrænərɪ/ *n.* vựa lúa/thóc,
kho lúa/thóc

grand /grænd/ **1** *adj.* hay, tuyệt, đẹp;
chính, lớn, tổng quát; rất lớn, vĩ
đại; cao quý; trọng yếu, chủ yếu: **~
jury** ban hổi thẩm đoàn lớn [từ 12
đến 23 bồi thẩm]; **~ piano** đàn
dương cầm lớn; **~ total** tổng số tổng
quát **2** *n.* **~child** cháu [gọi bằng
ông/bà]; **~father** (= **~pa**) ông (nội/
ngoại), tổ phụ; **~mother** (= **~ma**) bà
(nội/ngoại), tổ mẫu

grandeur /ˈgrændjʊə(r)/ *n.* vẻ hùng vĩ;
sự vĩ đại; quyền thế/uy

grandiose /ˈgrændɪəʊs/ *adj.* lớn lao, vĩ
đại; long trọng

grand jury *n.* bồi thẩm đoàn

grange /greɪndʒ/ *n.* hiệp hội nhà nông; ấp, trại

granite /'grænɪt/ *n.* đá gra-nit, đá hoa cương

granny /'grænɪ/ *n., coll.* (= **grandmother**) bà (nội/ngoại): ~ **flat** căn hộ phụ dành cho người già trong gia đình

grant /grɑːnt/ **1** *n.* tiền trợ cấp; sự ban/cấp cho: **I have received a ~ to do research.** Tôi vừa được tiền trợ cấp làm nghiên cứu.; ~ **in aid** tiền trợ cấp cho học sinh **2** *v.* cho, ban, cấp; cho là, công nhận: **to take for ~ed** cho là dĩ nhiên; **to ~ somebody permission to do something** cho phép ai làm việc gì

granulated /'grænjʊleɪt/ *adj.* nghiền thành hột nhỏ; kết hột

granule /'grænjuːl/ *n.* hột nhỏ

grape /greɪp/ *n.* quả/trái nho: **a bunch of ~s** một chùm nho; **seedless ~s** nho không hột

grapefruit /'greɪpfruːt/ *n.* bưởi chùm: ~ **juice** nước bưởi

graph /grɑːf/ *n.* đồ thị

graphic /'græfɪk/ *adj.* thuộc đồ thị; sinh động; tạo hình: ~ **arts** nghệ thuật tạo hình

grapple /'græp(ə)l/ **1** *n.* sự túm/níu lấy **2** *v.* túm lấy; vật lộn

grasp /grɑːsp/ **1** *n.* sự nắm/túm lấy; sự nắm vững, sự hiểu rõ; quyền lực **2** *v.* nắm chặt, túm chặt, ôm chặt; nắm vững, hiểu được; nắm lấy, chộp lấy [cơ hội]: **He ~ed both my hands.** Ông ấy nắm chặt hai tay tôi.

grass /grɑːs/ *n.* cỏ; bãi cỏ; cần sa

grasshopper /'grɑːshɒpə(r)/ *n.* châu chấu, cào cào

grate /greɪt/ *n.* vỉ lò; lò sưởi

grate /greɪt/ *v.* mài, xát, cạo, nạo; kêu ken két

grateful /'greɪtfəl/ *adj.* biết ơn, tri ân: **to be ~ to someone** biết ơn người nào

gratify /'grætɪfaɪ/ *v.* làm vừa/hài lòng, làm thỏa mãn

grating /'greɪtɪŋ/ *n.* lưới sắt; tiếng chói tai/khó chịu

gratis /'greɪtɪs/ *adj., adv.* không lấy tiền; không mất tiền, miễn phí

gratitude /'grætɪtjuːd/ *n.* lòng biết ơn, sự tri ân: **I want to express ~ to my teachers.** Tôi muốn bày tỏ lòng biết ơn của tôi đối với các vị thầy của tôi.

gratuity /grə'tjuːɪtɪ/ *n.* tiền chè lá, tiền típ, tiền thưởng

grave /greɪv/ **1** *n.* mả, mồ, mộ, phần mộ, mộ phần: ~**stone** bia, mộ chí, mộ bia, mộ thạch **2** *adj.* trang nghiêm, nghiêm nghị; nghiêm trọng, trầm trọng; [trách nhiệm] nặng nề

gravel /'grævəl/ **1** *n.* sỏi; bệnh sỏi thận **2** *v.* rải sỏi

gravity /'grævɪtɪ/ *n.* sự sút, sự hấp dẫn; trọng lực/lượng; vẻ trang nghiêm/ nghiêm nghị; tính nghiêm trọng

gravy /'greɪvɪ/ *n.* nước thịt; nước cốt

gray /greɪ/ *adj., n.* [*Br.* **grey**] màu xám, xám **1** *n.* màu xám; quần áo màu xám **2** *adj.* xám; (tóc) hoa râm, bạc, sâu; (trời) u ám: ~**hound** chó săn thỏ; nhãn hiệu xe buýt/đò: ~**ish** hơi xám, xam xám

grayscale /'greɪskeɪl/ *n.* độ màu sáng hình ảnh: ~ **monitor** độ màu sáng hình ảnh trên màn hình máy vi tính

graze /greɪz/ **1** *v.* (cho) ăn cỏ **2** *v.* lướt qua; làm trầy

grazing /'greɪzɪŋ/ *n.* cánh đồng cỏ dùng chăn nuôi

grease /griːs/ **1** *n.* mỡ; dầu mỡ, dầu nhờn **2** *v.* bôi/tra mỡ

great /greɪt/ *adj.* lớn, to lớn, vĩ đại; rất, hết sức; cừ, giỏi, thạo; cao cả, cao thượng, cao quý: **with ~ care** hết sức cẩn thận; ~**-grandchild** chắt; ~**-granddaughter** chắt gái; ~**-grandfather** cụ ông; ~**-grandmother** cụ bà; ~**-grandson** chắt trai

greatly /'greɪtlɪ/ *adv.* rất, lắm, rất mực, rất là

greed /griːd/ *n.* lòng tham, tính tham lam; thói háu ăn

greedy /'gri:dɪ/ *adj.* tham lam, hám; ham ăn, háu ăn

Greek /gri:k/ **1** *n.* người/tiếng Hy Lạp **2** *adj.* Hy Lạp

green /gri:n/ **1** *n.* màu xanh lá cây, màu lục; cây/vỏ xanh: **~back** giấy bạc, đô-la xanh **2** *adj.* xanh lá cây, màu lục; xanh, tươi; tươi xanh, thanh xuân, tráng kiệt; non nớt, thiếu kinh nghiệm: **~ish** hơi lục, xanh xanh

green belt *n.* khu đất trống quanh thành phố

green card *n.* thẻ xanh dành cho ngoại kiều được phép làm việc ở Mỹ

green horn *n.* người mới vào nghề, người chưa có kinh nghiệm

green light *n.* đèn xanh, tín hiệu giao thông cho phép đi: **You can cross the road when you see a ~.** Bạn có thể đi qua đường khi thấy đèn xanh.; **to give someone the ~** ra dấu/ hiệu cho ai làm việc gì

greet /gri:t/ *v.* chào, chào hỏi, chào mừng, đón chào

greeting /'gri:tɪŋ/ *n.* lời chào (hỏi/ mừng): **New Year's ~** lời chúc mừng năm mới; **Season's ~s** lời chúc mừng mùa giáng sinh/dịp cuối năm

grenade /grɪ'neɪd/ *n.* lựu đạn: **hand ~** lựu đạn cầm tay

grew /gr(j)u:/ quá khứ của **grow**

grid /grɪd/ *n.* đường kẻ ô; vỉ nướng chả

gridiron /'grɪdaɪən/ *n.* vỉ nướng chả; sân đá bóng, sân banh

grief /gri:f/ *n.* sự buồn rầu, nỗi đau buồn

grievance /'gri:vəns/ *n.* mối bất bình/ bất mãn; lời kêu ca, lời phàn nàn/ trách móc: **Students can write to their principal about their ~s.** Học sinh có thể viết lời kêu ca với hiệu trưởng.

grill /grɪl/ **1** *n.* vỉ nướng chả; món thịt nướng, chả; quán thịt nướng; lò nướng: **to put tomatoes under the ~** để khoai tây vào lò nướng **2** *v.*

nướng; thiêu đốt; tra hỏi

grim /grɪm/ *adj.* dữ tợn, hung dữ; dữ dội, ghê gớm; ác liệt, quyết liệt, không lay chuyển được

grimace /grɪ'meɪs/ *n.* sự nhăn/cau mặt, vẻ nhăn nhó

grime /graɪm/ *n.* bụi than, bụi bẩn, ghét

grin /grɪn/ **1** *n.* cái cười toe toét **2** *v.* cười toe toét, cười nhe răng, toét miệng cười

grind /graɪnd/ **1** *v.* [**ground**] xay, nghiền, tán; mài, giũa; nghiến [răng] **2** *n.* công việc cực nhọc, việc xay tán: **~stone** đá cối xay, đá mài

grip /grɪp/ **1** *n.* sự nắm chặt; sự nắm vững [vấn đề]; cán, chuôi; vai li nhỏ: **to come to ~s with** đánh giáp lá cà; đương đầu, đối phó **2** *v.* nắm/ôm chặt, kẹp chặt; nắm vững

gripe /graɪp/ **1** *n.* lời kêu ca/phàn nàn **2** *v.* kêu ca, phàn nàn; đau quặn ruột

grist /grɪst/ *n.* lúa đem xay; số lớn, lô, đàn, bầy, lũ

grit /grɪt/ **1** *n.* hạt sạn/cát (trong máy); tính bạo dạn/gan góc/can đảm **2** *v.* kêu ken két; nghiến [răng]: **to ~ one's teeth** nghiến răng

gritty /'grɪti/ *adj.* có sạn; cứng cỏi, bạo dạn, gan góc

grizzly /'grɪzlɪ/ *adj.* [tóc] hoa râm; [gấu **bear**] xám

groan /grəʊn/ **1** *n.* tiếng rên rỉ **2** *v.* than van, rên siết; lầm bầm

grocer /'grəʊsə(r)/ *n.* người bán tạp hoá

grocery /'grəʊsəri/ *n.* cửa hàng tạp hóa/thực phẩm phụ, chợ [bán chè, đường, cà phê, rau quả, đồ hộp]: **groceries** đồ ăn, thức ăn [mua ở chợ]

groggy /'grɒgɪ/ *adj.* say lảo đảo; chệnh choạng

groom /gru:m/ **1** *n.* người giữ ngựa, mã phu; chú rể, tân lang: **bride and ~** cô dâu và chú rể; **~s-man** phù rể **2** *v.* săn sóc, chải lông [ngựa]; ăn mặc chỉnh tề; chuẩn bị ...

grooming /'gru:mɪŋ/ *n.* việc giữ áo quần tóc tai tươm tất

groove /gruːv/ **1** *n.* đường rãnh, khía; đường mòn, thói cũ **2** *v.* khía, rạch, xoi rãnh

grope /grəʊp/ *v.* sờ soạn, dò dẫm, mò mẫm

gross /grəʊs/ **1** *n.* mười hai tá; số tổng quát/tổng cộng **2** *adj.* thô bỉ, thô tục, thô lỗ; trắng trợn, thô bạo; to béo, phì nộn; tổng cộng: ~ **income** tổng số thu nhập **3** *v.* thu nhập tất cả là ...

grotesque /grəʊ'tesk/ *adj.* kỳ cục, lố bịch, kỳ quái

grouchy /'graʊtʃɪ/ *adj.* cáu kỉnh, gắt gỏng, quàu quạu

ground /graʊnd/ quá khứ của **grind**

ground /graʊnd/ **1** *n.* mặt đất, đất, sàn; bãi đất, khu đất; đất đai vườn tược; nền, đáy; vị trí; bã, cặn; lý do, căn cứ **2** *v.* dựa, căn cứ (vào); không cho [máy bay] cất cánh; (làm cho) mắc cạn **3** *adj.* ~ **peanut butter** bơ đậu phụng

grounding /'graʊndɪŋ/ *n.* căn bản: **a good ~ in English** căn bản tiếng Anh tốt

group /gruːp/ **1** *n.* nhóm, đám, tốp, đoàn, tổ: **to form a ~** họp thành một nhóm **2** *v.* họp lại, hợp lại, tập hợp lại; phân loại: **They ~ed around the singer.** Họ tập hợp tại chung quanh ca sĩ.

grouse /graʊs/ **1** *n.* gà gô trắng; lời càu nhàu **2** *v.* càu nhàu

grove /grəʊv/ *n.* khu rừng nhỏ: **bamboo ~** trúc lâm

grovel /'grɒv(ə)l/ *v.* nằm bò xuống đất; khom lưng uốn gối

grow /grəʊ/ *v.* [**grew**; **grown**] trồng [cây]; để [râu]; mọc lên, mọc; lớn lên, lớn; tăng lên, tăng gia, bành trướng, phát triển; trở nên: **to ~ worse** tồi đi; **to ~ up** lớn lên, trưởng thành

growl /graʊl/ **1** *n.* tiếng gầm gừ, tiếng làu bàu **2** *v.* gầm gừ, gầm; làu bàu, lầm bầm, càu nhàu

grown /grəʊn/ quá khứ của **grow**

growth /grəʊθ/ *n.* sự lớn mạnh, sự phát triển/tăng trưởng; sự trồng trọt, mùa màng; cây/râu đã mọc; khối u: **This year, Vietnam has achieved a 5 percent economic ~.** Năm nay, kinh tế Việt Nam tăng 5%.

grub /grʌb/ **1** *n.* con giòi, ấu trùng; đồ ăn, món nhậu **2** *v.* bới, xới [khoai]; nhổ [cỏ]

grudge /grʌdʒ/ **1** *n.* mối thù hằn, mối hận thù: **to bear/have a ~ against someone** oán giận người nào **2** *v.* làm hay cho vật gì không muốn

gruesome /'gruːsəm/ *adj.* rất đau khổ (vì ai chết hay bị thương)

gruff /grʌf/ *adj.* cục cằn, thô lỗ, thô bạo

grumble /'grʌmb(ə)l/ **1** *n.* tiếng càu nhàu/lầm bầm **2** *v.* càu nhàu, cằn nhằn; lầm bầm, lầm bầm; [sấm] rền

grumpy /'grʌmpɪ/ *adj.* tính tình xấu, xấu nết

grunt /grʌnt/ *n., v.* (tiếng) ủn ỉn; (tiếng) càu nhàu

GSM /ˌdʒiːes'em/ *abbr.* (= **Global System for Mobile Communications**) hệ thống liên lạc điện thoại di động ở Âu châu và trên thế giới

GST /ˌdʒiːes'tiː/ *abbr.* (= **Goods and Services Tax**) thuế trị giá gia tăng

guarantee /ˌgærən'tiː/ **1** *n.* sự cam đoan/bảo đảm; vật bảo đảm/bảo lãnh, vật cầm/thế: **to give a ~ for** đứng bảo lãnh cho **2** *v.* cam đoan, bảo đảm, đứng bảo lãnh: **Resources alone do not ~ growth.** Chỉ nguyên vật liệu không bảo đảm sự lớn mạnh.

guard /gɑːd/ **1** *n.* việc canh phòng/canh gác; sự đề phòng; người gác, lính gác; vệ binh; cái chắn: **body ~** người bảo vệ cá nhân **2** *v.* canh phòng, canh giữ, gác, bảo vệ; đề phòng; che, chắn: **to ~ the company** canh giữ công ty

guardian /'gɑːdɪən/ *n.* người bảo vệ; người giám hộ, người đỡ đầu

guava /'gwɑːvə/ *n.* quả ổi

guerrilla /gə'rɪlə/ *n.* du kích: ~ **warfare** chiến tranh du kích

guess /ges/ **1** *n.* sự phỏng đoán **2** *v.* đoán, phỏng đoán, ước chừng [right đúng/trúng, **wrong** sai]: **I ~ it's not going to snow.** Tôi nghĩ trời sẽ không có tuyết đâu.; **to ~ the answer to a riddle** đoán ra một câu đố

guesswork /'geswɜːk/ *n.* kết quả do dự đoán

guest /gest/ *n.* khách, tân khách; khách trọ, lữ khách: **Distinguished ~s!** Thưa quý vị quan khách!

guidance /'gaɪdəns/ *n.* sự dìu dắt/chỉ dẫn/hướng dẫn/chỉ đạo

guide /gaɪd/ **1** *n.* người chỉ đường, người hướng dẫn; lời chỉ dẫn, sách chỉ dẫn/chỉ nam/nhập môn: ~**book** sách hướng dẫn; ~**line** nguyên tắc chỉ đạo **2** *v.* chỉ đường, dẫn đường, dẫn lộ; dắt, dẫn, hướng dẫn; chỉ đạo, lãnh đạo: **to ~ tourists around the city** hướng dẫn du khách đi quanh thành phố

guild /gɪld/ *n.* phường hội

guile /gaɪl/ *n.* sự lừa đảo/lừa gạt, mưu mẹo

guillotine /'gɪlətiːn/ *n.* máy chém, đoạn đầu đài, máy xén

guilt /gɪlt/ *n.* sự có tội, sự phạm tội; tội, tội lỗi

guilty /'gɪltɪ/ *n.* có tội, phạm tội, tội lỗi: **to feel ~** cảm thấy tội lỗi

guinea /'gɪnɪ/ *n.* đồng (tiền vàng) ghi nê của Anh

guise /gaɪz/ *n.* lốt, vỏ, bề ngoài, mặt nạ, chiêu bài: **under the ~ of religion** đội lốt tôn giáo

guitar /gɪ'tɑː(r)/ *n.* đàn ghi-ta, đàn sáu dây, đàn tây ban cầm

gulf /gʌlf/ *n.* vũng, vịnh; vực thẳm, hố sâu

gull /gʌl/ **1** *n.* chim âu, hải âu, mòng (biển); người ngờ nghệch cả tin **2** *v.* lừa bịp

gullible /'gʌlɪb(ə)l/ *adj.* khờ dại, cả tin, dễ bị lừa

gully /'gʌlɪ/ *n.* rãnh, máng, mương

gulp /gʌlp/ **1** *n.* ngụm, hơi **2** *v.* nuốt chửng, nốc

gum /gʌm/ **1** *n.* lợi, nớu; keo, hồ, nhựa dán; gôm, cao su; chất gôm: **chewing ~** kẹo cao su **2** *v.* làm chặt bằng keo; nghiến răng

gun /gʌn/ **1** *n.* súng, đại bác, pháo; phát súng (đại bác): **machine ~** súng máy; ~**boat** tàu chiến, pháo hạm; ~**fire** tiếng súng; hỏa lực; ~**man** kẻ cướp có súng; ~**powder** thuốc súng; ~**shot** phát súng; tầm súng **2** *v.* bắn phá, nã pháo; lùng, truy nã: **to ~ down** bắn chết, hạ

gurgle /'gɜːg(ə)l/ *n., v.* (tiếng) ùng ục, róc rách, ọc ọc

gush /gʌʃ/ **1** *n.* sự phun/vọt ra: **a ~ of anger** cơn giận đùng đùng **2** *v.* phun ra, vọt ra; bộc lộ/thổ lộ tràn trề: **Blood is ~ing from a wound.** Máu vọt ra từ vết thương.

gust /gʌst/ *n.* cơn gió mạnh; cơn mưa rào

gusty /'gʌstɪ/ *adj.* gió bão, dông tố

gut /gʌt/ **1** *n.* ruột: ~**s** ruột/lòng thú vật **2** *v.* moi ruột [cá, v.v.]: **The fire ~ted that hotel.** Lửa thiêu sạch bên trong cái khách sạn đó

gutsy /'gʌtsɪ/ *adj.* nhiều can đảm và quyết định

gutter /'gʌtə(r)/ *n.* ống máng, máng xối; rãnh nước; khu bùn lầy nước đọng

guy /gaɪ/ *n.* anh chàng, gã, thằng cha; dây xích, dây cáp: **I don't believe that ~.** Tôi không tin anh chàng đó.

guzzle /'gʌz(ə)l/ *v.* uống ừng ực: **They ~d beer like they were drinking water.** Họ uống bia như uống nước.

gymnasium /dʒɪm'neɪzɪəm/ *n.* (*abbr.* **gym**) phòng tập thể dục; trường trung học thể dục: **The city council is planning to build a ~ for the community.** Hội đồng thành phố đã có kế hoạch xây phòng tập thể dục cho cộng đồng.

gymnastics /dʒɪm'næstɪks/ *n.* thể dục

gynecology /ˌgaɪnə'kɒlədʒɪ/ *n.* [*Br.*

gynaecology] phụ khoa, khoa bệnh đàn bà

gyrate /ˈdʒaɪərət/ v. hồi chuyển, xoay tròn

H

ha /hɑː/ intj. A! Ha! Ha! tiếng kêu ngạc nhiên, vui mừng hay sung sướng

haberdashery /ˈhæbəˌdæʃərɪ/ n. (cửa hàng) sơ mi, ca vát, v.v.

habit /ˈhæbɪt/ n. thói quen, tập quán, y phục riêng (để cưới ngựa): **to fall into a ~** nhiễm một thói quen; **We want to do a survey on the drinking ~s of Vietnamese.** Chúng tôi cần một bản nghiên cứu về thói quen uống của người Việt.

habitat /ˈhæbɪtæt/ n. môi trường sống: **In a natural ~, rabbits give birth quickly.** Trong môi trường sống thiên nhiên, loài thỏ sinh sôi nẩy nở rất nhanh.

habitual /həˈbɪtjuːəl/ adj. thường, quen, thường lệ/thường: **~ drunk-ard** người thường xuyên say rượu

hack /hæk/ **1** n. búa, rìu, cuốc chim (của thợ mỏ) **2** v. chặt, đốn, đẽo; ho khan: **The gang jumped on board the train and ~ed at everyone in sight.** Đám cướp lên xe lửa và chém mọi người ngay trước mắt.

hack /hæk/ **1** n. ngựa cho thuê; ngựa xấu; người làm việc nặng nhọc **2** v. đánh xe ngựa thuê; lái xe tắc xi; viết thuê, dùng máy vi tính lấy trôm thông tin

hacker /ˈhækə(r)/ n. người thích đốn đẽo; người có thú vui lấy trộm thông tin vào máy vi tính

hackles /ˈhæklz/ n. chùm lông dài ở cổ chim hay gà; người hay nóng giận

had /həd/ quá khứ của **have**

haggard /ˈhægəd/ adj. hốc hác, phờ phạc, tiều tụy, gầy gò

haggle /ˈhæg(ə)l/ v. mặc cả, trả giá, cò kè: **I have learned how to ~ with used car dealers.** Tôi vừa học cách mặc cả với những người bán xe cũ.

hail /heɪl/ **1** n. mưa đá; loạt, trận, tràng (đạn, câu hỏi) **2** n. lời gọi/réo **3** v. mưa đá; kêu, gọi, réo, hò; hoan hô; sinh ra và lớn lên: **He ~s from Hanoi.** Anh ta sinh ra và lớn lên ở Hà Nội tới. **4** v. mưa đá; trút/giáng xuống (như mưa)

hailstorm /ˈheɪlstɔːn/ n. trận mưa đá

hair /heə(r)/ n. tóc; lông (người, thú, cây): **body ~** bộ lông thú; **pubic ~** âm mao; **to lose by a ~'s breadth** chỉ thua một li, thua suýt soát; **to comb one's ~** chải đầu/tóc; **to part one's ~** rẽ đường ngôi; **to wash one's ~** gội đầu; **~cut** sự cắt tóc; **to have one's ~ cut** đi cắt tóc; **~ dresser** thợ uốn tóc/làm đầu cho đàn bà; **~pin** cái kim cặp tóc; **~ brush** bàn chải tóc; **~ dryer** máy xấy tóc; **~ spray** thuốc xịt tóc cho cứng; **~ style** kiểu tóc

hair-raising adj. rất đáng sợ nhưng thích thú; sợ rợn tóc gáy: **a ~ story** chuyện rợn tóc gáy

hairy /ˈheərɪ/ adj. có tóc/lông; rậm tóc, rậm lông

hajj /hædʒ/ n. (also **haj**) cuộc đi hành hương đến Mecca của người Hồi giáo

hale /heɪl/ adj. khỏe mạnh, tráng kiệt: **to be ~ and hearty** còn khoẻ mạnh tráng kiện

half /hɑːf/ **1** n. (pl. **halves**) một nửa, phần chia đôi; nửa giờ, 30 phút: **~ an hour** nửa giờ; **two and a ~ hours** hai tiếng rưỡi; **~ past four** 4 giờ rưỡi; **to cut into halves** cắt/bổ làm đôi **2** adj. nửa: **~ brother** anh/em trai cùng cha mẹ (hoặc cùng mẹ khác cha); **~ sister** chị/em dị bào, chị/em cùng cha khác mẹ (hoặc cùng mẹ khác cha) **3** adv. nửa chừng, nửa vời; **~ cooked** nửa sống nửa chín; **~ empty** vơi còn có một nửa; **~ dead** gần chết; **~ and ~** nửa nọ nửa kia; thiếu hăng hái; **~-breed** người lai; giống lai; **~ mast** cờ treo rũ giữa cột; **~ price** nửa giá; **~ time** nửa công, nửa lương, nửa ngày; lúc nghỉ giữa trận đấu hoặc sau hiệp nhất; **~way** nửa/giữa đường; nửa vời

half-back /'hælbæk/ *n.* cầu thủ trung vệ/phong

half-hourly *adj.* cứ 30 phút/nửa giờ một lần: **~ bus service** xe buýt chạy cách nhau nửa giờ

half measures *n.* chính sách hay kế hoạch nửa vời

halfway house *n.* vật kết hợp bởi hai thứ; nhà tạm ở dành cho tù hay người bệnh tâm thần trong khi đợi nhà ở

hall /hɔːl/ *n.* phòng lớn, đại sảnh; toà nhà lớn; phòng đợi, hành lang; nhà ở, ký túc xá: **music ~** phòng hoà nhạc; **city ~** toà thị chính/thị sảnh; **dining ~** phòng ăn công cộng, phòng ăn lớn; **the great ~ of the people** đại hội trường nhân dân; **~way** phòng trước, hành lang

hallmark /'hɔːlmɑːk/ **1** *n.* đặc điểm một vật; nhãn hiệu trên trang sức bằng vàng **2** *v.* khắc/gắn nhãn hiệu lên nữ trang

hallucinate /hæl(j)uːsɪ'neɪt/ *v.* thấy không thật do bệnh hay thuốc

halo /'heɪləʊ/ *n.* quầng (mặt trăng/trời); vầng hào quang

halt /hɔːlt/ **1** *n.* sự tạm nghỉ/dừng, sự đình chỉ **2** *v.* ngập ngừng, lưỡng lự, do dự, ngừng lại: **Striking workers ~ed production at the auto factory yesterday.** Công nhân đình công ngưng sản xuất ở nhà máy xe hơi ngày hôm qua.

halve /hɑːv/ *v.* chia đôi/hai, chia đều; bớt một nửa

ham /hæm/ *n.* giăm bông; tài tử, người không chuyên môn: **radio ~**, **~ radio operator** người sử dụng máy vô tuyến điện nghiệp dư

hamburger /'hæmbɜːgə(r)/ *n.* thịt băm viên kẹp bánh mì, bánh mì hăm-bơ-gơ

hamlet /'hæmlɪt/ *n.* xóm, thôn

hammer /'hæmə(r)/ **1** *n.* búa; cò súng: **~ and sickle** búa liềm **2** *v.* nện, đóng, đập (bằng búa): **to ~ out** đập bẹt, đập mỏng; nghĩ ra, tìm ra được

hammock /'hæmək/ *n.* cái võng: **to hang up a ~** móc võng

hamper /'hæmpə(r)/ **1** *n.* giỏ mây, bồ mây **2** *v.* làm vướng, cản trở, ngăn trở

hamstring /'hæstrɪŋ/ **1** *n.* gân đầu gối **2** *v.* tránh ai khỏi làm việc, tránh làm việc gì

hand /hænd/ **1** *n.* (bàn) tay; kim (đồng hồ); nải (chuối); sắp (bài); thuỷ thủ, công nhân; người làm, tay (thợ, nghề, v.v.); sự khéo tay; nét chữ viết: **at ~** gần ngay bên cạnh, với được; **sắp đến**: **~ in ~** tay nắm tay, song song với; **Hands off…!** Không được mó vào! cấm can thiệp; **Hands up!** Giơ tay lên!; **to shake ~s** bắt tay; **to lend a ~** giúp đỡ; **short of ~s** thiếu nhân công; **to have one's ~s full** bận bịu; **on the one ~… on the other ~…** một mặt... một mặt... **2** *v.* đưa, trao tay, truyền cho, chuyển giao: **to ~ over, to ~ in** nộp (bài, đơn); **to ~ out** đưa/ phát ra; **to ~ down** truyền xuống; nhường (quần áo mặc thừa) **3** *v.* gây bất lợi, cản trở ; **to change ~s** chuyển giao chủ quyền

handbill /'hændbɪl/ *n.* truyền đơn

handbook /'hændbʊk/ *n.* sổ tay hướng dẫn, sách chỉ nam: **Before you enroll in any course, you have to look at the ~ carefully.** Trước khi ghi tên học ngành nào bạn phải xem sách hướng dẫn cẩn thận.

handbrake /'hændbreɪk/ *n.* thắng tay

handcuff /'hændkʌf/ *n.* khoá/còng tay

handicap /'hændɪkæp/ **1** *n.* điều bất lợi, sự tàn tật: **physical ~** tàn tật (về thân thể) **2** *v.* gây khó khăn cho ai

handicraft /'hændɪkrɑːft/ *n.* nghề thủ công; đồ thủ công: **Many children sell ~s to tourists.** Nhiều trẻ em bán đồ thủ công cho du khách.

handiwork /ˈhændɪwɜːk/ *n.* việc làm bằng tay; đồ thủ công

handkerchief /ˈhæŋkətʃɪf/ *n.* khăn tay, khăn mùi soa

handle /ˈhænd(ə)l/ **1** *n.* tay cầm, cán, chuôi, quai, móc: **to fly off the ~** mất bình tĩnh; **to carry a bucket by the ~** xách thùng ở quai **2** *v.* cầm, sờ, rờ, mó; điều khiển; đối xử với; buôn bán (mặt hàng): **to ~ a machine** điều khiển máy

handmade /ˈhændmeɪd/ *adj.* làm bằng tay, sản xuất bằng tay, khâu tay, dệt tay: **These are ~ products.** Nay là những sản phẩm làm bằng tay.

handover /ˈhændəʊvə(r)/ *n.* sự trao quyền, sự chuyển quyền hành

handrail /ˈhændreɪl/ *n.* thành tay vịn (ở cầu thang)

handset /ˈhændset/ *n.* ống tay cầm nghe điện thoại

hands-free *adj.* điện thoại không cần ống tay cầm ống nghe: **to use a ~ microphone during rehearsals** dùng mic-ro không dây trong khi trình diễn

handsome /ˈhæn(d)səm/ *adj.* đẹp trai; (số tiền) lớn, đáng kể

hand-to-mouth *adj.* cuộc sống qua ngày, cuộc sống tay làm hàm nhai: **The old couple led a ~ existence.** Đôi vợ chồng già sống cuộc sống qua ngày.

handwriting /ˈhændraitɪŋ/ *n.* viết bằng tay: **to write an application in ~** viết đơn bằng tay

handy /ˈhændɪ/ *adj.* có sẵn, tiện tay/ lợi; (người) khéo tay: **The bus station is very ~ for my house.** Nhà tôi rất lợi gần trạm xe buýt.

hang /hæŋ/ **1** *n.* áo quần hay vải rơi: **to get the ~ of something** học làm việc gì **2** *v.* [**hung/hanged; hanged**] treo, mắc; được/bị treo cổ: **I ~ the picture on the wall.** Tôi treo tấm ảnh trên tường.; **They ~ the murderer.** Họ treo cổ tên sát

nhân.; **to ~ on** bám chặt lấy; giữ máy (dây nói); **to ~ up** treo lên; gác tê-lê-phôn, cúp điện thoại

hangar /ˈhæŋə(r)/ *n.* nhà để máy bay

hanger /ˈhæŋə(r)/ *n.* giá áo/mũ: **coat ~** mắc áo

hangman /ˈhæŋmən/ *n.* người treo cổ (tội nhân)

hangover /ˈhæŋˌəʊvə(r)/ *n.* dư vị khó chịu, cảm giác buồn nản

hang-up *n.* vấn đề cảm xúc mạnh, tình trạng lơ lửng

hank /hæŋk/ *n.* nùi, con (sợi, len)

hanker /ˈhæŋkə(r)/ *v.* thèm muốn, khao khát: **to ~ after something** ao ước cái gì

haphazard /ˈhæpˌhæzəd/ *adj., adv.* tình cờ, may rủi, ngẫu nhiên

hapless /ˈhæpləs/ *adj.* không may, rủi ro: **He is a ~ person under those circumstances.** Ông ấy là người không may trong hoàn cảnh đó.

happen /ˈhæp(ə)n/ *v.* xảy ra/đến, tình cờ, ngẫu nhiên: **What is ~ing?** Cái gì đang xảy ra?; **as it ~s** tình cờ mà

happiness /ˈhæpɪnəs/ *n.* sự sung sướng, hạnh phúc: **Independence, freedom and ~ are three aims in life.** Độc lập, tự do và hạnh phúc là ba mục tiêu của con người.

happy /ˈhæpɪ/ *adj.* sung sướng, hạnh phúc; may mắn; vui lòng, vui sướng: **a ~ marriage** cuộc hôn nhân hạnh phúc; **~-go-lucky** vô tư lự

harangue /həˈræŋ/ *n., v.* kêu gọi, hô hào; diễn thuyết

harass /ˈhærəs/ *v.* quấy rối; làm phiền nhiễu, gây lo lắng

harassed /ˈhærəst/ *adj.* mệt mỏi lo lắng vì quá nhiều việc: **~ mothers with their children** những người mẹ mệt mỏi lo lắng vì con cái

harbor /ˈhɑːbə(r)/ **1** *n.* bến tàu, cảng; nơi ẩn náu: **Pearl ~** trân châu cảng **2** *v.* chứa chấp; nuôi dưỡng

hard /hɑːd/ **1** *adj.* cứng, rắn; khó khăn, gay go, gian khổ, hóc búa; cứng rắn, vô tình, không thương xót, hà khắc, nghiêm khắc, khắc nghiệt; nặng, nặng nề: **~ boiled egg** trứng luộc chính **2** *adv.* hết sức (cố gắng), nỗ lực, chăm chỉ, cần cù; mạnh, nhiều, to; khó khăn, chật vật; nghiêm khắc: **~ hit** bị đòn mạnh; lâm vào thế khó khăn; **to hold something ~** nắm chặt vật gì

hard copy *n.* bản in tài liệu: **Could you send me a ~?** Bạn có thể gởi cho tôi bản in được không?

hard-core 1 *n.* nhóm người ương ngạnh/cứng đầu cứng cổ **2** *adj.* khó thay đổi lòng tin; bày tỏ dục tính chi tiết

hard currency *n.* tiền tệ vững chắc: **U.S. dollars are one common ~ in use.** Đồng đô la Mỹ là đồng bạc vững chắc thông dụng.

hard disk *n.* kho trữ liệu trong máy vi tính/điện toán

hard-earned *adj.* làm việc mệt nhọc mới kiếm được tiền

harden /'hɑːd(ə)n/ *v.* làm cho cứng/rắn; tôi thép; dày dặn

hard-headed *adj.* cứng rắn, đanh thép: **a ~ decision** quyết định cứng rắn

hardiness /'hɑːdɪnəs/ *n.* sức dày dặn, sức chịu đựng, sức mạnh

hardliner /ˌhɑːd'laɪnə(r)/ *n.* người cứng đầu, người bảo thủ

hardly /'hɑːdlɪ/ *adv.* chỉ vừa mới; hầu như không: **He had ~ left when …** Ông ta vừa mới đi khỏi thì …; **~ a week passes but …** hầu như không có tuần nào mà lại không; **~ ever** hầu như không bao giờ

hardship /'hɑːdʃɪp/ *n.* sự gian khổ/khó nhọc/thử thách gay go: **They have a life of real ~.** Họ có một cuộc sống gian khổ.

hardware /'hɑːdweə(r)/ *n.* đồ sắt thép, đồ ngũ kim; vũ khí; bộ phận trong máy vi tính/điện toán

hard-won *adj.* thắng được do làm việc hay chiến đấu khó nhọc

hardy /'hɑːdɪ/ *adj.* khoẻ mạnh, dày

dạn, cứng cáp; gan dạ

hare /heə(r)/ *n.* thỏ rừng

harm /hɑːm/ **1** *n.* điều tai hại/tổn hại, chuyện thiệt hại (**to do làm**): **They meant no ~ to you.** Họ không có ý định làm hại bạn đâu. **2** *v.* làm hại: **They intended to ~ someone.** Họ tính làm hai ai.

harmonious /hɑːˈməʊnɪəs/ *adj.* hoà thuận/hợp; cân đối, hài hoà; êm tai, du dương: **a ~ family** moat gia đình hoà thuận

harmony /'hɑːmənɪ/ *n.* sự hoà thuận/ hoà hợp; sự cân đối/hài hoà; hoà âm: **to live in ~ with someone** sống hoà thuận với ai

harness /'hɑːnɪs/ **1** *n.* yên cương; trang bị **2** *v.* thắng yên cương; dùng, khai thác (sức nước) để lấy điện: **to ~ one's potential** ngăn cản bước tiến của ai

harpoon /hɑːˈpuːn/ **1** *n.* lao móc **2** *v.* đâm bằng lao móc

harrowing /'hærəʊɪŋ/ *adj.* rất căm tức vì bị sóc

harsh /hɑːʃ/ *adj.* gay gắt, khe khắt, khắc nghiệt, tàn nhẫn; chói mắt, chói tai, khó nghe; ráp, xù xì

harvest /'hɑːvɪst/ **1** *n.* mùa gặt, vụ thu hoạch; thu hoạch, kết quả gặt hái được: **As a result of the drought, farmers have had a poor ~.** Do nạn hạn hán, nông gia trở nên nghèo. **2** *v.* gặt hái, thu hoạch: **Many farmers are ~ing rice.** Nhiều nông dân đang thu hoạch lúa.

harvester /'hɑːvɪstə(r)/ *n.* người gặt; máy gặt

has /hæz/ xem **have**

has-been /'hæzbiːn/ *n.* con người đã hết thời (nổi tiếng)

hash /hæʃ/ **1** *n.* món thịt băm **2** *v.* băm, làm hỏng

hassle /'hæsl/ **1** *n.* tình trạng bị quấy rầy **2** *v.* quấy rầy ai, làm cho ai khó chịu

hassock /'hæsək/ *n.* gối quỳ, ghế đẩu nhỏ để gác chân

haste /heɪst/ *n.* sự vội vàng/vội vã/
hấp tấp

hasty /'heɪstɪ/ *adj.* vội vàng, mau;
hấp tấp, nóng nẩy

hat /hæt/ *n.* mũ (có vành), nón

hatch /hætʃ/ **1** *n.* sự nở/ấp trứng; ổ
trứng, ổ chim non **2** *n.* cửa sập, cửa
hầm; cửa sau (ô-tô): **3** *v.* (làm) nở
(trứng, gà con) mưu toan: **As soon
as the chicks ~, they leave the nest.**
Khi gà con đã nở xong, chúng sẽ
rời khỏi vỏ trứng.

hatchback /'hætʃbæk/ *n.* xe hơi có
cửa sau mở lên: **Are you going to
buy a ~ or sedan?** Bạn sắp mua xe
du lịch thường hay xe có cửa sau?

hatchet /'hætʃɪt/ *n.* cái rìu nhỏ

hate /heɪt/ **1** *n.* sự thù ghét, lòng căm
thù, nỗi căm hờn: **Don't create a lot
of ~.** Đừng tạo nhiều sự thù ghét.
2 *v.* căm thù/hờn/ghét; ghét, không
thích/muốn: **I ~ borrowing money.**
Tôi ghét mượn tiền lắm.

hatred /'heɪtrɪd/ *n.* lòng căm thù; sự
căm hờn

hat-trick *n.* một cầu thủ ghi ba bàn
thắng: **a ~ of wins** thắng được ba bàn

haughty /'hɔːtɪ/ *adj.* kiêu ngạo/căng;
kiêu kỳ, ngạo mạn

haul /hɔːl/ **1** *n.* sự kéo mạnh; đoạn
đường kéo; sự chuyên chở; mẻ
lưới; mẻ vớ được: **a ~ of fish** một
mẻ cá đánh được **2** *v.* kéo mạnh,
lôi (vật nặng); chuyên chở

haunch /hɔːntʃ/ *n.* hông, háng, mông;
đùi thịt (nai)

haunt /hɔːnt/ **1** *n.* chỗ lui tới, chỗ lai
vãng; chỗ thú kiếm mồi; sào huyệt
2 *v.* hay lui tới, năng lai vãng; (ý
nghĩ) ám ảnh, quấy rối

have /hæv/ **1** *v.* [**had**] có; nhận được;
ăn, uống, hút, xơi; được, được
hưởng, bị; (bắt buộc) phải ...; bảo,
bắt, nhờ, sai, khiến, thuê (làm việc
gì): **They ~ many children.** Họ
nhiều con.; **I ~ had this car since
1978.** Tôi có cái xe ôtô này từ
1978.; **You ~ nothing to fear.** Anh

không sợ, anh đừng sợ gì cả.;
Please let us ~ the money next week.
Xin ông tuần sau gửi/giao tiền cho
chúng tôi nhé.; **Can you come and
~ breakfast with us at the hotel?**
Mời ông lại khách sạn dùng điểm
tâm với chúng tôi nhé.; **We had a
wonderful summer in Vietnam.**
Chúng tôi đã được hưởng một mùa
hè tuyệt vời ở Việt Nam. **2** *aux. v.*
vừa, mới: **They ~ left.** Họ vừa mới
đi (khỏi sở/ nhà).; **We had been
visiting Haiphong when the news
came.** Chúng tôi đã đi thăm Hải
Phòng khi tin vừa đến.; **They ~
done it again.** Tụi nó lại làm
(chuyện ấy) nữa rồi.; **I shall/will ~
finished by then.** Lúc ấy tôi sẽ làm
xong rồi.; **You should ~ listened to
me.** Đáng lẽ anh phải nghe lời tôi.

haven /'heɪv(ə)n/ *n.* nơi trú ẩn, nơi ẩn
náu; bến tàu, cảng

havoc /'hævək/ *n.* sự tàn phá dữ dội
(dùng với *play*): **to play ~ with** tàn
phá

hawk /hɔːk/ *n.* chim ưng, diều hâu; kẻ
hiếu chiến, diều hâu

hay /heɪ/ **1** *n.* cỏ khô: **~ fever** bệnh dị
ứng với phấn hoa; **~loft** vựa cỏ khô;
~stack đống cỏ khô **2** *v.* phơi khô
(cỏ); cho ăn cỏ khô

haywire /heɪwaɪə(r)/ *adj.* tổ chức vụng
về, không có tổ chức

hazard /'hæzəd/ **1** *n.* sự may rủi; mồi
nguy hiểm **2** *v.* liều

hazardous /'hæzədəs/ *adj.* liều, mạo
hiểm; nguy hiểm: **a ~ road** con
đường nguy hiểm

haze /heɪz/ *n.* mù, hơi, sương mù, khói
mù; sự lờ mờ, mơ hồ

hazy /'heɪzɪ/ *adj.* mù sương, mù mịt;
lờ mờ, mơ hồ

h-bomb /'eɪtbɒm/ *n.* (*abbr.* **hydrogen
bomb**) bom hi-đrô, bom khinh khí

HDTV /ˌeɪtʃdiːtiːˈviː/ *abbr.* (= **High
Definition Television**) máy truyền
hình có tần số nhận sóng cao

he /hiː/ *pron.* anh/ông ấy, nó, hắn,

thằng ấy: **He is my friend.** Ông ấy là bạn tôi.

head /hed/ **1** *n.* đầu; (đầu) người; con; đầu óc, trí óc, năng khiếu: **from the ~ to the feet** từ đầu đến chân **2** *n.* người đứng đầu, thủ trưởng, trưởng, chủ, chủ nhiệm, chủ tịch; đầu mũi, chóp, chỏm, ngọn, đỉnh; phần đầu, đoạn đầu: **the ~ of department** trưởng cơ quan; **the ~ of a family** chủ gia đình; **~ or tail** sấp hay ngửa **3** *v.* đứng đầu, đi đầu, dẫn đầu, chỉ huy, lãnh đạo: **to ~ a list of ...** đứng đầu danh sách

headache /'hedeik/ *n.* chứng nhức đầu; vấn đề khó khăn: **He is a source of ~ for me.** Ông ấy làm cho tôi nhức đầu.

headcount /'hedkəʊnt/ *n.* việc đếm từng đầu người

headhunt /'hedhʌnt/ *n.* việc tìm kiếm người (cao cấp) cho công ty/xí nghiệp

heading /'hedɪŋ/ *n.* đề mục, tiêu đề, đầu đề: **to choose an appropriate ~** chọn một đầu đề thích hợp

headlight /'hedlaɪt/ *n.* đèn pha (ô-tô, xe lửa, v.v.): **Don't turn on your ~ when you drive a car in the city.** Không nên bật đèn pha khi lái xe trong thành phố.

headline /'hedlaɪn/ **1** *n.* hàng/dòng đầu trang báo; đề mục, đầu đề: **~s** tin tóm tắt **2** *v.* cho đầu đề, chạy tựa bài báo

head office *n.* văn phòng trung ương, văn phòng chính

head-on *adj., adv.* đâm đầu vào (nhau): **a ~ collision** một vụ ô tô đâm đầu vào nhau

headphone /'hedfəʊn/ *n.* ống nghe gắn ở tai để nghe nhạc hay điện thoại

headquarters /'hed,kwɔːtəz/ *n.* tổng hành dinh; trụ sở

headstart *n.* có thuận lợi trước khi bắt đầu công việc

headstrong /'hedstrɒŋ/ *adj.* bướng bỉnh, cứng cầu cứng cổ

headway /'hedweɪ/ *n.* sự tiến bộ/tiến triển

headword /'hedwɜːd/ *n.* từ chính trong từ điển

heady /'hedɪ/ *adj.* nóng nảy, hung hăng

heal /hiːl/ *v.* chữa khỏi, làm lành; hàn gắn; lành lại

health /helθ/ *n.* sức khỏe, sự khỏe mạnh, sự lành mạnh: **ministry of (public) ~** bộ y tế; **Here's to your ~!** Tôi xin nâng cốc chúc mừng ông!

healthful /'helθfəl/ *adj.* có lợi cho sức khỏe; lành mạnh

healthy /'helθɪ/ *adj.* khoẻ mạnh; lành mạnh; lành, tốt cho sức khoẻ: **~ food** thức ăn bổ dưỡng

heap /hiːp/ **1** *n.* đống: **~s of ...** rất nhiều **2** *v.* chất đống

hear /hɪə(r)/ *v.* [**heard**] nghe; nghe nói, nghe tin tức, được tin: **I listened, but couldn't ~ anything.** Tôi cố lắng tai nghe nhưng không nghe gì cả.; **to ~ from someone** nhận được tin của ai

heard /hɜːd/ quá khứ của hear

hearing /'hɪərɪŋ/ *n.* thính giác; tầm nghe; sự lấy cung; sự trần thuật/thính thẩm: **hard of ~** nặng tai, hơi nghễnh ngãng; **~ aid** máy nghe của người điếc

hearsay /'hɪəseɪ/ *n.* tin đồn, lời đồn đại

hearse /hɜːs/ *n.* xe tang

heart /hɑːt/ *n.* quả/trái tim, lòng; trái tim, tình (yêu), cảm tình; lòng can đảm, sự hăng hái, nhiệt tâm; trung tâm, khoảng giữa, lõi, ruột: **He has no ~.** Ông ấy thật nhẫn tâm.; **to learn by ~** học thuộc lòng; **with all my ~** hết lòng, hết sức thiết tha, tận tình; **~ attack** cơn liệt/đau tim đột trụy

heartburn /'hɑːtbɜːn/ *n.* chứng ợ nóng, chứng ợ chua, chứng nhói đau từ cuống dạ dày

hearth /hɑːθ/ *n.* lòng/nền lò sưởi; gia đình, tổ ấm

heartily /'hɑːtɪlɪ/ *adv.* vui vẻ, nồng nhiệt; thật tâm: **to ~ welcome some-**

one tiếp đón nồng nhiệt

heartless /'hɑːtləs/ *adj.* ác, nhẫn tâm; vô tình

heart-rending *adj.* đau lòng, não lòng, thương tâm: **a ~ cry** tiếng kêu não lòng

heartstrings /'hɑːtstrɪŋz/ *n.* những tình cảm sâu đậm, những xúc động sâu xa

hearty /'hɑːtɪ/ *adj.* vui vẻ, thân mật, nồng nhiệt; thật lòng/bụng/tâm, thành thật, chân thành; khoẻ mạnh, tráng kiệt; (bữa ăn) hậu hĩ, thịnh soạn

heat /hiːt/ **1** *n.* hơi/sức nóng; nhiệt, nhiệt lượng/độ; sự nóng nảy/giận dữ; sự hăng hái/nồng nhiệt/sôi nổi **2** *v.* đốt/đun nóng: **to ~ up** hâm nóng

heater /'hiːtə(r)/ *n.* bếp sưởi

heathen /'hiːðən/ *n.* (người) ngoại đạo/dị giáo

heating /'hiːtɪŋ/ *n.* sự sưởi nóng: **central ~** sự sưởi nóng từ trung tâm; sưởi ấm cả nhà

heat stroke /'hiːtdstrəʊk/ *n.* sự đột quỵ vì say nóng, sự lả đi vì say nắng

heat wave /'hiːtdweɪv/ *n.* luồng hơi nóng; đợt nóng

heave /hiːv/ **1** *v.* nhấc/nâng lên; thốt ra; tiếng thở dài; kéo lên; nhấp nhô; thở hổn hển; chạy **2** *n.* nhấc lên; thở ra; ra sức kéo: **to ~ a sigh** thở dài; **to ~ a rope** ra sức kéo dây thừng

heaven /'hev(ə)n/ *n.* thiên đường; ngọc hoàng, trời, thượng đế: **May ~ help you!** Xin trời phù hộ cho anh!; **Oh, for ~'s sake!, Good ~s!** Trời ơi!

heavily /'hevɪlɪ/ *adv.* một cách nặng nề; [chở, phạt] nặng; mạnh; đông, trù mật

heavy /'hevɪ/ *adj.* nặng, nặng nề; to lớn, dữ dội, kịch liệt; nhiều, rậm rạp, xồm: **~ sleep** giấc ngủ say; **~ drinker** người nghiện rượu nặng; **~ artillery** trọng pháo; **~ rain** mưa to/lớn; **~ food** đồ ăn khó tiêu; **~ crop** vụ mùa bội thu; **~ fighting** đánh lớn, chiến sự kịch liệt

heavy-duty *adj.* khó bị hư hại; dùng được bền: **a ~ carpet** thảm cứng bền

heavy-handed *adj.* vụng về; không khéo tay

heavyweight /'hevɪweɪt/ *n.* võ sĩ hạng nặng; người nặng ký, nhân vật quan trọng

Hebrew /'hiːbruː/ *n., adj.* người/tiếng Do Thái

heckler /'heklə(r)/ *n.* người chất vấn, người hỏi vặn

hectare /'hekteə(r)/ *n.* (*abbr.* **ha**) mẫu tây, hec-ta

hectic /'hektɪk/ *adj.* cuồng nhiệt, sôi nổi, hưng phấn; bận rộn, cuống cuồng, rối rít

hedge /hedʒ/ **1** *n.* hàng rào, bờ giậu **2** *v.* bao vây; tránh

heed /hiːd/ **1** *n.* sự lưu ý: **to pay/give ~ to** chú ý đến **2** *v.* để ý, chú ý, lưu tâm đến

heel /hiːl/ **1** *n.* gót chân/mỏng; gót giầy/bít tất: **to take to one's ~s** bỏ chạy; **to come to ~** lẽo đẽo theo sau **2** *v.* [tàu thủy] nghiêng đi

hefty /'heftɪ/ *adj.* lực lưỡng, vạm vỡ

hegemony /hɪ'dʒeməni/ *n.* bá quyền, quyền bá chủ

heifer /'hefə(r)/ *n.* bê cái

height /haɪt/ *n.* bề/chiều cao; độ cao; điểm cao, chỗ cao; điểm cao nhất, tột đỉnh

heighten /'haɪt(ə)n/ *v.* nâng cao; tăng thêm, tăng cường; làm nổi/tôn lên: **to ~ one's experience** làm tăng kinh nghiệm

heinous /'heɪnəs/ *adj.* [tội ác] rất tàn ác, ghê tởm

heir /eə(r)/ *n.* con thừa tự, người thừa kế, người kế thừa/tục, người thừa hưởng: **male ~** con trai nối dõi; **without an ~** không người thừa kế; **~loom** đồ gia bảo, của/vật gia truyền

heist /haɪst/ **1** *n.* việc ăn cắp, ăn trộm: **a bank ~** ăn trộm nhà băng **2** *v.* ăn cắp/trộm

held /held/ quá khứ của **hold**

helicopter /'helɪkɒptə(r)/ *n.* máy bay lên thẳng/trực thăng

hell /hel/ *n.* địa ngục, âm phủ/ti; cảnh khổ: ~ **on earth** địa ngục trần gian; **to give someone ~** đày đoạ, làm điêu đứng; xỉ vả thậm tệ; **Go to ~!** Quỷ tha ma bắt mày!

hellish /helɪʃ/ *adj.* như địa ngục, thuộc địa ngục; tối tăm khủng khiếp

hello /hə'ləʊ/ **1** *n.* câu chào: **Say ~ to Nam for me.** Cho tôi hỏi thăm Nam nhé. **2** *intj.* Chào anh! Alo! [ở đây nói]

helm /helm/ *n.* bánh lái; sự điều khiển: **at the ~** đứng mũi chịu sào, cầm lái, ở cương vị chỉ huy

helmet /'helmɪt/ *n.* mũ cát; mũ trắng: **crash ~** mũ sắt của lính/người đi mô tô, nón ao toàn

help /help/ **1** *n.* sự giúp đỡ/cứu giúp, giúp ích; người làm, người giúp việc trong nhà; phương cứu chữa: **to cry for ~** kêu cứu; **Help! Help!** Cứu tôi với!; **I need your ~.** Tôi cần bạn giúp đỡ. **2** *v.* giúp đỡ, cứu giúp; nhịn/đừng/tránh được; đưa mời: **You must ~ one another.** Các cháu phải giúp đỡ lẫn nhau.; **I couldn't ~ laughing.** Tôi không nhịn cười được.; **Help yourself to have some more fried rice.** Mời cô lấy thêm cơm chiên.

helper /'helpə(r)/ *n.* người giúp đỡ, người phụ tá

helpful /'helpfəl/ *adj.* hay giúp đỡ; có/ hữu ích, giúp ích: **Some of your staff are very ~.** Một vài nhân viên của bạn rất hữu ích.

helpline /'helplaɪn/ *n.* đường dây điện thoại giúp đỡ

helter-skelter /'heltə'skeltə(r)/ *adj.* hỗn loạn, tán loạn, lộn xộn, lung tung: **a ~ runaway** cuộc bỏ chạy tán loạn

hem /hem/ **1** *n.* đường viền **2** *v.* viền: **to ~ in** bao vây

hemisphere /'hemɪsfɪə(r)/ *n.* bán cầu: **western ~** tây bán cầu

hemorrhage /'hemərɪdʒ/ *n.* [*Br.* **hae-morrhage**] sự chảy máu, bệnh xuất/băng huyết

hemorrhoids /'hemərɔɪd/ *n.* [*Br.* **hae-morrhoids**] bệnh trĩ

hemp /hemp/ *n.* cây/sợi gai dầu

hemstitch /'hemstʌk/ **1** *n.* mũi khâu giua **2** *v.* giua áo/khăn

hen /hen/ *n.* gà mái, gà mẹ; con mái

hence /hens/ *adv.* kể từ giờ/đây, từ nay trở đi; vì thế

henchman /'henʃmən/ *n.* tay sai, tay chân, thủ túc, bộ hạ

henpecked /'henpekt/ *adj.* sợ vợ, bị vợ xỏ mũi, cụ nội

hepatitis /ˌhepə'taɪtɪs/ *n.* bệnh viêm gan

her /hɜː(r), hə(r)/ **1** *pron.* bà ấy, cô ấy, chị ấy, nó [tân cách của **she**]: **We respect ~.** Chúng tôi quí trọng cô ấy. **2** *adj.* của bà/cô/chị ấy: **We like ~ style.** chúng tôi ưa vẻ đẹp của cô ấy

herald /'herəld/ **1** *n.* người đưa tin, điềm **2** *v.* báo trước

herb /hɜːb/ *n.* cỏ, cây thảo: **medicinal ~s** dược thảo

herbage /'hɜːbɪdʒ/ *n.* cỏ [nói chung]

herd /hɜːd/ **1** *n.* bầy, đàn; bọn, bè lũ **2** *v.* lùa, dồn; chăn dữ; đàn đúm với nhau

here /hɪə(r)/ *adv.* đây, ở đây: **from ~ to there** từ đây đến đó; **~ and there** chỗ này chỗ kia; **~ is/are …** đây là…

hereabouts /hɪər'rəbaʊts/ *adv.* quanh đây, gần đây

hereafter /hɪər'ɑːftə(r)/ *adv.* sau đây/ này, trong tương lai

hereby /hɪə'baɪ/ *adv.* bằng cách này; do đó, nhờ đó, như thế: **I ~ certify that …** Nay chứng nhận rằng…

hereditary /hɪ'redɪtərɪ/ *adj.* cha truyền con nối, di truyền

heredity /hɪ'redɪtɪ/ *n.* sự/tính di truyền

herewith /hɪə'wɪð/ *adv.* kèm theo đây: **Enclosed ~ is/are …** Kèm theo đây là…

heritage /'herɪtɪdʒ/ *n.* di sản, tài sản kế thừa, gia tài

hermit /'hɜːmɪt/ *n.* người ẩn dật, ẩn sĩ, người ở ẩn

hernia /'hɜːnɪə/ *n.* thoái vị

hero /'hɪərəʊ/ *n.* (người/bậc/đấng) anh hùng; nhân vật chính, vai chính [nam] [trong truyện]

heroic /hɪ'rəʊɪk/ *adj.* anh hùng

heroin /'herəʊɪn/ *n.* chất he-ro-in, bạch phiến, thuốc phiện trắng

heroine /'herəʊɪn/ *n.* (bậc/đứng) nữ anh hùng, anh thư; nhân vật chính, vai chính [nữ] [trong truyện]

heroism /'herəʊɪz(ə)m/ *n.* thái độ/cử chỉ anh hùng; chủ nghĩa anh hùng

heron /'herən/ *n.* con diệc

herring /'herɪŋ/ *n.* cá trích

hers /hɜːz/ *pron.* cái của bà/cô/chị ấy, cái của nó: **This is not your book, it's ~.** Cuốn sách này không phải của anh, nó là sách của cô ấy.; **a good friend of ~** một người bạn tốt của cô ấy

herself /hə'self/ *pron.* tự mình, tự bà/cô/chị ta, tự nó; chính bà/cô/chị ấy: **She is proud of ~.** Cô ấy tự hào về mình.; **My mother told me ~.** Chính mẹ tôi bảo tôi thế.; **She went by ~.** Bà ấy đi một mình.

hesitant /'hezɪtənt/ *adj.* không nhất quyết, do dự, ngập ngừng

hesitate /'hezɪteɪt/ *v.* do dự, ngập ngừng, ngần ngại, trù trừ: **Please don't ~ to contact me.** Đừng ngần ngại tiếp xúc với tôi.

heterogeneous /hetərə'dʒiːniːəs/ *adj.* không đồng nhất, dị thể/loại, phức tạp, hỗn tạp

hew /hjuː/ *v.* [**hewed**; **hewn**] chặt, đốn; bổ, đẽo

hewn /hjuːn/ quá khứ của **hew**

hexagon /'heksəgən/ *n.* hình sáu cạnh/góc, hình lục lăng

hey /heɪ/ *intj.* Ô hay! Ơ hay chửa!; Này!

heyday /'heɪdeɪ/ *n.* thời cực thịnh/toàn thịnh/hoàng kim

H-hour /ˌetʃ'aʊə(r)/ *n.* giờ khởi sự, giờ nổ súng, giờ G

hi /haɪ/ *intj.* chào anh/chị/cô, v.v: **Hi guys!** Chào các bạn!

hibiscus /hɪ'bɪskəs/ *n.* cây/hoa dâm bụt

hiccup, hiccough /'hɪkʌp/ **1** *n.* cái nấc **2** *v.* nấc cụt

hick /hɪk/ *n.* dân nhà quê, dân tỉnh nhỏ

hid /hɪd/ quá khứ của **hide**

hide /haɪd/ **1** *n.* da sống [của động vật; chưa thuộc]; da người, mạng người **2** *v.* [**hid**; **hidden**] giấu, che giấu, che đậy, che lấp, giữ kín; trốn, trốn tránh, ẩn, nấp, náu, lánh mặt

hideous /'hɪdɪəs/ *adj.* xấu xa, ghê tởm, gớm guốc

hierarchy /'haɪərɑːkɪ/ *n.* hệ thống cấp bậc/quân giai, tôn ti, quan liêu

hi-fi /'haɪfaɪ/ xem độ trung thực cao [lúc thu/phát]

high /haɪ/ **1** *n.* mức cao, độ cao: **The decision that extra work is expected today has come from ~ up.** Quyết định sẽ làm việc thêm là do cấp trên. **2** *adj.* cao; cao cấp, tối cao; cao thượng/cả/quý; mạnh, mãnh liệt, dữ dội; sang trọng; vui vẻ, hăng hái: **~ court** toà án tối cao; **~ fever** sốt nhiều/nặng; **a ~ opinion of** đánh giá cao ...; **~ school** trường trung học; **~-pitched** [giọng] cao, the thé; **~-ranking** cấp cao, cao cấp; **~-rise** cao ốc, toà nhà cao ngất; **~-sounding** kêu, rỗng, khoe khoang; **~ seas** biển động, biển cả **3** *adv.* cao; mạnh mẽ, dữ dội, mãnh liệt; sang trọng, xa hoa: **He expects the unemployment figures to remain ~ in the coming months.** Ông ấy nghĩ rằng con số thất nghiệp sẽ tăng trong những tháng tới.

higher education *n.* giáo dục cao đẳng/đại học: **institution of ~** trường đại học/cao đẳng;

high flyer *n.* người nhiều tham vọng, người viễn vong

high-handed *adj.* độc đoán, chuyên chế; hống hách

highland /'haɪlənd/ *n.* cao nguyên

high-level *adj.* trình độ cao, cấp cao: ~ **staff** nhân viên cao cấp

high life *n.* cuộc sống sang trọng/xa hoa

highlight /'haɪlaɪt/ **1** *n.* nét/điểm nổi bật nhất **2** *v.* nêu bật nét/điểm

highlighter /'haɪlaɪtə(r)/ *n.* viết để làm dấu hay đánh dấu trong sách

highly /'haɪlɪ/ *adv.* rất, hết sức; tốt: ~ **useful** rất có ích: to **speak ~ of someone** nói tốt về ai, ca ngợi ai

high-rise *adj.* nhiều tầng, cao tầng/ ốc: **a ~ building** nhà lầu nhiều tầng, nhà cao ốc

high-spirited *adj.* cao thượng, cao quí; dũng cảm

high-tech *adj., abbr.* (= **high technology**) kỹ thuật cao cấp, công nghệ cao cấp

highway /'haɪˌweɪ/ *n.* đường cái, đường lớn, quốc lộ, xa lộ: **We know that some new ~s have been built.** Chúng tôi được biết một vài xa lộ vừa xây xong.; ~ **code** sách luật đi đường cho người lái xe

hijack /'haɪdʒæk/ *v.* chặn cướp hàng hoá; cưỡng đoạt [máy bay]

hijacker /'haɪdʒækə(r)/ *n.* tên không tặc, tên cướp máy bay: **Everyone condemns ~s.** Ai cũng kết án bọn không tặc.

hike /haɪk/ *n., v.* (cuộc) đi bộ đường dài

hilarious /hɪ'leərɪəs/ *adj.* vui vẻ, vui nhộn, buồn cười quá

hill /hɪl/ *n.* đồi, núi nhỏ; gò, đống, cồn, mở đất, ổ [kiến, mối]: **up ~ and down dale** lên dốc xuống đèo

hillock /'hɪlək/ *n.* đồi nhỏ; gò, đống, cồn, mô đất

hilly /'hɪlɪ/ *adj.* có nhiều đồi núi trập trùng

hilt /hɪlt/ *n.* cán, chuôi [dao, kiếm, gươm]

him /hɪm/ *pron.* ông ấy, anh ấy, nó [tân cách của **he**]

himself /hɪm'self/ *pron.* tự mình, tự ông/anh ta, tự nó; chính ông/anh ấy; **My uncle ~ told me that …**

Chính chú tôi bảo thế.; **He went by ~.** Ông ấy đi một mình.

hind /haɪnd/ **1** *adj.* (ở đằng) sau: ~ **legs** chân sau **2** *n.* con nai cái

hinder /'haɪndə(r)/ *v.* gây trở ngại, cản trở, ngăn trở

hindrance /'hɪndrəns/ *n.* sự cản trở, vật chướng ngại, trở lực

hindsight /'haɪndsaɪt/ *n.* sự nhận thức muộn, việc xảy ra rồi mới thấy ,lẽ ra, giá mà

Hindu /'hɪnduː/ *n., adj.* (thuộc) Hindu, Ấn Độ

hinge /hɪndʒ/ **1** *n.* bản lề **2** *v.* xoay **to ~ on** xoay quanh …

hint /hɪnt/ **1** *n.* lời gợi ý, lời nói bóng gió, lời ám chỉ: **a slight ~ of garlic** hơi một chút mùi tỏi **2** *v.* gợi ý, nói bóng gió, nói ám chỉ [at đến]

hinterland /'hɪntələænd/ *n.* vùng nội địa; vùng đồng quê

hip /hɪp/ **1** *n.* hông: **to carry on one's ~** ẩm nách **2** *adj.* theo thời trang áo quần, âm nhạc... **3** *intj.* Tiếng hoan hô đồng ý việc gì: **Hip, hip, hooray!** Hoan hô, hoan hô!

hire /haɪə(r)/ **1** *n.* sự thuê/mướn; tiền thuê, tiền công: **to organize a ~** sắp xếp thuê **2** *v.* thuê, cho thuê; mướn, thuê: **To ~ a car, you must produce your current driving license.** Thuê xe bạn phải đưa bằng lái xe của bạn.

hire purchase *n.* việc mua trả góp: **a ~ agreement** bản hợp đồng mua trả góp

his /hɪz/ **1** *adj.* của ông/anh ấy, của nó: **We like ~ frankness.** Chúng tôi thích tính thật thà của anh ta. **2** *pron.* cái của công/anh ấy, cái của nó: **This book is ~.** Cuốn sách này (là sách) của nó.; **a close friend of ~** một người bạn thân của anh ta

hiss /hɪs/ **1** *n.* tiếng huýt/xuyt, tiếng xì **2** *v.* huýt gió; xuyt, kêu xì; huýt sáo chê [diễn viên]

historic /hɪ'stɒrɪk/ *adj.* có tính chất/ý nghĩa lịch sử

historical /hɪ'stɒrɪkəl/ *adj.* (thuộc) lịch sử: **an important ~ event** một biến cố lịch sử quan trọng

history /'hɪstərɪ/ *n.* sử, sử học; lịch sử: **ancient ~** cổ sử

hit /hɪt/ **1** *n.* đòn trúng, cú đánh, việc thành công: **to get a ~** vụt trúng banh (bóng chày); **The play was a ~.** Vở kịch ấy thành công lắm. **2** *v.* [hit] đánh, đấm/ném/bắn trúng; va/đụng/vấp phải; xúc phạm: **His head ~ the windshield.** Đầu nó đập vào kính chắn gió.

hitch /hɪtʃ/ **1** *n.* cái giật mạnh; sự vướng mắc: **without a ~** trôi chảy **2** *v.* giật/kéo mạnh; buộc vào; đi nhờ [**a ride** cuốc xe]

hitherto /hɪðə'tuː/ *adv.* cho đến nay

HIV /ˌeɪtʃaɪ'viː/ *abbr.* (= **Human Immuno-deficiency Virus**) bệnh liệt kháng: **to be infected with ~** bị nhiễm bệnh liệt kháng HIV

hive /haɪv/ **1** *n.* tổ ong: **bee ~** tổ ong **2** *n.* đám đông, chỗ đông

hives /haɪvz/ *n.* chứng phát ban

hoard /hɔːd/ **1** *n.* kho tích trữ **2** *v.* tích trữ, dự trữ

hoarse /hɔːs/ *adj.* [giọng] khản, khàn khàn

hoax /həʊks/ *n., v.* trò đánh lừa; trò chơi xỏ

hobble /'hɒb(ə)l/ *n., v.* (dáng) đi khập khiễng/cà nhắc

hobby /'hɒbɪ/ *n.* thú riêng, sở thích, thị hiếu, thú tiêu khiển riêng: **What is your ~?** Thú tiêu khiển của bạn là gì?

hobnob /'hɒbnɒb/ *n.* đàn đúm [**with** với]

hockey /'hɒkɪ/ *n.* môn bóng gậy cong, khúc cung cầu

hodge-podge /'hɒdʒpɒdʒ/ *n.* hẩu lốn, sự pha trộn

hoe /həʊ/ **1** *n.* cái cuốc **2** *v.* cuốc, xới, giẫy [cỏ]

hog /hɒg/ **1** *n.* lợn (thiến); người tham ăn hay thô tục **2** *v.* dùng cho mình và không cho ai dùng nữa cả

hoist /hɔɪst/ **1** *n.* cần trục, tời **2** *v.* kéo lên; nhấc lên

hold /həʊld/ **1** *n.* hầm tàu thuỷ (để chứa hàng) **2** *n.* sự nắm giữ; ảnh hưởng; sự giam cầm **3** *v.* [held] cầm, nắm, giữ, giữ vững; chứa, đựng; giam giữ; coi là, cho rằng; tổ chức [cuộc họp]: **to ~ your breath** anh hãy nín thở; **We ~ those people responsible for his death.** Chúng tôi cho là vì họ mà anh ta bị chết.; **to ~ back** giữ lại, kiềm lại, cầm [nước mắt **tears**]; **to ~ on** nắm/giữ chặt, không buông ra; giữ máy (dây nói); **to ~ out** đưa/giơ ra; chịu đựng, kiên trì; **Hold it!** Đợi một tí! khoan đã! thong thả!; **to ~ up** đưa/giơ lên; chặn đường để ăn cướp

holdup *n.* vụ cướp; tình trạng kẹt xe, bị giữ lại: **a ~ in the transfer of money** tiền chuyển bị giữ lại

hole /həʊl/ *n.* lỗ, lỗ thủng; hang, ổ, căn nhà tồi tàn

holey /'həʊlɪ/ *adj.* miếng vải hay áo quần có nhiều lỗ nhỏ

holiday /'hɒlɪdeɪ/ *n., v.* ngày lễ, ngày nghỉ; nghỉ lễ

holiness /'həʊlɪnɪs/ *n.* tính chất thiêng liêng/thần thánh: **His ~** Đức Giáo hoàng, Đức Thánh cha

holistic /'həʊlɪstɪk/ *adj.* toàn bộ, toàn diện

holler /'hɒlə(r)/ *v.* la lớn: **Don't ~ at me** [*American saying*] Đừng la nguýt tôi.

hollow /'hɒlə/ **1** *n.* chỗ rỗng, chỗ trũng, lòng chảo rỗng (không); hõm, lõm, trũng; [lời nói, lời hứa] rỗng tuếch, suông, hão **2** *v.* khoét, đục rỗng **3** *adj.* trũng, lõm: **~ eyes** đôi mắt lõm

holly /'hɒlɪ/ *n.* cây ô rô

holocaust /'hɒləkɔːst/ *n.* sự thiêu huỷ, vật tế thần; sự huỷ diệt/tiêu diệt, cuộc tàn sát

holster /'həʊlstə(r)/ *n.* bao súng

holy /'həʊlɪ/ *adj.* thần thánh, thiêng liêng; thánh thiện, trong sạch; sùng đạo: **the ~ Land** thánh địa

home /həʊm/ **1** *n.* nhà ở, chỗ ở; nhà, gia đình, quê hương, nước nhà; viện [dưỡng lão, mồ côi, v.v.]; sinh quán, quê: **nursing ~** nhà dưỡng lão **2** *adv.* nhà, thuộc về nhà: **to go ~** đi [từ đây/đó] về nhà; **to come ~** trở về nhà; **at ~** có nhà; tự nhiên như ở nhà mình; thông thạo [vấn đề]; **back ~** ở nhà mình; bên nhà, bên nước chúng tôi **3** *adj.* như ở nhà, thuộc về nhà: **for ~ use** để dùng trong nhà, gia dụng; **~ economics** môn kinh tế gia đình, gia chánh; **~coming** sự trở về gia đình; sự hồi hương; dịp trở về trường cũ; **~land** quê hương, xứ sở, tổ quốc, nước nhà; **~made** nhà làm/may lấy, chế tạo lấy; sản xuất trong nước/nội địa **4** *v.* nhắm đến ai hay vật gì: **to ~ in for somebody** nêu thẳng suy nghĩ cho ai

homely /ˈhəʊmlɪ/ *adj.* xấu, kệch, vô duyên; giản dị, không kiểu cách; như trong gia đình

home page *n.* trang nhà [trên **internet**], trang nói về chủ của mạng vi tính

homestead /ˈhəʊmstɪd/ *n.* nhà cửa vườn tược; ấp, trại di cư, ruộng đất được cấp để cày cấy

home truth *n.* sự thật nhưng không mấy vui về một người nào đó

homeward /ˈhəʊmwəd/ **1** *adj.* trở về nhà, trở về nước **2** *adv.* trên đường về nhà/nước

homework /ˈhəʊmwɜːrk/ *n.* bài làm, bài vở làm ở nhà: **Parents are encouraged to help their children with their ~.** Cha mẹ được khuyến khích giúp con làm bài tập ở nhà.

homicide /ˈhɒmɪsaɪd/ *n.* kẻ/tội giết người, tên/tội sát nhân

homogeneous /hɒməʊˈdʒiːnɪəs/ *adj.* đồng chất, đồng đều, thuần nhất

homogenized /həʊˈmɒdʒɪnaɪz/ *adj.* đánh đều chất mỡ trong sữa

homonym /ˈhɒmənɪm/ *n.* từ đồng âm

homophone /ˈhɒməfəʊn/ *n.* từ đồng âm khác nghĩa

Homo sapiens /ˌhəʊməʊˈsæpienz/ *n.* nhân tính gốc của con người

homosexual /hɒməʊˈseksjuːəl/ *n., adj.* (người) tình dục đồng giới, đồng tính luyến ái

hone /həʊn/ *n., v.* đá mài, mài

honest /ˈɒnɪst/ *adj.* thật thà, chân thật, lương thiện

honesty /ˈɒnɪstɪ/ *n.* tính thật thà/chân thật/lương thiện

honey /ˈhʌnɪ/ **1** *n.* mật ong, mật: **to eat bread with ~** ăn bánh mì với mật ong **2** *n.* sự ngọt ngào/dịu dàng; mình, em yêu, anh yêu, con yêu quý: **Honey! That's a good idea.** Em/anh yêu có ý kiến hay đấy.

honeymoon /ˈhʌnɪˌmuːn/ *n.* tuần trăng mật: **After the wedding party, the bride and groom will have a ~ in Bali.** Sau tiệc cưới, cô dâu và chú rể sẽ hưởng tuần trăng mật ở Ba-li.

honk /ˈhɑːŋk/ *n., v.* tiếng kêu của ngỗng; tiếng bóp còi inh ỏi; bóp còi inh ỏi

honor /ˈɒnə(r)/ **1** *n.* danh dự, vinh dự, danh giá, thanh danh; niềm vinh dự, người làm vẻ vang; sự tôn kính; địa vị cao sang; chức tước cao; nghi lễ trọng thể **2** *v.* kính trọng, tôn kính, tôn vinh; ban vinh dự, tuyên dương; thực hiện (lời cam kết)

honorarium /ɒnəˈreərɪəm/ *n.* tiền thù lao (trả chuyên viên)

honorary /ˈɒnərərɪ/ *adj.* danh dự (học vị, chức vị): **~ degree** học vị danh dự; **~ chairperson** chủ tịch danh dự

hood /hʊd/ **1** *n.* mũ trùm đầu; ca pô xe hơi; huy hiệu học vị (quàng cổ, khoác sau lưng áo thụng đại học) **2** *suffix* tiếp vĩ ngữ để tạo thành danh từ với nghĩa cùng chung hay tình cảm giống nhau: **neighbour~** tình hàng xóm; **child~** thời trai trẻ

hoodlum /ˈhuːdləm/ *n.* du côn, côn đồ, lưu manh

hoodwink /ˈhʊdwɪŋk/ *v.* đánh lừa, lừa dối, bịp, lừa gạt

hoof /huːf/ **1** *n.* móng guốc (của bò,

ngựa) **2** *v.* cuốc bộ

hook /hʊk/ **1** *n.* cái móc, cái mắc: **fish ~** lưỡi câu; **off the ~** thoát nạn, thoát chuyện lôi thôi **2** *v.* móc, mắc, treo: **to ~ up** mắc điện; móc nối; cùng phát thanh trên một hệ thống

hoop /huːp/ **1** *n.* vòng (để trẻ con đánh **to trundle**); vành, đai (thùng) **2** *v.* đóng/đánh đai

hoot /huːt/ **1** *n.* tiếng cú kêu; tiếng còi (ôtô); tiếng kêu huýt (phản đối): **He doesn't care a ~.** Nó cóc cần, nó đếch cần. **2** *v.* (cú) kêu; rúc lên; la hét, huýt còi phản đối

hop /hɒp/ **1** *n.* cây hub-lông (để làm rượu bia) **2** *n.* bước nhảy lò cò; chặng bay; cuộc khiêu vũ **3** *v.* nhảy lò cò; nhảy nhót; bay đi một chuyến; nhảy lên (buýt taxi)

hope /həʊp/ **1** *n.* niềm hy vọng; nguồn hy vọng: **beyond ~** không còn hy vọng gì nữa; **We pin our ~ on our son.** Chúng ta đặt hy vọng vào con cái chúng ta. **2** *v.* hy vọng, mong: **I ~ to meet my friend at the meeting.** Tôi hy vọng gặp bạn tôi ở buổi họp.

hopeful /ˈhəʊpfəl/ *adj.* đầy/chứa chan hy vọng; đầy hứa hẹn, có triển vọng: **to be ~ about the future** hy vọng vào tương lai

horde /hɔːd/ *n.* bầy người; bầy, lũ, đám đông

horizon /həˈraɪz(ə)n/ *n.* chân trời; tầm nhìn, tầm hiểu biết

horizontal /hɒrɪˈzɒntəl/ *adj.* ở chân trời; ngang, nằm ngang: **~ bar** xà ngang

hormone /ˈhɔːməʊn/ *n.* hoocmon, kích thích tố

horn /hɔːn/ *n.* sừng (trâu, bò, hươu), gạc (hươu, nai); chất sừng; đồ sừng; râu, ăng ten (sâu bọ); màu lông; tù và; còi, kèn (ôtô); sừng, mỏm: **to draw in one's ~s** co vòi lại, chùn bước; **to sound the ~** bóp còi

horoscope /ˈhɒrəskəʊp/ *n.* lá số tử vi (**to cast** lấy/đoán): **Do you believe the ~?** Bạn có tin tử vi không?

horrible /ˈhɒrɪb(ə)l/ *adj.* ghê tởm, kinh khủng, khủng khiếp; kinh tởm; khó chịu, chán, đáng ghét, tệ: **It is a ~ accident.** Một tai nạn khủng khiếp

horrid /ˈhɒrɪd/ *adj.* kinh khủng, khủng khiếp; khó chịu

horror /ˈhɒrə(r)/ *n.* sự/điều ghê tởm/ ghê tởm/kinh khủng, cảnh hãi hùng khủng khiếp; sự ghê sợ/gớm guốc

horse /hɔːs/ *n.* ngựa; kỵ binh; giá (có chân): **~ racing** ngựa đua

horsemanship /ˈhɔːsmənʃɪp/ *n.* việc cưỡi ngựa giỏi, kỵ thủ ngựa

horsepower /ˈhɔːspaʊə(r)/ *n.* mã lực, ngựa

horticultural /hɔːtɪˈkʌltjʊərəl/ *adj.* thuộc nghề làm vườn

horticulture /ˈhɔːtɪˌkʌltjʊə(r)/ *n.* nghề làm vườn

hose /həʊz/ **1** *n.* bít tất dài; ống, vòi **2** *v.* lắp ống/vòi; tưới nước bằng vòi

hosiery /ˈhəʊʒ(ɪ)əri/ *n.* hàng dệt kim

hospitable /ˈhɒspɪtəb(ə)l/ *adj.* mến khách, hiếu khách

hospital /ˈhɒspɪtəl/ *n.* bệnh viện, nhà thương: **to visit someone in ~** thăm ai ở bệnh viện

hospitality /hɒspɪˈtælɪti/ *n.* tính hiếu khách; sự tiếp đãi; ngành học nhà hàng và du lịch: **She graduated from the ~ course.** Cô ấy đã tốt nghiệp ngành nhà hàng và du lịch.

host /həʊst/ **1** *n.* chủ nhà, chủ bữa tiệc; chủ trọ, chủ ôten, chủ khách sạn, chủ quán **2** *v.* đứng làm chủ (bữa tiệc, cuộc họp): **Vietnam ~ed the Asian Games last year.** Việt Nam đã đứng ra tổ chức Đại hội Thể thao Á châu năm rồi.

hostage /ˈhɒstɪdʒ/ *n.* con tin: **to hold someone ~** giữ người nào làm con tin

hostel /ˈhɒstəl/ *n.* khu nhà tập thể; nhà trọ, quán trọ

hostess /ˈhəʊstɪs/ *n.* bà chủ nhà, bà chủ tiệc; bà chủ trọ, bà chủ tiệm, bà chủ khách sạn, bà chủ quán; cô phục vụ trên máy bay, chiêu đãi viên máy bay

hostile /'hɒstaɪl/ *adj.* thù địch, cừu thị, không thân thiện, chống đối, phản đối, nghịch

hot /hɒt/ **1** *adj.* Nóng: ~ **rod** ôtô cũ chữa lại để chạy nhanh; **This dish is spicy but it's not ~.** Món ăn nầy có gia vị nhưng không cay.; ~ **temper** tính nóng nảy **2** *v.* kịch liệt, sôi nổi, gay gắt; (tin) sốt dẻo; giật gân: **Everything is really ~ting up in the election campaign.** Mọi sự đều sôi nổi trong cuộc vận động tranh cử.

hot air *n.* lời nói hấp dẫn nhưng không thật; hơi nóng

hot blooded *adj.* sôi nổi, đầy nhiệt tình

hotel /həʊ'tel/ *n.* khách sạn, lữ quán, nhà trọ, ô-ten: **You can book your ~ room through the internet.** Bạn có thể đặt khách sạn trên mạng vi tính.

hotline /'hɒtlaɪn/ *n.* đường dây điện thoại khẩn cấp đặc biệt

hot spot 1 *n.* nơi chiến tranh đang xảy ra kịch liệt **2** *n.* nơi giải trí sôi nổi **3** *n.* khu vực bận rộn trên màn vi tính

hound /haʊnd/ **1** *n.* chó săn **2** *v.* săn bằng chó, truy tầm

hour /aʊə(r)/ *n.* giờ, tiếng đồng hồ; giờ phút, lúc; giờ làm việc, giờ quy định: **half an ~** nửa giờ, nửa tiếng đồng hồ; **in the ~ of danger** trong giờ phút hiểm nghèo; **office ~s** giờ làm việc, giờ tiếp khách; **at the eleventh ~** mãi vào phút chót

hourglass /'aʊəɡlɑːs/ *n.* bình chứa cát chảy để đo tính giờ

hour hand *n.* kim chỉ giờ trên đồng hồ

hourly /'aʊəlɪ/ *adj.* từng giờ, theo giờ; mỗi giờ một lần: **We will pay you based on an ~ rate.** Chúng tôi sẽ trả cho bạn theo giá từng giờ.

house /haʊs/ **1** *n.* nhà, nhà ở, chỗ ở; nhà, trường; quán, tiệm; viện (trong quốc hội); rạp/nhà hát; dòng họ, nhà, triều đại: **the ~ of Lords, the Upper ~** thượng viện Anh; **to keep ~** trông nom việc tề gia nội trợ **2** *v.* chứa, cho ở, cho trợ; cung cấp chỗ ở: **The government ~s homeless people.** Chính phủ cung cấp chỗ ở cho những người không nhà.

housebreaking /'haʊsbreɪkɪŋ/ *n.* việc đập phá vào nhà để ăn cắp ăn trộm

household /'haʊshəʊld/ *n.* gia đình, hộ; tất cả người nhà: ~ **appliances** đồ dùng/máy móc trong nhà

housekeeper /'haʊskiːpə(r)/ *n.* người nội trợ; quản gia: **Could you find a reliable ~ for me?** Bạn làm ơn tìm cho tôi một quản gia đáng tin cậy?

house office *n.* văn phòng ở nhà

housewarming *n.* tiệc liên hoan ăn mừng nhà mới, tiệc ăn tân gia

housewife /'haʊswaɪf/ *n.* bà nội trợ

housework /'haʊswɜːk/ *n.* công việc trong nhà (nấu nướng, dọn dẹp, giặt giũ): **Most men have to do ~ nowadays.** Ngày nay phần lớn đàn ông phải làm việc nhà.

housing /'haʊzɪŋ/ **1** *n.* nhà cửa chính phủ **2** *adj.* thuộc về nhà cửa: ~ **shortage** khan hiếm nhà ở; ~ **development** khu nhà ở tập thể mới xây và rẻ tiền

hovel /'hɒv(ə)l, 'hʌv(ə)l/ *n.* túp lều, căn nhà tồi tàn lụp xụp

hover /'hɒvə(r)/ *v.* bay lượn, bay liệng; (mây) trôi lờ lững; (nụ cười) thoáng; lẩn vẩn, lởn vởn, quanh quẩn; do dự, phân vân: ~**ing between life and death** ở trong tình trạng nửa sống nửa chết

how /haʊ/ *adv.* (như) thế nào, (ra/làm) sao, cách nào; bao nhiêu; biết bao, sao mà ... thế: **I don't know ~ to ask.** Tôi không biết phải hỏi thế nào.; **How often do you wash your hair?** Bao lâu con mới gội đầu một lần?; **How are you today?** Hôm nay ông mạnh không?; **How do you do?** Hân hạnh được gặp/biết ông bà/cô.

however /haʊ'evə(r)/ **1** *adv.* dù thế nào, bất luận ra sao: **However true that may be!** Dầu điều đó thật chăng nữa thì! **2** *conj.* tuy nhiên, tuy vậy, có lẽ: **~ we would like to remind you that** tuy nhiên, chúng tôi xin nhắc ông rằng

howl /haʊl/ **1** *n.* tiếng hú/gào/ú/rít/ gầm **2** *v.* hú; rú; rít; gầm; gào thét, la hét; gào khóc

HQ /ˌeɪtʃˈkjuː/ *abbr.* (= **Headquarters**) tổng hành dinh, văn phòng trung ương: **police ~** tổng hành dinh cảnh sát

HR /ˌeɪtʃˈɑː(r)/ *abbr.* (= **Human Resources**) nhân lực, nhân viên: **~ department** sở nhân viên

HRT /ˌeɪtʃɑː(r)ˈtiː/ *abbr.* (= **Hormone Replacement Therapy**) chữa trị phụ nữ bằng cách thay hay thêm chất hoc-môn

hub /hʌb/ *n.* trục bánh xe; trung tâm, rốn

huddle /ˈhʌd(ə)l/ **1** *n.* sự họp nhau để bày mưu tính kế; mớ lộn xộn **2** *v.* túm tụm với nhau; hội ý; bàn kế hoạch

hue /hjuː/ *n.* màu sắc: **the ~s of the rainbow** màu sắc cầu vòng

hue and cry *n.* tiếng kêu la phản đối/rượt bắt

hug /hʌɡ/ **1** *n.* sự ôm chặt **2** *v.* ôm chặt, ghì chặt; ôm ấp, bám chặt, không bỏ

huge /hjuːdʒ/ *adj.* to lớn, khổng lồ, đồ sộ, to tướng

hulk /hʌlk/ *n.* tàu thuỷ cũ; người to lớn nặng nề

hull /hʌl/ **1** *n.* vỏ đậu, vỏ trái cây **2** *v.* lột/bóc vỏ, giã (gạo), xay (lúa)

hum /hʌm/ **1** *n.* tiếng o o/vo ve; tiếng rồ, tiếng kêu rền; tiếng hát nho nhỏ, ngân nga **2** *v.* kêu o o, kêu vo ve, kêu rền; ầm ừ, ấm ứ, ngân nga, hát nhỏ: **to ~ and ha** nói ấm ứ lúng túng

human /ˈhjuːmən/ **1** *n.* con người **2** *adj.* thuộc con/loài người, có tính chất người, có nhân tính: **~ being** con người (ta); **~ nature** bản chất con người

humane /hjuːˈmeɪn/ *adj.* nhân đạo,

nhân đức, nhân từ, từ bi; nhân văn: **a ~ society** hội bảo vệ súc vật

humanist /ˈhjuːmənɪst/ *n.* người theo chủ nghĩa nhân văn; nhà nghiên cứu nhân văn

humanitarian /hjuːmænɪˈteərɪən/ *n., adj.* (người) theo chủ nghĩa nhân đạo: **to receive ~ aid** nhận viện trợ có tính cánh nhân đạo

humanity /hjuːˈmænɪti/ *n.* loài người, nhân loại; lòng nhân đạo

humble /ˈhʌmb(ə)l/ **1** *adj.* nhún nhường, khiêm tốn; khúm núm; hèn mọn, thấp kém; tầm thường, xoàng xĩnh, nhỏ bé: **our ~ home** tệ xá **2** *v.* hạ thấp: **to ~ oneself** tự hạ mình

humbug /ˈhʌmbʌɡ/ *n.* trò bịp bợm, mánh khoé phỉnh gạt

humdrum /ˈhʌmdrʌm/ *adj.* nhàm, buồn tẻ, chán, vô vị

humid /ˈhjuːmɪd/ *adj.* ẩm, ẩm ướt

humidity /hjuːˈmɪdɪti/ *n.* sự ẩm ướt; độ ẩm

humiliate /hjuːˈmɪlɪeɪt/ *v.* làm nhục, sỉ nhục, lăng nhục, nhục mạ, làm bẽ mặt

humility /hjuːˈmɪlɪti/ *n.* sự nhún nhường/khiêm tốn/khiêm nhường

humor /ˈhjuːmə(r)/ *n.* sự hài hước, sự hóm hỉnh: **to have no sense of ~** không biết hài hước

humorous /ˈhjuːmərəs/ *adj.* buồn cười, khôi hài, hài hước; hóm hỉnh: **a ~ story** chuyện hài hước

hump /hʌmp/ *n.* bướu [lạc đà, người gù]; gò, mô

humus /ˈhjuːməs/ *n.* đất mùn, mùn

hunch /hʌntʃ/ **1** *n.* cái bướu; linh cảm **2** *v.* khom xuống, gập cong xuống

hunchback, humpback /ˈhʌntʃbæk; ˈhʌmpbæk/ *n.* lưng gù; người gù lưng

hundred /ˈhʌndrəd/ **1** *num.* trăm; hàng trăm: **~s of books** hàng trăm cuốn sách **2** *adj.* trăm **eight ~ and twenty dollars** 820 đô-la; **one ~ percent** 100 phần trăm, hoàn toàn

hundredfold /'hʌndrədfəʊld/ *adj., adv.* gấp trăm lần

hundredth /'hʌndrədθ/ **1** *num.* một phần trăm; người/vật thứ 100 **2** *adj.* thứ một trăm

hung /hʌŋ/ quá khứ của **hang**

Hungary /'hʌŋgərɪ/ *n.* nước Hung gia lợi

hunger /'hʌŋgə(r)/ **1** *n.* sự đói, nạn đói; sự ham muốn/khát khao/ước mong tha thiết: **Thousands of people in Africa are dying of ~ every day.** Hàng ngàn người Phi châu đang chết đói hàng ngày.; **~ strike** tuyệt thực **2** *v.* khát khao, ao ước: **to ~ for adventure** khao khát thám hiểm

hungry /'hʌŋg(r)ɪ/ *adj.* đói (bụng); thèm khát, khao khát, ham muốn: **a ~ look** vẻ đói ăn; **to be ~** đói

hunk /hʌŋk/ *n.* miếng/khúc/khoanh to

hunt /hʌnt/ **1** *n.* cuộc đi săn; sự tìm kiếm/lùng bắt: **They set off for a five-day deer ~ in the forest.** Ông ấy đi săn nai năm ngày trong rừng. **2** *v.* săn bắt; lùng, tìm kiếm: **to ~ down** lùng/sục bắt; **The police have been ~ing the kidnap gang for several months.** Cảnh sát đang săn bắt đẳng chuyên bắt cóc trẻ em trong mấy tháng rồi.

hunter /'hʌntə(r)/ *n.* người đi săn: **book ~** người lùng sách

hurdle /'hɜːd(ə)l/ **1** *n.* rào [phải vượt khi chạy]; vật chướng ngại **2** *v.* vượt qua, khắc phục [khó khăn]

hurl /hɜːl/ *v.* ném mạnh, phóng, lao; lật đổ, lật nhào

hurrah /hʊ'rɑː/ *intj.* hoan hô!

hurricane /'hʌrɪkeɪn/ *n.* bão; cơn bão tố: **Last month's ~ caused thousands of people to become homeless.** Cơn bão tháng rồi đã gây nên hàng ngàn người không nhà cửa.; **~ lamp** đèn bão

hurry /'hʌrɪ/ **1** *n.* sự vội vàng/hấp tấp/ hối hả/gấp rút; sự sốt/nóng ruột: **I am in a ~ for an answer.** Tôi sốt ruột mong được trả lời. **2** *v.* [**hurried**] giục làm nhanh, bắt làm gấp, thúc giục; làm gấp, làm mau; đi gấp, hành động vội vàng hấp tấp: **Hurry up! Mau lên! Lẹ lên!**

hurt /hɜːt/ **1** *n.* chỗ đau **2** *v.* làm đau, làm bị thương; làm hại/hư, gây thiệt hại; chạm, xúc phạm, làm phật ý; đau: **Does it ~?** Có đau không?; **His pride was ~.** Anh ấy bị chạm tự ái.; **He ~ himself falling down the steps.** Ông ấy ngã xuống thềm bị thương. **3** *adj.* bị tổn thương, bị đau đớn

hurtle /'hɜːt(ə)l/ *n., v.* (sự) va mạnh; (tiếng) đổ sầm

husband /'hʌzbənd/ **1** *n.* người chồng: **~ and wife** hai vợ chồng **2** *v.* dành dụm, tiết kiệm, dè sẻ,

hush /hʌʃ/ **1** *n.* sự im lặng **2** *v.* dỗ [trẻ] cho nín, ỉm đi, bưng bít: **to ~ a baby to sleep** dỗ trẻ em ngủ

husk /hʌsk/ **1** *n.* trấu; vỏ; vỏ khô; áo [ngô] **2** *v.* bóc vỏ, xay

husky /'hʌskɪ/ *adj.* to, khỏe, vạm vỡ; [giọng] khan, khàn

hustle /'hʌs(ə)l/ **1** *n.* sự xô đẩy; sự chạy đua bon chen **2** *v.* xô đẩy, chen lấn; ép buộc; hối hả, bon chen, xoay xở, tất bật, tất tả ngược xuôi

hut /hʌt/ *n.* túp lều, chòi

hutch /hʌtʃ/ *n.* lều, chòi, quán; chuồng thỏ

hydrant /'haɪdrənt/ *n.* vòi nước máy: **fire ~** vòi cứu hỏa

hydraulic /haɪ'drɔːlɪk/ *adj.* thuộc nước; chạy bằng sức nước

hydraulics /haɪ'drɔːlɪks/ *n.* thuỷ lực học

hydroelectric /haɪdrəʊɪ'lektrɪk/ *adj.* thuỷ điện: **to build a ~ dam** xây đập thuỷ điện

hydrogen /'haɪdrədʒən/ *n.* hy-đro, khinh khí: **~ bomb** bom hydro, bom h, bom khinh khí

hygiene /'haɪdʒiːn/ *n.* phép vệ sinh

hygienic /haɪ'dʒiːnɪk/ *adj.* hợp vệ sinh: **to keep a toilet clean and ~** giữ nhà cầu sạch sẽ và vệ sinh

hymen /'haɪmən/ *n.* màng trinh

hymn /hɪm/ *n.* bài thánh ca

hyphen /'haɪfən/ *n.* dấu nối, gạch nối

hypnosis /hɪp'nəʊsɪs/ *n.* sự thôi miên

hypnotic /hɪp'nɒtɪk/ *adj.* thuộc thôi miên

hypnotize /'hɪpnətaɪz/ *v.* thôi miên

hypocrisy /hɪ'pɒkrɪsɪ/ *n.* thái độ đạo đức giả

hypocrite /'hɪpəkrɪt/ *n.* người đạo đức giả

hypodermic /haɪpəʊ'dɜːmɪk/ *n., adj.* (mũi tiêm) dưới da

hypotenuse /haɪ'pɒtənjuːs/ *n.* cạnh huyền [của tam giác vuông]

hypothesis /haɪ'pɒθɪsɪs/ *n.* (*pl.* **hypotheses**) giả thuyết

hysterical /hɪ'sterɪkəl/ *adj.* cuồng loạn, quá kích động

hysterics /hɪ'sterɪks/ *n.* cơn ictêri; cơn cuồng loạn: **It was a shock to discover her capacity for ~.** Điều ngạc nhiên khám phá ra cô ấy bị bệnh cuồng loạn.

I

I /aɪ/ *pron.* tôi (bố, mẹ, con, anh, chị, em, ông, bà, cháu, bác, chú, thím, cô, cậu, mợ, dì; ta, tao, tớ dùng cho ngôi thứ nhất làm chủ ngữ)

ice /aɪs/ **1** *n.* nước đá, băng; kem; thái độ lạnh lùng: **to break the ~** phá bỏ không khí dè dặt lúc đầu; **~ Age** thời kỳ băng hà; **~ hockey** môn bóng gậy cong trên băng **2** *v.* ướp nước đá; phủ một lượt đường cô: **My mother has ~d and decorated my birthday cake.** Mẹ tôi phủ một lớp đường trang trí bánh sinh nhật của tôi.

ice breaker *n.* tàu phá băng; dụng cụ đập nước đá

ice pack *n.* túi đựng nước đá để chườm chỗ đau

ice-skating *n.* môn đi/trượt trên băng tuyết: **I like to watch ~ competitions.** Tôi thích xem cuộc tranh tài môn trượt băng tuyết.

icily /aɪsɪlɪ/ *adv.* băng giá, lạnh lẽo; lạnh lùng

icing /'aɪsɪŋ/ *n.* kem hay đường cô [phủ trên mặt bánh ngọt]: **~ sugar** đường cô phủ trên bánh

icon /'aɪkɒn/ *n.* hình tượng, biểu tượng; hình trên máy vi tính chỉ chức năng trong máy: **a fashion ~** biểu tượng thời trang

icy /'aɪsɪ/ *adj.* có/phủ băng; băng giá, lạnh lẽo; lãnh đạm

ID /,aɪ'diː/ *n.* (= **Identity/Identification**) thẻ chứng minh nhân dân, thẻ căn cước: **Can I see your ~?** Cho tôi xem thẻ chứng minh nhân dân của bạn.

idea /aɪ'diːə/ *n.* ý nghĩ, ý tưởng, ý kiến, quan niệm, ý niệm, khái niệm; điều tưởng tượng, sự hình dung; ý định, ý đồ: **to have a new ~** có tư tưởng mới; **Do you have any ~?** Bạn có ý kiến gì không?

ideal /aɪ'diːəl/ **1** *n.* lý tưởng: **Many people want to create a social ~ for young people.** Mọi người muốn xây dựng một lý tưởng xã hội cho giới trẻ. **2** *adj.* có lý tưởng: **The firm have found the ~ person for the job.** Công ty vừa tìm được người lý tưởng làm việc.

identical /aɪ'dentɪkəl/ *adj.* giống hệt (nhau); đồng nhất: **~ twin** cặp song sinh giống hệt nhau

identification /aɪdentɪfɪ'keɪʃən/ *n.* sự nhận biết/nhận diện/nhận dạng; sự phát hiện/khám phá ra; sự gắn bó chặt chẽ: **Early ~ of a disease can prevent death.** Phát hiện bệnh sớm có thể tránh khỏi chết.

identify /aɪ'dentɪfaɪ/ *v.* nhận biết; nhận diện, nhận dạng: **Can you ~ who is Chinese and who is Vietnamese?** Bạn có nhận diện được ai là người Tàu và ai là người Việt không?

identity /aɪ'dentɪtɪ/ *n.* sự đồng nhất, sự giống hệt nhau: **Can I have your ~ card?** Cho tôi xem thẻ tùy thân của bạn/chứng minh nhân dân.; **That is** a case of mistaken ~. Đó là trường hợp nhầm lẫn hai người giống hệt nhau.

ideology /ˌaɪdiːˈɒlədʒɪ/ *n.* (hệ) tư tưởng, hệ ý thức, ý thức hệ

idiocy /ˈɪdɪəsi/ *n.* tính/hành động ngu si; lời nói ngu ngốc

idiom /ˈɪdɪəm/ *n.* thành ngữ, quán ngữ, đặc ngữ: **He understands English ~s.** Ông ta hiểu thành ngữ tiếng Anh.; **To understand Vietnamese you should learn proverbs and ~s.** Để hiểu người Việt bạn nên học tục ngữ và thành ngữ.

idiotic /ˌɪdɪˈɒtɪk/ *adj.* ngu ngốc, ngu xuẩn, khờ dại

idle /ˈaɪdl/ **1** *adj.* ngồi rồi, ngồi không, ở không; ăn không ngồi rồi; biếng nhác; [máy] không chạy; không đâu, vu vơ, vẩn vơ: **Don't participate in ~ talk.** Đừng tham dự vào những chuyện không đâu. **2** *v.* ngồi không để lãng phí: **to ~ away one's time** ăn không ngồi rồi

idol /ˈaɪd(ə)l/ *n.* tượng thần, thần tượng, ngẫu tượng: **Every year, America organized the American ~ competition.** Mọi năm, nước Mỹ đều tổ chức tuyển chọn thần tượng ca sĩ nước Mỹ.

idolatry /ˈaɪdələtrɪ/ *n.* sự sùng bái thần tượng

idyllic /aɪˈdɪlɪk/ *adj.* đồng quê, thôn dã, điền viên

i.e. /ˌaɪˈiː/ *adv., abbr.* (= **id est**) như là

IELTS /ˈaɪelts/ *abbr.* (= **International English Language Test Standard**) trắc nghiệm tiếng Anh theo chuẩn quốc tế

if /ɪf/ *conj.* nếu (như), giá, giả sử; có ... không, có ... chăng, không biết ... có không; dù là, cho là ... đi chăng nữa: **~ I were him** nếu tôi là ông ấy, nếu tôi ở vào địa vị ông ta; **I wonder ~ he has left.** Tôi tự hỏi không biết hắn đã đi chưa.; **Oh! ~ you could be here by my side!** Ô! giá mà anh có thể ở bên cạnh em!;

even ~ it isn't true dù điều ấy không đúng đi chăng nữa; **If only you had told me that some time ago!** Nếu như bạn đã nói cho tôi trong thời gian qua!

ignite /ɪgˈnaɪt/ *v.* nhóm lửa, đốt cháy; kích động/thích

ignoble /ɪgˈnəʊb(ə)l/ *adj.* đê tiện, ti tiện; nhục nhã: **He performed an ~ act.** Ông ấy làm một việc đê tiện.

ignominious /ˌɪgnəʊˈmɪnɪəs/ *adj.* xấu xa, đê tiện; ô nhục

ignorance /ˈɪgnərəns/ *n.* sự ngu dốt; sự không biết/hay

ignore /ɪgˈnɔː(r)/ *v.* làm như không biết, lờ đi, phớt đi: **She said her friend ~d her advice.** Bà ấy nói bạn bà ta lờ đi lời khuyên của bà.

ill /ɪl/ **1** *n.* điều xấu, điều hại, việc ác, sự đau ốm: **We face the ~s of the modern world.** Chúng ta đối đầu với những tệ hại của thế giới hiện đại.; **~ health** sức khoẻ kém **2** *adj.* ốm, đau yếu; kém, xấu, tồi; ác; rủi, không may: **~-advised** nhẹ dạ, nghe theo người ta, quá tin người; **~-bred** mất dạy, vô giáo dục; **~-fated** bất hạnh, xấu số **3** *adv.* khó chịu; khó mà: **I could ~-afford a car.** Tôi khó mà có tiền tậu xe.

illegal /ɪˈliːgəl/ *adj.* bất hợp pháp, không hợp pháp, trái luật: **It is ~ to drive a car without a license.** Bạn lái xe không có bằng là một điều bất hợp pháp.

illegible /ɪˈledʒɪb(ə)l/ *adj.* [chữ viết/ký] không đọc được

illegitimate /ˌɪlɪˈdʒɪtɪmət/ *adj.* bất hợp pháp, không chính đáng; [con] để hoang, tư sinh

illiteracy /ɪˈlɪtərəsi/ *n.* sự thất học, nạn mù chữ: **The ~ of the world population is still high.** Nạn mù chữ của người dân trên thế giới vẫn còn cao.

illness /ˈɪlnəs/ *n.* sự ốm, sự đau yếu

illogical /ɪˈlɒdʒɪk(ə)l/ *adj.* phi lý, không lô-gic, không hợp lý: **an ~ analysis** sự phân tích không hợp lý

illuminate /ɪˈl(j)uːmɪnət/ v. chiếu/rọi sáng; chiếu đèn, treo đèn; làm sàng tỏ; làm rạng rỡ: **to ~ the city for the New Year festival** treo đèn chiếu sáng để mừng lễ hội năm mới

illumination /ɪl(j)uːmɪˈneɪʃən/ n. sự chiếu/rọi sáng; sự treo đèn; sự làm sáng tỏ; sự làm vẻ vang

illusion /ɪˈl(j)uːʒən/ n. ảo tưởng; ảo giác/ảnh: **optical ~** ảo thị

illustrate /ˈɪləstreɪt/ v. minh họa, làm rõ ý; thêm hình ảnh: **My friend ~s the weekly magazine.** Bạn tôi vẽ minh họa cho tuần báo.

illustration /ɪləˈstreɪʃən/ n. sự minh hoạ; tranh minh hoạ: **to draw an ~ for a book** vẽ minh hoạ cho một cuốn sách

illustrious /ɪˈlʌstrɪəs/ adj. có tiếng, nổi tiếng; lừng lẫy

ILO /ˌaɪelˈəʊ/ abbr. (= **International Labor Organization**) tổ chức quốc tế (thuộc Liên Hiệp quốc) quan tâm đến việc làm và điều kiện làm việc

image /ˈɪmɪdʒ/ **1** n. hình, ảnh, hình ảnh; hình tượng: **A good television set gives us sharp ~s.** Máy truyền hình tốt cho chúng ta hình ảnh thật. **2** n. người giống hệt, vật giống hệt: **He is the ~ of his father.** Anh ấy là hình ảnh giống hệt ba anh ta. **3** n. điển hình, hiện thân: **Today, the young generation reflects the ~ of the technological movement.** Ngày nay, thế hệ trẻ là hiện thân trào lưu kỹ thuật. **4** v. vẽ hình, hình dung, tưởng tượng ra

imagery /ˈɪmɪdʒrɪ/ n. hình ảnh, hình tượng nói chung

imagination /ɪmædʒɪˈneɪʃən/ n. sức/óc trí tưởng tượng; khả năng hư cấu; khả năng sáng tạo

imaginative /ɪˈmædʒɪneɪtɪv/ adj. giàu tưởng tượng; sáng tạo

imagine /ɪˈmædʒɪn/ v. tưởng tượng, hình dung; tưởng, nghĩ: **I can't ~ what my friend is doing.** Tôi không

tưởng tượng được mẹ tôi đang làm gì.

imbalance /ˈɪmbæləns/ n. sự không quân bình, sự không đồng nhất

imbecile /ˈɪmbɪsɪl/ n., adj. (người) khờ dại, (người) đần

imbibe /ɪmˈbaɪb/ v. hút, hấp thụ; hít, uống, nốc

imbue /ɪmˈbjuː/ v. thấm nhuần, nhiễm đầy

IMF /ˌaɪemˈef/ abbr. (= **International Monetary Fund**) quỹ tiền tệ quốc tế

imitate /ˈɪmɪteɪt/ v. bắt chước, mô phỏng; theo gương: **We should ~ the moral virtues of great men.** Chúng ta nên theo gương đạo đức của các bậc vĩ nhân.

immaculate /ɪˈmækjʊlət/ adj. không vết, trong trắng, tinh khiết

immaterial /ɪməˈtɪərɪəl/ adj. vô hình, phi vật chất; vụn vặt

immature /ɪməˈtjʊə(r)/ adj. non nớt, chưa chín chắn/chín muồi

immeasurable /ɪˈmeʒ(j)ʊərəb(ə)l/ adj. mênh mông, vô hạn, không đo được

immediate /ɪˈmiːdɪət/ adj. trực tiếp; lập tức; sát cạnh/bên: **I need an ~ answer.** Tôi cần trả lời ngay.

immense /ɪˈmens/ adj. rộng lớn, bao la, mênh mông

immerse /ɪˈmɜːs/ v. nhúng, nhận chìm, ngâm; đắm chìm vào

immersion /ɪˈmɜːʃən/ n. sự nhúng/ngâm; sự đắm chìm

immigrant /ˈɪmɪɡrənt/ n. dân nhập cư, dân di cư nhập cảnh: **to fill out the form for ~s** điền đơn xin nhập cảnh

immigrate /ˈɪmɪɡreɪt/ v. di dân, nhập cư, đến định cư ở một nước khác

immigration /ɪmɪˈɡreɪʃən/ n. sự nhập cư, sự di dân/di trú: **~ service** dịch vụ di trú

imminent /ˈɪmɪnənt/ adj. sắp xảy ra (đến nơi): **A storm is ~.** Bão sắp xẩy đến.

immobilize /ɪˈməʊbəlaɪz/ v. giữ cố định, không cho di động; làm không cho di chuyển được

immodest /ɪˈmɒdɪst/ *adj.* khiếm nhã, bất lịch sự; không đứng đắn

immoral /ɪˈmɒrəl/ *adj.* trái luân lý/đạo đức, đồi bại, xấu xa: **Some people think that abortion is ~.** Một số người cho rằng việc phá thai là trái luân lý.

immortal /ɪˈmɔːtəl/ **1** *n.* cô/ông tiên; nhà văn/thơ bất tử **2** *adj.* bất tử, bất diệt, bất hủ

immortality /ɪmɔːˈtælɪtɪ/ *n.* tính bất tử/ bất hủ; danh tiếng đời đời, danh thơm muôn thuở

immovable /ɪˈmuːvəb(ə)l/ *adj.* không di chuyển được, bất động

immune /ɪˈmjuːn/ *adj.* được miễn khỏi; miễn dịch: **the ~ system** hệ thống miễn dịch

immunity /ɪˈmjuːnɪtɪ/ *n.* sự miễn (dịch): **diplomatic ~** quyền miễn tố ngoại giao

impact /ˈɪmpækt/ *n.* sức va chạm; tác động, ảnh hưởng

impair /ɪmˈpeə(r)/ *v.* làm suy yếu; làm hư hại: **to ~ one's health by heavy drinking** say sưa nhiều làm suy yếu sức khỏe

impart /ɪmˈpɑːt/ *v.* truyền đạt, phổ biến, truyền thụ: **to ~ information to someone** phổ biến tin tức cho ai

impartial /ɪmˈpɑːʃəl/ *adj.* vô tư, không thiên vị

impasse /æmˈpæs/ *n.* ngõ cụt; bước đường cùng, thế bế tắc

impassive /ɪmˈpæsɪv/ *adj.* trầm tĩnh, điềm tĩnh: **His face is always ~.** Bộ mặt ông ấy lúc nào cũng điềm tĩnh.

impatient /ɪmˈpeɪʃənt/ *adj.* nôn nóng, nóng vội, số ruột, bồn chồn, thiếu kiên nhẫn/nhẫn nại: **to be ~ for something** nôn nóng một việc gì

impeach /ɪmˈpiːtʃ/ *v.* bắt lỗi, buộc tội, tố cáo; đàn hạch

impeccable /ɪmˈpekəb(ə)l/ *adj.* không chê được, hoàn hảo/toàn

impede /ɪmˈpiːd/ *v.* cản trở, ngăn cản, ngăn chặn

impel /ɪmˈpel/ *v.* bắt buộc, ép buộc, cưỡng bách

impending /ɪmˈpendɪŋ/ *adj.* sắp xảy đến; đang đe dọa

impenetrable /ɪmˈpenɪtrəb(ə)l/ *adj.* không thể xuyên/hiểu được

imperative /ɪmˈperətɪv/ **1** *n.* lối mệnh lệnh; nhu cầu **2** *adj.* cấp bách, khẩn thiết; có tính chất bắt buộc: **The police department has sent out an ~ ordering local residents to stop smuggling.** Bộ cảnh sát vừa đưa ra những mệnh lệnh cho dân địa phương ngưng buôn lậu.

imperceptible /ɪmpəˈseptɪb(ə)l/ *adj.* tinh tế, không thể nhận thấy

imperfect /ɪmˈpɜːfɪkt/ **1** *n.* thời quá khứ chưa hoàn thành **2** *adj.* không hoàn toàn, chưa hoàn hảo; còn dở dang

imperfection /ɪmpəˈfekʃən/ *n.* sự không hoàn toàn; thiếu sót

imperial /ɪmˈpɪərɪəl/ *adj.* thuộc hoàng đế; thuộc đế quốc

imperialism /ɪmˈpɪərɪəlɪz(ə)m/ *n.* chủ nghĩa đế quốc

imperil /ɪmˈperɪl/ *v.* làm nguy hiểm

imperishable /ɪmˈperɪʃəbl/ *adj.* bất hủ, bất tử; không thể tiêu diệt được

impersonal /ɪmˈpɜːsənəl/ *adj.* khách quan, nói trống, không nói riêng đến ai, bâng quơ: **to keep an ~ attitude** giữ thái độ khách quan

impersonate /ɪmˈpɜːsəneɪt/ *v.* mạo nhận là ...; nhại; là hiện thân của ...

impertinence /ɪmˈpɜːtɪnəns/ *n.* sự xấc láo/láo xược

impervious /ɪmˈpɜːvɪəs/ *adj.* trơ trơ, không chịu nghe: **He is ~ to their sufferings.** Ông ấy trơ trơ trước sự đau khổ của họ.

impetuous /ɪmˈpetjuːəs/ *adj.* mãnh liệt, dữ dội, hăng say quá

impetus /ˈɪmpɪtəs/ *n.* sức đẩy tới, đà

impinge /ɪmˈpɪndʒ/ *v.* chạm tới, vi phạm đến: **to ~ on/upon something** đụng phải vật gì

implacable /ɪmˈpleɪkəb(ə)l/ *adj.* không thể làm nguôi dịu

implant /ɪmˈplɑːnt/ **1** *n.* cấy mô: **eye ~**

sửa mắt; **egg ~** cấy trứng **2** *v.* in sâu, khắc, ghi; cấy [dưới da]: **to ~ ideas in the mind** in sâu vào trí óc

implement /'implɪmənt/ **1** *n.* đồ dùng, dụng cụ, công vụ **2** *v.* thi hành, thực hiện: **The government promised to ~ their new policy on housing.** Chính phủ hứa thực hiện chính sách về nhà cửa.

implicate /'implɪkeɪt/ *v.* lôi vào, kéo vào, làm dính líu vào

implicit /ɪm'plɪsɪt/ *adj.* ngầm, ngấm ngầm, ẩn tàng; ẩn

implore /ɪm'plɔ:(r)/ *v.* van xin, cầu khẩn, khẩn nài

imply /ɪm'plaɪ/ *v.* ý nói, ngụ ý: **That statement implies that he was lying.** Câu đó có ý muốn nói rằng ông ấy khai láo.

impolite /impəʊ'laɪt/ *adj.* vô lễ: **Calling an elderly Vietnamese by name is ~.** Gọi người Việt lớn tuổi bằng tên là vô lễ.

import /ɪm'pɔ:t/ **1** *n.* sự nhập cảng/ khẩu; hàng nhập khẩu; ý nghĩa, nội dung; tầm quan trọng: **The local producers are protesting against cheap ~s.** Những nhà sản xuất địa phương đang chống đối hàng nhập khẩu rẻ. **2** *v.* nhập khẩu: **In the last few years, Vietnam ~ed more than two million motorbikes.** Trong những năm vừa qua, Việt Nam nhập khẩu hơn hai triệu chiếc xe gắn máy.

importance /ɪm'pɔ:təns/ *n.* tính cách/ tầm quan trọng

important /ɪm'pɔ:tənt/ *adj.* quan trọng, hệ trọng, trọng yếu: **It is ~ that he should do his job.** Điều quan trọng là anh ta phải làm việc của anh ta.

importer /ɪm'pɔ:tə(r)/ *n.* nhà/hàng nhập khẩu/nhập cảng

importunate /ɪm'pɔ:tju:nət/ *adj.* quấy rầy, nhũng nhiễu

impose /ɪm'pəʊz/ *v.* đánh [thuế]; bắt chịu; lợi dụng: **The government ~s heavy taxes on luxury goods.** Nhà

nước đánh thuế nặng trên các mặt hàng xa xỉ.

imposing /ɪm'pəʊzɪŋ/ *adj.* oai vệ, vệ vệ; hùng vĩ

impossible /ɪm'pɒsɪb(ə)l/ *adj.* không thể làm được; không thể có được; quá quắt, quá đáng: **It is ~ to finish this job today.** Không cách gì có thể làmxong việc nầy ngày hôm nay.

impostor /ɪm'pɒstə(r)/ *n.* kẻ mạo danh; tên lừa đảo

impotence /'impətəns/ *n.* bệnh liệt dương; sự bất lực

impotent /'impətənt/ *adj.* liệt dương; bất lực, yếu đuối

impound /ɪm'paʊnd/ *v.* nhốt, cất [xe trái luật]; sung công

impoverish /ɪm'pɒvərɪʃ/ *v.* làm cho nghèo túng, bần cùng hoá

impracticable /ɪm'præktɪkəb(ə)l/ *adj.* không thực hiện/dùng được

impractical /ɪm'præktɪkəl/ *adj.* không thực tế, không thực hiện được: **an ~ plan** một kế hoạch không thực hiện được

impregnate /ɪm'pregnət/ *v.* thấm đầu; làm thụ thai, cho thụ tinh

impress /'impres/ **1** *n.* sự đóng dấu, dấu ấn: **to recognize the ~ of government seals** nhận ra con dấu của chính phủ **2** *v.* gây ấn tượng, làm cảm kích; ghi sâu: **I am ~ed by the beauty of Hanoi.** Tôi rất cảm kích về đẹp của Hà Nội.

impression /ɪm'preʃən/ *n.* ấn tượng; cảm tưởng, cảm giác; dấu: **My first ~ of Vietnam is the hospitality of the people.** Cảm tưởng đầu tiên của tôi ở Việt Nam là sự hiếu khách của người dân.

imprint /'imprɪnt/ **1** *n.* dấu in, vết in, nét hằn; ảnh hưởng sâu sắc: **The city bears the ~ of Japanese tourists.** Thành phố mang hình ảnh du khách Nhật **2** *v.* đóng dấu, in dấu; ghi khắc, ghi nhớ

imprison /ɪm'prɪz(ə)n/ *v.* bỏ tù, tống giam, giam cầm; giam hãm

improbable /ɪmˈprɒbəb(ə)l/ *adj.* không chắc có thực

impromptu /ɪmˈprɒm(p)tjuː/ *adj.* [bài] ứng khẩu, không sửa soạn: **an ~ speech** một bài nói chuyện ứng khẩu

improper /ɪmˈprɒpə(r)/ *adj.* không thích đáng/thích hợp; không đúng, sai; không hoàn chỉnh, không phải lễ

impropriety /ˌɪmprəˈpraɪəti/ *n.* sự không thích hợp, sự không đúng lúc, thái độ không thích hợp/đứng đắn

improve /ɪmˈpruːv/ *v.* (làm) tốt hơn, cải thiện/tiến/tạo; mở mang, trau dồi: **to ~ one's English** hãy trau dồi thêm tiếng Anh

improvise /ˈɪmprəʊvaɪz/ *v.* ứng khẩu, cương; ứng biến mà làm

imprudent /ɪmˈpruːdənt/ *adj.* khinh xuất, thiếu thận trọng, dại: **Don't participate in an ~ investment.** Đừng tham dự vào việc đầu tư thiếu thận trọng.

impudent /ˈɪmpjʊdənt/ *adj.* hỗn láo; trơ tráo, trơ trẽn, mặt dày

impulse /ˈɪmpʌls/ *n.* (= **impetus**) cơn bốc đồng; sức đẩy tới: **Buying that expensive bag was an ~.** Mua cái bao đất giá đó là một việc bốc đồng.

impulsive /ɪmˈpʌlsɪv/ *adj.* bốc đồng, theo cảm xúc nhất thời

impure /ɪmˈpjʊə(r)/ *adj.* không trong sạch, dơ bẩn, ô uế

impute /ɪmˈpjuːt/ *v.* đổ tội cho, quy lỗi cho

in /ɪn/ **1** *n.* chi tiết, chỗ lồi ra lõm vào: **the ~s and outs** đẳng đang cầm quyền và đẳng không cầm quyền **2** *prep.* trong, ở tại; về, vào lúc, trong lúc; ở vào, trong khi/lúc; vào, vào trong theo; thành; bằng; vì; để; về: **~ England** ở bên Anh; **~ the sky** trên trời, trong bầu trời; **~ the sun** ngoài nắng, dưới ánh mặt trời; **~ 1924** vào năm 1924; **~ an hour** trong một tiếng đồng hồ; một giờ

nữa; **~ any case** trong bất cứ trường hợp nào; **~ debt** mắc nợ; **~ tears** đang khóc; **~ my opinion** theo ý tôi, theo thiển ý; **the gentleman ~ the gray suit** cái ông mặc bộ đồ xám **3** *adv.* vào, trong, ở trong, bên trong: **to fall ~ love** yêu ai; **All applications must be ~ by this Friday.** Tất cả đơn phải được nộp vào ngày thứ Sáu nầy.; **He just walked ~.** Ông ấy vừa mới bước vào đây. **4** *adj.* trong, nội; phổ thông, hợp thời: **Blue is the ~ color this summer.** Màu xanh là màu hợp thời trang trong mùa hè nầy.

inaccessible /ˌɪnækˈsesɪb(ə)l/ *adj.* không tới gần được, không vào được; không kiếm ra được

inaccurate /ɪnˈækjʊərət/ *adj.* không đúng, sai, trật: **His statement is ~.** Lời nói của ông ấy không đúng sự thật.

inactive /ɪnˈæktɪv/ *adj.* không/thiếu hoạt động, ì: **Your account is ~.** Trương mục của ông không còn nữa.

inadequate /ɪnˈædɪkwət/ *adj.* không thoả đáng; không đầy đủ, thiếu, kém, không đủ sức: **Supplies of food and medicines are ~.** Cung cấp thuốc men và thực phẩm không đầy đủ.

inadmissible /ɪnˈædmɪsɪb(e)l/ *adj.* không thể thu nhận được, không thể chấp nhận: **an ~ proposal** một đề nghị không thể chấp nhận được

inadvertent /ˌɪnədˈvɜːtənt/ *adj.* vô ý, sơ ý, vô tình

inalienable /ɪnˈeɪlɪənəb(ə)l/ *adj.* không thể xâm phạm/chuyển nhượng

inanimate /ɪnˈænɪmət/ *adj.* vô tri giác, vô sinh

inappropriate /ˌɪnəˈprəʊprɪət/ *adj.* không thích đáng/thích hợp

inarticulate /ˌɪnɑːˈtɪkjʊlət/ *adj.* không rõ ràng; ú ớ

inasmuch /ˌɪnəzˈmʌtʃ/ *adv.* bởi vì: **~ as that program has failed** bởi vì chương trình đó đã thất bại

inattentive /ɪnə'tentɪv/ *adj.* vô ý, không lưu tâm

inaudible /ɪn'ɔːdɪb(ə)l/ *adj.* không nghe thấy được

inaugural /ɪ'nɔːɡjʊərəl/ **1** *n.* lễ nhậm chức **2** *adj.* khai mạc, khai trương, khánh thành: **In his ~ address, the president appealed for unity.** Trong bài diễn văn khai mạc, tổng thống đã kêu gọi đoàn kết.

inborn /'ɪnbɔːn/ *adj.* bẩm sinh

inbound /'ɪnbaʊnd/ *adj.* đi hướng về

inbreeding /'ɪnbriːdɪŋ/ *n.* sự lấy người bà con họ hàng; sự lấy cùng giống

incalculable /ɪn'kælkjʊləb(ə)l/ *adj.* không tính được, không kể xiết

incapable /ɪn'keɪpəb(ə)l/ *adj.* không đủ khả năng, bất lực, bất tài: **That person is ~ of improvements.** Người đó không thể nào tiến hơn.

incapacitate /ɪnkə'pæsɪteɪt/ *v.* làm mất khả năng/tư cách

incapacity /ɪnkə'pæsɪtɪ/ *n.* sự bất lực; sự thiết tư cách

incarnation /ɪnkɑː'neɪʃən/ *n.* sự hiện thân, sự đầu thai, sự luân hồi: **He believes he was born into that family in a previous ~.** Ông ấy tin rằng ông ta sinh trong gia đình đó là do sự đầu thai kiếp trước.

incense /'ɪnsens/ *n.* hương, nhang, trầm: **~ stick** nén hương; **~ burner** lư hương, đỉnh trầm

incentive /ɪn'sentɪv/ *n.* sự khuyến khích/khích lệ; động cơ

incessant /ɪn'sesənt/ *adj.* liên miên, không thôi/dứt/ngừng

incest /'ɪnsest/ *n.* tội loạn luân

inch /ɪnʃ/ **1** *n.* insơ (= **2.54 cm**); một chút xíu; một tấc: **Give him an ~ and he'll take a mile.** Được đằng chân lân đằng đầu. [**1 ell = 45 inches**]; **within an ~ of his life** suýt nữa thì toi mạng **2** *v.* di chuyển vật gì một cách thận trọng chậm chạp

incident /'ɪnsɪdənt/ **1** *n.* việc xảy ra; chuyện rắc rối; đoạn, tình tiết, vụ:

These ~s are the result of a series of disputes between the two parties. Đây là một loạt tranh chấp giữa hai đảng. **2** *adj.* có thể xảy ra, có thể rắc rối.

incidental /ɪnsɪ'dentəl/ *adj.* bất ngờ, tình cờ; [món tiêu] phụ

incinerator /ɪn'sɪnəreɪtə(r)/ *n.* lò đốt rác, lò thiêu; người hoả táng

incipient /ɪn'sɪpɪənt/ *adj.* chớm, mới bắt đầu

incision /ɪn'sɪʒən/ *n.* vết rạch, đường rạch; vết khắc

incite /ɪn'saɪt/ *v.* xúi giục, kích động: **They pleaded guilty to encouraging their friends to ~ racial hatred.** Họ bị kết tội đã thúc đẩy bạn kích động sự kỳ thị chủng tộc.

inclination /ɪnklɪ'neɪʃən/ *n.* sở thích; khuynh hướng; độ dốc

incline /ɪn'klaɪn/ **1** *n.* chỗ dốc; mặt nghiêng **2** *v.* có chiều hướng: **~d to** có ý (thiên) muốn ...

include /ɪn'kluːd/ *v.* gồm có, bao gồm; kể luôn cả: *v.* gồm có, bao gồm; kể luôn cả: **The price in the invoice ~s tax.** Giá trong hoá đơn kể cả thuế.

inclusive /ɪn'kluːsɪv/ *adj.* kể cả; tính tất cả, tính toàn bộ

incognito /ɪn'kɒɡnɪtəʊ/ *adj.* cải trang; giấu tên

incoherent /ɪnkəʊ'hɪərənt/ *adj.* thiếu mạch lạc, rời rạc

income /'ɪnkəm/ *n.* thu nhập, lợi tức, doanh thu: **He lives within his ~.** Ông ta sống trong phạm vi lợi tức kiếm được.; **~ tax** thuế lợi tức

incoming /'ɪnˌkʌmɪŋ/ *adj.* [thư từ mail] mới đến; vào; mới dọn vào; mới nhậm chức

incomparable /ɪn'kɒmpərəb(ə)l/ *adj.* không thể so sánh được, vô song

incompatible /ɪnkəm'pætɪb(ə)l/ *adj.* không hợp, xung khắc, kỵ nhau

incompetent /ɪn'kɒmpɪtənt/ *adj.* kém, bất tài, thiếu khả năng, không đủ sức, không đủ tư cách

incomplete /ɪnkəm'pliːt/ *adj.* thiếu,

không đủ, chưa đầy đủ; dở dang, chưa xong, chưa hoàn thành, chưa hoàn tất

incomprehensible /ɪnkɒmprɪˈhensɪb(ə)l/ *adj.* không thể hiểu được

inconceivable /ɪnkənˈsiːvəb(ə)l/ *adj.* không thể tưởng tượng được

inconsequential /ˌɪnkɒnsɪkˈwentʃl/ *adj.* không hợp lý, rời rạc; không quan trọng, vụn vặt

inconsiderate /ɪnkənˈsɪdərət/ *adj.* không nghĩ đến người khác

inconsistent /ɪnkənˈsɪstənt/ *adj.* bất nhất, thiếu nhất quán; trái với, mâu thuẫn với [with]: **Their words are ~ with their deeds.** Lời nói của họ trái với việc làm.

inconstant /ˌɪnkɒnˈstənt/ *adj.* không bền lòng, không kiên nhẫn; không thường xuyên, hay thay đổi

inconvenience /ɪnkənˈviːnɪəns/ **1** *n.* sự bất tiện: **to cause ~ to someone** làm phiền lòng đến ai **2** *v.* làm phiền: **I promised to be quick so as not to ~ the people any longer.** Tôi hứa sẽ nhanh để không làm phiền mọi người nữa.

incorporate /ɪnˈkɔːpərət/ *v.* sát nhập, hợp nhất, kết hợp; hợp tác: **Many new features are ~d in the latest model of this mobile phone.** Nhiều đặc điểm mới được kết hợp trong điện thoại di động loại mới nhất.

incorrect /ɪnkəˈrekt/ *adj.* sai, không đúng; không chỉnh, không đứng đắn: **That is an ~ statement.** Đó là lời nói không đúng.

incorrigible /ɪnˈkɒrɪdʒbl/ *adj.* không thể sửa được

incorruptible /ɪnkəˈrʌptɪbl/ *adj.* không thể mua chuộc được, không thể hủ hoá được, không thể tham nhũng được

increase /ɪnˈkriːs/ **1** *n.* sự tăng thêm; số lượng tăng thêm: **The ~ in the Vietnamese population is a serious problem.** Việc gia tăng dân số Việt Nam là một vấn đề nghiêm trọng.

2 *v.* tăng lên, tăng thêm, tăng gia, gia tăng

incredible /ɪnˈkredɪb(ə)l/ *adj.* khó tin, không thể tin được: **an ~ story** câu chuyện khó tin

incredulous /ɪnˈkredjʊləs/ *adj.* không tin, ngờ vực, hoài nghi

incriminate /ɪnˈkrɪmɪneɪt/ *v.* buộc tội, đổ tội/trách nhiệm cho ai

inculcate /ˈɪnkʌleɪt/ *v.* ghi nhớ, khắc sâu

incumbent /ɪnˈkʌmbənt/ *n., adj.* hiện giữ chức vụ, hiện chịu trách nhiệm

incur /ɪnˈkɜː(r)/ *v.* mắc, bị, chịu, gánh [nợ, phạt]

incurable /ɪnˈkjʊərəb(ə)l/ *adj.* không chữa được, nan y

indebted /ɪnˈdetɪd/ *adj.* mắc nợ; mang/ đội/chịu/hàm ơn

indecent /ɪnˈdiːsənt/ *adj.* tục tĩu, nhảm; không đứng đắn: **~ behavior** hành vi không đứng đắn

indecision /ɪndɪˈsɪʒən/ *n.* sự do dự, sự thiếu quả quyết

indeed /ɪnˈdiːd/ *adv.* thực vậy, quả thực, quả nhiên: **I am ~ thankful for your help.** Tôi thành thực rất cám ơn bạn đã giúp tôi.

indefatigable /ɪndɪˈfætɪɡəb(ə)l/ *adj.* không biết mệt

indefinite /ɪnˈdefɪnət/ **1** *n.* từ phiếm chỉ **2** *adj.* không rõ ràng, không dứt khoát; [mạo từ **article**] bất định

indelible /ɪnˈdelɪb(ə)l/ *adj.* không tẩy/ rửa được, còn vết mãi

indemnify /ɪnˈdemnɪfaɪ/ *v.* bồi thường, đền: **It doesn't have the money to ~ everybody.** Không có tiền đền cho mọi người.

indent /ɪnˈdent/ *n., v.* viết/in [chữ] thụt vào

independence /ɪndɪˈpendəns/ *n.* sự độc lập; nền độc lập: **the ~ Palace** Dinh Độc lập; **~ Day** Ngày Độc lập [quốc khánh Mỹ, 4 tháng 7]

independent /ɪndɪˈpendənt/ *adj.* độc lập, không lệ thuộc/tuỳ thuộc; [lợi tức] đủ sung túc: **Your questions should be ~ of each other.** Các câu hỏi của bạn phải độc lập với nhau.

in-depth *adj.* sâu sắc đầy đủ: **an ~ discussion** cuộc thảo luận đầy đủ chi tiết

indestructible /ɪndɪ'strʌtɪb(ə)l/ *adj.* không thể phá huỷ được, không thể huỷ diệt được

index /'ɪndeks/ **1** *n.* (*pl.* **indices**) bảng sách dẫn, mục lục cuối sách; bảng liệt kê; chỉ số: ~ **finger** ngón tay trỏ **2** *v.* làm mục lục, lập bảng sách dẫn

India /'ɪndɪə/ *n.* nước Ấn Độ

indicate /'ɪndɪkeɪt/ *v.* chỉ, trỏ; tỏ ra, cho thấy, biểu thị

indicator /'ɪndɪkeɪtə(r)/ *n.* kim chỉ, dụng cụ chỉ [độ cao, v.v.]; bảng chỉ dẫn

indict /ɪn'daɪt/ *v.* buộc tội, truy tố

indifference /ɪn'dɪfərəns/ *n.* sự lãnh đạm/thờ ơ; sự trung lập

indifferent /ɪn'dɪfərənt/ *adj.* dửng dưng, lãnh đạm, thờ ơ, hững hờ, không quan tâm; không thiên vị, trung lập: **They have become ~ to the suffering of others.** Họ dửng dưng trước sự đau khổ của người khác.

indigenous /ɪn'dɪdʒɪnəs/ *adj.* bản xứ, bản địa, thổ dân: **There is a small group of ~ people in this country.** Có số nhỏ thổ dân ở xứ nầy.

indigestible /ɪndɪ'dʒestɪb(ə)l/ *adj.* khó tiêu; khó lĩnh hội

indignant /ɪn'dɪgnənt/ *adj.* tức giận, căm phẫn, phẫn uất/nộ

indigo /'ɪndɪgəʊ/ *n.* cây/củ chàm; màu chàm: ~ **blue** màu xanh chàm

indirect /ɪndɪ'rekt/ *adj.* gián tiếp, không trực tiếp; quanh co: **Overtime work will be the ~ outcome of the firm's activities.** Việc làm thêm giờ của bạn sẽ cho công ty những kết quả gián tiếp.; ~ **tax** thuế gián thâu

indiscreet /ɪndɪ'skriːt/ *adj.* không thận trọng, thiếu ý tứ, vô ý, hở hênh, không kín đáo: **He is ~ about his private life.** Ông ấy không thận trọng về đời tư của ông ta.

indiscriminate /ɪndɪ'skrɪmɪnət/ *adj.*
bừa bãi, không phân biệt

indispensable /ɪndɪ'spensəb(ə)l/ *adj.* rất cần thiết, không bỏ được, không thể thiếu được, tối cần

indisposed /ɪndɪ'spəʊzd/ *adj.* khó ở, se mình; không sẵn lòng

indistinct /ɪndɪ'stɪŋkt/ *adj.* không rõ ràng, lờ mờ, mơ hồ

individual /ɪndɪ'vɪdjuːəl/ **1** *n.* cá nhân, người cá thể: **Each ~ takes care of his own responsibility.** Mỗi cá nhân phải chịu trách nhiệm riêng của mình. **2** *adj.* cá nhân, riêng (lẻ); đặc biệt, độc đáo: **They want the committee to decide rather than take ~ decisions.** Họ đợi uỷ ban quyết định hơn là từng cá nhân quyết định.

indivisible /ɪndɪ'vɪzɪb(ə)l/ *adj.* không thể phân chia ra được

indoctrinate /ɪn'dɒktrɪneɪt/ *v.* truyền giáo; truyền bá/thụ, nhồi sọ

indolent /'ɪndəʊlənt/ *adj.* lười biếng, biếng nhác, làm biếng

indomitable /ɪn'dɒmɪtəb(ə)l/ *adj.* bất khuất, không chế ngự được

indoor /'ɪn,dɔː(r)/ *adj.* trong nhà: **You can play ~ tennis.** Bạn có thể chơi quần vợt trong nhà.

induce /ɪn'djuːs/ *v.* xui, xui khiến; gây, làm cho, khiến

induct /ɪn'dʌkt/ *v.* tuyển vào quân đội

indulge /ɪn'dʌldʒ/ *v.* nuông chiều, chiều theo: **to ~ oneself** ham mê

indulgence /ɪn'dʌldʒəns/ *n.* sự chiều theo; sự ham mê thích thú

industrial /ɪn'dʌstrɪəl/ *adj.* thuộc công nghiệp/kỹ nghệ: **to build an ~ zone** xây dựng khu công nghiệp; ~ **arts** kỹ thuật công nghiệp

industrialize /ɪn'dʌstrɪəlaɪz/ *v.* công nghiệp hoá, kỹ nghệ hoá

industrious /ɪn'dʌstrɪəs/ *adj.* siêng năng, cần mẫn, cần cù

industry /'ɪndəstrɪ/ *n.* công nghiệp, kỹ nghệ: **heavy ~** kỹ nghệ/công nghiệp nặng; **light ~** kỹ nghe/công nghiệp nhẹ inebriate /ɪˈniːbrɪeɪt/ *n., adj.* say rượu

inedible /ɪnˈedɪb(ə)l/ *adj.* không ăn được

ineffective /ɪnɪˈfektɪv/ *adj.* không có hiệu quả, vô tích sự: **The economic reform will continue to be ~ if they don't have law reform.** Cải cách kinh tế sẽ tiếp tục vô hiệu quả nếu họ không có cải cách luật pháp.

ineffectual /ɪnɪˈfektjʊəl/ *adj.* vô ích, không ăn thua gì

inefficient /ɪnɪˈfɪʃənt/ *adj.* thiếu khả năng, bất tài; vô hiệu: **The communication systems are ~.** Hệ thống truyền thông thiếu hiệu quả.

ineligible /ɪnˈelɪdʒɪb(ə)l/ *adj.* không đủ tư cách/tiêu chuẩn: **He is ~ to join the club.** Ông ấy không đủ tiêu chuẩn để gia nhập câu lạc bộ.

inequality /ɪnɪˈkwɒlɪtɪ/ *n.* sự không đều nhau, bất bình đẳng

inequity /ɪnˈekwɪtɪ/ *n.* sự không công bằng

inert /ɪˈnɜːt/ *adj.* bất động, trơ, ì

inertia /ɪˈnɜːʃɪə/ *n.* tính ì, quán tính; tính lười/chậm

inessential /ɪnɪˈsenʃəl/ *adj.* không cần thiết

inestimable /ɪnˈestɪməb(ə)l/ *adj.* vô giá, rất quý

inevitable /ɪnˈevɪtəb(ə)l/ *adj.* không thể tránh được, quen thuộc: **an ~ case** trường hợp không thể tránh được

inexhaustible /ɪnɪgˈzɔːstɪb(ə)l/ *adj.* vô tận, không bao giờ hết

inexorable /ɪnˈɪksərəb(ə)l/ *adj.* không lay chuyển, vô tình, không động tâm

inexpensive /ɪnɪkˈspensɪv/ *adj.* rẻ, hạ, không đắt

inexperienced /ɪnɪkˈspɪərɪənst/ *adj.* thiếu kinh nghiệm, không có kinh nghiệm: **Most managers are not interested in employing ~ workers.** Phần lớn quản đốc không thích mướn công nhân không có kinh nghiệm.

inexplicable /ɪnˈɪksplɪkəb(ə)l/ *adj.* không thể giải thích được

infallible /ɪnˈfælɪb(ə)l/ *adj.* không thể sai/hỏng được

infamous /ˈɪnfəməs/ *adj.* xấu xa, nhục nhã, ô nhục, bỉ ổi

infancy /ˈɪnfənsɪ/ *n.* tuổi thơ ấu, ấu thời, lúc còn ẩm ngửa; lúc còn trứng nước

infant /ˈɪnfənt/ *n.* đứa bé (còn ẩm ngửa), hài nhi

infantry /ˈɪnfəntrɪ/ *n.* bộ binh: **light ~** khinh binh

infatuation /ɪnfætjuˈeɪʃən/ *n.* sự say mê, sự say đắm

infect /ɪnˈfekt/ *v.* làm nhiễm trùng/độc; làm lây: **More and more young people have become ~ed with HIV.** Càng ngày nhiều người trẻ bị nhiễm HIV.

infectious /ɪnˈfekʃəs/ *adj.* lây, nhiễm trùng; dễ lây: **~ diseases** bệnh hay lây

infer /ɪnˈfɜː(r)/ *v.* suy ra, luận ra, suy luận, kết luận

inference /ˈɪnfərəns/ *n.* sự suy luận, kết luận

inferior /ɪnˈfɪərɪə(r)/ *adj.* dưới; thấp, kém, tồi, xấu

infernal /ɪnˈfɜːnəl/ *adj.* thuộc địa ngục/âm phủ; ghê gớm

infest /ɪnˈfest/ *v.* tràn vào phá hoại, tàn phá

infidelity /ɪnfɪˈdelɪtɪ/ *v.* sự không trung thành, sự thiếu thủy chung, sự thất tiết, sự bội tín, tội ngoại tình

infighting /ˈɪnfaɪtɪŋ/ *n.* sự đánh xáp lá cà; sự đấu tranh nội bộ

infiltrate /ˈɪnfɪltreɪt/ *v.* ngấm vào; xâm nhập, trà trộn vào

infinite /ˈɪnfɪnɪt/ *adj.* vô tận, không bờ bến, vô biên/hạn

infinitive /ɪnˈfɪnɪtɪv/ *n., adj.* (lối) vô định

infirm /ɪnˈfɜːm/ *adj.* yếu đuối suy nhược; nhu nhược

infirmity /ɪnˈfɜːmɪtɪ/ *n.* tính chất yếu đuối, nhu nhược

infix /ɪnˈfɪks/ **1** *n.* trung tố **2** *v.* gắn vào; in sâu inflame /ɪnˈfleɪm/ v. châm lửa; kích thích; làm sưng tấy

inflammable /ɪnˈflæməb(ə)l/ adj. dễ cháy, nhạy lửa; dễ khích động

inflate /ɪnˈfleɪt/ v. bơm/thổi phồng; tăng [giá], lạm phát: **Food prices have not ~d as much as petrol's.** Giá thực phẩm không lên giá bằng xăng dầu.

inflation /ɪnˈfleɪʃən/ n. sự thổi phồng; nạn lạm phát: **The government tries to control ~.** Chính phủ cố gắng kềm giữ sự lạm phát.

inflection /ɪnˈflekʃən/ n. góc cong; biến tố

inflexible /ɪnˈfleksɪb(ə)l/ adj. cứng; cứng rắn; không nhân nhượng; bất di bất dịch; thiếu mềm dẻo/uyển chuyển

inflict /ɪnˈflɪkt/ v. nện [đòn]; giáng [trận, đòn]; gây; bắt phải chịu [hình phạt]

in-flight /ɪnflaɪt/ adj. trên máy bay, trong chuyến bay: **They will provide an ~ meal.** Họ sẽ cho ăn trên máy bay.

inflow /ˈɪnfləʊ/ n. sự chảy vào trong; dòng vào

influence /ˈɪnfluːəns/ **1** n. ảnh hưởng; thế lực, uy thế: **My mother has a good ~ on me.** Mẹ tôi đã có ảnh hưởng tốt đến tôi. **2** v. có ảnh hưởng đến có tác dụng đối với: **My children's best friends ~ them.** Những người bạn tốt con tôi có thể ảnh hưởng đến con tôi.

influential /ɪnfluːˈenʃəl/ adj. có ảnh hưởng/tác dụng/thế lực

influenza /ɪnfluːˈenzə/ n. (abbr. **flu**) bệnh cúm

influx /ˈɪnflʌks/ n. sự chảy/tràn vào; dòng [người] đổ vào

inform /ɪnˈfɔːm/ v. báo tin, cho biết/ hay, thông báo; cho tin tức, cung cấp tài liệu: **I would like to ~ you that …** Tôi xin báo tin bạn biết là …

informal /ɪnˈfɔːməl/ adj. không chính thức; tự nhiên, thân mật, không kiểu cách/khách sáo/nghi thức: **an ~ dinner** một bữa tiệc thân mật; **~ wear** quần áo mặc thường, không phải lễ phục

information /ɪnfəˈmeɪʃən/ n. sự thông tin; tin tức, tài liệu; dữ kiện, kiến thức: **the Ministry of Culture and ~** Bộ Văn hoá Thông tin; **~ desk** bàn chỉ dẫn

infotainment /ɪnfəʊˈteɪnmənt/ n. chương trình tin tức truyền hình có tính giải trí

infrared /ɪnfrəˈred/ n., adj. (tia) hồng ngoại

infrequent /ɪnˈfriːkwənt/ adj. hiếm, ít xảy ra

infringe /ɪnˈfrɪndʒ/ v. phạm, xâm/vi phạm, bội, lấn

infuriate /ɪnˈfjʊərɪət/ v. làm tức điên lên, làm phẫn nộ

infuse /ɪnˈfjuːz/ v. rót trút, đổ pha [trà]; truyền

ingenious /ɪnˈdʒiːnɪəs/ adj. khéo léo; tài tình, mưu trí

ingot /ˈɪŋɡət/ n. thỏi, nén, khối [vàng, bạc, v.v.]: **an ~ of gold** một thỏi vàng

ingrained /ɪnˈɡreɪnd/ adj. ăn sâu vào, thâm căn cố đế

ingrate /ɪnˈɡreɪt/ n. đồ vô ơn bạc nghĩa

ingratitude /ɪnˈɡrætɪtjuːd/ n. sự vô ơn bạc nghĩa, sự vong ân

ingredient /ɪnˈɡriːdɪənt/ n. món, vị; nguyên tố thành phần [của hợp chất]; vật liệu để nấu ăn

in-group n. nhóm người cùng chung quyền lợi

inhabit /ɪnˈhæbɪt/ v. ở, sống ở, cư trú, cư ngụ

inhale /ɪnˈheɪl/ v. hít vào; nuốt [khói thuốc lá]

inherent /ɪnˈhɪərənt/ adj. vốn có, cố hữu, tự nhiên

inherit /ɪnˈherɪt/ v. hưởng [gia tài], thừa hưởng/kế

inheritance /ɪnˈherɪtəns/ n. gia tài, di sản, tài sản kế thừa

inhibit /ɪnˈhɪbɪt/ v. ngăn chặn, ngăn cấm, cấm đoán; ức chế

inhospitable /ɪnˈhɒspɪtəb(ə)l/ *adj.*
không hiếu khách; không ở được
in-house *adj., adv.* nội bộ, thuộc nội
bộ: **an ~ professional development
workshop** hội thảo trau dồi chuyên
môn nội bộ
inhuman /ɪnˈhjuːmən/ *adj.* vô nhân
đạo, tàn ác, dã man
inhumane /ɪnˈhjuːmən/ *adj.* không có
lòng nhân đạo, độc ác
inhumanity /ɪnhjuːˈmænɪti/ *n.* hành
động vô nhân đạo, tính dã man
inimical /ɪˈnɪmɪkəl/ *adj.* thù địch, thù
nghịch, không thân thiện
inimitable /ɪnˈɪmɪtəb(ə)l/ *adj.* không
thể bắt chước/mô phỏng được
initial /ɪˈnɪʃəl/ **1** *n.* chữ đầu trong một
từ; tên họ viết tắt **2** *adj.* đầu, ban
đầu; [âm, chữ] ở đầu: **The ~ reac-
tion is excellent.** Phản ứng ban đầu
thật tuyệt. **3** *v.* ký tắt: **Would you
please ~ this cheque.** Bạn làm ơn ký
tắt tấm ngân phiếu nầy.
initiate /ɪˈnɪʃɪeɪt/ *v.* bắt đầu, để khởi/
xướng; làm lễ kết nạp
initiative /ɪˈnɪʃɪətɪv/ *n.* bước đầu; (óc)
sáng kiến; thế chủ động
inject /ɪnˈdʒekt/ *v.* tiêm, chích, bơm,
thụt, xen vào: **to ~ a vaccine** tiêm
thuốc phòng ngừa
injunction /ɪnˈdʒʌŋkʃən/ *n.* lệnh toà án
injure /ˈɪndʒə(r)/ *v.* làm bị thương, làm
hại, làm tổn thương: **Many people
were ~d in the train crash.** Nhiều
người bị thương trong tai nạn xe
lửa đụng nhau.
injury /ˈɪndʒəri/ *n.* vết thương; mối hại;
sự tổn hại/bất lợi
injustice /ɪnˈdʒʌstɪs/ *n.* sự bất công;
chuyện không công bằng
ink /ɪŋk/ **1** *n.* mực; dấu mực **2** *v.* bôi
mực, đánh dấu bằng mực
inkling /ˈɪŋklɪŋ/ *n.* sự nghi hoặc; ý
niệm lờ mờ, cảm giác
inlaid /ɪnˈleɪd/ quá khứ của **inlay**
inland /ˈɪnlənd/ **1** *n.* vùng nội địa
2 *adj.* ở sâu trong nước
in-law /ˈɪnlɔː/ *n.* bố chồng/vợ; nhạc

phụ, mẹ chồng/vợ, nhạc mẫu; ông
nhạc, bà nhạc
inlay /ɪnˈleɪ/ *n., v.* khảm, cẩn, dát: **to ~
seashells into a picture** cẩn xà cừ
bức tranh
inlet /ˈɪnlɪt/ *n.* vũng, vịnh nhỏ; lạch
giữa đảo
inmate /ˈɪnmeɪt/ *n.* người bệnh [nhà
thương điên]; người ở tù chung,
bạn tù
innate /ɪˈneɪt/ *adj.* bẩm sinh, thiên
phú, thiên bẩm
inner /ˈɪnə(r)/ *adj.* ở trong: **~ life** cuộc
sống nội tâm; **~ circle** nhóm thân
cận tin nhau; **~ tube** ruột xe
innermost /ˈɪnəməʊst/ *adj.* ở tận đáy
lòng, thầm kín nhất
innocence /ˈɪnəsəns/ *n.* tính ngây thơ
thật thà; sự vô tội: **He has evidence
that could prove his ~.** Ông ấy có
bằng cớ chứng tỏ ông ta vô tội.
innocent /ˈɪnəsənt/ *adj.* vô tội, không
có tội; ngây thơ: **She seems young
and ~.** Cô ấy trẻ và ngây thơ.
innovation /ɪnəˈveɪʃən/ *n.* sự đổi mới/
làm mới, sự canh tân, sáng kiến:
**To succeed in the digital age, one
has to make continuous ~s in one's
craft.** Thành công trong thời đại
điện tử, người ta luôn cải tiến nghề
thủ công.
innuendo /ɪnjuːˈendəʊ/ *n.* lời nói cạnh,
lời nói bóng gió, ám chỉ
innumerable /ɪˈnjuːmərəb(ə)l/ *adj.*
không đếm được, rất nhiều, vô số
inoculate /ɪˈnɒkjʊleɪt/ *v.* chủng, tiêm
chủng, trích ngừa
inoculation /ɪnɒkjuːˈleɪʃən/ *n.* sự tiêm
chủng, sự chích ngừa
inorganic /ɪnɔːˈɡænɪk/ *adj.* vô cơ:
**Inorganic food is less healthy than
organic ones.** Thực phẩm vô cơ thì
ít bổ dưỡng hơn thực phẩm hữu cơ.
in-patient /ˈɪnpeɪʃnt/ *n.* người bệnh
nội trú [*cf.* **outpatient**]
input /ˈɪnpʊt/ **1** *n.* lối vào, đóng góp
vào; khối vào, lực truyền vào,
dòng điện truyền vào; tài liệu bằng

ký hiệu: **We should recognize our employees' ~.** Chúng ta nên công nhận sự đóng góp của nhân viên chúng ta. **2** *v.* cung cấp tài liệu [cho máy tính điện tử]: **This information must be ~ into our computers.** Những thông tin nầy cần phải đưa vào máy vi tính của chúng ta.

inquest /'ɪnkwest/ *n.* cuộc điều tra [về một nghi án]

inquire /ɪn'kwaɪə(r)/ *v.* hỏi tin tức; hỏi thăm

inquisitive /ɪn'kwɪzɪtɪv/ *adj.* tò mò, hay hỏi, tọc mạch; tìm tòi

inroad /'ɪnrəʊd/ *n.* cuộc xâm nhập; sự xâm lấn

insane /ɪn'seɪn/ *adj.* điên, mất trí khôn, điên cuồng

insanitary /ɪn'sænɪtri/ *adj.* không vệ sinh, bẩn thỉu

insatiable /ɪn'seɪʃɪəb(ə)l/ *adj.* không đã thèm, không thoả mãn được, tham lam vô độ

inscribe /ɪn'skraɪb/ *v.* viết, khắc, ghi; đề tặng; ghi/khắc sâu; vẽ nội tiếp

inscrutable /ɪn'skru:təb(ə)l/ *adj.* khó hiểu, bí hiểm, không dò được

insect /'ɪnsekt/ *n.* sâu bọ, côn trùng: **to kill ~s** giết sâu bọ

insecticide /ɪn'sektɪsaɪd/ *n., adj.* (thuốc) trừ sâu/sát trùng

insecure /ɪnsɪ'kjʊə(r)/ *adj.* bấp bênh, không vững chắc; thiếu an toàn/an ninh, nguy hiểm

insemination /ɪnsemɪ'neɪʃən/ *n.* sự thụ tinh: **artificial ~** sự thụ tinh nhân tạo

insensible /ɪn'sensɪb(ə)l/ *adj.* bất tỉnh nhân sự, ngất, mê

insensitive /ɪn'sensɪtɪv/ *adj.* không cảm giác; không nhạy (cảm)

inseparable /ɪn'sepərəb(ə)l/ *adj.* không thể chia lìa/tách rời được

insert /ɪn'sɜ:t/ **1** *n.* tờ thêm, đoạn thêm **2** *v.* thêm vào, gài vào; đăng vào (báo); cho/đặt/đút vào; xen vào: **to ~ this paragraph into my speech** thêm đoạn nầy vào bài nói chuyện của tôi

in-service *adj.* tại chức: **~ training program** chương trình đào tạo tại chức, chương trình tu nghiệp

inset /'ɪnset/ *n.* ảnh [hoặc bản đồ] nhỏ bên trong ảnh lớn

inside /ˌɪn'saɪd/ **1** *n.* bên/mặt/ phía trong; lòng, ruột: **the ~ of their house** bên trong căn nhà của họ **2** *prep.* ở trong, từ trong: **~ the museum** ở trong viện bảo tàng **3** *adv.* ở trong, trong: **to move ~** tiến vào phía trong **4** *adj.* bên trong, nội bộ

insidious /ɪn'sɪdɪəs/ *adj.* gian trá, xảo quyệt, quỷ quyệt

insight /'ɪnsaɪt/ *n.* sự hiểu biết sâu sắc, kiến giải

insignificant /ɪnsɪg'nɪfɪkənt/ *adj.* tầm thường, không quan trọng, không nghĩa lý gì

insincere /ɪnsɪn'sɪə(r)/ *adj.* không thành thực, giả dối

insinuate /ɪn'sɪnjuːeɪt/ *v.* nói ý, nói bóng gió, nói xa gần; ám chỉ; khéo luồn lọt vào

insipid /ɪn'sɪpɪd/ *adj.* vô vị, nhạt nhẽo, nhạt phèo, lạt lẽo

insist /ɪn'sɪst/ *v.* cố nài, năn nỉ, vật nài; cứ nhất định: **to ~ on having your own way** năn nỉ ai làm theo bạn

insolence /'ɪnsələns/ *n.* xấc láo, vô lễ, láo xược

insoluble /ɪn'sɒljuːb(ə)l/ *adj.* không tan được; không giải quyết được

insomnia /ɪn'sɒmnɪə/ *n.* chứng mất ngủ

insomuch /ɪnsəʊ'mʌtʃ/ *adv.* đến mức mà, đến nỗi rằng: **He worked very fast, ~ that he finished in one hour.** Anh ấy làm nhanh đến nỗi anh ta xong việc trong vòng một giờ.

inspect /ɪn'spekt/ *v.* xem xét, kiểm tra, thanh tra; khám xét: **The police have ~ed the accident scene.** Cảnh sát vừa xem xét nơi xẩy ra tai nạn.

inspiration /ɪnspɪ'reɪʃən/ *n.* sự thở/hít vào; sự cảm hứng, hứng, thi hứng; người truyền cảm hứng

inspire /ɪn'spaɪə(r)/ *v.* truyền cảm hứng cho; gây ra, xui khiến

instability /ˌɪnstəˈbɪlɪtɪ/ *n.* tính không
ổn định/vững chắc

install /ɪnˈstɔːl/ *v.* lắp, đặt, thiết bị,
trang bị; đặt vào: **They have ~ed a
telephone line in my house.** Họ vừa
gắn đường dây điện thoại cho nhà
tôi.

installment /ɪnˈstɔːlmənt/ *n.* số tiền trả
góp mỗi lần; phần đăng báo dần:
to pay the bill in ~s trả phiếu đòi
tiền làm nhiều kỳ; **~ plan** lối mua
chịu trả dần từng kỳ

instance /ˈɪnstəns/ *n.* ví dụ, thí dụ;
trường hợp cá biệt: **for ~** ví dụ,
chẳng hạn

instant /ˈɪnstənt/ **1** *n.* lúc, chốc lác
2 *adj.* ngay lập tức, ngay tức khắc;
pha/nấu ngay, ăn/uống ngay được:
~ replay phim truyền hình (về thể
thao) chiếu lại ngay tức khắc

instantaneous /ˌɪnstənˈteɪnɪəs/ *adj.* tức
thời, ngay lập tức

instead /ɪnˈsted/ *adv.* để thay vào,
đáng lẽ là, đáng lý ra, thay vì: **She
watched television ~ of studying.**
Đáng lẽ phải học, đằng này nó lại
ngồi xem truyền hình.

instigate /ˈɪnstɪɡeɪt/ *v.* xui, xúi giục,
xúi bẩy; thủ mưu

instill /ɪnˈstɪl/ *v.* truyền [ý nghĩ, tình
cảm]

instinct /ˈɪnstɪŋkt/ *n.* bản năng, bản
tính, thiên tính; năng khiếu, khiếu,
thiên hướng, thiên bẩm

institute /ˈɪnstɪtjuːt/ **1** *n.* viện, học
viện, hội, viện nghiên cứu: **Every
university has a research ~.** Đại học
nào cũng có viện nghiên cứu. **2** *v.*
mở, lập nên, thành/thiết lập; tiến
hành: **to ~ a course of English lan-
guage** mở một lớp tiếng Anh

instruct /ɪnˈstrʌkt/ *v.* chỉ dẫn, chỉ thị;
dạy, đào tạo

instruction /ɪnˈstrʌkʃən/ *n.* sự dạy;
kiến thức; **~s** lời dặn, lời chỉ dẫn,
chỉ thị: **medium of ~** học lại,
chuyển ngữ

instructional /ɪnˈstrʌkʃənəl/ *adj.* có

tính cách hướng dẫn/dạy bảo

instrument /ˈɪnstrəmənt/ *n.* đồ dùng,
dụng cụ; nhạc khí/cụ, đàn, sáo, kèn,
v.v.; văn kiện; công cụ, phương tiện

instrumental /ˌɪnstruːˈmentəl/ *adj.* dùng
làm phương tiện/lợi khí để; [nhạc]
trình diễn cho nhạc khí

insubordinate /ˌɪnsəˈbɔːdɪnət/ *adj.*
không vâng lời, không phục tùng

insufferable /ɪnˈsʌfərəb(ə)l/ *adj.* không
thể chịu đựng được

insufficient /ˌɪnsəˈfɪʃənt/ *adj.* không đủ,
thiếu, kém, sút

insular /ˈɪnsjʊlə(r)/ *adj.* thuộc/ở đảo;
hẹp hòi, thiển cận

insulate /ˈɪnsjʊlət/ *v.* để riêng; làm
cách điện, cách ly/nhiệt: **to ~ the
roof of a house** để lớp cách nhiệt
trần nhà

insulator /ˈɪnsjʊleɪtə(r)/ *n.* cái cách
điện, chất cách ly

insult /ˈɪnsʌlt/ **1** *n.* lời/điều chửi bới
lăng mạ/sỉ nhục: **Their behavior
was an ~ to us.** Cách đối xử của họ
là một sự sỉ nhục đối với chúng ta.
2 *v.* sỉ nhục, làm nhục, lăng mạ,
chửi bới, xúc phạm

insuperable /ɪnˈsjuːpərəb(ə)l/ *adj.*
không thể vượt/khắc phục được

insurance /ɪnˈʃʊərəns/ *n.* sự bảo hiểm/
bảo kê: **life ~** bảo hiểm nhân thọ

insure /ɪnˈʃʊə(r)/ *v.* bảo hiểm; đảm
bảo, cam đoan; đề phòng

insurgent /ɪnˈsɜːdʒənt/ *n.* người nổi
loạn, người khởi nghĩa

insurrection /ˌɪnsəˈrekʃən/ *n.* cuộc nổi
dậy/loạn, cuộc khởi nghĩa

intact /ɪnˈtækt/ *adj.* còn nguyên (vẹn),
trọn vẹn, không bị sứt mẻ, nguyên
si; không bị thay đổi/ảnh hưởng

intake /ˈɪnteɪk/ *n.* điểm lấy nước; hầm
thông hơi; đầu vào; lượng lấy vào;
công suất tiêu thụ: **How many stu-
dents do we have for the next ~?**
Sắp tới chúng ta lấy vào bao nhiêu
sinh viên?

intangible /ɪnˈtændʒɪb(ə)l/ *adj.* không
thể rờ đến; mơ hồ

integral /'ɪntɪɡrəl/ **1** *n.* tích phân **2** *adj.* thuộc toàn bộ; toàn bộ, nguyên; tích phân

integrate /'ɪntɪɡrət/ *v.* hoà đồng, họp lại thành một hệ thống nhất mở rộng [trường học, v.v.]

integrity /ɪn'teɡrɪtɪ/ *n.* tính trong sạch, tính liêm khiết/liêm chính: **moral ~** sự vẹn toàn đạo đức; **territorial ~** sự toàn vẹn lãnh thổ

intellectual /ɪntɪ'lektjuːəl/ **1** *n.* người trí thức, nhà trí thức **2** *adj.* thuộc trí óc, thuộc lý trí/trí năng, tinh thần, tri thức: **~ property** tài sản trí tuệ; sở hữu trí tuệ

intelligence /ɪn'telɪdʒəns/ *n.* trí óc, trí thông minh; tin tức, tình báo: **~ quotient [IQ]** hệ số thông minh; **an ~ agency** cơ quan tình báo

intelligent /ɪn'telɪdʒənt/ *adj.* thông minh, sáng dạ/trí, linh lợi: **Your daughter is quite ~.** Con gái bạn thật thông minh.

intend /ɪn'tend/ *v.* định, tính, toan, có ý định; ý muốn nói: **She ~s to sue him.** Cô ấy định kiện ông ta.

intense /ɪn'tens/ *adj.* mạnh gắt, chói; dữ dội, mãnh/kịch liệt; nồng nhiệt, nhiệt liệt

intensity /ɪn'tensɪtɪ/ *n.* độ/sức mạnh, cường độ: **The attack was anticipated but its ~ came as a shock.** Việc tấn công đã diễn ra nhưng cường độ thì ngao ngán.

intensive /ɪn'tensɪv/ *adj.* mạnh; [lớp học **course**] tập trung, cấp tốc, ráo riết: **an ~ English course** lớp tiếng Anh cấp tốc

intent /ɪn'tent/ **1** *n.* ý muốn ý định, mục đích **2** *adj.* chăm chú, miệt mài, kiên quyết

intention /ɪn'tenʃən/ *n.* ý, ý định, ý chí, chủ ý/tâm, mục đích

inter /ɪn'tɜː(r)/ *v.* chôn, chôn cất, mai táng

interaction /ɪntər'ækʃən/ *n.* ảnh hưởng qua lại, tác động qua lại

intercede /ɪntə'siːd/ *v.* can thiệp, nói giùm, xin giùm

intercept /ɪntəsept/ *v.* chắn, chặn, chặn đứng; chặn đánh

interchange /'ɪntətʃeɪndʒ/ **1** *n.* sự trao đổi; ngã tư xa lộ **2** *v.* trao đổi/thay thế lẫn nhau

intercom /'ɪntəkɒm/ *n., coll.* hệ thống thông tin/liên lạc/nội bộ/trong nhà: **to install an ~ system** gắn hệ thống liên lạc trong nhà

interconnect /ɪntə'kənekt/ *v.* liên kết với nhau, nối lại với nhau

intercontinental /ˌɪntəˌkɒntɪ'nentl/ *adj.* xuyên lục địa/đại châu: **~ ballistic missile [ICBM]** hoả tiễn/tên lửa xuyên lục địa

intercourse /'ɪntəkɔːs/ *n.* sự giao thiệp/dịch/lưu; việc mậu dịch: **sexual ~** việc giao hợp

interdepartmental /ɪntəˈdɪpɑːtmentəl/ *adj.* thuộc liên bộ, thuộc liên ngành

interdependent /ˌɪntədɪ'pendənt/ *adj.* phụ thuộc lẫn nhau

interdict /'ɪntədɪkt/ *v.* cấm, ngăn cấm, cấm chỉ; ngăn chặn

interest /'ɪntərɪst/ **1** *n.* sự chú ý; điều thích thú; quyền lợi; lợi ích; tiền lãi/lời, lợi tức: **a matter of great ~** một vấn đề quan trọng; **in the ~ of** vì lợi ích của ...; **The ~ rate will be increased.** Lãi suất se tăng.; **~ group** nhóm người cùng sở thích **2** *v.* làm chú ý, làm thích thú/quan tâm; dính dáng/liên quan đến: **Your talk ~ed me.** Bài nói chuyện của bạn làm tôi thích thú.

interested /'ɪntərɪstɪd/ *adj.* thích thú; chú ý; cầu lợi: **I am ~ in reading.** Tôi thích đọc.

interesting /'ɪntərɪstɪŋ/ *adj.* hay, thú vị, làm chú ý

interface /'ɪntər'feɪs/ **1** *n.* bề mặt chung, liên hợp chung; việc nối hai vật liệu (trong máy vi tính) **2** *v.* nối với nhau

interfere /ɪntər'fɪə(r)/ *v.* can thiệp, xen/dính vào; gây trở ngại; giao thoa; nhiễu

interim /'ɪntərɪm/ **1** *n.* thời gian chờ đợi **2** *adj.* tạm quyền, tạm thời, lâm thời: **We have just appointed an ~ director.** Chúng ta vừa mới bổ dụng vị giám đốc tạm thời.

interior /ɪn'tɪərɪə(r)/ **1** *n.* phía/bên trong; nội địa: **Ministry of the ~** Bộ Nội vụ **2** *adj.* ở bên trong; ở nội địa: **~ decoration** nghệ thuật trang trí trong nhà/nội thất

interjection /ɪntə'dʒekʃən/ *n.* thán từ, sự ngạc nhiên

interlink /ɪntə'lɪŋk/ *v.* nối kết với nhau

interlock /ɪntə'lɒk/ *v.* cài vào nhau, khớp với nhau

interloper /ɪntə'ləʊpə(r)/ *n.* người xâm phạm vào quyền lợi của người khác, người dính mũi vào chuyện người khác: **She regarded me as an ~.** Cô ấy xem tôi là người dính vào chuyện người khác.

interlude /'ɪntəl(j)uːd/ *n.* quãng giữa; lúc tạm nghĩ; màn chen

intermarry /ɪntə'mærɪ/ *v.* lấy nhau; lấy người khác chủng tộc

intermediary /ɪntə'miːdɪərɪ/ **1** *n.* người, vật trung gian: **through the ~ of …** qua sự môi giới của … **2** *adj.* giữa, trung gian

intermediate /ɪntə'miːdɪeɪt/ *adj.* ở khoảng giữa; cấp trung: **to enroll for ~ Vietnamese** ghi tên học lớp trung cấp tiếng Việt

interminable /ɪn'tɜːmɪnəb(ə)l/ *adj.* không bao giờ hết/kết thúc, vô tận; dài dòng, tràng giang đại hải

intermingle /ɪntə'mɪŋg(ə)l/ *v.* trộn lẫn; trà trộn

intermission /ɪntə'mɪʃən/ *n.* thời gian ngừng; lúc tạm nghỉ

intermittent /ɪntə'mɪtənt/ *adj.* lúc có lúc không; **~ fever** cơn sốt từng cơn

intern /ɪn'tɜːn/ **1** *n.* sinh viên y khoa nội trú, bác sĩ nội trú; giáo sinh, người thực tập/tập sự **2** *v.* làm nội trú

internal /ɪn'tɜːnəl/ *adj.* ở trong, nội bộ; trong nước; nội tâm; nội tại;

[thuốc] dùng trong: **~ medicine** khoa nội, nội khoa; **~ revenue service** sở thuế

international /ɪntə'næʃənəl/ **1** *n.* quốc tế **2** *adj.* quốc tế: **to depart from the ~ airport** khởi hành ở sân bay quốc tế

internee /ɪntɜː'niː/ *n.* người bị giam giữ, tù binh

internship /'ɪntɜːnʃɪp/ *n.* cương vị sinh viên/bác sĩ nội trú; cương vị giáo sinh

interpersonal /ɪntə'pɜːsənəl/ *adj.* giữa cá nhân với nhau: **~ relationships** mối quan hệ giữa cá nhân với nhau

interplanetary /ɪn'plænɪtərɪ/ *adj.* giữa các hành tinh

interplay /'ɪntəpleɪ/ *n., v.* ảnh hưởng lẫn nhau

Interpol /'ɪntəpɒl/ *abbr.* (= **International Police**) mạng lưới cảnh sát quốc tế đặc trách về loại trừ tội phạm

interpose /ɪntə'pəʊz/ *v.* đặt vào giữa, xen

interpret /ɪn'tɜːprɪt/ *v.* giải thích; hiểu; diễn xuất; dịch, phiên dịch, làm thông ngôn, thông dịch

interpretation /ɪn,tɜːprɪ'teɪʃən/ *n.* sự giải thích; cách hiểu; sự thể hiện/diễn xuất; sự thông dịch/phiên dịch: **simultaneous ~** việc dịch liền/ngay; **consecutive ~** việc dịch từng câu từng đoạn của diễn giả

interracial /ɪntə'reɪʃ(ə)l/ *adj.* giữa các chủng tộc

interrogate /ɪn'terəgeɪt/ *v.* tra hỏi, chất vấn, thẩm vấn

interrupt /ɪntə'rʌpt/ *v.* ngắt, làm đứt quãng, làm gián đoạn; ngắt lời; ngắt điện: **Please don't ~ me when I am talking.** Làm ơn đừng ngắt lời tôi khi tôi đang nói chuyện.

intersect /ɪntə'sekt/ *v.* cắt ngang/chéo; giao nhau

intersection /ɪntə'sekʃən/ *n.* sự cắt ngang; chỗ giao nhau, giao điểm; ngã ba, ngã tư: **Turn left at the next**

~. Đến ngã tư tới, quẹo trái.

intersperse /ɪntəˈspɜːs/ *v.* rắc, rải

interstate /ɪntəˈsteɪt/ *adj.* giữa các nước, giữa các tiểu bang: ~ **highway** xa lộ liên tiểu bang

intertwine /ɪntəˈtwaɪn/ *v.* quấn/kết/bện vào nhau

interval /ˈɪntəvəl/ *n.* khoảng (cách); cự ly; quãng: **at regular ~s** khoảng cách đều nhau

intervene /ɪntəˈviːn/ *v.* can, xen vào, can thiệp; xảy ra

interview /ˈɪntəvjuː/ **1** *n.* cuộc phỏng vấn, bài phỏng vấn; sự gặp mặt riêng để hỏi về người xin việc: **Today the applicant has a job ~ with our director.** Hôm nay chúng ta có cuộc phỏng vấn giữa giám đốc và người xin việc. **2** *v.* phỏng vấn; nói chuyện riêng với

interweave /ɪntəˈwiːv/ *v.* dệt lẫn; xen lẫn, trộn lẫn

intestate /ɪnˈtestət/ *n., adj.* (người) chết không để di chúc

intestine /ɪnˈtestɪn/ *n.* ruột: **small ~** ruột non; **large ~** ruột già

intimacy /ˈɪntɪməsɪ/ *n.* sự thân mật; sự thông dâm

intimate /ˈɪntɪmət/ **1** *n.* người thân mật/thiết/tình **2** *adj.* thông dâm **3** *v.* cho biết, gợi ý

intimidate /ɪnˈtɪmɪdeɪt/ *v.* doạ nạt/dẫm, đe doạ, hăm doạ

into /ˈɪntʊ/ *prep.* vào (trong); thành, ra, hoá ra; với: **to translate the following passage ~ Vietnamese** dịch đoạn sau đây ra tiếng Việt; **Please divide these books ~ categories.** Anh làm ơn chia loại những cuốn sách này.

intolerable /ɪnˈtɒlərəb(ə)l/ *adj.* không chịu nổi, quá quắt

intolerant /ɪnˈtɒlərənt/ *adj.* không dung thứ/khoan dung

intonation /ɪntəʊˈneɪʃən/ *n.* ngữ điệu; âm điệu

intone /ɪnˈtəʊn/ *v.* ngâm, hát, đọc, tụng [kinh]

intoxicate /ɪnˈtɒksɪkeɪt/ *v.* làm say; làm nhiễm độc

intractable /ɪnˈtræktəbl/ *adj.* cứng đầu, khó uốn nắn

intranet /ˈɪntrənet/ *n.* mạng thông tin toàn cầu của mỗi địa phương

intransigent /ɪnˈtrɑːnsɪdʒənt/ *adj.* không khoan nhượng

intransitive /ɪnˈtrɑːnsɪtɪv/ *adj.* nội động: ~ **verb** động từ nội động (ngữ pháp)

intrauterine device *n.* (*abbr.* **IUD**) vòng ngừa thai [đặt trong tử cung] viết tắt I U D

intrepid /ɪnˈtrepɪd/ *adj.* gan, gan dạ, bạo dạn, dũng cảm

intricate /ˈɪntrɪkət/ *adj.* rắc rối, phức tạp khó hiểu

intrigue /ɪnˈtriːɡ/ *n.* âm mưu, mưu mô/đồ, vận động ngầm; cốt truyện, tình tiết

intrinsic /ɪnˈtrɪnsɪk/ *adj.* bên trong, thực chất, về bản chất

introduce /ɪntrəˈdjuːs/ *v.* giới thiệu; đưa vào, dẫn nhập; đưa ra, đệ trình [cho nghị viện xét]; mở đầu: **May I ~ you to my friend?** Tôi xin giới thiệu ông/bà với bạn tôi?

introduction /ɪntrəˈdʌkʃən/ *n.* sự giới thiệu/tiến dẫn; sự đưa vào; sự đệ trình; lời giới thiệu, lời tựa, lời mở đầu; đoạn đầu [trong sách]; khúc mở đầu

introductory /ɪntrəˈdʌktərɪ/ *adj.* mở đầu, lời giới thiệu: ~ **remarks** lời mở đầu, giới thiệu

introvert /ˈɪntrəvɜːt/ *v.* hướng nội; tụt vào trong

intrude /ɪnˈtruːd/ *v.* vào bừa, xông bừa; xâm phạm: **to ~ one's opinion on somebody** bắt ai theo ý kiến của mình

intuition /ɪntjuːˈɪʃən/ *n.* trực giác, trực quan

intuitive /ɪnˈtjuːɪtɪv/ *adj.* thuộc trực giác

inundate /ˈɪnʌndeɪt/ *v.* tràn ngập; làm ngập lụt

invade /ɪnˈveɪd/ *v.* xâm chiếm, xâm lấn, xâm lăng/lược; toả khắp, lan tràn: **American troops ~d Iraq.**

Quân đội Mỹ đã xâm chiếm Iraq.

invalid /ɪnˈvælɪd/ *n., adj.* (người) tàn tật/tàn phế; hết hiệu lực, vô giá trị

invalidate /ɪnˈvælɪdeɪt/ *v.* làm cho có hiệu lực, đóng dấu ngày tháng vé đi xe lửa/buýt: **to ~ one's ticket by accident** đóng dấu vé để có hiệu lực

invaluable /ɪnˈvælju:əb(ə)l/ *adj.* vô giá, quý giá, quý báu

invariable /ɪnˈveərɪəb(ə)l/ *adj.* bất biến, cố định, không thay đổi: **to choose an ~ interest rate** chọn tiền lời cố định

invasion /ɪnˈveɪʒən/ *n.* cuộc xâm lược, sự xâm lăng

invent /ɪnˈvent/ *v.* sáng chế, phát minh; bày đặt, hư cấu

invention /ɪnˈvenʃən/ *n.* sự/vật phát minh; chuyện bịa đặt

inventory /ˈɪnvəntərɪ/ **1** *n.* (bảng kê) hàng hóa tồn kho; bảng tóm tắt **2** *v.* kiểm kê, làm bản kê

inverse /ɪnˈvɜːs/ *adj.* ngược, nghịch, nghịch đảo

invert /ɪnˈvɜːt/ *v.* lộn/đảo/xoay ngược, nghịch đảo/chuyển

invertebrate /ɪnˈvɜːtɪbrət/ *n., adj.* (loài) không xương sống

invest /ɪnˈvest/ *v.* đầu tư, bỏ/xuất vốn; bổ nhiệm, uỷ thác: **to ~ capital into one's business** đầu tư tiền vào việc kinh doanh

investigate /ɪnˈvestɪgeɪt/ *v.* xem xét, nghiên cứu, điều tra

investigation /ɪnvestɪˈgeɪʃən/ *n.* sự dò xét/tìm tòi, sự điều tra nghiên cứu: **Federal Bureau of ~ [FBI]** Cục Điều tra Liêng bang

investment /ɪnˈvestmənt/ *n.* sự đầu tư; vốn đầu tư: **You can earn a 5 percent rate of return on your ~s.** Bạn có thể có tiền lời 5% từ vốn đầu tư của bạn.

inveterate /ɪnˈvetəreɪt/ *adj.* ăn sâu, lâu năm, kinh niên, thành cố tật, thâm căn cố đế

invidious /ɪnˈvɪdɪəs/ *adj.* gây ác cảm; bất công

invigilation /ɪnˌvɪgɪˈʒɪleɪt/ *n.* việc coi thi, giám thị cuộc thi

invigorate /ɪnˈvɪgərət/ *v.* làm mạnh thêm, làm hăng hái thêm

invincible /ɪnˈvɪnsɪb(ə)l/ *adj.* vô địch, vạn thắng, không ai đánh bại được, trăm trận trăm thắng

invisible /ɪnˈvɪzɪb(ə)l/ *adj.* không thể trông thấy, vô hình, tàng hình: **~ ink** mực hoá học

invitation /ɪnvɪˈteɪʃən/ *n.* sự/lời mời, giấy/thiếp mời: **I attend the meeting by ~ only.** Tôi dự buổi họp có giấy mời.

invite /ɪnˈvaɪt/ **1** *v.* mời; lôi cuốn, hấp dẫn; gây ra: **We have not been ~d.** Chúng tôi chưa được mời.; **She ~d me to give my opinion on her book.** Bà ấy mời tôi cho ý kiến về cuốn sách của bà ấy.; **You are kindly ~d to attend a dinner in honor of ...** Trân trọng kính mời ông/bà/cô đến dự buổi tiệc khoản đãi. **2** *n.* lời mời

in vitro /ɪnˈviːtrəʊ/ *adj.* việc thay thế trong ống nghiệm

invoice /ˈɪnvɔɪs/ **1** *n.* danh đơn hàng, hoá đơn: **please give the ~ to ...** làm ơn cho tôi hoá đơn **2** *v.* làm hoá đơn, ghi hoá đơn: **Your company has ~d me for US$100.** Công ty của bạn vừa gởi hoá đơn 100 đô la Mỹ cho tôi.

invoke /ɪnˈvəʊk/ *v.* cầu khấn, gọi hồn; viện, dẫn chứng

involuntary /ɪnˈvɒləntərɪ/ *adj.* không cố ý, vô tình

involve /ɪnˈvɒlv/ *v.* làm mắc míu; làm dính líu; đòi hỏi: **to be ~d in black market activities** dính vào vụ chợ đen; **to ~ in deep thinking** để hết tâm trí suy nghĩ

involvement /ɪnˈvɒlvmənt/ *n.* sự mắc míu/dính dáng; sự rắc rối

inward /ˈɪnwəd/ *adj.* bên trong, hướng vào trong; nội tâm

iota /aɪˈəʊtə/ *n.* chút xíu, mảy may, một tí

IOU /ˌaɪˌəʊˈjuː/ *abbr.* (= **I Owe You**) văn tự, giấy nợ

IQ /ˌaɪˈkjuː/ *abbr.* (= **Intelligence Quotient**) chỉ số thông minh con người

Iran /ɪˈrɑːn/ *n.* nước I-ran

Iraq /ɪˈrɑːk/ *n.* nước I-rac

IRC /ˌaɪɑːˈsɪ/ *abbr.* (= **Internet Relay Chat**) việc nghe lại chuyện trò trên mạng internet

Ireland /ˈaɪələnd/ *n.* nước I-rờ-lan

iridescent /ˌɪrɪˈdesənt/ *adj.* óng ánh nhiều màu, ngũ sắc

iris /ˈaɪərɪs/ *n.* mốmg mắt, tròng đen; hoa bướm tím

irk /ɜːk/ *v.* ngứa ngáy; chán

iron /ˈaɪən/ **1** *n.* sắt; chất sắt; đồ sắt; bàn là/ủi: ~s xiềng, cùm, còng; **the ~ Curtain** bức màn sắt; **~ Age** thời kỳ đồ sắt; **~ hand** bàn tay sắt **2** *v.* bọc/bịt sắt; là, ủi; còng, cùm xiền xích: **to ~ one's clothes** ủi áo quần

ironic(al) /aɪˈrɒnɪk(əl)/ *adj.* mỉa mai, châm biếm, trớ trêu

irony /ˈaɪərəni/ *n.* sự mỉa mai/châm biếm; điều trớ trêu, cắc cớ

irradiate /ɪˈreɪdɪət/ *v.* soi sáng; cho ánh sáng rọi vào

irreconcilable /ɪˌrekənˈsaɪləb(ə)l, ɪˈrekənsaɪləb(ə)l/ *adj.* không thể xử hoà/hoà giải

irrecoverable /ˌɪrɪˈkʌv(ə)rəbl/ *adj.* không thể lấy lại được, không thể cứu chữa được

irregular /ɪˈregjʊlə(r)/ *adj.* không đều; [hàng hoá] không đúng quy cách; [quân đội] không phải chính quy; [động từ] không theo quy tắc

irrelevant /ɪˈrelɪvənt/ *adj.* không thích hợp, không ăn nhằm

irresistible /ˌɪrɪˈzɪstɪb(ə)l/ *adj.* không cưỡng lại được, hấp dẫn

irresolute /ɪˈrezəl(j)uːt/ *adj.* không quả quyết, do dự

irrespective /ˌɪrɪˈspektɪv/ *adj.* bất kể, bất chấp, bất luận

irresponsible /ˌɪrɪˈspɒnsɪb(ə)l/ *adj.* vô trách nhiệm, thiếu tinh thần trách nhiệm, khinh suất, ẩu, lếu láo: **Do not get involved in ~ behavior.** Không nên làm điều gì vô trách nhiệm.

irreverent /ɪˈrevərənt/ *adj.* bất kính, vô lễ, thiếu lễ độ

irrigate /ˈɪrɪgeɪt/ *v.* tưới [ruộng], dẫn thủy nhập điền, đem nước vào ruộng

irritate /ˈɪrɪteɪt/ *v.* làm phát cáu, chọc tức; kích thích

ISBN /ˌaɪesbiːˈen/ *abbr.* (= **International Standard Book Number**) số đăng ký xuất bản sách

ISDN /ˌaɪesdiːˈen/ *abbr.* (= **Integrated Services Digital Network**) mạng lưới sửa chữa điện tử

Islam /ˈɪsləm/ *n.* đạo Hồi, Hồi giáo

island /ˈaɪlənd/ *n.* hòn đảo, cù lao; khoảng tách riêng

isle /aɪl/ *n.* đảo nhỏ

-ism *suffix* là tiếp vĩ ngữ (*suffix*) dùng để chỉ hệ tư tưởng, hệ ý thức, chủ nghĩa: **socialism** chủ nghĩa xã hội

ISO /ˌaɪesˈəʊ/ *abbr.* (= **International Organization for Standardization**) sự tiêu chuẩn hoá quốc tế

isolate /ˈaɪsələt/ *v.* cô lập, cách ly; cách điện, tách ra: **The foreign policy could ~ a country from the world.** Chính sách ngoại giao có thể cô lập đất nước với thế giới.; **No one lives totally alone, ~d from society.** Không ai sống đơn độc và biệt lập với xã hội.

isosceles /aɪˈsɒsɪliːz/ *adj.* [tam giác] cân

Israel /ˈɪzreɪəl/ *n.* nhân dân Do Thái

issue /ˈɪʃ(j)uː, ˈɪsjuː/ **1** *n.* sự phát; sự phun; số báo; vấn đề; dòng dõi; lối ra/thoát: **the latest ~ of the Linguistic magazine** số mới nhất của tạp chí Ngôn Ngữ; **to discuss some ~s** thảo luận một vài vấn đề **2** *v.* đưa ra, phát hành, in ra; chảy/bốc/toát ra; thuộc dòng dõi: **Today he will ~ a statement denying the allegations.** Hôm nay, ông ta sẽ đưa ra thông báo từ chối những lời cáo giác.

isthmus /ˈɪsθməs/ *n.* eo đất

IT /ˌaɪˈtiː/ *n., abbr.* (= **Information Technology**) tin học: **to study ~** học môn tin học

it /ɪt/ *pron.* cái đó, điều đó, con vật ấy; thời tiết, trời: **It is snowing.** Trời đang tuyết.; **It is easy to cook rice.** Nấu cơm rất dễ.

itch /ɪtʃ/ **1** *n.* bệnh ngứa, sự ngứa **2** *v.* ngứa, rất muốn

item /ˈaɪtəm/ *n.* khoản, món; đoạn, mẫu, tiết mục: **How many ~s are there in the program?** Có bao nhiêu tiết mục trong chương trình?

itinerary /aɪˈtɪnərərɪ/ *n.* hành trình, lộ trình: **Do you have your ~ for the trip?** Bạn có chương trình cho chuyến đi của bạn chưa?

its /ɪts/ *pron.* của nó [vật, động vật]; của cái đó: **The dog was wagging ~ tail.** Con chó vẫy đuôi.

it's /ɪts/ *abbr.* (= **it is**; **it has**) nó là hay nó có

itself /ɪtˈself/ *pron.* bản thân cái/điều/con đó: **I think life ~ is a learning process.** Tôi nghĩ đời là một sự học hỏi không ngừng.

I've /aɪv/ *abbr.* (= **I have**): **I've no appointments today.** Hôm nay tôi không có hẹn ai cả.

IVF /ˌaɪviːˈef/ *n., abbr.* (= **In-Vitro Fertilization**) phương pháp thụ thai trong ống nghiệm

ivory /ˈaɪvərɪ/ *n., adj.* ngà voi; màu ngà; đồ ngà voi: **~ tower** tháp ngà

J

jab /dʒæb/ **1** *n.* nhát đâm mạnh, cái thọc mạnh; trận đánh thọc sâu: **He gave me a ~ in the stomach with his elbow.** Ông ấy đánh mạnh vào bụng tôi bằng cùi chỏ. **2** *v.* đâm mạnh, thọc mạnh; đánh thọc: **Don't ~ me with your elbow.** Đừng đánh tôi bằng cùi chỏ.

jack /dʒæk/ **1** *n.* lá cờ: **Union ~** quốc

kỳ Anh **2** *n.* người con trai, gã, chàng; bồi, cây bài j; cái kích, đòn bẩy: **There is no ~ in my car trunk.** Thùng xe tôi không có con đội. **3** *v.* kích [xe ô tô]: **to ~ the car up and put on a spare tire** kích xe lên và bỏ bánh dự phòng vào

jackal /ˈdʒækɔːl/ *n.* chó rừng

jackass /ˈdʒækæs/ *n.* con lừa đực; thằng ngốc

jacket /ˈdʒækɪt/ *n.* áo vét tông, áo vét; bìa bọc sách: **life ~** áo cứu đắm; phao cấp cứu

jackknife /ˈdʒækaɪf/ *n.* dao xếp

Jack of all trades *n.* người biết nhiều nghề nhưng chẳng giỏi nghề nào cả (cái gì cũng làm được)

jackpot /ˈdʒækpɑt/ *n.* số tiền lớn/độc đắc do xổ số hay đánh bạc (bằng máy) được: **to hit the ~** vớ được món bở, trúng số độc đắc

jacuzzi /dʒəˈkuːzi/ *n.* bồn tắm hình tròn

jade /dʒeɪd/ *n.* ngọc bích; màu ngọc bích: **~ pot** bình ngọc bích

jagged /ˈdʒægɪd/ *adj.* lởm chởm: **~ scars** những vết thẹo lởm chởm

jaguar /ˈdʒægjuə(r)/ *n.* báo/beo đốm

jail /dʒeɪl/ **1** *n.* nhà tù, ngục thất, khám đường **2** *v.* bỏ tù, tống/hạ ngục: **Two persons were ~ed for two years each.** Hai người bị bỏ tù trong hai năm.

jam /dʒæm/ **1** *n.* mứt: **strawberry ~** mứt dâu tây **2** *n.* sự kẹp; sự ấn/tọng/nhét; vụ xe kẹt, vụ xe cộ tắc nghẽn: **traffic ~** xe bị tắc nghẽn **3** *v.* kẹp, ấn, nhét, tọng vào; làm kẹt xe, làm nghẽn đường; làm kẹt máy; phá, làm nhiễu [sóng điện]: **He ~med his hands into his pockets.** Anh ấy bỏ tay vào túi.

jamb /dʒæm/ *n.* thanh dọc khung cửa, mặt bên lò sưởi

jamboree /ˌdʒæmbəˈriː/ *n.* đại hội hướng đạo

jammed /dʒæmd/ *adj.* bị mắc kẹt, bị tắc nghẽn

jangle /ˈdʒæŋɡ(ə)l/ *n., v.* (tiếng) kêu

chói tai, kêu om sòm

janitor /'dʒænɪtə(r)/ *n.* người coi sóc lau chùi toà nhà lớn

January /'dʒænjuːərɪ/ *n.* tháng một/ giêng dương lịch

Japan /dʒə'pæn/ *n.* nước Nhật

Japanese /dʒæpə'niːz/ *n.* người/tiếng Nhật

jar /dʒɑː(r)/ **1** *n.* hũ, vại, lọ, bình **2** *n.* tiếng động chói tai; sự rung chuyển mạnh; sự choáng óc; sự va chạm **3** *v.* kêu chói tai; rung động mạnh; làm choáng óc; [quyền lợi] xung đột

jargon /'dʒɑːgən/ *n.* tiếng lóng nghề nghiệp; thuật ngữ, biệt ngữ

jasmine /'dʒæsmɪn/ *n.* hoa nhài/lài: **to drink ~ tea** uống trà hoa lài

jaundiced /'dʒɔːndɪst/ *adj.* ghen tức, hằn học

jaunt /dʒɔːnt/ *n., v.* (cuộc) đi chơi/dạo

Java /'dʒɑːvə/ *n.* quần đảo Ja-va (Nam Dương)

javelin /'dʒævəlɪn/ *n.* cái lao

jaw /dʒɔː/ **1** *n.* hàm; mồm miệng; má kìm, hàm ê tô: **upper ~** hàm trên; **lower ~** hàm dưới **2** *v.* nói lải nhải dài dòng, răn dạy ai

jaywalker /'dʒeɪwɔːkə(r)/ *n.* người bộ hành qua đường ẩu

jazz /dʒæz/ **1** *n.* nhạc ja; điệu nhảy ja: **~ band** ban nhạc ja; **The club has live ~ today.** Câu lạc bộ có ban nhạc sống ja ngày hôm nay. **2** *v.* chơi theo điệu ja; làm vui nhộn thêm

jealous /'dʒeləs/ *adj.* ghen, ghen tuông/tị/ghét, đố kị, tật đố; hay ghen:**They are ~ of their freedom.** Họ thiết tha sự tự do của họ.

jeans /dʒeɪn/ *n.* quần jean/bằng vải dày màu xanh: **blue ~** quần bò màu xanh; **a pair of ~** một cái quần jean

jeep /dʒiːp/ *n.* xe jíp

jeer /dʒɪə(r)/ *n., v.* (lời) chế nhạo, (lời) chế giễu

jelly /'dʒelɪ/ *n.* nước quả nấu đông như thạch, mứt

jelly bean *n.* thạch/mứt giống như quả đậu

jellyfish /'dʒelɪfɪʃ/ *n.* con sứa

jeopardize /'dʒepədaɪz/ *v.* làm hại, làm nguy: **to ~ one's life by doing something dangerous** liều mạng làm những điều nguy hiểm

jerk /dʒɜːk/ *n., v.* (sự) giật mạnh thình lình, (sự) xóc: **What a ~!** Cái thằng mới ngu xuẩn làm sao!

jerky /'dʒɜːkɪ/ **1** *n.* thịt khô **2** *adj.* ngừng cử động

jersey /'dʒɜːzɪ/ *n.* áo len nịt sát mình

jest /dʒest/ **1** *n.* lời nói đùa, lời bông đùa: **to make a ~ of** giễu cợt **2** *v.* nói đùa, bông đùa

Jesuit /'dʒezjuːɪt/ *n.* linh mục dòng Tên

jet /dʒet/ **1** *n.* chất huyền; màu đen hạt huyền **2** *n.* tia [nước, hơi, máu]; vòi [nước]; vòi phun, phản lực: **~ engine** động cơ phản lực **3** *v.* đáp máy bay phản lực: **I will be ~ting off for one week's holiday.** Tôi sẽ đáp máy bay phản lực đi nghỉ lễ một tuần.

jetsam /dʒetsəm/ *n.* vật phế bỏ trôi vào bờ

jetty /'dʒetɪ/ *n.* đê, đập chắn sóng, cầu lòi ra ngoài nước để tàu nghé

Jew /dʒ(j)uː/ *n.* người Do thái

jewel /'dʒuːəl/ *n.* đồ nữ trang/châu báu; chân kính đồng hồ; vật quý/ báu, người quý: **~ box** hộp nữ trang

jewelry /'dʒ(j)uːəlrɪ/ *n.* đồ châu báu/nữ trang/kim hoàn: **costume ~** đồ nữ trang giả; **~ shop** tiệm kim hoàn

jib /dʒɪb/ *n., v.* lá buồm tam giác, làm buồm tam giác

jibe /dʒaɪb/ *n., v.* đi đôi, phù hợp [với *with*]

jiffy /'dʒɪfɪ/ *n.* chốc, lát: **in a ~** chỉ trong nháy mắt

jig /dʒɪg/ **1** *n.* điệu khiêu vũ jic **2** *v.* nhảy tung tăng

jiggle /'dʒɪgl/ *v.* di chuyển vật gì lên xuống hay qua lại nhanh

jigsaw /'dʒiːgsɔː/ *n.* cưa xoi, hình lưỡi cưa: **~ puzzle** trò chơi lắp hình

jihad /dʒiːˈhɑːd/ *n.* chiến tranh Hồi giáo, chiến tranh giữa những người theo đại Hồi và những người không theo đạo Hồi

jilt /dʒɪlt/ *v., n.* bỏ rơi, tình phụ [người yêu]

jingle /ˈdʒɪŋg(ə)l/ **1** *n.* tiếng kêu leng keng/loảng xoảng; câu thơ nhiều âm/vườn điệp **2** *v.* kêu leng keng

jinx /dʒɪŋks/ *n.* người hãm tài, người mang lại điều rủi

jitters /ˈdʒɪtəz/ *n.* sự hoảng hốt bồn chồn, sự lo sợ

jive /ˈdʒaɪv/ **1** *n.* điệu nhảy với nhạc giật gân **2** *v.* nhảy với nhạc giật gân; làm cho người khác không tin là thật

job /dʒɒb/ *n.* việc, công việc, việc làm; công ăn việc làm, chức vụ, chức nghiệp: **out of a ~** thất nghiệp; **on the ~** đang làm hăng, đang hoạt động bận rộn; **odd ~s** việc vặt

jobber /ˈdʒɒbə(r)/ *n.* người làm khoán; người bán buôn

jobless /ˈdʒɒbləs/ *adj.* không có công ăn việc làm

jockey /ˈdʒɒkɪ/ **1** *n.* (*pl.* **jockeys**) đô kê, người cưỡi ngựa đua: **He is the best ~ of the year.** Anh ấy là tay cưỡi ngựa giỏi nhất trong năm. **2** *v.* cưỡi ngựa đua; lừa bịp, dùng mẹo xoay xở: **to ~ someone into doing something** lừa ai làm việc gì

jocular /ˈdʒɒkjʊlə(r)/ *adj.* vui vẻ, vui đùa, hay khôi hài

jog /dʒɒg/ **1** *n.* cái đẩy/thúc/hích; bước chạy chậm **2** *v.* đẩy, thúc, hích; xóc, lắc; chạy chầm chậm, chạy nước kiệu: **That ~ged my memory.** Điều đó nhắc cho tôi nhớ lại.

join /dʒɔɪn/ **1** *v.* nối, chắp, ghép, buộc vào với nhau; nối liền, hợp sức/lực; vào, gia nhập [tổ chức]; đến với/ gặp: **We will ~ you at the restaurant.** Chúng tôi sẽ đến tiệm ăn nhập bọn với các bạn. **2** *n.* khớp nối giữa hai đầu xương hay hai vật gì

joint /dʒɔɪnt/ **1** *n.* chỗ nối, chỗ tiếp hợp; khớp xương; mọng, mối hàn, khớp nối, bản lề; quán ăn hay hộp đêm bất hảo: **out of ~** sai khớp, không ăn khớp, trật **2** *adj.* nối, cùng chung: **~ effort** cố gắng; **~ communiqué** thông báo chung; **~ Chief of Staff** Liên bộ Tổng tham mưu trưởng; **~ venture** hợp tác kinh doanh; hợp doanh **3** *v.* nối lại bằng các đoạn nối, ghép lại từng đoạn nối

joke /dʒəʊk/ **1** *n.* câu nói đùa, lời nói rỡn; chuyện buồn cười; trò cười: **a practical ~** trò chơi khăm; **a dirty ~** câu chuyện tục **2** *v.* nói đùa; đùa bỡn, giễu cợt: **She likes to ~ about her appearance.** Bà ấy thích nói đùa về bề ngoài của bà ta.

jolly /ˈdʒɒlɪ/ *adj.* vui vẻ, vui nhộn; thú vị, dễ chịu

jolt /dʒəʊlt/ **1** *n.* sự lắc/xóc nảy lên; cú điếng người **2** *v.* [xe] chạy xóc nảy lên

josh /dʒɒʃ/ *v.* làm trò cười cho ai

jostle /ˈdʒɒs(ə)l, ˈdʒʌs(ə)l/ *n., v.* (sự) xô đẩy, (sự) chen lấn

jot /dʒɒt/ **1** *n.* chút, tí, tẹo **2** *v.* ghi nhanh, ghi vội

journal /ˈdʒɜːnəl/ *n.* tập san, tạp chí; nhật ký; nhật báo

journalism /ˈdʒɜːnəlɪz(ə)m/ *n.* nghề làm báo; ngành/môn báo chí

journey /ˈdʒɜːnɪ/ **1** *n.* cuộc hành trình/ du hành, chuyến đi: **I have a five-day ~ to make.** Tôi sẽ có chuyến đi 5 ngày. **2** *v.* đi chơi, du hành, đi một chuyến: **Last year, my friend ~ed to Vietnam for the first time.** Năm rồi bạn tôi đi chơi Việt Nam lần đầu tiên.

jovial /ˈdʒəʊvɪəl/ *adj.* vui vẻ, vui tính, tươi tỉnh

jowl /dʒəʊl/ *n.* xương hàm, hàm; má, cằm xị, yếm bò

joy /dʒɔɪ/ *n.* sự vui mừng, sự hân hoan; niềm vui: **to receive something with ~** nhận vật gì với sự vui mừng

joyous /'dʒɔɪəs/ *adj.* vui mừng, vui sướng

joystick /'dʒɔɪstɪk/ *n.* cần điều khiển máy bay

JP /,dʒeɪ'piː/ *n., abbr.* (= **Justice of the Peace**) thẩm phán công chứng, người đại diện công lý

jubilant /'dʒuːbɪlənt/ *adj.* vui mừng, vui thích, mừng rỡ hớn hở

jubilee /'dʒuːbɪliː/ *n.* lễ kỉ niệm (50 năm); lễ đại xá

Judaism /'dʒuːdeɪɪz(ə)m/ *n.* đạo Do thái

Judas /'dʒuːdəs/ *n.* kẻ phản bội; kẻ phản bội Chú Giê-Su

judge /dʒʌdʒ/ **1** *n.* quan tòa, thẩm phán; trọng tài: **A panel of ~s has sentenced a murderer to 20 years in prison.** Đoàn quan tòa vừa xử một tội phạm sát nhân 20 năm tù. **2** *v.* xét xử, phân xử, xét đoán, phán đoán, xét, phán quyết: **Don't ~ people by their appearances.** Đừng nên xét đoán người ta bằng bề ngoài.

judgment /'dʒʌdʒmənt/ *n.* [*Br.* **judgement**] việc xét xử, án, quyết định, sự phán quyết; ý kiến; óc suy xét, óc phán đoán: **In your ~, what have been the changes in the last two years?** Theo sự phán đoán của bạn, trong hai năm qua có gì thay đổi?

judicial /dʒuː'dɪʃəl/ *adj.* thuộc về toà án; luật pháp; tư pháp

judiciary /dʒuː'dɪʃ(ɪ)ərɪ/ *n.* ngành tư pháp; các quan toà

judo /'dʒuːdəʊ/ *n.* nhu đạo

jug /dʒʌg/ *n.* bình [có quai và vòi]; nhà tù

juggle /'dʒʌg(ə)l/ *v.* tung hứng, múa rối; cạo tẩy, sửa [sổ sách, v.v.] để ăn gian

juice /dʒuːs/ **1** *n.* nước ép [quả, rau, thịt]; dịch; điện: **gastric ~** dịch vị **2** *v.* ép thành nước

juicy /'dʒuːsɪ/ *adj.* [quả] nhiều nước; lý thú, gay cấn

July /dʒuː'laɪ/ *n.* tháng bảy

jumble /'dʒʌmb(ə)l/ **1** *n.* đống lộn xộn, mớ bòng bong; chảnh hỗn loạn **2** *v.* làm lẫn lộn lung tung

jumbo /'dʒʌmbəʊ/ *n., adj.* (người/vật) rất lớn, quá khổ, khổng lồ

jump /dʒʌmp/ **1** *n.* sự/bước nhảy; sự tăng đột ngột, sự ăn quân cờ: **He sat up with a ~.** Ông ấy ngồi xuống ghế rất nhanh.; **to give a ~** nhảy **2** *v.* nhảy; giật nảy người; tăng đột ngột, tăng vọt, nhảy vọt; vội đi đến; bỏ [cách quãng]; ăn, chặt [quân cờ]: **to ~ bail** được tại ngoại mà trốn không trình diện; **to ~ ship** nhảy tàu; **to ~ the gun** chạy trước; bắt đầu trước; **to ~ off** bắt đầu tấn công

jumper /'dʒʌmpə(r)/ *n.* áo ngoài mặc chui đầu, áo len mặc chui đầu: **to buy a new ~** mua một cái áo len mới

junction /'dʒʌŋkʃən/ *n.* sự nối; chỗ nối; ga (xe lửa) đầu mối

juncture /'dʒʌŋktjʊə(r)/ *n.* tình hình sự việc, thời cơ: **at this ~** vào lúc này

June /dʒuːn/ *n.* tháng sáu

jungle /'dʒʌŋg(ə)l/ *n.* rừng rậm, rừng nhiệt đới; khu đất hoang đầy bụi rậm; mớ hỗn độn/hỗn tạp; khu khó sống (vì bạo động hay cạnh tranh gắt)

junior /'dʒuːnɪə(r)/ *n., adj.* (người) trẻ tuổi hơn, cấp dưới; sinh viên năm thứ nhất đại học, học sinh cấp hai bậc trung học: **~ college** đại học cộng đồng (hai năm); **~ high school** trường trung học cấp hai (từ lớp 7, lớp 8 và lớp 9)

junk /dʒʌŋk/ **1** *n.* thuyền/ghe mành **2** *n.* đồ đồng nát; đồ cũ, đồ vô dụng; đồ bỏ đi; ma túy, thuốc phiện trắng, bạch phiến: **What do you do with this ~?** Bạn làm gì với đồ vô dụng nầy? **3** *v.* vứt bỏ: **I have ~ed all my cassettes.** Tôi vừa vứt bỏ tất cả băng ca-xet của tôi.

junk food *n.* thức ăn tạp nhạp có nhiều mỡ và ít bổ dưỡng

junk mail *n.* thư từ quảng cáo

junkyard /'dʒʌŋkjaːd/ *n.* bãi để đồ đồng nát hoặc xe vứt đi

junta /'dʒʌntə/ *n.* nhóm quân nhân cầm quyền sau đảo chính

jurisdiction /dʒʊərɪs'dɪkʃən/ *n.* hạt, quyền tài phán, thẩm quyền

juror /'dʒʊərə(r)/ *n.* viên bồi thẩm/hội thẩm

jury /'dʒʊərɪ/ *n.* ban bồi thẩm/hội thẩm; ban giám khảo: ~ **duty** nhiệm vụ bồi thẩm

just /dʒʌst/ **1** *adj.* công bằng; xứng đáng, đích đáng; đúng, đúng đắn, đúng lý, phải lẽ, có căn cứ; chính đáng: **to be ~ to someone** công bằng với ai **2** *adv.* đúng, chính; vừa đúng, vừa vặn; vừa mới; chỉ, thật đúng là, hoàn toàn: ~ **now** vừa mới đây; **She has ~ left.** Cô ấy vừa đi khỏi.; ~ **in time for dinner** vừa đúng bữa cơm; **Just a moment, please!** Khoan đã! xin đợi cho một lát!; **The concert was ~ marvelous!** Buổi hoà nhạc thật là tuyệt!

justice /'dʒʌstɪs/ *n.* sự công bằng; công lý, tư pháp; quan toà, thẩm phán (toà án tối cao): **to bring to ~** đem ra toà, truy tố; **to do ~ to** đãi ngộ công bằng; biết thưởng thức; **Chief ~** Chủ tịch Tối cao Pháp viện; **court of ~** toà án

justification /,dʒʌstɪfɪ'keɪʃən/ *n.* sự chứng minh/biện minh

justify /'dʒʌstɪfaɪ/ *v.* cãi, bào chữa, biện hộ, chứng minh là đúng: **The end justifies the means.** Cứu cách biện minh cho phương tiện.

jut /dʒʌt/ *v.* thò/lồi/nhô ra: **to ~ out** lồi ra

jute /dʒuːt/ *n.* cây đay, sợi đay

juvenile /'dʒuːvɪnaɪl/ *adj.* thuộc thanh/ thiếu niên: ~ **books** sách thiếu niên; ~ **court** toà án thiếu nhi; ~ **delin-quency** sự đập phá do đám thanh thiếu niên

juxtapose /dʒʌkstə'pəʊz/ *v.* để/cạnh/ kề/sát nhau

K

kaftan /kaf'tɑːn/ *n.* (*also* **caftan**) áo dài thắt lưng của người Thổ Nhĩ kỳ

kale /keɪl/ *n.* (*also* **kail**) cải xoăn

kamikaze /kæmɪ'kɑːziː/ *n., adj.* sự tấn công cảm tử: **Kamikaze pilots are ready to bomb warships.** Đội phi công cảm tử sẵn sàng ném bom tàu chiến.

kangaroo /kæŋgə'ruː/ *n.* đại thử châu Úc, con can-gu-ru

kanji /'kændʒɪ/ *n.* hệ thống chữ viết của Nhật dùng chữ Tàu

karaoke /kæri'əʊk/ *n.* hát nhạc bằng máy ở nhà/tiệm: **to buy a ~ system** mua một hệ thống để hát nhạc tự chọn ở nhà

karate /kə'rɑːtiː/ *n.* món võ tự vệ của Nhật, ca-rat-tê

kart /kɑːt/ *n.* xe đẩy mua hàng

KB *abbr.* (= **kilobyte**) đơn vị chỉ sức chứa trong máy vi tính

kebab /kɪ'bæb/ *n.* bánh cuộn thịt nướng

keel /kiːl/ **1** *n.* sống thuyền, sống tàu thuỷ: **on an even ~** không nghiêng ngã, vững chắc **2** *v.* **to ~ over** lật

keen /kiːn/ *adj.* sắc, bén, nhọn; buốt thấu xương; chói; [nỗi sầu] chua xót, thấm thía; sắc sảo; ham mê: ~ **intelligence** óc thông minh sắc sảo; ~ **eyes** mắt tinh; ~ **ears** tai thính; ~ **competition** cuộc cạnh tranh ráo riết; **to be ~ on…** ham mê, ham thích…

keep /kiːp/ **1** *n.* sự nuôi; cái để nuôi nấng, sinh kế: **for ~s** mãi mãi, vĩnh viễn **2** *v.* [**kept**] giữ, canh phòng, bảo vệ; cất giữ, giữ gìn, giấu; nuôi, nuôi nấng, bao; chăm sóc, trông nom, quản lý; giữ lấy, giữ lại; tuân theo; giam giữ: **Meat does not ~ in hot weather.** Trời nóng thịt không để lâu được.; **Please ~ quiet.** Xin giữ im lặng.; **They kept him in cus-tody.** Họ câu lưu hắn.; **You must ~ your promise.** Bạn phải giữ lời hứa.; **The snow ~s them from going out.** Trời tuyết nên chúng không đi ra ngoài được.; **Keep your hands off!** Đừng mó vào! đừng can thiệp!; **to ~ back** giữ lại; giấu; **to ~ up** tiếp tục; giữ cẩn thận; **to ~ on writing** tiếp tục viết; **Keep off the grass!** Xin đừng giẫm lên cỏ!

keeper /'ki:pə(r)/ *n.* người giữ/gác; quản thủ, quản lý; chủ: **inn~** chủ quán; **shop~** chủ cửa hàng

keg /'keg/ *n.* thùng (chứa từ 20 đến 40 lít)

ken /ken/ *n., v.* tầm trí thức, phạm vi hiểu biết

kennel /'ken(ə)l/ *n.* cũi chó; nhà nuôi/dạy chó

Kenya /'kenjə/ *n.* nước Ken-ni-a ở Phi châu

kept /kept/ quá khứ của **keep**

kerb /kɜ:b/ *n.* lề đường: **Don't park your car on the ~.** Không đậu xe trên lề đường.; **~-crawling** lái xe dọc lề đường để kiếm gái

kernel /'kɜ:nəl/ *n.* hột/hạt [ngô, lúa, thóc]; nhân, trọng điểm

kerosene /'kerəsi:n/ *n.* dầu lửa, dầu tây, dầu hôi

kettle /'ket(ə)l/ *n.* ấm đun nước: **to boil water in a ~** đun nước trong ấm; **a pretty ~ of fish** tình thế khó xử

key /ki:/ **1** *n.* hòn đảo nhỏ; đá ngầm **2** *n.* chìa khoá; khoá, điệu [nhạc]; phím đàn, nút máy chữ; chìa khoá, manh mối, bí quyết, giải pháp; lời giải đáp [bài tập]; lời chú thích [về ký hiệu, chữ viết tắt]; giọng nói, lối diễn tả: **a spare ~** chìa khoá phòng hờ; **minor ~** điệu thứ **3** *v.* lên dây: **to ~ in** cho trữ liệu vào máy vi tính **4** *adj.* rất quan trọng, rất cần thiết; **~ position** vị trí then chốt

keyboard /'ki:bɔ:d/ *n.* bàn phím dương cầm/piano; bảng chữ trên bàn máy đánh chữ/vi tính: **Vietnamese ~** bàn máy chữ Việt; **computer ~** bảng chữ máy vi tính

keynote /'ki:nəʊt/ *n.* âm chủ đạo, chủ âm; ý chủ đạo; điểm chính: **to give a ~ address/speech** trình bày bài diễn văn chính

kg *abbr.* (= **kilogram**) đơn vị đo trọng lượng ki-lô

KGB /ˌkeɪdʒiː'biː/ *n., abbr.* (= **Komitet Gosudarstvennol Bezopasnosti** = [*Russian*] *committee of state security*) cơ quan tình báo Nga

khaki /'kɑ:ki:/ *n., adj.* vải/quần áo màu ca ki; màu cứt ngựa

khan /'kɑ:n/ **1** *n.* chức tước bộ lạc ở trung Á như A-phú-hãn **2** *n.* khách sạn cho du khách ở các xứ Trung đông

Khmer /k(ə)meə(r)/ *n., adj.* (người/ tiếng) Cam pu chia, Cămbốt, Khơ me

kHz *abbr.* (= **kiloHertz**) đơn vị phát sóng

kick /kɪk/ **1** *n.* cái đá, cái đạp; sự giật; cái khoái/thú: **to have no ~ left** không còn hơi sức **2** *v.* đá; [súng] giật: **to ~ out** tống cổ; **to ~ the habit** cai [thuốc, rượu]; **to ~ up** gây nên [chuyện ầm]; **to ~ off** quả banh đá mở đầu; sự bắt đầu

kickback /'kɪkbæk/ *n.* tiền được chia do việc bất lương; số tiền đút lót ông chủ để có việc

kick-start *n.* khởi động máy xe

kid /kɪd/ **1** *n.* dê non; da dê non; đứa bé, con: **to treat/handle with ~ gloves** đối xử nhẹ nhàng; **a family with nine ~s** một gia đình chín đứa con **2** *v.* nói đùa, nói bỡn, nói rỡn, nói chơi: **I was only ~ding.** Tôi nói đùa đấy mà. **3** *adj.* trẻ hơn

kidnap /'kɪdˌnæp/ *v.* bắt cóc (để lấy tiền chuộc): **to ~ children** bắt cóc trẻ con

kidney /'kɪdnɪ/ *n.* thận; cật, bầu dục: **~ bean** đậu tây, đậu ngự; **~ stone** sỏi thận; **a ~-shaped swimming pool** bể bơi hình bầu dục; **~ machine** thận nhân tạo

kill /kɪl/ **1** *n.* sự giết; thú giết được: **After the ~, the man cooked the**

duck over a fire. Khi giết xong, người đàn ông đã nướng con vịt trên lửa. **2** *v.* giết, giết chết, làm chết, hạ sát, ám sát; ngã, giết, chết, giết thịt, làm thịt; tắt [máy]; làm tiêu tan [hy vọng]; giết [thì giờ]; bác [đạo luật]; ngừng đăng [bài]: **to be ~ed on the spot** bị giết ngay tại chỗ; **to ~ off** giết sạch, tiêu diệt; **to ~ two birds with one stone** một công đôi ba việc

killing /'kɪlɪŋ/ **1** *n.* sự giết chóc, món lãi bở: **That is a brutal ~.** Đó là sự giết chóc tàn nhẫn. **2** *adj.* làm chết, làm mệt lã người

kiln /kɪln/ *n.* lò: **brick ~** lò gạch; **lime ~** lò vôi

kilobyte /'kɪləbaɪt/ *n.* đơn vị đo sức chứa máy vi tính

kilogram /'kɪləgræm/ *n.* (*abbr.* **kg**) ki-lo-gam

kilohertz /'kɪləhɜːts/ *n.* (*abbr.* **kHz**) ki-lô-hớc

kilometer /'kɪləmiːtə(r)/ *n.* (*abbr.* **km**) ki-lô-mét

kilowatt /'kɪləwɒt/ *n.* ki-lô-oat: **~-hour** ki-lô-oat giờ (**kWh**)

kilt /kɪlt/ *n.* váy của người Tô Cách Lan

kimono /kɪ'məʊnəʊ/ *n.* áo ki-mô-nô của người Nhật

kin /kɪn/ *n.* dòng dõi, dòng họ, gia đình, huyết thống; bà con, họ hàng: **kith and ~** người như trong gia đình

kind /kaɪnd/ **1** *n.* loài, loại, chủng loại; thứ, hạng; bản tính; tính chất: **books of all ~s** sách đủ mọi loại; **Vietnamese food of a certain ~** cái tạm gọi là món ăn Việt Nam; **nothing of that ~** nhất quyết không phải chuyện đó đâu **2** *adj.* tử tế, có lòng tốt, nhân từ, ân cần: **It was very ~ of you to send the package for me.** Bạn tử tế quá, gửi hộ tôi cái gói đó, xin cám ơn cô.

kindergarten /'kɪndəɡɑːt(ə)n/ *n.* lớp mẫu giáo; nhà trẻ: **She has to send her child to the ~.** Bà ấy phải gởi con ở nhà trẻ.

kindle /'kɪnd(ə)l/ *v.* đốt, nhen, nhóm; gợi, khơi, gây; làm sáng ngời lên

kindly /'kaɪndlɪ/ *adv.* tử tế, tốt bụng, có hảo tâm; dễ chịu: **He acts very ~ towards the old man.** Ông ta là người rất tử tế với người lớn tuổi; **Kingly sign this form to acknowledge receipt.** Xin vui lòng ký giấy nầy để biết đã nhận được.

kindred /'kɪndrɪd/ **1** *n.* họ hàng bà con, thân thích; quan hệ họ hàng **2** *adj.* họ hàng; cùng nguồn gốc, tương tự

king /kɪŋ/ *n.* vua, quốc vương; vua; chúa tể; quân chúa, quân tướng [cờ]; lá bài K; loại to/lớn: **steel ~** vua thép; **Who will be the ~ of England?** Ai sẽ là vua nước Anh?; **~ship** địa vị nhà vua, ngôi vua, vương quyền

kingdom /'kɪŋdəm/ *n.* vương quốc; giới: **the animal ~** giới động vật; **the United ~** nước Anh

kingfisher /'kɪŋˌfɪʃə(r)/ *n.* chim bói cá

King's English *n.* tiếng Anh chuẩn ở Anh

kink /kɪŋk/ *n., v.* nút, chỗ thắt nút; thắt nút

kinship /'kɪnʃɪp/ *n.* quan hệ bà con/ thân tộc: **~ term** từ chỉ người trong gia đình

kiosk /'kiːɒsk/ *n.* quán, sạp [bán báo]; buồng điện thoại công cộng: **newspaper ~** sạp báo

kipper /'kɪpə(r)/ *n.* cá trích muối hun khói

kiss /kɪs/ **1** *n.* cái hôn: **to give someone a ~** hôn ai **2** *v.* hôn, chạm nhẹ: **Her parents ~ed her goodbye.** Ba mẹ cô ta hôn cô ta để chia tay.

kit /kɪt/ *n.* bộ đồ nghề; đồ nghề: **a plumber's ~** bộ đồ thợ ống nước; **admissions ~** tất cả giấy tờ mẫu đơn xin học; **a first-aid ~** tủ thuốc cấp cứu

kitchen /'kɪtʃɪn/ *n.* nhà bếp, phòng bếp: **~ cabinet** tủ bếp; **~ maid** chị phụ bếp

kite /kaɪt/ *n., v.* cái diều; con diều
hâu; hối phiếu giả, kẻ bịp bợm: **to
fly a ~** thả diều

kitten /'kɪt(ə)n/ *n.* mèo con

kittle /'kɪt(ə)l/ *adj.* khó khăn, khó tính

kitty /'kɪtɪ/ *n.* mèo con; vốn góp chung

kiwi /'ki:wɪ/ *n.* chim kiwi; người Tân
Tây Lan; trái kiwi

kleptomaniac /kleptəʊ'meɪnɪæk/ *n.,
adj.* người ăn cắp vặt, táy máy lấy
của người khác

knack /næk/ *n.* sự khéo tay, tài riêng,
sở trường; mẹo

knapsack /'næpsæk/ *n.* túi dết, ba lô

knead /ni:d/ *v.* nhào trộn [bột]; luyện
[đất sét]; xoa bóp, đấm bóp, tẩm
quất

knee /ni:/ **1** *n.* đầu gối (quần); khuỷu,
khớp xoay: **on hands and ~s** bò; **on
his/her ~s** quỳ gối, van xin; **~- high**
cao đến đầu gối **2** *v.* nay/thúc ai
bằng đầu gối

kneecap /'ni:kæp/ *n.* xương bánh chè;
miếng đệm đầu gối

kneel /ni:l/ *v.* [**knelt**] quỳ, quỳ xuống:
to ~ down quỳ xuống

knell /nel/ *n., v.* hồi chuông báo tử,
điềm tận số

knelt /nelt/ quá khứ của **kneel**

knew /nju:/ quá khứ của **know**

knickers /'nɪkəz/ *n.* quần lót đàn bà
đến gối

knick-knack /'nɪknæk/ *n.* đồ lặt vặt,
đồ tập tàng

knife /naɪf/ **1** *n.* (*pl.* **knives**) con dao:
to buy a sharp ~ mua một con dao
sắc **2** *v.* đâm/chém bằng dao; hại
ngầm: **He took revenge on the man
by knifing him to death.** Ông ấy trả
thù người đàn ông kia bằng cách
đâm dao cho đến chết

knight /naɪt/ **1** *n.* hiệp sĩ; kỵ sĩ; tước
sĩ, người được nữ hoàng Anh phong
tước; **~-errant** hiệp sĩ giang hồ,
hiệp khách **2** *v.* phong tước hầu

knit /nɪt/ *n., v.* [**knitted**] đan bằng len/
sợi; nối, hàn, gắn, kết chặt: **your
closely-~ argument** bạn lý luận chặt

chẽ, luận cứ nghiêm mật

knitwear /'nɪtweə(r)/ *n.* đồ đan, áo
quần đan; hàng dệt kim: **Is there
any ~ department near here?** Có
gian hàng đan dệt gần đây không?

knob /nɒb/ *n.* quả nắm cửa: **to turn
the door ~** quay quả nắm cửa

knock /nɒk/ **1** *n.* cú đánh; tiếng gõ;
lời chỉ trích gắt gao **2** *v.* gõ, đập,
đánh, va, đụng; chỉ trích kịch liệt:
to ~ down hạ, bắn rơi; dỡ/tháo ra;
hạ [giá]; **to ~ off** nghỉ tay; làm
mau; bớt đi; ăn cướp; giết chết; **to
~ out** hạ đo ván; **to ~ together** khép/
ráp vội; **to ~ up** đánh bay lên; gõ
cửa đánh thức ai dậy

knockout /'nɒkaʊt/ **1** *n.* cú nốc ao, cú
đo ván; đàn bà đẹp chim sa cá lặn:
~ drops thuốc mê (chỉ cần vài giọt)
2 *adj.* bị loại khỏi trận đấu; bị đánh
bất tỉnh

knoll /nəʊl/ *n.* gò, đồi nhỏ

knot /nɒt/ **1** *n.* nút, nơ; đầu mấu, mắt
gỗ; mối ràng buộc; đầu mối, điểm
nút [câu chuyện]; tốp, nhóm, cụm;
hải lý: **to make a ~** thắt nơ **2** *v.* thắt
nút/nơ; kết chặt; làm rối beng

knotty /'nɒtɪ/ *adj.* có nhiều nút; [gỗ]
có nhiều mắt; rắc rối; khúc mắc,
nan giải

know /nəʊ/ **1** *v.* [**knew; known**] biết,
hiểu biết, quen biết; nhận biết,
phân biệt: **She doesn't ~ how to
swim.** Cô ấy không biết bơi.; **to ~
by name** biết tên/tiếng; **I ~ of a
superb Vietnamese restaurant near
the university.** Tôi biết gần đại học
có một tiệm ăn Việt Nam ngon
tuyệt.; **to get to ~ somebody** được
làm quen với ai **2** *n.* biết rõ vấn
đề, biết rõ việc: **to be in the ~** biết
điều mà nhiều người chưa biết

know-how /'nəʊhaʊ/ *n.* kiến thức/kỹ
năng chuyên môn

knowing /'nəʊɪŋ/ *n., adj.* hiểu biết,
thạo: **to assume a ~ air** làm ra vẻ
hiểu biết

knowledge /'nɒlɪdʒ/ *n.* sự biết, sự

hiểu/nhận biết; tri thức, kiến thức: **not to my ~ (= not that I know of)** theo tôi rõ thì không có thể; **~ explosion** sự bộc phát kiến thức

known /nəʊn/ quá khứ của know: **I have ~ them for years.** Tôi quen biết ông bà ấy đã nhiều năm rồi.; **very well-~** rất có tiếng

knuckle /'nʌk(ə)l/ **1** *n*. khớp đốt ngón tay; đốt khuỷu chân giò **2** *v*. cốc, cững: **to ~ down/under** khuất phục/ đầu hàng; **to ~ down to one's job** chăm chỉ bắt tay vào việc

koala /kəʊ'ɑːlə/ *n*. gấu túi, con cù lần (Úc)

koi /kɔɪ/ *n*. đồ trang điểm của người Nhật

kook /kuːk/ *n., adj., sl*. chàng gàn, anh chàng lập dị

Koran /kɒ'rɑːn/ *n*. (*also* **Qur'an**) kinh Co-ran của đạo Hồi

Korea /kə'riːə/ *n*. nước Triều Tiên/Đại Hàn

kowtow /ˌkaʊ'taʊ/ *n., v*. quỳ lạy, cúi lạy, khấu đầu: **They ~ed to their ancestors.** Họ đã quỳ lạy tổ tiên.

kph /ˌkeɪpiː'eɪtʃ/ *abbr*. (= **kilometers per hour**) một giờ chạy bao nhiêu ki-lô mét

Kremlin /'kremlɪn/ *n*. điện Cẩm-linh: **to visit the ~** đi thăm điện Cẩm-linh

kris /krɪs/ *n*. dao nhọn của người Mã-Lai hay Nam Dương

kudos /'kjuːdɒs/ *n*. sự rực rỡ; sự khen ngợi

kumquat /'kʌmkwɒt/ *n*. quả quất; mứt quất

kungfu /kʌŋ'fuː/ *n*. môn võ Tàu kung-fu: **to practice ~** thực tập võ kung-fu

Kurd /kɜːd/ *n*. nước Kơ-đờ

Kuwait /kʊ'weɪt/ *n*. nước Ku-wet (ở Trung Đông)

kW *n., abbr*. (= **kilowatt**) ki-lô-wat

kwashiorkor /kwɒʃɪ'ɔːkɔː(r)/ *n*. bệnh suy dinh dưỡng ở châu Phi

L

lab /læb/ *n., abbr*. (= **laboratory**) phòng thí nghiệm

label /'leɪbəl/ **1** *n*. nhãn, nhãn hiệu; chiêu bài: **You have to put a ~ on your products.** Bạn phải dán nhãn hiệu trên sản phẩm của bạn. **2** *v*. dán/ghi nhãn; gán cho là, chụp mũ là: **Everyone has to ~ his/her luggage.** Ai cũng phải dán nhãn hiệu trên hành lý của họ.

labor /'leɪbə(r)/ **1** *n*. lao động; công việc nặng nhọc; đau đẻ: **manual ~** lao động chân tay; **~ movement** phong trào công nhân; **~ Day** Ngày Lễ Lao Động Mỹ [thứ hai trong tuần lễ đầu tháng 9]; **~ union** công đoàn, nghiệp đoàn; **~ pains** cơn đau đẻ **2** *v*. gắng sức/công, nỗ lực, dốc sức; bị giày vò: **to ~ for one's dreams** nỗ lực vì hạnh phúc cho ai

laboratory /lə'bɒrətəri/ *n*. phòng thí nghiệm: **language ~** phòng nghe băng để học ngoại ngữ, phòng thính thị; **school ~** trường kiểu mẫu [cho giáo sinh thực tập]

laborer /'leɪbərə(r)/ *n*. người lao động, lao công: **He had been a construction ~.** Ông ấy đã làm lao động chân tay cho kỹ nghệ xây cất.

Labor Party *n*. đảng lao động

labyrinth /'læbɪrɪnθ/ *n*. cung mê, mê cung; đường rối

lace /leɪs/ **1** *n*. dây, dải; đăng ten, ren: **a pair of shoe ~s** đôi dây giày **2** *v*. buộc, thắt; viền đăng ten: **to ~ (up) one's shoes** thắt dây giày

lacerate /'læsərət/ *v*. xé rách, làm tan nát: **to ~ an arm (injury)** làm đau tay

lack /læk/ **1** *n*. sự thiếu: **for ~ of resources** vì thiếu tài nguyên; **no ~ of water** thiếu gì nước **2** *v*. thiếu, không có: **I ~ the vocabulary to express my impression.** Tôi thiếu từ để diễn tả cảm tưởng của tôi.

lackey /'lækɪ/ *n.* đầy tớ, tay sai

laconic /lə'kɒnɪk/ *adj.* vắn tắt, gọn gàng, súc tích

lacquer /'lækə(r)/ **1** *n.* sơn, sơn mài: ~ **painting** tranh sơn mài **2** *v.* quét sơn: **The artist ~ed cabinets.** Nghệ nhân đã quét sơn các tủ rồi.

lactose /'læktəʊs/ *n.* lac-tô, đường sữa

lacy /'leɪsɪ/ *adj.* làm bằng vải thêu, bằng ren

ladder /'lædə(r)/ *n.* thang: **I have bought a folding ~.** Tôi vừa mua một cái thang gập lại được.

laden /'leɪdən/ *adj.* chất nặng/đầy, nặng trĩu: **camels ~ with bundles of rice** mấy con lạc đà chất đầy những bao gạo; **to be ~ with sorrow** nặng trĩu đau buồn

ladies' room *n.* nhà vệ sinh nữ

lading /'leɪdɪŋ/ *n.* sự chất hàng: **bill of ~** tải hoá đơn

ladle /'leɪdl/ **1** *n.* cái môi, cái vá **2** *v.* múc bằng môi: **to ~ out soup** múc xúp bằng môi/vá

lady /'leɪdi/ *n.* (*pl.* **ladies**) đàn bà, bà, phụ nữ; bà chủ; phu nhân; vợ: **~'s watch** đồng hồ nữ; **~-killer** anh chàng đào hoa

ladylike /'leɪdilaɪk/ *adj.* có dáng quý phái/mệnh phụ

lag /læg/ **1** *n.* sự chậm/trễ: **Price rises match increases in the money supply with a ~ of two or three months.** Giá cả lên cho nên việc cung ứng tiền bạc chậm trễ mất hai ba tháng. **2** *v.* tụt lại sau, chậm trễ: **to ~ behind** tụt lại đằng sau

lagoon /lə'guːn/ *n.* vũng nước mặn, hồ nước mặn (ở giữa đảo)

laid /leɪd/ quá khứ của **lay**

laid-back *adj.* trầm tĩnh, thoải mái, không lo lắng gì cả: **a ~ attitude to wards life** thái bất cần đời

lain /leɪn/ quá khứ của **lie**

lair /leə(r)/ *n.* hang, ổ (thú dữ); sào huyệt: **a fox's ~** hang chồn

laissez-faire /'leɪseɪ feə(r)/ *n.* chính sách để tư nhân tự do kinh doanh

lake /leɪk/ *n.* hồ: **Return Sword ~ is one of several ~s in Hanoi city.** Hồ Hoàn Kiếm là một trong số năm bảy cái hồ ở thành phố Hà Nội.

Lama /'lɑːmə/ *n.* thầy tu ở Tây Tạng, vị Lạt Ma; **Dalai Lama** vị Đạt Lai Lạt Ma

lamb /læm/ *n.* cừu non/con; thịt cừu non

lambskin /'læmskɪn/ *n.* da cừu

lame /leɪm/ *adj.* què, khập khiễng; không vững/chỉnh: **to be ~ in one leg** bị què một chân

lamé /'lɑːmeɪ/ *n.* hàng kim tuyến: **She wears a silver ~ dress.** Bà ấy mặc áo dài hàng kim tuyến.

lame duck *n.* người hay tổ chức thất bại cần sự giúp đỡ; chính trị gia hay chính phủ mãn hạn và không được bầu lại: **a ~ president** tổng thống mãn nhiệm kỳ và sẽ không được bầu lại

lament /lə'ment/ **1** *n.* lời than van; ngâm khúc **2** *v.* than van, than khóc, rên rỉ, ta thán; thương tiếc

laminate /'læmɪnət/ *v., n.* bọc nhựa, việc bao plastic: **to ~ one's photo** bọc nhựa tấm hình

lamp /læmp/ **1** *n.* đèn: **an oil ~** một ngọn đèn dầu; **table ~** đèn để bàn **2** *v.* chiếu sáng, rọi sáng, treo đèn

LAN /læn/ *abbr.* (= **Local Area Network**) một hệ thống vi tính nối mạng với nhau để liên lạc qua đường dây điện thoại

lance /lɑːns/ **1** *n.* giáo, thương **2** *v.* đâm; mổ, trích

land /lænd/ **1** *n.* đất liền, lục địa; đất, đất đai (để trồng trọt); vùng, xứ sở, địa phương, lãnh thổ; ruộng đất, điền sản: **~ breeze** gió từ đất liền thổi ra biển; **I have bought a block of ~.** Tôi vừa mua được một miếng đất. **2** *v.* đổ bộ; đưa đến, đẩy vào; được, bắt được; giáng (đòn); (máy bay) hạ cánh; cập bến: **Our car ~ed in a ditch.** Xe chúng tôi tụt xuống rãnh.; **Lucky guy! He ~ed a nice**

job. Anh chàng may quá được cái việc thật tốt.

landing /'lændɪŋ/ **1** *n.* sự hạ cánh, sự ghé bờ, vụ đổ bộ; bến chỗ đỗ; đầu cầu thang **2** *adj.* dùng để hạ cánh: **~ gear** bộ phận hạ cánh

landlocked /'lændlɒkt/ *adj.* bị bao bọc bởi đất trống

landlord /'lændlɔːd/ *n.* ông chủ nhà; ông chủ trọ; chủ đất, địa chủ: **to sign an agreement with the ~** ký bản giao kèo với chủ nhà; **absentee ~** chủ nhà/đất vắng mặt

landmark /'lændmɑːk/ *n.* mốc bờ; ranh giới, địa giới; cây, nhà, nơi đặc biệt; sự kiện đáng để ý

landmine /'lændmaɪn/ *n.* bãi mình

landowner /'lændəʊnə(r)/ *n.* địa chủ, người sở hữu đất

landscape /'lændskeɪp/ **1** *n.* phong cảnh: **~ architecture** nghệ thuật thiết kế công viên và xa lộ; **~ gardening** nghệ thuật thiết kế vườn tược **2** *v.* vẽ/thiết kế vườn cảnh

landslide /'lændslaɪd/ *n.* sự lở đất; sự thắng phiếu lớn

lane /leɪn/ *n.* đường làng, đường nhỏ; (đường) hẻm, ngõ hẻm; hàng, đường (vạch rõ cho xe hơi trên xa lộ): **This ~ is for left-turns only.** Hàng/Lối này dành cho xe rẽ tay trái.

language /'læŋgwɪdʒ/ *n.* tiếng, ngôn ngữ; lời (ăn tiếng) nói: **native ~** tiếng bản ngữ; **foreign ~** tiếng nước ngoài, tiếng ngoại quốc, ngoại ngữ; **the Vietnamese ~** tiếng Việt, Việt ngữ; **the ~ of diplomacy** ngôn ngữ ngoại giao; **to watch your ~** nên cẩn thận cách ăn nói; **to speak the same ~** nói cùng một thứ tiếng; **to use the ~ of flowers** dùng ngôn ngữ bóng bẩy

languid /'læŋgwɪd/ *adj.* lừ đừ, uể oải, yếu đuối; chậm chạp

languish /'læŋgwɪʃ/ *v.* mỏi mòn chờ đợi, tiều tụy: **to ~ for news from someone** mỏi mòn mong tin ai

La Nina /lɑː'ninjə/ *n.* hiện tượng khí hậu lạnh ở trung và đông Thái bình dương

lanky /'læŋkɪ/ *adj.* gầy gò, cao lêu đêu

lantern /'læntən/ *n.* đèn lồng: **Mid-Autumn Festival's ~** đèn trung thu

Laos /'laʊs/ *n.* nước/người Lào

lap /læp/ **1** *n.* vạt áo; lòng: **a baby boy on his mother's ~** đứa hài nhi ngồi trog lòng mẹ **2** *n.* vòng chạy, vòng đua: **That is the last ~ of the race.** Đó là vòng đua cuối **3** *v.* phủ/chụp lên; bọc; mài.: **The water ~ped against the boat.** Nước đã chụp lên thuyền.

lapel /læ'pel/ *n.* ve áo

lapse /læps/ **1** *n.* sự sai lầm; sự sa ngã; khoảng, quãng; sự mất quyền lợi: **~ of memory** sự nhớ lầm; **a ~ of a week** thiếu một tuần **2** *v.* sa ngã; mất hiệu lực: **to ~ into** sa vào tội lỗi

laptop /'læptɒp/ *n.* [**computer**] máy vi tính xách tay: **Do you have a ~?** Bạn có máy vi tính xách tay không?

larceny /'lɑːsənɪ/ *n.* tội ăn cắp: **petty ~** ăn cắp từ 25 đến 50 đô la; **grand ~** tội ăn cắp lớn

lard /lɑːd/ *n.* mỡ lợn/heo

larder /'lɑːdə(r)/ *n.* chạn, tủ đựng thức ăn

large /lɑːdʒ/ **1** *adj.* lớn, to, rộng; rộng rãi; rộng lượng: **a ~ sum** một món tiền lớn; **~ intestine** ruột già **2** *n.* sự rộng rãi, chung: **at ~** tự do; **ambassador at ~** đặc sứ **3** *adv.* **by and ~** nói chung, đại để, đại khái

lark /lɑːk/ *n., v.* chim chiền chiện; chơi gian

larva /'lɑːvə/ *n.* (*pl.* **larvae**) ấu trùng, giòi

laryngitis /ˌlærɪn'dʒaɪtɪs/ *n.* viêm thanh quản

larynx /'lærɪŋks/ *n.* (*pl.* **larynges**) thanh quản

lasagne, lasagna /lə'zænjə/ *n.* món ăn lạc xá

lascivious /lə'sɪvɪəs/ *adj.* dâm đãng, dâm dục, đa dâm

laser /'leɪsə(r)/ *n.* tia hồng tuyến, tia la-ze: **The doctor used new ~ technology for his operations.** Bác sĩ đã dùng kĩ thuật tia la-ze để mổ.

laser printer *n.* máy in bằng tia la-ze

lash /læʃ/ **1** *n.* roi; sự quất; lông mi: **eye ~es** lông mi **2** *v.* quất, đánh; đập vào; kích động; xỉ vả: **Sea waves are ~ing against the shore.** Sóng biển đang đánh mạnh vào bờ.

lasso /lə'su:/ *n., v.* dây thòng lọng; bắt con vật bằng dây thòng lọng

last /lɑːst/ **1** *n.* người sau cùng; (khúc cuối) cùng: **at ~, at long ~** sau cùng, rốt cuộc, mãi về sau; **to fight to the ~** chiến đấu đến hơi thở cuối cùng **2** *adj.* cuối cùng (sau) chót, sau rốt; trước, vừa qua: **the ~ page** trang cuối; **~ night** đêm qua; **That's the ~ thing I would do.** Đó là điều cuối cùng tôi làm.; **~ name** họ [như Jones trong Robert Jones, Nguyễn trong Nguyễn Mỹ Hường] **3** *adv.* lần cuối/sau cùng: **when I ~ saw him** khi tôi gặp anh ấy lần sau cùng **4** *v.* kéo dài; bền, để được lâu: **This bag of rice would not ~ one week.** Bị gạo này chỉ chưa đầy một tuần là hết.; **How long will the money ~?** Số tiền này liệu đủ chi dùng trong bao lâu?

last call *n.* lời kêu gọi sau cùng cho hành khách lên máy bay

lasting /'lɑːstɪŋ/ *adj.* bền vững, lâu dài, trường/vĩnh cửu

lastly /'lɑːstlɪ/ *adv.* sau cùng, cuối cùng, sau hết

last rites *n.* lễ người Thiên Chúa giáo dành cho một người sắp chết

last resort *n.* nỗ lực cuối cùng, phương tiện cuối cùng

latch /lætʃ/ **1** *n.* chốt/then cửa **2** *v.* khoá chốt, gài then; **to ~ on** muốn lưu giữ lại

latchkey /'lætʃkiː/ *n.* chìa khoá rập ngoài: **a ~ child** đứa bé ở nhà một mình sau giờ học trong khi cha mẹ vẫn còn làm việc

late /leɪt/ **1** *adj.* muộn, chậm, trễ; vào khoản cuối; cố: **He was ~ for school.** Nó đến trường muộn.; **in the ~ 13th century** cuối thế kỷ 13; **the ~ president** cố tổng thống **2** *adv.* muộn, chậm, trễ: **better ~ than never** muộn còn hơn chẳng bao giờ/còn hơn không

latent /'leɪtənt/ *adj.* ngầm, âm ỉ, ẩn, tiềm tàng

later /'leɪtə(r)/ **1** *adj.* sau, trong nay mai: **The match has been postponed to a ~ date.** Trận đấu được hoãn lại ngày hôm sau. **2** *adv.* nay mai, thời gian sau: **See you ~!** Gặp lại bạn sau!

lateral /'lætərəl/ *n., adj.* (âm) bên; ở một bên

latest /'leɪtɪst/ *adj.* muộn nhất; mới nhất, gần đây nhất: **Please give me the ~ news.** Làm ơn cho tôi biết tin mới nhất.

latex /'leɪteks/ *n.* nhựa mủ

lathe /leɪð/ *n.* máy tiện

lather /'lɑːðə(r)/ **1** *n.* bọt xà phòng **2** *v.* xoa xà phòng; có bọt

Latin /'lætɪn/ *n., adj.* người/tiếng La Tinh; thuộc văn hoá La Tinh: **~ American** Châu Mỹ La Tinh

latitude /'lætɪtjuːd/ *n.* độ vĩ, vĩ độ; đường vĩ, vĩ tuyến; bề rộng; quyền (hành động) rộng rãi

latrine /lə'triːn/ *n.* nhà xí, chuồng xí, cầu tiêu [đằng sau]

latter /'lætə(r)/ *adj.* gần đây, mới đây; cái/người sau: **the ~ part of the week** phần sau tuần lễ; **X and Y are both my classmates; however, I like the former better than the ~.** Cả X lẫn Y đều là bạn cùng lớp với tôi, nhưng tôi thích anh trước hơn anh sau.

lattice /'lætɪs/ *n.* rèm/rào/lưới mắt cáo

laud /lɔːd/ *v.* khen ngợi, ca tụng, tán dương

laugh /lɑːf/ **1** *n.* tiếng/trận cười: **to burst into a ~** bật cười; **to force a ~** cười gượng **2** *v.* cười cười vui, cười cợt: **to ~ at** chê cười, coi thường; **to**

~ off cười xòa; **He ~s best who ~s last.** Cười người chớ khá cười lâu/ cười người hôm trước hôm sau người cười.

laughter /'lɑːftə(r)/ *n.* sự cười; tiếng cười

launch /lɔːnʃ/ **1** *n.* sự hạ thủy; sự khởi đầu/khai trương, sư ra mắt (sách hay dự án): **Today's ~ of the space shuttle has been delayed.** Hôm nay việc phóng phi thuyền bị hoãn lại. **2** *v.* hạ thuỷ [tàu]; ném, quăng, liệng, phóng [tên lửa, hoả tiễn]; mở [trận tấn công]; phát động [phong trào]: **to ~ a new project** giới thiệu một dự án mới; **to ~ a rocket** phóng hoả tiễn

laundry /'lɔːndrɪ/ *n.* hiệu/tiệm giặt; quần áo giặt: **~man** thợ giặt

laurels /'lɒrəlz/ *n.* cây nguyệt quế; vòng nguyệt quế: **to rest on your ~** cảm thấy thoả mãn với những gì bạn đạt được

lava /'lɑːvə/ *n.* dung nham, phún thạch

lavatory /'lævətərɪ/ *n.* phòng rửa mặt; nhà xí/tiêu

lavender /'lævɪndə(r)/ *n.* cây/hoa oải hương; màu xanh pha đỏ

lavish /'lævɪʃ/ **1** *adj.* phí, lãng phí, hoang tàn **2** *v.* tiêu hoang, lãng phí; cho nhiều

law /lɔː/ *n.* phép, phép tắc, luật; điều lệ, định luật, quy luật; pháp luật, luật pháp; luật học/khoa, nghề luật sư; toà án, việc kiện tụng: **~ and order** trật tự và an ninh; **the ~s of supply and demand** luật cung cầu; **to break the ~** phạm luật; **international ~** luật quốc tế; **court of ~** tòa án

lawful /'lɔːfəl/ *adj.* hợp pháp

lawn /lɔːn/ *n.* bãi cỏ, thảm cỏ, sân cỏ: **~ mower** máy cắt cỏ; **~ tennis** sân quần vợt bằng cỏ

lawsuit /'lɔːsjuːt/ *n.* vụ kiện, vụ án, vụ tố tụng

lawyer /'lɔːjə(r)/ *n.* luật sư, luật gia

lax /læks/ *adj.* lỏng, không căng, chùng; lỏng lẻo, không nghiêm; sao lãng

laxative /'læksətɪv/ *n., adj.* (thuốc) nhuận tràng

lay /leɪ/ **1** *adj.* thế tục; không chuyên môn **2** *v.* [**laid**] để, đặt, xếp, để nằm; sắp đặt, bố trí; bày [bàn ăn]; trình bày, phơi bày; [gà] đẻ; đổ, quy [lỗi]; trải, phủ lên: **After jogging I ~ down for a rest.** Sau khi chạy, tôi nằm nghỉ một tí.; **to ~ aside/away/by** gạt sang một bên; bỏ đi; để dành; **to ~ off** đuổi, thải, giãn [công nhân]; **to ~ out** sắp đặt, bố trí; trình bày; **to ~ up** trữ; cho nằm liệt giường **3** *n.* vị trí, phương hướng: **the ~ of the land** dọc bờ biển

layer /'leɪə(r)/ *n.* người đặt/gài; lớp, tầng, nền: **brick ~s** thợ nề; **a ~ of concrete** nền bê tông; **a three-~ed cake** chiếc bánh ngọt ba lớp

layoff *n.* sự tạm giãn thợ; thời kỳ ngồi không

layout /'leɪaʊt/ *n.* sơ đồ bố trí/trình bày

laze /leɪz/ *n., v.* lúc vô công rồi nghề, nhàn rỗi

lazy /'leɪzɪ/ *adj.* lười biếng, làm biếng, biếng nhác: **He is too ~ to learn English.** Ông ấy lười học tiếng Anh quá.

leach /liːtʃ/ *v.* cho lọc qua, lọc lấy nước

lead /liːd/ **1** *n.* chì; than chì; dây dọi; đạn chì: **~ pencil** bút chì; **~ poisoning** sự nhiễm độc chì **2** *n.* sự lãnh đạo, sự hướng dẫn: **to take the ~** giữ vai trò lãnh đạo **3** /led/ *n.* đồ chì, bọc chì, lợp chì; cho chì vào: **unleaded gasoline** xăng không pha chì **4** *v.* [**led**] dẫn, dắt, dẫn đường, dẫn đạo, chỉ dẫn; chỉ đạo, lãnh đạo, chỉ huy, điều khiển; đưa tới, dẫn đến: **to ~ the way** dẫn đường, mở đường; **to ~ a miserable life** sống một cuộc đời cực khổ điêu đứng; **to ~ off** bắt đầu; **to ~ up to** chuẩn bị cho; nói rào đón trước; **He was led astray.** Anh ta bị đưa vào con đường lầm lạc.

leader /'li:də(r)/ *n.* người chỉ huy/lãnh đạo, lãnh tụ: **We need young ~s.** Chúng ta cần những nhà lãnh đạo trẻ.

leadership /'li:dəʃɪp/ *n.* sự lãnh đạo; tài lãnh đạo: **collective ~** lãnh đạo tập thể

lead-free /led'fri:/ *adj.* không có pha chất mê-tan (xăng, sơn)

leading /'li:dɪŋ/ *adj.* chính, quan trọng, chủ yếu, chủ đạo, hàng đầu: **~ question** câu hỏi cần được trả lời

lead story /'li:stɔ:ri/ *n.* mục chính trong bản tin hay trong báo chí

lead time /'li:taɪm/ *n.* thời gian bắt đầu và kết thúc qui trình sản xuất

leaf /li:f/ **1** *n.* (*pl.* **leaves**) lá cây; lá; tờ; tấm đôi [lắp vào cho bàn thêm dài] **2** *v.* [**leafed**] ra lá, trổ lá: **to ~ through a book** dở đọc qua một quyển sách

leaflet /'li:flɪt/ *n.* lá chết, lá non; tờ cáo bạch/truyền đơn

league /li:g/ **1** *n.* dặm, hải lý [= 3 **miles** tức 4 8 km] **2** *n.* đồng minh, liên minh; hội, liên đoàn: **~ of nations** hội quốc liên; **in ~ with…** liên kết với, câu kết với

leak /li:k/ **1** *n.* lỗ thủng/rò, khe hở, chỗ dột; sự tiết lộ **2** *v.* rỉ/rò ra; thoát ra, lọt ra; (để) lộ, tiết lộ: **The secret papers have been ~ed out.** Những bản văn bí mật đã bị tiết lộ ra ngoài.

leakage /'li:kɪdʒ/ *n.* sự lọt qua, sự thoát ra: **the ~ of military secrets** lọt những bí mật quân sự

lean /li:n/ **1** *n.* thịt/chỗ nạc **2** *adj.* [thịt] nạc; gầy còm; đói kém, mất mùa; [than] gầy **3** *v.* nghiêng, xiên; cúi, ngã người; dựa, tựa: **to ~ against** chống vào; **to ~ on** dựa vào; **to ~ backwards** ngả người ra đằng sau

leaning /'li:nɪŋ/ *n.* khuynh hướng, thiên hướng

leap /li:p/ **1** *n.* sự nhảy vọt: **by ~s and bounds** tiến bộ nhanh; **the great ~ forward** bước nhảy vọt lớn **2** *v.*

[**leaped/leapt**] nhảy qua, vượt qua; nhảy vọt; nhảy lên

leap year *n.* năm nhuận

learn /lɜ:n/ *v.* [**learned, learnt**] học, học tập, nghiên cứu; được biết, nghe nói: **He ~ed how to drive a car.** Anh học lái xe hơi/ô tô.; **to ~ by heart** học thuộc lòng; **We ~ed that he had failed the examination.** Chúng tôi được biết là cậu ta hỏng thi rồi.

learning /'lɜ:nɪŋ/ *n.* sự học; học vấn, kiến thức: **The school library is a focal point of ~ on the campus.** Thư viện nhà trường là nơi tìm kiếm kiến thức.

lease /li:z/ **1** *n.* giao kèo cho thuê: **to sign a ~ for the shop** ký giao kèo thuê tiệm **2** *v.* cho thuê, thuê: **My friend will ~ an apartment in the city.** Bạn tôi sẽ thuê một căn hộ ở trong thành phố.

leasehold /'li:shəʊld/ *n., adj.* (nhà/đất) thuê có giao kèo

leash /li:ʃ/ **1** *n.* dây/xích chó **2** *v.* buộc/ dắt bằng dây

least /li:st/ **1** *adj.* ít nhất, tối thiểu: **the ~ common denominator** mẫu số chung bé nhất **2** *adv.* tối thiểu, ít nhất: **~ of all** ít hơn cả **3** *n.* cái nhỏ nhất, tối thiểu: **at the very ~** ít nhất thì; **not in the ~** không một ít/chút nào

leather /'leðə(r)/ *n.* da thuộc rồi: **genuine ~** da thật; **~ neck** lính thủy đánh bộ, thuỷ quân lục chiến (xem **marine**)

leave /li:v/ **1** *n.* sự cho phép (nghỉ); sự cáo biệt/từ: **~ of absence** thời gian nghỉ phép; **~ without pay** nghỉ không lương; **sick ~** nghỉ bệnh; **annual ~** nghỉ hàng năm **2** *v.* [**left**] để lại, bỏ lại/quên; bỏ đi, rời khỏi; lúc chết để lại, di tặng; bỏ mặc: **I left the safe open.** Tôi quên mất, để tủ két sắt mở.; **Leave it with me!** Để việc đó cho tôi!; **He left home at 6 a.m.** Ông ấy ở nhà ra đi lúc 6 giờ sáng.; **She left her husband.** Bà ấy đã bỏ chồng rồi.; **to ~ someone alone** để mặc kệ ai; **to ~ behind** để lại; bỏ quên; **to ~ out** bỏ quên, để sót; xoá đi

lecherous /'letʃərəs/ *adj.* phóng đãng, dâm đãng

lectern /'lektən/ *n.* bục giảng kinh, bục diễn giảng

lecture /'lektʃə(r)/ **1** *n.* bài nói chuyện, bài thuyết trình/diễn thuyết, diễn văn; lời quở trách: **to attend a ~** dự buổi nói chuyện; **to give a ~** trình bày bài giảng **2** *v.* giảng, giảng bài; diễn thuyết, thuyết trình: **He used to ~ on literature.** Ông ấy thường thuyết trình về văn học.

led /led/ quá khứ của lead

ledge /ledʒ/ *n.* gờ, rìa, mép

lee /li:/ *n.* chỗ che; mạn che khuất

leek /li:k/ *n.* tỏi tây

leer /lɪə(r)/ **1** *n.* cái liếc mắt **2** *v.* liếc nhìn

leeward /'li:wəd/ *n., adj., adv.,* (phía) dưới gió

leeway /'li:weɪ/ *n.* sự trôi giạt; tiền hoặc thời gian trôi đi; phạm vi tự do hoạt động

left /left/ **1** *n.* phía/bên trái/tả; phái tả, tả phái: **on/to the ~** bên trái **2** *adj.* bên trái: **to make a ~ turn** rẽ bên trái **3** *adv.* bên tay trái, về phía tả, tả: **to turn ~** quẹo trái

left /left/ quá khứ của leave

leftover /'leftəʊvə(r)/ *n.* còn thừa: **Leftover rice makes wonderful fried rice.** cơm thừa làm cơm chiên thật tuyệt; **~s** đồ ăn thừa

leg /leg/ *n.* chân, cẳng; chân [bàn]; ống [quần, giày]: **to give someone a ~ up** đỡ ai leo lên

legacy /'legəsɪ/ *n.* gia tài, di sản

legal /'li:gəl/ *adj.* hợp pháp, theo pháp luật; do luật định: **to keep ~ documents under lock and key** giữ kín tài liệu pháp qui; **~ tender** tiền tệ chính thức

legality /lɪ'gælɪtɪ/ *n.* tính cách hợp pháp

legalize /'li:gəlaɪz/ *v.* hợp pháp hoá, hợp thức hoá: **to ~ de facto** hợp thức hoá việc sống chung như vợ chồng

legal proceedings *n.* tiến hành thủ tục toà án

legend /'ledʒənd/ *n.* truyền thuyết; truyện cổ tích, truyện hoang đường; lời chú giải

legendary /'ledʒəndərɪ/ *adj.* theo/thuộc truyền thuyết

leggy /'legɪ/ *adj.* có cẳng dài, trường túc; phô đùi

legible /'ledʒɪb(ə)l/ *adj.* (chữ viết/in/ ký) dễ đọc, rõ ràng

legion /'li:dʒən/ *n.* đạo quân (La Mã); nhiều, vô số: **a ~ of difficulties** biết bao nhiêu là khó khăn; **foreign ~** đội lính Lê dương của Pháp

legislation /ledʒɪs'leɪʃən/ *n.* pháp luật, pháp chế: **Everyone supports ~ to protect human rights.** Mọi người ủng hộ luật bảo vệ nhân quyền.

legislative /'ledʒɪslətɪv/ *n., adj.* (ngành) lập pháp: **~ council** thượng viện

legislature /'ledʒɪslətjʊə(r)/ *n.* nghị viện, cơ quan lập pháp, quốc hội

legitimacy /lɪ'dʒɪtɪməsɪ/ *n.* tính hợp pháp; tính chính đáng

legitimate /lɪ'dʒɪtɪmət/ *adj.* hợp pháp, chính đáng, chính thống: **~ purpose** mục đích chính đáng; **~ theater/ stage** môn kịch nói, thoại kịch

legitimize /lɪ'dʒɪtɪmaɪz/ *v.* hợp pháp hoá, chính thống hoá

legume /'legju:m, lɪ'gju:m/ *n.* quả đậu; rau đậu

legwork /'legwɜ:k/ *n.* công việc làm đi bộ

leisure /'leʒ(ʊ)ə(r)/ *n.* lúc rỗi rãnh/thư nhàn: **~ hours** thì giờ rỗi

leisurely /'leʒ(ʊ)əlɪ/ *adj., adv.* rỗi rãnh, rải rang, nhàn nhã; thong thả, ung dung, thung dung

lemon /'lemən/ *n., adj.* quả chanh (màu vàng); vật vô dụng, đồ xấu: **~ grass** cây/lá sả; **~ tree** cây chanh

lemonade /lemə'neɪd/ *n.* nước chanh

lend /lend/ *v.* **[lent]** cho vay, cho

mượn; cho thêm [về]: **to ~ a hand
to, to ~ assistance** to giúp đỡ; **Please
~ me ten bucks.** Cậu làm ơn cho tôi
vay 10 đồng.

lender /'lendə(r)/ *n.* người cho vay/
mượn: **money ~** người cho vay tiền

length /leŋθ/ *n.* bề/chiều dài; độ dài;
mẩu [dây]; khúc: **at ~** đầy đủ chi
tiết; trong thời gian dài; **to go to
any ~ to ...** làm bất cứ cái gì có thể
để ...

lengthen /'leŋθ(ə)n/ *v.* làm dài ra; kéo
dài

leniency /'li:nɪənsɪ/ *n.* sự dễ dãi, tính
khoan dung/hiền hậu

lenient /'li:nɪənt/ *adj.* dễ dãi, khoan
dung, hiền hậu/lành

Leninism /'lenɪnɪz(ə)m/ *n.* chủ nghĩa
Lê Nin

lens /lenz/ *n.* thấu kính; ống kính
máy ảnh; kính lúp: **contact ~** kính
đeo tròng mắt

lensman /lenzmən/ *n.* thợ chụp hình/
quay phim

lent /lent/ quá khứ của **lend**

leopard /'lepəd/ *n.* con báo, con gấu,
con beo

leper /'lepə(r)/ *n.* người hủi/cùi: ~
house trại hủi/cùi

leprosy /'leprəsɪ/ *n.* bệnh hủi/cùi/
phong

lesbian /'lezbɪən/ *n., adj.* (người) đồng
dâm nữ; nữ đồng tính luyến ái

less /les/ **1** *pron.* số ít hơn **2** *adv.* ít
hơn, kém hơn,bé hơn: **~ pay** ít
lương hơn; **of ~ importance** không
quan trọng bằng; **~ expensive** than
rẻ hơn, không đắt bằng; **to speak ~
and listen more** hãy nói ít nghe
nhiều; **~ and ~** càng ngày càng ít
3 *prep.* trừ đi: **the total price ~ ten
percent discount** giá tổng cộng trừ
đi 10 phần trăm

lesser /'lesə(r)/ *adj., adv.* ít hơn; nhỏ/
bé hơn: ~ **known** ít được ai biết
đến, không có tiếng lắm

lesson /'les(ə)n/ **1** *n.* bài học; lời dạy
bảo: **No one learns his ~s by heart**

any more. Không ai học thuộc lòng
bài học nữa rồi. **2** *v.* dạy, mắng.

lest /lest/ *conj.* e rằng, sợ rằng; để
khỏi: **I was afraid ~ he should
arrive too late to save us.** Tôi sợ ông
ta sẽ đến quá muộn thì làm sao
cứu được chúng mình.; **Be careful ~
you fall into the water!** Coi chừng
kẻo ngã xuống nước, cẩn thận
không có té xuống hồ bây giờ!

let /let/ *v.* **[let]** để cho, cho phép; cho
thuê: **I will ~ you use my new bike.**
Tôi sẽ cho phép anh đi xe đạp mới
của tôi.; **to ~ down** hạ xuống' tháo
[tóc] ra; xuống gấu; làm thất vọng,
bỏ rơi; **to ~ off** làm bay mất; tha
thứ; **to ~ out** thốt ra, kêu lên; nới
rộng [quần áo]; để cho lọt; tiết lộ:
"**House to ~**" NHÀ CHO THUÊ

letdown /'letdaʊn/ *n.* sự giảm sút; sự
thất vọng

lethal /'li:θəl/ *adj.* [thuốc, vũ khí] giết
người

lethargy /'leθədʒɪ/ *n.* trạng thái hôn
mê; tính thờ ơ/thẫn thờ

letter /'letə(r)/ **1** *n.* chữ cái; thư, thư tín,
thư từ; huy hiệu: **to write a ~** viết
một lá thư; **to send a ~ to someone**
gởi một lá thư cho ai; ~ **box** hộp
thư; ~ **carrier** người đưa/phát thư; ~
drop khe cửa để bỏ thư; ~ **of credit**
thư tín dụng; ~ **opener** dao dọc
giấy; **registered ~** thư bảo đảm **2** *v.*
viết chữ, kẻ chữ, in chữ, khắc chữ

letter bomb *n.* bom trong lá thư

letterhead /'letəhed/ *n.* giấy viết thư
có in tên ở đầu: **to write a letter
using paper printed with the com-
pany ~** dùng giấy có in tên của
công ty

lettuce /'letɪs/ *n.* rau diếp, xà lách

letup *n.* sự bớt/dịu đi: **without ~**
không ngớt

leukemia /lu:'ki:mɪə/ *n.* [*Br.* **leukaemia**]
bệnh bạch cầu

levee /le'vi/ *n.* con dê, dê con trạch

level /'levəl/ **1** *n.* mặt (bằng), mực,
mức; cấp, trình độ: **ministerial ~**

cấp bậc bộ trưởng; **sea ~** mặt biển;
on the phonetic ~ trên bình diện
ngữ âm học **2** *adj.* phẳng, bằng;
ngang: **to have a ~ head** bình tĩnh,
điểm đạm **3** *v.* san bằng, san phẳng:
to ~ the ground san bằng mặt đất

lever /'levəl/ *n.* đòn bẩy

leverage /'li:vərɪdʒ/ *n.* lực/tác dụng
của đòn bẩy; ảnh hưởng

levitate /'levɪteɪt/ *v.* bay lên, làm bay
lên

levity /'levɪtɪ/ *n.* tính nhẹ dạ

levy /'levɪ/ **1** *n.* tiền thuế; sự tuyển
quân: **~ in mass** tuyển quân tập thể
2 *v.* thu, đánh [thuế]; tuyển [quân]:
to ~ a tax on đánh thuế vào

lewd /lju:d/ *adj.* dâm dục/đãng, đa
dâm, hiếu sắc

lexical /'leksɪkəl/ *adj.* thuộc từ vựng/từ
vựng học: **~ meaning** nghĩa từ vựng

lexicography /leksɪ'kɒgrəfɪ/ *n.* việc
soạn từ điển; từ điển học

lexicology /leksɪ'kɒlədʒɪ/ *n.* từ vựng học

lexicon /'leksɪkən/ *n.* từ vựng; ngữ
vựng (chuyên môn)

liability /laɪə'bɪlɪtɪ/ *n.* trách nhiệm/
nghĩa vụ pháp lý: **~ to debts** có
trách nhiệm trả nợ; **~ insurance** bảo
hiểm đủ mọi tai nạn

liable /'laɪəb(ə)l/ *adj.* có bổn phận: **to
be ~ for a debt** có bổn phận phải trả
nợ

liaise /lɪ'eɪz/ *v.* giữ liên lạc, bắt liên
lạc: **to ~ with the community** liên
lạc với cộng đồng

liaison /lɪ'eɪzən/ *adj.* liên lạc: **~ officer**
sĩ quan liên lạc

liar /'laɪə(r)/ *n.* người nói dối; kẻ (hay)
nói láo/điêu/dóc

libel /'laɪbəl/ *n., v.* tội phỉ báng; bài
báo phỉ báng

liberal /'lɪbərəl/ *adj., n.* tự do; rộng rãi,
hào phóng; rộng rãi, thịnh soạn: **~
arts** khoa học nhân văn xã hội

liberality /lɪbə'rælɪtɪ/ *n.* tính rộng rãi;
tư tưởng rộng rãi

liberate /lɪbə'reɪt/ *v.* tha, thả, phóng
thích, giải phóng

liberation /lɪbə'reɪʃən/ *n.* sự giải
phóng: **the National ~ Movement**
phong trào giải phóng dân tộc;
women's ~ sự giải phóng phụ nữ

liberty /'lɪbətɪ/ *n.* tự do, quyền tự do:
to be at ~ to do something tự do,
rảnh rang làm việc gì; **to take the ~
of** xin tự tiện, xin mạn phép làm gì;
to set someone at ~ trả tự do cho ai

librarian /laɪ'breərɪən/ *n.* quản thủ/cán
bộ thư viện, thủ thư

library /'laɪbrərɪ/ *n.* thư viện: **public ~**
thư viện công cộng; **reference ~** thư
viện tra cứu/tham khảo; **private ~**
tủ sách riêng; **~ card** thẻ thư viện

lice /laɪs/ *n.* (*sing.* **louse**) rận, chấy

license /'laɪsəns/ **1** *n.* [*Br.* **licence**]
giấy phép, giấy đăng ký; chứng
chỉ, bằng: **driver's ~** bằng lái xe; **~
number** số bằng lái xe; **~ plate**
bảng số xe hơi **2** *v.* cấp giấy phép,
cấp môn bài: **The city council has
~d a company to do a clean-up.** Hội
đồng thành phố vừa cấp giấp phép
cho một công ty dọn dẹp sạch sẽ.

lichee /'li:tʃi:/ xem **lychee**

lick /lɪk/ **1** *n.* cái liếm; cú đấm **2** *v.*
liếm; đánh, oánh; được, thắng: **to ~
someone's boots** liếm gót giày cho
ai, bợ đỡ ai

lid /lɪd/ *n.* nắp, vung: **eye ~** mi mắt

lie /laɪ/ **1** *n.* lời nói dối/láo/điêu: **to
tell ~s** nói dóc/dối; **a white ~** lời nói
dối vô tội **2** *v.* [**lied**] nói dối: **to ~ to
someone** nói dối ai **3** *v.* [**lay; lain**]
nằm, nằm nghỉ; ở, nằm ở: **to ~
down** nằm xuống, nằm nghỉ; **Here
~s X.** nơi đây an nghỉ ông X

lie detector *n.* máy kiểm chứng sự
nói dối

lieu /lju:, lu:/ *n.* thay cho: **in ~ of** thay
cho, thay vì

lieutenant /lef'tenənt/ *n.* trung úy, đại
úy hải quân; **~-general** trung tướng;
~-governor phó thống đốc

life /laɪf/ *n.* (*pl.* **lives**) đời sống, sự/
cuộc sống, cuộc đời; mạng sống,
sinh/tính mệnh; sinh khí, sinh lực;

nhân sinh: **for ~** suốt đời, chung thân; **to come to ~** hồi tỉnh, hồi sinh; **to bring to ~** làm cho hồi tỉnh; **long ~** tuổi thọ, sự sống lâu; **in the prime of ~** giữa tuổi thanh xuân; **He took his own ~.** Anh ta tự sát.; **~ annuity** tiền trợ cấp suốt đời; **~ imprison-ment** tù chung thân; **~ insurance** bảo hiểm nhân thọ; **~ line** đường dây điện thoại cấp cứu; dây cứu đắm; đường số mệnh; **~ sentence** án tù chung thân

life-and-death *adj.* sống chết, một mất một còn; rất quan trọng: **a ~ decision** một quyết định sống chết

life coach *n.* người đi cứu sống ở bờ biển

life expectancy *n.* tuổi thọ của con người

lifeguard /ˈlaɪfɡɑːrd/ *n.* người cứu đắm: **Along this beach, there is a team of ~s.** Dọc theo bờ biển nầy có một đội người cứu đắm.

lifelong /ˈlaɪflɒŋ/ *adj.* suốt đời, cả đời

life sciences *n.* khoa sinh vật học

life support machine *n.* máy giúp cho bệnh nhân thở; máy duy trì sự sống cho bệnh nhân

lifetime /ˈlaɪftaɪm/ *n.* đời, cả cuộc đời: **in his ~** lúc còn sống, hồi sinh tiền

lift /lɪft/ **1** *n.* sự nhấc lên; sự nhấc; thang máy; cuốc xe đi nhờ; sự nâng đỡ: **air ~** cầu hàng không, cầu không vận **2** *v.* nâng/nhấc/cất/đỡ lên; ăn trộm, ăn cắp [văn]; bãi bỏ [lệnh cấm]: **to ~ up** giơ [tay] lên; ngóc [đầu] dậy; cất [tiến]; **The fog hasn't ~ed.** Sương mù chưa tan.

ligament /ˈlɪɡəmənt/ *n.* dây chằng

light /laɪt/ **1** *n.* ánh sáng; đèn, đuốc, nến; lửa; sự hiểu biết: **traffic ~s** đèn xanh đèn đỏ, đèn giao thông; **Do you have a ~?** Anh có diêm/quẹt không?; **to bring to ~** đưa ra ánh sáng; **to come to ~** lộ ra **2** *adj.* sáng, sáng sủa; [màu] nhạt, lạt nhẹ; nhẹ nhàng, thanh thoát, thư thái: **~ build** bóng đèn điện nhẹ;

You can carry your luggage, it's ~. Bạn có thể mang hành lý của bạn vì nó nhẹ. **3** *v.* [**lighted/lit**] nhóm, thắp, châm đốt (làm) sáng ngời lên: **It's time to ~ up.** Đến giờ lên đèn. **4** *adv.* nhẹ nhàng, gọn: **to travel ~** đi du lịch nhẹ gọn

lighter /ˈlaɪtə(r)/ *n.* cái bật lửa, cái hộp quẹt

lighting /ˈlaɪtɪŋ/ *n.* sự thắp sáng; cách bố trí ánh sáng

lightning /ˈlaɪtnɪŋ/ *n.* (tia) chớp: **~ war** chiến tranh chớp nhoáng; **~ rod** cột thu lôi; **as quick as ~** nhanh như chớp

light year *n.* khoảng cách không gian bằng ánh sáng đi một năm

likable, likeable /ˈlaɪkəb(ə)l/ *adj.* dễ thương, đáng yêu

like /laɪk/ **1** *n.* người/vật giống, người/vật thuộc loại như: **to return ~ for ~** lấy ơn trả ơn, lấy oán trả oán; **~ cures ~** lấy độc trị độc **2** *n.* cái thích, sở thích, thị hiếu: **my ~s and dislikes** những điều tôi thích và những điều tôi ghét **3** *conj.* giống, giống như, cùng loại, tương tự; đúng, đặc biệt; có vẻ như; sẵn sàng: **to do ~ I do** cứ làm như tôi đây; **It looks ~ rain.** Trời như muốn mưa. **4** *prep.* như: **~ that** như thế/ vậy; **~ mad** như điên; **It tastes good ~ chocolate.** Nó ăn ngon như một thỏi xô-cô-la. **5** *v.* thích, ưa, chuộng, yêu, khoái; muốn, thích, ước mong: **Do you ~ to fish?, So you ~ fishing?** Anh có thích câu cá không?; **I ~ to live in the country.** Tôi thích sống ở miền quê.; **I would ~ (to have) some black coffee, please.** Xin cho tôi một tách cà phê đen.; **as you ~** tùy ý anh; **if you ~** nếu bạn muốn

likelihood /ˈlaɪklɪhʊd/ *n.* sự có thể đúng/thật: **in all ~** rất có thể, có nhiều hy vọng/khả năng

likely /ˈlaɪklɪ/ **1** *adj.* thích hợp; có thể; chắc đúng **2** *adv.* chắc: **Very ~ I will be working at home.** Rất có thể tôi sẽ làm việc ở nhà.

likeness /'laɪknəs/ *n.* sự giống; chân dung, ảnh: **The two brothers bear a strong ~ in their appearance.** Hai anh em bề ngoài rất giống nhau.

likewise /'laɪkwaɪz/ *adv.* cũng thế/vậy, giống như vậy

liking /'laɪkɪŋ/ *n.* sự thích, yêu mến: **to have a ~ for something** yêu mến gì

lilac /'laɪlək/ *n.* tử đinh hương, đinh hương tím; màu hoa cà

lilt /lɪlt/ *n.* bài ca du dương; nhịp điệu nhịp nhàng

lily /'lɪli/ *n.* hoa huệ tây, hoa loa kèn

limb /lɪm/ *n.* chân, tay, chi; cành cây to: **out on a ~** chơ vơ, không bấu víu vào đâu

lime /laɪm/ **1** *n.* quả chanh (vỏ xanh) [lemon]: **~ juice** nước chanh **2** *n.* vôi: **~ kiln** lò vôi

limelight /'laɪmlaɪt/ *n.* đèn sân khấu: **in the ~** được chú ý

limestone /'laɪmstəʊn/ *n.* đá vôi

limit /'lɪmɪt/ **1** *n.* giới hạn, hạn độ; địa giới, biên giới **2** *v.* giới hạn, hạn chế: **The current economy would ~ unemployment to five percent.** Kinh tế hiện hành có thể hạn chế thất nghiệp đến 5 phần trăm.

limitation /lɪmɪ'teɪʃən/ *n.* sự hạn chế; mặt hạn chế, thiếu sót

limousine /'lɪmuːziːn/ *n.* xe du lịch sang trọng; xe thuê riêng nhiều chỗ ngồi

limp /lɪmp/ **1** *n.* tập đi khập khiễng **2** *v.* đi khập khiễng; chạy ì ạch, bay rề rề: **to ~ along** đi cà nhắc, lê **3** *adj.* mềm rũ; yếu ớt, ẻo lả

limpid /'lɪmpɪd/ *adj.* trong, sáng sủa

line /laɪn/ **1** *n.* đường, đường kẻ; tuyến; hàng, dòng, câu; dây, dây thép; hàng, dãy; ranh giới; dòng dõi; ngành chuyên môn: **curved ~** đường cong; **broken ~** đường gãy khúc; **dotted ~** đường chấm chấm; **Just a few ~s to thank you again for your help.** Tôi viết vội vài hàng để một lần nữa cảm ơn bạn đã giúp đỡ tôi.; **Hold the ~!** Xin giữ máy!; **Drop me a ~.** Nhớ biên thư cho tôi

nhé. **2** *v.* vạch, kẻ dòng; làm nhăn; dàn hàng, sắp thành hàng; sắp hàng để đợi, nối đuôi: **to ~ new streets** kẻ đường cho những con đường mới **3** *v.* nhồi nhét: **to ~ one's purse** nhét đầy túi

lineage /'lɪnɪdʒ/ *n.* dòng, nòi giống, dòng giống, dòng dõi

linear /'lɪnɪə(r)/ *adj.* thuộc đường kẻ; nét dài; tuyến

linen /'lɪnɪn/ *n.* vải lanh; đồ vải lanh [sơ mi, khăn bàn, khăn giường]

liner /'laɪnə(r)/ *n.* tàu chở khách, máy bay chở khách

linesman /'laɪnzmən/ *n.* người lính của đơn vị chiến đấu; trọng tài biên

line-up *n.* đội hình, đội ngũ; sự sắp xếp [nhân viên]; sự sắp hành những người bị tình nghi (để người chứng nhận diện)

linger /'lɪŋɡə(r)/ *v.* kéo dài, nấn ná, chần chừ, lần lửa; la cà: **to ~ around at home on holidays** chần chừ ở nhà sau khi hết nghỉ lễ

lingerie /'lænʒəri/ *n.* quần áo lót đàn bà

lingua franca /ˌlɪŋɡwə'fræŋkə/ *n.* ngôn ngữ chung cho một số dân tộc

linguistic /lɪŋ'ɡwɪstɪk/ *adj.* thuộc (ngôn) ngữ học

linguistics /lɪŋ'ɡwɪstɪks/ *n.* ngữ học, ngôn ngữ học

liniment /'lɪnɪmənt/ *n.* thuốc xoa/thoa

link /lɪŋk/ **1** *n.* mắt xích, khâu xích; mắt lưới/dệt/đan; sự móc nối, mối liên lạc: **cuff ~s** khuy cửa tay, khuy măng sét; **There is a ~ between smoking and lung cancer.** Có sự liên hệ giữa hút thuốc và bệnh ung thư. **2** *v.* nối, liên kết, gắn: **The researchers have ~ed crimes to social circumstances.** Các nhà nghiên cứu liên kết tội phạm với hoàn cảnh xã hội.

linkage /'lɪŋkɪdʒ/ *n.* sự liên kết, sự kết hợp

links /lɪŋks/ *n.* sân gôn, bãi đánh gôn: **golf ~** sân đánh gôn

linoleum /lɪ'nəʊlɪəm/ *n.* vải sơn [lót

sàn nhà], tấm bần để lót

linseed /'lɪnsiːd/ *n.* hạt lanh: **~ oil** dầu lanh

lint /lɪnt/ *n.* xơ vải để buộc vết thương

lion /'laɪən/ *n.* sư tử: **~'s share** phần lớn nhất

lip /lɪp/ *n.* môi; miệng, mép, thành; sự hỗn láo: **upper ~** môi trên; **to lick one's ~s** liếm môi; **to smack one's ~** bữu môi

lip-service *n.* lời nói đãi bôi, bày tỏ không chân tình: **to pay ~ to somebody** nói đãi bôi với ai, chỉ khéo mồm khéo miệng

liquefy /'lɪkwɪfaɪ/ *v.* nấu chảy, cho hoá lỏng

liqueur /lɪ'kjʊə(r)/ *n.* rượu mùi [uống sau bữa ăn]

liquid /'lɪkwɪd/ **1** *n.* chất lỏng/nước: **to drink plenty of ~** uống nhiều nước **2** *adj.* lỏng; trong sáng; dịu dàng: **~ assets** vốn luân chuyển, có thể đổi ngay thành tiền mặt

liquidate /'lɪkwɪdeɪt/ *v.* thanh toán; bán tống; thủ tiêu

liquor /'lɪkə(r)/ *n.* rượu: **~ store** tiệm rượu

lisp /lɪsp/ *n., v.* (sự) nói nhịu, nói đớt, nói ngọng

lissom, lissome /'lɪsəm/ *adj.* mềm mại, uyển chuyển, thướt tha

list /lɪst/ **1** *n.* bảng kê khai, sổ, danh sách: **to draw up a ~ of** lập danh sách; **to strike off the ~** xoá tên trong danh sách **2** *v.* ghi, liệt kê, kê khai, kể ra: **to ~ items of your belongings** kê khai các thứ của bạn

listen /'lɪs(ə)n/ *v.* nghe, lắng nghe; nghe theo: **to ~ to the radio** nghe đài phát thanh; **Listen to me.** Nghe tôi đây.

listing /'lɪstɪŋ/ *n.* việc lập danh sách, việc cho vào danh sách

listless /'lɪstləs/ *adj.* thờ ơ, lơ đãng

list price *n.* bảng giá cả

lit /lɪt/ quá khứ của **light**

litany /'lɪtənɪ/ *n.* kinh cầu nguyện

litchi /'liːtʃiː/ *n.* (= **lychee**, **lichee**)

quả/trái vải: **canned ~s** vải hộp; **~ nut** vải khô

lite /laɪt/ *adj.* nhẹ, không nặng: **~ Coke** nước cô ca cô la nhẹ (không nhiều đường); **~ beer** bia nhẹ nồng độ

liter /'liːtə(r)/ *n.* lít

literacy /'lɪtərəsɪ/ *n.* sự biết đọc biết viết, sự biết chữ: **~ campaign** phong trào chống nạn mù chữ

literal /'lɪtərəl/ *adj.* nghĩa đen: **~ translation** dịch từng chữ; [nghĩa] đen

literary /'lɪtərərɪ/ *adj.* (thuộc) văn học, văn chương: **~ history** lịch sử văn học, văn học sử

literature /'lɪtərətjʊə(r)/ *n.* (nền) văn học, văn chương: **folk ~** văn chương bình dân

lithe /laɪð/ *adj.* mềm mại; yểu điệu, uyển chuyển

litigation /lɪtɪ'geɪʃən/ *n.* sự tranh chấp, vụ kiện tụng

litter /'lɪtə(r)/ **1** *n.* rác rưởi bừa bãi; ổ rơm; kiệu, cán; lứa; **No Littering!** Xin đừng xã rác! **2** *v.* vứt bừa, làm bừa

little /'lɪt(ə)l/ **1** *n.* ít, một ít; thời gian ngắn: **He knows a ~ of everything.** Ông ấy cái gì cũng biết một chút. **2** *adj.* nhỏ, bé; ngắn ngủi; ít ỏi; nhỏ nhen, nhỏ mọn, hẹp hòi, tầm thường: **a ~ while** một lúc; **very ~ time** rất ít thì giờ **3** *adv.* một chút: **~ known** ít ai biết đến; **I like her a ~.** Tôi ít thích bà ta.

live /laɪv/ *adj.* (còn) sống, (có) thực; truyền thanh tại chỗ, trực tiếp; [vấn đề] nóng hổi: **~ music** nhạc sống; **~ coal** than còn đang cháy; **~ wire** dây có điện chạy qua; tay năng động hăng hái

live /lɪv/ *v.* sống; ở, cư trú, trú ngụ: **That writer is still living.** Nhà văn ấy còn sống.; **They ~ at 1605 Taylor Drive.** Họ ở số nhà 1605 đường Taylor.; **We ~ a quiet life.** Chúng tôi sống một cuộc đời bình thản.; **to ~ from hand to mouth** sống lần hồi qua ngày

liveable /'lɪvəbl/ *adj.* có thể sống được

livelihood /'laɪvlɪhʊd/ *n.* cách sinh nhai: **means of** ~ sinh kế

lively /'laɪvlɪ/ *adj.* hăng hái, hoạt bát; sống, sinh động; linh hoạt, vui vẻ, hớn hở; [cuộc bàn cãi] sôi nổi

liver /'lɪvə(r)/ *n.* lá gan; gan [món ăn]

liverwurst /'lɪvəvʊərst/ *n.* xúc xích gan

lives /'laɪvz/ *n.* (*sing.* **life**) đời sống, cuộc sống

livestock /'laɪvstɒk/ *n.* thú nuôi, trâu bò, lợn gà, súc vật

livid /'lɪvɪd/ *adj.* tái mét, xanh mét; tím bầm

living /'lɪvɪŋ/ **1** *n.* cuộc sống, sinh hoạt; cánh sinh nhai, sinh kế: **the ~ and the dead** kẻ mất người còn; **cost of ~** giá sinh hoạt; **standard of ~, ~ standard** mức sống, tiêu chuẩn sinh hoạt **2** *adj.* (còn) sống; sinh động, sống động; [tranh, hình ảnh] giống như hệt: **~ languages** sinh ngữ; **~ conditions** điều kiện sinh sống

lizard /'lɪzəd/ *n.* con thằn lằn

lo and behold *intj.* Trông lạ chưa kìa!

load /ləʊd/ **1** *n.* gánh nặng, vật chở; trách nhiệm (nặng nề); thuốc nạp, đạn nạp: **to carry a heavy ~** mang một gánh nặng; **~s of money** hàng đống tiền, cơ man nào là tiền **2** *v.* chất, chở; nạp đạn; lắp phim: **to ~ goods onto a truck** chất hàng lên xe tải; **to ~ somebody with work** đổ dồn công việc cho ai

loading /'ləʊdɪŋ/ *n.* việc chất hàng, việc chở hàng

loaf /ləʊf/ **1** *n.* (*pl.* **loaves**) ổ bánh mì: **a ~ of bread** một ổ bánh mì **2** *v.* đi vơ vẩn, đi tha thẩn, ở không, lười: **to ~ one's life away** đi lang thang phí cuộc đời

loafer /'ləʊfə(r)/ *n.* người chơi rong, người chơi không

loam /ləʊm/ *n.* đất tốt, đất phì nhiêu

loan /ləʊn/ **1** *n.* sự (cho) vay/mượn; tiền cho vay, vật cho mượn: **~words** những từ mượn; **to get a ~ from the bank** mượn tiền ở ngân hàng **2** *v.*

cho vay, cho mượn: **He was kind enough to ~ me all the money I needed.** Ông ấy rất tốt cho tôi mượn tất cả số tiền tôi cần.

loathe /ləʊð/ *v.* ghét, gớm, ghê tởm, kinh tởm, tởm

lobby /'lɒbɪ/ **1** *n.* hành lang; nhóm hoạt động ở hành lang quốc hội: **We need to talk with the ~ politician.** Chúng ta cần nói chuyện với chính trị gia ở hậu trường. **2** *v.* vận động để ảnh hưởng đến nghị sĩ: **The local residents are ~ing hard for new housing laws.** Dân địa phương đang vận động cho luật mới.

lobe /ləʊb/ *n.* thuỳ [lá, phổi, não]; dái [tai]

lobster /'lɒbstə(r)/ *n.* tôm hùm

local /'ləʊkəl/ **1** *n.* tàu vét, xe (lửa) chạy chậm lấy khách; dân địa phương; trụ sở chi hội, chi đoàn, hội quán **2** *adj.* địa phương; [đau] một chỗ thôi; [tàu xe] đổ nhiều ga; bộ phận, cục bộ: **~ time** giờ địa phương; **~ train** tàu chợ/địa phương

locale /ləʊ'kɑːl/ *n.* nơi xảy ra sự việc gì

locality /ləʊ'kælɪtɪ/ *n.* nơi, chỗ, vùng, miền, địa phương

locate /ləʊ'keɪt/ *v.* chỉ rõ vị trí, xác định đúng chỗ; ở, định cư; đặt vị trí

location /ləʊ'keɪʃən/ *n.* vị trí; nơi, chỗ, chốn: **on ~** phim quay tại chỗ, quay ở hiện trường

loch /lɒk/ *n.* hồ, vũng nước

lock /lɒk/ **1** *n.* khoá; khoá nòng súng; cửa cống; miếng vỏ khoá tay: **to keep under ~ and key** khoá/nhốt kỹ; **This ~ can easily be picked.** Ổ khoá này mở bằng móc dễ như chơi. **2** *v.* khoá lại; nhốt: **to ~ up** giam

locker /'lɒkə(r)/ *n.* tủ có khoá: **~ room** phòng thay quần áo [cho lực sĩ]; phòng để tủ đông lạnh

locket /'lɒkɪt/ *n.* mề đay, quả tim đeo cổ

lockout /'lɒkaʊt/ *n.* sự đóng cửa nhà máy/không cho thợ vào)

locksmith /'lɒksmɪθ/ *n.* thợ khoá

lockup *n.* giờ đóng cửa; nhà giam, đồn cảnh sát: **to be in the ~** bị giam giữ

locomotive /ˌləʊkə'məʊtɪv/ *n.* đầu máy xe lửa

locus /'ləʊkəs/ *n.* địa điểm chính xác nơi xảy ra sự việc

locust /'ləʊkəst/ *n.* châu chấu

lode /ləʊd/ *n.* mạch mỏ, rạch nhỏ

lodge /lɒdʒ/ **1** *n.* nhà nghỉ [ở rừng]; nhà người gác cổng; hang thú; chi nhánh hội kín: **The rich often have ski ~s.** Người giàu thường có nhà ở khu trượt tuyết. **2** *v.* ở, trọ, tạm trú; cho ở, cho trọ; trao, nộp đơn: **to ~ an application** nộp đơn

loft /lɒft/ *n.* gác thấp để đồ; tầng trần (trên kho hàng)

lofty /'lɒftɪ/ *adj.* cao ngất; cao thượng/ quý

log /lɒg/ **1** *n.* khúc gỗ; nhật ký: **to fall like a ~** ngã vật xuống; **Roll my ~ and I will roll yours.** Hãy giúp tôi, tôi sẽ giúp lại bạn.; **to sleep like a ~** ngủ say như chết **2** *v.* chặt (thành từng) khúc; ghi sổ nhật ký; đi ngược [bao nhiêu cây số]: **Details of crimes are ~ged in computers.** Chi tiết tội phạm đã cho vào máy vi tính.

logbook /'lɒgbʊk/ *n.* sổ lộ trình xe/tàu/ máy bay: **to keep a ~ for tax claims** giữ sổ lộ trình xe để khai thuế

loggerheads /'lɒgəhedz/ *n.* người ngu xuẩn, người ngu đần; dụng cụ làm chảy nhựa đường: **to be at ~s with ...** cãi nhau với ai, bất hòa với ai

logical /'lɒdʒɪkəl/ *adj.* hợp với logic, hợp lý

login /'lɒgɪn/ *v.* mở chương trình, mở khoá vào mạng internet

logistics /lə'dʒɪstɪks/ *n.* ngành hậu cần; việc lo ăn ở cho người đến dự hội

logo /'lɒgəʊ/ *n.* bảng/huy hiệu của công ty, trường học

logout /'lɒgaʊt/ *v.* đóng chương trình, đóng khoá mạng internet

loin /lɔɪn/ *n.* miếng thịt lưng; **~s** chỗ thắt lưng; **~ cloth** khố

loiter /'lɔɪtə(r)/ *v.* đi la cà, đi chơi rong, đi cà nhổng

lollipop /'lɒlɪpɒp/ *n.* cái kẹo, que kẹo

lone /ləʊn/ *adj.* cô độc, cô đơn, lẻ loi, bơ vơ; hiu quạnh

lonely /'ləʊnlɪ/ *adj.* lẻ loi, cô đơn/độc; vắng vẻ, hiu quạnh: **Many old people live ~ lives.** Nhiều người già sống cô độc.

long /lɒŋ/ **1** *n.* thời gian lâu: **before ~** chẳng bao lâu **2** *adj.* dài, xa, lâu; dài dòng; chậm, lâu: **I won't be ~.** Tôi sẽ không lâu, quay về ngay.; **How ~ may I stay?** Tôi có thể ở bao lâu ạ?; **You may stay as ~ as you like.** Bạn có thể ở đó bao lâu tuỳ thích. **3** *adv.* lâu, đã/từ lâu: **~ ago** đã từ lâu rồi; **~ before she met him** từ lâu trước khi hai cô cậu gặp nhau **4** *v.* ao ước, ước mong, khao khát, mong mỏi

longan /'lɒŋgən/ *n.* quả nhãn

longevity /lɒn'dʒevɪtɪ/ *n.* sự sống lâu, thọ, trường thọ

longhand /'lɒŋhænd/ *n.* chữ viết thường [tắt, tốc kí]

longhouse /'lɒŋhaʊs/ *n.* nhà xưa của người bản xứ Mỹ

longing /'lɒŋɪŋ/ *n., adj.* lòng ham muốn/khao khát/ước ao

longitudinal /lɒndʒɪ'tjuːdɪnəl/ *adj.* theo chiều dọc

long-playing *adj.* đĩa hát lâu: **~ record** đĩa hát dài lâu

long-range *adj.* có tầm xa; nhìn xa: **a ~ missile** đầu đạn hoả tiễn tầm xa

long-sighted *adj.* viễn thị; nhìn xa thấy rộng

long weekend *n.* cuối tuần kéo dài, cuối tuần gồm có thêm một hay hai ngày nghỉ

loo /luː/ *n.* bài lu; nơi vệ sinh

look /lʊk/ **1** *n.* cái nhìn; vẻ: **good ~s** vẻ đẹp, sắc đẹp **2** *v.* nhìn, xem, coi, ngó; để ý, lưu ý; hướng về; có vẻ, hình như; tìm kiếm: **to ~ after** trông nom; **to ~ down on/upon** khinh, coi thường; **to ~ for** kiếm, tìm; **to ~ into** xem xét, nghiên cứu;

to ~ on đứng bên cạnh nhìn; coi như là; **to ~ out** coi chừng, cẩn thận; **to ~ over** xem xét; **to ~ up** to tra, tìm; đến tìm **3** *excl.* Coi chừng! Hãy nhìn đây!

lookalike /ˈlʊkəleɪk/ *n.* trông giống như

lookout /ˈlʊkaʊt/ *n.* sự canh phòng; người/đội gác; chỗ đứng ngắm cảnh

loom /luːm/ **1** *n.* khung cửi, máy dệt **2** *v.* hiện ra lờ mờ; hiện ra

loony /ˈluːnɪ/ *n., adj.* điên, khùng, tàng tàng

loop /lʊp/ **1** *n.* vòng, thòng lọng; móc, khuyết áo; đường vòng: **The train will pass through the city ~.** Xe lửa sẽ đi qua đường vòng thành phố. **2** *v.* thắt vòng; gài móc; làm thành vòng: **He ~ed the rope over the top of the tree.** Ông ta thắt vòng cuộn thừng trên đầu cây.

loophole /ˈluːphəʊl/ *n.* lỗ châu mai, khe tường; khe hở/hổng

loose /luːs/ **1** *adj.* lỏng, không chặt, long; chùng, không căng; [giấy] rời; [răng] lung lay; [đất] tơi; [tiền] lẻ; [lý luận] mơ hồ; phóng túng, hư: **to fold up ~ papers** gấp lại những tờ giấy rời **2** *v.* cởi/tháo ra, buông ra, thả ra; bắn, phóng [tên, đạn] **3** *n.* sự buông lỏng, buông thả: **to be on the ~** ăn chơi buông thả, rượu chè trai gái

loot /luːt/ **1** *n.* của cướp được, của hôi, của thổ phỉ được; chiến lợi phẩm; tiền, xìn **2** *v.* cướp được; thổ phỉ được

lop /lɒp/ **1** *n.* cành cây tỉa, cành cây cắt xuống **2** *v.* cắt cành, tỉa cành; vỗ bập bềnh; thòng xuống

loquat /ˈləʊkwɒt/ *n.* cây sơn trà Nhật

lord /lɔːd/ **1** *n.* chúa, chúa tể; vua: **~ Chúa** Trời Thiên Chúa; **House of ~s** Thượng nghị viện của Anh; **~ Mayor** thị trưởng thủ đô **2** *v.* phong tước, cho vào hàng quí tộc

lore /lɔː(r)/ *n.* tất cả kiến thức: **eagle ~** tất cả sự hiểu biết về chim đại bàng

lorry /ˈlɒrɪ/ *n.* [*U.S.* **truck**] toa chở hàng không có thành; xe chở hàng

lose /luːz/ *v.* [**lost**] mất, không còn, thua, thua lỗ, thất bại; làm cho mất: **to ~ one's life** mất một mạng; **Both sides lost heavily.** Cả hai bên đều bị tổn thất nặng nề.; **to ~ a great opportunity** để lỡ cơ hội lớn; **Try not to ~ patience.** Hãy cố đừng mất bình tĩnh.

loss /lɒs/ *n.* sự mất; sự thua; sự thiệt hại/tổn thất/tổn hại; sự uổng phí: **a great ~ to us** một sự mất mát lớn đối với chúng ta; **at a ~** lúng túng, bối rối; **~es** số thương vong; tiền lỗ

loss leader *n.* món hàng bán lỗ để câu khách

lost /lɒst/ quá khứ của **lose**

lot /lɒt/ **1** *n.* mớ, lô [hàng]; lô, thửa, mảnh [đất]; số, số phận, số mệnh; sự rút thăm: **parking ~** bãi đỗ xe; **to draw ~s** rút thăm; **Lots of mosquitoes!** Những muỗi là muỗi! **2** *adv.* (**a lot**) nhiều, quá nhiều: **Thanks a ~ for your help.** Cảm ơn bạn rất nhiều đã giúp tôi. **3** *pron.* (**lots**) nhiều, có nhiều; đồ thừa: **Have some more food, there's ~s left.** Ăn thêm nữa đi, thức ăn còn nhiều.

lotion /ˈləʊʃən/ *n.* dầu thơm; thuốc bôi

lottery /ˈlɒtərɪ/ *n.* cuộc xổ số: **to win a ~** trúng xổ số

lotus /ˈləʊtəs/ *n.* hoa sen

loud /laʊd/ **1** *adj.* [tiếng] to, lớn, ồn; ầm; kịch liệt; loè loẹt, sặc sỡ: **to be ~ in praising someone** nhiệt liệt ca ngợi ai **2** *adv.* [nói, đọc] to, lớn: **He speaks out ~.** Ông ta nói lớn.

lounge /laʊndʒ/ **1** *n.* phòng ngồi chơi, buồng khách, buồng đợi; ghế tựa, đi văng: **I will meet you at the departure ~.** Tôi sẽ gặp bạn ở phòng khách khởi hành. **2** *v.* đứng, ngồi, nằm một cách uể oải lười biếng; đi dạo, đi thơ thẩn: **We ate and ~d in the shade.** Chúng ta ăn và nằm dưới bóng mát.

louse /laʊs/ *n.* (*pl.* **lice**) rận; chấy

lousy /ˈlaʊzɪ/ *adj.* có rận/chấy; bẩn,

ghê tởm; tồi, tệ

lout /laʊt/ *n.* người vụng về, người thô lỗ

louver, louvre /ˈluːvə(r)/ *n.* mái hắt, nón che ống khói

lovable, loveable /ˈlʌvəb(ə)l/ *adj.* đáng yêu, dễ thương

love /lʌv/ **1** *n.* tình yêu, ái tình, mối tình; lòng yêu, tình thương; người yêu, người tình, tình nhân: **first ~** mối tình đầu; **to fall in ~ with** phải lòng, bắt đầu yêu **2** *v.* yêu, thương, yêu mến; thích, ưa thích, khoái: **to ~ one another** yêu nhau; **to ~ music** yêu thích nhạc

lovely /ˈlʌvlɪ/ *adj.* đẹp, xinh, đáng yêu, dễ thương, yêu kiều; hay, thú vị, tuyệt

loving /ˈlʌvɪŋ/ *adj.* thương yêu, âu yếm, mến thương, trìu mến

low /ləʊ/ **1** *n.* mức thấp, con số thấp; số thấp/chậm nhất [khi lái ô tô]: **The prices of houses have dropped to a new ~.** Giá nhà vừa giảm xuống mức thấp. **2** *adj.* thấp, bé, lùn; cạn, hạ, kém, chậm; nhỏ, khẽ; hèn, tầm thường, đê hèn; buồn: **to put a car in ~ gear** cho xe xuống số thấp; **in ~ spirits** buồn rầu, chán nản; **a ~ whisper** tiếng nói thầm khe khẽ; **3** *adv.* thấp: **The man bowed very ~.** Ông ta cúi rạp xuống để chào.; **to lie ~** nằm yên đợi thời

lowbrow /ˈləʊbraʊ/ *n., adj.* người ít học, ít học: **He is not a ~.** Anh ta không phải là người ít học.

low-class *adj.* giai cấp bình dân; giới lao động; phẩm chất thấp

lower /ˈləʊə(r)/ **1** *v.* hạ, kéo xuống; giảm, hạ [giá]; làm giảm đi: **to ~ oneself** tự hạ mình **2** *adj.* thấp, ở dưới, bậc thấp: **~ lip** môi dưới; **~ case** chữ thường; **~ class** giai cấp hạ lưu; **I am waiting for ~ prices.** Tôi đợi giá hạ nữa

lowland /ˈləʊlənd/ *n.* vùng đất thấp, hạ bản

lowly /ˈləʊlɪ/ *adj.* hèn mọn; tầm

thường; đê tiện, ti tiện

loyal /ˈlɔɪəl/ *adj.* trung thành, trung nghĩa, trung kiên, tâm phúc

loyalty /ˈlɔɪəltɪ/ *n.* lòng trung thành/ trung nghĩa: **We respect their ~.** Chúng tôi quý trọng lòng trung thành của họ.

loyalty card *n.* thẻ hội viên trung thành

lozenge /ˈlɒzɪndʒ/ *n.* hình thoi, hình quả trám; viên kẹo

LP /ˌelˈpiː/ *abbr.* **1** *n.* (= **long playing record**) ghi/phát âm được lâu **2** *n.* (= **low pressure**) áp suất thấp, áp lực nhẹ

LPG /ˌelpiːˈdʒiː/ *n.* (= **liquefied petroleum gas**) khí đốt thiên nhiên

LSD /ˌelesˈdiː/ *abbr.* (= **lysergic acid diethylamide**) hợp chất thuốc

lubricate /ˈluːbrɪkeɪt/ *v.* cho/tra/vô dầu mỡ, bôi trơn

lucid /ˈluːsɪd/ *adj.* sáng sủa, minh bạch, rõ ràng, dễ hiểu; sáng suốt, minh mẫn, tỉnh táo; sáng trong

Lucifer /ˈluːsɪfə(r)/ *n.* Ma vương; thiên sao mai

luck /lʌk/ *n.* sự/vận may rủi, sự hên xui; vận may/đỏ

lucky /ˈlʌkɪ/ *adj.* đỏ, may mắn, gặp may: **Lucky dog!** Thằng cha đỏ quá!; **~ money** tiền mừng tuổi, tiền lì xì

lucrative /ˈluːkrətɪv/ *adj.* sinh lợi, có lợi, có lời

ludicrous /ˈluːdɪkrəs/ *adj.* buồn cười, tức cười, lố lăng/bịch

lug /lʌg/ *v., n.* lôi, kéo lê; sự kéo lê

luggage /ˈlʌgɪdʒ/ *n.* hành lý, hành trang, va li

lukewarm /ˈluːkwɔːm/ *adj.* ấm, âm ấm; hờ hững, nhạt nhẽo, lãnh đạm, thờ ơ, thiếu sốt sắng

lull /lʌl/ **1** *n.* lúc tạm lắng dịu; bài hát ru con **2** *v.* ru ngủ; tạm lắng

lullaby /ˈlʌləbaɪ/ *n.* bài hát ru con

lumber /ˈlʌmbə(r)/ **1** *n.* gỗ xẻ, gỗ cất nhà; đồ tập tàng: **~ mill** nhà máy cưa **2** *v.* kéo lê kéo lết ầm ỷ: **The heavy trucks ~ed down the street.**

Những chiếc xe tải nặng nề đi qua đường phố.

luminous /ˈluːmɪnəs/ *adj.* sáng, sáng chói, chói lọi, sáng ngời

lump /lʌmp/ **1** *n.* cục, miếng, thỏi; chỗ sưng/u: **to receive a ~ sum** nhận được số tiền trả một lúc **2** *v.* xếp đống; gộp lại; chịu đựng: **If you don't like it you will have to ~ it** [accept it]. Nếu bạn không thích thì bạn cũng phải chịu đựng.

lumpy /ˈlʌmpɪ/ *adj.* có nhiều chỗ sưng lên, nhiều bướu; gợn sóng

lunar /ˈluːnə(r)/ *adj.* theo âm lịch: **~ New Year** Tết Âm lịch, Tết nguyên đán; **~ month** tháng ta, tháng âm lịch

lunatic /ˈluːnətɪk/ *n., adj.* (người) điên: **~ asylum** nhà thương điên, bệnh viện thần kinh

lunch /lʌnʃ/ **1** *n.* bữa ăn trưa **2** *v.* ăn trưa, dọn bữa ăn trưa: **Having not yet ~ed, we'll go to McDonald's.** Chưa ăn trưa thì chúng ta đến tiệm McDonald.

luncheon /ˈlʌnʃən/ *n.* tiệc trưa; bữa ăn trưa

lunchtime /ˈlʌnʃtaɪm/ *n.* giờ ăn trưa: **It's ~, they are having their meals now.** Giờ ăn trưa, họ đang ăn trưa.

lung /lʌŋ/ *n.* phổi: **to have to check up one's ~s** phải đi khám phổi

lunge /lʌndʒ/ *n., v.* (sự) nhào tới, lao tới, xông vào: **to ~ out at someone in anger** xông vào tấn công ai trong cơn giận giữ

lupus /ˈluːpəs/ *n.* bệnh lu-put

lurch /lɜːtʃ/ *n., v.* (sự) đi lảo đảo, loạng choạng: **to leave someone in the ~** bỏ mặc ai trong cơn rối loạn

lure /l(j)ʊə(r)/ **1** *n.* mồi, bẫy; sức cám dỗ: **The fishermen used tiny shrimps as a ~.** Những người đánh cá đã dùng những con tôm rhỏ làm mồi. **2** *v.* nhử, quyến rũ: **The thieves were ~d to a meeting with promises of more stolen goods.** Bọn trộm cắp nhử lại với lời hứa lấy được nhiều đồ hơn.

lurid /ˈl(j)ʊərɪd/ *adj.* tái mét; khủng khiếp

lurk /lɜːk/ **1** *n.* sự rình mò **2** *v.* ẩn núp, trốn; **He's ~ing around.** Nó đang rình mò.

luscious /ˈlʌʃəs/ *adj.* ngon ngọt, ngon lành; du dương

lush /lʌʃ/ *n., adj.* đầy nhựa, tươi tốt, sum sê

lust /lʌst/ *n., v.* tính ham nhục dục, tính đa dâm; dục vọng, lòng tham muốn

luster /ˈlʌstə(r)/ *n.* [*Br.* **lustre**] nước bóng; sự vẻ vang

lute /luːt/ *n.* đàn luýt, đàn tì bà

luxuriate /lʌɡˈʒʊərɪeɪt/ *v.* sống sung sướng, sống xa hoa: **to ~ in dreams** chìm đắm trong mộng tưởng

luxurious /lʌɡˈʒʊərɪəs/ *adj.* sang trọng; xa hoa, xa xỉ: **to have a ~ life** có một cuộc đời sang trọng

luxury /ˈlʌkʃərɪ/ *n.* sự xa xỉ/xa hoa: **~ items** đồ xa xỉ

lychee /ˈliːtʃiː/ *n.* (= **lichee**, **litchi**) trái vải

lying /ˈlaɪŋ/ *n.* sự nói dối, thói nói dối; nơi nằm, chỗ nằm

lymphatic /lɪmˈfætɪk/ *adj.* thuộc về bạch huyết cầu: **~ system** hệ bạch huyết cầu

lynchpin /ˈlɪntʃpɪn/ *n.* (*also* **linchpin**) người hay việc quan trọng: **He's the ~ of my department.** Ông ấy rất quan trọng trong khoa của tôi.

lynx /lɪŋks/ *n.* mèo rừng, sơn miêu, linh miêu

lyric /ˈlɪrɪk/ *adj., n.* trữ tình: **~s** lời bài hát trữ tình

lyricist /ˈlɪrɪsɪst/ *n.* nhà thơ trữ tình

M

MA /ˌemˈeɪ/ *n., abbr.* (= **Master of Arts**) Phó Tiến sĩ Văn khoa: **My friend got a ~ from Hanoi University.** Bạn tôi có bằng Phó Tiến sĩ Văn Khoa ở Đại học Hà Nội.

macabre /məˈkɑːbrə/ *adj.* rùng rợn, khủng khiếp

macadamia /məˈkædəmiə/ *n.* loại cây xanh quanh năm ở Úc

macaroni /mækəˈrɒnɪ/ *n.* mì ống

macaroon /mækəˈruːn/ *n.* bánh dừa, bánh hạnh nhân

mace /meɪs/ *n.* cái chuỳ; gậy quyền; gậy chơi bi-da

Machiavellian /ˌmækɪəˈveliən/ *adj.* quỷ quyệt, xảo quyệt: **A ~ plot was suspected.** âm mưu đã tình nghi

machination /mæʃɪˈneɪʃən/ *n.* mưu kế, mưu đồ, gian kế: **The political ~s brought my friend to power.** mưu kế chính trị đã đưa bạn tôi đến quyền lực

machine /məˈʃiːn/ **1** *n.* máy, máy móc, cơ giới; bộ máy chỉ đạo: **sewing ~** máy khâu/may; **washing ~** máy giặt; **~ gun** súng máy, súng liên thanh **2** *v.* làm bằng máy, dùng máy: **The clothing products were ~d in a factory.** Sản phẩm áo quần đã được làm bằng máy ở nhà máy.

machine code *n.* ngôn ngữ dùng trong máy vi tính để trả lời trực tiếp

machinery /məˈʃiːnərɪ/ *n.* máy móc; cơ khí; bộ máy, cơ quan: **You can buy quality ~ at BBC shops.** Bạn có thể mua máy móc tốt ở tiệm BBC.

macho /ˈmæʃəʊ/ *adj.* nam phái hổ đồ

mackerel /ˈmækərəl/ *n.* cá thu

macroeconomics /ˌmækrəʊiːkəˈnɒmɪks/ *n.* kinh tế vĩ mô

mad /mæd/ *adj.* điên, cuồng, mất trí; bực tức; tức giận, nổi giận, giận dữ; say mê: **to get ~** nổi điên lên; **like ~** như điên

madam /ˈmædəm/ *n.* (*abbr.* **ma'am**) bà, cô; phu nhân; mụ tú bà, mụ chủ chứa, mụ trùm nhà thổ

madcap /ˈmædkæp/ *adj.* lỗ mãng, liều lĩnh

mad cow's disease *n.* (= **BSE**) bệnh bò điên

made /meɪd/ quá khứ của **make**; *adj.* thực hiện, hoàn thành: **~ in Vietnam** làm ở Việt Nam; **well-~ clothes** áo quần may sẵn

madhouse /ˈmædhaʊs/ *n.* nhà thương điên

madman /ˈmædmən/ *n.* người điên, thằng khùng

madness /ˈmædnəs/ *n.* sự điên rồ, chứng điên; sự giận dữ

Madonna /məˈdɒnə/ *n.* Đức Mẹ đồng trinh

maelstrom /ˈmeɪlstrəm/ *n.* vũng nước xoáy

maestro /ˈmaɪstrəʊ/ *n.* nhạc trưởng đại tài; nhà soạn nhạc tài

Mafia /ˈmɑːfiːə/ *n.* tổ chức băng đảng Ma-phi-a

magazine /ˈmægəˈziːn/ *n.* tạp chí; kho súng; ổ đạn: **Do you read Time ~?** Bạn có đọc báo Time không?

maggot /ˈmægət/ *n.* con giòi; ý nghĩ ngông cuồng: **I found a ~ in the meat.** Tôi tìm thấy một con giòi trong thịt.

magic /ˈmædʒɪk/ **1** *n.* ma/ảo/yêu/pháp thuật; ma lực, sức lôi cuốn: **They believe in ~.** Họ tin vào ma thuật. **2** *adj.* thuộc ma thuật, yêu thuật: **There is no ~ solution.** Không có kết luận ma thuật nào.

magistrate /ˈmædʒɪstrət/ *n.* quan toà, thẩm phán

magnanimity /ˌmægnəˈnɪmɪtɪ/ *n.* tính cao thượng, tính hào hiệp

magnanimous /mægˈnænɪməs/ *adj.* cao thượng, đại lượng, hào hiệp

magnate /ˈmægneɪt/ *n.* trùm tư bản, người có quyền thế lớn

magnet /ˈmægnət/ *n.* nam châm, sức lôi cuốn, ma nhê

magnetic /mægˈnetɪk/ *adj.* từ tính, có từ tính: **~ compass** địa bàn nam châm; **~ force** lực từ; **~ pole** cực từ

magnetism /ˈmægnɪtɪz(ə)m/ *n.* từ tính, từ lực; sức quyến rũ

magnification /ˌmægnɪfɪˈkeɪʃən/ *n.* sự phóng đại, sự ca ngợi; sự tán dương: **Without ~, mosquitoes are visible to the naked eye.** Muỗi thấy được không cần phóng đại.

magnificent /mæg'nɪfɪsənt/ *adj.* nguy nga tráng lệ, lộng lẫy: **You will have ~ views over Halong Bay.** Bạn sẽ thấy khung cảnh lộng lẫy ở vịnh Hạ Long.

magnify /'mægnɪfaɪ/ *v.* làm to ra, phóng đại; thổi phồng: **A microscope magnifies small things.** Kính hiển vi làm những vật nhỏ to ra.; **~ing glass** kính lúp.

magnitude /'mægnɪtjuːd/ *n.* độ lớn, lượng; tầm quan trọng

magnolia /mæg'nəʊlɪə/ *n.* cây mộc lan

magpie /'mægpaɪ/ *n.* chim ác là

mahjong /mɑː'dʒɒŋ/ *n.* mạt chược

mahogany /mə'hɒgənɪ/ *n.* cây dái ngựa; gỗ dái ngựa, gỗ đào hoa tâm; màu nâu thẫm

mahout /mə'haʊt/ *n.* người điều khiển voi

maid /meɪd/ *n.* con gái, thiếu nữ, gái đồng trinh

maiden /'meɪd(ə)n/ **1** *n.* thiếu nữ, trinh nữ **2** *adj.* thời con gái; đầu tiên: **~ name** tên con gái, nhũ danh; **a ship's ~ voyage** chuyến vượt biển đầu tiên của một chiếc tàu

mail /meɪl/ **1** *n.* thư từ, bưu phẩm; bưu điện, bưu chính; **~box** hòm/hộp thư; **~man** người phát thư, bưu tá; **~ order catalog** sách liệt kê hàng hoá bán qua bưu điện **2** *v.* gửi, bỏ [thư, gói]: **Could you ~ me the contract?** Bạn làm ơn gởi cho tôi bản khế ước?

mail bomb **1** *n.* bom trong thư **2** *v.* gởi bom bằng thư

maim /meɪm/ *v.* làm tàn tật, đánh què

main /meɪn/ **1** *n.* phần cốt yếu; ống dẫn nước chính, dây điện chính; cuộc chọi gà: **in the ~** đại để, đại khái, nói chung **2** *adj.* chính, lớn nhất, chủ yếu, quan trọng nhất: **There is a supermarket on the ~ street of the city.** Có một siêu thị trên con đường chính thành phố.; **~ clause** mệnh đề chính; **~ line** đường

sắt chính, mạch máu chính; **~ mast** cột buồm chính

mainframe /'meɪnfreɪm/ *n.* bộ nhớ căn bản của máy vi tính

mainland /'meɪnlænd/ *n.* đất liền, nội địa: **~ China** nội địa Trung Hoa

mainstream /'meɪnstriːm/ *n., adj., v.* dòng chính, mạch chính; thuộc chánh mạch; đi vào chánh mạch

maintain /meɪn'teɪn/ *v.* giữ, giữ vững, duy trì; nuôi, cưu mang; bảo quản, bảo trì

maintenance /'meɪntɪnəns/ *n.* sự duy trì; sự cưu mang; sự bảo trì, tu bổ, sửa sang [xe cộ, máy móc, đường xá]: **to work for the ~ of one's family** làm việc để nuôi gia đình

maisonette /ˌmeɪzən'et/ *n.* nhà nhỏ sát nhau; một căn hộ

maitre d'hotel /ˌmetrədəʊ'tel/ *n.* quản gia, người trông coi nhân viên phục vụ khách sạn

maize /meɪz/ *n.* ngô, bắp

majestic /mə'dʒestɪk/ *adj.* oai vệ, oai nghiêm, uy nghi

majesty /'mædʒɪstɪ/ *n.* vẻ oai nghiêm/ uy nghi: **Your [His/Her] ~** muôn tâu Bệ hạ/thánh thượng, Nữ hoàng

major /'meɪdʒə(r)/ **1** *n.* thiếu tá (lục quân); con trai thành niên; chuyên đề, môn học chính: **~ general** trung tướng; **~ subject** môn học chính **2** *adj.* lớn hơn, quan trọng, trọng đại; thuộc chuyên đề: **a ~ problem** một vấn đề quan trọng **3** *v.* chuyên về: **He decided to ~ in English with a minor in Vietnamese.** Anh ta quyết định chọn chuyên đề về tiếng Anh, môn phụ là tiếng Việt.

majority /mə'dʒɒrɪtɪ/ *n.* phần lớn, đa số, phần đông

make /meɪk/ **1** *n.* cách cấu tạo, kiểu, hiệu (xe); dáng, tầm vóc: **What is the ~ of your car?** Xe anh hiệu gì. **2** *v.* **[made]** làm, chế tạo, may [áo]; làm thành, gây nên; trở nên; dọn, sửa soạn; thu được, kiếm; cộng thành, bổ nhiệm; nghĩ, hiểu: **Please**

~ some coffee. Em làm ơn pha ít cà phê đi.; **They decided to ~ him president of the company.** Họ quyết định cử ông ấy làm chủ tịch hãng.; **Can you ~ it to the shore?** Em bơi nổi vào bờ không?; **5 plus 6 ~s 11** 5 cộng với 6 là 11; **He will ~ a good lawyer.** Anh ấy sẽ trở nên một luật sư giỏi.; **What do you ~ of his suggestion?** Anh nghĩ sao về đề nghị của ông ta?; **to ~ out** viết ra; chứng minh; hiểu; nhận ra/biết; làm được, lo được; **to ~ over** sửa lại; **to ~ up** làm thành; bịa ra; bù vào; làm lành; đánh phấn, hoá trang

makeshift /'meɪkʃɪft/ *n., adj.* (cái) để dùng tạm thời

make-up *n.* trang điểm son phấn

maladjusted /mælə'dʒʌstɪd/ *adj.* không thích ứng/nghi được

malady /'mælədɪ/ *n.* bệnh tật; bệnh hoạn, tệ nạn, tệ đoan

malaise /'mæleɪz/ *n.* tình trạng khó chịu, nỗi phiền muộn

malaria /mə'leərɪə/ *n.* bệnh sốt rét

Malay /mə'leɪ/ *n., adj.* tiếng/người Mã Lai

Malaysia /mə'leɪʒə/ *n.* nước Mã Lai

malcontent /'mælkəntent/ *n., adj.* người không hài lòng; kẻ phản loạn; không hài lòng

male /meɪl/ **1** *n.* con trai, đàn ông; con đực/trống: **This is for ~s.** Đây dành cho đàn ông. **2** *adj.* giống đực, trai, nam, trống: **a ~ friend** bạn trai

malevolent /mə'levələnt/ *adj.* xấu bụng, ác, hiểm, có ác tâm/ý

malformation /ˌmælfɔː'meɪʃn/ *n.* cơ thể bị tật, có tật

malfunction /mæl'fʌŋkʃən/ *n.* sự trục trặc, sự sai chức năng

malice /'mælɪs/ *n.* ác tâm, ác ý

malicious /mə'lɪʃəs/ *adj.* hiểm độc, có ác tâm/ác ý

malign /mə'laɪn/ *adj., v.* nói xấu, vu khống, phỉ báng

malignant /mə'lɪgnənt/ *adj.* ác tính, độc, nguy

malinger /mə'lɪŋgə(r)/ *v.* giả vờ ốm để trốn việc

mall /mɔːl/ *n.* lối đi có bóng cây (ở trung tâm buôn bán)

malleable /'mælɪəb(ə)l/ *adj.* dễ dát mỏng, dễ uốn nắn, dễ bảo

mallet /'mælɪt/ *n.* cái vồ

malnourished /ˌmæl'nʌrɪʃt/ *adj.* thiếu dinh dưỡng: **Thirty percent of children in Africa are ~.** Ba mươi phần trăm trẻ con ở Châu Phi thiếu dinh dưỡng.

malnutrition /mælnjuː'trɪʃən/ *n.* sự thiếu ăn, thiếu dinh dưỡng

malpractice /mæl'præktɪs/ *n.* sự sơ xuất, cho thuốc sai

malt /mɒlt/ **1** *n.* mạch nha **2** *v.* gây mạch nha, ủ mạch nha

maltreat /mæl'triːt/ *v.* hành hạ, ngược đãi

mamma, mama /mə'mɑː/ *n.* mẹ, má

mammal /'mæməl/ *n.* động vật có vú

mammogram /'mæməgræm/ *n.* hình ảnh qua quang tuyến X

man /mæn/ **1** *n.* (*pl.* **men**) người, con người ta; đàn ông; nam nhi; người, người hầu: **to behave like a ~** cư xử như đàn ông; **Hurry up, ~!** Nhanh lên chứ, cậu cả!; **a ~ in a thousand** người hiếm có; ngàn người mới có một người; **to be one's own ~** tự mình làm chủ, không lệ thuộc ai **2** *v.* cung cấp người/nhân viên; lo, phụ trách: **to ~ a train** cung cấp người cho xe lửa **3** *exclam.* diễn cảm ngạc nhiên nay nóng giận: **Man, that was great!** Ô, hay quá!

manacle /'mænək(ə)l/ *n., v.* khoá tay, xiềng, còng tay

manage /'mænɪdʒ/ *v.* trông nom, quản lý/trị; dạy, trị, chế ngự; xoay xở: **She ~s well.** Bà ấy đảm đang lắm.; **to ~ a bank** quản lý một ngân hàng

management /'mænɪdʒmənt/ *n.* sự/tài quản lý; ban quản lý/ trị: **The company needs good ~.** Công ty cần sự quản trị giỏi.

managerial /mænɪ'dʒɪərɪəl/ *adj.* thuộc

ngành/ban quản lý

mandarin /'mændərın/ **1** *n.* quan, quan lại; tiếng phổ thông, tiếng Quan thoại của người Trung quốc: **Can you speak ~?** Bạn nói được tiếng Quan thoại không? **2** *n.* quả quýt, rượu quýt: **I have bought very sweet ~s.** Tôi vừa mua quýt ngọt lắm.

mandate /'mændət/ **1** *n.* sự uỷ nhiệm/ thác; chế độ uỷ trị **2** *v.* được uỷ thác, được tính nhiệm

mandatory /'mændətərı/ *adj.* uỷ thác, uỷ nhiệm

mandolin /'mændəlın/ *n.* đàn măng đô lin

mane /meın/ *n.* bờm [ngựa, sư tử]

maneuver /mə'nuːvə(r)/ **1** *n.* [*Br.* **manoeuvre**] cuộc thao diễn; thủ đoạn, mưu mẹo **2** *v.* điều động, điều khiển cử động

man Friday *n.* đàn ông được thuê làm công việc linh tinh trong văn phòng

manful /'mænfəl/ *adj.* gan, bạo, can đảm, dũng mãnh

mange /meındʒ/ *n.* bệnh lở ghẻ

manger /'meındʒə(r)/ *n.* máng ăn, máng cỏ

mangle /'mæŋg(ə)l/ *n., v.* xé, cắt; làm thương tật; làm hỏng cả

mango /'mæŋgəʊ/ *n.* quả xoài; cây xoài

mangosteen /'mæŋgɒstiːn/ *n.* quả măng cụt; cây măng cụt

manhandle /'mænhændl/ *v.* xô đẩy, nắm, túm

manhole /'mænhəʊl/ *n.* lỗ chui: **sewer ~** miệng cống

man-hour *n.* việc làm trong một giờ

manhunt /'mænhʌnt/ *n.* sự săn lùng kẻ phạm tội

mania /'meınıə/ *n.* chứng điên/cuồng; tính gàn/nghiện/ ham

maniac /'meınıæk/ *n., adj.* (người) điên, khùng

manic /'mænık/ *adj.* bị ảnh hưởng bởi chứng điên cuồng

manicure /'mænıkjʊə(r)/ *n., v.* (sự) cắt sửa móng tay

manifest /'mænıfest/ **1** *n.* bảng kê khai hành khách hay hàng hoá **2** *adj.* rõ ràng, hiển nhiên: **Every one knows the ~ failure of the government's policies.** Ai cũng biết sự thất bại hiển nhiên của chính sách chính phủ. **3** *v.* bày tỏ, biểu lộ: **His frustration and anger will ~ in crying.** Sực bực nhọc và giận giữ của ông ấy biểu lộ qua khóc than.

manifesto /mænı'festəʊ/ *n.* bản tuyên ngôn

manifold /'mænıfəʊld/ *n., adj.* nhiều phần; nhiều vẻ, đa dạng

manipulate /mə'nıpjʊleıt/ *v.* vận dụng bằng tay, thao tác; lèo lái, lôi kéo: **He always ~s his colleagues.** ông ấy luôn lèo lái đồng nghiệp

manipulative /mə'nıpjuːlətıv/ *adj.* thuộc vận dụng bằng tay, có tính lôi kéo

mankind /mæn'kaınd/ *n.* loài người, nhân loại; nam giới

manly /'mænlı/ *adj.* hợp với đàn ông; có đức tính/tính chất đàn ông; mạnh mẽ, hùng dũng, can đảm

man-made /mæn'meıd/ *adj.* làm băng tay: **a ~ lake** hồ nhân tạo

manna /'mænə/ *n.* lương thực trời cho; lợi lộc có được ngoài ý muốn: **Her inheritance came as ~ from heaven.** Việc thừa kế gia tài của cô ấy như là của trời cho.

manner /'mænə(r)/ *n.* cách, lối, kiểu, thói; thái độ, cử chỉ; **~s** cách xử sự/cư xử; phong tục tập quán: **She smiles in a friendly ~.** Cô ấy cười rất thân mật.

mannerism /'mænərız(ə)m/ *n.* thói kiểu cách/cầu kỳ, không tự nhiên

manor /'mænə(r)/ *n.* thái ấp, trang viên, lãnh địa

manpower /'mænpaʊə(r)/ *n.* sức người, nhân lực, người giúp việc: **They can provide enough ~.** Họ có thể cung cấp đủ nhân lực.

mansion /'mænʃən/ *n.* nhà lớn, lâu đài, dinh thự

manslaughter /'mænslɔːtə(r)/ *n.* tội ngộ-sát

mantel /'mænt(ə)l/ *n.* kệ/bệ trên lò sưởi, mặt lò sưởi

mantle /'mænt(ə)l/ **1** *n.* áo khoác/ choàng; cái măng sông đèn, vật để che phủ **2** *v.* khoác áo ngoài; che phủ

manual /'mænjuːəl/ **1** *n.* sách học, sổ tay: **Read the ~ before using the machine.** Đọc sổ tay chỉ dẫn trước khi dùng máy. **2** *adj.* chân tay: ~ **labor** lao động chân tay

manufacture /mænjuː'fæktjʊə(r)/ **1** *n.* sự chế tạo/sản xuất: **Clothing ~ in Vietnam has improved greatly.** Ngành sản xuất áo quần ở Việt Nam được cải thiện rất nhanh chóng. **2** *v.* chế tạo, sản xuất; bịa đặt, ngụy tạo

manufacturing /mænjuː'fæktjʊərɪŋ/ *n.* việc chế tạo, việc sản xuất

manure /mə'njʊə(r)/ **1** *n.* phân bón: **green ~** phân xanh **2** *v.* bón

manuscript /'mænjuːskrɪpt/ *n., adj.* bản viết tay, thủ bản; bản thảo

many /'menɪ/ **1** *n.* nhiều (cái/người): **Many have to work for a living.** Nhiều người phải làm việc để sống. **2** *adj.* nhiều, lắm: **Many people came.** Nhiều người đến lắm.; ~ **times** nhiều lần; ~**-sided** nhiều mặt, nhiều phía

Maori /'maʊərɪ/ *n.* người/tiếng Mao-ri (thổ dân ở Tân Tây Lan)

map /mæp/ **1** *n.* bản đồ: **Do you have a ~ of Vietnam?** Bạn có bản đồ Việt Nam không? **2** *v.* vẽ bản đồ; vạch ra, sắp xếp: **to ~ out one's time** sắp xếp thời gian

maple /'meɪp(ə)l/ *n.* cây phong, cây thích: ~ **syrup** nước cây thích

mar /mɑː(r)/ *v.* làm hư/hỏng/hại

marathon /'mærəθən/ *n.* cuộc chạy đua đường trường: **Who is the winner of the ~?** Ai là người đa thắng cuộc chạy đua đường trường?

marble /'mɑːb(ə)l/ *n., v.* đá hoa, cẩm thạch; hòn bi: **to line a table with ~** làm bàn cẩm thạch; **to play ~s** bắn/ chơi bi

March /mɑːtʃ/ *n.* tháng Ba: **I will travel around the world in ~.** Tôi sẽ đi du lịch vòng quanh thế giới trong tháng Ba.

march /mɑːtʃ/ **1** *n.* hành khúc; bước đi (hành quân); cuộc diễn/diễu hành: **to be on the ~** đang diễn hành; **the ~ of events** sự tiến triển của thời cuộc **2** *v.* đi, bước đều, diễu hành đưa đi, bắt đi

mare /meə(r)/ *n.* ngựa cái

margarine /mɑːdʒə'riːn/ *n.* mác-gơ-rin, bơ thực vật

margin /'mɑːdʒɪn/ *n.* lề, bờ, mép, bìa, rìa; số dư để phòng: **in the ~ of the book** ở lề cuốn sách; **to escape death by a narrow ~** suýt chết, thoát chết trong tấc gang

marginal /'mɑːdʒɪnəl/ *adj.* thuộc lề/ mép; không quan trọng; nghèo khổ

marginalize /'mɑːdʒɪnəlaɪz/ *v.* làm cho ai cảm thấy không quan trọng: ~**d people** dân ở biên giới

marijuana /mærɪ'hwɑːnə/ *n.* cây/thuốc cần sa

marina /mə'riːnə/ *n.* bến cho thuyền đậu

marinade /mærɪ'neɪd/ *n., v.* nước ướp thịt, thịt cá ướp, ướp thịt/cá: **to soak meat in a ~** nhúng thịt vào nước ướp

marinate /'mærɪneɪt/ *v.* ngâm, giầm: **to ~ meat at least two hours before cooking** ngâm thịt ít nhất 2 giờ trước khi nấu

marine /mə'riːn/ **1** *n.* đội tàu buôn; lính thuỷ đánh bộ, thuỷ quân lục chiến: **the ~ corps** đội thuỷ quân lục chiến **2** *adj.* thuộc về biển; thuộc ngành hàng hải, thuộc hải quân

marital /'mærɪtəl/ *adj.* thuộc hôn nhân, thuộc người chồng: ~ **status** tình trạng hôn nhân, có vợ/chồng

maritime /'mærɪtaɪm/ *adj.* thuộc biển, thuộc ngành hàng hải ở gần biển, ở miền duyên hải

mark /mɑːk/ **1** *n.* dấu, nhãn hiệu; chứng cớ; mục đích: **He bowed to his friend as a ~ of esteem.** Ông ấy cúi đầu chào bạn ông ta để bày tỏ sự quí trọng đối với bạn ông ấy.; **to make a ~ here** đánh dấu vào đây; **trade ~** nhãn hiệu thương mại **2** *n.* điểm, điểm số: **to get a good ~** được điểm tốt **3** *v.* đánh dấu, ghi, cho điểm, đáng giá; biểu lộ/thị, để ý, chú ý đến: **to ~ down the price** ghi giá thấp xuống; **to ~ time** giậm chân tại chỗ, không tiến được

mark-down /maːkdaʊn/ *n.* sự giảm giá, việc ghi sụt giá

marked /maːkt/ *adj.* rõ ràng, rõ rệt: **There has been a ~ increase in crimes in our city.** Có dấu hiệu gia tăng rõ rệt tội phạm trong thành phố chúng ta.

marker /maːkə(r)/ *n.* người ghi, người cho điểm

market /maːkɪt/ **1** *n.* chợ, thị trường: **common ~** thị trường chung; **stock ~** thị trường chứng khoán; **~ value** giá thị trường; **~place** nơi họp chợ **2** *v.* mua bán ở chợ; bán ở chợ, đem ra chợ bán, tung ra thị trường: **We are going to ~ our products.** Chúng tôi sắp tung ra thị trường sản phẩm của chúng tôi.

marketable /maːkɪtəb(ə)l/ *adj.* có thể bán được, có thể tiêu thụ được

marketing /maːkɪtɪŋ/ *n.* môn học về thị trường; việc kiếm thị trường: **The company has a group of experts to advise on production and ~.** Công ty có một nhóm chuyên viên cố vấn về sản phẩm và thị trường.

market research *n.* việc nghiên cứu thị trường

marksman /maːksmən/ *n.* người bắn giỏi, tay thiện xạ

markup /maːkʌp/ *n.* sự đánh giá lên sản phẩm: **an average ~ of 10 percent** đánh giá lên trung bình là 10%

marmalade /maːməleɪd/ *n.* mứt cam (để phết vào bánh mì nướng)

maroon /məˈruːn/ **1** *n.* màu nâu sẫm, màu hạt dẻ **2** *n.* người bị bỏ mặc trên hoang đảo **3** *adj.* nâu sẫm,

màu hạt dẻ **4** *v.* bỏ mặc ai trên hoang đảo, lởn vởn, thơ thẩn

marquee /maːˈkiː/ *n.* mái hiên rạp hát hay rạp chiếu bóng

marriage /ˈmærɪdʒ/ *n.* sự cưới vợ, sự lấy chồng; sự kết hôn, việc hôn nhân, lễ cưới, hôn lễ: **to sign the certificate of ~** ký giấy giấy giá thú; **~ bureau** văn phòng giới thiệu hôn nhân; **~ settlement** ngày làm lễ thành hôn

marrow /ˈmærəʊ/ *n.* tuỷ, phần chính, phần cốt tuỷ: **to be frozen to the ~** rét/lạnh thấu xương

marry /ˈmærɪ/ *v.* cưới (vợ), lấy (chồng); lấy vợ cho, gả chồng cho; lấy vợ/chồng, kết hôn, thành gia thất

Mars /maːz/ *n.* sao hoả, hoả tinh; thần chiến tranh

marsh /maːʃ/ *n.* đầm lầy, bãi sình lầy

marshal /ˈmaːʃəl/ *n., v.* thống chế, nguyên soái; nhân vật hoặc giáo giáo sư phụ trách nghi lễ; cảnh sát trưởng

marshmallow /maːʃˈmæləʊ/ *n.* kẹo màu trắng hay hồng nhai ăn

marsupial /maːˈsuːpɪəl/ *n., adj.* động vật có túi

mart /maːt/ *n.* chợ, thị trường, trung tâm thương mại

martial /ˈmaːʃəl/ *adj.* thuộc chiến tranh; võ dũng/biển, hùng dũng, thượng võ: **~ arts** nghề võ, võ nghệ; **~ law** thiết quân luật

Martian /ˈmaːʃən/ *adj.* thuộc Hoả tinh

Martini /maːˈtiːniː/ *n.* rượu Mar-ti-ni

martyr /ˈmaːtə(r)/ *n., v.* kẻ tử đạo, chết vì nghĩa lớn, liệt sĩ

martyred /ˈmaːtəd/ *adj.* cho thấy đau đớn hay chịu đựng để mọi người giúp đỡ

marvel /ˈmaːvəl/ **1** *n.* chuyện kỳ diệu/ tuyệt diệu, kỳ công **2** *v.* lấy làm lạ, ngạc nhiên, kinh nghạc, trầm trồ: **He ~ed that a man in pain could be so coherent.** Ông ấy ngạc nhiên là một người đau đớn như vậy mà có thể cộng tác được.

marvelous /'mɑːvələs/ *adj.* kỳ lạ tuyệt diệu, tuyệt/hiền diệu

Marxism /'mɑːksɪz(ə)m/ *n.* chủ nghĩa Mác: ~ **Leninism** chủ nghĩa Mác Lê nin, chủ nghĩa Mác Lê

mascara /mæ'skɑːrə/ *n.* thuốc bôi lông mi cho dài

mascot /'mæskɒt/ *n.* vật lấy khước, vật/bùa hộ mạng

masculine /'mæskjʊlɪn/ *n., adj.* (thuộc) giống đực; có vẻ đàn ông (có) nam/hùng tính

mash /mæʃ/ **1** *n.* lúa trộn cám cho súc vật ăn; chất trộn với nước; mớ hỗn độn **2** *v.* nghiền, tán, bóp nát: **to ~ potatoes** tán khoai tây

mask /mɑːsk/ **1** *n.* mặt nạ, tấm che an toàn: **to throw off the ~** lột mặt nạ, lột chân tướng; **You must wear the ~ to protect you from dust.** Bạn phải đeo tấm vải an toàn để bảo vệ bạn khỏi bụi. **2** *v.* đeo mặt nạ cho; che giấu: **Too much decoration ~s the true flavor of the cake.** Trang trí nhiều quá làm mất hương vị chiếc bánh.

mason /'meɪs(ə)n/ *n.* thợ nề

masquerade /mɑːskə'reɪd/ **1** *n.* dạ hội giả trang; trò giả dối, trò lừa bịp **2** *v.* giả trang, giả dạng

mass /mæs/ **1** *n., adj.* khối, đống, cục; số đông, khối lớn, đa số, số lớn/ nhiều; khối lượng: ~ **media** truyền thông đại chúng; ~ **production** sự sản xuất hàng loạt **2** *n.* lễ mi sa **3** *v.* hợp lại, tập hợp/trung

massacre /'mæsəkə(r)/ **1** *n.* sự chết chóc, cuộc tàn sát **2** *v.* giết chóc, tàn sát (những người yếu thế)

massage /'mæsɑːʒ/ *n., v.* (sự) xoa bóp, tẩm quất; ~ **parlor** nhà xoa bóp

massive /'mæsɪv/ *adj.* to lớn, đồ sộ; ồ ạt: **There was evidence of ~ fraud.** Có chứng cớ gian dối lớn.

mast /mɑːst/ *n.* cột buồm

master /'mɑːstə(r)/ **1** *n.* chủ, chủ nhân; chủ gia đình; thuyền trưởng; thầy, thầy giáo; người giỏi thạo, nghệ sĩ bậc thầy; bức tranh của bậc danh hoạ: **to be the ~ of one's fate** tự mình làm chủ vận mệnh của mình; ~ **of ceremonies** [MC] người điều khiển chương trình **2** *v.* làm chủ, cai quản, chỉ huy, điều khiển; nén, kiềm/khống chế, khắc phục; nắm vững, thạo về: **to ~ one's difficulties** khắc phục được những khó khăn **3** *adj.* am hiểu thấu đáo

mastermind /'mɑːstəmaɪnd/ *n., v.* bày vẽ, làm quân sư/cố vấn cho

masterpiece /'mɑːstəpiːs/ *n.* tác phẩm lớn, kiệt tác: **Kieu Tale is a ~ of Vietnamese literature.** Truyện Kiều là một kiệt tác của văn học Việt Nam.

masterwork /'mɑːstəwɜːk/ *n.* kiệt tác, tác phẩm nổi tiếng

mastery /'mɑːstərɪ/ *n.* sự nắm vững, sự thành thạo; thắng thế, ưu thế, quyền làm chủ

masthead /'mɑːsthed/ **1** *n.* đỉnh cột buồm; nhan đề bài báo ở đầu trang **2** *v.* để đăng ở đầu trang báo

masticate /'mæstɪkeɪt/ *v.* nhai

masturbate /'mæstɜːbeɪt/ *v.* thủ dâm

mat /mæt/ **1** *n.* chiếu, nệm: **sleeping ~** chiếu để ngủ; **door ~** thảm chùi chân ở cửa **2** *n.* tấm lót bát đĩa (ở bàn ăn): **The hot food must be put on ~s.** Thức ăn nóng cần phải để trên tấm lót. **3** *v.* làm bết vào, làm mờ đi

matador /'mætədɔː(r)/ *n.* người đấu và giết bò

match /mætʃ/ **1** *n.* que diêm: **Do you have ~es?** Bạn có diêm không? **2** *n.* cuộc thi đấu, trận đấu; đối/địch thủ; người/cái xứng đôi; việc hôn nhân: **a soccer ~** một trận bóng đá; **Your shirt and skirt are a good ~.** Áo và váy của bạn hợp nhau lắm. **3** *v.* bằng, có/sức tài ngang; xứng, hợp; làm cho phù hợp; đối chọi, đối/sánh được; sắp thành cặp/đôi/ bộ: **to ~ words with deeds** lời nói phải đi đôi với việc làm

matchmaker /'mætʃmeɪkə(r)/ *n.* bà mối/mai, người làm mối, ông mai

matchstick /'mætʃstɪk/ *n.* que diêm

mate /meɪt/ **1** *n.* vợ, chồng; con đực, con cái; phó thuyền trưởng; người phụ; bạn: **class ~** bạn học cùng lớp; **room ~** bạn chung phòng trọ **2** *v.* lấy nhau, kết đôi, kết bạn; phủ, rập: **It's easy to tell when a male duck is ready to ~ with a female one.** Dễ nói khi con vịt đực muốn rập vịt cái.

material /mə'tɪərɪəl/ **1** *n.* vật liệu, chất liệu, tài liệu; vải, đồ dùng: **building ~s** vật liệu xây dựng; **dress ~** hàng may áo dài; **raw ~s** nguyên liệu **2** *adj.* vật chất; thuộc xác thịt; thuộc thân thể; cần thiết, quan trọng, trọng yếu: **We are living in the ~ world.** Chúng ta đang sống trong thế giới vật chất.

materialism /mə'tɪərɪəlɪz(ə)m/ *n.* chủ nghĩa duy vật

materialistic /mə,tɪərɪə'lɪstɪk/ *adj.* duy vật, quá thiên về vật chất

materialize /mə'tɪərɪəlaɪz/ *v.* vật chất hoá, thành sự thật, thực hiện được:

maternal /mə'tɜ:nəl/ *adj.* thuộc về mẹ, của mẹ; bên ngoại: **~ love** tình mẹ, tình mẫu tử; **~ uncle** cậu

maternity /mə'tɜ:nɪti/ *n.* tính chất/tư cách người mẹ: **~ hospital** nhà hộ/ bảo sinh; **~ leave** nghỉ hộ sản, phép nghỉ để

mathematical /mæθɪ'mætɪkəl/ *adj.* thuộc toán, toán học; chính xác

mathematics /mæθɪ'mætɪks/ *n.* (*abbr.* **math**, **maths**) toán học, môn toán: **pure ~** toán học thuần tuý; **applied ~** toán học ứng dụng

matinée /'mætɪneɪ/ *n.* buổi diễn ban chiều, xuất chiều

matriarch /'meɪtrɪɑ:k/ *n.* nữ tộc trưởng, nữ gia trưởng, bà chúa

matriarchy /'meɪtrɪɑ:kɪ/ *n.* chế độ quyền mẹ, chế độ mẫu hệ

matriculation /mətrɪkjʊ'leɪʃən/ *n.* cuộc thi tuyển vào đại học: **to sit for the** ~ dự thi tuyển vào đại học

matrimonial /'mætrɪməʊnɪəl/ *adj.* liên hệ đến hôn nhân: **~ problems** những rắc rối liên hệ đến hôn nhân

matrimony /'mætrɪmənɪ/ *n.* hôn nhân, đời sống vợ chồng

matrix /'meɪtrɪks/ *n.* tử cung, dạ con; ma trận

matron /'meɪtrən/ *n.* đàn bà lớn tuổi (có chồng); bà quản lý, quản gia [nhà thương]; nữ cảnh sát [nhà tù]

matt /mæt/ (*also* **mat**) *adj.* không bóng, xỉn mặt: **to paint ~ white** sơn màu trắng không bóng

matter /'mætə(r)/ **1** *n.* chất, vật chất, thể; đề, chủ đề; vật, phẩm; chuyện, việc, điều, vụ; cớ, lý do: **printed ~** ấn phẩm; **What's the ~ with him?** Ông ấy làm sao thế?; **no ~ what happens** bất luận chuyện gì xảy ra; **as a ~ of fact** thật ra, thực tế; **This is a very important ~.** Đây là một vấn đề rất quan trọng. **2** *v.* quan trọng: **it doesn't ~** không sao

mattock /'mætək/ *n.* cái cuốc chim

mattress /'mætrəs/ *n.* nệm, đệm: **inner-spring ~** đệm lò xo

mature /mə'tjʊə(r)/ **1** *adj.* chín, chín chắn, thành thục; kỹ càng, cẩn thận, đắn đo; đến kỳ hạn phải trả, đáo hạn: **The plan is not ~ yet.** Kế hoạch chưa kỹ càng.; **~ student** sinh viên lớn tuổi **2** *v.* chín, trở nên chín chắn; đến kỳ hạn phải trả: **When does this bill ~?** Đến khi nào cái hoá đơn nầy phải trả?

maturity /mə'tjʊərɪti/ *n.* sự già dặn, sự thành thục; tính chính chắn; kỳ hạn phải trả

maudlin /'mɔ:dlɪn/ *adj.* uỷ mị, hay khóc lóc sướt mướt

maul /mɔ:l/ *v.* đánh, cấu xé, phá phách; hành hạ; phê bình tơi bời

maunder /'mɔ:ndə(r)/ *v.* nói năng lung tung, nói không đâu vào đâu

mausoleum /mɔ:sə'li:əm/ *n.* lăng, lăng tẩm

mauve /məʊv/ *adj.* màu hoa cà

maverick /'mævərık/ *n.* con bê chưa đánh dấu; người không theo khuôn phép; người hoạt động chính trị độc lập

mawkish /'mɔ:kıʃ/ *adj.* nhạt nhẽo, sướt mướt

maxi /'mæksı/ *n.* váy/áo dài tới mắt cá

maxim /'mæksım/ *n.* cách ngôn, châm ngôn

maximum /'mæksıməm/ *n., adj.* (số) tối đa, tối cao, cực độ

may /meı/ *modal v.* có thể, có lẽ; được phép, có thể; cầu chúc, cầu mong; có thể: **You ~ enter now.** Bây giờ con vào được rồi.; **I think you ~ know about our plans.** Tôi nghĩ anh có thể biết rõ chương trình của chúng tôi.

May /meı/ *n.* tháng Năm

maybe /'meıbi:/ *adv.* có lẽ, có thể

May Day *n.* ngày mồng 1 tháng 5, Ngày Quốc tế Lao động (mồng một tháng 5) [= **Labor Day**]

mayhem /'meıhem/ *n.* sự kinh hoàng sợ hãi do bạo hành gây ra

mayonnaise /meıə'neız/ *n.* nước sốt may-on-ne

mayor /meə(r)/ *n.* thị trưởng: **I have met the ~ of New York City.** Tôi vừa gặp thị trưởng thành phố Nữu Ước.

maze /meız/ *n.* đường rối, mê lộ, cung mê, mê đồ: **to be in a ~** trong trạng thái rối răm

MB /ˌem'bı:/ *abbr.* **1** *n.* (= **Bachelor of Medicine**) bằng cử nhân y khoa **2** *n.* (= **Megabyte**) bộ nhớ 1 triệu bai

MBA /ˌembı:'eı/ *n., abbr.* (= **Master of Business Administration**) thạc sĩ/phó tiến sĩ quản trị thương mãi

MC /ˌem'sı:/ *n., abbr.* (= **Master of Ceremonies**) người điều khiển chương trình trong các buổi lễ

MD /ˌem'dı:/ *n., abbr.* (= **Doctor of Medicine**) bác sĩ y khoa

me /mi:/ *pron., n.* tôi, tao, tớ: **The dog bit ~.** Chó cắn tôi.; **as for ~** còn (về phần) tôi thì

meadow /'medəʊ/ *n.* cánh đồng cỏ

meager /'mi:gə(r)/ *adj.* gầy, còm; [tiền] ít; [bữa ăn] sơ sài: **We have a ~ meal.** Chúng ta ăn một bữa cơm đạm bạc.

meal /mıəl/ **1** *n.* bữa ăn, bữa cơm: **~ time** giờ ăn; **evening ~** bữa tối **2** *n.* bột [lúa, ngô, v.v.]: **corn ~** bột ngô; **~ on wheels** cơm do thành phố địa phương mang đến nhà cho những người già cả hoặc đau ốm không nấu ăn được

mean /mi:n/ **1** *v.* [**meant**] có nghĩa là; muốn/định nói; có ý: **What does this word ~?** Từ/chữ này có nghĩa là gì?; **He didn't ~ to hurt you.** Ông ấy không định tâm làm anh đau/giận. **2** *adj.* thấp ké, tầm thường; tồi, tồi tàn, tiểu tụy; hèn, bần tiện; nhỏ nhen, tiểu nhân, ác: **the ~ annual temperature** nhiệt độ trung bình hằng năm

meander /mi:'ændə(r)/ *v.* uốn khúc, quanh co, ngoằn nghoèo, khúc khuỷu

meaning /'mi:nıŋ/ *n.* nghĩa, ý nghĩa

means /mi:nz/ *n.* phương tiện, cách kế: **by all ~** bằng mọi cách; khoảng giữa; số trung bình; cách, kế phương tiện; của, của cải, phương tiện tài chính: **by ~s of …** bằng cách; **by no ~s** chắc không, hẳn không; **a man of ~s** người có của; **to improve the ~s of communication** cải tiến phương tiện truyền thông

meant /ment/ quá khứ của **mean**

meantime /'mi:ntaım/ *n., adv.* trong khi ấy, trong lúc ấy: **My mother is doing the cooking; in the ~ I am studying.** Mẹ tôi đang nấu ăn trong khi tôi đang học.

meanwhile /'mi:nwaıl/ *n., adv.* trong khi ấy: **I will be ready to meet them; ~ I am off to talk to my friend.** Tôi sẽ sẵn sàng gặp họ trong khi tôi phải nói chuyện với bạn tôi.

measles /'mi:zlz/ *n.* bệnh sởi: **to have the ~** lên sởi

measurable /'meʒ(j)ʊərəb(ə)l/ *adj.* đo được, vừa phải, phải chăng

measure /'meʒə(r)/ **1** *n.* sự đo (lường); đơn vị đo (lường); giới hạn, chừng mực; biện pháp; nhịp (điệu): **~ for ~** ăn miếng trả miếng; **beyond ~** quá độ, quá chừng, quá đỗi; **to set ~s to** đặt giới hạn **2** *v.* đo, đo lường; đo được; so/đo [*with* với]: **to ~ someone for new clothes** đo kích thước để may quần áo

measured /'meʒəd/ *n.* cân nhắc, đắn đo, thận trọng; đều

meat /mi:t/ *n.* thịt, cơm [trái cây]; đồ ăn: **to be ~ and drink to someone** làm cho ai vui thích

Mecca /mekə/ *n.* thành phố ở Saudi Arabia, thánh địa của người Hồi giáo

mechanic /mə'kænɪk/ *n.* thợ máy

mechanical /mə'kænɪkəl/ *adj.* thuộc cơ khí; máy móc quá: **~ engineering** ngành kỹ sư máy móc

mechanics /mə'kænɪks/ *n.* cơ học

mechanism /'mekənɪz(ə)m/ *n.* máy móc, cơ cấu, cơ quan, cơ chế

mechantronics /məkæn'ɪektɒnɪks/ *n.* điện cơ

medal /'medəl/ *n.* mề đay, huy chương: **gold ~** huy chương vàng

medallion /mə'dæljən/ *n.* huy chương; quả tim đeo cổ

meddle /'med(ə)l/ *v.* xem/dính/xía vào: **to ~ in someone's affairs** xía vào chuyện của ai

media /'mi:dɪə/ *n.* (xem **medium**) các phương tiện truyền thông

medial /'mi:dɪəl/ *adj.* ở giữa, trung bình

median /'mi:dɪən/ *adj.* ở giữa

mediate /'mi:dɪət/ *v.* làm trung gian, hoá giải

mediator /'mi:dɪeɪtə(r)/ *n.* người trung gian, hoá giải viên

medic /'medɪk/ *n.* anh cứu thương; bác sĩ; sinh viên y khoa

medical /'medɪkəl/ *adj., n.* y, y học, y khoa: **~ officer** nhân viên y tế; **~ school** trường y khoa, trường thuốc

medicated /'medɪkeɪtd/ *adj.* có chất thuốc chữa bệnh ngoài da

medicine /'meds(ə)n/ *n.* thuốc; y học, y khoa: **to take ~** dùng thuốc, uống thuốc; **~ chest** tủ thuốc gia đình; **to give someone a dose of his/her own ~** lấy gậy ông đập lưng ông

medieval /medɪ'i:vəl/ *adj.* [*Br.* **mediaeval**] thuộc thời trung cổ

mediocre /ˌmi:dɪ'əʊkə(r)/ *adj.* thường, xoàng, vừa, tồi, tầm thường

meditate /'medɪteɪt/ *v.* suy nghĩ, ngẫm nghĩ, trầm ngâm

meditation /medɪ'teɪʃən/ *n.* sự trầm ngâm, sự trầm tư mặc tưởng, sự phản tỉnh; thiền: **My mother is practicing ~.** Mẹ tôi đang thực hành thiền.

Mediterranean /medɪtə'reɪnɪən/ *adj.* thuộc Địa Trung Hải

medium /'mi:dɪəm/ **1** *n.* vật môi giới; trung dung; bà đồng, môi trường; phương tiện [**media**]: **through the ~ of ...** qua sự trung gian của **2** *adj.* trung bình, trung, vừa: **~ size** cỡ trung bình

medley /'medlɪ/ *n., adj.* mớ hỗn tạp; bản nhạc hỗn hợp; sặc sỡ nhiều màu

meek /mi:k/ *adj.* ngoan, hiền lành, dễ bảo, nhu mì: **as ~ as a lamb** hiền lành như cừu

meet /mi:t/ **1** *n.* cuộc gặp gỡ để tranh tài **2** *v.* [**met**] gặp (mặt), gặp gỡ; đón, rước; được làm quen với; đáp ứng [nhu cầu], trả, thanh toán; gặp nhau, hội họp: **Please to ~ you.** Hân hạnh được gặp ông.; **to ~ someone at the airport** gặp ai ở sân bay; **to ~ a demand** thỏa mãn yêu cầu

meeting /'mi:tɪŋ/ *n.* cuộc gặp gỡ/hội ngộ; phiên họp, khoá họp, hội nghị: **~ ground** chỗ gặp gỡ; **~ room** phòng họp; **to open the ~** khai mạc buổi họp; **to have a ~** có buổi họp

megabuck /'megəbʌks/ *n.* triệu đồng: **Now he can earn the sort of ~s he has always dreamed about.** Bây giờ ông ấy có thể kiếm cả triệu đồng mà ông ta từng mơ ước.

megabyte /'megəbɪt/ *n.* một triệu bit

megalomania /megələʊ'meɪnɪə/ *n.* chứng vĩ cuồng: **Early success may lead to ~.** Sự thành công sớm sẽ dẫn đến chứng vĩ cuồng.

megalopolis /megə'lɒpəlɪs/ *n.* thành phố thật lớn

megaphone /'megəfəʊn/ *n.* cái loa

megastore /'megə‚stɔː(r)/ *n.* tiệm lớn bán đủ loại hàng hoá

melancholic /melən'kəʊlɪk/ *adj.* buồn rầu, sầu muộn

melancholy /'melənkəlɪ/ *n., adj.* (sự/nỗi) ưu sầu, sầu muộn

meld /meld/ **1** *n.* sự hợp nhất, sự kết hợp: **a ~ of traditional techniques with radical conceptions** sự kết hợp kỹ thuật truyền thống với những quan niệm tuyệt đối **2** *v.* kết hợp, hợp nhất

melee /'meleɪ/ *n.* cuộc loạn đả

mellow /'meləʊ/ **1** *adj.* ngọt dịu/lịm; dịu dàng, êm dịu; rượu ngọt giọng **2** *v.* trở nên già giặn/chín chắn hơn

melodious /mə'ləʊdɪəs/ *adj.* êm tai, du dương, thánh thót

melodramatic /'melədrɑːmætɪk/ *adj.* cường điệu quá đáng; thuộc loại kịch tình cảm

melody /'melədɪ/ *n.* điệu hát/ca; âm điệu/nhạc khúc du dương

melon /'melən/ *n.* dưa (tây)

melt /melt/ *v.* tan/chảy ra; làm tan ra; động/mủi lòng; làm động/mủi lòng: **My heart ~s with pity.** Trái tim tôi đau xót vì xúc động.; **to ~ away** tan biến đi; **to ~ into tears** khóc sướt mướt

meltdown /'meltdaʊn/ *n.* quá trình nấu chảy, nung chảy

melting pot *n.* bình chứa chất chảy lỏng; nơi pha trộn sắc tộc

member /'membə(r)/ *n.* hội/thành/đảng/đoàn viên; chân, tay, bộ phận: **I am a ~ of the club.** Tôi có chân trong câu lạc bộ đó.; **~ state** nước hội viên/thành viên

membership /'membəʃɪp/ *n.* hội viên, tư cách/số hội viên

membrane /'membreɪn/ *n.* màng

memento /mem'entəʊ/ *n.* vật kỷ niệm

memoirs /'memwɑːz/ *n.* hồi ký; tiểu luận: **to write one's ~s** viết hồi ký, viết ký yếu

memorabilia /'memərəbɪlɪə/ *n.* vật kỷ niệm biến cố hay cho người

memorable /'memərəb(ə)l/ *adj.* đáng ghi nhớ; không quên được

memorandum /memə'rændəm/ *n.* (*abbr.* **memo**) bản ghi nhớ; thư ngắn (cho khỏi quên); giác thư: **~ of understanding [MOU]** thoả ước thư

memorial /mə'mɔːrɪəl/ **1** *n.* sớ, kiến nghị; đài kỷ niệm: **war ~** đài liệt sĩ **2** *adj.* để kỷ niệm: **~ service** lễ truy điệu

memory /'memərɪ/ *n.* trí nhớ, ký ức; kỷ niệm, sự tưởng nhớ: **to have a good ~** có trí nhớ tốt

men /men/ *n., (sing.* **man**) số nhiều của: **"Men's Room"** phòng vệ sinh nam

menace /'menəs/ *n., v.* mối đe dọa, đe doạ, hăm doạ

menagerie /mə'nædʒərɪ/ *n.* nơi giữ và huấn luyện động vật để làm xiếc; một lô: **They asked me a ~ of questions.** Họ hỏi tôi một lô câu hỏi.

mend /mend/ **1** *n.* chỗ vá, chỗ sửa chữa; sự phục hồi sức khỏe: **to be on the ~** phục hồi sức khỏe **2** *v.* vá, chữa, mạng, sửa chữa, sửa sang, tu bổ; sửa đổi: **to ~ one's ways** sửa đổi tính nết **3** *v.* bình phục, hồi phục: **The patient is ~ing nicely.** Bệnh nhân đang bình phục.

menfolk /'menfəʊk/ *n.* (cánh) đàn ông

menial /'miːnɪəl/ *n., adj.* [công việc] của đầy tớ

meningitis /menɪn'dʒiːz/ *n.* bệnh sưng màng óc, viêm màng não

meniscus /mə'nɪskəs/ *n.* mặt khum, mặt kính lồi: **convex ~** mặt khum lồi; **diverging ~** thấu kính phân kỳ

menopause /'menəpɔːz/ *n.* sự mãn/tắt kinh

menstruate /'menstru:ert/ *v.* thấy tháng, thấy kinh, bẩn mình

menstruation /ˌmenstru:'eɪʃən/ *n.* (*abbr.* **menses**) kinh nguyệt

menswear /'menzweə(r)/ *n.* áo quần đàn ông, y phục nam giới: **If you want to buy a jacket, go to a ~ store.** Bạn muốn mua áo khoác phải không? Hãy đến tiệm áo quần đàn ông.

mental /'mentəl/ *adj.* thuộc trí tuệ; thuộc tâm thần, tinh thần: ~ **hospital** nhà thương điên, dưỡng trí viện; ~ **illness** bệnh tâm thần

mentality /men'tælɪtɪ/ *n.* trạng thái tâm lý, tâm lý

menthol /'menθəl/ *n.* hoá chất mentol, tinh bạc hà

mention /'menʃən/ **1** *n.* sự nói đến, sự đề cập: **to make ~ of a fact** đề cập đến một sự kiện **2** *v.* kể ra/đến, nói đến: **Don't ~ it.** Không dám, không có chi.; **Your opinions haven't been ~ed in this letter.** ý kiến của bạn chưa đề cập đến trong lá thư nầy

mentor /'mentɔ:(r)/ *n.* ông thầy dìu dắt, người cố vấn

menu /'menju:/ *n.* thực đơn

menu bar *n.* quán rượu có thực đơn ăn cơm

mercantile /'mɜ:kəntaɪl/ *adj.* buôn bán; vụ lợi, duy tiền, bái kim, trọng thương

mercenary /'mɜ:sɪnərɪ/ **1** *n.* lính đánh thuê; tay sai **2** *adj.* làm thuê, làm công; hám/vụ lợi

merchandise /'mɜ:tʃəndaɪz/ *n., v.* hàng hoá, hoá phẩm, hoá vật; bán hàng hoá theo quảng cáo

mercurial /mɜ:'kjʊərɪəl/ *adj.* thuộc thuỷ ngân, có thuỷ ngân

mercury /'mɜ:kjʊrɪ/ *n.* thuỷ ngân: Mercury sao Thuỷ, Thuỷ tinh; ~ **barometer** máy đo khí áp thuỷ ngân

mercy /'mɜ:sɪ/ *n.* lòng thương, từ bi, lòng trắc ẩn: **at the ~ of** trong tay, dưới quyền của; **for ~'s sake** vì lòng thương; ~ **killing** sự giết người bị

bệnh nan y [cho đỡ đau đớn]

mere /mɪə(r)/ *adj.* chỉ là: **at the ~ thought of it** chỉ mới nghĩ đến điều đó

merge /mɜ:dʒ/ *v.* lẫn vào, hợp vào; hợp nhất, kết hợp

merger /'mɜ:dʒə(r)/ *n.* sự hợp nhất, sự kết hợp

meridian /mə'rɪdɪən/ *n.* kinh tuyến, đường kính

merit /'merɪt/ **1** *n.* giá trị, tài cán; công, công lao/trạng: to **decide a case on its ~s** dựa trên lẽ phải trái mà quyết định sự việc **2** *v.* đáng (được), xứng đáng: **to ~ reward** đáng được tưởng thưởng

meritocracy /merɪ'tɒkrəsɪ/ *n.* chế độ cai trị do nhân tài

mermaid /'mɜ:meɪd/ *n.* mỹ nhân ngư; kiện tướng bơi lội [nữ]

merry /'merɪ/ *adj.* vui, vui vẻ, hớn hở: **to wish someone a ~ Christmas** chúc ai một Giáng sinh vui vẻ; ~ **maker** người tham dự cuộc vui;

mesh /meʃ/ **1** *n.* mắt lưới: **the ~ of a spider's web** lưới mạng nhện; **in a ~** [bánh xe] ăn khớp nhau **2** *v.* bắt vào lưới; ăn khớp nhau: **Their senses of humor ~ed perfectly.** Tính tình trào phúng của họ ăn khớp nhau tuyệt vời.

mesmerize /'mezməraɪz/ *v.* thôi miên; mê hoặc, quyến rũ

mess /mes/ **1** *n.* tình trạng hỗn độn/ bừa bãi bẩn thỉu; bữa ăn chung, tốp người ăn chung: **The whole room was in a ~.** Cả gian phòng đều bừa bãi.; **to go to the ~** đi ăn; ~ **hall** nhà ăn tập thể **2** *v.* làm lộn xộn/lung tung, làm bẩn/hỏng: **to ~ up a plan** làm hỏng kế hoạch

message /'mesɪdʒ/ **1** *n.* thư, thư tín, lời nhắn, điện, điện văn, thông điệp/ báo; lời truyền: **to leave a ~ for someone** để lại lời nhắn cho ai; **a ~ of greeting** lời chào mừng **2** *v.* gởi lời nhắn

Messiah /mə'saɪə/ *n.* Chúa cứu thế, vị

cứu tinh dân tộc

Messrs /'mesəz/ *n.* (*abbr.* **Messieurs**) quý ông: ~ **Viet and Nam** Gởi quí ông Việt và Nam

messy /'mesi/ *adj.* lung tung, hỗn độn, bừa bãi, bẩn thỉu: **That is ~ work.** Đó là công việc bẩn thỉu.

met /met/ quá khứ của **meet**: **We ~ him in the city last night.** Chúng tôi gặp anh ấy ở phố tối hôm qua.

metabolism /me'tæbəlɪz(ə)m/ *n.* sự trao đổi chất; (tân trần) đại tạ

metal /'met(ə)l/ *n.* loài kim, kim loại/ khí

metal detector *n.* máy dò kim loại (dùng ở phi trường)

metallic /mə'tælɪk/ *adj.* bằng/thuộc/ như kim loại

metallurgy /'metələdʒɪ/ *n.* nghề/thuật/ môn luyện kim

metalwork /metəlwɜ:k/ *n.* công việc luyện kim: **He is a ~ craftsman from Vietnam.** Anh ta là một công nhân trong ngành luyện kim ở Việt Nam.

metamorphosis /metə'mɔ:fəsɪs/ *n.* sự biến hình/hoá, hoá thân

metaphor /'metəfə(r)/ *n.* phép ẩn dụ

mete /mi:t/ **1** *n.* biên giới, giới hạn, bờ cõi **2** *v.* cho, chia, phân phát [sự thưởng phạt]

meteor /'mi:tɪə(r)/ *n.* sao sa/băng, lưu tinh; người/vật nổi tiếng như cồn

meteoric /mi:tɪ'ɒrɪk/ *adj.* vụt sáng trong chốc lát

meteorology /ˌmi:tɪə'rɒlədʒɪ/ *n.* khí tượng học

meter /'mi:tə(r)/ **1** *n.* (= **metre**) mét; vận luật: **square ~** mét vuông **2** *n.* cái đo, đồng hồ đo **3** *v.* đo đạc

method /'meθəd/ *n.* cách thức, phương pháp; thứ tự, ngăn nắp: **teaching ~** phương pháp giảng dạy

Methodist /'meθədɪst/ *n.* người theo giáo phái Giám lý

methodology /meθə'dɒlədʒɪ/ *n.* phương pháp học/luận

meticulous /mɪ'tɪkjʊləs/ *adj.* kỹ, quá kỹ càng, tỉ mỉ

metre /'mi:tə(r)/ *n.* xem chữ **meter**

metric /'mi:trɪk/ *adj.* thuộc mét: ~ **system** hệ thống mét

metro /'meɪtrəʊ/ *n.* xe điện ngầm: **to take the ~ to the city** lấy xe điện ngần lên phố

metropolis /mə'trɒpəlɪs/ *n.* thủ đô/ phủ, thành phố lớn; trung tâm

metropolitan /metrə'pɒlɪtən/ *adj.* thuộc thủ đô; thuộc mẫu quốc, thuộc thành phố

metrosexual /metrə'seksjʊəl/ *adj.* thuộc dâm tính thành thị

mettle /'met(ə)l/ *n.* khí khái/phách; nhuệ khí, nhiệt tình: **to put somebody on his/her ~** thúc đẩy ai làm hết sức mình

mew /mju:/ **1** *n.* tiếng mèo kêu **2** *v.* [mèo, mãn] kêu meo meo

Mexico /'meksɪkəʊ/ *n.* nước Mễ Tây Cơ

mg *n., abbr.* (= **milligram**) mi-li gam

M16 *n.* loại súng M 16

MIA /ˌemaɪ'eɪ/ *abbr.* (= **Missing In Action**) người bị mất tích trong chiến tranh

mice /maɪs/ số nhiều của **mouse**

microbe /'maɪkrəʊb/ *n.* vật vi sinh, vi trùng, vi khuẩn

microbiology /maɪkrəʊbaɪ'ɒlədʒɪ/ *n.* vi trùng học

microchip /'maɪkrəʊtʃɪp/ *n.* chip nhỏ nhất

microcomputer /'maɪkrəʊkəmpju:tə(r)/ *n.* máy vi tính nhỏ nhất

microcosm /'maɪkrəʊkɒz(ə)m/ *n.* thế giới vi mô

microeconomics /maɪkrəʊi:kə'nɒmɪks/ *n.* kinh tế vĩ mô

microelectronics /ˌmaɪkrəʊi:lek'trɒnɪks/ *n.* điện tử vi phân

microfiche /'maɪkrəʊfi:ʃ/ *n.* vi phim, phim nhỏ chứa nhiều tài liệu

microfilm /'maɪkrəʊfɪlm/ *n.* mi-crô-fim, vi phim

microgram /'maɪkrəʊgræm/ *n.* một phần triệu gam

micrometer /maɪ'krɒmɪtə(r)/ *n.* trắc vi kế, máy dùng để đo những vật nhỏ

microminiaturization /'maɪkrəmɪnɪtjʊə-raɪʃen/ *n.* sự ứng dụng hoá điện tử vi phân

micro-organism /ˌmaɪkrəʊˈɔːɡənɪz(ə)m/ *n.* vi sinh vật, cơ quan nhỏ nhất trong cơ thể con người

microphone /'maɪkrəʊfəʊn/ *n.* mi-crô, máy ghi âm

microprocessor /'maɪkrəprəʊsesə(r)/ *n.* phần chính nhỏ nhất dùng lưu trữ giữ liệu trong máy vi tính

microscopic /maɪkrəʊˈskɒpɪk/ *adj.* rất nhỏ, li ti

microstructure /maɪkrəʊˈstrʌkʃən/ *n.* cấu trúc vi mô, tổ chức tế vi

microsurgery /maɪkrəʊˈsɜːdʒərɪ/ *n.* cuộc giải phẫu tế vi, giải phẫu bộ phận rất nhỏ trong cơ thể

microwave /'maɪkrəʊweɪv/ *n., v.* lò nấu bằng sóng điện cực ngắn, lò nấu vi ba/siêu tần ; nấu bằng lò điện siêu tần

mid /mɪd/ *adj.* giữa

middle /'mɪd(ə)l/ **1** *n.* (khoảng) giữa; chỗ thắt lưng: **in the ~ of the house** ở giữa nhà **2** *adj.* giữa, trung: **the ~ Ages** thời Trung cổ; **~ class** giai cấp trung lưu; **the ~ East** Trung Đông

middle age spread *n.* sự biến đổi cơ thể theo tuổi trung niên

middleman /'mɪd(ə)lmən/ *n.* người môi giới

midfield /'mɪdfiːld/ *n.* cầu thủ ở hàng giữa, cầu thủ trung phong

midget /'mɪdʒɪt/ *n., adj.* người rất nhỏ; con vật nhỏ; vật nhỏ

midlands /'mɪdləndz/ *n., adj.* vùng trung du

midlife /mɪˈdlaɪf/ *n.* tuổi trung niên: **~ crisis** sự khủng hoảng ở tuổi trung niên

midnight /'mɪdnaɪt/ *n.* nửa đêm, 12 giờ đêm

midshipman /'mɪdʃɪpmən/ *n.* sinh viên trường hải quân

midst /mɪdst/ *n., prep.* ở giữa: **in the ~ of** giữa lúc; giữa bọn

midterm /ˌmɪdˈteːm/ *n.* giữa khoá (học); giữa nhiệm kỳ; bài thi giữa khoá

midway /'mɪdˌweɪ/ *adv.* nửa đường, giữa đường, nửa chừng

midwife /'mɪdwaɪf/ *n.* bà/cô đỡ, bà mụ

mien /miːn/ *n.* dáng, vẻ, dáng điệu, phong cách

miff /mɪf/ *n., v.* sự/làm mất lòng, phật ý

might /maɪt/ quá khứ của **may**: **If you had looked there, you ~ have found it.** Bạn tìm ở đó, bạn sẽ kiếm thấy.: **She ~ have forgotten.** Có thể cô ta quên chăng.

might /maɪt/ *n.* sức mạnh, lực, vũ lực, cường quyền

mighty /'maɪtɪ/ *adj.* mạnh, hùng cường; to lớn; phi thường: **a ~ nation** một quốc gia hùng cường

migraine /'miːɡreɪn/ *n.* chứng nhức một bên đầu

migrant /'maɪɡrənt/ *n., adj.* (người) di trú; di dân

migrate /maɪˈɡreɪt/ *v.* [chim, người] di trú; ra ngoại quốc

migration /maɪˈɡreɪʃən/ *n.* sự/cuộc di trú, di cư: **department of ~** bộ di trú

mike /maɪk/ xem **microphone**

milch /mɪltʃ/ *adj.* thuộc bò sữa

mild /maɪld/ *adj.* êm dịu, ôn hoà; dịu dàng, hoà nhã; nhẹ, dịu, không cay, không nặng, nhẹ: **~ tobacco** thuốc lá nhẹ

mildew /'mɪldjuː/ **1** *n.* bệnh mốc; nấm mốc **2** *v.* làm cho mốc

mile /maɪl/ *n.* dặm, lý [= **1,609 m**]

mileage, milage /'maɪlɪdʒ/ *n.* khoảng đường tính bằng dặm; cước phí đi đường

milestone /'maɪlstəʊn/ *n.* cột cây số, cột ki lô mét, cọc, mốc

milieu /'miːljɜː/ *n.* những người quen thuộc: **I stayed happily within my own social ~.** Tôi ở rất hạnh phúc với những người quen thuộc của tôi.

militant /'mɪlɪtənt/ *n., adj.* (người) chiến đấu

military /'mɪlɪtrɪ/ **1** *n.* quân sự, quân đội, nhà binh: **The ~ have admitted**

that there will be more bombing. Quân đội xác nhận là sẽ dội bom nhiều hơn nữa. *2 adj.* thuộc quân đội, thuộc quân sự/nhà binh: ~ **band** ban nhạc quân đội; ~ **base** căn cứ quân sự; ~ **intelligence** tình báo quân đội; ~ **police** quân cảnh; ~ **service** quân vụ, quân dịch

milk /mɪlk/ **1** *n.* sữa [người, bò, dê, v.v.]: **condensed** ~ sữa đặc có đường; ~ **bar** tiệm bán sữa và các thứ hàng thông dụng; ~ **powder** sữa bột; ~ **shake** sữa trộn đánh với kem **2** *v.* vắt sữa; bóc lột, bòn rút vắt sữa ở trại: **The cows are ~ing well this year.** Năm nay bò cho nhiều sữa.

mill /mɪl/ **1** *n.* cối xay; (nhà) máy xay; máy nghiền/cán; xưởng: **cotton** ~ nhà máy dệt; **coffee** ~ cối xay cà phê **2** *v.* xay, nghiền, cán, tán, giã: **to** ~ **flour** xay bột

millennium /mɪˈleniəm/ *n.* nghìn năm, thiên niên kỷ

miller /ˈmɪlə(r)/ *n.* chủ cối xay

millet /ˈmɪlɪt/ *n.* hạt kê; cây kê

milligram /ˈmɪlɪɡræm/ *n.* mi li gam

milliliter /ˈmɪlɪliːtə(r)/ *n.* mi-li lít, bằng 0,001 lít

millimeter /ˈmɪlɪmiːtə(r)/ *n.* mi li mét, bằng 0,001 mét

milliner /ˈmɪlɪnə(r)/ *n.* người làm/bán mũ đàn bà

million /ˈmɪljən/ *n.* một triệu

millionaire /mɪljəˈneə(r)/ *n.* nhà triệu phú

millipede /ˈmɪlɪpiːd/ *n.* động vật nhiều chân

mime /maɪm/ **1** *n.* kịch/tuồng câm; anh hề **2** *v.* bắt chước

mimic /ˈmɪmɪk/ *v., n.* bắt chước, nhại; sự bắt chước

mince /mɪns/ **1** *n.* thịt vụn **2** *v.* băm vụn, thái nhỏ/vụn; nói ỏng ẹo: ~**d pork** thịt heo xay

mincemeat *n.* thịt xay nhỏ

mind /maɪnd/ **1** *n.* tâm, tâm trí, tinh thần; đầu óc, trí óc, trí tuệ; ý kiến, ý nghĩ, ý định; sự chú ý/tâm; trí nhớ, kí ức: **to have in** ~ ghi, nhớ; định, tính; **I made up my** ~ **to …** Tôi đã quyết định. **2** *v.* để ý, lưu/chú ý; trông nom, chăm sóc; phiền lòng, bận tâm, quan tâm: **Do you** ~ **answering the phone?** Anh làm ơn trả lời điện thoại hộ tôi?; **Never** ~. Không hề gì, đừng bận tâm, kệ nó.; **Never** ~ **her crying.** Mặc nó, cho nó khóc.

mind-bending *adj.* có ảnh hưởng mạnh đến trí óc

mind-blowing *adj.* rất thích thú hay ngạc nhiên: **a** ~ **experience** một kinh nghiệm thích thú

mind game *n.* trò chơi can não, trò chơi trí óc

mindset /ˈmaɪndset/ *n.* đầu óc hay thái độ cứng rắn

mine /maɪn/ **1** *pron.* (những) cái của tôi: **This book is** ~. Quyển sách này là của tôi.; **Your shoes are brown;** ~ **are black.** Giày anh màu nâu, giày tôi màu đen. **2** *n.* mỏ; nguồn, kho; mìn, địa/thuỷ lôi **3** *v.* đào, khai [mỏ]; đặt mìn, đặt địa lôi/thuỷ lôi; giật mìn

minefield /ˈmaɪnfiːld/ *n.* bãi mìn

miner /ˈmaɪnə(r)/ *n.* công nhân mỏ, thợ/khu mỏ

mineral /ˈmɪnərəl/ **1** *n.* khoáng chất/sản **2** *adj.* khoáng, vô cơ: ~ **water** nước khoáng/suối

minestrone /mɪnɪˈstrəʊnɪ/ *n.* xúp rau và miến

mingle /ˈmɪŋɡ(ə)l/ *v.* trộn lẫn, lẫn vào: **to** ~ **with the crowd** lẫn vào trong đám đông

miniature /ˈmɪnɪtʃʊə(r)/ *n., adj.* tiểu họa, hình nhỏ: **in** ~ thu nhỏ lại

minibus /ˈmɪnɪbʌs/ *n.* xe buýt nhỏ

minicab /ˈmɪnɪkæb/ *n.* xe tắc xi loại nhỏ chỉ gọi bằng điện thoại vì không ngừng dọc đường đón khách

minicomputer /ˈmɪnɪkəmpjuːtə(r)/ *n.* máy vi tính nhỏ

minidisc /ˈmɪnɪdɪsk/ *n.* loại đĩa nhỏ/trung bình

minimize /'mɪnɪmaɪz/ v. giảm đến mức tối thiểu: **to ~ the cost** giảm tốt thiểu giá cả

minimum /'mɪnɪməm/ n., adj. số lượng tối thiểu, mức tối thiểu; tối thiểu, nhỏ nhất: **~ wages** lương tối thiểu

minister /'mɪnɪstə(r)/ **1** n. bộ trưởng, tổng trưởng; công sứ, sứ thần; mục sư: **the ~ of defense** bộ trưởng quốc phòng; **prime ~** thủ tướng; **the ~ of our church** ông mục sư của hội thánh chúng tôi **2** v. chăm sóc (chu đáo) [**to** cho]

ministry /'mɪnɪstrɪ/ n. bộ; chức vụ/ nhiệm kỳ bộ trưởng; đoàn mục sư: **~ of foreign affairs** bộ ngoại giao

mink /mɪŋk/ n. chồn vi zon [lông mượt làm áo đắt tiền]

minor /'maɪnə(r)/ **1** n. người vị thành niên; điệu thứ: **He is still a ~.** Cậu ấy vẫn còn vị thành niên. **2** adj. nhỏ hơn, thứ yếu, không quan trọng; [quản nhạc] thứ: **to take a ~ part in** tham dự một phần nhỏ

minority /mɪ'nɒrɪtɪ/ n. số ít, thiểu số (thiểu): **~ people** dân tộc ít người, dân tộc thiểu số

minstrel /'mɪnstrəl/ n. người hát rong, nghệ sĩ hát sẩm

mint /mɪnt/ **1** n. cây bạc hà: **~ leaves** lá bạc hà **2** n. nhà, sở đúc tiền, món tiền lớn: **a ~ of money** một món tiền lớn **3** adj. mới, chưa dùng: **in ~ condition** còn mới toanh **4** v. đúc [tiền]; đặt ra [từ/chữ mới]

minus /'maɪnəs/ **1** n. số âm; dấu trừ **2** adj. dưới, trừ: **The temperature is ~ 5 degrees.** Nhiệt độ ở dưới 5 độ. **3** prep. trừ: **7-2 is 5.** 7 trừ 2 còn 5.

minuscule /'mɪnɪskjuːl/ adj. rất nhỏ, bé tí ti

minute /'mɪnɪt/ **1** n. phút; một lúc/lát: **Please wait a ~.** Làm ơn đợi một phút. **2** n. biên bản: **the ~s of a meeting** biên bản buổi họp **3** adj. rất nhỏ, vụn vặt, tinh tế; tỉ mỉ, kỹ lưỡng, cặn kẽ: **They have carried out a ~ investigation.** Họ vừa thực hiện cuộc điều tra kỹ lưỡng. **4** v. tính từng phút

minx /mɪŋks/ n. người đàn bà lăng loàn, người đàn bà lẳng lơ

miracle /'mɪrək(ə)l/ n. phép màu, phép thần diệu; kỳ công: **The opera house is a ~ of architecture.** Nhà hát con sò là một kỳ công của ngành kiến trúc.; **~ drug** thuốc tiên, tiên dược, thần dược

mirage /mi:'rɑːʒ/ n. ảo ảnh/ tượng; ảo vọng

mire /maɪə(r)/ n. vũng/vấy bùn, bãi lầy

mirror /'mɪrə(r)/ **1** n. gương soi: **~ image** hình phản chiếu **2** v. phản chiếu, phản ánh

mirth /mɜːθ/ n. sự vui vẻ, sự cười đùa

MIS /ˌemaɪ'es/ n., abbr. (= **Management Information System**) hệ thống quản trị tin học

misanthrope /'mɪsənθrəʊp/ n. kẻ ghét người/đời; kẻ chán đời

misappropriate /ˌmɪsə'prəʊprɪeɪt/ v. lạm tiêu, biển thủ, thục két

misbehave /ˌmɪs'bɪheɪv/ v. ăn ở cư xử không đứng đắn, bậy bạ

misbelief /mɪsbɪ'liːf/ n. sự tin tưởng sai, tín ngưỡng sai lầm

miscalculate /ˌmɪs'kælkjuleɪt/ v. tính sai, tính lầm

miscarriage /mɪs'kærɪdʒ/ n. sự sẩy thai: **~ of justice** vụ xử án sai, vụ xử án oan

miscarry /mɪs'kærɪ/ v. sẩy thai; sai lầm; thất bại

miscast /ˌmɪs'kɑːst/ v. chọn các vai đóng không hợp cho một vở kịch, phân công đóng vai không hợp

miscellaneous /mɪsə'leɪnɪəs/ adj. linh tinh, hỗn/pha tạp: **to sell ~ goods** bán tạp hoá; **~ expenditure** những chi tiêu lặt vặt

miscellany /mɪ'selənɪ/ n. tạp lục/biên; hợp tuyển

mischief /'mɪstʃɪf/ n. trò tinh nghịch; sự ranh mãnh, sự hóm hỉnh; điều ác, sự nguy hại: **to play ~ with** gieo tai hoạ; **~-maker** người gieo bất hoà

misconception /ˌmɪskən'sepʃn/ *n.* sự quan niệm/sự nhận thức sai

misconduct /ˌmɪs'kɒndʌkt/ **1** *n.* hạnh kiểm xấu, phẩm hạnh bất chính **2** /ˌmɪs'kəndʌkt/ *v.* cư xử xấu, ngoại tình với, quản lý kém: **to ~ one's business** quản lý kém công việc

misconstrue /ˌmɪskən'struː/ *v.* hiểu sai; giải thích sai

miscount /ˌmɪs'kaʊnt/ *n., v.* việc/đếm sai

miscreant /'mɪskriːənt/ *adj.* vô lại, ti tiện

misdeed /mɪs'diːd/ *n.* hành động xấu

misdemeanor /ˌmɪs'dɪmiːnə(r)/ *n.* hạnh kiểm xấu, cách cư xử không tốt; hành động phi pháp

misdiagnose /ˌmɪs'diaiəgnəʊz/ *v.* chẩn định sai

miser /'maɪzə(r)/ *n.* người hà tiện/bủn xỉn/keo kiệt

miserable /'mɪzərəb(ə)l/ *adj.* khốn khổ, khổ sở, điêu đứng, cùng khổ; cực khổ; nghèo nàn, tồi tàn

misery /'mɪzərɪ/ *n.* cảnh nghèo khổ; sự đau đớn khổ sở

misfile /'mɪsfaɪl/ *v.* hồ sơ bị mất/thất lạc

misfire /mɪs'faɪə(r)/ *v.* bắn súng không nổ

misfit /mɪs'fɪt/ *n.* (người) không xứng; (áo) không vừa

misfortune /mɪs'fɔːtʃən/ *n.* điều không may; sự rủi ro/bất hạnh

misgiving /ˌmɪs'gɪvɪŋ/ *n.* mối nghi ngờ/nghi ngại; nỗi lo âu

misguided /ˌmɪs'gaɪdɪd/ *adj.* hướng dẫn sai; xui làm bậy: **a ~ child** hướng dẫn đứa trẻ sai

misinformation /ˌmɪsɪnfə'meɪʃən/ *n.* sự thông tin sai

misinterpret /ˌmɪsɪn'tɜːprɪt/ *v.* giải thích sai, dịch sai: **He ~ed the message.** Anh ấy giải thích sai bản văn rồi.

misjudge /ˌmɪs'dʒʌdʒ/ *v.* xét đoán sai

mislay /mɪs'leɪ/ *v.* để lẫn đâu mất, để thất lạc

mislead /mɪs'liːd/ *v.* làm cho lạc đường; đánh lạc hướng: **The director ~s the members of the managing committee.** Ông giám đốc đã đánh lạc hướng các thành viên trong hội đồng quản trị.

mismatch /'mɪsmætʃ/ *n., v.* sự/không xứng đáng, không hợp

misnomer /mɪs'nəʊmə(r)/ *n.* sự nhầm tên; tên dùng sai

misplace /ˌmɪs'pleɪs/ *v.* để không đúng chỗ/lúc

misprint /mɪs'prɪnt/ *n.* lỗi in, chữ in lầm

mispronounce /ˌmɪsprə'naʊns/ *v.* đọc sai, phát âm sai

misrepresent /ˌmɪsˌreprɪ'zent/ *v.* trình bày sai, xuyên tạc

miss /mɪs/ **1** *n.* cô; cô gái, thiếu nữ; hoa khôi, hoa hậu: **Ms Lan** cô Lan; **~ Universe** hoa hậu thế giới **2** *n.* sự trượt, cú đánh trận; sự thất bại: **nine hits and one ~** 9 được 1 hồng; **to give something a ~** tránh cái gì, bỏ qua cái gì **3** *v.* không trúng, trượt, trệch, trật, hỏng; lỡ/nhỡ [xe, tàu, máy bay]; bỏ lỡ; bỏ sót/quên; nhớ (nhung); không gặp được; không hiểu được: **to ~ an opportunity** bỏ lỡ cơ hội

misshapen /mɪs'ʃeɪp(ə)n/ *adj.* méo mó, xấu xí, dị hình

missile /'mɪsaɪl/ *n.* vật phóng ra; tên lửa, hoả tiễn: **guided ~** tên lửa điều khiển; **to conduct guided ~ tests** thực hiện thử vũ khí điều khiển hoả tiễn hạt nhân

mission /'mɪʃən/ *n.* sứ mệnh, nhiệm vụ; công cán, công tác; phái đoàn, sứ đoàn; toà đại sứ, nhiệm sở [ngoại giao]; hội truyền giáo: **to go on a ~** được phái đi công tác; **~ statement** lời tuyên bố của một công ty

missionary /'mɪʃənərɪ/ *n.* nhà truyền giáo, giáo sĩ

misspell /mɪs'spel/ *v.* viết sai chính tả, đánh vần sai

misstep /mɪs'step/ *n.* bước đi/hành động sai

mist /mɪst/ *n.* sương mù

mistake /mɪˈsteɪk/ **1** *n.* lỗi, lỗi lầm, sai lầm: **to make a ~** phạm lỗi; **by ~** vì lầm, do sự sơ xuất **2** *v.* [**mistook**; **mistaken**] lầm lẫn: **I mistook him for my friend.** Tôi lầm ông ấy là bạn tôi.

mister /ˈmɪstə(r)/ *n.* (*abbr.* **Mr.**) ông, thưa ông: **Mister Nam** ông Nam; **Here! ~, is this yours?** Thưa ông, đây có phải của ông không?

mistranslate /mɪsˈtrænsleɪt/ *v.* dịch sai

mistreat /mɪsˈtriːt/ *v.* ngược đãi

mistress /ˈmɪstrəs/ *n.* bà chủ (nhà); cô/ bà giáo; tình nhân, nhân tình, mèo

mistrial /mɪsˈtraɪəl/ *n.* vụ xử án sai

mistrust /mɪsˈtrʌst/ *n., v.* sự/nghi ngờ/ ngờ vực

misunderstanding /mɪsʌndəˈstændɪŋ/ *n.* hiểu lầm, hiểu sai

misuse /mɪsˈjuːs/ *n., v.* (sự) dùng sai, (sự) lạm dụng: **to ~ medicine** dùng sai thuốc

mite /maɪt/ *n.* con bét, con ve, con bọ; phần nhỏ; vật nhỏ bé

mitigating /ˈmɪtɪɡeɪtɪŋ/ *adj.* giảm nhẹ, dịu bớt: **~ circumstances** tình trạng dịu bớt

mitten /ˈmɪtən/ *n.* găng tay đeo bốn ngón và cho ngón cái riêng

mix /mɪks/ **1** *v.* trộn, pha trộn; hoà với nhau; giao thiệp: **to ~ red and blue together** trộn pha trộn màu đỏ với màu xanh; **to ~ up** trộn đều, hoà đều **2** *n.* sự pha trộn, sự hoà chung: **a ~ of water and oil** hoà nước với dầu

mixed /mɪkst/ *adj.* lẫn lộn, ô hợp, hỗn hợp, cả nam lẫn nữ; bối rối, lúng túng: **I have ~ feelings.** Tôi có cảm giác buồn vui lẫn lộn.; **to get ~ up** bối rối, lúng túng; **~ doubles** trận đấu đôi nam và nữ; **~ marriage** sự kết hôn khác chủng tộc

mixture /ˈmɪkstjʊə(r)/ *n.* sự/thứ pha trộn; thuốc pha, hỗn dược

mnemonic /niːˈmɒnɪk/ *adj., n.* thuộc trí nhớ, giúp trí nhớ

MO /ˌemˈəʊ/ **1** *n., abbr.* (= **Medical Officer**) nhân viên y tế **2** *n., abbr.* (= **Money Order**) ngân phiếu

moan /məʊn/ *n., v.* tiếng/kêu van, than van, rền rĩ

moat /məʊt/ *n.* hào [quanh thành]

mob /mɒb/ **1** *n.* đám đông (hỗn tạp); quần chúng; bọn du côn du lại: **~ psychology** tâm lý quần chúng **2** *v.* kéo ồ đến, bao vây; tấn công

mobile /ˈməʊbaɪl/ **1** *n.* tác phẩm điêu khắc treo dây và chuyển động được **2** *adj.* chuyển/lưu/di động: **~ home** nhà moóc, nhà di động, sở hữu căn nhà nhưng đất phải thuê; **~ library** thư viện lưu động; **~ phone** điện thoại di động

mobilization /ˌməʊbɪlaɪˈzeɪʃən/ *n.* sự động viên

mobilize /ˈməʊbɪlaɪz/ *v.* huy động, điều động, động viên

moccasin /ˈmɒkəsɪn/ *n.* giày dép bằng da mềm

mock /mɒk/ **1** *n.* sự chế nhạo, khinh, coi thường **2** *adj.* giả, bắt chước: **to join a ~ battle** tham dự một trận giả **3** *v.* chế nhạo, chế giễu, nhạo báng

mockery /ˈmɒkəri/ *n.* lời/điều chế nhạo; trò đùa, trò hề: **to make a ~ of someone** chế nhạo ai

mock-up /ˈmɒkʌp/ *n.* người mẫu kinh nghiệm; mẫu mực thử nghiệm

modal /ˈməʊdəl/ *adj.* cách thức, phương thức; (từ) chỉ lối, (từ) tình thái

mode /məʊd/ *n.* kiểu, mẫu, kiểu mẫu, mô hình; mẫu vật; người gương mẫu; đàn bà mặc kiểu áo mẫu; người mẫu để vẽ hay chụp ảnh: **She wears an elegant, formal ~ of dress.** Bà ta mặc kiểu áo rất trang nhã.

model /ˈmɒdəl/ **1** *n.* kiểu mẫu, mô hình: **car ~** kiểu xe; **~ of production** kiểu mẫu sản xuất **2** *n.* người mẫu: **She is a fashion ~.** Cô ấy là người mẫu. **3** *adj.* gương mẫu, kiểu mẫu: **My father is a ~ employee.** Ba tôi là một nhân viên mẫu mực. **4** *v.* làm mẫu, làm mô hình: **to ~ oneself after someone** làm theo ai, bắt chước ai

modem /'məʊdem/ *n.* bộ phận hay máy phụ gắn vào đường dây điện thoại

moderate /'mɒdərət/ **1** *adj.* phải chăng, vừa phải; điều độ, tiết độ; ôn hoà, không dữ dội/quá khích **2** *v.* làm bớt đi, tiết chế; điều hợp/ hoà giải [cuộc bàn cãi] **3** *n.* sự điều hợp, sự làm cho hoà đồng

modern /'mɒdən/ *adj.* hiện đại, mới, tân thời; cận đại: ~ **architecture** kiến trúc hiện đại

modest /'mɒdɪst/ *adj.* nhún nhường, nhũn nhặn, khiêm nhượng/tốn; [đàn bà] thùy mị, nhu mì, e lệ, nết na; có mức độ, vừa phải, phải chăng, không thái quá

modesty /'mɒdɪstɪ/ *n.* tính nhũn nhặn/ thùy mị/e lệ/nết na

modicum /'mɒdɪkəm/ *n.* chút, ít, số lượng nhỏ

modification /mɒdɪfɪ'keɪʃən/ *n.* sự thay đổi, sự cải biến

modifier /'mɒdɪfaɪə(r)/ *n.* từ bổ nghĩa

modify /'mɒdɪfaɪ/ *v.* làm giảm, làm khác đi, làm thay đổi: **The new technological revolution modified the whole society.** Cuộc cách mạng kỹ thuật mới đã thay đổi toàn xã hội.

modulate /'mɒdjʊleɪt/ *v.* sửa lại cho đúng, điều chỉnh

module /'mɒdju:l/ *n.* đơn vị, một loạt bài học có chủ đề

modus operandi /'məʊdəs ˌɒpə'rændi:/ *n.* (*abbr.* **MO**) cách làm việc, cách làm việc gì

mogul /'məʊgəl/ *n.* người có vai vế, người có thế lực

moist /mɔɪst/ *adj.* ẩm, ẩm ướt

moisture /'mɔɪstʃə(r)/ *n.* hơi ẩm, hơi nước

moisturizer /'mɔɪstʃəraɪzə(r)/ *n.* thứ làm cho ẩm ướt

molar /'məʊlə(r)/ *n., adj.* (răng) hàm

molasses /mə'læsɪz/ *n.* mật mía, nước đường

mold, mould /məʊld/ **1** *n.* khuôn, mẫu; hình dáng, tính tình: **cast in the same ~** cùng một loại, giống

nhau như đúc **2** *n.* mốc, meo **3** *v.* đúc khuôn, đúc, nặn

mole /məʊl/ **1** *n.* nốt ruồi **2** *n.* phân tử gam **3** *n.* chuột chũi: **~-catcher** người chuyên bắt chuột chũi

molecule /'mɒlɪkju:l/ *n.* phân tử

molehill /'məʊhɪl/ *n.* đất chuột chũi đùn thành đống nhỏ: **to make a mountain out of a ~** chuyện bé xé ra to

molest /mə'lest/ *v.* quấy nhiễu, phá phách; gạ gẫm chuyện dâm dục

mollify /'mɒlɪfaɪ/ *v.* làm nhẹ/nguôi, làm dịu đi, xoa dịu

mollusk, mollusc /'mɒləsk/ *n.* động vật thân mềm, loài nhuyễn thể

Molotov cocktail *n.* bom xăng bằng chai

molt, moult /məʊlt/ *v.* rụng lông, thay lông

molten /'məʊlt(ə)n/ *adj.* [xem **melt**] [kim loại] nấu chảy

mom /mɒm/ *n.* mẹ, má: **my ~ and dad** ba má tôi

moment /'məʊmənt/ *n.* lúc, chốc, lát; tầm quan trọng: **at the ~** lúc này, bây giờ; **Please wait for me a ~.** Làm ơn đợi tôi một chốc lát.

momentous /mə'mentəs/ *adj.* quan trọng, trọng yếu, khẩn yếu

momentum /mə'mentəm/ *n.* đà; xung lượng, động lượng: **to grow in ~** được tăng cường

monarch /'mɒnək/ *n.* vua, quốc vương

monarchy /'mɒnəki/ *n.* nước/chế độ quân chủ: **constitutional ~** chế độ quân chủ lập hiến

monastery /'mɒnəstrɪ/ *n.* tu viện, tự viện, tịnh xá

Monday /'mʌndeɪ/ *n.* thứ hai

monetary /'mʌnɪtrɪ/ *adj.* thuộc tiền tệ: **~ unit** đơn vị tiền tệ

money /'mʌnɪ/ *n.* tiền bạc; tiền của, của cải, tài sản; những món tiền, tiền nong: **counterfeit ~** tiền/bạc giả; **~ order** phiếu gửi tiền, ngân phiếu; **paper ~** tiền giấy; **to make ~** kiếm tiền; **Money makes the world**

go round. Có tiền mua tiên cũng được.; ~ **bag** túi đựng tiền; ~ **box** hộp đựng tiền tiết kiệm hay quyên góp; ~ **changer** người đổi tiền; ~ **lender** người cho vay lãi; ~ **market** thị trường chứng khoán

Mongolia /mɒŋˈɡəʊlɪə/ *n.* nước Mông cổ

mongolism /ˈmɒŋɡəlɪz(ə)m/ xem **Down's syndrome**

mongoose /ˈmɒŋɡuːs/ *n.* (*pl.* **mongooses**) chó Mông Cổ

mongrel /ˈmʌŋɡrəl/ *n.* chó thường, chó không lai

moniker /ˈmɒnɪkə(r)/ *n.* tên (có tính hài hước)

monitor /ˈmɒnɪtə(r)/ **1** *n.* người nghe, hiệu thính viên; người theo dõi [công việc, thí nghiệm]; cố vấn, người răn bảo **2** *v.* nghe [chương trình phát thanh], theo dõi

monk /mʌŋk/ *n.* thầy chùa, thầy tu, nhà sư: **Buddhist** ~ tu sĩ Phật giáo; **superior** ~ thượng tọa

monkey /ˈmʌŋkɪ/ **1** *n.* con khỉ **2** *v.* làm trò khỉ/nỡm

monkey wrench *n.* cái vặn đinh ốc, cà-lê

monochrome /ˈmɒnəkrəʊm/ *n.* bức hoạ một màu

monocle /ˈmɒnək(ə)l/ *n.* kính một mắt

monoculture /ˈmɒnəkʌltjʊə(r)/ *n.* sự độc canh; văn hoá độc quyền

monodrama /ˈmɒnədrɑːmə/ *n.* một phần vở kịch cho một diễn viên

monogamy /məˈnɒɡəmɪ/ *n.* chế độ một vợ một chồng, độc thê/phu

monogram /ˈmɒnəɡræm/ *n.* chữ viết lồng nhau

monograph /ˈmɒnəɡrɑːf/ *n.* chuyên khảo, chuyên luận

monolingual /mɒnəˈlɪŋɡwəl/ *n.* ngôn ngữ độc quyền sử dụng: **Great Britain is a ~ country.** Nước Anh là nước có ngôn ngữ độc quyền.

monologue /ˈmɒnəlɒɡ/ *n.* kịch một vai, độc thoại, độc bạch

monopoly /məˈnɒpəlɪ/ *n.* độc quyền: **to make a ~ of** giữ độc quyền về

monorail /ˈmɒnəʊreɪl/ *n.* xe lửa/điện chạy trên đường sắt nhỏ

monosyllabic /ˌmɒnəsɪˈlæbɪk/ *adj.* một âm tiết, đơn âm: **Vietnamese is a ~ language.** Tiếng Việt là tiếng đơn âm.

monotonous /məˈnɒtənəs/ *adj.* đều đều, đơn điệu; buồn tẻ: **to speak in a ~ voice** nói giọng đều đều

monotony /məˈnɒtənɪ/ *n.* trạng thái đều đều, trạng thái đơn điệu

monsoon /mɒnˈsuːn/ *n.* gió mùa; mùa mưa

monster /ˈmɒnstə(r)/ *n..* *adj.* quái vật; người khổng lồ; người tàn ác; quái thai

monstrous /ˈmɒnstrəs/ *adj.* kỳ quái, quái dị; to lớn lạ thường, khổng lồ; ghê tởm, tàn ác; vô lý, hoàn toàn láo

montage /ˈmɒntɑːʒ/ *n.* sự dựng phim

month /mʌnθ/ *n.* tháng: **every two ~s** cứ cách một tháng một lần; **last ~** tháng trước, tháng rồi; **next ~** tháng sau, tháng tới

monthly /ˈmʌnθlɪ/ **1** *n.* nguyệt san, tạp chí ra hằng tháng **2** *adj.* hàng tháng: **Many people have trouble trying to meet their ~ payments.** Người ta gặp khó khăn để cố gắng trả hàng tháng. **3** *adv.* ra mỗi tháng một lần; hằng tháng: **In some areas, the price of houses can rise ~.** Nhiều khu vực giá nhà lên hàng tháng.

monument /ˈmɒnjʊmənt/ *n.* bia/đài kỷ niệm, tượng đài; vật kỷ niệm; công trình lớn

monumental /mɒnjuˈmentəl/ *adj.* to lớn, vĩ đại, đồ sộ; kỳ lạ

moo /muː/ *n., v.* (tiếng bò) rống

mood /muːd/ **1** *n.* tâm trạng; tính khí/ tình, khí sắc: **to be in a merry ~** trong tâm trạng vui vẻ **2** *n.* lối, thức: **imperative ~** mệnh lệnh cách

moon /muːn/ **1** *n.* mặt trăng; nguyệt cầu; ông trăng: **crescent-shaped ~** trăng lưỡi liềm; **full ~** trăng rằm **2** *v.* đi lang thang vơ vẩn, thẫn thờ như ở cung trăng

moonlit /'muːnlɪt/ *adj.* [đêm **night**] sáng trăng, có trăng

moonstruck /'muːnstrʌk/ *adj.* gàn, bướng bỉnh

moonwalk *n.* đi dạo dưới trăng, đi bộ thưởng thức trăng

moor /mɔː(r)/ **1** *n.* đồng/bãi hoang, truông **2** *v.* buộc, cột [thuyền, tàu]; bỏ neo

moose /muːs/ *n.* hươu lớn, nai sừng tấm

moot /muːt/ **1** *adj.* có thể bàn/thảo luận: ~ **points** những điểm thảo luận **2** *v.* nêu lên để thảo luận

mop /mɒp/ **1** *n.* vải lau sàn có cán **2** *v.* lau, chùi [sàn nhà]: **to ~ the floor** lau sàn nhà; **to ~ up** dọn sạch; càn quét, tảo thanh

mope /məʊp/ *v.* rầu rĩ, ủ rũ: **Please get on with life, don't sit back and ~.** Hãy tiến vào cuộc đời đừng ngồi đó mà rầu rĩ.

moped /'məʊped/ *n.* xe gắn máy nhỏ, khi cần chỉ đạp cũng được

moral /'mɒrəl/ **1** *n.* bài học, lời căn dạy, luân lý; đức/phẩm hạnh, nhân cách: **His ~s are excellent.** Đạo đức ông ấy thật tuyệt vời. **2** *adj.* thuộc đạo đức/luân lý/đạo lý; có/hợp đạo đức; tinh thần: ~ **principles** nguyên lý đạo đức; **to live a ~ life** sống một đời đạo đức; ~ **support** ủng hộ tinh thần

morale /mɒ'rɑːl/ *n.* tinh thần, nhuệ khí: **low** ~ tinh thần thấp

morass /mɒ'ræs/ *n.* đầm/vũng lầy

moratorium /mɒrə'tɔːrɪəm/ *n.* lệnh hoãn nợ; sự tạm ngừng

morbid /'mɔːbɪd/ *adj.* ốm yếu, bệnh hoạn, không lành mạnh

more /mɔː(r)/ **1** *adj.* nhiều hơn, đông hơn; hơn nữa, thêm nữa: **There are ~ books now.** Bây giờ có nhiều sách hơn trước.; **one ~ beer** một cốc bia nữa; **I need ~ time.** Tôi cần thêm thời gian. **2** *adv.* hơn, nhiều hơn: **Please give me some ~.** Xin cho tôi thêm một ít nữa.; **the ~ the better** càng nhiều càng tốt; **The ~ I read the ~ I am tired.** Càng đọc sách tôi càng mệt.; **once ~** một lần nữa

moreover /mɔː'rəʊvə(r)/ *adv.* hơn nữa, vả lại/chăng, ngoài ra

mores /'mɔːreɪz/ *n.* nơi/người đặc biệt có phong tục riêng của họ: **the accepted ~ of Singapore society** một số người đặc biệt đã được chấp nhận trong xã hội Tân Gia Ba

morgue /mɔːg/ *n.* nhà xác

moribund /'mɒrɪbʌnd/ *adj.* sắp chết, gần tàn; sắp ngoẻo

morning /'mɔːnɪŋ/ *n.* buổi sáng; buổi bình minh: **Good ~!** Lời chào buổi sáng!; **in the ~ of life** vào lúc bình minh cuộc đời, ở tuổi thanh xuân; ~ **sickness** ốm nghén

moron /'mɔːrɒn/ *n.* người trẻ nít; người khờ khạo

morose /mə'rəʊs/ *adj.* buồn rầu, rầu rĩ

morpheme /'mɔːfiːm/ *n.* hình (thái) vị, ngữ vị, từ tố

morphine /'mɔːfɪn/ *n.* chất moc-fin; chất làm giảm đau

Morse /mɔːs/ *n.* mật mã dùng để thông tin: ~ **code** mật mã

morsel /'mɔːsəl/ *n.* miếng, mẩu

mortal /'mɔːtəl/ **1** *n.* con người; vật chết **2** *adj.* phải chết, không bất tử; làm cho chết; lớn; trọng đại: **All men are ~.** Người ta ai cũng phải chết.; ~ **enemy** tử thù; ~ **sin** tội lớn, đại tội

mortality /mɔː'tælɪtɪ/ *n.* tính phải chết; số người chết, tỷ lệ người chết: ~ **rate** tử suất; **the bills of** ~ bảng thống kê số người chết

mortar /'mɔːtə(r)/ *n., v.* vữa, hồ; cối giã; súng cối, súng móc chia; trộn vữa/hồ

mortgage /'mɔːgɪdʒ/ **1** *n.* sự cầm cố; văn tự vay tiền để mua nhà [bao giờ trả góp hết nợ thì nhà mới về tay mình]: **My house is still on ~.** Nhà tôi vẫn còn phải trả góp. **2** *v.* đem cầm cố [nhà đất]: **to ~ a house** cầm căn nhà

mortify /'mɔːtɪfaɪ/ v. hành xác; làm nhục, làm mất thể diện

mortise /'mɔːtɪs/ n., v. lỗ mộng, đục lỗ mộng

mortuary /'mɔːtjuːərɪ/ **1** n. nhà xác **2** adj. thuộc viện tang

mosaic /məʊ'zeɪɪk/ n. đồ khảm/cẩn (đá, thuỷ tinh, v.v.), bức họa ghép; hợp tuyển, hợp thái

Moslem /'mɒzlɪm/ n., adj. (= **Muslim**) (người) theo Hồi giáo

mosque /mɒsk/ n. nhà thờ Hồi giáo

mosquito /mə'skiːtəʊ/ n. (pl. **mosquitoes**) con muỗi: ~ **net** màn, mùng muỗi

moss /mɒs/ n. rêu: ~ **grown** phủ đầy rêu; người lạc hậu, quê mùa

mossy /'mɒsɪ/ adj. có rêu, phủ đầy rêu

most /məʊst/ **1** n. phần nhiều/lớn, đa số: **at (the very)** ~ nhiều nhất, tối đa; **to make the** ~ **of** tận dụng; **He did** ~ **of the work.** Anh ấy làm phần lớn công việc đó. **2** adj. nhiều nhất; hầu hết: **The winner gets the** ~ **money.** Người thắng được nhiều tiền nhất.; **Most children like candy.** Đa số trẻ em đều thích. **3** adv. hơn cả/ hết, nhất; lắm, vô cùng: **She is one of the** ~ **well-known singers in Vietnam.** Cô ấy là một trong những ca sĩ nổi tiếng ở Việt Nam.; ~ **likely to succeed** chắc chắn làm sẽ thành công

motel /məʊ'tel/ n. quán trọ, khách sạn bên đường cho khách có xe hơi

moth /mɒθ/ n. con nhậy; sâu bướm: ~ **ball** (viên) băng phiến; ~-**eaten** bị nhậy cắn

mother /'mʌðə(r)/ **1** n. mẹ, mẹ đẻ, má; mẹ, nguồn gốc: **step**-~ mẹ/dì ghẻ: ~ **country** tổ quốc; nước mẹ, mẫu quốc; ~**land** tổ quốc, quê hương; ~'**s Day** ngày của mẹ; ~ **tongue** tiếng mẹ **2** v. sinh ra: **She is happy to** ~ **her child.** Bà ta sung sướng sinh con.

motherboard /'mʌðəbɔːd/ n. bàn phím chính của máy vi tính

Mother Nature n. thế giới thiên nhiên ảnh hưởng đến con người

motif /məʊ'tiːf/ n. kiểu trang trí; chủ đề, nhạc tố

motion /'məʊʃən/ **1** n. sự chuyển/vận động; cử động/chỉ, dáng; đề nghị, kiến nghị: **After discussion, all participants have passed a** ~. Sau khi thảo luận, tất cả người tham dự đã biểu quyết một kiến nghị.; ~ **picture** phim điện ảnh **2** v. ra hiệu: **to** ~ **somebody to go out** ra dấu cho ai đi ra ngoài

motion sickness n. cảm giác buồn nôn khi đang di động

motivate /'məʊtɪveɪt/ v. thúc đẩy: **highly** ~**d** hăng say, được thúc đẩy

motive /'məʊtɪv/ **1** n. cớ, lý do **2** adj. vận động, vận chuyển

motley /'mɒtlɪ/ n., adj. (mớ) hỗn tạp, sặc sỡ

motor /'məʊtə(r)/ **1** n. máy; mô tơ, động cơ: ~**bike** xe mô tô, xe máy; ~**boat** xuồng máy; ~**car** xe ô tô, xe hơi; ~**cycle** xe mô tô, xa máy **2** adj. vận động, di động **3** v. đi bằng ô tô, đưa đi bằng ô tô: **to** ~ **a friend home** đưa bạn về nhà bằng ô tô

motorway /'məʊtəweɪ/ n. đường rộng hai chiều dành cho di chuyển đường trường

mottled /'mɒt(ə)ld/ adj. vằn, lốm đốm, lắm chấm

motto /'mɒtəʊ/ n. khẩu hiệu, châm ngôn

mound /maʊnd/ n. mô, ụ, gò, đống; đồi nhỏ

mount /maʊnt/ **1** n. (abbr. **Mt.**) núi: **Mt. Truong Son** núi Trường Sơn **2** n. bìa để bồi tranh; gọng, khung, giá; ngựa cưỡi **3** v. lên, trèo, leo; đóng khung, gắn, lắp; dựng [vở]; tăng lên: **The prices** ~ **up every day.** Giá cả tăng hàng ngày.

mountain /'maʊntɪn/ n. núi: ~**s of debt** đống nợ; ~ **people** dân miền núi/ thượng, dân tộc miền núi, đồng bào Thượng; ~ **range** dãy núi, rặng núi;

a ~ **of rubbish** một đống rác lớn

mounting /ˈmaʊntɪŋ/ *n.* sự tăng lên, sự leo lên

mourn /mɔːn/ *v.* khóc, thương tiếc; than khóc, để tang: **to ~ the death of somone** thương tiếc người đã chết

mourning /ˈmɔːnɪŋ/ *n.* tang, cái tang; sự đau buồn; sự để tang, đồ tang, tang phục: **to be in ~** có tang, để tang, đang có/để trở

mouse /maʊs/ *n.* (*pl.* **mice**) chuột nhắt: **house ~** chuột nhà

mouse potato *n.* người sử dụng máy vi tính nhiều

mousetrap /ˈmaʊstræp/ *n., v.* cái bẫy chuột, bẫy chuột

mouth /maʊθ/ **1** *n.* mồm, miệng, mõm; miệng ăn; cửa [sông, hang, lò]: **to keep one's ~ shut** giữ mồm giữ miệng; **Shut your ~!** Im đi!; **to put words into someone's ~** bảo cho ai cách ăn nói **2** *v.* ăn, đớp; nói trịnh trọng, thốt ra: **I ~ed a goodbye and followed my mother home.** Tôi thốt ra lời tạm biệt và theo mẹ tôi về nhà.

mouth-watering *adj.* thèm chảy nước miếng: **a ~ display of cakes** bánh ngọt bày ra thèm chảy nước miếng

movable, moveable /ˈmuːvəb(ə)l/ *adj., n.* có thể di chuyển; sự di chuyển được

move /muːv/ **1** *n.* sự di chuyển; nước cờ; bước, biện pháp: **to make a ~** di chuyển; **on the ~** đang diễn tiến **2** *v.* cử động, nhấc [tay], mấp máy [môi]; kích động; làm cảm động/ xúc động; chuyển, di chuyển [quân]; đề nghị; động đậy, cựa quạy; xê dịch; hành động: **He can't ~ his arm.** Anh ta không di chuyển cánh tay được.; **I have to ~ into my new house.** Tôi vừa dọn vô nhà mới.

movement /ˈmuːvmənt/ *n.* cử động, động tác; sự di chuyển; hoạt động; phong trào, cuộc vận động; phần [bản nhạc]: **to lie without a ~** nằm bất động; **to watch someone's ~s**

theo dõi hoạt động của ai; **the national liberation ~** phong trào giải phóng dân tộc; **bowel ~** sự đi ngoài/tiêu, đại tiện

mover /ˈmuːvə(r)/ *n.* động cơ, động lực; người đưa ra ý kiến

movie /ˈmuːvɪ/ *n.* phim xi nê; phim ảnh, ngành điện ảnh: **~ camera** máy quay phim; **to go to the ~s** đi xem phim/xi-nê

mow /maʊ/ **1** *n.* đống, đụn [cỏ khô] **2** *v.* cắt, gặt [cỏ, lúa]

MP /ˌemˈpiː/ *n., abbr.* (= **Member of Parliament**) dân biểu, đại biểu quốc hội

MP3 /ˌempiːˈθriː/ *n.* máy nghe được nhiều nhạc loại nhỏ

m.p.h. /ˌempiːˈeɪtʃ/ *n., abbr.* (= **miles per hour**) bao nhiêu dặm một giờ: **The traffic speed is restricted to 20 ~.** Tốc đo xe giới hạn 20 dặm một giờ.

MPV /ˌempiːˈviː/ *n., abbr.* (= **Multi-Purpose Vehicle**) xe lớn đa dụng; xe chuyên chở lớn

Mr. /ˈmɪstə(r)/ *n., abbr.* (= **Mister**) ông: **~ and Mrs. Nam** Ông Bà Nam

Mrs. /ˈmɪsɪz/ *n., abbr.* (= **Mistress**) bà: **~ Hai** Bà Hai

Ms /mɪz/ *n.* cô, bà [tránh không phân biệt **Miss/Mrs.**]

MSG /ˌemesˈdʒiː/ *n., abbr.* (= **Mono-sodium Glutamate**) bột ngọt/chín

MTV /ˌemtiːˈviː/ *n., abbr.* (= **Music Television**) chương trình ca nhạc trên truyền hình

much /mʌtʃ/ **1** *n.* nhiều, lắm, phần lớn: **Much of what you said is true.** Những gì anh nói là sự thật.; **I have done that ~ so far.** Tôi vừa làm được chừng ấy. **2** *pron.* nhiều: **Don't drink too ~.** Đừng uống nhiều quá.; **That ~?** Chừng/Ngần ấy? **3** *adj.* nhiều: **I spent ~ time on writing.** Tôi dùng nhiều thì giờ cho việc viết lách. **4** *adv.* nhiều: **~ better** khá hơn nhiều

muck /mʌk/ **1** *n.* phân chuồng; rác

rưởi, đồ bẩn thỉu: **to make a ~ of something** làm bẩn **2** *v.* làm bẩn, làm dơ: **to ~ one's computer up** làm dơ máy vi tính

mucus /'mju:kəs/ *n.* nước nhầy; mũi

mud /mʌd/ **1** *n.* bùn, lầy: **to fling ~ at someone** bôi nhọ ai; **a stick in the ~** bảo thủ, chậm tiến; **~ bath** tắm bùn **2** *v.* vấy bùn, trát bùn lên

muddle /'mʌd(ə)l/ **1** *n.* tình trạng lộn xộn/rối reng **2** *v.* làm lộn xộn/ lung tung; lúng túng: **to ~ up a job** làm hỏng việc

mudguard /'mʌdgɑ:d/ *n.* cái chắn bùn

mudpack /'mʌdpæk/ *n.* chất bùn bôi ở mặt

mudslide /'mʌdslaɪd/ *n.* tảng bùn lớn đổ xuống từ trên núi cao

muff /mʌf/ **1** *n.* bao tay đàn bà **2** *v.* để lỡ cơ hội làm việc gì

muffin /'mʌfɪn/ *n.* bánh xốp, bánh mấp phin

muffle /'mʌf(ə)l/ *v.* làm cho bớt kêu, bóp nghẹt; bọc, u

muffler /'mʌflə(r)/ *n.* cái giảm âm, bô/ ống khói xe; khăn choàng cổ

mug /mʌg/ **1** *n.* chén vại, cốc vại, cốc: **beer ~** cốc/ly uống bia **2** *v.* chẹt cổ hay, khoá tay đằng sau

mugging /'mʌgɪŋ/ *n.* sự cướp giật bạo hành: **There have been several ~s here recently.** Có nhiều vụ cướp giật bạo hành ở đây vừa qua.

mugshot /'mʌgʃɒt/ *n.* hình cảnh sát giữ đê truy tìm tội phạm

mulch /mʌlʃ/ *n., v.* vỏ cây xắt nhỏ dùng để phủ giữ nước

mule /mju:l/ **1** *n.* con la **2** *n.* người bướng, người ương bướng **3** *n.* dép đế mỏng

mull /mʌl/ *v.* làm cẩu thả, làm ẩu; nghĩ đi nghĩ lại, nghiền ngẫm

multi-access *n.* nhiều lối ra vào

multichannel *n.* nhiều hệ, nhiều đài

multicolor *n.* nhiều màu, sặc sỡ

multicultural /mʌltɪ'kʌltjʊərəl/ *adj.* đa văn hóa: **Australia is a ~ society.** nước Úc là một xã hội đa văn hoá

multidimensional *adj.* đa chiều, nhiều cỡ

multiform /'mʌltɪfɔ:m/ *adj.* nhiều dạng, đa dạng

multilingual /mʌltɪ'lɪŋwəl/ *adj.* nói nhiều thứ tiếng, đa ngôn ngữ

multimedia /'mʌltɪmi:dɪə/ *adj.* dùng hình ảnh, âm thanh cùng với văn bản

multiple /'mʌltɪp(ə)l/ **1** *n.* bội số: **least common ~** bội số chung nhỏ nhất **2** *adj.* nhiều, nhiều mối

multiplex /'mʌltɪpleks/ *n.* khu chiếu bóng có nhiều rạp

multiplication /ˌmʌltɪplɪ'keɪʃən/ *n.* sự/ tính nhân: **~ table** bảng cửu chương

multiply /'mʌltɪplaɪ/ *v.* nhân lên; tăng, sinh sôi nảy nở

multi-purpose *adj.* dùng cho nhiều mục đích, đa năng

multiracial *adj.* đa chủng tộc: **We live in a ~ society.** Chúng ta sống trong xã hội đa chủng tộc.

multistory /'mʌltɪstɔ:ri/ *n.* cao ốc nhiều tầng

multitasking *n.* khả năng sử dụng nhiều chương trình của máy vi tính

multitude /'mʌltɪtju:d/ *n.* đám đông; vô số

multi-user *n.* người dùng nhiều, nhiều người sử dụng

mum /mʌm/ **1** *n.* (= **mother**) mẹ **2** *adj.* lặng thinh: **to be ~** im lặng, không nói gì

mumble /'mʌmb(ə)l/ *v.* nói lầm bầm, lẩm bẩm

mumbo-jumbo /ˌmʌmbəʊ 'dʒʌmbəʊ/ *n.* vật thờ của người miền núi; lễ bái lố lăng

mummy /'mʌmɪ/ **1** *n.* mẹ, má **2** *n.* xác ướp lâu đời ở Á–rập: **an Egyptian ~** xác ướp người Ả-rập

mumps /mʌmpz/ *n.* bệnh quai bị: **to have ~** lên quai bị

munch /mʌn(t)ʃ/ *v.* nhai tóp tép

muncipality /mju:'nɪsɪpəlɪtɪ/ *n.* thành phố/đô thị tự trị

mundane /mʌn'deɪn/ *adj.* trần tục, thế tục

munificent /mju:'nɪfɪsənt/ *adj.* rộng rãi, hào phóng

munitions /mju:'nɪʃənz/ *n., v.* đạn dược, cung cấp đạn dược

mural /'mjʊərəl/ *n.* bức tranh tường, bích họa

murder /'mɜ:də(r)/ **1** *n.* vụ/tội giết người, vụ ám sát, vụ sát nhân **2** *v.* giết, ám sát, hãm hại; nói sai

murky /'mɜ:kɪ/ *adj.* tối tăm, âm u

murmur /'mɜ:mə(r)/ *n., v.* (tiếng) rì rầm, rì rào, róc rách; (tiếng) thì thầm

Murphy's Law /'mɜ:fiz lɔ:/ *n.* cái gì đã sai thì ở hoàn cảnh nào cũng sai

muscle /'mʌs(ə)l/ *n.* bắp thịt, cơ; sức mạnh, sức lực

muse /mju:z/ **1** *n.* sự suy nghĩ kỹ về việc gì **2** *v.* nghĩ ngợi, suy nghĩ: **to ~ over/upon a beautiful scene** nghĩ tới một cảnh đẹp

museum /mju:'zɪəm/ *n.* viện/nhà bảo tàng, bảo tàng viện

mush /mʌʃ/ *n.* cháo ngô; chất đặc sệt

mushroom /'mʌʃru:m/ **1** *n.* nấm: **to grow ~s in a green house** trồng nấm ở trong nhà kiếng **2** *v.* mọc nhanh như nấm: **Information technology has ~ed over the past decade.** Ngành vi tính phát triển nhanh như nấm trong những năm qua.

music /'mju:zɪk/ *n.* nhạc, âm nhạc; tiếng nhạc, khúc nhạc: **~ hall** rạp hát lớn (ca vũ nhạc); **~ paper** giấy viết nhạc; **~ stand** giá nhạc

musician /mju:'zɪʃən/ *n.* nhạc sĩ; nhạc công; nhà soạn nhạc

musk /mʌsk/ *n.* xạ hương: **~ deer** hươu xạ hương

musketeer /mʌskɪ'tɪə(r)/ *n.* lính ngự lâm

Muslim /'mʊzlɪm/ *n., adj.* (= **Moslem**) người/thuộc Hồi giáo

muslin /'mʌzlɪn/ *n.* vải mỏng mu-xơ-lin

muss /mʌs/ *n., v.* tình trạng hỗn độn, bừa bộn

mussel /'mʌs(ə)l/ *n.* con sò/trai

must /mʌst/ **1** *n.* sự cần thiết, chuyện

bắt buộc: **The study of a foreign language is a ~ in our world today.** Học một ngoại ngữ là điều cần thiết trong thế giới chúng ta ngày nay. **2** *modal v.* phải, cần phải, nên; chắc hẳn là: **You ~ obey your parents.** Anh phải vâng lời cha mẹ.; **He ~ work hard if he wants to succeed.** Anh ta phải làm việc chăm chỉ nếu anh ta muốn thành công.

mustache /mʊ'stɑ:ʃ/ *n.* [*Br.* **moustache**] râu mép, ria mép

mustang /'mʌstæŋ/ *n.* ngựa thảo nguyên

mustard /'mʌstəd/ *n.* cây/tương mù tạc: **~ greens** rau cải xanh

muster /'mʌstə(r)/ *n., v.* (sự) tập hợp, tập trung, thu hết

musty /'mʌstɪ/ *adj.* mốc meo, ẩm; cũ kỹ, lỗi thời

mutant /'mju:tənt/ *adj., n.* khác nhau vì giống; sự khác từ gốc vì đã thay đổi

mute /mju:t/ **1** *n.* người câm **2** *adj.* câm, ngầm, lặng thinh **3** *v.* làm cho câm đi/im lặng đi

mutilate /'mju:tɪlət/ *v.* cắt, xẻo; cắt bớt, cắt xém

mutinous /'mju:tɪnəs/ *adj.* nổi loạn, nổi dậy, chống đối

mutiny /'mju:tɪnɪ/ *n., v.* (cuộc) nổi loạn, nổi dậy, binh biến

mutter /'mʌtə(r)/ *n., v.* (tiếng) lẩm bẩm, càu nhàu, cằn nhằn

mutterings /'mʌtərɪŋz/ *n.* lời nói lẩm bẩm; lời than phiền

mutton /'mʌt(ə)n/ *n.* thịt cừu/trừu

mutual /'mju:tjuəl/ *adj.* lẫn nhau, qua lại, hỗ tương; chung

muzzle /'mʌz(ə)l/ **1** *n.* mõm [chó]; miệng, họng [súng]; rọ bịt mõm [chó, ngựa] **2** *v.* bịt/khoá mõm; bịt miệng

my /maɪ/ **1** *adj.* của tôi: **~ parents** cha mẹ tôi **2** *intj.* Úi chà! Chao ôi!: **Oh ~! Tim, you have changed!** Ồ! Tim, anh thay đổi! Quá!

myocardium /maɪəʊˈkɑːdɪəm/ *n.* cơ tim
myopic /maɪˈɒpɪk/ *adj.* cận thị
myriad /ˈmɪrɪəd/ *n., adj.* số lớn, vô số
myrrh /mɜː(r)/ *n.* tiết dịch từ loại cây
myrtle /ˈmɜːt(ə)l/ *n.* cây sim
myself /maɪˈself/ *pron.* tự tôi; chính tôi: **I cook for ~.** Tôi nấu ăn lấy.; **I ~ handed the cheque to him.** Chính tôi đưa tấm ngân phiếu tận tay cho anh ấy.
mysterious /mɪˈstɪərɪəs/ *adj.* bí mật/ẩn, huyền/thần bí: **a ~ story** tiểu thuyết trinh thám
mystery /ˈmɪstərɪ/ *n.* điều huyền bí, điều bí mật: **We can't understand the ~ of nature.** Chúng ta không hiểu nổi điều huyền bí của tạo vật.
mystery shopper *n.* người đi mua sắm không tính trước
mystic /ˈmɪstɪk/ *n., adj.* (người) thần bí, huyền bí
mystique /mɪˈstiːk/ *n.* sự bí ẩn làm hấp dẫn/ngạc nhiên người khác
myth /mɪθ/ *n.* thần thoại; chuyện hoang đường)

N

nab /næb/ *v.* tóm, bắt được quả tang: **Everyone knows he is a shoplifter but the police couldn't ~ him.** Ai cũng biết nó là thằng ăn cắp hàng ở tiệm nhưng cảnh sát không thể bắt quả tang được nó.
nachos /ˈnætʃəʊ/ *n.* món thịt gà Mễ Tây Cơ với đậu và phô-mát
nadir /ˈneɪdə(r)/ *n.* thiên để; điểm thấp nhất
nag /næg/ **1** *v.* mè nheo, nói mãi làm khó chịu: **to be always ~ging at someone** lúc nào cũng mè nheo ai **2** *n.* người mè nheo, hay nói khó chịu: **She is a ~ about regular meals.** Bà ấy là người hay nói khó chịu về các bữa ăn.
nail /neɪl/ **1** *n.* móng, móng tay: **finger**

~ móng tay; ~ **clippers** cái cắt móng tay; ~ **file** cái giũa móng tay; ~ **polish** thuốc đánh móng tay **2** *n.* cái đinh: **to drive a ~** đóng đinh; **He is hard as ~s.** Ông ấy rắn rỏi quá.; **Don't put your fingers on a ~-head.** Đừng để ngón tay trên đầu đinh.; **a ~ in someone's coffin** cái làm cho người ta mau chết **3** *v.* đóng đinh: **to ~ up a window** đóng đinh chặt cửa sổ lại; **to ~ someone down to his promise** bắt ai phải giữ lời hứa
naive /naɪˈiːv/ *adj.* ngây thơ, chất phác; ngờ nghệch: **It is ~ to think that the shop-owners are generous by nature.** Người ta ngây thơ mới nghĩ rằng các chủ tiệm đều rộng lượng tự nhiên.
naked /ˈneɪkɪd/ *adj.* trần, trần truồng, lõa lồ, khoả thân, loã thể; trụi, rỗng không; hiển nhiên: **stark ~** trần như nhộng; **the ~ truth** sự thật hiển nhiên
name /neɪm/ **1** *n.* tên, danh, danh xưng/hiệu; tiếng (tăm), danh tiếng: **I know her by ~.** Tôi chỉ biết tên bà ta mà thôi.; **in the ~ of the law** nhân danh luật pháp; **to have a good ~** có tiếng tốt; **to give it a ~** muốn gì thì nói ra; **What's your ~ please?** Xin ông/bà/cô cho biết quý danh.; **family ~, last ~** họ; **first ~** tên; ~ **caller** người hay chửi rủa; ~-**plate** bảng tên để trên bàn hay trước cửa nhà; **in ~ only** chỉ có tên mà thôi, chỉ có danh nghĩa mà thôi chứ không có thực chất; ~-**dropping** bỏ tên đi; ~-**label/tag** bảng tên may/đeo trên áo **2** *v.* đặt tên, gọi tên; định rõ; chỉ định, bổ nhiệm; gọi đích danh: **Can you ~ all the flowers in this garden?** Bạn gọi tên tất cả loại hoa trong vườn nầy được không?; **to ~ the day** định rõ ngày tháng; **to be ~d for something** được bổ nhiệm làm chức vụ gì
nameless /ˈneɪmləs/ *adj.* vô danh; không tên tuổi; gớm guốc: **a ~**

grave nấm mồ vô danh; **A ~ official warned me that I would be in for trouble.** Một giới chức dấu tên cảnh cáo tôi rằng tôi sẽ gặp rắc rối.

namely /'neɪmlɪ/ *adv.* tức/ấy/nghĩa là: **One of our friends seems to be forgotten, ~ Ms Lan.** Một người bạn của tôi dường như bị bỏ quên ấy là cô Lan.

namesake /'neɪmseɪk/ *n.* vật/người trùng tên: **Notre-Dame Cathedral in Saigon is less famous than its ~ in Paris.** Nhà thờ Đức Bà ở Sài Gòn không được nổi tiếng bằng nhà thờ cùng tên ở Ba-Lê.

nanny /'nænɪ/ *n.* u già, vú, người giúp việc nhà

nap /næp/ **1** *n.* giấc ngủ ngắn/trưa: **to take a ~** đánh một giấc ngủ trưa **2** *v.* ngủ chợp/trưa: **to catch someone ~ping** bắt chợt thấy ai đang ngủ trưa, bắt được ai đang làm gì

nape /neɪp/ *n.* gáy, ót

napkin /'næpkɪn/ *n.* khăn ăn; tả lót: **paper ~** khăn ăn bằng giấy; **table-~** khăn trải bàn ăn; **~-ring** vòng buộc khăn ăn; **sanitary ~** băng/khố kinh nguyệt

nappy /'næpɪ/ *n.* [*U.S.* **diaper**] tả làm sẵn bằng bông vải mềm cho trẻ con: **~ rash** da ở dưới tả bị đỏ và ngứa

narcotic /nɑː'kɒtɪk/ *n., adj.* (thuốc) gây mê, gây ngủ; chất ma túy: **He was indicted for dealing in ~s.** Anh ấy bị tội buôn bán ma túy.; **~ squad** biệt đội cảnh sát chống ma tuý

nard /nɑːd/ *n.* cây cam tùng, chất thơm từ cây cam tùng

narrate /næ'reɪt/ *v.* kể lại, thuật lại, tường thuật

narrative /'nærətɪv/ **1** *n.* bài tường thuật, chuyện kể: **He begins his ~ with a joke.** Anh tabất đầu chuyện kể bằng một chuyện cười. **2** *adj.* có tính chất tường thuật: **The ~ sequencing of the kidnapping took a while.** Kết quả tường thuật việc bắt cóc đã mất khá nhiều thời gian.

narrow /'nærəʊ/ **1** *adj.* hẹp, chật hẹp; hẹp hòi, nhỏ nhen: **~-minded** hẹp hòi; **in ~ circumstances** trong hoàn cảnh eo hẹp; **to have a ~ escape** thoát được; **~-fisted** hà tiện, keo kiệt chi li; **~ gauge** đường xe lửa hẹp **2** *v.* thu hẹp lại, rút lại: **The gap between the two political parties has ~ed in the last two months.** Trong hai tháng qua sự cách biệt giữa hai đảng chính trị đa thu hẹp lại.

NASA /'næsə/ *n., abbr.* (= **National Aeronautics and Space Administration**) cơ quan không gian Hoa Kỳ

nasal /'neɪzəl/ **1** *n.* âm mũi **2** *adj.* thuộc mũi: **~ spray** thuốc xịt mũi

nascent /'næsənt/ *adj.* mới sinh, mới mọc, mới chớm

nasty /'nɑːstɪ/ *adj.* bẩn thỉu, dơ dáy, kinh tởm; [thời tiết] khó chịu; [tính] xấu, cáu kỉnh; ác, hiểm: **to play a ~ trick** chơi trò độc ác

natal /'neɪtəl/ *adj.* thuộc nơi/ngày sinh

nation /'neɪʃən/ *n.* dân tộc; nước, quốc gia: **the United ~s [UN]** Liên Hiệp Quốc; **Law of ~s** luật quốc tế; **~hood** tình trạng một dân tộc, tính chất một dân tộc

national /'næʃənəl/ **1** *n.* kiều dân, công dân: **He is Vietnamese-born but has become an American ~.** Ông ấy sinh ở Việt Nam nhưng là công dân Mỹ. **2** *adj.* dân tộc; quốc gia: **~ anthem** quốc ca, quốc thiều; **~ assembly** quốc hội; **~ bank** ngân hàng quốc gia/nhà nước; **~ flag** quốc kỳ; **~ guards** đội quân an ninh quốc gia; **~ Health Scheme** hệ thống y-tế toàn quốc; **~ holidays** những ngày nghỉ lễ toàn quốc; **~ Insurance Board** Hội đồng Bảo hiểm quốc gia; **~ park** công viên quốc gia; **~ service** dịch vụ toàn quốc; **the ~ liberation movement** phong trào giải phóng dân tộc

nationalism /'næʃənəlɪz(ə)m/ *n.* chủ nghĩa dân tộc/quốc gia

nationalist /'næʃənəlɪst/ **1** *n*. người theo chủ nghĩa dân tộc/quốc gia **2** *adj*. dân tộc chủ nghĩa, quốc gia (chủ nghĩa): **the Chinese ~ Party** quốc dân đảng Trung quốc

nationality /næʃə'nælɪtɪ/ *n*. quốc tịch; dân tộc, quốc gia: **What is your ~?** Quốc tịch bạn là nước nào?

nationalize /'næʃənəlaɪz/ **1** *v*. quốc hữu hoá: **In the 1980's, the Vietnamese government ~d all private properties.** Vào những năm 80 nhà nước Việt Nam đã quốc hữu hoá tất cả các sở hữu tư nhân. **2** *v*. cho nhập tịch, nhập tịch: **The government has ~d a group of migrants.** Một nhóm di dân vừa được chính phủ cho nhập tịch.

nationwide /næʃən'waɪd/ *adj*. toàn quốc: **a ~ election** một cuộc tuyển cử toàn quốc

native /'neɪtɪv/ **1** *n*. người sinh ở, người địa phương, thổ dân: **a ~ of Hanoi** người quê ở Hà Nội **2** *adj*. thuộc nơi sinh: **~ language** tiếng mẹ đẻ; **~ country** sinh quán; **~ quarters** khu người bản xứ; **a ~ speaker** người nói tiếng bản ngữ

nativity /nə'tɪvɪtɪ/ *n*. sự sinh đẻ; lễ Thánh đản/Giáng sinh

NATO /'neɪtəʊ/ *n., abbr.* (= **North Atlantic Treaty Organization**) tổ chức hiệp ước Bắc Đại Tây Dương

natty /'nætɪ/ *adj*. đẹp, chải chuốt; đỏm dáng, duyên dáng

natural /'nætjʊərəl/ **1** *adj*. tự nhiên, thuộc thiên nhiên; thuộc thiên tính; tất nhiên, dĩ nhiên; tự nhiên, không màu mè: **Vietnam is a country rich in ~ resources.** Việt Nam là nước giàu tài nguyên thiên nhiên.; **~born** năng khiếu bẩm sinh, năng khiếu trời cho; **~ childbirth** sinh con theo phương pháp tự nhiên, không dùng thuốc; **~ gas** khí đốt thiên nhiên; **~ history** sự nghiên cứu thực vật và động vật; **~ sciences** khoa học tự nhiên (như hoá, lý); **~**

selection sự lựa chọn tự nhiên **2** *n*. người có năng khiếu tự nhiên, người có kỹ năng bẩm; điều tự nhiên, điều chắc chắn

naturalization /nætjʊərəlaɪ'zeɪʃən/ *n*. sự nhập quốc tịch: **the immigration and ~ service** sở Di trú và Nhập tịch

nature /'neɪtjʊə(r)/ *n*. tính, bản chất, bản tính; thiên nhiên, tự nhiên, tạo hoá, tạo vật, vạn vật: **to struggle with ~** đấu tranh với thiên nhiên; **She has a good ~.** Cô ấy có bản tính tốt.; **human ~** bản chất con người; **the law of ~** qui luật tự nhiên; **~ reserve** khu vực cây và loài vật được bảo vệ; **~ study** khoa nghiên cứu thiên nhiên; **contrary to ~** siêu phàm, kỳ diệu, **back to ~** trở về đời sống thiên nhiên; **in the ~ of ...** có phẩm chất ...

naught /nɔːt/ *n*. số không

naughty /'nɔːtɪ/ *adj*. hư, đốn, láo; nhảm nhí, tục tĩu: **He is a ~ boy.** Cậu ấy là một đứa bé hư.

nausea /'nɔːzɪə/ *n*. sự buồn nôn, sự lộn mửa; sự say sóng; sự kinh tởm: **On the flight to Saigon, my mother was overcome by a feeling of ~.** Trên chuyến bay đến Sài Gòn, mẹ tôi đã qua khỏi sự ói mửa.

nauseous /'nɔːzɪəs/ *adj*. tanh tưởi, làm nôn mửa, ghê tởm

nautical /'nɔːtɪkəl/ *adj*. thuộc biển; hàng hải

naval /'neɪvəl/ *adj*. thuộc hải quân/ thuỷ quân: **~ academy** trường hải quân; **~ architect** kiến trúc theo lối hàng hải; **~ battle** trận thuỷ chiến; **~ exercises** thao dượt hải quân; **~ stores** kho/bến tàu hải quân

nave /neɪv/ *n*. gian giữa giáo đường

navel /'neɪv(ə)l/ *n*. rốn; trung tâm: **~ orange** cam na-val

navigate /'nævɪgeɪt/ *v*. lái [tàu, máy bay]; đi biển; bay

navigation /nævɪ'geɪʃən/ *n*. nghề hàng hà/hải/không; **~ channels** những đường đi của ngành hàng hải;

inland ~ sự đi lại trên sông rạch

navvy /'nævɪ/ *n.* thợ làm đất, máy nạo vét sông: **a mere ~'s work** công việc đòi hỏi sức khỏe không cần kỹ thuật; **to work like a ~** làm việc vất vả cực nhọc

navy /'neɪvɪ/ *n.* hải quân: **~ blue** màu tím than, xanh nước biển

Nazi /'nɑ:tsɪ/ *n., adj.* (đảng viên) Quốc xã Đức

NB /,en'bi:/ **1** *abbr.* (= *Nota bene*) ghi chú **2** *n.* (= **National Bank**) ngân hàng quốc gia/nhà nước

NBA /,enbi:'ei:/ *abbr.* (= **National Basketball Association**) hiệp hội bóng rổ quốc gia

NE *abbr.* (= **north-east**) Tây Bắc

Neanderthal /nɪ'ændəta:l/ *adj.* có tính bảo thủ, lỗi thời

neap /ni:p/ **1** *n.* tuần nước xuống, tuần triều xuống **2** *adj.* (nước triều) xuống thấp **3** *v.* mắc cạn, xuống thấp

near /nɪə(r)/ **1** *adj.* gần, cận; thân; giống, sát: **The school is quite ~.** Trường học rất gần.; **in the ~ future** trong tương lai gần đây; **~ miss** gần trúng đích **2** *adv.* gần, ở gần: **~ at hand** gần ngay bên; **far and ~** khắp xa gần; **to come/go ~ to…** đến/đi gần **3** *prep.* gần: **Don't come ~ him.** Đừng đến gần hắn.; **~ the equator** ở gần xích đạo **4** *v.* tới gần, xích lại gần: **The project is taking a long time but is now ~ing completion.** Dự án mất nhiều thì giờ lắm nhưng bây giờ thì gần hoàn tất.

nearby /nɪə'baɪ/ *adj., adv.* gần bên, ngay bên cạnh: **There are less expensive hotels ~.** Có khách sạn ít đắt hơn ở gần đó.

near-sighted /nɪə'saitɪd/ *adj.* (= **short-sighted**) cận thị

neat /ni:t/ *adj.* gọn, ngăn nắp, thứ tự; rõ ràng; khéo: **a nice, ~ house** ngôi nhà ngăn nắp và đẹp

nebulous /'nebjʊləs/ *adj.* mơ hồ, không rõ; u ám

necessarily /'nesəserɪlɪ/ *adv.* nhất

thiết: **not ~** chưa hẳn đã là, chưa chắc, không nhất thiết

necessary /'nesəsərɪ/ **1** *n.* những thứ cần thiết: **the ~ things of life** những thứ cần dùng cho đời sống **2** *adj.* cần, cấn thiết, thiết yếu; tất nhiên: **It is ~ for you to stay.** Anh cần phải ở lại.

necessity /nɪ'sesɪtɪ/ *n.* sự cần thiết; điều cần thiết: **in case of ~** trong trường hợp cần thiết; **to bow to ~** phải chịu theo hoàn cảnh bắt buộc; **the necessities of life** tiện nghi đời sống

neck /nek/ *n.* cổ; cổ áo; chỗ thắt lại, chỗ hẹp lại: **to break the ~ of something** khắc phục được những khó khăn; **to risk one's ~** liều mạng; **to save one's ~** thoát chết; **~ and ~** ngang nhau; **up to one's ~** ởn đến tận cổ

neckline /'neklaɪn/ *n.* đường viền ở cổ áo

necktie /'nektaɪ/ *n.* cà vạt

necrosis /ne'krəʊsɪs/ *n.* sự chết hoại

nectar /'nektə(r)/ *n.* mật hoa; rượu thần/tiên; rượu ngon

nee /neɪ/ *adj.* tên con gái là, tên khai sinh là

need /ni:d/ **1** *n.* sự cần; cảnh túng bấn; nhu cầu: **No ~ to worry.** Không cần phải lo.; **a friend in ~** người bạn lúc hoạn nạn; **to fulfill a ~** thoả mãn một nhu cầu; **to have ~ of something** có nhu cầu **2** *v.* cần, đòi hỏi; cần phải: **He ~s money.** Anh ấy cần tiền.; **They ~ to borrow money.** Họ cần vay tiền.; **You ~ not go.** Bạn không cần phải đi.; **Do you ~ any help?** Bạn cần giúp gì không?

needle /'ni:d(ə)l/ **1** *n.* kim; lá kim [thông, tùng]; tháp nhọn; kim tiêm: **to thread a ~** xâu kim **2** *v.* lách qua; thúc đẩy, thôi thúc, hối thúc, nói mãi: **to ~ one's way through a crowd** lách qua đám đông

needlework /'ni:d(ə)lwɜ:k/ *n.* việc vá may

needy /'ni:dɪ/ *adj.* nghèo túng, túng thiếu

nefarious /nɪ'feərɪəs/ *adj.* hung ác, bất chính

negate /nɪ'geɪt/ *v.* phủ định, phủ nhận

negative /'negətɪv/ **1** *n.* lời từ chối; từ/ thể phủ định; bản âm, phim/kính (ảnh); cực âm, âm cực; số âm: **Do you have ~s to print photographs?** Bạn có phim để in hình không? **2** *adj.* không, phủ định, phủ nhận, từ chối; tiêu cực: **to give a ~ answer** trả lời từ chối; **~ feedback** ý kiến đóng góp không thuận lợi; **~ pole** cực âm điện; **~ sign** dấu hiện không tốt, không hay

negativity /'negətɪvɪtɪ/ *n.* sự việc không tốt; sự phủ nhận, sự chỉ thấy mặt xấu

neglect /nɪ'glekt/ **1** *n.* sự sao nhãng/ chểnh mảng;sự thờ ơ, sự hờ hững: **The children are suffering because of his ~.** Con cái phải chịu đựng vì thờ ơ của ông ấy.; **to be in a state of ~** trong tình trạng bị bỏ quên **2** *v.* sao nhãng, bỏ mặc, bỏ dễ, không nhìn ngó đến; bỏ quên: **to ~ one's duty** sao lãng bổn phận; **He ~s his friends.** Anh ấy sao lãng bạn bè.

negligee /'neglɪʒeɪ/ *n.* áo ngủ của phụ nữ

negligence /'neglɪdʒəns/ *n.* tính cẩu thả/lơ đễnh, tính lơ là

negligible /'neglɪdʒɪb(ə)l/ *adj.* không đáng kể, có thể bỏ qua

negotiable /nɪ'gəʊʃ(ɪ)əb(ə)l/ *adj.* có thể thương lượng được, có thể lấy tiền ra được, có thể trả tiền: **This cheque is not ~.** Ngân phiếu nầy không thể lấy tiền ra ngay được.

negotiate /nɪ'gəʊʃɪeɪt/ *v.* điều đình, đàm phán, thương lượng, thương thuyết, dàn xếp; đổi thành tiền; vượt qua: **to ~ a treaty** đàm phán một hiệp ước; **I have to ~ with my director for my salary.** Tôi phải thương lượng với giám đốc của tôi về tiền lương.

negotiation /nɪgəʊʃɪ'eɪʃən/ *n.* sự điều đình, cuộc đàm phán: **peace ~s** cuộc hoà đàm

neigh /neɪ/ *n., v.* (tiếng) hí: **The ~s of a horse woke the household.** Tiếng ngựa hí đánh thức cả nhà.

neighbor /'neɪbə(r)/ **1** *n.* người láng giềng/hàng xóm, bà con lối xóm: **our next door ~s** ông bà láng giềng ở sát vách chúng tôi **2** *v.* ở ngay cạnh: **The river ~s on the city.** Con sông ở cạnh thành phố.

neighboring /'neɪbə(r)hʊdɪŋ/ *adj.* bên cạnh, láng giềng, kế cận: **~ country** nước láng giềng, lân bang lân quốc

neighborly /'neɪbə(r)hʊdlɪ/ *adv.* hoà thuận với xóm giềng

neither /'ni:ðə(r), 'naɪðə(r)/ **1** *pron.* (trong hai cái/người) không cái/ người nào: **Neither of these men is rich.** Trong hai anh, chả anh nào giàu cả.; không cái/người nầy mà cũng không cái/người kia: **Neither of the statements is true.** Không câu nào đúng cả. **2** *adv.* không ... mà cũng không: **Neither you nor I will fail.** Cả anh lẫn tôi đều sẽ không thất bại.; **~ easy nor difficult** không dễ mà cũng không khó **3** *conj.* không ... mà cũng không: **My wife cannot speak Lao, ~ can I.** Nhà tôi không biết nói tiếng Lào; mà tôi cũng không.

neoclassical /ni:əʊ'klæsɪkəl/ *adj.* thuộc về cổ điển: **~ music** nhạc cổ điển

neon /'ni:ɒn/ *n.* đèn nê ông: **to replace a ~ tube** thay đèn ống nê ông

neonatal /ˌni:əʊ'neɪtəl/ *adj.* liên quan đứa bé mới sinh

neoplasm /'ni:əʊplæz(ə)m/ *n.* khối u, ung thư

neotropical *adj.* thuộc về trung và nam Mỹ

Nepal /nə'pɔːl/ *n.* nước Nê-pan

nephew /'nefju:/ *n.* cháu trai [con của anh, chị, em mình]: **My ~ has lived with me for the past two years.** Cháu tôi đã ở với tôi hai năm nay.

nepotism /ˈnepətɪz(ə)m/ *n.* thói kéo người nhà vào làm, thói bao che họ hàng, gia đình trị

nerve /nɜːv/ **1** *n.* dây thần kinh; khí lực, khí phách, can đảm, nghị lực; sự táo tợn, sự trơ tráo; gân [lá cây, cánh côn trùng]: **~ center** trung khu thần kinh; **~ gas** khí độc như vũ khí dùng trong chiến tranh; **to get on one's ~s** chọc tức ai, làm cho ai phát cáu; **to give someone the ~s** chọc tức ai; **to have the ~ to do something** có gan làm gì; **to lose one's ~** mất tinh thần **2** *v.* hồi hộp, nổi gân

nerve-racking *adj.* kinh hãi, bị áp lực

nervous /ˈnɜːvəs/ *adj.* thuộc thần kinh; lo, cuống, lo lắng, bồn chồn, hoảng sợ, nôn nóng, nóng nảy, bực dọc: **~ breakdown** sự suy nhược thần kinh; **to feel ~ about something** cảm thấy hồi hộp về việc gì; **~ wreck** người hồi hộp tột độ, người lo lắng hết sức

nervy /ˈnɜːvɪ/ *adj.* nóng nảy, dễ cáu; bồn chồn, trơ tráo

nest /nest/ **1** *n.* tổ [chim, ong], ổ; chỗ ẩn náu, sào huyệt; bộ [bàn con; hộp] lồng vào nhau: **bird's ~** tổ chim yến; **~ egg** trứng lót ổ, số tiền để gây vốn; **It's an ill bird that fouls its own ~.** Chẳng hay ho gì kẻ vạch áo cho người xem lưng. **2** *v.* làm tổ; bắt tổ chim: **to go ~ing** đi bắt tổ chim

nestle /ˈnes(ə)l/ *v.* làm tổ; nằm nép mình, nằm co, rúc

net /net/ **1** *n.* lưới, mạng; cạm, bẫy; mạng lưới: **to fall into a ~** rơi vào cạm bẫy; **mosquito ~** màn, mùng muỗi **2** *v.* đánh lưới, bẫy bằng lưới: **to ~ fish** đánh cá bằng lưới **3** *adj.* thực: **~ price** thực giá; **~ profit** tiền lãi thực [sau khi trừ phí tổn]; **~ weight** trọng lượng thực [trừ bì]

Netherlander /ˈneðə(r)ləndə(r)/ *n.* người Hà Lan

Netherlands /ˈneðə(r)ləndz/ *n.* nước Hà Lan

Netiquette /ˈnetɪket/ *n.* ám số kiểm soát người sử dụng mạng vi tính toàn cầu [**internet**]

Netizen /ˈnetɪzən/ *n.* người say mê sử dụng mạng vi tính toàn cầu (**internet**)

netting /ˈnetɪŋ/ *n.* lưới, mạng lưới; sự giăng lưới

nettle /ˈnet(ə)l/ **1** *n.* cây tầm ma: **~ rash** chứng mày đay; **to grasp the ~** dũng cảm đương đầu với khó khăn **2** *v.* ngứa; quấy rầy

network /ˈnetwɜːk/ **1** *n.* lưới; mạng lưới, hệ thống: **a ~ of railways** mạng lưới đường xe lửa; **communication ~** mạng lưới truyền thông **2** *v.* thiết kế mạng vi tính; thiết lập mạng vi tính

neurology /njʊˈrɒlədʒɪ/ *n.* khoa thần kinh, thần kinh học

neuromuscular /njʊˈrəʊmʌskjʊlə(r)/ *adj.* liên hệ cả thần kinh và bắp thịt

neuroscience /njʊˈrəʊsaɪəns/ *n.* khoa học hệ thần kinh và não bộ

neurosis /njʊˈrəʊsɪs/ *n.* chứng loạn thần kinh chức năng

neurosurgery /ˈnjʊrəʊsɜːdʒərɪ/ *n.* khoa giải phẫu thần kinh

neurotic /njʊˈrɒtɪk/ *n., adj.* (người) loạn thần kinh chức năng

neuter /ˈnjuːtə(r)/ **1** *adj.* trung tính, ở giữa: **~ gender** giống trung tính; vô tính **2** *n.* từ trung tính, hoa/động vật vô tính; người trung lập **3** *v.* thiến, cắt bộ phận sinh dục: **My dog has been ~ed.** Chó tôi vừa thiến xong.

neutral /ˈnjuːtrəl/ **1** *adj.* trung lập, trung tính; vô tính; [màu] không rõ rệt: **~ nations** những nước trung lập **2** *n.* số không [máy ô tô]: **to put into ~** trở về số không (**xe hơi**)

neutralize /ˈnjuːtrəlaɪz/ *v.* trung lập hoá; trung hoá [axít]; làm thành vô hiệu/vô dụng, trừ khử

neutron /ˈnjuːtrɒn/ *n.* chất nơ-tron: **~ bomb** bom nguyên tử

never /ˈnevə(r)/ *adv.* không/chẳng bao giờ: **Never mind!** Không sao!

Không hề chi!; **Never tell a lie!** Không bao giờ nói dối!; **Better late than ~.** Muộn còn tốt hơn chẳng bao giờ có.; **Never say die!** Không bao giờ được thất vọng!

never-ending *adj.* vô tận; không bao giờ kết thúc

nevertheless /ˈnevəðəles/ *adv.* tuy nhiên, tuy thế/vậy

new /njuː/ *adj.* mới, mới mẻ, mới lạ; khác hẳn, tối tân: **What's ~?** Có gì mới lạ không?; **~ Year** năm mới, Tết (Nguyên đán): **New Year's eve** 30 Tết, giao thừa; **~ Year's Day** mồng một Tết; **Lunar/Chinese ~ Year** Tết ta, Tết âm lịch; **Happy ~ Year** Chúc mừng năm mới, Cung chúc tân xuân; **as good as ~** gần như mới

New Age *adj., n.* thuộc người chống đối giá trị phương tây; thời đại mới, kỷ nguyên mới

newcomer *n.* người mới đến, dân mới nhập cư

new media *n.* giới truyền thông mới

news /njuːz/ *n.* tin, tin tức, tiêu tức: **a piece of ~** một tin; **No ~ is good ~.** Không có tin gì tức là bình yên cả.; **~ agency** hãng thông tấn; **~boy** em bé bán/đưa báo; **~ bulletin** bản tin; **~ conference** cuộc họp báo; **~letter** thư cho tin tức, thông thư; **~man** nhà báo, ký giả, phóng viên, thông tín viên; người bán báo

newscast /ˈnjuːzkɑːst/ *n.* bản tin ở đài (truyền hình)

newsflash /ˈnjuːzflæʃ/ *n.* tin ngắn/vắn, tin tóm tắt

newspaper /ˈnjuːzpeɪpə(r)/ *n.* báo: **read the daily ~** đọc báo hằng ngày

newspeak /ˈnjuːzspiːk/ *n.* ngôn ngữ dùng tuyên truyền

newsreader /ˈnjuːzriːdə(r)/ *n.* thính giả nghe tin, đọc giả tin tức

newsroom /ˈnjuːzruːm/ *n.* phòng tin tức [ở toà báo; đài]

newsworthy /ˈnjuːzwɜːðɪ/ *adj.* đáng đưa lên báo, quan trọng

next /nekst/ **1** *adj.* sát, gần, ngay bên cạnh; sau: **Her ~ child will be a girl.** Đứa con tiếp của bà ta là con gái.; **~ week** tuần sau; **~ year** sang năm; **the girl from ~ door** cô gái nhà bên cạnh, cô hàng xóm **2** *adv.* ngay sau; lần sau: **What comes ~?** Bây giờ còn cái/Món gì tiếp theo nữa?; **Next we go to the bank.** Sau đó chúng tôi đi ra nhà băng.; **When you ~ come, bring your passport.** Lần sau cô đến, xin cô mang theo hộ chiếu/ thông hành. **3** *prep.* bên cạnh, sát nách: **the house ~ to the church** ngôi nhà ngay bên cạnh nhà thờ **4** *n.* người tiếp sau, cái tiếp theo sau: **The ~ to see the doctor will be Ms Phan.** Người tiếp theo gặp bác sĩ là cô Phan.

nexus /ˈneksəs/ *n.* trọng điểm; sự liên hệ cùng một nhóm

NGO /ˌendʒiːˈəʊ/ *n., abbr.* (= **Non-Governmental Organization**) tổ chức phi chính phủ

NHS /ˌeneɪtʃˈes/ *n., abbr.* (= **National Health Service**) cơ quan y tế quốc gia

nib /nɪb/ *n.* ngòi bút sắt; mũi nhọn

nibble /ˈnɪb(ə)l/ *n., v.* (sự) gặm, nhấm; (sự) rỉa, đớp

nice /naɪs/ *adj.* tử tế, dễ thương, đáng yêu; ngoan, tốt; dễ chịu, thú vị; [trời] đẹp; tinh vi, tinh tế, tế nhị, sành sỏi: **It was ~ of you to call me.** Cám ơn ông đã gọi tôi.; **She is ~ looking.** Cô ấy trông dễ thương.

nicety /ˈnaɪsɪtɪ/ *n.* sự chính xác; sự tế nhị; chi tiết nhỏ

niche /niːʃ/ *n.* hốc tường để đặt tượng hoặc bày lọ

nick /nɪk/ **1** *n.* nấc, khía, khắc: **in the ~ of time** đúng lúc **2** *v.* khía, làm mẻ; chộp

nickel /ˈnɪk(ə)l/ *n.* kền; đồng năm xu Mỹ: **~ silver** mạ bạc; **~-steel** mạ thiếc

nickname /ˈnɪkneɪm/ *n., v.* (đặt) tên hiệu/riêng, biệt hiệu

nicotine /'nɪkətiːn/ *n.* nhựa thuốc lá, ni-cô-tin

niece /niːs/ *n.* cháu gái [con của anh, chị, em mình]

niggling /'nɪɡlɪŋ/ *adj.* đau đớn khó quên

night /naɪt/ *n.* đêm, tối; cảnh tối tăm: **last ~** tối hôm qua, đêm hôm qua; **the ~ before last** tối/đêm hôm kia; **at ~** ban đêm; **by ~** về đêm; **~ and day** suốt ngày đêm; **all ~ long** suốt/ thâu đêm; **good ~** chúc ông/bà/cô/ anh ngủ ngon; **~-blindness** chứng quáng gà; **~fall** lúc chập tối, hoàng hôn; **~ lamp** đèn ngủ; **~ shift** ca đêm; **~-school** trường học ban đêm, lớp học ban đêm; **~ watchman** người gác đêm

nightclub /'naɪtklʌb/ *n.* hộp đêm, nơi giải trí ban đêm: **There are many ~s in this city.** Có nhiều hộp đêm trong thành phố nầy.

nightingale /'naɪtɪŋɡeɪl/ *n.* chim hoạ mi, chim sơn ca

nightmare /'naɪtmeə(r)/ *n.* mộng dữ, cơn ác mộng: **All the victims still suffer ~s.** Tất cả nạn nhân vẫn còn chịu đựng cơn ác mộng.

nightspot /'naɪtspɒt/ *n.* (= **night club**) nơi giải trí ban đêm

nihilism /'naɪhɪlɪz(ə)m/ *n.* thuyết hư vô; chủ nghĩa vô chính phủ

nil /nɪl/ *n.* không, số không, hư không

nimble /'nɪmb(ə)l/ *adj.* nhanh nhẹn, nhanh nhẩu, lanh lẹ; linh lợi, nhanh trí, minh mẫn

nine /naɪn/ *num., adj.* (số) chín: **~ times out of ten** cứ 10 trường hợp thì có đến 9 trường hợp; **to be dressed up to the ~s** ăn mặc chải chuốt; **~-day wonder** cái kỳ lạ nhất thời; **~ to five job** công việc làm việc từ 9 đến 5 giờ

nineteen /naɪn'tiːn/ *num., adj.* mười chín; **talking ~ to a dozen** nói rất nhanh

nineteenth /naɪn'tiːnθ/ *num., adj.* (người/vật) thứ 19; ngày 19; một phần 19

ninetieth /'naɪntɪθ/ *num., adj.* (người/ vật) thứ 90; một phần 90

ninety /'naɪntɪ/ *num., adj.* (số) 90: **the nineties** những năm 90; những năm tuổi trên 90

ninja /'nɪndʒə/ *n.* người giỏi võ Nhật

ninth /'naɪnθ/ *num., adj.* (người/vật) thứ 9; ngày mồng 9; một phần 9

nip /nɪp/ **1** *n.* cái cấu/véo/kẹp; sự tê cóng: **to give somebody a ~** cấu véo ai **2** *v.* cấu/véo/bấm, kẹp, cắn; ngắt: **to ~ off the flower bud** ngắt nụ hoa; làm tê buốt, cắt da cắt thịt; làm thui chột; **to ~ in the bud** bóp chết ngay từ trong trứng; **to ~ on ahead** chạy lên trước

nipple /'nɪp(ə)l/ *n.* núm vú; đầu vú; mô, chỏm

nirvana /nɪə'vɑːnə/ *n.* niết bàn

nit /nɪt/ *n.* (= **a stupid person**) trứng chấy, trứng rận; người ngu; **~-pick** bới lông tìm vết

nitty-gritty /ˌnɪtɪ'ɡrɪtɪ/ *n.* vấn đề hay hoạt động quan trọng

nitwit /'nɪtwɪt/ *n.* người ngu đần, thằng ngu

no /nəʊ/ **1** *n.* lời từ chối/từ khước; phiếu chống/nghịch: **We can't take ~ for an answer.** Chúng tôi chấp nhận sự trả lời từ chối. **2** *adj.* không (hề), không chút nào: **No admittance except on business.** Không có việc xin miễn vào.; **This is ~ easy job.** Đây không phải là chuyện dễ.; **by ~ means** không có cách gì hơn; **"No Smoking"** CẤM HÚT THUỐC; **"No Littering"** CẤM XÃ RÁC; **~ doubt** không nghi ngờ gì cả; **~-frills** không nếp gấp; **No kidding!** Thật à? Thật mà! (tôi không nói đùa); **~ use** vô ích **3** *adv.* không: **They ~ longer live here.** Họ không còn ở đây nữa.

Nobel Prize /nəʊ'bel praɪz/ *n.* giải thưởng No-ben

nobility /nəʊ'bɪlɪtɪ/ *n.* tính cao thượng/ cao quý; quý tộc

noble /'nəʊb(ə)l/ *n., adj.* (người) quý tộc, quý phái; cao quý, cao thượng, cao nhã: **~-mindedness** tâm hồn cao thượng, tính tình hào hiệp

noble gas *n.* chất khí đốt khó kết hợp

nobody /'nəʊbədɪ/ **1** *n.* người tầm thường (vô dụng), kẻ bất tài: **I knew him when he was a ~.** Tôi đã biết ông ấy từ khi ông ta còn là một con số không. **2** *pron.* không ai, không người nào: **~ else** chẳng có ai khác; **Nobody knows about it.** Không ai biết điều đó.

nocturnal /nɒk'tɜːnəl/ *adj.* thuộc đêm, về đêm: **A bat is a ~ animal.** Con dơi là loài vật về đêm.

nod /nɒd/ **1** *n.* sự cúi đầu; cái gật đầu; sự ra hiệu: **to give a ~** gật đầu; **to be dependent on somebody's ~** tuỳ thuộc vào ai; **to get something on the ~** mua chịu **2** *v.* cúi đầu (chào); gật đầu, ra hiệu; gật gà gật gù: **to ~ approval** gật đầu đồng ý

node /nəʊd/ *n.* mấu, đốt, mắt; nút; cục

nodule /'nɒdjuːl/ *n.* cục u nhỏ, bướu nhỏ; mấu/mắt/hòn nhỏ

no-good *adj.* xấu, vô dụng

noise /nɔɪz/ *n.* tiếng động, tiếng ầm ĩ/ ồn ào/om sòm

noiseless /'nɔɪzləs/ *adj.* im lặng, không ồn ào

noisy /'nɔɪzɪ/ *adj.* ầm ĩ, ồn ào, om sòm, huyên náo: **It's much too ~ in this area.** Khu vực nầy ồ ào lắm.

nomad /'nəʊmæd/ *n., adj.* (dân) du cư, nay đây mai đó

nomadic /nəʊ'mædɪk/ *adj.* du cư, nay đây mai đó, du mục

nomenclature /'nəʊmənkleɪtjə(r), nəʊ'menklətjə(r)/ *n.* danh pháp; thuật ngữ

nominal /'nɒmɪnəl/ *adj.* danh nghĩa; thuộc về tên/danh từ; chỉ có tên, hữu danh vô thực; [số tiền, giá tiền] không đáng kể, tượng trưng: **~ head of state** quốc trưởng hữu danh vô thực; **~ authority** hư quyền

nominate /'nɒmɪneɪt/ *v.* giới thiệu, đề cử, tiến cử; bổ nhiệm: **to ~ someone to a post** chỉ định ai giữ một chức vụ

nomination /nɒmɪ'neɪʃən/ *n.* sự/quyền đề cử: **We will consider your ~ for the position of secretary.** Chúng tôi cứu xét sự đề cử của bạn về chức vụ thư ký.

nominee /nɒmɪ'niː/ *n.* người được đề cử/tiến cử

non-acceptance *n.* sự không chấp thuận

non-access *n.* tình trạng không thể ăn nằm với nhau được; không dùng được

non-addictive *adj.* không nghiện ngập

non-affiliated *adj.* không sáp nhập được

non-alcoholic *adj.* [đồ uống] không có rượu

non-aligned *adj.* [nước] không liên kết

non-appearance *n.* không xuất hiện, vắng mặt ở toà án

non-attendance *n.* không tham dự họp hay hội nghị, vắng mặt

non-availability *n.* không rỗi, không thuận tiện hay thích hợp

non-believer *n.* người không theo đạo nào cả, người vô tín ngưỡng

non-breakable *adj.* không gãy/bể được

nonchalant /nɒnʃələnt/ *adj.* lãnh đạm, thờ ơ, vô tình, hờ hững, không sốt sắng; sơ suất, trễ nải

non-classified *adj.* không xếp loại, không quảng cáo

non-clerical *adj.* không có giáo chủ

non-combatant *n.* quân nhân không trực tiếp chiến đấu

noncommittal *n., adj.* không hứa hẹn/ cam kết, lơ lửng, chưa nhận lời hẳn

non-compliance *n.* sự từ chối, sự khước từ: **~ with an order** sự từ chối không tuân theo mệnh lệnh

nonconformist *n.* người không theo lề thói, người lập dị [trong cách ăn mặc, trong lối sống]

nondescript /'nɒndɪskrɪpt/ *adj.* khó tả, khó xếp lại

none /nʌʊn/ **1** *pron.* không một ai, không người/cái nào: ~ **of them** chẳng người nào trong bọn họ; **None have arrived.** Chưa ai tới cả.; **None of us was there.** Không ai trong chúng tôi có mặt ở đó.; ~ **other than** không ai khác, chính là; **The new arrival was ~ other than the director.** Người mới đến chính là ông giám đốc. **2** *adv.* chẳng một chút nào: **The supply of competent teachers is ~ too great.** Đào đâu ra nhiều giáo viên có khả năng bây giờ!

non-effective *adj.* không hiệu nghiệm

nonentity /nɒn'entɪti/ *n.* người/vật vô giá trị, con số không

nonetheless /nʌnθə'ləs/ *adv.* tuy nhiên, tuy thế mà

non-existent *adj.* không có, không tồn tại

non-fiction *n.* bài/sách biên khảo [khác với tiểu thuyết, truyện ngắn (hư cấu)]

non-flammable *adj.* không cháy, không bắt lửa

non-governmental *adj.* không thuộc chính phủ

non-infectious *adj.* không bị lây nhiễm

non-intervention *n.* sự không/bất can thiệp

non-negotiable *adj.* không thương lượng được, không thể trả tiền ngay cho ngân phiếu được: **You have to deposit this ~ check to your account.** Bạn phải bỏ ngân phiếu không thương lượng nầy vào trương mục của bạn.

nonplussed /'nɒnplʌst/ *adj.* làm bối rối/lúng túng/sửng sốt

non-productive *adj.* không hiệu năng, không kết quả

non-profit *adj.* không mưu lợi, bất vụ lợi: **The Smith charity is a ~-making organization.** Tổ chức Smith là một tổ chức bất vụ lợi.

non-refundable *adj.* không thể trả lại tiền được

non-renewable *adj.* không thể đăng ký/mua lại được

non-resident *n., adj.* ngoại kiều; không thuộc cư dân, không thuộc người bản địa

nonsense /nɒn'sɛns/ *n.* lời/chuyện láo/vô lý/bậy bạ: **to talk ~** nói chuyện vô lý; **This passage is ~.** Đoạn nầy không thể hiểu được.

non-slip *adj.* không trượt, không trơn

non-standard *adj.* không tiêu chuẩn

non-stop **1** *adj.* không ngừng, không dừng lại: **to take a ~ train to Hanoi** đi chuyến xe lửa thẳng đến Hà Nội **2** *adv.* chạy suốt/thẳng một mạch: **This airplane will fly ~ from Saigon to Singapore.** Máy bay nầy bay thẳng từ Sai Gòn đến Tân Gia Ba.

non-toxic *adj.* không độc

non-transferable *adj.* không chuyển nhượng được, không thể dời đi được

non-uniform *n., adj.* không đồng phục

non-union *adj.* [công nhân] không vào nghiệp đoàn: **The government discourages all employers from ~ negotiations.** Chính phủ không khuyến khích chủ về những thương lượng của công nhân không phải thành viên nghiệp đoàn.

non-verbal *adj.* thuộc lời nói thông thường không nhất thiết theo đúng cấu trúc ngữ pháp: ~ **communication** giao tiếp thông thường

nonviolent /nɒn'vaɪələnt/ *adj.* không bạo động, không dùng bạo lực, bất bạo động

noodle /'nuːd(ə)l/ *n.* mì dẹt, mì sợi, bún, miến, bánh phở

nook /nʊk/ *n.* xó, góc, xó xỉnh; chỗ hẻo lánh

noon /nuːn/ *n.* (buổi) trưa, (giờ) ngọ, 12 giờ trưa: **The long meeting started at ~.** Cuộc họp kéo dài lâu bắt đầu từ trưa.; ~**time** ban/buổi/lúc trưa

no one *pron.* (= **none**) không một ai, không ai

noose /nuːs/ *n.* thòng lọng; dây treo cổ; sự ràng buộc: **to put one's neck into the ~** đưa cổ vào tròng

nope /nəʊp/ *adv.* không

nor /nɔː(r)/ *conj., adv.* mà ... cũng không, mà ...chẳng: **neither fish ~ fowl** chẳng ra môn ra khoai gì; dơi không ra dơi, chuột không ra chuột; **He can neither read ~ write Vietnamese.** Anh ta không biết đọc mà cũng không biết viết tiếng Việt.

norm /nɔːm/ *n.* tiêu chuẩn, chuẩn, qui tắc; chỉ tiêu

normal /'nɔːməl/ **1** *n.* mức bình thường: **The situation has returned to ~.** Tình hình trở lại bình thường. **2** *adj.* (thông) thường, bình thường: **~ distribution** sự phân phối bình thường; **~ temperature** nhiệt độ bình thường; **~ relationship** quan hệ bình thường

normalize /'nɔːməlaɪz/ *v.* bình thường hoá: **Vietnam ~d trade with America five years ago.** Việt Nam đã bình thường hoá với Mỹ 5 năm rồi.

Norseman /ˌnɔːsˈmaen/ *n.* người Na-uy

north /nɔːθ/ **1** *n.* hướng/phương/phía Bắc; miền Bắc: **to move to the ~** đi/tiến về phía bắc, lên miền bắc, ra bắc; **in the ~ of Vietnam** miền Bắc Việt Nam **2** *adj.* hướng bắc, phương bắc: **~ Korea** Bắc Triều Tiên; **~ wind** gió bắc; **the ~ Pole** Bắc cực; **the ~ Star** sao Bắc đẩu; **~east** đông bắc; **~west** (về) phía tây bắc; **~ Sea** Bắc hải **3** *adv.* thuộc về phía bắc

northern /'nɔːθən/ *adj.* phương bắc: **~ hemisphere** bắc bán cầu; **the ~ dialect** phương ngữ Bắc, giọng/tiếng Bắc

northward(s) /'nɔːθwəd(z)/ *adj., adv., n.* về phía bắc

Norway /'nɔːweɪ/ *n.* nước Na-uy

nose /nəʊz/ **1** *n.* mũi; mõm; đầu, mũi; sự đánh hơi, khứu giác: **the bridge of the ~** sống mũi; **~-bleed** chảy máu mũi, chảy máu cam; **to bite someone's ~ off** trả lời ai một cách

sỗ sàng; **to push one's ~ into other people's affairs** chúi mũi vào việc người khác; **to cut off one's ~ to spite one's face** trong cơn bực tức mình tự làm hại mình; **to keep one's ~ clean** tránh làm điều gì sai, phi pháp; **to keep one's ~ to the grindstone** làm việc liên tục không nghỉ; **to put someone's ~ out of joint** choán chỗ ai, hất cẳng ai **2** *v.* ngửi, đánh hơi; chõ/xen/dính/xía vào: **to ~ one's way into** lần đường

nosebleed /'nəʊzbliːd/ *n.* sự chảy máu cam

nosedive /'nəʊzdaɪv/ *v.* đâm bổ xuống, bổ nhào xuống

nostalgia /nɒˈstældʒɪə/ *n.* nỗi nhớ nhà, lòng nhớ quê hương, nỗi hoài hương; nỗi luyến tiếc dĩ vãng/quá khứ: **Watching that old movie brought on an attack of ~.** Xem phim xưa mà luyến tiếc thời dĩ vãng.

nostalgic /nɒˈstældʒɪk/ *adj.* nhớ nhà, nhớ quê hương, luyến tiếc quá khứ

nostril /'nɒstrɪl/ *n.* lỗ mũi

nosy, nosey /'nəʊzɪ/ *adj.* tò mò, tọc mạch, thóc mách, sục sạo

not /nɒt/ *adv.* không, chẳng, chả: **They are ~ here.** Họ không có đây.; **whether you like it or ~** dù anh có thích hay không; **I am ~ rich at all.** Tôi chẳng giàu có gì.; **~ that I don't like him** không phải là tôi không thích ông ta; **I think ~** tôi cho là không; **~ only … but also …** không những/chỉ... mà còn...; **~ more than one week** nhiều nhất là một tuần lễ (chứ không hơn); **~ at all** không có chi, không sao; **~ least** không phải là hết; **~ much** không nhiều lắm; **~ a thing** không có một mảy may, không có gì cả; **He is ~ nice; his wife is ~ either.** Ông ấy không tử tế, mà bà ấy cũng chẳng tử tế nốt.

notable /'nəʊtəb(ə)l/ **1** *n.* người có danh vọng, nhân sĩ, thân hào, thân sĩ **2** *adj.* có tiếng, danh tiếng, trứ danh; đáng chú ý notary /'nəʊtərɪ/ *n.* công chứng viên, chưởng khế: ~ **publican** công chứng viên

notation /nəʊ'teɪʃən/ *n.* lời chú thích/ chú giải; ký hiệu

notch /nɒtʃ/ *n., v.* khía hình, đánh dấu để ghi nhớ

note /nəʊt/ **1** *n.* thư ngắn, công hàm; lời ghi chép; lời chú giải, lời dặn; tiền giấy, phiếu; sự lưu ý/chú ý; nốt nhạc: **diplomatic ~s** công hàm ngoại giao; **lecture ~s** lời ghi chép bài giảng; **to compare ~s** so sánh những nhận định của nhau; **to take ~s** ghi chép; **worthy of ~** đáng lưu ý **2** *v.* ghi chép, ghi nhớ: **Please ~ my words.** Hãy ghi nhớ lời của tôi.

notebook /'nəʊtbʊk/ **1** *n.* (*also* **laptop computer**) máy vi tính xách tay: **to buy a new ~** mua một máy vi tính xách tay mới **2** *n.* sổ tay, sổ ghi chép, quyển vở

noteworthy /'nəʊtwɜːðɪ/ *adj.* đáng chú ý; đáng ghi nhớ/nhận

nothing /'nʌθɪŋ/ **1** *n.* sự không có, cái không có, chuyện lặt vặt, chuyện tầm thường: **The painting cost five dollars, that is ~.** Bức tranh giá 5 đô la, không đáng gì cả.; **~ new** không có gì mới cả; **to have ~ to do with** không có quan hệ gì với **2** *pron.* không (cái gì): **There is ~ wrong with the car.** Xe không hư gì cả.; **I have done ~ much since coffee break.** Tôi không làm được gì nhiều từ khi nghỉ giải lao.; **to come to ~** không đi đến đâu; **I have ~ to do with it.** Tôi không dính dáng gì đến chuyện ấy.; **~ but trouble** chỉ toàn chuyện lôi thôi; **to say ~** đừng nói gì cả **3** *adv.* tuyệt không: **It is ~ less than madness.** Đúng là điên rồ không còn gì khác được nữa.; **~ like so good** không thể nào tốt được như thế

notice /'nəʊtɪs/ **1** *n.* thông cáo, yết thị, cáo thị; sự chú ý; lời báo trước: **You will have to give your landlord a month's ~.** Muốn dọn nhà, anh phải báo cho chủ nhà một tháng trước.; **at a moment's ~** ngay lập tức; **until further ~** cho đến khi có lệnh mới; **public ~** thông báo công cộng **2** *v.* để ý, nhận thấy: **I cannot help noticing that …** Tôi không khỏi nhận thấy rằng… .; **to ~ someone in a crowd** nhận ra ai trong đám đông

notification /,nəʊtɪfɪ'keɪʃən/ *n.* sự thông báo

notify /'nəʊtɪfaɪ/ *v.* cho hay, báo, thông báo; khai báo: **I will ~ my friends of my new address.** Tôi sẽ cho bạn tôi biết địa chỉ mới của tôi.

notion /'nəʊʃən/ *n.* ý niệm, khái niệm; ý định: **to have no ~ of …** chẳng có ý niệm gì về…; **That is the common ~.** Đó là ý kiến chung, đó là quan điểm chung.

notorious /nəʊ'tɔːrɪəs/ *adj.* ai cũng biết, nổi/khét tiếng (xấu): **He is ~ for telling unbelievable stories.** Ông ấy nổi tiếng về kể chuyện không tin được.

notwithstanding /nɒtwɪ'ðstændɪŋ/ **1** *prep.* bất kể, mặc dầu: **Notwithstanding the rain I will go shopping.** Mặc dù trời mưa tôi vẫn đi phố.; **~ any other agreements** bất kể hiệp định nào trước đây **2** *adv.* tuy thế mà, tuy nhiên, ấy thế mà, cũng vẫn cứ: **Their parents tried to prevent the marriage, but ~, it took place.** Hai ông bà ấy ngăn cản đám cưới, nhưng tụi nó vẫn cứ lấy nhau. **3** *conj.* mặc dầu: **Notwithstanding his handicap, he finished the race.** Mặc dầu bị thương ông ta vẫn hoàn tất cuộc đua.

nougat /'nuːgɑː/ *n.* kẹo nu-ga

nought /nɔːt/ *n.* số không: **to bring to ~** làm thất bại, làm tiêu tan; **~s and crosses** trò chơi cờ-roa zê-ro, trò chơi ô chữ

noun /naʊn/ *n.* danh từ

nourish /'nʌrɪʃ/ *v.* nuôi, nuôi nấng, nuôi dưỡng; nuôi, ôm, ấp ủ, hoài bão [mộng, hy vọng, hoài bão]

nouveau riche /nu:'vəʊ 'ri:ʃ/ *n.* kẻ mới phất, người mới nổi

novel /'nɒvəl/ **1** *n.* tiểu thuyết, truyện: **Hemingway's ~s have become well-known during the past few years.** Tiểu thuyết Hemingway nổi tiếng trong vài năm qua **2** *adj.* mới, mới lạ, độc đáo, tân kỳ.

novelty /'nɒvəltɪ/ *n., adj.* sự/tính mới la

November /nəʊ'vembə(r)/ *n.* tháng mười một

novena /nəʊ'vi:nə/ *n.* người/sự cầu nguyện liên tục chín ngày (theo Thiên Chúa giáo)

novice /'nɒvɪs/ *n.* chú tiểu, sa di (nữ); người học việc

now /naʊ/ **1** *n.* hiện tại, bây giờ, lúc này, nay: **up to/until ~** cho tới nay, cho đến bây giờ; **from ~ on** từ nay trở đi, từ rày về sau **2** *adv.* bây giờ, lúc này, (hiện) nay, ngày nay, giờ đây: **with prices ~ rising, ~ falling, ...** trong khi giá cả lúc lên lúc xuống; **~ and then** thỉnh thoảng, đôi lúc; **~ or never** bây giờ hoặc không bao giờ nữa **3** *conj.* khi mà, một khi mà: **Now you mention it, I do remember.** Bây giờ bạn nhắc lại, tôi nhớ ra rồi.

nowadays /'naʊədeɪz/ *adv.* ngày nay, đời nay, thời buổi này

nowhere /'nəʊhweə(r)/ *adv.* không đâu, chẳng nơi nào: **~ else** không có chỗ nào khác; **It was ~ to be found.** Không tìm thấy cái đó ở đâu cả.

noxious /'nɒkʃəs/ *adj.* độc, hại

nozzle /'nɒz(ə)l/ *n.* miệng, vòi [ống nước, bễ]; mũi, mõm

nth /enθ/ *adj.* cuối cùng của việc gì: **It's the ~ time I have explained to you.** Đó là lần cuối tôi giải thích cho bạn.

nuance /'nju:ɑ:ns/ *n.* sắc thái: **~ of emotion** sắc thái cảm xúc

nubile /'nju:baɪl/ *adj.* rất khêu gợi/hấp dẫn (đàn bà)

nuclear /'nju:klɪə(r)/ *adj.* hạt nhân: **~ bomb** bom nguyên tử; **~ disarma-** ment giải giới vũ khí nguyên tử; **~ energy** năng lượng; **~ family** tiểu gia đình; **~ fission, ~ fuel** nhiên liệu nguyên tử; **~ test ban** sự cấm thử nguyên tử; **~ physics** môn vật lý hạt nhân; **~ power** cường quốc nguyên tử; **~ reactivity** lò phản ứng hạt nhân; **~ weapons** vũ khí hạt nhân, vũ khí nguyên tử

nucleus /'nju:klɪəs/ *n.* (*pl.* **nucleii**) nhân; hạch; hạt nhân; (trung) tâm

nude /nju:d/ **1** *n.* người khoả thân; sự trần truồng; tranh/tượng khoả thân: **in the ~** ở truồng **2** *adj.* trần, trần truồng, khoả thân, loã thể; trụi lông/lá: **~ photos** hình ảnh loã thể

nudge /nʌdʒ/ **1** *n.* cú hích/thúc bằng khuỷu tay: **to give a ~** lấy khuỷu tay húc một cái **2** *v.* đánh bằng khuỷu tay, húc bằng khuỷu tay: **to ~ someone to do something** xúi dục ai làm việc gì

nugget /'nʌgɪt/ *n.* cục vàng, quặng vàng: **gold ~** vàng cục

nuisance /'nju:səns/ *n.* sự phiền phức/ rầy rà; người khó chịu: **He is a ~.** Ông ấy là một tay gây phiền hà.; **What a ~!** Thật là khó chịu, thật phiền hà!

null /nʌl/ *adj.* không; không có hiệu lực, vô hiệu: **~ and void** hết giá trị, mất hết hiệu lực; **~ character** không có đặc tính, không có nhân vật; **~ hypothesis** không dự tính trước được, không dự đoán trước được

nullify /'nʌlɪfaɪ/ *v.* huỷ bỏ, thủ tiêu, triệt tiêu

numb /nʌm/ **1** *adj.* tê, tê cóng: **to grow ~** bị tê cóng **2** *v.* bị tê, tê cóng

number /'nʌmbə(r)/ **1** *n.* số, con số: **even ~** số chẵn; **odd ~** số lẻ; **plural ~** số nhiều; **singular ~** số ít **2** *v.* đánh số, ghi số; kể vào, tính vào, liệt vào; lên tới, gồm có: **to ~ these limbs** ghi số những cuốn sách nầy

numeracy /'nju:mərəsɪ/ *n.* sự hiểu biết về tính toán

numeral /'nju:mərəl/ **1** *n.* số, chữ số;

số từ: **Roman ~s** chữ số La Mã
2 *adj.* thuộc về số

numerate /'nju:mərət/ *adj.* có thể tính
toán được, có thể đếm số được: **My
children should be literate and ~.**
Con tôi phải biết đọc biết viết và
biết tính toán.

numerical /nju:'merɪkəl/ *adj.* thuộc số;
bằng số: **~ analysis** phân tích số
lượng

numerous /'nju:mərəs/ *adj.* đông,
đông đảo, nhiều: **There are ~
homes showcased.** Có nhiều nhà
mẫu trưmh bày.

nun /nʌn/ *n.* ni cô, sư cô; nữ tu (sĩ),
bà xơ/phước

nuptial /'nʌpʃəl/ *adj.* thuộc lễ cưới,
thuộc hôn nhân

nurse /nɜ:s/ **1** *n.* y tá, khán hộ, điều
dưỡng; u/vú em, cô giữ trẻ, bảo
mẫu **2** *v.* cho bú, nuôi; trông nom
săn sóc, nuôi, chữa; chăm chút,
nâng niu; ấp ủ: **to ~ a grudge** nuôi
dưỡng mối hận thù

nursery /'nɜ:sərɪ/ **1** *n.* nhà trẻ: **~ school**
vườn trẻ; **~ rhyme** bài thơ lớp mẫu
giáo **2** *adj.* vườn ương; ao nuôi cá;
nơi nuôi dưỡng/đào tạo: **~ garden**
vườn ương cây; **~man** người trông
coi vườn ương; **~ pond** ao nuôi cá

nurture /'nɜ:tjʊə(r)/ *n., v.* nuôi nấng,
dưỡng dục; dạy dỗ, giáo dục

nut /nʌt/ *n.* quả hạch; hạt, hột; đai
ốc; người ham thích [món gì, cái
gì]; anh chàng gàn: **He's ~s about
tennis.** Anh ta mê quần vợt lắm.:
areca ~ quả cau; **cashew ~** hạt điều;
chest~ hạt dẻ tàu; **hazel~** hạt dẻ;
ground~, pea~ lạc, đậu phộng; **to be
off one's ~** gàn dở, mất trí; **~s and
bolts** chi tiết cụ thể

nutcase /'nʌtkeɪs/ *n.* người ngu đần,
người đần độn

nutrient /'nju:trɪənt/ *n., adj.* (chất) bổ,
dinh dưỡng

nutrition /nju:'trɪʃən/ *n.* sự nuôi
dưỡng; khoa dinh dưỡng

nutritious /nju:'trɪʃəs/ *adj.* bổ, có
nhiều chất bổ, dinh dưỡng

nutshell /'nʌtʃel/ *n.* vỏ quả hạch, vỏ
hạt dẻ: **the whole thing in a ~** tất cả
sự việc được tóm tắt lại

nutty /'nʌtɪ/ *adj.* lẩn thẩn; gàn dở;
quẩn, mất trí; say mê say đắm

nuzzle /'nʌz(ə)l/ *v.* hít, ngửi; đánh hơi,
dúi mõm vào

NY *n., abbr.* (= **New York**) thành phố
Nữu Ước

nylon /'naɪlɒn/ *n.* ni lông, nhựa

nymph /nɪmf/ *n.* nữ thần [núi, sông],
nàng tiên, tiên nữ

NZ *n., abbr.* (= **New Zealand**) nước
Tân Tây Lan

O

O /əʊ/ *intj.* (= **oh**) chà, chao, ôi chao,
ối, ồ, à: **Oh, how happy I am!** Ồ!
Tôi vui sướng làm sao!

o' /ə/ *prep.* (*abbr.* **of**) của: **9 ~clock**
chín giờ

oaf /əʊf/ *n.* đứa bé sài đẹn, đứa bé
bụng to đít nhỏ

oak /əʊk/ *n.* cây sồi; gỗ sồi: **~ tree**
cây sồi; **The table was made of ~.**
Cái bàn làm bằng gỗ sồi.

oar /ɔ:(r)/ *n.* mái chèo; tay chèo: **to
be chained to the ~** bị bắt làm việc
nặng và lâu; **~-lock** cọc chèo

oasis /əʊ'eɪsɪs/ *n.* (*pl.* **oases**) ốc đảo,
chỗ có cây có nước giữa sa mạc

oat /əʊt/ *n.* lúa mạch [kiều mạch,
yến mạch]: **to sow one's wild ~s**
chơi bời trác táng

oath /əʊθ/ *n.* (*pl.* **oaths**) lời thề, lời
tuyên thệ; lời rủa: **~ of allegiance**
lời thề trung thành; **~ of office** lễ
tuyên thệ nhậm chức; **to take an ~**
tuyên thệ; **to put someone on ~** bắt
ai thề; **~ breaker** người không giữ
lời thề

OBE /ˌəʊbi:'i:/ *n., abbr.* (= **Officer of
the Order of the British Empire**)
huy chương cao quý của nước Anh

trao cho ai đã có những thành công đặc biệt

obedience /əʊˈbiːdɪəns/ *n.* sự vâng lời; sự tuân lệnh; sự cúi đầu chào, sự cung kính, tôn sùng: **in ~ to** theo lệnh, vâng lệnh; **Obedience is a virtue worth cultivating.** sự vâng lời là một đức tính đáng được phát huy

obedient /əʊˈbiːdɪənt/ *adj.* biết nghe lời, vâng lời, dễ bảo, ngoan ngoãn: **He is ~ to his parents.** Anh ấy biết vâng lời ba mẹ.

obeisance /əʊˈbeɪsəns/ *n.* sự cúi đầu để tỏ lòng tôn kính, lòng tôn kính: **to do [make, pay] ~** tôn kính

obelisk /ˈɒbɪlɪsk/ *n.* đài kỷ niệm, tháp; cây hình tháp

obesity /əʊˈbiːsɪtɪ/ *n.* sự béo phệ

obey /əʊˈbeɪ/ *v.* vâng lời, nghe lời, tuân theo: **Most people ~ the law.** Hầu heat người ta tuân theo pháp luật.; **We ~ our parents.** Chúng tôi vâng lời ba mẹ chúng tôi.

obituary /əʊˈbɪtjʊərɪ/ *n.* lời cáo phó, ai tín; tiểu sử người chết: **Have you read my friend's ~ in the newspaper?** Bạn đã đọc lời cáo phó bạn tôi trên báo chưa?

object /ˈɒbdʒɪkt/ **1** *n.* đồ vật, vật, vật thể; đối tượng; mục đích/tiêu; bổ ngữ: **direct ~** bổ ngữ trực tiếp; **indirect ~** bổ ngữ gián tiếp ; **~-finder** kính ngắm; **~ lesson** bài học có đồ dạy trực quan, bài học trong môi trường thực tế **2** *v.* phản đối, chống đối; ghét, không thích: **I ~ to being treated like this.** Tôi không thích bị đối xử như thế nầy.

objection /əbˈdʒekʃən/ *n.* sự phản đối/ chống đối; sự bất bình, sự không thích

objectionable /əbˈdʒekʃənəb(ə)l/ *adj.* đáng chê trách; khó chịu; có thể bị phản đối, không ai ưa thích, chướng tai gai mắt, không chấp nhận được

objective /əbˈdʒektɪv/ **1** *n.* mục tiêu, mục đích; tân cách, cách mục đích: **Our ~ is to recover the losses.** Mục tiêu của chúng ta là phục hồi sự lỗ lã. **2** *adj.* khách quan; thuộc mục đích; thuộc tân cách: **I believe that a judge should be completely ~.** Tôi tin rằng quan toà phải tuyệt đối khách quan.

obligation /ɒblɪˈgeɪʃən/ *n.* nghĩa vụ, bổn phận; ơn, sự hàm ơn: **to be under ~** mang/chịu ơn

oblige /əˈblaɪdʒ/ *v.* bắt buộc; làm ơn, giúp đỡ, gia ơn: **I am much ~d to you.** Tôi hết lòng biết ơn ông bà.

oblique /əˈbliːk/ **1** *adj.* chéo, xiên, chếch, tà; quanh co, cạnh khoé, bất chính; [thanh điệu, vần] trắc: **by ~ means** thủ đoạn quanh co **2** *n.* sự quanh co; việc bất chính

obliterate /əˈblɪtərət/ *v.* bôi, xoá, cạo, tẩy; đóng dấu [tem]

oblivion /əˈblɪvɪən/ *n.* sự lãng quên, không nhớ: **to fall into ~** bị lãng quên, bị bỏ quên

oblong /ˈɒblɒŋ/ *adj.* hình thuôn, hình chữ nhật

obnoxious /əbˈnɒkʃəs/ *adj.* khó chịu, đáng ghét, khả ố: **an ~ person** người có mùi khó chịu

oboe /ˈəʊbəʊ/ *n.* kèn ô-boa

obscene /əbˈsiːn/ *adj.* tục tĩu, bẩn thỉu, tà dâm: **~ pictures** tranh khiêu dâm; **Don't use ~ language.** Không nên dùng ngôn ngữ tục tĩu.

obscure /əbˈskjʊə(r)/ **1** *adj.* tối tăm, mờ mịt; tối nghĩa; không có tiếng tăm gì, ít người biết đến: **The contracts are written in an ~ language.** Các khế ước viết không rõ ràng. **2** *v.* làm tối, làm mờ; làm không rõ: **These issues have been ~d by recent events.** Những vấn đề nầy bị các biến cố vừa qua làm mờ đi.

obscurity /əbˈskjʊərɪtɪ/ *n.* bóng tối, sự tối tăm; sự khó hiểu; sự không tên tuổi: **That famous person had faded into ~.** Nhân vật nổi tiếng kia đã lùi vào bóng tối.

obsequious /əbˈsiːkwɪəs/ *adj.* khúm núm, quá lễ phép: **Mr. Nam is very**

~ towards his boss. Ông Nam quá lễ phép với ông chủ của ông ta.

observance /əbˈzɜːvəns/ *n.* sự làm lễ; lễ kỉ niệm; sự tuân thủ

observant /əbˈzɜːvənt/ *adj.* tinh mắt, tinh ý, hay quan sát

observation /ɒbzəˈveɪʃən/ *n.* sự quan sát; sự theo dõi; lời phê bình/bình phẩm, nhận định: **to keep someone under ~** theo dõi ai; **in my ~** theo sự quan sát của tôi; **~ post** đài quan sát

observatory /əbˈzɜːvətərɪ/ *n.* đài thiên văn; đài khí tượng

observe /əbˈzɜːv/ *v.* quan sát, nhận xét, theo dõi; cử hành, làm [lễ]; giữ, tuân theo, tuân thủ, tôn trọng: **All motorists must ~ speed limit signs on the roads.** Tất cả người lái xe phải tuân theo các bảng chỉ giới hạn tốc độ trên đường.

obsession /əbˈseʃən/ *n.* sự ám ảnh; điều ám ảnh

obsolescence /ɒbsəʊˈlesənts/ *n.* sự không còn dùng nữa; sự teo dần

obsolescent /ɒbsəʊˈlesənt/ *adj.* cũ, xưa, lỗi thời, nay ít dùng

obsolete /ˈɒbsəliːt/ *adj.* cũ, cổ, xưa, không dùng nữa, lỗi thời: **No one uses a telex machine nowadays; this has become ~.** Ngày nay không ai còn dùng máy gởi điện thư nữa, nó đã lỗi thời.

obstacle /ˈɒbstək(ə)l/ *n.* vật chướng ngại, trở lực, trở ngại: **To succeed, you must learn to overcome ~s.** Để được thành công bạn phải học vượt khỏi chướng ngại vật.

obstacle race *n.* cuộc đua vượt chướng ngại vật

obstetrician /ɒbstɪˈtrɪʃən/ *n.* bác sĩ khoa sản/sản khoa

obstetrics /ɒbstɪˈtrɪks/ *n.* khoa sản, sản khoa

obstinacy /ˈɒbstɪnəsɪ/ *n.* tính bướng, tính ngoan cố

obstinate /ˈɒbstɪnət/ *adj.* bướng bỉnh, khó bảo, cứng đầu, đầu cứng cổ; ngoan cố, ương ngạnh

obstruct /əbˈstrʌkt/ *v.* làm (bế) tắc, làm nghẽn; che khuất: **to ~ traffic** làm nghẽn giao thông; **to ~ someone's activity** gây bế tắc hoạt động của ai

obtain /əbˈteɪn/ *v.* thu/đạt/giành được; đang tồn tại: **to ~ experience** tiếp thu kinh nghiệm

obtainable /əbˈteɪnəb(ə)l/ *adj.* có thể đạt/thu được: **Medicinal herbs are ~ from Chinese medicine shops.** Những cây lá thuốc có thể kiếm được các tiệm thuốc Bắc.

obtrusive /əbˈtruːsɪv/ *adj.* để ép buộc; làm phiền, quấy rầy

obtuse /əbˈtjuːs/ *adj.* [góc] tù; cùn, nhụt; chậm hiểu, đần: **an ~ knife** dao cùn; **I am very ~ and stupid.** Tôi rất ngu và chậm hiểu.

obverse /ˈɒbvɜːs/ *n.* vật/sự đối nghịch: **The ~ of rising unemployment is continued gains in productivity.** Đối nghịch tình trạng thất nghiệp tăng là tiếp tục kiếm được trong sản xuất.

obviate /ˈɒbvɪeɪt/ *v.* phòng ngừa; tránh, dự phòng: **Having lots of sunshine ~s the need to hand-dry wet clothes with a hair dryer.** Có nhiều ánh nắng mặt trời dự phòng làm khô quần áo khác máy xấy.

obvious /ˈɒbvɪəs/ *adj.* rõ ràng, hiển nhiên, dễ thấy: **He told an ~ truth.** Ông ấy nói lên sự thật hiển nhiên.

occasion /əˈkeɪʒən/ **1** *n.* dịp, cơ hội: **on the ~ of** nhân dịp; **to profit by the ~** nắm lấy cơ hội; **to take an ~ to do something** nhân cơ hội làm một việc gì; **to rise to the ~** tỏ ra có khả năng đối ứng với tình hình **2** *n.* duyên cớ, lý do: **They have no ~ to be angry.** Họ chẳng có lý do gì để giận cả. **3** *v.* gây nên/ra, sinh ra; xui khiến: **This event ~s my friend to do something.** Biến cố nầy xui khiến bạn tôi làm thế nầy.

occasional /əˈkeɪʒənəl/ *adj.* thỉnh thoảng, có đôi khi

Occident /ˈɒksɪdənt/ *n.* phương Tây, Tây phương; Âu Tây

occlusion /əˈkluːʒən/ *n.* sự đút nút, tình trạng bị bít

occult /ˈɒkʌlt/ *adj.* sâu kín, bí ẩn, huyền bí

occupancy /ˈɒkjʊpənsɪ/ *n.* sự chiếm giữ; thời gian chiếm giữ, không còn chỗ trống: **The ~ of hotels hits a high during the summer holidays.** Trong thời gian nghỉ lễ các khách sạn không còn chỗ trống.

occupation /ɒkjʊˈpeɪʃən/ **1** *n.* sự chiếm đóng; nghề, nghề ở: **Many people died during the era of Japanese ~.** Nhiều người chết trong thời gian người Nhật chiếm đóng. **2** *n.* công việc làm, nghề, nghề nghiệp: **What is your ~?** Nghề nghiệp bạn là gì?, Chức vụ bạn là gì?

occupational /ɒkjʊˈpeɪʃən(ə)l/ *adj.* thuộc nghề nghiệp: **~ hazard** sự nguy hiểm nghề nghiệp; **~ therapy** phép chữa bệnh bằng xoa bóp

occupy /ˈɒkjʊpaɪ/ *v.* chiếm, chiếm giữ, chiếm đóng; giữ (địa vị, chức vụ); ở; choán, chiếm cứ; làm bận rộn: **to ~ an important position in the company** giữ chức vụ quan trọng trong công ty; **to ~ an apartment** ở một căn hộ; **Men still ~ more positions of executive power than women.** Đàn ông vẫn còn chiếm giữ nhiều chức vụ điều hành quan trọng hơn phụ nữ.

occur /əˈkɜː(r)/ *v.* xảy ra/đến: **it ~s to me that ...** tôi bỗng chợt nghĩ rằng...; **A few misprints ~ on the front page.** Nhiều lỗi in sai tìm thấy ở trang đầu.

OCD /ˌəʊsiːˈdiː/ *n., abbr.* (= **Obsessive Compulsive Disorder**) sự rối loạn mạch tim

ocean /ˈəʊʃən/ *n.* đại dương: **~ liner** tàu chở khách; **~ lane** đường tàu biển

Oceania /ˌəʊʃiːˈeɪnɪə/ *n.* châu Đại dương

o'clock /əˈklɒk/ *adv.* (= **of clock**) giờ: **it's one ~** một giờ rồi

OCR /ˌəʊsiːˈaɪ(r)/ *n., abbr.* (= **Optical Character Recognition**) sự nhận ra chữ của máy vi tính

octagon /ˈɒktəgən/ *n.* hình tám cạnh, hình bát giác

octane /ˈɒkteɪn/ *n.* hoá chất oc-tan

octave /ˈɒktəv/ *n.* quãng tám; tổ quãng tám (âm giai); đoạn thơ tám câu

October /ˈɒktəʊbə(r)/ *n.* tháng Mười

octogenarian /ˌɒktəʊdʒɪˈneərɪən/ *n.* ông lão trên 80 tuổi, người thọ trên 80

octopus /ˈɒktəpəs/ *n.* con bạch tuộc, con mực

ocular /ˈɒkjʊlə(r)/ *adj.* thuộc về mắt

o.d. /ˈəʊdi/ *abbr.* **1** *n., v.* (= **overdose**) quá liều lượng; cho quá nhiều thuốc **2** *n., v.* (= **overdose**) dùng quá mức; sự quá liều lượng

odd /ɒd/ *adj.* [số] lẻ; cọc cạch; thừa, trên; lặt vặt; kỳ cục, kỳ quặc: **3 is an ~ number.** Số 3 là số lẻ.; **~ jobs** những việc lặt vặt; **the ~ man out** người có lá phiếu quyết định trong cuộc bầu phiếu ngang ngửa; **~-looking** trông kỳ cục

oddity /ˈɒdɪtɪ/ *n.* sự kỳ quặc, sự kỳ dị; người kỳ dị, vật kỳ dị; trường hợp kỳ quặc

odds /ɒdz/ *n., pl.* sự chênh lệch/so le; sự bất hoà; sự lợi thế; sự chấp (trong ván cờ): **to make the ~ even** làm cho hết so le, làm cho đều nhau; **to be at ~ with someone** bất hoà với ai; **What are the ~?** Thế thì sao?; **~ and ends** đầu thừa đuôi theo, những thứ linh tinh lặt vặt

ode /əʊd/ *n.* bài thơ ca ngợi, tụng ca

odious /ˈəʊdɪəs/ *adj.* ghê tởm

odometer /əʊˈdɒmɪtə(r)/ *n.* máy ghi cây số đã đi của xe

odor /ˈəʊdə(r)/ *n.* mùi, hơi, hương; mùi/hương thơm

odorless /ˈəʊdələs/ *adj.* không mùi hôi

odorous /ˈəʊdərəs/ *adj.* có mùi thơm, toả hương thơm

OECD /ˌəʊiːsiːˈdiː/ *n., abbr.* (= **Organization for Economic Cooperation and Development**) tổ chức hợp tác kinh tế và phát triển

of /ɒv/ *prep.* của, thuộc: **to think ~ something** nghĩ đến ...; **two ~ them** hai người trong bọn họ; **made ~ wood** làm bằng gỗ; **the seventeenth day ~ January** ngày 17 tháng 1; **to die ~ old age** chết già; **It was nice ~ you to telephone me.** Cám ơn ông đã tử tế gọi điện thoại cho tôi.; **a cup ~ coffee** một tách cà phê; **to smell ~ urine** khai nước tiểu

off /ɒf/ **1** *adj.* [ngày] nghỉ, nhàn rỗi; [tính] sai, không đúng; [thịt] ôi, ươn; [điện, đèn, vòi nước] tắt; [phố] hẻm, phụ; xa, ngoài: **to be on the ~-side of the wall** ở phía bên kia tường; **He is rather ~ today.** Ông ta nên nghỉ ngày hôm nay.; **cast-~** bị vứt đi, bị bỏ rơi; **to be well-~** sung túc, phong lưu **2** *adv.* xa; đi rồi; bỏ ra, cởi ra, buông ra; hẳn, hết: **they are ~** họ đi rồi; **Off with you!** Cút đi!; **They cut ~ his hand.** Họ chặt đứt bàn tay của hắn.; **Please take ~ your coat.** Xin anh bỏ áo ngoài ra.; **not far ~** gần đến nơi rồi; **to set ~** làm nổi bật; **to show ~** khoe ...; **on and ~** lúc có lúc không **3** *prep.* xa, cách, khỏi: **The island is ~ the coast.** Đảo cách xa bờ biển.; **to be ~ liquor** nhịn rượu, bỏ rượu; **to play ~** chơi chấp năm; **~-stage** đằng sau sân khấu, hậu trường; **~form** đường viền trang trí chung quanh; **~-guard** không còn canh giữ nữa; **~ time** thời gian giữa hai chu kỳ, thời gian máy chạy không; **~-white** trắng đục

offal /ˈɒfəl/ *n.* đồ bỏ đi; phần hàng thịt loại bỏ; rác rưởi

off chance *adj.* không có cơ hội, không được may mắn

off day *n.* ngày không may

off duty *adj.* hết nhiệm vụ, hết phiên trực

offend /əˈfend/ *v.* làm mếch lòng, chạm tự ái, xúc phạm; vi phạm, xúc phạm: **to ~ someone** xúc phạm đến ai; **to ~ against the law** vi phạm pháp luật

offender /əˈfendə(r)/ *n.* người phạm tội/lỗi, thủ phạm

offense /əˈfens/ *n.* [*Br.* **offence**] sự xúc phạm, sự phạm tội, tội, lỗi: **It is a criminal ~ to sell goods which are unsafe for consumption.** Sẽ là tội phạm nếu bán hàng hoá không an toàn cho khách hàng.; **to take ~** bị mất lòng, chạm tự ái; **to give ~ to somebody** làm mếch lòng ai

offensive /əˈfensɪv/ **1** *n.* sự/cuộc tấn công; thế công: **to take ~ action** tấn công **2** *adj.* làm mếch lòng, sỉ nhục; hôi hám, khó chịu, chướng, tấn công: **an ~ campaign** chiến dịch tấn công

offer /ˈɒfə(r)/ **1** *n.* lời đề nghị, sự dạm hỏi; sự ngỏ ý; sự chào hàng; sự trả giá: **I will take up an ~ from your department store.** Tôi sẽ nhận lời đề nghị của cửa hàng bạn.; **Today's special ~ gives you a choice of three shirts.** Đặc biệt chào hàng hôm nay là cho bạn chọn 3 áo sơ-mi. **2** *v.* biếu, tặng, cúng; dạm hỏi, ướm, tỏ ý muốn; giơ/chìa ra, đưa ra, mời; đưa ra, nêu (đề nghị, ý kiến); dâng, cúng hiến: **He ~ed me a job.** Ông ấy cho tôi việc làm.

offering /ˈɒfərɪŋ/ *n.* sự biếu/tặng; đồ cúng, lễ vật

offhand /ˌɒfˈhænd/ **1** *adj.* ứng khẩu, không sửa soạn, tự nhiên: **His manners are ~, and make his visitors uneasy.** Tính nết ông ấy tự nhiên quá làm khách khó chịu. **2** *adv.* không nghĩ trước, không chuẩn bị; ngay lập tức: **If you ask me, I can't say ~.** Nếu bạn hỏi tôi, tôi không thể trả lời ngay lập tức.

office /ˈɒfɪs/ *n.* chức vụ, sở văn phòng, phòng giấy/văn; cơ quan, chi nhánh, nha, vụ, bộ; phòng mạch; sự giúp đỡ: **to take ~** nhận chức, nhậm chức; **to run for ~** ra ứng cử; **the foreign ~** bộ ngoại giao Anh; **~ boy** em bé chạy giấy; **~-holder** công chức, viên chức; **~ hours** giờ làm việc, giờ mở cửa, giờ khám bệnh, giờ tiếp sinh viên; **~ supplies** dụng cụ văn phòng, văn phòng phẩm; **~ work** công việc bàn giấy

officer /'ɒfɪsə(r)/ *n.* sĩ quan, cảnh sát, nhân viên, nhân viên chấp hành một hội/một hãng: **staff ~** sĩ quan tham mưu; **~ candidate** nhân viên sĩ quan; **commanding ~** sĩ quan tham mưu; **~-in-charge** nhân viên phụ trách; **returning ~** sĩ quan tuyển quân

official /ə'fɪʃəl/ **1** *n.* viên chức, công chức, nhân viên: **high-ranking U.N. ~** viên chức cao cấp của liên hợp quốc **2** *adj.* chính thức: **According to the ~ figures, Vietnam's population is now 82 million.** Theo con số chính thức, dân số Việt Nam bây giờ là 82 triệu người.; **~ holidays** những ngày nghỉ lễ chính thức; **~ secrets** những bí mật nhà nước

officialdom /ə'fɪʃəldəm/ *n.* chế độ quan liêu hành chính; nghiệp công chức

officiate /ə'fɪʃɪeɪt/ *v.* làm nhiệm vụ/bổn phận; hành/cử lễ: **to ~ as host at a dinner party** làm nhiệm vụ người chủ bữa tiệc

offing /'ɒfɪŋ/ *n.* ở ngoài khơi, sắp bùng nổ: **in the ~** ngoài khơi; sắp nổ ra

off-line /ˌɒf'laɪn/ *adj.* làm việc độc lập/ở nhà ngoài máy vi tính chính

off-peak *adj.* lúc ít đông đúc, lúc thưa thớt; ngoài mùa

offset /'ɒfset/ *n., v.* (sự) bù đắp, đền bù, bản/thuật in màu ốp-xét: **~ printing** in màu bóng ốp-xét

offside *n., adj.* ở ngoài, đi ra ngoài

offspring /'ɒfsprɪŋ/ *n.* con, con cái, con cháu

off-the-cuff *adj.* ứng khẩu, không chuẩn bị trước

often /'ɒft(ə)n/ *adv.* hay, thường, năng, luôn: **He ~ goes to the movies.** Anh ta thường đi xi nê luôn.

ogle /'əʊg(ə)l/ *n., v.* liếc mắt đưa tình

ogre /'əʊgə(r)/ *n.* quỷ, yêu tinh, ông kẹ, bà chằng

oh /əʊ/ *intj.* ô, ôi chao, ồ, chà, này: **Oh! It's beautiful!** Ô! đẹp quá!

ohm /əʊm/ *n.* đơn vị đo điện ôm

OHMS *abbr.* (= On Her/His Majesty's Service) chữ viết tắt dùng trên đầu đề giấy viết thư của chính phủ Anh

OHP /əʊeɪtʃ'piː/ *n., abbr.* (= Overhead Projector) máy chiếu phim/ảnh

oil /ɔɪl/ **1** *n.* dầu, tranh sơn dầu: **~ burner** bếp dầu; **~ company** công ty dầu hoả; **~ drum** thùng dầu; **~ field** mỏ dầu; **~ lamp** đèn dầu; **~ paint** sơn dầu; **~ painting** tranh sơn dầu; **~-paper** giấy dầu; **~ rig** giàn khoan dầu; **~ tanker** tàu chở dầu, bình chứa dầu; **to pour ~ on the flames** đổ thêm dầu vào lửa **2** *v.* lau/bôi/tra dầu; đút lót, hối lộ: **to ~ one's palm** mua chuộc ai, hối lộ ai; **to ~ one's tongue** nịnh hót, tán khéo; **to ~ the wheels** cho dầu vào bánh xe

oily /'ɔɪli/ *adj.* trơn/nhờn như dầu; giây dầu mỡ, đầy dầu

ointment /'ɔɪntmənt/ *n.* thuốc mỡ

ok /əʊ'keɪ/ **1** *adj., abbr.* (= **okay**) được, tốt lắm: **The price is ~.** Giá vậy là được rồi.; **Will it be ~ if I come by myself?** Nếu tôi đến một mình tôi được chứ? **2** *n.* sự đồng ý, sự tán thành: **He gave the ~ to issue an official statement.** Ông ấy đồng ý phổ biến bản tuyên bố chính thức. **3** *adv.* tốt lắm, được đấy, cũng khá: **You seemed to manage ~ for the first few months.** Bạn quản trị tốt trong mấy tháng qua. **4** *v.* bằng lòng, chấp thuận, tán thành, đồng ý: **The manager wouldn't ~ your leave.** Giám đốc không đồng ý cho bạn nghỉ. **5** *intj.* Diễn cảm đồng ý hay chấp thuận: **OK! I'll send this letter.** Đồng ý, tôi sẽ gởi lá thư nầy.

okra /'ɒkrə/ *n.* đậu bắp, cây mướp tây

old /əʊld/ **1** *adj.* già; cũ, cổ, xưa; lão luyện già giặn, có kinh nghiệm: **How ~ is he?** Năm nay ông ta bao nhiêu tuổi?; **~-fashioned** không hợp thời trang; cổ hủ; **~ people's home** nhà dưỡng lão **2** *n.* xưa, ngày xưa: **the ~** những người già, các cụ có tuổi; **of ~** ngày/thuở/thời xa; **~ age** tuổi gia; **~ bird** gái già; **~ boys' network** mạng lưới quen biết giúp đỡ của những người cùng học một lớp trước đây; **~ English** tiếng Anh cổ; **~ school** trường cũ; người lỗi thời; **~ Testament** cựu ước; **~ wives' tales** ý kiến cũ rích, ý kiến không có khoa học gì cả; **~~ world** thuộc thời xa xưa, thuộc thế giới xưa; **the ~ year** năm cũ

O level *n.* (*also* **Ordinary Level**) mức số không

oligopoly /ˌɒlɪˈɡɒpəlɪ/ *n.* tình trạng ít người bán ở thị trường chứng khoán

olive /ˈɒlɪv/ **1** *n.* cây/quả ô-liu: **~ branch** cành ô-liu (tượng trưng cho hoà bình): **to hold out the ~ branch** đề nghị hoà bình; **~ oil** dầu ô-liu **2** *adj.* màu ô-liu: **He is handsome with ~ skin and brown eyes.** Ông ấy đẹp trai có da màu ô-liu và mắt nâu.

Olympic Games *n.* thế vận hội, đại hội thể thao toàn thế giới: **The London ~ will be held in 2012.** Thế vận hội Luân-Đôn là năm 2012.

omelette, omelet /ˈɒmlət/ *n.* trứng tráng/chiên: **I have ~ and a bread roll for breakfast.** tôi ăn sáng với trứng chiên và bánh mì

omen /ˈəʊmən/ *n.* điềm, triệu chứng

ominous /ˈɒmɪnəs/ *adj.* báo điềm xấu, gở, bất thường: **Her silence at that time seemed so ~.** Sự im hơi lặng tiếng của bà ấy vào thời điểm đó là một điều bất thường.

omission /əʊˈmɪʃən/ *n.* sự bỏ sót/quên; điều/chữ bỏ sót

omit /əʊˈmɪt/ *v.* bỏ sót, quên; quên không

omnibus /ˈɒmnɪbəs/ **1** *n.* xe buýt; chương trình truyền thanh truyền hình bao gồm những chương trình cũ; tuyển tập: **a half hour ~ edition** chương trình tổng hợp nửa giờ **2** *adj.* bao gồm nhiều thứ; nhiều

mục đích, tổng hợp: **a ~ law** luật tổng hợp

omnipotent /ɒmˈnɪpətənt/ *adj.* có quyền vô hạn, có quyền tuyệt đối

omnipresent /ˌɒmnɪˈprezənt/ *adj.* chỗ nào cũng có mặt: **Christians believe God is ~.** Những người Thiên Chúa giáo tin rằng Chúa ở mọi nơi.

omniscient /ɒmˈnɪsɪənt/ *adj.* thông hiểu mọi sự, toàn trí toàn năng

on /ɒn/ **1** *prep.* [đèn, đài, vòi nước] mở, vặn lên; [động cơ] đang chạy, cắm rồi; [phanh] bóp, kéo; [thịt] đang nấu/rán; [trò chơi, chương trình] bắt đầu: **The engine is ~.** Máy đã mở.; **There is a marvelous match ~ at the national stadium.** Có một trận đấu xuất sắc ở sân vận động quốc gia. **2** *prep.* trên, vào: **~ returning home, ~ my return home** khi tôi về đến nhà; **~ fire** đang bị cháy; **~ strike** đang đình công; **~ foot** đi bộ; **~ page 35** ở trang 35; **~ the first floor** ở tầng lầu 1; **~ a trip** đang đi du lịch; **~ sale** đang bán hạ giá; **~ examination** sau khi xem xét kỹ; **~ or before May 29** trước hay sau ngày 29 tháng 5; **~ the spot** ngay tại chỗ; **~ and ~** liên miên **3** *adv.* tiếp tục, tiếp diễn: **and so ~** và vân vân; **Come ~!** Bắt đầu đi!; **later ~** về sau; sau này; **to stay ~** ở lại; **to go ~ talking** cứ nói tiếp; **put your cap ~** đội mũ vào; **His light was ~.** Đèn anh ta còn sáng.

once /wʌns/ **1** *n.* một lần: **Once is enough for me.** Đối với tôi, một lần là đủ. **2** *adv.* một lần: **~ more** một lần nữa; **~ or twice** một hai lần; **all at ~** tất cả cùng một lúc; **~ for all** một lần cho nó rồi, dứt khoát; **~ in a while** thỉnh thoảng, lâu lâu, năm thì mười hoạ **3** *conj.* một khi, khi mà, ngay khi: **~ you have signed the contract** một khi anh đã ký vào giao kèo

oncology /ɒŋˈkɒlədʒɪ/ *n.* ngành trị liệu u bướu

oncoming /'ɒnˌkʌmɪŋ/ *adj.* sắp/gần đến; đang đến

one /wʌn/ **1** *adj.* một; một tuổi: **only ~ son** chỉ có mỗi một cậu con trai; **with ~ voice** đồng thanh, nhất trí; **~ o'clock** 1 giờ; **not ~ penny** không có lấy một xu; **my ~ and only raincoat** cái áo mưa duy nhất của tôi; **~ track** cứ một đường, thiển cận; **~-way street** đường một chiều: **~-way ticket** vé một lượt: **~-piece** chia thành từng miếng; **~-sided** có một bên, về một bên **2** *pron.* cái, người/ông/bà: **the blue pencil and the red ~** cái bút chì xanh và cái bút chì đỏ; **the taller ~** cái ông cao cao; **the ~ that you sold last year** cái mà chị mới bán năm ngoái ấy mà **3** *n.* số một: **to come by ~s and twos** đến từng một hay hai người; **for ~ thing** người thích hay làm việc gì

one another *adv.* với nhau: **They love ~.** họ yêu nhau

one-off *n., adj.* một lần thôi, chỉ một lần

oneself /wʌn'self/ *pron.* tự/chính mình, bản thân mình: **to speak of ~** tự nói về bản thân mình; **to come to ~** tỉnh lại, hồi tỉnh

ongoing /'ɒnˌgəʊɪŋ/ *adj.* đang diễn tiến, liên tục: **That job is ~.** Công việc đó là việc liên tục.

onion /'ʌnjən/ *n.* củ/cây hành tây: **green ~** hành ta/lá; **~-skin** giấy vỏ hành, giấy mỏng để đánh máy; **to know one's ~s** thông thạo công việc của mình

online /'ɒnlaɪn/ *adj., adv.* đường dây nối mạng vi tính, được nối mạng **internet**

onlooker /'ɒnˌlʊkə(r)/ *n.* người xem, người thưởng ngoạn

only /'əʊnlɪ/ **1** *adj.* chỉ có một, duy nhất, độc nhất: **That is my one and ~ dream.** Đó là giấc mộng duy nhất của tôi.; **the ~ child** con một **2** *adv.* chỉ, mới: **I have ~ two.** Tôi chỉ có 2 cái.; **Only the teacher knows.** Chỉ

có cô giáo biết thôi.; **if ~ I had known** giá mà tôi biết thế; **not ~ … but also …** không những/chỉ ... mà cũng còn; **staff ~** dành riêng cho nhân viên **3** *conj.* nhưng: **You may go, ~ come home early.** Con đi học, tuy nhiên phải nhớ về sớm.; **I want to go, ~ my dad said I can't.** Tôi muốn đi lắm, chỉ phải cái bố tôi bảo không được đi.

o.n.o. *abbr.* (= **on nearest offer**) cho giá rẻ/gần nhất

onomatopoeia /ˌɒnəmætəʊˈpiːjə/ *n.* từ tượng thanh, sự dùng từ tượng thanh

onscreen /ɒnˈskriːn/ *adj.* xuất hiện trên màn hình; đóng vai trên màn hình

onset /'ɒnset/ *n.* sự tấn công, sự công kích: **at the first ~** từ lúc bắt đầu

onslaught /'ɒnslɔːt/ *n.* sự tấn công dữ dội/kịch liệt

onto /'ɒntuː/ *pre.* về phía trên, lên trên: **to get ~ a horse** nhảy lên mình ngựa

onus /'əʊnəs/ *n.* nhiệm vụ, trách nhiệm: **The ~ is on the restaurateur to provide good food.** Trách nhiệm chủ nhà hàng là cung cấp thức ăn ngon.

onward /'ɒnwəd/ **1** *adj.* về phía trước; tiến lên: **an ~ movement** sự di chuyển về phía trước **2** *adv.* về phía trước, phía trước: **to move ~** tiến về phía trước

ooh /uː/ *intj.* Ô! tiếng nói ngạc nhiên: **Ooh! How nice it is!** Ô! Nó dễ thương quá!

oomph /ʊmpʃ/ *n.* năng lực, thiện cảm; sự khiêu gợi/hấp dẫn

oops /uːps, ʊps/ *intj.* Rất tiếc! Tiếc quá!

ooze /uːz/ **1** *n.* bùn sông, bùn cửa biển; sự rỉ nước **2** *v.* (nước) rỉ ra: **to ~ out** tiêu tan mất

opacity /əʊ'pæsɪtɪ/ *n.* tính không rõ ràng, độ chắn sáng; sự tối nghĩa

opaque /əʊ'peɪk/ *adj.* mờ đục; chắn sáng; [văn] tối nghĩa

OPEC /'əʊpek/ *n., abbr.* (= **Organi-**

zation of Petroleum-Exporting Countries) tổ chức các nước xuất khẩu xăng dầu/dầu hoả

open /'əʊp(ə)n/ **1** *n.* chỗ ngoài trời, chỗ lộ thiên; biển khơi, mở rộng: **in the ~** ngoài trời; **Australian ~** giải quần vợt Úc mở rộng **2** *adj.* mở; [cửa] ngỏ; [thư] ngỏ; [tính] cởi mở, thật thà; [việc, chức vụ] còn trống; [ô tô] trần; [thị trường, phiên xử] công khai; [vấn đề] chưa dứt khoát; [vết thương] hoác, toác ra; [đầu óc] rộng rãi: **an ~ letter** thư ngỏ; **in the ~ air** ngoài trời, lộ thiên; **~ questions** những vấn đề còn chưa giải quyết, câu hỏi mở (trả lời tuỳ cá nhân); **to have an ~ hand** rộng rãi, rộng lượng; **to keep ~ house** ai đến cũng tiếp đãi, hiếu khách **3** *v.* mở, mở cửa; bắt đầu, khai mạc: **to ~ a business** bắt đầu kinh doanh, khai trương cửa hàng; **to ~ fire** bắt đầu bắn, nổ súng, khai hoả; **The shop ~s from 8.00 a.m. to 5.00 p.m.** Cửa tiệm mở từ 8 giờ sáng đến 5 giờ chiều.; **she ~ed her heart to …** chị ấy thổ lộ tâm tình với …

open-and-shut *adj.* đi thẳng vào vấn đề rồi kết thúc

openly /'əʊp(ə)nlɪ/ *adv.* công khai, thẳng thắn

open market *n.* chợ trời

open verdict *n.* phát xét công khai

opera /'ɒpərə/ *n.* sự hát giọng mũi cao, hát ô-pê-ra, tuồng, ca kịch: **~ house** nhà hát lớn, hí viện; **~ glasses** ống nhòm để xem kịch

operate /'ɒpəreɪt/ *v.* (cho) chạy, điều khiển, quản lý; hoạt động; có hiệu quả/tác dụng; mổ, giải phẫu: **These regulations will ~ from next month.** Những qui chế nầy sẽ áp dụng từ tháng sau.; **to ~ on a patient** mổ một bệnh nhân; **operating room/ theater** phòng mổ

operating system *n.* (*abbr.* **OS**) hệ thống vận hành, hệ thống điều khiển (vi tính)

operation /ɒpə'reɪʃən/ **1** *n.* sự điều khiển/điều động/hoạt động; sự quản lý; thao tác; dịch vụ tài chính: **to come into ~** bắt đầu vào hoạt động **2** *n.* sự mổ xẻ, giải phẫu, ca mổ; cuộc hành quân: **He has had a minor ~.** Ông ấy vừa qua một cuộc giải phẫu nhẹ.

operative /'ɒpərətɪv/ **1** *n.* thợ máy, công nhân; thám tử, đặc viên, gián điệp **2** *adj.* có hiệu lực/tác dụng; thực hành; thuộc phẫu thuật: **The telephone service in this area is no longer ~.** Dịch vụ điện thoại trong vùng nầy không còn hiệu lực nữa.

operator /'ɒpəreɪtə(r)/ *n.* người sử dụng/điều khiển (máy móc); cô điện thoại viên, người phụ trách tổng đài: **telephone ~** điện thoại viên tổng đài

ophthalmologist /ɒfθæl'mɒlədʒɪ/ *n.* bác sĩ chữa mắt

opinion /əʊ'pɪnjən/ *n.* ý kiến, quan điểm; dư luận: **in my ~** theo ý tôi, theo thiển ý; **in my humble ~** theo ngu ý, nếu tôi được phép trình bày ý kiến thô thiển; **public ~** công luận; **a matter of ~** một vấn đề có thể tranh cãi; **to be of the ~ that …** tin chắc rằng, có ý kiến la; **~ poll** cuộc thăm dò ý kiến

opinionated /əʊ'pɪnjəneɪtɪd/ *adj.* ngoan cố, giáo điều, cứng đầu: **He is so ~ that he doesn't accept other views.** Ông ấy ngoan cố đến độ ông ta không chấp nhận ý kiến người khác.

opium /'əʊpɪəm/ *n.* thuốc phiện, nha phiến: **~ addict** người nghiện thuộc phiện; **~ den** tiệm thuốc phiện, tiệm hút; **~-eater** người hút thuốc phiện

opponent /ə'pəʊnənt/ *n.* đối thủ, địch thủ, người chống đối

opportunist /ɒpə'tjuːnɪst/ *n.* người cơ hội chủ nghĩa

opportunity /ɒpə'tjuːnɪtɪ/ *n.* dịp, cơ hội, thời cơ: **to seize an ~ to do something** nắm lấy cơ hội để làm việc gì; **to miss an ~** bỏ lỡ cơ hội; **~**

shop tiệm bán đồ cũ do các cơ quan từ thiện điều hành; **~ cost** giá nhất thời

oppose /ə'pəʊz/ v. chống lại, chống đối, phản đối; đối lại, đối kháng/ chọi/lập: **Many parents ~ sex education in schools.** Nhiều bậc phụ huynh chống đối việc giáo dục tình dục ở trường học.

opposing /ə'pəʊzɪŋ/ adj. chống lại, phản bác

opposite /'ɒpəzɪt/ **1** n. điều ngược lại; điều trái lại: **That man is a very complex man but my friend is the ~, a simple worker.** Ông ấy là người rất phức tạp, nhưng bạn tôi là người trái lại, một công nhân đơn giản. **2** adj. [chiều hướng] ngược nhau: **to go in ~ directions** đi theo những hướng ngược nhau **3** adv. trước mặt, đối diện **4** prep. trước mặt: **the ~ number** số người/vật tương ứng; **You can park your car ~ the station.** Bạn có thể đậu xe trước mặt nhà ga.

opposition /ɒpə'zɪʃən/ n. sự đối lập; sự chống cự/phản đối; đảng đối lập; phe đối lập: **He is an ~ leader.** Ông ấy là lãnh tụ đối lập.

oppress /ə'pres/ v. đàn áp, áp bức, áp chế; đè ép, đè nén: **To ~ human rights will retard the advancement of society.** Đàn áp tự do nhân quyền là đi ngược lại trào lưu xã hội tân tiến.

oppressed /ə'prest/ adj. bị áp đảo, bị đè nén

opt /ɒpt/ v. chọn, chọn lựa

optical /'ɒptɪkəl/ adj. thuộc thị giác, thuộc quang học

optical fiber n. đường dây dẫn điện bằng kính nhựa trong

optical illusion n. vật có gắn thêm bên ngoài để đánh tráo mắt

optician /ɒp'tɪʃən/ n. người chế tạo/ bán đồ quang học, người bán kính

optimist /'ɒptɪmɪst/ n. người lạc quan: **The minister of foreign trade was an ~ who said that his government**

would control the economic situation well. Ông bộ trưởng ngoại thương là người lạc quan đã nói rằng chính phủ sẽ làm chủ tình hình kinh tế về tình hình kinh tế.

optimistic /ɒptɪ'mɪstɪk/ adj. lạc quan (chủ nghĩa): **The manager is ~ that the agreement can be signed soon.** Quản đốc lạc quan cho rằng bản thoả thuận sẽ được ký trong nay mai.

optimize /'ɒptɪmaɪz/ v. lạc quan, theo chủ nghĩa lạc quan, nhìn bằng con mắt lạc quan

option /'ɒpʃən/ n. sự/quyền lựa chọn; điều được chọn giữa hai giải pháp; quyền mua bán: **What other ~s do you have?** Bạn có sự lựa chọn nào khác hơn không?; **to keep one's ~ open** để dành cho ai quyền chọn lựa

optional /'ɒpʃənəl/ adj. không bắt buộc, tuỳ ý, nhiệm ý: **English is my major subject and Vietnamese is ~.** Tiếng Anh là môn chính và tiếng Việt là môn nhiệm ý.

optometrist /ɒp'tɒmətrɪst/ n. người đo mắt, người đo thị lực

opt-out n. trường hay bệnh viện tự quản

opulence /'ɒpjʊləns/ n. sự giàu có; sự phong phú

opulent /'ɒpjʊlənt/ adj. giàu có, phong phú: **The rich man lives in ~ surroundings; his house has ten bedrooms in a lush environment.** Người giàu sống trong khung cảnh sang trọng; nhà ông ta có 10 phòng ở giữa một môi trường đầy dục vọng.

or /ɔː(r)/ conj. hoặc, hay, hay là; tức là; nếu không: **either success ~ failure** thành công hay thất bại; **Hurry up, ~ (else) you will miss the train.** Nhanh lên nếu không sẽ bị nhỡ tàu bây giờ.; **~ rather** hoặc hơn thế; **~ so** khoảng chừng, hoặc như thế

oracle /'ɒrək(ə)l/ n. lời sấm, lời tiên tri; người chỉ đường vạch lối, người có uy tín

oral /'ɔːrəl/ **1** *n.* thi vấn đáp: **He was happy after the ~ test.** Anh ấy rất sung sướng sau khi thi vấn đáp. **2** *adj.* nói miệng, bằng lời nói: **Students are having their ~ examination.** Sinh viên đang dự kỳ thi vấn đáp.; **~ history** khẩu ký sử; **~ sex** giao hợp bằng miệng

orange /'ɒrɪndʒ/ **1** *n.* quả/cây cam; màu cam: **to squeeze an ~** vắt hết nước **2** *adj.* da cam: **~ grove** vườn cam, trại cam; **~ juice** nước cam vắt, nước cam tươi; **~ peel** vỏ cam, trần bì

orang utan /ɒ'ræŋ uːtæn/ *n.* con đười ươi

oration /ɒ'reɪʃən/ *n.* bài diễn văn, bài diễn thuyết: **funeral ~** điếu văn, văn tế

orb /ɔːb/ *n.* quả cầu, bầu tròn; cầu (mắt); thiên thể

orbit /'ɔːbɪt/ **1** *n.* quỹ đạo, ổ mắt **2** *v.* đi/đưa vào quỹ đạo

orchard /'ɔːtʃəd/ *n.* vườn cây ăn quả, nông trại trồng cây ăn quả: **apple ~** vườn trồng táo

orchestra /'ɔːkɪstrə/ *n.* ban nhạc, dàn nhạc; khoang nhạc; khu ghế ngồi ngay trước sân khấu: **symphony ~** ban nhạc hoà tấu

orchid /'ɔːkɪd/ *n.* hoa lan, phong lan: **spring ~** xuân lan; **My employer is a collector of ~s.** Ông chủ tôi là người sưu tầm hoa lan.

ordain /ɔː'deɪn/ *v.* phong chức; sắp xếp: **He was ~ed a minister last week.** Ông ấy đã chịu chức mục sư tuần rồi.

ordeal /'ɔːdiːəl/ *n.* sự thử thách (gay go): **The escape from the kidnapers was such an ~ that her hair turned white.** Trốn thoát khỏi bọn bắt cóc là một thử thách gay go đến nỗi tóc bà ta trở nên bạc phơ.

order /'ɔːdə(r)/ **1** *n.* ngôi, thứ, bậc, cấp; thứ tự: **alphabetical ~** theo thứ tự abc; **in ~ of appearance** theo thứ tự ra sân khấu **2** *n.* trật tự, sự ngăn

nắp/gọn gàng: **to restore law and ~** tái lập an ninh trật tự; **to be in good ~** trật tự, ngăn nắp; **not in ~** không theo thứ tự gì cả **3** *n.* mệnh lệnh; nghị định; huân chương: **to give an ~ to someone** ra lệnh cho ai; **to be in holy ~s** trở thành linh mục **4** *n.* sự/đơn đặt hàng: **on ~** đã đặt mua; **~ book** sổ đặt hàng; **~ form** mẫu đặt hàng; **money/postal ~** phiếu chuyển tiền/ngân phiếu **5** *v.* ra lệnh, hạ lệnh; gọi, kêu (món ăn): **I had to ~ this special filing cabinet.** Tôi phải đặt mua tủ hồ sơ đặc biệt này.; **What would you like to ~?** Bạn thích gọi món gì?; **made to ~** làm theo đơn đặt hàng

orderly /'ɔːdəlɪ/ **1** *n.* người gác, người phục vụ; lính chạy giấy; lính tải thương, y tá **2** *adj.* thứ tự, ngăn nắp

ordinance /'ɔːdɪnəns/ *n.* lệnh, sắc lệnh, quy định

ordinary /'ɔːdɪnərɪ/ *n., adj.* (điều/ chuyện) thông thường, tầm thường, bình thường: **Most ~ people are happy with their lives.** Phần lớn người dân bình thường đều vui sướng với đời sống của họ.; **out of the ~** khác thường

ordinate /'ɔːdɪnət/ *n.* tung độ, đường tung độ (toán)

ore /ɔː(r)/ *n.* quặng; kim loại

organ /'ɔːgən/ **1** *n.* đàn ống (ở nhà thờ); đàn hộp **2** *n.* cơ quan; cơ quan ngôn luận; tạp chí; tập san: **The doctors are carrying out ~ transplants.** Các bác sĩ đang thực hiện cuộc giải phẫu thay các bộ phận trong cơ thể con người.

organic /ɔː'gænɪk/ *adj.* hữu cơ: **~ chemistry** hoá học hữu cơ; **~ fruits** trái cây không bón hoá chất

organism /'ɔːgənɪz(ə)m/ *n.* cơ thể; sinh vật; tổ chức, cơ quan

organization /ˌɔːgənaɪ'zeɪʃən/ *n.* sự tổ chức/cấu tạo; tổ chức: **This project has been delayed by poor ~.** Dự án nầy chậm trễ là do yếu kém tổ chức.; **WHO is the abbreviation for World Health ~**. WHO là chữ viết tắt của tổ chức y-tế thế giới.

organize /'ɔːgənaɪz/ *v.* tổ chức, đưa vào tập đoàn: **to ~ a wedding ceremony** tổ chứ lễ cưới

orgasm /'ɔːgæz(ə)m/ *n.* điểm/lúc cực khoái (khi giao hợp)

orgy /'ɔːdʒɪ/ *n.* cuộc truy hoan/cuồng loạn; sự lu bu chè chén

orient /'ɔːrɪənt/ **1** *n.* phương Đông, Đông phương; Á đông **2** *v.* định hướng, định vị trí; quay về phương Đông: **The principal helps students ~ themselves into the working environment.** Ông hiệu trưởng giúp học sinh thích nghi với môi trường làm việc.

orientate /'ɔːrɪ'enteɪt/ *v.* xây quay về hướng đông, định hướng, định vị trí: **to ~ oneself** định hướng cho mình

orientation /ɔːrɪən'teɪʃən/ *n.* sự định hướng; sự chỉ dẫn (học sinh mới cần học đường đi nước bước): **All new students have to participate in the ~ week.** Tất cả học sinh mới đầu phải tham gia tuần lễ hướng dẫn.

orifice /'ɒrɪfɪs/ *n.* lỗ; miệng [bình, lọ]

origami /ɒrɪ'gɑːmɪ/ *n.* giấy gấp thủ công hình vật hay người

origin /'ɒrɪdʒɪn/ *n.* gốc, nguồn gốc, cội rễ, căn nguyên, khởi nguyên; dòng dõi, gốc, gốc gác; xuất xứ: **Vietnamese Americans return to visit their country of ~.** Người Mỹ gốc Việt trở lại thăm quê hương nguyên quán của họ.

original /ɒ'rɪdʒɪnəl/ **1** *n.* nguyên bản/ tác: **That Rembrant is an ~ and not a copy.** Tác phẩm Rembrant là nguyên bản chứ không phải bản sao. **2** *adj.* nguyên, đầu tiên, khởi đầu, chính, gốc, nguyên thuỷ; độc đáo

originality /ɒrɪdʒɪ'nælɪtɪ/ *n.* tính chất độc đáo/sáng tạo

originate /ɒ'rɪdʒɪneɪt/ *v.* bắt đầu; bắt nguồn, gốc ở, phát sinh: **to ~ from** bắt nguồn từ

ornament /'ɔːnəmənt/ *n., v.* đồ trang hoàng; nét nhạc hoa mỹ; trang trí/ điểm

ornate /ɔː'neɪt/ *adj.* trang trí công phu; [văn] hoa mỹ, bay bướm

orphan /'ɔːfən/ **1** *n.* đứa trẻ mồ côi, cô nhi: **Many American families adopted Vietnamese ~s after the war.** Sau chiến tranh, nhiều gia đình người Mỹ đã nhận nhiều trẻ em mồ côi Việt Nam. **2** *v.* mồ côi: **Thousands of children were ~ed by the recent war.** Có hàng ngàn trẻ em mồ côi sau cuộc chiến vừa rồi.

orphanage /'ɔːfənɪdʒ/ *n.* trại/viện/ trường mồ côi, cô nhi viện

orthodox /'ɔːθədɒks/ *adj.* thuộc chính thống: **the ~ Church** Chánh thống giáo

orthogonal /ɔː'θɒgənəl/ *adj.* trực giao (toán)

orthography /ɔː'θɒgrəfɪ/ *n.* chính tả, chữ viết, văn tự

orthopedics /ˌɔːθəʊ'piːdɪks/ *n.* [*Br.* **orthopaedics**] thuật chỉnh hình, khoa chỉnh hình

OS /ˌəʊ'es/ *n., abbr.* (= **operating system; Ordnance Survey**) cuộc điều tra vũ khí

Oscar /'ɒskə(r)/ *n.* giải thưởng điện ảnh, phim ảnh: **"Crush" was an ~ winner in 2006.** Phim Crush được giải thưởng điện ảnh Oscar năm 2006.

oscillate /'ɒsɪleɪt/ *v.* lung lay, lúc lắc, đu đưa, dao động

ostensible /ɒ'stensɪb(ə)l/ *adj.* bề ngoài là, ra vẻ là, lấy cớ là

ostentatious /ɒstən'teɪʃəs/ *adj.* khoe khoang, phô trương, làm cho người ta để ý

osteopathy /ˌɒsti'ɒpəθi/ *n.* thuật nắn xương

osteoporosis /ˌɒstiəʊpə'rəʊsɪs/ *n.* chứng loãng xương

ostracize /'ɒstrəsaɪz/ *v.* đày, phát vỏng; tẩy chay, khai trừ: **This club tends to ~ those who are not super-rich.** Câu lạc bộ nầy có khuynh hướng tẩy chay những ai không thật giàu có.

other /ˈʌðə(r)/ **1** *pron.* người/vật/khác: **What about the ~s?** Thế còn những người kia thì sao? **2** *adj.* khác; kia: **the ~ four** bốn cái khác, bốn người kia; **Not this bowl of rice, use the ~ one.** Không phải bát cơm nầy, hãy dùng một bát khác.; **two ~ weeks** thêm hai tuần nữa; **every ~ week** cách một tuần một lần; **the ~ day** hôm nọ, bữa nọ; **on the ~ hand** mặt khác; **He gave no ~ details.** Ông ta không cho những chi tiết khác.

otherwise /ˈʌðəwaɪz/ **1** *adv.* cách khác: **I could not have done ~.** Tôi không thể làm khác được. **2** *conj.* nếu không, bằng không thì: **Please come right away, ~ it will be too late.** Xin anh đến ngay, chứ không thì muộn quá.

OU /ˌəʊˈjuː/ *abbr.* (= **Open University**) đại học mở, đại học dạy bằng phương tiện truyền thông (ra-đi-ô, TV, thư tính, mạng vi tính)

ouch /aʊtʃ/ *intj.* Úi chào (đau quá)! Đau!

ought /ɔːt/ *modal v.* phải: **I ~ to go and apologize to her.** Tôi phải đi xin lỗi cô ta.

ounce /aʊns/ *n.* đơn vị đo trọng lượng ao-xơ [= **28.35g**]

our /aʊə(r)/ *pron.* của chúng ta/mình; của chúng tôi; của trẫm: **~ country** quê hương chúng tôi; **in ~ opinion** theo ý kiến chúng tôi; **~ Father** thượng đế; **~ Lord** Chúa tôi; **~ Savior** Đứng cứu thế chúng ta

ours /aʊəz/ *pron.* cái của chúng ta/mình; cái của chúng tôi: **Your house is much larger than ~.** Nhà anh chị lớn hơn chúng tôi nhiều.

ourselves /aʊəˈselvz/ *pron.* bản thân chúng ta/mình; bản thân chúng tôi: **We built the house ~.** Chúng tôi tự xây nhà lấy.

oust /aʊst/ *v.* đuổi, trục xuất, hất cẳng, tống khứ

out /aʊt/ **1** *adj.* đi vắng, không có nhà; [lửa] tắt; [bí mật] tiết lộ; [hoa] nở; [báo] ra rồi; [giao kèo] hết hạn; [võ sĩ] bị đo ván: **an ~ and ~ lie** lời nói dối hoàn toàn; **~ of date** không đúng mốt, lỗi thời: **All fashions go ~ of date quickly.** Các mốt thời trang lỗi thời nhanh quá.; **~-of-pocket** túng tiền, thiếu tiền: **~-of-print** không xuất bản nữa, hết in rồi: **All our old dictionaries are ~-of-print.** Tất cả từ điển cũ của chúng tôi không còn xuất bản nữa.; **~ of work** không có việc làm, thất nghiệp: **In the recession, many people are ~ of work.** Trong thời gian kinh tế suy thoái nhiều người thất nghiệp. **2** *adv.* ngoài, ở ngoài, ra ngoài: **He is ~ for lunch.** Đi ra ngoài ăn trưa.; **to speak ~** nói thẳng ra; **made ~ of rubber** làm bằng cao su; **nine times ~ of ten** cứ mười lần thì 9 lần; **to be ~ and about** đã ra ngoài được sau khi khỏi bệnh **3** *prep.* ngoài, ở ngoài, hết: **to look ~ the window** nhìn ra ngoài cửa sổ; **to play ~ the game** chơi xong trò chơi

outage /ˈaʊtɪdʒ/ *n.* sự thiếu điện, sự cúp điện

outbid /ˈaʊtbɪd/ *v.* trả nhiều tiền

outbound /ˈaʊtbaʊnd/ *adj.* đi đến một hải cảng nước ngoài, đi nước ngoài

outbreak /ˈaʊtbreɪk/ *n.* cơn/sự bùng nổ, sự bột phát; sự nổi dậy, sự bạo động

outburst /ˈaʊtbɜːst/ *n.* sự bùng nổ, sự bột phát; cơn giận

outclass /ˌaʊtˈklɑːs/ *v.* quá mức, quá giỏi

outcome /ˈaʊtkʌm/ *n.* kết quả, hậu quả, hệ quả: **Many people are very pleased with the ~.** Nhiều người rất hài lòng với kết quả có được.

outcrop /ˈaʊtkrɒp/ *n., v.* (sự) trồi lên, nhô lên

outcry /ˈaʊtkraɪ/ *n.* sự la ó, sự phản đối ầm ĩ

outdated /ˈaʊtdeɪtɪd/ *adj.* cổ, lỗi thời, xưa

outdo /aʊt'duː/ v. làm giỏi hơn, vượt hơn hẳn, trội hơn

outdoor /ˌaʊt'dɔː(r)/ adj. ngoài trời: ~ grill bếp ngoài trời; ~ tennis quần vợt ngoài trời; an ~ class lớp học ngoài trời

outdoors /ˌaʊt'dɔːz/ n., adv. ngoài trời: The picnic is held ~ so that all can enjoy the nice weather. Cuộc đi chơi ngoài trời vì vậy mọi người đều vui hưởng thời tiết tốt.

outer /'aʊtə(r)/ adj. (ở phía) ngoài; ở ngoài xa hơn: ~ garments áo khoác ngoài; ~ limits ngoài giới hạn qui định

outermost /'aʊtə(r)məʊst/ adj. ở phía ngoài cùng, ở ngoài xa nhất

outer space n. ngoài không gian

outfit /'aʊtfɪt/ 1 n. đồ trang bị; quần áo, trang phục; bộ đồ nghề; tổ, đội, đơn vị; hãng: camping ~ đồ trang bị để đi cắm trại 2 v. trang bị, cung cấp: The hospital ~ted him with artificial legs. Bệnh viện cung cấp chân giả cho ông ấy.

outflow /'aʊtfləʊ/ n. sự chảy mạnh ra, sự thoát ra; lượng chảy ra

outgoing /'aʊtgəʊɪŋ/ adj. (công văn) đi; [viên chức] sắp thôi việc; thân thiện, cởi mở, dễ chịu: He is the ~ director. Ông ấy là giám đốc sắp mãn hạn.

outgrow /aʊt'grəʊ/ v. lớn/mọc mau hơn; bỏ được [tật xấu]

outing /'aʊtɪŋ/ n. cuộc đi chơi xa, cuộc đi nghỉ hè xa nhà

outjump /'aʊtdʒʌmp/ v. nhảy xa hơn, nhảy quá

outlandish /aʊt'lændɪʃ/ adj. lạ lùng, kỳ cục

outlast /aʊt'lɑːst/ v. dùng lâu hơn; sống lâu hơn: He will not ~ you more than one year. Ông ấy sống không quá một năm.

outlaw /'aʊtlɔː/ 1 n. kẻ cướp, gian phi 2 v. đặt ra ngoài vòng pháp luật; cấm, cấm chỉ

outlay /'aʊtleɪ/ n., v. (tiền) bỏ ra, (tiền)

phải xuất ra

outlet /'aʊtlɪt/ n. lối ra, chỗ thoát; chỗ tiêu thụ: factory ~ nơi bán hàng từ hãng sản xuất

outline /'aʊtlaɪn/ 1 n. nét ngoài, ngoại diện; hình bóng; đề cương, dàn bài: history ~ sử cương, sử lược; the course ~ đề cương khoá học 2 v. vẽ phác, phác thảo, thảo những nét chính: The mountain is clearly ~d against the morning sky. Rặng núi in hình rõ lên nền trời buổi sáng.

outlive /aʊt'lɪv/ v. sống lâu hơn; vượt qua được

outlook /'aʊtlʊk/ n. cách nhìn, quan điểm, quang cảnh, viễn cảnh, triển vọng: I have a positive ~ on life. Tôi có cái nhìn lạc quan về cuộc đời.

outlying /'aʊtˌlaɪɪŋ/ adj. ở ngoài rìa, xa trung tâm, xa xôi

outmatch /'aʊtmætʃ/ v. tiến quân nhanh hơn, vượt xa; giỏi hẳn lên, áp đảo hẳn

outmoded /'aʊtməʊd/ adj. không đúng mốt, lỗi thời, cổ lỗ sĩ

outnumber /'aʊtnʌmbə(r)/ v. đông hơn: In one of the villages in Vietnam, women ~ men three to one. Một trongnhững ngôi làng ở Việt Nam phụ nữ đông hơn đàn ông gấp ba lần.

out-of-town adj. xa thành phố

outpace /'aʊtpeɪs/ v. đi/mọc/cải tiến quá nhanh

outpatient /'aʊtpeɪʃənt/ n. bệnh nhân ngoại trú, khu bệnh nhân ngoại chẩn: If you need a minor treatment, you should go to the ~ department. Nếu bạn chữa trị nhẹ thôi bạn nên đến khoa ngoại chẩn.

outperform /'aʊtpəfɔːm/ v. đạt thành quả nổi bật; làm việc rất giỏi

outplay /'aʊtpleɪ/ v. chơi giỏi hơn, chơi hay hơn

outpouring /'aʊtpɔːrɪŋ/ n. sự đổ ra, sự chảy ràn ra; sự thổ lộ tâm tình

output /'aʊtpʊt/ n., v. sự sản xuất, sản phẩm; sản lượng; hiệu suất, kết quả, thành quả: **You run the software, you look at the ~ and make modifications.** Bạn sử dụng phần mềm, nhìn kết quả và bạn thay đổi nó.

outrage /'aʊtreɪdʒ/ **1** *n.* sự vi phạm trắng trợn; sự xúc phạm **2** *v.* vi phạm; xúc phạm; sĩ nhục; cưỡng hiếp

outreach /'aʊtriːtʃ/ *v., n.* vượt hơn, với xa hơn

outright /aʊt'raɪt/ *adj., adv.* hoàn toàn; thẳng; toạc móng heo; ngay, liền, lập tức

outrun /'aʊtrʌn/ *v.* chạy nhanh hơn, vượt, vượt quá

outsell /'aʊtsel/ *v.* bán được nhiều hơn, bán chạy hơn; được giá hơn

outside /aʊt'saɪd/ **1** *n.* bề ngoài, bên ngoài: **to open the door from the ~** mở cửa từ bên ngoài **2** *adj.* ở ngoài; của bên ngoài; của người ngoài: **~ opinion** ý kiến của người ngoài **3** *adv.* ra ngoài: **Please put these chairs ~.** Làm ơn để những chiếc ghế nầy ra ngoài.; **to come ~** đi ra ngoài **4** *prep.* ngoài, ra ngoài, trừ: **We cannot go ~ the evidence.** Chúng ta không thể đi ra ngoài bằng chứng được.

outsider /aʊt'saɪdə(r)/ *n.* người ngoại cuộc; người không chuyên môn; người không cùng nghề/cùng nhóm

outsized /'aʊtsaɪzd/ *adj., n.* quá khổ, cỡ quá lớn

outskirts /'aʊtskɜːts/ *v.* ngoại ô, vùng ngoại thành, mép, rìa

outsourcing /'aʊtsɔːsɪŋ/ *n.* sự sắp xếp người làm ngoài công ty

outspend /aʊt'spend/ *v.* tiêu nhiều quá, ăn tiêu quá mức: **They always ~ what they have earned.** Họ luôn ăn tiêu quá mức họ có.

outspoken /aʊt'spəʊkən/ *adj.* nói thẳng, trực tính, bộc trực

outspread /aʊt'spred/ **1** *adj.* căng rộng ra, trải rộng ra **2** *n.* sự căng rộng ra, sự trải rộng ra,sự lan tràn, sự phổ biến rộng rãi **3** *v.* căng rộng ra, phổ biến rộng rãi, làm lan tràn

outstanding /aʊt'stændɪŋ/ **1** *adj.* nổi bật, kiệt xuất, xuất chúng, siêu quần: **He is one of the hundred ~ intellectuals of the 20th century.** Ông ấy là một trong số một trăm nhà trí thức nổi bật trong thế kỷ 21. **2** *adj.* (món nợ) chưa trả: **You have to pay your ~ bill before they can give you credit.** Bạn phải trả món nợ còn thiếu trước khi họ cho bạn mua chịu.

outstretched /aʊt'stretʃt/ *adj.* duỗi ra, căng ra, mở rộng ra, kéo dài ra

outward /'aʊtwəd/ **1** *adj.* bề ngoài, bên ngoài: **In spite of my ~ calm, I am still very nervous inside.** Mặc dầu bề ngoài bình tỉnh nhưng tôi vẫn còn hồi hộp. **2** *adv.* (= **outwards**) ra phía ngoài, hướng ra ngoài: **For my next journey ~, I have to buy a return ticket immediately.** Trong chuyến đi xa sắp tới tôi phải mua vé khứ hồi ngay bây giờ. **3** *n.* bề ngoài, thế giới bên ngoài

outweigh /aʊt'weɪ/ *v.* nặng (ký) hơn, có nhiều ảnh hưởng hơn

outwit /aʊt'wɪt/ *v.* khôn/lảu hơn, mưu mẹo hơn; đánh lừa

oval /'əʊvəl/ *n., adj.* (có) hình trái xoan, sân vận động hình trái xoan

ovary /'əʊvəri/ *n.* buồng trứng, bầu nhuỵ hoa

ovation /əʊ'veɪʃən/ *n.* sự reo mừng, sự hoan hô/tung hô: **standing ~** sự đứng dậy vỗ tay hoan hô

oven /'ʌv(ə)n/ *n.* lò bếp, lò nướng

over /'əʊvə(r)/ **1** *adv.* bên trên; qua (sang bên kia); lại, lần nữa; bên trang sau; xong, hoàn tất: **The class is ~.** Lớp học tan rồi.; **to think it ~** anh hãy nghĩ kỹ đi; **to stay ~ until Monday** ở lại đến thứ hai; **Please turn ~.** Xin xem trang sau.; **~ and ~ again** nhiều lần, mãi, lập đi lập lại; **~ here** ở đây, bên này; **to hand ~** giao/trao lại cho **2** *prep.* ở trên, qua (rãnh, rào, v.v.); trong [một thời gian]; hơn, hơn nhiều nữa: ~ **the phone** trong dây nói, qua điện thoại; ~ **the radio** trên đài phát thanh; ~ **a cup of coffee** trong khi dùng cà phê, lúc trà dư tửu hậu; **all ~ the world** khắp thế giới; ~ **the hill** trên đỉnh đồi; ~ **one's head** trên đầu người nào; ~ **the moon** trên cung trăng, quá mơ hồ

overachiever /əʊvə'ətʃiːvə(r)/ *n.* người quá thành đạt

over-active /əʊvə'æktɪv/ *adj.* quá nhanh nhẩu, quá tích cực

overage /'əʊvərɪdʒ/ *n.* hàng hoá cung cấp thừa, số hàng dư

overall /'əʊvərɔːl/ **1** *adj.* toàn bộ; đại để, đại khái: **an ~ solution** giải pháp toàn bộ **2** *adv.* tất cả, toàn bộ

overalls /'əʊvərɔːlz/ *n.* quần yếm

overawe /əʊvər'ɔː/ *v.* quá sợ, quá kính nể

overbearing /əʊvə'beərɪŋ/ *adj.* hách dịch, hống hách

overblown /əʊvə'bləʊn/ *adj.* thổi quá mạnh, quan trọng hóa quá đáng; thổi phồng quá mức

overboard /əʊvə'bɔːd/ *adv.* qua mạn tàu (xuống biển)

overbook /əʊvə'bʊk/ *v.* giữ chỗ hết rồi, hết vé rồi, không còn chỗ trống nữa: **Sorry! The train is ~ed!** Xin lỗi, xe lửa đã hết chỗ rồi!

overburden /əʊvə'bɜːdən/ *v.* chất quá nặng, bắt làm quá sức

overcast /'əʊvəkɑːst/ *adj.* có mây che, u ám: **Today's weather is ~.** Thời tiết hôm nay u ám.

overcharge /'əʊvətʃɑːdʒ/ *n., v.* (sự) tính trội nhiều quá; bán quá giá: **Make sure the taxi driver doesn't ~ you.** Phải chắc là tài xế tắc xi không tính trội tiền cho bạn.

overcoat /'əʊvəkəʊt/ *n.* áo khoác ngoài, ba đờ xuy

overcome /əʊvə'kʌm/ *v.* thắng, vượt qua, khắc phục [trở ngại]: **The two parties have ~ their differences over prices.** Hai đối tác đã vừa khắc phục sự khác biệt giá cả.

overcook /əʊvə'kʊk/ *v.* nấu chín quá, nấu quá lâu

overcrowded /əʊvə'kraudɪd/ *adj.* đông quá, chật quá

overdo /ˌəʊvə'duː/ *v.* làm quá trớn; nấu nhừ quá

overdose /'əʊvədəʊs/ *n., v.* dùng quá mức; sự quá liều lượng: **to die from an ~** chết vì dùng quá liều lượng

overdraft /'əʊvədrɑːft/ *n.* số tiền tiêu quá nhiều hơn có trong trương mục ngân hàng: **to pay off an ~** trả xong tiền nợ trong trương mục

overdraw /əʊvə'drɔː/ *v.* rút tiền ra hay tiêu tiền nhiều hơn tiền có trong ngân hàng

overdrive /əʊvə'draɪv/ *n.* số xe để lái tốc độ nhanh: **to go into ~** cho số tốc độ nhanh

overdue /'əʊvə'djuː/ *adj.* [tàu, xe] quá chậm; [nợ] quá hạn: **Your rent has been ~ since yesterday.** Tiền thuê của bạn vừa quá hạn ngày hôm qua.

overemphasis /əʊvə'emfəsɪs/ *n.* chú trọng quá đáng, quan trọng hoá quá đáng: **There is an ~ on curing illnesses rather than preventing them.** Đó là điều chú trọng quá đáng về bệnh tật hơn là để phòng nó.

overestimate /əʊvə'estɪmət/ *v.* đánh giá quá cao: **The director ~d her when he decided to promote her.** Ông giám đốc đã đánh giá quá cao bà ấy khi quyết định thăng chức cho bà ta.

overexpose /əʊvə'ekspəʊz/ *v.* phô trương quá đáng

overextended /əʊvə'ekstendɪd/ *adj.* quá trớn, quá sức

overflow /'əʊvəfləʊ/ *n., v.* (sự/phần) tràn ra, tràn đầy

overgrown /'əʊvəgrəʊn/ *adj.* lớn mau quá, mọc đầy

overhaul /əʊvə'hɔːl/ *n., v.* (sự) kiểm tra, đại tu (máy móc)

overhead /əʊvə'hed/ *n., adj., adv.* tổng phí; ở trên đầu: **A plane is flying ~.**

Chiếc máy bay đang bay trên đầu chúng ta.; **~ costs** tổng phí tổn; **~ projector** máy đèn chiếu các phim ảnh dùng dạy học hay hội nghị

overhear /əʊvəˈhɪə(r)/ *v.* chợt nghe, nghe lỏm/trộm

overheated /əʊvəˈhiːtɪd/ *adj.* đun/nấu quá nóng

overjoyed /əʊvəˈjdʒɔɪd/ *adj.* vui mừng khôn xiết

overladen /əʊvəˈleɪdən/ *adj.* chất quá nặng

overland /ˈəʊvəlænd/ *adj., adv.* qua đất liền, bằng đường bộ

overlap /ˈəʊvəlæp/ *n., v.* (sự/phần) trùng, đè/gối/lấn/lên: **His job ~s yours.** Công việc của ông ấy đã trùng lập với bạn rồi.

overlay /əʊvəˈleɪ/ *n., v.* (vật) che, phủ, trải

overload /ˈəʊvəˈləʊd/ **1** *n.* lượng quá nặng: **We all have information ~ from the internet.** Tất cả chúng ta có quá nhiều thông tin trên mạng vi tính toàn cầu. **2** *v.* chất nặng thêm: **Don't ~ your car.** Đừng chất quá nặng lên xe bạn.

overlook /ˈəʊvəlʊk/ *v.* nhìn từ trên cao, giám sát; không chú ý đến; bỏ qua, tha thứ, lờ đi; coi nhẹ

overnight /ˌəʊvəˈnaɪt/ *adj., adv.* qua đêm, ở lại một mình, ngủ đêm; ngày một ngày hai, một sớm một chiều

overpass /əʊvəˈpɑːs/ **1** *n.* cầu bắc qua đường **2** *v.* vượt qua

overpay /əʊvəˈpeɪ/ *v.* trả quá nhiều, trả quá cao: **The scheme will ~ some workers but underpay others.** Chương trình sẽ trả quá cao đối với một số công nhân nhưng đồng thời trả quá thấp với một số khác.

overpopulation /əʊvəˈpɒpjʊleɪʃən/ *n.* nạn nhân mãn, nạn đông dân quá

overpriced /ˈəʊvəˈpraɪsd/ *adj.* giá quá cao, giá quá đắt

overprint /əʊvəˈprint/ *v., n.* in quá nhiều, nhiều bản in

overproduction /əʊvəˈprɒdʌkʃən/ *n.* sự sản xuất thừa/quá nhiều

overprotective /ˌəʊvəprəˈtektɪv/ *adj.* che chở quá đang, che chở không hợp lý

override /əʊvəˈraɪd/ *v., n.* chà đạp, giày xéo; không đếm xỉa đến: **to ~ someone's pleas** không chịu nghe lời biện hộ của ai

overrule /əʊvəˈruːl/ *v.* cai trị, thống trị, gạt bỏ, bác bỏ

overrun /ˈəʊvərʌn/ *v., n.* chạy vượt quá, lan tràn, tràn ngập

overseas /əʊvəˈsiːz/ *adj., adv.* hải ngoại: **~ Chinese** Hoa kiều hải ngoại; **Every year, millions of ~ visitors come to Vietnam.** Hàng năm có hơn triệu du khách nước ngoài đến Việt Nam.

oversee /əʊvəˈsiː/ *v.* trông nom, coi sóc, giám thị

oversensitive /əʊvəˈsensɪtɪv/ *adj.* quá nhạy cảm, quá bén nhạy

overshadow /əʊvəˈʃædəʊ/ *v.* che bóng; che lấp, làm lưu mờ

overshoot /əʊvəˈʃuːt/ *v., n.* đi/bay quá đà

oversight /ˈəʊvəsaɪt/ *n.* sự quên sót, lầm lỗi; sự giám thị

oversimplify /əʊvəˈsɪmplɪfaɪ/ *v.* quá đơn giản, đơn giản hoá quá

oversized /əʊvəˈsaɪzd/ *adj.* cỡ lớn quá, quá cỡ

oversleep /əʊvəˈsliːp/ *v.* ngủ quá giấc, ngủ quên

overstaffed /əʊvəˈstɑːft/ *adj.* quá nhiều nhân viên, nhiều nhân viên thừa

overstretch /əʊvəˈstretʃ/ *v.* kéo quá căng, dương quá mức

oversubscribe /əʊvəˈsəbskraɪb/ *v.* mua quá mức, đóng góp trên mức

oversupply /əʊvəˈsəplaɪ/ *n., v.* (sự) cung cấp quá nhiều/quá mức

overtake /ˌəʊvəˈteɪk/ *v.* bắt kịp, vượt; xảy đến cho: **"No Overtaking"** cấm qua mặt, cấm vượt

overthrow /ˈəʊvəθrəʊ/ *v., n.* phá/đạp đổ, lật đổ [chính phủ]; sự lật đổ/đập phá

overtime /'əʊvətaɪm/ **1** *n.* giờ làm thêm, thêm giờ **2** *adj.* ngoài giờ, làm thêm: ~ **payment** tiền trả làm thêm ngoài giờ **3** *adv.* làm thêm, phụ trội: **to work** ~ làm thêm ngoài giờ, làm giờ phụ trội

overtone /'əʊvətəʊn/ *n.* âm bội, bội âm; ngụ ý

overture /'əʊvətʃʊ(ə)r/ *n.* sự đàm phán, sự thương lượng; khúc mở màn; lời đề nghị: **an ~ of friendship** sự tạo thân hữu

overturn /'əʊvətɜ:n/ *v., n.* (làm) lật đổ, lật nhào; đảo lộn

overuse /'əʊvə'ju:s/ *n.* sự dùng quá nhiều, sự quá lạm dụng, sự dùng quá lâu

overvalue /'əʊvə'vælju:/ *v.* đánh giá quá cao, đề cao quá đáng

overweight /'əʊvə,weɪt/ *n., adj.* trọng lượng trội, số cân thừa; béo, mập quá

overwhelm /əʊvə'hwelm/ *v.* áp đảo, lấn át; tràn ngập, chôn, lấp: **She was ~ed by a longing for times past.** Cô ấy bị tràn ngập lòng mong đợi thời gian trôi qua nhanh.

overwhelming /əʊvə'hwelmɪŋ/ *adj.* tràn ngập, đa số, khống chế: ~ **majority** đại đa số

overwork /'əʊvəwɜ:k/ *n., v.* (sự) làm việc quá sức: **You ~ but underpay that man.** Ông ấy làm việc quá sức nhưng lại trả lương thấp.

overwrite /'əʊvəraɪt/ *v.* viết chồng lên; bỏ hồ sơ thêm (trong máy vi tính)

ovulate /'ɒvjuleɪt/ *v.* sản xuất trứng

ow /aʊ/ *intj.* Ối, đau: **Ow! Don't do that!** Ồ! đừng làm như thế!

owe /əʊ/ *v.* nợ, thiếu; mang/hàm ơn: **He ~s me $60.** Anh ấy nợ tôi 60 đô la.

owl /aʊl/ *n.* con cú: ~ **light** chạng vạng

own /əʊn/ **1** *adj., pron.* riêng, của riêng mình: **my ~ brothers and sisters** các anh chị ruột của tôi; **He did it on his ~.** Anh ấy tự ý làm như thế.; **I saw it with my ~ eyes.** Chính mắt tôi thấy việc ấy.; **on one's ~** độc lập, tự mình chịu trách nhiệm;

to hold one's ~ giữ vững vị trí, giữ vững lập trường **2** *v.* có, là chủ của; thú nhận, thừa nhận: **I ~ a new house.** Tôi có nhà mới.; **to ~ up** thú nhận

ownership /'əʊnəʃɪp/ *n.* quyền sở hữu, quyền làm chủ: **The Vietnamese government has announced the law of foreign ~ on houses.** Chính phủ Việt Nam vừa ban hành luật quyền sở hữu nhà đất của người nước ngoài.

ox /ɒks/ *n.* (*pl.* **oxen**) con bò; con bò đực thiến

oxbow /'ɒksbəʊ/ *n.* vòng cổ ở ách trâu bò

oxcart /'ɒkskɑ:rt/ *n.* xe bò

oxide /'ɒksaɪd/ *n.* hoá chất oxyt

oxtail /'ɒksteɪl/ *n.* đuôi bò: ~ **soup** xúp đuôi bò

oxygen /'ɒksɪdʒən/ *n.* khí o-xy, dưỡng khí

oyster /'ɔɪstə(r)/ *n.* con sò: ~ **bar** quầy bán sò; ~ **bed** bãi nuôi sò; ~ **sauce** dầu hào; ~ **shell** vỏ sò

oz 1 *n., abbr.* (= **ounce**) đơn vị đo trọng lượng oăn-xờ [**1 oz = 25 g**] **2** /ɒz/ *n., abbr.* (= **Australia**) Úc

ozone /'əʊzəʊn/ *n.* khí o-zon; không khí trong mát: ~ **layer** vùng khí ô-zon cao trên mặt đất che ánh nắng mặt trời

P

PA /,pi'eɪ/ *abbr.* (= **public announce-ment**) thông báo cho công chúng

pa /pɑ:/ *n.* ba, bố: **Pa is not at home.** Ba không có ở nhà.

p.a. /,pi'eɪ/ *n., abbr.* (= **per annum**) hàng năm: **The average income of medical doctors is about US$5,000 ~ in Vietnam.** Ở Việt Nam lợi tức trung bình của các bác sĩ y-khoa khoảng 5000 đô la Mỹ một năm.

pace /peɪs/ **1** *n.* bước đi; dáng/cách

đi; tốc độ, nhịp độ: **to keep ~ with** theo/sánh kịp; **to set the ~** nêu gương; **to go at a walking ~** đi từng bước; **to go the ~** đi nhanh; ăn chơi phóng đãng; **to put someone through his/her ~s** thử tài ai, thử sức ai; cho ai thi thố tài năng **2** *v.* đi từng bước, bước từng bước: **to ~ up and down the corridors** đi đi lại lại dọc theo hành lang

pacemaker /'peɪsmeɪkə(r)/ *n.* người dẫn tốc độ trong cuộc đua; máy trợ tim đặt trong lồng ngực: **My friend was fitted with a ~ after he was found to have a serious heart disease.** Bạn tôi đã gắn máy trợ tim sau khi tìm thấy bị bệnh tim nặng.

pacific /pəˈsɪfɪk/ *adj.* hoà bình, thái bình, hiếu hoà: **the ~ Ocean** Thái Bình dương

pacify /'pæsɪfaɪ/ *v.* dẹp yên; bình định; phủ dụ; làm nguôi: **to ~ the rebels** dẹp yên bọn nổi loạn

pack /pæk/ **1** *n.* bó, gói; ba lô; cỗ (bài); bó (len); đàn, bầy, lũ, lô; gói (thuốc lá); kiện/gói hàng: **a ~ of troubles** một lô rắc rối; **a ~ of fools** một lũ ngu ngốc; **~ animal** súc vật dùng chuyên chở **2** *v.* gói, bọc/ buộc lại; đóng gói; xếp vào va li; chất hàng lên xe (ngựa); cho vào va li: **I ~ed my bag and went to the airport.** Tôi bỏ vào túi xách của tôi rồi đi ra phi trường.; **We sent him ~ing.** Chúng tôi tống cổ ông ấy đi.; **The car was ~ed with passengers.** Xe chật ních hành khách.; **to ~ it in** làm xong, hoàn thành; **to ~ it up** thôi, ngừng; **to ~ off** tống tiễn ai, khăn gói ra đi

package /'pækɪdʒ/ **1** *n.* gói đồ, gói hàng, kiện hàng; trọn bộ, trọn gói, bao gồm tất cả: **He accepted a retirement ~.** Ông ấy chấp nhận trọn bộ hưu bổng.; **I have received a ~ from my father.** Tôi vừa nhận được một kiện hàng ba tôi gởi.; **~ deal** sự thoả thuận bán nguyên lô/ mớ (phải thoả thuận tất cả các điều kiện) **2** *v.* đóng gói, vào bao bì: **These products are ~d for sale.** Những sản phẩm nầy được đóng gói để bán.

package tour *n.* chuyến du lịch bao gồm ăn ở và di chuyển (trọn gói)

packaging /'pækɪdʒɪŋ/ *n.* sự/vật đã được đóng gói, việc bao bì: **Vietnamese teas are selling well because the ~ is so attractive.** Trà Việt Nam bán chạy lắm vì bao bì rất là hấp dẫn.

packet /'pækɪt/ *n.* gói nhỏ: **a ~ of cigarettes** một gói thuốc; **~ boat** tàu chở thư; **~ horse** ngựa thồ; **small ~** gói nhỏ gởi qua bưu điện

packing /'pækɪŋ/ *n.* sự đóng hàng vào thùng, sự đóng bao bì, sự gói đồ; vật liệu để gắn kín: **~ case** thùng đóng hàng; **~ paper** giấy gói hàng; **~ sheet** vải gói hàng

pack rat *n.* người đi lượm đồ không dùng

pact /pækt/ *n.* hiệp ước, công ước

pad /pæd/ **1** *n.* đệm, lót, cái đệm; tập giấy viết; lõi mực hộp mực đóng dấu; bệ phóng: **shoulder-~** đệm lót ở vai áo; **Students use a ~ of paper to write their lecture notes.** On sinh viên dùng tập giấy để ghi bài giảng.; **launching ~** bệ phóng hoả tiển **2** *v.* đệm, lót, độn; đi chân, cuốc bộ: **She always ~s her bra.** Cô ấy luôn lót nịt vú.

paddle /'pæd(ə)l/ **1** *n.* mái guồng, vợt (bóng bàn); cánh (guồng nước): **~ board** ván lướt sóng; **~ wheel** guồng tàu thuỷ **2** *v.* chèo/bơi xuồng; bơi chèo thuyền nhỏ bằng giầm: **to ~ one's own canoe** đi bằng tàu nhỏ/ ca-nô

paddock /'pædək/ *n.* bãi để nuôi ngựa; bãi cỏ

paddy /'pædɪ/ *n.* thóc, lúa; ruộng lúa

padlock /'pædlɒk/ **1** *n.* cái khoá móc **2** *v.* khoá móc

page /peɪdʒ/ **1** *n.* trang sách, trang

báo: **Look at the front ~ of your dictionary to know the abbreviations used.** Hãy xem trang đầu từ điển của bạn để biết những chữ viết tắt đã được dùng. **2** *n.* tiểu đồng; thiếu niên phục vụ [ở quốc hội, khách sạn] **3** *v.* gọi tìm (bằng loa ở chỗ đông): **We are paging Mr. Viet.** Chúng tôi cần kiếm ông Việt.

pageant /'pædʒənt/ *n.* đám rước lộng lẫy; cuộc thi sắc đẹp: **a beauty ~** cuộc thi hoa hậu

pager /'peidʒə(r)/ *n.* máy nhỏ đeo theo người để nhận tin

pagoda /pə'gəudə/ *n.* tháp; chùa: **a Buddhist ~** chùa Phật giáo

paid /peid/ *adj.* đã trả tiền: **~ in full** đã trả đủ; **~ holidays** nghỉ lễ được trả lương; **~-up member** hội viên đã đóng đủ niên liễm

pail /peil/ *n.* cái thùng, cái xô

pain /pein/ **1** *n.* sự đau đớn; công sức khó nhọc; hình phạt: **to have a ~ in the head** đau đầu nhức óc; **to be a ~ in the neck** quấy rầy ai, chọc tức ai **2** *v.* làm đau đớn, làm đau khổ: **It ~s me to think of you suffering all the time.** Điều làm tôi đau khổ khi nghĩ đến bạn đang luôn chịu đựng.

painkiller /peinkilə(r)/ *n.* thuốc giảm đau

pains /peinz/ *n.* nhiều nỗ lực: **to be at ~ to do something** nỗ lực làm việc gì một cách đúng đắn; **to take ~ at doing something** chịu khó làm việc gì

painstaking /'peinz,teikiŋ/ *adj.* chịu khó, cần cù, cần mẫn

paint /peint/ **1** *n.* sơn; thuốc màu: **as pretty as ~** đẹp như vẽ; **~ box** hộp thuốc vẽ, hộp màu; **two coats of ~** hai lớp sơn; **wet ~** sơn còn ướt **2** *v.* sơn, quét sơn; vẽ (tranh), tô vẽ, mô tả, miêu tả: **Can you ~ the door red?** Ông có thể sơn cánh cửa màu đỏ không?; **to ~ the town red** uống rượu và vui đùa ầm ỹ ở ngoài phố, quấy phá om sòm ở tiệm rượu để ăn mừng; **to ~ someone black** bôi nhọ ai

painting /'peintiŋ/ *n.* bức vẽ, bức tranh; ngành hội hoạ

paintwork /'peintwɜːd/ *n.* lớp sơn (trên cửa, bàn)

pair /peə(r)/ **1** *n.* đôi, cặp; cặp vợ chồng, đôi trống mái: **a ~ of blue jeans** một cái quần gin; **a ~ of scissors** một cái kéo; **a safe ~ of hands** người đáng tin cậy và giỏi; **in ~s** từng đôi từng cặp; **two ~s of trousers** một đôi quần **2** *v.* kết đôi, ghép đôi: **to ~ off** ghép từng đôi một; **All trainees will be ~ed with experienced workers.** Những người học việc sẽ được ghép với những công nhân lành nghề.

pairing /peəriŋ/ *n.* hai người cùng làm việc chung với nhau; sự kết đôi

pajamas /pə'dʒɑːməz/ *n.* [*Br.* **pyjamas**] quần áo ngủ, pi-ja-ma

Pakistan /pækɪ'stæn/ *n.* nước Pa-kis-tan

palace /'pæləs/ *n.* lâu đài, cung, điện, dinh thự: **Can we visit the old ~?** Chúng ta có thể đi xem cung điện nhà vua cũ được không?

palatable /'pælətəb(ə)l/ *adj.* ngon miệng; chấp nhận được

palatal /'pælətəl/ *n., adj.* (âm) vòm, (âm) khẩu cái

palate /'pælət/ *n.* vòm miệng, khẩu cái; khẩu vị: **to have a delicate ~** rất sành ăn

pale /peil/ *n.* cọc rào; giới hạn

pale /peil/ *adj., v.* xanh, tái, tái mét, xanh xám: **to be ~ with fear** sợ tái xanh mặt

Palestine /,pælə'stin/ *n.* nước Pa-les-tin

palette /'pælit/ *n.* bảng màu: **~-knife** dao trộn màu

palimony /'pæliməni/ *n.* tiền trả cho người hôn phối cũ

palindrome /'pælindrəum/ *n.* từ hay câu thơ đọc xuôi đọc ngược đều giống nhau

palisade /pæli'seid/ *n.* hàng rào cọc; vách đá dốc đứng

pall /pɔːl/ **1** *n.* vải phủ quan tài; màn

phủ **2** *v.* trở nên chán

palladium /pæ'leɪdɪəm/ *n.* tượng thần Pa-lat; sự bảo hộ, sự che chở

pall-bearer *n.* người hộ tang bên linh cữu

pallet /'pælɪt/ *n.* ổ rơm; cái giường gỗ nhỏ; khung gỗ để chất hàng: **This warehouse stores more than 2,000 ~s.** Nhà kho nầy chứa hơn hai ngàn khung gỗ chất hàng.

palliate /'pælɪət/ *v.* làm giảm bớt, làm dịu

palliative /'pælɪətɪv/ *n.* thuốc hay cách làm giảm đau, cách làm giảm nhẹ: **Methadone is only a ~; it does not cure drug addicts of their addiction.** Thuốc me-tha-don chỉ là cách giảm nhẹ chứ không phải chữa khỏi người ghiền xi-ke ma tuý.

palm /pɑːm/ **1** *n.* cây cọ, cây cau; chiến thắng: **~ sugar** đường thốt nốt; **Palm Sunday** ngày Chủ nhật trước lễ Phục sinh **2** *n.* gan/ lòng bàn tay; sự đút lót: **They had to grease his ~s.** Họ phải hối lộ ông ấy.; **to read ~s** xem chỉ tay **3** *v.* giấu trong bàn tay, hối lộ, đút lót; đánh lừa: **to ~ off something onto somebody** đánh lừa cho ai cái gì

palmistry /'pɑːmɪstrɪ/ *n.* thuật xem tướng tay

palm top /pɑːmtɒp/ *n.* máy vi tính/ điện toán nhỏ bằng bàn tay

palpable /'pælpəb(ə)l/ *adj.* sờ mó được; rõ ràng

palpitate /'pælpɪteɪt/ *v.* [tim, mạch] đập mau; hồi hộp, run sợ: **to ~ with fear** run sợ

palsy /'pɔːlzɪ/ *n.* bệnh tê liệt; sự tê liệt

paltry /'pɔːltrɪ/ *adj.* nhỏ mọn, tầm thường, không đáng kể; đáng khinh: **a ~ excuse** lý do vớ vẩn; **a ~ sum** món tiền nhỏ

pamper /'pæmpə(r)/ *v.* nuông chiều, cưng (đến nỗi làm hư)

pamphlet /'pæmflɪt/ *n.* sách nhỏ bìa mềm

pan /pæn/ **1** *n.* xoong, chảo; đất lòng chảo: **bed ~** bô đái; **dust ~** cái hốt rác; **frying ~** chảo **2** *v.* đãi (vàng); chỉ trích nghiêm khắc: **Every year, they come here to ~ about a kilo of gold.** Hàng năm họ đến đây để đãi được cả ki lô vàng.

panacea /pænə'siːə/ *n.* thuốc trị bách bệnh

panache /pə'næʃ/ *n.* chùm lông ở trên mũ; sự phô trương, sự huyênh hoang

panama /pænə'mɑː/ *n.* nước Pa-na-ma: **~ hat** mũ pa-na-ma

pancake /'pænkeɪk/ **1** *n.* bánh kếp (làm bằng bột mì, sữa, trứng, và ăn với nước đường lấy ở cây phong): **flat as a ~** xẹp lép như bánh kếp **2** *v.* [máy bay] xuống thẳng đánh bẹp một cái; **~ landing** máy bay đáp khẩn cấp

pancreas /'pæŋkrɪəs/ *n.* tuy, tuyến tuy, tuy tạng, lá lách

panda /'pændə/ *n.* con gấu trúc ở trong rừng trúc/tre bên Trung hoa

pandemic /'pændemɪk/ *n.* bệnh truyền nhiễm khắp nơi

pandemonium /ˌpændiˈməʊnɪəm/ *n.* địa ngục, xứ quỷ; nơi hỗn loạn

pander /'pændə(r)/ *n.*, *v.* ma cô, kẻ dắt gái, kẻ làm mai mối cho những mối tình bất chính

pane /peɪn/ *n.* ô cửa kính, ô vuông

panegyric /pænɪ'dʒɪrɪk/ *n.* bài văn tán tụng: **a ~ upon someone's success** bài tán tụng thắng lợi của ai

panel /'pænəl/ *n.*, *v.* ván ô; uỷ ban; nhóm hội thảo; bảng: **He is a member of the examiners ~.** Ông ấy là thành viên của ban chấm thi.; **~ beater** người sửa thân xe hơi bị hư; **control ~** bảng điều khiển; **distribution ~** bảng phân phối; **~ game** trò chơi đố vui gồm nhiều người

paneling /'pænəlɪŋ/ *n.* miếng gỗ hình vuông hay hình chữ nhật dùng trang trí trên tường hoặc trần nhà

panelist /'pænəlɪst/ *n.* thành viên trong một uỷ ban, người tham dự hội thảo

pang /pæŋ/ *n.* sự đau nhói; sự day dứt: **birth ~s** cơn đau đẻ

panhandle /'pæn¸hænd(ə)l/ **1** *n.* cán xoong; vùng cán xoang **2** *v.* ăn xin, ăn mày: **Some street kids ~ tourists.** Một số trẻ em vĩa hè ăn xin du khách.

panic /'pænɪk/ **1** *n.* sự hoảng hốt, hoảng sợ, hoang mang: **The tsunami earthquake caused ~ all over the world.** Trận động đất tsunami đã gây hoảng sợ cho cả thế giới.; **~monger** kẻ gieo hoang mang sợ hãi **2** *v.* hoảng sợ, hoang mang lo lắng: **Don't ~, there is no bomb explosion.** Đừng hoảng sợ, không có bom nổ đâu.

panic button *n.* nút bấm cứu nguy (trong tiệm hay ngân hàng)

panicky /'pænɪkɪ/ *adj.* hay hoảng sợ, yếu bóng vía, hay hoang mang sợ hãi: **There was ~ chaos when the stock market crashed.** Nhiều sự rối loạn hoang mang khi thị trường chứng khoán bị mất giá.

panic-stricken *adj.* lo âu quá độ đến rối trí

panorama /pænə'rɑːmə/ *n.* toàn cảnh; cảnh quay lia; bức tranh cuộn tròn mở dần dần

pant /pænt/ *n., v.* (sự) thở hổn hển, nói hổn hển

panther /'pænθə(r)/ *n.* con báo

panties /'pæntiːz/ *n.* xì líp đàn bà

pantomime /'pæntəmaɪm/ *n.* kịch câm

pantry /'pæntrɪ/ *n.* chạn bát đĩa; tủ đựng thức ăn

pants /pænts/ *n.* quần lót dài, quần: **a pair of ~** một cái quần; **~ off** người làm buồn chán ai; **with one's ~ down** trong tình trạng khó chịu không ngờ

pantyhose /'pæntihəʊz/ *n.* (*also* **tights**) vớ/tất dài mỏng dín của phụ nữ

pap /pæp/ *n.* thức ăn lỏng cho trẻ em hay người già; đầu vú, những quả đồi tròn nằm gần nhau

papa /pə'pɑː/ *n.* ba, bố, cha

papacy /'peɪpəsɪ/ *n.* chức vị giáo hoàng

paparazzo /pæpə'rætsəʊ/ *n.* (*pl.* **paparazzi**) những người chụp hình chuyên theo những nhân vật nổi tiếng để chụp hình bán cho báo chí

papaya /pə'paɪə/ *n.* trái đu đủ

paper /'peɪpə(r)/ **1** *n.* giấy; báo; giấy tờ, giấy má; bài luận văn/thuyết trình: **a piece of ~** một mẩu/mảnh giấy con; **news~** nhật báo; **on ~** trên giấy tờ; **~ boy** trẻ bán báo; **~chase** chạy đuổi theo người xé vứt giấy; **~hangings** giấy dán tường; **~-knife** dao rọc giấy; **~-mill** nhà máy giấy; **~ money** tiền giấy; **~ profits** tiền lời trên giấy tờ; **~stainer** người làm giấy dán tường; **~ tiger** cọp giấy, không có thực chất; **wall~** giấy dán tường; **writing ~** giấy viết thư; **to put pen to ~** bắt đầu viết; **to show one's ~s** trình giấy tờ **2** *v.* dán giấy (hoa) lên tường; bọc giấy: **I have to employ a ~-hanger to wall-~ my room.** Tôi phải thuê thợ dán giấy để dán giấy lên tường phòng của tôi.

paperweight /'peɪpəweɪt/ *n.* cái chặn giấy

paperwork /'peɪpəwɜːk/ *n.* công việc giấy tờ: **Every day I have to do a lot of ~.** Hàng ngày tôi phải làm nhiều công việc giấy tờ lắm.

papier maché /pæpɪer 'mæʃeɪ/ *n.* giấy bồi

pap smear /pæp smɪə(r)/ *n.* việc thử nghiệm ung thư vú: **All women should have a ~ once a year.** Tất cả phụ nữ nên đi thử nghiệm ung thư vú một năm một lần.

papyrus /pə'paɪərəs/ *n.* cây cỏ chỉ, cây thuỷ trúc

par /pɑː(r)/ *n.* sự ngang hàng; giá/mức trung bình: **above/below ~** trên/dưới mức trung bình, trên/dưới mức qui định; **at ~** giá hiện thời

parable /'pærəb(ə)l/ *n.* truyện ngụ ngôn; lời nói bí ẩn: **This ~ is recorded in the Bible.** Lời nói nầy đã được ghi chép trong kinh thánh.

paracetamol /pærə'si:təmɒl/ *n.* thuốc trị đau nhức cảm cúm, thuốc pa-ra-cê-ta-môn

parachute /'pærəʃu:t/ **1** *n.* cái dù: ~ **troops** quân nhảy dù; ~ **jump** sự nhảy dù **2** *v.* nhảy dù, thả bằng dù: **All weapons and food were ~d into the mountains for their troops.** Tất cả vũ khí và thực phẩm được thả bằng dù xuống núi cho đoàn quân của họ.

parade /pə'reɪd/ **1** *n.* cuộc diễn hành; cuộc duyệt binh/diễn binh; sự phô trương: ~ **ground** nơi duyệt binh; **military** ~ cuộc diễn hành quân lực **2** *v.* diễn hành, tuần hành, phô trương: **During the war, hundreds of fighter pilots were captured and ~d along the streets of Hanoi.** Trong thời chiến tranh, hàng trăm phi công chiến đấu cơ bị bắt và bị đưa tuần hành dọc theo đường phố Hà Nội.

paradigm /'pærədaɪm/ *n.* mẫu, căn bản; hệ biến hóa: ~ **shift** sự thay đổi căn bản

paradise /'pærədaɪs/ *n.* thiên đường, nơi cực lạc, lạc viên: **Shangri-la was a fictional ~ in one well-known novel.** Shangri-la là một thiên đường tiểu thuyết rất nổi tiếng.

paradox /'pærədɒks/ *n.* ý kiến ngược đời; nghịch biện/lý

paragon /'pærəgən/ *n.* mẫu mực, kiểu mẫu: **Mother Teresa is considered a ~ of charity.** Mẹ Teresa được xem như là một người làm việc thiện mẫu mực.

paragraph /'pærəgrɑːf/ *n., v.* đoạn, tiết, phần [văn]: **to write a ~ on your experience** viết một đoạn nói về kinh nghiệm của bạn; **There are three ~s in this text.** Có 3 đoạn trong bài nầy.

parakeet /'pærəki:t/ *n.* vẹt đuôi dài

parallel /'pærəlel/ **1** *n.* vĩ tuyến, đường vĩ; người/vật tương đương; sự so sánh: **the 16th** ~ vĩ tuyến 16; **without** ~ không ai bì/sánh kịp, vô song

2 *adj.* song song, song hành; tương đương, tương tự: ~ **bar** xà kép; ~ **imports** hàng nhập khẩu không giấy phép nên bán rẻ; **This is a ~ case.** Đây là một trường hợp tương tự. **3** *v.* (đặt) song song với: **This road ~s the Red River.** Con đường nầy song song với sông Hồng.

parallelogram /pærə'leləgræm/ *n.* hình bình hành

paralysis /pə'rælɪsɪs/ *n.* (*pl.* **paralyses**) chứng tê liệt, tình trạng tê liệt

paralytic /pə'rælɪtɪk/ *adj., n.* bị tê liệt; người bị liệt

paralyze /'pærəlaɪz/ *v.* làm liệt; làm tê liệt: **to be ~d by panic** đờ người vì hoảng sợ

parameter /pə'ræmɪtə(r)/ *n.* thông số, tham số

paramount /'pærəmaʊnt/ *adj.* tối cao, tối thượng, tột bậc: ~ **lady** nữ chúa; **of ~ importance** hết sức quan trọng

parapet /'pærəpɪt/ *n.* lan can; tường phòng hộ

paraphernalia /pærəfə'neɪlɪə/ *n.* đồ dùng linh tinh cá nhân, phụ tùng linh tinh riêng của ai

paraphrase /'pærəfreɪz/ *n., v.* ngữ giải thích *v.* chú giải, nói/viết lại một cách khác (dài dòng hơn): **I ~d what he said.** Tôi viết lại những gì ông ấy đã nói.

parasite /'pærəsaɪt/ *n.* vật ký sinh; kẻ ăn bám: **This plant is a ~, it takes its nutrients from the other plant.** Loại cây nầy là cây ký sinh, sống nhờ chất bổ dưỡng của cây khác.

parasol /'pærəsɒl/ *n.* cái lọng, cái dù che nắng

paratrooper /'pærətru:pə(r)/ *n.* lính nhảy dù

par avion *adv.* bằng máy bay: **These letters will be sent ~.** Những lá thư nầy sẽ gởi bằng máy bay.

parboil /'pɑː‚bɔɪl/ *v.* đun sôi nửa chừng, luộc qua

parcel /'pɑːs(ə)l/ **1** *n.* gói, bưu; kiện; phần, mảnh: **part and ~ of** bộ phận

705

khắng khít của; **postal ~** bưu kiện **2** *v.* chia ra thành từng phần: **to ~ out** chia thành từng phần: **They ~ out the free food to each waiting family.** Họ chia thành từng phần thực phẩm phát không cho mỗi gia đình đang đợi.

parch /pɑːtʃ/ *v.* làm khô nẻ; rang: **My lips are ~ed from lack of water.** Môi tôi khô vì thiếu nước.

parchment /'pɑːtʃmənt/ *n.* giấy da

pardon /'pɑːd(ə)n/ **1** *n.* sự tha lỗi; sự ân xá: **I beg your ~.** Xin lỗi ông, tôi chưa nghe rõ ông nói gì. **2** *v.* tha thứ, xá lỗi: **Pardon me, can I say something?** Xin lỗi! cho tôi nói đôi điều?

pare /peə(r)/ *v.* gọt vỏ, cắt, đẽo; cắt xén, giảm bớt: **to ~ away** cắt đi, xén đi; **to ~ to the bone** đẽo đến tận xương

parent /'peərənt/ *n.* cha, mẹ; nguồn gốc; tổ tiên: **~ tree** cây gốc; **Ignorance is the ~ of many evils.** Dốt nát là nguồn gốc của nhiều tội lỗi.; **~ Teacher Association** Hội Phụ Huynh Học sinh; **~hood** tư cách làm cha mẹ

parentage /'peərəntɪdʒ/ *n.* dòng dõi; quan hệ cha mẹ

parental /pə'rentəl/ *adj.* thuộc cha mẹ: **Children are in debt of their ~ love.** Con cái mang nợ tình thương yêu của ba mẹ.; **~ leave** cha mẹ nghỉ để chăm sóc con cái

parentheses /pə'renθɪses/ *n.* dấu ngoặc đơn: **to put this word in ~** để trong dấu ngoặc đơn

parenting /'peərəntɪŋ/ *n.* phận làm cha mẹ: **Parenting is highly valued in Vietnamese society.** Phận làm cha mẹ được đánh giá cao trong xã hội Việt Nam.

par excellence /pɑː(r) 'eksələns/ *adj., adv.* thượng hạng, đặc biệt, hạng nhất: **He has been a capable director, a director ~.** Ông ấy là một giám đốc có khả năng, một giám đốc đặc biệt.

pariah /pə'raɪə/ *n.* người bần cùng khổ sở; người cầu bơ cầu bất

parings /'peərɪŋz/ *n.* việc cắt, gọt, xén; đẽo bớt: **potato ~s** vỏ khoai cắt ra

parish /'pærɪʃ/ *n.* xứ đạo, giáo khu, giáo xứ; **~ clerk** nhiệm vụ thuộc giáo xứ; **~ council** hội đồng giáo phẩm

parishioner /pə'rɪʃənə(r)/ *n.* người dân trong giáo khu, người dân trong làng công giáo

parity /'pærɪtɪ/ *n.* sự ngang giá; sự tương đương

park /pɑːk/ **1** *n.* vườn hoa, công viên: **car ~** bãi đậu xe; **industrial ~** khu công nghiệp; **national ~** lâm viên quốc gia; **wildlife ~** công viên bách thảo **2** *v.* đỗ xe, đậu xe: **I have found a place to ~ my car.** Tôi vừa tìm được một chỗ đậu xe tôi.

parka /'pɑːkə/ *n.* áo khoác da có mũ trùm đầu

parking /'pɑːkɪŋ/ *n.* sự đỗ xe: **~ lot** bãi đậu xe; **~ meter** đồng hồ đỗ xe

Parkinson's disease *n.* bệnh mất trí nhớ

Parkinson's law *n.* sự gia hạn thêm để có đủ thời gian hoàn tất công việc

parkway /'pɑːkweɪ/ *n.* đại lộ; xa lộ có cây cối bên đường

parlay /'pɑːleɪ/ *v.* đánh cá, đánh cuộc

parley /'pɑːlɪ/ *n., v.* cuộc đàm phán/ thương nghị: **to hold a ~ with** thương lượng với

parliament /'pɑːlɪmənt/ *n.* nghị viện, nghị trường, quốc hội: **to summon ~** triệu tập quốc hội; **member of ~** [MP] đại biểu quốc hội, dân biểu quốc hội

parlor /'pɑːlə(r)/ *n.* phòng khách (riêng); hiệu, tiệm, viện: **beauty ~** mỹ viện, hiệu uốn tóc đàn bà; **ice cream ~** tiệm kem; **massage ~** tiệm đấm bóp; nhà thổ; **~ car** toa xe lửa sang (có ghế bành cá nhân); **~ maid** cô hầu bàn

parody /'pærədɪ/ **1** *n.* văn/thơ nhại lại,

đạo văn **2** *v.* nhại lại: **to ~ a poem** nhại lại một bài thơ

parole /pə'rəʊl/ **1** *n.* lời hứa danh dự: **to be on ~** được tha vì đã hứa; **to break one's ~** nuốt lời hứa danh dự **2** *v.* tha theo lời hứa danh dự, tha tạm (theo lời hứa danh dự); tha có điều kiện; cho vào nước với quy chế tạm dung, cho nhập tạm: **He is sentenced to six years of prison, but he could be ~d after four years.** Ông ấy ở tù 6 năm nhưng ông ta có thể tạm tha sau 4 năm.

paroxysm /'pærəksɪz(ə)m/ *n.* cực điểm, cơn kịch phát của bệnh: **On hearing the news, she burst into a ~ of shrill laughter.** Khi nghe tin, bà ấy nổi lên cười sặc sụa.

parquet /'pɑːkeɪ/ *n.* sàn gỗ: **The whole house has ~ flooring.** Cả nhà lót sàn gỗ.

parrot /'pærət/ **1** *n.* con vẹt **2** *v.* nhắc lại như vẹt: **This man has no originality; he likes to ~ others' words.** Người nầy chẳng có gốc gác gì cả, chỉ thích nhắc lại như vẹt từng lời của người khác.

parry /'pærɪ/ *v.* đỡ, gạt (cú đánh); lẩn tránh

parse /pɑːz/ *v.* phân tích ngữ pháp, phân tích từ, câu

parsimony /'pɑːsɪmənɪ/ *n.* sự tiết kiệm, tính hà tiện: **law of ~** sự khẳng định có lợi cho sự kiện

parsley /'pɑːslɪ/ *n.* rau mùi tây: **Chinese ~** rau mùi, ngò Tàu

parsonage /'pɑːsənɪdʒ/ *n.* nhà của cha xứ; nhà của mục sư

part /pɑːt/ **1** *n.* phần, bộ phận; phần việc; vai trò, vai tuồng; bè (nhạc): **for my ~** về phần tôi; **for the most ~** phần lớn/nhiều; **in ~** một phần nào; **to do one's ~** làm đủ bổn phận của mình; **to take ~ in** tham gia vào; **~s of speech** loại từ, từ loại; **spare ~s of a car** phụ tùng xe hơi; **~-time** một phần thời gian, nửa ngày/buổi, bán thời gian: **to play a ~** đóng vai trò,

giữ vị trí **2** *adv.* một phần: **It is ~ timber and ~ iron.** Cái đó làm một phần bằng gỗ và một phần bằng sắt. **3** *v.* chia từng phần, chia ra; rẽ ra, tách ra, chia tay: **to ~ one's hair** rẽ đường ngôi; **to ~ with one's property** bỏ của cải đi; **to ~ from somebody** chia tay ai

partial /'pɑːʃəl/ *adj.* một phần, cục bộ; thiên vị, tư vị, không công bằng; mê thích: **to be ~ to sports** mê thích thể thao; **~ eclipse** nhật/nguyệt thực một phần

participant /pɑː'tɪsɪpənt/ *n.* người tham dự, tham gia, tham dự viên: **All ~s must fill in their registration forms.** Tất cả tham dự viên phải điền vào phiếu ghi danh.

participate /pɑː'tɪsɪpət/ *v.* tham dự, tham gia, dự vào

participation /pɑː'tɪsɪpətʃən/ *n.* sự tham dự/tham gia

participle /'pɑːtɪsɪp(ə)l/ *n.* động tính từ, phân từ: **present ~** hiện tại phân từ; **past ~** quá khứ phân từ

particle /'pɑːtɪk(ə)l/ *n.* tí chút, tiểu từ: **final ~** tiểu từ cuối câu [như nhỉ, ạ v.v.], hậu trí từ; **polite ~** từ lễ phép

particular /pə'tɪkjʊlə(r)/ **1** *n.* chi tiết, tiểu tiết, đặc biệt, cá biệt, riêng biệt: **to go into ~s** đi vào chi tiết đặc biệt **2** *adj.* cá biệt, riêng biệt, đặc biệt; tỉ mỉ, chi tiết; kỹ lưỡng, cặn kẽ: **for no ~ reason** không vì lý do đặc biệt nào; **I have read a full and ~ report.** Tôi vừa đọc một bản tường trình chi tiết và đặc biệt.

parting /'pɑːtɪŋ/ **1** *n.* sự chia tay; sự biệt ly; đường ngôi; chỗ rẽ: **She couldn't say anything on ~.** Cô ấy không nói được điều gì lúc chia tay. **2** *adj.* chia tay, ra đi: **a ~ shot** lời nói lúc chia tay, một cái nhìn lưu luyến lúc chia tay

partition /pɑː'tɪʃən/ **1** *n.* vách, liếp, tường ngăn; sự chia cắt: **The new large meeting room was divided by ~s.** Phòng họp mới rộng được chia cách bằng những tấm ngăn. **2** *v.* chia cắt, ngăn cách: **Vietnam was ~ed off into two states in 1954, and reunited in 1976.** Việt Nam bị chia cắt thành hai nước năm 1954 và thống nhất năm 1976.

partner /'pɑːtnə(r)/ **1** *n.* người chung vốn, người công ty; hội viên; bạn cùng phe; bạn khiêu vũ; vợ, chồng, người phối ngẫu: **They are business ~s.** Họ buôn chung với nhau.; **I would like to invite you and your ~ to the dinner.** Tôi mời bạn và người phối ngẫu của bạn dùng cơm tối với tôi. **2** *v.* chung phần với, kết ai với ai thành một phe, cho ai nhập hội: **I will be ~ed by my friend in the final competition.** Tôi sẽ hợp chung với bạn tôi trong cuộc tranh tài chung kết. **3** *v.* kết bạn, chung việc với nhau

partnership /'pɑːtnəʃɪp/ *n.* sự hùn vốn, sự chung phần; công ty, cổ phần: **to take into ~ with** cùng chung phần với ai; **The firm has at least nine ~s.** Công ty có ít nhất 9 cổ phần.

partridge /'pɑːtrɪdʒ/ *n.* gà gô

party /'pɑːtɪ/ **1** *n.* tiệc, bữa liên hoan: **to go to the dinner ~** đi dự tiệc tối, dạ tiệc; **New Year's ~** tiệc Tết, hội Tết; **Christmas ~** tiệc Giáng sinh; **~ girl** cô gái đẹp chuyên tiếp khách thuê; cô gái chỉ thích ăn chơi **2** *n.* toán, tốp, đội, đoàn, nhóm; đảng, phái; bên, phía, phe; người tham gia: **the Communist ~** đảng Cộng sản; **~ organization** tổ chức đảng; **to join a political ~** tham gia một đảng phái chính trị; **~ line** đường lối của đảng **3** *v.* vui chơi nhảy nhót tiệc tùng với người khác: **He came to eat and to ~.** Ông ấy đến ăn và vui chơi.

pass /pɑːs/ **1** *n.* sự thi đỗ, sự trúng tuyển; xếp hạng kết quả trong các kỳ thi: **Fifty percent of students have a ~ grade.** 50 phần trăm sinh viên đậu. **2** *n.* vé vào cửa không mất tiền; giấy phép; sự đưa/giao

banh: **Do you have a free ~?** Bạn có vé vào không mất tiền không?; **to bring to ~** thực hiện; **to come to ~** xảy ra **3** *n.* đèo: **The Hai Van ~ is an unsafe route from Danang to Hue, but it is very beautiful.** Đèo Hải Vân thi không an toàn lắm đi từ Đà Nẵng ra Huế nhưng nó rất là đẹp. **4** *v.* qua, đi (ngang) qua, vượt; vượt quá: **to ~ a road** đi ngang qua đường; **to ~ over a bridge** đi qua cầu **5** *v.* chạy ẩu qua; trải qua; [tin tức] truyền: **to ~ a red light** vượt qua đèn đỏ; **to ~ from mouth to mouth** truyền từ miệng người nầy qua người khác **6** *v.* [**passed**] trôi qua, qua đi; mất đi, chết; thi đỗ; được thông qua: **She has ~ed the final examination.** Cô ấy vừa đậu xong kỳ thi cuối năm.; **Time ~es quickly.** Thời gian trôi nhanh.; **to ~ around** phát, luân chuyển; **to ~ away** qua đời, chết; **to ~ over** đưa, chuyển; lờ đi; băng qua; **to ~ by** đi ngang qua; **to ~ on** chuyển tiếp; **to ~ out** trở nên bất tỉnh, qua đời; **to ~ over someone's mistakes** bỏ qua lỗi của ai; **to ~ round** phân phối

passage /'pæsɪdʒ/ *n.* lối đi, hành lang; sự trôi qua; chuyến đi; sự thông qua; đoạn văn: **She stepped into the ~ and greeted me.** Cô ấy vừa bước vào hành lang và chào tôi.; **I have read the ~ from Nhat Linh.** Tôi vừa đọc một đoạn văn của Nhất Linh.

passé /'pæseɪ/ *adj.* lỗi thời, quá thời

passenger /'pɑːsəndʒə(r)/ *n.* hành khách: **All ~s on this bus are tourists.** Tất cả hành khách trên xe buýt nầy đều là du khách.; **~ pigeon** hành khách qua đường

passing /'pɑːsɪŋ/ **1** *n.* sự đi qua; sự trôi qua; sự chấm đỗ; sự thông qua; cái chết: **"No Passing"** cấm vượt; **The ~ of time brought a sense of emptiness.** Thời gian trôi qua mang đến cảm giác trống rỗng. **2** *adj.* thoáng qua, nhất thời; trôi qua: **The**

~ crowds were gone in a minute.
Đám đông đã tan trong một phút.

passion /'pæʃən/ *n.* sự say mê; tình
yêu, tình dục; tình cảm nồng nàn
tha thiết; cơn giận; cơn phẫn nộ:
**His ~ is soccer; he would skip his
meals to watch all the games.** ông
Ấy say mê bóng đá đến nỗi ông ta
bỏ quên ăn cơm để xem suốt trận
đấu.; **~ fruit** trái bình bát; **~ Week**
tuần lễ thánh

passive /'pæsɪv/ *n., adj.* (dạng) bị
động; thụ động; tiêu cực: **the ~
voice** thể thụ động; **~ resistance**
phản ứng thụ động; **~ smoker** người
bỏ hút thuốc tự nguyện

Passover /'pɑːsəʊvə(r)/ *n.* lễ Quá hải
(của người Do Thái): **The ~ is an
important festival observed by Jews.**
Đây là một lễ hội quan trọng của
người Do Thái.

passport /'pɑːspɔːt/ *n.* thông hành, hộ
chiếu: **You should take your ~ with
you when you go to the bank.** Bạn
phải mang theo hộ chiếu khi đi
ngân hàng.; **The ~ to a better life
for many lies in a good education.**
Sự giáo dục tốt là hộ chiếu cho đời
sống tốt đẹp của nhiều người.

password /'pɑːswɜːd/ *n.* khẩu lệnh;
khẩu hiệu; ám hiệu, ám số: **You
have to enter your ~ to get into the
computer files.** Bạn phải cho ám
hiệu vào máy vi tính mới mở được
các thông tin.; **Do you remember
your ~?** Bạn có nhớ ám số của bạn
không?

past /pɑːst/ **1** *n.* dĩ vãng, quá khứ;
thời quá khứ **2** *adj.* thuộc dĩ vãng/
quá khứ; đã qua **3** *prep.* quá, vượt
quá, hơn: **during the ~ few weeks**
mấy tuần qua; **the ~ five days** năm
hôm nay **4** *adv.* ngoài, hơn: **~ forty
(of age)** ngoài 40, hơn bốn chục
tuổi, ngoài tứ tuần; **fifteen ~ five**
năm giờ 15; **~ all understanding**
không thể chịu nổi **5** *adv.* qua, trôi
qua: **to walk ~** đi qua

pasta /'pæstə/ *n.* món mì ống hay sợi
với đủ loại rau thịt của Ý

paste /peɪst/ **1** *n.* bột nhồi; hồ, keo;
mắm, ruốc: **prawn ~** mắm tôm **2** *v.*
dán hồ: **to ~ up** niêm yết

pastel /'pæstəl/ *n.* màu phấn; tranh
màu phấn; màu nhạt

pastime /'pɑːstaɪm/ *n.* trò chơi, trò
tiêu khiển; sự giải trí: **My favorite ~
is playing table-tennis.** Môn giải trí
của tôi là bóng bàn.

pastor /'pɑːstə(r)/ *n.* mục sư

pastoral /'pɑːstərəl/ *adj.* đồng quê;
thuộc mục đồng/mục sư

pastry /'peɪstrɪ/ *n.* bánh ngọt: **~ cook**
thợ bánh ngọt; **~ shop** tiệm bánh
ngọt

pasture /'pɑːstjʊə(r)/ **1** *n.* bãi/đồng cỏ
2 *v.* thả cho ăn cỏ; ăn cỏ

pat /pæt/ **1** *n.* cái vỗ nhẹ; cục bơ nhỏ
2 *v.* vỗ nhẹ, vỗ về: **to ~ someone on
the back** vỗ nhẹ vào lưng ai, khen,
khuyến khích **3** *adj.* [câu nói] đúng
lúc: **The answer came ~.** Câu trả lời
đến đúng lúc. **4** *adv.* nhẹ nhàng

patch /pætʃ/ **1** *n.* miếng vá; miếng
bông/băng; nốt ruồi giả; mảnh đất/
vườn: **a ~ of sweet potatoes** một
mảnh khoai lang; **to strike a bad ~**
gặp lúc không may, gặp rủi ro **2** *v.*
vá; ráp nối: **to ~ up** vá víu, chấp
nối; **to ~ a tire** vá cái lốp

patchy /'pætʃɪ/ *adj.* chắp vá, vá víu;
không hệ thống: **His knowledge is
~.** Sự hiểu biết của ông ấy không
được hệ thống.

patent /'peɪtənt/ **1** *adj.* có bằng sáng
chế, có bằng công nhận được
quyền chế tạo; rõ ràng rành mạch:
The statement is ~ nonsense. Câu
nói vô nghĩa.; **a ~ fact** sự việc quá
rõ ràng **2** *n.* giấy môn bài, giấy
đăng ký; bằng sáng chế: **~ leather**
da láng; **letter ~** tài liệu thông báo
công khai việc cấp bằng sáng chế
3 *v.* lấy bằng sáng chế, được cấp
bằng sáng chế: **to ~ a new invention**
được nhận bằng phát minh mới

paternal /pə'tɜːnəl/ *adj.* của/thuộc người cha; về đằng nội: ~ **grandmother** bà nội; ~ **love** tình cha con

paternity /pə'tɜːnɪtɪ/ *n.* tư cách/địa vị làm cha: ~ **leave** nghỉ để trông coi con cái; ~ **suit** phiên toà quyết định ai là cha của đứa bé

path /pɑːθ/ *n.* đường nhỏ/mòn; lối đi; đường (đạn) đi: **a village** ~ một con đường làng; **on the** ~ **of honor** trên con đường danh vọng

pathetic /pə'θetɪk/ *adj.* cảm động, động tâm, lâm ly, thống thiết

pathology /pə'θɒlədʒɪ/ *n.* bệnh học, bệnh lý: **Pathology is an important branch of medical science.** Bệnh lý học là một ngành quan trọng trong y khoa.

pathway /'pɑːθweɪ/ *n.* đường mòn, đường nhỏ: **The local city council is in charge of the maintenance of ~s.** Hội đồng thành phố địa phương trông lo bảo quản những con đường nhỏ.

patience /'peɪʃəns/ *n.* sự kiên nhẫn, tính nhẫn nại, sự bền tâm bền chí: **to be out of** ~ thiếu kiên nhẫn, không còn nhẫn nại được nữa; **to have no** ~ **with** không thể rộng lượng được, không thể chịu đựng được

patient /'peɪʃənt/ **1** *n.* người bệnh, bệnh nhân: **This toilet is for ~s only.** Nhà vệ sinh nầy chỉ dành cho bệnh nhân mà thôi.; **The new treatments give new hope for cancer ~s.** Phương pháp chữa trị mới cho bệnh nhân ung thư có nhiều hy vọng. **2** *adj.* bền chí, kiên nhẫn, nhẫn nại, kiên tâm: **Be ~, you will get it very soon.** Bạn hãy kiên nhẫn, bạn sẽ đạt được sớm.

patio /'pætɪəʊ/ *n.* sân trong, sân giữa

patriarch /'peɪtrɪɑːk/ *n.* tộc trưởng, gia trưởng; giáo trưởng: **In many societies, the male is the ~ of the family.** Trong nhiều xã hội, người đàn ông là gia trưởng.

patriot /'peɪtrɪət/ *n.* người yêu nước, nhà ái quốc

patriotism /'peɪtrɪətɪz(ə)m/ *n.* lòng/tinh thần yêu nước/ái quốc: **Vietnamese revere ~.** Mọi người Việt Nam đều có lòng yêu nước.

patrol /pə'trəʊl/ **1** *n.* đội tuần tra; việc tuần tra: **to go on** ~ đi tuần tra; ~ **boat** tàu tuần tra; ~**-man** cảnh sát **2** *v.* đi tuần tra: **Police officers always ~ along the streets.** Cảnh sát luôn đi tuần tra đường phố.

patronage /'pætrənɪdʒ/ *n.* sự bảo trợ, sự chiếu cố; sự quen lui tới của khách hàng quen

patter /'pætə(r)/ *n., v.* (tiếng) lộp độp, lộp cộp: **The ~ of raindrops can be heard clearly on the window panes.** Tiếng mưa rơi lộp cộp trên kính cửa sổ nghe rất rõ.

pattern /'pætən/ **1** *n.* khuôn, mẫu, mô hình, kiểu, khuôn mẫu, mô thức: **to follow ~s of virtues** theo khuôn mẫu đạo đức; ~**-maker** thợ làm mẫu, thợ làm mô hình; ~**-shop** tiệm làm hàng mẫu **2** *v.* rập khuôn, rập kiểu, làm theo kiểu: **to ~ after** làm theo kiểu

patty /'pætɪ/ *n.* miếng chả, miếng thịt viên

paucity /'pɔːsɪtɪ/ *n.* sự ít ỏi, sự khan hiếm; sự thiếu thốn

paunch /pɔːn(t)ʃ/ *n.* dạ dày, bụng; bụng phệ

pauper /'pɔːpə(r)/ *n.* người nghèo

pause /pɔːz/ **1** *n.* sự tạm nghỉ; chỗ ngắt; sự ngập ngừng: **After a short ~, he resumed his lecture.** Sau khi ngừng một chốc, ông ấy tiếp tục bài giảng của ông. **2** *v.* tạm ngừng: **he ~d halfway through the text** ông ấy ngừng tạm ở giữa bài

pave /peɪv/ *v.* lát [đường, sàn]: **I have ~d my drive way.** Tôi vừa lát lối xe đi vào nhà xe.; **to ~ the way for** dọn đường cho

pavilion /pə'vɪljən/ *n.* đình, tạ; lều, rạp: **The ~ acts as a meeting place for family get-togethers.** Đình là nơi họp mặt của các thành viên trong gia đình.

paw /pɔː/ **1** *n.* chân có vuốt; bàn tay; nét chữ **2** *v.* đánh bằng chân/tay

pawn /pɔːn/ **1** *n.* đồ cầm, vật đem cầm; sự cầm đồ; con tốt [trong ván cờ]; tốt đen, đồ chơi, con rối: **~bro-ker** chủ hiệu cầm đồ; **~-shop** hiệu cầm đồ, nhà vạn bảo; **to take some-thing out of ~** chuộc lại vật đã cầm; **to put something in ~** đem cầm vật gì **2** *v.* cầm, đem cầm (lấy tiền): **to ~ one's honor** đem danh dự ra bảo đảm; **to ~ one's life** lấy tính mệnh ra bảo đảm

pax /pæks/ *n.* tượng thánh giá để hôn khi làm lễ; hoà bình kiểu Mỹ

pay /peɪ/ **1** *n.* tiền lương; sự trả tiền: **in the ~ of** ăn lương của, nhận tiền của; **minimum ~** lương tối thiểu; **~-day** ngày trả lương; **~-desk** nơi trả lương; **~ master** người trả tiền lương; **~ phone/station** điện thoại công cộng; **~ office** phòng trả lương; **~-roll, ~ sheet** bảng trả tiền lương **2** *v.* [**paid**] trả, nộp, thanh toán; thưởng, đền đáp: **to ~ a visit to** đến thăm; **to ~ one's respects to** đến chào ai; **to ~ attention to** chú ý tới; **to ~ back** trả lại; **to ~ down** trả ngay (bằng tiền mặt); **to ~ off** trả hết, thanh toán; **He who ~s the piper calls the tune.** Ai trả tiền thì người ấy có quyền.; **to ~ one's debts** trả nợ, thanh toán nợ; **to ~ through the nose** trả nhiều hơn giá chính thức

payable /'peɪəb(ə)l/ *adj.* có thể trả, phải trả

pay-as-you-earn *n.* (*abbr.* **PAYE**) tiền lương trả sau khi trừ thuế

payback /'peɪbæk/ *v.* trả lùi lại, trả lại còn thiếu: **~ period** thời gian trả lương lùi lại

payment /'peɪmənt/ *n.* sự trả tiền; số trả tiền (góp); số cần nộp

payoff /'peɪɒf/ *v.* trả hết nợ, trả hết một lúc

payout /'peɪaʊt/ *n.* số tiền trả đền bù cho ai

pay TV *n.* đài truyền hình phải trả tiền, những chương trình truyền hình phải trả tiền

PC /piːsiː/ *n., abbr.* (= **personal com-puter**) máy vi tính/điện toán cá nhân

PDA /ˌpiːdiːˈeɪ/ *n., abbr.* (= **Personal Digital Assistant**) sự trợ giúp cá nhân

PDF /ˌpiːdiːˈef/ *n., abbr.* (= **Portable Document Format**) phần mềm (dùng trong máy vit ính) để sắp xếp tài liệu cho in

PE /ˌpiːˈiː/ *n., abbr.* (= **Physical Education**) môn giáo dục thể thao

pea /piː/ *n.* đậu hột: **snow ~** đậu Hà Lan, **green ~s** đậu còn non, đậu xanh; **as like as two ~s** giống nhau như đúc; **~-brain** người ngu

peace /piːs/ **1** *n.* hoà bình; sự thái bình; sự yên tĩnh; trật tự an ninh: **world ~** hoà bình thế giới; **the Nobel ~ Prize** giải thưởng hoà bình Nô-ben; **~ with honor** hoà bình trong danh dự **2** *n.* sự an tâm, sự hoà dịu: **~ Corps** phái bộ hoà bình, đội quân canh giữ hoà bình; **~ keeper** lực lượng gìn giữ hoà bình; **~ of mind** sự an tâm, sự yên trí; **~-pipe** ống điếu hoà bình của người Mỹ da đỏ; **to make ~ with** làm lành với, xử hoà với

peaceful /'piːsfəl/ *adj.* hoà bình, thái bình; yên ổn, thanh bình; yên lặng, yên tĩnh

peach /piːtʃ/ *n., adj.* quả đào; cây đào, màu hồng đào

peacock /'piːkɒk/ *n.* con công

peak /piːk/ **1** *n.* chỏm, đỉnh (núi); tột đỉnh, cao điểm; đầu nhọn; lưỡi trai (mũ); ngọn núi đứng một mình: **the ~ of the load** trọng tải nhiều nhất; **The explosion was happening at the ~ of the morning rush hour.** Vụ nổ xẩy ra trong giờ cao điểm buổi sáng. **2** *adj.* cao điểm, tột đỉnh: **~**

hours giờ cao điểm **3** v. đạt tới đỉnh cao nhất; dựng đứng, dựng ngược: **Yesterday temperatures ~ed at 35 degrees Celsius.** Ngày hôm qua nhiệt độ lên đến 35 độ bách phân.

peal /piːl/ n., v. hồi chuông; chuỗi (cười), tràng (sấm)

peanut /'piːnʌt/ n. cây lạc, củ lạc, hột lạc; hột đậu phộng: **What I spent was ~s compared to the total budget.** So với tất cả ngân sách thì số tiền tôi tiêu có là bao nhiêu!

pear /peə(r)/ n. quả lê; cây lê

pearl /pɜːl/ n. hạt trai, ngọc trai; ngọc quý, hạt/viên ngọc; giọt sương/lệ long lanh: **~ barley** lúa mạch xay thành hạt nhỏ; **~ diver** người mò ngọc trai; **~-fishery** nghề mò ngọc trai, nơi mò ngọc trai; **to cast ~s before swine** đem đàn gảy tai trâu, đem hồng ngâm cho chuột vọc

peasant /'pezənt/ n. người nhà quê, nông dân: **Many ~s work on the farm all their lives.** Nhiều nông gia làm việc suốt đời trên đồng ruộng.

peat /piːt/ n. than bùn: **~ moss** rêu than bùn [để vườn]

pebble /'peb(ə)l/ n. sỏi, đá cuội

peck /pek/ **1** n. đấu, thùng [hoa quả]; vô khối: **a ~ of troubles** vô khối sự phiền toái **2** n. cái/củ mổ; cái hôn vội **3** v. [chim] mổ; khoét, đục; hôn vội, ăn ít, ăn thanh thản: **to ~ at** mổ vào, ăn không nghỉ; **~ing order** giai cấp xã hội

peculiar /pɪ'kjuːlɪə(r)/ adj. riêng biệt, đặc biệt; kỳ cục, khác thường

peculiarity /pɪkjuːlɪ'ærɪtɪ/ n. nét/điểm đặc biệt; tính đặc biệt, tính kỳ dị/ khác thường

pedagogy /'pedəgɒdʒɪ/ n. khoa sư phạm, giáo dục học: **faculty of ~** khoa sư phạm

pedal /'pedəl/ **1** n. bàn đạp **2** v. đạp (xe đạp): **~ cycle** đạp xe đạp

pedantic /pə'dæntɪk/ adj. thông thái rởm, ra vẻ mô phạm

peddle /'ped(ə)l/ v. bán rong, bán rao, bán dạo

peddler /'pedlə(r)/ n. (also **pedlar**) người bán hàng rong

pedestal /'pedɪstəl/ n., v. bệ, đôn: **to put on a ~** rất kính phục, rất quan trọng

pedestrian /'pedestrɪən/ **1** n. người đi bộ, khách bộ hành **2** adj. thuộc đi bộ, bằng chân; nôm na, tẻ ngắt: **~ crossing** lối qua đường dành cho người đi bộ; **~ precinct** khu vực hạn chế người đi bộ

pediatrics /piːdɪ'ætrɪks/ n. [Br. **paediatrics**] khoa trẻ em, khoa nhi, nhi khoa

pedicure /'pedɪkjʊə(r)/ n. thuật chữa bệnh chân

pedigree /'pedɪgriː/ n., adj. nòi giống, giòng dõi, huyết thống phả hệ; gốc, từ nguyên

pee /'piː/ n.,v. sự đi giải/tiểu/ đi tiểu, tiểu tiện

peek /piːk/ v., n. nhìn trộm, nhìn lén, lé/hé nhìn

peek-a-boo /piːkə'buː/ n., adj. (trò chơi) ú tim òa

peel /piːl/ **1** n. vỏ [cam, v.v.] **2** v. bóc vỏ; gọt vỏ; lột (da); tróc (vỏ); tróc từng mảnh: **I like to ~ oranges rather than cut them.** Tôi thích bóc cam hơn là cắt.

peeler /piːlə(r)/ n. người bócvỏ/lột da; dụng cụ bóc vỏ/lột da

peep /piːp/ **1** n. cái nhìn trộm, sự hé rạng: **~hole** lỗ nhỏ ở cửa để nhìn ra ngoài; **~-show** trò xem hình ảnh qua lỗ nhòm **2** n. tiếng kêu chiêm chiếp, chít chít: **I have heard of a ~ing Tom somewhere.** Tôi vừa nghe tiếng kêu chít chít đâu đó. **3** v. liếc, nhìn trộm/lén; hé rạng, ló ra, hiện ra: **Now and then she ~ed to see if he was noticing her.** Thỉnh thoảng cô ấy nhìn lén xem anh ấy có để ý đến cô ta không. **4** v. kêu chiêm chiếp, chít chít

peer /pɪə(r)/ **1** n. người ngang hàng, người cùng địa vị xã hội, người cùng nhóm; người quý tộc: ~ **group** nhóm người tương đương **2** *v.* nhìn kỹ, nhòm, ngó, nhìn chăm chú

peeve /piːv/ *v., n.* cáu kỉnh, phát cáu; hay cầu nhàu

peg /peg/ **1** *n.* cái móc/mắc; cái cọc; núm vặn dây đàn: **I build furniture using wooden ~s instead of nails.** Tôi làm bàn ghế bằng móc gỗ thay vì dùng đinh.; **a ~ to hang on** cớ để vin vào, cơ hội để bám vào; **a round ~ in a square hole** không vừa, không hợp; **off the ~** rời khỏi móc; **to take someone down a ~ or two** làm nhục ai, làm cho ai hết hách dịch **2** *v.* móc; gài chốt, đóng cọc (để đánh dấu): **They ~ it to the price of gold.** Họ tính theo giá vàng.; **to ~ away at** kiên trì làm việc gì; **to ~ out** chết

pejorative /piːˈdʒɜreɪtɪv/ *adj., n.* [từ] có nghĩa xấu

Peking /ˈpiːˈkɪn/ *n.* (*currently* **Beijing**) thành phố Bắc kinh; ~ **duck** vịt Bắc kinh; **to visit ~** đi thăm Bắc kinh

pellet /ˈpelɪt/ *n., v.* viên nhỏ, viên thuốc; đạn bắn chim

pelmet /ˈpelmɪt/ *n.* đường viền

pelt /pelt/ **1** *n.* tấm da sống **2** *n.* sự ném loạn xạ, sự bắn lung tung: **at full ~** vắt chân lên cổ mà chạy **3** *v.* ném/bắn loạn xạ; đập mạnh: **to ~ someone with stones** ném đá như mưa vào người nào; **Rain is ~ing down.** Mưa trút xuống như thác.

pelvic /ˈpelvɪk/ *adj.* chậu, khung chậu: ~ **girdle** xương chậu

pelvis /ˈpelvɪs/ *n.* chậu; khung chậu

pen /pen/ **1** *n.* bút, ngòi bút; nghề cầm bút: **ballpoint** ~ bút bi, bút nguyên tử; **fountain** ~ bút máy; ~ **name** bút danh; ~ **pal** bạn trao đổi thư từ; ~ **pusher** người làm việc văn phòng **2** *n.* chuồng, bãi rào; nhà tu: **a holding** ~ **for sheep** bãi rào dành để giữ cừu **3** *v.* viết, sáng tác: **I have ~ned a long memo to my colleague.** Tôi vừa viết một bản ghi nhớ dài cho

bạn tôi. **4** *v.* nhốt lại: **The cattle could be ~ned in a shed for a while.** Súc vật có thể nhốt lại trong nhà kho trong một thời gian ngắn.

penal /ˈpiːnəl/ *adj.* thuộc hình phạt, thuộc hình sự: ~ **code** điều lệ/qui luật hình phạt

penalize /ˈpiːnəlaɪz/ *v.* trừng phạt, trừng trị, phạt (cầu thủ)

penalty /ˈpenəltɪ/ *n.* hình phạt, tiền phạt, quả bóng phạt đền: **death** ~ án tử hình; ~ **kick** cú đá phạt đền; **to pay the ~ of** gánh lấy hậu quả tai hại về, chịu mọi thiệt thòi về

penance /ˈpenəns/ *n.* sự ăn năn, sự hối cải: **to do** ~ bày tỏ sự ăn năn hối cải

pencil /ˈpensəl/ *n.* bút chì; hình chùm nhọn

pendant /ˈpendənt/ *n.* hoa tai; tua, hình dây chuyền; đèn treo; dây móc thòng lọng

pending /ˈpendɪŋ/ **1** *prep.* còn để treo đó, còn để chờ; chưa giải quyết, chưa ngã ngũ; chưa xử: ~ **notification of the next of kin** còn đợi thông báo cho gia đình **2** *adj.* hoãn lại: **a** ~ **case** một vụ chưa xử; ~ **questions** những vấn đề chưa giải quyết

pendulum /ˈpendjʊləm/ *n.* quả/con lắc

penetrate /ˈpenɪtreɪt/ *v.* thấm vào/qua; lọt vào; xuyên qua; nhìn thấu, hiểu thấu, thấu suốt; thâm nhập: **to ~ the inner sanctum** hiểu thấu sự thật

penetrating /ˈpenɪtreɪtɪŋ/ *adj.* (rét) thấu xương; (lời) sâu sắc: **a** ~ **idea** ý kiến sâu sắc

penguin /ˈpengwɪn/ *n.* chim cụt dưới biển

penicillin /penɪˈsɪlɪn/ *n.* thuốc kháng sinh pê-ni-xi-lin

peninsula /pɪˈnɪnsjʊlə/ *n.* bán đảo: **Indo-Chinese** ~ bán đảo Đông Dương

penis /ˈpiːnɪs/ *n.* dương vật, ngọc hành

penitent /ˈpenɪtənt/ *adj., n.* hối hận; ăn năn; sám hối

penitentiary /penɪˈtenʃərɪ/ *n., adj.* nhà lao, nhà tù, ngục thất, khám đường, trại cải tạo gái điếm, trung tâm phục hồi nhân phẩm

penknife /'pennaıf/ *n.* (*pl.* **penknives**) dao nhíp, dao nhỏ

penmanship /'penmənʃıp/ *n.* lối/cách viết, thuật viết, nét chữ

pen-name *n.* bút hiệu (dùng viết văn, viết báo)

pennant /'penənt/ *n.* cờ hiệu, cờ đuôi nheo [trên tàu]; cờ tặng người/đội thắng

penny /'penı/ **1** *n.* (*pl.* **pennies, pence**) đồng xu, đồng pen-ni: **That used to cost just three pence.** Cái đó trước chỉ có ba xu nhỏ.; **A ~ for your thoughts.** Lời yêu cầu bày tỏ suy nghĩ của mình.; **A ~ saved is a ~ gained.** Tiết kiệm được đồng nào hay đồng nấy.; **In for a ~, in for a pound.** Việc đã làm thì làm cho đến nơi đến chốn.; **He turned up like a bad ~.** Ông ấy cư xử như người không tốt, không ai muốn.; **a ~ of something (weight)** đáng giá một xu **2** *adj.* hà tiện: **~ pinching** tiêu hà tiện; **~ wise but pound foolish** khôn từng xu nhưng ngu bạc vạn

pension /'penʃən/ **1** *n.* lương hưu, hưu bổng/liễm; tiền trợ cấp; nhà trọ: **old-age ~** tiền trợ cấp cho người già; **~ plan** kế hoạch hưu liễm **2** *v.* trả lương hưu, trợ cấp hưu: **to ~ someone off** cho ai về hưu, cho về vườn

pensioner /'penʃənə(r)/ *n.* người lĩnh lương hưu/tiền trợ cấp xã hội

pensive /'pensıv/ *adj.* suy nghĩ, trầm ngâm, trầm tư mặc tưởng: **That man was in a ~ mood when I last spoke to him.** Người đàn ông đó ở trong thái độ trầm tư khi tôi nói chuyện với ông ấy.

pentagon /'pentəgən/ *n.* hình năm cạnh/góc: **the ~** lầu năm góc, ngũ giác đài, nơi làm việc của bộ quốc phòng Mỹ

pentathlon /'pentætlən/ *n.* cuộc thi thể thao năm môn phối hợp

penthouse /'penthaus/ *n.* căn phòng sang trọng trên sân thượng của một toà nhà lớn

pent-up /pent'ʌp/ *adj.* khó diễn tả (cảm giác): **He was too ~ to speak.** Ông ấy khó khăn để nói quá.

penultimate /pı'nʌltımət/ *adj.* áp chót, giáp cuối

penury /'penjʊərı/ *n.* cảnh thiếu thốn; sự túng thiếu

peony /'pi:ənı/ *n.* hoa mẫu đơn

people /'pi:p(ə)l/ **1** *n.* người; người ta; thiên hạ; gia đình, bà con, họ hàng; đoàn tùy tùng; dân tộc; dân chúng, quần chúng, nhân dân: **the ~s of Asia** các dân tộc Á châu; **the common ~** người dân bình thường; **There are many ~ here.** Có nhiều người ở đây.; **a government of the ~, by the ~ and for the ~** một chính phủ của dân, do dân và vì dân, một chính phủ dân hữu, dân trị và dân hưởng **2** *v.* di dân; ở cư trú: **to ~ a country** di dân đến một nước khác

pep /pep/ **1** *n.* sự hăng hái, khí lực, sự kích thích: **full of ~** đầy hăng hái, đầy dũng khí; **~ pill** thuốc kích thích làm cho hăng lên; **~ talk** lời động viên, lời cổ vũ **2** *v.* làm cho hăng hái, kích thích, cổ vũ, động viên

pepper /'pepə(r)/ **1** *n.* hạt tiêu, hồ tiêu: **black ~** tiêu đen; **chili ~, red ~** ớt; **green ~, sweet ~** ớt tây; **~ and salt** muối tiêu, lấm chấm đen trắng; (tóc) muối tiêu, hoa râm; **~ mill** cối xay tiêu; **~-pot/box** lọ/hộp đựng tiêu; **~corn** hạt tiêu **2** *v.* cho hạt tiêu, rắc tiêu; rắc/rãi lên; hỏi dồn: **to ~ someone with questions** hỏi dồn dập ai

peppermint /'pepəmınt/ *n.* cây bạc hà cay; kẹo bạc hà

peptic /'peptık/ *adj.* (tuyến) tiêu hóa: **~ glands** tuyến nước bọt; **~ ulcer** bệnh lở loát đường tiêu hoá

per /pɜː(r)/ *prep.* từng, mỗi: **I paid a rent of US$20,000 ~ year.** Tôi trả tiền thuê 20.000 đô la Mỹ mỗi năm.; ~ **annum** mỗi năm; ~ **capita** mỗi đầu người; ~ **hour** mỗi giờ: **55 miles ~ hour** 55 dặm một giờ

perambulate /pə'ræmbjʊleɪt/ v. đi dạo trong vườn, đi thanh tra một vùng; đi vòng để qui định ranh giới

perambulator /pə'ræmbjʊleɪtə(r)/ n. (*abbr.* **pram**) xe đẩy trẻ con

perceive /pə'siːv/ adj. cảm giác, cảm thấy; trông/nghe/ngửi thấy; hiểu, nhận thức, lĩnh hội

percent, per cent n. phần trăm: **30 ~** ba mươi phần trăm

percentage /pə'sentɪdʒ/ n. tỉ lệ (phần trăm): **Only a small ~ of the population smokes.** Chỉ còn số ít người hút thuốc.

perceptible /pə'septɪb(ə)l/ adj. có thể cảm giác được

perception /pə'sepʃən/ n. tri giác, sự nhận thức: **Our ~ of life affects the way we live.** Sự nhận thức đời sống của chúng ảnh hưởng đến lối sống của chúng ta.

perceptive /pə'septɪv/ adj. cảm thụ/ nhận thức được

perch /pɜːtʃ/ **1** n. cành/sào cho chim đậu: **to knock someone off his ~** đánh gục ai, tiêu diệt người nào **2** v. [chim] đậu; ngồi trên cao; xây/ đặt trên cao: **a city ~ed on a hill** thành phố xây ở trên đồi

percolator /'pɜːkəleɪtə(r)/ n. bình lọc, bình cà phê fin

percussion /pə'kʌʃən/ n. sự đánh/gõ: **~ cap** kíp nổ, ngòi nổ; **~ instrument** nhạc khí gõ

perdition /pə'dɪʃən/ n. sự diệt vong, cái chết vĩnh viễn; kiếp trầm luân

peremptory /pə'rem(p)tərɪ/ adj. quả quyết, kiên quyết, dứt khoát; tối cần; tuyệt đối: **~ challenge** sự phủ nhận của người bị buộc tội; **~ command** mệnh lệnh kiên quyết, mệnh lệnh dứt khoát; **~ statement** lời tuyên bố quả quyết

perennial /pə'renɪəl/ **1** n. cây sống lâu năm **2** adj. sống lâu năm; có

quanh năm; mãi mãi, vĩnh viễn

perfect /'pɜːfɪkt/ **1** n. thời hoàn thành **2** adj. hoàn toàn/hảo/bị: **~ binding** đóng sách bằng keo hoặc chỉ; **a ~ stranger** một kẻ hoàn toàn xa lạ; **~ nonsense** hoàn toàn vô lý; **~ pitch** độ cao tối đa; **~ tense** thì tiền quá khứ; **~ weather** trời tuyện đẹp **3** v. hoàn thành, hoàn tất; làm cho hoàn hảo: **to ~ oneself in English** tự trau dồi thật giỏi tiếng Anh

perfidious /pə'fɪdɪəs/ adj. xảo trá, gian trá; phản trắc

perfidy /'pɜːfɪdɪ/ n. tính xảo trá; tính phản bội

perforate /'pɜːfərət/ v. đục thủng, khoan, khoét, xoi

perform /pə'fɔːm/ v. làm; hoàn thành [nhiệm vụ]; thi hành [lệnh]; cử hành [lễ]; đóng, biểu diễn, diễn xuất, trình diễn; [máy] chạy: **to ~ a part in a play** đóng một vai trong một vở kịch

performance /pə'fɔːməns/ n. sự làm, sự hoàn thành; sự thi hành; sự cử hành; cuộc biểu diễn; thành tích (thể thao); hiệu suất: **an evening ~** xuất hát tối; **the ~ of one's duties** sự thi hành nhiệm vụ

perfume /'pɜːfjuːm/ **1** n. hương/mùi thơm; nước hoa, dầu thơm **2** v. xức nước hoa; vẩy nước hoa; ướp (trà)

perfunctory /pə'fʌnktərɪ/ adj. chiếu lệ, đại khái, qua loa: **a ~ inquiry** cuộc điều tra đại khái; **in a ~ manner** qua loa đại khái

perfuse /pə'fjuːz/ v. vẩy lên, rắc lên; làm tràn ngập

perhaps /pə'hæps/ adv. có lẽ, có thể

peril /'perəl/ n. sự nguy hiểm, hiểm họa, nguy cơ: **at the ~ of one's life** nguy hiểm đến tính mạng; **at one's ~ of** liều mạng; **in ~ of** trong tình trạng đầy nguy hiểm

perilous /'perələs/ adj. nguy hiểm, hiểm nghèo, đầy hiểm họa: **The seamen underwent a ~ journey before reaching their destination.** Thuỷ thủ

thực hiện một cuộc hành trình đầy
nguy hiểm trước khi cập bến.

perimeter /pə'rɪmɪtə(r)/ *n.* chu vi; vòng
xoay

perinatal /perɪ'neɪtəl/ *adj.* thuộc thời
gian trước hay sau khi sinh

period /'pɪərɪəd/ **1** *n.* kỳ, thời kỳ, thời
gian, giai đoạn; thời nay, thời đại;
kỳ hành kinh, kinh nguyệt; dấu
chấm câu; tiết (học); chu kỳ: **of the
~** thuộc về lịch sử; **the ~s of history**
những giai đoạn lịch sử; **I have two
~s of mathematics today.** Tôi có hai
tiết học toán ngày hôm nay. **2** *adj.*
thuộc thời đại, mang tính chất thời
kỳ: **~ costume** phong tục theo thời
3 *adv.* chấm hết: **The answer is no,
~!** Câu trả lời là không, chấm hết!

periodical /pɪərɪ'ɒdɪkəl/ *n., adj.* tạp chí
xuất bản định kỳ

peripheral /pə'rɪfərəl/ *adj., n.* chu vi;
thuộc ngoại vi/ngoại biên

periscope /'perɪskəʊp/ *n.* kính tiềm
vọng

perish /'perɪʃ/ *v.* chết, bỏ mình, diệt
vong; hư/hỏng đi: **Perish the
thought!** Sự bày tỏ ngạc nhiên
không đồng ý kiến!; **The hot
weather has ~ed all flowers.** Khí
hậu nóng làm chết rụi hoa cả.

perishable /'perɪʃəb(ə)l/ *adj.* dễ thối,
dễ hư; có thể chết; có thể bị tiêu
diệt: **All ~ food items should be used
as soon as possible.** Thực phẩm dễ
hư nên ăn đi càng sớm càng tốt.

perjury /'pɜːdʒərɪ/ *n.* lời thề ẩu; lời
khai man, tội ngụy chứng; tội phản
bội lời thề trước toà án: **Perjury is
a punishable offense.** Lời man khai
là một tội có thể bị trừng phạt.

perk /pɜːk/ *v.* làm phấn khởi; vênh
mặt lên: **to ~ up** phấn khởi, vênh
lên, vểnh lên

permafrost /'pɜːməfrɒst/ *n.* sự đông
cứng vĩnh viễn (đất)

permanent /'pɜːmənənt/ *adj.* lâu dài,
lâu bền, vĩnh cửu, cố định; thường
trực, thường xuyên: **~ address** địa

chỉ vĩnh viễn; **~ job** công việc vững
bền mãi; **~ observer** quan sát viên
thường trực; **~ resident** ngoại kiều
thường trú; **~ set** sự không thay đổi
được; **~ visa** giấy phép cư trú vĩnh
viễn; **~ wave** làn tóc giả, làn tóc
tạm thời

permeable /'pɜːmɪəb(ə)l/ *adj.* thấm qua
được, đi qua được (chất lỏng/khí)

permeate /'pɜːmɪːeɪt/ *v.* thấm vào/qua;
toả ra, lan khắp

permission /pə'mɪʃən/ *n.* sự cho phép,
sự chấp thuận; phép, giấy phép: **I
will do it with your kind ~.** Tôi sẽ
làm điều đó với sự chấp thuận của
bạn.

permissive /pə'mɪsɪv/ *adj.* [cha mẹ]
dễ dãi/buông thả quá

permit /pə'mɪt/ **1** *n.* giấy phép, sự cho
phép: **learner's ~** giấy phép tập lái
xe; **to grant a ~** cấp giấy phép **2** *v.*
cho phép: **Please ~ me to say that.**
Làm ơn cho tôi được nói rằng.; **The
situation ~s no delay.** Tình hình
không cho phép được trì hoãn.

permutate /'pɜːmjʊteɪt/ *v.* đổi trật tự,
hoán vị

pernicious /pə'nɪʃəs/ *adj.* độc, hại,
nguy hiểm, tai hại

perpendicular /pɜːpən'dɪkjʊlə(r)/ *n.,
adj.* (đường) thẳng đứng, vuông
góc, trực giao, thẳng góc: **The cliff
is so steep that it looks ~.** Sườn đá
sâu đến nỗi trông như thẳng đứng.

perpetrate /'pɜːpɪtreɪt/ *v.* phạm, gây,
làm [tội, lỗi]: **to ~ hostility between
two countries** gây ra sự thù địch
giữa hai nước

perpetual /pə'petjuːəl/ *adj.* mãi mãi,
vô cùng, bất diệt, vĩnh cửu/viễn;
đời đời, suốt đời, chung thân;
không ngừng: **~ complaint** phàn
nàn kỳ kèo mãi; **~ punishment** hình
phạt chung thân

perpetuate /pə'petjuːeɪt/ *v.* làm sống
mãi; ghi nhớ mãi: **to ~ the memory
of ancestors** ghi nhớ mãi vong linh/
hương hồn của tổ tiên

perplexed /pə'plekst/ *adj.* lúng túng, bối rối

perquisite /'pɜːkwɪzɪt/ *n.* bổng lộc, tiền bổng, tiền hưởng thêm: **A free company car is a ~ of my employment.** Một chiếc xe hãng miễn phí là món bổng lộc cho công việc của tôi.

persecute /'pɜːsɪkjuːt/ *v.* làm khổ, hành, hành hạ, khủng bố, ngược đãi

persecutor /'pɜːsɪkjuːtə(r)/ *n.* người buộc tội; người khủng bố, kẻ ngược đãi, kẻ hành hạ

perseverance /pɜːsɪ'vɪərəns/ *n.* tính kiên nhẫn/nhẫn nại, tính bền gan, bền chí

persevere /pɜːsɪ'vɪə(r)/ *v.* bền gan/chí; kiên nhẫn/trì, nhẫn nại: **to ~ in doing something** kiên trì làm việc gì; **to ~ in one's work** kiên nhẫn trong công việc

Persian /'pɜːʃən/ *adj.* thuộc Ba Tư: **~ carpet** thảm Ba Tư; **~ cat** mèo Ba Tư

persimmon /pə'sɪmən/ *n.* quả hồng (đỏ): **dried ~** mứt hồng

persist /pə'sɪst/ *v.* dai, dai dẳng; cố chấp, khăng khăng; bền gan, kiên nhẫn: **to ~ in one's opinion** khăng khăng giữ ý kiến của mình

persistent /pə'sɪstənt/ *adj.* dai, bền chí; dai dẳng; không rụng: **a ~ cough** cơn ho dai dẳng

person /'pɜːrs(ə)n/ *n.* người, con người; gã, anh chàng, thằng cha, cô ả, mụ; bản thân; ngôi: **Who is that ~?** Người đó là ai?; **first ~** ngôi thứ nhất; **in ~** bản thân, đích thân; **to be delivered to the addressee in ~** đưa tận tay cho người nhận, trao tận tay cho người trên địa chỉ; **~ to ~** giữa từng cá nhân với nhau, cú điện thoại gọi đích danh người nào ra máy nói chuyện

personal /'pɜːsənəl/ *adj.* riêng, tư, cá nhân; nói đến cá nhân; đích thân; bản thân; [đại từ] chỉ ngôi: **in my ~ opinion** theo thiển ý, theo ý kiến cá nhân tôi; **~ affairs** chuyện riêng; **~ identification card** thẻ chứng minh nhân dân, thẻ căn cước; **~ property** tài sản cá nhân; **~ question** câu hỏi về đời tư; **~ service** ban nhân viên, ban nhân lực

personality /pɜːsə'nælɪtɪ/ *n.* cá tính, nhân cách, nhân phẩm; cá nhân, người, nhân vật: **a pleasant ~** tính nết dễ chịu; **The boy has a lot of ~.** Cậu bé có nhiều bản lĩnh.; **a television ~** nhân vật có tiếng trong giới truyền hình; **~ cult** sự sùng bái cá nhân

personally /'pɜːsənəlɪ/ *adv.* bản thân, đích thân: **I went ~.** chính tôi đi đến đó mà!; **Personally, I couldn't care less.** riêng tôi, tôi chả cần; **Don't take it ~.** Đừng coi là họ nói đến cá nhân cô.

personify /pə'sɒnɪfaɪ/ *v.* nhân cách hóa; là hiện thân của

personnel /pɜːsə'nel/ *n.* nhân viên, nhân sự, cán bộ: **~ department** phòng tổ chức cán bộ, phòng nhân viên

perspective /pə'spektɪv/ *n., adj.* (sự) viễn cảnh, phối cảnh; triển vọng, tiền đồ, tương lai: **a fresh ~ on an old issue** triển vọng mới về một vấn đề đã cũ

perspiration /pɜːspɪ'reɪʃən/ *n.* sự đổ mồ hôi, mồ hôi: **to break into ~** toát mồ hôi; **to be bathed in ~** mồ hôi ướt như tắm

perspire /pə'spaɪə(r)/ *v.* ra/đổ mồ hôi, toát mồ hôi

persuade /pə'sweɪd/ *v.* làm cho tin, thuyết, thuyết phục: **to ~ someone to do something** thuyết phục ai làm việc gì

persuasion /pə'sweɪʒən/ *n.* sự thuyết phục, sự tin chắc, tín ngưỡng: **it is my ~ that** tôi tin chắc rằng

pert /pɜːt/ *adj.* sổ sàng, thiếu lịch sự: **a ~ answer** câu trả lời thiếu lịch sự

pertain /pə'teɪn/ *v.* thuộc về, gắn liền với

pertinacious /pɜːtɪ'neɪʃəs/ *adj.* ngoan cố, cố chấp, ương ngạnh, cứng đầu cứng cổ

pertinent /'pɜːtɪnənt/ *adj.* đúng chỗ, thích hợp, thích đáng

perturb /pə'tɜːb/ *v.* gây xáo trộn/lộn xộn; làm lo lắng

peruse /pə'ruːz/ *v.* chăm chú đọc, đọc kỹ; nghiên cứu kỹ: **to ~ someone's face** nhìn kỹ nét mặt ai; **to ~ a matter till satisfactory answers are found** nghiên cứu vấn đề cho đến khi tìm được giải đáp thoả đáng

pervade /pə'veɪd/ *v.* tràn ngập, thâm nhập, lan tràn khắp: **The perfume of flowers ~s the garden.** Ngôi vườn tràn ngập hương hoa.

pervert /pə'vɜːt/ **1** *n.* người hư hỏng, kẻ lầm đường, kẻ trái thói về tình dục **2** *v.* làm hư hỏng; dùng sai, xuyên tạc: **to ~ the law by doing something illegal** xuyên tạc luật pháp bằng những hành động phi pháp

peso /'peso/ *n.* đồng pe-so, đồng tiền của xứ Nam Mỹ

pessimism /'pesɪmɪz(ə)m/ *n.* chủ nghĩa bi quan; tính bi quan

pessimistic /pesɪ'mɪstɪk/ *adj.* bi quan, yếm thế

pest /pest/ *n.* vật làm hại, sâu chuột; người quấy rầy: **~ control** trừ diệt sâu bọ

pesticide /'pestɪsaɪd/ *n.* thuốc trừ sâu chuột gián

pestilence /'pestɪləns/ *n.* bệnh dịch, bệnh dịch hạch

pestle /'pes(ə)l/ **1** *n.* cái chày **2** *v.* giã bằng chày

pet /pet/ **1** *n.* vật cưng, chó/mèo cưng: **to keep a ~ dog/cat** nuôi chó/ mèo; **my ~ project** chương trình tôi thích nhất **2** *v.* [trai gái] ôm, hôn hít, sờ mó, mùi mẫn

petal /'petəl/ *n.* cánh hoa

Peter Pan /ˌpiːtə'pæn/ *n.* người hữu ích, người làm được nhiều việc

petite /pə'tiːt/ *adj.* nhỏ con, trẻ con

petition /pɪ'tɪʃən/ **1** *n.* đơn xin, đơn thỉnh nguyện, kiến nghị: **Two hundred residents have signed a ~ and sent it to the local government for** roadside improvements. Hai trăm dân địa phương vừa ký bản thỉnh nguyện và gởi lên chính quyền địa phương yêu cầu cải thiện lề đường. **2** *v.* làm đơn xin, thỉnh cầu/nguyện, kiến nghị: **to ~ for something** kiến nghị việc gì, thỉnh cầu điều gì

petrified /'petrɪfaɪd/ *adj.* chết điếng, tê liệt

petrol /'petrəl/ *n.* xăng, dầu: **~ bomb** bom xăng; **~ station** trạm xăng dầu

petroleum /pə'trəʊlɪəm/ *n.* dầu lửa, dầu hoả, dầu mỏ: **Vietnam ~ Company** công ty dầu Việt Nam

petty /'peti/ *adj.* vặt vãnh, lặt vặt, nhỏ mọn, tầm thường; nhỏ, hạ, tiểu, nhỏ nhen, đê tiện, vụn vặt: **~ bourgeois** tiểu tư sản; **~ cash** tiền lẻ có thể ứng ngay; **~ larceny** tội ăn cắp vặt; **~ thief** kẻ ăn cắp vặt

petulant /'petjʊlənt/ *adj.* nóng nảy, hay hờn, hay giận

pew /pjuː/ *n.* ghế dài trong nhà thờ, chỗ ngồi

pewter /'pjuːtə(r)/ *n.* (hợp kim) thiếc; cốc thiếc, thùng thiếc

PG /piː'dʒiː/ *n., abbr.* (= **Parental Guidance**) sự hướng dẫn của phụ huynh/cha mẹ: **A film that has the ~ label is not suitable for children to watch alone.** Phim có ghi PG thì khi trẻ em xem phải có phụ huynh.

phallus /'fæləs/ *n.* tượng dương vật để thờ

phantom /'fæntəm/ **1** *n.* ma, bóng ma; ảo ảnh, ảo tưởng/tượng **2** *adj.* không có thực, có tính ảo tưởng: **~ circuit** sự sắp xếp giây điện giống như làm trò ảo thuật; **~ limb** chân giả giống như thật; **~ pregnancy** có triệu chứng giống như mang thai

Pharaoh /'feərəʊ/ *n.* vua xứ Ai-cập

Pharisee /'færɪsiː/ *n.* thành viên của môn phái đạo Do Thái; người tự chế

pharmaceuticals /ˌfɑːmə'suːtɪk(ə)ls/ *n.* dược khoa

pharmacist /'fɑːməsɪst/ *n.* dược sĩ, dược sư

pharmacy /'fɑːməsɪ/ *n.* dược khoa; khoa bào chế; hiệu/nhà/trạm thuốc, phòng bào chế, dược phòng

pharynx /'færɪŋks/ *n.* (*pl.* **pharynges**) yết hầu, họng

phase /feɪz/ **1** *n.* giai đoạn, thời kỳ, cục diện; tuần (trăng): **We are working on ~ one of the projects.** Chúng tôi đang làm ở giai đoạn một của dự án. **2** *v.* giảm/thôi dần dần: **to ~ out something** thôi dần dần không thực hiện nữa; **to ~ out** giảm dần từng giai đoạn

Ph.D. /ˌpiːeɪtʃ'diː/ *n.* (*abbr.* **Doctor of Philosophy**) bằng tiến sĩ: **He has completed a ~ in English.** Ông ấy vừa lấy xong bằng tiến sĩ tiếng Anh.

phenomenon /fɪ'nɒmɪnən/ *n.* (*pl.* **phenomena**) hiện tượng; người kỳ lạ/ phi thường, vật/việc phi thường

phew /fjuː/ *intj.* Chao ôi! Kinh quá!

philanthropist /fɪ'lænθrəpɪst/ *n.* nhà từ thiện, người nhân đức, kẻ thương người: **Mr. Nam, a ~, donates a lot of money every year to children's charities.** Ông Nam, một nhà từ thiện đã ủng hộ nhiều tiền hàng năm cho quỹ từ thiện trẻ em.

philatelist /fɪ'lætəlɪst/ *n.* người chơi tem, người sưu tầm tem

philharmonic /fɪlhɑː'mɒnɪk/ *adj.* yêu nhạc, thích nhạc, mê nhạc

philosopher /fɪ'lɒsəfə(r)/ *n.* nhà triết học, triết gia/nhân: **Socrates is a well-known Greek ~.** Là một triết gia nổi tiếng người Hy Lạp.

philosophy /fɪ'lɒsəfɪ/ *n.* triết học, triết lý (sống)

phlegm /flem/ *n.* đờm dãi, tính phớt tỉnh, tính lạnh lùng

phlegmatic /fleg'mætɪk/ *adj.* phớt tỉnh, phớt ăng lê, lạnh lùng

phobia /'fəʊbɪə/ *n.* ám ảnh sợ: **He has a ~ about heights.** Ông ấy có ảm ảnh về chiều cao.

phoenix /'fiːnɪks/ *n.* chim phượng hoàng

phone /fəʊn/ **1** *n.* dây nói, điện thoại; âm, âm tố: **on the ~** đang gọi dây nói; **I spoke with him over the ~.** Tôi đã nói chuyện với ông ấy qua điện thoại.; **~ book** niêm giám điện thoại; **~ booth** máy điện thoại công cộng; **~ call** một cú điện thoại; **~ card** thẻ gọi điện thoại **2** *v.* gọi dây nói, kêu điện thoại: **Please ~ me after 5 p.m.** Vui lòng gọi điện thoại cho tôi sau 5 giờ chiều.; **to ~ in** gọi vào đài phát thanh hay truyền hình để cho ý kiến;

phoneme /'fəʊniːm/ *n.* âm vị

phonemics /fəʊ'niːmɪks/ *n.* âm vị học

phonetic /fəʊ'netɪk/ *adj.* thuộc ngữ âm, thuộc ngữ âm học

phonetics /fəʊ'netɪks/ *n.* ngữ âm học

phony, phoney /'fəʊnɪ/ **1** *n.* tên bịp bợm giả mạo **2** *adj.* giả, giả dối

phosphate /'fɒsfeɪt/ *n.* chất phot-phat

photo /'fəʊtəʊ/ *n.* xem **photograph** hình, ảnh: **~ call** các diễn viên ngừnglai để chụp hình; **~ finish** chụp hình khi về đích

photocopier /'fəʊtəʊkɒpɪə(r)/ *n.* máy chụp bản sao, máy phóng ảnh

photocopy /'fəʊtəʊkɒpɪ/ *n., v.* (chụp) phóng ảnh, bản chụp lại

photogenic /fəʊtəʊ'dʒenɪk/ *adj.* ăn ảnh; tạo ánh sáng

photograph /'fəʊtəgrɑːf/ **1** *n.* ảnh, hình **2** *v.* chụp ảnh: **I always ~ well.** Tôi chụp hình bao giờ cũng đẹp.

photography /fəʊ'tɒgrəfɪ/ *n.* thuật chụp ảnh, ngành chụp ảnh

photojournalism /'fəʊtədʒɜːnəlɪz(ə)m// *n.* nghệ thuật tạo hình cho báo chí

photo shoot *n.* (*also* **photo session**) sự sắp xếp trước để chụp hình cho ai

phrase /freɪz/ **1** *n.* nhóm/cụm từ; thành ngữ; tiết nhạc: **~ book** từ điển câu và thành ngữ; **adverbial ~** trạng ngữ; **noun ~** cụm/ngữ danh từ, danh ngữ; **prepositional ~** giới ngữ; **verb ~** cụm/ngữ động từ, động ngữ **2** *v.* diễn đạt/tả

physical /'fɪzɪkəl/ **1** *adj.* thuộc cơ thể; thân thể; thuộc vật lý; thuộc vật

chất: ~ **education** giáo dục thể dục
2 *n.* thể chất, tự nhiên, vật chất: ~
chemistry hoá học ứng dụng vật lý;
~ **examination** cuộc khám nghiệm
thể chất; ~ **geography** địa lý tự
nhiên; ~ **sciences** khoa học thể dục;
~ **training** huấn luyện thể thao

physician /fɪˈzɪʃən/ *n.* thầy thuốc, y sĩ,
y sư, ông lang

physics /ˈfɪzɪks/ *n.* vật lý học

physiognomy /fɪzɪˈɒgnəmɪ/ *n.* thuật
xem tướng; diện mạo, gương mặt,
nét mặt

physiology /fɪzɪˈɒlədʒɪ/ *n.* sinh lý học

physiotherapy /fɪzɪəʊˈθerəpɪ/ *n.* phép
chữa vật lý, vật lý trị liệu

physique /fɪˈziːk/ *n.* cơ thể, vóc
người, thân thể

pi /paɪ/ *n.* ám số pi (= 3.14159), ám
hiệu chỉ độ bách phân của vòng tròn

pianist /ˈpiːənɪst/ *n.* người chơi pianô,
nhạc sĩ dương cầm

piano /pɪˈænəʊ/ *n., adj.* đàn pia-nô,
đàn dương cầm, thuộc dương cầm

piaster /pɪˈæstə(r)/ *n.* đồng bạc Đông
Dương/Việt Nam

piazza /pɪˈætsə/ *n.* quảng trường; mái
hiên, hiên

picador /ˈpɪkədɔː(r)/ *n.* người đấu bò

pick /pɪk/ **1** *n.* sự chọn lọc; phần chọn
lọc/tinh hoa: **to take your ~** đấy, tha
hồ cho anh chọn đi; **the ~ of this
basket** những quả ngon nhất trong
rổ này **2** *n.* cái cuốc chim; dụng cụ
nhọn: **ice ~** cái đập nước đá; **tooth ~**
cái tăm **3** *v.* chọn, chọn lọc, chọn
lựa kỹ càng: **to ~ out** lựa chọn;
nhận ra được; hiểu ra; đánh thử
(một điệu nhạc) **4** *v.* cuốc (đất);
xỉa (răng); ngoáy (mũi, tai); hái
(hoa, lá, quả); mổ, nhặt (thóc,
gạo); ăn nhỏ nhẻ; móc (túi); cạy
(khóa); nhổ lông (gà, vịt); gảy,
búng (đàn); gây/kiếm chuyện: **to ~
a lock** mở ổ khóa bằng giây kẽm;
to ~ one's way along đi rón rén từng
bước, đi nhẹ nhàng từng bước; **to ~
a quarrel with somebody** gây cãi

nhau với người nào; **to ~ at** la rầy,
mắng mỏ; **to ~ off** tước đi, nhổ đi;
to ~ someone's brains tiếp thu ý
kiến của ai; **to ~ something to
pieces** xé vật gì ra thành miếng
nhỏ; **to ~ up** nhặt lên; nhặt được;
mua được, kiếm được; làm tăng
(tăng tốc); đón khách; nhặt/vớ
được (đàn bà, ở quán rượu, v.v.);
bắt/nghe được (tin tức ở đài)

pick-and-mix *adj.* trộn lẫn với nhau,
lấy chung với nhau: **a ~ program of
study** chương trình học lẫn với nhau

pickax /ˈpɪkæks/ *n.* cái cuốc chim

picket /ˈpɪkɪt/ **1** *n.* cọc, hàng rào;
người biểu tình ủng hộ cuộc bãi
công: ~ **line** hàng rào ngăn không
cho ai vào làm việc trong giờ đình
công **2** *v.* rào bằng cọc; đứng gác
không cho ai vào làm trong khi
đình công: **to ~ men during a strike**
đặt người đứng gác không cho ai
vào làm việc trong lúc đình công

pickle /ˈpɪk(ə)l/ **1** *n.* nước giầm, giấm,
nước mắm; dưa/rau muối, hoa quả
giầm; dưa chuột ngâm giấm **2** *v.*
giầm, muối: **My mother ~d green
cabbages in a small pot.** Mẹ tôi
muối cải xanh trong cái hủ nhỏ.

pickpocket /ˈpɪkpɒkɪt/ *n.* tên móc túi:
beware of ~s coi chừng móc túi

pickup **1** *n.* bò lạc, đàn bà ngẫu nhiên
gặp; sự tăng tốc độ; sự buôn bán
khá hơn; cái pic-cơp; xe cam nhông
nhỏ, xe chở hàng, xe vận tải hạng
nhẹ **2** *adj.* bắt kịp, tăng trưởng

picnic /ˈpɪknɪk/ **1** *n.* cuộc đi chơi và
ăn ngoài trời: **to go on a ~** đi chơi đi
ăn ngồi trời **2** *v.* đi chơi và ăn
ngoài trời

pictorial /pɪkˈtɔːrɪəl/ **1** *n.* báo ảnh, hoạ
báo: **The city council has published
a ~.** Hội đồng thành phố vừa xuất
bản một tờ báo bằng tranh. **2** *adj.*
bằng tranh ảnh, dùng tranh ảnh, có
nhiều hình ảnh: **a ~ magazine** báo
ảnh, tờ báo bằng tranh

picture /ˈpɪktjʊə(r)/ **1** *n.* bức tranh, bức

ảnh, bức vẽ; chân dung; người giống hệt; hiện thân, điển hình: **motion ~s, moving ~s** phim xi-nê; **I can't get a clear ~ on this TV set.** Cái máy tivi này của tôi hình chẳng rõ gì ca.; **the present political** ~ cục diện chính trị hiện thời; ~ **gallery** phòng trưng bày tranh, phòng triển lãm tranh ảnh; ~ **post-card** bưu thiếp, cửa ảnh; ~ **window** xem hình qua cửa sổ; **to get the ~** nắm lấy cơ hội **2** *v.* vẽ người, vật; mô tả, miêu tả; hình dung, tưởng tượng được: **to ~ something to one-self** hình dung một việc gì, tưởng tượng ra một việc gì

picture messaging *n.* sự chuyển thông tin bằng hình ảnh

picture perfect *adj.* quá hoàn hảo, quá đúng

picturesque /ˌpɪktjʊəˈresk/ *adj.* đẹp (như tranh); nhiều hình tượng: **His powerful description gives a ~ image of the place.** Sự mô tả tài tình của ông ấy đã cho nơi đó hình ảnh đẹp.

pidgin /ˈpɪdʒɪn/ *n.* tiếng "bồi": ~ **English** tiếng Anh bồi, tiếng Anh không ra câu

pie /paɪ/ *n.* bánh nướng nhân thịt; bánh pa tê: **apple ~** bánh nướng nhân táo; **as easy as ~** rất dễ dàng; **to have a finger in the ~** có dính dáng, có chấm mút

piece /piːs/ **1** *n.* mẩu, mảnh, khúc, viên, cục, miếng; mảnh rời, bộ phận; đơn vị, mộtcái/chiếc/tấm/bản, v.v.; việc chuyện, sự, đồng tiền; nhạc khí: **a ~ of advice** một lời khuyên; **a ~ of cake** một miếng bánh; **a ~ of furniture** một món bàn ghế; **a ~ of land** một thửa đất; **a ~ of news** một tin; **a ~ of one's mind** một bài giảng sắc bén; **to break into ~s** bẻ ra thành từng miếng nhỏ; **to go to ~s** bị ngã quy vì xúc động; **to smash to ~s** đập thành miếng nhỏ, đập cho nát; **One ~ is missing.** Còn thiếu một bộ phận.; **in**

one ~ nguyên vẹn, không sứt mẻ; **to tear into ~s** xé ra từng mảnh, xé vụn **2** *v.* chắp lại, ráp nối: **to ~ together** ghép lại với nhau, chắp nối từng miếng lại với nhau

pie chart *n.* sơ đồ có nhiều hình tròn

pier /pɪə(r)/ *n.* bến tàu, cầu tàu

pierce /pɪəs/ *v.* đâm/xuyên/chọc thủng; xỏ lỗ [tai]

piety /ˈpaɪɪti/ *n.* lòng mộ đạo; lòng hiếu thảo: **filial ~** đạo hiếu: **Asian society greatly values filial ~.** Xã hội Á châu đánh giá rất cao lòng hiếu thảo.

pig /pɪg/ **1** *n.* lợn, heo; thịt lợn/heo; người phàm ăn; kẻ ở bẩn; cảnh sát, cớm: **roast ~** thịt heo quay; **to raise ~s** nuôi lợn; **the year of the ~** năm Hợi; **to be born under the sign of the ~** tuổi con lợn/heo; ~ **in the middle** người ở trong tình trạng khó xử; **~-iron** gang; **~s might fly** sự bày tỏ không tin tưởng; **to bleed like a ~** chảy máu liên tục; **to bring one's ~s to a market** làm ăn thất bại; **to buy a ~ in a poke** mua vật gì mà không trông thấy; **to make a ~ of oneself** tham ăn tham uống, ăn uống thô tục như heo; **to make a ~'s ear** làm lộn xộn bừa bãi **2** *v.* đẻ con, ở bẩn như heo: **to ~ out** ăn ngốn nghiến như heo

pigeon /ˈpɪdʒən/ *n.* chim bồ câu

piggy /ˈpɪgɪ/ *n.* con heo con, con lợn con

piggyback /ˈpɪgɪbæk/ *n., adv.* (= **pick-a-back**) cởi lên vai lên lưng ai, trên lưng trên vai ai

piglet /ˈpɪglət/ *n.* lợn/heo con

pigment /ˈpɪgmənt/ *n., v.* chất màu; chất sắc, sắc tố

pike /paɪk/ **1** *n.* giáo, mác; mỏm đồi **2** *n.* chỗ chắn để thu thuế đường, nơi nộp thuế đường **3** *v.* đâm bằng giáo mác; hạ ai xuống: **to ~ out on one's bargain** giảm giá mặc cả xuống

pile /paɪl/ **1** *n.* tấm xi-măng hay nhựa dùng chắn; đường cổng chắn để thu thuế xa lộ: **to set up a ~ for roadwork** để bục chắn cho công tác làm đường **2** *n.* cọc, cừ; cột nhà sàn: **~ driver** máy khoan để đặt cọc; **~ dwelling** nhà xây trên cột, nhà sàn **3** *n.* đống, chồng; lò phản ứng (nguyên tử): **a ~ of books** một chồng sách, một đống sách; **to make a ~** hốt của, làm giàu; **nuclear ~** lò phản ứng nguyên tử **4** *v.* chồng chất, chất đống, tích lũy; để đầy: **to ~ a table with dishes** chất đầy đĩa trên bàn; **to ~ on the agony** làm ra vẻ đau đớn bi thảm; **to ~ up** chất đống, xếp thành đống

piles /'paɪlz/ *n.* (= **hemorrhoids**) bệnh trĩ

pilfer /'pɪlfə(r)/ *v.* ăn cắp vặt

pilgrim /'pɪlgrɪm/ *n.* người hành hương, khách hành hương, người đi viếng các chùa, nhà thờ: **The ~s journeyed many days to reach the Holy Land.** Cuộc hành hương nhiều ngày đã đến được đất thánh.

pill /pɪl/ *n.* viên thuốc; thuốc chống thụ thai; điều cay đắng, điều sĩ nhục: **a bitter ~** thuốc đắng; điều cay đắng; **to sweeten the ~** làm thuốc độc bọc đường, chấp nhận việc làm không thích

pillage /'pɪlɪdʒ/ *n., v.* (sự) cướp bóc, (sự) cướp phá: **The pirates ~d cargo when they raided the ship.** Bọn hải tặc cướp bóc tàu chở hàng khi chúng lục soát tàu.

pillar /'pɪlə(r)/ *n.* cột, trụ; cột trụ, rường cột, lương đồng: **~s of the state/court** cột trụ của triều đình/quốc gia; **to be driven from ~ to post** bị đẩy từ khó khăn nầy đến khó khăn khác

pillion /'pɪljən/ *n.* nệm lót sau yên ngựa, nệm lót yên xe: **to ride ~** đèo ở phía sau xe

pillow /'pɪləʊ/ *n.* gối; đệm, tấm lót: **~ case** áo gối; **~ fight** cuộc ném nhau bằng gối; **~ talk** nói chuyện lãng mạn ở trên giường; **to take counsel of one's ~** nằm vắt tay lên trán mà suy nghĩ

pilot /'paɪlət/ **1** *n.* phi công, người lái máy bay; hoa tiêu; cái đầu mồi ở bếp ga hay điện: **inshore ~** hoa tiêu ven biển; **~-boat** tàu dẫn đường; **~ chute** cái dù nhảy nhỏ; **~ jacket** áo khoác của phi công; **~ light** ngọn lửa chong; đèn điều khiển; **~ project** chương trình thí nghiệm; **to drop a ~** bỏ rơi một vị cố vấn **2** *v.* lái, kéo (máy bay); dẫn (tàu); dìu dắt: **to ~ an aircraft out of the gate** kéo máy bay ra khỏi cổng đậu **3** *adj.* tiên phong, mũi nhọn

pimento /pɪ'mentəʊ/ *n.* ớt; ớt quả, ớt bột

pimp /pɪmp/ **1** *n.* kẻ mối lái, người dẫn gái làng chơi, ma cô **2** *v.* làm ma cô, làm mối lái

pimple /'pɪmp(ə)l/ *n.* mụn nhọt (ở mặt): **to come out in ~s** nổi đầy mụn nhọt

pin /pɪn/ **1** *n.* ghim, đanh ghim; cái căp/kẹp; chốt, trục: **dressmaking ~** cặp quần áo; **to be on ~s and needles** bứt rứt khó chịu như ngồi trên gai; **~ money** tiền cho phụ nữ may quần áo; **safety ~** kim băng; **~ table** bàn chơi banh nhỏ; **~-up** hình tài tử treo tường **2** *v.* ghim, găm, cặp, kẹp; buộc chặt, ghì chặt: **to ~ up one's hair** kẹp tóc lại; **to ~ sheets of paper together** ghim những tờ giấy rời lại với nhau; **to ~ down to** buộc người nào phải giữ lời hứa; **to ~ one's hopes on** tin tưởng vào ai

PIN /pɪn/ *n., abbr.* (= **personal identification number**) ẩn số cá nhân (dùng vào việc ngân hàng hay vi tính)

pincers /'pɪnsəz/ *n.* cái kìm; càng cua, càng tôm

pinch /pɪn(t)ʃ/ **1** *n.* cái cấu/véo; một nhúm (muối, đường, v.v.): **in a ~** vào lúc khó khăn/gay go; **to feel the ~** hiểu thấu sự đói khổ: **The cost of living is so high I feel the ~ on my pocket.** Giá sinh hoạt quá cao tôi cảm thấy sự thiếu hụt trong túi tiền của tôi.; **to give someone a ~** cấu, véo ai một cái **2** v. cấu,véo; bó chặt, làm tức (chân): **The new shoes ~ me.** Đôi giầy mới bó chặt chân tôi.; **to be ~ed with cold** rét tê cống, rét lạnh thấu xương

pine /paɪn/ **1** n. cây thông; gỗ thông: **~ needle** lá thông; **~ nut** quả thông; **~-tree** cây thông; **~ wood** gỗ thông **2** v. gầy mòn, tiều tụy, héo hon: **to ~ away** mòn mỏi trông chờ; **to ~ for** mong muốn thiết tha, mòn mỏi mong chờ

pineapple /'paɪnˌæp(ə)l/ n. quả dứa, quả thơm, quả khóm

ping-pong /'pɪŋˈpɒŋ/ n. (= **table tennis**) môn chơi bóng bàn

pinhead /'pɪnhed/ n. đầu đinh ghim; vật rất nhỏ

pinion /'pɪnjən/ **1** n. đầu cánh **2** v. chặt cánh; trói cánh tay

pink /pɪŋk/ **1** n. màu hồng; hoa cẩm chướng: **in the ~ of health** tình trạng sung sức nhất **2** adj. hồng, thân cộng: **~ collar** giới hồng lâu; **~ elephants** bị quáng loạn vì rượu; **~ gin** rượu gin có mùi đắng **3** v. đâm nhẹ, trang trí đồ da dệt: **~ing shears** việc cắt viền của người may áo quần

pinkie /'pɪŋkɪ/ adj. hơi hồng, hồng nhạt

pinnacle /'pɪnək(ə)l/ n. tháp nhọn; đỉnh núi; đỉnh cao nhất

pinpoint /'pɪnpɔɪnt/ **1** n. đầu đinh ghim, vật nhỏ xíu **2** v. xác định (vị trí) một cách chính xác

pinprick /'pɪnprɪk/ n. việc châm bằng kim ghim; điều bực bội qua loa

pint /paɪnt/ n. đơn vị đo lường panh ở Mỹ (= 0,47 lít)

pinwheel /'pɪnwiːl/ n. (also **windmill**) n., v. vòng pháo hoa, quay tròn như vòng pháo hoa

Pinyin /pɪn'jɪn/ n. hệ thống chữ viết dùng mẫu tự La Tinh của người Trung Hoa

pioneer /paɪə'nɪə(r)/ **1** n. người đi đầu, tiên phong: **young ~** thiếu niên tiền

phong **2** v. đi đầu, mở đường

pious /'paɪəs/ adj. ngoan đạo, mộ đạo; có hiếu, hiếu thảo

pip /pɪp/ **1** n. hột táo, hột cam, hột lê **2** n. bệnh ứ đờm; cơn buồn rầu **3** n. tiếng kêu pip pip báo hiệu ở đài phát thanh

pipe /paɪp/ **1** n. ống dẫn (nước, dầu); điều, tẩu thuốc lá; ống sáo/tiêu; ống, quản: **tobacco-~** ống điếu hút thuốc; **to hit the ~** hút thuốc phiện; **Put that in your ~ and smoke it.** Bạn hãy nhớ mãi điều đó.; **to smoke the ~ of peace** giao hảo thân thiện với nhau, sống hoà bình với nhau **2** v. đặt ống, dẫn bằng ống; thổi sáo/ tiêu; thổi còi; (chim) hót: **to ~ down** thổi còi ra lệnh nghỉ, làm bớt ồn ào; **to ~ up** bắt đầu hát, nói to lên

pipe dream n. ý nghĩ viển vong, chương trình không thực tế

pipeline /'paɪplaɪn/ n. ống dẫn dầu: **in the ~** đang chờ hoàn thành

piping /'paɪpɪŋ/ **1** n. sự đặt đường ống, hệ thống đường ống; sự thổi sáo, tiếng sáo: **~ hot** sôi sùng sục **2** adj. trong như tiếng sáo, lanh lảnh

pique /piːk/ n., v. sự giận dỗi, sự hờn giận, sự chạm tự ái: **to ~ someone** oán giận ai

piracy /'paɪərəsɪ/ n. nghề/vụ cướp biển; sự vi phạm tác quyền, sự in sách/băng/dĩa trái phép: **A group of fishermen was charged with ~.** Một nhóm ngư dân vừa bị kết án về tội cướp biển.

piranha /pɪ'rɑːnə/ n. các loại cá sông

pirate /'paɪərət/ **1** n. kẻ cướp, hải tặc; người vi phạm tác quyền, người in lại sách/băng/dĩa mà không xin phép tác giả: **The publishers sent copyright ~s to the court.** Những nhà xuất bản đã đưa những người vi phạm tác quyền ra toà án. **2** v. in lại sách bất hợp pháp, sang lại băng dĩa không có giấp phép của tác giả: **Some students ~d a whole**

set of music DVDs. Một số học sinh đã sao chép lại bất hợp pháp toàn bộ những đĩa nhạc DVD.

pirouette /ˌpɪruːˈet/ *n., v.* thế/điệu xoay tròn trên đầu ngón chân

pistil /ˈpɪstɪl/ *n.* nhụy hoa

pistol /ˈpɪstəl/ *n.* súng lục, súng sáu, súng ngắn

piston /ˈpɪstən/ *n.* bộ phận đẩy khí nén trong máy, cái pit-tông: **~ rod** cái pittông

pit /pɪt/ **1** *n.* hố, hầm; hố/hầm bẫy; hột quả: **arm~** nách; **coal ~** mỏ than; **orchestra ~** chỗ ban nhạc ngồi; **~ of the stomach** lõm thượng vị; phần trên dạ dày; **to dig a ~ for someone** đưa ai vào bẫy, đặt bẫy ai; **a ~ of hell** địa ngục; **in the ~s** trong tình trạng sa lầy **2** *v.* bỏ hột (anh đào **cherries**); làm lỗ rỗ; thả (gà) cho chọi nhau; đưa (hai lực lượng **forces**) chống chọi nhau: **to ~ someone against another** đưa ai ra đọ sức với nhau

pitch /pɪtʃ/ **1** *n.* hắc ín, nhựa trải đường **2** *n.* sự ném/tung/liệng; độ cao; sự chòng chành: **My anger is at its highest ~.** Cơn giận của tôi đến cực độ.; **~-and-toss** trò chơi bài bạc bằng cách thảy đồng tiền; **~ed battle** tranh cãi kịch liệt; **~ed roof** mái xuôi **3** *v.* ném, tung, liệng; cắm, dựng (lều, trại); lao xuống; chòng chành, chồm lên chồm xuống: **to ~ tents** cắm trại, cắm lều; **to ~ one's voice higher** cất giọng cao hơn; **to ~ in** hăng hái bắt tay vào việc

pitcher /ˈpɪtʃə(r)/ **1** *n.* bình lớn [đựng nước cam, sữa, v.v.] **2** *n.* cầu thủ giao bóng [bóng chày]; người bán quán ở vỉa hè

pitchy /ˈpɪtʃɪ/ *adj.* thuộc hắc ín, đen như hắc ín

piteous /ˈpɪtɪəs/ *adj.* đáng thương hại, thảm hại: **the ~ cries of a kitten caught in the rain** tiếng kêu thảm hại của con mèo con trong mưa

pitfall /ˈpɪtfɔːl/ *n.* hầm, cạm bẫy. **The road is strewn with ~s.** Con đường đầy chông gai cạm bẫy.

pith /pɪθ/ *n., v.* cùi [bưởi/cam]; ruột/ bấc cây; tuỷ sống; sức mạnh, khí lực, nghị lực; phần cốt yếu

pitiable /ˈpɪtɪəb(ə)l/ *adj.* đáng thương hại, đáng thương xót

pittance /ˈpɪtəns/ *n.* lương rẻ mạt; trợ cấp ít quá: **He was paid a mere ~ for his contribution to the article.** Ông ấy được trả lương rẻ mạt cho sự đóng góp vào bài báo.

pity /ˈpɪtɪ/ **1** *n.* lòng thương hại, lòng từ bi/trắc ẩn: **What a ~!** Thật đáng tiếc!; **to feel ~ for someone** thương xót ai, thương hại ai; **For ~'s sake!** Vì lòng thương hại!; **More's the ~.** Tồi tệ xấu xa lắm.; **2** *v.* thương hại, thương xót: **My friend is much to be pitied.** Bạn tôi thật đáng thương.; **to take ~ on** cảm thấy thương tâm về việc gì

pivot /ˈpɪvət/ **1** *n.* trục, chốt, trụ, ngõng; điểm mấu chốt **2** *v.* xoay quanh trụ, đặt lên trụ, đóng trụ vào, đóng chốt vào

pixel /ˈpɪksel/ *n.* (điện tử) thời gian hình ảnh hiện lên màn hình của máy chụp hình

pixie /ˈpɪksɪ/ *n.* tiên

pizza /ˈpiːtsə/ *n.* bánh nướng với phô mát và các loại thịt đồ biển của Ý, bánh pi-za của Ý

pizzeria /ˌpiːtsəˈriːə/ *n.* tiệm bán bánh nướng pi-za của Ý

placable /ˈpleɪkəb(ə)l, ˈplækəb(ə)l/ *adj.* dễ làm cho nguôi, dễ tha thứ

placard /ˈplækɑːd/ *n.* biển, bảng, áp phích, cáo thị

placate /pləˈkeɪt/ *v.* xoa dịu, làm dịu, nguôi

place /pleɪs/ **1** *n.* chỗ, nơi, chốn, địa điểm, địa phương, vùng; nhà, chỗ ở; chỗ làm, địa vị; vị trí, cương vị, nhiệm vụ; hạng, cấp bậc, thứ bậc, thứ tự: **~ card** thiệp ghi chỗ ngồi; **~ in the sun** trong hoàn cảnh thuận

724

lợi; **Can you come to my ~?** Bạn đến nhà tôi chơi được không?; **in ~ of** thay vì/cho; **in the first ~** trước hết; **not quite in ~** không đúng chỗ, không đúng lúc; **There is no ~ like home.** Chả ở đâu bằng nhà mình (với bố mẹ).; **to give ~ to someone** nhường chỗ cho ai; **to put someone in her/his ~** làm nhục ai; **to take ~** xảy ra/đến; [lễ] được tổ chức/cử hành **2** *v.* để, đặt, sắp, xếp; đặt vào [chức vụ]; đầu tư [vốn]; đưa/giao cho, đặt hàng; xếp hạng: **I have ~d an order for dictionaries.** Tôi đã đặt mua từ điển đó rồi.; **to ~ confidence in a leader** đặt tin tưởng vào vị lãnh đạo; **to ~ a matter in someone's hands** trao việc cho ai giải quyết

placebo /pləˈsiːbəʊ/ *n.* thuốc trấn an người bệnh

placenta /pləˈsentə/ *n.* nhau [trẻ sơ sinh]

placid /ˈplæsɪd/ *adj.* yên lặng, trầm lặng; êm đềm, tĩnh

plagiarize /ˈpleɪdʒɪəraɪz/ *v.* ăn cắp văn, đạo văn: **It is unethical to ~ some-one's work.** Không có công bằng khi ăn cắp văn của người khác.

plague /pleɪg/ **1** *n.* bệnh dịch: **bubonic ~** bệnh dịch hạch; **~ spot** vùng bị bệnh dịch **2** *n.* người/vật gây tai nạn: **What a ~ this man is!** Cái ông nầy thật tai hại! **3** *v.* gây tệ hại; làm khổ, quấy rầy: **to ~ someone with questions** cứ hỏi quấy rầy người ta

plaid /plæd/ *n., adj.* (vải) sọc vuông

plain /pleɪn/ **1** *n.* đồng bằng **2** *adj.* rõ ràng, rõ rệt; dễ hiểu, đơn giản; giản dị, đơn sơ, không rườm rà/phiền phức; chất phác, thẳng thắn; [vải] trơn, không kẻ, không có hoa, [đàn bà] xấu, thô: **as ~ as daylight** rõ ràng như ban ngày; **~ living but high thinking** cuộc sống thanh bạch nhưng cao thượng; **to be ~ in one's criticism** thẳng thắng phê bình; **~ answer** câu trả lời thẳng thắng; **~clothesman** công an chìm [mặc

quần áo thường]; **~ dealing** sự chân thật, sự thẳng thắn; **~ sailing** sự thuận buồm xuôi gió **3** *adv.* rõ ràng: **to talk ~** nói rõ ràng; **to make something ~ to someone** làm cho ai hiểu rõ việc gì

plain text *n.* văn bản chữ (không có hình)

plaintiff /ˈpleɪntɪf/ *n.* người đứng kiện, nguyên đơn/cáo

plaintive /ˈpleɪntɪv/ *adj.* than văn; rên rỉ, não nùng

plait /plæt/ **1** *n.* đường xếp, đường gấp, bím tóc, đuôi sam **2** *v.* cột tóc đuôi sam, bận

plan /plæn/ **1** *n.* sơ đồ, đồ án; bản đồ; kế hoạch, dự định, dự kiến: **to for-mulate a ~** phác thảo kế hoạch; **the ~ of a building** hoạ đồ căn nhà; **floor ~** sơ đồ căn nhà [cho thấy kích thước, đồ đạc kê ra sao]; **We don't have any ~s for this weekend.** Cuối tuần này chúng ta không định làm gì đặc biệt cả. **2** *v.* vẽ sơ đồ; làm dàn bài, soạn khung bài; đặt kế hoạch, trù tính/hoạch/liệu, trù định, tính: **He ~s a big wedding.** Anh ta định làm đám cưới thật lớn.; **to ~ ahead** định từ lâu/trước; **We didn't ~ on going to the movies tonight.** Chúng tôi không tính đi xi nê tối nay.; **I ~ to retire early** Tôi tính về hưu non.; **to ~ for the future** đặt kế hoạch cho tương lai

plane /pleɪn/ **1** *n.* mặt bằng, mặt phẳng, mặt; bình diện, mức, trình độ; máy bay: **air~** máy bay; **inclined ~** mặt nghiêng; **to take a ~** đáp máy bay, đi phi cơ; **~ geometry** hình học phẳng **2** *n.* cây ngô đồng: **~ tree** cây ngô đồng **3** *n.* cái bào: **~ iron** lưỡi bào **4** *v.* bào nhẵn: **to ~ down** bào nhẵn

planet /ˈplænɪt/ *n.* hành tinh

planetarium /ˌplænɪˈteərɪəm/ *n.* cung/nhà thiên văn: **The ~ in London is visited by many people every year.** Hàng năm nhiều người đến thăm nhà thiên văn ở Luân Đôn.

plank /plæŋk/ 1 *n.* tấm ván; điều, mục [trong cương lĩnh của chính đảng]; **to walk the ~** đi dọc theo tấm ván trên tàu 2 *v.* lát ván

planning /'plænɪŋ/ *n.* sự thiết kế, sự kế hoạch hoá: **family ~** kế hoạch hoá gia đình, hạn chế sinh đẻ; **city ~** thiết kế đô thị

plant /plɑ:nt/ 1 *n.* cây (nhỏ), thực vật; người được gài vào làm nội ứng: **flowering ~** cây có hoa, cây cho hoa; **indoor ~** cây trồng trong nhà 2 *n.* nhà máy, máy móc, thiết bị: **chemical ~** nhà máy hoá chất; **power ~** nhà máy điện 3 *v.* trồng, gieo cấm, đóng [cọc]; gieo [ý nghĩa idea]; gài [người] làm nội công: **to ~ an idea in someone's mind** gieo ý nghĩ vào đầu ai

plantation /plæn'teɪʃən/ *n.* đồn điền, vườn ươm: **rubber ~** đồn điền cao su; **~ song** bài hát của người da đen trong đồn điền của họ

plaque /plɑ:k/ *n.* tấm bảng đồng; tấm thẻ bài; bựa răng

plasma /'plæzmə/ *n.* huyết tương: **blood ~** máu nhân tạo; **~ TV** máy truyền hình Plas-ma, máy truyền hình có màn ảnh dùng chất lân tinh

plaster /'plɑ:stə(r)/ 1 *n.* vữa; vôi cao/ dán; thạch cao: **~ of Paris** thạch cao; **~board** tấm thạch cao dùng để che tường; **~ cast** băng bột; **~ saint** người không phạm tội đạo đức 2 *v.* trát vữa; phết/dán đầy, đóng thạch: **to ~ all the walls of a house** đóng thạch cao tất cả tường của căn nhà; **to ~ up** trát kín

plastic /'plæstɪk/ 1 *n.* chất dẻo, chất nhựa plat-tic 2 *adj.* dẻo, dễ nặn; [nghệ thuật] tạo hình: **~ art** nghệ thuật tạo hình bằng thạch cao; **~ bomb** bom plat-tic; **~ explosive** chất nổ làm bằng tay; **~ surgery** giải phẫu thẩm mỹ, phẫu thuật tạo hình

plasticine /'plæstɪsi:n/ *n.* chất dẻo thạch cao

plate /pleɪt/ 1 *n.* đĩa [đựng thức ăn]; đĩa thức ăn; bản, tấm, lá, phiến; biển, bảng; bản kẽm, bản/khuôn in; kính ảnh: **dental ~** hàm giả [để căm răng giả]; **dinner ~** đĩa ăn cơm; **door ~** bảng tên treo ở cửa; **name ~** bảng tên; **~-rack** tủ bát đĩa; **tectonic ~s** khoa nghiên cứu mặt đất; **registration ~** bảng số xe hơi; **soup ~** đĩa (sâu) ăn súp; **two ~s/ platefuls of fried rice** hai đĩa cơm rang đầy ắp 2 *v.* mạ (vàng/bạc); bọc sắt: **to ~ something with gold** mạ vàng

plateau /'plætəʊ/ *n., v.* (*pl.* **plateaux**) cao nguyên; giai đoạn đứng nguyên sau khi tăng giá

platform /'plætfɔ:m/ *n.* bục, bệ, nền; sân ga; cương lĩnh [của một chính đảng]: **The train is about to leave on ~ number 2.** Xe lửa sắp rời ở sân ga số 2.; **~ ticket** vé dành cho người không đi tàu vào sân ga

platinum /'plætɪnəm/ *n.* bạch kim, chất pla-tin: **~ ring** chất bạch kim bột đen; **~ blonde** người có tóc bạch kim

platonic /plə'tɒnɪk/ *adj.* thuộc triết học Pla-ton; lý tưởng thuần khiết: **~ love** tình yêu lý tưởng thuần khiết

platoon /plə'tu:n/ *n.* trung đội

platter /'plætə(r)/ *n.* đĩa lớn [để mời thức ăn]; đĩa hát

platypus /'plætɪpəs/ *n.* thú vật mỏ vịt

plausible /'plɔːzɪb(ə)l/ *adj.* có vẻ hợp lý; có vẻ tin được

play /pleɪ/ 1 *n.* sự chơi đùa, sự nô đùa, sự vui chơi; trò chơi/đùa; trận đấu; cách chơi, lối chơi; vở kịch, vở tuồng; sự hoạt động; chỗ xộc xệch: **a ~ on words** cách chơi chữ; **fair ~** lối chơi thẳng thắn; cách đối xử công bằng; **in full ~** hoạt động tối đa; **it's your ~** đến lượt anh giao banh; **to be at ~** đang nô đùa, đang chơi; **to bring into ~** phát huy; **to go to the ~** đi xem kịch; **to present a ~** trình bày một vở kịch 2 *v.* chơi, đánh, đá, đấu; chơi/đánh (đàn), kéo (viôlông), thổi (sáo, kèn); đóng,

đóng vai, giả làm; chơi, chơi xỏ; nô đùa; đánh bạc; đóng kịch/tuồng/phim: **to ~ basketball** chơi bóng rổ; **to ~ with children** chơi đùa với trẻ con; **to ~ God** xem tối thượng, quan trọng; **to ~ the field** không để độc quyền về ai; **to ~ the market** kiểm tra tồn kho; **to ~ a trick on somebody** chơi xỏ ai một vố; **to ~ along** dự tính hợp tác; **to ~ by ear** trình tấu nhạc không cần điểm tựa; **to ~ for time** làm kế hoãn binh; **to ~ into the hands of somebody** làm lợi cho ai, làm cho ai hưởng; **to ~ on** lợi dụng; **to ~ one's cards right** nắm lấy cơ hội; **to ~ one's hand for all it's worth** triệt để lợi dụng cơ hội; **to ~ the game** chơi đúng thể lệ qui định; **to ~ up** cư xử có hại cho ai; **to ~ with fire** lao vào nguy hiểm

playback /'pleɪbæk/ *n.* đĩa/băng phát lại hoặc chơi lại

player /'pleɪə(r)/ *n.* cầu thủ, đấu thủ, máy hát: **There are eleven ~s in a soccer team.** Có 11 cầu thủ trong một đội banh.; **cassette ~** máy ca-set; **DVD ~** máy nghe nhạc DVD

playground /'pleɪɡraʊnd/ *n.* sân chơi, sân thể thao [ở trường]: **My children are at the ~.** Con chúng tôi đang ở trong sân chơi.

playhouse /'pleɪhaʊs/ *n.* nhà/rạp hát; nhà chơi của trẻ em

playschool /'pleɪskuːl/ *n.* vườn trẻ, nhà trẻ

playtime /'pleɪtaɪm/ *n.* giờ ra chơi ở trường học: **No one is in class during ~.** Không ai được ở trong lớp trong giờ ra chơi.

playwright /'pleɪraɪt/ *n.* nhà soạn kịch

plaza /'plɑːzə/ *n.* quảng trường; nơi phố chợ, trung tâm thương mại

plea /pliː/ *n.* lời tự bào chữa; sự cầu xin; cớ: **to submit a ~** đưa ra lời bào chữa; **a ~ for mercy** sự xin khoan hồng

plead /pliːd/ *v.* [**pleaded/pled**] cãi, bào chữa, biện hộ; cầu xin, nài xin;

bênh vực, lấy cớ: **to ~ guilty** thú nhận là có tội; **to ~ for help** cầu xin người ta giúp đỡ; **to ~ ignorance** lấy cớ là không biết; **to ~ not guilty** không nhận là mình có tội; **to ~ for someone** biện hộ cho ai

pleasant /'plezənt/ *adj.* dễ chịu; thú vị; đẹp, hay, vui, dịu dàng, êm ái; [người] vui vẻ, vui tính, dễ thương

please /pliːz/ **1** *intj.* vui lòng, làm ơn: **Sit down, ~!** Làm ơn ngồi xuống! **2** *v.* làm vui/vừa lòng, làm vừa ý, làm thích; thích, muốn: **I want to ~ my parents.** Tôi muốn làm đẹp lòng cha mẹ tôi.; **Take as much rice as you ~.** Con muốn lấy bao nhiêu cơm thì cứ lấy, tuỳ thích nhé.; **Come in ~.** Xin mời ông/bà vào.; **if you ~** xin vui lòng

pleased /pliːzd/ *adj.* hài lòng, vui lòng, thoả mãn: **~d as Punch** bày tỏ nỗi sung sướng; **to be ~d to do something** vui lòng làm việc gì

pleasurable /'pleʒ(j)ʊərəb(ə)l/ *adj.* có thể vui thích được, có thể thích thú

pleasure /'pleʒ(j)ʊə(r)/ *n.* niềm vui thích, điều thú vị/thích thú, sự khoái lạc/hoan lạc, sự ăn chơi trụy lạc; ý muốn, ý thích: **with ~** rất vui lòng, hân hạnh; **It's my ~.** Không dám, có gì đâu! [để trả lời câu cám ơn]; **to take ~ in doing something** lấy làm hài lòng làm việc gì

pleat /pliːt/ **1** *n.* nếp gấp **2** *v.* xếp nếp, khâu gấp

plebeian /pləˈbiːən/ *n., adj.* người thuộc giai cấp bình dân, thuộc giới bình dân

plebiscite /'plebɪs(a)ɪt/ *n.* cuộc trưng cầu dân ý

pledge /pledʒ/ **1** *n.* của tin, vật thế nợ, vật cầm cố; vật bảo đảm; lời hứa, lời cam kết, lời thề: **deposited as a ~** để làm của tin; **to put something in ~** đem cầm cái gì **2** *v.* cầm cố, đợ, thế; hứa, cam kết, thề, nguyện: **He ~d $200 to the scholarship fund.** Ông ta hứa ủng hộ 200 đôla vào quỹ học bông.; **I ~ allegiance to the flag.** Tôi xin thề trung thành với lá quốc kỳ.

plenary /'pli:nərɪ/ *n., adj.* [phiên họp] toàn thể; đầy đủ: **~ session** phiên họp khoáng đại

plenipotentiary /ˌplenɪpəʊ'tenʃərɪ/ *n., adj.* toàn quyền: **ambassador extraordinary and ~** đại sứ đặc mệnh toàn quyền

plentiful /'plentɪfəl/ *adj.* nhiều, sung túc, phong phú, dồi dào

plenty /'plentɪ/ *n., adj., adv.* sự dồi dào/sung túc/phong phú: **They have ~ of food.** Họ có nhiều thức ăn lắm.; **in a time of ~** thời kỳ thừa mứa/sung túc

pliable /'plaɪəb(ə)l/ *adj.* mềm, dễ uốn; dễ bảo, dễ uốn nắn

pliant /'plaɪ(ə)nt/ *adj.* dễ uốn nắn, mềm dẻo

pliers /'plaɪə(r)/ *n., pl.* cái kìm: **pair of ~** cái kìm

plight /plaɪt/ **1** *n.* tình cảnh, hoàn cảnh, cảnh ngộ; lời hứa, lời cam kết: **to be in a sad ~** ở trong hoàn cảnh đáng buồn **2** *v.* hứa hẹn, cam kết, thề nguyền: **to ~ one's faith** hứa hẹn trung thành

plimsoll line /'plɪmsɒl laɪn/ *n.* đường vạch plim-so; đường vạch chỉ mức hạn chế trọng tải trên tàu

plod /plɒd/ *v., n.* đi nặng nề, lê bước; làm việc cần mẫn

plot /plɒt/ **1** *n.* miếng đất, mảnh đất nhỏ: **a ~ of flowers** một mảnh đất nhỏ trồng hoa **2** *n.* tình tiết, cốt truyện [tiểu thuyết, kịch]; âm mưu, bày mưu, mưu toan; vẽ đồ án/sơ đồ: **to hatch a ~** âm thầm bày mưu lập kế **3** *v.* vẽ sơ đồ, vẽ biểu đồ; âm mưu tính toán, bày mưu: **to ~ against someone** âm mưu ám hại ai

plotter /'plɒtə(r)/ *n.* kẻ âm mưu, người bày mưu kế

plow /plaʊ/ **1** *n.* [*Br.* **plough**] cái cày; đất đã cày: **snow ~** xe ủi tuyết; **~man** thợ cày; **~share** lưỡi cày; **to**

put one's hand to the ~ bắt tay vào việc **2** *v.* cày; xới; rẽ, vạch [sóng]; cày, lặn lội: **to ~ back into** cày lấp, tái đầu tư; **to ~ the sand** phí công, lấy gậy đập nước

ploy /plɔɪ/ *n.* chuyến đi; trò giải trí; mánh khoé, thủ đoạn: **Don't listen to those propaganda ~s.** Đừng nghe những mánh khóe tuyên truyền đó.

pluck /plʌk/ **1** *n.* sự nhổ; sự hái; sự búng/gẩy; can đảm: **to have plenty of ~** rất gan dạ, rất can trường **2** *v.* nhổ [lông, tóc, râu]; hái, bứt [hoa, quả]; gẩy/đàn]; kéo, giật: **to ~ up one's courage** lấy hết can đảm

plug /plʌg/ **1** *n.* nút (chậu, bể nước); phít điện; bu-ji xe hơi; vòi máy nước: **fire ~** vòi nước chữa lửa **2** *v.* bít lại; cắm vào: **to ~ in** cắm phít điện; quảng cáo [món hàng]; **to ~ a hole** bít cái lỗ lại; **It is possible to ~ into remote databases to pick up information.** Có thể nối vào mạng vi tính để lấy thông tin từ các kho dữ liệu.

plug-and-play *adj.* dùng được ngay khi cắm vào máy vi tính

plug-in *v.* cắm phít vào (điện)

plum /plʌm/ *n.* quả mận; cây mận

plumb /plʌm/ **1** *n.* quả dọi; dây dọi; độ ngay: **out of ~** không thẳng đứng, xiên; **~ line** dây dọi **2** *adv.* hoàn toàn, đúng là: **to be ~ crazy** thật đúng là điên **3** *v.* đo/dò bằng dây dò; thăm dò, dò xét: **to ~ a mystery** dò xét một điều bí ẩn

plumbing /'plʌmɪŋ/ *n.* nghề sửa ống nước; hệ thống ống nước: **He studied ~ at a technical college.** Ông ấy học nghề sửa ống nước ở trường cao đẳng kỹ thuật.

plume /plu:m/ *n., v.* lông chim, lông vũ; chùm lông

plummet /'plʌmɪt/ **1** *n.* quả dọi, hòn chì dây câu; sức nặng **2** *v.* lao thẳng xuống, rơi thẳng xuống

plump /plʌmp/ **1** *adj.* mũm mĩm, tròn trĩnh, phúng phính **2** *n.* ngồi/rơi

phịch một cái, cái ngã ùm xuống:
to fall with a ~ onto the bed vật ngã
xuống giường **3** *v.* làm tròn trĩnh,
làm phúng phính ra; rơi phịch
xuống, ngồi phịch xuống: **to ~
down on the bench** ngồi phịch
xuống ghế

plunder /'plʌndə(r)/ **1** *n.* sự cướp bóc;
của ăn cắp, của phi nghĩa **2** *v.* cướp
bóc, cưỡng đoạt, tước đoạt; ăn cắp

plunge /plʌndʒ/ **1** *n.* sự lao mình;
bước liều lĩnh: **to take the ~** liều
mạng **2** *v.* thọc, nhúng; đâm [dao]
ngập vào; xô đẩy: **to ~ into chaos**
lao vào cảnh hỗn loạn; **to ~ a coun-
try into war** đưa đất nước vào hoạ
chiến tranh

plunk /plʌŋk/ *v.* ném phịch xuống, rơi
phịch xuống, ngã phịch xuống

plural /'plʊərəl/ **1** *n.* số nhiều, dạng số
nhiều: **The word "information"
does not have a ~ form.** Từ "thông
tin" thì ở dạng số nhiều. **2** *adj.*
ở/thuộc số nhiều: **~ noun** danh từ
số nhiều; **~ society** xã hội đa dạng;
~ vote sự bỏ phiếu nhiều ở một đơn
vị bầu cử

pluralism /'plʊərəlɪz(ə)m/ *n.* sự kiêm
nhiệm nhiều chức vụ; sự có nhiều
lộc thánh; thuyết đa nguyên

plus /plʌs/ **1** *n.* dấu cộng (+), số
dương, số thêm vào; điểm son
2 *adj.* dương: **on the ~ side of the
account** ở phía có tài khoản **3** *prep.*
cộng với: **3 ~ 3** ba cộng với ba; **~
the fact that** đó là chưa kể; **A~ [A+]**
điểm cao nhất trong hệ thống thang
điểm từ A+ đến E **4** *conj.* cũng,
hơn thế nữa: **He teaches well, ~ he is
able to swim too.** Ông ấy dạy giỏi,
hơn nữa ông ta cũng bơi giỏi.

plush /plʌʃ/ **1** *adj.* sang trọng, lộng
lẫy, xa hoa **2** *n.* vải lông, vải
nhung lông

ply /plaɪ/ **1** *n.* lớp [vải, ván ép]; sợi,
tao [thừng, len]: **to take a ~** tạo
thành nề nếp, tạo thành thói quen
2 *v.* ra sức làm, miệt mài: **to ~**

someone with questions hỏi người
nào dồn dập; **to ~ someone with
food** tiếp thức ăn cho ai

plywood /'plaɪwʊd/ *n.* ván ép, gỗ dán

PM /ˌpiː'em/ *n., abbr.* (= **Prime
Minister**) thủ tướng chính phủ

p.m. /ˌpiː'em/ *adv., abbr.* (= **post meri-
diem**) thời gian từ 12 giờ trưa đến
12 giờ đêm: **I have an appointment
at 2.00 ~** Tôi có hẹn lúc 2 giờ chiều.

PMS /ˌpiːem'es/ *n., abbr.* (= **Premen-
strual Syndrome**; *also* **PMT** = **Pre-
menstrual Tension**) triệu chứng
đau/hành kinh của phụ nữ trước khi
có kinh nghuyệt

pneumonia /njuː'məʊnɪə/ *n.* viêm
phổi, phế viêm

poach /pəʊtʃ/ **1** *v.* chần nước sôi quả
trứng đã bóc vỏ, luộc trứng đã bóc
vỏ: **to ~ chicken eggs** chần nước sôi
trứng gà đã bóc vỏ **2** *v.* săn trộm,
câu trộm; thọc, đâm gậy vào: **to ~
on a neighbor's land** xâm phạm đất
người bên cạnh

pock /pɒk/ *n.* nốt đậu mùa: **~-marked**
[mặt] rỗ, rỗ hoa

pocket /'pɒkɪt/ **1** *n.* túi; bao; túi tiền,
tiền; lỗ hổng không khí; ổ kháng
chiến: **an empty ~** không một đồng
xu dín túi; **hip ~** túi quần sau; **~
book** sổ tay, ví, bóp; **~ camera** máy
hình bỏ túi; **~ dictionary** từ điển bỏ
túi; **~-flap** nắp túi; **~ knife** dao nhíp
bỏ túi; **~ money** tiền túi, tiền tiêu
vặt; **~ size** cỡ nhỏ bỏ túi; **~s of
resistance** ổ chiến đấu; **~ watch**
đồng hồ bỏ túi; **vest ~** túi áo gi lê;
to burn a hole in one's ~ ăn tiêu
hoang phí; **to have someone in one's
~** khống chế ai, dắt mũi ai; **to line
one's ~** lo vơ vét cho đầy túi tham;
to pay out of one's ~ phải lấy tiền
túi (tiền riêng của mình) ra mà trả
2 *v.* bỏ túi; đút túi, ăn cắp, xoáy
nén/nuốt/[giận]: **to ~ one's anger**
nuốt giận; **to ~ one's pride** dẹp tự ái

pod /pɒd/ *n.* vỏ quả đậu: **pea ~** vỏ
đậu Hà-lan

729

podium /'pəʊdɪəm/ *n.* bục nhạc trưởng, bục diễn giả

poem /'pəʊɪm/ *n.* bài thơ, thi phẩm: **to compose a ~** sáng tác thơ; **prose ~** bài phú

poetic /pəʊ'etɪk/ *adj.* thuộc thơ (ca); nên thơ, có chất thơ, đầy thi vị: **~ license** sự phóng túng niêm luật; **~ justice** sự khen thưởng việc tốt và trừng phạt việc xấu, khen thưởng công bằng

poignant /'pɔɪnjənt/ *adj.* sâu sắc, thấm thía; thương tâm; chua cay: **~ regret** mối ân hận thấm thía

point /pɔɪnt/ **1** *n.* chấm, dấu chấm; điểm, điểm số; mũi (kim), đầu nhọn; điểm, mặt, phương diện, vấn đề; hướng, phương, địa điểm, chỗ: **a case in ~** trường hợp đúng như thế; **decimal ~** dấu thập phân; **He lost five ~s.** Anh ấy bị mất 5 điểm.; **in ~ of fact** thực ra là; **on the ~ of dying** sắp chết; **~ of honor** hành động ảnh hưởng thanh danh của người khác; **~ of no return** điểm trong một cuộc hành trình; **~ of sale** điểm bán hàng; **~ of view, view~** quan điểm; **to come to the ~** đi vào vấn đề chứ không lan man; **to make a ~** nêu rõ một điểm/vấn đề; **to score ~s off** trở nên tốt hơn trong một cuộc tranh luận; **to the ~** đúng vào vấn đề **2** *v.* chỉ, trỏ, nhằm, chĩa; hướng về: **to ~ off** tách ra bằng dấu phẩy; **to ~ to(ward)** hướng về, chỉ cho thấy; **to ~ out** vạch ra, chỉ ra

point-blank /'pɔɪnt 'blæŋk/ *adj., adv.* bắn thẳng; nói thẳng thừng: **He asked me ~ why I did not like him.** Ông ấy hỏi tôi một cách thẳng thắn là tại sao tôi không thích ông ta.

poise /pɔɪz/ **1** *n.* thế cân bằng; tư thế đĩnh đạc: **to hang at ~** chưa ngã ngũ, chưa quyết định **2** *v.* làm thăng bằng, làm cân bằng; treo lơ lửng

poison /'pɔɪz(ə)n/ **1** *n.* thuốc độc, chất độc, độc dược: **Don't touch! It is ~!** Đừng có sờ vào! chất độc đấy!; **to**

hate each other like ~ ghét nhau như chó với mèo; **~ gas** hơi độc; **~ pen** người viết thư nặc danh **2** *v.* bỏ thuốc độc, tẩm/đánh thuốc độc, giết chết bằng đầu độc: **Toxic waste could ~ fish.** Chất độc phế thải có thể giết chết cá.

poisonous /'pɔɪzənəs/ *adj.* [cây, rắn] độc, có chất độc

poke /pəʊk/ **1** *n.* cú hích/thúc/chọc: **to buy a pig in a ~** mua hay chấp nhận vật gì mà không cần biết giá trị trước **2** *v.* hích, thúc, chọc, ẩn, ẩy; gạt, cời [lửa, than]; chõ mũi vào: **to ~ fun at somebody** chế giễu người nào

poker /'pəʊkə(r)/ *n.* que cời; bài pôke, bài xì: **~-faced** mặt lạnh như tiền, mặt phớt tỉnh

Poland /'pəʊlænd/ *n.* nước Ba-Lan

polar /'pəʊlə(r)/ *adj.* thuộc địa cực; cực: **~ bear** gấu trắng; **~ coordinates** hệ thống giao điểm cho cả hai góc cạnh; **~ star** sao Bắc đẩu

polarity /pəʊ'lærɪtɪ/ *n.* chiều phân cực; tính hoàn toàn đối nghịch nhau

Polaroid /'pəʊlərɔɪd/ *n.* máy chụp hình có hình liền

Pole /pəʊl/ *n.* người Ba Lan

pole /pəʊl/ **1** *n.* cực, cực điểm: **North ~** Bắc cực; **negative ~** cực âm **2** *n.* cây sào, cây cọc, gậy: **~ jump** nhảy sào; **to be ~s apart** hoàn toàn khác nhau; **under bare ~s** không dương buồm

polemic /pəʊ'lemɪk/ *n., adj.* cuộc luận chiến, cuộc bút chiến

police /pə'liːs/ **1** *n.* cảnh sát, công an: **~ court** toà án vi cảnh; **~-officer** nhân viên cảnh sát; **~ precinct** quận cảnh sát; **~ station** đồn cảnh sát; **~ state** quốc gia cai trị bằng công an/cảnh sát **2** *v.* kiểm soát; giữ trật tự; khống chế bằng cảnh sát

policy /'pɒlɪsɪ/ *n.* chính sách; giao kèo, khế ước, hợp đồng [bảo hiểm]: **foreign ~** chính sách đối ngoại/ngoại giao; **insurance ~** hợp đồng bảo hiểm; ~ **holder** người đã mua hợp đồng bảo hiểm

polio(myelitis) /ˌpɒlɪəʊ(maɪə'laɪtɪs)/ *n.* bệnh tê bại ở trẻ con

Polish /'pɒlɪʃ/ *n.* tiếng/người Ba-Lan

polish /'pɒlɪʃ/ **1** *n.* nước bóng/láng; xi: **shoe-~** kem đánh giầy **2** *v.* đánh bóng; làm cho tao nhã, lịch sự: **to ~ up** làm bóng bảy, chuốt lại; **to ~ off** làm xong gấp [việc]; ăn vội [bữa cơm]

politburo /pəʊ'lɪˌbjʊərəʊ/ *n.* bộ chính trị của đảng Cộng sản: **He is a member of the ~ in the Vietnamese Communist party.** Ông ấy là uỷ viên bộ chính trị đảng Cộng sản ViệtNam.

polite /pə(ʊ)'laɪt/ *adj.* lễ phép, có lễ độ, lịch sự nhã nhặn

political /pəʊ'lɪtɪkəl/ *adj.* chính trị; thuộc chính quyền: **~ organization** một tổ chức chính trị; **~ party** một đảng phái chính trị; **~ prisoner** một tù nhân chính trị; **~ asylum** ty nạn chính trị; **~ economy** kinh tế học chính trị; **~ geography** môn địa lý hành chính; **~ scientist** chuyên gia chính trị

politics /'pɒlɪ'tɪks/ *n., pl.* chính trị, hoạt động chính trị; quan điểm chính trị, chính kiến; chính trường: **to talk ~** nói chuyện chính trị

poll /pəʊl/ **1** *n.* cuộc thăm dò ý kiến; sự bầu cử, phòng bỏ phiếu: **to go to the ~s** đi bầu cử; **~ tax** thuế thân, thuế nhân khẩu người lớn **2** *v.* thăm dò, ý kiến; [ứng cử viên] thu được [phiếu]: **to ~ a large majority** thu được đại đa số phiếu

pollen /'pɒlɪn/ *n.* phấn hoa: **flower ~** phấn ở nhuy hoa

pollinate /'pɒlɪneɪt/ *v.* rắc phấn hoa, cho thụ phấn hoa

polling /'pəʊlɪŋ/ *n.* sự bỏ phiếu, cuộc bầu cử: **People start ~ in today's local election.** Người ta bắt đầu bầu cử địa phương ngày hôm nay.; **~ booth** phòng bỏ phiếu; **~ day** ngày

bầu cử; **~ station** trạm bầu cử

pollute /pə'l(j)uːt/ *v.* làm bẩn, làm ô nhiễm; làm ô uế

pollution /pə'l(j)uːʃən/ *n.* ô nhiễm, sự làm ô uế: **In big cities, air ~ is a big problem.** Trong thành phố lớn, ô nhiễm không khí là một vấn đề lớn.

polo-shirt *n.* áo thun ngắn tay

polyclinic /pɒlɪ'klɪnɪk/ *n.* phòng mạch bác sĩ đa khoa

polygamy /pə'lɪgəmɪ/ *n.* chế độ đa thê/phu

polygon /'pɒlɪgən/ *n.* hình nhiều cạnh, đa giác

polygraph /'pɒlɪgrɑːf/ *n.* máy ghi nhận sự thay đổi tâm lý, máy kiểm chứng nói dối

Polynesian /pɒlɪ'niːʃ(ɪ)ən/ *n., adj.* thuộc quần đảo Pô-li-nê-di

polysyllabic /ˌpɒlɪsɪ'læbɪk/ *adj.* từ nhiều âm tiết

polytechnic /pɒlɪ'teknɪk/ *n., adj.* trường bách khoa

polyunsaturated /ˌpɒlɪʌn'sætjʊəreɪtɪd/ *adj.* làm giảm chất mỡ

pomegranate /pʌm'grænɪt/ *n.* quả lựu: **~ tree** cây lựu

pomelo /'pɒmələʊ/ *n.* quả bưởi

pomp /pɒmp/ *n.* vẻ long trọng; vẻ lộng lẫy/hoa lệ/tráng lệ

pompous /'pɒmpəs/ *adj.* hoa lệ, hoa mỹ; phô trương, rực rỡ, làm long trọng, vênh vang

pond /pɒnd/ *n.* ao, vũng nước

ponder /'pɒndə(r)/ *v.* cân nhắc, suy nghĩ: **to ~ over a question** suy nghĩ về một vấn đề

pontiff /'pɒntɪf/ *n.* giáo hoàng; giáo chủ, giám mục

pontoon /pɒn'tuːn/ *n.* phà, cầu phao; trò chơi bài 21: **~ bridge** cầu phao

pony /'pəʊnɪ/ *n.* ngựa con, ngựa nhỏ, cốc nhỏ

poodle /'puːd(ə)l/ *n.* chó xù

pool /puːl/ **1** *n.* vũng (**of blood** máu); bể bơi: **swimming ~** hồ bơi **2** *n.* tiền góp; vốn chung/góp; tổ hợp: **car ~** nhóm người đi xe chung; ~

table trò pun, trò chơi bi a, bàn bi-da **3** *v.* góp vốn chung, hùn vốn

poor /pɔː(r)/ *n., adj.* nghèo, bần cùng; tồi, kém, yếu, xấu, dở; đáng thương, tội nghiệp: **~ health** sức khỏe kém; **~ house** nhà tế bần; **~ rate** thuế đánh để cứu trợ người nghèo; **~ relation** quan hệ không tốt; **~-spirited** nhút nhát, hèn; **to be ~ in mathematics** kém toán; **to take a ~ view of** xem như bi quan

pop /pɒp/ **1** *n.* ba, bố **2** *n.* tiếng nổ bốp; tiếng lốp bốp; nước ngọt **3** *n.* nhạc bình dân; bài/đĩa hát bình dân **4** *v.* nổ bốp; tạt/ghé vào thình lình: **to ~ in** thụt vào, ghé vào; **to ~ one's head in** ghé đầu vào thình lình; **to ~ off** bỏ đi bất thình lình; **to ~ the question** dạm hỏi, gạ hỏi **5** *adv.* bốp, đánh bốp một cái: **to go ~** bật ra đánh bốp một cái **6** *adj.* thuộc thời trang: **a ~ song** bản nhạc thời trang

popcorn /ˈpɒpkɔːn/ *n.* ngô rang, bắp rang

pope /pəʊp/ *n.* đức giáo hoàng

poplar /ˈpɒplə(r)/ *n.* cây bạch dương

poppet /ˈpɒpɪt/ *n.* người nhỏ bé: **my ~** em bé thân yêu

poppy /ˈpɒpɪ/ *n.* cây thuốc phiện

popsicle /ˈpɒpsɪk(ə)l/ *n.* kem que

populace /ˈpɒpjʊlɪs/ *n.* dân chúng, quần chúng

popular /ˈpɒpjʊlə(r)/ *adj.* được lòng dân; được nhiều người ưa thích, nổi tiếng, phổ biến; bình dân; nhân dân: **He is a ~ politician.** Ông ấy là một chính trị gia nổi tiếng.; **Vietnamese springrolls are a ~ dish.** Chả giò Việt Nam là một món ăn nổi tiếng.; **~ music** nhạc bình dân

popularize /ˈpɒpjʊləraɪz/ *v.* đại chúng hoá, truyền bá rộng rãi; đưa dân đến ở, cư trú: **Vietnamese have ~d beef noodle soup in other countries.** Người Việt đã truyền bá rộng rãi món phở bò ở các nước khác.

populate /ˈpɒpjʊleɪt/ *v.* cư trú, đưa dân đến ở

population /ˌpɒpjʊˈleɪʃən/ *n.* số dân, dân số; toàn dân: **The ~ of Vietnam is now over 80 million.** Dân số Việt Nam bây giờ trên 80 triệu người.

porcelain /ˈpɔːsəlɪn/ *n.* đồ sứ, gạch bằng sứ

porch /pɔːtʃ/ *n.* hiên trước/sau nhà hình vòng cung; cổng (vòm)

porcupine /ˈpɔːkjʊpaɪn/ *n.* con nhím

pore /pɔː(r)/ **1** *n.* lỗ chân lông **2** *v.* đọc kỹ, mãi mê, nghiền ngẫm: **to ~ over a problem** nghiền ngẫm một vấn đề; **to ~ one's eyes out** cúi nhìn sát làm mỏi mắt

pork /pɔːk/ *n.* thịt lợn/heo: **~ chop** miếng sườn lợn; **~-barrel** tài khoản trợ cấp cho bầu cử

pornography /pɔːˈnɒɡrəfɪ/ *n.* sách báo khiêu dâm, dâm thư: **The internet has made ~ accessible to more people.** Mạng vi tính toàn cầu đã cho người ta nhiều sách ảnh khiêu dâm.

porous /ˈpɔːrəs/ *adj.* có lỗ, rỗ; xốp

porpoise /ˈpɔːpəs/ *n.* cá heo

porridge /ˈpɒrɪdʒ/ *n.* cháo kiều mạch bỏ sữa

port /pɔːt/ **1** *n.* cảng, bến, hải cảng: **sea~** bến tàu; **air~** sân bay, phi trường **2** *n.* lỗ cửa sổ tàu; mạn trái tàu: **~ of call** bến cho tàu dừng tạm **3** *n.* rượu vang đỏ ngọt, rượu poc-tô **4** *v.* gắn vào nút/phít (máy vi tính)

portal /ˈpɔːtəl/ *n.* cửa/cổng chính

portent /ˈpɔːtənt/ *n.* điềm (xấu/gở); triệu chứng bất thường

porter /ˈpɔːtə(r)/ *n.* công nhân khuân vác, người hầu trên xe lửa; người gác cửa

portfolio /pɔːtˈfəʊlɪəʊ/ *n.* (*pl.* **portfo-lios**) cặp hồ sơ; hồ sơ đầu tư; bộ trong chính phủ: **minister without ~** bộ trưởng không giữ bộ nào

porthole /ˈpɔːtˈhəʊl/ *n.* lỗ cửa sổ trên tàu, lỗ châu mai/đặt nòng súng

portico /ˈpɔːtɪkəʊ/ *n.* (*pl.* **porticos**, **porticoes**) cổng lớn có hàng cột

portion /ˈpɔːʃən/ **1** *n.* phần, đoạn, khúc; phần thức ăn; của hồi môn

2 *v.* chia ra: **to ~ something to some-body** chia phần vật gì cho ai

portmanteau word /pɔːt'mæntəʊ/ *n.* từ kết hợp: hai từ **moto** + **hotel** thành **motel** khách sạn có nơi để xe

portrait /'pɔːtreɪt/ **1** *n.* ảnh, chân dung, hình chụp/vẽ **2** *adj.* vẽ chân dung

portray /pɔː'treɪ/ *v.* vẽ chân dung; miêu tả khéo; đóng vai

Portugal /'pɔːtjʊ'gl/ *n.* nước Bồ-Đào Nha

pose /pəʊz/ **1** *n.* kiểu, tư thế [chụp ảnh]; bộ tịch, điệu bộ **2** *v.* đứng, ngồi [cho người ta vẽ hay chụp ảnh]; làm điệu bộ, màu mè; tự cho mình là; đặt [câu hỏi, vấn đề]: **He ~s as a wealthy bachelor.** Ông ta mạo nhận là một tay có tiền và chưa vợ, ông ấy giả vờ làm như mình là đàn ông độc thân có máu mặt.

poser /'pəʊzə(r)/ *n.* câu hỏi hắc búa, vấn đề rất khó khăn: **This is a ~: who actually discovered America first?** Đây là câu hỏi hắc búa: ai đã thực sự khám phá ra nước Mỹ đầu tiên?

posh /pɒʃ/ *adj.* diện, sang trọng; cừ, chiến

position /pəʊ'zɪʃən/ **1** *n.* chỗ, vị trí; thế, tư thế; địa vị, chức vụ; lập trường, thái độ, quan điểm; luận điểm: **He lost his ~.** Anh ta mất việc làm rồi.; **to be in an awkward ~** ở vào vị thế khó xử **2** *v.* để vào chỗ, đặt vào vị trí: **to ~ something somewhere** để một vật gì ở đâu

positive /'pɒzɪtɪv/ **1** *n.* điều có thực, điều xác thực; bản dương, dương bản; tích cực; (tính từ/phó từ) ở cấp nguyên: **The pregnancy test shows ~.** Việc thử nghiệm cho biết đã có thai. **2** *adj.* rõ ràng, xác thực; chắc chắn, quả quyết, khẳng định; tích cực; [cực] dương; tuyệt đối, hết sức: **to work on a ~ loving and ful-filling relationship** hãy làm việc tích cực, yêu thương và quan hệ đầy đủ; **~ evidence** chứng cớ rõ

ràng; **to be ~ about something** xác quyết về một điều gì; **~ discrimina-tion** sự phân biệt không tốt; **~ feed-back** phản ánh không tốt; **~ pole** cực dương; **~ sign** dấu dươngcực

posse /'pɒsi/ *n.* đội cảnh sát [đi lùng bắt tội phạm]

possess /pə'zes/ *v.* có, được, sở hữu, chiếm hữu, giữ, chứa; [ma, quỷ] ám ảnh: **to ~ good qualities** có những đức tính tốt; **to ~ one's soul** tự chủ được

possession /pə'zeʃən/ *n.* quyền sở hữu, sự chiếm hữu, vật sở hữu, của cải, tài sản; thuộc địa: **to take ~ of** chiếm lấy, chiếm hữu; **It is my per-sonal ~.** Đó là của riêng tôi.

possessive /pə'zesɪv/ *adj.* sở hữu, chiếm hữu; khư khư giữ (của cải, con cái): **~ pronoun** sở hữu đại từ

possibility /pɒsɪ'bɪlɪti/ *n.* khả năng, tình trạng có thể, sự có thể xảy đến

possible /'pɒsɪb(ə)l/ **1** *adj.* có thể có được, có thể làm được, có thể xảy ra: **as early/soon as ~** sớm chừng nào hay chừng ấy; **It is very ~.** That rất có thể là. **2** *n.* sự có thể; ứng viên có thể đưa ra: **to do one's ~** làm hết sức mình

possum /'pɒsəm/ *n., v.* con pos-sum, ăn mặc diêm dúa: **to play ~** giả vờ nằm im, giả chết

post /pəʊst/ **1** *n.* cột, trụ: **light ~** cột đèn; **as deaf as a ~** điếc như gì **2** *n.* chức vụ, nhiệm vụ; đồn, bóp, bốt, vị trí; trạm; bưu điện: **~card** bưu thiếp; **~man** người đưa thư; **~ mark** dấu bưu điện; **~ room** phòng phát/nhận thư; **to send by ~** gởi qua bưu điện; **to take a letter to the ~** đem thư ra bưu điện **3** *v.* dán (yết thị); niêm yết, công bố tên: **"Post No Bill"** cấm dán giấy **4** *v.* bổ nhiệm; đặt, bố trí; gửi [thư], bỏ [thư]: **Please ~ these letters today.** Làm ơn gởi những thư nầy ngay ngày hôm nay.; **~-haste** hoả tốc, cấp tốc; **~-paid** đã trả cước phí/bưu phí

postage /'pəʊstɪdʒ/ *n.* tiền tem/cò,
bưu phí: ~ **due** tiền tem còn thiếu;
~ **machine** máy đóng tem; ~ **meter**
máy đóng tem; ~ **stamp** tem thư, cò

postal /'pəʊstəl/ *adj.* thuộc bưu chính/
bưu điện: ~ **card** bưu thiếp; ~ **clerk**
thư ký nhà dây thép; ~ **code** bưu số
khu vực/địa phương; ~ **money** order
ngân phiếu qua bưu điện

postdate /'pəʊstdeɪt/ *v.* để [tháng
ngày] lùi lại

poster /'pəʊstə(r)/ *n.* áp phích, bích
chương; quãng cáo: ~ **paint** tranh
quãng cáo

posterior /pɒ'stɪərɪə(r)/ *adj.* sau, ở sau,
đến sau: **events** ~ **to the year 1975**
các biến cố xẩy ra sau năm 1975

posterity /pɒ'sterɪtɪ/ *n.* con cháu, đời
sau, hậu thế: **to look back at** ~ nhìn
trở lại thế hệ con cháu đời sau

postgraduate /pəʊstgrædʒʊət/ *n., adj.*
hậu đại học, thuộc các khoá học
sau đại học: **a** ~ **student** sinh viên
hậu đại học; ~ **diploma** chứng chỉ
cao học

posthumous /'pɒstjʊməs/ *adj.* xuất
bản sau khi chết; truy tặng: ~ **works**
tác phẩm xuất bản sau khi chết

Post-it *n.* xấp giấy màu nhỏ dùng để
ghi chú và dán lên tường/bảng

post mortem /pəʊst'mɔːtəm/ *n., adj.*
(sự khám nghiệm) sau khi chết: ~
review khám nghiệm tử thi

post-natal /pəʊst'neɪtəl/ *adj.* sau khi
sinh: ~ **depression** tình trạng khủng
hoảng sau khi sinh

post office *n.* nhà bưu điện

postpone /pəʊst'pəʊn/ *v.* hoãn lại,
đình lại, dời lại: **to** ~ **a meeting**
hoãn cuộc họp lại

postscript /'pəʊstskrɪpt/ *n.* (*abbr.* **ps**)
tái bút

postulate /'pɒstjʊlət/ *n., v.* (đặt thành)
định đề, định lý

posture /'pɒstjʊə(r)/ **1** *n.* dáng điệu, tư
thế **2** *v.* lấy tư thế, đặt trong tư thế

posy /'pəʊzɪ/ *n.* bó hoa, chữ khắc vào
nhẫn

pot /pɒt/ **1** *n.* ấm, bình, lọ, hũ, vại;
nồi; chậu hoa; cần xa: **tea** ~ ấm/
bình trà; **a** ~ **of tea** một ấm trà
(đầy); ~ **of gold at the end of a rain-
bow** sự tưởng tượng xa vời; ~**s and
pans** nồi niêu soong chảo; ~ **shot** cú
bắn gần, cú bắn bừa; **the** ~ **calling
the kettle black** chó chê mèo lắm
lông; lươn ngắn lại chê trạch dài; **A
watched** ~ **never boils.** Cứ mong lại
càng lâu, cứ để ý lại càng sốt ruột.
2 *v.* bỏ vào hủ; trồng cây vào chậu;
nắm giữ, chiếm lấy: **My mother
~ted meat for tomorrow.** Mẹ tôi đã
ướp thịt vào hủ cho ngày mai.; ~**
bellied** phệ bụng

potato /pəʊ'teɪtəʊ/ *n.* khoai tây: **sweet**
~**es** khoai lang; ~ **chips** khoai tây
chiên

potent /'pəʊtənt/ *adj.* mạnh; có quyền
thế; hiệu nghiệm

potential /pəʊ'tenʃəl/ **1** *n.* tiềm lực,
khả năng; điện thế, thế: **nuclear** ~
tiềm năng hạt nhân **2** *adj.* ngấm
ngầm, ẩn, tiềm tàng/phục; điện
thế: **A report indicated that foreign
companies have high** ~ **investments
in Vietnam.** Một bản tường trình cho
thấy rằng các công ty nước ngoài
có tiềm năng đầu tư cao ở Việt Nam.

pothole /'pəʊhəʊl/ *n.* ổ gà

potion /'pɒtʃən/ *n.* liều thuốc nước:
love ~ bùa mê

pot luck /'pɒtlʌk/ *n.* bữa ăn (tập thể)
có gì ăn nấy [mỗi gia đình dự đem
theo một món]: **Please come and
take** ~ **with me.** Vui lòng đến ăn
cơm với tôi, có gì ăn nấy.

potpourri /pɒt'pʊərɪ/ *n.* cánh hoa khô
ướp với hương liệu; câu chuyện tạp
nhạp

potter /'pɒtə(r)/ **1** *n.* thợ đồ gốm: ~**'s
clay** đất sét làm đồ gốm; ~**'s field**
nghĩa trang chôn người lạ; ~**'s kiln**
lò gốm **2** *v.* làm chiếu lệ, làm qua
loa; lãng phí: **to** ~ **in** làm qua loa
chiếu lệ; **to** ~ **away one's time** lãng
phí thì giờ

pottery /'pɒtərɪ/ *n.* đồ gốm; nghề gốm; xưởng đồ gốm

pouch /paʊtʃ/ *n.* túi nhỏ; túi căn-gu-ru/đại thử: **diplomatic ~** tín hàm ngoại giao; **tobacco ~** túi đựng thuốc lào/lá

poultice /'pəʊltɪs/ *n., v.* thuốc đắp, đắp thuốc vào chỗ đau

poultry /'pəʊltrɪ/ *n.* gà vịt, gia cầm; thịt gà, thịt vịt: **~ farm** trại nuôi gà vịt; **~ yard** sân nuôi gà vịt

pounce /paʊns/ *v., n.* vồ, chụp lấy; chộp lấy; xông/đâm bổ vào

pound /paʊnd/ **1** *n.* đơn vị đo trọng lượng Anh, pao, [= 450 g]; đồng bảng Anh: **~ sterling** đồng bạc Anh; **~ of flesh** giảm bớt **2** *n.* phú de, bãi rào nhốt súc vật, bãi giữ xe ô tô bị phạt **3** *v.* nhốt lại, giữ/giam lại: **to ~ the field** làm chướng ngại vật không thể vượt qua được **4** *v.* nghiền, tán, giã, đâm; đánh, đập, thoi, thụi; đập thình thình: **to ~ something to pieces** đập tan vật gì thành từng mảnh nhỏ; **to ~ someone into jelly** đánh cho ai nhừ tử

pour /pɔ:(r)/ *v.* rót, đổ, trút, giội; thổ lộ [tâm tình]: **to ~ coffee into cups** đổ cà phê vào tách; **Students ~ed into the streets.** Sinh viên kéo nhau xuống đường.; **Mail ~ed in from all over the world.** Thư từ dồn về tới tấp từ khắp mọi nơi trên thế giới.; **to ~ cold water on** làm cho nguội; **to ~ oil on the waters** làm nguôi cơn giận; **to ~ out one's sorrows to someone** thổ lộ hết nỗi buồn cùng ai; **It never rains but ~s.** Phúc bất trùng lai, hoạ vô đơn chí.

pout /paʊt/ *n., v.* cái bĩu môi, trề môi: **to be in a ~ing mood** hờn dỗi, nhăn nhó khó chịu

poverty /'pɒvətɪ/ **1** *n.* sự nghèo, cái nghèo, cảnh nghèo nàn, tình trạng nghèo nàn thiếu thốn: **Millions of people are living in ~.** Hàng triệu người đang sống trong cảnh nghèo đói. **2** *adj.* nghèo nàn, túng bần,

cùng túng: **~ line** mức lợi tức tối thiểu để sống; **~ stricken** nghèo nàn khốn khổ; **~ trap** trong tình trạng làm tăng lợi tức

powder /'paʊdə(r)/ **1** *n.* bột, bụi; thuốc bột, phấn: **face ~** phấn bôi mặt; **gun ~** thuốc súng; **~ room** nhà vệ sinh phụ nữ; **~ puff** miếng xốp dùng bôi phấn; **to put more ~ into it** hãy hăng hái lên một chút nào; **~ keg** thùng đựng thuốc súng **2** *v.* rắc lên; đánh/thoa phấn: **to ~ one's nose** tán/nghiền thành bột

power /'paʊə(r)/ **1** *n.* khả năng, năng lực; sức, sức mạnh; lực, năng lượng; quyền, chính quyền; quyền lực/thế, thế lực, quyền hạn, uy quyền; cường quốc; lũy thừa: **It is beyond my ~.** Việc đó vượt ngoài khả năng của tôi.; **legislative ~** quyền lập pháp; **in ~** đang cầm quyền; **~ behind the throne** người có quyền nhưng không có chức tước; **~ block** khu vực phát điện; **~ of attorney** quyền uỷ nhiệm, giấy uỷ quyền; **electric ~** điện năng; **horse~** mã lực; **~ play** chiến thuật của các cầu thủ hay các chính trị gia; **~ politics** quyền lực chính trị; **~-sharing** phân chia quyền lực; **~ station** nhà máy phát điện; **to seize ~** cướp chính quyền; **wind ~** sức gió; **man~** sức người, nhân lực, nhân công; **a remarkable ~ of speech** tài ăn nói đặc biệt; **to come into ~** nắm chính quyền **2** *v.* cung cấp năng lực cho máy, cho sức

practical /'præktɪk(ə)l/ *adj., n.* thực hành; thực tế, thực tiễn, thực dụng; thiết thực: **a ~ joke** trò đùa ác ý; **a ~ mind** một đầu óc thực tế; **a ~ proposal** một đề nghị thiết thực; **in ~ control over the factory** trên thực tế nắm quyền lực kiểm soát nhà máy

practice /'præktɪs/ **1** *n.* sự thực hành/ thực tập; sự tập làm; sự luyện tập/ rèn luyện; thực tiễn; lệ thường, thói quen, tục, lối; công việc, nghề nghiệp, sự hành nghề; khách hàng (của bác sĩ, nha sĩ, v.v.): **in ~** trong thực tiễn; **out of ~** bỏ tập, lâu không tập luyện; **~ teaching, teaching ~** giáo sinh tập dạy, thực tập: **Dr. Nam sold his ~ last month.** Tháng trước bác sĩ Nam đã sang phòng mạch rồi.; **Practice makes perfect.** Luyện tập nhiều thành giỏi. **2** v. [*Br.* **practise**] thực hành; làm nghề, hành nghề; tập, tập luyện, rèn luyện: **to ~ medicine** hành nghề y khoa; **to ~ on the piano** tập chơi dương cầm

practitioner /præk'tɪʃənə(r)/ *n.* người thực hành/hành nghề: **general ~** [GP] bác sĩ toàn khoa, bác sĩ gia đình

pragmatic /præg'mætɪk/ *adj.* thuộc ngữ dụng học; hay dính vào chuyện người khác

prairie /'preərɪ/ *n.* đồng cỏ lớn: **~ wolf** chó sói đồng hoang

praise /preɪz/ **1** *n.* lời khen, sự khen ngợi, sự ca tụng: **to win ~s** được ca ngợi; **to sing someone's ~s** ca ngợi ai, tán dương ai **2** v. khen ngợi, ca tụng, tán dương, ca ngợi

pram /prɑːm/ *n., abbr.* (= **perambulator**) xe đẩy trẻ con

prance /prɑːns/ v. (ngựa) nhảy dựng lên; đi nghênh ngang

prank /præŋk/ *n.* trò chơi ác/khăm, trò đùa nhả: **to play a ~ on somebody** chơi ác ai

prawn /prɔːn/ *n., v.* tôm

pray /preɪ/ **1** v. cầu, cầu nguyện; cầu xin, khẩn cầu: **to ~ to God** cầu trời; **to ~ to somebody for something** cầu xin ai cái gì **2** *adv.* vui lòng

prayer /preə(r)/ *n.* lời/kinh cầu nguyện; lễ cầu kinh; lời cầu xin, lời khẩn cầu: **~ book** sách kinh

preach /priːtʃ/ v. thuyết pháp/giáo; giảng, thuyết, răn: **He does not practice what he ~es.** Ông ấy không thực hành những điều khuyên người khác.

preamble /'priːæmb(ə)l/ *n.* lời nói đầu

pre-appoint /priːə'pɔɪnt/ v. bổ nhiệm

trước, chỉ định trước ai làm việc gì

pre-arrange /priːə'reɪndʒ/ v. sắp xếp trước, tính toán trước, bố trí trước, thu xếp trước

pre-book /priː'bʊk/ v. giữ/đặt chỗ trước, đặt vé trước

precarious /prɪ'keərɪəs/ *adj.* tạm, không chắc chắn/ổn định, bấp bênh, mong manh: **a ~ living** cuộc sống bấp bênh

precaution /prɪ'kɔːʃən/ *n.* sự đề phòng/dự phòng/phòng ngừa; sự giữ gìn/thận trọng: **to take ~s against** phòng ngừa

precede /prɪ'siːd/ v. có trước, đứng/đi/đến trước: **This duty ~s all others.** Nhiệm vụ nầy có trước nhiệm vụ khác.

precedent /'presɪdənt/ *adj.* tiền lệ, (câu, đoạn) trên, trước: **This case sets a ~ for future cases.** Trường hợp nầy tạo tiền lệ cho các trường hợp khác trong tương lai.

precept /'priːsept/ *n.* lời dạy, châm ngôn; giới luật

precinct /'priːsɪŋkt/ *n.* khoảng đất có tường bao quanh; quận cảnh sát; khu vực tuyển cử

precious /'preʃəs/ **1** *adj.* quý, quý báu, quý giá; tuyệt đẹp: **~ metals** quý kim; **~ stones** đá quý **2** *adv.* hết sức, lắm, vô cùng: **to take ~ good care of** chăm sóc hết sức chu đáo

precipice /'presɪpɪs/ *n.* vách đứng (của núi đá)

precipitate /prɪ'sɪpɪtət/ **1** *n.* chất lắng, chất kết tủa: **After cooling this solution, there is a ~.** Sau khi làm nguội hợp chất nầy, sẽ có chất kết tủa. **2** *adj.* vội vàng, hấp tấp **3** v. lao xuống, ném xuống; làm cho mau đến; làm lắng, làm kết tủa: **to ~ into war** lao vào cuộc chiến

precipitation /prɪsɪpɪ'teɪʃən/ *n.* mưa; sự vội vã; sự kết tủa

precise /prɪ'saɪs/ *adj.* đúng, chính xác; tỉ mỉ, kỹ tính: **At that ~ moment I received his letter.** Vừa đúng lúc tôi

nhận được thư ông ấy.; **~ explana-
tion** sự giải thích chính xác, tỉ mỹ

precision /prɪˈsɪʒən/ *n.* tính/độ chính
xác: **~ tools** dụng cụ chính xác; **~
bombing** sự ném bom chính xác

preclude /prɪˈkluːd/ *v.* ngăn ngừa, loại
trừ: **to ~ all objections** ngăn ngừ
mọi sự chống đối

precocious /prɪˈkəʊʃəs/ *adj.* ra hoa
sớm, có quả sớm; khôn sớm: **a ~
child** một đứa trẻ khôn sớm

preconceived /priːkənˈsiːv/ *adj.* nhận
thức trước, tưởng tượng trước

precursor /prɪˈkɜːsə(r)/ *n.* người đến
báo trước; điểm báo trước; người
đảm nhiệm trước

predate /priːˈdeɪt/ *v.* đề lùi ngày tháng
lại

predatory /ˈpredətəri/ *adj.* (thú) ăn
thịt, ăn mồi sống; ăn trộm, ăn cướp

predecessor /ˈpriːdɪsesə(r)/ *n.* người
phụ trách trước, người tiền nhiệm;
ông cha, tổ tiên, bậc tiền bối

predestination /prɪdestɪˈneɪʃən/ *n.* sự
tiền định, số phận định trước, số
phận, vận mệnh

predetermine /priːdɪˈtɜːmɪn/ *v.* định
trước, quyết định trước, giải quyết
trước

predicament /prɪˈdɪkəmənt/ *n.* điều đã
được xác nhận, điều đã được công
nhận

predicate /ˈpredɪkət/ **1** *n.* vị ngữ, phần
thêm nghĩa cho chủ ngữ: **subject-~
construction** kết cấu chủ vị [chủ
ngữ + vị ngữ] **2** *v.* xác nhận; dựa
vào: **to ~ upon** dựa vào, căn cứ vào

predict /prɪˈdɪkt/ *v.* nói trước, đoán
trước, dự/tiên đoán

prediction /prɪˈdɪkʃən/ *n.* lời đoán
trước, lời tiên tri

predispose /priːdɪˈspəʊz/ *v.* đưa đến,
dẫn đến, khiến cho: **Bad hygiene
conditions ~ one to all kinds of dis-
eases.** Tình trạng vệ sinh tồi tàn sẽ
gây ra nhiều loại bệnh tật.

predominant /prɪˈdɒmɪnənt/ *adj.* trội
hẳn hơn, chiếm ưu thế

predominate /prɪˈdɒmɪnət/ *v.* hơn,
thắng thế, trội hơn hẳn

pre-eminent /priˈemɪnənt/ *adj.* hơn
hẳn/hết, ưu tú, ưu việt

pre-empt /priˈem(p)t/ *n.* được ưu tiên
mua cái gì; được chiếm hữu đất đai
nhờ quyền ưu tiên

preen /priːn/ *v.* rỉa lông: **to ~ oneself**
sửa sang, tô điểm

prefabricated /ˈpriːfæbrɪkeɪtɪd/ *adj.*
làm/đúc sẵn, tiền chế: **~ houses** nhà
làm sẵn

preface /ˈprefəs/ **1** *n.* lời tựa, lời nói
đầu, tự ngôn: **to write a ~ for a
book** viết lời tựa cho một cuốn
sách **2** *v.* viết tựa, tựa đề; mở đầu

prefect /ˈpriːfekt/ *n.* quận trưởng; đô
trưởng

prefecture /ˈpriːfektjʊə(r)/ *n.* chức
quận trưởng, nhiệm kỳ quận trưởng

prefer /prɪˈfɜː(r)/ *v.* thích/ưa hơn: **I ~ to
go by car.** Tôi thích đi bằng xe hơi
hơn.

preference /ˈprefərəns/ *n.* sự thích/ưa
hơn; vật/cái được thích hơn; quyền
ưu tiên; sự ưu đãi: **~ share** cổ phần
ưu tiên

prefix /ˈpriːfɪks/ *n.* tiền tố, đầu tố, tiếp
đầu ngữ

pregnant /ˈpregnənt/ *adj.* thai/mang/
chửa; đầy, dồi dào: **She is five
months ~.** Bà ấy có thai năm tháng
rồi.

preheat /ˌpriːˈhiːt/ *v.* đung nóng trước

prehistoric /ˌpriːhɪˈstɒrɪk/ *adj.* thuộc
tiền sử

prehistory /priːˈhɪstəri/ *n.* thời tiền sử

prejudge /priːˈdʒʌdʒ/ *v.* xử trước, xét
định trước, sớm xét đoán

prejudice /ˈpredʒədɪs/ **1** *n.* thành kiến,
định kiến, thiên kiến; mối hại, sự
thiệt hại, sự bất lợi cho ai: **to have a
~ against someone** có thành kiến
đối với ai; **without ~ to** không thiệt
hại cho ai **2** *v.* làm cho có định
kiến; làm hại/thiệt cho: **to ~ some-
one in favor of someone else** làm
cho ai có thiên kiến về người nào

preliminary /prɪ'lɪmɪnərɪ/ **1** n. công việc mở đầu, sự sắp xếp bước đầu; điều khoản sơ bộ, cuộc đàm phán sơ bộ **2** adj. mở đầu, sơ bộ, dự bị, trừ bị

prelude /'prelju:d/ n. khúc dạo; đoạn mở đầu; màn giáo đầu

premarital /'pri:mærɪtəl/ adj. sống chung với nhau trước khi cưới hỏi

premature /'premətjʊə(r)/ adj. sớm, yểu, non; đẻ non; hấp tấp: **a ~ baby** trẻ con đẻ non, hài nhi sinh thiếu tháng; **~ death** sự chết yểu, chết còn trẻ

premeditated /'pri:medɪteɪtɪd/ adj. có mưu tính/suy tính trước: **~ murder** tội cố sát, giết người có suy tính trước

premier /'premɪə(r)/ n., adj. thủ hiến; đầu tiên: **deputy ~ of state** phó thủ hiến tiểu bang

premiere /'premɪeə(r)/ **1** n. buổi diễn đầu tiên, buổi trình diễn ra mắt: **The ~ for that new movie was well attended.** Đã có nhiều người tham dự buổi trình diễn đầu tiên bộ phim mới **2** v. cho ra mắt; diễn/chiếu lần đầu

premises /prɪ'mɪsɪz/ n. tiền đề; nhà cửa, dinh cơ vườn tược: **to see somebody off the ~** tống tiễn ai đi

premium /'pri:mɪəm/ n. tiền thưởng; tiền đóng bảo hiểm: **insurance ~** bảo hiểm phí; **at a ~** cao hơn giá qui định; **to put a ~ on** cung cấp tiền thưởng cho việc gì

premonition /pri:məʊ'nɪʃən/ n. sự cảm thấy trước, linh cảm

preoccupied /pri:'ɒkjʊpaɪd/ adj. bận tâm, lo lắng, thắc mắc

pre-packed /,pri:'prekt/ adj. gói sẵn, đóng hộp trước

prepaid /,pri:'peɪd/ quá khứ phân từ của **prepay**; adj. đã trả (cước phí) trước: **~ envelope** phong bì đã trả tiền tem rồi

preparatory /prɪ'pærətərɪ/ adj. để sửa soạn, dự bị, chuẩn bị: **~ school** trường mẫu giáo

prepare /prɪ'peə(r)/ v. sửa soạn, sắm sửa, chuẩn bị, dự bị; pha chế, nấu nướng: **to ~ for an examination** chuẩn bị thi; **to ~ meals** nấu ăn

preplan /prɪ'plæn/ v. sắp đặt trước, hoạch định trước

preponderant /prɪ'pɒndərənt/ adj. trội hơn, có ưu thế, có quyền thế/ảnh hưởng hơn

preposition /prepə'zɪʃən/ n. giới từ

preposterous /prɪ'pɒstərəs/ adj. vô lý, phi lý, trái; ngớ ngẩn, lố bịch

pre-qualifying adj. trước khi công nhận khả năng/bằng cấp

prequel /'pri:kwəl/ n. phim hay truyện có những biến cố trước đó ảnh hưởng đến

prerequisite /pri:'rekwɪzɪt/ n., adj. (điều) phải có trước đã, điều kiện tiên quyết: **Chemistry is a ~ of the medicine course.** Hoá học là môn học tiên quyết để vào học ngành y khoa.

prerogative /prɪ'rɒgətɪv/ n. đặc quyền: **It is her ~ to sit next to the king.** Đó là việc đặc quyền dành cho bà ấy ngồi cạnh nhà vua.

Presbyterian /prezbɪ'tɪərɪən/ n., adj. thuộc giáo hội trưởng lão

preschool /'pri:sku:l/ n. nhà trẻ, mẫu giáo: **A five-year old child can be sent to a ~.** Trẻ năm tuổi có thể gởi đi nhà trẻ.

prescribe /prɪ'skraɪb/ v. cho, kê [đơn/ toa]; ra lệnh, bắt phải

prescription /prɪ'skrɪpʃən/ n. đơn thuốc, toa thuốc; thời hiệu; sự ra/ truyền lệnh

presence /'prezəns/ n. sự có mặt, sự hiện diện: **in her ~** trước mặt bà ta; **~ of mind** sự nhanh trí; **to be admitted to someone's ~** được đưa vào gặp mặt ai, được đưa vào tiếp kiến người nào; **Your ~ is requested.** Rất mong sự hiện diện của bạn.

present /'prezənt/ **1** n. hiện tại, hiện thời; thời hiện đại; văn kiện này: **at ~** hiện giờ, lúc nầy; **for the ~** trong lúc nẩy, trong hiện thời **2** *n.* quà, quà biếu, đồ tặng, tặng phẩm: **birthday ~** quà sinh nhật; **wedding ~** quà cưới **3** *adj.* có mặt, hiện diện; nay, này, hiện có, hiện hữu: **to be ~** at có mặt ở; **~ tense** thì hiện tại; **at ~** lúc này, bây giờ; **at the ~ time** hiện nay/thời; **~ company excepted** công ty hiện thời chấp nhận được; **~-day** ngày nay, hiện thời **4** /ˈprɪˈzənt/ *v.* biếu, tặng; đưa ra, bày/lộ ra; nộp, trình, xuất trình; đệ trình; bày tỏ, trình bày; trình diễn (kịch); giới thiệu; tiến cử, bồng súng chào: **to ~ a petition** đưa một bản kiến nghị; **to ~ oneself** trình diện

presentable /prɪˈzentəb(ə)l/ *adj.* coi được, chỉnh tề, đàng hoàng

presentation /prezənˈteɪʃən/ *n.* sự biếu tặng; quà/đồ tặng; sự đưa ra; sự trình diễn; sự giới thiệu/tiến cử: **Your ~ is excellent.** Bạn trình bày rất xuất sắc.

presently /ˈprezəntlɪ/ *adv.* bây giờ, hiện giờ: **He is ~ writing a book.** Ông ấy đang viết một quyển sách.; **The doctor will be here ~.** Bác sĩ sắp đến bây giờ.

preservative /prɪˈzɜːvətɪv/ *n., adj.* để phòng giữ, để phòng bệnh, để bảo quản: **~ drug** thuốc phòng bệnh

preserve /prɪˈzɜːv/ **1** *n.* mứt; khu vực cấm săn bắn hoặc câu cá **2** *v.* giữ, giữ gìn, bảo tồn, duy trì, duy hộ, bảo quản; giữ để lâu; giữ cho khỏi phân huỷ; **well-~d** bảo quản tốt

preset /prɪˈset/ *v., n.* lấy lại, làm lại: **to ~ a clock** lấy giờ lại

preside /prɪˈzaɪd/ *v.* chủ trì, làm chủ tịch, chủ tọa: **to ~ over** chủ tọa

president /ˈprezɪdənt/ *n.* chủ tịch; tổng thống; viện trưởng, hiệu trưởng đại học: **~-elect** chủ tịch đắc cử, tổng thống đắc cử

presidential /prezɪˈdenʃl/ *adj.* thuộc chủ tịch/tổng thống: **~ elections** cuộc tuyển cử tổng thống

press /pres/ **1** *n.* sự ép/ấn/bóp; máy ép, máy nén; máy in; báo chí: **printing ~** máy in; **freedom of the ~** quyền tự do báo chí; **~ agent** người lo quảng cáo; **~ box** chỗ dành riêng cho phóng viên báo chí; **~ conference** cuộc họp báo; **~ gallery** phòng thông tin dành cho báo chí; **~ release** thông cáo phát cho báo chí; **~ stud** nút bấm gồm hai cái; **~-up** trồng người ngược đầu **2** *v.* ép, ấn, bóp: **to ~ a button** ấn nút, bấm nút; **to ~ grapes** ép nho; **to ~ something on someone** đè nặng lên tâm trí người nào; **to be ~ed for time** thiếu thì giờ; **to ~ forward** vội vàng hối hả

pressure /ˈpreʃə(r)/ **1** *n.* sức ép, áp lực, áp suất; sự thúc bách; sự cấp bách/khẩn cấp; ứng suất [điện]: **under the ~ of public opinion** dưới áp lực của công luận; **to put ~ on/upon someone** dùng áp lực đối với ai; **atmospheric ~** áp suất khí quyển; **blood ~** áp huyết, huyết áp; **high ~** áp suất cao; **~ cooker** nồi nấu cao áp; **~ gauge** máy đo áp suất; **~ group** nhóm người tạo ảnh hưởng đến những công ích **2** *v.* tạo áp lực, gây áp lực: **to ~ someone** gây áp lực đối với ai

pressurize /ˈpreʃəraɪz/ *v.* điều hoà áp suất, điều áp

prestige /preˈstiːʒ/ *n.* uy tín, uy danh, uy thế, uy quyền

prestigious /preˈstɪdʒəs/ *adj.* gây uy tính, có thanh thế, có quyền thế

prestressed /ˌpriːˈstrest/ *adj.* có ứng suất trước, có áp lực trước

presume /prɪˈzjuːm/ *v.* cho là, coi như là; đoán chừng: **I ~ that he will apply.** Tôi cho là anh ấy sẽ nộp đơn xin việc.; **to ~ upon someone** lợi dụng sự quen biết với ai

presumption /prɪˈzʌm(p)ʃən/ *n.* sự/điều đoán chừng; tính tự phụ

presuppose /priːsəˈpəʊz/ *v.* giả định/phỏng đoán trước, tiền giả định; bao hàm

pre-tax /prɪ'tæks/ *adj.* trước khi tính thuế

pretend /prɪ'tend/ *v.* giả vờ, giả đò, làm bộ: **to ~ to have an illness** giả vờ ốm, làm ra vẻ ốm; **to ~ to be asleep** giả vờ đang ngủ

pretense /prɪ'tens/ *n.* [*Br.* **pretence**] sự giả vờ; điều đòi hỏi/kì vọng: **to make a ~ of doing something** giả bộ làm điều gì; **under false ~s** bằng cách lừa dối, dùng ngón lừa đảo

pretentious /prɪ'tenʃəs/ *adj.* tự phụ, tự thị, kiêu căng

preterit /'pretərət/ *n.* [*Br.* **preterite**] thời quá khứ

pretext /'pri:tekst/ *n.* cớ, lý do, lời nói thoái thác, cớ thoái thác: **under the ~** theo lý do

pretty /'prɪtɪ/ **1** *adj.* đẹp, xinh đẹp, xinh xắn; đẹp mắt, êm tai; hay hay, thú vị: **a ~ boy** cậu bé xinh xắn; **a ~ story** câu chuyện thú vị; **~ scenery** cảnh đẹp mắt; **That is a ~ business!** Việc hay ho ghê! **2** *adv.* khá, kha khá: **Her hair looks ~.** Tóc cô ấy trông đẹp quá nhỉ.; **~ good** khá tốt; **~ hot** khá nóng; **~ much** hầu/gần như

pretzel /'pretsəl/ *n.* bánh hình que mặn dùng với bia

prevail /prɪ'veɪl/ *v.* thịnh hành, phổ biến; chiếm ưu thế, thắng thế; thuyết phục: **to ~ over the enemy** chiếm ưu thế đối với kẻ địch; **to ~ upon somebody to do something** thuyết phục ai làm việc gì

prevailing /prɪ'veɪlɪŋ/ *adj.* đang thịnh hành, đang phổ biến: **~ fashion** thời trang/mốt đang thịnh hành; **~ wind** cơn gió thường xẩy ra

prevalent /'prevələnt/ *adj.* đang thịnh hành/lưu hành

prevaricate /prɪ'værɪkeɪt/ *v.* nói dối/láo, nói thoái thác; nói quanh co

prevent /prɪ'vent/ *v.* ngăn cản, ngăn trở/ngừa, cản trở, phòng ngừa, dự phòng: **to ~ an accident** ngăn ngừa tai nạn; **to ~ somebody from doing something** ngăn cản ai làm điều gì

preventive /prɪ'ventɪv/ *adj., n.* phòng ngừa, ngăn ngừa: **~ medicine** thuốc phòng bệnh

preview /'pri:vju:/ *n., v.* (sự) xem trước, duyệt trước

previous /'pri:vɪəs/ **1** *adj.* trước: **the ~ day** ngày hôm trước; **without ~ notice** không có thông báo trước **2** *adv.* trước đây/đó: **~ to his marriage** trước khi anh ta lấy vợ

prey /preɪ/ **1** *n.* mồi: **to become ~ to** làm mồi cho; **bird of ~** chim săn mồi **2** *v.* rình/tìm bắt mồi; giày vò, day dứt: **to ~ upon** tìm mồi, bắt mồi

price /praɪs/ **1** *n.* giá, giá hàng: **cost ~** giá vốn; **fixed ~** giá nhất định; **retail ~** giá bán lẻ; **~ tag** bảng giá; **wholesale ~** giá bán buôn/sỉ; **at any ~** bằng bất cứ giá nào; **to set a ~ on someone's head** treo giải thưởng lấy đầu ai; **~-boom** mức giá cả tăng vọt, sự tăng vọt giá cả; **~-cutting** sự sụt giá, sự giảm giá; **~ fixing** sự định giá; **~ war** sự cạnh tranh giá cả **2** *v.* định giá, đặt giá; khảo giá: **to ~ oneself out of the market** lấy giá cắt cổ

price index *n.* bảng giá theo thị trường

priceless /'praɪsləs/ *adj.* vô giá, không định giá trước

prick /prɪk/ **1** *n.* sự châm, vết châm; mũi nhọn, gai, giùi; sự đau nhói, sự cắn rứt: **to ~ one's finger** bị một cái gai đâm vào ngón tay; **the ~s of conscience** sự cắn rứt của lương tâm **2** *v.* châm, chích, chọc: **to ~ up one's ears** làm tai vênh lên mà nghe

prickle /'prɪk(ə)l/ **1** *n.* gai **2** *v.* châm, chích, chọc

pride /praɪd/ **1** *n.* niềm hãnh diên; sự kiêu hãnh; tính/lòng tự ái: **false ~** tính tự ái, tính kiêu căng ngạo mạn; **He is his father's ~ and joy.** Anh ấy là niềm hãnh diện của ông bố.; **~ of place** địa vị quan trọng; **to take ~ in one's work** tự hào về công việc của

mình; **to swallow one's ~** nén tự ái,
dẹp lòng tự ái **2** *v.* lấy làm tự
hào/kiêu hãnh: **He ~s himself on
being able to organize his own life.**
Anh ta tự hào là có thể lo liệu được
cuộc đời của anh ta.

priest /priːst/ *n.* thầy tu; linh mục

priggish /'prɪgɪʃ/ *adj.* lên mặt ta đây
[giỏi, đạo đức]; làm bộ, hợm mình

prim /prɪm/ *adj., v.* làm ra vẻ nghiêm
nghị, đoan trang: **to ~ one's hair** lấy
vẻ mặt nghiêm trang

prima donna /'praɪmə dɒnə/ *n.* vai nữ
chính trong nhạc kịch; người hay tự
ái

prima facie /praɪmə'feɪʃi/ *adj.* thoạt
nhìn qua: **to see a ~ reason for it**
thoạt nhìn qua cũng thấy lý do rồi

primary /'praɪmərɪ/ **1** *adj.* đầu, đầu
tiên, nguyên thuỷ; gốc, căn bản,
[giáo dục, trường] sơ đẳng, sơ cấp,
tiểu học; chính cốt yếu, chủ yếu:
the ~ meaning of a word nghĩa gốc
của một từ; **~ meeting** hội nghị
tuyển chọn ứng cử viên; **~ school**
trường sơ cấp, trường tiểu học
2 *n.* điều đầu tiên, điều căn bản, sơ
cấp: **~ elections** tuyển cử sơ bộ

prime /praɪm/ **1** *n.* buổi sơ khai, thời
kì đầu tiên; thời kì đẹp đẽ/rực rỡ
nhất: **in the ~ of life** trong tuổi
thanh xuân; **~ meridien** đường kính
chính; **~ rate** tiền lời thấp nhất; **~
time** thời gian cao điểm của phát
thanh và truyền hình **2** *adj.* đầu
tiên; hàng đầu, chủ yếu; tốt/ngon
nhất; [số] nguyên tố: **~ cause**
nguyên nhân đầu tiên; **~ cost** vốn
gốc **3** *v.* sơn lót; bơm xăng vào
cac-bua-ra-tơ; mồi nước vào máy/
bơm; mồi mực/dầu trước; cho ăn
uống thoả thích: **to be ~d with beer**
cho uống bia thoả thích

primeval /praɪ'miːvəl/ *adj.* [*Br.* **primae-
val**] ban sơ, nguyên thuỷ

primitive /'prɪmɪtɪv/ *adj.* đầu tiên, ban
sơ, nguyên thuỷ; cổ xưa, thô sơ: **~
culture** nền văn hoá nguyên thuỷ

prince /prɪns/ *n.* ông hoàng, hoàng tử,
hoàng thân, tay cừ: **~ consort** chồng
chúa vợ tôi; **~ of darkness** quỷ sứ; **~
regent** hoàng tử hành sử quyền vua

princess /prɪn'ses/ *n.* bà chúa, bà
hoàng, công chúa

principal /'prɪnsɪpəl/ **1** *n.* hiệu trưởng;
tiền vốn: **assistant ~** phó hiệu
trưởng/giám đốc **2** *adj.* chính, chủ
yếu: **~ clause** mệnh đề chính; **~
rules** những luật lệ chính

principality /prɪnsɪ'pælɪtɪ/ *n.* vương
địa, lãnh địa của ông hoàng

principle /'prɪnsɪp(ə)l/ *n.* nguyên tắc,
nguyên lý; nguyên tắc đạo đức/xử
thế: **in ~** về nguyên tắc, trên
nguyên tắc; **a man of ~s** người theo
đạo đức; **to do something on ~** làm
việc gì theo nguyên tắc; **to lay
down as a ~** đặt thành nguyên tắc

print /prɪnt/ **1** *n.* chữ in; sự in; dấu in,
vết; vải hoa in; tài liệu in, ấn phẩm:
to appear in ~ tác phẩm được xuất
bản; **in large ~** in chữ lớn; **out of ~**
bán hết và chưa in lại; **finger ~** dấu
lăn tay; **news~** giấy (in) báo **2** *v.* in,
đăng, xuất bản, đăng tải; in dấu/
vết, in; rửa, in [ảnh]; viết kiểu chữ
in; khắc, ghi sâu

printer /'prɪntə(r)/ *n.* thợ in, chủ nhà in

printout /'prɪntaʊt/ *n.* bản được in ra

printrun *n.* lượt in, lần in

prior /'praɪə(r)/ *adv.* trước, trước khi: **~
to my arrival** trước khi tôi tới nơi

prioritize /'praɪərɪtaɪz/ *v.* xếp theo thứ
tự ưu tiên, đặt thành ưu tiên

priority /praɪ'ɒrɪtɪ/ *n.* quyền hưởng
trước, quyền ưu tiên, ưu tiên: **to
give ~ to** cho quyền ưu tiên

prise /'praɪz/ *v.* tách rời vật gì bằng
sức, nạy

prism /'prɪz(ə)m/ *n.* lăng trụ; lăng
kính: **regular ~** lăng trụ đều

prison /'prɪz(ə)n/ *n.* nhà tù, nhà lao,
đề lao: **~ house** nhà tù, nhà lao; **to
send someone to ~** bị bỏ tù; **~ camp**
trại tù; **~ break** người tù vượt ngục

prisoner /'prɪz(ə)nə(r)/ *n.* tù, người tù,

tù nhân, phạm nhân: **political** ~ tù chính trị; **~-of-war [POW]** tù binh chiến tranh

pristine /'prɪstiːn/ *adj.* ban sơ, cổ xưa

privacy /'prɪvəsɪ/ *n.* sự riêng tư; sự xa lánh; sự kín đáo: **to live in** ~ sống cách biệt

private /'praɪvət/ **1** *n.* lính trơn, binh nhì; chỗ kín: **in** ~ kín đáo, bí mật, riêng tư; ~ **First Class** binh nhất; ~ **soldier** lính trơn, binh nhì **2** *adj.* riêng tư, cá nhân, riêng, kín, mật; hẻo lánh, khuất nẻo: ~ **citizen** công dân thường; ~ **detective** thám tử tư; ~ **enterprise** công ty tư; ~ **house** nhà riêng; ~ **life** đời tư; ~ **school** trường tư, trường tư thục; ~ **talks** mật đàm; ~ **view** quan điểm riêng; ~ **war** sự tranh tụng giữa cá nhân

privatize /'praɪvətaɪz/ *n.* tư nhân hoá các công ty/xí nghiệp nhà nước

privilege /'prɪvɪlɪdʒ/ **1** *n.* đặc quyền, đặc ân: **The Vietnamese government has issued a decree giving special ~s to foreign investment companies.** Chính phủ Việt Nam ban hành quyết định cho những công ty đầu tư nước ngoài những đặc quyền đặc biệt. **2** *v.* cho đặc quyền, ban đặc quyền

privileged /'prɪvɪlɪdʒd/ *adj.* [giai cấp] hưởng đặc quyền, được ưu đãi

privy /'prɪvɪ/ **1** *n.* chỗ/nhà tiêu, nhà xí **2** *adj.* riêng, tư, kín, bí mật được biết riêng [bí mật]: ~ **Council** Viện cơ mật; ~ **parts** chỗ kín; **to be ~ to something** được biết riêng việc gì

prize /praɪz/ **1** *n.* giải thưởng, phần thưởng; chiến lợi phẩm, của trời cho: **first** ~ giải nhất; **Nobel Peace** ~ giải thưởng hoà bình Nô-ben; ~ **fellowship** giải xuất sắc; ~ **money** tiền thưởng; ~ **rose** bông hoa hồng được giải; **~-winner** người thắng giải, người đoạt giải **2** *v.* quý, đánh giá cao; nạy, bẩy lên: **to ~ moral values more than money** đánh giá cao giá trị đạo đức hơn đồng tiền **3** *adj.*

tốt, mẫu mực: **a** ~ **student** một học sinh mẫu mực

pro /prəʊ/ **1** *n.* đấu thủ nhà nghề **2** *n.* lý thuận, đồng ý, hưởng ứng: **the ~s and cons** lý thuận và lý nghịch, thuận và chống, lý do/ phiếu tán thành và lý do/phiếu phản đối

proactive /ˌprəʊˈæktɪv/ *adj.* thúc đẩy sự thay đổi: **The company should be ~, not reactive.** Công ty nên thúc đẩy sự thay đổi hơn là tạo hoạt động.

probability /prɒbəˈbɪlɪtɪ/ *n.* điều có thể xảy ra; sự có khả năng xảy ra, sự có lẽ đúng: **in all** ~ điều đó có thể xảy ra, rất có thể đúng

probable /'prɒbəb(ə)l/ *adj.* có thể xảy ra, có thể có, chắc hẳn, có lẽ đúng, có lẽ thật

probably /'prɒbəblɪ/ *adv.* chắc: **He will ~ come after dinner.** Chắc là ăn cơm tối xong anh ấy mới đến.

probation /prəʊˈbeɪʃən/ *n.* thời gian tập sự; thời gian thử thách; sự tha tạm [tù]; sự cho học tạm [nếu điểm vẫn xấu thì mới đuổi]: **to be on** ~ trong thời gian tập sự; ~ **license** bằng tạm trong thời gian thử thách; ~ **officer** nhân viên tạm thời tuyển dụng

probe /prəʊb/ **1** *n.* máy dò, cực dò, cái dò, điều tra: **space** ~ thám hiểm không gian **2** *v.* thăm dò, điều tra

problem /'prɒbləm/ **1** *n.* vấn đề; bài toán, điều khó hiểu: **There is no** ~. không có vấn đề gì, không có chi; **to solve a** ~ giải quyết một vấn đề, giải một bài toán **2** *adj.* gây phiền toái cho ai, tạo khó khăn

procedure /prəʊˈsiːdjʊə(r)/ *n.* thủ tục; nghi thức: **What are the ~s of the meeting?** Những thủ tục buổi họp là những gì?

proceed /'prəʊsiːd/ *v.* tiến lên, đi tới; tiếp tục, tiếp diễn, diễn tiến; hành động, làm; xuất phát: **The story ~s as follows ...** Câu chuyện diễn biến như sau...

proceeding /prəʊˈsiːdɪŋ/ *n.* kỉ yếu, biên bản; việc kiện tụng: **to publish**

~s ấn hành kỉ yếu hội nghị; **to take legal ~s against someone** đi kiện ai

process /'prəʊses/ **1** *n.* quá trình, tiến trình; phương pháp, cách thức; trát đòi: **in the ~ of moving to a new site** hiện đang dọn đến một địa điểm mới; **The ~ of economic rehabilitation is taking place.** Tiến trình khôi phục kinh tế đang diễn tiến. **2** *v.* chế biến, gia công: **Foods are ~ed in factories.** Thực phẩm được chế biến bằng cách cho đông lạnh và đóng hộp ở nhà máy.

procession /prəʊ'seʃən/ *n.* cuộc diễu hành, đám rước: **funeral ~** đám ma, đám tang; **to go in ~** đi diễn hành

proclaim /prəʊ'kleɪm/ *v.* công bố, tuyên bố, làm bài báo cáo; xưng; để lộ ra: **Your accent ~s you as a Northerner.** Giọng nói bạn chứng tỏ bạn là người miền Bắc.

procrastinate /prəʊ'kræstɪneɪt/ *v.* chần chừ, trì hoãn

procreate /'prəʊkriːeɪt/ *v.* sinh đẻ

proctor /'prɒktə(r)/ **1** *n.* giám thị [ở trường]; người coi thi **2** *v.* coi thi: **to ~ the final examination** coi kỳ thi tốt nghiệp

procure /prəʊ'kjʊə(r)/ *v.* kiếm được, mua/thu được; tìm [phụ nữ] cho nghề mại dâm, dắt gái, làm trùm gái điếm: **My friend has ~d employment.** Bạn tôi vừa kiếm được việc làm.

prod /prɒd/ **1** *n.* gậy nhọn **2** *v.* đâm, thúc; thúc giục: **to ~ the cows on with a stick** cầm roi thúc bò đi

prodigal /'prɒdɪgəl/ *adj.* hoang phí, phá của, hoang tàn: **the ~ son** đứa con hoang tàn

prodigy /'prɒdɪdʒɪ/ *n.* người/vật kỳ diệu; thần kỳ: **a ~ violinist** một nhạc sĩ thiên tài vĩ cầm

produce **1** /'prɒdjuːs/ *n.* sản xuất, sản vật; kết quả, hậu quả: **farm/agricultural ~** nông sản; **~ of labor** kết quả lao động **2** /'prədjuːs/ *v.* sản xuất, chết tạo; sinh, đẻ, đem lại; gây ra/

nên; viết ra, xuất bản, đưa ra, giơ ra, (xuất) trình; trình diễn: **to ~ a play** trình diễn một vở kịch

product /'prɒdʌkt/ *n.* sản phẩm, vật phẩm; kết quả: **The best ~s of Vietnam are lowest priced.** Sản phẩm tốt nhất của Việt Nam lại là giá thấp nhất.

production /prəʊ'dʌkʃən/ *n.* sự sản xuất/chế tạo; sự sinh/đẻ; sản phẩm, tác phẩm; sự đưa ra, sự xuất trình: **The present economic policy encourages domestic ~ of food.** Chính sách kinh tế hiện hành khuyến khích sản phẩm thực phẩm nội địa.; **The party is free to members on ~ of membership cards.** Buổi tiệc miễn phí dành cho hội viên xuất trình thẻ hội viên.

productive /prəʊ'dʌktɪv/ *adj.* sản xuất; sinh sản, sinh sôi; sinh lợi, màu mỡ, phì nhiêu, phong phú; [tác giả] viết lách nhiều, sáng tác nhiều: **~ forces** lực lượng sản xuất; **Your work is very ~.** Công việc của bạn rất là phong phú.

productivity /prəʊdʌk'tɪvɪtɪ/ *n.* sức sản xuất, năng/hiệu suất

profane /prəʊ'feɪn/ *adj., v.* báng bổ, xúc phạm thần thánh, vô lễ

profanity /prəʊ'fænɪtɪ/ *n.* tính/lời báng bổ; lời nói tục tĩu

profess /prəʊ'fes/ *v.* tuyên bố; theo [đạo]; tự cho/xưng là: **He ~es to be a scholar.** Hắn tự xưng là một học giả.; **My friend ~es Buddhism.** Bạn tôi theo đạo Phật.; **to ~ oneself as satisfied with** tuyên bố hài lòng với

profession /prəʊ'feʃən/ *n.* nghề, nghề nghiệp; nghề tự do; lời tuyên bố, lời công bố: **liberal ~s** những nghề tự do; **Women are still holding fewer jobs in many ~s.** Phụ nữ vẫn còn chiếm ít công việc trong những chuyên môn.

professional /prəʊ'feʃənəl/ *n., adj.* (người) chuyên nghiệp, (đấu thủ) nhà nghề: **They are ~ players.** Họ là những cầu thủ chuyên nghiệp.

professor /prə'fesə(r)/ *n.* giáo sư đại học: **assistant ~** giảng sư; **associate ~** phó giáo sư; **emeritus ~** giáo sư hồi hưu; **tenured ~** giáo sư chánh ngạch

proffer /'prɒfə(r)/ *v., n.* biếu, dâng, hiến, mời

proficiency /prə'fɪʃənsɪ/ *n.* khả năng, năng lực, tài năng: **I have to sit for an English ~ test.** Tôi phải thi lấy bằng khả năng tiếng Anh.

profile /'prəʊfaɪl/ **1** *n.* mặt (nhìn) nghiêng, trắc diện, trắc đồ; vị trí; sơ lược tiểu sử: **This picture shows you in ~.** Bức hình nầy chỉ thấy bạn một bên mà thôi.; **to keep a low ~** giữ một vai trò thấp **2** *v.* vẽ mặt nghiêng, chụp mặt nghiêng

profit /'prɒfɪt/ **1** *n.* lợi, lợi ích, bổ ích; lãi, lợi nhuận, tiền lời: **to do something to one's ~** làm gì có lợi cho ai; **The annual ~ of the company is two million dollars.** Tiền lời hàng năm của công ty lên đến hai triệu đô-la.; **to make a good ~** kiếm được nhiều lợi nhuận; **a ~ and loss account** bản tính toán lời lỗ; **~ margin** tiền lời còn lại sau khi đã trừ chi phí; **~-sharing** việc chia tiền lời giữa chủ và nhân công; **~-taking** tiền lời có được sau khi bán cổ phiếu **2** *v.* có lời/lợi, làm lợi, mang lợi; kiếm lợi; lợi dụng: **It ~ed me nothing.** Việc đó không có lợi gì cho tôi.

profitable /'prɒfɪtəb(ə)l/ *adj.* có lợi, có ích; sinh lợi/lãi

proforma /prəʊ'fɔːmə/ *adj., adv.* theo thể thức, theo nghi lễ

profound /prəʊ'faʊnd/ *adj.* sâu sắc, thâm thúy, uyên thâm, sâu xa; [giấc ngủ] say; [sự ngu dốt] hoàn toàn: **to take a ~ interest** hết sức quan tâm

profuse /prəʊ'fjuːs/ *adj.* có nhiều, dồi dào, vô khối, thừa; hào phóng: **He is ~ in his praises of employees.** Ông ấy hết lời ca ngợi nhân viên.

progeny /'prɒdʒɪnɪ/ *n.* con cái, con cháu, dòng dõi, hậu duệ

prognosis /prɒg'nəʊsɪs/ *n.* dự đoán, tiên liệu [về bệnh tình]

program(me) /'prəʊgræm/ **1** *n.* chương trình; cương lĩnh: **What is on the ~ today?** Hôm nay có những tiết mục gì trong chương trình? **2** *v.* đặt chương trình, lập chương trình, thảo chương

programming /'prəʊgræmɪŋ/ *n.* thảo chương, thiết kế chương trình

progress /'prəʊgres/ **1** *n.* sự tiến tới, sự tiến bộ, tiến triển; sự tiến hành: **Work is now in ~.** Công việc đang tiến hành.; **~ report** bản tường trình sự tiến bộ **2** /prə'gres/ *v.* tiến tới, tiến bộ, tiến triển, phát triển; tiến hành, xúc tiến: **to make much ~ in studies** tiến bộ nhiều trong việc học tập; **The industry sector is ~ing.** Công nghiệp đang phát triển.

progressive /prəʊ'gresɪv/ *adj.* tiến lên/tới; tiến bộ; tăng dần, lũy tiến; [thể] tiến hành; [đảng] cấp tiến

prohibit /prəʊ'hɪbɪt/ *v.* cấm, cấm chỉ, ngăn cấm: **Smoking is ~ed.** Cấm (không được) hút thuốc.

prohibitive /prəʊ'hɪbɪtɪv/ *adj.* [thuê, giá] đắt quá không mua nổi: **~ prices** giá cả rất đắt để ngăn cấm việc gì

project 1 /'prɒdʒekt/ *n.* dự án, đề án, kế hoạch; công trình; công cuộc: **The city council has implemented a new ~ for road improvements.** Hội đồng thành phố vừa cho thi công dự án cải thiện đường phố. **2** /'prɒdʒekt/ *v.* phóng, chiếu ra; chiếu; thảo/đặt kế hoạch; tính trước, dự tính; nhô ra, thò ra, lòi ra: **to ~ oneself into someone's feelings** đặt mình vào tâm trạng người nào

projection /prəʊ'dʒekʃən/ *n.* sự phóng/bắn ra; sự/phép chiếu, hình chiếu; sự chiếu phim; sự đặt kế hoạch; sự trù liệu; sự nhô ra, chỗ nhô ra, phần thò ra: **to undertake the ~ of a**

new enterprise đặt kế hoạch cho một cơ sở kinh doanh mới

projector /prəʊ'dʒektə(r)/ *n.* máy chiếu/rọi: **slide ~** máy chiếu dương bản

prolapse /prəʊ'læps/ *n., v.* (sự)sa xuống

proletariat /prəʊlɪ'teərɪət/ *n.* giai cấp vô sản

pro-life /prəʊ'laif/ *adj.* chống đối phá thai hay chống đối việc làm cho người khác chết

prolific /prəʊ'lɪfɪk/ *adj.* đẻ nhiều, mắn đẻ, sai quả, sinh sản nhiều; [nhà văn] sáng tác nhiều: **The trees they grow are ~.** Họ đã trồng nhiều cây sai quả.

prolong /prəʊ'lɒŋ/ *v.* kéo dài, gia hạn: **to ~ a visit** kéo dài cuộc thăm viếng

promenade /prɒmɪ'nɑːd/ *n.* cuộc đi dạo chơi; chỗ dạo mát: **The high school students are holding a ~.** Học sinh trung học tổ chức một cuộc đi dạo chơi.; **~ concert** buổi hoà nhạc ngoài trời

prominence /'prɒmɪnəns/ *n.* chỗ lồi lên; sự nổi bật, sự lỗi lạc, kiệt xuất, xuất chúng, siêu quần

prominent /'prɒmɪnənt/ *adj.* kiệt xuất, xuất chúng, siêu quần xuất chúng

promiscuous /prəʊ'mɪskjuːəs/ *adj.* lang chạ, tạp hôn, ngủ bậy; hỗn tạp, lẫn lộn, bừa bãi: **a ~ woman** một người đàn bà lang chạ

promise /'prɒmɪs/ **1** *n.* lời hứa, lời hẹn ước: **to keep a ~** giữ lời hứa; **to break a ~** không giữ, nuốt lời hứa; **an empty ~** lời hứa suông/hão; **a young scholar of ~** một học giả trẻ có nhiều triển vọng **2** *v.* hứa, hứa hẹn, hẹn ước; báo trước: **He ~d to come.** Ông ấy hứa đến.; **This year ~s good crops.** Năm nay hứa hẹn được mùa.

promissory /'prɒmɪsərɪ/ *adj.* hứa hẹn, hẹn trả tiền: **~ note** giấy hẹn trả tiền

promote /prəʊ'məʊt/ *v.* thăng chức, thăng cấp/trật; đẩy mạnh, xúc tiến; đề xướng; ủng hộ; quảng cáo [hàng

hóa]: **He has been ~d to manager.** Ông ấy vừa được thăng chức quản đốc.; **to ~ trade between two countries** đẩy mạnh thương mãi giữa hai nước

promotion /prəʊ'məʊʃən/ *n.* sự thăng thưởng/thăng chức, sự vinh thăng; sự cho lên lớp trên; sự xúc tiến; sự khởi xướng; sự quảng cáo [món hàng]: **on your ~ to major …** nhân dịp được thăng thiếu tá; **the ~ of this new toothbrush** việc quảng cáo cái bàn chải đánh răng mới chế tạo này

prompt /prɒm(p)t/ **1** *adj.* đúng giờ; mau lẹ, nhanh chóng, ngay **2** *v.* nhắc [diễn viên]; gợi ý; xúi giục, thúc đẩy **3** *adv.* nhanh chóng, tức thời, ngay: **at ten o'clock ~** vào lúc mười giờ đúng **4** *n.* sự nhắc, lời nhắc; kỳ hạn trả tiền, kỳ hạn trả nợ: **to give the actor a ~** nhắc cho diễn viên

promulgate /'prɒməlgeɪt/ *v.* công bố, ban bố/hành; đồn, truyền: **to ~ a set of civil laws** công bố bộ dân luật

prone /prəʊn/ *adj.* úp, sấp, nằm sấp; ngã/thiên về, dễ: **to be ~ to colds** dễ bị cảm lạnh

prong /prɒŋ/ *n.* răng, ngạnh, nhánh, chĩa: **the ~ of a fork** răng nĩa

pronoun /'prəʊnaʊn/ *n.* đại từ: **personal ~s** nhân xưng đại từ; **possessive ~s** sở hữu đại từ

pronounce /prəʊ'naʊns/ *v.* tuyên bố; phát âm: **to ~ a life sentence** tuyên án tù chung thân; **to ~ a word** phát âm một từ; **to ~ someone as husband and wife** tuyên bố người nào là vợ chồng

pronunciation /prəʊnʌnsɪ'eɪʃən/ *n.* cách phát âm, cách đọc

proof /pruːf/ **1** *n.* chứng, chứng cớ; sự thử thách; bản in thử, bản vỗ: **above ~** chứng cớ vừa nêu trên; **to read/correct ~s** sửa bản in; **~reader** người đọc và sửa bản in thử, **~reading** việc đọc và sửa bản in thử; **The ~ of the pudding is in the eating.** Có qua

thử thách mới biết dở hay. **2** *adj.*
chịu/chống được: **water~** không
thấm nước; **fire~** không cháy được
3 *v.* làm cho không xuyên qua, làm
cho không thấm nước: **to ~ some-
thing on glossy paper** làm cho vật
gì không thấm qua giấy láng

prop /prɒp/ **1** *n.* cái chống, nạng
chống; cột trụ **2** *v.* đỡ, dựng,
chống, chống đỡ, dựa

propaganda /prɒpə'gændə/ *n.* tuyên
truyền

propagate /'prɒpəgeɪt/ *v.* truyền
(giống), nhân giống; truyền bá, lan
truyền; sinh sôi nảy nở

propeller /prəʊ'pelə(r)/ *n.* chân vịt
(tàu), cánh quạt (máy bay): **air-
plane ~** cánh quạt máy bay

proper /'prɒpə(r)/ **1** *adj.* (danh từ)
riêng; đúng, thích đáng, thích hợp;
hợp thức, đúng đắn, phải lẽ: **~ noun**
danh từ riêng; **in the ~ time** đúng
lúc, phải lúc; **~ behavior** thái độ cư
xử đúng đắn **2** *adv.* thích đáng,
thích hợp, đúng đắn

property /'prɒpətɪ/ *n.* của cải, vật sở
hữu, tài sản; tính chất, đặc tính; đồ
dùng sân khấu: **common ~** của cải
chung; **~ tax** thuế nhà đất, thuế thổ
trạch; **public ~** tài sản công cộng;
to respect the intellectual ~ of ... tôn
trọng tài sản trí tuệ; **~-man** người
phụ trách đồ dùng sân khấu

prophecy /'prɒfɪsɪ/ *n.* lời đoán trước,
lời tiên tri/sấm

prophesy /'prɒfɪsaɪ/ *v.* đoán trước,
tiên đoán, tiên tri

prophet /'prɒfɪt/ *n.* nhà tiên tri; giáo đồ

propitious /prəʊ'pɪʃəs/ *adj.* tốt, lành;
thuận lợi

proponent /prəʊ'pəʊnənt/ *n.* (người)
đề xuất, đề xướng

proportion /prə'pɔːʃən/ **1** *n.* tỷ lệ;
phần; sự cân đối/cân xứng: **in ~ to**
cân xứng với; **the ~ of five to one** tỷ
lệ năm một **2** *v.* làm cân xứng, làm
cân đối: **We must ~ the reward in
terms of the work done.** Chúng ta

phải được phần thưởng cân xứng
với việc đã làm.; **to ~ one's expen-
ses to one's income** làm cho chi tiêu
cân xứng với lợi tức

proportional /prə'pɔːʃənəl/ *adj.* theo tỷ
lệ; cân xứng, cân đối

proposal /prə'pəʊzəl/ *n.* sự đề nghị,
điều đề nghị, sự đề xuất; sự cầu
hôn: **We have received their ~s.**
Chúng tôi vừa nhận những đề nghị
của họ.

propose /prə'pəʊz/ *v.* đề nghị, kế
hoạch đề xuất; đề cử, tiến cử; dự
định, có ý định; cầu hôn: **to ~ a
course of action** đề nghị một đường
lối hành động; **May I ~ a toast to
our friend.** Tôi xin đề nghị nâng
cốc chúc mừng bạn chúng ta.; **He
~d to me on my birthday.** Đúng sinh
nhật của tôi thì anh ấy ngỏ lời xin
cưới tôi.

proposition /prɒpəʊ'zɪʃən/ **1** *n.* lời đề
nghị, kế hoạch đề ra; lời tuyên bố;
việc, chuyện, vấn đề: **a tough ~**
việc làm gay go, chuyện khó thành
2 *v.* đề nghị, tuyên bố, gạ ăn nằm
với ai: **The man ~ed the waitress.**
Người đàn ông đã gạ ăn nằm với
cô tiếp viên.

propound /prəʊ'paʊnd/ *v.* đề nghị, đề
xuất

proprietary /prəʊ'praɪɪtrɪ/ *adj., n.*
thuộc chủ quyền, quyền sở hữu;
giới chủ nhân

propriety /prə'praɪɪtɪ/ *n.* sự thích đáng;
sự đúng mực, sự hợp thức, sự phải
phép; phép lịch sự, khuôn phép:
Nobody questioned her ~. Không ai
đặt vấn đề phép lịch sự của bà ấy.

propulsion /prə'pʌlʃən/ *n.* sự đẩy tới;
sự thúc đẩy

pro rata /prəʊ raːtə/ *adv.* theo tỷ lệ

prosaic /prə'zeɪɪk/ *adj.* như văn xuôi,
nôm na; thiếu chất thơ, không thơ
mộng gì cả; buồn, chán ngắt: **a ~
speaker** diễn giả chán ngắt

prose /prəʊz/ **1** *n.* văn xuôi, tản văn:
rhyme ~ bài phú, thể phú; **~ poetry**

thơ xuôi, thơ tự do **2** *v.* chuyển
sang thể văn xuôi; nói chán lắm

prosecute /'prɒsɪkjuːt/ *v.* kiện, truy tố,
khởi tố: **to ~ the law-breaker and
make a claim for damages** truy tố
kẻ phạm pháp và đòi bồi thường
thiệt hại

prosecutor /'prɒsɪkjuːtə(r)/ *n.* công tố
viên; bên nguyên cáo

proselytize /'prɒsɪlaɪtaɪz/ *v.* cho quy y,
cho nhập đạo; kết nạp vào đảng

prosody /'prɒsədɪ/ *n.* phép làm thơ;
thi pháp

prospect /'prɒspekt/ **1** *n.* cảnh, toàn/
viễn cảnh; viễn tượng, triển vọng,
tương lai, tiền đồ: **to have some-
thing in ~** đang hy vọng cái gì,
đang trông mong việc gì **2** *v.* thăm
dò (quặng mỏ), điều tra; tìm kiếm:
to ~ for gold thăm dò tìm vàng

prospective /prə'spektɪv/ *adj.* thuộc
tương lai, sắp tới, về sau: **We will
take the ~ profit.** Chúng ta sẽ có
món tiền lời về sau.

prospectus /prə'spektəs/ *n.* giấy cáo
bạch; dự án, tiểu luận: **The well-
designed ~ has caught my eye.** Tiểu
luận khéo trình bày đã hấp dẫn tôi.

prosperity /prɒ'sperɪtɪ/ *n.* sự thịnh
vượng/phát đạt/phồn vinh

prostate /'prɒsteɪt/ *n.* tuyến tiền liệt:
~ gland tuyến tiền liệt ở đàn ông

prostitute /'prɒstɪtjuːt/ **1** *n.* đĩ, gái
điếm, gái mại dâm, ả giang hồ **2** *v.*
to ~ oneself làm đĩ, bán rẻ nhân
phẩm

prostrate /'prɒstrət/ **1** *adj.* nằm sấp;
phủ phục; bị đánh gục; kiệt sức: **~
with grief** nằm gục xuống vì kiệt
sức **2** *v.* đặt, nằm sấp úp; làm mệt
lử: **to ~ oneself before the king** phủ
phục trước nhà vua

protagonist /prə'tægənɪst/ *n.* người tán
thành; vai chính trong một vở kịch;
người chủ đạo

protect /prə'tekt/ *v.* che chở, bao che,
bảo hộ/vệ, phòng: **to ~ someone
from danger** che chở ai khỏi bị

nguy hiểm; **to ~ against pornogra-
phy** bảo vệ chống lại sách báo
khiêu dâm

protection /prə'tekʃən/ *n.* sự bảo vệ;
chế độ bảo vệ mậu dịch: **to live
under someone's ~** được ai bao (đàn
bà)

protectionism /prə'tekʃənɪzəm/ *n.* chủ
nghĩa bảo vệ mậu dịch, tính cách
bảo hộ

protective /prə'tektɪv/ *adj.* che chở,
bảo vệ (về kinh tế): **~ clothing**
quần áo bảo vệ; **~ custody** sự giam
giữ phòng ngừa; **~ tariff** hàng rào
thuế quan bảo vệ

protégé /prɒ'teʒeɪ/ *n.* người được bảo
hộ, người được che chở

protein /'prəʊtiːn/ *n.* chất pro-te-in,
chất đạm

pro tem /prəʊ'tem/ *adv.* trong lúc nầy,
trong thời gian nầy

protest **1** /'prəʊtest/ *n.* sự phản kháng;
lời kháng nghị; lời phản đối; lời
xác nhận long trọng; lời cam đoan;
lời quả quyết: **under ~** phản đối lại,
một cách miễn cưỡng, vùng vằng
2 /'prə'test/ *v. n* phản kháng, phản
đối; long trọng xác nhận: **to ~ one's
innocence** cam đoan là vô tội

Protestant /'prɒtɪstənt/ *n.* người theo
đạo Tin Lành

protocol /'prəʊtəkɒl/ *n., v.* nghi lễ, lễ
tân; nghị định thư: **~ officer** giám
đốc nghi lễ, vụ trưởng vụ lễ tân

prototype /'prəʊtətaɪp/ *n.* nguyên
mẫu, mẫu đầu tiên

protractor /prə'træktə(r)/ *n.* rắp-poóc-
tơ, thước đo góc [hình bán nguyệt]

protrude /prə'truːd/ *v.* thò ra, nhô/lồi ra

proud /praʊd/ *adj.* hãnh diện, tự hào
[of về]; tự đắc, kiêu căng/ngạo/
hãnh; đẹp lộng lẫy, hùng vĩ: **to be ~
of one's rank** kiêu ngạo về địa vị
của mình; **to be ~ of one's achieve-
ments** hãnh diện về sự thành đạt
của ai

prove /pruːv/ *v.* chứng tỏ, chứng
minh, tỏ ra: **to ~ the truth** chứng tỏ

sự thật; **to ~ one's goodwill** chứng tỏ thiện chí của mình

proven /'pruːv(ə)n/ quá khứ của **prove**

proverb /'prɒvɜːb/ *n.* tục ngữ, cách ngôn; điều ai cũng biết, người ai cũng biết: **book of ~s** sách tục ngữ, danh ngôn

provide /prə'vaɪd/ *v.* cung cấp, chu cấp; dự phòng, chuẩn bị: **to ~ for/ against an entertainment** chuẩn bị đầy đủ cho một cuộc tiếp đãi; **to be well ~d for** được cấp dưỡng đầy đủ; **the law ~s that…** luật pháp qui định rằng; **to ~ someone with something** cung cấp ai cái gì

providence /'prɒvɪdəns/ *n.* sự lo xa, dự phòng; Thượng đế; ý trời, mệnh trời: **special ~** sự dự phòng đặc biệt

province /'prɒvɪns/ *n.* tỉnh, tỉnh bang; phạm vi, lĩnh vực: **Vietnam has sixty two ~s.** Việt Nam có 62 tỉnh.; **It is out of my ~.** Việc đó ngoài phạm vi của tôi.

provincial /prə'vɪnʃəl/ *adj., n.* hàng tỉnh, thuộc tỉnh; hẹp hòi: **~ capital** tỉnh ly

provision /prə'vɪʒən/ *n.* sự dự phòng; điều khoản [khế ước]: **~s** thực phẩm dự trữ, đồ ăn đồ uống

proviso /prə'vaɪzəʊ/ *n.* điều kiện, điều khoản

provocation /prɒvəʊ'keɪʃən/ *n.* sự khiêu khích; sự xúi giục

provoke /prə'vəʊk/ *v.* khêu gợi, kích thích; chọc tức, trêu chọc, khiêu khích; xúi giục, khích: **The film has ~d our curiosity.** Cuốn phim đã kích thích sự tò mò của chúng ta.

provost /'prɒvəst/ *n.* viện trưởng, khoa trưởng, hiệu trưởng: **~ mar-shal** tư lệnh hiến binh

prow /praʊ/ *n.* mũi thuyền, mũi tàu

prowess /'praʊes/ *n.* lòng can đảm; năng lực đặc biệt

prowl /praʊl/ **1** *n.* sự rình mò; sự đi lảng vảng, đi quanh vẩn vơ: **to take a ~ around the shopping complex** đi vớ vẩn quanh khu phố **2** *v.* đi lảng

vảng kiếm mồi, đi loanh quanh

proximity /prɒk'sɪmɪtɪ/ *n.* sự gần gũi; vùng lân cận

proxy /'prɒksɪ/ *n.* giấy/sự uỷ quyền; người thay mặt: **by ~** do uỷ nhiệm, **to be ~ for someone** đại diện cho người nào

prudent /'pruːdənt/ *adj.* dè dặt, cẩn thận, thận trọng, khôn ngoan

prune /pruːn/ **1** *n.* mận khô, mứt mận **2** *v.* tỉa, xén cành cây; lược bớt [cho đỡ rườm]: **to ~ down a tree** cắt cây, chặt cây bớt, tỉa cây

pry /praɪ/ **1** *v.* nạy ra; nhìn tò mò, nhìn xoi mói; dính mũi vào: **to ~ into someone's affairs** xía vào việc gì của ai **2** *v.* trao giải thưởng, ca ngợi ai

psalm /sɑːm/ *n.* bài thánh ca/thánh thi: **~-book** kinh thánh

pseudonym /'sjuːdənɪm/ *n.* tên riêng, bút danh, biệt hiệu

psyche /'psaɪkɪ/ *n.* linh hồn, tinh thần

psychedelic /saɪkɪ'delɪk/ *adj., n.* trạng thái lâng lâng, trạng thái phiêu diêu, [nhạc, màu, ánh sáng] làm đầu óc chấn động (như đang dùng ma túy)

psychiatry /saɪ'aɪətrɪ/ *n.* bệnh học tinh thần/tâm thần

psychic /'saɪkɪk/ *n., adj.* ông đồng, bà đồng bóng, đồng bóng

psychological /saɪkəʊ'lɒdʒɪkəl/ *adj.* tâm lý: **~ warfare** chiến tranh tâm lý, tâm lý chiến; **at the ~ moment** vào lúc thích hợp về tâm lý

psychology /saɪ'kɒlədʒɪ/ *n.* tâm lý học; môn học tâm lý

psychosis /saɪ'kəʊsɪs/ *n.* chứng loạn tinh thần

PTA /ˌpiːtiː'eɪ/ *n., abbr.* (= **Parent-Teacher Association**) hội phụ huynh học sinh

pub /pʌb/ *n.* quán rượu, tửu quán, quán ăn

puberty /'pjuːbətɪ/ *n.* tuổi dậy thì: **age of ~** tuổi thanh xuân, tuổi dậy thì

public /'pʌblɪk/ **1** *n.* công chúng, quần

chúng; dân chúng, nhân dân: **in ~** giữa công chúng, công khai; **to appeal to the ~** kêu gọi công chúng; **~ bill** luật ảnh hưởng đến công chúng; **~ address [PA] system** hệ thống âm thanh dùng ở chỗ đông **2** *adj.* chung, công, công cộng: **in ~ eyes** nổi tiếng; **~ figure** con số chung; **~ health** y tế công cộng; **~ holidays** những ngày nghỉ lễ chung; **~ library** thư viện công cộng; **~ prosecutor** nhân viên luật lo kết tội tội phạm; **~ relations** quan hệ/giao tế với quần chúng; **~ servant** công nhân viên, công chức

publicity /pʌ'blɪsɪtɪ/ *n.* sự quảng cáo, sự rao hàng

publicize /'pʌblɪsaɪz/ *v.* quảng cao, quảng bá, phổ biến; công khai hoá, đưa ra công khai

publish /'pʌblɪʃ/ *v.* xuất bản, phát hành; công bố, ban bố: **to ~ a newspaper** xuất bản một tờ báo

pucker /'pʌkə(r)/ **1** *n.* nếp nhăn **2** *v.* làm nhăn; cau [mày]

pudding /'pʊdɪŋ/ *n.* bánh pud-ding, bánh kem/sữa: **~-face** mặt ngang, mặt phèn phẹt; **~-head** người đần độn; **~-heart** người hèn nhát

puddle /'pʌd(ə)l/ **1** *n.* vũng nước; việc rắc rối **2** *v.* lội/vấy bùn; làm hỏng

puerile /'pju:əraɪl/ *adj.* trẻ con, có tính trẻ con; tầm thường, không đáng kể

puff /pʌf/ **1** *n.* hơi thở, luồng gió/hơi; hơi thuốc lá; chỗ phồng lên; bánh su, bánh xốp: **I took a ~.** Tôi hút một hơi thuốc lá.; **cream ~** bánh su nhồi kem; **~ paste** bột nở dùng làm bánh; **~ pastry** bột nhồi nở **2** *v.* thở phù phù, thở hổn hển; phụt ra; hút/ rít hơi thuốc; làm bông lên, làm phồng lên; vênh váo, tự đắc: **to ~ and blow** thở hổn hển, thở ì ạch; **to be ~ed** gần như mệt hết hơi, **to ~ up with pride** vênh váo tự đắc

pugilism /'pju:dʒɪlɪz(ə)m/ *n.* quyền thuật, môn đánh quyền

pugnacious /pʌg'neɪʃəs/ *adj.* hay gây gổ, thích đánh nhau

Pulitzer Prize /'pʊlɪtzə(r) praɪz/ *n.* giải văn học, báo chí ở Mỹ

pull /pʊl/ **1** *n.* sự lôi/kéo/giật; núm, quả đấm; sức kéo, sức hút; thế lực: **Please give a ~.** Làm ơn kéo giúp.; **~-back** sự kéo lùi lại, hoàn cảnh làm chậm tiến; **~-out** sự rút lui, sự ra đi khỏi; **~-over** áo len chui đầu **2** *v.* lôi, kéo, giật; bứt [tóc]; bẹo [tai]; nhổ răng; nhổ cỏ dại: **to ~ a fast one** cố lừa dối; **to ~ one's punches** không đấm hết sức; **to ~ strings** giật dây; **to ~ one's weight** chia sẻ công việc; **to ~ apart** xé toạc; **to ~ in your stomach** hãy thót bụng lại; **to ~ in a suspect** bắt một kẻ tình nghi; **The train just ~ed in.** Xe lửa vừa tới nơi, vừa vào ga.; **to ~ out** kéo ra; nhổ ra; [quân đội] rút ra; rút ra khỏi [nhóm]; **to ~ through** qua khỏi được, thoát; **to ~ together** hoà hợp với nhau, ăn ý với nhau; **to ~ oneself together** lấy lại can đảm, lấy lại bình tĩnh; **to ~ a face** nhăn mặt; **to ~ someone's nose** chửi xỏ ai, làm mất thể diện ai

pulley /'pʊlɪ/ *n., v.* cái ròng rọc

pulmonary /'pʌlmənərɪ/ *adj.* thuộc phổi, có liên quan đến phổi: **~ tuberculosis** bệnh lao phổi

pulp /pʌlp/ **1** *n.* cơm, thịt [trái cây]; lõi cây; tuỷ [răng]; bột giấy; cục bột nhão: **to reduce to ~** nghiền nhão ra **2** *v.* nghiền nhão; xay

pulpit /'pʊlpɪt/ *n.* bục giảng kinh, giảng đàn

pulsate /pʌl'seɪt/ *v.* (tim) đập, rung động

pulse /pʌls/ *n., v.* mạch; nhịp đập, cảm xúc rộn ràng: **to feel someone's ~** bắt mạch; **to stir someone's ~** gây xúc động rộn ràng cho ai

puma /'pju:mə/ *n.* báo, sư tử

pumice stone *n.* đá bọt

pummel /'pʌm(ə)l/ *v.* đấm liên hồi, đấm thùm thụp

pump /pʌmp/ **1** *n.* cái bơm, máy bơm:

bicycle ~ bơm xe đạp; **hydraulic ~** bơm thuỷ lực; **~-box** ống bơm; **~ room** phòng bơm dầu **2** *v.* bơm, moi tin tức: **to ~ up a tire** bơm lốp xe; **to ~ a secret out of someone** moi bí mật ở ai ra

pumpkin /'pʌm(p)kɪn/ *n.* quả bí ngô

pun /pʌn/ *n., v.* (sự) chơi chữ

punch /pʌnʃ/ **1** *n.* cú đấm: **a ~ on the head** cú đấm vào đầu; **~-drunk** làm cho u-mê đần độn; **~ing bag** túi da dùng tập đánh **2** *n.* máy giùi; máy khoan; kìm bấm; máy rập **3** *v.* đấm, thụi, thoi **4** *v.* giùi lỗ; khoan; bấm [vé]: **The train conductor has ~ed my ticket.** Người kiểm soát vé tàu vừa bấm vé tôi.

punchline /'pʌnʃlaɪn/ *n.* những lời cuối chọc vui

punctual /'pʌŋktjuːəl/ *adj.* đúng giờ

punctuate /'pʌŋktjuːeɪt/ *v.* đánh dấu chấm câu; nhấn mạnh; lúc lúc lại ngắt quãng: **The audience ~d the speech with outbursts of applause.** Thính giả ngắt quảng bài nói chuyện bằng những tràng vỗ tay hoan nghênh.

punctuation /pʌŋktjuːeɪʃən/ *n.* dấu ngắt câu, dấu chấm câu: **~ mark** dấu chấm câu

puncture /'pʌŋktjʊə(r)/ **1** *n.* lỗ thủng **2** *v.* đâm thủng, chọc thủng

pungent /'pʌndʒənt/ *adj.* cay, hăng; cay độc, chua chát

punish /'pʌnɪʃ/ *v.* phạt, trừng phạt, trừng trị; hành (hạ): **to ~ someone for doing wrong** trừng phạt ai vì làm một việc gì sai

punitive /'pjuːnɪtɪv/ *adj.* phạt, trừng phạt, để trừng trị

punk /pʌŋk/ *n., adj.* gỗ mục; thằng láo, phường đểu cáng, tên (oắt con) lưu manh: **~ music** nhạc kích động; **~ rock** nhạc róc

punnet /'pʌnɪt/ *n.* giỏ đựng rau quả

punter /'pʌntə(r)/ *n.* người đánh cá độ đua ngựa

pup /pʌp/ *n.* chó con: **a conceited ~** chàng thanh niên tự cao tự đại, đứa bé kiêu ngạo; **to sell somebody a ~** lừa bịp ai, lừa đảo ai

pupa /'pjuːpə/ *n.* (*pl.* **pupae**) con nhộng

pupil /'pjuːpɪl/ **1** *n.* học trò, học sinh **2** *n.* con ngươi, đồng tử

puppet /'pʌpɪt/ *n.* con rối; bù nhìn: **~ government** chính phủ bù nhìn, chính quyền ngụy

puppy /'pʌpɪ/ *n.* chó con: **~ love** mối tình con nít; **~-fat** đứa bé mập

purchase /'pɜːtʃɪs/ **1** *n.* sự mua/tậu; vật mua/tậu được; thu hoạch hàng năm: **~ order** phiếu đặt mua hàng; **~ price** giá mua **2** *v.* mua, tậu, sắm; giành được: **I have ~d a new house near the beach.** Tôi vừa mua một ngôi nhà gần bờ biển.

pure /pjʊə(r)/ *adj.* trong, trong sạch, nguyên chất, tinh khiết, trong lành; thuần chủng, không lai; trong sáng; trong trắng, trinh bạch; [toán học] thuần túy; hoàn toàn: **~ fabrication** chuyện bịa đặt hoàn toàn; **~ gold** vàng nguyên chất; **~ in heart** tấm lòng trong trắng; **~ science** khoa học thuần tuy

puree /'pjʊəreɪ/ *n.* món xúp đặc nghiền nhừ

purgatory /'pɜːgətərɪ/ *n., adj.* sự chuộc tội, sự ăn năn hối lỗi; nơi chuộc tội

purge /pɜːdʒ/ **1** *n.* sự làm sạch, sự thanh lọc; cuộc thanh trừng **2** *v.* làm sạch, gột rửa, lọc, thanh lọc; thanh trừng; cho uống thuốc tẩy/xổ; tẩy, xổ: **to be ~d of sin** rửa sạch tội lỗi; **to ~ oneself of suspicion** giải hết mọi nghi ngờ cho mình; mình oan cho mình

purify /'pjʊərɪfaɪ/ *v.* lọc trong, làm sạch, tinh chế: **to ~ water for drinking** lọc trong nước để uống

purity /'pjʊərɪtɪ/ *n.* sự trong sạch, trong trắng, tinh khiết; sự nguyên chất/thuần khiết; tính trong sáng

purple /'pɜːp(ə)l/ *n., adj.* (màu) đỏ tía: **~ heart** biểu tượng cho ai bị thương trong chiến tranh

purport /pɜːˈpɔːt/ **1** n. ý nghĩa, hàm ý, nội dung **2** v. có ý nghĩa là, có nội dung là: **to ~ that it be signed by you** [tài liệu] có vẻ như do chính bạn ký tên; **This letter is ~ing to express his real feelings.** Lá thư nầy có ý bày tỏ cảm nghĩ thật của ông ấy.

purpose /ˈpɜːpəs/ **1** n. mục đích, ý định; chủ định, chủ tâm, chủ ý, dự định; sự quả quyết, quyết tâm: **for the ~ of** nhằm mục đích; **on ~** cố ý, cố tình, có chủ tâm; **to no ~** vô ích, không được kết quả gì; **to serve the ~ of** thay thế cho, được dùng làm **2** v. có ý định, có chủ ý: **He ~d to come.** Ông ấy có ý định đến.

purr /pɜː/ **1** n. tiếng mèo khò khò/rừ rừ **2** v. [mèo] kêu rừ rừ, kêu khò khò

purse /pɜːs/ **1** n. túi tiền, hầu bao; tiền, vốn; túi; ví tay của phụ nữ: **to hold the ~ string** nắm mọi chi tiêu, nắm dây thắt ví tiền; **~ snatcher** thằng giựt ví; **public ~** gây quỹ bằng cách đánh thuế; **~-bearer** người giữ tiền, thủ quỹ **2** v. nắm, mím [môi]; bỏ vào túi

pursue /pəˈsjuː/ v. đuổi theo, rượt bắt, truy nã/kích; theo đuổi, đeo đuổi, tiếp tục; mưu cầu [hạnh phúc]: **to ~ the enemy** đuổi bắt kẻ địch; **to ~ the policy of peace** theo đuổi chính sách hoà bình; **to ~ happiness** mưu cầu hạnh phúc

pursuit /pəˈsjuːt/ n. sự truy nã; sự đeo đuổi, sự mưu cầu; chuyện/việc đeo đuổi: **to abandon that ~ for another** bỏ công việc đang theo đuổi để đi tìm việc khác; **~ plane** máy bay oanh kích; **in ~ of** đuổi bắt ai, đuổi theo ai

purveyor /pəˈveɪə(r)/ n. nhà thầu cung cấp thực phẩm cho quân đội

pus /pʌs/ n. mủ

push /pʊʃ/ **1** n. sự xô, sự đẩy (một cái); sự thúc đẩy; sự hăng hái dám làm: **to get the ~** bị sa thải; **to give the door a hard ~** đẩy mạnh cửa một cái; **to give someone a ~** thúc

đẩy ai; **~-bike** xe đạp thường; **~-button** nút bấm; **~-cart** xe đẩy **2** v. đẩy, xô; xô lấn, chen lấn; thúc đẩy, thúc giục; đẩy mạnh, mở rộng, xúc tiến; ép, thúc bách; tung ra, quảng cáo [món hàng]: **to ~ a button** bấm cái nút; **to ~ drugs** bán chất ma tuý; **to ~ around** chèn, lấn, coi thường; **to ~ aside** đẩy sang một bên; **to ~ one's luck** không sợ rủi ro; **to ~ off** thuyền ra đi, khởi hành; chuồn, tẩu; **to ~ on** đi tiếp, tiếp tục; **to ~ through** xô lấn qua, chen qua; làm cho xong; **to ~ a trade** thúc đẩy việc mua bán, mở rộng mậu dịch

push technology n. dịch vụ cho người dùng máy vi tính ghi chép các phần mềm

pussy /ˈpʊsɪ/ n. con mèo, con măn: **~ cat** con mèo

pussyfoot /ˈpʊsɪfʊt/ v. đi len lén; hành động thận trọng

pussy willow n. cây liễu tơ

put /pʊt/ v. [**put**] để, đặt, bỏ, cho vào, đút vào; sắp đặt, sắp xếp; đưa/đem ra; nói ra, diễn tả; cắm/ đâm vào, bắn vào, buộc vào, lắp/ tra vào: **to ~ a heavy tax on** đánh thuế nặng; **to ~ a person in mind** lưu ý người nào; **to ~ a stop to** chấm dứt; **to ~ one's money into property** đầu tư tiền vào nhà đất; **to ~ salt on everything** món gì cũng rắc muối lên; **to ~ sugar in the coffee** cho đường vào cà phê; **to ~ across** thực hiện thành công, làm cho được tán thưởng; **to ~ aside** dành dụm, để dành; bỏ đi, để sang một bên; **to ~ away** để dành; ăn, uống; **to ~ back** để vào chỗ cũ; vặn [đồng hồ] lùi lại; **to ~ down** để/đặt xuống; ghi, biên; đàn áp [cuộc nổi dậy]; làm nhục, hạ nhục; [máy bay] hạ cánh; **to ~ in order** xếp dọn, xếp thứ tự; **to ~ in writing** viết xuống; **to ~ it to someone** nói với ai rằng; **to ~ money to** đầu tư vốn vào; **to ~ off** hoãn lại; **to ~ on** mặc/đội/ thắt/đi vào; đem trình diễn [kịch]; bật lên; làm ra vẻ; lên [cân *weight*]; **to ~ out** chìa ra; tắt [lửa, đèn]; tống cổ; làm phát cáu; **to ~ through** giúp để [dự luật] được thông qua; **to ~ to a vote** đem ra biểu quyết; **to ~ to death** đem giết; **to ~ to flight** biến đi; **to ~ to work** bắt làm việc, cắt việc cho làm

putrefy /'pjuːtrɪfaɪ/ *v.* thối rữa, đổi bại, sa đoạ

putrescent /pjuː'tresənt/ *adj.* đang thối rữa, liên quan đến thối rữa

putrid /'pjuːtrɪd/ *adj.* thối tha, độc hại; tồi tệ, khó chịu

putt /pʌt/ *v., n.* (cú) đánh nhẹ vào banh

puzzle /'pʌz(ə)l/ **1** *n.* vấn đề khó xử; câu đố: **crossword ~** trò chơi ô chữ **2** *v.* làm bối rối, làm khó xử: **to ~ about a problem** bối rối trước một vấn đề, khó xử về một vấn đề; **to ~ out** giải đáp được câu đố

pygmy /'pɪɡmɪ/ *n., adj.* người lùn tịt; người tầm thường dốt nát, yêu tinh

pylon /'paɪlɒn/ *n.* cửa tháp; cột tháp

pyramid /'pɪrəmɪd/ *n.* hình chóp; tháp chóp, kim tự tháp: **~ selling** hệ thống bán hàng tăng số lượng cho người phân phối

pyrotechnics /paɪərəʊ'teknɪks/ *n.* thuật/ nghề làm pháo hoa

Pythagoras' theorem /paɪ'θæɡərəsɪz 'θɪərəm/ *n.* lý thuyết của Py-ta-gore

python /'paɪθən/ *n.* con trăn lớn, măng xà

Q

Q&A *n., abbr.* (= **Question and Answer**) hỏi và trả lời

QC /ˌkjuː'siː/ *n., abbr.* (= **Queen's Counsel**) luật sư cao cấp ở Anh hay ở Úc

quack /kwæk/ **1** *n.* tiếng kêu cạc cạc **2** *n.* lang băm, lang vườn; kẻ bất tài nhưng làm ra vẻ giỏi: **~ doctor** ông thầy thuốc ở làng **3** *v.* [vịt] kêu cạc

cạc **4** *v.* chữa kiểu lang băm; huênh hoang khoác lác

quadrangle /'kwɒdræŋɡ(ə)l/ *n.* hình bốn cạnh; sân trong bốn cạnh là nhà của đại học

quadrant /'kwɒdrənt/ *n.* góc phần tư; cung phần tư

quadrilateral /kwɒdrɪ'lætərəl/ *n., adj.* (hình) bốn cạnh; bốn bên

quadruped /'kwɒdruːped/ *n., adj.* (thú) bốn chân: **The lion is a ~.** Sư tử là một con thú bốn chân.

quadruple /'kwɒdruːp(ə)l/ **1** *adj.* to gấp bốn, bốn bên, tay tư: **~ alliance** đồng minh bốn nước; **~ rhythm** nhịp bốn **2** *n.* to gấp bốn lần, tăng lên gấp bốn: **He could sell his shop for ~ the asking price.** Ông ấy có thể bán tiệm của ông ta gấp bốn lần hơn là giá đang trả. **3** *v.* nhân bốn, tăng lên bốn lần: **Vietnam has ~d its exports to the U.S.** Việt Nam xuất khẩu qua Mỹ gấp bốn lần.

quaff /kwɒf/ **1** *n.* sự uống một hơi rượu **2** *v.* nốc một hơi dài: **to ~ off a glass of beer** uống một hơi cạn ly bia

quagmire /'kwæɡmaɪə(r)/ *n.* bãi lầy; tình trạng sa lầy

quail /kweɪl/ **1** *n.* chim cun cút: **~'s eggs** trứng chim cút **2** *v.* mất tinh thần, run sợ: **not to ~ before someone's threats** không run sợ trước sự đe doạ của ai

quaint /kweɪnt/ *adj.* lạ lạ, hay hay; kỳ quặc, kỳ cục

quake /kweɪk/ **1** *n.* sự rung/run: **earth~** trận động đất **2** *v.* rung; run, run rẩy: **to ~ with cold** run lên vì lạnh

qualification /ˌkwɒlɪfɪ'keɪʃən/ *n.* điều kiện, tư cách, tiêu chuẩn; khả năng, trình độ chuyên môn; sự hạn chế, sự dè dặt: **educational ~** trình độ học vấn, bằng cấp; **His statement could be accepted with ~s.** Lời tuyên bố của ông ấy có thể chấp nhận được với sự dè dặt.

qualified /'kwɒlɪfaɪd/ *adj.* có đủ tư cách/khả năng/điều kiện; dè dặt, thận trọng: **We are short of ~ teachers.** Chúng ta thiếu giáo viên đủ khả năng.

qualify /ˈkwɒlɪfaɪ/ *v.* gọi là, cho là; làm cho có đủ điều kiện; có đủ tư cách, có đủ khả năng, có đủ tiêu chuẩn: **to be qualified for a position** có đủ tư cách đảm nhiệm chức vụ

qualitative /ˈkwɒlɪtətɪv/ *adj.* về chất, về phẩm chất; định tính

quality /ˈkwɒlɪtɪ/ *n.* chất, phẩm chất; chất lượng; tính chất ưu tú; năng lực, tài năng, đức tính; loại, hạng: **Quality is more important than quantity.** Phẩm chất quan trọng hơn là số lượng.; **to have many good qualities** có nhiều đức tính tốt

quality control *n.* (*abbr.* **QC**) việc kiểm soát chất lượng sản phẩm

qualm /kwɑːm/ *n.* nỗi băn khoăn day dứt; mối e sợ, mối lo ngại; sự buồn nôn, cảm giác nôn nao: **~s of conscience** nỗi day dứt của lương tâm

quandary /ˈkwɒndəɹi/ *n.* tình trạng bối rối, tình trạng khó xử: **to be in a ~** ở trong tình trạng khó xử

quantify /ˈkwɒntɪfaɪ/ *v.* xác định số lượng

quantitative /ˈkwɒntɪtətɪv/ *adj.* về lượng, về số lượng; định lượng: **~ analysis** bản phân tích định lượng

quantity /ˈkwɒntɪtɪ/ *n.* lượng, số lượng, khối lượng; chi tiết thiết kế thi công: **electric ~** điện lượng; **quantities of books** rất nhiều sách; **to buy in quantities** mua một số lượng lớn; **~ production** sản xuất hàng loạt; **~ surveyor** người viết bản thiết kế thi công

quantum /ˈkwɒntəm/ *n.* phần, mức; lượng tử: **~ theory** thuyết lượng tử; **~ jump** sự tăng trưởng đột xuất lớn

quarantine /ˈkwɒrəntiːn/ **1** *n.* sự kiểm dịch; sự cách ly: **to clear one's goods through ~** thực hiện kiểm dịch hàng hoá **2** *v.* giữ kiểm dịch: **All pets have to be ~d for three months.** Tất các súc vật chó mèo phải giữ kiểm dịch trong 3 tháng.

quarrel /ˈkwɒrəl/ **1** *n.* vụ cãi nhau; mối tranh chấp/bất hoà: **to pick a ~** gây cãi với ai; **I have no ~ with anyone.** Tôi không tranh cãi gì với ai cả. **2** *v.* cãi nhau, cãi lộn: **to ~ over** cãi về việc gì

quarry /ˈkwɒrɪ/ **1** *n.* con mồi, thú bị săn; kẻ bị truy lùng **2** *n.* mỏ/hầm đá, nơi lấy đá **3** *v.* khai thác mỏ đá; moi, tìm tòi: **to ~ marble** khai thác đá hoa

quarter /ˈkwɔːtə(r)/ **1** *n.* một phần tư; một khắc, 15 phút; một quý ba tháng; khu phố, xóm phường; tuần trăng: **a ~ to two** 2 giờ thiếu 15; **a ~ past two, a ~ after two** 2 giờ 15; **at close ~s** (đánh) giáp lá cà; **within three ~s of an hour** trong vòng 45 phút đồng hồ; **~-mile** cuộc chạy đua một phần tư dặm; **~ sessions** phiên toà họp hàng quý; **Latin ~** khu Latinh; **a bad ~ of an hour** một vài giây phút khó chịu **~-tone** một phần tư tấn **2** *v.* chia tư; cắt làm bốn; phanh thây; đóng [quân]

quarterly /ˈkwɔːtəlɪ/ **1** *n.* quý ba tháng, tạp chí xuất bản ba tháng một kỳ **2** *adj.* ba tháng một lần **3** *adv.* cứ hàng ba tháng một lần

quartz /kwɔːts/ *n.* thạch anh

quasar /ˈkweɪzɑː(r)/ *n.* vật lớn như sao chiếu sáng

quash /kwɒʃ/ *v.* huỷ bỏ, bác bỏ; dập tắt, dẹp yên: **to ~ the verdict** hỷ bỏ bản án

quasi- /ˈkweɪsaɪ/ *prefix* hầu như là, y như thể

quatrain /ˈkwɒtreɪn/ *n.* thơ bốn câu, bài thơ tứ tuyệt

quaver /ˈkweɪvə(r)/ **1** *n.* sự rung tiếng; sự láy rền; nốt móc **2** *v.* rung tiếng, nói rung tiếng; láy nốt nhạc rền

quay /kiː/ *n.* ke, bến cảng, bến tàu

queasy /ˈkwiːzɪ/ *adj.* làm buồn nôn, cảm thấy lộn mửa

queen /kwiːn/ **1** *n.* bà vua, nữ hoàng, bà hoàng/chúa; vợ vua, hoàng hậu;

quân Q; quân đầm: **the ~ of Eng-land** Nữ Hoàng Anh; **~ mother** hoàng thái hậu; **~ bee** con ong chúa; **The rose is the ~ of flowers.** Hoa hồng là nữ hoàng của các loài hoa.; **~'s Counsel** người đại diện nữ hoàng; **~'s English** Nữ hoàng Anh; **~-size** cỡ lớn nhất **2** *v.* chọn làm nữ hoàng, chọn làm hoàng hậu

queer /kwɪər/ **1** *n.* người tình dục đồng giới **2** *adj.* lạ, lạ lùng, kỳ quặc, kỳ cục; đáng ngờ, khả nghi; tình dục đồng giới: **to feel ~** cảm thấy khó chịu **3** *v.* làm hại, làm hỏng; làm cho cảm thấy khó chịu

quell /kwel/ *v.* dẹp đàn áp, dập tắt [cuộc nổi loạn]: **to ~ a mutiny** dẹp tan cuộc nổi loạn

quench /kwentʃ/ *v.* làm hết [khát]; dập tắt [lửa, loạn]: **to ~ someone's enthusiasm** làm nhụt nhiệt tình của ai

querulous /'kwerjʊləs/ *adj.* hay than phiền, hay càu nhàu

query /'kwɪərɪ/ **1** *n.* câu hỏi, điểm thắc mắc, câu chất vấn **2** *v.* hỏi, hỏi xem, chất vấn; đặt câu hỏi, vặn: **to ~ someone on the accounts' discrepancy** chất vấn ai về trương mục không rõ ràng

quest /kwest/ *n., v.* sự tìm kiếm, sự đi lùng: **in ~ of** đang tìm kiếm

question /'kwestjən/ **1** *n.* câu hỏi; vấn đề; sự nghi ngờ: **to put a ~** đặt câu hỏi; **to answer a ~** trả lời một câu hỏi; **That is not the ~.** Đó phỏng phải là vấn đề.; **~ time** thời gian đặt câu hỏi ở quốc hội; **a ~ of time** không sớm thì muộn, chỉ là vấn đề thời gian; **beyond all ~** đáng nghi ngờ; **to come into ~** cần thảo luận; **out of the ~** không thực tế; **to put the ~** đặt vấn đề lấy phiếu người ủng hộ và người chống **2** *v.* hỏi, vặn hỏi, hỏi cung; nghi ngờ: **to ~ the honesty of somebody** nghi ngờ lòng chân thật của ai

question mark *n.* dấu hỏi; vấn đề nghi vấn

questionnaire /kwestjə'neə(r)/ *n.* bản câu hỏi, bản lục vấn

queue /kjuː/ **1** *n.* hàng xếp nối đuôi; đuôi sam: **to stand in a ~** đứng xếp thành hàng **2** *v.* xếp hàng: **to ~ up for tickets** xếp hàng mua vé

quibble /'kwɪb(ə)l/ **1** *n.* lối chơi chữ, cách nói nước đôi; lý sự cùn, cách nói ngụy biện **2** *v.* ngụy biện, lý sự cùn: **Let's not ~ over the unimportant issues.** Chúng ta không nên ngụy biện về những vấn đề không quan trọng.

quiche /kiːʃ/ *n.* bánh trứng, bánh kít

quick /kwɪk/ **1** *n.* tâm can, ruột gan; chỗ nhạy cảm nhất; người còn sống: **radical to the ~** là người cấp tiến hoàn toàn; **the ~ and the dead** kẻ còn người mất; **to cut to the ~** chạm nọc, chạm vào chỗ nhạy cảm nhất **2** *adj.* nhanh, mau, lẹ; tinh, thính; nhanh trí, linh lợi; nhạy cảm: **~ change** thay đổi nhanh; **a ~ eye** mắt tinh nhanh; **~ fire** bắn nhanh; **a ~ mind** đầu óc bén nhạy; **~ to sympathize** dễ thông cảm; **Let's have a ~ one.** Chúng ta uống nhanh một ly đi. **3** *adv.* một cách nhanh chóng, mau lẹ

quicken /'kwɪk(ə)n/ *v.* (làm) tăng tốc độ, (làm) nhanh hơn, gia tốc; (làm) sống/tươi lại, (làm) sôi nổi lên

quicklime *n.* vôi sống

quicksand /'kwɪksænd/ *n.* cát lầy, cát lún

quick-tempered *adj.* nóng tính, dễ cáu, nóng nảy

quick-witted *adj.* nhanh trí, ứng trí nhanh

quid /kwɪd/ *n.* miếng thuốc lá; miếng: **a ~ of betel** miếng trầu

quiet /'kwaɪət/ **1** *n.* sự yên tĩnh, sự êm ả, sự yên ổn; sự thanh bình: **a few hours of ~** một vài giờ êm ả; **to live in ~** sống trong cảnh thanh bình; **on the ~** hết sức bí mật **2** *adj.* yên tĩnh, yên lặng; trầm lặng; yên ổn, thanh bình, thái bình; khiêm tốn, kín đáo: **Be ~**! Im! câm mồm!; **They want a ~ wedding**. Hai người muốn có một đám cưới đơn giản không ầm ĩ phô trương. **3** *v.* dỗ [trẻ] cho nín; làm dịu; [tình hình] dịu xuống, lắng xuống, bớt căng thẳng: **to ~ a fretful child** dỗ một em bé đang quấy; **The city ~ed down**. Thành phố đã trở nên yên lặng.

quill /kwɪl/ *n.* ống lông; lông; (bút) lông ngỗng: **~ feathers** lông ngỗng; **~ pen** bút lông

quilt /kwɪlt/ **1** *n.* mền bông, chăn bông: **~ cover** bao bọc chăn bông **2** *v.* may vào hai làn áo, chần

quinine /kwɪ'niːn/ *n.* thuốc qui-nine, thuốc ký ninh

quintessence /kwɪn'tesəns/ *n.* tinh tuý, tinh hoa, tinh chất

quintuple /'kwɪntjuːp(ə)l/ **1** *n.* số to gấp năm **2** *adj.* gấp năm lần **3** *v.* tăng lên gấp năm, nhân năm

quintuplet /'kwɪntjuːplɪt/ *n.* trẻ con sinh năm

quip /kwɪp/ *n., v.* sự nói đùa; nói giỡn, châm biếm

quirk /kwɜːk/ *n.* lời thoái thác

quisling /'kwɪzlɪŋ/ *n.* tên phản quốc, người làm tay sai cho địch

quit /kwɪt/ *v.* thôi, bỏ, nghỉ, ngừng, ngưng; thôi việc: **to ~ a job** bỏ việc làm; **to ~ work** nghỉ việc; **to ~ hold of** mất cái gì

quite /kwaɪt/ *adv.* hoàn toàn, hẳn, hết sức, rất là, rất mực; khá: **He is ~ a scholar.** Ông ấy đúng là một vị học giả.; **not ~ finished (yet)** chưa xong hẳn; **~ a few** một số khá nhiều; **That was ~ a wedding.** Đám cưới thật là to.; **You are ~ right.** Đúng lắm, đồng ý.

quits /kwɪts/ *adj.* trả xong, thanh toán xong: **Now we are ~.** Bây giờ chúng ta chẳng còn nợ nần gì cả.; **to call it ~** đồng ý hoà, không cãi cọ nữa

quitter /'kwɪtə(r)/ *n.* người bỏ việc, người trốn việc

quiver /'kwɪvə(r)/ **1** *n.* ống đựng tên bắn **2** *n.* giọng run run **3** *v.* nói run run: **His voice ~s.** Giọng nói ông ta run run.

quixotic /kwɪk'sɒtɪk/ *adj.* hào hiệp viễn vông, giống như Đông-ky-sốt

quiz /kwɪz/ **1** *n.* câu hỏi thi, bài thi ngắn; người hay trêu ghẹo chế nhạo; **~ show** chương trình truyền hình đố vui **2** *v.* kiểm tra (nói miệng), quay thi (vấn đáp); trêu ghẹo, chế nhạo: **The police quizzed the man for many hours before he was set free.** Cảnh sát đã thẩm vấn người đàn ông đó nhiều giờ trước khi trả tự do.

quoits /kɔɪts/ *n., v.* cái vòng ném vào đầu vịt; trò chơi ném vòng: **to play ~s** chơi trò chơi ném vòng

quorum /'kwɔːrəm/ *n.* túc số, đủ số đại biểu cần thiết để bầu hay thông qua một quyết định: **Enough members were present to make a ~.** Đủ số thành viên có mặt để có túc số.

quota /'kwəʊtə/ *n.* số, phần; số định trước; chỉ tiêu: **The government has set a ~ on the import of motorbikes.** Chính phủ vừa qui định chỉ tiêu nhập khẩu xe gắn máy.

quotation marks *n.* dấu ngoặc kép [để trích dẫn]

quote /kwəʊt/ **1** *n.* lời/đoạn trích dẫn; bản khảo giá; dấu ngoặc kép: **The article starts with a ~ from the Prime Minister's speech.** Bài báo bắt đầu bằng lời trích dẫn bài diễn văn của Thủ tướng. **2** *v.* trích dẫn; định giá: **He ~d from my letter.** Ông ấy trích dẫn thư của tôi.

quotient /'kwəʊʃənt/ *n.* số thương, thương số

Qur'an /kɒr'ɑːn/ *n.* (= **Koran**) kinh Co-ran

Qwerty /'kwɜːti/ *adj.* được sắp xếp theo thứ tự trên chữ trên bàn máy chữ/vi tính

R

rabbi /'ræbaɪ/ *n.* giáo sĩ/mục sư Do Thái

rabbit /'ræbɪt/ *n.* con thỏ: ~ **hole** hang thỏ; ~ **hutch** chuồng thỏ; **to breed like ~s** đẻ như thỏ; ~**-warren** vùng có nhiều thỏ hoang

rabble /'ræb(ə)l/ *n.* đám đông gây lộn xộn; lớp tiện dân ồn ào: ~ **raiser** kẻ khích động/xách động quần chúng

rabid /'ræbɪd/ *adj.* [chó] dại; điên dại; dữ dội, ghê gớm: **a ~ dog** chó dại

raccoon /ræ'kuːn/ *n.* gấu trúc Mỹ

race /reɪs/ **1** *n.* cuộc (chạy) đua; cuộc đua ngựa; sông đào, đời người: **marathon ~** cuộc chạy đua đường dài, chạy đua Ma-ra-tong; **horse ~** cuộc đua ngựa; ~ **course** trường đua ngựa **2** *n.* nòi, giống, loài, chủng tộc: **the human ~** loài người, nhân chủng; ~ **riot** cuộc xung đột chủng tộc **3** *v.* chạy đua/thi với; phóng nhanh, cho [ngựa] phi, cho [máy] chạy hết tốc độ; cho thông qua một cách vội vàng: **to ~ the engine of a car** cho máy xe chạy; **to ~ away** thua cá ngựa hết sạch

racial /'reɪʃəl/ *adj.* về dòng giống, về chủng tộc

racism /'reɪsɪz(ə)m/ *n.* chủ nghĩa phân biệt chủng tộc, chủ nghĩa kỳ thị chủng tộc

racist /'reɪsɪst/ *n., adj.* người kỳ thị chủng tộc, người phân biệt chủng tộc: **No one supports a ~ society.** Không ai ủng hộ cho một xã hội phân biệt chủng tộc.

rack /ræk/ **1** *n.* những đám mấy trôi dạt: **to go to ~ and ruin** tiêu tan thành mây khói, tiêu tan sự nghiệp **2** *n.* giá, giá để hành lý; cái mắc áo; máng ăn; giá bom; thanh răng: **a luggage ~** giá để hành lý; ~ **of lamb** cừu chỉ có da bọc xương **3** *n.* cái trăn để tra tấn; sự tra tấn, sự hành hạ: **to be on the ~** bị hành hạ **4** *v.* đóng trăn, tra tấn; hành, hành hạ, làm khổ; nặn óc; đổ đầy cỏ vào máng: **to ~ up a horse** đổ cỏ vào máng cho ngựa ăn

racket /'rækɪt/ **1** *n.* (*also* **racquet**) vợt: **tennis ~** vợt tenis, vợt đánh quần vợt **2** *n.* tiếng ồn ào, tiếng om sòm; mánh lới, mưu mô thủ đoạn làm tiền; cảnh ăn chơi nhộn nhịp: **to kick up a ~** làm ồn ào

racketeer /rækɪ'tɪə(r)/ *n.* tên làm tiền bằng trò gian lận

raconteur /rækɒn'tɜː(r)/ *n.* người có tài kể chuyện

racquet /'rækɪt/ xem **racket**

racy /'reɪsɪ/ *adj.* hấp dẫn; hăng hái, sốt sắng; đặc biệt

radar /'reɪdɑː(r)/ *n., abbr.* (= **radio detecting and ranging**) máy ra-da; hệ thống phát tuyến ra-đa: ~ **station** đài ra-đa, đài kiểm soát không gian hoặc biển cả

radial /'reɪdɪəl/ *adj., n.* thuộc tia sáng; toả tròn; xuyên tâm

radiate /'reɪdɪət/ *v.* phát/chiếu/toả ra; bức xạ, phát xạ; lộ ra [vẻ vui mừng], hớn hở: **The sun ~s light and heat.** Mặt trời toả ra ánh sáng và hơi nóng.

radiation /reɪdɪ'eɪʃən/ *n.* ánh sáng phát ra; sự bức xạ, sự phóng xạ: ~ **sickness** bệnh vì bị nhiễm phóng xạ; ~ **therapy** trị liệu bằng sự bức xạ

radiator /'reɪdɪeɪtə(r)/ *n.* lò sưởi; bộ tản nhiệt [ở máy xe hơi]

radical /'rædɪkəl/ **1** *n.* gốc; gốc từ; căn thức **2** *n.* đảng viên đảng cấp tiến, tay cấp tiến: **the ~ Party** đảng câp tiến **3** *adj.* căn bản; cấp tiến; căn; thuộc rễ; thuộc gốc từ: ~ **change** sự thay đổi căn bản; ~ **sign** dấu căn bản

radicle /'rædɪk(ə)l/ *n.* nguyên lý cơ bản, gốc; dấu căn; người theo đảng cấp tiến

radio /'reɪdɪəʊ/ **1** *n.* ra-đi-ô, máy thu thanh, đài: ~ **aerial** dây ăng-ten; ~ **amplifier** máy khuếch đại ra-đi-ô; ~**cab** xe tắc xi có trang bị vô tuyến; ~ **frequency** tần số ra-đi-ô; ~ **ham**

điều hành đài phát thanh tài tử; ~
network mạng lưới ra-đi-ô **2** *v.*
truyền đi bằng vô tuyến

radioactivity /ˌreɪdɪəʊˈæktɪvɪtɪ/ *n.* năng
lực phóng xạ, tính phóng xạ

radiocarbon dating *n.* (*also* **carbon
dating**) phương pháp định tuổi cổ
vật bằng chất than trên vật đó

radiographer /ˈreɪdɪəʊɡrɑːfə(r)/ *n.*
máy/người xử dụng tia x, ảnh
quang tuyến x

radiology /ˌreɪdɪˈɒlədʒɪ/ *n.* khoa tia x,
khoa quang tuyến x

radiotherapy /ˌreɪdɪˈθerəpɪ/ *n.* phương
pháp chữa trị ung thư bằng tia
phóng xạ quang tuyến

radish /ˈrædɪʃ/ *n.* củ cải đỏ

radius /ˈreɪdɪəs/ *n.* (*pl.* **radii**) bán kính;
vòng, phạm vi; xương quay: **within
a ~ of 10 kilometers from Saigon**
trong phạm vi cách Sài Gòn 10 cây
số

raffia /ˈræfɪə/ *n.* sợi cọ dùng làm mũ,
cây cọ sợi

raffle /ˈræf(ə)l/ *n.* cuộc sổ số: **Are
there any more ~ tickets?** Còn có vé
xổ số nữa không?

raft /rɑːft/ *n.* bè, mảng

rafter /ˈrɑːftə(r)/ *n.* rui mái nhà: **from
cellar to ~** từ nền đến nóc nhà

rag /ræɡ/ *n.* giẻ rách, giẻ; một tí,
mảnh vụn: **to be in ~s** ăn mặc quần
áo rách tả tơi; **~-bag** bao đựng giẻ
rách; **~ doll** búp bê giẻ rách; **meat
cooked to ~s** thịt nấu nhừ tơi; **~ and
bones man** người mua bán áo quần
cũ, người mua bán đồ đồng, nhôm
vụn; **from ~s to riches** từ tay không
trở nên giàu có; **to tear to ~s** xé
rách tả tơi; **~-trade** việc buôn bán
áo quần phụ nữ

ragamuffin /ˈræɡəmʌfɪn/ *n.* người ăn
mặc rách rưới bẩn thỉu; người đầu
đường xó chợ

rage /reɪdʒ/ **1** *n.* cơn thịnh nộ, cơn
giận dữ; sự cuồng bạo, sự ác liệt;
tính ham mê, sự say mê; mốt thịnh
hành, mốt phổ biến: **to fly into a ~**

nổi cơn thịnh nộ; **to be in a ~ with
someone** nổi xung với người nào; **It
is now all the ~.** Cái đó là mốt thịnh
hành bây giờ. **2** *v.* nổi cơn thịnh
nộ, giận điên lên: **to ~ against
someone** nổi cơn thịnh nộ lên với
ai; **Cholera is raging.** Bệnh dịch tả
đang hoành hành.

raging /ˈreɪdʒɪŋ/ *adj.* giận dữ, giữ dội,
mãnh liệt: **to be in a ~ temper** nổi
cơn giận dữ; **~ headache** đau đầu
giữ dội

raid /reɪd/ *n., v.* (trận) tấn công bất
ngờ, (trận) đột kích; (cuộc) vây
bắt, bố ráp; (vụ) cướp bóc: **a police
~ on the drugs trade** cuộc bố ráp
cảnh sát vào việc buôn bán ma
tuý; **a ~ on a bank** một cuộc cướp
ngân hàng

rail /reɪl/ **1** *n.* đường rầy, đường xe
lửa, đường sắt: **~way, ~road** đường
sắt, đường xe lửa; **~ card** vé đi xe
lửa giảm giá; **to go by ~** đi bằng xe
lửa; **to run off the ~s** trật đường rầy
2 *n.* tay vịn, hàng rào, lan can: **I
have put a hand ~ in the lift.** Tôi
vừa gắn tay vịn trong thang máy.

railing /ˈreɪlɪŋ/ *n.* tay vịn, bao lơn;
hàng rào chấn song

rain /reɪn/ **1** *n.* mưa, mùa mưa: **to be
caught in the ~** bị mưa; **~ or shine**
dù mưa hay nắng; **~ of tears** khóc
như mưa; **~coat** áo mưa; **~-check** vé
để xem lại trận đấu sau khi hết
mưa; **~drop** giọt mưa; **~fall** lượng
mưa, vũ lượng; trận mưa rào;
~proof không thấm nước mưa;
~storm mưa dông; **~ water** nước
mưa **2** *v.* mưa, đổ xuống như mưa:
It is raining cats and dogs. Trời
mưa như trút, trời mưa tầm tã.; **to ~
blows on someone** đấm ai túi bụi;
Come in when it ~s. Tránh những
điều bực mình khó chịu.

raise /reɪz/ **1** *n.* sự tăng lương; sự
nâng lên, sự tăng lên **2** *v.* nâng lên,
đỡ dậy; đưa lên, giơ/kéo lên;
ngẩng [đầu] lên; ngước [mắt] lên;

cất [tiếng]; nuôi [trẻ con, súc vật]; nêu lên, đưa ra, đề xuất; gây nên; thu [thuế, tiền]; mộ [quân]; nhổ [trại camp]; xúi giục [cuộc nổi loạn]; làm nở [một bánh mì]: **to ~ one's glass to someone** nâng ly chúc mừng ai; **to ~ one's head** ngẩng đầu lên; **to ~ suspicion** gây nghi ngờ; **to ~ someone's salary** tăng lương cho ai; **to ~ children** nuôi con; **to ~ hell/ the devil** la lối om sòm, gây rối loạn; **to ~ someone from the dead** cứu ai sống

raisin /ˈreɪz(ə)n/ *n.* nho khô, mứt nho

rake /reɪk/ **1** *n.* cái cào **2** *n.* người chơi bời trác táng **3** *v.* cào, cời; lục soát: **to ~ one's memory** tìm trong trí nhớ; **to ~ over a flowerbed** cào xới một luống hoa; **to ~ up** cào gọn lại, khơi lại quá khứ

rally /ˈræli/ **1** *n.* cuộc mit-ting lớn; sự tập hợp lại **2** *v.* tập hợp lại; lấy lại sức; tấp nập lại: **to ~ someone's spirit** củng cố lại tinh thần; **to ~ from an illness** bình phục sau một cơn bệnh

RAM /ræm/ *n., abbr.* (= **Random Access Memory**) bộ nhớ máy vi tính

ram /ræm/ **1** *n.* cừu đực; tàu mũi nhọn; búa thuỷ động **2** *v.* đóng [cọc]; nện [đất]; nhét/nhồi/ấn vào; đâm: **to ~ one's clothes into a bag** nhét quần áo vào một cái túi; **to ~ an argument home** cãi lý đến cùng, cố gắng thuyết phục

Ramadan /ˈræməˈdɑːn/ *n.* tháng nhịn ăn ban ngày của người Hồi giáo

ramble /ˈræmb(ə)l/ **1** *n.* cuộc dạo chơi, cuộc du ngoạn/ngao du: **to go for a ~** đi dạo chơi **2** *v.* đi dạo chơi, ngao du; nói huyên thiên, nói dông dài

rambutan /ræmˈbuːtən/ *n.* quả chôm chôm

ramification /ˌræmɪfɪˈkeɪʃən/ *n.* sự phân chia nhánh, nhánh, chi nhánh: **the ~s of a river** các nhánh sông

ramp /ræmp/ **1** *n.* bờ dốc, dốc; thang

lên máy bay; bệ phóng: **the ~ of a bridge** dốc lên cầu **2** *v.* xây bờ dốc, đắp mô

rampage /ˈræmpeɪdʒ/ *n., v.* (sự) giận giữ, (cơn) điên lên: **to be on a ~** nổi cơn giận lên

rampant /ˈræmpənt/ *adj.* [tệ đoan] lan tràn; hung hăng, không kiềm chế được: **The ~ violence caused by the terrorists was unforgettable.** Bọn khủng bố gây nên những bạo hành khắp nơi không thể nào quên được.

rampart /ˈræmpɑːt/ *n., v.* bờ lũy, thành lũy

ramrod /ˈræmrɒd/ *n.* cái thông nòng

ramshackle /ˈræmʃæk(ə)l/ *adj.* [nhà] xiêu vẹo, đổ nát: **He lives in a ~ house.** Ông ấy sống trong một ngôi nhà xiêu vẹo đổ nát.

ran /ræn/ quá khứ của **run**

ranch /rɑːn(t)ʃ/ *n.* trại nuôi súc vật

rancid /ˈrænsɪd/ *adj.* [bơ, mỡ] trở mùi, có mùi, ôi: **to smell ~** đã có mùi

rancor /ˈrɑːnkə(r)/ *n.* sự thù oán, oán thù, mối hiềm thù

R&D /ˌɑːrənˈdiː/ *n., abbr.* (= **Research and Development**) nghiên cứu và phát triển sưu tầm nghiên cứu và phát triển: **The government should increase funds for ~.** Chính phủ nên tăng thêm trợ cấp cho nghiên cứu và phát triển.

random /ˈrændəm/ **1** *n.* càn, bừa (bãi), ẩu, bậy: **to speak at ~** ăn nói bậy bạ **2** *adj.* ẩu, bừa: **~ access** có thể có được các trữ liệu trong máy vi tính

rang /ræŋ/ quá khứ của **ring**

range /reɪndʒ/ **1** *n.* hàng, dãy; phạm vi, tầm hoạt động, lĩnh vực, trình độ; loại, khoảng; vùng; bãi cỏ rộng lớn; lò bếp: **a ~ of mountains** một dãy núi; **a wide ~ of prices** đủ loại giá **2** *v.* chạy dài; xếp hàng; đi khắp; lên xuống trong một khoảng giữa hai mức; được xếp vào loại: **That island ~s several kilometers of the mainland.** Quần đảo đó nằm dọc theo đất liền năm bảy cây số.

rank /ræŋk/ **1** *n.* hàng, dãy; hàng ngũ, đội ngũ; hạng loại, cấp, bậc; đẳng cấp, giai cấp, địa vị xã hội: **first ~ hàng đầu; to close the ~s** siết chặt hàng ngũ; **the ~ and file** lính thường; dân thường; **to be promoted to the ~ of professor** được lên chức giáo sư đại học **2** *v.* xếp loại/hạng, xếp theo thứ tự trên dưới; đứng vào hàng: **to ~ with** đứng ngang hàng với; **to ~ someone among the great heroes** xếp ngang hàng với những bậc anh hùng **3** *adj.* oi, trở mùi; [cây cối] rậm rạp, sum sê; trắng trợn, rõ ành rành, quá quẩn: **a ~ smell** mùi oi; **a ~ lie** lời nói dối trắng trợn

rankle /'ræŋk(ə)l/ *v.* [vết thương] làm mủ, thành độc; làm đau khổ, day dứt, giày vò: **It ~d me when my best friend did not support me for the club chairperson's post.** Điều làm tôi đau khổ là bạn tôi không ủng hội tôi trong vài trò chủ tịch câu lạc bộ.

ransack /'rænsæk/ *v.* lục lọi, lục soát; cướp bóc, cướp phá: **to ~ one's brains** nặn óc suy nghĩ

ransom /'rænsəm/ **1** *n.* tiền chuộc: **to hold something to ~** giữ lại vật gì để đòi tiền chuộc **2** *v.* đòi nộp tiền chuộc: **to ~ someone for something** đòi ai tiền chuộc cái gì

rantings /'ræntɪŋz/ *n.* việc nói huyên hoang dong dài

rap /ræp/ **1** *n.* cú đánh nhẹ, gõ; tiếng gõ; sự buộc tội: **to take the ~** bị phạt oan **2** *n.* một tí, một chút, mảy may: **I don't give/care a ~.** Tôi chẳng cần.; **It's not worth a ~.** Không đáng một xu, không có giá trị gì. **3** *v.* đánh nhẹ, gõ, cốp; gõ cửa: **to ~ out a reply** đáp lại một cách cộc cằn; **to ~ someone on the knuckles** đánh vào đốt ngón tay

rape /reɪp/ *n., v.* (sự/vụ) cưỡng dâm, hiếp dâm, hãm hiếp: **A young girl was ~d in her house.** Cô gái trẻ bị hãm hiếp trong nhà cô ta.

rapid /'ræpɪd/ **1** *n.* thác, ghềnh **2** *adj.* nhanh, mau: **a ~ decline in health** sự giảm sút sức khỏe nhanh chóng

rapids /'ræpɪdz/ *n.* khúc sông có nước chảy xiết

rapport /ræ'pɔː(r)/ *n.* quan hệ; sự hiểu nhau, sự thông cảm: **to be in good ~ with someone** có quan hệ tốt với ai

rapt /ræpt/ *adj.* say mê, chăm chú; sung sướng vô cùng: **to be ~ in movies** say mê xem xi-nê

rapture /'ræptjʊə(r)/ *n.* sự sung sướng/ say mê, mê ly: **to go into ~s** sung sướng vô cùng

rare /reə(r)/ **1** *adj.* ít có, hiếm (có), hy hữu, hạn hữu; [không khí] loãng; ít khi xảy ra: **I have a ~ opportunity to see him.** Tôi có cơ hội hy hữu gặp ông ấy. **2** *adj.* [thịt] tái, còn hơi sống, lòng đào: **My father likes to eat ~ beefsteak.** Ba tôi thích thịt bò nướng còn hơi sống.

rarity /'reərɪti/ *n.* của hiếm, vật hiếm có, chuyện ít có

rascal /'rɑːskəl/ *n.* tên lưu manh, thằng đểu, tên vô lại; thằng ranh con: **That little ~ is my neighbor's son.** Thằng ranh con đó là con trai người hàng xóm với tôi.

rash /ræʃ/ **1** *n.* chứng phát ban: **heat ~** chứng rôm **2** *adj.* liều, ẩu, bừa bãi; cẩu thả, khinh suất: **That is a ~ promise.** Đó là lời hứa ẩu.

rasp /rɑːsp/ **1** *n.* cái giũa gỗ; tiếng kèn kẹt **2** *v.* giũa, cạo, nạo; làm sướt da; làm phật ý; kêu cọt kẹt, cò cử

raspberry /'rɑːzbərɪ/ *n.* quả dâu rừng, quả mâm xôi

rat /ræt/ **1** *n.* con chuột, kẻ phản bội, người bỏ đảng; tên mách lẻo; thằng chó: **~-poison** thuốc diệt chuột; **~ race** đua chuột; **~ trap** cái bẫy chuột **2** *v.* bắt chuột, giết chuột; bỏ đảng, phản bội: **to ~ on someone** phản bội ai

ratchet /'rætʃɪt/ *n.* bộ bánh cóc: **~ wheel** bánh cóc

rate /reɪt/ **1** *n.* tỷ lệ; tốc độ; giá, suất, mức; hạng, loại; thuế nhà đất: **at this ~** cứ điệu này, cứ đà này; **at any ~** dù sao chăng nữa; **~ of exchange, exchange ~** (tỷ) giá hối đoái, hối suất; **first ~** hạng nhất, số dách; **at an easy ~** với giá phải chăng **2** *v.* đánh/lượng giá, ước lượng/tính; coi, xem như; xếp hạng/loại: **to ~ someone too high** đánh giá ai quá cao

rather /ˈrɑːðə(r)/ *adv.* thà... hơn; hơi thế: **He would ~ stay here than leave.** Ông ấy thà ở lại đây còn hơn là đi.; **He is ~ tired.** Ông ấy hơi mệt.; **~ large** hơi to quá; **We arrived at eleven, or ~ a quarter to eleven.** Chúng tôi đến nơi lúc 11 giờ, hay đúng hơn là 11 giờ kém 15 phút.

ratify /ˈrætɪfaɪ/ *v.* phê chuẩn, thông qua: **We have ratified a contract.** Chúng ta vừa thông qua một hợp đồng.

ratio /ˈreɪʃ(ɪ)əʊ/ *n.* (*pl.* **ratios**) tỷ lệ, tỷ số; số truyền: **It is in the ~ of 2 to 4.** Theo tỷ lệ 2 trên 4.

ration /ˈræʃən/ **1** *n.* khẩu phần, phần ăn: **~ card** thẻ lĩnh gạo **2** *v.* hạn chế; chia khẩu phần; (bắt) bán theo phiếu/bông: **Petrol is ~ed in war times.** Xăng dầu bị hạn chế trong chiến tranh.

rationale /ˌræʃəˈnɑːl/ *n.* lý do, cơ sở hợp lý: **~ for learning a foreign language** lý do học ngoại ngữ

rationalize /ˈræʃənəlaɪz/ *v.* hợp lý hoá, tìm cớ để thoái thác hoặc để biện minh cho hành động của mình: **It is easy to ~ one's actions in hindsight.** Dễ biện minh cho hành động của ai khi chưa rõ.

rattan /rəˈtæn/ *n.* mây, song: **~ chair** ghế mây

rattle /ˈræt(ə)l/ **1** *n.* tiếng lách cách/lạch cạch; trống lắc, trống bỏi; chuyện ba hoa: **~ box** cái lúc lắc **2** *v.* kêu lách cách, kêu lạch cạch, kêu lốp cốp; nói/đọc liến thoắng:

The tram ~d through the city streets. Xe điện chạy rầm rầm qua đường phố.; **Don't get ~d over it.** Đừng có việc gì phải cuống lên.

raucous /ˈrɔːkəs/ *adj.* khàn khàn: **He has a ~ voice.** Ông ấy có giọng khàn khàn.

raunchy /ˈrɔːnʃɪ/ *adj.* thô lỗ, dâm dục

ravage /ˈrævɪdʒ/ **1** *n.* sự tàn phá; cảnh tàn phá: **Vietnam has suffered the ~s of war.** Việt Nam phải chịu đựng sự tàn phá của chiến tranh. **2** *v.* tàn phá, cướp phá, cướp bóc: **For twenty years, Vietnam has been ~d by war.** trong hai mươi năm, Việt Nam bị tàn phá bởi chiến tranh

rave /reɪv/ *v.* mê sảng, nói sảng; nói một cách say sưa: **to ~ about/over something** nói một cách say sưa về cái gì

raven /ˈreɪv(ə)n/ *n.* con quạ

ravenous /ˈræv(ə)nəs/ *adj.* đói lắm, đói cồn cào, đói meo: **to be ~** đói cồn cào

ravine /rəˈviːn/ *n.* khe núi, khe suối

ravishing /ˈrævɪʃɪŋ/ *adj.* mê ly, mê hồn, làm say đắm: **a ~ beauty** sắc đẹp mê hồn

raw /rɔː/ **1** *adj.* [thịt, rau] sống; [tơ] sống; [đường, dầu] thô; [vết thương] đau buốt; [thời tiết] ẩm, lạnh; [gió] rét căm căm; non nớt, thiếu kinh nghiệm: **~ deal** cách đối xử không công bằng hoặc tàn nhẫn; **~ materials** nguyên liệu; **~ recruit** tân binh **2** *n.* cái còn nguyên chất, cái chưa được biến chế: **life in the ~** đời sống thiếu văn minh; **swimming in the ~** bơi truồng

ray /reɪ/ **1** *n.* tia [ánh sáng, hy vọng]: **the ~s of the sun** tia ánh sáng mặt trời; **a ~ of hope** tia hy vọng **2** *n.* cá đuối

rayon /ˈreɪən/ *n.* tơ nhân tạo

raze /reɪz/ *v.* san bằng, phá trụi; phá bỏ: **to ~ out** phá bằng, phá bỏ; **to ~ someone's name from remembrance** xoá nhoà tên ai trong trí nhớ

razor /ˈreɪzə(r)/ *n.* dao cạo: **safety ~**

dao bào; **~ blade** lưỡi dao cạo; **~ strap** da liếc dao cạo

reach /riːtʃ/ **1** *n.* sự với tay; tầm với, sự trải ra: **within ~ of** trong tầm tay với, ở gần; **out of ~, beyond ~** ngoài tầm với **2** *v.* chìa, đưa [tay] ra; với lấy, với tới; (đi) đến, tới: **to ~ out for an eraser** với lấy cục tẩy; **They ~ed an agreement.** Họ đi tới một sự thoả thuận.; **when you ~ the age of 70** khi nào cụ đến tuổi 70

react /riˈækt/ *v.* tác động/ảnh hưởng trở lại, phản ứng; phản động; đánh lại, phản công

reactivate /riˈæktiveit/ *v.* phục hoạt, làm cho hoạt động lại

reactive /riˈæktiv/ *adj.* phản ứng lại, tác động trở lại

reactor /riˈæktə(r)/ *n.* lò phản ứng: **nuclear ~** lò phản ứng hạt nhân/ nguyên tử

read /riːd/ **1** *v.* [**read**] đọc; học; xem, đoán [chỉ tay]; ghi, chỉ; viết/ghi; đọc nghe như: **to ~ aloud** đọc lớn; **Ask him to ~ your hand.** Chị nhờ ông ấy xem chỉ tay cho chị đi.; **The thermometer ~s 68.** Nhiệt biểu chỉ 68 độ.; **the law ~s as follows** đạo luật ấy ghi như sau; **to ~ between the lines** đoán/hiểu được ẩn ý; **to ~ through** đọc từ đầu đến cuối; **Please ~ me a story.** Mẹ đọc truyện cho con.; **to ~ someone like a book** biết rõ ai, đi guốc trong bụng **2** *adj.* đọc nhiều, có học thức, thông thái: **well ~, widely ~ in literature** hiểu sâu về văn học **3** *n.* việc đọc sách báo, thời gian đọc: **a good ~** việc đọc giỏi

reader /ˈriːdə(r)/ *n.* độc giả, bạn đọc, người đọc; sách tập đọc, độc bản, tập văn tuyển; người đánh giá bản thảo: **proof~** người đọc bản vẽ (in thử)

reading /ˈriːdɪŋ/ *n.* sự đọc, sự xem; buổi đọc truyện; cách giải thích, ý kiến; số ghi ở đồng hồ]: **~ book** sách tập đọc; **~ glasses** kính đọc

sách; **~ lamp** đèn đọc sách; **~ room** phòng đọc sách

readjust /ˈriːəˈdʒʌst/ *v.* điều chỉnh lại, sửa lại; thích nghi lại, thích ứng lại

read-only memory *n.* (*abbr.* **ROM**) bộ nhớ (máy vi tính) chỉ để đọc mà thôi

read-write *adj.* đọc và thay đổi được (máy vi tính)

ready /ˈredɪ/ **1** *adj.* sẵn sàng, chuẩn bị; sẵn lòng; để sẵn; [tiền] có sẵn, mặt: **I am ~.** Tôi sẵn sàng.; **Are you ~ to go?** Bạn sẵn sàng đi chưa?; **to be ~ at hand** vừa đúng tầm tay; **~ cash** tiền mặt; **~-made (= ~-to-wear)** làm sẵn, may sẵn, đóng sẵn; **~ mix** xi-măng, sơn pha trộn sẵn **2** *v.* sửa soạn, chuẩn bị sẵn sàng đâu vào đấy: **They are ~ing themselves for action.** Họ sẵn sàng hành động. **3** *adv.* sẵn, sẵn sàng: **to pack everything ~ for …** xếp mọi thứ vào va li **4** *n.* tư thế sẵn sàng: **to be on the ~** chuẩn bị sẵn sàng bắn

reaffirmation /riːəˈfəmeiʃən/ *n.* sự tái xác nhận, lời xác nhận một lần nữa

reagent /riˈeidʒənt/ *n.* thuốc thử, chất phản ứng

real /ˈriːəl/ **1** *adj.* thực, có thực, thực tế; thật, không giả; chân chính, chính cống: **~ gold** vàng thật; **~ estate, ~ property** bất động sản; **~ ale** bia làm theo truyền thống; **~ life** đời sống thực; **~ money** tiền mặt; **~ time** thời gian có trữ liệu nhanh nhất trong máy vi tính **2** *adv.* thật ra, rất thực: **to get ~** tự đánh thức mình **3** *n.* đơn vị tiền tệ của Tây Ban Nha; thực tế

realign /riːəˈlain/ *v.* làm cho ngay thẳng lại; hợp lại một nhóm chính trị

realist /ˈriːəlist/ *n.* nhà văn hiện thực, nghệ sĩ hiện thực; người theo thuyết duy thực; người có óc thực tế

reality /riˈælɪtɪ/ *n.* sự thực, thực tế, thực tại, hiện thực: **in ~** thật ra, kỳ thực, trên thực tế; **~ television** chương trình truyền hình người thật việc thật

realization /ri:ə'laızeıʃən/ *n.* sự nhận thức được, sự thực hiện

realize /'ri:əlaız/ *v.* thực hiện, thực hành; nhận rõ, thấy rõ: **People don't ~ how serious the inflation has actually been.** Người ta không nhận ra tầm quan trọng mức lạm phát như thế nào.

really /'ri:əlı/ *adv.* thực, thật, thực ra: **not ~** không hẳn đúng thế: **Really?** Thật à?

realm /relm/ *n.* lĩnh vực, địa hạt; vương quốc

real time *n.* chỉ trong thời gian ngắn

realtor /'ri:əltə(r)/ *n.* người môi giới mua bán nhà đất, giám đốc văn phòng địa ốc

ream /ri:m/ **1** *n.* ram giấy [500] **2** *v.* khoét rộng thêm, khoan rộng ra; đục rộng

reap /ri:p/ *v.* gặt, gặt hái; thu về, thu hoạch, hưởng: **to ~ profits** thu lợi; **to ~ where one has not sown** không làm mà hưởng, ngồi mát ăn bát vàng; **We ~ as we sow.** Gieo gì gặt nấy, ở hiền gặp lành.

reappear /ri:ə'pıə(r)/ *v.* lại hiện ra, lại xuất hiện, tái xuất hiện

reapply /ri:ə'plaı/ *v.* nộp đơn lại, làm đơn xin lại: **Those who have previously applied for the position need not ~.** Những ai đã nộp đơn rồi thì khỏi nộp đơn lại.

reappoint /ri:ə'pɔınt/ *v.* tái bổ nhiệm, phục hồi chức vụ: **My friend was ~ed as manager of our firm.** Bạn của tôi được tái bổ nhiệm làm quản đốc công ty chúng tạ.

rear /rıə(r)/ **1** *adj.* ở phía sau, ở đằng sau; hậu phương; hậu quân; ở đoạn cuối/đuôi; mông đít: **~ view mirror** gương nhìn sau, gương/kính chiếu hậu **2** *n.* phía sau, đằng sau, đoạn cuối: **in the ~** phía sau; **to look to the ~** nhìn đằng sau **3** *v.* nuôi, nuôi nấng, nuôi dạy, giáo dục; chăn nuôi; trồng: **to ~ children** nuôi dạy con **4** *v.* ngẩng, đưa lên; xây dựng;

[ngựa] chồm lên, lồng lên: **to ~ one's head** ngẩng đầu lên

rearrange /ri:ə'reındʒ/ *v.* sắp xếp/sắp đặt lại

reason /'ri:z(ə)n/ **1** *n.* lẽ, lý lẽ, lý do; lý trí, lý tính; lý, lẽ phải: **by ~ of** do bởi; **for the same ~** cùng lý do đó; **to listen to ~** nghe theo lẽ phải; **it stands to ~ that** có bằng chứng là; **within ~** trong vòng lẽ phải **2** *v.* lý luận, suy luận; cãi lý/lẽ, biện luận, tranh luận; trình bày; suy/nghĩ/luận ra: **I ~ed that changing my career would affect my family life.** Tôi suy luận rằng sự thay đổi nghề nghiệp của tôi ảnh hưởng đến đời sống gia đình tôi.

reasonable /'ri:z(ə)nəb(ə)l/ *adj.* có lý, hợp lý; phải chăng

reasoning /'ri:zənıŋ/ *n.* lý lẽ/luận, lập luận: **What is the ~ behind his decision?** Lý lẽ nào cho ông ấy quyết định?

reassert /ri:ə'sɜ:t/ *v.* lấy lại quyền hạn: **The government is continuing efforts to ~ its control in rural areas.** Chính phủ tiếp tục nỗ lực lấy lại quyền kiểm soát các vùng miền quê.

reassess /ri:ə'ses/ *v.* đánh giá lại, chấm lại

reassurance /ri:ə'ʃʊərəns/ *n.* sự làm yên lòng/làm vững dạ; việc cam đoan một lần nữa

rebate /'ri:beıt/ *n., v.* số tiền được giảm bớt, giảm bớt, hoàn lại: **tax ~** tiền thuế trả lại

rebel /'rebəl/ **1** *n.* người nổi loạn, quân phiến loạn: **There is fighting between the ~s and government forces.** Đang có đánh nhau giữa quân phiến loạn và quân chính phủ. **2** *v.* /rı'bəl/ nổi loạn, dấy loạn; chống đối: **A group of MP reformers ~led against the government on the proposed bill of abortion.** Nhóm dân biểu cấp tiến chống đối chính phủ về dự luật phá thai.

reboot /riːˈbuːt/ v. cho máy (vi tính) chạy lại

rebound 1 /ˈriːbaʊnd/ n. sự nảy/bật lại: **to hit a ball on the ~** đánh quả banh đang lúc bật lên; **on the ~** sự đổ vỡ quan hệ trai gái 2 /rɪˈbaʊnd/ v. [bóng] nảy, bật lên; có ảnh hưởng ngược lại

rebuff /rɪˈbʌf/ n., v. (sự) khước từ, (sự) cự tuyệt

rebuild /riːˈbɪld/ v. xây lại, xây dựng lại, tái thiết: **They have time to ~ their country.** Họ có thời gian xây doing lại đất nước.

rebuke /rɪˈbjuːk/ n., v. (lời) khiển trách, quở trách

rec /rek/ n., abbr. (= **recreation**) nghỉ thường niên: **~ leave** nghỉ hàng năm sau một thời gian làm việc

recalcitrant /rɪˈkælsɪtrənt/ adj. hay cãi lại, hay chống lại, cứng đầu cứng cổ

recall /riːˈkɔːl/ 1 n. sự gọi về, sự triệu hồi; sự nhớ lại, sự hồi tưởng; sự huỷ bỏ/thủ tiêu: **letters of ~** thư triệu hồi; **lost without ~** mất hẳn không lấy lại được 2 v. gọi/đòi về, triệu hồi; nhớ lại, hồi tưởng, huỷ bỏ: **to ~ someone's name** nhớ lại tên ai

recant /rɪˈkænt/ v. công khai rút ý kiến; chối bỏ

recap /ˈriːkæp/ v., n., colloq. đắp lại [lốp/vỏ xe]; tóm tắt lại

recapitulate /riːkəˈpɪtjʊleɪt/ v. tóm tắt lại

recapture /riːˈkæptjʊə(r)/ v., n. bắt lại, việc bắt lại

recast /riːˈkɑːst/ v., n. đúc lại; viết lại [sách, kịch]; diễn lại kịch

recce /ˈreki/ n., v., colloq. (sự) trinh sát, do thám

recede /rɪˈsiːd/ v. lùi lại; [nước] rút xuống

receipt /rɪˈsiːt/ n. giấy biên nhận, biên lai; sự nhận: **in ~ of** đã nhận được; **~s** sổ thu vào [sổ chi ra **expenses**]; **We acknowledge ~ of your letter of January 17.** Chúng tôi đã nhận được thư của ông đề ngày 17 tháng 1.

receive /rɪˈsiːv/ v. nhận, lĩnh, thu,

tiếp; tiếp [khách], tiếp đón, tiếp đãi; chứa chấp [đồ ăn cắp]; thu được, thâu được: **to ~ payment** nhận tiền; **Your proposal was warmly ~d.** Đề nghị của anh được hoan nghênh nhiệt liệt.; **to be at the receiving end** mang cái gì không thích

recent /ˈriːsənt/ adj. mới đây, gần đây, vừa mới xảy ra: **Every one is happy about the ~ news.** Ai cũng vui về tin tức vừa rồi.

receptacle /rɪˈseptək(ə)l/ n. đồ đựng, chai, lọ, ...; đế hoa

reception /rɪˈsepʃən/ n. sự tiếp đón; tiếp tân, chiêu đãi: **to give someone a warm ~** tiếp đón ai niềm nở; **to attend a ~** tham dự một buổi tiếp tân/chiêu đãi

recess /rɪˈses/ 1 n. giờ ra chơi; giờ nghỉ; kỳ nghỉ [của quốc hội, toà án]; chỗ thụt vào, hốc tường: **We will meet the principal during the ~.** Chúng ta sẽ gặp ông hiệu trưởng vào giờ ra chơi. 2 v. ngừng họp, nghỉ họp

recession /rɪˈseʃən/ n. tình trạng kinh tế sút giảm, sự lùi lại; tình trạng buôn bán ế ẩm

recessive /rɪˈsesɪv/ adj. lùi lại, thụt lùi lại

recharge /riːˈtʃɑːdʒ/ v., n. nạp điện lại [bình điện, dao cạo điện]; đóng tiền lại vào điện thoại di động: **to ~ one's battery** nạp điện bình ắc-qui

recipe /ˈresɪpiː/ n. công thức nấu ăn, công thức pha thuốc

recipient /rɪˈsɪpɪənt/ n., adj. người nhận [thư, tiền, học bổng]; người được hưởng [bằng, danh dự]; người được tiếp máu: **award ~, prize ~** người được tặng giải thưởng

reciprocate /rɪˈsɪprəkeɪt/ v. đáp lại, đền đáp lại; chúc lại: **to ~ a favor** trả ơn ai

recital /rɪˈsaɪtəl/ n. cuộc biểu diễn nhạc; buổi bình thơ; thuật chuyện lại

recite /rɪˈsaɪt/ v. đọc thuộc lòng; thuật/ kể lại, kể lể reck /rek/ v. (trong thơ văn) ngại, băn khoăn, lo lắng

reckless /'rekləs/ adj. liều (lĩnh), táo bạo, khinh suất

reckon /'rek(ə)n/ v. tính, đếm; đoán, cho là, nghĩ, tưởng: **to ~ with** tính toán đến; thanh toán; **to ~ on** trông cậy vào; **to be ~ed with** được xem là quan trọng

reckoning /'rek(ə)nıŋ/ n. sự tính toán, việc đếm: **to be good at ~** tính đúng; **day of ~** ngày thanh toán, ngày đền tội

reclaim /rı'kleım/ v. làm khô, cải tạo, khai/vỡ hoang; lấy lại, đòi lại; cải tạo, giác ngộ [người hư]; thuần hoá [thú rừng]: **to ~ swampland** làm khô bãi sình lầy

reclassify /rı'klæsıfaı/ v. xếp hạng lại, sắp xếp lại thứ hạng

recline /rı'klaın/ v. nằm nghiêng, dựa, ngồi tựa; tựa đầu

recluse /rı'klu:s/ n., adj. (người) sống ẩn dật; ẩn sĩ

recognition /rekəg'nıʃən/ n. sự công nhận/thừa nhận; ghi nhận: **beyond ~** không còn nhận ra được nữa; **in ~ of his contributions to Vietnamese education** để ghi nhận những sự đóng góp của ông ấy cho nền giáo dục Việt Nam; **to win ~ from the public** được mọi người thừa nhận, được công chúng công nhận

recognize /'rekəgnaız/ v. công nhận, thừa nhận; nhìn nhận; nhận ra, nhận được; [chủ tịch] cho phép phát biểu: **to ~ the members of a new government** thừa nhận thành phần chính phủ mới

recoil /rı'kɔıl/ **1** n. sự giật, sự bật/nảy lên; sự chùn lại **2** v. giật, bật, nảy; lùi lại, chùn bước: **to ~ from doing something** chùn bước không dám làm việc gì

recollection /rekə'lekʃən/ n. ký ức, hồi ức; sự nhớ lại: **~s** kỷ niệm, hồi ký: **to have a dim ~ of** nhớ không rõ, nhớ lờ mờ; **to the best of my ~** tôi nhớ không sai

recombine /ri:kəm'baın/ v. kết hợp lại một lần nữa, gom lại một lần nữa

recommence /ri:kə'mens/ v. bắt đầu lại, khởi sự lại

recommend /rekə'mend/ v. gửi gấm, giới thiệu, tiến cử, đề bạt; khuyên bảo, dặn bảo; đề nghị, khuyến nghị: **Could you ~ me a good English dictionary?** Bạn giới thiệu cho tôi cuốn từ điển tiếng Anh hay được không?

reconcile /'rekənsaıl/ v. giảng hoà, giải hoà; hoà giải, điều hoà: **to ~ one person with another** giải hoà hai người với nhau

recondition /ri:kən'dıʃən/ v. làm mới lại, tu bổ lại, phục hồi máy móc: **I have ~ed the engine of my car.** Tôi vừa làm máy lại xe tôi.

reconnaissance /rı'kɒnəsəns/ n. sự do thám/trinh sát/tuần tiễu: **to make a ~** đi do thám, đi thám sát

reconnect /ri:kə'nekt/ v. nối lại, kết hợp lại: **I have asked the telephone company to ~ your home phone.** Tôi vừa yêu cầu công ty điện thoại nối lại điện thoại nhà bạn.

reconnoiter /rekə'nɔıtə(r)/ v., n. (sự) do thám, trinh sát, thăm dò

reconsider /ri:kən'sıdə(r)/ v. xem xét lại vấn đề, cứu xét việc gì: **I'd appreciate it very much if you could ~ my application.** Tôi rất lấy làm cảm kích nếu ông có thể cứu xét lại đơn của tôi.

reconstitute /ri:kɒn'stıtju:t/ v. thành lập lại, cổ chức lại: **to ~ a committee** thành lập lại uỷ ban

reconstruct /ri:kən'strʌkt/ v. xây dựng lại, tái thiết, kiến thiết lại; diễn lại [thảm kịch]; khôi phục lại

reconvene /ri:kən'vi:n/ v. triệu tập lại, tổ chức lại

record /'rekɔ:d/ **1** n. đĩa hát; kỷ lục; hồ sơ; sổ sách; sự ghi chép, biên bản: **gramophone ~** đĩa/dĩa hát; **criminal ~** bản ghi tội phạm; **world**

~ kỷ lục thế giới; **to break a** ~ phá kỷ lục; **a clean** ~ lý lịch trong sạch, không có án; **to go on** ~ dẫn chứng ý kiến người nào một cách công khai; **off the** ~ không chính thức; nói riêng với nhau, đừng ghi xuống nhé; ~ **player** máy quay đĩa, máy ghi âm; máy nghe nhạc; **to put (set) the** ~ **straight** sửa lại điều hiểu lầm; **a matter of** ~ sự thật đã được ghi nhận **2** v. ghi, ghi chép; thu, ghi [tiếng/âm]; [nhiệt kế] chỉ [nhiệt độ]: **to** ~ **the proceedings of a conference** ghi biên bản hội nghị

recorder /rɪˈkɔːdə(r)/ n. máy ghi âm, máy thu băng; bộ phận/dụng cụ ghi; lục sự; sáo dọc: **tape** ~ máy thu băng

recount /ˈriːkaʊnt/ v. kể lại, thuật lại

re-count /ˌriːˈkaʊnt/ n., v. (sự) đếm phiếu lại, đếm lại: **to** ~ **one's money** đếm lại tiền

recoup /rɪˈkuːp/ v. đền, bồi thường: **to** ~ **someone for his losses** bồi thường thiệt hại cho ai

recourse /rɪˈkɔːs/ n. sự nhờ/cầu đến: **to have** ~ **to something** cầu đến cái gì

re-cover /ˌriːˈkʌvə(r)/ v. bọc lại, bao lại

recover /rɪˈkʌvə(r)/ v. lấy lại, tìm lại được; thu lại, bù lại; khỏi bệnh, lại sức, bình phục; tĩnh trí lại: **to** ~ **what was lost** lấy lại những gì đã mất; **to** ~ **one's health** lấy lại sức khoẻ; **to** ~ **damages** được bồi thường; **to** ~ **from a long illness** bình phục sau một thời gian dài đau ốm

recovery /rɪˈkʌvərɪ/ n. sự lấy lại, sự tìm thấy; sự đòi lại; sự khỏi bệnh, sự bình phục: **He came back to work after his** ~. Ông ấy đã trở lại làm việc sau khi khỏi bệnh.

recreation /rekrɪˈeɪʃən/ n. sự nghỉ, sự giải trí/tiêu khiển: **I will have four weeks of** ~ **leave.** Tôi sẽ được nghỉ thường niên bốn tuần.

recrimination /rɪkrɪmɪˈneɪʃən/ n. sự buộc tội trở lại, sự tố cáo lẫn nhau

recruit /rɪˈkruːt/ **1** n. lính mới, tân binh; thành viên mới **2** v. lấy, mộ,

tuyển mộ [lính, hội viên/đảng viên]

rectal /ˈrekt(ə)l/ adj. thuộc đường ruột: ~ **injection** thụt nước vào ruột

rectangle /ˈrektæŋg(ə)l/ n. hình chữ nhật

rectify /ˈrektɪfaɪ/ v. sửa cho đúng, sửa chữa; chỉnh lưu: **to** ~ **mistakes** sửa lỗi lầm

rector /ˈrektə(r)/ n. mục sư, viện trưởng, hiệu trưởng trường đại học

rectum /ˈrektəm/ n. ruột thẳng, trực tràng

recuperate /rɪˈk(j)uːpəreɪt/ v. lấy lại; thu về/hồi; phục hồi

recur /rɪˈkɜː(r)/ v. lại diễn ra, tái diễn; phát lại, tái phát: **to** ~ **to past memories** trở lại trong trí nhớ

recurrent /rɪˈkʌrənt/ adj. trở lại, thường tái diễn: ~ **fever** sốt đi sốt lại

recycle /ˌriːˈsaɪk(ə)l/ v. tái chế biến: **to** ~ **all old newspapers** tái chế biến những báo cũ

red /red/ **1** n. màu đỏ; quần áo màu đỏ; người cộng sản; bị hụt tiền; mắc/thiếu nợ: **to be in the** ~ bị thiếu nợ, bị hụt tiền **2** adj. đỏ; đỏ hoe, hung hung đỏ; đẫm máu; cộng sản, hồng: ~ **army** hồng quân; ~ **admiral** bướm có cánh đỏ; ~ **card** thẻ báo hiệu đuổi cầu thủ ra khỏi sân; ~**-eye** đèn ở máy chụp hình để khỏi bị nhắm mắt; **to be caught** ~**-handed** bị bắt quả tang; ~**-hot favorite** người/ ngựa/đội banh được cho là chắc thắng; ~ **Indian** người da đỏ; ~ **light** đèn đỏ; ~**-light camera** máy chụp hình xe hơi chạy quá tốc độ; ~**-light district** khu nhiều nhà chứa/nhà thổ; ~ **tape** nạn giấy tờ, tệ quan liêu; ~ **wine** rượu đỏ

red alert n. báo động đỏ/nguy cơ khẩn cấp

red carpet n. thảm đỏ dành cho thượng khách/nhân vật quan trọng

(the) Red Crescent n. hội chữ thập đỏ ở các nước Hồi giáo

(the) Red Cross n. hội chữ thập đỏ, hội hồng thập tự

redeem /rɪˈdiːm/ v. chuộc về [đồ cầm]; chuộc lỗi; cứu nguy; trả hết nợ: **to ~ a fault** chuộc lỗi

redeemable /rɪˈdiːməb(ə)l/ adj. có thể trừ được, có thể bớt được

redefine /riˈdifaɪn/ v. định nghĩa lại, xác định lại

redeliver /ˌriːdɪˈlɪvə(r)/ v. giao lại một lần nữa: **Tell the postman to ~ this mail to his new home address.** Hãy nói với người phát thư giao lại địa chỉ mới của ông ấy.

redeploy /ˌriːdiˈplɔɪ/ v. chuyển quân đến một nơi mới, đưa qua ra chiến trường

redevelop /ˌriːdiˈveləp/ v. tái phát triển, triển khai lại; sang lại phim

red faced adj. mặt đỏ vì tức giận hay xấu hổ

redial /ˌriːˈdaɪəl/ v. quay lại số điện thoại

redirect /ˌriːˈdaɪrekt/ v. gởi lại một lần nữa, gởi đến địa chỉ mới

redo /ˌriːˈduː/ n. làm lại; tu sửa, tô điểm lại

redouble /ˌriːˈdʌb(ə)l/ v. tăng thêm gấp đôi, tăng cường thêm

redraft /ˌriːˈdrɑːft/ v. viết lại, thảo lại: **to ~ a letter** viết lại lá thư

redraw /ˌriːˈdrɔː/ v. vẽ lại

redress /rɪˈdres/ v., n. sửa lại; đền bù, bồi thường

reduce /rɪˈdjuːs/ v. giảm, giảm bớt, hạ; tự làm cho gầy đi, xuống cân, xuống ký: **to be ~d to poverty** bị sa sút, thành ra nghèo túng; **to ~ to the rank of** giáng cấp

redundancy /rɪˈdʌndənsɪ/ n. sự thừa dư, sự giảm bớt: **Thousands of government employees are facing ~ in their jobs.** Hàng ngàn công nhân viên chính phủ đối đầu với việc cắt giảm nhân số.

redundant /rɪˈdʌndənt/ adj. thừa, dư; rườm rà

reduplicate /rɪˈdjuːplɪkeɪt/ v. lập lại, nhắc lại, làm gấp đôi

re-echo /rɪˈekəʊ/ v. cho vang vọng lại

reed /riːd/ n. lau, sậy; lưỡi gà, lợp

tranh: **a broken ~** người không thể tin cậy được, người không thể nhờ cậy được; **~ organ** đàn khẩu cầm

re-education /ˌriːedjʊˈkeɪʃən/ n. sự cải tạo, việc cải huấn: **a ~ camp** trại cải tạo, trại cải huấn

reef /riːf/ n. đá ngầm, san hô: **barrier ~** bờ biển san hô

reek /riːk/ **1** n. mùi hăng/thối: **I feel uncomfortable with the ~ of tobacco.** Tôi cảm thấy khó chịu với mùi nồng nặc thuốc lá. **2** v. nồng nặc, sặc mùi thối

reel /riːl/ **1** n. ống, cuộn: **a ~ of cotton thread** một cuộn chỉ sợi; **off the ~** không ngừng, liên tục **2** v. quấn, cuốn; kéo [tơ]: **to ~ off** tháo chỉ ra khỏi ống **3** v. đi lảo đảo, loạng choạng; quay cuồng nhảy nhót: **my head ~s** đầu tôi choáng váng

re-election /ˌriːɪˈlekʃən/ n. sự bầu lại, sự tái cử

re-emphasize /ˌriːˈemfəsɪs/ v. nhấn mạnh lại một lần nữa

re-employ /ˌriːˈemplɔɪ/ v. tái tuyển dụng, tuyển dụng lại

re-entry /ˌriːˈentrɪ/ n. sự trở vào, sự vào lại; sự trở về khí quyển trái đất: **~ permit** giấy phép quay trở lại

re-establish /ˌriːɪˈstæblɪʃ/ v. thiết lập lại, tái thiết lại

re-evaluate /ˌriːɪˈstæblɪʃ/ v. thẩm định lại, đánh giá lại, định giá lá lại: **The real estate agent has ~d my house.** Công ty nhà đất vừa định giá lại ngôi nhà của tôi.

reeve /riːv/ **1** n. thị trưởng, quận trưởng, chủ tịch hội đồng thành phố **2** v. luồn, xỏ dây; buộc chặt dây: **to ~ a rope** luồn dây qua ròng rọc

re-examine /ˌriːɪɡˈzæmɪn/ v. thi lại, kiểm tra lại, xem xét lại, kiểm soát lại

refer /rɪˈfɜː(r)/ v. chuyển đến, giao cho; nói đến, nhắc đến, tìm đến, nhờ cậy: **I was ~red to the lab.** Người ta chỉ tôi đến hỏi ở phòng thí nghiệm.; **I have to ~ to his report.** Tôi phải xem báo cáo của ông ta.; **The matter must be ~red to a tribunal.** Vấn đề phải được giao cho toà hoà giải.

referee /refə'riː/ *n., v.* (làm) trọng tài: **They were very upset by the ~'s mistakes.** Họ rất tức giận vì lỗi trọng tài.

reference /'refərəns/ *n.,v.* (*abbr.* **ref.**) sự chuyển đến, sự giao cho; sự hỏi ý kiến; sự tham khảo/tham chiếu; sự nói/nhắc đến, sự ám chỉ; người/ giấy giới thiệu: **books of ~, ~ books** sách tham khảo

referral /rɪ'fɜːrəl/ *n.* sự gởi người hay bệnh nhân đến các bác sĩ chuyên khoa

refill /'riːfil/ **1** *n.* lõi bút mực dự trữ, lõi chì **2** *v.* đổ đầy lại, làm cho đầy lại: **to ~ with petrol** đổ nay lại xăng

refinance /riː'faɪnæns/ *v.* vay lại tiền, chuyển tiền vay qua một chủ khác: **to ~ one's mortgage** vay lại tiền mua nhà, chuyển tiền mua nha qua một chủ khác

refine /rɪ'faɪn/ *v.* lọc, luyện tinh, tinh chế; làm cho tao nhã/tinh tế/lịch sự hơn: **to ~ gold** luyện vàng; **to ~ one's words** tế nhị trong lời nói

refinery /rɪ'faɪnərɪ/ *n.* nhà máy lọc, nhà máy tinh chế [dầu]

refit /'riːfit/ *v.* sửa chữa lại, trang bị lại

reflect /rɪ'flekt/ *v.* phản xạ, phản chiếu, dội lại; phản ánh: **to ~ light** phản chiếu ánh sáng; **to ~ on/upon** suy nghĩ, ngẫm nghĩ; **His behavior ~s his thoughts.** Cách đối xử của ông ấy phản ánh suy nghĩ của ông ta.

reflection /rɪ'flekʃən/ *n.* sự phản xạ/ phản chiếu; ánh (phản chiếu); sự suy nghĩ/ngẫm nghĩ; sự phản ánh: **to cast one's ~** chỉ trích ai, khiển trách ai; **angle of ~** góc phản xạ, ảnh phản chiếu

reflex /'riːfleks/ *n., adj.* phản xạ: **conditioned ~** phản xạ có điều kiện

reflexology /ˌriːflek'sɒlədʒɪ/ *n.* khoa bấm huyệt cho thư giãn

reflux /'riːflʌks/ *n., v.* (sự) chảy ngược,

thuỷ triều lên xuống

reforestation /'riːfɒrɪsteɪʃən/ *n.* sự trồng cây gây rừng lại

reform /rɪ'fɔːm/ **1** *n.* cải cách, sự cải thiện/cải lương/cải tạo, sự cải tổ, sự sửa đổi: **constitutional ~** việc sửa đổi hiến pháp; **land ~** cải cách ruộng đất; **~ed Church** đạo chấp nhận sự cải cách; **~ school** trường dành cho tội phạm vị thành niên, trường cải tạo **2** *v.* cải cách; cải thiện/lương/tạo, cải tổ, sửa đổi; sửa mình: **to ~ an administrative system** cải cách hệ thống hành chánh

reformat /riː'fɔːmæt/ *v.* sửa đổi lại, hoàn chỉnh lại

reformatory /rɪ'fɔːmətərɪ/ *n.* trại cải tạo, nhà trừng giới

reformer /rɪ'fɔːmə(r)/ *n.* nhà cải cách/ cải lương, người cấp tiến: **Many people hope that the ~s will control the new government.** Nhiều người hy vọng thành phần cấp tiến sẽ điều khiển chính phủ mới.

refraction /rɪ'frækʃən/ *n.* sự khúc xạ; độ khúc xạ

refrain /rɪ'freɪn/ **1** *n.* đoạn điệp, điệp khúc, điệp cú **2** *v.* cầm, nhịn, kiềm chế: **to ~ one's tears** cố cầm nước mắt, cố giữ không khóc

refresh /rɪ'freʃ/ *v.* làm cho tỉnh lại, làm cho khoan khoái; làm nhớ lại; giải khát, giải lao: **to ~ oneself with a cup of coffee** uống một ly cà phê cho tỉnh người lại

refresher /rɪ'freʃə(r)/ *n.* đồ uống, đồ giải khát;sự bồi dưỡng: **~ course** lớp bồi dưỡng, lớp tu nghiệp, lớp ôn luyện lại

refreshment /rɪ'freʃmənt/ *n.* sự tỉnh dưỡng, tinh thần khoẻ khoắn; các món ăn uống giải lao: **~s** đồ uống, đồ giải khát, đồ giải lao, trà bánh quà bánh

refrigerate /rɪ'frɪdʒəreɪt/ *v.* làm/ướp lạnh, bỏ tủ ướp lạnh

refrigerator /rɪ'frɪdʒəreɪtə(r)/ *n.* tủ (ướp) lạnh, tủ đá

refuel /riːfjuːəl/ v. đổ xăng/dầu lần nữa

refuge /ˈrefjuːdʒ/ n. nơi ẩn náu, nơi trốn tránh; chỗ nương náu: **to take ~** ẩn náu

refugee /refjuːˈdʒiː/ n. người lánh nạn, dân tị nạn; người tránh ra ngoại quốc [để tránh sự khủng bố chính trị hoặc tôn giáo]: **political ~** dân tỵ nạn chính trị; **the United Nations High Commission for ~s** Uỷ hội đặc trách tỵ nạn Liên Hiệp Quốc

refund /rɪˈfʌnd/ **1** v. trả lại, hoàn lại; bồi hoàn: **They guarantee to ~ my money if I am not happy with their service.** Họ bảo đảm trả lại tiền cho tôi nếu tôi không hài lòng việc phục vụ của họ. **2** n. sự trả lại, sự hoàn lại, món tiền trả lại: **I was given a ~ when my new kettle did not work.** Tôi được trả lại tiền khi ấm đun nước mới mua không dùng được.

refundable /rɪˈfʌndəb(ə)l/ adj. có thể trả lại, trả lại được: **A ~ deposit is given on the check-out date.** Tiền đặt cọc sẽ trả lại vào ngày trả phòng.

refurbish /rɪˈfɜːbɪʃ/ v. trang trí lại bàn ghế, giường tủ trong nhà

refusal /rɪˈfjuːzəl/ n. sự từ chối/khước từ; sự cự tuyệt

refuse 1 n. /ˈrefjuːs/ rác rưởi; đồ thừa, đồ (phế) thải **2** /rɪˈfjuːz/ v. n từ chối, khước từ; cự tuyệt: **to ~ to do something** từ chối làm việc gì

refute /rɪˈfjuːt/ v. bẻ lại, bác, bác bỏ: **to ~ someone's argument** bác bỏ lý lẽ của ai

regain /rɪˈɡeɪn/ v. lấy lại, thu hồi, chiếm lại: **to ~ consciousness** tỉnh lại [sau khi ngất đi]

regal /ˈriːɡəl/ adj. thuộc/như vua chúa, vương giả

regard /rɪˈɡɑːd/ **1** n. sự chú ý; lòng kính mến; những lời chúc tụng: **in/ with ~ to** về vấn đề, đối với vấn đề, về phần; **Please give my best ~s to your parents.** Xin cho tôi gửi lời kính thăm hai bác. **2** v. chú ý, để ý, lưu tâm; coi như, xem như; có liên quan đến, có quan hệ tới: **to ~ someone's advice** để ý đến lời khuyên của ai; **I ~ this matter none of my business.** Vấn đề nầy chẳng liên quan gì đến tôi.

regardless /rɪˈɡɑːdləs/ adv. không đếm xỉa tới, bất chấp: **~ of consequences** bất chấp hậu quả (ra sao)

regency /ˈriːdʒənsɪ/ n. chế độ/thời kỳ nhiếp chính

regenerate /rɪˈdʒenəreɪt/ v. cải tạo, đổi mới; tái sinh

regent /ˈriːdʒənt/ n. quan nhiếp chính; nhân viên hội đồng quản trị viện đại học: **board of ~s** hội đồng quản trị viện đại học

regime /reɪˈʒiːm/ n. chế độ, chính thể: **democratic ~** chế độ dân chủ

regiment /ˈredʒɪmənt/ **1** n. trung đoàn; đoàn, bầy, lũ **2** v. tổ chức thành đoàn đội, kiểm soát chặt chẽ

region /ˈriːdʒən/ n. vùng, miền, khu vực; khoảng: **a mountainous ~** khu vực miền núi; **Southeast Asian ~** vùng Đông Nam Á

register /ˈredʒɪstə(r)/ **1** n. sổ, sổ sách; máy ghi, đồng hồ, công-tơ; khoảng âm, âm vực: **cash ~** máy tính tiền; **land ~** địa bạ, sổ sở hữu đất; **~ of births** sổ khai sinh **2** v. ghi sổ, vào sổ; ghi tên, ghi danh, đăng ký; [máy, công-tơ] chỉ, ghi; gửi bảo đảm [thư]: **to ~ a letter** gởi bảo đảm một lá thư

registrar /ˈredʒɪstrɑː(r), redʒɪˈstrɑː(r)/ n. viên thủ bạ, người giữ sổ; viên chức giữ hồ sơ sinh viên [ở đại học]; hộ tịch viên, viên chức hộ tịch

registration /redʒɪˈstreɪʃən/ n. sự ghi danh/tên, sự đăng ký; sự vào sổ; sự gửi bảo đảm: **~ fee** lệ phí ghi tên; **~ number** số đăng bộ, số đăng ký; **~ plate** bảng số xe

registry /ˈredʒɪstrɪ/ n. cơ quan đăng ký; sự vào sổ: **~ office** văn phòng đăng ký hộ tịch/cưới hỏi/tử tuất

regression /rɪˈɡreʃən/ n. sự thụt hậu, sự thoái bộ, việc đi ngược trở lại

regret /rɪ'gret/ **1** *n.* sự tiếc, lòng thương tiếc, sự hối tiếc: **to express ~ for** xin lỗi; **To my deep ~ I cannot accept your invitation.** Tôi rất lấy làm tiếc là không nhận lời mời của bạn. **2** *v.* hối tiếc; thương tiếc: **I ~ to inform you that …** Tôi lấy làm tiếc phải thông báo để ông biết rằng.

regroup /riː'gruːp/ *v.* họp nhóm trở lại, tạo thành nhóm

regular /'regjʊlə(r)/ **1** *adj.* đều đều, thường lệ, có quy luật, có định kỳ, đều đặn, thẳng, cân đối; chính thức, [nhân viên] trong biên chế; [bộ đội] chính quy; [động từ] quy tắc; đúng giờ giấc, quy củ; hoàn toàn, triệt để: **~ army** quân chính quy; **~ customer** khách quen; **~ pulse** mạch đập đều đặn; **to keep ~ hours** làm mọi việc như thường lệ **2** *n.* khách thường xuyên; nhân viên biên chế; bộ đội chính quy: **He is a ~ at these dances.** Ông ấy là khách thường xuyên trong những tiệc nhảy nầy.; **My friend is a ~ in the army.** Bạn tôi là lính chính quy trong quân đội.

regulate /'regjʊleɪt/ *v.* sắp đặt, quy định (luật lệ); điều chỉnh, điều tiết: **to ~ the flow of electricity** điều chỉnh đồng hồ điện

regulation /regjʊ'leɪʃən/ *n.* luật lệ, điều lệ, quy tắc; sự quy định/chỉnh lý; sự điều chỉnh/điều tiết: **to follow local ~s** tuân theo luật lệ địa phương

regurgitate /rɪ'gɜːdʒɪteɪt/ *v.* ựa ra, nôn thức ăn ra

rehabilitation /ˌriːhəbɪlɪ'teɪʃən/ *n.* sự phục hồi [quyền, danh dự, nhân phẩm]; sự khôi phục [đất nước]; sự tập luyện lại, chỉnh hình; sự giáo dục lại, cải tạo: **Drug addicts were sent for ~ so that they could re-enter society.** Những người nghiện xì ke ma tuý được gởi đi cải tạo để họ có thể trở lại bình thường trong xã hội.

rehash /'riːhæʃ/ *n., v.* (sự) làm mới lại cái gì nhưng không thay đổi nhiều

rehearsal /rɪ'hɜːsəl/ *n.* sự diễn thử, sự diễn tập: **dress ~** buổi diễn tập cuối cùng

rehearse /rɪ'hɜːs/ *v.* diễn thử, diễn tập, tập dượt trước

reheat /'riːhiːt/ *v.* hâm nóng lại, đun nóng lại

reign /reɪn/ **1** *n.* triều, triều đại; sự ngự trị/chế ngự **2** *v.* trị vì, thống trị; thịnh hành, chiếm ưu thế, ngự trị, bao trùm

reimburse /riːɪm'bɜːs/ *v.* hoàn lại, trả lại: **to ~ a travel expense** hoàn trả tiền di chuyển

rein /reɪn/ **1** *n.* dây cương: **to assume the ~s of government** nắm chính quyền; **to draw in the ~s** giữ ngựa lại; **to give free ~ to** thả lỏng cho ai tha hồ hành động; **to hold the ~s** nắm lấy dây cương; **to keep a tight ~ on …** hạn chế tự do **2** *v.* gò cương, kiềm chế vào khuôn phép: **to ~ in one's temper** kiềm chế tính tình của mình

reincarnation /reɪnkɑː'neɪʃən/ *n.* sự đầu thai, sự hiện thân, sự luân hồi: **Buddhists believe in ~.** Phật tử tin vào sự luân hồi.

reindeer /'reɪndɪə(r)/ *n.* mai tuần lộc (kéo xe ông già noen)

reinforcement /riːɪn'fɔːsmənt/ *n.* sự tăng cường: **~s** quân tiếp viện, viện binh

reinstate /riːɪn'steɪt/ *v.* phục hồi, phục nguyên [chức vụ]

re-interpret /riː'ɪntɜːprɪt/ *v.* diễn dịch lại

re-invent /riː'ɪnvent/ *v.* trình bày lại, làm mới lại hoàn toàn

reissue /riː'ɪʃ(j)uː/ *n., v.* (sự) tái bản, phát hành lại, cấp lại: **to ~ a driving licence** cấp lại bằng lái xe

reiterate /riː'ɪtəreɪt/ *v.* nhắc lại, nói lại, lặp lại

reject /rɪ'dʒekt/ **1** *n.* vật/hàng bị loại; người bị loại, thí sinh bị đánh hỏng; phế phẩm **2** *v.* loại/bỏ ra; bác bỏ, không chấp thuận; cự tuyệt: **to ~ someone's demand** bác bỏ lời yêu cầu của ai

rejoice /rɪˈdʒɔɪs/ v. (làm cho) vui mừng, hoan hỉ

rejoinder /rɪˈdʒɔɪndə(r)/ n. lời cãi lại; lời kháng/đáp biện

rejuvenate /rɪˈdʒuːvɪneɪt/ v. làm trẻ lại, cải lão hoàn đồng

rekindle /riːˈkɪnd(ə)l/ v. đốt/thắp lại, nhen/nhóm lại; cổ vũ, kích thích

relapse /rɪˈlæps/ 1 n. sự rơi lại vào; sự phải lại bệnh: **relapsing fever** bệnh sốt vì nhiễm trùng 2 v. rơi lại vào; phải lại [bệnh]; phạm lại [tội]: **to ~ into poverty** lại rơi vào tình trạng nghèo khổ

relate /rɪˈleɪt/ v. thuật/kể lại; có liên quan [to đến]; có họ với, có quan hệ họ hàng với, bà con với: **They are ~d by blood.** Hai người có họ với nhau.; **I fail to ~ these two facts.** Tôi chịu không liên hệ được hai việc này với nhau.

related /rɪˈleɪtɪd/ adj. liên hệ với nhau

relation /rɪˈleɪʃən/ n. sự liên lạc, mối quan hệ/liên hệ, sự tương quan; sự giao thiệp: **diplomatic ~s** quan hệ ngoại giao; **public ~s** giao tiếp công chúng; **a ~ between cause and effect** mối quan hệ nhân quả

relationship /rɪˈleɪʃənʃɪp/ n. mối quan hệ/liên hệ; tình họ hàng, tình thân thuộc, quan hệ thân thuộc

relative /ˈrelətɪv/ 1 n. bà con, người có họ: **distant ~** người có họ xa, bà con xa 2 adj. tương đối; có liên quan đến, cân xứng với, tùy theo; [đại từ] quan hệ: **Supply is ~ to demand.** Số cung tùy thuộc vào số cầu.; **~ density** số lượng trong một hoá chất so với tiêu chuẩn; **~ humidity** số hơi nước có trong không khí, độ oi bức; **~ molecular mass** số lượng phân tử trong một hợp chất

relax /rɪˈlæks/ v. buông/nới lỏng; làm chùng, làm bớt căng thẳng; làm giãn, giải trí; thư giãn; nghỉ ngơi: **to ~ one's mind** giải trí

relaxation /ˌriːlækˈseɪʃən/ n. sự nới lỏng; sự bớt căng thẳng; sự nghỉ ngơi, sự

giải trí/tiêu khiển

relay /rɪˈleɪ/ 1 n. cuộc chạy tiếp sức; rơ-le điện; chương trình tiếp âm/ tiếp vận: **~ race** chạy tiếp sức; **~ station** đài tiếp vận/tiếp âm 2 v. chuyển đi; xếp đặt theo kíp; chiếu lại, cho quay lại, tiếp vận/âm: **to a message** cho nghe lại bài diễn văn

release /rɪˈliːs/ 1 n. sự giải thoát; sự thả; sự phát hành [sách, phim]; sự thả [bom]; sự giải ngũ; sự cho phép, sự miễn: **press ~** thông cáo cho nhà báo 2 v. làm thoát khỏi [buồn, bệnh tật, mối lo]; tha, thả, phóng thích; phát hành, cho đăng; nhả [phanh]; thả [bom]; cho giải ngũ/ phục viên; miễn: **to ~ prisoners-of-war** thả những người tù chiến tranh

relegate /ˈrelɪgeɪt/ v. loại bỏ, bỏ riêng ra; giao cho ai; đổi người nào đi xa: **to ~ an old book to the wastepaper basket** vứt bỏ cuốn sách vào sọt giấy rác; **to ~ a matter to the back of his mind** giao vấn đề không nghĩ đến

relent /rɪˈlent/ v. dịu xuống; mủi lòng, động lòng thương; bớt nghiêm khắc

relevant /ˈrelɪvənt/ adj. thích hợp/ đáng, ăn nhằm với: **to be ~ to the times** thích hợp với thời đại

reliable /rɪˈlaɪəb(ə)l/ adj. đáng tin cậy; chắc chắn, xác thực: **I recommended him because he is a ~ person.** Tôi đề cử ông ấy vì ông ấy là người đáng tin cậy.

relic /ˈrelɪk/ n. thánh tích, thánh cốt; dấu vết, di tích

relief /rɪˈliːf/ 1 n. sự giảm/bớt; việc cứu tế; sự thay phiên đổi gác; trợ cấp xã hội; sự giải vây, sự cứu viện: **to supply ~ to somebody** cung cấp cứu trợ cho ai; **to provide ~ for the earthquake victims** cứu trợ nạn nhân động đất 2 n. sự nổi bật lên; sự đắp/chạm nổi: **high ~** khắc chạm nổi

relieve /rɪˈliːv/ v. làm giảm bớt, làm nhẹ bớt; giúp đỡ, cứu trợ; đổi [gác]; giải vây; làm yên lòng: **we feel ~d** chúng tôi thấy nhẹ hẳn người, không lo nữa; **to ~ one's feelings** nói hết cho hả dạ, nói hết cho người nhẹ nhõm; **to ~ oneself** đi tiểu tiện; **to ~ a person of a burden/ responsibility** làm nhẹ bớt gánh nặng/trách nhiệm cho ai; **He was ~d of his command.** Ông ấy bị mất chức tư lệnh.

religion /rɪˈlɪdʒən/ *n.* đạo, tôn giáo, đạo giáo; tín ngưỡng: **Everyone supports freedom of ~.** Mọi người đều ủng hộ sự tự do tín ngưỡng.

relinquish /rɪˈlɪŋkwɪʃ/ *v.* từ bỏ [quyền lợi, hy vọng, tật]

relish /ˈrelɪʃ/ *n., v.* mùi vị, hương/ phong vị; sự thích thú, khoái; nếm, hưởng, thưởng thức

relocate /riːləʊkeɪt/ *v.* dời đến một địa điểm khác

reluctant /rɪˈlʌktənt/ *adj.* miễn cưỡng, bất đắc dĩ, không sẵn lòng: **to be ~ to do something** miễn cưỡng/đắc dĩ làm việc gì

rely /rɪˈlaɪ/ *v.* tin, tin cậy, dựa vào, trông/ỷ vào: **I ~ on your judgment.** Tôi tin vào nhận định của bạn.

REM /ˌɑːriːˈem/ *n., abbr.* (= **Rapid Eye Movement**) sự di động con mắt

remain /rɪˈmeɪn/ *v.* còn lại; ở/lưu lại; vẫn còn (là); **Much ~s to be done.** Còn nhiều việc phải làm.; **His position ~s unchanged.** Lập trường của anh ta vẫn không hề thay đổi.

remainder /rɪˈmeɪndə(r)/ *n., v.* (phần) còn lại; số dư/thừa; bán đi phần còn lại

remains /rɪˈmeɪnz/ *n., pl.* đồ thừa; tàn tích, di tích; di hài

remand /rɪˈmɑːnd/ *n., v.* (sự) giam tạm trong lúc điều tra: **~ center** trung tâm giữ tạm thời tội phạm vị thành niên; **on ~** tạm giam đợi ra toà

remark /rɪˈmɑːk/ **1** *n.* sự lưu ý; lời phê bình/bình luận; sự nhận xét/ nhận định: **to make no ~ on something** có ý nhận xét về việc gì **2** *v.* phê

bình, bình luận, nhận xét; thấy, lưu ý, chú ý: **to ~ on** nhận xét, phê bình

remedial /rɪˈmiːdɪəl/ *adj.* để chữa bệnh, để điều trị, để sửa chữa

remedy /ˈremɪdɪ/ **1** *n.* (phương) thuốc; cách chữa; sự đền bù **2** *v.* sửa chữa; đền bù, bù đắp

remember /rɪˈmembə(r)/ *v.* nhớ(lại), ghi nhớ: **Please ~ to mail those cards.** Nhớ gửi những tấm thiệp đó nhé.; **I ~ seeing you at your home.** Tôi nhớ đã gặp bạn ở nhà bạn.; **Remember me to your fifth uncle!** Cho tôi gởi lời kính thăm chú năm nhé!; **to ~ oneself** trấn tĩnh lại, sực nhớ lại

remembrance /rɪˈmembrəns/ *n.* sự hồi tưởng/tưởng nhớ; kỷ niệm, món quà lưu niệm, kỷ vật; lời thăm hỏi: **in ~ of someone** để tưởng nhớ đến ai; **~ Day** ngày tưởng niệm những người đã chết trong thế chiến thứ nhất và thứ hai

remind /rɪˈmaɪnd/ *v.* nhắc; làm nhớ lại: **That ~s me of our childhood in Hanoi.** Điều đó làm tôi nhớ lại thời thơ ấu của chúng mình ở Hà Nội.

reminder /rɪˈmaɪndə(r)/ *n.* sự nhắc nhở, thư nhắc: **to send somebody a ~** viết thư nhắc nhở ai; **a gentle ~** lời nhắc khéo

reminiscence /remɪˈnɪsəns/ *n.* sự nhớ lại, hồi ức; kỷ niệm, hồi ký: **This situation awakens ~s of my childhood.** Trong tình huống nầy làm cho tôi hồi tưởng lại thời niên thiếu của tôi.

remission /rɪˈmɪʃən/ *n.* sự miễn; sự tha thứ/xá miễn

remit /rɪˈmɪt/ *v., n.* (sự) trả, gửi tiền; tha, xá, miễn; giảm: **to ~ money home** gởi tiền về nhà

remittance /rɪˈmɪtəns/ *n.* sự gửi tiền/ hàng; phiếu tiền/hàng gửi: **Please send your check with this ~.** Làm ơn gởi trả tiền với phiếu tính tiền nầy.

remix /ˈriːmɪks/ *v.* ghi phối nhạc

remnant /ˈremnənt/ *n.* đồ thừa; dấu

vết, tàn dư, tàn tích; đầu thừa đuôi theo, vải vụn

remodel /'riːmɒdəl/ *v.* sửa đổi, tu sửa, đại tu bổ

remonstrate /'remənstreɪt/ *v.* khuyên can; khiển trách; phản đối: **to ~ with someone** khiển trách ai; **to ~ against something** phản đối việc gì

remorse /rɪ'mɔːs/ *n.* sự ăn năn, hối hận

remote /rɪ'məʊt/ *adj.* xa xôi, xa xăm, hẻo lánh: **~ access** dùng máy vi tính; **the ~ past** quá khứ xa xưa; **~ control** điều khiển từ xa; **~ sensing** chụp hình trái đất qua vệ tinh; **They live in ~ villages.** Họ sống trong những làng mạc xa xôi hẻo lánh.

remount /rɪ'maʊnt/ *v.* lên xe/ngựa lần nữa; làm việc gì một lần nữa

removal /rɪ'muːvəl/ *n.* việc di chuyển; sự dọn nhà; sự xoá bỏ; sự cắt bỏ; sự giết, sự thủ tiêu; sự cách chức: ~ **service** dịch vụ chuyên chở đồ đạc hàng hoá

remove /rɪ'muːv/ *v., n.* dời đi, di chuyển; bỏ [mũ] ra; tẩy trừ, xoá bỏ loại bỏ; cắt bỏ; giết, thủ tiêu; cách chức: **I have ~d the dead leaves from the tree.** Tôi vừa cắt bỏ những lá vàng khỏi cây.

remuneration /rɪmjuːnə'reɪʃən/ *n.* sự trả công, sự đền đáp; tiền thù lao, tiền thưởng, tiền lương

renaissance /rɪ'neɪsns/ *n.* thời kỳ phục hưng

renal /'riːnəl/ *adj.* thuộc về thận

rename /riːˈneɪm/ *v.* đổi tên, thay tên, đặt tên lại

rend /rend/ *v.* [**rent**] xé nát; xé [không khí]; giày vò, làm đau: **to ~ someone's heart** làm đau lòng người nào

render /'rendə(r)/ *v.* làm cho; diễn tả, biểu hiện; trình diễn;dịch; trát vữa tường nhà: **to ~ thanks** đền ơn đáp nghĩa; **The author thinks his message is ~ed in his works.** Tác giả nghĩ rằng điều ông ta muốn nói đã thể hiện trong tác phẩm của ông ta rồi.

rendezvous /'rɒndeɪvuː/ *n., v.* (gặp nhau) ở chỗ hẹn

rendition /ren'dɪʃən/ *n.* sự biểu diễn/ diễn xuất; bản dịch

renege /rɪ'neɪg/ *v.* nuốt lời, không giữ lời hứa, bội ước

renew /rɪ'njuː/ *v.* thay đổi mới; gia hạn, thêm; nối tiếp, [giấy phép, học bổng] ký lại, cấp thêm/tái cấp: **to ~ a contract** ký lại hợp đồng; **to ~ a membership card** tái cấp thẻ hội viên

renewal /rɪ'njuːəl/ *n.* sự tiếp tục/gia hạn (mua năm, giao ước); sự phục hồi; sự đổi mới

renminbi /'renmɪnbi/ *n.* môn chơi ghép số

renounce /rɪ'naʊns/ *v.* bỏ, từ bỏ, không thừa nhận: **to ~ the world** từ bỏ thế giới

renovate /'renəʊveɪt/ *v.* sửa chữa, đổi mới, cải tiến, tân trang, làm mới lại: **He has ~d his bathroom.** Ông ấy vừa làm mới lại phòng tắm.

renowned /rɪ'naʊnd/ *adj.* có tiếng, nổi tiếng, trứ danh: **The ~ author has many faithful readers.** Tác giả nổi tiếng có rất nhiều đọc giả trung thành.

rent /rent/ **1** *n.* tiền thuê nhà/đất, địa tô; sự thuê, sự cho thuê: **house for ~** nhà cho thuê; **~-collector** người đi thu tiền thuê; **~-free** không mất tiền thuê **2** *v.* cho thuê (nhà, đất); cho cấy rẽ; cấy rẽ, cấy nộp tô; thuê [nhà, đất, phòng, xe]: **to ~ a house to someone** cho ai thuê nhà

rent /rent/ quá khứ của **rend**

rental /'rentəl/ *n.* tiền (cho) thuê: ~ **agency** hãng cho thuê (nhà, xe); ~ **library** thư viện cho thuê sách

renunciation /rɪnʌnsɪ'eɪʃən/ *n.* sự từ bỏ, sự không nhận

reopen /ˌriː'əʊp(ə)n/ *v.* mở lại, khai giảng lại, bắt đầu lại: **The shops ~ed after a long holiday.** Tiệm đã mở cửa lại say thời gian nghỉ lễ.

reorder /'riː'ɔːdə(r)/ *v.* đặt mua lại

reorganization /ri,ɔ:gənaɪ'zeɪʃən/ n. sự cải tổ, sự tổ chức lại, chỉnh đốn lại, việc tái tổ chức

rep /rep/ n., abbr. (= **representative**) người đại diện, công ty đại diện, người thay mặt

repackage /ri:'pækɪdʒ/ v. đóng gói lại lần nữa

repaid /ri'peɪd/ v. quá khứ của **repay** trả rồi, trả trước: ~ **invoice** hoá đơn trả tiền rồi

repaint /ri'peɪnt/ n., v. (sự) sơn lại, tô màu lại

repair /rɪ'peə(r)/ **1** n. sự sửa chữa, sự tu sửa; tình trạng còn tốt (sử dụng được): **to be under** ~ đang được sửa chữa; **to be beyond** ~ không thể sửa chữa được **2** n. sự năng lui tới, sự văng lai: **to have ~s done to a building** năng lui tới một cao ốc **3** v. sửa chữa; vá [quần áo]; tu sửa, tu bổ, trùng tu [nhà cửa]; sửa sai: **to** ~ **an error** sửa sai lầm; **to** ~ **one's health** hồi phục sức khoẻ **4** v. đi đến, hay lui tới

reparation /repə'reɪʃən/ n. sự tu sửa, sự chuộc; sự/tiền bồi thường, bồi khoản: **war ~s mission** phái đoàn bồi thường chiến tranh

repatriate /ri'pætrieɪt/ v. (cho) hồi hương/trở về nước

repay /rɪ'peɪ/ v. [**repaid**] trả lại, đáp lại; đền đáp: **to** ~ **money** trả tiền đã vay mượn

repeal /rɪ'pi:l/ n., v. (sự) bãi bỏ, huỷ bỏ, triệt tiêu

repeat /rɪ'pi:t/ **1** n. sự nhắc/lặp lại; chương trình/tiết mục được chơi lại: **There is a** ~ **of yesterday's soccer match on television.** Chương trình truyền hình chiếu lại trận bóng đá ngày hôm qua. **2** v. nhắc lại, lặp lại; chơi lại, phát thanh lại, truyền hình lại; phải ở lại chứ không được lên lớp trên: **Please** ~ **after me.** Xin nhắc lại theo tôi.; **to** ~ **oneself** nhắc đi nhắc lại; **to** ~ **itself** lập lại như cũ

repel /rɪ'pel/ v. đẩy lùi/lùi; khước từ, cự tuyệt; trừ

repellent /rɪ'pelənt/ **1** n. thuốc trừ; vải không thấm nước: **water** ~ không thấm nước; **mosquito** ~ thuốc trừ muỗi **2** adj. có ý từ khước, có ý cự tuyệt

repent /'ri:pənt/ v. ăn năn hối hận, hối cải: **I have nothing to** ~ **of.** Tôi không có gì phải hối hận cả.

repentance /rɪ'pentəns/ n. sự ăn năn hối hận, sự ân hận

repercussion /ri:pə'kʌʃən/ n. tiếng vọng, âm vang; ảnh hưởng

repertoire /'repətwɑ:(r)/ n. các tiết mục biểu diễn, toàn bộ kịch mục, tất cả các tuồng tích

repetitive /rɪ'petɪtɪv/ adj. lặp lại, động tác lập đi lập lại

rephrase /rɪ'freɪz/ v. viết lại, sửa câu/ đoạn văn lại

replace /rɪ'pleɪs/ v. thay thế; để vào chỗ cũ: **The management committee has ~d the human resources director.** Uỷ ban quản trị vừa thay vị giám đốc nhân viên.

replay /'ri:pleɪ/ n., v. (sự) đấu lại/chơi lại một trận đấu

replenish /'ri:plenɪʃ/ v. đổ cho đầy lại; bổ sung

replica /'replɪkə/ n. bản sao [tranh/ tượng]; mô hình, mẫu

replicate /'replɪkət/ **1** v. lập lại, làm lại cái khác **2** adj. cuộn trở lại, gấp lại **3** n. (âm nhạc) cách một giọng

reply /rɪ'plaɪ/ **1** n. câu/thư trả lời: **in** ~ **to your letter** để trả lời thư của bạn; ~ **coupon** phiếu dùng để trả lời thư không mất tiền; ~ **paid** người nhận sẽ trả tiền cước phí **2** v. trả lời, đáp lại: **to** ~ **to someone about something** trả lời ai về việc gì

report /rɪ'pɔ:t/ **1** n. báo cáo; biên bản; bản tin: **progress** ~ bản tường trình diễn tiến công việc; **school** ~ phiếu điểm, học bạ; **weather** ~ bản dự báo thời tiết **2** v. báo cáo, tường trình; kể/thuật lại; trình báo, tố cáo, tố giác; đồn: **to ~ at a meeting** tưởng trình buổi họp; **to ~ for a newspaper** viết phóng sự cho một tờ báo; **They have never ~ed the burglary.** Họ chẳng bao giờ trình báo nhà chức trách về vụ trộm đó cả.; **to ~ back** tưởng trình lại cho ai; **~ed speech** thể tưởng thuật

repose /rɪ'pəʊz/ **1** *n.* sự nghỉ ngơi; dáng khoan thai: **to work without ~** làm việc không ngừng nghỉ **2** *v.* nghỉ ngơi; nằm, yên nghỉ; đặt để [hy vọng]

repository /rɪ'pɒzɪtərɪ/ *n.* kho, chỗ chứa, nơi chôn cất

repossess /ri:pə'zes/ *v.* chiếm hữu lại, chiếm giữ lại

reprehend /reprɪ'hend/ *v.* trách mắng, quở trách

represent /reprɪ'zent/ *v.* thay mặt, đại diện; tiêu biểu/tượng trưng cho; đóng, diễn; miêu tả: **He ~s the conservative class.** Ông ấy tiêu biểu cho giai cấp bảo thủ

representative /reprɪ'zentətɪv/ **1** *n.* đại biểu, đại diện; nghị viện, dân biểu hạ viện: **House of ~s.** Hạ viện. **2** *adj.* tiêu biểu, tượng trưng; đại nghị: **~ of the general population** đại biểu cho quần chúng

repress /rɪ'pres/ *v.* dẹp, đàn áp; nén, cầm lại, kiềm chế

reprieve /rɪ'priːv/ *n., v.* (sự) hoãn thi hành án tử hình; (sự) tạm thời giảm bớt [đau khổ]

reprimand /rɪʃprɪ'mɑːnd/ *n., v.* (lời) quở trách, khiển trách

reprint /riː'prɪnt/ **1** *n.* sự in lại; bài in riêng **2** *v.* in lại: **This dictionary has been ~ed many times.** Cuốn từ điển nầy đã in lại nhiều lần.

reprisal /rɪ'praɪzəl/ *n.* sự trả/báo thù, hành động trả đũa: **to make ~s on someone** trả thù ai

reproach /rɪ'prəʊtʃ/ **1** *n.* sự trách mắng; điều sỉ nhục **2** *v.* quở trách, trách mắng [for về tội]

reprobate /'reprəbeɪt/ **1** *n.* người tội lỗi,

người ăn chơi phóng đãng **2** *adj.* đầy tội lỗi, phóng đãng truy lạc **3** *v.* chê bai ai, bài xích người khác

reproduce /ri:prə'djuːs/ *v.* sao lại [tranh ảnh]; mọc lại; tái sinh, sinh sôi nảy nở, sinh sản, sản xuất lại

reproductive /ri:prə'dʌktɪv/ *adj.* [cơ quan **organs**] sinh sản

reproof /rɪ'pruːf/ *n.* sự/lời mắng mỏ/ quở trách

reprove /rɪ'pruːv/ *v.* mắng mỏ, quở trách, khiển trách

reptile /'reptaɪl/ *n.* loài bò sát; người hèn hạ, kẻ bợ đỡ, kẻ luồn cúi

republic /rɪ'pʌblɪk/ *n.* nước/nền cộng hoà: **People's Democratic ~** nước cộng hoà dân dân chủ nhân dân

repudiate /rɪ'pjuːdɪeɪt/ *v.* bỏ/để [vợ]; không nhận, từ chối, cự tuyệt; không công nhận/thừa nhận: **to ~ a gift** không nhận quà

repugnant /rɪ'pʌgnənt/ *adj.* gớm ghiếc, ghê tởm, đáng ghét; gớm, ghét, không ưa; mâu thuẫn, trái, không hợp: **to be ~ to someone** ghét người nào

repulse /rɪ'pʌls/ **1** *n.* sự đẩy lùi; sự từ chối/cự tuyệt **2** *v.* đánh lui, đẩy lùi; từ chối, cự tuyệt

reputable /'repjutəb(ə)l/ *adj.* đáng kính trọng, danh giá

reputation /repju'teɪʃən/ *n.* danh tiếng [tốt hoặc xấu]; tai tiếng; tiếng tốt, nổi tiếng, thanh danh, phương danh, tiếng tăm: **to maintain one's ~** giữ thanh danh

repute /rɪ'pjuːt/ **1** *n.* tiếng tốt; tiếng (tăm), lời đồn: **of good ~** tiếng tốt **2** *v.* cho là, đồn rằng

request /rɪ'kwest/ **1** *n.* lời xin, lời yêu cầu/thỉnh cầu: **on ~** được yêu cầu; **~ to stop** trạm ngừng theo yêu cầu của hành khách **2** *v.* xin, yêu cầu, đề nghị: **Visitors are ~ed not to touch the exhibits.** Yêu cầu quý khách không được sờ vào vật trưng bày.

requiem /'rekwɪəm/ *n.* lễ cầu siêu, lễ cầu hồn

require /rɪˈkwaɪə(r)/ v. cần phải có, cần đến; đòi hỏi: **You are ~d to be there at 10 a.m.** Bạn phải có mặt ở đó lúc 10 giờ.

requirement /rɪˈkwaɪəmənt/ n. điều kiện bắt buộc, điều kiện cần thiết/ tất yếu; sự đòi hỏi, nhu cầu

requisition /rekwɪˈzɪʃən/ 1 n. sự yêu cầu; lệnh; lệnh sung công trưng dụng/trưng thu/trưng tập: **under ~** theo lệnh của ai; **to put in a ~ for** trưng dụng 2 v. trưng dụng, trưng thu

requite /rɪˈkwaɪt/ v. đáp lại, đền đáp; báo/trả thù; thưởng

re-release /riːˈliːs/ v., n. cho phát hành lại, cho phổ biến một lần nữa

rerun /riːˈrʌn/ n., v. cho chiếu lại, cho chạy lại

resale /ˌriːˈseɪl, ˈriːseɪl/ n. bán lại, bán lần nữa

re-schedule /riːˈʃedjuːl/ v. làm lại chương trình, hoạch định lại thời khoá biểu

rescind /rɪˈsɪnd/ v. huỷ bỏ, thủ tiêu [giao kèo, luật]: **to ~ a contract** huỷ bỏ hợp đồng

rescue /ˈreskjuː/ 1 n. sự cứu, sự giải thoát: **to run to the ~ of someone** chạy đến cứu ai; **~ party** đoàn đi cứu 2 v. cứu, cứu thoát, cứu nguy, giải cứu/thoát: **to ~ someone from death** cứu ai khỏi chết

research /rɪˈsɜːtʃ, ˈriːsɜːtʃ/ n., v. (sự) nghiên cứu, (sự) khảo cứu: **~ assistant** nghiên cứu sinh, phụ khảo; **~ project** dự án nghiên cứu; **~ worker** nhân viên nghiên cứu; **to ~ into the causes of cancer** nghiên cứu nguyên nhân gây ra bệnh ung thư

resell /riːˈsel/ v. bán lại

resemble /rɪˈzemb(ə)l/ v. giống với [người nào, vật gì]: **He ~s his father.** Ông ấy giống ba ông ta.

resent /rɪˈzent/ v. không bằng lòng, phật ý; oán (giận): **to ~ a bit of fun** không bằng lòng về câu nói đùa

reservation /rezəˈveɪʃən/ n. sự giữ trước [phòng trọ, vé, chỗ ngồi ở rạp]; khu dành riêng; sự hạn chế, sự dè dặt: **without ~** không có đặt trước, không có giữ trước

reserve /rɪˈzɜːv/ 1 n. sự/vật dự trữ; quân trừ bị/dự bị; cầu thủ dự bị, cầu thủ phòng hờ; tính dè dặt/e lệ, sự ý tứ, sự giữ gìn: **the gold ~** trữ kim; **federal ~ bank** ngân hàng dự trữ quốc gia; **in ~** để dành đấy, để dự trữ; **~ price** giá thấp nhất chủ nhà muốn 2 v. để dành, dự trữ; dành/giữ trước; dành riêng: **to ~ a seat on the train** dành một chỗ trên xe lửa; **We ~ the right to change the program.** Chúng tôi dành quyền thay đổi chương trình.

reserved /rɪˈzɜːvd/ adj. dành riêng, dành trước; kín đáo, ý tứ, e lệ, dè dặt, giữ gìn; dự bị, trừ bị: **~ seats** ghế dành riêng; **a ~ personality** cá tính dè dặt; **~ forces** quân trừ bị

reservoir /ˈrezəvwɑː(r)/ 1 n. lính trừ bị, lính dự bị/hậu bị 2 n. hồ/bể chứa nước; kho, nguồn

reset /riːˈset/ v. đặt lại, vặn lại, lắp lại; nhận lại [kim cương]; căng lại [lò xo]; bó lại [xương gãy]: **to ~ your clock** lấy giờ lại

resettle /riːˈsetl/ v. tái định cư

reshuffle /ˌriːˈʃʌf(ə)l/ v. trang [bài]; cải tổ: **to ~ the cabinet** cải tổ nội các; **to ~ playing cards** làm bài lại, xóc bài lại

residence /ˈrezɪdəns/ n. nhà ở, chỗ ở, nơi cư trú/cư ngụ; sự/thời gian cư trú

resident /ˈrezɪdənt/ 1 n. người cư ngụ, cư dân: **permanent ~** người (ngoại kiều) thường trú 2 adj. cư trú; thường trú: **~ doctor** bác sĩ nội trú

residual /rɪˈzɪdjuːəl/ n., adj. còn dư, còn thừa; thặng dư, dư

residue /ˈrezɪdjuː/ n. bã; phần còn lại (sau khi trả nợ xong)

resign /rɪˈzaɪn/ v. xin thôi việc, từ chức; bỏ, từ bỏ: **to ~ oneself to** đành cam chịu, đành phận...; **to ~ from one's job** từ chức

resigned /rezaɪnd/ *adj.* cam chịu, nhẫn nhục

resilience /rɪˈzɪlɪəns/ *n.* tính co giãn, tính đàn hồi

resin /ˈrezɪn/ *n.* nhựa (thông)

resist /rɪˈzɪst/ *v.* chống lại, chống cự, kháng cự; chịu được; cưỡng lại được; nhịn được

resistance /rɪˈzɪstəns/ *n.* sự chống cự/ kháng cự/đề kháng; điện trở: **war of ~** cuộc kháng chiến; **to take the line of least ~** chọn con đường dễ nhất, chọn phương pháp dễ nhất

resistor /rɪˈzɪstə(r)/ *n.* cái điện trở

resit /riːˈsɪt/ *n., v.* (sự) thi lại

resize /riːˈsaɪz/ *v.* thay đổi cỡ/kích thước

resold /ˈriːsəʊld/ quá khứ của **resell**

resolute /ˈrezəl(j)uːt/ *adj.* cương quyết, kiên quyết

resolution /rezəˈl(j)uːʃən/ *n.* sự quyết tâm/cương quyết/kiên quyết; bản nghị quyết; sự/cách giải quyết [vấn đề]; sự/cách giải: **to pass/adopt a ~** thông qua bản nghị quyết; **to carry out a ~** thực hiện một quyết định

resolve /rɪˈzɒlv/ **1** *n.* quyết tâm, kiên quyết: **to take a great ~ to** quyết tâm đối với việc gì **2** *v.* kiên quyết; quyết tâm; giải quyết [vấn đề]; giải [bài toán]; phân tích: **to ~ to do something** giải quyết làm việc gì; **considering … be it ~d that …** xét vì… quyết định rằng…

resonance /ˈrezənəns/ *n.* tính âm vang; cộng hưởng

resonant /ˈrezənənt/ *adj.* vang âm, dội tiếng lại; cộng hưởng

resort /rɪˈzɔːt/ **1** *n.* nơi nghỉ mát; phương kế, phương sách; **mountain ~s** nơi nghỉ mát trên núi; **as a last ~** cùng kế mới phải **2** *v.* dùng đến; đi đến, lui tới: **to ~ to violence** dùng đến võ lực

resound /rɪˈzaʊnd/ *v.* vang dội; vang lên, dội lại

resource /rɪˈzɔːs, riːˈsɔːs/ *n.* tài nguyên; cách xoay sở, phương kế, phương sách, thủ đoạn; tài xoay sở/ tháo vát: **human ~s** nhân lực; **material ~** vật lực, tài lực; **natural ~s** tài nguyên thiên nhiên

respect /rɪˈspekt/ **1** *n.* sự kính trọng/ tôn trọng; lời kính thăm; mặt, phương diện; mối liên quan: **to pay one's last ~s to** đến phúng viếng; **in every ~** về mọi phương diện; **with ~ to the scholarship** đối với vấn đề học bổng **2** *v.* kính trọng, tôn trọng: **to ~ the law** tôn trọng pháp luật; **to ~ oneself** tự trọng

respectable /rɪˈspektəb(ə)l/ *adj.* đáng kính trọng, khả kính; đứng đắn, đàng hoàng; [số lượng] kha khá, khá lớn

respective /rɪˈspektɪv/ *adj.* riêng từng người/cái, tương ứng: **They returned to their ~ rooms.** Người nào người nấy trở về phòng riêng.

respiration /respɪˈreɪʃən/ *n.* sự thở, sự hô hấp; hơi thở

respirator /ˈrespɪreɪtə(r)/ *n.* máy hô hấp; mặt nạ phòng hơi độc; cái che miệng

respire /rɪˈspaɪə(r)/ *v.* thở, hô hấp, lấy lại hơi

respite /ˈrespɪt/ *n., v.* (sự) hoãn, (sự) nghỉ ngơi

resplendent /rɪˈsplendənt/ *adj.* chói lọi, rực rỡ, lộng lẫy

respond /rɪˈspɒnd/ *v.* đáp lại, hưởng ứng; phản ứng lại: **to ~ to an appeal** hưởng ứng lời kêu gọi; **to ~ to one's question** trả lời thắc mắc của ai

response /rɪˈspɒns/ *n.* sự đáp lại, sự hưởng ứng; sự phản ứng, vận động phản ứng lại; sự trả lời, thư trả lời

responsibility /rɪˈspɒnsɪbɪlɪtɪ/ *n.* trách nhiệm: **to bear ~** chịu trách nhiệm; **to take the ~** nhận lấy trách nhiệm; **to decline the ~** từ chối trách nhiệm; **on one's own ~** không được trao trách nhiệm

responsible /rɪˈspɒnsɪb(ə)l/ *adj.* chịu trách nhiệm; có (tinh thần) trách nhiệm; đáng tin cậy, đứng đắn;

chức vụ quan trọng, tin cẩn: **to be ~ for** chịu trách nhiệm về; **to be ~ to** trực thuộc, có trách nhiệm đối với

rest /rest/ **1** *n.* lúc nghỉ ngơi; sự yên nghỉ (ngàn thu); sự ngừng lại; sự yên tâm/vững dạ; cái giá/tựa; dấu lặng: **to take a ~** đi nghỉ ngơi; **at ~** lúc nghỉ ngơi; **to set a question at ~** giải quyết một vấn đề; **~ area** nơi dừng xe nghỉ; **~ day** ngày nghỉ; **~ house** nhà nghỉ, quán trọ; **~ room** nhà vệ sinh **2** *n.* phần còn lại; những người khác, những cái khác: **for the ~** những phần/người còn lại; **all the ~** tất cả còn lại **3** *v.* nghỉ, nghỉ tay, nghỉ ngơi; yên nghỉ, chết; ngừng lại; dựa/tựa trên: **to ~ on/ upon one's promise** tin vào lời hứa của ai; **to ~ on one's laurels** thoả mãn những gì đã làm được; **to ~ one's case** đi đến kết luận **4** *v.* vẫn còn, vẫn cứ; tuỳ ở: **The final decision now ~s with him.** Quyết định sau cùng tuỳ thuộc vào ông ấy.

restart /riːˈstɑːt/ *v.* bắt đầu lại, lại bắt đầu: **to ~ one's car** cho nổ máy xe lại

restaurant /ˈrestərənt/ *n.* quán ăn, tiệm ăn, nhà hàng, quán cơm: **Could you tell me which ~ is the best in this city?** Bạn cho tôi biết tiệm ăn nào ngon nhất ở thành phố nầy.

restitution /restɪˈtjuːʃən/ *n.* sự hoàn/ trả lại; sự bồi thường: **to make ~ for one's debts** trả nợ cho ai

restive /ˈrestɪv/ *adj.* [ngựa] bất kham; ngang bướng

restoration /restəˈreɪʃən/ *n.* sự khôi phục/phục hồi; sự tu bổ; sự hoàn/ trả lại

restore /rɪˈstɔː(r)/ *v.* khôi phục lại, hồi phục; lập lại; tu bổ, sửa chữa lại; hoàn lại: **to ~ order** tái lập trật tự; **The city council has ~d the old temple.** Hội đồng thành phố vừa cho tu sửa lại ngôi chùa cổ.

restrain /rɪˈstreɪn/ *v.* kìm lại, ngăn giữ; nén, dằn, kiểm chế

restraining order *n.* lệnh quan toà ngăn cấm việc gì

restraint /rɪˈstreɪnt/ *n.* sự ngăn giữ, sự kiểm chế; sự giam giữ; sự giữ gìn, sự dè dặt; sự hạn chế/câu thúc: **to speak without ~** ăn nói không giữ mồm giữ miệng, ăn nói bừa bãi; **~ of trade** hạn chế việc mua bán

restrict /rɪˈstrɪkt/ *v.* thu hẹp, hạn chế, giới hạn: **to ~ the use of drugs** hạn chế dùng thuốc

restriction /rɪˈstrɪkʃən/ *n.* sự thu hẹp, sự hạn chế/giới hạn: **no ~** không hạn chế

restring /riːˈstrɪŋ/ *v.* thay dây đàn mới

restructure /riːˈstrʌktjʊə(r)/ *v.* tái phối trí cơ quan, sắp xếp lại

result /rɪˈzʌlt/ **1** *n.* kết quả, hậu quả; đáp số: **without ~** không có kết quả; **as a ~ of …** vì lý do **2** *v.* là kết quả của, do … mà ra: **to ~ from …** đưa đến kết quả là; **His carelessness ~ed in his failure.** Việc bất cẩn của ông ta đã đưa đến thất bại.

resume /rɪˈz(j)uːm/ *v.* lại bắt đầu, lại tiếp tục; lấy lại, chiếm lại: **My friend ~d his journey.** Bạn tôi lại tiếp tục chuyến du hành.

résumé /ˈrez(j)uːmeɪ/ *n.* bản tóm tắt/ tóm lược; bản kê khai lý lịch, bản lý lịch học vấn và làm việc: **to send a ~ along with the job application** gởi bản sơ yếu lý lịch kèm với đơn xin việc

resupply /riːsəˈplaɪ/ *v.* cung cấp lại, cung ứng lần nữa

resurface /riːˈsɜːfəs/ *v.* rải nhựa lại [con đường]; [tàu ngầm] lại nổi lên trên mặt nước; [nhân vật ẩn mình] ra khỏi bóng tối, lại thò đầu ra, lại xuất hiện

resurgence /rɪˈsɜːdʒəns/ *n.* sự lại nổi lên, sự lại mọc lên, sự tái sinh/tái xuất hiện

resurrection /rezəˈrekʃən/ *n.* sự làm sống lại, sự phục hưng

resuscitate /rɪˈsʌsɪteɪt/ *v.* làm sống lại, làm tỉnh lại

retail /ˈriːteɪl/ **1** *n.* sự bán lẻ: **~ price**

giá bán lẻ; ~ **dealer** người buôn bán lẻ; ~ **price index** bản mục lục giá bán lẻ **2** *adv.* bán lẻ: **to sell both wholesale and ~** vừa bán buôn vừa bán lẻ **3** *v.* bán lẻ: **These shirts ~ at five dollars each.** Áo sơ-mi nầy bán lẻ 5 đô-la một cái.

retain /rɪ'teɪn/ *v.* giữ, cầm lại; giữ nguyên, duy trì; ghi nhớ; thuê, mướn [luật sư]: **to ~ control of** vẫn nắm giữ quyền kiểm soát; **~ing fee** tiền trả trước cho luật sư

retake 1 /ri'teɪk/ *n.* sự/cảnh quay lại [phim] **2** /'riteɪk/ *v.* quay lại; lấy lại, chiếm lại [đồn, tỉnh, mục tiêu]

retaliate /rɪ'tælɪeɪt/ *v.* trả thù, trả đũa, trả miếng

retard /rɪ'tɑːd/ *v.* làm chậm, làm trễ: **The rain ~ed my departure.** Trời mưa làm trễ việc khởi hành của tôi.

retch /retʃ/ *v., n.* nôn, oẹ

retell /riː'tel/ *v.* kể lại, thuật lại

retention /rɪ'tenʃən/ *n.* sự giữ lại; sự duy trì; sự ghi nhớ, trí nhớ; sự bí tiểu tiện

retest /riː'test/ *v.* thử lại, thi lại

rethink /rɪ'ðɪŋk/ *n., v.* (sự) suy nghĩ lại

reticence /'retɪsəns/ *n.* tính ít nói, tính trầm lặng

retina /'retɪnə/ *n.* võng mạc, màng lưới [mắt]

retinue /'retɪnjuː/ *n.* đoàn tuỳ tùng, đoàn hộ tống

retire /rɪ'taɪə(r)/ *v.* rút/lui về, đi ra khỏi, rời bỏ; về hưu, hồi hưu, thôi việc; cho về hưu, bắt về hưu: **to ~ on a pension** về hưu; **to ~ from the world** sống ẩn dật; **to ~ into oneself** sống thu mình, không tiếp xúc nhiều với ai

retirement /rɪ'taɪəmənt/ *n.* sự về hưu, sự thôi (việc, buôn bán): **~ pay/pension** lương hưu trí, hưu bổng/liễm; **~ home** nhà dành cho người đã về hưu; **~ village** khu nhà dành cho người đã về hưu ở

retort /rɪ'tɔːt/ *n., v.* (lời) cãi lại, đáp lại, bẻ lại

retort /rɪ'tɔːt/ *n.* bình cổ cong (trong phòng thí nghiệm)

retouch /riː'tʌtʃ/ *n., v.* (sự, nét) sửa lại trên bức ảnh

retrace /rɪ'treɪs/ *v.* truy tìm gốc tích, truy/tầm nguyên

retract /rɪ'trækt/ *v.* rút/co vào; rút [lời hứa, ý kiến); nuốt lời; phản cung

retrain /riː'treɪn/ *v.* huấn luyện lại, tái huấn luyện

retread /riː'tred/ **1** *n.* lốp xe đắp lại **2** *v.* đắp lại [lốp xe]: **These tires can't be ~ed any more.** Những lốp xe nầy không thể đắp lại được nữa.

retreat /rɪ'triːt/ **1** *n.* sự rút lui; sự rút quân; lệnh rút binh; sự ẩn dật; nơi ẩn dật, chốn im thanh cảnh vắng **2** *v.* rút lui, ẩn dật

retrenchment /rɪ'trenʃmənt/ *n.* sự giảm bớt chi tiêu, tiết giảm nhân lực

retrial /riː'traɪəl/ *n.* sự xử lại, sự ra toà lại

retribution /retrɪ'bjuːʃən/ *n.* sự báo thù; sự trừng phạt

retrieval /rɪ'triːvəl/ *n.* sự lấy lại, sự thu về, sự thu hồi; sự khôi phục, sự xây dựng lại: **the ~ of one's fortunes** sự xây dựng lại cơ nghiệp

retrieve /rɪ'triːv/ *v.* lấy lại, tìm lại được; thu về/hồi; khôi phục/phục hồi được, xây dựng lại được

retro /retrəʊ/ *adj.* dùng lại kiểu cũ

retrofit /'retrəʊfɪt/ *v.* sửa đổi lại cho hợp

retroflex /'retrəʊfleks/ *n.* âm uốn cong lưỡi

retrograde /'retrəʊɡreɪd/ **1** *n.* người thoái hóa, người suy đồi, người lạc hậu **2** *adj.* lùi lại, lạc hậu, suy đồi **3** *v.* lùi lại, đi giật lùi; thoái hóa, suy đồi

retrospect /'retrəʊspekt/ *n.* sự nhìn lại quá khứ/dĩ vãng

return /rɪ'tɜːn/ **1** *n.* sự trở lại/về, sự quay trở lại; tiền lời/lãi; sự trả lại, món hàng trả lại; quả banh đánh trả lại; kết quả bầu cử; tờ khai thuế: **income tax ~** tờ khai thuế lợi tức; **upon my ~ from abroad** khi tôi ở nước ngoài trở về; **I get a good ~ on my investment.** Tôi đầu tư được lãi khá lắm.; **by ~ mail** qua chuyển thư về; **in ~ for something** để đền đáp lại việc gì; **~ ticket** vé khứ hồi; **~ trip** chuyến về; **Many Happy ~s of the Day** Chúc Ông/Bà/Cô Tăng Phúc Tăng Thọ [lời chúc ngày sinh nhật] **2** *v.* trở lại, trở về; về (nhà); để (trả) lại; trả lại, hoàn lại [tiền mình vay, vật mình mượn], gửi trả; đáp lễ; tuyên án: **to ~ home** trở về nhà; **to ~ a borrowed book** trả lại sách đã mượn; **to ~ fire** bắn trả lại

reunification /ˌriːjuːnfɪˈkeɪʃən/ *n.* sự thống nhất lại, tái thống nhất: **~ train (train between Saigon and Hanoi)** tàu thống nhất (tàu đi về Sài Gòn và Hà Nội)

reunify /riːˈjuːnfaɪ/ *v.* thống nhất/hợp nhất lại: **North and South Vietnam reunified in 1976.** Miền Bắc và miền Nam Việt Nam thống nhất năm 1976.

reunion /riːˈjuːnɪən/ *n.* sự sum họp/đoàn tụ; sự họp lại; cuộc họp mặt [trong gia đình, sinh viên cùng khoá trở về trường]: **family ~** đoàn tụ gia đình

reusable /riːˈjuːsəb(ə)l/ *adj.* có thể dùng lại được, sử dụng lại được

reuse /riːˈjuːs/ *n., v.* (sự) dùng lại, dùng lại một lần nữa

rev /rev/ *v., n.* (cho) quay nhanh; [máy] rú, quay, xoay

revalue /riːˈvæljuː/ *v.* đánh/định giá lại

revamp /riːˈvæmp/ *v.* sửa đổi, sửa chữa, chắp vá lại

reveal /rɪˈviːl/ *v.* để lộ, bộc lộ, tiết lộ; phát/tố giác

revel /ˈrevəl/ **1** *n.* cuộc liên hoan; cuộc ăn chơi chè chén, cuộc truy hoan **2** *v.* chè chén ồn ào; ham thích, miệt mài: **to ~ in doing something** ham thích làm việc gì; **to ~ away the night** lãng phí tiền bạc vào các cuộc ăn chơi ban đêm

revelation /revəˈleɪʃən/ *n.* sự tiết lộ/phát giác; thiên khải

revelry /ˈrevəlrɪ/ *n.* cuộc chè chén, cuộc truy hoan

revenge /rɪˈvendʒ/ **1** *n.* mối thù; sự trả thù: **to take ~ on somebody for …** trả thù ai về … **2** *v.* trả/báo thù, báo phục, rửa hận: **to ~ oneself** trả thù ai; **to take ~ for an insult** rửa nhục

revenue /ˈrevənjuː/ *n.* thu nhập (quốc gia), lợi tức; hải quan, quan thuế: **~ officer** nhân viên hải quan

reverberate /rɪˈvɜːbəreɪt/ *v.* phản chiếu, phản xạ; dội/vang lại

reverence /ˈrevərəns/ *n.* sự/lòng tôn kính

reverie /ˈrevərɪ/ *n.* sự mơ mộng/mơ tưởng; sự mơ màng

reversal /rɪˈvɜːsəl/ *n.* sự đảo ngược; sự đảo lộn hẳn lại

reverse /rɪˈvɜːs/ **1** *n.* bề trái, mặt trái; điều trái ngược; sự chạy lùi; sự thất bại, vận bĩ **2** *adj.* ngược, nghịch, đảo, trái lại: **~ gear** số lui xe **3** *v.* đảo ngược, lộn ngược; đảo lộn; cho chạy lùi; thay đổi hoàn toàn; huỷ: **to ~ the charge** tính tiền người nhận điện thoại

revert /rɪˈvɜːt/ *v.* [quyền, tài sản] trở lại nguyên chủ

review /rɪˈvjuː/ **1** *n.* sự xem/xét lại; sự xem xét lại, duyệt lại; sự ôn lại [bài]; cuộc duyệt binh; bài điểm sách: **book ~** bài phê bình sách; **court of ~** toà xét lại; **grammar ~** ngữ pháp ôn tập; **lesson ~** bài học ôn **2** *v.* xem lại, xét lại; duyệt xét lại; ôn lại [bài học]; duyệt (khán) [binh]; hồi tưởng; phê bình [sách]: **I have ~ed all my conference papers for publication.** Tôi vừa xem lại các báo cáo hội nghị của tôi để cho in.

revile /rɪˈvaɪl/ *v.* chửi rủa, mắng chửi, xỉ vả

revise /rɪˈvaɪz/ *v.* sửa đổi, tu chính, hiệu chính, xem lại

revisit /riːˈvɪzɪt/ *v.* đi thăm lại, đi viếng lại

revitalize /riːˈvaɪtəlaɪz/ *v.* tiếp sinh khí lại, tiếp lại sức sống, tiếp sức mạnh lại

revival /rɪˈvaɪvəl/ *n.* sự làm sống lại; sự phục sinh/phục hồi; sự thức tỉnh lại; sự phục hưng

revive /rɪˈvaɪv/ *v.* làm sống lại, làm tỉnh lại; làm hào hứng lại; đem diễn lại [kịch cũ]; khơi lại [kỷ niệm]

revoke /rɪˈvəʊk/ *v.* huỷ bỏ, thủ tiêu; rút, thu hồi

revolt /rɪˈvəʊlt/ **1** *n.* cuộc nổi loạn, cuộc nổi dậy **2** *v.* nổi loạn, làm loạn, nổi dậy, khởi nghĩa, làm ghê tởm

revolution /revəˈl(j)uːʃən/ *n.* cuộc cách mạng; vòng quay, tua: **cultural ~** cuộc cách mạng văn hóa; **counter-~** bảng chỉ số trong máy; **45 ~s per minute** 45 vòng quay mỗi phút

revolve /rɪˈvɒlv/ *v.* (làm cho) quay tròn, xoay quanh

revolver /rɪˈvɒlvə(r)/ *n.* súng lục, súng sáu (ổ quay)

revue /rɪˈvjuː/ *n.* kịch tạp diễn [gồm nhiều tiết mục nhạo báng thời sự/ nhân vật]

revulsion /rɪˈvʌlʃən/ *n.* sự (bỗng nhiên) ghê tởm; sự thay đổi đột ngột

reward /rɪˈwɔːd/ **1** *n.* sự thưởng; tiền/ vật thưởng **2** *v.* thưởng, báo ơn

rewind /riːˈwaɪnd/ *v.* vặn lại [lò xo], lên dây lại; cuộn lại

rewire /riːˈwaɪə(r)/ *v.* chạy dây lại mới

reword /riːˈwɜːd/ *v.* sửa lại, viết lại [lời văn]: **I have to ~ this sentence.** Tôi phải viết lại câu nầy.

rework /riːˈwɜːk/ *v.* làm lại, xem lại

rewritable /riːˈraɪtəb(ə)l/ *adj.* có thể viết/chép lại

rewrite /riːˈraɪt/ **1** *n.* bản viết lại **2** *v.* viết lại, chép lại; sửa lại [bản văn]: **He has to ~ his essay.** Anh ấy phải viết lại bài luận văn.

rhetorical /rɪˈtɒrɪkəl/ *adj.* thuộc tu từ học; thuộc khoa hùng biện; hoa mỹ; bay bướm, cường điệu: **~ question** câu hỏi đặt vấn đề

rheumatism /ˈruːmətɪz(ə)m/ *n.* bệnh thấp khớp, bệnh phong thấp

rhinoceros /raɪˈnɒsərəs/ *n.* con tê (giác)

rhizome /ˈraɪzəʊm/ *n.* thân rễ

rhombus /ˈrɒmbəs/ *n.* hình thoi

rhyme /raɪm/ **1** *n.* vần; bài thơ: **without ~ or reason** không đủ lý do, thiếu lý do **2** *v.* (ăn) vần: **to ~ with something** ăn vần với việc gì

rhythm /ˈrɪð(ə)m/ *n.* nhịp điệu [trong ngôn ngữ, thơ, nhạc]; sự nhịp nhàng

rib /rɪb/ **1** *n.* xương sườn; gân [lá]; gọng [ô]; đường kẻ, đường rạch **2** *v.* thêm đường kẻ vào; trêu ghẹo

ribaldry /ˈrɪbəldrɪ/ *n.* tính tục tĩu; lời/ truyện tục tĩu

ribbon /ˈrɪbən/ *n.* ruy băng, băng, dải; dây/dải [phù hiệu, huy chương]: **typewriter ~** ruy băng máy chữ

rice /raɪs/ *n.* lúa gạo; lúa: **broken ~** tấm; **cooked ~** cơm; **~ bowl** vùng cấy nhiều lúa; **~ flour** bột gạo; **~ field** ruộng lúa, gạo; **steamed glutinous ~** xôi; **Vietnam is a major ~-exporting country.** Việt Nam là một nước thường xuất khẩu gạo nhiều nhất.; **a good ~ harvest** một mùa lúa tốt; **~ paper** giấy bản; bánh tráng, bánh đa để cuốn chả giò; **~ mill** nhà máy xay gạo; cối xây gạo/ thóc; **~ seedling** cây mạ; **~ wine** rượu trắng; **to harvest ~** gặt lúa; **to transplant ~** cấy lúa

rich /rɪtʃ/ *adj.* giàu, giàu có, có của; dồi dào, phong phú, sum suê; đẹp lộng lẫy, đắt tiền, sang; [đồ ăn] bổ béo; [rượu] đậm, nồng; [màu sắc] thắm; [giọng] vang: **to get ~** làm giàu, trở nên giàu có; **This soil is ~.** Đất này phì nhiêu lắm.; **to strike it ~** tìm được của/vàng/dầu; thành công bất ngờ

riches /ˈrɪtʃɪz/ *n.* của cải, tiền của, bạc tiền, tài sản; sự giàu có/phong phú: **from rags to ~** từ chỗ khố rách áo ôm mà trở nên giàu

rickety /ˈrɪkɪtɪ/ *adj.* ọp ẹp, khập khiễng, lung lay; còi cọc

rickshaw /ˈrɪkʃɔː/ *n.* xe kéo, xe tay

ricochet /ˈrɪkəfeɪ/ *n.* sự ném/bắn lia chia

rid /rɪd/ *v.* [**rid**] giải thoát, thoát, giũ

sạch: **to ~ oneself of all debts** giũ sạch hết nợ nần; **She wants to get ~ of her mother-in-law.** Cô ấy muốn tống khứ bà mẹ chồng.

riddance /'rɪdəns/ *n.* sự giải thoát; sự tống khứ: **Good ~!** Thật là thoát nợ nhé!

ridden /'rɪd(ə)n/ quá khứ của *ride*; *adj.* không mấy thích thú: **a class-~ society** một xã hội giai cấp không thú vị

riddle /'rɪd(ə)l/ **1** *n.* câu đố; điều khó hiểu, người khó hiểu **2** *v.* làm thủng lỗ chỗ, bắn thủng; sàng

ride /raɪd/ **1** *n.* sự đi chơi; cuốc xe; cuộc đi [ngựa, xe]: **to take a ~** đi chơi trên lưng ngựa/xe đạp/xe hơi; **a bus ~, a ~ on the bus** một cuốc xe buýt; **to give somebody a ~** cho ai đi nhờ xe; **a long bumpy ~ on the bus** chuyến đi xe buýt bị xóc và ngồi lâu quá; **to take somebody for a ~** lừa bịp; đem đi giết, hạ, khử đi; giễu cợt, chế nhạo ai **2** *v.* [**rode**; **ridden**] cưỡi ngựa, đi ngựa; cưỡi lên [ngựa, xe đạp, voi]; đi xe đạp, đi xe; lướt trên [sóng]: **to ~ out** vượt qua được; **Let the matter ~ until the next meeting.** Chuyện ấy cứ để đó, đến phiên họp sau hãy hay.

ridge /rɪdʒ/ *n.* dãy đồi; ngọn, đỉnh, chỏm, chóp; nóc; sống [mũi]; lằn, gợn, mặt [hàng vải]

ridicule /'rɪdɪkjuːl/ **1** *n.* sự chế nhạo **2** *v.* chế giễu, chế nhạo, nhạo báng; giễu cợt

ridiculous /rɪ'dɪkjuːləs/ *adj.* buồn cười, tức cười, lố bịch

rife /raɪf/ *adj.* có nhiều; đầy dẫy; lan tràn

rifle /'raɪf(ə)l/ **1** *n.* súng trường (nòng có đường rãnh xoắn); đường rãnh xoắn: **~man** lính mang súng trường **2** *v.* vơ vét, lục lọi lấy hết

rift /rɪft/ *n., v.* kẽ nứt/hở, chỗ nứt rạn; sự bất hoà

rig /rɪg/ **1** *n.* thiết bị, máy móc; cách sắp đặt buồm ở tàu thuyền; cách ăn mặc: **oil ~** thiết bị đào giếng dầu **2** *v.* trang bị cho tàu thuyền; lắp ráp; ăn mặc; dựng lên chiếu lệ **3** *v.* lừa đảo, gian lận [cuộc đua, cuộc bầu cử]

right /raɪt/ **1** *n.* điều phải/hay, điều tốt; điều thiện; bên (tay) phải, bên phía tay mặt; quyền, quyền lợi; phe hữu, phái hữu, cú đấm bên phải: **~ and wrong** trái phải, thiện ác; **~ to self determination** quyền tự quyết; **~s and privileges** mọi thứ quyền lợi và đặc quyền; **~s and responsibilities** quyền lợi và trách nhiệm; **"Keep to the Right"** XIN ĐI BÊN PHẢI; **"All Rights Reserved"** TÁC GIẢ GIỮ BẢN QUYỀN; **on the ~** ở bên tay phải **2** *adj.* phải, đúng, tốt, có lý; (tay) phải/mặt; cần phải có, đúng, thích hợp, xứng đáng; ở vào tình trạng tốt; [đường] thẳng, [góc] vuông: **the ~ time** giờ đúng; lúc đúng; **the ~ answer** câu trả lời đúng; **the ~ eye** con mắt bên phải; **the ~ size** cỡ đúng, số (sơ mi, giày) đúng; **This is not the ~ street.** Không phải phố này rồi.; **I am quite ~.** Tôi hoàn toàn đúng.; **to feel all ~** cảm thấy khỏe mạnh; **All ~!** Được! Tốt! được rồi (nếu anh/chị muốn thế)!; **in one's ~ mind** nghĩ và hành động đúng; **~-to-lifer** người chống đối phá thai; **as ~ as rain** hoàn toàn khoẻ mạnh; **~ about face** sự quay nửa vòng bên phải, sự trở mặt **3** *adv.* thẳng; ngay, chính; phải, đúng; tốt, đúng ý; đáng, xứng đáng; hoàn toàn: **~ ahead** về bên phải, thẳng đây; **~ away** liền, tức thì; ngay bây giờ; **~ in the center** ở chính giữa; **~ here** ngay tại đây **4** *v.* lấy lại cho ngay, làm lại cho đúng: **to ~ a mistake** sửa lại lỗi lầm

righteous /'raɪtʃəs/ *adj.* ngay thẳng, đạo đức, chính đáng, công bằng

right-hand drive *n.* lái xe bên tay phải

right-of-way *n.* quyền được đi vào đất người khác, lối đi công cộng trong đất tư nhân

right-wing *adj.* thuộc cánh/phe hữu

rigid /'rɪdʒɪd/ *adj.* cứng, cứng rắn, khắt khe, không co giãn

rigmarole /'rɪgmərəʊl/ *n.* câu chuyện không ra đâu vào đâu

rigor /'rɪgɔː(r)/ *n.* tính khắc nghiệt, tính khắt khe; sự run rét: **~ mortis** xác chết cứng đơ

rigorous /'rɪgərəs/ *adj.* chính xác, nghiêm túc; khắc nghiệt

rile /raɪl/ *v.* chọc tức, trêu chọc

rim /rɪm/ *n., v.* vành, bờ, mép; miệng [chén, bát, chum]; gọng [kính]; **the ~ of a glass** gọng kính

rime /raɪm/ *n.* xem rhyme

rind /raɪnd/ *n.* vỏ (cây, dưa hấu); cùi [phó mát]; bì lợn

ring /rɪŋ/ **1** *n.* cái vòng; cái đai; cái nhẫn; vòng tròn; vũ đài; đấu trường [bò tót]; nhóm, bọn, ổ; quầng [mắt]: **boxing ~** vũ đài quyền Anh; **engagement ~** nhẫn đính hôn; **graduation ~** nhẫn nhà trường mình tốt nghiệp; **~ circuit** tấm bản để cắm nhiều chốt điện; **~ fence** hàng rào bao quanh miếng đất; **~ finger** ngón đeo nhẫn; **~ road** đường vòng quanh thành phố; **spy ~** ổ gián điệp **2** *n.* bộ chuông; tiếng chuông (điện thoại); tiếng kêu leng keng; vẻ; cú điện thoại: **Could you give me a ~?** Làm ơn gọi điện thoại cho tôi? **3** *v.* [rang; rung] reo, rung, lắc, giật [chuông bell]; kêu, rung/ngân vang; văng vẳng; nghe có vẻ; rung chuông báo hiệu: **to ~ back** gọi điện thoại lại; **to ~ off** ngưng gọi điện thoại; **to ~ round** gọi điện thoại cho nhiều người; **to ~ up** gọi điện thoại; **to ~ in one's ears** gợi lại trí nhớ; **to ~ false** gọi sai

ringleader /'rɪŋliːdə(r)/ *n.* tên đầu sỏ của một băng đảng

ringtone /'rɪŋtəʊn/ *n.* nhịp chuông reo (điện thoại)

rink /rɪŋk/ *n.* sân băng: **skating ~** sân trượt băng

rinse /rɪns/ *n., v.* (sự) súc [miệng, chai, ấm], (sự) giũ/vắtquần áo, (sự) tráng [bát đĩa]

riot /'raɪət/ **1** *n.* sự náo loạn; cuộc nổi loạn; sự bừa bãi lộn xộn: **to run ~** tha hồ hoành hành; bừa bãi; **~ police** cảnh sát dã chiến **2** *v.* nổi/ dấy loạn

RIP /ɑːraɪ'piː/ *n., abbr.* (= **Rest In Peace**) nơi an nghỉ cuối cùng

rip /rɪp/ **1** *n.* sự xé; vết rách, chỗ xé **2** *v.* xé toạc ra: **to ~ out, to ~ open a package** xé cái gói ra; **to ~ off** lợi dụng bóp chẹt; ăn cắp

ripe /raɪp/ *adj.* chín; chín muồi, chín chắn; an được

rip-off *n.* vật gì không đáng giá, không đáng đồng tiền bát gạo

ripper /'rɪpə(r)/ *n.* kẻ giết người xé xác ra: **Jack the ~** kẻ giết người

ripple /'rɪp(ə)l/ **1** *n.* sóng gợn lăn tăn; tiếng róc rách; tiếng rì rầm **2** *v.* (làm cho) gợn sóng lăn tăn; róc rách rì rầm; làm cho rì rào

rise /raɪz/ **1** *n.* sự tăng lên, sự tăng gia; chỗ đường gốc; sự cất tiếng; sự mọc lên mặt trời]; sự thăng cấp, thăng tiến; nguồn [sông]; nguồn gốc, căn nguyên: **to give ~ to something** gây ra/nên; **Prices are on the ~.** Giá cả đang tăng lên.; **to take a ~ out of somebody** làm cho ai phát khùng lên, phỉnh gạt ai **2** *v.* [**rose; risen**] tăng lên; dâng/nổi lên, lên cao, bốc lên; trèo/leo lên; dậy, trở dậy, đứng dậy/lên; [mặt trời, mặt trăng] mọc; tiến lên, thẳng tiến, thành đạt; nổi dậy, khởi nghĩa; [sông] bắt nguồn: **to ~ above** vượt lên trên; **to ~ early (to ~ with the sun)** dậy sớm; **to ~ up in the world** thành đạt; **I have to wait for the dough to ~.** Tôi phải đợi cho bột dậy lên.

risen /'rɪz(ə)n/ quá khứ của rise

rising /'raɪzɪŋ/ *adj., n.* đang lên: **the ~ of the rebellion army** sự nổi dậy của đạo quân phản loạn; **the ~ sun** mặt trời mọc

risk /rɪsk/ **1** *n.* sự liều, sự mạo hiểm; sự rủi ro nguy hiểm: **at the ~ of her life** liều mạng, liều chết; **to take ~s** liều, lao vào nguy hiểm; **No ~!** Không nguy hiểm đâu! **2** *v.* liều; có thể phải chịu rủi ro: **to ~ one's life/neck** liều mạng; **He ~ed losing his job.** Anh ta làm thế có thể bị mất việc.

rite /raɪt/ *n.* lễ, lễ nghi, nghi thức: **Ministry of ~s** Bộ Lễ nghi; **funeral ~s** lễ tang, tang lễ; **~ of passage** biến cố quan trọng trong đời người

ritual /'rɪtjuəl/ *n., adj.* (thuộc/theo) lễ nghi, nghi thức

ritzy /'rɪtsɪ/ *adj.* cao cấp, xa hoa

rival /'raɪvəl/ **1** *n.* người kình địch/cạnh tranh **2** *v.* sánh với; cạnh tranh

rivalry /'raɪvəlrɪ/ *n.* sự kình địch/cạnh tranh; sự ganh đua

river /'rɪvə(r)/ *n.* con sông; dòng sông; dòng máu: **~ basin** lưu vực sông; **~ bank** bờ sông; **~bed** lòng sông; **~ of blood** máu chảy lênh láng; **~ port** cảng sông, bến đò; **~ side** bờ sông; **sailing down the ~** đi thuyền xuôi dòng sông; **to sell down the ~** phản bội; **up the ~** ngược dòng sông

rivet /'rɪvɪt/ **1** *n.* đinh tán **2** *v.* tán đầu; ghép/thật chặt: **to ~ one's eyes on something** nhìn chòng chọc vào cái gì

roach /rəʊtʃ/ *n.* con gián: **cock~ killer** thuốc trừ gián

road /rəʊd/ *n.* con đường; đường đi; đường phố; con đường [dẫn tới ...], cách, phương pháp: **"Road under Construction"** ĐƯỜNG ĐANG SỬA; **one for the ~** uống một ly cuối trước khi đi; **to get out of the ~** đừng cản trở; **~ block** vật chướng ngại chặn đường, chỗ cảnh sát chặn đường hỏi giấy; **~ board** ban bảo quản đường; **~ bully** đường đáng sợ; **~ courtesy** đường cho đi tạm; **~ hump** (= **speed hump**) ụ nhô lên nhằm giảm bớt tốc độ; **~ manager** người tổ chức các buổi trình

diễn ca nhạc; **~ map** bản đồ chỉ đường; **~ reserve** khu dành để làm đường; **~ sense** khả năng xử trí an toàn trên đường; **~ sign** dấu hiệu đi đường; **~ test** kiểm tra an toàn xe; **~worthy certificate** giấy chứng nhận an toàn cho xe chạy

roadwork /'rəʊdwɜːk/ *n.* công tác làm đường

roam /rəʊm/ *v.* đi lang thang, đi lung tung

roar /rɔː(r)/ *n., v.* (tiếng) gầm, rống; (tiếng) nổ ầm ầm; (tiếng) la thét om sòm, (tiếng) cười phá lên: **the ~ of the waves on the rocks** tiếng sóng vỗ ầm ầm vào vách đá; **to ~ with pain** la lên vì đau

roast /rəʊst/ **1** *n., adj.* thịt quay, thịt nướng, đã nướng: **~ chicken** gà quay; **~ pig** thịt lợn quay **2** *v.* nướng, quay [thịt]; rang: **to ~ coffee beans** rang cà phê

rob /rɒb/ *v.* cướp, ăn cướp, lấy trộm: **He ~bed me of my watch.** nó lấy đồng hồ của tôi; **to ~ Peter to pay Paul** lấy của người nầy đem cho người khác

robe /rəʊb/ **1** *n.* áo choàng mặc trong nhà; áo thụng [giáo sư, quan toà]: **bath~** áo choàng mặc sau khi tắm **2** *v.* mặc/khoác áo choàng

robot /'rəʊbɒt/ *n.* người máy: **~ plane** máy bay không người lái

robotics /'rəʊbɒtɪks/ *n.* khoa nghiên cứu người máy

robust /rəʊ'bʌst/ *adj.* khoẻ mạnh, tráng kiện, cường tráng

rock /rɒk/ **1** *n.* đá, tảng đá; hòn đá; mỏm đá ngầm; [rượu] chỉ bỏ nước đá, chứ không pha xô đa hay nước lã: **as hard as ~** cứng như đá; **to be on the ~s** hết sạch tiền, nhẵn túi; **~ bottom** [giá] thấp nhất, hạ nhất; **~ garden** vườn non bộ; **~ climbing** môn thể thao leo núi; **between a ~ and a hard place** tình trạng không ai thắng **2** *v.* đu đưa, lúc lắc; làm rung chuyển: **to ~ a baby to sleep** ru em bé ngủ; **to have one's hopes ~ed** sống trong hy vọng; **to be ~ed in security** sống trong yên ổn không lo nghĩ gì cả; **to ~ the boat** làm cho con tàu lúc lắc

rocket /'rɒkɪt/ **1** *n.* tên lửa, hoả tiễn, rôckét; pháo thăng thiên; hoả pháo; **~ bomb** bom bay; **~ launcher** súng phóng tên lửa; **~ ship** phi thuyền vũ trụ **2** *v.* bắn hoả tiễn

rock n' roll *n., adj.* (thuộc) điệu nhạc dân ca Mỹ hai nhịp có thể nhảy nhót

rod /rɒd/ *n.* cái que, cái gậy; cái roi, roi vọt; cần câu; sào Anh [gần bằng 5m]; vi khuẩn que: **fishing ~** cần câu cá; **Spare the ~ and spoil the child.** Yêu cho vọt, ghét cho chơi.; **to make a ~ for one's own back** tự mang lấy phiền toái vào người

rode /rəʊd/ quá khứ của **ride**

rodent /'rəʊdənt/ *n., adj.* (thuộc) loài gậm nhấm; chuột

rodeo /rəʊ'deɪəʊ, 'rəʊdɪəʊ/ *n.* (*pl.* **rodeos**) cuộc đua cưỡi ngựa quăng dây bắt bò, cuộc thi cưỡi ngựa vượt qua những rào cản

roguish /'rəʊgɪʃ/ *adj.* đểu, xỏ lá (ba que); tinh nghịch

role /rəʊl/ *n.* vai trò, vai tuồng, vai: **the leading ~** vai chính, vai trò lãnh đạo; **~ model** đóng vai người mẫu

roll /rəʊl/ **1** *n.* cuốn, cuộn, súc, ổ; bánh mì nhỏ; tập giấy bạc; tiếng vang rền [của sấm, trống]: **I took five ~s of color film.** Tôi chụp năm cuộn phim màu.; **a ~ of toilet paper** cuộn giấy vệ sinh; **bread ~** ổ bánh mì **2** *n.* danh sách, danh mục; sự điểm danh: **a ~ of honor** bảng ghi vinh danh ai; **~-call** sự điểm danh; **to strike off the ~s** loại bỏ khỏi danh sách hành nghề **3** *n.* sự lăn tròn; sự lắc lư tròng trành: **~-top desk** bàn có mặt xoay tròn được **4** *v.* cuốn, cuộn, quấn; lăn, vần; [xe cộ] chạy, lăn; [người] đi xe; [năm tháng] trôi qua; [tàu thuyền] tròng trành, lắc

lư; (địa hình) lên xuống thoai thoải; lăn (bột); vang rền, đổ hồi; đọc rung, uốn lưỡi [những chữ r]: **to ~ back** giảm giá; **to ~ over** lăn mình; **to ~ up** cuốn thuốc, cuộn mình lại; **to ~ away** lăn đi; **to ~ by** trôi qua

roller /'rəʊlə(r)/ *n.* trục lăn, ống lăn; trục cán; xe lăn đường; đợt sóng lớn; cái cuộn tóc: **~ coaster** xe lửa lên núi xuống núi ở giải trí trường; **~ skates** đôi pa-tanh; **~ skating rink** sân đi pa-tanh; **~ towel** khăn lau tay cuộn

rollover /'rəʊləʊvə(r)/ *n.* sự chuyển tiền từ trương mục nầy sang trương mục khác: **~ fund** quỹ hưu liễm đầu tư; **~ provision** sự thoả thuận việc đầu tư

roly-poly /'rəʊlɪ'pəʊlɪ/ *n., adj.* bụ bẫm

ROM /rɑm/ *n., abbr.* (= **Read-Only Memory**) bộ nhớ máy vi tính chỉ đọc mà thôi

romaji /'rɔːmadʒɪ/ *n.* hệ thống La tinh hoá chữ Nhật

Roman /'rəʊmən/ *n., adj.* thuộc La Mã: **~ Catholic** đạo Thiên Chúa (theo giáo hội La Mã); **~ Empire** Đế quốc La Mã; **~ holiday** sự thưởng ngoại trong kỳ nghỉ; **~ numeral** số La Mã

romance /rə'mæns, 'rəʊmæns/ *n., v.* câu chuyện tình lãng mạn; lãng mạn, truyện thơ về anh hùng hiệp sĩ; truyện phiêu lưu mạo hiểm; bịa đặt

romantic /rə'mæntɪk/ *adj., n.* lãng mạn, mơ mộng, mộng mơ, xa thực tế; viển vông, ảo tưởng, hão huyền

Rome /rəʊm/ *n.* thành La Mã; nhà thờ La Mã: **Rome was not built in a day.** Việc lớn không thể làm trong một ngày.; **When in ~, do as the Romans do.** Nhập gia tuỳ tục.

romp /rɒmp/ *v., n.* nô đùa ầm ĩ; thắng một cách dễ dàng: **to ~ home** thắng một cách dễ dàng; **to ~ through an examination** thi đỗ một cách dễ dàng

roof /ruːf/ **1** *n.* mái nhà, nóc; vòm

[trời, cây, miệng]; nóc, mui [xe]; trần [máy bay]: **tiled ~** mái (lợp) ngói; **to go through the ~** đạt đến tột đỉnh; **to hit the ~** nổi cơn giận dữ; **~ garden** vườn trên mái nhà của những toà nhà cao; **a ~ over one's head** có nơi ăn ở; **under one ~** ở nhà của mình **2** *v.* lợp, che mái; làm mái che cho

rook /rʊk/ **1** *n.* con quạ; tay cờ bạc bịp **2** *v.* bịp

rookie /'rʊki/ *n.* lính mới, tân binh

room /ruːm, rʊm/ **1** *n.* buồng, phòng; cả (những người trong phòng) phòng; chỗ; cơ hội, duyên cớ: **I would rather have his ~ than his company.** Tôi muốn ông ấy đi cho khuất mắt.; **~ and board** ăn ở, tiền phòng và tiền ăn, tiền ăn trọ; **~ clerk** thư ký khách sạn; **~ divider** vách ngăn; **~ service** công việc dọn phòng; **~ temperature** nhiệt độ trong phòng; **"Room for Rent"** PHÒNG CHO THUÊ; **no ~ to turn in** (= **no ~ to swing a cat**) không có chỗ xoay trở; **~ for improvement** khả năng cải thiện; **to make ~ for** dọn/ nhường chỗ cho; **to take up too much ~** choán nhiều chỗ quá **2** *v.* có phòng, ở phòng cho thuê, ở chung phòng: **to ~ with someone** ở chung phòng với ai

roost /ruːst/ **1** *n.* chỗ [chim] đậu; chuồng gà; chỗ ngủ: **to rule the ~** làm như mình là chủ, hách dịch **2** *v.* [chim] đậu; ngủ: **come home to ~** trở lại gốc không mấy thích

rooster /'ruːstə(r)/ *n.* gà trống

root /ruːt/ **1** *n.* rễ cây, rễ; chân [răng]; các cây có rễ củ; căn nguyên, gốc rễ, nguồn gốc; căn; từ gốc: **~ and branch** hoàn toàn; **to lay an ax to the ~ of a problem** đào tận gốc/trừ tận gốc vấn đề; **to get to the ~ of the matter** nắm được thực chất vấn đề; **to take ~** bén rễ **2** *v.* làm ăn sâu, làm cắm chặt; nhổ bật rễ; lấy mõm ủi moi; lục lọi; reo hò cổ vũ:

to ~ up/ out nhổ rễ lên; **strength ~ed in unity** sức mạnh xây dựng trên sự đoàn kết; **to ~ in old documents** lục lọi trong đống hồ sơ cũ

rope /rəʊp/ **1** *n.* dây thừng, dây chão; chuỗi, xâu; dây thòng lọng [quăng vào cổ ngựa, cổ bò; treo cổ tử tù]: **to jump ~** nhảy dây; **to know the ~s** biết hết mọi cách thức; **~-ladder** thang dây; **~-walker** người làm xiếc đi trên dây; **to be on the ~** buộc lại với nhau; **on the high ~s** lên mặt quan trọng, làm ra vẻ ta đây; **to give somebody plenty of ~** để cho ai tự do muốn làm gì thì làm **2** *v.* trói/buộc bằng thừng; quăng thừng bắt [ngựa, bò]; chăng dây thừng làm giới hạn: **to ~ in/into** chăng dây để giới hạn

rosary /'rəʊzəri/ *n.* chuỗi tràng hạt

rose /rəʊz/ **1** *n.* hoa hồng; cây hoa hồng; màu hồng: **a bed of ~s** một luống hồng; **climbing ~** cây hồng leo; **~ garden** vườn hồng; **to gather ~s** tìm thú hưởng lạc; **There isn't a ~ without thorns.** Hồng nào mà hồng chẳng gai, không có gì sung sướng mà không có đau khổ kèm theo.; **Wars of the ~s** sự tranh đua của phái đẹp, chiến tranh hoa hồng **2** *adj.* màu hồng; **~-colored** màu hồng; tươi vui, lạc quan: **She sees things through ~-tinted glasses.** Nàng nhìn đời một cách lạc quan.

rose /rəʊz/ quá khứ của **rise**

rosemary /'rəʊzmæri/ *n.* cây hương thảo

rosewood /'rəʊzwʊd/ *n.* gỗ hồng mộc

roster /'rɒstə(r)/ *n., v.* danh sách; (bảng) phân công

rostrum /'rɒstrəm/ *n.* diễn đàn, bục diễn giả

rot /rɒt/ **1** *n.* sự thối rữa/mục nát; chuyện dại dột: **Don't talk ~!** Đừng nói chuyện vớ vẩn! **2** *v.* thối, rữa, mục: **to ~ away** chết dần chết mòn; **to ~ off** tàn tạ, tàn úa

rotary /'rəʊtəri/ **1** *n.* máy quay: **~ press** máy in quay; **~ Club** Hội Phù luân 2 *adj.* chuyển động, quay: **the ~ motion of the earth** chuyển động quay tròn của trái đất; **~ furnace** lò quay

rotate /rəʊ'teɪt/ *v.* quay, xoay quanh; luân phiên nhau: **to ~ crops** trồng luân phiên, luân canh

rote /rəʊt/ *n.* sự nhớ thuộc lòng, sự học vẹt: **~ learning, learn by ~** học thuộc lòng như con vẹt

rotten /'rɒt(ə)n/ *adj., adv.* mục (nát), thối (rữa), [trứng ung]; xấu, tồi, khó chịu, đáng ghét; đồi bại, sa đọa

rotund /rəʊ'tʌnd/ *adj.* giọng oang oang, mập mạp

rough /rʌf/ **1** *n.* trạng thái chưa gọt giũa; người cục mịch hoặc du côn: **a ~ diamond** kim cương còn nguyên; **to take the ~ with the smooth** kiên nhẫn chịu đựng gian khổ; **~ and ready** qua loa đại khái nhưng dùng được; **~ justice** đối xử công bằng **2** *adj.* xù xì, ráp, nhám; gồ ghề, lởm chởm; dữ dội, mạnh, hung dữ, hung bạo; [biển] có sóng lớn, động; thô, chưa gọt giũa, chưa mài giũa, chưa trau chuốt; thô lỗ, cục cằn, lỗ mãng; [bản] nháp, phác qua, dịch phỏng; [tiếng] chói tai; nặng nhọc, nặng nề, gay go, khó khăn: **a ~ copy** bàn thảo đầu tiên; **a ~ guess** sự đoán phỏng chừng; **a ~ sketch** vẽ nháp; **~ sea** biển động; **~ words** lời nói thô lỗ; **to have a ~ time** bị ngược đãi; **~-and-tumble** không thường, không thứ tự **3** *adv.* dữ, thô bạo: **to treat someone ~** đối xử thô lỗ với ai **4** *v.* làm dựng ngược, vuốt ngược; phác thảo: **to ~ it out** đi cắm trại, ngủ ngoài trời; **to ~ up** đánh đập, ngược đãi

roughshod /'rʌfʃɒd/ *adj.* [ngựa] mang móng đinh: **to ride ~ over someone** ăn hiếp ai, chà đạp lên ai

roulette /ru:'let/ *n.* bàn đánh bạc ru-lét; cái kẹp uốn tóc

round /raʊnd/ **1** *n.* vật hình tròn; khoanh [thịt bò]; vòng tròn; sự quay vòng, sự tuần hoàn, chu kỳ; sự đi vòng/tua, sự kinh lý; hiệp, vòng đấu; loạt [súng], tràng [pháo tay applause], chầu rượu: **to dance in a ~** nhảy vòng tròn; **The watchman made his ~s.** Người gác đi tuần quanh toà nhà.; **to go the ~** chuyền người nầy qua người khác; **to do the ~s of a place** đi vòng quanh nơi nào **2** *adj.* tròn; (béo) tròn tròn; chẵn, tính chẵn; khứ hồi; [gọng] sang sảng; thẳng thắn: **~ table** bàn tròn; **a ~ trip** cuộc hành trình khứ hồi; **a ~ peg in a square hole** không thích hợp, nồi tròn nắp vuông; **Knights of the ~ Table** hội nghị bàn tròn **3** *adv.* quanh, vòng quanh; chung/xung quanh; quay trở lại: **to go ~** đi vòng quanh; **~ and ~** loanh quanh; **all the year ~** quanh năm suốt tháng **4** *prep.* quanh, vòng quanh, chung/ xung quanh: **to travel ~ the world** đi du lịch vòng quanh thế giới; **~ the clock** suốt ngày đêm, suốt 24 tiếng **5** *v.* làm/ cắt tròn, xén tròn; đi vòng quanh; đọc [nguyên âm vowell chúm/tròn môi]: **to ~ up** chạy quanh dồn súc vật; vây bắt; **to ~ on a person** mắng nhiết một người nào bất ngờ

roundabout /'raʊndəbaʊt/ **1** *n.* chỗ đường vòng, bùng binh **2** *adj.* theo đường vòng; [lời nói] quanh co, gián tiếp

rounders /'raʊndə(r)z/ *n.* môn khúc cầu, môn thể thao chơi bằng thanh cây dẹp và trái banh nhỏ cứng

roundup *n.* sự dồn súc vật; cuộc vây bắt, bố ráp; sự tóm tắt: **press ~** bài điểm báo

rouse /raʊz/ *v.* khua, khuấy động; đánh thức, làm thức tỉnh; khích động, khêu lại, gợi lại; chọc tức

roust /raʊst/ *v.* quấy rầy ai

rout /raʊt/ **1** *n.* sự tháo chạy, sự tán loạn lúc rút lui; sự thảm bại **2** *v.* đánh cho tan tác; đánh tơi bời

route /ru:t/ **1** *n.* đường đi; tuyến

đường; đường của người phát thư **2** *v.* gửi [thư, gói hàng] theo một tuyến đường nào đó

router /raːtə(r)/ *n.* chức năng (trong máy vi tính) đưa trữ liệu vào mạng

routine /ruːˈtiːn/ *n., adj.* công việc hằng ngày, thói quen mỗi ngày; thủ tục, thường lệ

rove /rʌv/ *v.* đi lang thang

rover /ˈrəʊvə(r)/ *n.* người đi lang thang, lãng tử

row **1** /rəʊ/ *n.* [**rows**] hàng, dãy; dãy nhà; hàng ghế; hàng cây; cuộc đi chèo thuyền: **to sit in a ~** ngồi thành hàng **2** /rau/ *n.* sự om sòm, sự huyên náo: **to kick up a ~** làm om sòm lên **3** /rəʊ/ *v.* chèo thuyền, chèo: **to ~ someone across the river** chèo thuyền cho ai sang sông

rowdy /ˈraʊdɪ/ **1** *n.* tên du côn **2** *adj.* hay làm om sòm

royal /ˈrɔɪəl/ *adj., n.* thuộc nhà vua; hoàng gia; sang trọng, huy hoàng, trọng thể: **the ~ family** hoàng gia, hoàng tộc; **~ power** vương quyền; **~ Air Force** không quân Hoàng gia (Anh), không lực Anh

royalty /ˈrɔɪəltɪ/ *n.* địa vị nhà vua, vương vị; quyền hành nhà vua, vương quyền: royalties tiền bản quyền tác giả/phát minh, tiền tác quyền

RPI /ˌɑːrpiːˈaɪ/ *n., abbr.* (= **Retail Price Index**) bảng giá thị trường bán lẻ

rpm /ˌɑːrpiːˈem/ *n., abbr.* (= **revolutions per minute**) việc đo tốc độ trong máy

RRP /ˌɑːraːˈpiː/ *n., abbr.* (= *Recommended Retail Price*) giá bán lẻ

RSL /ˌɑːresˈel/ *n., abbr.* (= **Returned and Services League**) hội cựu chiến binh Úc

R.S.V.P. /ˌɑːresviːˈpiː/ *n., abbr.* (= **Répondez S'il Vous Plait** = **Please Reply**) xin vui lòng trả lời

rub /rʌb/ **1** *n.* sự cọ xát/chà xát; sự lau chùi, cọ chải; nỗi khó khăn, sự cản trở **2** *v.* cọ xát, chà xát; xoa,

thoa, xoa bóp; lau/đánh bóng; xát mạnh để làm bản rập: **to ~ down** xoa bóp, chà xát; **to ~ in** xoa dầu cho thấm; nhắc đi nhắc lại; **to ~ off** lau/xoá sạch; làm xước; **to ~ out** lau/chùi sạch; giết, thủ tiêu; **to ~ noses** lau mũi phản đối người khác; **to ~ shoulders with** liên lạc, tiếp xúc với người nào; **to ~ someone up the wrong way** làm trái ý ai, chọc tức ai

rubber /ˈrʌbə(r)/ **1** *n.* cao su: **~ stamp** con dấu cao su; nhân vật/ nghị hội bù nhìn; **~ tree** cây cao su; **~ plantation** đồn điền cao su **2** *n.* cái tẩy, cục gôm; giầy cao su, ủng cao su; khăn lau, giẻ lau

rubbish /ˈrʌbɪʃ/ *n., v.* rác rưởi, rác rến, vật bỏ đi; vật vô giá trị; chuyện bậy/láo/nhảm, chuyện vô lý: **~ bin** thùng rác

rubble /ˈrʌb(ə)l/ *n.* gạch vụn, đá vụn

Rubik's cube *n.* trò chơi xoay ô vuông cho đồng màu (do Rubik sáng chế)

rubric /ˈruːbrɪk/ *n.* đề mục (in chữ đỏ), mục lớn

ruby /ˈruːbɪ/ *n.* ngọc đỏ, hồng ngọc, ru bi

ruck /rʌk/ **1** *n.* nhóm cầu thủ chụm lại với nhau giành banh **2** *v.* giành banh; gấp nếp

rucksack /ˈrʌksæk/ *n.* ba lô

ruckus /ˈrʌkəs/ *n.* một hàng, một dãy

rudder /ˈrʌdə(r)/ *n.* bánh lái

rude /ruːd/ *adj.* láo xược, vô lễ, bất lịch sự, khiếm nhã, thô lỗ, dã man; thô sơ, không tinh vi; mạnh mẽ (đột ngột), dữ dội: **to be ~ to someone** không lịch sự đối với ai

rudimentary /ruːdɪˈmentərɪ/ *adj.* bước đầu, sơ bộ, sơ đẳng; thô sơ

rudiments /ruːdɪˈments/ *n.* khái niệm bước đầu, kiến thức cơ sở

ruffle /ˈrʌf(ə)l/ **1** *n.* diềm đăng ten tổ ong; sóng gợn; khoang cổ; hồi trống rền **2** *v.* làm xù/rối lên; (làm) sóng gợn lăn tăn; làm mếch lòng, làm trái ý: **to ~ someone's hair** làm rối tóc ai

rug /rʌg/ *n.* tấm thảm; chăn, mền: **as snug as a bug in a ~** ấm như nằm trong chăn; **to pull the ~ from under someone** không được hỗ trợ, không ổn định

rugby /'rʌgbɪ/ *n.* môn bóng bầu dục

ruin /'ruːɪn/ **1** *n.* sự đổ nát, sự suy đồi; sự tiêu tan; sự thất bại/phá sản; ruins di tích, tàn tích: **the ~s of Angkor Wat** sự đổ nát của điện Đế thiên Đế thích **2** *v.* làm đổ nát, làm hỏng, làm tan nát, làm hư nát, tàn phá; làm phá sản; làm hư hỏng, dụ dỗ [con gái]: **He ~ed his family by his gambling.** Vì máu mê cờ bạc mà anh ta bị khuynh gia bại sản.

rule /ruːl/ **1** *n.* lệ thường, thói quen; phép tắc, quy tắc, quy củ; luật lệ, điều lệ, quy luật; quyền thống trị: **as a ~** theo thường lệ; **French ~** thời Pháp thuộc; **~ of thumb** theo kinh nghiệm; **to ignore all the ~s and regulations** bất chấp cả bao nhiêu luật lệ **2** *v.* trị vì, cai trị, thống trị; quản trị, chi phối, chỉ huy, điều khiển; chế ngự, kiềm chế, đè nén; [toà] ra lệnh, quyết định, phán quyết; kẻ [giấy]: **to ~ out** bác bỏ, loại trừ; **to ~ with an iron fist** thống trị độc tài

ruled /ruːld/ *adj.* được kẻ đường (giấy); bị cai trị

ruler /'ruːlə(r)/ **1** *n.* nhà cầm quyền; vua, chúa: **They fought against the military ~s.** Họ chiến đấu chống lại nhà cầm quyền quân phiệt. **2** *n.* cái thước kẻ

rum /rʌm/ *n.* rượu rum

rumble /'rʌmb(ə)l/ *n., v.* (tiếng) ầm ầm (tiếng) đùng đùng; (tiếng) sôi bụng ùng ục

rumblings /'rʌmblɪŋz/ *n.* tiếng kêu ầm ầm: **the ~ of thunder** tiếng sấm kêu ầm ầm

ruminate /'ruːmɪneɪt/ *v.* nhai lại; ngẫm nghĩ, suy đi tính lại

rummage /'rʌmɪdʒ/ **1** *n.* sự/đồ lục lọi: **~ sale** cuộc bán đồ cũ linh tinh/tập tàng **2** *v.* lục lọi, lục soát; lục bừa, lục bừa bãi, lục lung tung

rumor /'ruːmər/ **1** *n.* tin đồn, lời/tiếng đồn **2** *v.* đồn (đại): **it is ~ed that …** người ta đồn rằng

rump /rʌmp/ *n.* mông đít [của loài vật]; phao câu [của chim]

rumple /'rʌmp(ə)l/ *v.* làm rối [tóc]; làm nhăn/nhàu, vò nhàu

run /rʌn/ **1** *n.* sự chạy; cuộc đi chơi/ dạo, chuyến đi: **on the ~ all day** long suốt ngày chạy ngược chạy xuôi; **in the long ~** tính đường dài **2** *n.* sự hạ nhanh, sự giảm mau; cơn, hồi, loạt; **The play "Genghis Khan" had a ~ of six nights.** Vở Thành Cát Tư Hãn diễn sáu đêm liền.; **a ~ of bad luck** hồi bị đen; **a ~ of the banks** đổ xô đến nhà băng rút tiền **3** *v.* [**ran**; **run**] chạy, cho chạy, cho chảy; trông nom, điều khiển, quản lý; luồn [dây]; đưa lướt; [máu] chảy; [tin] lan mau/ nhanh; [ngón tay] lướt: **to ~ about/ around** chạy quanh/chạy loãng quăng; **to ~ across** chạy ngang qua/tình cờ gặp; **to ~ after** chạy theo, đuổi theo/theo đuổi [đích]; **to ~ off** cho chạy/quay thành nhiều bản/chạy trốn; chảy; **to ~ through** chạy qua/đâm xuyên qua/đọc lướt qua; **to ~ up** chạy lên/ kéo [cờ]/để tích lũy; **to ~ away** bỏ chạy, chạy đi; **to ~ down** chạy xuống/[đồng hồ] hết dây cót/[bình điện] hết điện; **to ~ for President** ra tranh cử Tổng thống; **to ~ foul of** trở nên dại dột, đi ngược lại với; **to ~ into** chạy vào trong; mắc/rơi vào; tình cờ gặp; **to ~ out of** hết (thì giờ/tiền); **to ~ the gauntlet** bị chỉ trích kịch liệt; **to ~ over** tràn/trào ra/đọc lướt qua/chạy đè lên, chẹt phải; **to ~ for one's life** chạy bán sống bán chết; **to ~ errands** chạy việc vặt; **to ~ in the blood** di truyền; **hit and ~** đâm người ta rồi lái xe bỏ chạy

rung /rʌŋ/ *n.* thanh ngang, bậc [thang]; nan hoa

rung /rʌŋ/ quá khứ của **ring**

runner /'rʌnə(r)/ *n.* người chạy, lực sĩ chạy; tuỳ phái, ông chạy giấy; công nhân đầu máy xe lửa; thân cây bò lan; đường rãnh; dây cáp kéo đồ; con lăn; **~up** người về nhì trong trận chung kết; người đứng thứ nhì; á hậu [trong cuộc thi hoa khôi]

running /'rʌnɪŋ/ **1** *n.* cuộc chạy thi/đua; sự chạy; sự chạy máy, sự vận hành; sự chảy; sự điều khiển/quản lý; **in the ~** có cơ thắng trong cuộc chạy đua **2** *adj.* đang chạy; đang chảy: **~ sore** đang rỉ mủ; **~ board** bậc lên xe; **~ commentary** bài tường thuật tại chỗ; **~ mate** ứng cử viên Phó tổng thống; **~ stitch** cuộn chỉ để kéo ra

runny /'rʌnɪ/ *adj.* chảy ra nhiều, dễ chảy (nước mắt)

runt /rʌnt/ *n.* giống bò nhỏ; người bị cọc, anh lùn

runway /'rʌnweɪ/ *n.* đường băng, phi đạo; cầu tàu

rupee /ruːˈpiː/ *n.* đồng tiền ru-pi (Ấn độ, Pakistan, Sri Lanka)

rupture /'rʌptjʊə(r)/ **1** *n.* sự cắt đứt, sự đoạn tuyệt/tuyệt giao; sự đứt [mạch máu]; sự thoát vị: **the ~ of diplomatic relations between two countries** sự đoạn giao quan hệ ngoại giao giữa hai nước **2** *v.* (bị) cắt đứt, (bị) đoạn tuyệt; (làm) vỡ, đứt, gãy, thủng, rách; (làm) thoát vị, thoát trường

rural /'rʊərəl/ *adj.* thuộc miền nhà quê, đồng quê, thôn dã, thôn ổ, nông thôn: **~ areas** những vùng thôn quê; **both in ~ and urban areas** cả ở quê lẫn ở tỉnh

ruse /ruːz/ *n.* mưu mẹo, mưu kế, mưu chước

rush /rʌʃ/ **1** *n.* sự xông lên, sự xô đẩy; sự đổ xô tới, sự lao/dồn tới, sự cuốn đi; sự vội vàng, sự gấp gáp:

to be in a ~ to vội vàng làm gì; **a ~ job** công việc cần làm gấp; **the gold ~** cuộc đổ xô đi tìm vàng; **~ hours** giờ cao điểm, giờ tan sở (đông xe), giờ đi làm (kẹt xe) **2** *v.* xông lên, xô, đổ xô tới; lao, dồn tới; chảy mạnh, dồn lên; đi gấp; làm/gửi gấp: **They ~ed the girl to the hospital.** Họ chở vội cô bé vào bệnh viện.; **The bill was ~ed through Congress.** Dự luật được Quốc hội thông qua một cách vội vàng.; **to ~ into something** xông thẳng vào; nhảy vội vào việc gì

rusk /rʌsk/ *n.* bánh bít cốt cho trẻ em

Russia /'rʌʃə/ *n.* nước Nga

rust /rʌst/ **1** *n.* gỉ, sét; sự cùn trí nhớ; bệnh gỉ sắt [của cây lúa]: **~ bucket** xe tàu gỉ sét **2** *v.* gỉ; làm gỉ; **~free** không gỉ

rustic /'rʌstɪk/ *adj., n.* quê mùa, mộc mạc, chất phác; thô kệch

rustle /'rʌs(ə)l/ *n., v.* (tiếng) sột soạt, (tiếng) xào xạc; ăn trộm [bò, ngựa]

rustproof /'rʌstpruːf/ *adj.* không gỉ

rusty /'rʌstɪ/ *adj.* gỉ, han, sét; [ngoại ngữ] cùn; lỗi thời, lạc hậu; cau có bực tức: **His English is a little ~.** Tiếng Anh của ông ấy xưa rồi.

rut /rʌt/ **1** *n.* vết bánh xe; vết đường mòn; **in a ~** theo lối mòn, theo lối cũ **2** *n.* sự động đực **3** *v.* động đực

rye /raɪ/ *n.* lúa mạch đen: **~ bread** bánh mì mạch đen; **a peck of ~** cọc sắt buộc thuyền; **~ whisky** rượu uýt-ky mạch đen

S

's /s, z/ **1** *v., abbr.* (= **is**, **has**) chữ viết tắt của **is** hay **has**: **He~ arrived.** Ông ấy vừa đến; **It~ raining.** Trời đang mưa. **2** *poss., pron.* (**of**) đứng sau tiếng danh từ số ít chỉ quyền sở hữu: **my father~ car** xe của ba tôi

SA *n., abbr.* (= **South Australia**,

Salvation Army, South Africa) chữ viết tắt tên Nam Úc, Giáo hội Cứu thế từ thiện, Nam Phi

sabbath /'sæbəθ/ *n.* ngày xa-ba của dân Do Thái; ngày Chủ nhật của đạo Tin Lành; thời kỳ nghỉ: **~ day** ngày nghỉ tôn giáo như Thiên Chúa giáo là ngày Chủ nhật, Do Thái giáo là ngày Thứ bảy và Hồi giáo là ngày Thứ sáu

saber /'seɪbə(r)/ *n.* gươm, kiếm lưỡi cong của ky binh

sabotage /'sæbətɑːʒ/ *n., v.* (sự) phá hoại; làm hỏng: **We don't support acts of ~.** Chúng ta không hỗ trợ cho hành động phá hoại.

sac /sæk/ *n.* túi, bao

saccate /'sækeɪt/ *adj.* có túi, phồng ra thành túi

sachet /'sæʃeɪ/ *n.* túi nhỏ ướp nước hoa, túi bột thơm để trong áo quần

sack /sæk/ **1** *n.* bao tải, túi, bị: **a ~ of sweet potatoes** một túi khoai lang; **to get the ~** bị đuổi/thải; **to hit the ~** đi ngủ **2** *n.* sự cướp phá, sự cướp bóc **3** *v.* đóng bao; sa thải; đánh bại: **I don't think he was ~ed.** Tôi không nghĩ là ông ấy bị sa thải. **4** *v.* cướp phá, cướp bóc: **They ~ed the city and kidnapped all the women from a bank.** Họ cướp phá thành phố và bắt cóc tất cả phụ nữ làm ở nhà băng.

sacred /'seɪkrɪd/ *adj.* thiêng liêng, bất khả xâm phạm; thánh, thần thánh: **a ~ book** sách thánh; **a ~ duty** nhiệm vụ thiêng liêng; **~ cow** người, vật hoặc cái gì không thể chê được; **~ Heart** trái tim của Chúa; **~ number** con số có tính tôn giáo

sacrifice /'sækrɪfaɪs/ **1** *n.* sự hy sinh; sự cúng thần, vật tế thần; sự bán lỗ **2** *v.* hy sinh; cúng tế; bán lỗ: **In Vietnam, children have to ~ themselves for their family.** Ở Việt Nam con cái hy sinh cho gia đình.

sacrificial /ˌsækrɪ'fɪʃəl/ *adj.* thuộc cúng tế, có tính cách hy sinh

sacrilegious /ˌsækrɪ'lɪdʒəs/ *adj.* báng bổ, xúc phạm thần thánh

sacrosanct /'sækrəsæŋkt/ *adj.* không được xâm phạm vì lý do tôn giáo

sad /sæd/ *adj.* buồn, buồn bã, buồn rầu, âu sầu; đìu hiu, cô quạnh, quạnh quẽ; kém, tồi, hèn: **It's very ~ to hear that news.** Rất buồn khi nghe tin đó.

saddle /'sæd(ə)l/ **1** *n.* yên ngựa, yên xe đạp; phần thịt nối giữa hai lỗi; phần giữ dây cáp trên các cầu: **in the ~** móc lên trong văn phòng; **~ bag** túi yên; **~-horse** ngựa để cưởi; **~ stitch** chỉ đóng giữa sách **2** *v.* thắng yên; dồn, chất [gánh nặng, trách nhiệm]: **~ my nag** trò chơi trẻ con; **Let's ~ a couple of horses and go for a ride.** Chúng ta hãy bỏ yên lên ngựa và cưởi một vòng.

sadist /'sɑːdɪst/ *n.* người ác dâm/bạo dâm; người có tính thích chơi ác, người thích hành hạ kẻ khác

safari /sə'fɑːrɪ/ *n.* cuộc đi săn ở Nam Phi, cuộc đi thăm các thú vật Nam Phi: **~ park** công viên có nhiều thú vật Nam Phi; **~ suit** bộ áo quần có nhiều túi, bộ áo quần ký giả

safe /seɪf/ **1** *n.* tủ sắt, két sắt; chạn, tủ thịt: **to keep money in the ~** để tiền trong tủ sắt **2** *adj.* chắc chắn, an toàn, vô sự; không nguy hiểm; dè dặt, thận trọng: **to play it ~** chơi ăn chắc; **to be on the ~ side** cho nó chắc, muốn cẩn thận; **~ and sound** an toàn; **~ deposit box** hộp (giấy tờ quan trọng) gửi nhà băng; **~ keeping** sự che chở bảo vệ khỏi mất mát; **~ sex** sự giao hợp/làm tình an toàn

safeguard /'seɪfgɑːd/ *n., v.* (cái) để che chở/bảo vệ: **to ~ peace** gìn giữ hoà bình

safe house *n.* nhà an toàn, nhà bảo vệ cho ai

safety /'seɪftɪ/ *n.* sự chắc chắn, sự an toàn; tính chất an toàn không nguy hiểm: **~ belt** dây an toàn; **~ catch** cò an toàn; **~ curtain** màn trước sân khẩu; ~ **first** bảng cảnh giác an toàn; ~ **helmet** nón an toàn đội khi đi xe đạp hay xe gắn máy; ~ **lamp** đèn an toàn dành cho giới đào mỏ; ~ **measures** biện pháp an toàn; ~ **net** lưới an toàn của người làm xiếc; ~ **pin** kim băng; ~ **razor** dao bào; ~ **zone** khu vực an toàn

saffron /'sæfrən/ **1** *n.* (củ) nghệ **2** *adj.* màu vàng nghệ

sag /sæg/ **1** *n.* sự lún/cong; sự chùng; sự hạ giá; sự sút kém **2** *v.* lún/cong/oằn/võng xuống; chùng; nghiêng một bên; hạ giá, sụt giá; sút kém: **This necktie won't ~ after washing.** Chiếc cà-vạt nầy không bị nhăn sau khi giặt.

saga /'sɑːgə/ *n.* chuyện chiến công các bậc anh hùng, chuyện dân gian về một dòng tộc

sagacious /sə'geɪʃəs/ *adj.* khôn ngoan sắc sảo, thông minh

sage /seɪdʒ/ *n., adj.* nhà hiền triết, hiền nhân, bậc thánh hiền; khôn ngoan già dặn

said /sed/ quá khứ của **say**

sail /seɪl/ **1** *n.* cánh buồm; thuyền, tàu: **to set ~** giương buồm; ~**boat** thuyền buồm; ~**cloth** vải buồm **2** *v.* đi/chạy (trên mặt biển); lái, điều khiển; đi thuyền, đi tàu thuỷ; nhổ neo; bay lượn: **to ~ close to the wind** cho chạy tránh gió; **to ~ into** lao vào công việc, tấn công/chỉ trích dữ dội

saint /seɪnt/ *n., v.* (*abbr.* **St.**) thánh; ông thánh, phong thánh: **All ~s' Day** Lễ Các Thánh, Lễ Chư Thánh; ~ **Andrew's Cross** hình chữ X

sake /seɪk/ *n.* lợi ích: **for God's ~** vì chúa; **for your ~** để có lợi cho anh; **art for art's ~** nghệ thuật vì nghệ thuật

sake /'sɑːkɪ/ *n.* rượu sa-ke của Nhật

salad /'sæləd/ *n.* rau xà lách: ~ **cream** giấm pha có kem trộn xà lách; ~ **dressing** dầu giấm hoặc nước pha để trộn xà lách; ~ **oil** dầu trộn xà lách

salary /'sælərɪ/ *n.* tiền lương, tiền

công: **His starting ~ was $30,000 per annum.** Lương khởi đầu ông ấy là 30 nghìn đôla một năm.

sale /seɪl/ *n.* sự bán; số hàng hoá bán được; cuộc bán xon, cuộc bán hạ giá, bán khuyến mãi: **for ~** để bán, đem ra bán; **on ~** bán xon, bán giá hạ, bán khuyến mãi; **garage ~, yard ~** bán xon đồ thừa bày ở trong nhà để xe hoặc ở ngoài sân cỏ; ~ **or return** trao đổi hàng đã mua; ~ **of work** cuộc bán hàng của các nhà thờ cho từ thiện; ~**s clerk** người bán hàng; ~**s department** bộ phận đóng gói bán; ~**s engineer** chuyên viên kỹ thuật mua bán; ~**s talk** chào hàng khách; ~**s tax** thuế bán hàng hoá (gián thu)

salient /'seɪlɪənt/ *adj.* nổi bật, dễ thấy; nhô/lồi ra

saline /'seɪlaɪn/ *adj., n.* (có) nước muối, (nước) mặn như muối

saliva /sə'laɪvə/ *n.* nước bọt, nước dãi

salivate /sə'lɪveɪt/ *v.* chảy nước bọt/ nước dãi

sallow /'sæləʊ/ *adj.* [da] tái xám

salmon /'sæmən/ *n., adj.* cá hồi, có màu cá hồi: **I would like smoked ~ for lunch.** Tôi muốn ăn trưa với món cá hồi hấp.

salon /'sælɒn/ *n.* phòng tiếp khách; cửa tiệm sang trọng; phòng/cuộc triển lãm tranh/xe: **beauty ~** tiệm uốn tóc; **shoe ~** tiệm bán giày phụ nữ; **The Salon** phòng/cuộc triển lãm tranh/xe

saloon /sə'luːn/ *n.* quán rượu, tửu quán; phòng khách lớn, hội trường: ~**-bar** quầy rượu hạng sang; ~ **deck** hành lang cho khách quán rượu dùng; ~**-keeper** chủ tiệm rượu

salt /sɒlt/ **1** *n.* muối, muối ăn; sự châm chọc, sự tế nhị: **table ~** muối bột dùng để ăn; **to take something with a pinch of ~** nửa ngờ nửa tin điều gì; **the ~ of the earth** tinh hoa của xã hội; ~ **and pepper** muối tiêu, đen trắng lẫn lộn; **to rub ~ into the**

wound làm cho ai đau đớn thêm, xát muối vào vết thương; **~ shaker** lọ đựng muối ở bàn ăn **2** *adj.* ướp muối, tẩm muối; đau đớn, thương tâm: **to weep ~ tears** khóc sướt mướt, khóc như mưa **3** *v.* muối, rắc muối; thêm mắm thêm muối: **to ~ fish** ướp cá; **to ~ an account** tính giá cao nhất trong các món hàng

saltish /'sɒltɪʃ/ *adj.* hơi mặn, mằn mặn

salty /'sɒltɪ/ *adj.* mặn; chua chát, sắc sảo: **~ fish** món cá mặn

salubrious /'sælju:brɪəs/ *adj.* lành, tốt (khí hậu)

salutation /sælju:'teɪʃən/ *n.* lời/câu chào

salute /sə'l(j)u:t/ **1** *n.* sự chào; cách chào, lời chào: **a twenty-one gun ~** 21 phát súng chào; **to take the ~** ghi nhận sự chào hỏi bằng điệu bộ **2** *v.* chào: **to ~ someone with a smile** chào ai bằng nụ cười

salvage /'sælvɪdʒ/ **1** *n.* sự cứu tàu [khỏi đắm/cháy]; đồ đạc cứu được, của cải vớt được **2** *v.* cứu khỏi đắm/cháy

salvation /sæl'veɪʃən/ *n.* sự cứu rỗi, sự cứu vớt linh hồn: **~ Army** Đội quân Cứu tế Từ thiện; **national ~** cứu nước, cứu quốc

salve /sælv/ **1** *n.* thuốc mỡ, thuốc xoa **2** *v.* xoa dịu, an ủi

salvo /'sælvəʊ/ *n.* loạt súng/đạn; tràng [vỗ tay applause]

same /seɪm/ **1** *pron.* vật đó, điều như thế, người đó: **just the ~** vẫn như thế; **all the ~** vẫn cứ thế, tất cả đều giống nhau **2** *adj.* như nhau, giống nhau: **in the ~ boat** cùng một chuyến tàu; cùng hội cùng thuyền; **at the ~ time** đồng thời, cùng một lúc; **the ~ attitude** vẫn thái độ đó **3** *adv.* giống, cùng

samosa /sə'məʊsə/ *n.* bánh nướng thịt hình tam giác

sampan /'sæmpæn/ *n.* thuyền tam bản

sample /'sɑ:mp(ə)l/ **1** *n.* mẫu, mẫu hàng **2** *v.* thử, ăn thử: **We have ~d a selection of different wines.** Chúng tôi vừa thử một số rượu nho chọn lọc.

sampler /'sɑ:mplə(r)/ *n.* vải thêu mẫu, người may mẫu

sampling /'sɑ:mplɪŋ/ *n.* lấy làm mẫu, dùng làm mẫu

samurai /'sæmʊraɪ/ *n.* sĩ quan Nhật

sanatorium /sænə'tɔ:rɪəm/ *n.* nhà điều dưỡng, nơi an dưỡng

sanctify /'sæŋktɪfaɪ/ *v.* thánh hoá, làm hợp đạo thánh; biện bạch

sanction /'sæŋkʃən/ **1** *n.* sự đồng ý/tán thành; hình phạt: **The American government lifted ~s on Vietnam in 1995.** Chính phủ Mỹ đã bỏ lệnh trừng phạt Việt Nam năm 1995. **2** *v.* đồng ý, phê chuẩn; quy định việc thưởng phạt: **He may now be ready to ~ the use of forces.** Ông ấy bây giờ có thể phê chuẩn việc dùng võ lực.

sanctity /'sæŋktɪtɪ/ *n.* tính thiêng liêng, sự ràng buộc thiêng liêng; sự bất khả xâm phạm

sanctuary /'sæŋktju:ərɪ/ *n.* chỗ tôn nghiêm, nơi thờ phụng, chùa chiền, nhà thờ; chỗ ẩn náu, nơi trốn tránh; nơi bí ẩn: **to take ~ in** tìm nơi ẩn trốn

sand /sænd/ **1** *n.* cát, bãi cát: **numerous as the ~** vô số; **~ bank** bãi cát; **~ blast** luồng cát phun; **~ cloud** đám cát bốc lên; **~ dune** đụn cát; **~ hog** người làm cát, người lấy cát; **~ shoes** giày đi cát **2** *v.* đổ/rải cát: **to ~ a road** trải cát lên đường đi

sandal /'sænd(ə)l/ *n.* dép, săn-đan: **a pair of ~s** một đôi dép

sandpaper /'sændpeɪpə(r)/ *n., v.* giấy nhám, giấy dùng đánh bóng; đánh bằng giấy nhám

sandstorm /'sændstɔ:m/ *n.* bão cát

sandwich /'sændwɪtʃ/ **1** *n.* bánh xăng uých, bánh mì (kẹp) thịt: **~ board** bảng quảng cáo cho người đeo trước ngực và sau lưng; **~ course** lớp huấn luyện xen kẻ; **~ man** người đeo bảng quảng cáo **2** *v.* để vào giữ, kẹp vào giữa, xen vào giữa

sane /seɪn/ *adj.* lành mạnh, đầu óc vững vàng, không điên cuồng; phải chăng, ôn hoà, đúng mực

sang /sæŋ/ quá khứ của **sing**

sanguine /'sæŋgwɪn/ *adj.* tin tưởng, lạc quan, đầy hy vọng; đỏ, hồng hào; đỏ như máu; thuộc máu

sanitarium /sænɪ'teərɪəm/ *n.* viện điều dưỡng (bệnh lao)

sanitary /'sænɪtərɪ/ *adj.* vệ sinh: ~ **engineer** kỹ thuật vệ sinh; ~ **napkin** khố/băng kinh nguyệt; ~ **ware** đồ sứ dùng trong bồn rửa mặt

sanitize /sænɪ'taɪz/ *v.* làm cho sạch, làm vệ sinh

sanity /'sænɪtɪ/ *n.* sự lành mạnh, sức khỏe tâm trí; sự đúng mực, sự ôn hoà, sự khôn ngoan

sank /sæŋk/ quá khứ của **sink**

sans /sænz/ *prep.* không có

Sanskrit /'sænskrɪt/ *n.* tiếng Phạn, Phạn ngữ

Santa Claus /sæntə klɔːs/ *n.* ông già Nô-en

sap /sæp/ **1** *n.* nhựa cây; nhựa sống **2** *v.* làm kiệt sức; làm nhụt chí **3** *v.* đào hầm hào; phá hoại, phá ngầm

sapling /'sæplɪŋ/ *n.* cây nhỏ; chó săn con

sapphire /'sæfaɪə(r)/ *n.* ngọc xa-fia; màu trong xanh: ~ **blue** màu xanh trong như ngọc; ~ **wedding** kỷ niệm đám cưới đã 45 năm, kỷ niệm 45 năm lấy nhau

sappy /sæpɪ/ *adj.* đầy nhựa sống, đầy sức sống; ngớ ngẩn, khù khờ

sarcastic /sɑː'kæstɪk/ *adj.* mỉa mai, châm biếm, chế nhạo

sardine /'sɑːdaɪn/ *n.* cá xác-đin, cá hộp, cá mòi

sardonic /sɑː'dɒnɪk/ *adj.* mỉa mai, châm biếm; nhạo báng

sari /'sɑːriː/ *n.* váy/quần phụ nữ Ấn Độ

sarong /sə'rɒŋ/ *n.* váy quấn của người Thái, Lào, Mã Lai ...

SARS /sɑːz/ *n., abbr.* (= **Severe Acute Respiratory Syndrome**) bệnh nhiễm vi khuẩn cấp tính màng óc phát khởi ở Trung Quốc năm 2002

sash /sæʃ/ **1** *n.* khăn thắt lưng, thắt lưng bao **2** *n.* khung cửa kính trượt kéo lên kéo xuống: **window** ~ cửa sổ kéo lên kéo xuống

sass /sæs/ *n., v.* (lời) nói hỗn xược

sat /sæt/ quá khứ của **sit**

Satan /'seɪtən/ *n.* quỷ Xa tăng, Ma vương

satay /'sæteɪ/ *n.* món thịt nướng của Thái, Nam Dương hay Mã Lai: ~ **sauce** nước chấm sa-tay

satchel /'sætʃəl/ *n.* cặp da, túi da

sate /seɪt/ *v.* làm thoả mãn; làm cho ngấy chán

satellite /'sætɪlaɪt/ *n.* vệ tinh; vệ tinh nhân tạo; nước chư hầu, người hầu: ~ **dish** dĩa ăng ten để thâu hình qua vệ tinh; ~ **town** thành phố vệ tinh; ~ **TV** truyền hình qua vệ tinh

satiate /'seɪʃɪeɪt/ *adj., v.* (làm) no, chán, ngấy, thoả mãn

satin /'sætɪn/ *n., adj.* xa tanh, màu láng trơn: ~ **cloth** vải len láng; ~ **paper** giấy láng

satirical /sə'tɪrɪkəl/ *adj.* châm biếm, trào phúng

satirize /'sætɪraɪz/ *v.* chế nhạo, châm biếm

satisfactory /sætɪs'fæktərɪ/ *adj.* làm vừa lòng, làm vừa ý, làm thoả mãn; tốt đẹp, đầy đủ

satisfy /'sætɪsfaɪ/ *v.* làm vừa lòng, làm thoả mãn; đáp ứng, hội đủ [điều kiện]: **to** ~ **the examiners** đáp ứng yêu cầu của giám khảo; **to** ~ **one-self** tự mãn nguyện

saturate /'sætjʊreɪt/ *v.* no, bão hoà; thấm đẫm, ngâm

saturation /sætjʊə'reɪʃən/ *n.* sự no, độ bão hoà; sự thấm đẫm: ~ **bombing** sự ném bom tập trung; ~ **point** mức không còn tiếp nhận được nữa

Saturday /'sætədeɪ/ *n.* ngày thứ Bảy

Saturn /'sætən/ *n.* sao Thổ, Thổ tinh

sauce /sɔːs/ **1** *n.* nước xốt; sự vô lễ,

sự hỗn xược: **Fish ~ is a very special Vietnamese condiment.** Nước mắm là gia vị đặc biệt của người Việt.; **~ boat** hủ đựng nước xốt; **None of your ~!** Không được hỗn! **2** *v.* cho nước xốt, thêm nước xốt; vô lễ, hỗn láo

saucer /'sɔːsə(r)/ *n.* đĩa để ly, tách; đĩa để hứng nước dưới chậu hoa: **flying ~** đĩa bay

sauna /'sɔːnə/ *n.* sự tắm hơi; nhà tắm hơi

saunter /'sɔːntə(r)/ *n., v.* (sự) đi thơ thẩn, đi tản bộ

sausage /'sɒsɪdʒ/ *n.* xúc xích, dồi, lạp xưởng: **blood ~** dồi; **Chinese ~** lạp xưởng; **not to care a ~** không có gì cả; **~ machine** máy làm xúc xích; **~ roll** xúc xích nướng

sauté /'səʊteɪ/ *v.* xào, áp chảo

savage /'sævɪdʒ/ **1** *n.* người man rợ; người tàn bạo **2** *adj.* dã man, man rợ, không văn minh; hoang vu/dại; dữ tợn: **~ scene** cảnh hoang vu **3** *v.* cắn, giẫm lên (người khác)

save /seɪv/ **1** *v.* cứu nguy, cứu vãn; cứu vớt; để dành, tiết kiệm; tránh cho ai khỏi phải [mất công/của]: **to ~ money** để dành tiền; **to ~ time** tiết kiệm thì giờ; **to ~ one's face** để khỏi mất mặt, để giữ sĩ diện; **You ~d me a trip to the post office.** Thế là nhờ anh mà tôi đỡ mất công ra bưu điện.; **to ~ one's skin/neck** cứu lấy mình; **to ~ one's breath** làm thinh; **to ~ all** không bỏ phí, không phí phạm; **to ~ appearances** cho thấy vẻ giàu có **2** *prep., conj.* trừ ra, ngoài ra, không kể: **The parking lot was empty ~ for a few cars clustered to one side.** Chỗ đậu xe trống trừ một số xe đậu bên cạnh. **3** *n.* sự phá bóng cứu nguy (**in soccer/ games**)

saver /seɪvə(r)/ *n.* người tiết kiệm/để dành tiền; tiết kiệm

saving /'seɪvɪŋ/ *n., adj., prep.* tiền để dành, để dành, tiết kiệt; cứu giúp: **~ account** trương mục tiết kiệm; **~**

and loan association hiệp hội tiết kiệm và cho vay [để tậu nhà, mua xe, v.v.]; **~s bank** ngân hàng tiết kiệm, quỹ tiết kiệm; **~s book** sổ băng có trương mục tiết kiệm; **~ clause** điều luật ghi đặc miễn

savior /'seɪvjə(r)/ *n.* vị cứu tinh; **the ~** Đức Chúa Giê-su

savor /seɪvə(r)/ **1** *n.* vị, mùi vị, hương vị; nét, vẻ, hơi hưởng: **a ~ of precocity** có vẻ cầu kỳ **2** *v.* nếm, nhắm, thưởng thức; thoáng có vẻ/ mùi: **This dish ~s of fish sauce.** Món ăn nầy có mùi vị nước mắm.

savory /'seɪvərɪ/ **1** *n.* rau húng/thơm; món khai vị **2** *adj.* thơm ngon, mặn

savvy /'sævɪ/ *n., adj.* (sự) hiểu biết; khôn ngoan

saw /sɔː/ quá khứ của **see**

saw /sɔː/ **1** *n.* cái cưa: **power ~** cưa điện, cưa máy; **~ doctor** máy làm răng cưa; **~ gate** (= **~frame**) khung cưa **2** *v.* cưa, xẻ [gỗ]; cứa, đưa đi đưa lại

sawdust /'sɔːdʌst/ *n.* mạt cưa, mùn cưa

sawmill /'sɔːˌmɪl/ *n.* xưởng cưa, nhà máy cưa

sax /sæks/ *n., abbr.* (= **saxophone**) kèn xa-xô-phôn; búa đóng đinh lợp ngói

Saxon /'sæksən/ *n., adj.* người/tiếng Xắc-xông

saxophone /'sæksəfəʊn/ *n.* kèn xắc-xô

say /seɪ/ **1** *n.* lời nói; dịp nói, quyền ăn nói: **Let her have her ~.** Cứ để cho bà ấy nói. **2** *v.* [**said**] nói; tuyên bố, hứa; đồn, nói; diễn tả, diễn đạt: **The contract ~s that …** Giao kèo nói rằng …; **How ~ you?** Quý vị thấy thế nào? (câu hỏi ở toà án dành cho bồi thẩm đoàn); **I should ~ not!** Không ạ, thôi đi!; **it goes without ~ing** khỏi cần nói; **let's ~** chúng ta hãy nói; **no sooner said than done** nói là làm liền; **people ~ that …, it is said that …** người ta đồn/nói rằng …; **that is to ~** nghĩa là, tức là, nói một cách khác; **to ~**

nothing of không đề cập đến; **to ~ something** phát biểu ý kiến; **to ~ the word** bày tỏ sự đồng ý hay cho phép; **well said** đúng, hay lắm; **when all is said and done** hết tất cả, về lâu về dài **3** *exclam.* nói đi: **You can ~ it again!** Bạn có thể nói nữa!

saying /'seɪɪŋ/ *n.* tục ngữ, châm ngôn: **as the ~ goes, ...** tục ngữ có câu ...; **proverbs and ~s** tục ngữ; **there is no ~** khó biết được

scab /skæb/ **1** *n.* vảy [ở vết thương], bệnh nấm vảy; người bần tiện; kẻ phá hoại cuộc đình công: **~ duty** hình phạt đi nhặt rác ở trường học **2** *v.* đóng vảy; phá hoại cuộc đình công

scabies /'skeɪbiːz/ *n.* bệnh ghẻ

scads /skædz/ *n.* vô số, cả đống, nhiều lắm: **~ of money** cả đống tiền

scaffold /'skæfəld/ *n.* đoạn đầu đài; giàn thang để xây nhà

scaffolding /'skæfəldɪŋ/ *n.* giàn thang cho thợ nề

scald /skɔːld/ **1** *n.* chỗ bỏng nước sôi **2** *v.* làm bỏng, đun sôi

scale /skeɪl/ **1** *n.* vảy [cá, rắn]; cáu bựa: **~ board** tấm ván mỏng lót sau gương; **~ insect** những côn trùng khác nhau; **~ leaf** lá đã chỉnh lại làm thành vảy **2** *n.* đĩa cân: **scales** cái cân; **a pair of scales** đĩa cân; **~ pan** quả cân; **to tip the ~s** làm nghiêng cán cân; **to throw into the ~** lấy vũ khí làm áp lực; **to turn the ~s** cân **3** *n.* gam, thang âm [**major** trưởng, **minor** thứ]; sự chia độ; tỷ lệ thuộc tỷ lệ; quy mô, phạm vi: **on a large ~** trên quy mô lớn, đại quy mô; **~ of notation** tỷ lệ giữa các đơn vị trong hệ thống số đếm; **economies of ~** phần để dành được sau khi dùng một số lượng lớn **4** *v.* leo, trèo; vẽ theo tỷ lệ: **to ~ down** vẽ nhỏ đi; giảm xuống **5** *v.* đánh/ làm vảy [cá]; cạo cáu; tróc vảy

scallop /'skɒləp/ **1** *n.* con sò, con điệp; lát thịt mỏng **2** *v.* cắt kiểu vỏ sò [ở đường viền]; nấu [khoai tây] với xốt kem

scalp /skælp/ **1** *n.* da đầu; mảnh da đầu kẻ thù bị giết **2** *v.* [người da đỏ] lột da đầu [kẻ thù]; lừa bịp, lừa đảo; buôn đi bán lại, đầu cơ, phe phẩy

scalpel /skælpəl/ *n.* dao mổ

scamper /'skæmpə(r)/ *v.* chạy vụt; đọc lướt, cưỡi ngựa xem hoa

scan /skæn/ *v., n.* ngâm thơ, bình thơ; xem kỹ, nhìn kỹ; đọc lướt, quét máy [rađa, truyền hình], chụp hình/tài liệu qua máy vi tính: **She has ~ned her certificate to send as an attachment to her online application.** Cô ấy chụp bằng cấp của cô ấy để gởi kèm vào đơn xin việc trên mạng vi tính.

scandal /'skændəl/ *n.* chuyện xấu xa nhơ nhuốc; sự giềm pha, sự bêu xấu: **it is a ~ that** đó là chuyện giềm pha; **~ monger** kẻ giềm pha, người nói xấu sau lưng; **~ sheet** một bài báo bêu xấu

scandalous /'skændələs/ *adj.* xấu xa, nhục nhã, bêu diếu; xúc phạm đến thuần phong mỹ tục, gây phẫn nộ

Scandinavian /ˌskændɪ'neɪvɪən/ *n., adj.* người/tiếng Xcăng-đi-na-vi, bắc Âu [Na uy, Thụy điển, Đan mạch]

scanner /'skænə(r)/ *n.* máy phân hình, máy chụp lại tài liệu/hình ảnh: **to buy a new ~** mua một máy chụp tài liệu mới

scanty /'skæntɪ/ *adj.* ít, hiếm, không đủ; nhỏ hẹp

scapegoat /'skeɪpɡəʊt/ *n.* cái bung xung, người giơ đầu chịu báng

scar /skɑː(r)/ **1** *n.* sẹo, vết sẹo; tì vết, vết nhơ **2** *v.* để sẹo

scarce /skeəs/ *adj.* ít có, hiếm có, khan hiếm, khó tìm: **to make oneself ~** tách ra khỏi lối đi

scare /skeə(r)/ **1** *n.* sự sợ hãi, sự lo sợ hoang mang; sự cuống quít hốt hoảng: **~monger** kẻ phao tin làm cho người ta sợ **2** *v.* làm sợ hãi, làm hoảng sợ, dọa: **to ~ away/off** xua đuổi; **to ~ the living daylights out of** rất sợ chết

scarecrow /'skeəkrəʊ/ *n.* bù nhìn [ở vườn ruộng] để đuổi chim

scarf /skɑːf/ **1** *n.* (*pl.* **scarves**, **scarfs**) khăn quàng cổ, khăn trùm đầu: **~pin/ ring** vòng cột khăn; **2** *n.* đường ghép, khúc gỗ nối **3** *v.* ghép đồ gỗ

scarify /'skærɪfaɪ/ *v.* rạch nông da, xới đất bằng máy xới

scarlet /'skɑːlɪt/ *n., adj.* màu đỏ tươi: **~ cushion** gối nhỏ; **~ lipstick** son môi hồng đỏ; **~ fever** bệnh đau cổ họng, bệnh bị nốt đỏ ngoài da

scary /'skeərɪ/ *adj.* làm khiếp sợ; dễ bị sợ, nhát

scatter /'skætə(r)/ *v., n.* gieo, rắc, rải, tung; làm chạy tán loạn; làm tan [mây], làm tiêu tan [hy vọng]: **~ brain** người không ý tứ, người đoảng; **to ~ seeds** gieo hạt giống

scavenger /'skævəndʒə(r)/ *n.* người quét bùn rác; thú vật ăn xác

scenario /sɪ'nɑːrɪəʊ/ *n.* truyện phim, vở tuồng/kịch, kịch bản, quang cảnh, tình huống

scene /siːn/ *n.* nơi xảy ra, địa điểm; màn, lớp; cảnh, cảnh tượng, quang cảnh; trận cãi cọ, vụ ghen: **behind the ~s** ở hậu trường, kín, đằng sau; **a ~ of destruction** cảnh tàn phá; **to quit the ~** qua đời, chết; **to come on the ~** đến nơi

scenery /'siːnərɪ/ *n.* phong cảnh, cảnh vật; phông cảnh

scenic /'siːnɪk/ *adj.* đẹp, ngoạn mục: **~ spot** chỗ phong cảnh đẹp

scent /sent/ **1** *n.* mùi, mùi thơm, hương thơm; nước hoa, dầu thơm; hơi [thú vật]; tài đánh hơi: **to put off the ~** đánh lạc hướng, làm mất dấu; **~ gland** túi xạ, tuyến thơm **2** *v.* toả mùi thơm; ngửi, hít; đánh hơi, phát hiện: **to ~ out** đánh hơi biết

scepter /'septə(r)/ *n.* gậy quyền, quyền trượng; quyền vua, ngôi vua, vương quyền, quân quyền

schedule /'ʃedjuːl/ **1** *n.* chương trình, bảng giờ giấc, biểu thời gian, thời (khắc) biểu, bản kê giờ xe/tàu/máy bay; bảng liệt kê, danh mục [giá cả, lương]; thời hạn: **ahead of ~** trước thời hạn; **behind ~** chậm; **on ~** đúng ngày giờ đã định **2** *v.* ghi vào bảng giờ giấc, ghi vào chương trình, dự định: **a non-~d flight** chuyến bay không định trước

schematic /'skiːmætɪk/ *adj.* thuộc sơ đồ; giản lược

scheme /skiːm/ **1** *n.* sự sắp đặt, kế hoạch, chương trình; âm mưu, gian kế, mưu đồ, ý đồ: **to join a super-annuation ~** tham gia vào chương trình quỹ hưu liễm **2** *v.* âm mưu, mưu mô: **They told me that their opponents were scheming against them.** Họ cho tôi biết phía đối lập đang có âm mưu chống đối họ.

schizophrenia /skɪtsəʊ'friːnɪə/ *n.* bệnh tâm thần

schmooze /'ʃmuːz/ *n.* nói chuyện tầm phào/tào lao

scholar /'skɒlə(r)/ *n.* ông đồ; nhà thông thái, học giả; môn sinh, học trò; người được học bổng

scholarship /'skɒləʃɪp/ *n.* học bổng; sự thông thái/uyên bác: **He was awarded a ~ to study in America.** Anh ấy được học bổng đi học Mỹ.

scholastic /skəʊ'læstɪk/ *adj.* thuộc nhà trường; kinh viện: **~ achievements** thành tích ở trường học, học lực

school /skuːl/ **1** *n.* trường học, nhà trường, học đường/hiệu; sự đi học, buổi/giờ học, lớp; trường phái: **elementary/primary ~** trường tiểu học; **private ~** trường tư; **public ~** trường công; **secondary ~** trường trung học; **to go to ~** đi học; **at ~** đang dự lớp; **to leave ~** thôi học; **~ age** tuổi đi học; **~book** sách học, sách giáo khoa; **~house** nhà trường, ngôi trường, trường sở; **~mate** bạn học, bạn cùng trường; **~ room** phòng học; **~ teacher** thầy giáo, cô giáo; nhà giáo; **~ time** giờ học, những năm còn đi học; **~ year** năm học, niên học; **~yard** sân trường; **"School Zone"** TRƯỜNG HỌC XIN ĐI CHẬM **2** v. cho đi học, cho ăn học, dạy dỗ, giáo dục; rèn luyện: **to ~ one's temper** rèn luyện tính tình

schooner /'sku:nə(r)/ n. thuyền buồm; xe ngựa

science /'saɪəns/ n. khoa học: **~ fiction** tiểu thuyết khoa học không tưởng

scientific /saɪən'tɪfɪk/ adj. khoa học; có hệ thống; có kỹ thuật: **~ terminology** thuật ngữ khoa học

scintillating /'sɪntɪleɪtɪŋ/ adj. sắc sảo, thú vị, lấp lánh, nhấp nháy: **~ conversation** cuộc đàm đạo sắc sảo thú vị

scion /'saɪən/ n. chồi, mầm non; con cháu, hậu duệ

scissors /'sɪzəz/ n. cái kéo: **a pair of ~** một cái kéo

scoff /skɒf/ **1** n. lời chế giễu **2** v. chế giễu, phỉ báng

scold /skəʊld/ v. mắng, mắng mỏ, rầy la, trách; gắt gỏng

scone /skɒn/ n. bánh nướng: **to do one's ~** trở nên tức giận

scoop /skup/ **1** n. cái môi/thìa/xẻng; cái gàu; cái nạo; tin giật gân; món bở **2** v. xúc, xới, múc; nạo; thu được, vớ được, hốt được, nhặt được lượm được

scooter /'sku:tə(r)/ n. xe đẩy của trẻ con; xe gắn máy: **motor ~** xe mô-tô, xe gắn máy

scope /skəʊp/ **1** n. tầm, phạm vi; trình độ, năng lực **2** v. xem xét/ đánhgiá kỹ lưỡng

scorch /skɔːtʃ/ n., v. (sự) thiêu đốt: **~ed earth policy** chính sách tiêu thổ kháng chiến

score /skɔː(r)/ **1** n. số điểm, số bàn thắng; vết/đường gạch; hai chục, hai mươi; lý do; bản đàn bè [nhạc]: **to keep ~** ghi điểm trong ván bài, trận đấu; **on that ~** về phương diện ấy **2** v. ghi điểm đã thắng; đạt/

giành được; gạch, khắc, khía; đả kích; phối dàn nhạc: **to ~ success** đạt được thắng lợi; **to ~ off** chơi trội, áp đảo

scoreboard /'skɔːbɔːd/ n. bảng ghi điểm/bàn thắng

scoresheet /'skɔːʃiːt/ n. bản ghi bàn thắng thua của các trận đấu

scorn /skɔːn/ **1** n. sự khinh bỉ: **to think ~ of somebody** kinh bỉ ai, coi khinh người nào **2** v. khinh bỉ/rẻ/ miệt: **to ~ lying** không thèm nói dối

scorpion /'skɔːpɪən/ n. con bọ cạp

Scot /skɒt/ n. người Ê-cốt

Scotch /skɒtʃ/ **1** n. người/tiếng Ê-cốt; rượu uýt-ky Ê-cốt **2** adj. Ê cốt; hà tiện, keo bẩn: **~ tape** băng dính/dán

scotch /skɒtʃ/ **1** n. đường kẻ, đường gạch **2** n. cái chèn bánh xe **3** v. khắc, vạch **4** v. chèn bánh xe lại

Scotland /skɒtlənd/ n. Tơ-cách lan

Scottish /skɒtɪʃ/ adj. thuộc về người Tô-cách-lan: **~ dancing** điệu nhảy của người Tô-cách-lan

scour /skaʊə(r)/ **1** v. chùi, cọ [xoong nồi]: **~ing pad** miếng sắt chùi xoong nồi **2** v. sục sạo, sục tìm, tìm kiếm **3** n. sự lau chùi, thuốc tẩy vải; bệnh ỉa chảy súc vật

scourge /skɜːdʒ/ n.. v. thiên tai, tai hoạ, tai ương; gây tai hoạ/phiền phức cho ai

scout /skaʊt/ **1** n. trinh sát viên; hướng đạo sinh: **boy ~** hướng đạo sinh; **talent ~** người đi tìm tài năng mới chớm nở; **a good ~** anh chàng tử tế đàng hoàng **2** v. đi trinh sát, đi do thám; tìm kiếm, lùng kiếm

scowl /skaʊl/ n., v. (sự/cái) quắc mắt

scrabble /'skræb(ə)l/ **1** n. sự quờ quạng, viết nguệch ngoạc; trò chơi tìm từ ngữ **2** v. viết ngoáy, quờ quạng

scramble /'skræmb(ə)l/ n., v. (sự) bò toài; (sự) tranh giành; [máy bay] cất cánh vội để nghênh địch; bác [trứng]: **to ~ for a living** tranh dành để kiếm sống; **~d eggs** trứng bác

scrap /skræp/ **1** n. mảnh nhỏ; sắt vụn;

ảnh cắt; đồ đồng nát, phế liệu; cuộc ẩu đả **2** *v.* đập vụn ra, thải ra, loại/bỏ đi; ẩu đả

scrapbook /'skræpbʊk/ *n.* an-bum dán bài báo và tranh ảnh

scrape /skreɪp/ **1** *n.* tiếng sột soạt, tiếng cạo kèn kẹt; cảnh bối rối khó khăn **2** *v.* cạo, nạo, vét, gạt; quét, quẹt vào

scratch /skrætʃ/ **1** *n.* tiếng sột soạt [ngòi bút]; vết xây xát nhẹ; sự gãi/ cào: **to start from ~** bắt đầu từ con số không; **He got off without a ~.** Anh ta thoát chết, mình mẩy chẳng xây xát gì cả. **2** *v.* cạo, làm xước da; quẹt, nạo; viết nguệch ngoạc; gãi: **to ~ along** kiếm sống khó khăn; **to ~ out** gạch, xoá đi; **He ~ed his head, speechless.** Nó đứng im, gãi đầu gãi tai.; **You ~ my back and I will ~ yours.** Gãi lưng tôi rồi tôi gãi lại, có qua có lại. **3** *adj.* gặp may được

scratch card *n.* tấm vé cào để trúng

scrawl /skrɔːl/ *n., v.* (chữ) viết nguệch ngoạc

scream /skriːm/ *n., v.* (tiếng) la hét, kêu thất thanh

scree /skriː/ *n.* hòn đá nhỏ, sườn núi có nhiều đá nhỏ

screech /skriːtʃ/ *n., v.* (tiếng) kêu thét, kêu rít: **~ owl** cú mèo

screen /skriːn/ **1** *n.* màn che, bình phong; màn, tấm chắn; màn ảnh, màn bạc; sự đóng phim thử: **~ door** cửa chắn ruồi muỗi; **to act as a ~ for a criminal** che chở một người phạm tội; **to put on a ~ of indifference** làm ra bộ thờ ơ, làm ra vẻ thờ ơ **2** *v.* che chở, che giấu; chắn; chuyển thành phim, quay thành phim, chiếu lên màn ảnh; sàng, lọc; sưu tra, thẩm tra; **to ~ the truth** tìm xem sự thật

screening /'skriːnɪŋ/ *n.* việc trình chiếu phim/chương trình truyền hình: **This is the first ~ of this film.** Đây là buổi trình chiếu đầu tiên phim nầy.

screen saver /'skriːnseɪvə(r)/ *n.* sự tiết kiệm trên màn hình (máy vi tính)

screen shot /'skriːnʃɒt/ *n.* một cảnh/ đoạn phim

screw /skruː/ **1** *n.* đinh ốc, đinh vít; chân vịt, cánh quạt: **to put the ~ on** gây áp lực; **to have a ~ loose** gàn dở **2** *v.* bắt vít, văn vít; áp bức, đè nén

screwdriver /skruː'draɪvə(r)/ *n.* kềm văn đinh/ốc

screwy /'skruːɪ/ *adj.* dở hơi, gàn, bát sách

scribble /'skrɪb(ə)l/ *n., v.* (chữ) viết nguệch ngoạc

scribe /skraɪb/ *n.* người viết thuê; người sao chép

scrimmage /'skrɪmɪdʒ/ *n.* sự cãi lộn; cuộc ẩu đả; màn tập bóng bầu dục

scrimp /skrɪmp/ *v.* ăn ở keo kiệt/bủn xỉn; làm cho nhỏ lại

scrip /skrɪp/ *n.* cái túi, cái bị người ăn mày, chứng khoán tạm, đô la đỏ

script /skrɪpt/ **1** *n.* chữ viết tay; chữ viết, văn tự; kịch bản; bài phát thanh; bản chính **2** *v.* viết thảo một văn bản/kịch bản (cho phim)

scripture /'skrɪptjʊə(r)/ *n.* kinh thánh; lời trích trong kinh thánh: **Buddhist ~s** kinh Phật; **a ~ lesson** bài học kinh thánh

scroll /skrəʊl/ *n., v.* cuộn giấy, cuộn sách, cuộn câu đối: **~work** hình trang trí có đường cuộn

scrounge /skraʊndʒ/ *v., n.* ăn xin, ăn mày; sự van nài

scrub /skrʌb/ **1** *n.* bụi cây/rậm; cây còi, người còi: **~ bull** trâu hoang; **~ cutter** người cắt cây; **~ fire** nạn cháy rừng **2** *n.* sự lau chùi: **~ brush** bàn chải cứng dùng để cọ **3** *v.* lau, chùi, cọ, kỳ cọ; huỷ bỏ, bỏ đi

scruff /skrʌf/ *n.* tóm cổ, bắt sau gáy

scrum /skrʌm/ *n., v.* sự sắp xếp cầu thủ để dành bóng (môn bầu dục); sắp thành nhóm để dành bóng

scrumptious /'skrʌmpʃəs/ *adj.* ngon, tuyệt vời

scruple /'skruːp(ə)l/ *n., v.* tính quá

thận trọng, tính ngại ngùng: **to have
~s about doing something** ngại
ngùng không muốn làm việc gì

scrupulous /'skru:pjʊləs/ *adj.* ngại
ngùng, quá cẩn thận, quá thận
trọng, quá tỉ mỉ, đúng nguyên tắc

scrutinize /'skru:tɪnaɪz/ *v.* xem xét/
nghiên cứu kỹ lưỡng, nhìn chăm
chú

scrutiny /'skru:tɪnɪ/ *n.* sự xem xét kỹ
lưỡng; sự nhìn kỹ

scuba-diving /'sku:bədaɪvɪŋ/ *n.* lội
dưới nước dùng ống thở dưỡng khí

scud /skʌd/ *v., n.* chạy thẳng, bay
thẳng

scuffle /'skʌf(ə)l/ *n., v.* (cuộc) ẩu đả,
xô đẩy, giằng co

scullery /'skʌl(ə)rɪ/ *n.* phòng nhỏ cạnh
nhà bếp để rửa chén bát

sculling /'skʌlɪŋ/ *n.* cuộc đua thuyền
chèo

sculptor /'skʌlptə(r)/ *n.* nhà điêu khắc;
thợ chạm

sculpture /'skʌptjʊə(r)/ **1** *n.* thuật điêu
khắc/chạm trổ; pho tượng, công
trình điêu khắc **2** *v.* chạm trổ, điêu
khắc

scum /skʌm/ *n.* bọt, váng; cặn bã

scurf /skɜ:f/ *n.* vảy mốc, thẹo, gàu ở
đầu

scurry /'skɜ:rɪ/ *v.* chạy lon ton, chạy
gấp

scurvy /'skɜ:vɪ/ **1** *adj.* đê tiện, hèn hạ,
đáng khinh: **a ~ trick** một thủ đoạn
hèn hạ **2** *n.* bệnh hoại huyết, bệnh
xi-cô-but

sea /si:/ *n.* bể, biển; đại dương: **at ~** ở
trên biển; **by the ~** bên bờ biển; **to
go to ~** trở thành thuỷ thủ; **to put to
~** ra khơi; **human ~** biển người;
~board bờ biển, miền duyên hải; **~
breeze** gio biển; **~ coast** bờ biển,
miền duyên hải; **~farer** người đi
biển; thuỷ thủ; **~faring** (sự) đi biển,
hàng hải; **~food** đồ biển, tôm cá,
tôm cua, hải sản; **~-going** đi biển; **~
horse** con ngựa biển; **~ level** mặt
biển; **~ mile** hải lý; **~ power** sức

mạnh hải quân; cường quốc hải
quân

seagull /'si:gʌl/ *n.* mòng biển, hải âu

seal /si:l/ **1** *n.* con dấu, ấn, triện; xi,
chì, dấu niêm phong: **to set one's ~
to** cho phép ai; **under the ~ of
secrecy** điều kiện phải giữ bí mật
2 *n.* chó biển, hải cẩu **3** *v.* đóng
dấu, áp triện; đóng/bịt kín, gắn xi;
quyết định: **to sign and ~** ký tên và
đóng dấu; **to ~ off** chặn, vây chặn;
Her lips are ~ed. Cô ấy giữ bí mật.;
~ed orders lệnh được phép mở vào
ngày giờ nhất định; **~ed road** đường
tráng nhựa

sealant /'si:lənt/ *n.* keo dán, hồ dán

seam /si:m/ *n., v.* đường may nối;
thẹo, chỗ nối; chỗ nứt; lớp than/đá:
to burst at the ~s chật quá, đông quá

seamless /'si:mləs/ *adj.* liền, không
có đường nối/hàn

seamy /'si:mɪ/ *adj.* có đường may nổi;
mặt trái

séance /'seɪɑ:ns/ *n.* buổi họp, phiên họp

seaplane /'si:pleɪn/ *n.* thuỷ phi cơ

seaport /'si:pɔ:t/ *n.* cảng, hải cảng,
thành phố cảng

sear /sɪə(r)/ **1** *adj.* khô, héo; [hoa, lá]
tàn **2** *v.* làm khô héo; đốt [vết
thương]; đóng dấu bằng sắt nung;
làm thành chai đá

search /sɜ:tʃ/ **1** *n.* sự tìm kiếm; sự
khám xét/lục soát: **to be in ~ of
something** đi tìm cái gì; **in ~ of
buried gold** đi tìm xem có vàng
chôn không; **to make a ~ for some-
one** tìm ai; **~ warrant** giấy phép
khám nhà **2** *v.* tìm kiếm; mò, sờ;
khám xét, lục soát; dò, thăm dò;
điều tra: **to ~ out** tìm tòi, tìm ra cái
gì

searching /'sɜ:tʃɪŋ/ *adj.* cố gắng tìm
sự thật

searchlight /'sɜ:tʃlaɪt/ *n.* đèn pha, đèn
chiếu/ rọi

searing /'sɪərɪŋ/ *adj.* quá mạnh có thể
đốt cháy; đầy quyền lực

seashell /'si:ʃel/ *n.* vỏ sò, vỏ hến

seashore /'siːʃɔː(r)/ *n.* bờ biển; bãi biển

seasickness /'siːsɪknəs/ *n.* chứng say sóng

season /'siːz(ə)n/ **1** *n.* mùa: **the four ~s** bốn mùa; **the rainy ~** mùa mưa; **Mangoes are in ~ now.** Bây giờ đang mùa xoài.; **out of ~** hết mùa; **~'s greetings** Chúc Mừng Giáng sinh/ Năm Mới **2** *v.* cho gia vị, cho mắm muối; luyện cho quen, làm dày dạn

seasonal /'siːz(ə)nəl/ *adj.* từng mùa/vụ/ thời

seasoning /'siːz(ə)nɪŋ/ *n.* đồ gia vị, mắm muối, giấm ớt

seat /siːt/ **1** *n.* ghế, chỗ ngồi, yên xe đạp; mặt ghế; mông; đũng quần; chỗ, nơi: **~ cover** bọc nệm ghế; **~ of government** thủ phủ; **~ of learning** trung tâm học thuật, văn hoá **2** *v.* để ngồi, đặt ngồi: **Seat yourself.** Tự ngồi xuống.; **to be ~ed** được sắp chỗ ngồi

seat belt *n.* dây buộc quanh người (trên máy bay/xe)

seaway /'siːweɪ/ *n.* đường thuỷ ra biển, hải đạo; biển động

seaweed /'siːwiːd/ *n.* rong biển, tảo biển

seaworthy /'siːˌwɜːðɪ/ *adj.* [tàu thuyền] có thể đi biển được

sebum /'siːbəm/ *n.* chất làm cho nhờn, chất nhiều dầu

Sec *n., abbr.* (= **Secretary**) thư ký

secede /sɪ'siːd/ *v.* ly khai, rút ra [**from** khỏi]

secession /sɪ'seʃən/ *n.* sự ly khai, sự rút ra [liên bang]

secluded /sɪ'kluːdɪd/ *adj.* được tách biệt, đã tách xa

seclusion /sɪ'kluːʒən/ *n.* sự tách biệt; sự ẩn dật; sự hẻo lánh

second /'sekənd/ **1** *n.* người/vật thứ hai; người về nhì; hàng thứ phẩm: **~ in command** người đứng thứ hai trong tổ chức, chỉ huy phó; **the ~ of April** mồng 2 tháng 4; giây đồng hồ; giây lát, một chốc: **~ hand** kim chỉ giây **2** *n.* (*abbr.* **sec.**) một chốc

lát, một giây: **I will be back in a ~.** Tôi sẽ trở lại trong giây lát. **3.** *adj.* thứ hai/nhì; phụ, thứ yếu: **the ~ ballot** vòng phiếu thứ nhì; **to be ~ to none** không chịu kém ai; **~hand** [sách, quần áo] cũ, mua lại; [tin] nghe qua người khác, được biết gián tiếp **4** *v.* giúp đỡ, phụ lực; ủng hộ, tán thành: **Anyone ~s this nomination?** Có vị nào ủng hộ việc đề cử này không? **5** *adv.* thứ hai/nhì: **She finished ~.** Cô ấy về thứ hai, cô ấy chiếm giải nhì.

secondary /'sekəndərɪ/ *adj.* thứ hai/ nhì, phụ, thứ, không quan trọng; [trường] trung học: **a ~ school** trường trung học

second class *n., adj.* hạng hai/nhì; hạng thường gởi thư/báo chí

second language *n.* ngôn ngữ thứ hai: **teaching English as a ~** giảng dạy tiếng Anh như một ngôn ngữ thứ hai

second nature *n.* việc làm dễ dàng vì đã quen làm nhiều lần

secrecy /'siːkrəsɪ/ *n.* sự (giữ) bí mật: **to swear to ~** hứa giữ bí mật

secret /'siːkrɪt/ **1** *n.* điều bí mật; sự huyền bí; bí quyết, bí truyền: **in ~** tuyệt đối bí mật; **to be in the ~** trong bí mật; **to keep a ~** giữ bí mật **2** *adj.* bí mật, kín đáo, thầm kín, riêng tư; khuất nẻo, cách biệt: **~ agent** cơ quan tình báo; **~ ballot** phiếu kín; **~ police** cảnh sát chìm, công an mật

secretarial /sekrɪ'teərɪəl/ *adj.* thuộc công việc thư ký văn phòng

secretariat /sekrɪ'teərɪət/ *n.* phòng bí thư; ban/chức bí thư

secretary /'sekrɪtərɪ/ *n.* thư ký, bí thư; tham vụ, bộ trưởng, tổng trưởng: **~ of embassy** bí thư toà đại sứ; **~ of Defense** Bộ trưởng Quốc phòng; **~ of State** Bộ trưởng Ngoại giao; Quốc vụ khanh; **private ~** thư ký riêng

secrete /sɪ'kriːt/ *v.* tiết ra; cất, giấu

sect /sekt/ *n.* phái, môn phái, giáo phái: **religious ~** giáo phái

sectarian /sek'teəriən/ *n., adj.* (người) có óc bè phái

section /'sekʃən/ **1** *n.* sự/chỗ cắt; đoạn cắt ra; mặt cắt, tiết diện; đoạn, tiết [sách]; phần, khu vực; tầng lớp **2** *v.* chia cắt [thành từng phần/ nhóm/khu vực]

sector /'sektə(r)/ *n.* hình quạt; quân khu; ngành, khu vực: **The Vietnamese government planned to privatize the state ~s of the economy.** Chính phủ Việt Nam đã có kế hoạch giải tư khu vực kinh tế nhà nước.

secular /'sekjʊlə(r)/ *adj.* thế tục; trăm năm một lần; trường kỳ; già cổ: **~ change** thay đổi trường kỳ

secure /sɪ'kjʊə(r)/ **1** *adj.* chắc, vững chắc, kiên cố, an toàn; buộc/gói chặt, thắt chặt; chắc chắn, bảo đảm: **to have a ~ future** có một tương lai bảo đảm; **to be ~ against attack** chắc chắn không sợ bị tấn công **2** *v.* buộc chặt, gói chặt, đóng chặt; củng cố, làm cho kiên cố; đạt/chiếm được, kiếm được; bảo đảm: **a bank loan ~d on land property** tiền ngân hàng cho vay có sản nghiệp đất đai bảo đảm

security /sɪ'kjʊərɪtɪ/ *n.* sự yên ổn/an ninh/an toàn; sự/tiền bảo đảm; chứng khoán: **~ blanket** sự hạn chế thông tin để bảo mật; **~ check** cuộc thẩm tra/sưu tra lý lịch; **a ~ risk** người không bảo đảm về mặt an ninh

Security Council *n.* Hội đồng bảo an (Liên hiệp quốc): **the ~ of the United Nations** Hội đồng Bảo an Liên hợp quốc

sedan /sɪ'dæn/ *n.* kiểu ô-tô/xe hơi nhỏ mui kín; ghế kiệu: **~ chair** kiệu

sedate /sɪ'deɪt/ **1** *adj.* bình tĩnh, trầm tĩnh, khoan thai, điềm tĩnh **2** *v.* giữ khoan thai/bình tĩnh

sedentary /'sedəntərɪ/ *adj.* ở nguyên một chỗ, không di động

sedge /sedʒ/ *n.* cây lau, cây sậy, cây lách

sediment /'sedɪmənt/ *n.* cáu, cặn; trầm tích

seditious /sɪ'dɪʃəs/ *adj.* nổi loạn, dấy loạn

seduce /sɪ'djuːs/ *v.* rủ rê, cám dỗ, dụ dỗ, quyến rũ: **to ~ a woman** quyến rũ một người đàn bà

sedulous /'sedjʊləs/ *adj.* cần mẫn, kiên trì

see /siː/ **1** *n.* toà Giám mục: **the Holy See** Toà Thánh; **~ of Rome** Toà thánh La-Mã **2** *v.* [**saw; seen**] trông, trông thấy, nhìn thấy, xem, coi; hiểu rõ, nhận ra; đã sống/trải qua; đi gặp, gặp, thăm; tiếp; lo liệu, chăm lo: **Please ~ my friend to the gate.** Bạn làm ơn tiễn ông bạn tôi ra tận cổng.; **as far as I can ~** theo như tôi hiểu; **You'd better ~ a doctor.** Anh nên đi khám bác sĩ.; **to ~ somebody off** tiễn người nào; **I will be ~ing you.** Sẽ gặp lại bạn.; **to ~ a person damned first** từ chối ai muốn làm gì; **to ~ a person through** giúp ai vượt khó khăn; **to ~ eye to eye with somebody** nhìn chòng chọc vào ai; **to ~ one's way clear to** cảm thấy có khả năng

seed /siːd/ **1** *n.* hạt, hạt giống, lúa giống; mầm mống: **~ bed** luống gieo hạt, ruộng mạ; **rice ~** cây mạ; **~ money** tiền sơ khởi cho dự án; **~ time** mùa gieo giống **2** *v.* rắc hạt, gieo giống; sinh hạt, xếp hạng trong các môn thể thao: **They cultivated their land and ~ed them.** Không cho ra hoa để cho ra trái.; **The top four ~ed players are through to the semi-finals.** Bốn đấu thủ hàng đầu đều được vào bán kết.

seek /siːk/ *v.* [**sought**] tìm, kiếm, tìm kiếm, tìm cách, cố gắng: **I sought his advice.** Tôi nhờ ông ta khuyên bảo.; **to ~ after** tìm kiếm; **to ~ out** cố tìm ra, tìm thấy; **to ~ through** lục soát; **hide and ~** chơi trò ú tìm;

to be to ~ (much to ~) còn thiếu, còn cần

seem /si:m/ *v.* hình/dường như, có vẻ như, coi bộ: **He ~s to be tired.** Ông ấy có vẻ mệt.; **It ~s that he used the wrong form.** Hình như ông ấy không dùng đúng mẫu đơn.; **There ~s to be some misunderstanding.** Hình như có chuyện hiểu lầm.; **I do not ~ to like him.** Vì lý do nào đó tôi không thích ông ấy.

seen /si:n/ quá khứ của **see**

seep /si:p/ *v.* rỉ, thấm qua

seepage /'si:pɪdʒ/ *n.* sự rỉ, sự thấm qua

seer /sɪə(r)/ *n.* nhà tiên tri

seersucker /'sɪəsʌkə(r)/ *n.* vải sọc

see-saw /'si:sɔ:/ **1** *n.* cái đu bập bênh, chuyện đẩy tới đẩy lui, sự cò cưa: **to play on the ~** chơi trò đẩy tới đẩy lui **2** *adj.* đẩy tới kéo lui, cò cưa: **~ motion** chuyển động cò cưa; **~ policy** chính sách không cố định **3** *v.* chơi cò cưa, đẩy tới đẩy lui

seethe /si:ð/ *v.* sôi sục, sôi nổi, náo động, lao xao

see-through *adj.* rất mỏng có thể thấy xuyên qua được

segment /'segmənt/ **1** *n.* đoạn, miếng, khúc; tiết, đốt: **~ of an orange** miếng/múi cam; **~ of a circle** hình viên phân **2** *v.* cắt khúc; phân đoạn: **That company ~s the international markets.** Công ty phân chia khu vực thị trường thế giới.

segmentation /'segmənteɪʃən/ *n.* sự chia ra từng đoạn/khúc

segregate /'segrɪgeɪt/ *v., adj.* tách riêng, phân biệt; phân ly

seismic /'saɪzmɪk/ *adj.* thuộc địa chấn, thuộc động đất

seismograph /'saɪzməʊɡrɑ:f/ *n.* máy ghi động đất, địa chấn kế

seismology /saɪz'mɒlədʒɪ/ *n.* địa chấn học

seize /si:z/ *v.* cướp, chiếm đoạt; nắm lấy; bắt; hiểu, nắm vững; tịch thu, tịch biên: **to ~ an opportunity** nắm lấy cơ hội; **to ~ the essence of the**

matter hiểu rõ thực chất của vấn đề; **to be ~d by panic** hoảng sợ thất kinh

seizure /'si:ʒ(j)ʊə(r)/ *n.* sự cướp, sự chiếm, sự nắm lấy; sự bắt; sự tịch thu; sự lên cơn, sự ngập máu

seldom /'seldəm/ *adv., adj.* ít khi, hiếm có

select /sɪ'lekt/ **1** *v.* kén chọn; chọn lọc, tuyển lựa, lựa chọn: **We ~ what we want.** Chúng ta chọn những gì chúng ta thích. **2** *adj.* tuyển chọn/lựa: **~ committee** uỷ ban tuyển chọn

selective /sɪ'lektɪv/ *adj.* có tuyển lựa: **~ service** sự tuyển binh

self /self/ **1** *n.* bản thân mình, cái tôi, bản ngã, tự ngã, tự kỷ: **the consciousness of ~** lương tâm mình; **one's second ~** người bạn thân thiết của mình, cánh tay phải của mình **2** *adj.* đồng màu, cùng màu, cùng loại: **a wooden tool with a ~ handle** dụng cụ bằng gỗ có cán cũng bằng gỗ **3** *v.* tự dưỡng, tự mình tu dưỡng, mình làm tốt cho mình

self-abandonment *n.* sự miệt mài, sự phóng túng, sự tự buông thả

self-addressed *adj.* đã có địa chỉ sẵn: **Please enclose a ~ stamped envelope.** Làm ơn đính kèm phong bì đã có địa chỉ.

self-adhesive *adj.* đã có hồ/keo sẵn: **~ labels** giấy đã có keo sẵn

self-analysis *n.* tự kiểm, tự xét

self-appointed *adj.* việc tự chỉ định, sự tự bổ nhiệm

self-assurance *n.* sự tự tin, lòng tự tin

self-betrayal *n.* sự tự phản mình

self-censorship *n.* việc tự mình kiểm duyệt mình

self-centered *adj.* tự cho mình là trung tâm

self-confidence *n.* sự/lòng tự tin

self-conscious *adj.* e thẹn, ngượng ngùng

self-contained *adj.* kín đáo, dè dặt; tự túc, không phụ thuộc

self-contempt *n.* tự coi thường mình

self-control *n.* sự bình tĩnh/tự chủ: **You should exercise ~.** Bạn phải chứng tỏ sự bình tĩnh.

self-deception *n.* sự tự dối mình

self-defense *n.* sự tự vệ: **in ~** để tự vệ

self-denial *n.* sự hy sinh cho người khác

self-dependence *n.* sự tự chủ, sự tự lực cánh sinh

self-discipline *n.* kỷ luật tự giác

self-employed *adj.* làm việc cho mình, tự mình làm cho mình

self-esteem *n.* sự tự trọng

self-explanatory *adj.* tự mình giải thích, tự mình hiểu được

self-help *n.* tự lực cánh sinh, tự cứu

self-image *n.* tự ý mình: **to have a positive ~** có ý kiến tốt

self-indulgence *n.* sự đam mê, sự bê tha

self-interest *n.* quyền lợi bản thân, tự lợi

selfish /'selfɪʃ/ *adj.* ích kỷ: **I don't think he is ~ because he always looks after other people.** Tôi không nghĩ ông ấy là người ích kỷ vì ông ta luôn chăm sóc người khác.

self-love *n.* lòng tự ái; tính ích kỷ

self-made *adj.* tự lập, bạch thủ thành gia, tay trắng làm nên cơ đồ

self-possessed *adj.* bình tĩnh, không cuống

self-raising flour *n.* bột đã có sẵn bột nổi để làm bánh

self-regulating *adj.* tự đặt ra điều lệ

self-respect *n.* lòng/thái độ tự trọng

self-righteous *adj.* tự cho là đúng

self-sacrifice *n.* sự hy sinh, sự quên mình

self-service *n., adj.* [quán ăn] tự phục vụ, tự dụng, tự làm lấy: **We would like to go to a ~ restaurant.** Chúng tôi thích đi ăn ở tiệm tự phục vụ.

self-serving *adj.* [trạm xăng] tự phục vụ, đổ lấy

self-sufficient *adj.* tự túc; tự phụ, tự mãn

self-taught *adj.* tự học: **He is a ~ artist.** Ông ấy là một nghệ sĩ tự học.

self-timer *n.* bộ phận chụp chậm [ở máy ảnh]

self-winding *adj.* [đồng hồ] tự lên dây

self-worth *n.* (*also* **self-esteem**) tự trọng

sell /sel/ **1** *v.* [**sold**] bán; bán rẻ, phản bội [danh dự, nước, lương tâm]: **to ~ out** bán hết, bán đổ bán tháo; **That book ~s like hot cakes.** Sách đó bán chạy như tôm tươi.; **That idea will not ~.** Ý kiến đó sẽ chẳng ai chấp nhận.; **to ~ off** bán cho hết; **to ~ down the river** phản bội, phản dân hại nước **2** *n.* đặc tính của việc mua bán, sự giảm giá, sự thải đi: **Could you give a soft ~?** Bạn có bán giảm giá không?

sell-by date *n.* ngày chót phải bán được ghi trên sản phẩm

semantics /sɪ'mæntɪks/ *n.* ngữ nghĩa học, ý nghĩa học

semblance /'sembləns/ *n.* vẻ ngoài, bề ngoài: **He bears the ~ of an angel but has the heart of a devil.** Bề ngoài ông ra vẻ thiên thần nhưng bên trong lòng là quỷ dữ.

semen /'siːmen/ *n.* tinh dịch

semester /sɪ'mestə(r)/ *n.* khoá học 6 tháng, học kỳ 6 tháng, lục cá nguyệt: **fall ~** khoá (sáu tháng) mùa thu; **Students start the first ~.** Học sinh bắt đầu học kỳ một.

semi /'semɪ/ *n.* một nửa, bán kết: **a ~-detached house** nhà một nửa dính liền nhau; **a ~ final** trận đấu bán kết

semi-annual *adj.* nửa năm một lần, sáu tháng một lần

semi-automatic *adj.* nửa tự động, bán tự động

semicolon /semɪ'kəʊlən/ *n.* dấu chấm phẩy

semi-conscious *adj.* nửa tỉnh nửa mê

seminar /'semɪnɑːr/ *n.* xê-mi-na, hội nghị chuyên đề, khoá hội thảo, lớp chuyên đề [cho sinh viên cao học]: **to attend a ~** tham dự khoá hội thảo

seminary /'semɪnərɪ/ *n.* trường nhà dòng, trường đạo, chủng viện

semiotics /si:m'ɒtɪks/ *n.* triệu chứng học

semi-skilled *adj.* bán chuyên nghiệp, nghiệp dư

semolina /semə'li:nə/ *n.* lõi hạt; nhân bánh pu-ding

senate /'senət/ *n.* thượng (nghị) viện; ban đại diện, ban giám đốc, hội đồng đại học

senator /'senətə(r)/ *n.* thượng nghị sĩ

send /send/ *v.* [**sent**] gửi, sai, phái, điều, cho đi; bắn ra, toả ra, đẩy đi; phát [tín hiệu]: **I have sent my son to school.** Tôi vừa cho con tôi đi học.; **to ~ a person to Coventry** phớt lờ đi, không hợp tác với ai; **to ~ a person packing** tống cổ ai đi, đuổi ai đi; **to ~ away** gởi đi, đuổi đi; **to ~ back** gửi trả lại; **to ~ down** cho xuống bậc, đuổi khỏi; **to ~ in** nộp, giao cho ai; **to ~ for** gửi đặt mua; cho mời đến; **to ~ off** gửi đi; tiễn đưa, hoan tống; đuổi đi, tống khứ; **to ~ out** gửi ra; toả ra

senile /'si:naɪl/ *adj.* già yếu, suy yếu, lão suy

senior /'si:nɪə(r)/ **1** *n.* học sinh/sinh viên năm chót [năm thứ tư]; người nhiều tuổi hơn; người nhiều thâm niên hơn, người chức cao hơn: **He is three years my ~.** Ông ấy hơn tôi ba tuổi/năm.; **He is Mr. Nam ~.** Ông ấy là ba của ông Nam. **2** *adj.* nhiều tuổi hơn, lâu năm hơn, thâm niên hơn: **~ citizen** người cao niên; **~ high school** trường phổ thông trung học, trường cấp 3; **~ management** việc quản trị cao cấp; **~ officer** việc chức thâm niên, viên chức cao cấp

sensation /sen'seɪʃən/ *n.* cảm giác; sự xúc động/náo động

sense /sens/ **1** *n.* giác quan; tri giác, cảm giác; ý thức; sự khôn ngoan/thông minh, ý nghĩa, tình cảm chung: **This sentence doesn't make ~.** Câu này không có nghĩa gì cả.; **~**

of humor có hài tính; **~ of responsibility** ý thức trách nhiệm; **the five ~s** ngũ quan; **to bring a person to his/her ~s** chữa trị ai; **to come to one's ~s** phục hồi lương tri, lấy lại tình cảm; **to make ~ out of** hiểu nổi việc gì; **to take leave of one's ~s** điên lên, nổi khùng; **to talk ~** nói có lý, nói khôn **2** *v.* cảm thấy, có cảm giác

sensibility /sensɪ'bɪlɪtɪ/ *n.* tính dễ/đa nhạy cảm; cảm/tri giác

sensible /'sensɪb(ə)l/ *adj.* có cảm giác, cảm thấy, có ý thức; hợp lý, khôn ngoan, biết điều, biết phải trái

sensitive /'sensɪtɪv/ *adj.* dễ cảm, dễ cảm động/cảm xúc, nhạy cảm; [tai] thính, [cân] nhạy; hay tủi thân, dễ giận: **to be ~ to the cold** yếu chịu lạnh

sensitize /'sensɪtaɪz/ *v.* làm cho [phim/giấy ảnh] nhạy

sensory /'sensərɪ/ *adj.* thuộc cảm giác, thuộc giác quan

sensual /'sensjuːəl/ *adj.* xác thịt, nhục dục; dâm dục; theo thuyết duy cảm

sensuous /'senʃuːəs/ *adj.* thuộc giác quan; dâm dục, dâm đãng

sent /sent/ quá khứ của **send**

sentence /'sentəns/ **1** *n.* câu, cú; án của tòa: **compound ~** câu kép; **death ~** án tử hình; **~ analysis** phân tích câu, cú pháp; **simple ~** câu đơn; **suspended ~** án treo **2** *v.* kêu án, tuyên án, kết án: **He was ~d to five years of prison.** Ông ấy bị kết án năm năm tù (ở).

sentient /'sentɪənt/ *adj.* có cảm giác, có tri giác

sentiment /'sentɪmənt/ *n.* tình, tình cảm; ý kiến; cảm tính; sự thương cảm/đa cảm

sentinel /'sentɪnəl/ *n.* lính gác, lính canh

sentry /'sentrɪ/ *n.* lính gác; sự canh gác: **~ box** chòi/bốt gác

separate /'sepəreɪt/ **1** *adj.* rời, riêng rẽ, không liền nhau, riêng biệt:

These two questions are essentially ~. Hai vấn đền nầy không liên quan gì với nhau. **2** *v.* làm rời ra, phân/chia ra; tách ra; chia đôi; can ra; chia tay, rời, phân tán; làm xa cách, chia (uyên) rẽ (thúy)

separates /'sepərəts/ *n.* vật rời; bản in rời; quần rời, áo tách rời riêng

separation /sepə'reɪʃən/ *n.* sự chia rẽ, sự chia cắt, sự phân ly; sự chia tay, sự biệt ly; sự biệt cư/ly thân

sepia /'si:pɪə/ *n., adj.* chất mực, màu nâu đậm

September /sep'tembə(r)/ *n.* tháng chín dương lịch

septic /'septɪk/ *adj.* nhiễm trùng; gây thối: **~ tank** hố rác tự hoại, hố phân tự hoại

sequel /'si:kwəl/ *n.* cuốn/đoạn tiếp theo; kết quả, hậu quả

sequence /'si:kwəns/ **1** *n.* sự nối tiếp/ liên tục; cảnh (phim); sự phối hợp [thời]; dãy: **The ~ of events led to the revolution.** Một chuỗi biến cố đã dẫn đến cách mạng.; **~ of functions** dãy hàm số; **~ of numbers** dãy số **2** *v.* sắp xếp theo thứ tự nhất định

sequential /sɪ'kwenʃəl/ *adj.* liên tiếp, theo sau

sequestered /sɪ'kwestəd/ *adj.* ẩn dật; hẻo lánh: **a ~ life** một đời sống ẩn dật

sequin /'si:kwɪn/ *n.* đồ trang sức trên áo quần

Serb /sɜ:b/ *n., adj.* người/nước Serb

serenade /serɪ'neɪd/ **1** *n.* khúc nhạc chiều, dạ khúc **2** *v.* hát khúc nhạc chiều, dạo khúc nhạc chiều

serene /sɪ'ri:n/ *adj.* trong, sáng sủa; [biển] lặng; êm đềm, thanh bình, trầm lặng

serfdom /'sɜ:fdəm/ *n.* thân phận nông nô; giai cấp nông nô

sergeant /'sɑ:dʒənt/ *n.* đội, trung sĩ: **master ~** trung sĩ nhất; **~ at arms** trung sĩ trật tự [toà án, quốc hội]

serial /'sɪərɪəl/ **1** *n.* tạp chí **2** *adj.* theo thứ tự từng hàng/dãy/lớp; [tạp chí] ra từng kỳ: **~ numbers** số thứ tự

series /'sɪəri:z/ *n.* loạt, dãy, hàng, dây, tràng, đợt; hệ thống; [hoá] nhóm cùng gốc; [toán] chuỗi, cấp số: **in ~** theo từng loại, theo từng đợt; **arithmetical ~** cấp số cộng

serious /'sɪərɪəs/ *adj.* đứng đắn, nghiêm trang, nghiêm chỉnh; nặng, trầm trọng; nghiêm trọng, quan trọng, hệ trọng: **Are you ~?** Bạn không đùa chứ? Thật chứ?; **This is a ~ matter.** Đây là một vấn đề nghiêm trọng.; **He has a ~ illness.** Ông ấy bị bệnh nặng.

sermon /'sɜ:mən/ *n.* bài giảng đạo, bài thuyết giáo/pháp

serpent /'sɜ:pənt/ *n.* con rắn

serrated /'sɪreɪt/ *adj.* có răng cưa, như răng cưa

serum /'sɪərəm/ *n.* huyết thanh

servant /'sɜ:vənt/ *n.* đầy tớ, tôi tớ, người ở, người làm; bầy tôi [của Chúa]: **civil ~** công chức, viên chức nhà nước; **public ~** công bộc/chức; **a good ~ but a bad master** phương tiện là tốt chứ không phải là cứu cánh

serve /sɜ:v/ **1** *n.* cú/lượt giao bóng/ banh: **your ~** đến lượt anh giao banh **2** *v.* phục vụ, phụng sự; hầu hạ; dọn ăn; cung cấp, tiếp tế, phân phát; đáp ứng, thỏa mãn, có lợi cho; [quần vợt] giao ban; dùng làm: **to ~ one's country** phục vụ tổ quốc; **Dinner is ~d.** Cơm dọn rồi ạ.; **May I ~ you some more soup?** Tôi tiếp bạn chút canh nữa nhé?; **This sofa ~s as a bed.** Cái đi-văng này dùng làm giường ngủ được.; **He ~d as director of culture.** Ông ấy đã giữ chức giám đốc văn hoá.; **to ~ one's needs** đáp ứng đầy đủ; **to ~ one's time** giữ chức vụ hết nhiệm kỳ; **to ~ up dinner** dọn cơm ăn

service /'sɜ:vɪs/ **1** *n.* sự phục vụ/hầu hạ; việc/chỗ làm, công việc, công tác; sự giúp đỡ, sự giúp ích; sở, ty ban, nha, vụ, cục, ngành; bộ ấm chén, bộ đĩa ăn; cách/lượt giao ban; binh chủng, quân chủng: **Service is very slow in this restaurant.** Quán ăn này hầu dọn chậm lắm.; **There is no bus ~ in that city.** Thành phố ấy không có xe buýt công cộng.; **We are at your ~.** Chúng tôi sẵn sàng phục vụ quý khách.; **health ~** dịch vụ y tế, sở y tế; **postal ~** dịch vụ bưu tín; **religious ~** buổi lễ tôn giáo; **~ charge** phụ phí; **to be of ~** có thể phục vụ **2** *v.* sửa chữa, bảo trì [xe cộ, máy]: **I have had my car ~d at the ~ station.** Tôi vừa để xe tôi bảo trì ở trạm xăng.

service provider *n.* người/công ty cung ứng dịch vụ

servicing /'sɜːvɪsɪŋ/ *n.* công việc sửa chữa/bảo trì, việc tu sửa

serviette /'sɜːvɪet/ *n.* khăn giấy

servility /sɜː'vɪlɪtɪ/ *n.* sự hèn hạ/đê tiện; tinh thần nô lệ

servitude /'sɜːvɪtjuːd/ *n.* tình trạng nô lệ; tội khổ sai

sesame /'sesəmiː/ *n.* cây vừng/mè, hạt vừng/mè: **~ seed** hạt mè

session /'seʃən/ *n.* khoá họp; kỳ/ phiên/buổi họp; học kỳ, khoá học; phiên toà: **The court is in ~.** Toà đang họp.

set /set/ **1** *n.* bộ [bát đĩa, khăn, đồ dùng, sách, đĩa hát; [toán] tập hợp; ván, xét [quần vợt]; giới, đoàn; hình thể; phông cảnh dựng lên: **radio ~** máy thu thanh; **television ~ (TV ~)** máy truyền hình, máy TV; **to win the first ~** thắng ván đầu **2** *adj.* đã định, nhất định, cố ý; đã có sẵn, đã soạn trước; chằm chằm, cố định; nghiêm trang: **a ~ look** trông vẻ nghiêm trang; **a ~ speech** bài diễn văn đã soạn trước; **~ eyes** mắt nhìn không chớp; **~ menu** thực đơn định sẵn **3** *v.* [set] đặt, để; để [đồng hồ báo thức]; nạm, dát, gắn [ngọc]; cài [bẫy]; làm [đầu, tóc hair]; nắn [xương]: **the sun ~s** mặt trời lặn; **to ~ a table** bày bàn ăn; **to ~ an example** nêu lên ví dụ, làm gương mẫu; **to ~ the date** ấn định ngày; **to ~ prices** định giá; **to ~ about** bắt đầu; **to ~ a person against another** so sánh, đối chiếu người nấy với người khác; **to ~ aside** để dành, dành riêng, huỷ bỏ; **to ~ back** văn kim đồng hồ lại; **to ~ by** để dành; **to ~ down** đặt xuống; **to ~ foot on** phát động việc gì; **to ~ forth** nêu ra, đề ra, đưa ra; **to ~ free** trả tự do; **to ~ much by** đánh giá cao; **to ~ off** lên đường; **to ~ right** để lại cho ngăn nắp

set square *n.* thước kẻ vuông góc

settee /sə'tiː/ *n.* ghế trường kỷ, ghế xô-fa

settle /'set(ə)l/ *v.* giải quyết, hoà giải, điều đình; thanh toán [đơn hàng]; ngồi, đậu; (làm) lắng xuống; định cư: **to ~ down** ổn định cuộc sống, an cư lạc nghiệp, sống cuộc đời ổn định; **to ~ a dispute** giàn xếp mối bất hoà; **I will ~ with you next week.** Tuần sau tôi sẽ trả hết nợ cho bạn.; **to ~ one's affairs** giàn xếp công việc

settlement /'set(ə)lmənt/ *n.* sự dàn xếp/giải quyết/hoà giải; sự thanh toán; sự định cư; khu định cư; thuộc địa

seven /'sev(ə)n/ **1** *num.* số bảy; nhóm 7 người: **It is ~ o'clock.** Bảy giờ rồi. **2** *adj.* bảy: **She is ~.** Cô bé ấy bảy tuổi.; **the ~ seas** bảy đại dương; **the ~ wonders of the world** bảy kỳ quan thế giới; **the ~ deadly sins** các tội của cô dâu; **the ~ year itch** khuynh hướng không trung thành/phản bội sau bảy năm cưới nhau

seventeen /ˌsev(ə)n'tiːn/ **1** *num.* số mười bảy **2** *adj.* mười bảy

seventh /'sev(ə)nθ/ **1** *num.* một phần 7; người/vật thứ 7; mồng 7: **~-Day Adventist** một môn phái Tin Lành **2** *adj.* thứ bảy

seventy /'sev(ə)ntɪ/ **1** *num.* số bảy mươi: **the seventies** những năm 70;

những năm tuổi thọ trên 70 **2** *adj.* bảy mươi

sever /'sevə(r)/ *v.* cắt đứt, đoạn tuyệt [quan hệ **relations**]

several /'sevərəl/ *adj., pron.* vài, nhiều: ~ **weeks** vài tuần; ~ **of them** vài người trong bọn họ

severance /'sevərəns/ *n.* sự cắt đứt: ~ **pay** phụ cấp thôi việc

severe /sɪ'vɪə(r)/ *adj.* nghiêm khắc, khắc nghiệt, nặng; [thời tiết] khắc nghiệt, rét lắm; [cơn đau] dữ dội; [bệnh] nặng: **We have to follow ~ discipline.** Chúng ta phải theo những kỷ luật nghiêm khắc.; **to be ~ upon somebody** nghiêm khắc với ai; **it is a ~ competition** đó là việc cạnh tranh gay go

severity /sɪ'verɪti/ *n.* tính nghiêm khắc/nghiêm nghị; tính dữ dội/gay go/ác liệt; sự nghiêm phạt

sew /səʊ/ *v.* [**sewed**; **sewn**] khâu, may; khâu, đóng [sách]: **to ~ a button** khâu khuy áo; **to ~ in a patch** khâu một miếng vá, vá áo; **to ~ up** khâu lại, nắm quyền tuyệt đối

sewage /'s(j)uːɪdʒ/ *n.* nước cống, rác cống

sewer /'s(j)uːə(r)/ **1** *n.* người khâu, người may; máy đóng sách **2** *n.* cống, rãnh: ~ **gas** hơi cống; ~ **rat** chuột cống

sewerage /'s(j)uːərɪdʒ/ *n.* hệ thống cống rãnh

sewn /səʊn/ quá khứ của **sew**

sex /seks/ **1** *n.* giới tính, phái tính; giới [đàn ông, phụ nữ]; vấn đề sinh lý/dục tình; giao cấu, giao hợp: **"Sex: Male/Female"** phái tính: Nam hay Nữ [trên những tờ khai]; **without distinction of age or ~** không phân biệt già trẻ trai gái; **to have ~ with** ăn nằm với; ~ **appeal** sự hấp dẫn giới tính; **nothing but ~ and violence in TV films** phim truyền hình toàn những chuyện trai gái và bạo động giết chóc; **the ~ act** sự giao hợp; ~ **change** thay đổi giới

tính; ~ **life** đời sống tình dục; ~ **tour** cuộc đi du lịch nhằm mục đích chơi gái; ~ **worker** gái mại dâm, gái điếm **2** *adj.* liên hệ đến dục tính, do tình dục mà ra: **This high school is teaching ~ education.** Trường nầy có dạy môn giáo dục sinh lý. **3** *v.* xác định phái tính, khêu gợi dục tính, làm cho thêm hấp dẫn: **to ~ it up** ôm ấp hôn hít

sexist /'seksɪst/ *adj., n.* sự phân biệt phái tính, sự khiêu dâm

sexton /'sekstən/ *n.* người gác nhà thờ và nghĩa địa

sexual /'seksjuːəl/ *adj.* giới tính; sinh dục: ~ **appetite** tình dục; ~ **harassment** xúc phạm tình dục; ~ **intercourse** sự giao hợp/giao cấu; ~ **organs** cơ quan sinh dục; ~ **relations** giao du thân mật

sexually transmitted disease *n.* (*abbr.* **STD**) bệnh truyền nhiễm qua đường tình dục/giao hợp

sexy /'seksi/ *adj.* khêu gợi, gợi tình, khiêu dâm: **She is a ~ girl.** Cô ấy là cô gái khiêu dâm.

SF /ˌes'ef/ *n., abbr.* (= **Science Fiction**) tiểu thuyết khoa học

SGML /ˌes dʒiː em'el/ *n., abbr.* (= **Standard Generalized Markup Language**) chương trình dùng để in bằng điện tử trong máy vi tính

shabby /'ʃæbi/ *adj.* [quần áo, nhà cửa] tồi tàn, sờn, mòn, hư, nát, tiều tụy; hèn, đáng khinh, đê tiện: **They live in ~ houses.** Họ sống trong những căn nhà tồi tàn.

shack /ʃæk/ **1** *n.* lều, lán, chòi; quả rơi rụng; kẻ lêu lổng **2** *v.* rụng, rơi; lang bang: **to ~ up** ăn ở cùng với ai như người yêu

shackle /'ʃæk(ə)l/ **1** *n.* cái còng/cùm; sự trói buộc: **the ~s of law** sự trói buộc của luật pháp; ~**bolt** cái khoá cùm **2** *v.* cùm lại, xích lại; ngăn cản, cản trở

shade /ʃeɪd/ **1** *n.* bóng (tối); chỗ có bóng râm/máy; chụp đèn; mành

mành cửa sổ; sắc thái; một chút/ít: **Be sure to play in the ~.** Nhớ chơi trong bóng râm, đừng chơi ngoài nắng.; **I see two different ~s of blue.** Tôi nhìn thấy hai sắc thái khác nhau của màu xanh.; **in the ~ of trees** dưới bóng cây; **tree ~** cây cho bóng mát **2** *v.* che bóng mát, che; đánh bóng; (tô) đậm/nhạt dần: **to ~ one's eye with one's hand** lấy tay che mắt; **to ~ the light** che ánh

shadow /'ʃædəʊ/ **1** *n.* bóng, bóng tối/râm/mát; chỗ tối; hình bóng; cảnh tối tăm; sự che chở: **beyond the ~ of a doubt** không một chút nghi ngờ; **~ boxing** đánh bóng khi tập quyền Anh; **~ government** chính phủ đối lập; **~ price** giá ước tính không có trong thị trường **2** *v.* đánh bóng, theo dõi; che, làm tối lại: **to ~ a suspicious person** theo dõi một người khả nghi **3** *adj.* trong bóng tối; đối lập

shaft /ʃɑːft/ *n., v.* hầm, lò [mỏ, thang máy]; cuống, cọng, thân; mũi tên; cột cờ; càng xe; trục máy; tia sáng

shaggy /'ʃægɪ/ *adj.* bờm xờm; xồm xoàm; rậm rạp: **a ~ dog story** chuyện dây cà ra dây muống

shake /ʃeɪk/ **1** *n.* sự rung/lắc; sự giũ [khăn, áo]; sự run: **a head ~** một cái lắc đầu; **milk~** sữa trộn kem khuấy đều; **to give something a ~** giũ cái gì; **with a ~ in one's voice** với giọng run run **2** *v.* [**shook**; **shaken**] rung, lắc; lung lay, lúc lắc; giũ; run lên; làm bàng hoàng/sửng sốt; làm lung lay/lay chuyển; làm mất bình tĩnh: **He shook his head.** Anh ta lắc đầu.; **to ~ hands with someone** bắt tay ai; **to ~ down** rung cây cho quả rụng; lắc, vẩy; tống tiền; **to ~ in one's shoes** run sợ; **to ~ off** phủi, giũ; tống đi; **to ~ up** lắc để trộn; làm thức tỉnh; **to ~ a leg** bắt đầu nhảy

shaken /'ʃeɪkən/ quá khứ của **shake**

shake-out *v.* lắc cho ra hết; lắc cho mở ra

Shakespeare /'ʃeɪkspɪə(r)/ *n.* tên nhà văn hào nổi tiếng người Anh

shake-up *n.* sự lắc trộn; sự cải tổ (chính phủ)

shaky /'ʃeɪkɪ/ *adj.* [tay, chân, giọng] run; lung lay

shall /ʃæl/ *modal v.* [**should**] **We ~ see.** Chúng tôi sẽ chờ xem.; **What ~ she do?** Cô ta phải làm gì?

shallot /ʃə'lɒt/ *n.* hẹ tây

shallow /'ʃæləʊ/ **1** *adj.* nông, không sâu; nông cạn, hời hợt: **This is ~ water.** Ở đây nước cạn. **2** *n.* chỗ nông/cạn

shalom /ʃə'lɒm/ *n., intj.* lời chào của người Do thái

sham /ʃæm/ **1** *n.* sự giả mạo; người giả mạo **2** *adj.* giả, giả bộ, giả vờ; giả mạo **3** *v.* giả bộ, giả vờ/tảng

shamble /'ʃæmb(ə)l/ *v., n.* đi kéo lê/lóng ngóng; bước đi lóng ngóng/kéo lê

shambles /'ʃæmb(ə)lz/ *n.* (lo) sát sinh; (cảnh) chém giết/hỗn loạn

shame /ʃeɪm/ **1** *n.* sự hổ thẹn; sự xấu hổ; sự sỉ nhục, sự nhục nhã: **to put someone to ~** làm cho ai xấu hổ **2** *exclam.* Xấu hổ quá!: **Shame on you!** Đã thấy xấu hổ chưa!; **What a ~!** Đáng tiếc! **3** *v.* làm xấu hổ, làm nhục, sỉ nhục: **to be ~d into confessing** xấu hổ mà thú nhận

shaming /'ʃeɪmɪŋ/ *adj.* gây cho ai cảm thấy xấu hổ

shampoo /ʃæm'puː/ **1** *n.* thuốc/sự gội đầu: **I need a ~.** Tôi phải gội đầu một cái. **2** *v.* gội đầu (cho): **Shampoo your hair and dry it.** Bạn gội đầu và xấy khô đi.

shamrock /'ʃæmrɒk/ *n.* cỏ là chụm ba, cỏ trục xe [áo len]

Shangri-La /ˌʃæŋgrɪ'lɑː/ *n.* thiên đàng trên trái đất

shank /ʃæŋk/ *n.* (xương) ống chân; cán/chuôi; thân [cột]

shanty /'ʃæntɪ/ *n.* lều, lán, chòi, túp nhà lụp xụp

shape /ʃeɪp/ **1** *n.* hình, hình dạng/thù;

hình thức, loại, kiểu, thứ; dáng người; bóng người; khuôn, mẫu: **to take ~** thành hình; **in good ~** sung sức; **in bad ~** yếu, kém, bị khó khăn; **out of ~** méo mó **2** *v.* nặn/đẽo/gọt/gõ/tạo thành hình; uốn nắn; bày ra, đặt, thảo [kế hoạch, chính sách]; thành hình: **to ~ clay into a pot** nặn đất sét thành cái bình; **to ~ someone's character** uốn nắn tính nết ai

shard /ʃɑːd/ *n.* mảnh vỡ đồ gốm

share /ʃeə(r)/ **1** *n.* lưỡi cày: **plough ~** lưỡi cày **2** *n.* phần; phần đóng góp; cổ phần: **~holder** người có cổ phần, cổ đông; **~ in profits** phần chia lời; **to go ~s** chia đều **3** *v.* chia, chia sẻ; cùng tham gia, cùng chịu; đồng ý: **to ~ something with somebody** chia vật gì với ai; **to ~ one's opinion** đồng ý kiến với ai; **to ~ and ~ alike** chia đều

share index *n.* bảng giá thị trường chứng khoán

share-ware /ʃeə(r)weə(r)/ *n.* chương trình phần mềm trong máy vi tính không tốn tiền

shark /ʃɑːk/ **1** *n.* cá mập; tên lừa đảo; tay cừ: **loan ~** kẻ cho vay nặng lãi; **~ net** lưới chắn cá mập dọc theo bãi biển; **~ patrol** đội tuần phòng cá mập; **~ spotter** người canh chừng cá mập trên bờ biển **2** *v.* lừa gạt, làm ăn bất chính: **to ~ for a living** lừa đảo để sinh sống

sharp /ʃɑːp/ **1** *n.* [nhạc] nốt thăng, dấu thăng; kim khâu mũi thật nhọn; người lừa đảo **2** *adj.* sắc bén, nhọn; [ảnh] rõ nét; [sự phân biệt] rõ ràng; thông minh, [mắt] tinh; [tai, mũi] thính; [bước] nhanh, rảo; [gió] lạnh buốt; [đau] dữ dội; [lời] gay gắt, cay nghiệt; [chỗ ngoặt] đột ngột; diện, bảnh, đẹp: **a ~ knife** một con dao sắc; **a ~ turn** chỗ cua ngặt; **~ eyes** đôi mắt tinh; **as ~ as a bowling ball** ngu si đần độn; **as ~ as a tack** thông minh lanh lợi **3** *adv.*

đúng: **one o'clock ~** đúng 1 giờ

sharpener /ˈʃɑːp(ə)nə(r)/ *n.* đồ dùng để mài/gọt: **pencil ~** cái gọt bút chì

sharpshooter /ˈʃɑːpʃuːtə(r)/ *n.* tay thiện xạ

shattered /ˈʃætəd/ *adj.* rất ngạc nhiên và tức giận

shatterproof /ˈʃætə(r)pruːf/ *adj.* không vỡ được

shave /ʃeɪv/ **1** *n.* sự cạo râu/mặt; sự suýt bị nguy: **to get a ~** cạo râu một cái; **to have a close ~** suýt nữa thì chết **2** *v.* [**shaved; shaven**] cạo râu, cạo mặt; cạo [râu, mặt]; cạo mặt cho ai; bào sơ qua: **He took a bath and ~d in the early morning.** ông ấy tắm và cạo mặt lúc sáng sớm

shaver /ˈʃeɪvə(r)/ *n.* dao cạo: **electric ~** dao cạo điện

shaving /ˈʃeɪvɪŋ/ *adj.* sự cạo; sự bào: **~ brush** chổi xoa xà phòng cạo râu; **~ cream** kem cạo râu; **~ soap** xà phòng cạo râu

shawl /ʃɔːl/ *n.* khăn san, khăn choàng

she /ʃiː, ʃɪ/ **1** *n.* con gái, con cái, con mái: **~ goat** dê cái; **Is the child a he or ~?** Đứa bé là con trai hay con gái? **2** *pron.* nó, bà ấy, chị ấy, cô ấy; cái xe ấy, chiếc tàu ấy: **She is the most well-known model.** Cô ấy là một người mẫu rất nổi tiếng.

sheaf /ʃiːf/ *n.* (*pl.* **sheaves**) bó, lượm; thếp [giấy bạc]

shear /ʃɪə(r)/ **1** *n.* kéo lớn, lông cừu xén ra; sự cắt xén: **a pair of ~s** cái kéo lớn để xén lông cừu, tỉa cây **2** *v.* [**sheared; shorn**] xén, cắt, hớt; cắt, chặt: **to ~ sheep** xén lông cừu; **to ~ through something** cắt đứt vật gì

sheath /ʃiːθ/ *n.* (*pl.* **sheaths**) bao/vỏ kiếm; ống; màng, áo, vỏ, bao; áo đầm thật chật; bao dương vật

sheathe /ʃiːð/ *v.* tra vào vỏ, bỏ vào bao; gói, bọc

shed /ʃed/ **1** *n.* lán, lều, nhà nhỏ [chứa hàng, đồ làm vườn]; chuồng [trâu, bò, ngựa]: **~ hand** (= **~ worker**) người làm việc ở lò xén lông cừu **2** *v.*

[**shed**] rụng [lá]; [rắn] lột [da]; rơi/nhỏ [lệ]; đổ [máu] tỏa [ánh sáng]; [lá, sừng] rụng; [rắn, cua, ve] lột; **to ~ tears** rơi lệ

she'd /ʃiːd/ *abbr.* (= **she had**, **she would**) cô ấy có; cô ấy nên

sheen /ʃiːn/ *n.* nước bóng; sự lộng lẫy

sheep /ʃiːp/ *n.* (*pl.* **sheep**) con cừu: **~dog** chó chăn cừu; **~fold** bãi nhốt cừu; **~skin** da cừu; áo da cừu; văn bằng, bằng; **on the ~'s back** sự giàu có nhờ cừu; **to separate the ~ from the goats** phân chia giai cấp quý tộc với thường dân

sheer /ʃɪə(r)/ **1** *n.* vải mỏng trông thấy da **2** *adj.* chỉ là, hoàn toàn; dốc thẳng đứng; [vải] mỏng dính; trong: **~ waste of time** chỉ phí thì giờ; **by ~ force** dùng sức mạnh **3** *adj.* đúng là, chỉ là: **It is ~ waste.** Chỉ là phí công. **4** *v.* chạy lệch đi

sheet /ʃiːt/ **1** *n.* khăn trải giường; tờ [giấy]; tấm/miếng [tôn]; lá, phiến; dải [băng]: **a ~ of newspaper** tờ giấy báo/nhật trình; **white as a ~** sợ xám mặt **2** *v.* đậy, phủ, kết lại thành tấm: **The city was ~ed over with snow.** Thành phố phủ đầy tuyết.

shelf /ʃelf/ *n.* (*pl.* **shelves**) ngăn sách; giá, kệ; thềm lục địa: **on the ~** xếp xó; ế chồng, không ai rước

shell /ʃel/ **1** *n.* vỏ [ốc, hến, cua, tôm; dừa]; bao; mai, mu [rùa]; vỏ [đậu, lạc]; vỏ tàu, tường nhà; đạn; vỏ về ngoài: **coconut ~** sọ dừa; **egg~** vỏ trứng; **to come out of one's ~** ra khỏi vỏ **2** *v.* lột vỏ, bóc vỏ, tỉa [ngô]; bắn, nã pháo, pháo kích: **to ~ corn** bóc vỏ ngô/bắp; **to ~ off** tróc ra; **to ~ out** trả tiền

she'll /ʃiːl/ *abbr.* (= **she shall**; **she will**) cô/bà ấy sẽ

shellfish /ˈʃelfɪʃ/ *n.* tôm cua, sò hến

shell shock *n.* bệnh tâm thần của lính vì đã chiến đấu lâu

shelter /ˈʃeltə(r)/ **1** *n.* chỗ ẩn/núp/che, chỗ nương náu/nương tựa; hầm trú ẩn: **air raid ~** hầm tránh bom; **to**

give ~ to somebody cho ai ẩn núp, che chở cho ai **2** *v.* che, che chở, bảo vệ; ẩn, nấp, núp, trốn: **I ~ed my friend from the rain.** Tôi che cho bạn tôi khỏi bị mưa.

shelve /ʃelv/ *v.* đóng ngăn/kệ; xếp lên kệ/giá; bỏ xó

shelving /ˈʃelvɪŋ/ *n.* ngăn, kệ, tủ; vật liệu làm kệ/tủ: **wooden ~** tủ/kệ bằng gỗ

shepherd /ˈʃepəd/ **1** *n.* người chăn cừu/dê, mục đồng; mục sư, linh mục: **The Good ~** Chúa trời; **~ dog** chó chăn cừu **2** *v.* chăn [cừu] trông nom săn sóc, hướng dẫn [đám đông]

sheriff /ˈʃerɪf/ *n.* cảnh sát trưởng, quận trưởng; nhân viên thi hành lệnh toà án

she's /ʃiːz, ʃiz/ *abbr.* (= **she is**; **she has**) cô/bà ấy là/có: **She's a manager.** Bà ấy là giám đốc.

shield /ʃiːld/ **1** *n.* cái mộc, cái khiên, cái thuẫn; lá chắn; huy hiệu **2** *v.* che chở; chắn, che; che đậy

shift /ʃɪft/ **1** *n.* sự sang số [ô tô]; sự thay đổi; ca, kíp; mưu mẹo, phương kế: **~ key** nút chữ hoa [ở máy chữ]; **to work night ~** làm việc ca đêm; **~ allowance** tiền trợ cấp làm ca; **~ work** công việc theo ca **2** *v.* thay đổi; đổi chỗ, chuyển hướng; xoay xở: **to ~ the gears** sang số ô tô

shiitake /ʃɪˈtɑːki/ *n.* nấm mộc (nấm làm trên gỗ ở Nhật hay Tàu)

Shiite /ˈʃiːaɪt/ *n., adj.* người/thuộc Shiite một môn phái Hồi giáo ở I-Rắc

shilling /ˈʃɪlɪŋ/ *n.* đồng si-ling, đồng tiền Anh

shimmer /ˈʃɪmə(r)/ **1** *n.* ánh sáng lờ mờ/lung linh **2** *v.* chiếu sáng (lờ mờ): **The moon ~s on the river.** Ánh trăng chiếu lờ mờ trên sông.

shin /ʃɪn/ **1** *n.* cẳng chân; xương ống quyển, xương chày **2** *v.* leo trèo nhanh bằng tay chân

shine /ʃaɪn/ **1** *n.* ánh sáng/nắng; nước bóng/láng: **rain or ~** dù mưa hay nắng; **to take a ~ to something** thích mê cái gì; **to take the ~ out of** làm lu mờ cái gì, làm mất bóng cái gì 2 *v.* [**shined; shone**] đánh bóng; [**shone**] chiếu sáng, soi sáng; sáng, bóng; trội: **Her face ~s with joy.** Mặt bà ấy hớn hở vui mừng.

shingle /ˈʃɪŋg(ə)l/ *n., v.* ván lợp mái nhà; biển hàng [bác sĩ, luật sư]; tóc tỉa đuôi

shingles /ˈʃɪŋg(ə)lz/ *n.* bệnh zo-na, bệnh rộp da

shiny /ˈʃaɪnɪ/ *adj.* sáng, bóng: **~ shoes** giày sáng bóng

ship /ʃɪp/ **1** *n.* tàu, tàu thuỷ; máy bay, phi cơ: **to go by ~** đi bằng tàu thuỷ; **to take a ~** lên tàu; **~board** mạn tàu/thuyền; **~building** nghề đóng tàu; **~load** hàng hoá trên tàu; **~mate** bạn thuỷ thủ; **~owner** chủ tàu; **~wreck** vụ đắm/chìm tàu; **~wright** thợ đóng tàu **2** *v.* gửi chở [bằng tàu thuỷ, xe lửa, máy bay]; đi tàu, xuống tàu

shipper /ˈʃɪpə(r)/ *n.* thương gia buôn bán bằng đường tàu thuỷ/bay

shipping /ˈʃɪpɪŋ/ *n.* sự chở hàng bằng tàu, sự vận tải tàu biển; thương thuyền, hàng hải: **~-agent** đại lý tàu biển; **~-articles** hợp đồng trên tàu giữa thuyền trưởng và thuỷ thủ; **~-bill** giấy biên nhận chở hàng; **~-office** văn phòng đại lý tàu

shirk /ʃɜːk/ *v.* trốn, trốn tránh, lẩn tránh: **to ~ school** trốn học; **to ~ work** trốn việc

shirt /ʃɜːt/ *n.* áo sơ mi: **short sleeved ~** sơ mi cộc tay; **to lose one's ~** mất sạch cơ nghiệp; **~ front** thân trước áo sơ mi; **~ sleeve** tay áo sơ mi; **in ~ sleeves** mặc sơ mi trần; **to keep one's ~ on** bình tĩnh

shit /ʃɪt/ **1** *n.* cứt, phân: **to get the ~s with** trở nên tức giận; **to have ~ on one's liver** có tính xấu; **in the ~** có vấn đề, gặp khó khăn; **Not give a ~.** Không cần gì cả. **2** *v.* ỉa, bĩnh bậy **3** *exclam.* tiếng chửi thề **4** *adj.* tồi

tệ (tiếng lóng): **You are ~ and you know you are!** Bạn biết bạn tồi lắm!

shiver /ˈʃɪvə(r)/ *n., v.* (sự) run, (sự) rùng mình

shoal /ʃəʊl/ **1** *n.* chỗ nông, chỗ cạn **2** *n.* đám đông, số đông; đàn cá **3** *v.* làm cho cạn; hợp thành đàn

shock /ʃɒk/ **1** *n.* sự đụng chạm; sự đột xuất; sự sửng sốt, cảm giác bất ngờ; sự động đất; sốc: **The news was a great ~.** Tin tức đó làm mọi người sửng sốt vô cùng.; **to die of ~** chết vì sốc **2** *n.* mớ tóc bù xù: **~ head** đầu tóc bù xù **3** *n.* đống lúa **4** *v.* làm chướng tai gai mắt [vì xấu xa hay lố bịch]; làm đau buồn; làm điện giật; gây sốc: **He was ~ed by the woman's attitude.** Ông ấy căm phẫn vì thái độ của người đàn bà đó. **5** *v.* xếp thành đống

shock wave *n.* việc thay đổi áp suất trong không khí

shoddy /ˈʃɒdɪ/ *adj.* tồi, xấu

shoe /ʃuː/ **1** *n.* giày; vành (sắt bịt) móng ngựa: **a pair of ~s** một đôi giày; **dress ~s** giày diện; **tennis ~s** giày chơi quần vợt; **~black** em bé đánh giày; người đánh giày; **~horn** cái bót đi giày; **~shine** sự đánh giày; **~string** dây giày; **to be in a person's ~** vào trong hoàn cảnh của người nào; **dead men's ~s** cơ người ngắm nghé tài sản/địa vị **2** *v.* [**shod**] đi/mang giày cho, đóng móng [ngựa]; bịt đầu [gậy]

shogun /ˈʃəʊgʊn/ *n.* tướng quân Nhật

shone /ʃɒn/ quá khứ của shine

shook /ʃʊk/ quá khứ của shake

shoot /ʃuːt/ **1** *n.* cành non, chồi măng; cuộc tập bắn; cuộc săn bắn; cú sút bóng: **bamboo ~** măng tre **2** *v.* [**shot**] đâm ra, trồi ra; bắn, phóng, ném liệng, quăng; bắn [tên, súng]; sút, đá [bóng]; chụp ảnh, quay phim: **to be ~ in the chest** bị trúng đạn ở ngực; **They shot the two spies.** Họ xử tử hai tên gián điệp.; **to ~ ahead** bay đến trước; **to**

~ down bắn rơi, hạ [máy bay]; **to ~ up** bắn trúng nhiều phát; lớn mau/vọt; [lửa] phun lên; [giá] tăng vọt; **to ~ one's mouth off** nói ba hoa, nói không giữ ý giữ tứ

shooter /'ʃuːtə(r)/ *n.* xạ thủ, người bắn súng

shooting /'ʃuːtɪŋ/ *n.* sự bắn; sự phóng đi; cơn đau nhói; sự chụp ảnh, sự quay phim: **~ boots** giày ống đi săn; **~-box** lều đi săn; **~ coat** áo đi săn; **~ gallery** phòng tập bắn; **~-range** trường bắn; **~ star** sao băng, sao sa, sao đổi ngôi; **~ war** chiến tranh nóng/thật sự

shoot-out *n.* trận chiến quyết định; đá phạt để quyết định thắng bại (bóng đá)

shop /ʃɒp/ **1** *n.* cửa hàng, cửa hiệu, tiệm; xưởng: **to talk ~** nói chuyện buôn bán/làm ăn; **~-assistant** người bán hàng; **~keeper** chủ hiệu, chủ tiệm; **~lifting** sự/tội ăn cắp trong cửa hàng; **all over the ~** lung tung, lộn xộn; **to set up ~** bắt đầu kinh doanh **2** *v.* đi mua hàng, đi chợ, đi sắm đồ: **to ~ for** tìm mua; **to ~ around** khảo giá, lùng đồ rẻ

shopaholic /ʃɒpə'hɒlɪk/ *n.* người ghiền/mê đi mua sắm

shopping /'ʃɒpɪŋ/ *n., adj.* sự đi mua hàng; các món hàng mua: **to go ~** mua/sắm đồ, đi mua bán; **~ bag** túi đi chợ; **~ center** trung tâm thương mại; **~ guide** bảng hướng dẫn đi phố/mua sắm; **~ list** danh sách các thứ cần mua

shore /ʃɔː(r)/ *n.* bờ [biển, hồ]: **lake ~** bờ hồ; **~line** đường bờ biển/hồ

shorn /ʃɔːn/ quá khứ của **shear**

short /ʃɔːt/ **1** *n.* phim ngắn; quần sóoc; mạch ngắn **2** *adj.* ngắn, cụt; thấp, lùn; thiếu, hụt, không đủ; gọn, tắt: **a ~ memory** trí nhớ kém; **in ~** nói tóm lại; **to be ~ of help** thiếu người làm; **~ change** lừa bịp, đổi tiền thiếu; **~ circuit** mạch điện ngắn; **~ cut** đường tắt, cách làm

giảm bớt thời gian/công sức; **~ sighted** cận thị, thiển cận; **~ temper** tính hay cáu kỉnh; **~ term** ngắn hạn; **~ time** trong thời gian ngắn; **~ wave** làn sóng ngắn; **~ list** danh sách ứng viên đã được chọn **3** *adv.* bất thình lình, bất chợt: **to stop ~** bất thình lình ngừng lại, chặn đứng, tự nhiên chấm dứt; **to cut somebody ~** ngắt lời ai; **to bring up ~** ngừng lại bất thình lình

shortage /'ʃɔːtɪdʒ/ *n.* sự thiếu, sự khan: **housing ~** nạn khan nhà

shorten /'ʃɔːt(ə)n/ *v.* thu/rút ngắn lại; cho mỡ vào bánh

shortfall /'ʃɔːtfɔːl/ *n.* sự thiếu hụt

short-fused *adj.* dễ nóng giận

shorthand /'ʃɔːthænd/ *n.* tốc ký

shorthanded /'ʃɔːthændɪd/ *adj.* thiếu người làm, thiếu nhân công, neo người

shortlist /'ʃɔːtlɪst/ *n.* danh sách đã được tuyển chọn (để được vào chung kết/phỏng vấn)

shorts /ʃɔːts/ *n.* quần đùi/lót

shot /ʃɒt/ *v.* quá khứ của **shoot**

shot /ʃɒt/ **1** *n.* phát súng, phát đạn; đạn, viên đạn; người bắn, xạ thủ; sự làm thử, sự đoán cầu may; ảnh, phim, cảnh; quả tạ [to put ném]; cú sút; trái ban; mũi tiêm, liều [ma túy], ngụm [rượu]: **a ~ in the arm** liều thuốc bổ, sự khích lệ; **to call the ~s** chỉ huy, điều khiển **2** *adj.* hư nát; bị thất bại; có tia, có vạch

shotgun /'ʃɒtgʌn/ *n.* súng ngắn, súng lục

shotput /'ʃɒtpʊt/ *n.* môn ném tạ; cú ném tạ

should /ʃʊd/ *modal v.* **I ~ be finishing my work very soon.** Tôi phải xong việc sớm.; **You ~ go at once.** Anh nên đi ngay lập tức.

shoulder /'ʃəʊldə(r)/ **1** *n.* vai; lề xa lộ: **~ to ~** vai kề vai; **~-belt** quai đeo vai; **~ blade** xương vai; **~ strap** cầu vai **2** *v.* vác lên vai; gánh [trách nhiệm]; lách, len lỏi

shout /ʃaʊt/ *n., v.* (tiếng) kêu la, hò hét, reo hò: **to ~ down** kêu la phản đối diễn giả

shove /ʃʌv/ **1** *n.* sự xô đẩy **2** *v.* xô đẩy, xô lấn; nhét: **to ~ off** đẩy thuyền ra đi; ra đi, chuồn, cuốn gói; **to ~ up** xê dịch để dành chỗ cho người ngồi cạnh

shovel /ʃʌv(ə)l/ *n., v.* cái xẻng, xúc bằng xẻng

show /ʃəʊ/ **1** *n.* cuộc trưng bày, cuộc triển lãm; bề ngoài, hình thức; sự phô trương/khoe khoang; sự tỏ bày; cuộc biểu diễn, tuồng, màn phim: **by a ~ of hands** (biểu quyết) bằng cách giơ tay; **~ of force** sự phô trương lực lượng/thanh thế; **talent ~** biểu diễn văn nghệ; **variety ~** tạp diễn văn nghệ; **He runs the ~.** Ông ta lo hết buổi diễn/lễ này.; **~ business** ngành kịch hát điện ảnh, văn nghệ sân khấu; **~ cause** trường hợp cần giải thích tại sao thất bại thi hành lệnh tòa án/thi rớt; **~-and-tell** phương pháp khuyến khích học sinh chỉ vào đồ vật và nói; **~room** phòng triển lãm, phòng trưng bày sản phẩm; **~piece** vật/đồ triển lãm **2** *v.* [**showed; shown**] cho thấy, đưa cho xem/coi; trưng bày; tỏ ra; chứng minh/tỏ; chỉ, bảo, vạch; dẫn, dắt; chiếu [phim]; hiện ra, ló mặt, thò ra: **to ~ off** khoe khoang; **to ~ up** lột mặt nạ; xuất hiện; **to ~ one's color** để lộ chân tướng; **to ~ one's hands** để lộ ý đồ của mình; **to ~ a person the door** từ chối người nào

showcase /ʃəʊkeɪs/ *n.* tủ bày hàng, tủ kính

showdown /ʃəʊdaʊn/ *n.* sự đặt bài xuống; giờ phút quyết liệt, sự thử thách cuối cùng: **They are heading towards a ~.** Hai bên sắp ăn thua quyết liệt đến nơi rồi.

shower /ʃaʊə(r)/ **1** *n.* trận mưa rào; sự tắm vòi sen; trận mưa [cú đánh, đá, đạn, hôn]; sự dồn dập tới tấp: **The radio said there will be ~s today.** Đài dự báo hôm nay sẽ có mưa rào.; **We are planning a ~ for her.** Chúng tôi định tổ chức một tiệc riêng cho cô ấy. **2** *v.* đổ mưa, mưa như trút; bắn/ rơi xuống như mưa; (gửi) đến tới tấp

showman /ʃəʊmən/ *n.* ông bầu

shown /ʃəʊn/ quá khứ của **show**

showtime /ʃəʊtaɪm/ *n.* giờ trình diễn /chiếu

shrank /ʃræŋk/ quá khứ của **shrink**

shrapnel /ʃræpnəl/ *n.* mảnh đạn, mảnh bom; đạn chì

shred /ʃred/ **1** *n.* mảnh vụn, miếng nhỏ; một tí/chút: **to tear to ~s** xé ra từng mảnh; **not a ~ of evidence** không một tí chứng cớ nào **2** *v.* [**shredded/shred**] cắt nhỏ, thái nhỏ, xé [thịt gà]

shrewd /ʃruːd/ *adj.* khôn, khôn ngoan sắc sảo, láu cá

shriek /ʃriːk/ *n., v.* (tiếng) kêu thét, (tiếng) la thét

shrill /ʃrɪl/ **1** *adj.* the thé, lanh lảnh, điếc/inh tai **2** *v.* kêu/nó the thé

shrimp /ʃrɪmp/ **1** *n.* con tôm, con tép **2** *v.* câu/bắt/đánh tôm

shrine /ʃraɪn/ *n.* điện/miếu thờ; lăng, mộ; chỗ linh thiêng

shrink /ʃrɪŋk/ *v.* [**shrank/shrunk**] co lại, teo; [vải] co vào; chùn bước, lùi bước: **to ~ away/back** lùi bước

shrivel /ʃrɪv(ə)l/ *v.* teo lại, quăn/quắt lại; héo hon

shroud /ʃraʊd/ **1** *n.* vải liệm; màn [bí mật]: **The story was wrapped in a ~ of mystery.** Câu chuyện còn trong vòng bí mật. **2** *v.* liệm; che giấu, che đậy

shrub /ʃrʌb/ *n.* cây nhỏ, cây bụi nhỏ

shrug /ʃrʌg/ *n., v.* (cái) nhún vai: **to ~ off** nhún vai coi thường; giũ sạch

shudder /ʃʌdə(r)/ *n., v.* (sự) rùng mình: **I ~ to think of your story.** Tôi rùng mình khi nghĩ đến chuyện của bạn.

shuffle /ʃʌf(ə)l/ **1** *n.* sự trang bài; sự xáo trộn; sự lê chân **2** *v.* trang [bài];

trang bài; xáo trộn; lê [chân]; đi lê chân; trút bỏ: **to ~ the cards** thay đổi bài

shun /ʃʌn/ *v.* tránh, xa lánh, lẩng xa [ai; trách nhiệm]

shunt /ʃʌnt/ *v., n.* chuyển hướng; xếp lại kế hoạch

shut /ʃʌt/ **1** *v.* [**shut**] đóng/khép/đậy lại; nhắm [mắt]; gập [sách]: **to ~ in** giam, nhốt; **to ~ off** cắt, ngắt, cúp, tắt, khoá [điện, nước]; **to ~ up** giam, nhốt; bắt câm miệng; [tiệm] đóng cửa; **Shut up!** Im đi!; **to ~ down** đóng cửa, dẹp hãng/tiệm; **to ~ the door on** từ chối, không xem xét đến; **to ~ one's eye (ears/heart/mind)** nhắm mắt (bịt tai) làm ngơ; **Shut your face (head/mouth)!** Câm miệng lại! **2** *adj.* bị đóng lại, ngừng hoạt động

shutdown *n.* sự đóng cửa, sự dẹp tiệm

shut-in *n.* người rời khỏi nhà được (vì bệnh tật)

shut-out /'ʃʌtaʊt/ *n.* trận đấu giữ không cho bàn thắng

shutter /'ʃʌtə(r)/ *n.* lá chắn sáng [trong máy ảnh], màn cửa sổ

shutterbug /'ʃʌtəbʌg/ *n.* phó nhòm/ người chụp hình có nhiệt tình

shuttle /'ʃʌt(ə)l/ **1** *n.* con thoi: **~ bus** xe buýt con thoi [giữa hai địa điểm gần]; **~ diplomacy** thương thảo ngoại giao quốc tế; **~ service** dịch vụ chuyên chở đi về khoảng đường ngắn; **the New York-Washington ~ plane** máy bay giữa New York và Washington; **~ train** tàu con thoi; **space ~** phi thuyền con thoi không gian **2** *v.* đi đi lại lại: **to ~ back and forth** đi đi lại lại

shuttlecock /'ʃʌt(ə)lkɒk/ *n.* quả cầu, quả cầu lông [vũ cầu]

shy /ʃaɪ/ **1** *adj.* nhút nhát, rụt rè, bẽn lẽn: **to be ~ of doing something** rụt rè làm việc gì **2** *n.* sự tránh né, lách qua một bên **3** *v.* [ngựa] nhảy sang một bên: **to ~ away from** tránh né

Siberia /saɪ'bɪərɪə/ *n.* nước Tây Bá lợi Á

sibilant /'sɪbɪlənt/ *n., adj.* (âm) xuýt, (âm) xì

sibling /'sɪblɪŋ/ *n.* anh/chị/em ruột

sic /sɪk/ **1** *adv.* dẫn đúng nguyên văn **2** *v.* đánh/tấn công ai

sick /sɪk/ **1** *adj.* ốm, đau, có bệnh; muốn/buồn nôn: **I feel ~.** Tôi cảm thấy buồn nôn; **to be ~ and tired of** chán ngấy; **love~** tương tư; **sea~** say sóng; **~ bay** bệnh xá trên tàu; **~ leave** phép nghỉ ốm, thời gian nghỉ ốm **2** *n.* bệnh, sự đau ốm: **the ~** người bệnh; **~ call** việc đi khám bệnh của bác sĩ **3** *v.* nôn mửa, nôn: **to ~ to one's stomach** lợm giọng, buồn nôn/mửa; **to ~ up** nôn mửa

sick building syndrome *n.* điều kiện làm việc gây đau ốm cho công nhân

sicken /'sɪk(ə)n/ *v.* làm ốm/đau; bị ốm; tởm, kinh tởm

sickle /'sɪk(ə)l/ *n.* lưỡi liềm: **hammer and ~** búa liềm

side /saɪd/ **1** *n.* mặt, bên; hông, bề, cạnh; sườn/triền núi, bìa rừng; sườn, lườn [thịt]; bên, phía, phe, phái; khía cạnh: **on both ~s of the sheet** cả hai mặt tờ giấy; **opposite ~s** hai cạnh/bên đối nhau; **~ by ~** sát cánh; **on the maternal ~** bên ngoại; **on this ~ of the grave** còn sống; **the winning ~** phe thắng; **this ~ up** mặt này ở trên; **~ arms** vũ khí đeo cạnh người; **~ dish** món gọi thêm; **~ door** cửa bên; **~ effect** ảnh hưởng phụ; **~ glance** cái liếc; **~ show** trò phụ; việc phụ, việc thứ yếu **2** *v.* đứng về phía/phe: **to ~ with** đứng về phía, ủng hộ

sideline /'saɪdlaɪn/ **1** *n.* đường biên; nghề phụ, nghề tay trái: **on the ~s** ngồi bên xem, bàng quan, không dự vào **2** *v.* thay cầu thủ khỏi đội banh

side order *n.* món ăn gọi thêm với món ăn chính

sidestep /'saɪdstep/ *n., v.* tránh sang một bên, né

sidetrack /'saɪdtræk/ **1** *n.* đường tàu

tránh **2** *v.* tránh; làm sai, đánh lạc hướng: **to ~ someone's attention** đánh lạc hướng sự chú ý

sideview *n.* hình trông nghiêng

sidewalk /'saɪdwɔːk/ *n.* vỉa hè, bờ hè: **~ café** quán ăn, quán giải khát hoặc cà phê ngoài vỉa hè; **~ sale** bán son ngoài vỉa hè trước cửa tiệm

siding /'saɪdɪŋ/ *n.* đường tàu tránh; lớp ván/nhôm bao ngoài tường

sidle /'saɪdl/ *v., n.* đi rụt rè/khúm núm

SIDS /,esaɪdiː'es; sɪdz/ *n., abbr.* (= **sudden infant death syndrome**) bé chết yểu

siege /siːdʒ/ *n.* sự vây hãm, công hãm, sự bao vây: **to lay ~ to** bao vây; **to raise a ~** giải vây, phá vòng vây

sieve /sɪv/ **1** *n.* cái rây/sàng/giần **2** *v.* rây, sàng, giần

sift /sɪft/ *v.* rây, sàng, giần; chọn lọc, phân tích

sigh /saɪ/ *n., v.* (tiếng) thở dài: **to heave a ~ of relief** thở dài một tiếng nhẹ nhõm

sight /saɪt/ **1** *n.* sức nhìn, thị lực; sự nhìn/trông; cách nhìn, tầm; cảnh, cảnh đẹp, cảnh tượng: **Out of my ~!** Hãy đi khuất mắt tôi!; **a sad ~** cảnh tượng buồn thảm; **at first ~** thoạt nhìn; **in ~** trông/nhìn thấy rồi; **Out of ~, out of mind.** Khuất mặt xa lòng; **to catch ~ of** nhìn thấy; **to lose ~ of** không còn biết gì nữa **2** *v.* (nhìn/trông) thấy; ngắm

sight-read /'saɪtriːd/ *v.* nhìn bản nhạc hát liền (không cần tập dượt)

sightseeing /'saɪt,siːɪŋ/ *n.* sự đi xem phong cảnh, sự tham quan: **to go ~** đi tham quan, đi du ngoạn

sign /saɪn/ **1** *n.* dấu (hiệu), ký hiệu; mật hiệu; biểu hiện, điềm, tượng trưng; dấu vết; triệu chứng; biển để trước cửa hàng/công ốc: **to show no ~ of** dường như bất tỉnh, không phản ứng **2** *v.* làm dấu; ký tên; ra hiệu: **to ~ away** ký giấy nhường tài sản cho ai; **to ~ off** ngừng phát thanh, ngừng nói; **to ~ on** ký giao

kèo làm gì; **to ~ out** ký tên rời khỏi khách sạn/văn phòng; **to ~ up** mướn [nhân viên] bằng giao kèo; đăng lính; ghi tên

signal /'sɪgnəl/ **1** *n.* dấu hiệu; tín hiệu; hiệu lệnh: **~ box** hộp đèn tín hiệu dọc đường xe lửa; **~ station** đài tín hiệu; **~ tower** đài tín hiệu; **~ of distress** tín hiệu lâm nguy **2** *v.* ra hiệu, báo hiệu: **to ~ to someone to start** ra tín hiệu cho ai bắt đầu **3** *adj.* nổi tiếng, lớn lao, đáng kể, gương mẫu, oanh liệt: **~ corps** binh chủng truyền tin

signature /'sɪgnətjʊə(r)/ *n.* chữ ký; ký hiệu; chữ in [nhà in]: **to certify a ~** chứng nhận chữ ký

signboard /'saɪnbɔːd/ *n.* biển quảng cáo; biển hàng

significance /sɪg'nɪfɪkəns/ *n.* ý nghĩa; tầm quan trọng; sự nổi bật: **a look of deep ~** cái nhìn đầy ý nghĩa

significant /sɪg'nɪfɪkənt/ *adj.* đầy ý nghĩa; quan trọng

signify /'sɪgnɪfaɪ/ *v.* có nghĩa là; biểu hiện, tỏ cho biết, tuyên bố: **A yawn signifies boredom.** Cái ngáp biểu hiện sự buồn chán.

sign language *n.* ngôn ngữ dành cho người mù

silence /'saɪləns/ **1** *n.* sự làm thinh, sự lặng thinh, sự nín lặng/thinh; sự im hơi lặng tiếng; sự lãng quên; sự yên lặng/yên tĩnh/tĩnh mịch: **Silence gives consent.** Làm thinh là tình đã thuận.; **to suffer in ~** âm thầm chịu đựng **2** *v.* bắt phải im, cấm không nói

silencer /'saɪlənsə(r)/ *n.* vật làm giảm thanh, bộ giảm âm

silent /'saɪlənt/ *adj.* ít nói, làm thinh; yên lặng, yên tĩnh, tĩnh mịch, thanh vắng, im lặng; [chữ, phim] câm: **~ majority** đa số thầm lặng; **~ partner** người không chia sẻ công việc trong cùng một công ty

silhouette /sɪluː'et/ *n., v.* (in) bóng, hình bóng, hình dáng

silicon /'sɪlɪkən/ *n.* chất si-lic, si-li-con; ~ **Valley** thung lũng/khu vực điện tử (ở Mỹ như San Jose)

silk /sɪlk/ *n.* lụa; tơ; tơ nhện; hàng lụa, đồ lụa: **artificial ~, man-made ~** tơ nhân tạo; ~ **hat** mũ đại lễ

silkworm /'sɪlkwɜːm/ *n.* con tằm

silky /'sɪlkɪ/ *adj.* mượt, óng ánh; ngọt xớt

sill /sɪl/ *n.* ngưỡng cửa: **door ~** bậc cửa chính; **window ~** khung cửa sổ

silly /'sɪlɪ/ *n., adj.* ngớ ngẩn, ngờ nghệch, khờ dại; khùng, điên; [chuyện] vớ vẩn, ngu

silt /sɪlt/ *n.. v.* bùn, phù sa

silver /'sɪlvə(r)/ **1** *n.* bạc; đồng tiền; đồ bạc; màu bạc **2** *adj.* ~ **foil** giấy bọc bạc; **Every cloud has a ~ lining.** Trong cái rủi vẫn có cái may.; ~ **screen** màn bạc; ~ **wedding** kỷ niệm 25 năm ngày cưới **3** *v.* mạ bạc, bịt bạc; tráng thuỷ [vào gương]

silver disc *n.* đĩa khung bạc trao giải cho ai có số đĩa bán chạy nhất

silver jubilee *n.* lễ kỷ niệm 25 năm

silver-tongued *adj.* tài ăn nói/hùng biện

silverware /'sɪlvəweə(r)/ *n.* bộ dao dĩa bằng bạc

silvery /'sɪlvərɪ/ *adj.* bạc, trông như bạc, óng ánh như bạc

SIM card *n.* thẻ nối mạng điện thoại di động

similar /'sɪmɪlə(r)/ *adj.* giống/như nhau, tương tự; đồng dạng

similarity /sɪmɪ'lærɪtɪ/ *n.* sự giống nhau, điểm/nét tương tự

simile /'sɪmɪlɪ/ *n.* lối so sánh, lối ví von, tỉ

simmer /'sɪmə(r)/ *n., v.* (sự) đun nhỏ lửa cho sủi; (sự) cố nén

simper /'sɪmpə(r)/ *n., v.* nụ cười điệu, cười điệu

simple /'sɪmp(ə)l/ *adj.* đơn, đơn giản; giản dị, mộc mạc, hồn nhiên; xuềnh xoàng; dễ hiểu, dễ làm; nhỏ mọn, tầm thường; ngu dại: **I enjoy a ~ life.** Tôi thích đời sống đơn

giản.; ~**minded** chân thật, chất phác, chân chất, hồn nhiên; ngây thơ, ngớ ngẩn, ngù ngờ, khờ khạo

simplicity /sɪm'plɪsɪtɪ/ *n.* tính đơn giản; tính mộc mạc, tính hồn nhiên/xuềnh xoàng; tính dễ hiểu; sự ngu dại

simplify /'sɪmplɪfaɪ/ *v.* làm đơn giản, đơn giản hoá

simplistic /'sɪmplɪstɪk/ *adj.* làm cho dễ chịu/bớt khó hơn

simulate /'sɪmjʊleɪt/ *v.* giả vờ, giả cách; bắt chước

simulated /'sɪmjʊleɪtɪd/ *adj.* giả, bắt chước: ~ **leather** da giả

simulcast /'sɪməl'kɑːst/ *n.* chương trình vừa phát thanh vừa truyền hình

simultaneous /sɪməl'teɪnɪəs/ *adj.* cùng một lúc, đồng/cộng thời: ~ **interpretation** sự thông dịch cùng một lúc với người nói

sin /sɪn/ **1** *n.* tội lỗi, tội ác: **to be like ~** như là có tội; **to live in ~** trai gái sống chung với nhau mà không cưới hỏi **2** *v.* phạm/mắc tội, gây tội

since /sɪns/ **1** *adv.* từ đó; từ lâu: **We parted in 1948 and I have not seen him ~.** Chúng tôi chia tay hồi 48 và từ đó tôi chưa gặp anh ta. **2** *prep.* từ (khi): **We have been in Vietnam ~ 1999.** Chúng tôi sống ở Việt Nam từ 1999 (tới nay). **3** *conj.* từ khi; vì lẽ, bởi chung: ~ **leaving Hanoi** từ lúc rời Hà Nội; ~ **it's too late now** vì bây giờ đã quá trễ

sincere /sɪn'sɪə(r)/ *adj.* thành thật, thật thà, ngay thật, chân thật, chân thành, thật tình, thành khẩn

sincerity /sɪn'serɪtɪ/ *n.* tính thành thật/thật thà, lòng chân thành

sinecure /'saɪnɪkjʊə(r)/ *n.* chức ngồi không, chức ngồi chơi xơi nước

sinew /'sɪnjuː/ *n.* gân; bắp thịt, sức khỏe; tài nguyên

sing /sɪŋ/ *v.* [**sang; sung**] hát, ca, ca hát; ca ngợi; [chim] hót; [nước sôi] reo: **to ~ a song** hát một bài hát; **to ~ along** hát theo điệu nhạc; **to ~ out**

gọi lớn, kêu to; **to ~ the praises of** ca ngợi, tán dương ai

Singapore /ˌsɪŋəˈpɔːr/ *n.* nước Sing-ga-pore, nước Tân Gia Ba

singe /sɪndʒ/ *v.* đốt sém; thui [gà, lợn]

single /ˈsɪŋg(ə)l/ **1** *n.* người độc thân; trận đánh đơn; vé một lượt (đi): **to play ~** đanh đơn; **~-acting** (máy) một chiều; **~-entry** kế toán chỉ vào một chương mục **2** *adj.* đơn, đơn độc, một mình; đơn độc, cô đơn, không vợ/chồng: **~ bed** giường một; **~ file** hàng một; **~ life** cuộc sống đơn độc; **~ mother** một mình mẹ nuôi con; **~ room** phòng đơn **3** *v.* chọn ra, lựa ra: **to ~ out** tách ra

single-handed *adj.* một mình, đơn thương độc mã

single-minded *adj.* chỉ có một mục đích

single parent *n.* cha mẹ đơn chiếc

singlet /ˈsɪŋglɪt/ *n.* áo mặc trong, áo lót mình

single-use *adj.* đơn dụng, chỉ dùng cho một việc

singular /ˈsɪŋgjʊlə(r)/ *n., adj.* số ít; phi thường

singularity /ˌsɪŋgjʊˈlærɪti/ *n.* tính đặc biệt/kỳ dị

sinister /ˈsɪnɪstə(r)/ *adj.* gở, hung; ác, độc ác, nham hiểm

sink /sɪŋk/ *n.* chậu rửa bát: **kitchen ~** bồn rửa ở nhà bếp

sink /sɪŋk/ **1** *v.* [**sank; sunk**] làm chìm, đánh đắm; đào, khoan [giếng]; để kẹt [vốn]; [tàu] chìm; xuống thấp, lắng, lún xuống; hõm vào; ngập/khắc sâu vào: **to ~ one's own interests** quên mình; **to ~ money into** mắc kẹt vốn trong kinh doanh; **to ~ or swim** một mất một còn **2** *adj.* thấp, lắng xuống; hỏm vào

sinologist /ˈsaɪnɒlədʒɪst/ *n.* nhà Hán học

sinology /ˈsaɪnɒlədʒɪ/ *n.* khoa Hán học

sinus /ˈsaɪnəs/ *n.* xoang (mũi)

sip /sɪp/ **1** *n.* hớp, nhấp: **I have had a ~ of whiskey.** Tôi vừa nhấp một chút rượu whisky. **2** *v.* nhấp, uống hớp (rượu)

siphon /ˈsaɪfən/ **1** *n.* ống xi-fông, ống truyền nước **2** *v.* hút bằng xi-fông

sir /sɜː(r)/ **1** *n.* thưa ngài, thưa ông, thưa tiên sinh, thưa thủ trưởng/đại uý, đại tá, đại tướng v.v.; ngài, đức: **Dear ~s** Thưa Quý ông **2** *v.* gọi bằng ngài: **Don't ~ me.** Đừng gọi tôi bằng ngài.

siren /ˈsaɪərən/ *n.* còi hụ/tầm, còi báo động; người đàn bà quyến rũ; tiên chim [Hy lạp]

sissy /ˈsɪsɪ/ *n.* (*pl.* **sissies**) người ẻo lả yếu đuối

sister /ˈsɪstə(r)/ *n.* chị, em gái; nữ tu (sĩ), ni cô, bà xơ, bà phước: **~hood** tình chị em; **~-in-law** chị dâu, em dâu, chị chồng/vợ; **~ of Mercy** bà phước, nữ tu sĩ; **~ city** thành phố kết nghĩa

sit /sɪt/ *v.* [**sat**] ngồi; [gà mái] ấp trứng; ngồi cho người ta vẽ hoặc chụp ảnh; [quốc hội] nhóm họp: **to make a person ~ up** bắt ai làm việc vất vả, làm cho ai ngạc nhiên; **to ~ back** ngồi thoải mái; **to ~ down** ngồi xuống; **to ~ in** dự, bàng thính [lớp học]; **to ~ still** ngồi yên; **to ~ tight** ngồi lỳ; **to ~ up** ngồi dậy

sitcom /ˈsɪtkɒm/ *n.* một cảnh trong kịch

sit-down-strike *n.* cuộc đình công ngồi; sự ngồi ăn vạ

site /saɪt/ **1** *n.* nơi, chỗ, vị trí, địa điểm: **construction ~** công trường xây dựng **2** *v.* để/đặt vào nơi nào; cung cấp địa điểm

sitting /ˈsɪtɪŋ/ **1** *n.* buổi họp; lần/lượt ngồi; buổi ngồi **2** *adj.* đang ngồi, đang đậu: **~ duck** mục tiêu dễ trúng; **~ room** phòng ngồi chơi, phòng khách; **~ tenant** người đã ở sẵn trong nhà

situated /ˈsɪtjuːeɪtɪd/ *adj.* ở, toạ lạc; ở vào một tình thế nào đó: **It is ~ at the foot of the hill.** Toạ lạc ở chân đồi.

situation /sɪtjuˈeɪʃən/ *n.* tình hình/thế/ cảnh, hoàn cảnh, cục diện, trạng thái; địa thế, vị trí; việc làm: **I can't do anything in this ~**. Tôi không thể làm gì được trong hoàn cảnh nầy.

six /sɪks/ **1** *num.* số sáu; con sáu [bài, súc sắc]: **at ~es and sevens** lung tung; bất hoà **2** *adj.* sáu: **The boy is ~ (years old)**. Cậu bé lên sáu.; **~-figure number** số một trăm ngàn (gồm sáu con số): **~figure salary** lương trên một trăm ngàn; **~-fold increase** tăng lên sáu lần

sixteen /sɪkˈstiːn/ *num., adj.* (số) mười sáu

sixth /sɪksθ/ **1** *num.* một phần 6; người/vật thứ 6; ngày mồng 6 **2** *adj.* thứ 6: **~ form** hai lớp cuối bậc trung học (lớp 11 và 12; **~ sense** giác quan thứ sáu

sixty /ˈsɪkstɪ/ **1** *num.* số sáu mươi: **the sixties [60's]** những năm 60 **2** *adj.* sáu mươi, 60:

(the) sixty-four thousand dollar question *n.* câu hỏi sáu mươi bốn ngàn (nếu trả lời được)

size /saɪz/ **1** *n.* độ lớn, kích thước; bề cao; số, cỡ, khổ: **the ~ of an orange** to bằng quả cam; **What ~ hat do you wear?** Ông đội mũ số mấy?; **That's about the ~ of it.** Đầu đuôi câu chuyện là như thế. **2** *v.* sắp xếp theo cỡ to nhỏ; đánh giá; phết hồ: **to ~ up** ước lượng cỡ

sizeable, sizable /ˈsaɪzəb(ə)l/ *adj.* khá to, khá lớn, có cỡ lớn

sizzle /ˈsɪz(ə)l/ *n., v.* (tiếng) xèo xèo

skate /skeɪt/ **1** *n.* giày trượt: **ice ~** giày trượt băng **2** *v.* trượt băng; đi pa-tanh

skateboard /ˈskeɪtbɔːd/ *n.* tấm trượt tuyết, tấm ván đi pa-tanh

skating /ˈskeɪtɪŋ/ *n.* việc trượt băng, việc đi skate

skating rink *n.* sân băng để trượt chơi

skein /skeɪn/ *n.* con chỉ, cuộn chỉ, cuộn len

skeletal /ˈskelɪtəl/ *adj.* thuộc bộ xương

skeleton /ˈskelɪtən/ *n.* bộ xương; khung, sườn, nòng cốt

skeptical /ˈskeptɪkəl/ *adj.* hoài nghi, đa nghi, có tư tưởng hoặc theo chủ nghĩa hoài nghi

sketch /sketʃ/ **1** *n.* bức vẽ phác thảo; bản tóm tắt; dự thảo, bản phác thảo; vở kịch ngắn **2** *v.* vẽ phác, phác hoạ, phác thảo

skew /skjuː/ *n., adj.* (mặt/phần) nghiêng

skewed /skjuːd/ *adj.* không đúng, không thẳng

ski /skiː/ **1** *n.* xki, ván trượt tuyết **2** *v.* đi xki, trượt tuyết: **~ boots** giày xki; **to go ~ing** đi chơi xki

skid /skɪd/ *n., v.* (sự) trượt bánh, làm cho trượt, bị trượt

skill /skɪl/ *n.* sự khéo léo, sự khéo tay, kỹ xảo/năng

skillet /ˈskɪlɪt/ *n.* chảo rán (nhỏ); xoong nhỏ có cán

skillful /ˈskɪlfəl/ *adj.* khéo (léo), khéo tay, tinh xảo; tài, tài tình, thành thạo

skim /skɪm/ *v.* hớt [bọt, váng, kem, mỡ]; đọc lướt: **to ~ over** đọc qua; **to ~ the fat off the soup** hớt bớt mỡ nước dùng; **~ milk** sữa đã lấy kem

skimp /skɪmp/ *adj.* bủn xỉn [on về]

skin /skɪn/ **1** *n.* da [người, thú]; bì; vỏ [cam, chuối]; vỏ tàu: **outer ~** biểu bì; **soaked to the ~** bị ướt sũng; **to have no ~ off one's nose** không dính dáng đến ai, không đụng chạm đến ai; **to be ~ and bone** rất gầy, da bọc xương; **to escape by the ~ of one's teeth** may mà thoát chết, suýt nữa thì nguy; **to get under a person's ~** nắm được ai, làm cho người nào phải chú ý; **~ cancer** ung thư da; **~ grafting** sự ghép/vá da **2** *v.* lột da; bóc/gọt vỏ; lừa đảo: **A chef skinned a chicken.** Đầu bếp đã lấy da con gà rồi.

skinny /ˈskɪnɪ/ *adj., n.* gầy [trơ xương], gầy nhom: **~ dipping** môn thể thao lội dưới nước

skip /skɪp/ **1** *n.* sự nhảy **2** *v.* nhảy, nhảy nhót, nhảy cẫng; nhảy dây; nhảy, bỏ quãng; nhảy lớp; chuồn, lỉnh: **to ~ from one subject to another** đang chuyện nọ nhảy sang chuyện kia

skirmish /'skɜːmɪʃ/ *n., v.* (cuộc) giao tranh, đụng độ

skirt /skɜːt/ **1** *n.* váy, xiêm; vạt áo, bờ, mép, rìa: **That is a beautiful ~.** Đó là một chiếc váy đẹp.; **the ~s of the city** ơ vòng đai thành phố **2** *v.* đi dọc theo, đi vòng quanh: **to ~ the coastline** đi dọc theo bờ biển

skit /skɪt/ *n.* nhóm, đám đông; vở kịch ngắn trào phúng, bài văn châm biếm

skive /skaɪv/ *n., v.* (sự) làm mỏng, mài

skull /skʌl/ *n.* sọ, đầu lâu

sky /skaɪ/ **1** *n.* trời, bầu trời; khí hậu: **under the open ~** ngoài trời; **to praise someone to the skies** tâng bốc ai lên tận mây xanh; **~ blue** màu xanh da trời; **~ high** cao tận trời xanh; **The ~ is the limit.** Không giới hạn.; **to look for warmer skies** kiếm nơi khí hậu ấm áp hơn **2** *v.* đánh vọt lên cao, treo tranh quá cao

skyline /'skaɪlaɪn/ *n.* đường chân trời; hình [thành phố, nhà cửa] in lên chân trời

skyrocket /'skaɪrɒkɪt/ *v.* tăng vọt giá cả

skyscraper /'skaɪskreɪpə(r)/ *n.* toà nhà chọc trời, cao ốc

slab /slæb/ **1** *n.* thanh, tấm; tấm bia; phiến đá **2** *v.* bóc bìa, xẻ bìa; lát từng tấm

slack /slæk/ **1** *n.* phần dây chùng; sự buôn bán ế ẩm; cái quần; sự nghỉ ngơi: **to have a ~ day** nghỉ ngơi một ngày thoải mái **2** *adj.* chùng, lỏng; ế ẩm; chểnh mảng, bê trễ: **to be ~ in doing something** chểnh mảng làm việc gì; **~ trade** buôn bán ế ẩm **3** *v.* nới, làm chùng; chểnh mảng; tôi vôi: **to ~ off** giảm bớt nhiệt tình; **to ~ up** giảm bớt tốc độ, đi chậm lại

slag /slæg/ **1** *n.* xỉ vụn **2** *n.* người đàn

bà lăng loàn/dâm đảng **3** *v.* kết thành xỉ

slain /sleɪn/ quá khứ của **slay**

slake /sleɪk/ *v.* làm nhẹ/dịu/nguôi; tôi [vôi]: **to ~ one's thirst** làm cho đỡ khát

slam /slæm/ **1** *n.* tiếng cửa đóng sầm; lời phê bình gay gắt **2** *v.* đóng sầm, rập mạnh; ném phịch; phê bình gay gắt

slander /'slɑːndə(r)/ *n., v.* (lời) nói xấu, (lời) phỉ báng, vu oan, vu cáo, vu khống

slang /slæŋ/ *n.* tiếng lóng: **streetkids' ~** tiếng lóng của trẻ vỉa hè

slant /slɑːnt/ **1** *n.* đường nghiêng; quan điểm, thái độ, cách nhìn **2** *v.* dốc nghiêng; làm nghiêng; trình bày theo một quan điểm nào đó

slanted /'slɑːntɪd/ *adj.* xuôi chiều, theo phe ai

slap /slæp/ **1** *n.* cái vỗ/đập; cái vả/tát; chuyện sỉ nhục: **a ~ in the face** cái đánh vào mặt, sự lăng mạ sỉ nhục **2** *v.* [**slapped**] vỗ, đánh, tạt tai, bạt tai, vả **3** *adv.* bất thình lình; trúng: **to run ~ into someone** chạy đâm sầm vào ai

slash /slæʃ/ **1** *n.* vết chém/rạch/cắt **2** *v.* chém, rạch, cắt; cắt bớt; quất, quật[roi]; đả kích, đập: **to ~ and burn** làm rẫy bằng cách cắt cây để khô rồi đốt sau đó mới gieo trồng

slat /slæt/ *n.* thanh gỗ mỏng, thanh tre [ở mành mành]

slate /sleɪt/ **1** *n.* đá đen, đá bảng; bảng đá; liên doanh [ứng cử viên] **2** *v.* lợp bằng ngói ac-đoa, lót bằng đá đen; chửi rủa thậm tệ

slated /sleɪtɪd/ *adj.* bằng phiến đá, bằng đá ac-đoa

slather /slæðə(r)/ *v.* phủ/phết đầy

slatted /sleɪtɪd/ *adj.* được làm bằng đá đen

slaughter /'slɔːtə(r)/ *n., v.* (sự) giết thịt, mổ thịt; (cuộc) chém giết, tàn sát

Slav /slɑːv/ *adj., n.* (người) nước Sla-vơ

slave /sleɪv/ **1** *n.* người nô lệ, người

làm việc cực nhọc đầu tắt mặt tối: **~ driver** cai nô; chủ nô; **~ labor** việc làm nô dịch; **~ trade** buôn bán nô lệ **2** *v.* làm việc đầu tắt mặt tối; chăm học

Slavic /'slɑːvɪk/ *n., adj.* (*also* **Slavonic**) (thuộc) ngôn ngữ Xia-vơ

slavish /'sleɪvɪʃ/ *adj.* nô lệ, khúm núm; [bắt chước] mù quáng

slay /sleɪ/ *v.* [**slew; slain**] giết

sleazy /'sliːzɪ/ *adj.* vải mỏng, nhếch nhác lôi thôi

sled /sled/ *n., v.* [*Br.* **sledge**] (đi bằng) xe trượt tuyết

sleek /sliːk/ **1** *adj.* bóng, láng, mượt; khéo, ngọt xớt **2** *v.* đánh bóng, làm cho bóng mượt

sleep /sliːp/ **1** *n.* giấc ngủ; sự ngủ: **to go to ~** đi ngủ; **to put to ~** ru ngủ **2** *v.* [**slept**] ngủ; ngủ trọ/đỗ; ăn nằm: **to ~ like a log** ngủ say, ngủ như chết; **to ~ on (it)** gác đến ngày mai; **to ~ off a headache** ngủ cho hết nhức đầu; **to ~ around** ăn nằm lang chạ lung tung; **to ~ over** ngủ nhà ai qua đêm

sleeper /'sliːpə(r)/ *n.* người ngủ; giường ngủ, toa xa ngủ; xà nhà; tà vạt [đường xe lửa]

sleeping bag /'sliːpɪŋ bæg/ *n.* túi ngủ, túi dùng để ngủ

sleeping pill *n.* viên thuốc ngủ

sleepover /'sliːpəʊvə(r)/ *n.* việc ngủ qua đêm sau tiệc

sleepwalker /'sliːpwɔːkə(r)/ *n.* người ngủ mê đi rong, miên hành

sleet /sliːt/ *n., v.* mưa tuyết

sleeve /sliːv/ *n.* tay áo; ống bọc ngoài, măng sông: **to roll up one's ~s** xắn tay áo; **to have a plan up one's ~** chuẩn bị sẵn một kế hoạch; **~-coupling** ống măng-sông; **~ link** khuy cửa tay áo; **~-valve** van ống

sleigh /sleɪ/ *n.* xe trượt tuyết (của ông già Nô-en)

slender /'slendə(r)/ *adj.* thon, mảnh khảnh, mảnh dẻ; ít ỏi

slept /slept/ quá khứ của **sleep**

slew /sluː/ quá khứ của slay; **1** *v.* quay, xoay, vặn **2** *n.* sự quay/xoay/ vặn; lô đống

slice /slaɪs/ **1** *n.* miếng mỏng, lát mỏng; phần chi **2** *v.* thái mỏng, láng mỏng, cắt mỏng: **She has ~d the orange into pieces.** Cô ấy vừa thái mỏng quả cam thành miếng.

slick /slɪk/ **1** *n.* vết loang: **oil ~** vết dầu loang **2** *adj.* bóng, mượt, trơn; đẹp, sang, bảnh bao; quá khéo nói **3** *v.* làm cho bóng/mượt; xếp gọn: **to ~ up** làm cho ngăn nắp gọn gàng

slid /slɪd/ quá khứ của **slide**

slide /slaɪd/ **1** *n.* sự trượt; đường trượt; bộ phận trượt; dương bản (ảnh màu); bản kính [để soi kính hiển vi]; cầu tuột [trẻ con chơi]: **~ rule** thước loga; **~ valve** van tự động **2** *v.* [**slid**] tuột, trượt; lướt qua; đi qua, trôi qua; rơi vào: **to ~ a drawer into place** đẩy ngăn kéo vào

sliding scale *n.* thang đối chiếu

slight /slaɪt/ **1** *n.* sự coi thường/khinh **2** *adj.* mỏng (mảnh) thon, yếu ớt; nhẹ, không đáng kể: **to take offense at the ~est thing** mếch lòng về chuyện không ra gì **3** *v.* không để ý đến, coi thường, coi nhẹ, xem khinh

slightly /'slaɪtlɪ/ *adv.* nhẹ, yếu, mỏng mảnh; hơi, qua, sơ

slim /slɪm/ **1** *adj.* thon, mảnh khảnh, mảnh dẻ; ít ỏi, nghèo nàn **2** *v.* (làm) thon nhỏ đi

slime /slaɪm/ *n.* bùn; nhớt cá, chất nhớt bẩn

slimline /'slɪmlaɪn/ *adj.* mỏng và nhỏ: **I would like to have a ~ phone.** Tôi muốn có máy điện thoại mỏng và nhỏ.

slimming /'slɪmɪŋ/ *n.* việc làm cho gầy đi: **a ~ club** câu lạc bộ làm cho gầy người đi

sling /slɪŋ/ **1** *n.* súng cao su; băng đeo [tay gẫy]; dây đeo **2** *v.* [**slung**] bắn, quăng, ném, liện, đeo, treo, móc

slingshot /'slɪŋʃɒt/ *n.* [*U.S.* **catapult**] súng cao su

slink /slɪŋk/ *v., n.* đẻ non/thiếu tháng; sự đẻ non

slip /slɪp/ **1** *n.* sự trượt chân; sự lỡ lời, sự sơ xuất; mẫu giấy, phiếu; cành giâm/ghép; váy trong: **a ~ of the tongue** lỡ lời; **to give someone the ~** lẩn trốn ai **2** *v.* nhét, đút, giúi; thuột, thoát, sổng; tuột; trôi qua; lẻn, lẩn; mắc lỗi vì sơ ý: **to let ~** để sống/mất; **to ~ away** chuồn, lẩn trốn; **to ~ by** [thời gian] trôi qua, lẩn trốn; **to ~ off** cởi vội

slipped disc *n.* tình trạng đau nhức khi khớp xương bị trật

slipper /'slɪpə(r)/ *n.* dép đi trong nhà: **a pair of ~s** một đôi dép; **lady's ~** tiên hài

slippery /'slɪpərɪ/ *adj.* trơn; khó nắm, khó xử, tế nhị; láu cá, ranh không: **"Slippery When Wet"** ĐƯỜNG TRƠN KHI MƯA

slipshod /'slɪpʃɒd/ *adj.* cẩu thả, không cẩn thận

slit /slɪt/ **1** *n.* khe hở, đường rạch: **to have ~s of eyes** có mắt ti hí **2** *v.* [**slit**] rọc, xé, rạch, chẻ, cắt

slither /'slɪðə(r)/ *n., v.* (sự) trượt, bị kéo đi

sliver /'slɪvə(r)/ *n., v.* miếng, mảnh gỗ; cắt ra từng miếng, xe thành sợi

slob /slɒb/ *n., v.* (người) bất cẩn, vụng về

slobber /'slɒbə(r)/ *n.* nước dãi; tình cảm uỷ mị

slog /slɒg/ *v., n.* làm việc chăm chỉ khó nhọc; đi khó nhọc; đánh mạnh vào bóng

slogan /'sləʊgən/ *n.* khẩu hiệu

slop /slɒp/ **1** *n.* bùn; thức ăn lỏng bõng; người nhếch nhác **2** *v.* (làm) đổ, (làm) tràn

slope /sləʊp/ **1** *n.* dốc, chỗ dốc, đường dốc, độ dốc: **to walk up the mountain ~** đi bộ lên sườn núi **2** *v.* dốc, nghiêng: **The road ~s down.** Đường đổ dốc xuống.

sloshed /slɒʃt/ *adj.* bị đánh mạnh; được rót vào

slot /slɒt/ *n.* khe [bỏ tiền, bỏ thư]

slot machine *n.* máy bán hàng vặt (dùng tiền cắc để mua); máy đánh bạc (ở Mỹ)

slouch /slaʊtʃ/ **1** *n.* dáng đi vai thõng **2** *v.* đi nặng nề (vai thõng xuống); bẻ cong vành mũ

slough /slaʊ/ **1** *n.* vũng bùn, bãi lầy; sự sa đoạ: **~ snake** xác rắn lột; vảy kết **2** *v.* lột da/xác; tróc [vảy]; bỏ: **to ~ off** vứt bỏ

slow /sləʊ/ **1** *adj.* chậm, chậm chạp; không nhanh trí khôn, trì độn; chậm rãi, thong thả: **in ~ motion** phim quay chậm; **~ moving** tiến triển chậm, hàng bán chậm; **~ and sure** chậm mà chắc **2** *adv.* chậm: **How ~ he runs.** Sao ông ấy chạy chậm thế. **3** *v.* làm cho chậm lại; đi/chạy chậm lại: **to ~ down** đi chậm lại

slow cooker *n.* nồi hấp/nấu lâu

slowdown /'sləʊdaʊn/ *n.* sự chậm lại, sự trì trệ: **a ~ in economic growth** sự trì trệ trong phát triển kinh tế

slow motion *n.* phim quay chậm

slow-witted *adj.* chậm hiểu, không có khả năng suy nghĩ nhanh

sludge /slʌdʒ/ *n.* bùn đặc; tảng băng; cặn dầu

slug /slʌg/ **1** *n.* viên đạn nhỏ; con ốc sên; cú đánh **2** *v.* đấm vong mạng, đi nặng nề

sluice /slu:s/ **1** *n.* kênh đào; cửa cống; sự dội nước ra: **~ gate 2** *v.* đặt cửa cống, tháo nước ra cửa cống: **water ~s out** nước cống chảy ào ào

slum /slʌm/ **1** *n.* khu nhà ổ chuột, xóm nghèo **2** *v.* sống trong điều kiện nghèo khổ; đi vào xóm nghèo

slumber /'slʌmbə(r)/ **1** *n.* giấc ngủ **2** *v.* (thiu thiu) ngủ

slump /slʌmp/ **1** *n.* sự sụt giá; sự đình trệ/khủng hoảng **2** *v.* [giá] sụt mau; [hàng] ế ẩm, trầm trệ

slung /slʌŋ/ quá khứ của **sling**

slunk /slʌŋk/ quá khứ của **slink**; *adj.*

sinh sớm, đẻ non

slur /slɜ:(r)/ **1** *n.* sự phát âm không rõ; sự nói xấu; luyến âm: **to put a ~ on someone** nói xấu ai **2** *v.* đọc không rõ, nói líu nhíu; nói xấu, gièm pha; hát luyến: **to ~ over** bỏ qua

slurp /slɜ:p/ *n., v.* (người) ăn uống ồn ào

slush /slʌʃ/ *n.* bùn loãng; tuyết tan

slut /slʌt/ *n.* đàn bà nhếch nhác bẩn thỉu đĩ thõa

sly /slaɪ/ *adj.* ranh mãnh, nghịch ngợm; mánh lới, gian xảo, xảo trá/ quyệt, giảo quyệt, quỷ quyệt

smack /smæk/ **1** *n.* mùi/vị thoang thoảng; vẻ, một chút/tí **2** *n.* tiếng bốp/chát; tiếng chép môi; cái tát; cái hôn **3** *v.* tát; vỗ, đập; chép môi **4** *v.* thoáng có mùi/vị; có vẻ **5** *adv.* một cách mạnh bạo

small /smɔ:l/ **1** *adj.* nhỏ, bé; [áo quần, giày] chật; ít; nhỏ mọn, không quan trọng; nghèo hèn; nhỏ nhen, bần tiện: **~ arms** vũ khí nhỏ; **~ change** tiền lẻ; **~ fry** tụi tiểu yêu; **~ print** chữ in nhỏ; **~ talk** chuyện phiếm; **to feel ~** cảm thấy tủi hổ, cảm thấy nhục nhã **2** *adv.* thành miếng nhỏ, quá nhỏ: **to chop something ~** chẻ vật gì thành miếng nhỏ **3** *n.* vật nhỏ, áo quần lót: **the ~ of the back** phần nhỏ phía sau

smallpox /'smɔ:lpɒks/ *n.* bệnh đậu mùa

smart /smɑ:t/ **1** *n.* sự đau đớn nhức nhối **2** *adj.* nhanh trí, thông minh, láu; nbhanh, mau; diện, sang, lịch sự; [đau] nhức, nhói: **He wears ~ clothes.** Ông ấy ăn mặc áo quần lịch sự.; **to look quite ~** trông vẻ sang trọng; **~ money** tiền do người chuyên môn đầu tư **3** *v.* đau đớn, nhức nhối, đau: **Cigarette smoke makes eyes ~.** Khói thuốc làm nhức mắt.; **to ~ in** phá mà vào, đột nhập vào; **to ~ up** đập tan ra từng mảnh

smash /smæʃ/ **1** *n.* sự đập tan; sự va mạnh; thành công lớn **2** *v.* đập tan; đập mạnh [ban]; đâm mạnh; phá kỷ lục: **The play ~es a record.** Vở

tuồng/kịch thành công. **3** *adv.* đụng mạnh một cái

smash-up *n.* sự tiêu diệt; sự phá sản/tan vỡ

smattering /'smæt(ə)rɪŋ/ *n.* sự biết lõm bõm [ngoại ngữ]; kiến thức nông cạn

smear /smɪə(r)/ **1** *n.* vết bẩn; chất bôi lên bản kính; sự bôi nhọ **2** *v.* làm dơ bẩn; bôi, phết, trét; bôi nhọ

smear test *n.* việc thử nghiệm tử cung

smell /smel/ **1** *n.* khứu giác; mùi (thối); tài đánh hơi **2** *v.* ngửi, hửi; ngửi thấy, thấy mùi; đánh hơi tìm ra, đánh hơi thấy, khám phá; cảm thấy, nghi: **This ~s of garlic.** Cái này có mùi tỏi.; **to ~ a rat** nghi ngờ có sự dối trá

smelt /smelt/ *v.* nấu chảy [quặng]

smile /smaɪl/ **1** *n.* nụ cười (tủm tỉm); vẻ mặt tươi cười **2** *v.* mỉm cười, cười tủm tỉm

smirk /smɜ:k/ *n., v.* (nụ) cười điệu

smite /smaɪt/ *v.* [**smote**; **smitten**] đập, vỗ; đánh; đập mạnh vào trí óc, làm say mê: **to ~ someone with one's charms** làm ai say mê vì nhan sắc của mình

smithereens /smɪðə'ri:nz/ *n.* mảnh vụn: **to smash to ~** đập tan ra từng mảnh

smitten /'smɪt(ə)n/ quá khứ của **smite**; *adj.* bị sét đánh (tình yêu), bị khủng hoảng

smock /smɒk/ *n.* áo choàng, áo khoác, áo bờ lu

smog /smɒg/ *n.* khói lẫn sương, hơi than bụi

smoke /sməʊk/ **1** *n.* khói; hơi thuốc (lá): **~ alarm** máy báo động cháy; **~ bomb** bom khói; **~ screen** màn hoả mù, màn khói; bình phong; **No ~ without fire.** Không có lửa sao lại có khói.; **to go up in ~** bị cháy tiêu huỷ tất cả **2** *v.* bốc/toả khói; hút thuốc; hun, xông [thịt, cá]: **to ~ a cigarette** hút thuốc lá

smoke-free *adj.* không được hút thuốc, cấm hút thuốc

smoking /'sməʊkɪŋ/ *n.* sự hút thuốc: **"No Smoking"** CẤM HÚT THUỐC; **~ car** toa xe lửa cho hút thuốc

smolder, smoulder /'sməʊldə(r)/ *v.* cháy âm ỉ; âm ỉ, nung nấu

smooch /smuːtʃ/ *n., v.* nhảy chậm và sát vào nhau

smooth /smuːð/ **1** *adj.* nhẵn, trơn, mượt; lặng; êm, dịu dàng; hoà nhã; ngọt xớt; [công việc] trôi chảy **2** *v.* làm cho nhẵn; san bằng; dàn xếp ổn thoả, giải quyết; gọt giũa

smoothie /'smuːði/ *n.* (**drink**) nước trái cây xay với kem

smote /sməʊt/ quá khứ của **smite**

smother /'smʌðə(r)/ *v.* làm ngạt thở, bóp chết; để cháy âm ỉ; bao phủ, phủ kín; bưng bít

SMS /ˌes em'es/ *n., abbr.* (= **Short Message Service**) gởi lời nhắn/ thông tin bằng điện thoại

smudge /smʌdʒ/ **1** *n.* vết bẩn/dơ, vết nhoè **2** *v.* làm bẩn/dơ, làm nhoè

smuggle /'smʌg(ə)l/ *v.* buôn lậu; đưa lén, mang lén

smut /smʌt/ *n.* vết nhọ nồi; bệnh than; lời/chuyện tục tĩu dâm ô

snack /snæk/ *n., v.* quà, bữa quà, ăn qua loa/chơi: **to have a ~** ăn quà

snag /snæg/ **1** *n.* chân răng gẫy; gốc cây gẫy **2** *v.* nhổ hết gốc cây, cắt hết cành cây

snail /sneɪl/ *n.* con ốc (sên)

snail mail *n.* hệ thống thư thường (khác thư điện tử)

snake /sneɪk/ **1** *n.* con rắn: **~ in the grass** kẻ thù bí mật **2** *v.* len lỏi như rắn; gian lận

snap /snæp/ **1** *n.* sự cắn/đớp; tiếng tách tách/răng rắc; bánh quy ròn; ảnh chụp nhanh; khuy bấm; trò trẻ: **cold ~** đợt rét đột ngột; **It's a ~.** Việc này dễ ợt, chuyện ngon ơ. **2** *v.* cắn, đớp; bật ngón tay, quất roi; bẻ gẫy; chụp mau [ảnh]; chộp/ nắm lấy; nói như cắn, nói cáu kỉnh; nổ đốp: **to ~ out of it** bỏ thói xấu, thôi, chừa; **to ~ up** bắt lấy, chộp

lấy; **to ~ one's fingers at** thách thức, bất chấp **3** *adj.* một cách nhanh chóng, không tính trước: **a ~ decision** một quyết định nhanh chóng

snapshot /'snæpʃɒt/ *n.* ảnh chụp nhanh

snare /sneə(r)/ **1** *n.* bẫy, lưới; cạm bẫy, sự cám dỗ; mưu **2** *v.* đánh/gài/ đặt bẫy; bẫy

snarl /snɑːl/ **1** *n.* tiếng gầm gừ; tiếng càu nhàu, (tiếng) cằn nhằn **2** *n.* chỗ/sự rối reng, bế tắc **3** *v.* gầm gừ, càu nhàu **4** *v.* làm rối reng, làm xoắn chỉ

snarl-up *n.* sự kẹt xe; một lỗi lầm

snatch /snætʃ/ **1** *n.* sự nắm/vồ lấy; khúc, đoạn; một lúc/lát **2** *v.* nắm, vồ, chụp lẹ, giật lấy, chộp, giành

sneak /sniːk/ **1** *n.* người hay lén lút; kẻ hèn hạ **2** *v.* trốn, lén, ăn vụng: **to ~ in** lẻn vào; **to ~ off** trốn đi, lén đi; **to ~ out of** lẻn tránh công việc **3** *adj.* không báo trước, xem trước: **~ preview** việc xem xét trước khi loan báo

sneaker /'sniːkə(r)/ *n.* giày đi êm để đánh quần vợt; người đi trốn

sneer /snɪə(r)/ *n., v.* (nụ) cười nhạo: **to ~ at** chế nhạo

sneeze /sniːz/ *n., v.* (cái) hắt hơi, nhảy mũi

snicker /'snɪkə(r)/ *n., v.* [*Br.* **snigger**] (nụ) cười khẩy, cười thầm

snide /snaɪd/ *adj., n.* đồ nữ trang giả; giả mạo, láu cá

sniff /snɪf/ *n., v.* (sự/tiếng) hít vào, ngửi, khụt khịt: **We ~ the fresh air.** Chúng ta hít thở không khí trong lành.

sniffle /'snɪfl/ *n., v.* sự sổ mũi, hỷ mũi, chảy nước mũi

snip /snɪp/ **1** *n.* sự cắt, vết cắt bằng kéo **2** *v.* cắt bằng kéo: **to ~ off** cắt bớt

snipe /snaɪp/ **1** *n.* chim dẽ giun; sự bắn tỉa **2** *v.* bắn tỉa

snippet /'snɪpɪt/ *n.* miếng cắt nhỏ, miếng vụn; kiến thức thấp; người tầm thường

snitch /snɪtʃ/ *n., v.* (người) ăn cắp vặt

snivel /snɪv(ə)l/ *n., v.* sự khóc sụt sịt, nước mũi, mũi thò lò; khóc sụt sịt, chảy nướcmũi

snobbery /'snɒbərɪ/ *n.* tính đua đòi, tính trưởng giả học làm sang

snooker /'snu:kə(r)/ *n., v.* (trò) chơi bi-da 15 trái trắng đỏ

snoop /snu:p/ *n., v.* người hay rình mò/chõ mõm, kẻ ăn cắp; rình mò, ăn cắp

snooty /'snu:tɪ/ *adj.* kiêu kỳ, làm bộ làm tịch

snooze /snu:z/ *n., v.* (giấc) ngủ trưa/ ngắn

snore /snɔ:(r)/ *n., v.* (tiếng) ngáy

snorkel /'snɔ:k(ə)l/ *n., v.* (sự) lặn dưới nước với ống thở trên mặt nước

snort /snɔ:t/ *n., v.* (sự/tiếng) khịt mũi

snout /snaʊt/ *n.* mũi, mõm; vòi ống

snow /snəʊ/ **1** *n.* tuyết, đống tuyết rơi, tóc bạc như tuyết: **to shovel ~** cào tuyết; **~chain** dây xích quấn bánh xe đi tuyết; **~fall** mưa tuyết; cảnh tuyết rơi; **~flake** bông tuyết; **~man** người tuyết; **~storm** bão tuyết **2** *v.* tuyết rơi/mưa tuyết: **to be ~ed under** bị tràn ngập công việc

snow mobile /'snəʊməˌbi:l/ *n.* xe đi trên tuyết

snow-white *adj.* trắng như tuyết

snub /snʌb/ *n., v.* (sự) chỉnh, làm mất mặt, làm nhục: **to suffer a ~** bị chỉnh, bị mất mặt

snuff /snʌf/ **1** *n.* hoa đèn, tàn **2** *v.* cắt hoa đèn: **to ~ out** làm tắt, thổi tắt; làm tiêu tan

snuffle /'snʌf(ə)l/ *n., v.* (sự) khụt khịt, nói giọng mũi

snug /snʌg/ **1** *n.* thuốc lá hít; mùi **2** *adj.* hít thuốc (lá)

snuggle /'snʌg(ə)l/ *v.* đến gần, xích gần: **to ~ up to someone** xích lại gần ai

so /səʊ/ **1** *adv.* như thế, như vậy: **if ~** nếu thế; **Is that ~?** Thế à?; **I like Vietnamese food, and ~ does my wife.** Tôi thích cơm Việt Nam, và nhà tôi cũng thế.; **~ far** cho tới nay, tính đến bây giờ; **a day or ~** độ một ngày; **So much money!** Bao nhiêu là tiền!; **So many books!** Bao nhiêu là sách!; **~ to speak** đó là nói vậy; **So what?** Thế thì đã sao?; **I told you ~.** Tôi đã bảo anh mà! **2** *conj.* vì thế, vì vậy, cho nên: **~... that** đến nỗi/ đỗi; **The dorm was ~ noisy that I couldn't study.** Nhà ngủ ồn ào đến nỗi tôi không thể nào học được.; **and ~ on/forth** và vân vân

soak /səʊk/ **1** *n.* sự ngâm/nhúng **2** *v.* ngâm, nhúng; làm ướt đẫm; cưa/giã nặng, chém

so-and-so /'səʊ en səʊ/ *n.* cái này cái nọ, chuyện nọ chuyện kia: **Mr. ~** ông gì đó

soap /səʊp/ **1** *n.* xà phòng, xà bông: **~ berry** quả bồ hòn; **~ bubble** bong bóng xà phòng; **~-box** hộp đựng xà phòng; **~ opera** kịch rẻ tiền [quảng cáo]; **~ powder** xà phòng bột; **~-suds** nước xà phòng; **a cake of ~** bánh xà phòng **2** *v.* giặt bằng xà phòng, xoa xà phòng

soar /sɔ:(r)/ *v.* bay vút lên cao; bay liệng

s-o-b /ˌes əʊ 'bi:/ *n., abbr.* (= **son of a bitch**) đồ chó đẻ

sob /sɒb/ *n., v.* (sự/tiếng) thổn thức: **~ story** truyện thương cảm; **~-stuff** bản nhạc uỷ mị, bài văn tình cảm sướt mướt

sober /'səʊbə(r)/ **1** *adj.* không say; hết say, tỉnh tồi; điều độ; điềm đạm, điềm tĩnh; đúng mức, vừa phải; không loè loẹt: **as ~ as a judge** tỉnh táo, không thiên vị **2** *v.* tỉnh rượu, làm hết say, làm bớt loè loẹt: **to ~ down** làm hết say

sob story *n.* chuyện thương cảm, chuyện làm mủi lòng

soccer /'sɒkə(r)/ *n.* môn bóng đá, môn túc cầu, bóng tròn: **~ team** đội bóng đá; **~ match** trận bóng đá

sociable /'səʊʃəb(ə)l/ *adj.* thích xã giao, thích kết bạn

social /'səʊʃəl/ *adj.* (có tính chất) xã

hội, (thuộc) xã hội: ~ **climber** kẻ thấy người sang bắt quàng làm họ/ quen; ~ **conscience** lương tâm xã hội; ~ **contract** quy ước xã hội; ~ **evil** tệ nạn xã hội; ~ **science** khoa học xã hội; ~ **security** an sinh xã hội; ~ **services** công tác/dịch vụ xã hội; ~ **worker** nhân viên xã hội

socialist /ˈsəʊʃəlɪst/ **1** *adj.* xã hội chủ nghĩa: **the ~ man** con người xã hội chủ nghĩa; **the ~ Party** đảng Xã hội **2** *n.* người theo chủ nghĩa xã hội; đảng viên Xã hội: **They are not ~s.** Họ không phải là người theo chủ nghĩa xã hội.

socialite /ˈsəʊʃəlaɪt/ *n.* người giao thiệp rộng, người nổi tiếng trong xã hội

socialization /ˌsəʊʃəlaɪˈzeɪʃən/ *n.* sự xã hội hoá

society /səˈsaɪəti/ *n.* xã hội; hội, đoàn thể, hội đoàn

socio-cultural /ˌsəʊsiəʊˈkʌltʃərəl/ *adj.* thuộc về văn hoá xã hội

socio-economic /ˌsəʊsiəʊˈekənɒmɪk/ *adj.* thuộc về kinh tế xã hội

sociology /ˌsəʊsiˈɒlədʒɪ/ *n.* xã hội học

sock /sɒk/ **1** *n.* chiếc bít tất, vớ: **a pair of ~s** một đôi bít tất **2** *n.* quả đấm, cái ném: **Give him ~s.** đấm cho nó một trận **3** *v.* đấm, thụi, thoi

socket /ˈsɒkɪt/ **1** *n.* lỗ, hốc, hố; để nến; đui đèn **2** *v.* lắp vào để, gắn đui đèn

Socrates *n.* triết gia So-crat, người theo trường phái So-crat

soda /ˈsəʊdə/ *n.* nước xô-đa; natri cac-bo-nat: ~ **water** nước xô-đa

sodium /ˈsəʊdɪəm/ *n.* natri, xút

sodomy /ˈsɒdəmɪ/ *n.* sự giao hợp cùng phái; sự giao hợp với thú vật

sofa /ˈsəʊfə/ *n.* trường kỷ, ghế xô-fa: ~ **bed** vừa là trường kỷ cũng vừa là giường

soft /sɒft/ **1** *adj.* mềm, dẻo; mịn; dịu; ôn hoà, dịu dàng, êm dịu; dễ dàng; yếu mềm: ~ **drink** nước ngọt; ~- **headed** khờ khạo, ngớ nghệch; ~- **hearted** đa cảm, có lòng từ tâm; ~ **landing** phi cơ đáp nhẹ nhàng; ~

spoken ăn nói nhẹ nhàng; ~ **voice** giọng nói dịu dàng **2** *adv.* nhẹ nhàng, mềm mỏng, yếu ớt **3** *n.* chỗ mềm, vật mềm, người nhu nhược

soft drug *n.* thuốc bất hợp pháp, ma tuý nhẹ

softener /ˈsɒfnə(r)/ *n.* thuốc/hoá chất làm cho áo quần mềm

software /ˈsɒftweə(r)/ *n.* phần mềm trong máy vi tính

soil /sɔɪl/ **1** *n.* đất: **native** ~ đất tổ; **Vietnamese** ~ lãnh thổ Việt Nam; ~ **science** khoa địa chất **2** *n.* vết bẩn; vết nhơ: ~ **pipe** ống dẫn nước thải **3** *v.* làm bẩn/dơ; dễ bẩn: **I don't want to ~ my hands with it.** Tôi không muốn nhúng tay vào việc đó.

sojourn /ˈsɒdʒən/ *n., v.* (sự) ở lại ít lâu

solace /ˈsɒləs/ **1** *n.* niềm an ủi: **to find ~ in doing something** làm việc gì tìm an ủi **2** *v.* an ủi, uỷ lạo

solar /ˈsəʊlə(r)/ *adj.* thuộc mặt trời: ~ **calendar** dương lịch; ~ **eclipse** nhật thực; ~ **energy** điện năng mặt trời; ~ **heating** sưởi bằng ánh mặt trời; ~ **system** hệ mặt trời, thái dương hệ

sold /səʊld/ quá khứ của **sell**; *adj.* bán: ~ **out** bán hết rồi; ~ **on** mê/ thích

solder /ˈsəʊdə(r)/ **1** *n.* sự hàn, hợp kim hàn, chất hàn: ~**ing iron** mỏ hàn **2** *v.* hàn, hàn gắn

soldier /ˈsəʊldʒə(r)/ **1** *n.* lính, binh lính, quân lính, binh sĩ: **tomb of the unknown** ~ mồ chiến sĩ vô danh; **a great** ~ một nhà quân sự đại tài; ~ **ant** kiến không cánh; **common** ~ binh nhì; ~ **of fortune** lính đánh thuê **2** *v.* đi lính: **to go ~ing** đi lính

sole /səʊl/ **1** *n.* cá bơn **2** *n.* đế giày **3** *v.* đóng đế giày **4** *adj.* độc nhất, duy nhất: ~ **parent** cha mẹ đơn chiếc

solemn /ˈsɒləm/ *adj.* long trọng, trọng thể, trang nghiêm; nghiêm trang, nghiêm nghị: **on a ~ occasion** vào một dịp long trọng

solemnize /ˈsɒləmnaɪz/ *v.* cử hành nghi lễ trang trọng, làm cho long trọng

solicit /sə'lɪsɪt/ *v.* nài xin, van nài; gạ gẫm, níu kéo: **Don't ~ favors.** Đừng có van xin ân huệ.

solicitor /sə'lɪsɪtə(r)/ *n.* cố vấn pháp luật, luật sư; người chào hàng

solid /'sɒlɪd/ **1** *n.* chất đặc; chất/thể rắn, có thể; khối lập thể **2** *adj.* đặc, rắn, [mây] dày đặc, rắn chắc, vững chắc; đồng nhất; [ý kiến] nhất trí; khối, lập thể: ~ **argument** luận cứ đanh thép; ~ **green** toàn một màu xanh lá cây [không kẻ, không hoa]; ~ **geometry** hình học lập thể/ không gian; ~ **gold** bằng vàng khối, toàn bằng vàng

solidify /sə'lɪdɪfaɪ/ *v.* làm cho đông đặc; củng cố, làm vững

soliloquy /sə'lɪləkwɪ/ *n.* sự nói một mình

solitary /'sɒlɪtərɪ/ **1** *adj.* một mình, cô độc/đơn/quạnh, đơn chiếc, đơn độc; (chỗ) khuất nẻo, vắng vẻ **2** *n.* người ở ẩn, ẩn sĩ

solo /'səʊləʊ/ **1** *n.* bài/bản đơn ca, màn độc diễn **2** *adv.* một mình; (hát) đơn ca; (bay) một mình: **She sings ~.** Cô ấy đơn ca. **3** *adj.* đơn độc, một mình: **a ~ effort** nỗ lực một mình

Solomon /'sɒləmən/ *n.* người khôn ngoan

solstice /'sɒlstɪs/ *n.* điểm chí: **summer ~** hạ chí; **winter ~** đông chí

soluble /'sɒljʊb(ə)l/ *adj.* hoà tan được; giải quyết được

solute /'sɒlju:t/ *n.* vật hoà tan

solution /sə'l(j)u:ʃən/ *n.* sự hoà tan, dung dịch; cách giải quyết, giải pháp; lời/phép giải; đáp án; thuốc nước: **No one can give a perfect ~.** Không ai có thể đưa ra lời giải đáp hoàn hảo.

solve /sɒlv/ *v.* giải quyết (vấn đề); (toán) giải (phương trình): **to ~ a problem** giải quyết một vấn đề

solvent /'sɒlvənt/ **1** *adj.* có thể hoà tan; có tiền trả nợ **2** *n.* dung môi, yếu tố hoà tan

somber /'sɒmbə(r)/ *adj.* [*Br.* **sombre**] tối, mờ, mờ tối, tối tăm, tối mò, mờ mịt, ảm đạm; rầu rĩ, ủ rũ, buồn rầu

some /sʌm/ **1** *adj.* một ít, một vài, nào đó: ~ **experienced workers** một vài công nhân kinh nghiệm nào đó; ~ **way or other** cách này hay cách khác **2** *pron.* một vài người/cái, một ít: **Some hate her, others like her.** Có người ghét cô ta, có người lại thích cô ta. **3** *adv.* khoảng chừng

somebody /'sʌmbədɪ/ *pron.* (= **someone**) một người nào đó; ông này ông nọ: **Somebody must have tipped them off.** Chắc có người nào đã mày trước cho họ biết.; ~ **else** người nào khác; **Somebody told me so.** Người ta đã nói với tôi như vậy.

someday /'sʌmdeɪ/ *adv.* vài ngày tới

somehow /'sʌmhaʊ/ *adv.* bằng cách này cách nọ; thế/bề nào cũng

someone /'sʌmwʌn/ xem **somebody**

somersault /'sʌməsɒlt/ *n., v.* (sự) nhảy lộn nhào

something /'sʌmθɪŋ/ *n., pron.* cái/ việc/điều/vật/chuyện gì: **I have ~ to show you.** Tôi có cái này muốn khoe với bạn.; ~ **else** cái khác, chuyện khác, đôi khi, thỉnh thoảng

sometime /'sʌmtaɪm/ *adv., adj.* thỉnh thoảng, lâu lâu, một đôi khi: **Why don't you come and see me ~?** Sao bạn không thỉnh thoảng đến thăm tôi? thì dễ thương?

sometimes /'sʌmtaɪmz/ *adv.* thỉnh thoảng, đôi khi

somewhat /'sʌmhwɒt/ *adv.* hơi, gọi là, một chút: **it's ~ difficult** hơi khó

somewhere /'sʌmhweə(r)/ *adv.* ở một nơi nào đó: ~ **else** chỗ (nào) khác; **My friend lives ~ near you.** Bạn tôi ở đâu đó gần bạn.

somnolent /'sɒmnələnt/ *adj.* ngủ gà ngủ gật; ngái ngủ, mơ màng

son /sʌn/ *n.* con trai; con dân [một nước]: **He is their only ~.** Cậu ấy là con trai độc nhất của họ.; ~**-in-law** con rể

song /sɒŋ/ *n.* bài hát, điệu hát; tiếng hát; tiếng hót: **~stress** nữ ca sĩ; **~ and dance** múa hát, câu nói đánh trống lảng

sonnet /'sɒnɪt/ *n.* bài thơ xo-nê (14 câu)

sonorous /'sɒnərəs/ *adj.* [âm, văn] kêu; nghe kêu

soon /su:n/ *adv.* chẳng bao lâu (nữa), chẳng mấy chốc, sắp, một ngày gần đây: **as ~ as** ngay khi; **as ~ as possible** càng sớm càng tốt; **how ~** bao giờ; **too ~** sớm quá; **~er or later** sớm hay muộn, chẳng chóng thì chầy; **No ~er said than done.** Nói xong là làm liền.; **had ~er** thà... hơn

soot /sʊt/ *n.* bồ hóng, nhọ nồi

soothe /su:ð/ *v.* làm dịu, làm đỡ đau; xoa dịu, dỗ dành

sop /sɒp/ **1** *n.* mẩu bánh mì thả vào xúp; quà biếu **2** *v.* thả vào nước, nhúng vào nước; ướt sũng

sophisticated /sə'fɪstɪkeɪtɪd/ *adj.* khôn, hiểu đời; tinh vi

sophomore /'sɒfəmɔ:(r)/ *n.* sinh viên/ học sinh năm thứ hai

soprano /sə'prɑ:nəʊ/ *n.* giọng nữ cao; người hát giọng nữ cao

sorbet /'sɔ:beɪ/ *n.* món tráng miệng trái cây pha rượu và đá

sorcery /'sɔ:sərɪ/ *n.* phép phù thuỷ, yêu thuật, ma pháp

sordid /'sɔ:dɪd/ *adj.* bẩn thỉu; hèn hạ, đê tiện, đê hèn

sore /sɔ:(r)/ **1** *n.* chỗ lở, chỗ đau, bết thương; nỗi đau lòng **2** *adj.* đau, đau đớn, nhức: **~ eyes** đau mắt; **~ throat** khản cổ, đau họng; **~ at heart** giận, tức; buồn phiền **3** *adv.* đau, ác nghiệt, nghiêm trọng: **They were beaten ~.** Họ bị thua đau.

sorority /sə'rɒrɪtɪ/ *n.* hữu xã, câu lạc bộ nữ sinh viên

sorrow /'sɒrəʊ/ *n., v.* (sự) buồn rầu, nỗi buồn, nỗi ưu sầu: **He always ~s at his misfortune.** Ông ấy luôn buồn rầu về sự bất hạnh.

sorry /'sɒrɪ/ **1** *adj.* làm tiếc/buồn: **to be/feel ~ for someone** tội nghiệp cho ai, thương hại cho ai; **a ~ plight** tình cảnh đáng buồn **2** *exclam.* xin lỗi: **Sorry! I am late.** Xin lỗi tôi đến trễ.

sort /sɔ:t/ **1** *n.* thứ, hạng, loại: **of every ~ and kind** thuộc đủ hạng/ loại; **I felt ~ of angry.** Tôi thấy phần nào tức giận.; **out of ~s** khó chịu, bực tức **2** *v.* xếp hạng, phân loại, lựa chọn; phù hợp, thích hợp: **to ~ out** lựa chọn

SOS /ˌesəʊ'es/ *n., abbr.* (= **save our souls**) hiệu báo nguy, cứu chúng tôi với

so-so /'səʊ'səʊ/ *adj., adv.* vừa vừa, tạm tạm, đại khái thế thôi

soufflé /su:'fleɪ/ *n.* tiếng khò khè, tiếng thổi

sough /saʊ; sʌf/ *n., v.* (tiếng) rì rào, xào xạc

sought /sɔ:t/ quá khứ của **seek**; *adj.* tìm được rồi

soul /səʊl/ *n.* linh hồn; tâm hồn, tâm trí; hồn; người dân: **not a ~** chẳng có ma nào; **~ mate** người rất dễ hoà đồng

soul-searching *n.* việc xem xét kỹ lưỡng suy nghĩ tình cảm của ai

sound /saʊnd/ **1** *n.* âm, âm thanh, tiếng, tiếng động; giọng: **~ card** thẻ tạo âm; **~ center** dàn máy nghe nhạc; **~ mixer** máy lọc âm **2** *n.* eo biển **3** *adj.* khoẻ mạnh, lành mạnh, tráng kiện; hợp lý, vững, có cơ sở; [giấc ngủ] ngon; vững về tài chính; [trận đòn] nên thân: **a ~ mind** trí óc lành mạnh; **a ~ trading company** công ty thương mãi làm ăn khá **4** *v.* kêu, kêu vang, vang dội, vang lừng; nghe như; thổi [kèn]; gõ [nghe bệnh]; báo hiệu: **to ~ a horn** thổi còi **5** *v.* dò; thăm dò: **to ~ out** thăm dò **6** *adv.* ngon lành, hay

sound barrier *n.* tốc độ ngang âm thanh; âm thanh quá ồn

sound effect *n.* âm thanh nhân tạo giống như thật trong phim ảnh

soundproof /'saʊndpruːf/ *adj., v.* (làm) cách âm

soundtrack /'saʊndtræk/ *n.* phần ghi âm trong băng/phim

sound wave /'saʊndweɪv/ *n.* tiếng sóng ồn

soup /suːp/ **1** *n.* xúp, canh; cháo: ~ **kitchen** nơi phát cháo thí; ~ **spoon** thìa xúp; **to be in the ~** trong tình trạng khó khăn **2** *v.* làm thay đổ vật gì cho mạnh hơn (như xe, máy vi tính)

sour /saʊə(r)/ **1** *adj.* chua; hay cáu **2** *v.* làm chua

source /sɔːs/ *n., v.* nguồn (suối, sông); nguồn, nguồn gốc, căn nguyên

soursop /'saʊəsɒp/ *n.* mãng cầu Xiêm

souse /saʊs/ *n., v.* (món) giầm muối; đẫm nước; say luý tuý

south /saʊθ/ **1** *n.* hướng/phương/phía nam; miền nam: ~ **wind** gió nam/nồm; **the South Pole** Nam cực **2** *adv.* về hướng nam, ở phía nam: **moving ~** đi/tiến về phía nam, xuống miền nam, vào nam; **My house faces ~.** Nhà tôi quay về hướng nam.

southeast /saʊθ'iːst/ *n., adj., adv.* (về) phía/hướng đông nam

southern /'sʌðən/ *adj.* nam: ~ **hemisphere** nam bán cầu; **the ~ dialect** phương ngữ nam, giọng/tiếng nam

southward /'saʊθwəd/ *n., adj., adv.* (về) phía/hướng nam

southwards /'saʊθwədz/ *adv.* về phía nam

southwest /saʊθ'west/ *n., adj., adv.* (phía/miền) tây nam

souvenir /suːvə'nɪə(r)/ *n., v.* vật kỷ niệm, làm kỷ niệm: **They bought these paintings as ~ for their friends.** Họ mua những bức tranh nầy làm kỷ niệm cho bạn.

sovereign /'sɒv(e)rɪn/ **1** *n.* vua, quốc vương **2** *adj.* có chủ quyền

Soviet /'səʊvɪet/ *n., adj.* Xô Viết, thuộc về Xô Viết

sow /səʊ/ **1** *n.* lợn cái, lợn mái **2** *v.*

[**sowed; sown/sowed**] gieo: **to ~ the wind and reap the whirlwind** gieo gió thì gặt bão

sown /səʊn/ quá khứ của **sow**

soy /sɔɪ/ *n.* đậu tương, đậu nành: ~ **bean** (*also* **soybean**) đậu tương, đậu nành; ~ **sauce** xì dầu

spa /spɑː/ *n.* suối khoáng, bồn tắm có vòi tắm quất: ~ **bath** bồn tắm có vòi phun

space /speɪs/ **1** *n.* không gian, không trung; khoảng, chỗ; khoảng cách: ~ **age** thời đại du hành vũ trụ; ~**craft** tàu vũ trụ, phi thuyền không gian; ~**man** nhà du hành vũ trụ, phi hành gia không gian; ~**ship** tàu vũ trụ; ~ **shuttle** phi thuyền không gian **2** *v.* để cách, đặt cách nhau: **to ~ out** để cách rộng hơn

spacing /'speɪsɪŋ/ *n.* khoảng cách giữa hai hàng; thời gian cách nhau giữa hai việc

spade /speɪd/ **1** *n.* con bích [bài tây]; cái mai, cái thuổng **2** *v.* đào bằng mai

spaghetti /spə'getɪ/ *n.* mì nấu với thịt băm và xốt cà chua của người Ý

spam /spæm/ *n., v.* điện thư vô dụng, gởi điện thư vô tích sự

span /spæn/ **1** *n.* gang tay; dịp cầu; khoảng cách; chiều dài; sải cánh **2** *v.* bắc (cầu) qua; nối; đo sải, đo bằng gang tay

spangle /'spæŋg(ə)l/ *v., n.* trang sức bằng trang kim/bạc dát, vàng dát: **the Star ~d Banner** Lá Cờ Hoa

spaniel /'spænjəl/ *n.* người nịnh hót, người bợ đỡ

Spanish /'spænɪʃ/ *n., adj.* (tiếng/dân) Tay Ban Nha

spanking /'spæŋkɪŋ/ **1** *n.* sự đánh mạnh vào đít **2** *adj.* chạy nhanh, cừ, chiến, ngon: **to have a ~ new car** có một chiếc xe hoàn toàn mới **3** *adv.* không chê được, cừ

spar /spɑː(r)/ **1** *n.* trụ, cột; cuộc đấu khẩu, cuộc cãi nhau **2** *v.* đánh nhau; tập đấu võ/quyền

spare /speə(r)/ **1** *adj.* thừa, dư, sẵn có, để dành đấy; để thay đổi/thay thế; thanh đạm, đạm bạc, sơ sài; gầy gò: ~ **parts** đồ phụ tùng; ~ **time** thì giờ rảnh; ~ **tire** lốp phòng hờ **2** *v.* để dành, tiết kiệm; tiếc [công sức]; tha, miễn cho: **We should ~ no efforts.** Chúng ta không nên tiếc sức. (và phải cố gắng); **Our store can't ~ him just now.** Cửa hàng chúng tôi hiện rất cần đến nó.; **Spare the rod and spoil the child.** Yêu cho vọt, ghét cho chơi. **3** *n.* của để dành, đồ phòng hờ

spark /spɑːk/ **1** *n.* tia lửa/sáng; tàn lửa: ~ **coil** cuộn cảm ứng; ~ **plug** bu-ji **2** *v.* phát tia lửa/tia sáng, làm cho hoạt động

sparkle /'spɑːk(ə)l/ *n., v.* (sự/ánh) lấp lánh, lóng lánh; ánh, nước [kim cương]

sparrow /'spærəʊ/ *n.* chim sẻ

sparse /spɑːs/ *adj.* lơ thơ, thưa; thưa thớt, rải rác

spasm /'spæz(ə)m/ *n.* sự co thắt; cơn [ho, giận]: **a ~ of cough** cơn ho đau thắt

spasmodic /spæz'mɒdɪk/ *adj.* co thắt; không đều đặn, lúc có lúc không, bữa đực bữa cái, lác đác: **He makes ~ efforts.** Anh ấy có những nỗ lực không đều.

spat /spæt/ quá khứ của **spit**

spat /spæt/ **1** *n.* ghệt ngắn đến mắt cá chân; cuộc cãi vã **2** *v.* cãi vã, đấu khẩu

spate /speɪt/ *n.* nước lên, nước lớn; khối lượng lớn: **This river is in ~.** Sông nẩy đang mùa nước lớn.

spatial /'speɪʃəl/ *adj.* thuộc không gian

spatter /'spætə(r)/ *n., v.* (sự) làm bắn tung tóe

spatula /'spætjʊlə/ *n.* cái cây dùng đè lưỡi; thìa gỗ để xới cơm

spawn /spɔːn/ **1** *n.* trứng cá/tôm/sò/ếch **2** *v.* để trứng

spay /speɪ/ *v.* hoạn, cắt buồng trứng [mèo cái, v.v.]

speak /spiːk/ *v.* [**spoke**; **spoken**] nói [vài lời; một thứ tiếng]; nói lên [ý kiến của mình, sự thật]; phát biểu, diễn thuyết, đọc diễn văn: **to ~ of** nói đến, bàn tới, đề cập đến; **to ~ out/up** nói to (lên); nói thẳng, nói toạc ra; **nothing to ~ of** không có gì phải nói; **to ~ for itself** tự nó đã đủ rồi, không cần phải trưng bằng cớ

speaking /'spiːkɪŋ/ *n., adj.* sự nói, lời nói, sự phát biểu: **public ~** tài nói trước công chúng; **not on ~ terms with someone** không nói chuyện với ai [vì giận nhau]; **generally ~** nói chung

spear /spɪə(r)/ **1** *n.* giáo, mác, thương; cái xiên **2** *v.* đâm, xiên thịt/cá

spearhead /'spɪəhed/ **1** *n.* mũi giáo/mác **2** *v.* cầm/dẫn đầu

spec /spek/ **1** *n.* sự đầu cơ, sự ước đoán; lý thuyết **2** *v.* ước đoán, nghiên cứu; đầu cơ

special /'speʃəl/ **1** *n.* chuyến xe [lửa] đặc biệt, chuyến máy bay đặc biệt; số báo đặc biệt; cuộc thi đặc biệt **2** *adj.* đặc biệt, riêng biệt: ~ **agent** đặc phái viên; ~ **case** trường hợp đặc biệt; ~ **delivery** [thư] phát riêng

specialist /'speʃəlɪst/ *n.* nhà chuyên môn/khoa, chuyên viên, chuyên gia: **ear-nose-throat** [**ENT**] ~ bác sĩ chuyên về tai, mũi, họng

specialize /'speʃəlaɪz/ *v.* chuyên môn về, chuyên môn hoá

specialized /'speʃəlaɪzd/ *adj.* đặc biệt, chuyên biệt: ~ **skills** kỹ năng đặc biệt

specially /'speʃəlɪ/ *adv.* một cách đặc biệt, hoàn toàn chuyên biệt

specialty /'speʃəltɪ/ *n.* [*Br.* **speciality**] ngành chuyên môn, chuyên khoa; món ăn đặc biệt; sản phẩm đặc biệt, đặc sản

special needs *n.* nhu cầu đặc biệt (như bị tàn tật): **We have students with ~.** Chúng tôi có học sinh với những nhu cầu đặc biệt.

species /'spiːʃiːz/ *n.* loài; loại, hạng, thứ

specific /spe'sıfık/ *adj.* nói rõ, rõ ràng, dứt khoát; xác định (thuộc loài nào); đặc thù, đặc trưng, riêng: ~ **gravity** trọng lượng riêng, tỷ trọng; **a ~ statement** lời tuyên bố dứt khoát

specify /'spesıfaı/ *v.* nói rõ, chỉ/ghi rõ (chi tiết), dặn kỹ

specimen /'spesımən/ *n.* mẫu, vật mẫu; hạng/thứ người, ngữ

specious /'spi:ʃəs/ *adj.* chỉ có bề ngoài, chỉ tốt mã

speck /spek/ **1** *n.* dấu, vết, đốm; hạt [bụi] **2** *v.* làm lốm đốm

speckle /'spek(ə)l/ **1** *n.* vết lốm đốm **2** *v.* làm lốm đốm

spectacle /'spektək(ə)l/ *n.* quang cảnh ngoạn mục, sự trình diễn cho công chúng

spectacles /'spektək(ə)lz/ *n.* kính đeo mắt: **to put on one's** ~ đeo kính

spectator /spek'teıtə(r)/ *n.* đẹp mắt, ngoạn mục; làm chú ý: ~ **sport** môn thể thao đẹp mắt, thể dục thẩm mỹ

spectrum /'spektrəm/ *n.* (*pl.* **spectra**) quang phổ, hình ảnh: **prismatic** ~ quang phổ lăng kính; **solar** ~ quang phổ mặt trời

speculate /'spekjʊleıt/ *v.* suy xét, suy cứu, nghiên cứu; suy đoán, ức đoán, đoán phỏng; đầu cơ, tích trữ

speculative /'spekjʊlətıv/ *adj.* thuộc lý thuyết; có tính chất phỏng đoán; đầu cơ tích trữ

sped /sped/ quá khứ của **speed**

speech /spi:tʃ/ *n.* lời nói, cách nói, bài nói, diễn văn/từ; ngôn ngữ: **power/faculty of** ~ khả năng/năng lực nói; ~ **clinic** bệnh viện chữa các tật về ngôn ngữ; ~ **community** cộng đồng ngôn ngữ; ~ **disorder** tật về nói; ~ **therapy** cách chữa các tật bằng lời nói, khẩu ký trị liệu

speed /spi:d/ **1** *n.* tốc độ, tốc lực: **at full** ~ nhanh hết sức, mở hết tốc lực; ~ **boat** tàu chạy tốc độ nhanh; ~ **camera** máy chụp xe chạy quá tốc độ; ~ **hump** lằn ụ giảm tốc độ; ~ **limit** tốc độ tối đa [cấm vượt]; ~

record kỷ lục chạy nhanh; ~ **zone** khu phải chạy xe chậm **2** *v.* [**sped**] làm tăng tốc độ, gia tốc, đẩy mạnh, xúc tiến; đi nhanh, phóng mau; phóng quá tốc độ cho phép: **God ~ you!** Cầu trời phật phù hộ cho anh thành công!; **to ~ up** gia tốc, đẩy nhanh; đi nhanh hơn, tăng tốc đo

speed dating *n.* thời gian tìm hiểu nhanh (trai gái)

speedometer /spi:'dɒmıtə(r)/ *n.* đồng hồ chỉ tốc độ

speed trap *n.* khu vực có máy chụp hình xe chạy quá tốc độ

spell /spel/ **1** *n.* câu thần chú; bùa mê; sự mê say, sức quyến rũ: **to cast a ~ on someone** làm ai say mê **2** *n.* thời gian ngắn; cơn ngắn; đợt, phiên: **a cold ~** một cơn rét ngắn **3** *v.* [**spelt/spelled**] đánh vần, viết từng chữ (theo đúng chính tả); có nghĩa, báo hiệu: **to ~ out one's name** đánh vần tên **4** *v.* thay phiên, cho nghỉ một lát

spellbound /'spelbaʊnd/ *adj.* mê, say mê, mê tít, như bị bùa

spell-check /'spelʃek/ *v.* xem sửa lỗi chính tả

spelling /'spelıŋ/ *n.* sự đánh vần; cách viết (chính tả): ~ **bee** cuộc thi chính tả, cuộc thi đánh vần

spend /spend/ **1** *v.* [**spent**] tiêu, tiêu pha; dùng, tốn [thì giờ]; qua, sống qua; làm hao phí, làm kiệt, tiêu phí: **My boss ~s too much money on liquor.** Ông chủ tôi xài nhiều tiền về rượu quá.; **I ~ one hour memorizing my lesson every morning.** Sáng nào tôi cũng để ra một tiếng đồng hồ để học bài cho thuộc.; **He spent his boyhood in Hanoi.** Ông ấy sống buổi thiếu thời ở Hà Nội.; **The storm finally ~s itself.** Mãi về sau trận bão mới dịu đi. **2** *n.* số tiền tiêu đặc biệt

spending /'spendıŋ/ *n.* số tiền tiêu pha của chính phủ hay cơ quan: **to reduce public** ~ giảm bớt tiêu pha công cộng

spendthrift /'spendθrɪft/ *n., adj.* người hoang phí, tay tiêu hoang, tay xài hoang

spent /spent/ quá khứ của **spend**; *adj.* đã tiêu pha, đã tốn kém

sperm /spɜːm/ *n.* tinh dịch

spew /spjuː/ *v.* nôn/mửa ra; phun ra; thổ ra

sphere /sfɪər/ *n.* hình cầu, khối cầu, quả cầu; thiên thể; khu vực, phạm vi

sphinx /sfɪŋks/ *n.* x-phanh, quái vật đầu đàn bà, mình sư tử

spice /spaɪs/ **1** *n.* đồ gia vị, hương liệu; cách làm [chuyện] thêm đậm đà **2** *v.* bỏ/thêm gia vị; làm cho đậm đà

spicy /'spaɪsɪ/ *adj.* có đồ gia vị, cay [tiêu, ớt]; [chuyện] hóm hỉnh, tục, tiếu lâm

spider /'spaɪdə(r)/ *n.* con nhện

spiel /ʃpiːl/ *n.* bài nói chuyện dông dài nhằm thuyết phục người khác

spike /spaɪk/ **1** *n.* đầu nhọn, gai; đinh đế giày; đinh đường ray **2** *v.* cắm que nhọn; đóng bằng đinh; làm hỏng; pha rượu mạnh vào

spill /spɪl/ **1** *n.* sự té lộn nhào **2** *v.* [**spilt/spilled**] làm tràn/đổ [nước]; làm văng, làm ngã; tràn/đổ/chảy ra: **to ~ over** tràn ra, đổ ra; **to ~ blood** làm đổ máu; **It's no use crying over spilt milk.** Chuyện đã rồi, đừng tiếc rẽ nữa.

spillage /'spɪldʒ/ *n.* chảy rỉ ra

spillover /'spɪləʊvə(r)/ *n.* sự tràn/rộng ra

spin /spɪn/ **1** *n.* sự quay/xoay tròn; cuộc đi dạo; sự đâm xoáy [máy bay]: **to go for a ~** đi dạo chơi; **~-drier** máy xấy khô quần áo **2** *v.* [**spun**] quay [tơ]; chăng [tơ nhện]; kéo kén; (làm xoay tròn), lảo đảo; kể chuyện: **to ~ out** kể chuyện, kéo dài

spinach /'spɪnɪdʒ/ *n.* rau ê-bi-na

spinal /'spaɪnəl/ *adj.* thuộc xương

sống: **~ column** cột xương sống; **~ cord** tuỷ sống

spindle /'spɪnd(ə)l/ **1** *n.* con suốt, con quay; trục; người mảnh khảnh **2** *v.* mọc thẳng, mọc vút, lắp con suốt

spin-dry /spɪn'draɪ/ *v.* quay khô quần áo giặt máy

spine /spaɪn/ *n.* xương sống; gai [quả, trái]; gai, ngạnh; cạnh sắc; gáy sách; lông nhím; lòng can đảm

spin-off *n.* kết quả rất hữu ích không ngờ; phim dựa trên câu chuyện

spiral /spaɪər(ə)l/ **1** *n.* đường xoắn/trôn ốc; sự lên/xuống từ từ **2** *v.* chuyển động theo hình trôn ốc; [giá cả] tăng dần dần: **to ~ up** tăng dần; **to ~ down** giảm dần dần **3** *adj.* cong, trôn ốc: **~ staircase** cầu thang trôn ốc

spirit /'spɪrɪt/ **1** *n.* tinh thần; sự hăng hái, nhiệt tình; lòng can đảm, nghị lực; linh hồn; quỷ thần, thần thánh, thần linh; **~s** rượu mạnh; **to be in high ~s** vui vẻ phấn khởi; **to be in low ~s** chán nản buồn rầu; **evil ~** ma quỷ; **both the letter and the ~ of the law** cả chữ lẫn ý, cả ngôn từ lẫn tinh thần của đạo luật **2** *v.* cổ vũ; đem đi nhanh, bốc đi: **to ~ away** đưa biến đi

spirited /'spɪrɪtɪd/ *adj.* hăng hái, hăng say, bồng bột; sinh động, linh hoạt

spiritual /'spɪrɪtjuːəl/ **1** *n.* bài hát (tôn giáo) của người Mỹ da đen **2** *adj.* tinh thần; thuộc linh hồn/tâm hồn; tâm linh; thần thánh, tôn giáo

spit /spɪt/ **1** *n.* cái xiên [nướng thịt] **2** *n.* nước bọt/dãi/miếng; sự khạc nhổ **3** *v.* [**spat/spit**] nhổ [nước bọt/miếng], khạc: **to ~ at someone** phỉ nhổ ai, coi ai như rác, nhổ vào mặt ai; **to ~ out** khạc, phun ra; **to ~ it out** nói nhanh lên

spite /spaɪt/ **1** *n.* sự giận; sự thù hằn, mối thù oán: **in ~ of** mặc dầu **2** *v.* làm trái ý, làm phiền, làm khó chịu, trêu tức

spittoon /spɪ'tuːn/ *n.* ống nhổ, ống phóng

splash /splæʃ/ **1** *n.* sự bắn toá/vung; tiếng (sóng) vỗ: **to make a ~** làm mọi người chú ý **2** *v.* té (nước) vào; làm bắn vung lên; lội lõm bõm; tiêu hoang, lãng phí: **to ~ one's money around** lãng phí tiền bạc

splat /splæt/ *n.* ván lưng ghế

splatter /'splætə(r)/ *v.* kêu lộp độp; nói lắp bắp

splay /spleɪ/ *v.* mở rộng, lan rộng, nghiêng đi

spleen /spliːn/ *n.* lá lách, (con) tỳ; sự u uất; sự hằn học: **to vent one's ~ on somebody** trút sự hằn học lên/vào ai

splendid /'splendɪd/ *adj.* rực rỡ, đẹp đẽ, lộng lẫy, tráng lệ, huy hoàng; đẹp, tốt, hay lắm, tuyệt

splendor /'splendə(r)/ *n.* sự rực rỡ/lộng lẫy/huy hoàng

splice /splaɪs/ *n., v.* (chỗ) nối, ghép [dây, ván, băng nhạc]

splinter /'splɪntə(r)/ **1** *n.* mảnh vỡ, mãnh vụn; cái dằm [đâm vào da]: **~ group** nhóm tách ra, phe/đảng phân lập **2** *v.* (làm) vỡ/tách ra từng mảnh

split /splɪt/ **1** *n.* sự nứt/rạn; kẽ hở, đường nứt; phần chia nhau: **~ ring** vòng đeo chìa khoá **2** *v.* [**split**] chẻ, bổ, bửa, tách; chia ra; chia nhau; chia rẽ, phân hoá; tách [phân tử], làm vỡ [hạt nhân]; nứt ra, vỡ, nẻ: **to ~ hairs** bới móc, đi quá sâu vào chi tiết; **to ~ the difference** lấy đều cả hai, lấy trung bình

split screen *n.* màn truyền hình cho thấy hai hình hay thông tin khác nhau cùng một lúc

splitting /'splɪtɪŋ/ *adj.* đau nhức: **He has a ~ headache.** Ông ấy đau nhức đầu.

splurge /splɜːdʒ/ *n., v.* sự phô trương rầm rộ, sự loè bịp

splutter /'splʌtə(r)/ *n.,v.* người nói lắp bắp, thổi phù phù; nói lắp bắp

spoil /spɔɪl/ **1** *n.* đồ cướp được; chiến lợi phẩm; lợi lộc, quyền lợi, bổng lộc **2** *v.* [**spoilt/spoiled**] cướp đoạt, tước đoạt; làm hỏng/hại; làm hư, chiều [trẻ con]; [hoa quả, cá] hư, thối, ươn: **He ~ed his son.** Ông ấy làm hư con trai ông ta.; **Spare the rod and ~ the child.** Thương con cho roi cho vọt.

spoilsport /'spɔɪlspɔːt/ *n.* người làm hư sở thích người khác, người phá đám

spoilt /spɔɪlt/ quá khứ của **spoil**; *adj.* bị làm hư/hỏng

spoke /spəʊk/ quá khứ của **speak**

spoke /spəʊk/ *n.* cán nan hoa; bậc/nấc thang; gậy chèn

spoken /'spəʊk(ə)n/ quá khứ của **speak**

sponge /spʌndʒ/ **1** *n.* bọt biển; người ăn bám: **~ cake** bánh xốp **2** *v.* ăn bám/chực; bòn mót

sponsor /'spɒnsə(r)/ **1** *n.* cha/mẹ đỡ đầu; người đỡ đầu/bảo đảm/bảo trợ; công ty thuê quảng cáo [phát thanh hoặc truyền hình] **2** *v.* đỡ đầu; đứng bảo đảm, bảo trợ

spontaneity /spɒntə'neɪtɪ/ *n.* tính tự động/tự ý; tự phát

spontaneous /spɒn'teɪnɪəs/ *adj.* tự động, tự ý; tự phát, tự sinh; tự nhiên, không ai bắt buộc, không gò bó

spoof /spuːf/ *n., v.* (sự) lừa gạt, lừa phỉnh

spook /spuːk/ *n.* ma quỷ

spool /spuːl/ *n., v.* cuộn chỉ, cuộn phim; vòng [câu quăng]; cuộn lại

spoon /spuːn/ **1** *n.* cái thìa, cái muỗng: **coffee ~** thìa/muỗng cà phê; **to be born with a silver ~ in one's mouth** sinh trưởng trong một gia đình giàu có **2** *v.* múc bằng thìa, hớt bằng thìa: **to ~ off coffee** múc cà-phê bằng thìa

sporadic /spɒ'rædɪk/ *adj.* rải rác, rời rạc, không đều đặn

spore /spɔː(r)/ *n.* bào tử; mầm móng

sport /spɔːt/ **1** *n.* thể thao; sự chơi đùa; trò đùa; biến dị; người đàng hoàng trung thực: **in ~** để đùa chơi; **to make ~ of** trêu chọc; **~ clothes**

quần áo thể thao; **~s car** xe thể thao; **~s fan** người hâm mộ thể thao; **~s jacket** áo vét thể thao; **athletic ~s** các môn điền kinh; **a good ~** một người tốt **2** *v.* chưng, diện; chơi đùa: **to ~ away** tiêu thì giờ các trò chơi thể thao

sporting /'spɔːtɪŋ/ *adj.* thích thể thao, thuộc về thể thao: **~ chance** cơ hội có thể thắng có thể bại

sporty /'spɔːtɪ/ *adj.* thể thao, có tinh thần thể thao

spot /spɒt/ **1** *n.* dấu, vết; vết nhơ, tì vết; chỗ, nơi, chốn: **on the ~** tại chỗ; **to hit the ~** thoả mã gì đang cần **2** *v.* làm đốm; làm bẩn; nhận ra, phát hiện: **to ~ somebody in the crowd** nhận ra người nào trong đám đông **3** *adj.* tiền mặt; trả liền ngay: **~ prices** giá bán trả tiền mặt

spotcheck *n.* soát thử, kiểm soát bất ngờ: **to carry out random ~s on vehicles** thực hiện việc kiểm soát xe bất ngờ

spotlight /'spɒtlaɪt/ *n., v.* đèn rọi (sân khấu); rọi đèn

spouse /spaʊz/ *n.* chồng, vợ, người phối ngẫu

spout /spaʊt/ **1** *n.* vòi ấm; ống máng; vòi nước, cây nước **2** *v.* (làm) phun ra; phun nước; ngâm thơ

sprain /spreɪn/ **1** *n.* sự bong gân **2** *v.* làm bong gân

sprang /spræŋ/ quá khứ của **spring**

sprawl /sprɔːl/ *n., v.* (sự) nằm dài/ườn ra

sprawling /'sprɔːlɪŋ/ *adj.* dàn rộng ra không ngăn nắp

spray /spreɪ/ **1** *n.* bụi nước; chất bơm, thuốc xịt; bình xịt, lọ bơm nước hoa: **~gun** bình xịt thuốc **2** *n.* cành cây nhỏ có hoa **3** *v.* bơm, xịt, phun [thuốc]

spread /spred/ **1** *n.* sự trải/giăng ra; sự truyền bá/quảng bá; khoảng rộng; khăn trải giường; ảnh in suốt trang báo; bữa tiệc linh đình; bơ/ mứt để phết lên bánh mì **2** *v.*

[**spread**] trải, căng, giăng/bày ra, trương ra; rải [cát, phân bố, truyền đơn]; truyền bá; bày bàn ăn, bày thức ăn; phết; [tin] truyền đi, lan đi/ra; tản ra: **to ~ a cloth over a table** trải khăn lên bàn; **to ~ oneself** thích ôm đồm quá, ba hoa; **The news ~ everywhere.** Tin truyền đi khắp nơi.

spreadsheet /'spredʃiːt/ *n.* chương trình vi tính cho phép lấy lại trữ liệu

spree /spriː/ *n.* cuộc vui chơi miệt mài; sự tiệc tùng ăn uống lu bù: **buying ~** sự mua sắm lu bù; **to go on a ~** cuộc vui chè chén lu bù

sprig /sprɪg/ *n.* cành cây nhỏ

sprightly /'spraɪtlɪ/ *adj.* vui vẻ, nhanh nhảu, hoạt bát, linh lợi

spring /sprɪŋ/ **1** *n.* suối nước; mùa xuân; sự nhảy; sự bật lại, tính đàn hồi; lò xo, nhíp [xe]: **~ mattress** nệm lò xo; **~ roll** chả giò; **the ~ of one's life** mùa xuân cuộc đời **2** *v.* [**sprang; sprung**] nhảy; bật mạnh; nảy ra, hiện ra; xuất phát; đưa ra bất ngờ: **to ~ to one's feet** đứng phắt dậy

springboard /'sprɪŋbɔːd/ *n.* ván nhún, ván dận

sprinkle /'sprɪŋk(ə)l/ **1** *n.* một tí/chút; mưa phùn, mưa lún phún **2** *v.* tưới, rải, rắc, rưới; mưa lún phún

sprinkler /'sprɪŋklə(r)/ *n.* bình tưới nước; hệ thống ống phun nước [tưới cây hoặc để chữa cháy]: **~ system** hệ thống phun nước

sprint /sprɪnt/ **1** *n.* nước rút **2** *v.* chạy nước rút

sprite /spraɪt/ *n.* yêu tinh, ma quỷ

spritz /sprats/ *v.* xịt ít chất lỏng lên vật gì: **I ~ my hair with water.** Tôi xịt ít nước lên tóc tôi.

sprout /spraʊt/ **1** *n.* mầm non, chồi; giá (đậu tương): **bean~** giá đậu; **Brussels ~s** cải Bru-xen **2** *v.* mục nhú lên; đâm chồi, nảy mầm, mọc mầm, đâm mộng

spruce /spruːs/ **1** *n.* cây vân sam

2 *adj.* chải chuốt, diêm dúa **3** *v.* làm bảnh, ăn mặc chải thuốt

sprung /sprʌŋ/ quá khứ của **spring**; *adj.* nhảy vọt lên

spry /spraɪ/ *adj.* nhanh nhẹn, hoạt bát

spun /spʌn/ quá khứ của **spin**

spunk /spʌŋk/ *n., v.* sự nổi giận; đùng đùng nổi giận

spur /spɜ:(r)/ **1** *n.* cựa [gà]; đinh thúc ngựa; sự kích thích/khích lệ; đường (xe lửa) nhánh **2** *v.* thúc ngựa; khích lệ, khuyến khích

spurn /spɜ:n/ *n., v.* (sự) bác bỏ, hắt hủi, chê, khinh

spurt /spɜ:t/ *n., v.* (sự) bắn/phọt ra; (sự) gắng sức

sputnik /'spʊtnɪk/ *n.* vệ tinh nhân tạo

sputter /'spʌtə(r)/ *v.* nói lắp bắp; [lửa] nổ lách tách

sputum /'spju:təm/ *n.* nước bọt/miếng, nước dãi; đờm

spy /spaɪ/ **1** *n.* gián điệp, điệp viên: ~ **ring** hệ thống do thám/gián điệp **2** *v.* làm gián điệp; do thám, theo dõi: **to ~ on** theo dõi

spyglass /'spaɪɡlɑ:s/ *n.* kính thiên văn nhỏ

squab /skwɒb/ *n.* bồ câu non, bồ câu chưa ra ràng

squabble /'skwɒb(ə)l/ *n., v.* (sự) cãi nhau ầm ĩ

squad /skwɒd/ *n.* tiểu đội, tổ, đội; kíp thợ; đội thể thao

squadron /'skwɒdrən/ *n.* đội binh, tiểu đoàn; đội tàu, hạm đội; đội máy bay, phi đội

squalid /'skwɒlɪd/ *adj.* nghèo khổ; dơ dáy, bẩn thỉu

squalor /'skwɒlə(r)/ *n.* sự nghèo khổ; sự dơ dáy/bẩn thỉu

squander /'skwɒndə(r)/ *v.* hoang phí, phung phí, lãng phí, phá của, xài phí

square /skweə(r)/ **1** *n.* hình vuông; ô vuông; khu nhà giữa bốn phố; quảng trường; thước thợ, thước vuông góc, ê ke; bình phương: **on the ~** thành thật, công bằng **2** *adj.* vuông; thật thà, sòng phẳng; [bữa ăn] đẫy, đầy đủ; cổ (lỗ sĩ), bảo thủ: ~ **bracket** dấu móc/ngoặc vuông; ~ **dance** nhảy phương bộ; ~ **mile** dặm vuông **3** *adv.* thật thà, thẳng thắn: **to play ~** chơi thật thà **4** *v.* làm cho vuông, đẽo cho vuông; bình phương; trả, thanh toán; phù hợp: **to ~ with** đi đôi với

squash /skwɒʃ/ **1** *n.* quả bí, quả mướp **2** *n.* sự ép/nén; bóng quần: **orange ~** nước cam **3** *v.* ép, nén; đè bẹp, đàn áp; chen

squat /skwɒt/ **1** *adj.* ngồi xổm; béo lùn **2** *n.* thế ngồi xổm; thế ngồi chồm chỗm **3** *v.* ngồi, ngồi xổm, ngồi chồm chỗm; chiếm đất công ở ì

squatter /'skwɒtə(r)/ *n.* người chiếm đất công ở ì

squawk /skwɔ:k/ *n., v.* (tiếng) kêu quác quác; (lời) than văn phản đối

squeak /skwi:k/ *n., v.* (tiếng) cót két; (tiếng) rúc rích, (tiếng) chít chí

squeal /skwi:l/ **1** *n.* tiếng eng éc **2** *v.* [lợn] kêu eng éc; mách lẻo, hớt, chỉ điểm

squeeze /skwi:z/ **1** *n.* sự ép/vắt; sự siết chặt; sự ôm chặt; sự ăn bớt/ chặn **2** *v.* ép [cam, chanh]; siết chặt [tay]; chen, ấn; bóp nặn, bòn mót, bòn rút

squid /skwɪd/ *n.* con mực

squiggle /'skwɪɡ(ə)l/ *n., v.* (sự) viết cong queo

squint /skwɪnt/ **1** *n.* tật lác mắt; cái liếc mắt **2** *v.* lác, lé: **to ~ at** liếc nhìn một tí

squirm /skwɜ:m/ *n., v.* (sự) ngoằn nghèo, vặn vẹo

squirrel /'skwɪrəl/ **1** *n.* con sóc **2** *v.* nhảy như sóc, nhảy vọt

squirt /skwɜ:t/ *v., n.* làm bắn/vọt ra, tia ra

squish /skwɪʃ/ *n.* mứt cam

stab /stæb/ **1** *n.* sự đâm, vết/nhát đâm; sự làm thử: **a ~ in the back** sự nói xấu sau lưng; đòn ngầm; **to make a ~ at** thử làm **2** *v.* đâm bằng dao; nhằm đánh vào

stabbing /'stæbɪŋ/ **1** n. lúc người bị
đâm **2** adj. rất sắc và mạnh

stability /stə'bɪlɪti/ n. sự vững chắc/
vàng, sự ổn định; độ ổn định; độ bền

stabilize /'steɪbɪlaɪz/ v. làm ổn định, ổn
định hoá

stabilizer /'steɪbɪlaɪzə(r)/ n. bộ phận ổn
định, bộ phận/bánh xe thăng bằng

stable /'steɪb(ə)l/ adj. vững chắc, vững
vàng, chắc chắn, kiên cố, ổn định,
cương quyết, kiên quyết/định; bền

stable /'steɪb(ə)l/ **1** n. chuồng ngựa/bò/
trâu: ~-**boy/girl** con trai/con gái giữ
ngựa **2** v. nhốt vào tàu, cho vào
chuồng; nằm, ở

stack /stæk/ **1** n. cây/đụn rơm; đống;
cụm súng; ống khói [nhà máy, xe
lửa, tàu thuỷ]; giá/kệ sách ở thư
viện hay đụn cỏ khô: **smoke ~** ống
khói; **to give someone access to the
~s** cấp cho ai quyền vào kho sách
thư viện **2** v. đánh thành đống,
chất đống; xếp [bài] gian

stadium /'steɪdɪəm/ n. sân vận động,
vận động trường

staff /stɑːf/ **1** n. (toàn thể) nhân viên,
biên chế, bộ phận; bộ tham mưu;
ban, bộ; gậy, batoong; gậy quyền;
cán, cột; khuông nhạc; chỗ nương
tựa: ~ **headquarters** tổng hành dinh
bộ tham mưu; ~ **officer** sĩ quan
tham mưu **2** v. bố trí cán bộ cho,
cung cấp/bổ nhiệm nhân viên cho
[cơ quan]

stage /steɪdʒ/ **1** n. đoạn đường, quãng,
trạm; giai đoạn; cấp, tầng [tên
lửa]; phạm vi hoạt động, vũ đài;
giàn, giáo; bục, bệ, đài; bàn soi
[kính hiển vi]; sân khấu, nghề
kịch, kịch nghệ: **by easy ~s** từng
chặng nhỏ; **by successive ~s** từng
đợt/cấp; **to go on the ~** trở thành tài
tử/diễn viên, đóng tuồng/kịch; ~
coach xe ngựa chở khách; ~ **fright**
sự run khi bước ra sân khấu; ~
manager đạo diễn **2** v. dựng [vở
hát]; tổ chức, sắp xếp, mở

stagger /'stægə(r)/ v., n. làm choáng

người; làm dao động; xếp chữ chi;
bố trí, trải ra [giờ làm, giờ xe chạy]

staging /'steɪdʒɪŋ/ n. việc trình diễn/
đưa lên sân khấu; sân khấu tạm

stagnant /'stægnənt/ adj. tù, đọng, ứ;
tù hãm; đình đốn/trệ

stagnate /stæg'neɪt/ v. [nước] đọng, ứ;
tù hãm; đình trệ

staid /steɪd/ adj. chắc chắn, điềm
đạm, trầm tĩnh; nghiêm

stain /steɪn/ **1** n. vết bẩn/đen; vết nhơ,
ô nhục; thuốc màu **2** v. làm bẩn,
làm dơ; làm nhơ nhuốc; đánh màu

stair /steə(r)/ n. bậc thang; cầu thang:
~**case** bậc thang, thang lầu; **up the
~s** trên gác, trên lầu

stake /steɪk/ **1** n. cọc, cột; cọc trói
người bị thiêu sống; tiền đánh cược/
cá: **to pull up ~s** dọn (nhà) đi nơi
khác **2** v. đóng cọc; khoanh cọc;
buộc vào cọc; đặt cược; góp vốn

stalactite /'stæləktaɪt/ n. thạch nhủ
xuống

stalagmite /'stæləgmaɪt/ n. thạch nhủ
mọc lên

stale /steɪl/ adj. cũ, đã lâu; [thịt] ôi;
[câu nói đùa] nhạt nhẽo; [tin] cũ
rích: ~ **bread** bánh mì cũ; **smell ~**
hấp hơi

stalemate /'steɪlmeɪt/ **1** n. thế cờ bí; sự
bế tắc: **The trade negotiations came
to a ~.** Sự thương lượng buôn bán
đã bị bế tắc. **2** v. dồn vào thế bí;
làm bế tắc

stalk /stɔːk/ **1** n. thân cây; cuống;
thân [lông chim]; chân cốc uống
rượu **2** n. dáng đi oai vệ **3** v. đi
hiên ngang, đi một cách oai vệ; đi
lén theo, đuổi theo: **The infatuated
fan ~ed the pop singer for many
days.** Người hâm mộ đã theo gót ca
sĩ nhiều ngày.

stall /stɔːl/ **1** n. quầy bán hàng;
chuồng ngựa; chỗ ngồi trước sân
khấu **2** n. tên cò mồi ăn cắp; đòn
phép đánh lừa **3** v. ngăn nhiều
ngăn; nhốt vào chuồng **4** v. tránh
né, ngăn cản

stallion /'stæljən/ *n.* ngựa giống, ngựa nòi

stalwart /'stɔːlwət/ **1** *n.* đảng viên tích cực; người vạm vỡ, người lực lưỡng **2** *adj.* vạm vỡ, lực lưỡng; tích cực, can đảm, kiên quyết, quả quyết

stamen /'steɪmən/ *n.* nhị hoa, nhị đực

stamina /'stæmɪnə/ *n.* sức chịu đựng

stammer /'stæmə(r)/ **1** *n.* sự/tật nói lắp **2** *v.* nói lắp, cà lăm

stamp /stæmp/ **1** *n.* tem, cò; dấu, con dấu; dấu chứng nhận/bảo đảm, nhãn hiệu; dấu hiệu; sự giậm chân: **postage ~** tem gởi thư; **~ collector** người chơi tem, nhà sưu tầm bưu hoa; **~ duty** thuế con niêm khi mua bán **2** *v.* dán tem vào; đóng dấu lên; in dấu lên; in sâu; đóng dấu kiểm nhận/chiếu khán vào [thông hành/hộ chiếu]; giậm chân: **to ~ one's foot** giậm chân

stampede /ˌstæm'piːd/ **1** *n.* sự chạy tán loạn; sự chạy trốn; phong trào đổ dồn vào chuyện gì **2** *v.* (làm cho) chạy tán loạn

stance /stɑːns/ *n.* thế đứng; thái độ, lập trường

stanch /stɑːnʃ/ *v.* [*Br.* **staunch**] cầm máu lại: **to ~ a wound** cầm máu vết thương

stand /stænd/ **1** *n.* chỗ đứng, vị trí; lập trường, quan điểm; giá [ô], mắc [áo]; gian hàng; đế, chân, bệ, đài; diễn đài, khán đài; sự đứng/dừng lại; sự chống cự: **to take a ~** giữ vị trí **2** *v.* [**stood**] đứng; đứng, ở, có; bắt đứng, đặt, để, dựng; giữ vững; đứng vững, bền; chịu đựng: **to ~ aside** đứng tránh ra một bên; **to ~ by** sẵn sàng, chuẩn bị, cứ đợi đấy; bênh, ủng hộ; thi hành [hứa hẹn]; **to ~ fast** kiên trì; **to ~ for** có nghĩa là; thay cho; bênh vực, ủng hộ; chịu đựng, chấp nhận, dung thứ; **to ~ in line** xếp hàng (đợi lượt mình); **to ~ out** nổi vật lên; **to ~ up** đứng dậy, đứng lên; **to ~ up against/to** đương đầu với

stand-alone *adj.* có thể tự điều hành (không lệ thuộc vào hệ thống)

standard /'stændəd/ **1** *n.* tiêu chuẩn, chuẩn, mẫu; chuẩn mực, mức, trình độ; bản vị [tiền tệ]; cờ, cờ hiệu; chân, cột [đèn]: **living ~, ~ of living** mức/mực sống, tiêu chuẩn sinh hoạt; **up to ~** đúng tiêu chuẩn; **~ gauge** đường sắt bề ngang tiêu chuẩn; **~ English** tiếng Anh tiêu chuẩn/phổ thông; **~ time** giờ tiêu chuẩn **2** *adj.* chuẩn, mẫu: **a ~ size** cỡ chuẩn; **~ spoken Mandarin** tiếng nói Quan Thoại chuẩn

standing /'stændɪŋ/ **1** *n.* thế đứng; sự dừng xe; địa vị; sự lâu dài: **"No Standing"** CẤM DỪNG XE; **in good ~** có thế, được quí chuộng; **a friend of long ~** một người bạn lâu năm; **of high ~** có địa vị cao **2** *adj.* [ủy ban, quân] thường trực; [nước] tù; [điều lệ] hiện hành: **~ ovation** khán giả đứng dậy hoan hô; **~ order** cho phép ngân hàng trả một số tiền cố định cho ai hàng tháng; **~ room only** hết ghế: chỉ có chỗ đứng thôi

standpoint /'stændpɔɪnt/ *n.* quan điểm, lập trường

standstill /'stændstɪl/ *n.* sự đứng/ngừng lại; sự bế tắc: **to come to a ~** bị ngừng, đi đến chỗ bế tắc

stank /stæŋk/ quá khứ của **stink**; *adj.* bốc mùi thối, hôi thối

staple /'steɪp(ə)l/ **1** *n.* đinh kẹp, dây thép rập giấy **2** *n.* nguyên vật liệu, sản phẩm chính: **~ food** món ăn chính **3** *v.* đóng bằng đinh kẹp **4** *adj.* chủ yếu: **~ industries** những ngành công nghiệp/kỹ nghệ chủ yếu

stapler /'steɪplə(r)/ *n.* máy rập giấy, máy đóng/rập sách

star /stɑː(r)/ **1** *n.* sao, ngôi/vì sao, tinh tú, tinh thể; vật hình sao; dấu sao, dấu hoa thị; nhân vật nổi danh, nghệ sĩ nổi tiếng, ngôi sao, minh tinh; sao chiếu mệnh: **a former Hollywood ~** trước kia là một ngôi sao sáng ở Hồ ly vọng/Hoa lệ ước; **lucky ~** số may; **movie ~** đào/kép xi nê, tài tử xi nê, minh tinh màn bạc; **rising ~** (người) đang lên; **shooting/ falling ~** sao sa, sao băng; **to see ~s** nổ đom đóm mắt **2** *v.* đánh dấu sao, đánh dấu hoa thị [một câu sai ngữ pháp hoặc một thể giả thiết]; [tài tử] đóng vai chính; [phim] có đóng vai chính

starch /stɑːtʃ/ **1** *n.* bột/tinh bột; hồ bột **2** *v.* hồ cứng

stardom /'stɑːdəm/ *n.* cương vị minh tinh (sân khấu, màn bạc); các ngôi sao, những minh tinh (nói chung)

stardust /'stɑːdʌst/ *n.* vẻ mông lung mơ màng, vùng mờ đầy sao

stare /steə(r)/ **1** *n.* sự/cái nhìn chòng chọc **2** *v.* nhìn chòng chọc/chằm rằm; rành rành, lồ lộ

starfish /'stɑːfɪʃ/ *n.* sao biển

starfruit /'stɑːfruːt/ *n.* trái khế

stark /stɑːk/ **1** *adj.* cứng đờ; lộ rõ; hoang vu **2** *adv.* hoàn toàn: **~ naked** trần như nhộng

starlit /'stɑːlɪt/ *adj.* có sao

starry /'stɑːrɪ/ *adj.* nhiều sao, đầy sao; như sao: **~ eyes** mơ mộng hão huyền

(the) Stars and Stripes *n.* lá cờ sao sọc của Mỹ

start /stɑːt/ **1** *n.* lúc bắt đầu, lúc khởi thuỷ, ban đầu; sự/chỗ khởi hành; điểm/giờ xuất phát; sự giật mình: **Everything is difficult at the ~.** Vạn sự khởi đầu nan.; **from ~ to finish** từ bắt đầu đến/chí cuối **2** *v.* bắt đầu [một việc gì]; bắt đầu [đi, làm]; mở [máy]; gây, nêu: **I ~ work, I ~ working next week.** Tuần sau tôi bắt đầu làm việc.; **to ~ off** nghỉ, không làm nữa; **to ~ out** khởi hành; khởi công; **to ~ with** bắt đầu có/với

starter /'stɑːtə(r)/ *n.* [*U.S.* **appetizer**] bộ khởi động; người ra lệnh xuất phát, món ăn đầu tiên

startle /'stɑːt(ə)l/ *v.* (làm) giật nảy mình

startling /'stɑːtlɪŋ/ *adj.* làm giật mình,

làm sửng sốt

start-up *adj., n.* thuộc về khởi đầu, bắt đầu: **~ costs** chi phí ban đầu

starve /stɑːv/ *v.* bắt nhịn đói, bỏ đói; (làm) chết đói: **to ~ to death** đói đến chết, chết đói

stash /stæʃ/ *n., v.* (sự) cất giấu

state /steɪt/ **1** *n.* tình trạng, trạng thái; quốc gia, bang; nhà nước, chính quyền/phủ; sự trọng thể/huy hoàng: **Department of ~** Bộ Ngoại giao Mỹ; Quốc vụ khanh; **police ~** quốc gia cảnh chế; **~ governor** toàn quyền tiểu bang; **~ school** trường công lập; **~ university** trường đại học thuộc tiểu bang; **~ of health** tình trạng sức khoẻ; **the ~ of the art** tình trạng một ngành học thuật; **the original thirteen ~s** 13 tiểu bang thời Hoa Kỳ mới lập quốc; **to lie in ~** được quàn theo quốc táng **2** *v.* nói rõ, bày tỏ, tuyên bố, phát biểu; định rõ [ngày giờ]: **to ~ one's opinion** phát biểu ý kiến của mình

stateless /'steɪtləs/ *adj.* thất sở, không có quốc gia

stately /'steɪtlɪ/ *adj.* oai vệ, oai nghiêm; nghiêm trang

statement /'steɪtmənt/ *n.* lời/bản tuyên bố; bản tường trình

statesman /'steɪtsmən/ *n.* chính khách (có tài)

statewide /'steɪtwaɪd/ *adj., adv.* trên toàn tiểu bang, khắp tiểu bang

station /'steɪʃən/ **1** *n.* nhà ga, xe buýt, bến đò; trạm, đồn, điếm, ty; đài (phát thanh, truyền hình): **bus ~** bến xe đò; **police ~** đồn cảnh; **railroad ~** nhà ga xe lửa; **~ house** đồn cảnh sát, trạm công an; **~ identification** sự nói rõ tên đài; **~ of the Cross** một lô gồm 14 hình ảnh trình bày trong nhà thờ; **service ~, gas ~** trạm xăng, cột/cây xăng; **~ wagon** xe kiểu gia đình **2** *v.* [quân đội] đóng, đồn trú; đặt/để vào vị trí

stationary /'steɪʃənərɪ/ *adj.* đứng nguyên một chỗ

stationery /'steɪʃənərɪ/ *n.* giấy viết thư; đồ dùng văn phòng

statistical /st'tɪstɪkəl/ *adj.* thống kê

statistics /stə'tɪstɪks/ *n., pl.* thống kê, những con số thống kê; khoa học thống kê, thống kê học

statue /'stætjuː/ *n.* (pho/bức) tượng: **the ~ of Liberty** tượng Nữ thần Tự do (ở New York)

stature /'stætjʊə(r)/ *n.* vóc người; tầm vóc

status /'steɪtəs/ *n.* thân phận, thân thể, địa vị; tình trạng: **~ seeker** người bị ám ảnh bởi chức vị; **~ symbol** vật tượng trưng cho địa vị xã hội; **official ~** địa vị chính thức

status quo *n.* hiện trạng, nguyên trạng

statute /'stætʃuːt/ *n.* quy điều, điều lệ; quy chế, chế độ; luật lệ: **~ book** sách luật; **~ law** luật thành văn; **~ of limitations** qui luật hạn chế/giới hạn

staunch /stɔːntʃ/ **1** *adj.* trung thành, đáng tin cậy **2** *v.* trung thành, tin cậy

stave /steɪv/ **1** *n.* ván cong để đóng thùng rượu; bậc thang; gậy; đoạn thơ, tiết nhạc; khuông nhạc **2** *v.* đục thủng; làm bẹp: **to ~ in** đục thủng, làm bẹp; **to ~ off** ngăn chặn, tránh

stay /steɪ/ **1** *n.* sự ở/lưu lại; sự hoãn/đình lại; trở ngại; sức chịu đựng; chỗ nương tựa: **an overnight ~** ở lại qua đêm **2** *n.* dây néo/chằng cột buồm: **to miss ~s** không lợi dụng được chiều gió **3** *v.* ở lại, lưu lại; đình lại, hoãn lại; chặn, ngăn chặn; chống đỡ: **to ~ away** không đến (gặp/dự), vắng mặt; **to ~ out** ì ra, không đụng đậy; **to ~ the course** theo đuổi một việc làm cho đến cùng; **to ~ one's hand** giữ nguyên tư thế hành động **4** *v.* néo/chằng cột buồm

STD /ˌestiː'diː/ **1** *n., abbr.* (= Sexually Transmitted Disease) bệnh truyền nhiễm qua đường sinh dục **2** *n., abbr.* (= Subscriber Trunk Dialling) hệ thống gọi điện thoại đi xa

steadfast /'stedfɑːst/ *adj.* kiên định, không lay chuyển

steady /'stedɪ/ **1** *adj.* vững chắc, vững vàng; đều, đều đặn; kiên định, không thay đổi: **to require a ~ light** cần ánh sáng đều; **a ~ rise in prices** giá cứ tăng lên đều đều; **~ state** tình trạng không thay đổi **2** *v.* (làm cho) trở nên vững vàng: **to ~ a table** chêm bàn cho vững **3** *adv.* kiên định, không thay đổi **4** *n., colloq.* người yêu chính thức

steak /steɪk/ *n.* thịt bít tết; miếng cá/thịt nướng: **~house** tiệm ăn bán thịt bít tết

steal /stiːl/ **1** *n.* món hời, món hàng mua được rẻ; đồ ăn cắp **2** *v.* [**stole, stolen**] ăn cắp, ăn trộm, xoáy: **He stole firewood from the cooperative.** Hắn ăn cắp củi của hợp tác xã.; **to ~ a kiss** hôn trộm một cái; **to ~ away** lẻn/lén đi; khéo léo mà chiếm được; **to ~ in** lẻn vào; **to ~ a person's thunder** dùng ý kiến người khác; **to ~ the show** bắt chước diễn viên

stealth /stelθ/ *n., adj.* sự dấu diếm, lén lút: **by ~** một cách lén lút, vụng, trộm

steam /stiːm/ **1** *n.* hơi nước; hơi, sức, sức lực, nghị lực: **to let off ~** xả hơi; **under one's own ~** không có sự trợ giúp **2** *v.* hấp, hấp cách thuỷ; bốc hơi, lên hơi: **to ~ ahead** làm việc hăng say tích cực

steed /stiːd/ *n.* ngựa hay, tuấn mã, chiến mã

steel /stiːl/ **1** *n.* thép; que thép mài dao: **cold ~** gươm, kiếm; **~ wool** bùi nhùi thép [để cọ nồi, đánh nhẫn bàn]; **~works** xưởng luyện thép, nhà máy thép **2** *v.* luyện thép vào; bọc thép; tôi luyện **3** *adj.* bằng thép: **~ engraving** khắc bằng thép

steely /'stiːlɪ/ *adj.* rắn như thép; nghiêm khắc, sắt đá

steelyard /'stiːljɑːd/ *n.* cái cân dọc [cân vàng, v.v.]

steep /stiːp/ **1** *adj.* dốc; [sự đòi hỏi]

quá đáng **2** *v.* ngâm; ngấm, thấm: **to ~ in** miệt mài, mải miết, mê mệt

steeple /'sti:p(ə)l/ *n.* tháp chuông, gác chuông (nhà thờ)

steer /stɪə(r)/ **1** *n.* bò/trâu đực; bò non thiến **2** *v.* lái, cầm lái [xe, tàu]: **to ~ clear of** lánh xa, tránh

stele /sti:l/ *n.* tấm bia

stellar /'stelə(r)/ *adj.* thuộc sao, thuộc tinh tú

stem /stem/ **1** *n.* thân [cây]; cuống, cọng [hoa, lá]; ống [tẩu thuốc]; chân [cốc rượu]; thân từ; mũi tàu: **from ~ to stern** từ đầu (tàu) đến cuối (tàu) **2** *v.* xuất phát [from từ] **3** *v.* đắp đập ngăn; ngăn cản/chặn, đẩy lui

stench /stenʃ/ *n.* mùi hôi thối, mùi xú uế: **~ trap** cạm bẫy xấu xa

stencil /'stensɪl/ **1** *n.* khuôn tô; hình tô; giấy nền, giấy in rô-nê-ô **2** *v.* quay/in xtăng-xin, in rô-nê-ô

stenographer /stɪ'nɒɡrəfə(r)/ *n.* (cô) thư ký tốc ký

step /step/ **1** *n.* bước, bước đi, bước chân; cấp bậc; biện pháp: **~ by ~** từng bước một; **in ~ with** đi đều bước với; **in someone's foot ~** theo bước ai, làm theo ai; **Watch your ~!** Coi chừng (không ngã), anh phải thận trọng! **2** *v.* bước, bước đi: **to ~ aside** bước sang một bên; **to ~ back** lùi lại; **to ~ down** từ chức; **to ~ in** bước vào, can thiệp vào; **to ~ into** bước vào; **to ~ on** giẫm lên, dận

stepfather /'stepfɑ:ðə(r)/ *n.* bố giượng, cha ghẻ

stepladder /'steplædə(r)/ *n.* thang đứng, thang đôi

stepmother /'stepmʌðə(r)/ *n.* dì ghẻ, mẹ ghẻ

stepping-stone *n.* tảng đá để bước qua chỗ lội; bàn đạp

stereo /'steriəʊ/ *n., adj.* (máy hát) âm thanh nổi; âm thanh lập thể

stereotype /'steriəʊtaɪp/ *n., v.* đúc theo khuôn mẫu, rập khuôn; chế tạo bản đúc in

stereotyped /'steriəʊtaɪpt/ *adj.* được mô tả theo một mẫu sẵn có

sterile /'steraɪl/ *adj.* [người] không sinh đẻ, hiếm hoi; [đất] khô cằn, cằn cỗi; vô ích; vô trùng; vô khuẩn

sterility /stə'rɪlɪti/ *n.* sự không đẻ; sự khô cằn; sự vô ích

sterilize /'sterɪlaɪz/ *v.* khử trùng, diệt khuẩn; làm mất khả năng sinh đẻ; nấu nước sôi [bầu sữa trẻ em]

sterling /'stɜ:lɪŋ/ **1** *n.* đồng bảng Anh: **pound ~** đồng bảng Anh **2** *adj.* thật đúng tuổi: **~ gold** vàng mười; **a man of ~ worth** người có chân giá trị

stern /stɜ:n/ **1** *n.* phía đuôi tàu, phía sau tàu **2** *adj.* nghiêm nghị, nghiêm khắc

steroid /'stərɔɪd/ *n.* hợp chất gồm 4 loại hoá chất dùng thuốc cho các nhà thể thao

stethoscope /'steθəskəʊp/ *n.* ống nghe của bác sĩ

stevedore /'sti:vɪdɔ:ə(r)/ *n., v.* (công nhân) bốc dỡ ở cảng

stew /stju:/ **1** *n.* món thịt hầm, món ra gu; sự lố lăng **2** *v.* hầm, ninh, nấu ra gu; nấu nhừ [quả mận, cà chua]: **to ~ in one's own juice** bị bỏ rơi chịu đựng bởi việc làm của ai

steward /'stju:əd/ *n., v.* quản gia; chiêu đãi viên, tiếp viên, người phục vụ [tàu thuỷ, máy bay]

stewardess /'stju:ədəs/ *n.* cô chiêu đãi viên [tàu thuỷ/ phi cơ]

stick /stɪk/ **1** *n.* que, gậy; roi; cán (ô, chổi]; thỏi [kẹo cao su, cốt mìn]; đũa nhạc trưởng; cột buồm: **walking ~** gậy, bat-oong, can **2** *v.* [**stuck**] đâm, chọc, thọc; cắm, cài; dán, dính; ló, thò [đầu], ưỡn [ngực], phình [bụng]; làm sa lầy; làm luống cuống: **to be stuck** bị sa lầy; bị kẹt, bị vướng, tắc tị; **to ~ it out** chịu đựng đến kỳ cùng; **to ~ out** nhô ra, chìa ra, ưỡn ra; rõ quá, lộ liễu; **to ~ one's neck out** nói lên một cách mạnh bạo; **to ~ out like a sore thumb** hiển nhiên; **to ~ up for someone**

bênh vực ai [người vắng mặt]

sticker /'stɪkə(r)/ *n.* nhãn (dán đằng sau xe); vấn đề nan giải, vấn đề hắc búa

sticky /'stɪkɪ/ **1** *adj.* dính; nhớp nháp; [trời] nóng ẩm, nồm; [vấn đề] khó khăn: ~ **rice** gạo nếp; cơm nếp, xôi **2** *n.* việc khó khăn; sự nhớp nháp

stiff /stɪf/ **1** *n.* xác chết, người không thể sửa đổi được **2** *adj.* cứng đờ/đơ, ngay đơ; cứng nhắc, thiếu tự nhiên; khó, khó nhọc, vất vả; nghiệt ngã; [giá] cao quá; kiên quyết: **a ~ necked woman** người đàn bà cứng đầu; ~ **upper lip** môi trên bị cứng **3** *adv.* cứng, khó nhọc: **bored ~** chán ngấy; **scared ~** sợ chết cứng

stifle /'staɪf(ə)l/ *v., n.* làm nghẹt thở, bóp chết; chết ngộp

stigma /'stɪgmə/ *n.* vết nhơ, điều ô danh/sỉ nhục; đầu nhụy

stile /staɪl/ *n.* bậc trèo, thang trèo

still /stɪl/ **1** *n.* nồi nấu cơm (lậu); máy cất rượu **2** *n.* sự yên tĩnh/tĩnh mịch; bức ảnh chụp **3** *adj.* yên, im, không động đậy, không nhúc nhích; yên lặng, tĩnh mịch; nín lặng: **Still waters run deep.** Nước cất chảy hết. **4** *v.* làm cho yên lặng; làm cho yên lòng, làm cho vững dạ/làm yên tâm, làm bớt [sợ], làm khỏi [lo] **5** *adv.* vẫn còn: **We ~ owe the bank a lot.** Chúng tôi vẫn còn sợ nhà băng nhiều tiền lắm.; **It's a very awkward situation, I know, ~ our family cannot change it.** Tôi biết, tình hình rất khó xử tuy nhiên, gia đình ta không làm gì để thay đổi nó được.

stillborn /'stɪlbɔːn/ *adj.* chết lúc đẻ, chết trong bụng mẹ

still-life *n.* (bức tranh) tĩnh vật

stilt /stɪlt/ *n.* cà kheo; cột nhà sàn: **to walk on ~s** đi cà kheo; **house on ~s** nhà sàn

stimulant /'stɪmjʊlənt/ **1** *n.* chất khích thích, rượu; tác nhân kích thích **2** *adj.* kích thích

stimulate /'stɪmjʊleɪt/ *v.* kích thích, khuyến khích, khích lệ

stimulus /'stɪmjʊləs/ *n.* (*pl.* **stimuli**) tác nhân/tác dụng kích thích

sting /stɪŋ/ **1** *n.* nọc (ong/muỗi) đốt; nọc; ngòi, vòi [để đốt]; sự đau nhói; sự day dứt: ~ **in the tail 2** *v.* [**stung**] đốt, chích, châm; làm cay (mắt); cắn rứt, day dứt; đau nhói, đau nhức/buốt; [ong, muỗi] đốt

stingray /'stɪŋreɪ/ *n.* cá đuối gai

stingy /'stɪndʒɪ/ *adj.* hà tiện, keo kiệt, bủn xỉn

stink /stɪŋk/ **1** *n.* mùi hôi thối: **to raise a ~** bới thối ra **2** *v.* [**stank**; **stunk**] thối um; tởm quá; tồi quá; làm thối um lên: **to ~ of money** giàu lắm, giàu sụ

stint /stɪnt/ **1** *n.* phần việc; sự hạn chế (cố gắng): **without ~** không hạn chế, hết sức mình; **He did a three-year ~ in the army.** Ông ấy có đi lính ba năm rồi. **2** *v.* hạn chế; hà tiện, tiếc

stipend /'staɪpend/ *n.* lương, tiền thù lao, tiền học bổng

stipulate /'stɪpjʊlət/ *v.* nói rõ, quy định

stir /stɜː(r)/ **1** *n.* sự quấy/khuấy; sự cời/khêu; sự chuyển/náo động: **to create a ~** gây náo động **2** *v.* quấy, khuấy [cà phê, sữa]; cời, khêu [củi lửa]; làm lay động; khích động, khêu gợi; nhúc nhích, cựa quậy, động đậy: **to ~ coffee** khuấy cà phê; **to ~ up curiosity** khêu gợi tính tò mò

stirrup /'stɪrəp/ *n.* bàn đạp [ở yên ngựa]

stitch /stɪtʃ/ **1** *n.* mũi khâu/đan/thêu; mũi khâu vết mổ; một mảnh, một tí: **A ~ in time saves nine.** Cách điều trị đúng cứu được nhiều người.; **in ~es** không nín được cười **2** *v.* khâu; khâu [vết thương, sách]: **to ~ someone up** giữ ai lại, níu kéo ai lại

stock /stɒk/ **1** *n.* kho, kho dự trữ; hàng tồn kho, vốn liếng, cổ phần; nước thịt, nước dùng; thân cây; để đẽ; báng súng; gốc rễ, dòng dõi:

live ~ trâu bò; **in** ~ tồn kho; **out of** ~ hiện bán hết; **to take** ~ **of** kiểm kê hàng hoá; đánh giá, lượng giá; lock, ~ **and barrel** tất cả, cả chì lẫn chài; ~ **car** toa chở trâu bò; ~ **company** gánh hát tài tử/nghiệp dư; ~ **exchange** thị trường chứng khoán **2** *v.* tích trữ (trong kho); nuôi thêm [trâu bò]; thả (cá) xuống [ao hồ]: **I have ~ed my fridge up with food.** Tôi vừa chất thêm thức ăn vào tủ lạnh. **3** *adj.* giữ tồn kho: ~ **sizes** hàng tồn kho; **a ~ answer** nhàm chán

stockade /stɒˈkeɪd/ *n., v.* trại giam; hàng rào phòng thủ

stockfarm /stɒkˈfaːm/ *n.* trại nuôi súc vật

stockholder /ˈstɒkhəʊldə(r)/ *n.* cổ đông, người có cổ phần

stocking /ˈstɒkɪŋ/ *n.* bít tất dài (đàn bà): **a pair of nylon ~s** một đôi bít tất dài bằng ni lông; **Christmas ~** món quà nhỏ vừa bít tất trong dịp Giáng sinh

stock-in-trade *n.* những điều thường nói thường làm: **Famous people and their private lives are the ~ of popular newspapers.** Những người nổi tiếng và đời sống riêng tư của họ là những điều thường nói của báo chí.

stockpile /ˈstɒkpaɪl/ *n., v.* (kho) dự trữ

stocktaking /ˈstɒkteɪkɪŋ/ *n.* kiểm điểm hàng tồn kho: ~ **sale** bán hạ giá hàng tồn kho

stockyard /ˈstɒkjɑːd/ *n.* bãi rào để giữ súc vật [gần chợ, ga, lò sát sinh]

stoic /ˈstəʊɪk/ *n., adj.* (người) theo phái xtô-ic tức chủ nghĩa chịu đựng/khắc kỷ

stoicism /ˈstəʊɪsɪz(ə)m/ *n.* triết lý/chủ nghĩa cấm dục, đạm bạc, chịu đựng

stoke /stəʊk/ *v.* đốt [lò], chụm [lò]

stole /stəʊl/ quá khứ của steal

stolen /ˈstəʊlən/ quá khứ phân từ của steal

stolid /ˈstɒlɪd/ *adj.* thản nhiên, điềm tĩnh, phớt tỉnh, tỉnh bơ

stomach /ˈstʌmək/ **1** *n.* dạ dày, bao tử; bụng: **to stay one's** ~ làm cho đỡ đói; **on an empty/full** ~ no bụng/ trống bụng; ~**ache** sự/cơn đau bụng, đau dạ dày; ~**pump** ống chích vào ruột **2** *v.* chịu đựng, cam chịu, nuốt [nhục, hận]: **to ~ an insult** nuốt nhục

stomp /stɒmp/ *n., v.* (sự) dậm chân nhảy mạnh

stone /stəʊn/ **1** *n.* đá, hòn đá; đá cuội; sỏi, sạn [thận, bọng đái]; hột, hạch [đào, mơ, mận]: **precious** ~ đá quý, ngọc; **the** ~ **Age** thời kỳ đồ đá, thời đại thạch khí; ~ **broke** kiết lỗ đít; ~**deaf** điếc đặc; **within a** ~'s **throw** gần lắm, chỉ cách đây một quãng ngắn **2** *v.* ném đá vào ai; bỏ hột [quả]

stonewall /ˈstəʊnwɑːl/ *v.* hoãn thảo luận hay quyết định bằng cách từ chối trả lời câu hỏi

stonewashed *adj.* mài áo quần cho mòn đi

stony /ˈstəʊnɪ/ *adj.* nhiều/đầy đá; cứng như đá; sắt đá, chai đá, sắt đá, lạnh lùng, vô tình: ~**-faced** mặt trơ như đá; ~**-hearted** vô cảm

stood /stʊd/ quá khứ của stand

stooge /stuːdʒ/ **1** *n.* hề phụ; vai phụ; bù nhìn, người rơm **2** *v.* đóng vai phụ, đóng vai bù nhìn

stool /stuːl/ *n.* ghế đẩu; phân, cứt; cò mồi: ~ **pigeon** chim bồ câu mồi; cò mồi, chỉ điểm

stoop /stuːp/ **1** *n.* sự cúi nghiêng mình; dáng gù; sự hạ mình **2** *v.* cúi mình, khom người; cúi rạp xuống; hạ mình; [diều hâu] sà xuống: **to ~ to conquer** hạ mình để chinh phục

stop /stɒp/ **1** *n.* sự dừng/ngừng lại, sự đỗ lại; chỗ đỗ xe [lấy khách]; dấu chấm câu; phụ âm tắt; tắt âm: **full** ~ dấu chấm; **to put a** ~ **to** ngừng, ngưng, đình chỉ; ~ **sign** bản ngừng **2** *v.* ngừng, nghỉ, thôi; chặn, ngăn chặn, can, ngăn cản; dừng/ dừng lại, ngừng lại, ở lại, lưu lại: **Stop thief!** Bắt lấy thằng kẻ cắp!; **to ~ smoking** thôi không hút nữa, cai thuốc lá; **to ~ at nothing** vô tích sự; **to ~ dead** ngừng ngay lại; **to ~ off** đỗ lại, nghỉ lại; **to ~ up to** bịt lại

stopover /'stɒp,əʊvə(r)/ *n.* sự dừng lại; trạm dừng/ghé lại: **On my way to Vietnam, I have a ~ in Hong Kong.** Trên đường đi Việt nam, tôi ghé lại Hồng Kông.

stopper /'stɒpə(r)/ *n., v.* người chặn lại; nút, nút chai: **put a ~ on** đậy nút chai lại

stopwatch /'stɒpwɒtʃ/ *n.* đồng hồ bấm giờ

storage /'stɔːrɪdʒ/ *n.* sự cất vào kho; kho hàng; thuế (tồn) kho; sự tích lũy: **to put in ~** gửi người ta cất đồ đạc bàn ghế vào kho

store /stɔː(r)/ **1** *n.* cửa hàng, cửa hiệu, hiệu, tiệm; kho hàng; hàng/ đồ dự trữ: **in ~** có sẵn, chứa sẵn; **to set great ~ by** đánh giá cao **2** *v.* cất giữ, để vào kho, để dành, tính trữ; chứa, đựng, tích: **to ~ one's mind** trau dồi trí tuệ

store card *n.* thẻ tín dụng của cửa hàng/tiệm

storekeeper /'stɔːkiːpə(r)/ *n.* chủ hiệu, chủ tiệm; viên thủ kho

stork /stɔːk/ *n.* con cò

storm /stɔːm/ **1** *n.* cơn bão, dông tố; cơn sóng gió; trận; trận tấn công ác liệt: **a ~ in a teacup** vấn đề hết sức thích thú; **to take by ~** đột chiếm; **a ~ of abuse** một trận xỉ vả tàn tệ; **sand ~** bão cát; **snow ~** bão tuyết; **~ window/door** cửa kính phòng bão **2** *v.* đột kích, đột chiếm; tấn công: **to ~ into** xông vào; **to ~ somebody with questions** chất vấn ai dồn dập

story /'stɔːrɪ/ *n.* (*pl.* **stories**) chuyện, câu chuyện; truyện; cốt truyện; tình tiết; tiểu sử, tiểu truyện; lời nói láo: **~ book** sách truyện; **They all tell the same ~.** Họ đều kể một câu chuyện giống nhau.; **to cut a long ~ short** rút ngắn câu chuyện, nói tóm lược lại

story /'stɔːrɪ/ *n.* [*Br.* **storey**] tầng,

tầng gác, tầng lầu: **a three-storied building** toà nhà ba tầng

stout /staʊt/ **1** *n.* thứ bia nặng, màu nâu **2** *adj.* chắc mập, mập mạp; dũng cảm, kiên cường: **~-hearted** dũng cảm, gan dạ

stove /stəʊv/ **1** *n.* lò [sưởi nhà]; bếp lò [khí, điện, than] **2** *v.* trồng cây trong nhà kiếng

stow /stəʊ/ *v.* xếp gọn; chất, chứa, xếp [hàng hoá ở tàu]: **to ~ away** đi tàu thuỷ lậu vé

stowaway /'stəʊəweɪ/ *n.* hành khách lậu vé tàu thuỷ

straddle /'stræd(ə)l/ *v., n.* ngồi giạng chân hai bên, cưỡi [ngựa]

strafe /streɪf/ *v., n.* bắn quét, bắn phá, oanh tạc; quở trách

straggle /'stræg(ə)l/ *v., n.* đi rời rạc; tụt lại đằng sau

straight /streɪt/ **1** *adj.* thẳng; thẳng thắn, chân thật, không úp mở; ngay ngắn, đều, ngăn nắp, thứ tự; [rượu] không pha: **a ~ line** một đường thẳng; **the ~ and the narrow** thẳng và hẹp; **~ speaking** nói thẳng **2** *adv.* thẳng, suốt; đúng, chính xác; ngay lập tức: **to go ~** đi thẳng; **He came ~ from home.** Ông ấy đi thẳng từ nhà đến đây.; **~ away** ngay lập tức **3** *n.* sự thẳng, đoạn thẳng: **to be out of the ~** không thẳng

straightforward /streɪt'fɔːwəd/ *adj.* thẳng thắn, thành/chân thật

strain /streɪn/ **1** *n.* sự căng thẳng; dòng dõi, giống; khuynh hướng, chiều hướng; giọng, điệu; khúc/ điệu nhạc: **mental ~** sự căng thẳng tinh thần; **to suffer from ~** mệt mỏi vì làm việc căng thẳng **2** *v.* làm căng; làm căng thẳng, làm mỏi [mắt]; làm cong/méo; lọc, rây [cho hết nước]; hết sức cố gắng: **Please take care not to ~ your eyes.** Cẩn thận đừng để mắt làm việc căng thẳng quá.; **to ~ oneself** tự gắng sức

strait /streɪt/ *n., adj.* eo biển: **in dire ~s** trong cơn túng quẫn; **the ~s** eo biển ma lắc ca; **the ~s of Dover** eo biển ca-le; ~ **jacket** áo mặc trói người điên; **~-laced** quá khắc khe/ câu nệ về đạo đức

strand /strænd/ **1** *n.* tao [dây]; chuỗi hạt đeo cổ; sợi [tóc] **2** *n.* bờ biển, bờ sông/hồ **3** *v.* mắc cạn

strange /streɪndʒ/ *adj.* lạ, xa lạ, không quen; lạ lùng, kỳ lạ, kỳ dị, kỳ hoặc, kỳ cục, kỳ quái; **to feel ~** cảm giác lạ; **~ to say** không quen nói

stranger /'streɪndʒə(r)/ *n.* người lạ mặt, người xa lạ: **He is no ~ to us.** Ông ấy chẳng xa lạ gì với chúng tôi, chúng tôi biết ông ấy.

strangle /'stræŋg(ə)l/ *v.* bóp cổ/họng; thắt cổ; làm nghẹt cổ, bóp nghẹt; nén [cười]; đàn áp [phong trào]

strangled /'stræŋgld/ *adj.* la hoảng hốt lên: **I heard a ~ cry from the next door.** Tôi nghe tiếng la hoảng hốt nhà bên cạnh.

strangulated /stræŋgjʊ'leɪtɪd/ *adj.* bị siết chặt, bị kẹp cứng

strap /stræp/ **1** *n.* dây, đai để chằng [bằng da, vải, cao su] **2** *v.* buộc bằng dây da, đánh đai; liếc dao cạo

strapless /'stræpləs/ *adj.* [nịt vú/xú chiêng] không có dây, [áo] không có cầu vai

strapped /stræpt/ *adj.* thiếu, không đủ: **~ for cash** thiếu tiền mặt

strapping /'stræpɪŋ/ *adj.* to lớn, vạm vỡ: **a ~ lad**

strata /'strɑːtə/ xem **stratum**

strategic /strə'tiːdʒɪk/ *adj.* [vị trí, vũ khí] chiến lược: **Vietnam occupies a ~ position in Southeast Asia.** Việt Nam là một vị trí chiến lược trong vùng Đông Nam Á.

strategy /'strætɪdʒɪ/ *n.* chiến lược

stratify /'strætɪfaɪ/ *v.* xếp thành tầng/ lớp

stratum /'strɑːtəm/ *n.* (*pl.* **stratums**, **strata**) địa tầng, lớp, vỉa; tầng lớp xã hội

straw /strɔː/ **1** *n.* rơm; ống rơm, ống hút [để uống nước]: **not worth a ~** không có giá trị gì; **to catch/grasp at ~s** dùng phương cách trong tình trạng tuyệt vọng **2** *adj.* bằng rơm; nhỏ nhật, tầm thường; ~ **hat** mũ rơm; ~ **mattress** đệm rơm; ~ **vote** cuộc bỏ phiếu thử

strawberry /'strɔːbərɪ/ *n.* quả dâu tây; bụi dâu tây

stray /streɪ/ **1** *n.* súc vật bị lạc, trẻ con bị lạc **2** *adj.* [người, đạn] lạc; rải rác, lác đác **3** *v.* lạc, đi lạc, lạc đường; lầm đường lạc lối, lầm lạc

streak /striːk/ **1** *n.* đường sọc/rạch, vệt, tia [**lightning** chớp]; nét, một chút; hồi, cơn: **like a ~** nhanh như chớp; **~ of lightning** tia chớp **2** *v.* làm cho có vệt; thành sọc/vệt; chạy vụt; cởi truồng chạy nhanh qua chỗ đông

streaker /'striːkə(r)/ *n.* thanh niên (nam/nữ) trần như nhộng chạy nhảy cỡn ở chỗ đông

stream /striːm/ **1** *n.* dòng/ngọn/con suối, dòng sông nhỏ; dòng nước, luồng nước: **a ~ of applicants** dòng người đến nộp đơn; **a ~ of light** một luồng ánh sáng; **the ~ of time** dòng thời gian; **to go against the ~** ngược dòng **2** *v.* chảy như suối, chảy ròng ròng; trào ra, tuôn/ùa ra; [lá cờ] tung bay phấp phới

streamline /'striːmlaɪn/ *v.* [kiểu xe hơi, xe lửa] có dáng thuôn, có dáng khí động; ngắn gọn, cô đọng; được cải tổ cho thêm hợp lý và hữu hiệu

street /striːt/ *n.* phố, đường, đường phố; hàng phố; lòng đường: **We live on Taylor ~.** Chúng tôi ở đường Taylor.; **up one's ~** trong tầm hiểu biết, hợp với quyền lợi của mình; **~s ahead** đấng tối cao; **~ cleaner** người quét đường, xe quét đường; **~ clothes** quần áo thường; **~ floor** tầng dưới cùng; **~ sprinkler** xe tưới nước; **~ urinal** cầu tiểu tiện ngoài đường

streetwise /'striːtwaɪz/ *adj.* quen thuộc với lối sống thành phố

strength /streŋθ/ *n.* sức mạnh/khoẻ, sức lực; cường độ [của điện]; nồng độ [của rượu]; sức/độ bền [vải, vật liệu]; quân số hiện có: **on the ~ of** vì tin vào

strengthen /'streŋθ(ə)n/ *v.* làm cho mạnh (thêm); củng cố, tăng cường; trở nên hùng mạnh, thành mạnh thêm: **to ~ one's hands** khuyến khích ai thẳng tay hơn nữa

strenuous /'strenjuːəs/ *adj.* hoạt động tích cực, hăm hở, hăng say; [công việc] nặng nhọc; [cố gắng] mãnh liệt

stress /stres/ **1** *n.* sự cố gắng; sự bắt buộc; ứng suất; sự nhấn mạnh; trọng âm: **~ disease** bệnh do áp lực tinh thần; **to lay ~ on** nhấn mạnh vào [một điểm] **2** *v.* nhấn mạnh [một âm tiết, một điểm]; cho tác dụng ứng suất: **Please ~ on the first syllable.** Làm ơn nhấn mạnh vần thứ nhất.

stretch /stretʃ/ **1** *n.* sự kéo dài ra; sự duỗi [tay] ra; nghĩa rộng; quãng đường, khoảng đất; dải: **in one ~** làm một hơi/mạch, liền; **~ of land** dãi đất **2** *v.* kéo ra, căng/giăng ra; duỗi [tay, chân]; lạm dụng; **to ~ oneself** vươn vai (nông) rộng ra; giãn ra; nằm sóng soài; [cánh đồng] trải dài ra, chạy: **to ~ one's wings** vươn vai; **to ~ one's legs** duỗi chân đứng lên đi

stretcher /'stretʃə(r)/ *n.* cái cán; cái để nông, khung để căng

strew /struː/ *v.* [**strewed**; **strewed**/ **strewn**] rắc, vãi, rải

strewn /struːn/ quá khứ của **strew**

stricken /'strɪk(ə)n/ *adj.* bị ảnh hưởng, bất hạnh; làm ngang bằng que gạt: **a family ~ by genetically inherited cancer** gia đình bị ảnh hưởng di truyền ung thư

strict /strɪkt/ *adj.* nghiêm ngặt, nghiêm khắc; chính xác, hạn chế: **in ~ confidence** triệt để kín đáo, bí mật; **~ discipline** kỷ luật nghiêm

ngặt; **~ observance** theo đúng

stricture /'strɪktʃʊə(r)/ *n.* sự chỉ trích/ phê bình

stride /straɪd/ **1** *n.* bước dài: **to take in one's ~** ổn định công việc của mình; **~s** sự tiến bộ **2** *v.* [**strode**; **stridden**] đi dài bước; đứng giạng chân; bước qua: **to ~ across/over** bước qua

strife /straɪf/ *n.* sự cãi cọ, sự xung đột

strike /straɪk/ **1** *n.* cuộc đình công/bãi công; sự tìm được [dầu, quặng mỏ]; cú vụt bóng trúng [bóng chày]: **to go on ~** đình công; **hunger ~** tuyệt thực; **pay ~** trợ cấp đình công **2** *v.* [**struck**] đánh, đập; đánh [match diêm]; đúc [tiền]; [đồng hồ] điểm giờ; làm cho chú ý; đâm rễ; tấn công; bãi công, đình công; đào trúng, tìm được [dầu, mỏ]: **to ~ it rich** đào trúng mỏ; phất to; **The hour has struck.** Giờ đã điểm.; **to ~ up an acquaintance** làm quen; **to ~ up a tune** cất tiếng hát một điệu; **The clock ~s five.** Đồng hồ điểm năm giờ.; **to ~ at the root** triệt hạ đến tận gốc; **to ~ back** đánh trả lại; **to ~ down** đánh ngã; **Strike while the iron is hot.** Không để lỡ mất cơ hội.

string /strɪŋ/ **1** *n.* dây, băng, dải; chuỗi, chùm, đoàn; xơ, thớ; dây đàn: **shoe ~** dây giày; **a ~ of pearls** một chuỗi hạt ngọc; **the ~s** đàn nhị, nhạc khí có dây; **on a ~** dưới sự điều khiển của ai; **to pull ~s** giật dây; **with no ~s attached** không có điều kiện gì ràng buộc cả **2** *v.* [**strung**] buộc bằng dây; treo bằng dây; mắc dây vào đàn; căng dây [vợt ten nít]; xâu, xỏ [thành chuỗi]: **to ~ along** đi theo ai; **to ~ out** tháo dây ra; **to ~ up** treo cổ ai **3** *adj.* có dây: **a 16-~ instrument** một thứ đàn có 16 dây, đàn tranh

stringent /'strɪndʒənt/ *adj.* [luật lệ] nghiêm ngặt, chặt chẽ

strip /strɪp/ **1** *n.* mảnh, dải, miếng [hẹp và dài]: **comic ~** cột hí hoạ;

air ~ đường bay; **landing ~** đường máy bay hạ cánh; **~club** câu lạc bộ có vũ/thoát y cởi truồng; **~ mining** việc khai mỏ lộ thiên; **to tear a ~ off a person** khiển trách ai thậm tệ, quở mắng ai một cách giận dữ **2** v. lột [trần], cởi áo quần; tước đoạt; làm trượt răng [đinh vít]; lột [vỏ]: **to ~ off, to ~ down** tháo tung

stripe /straɪp/ n. sọc, vằn; lon, quân hàm: **to win one's ~s** được lên lon; **Stars and ~s** cờ sao sọc, cờ Mỹ

stripper /'strɪpə(r)/ n. người vũ khoả thân, người tước vật gì

strive /straɪv/ v. [**strove**; **strived**] cố gắng, phấn đấu: **to ~ against** đấu tranh chống

strived /straɪvd/ quá khứ của **strive**

strode /strəʊd/ quá khứ của **stride**

stroke /strəʊk/ **1** n. cú đánh đòn, roi; đột quy; kiểu bơi, nét bút; cái vuốt ve: **~ of the pen** nét bút; **My friend had a ~ last night.** Tối qua bạn tôi bị ngập máu đột quy.; **I get up at the ~ of five every morning.** Sáng nào cũng vậy, đồng hồ đánh năm giờ là tôi dậy rồi.; **off one's ~** không hay như thường lệ; **~ of genius** một ý kiến độc đáo; **~ of luck** dịp may bất ngờ **2** v. vuốt ve: **to ~ someone down** làm ai nguôi giận; **to ~ someone the wrong way** làm ai nổi giận, làm ai phát cáu

stroll /strəʊl/ n., v. (sự/cuộc) đi dạo, đi tản bộ

strong /strɒŋ/ **1** adj. khoẻ mạnh, tráng kiện; bền, kiên cố, chắc chắn; giỏi, cứng, có khả năng; đặc, mạnh; [mùi] nặng, hôi, thối; mãnh liệt, kịch liệt; [động từ] không theo quy tắc: **a ~ memory** trí nhớ dai; **as ~ as a horse** khoẻ như trâu/voi; **~ arm** bằng vũ lực; **~ language** lời nói nặng; **~ measure** biện pháp cứng rắn; **~-minded** cúng rắn, kiên quyết; **~ point** trọng điểm; **~ stomach** bao tử khoẻ không bị nôn; **to be ~ in math** giỏi toán **2** adv. rất

mạnh: **The tide is running ~.** Thuỷ triều lên rất mạnh.; **Come it ~.** Làm việc gì đến nơi đến chốn.

strove /strəʊv/ quá khứ của **strive**

struck /strʌk/ quá khứ của **strike**

structural /'strʌktjʊərəl/ adj. kết cấu, cơ cấu, cấu trúc; (để) xây dựng: **"a" and "the" are ~ words.** "a" và "the" là từ cấu trúc (hư từ).

structure /'strʌktjʊə(r)/ **1** n. kết cấu, cơ cấu, cấu thức, cấu trúc; công trình kiến trúc/xây dựng: **a sentence ~** cấu trúc câu; **I like the ~ of your house.** Tôi thích cấu trúc ngôi nhà của bạn. **2** v. kết cấu, cấu trúc, sắp xếp: **to ~ the essay in a certain way** kết cấu bài luận văn một cách vững chắc

struggle /'strʌg(ə)l/ **1** n. cuộc đấu tranh/chiến đấu, sự tranh đấu: **the ~ for national independence** cuộc đấu tranh giành độc lập quốc gia; **the ~ for existence** cuộc đấu tranh để tồn tại **2** v. vùng vẫy, vật lộn; cố gắng; tranh đấu: **to ~ against** đấu tranh chống lại ...

strum /strʌm/ v., n. gảy, gãi, búng [ghi ta]

strung /strʌŋ/ quá khứ của **string**

strung up adj. rất lo lắng, hồi hộp

strut /strʌt/ **1** v. đi khệnh khạng, đi vênh vang: **to ~ like a peacock** đi khệnh khạng như con công **2** n. thanh chống, giàn chống

stub /stʌb/ **1** n. gốc cây; mẩu [bút chì, thuốc lá, xì gà]; cuống [chi phiếu, vé] **2** v. đánh gốc, dụi tắt tàn thuốc, vấp [ngón chân]

stubble /'stʌb(ə)l/ n. gốc rạ; râu mọc lổm chổm

stubborn /'stʌbən/ adj. bướng, bướng bỉnh, ngoan cố; ngoan cường; [vết] không sạch

stuck /stʌk/ quá khứ của **stick**; adj. dính chặt, mắc kẹt

stud /stʌd/ **1** n. ngựa giống, trại nuôi ngựa giống, trại nuôi ngựa nòi: **~ farm** trại nuôi ngựa **2** n. đinh đầu lớn; núm trang trí; khuy rời đinh tác, ri-vê **3** *v.* đóng đinh; rải đầy/ khắp: **to ~ with** rải rác đầy, lốm đầy những ...

student /'stju:dənt/ *n.* học sinh (trung học), sinh viên; người nghiên cứu: **college/university ~** sinh viên đại học; **~ body** toàn thể học sinh/sinh viên; **~ center** trung tâm sinh hoạt của sinh viên; **fellow ~** bạn học; **graduate ~** sinh viên cao học; **high school ~** học sinh trung học

studied /'stʌdɪd/ quá khứ phân từ của **study**

studio /'stju:dɪəʊ/ *n.* xưởng vẽ, xưởng điêu khắc, hoạ thất; xưởng phim, phim trường, phòng ghi âm: **~ flat** phòng ghi âm, xưởng vẽ

study /'stʌdɪ/ **1** *n.* sự học tập, sự nghiên cứu; đối tượng học tập/ nghiên cứu; phòng học, phòng làm việc' bài tập nhạc: **Center for Vietnamese Studies** Trung tâm Việt học, Trung tâm Nghiên cứu Việt Nam; **to give one's hours for ~** để dành thì giờ vào việc học; **~ leave** được nghỉ để đi học/nghiên cứu; **~ room** phòng học **2** *v.* [**studied**] học, nghiên cứu

stuff /stʌf/ **1** *n.* chất; thứ; món vật liệu, chất liệu: **the ~** tiền nong; **to know one's ~** nắm vững môn của mình; **Stuff and nonsense!** Đồ không ra gì cả! **2** *v.* nhốt, nhét, dồn, lèn; bịt [tai]; đút phiếu lậu [vào thùng phiếu bầu]; ngốn, tọng: **to ~ one's ears with cotton** bịt tai lại bằng bông; **Stuff it!** Không thích, không ưa!

stuffed up *adj.* bừa bãi, hoang tàn

stuffing /'stʌfɪŋ/ *n.* chất nhồi, thịt nhồi

stuffy /'stʌfɪ/ *adj.* thiếu không khí, hấp hơi, khó thở, ngột ngạt; có mùi mốc; buồn tẻ, chán; bảo thủ quá

stultifying /'stʌltɪfaɪŋ/ *adj.* làm chán nản, không có ý tưởng mới

stumble /'stʌmb(ə)l/ *v., n.* vấp, sẩy/ trượt chân; nói/đọc vấp váp sai

lầm; tình cờ: **to ~ upon/across** tình cờ gặp lại

stump /stʌmp/ **1** *n.* gốc cây (còn lại); mẩu tay/chân cụt; chân răng; mẩu [bút chì, thuốc lá, xì gà]: **~ speaker** diễn giả ở chỗ công cộng; **to be on the ~** đi diễn thuyết về chính trị, đi cổ động chính trị **2** *v.* đánh bóng [hình vẽ]; quay, truy [thí sinh]; làm cho ai bí; đi vận động tuyển cử ở [một vùng]; đi khập khiễng/cà nhắc: **I am ~ed for an answer.** Tôi bí không biết trả lời thế nào.

stun /stʌn/ *v.* làm choáng váng; làm sửng sốt/kinh ngạc

stung /stʌŋ/ quá khứ của **sting**

stunk /stʌŋk/ quá khứ của **stink**

stunner /'stʌnə(r)/ *n.* người rất hấp dẫn (phụ nữ); cái gì làm ngạc nhiên người ta

stunning /'stʌnɪŋ/ *adj.* làm choáng váng; [hay, đẹp] tuyệt

stunt /stʌnt/ **1** *n.* người/vật còi cọc **2** *n.* trò biểu diễn phô trương táo bạo: **~ man** người đóng những vai nguy hiểm **3** *v.* biểu diễn nhào lộn, biểu diễn trò nguy hiểm: **to ~ flying** lái may bay nhào lộn **4** *v.* làm còi cọc

stupefy /'stju:pɪfaɪ/ *v.* làm cho u mê đần độn, làm ngây dại; làm sững sờ/sửng sốt/kinh ngạc

stupendous /stju'pendəs/ *adj.* (to lớn) lạ thường, kỳ dị/diệu

stupid /'stju:pɪd/ *adj., n.* ngu ngốc/ dại/đần, đần độn, ngớ ngẩn

stupor /'stju:pə(r)/ *n.* trạng thái sững sờ

sturdy /'stɜ:dɪ/ *adj.* khoẻ mạnh, mạnh mẽ, cứng cáp, cường tráng; mãnh kiệt, kịch liệt, kiên quyết

stutter /'stʌtə(r)/ **1** *n.* sự/tật nói lắp **2** *v.* nói lắp, cà lăm

sty /staɪ/ **1** *n.* chuồng lợn/heo: **pig~** chuồng heo **2** *n.* (*also* **stye**) cái chắp, cái nhài quạt ở mắt **3** *v.* nhốt vào chuồng, ăn ở bẩn thỉu như chuồng lợn

style /staɪl/ **1** *n.* cách, lối; phong cách,

văn phong, văn, lối hành văn; kiểu, dáng, loại; mốt, thời trang; vẻ sang trọng lịch sự; biệt hiệu, tên tự: **to live in great ~** sống rất đế vương **2** *v.* gọi tên là: **to ~ oneself a doctor** tự xưng là bác sĩ

stylish /'staɪlɪʃ/ *adj.* diện, đúng mốt, hợp thời trang, bảnh, bảnh bao, sang, sang trọng

stylus /'staɪləs/ *n.* bút nhọn, bút trâm; kim máy hát

suave /swɑːv/ *adj.* lịch sự, lễ phép, ngọt ngào

sub /sʌb/ **1** *n.* tàu ngầm; tiềm thuỷ đĩnh; người cấp dưới **2** *v.* đại diện cho ai, thay thế cho ai

subcategory /sʌb'kætɪgərɪ/ *n.* danh sách phụ, loại phụ

subclause /sʌb'klɔːz/ *n.* mệnh đề phu, vế phụ

subcommittee /sʌb'kɒmɪtɪ/ *n.* tiểu ban, phân ban

subconscious /sʌb'kɒnʃəs/ *adj.* tiềm thức

subcontinent /sʌb'kɒntɪnənt/ *n.* lục địa nhỏ, tiểu lục địa

subcontract /sʌb'kɒntræk/ *v., n.* (cho) thầu lại, hợp đồng phụ

subdivision /sʌbdɪ'vɪʒən/ *n.* chi nhánh, phân hiệu, phân bộ/cục

subdued /səb'djuːd/ *adj.* im lặng bất thường; không sáng (màu sắc)

subheading /səb'hedɪŋ/ *n.* đầu đề nhỏ, tiểu đề, đề (mục) phụ

subject /'sʌbʒɪkt/ **1** *n.* dân, thần dân, bề tôi; công dân; đề tài, đầu đề, chủ đề; chủ ngữ (trong câu); chủ thể; đối tượng nghiên cứu; môn học, môn, món: **to propose a ~ for discussion** đề nghị một đề tài thảo luận; **on the ~ of** về vấn đề, liên quan đến; **~ matter** vấn đề chính **2** *adj.* phụ thuộc, phụ dung, lệ thuộc, phải chịu, dễ bị: **to be ~ to damage** dễ bị hư hại **3** *v.* chinh phục [một nước]; bắt phải chịu: **All erroneous ideas must be ~ed to criticism.** Tất cả những tư tưởng sai lầm

đều phải đưa ra phê bình chỉ trích.

subjective /səb'dʒektɪv/ *adj.* chủ quan; thuộc chủ cách

subjugate /'sʌbdʒəgeɪt/ *v.* chinh phục, khuất phục; chế ngự

sublease /səb'liːs/ *v., n.* cho thuê lại; thuê lại

sublet /səb'let/ *v.* cho thuê lại

sublimate /'sʌblɪmət/ *v., n.* (làm) thăng hoa

sublime /sə'blaɪm/ *adj., n.* cao cả, cao siêu, cao nhã; siêu phàm, tuyệt vời, tuyệt luân, trác tuyệt

submarine /səbmə'riːn/ **1** *n.* tàu ngầm, tiềm thuỷ đĩnh **2** *adj.* ở dưới biển, ngầm

submerge /səb'mɜːdʒ/ *v.* dìm/nhận xuống nước; làm ngập nước; [tàu ngầm] lặn

submissive /səb'mɪsɪv/ *adj.* dễ bảo, ngoan, dễ phục tùng

submit /səb'mɪt/ *v.* chịu phục tùng, cam chịu, quy phục; trình bày, đệ trình, nộp đơn

subordinate /sə'bɔːdɪneɪt/ **1** *n.* người cấp dưới, thuộc viên **2** *adj.* phụ thuộc, lệ thuộc; [mệnh đề] phụ **3** *v.* đặt vào phía dưới, đặt xuống bậc dưới

sub-plot /'səbplɒt/ *n.* một cảnh phụ, một màn phụ trong vở kịch

subscribe /səb'skraɪb/ *v.* quyên góp; mua [báo chí] dài hạn; tán thành, đồng ý: **to ~ to a daily newspaper** mua dài hạn báo hàng ngày

subsequent /'sʌbsɪkwənt/ *adj.* đến sau, xảy ra sau, theo sau

subservient /səb'sɜːvɪənt/ *adj.* khép nép, khúm núm, quy lụy, quá lễ phép

subset /sʌb'set/ *n.* bộ phận thứ nhì, bộ phụ

subside /səb'saɪd/ *v.* [nước] rút xuống; [trận bão, tiếng ồn] bớt, ngớt, giảm cường độ, lắng dịu

subsidence /səb'saɪdən(t)s/ *n.* sự rút xuống/lún xuống; sự lắng dịu

subsidiary /səb'sɪdi(ə)ri/ **1** *n.* công ty

phụ, người phụ, vật bổ sung **2** *adj.*
phụ, trợ, nhỏ

subsidize /səbˈsɪdaɪz/ *v.* trợ cấp cho,
phụ cấp thêm: **The company will ~
with a travel allowance.** Công ty sẽ
phụ cấp thêm tiền đi lại.

subsidy /ˈsəbsɪdɪ/ *n.* tiền trợ cấp

subsistence /səbˈsɪsten(t)s/ *n.* sự sinh
nhai, sinh kế; sự tồn tại: **~ allow-
ance** tiền tạm ứng trước, trợ cấp
sinh nhai tạm; **~ farming** nông
phẩm phụ hỗ trợ cho nông gia khi
không bán được sản phẩm

substance /ˈsʌbstəns/ *n.* chất, vật
chất; thực chất, căn bản; đại ý, nội
dung; của cải; thực thể: **I agree
with you in ~.** Tôi đồng ý với bạn
về căn bản.

substantial /səbˈstænʃəl/ *adj.* có thật;
có thực chất, thực tế; to tát, lớn lao,
quan trọng

substantive /ˈsʌbstæntɪv/ **1** *n.* thể từ,
danh từ **2** *adj.* lớn lao, quan trọng;
thuộc/như thể từ, thuộc/như danh từ

substation /ˈsʌbseɪʃən/ *n.* ga xép, bóp
nhánh, phân cục

substitute /ˈsʌbstɪtjuːt/ **1** *n.* người thay
thế/điền khuyết, giáo viên phụ
khuyết ngắn hạn; vật thay thế,
món hàng thay thế **2** *v.* thay, đổi,
thay thế; thay chân tạm thời cho: **I
had to ~ for her.** Tôi phải dạy thay
chị ấy.

substratum /səbˈstrɑːtəm/ *n.* lớp dưới;
thể nền; cơ sở: **It has a ~ of truth.**
Điều đó có cơ sở sự thật.

subterfuge /ˈsʌbtəfjuːdʒ/ *n.* mưu kế để
lẩn tránh/thoái thác

subtitle /ˈsʌbtaɪtl/ *n., v.* tiểu đề; phụ
đề: **The film is in English but ~d in
Vietnamese.** Phim nói tiếng Anh
nhưng phụ đề tiếng Việt.

subtle /ˈsʌt(ə)l/ *adj.* tế nhị, tinh tế;
khôn khéo, khéo léo; [mùi vị]
phẳng phất; huyền ảo

subtlety /ˈsʌt(ə)ltɪ/ *n.* sự tế nhị/tinh tế;
sự ý tứ/khéo léo

subtraction /səbˈtrækʃən/ *n.* tính/phép

trừ; sự trừ đi

subtropical /səbˈtrɒpɪkəl/ *adj.* cận
nhiệt đới

suburb /ˈsʌbɜːb/ *n.* ngoại ô, ngoại
thành: **the ~s of Hanoi** vùng ngoại
ô/ngoại thành Hà Nội

suburban /səˈbɜːbən/ *adj.* thuộc/ở
ngoại ô

subversion /səbˈvɜːʃən/ *n.* sự lật đổ, sự
đánh đổ

subvert /səbˈvɜːt/ *v.* lật đổ; phá vỡ, đả
phá

subway /ˈsəbweɪ/ *n., v.* (đường) xe
điện ngầm; hầm cho khách bộ hành
qua phố: **~ station** ga xe điện ngầm

subzero /səbˈzɪərəʊ/ *adj.* dưới số
không, thời tiết dưới không độ

succeed /səkˈsiːd/ *v.* tiếp theo, đến
tiếp, kế tiếp; nối ngôi vua, kế vị,
kế nghiệp; thành công: **to ~ to the
throne** nối ngôi; **They ~ed in raising
a large sum of money to build a
small library.** Họ thành công trong
việc quyên món tiền to để xây một
cái thư viện nho nhỏ.: **Nothing ~s
like success.** Thành công nầy dẫn
đến thành công khác.

success /səkˈses/ *n.* thành công,
thắng lợi; người thành công: **~ story**
gương thành công

succession /səkˈseʃən/ *n.* sự kế tiếp/
nối tiếp; sự thừa kế, sự ăn thừa tự;
sự nối ngôi, sự/quyền kế vị; chuỗi/
tràng: **in ~** liền nhau, liên tiếp; liền
tù tì; **~ planning** sự hoạch định liên
tiếp

succinct /səkˈsɪŋkt/ *adj.* ngắn gọn, cô
đọng

succor /ˈsʌkə(r)/ *n., v.* sự giúp đỡ/cứu
giúp; viện trợ, chi viện

succulent /ˈsʌkjʊlənt/ *adj., n.* ngon,
bổ; [cây] có lá mọng nước

succumb /səˈkʌm/ *v.* thua, không chịu
nổi, quy; chết: **to ~ to temptation**
không chống nổi sự cám dỗ

such /sʌtʃ/ **1** *adj.* như thế/vậy, thế
đó; thật là, quả là; đến nỗi/đổi: **~
difficulties as these** những sự khó

khăn như thế này; **~ a leader** một
lãnh tụ cỡ đó; **~ a lovely morning**
một buổi sáng thật là đẹp; **He
writes in ~ a way that nobody can
understand him.** Ông ấy viết như
thế không ai có thể hiểu được ông
ấy viết gì.; **countries ~ as, ~ coun-
tries as** những nước như là; **Don't
be in ~ a hurry.** Không phải vội
vàng như thế. **2** *pron.* **Such was not
my intent at all.** Điều đó không
phải là chủ ý của tôi.; **as ~** (cứ
nguyên) như thế/vậy, với tư cách
đó; **~ and ~ a policy** một chính sách
nào đó; **~ and ~ consequences**
những hậu quả như thế như thế

suck /sʌk/ **1** *n.* sự bú/mút, sự hút **2** *v.*
bú, mút; hút; hấp thụ, tiếp thu
[kiến thức]: **to ~ in** hút, tiếp thu; **to
~ up** hút; **to ~ milk through a straw**
ống sữa bằng ống hút; **The baby ~s
the breast of its mother.** Em bé bú
mẹ; **to ~ dry** hút khô chai.

suckle /'sʌk(ə)l/ *v.* cho bú, nuôi sữa; bú

suction /'sʌkʃən/ *n.* sự hút, sự mút: **~
cup** ống giác; **~ pump** bơm hút

sudden /'sʌd(ə)n/ *adj.* thình lình, đột
ngột, đột nhiên: **a ~ change** sự thay
đổi thình lình

Sudden Infant Death Syndrome *n.*
triệu chứng đứa bé chết đột ngột

suddenly /'sʌd(ə)nlɪ/ *adv.* (bất) thình
lình, đùng một cái

suds /sʌdz/ *n.* bọt xà phòng, nước xà
phòng: **to be in the ~** trong cảnh
khó khăn lúng túng

sue /sjuː/ *v.* kiện, thưa; đi kiện; yêu
cầu, cầu khẩn, thỉnh cầu: **I ~d him
for damages.** Tôi đã kiện ông ấy để
đòi bồi thường.; **When did they ~?**
Họ khởi tố bao giờ?; **to ~ for peace**
cầu hoà

suffer /'sʌfə(r)/ *v.* chịu, bị, chịu đựng,
dung thứ; đau, đau đớn, đau khổ; bị
thiệt hại, bị tổn hại: **to ~ a pain**
chịu đau đớn; **In that battle the
enemy ~ed many casualties.** Trận
đó, địch bị tổn thất nặng nề.

sufferance /'sʌfərəns/ *n.* sự (mặc
nhiên) dung thứ

suffering /'sʌfərɪŋ/ *n.* sự đau đớn/đau
khổ, sự điêu đứng

suffice /sə'faɪs/ *v.* đủ, đủ để/cho: **~ it
to say that** chỉ cần nói rằng

sufficient /sə'fɪʃənt/ *adj.* đủ, vừa đủ,
đầy đủ

suffix /'sʌfɪks/ *n.* hậu tố, vĩ tố, tiếp vĩ
ngữ

suffocate /'sʌfəkeɪt/ *v.* (làm) nghẹt
thở; nghẹn ngào, chết ngạt

suffrage /'sʌfrɪdʒ/ *n.* sự/quyền bỏ
phiếu, quyền đi bầu: **universal ~** sự
phổ thông đầu phiếu

suffuse /sə'fjuːz/ *v.* lan ra, tràn ra,
làm ướt đẫm: **Tears ~ the cheeks.**
Nước mắt làm ướt đẫm hai má.

sugar /'ʃʊgə(r)/ **1** *n.* đường, lời đường
mật: **two lumps of ~** hai cục đường;
beet ~ đường củ cải; **cane ~** đường
mía; **~ beet** củ cải đường; **~ cane**
mía, cây mía; **~ Daddy** mỏ tiền,
ông già dại gái; **~ mill** nhà máy
đường; **~ refinery** nhà máy tinh chế
đường **2** *v.* cho/bỏ đường, rắc
đường, bọc đường: **to ~ the pill** làm
êm dịu, bọc đường thuốc

suggest /sə'dʒest/ *v.* gợi ý, dẫn ý; đề
nghị, đề xướng: **Could you ~ some-
thing new?** Bạn đề nghị gì mới
được không?

suggestive /sə'dʒestɪv/ *adj.* gợi ý, làm
nhớ đến; khêu gợi

suicidal /s(j)uːɪ'saɪdəl/ *adj.* tự tử, tự
vẫn, tự sát

suicide /'s(j)uːɪsaɪd/ *n., v.* (vụ/sự) tự tử,
tự sát, tự vẫn: **to commit ~** tự tử, tự
sát, quyên sinh

suit /s(j)uːt/ **1** *n.* bộ com lê, bộ vét: **~
of clothes** bộ quần áo; **law ~** vụ
kiện; **to follow ~** cũng làm theo như
thế **2** *v.* thích hợp, thích ứng; hợp
với, thích hợp với; phù hợp với: **to
~ the action to the word** lời nói đi
đôi việc làm; **to ~ oneself** tuỳ bạn
muốn gì thì làm

suitable /'s(j)uːtəb(ə)l/ *adj.* hợp, phù

hợp, thích hợp/đáng/nghi

suite /swi:t/ *n.* dãy phòng (giấy), phòng đầy đủ tiện nghi; tổ khúc; đoàn tuỳ tùng

suiting /'s(j)u:tɪŋ/ *n.* vải may com lê, vải may quần áo

suitor /'s(j)u:tə(r)/ *n.* người cầu hôn, đơn đương, đương sự

sulfur /'sʌlfə(r)/ *n., v.* [*Br.* **sulphur**] (rắc) chất lưu huỳnh làm diêm hay thuốc súng

sulk /sʌlk/ *v., n.* hờn, hờn dỗi, người hay hờn dỗi

sullen /'sʌlən/ *adj.* cau có, nhăn nhó, sưng sia

sully /'sʌlɪ/ *v.* làm dơ, làm bẩn; làm xấu xa nhơ nhuốc

sultry /'sʌltrɪ/ *adj.* oi bức, ngột ngạt

sum /sʌm/ **1** *n.* tổng, tổng số; số tiền: **~ of money** tổng số tiền; **in ~** nói tóm lại, nói tóm tắt; **~ total** tổng số **2** *v.* cộng lại, tóm tắt, tổng kết, đúc kết; kết luận: **to ~ up** tổng Ít lại

summarize /'sʌməraɪz/ *v.* tóm tắt, đúc kết, tổng kết: **to ~ someone's speech** tóm tắt bài nói chuyện của ai

summary /'sʌmərɪ/ *n., adj.* (bài/bản) tóm tắt, tóm lược, sơ lược, khái lược, giản lược, giản yếu

summer /'sʌmə(r)/ *n.* mùa hè, mùa hạ: **~ holidays/vacation** kỳ nghỉ hè; **~ resort** thành phố nghỉ hè, chỗ nghỉ mát; **~ school** lớp hè, khoá hè

summing-up *n.* lời tuyên bố của quan toà vào cuối phiên xử; đúc kết, tóm tắt

summit /'sʌmɪt/ *n.* đỉnh, chóp, chỏm; đỉnh cao: **~ conference** hội nghị thượng đỉnh/tột đỉnh

summon /'sʌmən/ *v.* gọi đến, mời đến, triệu/vời đến: **to ~ up** tập trung hết [can đảm]

summons /''sʌmənz/ *n., v.* trát đòi hầu tòa

sumptuous /'sʌmptjuəs/ *adj.* lộng lẫy, huy hoàng, xa hoa

sum total *n.* tổng số, tổng cộng tất cả

sun /sʌn/ **1** *n.* mặt trời, ánh nắng, ánh

sáng mặt trời: **to rise with the ~** dậy sớm; **in the ~** ở chỗ nắng, ngoài nắng; **~ bath** sự tắm nắng; **~ lamp** đèn phơi nắng [trong buồng tắm], đèn tia cực tím, đèn tia tử ngoại; **~ dress** áo quần chống nắng; **~ deck** ban công lộ thiên **2** *v.* phơi, phơi nắng; tắm nắng

sunblock /'sʌnblɒk/ *n.* (*also* **sunscreen**) kính chống nắng

sunburn /'sʌnbɜ:n/ **1** *n.* sự sạm/rám nắng **2** *v.* sạm/rám nắng

sundae /'sʌndeɪ/ *n.* kem bày thêm trái cây, sô-cô-la và lạc

Sunday /'sʌndeɪ/ *n.* ngày chủ nhật: **~ best** quần áo diện; **~ school** lớp đạo pháp (dạy hôm chủ nhật)

sunder /'sʌndə(r)/ *v.* phân ra, tách ra

sundial /'sʌndaɪəl/ *n.* đồng hồ mặt trời, nhật quỹ

sundries /'sʌndrɪz/ *n.* đồ lặt vặt, đồ linh tinh

sung /sʌŋ/ quá khứ của sing

sunk /sʌŋk/ quá khứ của sink

sunken /'sʌŋkən/ *adj.* bị chìm; [mắt] sâu, trũng, [má] hóp

sunlight /'sʌnlaɪt/ *n.* ánh sáng mặt trời

Sunni /'suni/ *n.* môn phái Hồi giáo

sunny /'sʌnɪ/ *adj.* nắng, có nắng; vui tươi, hớn hở: **~ side** phía có nắng; khía cạnh vui tươi, phía thuận lợi

sunrise /'sʌnraɪz/ *n.* lúc mặt trời mọc, bình minh: **~ industry** kỹ nghệ đang lên

sunscreen /'sʌnskri:n/ *n.* màn chống nắng

sunset /'sʌnset/ *n., adj,. v.* lúc mặt trời lặn, hoàng hôn

sunshine /'sʌnʃaɪn/ *n.* ánh nắng, ánh sáng mặt trời; sự vui tươi hớn hở

sup /sʌp/ *v., n.* ăn cơm tối, uống từng hớp, ngụm, hớp

super /'su:pə(r)/ **1** *n.* vai phụ; người gác cổng **2** *adj.* tuyệt, cừ, chiến, số dách, hết sảy, hết ý **3** *adv.* đặc biệt, hoàn toàn: **to be ~ understanding** hiểu rõ hoàn toàn

superannuation /'su:pərænju:'eɪʃən/ *n.*

tiền hưu bổng, tiền hưu trí

superb /su:'pɜ:b/ *adj.* tuyệt giỏi/hay, tuyệt trần/vời; cao cả, nguy nga tráng lệ, hùng vĩ: **a ~ view** một cảnh nguy nga

supercilious /su:pə'sɪlɪəs/ *adj.* kiêu ngạo/căng/kỳ, hợm hĩnh

supercomputer /'su:pəkəmpju:tə(r)/ *n.* máy vi tính có bộ nhớ mạnh và lớn

superficial /su:pə'fɪʃəl/ *adj.* nông cạn, thiển cận, sơ thiển; hời hợt, chỉ có bề ngoài

superfluous /su:'pɜ:flu:əs/ *adj.* thừa, dư, không cần, vô ích

superhighway /'su:pə,haɪweɪ/ *n.* xa lộ

superimpose /,su:pərɪm'pəʊz/ *v.* đặt lên trên, chồng lên, thêm vào

superintendent /,su:pərɪn'tendənt/ *n.* giám đốc, hiệu trưởng, người quản lý

superior /su:'pɪərɪə(r)/ **1** *n.* người bề trên; Cha Bề Trên; thượng cấp **2** *adj.* ở trên, cao cấp; khá hơn; tốt (hơn), giỏi (hơn); thượng hạng, hảo hạng; trịch thượng, hợm: **~ officer** sĩ quan cao cấp; **He is a ~ person.** Ông ấy là người tài giỏi.

superiority /su:pɪərɪ'ɒrɪtɪ/ *n.* sự cao hơn; chỗ trên; tính hơn hẳn; tính ưu việt: **air of ~** có vẻ hách dịch ta đây

superlative /su:'pɜ:lətɪv/ *n., adj.* (thể) tuyệt đối; (sự) tột bực; (cấp so sánh) cao nhất: **~ adjectives** tính từ so sánh cao nhất

supermarket /'su:pə,mɑ:kɪt/ *n.* siêu thị, chợ lớn

supernatural /su:pə'nætjʊərəl/ *adj.* (siêu) tự nhiên, linh thiêng

superpower /'su:pə,paʊə(r)/ *n.* siêu cường (quốc)

supersede /su:pə'si:d/ *v.* [luật lệ] thay thế [luật lệ cũ]

supersonic /su:pə'sɒnɪk/ *adj.* siêu âm (thanh)

superstar /'su:pə,stɑ:(r)/ *n.* ngôi sao điện ảnh, tài tử nổi tiếng

superstitious /su:pə'stɪʃəs/ *adj.* tin nhảm, mê tín, dị đoan

superstore /'su:pəstɔ:(r)/ *n.* cửa hàng lớn bán đủ loại hàng

supervise /su:pə'vaɪz/ *v.* trông nom, giám sát/thị, quản đốc: **to ~ a project** giám sát một dự án

supervisor /'su:pəvaɪzə(r)/ *n.* viên giám sát/giám thị, thanh tra

supine /'su:paɪn/ **1** *adj.* lật ngửa, uể oải **2** *n.* động danh từ

supper /'sʌpə(r)/ *n.* bữa cơm tối: **to sing for one's ~** làm việc gì để có lợi nhuận

supplant /sə'plɑ:nt/ *v.* thay thế; giành chỗ, hất cẳng

supple /'sup(ə)l/ *adj., v.* dễ uốn, mềm; mềm mỏng

supplement /'sʌplɪmənt/ **1** *n.* phần phụ thêm, phần bổ sung; phụ trương **2** *v.* phụ thêm vào, bổ túc/sung/khuyết

supplication /sʌplɪ'keɪʃən/ *n.* sự năn nỉ; đơn thỉnh cầu

supply /sə'plaɪ/ **1** *n.* sự cung cấp/tiếp tế; đồ tiếp tế/dự trữ: **in short ~** khan hiếm; **~ and demand** cung (và) cầu **2** *v.* cung cấp, cung ứng, tiếp tế; dẫn, đưa [chứng cớ]

support /sə'pɔ:t/ **1** *n.* cái chống, cột chống; sự ủng hộ, sự cấp dưỡng: **financial ~** sự cấp dưỡng tài chính **moral ~** sự ủng hộ tinh thần; **to give ~ to someone** ủng hộ người nào **2** *v.* chống, đỡ (cho khỏi đổ); ủng hộ; nuôi nấng, cấp dưỡng: **to ~ one's family** cấp dưỡng cho gia đình

support group *n.* nhóm người hỗ trợ/ủng hộ

supportive /sə'pɔ:taɪv/ *adj.* ủng hộ, hỗ trợ

suppose /sə'pəʊz/ *v.* giả thiết, giả định, giả sử: **I ~ he refuses to go along.** Tôi giả sử rằng hắn từ chối không theo mình.; **He was ~d to come.** Ông ấy đáng lẽ phải đến. (như đã định, như đã thỏa thuận)

supposedly /sə'pəʊzɪdlɪ/ *adv.* cho là: **~ to study for his examination** nói là phải học thi [nhưng chưa chắc đã đúng]

suppress /sə'pres/ *v.* đàn áp; cấm; nín, nén, cầm; giữ kín, ỉm đi

suppression /sə'preʃən/ *n.* sự đàn áp/ cấm chỉ; sự đè nén

supremacy /su:'preməsɪ/ *n.* quyền tối cao; ưu thế

supreme /su:'pri:m/ *adj.* tối cao, tối thượng/đại, chí cao, chí tôn: **~ Being** đấng tối cao, đấng chí tôn; **~ Court** toà án tối cao, tối cao pháp viện; **the ~ Pontiff** Đức Giáo Hoàng

surcharge /'sɜ:tʃɑ:dʒ/ *n., v.* (phần) chở thêm; (tiền) phạt/thu thêm; (sự) nạp nhiều điện quá; phụ thu

sure /ʃɔ:(r)/ **1** *adj.* chắc, chắc chắn, cẩn thận; vững: **for ~** chắc chắn; **Be ~ to say hello to your uncle.** Nhớ nói tôi gửi lời chào chú bạn nhé.; **to make ~ one doesn't forget** để chắc chắn rằng mình không quên **2** *adv.* chắc chắn: **as ~ as eggs are eggs** chắc như đinh đóng cột; **It ~ is cold!** Gớm, lạnh thật!

surely /'ʃɔ:lɪ/ *adv.* chắc chắn; rõ ràng; nhất định là thế

surety /'ʃɔ:rətɪ/ *n.* người bảo đảm, sự bảo đảm

surf /sɜ:f/ **1** *n.* sóng vỗ vào bờ: **~ club** câu lạc bộ của người chơi lướt sóng; **~ ski** tấm ván lướt sóng **2** *v.* lướt sóng: **I am going to buy a ~board and learn to ~.** Tôi sẽ mua tấm ván lướt sóng và tập lướt sóng.

surface /'sɜ:fəs/ **1** *n.* bề mặt, mặt ngoài; mặt; bề ngoài; ở mặt biển: **on the ~** trong bề ngoài **~ mail** thư từ gửi đường thuỷ, thư thường (không phải gửi máy bay); **to come to the ~** ra mặt sau khi lãnh tránh **2** *v.* đánh bóng bề mặt; [tàu ngầm] nổi lên mặt nước, [công an chìm, gián điệp] ra mặt

surfeit /'sɜ:fɪt/ *n.* (sự) ăn nhiều quá phát ngấy

surge /sɜ:dʒ/ **1** *n.* sự dâng/trào lên; sóng cồn **2** *v.* dấy lên, dâng lên: **to ~ forward** lao lên/tới

surgeon /'sɜ:dʒən/ *n.* nhà giải phẫu,

bác sĩ phẫu thuật: **He is the best ~ in Vietnam.** Ông ấy mổ giỏi nhất Việt Nam.; **general ~** bác sĩ giải phẫu tổng quát

surgery /'sɜ:dʒərɪ/ *n.* khoa mổ xẻ, khoa giải phẫu/phẫu thuật: **plastic ~** giải phẫu thẩm mỹ, phẫu thuật tạo hình; **open heart ~** vụ mổ tim

surly /'sɜ:lɪ/ *adj.* cáu kỉnh, cau có, quạu, gắt gỏng

surmise /sə'maɪz/ *n., v.* (sự) đoán chừng, (sự) phỏng đoán, (sự) ức đoán

surmount /sə'maʊnt/ *v.* vượt qua, khắc phục [khó khăn]

surname /'sɜ:neɪm/ **1** *n.* họ: **What is your ~?** Họ bạn là gì? **2** *v.* đặt tên họ cho; đặt tên hiệu: **He is ~d Nguyen.** Ông ấy đặt tên họ là Nguyễn.

surpass /sə'pɑ:s/ *v.* hơn, quá, vượt, trội hơn

surplus /'sɜ:pləs/ *n., adj.* số thừa, số dư, số thặng dư: **budget ~** ngân sách thặng dư

surprise /sə'praɪz/ **1** *n.* sự ngạc nhiên; sự bất ngờ; thú vị bất ngờ: **Pleasant ~! to my great ~** Lạ thay!; **~ attack** trận đột kích; **~ party** tiệc bất ngờ; **I have a ~ for you.** Tôi dành cho bạn sự bất ngờ. **2** *v.* làm ngạc nhiên; đánh úp, đột kích; chộp bắt, bắt quả tang: **I am ~d by her attitude.** Tôi lấy làm lạ tại sao cô ấy lại có thái độ đó

surreal /sə'rɪəl/ *adj.* lạ lùng; không thiết thực

surrender /sə'rendə(r)/ **1** *n.* sự đầu hàng; sự giao lại cho; từ bỏ: **unconditional ~** sự đầu hàng không điều kiện **2** *v.* từ bỏ; giao lại, nộp, dâng; đầu hàng, đầu thú: **to ~ to temptation** bị cám dỗ mà không cưỡng được

surreptitious /sʌrɪp'tɪʃəs/ *adj.* lén lút, gian lận, vụng trộm

surrogate /'sʌrəgət/ *n.* người thay thế, người đại diện: **~ mother** người mang thai thế cho mẹ

surround /sə'raʊnd/ v. bọc, bao/vây quanh; bao vây, bổ vây: **My house is ~ed by trees.** Nhà tôi có cây bao quanh.

surroundings /sə'raʊndɪŋs/ n. vùng xung quanh, vùng phụ cận, khu lân cận; môi trường, hoàn cảnh

surveillance /sə'veɪləns/ n. sự giám sát: **to be under ~** bị theo dõi

survey /'sɜ:veɪ/ **1** n. cái nhìn tổng quát; sự kiểm điểm/tra; sự xem xét, nghiên cứu; sự đo đạc; bản đồ trắc địa: **to make a ~** lập bản đồ địa hình; làm một cuộc thăm dò (ý kiến) **2** v. nhìn chung, quan sát toàn diện; xem xét, nghiên cứu; lập/vẽ bản đồ [đất đai]

survival /sə'vaɪvəl/ n. sự sống sót; sự tồn tại; tàn tích: **~ of the fittest** phương thức tuyển chọn tự nhiên

survive /sə'vaɪv/ v. sống lâu hơn; sống sót, còn lại, tồn tại: **These drugs that dissolve blood clots can help people ~ heart attacks.** Những thuốc nầy làm loảng máu có thể cứu sống người bị bệnh động tim.

susceptible /sə'septɪb(ə)l/ adj. dễ bị, dễ mắc; dễ xúc cảm, dễ giận

suspect /sə'spekt/ **1** n. người bị tình nghi **2** v. ngờ, nghi (ngờ): **to ~ somebody of a crime** nghi ngờ người nào phạm tội **3** adj. bị nghi ngờ/tình nghi

suspend /sə'spend/ v. treo lơ lửng/ lủng lẳng; hoãn lại, đình chỉ; đóng cửa, đình hoãn [báo]; ngưng chức: **to ~ a person from work** đình chỉ công việc của ai; **~ed sentence** án treo; **to ~ payment** hoãn trả tiền

suspenders /sə'spendəz/ n. dây đeo quần; dây đeo bít tất

suspense /sə'spens/ n. sự chờ đợi hồi hộp: **to keep in ~** hoãn thông báo tin gấp cho ai

suspicion /sə'spɪʃən/ n. sự nghi ngờ/ ngờ vực; một tí, một chút: **under ~** bị nghi ngờ

suspicious /sə'spɪʃəs/ adj. đa nghi, nghi ngờ; đáng ngờ, khả nghi; không minh bạch, mập mờ, áp muội

suss /sʌs/ v. nhận ra điều gì; hiểu tầm quan trọng của ai hay việc gì

sustain /sə'steɪn/ v. chống đỡ; chịu đựng; chịu, bị [thua, thiệt]; kéo dài: **not enough to ~ life** không đủ sống; **in order to ~ the readers' interest** để giữ sự chú ý của độc giả

sustenance /'sʌstɪnəns/ n. chất bổ; thức/đồ ăn; kế sinh nhai

suture /'su:tjʊə(r)/ n., v. đường khâu vết thương, đường nối, đường ráp; khâu, ráp nối

swab /swɒb/ **1** n. giẻ lau sàn nhà; miếng gạt **2** v. lau bằng giẻ; chùi, thấm [vết thương] bằng gạc

swaddling clothes n. tã, lót; thời kỳ còn bế ẩm

swagger /'swægə(r)/ v., n. (vẻ/dáng) vênh váo, nghênh ngang; (lời) khoác lác

swallow /'swɒləʊ/ **1** n. sự nuốt; miếng, ngụm **2** n. chim én, chim nhạn: **One ~ does not make a summer.** Một con én không làm nên mùa xuân. **3** v. nuốt đồ ăn, nuốt lời/ giận, chịu [nhục]; dễ tin: **to ~ one's words** nuốt lời; **to ~ one's anger** nuốt giận

swam /swɒn/ quá khứ của **swim**

swamp /swɒmp/ **1** n. đầm lầy, bãi sình lầy **2** v. làm ngập; tràn ngập: **to be ~ed with requests** bị thư yêu cầu gửi đến tới tấp

swan /swʌn/ n. chim thiên nga

swanky /'swʌŋkɪ/ adj. đẹp, lịch sự, trang nhã

swap /swɒp/ (also **swop**) **1** n. sự đổi chác, sự đánh tráo **2** v. đổi, đổi chác; đánh tráo

swarm /swɔ:m/ **1** n. đàn, bầy, đám, bọn đông, đám đông, lũ: **a ~ of bees** đàn ong **2** v. họp/tụ lại thành đàn; [chỗ] đầy nhung nhúc

swash /swɒʃ/ n. tiếng sóng vỗ; sự huênh hoang khoác lác

swat /swɒt/ **1** *n.* cú đập mạnh **2** *v.* đập [ruồi]

swatch /swɒtʃ/ *n.* mẫu vải [ở cửa hàng thợ may]

swathe /sweɪð/ *n., v.* (vải) băng, quấn băng

SWAT team *n., abbr.* (**SWAT = Special Weapons and Tactics**) đội cảnh sát đặc biệt chống bạo hành

sway /sweɪ/ **1** *n.* sự lắc lư/lúc lắc/đu đưa; sự cai/thống trị **2** *v.* (làm) lắc lư, lắc, (làm) đu đưa; thống trị, cai trị

swear /sweə(r)/ **1** *n.* lời thề; câu chửi rủa: ~ **words** câu chửi thề, lời nguyền rủa **2** *v.* [**swore**; **sworn**] thề; bắt thề; chửi, nguyền rủa: **to ~ by** tin, tỏ ra rất tin vào; viện [trời, phật] mà thề; **to ~ in** làm lễ tuyên thệ nhậm chức; **to ~ off** thề chừa/ bỏ/cai [rượu, thuốc phiện, v.v.]; **He swore to revenge his father.** Anh ấy thề sẽ báo thù cho cha.

sweat /swet/ **1** *n.* mồ hôi; sự mồ hôi; công việc vất vả: ~ **shirt** áo nịt vải bông [mặc khi tập thể thao]: **by the ~ of one's brow** bằng mồ hôi nước mắt của mình, bằng công sức của mình; **no ~** không có gì phải lo; ~ **gland** tuyến mồ hôi **2** *v.* ra mồ hôi, đổ/toát mồ hôi, xuất hãn, toát dương: **to ~ it out** lo sợ áy náy, nóng ruột chờ đợi; **to ~ blood** làm đổ mồ hôi nước mắt

sweater /'swetə(r)/ *n.* áo len (dài tay)

Swedish /'swiːdɪʃ/ *n., adj.* (người/ tiếng) Thụy Điển

sweep /swiːp/ **1** *n.* sự quét dọn; sự đảo mắt, sự nhìn quanh; khúc/ đường cong; dải; tầm súng: **to make a clean ~ of** san bằng, được hết, vét hết **2** *v.* [**swept**] quét; vét [mìn]; bay vút; trải ra: **to ~ away** quét sạch đi; **to ~ under the carpet** che dấu việc gì để sẽ quên đi

sweeping /'swiːpɪŋ/ **1** *n.* sự quét: ~s rác rưởi quét đi **2** *adj.* [lời nói] chung chung, bao quát, vơ đũa cả

nắm: **a ~ statement** lời nói chung chung, lời nói vơ đũa cả năm

sweepstake /'swiːpsteɪk/ *n.* sổ xố (lấy quà); lối đánh cá ngược được vơ hết

sweet /swiːt/ **1** *n.* kẹo mứt, đồ ngọt, của ngọt: ~s kẹo ngọt; ~ **and sour** chua ngọt **2** *adj.* ngọt; thơm; êm ái, êm đềm, du dương; xinh xắn, đáng yêu, dễ thương: ~ **potato** khoai lang; ~ **rice** gạo nếp, cơm nếp, xôi; ~ **talk** ăn nói dịu dàng; ~ **temper** tính tình dễ thương/dễ chịu; ~ **tooth** thích ăn ngọt; **too ~** ngọt quá, ngọt lợ

sweetener /'swiːtnə(r)/ *n.* vật làm cho ngọt (thay đường); sự nut lót

sweetheart /'swiːthɑːt/ **1** *n.* người yêu/ tình **2** *pron.* anh, em, mình, cưng

swell /swel/ **1** *n.* chỗ sưng; chỗ cao/gồ lên; sóng cồn **2** *v.* [**swelled**] sưng lên; phồng lên, to lên, căng ra; làm phình/ phồng lên; làm tăng lên: **This kind of rain will cause the river to ~.** Mưa thế này thì nước sông sẽ lên to. **3** *adj.* rất tốt, tốt lắm, (thế thì) tuyệt: ~-**headed** bị sưng đầu, bị u đầu

swelter /'sweltə(r)/ *v., n.* nóng oi ả; mồ hôi mồ kê nhễ nhại; tình trạng oi ả, trời oi ả

swept /swept/ quá khứ của **sweep**

swerve /swɜːv/ *n., v.* (sự) chênh lệch, (sự) đi lệch hướng

swift /swɪft/ **1** *n.* chim én **2** *adj.* nhanh, mau, lẹ: **a ~ response** sự trả lời nhanh; **He has a ~ wit.** Anh ấy nhanh trí. **3** *adv.* nhanh, mau: **to run ~** chạy nhanh

swig /swɪg/ *n.,v.* hớp rượu, uống một hớp lớn

swill /swɪl/ **1** *v.* cọ rửa; nốc ừng ực **2** *n.* sự cọ rửa; cuộc chè chén lu bù

swim /swɪm/ **1** *n.* sự bơi lội: **to be in the ~** nắm được tình hình chung **2** *v.* [**swam**; **swum**] bơi; [đầu] choáng váng, nổi; lướt nhanh: **to ~ across the river** bơi qua sông; **my head ~s** đầu tôi choáng váng

swimwear /'swɪmweə(r)/ *n.* áo quần tắm

swindle /'swɪnd(ə)l/ *n., v.* (sự/vụ) lừa đảo, bịp bợm, gạt, lường gạt

swine /swaɪn/ **1** *n.* (*pl.* **swine**) lợn, heo **2** *n.* người bị khinh rẻ

swing /swɪŋ/ **1** *n.* sự đu đưa/lúc lắc; cái đu; chuyển đi; cú xuynh; nhạc xuynh, dáng đi nhún nhảy: **in full ~** đang lúc hoạt động/sôi nổi nhất; **to walk with a ~** đi nhún nhảy; **~ door** cửa hai chiều và tự động đóng lại **2** *v.* [**swung**] đu đưa, lúc lắc, đánh đu; treo lủng lẳng/tòng teng; vung [tay; gậy]; quay ngoắt; đi nhún nhảy

swipe /swaɪp/ **1** *n.* cú đánh mạnh **2** *v.* đánh mạnh; xoáy, ăn cắp

swipe card *n.* thẻ có ẩm số đọc qua máy điện tử (để mở cửa)

swirl /swɜ:l/ **1** *n.* chỗ nước xoáy **2** *v.* cuộn, xoáy, cuốn đi

swish /swɪʃ/ *n., v., adj.* (tiếng) chảy ào ào, chảy rào rào; (tiếng roi) vun vút; (tiếng áo quần) sột soạt

Swiss /swɪs/ *n., adj.* (người) Thụy sĩ

switch /swɪtʃ/ **1** *n.* cành cây, roi gậy mềm; sự đổi, sự tráo; cái độn tóc; cái ngắt điện; ghi đường xe lửa: **~ blade** dao bấm **2** *v.* quật, vụt, đổi, đánh tráo; bẻ ghi [xe lửa]: **to ~ on** cắm [điện, dây nói]; bật [đèn]; **to ~ off** cắt, cúp; tắt; **to ~ over** đổi sang cái khác, chuyển sang cái khác

switchboard /'swɪtʃbɔ:d/ *n.* tổng đài: **~ operator** điện thoại viên

swivel /'swɪv(ə)l/ **1** *n.* vật nối hai bộ phận với nhau để cho một phần quay được: **~ chair** ghế quay **2** *v.* quay tròn quanh trục; quay người/ mắt nhanh

swollen /'swəʊl(ə)n/ *adj.* sưng lên

swoon /swu:n/ *v.* ngất đi, xỉu, bất tỉnh

swoop /swu:p/ **1** *n.* trận đột kích; sự bổ nhào xuống **2** *v.* tấn công, đột kích; sà xuống: **to ~ down** nhào xuống

swoosh /swuʃ/ *n., v.* tiếng ồn, gây tiếng ồn do di chuyển

sword /sɔ:d/ *n.* (thanh) gươm, kiếm: **double-edged ~** gươm hai lưỡi; **to put to the ~** giết; **~ of Damocles** sự nguy hiểm; **~ of justice** thần công lý

swordsman /'sɔ:dzmən/ *n.* kiếm sĩ, nhà kiếm thuật, võ sĩ đánh gươm

swore /swɔ:(r)/ quá khứ của **swear**

sworn /swɔ:n/ quá khứ của **swear**: **subscribed to and ~ before me this seventeenth day of January 1994** đã ký và tuyên thệ trước mặt tôi ngày 17 1 1994; *adj.* **~ in** [thông dịch viên] có tuyên thệ, hữu thệ

swot /swɒt/ *n., v.* người chăm chỉ học hành, chăm học, học gạo

swum /swʌm/ quá khứ của **swim**

swung /swʌŋ/ quá khứ của **swing**

sycamore /'sɪkəmɔ:(r)/ *n.* cây sung

syllable /'sɪləb(ə)l/ *n.* âm tiết, vần: **You have to stress the first ~, not the second ~.** Từ này phải nhấn âm tiết thứ nhất, chứ đừng đặt trọng âm vào âm tiết thứ nhì.

syllabus /'sɪləbəs/ *n.* (*pl.* **syllabuses**, **syllabi**) đề cương khoá học, đề cương luận văn, chương trình, giáo trình

sylvan /'sɪlvən/ *adj.* liên hệ đến gỗ/cây

symbol /'sɪmbəl/ *n.* vật tượng trưng, tiêu biểu, biểu tượng, biểu hiệu, biểu hiện; ký hiệu [hoá học, ngữ âm]

symbolism /'sɪmbəlɪzəm/ *n.* chủ nghĩa tượng trưng

symbolize /'sɪmbəlaɪz/ *v.* tượng trưng cho

symmetric(al) /sɪ'metrɪk(əl)/ *adj.* đối xứng, cân đối, cân xứng

symmetry /'sɪmɪtrɪ/ *n.* sự/tính đều nhau, sự/tính đối xứng

sympathetic /ˌsɪmpə'θetɪk/ **1** *n.* hệ giao cảm **2** *adj.* đồng tình; đầy cảm tình, thân ái; dễ thương: **He conveyed ~ words.** Ông ấy bày tỏ những lời đầy tình cảm.

sympathy /'sɪmpəθɪ/ *n.* lời chia buồn, lời phân ưu; sự đồng tình/đồng ý; sự thương cảm: **in ~** lời chia buồn

symphony /'sɪmfənɪ/ *n.* nhạc giao hưởng, nhạc hoà tấu; buổi hoà nhạc giao hưởng; dàn nhạc giao hưởng: **~ orchestra** dàn nhạc giao hưởng

symposium /sɪm'pəʊzɪəm/ *n.* hội nghị thảo luận, hội thảo, cuộc toạ đàm

symptom /'sɪmptəm/ *n.* triệu chứng

synagogue /'sɪnəgɒg/ *n.* nhà thờ Do Thái, giáo đường Do Thái

synchronize /'sɪŋkrənaɪz/ *v.* đồng bộ hoá, căn giờ cho khớp

syndicate /'sɪndɪkeɪt/ **1** *n.* tổ chức cung cấp bài báo và phim ảnh; nghiệp đoàn, nhóm người cùng chơi chung xổ số, đảng [chuyên nghề cờ bạc, mại dâm và bán ma túy]: **crime ~** băng đảng tội phạm **2** *v.* cung cấp [bài báo, phim ảnh] qua tổ chức

syndrome /'sɪndrəʊm/ *n.* hội chứng

synergy /'sɪnədʒɪ/ *n.* sự hợp tác giữa các công ty để có hiệu quả hơn

synonym /'sɪnənɪm/ *n.* từ đồng nghĩa

synonymous /sɪ'nɒnɪməs/ *adj.* đồng nghĩa [**with** với]

synopsis /sɪ'nɒpsɪs/ *n.* bản tóm tắt, toát yếu, khái yếu

syntax /'sɪntæks/ *n.* cú pháp, cấu trúc câu

synthesize /'sɪnθəsaɪz/ *v.* tổng hợp, thống hợp

synthesizer /'sɪnθəsaɪzə(r)/ *n.* đàn điện đa năng

synthetic /sɪn'θetɪk/ *adj., n.* hoá chất hỗn hợp; vải nhân tạo

syphilis /'sɪfɪlɪs/ *n.* bệnh giang mai, bệnh tiêm la

syringe /sɪ'rɪndʒ/ *n., v.* ống tiêm, ống thụt nước, rửa vật gì bằng ống tiêm

syrinx /'sɪrɪŋks/ *n.* (*pl.* **syrinxes**, **syringes**) cái khèn, đường hầm trong các lăng

syrup /'sɪrəp/ *n.* nước đường, xi-rô

system /'sɪstəm/ *n.* hệ thống; chế độ; hệ thống phân loại; cơ thể; phương pháp: **The brain is the center of the nervous ~.** Não là trung tâm hệ thành kinh.

systematic /sɪstɪ'mætɪk/ *adj.* có hệ thống, có phương pháp

systematize /'sɪstɪmətaɪz/ *v.* hệ thống hoá, xếp thành hệ thống)

T

ta /tɑː/ *intj.* cảm ơn

TAB *n., abbr.* (= **Totalizator Agency Board**) công ty bán vé cá các cuộc đua hay tranh tài thể thao: **the local ~** tiệm bán vé cá đua ngựa địa phương

tab /tæb/ \ *n., v.* đầu, dải, vạt; nhãn: **to keep ~s on** theo dõi, canh chừng, kiểm soát; **to pick up the ~** trả tiền cho mọi người [sau bữa ăn cơm, bữa rượu]

table /'teɪb(ə)l/ **1** *n.* cái bàn; bàn ăn, mâm cỗ, cỗ bàn, tiệc; bảng, biểu; cao nguyên: **alphabetical ~** bảng chữ cái; **~ cloth** khăn bàn và khăn ăn; **~ knife** dao bàn ăn; **~ lamp** đèn để bàn; **~ manners** phép lịch sự ở bàn ăn; **~ of contents** mục lục; **~ tennis** bóng bàn; **~ wine** rượu vang thường; **to clear the ~** dọn bàn; **to set the ~** bày bàn ăn; **to turn the ~** trở mặt với người khác **2** *v.* hoãn lại chưa bàn vội; đặt lên bàn, đưa vào chương trình họp: **to ~ a motion** đưa ra một đề nghị

tableau /'tæbləʊ/ *n.* hoạt cảnh

tablet /'tæblɪt/ *n.* viên (thuốc), thanh, thỏi [sô-cô-la]; xếp giấy viết; tấm, thẻ, bản; bảng kỷ niệm; bài vị: **It is not a good idea to take sleeping ~s regularly.** Điều không tốt là uống thuốc ngủ thường xuyên.

tabloid /'tæblɔɪd/ *n., adj.* báo khổ nhỏ đăng tin giật gân, tin tức ngắn: **~ newspaper** báo khổ nhỏ

taboo /tə'buː/ **1** *n.* điều kiêng kỵ, điều cấm kỵ: **Discussing sex relationships is still something of a ~.** Thảo luận quan hệ tình dục vẫn còn là điều cấm ky. **2** *adj.* bị cấm đoán, câm ky: **Cancer is not a ~ subject; it is openly talked about.** Bệnh ung thư không còn là đề tái cấm ky nói công khai nữa. **3** *v.* cấm, cấm đoán, bắt kiêng ky

tabulate /'tæbjʊleɪt/ *v.* xếp thành cột, sắp xếp thành bảng

tacit /'tæsɪt/ *adj.* [đồng ý, thoả thuận] ngầm, không nói ra: **a ~ consent** sự đồng ý ngầm

taciturn /'tæsɪtɜːn/ *adj.* ít nói, trầm mặc, lầm lì

tack /tæk/ **1** *n.* đinh đầu bẹt, đinh rệp, đường khâu lược; đường lối, chính sách **2** *v.* đóng xuống; khâu lược

tackle /'tæk(ə)l/ **1** *n.* đồ dùng, dụng cụ; sự cản cầu thủ bên kia [bóng bầu dục]: **fishing ~** đồ câu cá **2** *v.* túm lấy, nắm lấy, ôm ghì; cản, chặn [cầu thủ đối phương]; tìm cách giải quyết

tact /tækt/ *n.* sự khéo léo, tài xử trí, cách xử sự lịch thiệp: **He has great ~.** Ông ấy rất khéo xử.

tactic /'tæktɪk/ *n.* chiến thuật; sách lược, binh pháp

tactical /'tæktɪkəl/ *adj.* (thuộc) chiến thuật: **a ~ move to slow down the enemies** cuộc di chuyển chiến thuật làm chậm bước quân địch; **~ error** lỗi chiến thuật

tadpole /'tædpəʊl/ *n.* con nòng nọc

tael /teɪl/ *n.* lạng, lượng: **a ~ of gold** một lượng vàng

TAFE *n., abbr.* (= **Technical And Further Education**) trường cao đẳng, trường dạy nghề

tag /tæg/ **1** *n.* nhãn, thẻ [ghi tên, địa chỉ, giá tiền]; trò chơi đuổi nhau: **price ~** bảng giá; **name ~** bảng tên; **question ~** câu hỏi "phải không" **(Aren't you?, Does she?, Did they?) 2** *v.* Buộc/gắn nhãn; bắt được; bám sát.: **to ~ along behind someone** theo đuôi, bám sát ai

Tagalog /tə'ɡɑːlɒɡ/ *n., adj.* người/ tiếng dân đảo Phi-luật-tân

tagline /'tæɡlaɪn/ *n.* (*also* **punchline**) lời nói đùa cợt

tai chi /,taɪ'tʃiː/ *n.* môn võ thuật Tàu, môn luyện cử động nhẹ nhàng

tail /teɪl/ **1** *n.* đuôi [thú, chim, cá; áo, sao chổi, đám rước]; **tails** mặt sấp đồng tiền: **to have one's ~ between one's legs** sợ cụp đuôi; **on some-one's ~** theo đuôi ai; **to turn ~** chuồn mất, lỉnh mất **2** *v.* theo sát để rình; theo đuôi: **to ~ after** theo đuôi ai; **to ~ away** thụt lại đằng sau; **to ~ up** nối đuôi nhau đi vào

tail end *n.* cuối đuôi: **the ~ of the queue** cuối hàng

tailor /'teɪlə(r)/ **1** *n.* thợ may: **The ~ makes the man.** Người tốt vì lụa. **2** *v.* may (quần áo); làm nghề thợ may; làm riêng, soạn riêng [cho một nhu cầu]

tailspin /'teɪlspɪn/ *n.* tình trạng bỗng trở nên tồi tệ

taint /teɪnt/ **1** *n.* vết bẩn/nhơ **2** *v.* làm bẩn, làm nhơ nhuốc; làm hoen ố; [thức ăn] thối, ôi, ươn

take /teɪk/ **1** *n.* mẻ (bắt được, săn được); tiền thu vào; cảnh [quay phim] **2** *v.* [**took; taken**] cầm, nắm, giữ; lấy (đi/ra); mang (theo), đem (theo); theo [lời khuyên; đường lối **course**]; dự, thi [kỳ thi]; nhân, thừa [dịp, cơ hội **opportunity**]; chụp [ảnh]; mua năm [báo, chí]; tốn, mất [nửa giờ, 3 tháng] chịu đựng; dùng, chiếm, ngồi [chỗ, ghế]: **It took me a half hour to walk to the library.** Tôi đi bộ đến thư viện phải mất nửa giờ.; **to take it easy** cứ từ từ, đừng cuống quít, xin cứ bình tĩnh, đừng nóng; tà tà thôi, chớ làm việc quá sức; **to be taken ill** bị ốm, lâm bệnh; **to ~ one's chance** nắm lấy cơ hội; **to ~ after** giống như, đuổi theo; **to ~ away** lấy đi, đem đi, trừ đi; **to ~ down** bỏ xuống, hạ xuống; phá [nhà]; biên/viết xuống; **to ~ in** cho [khách] ở trọ; thu hoạch [mùa màng]; làm hẹp [quần áo] lại; bao gồm; đánh lừa; **to ~ off** cởi ra, bỏ ra; trừ bớt; bắt chước, nhạo; bỏ đi; [máy bay] cất cánh; **to ~ on** lấy, nhặt [hành khách]; nhận lãnh [trách nhiệm]; mượn, tuyển, lấy [nhân viên]; **to ~ out** lấy ra, moi ra, đem ra, gắp ra, rút ra; **to ~ place** xảy ra, xảy đến; **to ~ up** mang lên, đưa lên; lên gấu [áo, quần]; chấp nhận, áp dụng; chọn, làm [nghề]; bàn đến, đề cặp đến [vấn đề]; **to ~ to the woods** trốn vào rừng; **to ~ up with** làm bạn với, kết giao với, thân mật với; **to ~ over** tiếp nhận/ quản; **to ~ into account** để ý tới, ghi nhận công lao; **to ~ apart** tháo gỡ đi, bỏ đi; **to ~ into one's head** có ý định, có ý nghĩ; **to ~ one's leave** chia tay với ai; **to ~ someone's name in vain** ít dùng đến; **to ~ to heart** ảnh hưởng quá nhiều, xúc động mạnh

take-away /'teɪkəweɪ/ *n.* (*also* **take-out**) món ăn mang về nhà

take-home pay *n.* tiền lương sau khi trừ thuế

take-over /'teɪkˌəʊvə(r)/ *n.* việc mua lại; việc chiếm hữu cơ sở; việc nhận nhiệm vụ

tale /teɪl/ *n.* truyện, truyện ngắn; truyện bịa (đặt): **old ~s** truyện cổ tích; **fairy ~s** truyện thần tiên

talent /'tælənt/ *n.* tài, tài ba, tài năng, tài cán, người tài; thiên tài, nhân tài; khiếu, năng khiếu: **~ scout** người tìm kiếm nhân tài nghệ thuật hay thể thao; **~ show** chương trình văn nghệ (không chuyên)

Taliban /'tælɪbæn/ *n.* môn phái đạo Hồi chiếm cứ nước A-Phú-Hãn từ năm 1995 đến năm 2002

talk /tɔːk/ **1** *n.* lời nói; lời xì xào; tin đồn; bài/buổi nói chuyện; cuộc đàm phán/điều đình: **peace ~s** cuộc hoà đàm, hoà hội; **the ~ of the town** chuyện cả tỉnh đang bàn ra tán vào **2** *v.* nói, nói chuyện, chuyện trò; bàn tán; nói chuyện; bép xép; kể: **to ~ away** nói chuyện cho hết thì

giờ; **to ~ back** nói lại; cãi lại, hỏi trở lại đài phát thanh; **to ~ for the sake of talking** nói để mà nói, nói chẳng có mục đích gì; **to ~ of** nói về/đến; **to ~ over** bàn kỹ; **to ~ round** thuyết phục, dỗ dành; **to ~ someone into getting married** dỗ dành cho ai lập gia đình; **to ~ to/ with** nói chuyện với ai

tall /tɔːl/ *adj.* cao, cao lớn; phóng đại; khoác lác: **He is a very ~ man.** Ông ấy là người rất cao.

tallow /'tæləʊ/ **1** *n.* mỡ [làm xà phòng hoặc nến] **2** *v.* bôi mỡ

tally /'tælɪ/ **1** *n.* sự kiểm điểm; sổ tính toán, biển khắc tên: **~ sheet** bản đối chiếu **2** *v.* đếm, kiểm; ăn khớp: **to ~ with** phù hợp với

talon /'tælən/ *n.* móng, vuốt; gốc biên lai

tambourine /ˌtæmbə'riːn/ *n.* trống xẹp dùng làm nhạc cụ

tame /teɪm/ **1** *adj.* đã thuần; thuần hoá rồi, lành; buồn tẻ, nhạt nhẽo **2** *v.* nuôi, dạy cho quen/thuần, thuần hoá; chế ngự, đè nén, làm nhụt

Tamil /'tæmɪl/ *n.* một sắc tộc ở phía nam Ấn-độ

tamper /'tæmpə(r)/ *v.* làm xáo trộn, lục lọi, làm giả [khoá], chữa, sửa [giấy tờ, tài liệu]; mua chuộc [người làm chứng]: **to ~ with the cash** lục lọi tiền

tampon /'tæmpɒn/ *n.* nút gạc; bông kinh nguyệt

tan /tæn/ **1** *n.* màu da rám nắng, màu da ngăm ngăm **2** *adj.* màu vỏ đà, màu vàng nhạt **3** *v.* làm sạm/rám [nước da]; [da] sạm lại, rám nắng; thuộc [da] **4** *n., abbr.* (= tangent) đường tiếp tuyến

tandem /'tændəm/ *n.* xe đạp hai người: **in ~** người nầy sau người khác, đi cạnh nhau

tang /tæŋ/ *n.* vị, mùi vị, hương vị: **She could smell the salty ~ of the sea.** Cô ấy ngửi được vị mặn của biển.

tangent /'tændʒənt/ *n.* đường tiếp

tuyến; tang: **to fly off at/on a ~** đi chệch ra ngoài đề, lạc đề

tangerine /tændʒəˈriːn/ *n.* quả quít

tangible /ˈtændʒɪb(ə)l/ *adj.* có thể sờ mó được, hữu hình; rõ ràng; hiển nhiên, xác thực

tangle /ˈtæŋg(ə)l/ **1** *n.* mớ bòng bong; tình trạng lộn xộn **2** *v.* làm rối [tung/beng]; rối; vướng; rối trí

tank /tæŋk/ **1** *n.* thùng, bể [nước, dầu, xăng]; xe tăng, chiến xa, tàu bò: ~ **engine** toa xe lửa chở dầu hoặc nước; ~ **top** áo không tay; ~ **truck** xe chở sữa/dầu **2** *v.* đổ đầy thùng; uống say sưa

tankard /ˈtæŋkəd/ *n.* ly có nắp để uống bia, vại

tanker /ˈtæŋkə(r)/ *n.* tàu chở dầu; xe chở sữa/dầu

tanned /tænd/ *adj.* bị nắng cháy nâu (da)

tantalize /ˈtæntəlaɪz/ *v.* nhử trêu ngươi, chọc tức, làm khổ

tantamount /ˈtæntəmaʊnt/ *adj.* ngang với, tương đương với, chẳng khác gì: **Their request is ~ to a surrender.** Đòi hỏi của họ không khác gì đòi đầu hàng.

tantrum /ˈtæntrəm/ *n.* cơn thịnh nộ, cơn tam bành: **to fly into a ~** nổi cơn thịnh nộ

Taoism /ˈtaʊɪz(ə)m, ˈdaʊɪz(ə)m/ *n.* đạo Lão, Lão giáo

tap /tæp/ **1** *n.* vòi nước; vòi thùng rượu; đường dây phụ: **beer on ~** bia ở thùng ra; **to turn the ~ on** mở vòi; ~**water** nước vòi **2** *n.* cái đập/vỗ nhẹ; tiếng gõ nhẹ; kèn báo hiệu tắt đèn; kèn trong buổi lễ quân táng: **I have heard a ~ at the window.** Tôi vừa nghe tiếng gõ nhẹ ở cửa sổ. **3** *v.* giùi lỗ [thùng rượu]; rạch [cây] lấy mủ; (mắc dây) nghe trộm [điện thoại]; rút, khai khác [nhân lực, tài tư]: **to ~ someone for money** đòi tiền ai **4** *v.* đập/vỗ nhẹ, gõ nhẹ

tape /teɪp/ **1** *n.* dây, băng, dải; băng điện tín, băng ghi âm, băng máy đánh chữ điện tử: **cassette ~** băng cát xét; ~ **measure** thước dây; ~ **recording** sự ghi âm vào máy; **video ~** băng vi-di-ô **2** *v.* viền, buộc, đo bằng thước dây: **to ~ a parcel** buộc một gói hàng; **to have something ~d** hiểu rõ việc gì

taper /ˈteɪpə(r)/ **1** *n.* cây nến nhỏ, đèn cầy **2** *v.* thon, nhọn, hình búp măng: ~**ing fingers** ngón tay búp măng

tapestry /ˈtæpɪstrɪ/ *n., v.* tấm thảm, trang trí bằng thảm: ~ **making** thuật làm thảm; ~ **weaver** thợ dệt thảm

tapioca /tæpɪˈəʊkə/ *n.* bột sắn hột, bột báng, ta-pi-ô-ca

tar /tɑː(r)/ **1** *n.* nhựa đường, hắc ín **2** *v.* rải nhựa; bôi hắc ín: ~**red with the same brush** có những khuyết điểm giống nhau

tardy /ˈtɑːdɪ/ *adj.* trễ, muộn; chậm chạp

target /ˈtɑːgɪt/ *n., v.* bia (bắn tên/ súng); đích, mục tiêu; chỉ tiêu cần đạt được: ~ **area** vùng mục tiêu; ~ **language** ngôn ngữ mục tiêu; ~ **practice** tập bắn bia

tariff /ˈtærɪf/ *n.* giá, thuế quan, thuế xuất nhập cảng, thuế xuất nhập khẩu; biểu thuế quan

tarnish /ˈtɑːnɪʃ/ **1** *n.* sự mờ/xỉn; vết nhơ **2** *v.* làm mờ, làm xỉn; mờ đi, xỉn đi; làm nhơ nhuốc: **to ~ one's reputation** làm lu mờ thanh danh của ai

tarpaulin /tɑːˈpɔːlɪn/ *n.* vải dầu, vải nhựa không thấm nước

tart /tɑːt/ **1** *n.* bánh nhân hoa quả, bánh nhân mứt; người con gái hư **2** *adj.* chua; chua chát, chua cay **3** *v.* trang điểm cho hấp dẫn

task /tɑːsk/ **1** *n.* nhiệm vụ; công việc, công tác, bài làm: ~ **force** đơn vị (tác chiến) đặc biệt, nhóm đặc nhiệm; **to bring/take to ~** phê bình, trách mắng: **He ordered me to do this ~.** Ông ấy trao trách nhiệm cho tôi làm việc nầy. **2** *v.* trao trách nhiệm, giao việc, bắt gánh vác

tassel /'tæs(ə)l/ **1** *n.* tua, núm tua; râu ngô, cờ ngô **2** *v.* trang sức bằng núm tua, bẻ cờ cây bắp

taste /teɪst/ **1** *n.* vị, mùi, mùi vị, hương vị; khẩu vị; sự nếm mùi, sự trải qua; sở thích, thị hiếu; khiếu thẩm mỹ; một chút: **everything to his ~** nhân tâm tuỳ thích; **to have no ~** không có mùi vị gì; **a man of (good) ~** người có óc thẩm mỹ; **~-bud** dây thần kinh ở đầu lưỡi **2** *v.* nếm; được nếm mùi, hưởng, thưởng thức; có vị: **to ~ of garlic** có mùi tỏi, có vị tỏi; **to ~ bitter** có vị đắng; **to ~ blood** khích lệ bằng những thành công sớm; **to ~ like mint** có vị bạc hà

tasting /'teɪstɪŋ/ *n.* việc thử, nếm (thức ăn,rượu): **wine ~** việc thử rượu

tasty /'teɪstɪ/ *adj.* [món ăn] ngon

tat /tæt/ *n., v.* miếng, đồ vất đi: **tit for ~** ăn miếng trả miếng

tatters /'tætəz/ *n.* miếng, mảnh; quần áo rách rưới: **in ~** bị xé tan tành

tattle /'tæt(ə)l/ *n., v.* lời nói/ba hoa, chuyện tầm phào

tattoo /tæ'tuː/ **1** *n.* hình xăm trên da **2** *v.* vẽ/xăm mình: **That performer ~ed a lot on his body.** Diễn viên đó đã vẽ nhiều trên mình.

taught /tɔːt/ quá khứ của **teach**

taunt /tɔːnt/ **1** *n.* lời mắng nhiếc, lời chế nhạo **2** *v.* nhiếc, chế nhạo **3** *adj.* [dây] căng, kéo căng; [thần kinh, tình hình] căng thẳng

taut /tɔːt/ *adj.* căng, căng thẳng

tavern /'tævən/ *n.* quán rượu, hàng ăn, tiệm ăn

tax /tæks/ **1** *n.* thuế, tiền cước: **income ~** thuế lợi tức thuế thu nhập; **~ avoidance** sự tránh thuế; **~ collector** người thu thuế; **~ cut** sự giảm thuế; **~ deductible** có thể khai để trừ thuế; **~ evasion** sự trốn thuế; **~ file number** số bộ thuế; **~-free, ~-exempt** miễn thuế, được trừ thuế; **~ haven** nơi đánh thuế thấp; **~ rate** thuế suất; **~ return** tờ khai thuế **2** *v.* đánh thuế; thử thách, đòi hỏi: **to ~ someone with** chê ai, la ai; **to ~ someone's patience** đòi hỏi ai phải kiên nhẫn

taxation /tæk'seɪʃən/ *n.* sự đánh thuế; hệ thống thuế má

tax break *n.* sự giảm thuế đặc biệt

taxi /'tæksɪ/ **1** *n.* (*also* **taxi-cab**, **cab**) xe tắc-xi: **~ stand/rank** chỗ đậu xe tắc xi; **~ driver** tài xế tắc-xi **2** *v.* đi/ngồi tắc xi; kéo máy bay chạy trên mặt đất [lúc sắp cất cánh, sau khi hạ]

tax relief *n.* việc giảm thuế cho mục tiêu đặc biệt

tax shelter *n.* việc dùng tiền để tránh thuế

TB /ˌtiː'biː/ *n., abbr.* (= **tuberculosis**) bệnh lao phổi

T-bar *n.* trục hình chữ T dùng để câu xe, cần số xe hình chữ T

TCM /ˌtiːsi'em/ *n., abbr.* (= **Traditional Chinese Medicine**) thuốc Tàu gia truyền

tea /tiː/ *n.* (nước) chè, (nước) trà; tiệc trà: **a cup of ~** một chén trà, một tách trà; **~ break** giờ nghỉ uống trà, giờ giải lao; **~ ceremony** trà đạo; **~ cosy** ấm giỏ; **~cup** chén/tách uống trà; **~ dance** trà vũ; **~ drinker** người ghiền trà; **~ house** quán trà, tiệm ăn nhỏ; **iced ~** chè đá; **~ kettle** ấm nấu nước pha tra

teach /tiːtʃ/ *v.* [**taught**] dạy, dạy học; dạy bảo, dạy dỗ, giáo dục: **She ~es Vietnamese.** Bà ấy dạy tiếng Việt.; **She taught me (how) to play the piano.** Bà ấy dạy tôi cách đánh dương cầm.; **to ~ someone a lesson** dạy cho ai một bài học

teacher /'tiːtʃə(r)/ *n.* thầy giáo, cô giáo, giáo viên, giáo sư: **secondary school ~** giáo sư trung học

teaching /'tiːtʃɪŋ/ *n.* sự giảng dạy; nghề dạy học, nghề giáo; lời dạy, lời giáo huấn: **practice ~** tập dạy; thực tập giáo khoa; **~ aid** đồ dùng dạy học, đồ trợ huấn cụ; **~ staff** các cán bộ giảng dạy, ban giảng huấn

teak /ti:k/ *n.* gỗ tếch

team /ti:m/ **1** *n.* đội, tổ, nhóm; cỗ [ngựa, bò]: **basketball ~** đội bóng rọ; **~ spirit** tinh thần đồng đội; **~ work** việc làm đồng đội **2** *v.* hợp thành đội, vào cùng nhóm: **to ~ up with** hợp sức với ai

tear 1 /tɪə(r)/ *n.* nước mắt, giọt lệ: **~drop** giọt nước mắt, giọt lệ, lụy; **~ gas** hơi ga làm chảy nước mắt; **wet with ~s** đẫm lệ; **to burst into ~s** khóc oà lên; **to move someone to ~s** làm cho ai ứa nước mắt; **to shed ~s** rơi/nhỏ lệ; **to weep ~s of joy** mừng chảy nước mắt **2** *n.* chỗ rách, vết rách **3** /teə(r)/ *v.* [**tore; torn**] xé rách, xé, làm rách; kéo, giật, bứt [tóc]: **to ~ along** chạy vụt đi; **to ~ away** xé rời ra; **to ~ off/out** giật ra, giật xuống; **to ~ one's hair out** hành xử một cách giận dữ; **to ~ someone to pieces** xé xác người nào, đánh cho ai tơi bời; **to ~ up** xé nát, xé vụn; cày lên; **to be torn between** khó lựa chọn

tease /ti:z/ *v., n.* chọc/trêu ghẹo, trêu chọc

teaser /'ti:zə(r)/ *n.* người hay chọc ghẹo; vấn đề hắc búa

teat /ti:t/ *n.* [*U.S.* **nipple**] đầu vú, núm vú; núm vú cao su

technic /'teknɪk/ *n.* kỹ thuật/công nghệ; danh từ kỹ thuật

technical /'teknɪkəl/ *adj.* chuyên môn, kỹ thuật: **~ education/training** giáo dục chuyên nghiệp/huấn nghệ; **~ hitch** trở ngại máy móc/kỹ thuật; **~ school** trường kỹ thuật; **~ terms** danh từ chuyên môn, thuật ngữ kỹ thuật

technicality /teknɪ'kælɪtɪ/ *n.* chi tiết, chuyên môn/kỹ thuật

Technicolor /'teknɪˌkʌlə(r)/ *n.* phương thức sản xuất phim màu, phim màu; màu sắc sặc sỡ

technique /tek'ni:k/ *n.* kỹ thuật, kỹ xảo

technocrat /teknəʊ'kræt/ *n.* khoa học gia, chuyên gia kỹ thuật

technological /teknəʊ'lɒdʒɪkəl/ *adj.* kỹ thuật, thuộc về công nghệ: **the scientific and ~ revolution** cuộc cách mạng khoa học kỹ thuật/công nghệ

technology /tek'nɒlədʒɪ/ *n.* kỹ thuật, kỹ thuật học, công nghệ

tectonic /tek'tɒnɪk/ *adj.* xây dựng, kiến tạo

tedious /'ti:dɪəs/ *adj.* chán ngắt, buồn tẻ, nhạt, buồn ngủ

tedium /'ti:dɪəm/ *n.* tính nhạt nhẽo/ chán ngắt

tee /ti:/ **1** *n.* phát âm của chữ T **2** *n., v.* điểm phát banh, đặt ở điểm phát banh

teem /ti:m/ *v.* (có) nhiều, đầy, đông: **to ~ with** đông nhung nhúc

teenager /'ti:neɪdʒə(r)/ *n.* thiếu niên, thiếu nữ

teens /ti:nz/ *n.* tuổi mười mấy, tuổi thanh thiếu niên, tuổi thanh xuân: **in her late ~** [cô gái] gần 20

teeth /ti:θ/ số nhiều của **tooth**

teethe /ti:ð/ *v.* mọc răng

teething /'ti:ðɪŋ/ *adj.* sự mọc răng: **~ problems** vấn đề khó khăn ban đầu của một cơ quan

teetotaler /ˌti:'təʊt(ə)lə(r)/ *n.* người kiêng rượu

TEFL *n., abbr.* (= **Teaching of English as a Foreign Language**) giảng dạy tiếng Anh như một ngoại ngữ

Telco /'telkəʊ/ *n., abbr.* (= **telecommunications company**) công ty điện thoại

tele-banking /'telɪbæŋkɪŋ/ *n.* dịch vụ ngân hàng bằng điện thoại

telecast /'telɪkɑ:st/ **1** *n.* chương trình truyền hình **2** *v.* phát đi, truyền đi [chương trình truyền hình]

telecommunication /ˌtelɪkəmju:nɪ'keɪʃən/ *n.* viễn thông: **~ satellite** vệ tinh viễn thông

teleconference /'telɪˌkɒnfərəns/ *n.* hội nghị bằng truyền hình trực tiếp

telegram /'telɪgræm/ *n.* bức điện, điện tín

telegraph /'telɪgrɑ:f/ **1** *n.* máy điện

báo   **2** *v.* đánh/gửi điện: ~ **pole** cột dây thép

telegraphic /telɪˈgræfɪk/ *adj.* [địa chỉ] điện báo; vắn tắt: ~ **transfer** chuyển tiền bằng điện báo

telepathic /teˈlepæθɪk/ *adj.* cảm nhận từ xa

telephone /ˈtelɪfəʊn/ **1** *n.* dây nối, điện thoại: ~ **booth** phòng điện thoại; ~ **directory** sổ điện thoại, niên giám điện thoại; ~ **operator** điện thoại viên; **He is on the ~.** Ông ấy đang nói điện thoại. **2** *v.* gọi/kêu điện thoại cho, điện thoại cho: **Please ~ me any time.** Vui lòng gọi điện thoại cho tôi bất cứ lúc nào.

telephone tapping *n.* việc ghi băng nói chuyện điện thoại

telescope /ˈtelɪskəʊp/ **1** *n.* kính viễn vọng/thiên văn, kính nhìn xa **2** *v.* [hai ống kính, hai bộ phận] lồng nhau; đâm vào nhau

teleshopping /ˈtelɪʃɒpɪŋ/ *n.* việc mua bán qua điện thoại

teletext /ˈtelɪtekst/ *n.* dịch vụ cung cấp tin tức bằng văn bản

televise /ˈtelɪvaɪz/ *v.* truyền hình trực tiếp [trận đấu, buổi lễ]

television /ˈtelɪvɪʒən/ *n.* (*abbr.* **TV**) vô tuyến truyền hình, máy ti-vi máy truyền hình: ~ **set** máy truyền hình, tivi

teleworking /ˈtelɪwɜːkɪŋ/ *n.* làm việc ở nhà bằng điện thoại liên lạc với sở hoặc khách hàng

telex /ˈteleks/ *n., v.* máy điện báo, máy tê-lách, gởi điện báo

tell /tel/ *v.* [**told**] nói, nói lên, nói ra, nói với, bảo; chỉ; tỏ, biểu lộ, biểu thị; kể/thuật lại; phân biệt, đếm: **to ~ someone off** nói thẳng vào mặt ai; **We have been told that.** Người ta bảo chúng tôi rằng.; **I cannot ~ the difference.** Tôi chịu không phân biệt được.; **as far as one can ~** những gì có được; **to ~ the time** nói giờ; **to ~ tales** bịa chuyện ra kể

teller /ˈtelə(r)/ *n.* người kể chuyện, thủ

quỹ ngân hàng, người thâu phát tiền ở ngân hàng

tell-tale /ˈtelteɪl/ *n., adj.* người mách lẻo, làm lộ chân tướng, cái làm lộ tẩy

temerity /təˈmerɪtɪ/ *n.* sự cả gan, sự liều lĩnh

temp /temp/ *abbr.* **1** *n., v.,* (= **temporary**) làm việc tạm thời, tuyển dụng tạm thời **2** *n.* (= **temperature**) nhiệt độ

temper /ˈtempə(r)/ **1** *n.* tính, tâm tính, tính tình/khí; cơn giận, sự cáo giận; sự bình tĩnh: **to keep one's ~** giữ bình tĩnh, không nóng nảy; **He lost his ~.** Ông ấy mất bình tĩnh, cáu quá, nổi nóng/hung. **2** *v.* hoà vôi, tôi thép; tôi luyện, kiềm chế, ngăn lại

temperament /ˈtempərəmənt/ *n.* tính, tính khí, khí chất

temperate /ˈtempərət/ *adj.* [khí hậu] ôn hoà; giữ gìn, đắn đo: ~ **zone** khu vực ôn hoà

temperature /ˈtempərətʃʊə(r)/ *n.* độ nhiệt, nhiệt độ, ôn độ, sốt: **to take one's ~** đo độ nhiệt cho ai, cặp nhiệt kế cho ai

tempest /ˈtempɪst/ *n., v.* trận bão, dông tố, bão tố

template /ˈtempleɪt/ *n.* mẫu bằng gỗ, thép dùng để cắt hay làm theo

temple /ˈtemp(ə)l/ **1** *n.* đền (thờ), điện, miếu, chùa, nhà thờ, giáo đường, thánh đường, thánh thất: **Buddhist ~** chùa Phật giáo **2** *n.* thái dương, màng tang

tempo /ˈtempəʊ/ *n.* độ nhanh; nhịp, nhịp độ

temporal /ˈtempərəl/ *adj.* thế tục, thế gian, trần tục

temporary /ˈtempərərɪ/ *adj.* tạm thời, lâm thời, nhất thời, chốc lát

tempt /tempt/ *v.* xúi, xúi giục; nhử, cám dỗ, dụ dỗ

temptation /tempˈteɪʃən/ *n.* sự xúi giục; sự cám dỗ/quyến rũ

ten /ten/ *num., adj.* (số) mười; bộ mười; tờ giấy mười đôla: **about ~ students** độ 10 cậu học sinh; ~

o'clock 10 giờ; **~ a.m.** 10 giờ sáng; **~ hours** 10 tiếng đồng hồ; **~s of thousands** hàng chục ngàn; **the ~ Commandments** mười điều răn của Chúa

tenable /'tenəb(ə)l/ *adj.* giữ được, thường xuyên, bảo vệ được: **~ position** công việc thường xuyên (biên chế)

tenacious /tɪ'neɪʃəs/ *adj.* dai, bền, bám chặt; kiên trì: **He has a ~ memory.** Ông ấy có trí nhớ dai.

tenant /'tenənt/ *n., v.* người/thuê nhà/đất: **~ farmer** tá điền

tend /tend/ **1** *v.* chăm non, chăm sóc; giữ gìn: **to ~ to a patient** chăm sóc người bệnh **2** *v.* hướng/nhằm tới; có khuynh hướng, quay về: **All his contributions ~ to the same object.** Tất cả đóng góp của ông ấy nhằm đến cùng một mục đích.

tendency /'tendənsɪ/ *n.* xu hướng, khuynh hướng, thiên hướng

tender /'tendə(r)/ **1** *n.* người trông/chăn/giữ; toa **2** *n.* đề nghị (mời); sự bỏ thầu **3** *v.* mời, xin, yêu cầu, đề nghị; nộp [đơn từ chức]; bỏ thầu than/nước: **to ~ one's resignation** đưa đơn xin từ chức **4** *adj.* [thịt] mềm; [cỏ] non; [cây] yếu ớt; âu yếm; dịu dàng, nhẹ nhàng; nhạy cảm, dễ xúc động: **~ grass** cỏ non; **~-hearted** tấm lòng nhạy cảm, trái tim yếu mềm; **~ meat** thịt mềm

tenderize /'tend(ə)raɪz/ *v.* làm mềm thịt để dễ cắt, dễ ăn

tendon /'tendən/ *n.* gân

tendril /'tendrɪl/ *n.* tua, râu [cây nho, các cây leo]

tenement /'tenɪmənt/ *n.* nhà ở; nhà nhiều buồng

tenet /'tenɪt/ *n.* nguyên lý/lòng tin căn bản

tennis /'tenɪs/ *n.* quần vợt, ten-nít: **~ ball** banh quần vợt; **~ court** sân quần vợt; **~ racket** vợt ten-nít

tenor /'tenə(r)/ *n., adj.* phương hướng/khuynh hướng chung; ý nghĩa chung, nội dung chính; giọng nam cao; bè tê-no; hát giọng cao

tenpin /'tenpɪn/ *n.* chai bằng gỗ/nhựa dùng trong môn chơi ném chai: **~ bowling** môn chơi ném banh cho chai rơi xuống lỗ

tense /tens/ **1** *n.* thời của động từ trong các ngôn ngữ: **past ~** thời quá khứ; **present ~** thời hiện đại **2** *adj.* [dây] căng [tình hình] găng, căng thẳng: **a ~ situation** tình hình căng thẳng **3** *v.* làm cho co giãn

tension /'tenʃən/ *n., v.* sự căng thẳng; sự căng thẳng; áp lực, sức ép, điện áp; tình trạng khẩn trương: **The ~ between two countries is likely to ease.** Sự căng thẳng giữa hai nước hình như đã hết.

tent /tent/ **1** *n.* lều, tăng, rạp: **to pitch ~s** cắm, dựng lều; **~ peg** cọc cắm lều **2** *v.* che lều, cắm lều, cắm trại

tentacle /'tentək(ə)l/ *n.* tua cảm, vòi, xúc tu

tenth /tenθ/ **1** *num.* một phần mười; người/vật thứ mười; hôm/ngày mồng 10 **2** *adj.* thứ mười: **~-rate** phẩm chất xấu nhất

tenuous /'tenjuːəs/ *adj.* nhỏ, mảnh; ít, loãng, không đặc; tế nhị, tinh tế, vi tế: **~ connection** sự kết nối mỏng manh

tenure /'tenjʊə(r)/ *n.* thời gian chiếm hữu/hưởng dụng; nhiệm kỳ; quy chế không đổi được [của giáo sư đại học]: **~ position** việc làm lâu dài; **~ of office** nhiệm kỳ công việc

tepid /'tepɪd/ *adj.* êm ấm; nhạt nhẽo; hững hờ, lạnh nhạt

term /tɜːm/ **1** *n.* danh từ/thuật ngữ chuyên môn; thời hạn, thời kỳ, hạn, hạn kỳ, nhiệm kỳ; kỳ/khoá học, học kỳ, quý; điều kiện/khoản, giá; lời lẽ, sự giao thiệp, giao hảo, quan hệ: **~ paper** luận văn cuối khoá; **to bring to ~** đưa đến sự chấp thuận điều kiện **2** *v.* gọi, kêu, đặt tên là: **He ~s himself a doctor.** Ông ấy tự xưng là bác sĩ từ.

terminal /'tɜːmɪnəl/ **1** *n.* ga cuối cùng, ga chót, sân bay; cực, đầu dây; máy điện toán ở đầu cuối: **international ~** sân bay quốc tế **2** *adj.* cuối (cùng), tận cùng, chót: **~ cancer** bệnh ung thư nan y

terminate /'tɜːmɪnət/ *v.* (làm) xong, chấm dứt, kết thúc, hoàn thành, kết kiểu; định giới hạn; giới hạn

terminology /tɜːmɪ'nɒlədʒɪ/ *n.* thuật ngữ, danh từ chuyên môn: **It's hard to remember the chemical ~.** Thật khó nhớ thuật ngữ hoá chất.

terminus /'tɜːmɪnəs/ *n.* ga/bến cuối cùng; điểm chót

termite /'tɜːmaɪt/ *n.* con mối [đục tường gỗ]

terms /tɜːmz/ *n.* điều kiện thoả thuận: **Under the ~ of the agreement, our funding of the project will finish at the end of this year.** Theo điều thoả thuận, tiền tài trợ cho dự án sẽ hết vào cuối năm nay.; **~s of reference** điều tham khảo, từ cần được tham chiếu; **~s of payment** điều kiện trả

terrace /'terəs/ *n.* nền đất đắp cao; sân thượng

terrain /te'reɪn/ *n.* địa thế, địa hình

terrestrial /tə'restrɪəl/ *adj.* thuộc (trái) đất; ở trên cạn

terrible /'terəb(ə)l/ *adj.* dễ sợ, ghê gớm, kinh khủng, khủng khiếp; xấu/dở kinh khủng, tồi, tệ hại, thậm tệ: **a ~ death** cái chết kinh hoàng; **The accident was ~.** Tai nạn thật là khủng khiếp.

terrier /'terɪə(r)/ *n.* chó dùng để lục lọi; lính địa phương

terrific /tə'rəfɪk/ *adj.* kinh khủng; hay lắm, hết ý/sảy, tốt hết sức, tuyệt, ngon vô tả

terrify /'terəfaɪ/ *v.* làm kinh hãi, làm khiếp sợ

territorial /terɪ'tɔːrɪəl/ *adj.* thuộc khu vực/địa hạt, lãnh thổ: **~ integrity** sự toàn vẹn lãnh thổ; **~ waters** vùng biển, lãnh hải [của một nước], hải phận

territory /'terɪtərɪ/ *n.* đất đai, địa hạt, lãnh thổ; khu vực, vùng, miền; thuộc địa; vùng đất chưa thành tiểu bang: **That is not in my ~.** Chuyện ấy không thuộc phạm vi của tôi.

terror /'terə(r)/ *n.* sự khiếp sợ; người/ vật làm khiếp sợ; sự khủng bố: **to be in ~** trong tình trạng bị khủng bố; **reign of ~** thời khủng hoảng, thời đẫm máu

terrorism /'terərɪz(ə)m/ *n.* sự khủng bố, chính sách khủng bố: **We call for a stop to ~.** Chúng ta kêu gọi đình chỉ sự khủng bố.

terse /tɜːs/ *adj.* [lời] ngắn gọn; [văn] súc tích

tertiary /'tɜːʃərɪ/ *adj.* thứ ba; thuộc kỷ thứ ba, thuộc đại học: **~ education** giáo dục đại học

TESL /'tesl/ *n., abbr.* (= **Teaching of English as a Second Language**) dạy tiếng Anh như một ngôn ngữ thứ hai

test /test/ **1** *n.* bài thi, bài kiểm tra; sự sát hạch, trắc nghiệm; vật để thử, đá thử vàng, sự thử, sự làm thử: **blood ~** sự thử máu; **English proficiency ~** thi trắc nghiệm năng lực tiếng Anh; **road ~** thi lái xe [để lấy bằng]; **~ ban** cấm thử vũ khí hạt nhân; **~ drive** lái thử; **~ flight** chuyến bay thử; **~ paper** bài trắc nghiệm; **~ pilot** phi công lái máy bay thử; **~ tube** ống thử; **~-tube baby** hài nhi thụ tinh nhân tạo; **to put to the ~** phải cho thi; **written ~** bài thi viết **2** *v.* thử, kiểm tra, trắc nghiệm; thử thách; phân tích, thí nghiệm: **to ~ one's eyes** thử mắt; **to ~ out** áp dụng thử

testament /'testəmənt/ *n.* di chúc, chúc thư/ngôn; kinh thánh: **the New ~** tân ước; **the Old ~** kinh cựu ước

testate /'testət/ *adj.* có để di chúc, có làm chúc thư

testicle /'testɪk(ə)l/ *n.* hòn dái, ngoại thận, cao hoàn

testify /'testɪfaɪ/ *v.* khai, làm chứng,

chứng/xác nhận

testimony /'testɪmənɪ/ *n.* bằng chứng; sự nhận thực; sự chứng nhận; lời khai; lời cung khai

testing /'testɪŋ/ **1** *n.* việc thử nghiệm/ trắc nghiệm/thi **2** *adj.* thử nghiệm, thách thức: **This is a ~ time for us.** Đây là thời gian thách thức đối với chúng ta.

tetanus /'tetənəs/ *n.* bệnh (sài) uốn ván, chứng phong đòn gánh

téte-a-téte /ˌteɪtə'teɪt/ **1** *n.* cuộc nói chuyện tay đôi **2** *adj.* mặt đối mặt, giữa hai người

tether /'teðə(r)/ *n., v.* (dây) buộc [bò, ngựa]: **at the end of one's ~** hết hơi, kiệt sức, vô phương kế

text /tekst/ **1** *n.* bản văn, văn bản; nguyên văn/bản; đoạn ngắn [trích từ kinh thánh]; đề, đề mục, chủ đề; sách giáo khoa: **~book** sách giáo khoa; **~ processing** phương thức cho người dùng máy vi tính chuyển đổi văn bản; **~ service** sở tu thư; **to send a ~** gởi một bản văn **2** *v.* gởi bản văn đi

textile /'tekstaɪl/ *n.* hàng dệt, vải, tơ lụa; nguyên liệu dệt, sợi, bông, gai, đay: **~ mill** nhà máy dệt

texture /'tekstjʊə(r)/ *n.* lối dệt; mặt vải; cơ/kết cấu tạo, tổ chức

Thailand /'taɪlænd/ *n.* nước Thái Lan

than /ðən/ *conj., prep.* hơn: **more ~ ten people** nhiều hơn 10 người; **I will get there earlier ~ you (will).** Tôi sẽ đến sớm hơn anh.; **They'd rather die ~ surrender.** Họ thà chết còn hơn đầu hàng.

thank /θæŋk/ **1** *n.* lời cảm ơn **2** *v.* cám ơn, cảm ơn, cảm tạ: **Thanks a lot, many ~s; Thanks very much.** Xin cảm ơn nhiều.; **No, ~s!** Thôi, cám ơn ông/ bà/anh (tôi đủ rồi) việc đó không cần thiết; **Thanks for your help last year.** Cảm ơn ông bà về sự giúp đỡ của ông bà năm ngoái. **3** *v.* cám ơn, cảm ơn, cảm tạ: **Thank you very much for your**

hospitality. Xin đa tạ ông/bà/cô đã tiếp đãi tôi.; **I will ~ you to shut the door.** Xin ông vui lòng đóng giúp tôi cái cửa.

thanksgiving /'θæŋks͵gɪvɪŋ/ *n.* sự tạ ơn: **~ Day** lễ tạ ơn [ngày thứ năm tuần lễ chót trong tháng 11]

that /ðət/ **1** *adj.* ấy/đó: **I know ~ boy.** Tôi biết cậu bé ấy. **2** *pron.* đó, đấy, cái ấy/đó: **You should buy this pen instead of ~ one.** Bạn nên mua cái bút này thay vì cái bút kia.; **This tie is prettier but ~ one costs less.** Cái ca-vát này đẹp hơn thật, nhưng cái kia rẻ hơn.; **That is the right way.** Cách đó là đúng.; **That's all.** Tất cả có thể thôi. **3** *conj.* cái/người mà: **I know ~ he will succeed.** Tôi biết rằng anh ta sẽ thành công.; **in order ~ we won't miss the plane** để cho chúng ta không lỡ chuyến máy bay; **the year ~ my wife and I went abroad** năm mà nhà tôi và tôi đi ngoại quốc **4** *adv.* thế/vậy: **~ much money** nhiều tiền thế; **~ many books** nhiều sách thế: **I have done only ~ much.** Tôi chỉ làm được thế thôi.

thatch /θætʃ/ **1** *n.* rơm, rạ, tranh, lá **2** *v.* lợp rơm, lợp rạ, lợp tranh, lợp lá: **to ~ a roof** lợp mái nhà bằng tranh

thaw /θɔː/ **1** *n.* sự tan tuyết/giá/nước đá **2** *v.* làm tan; [tuyết, băng] tan; [trời] đỡ giá rét, ấm hơn; bớt dè dặt, bớt lạnh lùng, vồn vã hơn, cởi mở hơn: **to ~ the thick layer of snow** làm tan lớp tuyết dày

the /ðə, ðiː/ **1** *art.* cái, con, người: **~ White House** cái nhà sơn trắng; **~ place to eat Chinese food** chỗ (nên đi) ăn cơm tàu; **~ Red River** sông Hồng; **~ Pacific Ocean** thái bình dương; **He is ~ translator around here.** Quanh đây chỉ có ông ấy là thông dịch viên. **2** *adv.* càng: **so much ~ better** càng tốt càng hay; **The longer you wait ~ more money**

you spend. Anh mà càng đợi lâu thì càng tiêu nhiều tiền.; **~ more ~ merrier** càng đông càng vui; **so much ~ worse for him** nhiều điều xấu cho ông ấy

theater /'θɪətə(r)/ *n.* [*Br.* **theatre**] rạp hát, nhà hát; nghề ca kịch, sân khấu, kịch nghệ; chỗ, nơi; hý viện, hý trường, phòng giải phẫu ở bệnh viện: **operation ~** phòng mổ; **~ sister** rạp hát bên cạnh

thee /ði:/ *pron.* ngươi, con, anh [ngôi thứ hai, đối cách] [tôn giáo]

theft /θeft/ *n.* sự/tội trộm cắp: **petty ~** sự ăn cắp vặt

their /ðeə(r)/ *poss. adj.* của họ, của chúng nó: **They do ~ jobs.** Họ làm việc của họ.

theirs /ðeəz/ *poss. pron.* của họ, của chúng nó: **This is yours and those are ~.** Cái nầy của bạn còn những cái kia của họ.

them /ðəm/ *pron., adj.* họ, chúng (nó); những cái ấy: **The boys are my friends, please look after ~.** Những cậu này là bạn tôi cả, xin ông trông nom họ nhé.; **The books are new, take good care of ~.** Những quyển sách đó là sách mới, anh hãy giữ gìn cẩn thận nhé.

thematic /θɪ'mætɪk/ *adj.* thuộc chủ đề/ đề tài, liên quan đến đề tài

theme /θi:m/ *n., adj.* chủ đề, đề tài, đại ý; bài luận, luận văn; nhạc chủ đề, nhạc hiệu: **~ song** bài hát chủ đề; **~ park** công viên giải trí

themselves /ðəm'selvz/ *pron., pl.* chính họ, bản thân họ, tự họ, tự chúng: **They did it ~.** họ tự làm lấy

then /ðen/ **1** *n.* lúc ấy/đó, khi ấy, hồi đó: **By ~ we will know the result.** Lúc đó chắc chúng ta sẽ biết kết quả rồi.; **every now and ~** thỉnh thoảng, năm thì mười hoa **2** *adv.* lúc ấy/đó, sau đó, rồi thì, rồi, vả lại: **Prices were much lower ~.** Hồi ấy, vật giá rẻ hơn nhiều.; **First comes fall, ~ winter.** Thoạt tiên là

mùa thu, rồi đến mùa đông.; **The noise stopped, and ~ started again.** Tiếng ầm ngừng lại, rồi liền sau đó lại bắt đầu oang oang lên.; **there and ~** ngay lúc ấy và ngay tại chỗ **3** *conj.* thế thì, vậy thì, trong trường hợp đó: **If you don't like it, ~ you should have said so.** So nếu bạn không thích thì đáng lẽ bạn phải nói cho họ biết chứ! **4** *adj.* thời ấy, lúc ấy: **the ~ minister of education** bộ trưởng bộ giáo dục lúc ấy; **What ~?** Rồi sau đó thì sao?

thence /ðens/ *adv.* từ đó; do đó, vì lý do ấy, vì cớ ấy

theology /θi:'ɒlədʒɪən/ *n.* khoa thần học

theorem /'θɪə'rəm/ *n.* định lý

theoretical /θɪə'retɪkəl/ *adj.* thuộc lý thuyết, về lý thuyết, có tính cách lý thuyết

theory /'θɪərɪ/ *n.* lý thuyết, lý luận, nguyên lý, thuyết, học thuyết: **in ~** về lý thuyết, theo lý thuyết; **good in ~ but inapplicable in practice** hay về lý thuyết nhưng không áp dụng được trong thực tế

therapeutics /θerə'pju:tɪks/ *n.* phép chữa bệnh, phép trị liệu

therapy /'θerəpɪ/ *n.* phép chữa bệnh, (trị) liệu pháp: **oral ~** khẩu lý trị liệu; **physio~** vật lý trị liệu

there /ðeə(r), unstressed ðə(r)/ **1** *adv.* chỗ ấy/đó, đấy, ở đó, tại đó, đằng ấy: **sit ~** ngồi đấy đi; **You should go ~ at once.** Anh phải đi liền tới đó đi.; **You are mistaken ~.** Điểm ấy thì anh ta lầm rồi.; **There are two Vietnamese restaurants near the campus.** Gần khu đại học có hai tiệm ăn Việt Nam.; **Wasn't ~ any policeman by the station?** Gần nhà ga lúc ấy không có viên cảnh sát nào à?; **From ~ take the bus home.** Từ chỗ ấy anh đi xe buýt về nhà được rồi.; **down ~** dưới đó; **in ~** trong đó; **out ~** ngoài đó/ấy, ở ngoải; **over ~** ở đó, ở bên ấy; **up ~** trên ấy/đó **2** *exclam.* Đấy!: **There**

you are! Được rồi, đấy, xong rồi!

thereabout(s) /ˈðeəˈrəbaʊt(s)/ *adv.*
quanh đó, gần chỗ ấy, khoảng ước
chừng, độ chừng, chừng, xấp xỉ,
lối: **You can find accommodation in
Saigon or ~.** Bạn có thể kiếm chỗ ở
ngay Sài Gòn hay quanh đó.

thereafter /ðeəˈrɑːftə(r)/ *adv.* về sau,
sau đó

thereby /ðeəˈbaɪ/ *adv.* theo/bằng cách
ấy; có liên quan tới cái đó, có dính
dáng đến chuyện ấy, có liên quan
tới cái đó

therefore /ˈðeəfɔː(r)/ *adv.* thế thì, vậy
thì, bởi vậy cho nên: **He went to the
movies and ~ he did not study.** Anh
ấy đi xi nê nên không học bài.

therefrom /ðeəˈfrɒm/ *adv.* từ đó/đấy:
**The board will examine the contents
of the contract and any problems
arising ~.** Ban lãnh đạo sẽ xem nội
dung thoả ước và những vấn đề gì
nẩy sinh ra từ đó.

therein /ðeəˈrɪn/ *adv.* Ở đấy, tại đó,
trong đó

thereof /ðeərɒf/ with shifting stress/
adv. của nó, của việc ấy, từ đó:
three witnesses ~ ba người làm
chứng về chuyện đó

thereupon /ðeərəˈpɒn/ *adv.* ngay sau
đó, liền sau đó; do đó, vì vậy; trên
ấy, trên đó

therewith /ðeəˈwɪð/ *adv.* ngay sau đó,
với điều đó

thermal /ˈθɜːməl/ **1** *adj.* nóng, nhiệt: ~
springs suối nước nóng; ~ **under-
wear** quần áo lót, quần áo ếch **2** *n.*
giữ ấm: **~s** áo quần lót giữ cho ấm
người

thermometer /θəˈmɒmɪtə(r)/ *n.* cái đo
nhiệt, nhiệt kế, nhiệt biểu, hàn thử
biểu, cái cặp sốt

thermonuclear /θɜːməʊˈnjuːklɪə(r)/ *adj.*
[bom, vũ khí, phản ứng, chiến
tranh] hạt nhân nóng, nhiệt hạch

thermostat /ˈθɜːməʊstæt/ *n.* máy điều
nhiệt

thesaurus /θiːˈsɔːrəs/ *n.* (*pl.* **thesauri**)

từ điển từ ngữ [xếp theo mục loại,
chứ không theo thứ tự a-b-c;
thường kê những từ đồng nghĩa
hoặc cùng họ]; toàn thư từ điển

these /ðiːz/ *adj., pron.* những cái/
người nầy; **These days are cool.**
Những ngày rày trời lạnh.; **These
are not your shoes.** Đôi giày này
đâu phải của anh.

thesis /ˈθiːsɪs/ *n.* (*pl.* **theses**) luận
văn, luận án, luận đề/điểm, thuyết;
chính đề: **to defend one's ~** bảo vệ
luận án; **to submit one's ~** đệ trình
luận án

they /ðeɪ/ *pron.* họ, chúng nó, chúng,
bọn chúng, các ông/bà/cô ấy: **They
will come here.** Họ sẽ đến đây.

thick /θɪk/ **1** *n.* chỗ dày nhất, chỗ mập,
chỗ tập trung: **in the ~ of the forest**
chính giữa rừng; **the ~ of the fight**
giai đoạn ác liệt nhất của trận đánh
ấy; **in the ~ of it** chính đang lúc bận
rộn nhất **2** *adj.* [tường, giấy, môi]
dày, không mỏng; to, mập; [tóc,
rừng] rậm; [cây, cối] rậm rạp;
[sương mù] dày đặc; [đạn] nhiều
và khít, như mưa; đặc, quánh, sền
sệt, không loãng; [giọng] lè nhè;
tối dạ, ngu đần, đần độn; ăn ý, ăn
cánh, thân: **She has ~ hair.** Cô ấy
có tóc dày.; **to be ~ with each other**
thân với nhau; **through ~ and thin**
bất chấp sóng gió bão bùng; **He
speaks with a ~ accent.** Ông ấy nói
giọng khó nghe. **3** *adv.* dày, dày
đặc, cứng, khó khăn: **The snow was
falling ~.** Tuyết rơi dày đặc.

thicken /ˈθɪk(ə)n/ *v.* làm cho dày
thêm; trở nên dày; rậm rạp hơn;
thành đặc, đặc lại: **The plot ~s.** Câu
chuyện trở nên ly kỳ hơn.

thicket /ˈθɪkɪt/ *n.* bụi cây, lùm cây

thief /θiːf/ *n.* (*pl.* **thieves**) kẻ trộm, kẻ
cắp, thằng ăn cắp: **to cry out
"Thief"** hô hoán kẻ trộm

thigh /θaɪ/ *n.* bắp đùi, bắp vế

thimble /ˈθɪmb(ə)l/ *n.* cái đê, cái bao
tay [dùng lúc khâu]

thin /θɪn/ **1** *adj.* mỏng, không dày; [dây] mảnh; gầy, mảnh dẻ, mảnh khảnh; [tóc] thưa, lơ thơ; [người ở, dân] thưa thớt; [cháo, súp, không khí] loãng; [giọng] yếu ớt, nhỏ nhẹ; [lý do, cớ] không vững: **a ~ sheet of paper** một tờ giấy mỏng; **~ air** không khí loãng; **~-skinned** lột mỏng da **2** *adv.* rất mỏng, rất yếu ớt: **She cuts bread very ~.** Cô ấy cắt bánh mì rất mỏng. **3** *v.* làm mỏng, mỏng ra, mảnh đi; gầy đi; pha loãng, loãng ra; làm thưa, tỉa bớt, thưa đi: **to ~ out the leaves** tỉa bớt lá đi

thing /θɪŋ/ *n.* vật, đồ, đồ vật, thứ, thức, cái; điều, sự, việc, chuyện; đồ đạc quần áo, đồ tế nhuyễn của riêng tây; công việc, sự việc; người: **What are those ~s in the fields?** Những cái gì ngoài đồng kia?; **How are ~s going?** Thế nào, dạo này công việc anh ra sao?; **the best ~ to do now** điều tốt nhất phải làm ngay bây giờ; **I felt sorry for the poor ~.** Tôi thấy tội nghiệp thằng bé quá.; **Please gather your ~s; we are leaving in an hour.** Xếp dọn quần áo đồ lại đi,1 giờ nữa là ta khởi hàng rồi.; **to do one's own ~** theo đuổi sở thích riêng của mình

think /θɪŋk/ **1** *v.* [**thought**] nghĩ, suy nghĩ, nghĩ ngợi, ngẫm nghĩ; tưởng, tưởng tượng, nghĩ rằng/là, cho là; nghĩ kỹ, suy tư, suy tưởng: **I ~ so.** Tôi cho là thế.; **I don't ~ that.** Tôi không cho là thế.; **to ~ about** suy nghĩ về; **to ~ again** suy nghĩ lại; **to ~ of** nghĩ đến/ về, nhớ đến, nghĩ ra được, có ý kiến về; **to ~ over** suy nghĩ kỹ về; **to ~ up** nghĩ ra; **He doesn't say much but he ~s a lot.** Ông ấy suy nghĩ nhiều nhưng nói ít.; **to ~ twice** suy nghĩ lại, suy nghĩ cẩn thận **2** *n.* điều suy nghĩ: **to have a ~ about something** có suy nghĩ chính chắn trước khi quyết định

think-tank *n.* người có đầu óc lớn giỏi về nhiều vấn đề

thinly /'θɪnlɪ/ *adv.* mỏng quá, quá mỏng

third /θɜːd/ **1** *num.* một phần ba; người/vật thứ ba; ngày mồng ba **2** *adj.* thứ ba: **Fifty ~ Street** phố 53; **the twenty ~ of April** ngày 23 tháng 4; **~ age** tuổi già; **~ country** đệ tam quốc gia, nước thứ ba; **~ degree burns** vết bỏng nặng; **~ generation** thế hệ thứ ba; **~ party** người thứ ba, đệ tam nhân; **~ rate** loại ba, kém, tồi; **the ~ World** thế giới thứ ba, các nước chậm tiến

thirst /θɜːst/ **1** *n.* sự khát nước; sự thèm khát, sự khao khát: **to quench one's ~** làm cho hết khát **2** *v.* khát nước; thèm khát, khao khát, thèm thuồng: **to ~ for/after something** thèm khát cái gì

thirteen /ˌθɜː'tiːn/ *num., adj.* mười ba

thirteenth /ˌθɜː'tiːnθ/ **1** *num.* một phần 13; người/vật thứ 13; ngày mười ba **2** *adj.* thứ mười ba

thirty /'θɜːtɪ/ *num.* ba mươi: **the thirties [30's]** những năm 30; những năm tuổi trên 30

this /ðɪs/ **1** *adj.* (*pl.* **these**) này: **~ minute** phút này; **by ~ time** bây giờ, lúc nầy **2** *pron.* (*pl.* **these**) cái/ điều/chuyện/việc này: **He doesn't like ~.** Anh ấy không thích cái này.; **You wind it like ~.** Bạn quấn nó như thế này này. **3** *adv.* như thế này: **~ much** nhiều như thế này, bây nhiêu; **~ thick** dày như thế này

thong /θɒŋ/ **1** *n.* dây da, roi da; dép nhựa **2** *v.* buộc bằng dây da, đánh bằng roi da

thorax /'θɔːræks/ *n.* (*pl.* **thoraxes**, **thoraces**) ngực

thorn /θɔːn/ *n.* gai; cây/bụi gai: **a ~ in one's side/flesh** cái gai trước mắt; chuyện bực mình

thorough /'θʌrə/ *adj.* hoàn toàn; kỹ, kỹ lưỡng, cẩn thận, tỉ mỉ: **to take a ~ rest** hoàn toàn nghỉ ngơi

thoroughbred /'θʌrəbred/ *n., adj.* ngựa, thuần chủng, nòi

those /ðəʊz/ *adj., pron.* xem **that: You may take these pens but not ~.** Anh có thể lấy những cái bút này chứ đừng lấy những cái đó.

thou /θaʊ/ *pron.* ngươi, con, anh [ngôi thứ hai, danh cách] [tôn giáo]: **Thou shall not kill.** Con chớ sát sinh.

though /ðəʊ/ **1** *conj.* dù (cho), dẫu cho, mặc dù/dầu, tuy: **Though it was pouring, they went out.** Tuy trời mưa như trút họ vẫn đi (ra ngoài) chơi.; **Even ~ you fail, you should try again.** Dù có thất bại chăng nữa, bạn cũng vẫn phải cố gắng một lần nữa.; **as ~** dường như, như thể là, khác nào như **2** *adv.* tuy vậy, tuy thế, thế nhưng, tuy nhiên: **I am sorry about the quarrel, you started it, ~.** Tôi rất tiếc về việc chúng mình cãi nhau, tuy nhiên, chính anh bắt đầu trước.

thought /θɔːt/ **1** *v.* quá khứ của **think: I ~ it wouldn't rain today.** Tôi tưởng hôm nay không mưa chứ. **2** *n.* ý nghĩ, ý tưởng, tư tưởng; ý, ý định/ muốn, ý kiến; sự nghĩ ngợi/suy nghĩ/suy tư; sự lo lắng, sự để ý, sự quan tâm [đến người khác]: **to be lost in ~s** suy nghĩ miên man; **to read someone's ~** đoán được suy nghĩ của ai; **to give ~ to** cho ý kiến

thoughtful /ˈθɔːtfəl/ *adj.* ngẫm nghĩ, tư lự, trầm tư mặc tưởng; có suy nghĩ, chín chắn, thận trọng; quan tâm, ân cần, lo lắng, chu đáo

thought-provoking *adj.* làm cho người ta nghĩ đứng đắn về một việc gì

thousand /ˈθaʊzənd/ *num.* (số) một nghìn, một ngàn: **~s of people** hàng nghìn/hàng người; **the year one ~ nine hundred and eighty four [1984]** năm 1984

thrall /θrɔːl/ *n., v.* người nô lệ; cảnh nô lệ, cảnh tôi đòi; bắt làm nô lệ, bắt phải phục tùng, áp chế

thrash /θræʃ/ *v.* đánh, đánh đòn, đập; đập [lúa]; đánh bại; quẫy, vỗ, đập; bàn kỹ, thảo luận: **to ~ out** rất công phu mới đạt được, tranh luận sôi nổi mới đi đến kết luận

thread /θred/ **1** *n.* chỉ, dây; dòng, mạch; đường ren: **to hang by a ~** như treo đầu sợi tóc; **to lose the ~ of** mất mạch lạc **2** *v.* xâu, xỏ [kim]; lách qua, len: **to ~ one's way through the crowd** lách qua đám đông

threat /θret/ *n.* lời doạ nạt/đe doạ/ hăm doạ; sự đe doạ: **empty ~s** lời đe doạ suông

threatening /ˈθret(ə)nɪŋ/ *adj.* hăm doạ, đe doạ: **He has received a ~ letter.** Ông ấy vừa nhận một lá thư hăm doạ.

three /θriː/ *num., adj.* (số) ba, con ba; quân ba/tam: **~ o'clock** ba giờ; **The baby is ~ now.** Em bé lên ba rồi.; **the ~ R's [reading, writing and arithmetic]** ba điều sơ đẳng: đọc, viết và làm tính

thresh /θreʃ/ *v.* đập [lúa]; đập lung tung, quẫy

threshold /ˈθreʃhəʊld/ *n.* ngưỡng cửa, bậu cửa; bước đầu; lợi tức mức căn bản: **to stand on the ~ of life** đứng trước ngưỡng cửa cuộc đời

threw /ˈθruː/ quá khứ của **throw**

thrift /θrɪft/ *n.* sự/tính tần tiện, tiết kiệm: **~ shop** tiệm bán đồ cũ

thrifty /ˈθrɪftɪ/ *adj.* tần tiện, tiết kiệm, kiệm ước, tiện tặn; thịnh vượng, phồn vinh

thrill /θrɪl/ **1** *n.* sự sướng rộn lên, sự rộn ràng; sự rùng mình: **the ~ of a lifetime** sự vui sướng một lần trong đời **2** *v.* làm rộn ràng/hồi hộp; làm run lên, làm rùng mình; rộn ràng, hồi hộp, rùng mình, run lên [vì sướng, vì sợ]; [giọng] rung/ngân lên: **to ~ with delight** sướng run lên; **The news ~s us.** Tin tức làm chúng tôi hồi hộp.

thriller /ˈθrɪlə(r)/ *n.* truyện/tuồng/ phim trinh thám giật gân, truyện ly kỳ rùng rợn thrilling /'θrɪlɪŋ/ *adj.* thích thú, vui sướng: **I had a ~ experience.** Tôi có kinh nghiệm thích thích.

thrive /θraɪv/ *v.* [**throve**; **thriven**/ **thrived**] phát đạt, thịnh vượng; chóng lớn, phát triển mạnh: **A company can't ~ without good management.** Quản lý không giỏi thì công ty không thể phát đạt được.

throat /θrəʊt/ *n.* họng, cổ họng, cuống họng: **to have a sore ~** đau cổ; **to ram something down someone's ~** bắt ai phải thừa nhận cái gì, bắt ai phải nghe cái gì; **to be at each other's ~s** cãi nhau giữ dội

throb /θrɒb/ **1** *n.* sự/tiếng đập nạnh; tiếng vù vù: **I can hear the ~s of my heart.** Tôi có thể nghe tiếng tim tôi đập mạnh. **2** *v.* đập, nhảy mạnh, đập rộn lên; [động cơ] kêu vù vù

throes /θrəʊz/ *n.* cơn đau: **~ of child-birth** cơn đau đẻ; **~ of death** lúc rãy chết; **in the ~s of** đang khi vật lộn với

throne /θrəʊn/ *n.* ngôi (vua), ngôi báu; ngai (vàng), đế vị, vương vị, vương quyền: **to succeed to the ~** nối ngôi

throng /θrɒŋ/ **1** *n.* van bướm, van tiết lưu, van ga cánh bướm [trong động cơ] **2** *v.* điều tiết lưu lượng, tiết lưu; bóp cổ; bóp nghẹt

throttle /'θrɒt(ə)l/ *n., v.* cuống hầu, họng

through /θru:/ **1** *adj.* [tàu, vé] suốt, thẳng, làmxong việc: **~ traffic** xe cộ đi thẳng [suốt qua thành phố]; **I am almost ~.** Tôi gần xong rồi.; **no ~ road** đường cùng, đường không có lối ra **2** *prep.* xuyên qua, qua, suốt; vì, do, nhờ, tại: **~ a window** đi qua cửa sổ; **to travel ~ that state** đi du lịch qua (tiểu bang) đó; **We found her ~ my friend.** Chúng tôi tìm ra bà ấy nhờ bạn tôi. **3** *adv.* từ đầu đến cuối, suốt, đến cùng: **to go ~ with a plan** thực hiện chương trình

throughout /θru:'aʊt/ *prep.* khắp, suốt, từ đầu đến cuối: **~ the country** khắp trong nước; **~ my dad's life** suốt đời cha tôi; **air-conditioned ~** khắp nhà có máy lạnh

throughput /'θru:'pʊt/ *n.* việc làm xong; người đã tiếp xúc

throve /θrəʊv/ quá khứ của **thrive**

throw /θrəʊ/ **1** *n.* sự ném/quăng/thảy/ liệng; khoảng ném xa **2** *v.* [**threw**; **thrown**] ném, quăng, thảy, liệng, vứt, quảng, lao; vật ngã, hất ngã; bỏ/ném/vứt vào; cố tình thua [cuộc đấu]: **to ~ away** vứt đi, bỏ lỡ; **to ~ in the towel** thú nhận thất bại, chịu thua; **to ~ out** đuổi ra, trục xuất; phóng ra, văng [tục]; ưỡn [ngực]; **to ~ over** bỏ, rời bỏ; **to ~ up** nôn ra, mửa ra; giơ [tay] lên; vứt lên; từ bỏ; **to ~ stones at** nói xấu ai, ném đá dấu tay; **He ~s the book in her face.** Ông ấy ném cuốn sách vào mặt cô ta.

thrown /θrəʊn/ quá khứ của **throw**

thrush /θrʌʃ/ *n.* chim hét, chim hoạ mi

thrust /θrʌst/ **1** *n.* sự đẩy mạnh; nhát đâm [dao, kiếm/gươm]; sức đẩy/đè/ ép **2** *v.* đẩy, ấn, thọc; đâm (mạnh)

thud /θʌd/ **1** *n.* tiếng thịch/uỵch **2** *v.* đánh uỵch một cái, ngã uỵch một cái

thug /θʌg/ *n.* du côn, côn đồ, côn quang; tên sát nhân

thumb /θʌm/ **1** *n.* ngón tay cái: **all ~s up** vụng về; **to be under someone's ~** bị ai chi phối **2** *v.* lật dở [trang sách]: **to ~ a ride** đứng bên xa lộ ra hiệu tay xin đi nhờ xe

thumb print /'θʌmprɪnt/ *n.* dấu in/lăn ngón tay cái

thump /θʌmp/ **1** *n.* quả đấm/thụi, cú đánh mạnh **2** *v.* đập, đập mạnh, đấm (thình thình), đập (thình thình)

thunder /'θʌndə(r)/ **1** *n.* sấm sét, tiếng vang như sấm: **a ~ of applause** tiếng vỗ tay hoan hô như sấm; **to steal someone's ~** dùng ý kiến người khác **2** *v.* có sấm, nổi sấm, sấm động; ầm ầm như sấm; la lối, quát tháo ầm ĩ

thunderous /'θʌndərəs/ *adj.* dông tố, bão tố; vang như sấm

thundershower /'θʌndəʃəʊə(r)/ *n.* mưa rào có sấm chớp

thunderstorm /'θʌndəstɔːm/ *n.* bão lớn có sấm chớp

Thursday /'θɜːzdeɪ/ *n.* ngày Thứ năm

thus /ðʌs/ *adv.* như thế, như vậy; vì thế/vậy, vậy thì; đến như thế: **He studied hard, ~ he got high marks.** Anh ấy học chăm nên được điểm cao.; **~ far** đến đó, cho đến bây giờ

thwack /θwæk/ *n., v.* (cái) vụt mạnh

thwart /θwɔːt/ *v., n.* cản trở, ngăn trở, làm trở ngại, phá

thyroid /'θaɪərɔɪd/ *n., adj.* (thuộc) tuyến giáp (trạng)

Tibet /tɪ'bet/ *n.* nước Tây Tạng

tic /tɪk/ *n.* tật giật tay, tật co giật

tick /tɪk/ **1** *n.* tiếng tích tắc (như đồng hồ); dấu nháy, dấu kiểm: **in a ~** trong khoảnh khắc, trong giây lát **2** *n.* con bét, con ve, con bọ chó **3** *n.* vải bọc [nệm, gối] **4** *v.* kêu tích tắc; đánh dấu nháy: **to ~ off a name on the list** đánh dấu tên trong danh sách **5** *v.* mua chịu, cho ai mua chịu

ticket /'tɪkɪt/ **1** *n.* vé; phiếu, bông; nhãn ghi giá hàng; danh sách ứng cử viên, liên danh; vé phạt ô tô: **~ agent** người bán vé; **return ~** vé khứ hồi; **one way ~** vé đi một lượt **2** *v.* dán nhãn; phát vé; biên giấy phạt

tickle /'tɪk(ə)l/ **1** *n.* sự cù (lét); cảm giác buồn buồn: **to give someone a ~** cù người nào **2** *v.* cù, cù lét, thọc cù; thọc cù lét; làm cho khoái, mơn trớn; buồn buồn, ngứa ngứa: **The story ~s me.** Pinik câu chuyện làm tôi buồn cười.

tidal /'taɪdəl/ *adj.* thuộc con nước, thuộc thuỷ triều, sóng thần; cao trào tư trào: **~ wave** sóng triều; **~ river** sông chịu ảnh hưởng của thuỷ triều

tidbit /'tɪt,bɪt/ *n.* miếng ngon, cao lương mỹ vị

tide /taɪd/ **1** *n.* triều, thuỷ triều, con nước; dòng (nước), dòng; chiều hướng, trào lưu: **the ~ of the time** xu hướng thời đại; **to swim with the ~** gió chiều nào theo chiều đó, thức thời **2** *v.* giúp đỡ tạm; vượt, khắc phục[khó khăn]: **to ~ over difficulties** vượt qua những khó khăn

tidings /'taɪdɪŋz/ *n.* tin, tin tức

tidy /'taɪdɪ/ **1** *adj.* sạch sẽ, gọn gàng, ngăn nắp, có thứ tự; [món tiền] khá lớn: **a ~ room** căn phòng ngăn nắp gọn gàng **2** *v.* xếp dọn, dọn dẹp, làm cho gọn gàng; sửa sang trang điểm một tí: **to ~ up** làm cho sạch sẽ gọn gàng

tie /taɪ/ **1** *n.* dây [để buộc/trói];sự ràng buộc, liên hệ, quan hệ; nơ, nút; cà vát; sự ngang điểm/phiếu, sự hoà/huề; dấu nối [nhạc]; tà vẹt đường ray xe lửa: **neck~** cà vạt; **The game ended in a ~.** Trận đấu kết thúc huề nhau. **2** *v.* buộc, cột, trói; thắt [nuts, ca vát]; ràng buộc, trói buộc; hoà với ...; hoà nhau vì ngang điểm/phiếu: **to ~ down** cột, ràng buộc; **to be ~d up** buộc; trói lại; buộc, băng [vết thương]; giữ nằm im [ngân khoản]; [xe cộ, đường điện thoại] bận quá, bị kẹt

tie-breaker /'taɪbreɪkə(r)/ *n.* (*also* **tie-break**) câu hỏi thêm để phân định thắng bại trong cuộc tranh tài

tie-in *n.* sản phẩm (sách, đồ chơi) liên quan đến phim ảnh hay chương trình truyền hình

tier /tɪə(r)/ **1** *n.* tầng, lớp, bậc,bậc thang: **to place in ~s one above another** xếp thành tầng **2** *n.* người buộc, người trói

TIFF /tɪf/ *n., abbr.* (= **tagged image file format**) hình ảnh dùng để in (trong máy vi tính)

tiff /tɪf/ *n.* sự xích mích, sự bất hoà

tiger /'taɪgə(r)/ *n.* con hổ, con cọp: **~ cat** mèo rừng

tight /taɪt/ **1** *adj.* chặt, khít, căng, căng thẳng; chật, bò sát; kín, kín mít, không thấm nước; [tiền] khó kiếm, eo hẹp; chặt chẽ, hà tiện; say bí tỉ: **The cork is too ~.** Nút chai chặt quá.; **She wears ~ shoes.** Cô ấy đi giày chật quá. **2** *adv.* chặt, kín, khít: **to hold ~** giữ chặt, ôm chặt; **to sit ~** ngồi im, án binh bất động

tight-knit *adj.* quan hệ chặt chẽ: **a ~ Vietnamese community** cộng đồng Việt Nam có quan hệ chặt chẽ

tight-lipped *adj.* im miệng không muốn nói; bậm môi lại vì giận

tightrope /'taɪtrəʊp/ *n.* dây kéo căng [ở rạp xiếc]

tile /taɪl/ *n., v.* (lợp) ngói, (lót) gạch hoa, gạch vuông, ca rô, đá lát

till /tɪl/ *n.* ngăn kéo tiền

till /tɪl/ *v.* trồng trọt, cày cấy

till /tɪl/ **1** *prep.* đến, tới: **~ now** cho đến nay; **~ then** đến lúc đó **2** *conj.* cho tới khi, trước khi: **Please wait ~ I come.** Vui lòng chờ đến khi tôi tới.

tiller /'tɪlə(r)/ *n.* người trồng trọt; dân cày, nhà nông, người làm ruộng: **land to the ~** người cày có đất

tilt /tɪlt/ **1** *n.* độ nghiêng; cuộc (cưỡi ngựa) đấu thương **2** *v.* (làm) nghiêng đi: **to ~ back** kéo nghiêng về phía sau, ngã ra đằng sau

timber /'tɪmbə(r)/ **1** *n.* gỗ làm nhà; cây gỗ; xà nhà, kèo: **~ yard** bãi gỗ; **rough ~** gỗ mới đốn **2** *v.* trồng rừng, cung cấp gỗ: **~ed house** nhà bằng gỗ

timbre /'tɪmbə(r)/ *n.* âm sắc

time /taɪm/ **1** *n.* thì giờ, thời gian; giờ; lần, phen; thời hạn, kỳ hạn; thời buổi; dịp, lúc, cơ hội; nhịp: **Do you have the ~?** Anh có biết mấy giờ rồi không?; **six ~s in all** sáu lần tất cả; **at the present ~** hiện nay, lúc này; **behind the ~s** lạc hậu; **full ~** toàn thời gian; **in due ~** đúng lúc, đúng ngày đúng tháng; **in no ~** chỉ trong chốc lát; **on ~** đúng giờ; **several ~s** nhiều lần; **~ and ~** nhiều lần; **to have a good ~** vui thích, nô đùa thoả thích; **to waste ~** phí phạm thời

giờ; **~ bomb** bom nổ chậm; **~ clock** đồng hồ xưởng máy [ghi giờ đến giờ về]; **~ sheet** tờ giấy ghi giờ; **~-honored** được tôn trọng vì đã quen làm thế **2** *v.* bấm giờ, đo thì giờ; điều chỉnh cho đúng/đều; chọn đúng lúc: **He ~s at two minutes.** Ông ấy tính toán thì giờ trong hai phút.

time capsule *n.* vật chứa đồ cất dấu

time-consuming *adj.* cần thời gian

timekeeper /'taɪmkiːpə(r)/ *n.* người ghi giờ; đồng hồ bấm giờ

timely /'taɪmlɪ/ *adj.* đúng lúc, hợp thời, thích đáng

time-out /'taɪmaʊt/ *n.* thời gian nghỉ ngắn trong các cuộc tranh tài thể thao

times /taɪmz/ **1** *prep.* nhân mấy lần: **Two ~ four is eight.** Hai lần bốn là tám. **2** *n.* số lần hơn

time-sharing *n.* chia nhau sử dụng nhà nghỉ mát

timetable /'taɪmteɪbl/ *n., v.* biểu thời gian, thời khắc biểu, thời dụng biểu, giờ xe/tàu chạy; làm thời dụng biểu

time warp *n.* tình huống tưởng tượng (như trong truyện khoa học giả tưởng)

timid /'tɪmɪd/ *adj.* nhút nhát, e lệ, rụt rè

timorous /'tɪmərəs/ *adj.* rụt rè nhút nhát, e sợ

tin /tɪn/ **1** *n.* thiếc, sắt tây; hộp thiếc, hộp sắt tây: **~ foil** giấy thiếc; **~ hat** nón sắt; **~ opener** cái mở hộp; **~ soldier** người lính làm bằng thiếc cho trẻ con chơi **2** *v.* tráng thiếc

tincture /'tɪŋktʃə(r)/ **1** *n.* cồn thuốc; nét thoáng; chút ít, màu nhẹ **2** *v.* bôi màu, tô màu, làm cho có vẻ

tine /taɪn/ *n.* răng nĩa, nhánh gạc nai

tinge /tɪndʒ/ **1** *n.* màu nhẹ; nét thoáng **2** *v.* pha màu nhẹ

tingle /'tɪŋg(ə)l/ *n., v.* (sự) ngứa ran; (sự) náo nức

tinker /'tɪŋkə(r)/ **1** *n.* thợ hàn nồi **2** *v.* hàn; chắp vá, vá víu

tinkle /'tɪŋk(ə)l/ **1** n. tiếng leng keng **2** v. (làm cho) kêu leng keng, rung [chuông]: **to ~ the bell** rung chuông leng keng

tinnitus /'tɪnɪtəs/ n. tình trạng bị nghe ù ù trong tai

tinsel /'tɪns(ə)l/ **1** n. kim tuyến; vật hào nhoáng: **~ town** **2** v. trang sức bằng kim tuyến, trang điểm bằng vật hào nhoáng, làm cho hào nhoáng

tint /tɪnt/ **1** n. màu nhẹ **2** v. nhuốm màu, tô màu: **to ~ a car** nhuốm màu cửa xe

tiny /'taɪnɪ/ n. bé tí, nhỏ xíu

tip /tɪp/ **1** n. đầu, chóp, đỉnh, ngọn, đầu bịt: **on the ~ of one's tongue** điều cần được nói; **the ~ of the ice-berg** một bằng chứng nhỏ nổi bật **2** n. tiền diêm thuốc, tiền trà nước; lời mách, tuy ô; lời chỉ điểm, lời báo cáo mật (cảnh sát): **to give him a ~** cho anh ấy tiền trà nước **3** v. bịt: **to ~ with gold** bịt bằng vàng **4** v. thưởng, cho tiền diêm thuốc, cho puốc boa; mách, báo cáo mật cho: **to ~ off** mách cho ai biết điều bí mật **5** v. lật/làm nghiêng [cán cân **the scales**]: **to ~ over** lật ngược

tip-off /'tɪpɒf/ n. tin tức bí mật; lời mách/cảnh báo

tipsy /'tɪpsɪ/ adj. chếnh choáng (hơi men), ngà ngà say: **to get ~** say ngà ngà

tiptoe /'tɪptəʊ/ **1** n. đầu ngón tay, đi nhón nhén; thấp thỏm; kín đáo bí mật: **to be on ~** đi nhón chân **2** v. đi nhón chân, đi nhón nhén

tirade /taɪ'reɪd/ n. diễn văn đài; diễn văn đã kích, tràng/chuỗi những lời chửi rủa công kích

tire /taɪə(r)/ n. [Br. **tyre**] lốp/vỏ bánh xe: **rubber ~** lốp cao su; **~ gauge** cái thử lốp; **~ pump** bơm; **tubeless ~** lốp xe không có ruột

tire /taɪə(r)/ v. (làm) mệt, (làm) mệt mỏi, (làm) chán

tired /taɪəd/ adj. mệt (mỏi), mệt nhọc; chán: **to be ~ of** chán ngấy vì

tissue /'tɪʃuː/ n. mô; vải mỏng; giấy lụa; giấy vệ sinh, giấy đi cầu, giấy chùi đít; mùi soa giấy

tit /tɪt/ n. miếng: **~ for tat** ăn miếng trả miếng

Titan /'taɪtən/ n. người khổng lồ, người có sức mạnh phi thường

tithe /taɪð/ n., v. (đóng) thuế thập phân đóng cho nhà thờ

titillate /'tɪtɪleɪt/ v. làm cho buồn cười, thọc léc, cù cho cười

title /'taɪt(ə)l/ **1** n. tên, nhan [sách]; đầu đề[bài hát/thơ]; tước, tước vị hiệu, danh hiệu; tư cách, cương vị, danh nghĩa; bằng khoán, chứng thư, văn tự; tuổi, chuẩn độ [vàng]: **~ deed** văn tự nhà đất; **~ holder** người chủ văn tự nhà đất; **~ page** trang tít; **~ role** vai chính **2** v. gọi là

titter /'tɪtə(r)/ v. cười khúc khích

T-junction /'tiːdʒʌŋkʃən/ n. [U.S. **T-intersection**] ngã ba, chỗ giao thông hình chữ T

TM /ˌtiː'em/ n., abbr. (= **TradeMark**) nhãn hiệu thương mại

TNT /ˌtiːen'tiː/ n., abbr. (= **Trinitro-toluene**) chất nổ TNT

to /tuː/ **1** prep. đến, sang, về phía; mãi đến; để, với mục đích; đến một vị trí/tình trạng nào đó; đến nỗi gây nên; thành; theo, cùng với; so với; của; để mừng; vào; về: **faithful ~ the end** trung thành đến cùng; **He ran ~ her rescue.** Anh chạy đi cứu cô ta.; **To my horror the beast approached.** Con ác thú đi gần lại làm tôi kinh hãi biết bao.; **The letter was torn ~ pieces.** Bức thư bị xé tan ra thành từng mảnh.; **We danced ~ the lovely tune of ...** Chúng tôi nhảy múa theo điệu nhạc du dương ấy.; **The score was 10 ~ 6.** Kết quả trận đấu là 10 với 6.; **the key ~ this puzzle** cái khoá để giải vấn đề này; **Let us drink ~ our teacher.** Chúng ta hãy nâng cốc để chúc mừng thầy/cô giáo chúng ta.; **What did she say ~ that?** Thế cô ấy nói gì về ý kiến đó?; **Not even four bananas ~ the pound.** Mỗi nửa ki lô chưa được đến bốn quả chuối. **2** *adv.* đến: **to go ~ and fro** đi đi lại lại; **when he came ~** khi ông ấy tỉnh lại; **~ this** day cho đến ngày nay; **a quarter ~ eight** tám giờ kém/thiếu 15 phút; **~ a certain extent** đến/tới một chừng mực nào đó

toad /təʊd/ *n.* con cóc

toady /'təʊdɪ/ *n., v.* (kẻ)nịnh hót, xu nịnh, bợ đỡ

toast /təʊst/ **1** *n.* bánh mì nướng **2** *n.* chén/ly rượu mừng; người được bàn tiệc nâng cốc chúc mừng: **I propose a ~ to him.** Tôi xin mời các bạn nâng cốc chúc mừng ông ấy.; **~ of the town** thành phố reo mừng **3** *v.* nướng (bánh mì) **4** *v.* nâng cốc chúc mừng

toaster /'təʊstə(r)/ *n.* máy nướng bánh mì

toastmaster /'təʊstmɑːstə(r)/ *n.* người chủ toạ tiệc mừng [thường giới thiệu các diễn giả và tuyên bố nâng cốc]

tobacco /tə'bækəʊ/ *n.* thuốc lá; cây thuốc lá: **~-box** hộp đựng thuốc lá; **~-pipe** ống điếu hút thuốc; **~ pouch** túi đựng thuốc lá [để hút tẩu/pip]

toboggan /tə'bɒgən/ *n., v.* (đi) xe trượt băng

today /tə'deɪ/ *n., adv.* hôm nay, ngày nay: **from ~** kể từ ngày hôm nay; **Shall we go ~?** Chúng ta đi ngày hôm nay không?

toddle /'tɒd(ə)l/ *n., v.* (sự) đi chập chững không vững

toddler /'tɒdlə(r)/ *n.* đứa trẻ mới biết đi (chập chững)

toe /təʊ/ **1** *n.* ngón chân; mũi [giày]: **the big ~** ngón chân cái; **from top to ~** từ đầu đến chân; **to turn up one's ~s** chết, bỏ đời **2** *v.* **to ~ the line/ mark** tuân theo mệnh lệnh

toffee /'tɒfɪ/ *n.* kẹo bơ cứng

tofu /'təʊfuː/ *n.* đậu hủ (của người Tàu và Nhật)

together /tə'geðə(r)/ *adj., adv.* cùng (với), cùng nhau; cùng một lúc, đồng thời: **to get oneself ~** giữ bình tỉnh; **to walk ~** cùng nhau đi bộ; **Call your friends ~.** Hãy hợp các bạn của anh lại.

toggle /'tɒg(ə)l/ *n., v.* cái chốt néo dây, cột chốt dây vào

toil /tɔɪl/ **1** *n.* công việc khó nhọc **2** *v.* làm việc khó nhọc/vất vả; đi một cách khó khăn mệt nhọc

toilet /'tɔɪlɪt/ *n.* phòng rửa tay, nhà tắm, nhà vệ sinh, cầu tiêu; cách ăn mặc, phục sức; sự trang điểm: **~ seat** ghế ngồi cầu tiêu; **~ soap** xà phòng thơm/tắm/rửa mặt; **~-training** việc tập cho trẻ con đi nhà cầu

toiletries /'tɔɪlɪtrɪz/ *n.* xà phòng nước hoa, phấn sáp

token /'təʊkən/ *n., adj.* dấu hiệu, biểu hiện; vật kỷ niệm; đồng giơ tông [để trả tiền xe, gọi dây nói]; thẻ: **in ~ of** để làm dấu hiệu cho; **by the same ~** cũng là, để theo vào đó, vả lại

told /təʊld/ quá khứ của **tell**

tolerable /'tɒlərəb(ə)l/ *adj.* có thể chịu đựng/tha thứ được; tàm tạm, kha khá

tolerance /'tɒlərəns/ *n.* lòng khoan dung/khoan thứ; sự/sức chịu đựng; sự chịu thuốc

tolerate /'tɒləreɪt/ *v.* tha thứ, khoan thứ; chịu đựng; chịu

toll /təʊl/ **1** *n.* thuế qua đường/cầu, tiền mãi lộ; số nạn nhân, số người tử nạn; lệ phí gọi dây nói liên tỉnh: **The storm took a heavy ~.** Trận bão làm vô số người thiệt mạng.; **~ call** cú dây nói liên tỉnh; **~-free** [cú điện thoại liên tỉnh] miễn phí; **~gate** cổng thu thuế [trên xa lộ] **2** *n.* tiếng chuông **3** *v.* nộp thuế cầu đường **4** *v.* rung, đánh [chuông]; rung/điểm chuông (báo tử): **The clock ~ed midnight.** Đồng hồ điểm giữa đêm.

tomato /tə'mɑːtəʊ/ *n.* (*pl.* **tomatoes**) quả cà chua

874

tomb /tuːm/ *n.* mả, mồ, mộ, phần mộ: **~ of the unknown soldier** mồ chiến sĩ vô danh

tome /təʊm/ *n.* tập, quyển: **a dictionary in two ~s** bộ từ điển gồm hai tập

tomorrow /təˈmɒrəʊ/ *n., adv.* mai, ngày mai: **~ morning** sáng mai; **the day after ~** ngày kia, mốt

ton /tʌn/ *n.* tấn [= **short ton** ở Mỹ và Canada bằng 2000 bảng; = **long ton** ở Anh bằng 2240 bảng]; ton [đơn vị dung tích tàu biển]; số lớn, rất nhiều: **freight ~** đơn vị trọng tải tàu biển; **I have asked him ~s of times.** Tôi đã hỏi ông ấy rất nhiều lần.

tonal /ˈtəʊnəl/ *adj.* thuộc về phát âm

tone /təʊn/ **1** *n.* tiếng; âm; thanh điệu; giọng; sắc; vẻ, phong thái; sức, cường lực; **Vietnamese has six ~s.** Tiếng Việt có 6 thanh điệu. **2** *v.* so dây đàn; hoà hợp, ăn nhịp; (làm) dịu đi: **to ~ down** làm bớt gay gắt

tone-deaf *adj.* không thể nghe được sự khác biệt giữa hai nốt nhạc

tone dialing *n.* tiếng chuông gọi điện thoại

toner /ˈtəʊnə(r)/ *n.* mực trong máy in

tongs /tɒŋz/ *n.* cái kẹp, cái cặp

tongue /tʌŋ/ *n.* cái lưỡi; miệng lưỡi, cách ăn nói, mồm mép; tiếng, ngôn ngữ; vật hình lưỡi: **to hold one's ~** không nói gì, nín lặng; **to keep a civil ~** giữ lời giữ miệng tránh dùng tiếng thô tục; **mother ~** tiếng mẹ đẻ; **native ~** tiếng bản ngữ; **~-in-cheek** khôi hài; **~ twister** từ ngữ khổ độc

tonic /ˈtɒnɪk/ **1** *n.* thuốc bổ; âm chủ, chủ âm **2** *adj.* bổ, tẩm bổ, bổ âm, bổ dương, bổ tì; thuộc chủ âm

tonight /təˈnaɪt/ *n., adv.* tối nay, đêm nay: **I will listen to ~'s radio news.** Tôi sẽ nghe tin tức phát thanh tối nay.; **Tonight it will rain.** Tối nay trời sẽ mưa.

tonnage /ˈtʌnɪdʒ/ *n.* trọng tải [của tàu thuyền]

tonsil /ˈtɒnsɪl/ *n.* ami-đan, hạch hạnh nhân

tonsillitis /tɒnsɪˈlaɪtəs/ *n.* viêm ami-đan, viêm hạch hạnh nhân

too /tuː/ *adv.* quá, quá đáng; rất, cũng, nữa: **~ long** dài quá; **~ much/ many** nhiều quá; **It's ~ bad she cannot come.** Tiếc quá, cô ấy không đến được.; **He is intelligent, young, and rich ~.** Ông ấy thông minh, trẻ và còn giàu nữa.; **You like tea; I do ~.** Bạn thích nước trà tôi cũng thế.

took /tʊk/ quá khứ của **take**

tool /tuːl/ *n., v.* đồ dùng, dụng cụ; công cụ, lợi khí, tay sai: **He is only a ~ of the party boss.** Ông ấy chỉ là tay sai của tên đảng trưởng.; **farm ~s** nông cụ, điền khí; **research ~** công cụ khảo cứu; **~ kit** đồ đựng phụ tùng; **~ shed** nhà nhỏ để đồ làm vườn

toot /tuːt/ **1** *n.* tiếng còi/kèn **2** *v.* bóp còi, bóp kèn, rút còi, nhận kèn

tooth /tuːθ/ *n.* (*pl.* **teeth**) răng [người, vật]; răng [lược, bừa, cào, cưa, bánh xe]: **armed to the teeth** được trang bị đầy đủ; **to fight ~ and nail** đánh nhau dữ dội, cắn xé nhau; **to cut teeth** mọc răng; **to get one's teeth into** cống hiến sức mình vào việc gì; **a decayed ~** răng sâu; **a front ~** răng cửa; **~ache** đau răng; **~brush** bàn chải răng; **~paste** thuốc đánh răng; **~pick** tăm xỉa răng; **wisdom ~** răng khôn

top /tɒp/ **1** *n.* chóp, chỏm, đầu, ngọn, đỉnh, mặt [bàn]; nắp, vung, mui xe: **at the ~ of** ở/đứng đầu; **at the ~ of one's voice** (nói/kêu) lớn, ầm; **from ~ to bottom** từ đầu đến đến chân/ cuối; **on ~ of that** thêm vào đó, hơn nữa; **on ~ of the world** đứng đầu thế giới; **top** đứng hàng đầu **2** *n.* con quay, con cù, bông vụ: **to sleep like a ~** ngủ say, ngủ như chết **3** *adj.* trên hết, đứng đầu: **at ~ speed** với tốc độ cao nhất; **~ floor** tầng cao nhất, tầng thượng; **~ level** hạng cao nhất; **~ ten** mười bản nhạc hay nhất, mười quyển sách bán chạy nhất

4 *v.* ở trên đỉnh/ngọn; leo tới đỉnh, trèo lên ngọn; cao hơn; vượt hẳn, hay hơn: **to ~ a class** đứng đầu lớp

top-down *adj.* khởi đầu (kế hoạch, dự án) với ý tổng quát và thêm chi tiết sau

top-heavy /ˌtɒpˈhevɪ/ *adj.* nặng đầu, nhiều người quá ở cấp trên

topic /ˈtɒpɪk/ *n.* vấn đề; đề tài, chủ đề: **I have chosen a ~ for my essay.** Tôi chọn một đề tài để viết luận văn của tôi.

topical /ˈtɒpɪkəl/ *adj.* thuộc về chủ đề; liên quan đến tin tức thời sự

top-notch *adj., n.* bậc nhất, ưu tú, xuất sắc, số dách

topography /təˈpɒɡrəfɪ/ *n.* địa hình; phép vẽ địa hình

topple /ˈtɒp(ə)l/ *v.* (làm) ngã, (lật) đổ, đổ nhào

top secret *adj.* tối mật: **This information has been classified ~.** Những thông tin nầy được xem là tối mật.

topsoil /ˈtɒpsɔɪl/ *n.* lớp đất ở trên cùng, lớp đất mịn dùng để trồng cây

topsy-turvy /ˌtɒpsɪˈtɜːvɪ/ *adj., adv.* lộn bậy, lộn xộn, đảo lộn, lung tung, hỗn loạn; lộn nhào

Torah /ˈtɔːrə/ *n.* luật của Chúa được ghi trong kinh thánh

torch /tɔːtʃ/ **1** *n.* đuốc, ngọn đuốc, đèn: **the ~ of liberty** ngọn đuốc tự do; **electric ~** đèn pin; **to carry a ~ for someone** chịu sự bất công trong tình yêu; **to put to the ~** đốt huỷ đi **2** *v.* đốt đuốc

tore /tɔr/ quá khứ của **tear**

torment /ˈtɔːment/ **1** *n.* sự giày vò/day dứt/giằn vặt,sự đau khổ: **to suffer ~s** chịu đau khổ **2** *v.* làm đau khổ, dày vò, day dứt: **to be ~ed with remorse** đau khổ day dứt vì hối hận

torn /tɔːn/ quá khứ của **tear**: **~ to pieces** xé rách tan

tornado /tɔːˈneɪdəʊ/ *n.* (*pl.* **tornadoes, tornados**) bão táp, bão lốc, bão xoáy

torpedo /tɔːˈpiːdəʊ/ **1** *n.* (*pl.* **torpedoes**) ngư lôi: **~ boat** tàu chiến nhanh loại nhỏ; **~ net** dây quấn quanh ngư lôi **2** *v.* phóng ngư lôi để đánh đắm tàu; phá hoại, phá huỷ

torpid /ˈtɔːpɪd/ *adj.* mụ, mụ óc, mê mụ, trì độn, bơ thờ

torque /tɔːk/ *n.* vòng cổ

torrent /ˈtɒrənt/ *n.* dòng nước lũ; tràng chửi rủa

torrid /ˈtɒrɪd/ *adj.* nóng như thiêu

torso /ˈtɔːsəʊ/ *n.* tượng bán thân; thân trên

tort /tɔːt/ *n.* điều lầm lỗi, việc làm có hại

tortoise /ˈtɔːtəs/ *n.* rùa: **~ shell** mu rùa; đồi mồi

torture /ˈtɔːtʃə(r)/ **1** *n.* sự tra tấn; nỗi giày vò **2** *v.* tra tấn, tra khảo; làm khổ sở điêu đứng, hành hạ

toss /tɒs/ **1** *n.* sự ném/tung; cái hất [đầu]: **a ~ of the head** cái hất đầu **2** *v.* tung, ném lên, quảng lên; hất [đầu]; tung [đồng tiền xem sấp hay ngửa]; lúc lắc tròng trành; trở mình trằn trọc: **to ~ money about** ăn tiêu hoang phí; **to ~ off** uống một hơi; **to ~ up** đôi đồng xu lên để chọn phía

tot /tɒt/ **1** *n.* trẻ nhỏ, đứa bé con; một chút xíu **2** *v.* cộng, cộng lại: **to ~ up expenses** cộng lại số tiền chi tiêu

total /ˈtəʊtəl/ **1** *n.* tổng số: **to reach a ~ of** đạt đến tổng số **2** *adj.* tổng cộng, toàn thể/bộ, hoàn toàn: **the ~ number of guests** tổng số quan khách; **~ abstinence** kiêng rượu; **~ eclipse** nhật thực/nguyệt thực bị che hoàn toàn; **~ recall** khả năng nhớ lại đầy đủ chi tiết **3** *v.* cộng lại; lên tới: **The money spent each year on defense ~s millions of dollars.** Số tiền tiêu hàng năm cho quốc phòng lên tới hàng triệu đô la.

totalitarian /təʊtælɪˈteərɪən/ *adj.* chuyên chế, độc đoán, cực quyền

totality /təʊˈtælɪtɪ/ *n.* toàn bộ, toàn thể, tổng số, toàn phần

tote /təʊt/ *v.* khuân, mang, vác vai: **~ bag** túi đeo vai

totter /'tɒtə(r)/ *v., n.* đi lẩy bẩy; lung lay, sắp đổ, sắp sụp

touch /tʌtʃ/ **1** *n.* sự sờ/mó/rờ; xúc giác; sự tiếp xúc/giao thiệp; lối đánh đàn, kiểu đánh máy; một chút/tí; nét vẽ: **a ~ of garlic** một chút tỏi; **a ~ of fever** hơi sốt một tí; **finishing ~** giai đoạn cuối đã xong; **to get in ~ with** liên lạc với; **to lose one's ~** không còn liên lạc nữa; **~-and-go** kết quả không chắc **2** *v.* sờ, mó; đụng, chạm; vuốt, bấm [dây đàn]; dính dáng, đụng tới; đạt tới; làm cảm động/ xúc động: **to ~ base** dựa trên căn bản; **to ~ on** nói đến; **to ~ off** phát động, gây nên; **to ~ up** tô, sửa [bức vẽ, tấm ảnh]; **~ wood** đụng tay vào vật bằng gỗ để cầu may, bùi nhùi

touchdown /'tʌtʃdaʊn/ *n.* máy bay hạ cánh chạm mặt đất; điểm ghi 6 khi chạm mặt đất của môn túc cầu Mỹ

touché /'tuːʃeɪ/ *intj.* sự ghi nhận việc đỗ lỗi/chỉ trích phê bình

touch screen *n.* màn hình máy vi tính chỉ cần đụng ngón tay là có thể mở máy

tough /tʌf/ **1** *adj.* bền, dai sức, khoẻ, mạnh; khó, gay go, bướng, ương, ngoan cố; [khu] dữ, du côn: **~ meat** thịt dai; **He is a ~ person.** Ông ấy là người khó tính.; **a ~ nut to crack** người cứng đầu, chốt cứng khó bể **2** *v.* làm cho mạnh, nghiêm khắc: **to ~ it out** chịu đựng

tour /tʊə(r)/ **1** *n.* cuộc du lịch; cuộc đi thăm; cuộc kinh lý: **on ~** đang đi lưu diễn; **study ~** cuộc đi du khảo **2** *v.* đi du lịch; lưu diễn

tourist /'tʊərɪst/ *n.* nhà du lịch, khách du lịch, du khách

tournament /'tʊənəmənt/ *n.* cuộc đấu, cuộc tranh tài

tourniquet /'tʊənɪkeɪ/ *n.* miếng vải quấn chặt vết thương ở tay/chân

tousle /'taʊz(ə)l/ *v.* làm bù/rối [tóc]; làm nhàu

tout /taʊt/ *n., v.* người chào hàng, người mách nước đánh cá

tow /təʊ/ *n., v.* (sự) dắt đi, kéo đi: **They may ~ your car away.** Coi chừng, họ có thể kéo xe của bạn đi.; **~ bar** thanh sắt để kéo xe; **~ truck** xe lớn dùng để kéo xe

toward(s) /tə'wɔːdz/ *prep.* về phía; đối với: **~ the end of the year** vào quãng cuối năm; **to save money ~ my son's education** để dành tiền cho con trai tôi đi học sau này

towel /'taʊəl/ *n., v.* khăn lau; khăn mặt: **bath ~** khăn tắm; **dish ~** khăn lau bát; **paper ~** khăn giấy; **~ rack** giá khăn mặt

tower /'taʊə(r)/ **1** *n.* tháp, lầu, đài; pháo đài: **control ~** đài kiểm soát không lưu; **ivory ~** tháp ngà; **watch ~** chòi canh **2** *v.* đứng cao hơn, vượt hẳn lên

town /taʊn/ *n.* thị xã, thành phố nhỏ, tỉnh nhỏ; bà con hàng phố: **~ clerk** thư ký thị sảnh; **~ council** hội đồng thành phố; **~ councillor** nghị viên thành phố; **~ hall** toà thị chính, thị sảnh; **~ planning** quy hoạch/thiết kế thành phố

township /'taʊnʃɪp/ *n.* quận, huyện, xã, khu, hạt

toxic /'tɒksɪk/ *adj.* độc: **~ chemicals** chất độc hoá chất

toxin /'tɒksɪn/ *n.* độc tố, toc-xin

toy /tɔɪ/ **1** *n., adj.* đồ chơi, đồ vô giá trị, không giá trị: **~ car** ô tô đồ chơi; **~ soldier** lính chì **2** *v.* chơi với, đùa với, giỡn, thử với [ý tưởng]: **to ~ with one's work** đùa với công việc

trace /treɪs/ **1** *n.* vết (chân), dấu, vết tích; một chút/tí: **~s of rabbits on the snow** vết chân thỏ trên mặt tuyết; **a ~ of gray in her hair** vài sợi tóc bạc trên đầu bà ta; **~ element** chi tiết dấu tích **2** *v.* đi theo vết chân; vạch, kẻ, vẽ; chép, đồ lại, can: **to ~ back** truy nguyên đến; **to ~ out a plan** vạch ra một kế hoạch; **to ~ over** đồ lại

trachea /trə'kiːə/ *n.* (*pl.* **tracheas**) khí quản

track /træk/ **1** *n.* vết dấu chân; dấu, vết; đường/lối đi; đường rầy xe lửa; trường đua; bánh xích; môn điền kinh, chạy nhảy: **race ~** trường đua; **to be on the right ~** đi đúng đường; **to keep ~ of** theo dõi; **to lose ~ of** mất dấu vết, mất hút; **~ record** thành tích tranh tài của một người; **~ shoes** giầy thể thao; **~ suit** áo quần thể thao **2** *v.* để vết; theo vết/dõi, nã bắt, lùng bắt: **to ~ down** tìm thấy/ra, theo bắt; **to ~ footprints on the snow** để lại dấu chân trên tuyết

tract /trækt/ **1** *n.* dài, khoảng, vùng, miền: **digestive ~** bộ máy tiêu hoá; **respiratory ~** bộ máy hô hấp **2** *n.* sách nhỏ (về tôn giáo, chính trị)

tractable /'træktəb(ə)l/ *adj.* dễ bảo, dễ vận dụng

tractor /'træktə(r)/ *n.* sự kéo, sức kéo; máy kéo

trade /treɪd/ **1** *n.* sự buôn bán, thương mại, thương nghiệp, mậu dịch, nghề, nghề nghiệp, những người cùng ngành nghề: **foreign ~** ngoại thương; **~ deficit** cán cân mậu dịch bất xứng nhập khẩu nhiều hơn xuất khẩu; **~ school** trường học nghề; **~ secret** bí quyết thương mại; **~ union** nghiệp đoàn, công đoàn **2** *v.* buôn bán, trao đổi mậu dịch: **They ~ in cement.** Họ buôn bán xi măng.; **He was accused of trading with the enemy.** Ông ấy bị buộc tội buôn bán với địch.; **I ~d in my old car for a new Ford.** Tôi đổi xe cũ lấy xe Ford mớ.

trade-in /'treɪdɪn/ *n.* sự đổi đồ/xe cũ các tiền lấy đồ/xe mới

trademark /'treɪdmɑːk/ *n.* nhãn hiệu

trade-up *adj.* tăng trưởng thương mại; mua bán khá

tradition /trə'dɪʃən/ *n.* truyền thống; truyền thuyết/thoại sự truyền miệng

traffic /'træfɪk/ **1** *n.* sự đi lại, sự lưu thông/giao thông; xe cộ; sự buôn bán/thương mại/đổi chác; sự vận tải, sự chuyên chở: **~ circle** đường vòng, bùng binh; **~ cop** cảnh sát giao thông/công lộ; **~ jam** kẹt xe; **~ light** đèn xanh đèn đỏ **2** *v.* buôn bán, mua bán: **to ~ with somebody** buôn bán giao dịch với ai

trafficker /'træfɪkə(r)/ *n.* người buôn

tragedy /'trædʒɪdɪ/ *n.* bi kịch; thảm trạng, tấn thảm kịch

trail /treɪl/ **1** *n.* vệt dài, vạch; vết, dấu vết, hơi; đường mòn: **a ~ of light** một vệ sáng; **Ho Chi Minh ~** đường mòn Hồ Chí Minh; **hot on the ~** theo riết/sát **2** *v.* kéo lê, quét; theo dấu vết, truy lùng; bò, leo: **Her skirt ~ed along the ground.** Váy cô ấy quét đất.

trailer /'treɪlə(r)/ *n.* xe rơ-moóc; xe kéo: **~ home** nhà nhỏ kéo theo xe khi đi du lịch cắm trại; **~ court** bãi cho xe rơ moóc và nhà rơ moóc cắm trại; **movie ~** xe chiếu phim

train /treɪn/ **1** *n.* xe lửa; chuỗi, loạt; đuôi áo dài lê thê; đoàn tuỳ tùng: **to go by ~** đi xe lửa; **express/fast ~** xe/tàu tốc hành; **local ~** tàu chợ; **night ~** chuyến tàu đêm; **my ~ of thought** dòng tư tưởng của tôi **2** *v.* dạy, dạy dỗ, tập; huấn luyện, rèn luyện, đào luyện, tập luyện, đào tạo, tập dượt, uốn [cây cảnh], chĩa [súng]: **to ~ children to be good citizens** dạy dỗ trẻ con thành công dân tốt; **to ~ a teacher** rèn luyện một nhà giáo

training /'treɪnɪŋ/ *n.* sự huấn luyện/đào tạo; sự tập dượt: **~ school** trường chuyên nghiệp

traipse /treɪps/ *v.* dạo chơi, đi vơ vẩn

trait /treɪt/ *n.* nét, điểm, sắc thái

traitor /'treɪtə(r)/ *n.* kẻ phản bội/phản nghịch, tên phản quốc

trajectory /trə'dʒektərɪ/ *n.* đường đạn, đạn đạo; quỹ đạo

tram /træm/ *n.* xe điện: **~ car** toa xe điện; **~ line** đường xe điện

trammel /'træməl/ *n., v.* lướt ba lớp để

đánh cá; đánh cá bằng lưới; làm trở ngại

tramp /træmp/ **1** *n.* người đi lang thang; cuộc đi bộ dài; tiếng chân bước nặng nề; tàu hàng không có lộ trình nhất định: **to be on the ~** đi lang thang **2** *v.* đi lang thang; cuốc bộ; bước nặng nề: **to ~ the streets** đi lang thang khắp phố

trample /'træmp(ə)l/ *v.* (sự) giẫm lên, giẫm nát; (sự) chà đạp, (sự) giày xéo: **~ on** dẫm mạnh lên

trampoline /'træmpəli:n/ *n., v.* đệm nhún để nhảy, nhảy trên đệm/nệm

trance /trɑːns/ *n., v.* (sự) xuất thần lên đồng; (sự) hôn mê

tranche /trɑːnʃ/ *n.* một phần hùn, cổ phần được chia

tranny /'trænɪ/ *n.* máy radio; sự trao đổi giao hợp

tranquil /'træŋkwɪl/ *adj.* lặng, lặng yên, lặng lẽ; yên tĩnh, yên ổn, thanh bình

tranquility /'træŋkwɪlɪtɪ/ *n.* sự yên tĩnh; sự thanh bình

tranquilizer /'træŋkwɪlaɪzə(r)/ *n.* thuốc giảm đau/thống, thuốc chỉ thống, thuốc làm cho đỡ đau

transact /træn'zækt/ *v.* thương lượng giải quyết [công việc]; buôn bán, kinh doanh, giao dịch

transaction /træn'zækʃən/ *n.* công việc kinh doanh giao dịch; sự thương lượng điều đình để giải quyết; văn kiện hội nghị; sự chuyển trương mục ngân hàng, việc rút tiền ở ngân hàng

transcend /træn'send/ *v.* vượt qua/quá, hơn

transcribe /træn'skraɪb/ *v.* sao/chép lại, chuyển tả; ghi lại; chuyển dịch [tốc ký]; chuyển biên, phiên âm

transcript /'trænskrɪpt/ *n.* bản sao lại (học bạ); bản dịch

trans fat *n.* việc làm giảm mỡ/chất béo bằng cách dùng khinh khí nung

transfer **1** /'trænsfɜː(r)/ *n.* sự chuyển nhượng, sự nhường lại; sự dời chỗ, sự di chuyển; sự truyền [nhiệt]; sự chuyển giao [quyền hành]; sự thuyên chuyển; sự chuyển ngân/ chuyển khoản; bản đồ/in lại; vé đổi xe, vé chuyển xe tàu: **~ card** thẻ chuyển chuyến bay; **~ fee** lệ phí chuyển tiền; **~ paper** giấy in bản chiếu, giấy chuyển nhượng; **to arrange for the ~ of medical records to a new doctor** sắp xếp chuyển hồ sơ bệnh lý cho một bác sĩ mới **2** /træns'fɜː(r)/ *v.* nhường, nhượng, chuyển nhượng; dọn, dời, chuyển, di chuyển; chuyển giao; thuyên chuyển, đổi [nhân viên]; chuyển [tiền, đô la]; đồ lại, in lại; đổi lại, chuyển xe: **to ~ land** chuyển nhượng đất

transferable /'trænsfɜːrəb(ə)l/ *adj.* có thể chuyển nhượng được, có thể sang lại được

transfiguration /ˌtrænsfɪɡjʊəˈreɪʃən/ *n.* sự biến hình/biến dạng

transform /træns'fɔːm/ *v., n.* (làm) thay đổi, (làm) biến đổi; biến hình, biến dạng; biến chất, biến tính; biến hoá; biến cải, cải biến, biến tạo

transformer /trænsfɔː'mə(r)/ *n.* máy biến thế

transfusion /træns'fjuːʒən/ *n.* sự rót/đổ sang; sự truyền [máu]: **blood ~** sự truyền/sang/tiếp máu

transgress /træns'gres/ *v.* phạm, vi phạm: **to ~ the bounds** vượt quá giới hạn

transient /'trænzɪənt/ **1** *n.* khách trọ ngắn ngày **2** *adj.* [khách trọ] chỉ ở thời gian ngắn, không thuê lâu; chóng tàn, nhất thời, ngắn ngủi; tạm thời; thoáng qua: **~ guest** khách ở thời gian ngắn; **~ sorrow** nỗi buồn thoáng qua

transistor /træn'zɪstə(r)/ *n.* bóng bán dẫn, tran-zito: **~ radio** đài bán dẫn, máy thu thanh

transit /'trænzɪt/ *n.* dự đi/vượt qua; sự chuyên chở qua, sự quá cảnh; đường đi: **in ~** dọc đường; **~ lane**

đường dành cho xe chuyên chở công cộng; ~ **lounge** phòng đợi dành cho hành khách chuyển tiếp; ~ **visa** chiếu khán chuyển tiếp

transition /træn'zɪʃən/ *n.* sự chuyển tiếp/quá độ; chuyển giọng: **to be in ~** trong thời kỳ chuyển tiếp

transitive /'trænsətɪv/ *adj.* [động từ] ngoại động: ~ **verb** động từ ngoại động

translate /træns'leɪt/ *v.* dịch, thông dịch, phiên dịch; chuyển, biến [into thành]; [toán] cho tịnh tiến: **I have ~d this text from English into Vietnamese.** Tôi vừa dịch bản văn nầy từ tiếng Anh sang tiếng Việt.

transliteration /ˌtrænzlɪtə'reɪʃən/ *n.* sự chuyển chữ, sự phiên âm

translucent /trænz'luːsənt/ *adj.* trong mờ

transmigration /ˌtrænz'maɪɡreɪʃən/ *n.* sự di dân/trú

transmission /trænz'mɪʃən/ *n.* sự truyền [tin, điện, lệnh, bệnh]; sự sang số; hộp số [ô tô]: ~ **of diseases** sự truyền bệnh

transmit /trænz'mɪt/ *v.* truyền, chuyển giao, tống đạt; truyền [tin, điện, lệnh, bệnh]; truyền thanh, phát thanh: **to ~ news** truyền tin tức

transnational /trænz'næʃnəl/ *adj., n.* xuyên quốc gia, công ty liên quốc/quốc tế

transparency /træns'peərənsɪ/ *n.* dương bản, giấy bóng trong dùng cho đèn chiếu, ảnh phim đèn chiếu: **overhead ~** ảnh phim dùng cho đèn chiếu

transparent /træns'peərənt/ *adj.* trong suốt, rõ ràng

transpire /træn'spaɪə(r)/ *v.* ra/toát mồ hôi; tiết lộ; xảy ra: **The thing they most feared has ~d.** Điều họ sợ nhất đã bị tiết lộ.

transplant /'trænsplɑːnt/ **1** *n.* bộ phận cấy/ghép; sự cấy/ghép [thận, mô]: **My friend was recovering from a heart ~ operation.** Bạn tôi đang

bình phục sau cuộc giải phẫu thay tim. **2** *v.* cấy [lúa]; cấy, ghép [thận, mô]; đưa đi chỗ khác, di thực, bắt di cư

transport /'trænspɔːt/ **1** *n.* sự chuyên chở/vận tải; phương tiện chuyển vận; tàu chở lính/quân: **public ~** chuyên chở công cộng **2** *v.* chuyên chở, vận tải; gây xúc cảm mạnh: **to be ~ed with joy** mừng quýnh lên, mừng rối lên

transportation /ˌtrænspɔː'teɪʃən/ *n.* sự chuyên chở/vận tải; phiếu chuyển chở/vận tải, vé

transpose /træns'pəʊz/ *v.* đổi chỗ, đảo; chuyển vị, hoán vị; dịch giọng, đổi giọng

transsexual /trænz'seksjʊəl/ *adj., n.* lưỡng phái tính, người lưỡng phái tính

transverse /trænz'vɜːs/ *adj.* để ngang, chéo ngang

transvestite /trænz'vestaɪt/ *n.* đàn ông trang phục đàn bà

trap /træp/ **1** *n.* bẫy; cạm bẫy; cửa sập, cửa lật, ống chữ U: ~ **door** cửa sập, cửa lật; **to set/lay a ~** đặt, gài bẫy; **to fall into/to be caught in a ~** rơi vào, mắc vào bẫy **2** *v.* bẫy, đặt bẫy, cài bẫy

trapeze /trə'piːz/ *n.* đu lộn, xà treo; hình thang: **flying ~** đu bay; ~ **performers** diễn viên nhào lộn

trapezium /trə'piːzɪəm/ *n.* đôi vòng dùng nhào lộn

trash /træʃ/ *n., v.* bã (mía); rác rưởi; đồ vô giá trị; sách nhảm nhí láo lếu; đồ cặn bã, quân vô lại; cành cây tỉa bớt: ~ **can** thùng rác; **to talk ~** nói nhăng nhít

trauma /'trɔːmə/ *n.* chấn thương

travel /'træv(ə)l/ **1** *n.* cuộc du lịch/du hành; sự/đường chạy: **air ~** du lịch bằng máy bay; ~ **bureau** hãng du lịch; ~ **sickness** tình trạng đau ốm khi du lịch **2** *v.* đi xa, đi chơi, (đi) du lịch, ngao du, du hành, di chuyển; đi, chạy, chuyển động;

[tin] lan truyền đi, đồn đi: **to ~ by car** đi du lịch bằng xe hơi

traverse /trə'vɜːs/ **1** *n.* đường ngang, đường tắt; sự phản đối, sự chống đối, điều làm trở ngại **2** *v.* đi ngang qua, đi qua, nằm vắt ngang; nghiên cứu kỹ lưỡng: **The railway ~s the country.** Đường xe lửa đi ngang qua miền quê.

travesty /'trævɪstɪ/ *n., v.* (sự) bắt chước, đùa, nhại/nhái

trawl /trɔːl/ **1** *n.* lưới rà, cần câu giăng: **~ net** lưới rà **2** *v.* giăng, thả lưới rà

tray /treɪ/ *n.* khay, mâm; ngăn, chậu

treacherous /'tretʃərəs/ *adj.* phản phúc, phản bội, phụ bạc, phản trắc, bội bạc; dối trá, xảo trá: **a ~ man** con người phản bội

treachery /'tretʃərɪ/ *n.* sự phản bội, hành động phản trắc

treacle /'triːk(ə)l/ *n.* nước mật đường

tread /tred/ **1** *n.* bước đi, dáng đi; tiếng chân bước; mặt bậc cầu thang; đế giày; gai, talông lốp xe **2** *v.* [**trod**; **trodden**] đặt chân lên, bước/ giẫm lên; [chim] đạp mái: **to ~ on someone's toes** kết tội ai về những ưu quyền; **to ~ water** giữ người đưa hai chân thẳng lên mặt nước

treadle /'tred(ə)l/ *n., v.* bàn đạp [máy khâu]

treadmill /'tredmɪl/ *n.* cối xay hành tội nhân; công việc buồn tẻ

treason /'triːz(ə)n/ *n.* sự làm/mưu phản: **high ~** tội phản quốc

treasure /'treʒʊə(r)/ **1** *n.* tiền bạc, châu báu, của cải, kho của quí, kho tàng; vật quý, người yêu quí: **~ house** kho báu, kho tàng; **~ hunt** sự đi tìm châu báu; **~ trove** của báu tìm được **2** *v.* quý trọng, trân trọng giữ gìn

treasury /'treʒərɪ/ *n.* kho bạc, ngân khố; (ngân) quỹ; kho; bộ ngân khố/ tài chính

treat /triːt/ **1** *n.* sự thết đãi; bữa tiệc (lớn), yến tiệc; điều vui thích: **It's my ~ today.** Hôm nay đến lượt tôi

thết (ăn, uống). **2** *v.* đối đãi, đối xử, cư xử, ăn ở; thết, thết đãi, bao; bàn xét, nói đến, nghiên cứu; xem như, coi như; chữa, điều trị: **This book ~s modern languages.** Cuốn sách bàn về ngôn ngữ hiện đại.

treatment /'triːtmənt/ *n.* sự đối đãi, cách đối xử; sự/cách chữa bệnh, sự điều trị; sự xử lý/chế hoá (theo hoá học); sự nghiên cứu/luận bàn

treaty /'triːtɪ/ *n.* điều ước, hiệp ước: **peace ~** hòa ước

treble /treb(ə)l/ **1** *n.* giọng trẻ cao **2** *adj.* gấp ba; [giọng] cao, kim **3** *v.* nhân ba, tăng gấp ba

tree /triː/ **1** *n.* cây; cái nong giày, cái cốt yên: **~ diagram** bản vẽ/sơ đồ theo hình cây; **family ~** cây/sơ đồ gia phả; **~ house** nhà trồng cây cho trẻ con chơi; **~ surgery** thuật tu bổ cắt xén cây; **a ~-lined street** phố có trồng cây hai bên đường **2** *v.* bắt phải trốn trên cây, cho nòng vào: **to be ~d** gặp lúc khó khăn

trek /trek/ **1** *n.* cuộc đi (xe bò); cuộc di cư **2** *v.* đi bằng xe bò; di cư

tremble /'tremb(ə)l/ *n., v.* (sự) run, run sợ, lo sợ; (sự) run lập cập; (sự) rung

tremendous /trɪ'mendəs/ *adj.* ghê gớm, kinh khủng, khủng khiếp; to lớn, lớn lao (kinh khủng); kỳ lạ, kỳ dị: **a ~ shock** sự chấn động khủng khiếp

tremor /'tremə(r)/ *n.* sự rung rinh; sự rung động/chuyển; sự chắc động: **earth ~s** vụ động đất (nhỏ)

trench /trentʃ/ *n.* hào, hầm; rãnh, mương: **~ coat** áo tăng quát, áo choàng đi mưa

trend /trend/ **1** *n.* chiều hướng, khuynh hướng, xu hướng, thiên hướng; phương hướng; **fashion ~s** khuynh hướng thời trang; **~-setter** người dẫn đầu thời trang **2** *v.* đi về phía, hướng về: **The road ~s to the north.** Con đường đi về phía bắc.

trepidation /trepɪ'deɪʃən/ *n.* sự rung động; sự náo động/bối rối

trespass /'trespəs/ **1** *n.* sự xâm nhập, sự xâm phạm/vi phạm **2** *v.* xâm phạm, xâm lấn, xúc phạm: **to ~ against** vi phạm; **"No Trespassing"** CẤM VÀO

tresses /tresɪz/ *n.* bím tóc, bộ tóc

trestle /'tres(ə)l/ *n.* mễ, giá [để kê phản/bàn]; trụ cầu

triad /'traɪæd/ *n.* bộ ba; nguyên trị hoá bộ ba

trial /'traɪəl/ *n.* sự thử, sự thí nghiệm; sự thử thách, nỗi gian nan, sự khổ tâm; vụ xử án: **on ~** để/làm thử; bị đem ra xử; **to bring to ~** đưa ra tòa (xử); **by ~ and error** bằng cách mò mẫm; **~ by jury** xử án bằng đoàn bồi thẩm/phụ thẩm; **~ balance** sự so sánh hai tổng số trong sổ chi thu; **~ balloon** bóng thăm dò; **~ order** đặt mua thử; **~ run** sự chạy thử

triangle /'traɪæŋg(ə)l/ *n.* hình tam giác

triangular /traɪ'æŋgjʊlə(r)/ *adj.* ba gác, tam giác, ba phe/bên

triathlon /traɪ'æθlən/ *n.* việc tranh tài thể thao ba bộ môn: chạy, bơi lội và đua xe đạp

tribe /traɪb/ *n.* bộ lạc, bộ tộc, đám, bọn, lũ, tụi

tribulation /trɪbjʊ'leɪʃən/ *n.* nỗi đau khổ, sự khổ cực

tribunal /traɪ'bjuːnəl/ *n.* toà án, pháp đình, toà hoà giải: **He took his case to a ~.** Ông ấy đưa trường hợp của ông ta ra toà hoà giải.

tributary /'trɪbjuːtəri/ **1** *n.* sông nhánh, phụ lưu **2** *adj.* [nước] phải triều cống, phụ dung, chư hầu, phụ thuộc

tribute /'trɪbjuːt/ *n.* đồ cống, cống vật, cống lễ; vật tặng, tặng vật; lời khen, lời mừng, lời chúc tụng: **He paid ~ to their achievements.** Ông ấy chúc mừng về những thành công của họ.

trick /trɪk/ **1** *n.* trò khéo, trò ảo thuật; trò tinh nghịch, trò chơi xỏ/khăm; trò gian trá, thủ đoạn, mưu mẹo, ngón, mánh lới, mánh khoé, đòn phép; nước bài; tật, thói: **~s of the**

trade mánh lới nhà nghề; **to play a dirty ~ on someone** chơi trò dơ bẩn đối với ai; **~ or Treat** tập tục trẻ con gọi ở nhà; **up to one's ~s** cư xử không tốt **2** *v.* lừa, đánh lừa, lừa gạt, lường gạt: **to ~ someone into doing something** đánh lừa ai làm việc gì

trickle /'trɪk(ə)l/ **1** *n.* dòng nước/máu nhỏ **2** *v.* chảy nhỏ giọt

tricky /'trɪkɪ/ *adj.* mánh lới, láu cá (láu tôm), mưu mẹo, xỏ lá, xảo quyệt, (nhiều) thủ đoạn; rắc rối, phức tạp, khúc mắc, khó giải quyết

tried /traɪd/ quá khứ của **try**; *adj.* đã được thử thách, đáng tin cậy, trung thành

triennial /traɪ'enɪəl/ *n., adj.* ba năm một lần, đệ tam chu niên

trifle /'traɪf(ə)l/ **1** *n.* chuyện nhỏ mọn, chuyện vặt; món tiền nhỏ: **a ~ short** hơi ngắn một tí; **to waste one's time on ~s** mất thì giờ cho những chuyệt lặt vặt **2** *v.* đùa cợt, đùa giỡn, lãng phí, coi thường, xem nhẹ: **He is not a man to ~ with.** Ông ấy không phải là người để đùa được.

trigger /'trɪgə(r)/ **1** *n.* cò súng, nút bấm: **to pull the ~** bóp cò; **to be ~ happy** bắn súng bừa bãi; **to be quick on the ~** trả lời nhanh chóng **2** *v.* gây nên/ra

trigonometry /trɪgə'nɒmɪtrɪ/ *n.* lượng giác học

trilateral /traɪ'lætərəl/ *adj., n.* ba bên, tay ba: **~ negotiations** cuộc thương thảo ba bên

trillion /'trɪljən/ *n.* một nghìn tỷ [Mỹ, Pháp]; một tỷ tỷ

trilogy /'trɪlədʒɪ/ *n.* tác phẩm bộ ba

trim /trɪm/ **1** *n.* thứ tự, sự sắp đặt (gọn gàng, sẵn sàng); cách phục sức; sự xoay buồm: **Everything is in perfect ~.** Mọi việc đều đâu vào đó **2** *adj.* gọn gàng, ngăn nắp.: **She is a ~ girl.** Cô ấy ăn mặc rất gọn gàng. **3** *v.* tỉa, xén, hớt [tóc]; bầy biện, trang hoàng [cây Nô en]; gạt [bấc đèn];

xén bớt, tỉa [cành lá]; xén [lề sách]; xoay [buồm]: **to ~ down** cắt bớt, giảm bớt

trimester /trɪˈmestə(r)/ *n.* quí ba tháng

trinity /ˈtrɪnɪtɪ/ *n.* nhóm ba: **the ~** ba ngôi một thể

trinket /ˈtrɪŋkɪt/ *n.* đồ nữ trang rẻ tiền

trio /ˈtriːəʊ/ *n.* bộ ba

trip /trɪp/ **1** *n.* cuộc đi, chuyến đi, cuộc hành trình; bước trật/hụt, sự vấp, sự vấp váp/sai lầm; sự ngáng: **Have a good ~!** Chúc một chuyến đi an lành! **2** *v.* ngáng làm cho ngã; vấp, bước hụt, hụt chân; nói lỡ lời, lầm lỗi: **to ~ over a stone** vấp phải một hòn đá

tripartite /ˌtraɪˈpɑːtaɪt/ *adj.* tay ba, giữa ba bên/phía: **a ~ treaty** hiệp ước ba bên

triple /ˈtrɪp(ə)l/ **1** *n.* bộ ba, sinh ba con **2** *adj.* gấp ba, ba lần; gồm ba phần/cái: **~ time** nhịp ba, ba lần **3** *v.* nhân ba, (tăng) gấp ba: **to ~ the income** tăng gấp ba lợi tức

triplicate /ˈtrɪplɪkət/ **1** *n.* bản thứ ba: **in ~** viết/đánh ba bản **2** *adj.* thành ba bản; ba lần **3** *v.* nhân ba, tăng lên ba lần, làm thành ba bản: **Please ~ this contract.** Làm ơn làm thành ba bản khế ước nầy.

tripod /ˈtraɪpɒd/ *n.* kiềng ba chân, giá ba chân [máy ảnh]

trishaw /ˈtraɪʃɔː/ *n.* xe ba bánh (ở các nước Á châu)

triumph /ˈtraɪəmf/ **1** *n.* chiến thắng/thắng lợi lớn; đại thắng; cuộc lễ khải hoàn; sự hân hoan **2** *v.* thắng, chiến thắng, đánh bại: **to ~ over the enemy** chiến thắng kẻ thù

trivial /ˈtrɪvɪəl/ *adj.* tầm thường, không đáng kể, không lấy gì làm quan trọng, vặt vãnh

trod /trɒd/ quá khứ của **tread**

trodden /ˈtrɒd(ə)n/ quá khứ phân từ của **tread**

Trojan horse *n.* người/vật dùng đánh lừa kẻ địch

troll /trɒl, trəʊl/ **1** *n.* quỷ khổng lồ

2 *n., v.* hát tiếp nhau; câu cá kéo mồi trên nước

trolley /ˈtrɒlɪ/ *n.* xe đẩy tay, xe đẩy để mua hàng: **shopping ~** xe đẩy đi mua hàng

trombone /trɒmˈbəʊn/ *n.* kèn đồng

troop /truːp/ **1** *n.* bọn, lũ, đám, toán, đoàn; đội hướng đạo: **~s** quân, lính, bộ đội **2** *v.* xúm đông lại, đi từng đoàn, lũ lượt kéo đến: **to ~ off** lũ lượt kéo đi

trooper /ˈtruːpə(r)/ *n.* kỵ binh, công an (cưỡi ngựa): **state ~** kỵ binh quốc gia; **to swear like a ~** chửi rủa luôn miệng

trophy /ˈtrəʊfɪ/ *n.* chiến tích, vật kỷ niệm, chiến thắng, chiến lợi phẩm; cúp, giải thưởng (thể thao)

tropic /ˈtrɒpɪk/ *n.* chí tuyến: **~ of Cancer** hạ chí tuyến; **~ of Capricorn** đông chí tuyến; **the ~s** (vùng) nhiệt đới

tropical /ˈtrɒpɪkəl/ *adj.* (thuộc) nhiệt đới: **~ fruits** trái cây vùng nhiệt đới; **~ weather** khí hậu nhiệt đới

trot /trɒt/ **1** *n.* nước kiệu, đua ngựa có kéo xe: **to put a horse into a ~** cho ngựa đua có xe léo **2** *v.* đi/chạy nước kiệu; chạy lon ton: **to ~ out** khoe, phô trương

trotter /ˈtrɒtə(r)/ *n.* giò heo; ngựa đua có kéo xe

trouble /ˈtrʌb(ə)l/ **1** *n.* điều lo lắng; chuyện phiền nhiễu/hà; sự khó nhọc; tình trạng lộn xộn; bệnh; sự trục trặc: **That's not worth the ~.** Làm thế không bõ công.; **to ask for ~** tạo thêm khó khăn; **to get into ~** làm cho ai bị rắc rối lôi thôi; [gái chưa chồng] có chửa; **to take the ~ to** chịu khó mất công (làm việc gì); **~ spot** nơi hay xẩy ra vấn đề/khó khăn **2** *v.* làm phiền, quấy rầy; làm cho băn khoăn lo lắng; làm khổ sở; làm đục lên; lo lắng, bận tâm: **Don't ~ about me.** Đừng lo lắng gì cho tôi.; **Don't ~ yourself about that.** Đừng băn khoăn lo lắng về chuyện.

troubleshooter /'trʌblʃuːtə(r)/ *n.* thợ chữa máy; người hoà giải, người làm trung gian để dàn xếp

trough /trɒf/ *n.* máng ăn [cho súc vật], máng nhào bột

trounce /traʊns/ *v.* đánh bại, đánh thua, thắng

troupe /truːp/ *n.* gánh hát, đoàn kịch, đoàn văn công

trousers /'traʊzəz/ *n.* quần: **a pair of ~** một chiếc/cái quần; **to wear the ~** mặc quần

trousseau /'truːsəʊ/ *n.* quần áo chăn màn của cô dâu

trout /traʊt/ *n.* cá hồi, cá hương

trove /trəʊv/ *n.* (*also* **treasure trove**) quí vật vô chủ được tìm thấy; sách quí

trowel /'traʊəl/ **1** *n.* cái bay thợ nề, cái bứng cỏ **2** *v.* trát bằng tay, bứng bằng xẻng

truant /'truːənt/ *n., adj.* (học sinh) trốn học: **to play ~** trốn học

truce /truːs/ *n.* sự ngừng bắn, đình chiến, hữu chiến: **to ask for a ~** yêu cầu đình chiến

truck /trʌk/ **1** *n.* xe tải, xe vận tải, xe cam nhông; xe dỡ hành lý, xe đẩy của công nhân khuân vác: **~ farming** nghề trồng rau **2** *v.* chở cam nhông, chở bằng xe tải; buôn bán đổi chác: **to ~ with someone** buôn bán với ai

truckle bed /'trʌk(ə)lbed/ *n.* (*also* **trundle bed**) giường đẩy ở dưới cái khác

truculent /'trʌkjʊlənt/ *adj.* hung hăng, hùng hổ, hung dữ

trudge /trʌdʒ/ **1** *v.* đi mệt nhọc, lê bước **2** *n.* một cuộc đi dài mệt mỏi

true /truː/ **1** *adj.* thật, thực, có thật, đúng sự thật, xác thực; trung thành; chân thành; chính xác: **a ~ copy of the original** bản sao y chính bản; **~-hearted** chân thành, thành thực; **~ love** tình yêu chân thật; **~ to life** cuộc đời đúng đắn **2** *adv.* thật, thực: **to come ~** trở thành sự thật; **Tell me ~.** Hãy nói thật với tôi. **3** *v.*

điều chỉnh cho đúng chỗ: **to ~ up a wheel** điều chỉnh bánh xe cho đúng **4** *v.* mang vật gì vào đúng vị trí

trump /trʌmp/ **1** *n.* lá bài chủ; người tốt, người đàng hoàng: **to play a ~ card** chơi lá bài chủ **2** *v.* cắt bằng quân bài chủ; bịa đặt: **to ~ up** bịa ra để đánh lừa

trumpet /'trʌmpɪt/ *n., v.* kèn trom-pet: **~ call** lời kêu gọi hành động khẩn cấp; **to blow one's ~** gọi lớn ai như là thổi kèn trom-pet

truncate /'trʌŋkeɪt/ *v.* cắt cụt; cắt xén, bỏ bớt [đoạn văn]

truncheon /'trʌnʃən/ *n.* (*also* **baton**) (đánh) dùi cui, ma trắc

trundle /'trʌnd(ə)l/ *v.* lăn, đẩy xe: **to ~ a wheelbarrow** đẩy xe cút kít

trunk /trʌŋk/ *n.* thân người; thân [cây]; hòm, rương; vòi [voi]; thùng xe ôtô; quần cộc (để bơi): **~-call** việc gọi điện thoại đường dài, gọi điện thoại liên tỉnh; **~-line** đường xe lửa chính, đường dây điện thoại đường dài; **~-road** đường chánh

truss /trʌs/ **1** *n.* giàn nhà, khung nhà, vì kèo; băng giữ: **to make a ~ for one's house** làm khung nhà cho ai **2** *v.* đỡ bằng giàn; buộc [gà] lại (trước khi quay): **to ~ a chicken before roasting** buộc gà lại trước khi quay

trust /trʌst/ **1** *n.* sự tin cậy/tín nhiệm, lòng tin; sự hy/kỳ vọng; sự giao phó/uỷ thác; trách nhiệm: **breach of ~** tội bội tín; **~ company** công ty quản lý tài sản; **to have ~ in someone** tin cậy người nào; **to take on ~** chấp nhận bằng sự tin cậy không cần bằng chứng **2** *v.* tin, tin cậy, tín nhiệm, giao phó, phó thác, bán chịu, cho chịu; hy vọng: **to ~ to luck** trông cậy vào sự may mắn

trustee /trʌs'tiː/ *n.* người được uỷ thác quản trị tài sản, nhân viên ban quản trị (trường đại học)

trustworthy /'trʌst,wɜːðɪ/ *adj.* đáng tin cậy

truth /truːθ/ *n.* sự thật, chân lý; sự đúng, sự có thật: **to tell the ~** nói thật; **in ~** thật sự, đúng ra

try /traɪ/ **1** *n.* sự thử, lần thử: **to have a ~ at** thử một lần xem **2** *v.* [**tried**] thử, làm thử, dùng thử, ăn thử; thử thách; xử, xét xử; cố gắng: **to ~ one's luck** thử thời vận; **He was tried and found guilty.** Ông ấy bị toà xử là có tội.; **Please ~ to help them.** Xin anh cố giúp họ nhé.; **to ~ on** mặc thử

tryst /trɪst/ *n., v.* (chỗ) hẹn hò

tsar /zɑː(r)/ *n.* Nga hoàng

tsunami /tsuːˈnɑːmɪ/ *n.* cơn sóng thần tsunami xẩy ra ở Nam Dương và Ấn Độ dương

tub /tʌb/ **1** *n.* bồn tắm, chậu tắm, chậu gỗ; sự tắm: **bath ~** bồn tắm; **~ chair 2** *v.* tắm trong chậu, cho vào chậu, tắm chậu

tube /tjuːb/ **1** *n.* ống; săm, ruột (xe đạp, ô tô): **inner ~** tàu điện ngầm; ống điện tử, đèn **2** *v.* đặt ống, gắn ống, làm thành hình ống

tuber /ˈtjuːbə(r)/ *n.* thân củ, củ

tuberculosis /tjuːˌbɜːkjʊˈləʊsɪs/ *n.* (*abbr.* **TB**) bệnh lao

tuck /tʌk/ **1** *n.* nếp gấp **2** *v.* gấp lên; giắt [chăn, màn] cho trẻ con ngủ: **to ~ in** nhét,giắt; **to ~ away** giấu kỹ, cất kín; **to ~ up** vén lên, xắn lên

Tuesday /ˈtjuːzdeɪ/ *n.* (ngày) thứ ba, (hôm) thứ ba

tuft /tʌft/ **1** *n.* chùm [lông]; chòm [lá]; búi [tóc, cỏ]; cụm, khóm, bụi **2** *v.* trang trí bằng mào lông, mọc thành chùm

tug /tʌɡ/ **1** *n.* sự giật/kéo mạnh: **~ boat** tàu kéo; **~ of war** trò chơi kéo co **2** *v.* kéo mạnh, giật mạnh; kéo

tuition /tjuːˈɪʃən/ *n.* sự dạy học, phụ đạo, tiền học: **~ fees** học phí

tulip /ˈtjuːlɪp/ *n.* hoa tu-líp, hoa uất kim hương

tumble /ˈtʌmb(ə)l/ **1** *n.* cái ngã, sự nhào lộn, sự lộn xộn; hiểu, ngã lộn, té nhào; đổ sụp: **to be all in a ~** lộn xộn, hỗn loạn; **to take a ~** đoán, hiểu **2** *v.* ngã, sụp đổ: **to ~ down the stairs** ngã từ trên cầu thang xuống; **to ~ about all night** trằn trọc suốt đêm

tumbler /ˈtʌmblə(r)/ *n.* cốc, ly [không có chân]; người nhào lộn

tumid /ˈtjuːmɪd/ *adj.* sưng lên, nổi u lên; khoa trương

tummy /ˈtʌmɪ/ *n.* dạ dày

tumor /ˈtjuːmə(r)/ *n.* u, khối u, bướu: **malignant ~** u ác tính

tumult /ˈtjuːmʌlt/ *n.* tiếng ồn ào/om sòm; sự náo động: **mind in a ~** đầu óc bối rối xáo động

tuna /ˈtjuːnə/ *n.* cá thu, cá ngừ: **~ fish** cá thu

tundra /ˈtʌndrə/ *n.* khu vực rộng không cây cối

tune /tjuːn/ **1** *n.* điệu hát, giọng; sự hoà âm; hoà thuận: **in ~** lên dây đúng, đúng điệu, hợp với; **out of ~** lên dây sai, sai, lạc điệu; **to change one's ~** đổi giọng, đổi thái độ **2** *v.* lên dây, so dây; điều chỉnh, làm [máy]: **to ~ up** điều chỉnh dây, nhạc cụ; điều chỉnh máy xe hơi

tungsten /ˈtʌŋstən/ *n.* hoá chất tăng-ten; dây tăng-ten trong bóng đèn

tunic /ˈtjuːnɪk/ *n.* áo chẽn, áo dài thắt ngang lưng

tuning fork *n.* dụng cụ lên dây đàn

tunnel /ˈtʌnəl/ *n., v.* đường hầm, đường xuyên sơn; hang, ổ; đường hầm ở mỏ than: **~ vision** sự không thấy được toàn cảnh

turbid /ˈtɜːbɪd/ *adj.* đục, dày, đặc

turbine /ˈtɜːbaɪn/ *n.* tua-bin

turbo-jet /ˈtɜːbəʊdʒet/ *n.* tuabin phản lực, máy bay phản lực

turbulence /ˈtɜːbjʊlənts/ *n.* sự hỗn loạn, sự náo động

turf /tɜːf/ **1** *n.* bãi cỏ; trường đua ngựa; cuộc đua ngựa **2** *v.* lát bằng đất cỏ: **to ~ out** tống cổ ra

turkey /ˈtɜːkɪ/ *n.* gà tây, gà lôi; thịt gà tây/lôi: **cold ~ treatment** việc thiết đãi món gà tây đông lạnh

Turkey /'tɜːkɪ/ *n.* nước Thổ nhĩ kỳ

turmoil /'tɜːmɔɪl/ *n.* tình trạng náo động/hỗn loạn

turn /tɜːn/ **1** *n.* sự quay, vòng quay; sự rẽ, chỗ ngoặt; sự diễn biến; lần, lượt, phiên; hành động: **in ~** lần lượt; **by ~s** lần lượt; **at every ~** khắp nơi, mọi lúc; **to take ~s** thay phiên nhau **2** *v.* quay, xoay, vặn; lộn (trong ra ngoài); ngoảnh, quay [đầu]; ngoặt, rẽ; dịch; đổi; quay, xoay tròn; trở nên/thành; giở [trang sách]: **to ~ off** tắt [nước, điện]; **to ~ a deaf ear** không trả lời; **to ~ out** sản xuất, tắt đi; **to ~ over a new leaf** cải tiến việc làm

turncoat /'tɜːnkəʊt/ *n.* kẻ phản bội

turning point *n.* bước ngoặt

turnip /'tɜːnɪp/ *n.* củ cải

turnkey /'tɜːŋkiː/ *adj.* sẵn sàng dùng ngay

turnout /'tɜːnaʊt/ *n.* đám đông, sản lượng

turnover /'tɜːn͵əʊvə(r)/ *n.* sự lật đổ; doanh thu; sự thay đổi nhân công, bánh nhân táo [hình bánh bẻ]: **You want to buy a business, you should look at its ~.** Bạn muốn mua một cơ sở kinh doanh, bạn phải xem doanh thu của nó.

turnstile /'tɜːnstaɪl/ *n.* cửa ra vào có thanh chắn xoay khi đi qua

turpentine /'tɜːpəntaɪn/ *n.* dầu thông

turret /'tʌrət/ *n.* tháp nhỏ, tháp pháo, tháp đặt súng

turtle /'tɜːt(ə)l/ *n.* rùa: **~ shell** đồi mồi; **to turn ~** lật úp; **~-neck** cổ lọ, áo len cổ lọ

tusk /tʌsk/ *n.* ngà [voi]; răng nanh [lợn lòi]

tussle /'tʌs(ə)l/ *n., v.* (cuộc) ẩu đả

tutelage /'tjuːtəlɪdʒ/ *n.* sự giám hộ/thủ hộ; sự dạy dỗ

tutor /'tjuːtə(r)/ **1** *n.* gia sư, phụ khảo, thầy/cô giáo kèm riêng; trợ lý học tập: **Your son needs a ~ for his maths.** Con trai bạn cần thầy dạy thêm toán. **2** *v.* kèm học, dạy thêm, phụ đạo, bảo học; giám hộ

tutorial /tjuː'tɔːrɪəl/ *n., adj.* phụ đạo/ giáo; cẩm nang

tuxedo /tʌk'siːdəʊ/ *n.* (*abbr.* **tux**) áo xi-mốc-kinh, lễ phục đàn ông

TV /͵tiː'viː/ *n., abbr.* (= **television**) vô tuyến truyền hình: **~ set** máy tivi; **~ dinner** cơm tối có truyền hình

twaddle /'twɒd(ə)l/ **1** *n.* chuyện lăng nhăng **2** *v.* nói lăng nhăng, viết lăng nhăng

twang /twæŋ/ **1** *n.* tiếng tưng [đàn]; giọng mũi: **to speak with a ~** nói giọng mũi **2** *v.* bật, búng dây đàn; nói giọng mũi

tweak /twiːk/ *n.,v.* cái véo, vặn

tweed /twiːd/ *n.* hàng lên mặt sùi sùi: **~s** quần áo may bằng hàng tuýt sùi sùi

tweezers /'twiːzəz/ *n., v.* cái nhíp, nhổ bằng nhíp: **pair of ~** cái cặp nhíp

twelfth /twelfθ/ **1** *num.* một phần 12; người/vật thứ 12; ngày 12: **the ~ [day] of December** ngày 12 tháng 12 **2** *adj.* thứ mười hai

twelve /twelv/ *num., adj.* (số) mười hai

twenty /'twentɪ/ **1** *num.* số hai mươi: **the twenties [20's]** những năm 20; những năm tuổi trên 20 [từ 20 đến 29] **2** *adj.* hai mươi

twice /twaɪs/ *adv.* hai lần; gấp hai: **~ over** hai lần; **~ a week** mỗi tuần hai lần; **~ as much/many** nhiều gấp đôi; **to think ~** suy nghĩ thật chín chắn

twiddle /'twɪd(ə)l/ *n., v.* (sự) xoay xoay, vặn, ngoáy ngoáy: **to ~ one's thumbs** xoay ngón tay cái

twig /twɪg/ **1** *n.* cành cây nhỏ, dây nhánh nhỏ **2** *v.* hiểu, nhận thấy, cảm thấy

twilight /'twaɪlaɪt/ *n., adj.* hoàng hôn, lúc chập tối, lúc tranh tối tranh sáng

twin /twɪn/ **1** *n., adj.* trẻ sinh đôi: **identical ~s** hai đứa song sinh giống hệt nhau; **~ bed** giường đôi; **~ cities** hai thành phố liền nhau **2** *v.* liên kết/kết nghĩa hai người/thành phố với nhau

twine /twaɪn/ **1** *n.* sợi xe, dây bện; dây gai buộc gói, khúc uốn quanh: **the ~ of a rope** khúc quanh cuộn dây **2** *v.* xoắn, bện, kết lại, quấn quanh: **to ~ flowers into a wreath** kết hoa thành vòng

twinge /twɪndʒ/ *n.* (sự) nhói, (sự) nhức nhối; (sự) cắn rứt

twinkle /ˈtwɪŋk(ə)l/ *n., v.* (sự) lấp lánh; long lanh, lóng lánh: **in a ~** trong nháy mắt

twirl /twɜːl/ *n., v.* (sự) xoay quanh, quay nhanh

twist /twɪst/ **1** *n.* sự xoắn, sự vặn, sự bện; vòng, khúc uốn lượn, khúc cong; sự trẹo gân/xương; điệu nhảy tuýt; bản tính, khuynh hướng, sự thất thường: **the ~s and turns** những chỗ/cái ngắt ngoéo; **a ~ to the truth** diều bóp méo sự thật **2** *v.* xoắn, vặn, bện, kết, xe; vặn vẹo; uốn khúc; trật, sái, (làm) trẹo; bóp méo [sự thật, lời nói]: **to ~ and turn** [con đường] quanh co, lượn vòng; [người ngủ] cựa mình, giở mình nhiều lần; **I had to ~ someone's arm.** Tôi đã phải dùng một chút áp lực.; **to ~ with pain** quằn quại đau đớn

twitch /twɪtʃ/ *n., v.* (sự) co rúm, co quắp, giật mạnh: **to ~ one's sleeve** kéo tay áo ai

two /tuː/ **1** *num.* số hai; đôi, cặp; quân/cây hai, con hai: **a week or ~** độ một hai tuần; **to divide in ~** chia đôi; **to put ~ and ~ together** suy luận đúng **2** *adj.* hai, đôi: **Our baby is ~ (years old).** Chú bé lên hai.; **~ cylinders** hai xy-lanh; **~-edged** hai lưỡi; **~-engined** có hai động cơ; **~-faced** hai mặt, không đáng tin cậy; **~ seater** ô tô/ phi cơ hai chỗ ngồi

two-way *adj.* hai chiều: **~ traffic** xe chạy hai chiều

tycoon /taɪˈkuːn/ *n.* trùm tư bản, vua [dầu hoả, thép]

type /taɪp/ **1** *n.* kiểu mẫu; kiểu; (cỡ) chữ in: **to set ~** sắp chữ; **to print in**

large ~ chữ lớn; **~writer** máy đánh chữ, người đánh máy chữ **2** *v.* đánh máy: **to ~ a letter** đánh máy một lá thư

typeface /ˈtaɪpfeɪs/ *n.* kiểu chữ, cỡ chữ

typhoid fever /ˈtaɪfɔɪd fiːvə(r)/ *n.* bệnh sốt thương hàn

typhoon /taɪˈfuːn/ *n.* bão

typhus /ˈtaɪfəs/ *n.* bệnh sốt phát ban, bệnh chấy rận

typical /ˈtɪpɪkəl/ *adj.* điển hình, tiêu biểu; đặc thù

typify /ˈtɪpɪfaɪ/ *v.* tượng trưng cho, là điển hình của

typist /ˈtaɪpɪst/ *n.* người đánh máy, thư ký đánh máy

typographical /taɪpəˈɡræfɪkəl/ *adj.* thuộc nhà/nghề in: **~ errors** lỗi nhà in, lỗi ấn công

tyrannical /tɪˈrænɪkəl/ *adj.* bạo ngược, tàn bạo, chuyên chế

tyranny /ˈtɪrəni/ *n.* bạo chính, hà chính, chính thể chuyên chế, sự áp chế, sự chuyên quyền

tyrant /ˈtaɪərənt/ *n.* bạo chúa, bạo quân, kẻ bạo ngược

tyre /taɪə(r)/ *n.* [*U.S.* **tire**] lốp xe: **rubber ~** lốp cao su; **flat ~** lốp mòn

tzar /zɑː(r)/ *n.* (= **tsar**) Nga hoàng

T-zone /ˈtiːzəʊn/ *n.* trung tâm điểm khuôn mặt (giữa trán, mũi và má)

U

U-bend *n.* khúc cong hình chữ U của ống dẫn nước

ubiquitous /juːˈbɪkwətəs/ *adj.* ở đâu cũng có, ở đâu cũng thấy: **That well-known singer seems to have become ~.** Anh ấy là một ca sĩ nổi tiếng nhất vì vậy ở đâu cũng có phóng viên báo chí và truyền hình vây quanh.

U-boat *n.* tàu ngầm Đức

udder /ˈʌdə(r)/ *n.* bầu vú [bò, cừu]

UFO /ˌjuːefˈəʊ/ *n., abbr.* (= **Unidenti-**

fied Flying Object) vật bay không xác định được

ugly /'ʌglɪ/ *adj.* xấu, xấu xí, xấu xa, đáng sợ: **as ~ as sin** xấu như ma; **an ~ customer** một con người xấu, người đáng sợ; **~ duckling** người đẹp hay giỏi nổi bật

UHF /ˌjuːeɪtʃ'ef/ *n., abbr.* (= **Ultra-High Frequency**) làn sóng phát tuyến ra-di-o hay truyền hình cho âm thanh rõ

UHT /ˌjuːeɪtʃ'tiː/ *n., abbr.* (= **Ultra Heat Treated**) Cách hấp nóng để giữ được lâu (như sữa)

UK /ˌjuː'keɪ/ *n., abbr.* (= **United Kingdom**) nước Anh kể cả Bắc Ái Nhĩ Lan

Ukraine /juːkreɪn/ *adj., n.* thuộc nước U-kren

ukulele /juːkə'leɪliː/ *n.* đàn ghi ta nhỏ bốn dây [ở Hao-oai]

ulcer /'ʌlsə(r)/ *n.* loét: **stomach ~** bệnh loét bao tử

ulterior /ʌl'tɪərɪə(r)/ *adj.* kín đáo, không nói ra; về sau: **~ motive** lý do sâu kín, hậu ý

ultimate /'ʌltɪmət/ **1** *adj.* cuối cùng, chót, tối hậu; tối đa; căn bản, cơ bản: **He gave an ~ decision.** Ông ấy đã đưa ra quyết định cuối cùng. **2** *n.* điểm cuối cùng, điểm căn bản, nguyên tắc căn bản

ultrasonic /ʌltrə'sɒnɪk/ *adj.* siêu âm

ultrasound /'ʌltrəsaʊnd/ *n.* hệ thống siêu âm dùng xem các bộ phận nằm trong cơ thể, cách xem hình bào thai nằm trong bụng mẹ

ultraviolet /ʌltrə'vaɪələt/ *adj.* cực tím, tia tử ngoại

umbilical /ʌm'bɪlɪkəl/ *n.* rốn: **~ cord** dây rốn

umbrage /'ʌmbrɪdʒ/ *n.* oán hận, sự mếch lòng: **to take ~** làm mếch lòng

umbrella /ʌm'brelə/ *n.* ô, dù; sự bảo vệ: **to put up an ~** giương dù lên; **~ stand** giá ô/ dù

umpire /'ʌmpaɪə(r)/ **1** *n.* trọng tài: **The ~'s decision is final.** Quyết định sau

cùng là của trọng tài. **2** *v.* làm trọng tài: **He ~d tennis matches.** Ông ấy làm trọng tài cho trận quần vợt.

UN /juː'en/ *n., abbr.* (= **United Nations**) Liên hiệp quốc: **United Nations Organization** tổ chức liên hiệp quốc

unabashed /ʌn'əbæʃt/ *adj.* không nao núng/bối rối

unable /ʌn'eɪb(ə)l/ *adj.* không có khả năng, không thể được: **to be ~ to do something** không thể làm việc gì

unabridged /ˌʌnə'brɪdʒd/ *adj.* không tóm tắt, nguyên vẹn, đầy đủ: **an ~ version of the book** bản tóm tắt đầy đủ cuốn sách

unaccented /ʌn'æksentɪd/ *adj.* không có trọng âm, không có dấu nhấn

unacceptable /ˌʌnək'septəb(ə)l/ *adj.* không thể chấp nhận được: **His behavior is ~.** Cử chỉ của ông ấy không thể chấp nhận được.

unaccompanied /ˌʌnə'kʌmpənid/ *adj.* không có người đi theo, không có vật kèm theo: **She helped to look after ~ children traveling alone.** Bà ấy giúp những không có thân.

unaccomplished /ˌʌnə'kɒmplɪʃt/ *adj.* không hoàn thành, không thực hiện được; bất tài

unaccustomed /ˌʌnə'kʌstəmd/ *adj.* không quen, không thường xẩy ra, bất thường

unachievable /ˌʌnə'tʃiːvəb(ə)l/ *adj.* không thể thành công được: **~ objectives** mục tiêu không thể đạt được

unacknowledged /ˌʌnək'nɒlɪdʒd/ *adj.* không được công nhận, không được xác nhận

unaffected /ˌʌnə'fektɪd/ *adj.* không bị ảnh hưởng; không màu mè

unaided /ʌn'eɪdɪd/ *adj.* không được trợ giúp, không có sự giúp đỡ: **to do something ~** làm việc gì không ai trợ giúp

unalike /ˌʌnə'laɪk/ *adj.* không giống nhau, khác nhau

unanimous /juː'nænɪməs/ *adj.* đồng

thanh, nhất trí: **It is a ~ decision.** đó là quyết định nhất trí hoàn toàn

unannounced /ˌʌnəˈnaʊnst/ *adj.* không được thông báo, không báo trước

unapologetic /ˌʌnəˈpɒlədʒetɪk/ *adj.* không chịu xin lỗi, không biết xin lỗi

unappealing /ˌʌnəˈpiːlɪŋ/ *adj.* không mời gọi, không hấp dẫn

unapproachable /ˌʌnəˈprəʊtʃəb(ə)l/ *adj.* không thể đến gần được, không thể đạt đến được

unarmed /ˌʌnˈɑːmɪd/ *adj.* không có vũ trang/khí giới, tay không

unassuming /ˌʌnəˈsjuːmɪŋ/ *adj.* nhúng nhường, khiêm tốn

unauthorized /ʌnˈɔːθəraɪzd/ *adj.* không được phép, trái phép

unavailable /ˌʌnəˈveɪləb(ə)l/ *adj.* không có sẵn, không kiếm được, không có thể: **I was ~ to attend the meeting.** Tôi không thể dự buổi họp được.

unavoidable /ˌʌnəˈvɔɪdəb(ə)l/ *adj.* không thể tránh được

unawares /ʌnəˈweəz/ *adv.* bất ngờ, thình lình, đột nhiên, bỗng nhiên; vô ý, vô tình, lỡ ra: **to be caught ~** bắt lấy bất ngờ

unbalanced /ˌʌnˈbælənst/ *adj.* không thăng bằng; [đầu óc] rối loạn, không bình thường, không quyết toán: **~ account** tài khoản không cân bằng

unbearable /ʌnˈbeərəb(ə)l/ *adj.* không thể chịu nổi/được

unbeatable /ʌnˈbiːtəbl/ *adj.* không thắng nổi, không thể đánh bại được

unbecoming /ˌʌnbɪˈkʌmɪŋ/ *adj.* không hợp, không thích hợp

unbelievable /ˌʌnbɪˈliːvəb(ə)l/ *adj.* khó tin, không thể tin được: **It is ~ that such an event happened.** Không tin được biến cố đó đã xẩy ra.

unbiased /ʌnˈbaɪəst/ *adj.* không có thành kiến, không thiên vị

unbind /ʌnˈbaɪnd/ *v.* cởi, tháo, mở, thả ra

unblinking /ʌnˈblɪŋkɪŋ/ *adj.* không nhấp nháy, không do dự

unblock /ˌʌnˈblɒk/ *v.* mở ra, không cấm, không đóng

unborn /ˌʌnˈbɔːn/ *adj.* chưa đẻ/sinh; sau này, tương lai

unbreakable /ʌnˈbreɪkəb(ə)l/ *adj.* không vỡ/bể được

unbroken /ʌnˈbrəʊk(ə)n/ *adj.* nguyên vẹn; không bị gián đoạn; không nao núng; [ngựa] chưa dạy cho thuần được

unburden /ʌnˈbɜːd(ə)n/ *v.* làm nhẹ bớt; bộc lộ tâm tình

uncalled for *adj.* không được gọi, không được mời, không cần thiết, không đáng

uncanny /ʌnˈkænɪ/ *adj.* ly kỳ, kỳ lạ, huyền bí

uncertain /ʌnˈsɜːtn/ *adj.* không chắc chắn, hay thay đổi: **~ weather** thời tiết hay thay đổi

uncertified /ʌnˈsɜːtɪfaɪd/ *adj.* không được chứng nhận, không được xác nhận: **We can't accept these ~ documents.** Chúng tôi không thể chấp nhận tài liệu không được chứng nhận nầy.

unchanging /ʌnˈtʃeɪndʒɪŋ/ *adj.* không đổi, không thay đổi

uncharitable /ʌnˈtʃærɪtəb(ə)l/ *adj.* không nhân ái, không có lòng từ thiện

unclaimed /ˌʌnˈkleɪmd/ *adj.* không ai nhận, không đòi hỏi: **These are ~ letters.** Nay là những thư không có ai nhận.

unclassified /ʌnˈklæsɪfaɪd/ *adj.* [tài liệu] không mật, chưa được phân loại

uncle /ˈʌŋk(ə)l/ *n.* bác (trai), chú, cậu; giượng: **~ Sam** Chú Sam (người Mỹ)

unclean /ˌʌnˈkliːn/ *adj.* bẩn, bẩn thỉu, dơ bẩn

unclear /ˌʌnˈklɪə(r)/ *adj.* không rõ, không sáng, không minh bạch

unclench /ʌnˈklentʃ/ *v.* nhả ra, cởi ra

unclothed /ˌʌnˈkləʊð/ *adj.* cởi áo quần, lột trần

uncomfortable /ʌn'kʌmfətəb(ə)l/ *adj.* khó chịu, không thoải mái, bực bội; lo lắng, áy náy; không tiện, bất tiện: **Today I feel ~ because of this new coat.** Hôm nay tôi cảm thấy khó chịu.

uncommon /ʌn'kɒmən/ *adj.* không thông thường, ít có; lạ lùng

uncomplimentary /ˌʌnkɒmplɪ'mentərɪ/ *adj.* không làm vui lòng, không cho, không khen ngợi

uncompromising /ʌn'kɒmprəmaɪzɪŋ/ *adj.* không nhượng bộ/thoả hiệp

unconcerned /ˌʌnkən'sɜːnd/ *adj.* không quan tâm, lãnh đạm, vô tình

unconditional /ˌʌnkən'dɪʃənəl/ *adj.* vô/không điều kiện

unconfirmed /ˌʌnkən'fɜːmd/ *adj.* không được xác nhận, không được chứng nhận

unconnected /ˌʌnkə'nektɪd/ *adj.* không nối được, không kết hợp được

unconscious /ʌn'kɒnʃəs/ *adj., n.* ngất đi, bất tỉnh, không biết, vô ý thức: **He is ~.** Ông ấy trong tình trạng bất tỉnh.

unconstitutional /ˌʌn,kɒnstɪ'tjuːʃənəl/ *adj.* trái hiến pháp, vi hiến

unconventional /ˌʌnkən'venʃənəl/ *adj.* không theo qui ước, độc đáo

uncooked /ʌn'kʊkt/ *adj.* chưa chín, còn sống: **Don't eat ~ meat.** Đừng ăn thịt còn sống.

uncountable /ʌn'kaʊntəb(ə)l/ *adj.* không đếm được, không tính được: **~ nouns** danh từ không đếm được

uncouth /ʌn'kuːθ/ *adj.* thô lỗ, lỗ mãng, vụng về

uncover /ʌn'kʌvə(r)/ *v.* mở rộng, mở nắp, bỏ mũ; tiết lộ, khám phá, phát hiện: **to ~ a secret** tiết lộ bí mật

uncut /ʌn'kʌt/ *adj.* không cắt xén, không bị kiểm duyệt

undated /ʌn'deɪtɪd/ *adj.* không đề ngày tháng: **We should confirm receipt of this ~ letter.** Chúng ta nên xác nhận đã nhận lá thư không đề ngày tháng nầy.

undaunted /ʌn'dɔːntɪd/ *adj.* không bị khuất phục, ngoan cường

undecided /ˌʌndɪ'saɪdɪd/ *adj.* không nhất định/nhất quyết, không dứt thoát, lưỡng lự, do dự, trù trừ

undefeated /ˌʌndɪ'fiːtɪd/ *adj.* chưa hề bị thua

under /'ʌndə(r)/ **1** *adj.* dưới: **~ jaw** hàm dưới **2** *adv.* dưới: **to go ~** chìm dưới nước; **to keep someone ~** bắt ai phục tùng **3** *prep.* dưới, ở dưới; non, chưa đầy/đến; đang, trong: **to be ~ way** đang đi, đang diễn tiến; **to look it up ~ "Nguyen"** tra chữ Nguyễn; **~ the circumstances** trong trường hợp/hoàn cảnh này; **~ the cover of night** thừa lúc đêm khuya; **~ the microscope** soi kính hiển vi; **~ the terms of that treaty** theo (điều khoản) bản hiệp ước đó; **~ treatment** đang được chữa bệnh, đang được điều trị

underage /ˌʌndə'eɪdʒ/ *adj.* chưa đến tuổi trưởng thành

underbid /ˌʌndə'bɪd/ *v., n.* bỏ thầu thấp, cho giá thấp hơn

undercharge /ˌʌndə'tʃɑːdʒ/ *v.* lấy giá rẻ, tính giá thấp; tiếp điện còn thiếu

underclothes /'ʌndəkləʊðz/ *n.* quần áo lót, quần áo trong

undercover /ˌʌndə'kʌvə(r)/ *adj.* bí mật, chìm: **~ police** công an/cảnh sát chìm, cảnh sát mặc thường phục

undercurrent /'ʌndəkʌrənt/ *n.* dòng nước ngầm; phong trào ngầm

undercut /ˌʌndə'kʌt/ *v., n.* bán hay làm việc dưới giá

underdeveloped /ˌʌndədɪ'veləpt/ *adj.* kém mở mang/phát triển: **The World Bank helps ~ countries.** Ngân hàng thế giới giúp các nước kém mở mang.

underemployed /ˌʌndəɪm'plɔɪd/ *adj.* tình trạng thiếu việc làm, khiếm dụng; sử dụng không hết (người làm)

underestimate /ˌʌndə'estɪmət/ *n., v.* đánh giá thấp, coi thường, tính sai, tính thấp quá: **I have ~d the work-load for the project.** Tôi tính thấp công việc của dự án.

underfed /ˌʌndəˈfed/ *adj.* thiếu ăn, bị ăn đói

undergo /ˌʌndəˈgəʊ/ *v.* [**underwent; undergone**] bị, chịu, trải qua: **to ~ surgery** vụ mổ, giải phẫu

undergraduate /ˌʌndəˈgrædjuˈət/ *n., adj.* sinh viên chưa tốt nghiệp [bốn năm đầu]; sinh viên cử nhân: **~ courses** những khoá học trong chương trình cử nhân

underground /ˌʌndəˈgraʊnd/ **1** *n.* xe điện ngầm, mêtrô; phong trào (kháng chiến) bí mật, chiến khu, bưng **2** *adv.* ở dưới đất, ngầm, địa hạ; kín, bí mật: **to work ~** hoạt động bí mật **3** *adj.* để ở dưới đất, giữ bí mật

underhanded /ˌʌndəˈhændɪd/ *adj.* giấu giếm, lén lút, không quang minh chính đại; nham hiểm, thủ đoạn

underlie /ˌʌndəˈlaɪ/ *v.* làm nền tảng/cơ sở cho [thuyết]: **to ~ foreign policy decisions** những nguyên tắc làm cơ bản cho quyết định về chính sách đối ngoại

underlying /ˌʌndəˈlaɪŋ/ *adj.* cơ sở, cơ bản

undermentioned /ˌʌndəˈmenʃən/ *adj.* được nói đến dưới đây

undermine /ˌʌndəˈmaɪn/ *v.* xói mòn; làm hao mòn, phá hoại, phá ngầm, đục khoét

underneath /ˌʌndəˈniːθ/ **1** *n.* bên/phần dưới **2** *adv.* dưới, ở dưới: **Your bag is ~ the table.** Túi xách của bạn ở dưới bàn. **3** *adv.* bên dưới, ở dưới: **to look ~** xem ở phía dưới **4** *prep.* ở dưới, dưới, bên dưới: **using dogs to locate people trapped ~ collapsed buildings** dùng chó để tìm người bị vùi dưới những ngôi nhà bị sập

undernourished /ˌʌndəˈnʌrɪʃt/ *adj.* thiếu ăn, thiếu dinh dưỡng: **There are many ~ children in Third World countries.** Có rất nhiều trẻ em thiếu dinh dưỡng trong các nước thuộc thế giới thứ ba (kém phát triển).

underpaid /ˌʌndəˈpeɪd/ *adj.* trả lương ít/thấp: **Women are often ~ for the work they do.** Phụ nữ thường bị trả lương thấp đối với công việc của họ.

underpass /ˈʌndəpaːs/ *n.* đường chui, đường hầm

underpopulated /ˌʌndəˈpɒpjuleɪtd/ *adj.* thưa dân, dân ở thưa thớt

underprivileged /ˌʌndəˈprɪvɪlɪdʒd/ *adj.* bị thiệt thòi, có ít quyền lợi, được hưởng ít quyền lợi

underproduction /ˌʌndəˈprəʊdʌkʃən/ *n.* sự sản xuất dưới chỉ tiêu, sự sản xuất thiếu

underrate /ˌʌndəˈreɪt/ *v.* coi thường, đánh giá thấp

underscore /ˌʌndəˈskɔː(r)/ *v., n.* gạch dưới; nhấn mạnh

undersea /ˈʌndəsiː/ **1** *adj.* dưới mặt biển **2** *adv.* ở dưới biển: **~ exploration** cuộc khám phá dưới mặt biển

undersell /ˌʌndəˈsel/ *v.* [**undersold**] bán rẻ (hơn)

undersigned /ˌʌndəˈsaɪnd/ *adj.* người ký tên ở dưới: **I, the ~, wish to state ...** Tôi ký tên dưới đây muốn xác nhận rằng.

understand /ˌʌndəˈstænd/ *v.* [**understood**] hiểu, hiểu ý, hiểu biết; thông cảm, hiểu ngầm: **it is understood that ...** người ta hiểu rằng; **to make oneself understood** giải thích cho người khác hiểu mình; **to ~ each other** hiểu biết nhau, hiểu nhau

understanding /ˌʌndəˈstændɪŋ/ *n., adj.* sự hiểu biết/am hiểu; sự thông minh; sự thoả thuận; điều kiện: **on the ~ that ...** với điều kiện là; **to come to an ~** đi đến một sự thông cảm

understood /ˌʌndəˈstʊd/ quá khứ của **understand**

understudy /ˈʌndəstʌdɪ/ *n., v.* (người) đóng thay

undertake /ˌʌndəˈteɪk/ *v.* làm, định làm; nhận lời làm; cam kết, cam đoan

undertaking /ˌʌndə'teɪkɪŋ/ *n.* công việc, công cuộc (kinh doanh): **a commercial** ~ việc kinh doanh thương mại

undertone /'ʌndətəʊn/ *n.* màu nhạt, màu dịu; giọng thấp

underused /ˌʌndə'juːst/ *adj.* ít dùng

undervaluation /ˌʌndəvælju:'eɪʃən/ *n.* sự đánh giá thấp, việc định giá thấp, sự coi thường: **He gave an** ~ **of your house.** Ông ấy định giá nhà bạn thấp quá.

underwater /ˌʌndə'wɔːtə(r)/ *adj., adv.* dưới nước, để ở dưới

underwear /'ʌndəweə(r)/ *n.* quần áo lót mình: ~ **store** cửa hàng bán quần áo lót

underweight /ˌʌndə'weɪt/ *adj., n.* nhẹ cân, nhẹ cân quá

underworld /'ʌndəwɜːld/ *n.* địa ngục, âm phủ, âm ti; lớp cặn bã của xã hội, bọn vô lại/trộm cướp/lưu manh

underwriter /'ʌndəraɪtə(r)/ *n.* người/ hãng bảo hiểm

undeserved /ˌʌndɪ'zɜːvd/ *adj.* không xứng đáng, không đáng: **an** ~ **victory** cuộc thiển thắng không xứng đáng

undesirable /ˌʌndɪ'zaɪərəb(ə)l/ *n., adj.* (người/việc) không ai ưa

undetectable /ˌʌndɪ'tektəb(ə)/ *adj.* không thể tìm ra được, không dò ra được

undeterred /ˌʌndɪ'tɜː(r)d/ *adj.* không ngã lòng, không bị ngăn chặn

undeveloped /ˌʌndɪ'vrləpt/ *adj.* không mở mang, không phát triển: ~ **countries** những nước kém phát triển

undisciplined /ˌʌn'dɪsəplɪnd/ *adj.* vô kỷ luật, không vào nề nếp

undisclosed /ˌʌndɪs'kləʊvd/ *adj.* không được phổ biến, giữ bí mật, không cho ai biết: **He was paid an** ~ **sum.** Ông ấy được trả một số tiền không cho ai biết.

undiscovered /ˌʌndɪs'kʌvəd/ *adj.* không tìm ra được, không phát hiện được, không khám phá ra được

undisputed /ˌʌndɪ'spjuːtɪd/ *adj.* không cãi được; không bị tranh chấp

undisturbed /ˌʌndɪs'tɜːbd/ *adj.* không bị quay ray, không bị làm phiền

undo /ʌn'duː/ *v.* [**undid; undone**] tháo, cởi, mở, làm tung ra, làm bung ra; làm hỏng, làm hư hỏng, cho trở lại cái vừa bỏ (trong máy vi tính): **to** ~ **a parcel** mở một gói hàng

undone /ʌn'dʌn/ *adj.* làm tung/bung ra; bỏ dở, chưa xong: **to leave nothing** ~ không bỏ sót chuyện gì.

undress /ʌn'dres/ *v.* cởi quần áo, thoát y

undue /ʌn'djuː/ *adj.* thái quá, quá chừng quá đỗi; quá mức, vô lý, phi lý; không xứng đáng: ~ **influence** sự ảnh hưởng của người khác đến quyết định của mình

undulate /'ʌndjʊleɪt/ *v.* gợn sóng, chập chờn như sóng

unduly /ʌn'djuːlɪ/ *adj.* bất tử, bất diệt; quá chừng, quá đáng

unearned /ˌʌn'ɜːnd/ *adj.* không kiếm được, không làm ra mà có (như tiền lời ngân hàng)

unearth /ʌn'ɜːθ/ *v.* đào lên, khai quật; mò tìm/ra, phát hiện được: **to** ~ **new facts** tìm ra tài liệu mới

uneasy /ʌn'iːzi/ *adj.* lo lắng, băn khuăn; khó chịu, bứt rứt, không yên tâm; khó xử, bất tiện: **in** ~ **conditions** trong điều kiện không thoải mái

unedited /ʌn'edɪtɪd/ *adj.* không được xem lại, không được biên soạn, không được biên tập: **We can't work on** ~ **texts.** Chúng ta không thể làm việc dựa trên văn bản không được biên soạn.

uneducated /ʌn'edjʊketɪd/ *adj.* không có học thức/văn hoá, vô học; không được giáo dục/giáo hoá

unemployable /ˌʌnɪm'plɔɪəb(ə)l/ *adj.* không thể làm việc được, không thể thâu dụng được

unemployed /ˌʌnɪm'plɔɪd/ **1** *n.* người thất nghiệp, người không có việc làm: **to help the ~** giúp những người thất nghiệp **2** *adj.* thất nghiệp, mất việc

unending /ʌnˈendɪŋ/ *adj.* mãi không hết, vô tận, liên miên

unenjoyable /ʌnˈɪndʒɔɪb(ə)l/ *adj.* không thích thú, không thú vị

unequal /ʌnˈiːkwəl/ *adj.* không bằng/ngang, không đều [nhau]; không/bất bình đẳng; thất thường: **~ to that task** không kham nổi nhiệm vụ đó; **~ treatment** đối xử không công bằng, đối xử bất thường

unequivocal /ʌnɪˈkwɪvəkl/ *adj.* rõ rệt, hai năm rõ mười, không mập mờ, không ú ớ, không giải thích khác được

unerring /ʌnˈɜːrɪŋ/ *adj.* không thể sai, chính xác

UNESCO /juːˈneskəʊ/ *n., abbr.* (= **United Nations Educational, Scientific and Cultural Organization**) Tổ chức giáo dục, khoa học và văn hoá của Liên Hiệp Quốc

unethical /ʌnˈeθɪkəl/ *adj.* trái với luân thường đạo lý, trái nguyên tắc (đạo đức), không được đúng đắn, [cạnh tranh] bất chính

uneven /ʌnˈiːvn/ *adj.* không phẳng, không đều, gồ ghề; [số] lẻ, thất thường, hay thay đổi

uneventful /ʌnɪˈventfl/ *adj.* không có chuyện gì xảy ra, bình tĩnh, yên ổn, không có biến cố (gì đáng kể)

unexpected /ʌnekˈspektɪd/ *adj.* không ngờ, không mong đợi, thình lình, ý ngoại, đột nhiên: **It is an ~ meeting.** Cuộc gặp gỡ bất ngờ.

unexpired /ʌnɪkˈspaɪəd/ *adj.* chưa hết hạn, còn hiệu lực

unexplained /ʌnɪkˈspleɪnd/ *adj.* không giải thích được, không rõ ràng

unexplored /ʌnɪkˈsplɔːd/ *adj.* chưa ai thăm dò/thám hiểm

unfailing /ʌnˈfeɪlɪŋ/ *adj.* không hề sai; chắc chắn (thành công); công hiệu; không bao giờ cạn, vô tận: **We have an ~ supply of labor.** Chúng ta có

nguồn lao động không bao giờ cạn.

unfair /ʌnˈfeə(r)/ *adj.* không công bằng, bất công, thiên vị, tây vị; gian lận: **All workers protested against the ~ retrenchment.** Tất cả công nhân phản đối việc cho nghỉ việc không công bằng.; **to play ~** chơi không công bằng

unfaithful /ʌnˈfeɪθfəl/ *adj.* không trung thành, phản bội/trắc

unfamiliar /ʌnfəˈmɪliə(r)/ *adj.* không quen/biết, lạ; không rõ, không am hiểu, không am tường

unfavorable /ʌnˈfeɪvərəb(ə)l/ *adj.* không thuận lợi, bất lợi, không lợi; không tán thành, không thuận, không cho hảo ý, không chấp thuận

unfeeling /ʌnˈfiːlɪŋ/ *adj.* không cảm giác/cảm động, nhẫn tâm

unfilled /ʌnˈfɪld/ *adj.* không đổ đầy, không làm đầy: **an ~ position** chỗ còn trống

unfinished /ʌnˈfɪnɪʃt/ *adj.* chưa xong, chưa hoàn thành/hoàn tất, bỏ dở, dở dang: **~ business to be settled** công việc dở dang đã được làm xong

unfit /ʌnˈfɪt/ *adj.* không thích hợp; thiếu khả năng, không đủ tư cách; không đủ sức khoẻ

unflappable /ʌnˈflæpəb(ə)l/ *adj.* không có gì hấp dẫn hay lo lắng

unfold /ʌnˈfəʊld/ *v.* mở [tờ báo, v.v.] ra bày tỏ, bộc lộ

unforeseeable /ʌnfɔːˈsiːəb(ə)l/ *adj.* không đoán trước được

unforgettable /ʌnfəˈgetəb(ə)l/ *adj.* không thể quên được

unforgivable /ʌnfəˈgɪvəb(ə)l/ *adj.* không thể tha thứ được

unfortunate /ʌnˈfɔːtjʊnət/ **1** *adj.* không may, rủi ro, khốn nạn, bất hạnh; đáng tiếc **2** *n.* người bất hạnh, người không may

unfriendly /ʌnˈfrendlɪ/ *adj.* không thân thiện; thù địch, cừu địch, bất lợi

unfulfilled /ʌnfʊlˈfɪld/ *adj.* chưa (làm) tròn, chưa thực hiện được; chưa đạt được, chưa toại [ý, nguyện]

unfurnished /ʌnˈfɜːnɪʃt/ *adj.* [căn nhà] không có đồ đạc: **to rent an ~ house** thuê một ngôi nhà không có đồ đạc

ungentlemanly /ʌnˈdʒent(ə)lmənlɪ/ *adj.* thiếu lịch sự/lễ độ, vô lễ

ungodly /ʌnˈɡɒdlɪ/ *adj.* không/chống tôn giáo, vô thần; tội lỗi, bạt mạng; [giờ giấc] chướng, lạ lùng, oái oăm

ungracious /ʌnˈɡreɪʃəs/ *adj.* thiếu nhã nhặn/lịch sự, khiếm nhã

ungrammatical /ˌʌnɡrəˈmætɪkəl/ *adj.* sai ngữ pháp, sai văn phạm

ungrateful /ʌnˈɡreɪtfʊl/ *adj.* bạc, không biết ơn, vô ơn, vong ân bội nghĩa; [công việc] bạc bẽo, không thú vị

unguarded /ʌnˈɡɑːdɪd/ *adj.* không canh phòng, không phòng thủ; khinh suất, không đề phòng/giữ gìn/ thận trọng: **Unguarded remarks often result in unexpected revelations.** Những lời nói không thận trọng thường gây ra hệ quả không đoán trước.

unguided /ʌnˈɡaɪdɪd/ *adj.* không có hướng dẫn, không được hướng dẫn

unhand /ˌʌnˈhænd/ *v.* thả ra, cho rời khỏi

unhappy /ʌnˈhæpi/ *adj.* khổ, khổ sở, thiếu hạnh phúc; không may, không hay/tốt, bất hạnh, rủi, buồn: **Her marriage is in trouble and she is desperately ~.** Cuộc hôn nhân của cô ấy có vấn đề do vậy cô ta rất buồn khổ.

unharmed /ʌnˈhaːmd/ *adj.* không sao, không can gì, bình yên vô sự, an toàn; nguyên vẹn, toàn vẹn

UNHCR /ˌjuːenˌeɪtʃsiːˈaː(r)/ *n. abbr.* (= **United Nations High Commission for Refugees**) Uỷ ban đặc trách người ty nạn của Liên hiệp quốc

unhealthy /ʌnˈhelθi/ *adj.* hại sức khoẻ, bệnh tật, bệnh hoạn: **Don't eat ~ food.** Đừng ăn thức ăn không tốt cho sức khoẻ.

unheeded /ʌnˈhiːdɪd/ *adj.* không ai

chú ý đến, không ai để ý đến

unhelpful /ʌnˈhelpfəl/ *adj.* không có ích, vô ích

unhinge /ʌnˈhɪndʒ/ *v.* lấy/gỡ bản lề đi

unhook /ʌnˈhʊk/ *v.* mở khuy, tháo móc

unhurt /ʌnˈhɜːt/ *adj.* không bị hề hấn gì, không sao, vô sự

unhygienic /ˌʌnhaɪˈdʒiːnɪk/ *adj.* mất vệ sinh, hại sức khoẻ

UNICEF /ˈjuːnɪsef/ *n., abbr.* (= **United Nations Children's Fund**, *originally* **International Children's Emergency Fund**) Quỹ Nhi Đồng Liên Hiệp Quốc

unidentified /ˌʌnaɪˈdentɪfaɪd/ *adj.* chưa nhận dạng được; chưa tìm ra căn cước/lai lịch/gốc tích: **These ~ bodies are waiting for DNA testing.** Những cơ thể chưa nhận ra gốc gác được hiện đang chờ thử nghiệm DNA.

uniform /ˈjuːnɪfɔːm/ **1** *n.* đồng phục, quân phục: **Students are required to wear ~s.** Học sinh đòi hỏi phải mặc đồng phục. **2** *adj.* cùng một kiểu, giống nhau, đồng dạng; đều nhau, bất biến: **to keep at a ~ temperature** giữ nhiệt độ không thay đổi

unify /ˈjuːnɪfaɪ/ *v.* hợp nhất, thống nhất, thống hợp: **Vietnam was unified in 1976.** Việt Nam được thống nhất vào năm 1976.

unilateral /juːnɪˈlæter(ə)l/ *adj.* một phía/bên, đơn phương

unimaginable /ˌʌnɪˈmædʒɪnəb(ə)l/ *adj.* không thể tưởng tượng được

unimpeded /ˌʌnɪmˈpiːdɪd/ *adj.* không bị cản trở, không bị ngăn cản

unimportant /ˌʌnɪmˈpɔːtənt/ *adj.* không đáng kể, không quan trọng

unimpressive /ˌʌnɪmˈpresɪv/ *adj.* không gây xúc động, không hấp dẫn, không gây ấn tượng

unimproved /ˌʌnɪmˈpruːvt/ *adj.* không tiến bộ, không cải tiến, không cải thiện

uninhabited /ˌʌnɪnˈhæbɪtɪd/ *adj.* bỏ không, không có người ở

uninhibited /ˌʌnɪnˈhɪbɪtɪd/ *adj.* tự do, không bị hạn chế/kiềm chế

uninstall /ˌʌnɪnˈstɔːl/ *v.* không được ghép vào/thiết kế

uninsured /ˌʌnɪnˈʃʊə(r)d/ *adj.* không có bảo hiểm

unintelligible /ˌʌnɪnˈtelɪdʒɪb(ə)l/ *adj.* khó hiểu, không hiểu được: **She spoke words that were ~ to us.** Cô ấy nói những lời gì mà chúng tôi không hiểu được.

uninteresting /ʌnˈɪntərɪstɪŋ/ *adj.* không hay, chán, vô vị

uninterrupted /ˌʌnˌɪntəˈrʌptɪd/ *adj.* liên tiếp, liên tục, không bị đứt quãng, không bị gián đoạn; không bị ngắt lời

uninvited /ˌʌnɪnˈvaɪtɪd/ *adj.* không được mời

union /ˈjuːnɪən/ *n.* sự kết hợp/liên kết; sự nhất trí/đoàn kết; đồng minh, liên minh, liên hiệp; liên bang; công hội, công đoàn, nghiệp đoàn: **labor ~** nghiệp đoàn lao động, công đoàn; **student ~** trụ sở/câu lạc bộ sinh viên; **~ suit** bộ quần áo lót may liền, bộ quần áo con ếch; **trade ~** nghiệp đoàn; **~ card** thẻ hội viên nghiệp đoàn

unique /juːˈniːk/ *adj.* có một, duy nhất, độc nhất, đơn nhất, vô song, có một không hai, độc nhất vô nhị: **Our plan is ~.** Mục tiêu duy nhất của chúng ta là...

unisex /ˈjuːnɪseks/ *adj.* cả nam lẫn nữ

unison /ˈjuːnɪsən/ *n., adj.* sự hoà hợp nhất trí: **in ~** đồng thanh, cả nhóm, hợp xướng; **to act in ~** hành động nhất trí

unit /ˈjuːnɪt/ *n.* đơn vị; một, một cái: **The family is a basic ~ of a society.** Gia đình là một đơn vị của xã hội.; **~ cost, ~ price** giá một đơn vị, giá một cái

unite /ˈjuːnaɪt/ *v.* hợp làm một, hợp nhất; liên kết, đoàn kết (với nhau); kết hợp, liên hiệp

united /ˈjuːnɪtɪd/ *adj.* liên hợp. liên hiệp, liên kết, kết liên; hoà hợp, đoàn kết: **~ front** mặt trận liên hiệp; **the ~ Kingdom** nước Anh kể cả Bắc Ái Nhĩ Lan; **the ~ Nations** Liên hợp quốc; **the ~ States (of America)** nước Mỹ, Hoa kỳ

universal /ˌjuːnɪˈvɜːsəl/ **1** *n.* điều chung, sải thái phổ biến: **~ studio** trung tâm điện ảnh **2** *adj.* chung, phổ thông, phổ biến; cả thế giới, thuộc vũ trụ/vạn vật: **~ gravitation** sức hấp dẫn của vạn vật; **~ language** ngôn ngữ quốc tế; **~ suffrage** đầu phiếu phổ thông; **~ time** giờ thế giới; **There is a ~ desire for peace.** Toàn thể thế giới đều mong muốn hoà bình.

university /ˌjuːnɪˈvɜːsɪti/ *n.* (trường/ viện) đại học, trường cao đẳng, trường đại học tổng hợp: **national ~** đại học quốc gia; **state ~** đại học nhà nước, đại học tiểu bang; **~ professor** giáo sư đại học; **~ student** sinh viên đại học

unkempt /ˌʌnˈkem(p)t/ *adj.* [tóc] rối bù; [quần áo] lôi thôi cẩu thả, lôi thôi lếch thếch: **to spot ~ hair and filthy clothes** đầu tóc rối bù quần áo lôi thôi

unkind /ˌʌnˈkaɪnd/ *adj.* không tử tế, ác, tàn nhẫn, [lời] nặng

unknot /ˌʌnˈnɒt/ *v.* mở nút ra, tháo nút ra

unknown /ˌʌnˈnəʊn/ **1** *n.* ẩn số **2** *adj.* không biết, chưa biết, lạ; không tiếng tăm gì, vô danh: **tombs of ~ soldiers** mộ chiến sỹ vô danh

unlace /ˌʌnˈleɪs/ *v.* cởi dây, tháo dây

unlatch /ˌʌnˈlætʃ/ *v.* mở chốt cửa, đẩy then cửa

unlawful /ˌʌnˈlɔːfəl/ *adj.* trái luật/phép, không/bất hợp pháp, bất chính: **~ gatherings** việc tụ tập trái phép

unleaded /ˌʌnˈledɪd/ *adj.* không đậy nắp; xăng không có chất kẽm/nhớt

unleash /ˌʌnˈliːʃ/ *v.* thả xích [chó]; gây ra [chiến tranh]

unless /ənˈles/ *conj.* trừ phi, trừ khi:

We will not have the picnic ~ the weather is good. Chúng ta sẽ không đi ăn ngoài trời trừ phi/khi trời đẹp. (= trời có đẹp thì chúng ta mới đi ăn ngoài trời); **Unless you try, you will never succeed.** Nếu không cố gắng, bạn không bao giờ thành công.

unlicensed /ʌnˈlaɪsənst/ *adj.* không có giấy phép, không đăng ký, không có môn bài

unlike /ˌʌnˈlaɪk/ **1** *adj.* không giống, khác; [hai cực] đối nhau: **Mary is ~ her sister; she doesn't talk a lot.** Mary không giống như người chị, cô ấy không nói nhiều. **2** *prep.* khác với: **~ his father** khác với cha anh ta

unlimited /ʌnˈlɪmɪtɪd/ *adj.* không giới hạn/hạn chế, vô cùng, vô tận, vô biên, tha hồ bao nhiêu cũng được, vô kể: **You hire a car with a condition of ~ kilometers.** Bạn thuê chiếc xe chạy bao nhiêu cây số cũng được/không giới hạn cây số.

unlisted /ˌʌnˈlɪstɪd/ *adj.* không có trong danh sách, không có tên trong danh sách

unload /ˌʌnˈləʊd/ *v.* cất gánh nặng, dỡ hàng/đồ; tháo đạn ra

unlucky /ʌnˈlʌki/ *adj.* không may, rủi, xui, xúi, đen đủi, vận áo xám; [điềm] gở, không hay, xấu: **Our soccer team was ~ not to score on three occasions.** Đội bóng đá chúng ta không may bỏ lỡ ba cơ hội lập bàn thắng.

unmanageable /ʌnˈmænɪdʒəb(ə)l/ *adj.* khó quản lý; khó dạy, bất trị

unmanned /ˌʌnˈmænd/ *adj.* không có người điều khiển: **It is not safe to leave this equipment ~.** Không được an toàn nếu để máy không có người điều khiển.

unmarked /ʌnˈmɑːkt/ *adj.* không đánh dấu, không chú ý, không bị theo dõi

unmarried /ˌʌnˈmærɪd/ *adj.* chưa lấy vợ/chồng, chưa lập gia đình, còn độc thân, chưa thành gia thất; ở vậy

unmatched /ˌʌnˈmætʃt/ *adj.* chưa ai bì/sánh kịp, chưa ai địch nổi, vô song, vô địch; lẻ, lẻ đôi, lẻ bộ

unmentionable /ʌnˈmenʃənəb(ə)l/ *adj., n.* (sự) không nên nói đến, không đề cập đến

unmitigated /ʌnˈmɪtɪɡeɪtɪd/ *adj.* không giảm bớt; tuyệt đối: **an ~ fool** một gã đại ngốc

unmoved /ˌʌnˈmuːvd/ *adj.* không nhúc nhích; thản nhiên, không cảm động, không mủi lòng: **The pitiful cries from the lost child left him ~.** Sự khóc thương đau xót của đứa bé bị lạc làm cho nó không nhúc nhích.

unnatural /ʌnˈnætʃʊərəl/ *adj.* không tự nhiên, giả tạo, gượng gạo, điệu, điệu bộ; trái với thiên nhiên

unnecessary /ʌnˈnesɪsəri/ **1** *adj.* không cần thiết, vô ích, thừa, vô dụng **2** *n.* những cái vô ích, những thứ không cần thiết

unnerve /ˌʌnˈnɜːv/ *v.* làm nản, làm nhụt nhuệ khí/can đảm

unnoticed /ˌʌnˈnəʊtɪst/ *adj.* không ai để ý, không ai thấy

unnumbered /ˌʌnˈnʌmbəd/ *adj.* không đánh số, không có số

UNO /ˈjuːenˌəʊ/ *n., abbr.* (= **United Nations Organization**) tổ chức liên hiệp quốc

unobserved /ˌʌnəbˈzɜːvd/ *adj.* không được quan sát, không được xem; không được dự thính

unobtainable /ˌʌnəbˈteɪnəb(ə)l/ *adj.* không kiếm/tìm ra được

unoccupied /ˌʌnˈɒkjʊpaɪd/ *adj.* trống, chưa ai ngồi, không có ai ở/chiếm; rảnh, nhàn, nhàn rỗi: **~ house** nhà trống không ai ở

unofficial /ˌʌnəˈfɪʃəl/ *adj.* không chính thức: **They have an ~ meeting.** Họ có cuộc gặp gỡ không chính thức.

unopposed /ˌʌnəˈpəʊzd/ *adj.* không ai chống; không có đối thủ

unorthodox /ʌnˈɔːθədɒks/ *adj.* không chính thống

unpaid /ˌʌnˈpeɪd/ *adj.* không (trả)

công, không lương, công không; chưa trả, chưa thanh toán: **Send me the ~ invoice.** Gởi cho tôi hoá đơn chưa thanh toán.

unpardonable /ʌnˈpɑːdənəb(ə)l/ *adj.* không thể tha thứ, không thể dung thứ được

unperturbed /ˌʌnpəˈtɜːbd/ *adj.* không đảo lộn, không xáo trộn

unplanned /ˌʌnˈplænd/ *adj.* không có kế hoạch, không hoạch định trước: **an ~ pregnancy** việc có thai không có kế hoạch

unpleasant /ʌnˈplezənt/ *adj.* khó chịu, không thoải mái, khó ưa, đáng ghét: **I have an ~ feeling.** Tôi có cảm giác không thoải mái.

unpopular /ʌnˈpɒpjʊlə(r)/ *adj.* không được ưa chuộng, không được hoan nghênh, không thịnh hành, bị mất nhân tâm, chẳng ai thích/mê: **He is an ~ leader.** Ông ấy không phải là nhà lãnh đạo nổi tiếng.

unprecedented /ʌnˈpresɪdentɪd/ *adj.* không tiền khoáng hậu, chưa hề có/thấy, chưa từng có, chưa từng thấy (trước đây): **The latest ruling by an eminent judge set an ~ principle.** Quyết định mới nhất của quan toà đã đưa ra một nguyên tắc chưa từng thấy trước đây.

unpredictable /ˌʌnprɪˈdɪktəb(ə)l/ *adj.* không thể đoán trước được, không thể nói trước được

unpremeditated /ˌʌnpriːˈmedɪteɪtɪd/ *adj.* không chủ tâm/chủ ý, không định trước: **~ murder** kẻ giết người không cố ý; **an ~ offense** điều xúc phạm không chủ tâm

unprepared /ˌʌnprɪˈpeəd/ *adj.* không sẵn sàng, không chuẩn bị

unpresentable /ˌʌnprɪˈzentəb(ə)l/ *adj.* không thể trình bày được, không thể giới thiệu được

unpretentious /ˌʌnprɪˈtenʃəs/ *adj.* không khoa trương, khiêm tốn

unprincipled /ʌnˈprɪnsɪp(ə)ld/ *adj.* thiếu đạo đức, vô luân thường

unprofessional /ˌʌnprəʊˈfeʃənəl/ *adj.* không chuyên nghiệp, nghiệp dư

unprofitable /ʌnˈprɒfɪtəb(ə)l/ *adj.* không vụ lợi, không sinh lợi

unpronounceable /ˌʌnprəˈnaʊnsəb(ə)l/ *adj.* không thể phát âm được, không thể nói được

unprotected /ˌʌnprəˈtektɪd/ *adj.* không được che chở, không được bảo vệ

unpublished /ʌnˈpʌblɪʃt/ *adj.* chưa xuất bản, chưa in

unqualified /ˌʌnˈkwɒlɪfaɪd/ *adj.* không đủ trình độ, không đủ tiêu chuẩn, không đủ khả năng

unquestionable /ʌnˈkwestʃənəb(ə)l/ *adj.* không thể nghi ngờ được

unravel /ʌnˈræv(ə)l/ *v.* tháo, gỡ [mối chỉ]; giải quyết [bí mật]: **To ~ the past takes a lot of backtracking and investigation.** Giải quyết quá khứ đòi hỏi nhiều thời gian xem xét lại và sưu tra.

unread /ˌʌnˈred/ *adj.* không đọc được

unreasonable /ʌnˈriːz(ə)nəb(ə)l/ *adj.* vô lý, quá quắt, không biết điều

unregistered /ʌnˈredʒɪstəd/ *adj.* không đăng ký, không trước bạ, không vào sổ

unrelated /ˌʌnrɪˈleɪtɪd/ *adj.* không có liên quan/quan hệ, không dính dáng

unreliable /ˌʌnrɪˈlaɪəb(ə)l/ *adj.* [người, tin] không đáng tin cậy

unremovable /ʌnˈrimuːvəb(ə)l/ *adj.* không thể dời đi được, không thay thế được

unrepentant /ʌnˈripentənt/ *adj.* không ân hận, không ăn năn

unreported /ˌʌnrɪˈpɔːtɪd/ *adj.* không được tường trình lại, không được thuật lại

unrequited /ˌʌnrɪˈkwaɪtɪd/ *adj.* không được đền đáp lại: **~ love** tình yêu không được đáp lại

unreserved /ˌʌnrɪˈzɜːvd/ *adj.* không để dành riêng cho ai, không dè dặt

unresolved /ˌʌnrɪˈzɒlvd/ *adj.* chưa giải quyết, không được giải đáp

unrest /ʌnˈrest/ *n.* tình trạng náo

động/xôn xao/bất an; sự băn khoăn lo ngại, sự không yên tâm

unrestricted /ˌʌnrɪˈstrɪktɪd/ *adj.* không bị hạn chế, không hạn chế tốc độ

unrighteous /ʌnˈraɪtjəs/ *adj.* không chính đáng, không đúng đắn, không lương thiện

unripe /ˌʌnˈraɪp/ *adj.* [quả] xanh, chưa chín; chưa chín muồi

unroll /ʌnˈrəʊl/ *v.* mở ra, tháo [cuộn] ra, trải ra

unruffled /ʌnˈrʌfld/ *adj.* bình tĩnh, điềm tĩnh, không nóng

unruly /ʌnˈruːli/ *adj.* khó dạy, ngỗ nghịch, bất trị

unsafe /ʌnˈseɪf/ *adj.* không an toàn, nguy hiểm: **It is ~ to travel at night in remote areas.** Không an toàn khi đi vào ban đêm ở những nơi xa xôi hẻo lánh.

unsalted /ʌnˈsɒltɪd/ *adj.* không có muối, không mặn

unsatisfactory /ˌʌnˌsætɪsˈfæktəri/ *adj.* không làm vừa lòng/ý, không thoả mãn: **I have received ~ answers.** Tôi vừa nhận lời phúc đáp không thoả đáng.

unsatisfied /ʌnˈsætɪsfaɪd/ *adj.* không được thoả mãn, chưa hả

unscheduled /ʌnˈʃedjuːld/ *adj.* không lên chương trình, không qui định thời gian: **His visit was ~.** Cuộc thăm viếng của ông ấy không có lên chương trình.

unscrew /ˌʌnˈskruː/ *v.* tháo/vặn [ốc] ra: **I can't ~ the cap of this box.** Tôi không thể tháo nắp cái hộp nầy.

unscrupulous /ʌnˈskruːpjʊləs/ *adj.* vô lương tâm, không đắn đo

unseen /ˌʌnˈsiːm/ *adj.* không (nhìn) thấy được, vô hình

unserviceable /ʌnˈsɜːvɪsəb(ə)l/ *adj.* không thể phục vụ được, không thể cung cấp được

unsettled /ʌnˈset(ə)ld/ *adj.* hay thay đổi; không ổn định; chưa có người đến định cư; chưa giải quyết/thanh toán

unsightly /ʌnˈsaɪtli/ *adj.* khó coi, xấu xí, bẩn mắt

unskilled /ˌʌnˈskɪld/ *adj.* [công nhân] không có chuyên môn, không có tay nghề giỏi: **You can find ~ jobs easily.** Bạn có thể kiếm việc không cần chuyên môn dễ dàng.

unsociable /ʌnˈsəʊʃəb(ə)l/ *adj.* không thể hoà đồng được, không thể gần gũi được

unsold /ˌʌnˈsəʊld/ *adj.* không bán được: **These ~ books will be donat-ed.** Những sách không bán được sẽ cho tặng.

unsolved /ˌʌnˈsɒlvd/ *adj.* không được giải quyết, chưa được giải quyết, không tìm ra

unsound /ˌʌnˈsaʊnd/ *adj.* điên, rối loạn, không lành mạnh; [đồ ăn] thiu, ôi, hư; [lý luận] không vững

unstable /ʌnˈsteɪb(ə)l/ *adj.* không vững/chắc, không ổn định

unsteady /ʌnˈstedi/ *adj.* lung tay, không vững/chắc, lảo đảo; run run; [đèn lửa] leo lét, chập chờn

unstructured /ʌnˈstrʌktfəd/ *adj.* không kết cấu được, không kết hợp được

unstuck /ʌnˈstʌk/ *adj. v.,* không bị kẹt, không dính líu

unsuccessful /ˌʌnsəkˈsesfəl/ *adj.* hỏng, thất bại, không thành công: **His efforts were ~.** Nỗ lực của ông ấy không thành công.

unsuitable /ʌnˈs(j)uːtəb(ə)l/ *adj.* không đủ tư cách, bất tài; không thích hợp: **My health condition is ~ for such heavy work.** Sức khoẻ của tôi không thích hợp đối với việc làm nhiều giờ.

unsupported /ʌnˈsəpɔːtɪd/ *adj.* không ủng hộ, không hỗ trợ/giúp đỡ

unsustainable /ˌʌnsəˈsteɪnəb(ə)l/ *adj.* không thể chứng minh được, không thể biện hộ được

unsweetened /ʌnˈswiːt(ə)nd/ *adj.* không được ngọt, không làm cho ngọt, không dễ thương

unsympathetic /ʌnˈsɪmpəˈθetɪk/ *adj.*

không thông cảm, không động lòng thương

untangle /ʌnˈtæŋg(ə)l/ v. gỡ rối, gỡ ra

unteachable /ʌnˈtiːtʃəb(ə)l/ adj. không thể dạy được, khó dạy

unthankful /ʌnˈθæŋkfəl/ adj. bạc, vô ơn, không biết ơn

unthinkable /ʌnˈθɪŋkəb(ə)l/ adj. không thể tưởng tượng/có được

untidy /ʌnˈtaɪdɪ/ adj. không gọn gàng, lộn xộn, bừa bãi; bù rối, không chải chuốt; lôi thôi, lếch thếch

untie /ʌnˈtaɪ/ v. tháo, cởi [dây, ca vát]; cởi trói

until /ʌnˈtɪl/ prep., conj. cho đến khi/ lúc: The library is open ~ midnight. Thư viện mở cửa đến nửa đêm.; Wait ~ the manager comes back. Bạn hãy đợi (đến lúc) ông quản lý quay lại.

untimely /ʌnˈtaɪmlɪ/ adj. non, yểu, sớm quá; [lời nói, hành động] không đúng lúc, trái khoáy: ~ death sự chết yểu

untold /ʌnˈtəʊld/ adj. không nói ra, không kể lại; không kể xiết, vô kể, vô số, không biết bao nhiêu mà kể: an ~ story câu chuyện chưa được kể lại

untouched /ʌnˈtʌtʃt/ adj. còn nguyên, nguyên si; chưa đá động đến, chưa bàn đến; không xúc động/động tâm: Much of the Vietnamese coastline has remained ~. Dọc bờ biển Việt Nam vẫn còn mới.

untrained /ʌnˈtreɪnd/ adj. không được huấn luyện, chưa thạo

untried /ʌnˈtraɪd/ adj. không thử, không cố gắng

untroubled /ʌnˈtrʌb(ə)ld/ adj. không có vấn đề, không bị quấy rầy

untrue /ʌnˈtruː/ adj. không đúng, sai (sự thật); không trung thành: The allegations are completely ~. Những vu cáo hoàn toàn sai sự thật.

untrustworthy /ʌnˈtrʌstˌwɜːðɪ/ adj. không đáng tin cậy

untruth /ʌnˈtruːθ/ n. điều nói dối, láo; chuyện giả dối

untypical /ʌnˈtɪpɪkəl/ adj. không đặc biệt, không thường

unused /ʌnˈjuːzd/ adj. chưa dùng đến: The ~ presents are donated to the orphanage. Quà tặng không dùng nên tặng cho cô nhi viện.

unusual /ʌnˈjuːʒuːəl/ adj. lạ (thường), khác thường, ít có, hạn hữu; phi thường, tuyệt vời

unvalued /ʌnˈvæljuːd/ adj. không giá trị, không có giá, không được trọng

unvarnished /ʌnˈvɑːnɪʃt/ adj. không đánh véc-ni; không phấn son, không tô điểm, tự nhiên

unveil /ʌnˈveɪl/ v. bỏ mạng che mặt; khánh thành; tiết lộ: to ~ the new sculpture commemorating the opening of the renovated museum khánh thành hình điêu khắc mới trong dịp khai mạc viện bảo tàng vừa mới tu bổ

unverified /ʌnˈverɪfaɪd/ adj. không được minh xác, không được xác nhận

unwanted /ʌnˈwɒntɪd/ adj. không ai muốn, không ai cần; thừa

unwarranted /ʌnˈwɒrəntɪd/ adj. không có lý do, không bảo đảm

unwary /ʌnˈweərɪ/ adj. không cẩn thận/thận trọng, lơ đãng, coi thường, khinh suất

unwavering /ʌnˈweɪvərɪŋ/ adj. không lung lay, cương quyết, kiên quyết, không nao núng

unwed /ʌnˈwed/ adj. chưa lập gia đình, chưa làm đám cưới

unwelcome /ʌnˈwelkəm/ adj. [khách] không được hoan nghênh; [tin tức] dữ, gở, không hay

unwieldy /ʌnˈwiːldɪ/ adj. khó cầm, khó sử dụng; khó trị

unwilling /ʌnˈwɪlɪŋ/ adj. không vui lòng, không sẵn lòng

unwind /ʌnˈwaɪnd/ v. tháo ra, không cuộn nữa; thư giãn

unwise /ʌnˈwaɪz/ adj. dại dột, khờ dại, không khôn ngoan

unworldly /ʌn'wɜːldlɪ/ *adj.* không trần tục, thoát tục, ra ngoài thế tục, siêu tục

unworthy /ʌn'wɜːðɪ/ *adj.* không xứng đáng, không đáng, không có tư cách

unwritten /ˌʌn'rɪt(ə)n/ *adj.* nói miệng, chưa viết xong; [giấy] trắng, chưa viết; [luật] do tập quán qui định; [ngôn ngữ] chưa có chữ viết, chưa có văn tự; chưa thành văn: **The ~ rule (not to walk barefoot) is understood by all.** Tất cả mọi người đều hiểu là không được đi chân đất là luật bất thành văn.

unyielding /ʌn'jiːldɪŋ/ *adj.* cứng rắn, không chịu nhượng bộ/khuất phục, không chịu thua

up /ʌp/ **1** *n.* sự lên, sự thăng: **the ~s and downs of…** những sự thăng trầm; **Our new business is on the ~.** Cơ sở kinh doanh mới của chúng ta đang phát triển. **2** *adj.* đang (đi) lên; đang đứng; ngược: **Every detail must be ~ to date.** Mọi chi tiết phải được cập nhật.; **~market** tuỳ theo thị trường; **~ to one's tricks again** dở trò với ai, cư xử không tốt **3** *adv.* ở trên, lên trên, lên; lên, dậy; đến, tới; hết, hoàn toàn; to lên: **~ in the air** trên trời, trên không; **I get ~ very early.** Tôi dậy rất sớm.; **to go ~ to Hanoi** đi ra Hà Nội; **to walk ~ to the gate** đi bộ đến tận cổng; **time is ~** hết giờ rồi; **fill her ~** xin ông đổ đầy thùng xăng cho tôi; **Please stand ~.** Xin ông đứng dậy.; **Please speak ~.** Xin ông nói to lên một tí.; **to be ~ and about** khỏi bệnh rồi đã đứng dậy đi lại được rồi; **~ to …** xứng đáng với; **~ to now** cho đến nay **4** *prep.* ở trên, lên, ngược lên: **~ hill and down dale** lên dốc xuống đèo; **~ the river** ngược dòng sông **5** *v.* tăng vọt lên, đột nhiên đứng dậy: **to ~ and hit someone** đột nhiên đứng dậy và đánh người ta

upbeat /'ʌpbiːt/ *adj., n.* (âm nhạc) nốt không nhấn đứng trước nốt nhấn

upbringing /'ʌpbrɪŋɪŋ/ *n.* sự dạy dỗ, sự giáo dục/giáo dưỡng

upcoming /'ʌpkʌmɪŋ/ *adj.* sắp xảy ra, sắp tới: **an ~ exhibition** cuộc triển lãm sắp tới

update /ˌʌp'deɪt/ *v.* cập nhật hoá, hiện đại hoá: **to ~ one's knowledge** cập nhật kiến thức của mình

upfront /ˌʌp'frʌnt/ **1.** *adj.* thẳng thắn: **He is ~ about his intentions.** Ông ấy nói thẳng ý định của ông ta. **2** *adj.* trả trước: **You have to pay an ~ fee of 5 percent.** Bạn phải trả trước lệ phí 5%.

upgrade /ˌʌp'greɪd/ *v.* nâng cấp; thăng cấp, thăng trật

upheaval /ʌp'hiːvl/ *n.* sự thay đổi/biến động đột ngột; sự dấy lên, sự nổi dậy: **political ~** chính biến

upheld /ʌp'held/ quá khứ của **uphold**

uphill /ˌʌp'hɪl/ **1** *adj.* [đường] dốc; khó khăn, vất vả **2** *adv.* lên dốc: **to run ~** chạy lên dốc

uphold /ʌp'həʊld/ *v.* [**upheld**] nâng lên, giương cao; ủng hộ, tán thành; giữ vững, duy trì, kiên trì; xác nhận

upholstery /ʌp'həʊlstərɪ/ *n.* nghề bọc nệm; nệm ghế, nệm xe hơi

upkeep /'ʌpkiːp/ *n.* sự/tiền bảo trì, bảo dưỡng, sửa sang

uplift /'ʌplɪft/ **1** *n.* sự nâng/nhấc lên, sự nâng cao, đề cao; sự tiến bộ; hứng khởi **2** *v.* nâng/nhấc/đỡ lên; nâng cao, đề cao

upload /'ʌpləʊd/ *v., n.* chuyển trữ liệu vào bộ nhớ lớn hơn

upon /ə'pɒn/ *prep.* ở trên, vào lúc; nhờ vào, theo, với: **~ my arrival** lúc tôi đến nơi; **to depend ~** nhờ vào

upper /'ʌpə(r)/ **1** *n.* mũ giày: **to be on one's ~s** nghèo xác nghèo xơ, không một đồng dính túi **2** *adj.* trên, cao, thượng: **~ berth** giường trên [ở tàu thủy, xe lửa]; **~ lip** môi trên; **the ~ Chamber/House** Thượng nghị viện; **~ case** chữ viết hoa; **~ classes** giai cấp thượng lưu; **~ hand** ưu thế

upright /'ʌpraɪt/ **1** *n.* trụ đứng, cột

2 *adj.* đứng thẳng; đứng; thẳng góc; ngay thẳng, chính trực: **an ~ piano** đàn dương cầm mở nắp đứng

uprising /'ʌpraɪzɪŋ/ *n.* cuộc nổi dậy, cuộc khởi nghĩa

uproar /'ʌprɔ:(r)/ *n.* tiếng ồn ào, tiếng ầm ĩ; sự náo động

upset /ʌp'set/ **1** *n.* sự đổ, sự lật đổ; sự khó chịu, sự bối rối, sự lo ngại, tình trạng bất an **2** *v.* làm đổ, lật đổ, làm lật úp; đảo lộn, làm xáo trộn; làm rối loạn; làm lo ngại, làm cho ai tức giận, làm khó chịu; làm bối rối: **to ~ someone** làm cho ai tức giận; **to ~ a plan** làm đảo lộn kế hoạch

upside /'ʌpsaɪd/ *n.* phần trên, phía trên: **~ down** đảo lộn, lộn ngược, ngược, lộn đầu đuôi

upstage /ˌʌp'steɪdʒ/ **1** *adj., adv.* phía sau sân khấu **2** *v.* đi lên sân khấu

upstairs /ʌp'steəz/ *adj., adv., n.* ở trên gác, ở tầng trên; lên gác/lầu, lên tầng trên

upstream /ˌʌp'stri:m/ *adj., adv.* ngược dòng sông/suối

upsurge /'ʌpsɜ:dʒ/ *n.* đợt bột phát, cơn, cao trào

upswing /'ʌpswɪŋ/ *n.* cử động lên, chuyển động lên; cải tiến

uptake /'ʌpteɪk/ *n.* hiểu, nhận biết

uptight /ˌʌp'taɪt/ *adj.* hồi hộp, tức giận

uptown /ˌʌp'taʊn/ *adj., adv.* (thuộc) khu phố trên, khu phía bắc một thành phố

upturn /'ʌptɜ:n/ *n., v.* sự tăng/lên (giá); sự cải tiến/tiến bộ

upward /'ʌpwəd/ *adj., adv.* hướng lên, lên, về phía trên: **to look ~** nhìn lên

uranium /jʊ'reɪnɪəm/ *n.* chất u-ra-nium

urban /'ɜ:bən/ *adj.* thuộc về thành thị, ở thành phố: **~ district** khu nội thành; **~ planning** thiết kế đô thị; **~ train** xe lửa ở trong thành phố

urbanite /'ɜ:bənaɪt/ *n.* dân thành phố, dân kẻ chợ, thị dân

urbanize /'ɜ:bənaɪz/ *v.* thành thị hoá, đô thị hoá

urea /jʊ'ri:ə/ *n.* chất u-rê

urethra /jʊ'ri:θrə/ *n.* ống đái

urge /ɜ:dʒ/ **1** *n.* sự thúc đẩy; dục vọng mãnh liệt **2** *v.* thúc giục, thúc, thôi thúc, giục giã, nài nỉ; cố gắng thuyết phục, khuyến thích: **I strongly ~ you to be patient and not to resort to violence.** Tôi xin các bạn hãy kiên nhẫn, đừng có bạo động.

urgency /'ɜ:dʒənsɪ/ *n.* sự gấp rút, sự khẩn cấp

urgent /'ɜ:dʒənt/ *adj.* gấp, khẩn cấp, khẩn nài: **Food is an ~ need for tsunami victims.** Thực phẩm là nhu cầu khẩn cấp cứu trợ nạn nhân Tsunami.

urinal /jʊə'raɪnəl/ *n.* bình đái; cầu tiểu công cộng ngoài phố

urinary /'jʊərɪnərɪ/ *adj.* thuộc nước tiểu: **~ bladder infection** bọng đái bị nhiễm trùng; **~ tract** niệu đạo

urinate /'jʊərɪneɪt/ *v.* đái, đi đái, đi tiểu, tiểu tiện

urn /ɜ:n/ *n.* lư, vạc; đỉnh, bình đựng tro hoả táng; bình trà lớn, bình cà phê lớn ở tiệm

urology /jʊə'rɒlədʒɪ/ *n.* khoa tiết niệu

U.S. /ju:'es/ *n., abbr.* (= **United States (of America)**) nước Mỹ/Hoa Kỳ

us /ʌs/ *pron.* chúng tôi, chúng mình/ ta: **We like him, and he likes ~.** Chúng tôi ưa anh ta, và anh ta cũng thích chúng tôi.; **let ~ remember that …** chúng ta hãy nhớ điều đó; **the two of ~** hai chúng mình; **all of ~** tất cả chúng tôi/ta

U.S.A /ˌju:es'eɪ/ *n., abbr.* (= **United States of America**) nước Mỹ/Hoa Kỳ

usage /'ju:sɪdʒ/ *n.* cách dùng (thông thường); thói quen, tập quán, tục lệ; sự dùng quen

use /ju:s/ **1** *n.* sự dùng, cách dùng, quyền sử dụng; thói quen; ích lợi: **in ~** được dùng, có người ngồi; **Of what ~ is it?** Cái này/đó dùng để làm gì?; **to be of no ~** vô ích; **to have no ~ for someone** không ưa ai; **to make ~ of** dùng, sử dụng **2** *v.*

[**used**] dùng, sử dụng; áp dụng, lợi dụng; tiêu dùng, tiêu thụ: **to ~ up** dùng hết; **I ~d to go fishing every weekend.** Trước kia tôi thường đi câu cá mỗi ngày Thứ bảy Chủ nhật.; **There ~d to be a banyan tree right here.** Trước kia ở ngay chỗ này có một cây đa.; **~d to coffee** quen uống cà phê

used /juːzd/ *adj.* cũ, đã dùng rồi; (đang) được dùng; quen: **~ car** ô tô/ xe cũ, xe hơi cũ; **~ car lot** bãi để xe cũ (để bán); **~ furniture** bàn ghế cũ

useful /'juːsfəl/ *adj.* có ích, hữu ích, dùng được: **Our company has received very ~ information on tax.** Công ty chúng tôi nhận được thông tin hữu ích về thuế.

usher /'ʌʃə(r)/ **1** *n.* người đưa ghế, người chỉ chỗ ngồi [cho khán giả]; người đón khách đến dự lễ cưới (ở nhà thờ) **2** *v.* đưa, dẫn [**in/into** vào; **out** ra; **to** đến]; báo hiệu, mở đầu: **to ~ into … đưa vào chỗ ngồi; to ~ in a new era** đi vào một kỷ nguyên mới

usual /'juːʒuəl/ *adj.* thường, thường dùng, thông thường, quen dùng: **as ~** như thường lệ; **earlier than ~** sớm hơn mọi khi

usurp /juː'zɜːp/ *v.* lấn chiếm, chiếm đoạt

usurper /juː'zɜːpə(r)/ *n.* kẻ cướp ngôi, tên tiếm vị

utensil /juː'tensɪl/ *n.* đồ dùng, dụng cụ, khí cụ: **kitchen ~s** đồ dùng trong bếp, nồi niêu xoong chảo

uterine /'juːtəraɪn/ *adj.* thuộc dạ con, thuộc tử cung; [anh chị em] cùng mẹ khác cha: **intra-~ device [IUD]** vòng ngừa thai (để trong tử cung)

uterus /'juːtərəs/ *n.* dạ con, tử cung

utility /juː'tɪlɪtɪ/ *n.* sự ích lợi: **utilities** điện nước và khí đốt; **public utilities** tiện nghi công cộng

utmost /'ʌtməʊst/ **1** *n.* mức tối đa, chỗ tột cùng, cực/tột điểm: **to do one's ~** làm hết sức mình, hết sức cố gắng

2 *adj.* hết sức, tột bực, vô cùng, cuối cùng, xa nhất, lớn nhất, cực điểm

utopian /juː'təʊpɪən/ *n., adj.* (người) không tưởng

utter /'ʌtə(r)/ **1** *adj.* hoàn toàn, tuyệt đối: **Utter nonsense!** Chuyện hoàn toàn vô lý, chuyện láo 100 phần trăm! **2** *v.* thốt ra, nói ra, phát ra; bày tỏ

utterance /'ʌtərəns/ *n.* lời, lời nói; câu nói; cách nói: **to give ~ to** phát biểu, diễn tả, biểu tả/hiện

utterly /'ʌtəlɪ/ *adv.* hoàn toàn

U-turn *n.* sự quay xe để đi ngược lại hình chữ U

UV /juː'viː/ *n., abbr.* (= **ultraviolet**) tia hồng ngoại ánh nắng mặt trời

uvula /'juːvjələ/ *n.* lưỡi gà [trong họng]

V

vacancy /'veɪkənsɪ/ *n.* khoảng trống, chỗ trống, chỗ khuyết; nhà/phòng trống (để cho thuê): **"No Vacancy"** KHÔNG CÒN PHÒNG TRỐNG

vacant /'veɪkənt/ *adj.* trống, bỏ không; [chức vụ] khuyết; [cái nhìn] lơ đãng: **to apply for a ~ position** xin vào làm ở chỗ khuyết

vacate /və'keɪt/ *v.* rời bỏ [ghế, nhà]; bỏ trống, dọn đi: **to ~ one's seat** bỏ ghế trống

vacation /və'keɪʃən/ **1** *n.* kỳ nghỉ, thời gian nghỉ (hè): **~ with pay** nghỉ ăn lương; **during my ~ I visited Hanoi** trong thời gian nghỉ hè tôi đã đi thăm Hà Nội **2** *v.* đi nghỉ: **He was ~ing in Ha Long Bay so he couldn't see you.** Ông ấy đang nghỉ hè ở vịnh Hạ Long vì thế ông ấy không gặp bạn được.

vaccination /væksɪ'neɪʃən/ *n.* sự (tiêm) chủng, sự trồng đậu/trái

vaccine /'væksiːn/ *n.* vac-xin, thuốc chủng, thuốc chích ngừa: **Anti-cancer ~s are now undergoing trials.**

Thuốc chích ngừa ung thư hiện nay đang thử nghiệm.

vacillate /'væsɪleɪt/ *v.* lúc lắc, lắc lư, lảo đảo, chập chờn; do dự, lưỡng lự, không quyết định: **They ~ whenever they have to make important decisions.** Họ lưỡng lự khi quyết định vấn đề quan trọng.

vacuum /'vækjuːəm/ **1** *n.* chân không [vật lý]: **~ cleaner** máy hút bụi; **~ ~ tube** đèn chân không; **~ drier** máy sấy hơi; **~ filter** cái lọc trong máy hút bụi **2** *v.* hút bụi: **I have ~ed the carpets today.** Tôi vừa mới hút bụi thảm ngày hôm nay.

vagabond /'vægəbɒnd/ **1** *n.* người lang thang/lêu lổng; du đãng **2** *adj.* lang thang, lêu lõng: **a ~ life** cuộc đời lang bạt **3** *v.* đi lang thang lêu lõng

vagaries /'vægərɪz/ *n.* tính bất thường, tính hay thay đổi

vagina /və'dʒaɪnə/ *n.* âm đạo; vỏ bọc, bẹ lá

vagrant /'veɪgrənt/ *n., adj.* (người) lang thang

vague /veɪg/ *adj.* mơ hồ, mập mờ, lờ mờ, không rõ, hàm hồ; [cái nhìn] lơ đãng: **He gave a ~ answer.** Ông ấy trả lời mập mờ lắm.

vain /veɪn/ *adj.* tự phụ, tự đắc, quá để ý đến nhan sắc áo quần của mình; vô ích, vô hiệu quả: **They died in ~.** Họ đã hy sinh mạng sống một cách vô ích.; **~ efforts** những nỗ lực vô ích; **to be ~** tự đắc về; **to take a person's name in ~** nói về ai một cách khinh khi

valance /'væləns/ *n.* (*also* **valence**) diềm màn (cửa sổ)

valedictorian /ˌvælɪdɪk'tɔːrɪən/ *n.* học sinh/sinh viên đọc diễn văn từ biệt hôm lĩnh bằng

valence, valency /'veɪləns, 'veɪlənsɪ/ *n.* hoá trị

Valentine /'væləntaɪn/ *n.* thiệp mừng hoặc quà tặng vào ngày valentine [14 tháng 2]; bạn gái vào dịp đó: **~'s Day** ngày Lễ thánh Va-lăng-tanh

valet /'væleɪ/ **1** *n.* người hầu phòng đàn ông [lo quần áo cho ông chủ nhà hoặc khách trọ]: **~ parking** bãi đậu xe có người trông coi **2** *v.* hầu, hầu hạ

valiant /'væljənt/ *adj.* can đảm, dũng cảm, anh dũng

valid /'vælɪd/ *adj.* có giá trị/hiệu lực, có căn cứ, vững, chính đáng: **His passport is no longer ~.** Hộ chiếu/ thông hành của anh ấy hết hiệu lực rồi.

validate /'vælɪdeɪt/ *v.* làm cho có giá trị, cho ngày giờ có hiệu lực vào vé xe, tàu: **to ~ your ticket** hãy in ngày giờ vào vé của bạn để có hiệu lực

valley /'vælɪ/ *n.* thung lũng, lưu vực; khe mái

valor /'vælə(r)/ *n.* sự can đảm, sự dũng cảm

valuable /'væljuəb(ə)l/ **1** *n.* đồ quí giá, đồ tế nhuyễn, nữ trang, tài bảo: **Don't leave your ~s in your room.** Không nên để đồ quí giá trong phòng bạn. **2** *adj.* có giá trị, quí giá, quý báu: **Your assistance is ~.** Sự giúp đỡ của bạn rất có giá trị.

valuation /ˌvælju'eɪʃən/ *n.* sự đánh giá, sự lượng giá: **to set a ~ for the products** định giá sản phẩm

value /'væljuː/ **1** *n.* giá trị, giá cả; năng suất; nghĩa, ý nghĩa: **of no ~** không có giá trị, vô giá trị; **to set a ~ on** đánh giá, lượng giá; **market ~** giá thị trường, thời giá; **moral/ethical ~s** tiêu chuẩn đạo đức; **~ for money** đáng đồng tiền **2** *v.* quý, trọng, chuộng, coi trọng, đánh giá cao; sùng thượng; đánh giá, định giá: **to ~ one's property** định giá tài sản của ai

valve /vælv/ *n.* van [ruột bánh xe, tim]; mảnh vỏ [sò]

vampire /'væmpaɪə(r)/ *n.* ma hút máu, ma cà rồng; người đàn bà ve vãn/ mồi chài đàn ông

van /væn/ *n.* xe chở hàng nhỏ, xe tải, xe hành lý, xe dọn nhà; toa xe lửa chở hàng: **luggage** ~ toa chở hàng

vandalism /'vændəlɪz(ə)m/ *n.* hành động phá hoại

vane /veɪn/ *n.* chong chóng gió, cánh quạt cối xay, chân vịt: **weather** ~ chong chóng xem chiều gió

vanguard /'vænɡɑːd/ *n.* quân tiên phong, tiền đội: **in the** ~ **of nations fighting for independence** đứng hàng đầu trong các quốc gia đang đấu tranh giành độc lập

vanilla /və'nɪlə/ *n., adj.* va-ni, mùi thơm na-ni: ~ **ice cream** kem va-ni

vanish /'vænɪʃ/ *v.* biến mất, lẩn mất; tiêu tan: **to** ~ **into the crowd** lẩn mất vào đám đông

vanity /'vænɪtɪ/ *n.* tính tự cao tự đại, tính kiêu căng; sự hư vô, tính hư ảo; chuyện phù hoa; bàn phấn, bồn rửa mặt, bàn trang điểm: ~ **case** hộp đựng phấn son; ~ **bag** ví đựng đồ trang điểm; ~ **unit** bồn rửa mặt

vanquish /'væŋkwɪʃ/ *v.* thắng, được, đánh bại; chế ngự, chiến thắng: **to** ~ **one's desires** chế ngự dục vọng

vantage /'vɑːntɪdʒ/ *n.* thế lợi, lợi thế, ưu thế: ~**point** lợi thế, ưu thế

vapor /'veɪpə(r)/ **1** *n.* hơi, hơi nước; vật hư ảo, sự tưởng tượng hão huyền; ~ **density** sự đông đặc của khí ga; ~ **pressure** áp suất hơi nước **2** *v.* bốc hơi, nói khoác lác, nói chuyện chẳng đâu vào đâu

variable /'veərɪəb(ə)l/ **1** *n.* biến số, gió biến đổi **2** *adj.* (có thể) thay đổi, biến thiên: **I choose a** ~ **rate for my mortgage.** Tôi chọn tiền lời thay đổi cho tiền vay nhà của tôi.

variance /'veərɪəns/ *n.* sự khác nhau, sự không ăn khớp; sự thay đổi: **Her words are at** ~ **with the facts.** Lời nói không đi đôi với việc làm.

variant /'veərɪənt/ **1** *n.* biến thể, biến thái, cách đọc/viết khác **2** *adj.* khác (nhau) chút ít: **a** ~ **spelling** cách đánh vần khác nhau

varicose vein /'værɪkəʊs/ *n.* chứng giãn tĩnh mạch, bị giãn tĩnh mạch

varied /'veərɪd/ *adj.* khác nhau; lẫn màu, màu sắc khác nhau, sặc sỡ: ~ **interests** những lợi ích khác nhau

variety /və'raɪtɪ/ *n.* trạng thái khác nhau, tính chất bất đồng, tính đa dạng: **for a** ~ **of reasons** vì nhiều lý do; ~ **show** chương trình văn nghệ nhiều tiết mục; ~ **store** cửa hàng tạp hoá

various /'veərɪəs/ *adj.* (nhiều thứ) khác nhau: **for** ~ **reasons** vì nhiều lý do khác nhau

varnish /'vɑːnɪʃ/ **1** *n.* véc-ni, sơn dầu; nước bóng; men, mã: **The** ~ **comes in ten natural wood shades.** Vec-ni có đến 10 màu giống gỗ tự nhiên. **2** *v.* quét sơn dầu, đánh véc-ni; tô vẽ, tô son điểm phấn, tô điểm thêm: **I have recently** ~**ed the floor boards of my house.** Tôi vừa đánh bóng sàn nhà của tôi.

vary /'veərɪ/ *v.* thay đổi; đổi khác, thay đổi, biến đổi; khác với; không đồng ý; biến thiên, biến tấu: **to** ~ **from day to day** thay đổi hàng ngày

vascular /'væskjʊlə(r)/ *adj.* thuộc mạch máu: ~ **system** hệ mạch máu

vase /vɑːz/ *n.* lọ cắm hoa, bình

vasectomy /və'sektəmɪ/ *n.* thuật giải phẫu cắt ống dẫn tinh đàn ông

vassal /'væsəl/ *n.* chư hầu; kẻ lệ thuộc, đầy tớ

vast /vɑːst/ *adj.* rộng lớn, bao la, mênh mông, bát ngát

VAT /ˌviːeɪ'tiː/ *n., abbr.* (= **Value Added Tax**) thuế trị giá gia tăng

vat /væt/ **1** *n.* thùng lớn, vạc, bể **2** *v.* bỏ vào bể, bỏ vào chum

Vatican /'vætɪkən/ *n.* Toà thánh Va-ti-căng: ~ **City** thành phố Va-ti-căng

vault /vɔːlt/ **1** *n.* máy vòm, khung vòm; hầm; hầm mộ; phòng có tủ sắt lớn của nhà băng **2** *n.* cái nhảy qua **3** *n.* nhảy qua, nhảy tót; nhảy sào: **pole** ~ môn nhảy sào **4** *v.* xây thành vòm, che phủ bằng vòm: **to** ~ **a passage** xây khung vòm trên lối đi

vaunt /vɔːlt/ *n., v.* (lời) khoe khoang,

khoác lác

VCR /ˌviːsiːˈɑː(r)/ *n., abbr.* (= **Video Cassette Recorder**) máy ghi/phát âm chạy băng nhựa (**cassette**)

VD /ˌviːˈdiː/ *n., abbr.* (= **venereal disease**) bệnh hoa liễu

V-day /ˌviː deɪ/ *n.* ngày chiến thắng của đồng minh (**31st December 1946**)

veal /viːl/ *n.* thịt bê

veer /vɪə(r)/ **1** *n.* sự xoay chiều, sự đổi hướng **2** *v.* thay đổi chiều hướng; thay đổi ý kiến

vegetable /ˈvedʒɪtəb(ə)l/ **1** *n.* rau: **~ garden** vườn rau; **~ soup** xúp rau, xúp lêghim **2** *n.* người tàn tật, người bi bệnh tâm thần **3** *adj.* thuộc thực vật: **~ butter** bơ thực vật; **~ oil** dầu ăn thực vật

vegetarian /vedʒɪˈteərɪən/ *n., adj.* (người) ăn chay, không ăn mặn; chay, không có thịt: **~ food** cơm chay; **~ diet** chế độ ăn toàn rau, chế độ kiêng thịt

vegetation /vedʒɪˈteɪʃən/ *n.* cây cỏ, cây cối, thảo mộc, thực vật: **tropical ~** cây cỏ vùng nhiệt đới

vehemence /ˈviːɪməns/ *n.* sự dữ dội, sự mãnh liệt/kịch liệt: **to speak with ~** nói sôi nổi

vehicle /ˈviːɪk(ə)l/ *n.* xe, xe cộ; phương tiện truyền bá: **motor ~** xe hơi, ô-tô; **government ~** công xa

veil /veɪl/ **1** *n.* mạng che mặt, khăn quàng đầu; trướng, màn che; màn [sương, đêm, mây]; lốt, bề ngoài: **to drop the ~** bỏ mạng che mặt xuống; **We can't see anything in a ~ of heavy mist.** Chúng ta không thấy được gì trong màn sương dày đặc.; **to take the ~** trở thành nữ tu sĩ **2** *v.* che mạng; che, phủ; che giấu, che đậy: **A cloud ~ed the sun.** Một đám mây che mặt trời.

vein /veɪn/ *n.* tĩnh mạch, mạch máu; gân lá; gân cánh [sâu bọ]; vân [gỗ, đá]; mạch [than, quặng]; hứng thơ, thi hứng; lối, kiểu (nói): **pulmonary ~** tĩnh mạch phổi

Velcro /ˈvelkrəʊ/ *n.* dải rút, phéc-ma-tuy

velocity /vɪˈlɒsɪti/ *n.* tốc độ, tốc lực; sự nhanh chóng

velvet /ˈvelvɪt/ *n., adj.* nhung; tiền lãi, tiền lời, món bổng: **~ glove** găng tay nhung, cách đối xử dịu dàng ngoài mặt thôi

venal /ˈviːnəl/ *adj.* tham nhũng, dễ mua chuộc, dễ hối lộ, hay ăn của đút, hay ăn hối lộ: **Money can buy ~ politicians.** Tiền có thể mua chính trị gia hay ăn hối lộ.

vend /vend/ *v.* bán những hàng lặt vặt, bán hàng rong

vendetta /venˈdetə/ *n.* mối thù truyền kiếp, mối thù máu

vendor /ˈvendə(r)/ *n.* người bán hàng, người bán hàng lặt vặt: **street ~** người bán hàng rong

veneer /vɪˈnɪə(r)/ **1** *n.* lớp gỗ mặt; vỏ/ bề ngoài, mã (ngoài): **a house with brick ~** nhà gạch có plas-ter **2** *v.* dán lớp gỗ tốt lên trên, dùng bề ngoài che giấu: **He ~ed his true character.** Ông ấy lấy bề ngoài để che dấu tính nết thật của ông ta.

venerable /ˈvenərəb(ə)l/ *n., adj.* người đáng tôn kính: **the ~ A.B.** Thượng toạ Thích A.B.; **a ~ historian** một sử gia đáng tôn kính

venereal /vɪˈnɪərɪəl/ *adj.* hoa liễu, phong tình

Venetian blind /vɪˈniːʃən blaɪnd/ *n.* mành mành (vơ-ni-dơ), sáo

vengeance /ˈvendʒəns/ *n.* sự trả/báo thù, sự phục thù: **to seek/take ~ on someone** tìm cách trả thù ai; **with a ~** một cách dữ đội

venial /ˈviːnɪəl/ *adj.* có thể tha thứ được, có thể bỏ qua được

venison /ˈvenɪs(ə)n/ *n.* thịt hươu, thịt nai

venom /ˈvenəm/ *n.* nọc độc, sự độc ác, ác ý: **He has a tongue full of ~.** Ông ấy có miệng lưỡi độc ác.

vent /vent/ **1** *n.* lỗ, lỗ hổng, lỗ thông/ thoát; ống khói; lối thoát: **to give ~ to one's anger** trút cơn giận; **the ~**

of a chimney ống khói lò sưởi; **~hole** lỗ thông hơi **2** *v.* trút, bộc lộ, thổ lộ, phát tiết: **to ~ a barrel** giùi lỗ thùng cho thông hơi; **to ~ one's spleen on** mắng nhiếc hay đối xử tàn tệ với ai không có lý do

ventilate /'ventɪleɪt/ *v.* thông gió/hơi; thảo luận công khai

ventilator /'ventɪleɪtə(r)/ *n.* cửa thông hơi/gió; quạt

ventral /'ventrəl/ *adj.* thuộc bụng, ở bụng

ventricle /'ventrɪk(ə)l/ *n.* thất, tâm thất; não thất (xem **auricle** tâm nhĩ): **the ~s of the heart** các tâm thất của tim

ventriloquist /ven'trɪləkwɪst/ *n.* người nói tiếng bụng

venture /'ventʃʊə(r)/ **1** *n.* việc liều lĩnh, việc mạo hiểm: **at an important ~** việc mạo hiểm quan trọng **2** *v.* liều, dám, đánh bạo, mạo hiểm: **to ~ an objection** dám lên tiếng phản đối; **I ~ to say that …** Tôi dám nói là.

venue /'venjuː/ *n.* chỗ hẹn gặp, địa điểm tập hợp; nơi xử án: **to change the ~** thay đổi địa điểm

Venus /'viːnəs/ *n.* thần Vệ nữ, người đàn bà đẹp, thần ái tình; sao Kim

veracious /və'reɪʃəs/ *adj.* thành thật, chân thực, xác thực

veranda(h) /və'rændə/ *n.* hiên, hè

verb /vɜːb/ *n.* động từ: **transitive ~** động từ ngoại động; **intransitive ~** động từ nội động; **auxiliary ~** trợ động từ

verbal /'vɜːbəl/ **1** *n.* từ mà gốc là động từ, động từ **2** *adj.* thuộc động từ; bằng lời nói, bằng miệng; dịch từng chữ một: **~ agreement** đồng ý bằng miệng, chứ chưa viết xuống; **~ note** công hàm thường

verbalize /'vɜːbəlaɪz/ *v.* phát biểu bằng lời nói; động từ hoá

verbatim /vɜː'beɪtɪm/ *adj., adv.* đúng nguyên văn, từng chữ một: **a speech reported ~** bài diễn văn được thuật lại đúng nguyên văn

verbose /və'bəʊs/ *adj.* dài dòng; nói dài dòng văn tự: **~ argument** tranh cãi dài dòng

verdict /'vɜːdɪkt/ *n.* lời tuyên án/phán quyết; quyết định của phụ thẩm/bồi thẩm: **a ~ of not guilty** sự tuyên án vô tội

verge /vɜːdʒ/ **1** *n.* bờ, ven, biên, rìa: **on the ~ of a sneeze** gần nhảy mũi **2** *v.* tiến sát gần, gần như, nằm sát: **to ~ on/ upon** sát gần, gần như

verify /'verɪfaɪ/ *v.* soát lại, kiểm lại, thẩm tra, kiểm tra; xác nhận, xác minh, chứng minh, chứng nhận: **I have verified the items of the bill.** Tôi vừa kiểm tra lại các khoản trong hoá đơn.; **to ~ a signature** xác minh chữ ký

veritable /'verɪtəb(ə)l/ *adj.* thật, thực, đích thực, quả thực

verity /'verɪtɪ/ *n.* sự thực, sự thật, chân lý

vermicelli /vɜːmɪ'tʃelɪ/ *n.* bún, miến, mì nhỏ sợi

vermilion /və'mɪlɪən/ **1** *n.* son, thần sa **2** *adj.* màu đỏ son

vermin /'vɜːmɪn/ *n.* sâu bọ, chấy rận; bọn vô lại

vernacular /və'nækjʊlə(r)/ **1** *n.* tiếng bản xứ; tiếng mẹ đẻ, thổ ngữ; tiếng thông thường/thông tục; tiếng riêng, tiếng lóng trong nghề: **to be translated into the ~** được dịch ra tiếng địa phương **2** *adj.* bằng tiếng địa phương

vernal /'vɜːnəl/ *adj.* thuộc mùa xuân; thuộc tuổi thanh xuân: **~ equinox** (điểm) xuân phân; **~ flowers festival** hội hoa xuân

vernier /'vɜːnɪə(r)/ *n.* vec-nê

versatile /'vɜːsətaɪl/ *adj.* có nhiều tài, uyên bác; có nhiều công dụng: **He is a ~ writer.** Ông ấy là một nhà văn đa tài.

verse /vɜːs/ **1** *n.* thơ; câu thơ, đoạn thơ, bài thơ, tiết [trong một chương kinh thánh]: **free ~** thơ tự do; **narrative in ~** truyện thơ **2** *v.* làm thơ, diễn tả bằng thơ

version /'vɜ:ʃən/ *n.* bản dịch; cách thuật lại, thoại, cách giải thích: **There are two ~s of the same incident.** Có hai cách giải thích một sự việc.

versus /'vɜ:səs/ *prep.* (*abbr.* **vs**) chống, chống lại: ~ **someone else** đối với ai khác; **traveling by plane ~ traveling by train** du lịch bằng máy bay so với du lịch bằng xe lửa

vertebra /'vɜ:tɪbrə/ *n.* (*pl.* **vertebrae**) đốt xương sống

vertex /'vɜ:teks/ *n.* (*pl.* **vertexes, vertices**) chóp, chỏm, ngọn, đỉnh; đỉnh đầu; cực điểm, cực đỉnh; thiên đỉnh

vertical /'vɜ:tɪkəl/ *n., adj.* (đường) thẳng đứng

verve /vɜ:v/ *n.* sự hăng hái nhiệt tình: **to be in good ~** đương cao hứng/hăng hái

very /'verɪ/ **1** *adv.* rất, lắm, quá; chính, đúng: **The soup is ~ hot.** Canh nóng/cay lắm đấy.; **He stood in the ~ same place for two hours.** Ông ấy đứng ngay chỗ đó hai giờ liền. **2** *adj.* chính, ngay; chỉ; thực, thực sự: **The ~ thought of blood makes him sick.** Chỉ mới nghĩ đến máu là ông ta đã thấy khó chịu (buồn nôn) rồi.; **caught in the ~ act** bị bắt quả tang

vessel /'vesəl/ *n.* thuyền lớn, tàu thủy; mạch, ống; bình, lọ, thùng, chậu: **blood ~** mạch máu; **to taxi a ~ out of the port** kéo chiếc tàu lớn ra khỏi cảng

vest /vest/ **1** *n.* áo gi-lê [đàn ông, đàn bà]; áo lót: **suit ~** bộ com lê có cả gi-lê **2** *v.* mặc quần áo cho; ban, phong, trao quyền cho: **During the New Year celebrations, Vietnamese often ~ their altars.** Vào dịp lễ Tết, người Việt thường trang hoàng bàn thờ.

vested /'vestɪd/ *adj.* được trao cho, được phong cho: ~ **interest** quyền lợi được trao cho

vestibule /'vestɪbju:l/ *n.* phòng ngoài,

tiền sảnh; hành lang giữa hai xe lửa chở khách: ~ **train** xe lửa có lối thông nhau giữa hai toa

vestige /'vestɪdʒ/ *n.* dấu vết, vết tích, di tích, tàn tích

vet /vet/ **1** *n., abbr.* (= **veteran**) cựu chiến binh **2** *n., abbr.* (= **veterinarian**) bác sĩ thú y, bác sĩ chữa bệnh súc vật

veteran /'vetərən/ **1** *n.* cựu (chiến) binh, binh sĩ giải ngũ; tay kỳ cựu: **Department of ~ Affairs** bộ cựu chiến binh **2** *adj.* kỳ cựu, lão luyện

veterinarian /ˌvetərɪ'neərɪən/ *n.* bác sĩ thú y, thú y sĩ

veterinary /'vetərɪnərɪ/ *adj.* (thuộc) thú y, thuộc loài vật

veto /'vi:təʊ/ **1** *n.* quyền phủ quyết, sự phủ quyết: **power/right of ~** quyền phủ quyết **2** *v.* bác bỏ, phủ quyết: **to ~ a bill** dùng quyền phủ quyết để bác bỏ một dự luật

vex /veks/ *v.* làm phật ý, làm bực, làm khó chịu

vexed /vekst/ *adj.* bị làm bực mình/ phật ý

VHF /ˌvi:eɪtʃ'ef/ *n., abbr.* (= **very high frequency**) tuyến phát sóng truyền hình

via /'vaɪə, 'vi:ə/ *prep.* qua, quá cảnh, theo đường: ~ **the canal** qua ngả kênh; **to go to Vietnam ~ Singapore** đi Việt Nam quá cảnh Sing-ga-pore

viable /'vaɪəb(ə)l/ *adj.* có thể tồn tại/ thành tựu được

viaduct /'vaɪədʌkt/ *n.* cầu cạn, cầu xe lửa ở chỗ cạn

Viagra /vaɪ'ægrə/ *n.* thuốc cường dương, thuốc trị chứng bất lực đàn ông

vial /'vaɪəl/ *n.* lọ thuốc nước

vibrant /'vaɪbrənt/ *adj.* rung (động); run run, sôi nổi, rộn rã

vibrate /vaɪ'breɪt/ *v.* rung (động); chấn động, lúc lắc, run lên, rộn ràng, rộn rã

vicar /'vɪkə(r)/ *n.* mục sư, cha sở

vicarious /vɪ'keərɪəs/ *adj.* chịu thay

cho người khác; chia sẻ với người khác; được uỷ nhiệm thay thế: **~ joy from watching someone at work** chia sẻ niềm vui xem ai làm việc

vice /vaɪs/ **1** *n.* thói/nét xấu, thói hư tật xấu; sự đồi bại, sự trụy lạc; chứng/tật [của ngựa]; thiếu sót **2** *n.* êtô, mỏ cặp **3** *prefix* phó, thứ: **~-admiral** phó đô đốc; **~-chairman** phó chủ tịch, phó chủ nhiệm, phó ban; **~-chancellor** phó trưởng ấn, phó viện trưởng, phó hiệu trưởng đại học; **~-consul** phó lãnh sự; **~-minister** thứ trưởng; **~-president** phó tổng thống, phó chủ tịch

vice versa /ˌvaɪs'vɜːsə/ *adv.* ngược lại, trái lại, trở lại

vicinage /vɪs'ənɪʤ/ *n.* quan hệ làng xóm, láng giềng; vùng lân cận

vicinity /vɪ'sɪnɪtɪ/ *n.* vùng lân cận/phụ cận; sự gần gũi: **in the ~ of Hanoi** ở gần Hà Nội

vicious /'vɪʃəs/ *n.* xấu xa, đồi bại, dâm đãng; độc ác, ác, xấu chơi; [ngựa] dữ, sai, trật: **~ circle** vòng luẩn quẩn; **~ rumor** lời đồn ác; **~ life** cuộc sống đồi trụy

vicissitude /vɪ'sɪsɪtjuːd/ *n.* sự lên xuống, nỗi thăng trầm, sự thịnh suy; sự hưng bại; sự thay đổi/phù trầm: **the ~s of life** nỗi thăng trầm của cuộc sống

victim /'vɪktɪm/ *n.* nạn nhân [tai nạn, chiến tranh, vụ lừa đảo]; vật tế thần, vật hy sinh

victor /'vɪktə(r)/ *n.* người thắng trận/cuộc, kẻ chiến thắng

Victorian /vɪk'tɔːrɪən/ *n., adj.* người hay thuộc tiểu bang Victoria (Úc)

victory /'vɪktərɪ/ *n.* sự thắng trận/cuộc, sự chiến thắng; thắng lợi: **to gain/score/win a ~** giành được thắng lợi

video /'vɪdɪəʊ/ **1** *n., adj.* băng truyền hình: **~ cassette** băng nhựa quay hình; **~ conference** hội nghị bằng truyền hình; **~ film** phim chiếu bằng máy chiếu băng nhựa; **~ recorder** máy ghi hình băng nhựa

2 *v.* quay phim bằng máy quay nhỏ

video camera *n.* máy quay phim/hình nhỏ vào băng nhựa hay dĩa CD nhỏ

video card *n.* thẻ cho vào máy quay phim nhỏ

video game *n.* trò chơi điện tử trên máy vi tính hay truyền hình

vie /viː/ *v.* ganh đua, tranh đua, thi đua

Vietnam /'viːetnəm/ *n.* nước Việt Nam

view /vjuː/ **1** *n.* sự nhìn thấy; tầm mắt; cảnh, quang cảnh; cách nhìn, quan điểm, ý kiến: **to come into ~** hiện ra trước mắt; **point of ~, ~point** quan điểm; **in ~ of …** xét vì, bởi, xét thấy, vì lý do; **political ~** chính kiến; **on ~** được nhìn thấy; **in my ~** theo ý tôi, theo thiển ý **2** *v.* trông/nhìn thấy, xem; xem xét kỹ, nghĩ về: **to ~ a matter from one's position** nhìn vấn đề theo vị trí của mình

viewfinder /'vjuːfaɪndə(r)/ *n.* kính ngắm

viewpoint /'vjuːpɔɪnt/ *n.* quan điểm, lập trường

vigil /'vɪʤɪl/ *n.* sự thức để trông nom/canh phòng: **to keep a ~ over a sick person** thức khuya để trông nom người ốm

vigilance /'vɪʤɪləns/ *n.* sự cảnh giác, sự cẩn mật: **to lack ~** thiếu cảnh giác, thiếu thận trọng

vigor /'vɪgə(r)/ *n.* sức mạnh, cường lực, sự cường tráng, khí lực; sức hăng hái mãnh liệt

vile /vaɪl/ *adj.* [thời tiết] xấu, khó chịu; [mùi] thối, ghê tởm; [lời lẽ] xấu xa, bỉ ổi; hèn hạ, đê hèn: **a ~ temper** tính tình khó chịu

vilify /'vɪlɪfaɪ/ *v.* phỉ báng, nói xấu

villa /'vɪlə/ *n.* biệt thự

village /'vɪlɪʤ/ *n.* làng, xã, hương thôn

villain /'vɪlən/ *n.* kẻ hung ác, tên côn đồ, tên vô lại; thằng lưu manh, tên phản bội [trong phim kịch]

villainous /'vɪlənəs/ *adj.* đê hèn, đê tiện, hạ tiện; xấu, xấu xa, bẩn thỉu, ghê tởm; du côn du kề, hung ác

vinaigrette /vɪnɪ'gret/ *n.* nước xốt dầu dấm

vindicate /'vɪndɪkeɪt/ *v.* bào chữa, bênh vực, chứng minh [cho người bị nghi hoặc tố cáo oan]

vindictive /vɪn'dɪktɪv/ *adj.* thù oán, (hay) báo/trả thù

vine /vaɪn/ *n.* cây leo, cây bò; cây nho: ~ **grower** người/nhà trồng nho

vinegar /'vɪnɪgə(r)/ *n., v.* giấm, trộn giấm: **oil and** ~ dầu giấm

vineyard /'vɪnjəd/ *n.* vườn nho, ruộng nho

vintage /'vɪntɪdʒ/ *n., adj.* sự/mùa hái nho; nho hái được; rượu nổi tiếng; loại (rượu, ôtô, máy bay) đã cũ: ~ **wine** vang tốt; ~ **car** xe đời cũ

vinyl /'vaɪnəl/ **1** *n.* chất nhựa vi-nin: ~ **tiles** gạch bằng nhựa

viola /vaɪ'ələ/ *n.* đàn viô-lông lớn, đàn an-tô

violate /'vaɪəleɪt/ *v.* phạm, vi phạm, xâm phạm, xúc phạm; lỗi [thề], bội [ước], làm trái với; hãm hiếp: **to ~ a law** phạm luật

violence /'vaɪələns/ *n.* sự mạnh mẽ dữ dội; bạo lực, vũ lực, sự cưỡng bức, tính chất bạo động/quá khích; tội bạo hành, tội hành hung: **domestic** ~ bạo hành trong gia đình; **to do ~ to someone** hành hung ai

violent /'vaɪələnt/ *adj.* mạnh (mẽ), dữ (dội), mãnh liệt; hung tợn, hung bạo, hung dữ, quá khích, kịch liệt: ~ **language** thứ ngôn từ thô bạo; ~ **death** cái chết bất đắc kỳ tử

violet /'vaɪəlɪt/ **1** *n.* cây hoa tím, hoa tím, màu tím **2** *adj.* tím

violin /vaɪə'lɪn/ *n.* đàn viô-lông, đàn vĩ cầm, người kéo viô-lông

VIP /ˌviːaɪ'piː/ *n., abbr.* (= **Very Important Person**) thượng khách: ~ **lounge** phòng dành cho thượng khách

viper /'vaɪpə(r)/ *n.* rắn độc, rắn vipe; người hiểm ác

viral /'vaɪrəl/ *adj.* gây độc hại/nguy hiểm bệnh hoạn

virgin /'vɜːdʒɪn/ **1** *n.* gái tân, gái (đồng) trinh, trinh nữ; trai tân: **the** ~ **Mary** Đức Mẹ Đồng trinh **2** *adj.*

còn tân, còn trinh, trinh khiết, trong trắng: ~ **forest** rừng hoang; ~ **girl** gái trinh; ~ **olive oil** loại dầu ô-live nguyên chất đầu tiên

virginity /və'dʒɪnɪti/ *n.* chữ trinh, sự trinh bạch/trinh khiết, sự trong trắng; tính chất còn mới nguyên

virile /'vɪraɪl/ *adj.* thuộc đàn ông, nam tính; hùng dũng, hùng, cương cường, đáng bậc tu mi nam tử

virology /vaɪ'rɒlədʒi/ *n.* khoa vi-rút

virtual /'vɜːtjuːəl/ *adj.* thực sự, thực tế, có thật; ảo, giả: **a ~ prisoner** chẳng khác gì một người ở tù; ~ **focus** tiêu điểm ảo

virtual memory *n.* bộ nhớ thực trong máy vi tính

virtual reality *n.* hình ảnh làm bằng máy vi tính trông như thực

virtue /'vɜːtjuː/ *n.* tính tốt, đức, đức tính, đức hạnh; trinh tiết; cái hay, cái lợi, ưu điểm; hiệu quả, hiệu lực (của phương thuốc): **to follow ~s** ăn ở có đức; **by ~ of** theo, với tư cách

virtuous /'vɜːtjuːəs/ *adj.* có đức, có đạo đức, có đức hạnh; tiết hạnh, tiết trinh, trung trinh, đoan chính

virulent /'vɪrjʊlənt/ *adj.* độc, có thể làm chết người; do vi-rut gây nên; độc địa, hiểm ác: ~ **disease** bệnh do vi-rut gây nên

virus /'vaɪrəs/ *n.* vi-rút, độc chất, độc tố; mầm độc, mối độc hại

visa /'viːzə/ **1** *n.* chiếu khán, thị thực trên thông hành/hộ chiếu: **entry** ~ thị thực nhập cảnh; **transit** ~ chiếu khán quá cảnh **2** *v.* đóng dấu chiếu khán/thị thực cho

vis-a-vis /ˌviːzɑː'viː/ *prep.* đối diện, liên quan; so với: **Britain's role ~ the United States'** vai trò nước Anh liên quan đến Mỹ

viscera /'vɪsərə/ *n.* nội tạng, (lục) phủ (ngũ) tạng

viscous /'vɪskəs/ *adj.* nhớt, lầy nhầy, sền sệt; dính, dẻo

visible /'vɪzɪb(ə)l/ *adj.* (có thể trông) thấy được: **The lighthouse was bare-**

ly ~ **through the fog.** Vì có sương mù nên phải nhìn kỹ lắm mới hơi thấy ngọn hải đăng.; **without ~ cause** không có nguyên nhân rõ rệt

vision /'vɪʒən/ *n.* sức nhìn/trông, thị lực, điều mơ ước; ảo tưởng, ảo ảnh, ảo cảnh, ảo mộng; ảo giác, sức tưởng tượng, cái nhìn xa: **field of ~** thị trường

visionary /'vɪʒənərɪ/ *n., adj.* (người) mơ mộng hư ảo, (người) không thực tế

visit /'vɪzɪt/ **1** *n.* sự đi thăm, sự thăm viếng; chuyến tham quan, cuộc đi thăm/chơi; câu chuyện thân mật; sự khám/thăm bệnh: **to pay someone a ~** đến chào thăm ai **2** *v.* thăm, thăm hỏi, đến thăm, đến chơi, thăm viếng; tham quan, đi thăm [chỗ nơi, nước]; [tai hoạ, dịch tễ] giáng xuống: **He was ~ed by many troubles.** Nhiều chuyện khó khăn đã giáng xuống đầu ông ta.

visiting /'vɪzɪtɪŋ/ *adj.* đang ở thăm: ~ **card** danh thiếp; ~ **hours** giờ tiếp/thăm bệnh nhân, giờ thăm tù; ~ **professor** giáo sư biệt thỉnh

visitor /'vɪzɪtə(r)/ *n.* khách, người đến thăm; người đi xem [triển lãm, viện bảo tàng, v.v.] du khách

visual /'vɪʒjuːəl/ *adj., n.* thuộc sự nhìn, thuộc thị giác: **audio ~** nghe và nhìn, thính thị; ~ **aid** trợ thính thị; ~ **display unit** một giàn máy nghe nhìn

visually handicapped *adj.* bị phế tật thị giác

vital /'vaɪtəl/ **1** *n.* thuộc đời sống, cần cho cuộc sống **2** *adj.* cần cho sự sống; sống còn, quan trọng, quan yếu; nguy hiểm (đến tính mạng); sinh động, đầy sức sống: **a ~ question** vấn đề sinh tử; ~ **statistics** (thống kê) sinh tử giá thú

vitality /vaɪ'tælɪtɪ/ *n.* sức sống, sinh lực/khí, hoạt lực/khí; khả năng sống lâu; sức mạnh, sinh khí, khí lực

vitals /'vaɪtəlz/ *n.* bộ phận cần thiết (cho đời sống)

vitamin /'vaɪtəmɪn/ *n.* thuốc bổ, thuốc vi-ta-min

viva /'viːvə/ *n., intj.* (tiếng hoan hô) muôn năm!

vivacious /vaɪ'veɪʃəs/ *adj.* nhanh nhẩu, hoạt bát, linh lợi, sống lâu: **a ~ woman** người đàn ông hoạt bát

vivid /'vɪvɪd/ *adj.* [bức tranh, sự miêu tả] sinh động; [kỷ niệm] rõ ràng, rõ rệt, sâu sắc; [màu] rực, chói: **We avoid ~ lights.** Chúng ta tránh ánh sáng chói lọi.

vixen /'vɪks(ə)n/ *n.* cáo cái, chồn cái; đàn bà đanh đá

viz /vɪz/ *adv., n.* hư là, có thể nói

vocabulary /vəʊ'kæbjʊlərɪ/ *n.* từ vựng, ngữ vựng

vocal /'vəʊkəl/ *n., adj.* thuộc phát âm, thuộc âm thanh; to/lớn tiếng, hay nói; bằng miệng; thích nói tự do: ~ **cords/bands** thanh đới; ~ **organs** cơ quan phát âm; ~ **music** thanh nhạc

vocation /vəʊ'keɪʃən/ *n.* nghề, nghề nghiệp; ngành nghề; tài năng, thiên hướng, thiên chức

vocational /vəʊ'keɪʃənəl/ *adj.* thuộc nghề nghiệp: ~ **education** giáo dục nghề nghiệp/chức nghiệp; ~ **guidance** sự hướng dẫn nghề nghiệp; ~ **school** trường dạy nghề

vociferous /və'sɪfərəs/ *adj.* la lối om sòm, la hét ầm ĩ: **a ~ crowd** đám đông la hét ầm ĩ

vogue /vəʊg/ *n.* mốt, thời trang: **to be in ~** đang thịnh hành

voice /vɔɪs/ **1** *n.* giọng nói, tiếng nói, tiếng, lời nói, sự tỏ bày, sự phát biểu; quyền ăn nói; âm kêu/tỏ; dạng: **in a loud ~** nói to; **in a low ~** nói khẽ; **with one ~** đồng thanh, nhất trí; **I have no ~ in this matter.** Tôi không có tiếng nói về vấn đề này.; **active ~** dạng chủ động; **passive ~** dạng bị động **2** *v.* nói lên, bày tỏ, phát biểu, phát thành âm kêu: **They have ~d their concern.** Họ lên tiếng báo động rằng.

voice mail *n.* thư bằng lời nói

voice-over *n.* sự thuyết minh trong phim

void /vɔɪd/ **1** n. chỗ trống, khoảng trống; sự trống rỗng, bỏ không, khuyết; không có hiệu lực, vô giá trị: **to fill a ~** lấp khoảng trống; **His death has left a ~.** Ông ấy mất đi để lại một khoảng trống; **a ~ in space** khoảng trống không **2** adj. trống, bỏ không, trống rỗng: **to consider something as null and ~** xem cái gì cũng chẳng có giá trị **3** v. huỷ bỏ, làm cho mất giá trị, vô hiệu

volatile /'vɒlətaɪl/ adj. dễ bay hơi, nhẹ dạ; vui vẻ, hoạt bát: **~ substance** chất dễ bay hơi

volcanic /vɒl'kænɪk/ adj. thuộc núi lửa; nóng nảy; sôi sục: **~ rocks** đá núi lửa

volcano /vɒl'keɪnəʊ/ n. (pl. **volcanoes**) núi lửa, hoả diệm sơn: **extinct ~** núi lửa đã tắt; **dormant ~** núi lửa nằm im; **active ~** núi lửa đang phun

volition /və'lɪʃən/ n. ý, ý chí: **of one's own ~** tự ý mình

volley /'vɒlɪ/ **1** n. loạt [đạn], tràng [pháo tay], chuỗi [cười]; quả vô lê **2** v. ném/bắn hàng loạt, tuôn ra hàng tràng; đánh bóng chuyền

voltage /'vɒltɪdʒ/ n. điện áp: **high ~** điện áp cao, điện thế/thế hiệu cao, cao thế; **low ~** thế hiệu thấp, hạ thế

voluble /'vɒljʊb(ə)l/ adj. lém, liến thoắng, ăn nói trôi chảy/lưu loát, lưu lợi, lợi khẩu: **He gave a ~ speech.** Ông ấy đọc một bài diễn văn lưu loát.

volume /'vɒljuːm/ n. quyển, cuốn, tập; khối; thể tích, dung tích; âm lượng, độ vang: **a two-~ dictionary** một bộ từ điển hai tập/cuốn; **the bound ~s of a journal** Ngôn ngữ những tập tạp chí Ngôn ngữ đã đóng bìa; **~s of smoke** nhiều đám khói; **The figures speak/tell ~s of the tremendous changes that have taken place in our country.** Những con số này nói lên một cách hùng hồn về những biến chuyển kỳ diệu đã xảy ra trong nước chúng tôi.

voluntary /'vɒləntərɪ/ adj., n. tự ý, tự nguyện, tự giác; tình/chí nguyện; cố ý: **~ manslaughter** tội cố ý giết người, tội cố sát

volunteer /vɒlən'tɪə(r)/ **1** n. người tình nguyện; quân tình nguyện, quân chí nguyện: **Any ~s?** Có ai xung phong không? **2** v. tình nguyện (đi lính), xung phong (tòng quân); xung phong [làm việc gì], tự động đưa ra: **He ~ed for the task.** Ông ấy xung phong làm công tác đó.

voluptuous /və'lʌptjuːəs/ adj. ưa nhục dục, hiếu sắc, dâm đãng; khêu gợi, gây khoái lạc, đầy khoái lạc

vomit /'vɒmɪt/ **1** n. chất nôn mửa ra **2** v. nôn, mửa; phun ra: **to ~ blood** nôn ra máu, thổ huyết

voracious /vɒ'reɪʃəs/ adj. tham ăn, ham ăn, phàm ăn: **a ~ reader** người đọc nhiều sách, người ngốn sách; **a ~ appetite** ăn ngấu nghiến ngon lành

vortex /'vɔːteks/ n. gió cuốn, gió xoáy, xoáy nước, cơn lốc: **~ of revolution** cơn lốc của cách mạng; **to be drawn into the ~ of ...** bị lôi cuốn vào cơn lốc ...

vote /vəʊt/ **1** n. sự/quyền bỏ phiếu, lá phiếu; số phiếu; sự biểu quyết: **to cast a ~** bỏ lá phiếu; **to give one's ~** to bầu cho ai; **to put a ~ of confidence** bỏ phiếu tín nhiệm **2** v. bỏ/đầu phiếu, bầu cử; bỏ phiếu thông qua: **to ~ in** bầu cho ai; **to ~ out** bỏ phiếu chống ai; **to ~ for** bỏ phiếu tán thành; **to ~ against** bỏ phiếu phản đối, bỏ phiếu bác

votive /'vəʊtɪv/ adj. để dâng cúng: **~ offerings** đồ lễ tạ

vouch /vaʊtʃ/ v. xác nhận, xác minh; cam đoan, bảo đảm: **to ~ for the truth of ...** bảo đảm sự thật

voucher /'vaʊtʃə(r)/ n. người bảo đảm; biên lai, chứng từ/chỉ, phiếu trả tiền rồi để đổi lấy hàng: **You can give your friend a gift ~.** Bạn có thể tặng bạn mình phiếu để đổi lấy quà.

vow /vaʊ/ **1** n. lời thề/nguyện, lời thệ ước/thề nguyện: **a ~ of secrecy** lời thề giữ bí mật; **to take ~s** đi tu   **2** *v.* thề nguyện, thề, nguyện: **to ~ revenge** thề sẽ báo thù

vowel /'vaʊəl/ *n.* nguyên âm, mẫu âm; chữ cái ghi nguyên âm

voyage /'vɔɪɪdʒ/ **1** *n.* chuyến du lịch bằng đường biển hoặc máy bay: **to go on a ~** đi du lịch bằng đường biển   **2** *v.* đi du lịch xa (bằng đường biển)

V-sign *n.* dấu hai ngón (ngược lại) hình chữ ám chỉ xấu

vulgar /'vʌlgə(r)/ *adj.* thô tục, thô bỉ; tục tỉu; thường, thông thường, thông tục, bình dân, đại chúng

vulnerable /'vʌlnərəb(ə)l/ *adj.* có chỗ yếu, có nhược điểm, có thể bị công kích/chỉ trích

vying /'vʌɪɪŋ/ *pres. participle* ganh đua, thi đua, đua tranh (xem **vie**)

W

wacky /'wækɪ/ *adj.* tàng tàng, điên điên

wad /wɒd/ **1** *n.* nùi bông, xấp giấy bạc; nút lòng súng: **He holds a ~ of banknotes.** Ông ấy cầm một xấp giấy bạc.   **2** *v.* chèn, lót; đút nút, nhét bông vào

waddle /'wɒd(ə)l/ *n., v.* (dáng) đi lạch bạch như vịt

wade /weɪd/ *v.* lội, lội qua [chỗ nông]: **to ~ across a river** lội qua sông; **to ~ through a book** đọc mãi mới hết một quyển sách

wadi /'wɒdɪ/ *n.* sông ngòi cạn chỉ có nước vào mùa mưa

wafer /'weɪfə(r)/ **1** *n.* bánh quế, bánh kẹp; bánh thánh   **2** *v.* gắn xi vào chai, niêm, niêm phong bằng xi

waffle /'wɒf(ə)l/ **1** *n.* bánh kẹp, bánh quả tim; chuyện gẫu   **2** *v.* nói chuyện gẫu, nói chuyện liến thoắng: **My friend often tells me that I ~ on too much.** Bạn tôi

thường nói rằng tôi thường nói chuyện gẫu quá nhiều.

waft /wɑːft/ *n., v.* thoảng/nhẹ đưa; gửi vọng; thoảng qua: **I got a ~ of the fragrance.** Tôi ngửi có mùi hương thơm phảng phất.

wag /wæg/ *n., v.* (sự) lắc [đầu]; (sự) vẫy [đuôi], ve vẫy; người hay nói đùa, người hay tinh nghịch: **The dog is ~ging its tail.** Con chó đang đứng vẫy đuôi.

wage /weɪdʒ/ **1** *n.* tiền lương, tiền công: **to earn/get a ~** được trả lương, kiếm được tiền công; **~ earner** người làm công ăn lương; **starvation ~s** đồng lương chết đói; **~-rise** sự tăng lương; **~ scale** thang lương; **~-sheet** giấy trả lương   **2** *v.* tiến hành [chiến tranh], đánh nhau với: **to ~ war against** gây chiến

wager /'weɪdʒə(r)/ **1** *n.* sự đánh cuộc/cá: **to lay a ~** đánh cá   **2** *v.* đánh cuộc, đánh cá

wagon /'wægən/ *n.* xe bò, xe ngựa; xe goòng, xe có thùng: **water ~** xe chở nước; **to be on the ~** kiêng rượu

waif /weɪf/ *n.* trẻ bị bỏ rơi, đứa trẻ vô thừa nhận, đứa trẻ bơ vơ; chó lạc, mèo lạc; vật vô chủ

wail /weɪl/ *n., v.* (tiếng) than khóc, than van, rên rĩ: **He ~s over his misfortunes.** Ông ấy than van về số phận không may của mình.; **the ~ing Wall of Jerusalem** bức tường cao ở thành phố Giê-ru-xa-lem ở trong nhà thờ Herod, nơi chúa Giê su cầu nguyện vào ngày Thứ sáu

waist /weɪst/ *n.* chỗ thắt lưng, eo; áo chẽn đàn bà

wait /weɪt/ **1** *n.* thời gian chờ đợi; sự rình: **to lie in ~ for** nằm rình, mai phục; **I had a long ~ at the airport.** Tôi phải chờ rất lâu ở sân bay.   **2** *v.* chờ, đợi: **to ~ for** chờ; **to ~ one's turn** đợi đến lượt mình; **Please ~ until she comes.** Xin đợi đến lúc cô ấy đến.; **Please ~ a moment/minute.** Xin (ông/bà/cô) đợi một chút.; **He**

had to pay his way through college by ~ing on tables [i.e. by being a waiter]. Anh ấy phải trả tiền học cho nên anh ấy phải làm việc hầu bàn để kiếm tiền ăn học.

waiter /'weɪtə(r)/ *n.* người hầu bàn, tiếp viên nhà hàng: **Could you ask the ~ for another beer?** Bạn làm ơn nói tiếp viên cho thêm bia?

waitress /'weɪtrəs/ *n.* cô hầu bàn, chị hầu bàn, nữ tiếp viên nhà hàng

waiver /'weɪvə(r)/ *n.* sự từ bỏ/khước từ; sự/giấy cho hoãn: **tuition fees ~** sự tha đóng tiền học, miễn học phí

wake /weɪk/ **1** *n.* lằn tàu: **in the ~ of the earthquake** sau vụ động đất ấy **2** *n.* thức canh người chết **3** *v.* [**woke**; **woken**] thức giấc, thức dậy, tỉnh dậy: **I ~ up early in the morning.** Tôi thức dậy sớm vào buổi sáng.; **to ~ someone up** đánh thức ai dậy

wake-up call *n.* việc gọi điện thoại đánh thức dậy

walk /wɔːk/ **1** *n.* sự đi bộ; cuộc đi dạo chơi, đi tản bộ; quãng đường đi bộ; dáng đi; đường đi, lối đi; tầng lớp xã hội: **Let's take a ~, let's go for a ~.** Chúng ta hãy dạo chơi một vòng đi.; **The campus is only a short ~ from my house.** Khu đại học chỉ cách nhà tôi một quãng ngắn.; **different ~s of life** đủ các tầng lớp xã hội khác nhau **2** *v.* đi, đi bộ, đi lang thang, đi tản bộ, đi chơi; đi chân: **I'll ~ you home.** Anh sẽ đưa em về nhà.; **to ~ away** bỏ đi; nắng đi, cuỗm mất; **to ~ off with** nắng đi, cuỗm mất, chuồn đi đem theo; **to ~ out** bỏ ra đi, thình lình bỏ đi; đình công, bãi công; **to ~ the streets** gái đứng đường, đứng đường tìm việc

walkie-talkie /ˌwɔːkɪ'tɔːkɪ/ *n.* ra-đi-ô xách tay, máy thu thanh bỏ túi, ra-đi-ô vừa đi vừa nói

walking /'wɔːkɪŋ/ *n., adj.* sự đi bộ, tản bộ: **~ papers** giấy cho nghỉ việc; **to serve someone his ~ papers** đuổi, sa

thải; **a ~ tour** một cuộc du lịch bằng đi bộ

walkman /'wɔːkmən/ *n.* máy nghe nhạc cá nhân bỏ túi

walkout /'wɔːkaʊt/ *n.* cuộc đình công

walkover /'wɔːkəʊvə(r)/ *n.* cuộc thi/đấu dễ thắng

wall /wɔːl/ **1** *n.* tường, vách, thành [giếng, mạch máu, tim]; thành, thành lũy, thành quách: **a brick ~** một bức tường gạch; **the Great ~ of China** Vạn Lý Trường thành; **to go to the ~** bị thất bại, bị phá sản; **to be pushed/driven to the ~** bị dồn vào chân tường, bị dồn vào thế bí **2** *v.* xây tường/thành bao quanh: **to ~ up** xây bịt lại

wallet /'wɒlɪt/ *n.* ví da, ví tiền: **Take care of your ~.** Cẩn thận cái ví của bạn.

wallflower /'wɔːlflaʊə(r)/ *n.* cây quế trúc; cô gái không được ai mời nhảy

wallop /'wɒləp/ *n., v.* cú đánh mạnh, quất mạnh

wallow /'wɒləʊ/ **1** *v.* [trâu] đằm mình trong bùn, bơi, đắm mình: **to ~ in wealth** đắm mình trong tiền của, nhung lụa **2** *n.* bãi trâu nằm, bãi đầm

walnut /'wɔːlnʌt/ *n.* quả óc chó, quả hồ đào; cây gỗ hồ đào

walrus /'wɒlrəs/ *n.* con moóc, hải mã, hải tượng

waltz /wɔːlts/ **1** *n.* điệu nhạc/ nhảy van-xơ **2** *v.* nhảy van-xơ

WAN /wæn/ *abbr.* (= **Wide Area Network**) mạng vi tính khu vực

wan /wɒn/ *adj.* xanh xao, nhợt nhạt, yếu ớt, tái mét

wand /wɒnd/ *n.* đũa thần, gậy phép; que đánh nhịp, đũa nhạc trưởng; gậy quyền, quyền trượng

wander /'wɒndə(r)/ *n., v.* đi lang thang, đi thơ thẩn; đi chệch đường, lạc đề; lơ đễnh, nghĩ lan man: **to ~ about the streets** đi lang thang ngoài đường phố; **to go for a ~ around the garden** đi thơ thẩn quanh vườn; **to ~**

the world đi khắp thế giới
wane /weɪn/ **1** *n.* sự/lúc tàn, lúc hết
thời, tuần trăng lúc khuyết, khuyết,
xế bóng, về già, tàn tạ, suy giảm,
lu mờ, hết thời (oanh liệt) thân bại
danh liệt: **The moon on the ~.** Trăng
khuyết.; **His health is on the ~.** Sức
khoẻ ông ấy suy giảm rồi. **2** *v.*
khuyết, xế; giảm đi, suy yếu, tàn tạ
wangle /'wæŋg(ə)l/ *n., v.* dùng mánh
khóe/thủ đoạn để đạt được
want /wɒnt/ **1** *n.* sự thiếu, sự cần, sự
cần thiết; nhu cầu; cảnh túng thiếu:
to be in ~ sống thiếu thốn **2** *v.*
muốn, muốn có; cần, cần có, cần
dùng; thiếu, không có: **He ~s a rest.**
Ông ấy cần được nghỉ ngơi.; **I ~ to
go with you.** Tôi muốn đi với anh.;
We ~ you to join us for dinner.
Chúng tôi muốn anh cùng đi ăn
cơm tối với chúng tôi.
WAP /wæp/ *abbr.* (= **Wireless Appli-
cation Protocol**) phương thức ứng
dụng không dây
war /wɔː(r)/ *n.* chiến tranh; sự đấu
tranh: **aggressive ~, ~ of aggression**
chiến tranh xâm lược; **to declare ~**
tuyên chiến; **to make ~ on** đánh
nhau với; **nuclear ~** chiến tranh
nguyên tử/hạt nhân; **psychological ~**
chiến tranh tâm lý; **~ and peace**
chiến tranh và hoà bình; **~ corre-
spondent** phóng viên chiến trường;
~ memorial đài tưởng niệm chiến sĩ
trận vong; **~ of nerves** chiến tranh
cân não; **~ pension** tiền trợ cấp cựu
chiến binh; **~ widow** cô nhi quả phụ;
World ~ I trận Thế Giới Đại chiến
1; **World ~ II** trận Thế chiến thứ 2
ward /wɔːd/ **1** *n.* người vị thành niên
được giám hộ [theo pháp luật];
nghĩa tử của nhà nước; sự giám hộ,
sự bảo trợ, khu vực (tuyển cử);
phòng khu/nhà thương; phòng giam:
electoral ~ khu vực bầu cử; **isolation
~** khu cách ly; **~ of the state** nghĩa tử
nhà nước **2** *v.* đỡ, gạt, tránh phòng,
ngăn ngừa: **to ~ off** tránh, đỡ

warden /'wɔːd(ə)n/ *n.* cai tù/ngục,
ngục lại, ngục tốt; người gác; quản
lý nhà thờ, người coi khu rừng cấm
săn bắn: **a park ~** người canh giữ
công viên
warder /'wɔːdə(r)/ *n.* cai ngục/tù
wardrobe /'wɔːdrəʊb/ *n.* quần áo (của
một người); tủ quần áo: **~ trunk**
hòm/rương đựng quần áo được
ware /weə(r)/ *n.* đồ dùng, hàng hoá
warehouse /'weəhaʊs/ *n.* kho hàng
warfare /'wɔːfeə(r)/ *n.* chiến tranh:
bacteriological ~ chiến tranh vi
trùng; **chemical ~** chiến tranh hóa
học; **guerrilla ~** chiến tranh du
kích; **nuclear ~** chiến tranh nguyên
tử/hạt nhân
war game *n.* cuộc tập trận giả; trò
chơi chiến tranh/đánh nhau
warhead /'wɔːhed/ *n.* đầu nổ [của tên
lửa, bom, ngư lôi]
warily /'weərɪlɪ/ *adv.* một cách thận
trọng/cảnh giác
warlike /'wɔːlaɪk/ *adj.* hiếu chiến;
thuộc chiến tranh
warm /wɔːm/ **1** *adj.* nóng, ấm; [lời
cảm ơn, sự tiếp đón, bạn] niềm nở,
nồng nhiệt, nồng hậu; sôi nổi, nhiệt
liệt: **It is ~ today.** Hôm nay trời ấm
áp.; **to put some ~ clothes on** mặc
áo ấm vào; **~-blooded** có máu
nóng; nóng nảy, hay giận; sôi nổi,
đa tình, đa cảm **2** *v.* hâm nóng, hấp
lên cho nóng, làm cho nóng/ấm,
sưởi ấm, ấm lên, ấm lên: **to ~ up**
(làm) sôi nổi lên **3** *adv.* cảm thấy
ấm, ấm áp **4** *n.* nơi ấm áp: **Could
you come inside into the ~?** Mời
bạn vào bên trong chỗ ấm?
warming /'wɔːmɪŋ/ *n., adj.* sự hấp
nóng, sự làm cho nóng; hâm nóng
warm-up *n.* khởi động, làm cho
nóng/sôi nổi
warn /wɔːn/ *v.* báo trước cho biết;
cảnh cáo, răn can: **to ~ someone of
danger** báo cho ai biết trước nguy
hiểm; **to ~ off** nói cho ai tránh xa
nơi nào đó

warning /'wɔːnɪŋ/ *n.* sự báo trước; sự/ lời cảnh báo: **without ~** không báo trước, đừng một cái; **hurricane ~s** lời cảnh cáo bão; **~ signal** dấu hiệu báo nguy; **~ shot** phát súng cảnh cáo

warp /wɔːp/ **1** *n.* sợi dọc; sự vênh/cong **2** *v.* làm vênh/oằn, làm cong; làm sai lạc/thiên lệch; vênh, oằn, cong: **Judgment is ~ed by self-interest.** Sự phán đoán sai lạc vì tư lợi.

warped /wɔːpt/ *adj.* có ý kiến lạ lùng, có ý kiến mà nhiều người không thích: **a ~ mind** đầu óc lạ lùng

warrant /'wɒrənt/ **1** *n.* sự bảo đảm, giấy chứng nhận; trát; lý do (xác đáng): **search ~** trát khám nhà; **~ officer** thượng sĩ **2** *v.* bảo đảm, chứng thực, chứng nhận; biện hộ cho: **That does not ~ those conclusions.** Điều ấy không cho phép ta đi đến kết luận đó.

warranty /'wɒrənti/ *n.* sự bảo đảm, sự cho phép: **two years' ~** bảo đảm hai năm

warrior /'wɒriə(r)/ *n.* chiến sĩ, quân nhân, chinh phu

wart /wɔːt/ *n.* hột cơm, mụn cóc; bướu cây

wartime /'wɔːtaɪm/ *n.* thời chiến: **Many houses were destroyed in ~.** Nhiều nhà cửa bị phá huỷ trong thời chiến.

war-torn *adj.* tan nát bởi chiến tranh

wary /'weərɪ/ *adj.* cẩn thận, thận trọng, cảnh giác

was /wɒz/ xem **to be**

wash /wɒʃ/ **1** *n.* sự rửa, sự rửa ráy/ tắm rửa/tắm gội; sự giặt giũ, quần áo đem giặt, quần áo giặt rồi; nước rửa gội, nước rửa bát, nước vo gạo; nước vôi quét tường, lớp tráng: **to have a ~** tắm rửa; **~ room** phòng rửa tay, nhà cầu **2** *v.* rửa [mặt, tay, chân; bát, đĩa, chén, cốc; xe]; gội; giặt [quần áo]; rửa ráy; [nước] vỗ vào; cuốn đi: **to ~ one's hair** gội đầu; **to ~ away** rửa sạch; làm lở, cuốn đi mất

wash-and-wear *adj.* giặt mặc ngay

không cần là/ủi: **~ clothes** áo quần giặt không cần là

washed out *adj.* được rửa sạch, được tẩy hết; phai đi, bạc màu

washed up *adj.* hết thời, không còn thành công nữa: **a ~ actor** diễn viên đã hết thời

washer /'wɒʃə(r)/ *n.* người rửa/giặt; máy giặt, vòng đệm, lông đền: **dish ~** máy rửa bát

washing /'wɒʃɪŋ/ *n.* sự rửa ráy/tắm rửa/tắm gội; sự giặt giũ; quần áo giặt; sự đãi quặng: **~ machine** máy giặt

wasp /wɒsp/ *n.* ong bắp, cày, ong nghệ: **~ waist** lưng ong

wastage /'weɪstɪdʒ/ *n.* sự hao phí, sự lãng phí

waste /weɪst/ **1** *adj.* bỏ hoang, hoang vu, bị tàn phá: **~ land** đất hoang; **to lay ~** tàn phá; **~ paper** giấy bỏ đi **2** *n.* sự phí phạm, sự phung phí/lãng phí/hao phí; đồ thừa, rác rưởi, vật phế thải; đất hoang, hoang địa, chỗ hoang vu: **to run to ~** uổng phí đi; **Waste not, want not.** Không phung phí thì không túng thiếu. **3** *v.* phí, tiêu phí, phung phí, lãng phí, làm phí, uổng phí; tàn phá; làm hao mòn dần, làm tiêu hao: **to ~ one's breath** cho lời khuyên vô hiệu; **to ~ one's time** lãng phí thì giờ

wastrel /'weɪstr(ə)l/ *n.* phế phẩm; người hoang phí; kẻ lưu manh

watch /wɒtʃ/ **1** *n.* đồng hồ đeo tay: **wrist ~** đồng hồ đeo tay; **pocket ~** đồng hồ bỏ túi **2** *n.* sự canh phòng/ canh gác; lính canh, người canh, người gác/trực; phiên gác; tổ trực: **to be on the ~** canh gác, trông chừng, thấp thỏm chờ; **to keep ~ over** canh, gác, canh chừng **3** *v.* canh, gác, trông, trông nom; nhìn xem, quan sát; rình, theo dõi; chờ: **to ~ for** để ý xem, quan sát; chờ, rình; **to ~ out** coi chừng, cẩn thận, để ý; **to ~ over** trông, canh; **Watch out!** Coi chừng! đề phòng

watchmaker /'wɒtʃmeɪkə(r)/ *n.* thợ đồng hồ

watchman /'wɒtʃmən/ *n.* người gác (dan): **night** ~ người gác đêm

watchtower /'wɒtʃtaʊə(r)/ *n.* chòi canh, vọng gác

watchword /'wɒtʃwɜːd/ *n.* khẩu lệnh; khẩu hiệu

water /'wɔːtə(r)/ **1** *n.* nước, nước uống, nước rửa; dung dịch; sông nước, đường thuỷ, biển, thuỷ triều, nước (bóng/láng): **to be in hot** ~ bị lôi thôi, rắc rối, khó khăn; **to fish in troubled** ~s lợi dụng lúc đục nước béo cò; **to pour/throw cold** ~ **on** giội gáo nước lạnh vào; **to swim under** ~ đi hàng hai, bắt cá hai tay; ~ **buffalo** trâu; ~ **color** (tranh) màu nước; ~ **heater** thùng đun nước nóng; ~ **lily** cây hoa súng; ~ **line** ngấn nước, mực nước; ~ **main** ống nước chính; ~**pipe** ống nước; ~ **polo** bóng nước; ~ **power** sức nước, than trắng; ~ **skiing** môn chơi trượt nước; ~ **off a duck's back** đổ nước qua đầu vịt, vô ích **2** *v.* tưới, tưới nước; cho [súc vật] uống nước; làm loãng; uống nước; chảy nước, ứa nước

waterfall /'wɔːtəfɔːl/ *n.* thác nước

waterfront /'wɔːtəfrʌnt/ *n.* bờ sông, trước mặt có nước

watering /'wɔːtərɪŋ/ *n.* sự tưới; sự cho uống nước; sự pha loãng: ~ **can** bình tưới nước; ~ **hole** vũng nước cho súc vật uống

watermark /'wɔːtəmɑːk/ *n.* ngấn nước, hình mờ [ở giấy viết thư]

waterproof /'wɔːtəpruːf/ **1** *adj.* không thấm nước: **a** ~ **watch** đồng hồ đeo tay không thấm nước **2** *v.* làm cho [vải, áo] không thấm nước

water-resistant *adj.* chống nước, không thấm nước

watershed /'wɔːtəʃed/ *n.* đường phân nước, lưu vực sông

watertight /'wɔːtətaɪt/ *adj.* kín nước, nước không thấm được; [lý lẽ, lập luận] chặt chẽ, vững chắc, không

bẻ được, không công kích được

waterworks /'wɔːtəwɜːks/ *n.* nhà máy nước

watery /'wɔːtərɪ/ *adj.* ướt, đẫm nước, sũng nước; đẫm lệ; loãng, lỏng, lõng bõng; nhạt nhẽo, bạc bẽo

watt /wɒt/ *n.* oát, đơn vị đo điện: **wattage per hour** oát giờ

wattle /'wɒt(ə)l/ **1** *n.* yếm [gà tây/lôi]; râu [cá] **2** *n.* phên liếp, cọc cừ **3** *v.* đan que, làm tường bằng phên

wave /weɪv/ **1** *n.* sóng, làn sóng[ở biển, ở tóc uốn quăn]; cái vẫy tay; đợt [nóng, lạnh, người]; sóng điện: **permanent** ~ tóc làn sóng giữ lâu; **long** ~s làn sóng dài (ra-di-ô) **2** *v.* phất [cờ]; vẫy [mùi soa]; vung, múa [gươm, gậy]; uốn tóc; [cánh đồng] gợn sóng; [tóc] quăn tự nhiên; [cờ] phấp phới; vẫy tay ra hiệu: **to** ~ **aside** gạt sang một bên; **to** ~ **goodbye** vẫy tay chào từ biệt

waver /'weɪvə(r)/ *v.* chập chờn, rung rinh; lưỡng lự, do dự

wax /wæks/ **1** *n.* sáp, chất sáp: **bees**~ sáp ong; **ear** ~ ráy tai; ~**paper** giấy sáp; ~ **museum** viện bảo tàng người sáp **2** *v.* đánh sáp, bôi sáp: **I just** ~**ed the floor last week.** Tôi vừa đánh bóng cái sàn này tuần rồi.

way /weɪ/ **1** *n.* đường, đường/lối đi; đoạn/khúc đường; phía, chiều, hướng; cách; phương pháp, biện pháp: **all the** ~ đến cùng; **by the** ~ à này, nhân tiện đây; **by** ~ **of introduction** để giới thiệu; **to find a** ~ tìm đường, tìm cách; **to get out of the** ~ tránh ra; **in a** ~ về một nghĩa nào đó; **in every** ~ về mọi phương diện; **in her own** ~ theo cách riêng của cô ấy; **in no** ~ tuyệt nhiên không, tuyệt đối không; **on the** ~ **to Paris** trên đường đi đến Ba Lê; **out of the** ~ hẻo lánh; **this** ~ lối này; **to be in the** ~ **of ...** làm vướng người khác; **to give** ~ nhường bước; **to know one's** ~ **around** biết rõ đường đi nước bước; **to lead the** ~ dẫn đường; **to make ~ for** nhường chỗ cho; **to mend one's ~s** tu tỉnh, cải tà qui chính; **under ~** đang tiến hành 2 *adv.* **~ in** lối vào; **~ out** lối ra

W.C. /ˌdʌdljuːˈsiː/ *n., abbr.* (= **water-closet**) nhà vệ sinh, nhà cầu

we /wiː, wɪ/ *pron.* chúng ta, chúng tôi: **We have unity.** Chúng ta phải đoàn kết.; **We Vietnamese suffered as much as you did.** Người Việt Nam chúng tôi cũng phải chịu cực khổ như các ông.

weak /wiːk/ *adj.* yếu, yếu ớt, yếu đuối, mềm yếu, nhu nhược; kém, không giỏi; loãng, nhạt, lạt: **a ~ character** tính tình yếu mềm; **~ memory** trí nhớ kém

weakness /ˈwiːknəs/ *n.* tính yếu đuối/ yếu ớt; tính mềm yếu, tính nhu nhược; sự kém; điểm yếu, nhược điểm

weal /wiːl/ **1** *n.* vết hằn đỏ trên da, lằn roi **2** *n.* cảnh sung sướng/hạnh phúc **3** *v.* đánh dấu lằn đỏ

wealth /welθ/ *n.* tiền nong, tiền của, của cải; sự giàu có; sự phong phú: **material ~** của cải vật chất; **to achieve ~** làm ra tiền của

wean /wiːn/ *v.* cai sữa, thôi cho bú; làm cho ai dứt bỏ

weapon /ˈwep(ə)n/ *n.* vũ khí, khí giới: **nuclear ~s** vũ khí nguyên tử

wear /weə(r)/ **1** *n.* sự mặc/mang; quần áo, y phục, giày dép; sự mòn, sự hao mòn, sự hư hỏng, sự bền còn mặc được: **clothing for summer ~** quần áo mặc mùa hè; **There is still a lot of ~ in these shoes.** Đôi giày này còn đi được lâu. **2** *v.* [**wore**; **worn**] mặc [quần áo]; đội [mũ, nón]; đeo, mang [giày, bít tất]; để [tóc, râu]; dùng mòn/cũ; làm cho hao mòn; mang/có [vẻ]; bị mòn, mòn/cũ đi; dùng lâu, bền; **to ~ down/out** làm mòn; làm kiệt sức dần; **to ~ off** (làm) mòn mất; mất đi, qua đi; **to ~ on** trôi qua, trôi đi; tiếp diễn; **to ~ out** hết dần; **to ~ well** dùng bền, mặc bền; lâu bền

weary /ˈwɪərɪ/ **1** *adj.* mệt, mệt mỏi, mệt lử, rã rời; chán, ngấy, chán ngắt, ngán **2** *v.* làm cho mệt/chán; mệt: **to ~ of something** chán việc gì

weather /ˈweðə(r)/ **1** *n.* thời, tiết trời, thời tiết: **~ forecast** bản thông báo thời tiết; **What is the ~ like?** Thời tiết thế nào?; **to be under the ~** khó ở, hơi mệt, ươn mình **2** *v.* vượt qua [trận bão]; vượt, khắc phục [khó khăn]; mòn, đổi màu, đổi thay [vì mưa gió]

weather-beaten *adj.* bị mưa gió làm hư nát, dày dạn phong sương;

weathercock *n.* chong chóng gió, người xoay chiều

weatherman /ˈweðəmæn/ *n.* nhà khí tượng học

weave /wiːv/ **1** *n.* kiểu dệt **2** *v.* [**wove**; **woven**] dệt, đan: **to ~ one's way through the crowd** đi lách, đi len lỏi qua đám đông; **to ~ in and out** chạy xe len ra len vào trên xa lộ; **to ~ flowers** kết hoa

web /web/ *n., v.* mạng; vải dệt, tấm vải; súc giấy, cuộn giấy [in báo]; màng da [chân con vịt]: **spider's ~** mạng nhện; **~footed** có chân màng (như vịt)

webcam /ˈwebkæm/ *n.* máy quay phim xem được hình qua mạng vi tính toàn cầu

webmaster /ˈwebmɑːstə(r)/ *n.* người chủ mạng vi tính toàn cầu

web page *n.* trữ liệu trên mạng vi tính toàn cầu

website /ˈwebsaɪt/ *n.* trang mạng vi tính toàn cầu

wed /wed/ *v.* lấy [chồng/vợ], cưới [vợ/chồng], kết hôn với; làm lễ cưới cho; lấy nhau, cưới nhau, kết hôn

wedding /ˈwedɪŋ/ *n.* lễ cưới, hôn lễ: **~ banquet** cỗ/tiệc cưới; **~ cake** bánh cưới; **~ ceremony** lễ cưới, lễ thành hôn; **~ dress** áo cưới, áo cô dâu; **~ present** quà (mừng đám) cưới; **~ ring** nhẫn cưới

wedge /wedʒ/ **1** *n.* cái nêm **2** *v.* nêm, chêm; chen vào

Wednesday /'wenzdeɪ/ *n.* ngày Thứ tư

wee /wi:/ *adj.* nhỏ xíu: **a ~ bit** hơi, hơi hơi

weed /wi:d/ **1** *n.* cỏ dại, cỏ hoang; thuốc lá: **~-killer** thuốc diệt cỏ **2** *v.* nhổ cỏ, giẫy cỏ, làm cỏ: **to ~ out** loại bỏ/trừ

week /wi:k/ *n.* tuần, tuần lễ: **a ~ from today** bây giờ tuần sau, ngày này tuần sau; **last ~** tuần trước; **~ in and ~ out** hết tuần này đến tuần khác; **a three-~ vacation** kỳ nghỉ ba tuần liền

weekend /'wi:kend/ **1** *n.* cuối tuần, Thứ bảy và Chủ nhật: **a long ~** cuối tuần kéo dài (Thứ bảy, Chủ nhật và Thứ hai) **2** *v.* nghỉ cuối tuần, đi chơi cuối tuần: **We have decided to ~ in our holiday cottage.** Chúng tôi quyết định nghỉ cuối tuần ở nhà nghỉ mát của chúng tôi.

weekly /'wi:klɪ/ **1** *n.* báo hàng tuần, tuần báo, tuần san **2** *adj.* hằng tuần, ra mỗi tuần một lần: **bi~** hai tuần một lần **3** *adj.* hằng tuần: **~ magazine** tuần báo

weep /wi:p/ **1** *v.* [**wept**] khóc; ứa nước, chảy nước: **to ~ for joy** khóc vì quá vui sướng; **to ~ one's heart out** khóc lóc thảm thiết **2** *n.* sự ứa nước mắt

weevil /'wi:v(ə)l/ *n.* mọt (lúa): **boll ~** mọt bông

weft /weft/ *n.* sợi ngang [xem **warp**]; vải

weigh /weɪ/ *v.* cân; cân nhắc, đắn đo; cân nặng, nặng: **to ~ down** làm nghiêng/lệch cán cân; **to ~ things up in one's mind** cầm trong tay xem nặng nhẹ thế nào; **to ~ the pros and cons** cân nhắc lợi hại, đắn đo không biết có nên hay không, đắn đo khả phủ

weight /weɪt/ **1** *n.* sức nặng, trọng lượng, tải trọng; cân; tầm quan trọng, ảnh hưởng, uy tín: **to gain ~** lên cân; **to lift ~s** cử tạ; **~s and measures** đơn vị cân đo; **~ loss** làm giảm cân **2** *v.* kéo nặng xuống, làm cho nặng thêm

weighty /'weɪtɪ/ *adj.* nặng; [vấn đề, nỗi lo lắng] nặng nề, chồng chất; [lập luận] vững, có sức thuyết phục; quan trọng, có ảnh hưởng/uy tín

weird /wɪəd/ *adj.* kỳ quặc; siêu tự nhiên, phi thường

welcome /'welkəm/ **1** *n.* sự tiếp đón, sự hoan nghênh: **to receive a warm ~** được đón tiếp niềm nở/nồng nhiệt **2** *adj.* được tiếp đãi ân cần niềm nở, được hoan nghênh; cứ tự nhiên (sử dụng); cứ tuỳ ý: **Thank you. You're ~.** Cảm ơn ông. tôi không dám. có gì/chi đâu (mà ơn với huệ).; **~ news** tin vui; **a ~ change** một sự thay đổi dễ chịu (mọi người mong đợi); **Welcome to Vietnam!** Hoan nghênh các bạn tới thăm Việt Nam! **3** *v.* tiếp đón ân cần, hoan nghênh, tiếp rước niềm nở, hoan nghênh nhiệt liệt: **to ~ a friend home** chào đón quý bạn trở về quê hương **4** *exclam.* hoan nghênh, chào mừng: **Welcome home!** Hoan nghênh quí bạn đã trở về!

weld /weld/ **1** *n.* mối hàn, sự hàn xì **2** *v.* hàn, xì, gắn chặt, gắn bó

welfare /'welfeə(r)/ *n.* hạnh phúc, phúc lợi, an sinh; trợ cấp xã hội: **public ~** phúc lợi công cộng

well /wel/ **1** *n.* giếng nước/dầu, nguồn cảm hứng, lòng cầu thang; điều hay, điều tốt: **to sink/dig a ~** đào giếng; **~-being** hạnh phúc, phúc lợi; **~spring** nguồn (suối) vô tận; **~-wisher** bạn bè tốt, người cầu mong điều tốt lành **2** *v.* phun lên/ra, vọt lên/ra, tuôn ra: **to ~ up/out/forth** phun ra, tuôn ra; **Tears ~ed up in her eyes.** Hai mắt cô giọt lệ tuôn tràn. **3** *adj.* [**better**; **best**] khoẻ, mạnh khoẻ, mạnh giỏi; tốt, hay, tốt lành, đúng lúc, nên, cần; giỏi, hay, khéo; khá, khấm khá; sung túc, phong lưu; kỹ, rõ, nhiều: **My mother is very ~, thank you.** Cảm ơn bạn, mẹ tôi mạnh khoẻ lắm.; **All is ~ with them.** Ông bà ấy đều được mọi sự tốt lành.; **very ~** tốt, giỏi lắm, hay/được lắm; **~-bred** có giáo dục, [ngựa] tốt giống, nòi; **~-groomed** ăn mặc đẹp, ăn mặc bảnh bao; **~-heeled** giàu có, khá giả; **~-known** ai cũng biết, có tiếng/danh, nổi tiếng/ danh, hữu danh, danh tiếng; **~-matched** xứng đôi vừa lứa; đối nhau; **~-off** phong lưu, sung túc; **~-paid** được trả lương hậu; **~-read** đọc rộng biết nhiều, có học (thức); **~-spent** [thì giờ,công sức] dùng hợp lý; **~-timed** đúng lúc/dịp, phối hợp thật khéo; **~-to-do** khá giả, sung túc, có máu mặt; **~-worn** sờn rách, mặc đã cũ; cũ rích, nhai đi nhai lại, lặp đi lặp lại mãi/hoài **4** *adv.* tốt, giỏi, hay, sung túc, đầy đủ: **to swim ~** bơi giỏi; **to sleep ~** ngủ ngon; **He is doing very ~.** Anh ấy học hành, làm ăn khá lắm.; **to shake ~ before using** trước khi dùng xin lắc kỹ (lọ/ chai thuốc này); **The fair brought in ~ over $2,000.** Cuộc chợ phiên thu được quá 2.000 đôla.; **to get ~** bình phục; **You might as ~ get paid for the job.** Đằng nào cũng thế, cứ việc nhận tiền công cho việc ấy.; **She is good as ~ as beautiful.** Cô ấy vừa ngoan vừa đẹp.; **exports as ~ as imports** hàng xuất khẩu cũng như hàng nhập cảng **5** *intj.* quái, lạ, thế đấy, thôi, thôi nào: **Well, who would have thought he could do it!** Đấy, trước kia ai nào có tưởng nó làm nổi chuyện ấy.; **Well, such is life!** Thôi, đời là thế!

welt /welt/ *n., v.* diềm (ở giày); đường viền; lằn roi

went /went/ quá khứ của **go**

wept /wept/ quá khứ của **weep**

were /wɪə(r)/ quá khứ của **be**

west /west/ **1** *n.* hướng/phương/phía/ miền tây: **to live in the ~** ở miền tây; **north~** tây bắc; **south~** tây nam; **~ End** khu miền Tây Luân Đôn nơi giàu có; **~ Side Story** chuyện miền Tây **2** *adj.* ở phía tây; về hướng tây: **~ wind** gió tây; **~ Germany** Tây Đức **3** *adv.* về phía tây, phía tây

westerly /'westəlɪ/ *adj., n.* [gió, hướng] tây, hướng tây

western /'westən/ **1** *n.* phim cao bồi, phương tây, người tây phương **2** *adj.* thuộc phía tây, của phương tây, Tây phương: **~ hemisphere** Tây bán cầu; **~ countries** các nước phương tây

wet /wet/ **1** *n.* mưa, trời mưa; người phản đối luật cấm rượu, người chủ trương cho tự do uống rượu: **come in out of the ~** đi vào trong cho khỏi mưa; **~ dream** giấc mơ ướt át, đầy tình ái **2** *adj.* ướt, đẫm nước, đầm đìa; ẩm, ẩm, ướt; [trời, mùa] mưa; [sơn] còn ướt: **all ~** sai bét, lầm, láo; **~ to the skin** ướt sạch/ đẫm; **~ behind the ears** thiếu kinh nghiệm, còn non; **~ blanket** người làm mất vui **3** *v.* [wet/wetted] làm ướt, thấm nước, dấp nước; [trẻ con, chó] đái vào/lên: **The baby has ~ its bed again.** Em bé lại đái dầm ra giường rồi.

whack /wæk/ **1** *n.* cú đánh mạnh: **to have a ~ at** thử làm **2** *v.* đánh mạnh, vụt mạnh

whacking /'wækɪŋ/ *n.* sự đập; to lớn khác thường

whale /weɪl/ *n.* cá voi: **to have a ~ of a time** vui chơi thoả thích, vui nhộn như điên

whammy /'wæmɪ/ *n.* sự ảnh hưởng tội lỗi/ rắc rối: **to suffer a double ~** chịu đựng hoàn cảnh rắc rối

wharf /wɔːf/ *n.* (*pl.* **wharves/wharfs**) bến tàu, cầu tàu

what /wɒt/ **1** *adj.* Gì? Nào?: **What course are you taking this semester?** Khoá này anh học lớp/cua nào?;

She knows ~ dish you like best. Bà ấy biết cô thích món gì nhất. **2** *pron.* **What are you doing?** Bạn đang làm gì thế?; **What did you say?** Bạn nói gì kia?; **What else?** Còn gì nữa?; **What for? Để làm gì?**; **So ~?** Thế thì đã sao?; **What now?** Lại chuyện gì nữa đây?; **What then?** Rồi sau đó còn chi nữa?; **I know ~ you are thinking of.** Anh biết em đang nghĩ gì.; **to know ~'s best** biết rõ chuyện gì hay nhất **3** *intj.* Biết bao! Làm sao!: **What a handsome boy!** Thằng bé mới đẹp trai làm sao!; **What a crowd!** Ô! sao mà đông thế! **4** *adv.* Gì? thế nào: **What if?** Nếu gì nữa?; **What about?** Có gì nữa không?

whatever /wɒt'evə(r)/ **1** *adj.* nào, bất cứ cái nào, dù thế nào đi chăng nữa: **Is there any hope ~?** Có chút hy vọng nào không?; **~ profession you choose** bất luận con chọn nghề nào **2** *pron.* bất cứ cái gì, tất cả cái gì mà: **take ~ you like** bạn thích cái gì thì cứ việc lấy **3** *adv.* bất cứ gì: **I'll give you ~ sugar I have left.** Còn bao nhiêu đường tôi sẽ đưa cho bạn cả.

wheat /wiːt/ *n.* lúa mì, cây lúa mì

wheedle /'wiːd(ə)l/ *v.* dỗ dành, tán tỉnh

wheel /wiːl/ **1** *n.* bánh xe, bánh lái, tay lái, sự quay tròn: **steering ~** tay lái ô-tô; **the ~s of government** guồng máy chính quyền; **He's a big ~.** Ông ấy làm to/lớn. **2** *v.* lăn, đẩy cho lăn; quay, xoay; [chim] lượn vòng: **to ~ about/ around** quay lại; **to ~ a loan** đẩy xe cút kít

wheelchair /'wiːltʃeə(r)/ *n.* ghế đẩy, xe lăn

wheeze /wiːz/ *n., v.* sự/thở khò khè, kêu vo vo

whelp /hwelp/ *n., v.* (để) chó sói con, hổ con, sư tử con

when /wen/ **1** *adv.* bao giờ, lúc nào, khi nào, hồi nào: **When are you going?** Bao giờ anh đi?; **I do not**

remember ~ he left. Tôi không nhớ anh ấy đi lúc nào. **2** *conj.* khi, lúc, hồi; trong khi mà: **the time ~ Daddy was busy typing** lúc bố đang bận đánh máy; **since ~** từ bao giờ **3** *pron.* lúc, ngày tháng, thời gian: **the wheres and ~s** địa điểm và thời gian

whenever /wen'evə(r)/ *adv., conj.* bất cứ lúc nào; mỗi lần/khi: **Call me ~ you need me.** Bất cứ lúc nào anh cần thì cứ gọi nhé!

where /weə(r)/ **1** *adv.* đâu, ở đâu, đến đâu; từ đâu, nơi mà; chỗ mà, địa điểm mà: **Where are you?** Bạn ở đâu?; **Where did you get that story?** Bạn nghe chuyện đó ở đâu? **2** *conj.* ở đâu, nơi mà: **The dictionary is ~ you left it yesterday** Hôm qua bạn để cuốn từ điển ở đâu thì nó vẫn còn đó chứ đâu! **3** *n.* địa điểm: **I must know the ~s and the whens of it all.** Tôi cần biết rõ về địa điểm và thời gian [ở đâu và bao giờ]. **4** *pron.* nơi mà, đâu, ở đâu: **Where is the harm in trying?** Cứ thử thì đã có hại gì?

whereabouts **1** /'weərəbaʊts/ *n.* chỗ ở, nơi ở: **no clue as to his ~** không có manh mối gì cho biết hiện nay ông ấy ở đâu **2** /weər'əbaʊts/ *adv.* ở đâu, ở chỗ nào (vậy): **Whereabouts did you put it?** Bạn để cái đó ở đâu?

whereas /weər'æz/ *conj.* trong khi mà, còn, chứ còn; xét vì: **Some children like soccer, ~ others do not.** Trẻ con có đứa thích bóng đá nhưng lại có đứa không thích.; **You came promptly, ~ he did not show up until last week.** Bạn đến liền, trong khi ông ấy thì mãi tuần trước mới thò mặt ra.

whereby /weə'baɪ/ *adv.* nhờ đó, bởi đó: **There is no other plan ~ he can be saved.** Không có kế hoạch nào khác để cứu ông ấy cả.

wherein /weər'ɪn/ **1** *adv.* ở chỗ/điểm nào **2** *conj.* ở nơi ấy, ở đó: **the**

clause ~ we believe ... chính nghĩa mà chúng tôi tin tưởng

whereon /weər'ɒn/ *adv., conj.* trên cái gì, về cái gì; trên (cái) đó, về cái đó

whereupon /weərə'pɒn/ *conj.* về cái đó; ngay lúc đó, nhân đó: **a constitution ~ a single party runs the government** một bản hiến pháp theo đó một chính đảng duy nhất chi phối chính phủ

wherever /weər'evə(r)/ *conj., adv.* bất cứ ở đâu: **Wherever you settle, let us come with you.** Bất cứ bạn định cư ở đâu, xin bạn cho chúng tôi ở với bạn.; **Sit ~ you wish.** Muốn ngồi đâu thì ngồi.

whet /wet/ *v.* mài [dao]; gợi: **to ~ the appetite** gợi sự thèm ăn

whether /'weðə(r)/ *conj.* dù... hay..; không biết có ... hay không: **Whether sick or well, he is always cheerful.** Dù ốm hay khoẻ, ông ấy lúc nào cũng tươi cười, vui vẻ.; **It's not clear ~ he will accept the nomination or not.** Người ta không rõ liệu ông ấy có nhận sự đề cử/tiến cử đó không.

which /wɪtʃ/ **1** *adj.* nào: **Which university do you prefer?** Bạn thích trường đại học nào hơn?; **Which one?** Người nào? Cái nào?; **Be careful ~ way you turn.** Phải để ý xem rẽ chỗ nào. **2** *pron.* người nào, ai, cái gì, cái nào: **I cannot tell ~ is ~.** Tôi chịu không phân biệt nổi cái nào vào cái nào.; **the book ~ you just bought** quyển sách mà anh vừa mua; **part of that ~ was sold at the auction** một phần những đồ đem bán đấu giá

whichever /wɪtʃ'evə(r)/ *adj., pron.* bất cứ (cái/người) nào: **I shall be satisfied ~ side wins.** Bất luận bên nào được, tôi cũng vừa lòng.; **Take ~ you wish.** Bạn muốn lấy cái nào thì lấy.

whiff /wɪf/ **1** *n.* hơi nhẹ, mùi thoảng, luồng: **We are going outside for a ~ of fresh air.** Chúng ta đi ra ngoài để

có không khí trong lành. **2** *v.* thổi nhẹ

while /waɪl/ **1** *n.* lúc, chốc, lát: **in a little ~** chốc/lát nữa; **for a ~** một lúc; **all the ~** suốt thời gian đó **2** *conj.* trong khi; còn thì, tuy: **He said nothing ~ the sponsor was speaking.** Trong khi người bảo trợ đang phát biểu ý kiến thì ông ấy không nói gì cả. **3** *v.* để trôi qua, giết thì giờ: **to ~ away** để cho thì giờ trôi qua

whim /wɪm/ *n.* ý chợt có, ý thích chợt nảy ra

whimper /'wɪmpə(r)/ **1** *n.* tiếng khóc thút thít; giọng than van, giọng rên rỉ **2** *v.* vừa nói vừa khóc thút thít; than van, rên rỉ

whimsical /'wɪmzɪkəl/ *adj.* bất thường, hay thay đổi, không chừng, đồng bóng; kỳ cục, kỳ dị

whine /waɪn/ *n., v.* (tiếng) rên rỉ, than van, khóc nhai nhải; (tiếng) rền rĩ

whip /wɪp/ **1** *n.* roi, roi da; nghị sĩ phụ trách kỷ luật của đảng mình trong Quốc hội: **horse ~** roi ngựa **2** *v.* đánh bằng roi, vụt, quất; rút nhanh ra; cởi phắt [áo]; đánh bại, thắng; đánh [kem, trứng]: **to ~ up** nấu nhanh/vội [bữa cơm]; khích lệ

whiplash /'wɪplæʃ/ *n.* dây buộc đầu roi; sự cố người lái xe bị giật khi ô tô đụng mạnh: **He sustained a ~ injury when his car was struck from behind.** Ông ấy bị thương trật cổ khi chiếc xe sau đâm vào xe ông ta.

whirl /hwɜːl/ **1** *n.* sự xoay tít; hoạt động quay cuồng; sự chóng mặt **2** *v.* xoay tít, xoáy, quay lộn/tít; quay cuồng; chóng mặt

whisk /wɪsk/ **1** *n.* cái vẩy nhẹ, cái đập nhẹ; chỗ quét bụi; cái đánh trứng/kem: **egg ~** chổi chải quần áo **2** *v.* vẩy; quét; đánh lên; đi lướt nhanh như gió: **to ~ away/off** đem đi nhanh; lấy biến đi

whisker /'wɪskə(r)/ *n.* tóc mai dài; râu, ria [mèo, chuột]; râu quai nón; những sợi râu

whiskey, whisky /'wɪskɪ/ *n.* rượu uýt-ky

whisper /'wɪspə(r)/ **1** *n.* tiếng nói thầm; tiếng lá xì xào; tiếng gió xào xạc; lời xì xào, tin đồn **2** *v.* nói thầm, thì thầm nhỏ to; [lá] xì xào; lời xì xào; [gió] xào xạc; bàn tán xì xào, đồn thổi, đồn đại

whistle /'wɪs(ə)l/ **1** *n.* cái còi; tiếng còi; sự huýt/thổi còi, sự huýt sáo/ gió; tiếng hót, tiếng rít, tiếng réo: **as clean as a ~** rất trong sạch; **a ~ in the dark** không có gì đáng sợ; **to blow the ~** mang ra công khai; **to wet one's ~** nhấp họng **2** *v.* huýt/ thổi còi; huýt sáo/ gió; [chim] hót; [gió] rít; [đạn] réo: **to ~ for** huýt sáo/gió để gọi, đợi mong vô ích

whit /wɪt/ *n.* một chút, một tí: **not a ~ of truth** không có tí sự thật nào

white /waɪt/ **1** *n.* màu trắng; quần áo trắng; đồ trắng; đồ trắng; tròng trắng mắt; người da trắng: **egg ~** lòng trắng trứng **2** *adj.* trắng, bạc, bạch; trắng bệch, tái mét; trong trắng, sạch sẽ, lương thiện: ~ **Christmas** mùa Giáng sinh đầy tuyết; ~ **hair** tóc bạc; **as ~ as a sheet** xanh như tàu lá; ~ **elephant** con bạch tượng; vật cồng kềnh vô dụng; ~ **collar(ed)** thuộc người làm văn phòng, công chức tư chức; ~ **cell** huyết cầu trắng, bạch huyết cầu; **the ~ House** bạch ốc, bạch cung, toà nhà trắng; ~ **lie** nói dối đại (chuyện không quan trọng); ~ **meat** thịt trắng như thịt gà, heo; ~ **Paper** bản tường trình về chính sách của chính phủ; **to bleed some-one ~** bòn rút ai không còn gì

whitewash /'waɪtwɒʃ/ **1** *n.* nước vôi quét tường; sự che giấu **2** *v.* quét vôi trắng; che đậy, che giấu [chuyện tai tiếng]

whittle /'wɪt(ə)l/ *v.* vót, gọt, chuốt; đẽo: **to ~ away/down** làm hao mòn/ tiêu hao dần

whiz-kid *n.* thần đồng, đứa bé giỏi có tiếng

WHO /ˌdʌdljuːeɪtʃ'əʊ/ *abbr.* (= **World Health Organization**) tổ chức y tế thế giới

who /huː/ *pron.*, ai, người nào, người như thế nào; (cái) (người) mà, (những người) mà: **Who is there?** Ai đó?; **Who's speaking, please?** Thưa ai ở đầu dây đấy ạ? xin (ông/bà/cô) cho biết quý danh; **The teacher ~ spoke is my best friend.** Cái ông/cô giáo vừa phát biểu ý kiến là bạn thân nhất của tôi.; **He ~ is not for us is against us.** Ai mà không ủng hộ chúng ta tức là chống lại chúng ta.; **Who does what?** Ai làm gì?

whodunnit /huː'dʌnɪt/ *n.* truyện trinh thám, phim trinh thám.

whoever /huː'evə(r)/ *pron.* bất cứ ai, bất cứ người nào: **Whoever wants the umbrella may have it.** Bất cứ ai muốn cái dù đó cũng có thể giữ luôn được.; **Whoever else goes hun-gry, he won't.** Ai đói thì cứ đói, chứ ông ấy thì chẳng chịu đói đâu.

whole /həʊl/ **1** *n.* tất cả, toàn bộ, toàn thể, tổng thể, chỉnh thể: **on the ~** tổng cộng, nói tổng quát; **the ~ of the population** tổng thể dân số **2** *adj.* đầy đủ, trọn vẹn, nguyên vẹn: **the ~ country** cả nước, toàn quốc; **the ~ class** cả lớp; **a ~ set of dishes** nguyên cả bộ bát đĩa; ~ **number** số nguyên; số tuổi đời [của tạp chí, tạp san]

wholehearted /'həʊlhɑːtɪd/ *adj.* một lòng một dạ, tận tâm/tình

wholemeal /'həʊlmiːl/ *n.* lúa mì nguyên chất: ~ **bread** bánh mì có nguyên chất lúa mì

wholesale /'həʊlseɪl/ **1** *n.* sự bán buôn/ sỉ: **to sell ~** bán buôn, bán sỉ **2** *adj.*, *adv.* buôn, sỉ, mớ; hàng đống/mớ, hàng loạt, đại quy mô: ~ **price** giá bán buôn; ~ **trade** sự bán buôn; **a ~ massacre** tự tàn sát hàng loạt **3** *v.* bán buôn

wholesome /'həʊlsəm/ *adj.* lành,

không độc; khoẻ mạnh; khoẻ mạnh; lành mạnh, bổ ích

whom /huːm/ *pron., ai,* người nào, những ai, những người; (những) người mà: **Whom do you like best?** Bạn ưa ai nhất?; **Of ~ are you thinking?** Bạn đang nghĩ đến ai đấy?; **the carpenter ~ you saw** bác thợ mộc mà bạn thấy

whomever /ˈhuːmevə(r)/ *pron.* (phụ từ của **whoever**) bất cứ ai

whoop /huːp, wuːp/ *n., v.* (tiếng) kêu/la lớn; (tiếng) ho rũ

whore /hɔː(r)/ *n., v.* (làm) đĩ, gái điếm, con nhà thổ

whorl /hɜːl/ *n.* chuỗi dây lá; vòng xoắn

whose /huːz/ *pron.* của ai; của người mà: **The girl ~ painting got the prize is the youngest in the class.** Cô mà có bức tranh được giải thưởng là học sinh trẻ nhất trong lớp.

why /waɪ/ **1** *n.* (*pl.* **whys**) lý do tại sao **2** *adv.* Tại sao, vì sao: **Why did you do it?** Tại sao bạn lại làm thế?; **That is ~ he had to raise the question.** Vì thế nên ông ấy đã phải nêu câu hỏi ấy lên.; **That is the reason ~ he failed.** Đó là lý do khiến cho ông ấy thất bại. **3** *intj.* Sao! Thế nào!: **Why, yes!** Có chứ!; **Why, certainly! I'll be delighted!** Chắc chứ,tôi sẽ rất vui thích mà nhận lời mời!

wicked /ˈwɪkɪd/ *adj., n.* ác, hung ác, hung dữ; xấu, hư, tệ

wicker /ˈwɪkə(r)/ *n.* liễu gai: **~ basket** thúng đan bằng liễu

wide /waɪd/ **1** *adj.* rộng, rộng lớn; mở to/rộng; uyên thâm, uyên bác: **nine meters ~** rộng 9 mét **2** *adv.* rộng, rộng khắp, rộng rãi: **~ awake** tỉnh hẳn, tỉnh như sáo;tỉnh táo; **~ open** mở toang, mở rộng; trống, trống trải

wide screen /ˈwaɪdskriːn/ *n.* màn ảnh rộng(TV)

widespread /ˈwaɪdˈspred/ *adj.* dang ra; lan rộng, lan tràn

widow /ˈwɪdəʊ/ **1** *n.* đàn bà goá, quả phụ: **grass ~** người quả phụ tiếc thương sâu đậm; **~'s peak** tóc mọc hình chữ V ở trán **2** *v.* bị goá chồng: **to be ~ed** bị goá chồng

wield /wiːld/ *v.* nắm và sử dụng [đồ dùng, quyền hành]: **to ~ power** sử dụng quyền lực

wife /waɪf/ *n.* (*pl.* **wives**) vợ

wig /wɪg/ *n.* bộ tóc giả

wiggle /ˈwɪɡ(ə)l/ *n., v.* (sự) ngọ nguậy

wigwam /ˈwɪgwɒm/ *n.* lều người da đỏ

wild /waɪld/ **1** *n.* vùng hoang vu, hoang địa: **in the ~s** vùng hoang vu; **~ West** xứ viễn Tây hoang dã **2** *adj.* hoang, dại, rừng; chưa thuần; man rợ; dữ dội, bão táp, điên cuồng, điên loạn, cuồng nhiệt; ngông cuồng, rồ dại; phóng túng, phóng đãng; bừa bãi: **~ animal/ beast** dã thú; **~ passion** tình yêu cuồng loạn; **~ schemes** những mưu đồ rồ dại; **a ~ way of life** lối sống phóng đãng bừa bãi; **a ~ flower** một bông hoa rừng/dại; **a ~ goose** ngỗng trời; **to go on a ~ goose chase** theo đuổi chuyện viển vông; **to sow one's ~ oats** chơi bời trác táng **3** *adv.* vu vơ, bừa bãi

wild card *n.* thẻ không có giá trị; cầu thủ không đủ điều kiện cũng được tham dự

wildfire /ˈwaɪldfaɪə(r)/ *n.* đám cháy lan nhanh: **to spread like ~** [tin] lan truyền thật nhanh

wildlife /ˈwaɪldlaɪf/ *n.* chim muông ở rừng, mãnh thú dã cầm

wile /waɪl/ **1** *n.* mưu mẹo/kế/chước, gian kế **2** *v.* lừa, dụ

will /wɪl/ **1** *n.* ý định, ý chí, lòng, chí, sự quyết tâm; ý muốn, nguyện vọng; di chúc, di mệnh, chúc thư, di ngôn: **free ~** tự do ý chí; **Where there's a ~ there's a way.** Có chí thì nên.; **at ~** theo ý mình, tuỳ ý; **good~** thiện ý/chí; **ill ~** ác ý; **He did it against his ~.** Ông ấy làm việc đó trái với ý mình. [= một cách miễn cưỡng] **2** *v.* muốn; [trời] định; để lại bằng di chúc: **Do as you ~.** Bạn cứ làm việc theo ý muốn. **3** *aux. v.* [would] sẽ, nhất định sẽ; lúc đó sẽ; tất nhiên, hẳn là: **He ~ arrive early.** Ông ấy sẽ đến sớm.; **Every day after breakfast, I ~ go out for a walk.** Thường thường hôm nào cũng vậy cứ ăn sáng xong là tôi đi bộ một vòng.; **I won't do that again.** Tôi (xin hứa) sẽ không làm như thế nữa.

willow /'wɪləʊ/ *n.* cây liễu: **weeping ~** lệ liễu

wilt /wɪlt/ *v.* làm héo, tàn úa; tàn tạ, hao mòn

wily /'waɪlɪ/ *adj.* cáo, lắm mưu, đa mưu túc kế, quỷ quyệt

wimp /wɪmp/ *n.* hệ thống máy vi tính; người không ảnh hưởng gì

win /wɪn/ **1** *n.* sự thắng cuộc, sự được: **The soccer team has had three ~s this year.** Đội bóng đá đã thắng ba trận trong năm nay.; **a ~-~ position** không ai thắng cuộc, đã được hoà giải **2** *v.* [won] thắng, thắng cuộc, thắng trận; chiếm, đoạt [giải]: **to ~ back** lấy lại, chiếm lại, giành lại; **to ~ over** thu phục, lôi kéo; **to ~ the day** chiến thắng; **you can't ~ all** không cách gì thắng được

wince /wɪns/ *n., v.* (sự) rụt lạ [vì đau/sợ]: **without a ~** không nhăn, thản nhiên như không

winch /wɪnʃ/ *n.* cái tời, cái tay quay, ma-ni-ven

wind /wɪnd/ **1** *n.* gió; tin phong thanh; hơi thở: **north ~** gió bắc; **south ~** gió nam/nồm; **The deer got ~ of the hunter and ran off.** Con nai ngửi thấy hơi nhà đi săn và nhảy chạy đi mất.; **The runner lost his ~.** Người chạy bị hết hơi.; **~ instrument** nhạc khí thổi; **to break ~** đánh rắm; **to put the ~ up** làm cho ai sợ, làm tăng sự căng thẳng; **to take the ~ out of someone's sails** nói/làm chặn trước ai; **~ and weather** sự phơi bày ảnh hưởng của sự việc; **~**

rose bảng chỉ chiều gió; **~ sock** cờ chỉ hướng gió ở sân bay **2** *v.* đánh hơi; làm mệt dứt hơi

wind /waɪnd/ *n., v.* [wound] cuộn, quấn, cuộn tròn lạ; lên dây [đồng hồ], làm xong, giải quyết, thanh toán; uốn khúc, quanh co, uốn lượn: **to ~ up wool into a ball** cuộn len lại thành cuộn; **to ~ oneself into a rage** khéo léo được lòng ai; **to ~ someone around one's finger** xỏ dây mũi ai, điều khiển người nào; **to ~ up** lên dây đồng hồ, cột chặt lại

windfall /'wɪndfɔːl/ *n.* quả rụng, của trời cho

winding /'waɪndɪŋ/ **1** *n.* khúc lượn, khúc quanh; sự lên dây đồng hồ **2** *adj.* uốn khúc, quanh co; xoắn óc

windmill /'wɪndmɪl/ *n.* cối xay gió, máy xay gió

window /'wɪndəʊ/ *n.* cửa sổ; ghi xê; cửa kính [ô-tô, xe lửa]: **~ dressing** nghệ thuật bày tủ kính; bề ngoài giả dối; **~ box** chậu cây ngoài cửa sổ; **~ frame** khung cửa sổ; **~ pane** ô kính cửa sổ; **rear ~** kính chiếu hậu; **~ screen** lưới cửa sổ

window-shopping *n.* dán mắt/mũi xem tủ kính (chứ không mua); dạo xem phố chơi

windshield /'wɪndʃiːld/ *n.* kính chắn gió (ô tô): **~ wiper** cái gạt nước mưa

windstorm /'wɪndstɔːm/ *n.* cơn bão lớn

wind-up /'waɪnd ʌp/ *n., adj.* sự kết thúc, sự bế mạc: **a ~ toy for little boys** đồ chơi gấp lại cho trẻ nhỏ

wine /waɪn/ **1** *n.* rượu vang/chất, rượu nho: **red ~** vang đỏ; **rice ~** rượu ta, ba xi đế; **white ~** vang trắng; **~ cellar** hầm rượu; **~ press** máy ép nho **2** *v.* đãi rượu, uống rượu: **to ~ and dine** thết đãi ăn uống (lu bù)

wing /wɪŋ/ **1** *n.* cánh chim, sâu bọ, máy bay; cánh, cháy nhà; cánh quân, đẳng; phi đội: **~s** cánh gà sân khấu; **to take ~** cất cánh bay; **on the ~** đang bay; **in the ~s** trong hậu trường; **the left ~** cánh/phe tả; **the**

west ~ of a building cánh phía tây của toà nhà; **to spread one's ~s** tăng cường quyền hành; **to take under one's ~s** đối xử như người được bảo vệ; **waiting in the ~s** chờ sẵn sàng **2** *v.* thêm cánh, chắp cánh, bắn trúng cánh (tay): **to ~ one's way** bay đi

wink /wɪŋk/ **1** *n.* (sự) nháy mắt, khoảnh khắc: **in a ~** trong nháy mắt; **I didn't sleep a ~.** Tôi không chợp mắt được tí nào. **2** *v.* nháy mắt (ra hiệu); nhắm mắt làm ngơ: **to ~ at someone** nháy mắt ra hiệu cho người nào

winning /'wɪnɪŋ/ **1** *n.* sự thắng: **~s** tiền được bạc/cuộc **2** *adj.* được cuộc, thắng cuộc; hấp dẫn, quyến rũ: **a ~ smile** nụ cười quyến rũ

winnow /'wɪnəʊ/ *v.* sảy, quạt, sàng [thóc]; sàng lọc, phân biệt: **to ~ falsehood from truth** phân biệt hư thật

winter /'wɪntə(r)/ **1** *n.* mùa đông, mùa rét/lạnh, sắp tuổi già: **in ~** vào mùa đông; **~ sports** môn thể thao mùa đông **2** *v.* tránh rét, trú đông: **to ~ in the tropical countries** tránh rét ở các xứ nhiệt đới

wipe /waɪp/ **1** *n.* sự lau, sự chùi **2** *v.* lau, chùi: **to ~ away** lau (sạch) đi, tẩy; **to ~ the slate clean** huỷ bỏ tội phạm trong quá khứ; **to ~ off** lau đi, lau sạch, xoá sạch; **to ~ out** lau đi/ sạch, tiêu diệt, bày trừ, triệt hạ

wiped out *adj.* bị phá sạch, bị diệt hết

wipe-out /'waɪpaʊt/ *n.* sự tàn sát/tiêu diệt hết; thất bại hoàn toàn

wire /waɪə(r)/ **1** *n.* dây [bằng kim loại]; điện tín, điện báo, điện văn, bức điện, dây thép: **steel ~** dây thép; **copper ~** dây đồng; **barbed ~** dây thép/kẽm gai; **telephone ~** dây điện thoại; **to get one's ~s crossed** trở thành hiểu lầm; **to pull the ~s** giật dây; **~ cutter** kìm cắt dây thép; **~-tapping** việc ghi âm điện thoại **2** *v.* buộc bằng dây sắt; đánh/gởi điện; bắt điện, mắc dây điện: **to ~ a house for electricity** mắc dây điện

cho một ngôi nhà; **to ~ in** rán hết sức; **to ~ off** rào dây kẽm để bảo vệ

wired /waɪəd/ *adj.* được nối với máy vi tính, được quấn dây cho chắc hơn

wireless /'waɪələs/ *adj.* không có dây: **~ telephone** điện thoại không dây

wiry /'waɪəri/ *adj.* [tóc] cứng, rễ tre; gầy nhưng gân

wisdom /'wɪzdəm/ *n.* sự không ngoan, trí tuệ; kiến thức: **~ tooth** răng khôn; **A great man speaks words of great ~.** Người thông thái nói những lời khôn ngoan.

wise /waɪz/ **1** *adj.* khôn, khôn ngoan; từng trải, lịch duyệt, có kinh nghiệm; láu, ma lanh: **~ guy** tay láu lỉnh ma lanh; **to look ~** có vẻ thông thạo; **to get ~** trở nên thông thái; **to get ~ to something** cho ai biết việc gì; **without anyone getting the ~r** không bị phát hiện **2** *v.* tỉnh ngộ, khôn ra, bạo dạn: **to ~ up** khôn ra, không hơn trước, tỉnh ngộ; **to ~ up to something** thấy rõ việc gì

wish /wɪʃ/ **1** *n.* điều mong ước, điều ao ước; ước muốn, lệnh: **~es** lời chúc mừng/chúc tụng; **to make a ~** cầu ước một điều gì; **our best ~es** những lời chúc mừng tốt đẹp nhất của chúng tôi; **last ~es** lời trối trăn **2** *v.* muốn, mong, hy vọng; chúc; ước ao: **When do you ~ to start?** Ông muốn bao giờ bắt đầu làm?; **I ~ to see the manager.** Tôi muốn gặp ông quản lý.; **I ~ I had money.** Ước gì tôi có tiền.; **I ~ I were taller.** Ước gì tôi cao hơn!

wishy-washy /'wɪʃɪ,wɒʃɪ/ *adj.* nhạt, loãng

wisp /wɪsp/ *n.* nắm [tóc]; mớ [rơm, cỏ]; làn [khói]: **a ~ of hair** nắm tóc; **a ~ of smoke** làn khói

wit /wɪt/ *n.* trí, trí thông minh, trí khôn, trí tuệ, tài trí; người dí dỏm, người hóm hỉnh, người lanh trí: **She was at her ~s' end.** Cô ta bị đuối/ hết lý.; **He lives by his ~s.** Hắn có tài xoay xở để sống.

witch /wɪtʃ/ *n.* mụ phù thuỷ; mụ già xấu xí: ~ **doctor** phù thuỷ lang băm, thầy mo; **~-hunt** việc truy tầm phù thuỷ; **the ~ing hour** nửa đêm

witchcraft /'wɪtʃkrɑːft/ *n.* phép phù thuỷ, ma thuật

with /wɪð/ *prep.* với, cùng, cùng với; trong số; có, mang theo, kèm theo; bằng; dùng, cho thấy; thêm vào; về phần; đối với; vì; theo (tỉ lệ); tách ra; chống lại: **Come ~ me.** Hãy đi với tôi.; **to mix ~ the crowd** trà trộn vào đám đông; **a boy ~ brains** một cậu bé có óc thông minh; **to cut beef ~ a sharp knife** cắt thịt bò bằng một con dao sắc; **to work ~ care** làm việc cẩn thận; **He doesn't want sugar ~ his coffee.** Ông ấy không muốn cho đường vào cà phê.; **We're very pleased ~ your son.** Chúng tôi rất hài lòng về cháu trai của ông bà.; **to shake ~ cold** run lên vì lạnh, lạnh run lên; **I left the lemongrass ~ my neighbor.** Tôi để cây sả cho bà láng giềng coi hộ.; **It was hard for the child to part ~ that toy car.** Khổ tâm lắm mới chịu cho cái ô-tô (con) ấy đi.; **The English fought ~ the Germans.** Người Anh đánh nhau với người Đức.; **~ open arms** mở rộng vòng tay đón rước; **Even ~ her merits I still do not like her.** Mặc dầu tất cả những ưu điểm đó, tôi vẫn không thích cô ta.

withdraw /wɪð'drɔː/ *v.* [**withdrew**; **withdrawn**] rụt, rút về, rút lại, rút khỏi; rút lui, triệt thoái; huỷ bỏ, thu hồi; rút quân; rút lui/ra: **to ~ money from the bank** rút tiền từ ngân hàng ra

wither /'wɪðə(r)/ *v.* (làm) héo, tàn úa; héo mòn, tàn tạ: **No one wants the flowers to ~ in the garden.** Không ai muốn làm héo những bông hoa trong vườn.

withheld /wɪð'held/ quá khứ của **with-hold**

withhold /wɪð'həʊld/ *v.* [**withheld**] trừ, khấu trừ, giữ lại [tiền, thuế]; từ chối (không cho/giúp); che giấu

within /wɪ'ðɪn/ **1** *prep.* ở trong, trong, bên trong, nội trong; trong vòng, trong khoảng, trong phạm vi: ~ **two weeks** chỉ nội trong vòng hai tuần; ~ **one's grasp** hiểu biết ai; ~ **reach** với được, vừa tầm tay; ~ **one's power** trong phạm vi quyền hạn của người nào **2** *adv.* ở trong; trong thâm tâm

without /wɪ'ðaʊt/ **1** *prep.* không có; ở bên ngoài: ~ **a home** không nhà, không nơi trú ngụ; **to do ~ a sweater** không cần mặc áo len; **He left ~ seeing his uncle.** Ông ấy ra đi không chào ông chú.; **to stay ~ pay** ở không trả tiền **2** *adv.* ở ngoài, ở bên ngoài: **from ~** từ bên ngoài, từ ngoài vào

withstand /wɪð'stænd/ *v.* [**withstood**] chống lại, chống cự, đề kháng; chịu đựng

withstood /wɪð'stʊd/ quá khứ của **withstand**

witness /'wɪtnəs/ **1** *n.* người (làm) chứng, nhân chứng, chứng nhân; người được chứng kiến; bằng chứng, chứng nhận, chứng cớ: **to bear ~ to** làm chứng cho; **eye-~** người được chứng kiến; ~ **stand** ghế nhân chứng **2** *v.* chứng kiến; nói lên, chứng tỏ, để lộ ra; ký chứng nhận, chứng thực, nhận thực, thị thực: **to ~ an accident** chứng kiến tai nạn xảy ra

witticism /'wɪtɪsɪzəm/ *n.* bài nói chuyện thông minh dí dỏm

wives /'waɪvz/ số nhiều của **wife**

wizard /'wɪzəd/ *n.* thầy phù thuỷ, thuật sĩ; người tài giỏi

wobble /'wɒb(ə)l/ *v., n.* (sự)lung lay; lắc lư; lảo đảo, loạng choạng; lưỡng lự, do dự, [giọng] run run

woe /wəʊ/ *n.* sự đau khổ/đau buồn/bi thống/thống khổ; tai hoạ, tai ương, tai ách

wok /wɒk/ *n.* chảo chiên xào giống như cái tô

woke /wəʊk/ quá khứ của **wake**

wolf /wʊlf/ **1** *n.* (*pl.* **wolves**) chó sói; đồ lang sói, quân sài lang; người hung tàn; người hay chim gái: **a ~ in sheep's clothing** con cho sói đội lốt cừu, người khẩu Phật tâm xà; **a lone ~** người thích hành động một mình; **to keep the ~ from the door** làm ngơ người đói khổ; **to throw someone to the wolves** hy sinh không chút hối hận **2** *v.* ngốn, ăn ngấu ăn nghiến: **to ~ down one's food when hungry** ăn ngấu nghiến khi đói

wolves /wʊlvz/ số nhiều của **wolf**

woman /'wʊmən/ *n.* (*pl.* **women**) đàn bà, phụ nữ: **~ doctor** nữ bác sĩ; **~ laborer** nữ công nhân; **~ preacher** nữ mục sư; **married ~** phụ nữ có chồng; **~ of the street** gái điếm đứng đường

womanizer /'wʊmənaɪzə(r)/ *n.* việc làm cho yếu đuối như đàn bà, việc hay đi chơi gái

womb /wu:m/ *n.* dạ con, tử cung

women /wɪmɪn/ số nhiều của **woman**: **~'s liberation** sự giải phóng phụ nữ; **~'s rights** quyền phụ nữ, nữ quyền

won /wʌn/ quá khứ của **win**

wonder /'wʌndə(r)/ **1** *n.* vật kỳ diệu, điều kỳ lạ, kỳ quan/công; sự ngạc nhiên/kinh ngạc: **to work ~s** kiến hiệu lạ thường; thành công rực rỡ; **No ~!** thảo nào; **the Seven ~s of the world** bảy kỳ quan thế giới; **Wonders will never cease.** Bày tỏ ngạc nhiên. **2** *v.* lấy làm lạ, ngạc nhiên; tự hỏi, muốn biết: **I ~ whether we can trust them.** Tôi tự hỏi chúng ta có thể tin họ hay không.

wonderful /'wʌndəfəl/ *adj.* kỳ lạ, phi thường, kỳ diệu, thần kỳ; hay lắm, tuyệt diệu: **Have a ~ trip.** Chúc một chuyến đi tuyệt vời.

wont /wəʊnt/ *adj.* (có thói) quen: **to be ~ to do something** có thói quen làm việc gì

won't /wəʊnt/ = will not

woo /wu:/ *v.* chim, tán, ve, cua [gái]; dạm hỏi, cầu hôn; theo đuổi, truy cầu

wood /wʊd/ *n.* gỗ; củi, rừng: **fire~** củi; **~s** rừng; **made of ~** làm bằng gỗ; **to take to the ~s** chạy trốn (vào rừng); **not to see the ~ for the trees** thấy cây mà không thấy rừng, chỉ thấy hiện tượng mà không thấy thực chất; **out of the ~s** qua khỏi khó khăn

wooden /'wʊd(ə)n/ *adj.* bằng gỗ; cứng đờ, cứng nhắc: **~ head** người ngu độn; **~ horse** con ngựa gỗ (thành Trojan)

woodpecker /'wʊd,pekə(r)/ *n.* chim gõ mõ, chim gõ kiến

woodwork /'wʊdwɜ:k/ *n.* đồ gỗ, đồ mộc; nghề mộc: **I love the living room with its fine ~.** Tôi thích phòng khách đồ gỗ đẹp.

woofer /'wu:fə(r)/ *n.* loa âm thanh nổi lớn

wool /wʊl/ *n.* lông cừu, lông chiên; len, đồ/hàng len: **to pull the ~ over someone's eyes** đánh lừa người nào; **~-gathering** đăng trí

woolen, woollen /'wʊlən/ *adj.* bằng len: **~ materials** đồ len, hàng len

word /wɜ:d/ **1** *n.* tiếng, từ; lời, lời nói; tin tức, âm tín; lời hứa hẹn; lệnh, khẩu hiệu; sự cãi nhau: **Don't translate ~ for ~.** Xin đừng dịch từng chữ/từ.; **~-deaf** trí óc không còn phân biệt lời nói; **~ game** trò chơi ô chữ; **Please say a few ~s.** Xin ông nói vài lời.; **the spoken ~** lời nói; **in other ~s** nói khác đi; **as good as one's ~** giữ lời hứa; **by ~ of mouth** bằng lời nói, truyền miệng/ khẩu; **Please leave ~ that he has to pay his rent this week.** Xin bạn nhắn hộ là ông ấy phải trả tiền nhà nội tuần này.; **She broke her ~.** Cô ấy không giữ lời hứa.; **to have ~s with someone** cãi vã, to tiếng với ai; **in a/one ~** nói tóm lại; **to put in a good ~ for**

him gửi gấm cho anh ấy, nói hộ anh ấy; **not a ~** không nói lên được; **to take someone's ~ for it** tin lời người nào không cần tra vấn; **~ of honor** lời danh dự **2** *v.* nói ra, viết ra, diễn tả: **to ~ something diplomatically** nói một cách khéo léo

wording /'wɜːdɪŋ/ *n.* cách viết, cách dùng chữ/từ, lời văn: **Could you check the ~ of my letter.** Bạn làm ơn xem lại cách dùng chữ trong lá thư của tôi.

word-perfect *adj.* có thể nhớ và lập lại không sai

word-play /'wɜːdpleɪ/ *n.* việc chơi chữ có hai nghĩa cho vui

word processing *n.* việc dùng máy vi tính để lưu trữ tài liệu hoặc in ra

wore /wɔː(r)/ quá khứ của **wear**

work /wɜːk/ **1** *n.* việc, việc làm, công việc, công tác, công trình; đồ làm ra, sản phẩm, tác phẩm: **a ~ of prose** một tác phẩm văn xuôi; **at ~** đi làm (chứ không có nhà), đang làm việc; **out of ~** mất việc, thất nghiệp; **"Man At Work!"** COI CHỪNG, CÓ NGƯỜI LÀM!; **public ~s** công chính, sở lục lộ; **~ experience** chương trình làm việc để có kinh nghiệm; **a ~ of art** tác phẩm nghệ thuật; **~ study** hệ thống phương pháp đánh giá; **~ station** nơi làm việc có dụng cụ máy móc **2** *v.* [**worked**] làm, làm việc, lao động; hoạt động; tác động; chạy, tiến hành, tiến triển; làm cho chạy, chuyển vận; thi hành, thực hiện; làm, rèn, nhào, nặng, vẽ; khai thác mỏ: **to ~ too hard** làm việc quá sức; **to ~ one's fingers to the bones** làm việc rất cần mẫn; **to ~ one's way up** nổi nóng, nổi giận; **Your plan will not ~.** Kế hoạch của bạn sẽ không thành.; **That screw has ~ed loose.** Cái vít đó bị lỏng ra rồi.; **to ~ out** thảo, vạch ra [kế hoạch]; thực hiện, thi hành; giải [bài toán]; **I'm glad things ~ed out so well for you.**

Tôi rất mừng là mọi việc của bạn tiến triển tốt đẹp như thế.; **to ~ up** gây nên/ra, gieo rắc, dẫn khởi; lên dần, tiến dần; tạo dựng dần dần; khích động; khiêu khích; **~ to rule** theo luật lao động để tránh tai nạn

workaholic /wɜːkə'hɒlɪk/ *n.* người say mê làm việc

worker /'wɜːkə(r)/ *n.* thợ, công nhân; người làm việc, người lao động; ong/kiến thợ: **social ~** nhân viên công tác xã hội; **research ~** nhà khảo cứu; **a model ~** một công nhân gương mẫu

workforce /'wɜːkfɔːs/ *n.* lực lượng lao động: **One third of the ~ of this company is women.** Một phần ba lực lượng lao đông của công ty là phụ nữ.

working /'wɜːkɪŋ/ **1** *n.* sự làm việc; hoạt động; sự chuyển vận; tác dụng, công dụng; **the ~s of this clock** máy chiếc đồng hồ này **2** *adj.* thuộc/của công nhân; chạy, hoạt động; chấp nhận được: **the ~ class** giai cấp công nhân; **~ clothes** quần áo đi làm; **~ hours** giờ làm việc; **~ capital** vốn luân chuyển/ luân lưu; **~ knowledge** kiến thức để làm

workmanship /'wɜːkmənʃɪp/ *n.* tay nghề, sự khéo léo, tài nghệ

world /wɜːld/ *n.* quả đất, địa cầu, hoàn cầu; thế giới; cả thế giới, tất cả mọi người; thế gian, xã hội, thế sự, thế cố: **to go around the ~** đi vòng quanh thế giới; **the whole ~** toàn thế giới; **throughout the ~** trên khắp thế giới/hoàn cầu; **the Third ~** thế giới thứ ba, đệ tam thế giới; **The whole ~ knew it.** Thiên hạ đều biết hết.; **a man of the ~** một người lịch duyệt; **~ war** chiến tranh thế giới, thế chiến, đại chiến; **~ Bank** ngân hàng thế giới; **~ Cup** giải túc cầu thế giới; **~ class** hàng đầu thế giới; **~ power** quyền lực thế giới; **~ without end** mãi mãi

worldly /'wɜːldlɪ/ *adj.* hiện thế, thế

tục, trần tục, vật chất

worldview *n.* quan điểm toàn cầu

World Wide Web *n.* (*abbr.* **WWW**, *also* **Web**) mạng vi tính toàn cầu

worm /wɜːm/ **1** *n.* con giun, con sâu/ trùng; đường ren **2** *v.* bắt sâu, trừ sâu; moi [tiền, bí mật]; chui, luồn, lẩn, lẻn

worn /wɔːn/ (quá khứ của **wear**) đã mặc; mòn, hư; mệt mỏi: **He has ~ that suit for nine years.** Ông ấy mặc bộ đồ đó chín năm rồi.

worry /'wʌrɪ/ **1** *n.* sự lo lắng/phiền não; sự làm phiền; [chó] sự nhay: **full of worries** có nhiều chuyện lo nghĩ; **a ~-wart** người hay lo lắng **2** *v.* lo, lo nghĩ, lo ngại, lo lắng; làm phiền, làm khó chịu, quấy rầy; [chó] nhay: **He worries about losing his job.** Ông ấy đang lo mất việc.

worse /wɜːs/ **1** *n.* cái xấu hơn, cái tệ/ tồi hơn: **to go from bad to ~** càng ngày càng xấu/tệ hơn; **none the ~** không có ảnh hưởng gì **2** *adj.* xấu hơn, tồi/dở/tệ hơn; nguy hiểm hơn; ốm nặng hơn: **to get ~** tồi hơn, dở hơn, đau/ốm nặng hơn; **~ and ~** càng ngày càng tệ **3** *adv.* xấu hơn, kém hơn: **It's sounding ~ than ever.** Chưa bao giờ tệ hơn.

worsen /'wɜːs(ə)n/ *v.* (làm cho) xấu hơn, tồi hơn, tệ hơn

worship /'wɜːʃɪp/ **1** *n.* sợ thờ cúng, sự sùng bái/tôn sùng: **freedom of ~** sự tự do thờ phụng **2** *v.* thờ, thờ cúng, thờ phụng, cúng bái; tôn kính, tôn thờ, tôn sùng, suy tôn; đi lễ, lễ bái

worshiper /'wɜːʃɪpə(r)/ *n.* người dự lễ, người cầu nguyện

worst /wɜːst/ **1** *adj.* xấu nhất, tệ nhất, tồi nhất, dở nhất; nguy hiểm nhất, nặng nhất, tệ hại nhất: **the ~ fault** sai lầm nghiêm trọng nhất; **the ~-looking girl** cô gái xấu nhất **2** *adv.* xấu nhất, tệ nhất **3** *n.* cái xấu nhất, cái tồi nhất: **to prepare for the ~** sẵn sàng đợi chuyện không may

nhất; **to get the ~ of** thất bại, thua

worth /wɜːθ/ **1** *n.* giá, giá cả; giá trị: **a discovery of great ~** một sự phát hiện có giá trị lớn; **a dollar's ~ of candy** một đôla kẹo **2** *adj.* đáng, bõ công; đáng giá; có (tài sản đáng giá): **This book is ~ reading.** Cuốn sách này đáng được đọc.; **not ~ a piaster** không đáng một đồng; **He is ~ millions.** Ông ấy có hàng triệu đồng.

worthwhile /'wɜːθwaɪl/ *adj.* bõ công, đáng làm, có bổ ích: **It is ~ looking at your contribution to the firm.** Thật xứng đáng đánh giá sự đóng góp của bạn đối với công ty.

worthy /'wɜːðɪ/ *adj.* xứng đáng; [người] xứng đáng, có giá trị, đáng kính/ trọng, khả kính

would /wʊd/ *aux. v.* [xem **will**] sẽ: **He said that he ~ come.** Anh ấy bảo sẽ đến mà.; **He ~ come if he could.** Nếu đến được thì anh ấy sẽ đến.; **He ~ have come if the weather had been nice.** Nếu trời không xấu như thế thì anh ấy đã đến rồi.; **Would you help us, please?** Xin bạn làm ơn giúp chúng tôi?

wound /wuːnd/ **1** *n.* vết thương, thương tích; điều xúc phạm, điều làm tổn thương **2** *v.* làm bị thương, làm tổn thương, chạm đến, xúc phạm

wound /waʊnd/ quá khứ của **wind**

wove /wəʊv/ quá khứ của **weave**

woven /'wəʊv(ə)n/ quá khứ phân từ của **weave**

wrangle /'ræŋg(ə)l/ *n., v.* (vụ) cãi nhau lớn/to

wrap /ræp/ **1** *n.* chăn, mền, khăn choàng, áo choàng: **to take the ~s off** công khai; **to be under ~s** giữ bí mật **2** *v.* gói, bọc, bao, quấn; bao phủ, bao trùm: **to ~ up** bọc kỹ, quấn kỹ

wrapper /'ræpə(r)/ *n.* áo choàng đàn bà; người gói; cái bọc sách, băng tờ báo, giấy gói, vải gói

wrath /rɒθ/ *n.* sự/cơn tức giận, cơn phẫn nộ, thịnh nộ

wreak /ri:k/ *v.* gây thiệt hại: **The thunderstorm ~ed havoc on crops.** Cơn bão đã làm thiệt hại mùa màng cây trái.

wreath /ri:θ/ *n.* (*pl.* **wreaths**) vòng hoa [nô-en]; vòng hoa tang; luồng khói, đám mây cuốn: **The state guest went to lay a ~ at the tomb of the unknown soldier.** Vị quốc khách đến đặt vòng hoa tại mồ chiến sĩ vô danh.

wreck /rek/ **1** *n.* sự tàn phá/phá hoại (tàu, nhà, xe v.v.); đống gạch vụn; xác tàu chìm; vụ đổ máy bay, vụ xe lửa trật bánh; làm hỏng, làm tan vỡ, làm sụp đổ; phá hoại, làm thất bại: **ship ~** tàu bị chìm; **The storm caused many ~s.** Cơn bão gây nhiều tàn phá. **2** *v.* làm hỏng, phá hoại, làm tan vỡ: **to ~ someone's hopes** làm tiêu tan hy vọng của ai

wrecked /rekt/ *adj.* bị phế thải, bị hư bỏ; say mèm

wrench /rentʃ/ **1** *n.* chìa văn đai ốc, mỏ lẹt; sự văn mạnh, sự giật mạnh; sự trật/sái [mắt cá chân]; sự day dứt: **open end ~** lắc lê hai đầu có miệng mở; **monkey ~** mỏ lẹt **2** *v.* van/giật mạnh; làm trật, làm sái [mắt cá chân]; là trệch đi

wrest /rest/ *v.* giật mạnh, vật mạnh; giằng lấy

wrestle /'res(ə)l/ **1** *n.* cuộc đấu vật; sự vật lộn **2** *v.* vật, đánh vật; vật lộn, chiến đấu [**with** với]

wretched /'retʃid/ *adj.* khổ sở, bất hạnh, cùng khổ, khốn đốn; [thời tiết] xấu; tồi, dở, tệ; thảm hại

wriggle /'rɪg(ə)l/ *v., n.* (bò) quằn quại; len, luồn, lách; vặn vẹo, uốn éo, ngoe nguẩy, ngọ nguậy: **to ~ out of** khéo léo lách ra khỏi

wring /rɪŋ/ *n., v.* [**wrung**] vắt [quần áo]; vắt [nước], siết chặt, bóp chặt; nặn, moi [tiền, bí mật]: **to ~ out water** vắt nước; **to ~ one's hands** xiết chặt tay ai

wrinkle /'rɪŋk(ə)l/ **1** *n.* vết nhăn; vết

nhàu quần áo; sóng gợn [trên mặt nước] **2** *v.* nhăn, cau; làu nhàu; [vải] nhàu; [da] nhăn: **to ~ one's brow** cau mày

wrist /rɪst/ *n.* cổ tay: ~ **watch** đồng hồ đeo tay; ~ **joint** khớp cổ tay

writ /rɪt/ *n.* lệnh, trát, giấy đòi: **a ~ of arrest** lệnh bắt

write /raɪt/ *v.* [**wrote**; **written**] viết, biên, ghi; viết văn; viết thư: **to learn how to ~** học viết; **Her ambition was to ~.** Tham vọng của cô ấy là làm văn sĩ.; **He wrote for the Washington Post.** Ông ấy viết cho báo Hoa Thịnh Đốn.; **I ~ to my parents two weeks ago.** Tôi viết thư cho bố mẹ tôi hai tuần lễ rồi.; **to ~ back** viết thư trả lời, hồi âm; **to ~ down** biên xuống, viết xuống; **to ~ in** thêm vào; **to ~ off** xoá bỏ [món nợ], gạch đi; **to ~ up** tường thuật, viết bài tán dương

writhe /raɪð/ *v.* quằn quại; uất ức, bực tức

writing /'raɪtɪŋ/ *n.* sự viết; lối viết, kiểu viết; chữ, mặt chữ, dạng chữ, bản viết (tay), bài viết; sách, bài báo, tác phẩm; nghề viết văn, nghiệp bút nghiên: ~ **desk** bàn viết/giấy; ~ **paper** giấy viết thư; **Cao Ba Quat's own ~** đúng bút tích Cao Bá Quát; **The ~ is on the wall.** Biến cố nổi bật.

written /rɪt(ə)n/ *adj.* được viết ra, thành văn, trên giấy tờ: ~ **literature** văn chương chữ viết

wrong /rɒŋ/ **1** *n.* điều xấu/trái, cái xấu; điều hại, chuyện bất công: **in the ~** trái; **to know right from ~** biết điều phải qua điều trái; **to do ~** tự nhận có tội/lỗi **2** *adj.* xấu, tồi, trái; sai, lầm, không đúng; hỏng; trái, ngược; **Something is ~ with the engine.** Máy bị trục trặc làm sao ấy.; **to get the ~ end of the stick** hiểu lầm hoàn toàn; **to go down the ~ way** (thức ăn) vào khí quản thay vì thực quản **3** *adv.* sai, không đúng, bậy, láo: **to guess ~** đoán sai **4** *v.* làm hại, làm thiệt hại ai; đối đãi bất công

wrongdoing /'rɒŋ,duːɪŋ/ *n.* điều trái, việc xấu; tội

wrote /rəʊt/ quá khứ của **write**

wrought /rɔːt/ *adj.* quá khứ của **work**; đã rèn; đã thuộc; đã bào kỹ: **~ iron** sắt rèn

wrung /rʌŋ/ quá khứ của **wring**

wry /raɪ/ *adj.* méo mó, nhăn nhó; [cái cười] gượng: **to pull a ~ face** nhăn mặt

WTO /,dʌblju:tiː'əʊ/ *n., abbr.* (= **World Trade Organization**) tổ chức mậu dịch quốc tế

www /,dʌblju: dʌblju: 'dʌblju:/ *abbr.* (= **World Wide Web**) mạng vi tính toàn cầu, mạng in-tơ-nét

WYSIWYG /'wɪzɪwɪg/ *adj., abbr.* (= **What You See Is What You Get**) được/có giống như đã thấy (trên máy vi tính)

xê-rox: **~ machine** máy chụp ảnh xe-rox; **~ copy** bản phóng ảnh **2** *v.* chụp ảnh [trang giấy], chụp phóng ảnh: **I should have simply ~ed this sheet for you.** Tôi nên chụp bản phóng ảnh nầy cho bạn.

Xmas /'krɪs(t)məs/ *abbr.* (= **Christmas**) lễ Giáng sinh, lễ Nô-en: **I will have ~ dinner with my family.** Tôi sẽ ăn cơm tối Giáng sinh với gia đình tôi.

XML /,eks em 'el/ *abbr.* (= **Extensible Markup Language**) ngôn ngữ dùng trong mạng vi tính toàn cầu (Web)

X-rated /'eks'reɪtid/ *adj.* được liệt kê vào hạng không tốt (phim, ảnh) vì dâm tục hay bạo hành

X-ray /'eksreɪ/ **1** *n.* tia x, quang tuyến x **2** *v.* chụp tia x, chụp hình (phổi, v.v.), rọi quang tuyến x: **~ tube** ống làm tăng điện năng cho quang tuyến X

xylophone /'zaɪləfəʊn/ *n.* mộc cầm, đàn phiến gỗ

X

x-axis /'eks,æksɪs/ *n.* trục hoành

X-chromosome *n.* chất phân biệt giới tính X

xebec /'ziːbek/ *n.* thuyền xê-bec, thuyền ba cột buồm

xenophobe /'zenəfəʊb/ *adj., n.* bài ngoại, người bài ngoại

xenophobia /zenə'fəʊbɪə/ *n.* tính bài ngoại

xeric /'zɪərɪk/ *adj.* chịu khô

xeriscape /'zerɪskeɪp/ *n., v.* loại vườn không cần nước nhiều, làm vườn theo kiểu ít cần bảo trì

xeroderma /'zɪərəˌdɜːmə/ *n.* bệnh khô da

xerophthalmia /zɪərɒf'θælmɪə/ *n.* bệnh khô mắt, bệnh thiếu sinh tố A

xerophyte *n.* cây ưa khô, cây chịu hạn hán

xerox /'zɪərɒks/ **1** *n.* máy chụp ảnh

Y

yacht /jɒt/ **1** *n.* du thuyền, thuyền buồm nhẹ, thuyền yat: **~ club** câu lạc bộ du thuyền; **~man** người đi chơi thuyền buồm, người thi thuyền buồm **2** *v.* đi chơi bằng thuyền buồm, thi thuyền buồm

yahoo /jɑː'huː/ *n., v.* người trẻ tuổi giàu có; tiếng kêu yahoo khi thích thú sung sướng

yak /jæk/ *v., n.* tham dự vào cuộc chuyện trò đàm thoại; cuộc đàm thoại thường/chán ngắt

yam /jæm/ *n.* khoai lang; củ từ, khoai mỡ

yam cha *n.* bữa cơm trưa có nhiều món ăn mang đến từng bàn (của người Trung Hoa): **to invite someone to have ~** mời ai ăn yăm-trà

Yank /jæŋk/ *n.* (= **Yankee**) người Mỹ

yank /jæŋk/ *n., v.* (cái) kéo mạnh, giật mạnh

Yankee /'jæŋkɪ/ *n., colloq.* người Mỹ, người Hoa kỳ; ~ **doodle** quốc ca Mỹ

yap /jæp/ *n., v.* (tiếng) sủa ăng ẳng; (nói) chuyện phiếm

yard /jɑːd/ **1** *n.* sân; sân nuôi (gà vịt), bãi rào; xưởng, kho: **front** ~ sân trước; **rear** ~ sân sau **2** *n.* đơn vị đo lường mã, thước Anh [= 0,914 mét; gồm có **3 feet** hoặc **36 inches**]: One ~ **equals three feet or 36 inches.** Một thước Anh bằng 3 feet. **3** *v.* đưa súc vật vào bãi rào

yard sale *n.* việc bày đồ bán ở sân

yardstick /'jɑːdstɪk/ *n.* thước đo (dài **1 yard**)

yarn /jɑːn/ *n.* sợi, chỉ; chuyện bịa: **to spin a** ~ kể chuyện huyền thuyên

yawn /jɔːn/ **1** *n.* cái ngáp: **to give a** ~ ngáp **2** *v.* ngáp; há hốc, mở toang: **to ~ one's head off** ngáp sái quai hàm

yaws /jɔːz/ *n.* bệnh ghẻ cóc

y-axis /'waɪˌæksɪs/ *n.* trục tung

Y-chromosome *n.* nhiễm sắc thể giới tính Y

ye /jiː/ *pron.* (= **you**) bạn, ông/bà, anh/chị

yeah /jeə/ *adv., colloq.* dạ, vâng

year /jɪə(r)/ *n.* năm; tuổi: **this** ~ năm nay; **leap** ~ năm nhuận; **in the** ~ **1924** năm 1924; **lunar** ~ năm âm lịch; ~**s ago** cách đây nhiều năm; **in the past five** ~**s** trong khoảng 5 năm vừa qua; **the next/ following** ~ năm sau đó; **within the next ten** ~**s** trong vòng 10 năm tới; **New** ~**'s Day** ngày Tết (Nguyên đán); **the new** ~ năm mới, tân niên; **Happy New** ~! Chúc mừng năm mới! Cung chúc tân niên!; ~ **after** ~ trong nhiều năm ròng; ~ **in and** ~ **out** suốt năm, cả năm, quanh năm; **ten** ~**s old** lên 10 tuổi

yearbook /'jɪəbʊk/ *n.* niên giám, niên báo

yearling /'jɪəlɪŋ/ *n., adj.* thú vật một tuổi

yearly /'jɪəlɪ/ *adj., adv.* hằng năm, mỗi năm: ~ **income** lợi tức hằng năm, thu nhập mỗi năm

yearn /jɜːn/ *v.* nóng lòng, mong mỗi, ao ước, khao khát: **to ~ for something** mong mỗi, khao khát cái gì

yearning /'jɜːnɪŋ/ *n.* sự mong mỗi/ao ước/khao khát, khát vọng

yeast /jiːst/ *n.* men, men rượu, men bia; men làm bánh

yell /jel/ *n., v.* (tiếng/sự) la hét, kêu la, la lớn

yellow /'jeləʊ/ **1** *n.* màu vàng; tính nhúc nhát; bệnh vàng da **2** *adj.* màu vàng, vàng, da vàng; nhát gan, nhút nhát: ~ **belly** da vàng; ~ **card** thẻ vàng, thẻ cảnh cáo cầu thủ phạm lỗi; **to turn** ~ hoá vàng, vàng ra, vàng úa; ~ **flag** cờ vàng; cờ kiểm dịch; ~ **Pages** niên giám điện thoại thương nghiệp; ~ **spot** điểm vàng **3** *v.* vàng ra, nhuộm vàng

yelp /jelp/ *n., v.* (tiếng) kêu ăng ẳng

yen /jen/ **1** *n.* đồng yên của Nhật bản **2** *n.* sự thèm, sự thèm thuồng, sự thèm muốn

yes /jes/ **1** *n.* tiếng vâng, dạ; phiếu thuận: **a ~ or no question** loại câu hỏi hỏi có hay không; **nine** ~**es and three nos** 9 phiếu thuận và 3 phiếu nghịch; ~ **man** tay ba phải, người cái gì cũng ừ **2** *exclam.* vâng, phải, dạ, được, ừ, có: **Will you go? — Yes I will!** Bạn có đi không? Có!

yes-no question *n.* câu hỏi cần trả lời có hay không

yesterday /'jestədeɪ/ *n., adv.* hôm qua: **the day before** ~ hôm kia; **fashions of** ~ những thời trang cũ, những mốt năm xưa

yet /jet/ **1** *adv.* bây giờ, lúc này; còn, hãy còn, còn nữa; dù thế nào, một lúc nào đó; hơn nữa, vả lại: **Don't go** ~. Xin đừng đi vội.; **The thief is** ~ **to be caught.** Rồi thì người ta cũng sẽ bắt được tên ăn cắp.; **We have five minutes** ~. Chúng ta còn 5 phút nữa. **2** *conj.* mà, ấy thế mà, tuy nhiên: **Expensive, ~ not very good.** Đắt mà không tốt lắm.

yeti /'jetɪ/ *n.* giống người to lớn nhiều tóc sống ở trên núi Hy-mã lạp sơn

yew /juː/ *n.* cây thuỷ tùng: **~ tree** cây thuỷ tùng

Yiddish /'jɪdɪʃ/ *adj., n.* tiếng I-dit, tiếng Đức gốc người Do Thái

yield /jiːld/ **1** *n.* hoa lợi, sản lượng; hiệu suất; lợi tức, lợi nhuận: **in full ~** đang sinh lợi nhiều **2** *v.* sinh ra, sản xuất; sinh lợi; chịu nhường, nhường bước, chịu thua, khoan nhượng; đầu hàng, khuất phục: **This land ~s good crops.** Miếng đất nầy mang lại huê lợi tốt.; **to ~ one-self up** dẫn thân vào

YMCA /ˌwai em si: 'eɪ/ *abbr.* (= **Young Men's Christian Association**) hội thanh nữ Thiên Chúa giáo

yodel /'jəʊdəl/ *n., v.* (sự) hát đổi giọng từ trầm sang giọng kim

yoga /'jəʊɡə/ *n.* môn phái thiền zo-ga: **to practice ~** thực tập môn thiền yo-ga

yoghurt /'jɒɡət/ *n.* (*also* **yogurt, yoghourt**) sữa chua

yoke /jəʊk/ **1** *n.* ách, đòn gánh, cầu vai, cái kẹp bắt ống nước: **the ~ of colonialism** ách thực dân; **to come under the ~ of** chịu nhượng bộ **2** *v.* lòng ách vào cổ, cặp vào nhau

yolk /jəʊk/ *n.* lòng đỏ trứng

you /juː/ *pron.* ông, bà, cô, ngài, anh, chị, em, các ông, v.v.: **if I were ~** nếu tôi là bạn; **Your friend spoke of ~.** Bạn của cô đã nói về cô.; **~ know that** bạn biết rằng; **~ and yours** bạn và người trong gia đình

young /jʌŋ/ **1** *n.* thú con, chim non **2** *adj.* trẻ, bé, non, chưa già, non nớt, chưa có kinh nghiệm, thanh niên: **You are a ~ man.** Bạn là một người trẻ.; **~ blood** bầu nhiệt huyết của tuổi trẻ, tay ăn chơi; **~ at heart** còn ngây thơ; **~ trees** những cây non

your /jɔː(r)/ *pron.* của ông/bà/cô/

anh/chị/mày; của các ông: **Thank you very much for ~ help.** Cảm ơn sự giúp đỡ của bạn.

yours /jɔːz/ *pron.* cái này của ông/bà/cô,v.v.: **My bike is here, where is ~ now?** Xe đạp tôi đây, còn xe đạp của bạn đâu?

yourself /jɔː'self/ *pron.* (*pl.* **yourselves**) tự ông/cô/bà/ mày, chính bà/chị/anh mày: **You said so ~.** Chính bạn đã nói như vậy.; **Be ~.** Tự nhiên.

youth /juːθ/ *n.* tuổi trẻ, tuổi thanh niên, tuổi thanh xuân; buổi ban đầu; thanh niên, chàng thanh niên; lứa tuổi thanh niên

yowl /jaʊl/ **1** *n.* tiếng tru; tiếng ngoao **2** *v.* tru, ngoao, tru tréo

yuan /jʊ'ɑːn/ *n.* đơn vị tiền tệ Trung quốc

yuck /jʌk/ *intj., n.* (*also* **yuk**) diễn tả điều không vừa ý, điều không vừa ý

yummy /'jʌmi/ *adj.* ngon quá, ngon tuyệt, ngon ơi là ngon!

yuppy /'jʌpi/ *n.* giới trẻ trung lưu có nghề chuyên môn làm việc ở thành phố

YWCA /ˌwai dʌdlju:'si:' eɪ/ *abbr.* (= **Young Women's Christian Association**) hiệp hội phụ nữ trẻ Thiên Chúa giáo

Z

zany /'zeɪni/ *n., adj.* anh hề, người thích làm trò hề

zap /zæp/ *v.* giết, tiêu huỷ, đánh mạnh: **I ~ped the ball over the net.** Tôi đánh mạnh quả banh qua lưới.; **to ~ up** làm nhanh

zapper /'zæpə(r)/ *n.* người/kỹthuật giết vi trùng; cái điều khiển từ xa (TV)

zeal /ziːl/ *n.* lòng hăng hái, lòng sốt sắng, nhiệt tâm: **revolutionary ~** nhiệt tình cách mạng

zealous /'zeləs/ *adj.* hăng hái, sốt

sắng, có nhiệt tâm, có nhiệt huyết, nhiệt thành

zebra /'zebrə/ *n.* ngựa vằn: ~ **crossing** đường kẻ vằn cho khách bộ hành cho đường phố

Zen /zen/ *n.* môn phái thiền của Phật giáo: **to practice ~** tập thiền

zenith /'zenɪθ/ *n.* thiên đỉnh; điểm cao nhất, cực/tuyệt đỉnh, cực điểm, tột đỉnh: **to be at the ~ of one's career** đạt đến cực điểm, lên đến tột đỉnh sự nghiệp

zero /'zɪərəʊ/ **1** *n.* số không, zêr-ô: **eight degrees below ~** 8 độ dưới không độ; **absolute ~** zê-rô tuyệt đối; **~ hour** giờ quyết định; giờ khởi sự/tấn công; **~ option** không có sự lựa chọn nào cả; **~-sum** tỷ số đều không **2** *v.* đưa xuống số không, điều chỉnh điểm nhắm: **to ~ in on** nhắm đến

zest /zest/ *n.* thú vị; vị ngon, mùi thơm; sự thích thú, sự say mê; chất gia vị: **to eat with ~** ăn ngon miệng; **to give ~ to** tăng thêm thú vị

zigzag /'zɪgzæg/ **1** *n.* hình/đường chữ chi: **in ~s** hình chữ chi **2** *adj.* ngoằn ngoèo, theo đường chữ chi: **a ~ging road** đường ngoằn ngoèo **3** *v.* chạy ngoằn ngoèo **4** *adv.* ngoằn ngoèo: **to run ~ up to the pass** chạy ngoằn ngoèo lên đèo

zillion /'zɪljən/ *n.* vô vàn, nhiều vô kể

zinc /zɪŋk/ **1** *n.* kẽm: **~ cream** kem chống nắng; **~ oxide** bột kẽm **2** *v.* tráng kẽm, mạ kẽm, lợp bằng kẽm;

zinger /'zɪŋə(r)/ *n.* người/vật nổi bật; biến cố không ngờ

Zionism /'zaɪənɪz(ə)m/ *n.* chủ nghĩa phục quốc Do thái

zip /zɪp/ **1** *abbr.* (= **Zone Improvement Program**): **~ code** mã hiệu khu bưu chính **2** *n.* tiếng rít; nghị lực; giây khóa kéo: **~ fastener** giây

khóa kéo **3** *v.* bay rít/vèo qua; kéo phéc-mơ-tuya: **to ~ up** kéo phéc-mơ-tuya

zipper /'zɪpə(r)/ *n.* khóa kéo, phéc-mơ-tuya: **to fasten with a ~** kéo phéc-mơ-tuya

zit /zɪt/ *n.* mụn nhọt

zither /'zɪðə(r)/ *n.* đàn tam thập lục [gảy tay như thập lục]

zodiac /'zəʊdɪæk/ *n.* hoàng đạo

zombie /'zɒmbɪ/ *n.* người nửa sống nửa chết

zonal /'zəʊn(ə)l/ *adj.* thuộc về khu vực/vùng: **Zonal activities are organized weekly.** Các hoạt động trong khu vực được tổ chức hàng tuần.

zone /zəʊn/ **1** *n.* đới, miền, vùng, khu vực: **demilitarized ~ [dmz]** vùng phi quân sự; **industrial ~** khu vực kỹ nghệ **2** *v.* chia/khoanh/quy vùng: **to ~ land for construction** chia đất để xây cất

zoo /zu:/ *n.* vườn bách thú, vườn thú, sở thú: **to visit the Saigon ~** đi thăm vườn bách thú Sài Gòn; **~ keeper** người canh giữ sở thú

zoological /zəʊə'lɒdʒɪkəl/ *adj.* thuộc động vật học: **~ garden** sở thú, vườn bách thú

zoom /zu:m/ **1** *n.* tiếng kêu vù vù; sự bay vọt lên: **~ lens** ống kính chụp gần/xa **2** *v.* vù vù; bay vọt; vặn ống kính cho gần hay xa: **to ~ a camera lens** điều chỉnh ống chụp gần/xa

ZPG /ˌzedpiː'dʒiː/ *abbr.* (= **Zero Population Growth**) sự không tăng dân số

zucchini /zu:'ki:nɪ/ *n.* rau xanh zu-chi-ni

Zulu /'zu:lu:/ *n., adj.* người/tiếng Zu-lu ở Nam Phi

zygote /'zaɪgəʊt/ *n.* hợp tử